《中国改革开放新时期年鉴》编委会

日期索引

【一月】

【二月】

【三月】

【四月】

【七月】

【八月】

【九月】

【十月】

【十一月】

【十二月】

1月1日

《人民日报》发表社论《在把握机遇中迎接下一个十年——元旦献词》

新世纪第一个十年过去了。历经了自然灾害等各种风险的考验，穿越了国际金融危机冲击的波涛，中国的社会主义现代化巨轮驶入了新的历史航道，13亿人民迎来了下一个十年。在这个辞旧迎新的时刻，我们向全国各族人民致以新年的问候和祝福。

在我国改革开放的伟大进程中，2010年的中国写下了精彩篇章。面对复杂多变的国内外环境和自然界的严峻挑战，党中央、国务院团结带领全国各族人民沉着应对、开拓进取，战胜了青海玉树地震、舟曲特大泥石流等自然灾害，成功举办了上海世博会、广州亚运会、亚残运会，有效巩固和扩大了应对国际金融危机冲击的成果，保持了经济社会发展的良好势头，展现了社会主义中国的巨大活力，为"十一五"画上了圆满句号。

在我国改革发展的伟大进程中，"十一五"铺下了厚重基石。过去五年里，我们办成了一系列大事，办好了一系列喜事，办妥了一系列难事。综合国力大幅提升，人民生活明显改善，国际地位和影响力显著提高，社会主义各项建设取得重大历史性进展。通过实践，我们进一步提高了贯彻落实科学发展观能力，增强了驾驭经济社会发展大局和解决复杂问题能力，加深了对社会主义市场经济规律的认识，加深了对我国社会主义制度政治优势的认识，为我国下一个十年的发展奠定了坚实基础。

2011年是"十二五"的开局之年，也是新世纪第二个十年的开启之年。回首上一个十年，进入新世纪的中国紧紧抓住战略机遇期，贯彻落实科学发展观，积极构建和谐社会，取得了举世公认的巨大成就。下一个十年我们如何作为，直接关系到全面建设小康社会的成效，关系到中国现代化战略的成败，关系到中国在国际新格局中的地位。在大有作为的时代更加奋发有为，我们才能在把握机遇中成就下一个十年的辉煌。

从国际看，未来的十年我们依然可以大有作为。尽管国际金融危机给世界经济造成深度冲击，气候变化、能源资源安全、公共卫生安全等全球性问题更加突出，但和平、发展、合作仍是时代潮流，国际环境总体上有利于我国和平发展。当前，世界经济结构进入调整期，世界经济治理机制进入变革期，创新和产业转型处于孕育期，新兴市场国家力量步入上升期，这为我国改革发展提供了宝贵机遇。准确把握这些特点，不断培育发展新优势，增强参与引导能力，抢占未来发展战略制高点，我们就能够在提高应对复杂局面能力中发展壮大自己，在国际合作和竞争中争取更大国家利益。

从国内看，未来的十年我们必须更加奋发有为。我国发展中不平衡、不协调、不可持续问题依然突出，短期问题和长期问题交织，结构性问题和体制性问题并存，国内问题和国际问题互联。我们必须以高度的责任意识和强烈的使命意识，采取有力措施，充分发掘国内市场的巨大潜力，发挥劳动力资源丰富的优势，增强科技创新能力，加快转变经济发展方式，不断完善各方面体制机制，努力在更长时期推动经济社会又好又快发展。

党的十七届五中全会作出了我国发展仍处于可以大有作为的重要战略机遇期的战略判断。牢牢抓住重要战略机遇期，推动经济社会又好又快发展，是我们解决前进道路上各种矛盾和问题，推动科学发展、促进社会和谐的必由之路；是应对当今世界日益激烈的综合国力竞争、适应世界发展大势、掌握发展主动权的必由之路。在新世纪第二个十年，继续抓住和用好重要战略机遇期，这是对我们党执政能力的重大考验，也是对我们民族自强能力的重大考验。

历史一再表明，机遇极为宝贵、稍纵即逝。在新的一年里，我们必须注重把抓住发展机遇和创新发展理念、发展模式有机结合起来，努力实现又好又快发展；注重处理好政府和市场的关系，努力提高全社会资源配置效率；注重处理好经济发展和收入分配的关系，努力促进经济良性循环和社会和谐稳定；注重把维护中央权威和发挥地方积极性统一起来，努力增强政策执行力和发展活力；注重统筹国内发展和对外开放，努力实现互利共赢。在坚定不移推动发展过程中，不断深化对中国特色社会主义的规律性认识，更加注重以人为本，充分调动全社会的发展积极性，为全面建设小康社会，实现中华民族伟大复兴凝聚起强大力量。

在一个国家的发展历程中，每一个阶段都要面对不同的情势，承担不同的使命。在2011年这个伟大的开局之年，让我们紧密团结在以胡锦涛同志为总书记的党中央周围，坚持以邓小平理论和"三个代表"重要思想为指导，深入贯彻落实科学发展观，既珍惜机遇、抓住机遇、用好机遇，又认清挑战、应对挑战、战胜挑战，以更大决心和勇气全面推进各项改革和建设事业，以新的业绩迎接中国共产党成立90周年，在中国特色社会主义道路上继续阔步前进。

全国政协在全国政协礼堂举行新年茶话会

茶话会由中共中央政治局常委、全国政协主席贾庆林主持。

胡锦涛、吴邦国、温家宝、贾庆林、李长春、习近平、李克强、贺国强等党和国家领导人出席茶话会。

中共中央总书记、国家主席、中央军委主席胡锦涛在茶话会上发表重要讲话。

九三学社中央主席韩启德代表各民主党派中央、全国工商联和无党派人士讲话。

王刚、王乐泉、王兆国、王岐山、回良玉、刘淇、刘云山、张德江、何勇、令计划、乌云其木格、华建敏、陈至立、周铁农、李建国、司马义·铁力瓦尔地、蒋树声、陈昌智、严隽琪、桑国卫、梁光烈、马凯、孟建柱、戴秉国、王胜俊、廖晖、杜青林、白立忱、陈奎元、阿不来提·阿不都热西提、李兆焯、黄孟复、董建华、张梅颖、张榕明、钱运录、孙家正、李金华、郑万通、万钢、林文漪、厉无畏、罗富和、陈宗兴、王志珍、何厚铧和司马义·艾买提、何鲁丽、杨汝岱、孙孚凌、胡启立、陈锦华、王文元、王忠禹、罗豪才、张克辉、徐匡迪、张怀西、李蒙，中央军委委员陈炳德、李继耐、廖锡龙、常万全、靖志远、吴胜利、许其亮等出席茶话会。

中共中央总书记胡锦涛在全国政协新年茶话会上的讲话

同志们，朋友们：

今天是2011年元旦。在这一元复始、万象更新的喜庆时刻，我们在这里欢聚一堂，畅叙友情，共议国是，感到十分高兴。首先，我代表中共中央、国务院和中央军委，向各民主党派、工商联和无党派人士，向各人民团体，向全国广大工人、农民、知识分子、干部和各界人士，向人民解放军指战员、武警官兵和公安民警，向香港特别行政区同胞、澳门特别行政区同胞、台湾同胞和海外侨胞，向关心和支持中国现代化建设的国际友人，致以节日的祝福！祝大家新年好！

刚刚过去的2010年是我国发展进程中很不平凡的一年。面对复杂多变的国内外环境，全党全国各族人民高举中国特色社会主义伟大旗帜，团结一心、开拓前进，成功举办上海世博会、广州亚运会，战胜青海玉树强烈地震、甘肃舟曲特大山洪泥石流等重大自然灾害，有效巩固和扩大应对国际金融危机冲击成果，加快转变经济发展方式，改革开放不断深化，改善民生成效显著，经济保持平稳较快发展，社会主义政治建设、文化建设、社会建设以及生态文明建设和党的建设取得新的重大进展。我们坚持富国和强军的统一，着眼全面履行新世纪新阶段军队历史使命，加强国防和军队建设。我们巩固和拓展深入学习实践科学发展观活动成果，开展创先争优活动，不断提高党的建设科学化水平。我们坚持“一国两制”、“港人治港”、“澳人治澳”、高度自治的方针，大力支持香港、澳门特别行政区发展经济、改善民生、推进民主。我们牢牢把握两岸关系和平发展主题，签署两岸经济合作框架协议，推动两岸经济合作进入新阶段。我们积极开展全方位外交，加强同世界各国友好交往，积极参加应对国际金融危机、气候变化、核安全等全球性问题的国际合作，为人类和平与发展的崇高事业作出了新的贡献。

经过5年不懈努力，“十一五”规划确定的目标任务胜利完成，我国经济实力、综合国力、人民生活水平迈上新的台阶。这一成绩的取得极为不易。回顾“十一五”时期极不平凡的5年，我国改革开放和社会主义现代化建设既取得了新的重大成就，也积累了丰富的成功经验。5年的实践再次证明，有中国共产党的坚强领导，有中国特色社会主义道路和中国特色社会主义理论体系，有全党全国各族人民的紧密团结，我们一定能战胜前进道路上的任何艰难险阻，坚定不移推进全面建设小康社会进程，朝着中华民族伟大复兴的光明前景阔步前进。

同志们、朋友们！

2011年是中国共产党成立90周年，也是“十二五”时期开局之年。做好今年党和国家各项工作，具有十分重要的意义。当前，国际金融危机影响依然存在，各种全球性问题相互交织，外部环境中存在诸多不稳定不确定因素。在新的历史起点上，我国经济社会发展具有许多有利条件，同时也面临一些突出矛盾和问题，宏观经济平稳运行面临复杂形势，粮食稳定增产和农民持续增收基础不牢固，经济结构调整压力加大，资源环境约束增强，保障和改善民生、保持社会和谐稳定任务艰巨。尽管存在诸多可以预见和难以预见的风险和挑战，但我国发展仍处于可以大有作为的重要战略机遇期。全党全国要增强机遇意识、忧患意识、风险意识、责任意识，坚定必胜信心，牢牢把握机遇，创造性开展工作，为“十二五”时期发展开好局、起好步。

我们要全面贯彻党的十七大和十七届三中、四中、五中全会精神，以邓小平理论和“三个代表”重要思想为指导，深入贯彻落实科学发展观，继续抓住和用好我国发展的重要战略机遇期，按照“十二五”规划建议提出的目标任务，正确把握国内外形势新变化新特点，以科学发展为主题，以加快转变经济发展方式为主线，实施积极的财政政策和稳健的货币政策，增强宏观调控的针对性、灵活性、有效性，加快推进经济结构调整，大力加强自主创新，切实抓好节能减排，不断深化改革开放，着力保障和改善民生，巩固和扩大应对国际金融危机冲击成果，全面推进社会主义经济建设、政治建设、文化建设、社会建设以及生态文明建设，开创党的建设新局面，保持经济平稳较快发展，促进社会和谐稳定。

在新的一年里，我们要突出加快转变经济发展方式这条主线，加强和改善宏观调控，坚持扩大内需战略，推进发展现代农业，加快经济结构战略性调整，加强市场保障和价格稳定工作，加强节能减排和防灾减灾体系建设，加大改革攻坚力度，提高对外开放质量和水平。我们要发展社会主义民主政治，坚持党的领导、人民当家做主、依法治国有机统一，全面落实依法治国基本方略，巩固和壮大最广泛的爱国统一战线，促进人权事业全面发展。我们要推动社会主义文化大发展大繁荣，建设社会主义核心价值体系，深化思想道德建设和精神文明创建活动，大力发展文化事业和文化产业，加大公共文化服务体系建设力度。我们要着力保障和改善民生，落实教育优先发展战略，促进就业和构建和谐劳动关系，合理调整收入分配关系，加快建设覆盖城乡居民的社会保障体系，扎实推进医药卫生体制重点改革，加快保障性住房建设，扎实推进灾后恢复重建工作，加强和创新社会管理，切实维护社会和谐稳定。我们要继续贯彻新时期军事战略方针，加快军队机械化信息化复合发展，不断提高军队履行新世纪新阶段历史使命能力。我们要继续推进党的建设新的伟大工程，深入开展创先争优活动，加强和改进新形势下群众工作，深入推进党风廉政建设和反腐败斗争，不断提高党的领导水平和执政水平，为全面建设小康社会、坚持和发展中国特色社会主义提供可靠政治和组织保障。

在新的一年里，我们要坚定不移贯彻"一国两制"、"港人治港"、"澳人治澳"、高度自治的方针，严格按照特别行政区基本法办事，全力支持特别行政区行政长官和政府依法施政，加强内地和香港、澳门交流合作，促进香港、澳门长期繁荣稳定。我们要坚持"和平统一、一国两制"的方针，牢牢把握两岸关系和平发展主题，巩固两岸关系发展基础，深化两岸经济合作，扩大两岸人员往来，继续为两岸同胞谋福祉。

在新的一年里，我们要继续奉行独立自主的和平外交政策，坚持走和平发展道路，坚持互利共赢的开放战略，坚持在和平共处五项原则的基础上同所有国家发展友好合作，积极参与应对全球性和区域性问题的国际合作，同各国人民一道努力，促进世界和平、稳定、繁荣。

要胜利完成今年的各项任务，我们必须再接再厉、同心协力、锐意进取。再接再厉，就是要适应国内外形势新变化，顺应各族人民过上更好生活新期待，有效利用我国发展的难得机遇，有力应对前进道路上的各种挑战，不自满、不懈怠、不折腾，意气风发夺取全面建设小康社会新胜利。同心协力，就是要增强全党全国各族人民走中国特色社会主义道路和实现中华民族伟大复兴的理想信念，坚持聚精会神搞建设、一心一意谋发展，紧紧依靠最广大人民群众，万众一心推进改革开放和社会主义现代化建设。锐意进取，就是要坚持解放思想、实事求是、与时俱进，大力发扬改革创新精神，勇于变革、勇于创新，着力研究新情况、探索新思路、破解新难题，奋发有为开创党和国家各项工作新局面。

同志们、朋友们！

在过去的一年里，人民政协高举爱国主义、社会主义旗帜，牢牢把握团结和民主两大主题，认真履行政治协商、民主监督、参政议政职能，坚持围绕中心、服务大局，积极参政议政、建言献策，就大力发展战略性新兴产业、加快实施西部大开发战略、做好民族工作和宗教工作、推进义务教育均衡发展等涉及国计民生的重要专题深入进行调研，为完成"十一五"规划确定的目标任务、科学制定"十二五"规划、促进两岸关系和平发展、扩大我国人民同各国人民的友好往来作出了重要贡献。

在新的一年里，人民政协要紧紧围绕党和国家工作大局，着力把握新形势下人民政协工作特点和规律，充分发挥自身优势，主动开展群众工作，调动一切积极因素，不断推进人民政协和统一战线事业，把思想统一到中央决策部署上来，把力量凝聚到实现"十二五"时期目标任务上来，为党和国家事业发展作出新的更大的贡献。

同志们、朋友们！

新的前进号角已经吹响，新的伟大征程已经开启。让我们更加紧密地团结起来，再接再厉、同心协力、锐意进取，扎扎实实做好改革发展稳定各项工作，夺取全面建设小康社会新胜利，以优异成绩迎接中国共产党成立90周年！

中俄原油管道正式投产输油

俄罗斯的原油输送至我国境内的中俄原油管道正式投入商业运营，标志着我国东北方向的原油进口战略要道正式贯通。中俄原油管道起自俄罗斯远东原油管道斯科沃罗季诺分输站，穿越中国边境，止于黑龙江大庆末站，管道全长近1000公里，设计年输油量1500万吨，最大年输油量3000万吨。

从2011年1月1日起，中俄双方将正式履行每年1500万吨原油进口协议，共持续20年。

1月2日

国务院总理温家宝到内蒙古牧区看望群众

1月1日至2日，温家宝到内蒙古自治区锡林郭勒盟牧区看望各族干部群众，向他们致以新年的问候和祝福。

温家宝指出，中国牧区面积大、发展潜力大，牧业发展不仅关系到牧民生活改善，也关系到城市居民副食供应。统筹城乡发展，不仅要重视"三农"工作，还要重视牧业发展、牧区进步和牧民生活水平的提高。要以建立草原生态保护补偿奖励机制为契机，认真研究制定推进牧区又好又快发展的政策措施。

温家宝说，牧民居住分散，生活不方便。要通过各种方式鼓励送生活必需品下乡、送文化下乡，满足牧民生活的需要。他强调，统筹城乡发展，要在推进城镇化的同时，使农村现代化、牧区现代化。要更加重视牧业发展，花更多的力量、更多的投入，加快牧业现代化。各级领导干部要帮助牧民们解决生产生活中存在的困难。

1月3日

全国企业软件正版化基本完成

国家版权局发布消息：我国软件正版化工作取得重要进展，大型国有、外商投资、民营企业软件正版化已基本完成，企业使用正版软件的比例大幅提升，11652家企业基本完成软件正版化，超98%计算机预装正版操作系统软件。

由西安东风仪表厂研制的矿用救生舱试验成功

该厂主任设计师白建成介绍，该救生舱为国内目前自动化程度最高的救生舱。

1月4日

全国宣传部长会议在北京召开

会议于1月4日至5日召开。中共中央政治局常委李长春出席会议并讲话。

李长春指出，今年是我国文化改革发展加速推进的关键一年，要以胡锦涛总书记在中央政治局第二十二次集体学习时的重要讲话为强大思想武器，进一步增强改革创新的自觉性和主动性，紧紧围绕加快文化体制机制改革创新、加快构建公共文化服务体系、加快发展文化产业、加强对文化产品创作生产引导的重点任务，按照"十二五"时期文化改革发展的总体部署，加大力度、加快进度、巩固提高、重点突破、全面推进，着力破解文化发展难题，着力转变文化发展方式，在深化文化体制改革上迈出新步伐，促进我国文化又好又快发展。各级党委要深入学习领会中央精神，进一步提高对宣传思想文化工作重要战略地位的认识，努力使宣传思想文化工作达到新的水平。

中共中央政治局委员、中央书记处书记、中宣部部长刘云山作总结讲话。

中共中央政治局委员、国务委员刘延东，全国政协副主席、中国社科院院长陈奎元出席了会议。

各省、自治区、直辖市和新疆生产建设兵团以及副省级城市的党委宣传部长，中央和国家机关有关部委、中央宣传文化系统各单位、总政宣传部、武警总部政治部和有关人民团体的负责同志出席会议。出席全国对外宣传工作会议、全国文明办主任会议、全国文化厅局长会议的代表列席了会议。

全国铁路工作会议在北京召开

中共中央政治局委员、国务院副总理张德江出席会议并讲话。

张德江指出，"十二五"时期铁路系统要抓住机遇，奋勇开拓，重点抓好以下工作：一要优质高效推进铁路建设，继续加大投入力度，加快建设步伐，按期完成重点工程建设任务，加强工程质量管理和控制，把每一项工程都建成精品工程、优质工程。二要确保铁路建设和运输安全，落实各项安全生产措施，防止重大安全事故发生，特别要突出抓好高速铁路安全工作，确保高速铁路安全持续稳定、万无一失。三要进一步增强铁路自主创新能力，实现理论研究、关键技术再创新、再突破，巩固发展我国铁路技术领先地位，提高我国铁路技术和产品的国际竞争力。四要切实提高铁路运输服务保障能力，创新管理理念，优化运输模式，最大限度地满足经济社会发展的运输需要和人民群众出行需求，最大限度保证重点物资运输。五要努力提高铁路发展质量和效益，加强企业管理，提高铁路经营效益，大力推进节能减排，努力建设绿色铁路。六要继续深化铁路改革开放，推进铁路体制机制创新，加快铁路"走出去"步伐，增强铁路发展活力。七要加强领导班子建设和职工队伍建设，为铁路加快发展、科学发展提供组织领导保障、人才保障和队伍保障。

会议发布消息，2011年，全国铁路安排建设投资7000亿元，安排新开工项目70个，其中高铁和城际铁路项目15个，区际干线和煤运通道项目26个，主要有京沈、京张呼、杭黄等高铁，以及西银、青岛—日照—连云港、库尔勒—格尔木、九江—景德镇—衢州等普速铁路。根据国务院京沪办建设领导小组第四次会议的最新精神，京沪高铁将于今年6月通车。

国务院批复《山东半岛蓝色经济区发展规划》

《山东半岛蓝色经济区发展规划》的批复实施，是我国区域发展从陆域经济延伸到海洋经济、积极推进陆海统筹的重大战略举措，标志着全国海洋经济发展试点工作进入实施阶段，也标志着山东半岛蓝色经济区建设正式上升为国家发展战略，成为国家海洋发展战略和区域协调发展战略的重要组成部分。

广东珠海人民检察院高新区知识产权检察室挂牌成立

该检察室是全国首家由市检察院派出、独立设置的知识产权检察室。

国务院副总理李克强在马德里与西班牙副首相萨尔加多举行会谈

外交部部长杨洁篪在白宫与美国总统奥巴马举行会谈

中国国际战略学会2010年年会在北京举行

会长马晓天主持并作了题为“把握战略机遇期的时代内涵，明确我们的历史使命和担当”的主题发言。200多名老将军、老外交官和中青年学者出席了年会。

纪念杨得志百年诞辰座谈会在人民大会堂举行

中共中央政治局常委、国家副主席、中央军委副主席习近平出席座谈会。

座谈会全面回顾了杨得志同志的光辉革命生涯和崇高精神后说，杨得志同志为民族独立和人民解放，为国防和军队建设事业贡献了毕生精力，建立了不朽功勋。他的崇高品质和革命风范，永远值得我们学习。我们要学习杨得志同志对党忠诚、对共产主义事业矢志不移的坚定信念；要学习杨得志同志智勇双全、能征善战的指挥才能；要学习杨得志同志善于学习、锐意进取的开拓精神；要学习杨得志同志襟怀坦白、光明磊落的崇高品德。

座谈会指出，当前我军建设正处在关键阶段，任务艰巨繁重。让我们更加紧密地团结在以胡锦涛同志为总书记的党中央周围，高举中国特色社会主义伟大旗帜，以邓小平理论和“三个代表”重要思想为指导，深入贯彻落实科学发展观，继承发扬老一辈无产阶级革命家的优良传统和作风，同心同德，振奋精神，埋头苦干，在新的起点上推动军队建设科学发展，不断提高履行使命任务的能力，为维护国家主权、安全和发展利益，为全面建设小康社会贡献力量。

中央军委委员、国务委员兼国防部部长梁光烈和迟浩田、曹刚川，以及中央军委委员李继耐、廖锡龙、常万全、靖志远、吴胜利、许其亮出席座谈会。座谈会由中央军委委员、总参谋长陈炳德主持。座谈会上，副总参谋长章沁生、湖南省委副书记梅克保、军事科学院原战术研究部研究员杨凤安先后发言。

《江海横流显本色 人间正道是沧桑——以胡锦涛同志为总书记的党中央“十一五”时期治国理政纪实》单行本出版

中央各部门各单位出版社完成转企改制

中央各部门各单位出版社体制改革工作领导小组办公室主任、新闻出版总署署长柳斌杰介绍，在此次转制的148家中央各部门各单位经营性出版社中，除1家出版社停办退出，13家原本没有核定过编制外，余下134家出版社均核销了事业单位、事业编制。基本完成了清产核资、核销事业编制、注销事业单位等转制所必须履行的手续，全面完成了中央确定的转制任务，整个出版社转制进入扫尾工作。

全国“扫黄打非”办公室公布2010年“扫黄打非”十大案件

1. 河北衡水“3·27”非法出版期刊案
2. 江苏无锡“12·02”手机网站传播淫秽物品牟利案
3. 湖北荆州“8·24”网络传播淫秽色情信息案
4. 山东梁山“9·19”盗版教辅图书案
5. 黑龙江哈尔滨“3·07”特大销售非法出版物案
6. 贵州贵阳“4·01”批销淫秽音像制品案
7. 四川成都“8·19”批销淫秽盗版光盘案
8. 河南新乡“9·03”非法印刷盗版图书案
9. 新疆“1·01”特大制售非法出版物案
10. 河南新乡“9·14”非法印刷盗版图书案

国家林业局公布第四次全国荒漠化和沙化监测结果

国务院新闻办在今日举行的新闻发布会上发布的监测结果显示，截至2009年年底，全国荒漠化土地面积262.37万平方公里，沙化土地面积173.11万平方公里，分别占国土总面积的27.33%和18.03%。2005年年初至2009年年底，全国荒漠化土地减少1.25万平方公里，沙化土地减少8587平方公里。监测表明，我国土地荒漠化和沙化整体得到初步遏制，荒漠化、沙化土地持续净减少，局部地区仍在扩展。

1月5日

国务院总理温家宝就实施农村电网改造升级工程主持召开国务院常务会议

会议指出，自1998年实施农村电网改造、农村电力管理体制改革和城乡用电同网同价以来，我国农村电网结构明显改善，供电可靠性显著提高，农村居民用电价格大幅降低，为农村经济社会发展创造了良好条件。但受多种因素制约,目前我国农村电网建设仍存在许多矛盾和问题。中西部偏远地区农村电网改造面低,农业生产供电设施以及独立管理的农场、林场、小水电自供区等电网大部分没有改造,部分地区还没有实现城乡用电同网同价,一些改造过的农村电网也与快速增长的用电需求不相适应。必须按照统一规划、分步实施,因地制宜、突出重点,经济合理、先进适用,深化改革、加强管理的原则,实施新一轮农村电网改造升级工程。

会议提出,在"十二五"期间,使全国农村电网普遍得到改造,农村居民生活用电得到较好保障,农业生产用电问题基本解决,基本建成安全可靠、节能环保、技术先进、管理规范的新型农村电网。为此,一要按照新的建设标准和要求对未改造地区的农村电网进行全面改造。二要对已进行改造但仍存在供电能力不足、供电可靠性较低问题的农村电网,实施升级改造。三要因地制宜地对粮食主产区农田灌溉、农村经济作物和农副产品加工、畜禽水产养殖等供电设施进行改造,满足农业生产用电需要。四要按照统筹城乡发展要求,在实现城乡居民用电同网同价基础上,实现城乡各类用电同网同价,进一步减轻农村用电负担。五要深化农村电力体制改革,全面取消县级电网企业"代管体制",建立有利于促进农村电力健康发展的体制机制。六要加大资金支持力度。中西部地区农村电网改造升级工程项目资本金主要由中央安排。继续执行每千瓦时电量加收2分钱的政策,专项用于农村电网建设与改造升级工程贷款的还本付息。

会议要求,各地区、各有关部门、单位要高度重视,强化组织领导,科学编制规划,加强工程质量管理,确保农村电网改造升级工程顺利实施。

中央党校校长习近平在北京与中央党校第48期省部级干部进修班学员举行座谈

来自不同领域的9位学员谈了自己的学习收获和体会,围绕座谈主题提出了意见和建议。

习近平指出,干部教育培训工作是全面提高干部队伍素质的重要手段。各级党校、行政学院、干部学院要认真贯彻执行《2010—2020年干部教育培训改革纲要》,按照中央关于新一轮大规模培训干部的要求和部署,大力推进教育培训改革,不断完善培训班次、丰富培训内容、创新教学方式、改进教学方法,不断提高教育培训科学化水平,在推进干部队伍建设、领导班子建设和学习型党组织建设中充分发挥作用。

习近平强调,群众工作是我们党的优良传统和政治优势。群众工作的本质是密切党群关系,核心是正确处理人民内部矛盾。做群众工作,要始终站在人民群众的立场上,真心为群众着想,全力为群众造福,办好顺民意、解民忧、惠民生的实事,维护好、实现好、发展好最广大人民的根本利益。正确的方式方法是做好群众工作的保障。要认真贯彻执行已有的行之有效的群众工作制度,大力弘扬深入群众、深入基层、深入调查研究的优良传统,拿出更多的时间和精力到基层去、到一线去、到条件较差和情况复杂的地方去,察实情、办实事、求实效,做到谋划发展思路向人民群众问计,查找发展中的问题听人民群众意见,改进发展措施向人民群众请教,落实发展任务靠人民群众努力,衡量发展成效由人民群众评判。面对新形势新任务,要善于研究和把握群众工作的特点和规律,创新工作方法,把群众工作做深做细做实,增强群众工作的亲和力和感染力,提高群众工作的针对性和实效性。

参加座谈会的有中央有关部门负责同志,中央党校第48期省部级干部进修班全体学员。

2010年家电下乡销售额超1700亿元

商务部发布数据:2010年,全国家电下乡产品累计销售7718万台,实现销售额1732.3亿元,同比分别增长1.3倍和1.7倍。

国务院副总理李克强在马德里会见西班牙国王胡安·卡洛斯一世

国务院副总理李克强在马德里会见西班牙首相萨帕罗

李克强说,双方可以大力开展技术、资本等领域合作,培育新的经贸合作亮点,欢迎西班牙企业向中国推介有竞争力的产品,开拓节能环保、新能源、新材料等新的合作领域,鼓励有实力的企业强强联合,开拓第三方市场,实现互利共赢。

萨帕特罗表示钦佩中国在国家发展规划上的连续性和稳定性,赞赏中国对外友好政策的一贯性,期待与中国加强合作,尤其在金融、服务业等领域,欢迎更多中国企业到西班牙投资兴业,西方将提供一切便利和支持,欢迎更多中国人来美丽的西班牙旅游。

会见后,李克强副总理与萨帕特罗首相共同出席了两国在金融、电信、能源、油气、食品等领域15个项目合作文件的签字仪式。

国务院副总理李克强在西班牙首都马德里出席中西企业家早餐会并致辞

李克强在马德里出席中西企业家早餐会并发表题为《满怀信心 合作发展》的讲话。西班牙工业、旅游与商务大臣塞瓦斯蒂安及中西企业家代表100多人出席。

国务院副总理李克强在中西企业家早餐会上发表题为《满怀信心 合作发展》的致辞

尊敬的塞瓦斯蒂安大臣，女士们、先生们、朋友们：

早上好！新年的钟声刚刚响过。我与我的同事们踏上了美丽富饶的西班牙国土，带来了中国人民的良好祝愿。在此，谨对西班牙方面给予的热情接待表示衷心的感谢。

西班牙是我们此次欧洲之行的第一站。我们为表示友好而来，因为西班牙是中国在欧盟内可以信赖的好朋友、好伙伴；我们为传递信心而来，因为中国人民和西班牙人民都具有坚韧自信、勇往直前的特点，相信能够克服国际金融危机的深层次影响；我们为寻求合作而来，因为中西经济互补性很强、具有广阔的合作发展前景。

中西建交30多年来，两国相互支持，在国际事务中加强配合，建立了全面战略伙伴关系。双边贸易额从建交之初的2000万美元扩大到去年的200多亿美元，增长了1000倍以上。西班牙在华投资项目累计超过1800个，中国在西班牙的投资也迅速增加。双方金融、电信、旅游合作取得新成果，每年往来游客超过20万人次。彼此在对方设立的孔子学院和塞万提斯学院办得红红火火，马德里的中国文化中心即将建成，中国中央电视台西班牙语频道已经开播，为两国教育和文化交流架起了桥梁。世界上有5亿人在说西班牙语，加上13亿中国人口，总数达18亿人，超过全球总人口的1/4。良好的中西关系，对中国与其他西语国家开展友好合作发挥了积极作用。中国和西班牙已经成为不同历史文化背景、不同发展水平、不同社会制度国家之间友好合作的典范。

昨天，我同萨尔加多副首相就共同关心的议题进行了深入、坦诚的探讨。我们都认为，当前世界经济正在恢复增长，但复苏的基础不牢固、进程不平衡，存在着不稳定性。中国与西班牙、中国与欧洲应加强对话交流，谋求共同发展。我们发自内心地希望西班牙和整个欧洲实现稳定增长、持久繁荣。

著名航海家哥伦布曾说过："只要我们把希望的大陆牢牢装在心中，风浪就一定会被我们战胜。"通过应对国际金融危机，各国普遍认识到，在经济全球化的背景下，国际社会只有携手合作才能继续前行，因为在重大挑战面前没有一个国家能够独善其身。当前欧洲一些国家包括西班牙在经济上遇到了暂时困难。中国人民相信，面对挑战，西班牙人民一定能够战胜困难，实现新发展。中西具有患难与共、相互帮助的传统。同舟共济、同甘共苦是中华文化的一个核心内容。多年来，当中国遇到困难时，西班牙政府和人民伸出了援助之手。在西班牙面临一些困难的时候，中国也给予并将继续给予力所能及的支持。在相互支持中促进世界经济稳定复苏，有利于中国，也有利于西班牙，可以实现互利双赢、互利多赢。

刚刚过去的2010年，中国经济预计增长10%左右，社会商品零售总额增长18.5%，内需已成为拉动经济增长的主要动力，对经济增长的贡献率在90%以上。内需的扩大又带动了进口的增加。中国虽然经济规模已位居世界前列，但还是一个发展中国家，人均国内生产总值只有4000美元左右，按照联合国标准还有1.5亿人口生活在每天1美元的贫困线以下。中国发展的任务仍相当艰巨，需要同世界共成长。扩大内需和对外开放都是我国的战略，中国的进一步发展，必然会继续扩大与世界各国的贸易往来和相互投资。这次访问期间，中西双方将签署政府协议和商业合同共15个项目，总金额75亿美元。

下面，我就进一步加强中西合作谈几点看法：

第一，共同应对国际金融危机深层次影响。中国与西班牙应增强宏观经济政策沟通和协调，以合作抗风险，以合作促发展。西班牙作为欧元区核心国之一，多年来为欧洲经济健康发展起到了积极作用，也是维护欧洲金融市场稳定的重要力量。中国支持西班牙采取的一系列经济金融调整措施，并愿与西班牙一起探讨各种积极有效的合作方式。中国是欧洲和西班牙金融市场负责任的长期投资者，对西班牙金融市场抱有信心。我们欢迎西班牙金融企业到中国开拓新的业务，也期待西班牙对中国金融企业进一步开放市场。

第二，扩大双边贸易。中国一贯主张内外平衡发展，无意追求贸易顺差。进一步改善国际收支状况，是中国宏观调控的重要目标。我们稳定增加从西班牙的进口，去年1—11月西班牙对华出口增长了55.7%。进一步扩大双边贸易，仍有很大潜力。希望两国企业把更多的西班牙优势产品和服务推介到中国去。我们也鼓励中国居民到西班牙旅游和度假，领略独特的西班牙风情和风光。

第三，提升投资与合作水平。中西双向投资的潜力很大。我们支持双方在电信、金融、石油化工、清洁能源等领域开展多种形式的投资合作，并愿在平等互利的基础上开展第三方合作。我们准备同西班牙合作建立中西可再生能源中心，这有利于西班牙风电等先进的技术和设备进入中国市场。西班牙在支持中小企业发展方面有丰富的经验，很多做法值得我们借鉴。中方正在筹建中欧中小企业合作基金，愿与西班牙方面探讨如何充分利用这一机制，为双方中小企业合作提供更多支持。

女士们、先生们！

西班牙是欧盟的重要成员，在深化中欧合作中一直走在前列，为推动中欧关系发挥了积极作用。中欧作为国际上两支重要力量，是国际体系的积极参与者和建设者。中国政府坚定支持欧洲一体化建设，支持欧盟在国际事务中发挥更大作用，支持欧盟和国际货币基金组织采取的一系列金融稳定措施。中欧处于不同的发展阶段，经济互补性很强，在双边和全球层面利益交融、相互依存，发展更加紧密的中欧关系符合双方的利益。中欧应本着务实合作的精神，继续推动全面战略伙伴关系向纵深发展。

中欧应继续深化经贸领域的合作。中国是欧盟第二大贸易伙伴和出口市场。去年1—11月，欧盟对中国出口大幅增长，增速达到32.6%。中国坚定不移地扩大对外开放，欢迎外商投资。我们将继续加强知识产权保护，为包括外商投资企业在内的各类企业创造更加公开透明、规范公正的环境，对内外资企业一视同仁，给予同等国民待遇。我们希望欧方尽早承认中国完全市场经济地位，放宽对华高技术产品出口限制。双方应共同反对贸易和投资保护主义，通过对话磋商解决经贸合作中的摩擦和问题，为深化合作创造更好的环境。

中欧应继续加强重大国际问题对话与合作。中欧都主张维护世界文明的多样化特征，都坚定不移地反对国际恐怖主义，共同应对气候变化，致力于维护世界和平与稳定。双方应进一步增进交流，相互包容，共同在国际事务中发挥更为积极的作用。中国愿与欧盟在二十国集团、亚欧会议和中欧领导人会晤等重要机制中密切沟通协调，携手应对气候变化、能源资源安全、粮食安全、公共卫生安全、重大自然灾害等全球性挑战。

女士们、先生们！

我相信，只要我们满怀信心、坦诚相待、共同努力，就一定能够抓住有利机遇，战胜各种挑战，实现中国、西班牙、欧洲的共同繁荣发展！

谢谢大家。

外交部部长杨洁篪在华盛顿同美国国务卿希拉里·克林顿举行会谈

中国战略文化促进会在北京成立

大会选举全国政协副主席郑万通为会长。

中国战略文化促进会是由从事国际问题研究、台湾问题研究和文化问题研究的专家、学者、团体和社会活动家组成的全国性、非营利性民间社会团体，旨在通过对中国战略文化的研究、传播和交流，为促进亚太地区安全稳定与台湾海峡两岸和平发展作出贡献。

第二十七届哈尔滨国际冰雪节在哈尔滨开幕

1月6日

国务院任免国家工作人员

任命孙志刚为国家发展和改革委员会副主任；

任命杜玉波、杜占元、刘利民为教育部副部长；

任命陈小娅（女）为科学技术部副部长；

任命杨刚为国家质量监督检验检疫总局副局长；

任命韩俊为国务院发展研究中心副主任；

任命时希平为国有重点大型企业监事会主席；

任命殷晓静（女）为中央人民政府驻香港特别行政区联络办公室副主任。

免去陈小娅（女）的教育部副部长职务；

免去李学勇、杜占元的科学技术部副部长职务；

免去崔世安的国有重点大型企业监事会主席职务。

最高人民检察院 中共福建省委在福州召开表彰大会授予李彬“全国模范检察官”和“全省优秀共产党员”称号

最高人民检察院检察长曹建明、福建省省委书记孙春兰分别向李彬颁发了荣誉奖章和证书。

李彬是福建省人民检察院反贪局副处级检察员，2007年10月挂职三明市清流县李家乡鲜水村任党支部第一书记。短短3年间，这个省级扶贫开发工作重点村发生了巨变，农民人均收入由2006年的2850元提高到2009年的6100元，一跃成为清流县新农村建设示范村。2010年6月，李彬因过度劳累患慢性肾衰竭重症。病中，李彬仍时刻不忘关心村里的受灾情况，指导村民抓好灾后重建工作。

国台办发言人就两岸经济合作委员会正式成立答记者问

国台办发言人范丽青在应询时表示，海协会与台湾海基会就委员会相关问题进行了认真研究与沟通，两会换函通报了委员会成员名单，发表了新闻稿，标志着委员会正式成立。

范丽青说，委员会在海协会和海基会框架下成立，是框架协议及其相关内容的执行和磋商机构。委员会由双方指定的代表组成，负责处理与框架协议相关的事宜。委员会每半年召开一次例会，必要时经双方同意可召开临时会。

范丽青表示，委员会采取双首席代表制，大陆方首席代表为海协会特邀顾问姜增伟,代表包括商务部、国台办、发改委、工信部、财政部、海关总署、质检总局等7个部门的海协会理事、专家。双方同意,未来可视议题需要调整和增补相关人员。

范丽青强调,框架协议成立由双方指定人员组成的委员会,是推动两岸经济关系制度化的重要进展。

国务院副总理李克强在柏林出席中德工商界晚宴并发表演讲

李克强在柏林出席中德工商界晚宴并发表题为《加深相互理解 实现合作共赢》的演讲。德国经济部长布吕德勒以及中德工商界代表250多人出席。

国务院副总理李克强在中德工商界晚宴上发表题为《加深相互理解 实现合作共赢》的演讲

尊敬的布吕德勒部长,女士们、先生们、朋友们:

很高兴出席今天的晚宴,与中德工商界朋友共聚一堂。中德经贸合作能有今天这样的好成果、好势头,在座的企业家付出了辛勤努力。双方工商界不仅推动了彼此经贸关系的发展,也增进了两国人民的友谊。借此机会,我向大家表示衷心感谢!

德国经济发达、技术先进,产生了许多著名的哲学家、科学家、音乐家。多年来,德国一直保持了世界主要经济体的地位,对全球和地区事务的影响力持续上升。在应对国际金融危机中,去年德国经济增长超过3%,成为欧洲经济复苏的引擎。我们为德国所取得的成绩感到高兴。德国是中国在欧盟内重要的合作伙伴,去年中德双边贸易额达到1400亿美元,占中国和欧盟贸易额的近1/3。这次中国政府代表团来德国访问,带着中国人民对德国人民的友谊而来,带着深化中德经贸合作的愿望而来,也是为全面推进中德战略伙伴关系而来。

女士们、先生们!

很多朋友关心中国当前经济发展形势和未来前景,下面我就此作些介绍。

过去两年多,中国有效应对国际金融危机,保持了经济平稳较快发展。2010年中国国内生产总值预计增长10%左右,社会商品零售总额增长18.5%,内需拉动力进一步增强,其增长对经济增长的贡献率超过90%。中国消费需求旺盛,财政金融稳固,经济运行正逐步转入稳定增长的轨道。我们有信心、有条件、也有能力保持中国经济长期平稳较快发展。

同时应当看到,中国仍然是一个发展中国家,经济发展中不平衡、不协调、不可持续的问题依然突出。虽然中国的经济总量已居世界前列,但人均国内生产总值还排在世界100位左右。虽然中国的大城市和沿海地区已经发展起来,但广大农村和中西部地区还比较落后。中国要实现基本现代化,使十几亿人民共享改革发展成果,仍然需要经过长期艰苦的努力。

今后五年,中国的发展将是创新转型的发展。最近,我们制定了未来五年的发展蓝图。主要思路是,坚持以人为本、全面协调可持续的科学发展,加快转变经济发展方式,以保持经济长期平稳较快发展、让全体人民共享改革发展成果。我们将坚持扩大内需,在推进城镇化的进程中加快建设新农村,推动中西部地区加快发展,促进中低收入居民增收,使中国巨大的内需潜力源源不断地释放出来。我们将加快改革创新,充分发挥市场在资源配置中的基础性作用,对经济结构进行战略性调整,着力提升产业发展水平。我们将推动绿色发展,建立节约资源和保护环境的生产方式和消费模式,不断提高生态文明水平。这样的增长是内生的增长,立足于扩大内需,发挥企业的主体作用;这样的增长也是包容性增长,广大人民群众能够从增长中得到实实在在的好处。

展望未来,再经过十年的努力,中国将建成惠及十几亿人口的更高水平的小康社会,实现人们学有所教、劳有所得、病有所医、老有所养、住有所居,生活温饱有余而又充裕。2020年的中国,工业化将基本实现,市场规模显著扩大,人民生活质量和文明素质明显提高、享有各项权利更加充分,社会富有活力而又和谐稳定,对外更具亲和力和包容性。一句话,就是全体人民会过上更加幸福安定的生活。在此基础上,我们将继续推进实现中国现代化建设的第三步战略目标。

女士们、先生们!

中德建交以来,两国关系长足发展,政治互信不断加深,建立了战略伙伴关系。在应对国际金融危机中,两国密切沟通、协调行动,务实合作进一步深化。目前,中德已互为各自地区最大的贸易伙伴;德国是中国在欧盟最大的技术来源国,也是对华直接投资最多的国家之一。截至2010年11月底,德方在中国的直接投资项目6904个,实际投资171亿美元。德国企业对华开展投资合作,在中国改革开放和现代化进程中发挥了重要作用,同时也获得了合理利润回报。

新的形势下,中德面临诸多相同的机遇和挑战。两国虽然分别是发展中国家和发达国家,但同为制造业大国、出口大国,利益交集多,合作基础好。两国工商界应增进共识、携手共进,推动经贸合作向更高层次、更大规模迈进,更好地实现互利双赢。借此机会,我愿就深化中德务实合作谈三点想法。

第一,拓展合作领域,创新合作机制。机械、汽车、化工、电子电气、交通运输、通信等,是两国经贸合作的重要领域,双方应继续巩固和深化这些传统领域的良好合作。在新能源、新材料、节能环保、低碳技术、绿色经济等方面,德国有优势,中国有大市场大需求,双方应拓展这些新领域的合作。两国现有的中德经济技术合作论坛、经贸合作联委会等机制,为两国务实合作发挥了重要作用。下一步,双方应根据形势的需要,建立新的合作机制。中德将共同举办中德金融稳定论坛,还将设立中德船舶基金,这些都是重要的尝试。

第二,扩大贸易规模,促进相互投资。中德两国贸易额比较大,但相比于两国的经济规模和市场需求,还有很大的增长潜力,值得深入挖掘。投资合作对贸易合作具有重要推动作用。尽管德国对华投资规模较大,但只占德国对外投资总额的2%,中国企业对德投资总额也只有10多亿美元,双方相互投资还有很大潜力可挖。我们欢迎更多的德国企业来华投资,包括共同办好"中德生态园"、"中德中小企业创业基地"等示范性项目。同时,希望德国保持市场开放,简化商务人员赴德签证等手续,增强中国企业赴德投资的信心。反对保护主义是两国的共同利益,双方应首先从自身做起。

在新的时期,中国将以更加开放的姿态面向世界。一是中国的市场会更加开放。中国将实施更加积极主动的开放战略,继续引进国外先进技术、管理经验、高层次人才以及必要的资金,继续推进贸易投资自由化、便利化。欢迎德国企业更加积极地到中国投资创业,投资于节能环保等战略性新兴产业,投资于现代农业、现代服务业、高新技术产业,投资于中国中西部地区。二是中国的市场会更加公平。我们对在华设立的外商投资企业和内资企业一视同仁,给予同等国民待遇。三是中国的市场会更加规范。我们将不断完善涉外经济法律法规和政策,规范市场经济秩序,为各类企业提供公平竞争、稳定有序、透明和可预期的市场环境。

第三,适应市场需求,加强技术合作。德国拥有一流的技术,需要多元化的市场来容纳;中国有着广阔的市场,经济发展需要先进技术。把中方的市场和德方的技术结合起来,不仅可以做大"蛋糕"、分享利益,而且可以在合作中共同提高竞争力。双方应以更加宽广、长远的视野对待中德经贸合作,超越单纯的买卖关系,进一步加强技术合作,推进共同研发并将技术成果转化为产品。在外方合作伙伴向中方转让技术的问题上,中国始终遵循市场的规则和自愿的原则,促进企业互利共赢。中国将更加严格地保护知识产权,这不仅是营造良好投资环境的需要,也是中国建设创新型国家的必然要求。我们也希望德方推动欧盟放宽对华高技术产品出口限制。

"国之交在于民相亲"。走向成熟的中德关系,不仅仅表现在经贸合作的深化,还体现于人文交流的扩大。我们支持在德国举办"中国文化年"、建立"中德未来之桥"论坛。通过加强文化交流,增进两国人民友谊,夯实中德关系发展的民意基础。

中国关注当前欧洲一些国家的主权债务问题,坚定支持相关国家、欧盟和国际货币基金组织采取的一系列金融稳定措施。我们坚信,在欧洲各国和国际社会的共同努力下,欧洲一定能够克服暂时的困难,维护经济稳定和健康发展。中国作为负责任的长期投资者,将在国际市场上继续发挥积极和稳定的作用。无论过去、现在还是将来,欧洲金融市场都是中国主要投资市场之一。中国高度重视发展同欧盟的关系,坚定支持欧洲一体化建设,支持欧盟在国际事务中发挥更大作用。我们愿意看到一个团结、繁荣、强大的欧洲,愿同欧方进一步增强政治互信、深化务实合作,推动中欧全面战略伙伴关系不断迈上新台阶。

女士们、先生们!

德国文学家歌德说过:"万物相形以生,众生互惠而成。"我深信,两国工商界人士只要增进互信、取长补短、精诚合作,就一定能分享互利共赢的成果,推动中德经贸合作迈上新台阶,给两国人民带来更多福祉,为各国繁荣作出更大贡献。

谢谢大家。

外交部部长杨洁篪在纽约联合国总部与联合国秘书长潘基文举行会谈

中国网媒2010年度新闻榜在北京揭晓

此活动由国务院新闻办公室指导,人民网、新华网等数十家新闻网站和互联网新闻研究中心共同主办,人民网承办。"上海世博会规模空前　展示城市文明最新成果"、"青海省玉树县发生7.1级地震　救援和重建工作展开"、"'嫦娥二号'卫星发射成功　各项任务取得圆满成功"、"智利矿难　33名矿工被困69天后被救"、"墨西哥湾发生漏油事件　造成美国史上最大环境灾难"、"南非举办足球世界杯　世界杯首次来到非洲"等分别入选2010年度国内十大新闻和国际十大新闻。

1月7日

全国国有资产监督管理工作会议在北京召开

中共中央政治局委员、国务院副总理张德江出席会议。

张德江指出,"十一五"时期,各级国有资产监管部门积极探索国资监管新模式、新机制、新方法,做了大量开创性、基础性工作,国资监管不断加强,国有企业改革发展取得显著成绩，国有经济活力、控制力、影响力进一步增强，在国民经济中的主导作用进一步发挥，为经济社会发展作出了重大贡献。

张德江强调，“十二五”时期，国有企业改革发展的任务更加繁重，国资监管要适应科学发展的时代新要求，适应国内外形势的新变化，勇于探索，勇于改革，勇于创新，进一步完善国资监管体制，促进国有经济发展壮大和科学发展。一是加强和改善国资监管，确保国有资产保值增值。要进一步完善国资监管的组织体系和法规制度体系，建立有利于国有企业科学发展的监管机制。创新监管方法，拓宽监管范围，逐步做到全过程、全方位监管，不留死角，不留遗漏，不出现重大失责。二是加大国有企业改革力度，增强国有企业活力。要大力推进国有经济战略性调整，继续推进公司制股份制改革，积极推进企业内部改革，以改革促发展。三是转变国有企业发展方式，提升国有经济发展质量。要引导国有企业承担起引领科技创新、管理创新、产品创新的重任，在转变发展方式、坚持科学发展中发挥带头作用，为提升国家创新能力、综合实力、国际竞争力、国家安全保障能力作出应有贡献。四是加强国资监管系统自身建设，全面履行国资监管各项职责。要不断加强思想建设、制度建设和党风廉政建设，努力培养一支政治强、作风好、懂企业、会监管的干部队伍，全面提高履行职责的能力。

全国国土资源工作会议在北京召开

会议发布消息：“十二五”时期我国国土资源管理的主要目标已确立。

“十二五”的主要目标是：耕地面积不减少、质量有提高。基本农田稳定在15.6亿亩以上，严格落实耕地占补平衡，建设占用和灾毁足额补充，通过农田整治、村庄整治、工矿废弃地复垦和宜农未利用地适度开发共增加耕地2800万亩，建设占用和灾毁耕地足额补充。地质找矿取得重大突破。扎实推进地质找矿新机制和“358”目标落实，新发现大中型矿产地500处以上，新形成10处以上大型能源资源基地，保障能力显著增强。节约集约利用水平明显提升。全面落实节约优先战略，实现单位GDP建设用地消耗降低30%以上，矿产资源总回收率提高3%—5%。维护民生作出新贡献。优先保障民生用地供应，保障性住房用地做到应保尽保，严格落实被征地农民的补偿政策，全面建立地质灾害调查评价、监测预警、防治和应急体系，防灾减灾能力明显提高。违规违法行为有效遏制。执法监管共同责任机制不断健全，国家土地督察制度不断完善，国土资源利用和管理秩序根本好转。城乡统一的建设用地市场和统一、竞争、开放、有序的矿业权市场初步建成。

国务院副总理李克强在柏林与德国总统武尔夫举行会谈

李克强说，中方始终从长远角度和战略高度看待中德关系。双方应进一步加强传统领域经贸合作，扩大相互投资规模，并为企业创造公平竞争的良好环境。德国是中国在欧盟最大的技术来源国，德国技术和中国市场相结合，对两国和世界都有利。

武尔夫表示，两国应进一步扩大双向投资，德欢迎中方接受邀请成为2012年德国汉诺威工业博览会主要伙伴国，这有利于世界了解中国的发展进步。双方还有必要加强在科技和创新领域的交流，中方可利用汉诺威博览会展示清洁能源技术，这对加强环保、应对气候变化具有积极的意义。

国务院副总理李克强在柏林与德国总理默克尔举行会谈

国务院副总理回良玉在路易港与毛里求斯总统贾格纳特举行会谈

2010年中国电影票房过百亿

据《人民日报》报道：2010年，全国电影票房收入达到101.72亿元。全国新增影院313家，新增银幕数1533块，全国城市影院银幕总数突破6200块。

1月8日

国务院总理温家宝签署第588号令发布《国务院关于废止和修改部分行政法规的决定》

《国务院关于废止和修改部分行政法规的决定》已经2010年12月29日国务院第138次常务会议通过，现予公布，自公布之日起施行。

总　理　温家宝

2011年1月8日

国务院关于废止和修改部分行政法规的决定

为进一步深入贯彻依法治国基本方略，维护社会主义法制统一，全面推进依法行政，国务院在1983年以来已对行政法规进行过4次全面清理的基础上，根据经济社会发展和改革深化的新情况、新要求，再次对截至2009年年底现行的行政法规共691件进行了全面清理。经过清理，国务院决定：

一、对7件行政法规予以废止。（附件1）

二、对107件行政法规的部分条款予以修改。（附件2）

本决定自公布之日起施行。

国务院决定废止的行政法规(略)

国务院决定修改的行政法规(略)

第三届建设创新型国家大会在北京开幕

全国人大常委会副委员长、民建中央主席陈昌智出席开幕式并讲话。

陈昌智强调,“十二五”建设的蓝图已经展开,建设创新型国家的步伐也迈入了第二个五年。为形成“十二五”期间以创新驱动的经济发展格局,一是要大力培育和发展战略性新兴产业,加强产品开发、重要技术体系和产业体系建设;二是要运用高新技术加快改造提升传统产业;三是要加大人才培养的力度;四是要扶持企业自主创新的主体地位;五是要加强科学技术普及,提高全民科学素质。

国务院副总理李克强在柏林会见德国副总理兼外长韦斯特韦勒

国务院副总理回良玉在路易港与毛里求斯总理拉姆古兰并和副总理普拉温德·贾格纳特举行会谈

回良玉说,双方应继续保持高层交往势头,大力推动两国各层次友好交流,进一步增强政治互信;共同拓展双边各领域务实合作,落实中非合作论坛框架内各项新举措;加强在国际和地区事务中的配合,努力维护两国及发展中国家的共同利益。

拉姆古兰表示,毛里求斯政府和人民衷心感谢中方在经济社会发展方面给予毛方的帮助,愿与中方携手努力,推动两国关系不断深入发展。

普拉温德·贾格纳特表示,毛里求斯将中国视为毛多元化国际发展战略的主要拓展方向之一,愿在经贸、农业、渔业、科技和人文、旅游等领域进一步加强与中方合作。

会谈后,回良玉与普拉温德·贾格纳特共同出席了两国政府经济技术合作协定的签字仪式。

“责任中国”人民网2010年度评选揭晓仪式在人民日报社举行

2010年度人民网“十大责任公民”评选中,大连油罐火灾中一线指挥员大连消防支队支队长丛树印、知识型新型农民工楷模巨晓林、自筹资金策划国产纪录片《我的抗战》的央视主持人崔永元、三十年如一日照料孤儿的残疾义工许月华、“雷锋传人”郭明义、捐款近16亿元人民币的企业家曹德旺、玉树地震中救人不幸遇难的香港义工黄福荣、“接力还薪”的湖北道德模范孙氏兄弟、坚守玉树抗震救灾第一线的61岁老支书叶青、资助“珍珠生”的中国台湾籍企业家张君达当选。人民日报社副总编辑马利为获奖者颁了奖。

1月9日

中共第十七届中央纪律检查委员会第六次全体会议在北京开幕

中央纪律检查委员会常务委员会主持了会议。贺国强代表中央纪律检查委员会常务委员会作了题为《坚持改革创新,狠抓工作落实,努力取得党风廉政建设和反腐败斗争新成效》的工作报告。

中央纪律检查委员会委员118人出席了会议。

中央纪委书记贺国强在中共第十七届中央纪律检查委员会第六次全体会议上作题为《坚持改革创新,狠抓工作落实,努力取得党风廉政建设和反腐败斗争新成效》的工作报告

我代表中央纪律检查委员会常务委员会向第六次全体会议报告工作,请予审议。

这次全会的主要任务是:深入贯彻党的十七大和十七届三中、四中、五中全会精神,回顾总结2010年党风廉政建设和反腐败工作,研究部署2011年任务。党中央对这次会议十分重视,中央政治局和中央政治局常委会专门审议了这个报告,在京中央政治局、中央书记处的同志将出席会议,胡锦涛同志将发表重要讲话,我们要认真学习领会,坚决贯彻落实。

一、2010年党风廉政建设和反腐败工作回顾

2010年,面对国际国内形势的深刻变化,以胡锦涛同志为总书记的党中央团结带领全党全国各族人民,有效实施应对国际金融危机冲击的一揽子计划,加快转变经济发展方式,保持经济平稳较快发展,着力保障和改善民生,深化改革开放,有力应对青海玉树强烈地震、甘肃舟曲特大山洪泥石流等严重自然灾害,大力推进西藏、新疆跨越式发展和长治久安工作,成功举办上海世博会、广州亚运会,顺利完成全党深入学习实践科学发展观活动,胜利召开党的十七届五中全会,党和国家各项事业取得新的显著进展。党中央、国务院高度重视党风廉政建设和反腐败工作。胡锦涛同志在第十七届中央纪委第五次全会上发表重要讲话,对党风廉政建设和反腐败工作提出明确要求,着重阐述了加强反腐倡廉制度建设的重要性及基本要求;在党的十七届五中全会上,要求全党清醒认识反腐倡廉形势,深入开展党风廉政建设,坚决惩治和有效预防腐败。国务院召开第三次廉政工作会议,温家宝同志对政府系统反腐倡廉工作作出部署。各级党委、政府和纪检监察机关围绕贯彻落实党的十七届四中全会精神这条

主线，着力解决反腐倡廉建设中人民群众反映强烈的突出问题，切实加强作风建设，强化对领导干部的教育和监督，推进反腐倡廉制度建设，进一步落实《建立健全惩治和预防腐败体系2008—2012年工作规划》，党风廉政建设和反腐败工作取得新成效，为全面做好党和国家各方面工作发挥了重要保障和促进作用。

（一）认真学习贯彻党的十七届四中、五中全会精神，加大监督检查力度，促进中央重大决策部署的贯彻落实。党的十七届四中、五中全会召开后，各级纪检监察机关深入学习全会精神，迅速作出部署，认真履行职责，严明党的纪律特别是政治纪律，努力抓好全会精神的贯彻落实。按照党中央、国务院的决策部署，继续加强对中央扩大内需促进经济增长政策落实情况的监督检查，24个中央检查组分两轮深入各省（区、市）、新疆生产建设兵团以及有关行业和中央企业进行检查，实地检查项目2399个，发现问题3589个，提出整改建议3394条，有力促进了中央重大决策部署的顺利实施。围绕加快转变经济发展方式，重点就经济结构调整、节能减排和环境保护、规范和节约用地、房地产市场调控等政策落实情况开展监督检查。在继续抓好汶川地震恢复重建监督检查的同时，开展对玉树强烈地震、舟曲特大山洪泥石流及部分地方严重旱灾、洪涝灾害救灾和灾后重建工作的监督检查。对中央关于西藏、新疆工作重大决策部署落实情况进行监督检查，坚决维护民族团结和社会稳定。总结推广廉洁奥运经验，廉洁办世博、廉洁办亚运工作取得明显成效。

（二）坚决查处违纪违法案件，惩治腐败力度进一步加大。2010年，全国纪检监察机关共接受信访举报1427186件（次），立案139621件，结案139482件，给予党纪政纪处分146517人，涉嫌犯罪被移送司法机关处理5373人，立案、结案件数和党纪政纪处分人数同比都有所增长。严肃查处了康日新、黄瑶、宋勇、许宗衡等一批大案要案。治理商业贿赂专项工作扎实推进，全国共查办商业贿赂案件1.59万件，涉案金额42.66亿元。坚持依纪依法、安全文明办案，制定下发加强办案安全工作的意见，案件审理和监督管理工作得到加强，办案质量和水平进一步提高。开展案件剖析和警示教育，惩治和预防腐败的综合效应更加显现。

（三）加大专项治理工作力度，解决反腐倡廉建设中人民群众反映强烈的突出问题取得明显成效。颁布《关于领导干部报告个人有关事项的规定》和《关于对配偶子女均已移居国（境）外的国家工作人员加强管理的暂行规定》，加强学习教育和舆论宣传，确定联系点先行先试，为在全国全面施行做了工作准备。进一步落实党政机关厉行节约各项要求，在地厅级以上党政机关全部实行公款出国（境）经费先行审核制度，制止奢侈浪费工作成果进一步巩固。2010年，全国因公出国（境）、公务用车购置及运行、公务接待等3项经费的财政预算，在2009年已缩减的基础上又压缩了57.51亿元；全国党政干部因公出国（境）团组数、人次数和经费数与2006—2008年平均数相比分别下降47.1％、43.9％和32.6％。工程建设领域突出问题专项治理扎实推进，全国共排查工程建设项目36.7万个，整改问题15.87万个，查办违纪违法案件1.56万件。“小金库”专项治理工作深入开展，全国党政机关和事业单位共清理出“小金库”25738个，涉及金额127.86亿元。出台《关于党的基层组织实行党务公开的意见》和《关于开展县委权力公开透明运行试点工作的意见》，党务公开工作稳步推进。反腐倡廉网络舆情收集、研判、处置和引导机制逐步完善，人民群众参与反腐倡廉建设的渠道更加顺畅。

（四）落实“四个大兴”的要求，党的作风建设深入推进。按照大兴密切联系群众之风、求真务实之风、艰苦奋斗之风、批评和自我批评之风的要求，加大对党政机关和领导干部作风方面突出问题的整顿力度。颁布实施《党政领导干部选拔任用工作责任追究办法（试行）》等4项监督制度，严厉整治选人用人上的不正之风。清理规范评比达标表彰工作成果进一步巩固。各地区各部门结合实际，开展了领导干部集中下访和定期接访、治庸治懒等作风建设活动。完善国有企业“三重一大”决策制度，规范农村集体资金、资产、资源管理，推进高等学校反腐倡廉建设，基层党风廉政建设得到加强。

（五）坚持以人为本，纠正损害群众利益不正之风取得新成效。针对重大自然灾害较多和国家抗灾救灾及灾后重建投入增多的实际，强化对各类救灾救济、扶贫资金的监管，开展强农惠农资金专项清理和检查，进一步完善征地补偿机制，切实维护人民群众利益。加大打击制售假冒伪劣食品药品力度。全国50％以上的政府办基层医疗卫生机构实施了基本药物制度，药品价格有所下降。教育收费行为进一步规范。公路基本无“三乱”成果得到有效巩固。依法开展对安全生产法律法规执行情况的监督检查，严肃查处生产安全责任事故。对社保基金、住房公积金的监管力度加大。民主评议政风行风工作进一步深化。

（六）认真贯彻新修订的《中国共产党党员领导干部廉洁从政若干准则》，反腐倡廉宣传教育和监督工作得到加强。首次发布《中国的反腐败和廉政建设》白皮书，大力开展反腐倡廉宣传工作。深入开展廉政准则的学习宣传，加强示范教育、警示教育和岗位廉政教育，廉政文化创建活动扎实开展。督促各地区各部门严格执行廉政准则，召开了专题民主生活会，解决了一批领导干部廉洁自律方面的突出问题。据不完全统计，全国共有39045名干部主动上缴礼金、有价证券合计金额3.8亿元。一些领导干部违反规定私自从事营利性活动的行为受到查处。诫勉谈话、述职述廉、函询等党内监督制度进一步落实。中央巡视组完成对12个省(区、市)、8家中央金融机构和国有重要骨干企业的巡视，各省(区、市)认真开展对市(地、州、盟)、县(市、区、旗)和有关单位的巡视，部分中央和国家机关以及金融机构和国有重要骨干企业积极开展对所属单位的巡视，巡视工作领导体制、工作机制和配套制度日益完善，对领导班子和领导干部的监督得到加强。政府信息公开全方位推行，政务公开、厂务公开、村(居)务公开和公共事业单位办事公开广泛实行。绩效管理和行政效能监察工作逐步开展。

(七)推进反腐倡廉制度建设和改革创新，从源头上防治腐败工作深入开展。认真贯彻胡锦涛同志在第十七届中央纪委第五次全会上的重要讲话精神，加大反腐倡廉制度建设力度，将任务逐项分解到中央和国家机关有关部门及单位，制定或修订了一批反腐倡廉法规制度。开展惩治和预防腐败体系建设检查，反腐倡廉制度执行力得到提高。行政审批制度改革继续推进，截至目前，国务院已分五批取消和调整了2183项行政审批项目，占原有项目总数的60.6%。贯彻《2010—2020年深化干部人事制度改革规划纲要》，重点改革项目取得明显成效。政法机关执法监督、执法过错责任追究等制度逐步健全。预算公开大力推进，财税管理体制改革进一步深入。政府重大投资项目公示试点和项目后评价工作继续深化，国有产权交易市场更加规范，金融体制改革和风险控制取得初步成效。各地区各部门坚持改革创新，在公共资源交易制度改革、廉政风险防控等方面进行了积极探索，形成了许多反腐倡廉创新成果。中央纪委召开全国反腐倡廉建设创新经验交流会，总结推广了一批基层创造的成功经验。

(八)巩固学习实践活动和主题实践活动成果，纪检监察机关自身建设取得新进展。全面总结纪检监察系统学习实践活动和“做党的忠诚卫士、当群众的贴心人”主题实践活动，制定下发《关于进一步加强和改进纪检监察干部队伍建设的若干意见》，特别是提出“五严守、五禁止”的纪律规定，要求纪检监察干部进一步树立监督者更要接受监督的理念。全面推进地方县级纪检监察机关建设，加强和改进中央企业和中央金融机构纪检监察组织建设。积极开展创先争优活动，深入宣传王瑛等纪检监察战线先进典型。集中培训全国市级纪委书记和市辖区纪委书记。中国纪检监察学院一期建成并开展培训。

在推进党风廉政建设和反腐败斗争实践中，中央纪委常委会高度重视自身建设，始终强调要坚持正确的政治立场和政治方向，按照党要管党、从严治党的要求，坚决贯彻中央的决策部署，自觉同以胡锦涛同志为总书记的党中央保持高度一致；坚持围绕中心、服务大局，自觉把纪检监察工作放在党和国家工作大局中谋划部署，加强监督检查，严肃政治纪律，确保中央政令畅通；坚持加强思想政治建设，用中国特色社会主义理论体系武装头脑、指导实践、推进工作，努力建设学习型领导班子，不断提高常委会组成人员的政治素质和履职能力；坚持以改革创新精神推动工作，及时总结基层创造的新鲜经验，不断推进反腐倡廉理念思路、工作内容、方式方法和体制机制创新；坚持认真贯彻民主集中制，建立和完善领导班子定期务虚制度，依靠集体智慧，实行科学决策；坚持严格执行廉洁自律各项规定，自觉接受监督；坚持加强纪检监察干部队伍建设，努力提高纪检监察干部的综合素质。中央纪委各位委员和各级纪检监察机关认真履行职责，积极完成工作任务，并对我们的工作给予了真诚帮助和大力支持，这里我代表中央纪委常委会向大家表示衷心感谢。我们在工作中还存在一些问题和不足，希望同志们提出意见和建议，帮助我们把工作做得更好。

在党中央、国务院的坚强领导下，经过全党全社会的共同努力，党风廉政建设和反腐败斗争取得了新的明显成效，总体呈现出良好发展态势。但我们必须清醒地看到，当前我国正处于体制转轨时期，各方面政策法规、体制机制还不完善，滋生腐败的土壤仍然存在，党风廉政建设仍面临不少新情况新问题，反腐败斗争形势依然严峻，任务依然艰巨。少数领导干部违纪违法问题仍然比较严重，一些重点领域中和关键岗位上的干部违纪违法问题突出，腐败现象在一些领域仍然易发多发；领导干部作风和廉洁从政方面仍然存在诸多问题；一些单位党组织和党员干部纪律观念淡薄、执行纪律不严；一些群众反映强烈的突出问题仍然没有得到有效解决；一些反腐倡廉制度执行还不够有力，建设科学严密、完备管用的反腐倡廉制度体系还任重道远，等等。我们必须深刻认识反腐败斗争的长期性、复杂性、艰巨性，既要看到反腐败斗争形势依然严峻复杂，居安思危，增强忧患意识，又要看到反腐败斗争取得的明显成效，充分认识深入推进反腐倡廉建设的有利条件，增强机遇意识，以更加坚定的信心、更加坚决的态度、更加有力的措施，推进反腐倡廉各项工作，不断取得党风廉政建设和反腐败斗争的新成效。

二、2011年党风廉政建设和反腐败工作主要任务

2011年是深入贯彻落实党的十七届五中全会精神、全面实施“十二五”规划的开局之年，是中国共产

党成立90周年,也是全面落实《建立健全惩治和预防腐败体系2008—2012年工作规划》的关键一年。党和国家各方面工作任务十分繁重,纪检监察工作责任重大。今年工作总的要求是:全面贯彻党的十七大和十七届三中、四中、五中全会精神,高举中国特色社会主义伟大旗帜,以邓小平理论和“三个代表”重要思想为指导,深入贯彻落实科学发展观,坚持标本兼治、综合治理、惩防并举、注重预防的方针,认真执行党风廉政建设责任制,加强以保持党同人民群众血肉联系为重点的作风建设,加强以完善惩治和预防腐败体系为重点的反腐倡廉建设,着力解决反腐倡廉建设中人民群众反映强烈的突出问题,围绕中心、服务大局,突出重点、整体推进,改革创新、狠抓落实,不断提高反腐倡廉建设科学化水平,为顺利实施“十二五”规划、促进经济社会又好又快发展提供有力保证,以党风廉政建设和反腐败斗争的新成效迎接中国共产党成立90周年。

各级纪检监察机关要全面履行党章和行政监察法赋予的职责,既要统筹兼顾,整体推进党风廉政建设和反腐败斗争各项长期性、基础性工作,又要适应发展变化的新形势,顺应人民群众的新期待,抓住热点、破解难点,集中力量解决反腐倡廉建设中人民群众反映强烈的突出问题。

关于党风廉政建设和反腐败斗争的长期性、基础性工作,要着力抓好以下3个方面:

(一)严明党的政治纪律,加强监督检查,保证党的十七届五中全会精神和中央重大决策部署的贯彻落实

认真学习贯彻党的十七届五中全会精神是当前和今后一个时期全党的首要政治任务。各级纪检监察机关要准确把握“十二五”规划建议的指导思想、总体思路、目标任务和重大举措,全面贯彻中央关于加强党的作风建设和反腐倡廉建设的新部署新要求,加强对落实党的十七届五中全会精神情况的监督检查,为把全会提出的任务和措施落到实处提供保证。

按照“十二五”规划建议和中央经济工作会议要求,紧紧围绕科学发展这个主题和加快转变经济发展方式这条主线,会同有关部门对中央关于加强和改善宏观调控、做好“三农”工作、推进经济结构战略性调整以及市场价格调控、房地产调控、规范和节约用地、资源节约和环境保护、保障和改善民生等重大决策部署执行情况开展监督检查,继续抓好对玉树、舟曲灾后恢复重建政策落实情况的监督检查,加强对中央第五次西藏工作座谈会和中央新疆工作座谈会精神以及维护民族团结和社会稳定决策部署贯彻落实情况的监督检查,及时发现和解决存在的问题,严肃处理违纪违法行为,坚决纠正有令不行、有禁不止的现象,保证中央政令畅通,维护中央权威。认真总结对扩大内需促进经济增长、抗震救灾和灾后恢复重建以及廉洁办世博、廉洁办亚运等重大活动开展监督检查的经验,完善监督检查体制机制,健全对中央重大决策部署执行情况监督检查制度,建立纪律保障机制,不断提高监督检查的科学化、制度化、规范化水平。

坚持把维护党的政治纪律摆在首位,坚决维护党的集中统一。党的各级组织要深入开展政治纪律教育,引导广大党员干部增强党的意识、宗旨意识、执政意识、大局意识、责任意识,坚定政治立场,增强政治敏锐性和政治鉴别力,毫不动摇地坚持党的领导,毫不动摇地坚持中国特色社会主义道路,毫不动摇地坚持党的基本路线,在思想上、政治上、行动上自觉同以胡锦涛同志为总书记的党中央保持高度一致。严禁散布违背党的理论和路线方针政策的意见,严禁公开发表同中央精神相违背的言论,严禁编造、传播政治谣言,严禁以任何形式泄露党和国家秘密,严禁参与各种非法组织和非法活动。各级纪委要加强对政治纪律执行情况的监督检查,对违反党的政治纪律的,视情节轻重给予批评教育或组织处理;对造成严重后果的,依纪依法予以惩处。

(二)以保持党同人民群众血肉联系为重点,扎实推进党的作风建设

胡锦涛同志在党的十七届五中全会上深刻阐述了密切党同人民群众血肉联系的极端重要性,对加强和改进新形势下群众工作提出了明确要求。要认真学习贯彻胡锦涛同志重要讲话精神,切实加强新形势下党的作风建设。要坚持以人为本、执政为民,坚持和发扬党的优良传统,大力弘扬理论联系实际、密切联系群众、批评和自我批评的作风,及时发现和纠正党员干部在思想作风、学风、工作作风、领导作风和生活作风方面存在的突出问题,以优良的党风政风凝聚党心民心,形成推进中国特色社会主义事业的强大力量。

大力弘扬密切联系群众的优良作风。进一步加强群众观点和群众立场教育,增强广大党员干部贯彻执行党的群众路线的自觉性和坚定性,提高群众工作本领。认真落实中央关于加强和改进群众工作的各项要求,改进群众工作方式方法,建立健全服务群众、联系群众和保障群众权益制度。加强对党的群众路线执行情况的监督检查,督促领导干部带头做好群众工作,认真执行领导干部定期接访、下访等规定,坚决纠正脱离群众的不良风气。要会同有关部门健全党和政府主导的维护群众权益和化解社会矛盾机制,做好群体性事件的防范和处置工作,进一步密切党群干群关系。

大力弘扬求真务实和艰苦奋斗的优良作风。认真落实关于促进科学发展的党政领导班子和领导干部考

核评价规定，坚决纠正不切实际、不顾民力、急功近利的决策和乱铺摊子、乱上项目、劳民伤财的行为，坚决克服官僚主义、形式主义、弄虚作假、铺张浪费等问题。对搞"形象工程"和"政绩工程"引发重大事件或造成重大损失的，要严肃追究责任。督促各级领导干部认真落实中央有关厉行节约的规定，严格执行财经制度和经济工作纪律。

大力弘扬批评和自我批评的优良作风。广大党员干部要加强党性修养，坚持党性原则，敢于揭露和纠正缺点错误，敢于同消极腐败现象和损害人民群众利益的行为作斗争。坚决反对上下级和干部之间逢迎讨好、互相吹捧等庸俗作风，自觉克服好人主义，始终保持共产党人的蓬勃朝气、昂扬锐气、浩然正气。

扎实推进农村、企业、高等学校、城市社区党风廉政建设。认真落实农村基层干部廉洁履行职责的有关规定。研究制定加强农村集体资金、资产、资源管理的规范性文件，认真开展清产核资工作。加强对国有企业"三重一大"决策制度执行情况的监督检查。严格执行《国有企业领导人员廉洁从业若干规定》，加强对国有企业关键岗位管理人员的监督，坚决查处和纠正企业领导人员通过同业经营或关联交易为本人或特定关系人谋取非法利益等行为。严格执行国有企业领导人员经济责任审计规定。进一步落实《关于加强高等学校反腐倡廉建设的意见》。加强对城市社区公共资源营业性收入、公共建设投入等资金使用情况的监督检查。积极探索非公有制经济组织和新社会组织开展反腐倡廉建设的途径和方法。

(三)以完善惩治和预防腐败体系为重点，整体推进反腐倡廉各项工作

按照建立健全惩治和预防腐败体系实施纲要的部署，抓紧落实《建立健全惩治和预防腐败体系2008—2012年工作规划》确定的各项任务，扎实推进教育、制度、监督、改革、纠风、惩治等工作。同时，加强调查研究，理清工作思路，启动惩治和预防腐败体系2013—2017年工作规划的起草工作，不断取得体系建设阶段性成果。

加强对领导干部的教育和监督。认真贯彻落实关于加强领导干部反腐倡廉教育的相关文件，以理想信念教育和党性党风党纪教育为重点，深入开展示范教育、警示教育和岗位廉政教育，引导党员干部讲党性、重品行、作表率。推进廉政文化建设，增强反腐倡廉教育的针对性和实效性。认真贯彻执行党内监督条例。严格执行领导干部述职述廉、诫勉谈话、函询、罢免或撤换等制度。加强对民主集中制执行情况的监督检查，提高民主生活会质量。认真落实党政主要领导干部经济责任审计规定。继续做好对省(区、市)、中央金融机构和国有重要骨干企业的巡视工作。各省(区、市)要加大对市(地、州、盟)和县(市、区、旗)的巡视力度。中央和国家机关、中央金融机构、国有重要骨干企业可根据实际需要，开展对所属单位的巡视。强化巡视成果运用，加强对整改落实情况的监督检查。坚持党内监督与党外监督、专门机关监督与群众监督相结合，重视发挥新闻舆论的监督作用。全面推行廉政风险防控管理及行政权力、公共服务公开透明运行，认真开展制度廉洁性评估，积极推广"制度+科技"等预防腐败经验。认真总结纪检监察派驻机构履行职责、开展工作的情况，积极探索对驻在部门领导班子及其成员加强监督的有效途径和措施，支持和指导派驻机构加强办案工作。

加大查办违纪违法案件工作力度。始终保持查办案件的强劲势头，对腐败分子要一查到底，决不姑息，决不让任何腐败分子逃脱党纪国法的惩处。要严肃查办发生在领导机关和领导干部中贪污贿赂、失职渎职案件，重点领域和关键环节中的违纪违法案件，严重违反政治纪律和组织人事纪律的案件，重大责任事故和群体性事件涉及的失职渎职及背后的腐败案件；严肃查办商业贿赂案件，依法查处跨国(境)商业贿赂行为，加大对行贿行为的处罚力度；严肃查办发生在基层政权组织和重点岗位以权谋私、滥用职权的案件；严肃查办以案谋私、贪赃枉法和为黑恶势力充当"保护伞"等案件。认真贯彻落实《关于加大惩治和预防渎职侵权违法犯罪工作力度的若干意见》。建立健全查办案件工作组织协调机制，加强跨地区、跨部门、跨行业案件查处的协作配合。健全防范腐败分子外逃机制。改进信访举报、案件审理和案件监督管理工作，建立健全腐败案件及时揭露、发现、查处机制，严格依纪依法、安全文明办案，进一步发挥查办案件的治本功能。

坚决纠正损害群众利益的不正之风。会同有关部门重点解决征地拆迁、住房保障、食品药品安全、环境保护、安全生产等方面损害群众利益的突出问题。加快建立科学完善的征地补偿机制，坚决制止违法违规强制征地拆迁行为。强化对保障性住房建设、住房资金使用、工程质量和分配使用的监管。完善食品药品安全监管体制机制和责任体系。严肃查处环境违法行为。加强对安全生产法律法规执行情况的监督检查，加大生产安全责任事故追究力度。加强对社保基金、住房公积金和扶贫、救灾救济资金以及其他涉及民生的政府专项资金的管理和监督。加大对强农惠农政策落实和资金使用情况的监督检查力度，切实解决在农村土地承包、流转、占补平衡等环节损害农民利益的问题。清理公路超期收费等不合理收费问题，巩固治理公路"三乱"成果。继续治理中小学校教育乱收费、医

药购销和医疗服务中的不正之风。

深入推进改革和制度创新。配合和督促有关部门深化行政管理体制、干部人事制度、司法体制和工作机制改革。进一步精减和调整行政审批事项，积极推行绩效管理和行政问责。稳步推行差额选拔干部等制度，积极稳妥地推进干部人事工作中的民主。完善对司法权运行的制约监督机制，健全司法公开、司法回避、司法问责等制度规范，确保司法机关公正廉洁执法。深化财税管理体制、投资体制、金融体制和国有资产管理体制改革。逐步取消预算外收入，完善企业投资核准制和政府投资项目公示制度，加强金融企业外部监管和内控机制建设，建立健全公司法人治理结构。完善反洗钱合作机制。加强社会现金流通管理，推动使用银行卡消费。建立健全防止利益冲突制度。深化资源性产品价格和要素市场改革，推进公共资源交易统一规范管理。整治行业协会、市场中介组织违规违法问题，研究制定社会领域防治腐败工作指导意见，努力形成各方面积极参与、共同推进反腐倡廉建设的社会氛围。

关于认真解决反腐倡廉建设中人民群众反映强烈的突出问题，要着重在以下4个方面下功夫：

(一)深入推进专项治理工作，努力遏制消极腐败现象和不正之风在一些领域易发多发的势头。专项治理是防治腐败的有力手段。要坚持惩处和规范相结合，以重点带全面，不断巩固和扩大专项治理成果。一是深化工程建设领域突出问题专项治理。继续加大治理工作力度。认真贯彻《关于解决当前政府投资工程建设中带有普遍性问题的意见》，配合有关部门抓好排查整改工作，严肃查处违规项目审批、规划调整以及规避招标、虚假招标、转包、违法分包等问题。深化对国有建设用地使用权和矿业权出让制度执行情况的清理，严肃查办在土地矿产资源审批、项目实施、工程质量、资金使用、政府采购及执纪执法中的案件。大力推进工程建设、土地使用权、矿业权市场体系建设和信息公开、诚信体系建设。二是深化“小金库”专项治理。巩固治理成果，加强整改落实，推动完善防治“小金库”长效机制。社会团体、国有及国有控股(金融)企业要加大治理力度，努力取得成效。三是深入开展庆典、研讨会、论坛过多过滥问题专项治理。要严格审批程序，加强经费监管，规范领导干部行为。未经批准，各级党政机关一律不得举办或参与举办庆典、研讨会、论坛等活动；经批准举办的，要纳入财政预算，接受审计监督；各级领导干部未经批准不得出席此类活动。四是认真开展公务用车问题专项治理。认真落实新发布的党政机关和领导干部公务用车配备使用管理办法。会同有关部门集中开展党政机关公务用车专项治理，重点纠正超编制超标准配备公务用车和违规换车、借车、摊派款项购车、豪华装饰及公车私用等问题。积极推进公务用车制度改革。各级党政机关所属事业单位，以及国有企业、金融机构也要结合实际，制定相关规定，规范公车管理。各地区各部门还要根据实际情况，对群众反映强烈的其他突出问题开展专项治理。

(二)认真落实廉政准则，着力解决党员领导干部在廉洁自律方面存在的突出问题。要加大落实廉政准则的力度，严格执行领导干部廉洁从政的各项规定，重点解决以下问题。一是认真落实领导干部报告个人有关事项等两项制度。全面落实《关于领导干部报告个人有关事项的规定》和《关于对配偶子女均已移居国(境)外的国家工作人员加强管理的暂行规定》。领导干部要按照规定，主动、如实报告有关内容。各级纪检监察机关(机构)、组织(人事)部门要认真负责地组织好相关工作。要加强调查研究，针对普遍存在的问题，完善配套制度，强化工作措施。要认真执行纪律，注意把握政策，严肃查处违规违纪行为。二是坚决整治领导干部违规收受礼金问题。严禁领导干部以各种名义接受管理和服务对象以及其他与行使职权有关系的单位或者个人的礼金和各种有价证券、支付凭证。对违反规定构成违纪的，严肃追究党纪政纪责任；涉嫌犯罪的，移送司法机关处理。三是巩固党政机关厉行节约、制止奢侈浪费工作成果。完善因公出国(境)管理制度，建立健全禁止公款出国(境)旅游长效机制。认真执行关于党政机关国内公务接待的管理规定，严格公务接待经费预算管理，逐步推进公务卡制度。继续严格控制党政机关办公楼等楼堂馆所建设。在抓好上述3个方面工作的同时，要继续认真治理违反规定多占住房、买卖经济适用房或租赁廉租住房等保障性住房，利用职务之便接受可能影响公正执行公务的宴请以及旅游、健身、娱乐等活动安排，利用职权以委托理财等形式谋取不正当利益，利用内幕信息谋取利益等问题。推进规范公务员津贴补贴工作。落实中央关于领导干部离职或退休后从业的有关规定。今年，将适时组织开展一次对廉政准则执行情况的专项检查。

(三)严肃组织人事工作纪律，确保地方党委换届工作健康顺利进行。严格执行党政领导干部选拔任用工作有关规定，规范和强化对拟提拔干部的廉政考察。加强对《党政领导干部选拔任用工作责任追究办法(试行)》等4项监督制度落实情况的监督检查，防止和纠正“带病上岗”、“带病提拔”等问题，严肃查处违反组织人事纪律的行为，匡正选人用人风气。今年，地方各级党委开始集中换届。要教育引导领导干部增强党性观念，从大局出发，正确对待进退留转。要进一步严明换届纪律，加强对选人用人情况的监督检查，坚决惩治跑官要官、买官卖官、拉票贿选和突击提拔干部等行为，确保地方党委换届工作风清气正、健康顺利进行。

（四）加强基层党风廉政建设，着力解决发生在群众身边的腐败问题。基层干部处在改革开放和现代化建设的第一线，直接面对人民群众，担负着重要职责。加强基层党风廉政建设，促使基层干部廉洁奉公、勤政为民，对于密切党群干群关系、巩固党的执政基础至关重要。一是深入推进基层事务公开和透明。以落实群众知情权为重点，大力实施各项公开制度，认真倾听群众意见，接受群众监督，维护群众利益。深入落实《关于党的基层组织实行党务公开的意见》，积极探索党的地方组织党务公开工作，继续抓好县委权力公开透明运行试点工作。加大政务公开、司法公开、厂务公开、村（居）务公开和公共事业单位办事公开力度，将各种公开形式有机结合起来，统筹协调，形成合力。二是加强对基层干部的教育、管理和监督。巩固先进性教育和学习实践活动成果，结合创先争优活动，教育和引导基层党员干部牢固树立遵纪守法、服务群众的意识，切实把人民利益放在首位。依照党纪条规和监察法规加强对基层干部的监督。注意解决基层干部在征地拆迁、涉法涉诉等方面存在的问题，严肃查处少数基层干部滥用职权、涉黑涉恶、侵吞国家和集体财产等行为。深入开展民主评议基层站所、评议部门和行业风气等工作。三是加大对损害群众利益行为的问责力度。建立健全并严格执行问责制的各项规定，认真落实岗位责任制、首问负责制、限时办结制、绩效管理制等制度。围绕群众最关心最直接最现实的利益问题开展监督检查，坚决纠正对群众疾苦漠不关心、对群众呼声置若罔闻、对群众利益麻木不仁，甚至与民争利、以权谋私的行为。对因不履行或不正确履行职责严重侵害群众利益的，要追究有关人员的责任。四是畅通群众反映问题、表达合理诉求的渠道。做好群众来信来访工作，畅通社情民意反映渠道，关注群众特别是困难群众的实际问题和利益诉求，维护他们的合法权益。加强对反腐倡廉舆情特别是网络信息的收集、研判和处置，切实做好信息发布和澄清是非、释疑解惑工作，注意核查新闻媒体和网络舆情反映的案件线索，充分发挥广大群众的监督作用。

三、切实抓好反腐倡廉各项任务的落实

各级党委、政府和纪检监察机关要按照党的十七届五中全会的部署和要求，进一步增强责任感和紧迫感，认真履行职责，抓任务落实、抓巩固提高、抓改革创新，确保反腐倡廉各项任务落到实处。

（一）认真落实党风廉政建设责任制，进一步形成全党动手抓党风廉政建设和反腐败工作的合力。各级党委、政府要以贯彻落实新修订的《关于实行党风廉政建设责任制的规定》为契机，坚持和完善反腐败领导体制和工作机制，巩固党政齐抓共管、群众支持参与的良好局面。领导班子要对职责范围内的党风廉政建设负全面领导责任，主要负责人要率先垂范、严格自律，同时要管好班子、带好队伍，认真履行第一责任人的职责，做到重要工作亲自部署、重大问题亲自过问、重点环节亲自协调、重要案件亲自督办；其他成员也要根据分工，对职责范围内的党风廉政建设负主要领导责任。各级纪检监察机关要认真履行组织协调职责，积极协助党委、政府搞好责任分解和检查考核，并把检查考核结果作为对领导班子总体评价和领导干部业绩评定、奖励惩处、选拔任用的重要依据。要进一步加大责任追究力度，发现有对党风廉政建设工作领导不力以致职责范围内明令禁止的不正之风得不到有效治理、造成不良影响的，对本地区本部门本系统发现的严重违纪违法行为隐瞒不报、压案不查或处理失之于宽、失之于软的，对因疏于监督管理致使领导班子成员或者直接管辖的下属发生严重违纪违法问题的，要严格追究有关领导班子和领导干部的责任。

（二）全面履行纪检监察两项职能，注重发挥行政监察的职能作用。各级纪律检查机关要切实维护党的章程和其他党内法规，认真检查党的路线方针政策和决议的执行情况，积极协助党委加强党风建设和组织协调反腐败工作。在加强党的纪律检查工作的同时，要严格执行新修改的行政监察法，充分发挥行政监察职能作用。进一步加强和改进执法监察工作，强化对国家行政机关遵守和执行法律、法规和政府的决定、命令情况的检查，防止和纠正行政不作为、乱作为行为；进一步加强和改进廉政监察工作，以强化对权力的制约和监督为重点，严肃行政纪律，坚决查处以权谋私、严重损害国家和人民利益的行为；进一步加强和改进效能监察工作，积极推行绩效管理，开展对行政机关及其公务员的绩效考核和绩效评估，切实解决机关工作中存在的推诿扯皮、效率低下、资源浪费等问题。要按照新修改的行政监察法要求，加强对政务公开和纠正损害群众利益不正之风工作的组织协调和检查指导，加强对具有公共事务管理职能的组织及其人员的监察，加强对受委托从事公务的组织及其人员的监察。

（三）加大改革创新力度，努力提高反腐倡廉建设科学化水平。各级纪检监察机关要积极适应新形势新任务的需要，特别是要围绕实施“十二五”规划、加快转变经济发展方式的新要求，坚持解放思想、实事求是、与时俱进，及时总结推广各地区各部门各单位创造的新鲜经验，借鉴国（境）外反腐败的有益做法，大力推进反腐倡廉理念思路、工作内容、方式方法和体制机制创新。要自觉把科学发展观的要求贯穿于反腐倡廉建

设的全过程和各个方面，牢固树立服务大局、以人为本、统筹兼顾的理念，正确处理治标和治本、惩治和预防的关系。要坚持以改革的精神、创新的思路、发展的办法解决滋生腐败的深层次矛盾和问题，不断深化重点领域和关键环节改革，最大限度地减少体制障碍和制度漏洞。要切实转变纪检监察工作方式方法，坚持用系统的思维、统筹的观念、科学的方法推进反腐倡廉建设，不断增强惩治和预防腐败的有效性。要大兴调查研究之风，加强理论研究和政策研究，认真总结我们党成立90年来特别是改革开放以来反腐倡廉历史经验，深化对新形势下反腐倡廉工作特点和规律的认识，使反腐倡廉建设不断体现时代性、把握规律性、富于创造性。

(四)加强纪检监察机关自身建设，为落实反腐倡廉各项任务提供组织保证。要巩固学习实践活动和主题实践活动成果，认真贯彻落实《关于进一步加强和改进纪检监察干部队伍建设的若干意见》，深入开展创先争优活动，努力建设一支政治坚强、公正清廉、纪律严明、业务精通、作风优良的纪检监察干部队伍。要努力建设学习型纪检监察机关，组织广大纪检监察干部认真学习中国特色社会主义理论体系，深入钻研纪检监察业务，广泛了解和掌握各方面知识，着力提高服务、保障和促进科学发展的能力，着力提高做好群众工作和维护社会和谐稳定的能力，着力提高有效防治腐败的能力。要结合地方各级党委换届，积极做好地方各级纪委的换届工作，切实把那些党性好、作风正、能力强、威信高的干部选拔到各级纪检监察机关领导班子中来。严格把好"进人关"，选调和录用一批熟悉经济、法律、审计等业务的干部，优化纪检监察干部队伍结构。深入推进干部人事制度改革，扩大干部公开选拔和竞争上岗范围，加大干部轮岗、挂职、交流力度，增强干部队伍的综合素质和生机活力。做好5年一次的全国纪检监察系统评比表彰活动。完善纪检监察机关派驻(出)机构统一管理，规范未派驻(出)部门和单位纪检监察机构建设，继续加强县级纪检监察机关建设，积极探索改革乡镇纪律检查机构、充分发挥其职能作用的有效途径和办法，加强国有企业、金融机构和高等学校纪检监察组织建设，夯实工作基础。要严明纪律，切实加强对纪检监察干部队伍的教育、管理和监督，督促纪检监察干部严格遵守政治纪律、工作纪律、办案纪律、保密纪律和廉政纪律。对出现的苗头性、倾向性问题要早打招呼早提醒，对不适合在纪检监察机关工作的要坚决调离，对违纪违法的要严肃处理。广大纪检监察干部要自觉接受党组织和人民群众的监督，接受社会各界和新闻媒体的监督，秉公执纪、依法办事，维护纪检监察干部可亲、可信、可敬的良好形象。

坚决惩治和有效预防腐败，关系人心向背和党的生死存亡，是党必须始终抓好的重大政治任务。各级纪检监察机关和广大纪检监察干部一定要以奋发有为的精神和求真务实的作风，脚踏实地，埋头苦干，尽心尽力地履行好肩负的职责，认真抓好反腐倡廉各项任务的落实。要统一思想、振奋精神，深刻理解和准确把握当前党和国家的大政方针与决策部署，切实把思想和行动统一到中央关于党风廉政建设的部署和要求上来，认清形势，把握规律，坚定不移地推进反腐倡廉各项工作。要兢兢业业、尽职尽责，坚持立党为公、执纪为民，一身正气、无私无畏，坚决同一切违纪违法行为作斗争，做忠于党、忠于人民的坚强卫士，为党分忧、为国尽责、为民奉献。要真抓实干、务求实效，大力弘扬求真务实作风，把心思放在抓工作上，把功夫下到求实效上，坚持抓重点带一般、攻难点求突破，一个环节一个环节地落实，一个问题一个问题地解决，努力创造出无愧于党和人民的业绩。

让我们更加紧密地团结在以胡锦涛同志为总书记的党中央周围，开拓进取，狠抓落实，不断取得党风廉政建设和反腐败斗争新成效，为深入贯彻落实党的十七届五中全会精神、顺利实施"十二五"规划、夺取全面建设小康社会新胜利作出应有的贡献!

2010年全国税收收入77390亿元

据《人民日报》报道：国家税务总局公布的数据显示，2010年全国税收收入完成77390亿元(扣除出口退税后为70062亿元，不包括关税、船舶吨税、耕地占用税和契税)。其中，税务部门负责组织的税收收入完成66862亿元，增长20.8%；海关代征进口税收完成10528亿元，增长35.9%。全国共办理出口退税7328亿元，增长13%。

2010中国经济发展论坛在人民大会堂举行

全国人大常委会副委员长陈昌智出席论坛。

本届论坛以"国际经济新格局下的中国发展方式转变"为主题，由新华社经济参考报社和商务部中国国际经济技术交流中心共同主办。

国家质检总局公布10起质检典型案件

1. 湖北省武汉市质监局查处武汉安康活塞环有限公司涉嫌生产假冒汽配案；

2. 湖南省湘潭市质监局查处湘潭东升电气制造有限公司涉嫌生产假冒电机车配件案；

3. 江苏省扬州宝应质监局查处殷金有汽配造假窝点案；

4. 浙江省质监部门查处台州市恒州过滤器制造有

限公司涉嫌生产假冒汽车滤清器案；

5. 广东省质监部门查处深圳市4个非法生产加工手机窝点案；

6. 河北省质监局查处廊坊文安4个日化产品制假窝点案；

7. 北京市昌平区质监局查处北七家镇白酒造假窝点案；

8. 广东省广州质监局查处假冒皮具制假窝点案；

9. 上海市浦东新区质监局查处利用网络非法销售违反强制性认证规定假冒苹果电子产品案；

10. 深圳检验检疫局捣毁深圳市罗湖区制售假检验检疫证书窝点案。

国务院副总理李克强在爱丁堡会见苏格兰首席部长萨蒙德

刘天华纪念音乐会在北京举行

雷洁琼逝世

著名的社会学家、法学家、教育家，杰出的社会活动家，中国民主促进会的创始人之一和卓越领导人，中国共产党的亲密朋友，中国人民政治协商会议第六届全国委员会副主席，第七届、八届全国人民代表大会常务委员会副委员长，中国民主促进会第七届、八届、九届中央委员会主席，第十届、十一届名誉主席雷洁琼同志，因病于1月9日17时38分在北京逝世，享年106岁。

1月10日

中共中央总书记胡锦涛在北京参加中共第十七届中央纪律检查委员会第六次全体会议并讲话

中共中央政治局常委吴邦国、温家宝、贾庆林、李长春、习近平等出席会议，中共中央政治局常委、中央纪律检查委员会书记贺国强主持会议。

胡锦涛强调，2010年，各级党委、政府和纪检监察机关坚持标本兼治、综合治理、惩防并举、注重预防的方针，加快推进惩治和预防腐败体系建设，深化对反腐倡廉建设规律的认识，党风廉政建设和反腐败斗争取得了新成效、积累了新经验。在工作中更加注重围绕中心、服务大局，更加注重标本兼治、惩防并举，更加注重完善制度、规范权力，更加注重维护民利、保障民生，更加注重整体推进、突出重点，更加注重深化改革、开拓创新。

胡锦涛指出，必须清醒地看到，党风廉政建设和反腐败斗争仍然面临一些突出问题，反腐败斗争形势依然严峻、任务依然艰巨。我们既要看到反腐倡廉建设取得的明显成效，又要看到反腐败斗争的长期性、复杂性、艰巨性，以更加坚定的决心和更加有力的举措坚决惩治腐败、有效预防腐败，进一步提高反腐倡廉建设科学化水平。

胡锦涛强调，当前要重点抓好以下工作。第一，加强对中央重大决策部署执行情况的监督检查，按照党的十七届五中全会的部署和要求，促进全会提出的任务和措施落到实处。要严明党的政治纪律，坚决维护党的集中统一，坚定不移走中国特色社会主义道路。第二，加强惩治和预防腐败体系建设，在统筹推进教育、制度、监督、改革、纠风、惩治等各项工作的基础上，突出重点、突破难点，努力推进重点领域和关键环节改革，不断提高预防腐败能力和水平。第三，加强领导干部廉洁自律工作，继续抓好领导干部廉洁自律各项规定贯彻落实。第四，加大查办违纪违法案件工作力度，始终保持查办案件强劲势头，严肃查处重点领域和关键岗位发生的腐败案件，坚决遏制腐败现象易发多发势头。第五，加强对群众反映强烈的突出问题的治理，深化专项治理工作，加强基层党风廉政建设，着力解决发生在群众身边的腐败问题。第六，加强对地方换届工作的纪律保障，加强对干部选拔任用全过程的监督，防止和纠正选人用人上的不正之风。

胡锦涛指出，面对复杂多变的国内外环境，面对艰巨繁重的改革发展稳定任务，我们要继续抓住和用好我国发展的重要战略机遇期，有效应对各种风险和挑战，完成“十二五”时期经济社会发展目标任务，必须紧紧依靠人民群众，团结带领人民群众共同奋斗。我们必须进一步把以人为本、执政为民贯彻落实到党和国家全部工作中，不断实现好、维护好、发展好最广大人民根本利益，始终保持同人民群众的血肉联系。全党同志必须坚持全心全意为人民服务，做到权为民所用、情为民所系、利为民所谋，使我们的工作获得最广泛、最可靠、最牢固的群众基础和力量源泉，使我们的事业经得起任何风浪、任何风险的考验。

胡锦涛强调，党风廉政建设和反腐败斗争贯彻落实以人为本、执政为民，一是要着力加强以人为本、执政为民教育，加强党的性质和宗旨教育，引导党员干部牢固树立群众观点、坚持党的群众路线，自觉站在人民群众的立场上，坚持思想上尊重群众、感情上贴近群众、工作上依靠群众，始终与人民群众同呼吸、共命运、心连心。二是要着力建立健全体现以人为本、执政为民要求的决策机制，作决策、定政策必须充分考虑群众利益、充分尊重群众意愿，统筹协调各方面利益关系，坚持问政于民、问需于民、问计于民，坚持科学决策、民主决策、依法决策。三是要着力按照法律法规和政策开展工作，大力增强法治观念和依法办事意识，大力推行依法行使权力，大力提高依法办事能力，大力实施各项公开制度，保证权力在阳光下运行。四是要着力维护人民群众权益，保障人民群众的经济、政治、文化、社会等各项权益，切实把改善人民生活作为正确处理改革发展稳定关系的结合点，切实解决损害群众利益的突出问题，切实健全党和政府主导的维护群众权益机制，完善中央惠民政策落实保障机制。五是要着力查处损害群众切身利益的案件，维护群众利益。六是要着力加强基层干部队伍作风建设，教育引导基层干部加强党性修养，继承和发扬党的优良传统和作风，帮助基层干部掌握新知识、新技能、新本领。要理解基层工作的困难、体谅基层干部的艰辛，真正重视、真情关怀、真心爱护基层干部，使他们不断为党和人民作出新的工作业绩。

胡锦涛强调，各级纪检监察机关和广大纪检监察干部要带头坚持以人为本、执政为民，坚持把以人为本、执政为民贯彻到纪检监察工作指导原则、工作部署、队伍建设中去，以更高的标准、更严的要求切实履行党和人民赋予的职责，努力在实践根本宗旨、坚持群众路线、做好群众工作上作出表率、取得成效。各级党委要以贯彻落实《关于实行党风廉政建设责任制的规定》为契机，坚持和完善反腐败领导体制和工作机制，切实担负起全面领导党风廉政建设和反腐败工作的政治责任，加强对纪检监察工作的领导，保证纪检监察机关充分履行工作职责。

贺国强在主持会议时指出，胡锦涛总书记的重要讲话，从党和国家事业发展全局和战略的高度，全面总结了党风廉政建设和反腐败斗争取得的成效和经验，科学分析了当前的反腐倡廉形势，明确提出了今年党风廉政建设和反腐败工作的主要任务，深刻阐述了切实把以人为本、执政为民贯彻落实到党风廉政建设和反腐败斗争之中的重要性、紧迫性以及总体要求、工作重点，对于深入推进党的作风建设和反腐倡廉建设，推动全面做好党和国家各项工作、顺利完成“十二五”时期经济社会发展目标任务具有重大而深远的意义。我们一定要认真学习领会，坚决贯彻落实，以党风廉政建设和反腐败斗争的实际成效取信于民。

王刚、王乐泉、王兆国、王岐山、刘淇、刘云山、刘延东、李源潮、张德江、何勇、令计划、王沪宁、李建国、马凯、孟建柱、戴秉国、王胜俊、曹建明、李金华等出席了会议。中央军委委员陈炳德、李继耐、廖锡龙、常万全、靖志远、吴胜利、许其亮和中央纪律检查委员会委员，中直机关、中央国家机关各部门的主要负责同志，解放军驻京各大单位及武警部队、在京中央骨干企业的负责同志，列席中国共产党第十七届中央纪律检查委员会第六次全体会议的代表，出席全军纪律检查工作会议的全体同志参加了会议。

全国人大常委会委员长吴邦国在北京会见马尔代夫议长阿卜杜拉·沙希德

吴邦国指出，国家关系的发展离不开议会和广大议员的参与和支持。中国全国人大重视发展与马尔代夫议会的友好关系，愿加强高层交往，密切各专门委员会、友好小组之间的往来，促进两国经贸、人文、教育等务实合作，为夯实两国关系的民意和社会基础多做工作，为双边关系发展多做贡献。

沙希德说，马方愿加强与中方在经贸、旅游、教育等领域的务实合作。马尔代夫议会愿发挥议会交往的独特优势和作用，为马中关系更加美好的明天作出贡献。

全国政协提案委员会在北京举行国家有关部委工作情况通报会

会议于1月10日至11日举行。全国政协副主席黄孟复、郑万通、罗富和出席会议。

通报会旨在拓宽政协委员知情明政渠道，使广大政协委员更全面地把握党和政府的重大决策部署，更深入地了解各部门的工作重点、难点，更有针对性地提出高质量的提案，使提案真正成为党和政府的重要决策参考，对国家经济社会发展起到更加切实有效的推动作用。

全国政协提案委员会负责人说，本届政协以来，全国政协提案委员会在每次全体会议前夕，都邀请部分部委的负责同志到政协，向在京全国政协委员、各民主党派中央和全国工商联、全国政协各专门委员会通报情况，取得了良好的效果，受到了广泛的欢迎，各部委高度重视、积极参与，主动接受民主监督，各方共同努力，使通报会成为发挥社会主义民主的重要形式。

卫生部部长陈竺，国家发改委副主任穆虹，工信部党组成员、总工程师朱宏任，住建部副部长齐骥，商务部副部长姜增伟，文化部副部长杨志今，民政部副部长窦玉沛，人力资源和社会保障部副部长胡晓义等分别介绍了本部门2010年提案办理情况、2011年工作重点和有待研究解决的主要问题，财政部、教育部、交通运输部、科技部、环境保护部、水利部作了书面通报。

参加通报情况的国家部委负责同志表示，各部门对政协提案高度重视，把政协提案作为促进科学决策、民主决策的重要途径，建立健全了政协提案的办理答复机制，认真办理并积极落实政协提案。对于一些短期内难以采纳落实的提案，也及时与提案者沟通协商，增进理解和共识。提案中的许多意见建议已在国家有关政策法规、发展规划和部门工作中得到体现。政协提案为推进党和政府各项工作，推动科学发展、促进社会和谐作出了重要贡献。新的一年，希望全国政协委员继续就各部门工作给予更多的关注和支持并提供更多的良策。

全国政协办公厅和各专门委员会、各民主党派中央和全国工商联有关负责同志出席会议。

财政部 国家发改委 水利部印发《水利建设基金筹集和使用管理办法》并发出通知

各省、自治区、直辖市人民政府，交通运输部、铁道部、住房城乡建设部、国土资源部、审计署：

《水利建设基金筹集和使用管理办法》已经国务院同意，现印发给你们，请遵照执行。

财政部　国家发展改革委　水利部

2011年1月10日

水利建设基金筹集和使用管理办法（略）

国务院副总理李克强在伦敦唐宁街与英国首相卡梅伦举行会谈

李克强表示，展望未来，双方应从全局和长远考虑，推动中英全面战略伙伴关系不断深化，推进双方包容增长、互利双赢、共同发展。一要增进两国政治互信。在宏观政策和战略层面加强沟通，增进了解，相互尊重，平等合作，增强中英关系的稳定性。二要深化经贸合作。努力扩大双边贸易规模，鼓励两国有竞争力的产品相互开拓市场，促进贸易平衡。中方愿进一步深化改革，扩大开放，改善投资环境，欢迎英方加大对华投资，特别是对中西部地区投资，支持中方有实力的企业赴英投资，参与基础设施建设和产业合作发展。三要扩大人文交流。以中英签署教育合作协议、中英建立大使级外交关系40周年和2012年伦敦奥运会等为契机，积极筹办有影响的人文交流活动，增进两国人民的了解，为双边关系发展营造良好环境。同时应当看到，中英关系的重要性已超出双边范畴，两国有必要在多边问题上加强沟通与合作。李克强希望英方尽快解除对华高技术出口管制，并推动欧盟承认中国完全市场经济地位，解除对华军售禁令。中方愿与英方共同反对各种形式保护主义，建设公正、合理的国际贸易新秩序。

卡梅伦表示，英中两国经济具有很强的互补性，双方应进一步加强合作，欢迎中国企业参与投资基础设施建设。英将继续奉行开放型经济政策，坚持自由贸易，反对保护主义。

中央军委副主席习近平在人民大会堂会见美国国防部部长盖茨

习近平指出，中美两军关系是两国关系的重要组成部分，也是两国关系中复杂因素较多的敏感领域。两军关系的发展必须建设和维护一个稳定可靠的政治基础，这就是相互尊重主权、安全和发展利益。希望两国防务部门采取有效措施切实维护好两军关系的政治基础，确保两军关系沿着健康稳定的轨道向前发展。

习近平就台湾问题阐述了中方的原则立场，向客人介绍了中国坚持走和平发展道路的情况。

盖茨说，美中两国在一系列国际和地区问题上进行了密切协调与合作，取得了许多成果。美方高度重视美中两国关系。

国务院副总理回良玉在卢萨卡与赞比亚副总统孔达举行会谈

国务委员兼国防部部长梁光烈在八一大楼与美国国防部部长盖茨举行会谈

中国民航科学技术研究院成立大会在北京举行

中共中央政治局委员、国务委员刘延东在大会上说，民用航空是国家综合交通运输体系的重要组成部分，我国民航业及民用航空制造业的蓬勃发展，为民航科技开辟了广阔的发展空间。航科院的成立，对于提高民航自主创新能力、推动我国由民航大国向民航强国迈进具有重要意义。

刘延东强调，中国民航科学技术研究院要以引领民航科技进步和建设民航强国为己任，发挥民航科研主力军作用，勇于创新，攻坚克难，为民航事业发展提供有力支撑。要结合国家科技重大专项的实施，瞄准世界科学技术制高点，切实解决重大和关键技术难题，推动民航转变发展方式，努力建成以民航安全、民航发展和运行技术等为主攻方向的民航科学综合研究基地。要构建以政府为主导、企业为主体、产学研用相结合的技术创新体系，提升行业的创新能力与持续发展能力。要依托重大科研项目和工程，培养造就领军人才和创新团队，加强行业特色学科专业，建设高水平的人才基地。要大胆创新体制机制，积极探索现代科研院所管理和建设的新路子，促进民航科技事业又好又快发展。

会上，中国民航科学技术研究院与有关单位签署了合作协议。全国政协副主席、科技部部长万钢出席成立大会。

第一台等离子体增强型化学气相沉积设备（PECVD）在上海张江理想能源设备公司下线

该设备的成功下线，将大幅降低硅薄膜电池生产成本,打破了薄膜太阳能电池设备市场一直被国外厂商垄断的局面,填补了光伏电池高端设备国产化的空白。

卫生部公布2011年工作要点

2011年卫生工作要点主要包括:鼓励有条件的地方将村卫生室和非政府举办的基层医疗卫生机构纳入基本药物制度实施范围。适时启动制定新版国家基本药物目录工作。加快公立医院改革试点,确定一批易操作、经验成熟的重点政策措施向全国推广。组织开展国家区域医疗中心设置试点。逐步实施首诊在社区,建立城市社区卫生服务机构与大医院双向转诊制度。提高新型农村合作医疗制度保障水平,健全基层医疗卫生服务体系。

1月11日

中央军委主席胡锦涛在人民大会堂会见美国国防部部长盖茨

胡锦涛指出,中美两军关系是两国关系的重要组成部分,一个健康稳定的两军关系对建设21世纪积极合作全面的中美关系具有重要意义。希望中美两国防务部门本着“尊重、互信、对等、互惠”的原则,扩大和加强对话交流,培育和增进战略互信,尊重和照顾彼此重大关切,为发展健康稳定的两军关系而共同努力。

盖茨说,当前美中两国两军关系面临着新的发展机遇。美方愿与中方共同努力,加强对话与沟通,不断推进两军关系向前发展。盖茨积极评价此次访问,认为是一次成功的访问,双方达成了很多共识,取得了积极的成果。

中国共产党第十七届中央纪律检查委员会第六次全体会议公报

(2011年1月11日中国共产党第十七届中央纪律检查委员会第六次全体会议通过)

会议于2011年1月9日至11日在北京举行。出席会议的中央纪委委员118人,列席329人。

中央纪委常委会主持了会议。会议全面贯彻党的十七大和十七届三中、四中、五中全会精神,高举中国特色社会主义伟大旗帜,以邓小平理论和“三个代表”重要思想为指导,深入贯彻落实科学发展观,回顾总结了2010年党风廉政建设和反腐败工作,研究部署了2011年任务。全会审议通过了贺国强同志代表中央纪委常委会所作的《坚持改革创新,狠抓工作落实,努力取得党风廉政建设和反腐败斗争新成效》的工作报告。

中共中央总书记、国家主席、中央军委主席胡锦涛出席全会第二次大会并发表了重要讲话。吴邦国、温家宝、贾庆林、李长春、习近平、贺国强等党和国家领导人出席了会议。有关方面的负责同志参加了会议。

全会认真学习了胡锦涛同志的重要讲话,一致认为,讲话从党和国家事业发展全局和战略的高度,全面总结了党风廉政建设和反腐败斗争取得的成效和经验,科学分析了当前的反腐倡廉形势,明确提出了今年党风廉政建设和反腐败工作的主要任务,深刻阐述了切实把以人为本、执政为民贯彻落实到党风廉政建设和反腐败斗争之中的重要性、紧迫性以及总体要求、工作重点,强调要把实现好、维护好、发展好最广大人民根本利益作为一切工作的出发点和落脚点,坚持权为民所用、情为民所系、利为民所谋,着力加强以人为本、执政为民教育,着力建立健全体现以人为本、执政为民要求的决策机制,着力按照法律法规和政策开展工作,着力维护人民群众权益,着力查处损害群众切身利益的案件,着力加强基层干部队伍作风建设,以党风廉政建设和反腐败斗争的实际成效取信于民。胡锦涛同志的重要讲话,是指导当前和今后一个时期党风廉政建设和反腐败斗争的纲领性文献,对于深入推进党的作风建设和反腐倡廉建设,推动全面做好党和国家各项工作、顺利完成“十二五”时期经济社会发展目标任务具有重大而深远的意义。全党同志特别是广大纪检监察干部一定要认真学习领会,坚决贯彻落实。

全会认为,过去的一年,在党中央、国务院坚强领导下,各级党委、政府和纪检监察机关认真贯彻落实党的十七届三中、四中、五中全会以及第十七届中央纪委第五次全会和国务院第三次廉政工作会议精神,加强对中央重大决策部署贯彻落实情况的监督检查,坚决查处违纪违法案件,着力解决反腐倡廉建设中人民群众反映强烈的突出问题,加强党的作风建设,纠正损害群众利益不正之风,加大对领导干部的教育和监督力度,深入推进反腐倡廉制度建设和改革创新,进一步落实《建立健全惩治和预防腐败体系2008—2012年工作规划》,党风廉政建设和反腐败工作取得新的明显成效,为全面做好党和国家各方面工作发挥了重要保障和促进作用。

全会提出,全党必须深刻认识反腐败斗争的长期性、复杂性、艰巨性,以更加坚定的信心、更加坚决的态度、更加有力的措施,扎实推进反腐倡廉各项工作,不断取得党风廉政建设和反腐败斗争的新成效。2011年,要全面贯彻党的十七大和十七届三中、四中、五中全会精神,高举中国特色社会主义伟大旗帜,以邓小平理论和“三个代表”重要思想为指导,深入贯彻落实科学发展观,坚持标本兼治、综合治理、惩防并举、注重预防的方针,认真执行党风廉政建设责任制,加强以保持党同人民群众血肉联系为重点的作风建设,加强以完善惩治和预防腐败体系为重点的反腐倡廉建设,着力解决反腐倡廉建设中人民群众反映强烈的突出问题,围绕中心、服务大局,突出重点、整体推进,改革创新、狠抓落实,不断提高反腐倡廉建设科学化水平,为顺利实施"十二五"规划、促进经济社会又好又快发展提供有力保证,以党风廉政建设和反腐败斗争的新成效迎接建党90周年。

全会强调,要统筹兼顾,整体推进党风廉政建设和反腐败斗争各项长期性、基础性工作,着力抓好以下三个方面:

第一,严明党的政治纪律,加强监督检查,保证党的十七届五中全会精神和中央重大决策部署的贯彻落实。紧紧围绕科学发展这个主题和加快转变经济发展方式这条主线,对中央关于加强和改善宏观调控、做好"三农"工作、推进经济结构战略性调整以及市场价格调控、房地产调控、规范和节约用地、资源节约和环境保护、保障和改善民生等重大决策部署执行情况开展监督检查,继续抓好对玉树、舟曲灾后恢复重建政策落实情况的监督检查,加强对中央关于西藏、新疆工作以及维护民族团结和社会稳定决策部署贯彻落实情况的监督检查,坚决纠正有令不行、有禁不止的现象,保证中央政令畅通,维护中央权威。坚持把维护党的政治纪律摆在首位,加强对政治纪律执行情况的监督检查,坚决维护党的集中统一。

第二,以保持党同人民群众血肉联系为重点,扎实推进党的作风建设。坚持以人为本、执政为民,大力弘扬密切联系群众的优良作风,认真落实中央关于加强和改进群众工作的各项要求,加强对党的群众路线执行情况的监督检查,督促领导干部带头做好群众工作,进一步密切党群干群关系。大力弘扬求真务实和艰苦奋斗的优良作风,坚决克服官僚主义、形式主义、弄虚作假、铺张浪费等问题,认真落实中央有关厉行节约的规定。大力弘扬批评和自我批评的优良作风,坚决反对上下级和干部之间逢迎讨好、互相吹捧等庸俗作风,始终保持共产党人的蓬勃朝气、昂扬锐气、浩然正气。认真落实农村基层干部廉洁履行职责的有关规定,加强农村集体资金、资产、资源管理。加强对国有企业"三重一大"决策制度执行情况的监督检查,严格执行《国有企业领导人员廉洁从业若干规定》。扎实推进高等学校和城市社区党风廉政建设。

第三,以完善惩治和预防腐败体系为重点,整体推进反腐倡廉各项工作。加强对领导干部的教育和监督,深入开展示范教育、警示教育和岗位廉政教育,推进廉政文化建设;认真贯彻执行党内监督条例,深入推进巡视工作,坚持党内监督与党外监督、专门机关监督与群众监督相结合,重视发挥新闻舆论的监督作用,全面推行廉政风险防控管理及行政权力、公共服务公开透明运行,积极推广"制度+科技"等预防腐败经验,加强纪检监察派驻机构对驻在部门领导班子及其成员的监督。加大查办违纪违法案件工作力度,严肃查办发生在领导机关和领导干部中贪污贿赂、失职渎职案件,重点领域和关键环节中的违纪违法案件,严重违反政治纪律和组织人事纪律的案件,重大责任事故和群体性事件涉及的失职渎职及背后的腐败案件;严肃查办商业贿赂案件,发生在基层政权组织和重点岗位以权谋私、滥用职权的案件,以案谋私、贪赃枉法和为黑恶势力充当"保护伞"等案件。坚决纠正损害群众利益的不正之风,重点解决征地拆迁、住房保障、食品药品安全、环境保护、安全生产等方面损害群众利益的突出问题。深入推进改革和制度创新,深化行政管理体制、干部人事制度、司法体制和工作机制改革,深化财税管理体制、投资体制、金融体制和国有资产管理体制改革,建立健全防止利益冲突制度,推进公共资源交易统一规范管理。

全会指出,要抓住热点、破解难点,集中力量解决反腐倡廉建设中人民群众反映强烈的突出问题,着重在以下四个方面下功夫:

第一,深入推进专项治理工作,努力遏制消极腐败现象和不正之风在一些领域易发多发的势头。深化工程建设领域突出问题专项治理,严肃查处违规项目审批、规划调整以及规避招标、虚假招标、转包、违法分包等问题,严肃查办在土地矿产资源审批、项目实施、工程质量、资金使用、政府采购及执纪执法中的案件。深化"小金库"专项治理,巩固治理成果,建立长效机制。认真开展庆典、研讨会、论坛过多过滥问题专项治理和公务用车问题专项治理。

第二,认真落实《中国共产党党员领导干部廉洁从政若干准则》,着力解决党员领导干部在廉洁自律方面存在的突出问题。全面落实《关于领导干部报告个人有关事项的规定》和《关于对配偶子女均已移居国(境)外的国家工作人员加强管理的暂行规定》。坚决整治领导干部违规收受礼金问题。巩固党政机关厉行节约、制止奢侈浪费工作成果,建立健全禁止公款出国(境)旅游长效机制,认真执行关于党政机关国内公务接待的管理规定,继续严格控制党政机关办公楼等楼堂馆所建设。继续认真治理违反规定多占住房、买卖经济适用房或租赁廉租住房等问题。

第三,严肃组织人事工作纪律,确保地方党委换届工作健康顺利进行。严格执行党政领导干部选拔任用工作有关规定,规范和强化对拟提拔干部的廉政考察,加强对《党政领导干部选拔任用工作责任追究办法(试行)》等4项监督制度落实情况的监督检查。今年,地方各级党委开始集中换届,要严明换届纪律,加强对选人用人情况的监督检查,坚决惩治跑官要官、买官卖官、拉票贿选和突击提拔干部等行为。

第四,加强基层党风廉政建设,着力解决发生在群众身边的腐败问题。深入推进基层事务公开和透明,认真落实《关于党的基层组织实行党务公开的意见》,加大政务公开、司法公开、厂务公开、村务公开和公共企业事业单位办事公开力度。加强对基层干部的教育、管理和监督,严肃查处少数基层干部滥用职权、涉黑涉恶、侵吞国家和集体财产等行为。加大对损害群众利益行为的问责力度,坚决纠正对群众疾苦漠不关心、对群众呼声置若罔闻、对群众利益麻木不仁,甚至与民争利、以权谋私的行为。畅通群众反映问题、表达合理诉求的渠道,充分发挥广大群众的监督作用。

全会要求,各级党委、政府要认真落实党风廉政建设责任制,坚持和完善反腐败领导体制和工作机制,进一步形成全党动手抓党风廉政建设和反腐败工作的合力。各级纪检监察机关要全面履行纪检监察两项职能,加大改革创新力度,努力提高反腐倡廉建设科学化水平,大力加强自身建设,统一思想、振奋精神,兢兢业业、尽职尽责,真抓实干、务求实效,认真抓好反腐倡廉各项任务的落实。

全会增选吴玉良同志为中央纪委副书记。

全会号召,全党同志要更加紧密地团结在以胡锦涛同志为总书记的党中央周围,开拓进取,狠抓落实,不断取得党风廉政建设和反腐败斗争新成效,为夺取全面建设小康社会新胜利、开创中国特色社会主义事业新局面作出应有贡献!

中组部新闻发言人发布2010年全国组织工作满意度民意调查结果

调查数据显示:对组织工作总体评价的满意度为75.17分,比2009年提高1.34分;对干部选拔任用情况的满意度为72.92分,比2009年提高1.63分。这是在2009年比2008年提高的基础上,满意度各项主要指标又一次全面提高。

发言人称,自2008年起,中央组织部已连续三年委托国家统计局在全国独立组织开展了组织工作满意度民意调查。此次调查仍采取随机抽样、入户调查的方式进行。实际调查79438个样本,与上两次基本相同。有效问卷79091个,有效问卷率为99.56%。调查范围涵盖全国31个省区市的398个地级市及直辖市辖区,695个县区,1389个乡镇,3944个村,在京的168个中央和国家机关、中央企事业单位以及新疆生产建设兵团。

发言人介绍说,2010年31个省区市两项满意度分值整体水平提高,在京中央单位两项满意度分值有明显提高。

国家统计局发布2009年GDP最终核实数据

按照国内生产总值(GDP)核算程序,国家统计局根据2009年有关统计年报和部门会计、财政决算资料,在初步核实数的基础上,对2009年GDP数据进行了最终核实。2009年GDP现价总量为340903亿元,比初步核实数增加了396亿元,按不变价格计算,比上年增长9.2%,比初步核实数提高了0.1个百分点。

根据最终核实数,2009年我国第一产业现价总量为35226亿元,按不变价格计算,比上年增长4.2%。第二产业现价总量为157639亿元,按不变价格计算,比上年增长10.3%。第三产业现价总量148038亿元,按不变价格计算,比上年增长9.6%。第一、二、三产业占GDP的比重分别为10.3%、46.3%与43.4%。

中国人民银行公布2010年金融统计数据报告

报告显示,2010年人民币贷款增加7.95万亿元。虽然2010年人民币贷款同比少增1.65万亿元,表明货币条件已开始从应对危机状态向常态回归,但信贷规模和货币投放量均超出去年年初设定的目标,流动性管理难度加大,预计今年信贷和货币投放增速将有所减缓。

2010年年末,国家外汇储备余额为28473亿美元,同比增长18.7%。

统计显示,2010年年末,人民币贷款余额47.92万亿元,同比增长19.9%,增速比上月末高0.1个百分点,比上年年末低11.8个百分点。全年新增的7.95万亿元人民币贷款中,分部门看,住户贷款增加2.87万亿元,其中,短期贷款增加9068亿元,中长期贷款增加1.96万亿元;非金融企业及其他部门贷款增加5.07万亿元,其中,短期贷款增加1.56万亿元,中长期贷款增加4.2万亿元,票据融资减少9051亿元。12月份,人民币贷款增加4807亿元,同比多增1007亿元。

2010年年末,广义货币(M2)余额72.58万亿元,同比增长19.7%,增幅比上月末高0.2个百分点,比上年年末低8个百分点;狭义货币(M1)余额26.66万亿元,同比增长21.2%,增幅比上月和上年年末分别低0.9和11.2个百分点;流通中货币(M0)余额4.46万亿元,同比增长16.7%。全年净投放现金6381亿元,同比多投放2354亿元。

统计还显示,2010年本外币存款增加12.14万亿元,其中,人民币存款增加12.05万亿元,外币存款增加200亿美元。银行间市场交易活跃，市场利率上升。12月份同业拆借加权平均利率为2.92%，比上月和上年同期分别高1.16和1.67个百分点；质押式债券回购加权平均利率为3.12%，比上月和上年同期分别高1.31和1.86个百分点。

国家副主席习近平在人民大会堂会见第六十五届联合国大会主席戴斯

国务院副总理李克强在伦敦出席英国工商界晚宴并发表演讲

李克强在伦敦出席英国工商界晚宴并发表题为《创新发展 共促繁荣》的演讲。英国外交大臣黑格、商务大臣凯布尔以及中英工商界代表800多人出席。

国务院副总理李克强在中英工商界晚宴上发表题为《创新发展 共促繁荣》的演讲

尊敬的黑格外交大臣，尊敬的凯布尔商务大臣，尊敬的白乐威主席，女士们、先生们、朋友们：

晚上好！很高兴出席今天的晚宴。两个月前在北京召开的中英工商峰会上，我同在座的许多朋友见过面，今天又结识不少新朋友。这使我感受到中英经贸合作不断加强的活力。在此，我向各位新老朋友致以新年问候和良好祝愿，向长期致力于中英友好的英中贸协朋友们表示感谢！

我这次访英，从爱丁堡到伦敦，留下了深刻印象。所见所闻，体现了英国现代与传统结合的特质，既尊重历史，又富有创造力。在继续应对国际金融危机中，英国政府大幅削减财政赤字，加强金融监管，扶持中小企业发展，加大对基础设施和新能源等领域的投入，更加重视同新兴经济体发展经贸关系。这些富有勇气的决策，展示了英国促进经济增长的决心和行动。

当前，全球经济正在恢复增长，调整变革的步伐也在加快，但国际金融危机的深层次影响依然存在，复苏的基础仍不牢固。我们认为，希望与风险、机遇与挑战从来都是相伴而行的。适应全球经济的深刻变化，只有勇于创新与变革，才能为世界再繁荣提供不竭动力。

女士们、先生们！

大家十分关心中国的发展。我愿借此机会，介绍一下中国的发展现状和发展思路。

刚刚过去的2010年，中国国内生产总值增长10%左右。过去32年，经济年均增长9.9%。今后10年，我们的奋斗目标是：全面建成惠及十几亿人口的更高水平的小康社会。“小康”的概念，源于2000多年前中国的《诗经》。上面写道，“民亦劳止，汔可小康。惠此中国，以绥四方”。大意是，百姓辛苦，应使其休养生息，享受安康；这既有益于中国，也可让天下安宁。今天我们所说的“小康”，主要涵义是：人们学有所教、劳有所得、病有所医、老有所养、住有所居，生活温饱有余而又充裕，在国家繁荣安康的同时，推动邻邦与世界和平和谐。

中国人民对自己国家发展所取得的成绩感到鼓舞，但也清醒地认识到，中国仍然是世界上最大的发展中国家。人均国内生产总值只相当于英国的1/10，发展不平衡、不协调、不可持续的问题还相当突出。城镇化率只有47.5%，农村尤其是中西部地区农村还很落后。按照每人每天1美元收入的联合国标准，仍有1.5亿贫困人口。我们面临十分严峻的资源环境形势，能耗水平较高，发达国家几百年工业化过程中出现的环境问题，在中国几十年快速工业化的过程中集中显现。中国要实现现代化，使13亿人民共享改革发展成果，还有很长的路要走。

前不久，中国制定了今后5年的发展蓝图。这是一个以人为本、全面协调可持续的科学发展蓝图，是加快转变经济发展方式的蓝图，既体现了经济发展模式的创新，又体现了社会事业的发展，还体现了改革开放的深化。我们的主要目标是，保持中国经济长期平稳较快发展，使全体人民共享改革发展成果。实现这个目标，我们有许多事情要做，重点应推进以下三方面工作：

第一，扩大国内需求。我们决心把经济增长更多地建立在开拓国内市场的基础上，调整国民收入分配格局，努力实现居民收入增长和经济发展保持同步、城乡居民收入普遍较快增加，从而提高居民的消费能力，释放世界上规模最大的消费需求潜力。我们将推进教育、就业、住房、医疗、养老等基本公共服务均等化，构建社会保障安全网，让经济增长的成果惠及所有人群，增强内需对经济增长的拉动力。

第二，突出创新转型。目前，中国科技进步对经济增长的贡献率比发达国家低25至30个百分点。这既是差距所在，也是潜力所在。我们将更多地依靠科技进步和管理创新来推动经济发展，鼓励用先进技术改造提升制造业，培育发展战略性新兴产业，推动服务业实现更大发展。为此，我们将增加研发投入，充分发挥人才在促进经济发展和社会进步中的第一资源作用，努力把中国人口多的压力转化为人力资源的优势。我们还将深入推进各领域改革，坚持市场化的改革方向，充分发挥市场在资源配置中的基础性作用，健全有利于创新转型的激励和约束机制。

第三，注重绿色发展。过去5年，中国加强资源节约和环境保护，使单位国内生产总值能耗下降了20%左右，主要污染物排放减少了10%以上。仅淘汰的落后小火电就有7000多万千瓦，相当于一个中等国家电力装机总量。今后，我们将继续朝着绿色、低碳的方向努力，大力发展清洁能源、可再生能源和循环经济，引导企业开展以节能减排为重点的技术改造，强化污染治理，增加森林碳汇，使能源消费总量得到合理控制、单位国内生产总值能耗和二氧化碳排放继续较大幅度降低。

中国扩大内需、创新转型和绿色发展，都是在开放的背景下进行的。我们将以更加开放的姿态面向世界，实施更加积极主动的开放战略，以更加虚心的态度借鉴和吸收人类文明成果，研究和学习各国发展的有益经验，以更加务实的行动加强国际交流合作。我们将继续引进国外先进技术和管理经验，增加从国外进口商品和服务，在制造业开放的基础上，加大服务业开放力度。

女士们、先生们！

中英两国都是世界上重要的国家。几十年来，中英关系历经风雨。现在，双边关系正步入成熟、健康、稳定发展的新阶段，经贸合作十分活跃、富有成果。卡梅伦首相去年11月访华时，提出两国确立共同促进经济增长的伙伴关系。这为中英全面战略伙伴关系注入了新的内涵。两个月来，中英经贸关系有了新的进展。昨天，双方签署了价值近47亿美元的合同和协议，既涉及传统行业，又涉及金融投资、企业并购、创意产业等新兴领域。今天，两国企业家又举行了中英经贸论坛，从能源与基础设施、高端产业、中小企业合作、低碳技术等方面进行交流，以寻求新的合作机遇。这充分体现了双方深化经贸合作、实现互利共赢的愿望。

这两天，我同卡梅伦首相、克莱格副首相等英国领导人就深化两国各领域合作进行了深入探讨。我们认为，当前中英关系发展面临新的机遇，双方应面向未来，把握大局，推动双边贸易规模向1000亿美元的目标迈进，促进两国全面战略伙伴关系再上新台阶。为此，可从以下几方面加以努力：

一是挖掘大项目。我们期待双方经贸合作在寻求大项目上取得更大进展，以扩大贸易投资规模、提升合作水平，发挥带动和示范作用。双方应鼓励两国企业在汽车零部件、石油化工和高新技术等领域加深合作，并积极开展第三方合作。在铁路、港口等基础设施领域，相互投资建设的潜力很大，双方应加强可行性研究，创造条件促成新的合作项目。

二是打造新亮点。中国的发展需要绿色经济，英国在节能环保、新能源等方面处于领先地位。这次来访，参观了"海蟒"波浪发电机、低碳建筑和社区等绿色项目。两国有关部门签署了加强低碳技术研发与推广运用的合作框架协议。我们希望深化双方在低碳技术、新能源、可持续城市建设等方面的合作，为中英合作培育新的亮点。

三是注重优势互补。英国在高新技术和服务业领域具有较大优势，中国拥有广阔的市场。我们将扩大金融、物流等服务业对外开放，稳步开放教育、医疗、体育等领域，欢迎英国企业到中国推介先进技术和设备、投资兴业尤其是投资于服务业。两国有关单位已就银行合作签署了框架协议和谅解备忘录，北京国际品牌管理中心与英中贸协签订了建立"英国贸易中心"的合作备忘录，这是一个好的开端。中国将继续严格保护知识产权，在技术创新、政府采购等方面对内外资企业实行同等国民待遇，为各类企业创造公平竞争、稳定有序、透明和可预期的市场环境。也希望英方为中方商务人员往来提供更多便利，同时推动欧盟尽早承认中国完全市场经济地位，放宽对华高技术产品出口限制，为双方经贸合作创造更好环境。

我们还希望两国在文化教育、医疗卫生等方面加强沟通，交流借鉴彼此做法和经验，开拓全方位、多领域合作空间。双方已就大熊猫合作保护研究项目签署了协议，英国将迎来一对来自中国的大熊猫，它们是中英友好的新使者。伦敦已从北京接过奥运会的旗帜，我们祝愿2012年伦敦奥运会取得成功。

中英两国在反对国际恐怖主义、维护核不扩散体系、反对贸易和投资保护主义等国际问题上，有着相同或相似的立场。中英之间加强各领域合作，推动两国全面战略伙伴关系发展，有利于两国和两国人民、也有利于中欧关系发展和世界和平、稳定、繁荣。

女士们、先生们！

创新永无止境，繁荣需要合作。在世界经济复苏和中英两国发展的重要时刻，只要我们双方以开拓创新、互利共赢的精神携手合作，必将迎来两国更加繁荣发展、中英关系更加美好的未来。

谢谢大家。

国务院副总理回良玉在金沙萨与刚果(金)总理穆兹托举行会谈

回良玉就加强双边关系提出四点建议，即进一步密切高层往来，努力增加政治互信；继续加强资源开发和基础设施领域合作，推动经贸合作深入发展；加强农林水利合作，拓展两国合作新领域；积极扩大人文交流，夯实两国关系民意基础。

穆兹托赞同回良玉对两国关系的积极评价和进一步加强两国关系的建议，表示近年来刚中两国关系不断巩固，人员、商品等往来更加密切，一些重大合作项目陆续完成，这些是两国人民伟大友谊的具体表现。刚方期待与中方进一步加强合作，希望中方进一步向刚方转让知识和技术，帮助刚实现经济社会可持续发展。

会谈后，回良玉与穆兹托共同出席了两国经济技术合作、医疗设备和医用物资等协议的签字仪式并会见了记者。

全国新闻出版工作会议在北京召开

"十一五"期间，我国经营性图书、音像出版单位基本完成转企改制，1251家非时政类报刊出版单位转制或登记为企业法人，3000多家国有新华书店完成转制，100多家新闻出版企业集团组建，45家新闻出版企业上市，累计生产图书135.8万种、338亿册，是"十五"期间的两倍，报纸年发行量接近500亿份，新闻出版业总资产、总产出、销售较"十五"时期末实现翻番，新闻出版业深化改革、成效显著，体制改革产业发展全面进入新阶段，新闻出版业呈现大改革、大发展、大变化、大跨越态势。中共中央政治局常委李长春为此作出重要批示，中共中央政治局委员、中央书记处书记、中央宣传部部长刘云山，中共中央政治局委员、国务委员刘延东也作了批示。

新闻出版总署党组书记、署长，国家版权局局长柳斌杰出席会议并作了题为《抓住战略机遇，把握主题主线，精心谋划实施新闻出版"十二五"规划》的主题报告，全面总结了"十一五"时期新闻出版工作取得的成就和经验，并对如何做好"十二五"时期新闻出版工作进行了部署动员。

《中国共产党历史》第二卷出版

全国体育局长会议在北京召开

国家体育总局局长刘鹏在大会上作了题为《科学规划，改革创新，迈出建设体育强国新步伐》的讲话。刘鹏回顾了"十一五"时期中国体育事业取得的辉煌成绩，总结了2010年的各项体育工作。他表示，要深刻领会十七届五中全会精神，以改革创新为动力，全面规划"十二五"体育事业发展；全面做好2011年的各项体育工作，努力使"十二五"时期的体育工作开好局、起好步；改革创新体制机制，推动解决体育重点工作中的突出问题。

2010—2011赛季"波司登·雪中飞"杯全国速度滑冰冠军赛在新疆乌鲁木齐落幕

吉林选手王楠夺得男子短距离全能冠军；女子全能冠军被解放军选手王霏夺得；男子全能冠军被吉林选手孙龙将获得。

"2010中国田径绿茵天地金跑道颁奖盛典"在北京举行

广州亚运会上夺得男子百米金牌的劳义夺得最佳新人奖，2010年竞走世界杯上获得男子20公里冠军的王浩和2010年国际田联洲际杯上获得女子铁饼冠军的李艳凤分别获得最佳男、女运动员奖，两人的教练杨文科、张景龙获得最佳教练员的荣誉，刘翔和师傅孙海平获得年度特殊贡献奖。

深圳壹基金公益基金会在深圳举行启动仪式

仪式宣布深圳壹基金正式成立，成为中国首家成功转型的民间公募基金。

1月12日

全国人大常委会委员长吴邦国在人民大会堂会见爱沙尼亚议长埃尔格马

国务院总理温家宝主持召开国务院常务会议

会议研究部署进一步鼓励软件产业和集成电路产业发展的政策措施，决定将国有企业老工伤人员等纳入工伤保险统筹管理。

会议指出，软件产业和集成电路产业是国家战略性新兴产业，是国民经济和社会信息化的重要基础。近些年来，我国软件产业和集成电路产业快速发展，产业规模迅速扩大，技术水平显著提升，有力推动了国家信息化建设和经济社会发展。但与国际先进水平相比，我国软件产业和集成电路产业发展基础仍然薄弱，企业科技创新和自我发展能力不强，应用开发水平有待提高。

为鼓励软件产业和集成电路产业发展，会议确定了以下政策措施：(一)强化投融资支持。中央预算内投资支持符合条件的集成电路企业技术进步和技术改造项目。鼓励、支持企业跨地区重组并购，加强产业资源整合。引导设立股权或创业投资基金，积极推动企业利用知识产权等无形资产进行质押贷款，拓宽企业融资渠道。(二)加大对研究开发的支持力度。发挥国家科技重大专项的引导作用，大力支持软件和集成电路重大关键技术的研发，加快具有自主知识产权技术的产业化和推广应用。鼓励企业建立产学研用相结合的产业技术创新战略联盟。(三)实施税收优惠。继续实行对软件产品的增值税优惠政策，对符合条件的企业分别给予营业税和所得税优惠。(四)加强人才培养和引进。完善对研发人员的激励机制。加强高校软件工程和微电子专业建设，鼓励有条件的高校与集成电路企业联合建立微电子学院，支持建立校企结合的人才综合培训和实践基地。加快海外高层次人才的引进。(五)严格落实软件和集成电路知识产权保护制度,依法打击各类侵权行为。进一步推进软件正版化,全面落实政府机关使用正版软件的政策措施,大力引导企业和社会公众使用正版软件。支持企业依法到国外申请知识产权。(六)加强市场引导,规范市场秩序。加强反垄断工作,创造良好产业发展环境。维护消费者合法权益。完善进出口支持政策。会议要求,各地区、各有关部门要高度重视,加强组织领导和协调配合,抓紧制定实施细则和配套措施,切实抓好落实。

会议指出,近年来,我国工伤保险制度不断完善,参保范围不断扩大,对保障职工权益、分散企业风险发挥了重要作用。但2004年《工伤保险条例》实施前已认定为工伤、未纳入统筹管理的国有和集体企业工伤职工和工亡职工供养亲属等老工伤人员,大多仍由单位承担工伤待遇,缺乏制度保障,待遇普遍偏低。会议决定,2011年4月底前,将国有企业有伤残等级的老工伤人员和工亡职工供养亲属纳入工伤保险统筹管理;2011年年底前,将国有企业其他老工伤人员和集体企业、原国有和集体改制企业老工伤人员纳入工伤保险统筹管理。所需资金由各地通过统筹基金调剂、企业一次性缴纳部分费用、政府补助等渠道筹集,中央财政按照"奖补结合"的原则给予一次性补助。

中央纪委 监察部在北京举行理论学习中心组学习(扩大)会议

会议学习胡锦涛总书记在十七届中央纪委第六次全会上的重要讲话精神。中共中央政治局常委、中央纪委书记贺国强出席会议并讲话。

中共中央书记处书记、中央纪委副书记何勇主持会议。

贺国强强调,学习贯彻胡锦涛总书记重要讲话精神,要吃透精髓、把握灵魂,切实把实现好、维护好、发展好最广大人民根本利益作为纪检监察工作的根本出发点和落脚点以及检验工作成效的根本标准,切实把以人为本、执政为民贯彻落实到党风廉政建设和反腐败斗争的全过程和各方面。一要在反腐倡廉教育中贯彻以人为本、执政为民,把以人为本、执政为民教育作为反腐倡廉教育的重点,打牢广大党员干部坚持以人为本、执政为民的思想基础,增强各级领导干部作以人为本、执政为民表率的自觉性。二要在党的作风建设中贯彻以人为本、执政为民,大力加强以保持党同人民群众血肉联系为重点的作风建设,加强对党的群众路线执行情况的监督检查,切实解决党政机关和领导干部作风方面的突出问题,大力加强基层干部队伍作风建设,着力解决发生在群众身边的腐败问题。三要在解决反腐倡廉建设中人民群众反映强烈突出问题中贯彻以人为本、执政为民,进一步加大专项治理工作力度,努力遏制消极腐败现象和不正之风在一些领域易发多发的势头。四要在监督工作中贯彻以人为本、执政为民,充分发挥人民群众的监督作用,进一步加强对权力运行的制约和监督,切实让权力在阳光下运行,保障人民群众的知情权、参与权、表达权和监督权。五要在查办案件工作中贯彻以人为本、执政为民,加大对损害群众利益的突出问题和人民群众反映强烈的突出问题的查处力度,着力解决发生在群众身边的腐败问题,坚决维护人民群众的利益。六要在推进改革和制度建设中贯彻以人为本、执政为民,坚持科学决策、民主决策、依纪依法办事,切实使各项改革和制度建设符合人民群众的根本利益,提高制度执行力,增强制度权威性,防止权力滥用。七要在纪检监察机关自身建设中贯彻以人为本、执政为民,全面加强纪检监察干部队伍思想建设、能力建设、作风建设,切实履行"做党的忠诚卫士、当群众的贴心人"的庄严承诺。

何勇在主持讲话时强调,要按照贺国强同志讲话的要求,把胡锦涛总书记重要讲话学习好、贯彻好、落实好。要切实增强责任感和使命感,从关系人心向背和党的生死存亡的高度,全面把握反腐败斗争形势,充分认识坚持以人为本、执政为民的重要性和紧迫性,准确理解把以人为本、执政为民贯彻落实到党风廉政建设和反腐败斗争之中的指导原则,认真履行党章和行政监察法赋予的职责,切实抓好今年反腐倡廉各项任务的落实,努力取得党风廉政建设和反腐败斗争新成效。

共青团十六届四中全会在北京召开

会议传达学习了中共中央书记处对共青团工作的重要指示精神。中共中央政治局委员、全国人大常委会副委员长王兆国出席会议并讲话。

王兆国指出,共青团作为党的助手和后备军,要紧紧围绕"十二五"时期的重大部署,着力推动青年开展科技创新,激励青年岗位建功,组织青年参与社会实践,动员青年踊跃参加志愿服务,切实为青年就业创业提供服务,团结带领广大青年为推动科学发展、转变经济发展方式贡献智慧和力量。要抓住纪念建党90周年和辛亥革命100周年的重大契机,扎实开展"学党史、知党情、跟党走"主题教育活动,引导青少年坚定不移跟党走。继续开展"我与祖国共奋进"主题教育活动,深入推进青年马克思主义者培养工程,研究青年思想的多样性、尊重青年群体的主体性、体现工作手段的时代性,不断深化青年思想政治工作。要坚持党建带团建,抓基层、打基础,加强团组织自身建设,广泛开展创先争优活动，进一步增强基层组织的覆盖面和工作活力，进一步锤炼团干部的党性修养、群众观点和扎实作风，努力提高做好青年群众工作的能力和水平。

王兆国强调，共青团事业是党的事业的重要组成部分，各级党委要切实加强和改进对共青团的领导，推动落实党建带团建工作的有关要求，认真研究共青团工作中的重大问题，为共青团开展工作创造良好条件。

国家副主席习近平在人民大会堂会见以蔡冠深为团长的香港中华总商会访京团

习近平指出，当前，香港形势总体良好，同时也面临不少挑战。香港中华总商会作为爱国爱港社团的重要团体，应该按照胡锦涛主席关于"集中精力发展经济、切实有效改善民生、循序渐进推进民主、包容共济促进和谐"的要求，切实肩负起维护和促进香港繁荣稳定的光荣使命。

习近平向香港中华总商会提出四点希望：一是要带头发扬爱国爱港优良传统，深入贯彻落实"一国两制"方针和基本法，使"一国两制"方针和基本法在香港社会更加深入人心。二是要继续抓住和用好重要战略机遇期，不断促进香港繁荣发展。三是要继续支持行政长官和特区政府依法施政，切实维护香港社会和谐稳定。四是要继续加强总商会和属会自身建设，大力培养年轻一代爱国爱港人才，使爱国爱港光荣传统薪火相传。

香港连续17年获评全球最自由经济体

美国传统基金会公布世界"经济自由度指数"报告，香港再次获评为全球最自由经济体系，这已是香港连续第十七年名列经济自由度榜首。

国家工商总局公布2010年十大假冒侵权典型案例

一、江苏省江阴市工商局查处利用互联网销售假冒世界一线知名商标商品案。

二、重庆市工商局查处假冒"LV"、"GUCCI"等国际知名品牌商标案。

三、广东省汕头市工商部门查获假冒知名化妆品商标案。

四、广东省东莞市工商局查处假冒洗涤用品案。

五、上海市闸北区工商部门查处假冒"The North Face"、"Columbia"注册商标服装案。

六、海南省海口市工商局查获假冒贵州茅台酒商标案。

七、福建省石狮市工商部门查获假冒知名体育用品商标案。

八、湖北省武汉市工商局、福建省工商局联合查处销售假冒"鸿星尔克"鞋案。

九、甘肃省兰州市工商部门查处假冒知名户外鞋商品案。

十、国家工商总局商标局扼制自然人叶某恶意注册商标案。

国家主席胡锦涛根据全国人大会常委会的决定任免驻外大使

一、免去郁红阳的中华人民共和国驻约旦哈希姆王国特命全权大使职务；

任命岳晓勇为中华人民共和国驻约旦哈希姆王国特命全权大使。

二、免去解晓岩的中华人民共和国驻伊朗伊斯兰共和国特命全权大使职务；

任命郁红阳为中华人民共和国驻伊朗伊斯兰共和国特命全权大使。

三、免去刘志明的中华人民共和国驻黎巴嫩共和国特命全权大使职务；

任命吴泽献为中华人民共和国驻黎巴嫩共和国特命全权大使。

四、免去孙树忠的中华人民共和国驻卢旺达共和国特命全权大使职务；

任命舒展为中华人民共和国驻卢旺达共和国特命全权大使。

五、免去杨民的中华人民共和国驻多哥共和国特命全权大使职务；

任命王作峰为中华人民共和国驻多哥共和国特命全权大使。

六、免去殷恒民的中华人民共和国驻墨西哥合众国特命全权大使职务；

任命曾钢为中华人民共和国驻墨西哥合众国特命全权大使。

七、免去蔡润国的中华人民共和国驻厄瓜多尔共和国特命全权大使职务；

任命苑桂森为中华人民共和国驻厄瓜多尔共和国特命全权大使。

八、免去曾钢的中华人民共和国驻阿根廷共和国特命全权大使职务；

任命殷恒民为中华人民共和国驻阿根廷共和国特命全权大使。

九、免去潘伟芳的中华人民共和国驻阿曼苏丹国特命全权大使职务；

任命吴久洪为中华人民共和国驻阿曼苏丹国特命全权大使。

十、任命王宗来为中华人民共和国驻多米尼克国特命全权大使。

中国社会科学院考古所公布2010年中国6大考古新发现

6项考古新发现是：浙江东苕溪中游商代原始瓷窑址群、山西翼城县大河口西周墓地、江苏苏州市木渎春秋城址、新疆鄯善县吐峪沟石窟寺遗址、湖南永顺县老司城遗址、广东汕头市“南澳Ⅰ号”明代沉船。

《民族文学》杂志创刊30周年纪念活动在北京举行

全国人大常委会副委员长司马义·铁力瓦尔地，全国政协副主席阿不来提·阿不都热西提，中国作协主席铁凝，以及内蒙古牧区读者、西藏僧侣代表、维吾尔族大学生读者等300余人参加了纪念活动。

《民族文学》由中国作协主管，中国作家出版集团主办，是我国唯一的全国性少数民族文学月刊。自创刊以来发表了5000余万字的小说、诗歌、散文、评论、报告文学等作品，全国55个少数民族的作家都曾在这里崭露头角。

1月13日

中央精神文明建设指导委员会在北京召开全体会议

会议研究部署当前和今后一个时期精神文明建设工作。中共中央政治局常委、中央精神文明建设指导委员会主任李长春主持会议并讲话。

会议指出，2010年是我国发展进程中很不平凡的一年。精神文明建设紧紧围绕党和国家工作大局，认真贯彻落实中央决策部署，坚持高举旗帜、围绕大局、服务人民、改革创新，充分运用思想教育的丰富资源，推动社会主义核心价值体系建设取得新进展；充分调动人民群众的积极性主动性，推动精神文明创建工作取得新进展；充分发挥社会各方面的作用，推动青少年思想道德建设取得新进展；充分焕发文化体制机制改革创新的活力，推动文化惠民、乐民、育民、富民工作取得新进展。精神文明建设为推动经济社会发展、全面完成“十一五”规划目标任务、促进社会和谐稳定作出了应有的贡献。

李长春在讲话中指出，2011年是实施“十二五”规划的开局之年，精神文明建设既面临极好机遇，又肩负繁重任务。我们一定要从战略和全局的高度深刻把握精神文明建设面临的新形势、新任务、新挑战，不断增强做好工作的责任感和使命感。要紧紧围绕深入学习宣传贯彻党的十七届五中全会精神开展形势政策教育，引导广大干部群众坚定信心、奋发有为，积极投身“十二五”时期改革发展，为实现全面建设小康社会的宏伟目标而努力奋斗。要以庆祝中国共产党成立90周年等重大活动为契机，深入开展系列主题宣传教育活动，唱响共产党好、社会主义好、改革开放好、伟大祖国好、各族人民好的时代主旋律。要精心组织第三届全国道德模范评选表彰和学习宣传活动，进一步营造学习、崇尚、关爱、争当道德模范的社会风尚。要加强全社会诚实守信教育，认真做好第三批全国文明城市、文明村镇、文明单位的评选表彰工作，进一步兴起群众性精神文明创建活动热潮。要切实加强农村精神文明建设，为农村改革发展提供有力支撑。要积极推进文化体制改革，大力发展文化事业和文化产业，更好地满足人民群众日益增长的精神文化需求。要坚持不懈地开展整治互联网和手机淫秽色情信息专项行动，强力净化社会文化环境，为青少年健康成长营造良好氛围。要大力发展红色旅游，进一步扩大红色旅游的经济、政治、文化和社会效益。

李长春强调，精神文明建设是党和国家工作的重要组成部分，关系人民群众切身利益，是各级党委政府的重要职责。要坚持两手抓、两手都要硬，把精神文明建设工作摆上更加突出的位置，纳入重要议事日程，纳入经济社会发展总体规划，纳入科学发展考核体系。要把群众拥护不拥护、赞成不赞成、高兴不高兴、答应不答应作为检验工作成效的根本标准，着力在服务群众、务求实效上下功夫，把解决思想问题与解决实际问题结合起来，把教育群众与服务群众结合起来，把深化群众性精神文明创建与推动改善民生结合起来，多办顺民意、解民忧、惠民生的好事实事，不断开创精神文明建设工作新局面。

中共中央政治局委员、中央书记处书记、中央文明委副主任刘云山，中共中央政治局委员、国务委员、中央文明委副主任刘延东出席会议。中央文明委成员单位负责同志出席会议。

首钢北京石景山钢铁主流程停产仪式在北京举行

这标志着首钢结束了91年的在京生产钢铁的历史，计入了全新的转型发展阶段。

中共中央政治局委员、北京市市委书记刘淇出席仪式并颁发“功勋首钢”纪念牌，中共中央政治局委员、国务院副总理张德江出席仪式并讲话。

北京市市长郭金龙在仪式上讲话，首钢职工代表发了言。

外交学会第七届理事会年会在钓鱼台国宾馆举行

全国政协副主席董建华等外交学会高级顾问出席会议，100余位顾问和理事参会。外交部部长杨洁篪在会上作国际形势报告，外交学会会长杨文昌作工作报告。

国务院副总理王岐山在中南海会见汇丰控股主席范智廉

海峡两岸科技论坛在北京国家会议中心举行

此次论坛由海峡两岸科学技术交流中心、致公党中央联络部、台湾财团法人李国鼎科技发展基金会共同主办，是两岸科技和产业界人士广泛参与的首次科技盛会。与会嘉宾将分别就科技创新政策、科技计划管理、科技资源共享、节能环保和新能源开发、生物资源综合利用等进行交流和研讨。

全国政协副主席、科技部部长万钢在致辞中表示，加强两岸科技交流与合作，不仅有利于两岸科技的发展，而且有助于实现两岸互惠双赢，增强中华民族整体竞争力。两岸科技界应携起手来，通过交流与合作，优势互补，共同为中华民族的复兴和两岸人民的福祉作出贡献。

2011年全国中医药工作会议在北京召开

卫生部副部长、国家中医药管理局局长王国强说，《中医药法》列入第十一届全国人大立法规划，标志着中医药立法纳入国家立法日程。目前全国中医药地方性法规已增加到26个。发布了国家标准27项、行业标准221项，成立了4个全国中医药标准化技术委员会，初步形成了中医药标准体系框架。国际标准化工作取得了突破，国际标准化组织成立中医药技术委员会(暂定名)并将秘书处设在我国，国际疾病分类与代码(ICD—11)首次将中医药等传统医学纳入。

王国强指出，中央和地方有关部门在规划、项目、资金、政策等方面加大对中医药扶持力度。从2005年的41.4亿元增加到2009年的109.7亿元，增长了165%。2010年中央财政安排专项资金52.43亿元，是新中国成立以来最多的一年。

全国环保工作会议在北京召开

会议发布消息："十一五"期间，中央财政对环保工作的支持达到历史最好水平，累计下达预算资金100.34亿元，是"十五"期间的4.71倍。全口径中央环保投资达1564亿元，是"十五"中央环保投资的近3倍。在环保部直接参与安排项目中，能力建设和环境治理方面下达中央投资约290亿元，是"十五"的近7倍。

"十一五"初期，财政预算首次设立"211环境保护"科目，为政府环保投入稳步增长打下基础。5年间，许多专项污染防治资金从无到有，有力地促进了环境问题的解决、环境质量的改善。中央财政首次设立农村环保专项资金，2008年至2010年共安排资金40亿元，带动地方资金投入近80亿元，支持6600多个村镇开展环境综合整治和生态示范建设，2400多万农村人口直接受益；为进一步推动重金属污染防治工作，中央财政增设重金属污染防治专项，2010年首次下达资金15亿元，支持重点防控区综合防治、新技术示范和推广。

2010年全国社会捐助总额约700亿元

"2010中国慈善年会"发布消息：2010年，全国社会捐助总额约700亿元，其中仅单笔过亿的资金和证券捐赠就有36笔、83亿元；玉树地震、舟曲泥石流、西南旱灾、洪涝灾害等赈灾捐赠超过150亿元；福利彩票发行总量968亿元，筹集公益金297.7亿元；中国基金会数量更是超过2000家。

2011年全国安全生产工作会在北京举行

国家安监总局局长骆琳在会上介绍，2010年全国各类事故死亡人数7.95万人，这是继2008年首次降到10万人以下、2009年降到9万人以下之后，首次降到8万人以下。至此，全国事故死亡人数连续三年实现大幅下降。

1月14日

国家科学技术奖励大会在人民大会堂举行

党和国家领导人胡锦涛、温家宝、李长春、习近平、李克强出席大会并为获奖代表颁奖。温家宝代表党中央、国务院在大会上讲话。李克强主持大会。

中共中央政治局常委、国务院副总理李克强在主持大会时强调，建设创新型国家、加快转变经济发展方式、赢得发展先机和主动权，必须依靠科学技术的力量。希望广大科技工作者以获奖者为榜样，继续发扬求真务实、勇于创新的科学精神，不畏艰险、勇攀高峰的探索精神，团结协作、淡泊名利的团队精神，报效祖国、服务社会的奉献精神，共同肩负起科教兴国的重任。

中共中央政治局委员、国务委员刘延东在会上宣读了《国务院关于2010年度国家科学技术奖励的决定》。

师昌绪在代表全体获奖人员发言时表示，中央召开科学技术奖励大会，中央领导同志向获奖人员代表颁奖，这充分体现了党和国家对科技事业的高度重视和对科技工作者的热情关怀。全体科技工作者要以科教兴国为己任，将自己的专长同国家发展、社会进步、人民幸福紧密结合起来，为建设创新型国家、为实现全面建设小康社会奋斗目标作出更大的贡献。

2010年度国家科学技术奖励共授奖356项(人)。其中,国家最高科学技术奖获得者2人;国家自然科学奖授奖项目30项,其中一等奖空缺、二等奖30项;国家技术发明奖授奖项目46项,其中一等奖2项、二等奖44项;国家科学技术进步奖授奖项目273项,其中特等奖3项、一等奖31项、二等奖239项;授予5名外籍科学家中华人民共和国国际科学技术合作奖。

国务院总理温家宝在国家科学技术奖励大会上的讲话

同志们:

今天,我们隆重召开国家科学技术奖励大会,表彰为我国科技事业和现代化建设作出突出贡献的科技工作者。我代表党中央、国务院向2010年度国家科学技术奖获得者表示热烈祝贺,向全国广大科技工作者表示诚挚问候和崇高敬意!

崇尚科学技术的民族,才是最有希望的民族。中华民族要屹立于世界民族之林,必须有强大的科技,有大批创新型人才。五年前,党中央、国务院紧紧把握我国现代化建设全局和世界科技发展趋势,制定了国家中长期科技发展规划纲要,提出了建设创新型国家的目标,明确了科技发展的重点任务和主攻方向。五年来,我们认真实施《科技规划纲要》,持续增加财政对科技的投入,全面启动实施16个科技重大专项,科技事业呈现出加快发展的良好局面,涌现出一系列重大科技成果。载人航天和探月工程取得重大进展,神舟系列飞船捷报频传,千万亿次高性能计算机开发成功,载人潜水器海上试验顺利完成,高速铁路技术实现跨越式发展,集成电路装备、第三代移动通信、超级杂交水稻、转基因抗虫棉等一批重大技术取得突破。同时,我国科学家在诱导多功能干细胞、中国实验快堆、铁基超导、量子通信等基础研究领域也取得了一批重大创新成果。我国科技领域的一系列重大成就,显著增强了科技对经济社会发展的支撑能力,在应对国际金融危机冲击、促进经济平稳较快发展中发挥了至关重要的作用。

今年是“十二五”开局之年。党的十七届五中全会提出,今后五年要以科学发展为主题,以加快经济发展方式转变为主线,促进经济长期平稳较快发展和社会和谐稳定。加快转变经济发展方式,实现科学发展,必须依靠科技支撑和引领。我们要把科技摆在更加突出的位置,瞄准世界科技发展前沿,加强基础研究和战略高技术研究,继续推进重大科技专项和重点科技计划,大力实施知识创新工程和技术创新工程,集中力量突破一批核心关键技术,加快发展战略性新兴产业,在新一轮科技革命和产业革命中赢得发展的主动权。

现代科学技术成果只有转变为新型的生产方式和产业,才能推动经济发展方式的根本转变。必须把促进科技成果向现实生产力的转化,作为“十二五”时期科技工作的一项重要任务。要大力增强技术创新和研发能力,大幅度提高科技成果转化应用水平。要建立健全企业主导技术研发的体制机制,鼓励企业协作开展关键共性技术研发。要鼓励广大科研人员、科研院所和高等学校以多种形式与企业合作,共同推进技术创新和科技成果转化应用,提升企业和产业素质,增强市场竞争能力。要深化科技体制改革,促进科技资源优化配置和有效利用,推动科技与经济发展紧密结合。要坚定不移地实施国家知识产权战略,保护广大科技工作者和全社会的创新动力,激发创新活力。

科学技术是人类智慧的精华,是人类文明进步的象征。抢占科技制高点,就是争夺发展的主动权。我们不仅要把科技进步作为经济社会发展的强大动力,还要作为激励全民族的创造热情、推动民族素质提高的精神追求。对作出重大科学发现和技术发明的科研人员进行奖励,是党和国家长期坚持的一项重要制度,是尊重知识、尊重人才的具体体现,是全社会对科技工作者辛勤劳动的充分肯定和高度评价。我们要在全社会大力弘扬追求真理、独立思考、大胆探索、勇攀高峰的科学精神,发扬学术民主,倡导百家争鸣,鼓励创新,宽容失败,为科技进步和优秀人才成长营造良好的学术环境和社会环境,努力培养和造就一支规模宏大、素质优良的科技队伍,为我国科技事业发展奠定坚实的人才基础。

我国现代化建设的宏伟事业为广大科技工作者施展才华提供了广阔舞台。责任重大,使命光荣。让我们在以胡锦涛同志为总书记的党中央领导下,为建设富强民主文明和谐的社会主义现代化国家而努力奋斗!

国务院总理温家宝就澳大利亚发生严重洪灾致电澳大利亚联邦总理吉拉德表示慰问

中央党校举行2010年秋季学期毕业典礼

中共中央政治局常委、中央书记处书记、中央党校校长习近平出席毕业典礼,并为学员颁发毕业证书。

中共中央政治局委员、中央书记处书记、中央组织部部长李源潮,中央书记处书记、中央纪委副书记何勇,中央书记处书记、中央办公厅主任令计划出席毕业典礼。

中央党校常务副校长李景田在毕业典礼上讲话。他希望学员们继续加强学习,不断深化学习,努力作学习的表率;认真贯彻落实党的十七届五中全会和中央经济工作会议精神，进一步开创各项工作的新局面；切实把以人为本、执政为民的理念贯彻到各项工作中；关心党校建设，为进一步大规模培训干部、大幅度提高干部素质作出新的更大贡献。

第二十四次全国"扫黄打非"工作电视电话会议在北京召开

会议部署2011年"扫黄打非"工作。中共中央政治局委员、中央书记处书记、中宣部部长刘云山出席会议并讲话。

刘云山指出，近年来"扫黄打非"工作持续有力推进，文化市场面貌明显改观，网络文化环境明显改善，新闻出版行业秩序进一步好转。与此同时，在经济利益驱动下，盗版盗印、网上网下传播淫秽色情信息、制售非法报刊活动仍有反弹之势，文化市场管理面临许多新情况新问题，"扫黄打非"任务依然非常艰巨。要深刻认识"扫黄打非"工作的长期性、艰巨性和复杂性，进一步增强责任感、使命感和紧迫感，切实把思想和行动统一到中央决策部署上来，深入持久地开展"扫黄打非"工作。

刘云山强调，2011年"扫黄打非"工作要明确任务、突出重点、细化措施，严格执行各类法律法规，坚决遏制各种非法出版活动，深入整治互联网和手机传播淫秽色情信息，严厉打击各类侵权盗版活动，切实保护知识产权，严肃查处制售非法违规报刊行为，进一步规范文化市场和新闻出版行业秩序。各地各部门要把"扫黄打非"作为政治性任务、作为经常性工作，纳入党委政府重要议事日程，摆上重要位置，明确工作责任，狠抓工作落实，切实提高执行力。要加强基层建设，深入开展社会动员，完善和落实举报奖励制度，夯实"扫黄打非"工作基础，充分调动广大群众参与监督的积极性。要加强宣传教育，加大投入力度，完善保障措施，积极探索创新，有效增强"扫黄打非"工作的主动性和实效性。

全国"扫黄打非"工作小组成员单位、中央和国家机关有关部门、有关人民团体和有关中管企业负责同志出席会议。各省、自治区、直辖市和新疆生产建设兵团的党政分管领导及有关部门负责人在分会场参加会议。

中共中央政治局常委李长春在人民大会堂会见爱沙尼亚议长埃尔格马

教育部印发《全国教育人才发展中长期规划(2010—2020年)》并发出通知

各省、自治区、直辖市教育厅(教委)，新疆生产建设兵团教育局，有关部门(单位)教育司(局)，部属各高等学校：

现将《全国教育人才发展中长期规划(2010—2020年)》(简称《教育人才规划》)印发给你们，请结合实际认真贯彻执行。

教育人才是培养人才的人才，是国家人才队伍的重要组成部分。制定并实施《教育人才规划》，坚持走人才强教、人才强校之路，建设高素质教育人才队伍，对于加快人才资源开发，全面推动教育事业科学发展，办好人民满意的教育，建设人力资源强国、人才强国和创新型国家具有重大意义。

各级教育行政部门和各级各类学校要高度重视，把教育人才摆在优先发展的战略地位，切实加强对《教育人才规划》实施工作的组织领导，广泛组织开展学习活动，深刻理解教育人才工作的总体要求、战略目标、主要任务、重大项目、体制机制改革和政策措施，进一步增强做好教育人才工作的责任感、紧迫感和使命感。要加强统筹协调，细化政策措施，加大资金投入，有力有序推进《教育人才规划》的组织实施。要广泛开展宣传活动，动员全社会力量关心、支持、帮助教育人才工作。要建立健全工作责任制，实行目标管理，严格督查考核，切实把《教育人才规划》提出的各项任务落到实处。

教育部

2011年1月14日

全国教育人才发展中长期规划(2010—2020年)

为建设高素质教育人才队伍，根据《国家中长期人才发展规划纲要(2010—2020年)》(以下简称《人才规划纲要》)和《国家中长期教育改革和发展规划纲要(2010—2020年)》(以下简称《教育规划纲要》)，特制定本规划。

序　言

教育人才是教育事业科学发展的第一资源，是国家人才队伍的重要组成部分，在建设人力资源强国、人才强国和创新型国家中处于十分关键的战略地位。党和国家历来高度重视教育人才工作，经过新中国成立以来特别是改革开放以来的大力建设，我国已经形成了规模居世界前列的教育人才队伍，基本满足了我国教育事业发展需要，支撑起了世界上最大规模的教育体系，为我国成为人力资源大国作出了重要贡献。

站在新的历史起点上，我国正在从人力资源大国向人力资源强国、从教育大国向教育强国迈进。必须清醒地看到，我国教育人才总体上还不能适应建设人力资源强国、人才强国和创新型国家的新要求，同世界先进国家相比还存在较大差距。主要是：人才队伍整体素质亟待提高，学科领军人才、教学名师、优秀的学校领导者和管理者比较匮乏，人才国际竞争力仍然不强，人才结构和分布不尽合理，制约人才发展的体制机制障碍尚未完全消除。

教育是强国之基，人才是强教之本。面向现代化、面向世界、面向未来，必须切实增强紧迫感、危机感、责任感、使命感，把加强教育人才队伍建设作为更好地实施科教兴国战略和人才强国战略的重要基础性工程，作为推动教育事业科学发展的根本举措，坚定不移地走人才强教、人才强校之路，科学规划，改革创新，整体推进，重点突破，不断开创教育人才队伍建设新局面。

一、总体要求和战略目标

(一)总体要求。

高举中国特色社会主义伟大旗帜，以邓小平理论和“三个代表”重要思想为指导，深入贯彻落实科学发展观，坚持党管人才原则，尊重劳动、尊重知识、尊重人才、尊重创造，认真贯彻《人才规划纲要》“服务发展、人才优先、以用为本、创新机制、高端引领、整体开发”的指导方针和《教育规划纲要》“优先发展、育人为本、改革创新、促进公平、提高质量”的工作方针，遵循教育规律和教育人才成长规律，建设高素质教育人才队伍，为推动教育事业科学发展提供坚强有力的人才保证。

坚持教育人才优先发展，在教育事业发展中优先开发教育人才资源、优先调整教育人才结构、优先保证教育人才投资、优先创新教育人才制度；坚持服务教育改革发展大局，建设一支支撑和引领教育事业科学发展的高素质专业化教育人才队伍；坚持高端引领，加强高层次人才队伍建设，提高教育人才队伍整体素质；坚持育引并举，立足国内自主培养教育人才，大力引进海外优秀人才；坚持改革创新，构建有利于教育人才发展的制度环境，最大限度地激发教育人才的创造活力。

(二)战略目标。

到 2020 年，培养和造就一支品德高尚、业务精湛、结构合理、充满活力的高素质、专业化、创新型教育人才队伍。

——总量满足发展需要。到 2020 年，各级各类学校人才总量达 2160 万人，其中专任教师 1800 万人，管理人员和教辅人员 360 万人。继续教育和民办教育教师满足办学的需要。

——整体素质明显提高。教育人才思想政治素质和业务水平大幅提升。到 2020 年，幼儿园教师基本具备专科以上学历，普通中小学和中等职业学校教师基本具备本科以上学历，普通中学和中等职业学校教师中具有研究生学历的比例大幅度提高，高校教师基本具有硕士以上学位，高水平大学教师基本具有博士学位。中等职业学校新增“双师型”教师 42.6 万人，高校新增具有国际学术影响力的学科领军人才 2000 人。

——布局结构趋于合理。教育人才分布趋于合理，专业素质和层级结构不断优化，教育人才结构与教育布局结构更趋协调。到 2020 年，中小学教师队伍结构符合中小学课程设置的要求，新增农村薄弱学科教师 50.8 万人；民族地区双语教师达到 10 万人；职业学校“双师型”教师占专业教师 60%，从事专业教学的专兼职教师比例达到 1∶1；高校新兴学科教师满足学科发展需要，学缘结构进一步优化。

——体制机制充满活力。教育人才发展体制机制创新取得突破性进展，教师法律法规比较完备，教育人才管理体制更加健全，富有效率、充满活力、更加开放、促进优秀人才脱颖而出的教育人事制度基本形成。

二、主要任务

(一)基础教育人才队伍。

以农村教师为重点，提高中小学教师队伍整体素质，加强管理人才和班主任队伍建设，着力建设一支适应全面实施素质教育和义务教育均衡发展需要的基础教育人才队伍。

1. 大力培养造就中小学名师和名校长。

启动中小学(含幼儿园，下同)名师和名校长培养计划。建立中小学名师和名校长每五年享受半年“学术休假”制度，进行高级研修。鼓励中小学教师和校长在教育教学实践中形成教学特色和办学风格。采取多种形式总结推广中小学名师、名校长的教育教学经验。加强和改进中小学特级教师的评选和管理工作。积极推进师范生免费教育，为培养优秀教师奠定坚实基础。

2. 重点建设农村中小学教师队伍。

以农村教师为重点，通过多种有效途径，有目的、有计划地对全国中小学教师进行分类、分层、分岗培训。对专科以下学历小学教师进行学历提高教育。继续实施“农村义务教育学校教师特设岗位计划”，鼓励各地实施地方特岗计划、“三支一扶”、大学生志愿服务西部计划，扩大实施农村学校教育硕士师资培养计划，吸引优秀人才到农村学校任教。加强农村中小学薄弱学科教师队伍建设，重点培养和补充一批革命老区、边疆地区、民族地区、贫困地区急需紧缺教师。

3. 加快培养幼儿教师、民族地区双语教师、特殊教育教师。

制定幼儿园教师配备标准，逐步配齐公办幼儿园教职工。依法落实幼儿教师地位和待遇，切实维护其工资、职称评聘和社会保障等权益。完善学前教育师资培养培训体系，办好幼儿师范院校和专业，加大幼儿教师培养力度。3 年内对 1 万名幼儿园园长和骨干教师进行国家级培训，各地在 5 年内对幼儿园园长和教师进行一轮全员培训。

选择一批高等师范院校建立民族地区双语教师培养培训基地。在民族地区师范院校开展双语师范生免费教育试点，加大实施民族地区双语特岗教师支持力度，开展对口支援。职务(职称)评聘、绩效工资分配、周转宿舍分配等向双语教师倾斜。对担任双语教师且服务期满的高校毕业生，按中央有关规定执行学费补偿和国家助学贷款代偿政策。

加强特殊教育教师队伍建设，采取措施落实特殊教育教师待遇。在优秀教师表彰中提高特殊教育教师比例。对特殊教育教师进行专业培训，提高教育教学水平。

4. 加强基础教育管理人才队伍建设。

加强学校管理人才思想政治教育和职业道德建设。推进学校领导班子思想政治建设。开展中小学校长全员培训，大力促进校长专业发展，全面提升中小学校长的办学治校能力和素养。新任中小学校长应做到持证上岗，任职资格培训时间不少于300学时，在任中小学校长5年内累计参加脱产培训时间不少于240学时。大力加强基础教育行政管理人才、学校管理人才和中青年后备干部队伍建设。

5. 重视中小学班主任队伍建设。

进一步落实《中小学班主任工作规定》，完善班主任聘任办法。班主任工作量按当地教师标准课时工作量的一半计入教师基本工作量。班主任津贴纳入绩效工资管理，在绩效工资分配中向班主任倾斜。对长期从事班主任工作或在班主任岗位上作出突出贡献的教师定期予以表彰奖励。完善班主任培训制度，继续开展国家级中小学班主任远程培训，推动地方积极开展班主任培训。

(二)职业教育人才队伍。

以“双师型”教师为重点，加强中等和高等职业学校教师队伍建设，统筹推进管理人才、实习实训指导教师、班主任队伍建设，着力建设一支适应培养高素质劳动者和技能型人才需要的职业教育人才队伍。

1. 重点建设职业学校“双师型”教师队伍。

加大职业院校教师培养培训力度，广泛开展以提高教师“双师”素质为重点的培训活动。依托相关高等学校和大中型企业，共建“双师型”教师培养培训基地。拓宽“双师型”教师来源渠道，聘任(聘用)具有实践经验的专业技术人员、高技能人才以及具有特殊技能的能工巧匠担任专兼职教师，提高持有专业技术资格证书和职业资格证书教师比例。

2. 重视职业学校实习实训指导教师队伍建设。

大力开展职业学校实习实训指导教师培训。鼓励从行业、企业中聘请优秀人才担任职业学校实习实训指导教师，积极推进在企业中配置职业教育实习实训指导教师工作。结合各地实际，研究制定适应职业学校特点的教职工编制政策，使实习实训指导教师的配备适应职业教育发展的需要。

3. 推进职业教育管理人才队伍建设。

以校长队伍为重点，建设一支具有现代职业教育理念的高水平职业教育管理人才队伍。依托高水平大学、国家示范性职业院校和知名企业，大力开展职业学校管理人才培训研修。全面推行职业学校校长任职资格培训，落实校长持证上岗制度。重视职业教育行政管理人才和中青年后备干部队伍建设。

4. 加强职业学校班主任队伍建设。

贯彻落实《关于加强中等职业学校班主任工作的意见》，加强班主任队伍建设。每个班级必须配备一名班主任，根据需要配备助理班主任。学校内部绩效工资分配向班主任倾斜。教师高级岗位聘用应向优秀班主任倾斜。开展班主任培训。大力表彰奖励作出突出贡献的班主任。

(三)高等教育人才队伍。

以中青年教师和创新团队为重点，加强高校教师队伍建设，统筹推进管理人才、辅导员和教辅人员队伍建设，着力建设一支适应全面提高高等教育质量需要的高等教育人才队伍。

1. 培养集聚具有国际影响的学科领军人才。

积极参与实施“千人计划”，大力引进海外高层次人才。进一步做好做强“长江学者奖励计划”、“创新团队发展计划”等高层次人才计划，依托国家重大工程、重点学科和研究基地、重大科研项目以及国际学术交流合作，培养集聚一批具有国际影响的学科领军人才，培育一批跨学科、跨领域的科研与教学相结合的高水平创新团队。

积极参与马克思主义理论研究和建设工程、“文化名家工程”、“四个一批”人才培养工程，深入开展哲学社会科学教学科研骨干研修，着力培养造就一批马克思主义理论家特别是中青年理论家、一批高水平哲学社会科学人才，打造一支政治立场坚定、理论素养深厚的外向型哲学社会科学专家队伍。确立若干重点研究领域，培育并长期支持一批高水平哲学社会科学创新团队，推动形成哲学社会科学领域的中国学派。

2. 大力培育青年学术英才。

参与实施国家杰出青年科学基金、“青年千人计划”、“青年英才开发计划”。通过实施“高校哲学社会科学繁荣计划”、“新世纪优秀人才支持计划”、“高等学校青年骨干教师培养计划”，加大对青年学术英才的培养支持力度。组织青年人才到学科实力强的高校、科研院所或大型企业挂职锻炼、进修学习、访问研修或开展合作研究。构筑青年人才国际交流和竞争平台，提高国际化水平。

3. 加强高等教育管理人才队伍建设。

坚持德才兼备、以德为先用人标准，选拔任用高等学校领导干部。改革大学校长选拔办法，加大交流任职力度。推进高等学校领导班子思想政治建设。加大培养培训力度，提高高校领导干部的理论水平和办学治校能力。举办中外大学校长论坛。推进高等学校管理人员职员制。有组织、有计划地开展学校管理人才和中青年后备干部培训。重视加强高等教育行政管理人才队伍建设。

4. 推进高等学校辅导员队伍建设。

全面贯彻《普通高等学校辅导员队伍建设规定》，严格按照师生比不低于1:200的比例设置一线专职辅导员岗位，院系的每个年级都设置专职辅导员，每个班级都配备一名兼职班主任。加强高校辅导员骨干海内外研修培训。完善普通高等学校辅导员评聘教师职务办法，解决好从事大学生思想政治教育的人员的教师职务聘任问题。

5. 注重高等学校教辅人员队伍建设。

建立健全有利于教辅人员发展的岗位管理、职务(职称)聘任、考核评价和薪酬分配办法，增强对优秀人才的吸引力。加强教辅人员职业道德教育和专业技能培训。支持高水平大学通过设立关键岗位、实施专门的人才项目等措施，吸引培养一批高级工程实验技术人才。

三、重大项目

为贯彻落实《人才规划纲要》和《教育规划纲要》提出的"高素质教育人才培养工程"、"高等学校高层次创新人才计划"等重大人才项目，重点实施如下教育人才培养计划：

(一)中小学教师全员培训计划。

以农村教师为重点，对全国千万中小学和幼儿园教师进行分类、分层、分岗培训，每名教师每5年累计培训360学时以上，全面提高中小学教师队伍的整体素质和专业化水平。实施"中小学教师国家级培训计划"，开展中小学教师示范性培训项目和中西部农村骨干教师培训项目，推动各地开展中小学教师全员培训。加强教师培训基地能力建设，改善培训条件。

(二)农村义务教育学校教师特设岗位计划。

继续实施"农村义务教育学校教师特设岗位计划"，适应全国义务教育阶段教师平均工资水平的变化，继续推进义务教育教师绩效工资政策。各省(区、市)实施地方"特岗计划"，吸引更多优秀人才到农村任教，提升农村教师队伍整体素质。

(三)义务教育学校校长和农村幼儿园园长研修培训计划。

通过示范性集中培训、远程培训、跟岗培训、高级研修等方式，实施"农村义务教育中小学校长素质提升项目"、"农村幼儿园园长素质提升项目"、"中西部中青年骨干校(园)长跟岗提高培训项目"、"全国优秀中小学校长和幼儿园园长高级研修项目"，以提升农村校(园)长专业素质和义务教育学校校长实施素质教育能力水平为重点，分类分层大规模开展义务教育学校校长和农村幼儿园园长培训。

(四)民族地区双语教师培养培训项目。

组织开展民族地区双语教师培养和全员培训，分国家、省和地州教育行政部门三级，通过集中培训、远程培训等方式，每年培训一批少数民族地区中小学和幼儿园双语骨干教师。在高等学校建立民族地区双语教师培养培训基地，每年培养、培训一批学科教师和双语教师，定向培养一批少数民族免费师范生。

(五)职业学校教师和校长素质提高计划。

实施职业学校教师素质提高计划，以重点领域急需专业教师为重点，采取海内外培训、企业实践等方式，每年培训一批"双师型"骨干教师；建设一批国家级"双师型"教师培养培训基地，重点建设若干专业点，开发教师培养课程和教材；支持职业学校聘请兼职教师，选派新任专业教师到企业实践；支持高等职业院校建立若干名师(名专家)工作室。实施职业学校校长能力提升计划，每年组织一批校长参加研修。

(六)长江学者奖励计划。

在高等学校国家重点学科、重点研究基地等平台设置长江学者特聘教授、讲座教授岗位，通过提供奖金、配套科研经费等方式，支持高等学校面向海内外公开招聘自然科学、技术科学和哲学社会科学领域的中青年学界精英到高校全职工作或短期合作研究，培养集聚一批具有国际影响的学科领军人才。

(七)创新团队发展计划。

以长江学者、国家杰出青年基金获得者等中青年拔尖创新人才为核心，依托重点科研基地和重点学科，每年择优遴选并稳定支持一批自然科学、哲学社会科学领域的优秀创新群体，加快形成一批国内一流、有重要国际影响的创新团队，推动高校科研组织模式创新。

(八)新世纪优秀人才支持计划。

面向全国高等学校，对具有较高学术水平和发展潜力的高校优秀青年学术带头人和拟全职回国的海外优秀青年留学人才进行资助，支持他们开展创新性研究工作，加速培养造就一大批青年拔尖创新人才。

(九)校长和骨干教师海外研修培训计划。

实施校长海外研修项目，每年选派一批大中小学和职业学校的党政领导及后备干部到海外研修培训。

实施中小学教师海外研修项目，每年选派一批中小学和中等职业学校中青年骨干教师到海外研修培训。

四、体制机制改革和政策创新

（一）实施教育人才优先发展政策。

建立教育人才优先发展的体制机制。把教育人才队伍建设作为教育督导评估的重要指标和内容。中央加大对中西部教育人才发展的支持力度。在普通中小学和职业学校公用经费中安排适当的比例用于教师和校长培训。进一步完善“985工程”、“211工程”等面向教育的重大工程项目经费使用政策，加大对人才队伍建设的支持力度。鼓励和支持企业、社会组织或个人通过设立教育人才发展或奖励基金、设置大学讲座教授席位等方式，捐资支持教育人才发展。建立健全教育人才资金管理制度，加强审计监督。

（二）实施吸引优秀人才长期从教、终身从教政策。

完善教师法律法规，修订《教师法》《教师资格条例》，提高教师地位待遇，依法保障教师合法权益。依法保证教师平均工资水平不低于或者高于国家公务员的平均工资水平，并逐步提高。全面落实义务教育学校教师绩效工资，稳慎推进非义务教育学校实施绩效工资工作。

按照事业单位社会保障制度改革的总体部署，推进教师医疗、养老制度改革，探索建立教师职业年金制度。制定和完善教师住房优惠政策。

开展深化中小学教师职称制度改革试点，建立统一的中小学教师职务（职称）系列，在中小学设置正高级教师职务（职称）。探索在中等职业学校设置正高级教师职务（职称）。

积极推进师范生免费教育，保障师范生学习和实习经费，建立免费师范生进入、退出、奖励机制，支持免费师范生继续教育，保证免费师范生优先就业。

完善国家教师表彰制度，设立“人民教育家”荣誉称号，国家每年评选10名全国教书育人楷模，定期开展优秀教师和教育工作者的评选表彰，大力表彰和宣传模范教师的先进事迹。

（三）创新教育人才培养培训模式。

调整教师教育院校布局结构，构建以师范院校为主体、综合大学参与、开放灵活的教师教育体系。深化教师教育改革，创新培养模式，增强实习实践环节，强化师德修养和教学能力训练。制定中小学教师专业标准、教师教育课程标准、教师教育机构资质标准、教师教育质量评估标准，形成教师教育质量保障体系。

修订中小学教师培训管理规定，探索建立教师培训学分（学时）管理制度，建立教师培训机构认证及定期评估制度。创新校企合作培养培训职业院校教师的模式和机制，完善职业学校教师定期到企业实践制度。修订高等学校教师培训工作规程。依托高水平大学重点学科，建立高等学校教师培训基地，以青年教师为重点大规模开展教师培训。建立健全产学研合作培养高校教师的机制。建立高校工程学科教师到企业参与工程实践制度。加强学校党政领导干部培训基地建设，完善培训网络体系，改进培训课程和教材内容体系。

完善教育人才继续教育激励和保障机制，推进教育人才终身学习制度建设。制定继续教育与工作考核、职务（职称）评聘、岗位聘任（聘用）、教师资格注册等人事管理制度衔接的具体办法。

（四）改革完善教育人才管理制度。

建立“国标、省考、县聘、校用”的中小学教师职业准入和管理制度。实行中小学教师资格考试制度，建立教师资格证书定期登记制度。国家制定教师资格考试标准，提高教师任职学历标准和品行要求；省级教育行政部门统一组织中小学教师资格考试和资格认定；县级教育行政部门按规定履行中小学教师的招聘录用、职务（职称）评聘、培养培训和考核等管理职能。完善符合职业教育特点的职业学校教师资格标准。

制定高等学校编制标准和幼儿园教师配备标准。逐步实行城乡统一的中小学编制标准，对农村边远地区实行倾斜政策。在试点基础上推动各地研究制定职业院校编制标准。

深化学校人事制度改革。加强学校岗位管理，创新聘用方式，规范用人行为。制定中小学教师公开招聘办法。完善符合职业教育特点的职务（职称）评聘办法，建立健全技能型人才到职业学校从教的制度。高等学校全面实行聘任（聘用）制度和岗位管理制度，实行新进人员公开招聘制度。完善高校教师分类管理办法，促进教师分类发展。完善高校科研助理制度，建立多种形式的专职科研队伍。探索建立高等学校“人才发展改革试验区”。完善教师退出机制，选择部分学校进行社会保障制度改革试点，重点解决学校退休人员和未聘人员社会保障的衔接工作。

大力改善高等学校教师学缘结构，逐步减少和消除“学术近亲繁殖”现象。鼓励高等学校大幅度减少或者不从本校毕业生中直接聘任新教师，并逐步形成制度规范。支持高等学校组建开放的教学和科研团队，聘任（聘用）行业企业、政府部门优秀人才担任专职或兼职教师。有计划地选派教师参加海内外研修。

（五）实施引导优秀人才向农村学校、薄弱学校和中西部地区学校流动的政策。

创新农村教师补充机制，健全农村义务教育学校教师特设岗位计划相关政策，完善学费补偿和助学贷款代偿机制，鼓励高等学校毕业生到艰苦边远地区县以下基层当教师。建立健全义务教育学校教师和校长流动机制，实行县(区)域内教师、校长交流制度。城镇中小学教师在评聘高级职务(职称)时，原则上应有1年以上在农村学校或薄弱学校任教经历。积极参与实施“边远贫困地区、边疆民族地区和革命老区人才支持计划”。

完善农村边远地区教师的工资分配激励机制，对长期在农村基层和艰苦边远地区工作的教师，在工资、职务(职称)等方面实行倾斜政策，完善津贴补贴标准。建设农村艰苦边远地区学校教师周转宿舍。国家对在农村地区长期从教、贡献突出的教师给予奖励。制定鼓励支持高等学校毕业生到民族地区基层任教的优惠政策。支持民族院校加强人才队伍建设。

完善高等学校间人才流动自律约束机制，保证人才流动的开放性和有序性，促进区域间高等学校人才队伍协调发展。通过实施“中西部高等教育振兴计划”、“对口支援西部地区高等学校计划”等项目，在工资、职务、职称晋升等方面采取倾斜政策，鼓励优秀人才到中西部地区高校任教。

(六)实施促进教师潜心教书育人政策。

加强师德建设，把教师职业理想、职业道德以及学术规范教育贯穿到教师培养培训的全过程。健全师德考评制度，将师德表现作为教师考核、聘任(聘用)和评价的首要内容。落实《中小学教师职业道德规范》，修订《中等职业学校教师职业道德规范(试行)》，制定《高等学校教师职业道德规范》。完善教育、制度、监督相结合的惩防学术不端行为工作体系，形成良好的学术道德和学术风气，克服学术浮躁，查处学术不端行为。

把教学特别是教书育人效果作为教师考核的核心指标，健全教授为高校低年级学生授课基本制度。改革学校内部薪酬分配制度，完善激励机制，向教学一线的教师倾斜，形成引导和保障教师专心教学的机制。建立完善重创新、重质量、重贡献的高校科研评价机制，引导教师及时将科研成果转化为优质教学资源。鼓励骨干教师兼任辅导员、班主任。完善教学名师评选表彰制度。

(七)实施鼓励青年英才脱颖而出政策。

建立不拘一格发现、评价、使用青年英才的制度。制定完善及早选苗、重点扶持、跟踪培养的特殊措施，鼓励高校采取设置特设岗位、提供科研经费支持等方式，培养支持创新思维活跃、创新能力强、发展潜力大的青年学术英才。加大竞争性选拔教育系统党政领导干部工作力度，把优秀青年管理人才放在重要关键岗位上加强培养。完善高校领导后备干部队伍选拔培养制度。改善青年教师生活条件，有条件的城市可在国家保障性住房建设中优先解决青年教师的住房问题。

(八)实施有利于培养造就教育家的政策。

鼓励教师和校长在实践中大胆探索，创新教育思想、教育模式和教育方法，形成教学特色和办学风格。落实和扩大学校办学自主权，为教师和校长成长为教育家提供更大空间。搭建优秀教师、校长先进教育思想和成功实践经验交流平台。

制定实施普通中小学校长、中等职业学校校长负责制实施细则，制定中小学校长、中等职业学校校长专业基本标准，建立健全中小学校长任职资格准入制度，促进校长专业化，提高校长管理水平。制定实施高等学校党委领导下的校长负责制实施意见，坚持和完善公办高等学校党委领导下的校长负责制，探索建立高等学校理事会或董事会、学术委员会发挥积极作用的机制。推行校长职级制。

完善各级教育行政部门领导干部选拔任用办法，选配讲政治、懂教育、善管理的人才担任教育领导干部。完善中小学校长公开选聘和考核办法，完善大学校长选拔任用办法，大胆开展面向社会公开招聘各类学校校长的探索和试点。支持各地探索实施教育家培养工程。

(九)实施更加开放的教育人才政策。

认真落实“千人计划”各项特殊政策措施，建立海外高层次人才特聘专家制度，推进高等学校海外高层次人才创新创业基地建设。完善“长江学者奖励计划”、“春晖计划”、“高等学校学科创新引智计划”、“留学回国人员科研启动基金”、“海外名师项目”和“学校特色项目”等人才计划实施办法，有计划地引进海外高端人才和学术团队，吸引更多世界一流的专家学者来华从事教学、科研和管理工作。支持中外大学间的教师互派。推进高水平大学逐步建立全球公开招聘制度。探索研究外籍教师聘任和管理办法，提高高等学校聘任外籍教师的比例。

完善“国家建设高水平大学公派研究生项目”、“青年骨干教师出国研修项目”实施办法，扩大出国留学规模，加强教育人才队伍国际化培养和储备。支持高等学校学科领军人才领导或参与国际学术合作组织、国际科学计划。支持高水平大学与境外高水平教育、科研机构建立联合研发基地。积极发展汉语国际教育硕士专业学位教育，加强留学生汉语和对外汉语教育的师资培养力度。加强来华留学专业教师队伍建设。选拔、推荐教育系统优秀青年人才参与国际组织相关职位的招聘，加强国际职员与多边人才培养储备。

(十)实施支持民办学校人才发展政策。

依法落实民办学校教师与公办学校教师平等的法律地位，加强民办学校人才队伍建设。政府在教育人才培养、吸引、评价、使用等方面的各项政策，民办学校人才平等享受；政府支持教育人才的基金、项目、信息等公共资源，向民办学校人才平等开放；政府开展表彰、奖励、宣传等方面活动，民办学校人才平等参与。完善民办学校教师聘用和管理制度。民办学校落实教师资格制度，聘用具有教师资格和任职条件的教师任教。落实民办学校人才引进配套政策，在人事代理、档案管理、职务晋升等方面提供保障。建立完善民办学校教师社会保险制度。

五、组织实施

(一)加强组织领导。

进一步发挥教育部人才工作协调小组统筹协调和宏观指导功能，制定本规划任务分解落实方案，研究建立本规划实施情况的监测、评估、考核机制。各级教育行政部门和各级各类学校要把加强教育人才队伍建设作为"一把手工程"，摆在优先的议事日程，建立工作机构，健全协调机制，整合工作资源，加强战略谋划，完善政策措施，切实加强对教育人才工作的领导。建立经常性研究人才工作制度，及时解决人才工作中的突出矛盾和问题。本规划的实施情况要纳入各地教育行政部门和高等学校特别是主要领导的政绩考核范围，作为干部任用的重要依据。

(二)健全规划体系。

各省级教育行政部门和高等学校要按照本规划的部署，从各地、各校实际出发，结合研究制定地方教育改革发展规划和学校发展规划，编制本地、本校的教育人才发展规划，形成全国教育人才发展规划体系。各地教育行政部门要积极推动把教育人才发展规划纳入当地经济社会发展总体规划和人才发展规划。

(三)加强基础建设。

建立教育人才工作专家咨询委员会，建设教育人才发展战略研究基地。充分发挥教育系统学科和人才优势，组织开展对教育人才队伍建设理论和实践问题研究。创新人才工作方式方法，推进教育人才工作信息化建设，建立教育人才工作交流平台、教育人才信息网络和数据库，建立完善教育人才资源统计分析制度。加强教育人才工作者队伍建设，加大培训力度，提高思想政治素质和业务水平。

(四)营造良好环境。

采取多种形式，通过报纸、电视、网络等媒体平台，认真做好本规划的宣传解读工作，大力宣传教育人才在国家经济社会发展和教育改革发展中的重要地位和作用，大力宣传各地和各级各类学校教育人才工作的新做法、新成效、新经验，大力宣传全国教书育人楷模等优秀教育人才的先进事迹，广泛动员全社会力量关心、支持、帮助教育人才工作，进一步形成有利于教育人才发展的良好社会环境和舆论氛围。

刘华清逝世

中国共产党的优秀党员，久经考验的忠诚的共产主义战士，杰出的无产阶级革命家、政治家、军事家，党、国家和军队的卓越领导人，中国共产党第十四届中央政治局常委，原中共中央顾问委员会委员，中央军委原副主席刘华清同志，因病医治无效，于1月14日6时在北京逝世，享年95岁。

刘华清1929年10月加入中国共产主义青年团并参加革命工作，1935年10月转为中国共产党党员。1955年9月被授予海军少将军衔。1988年9月被授予上将军衔。

1月15日

中国经济年会(2010—2011)在北京举行

与会代表分析了中国与世界经济走势，就制定"十二五"规划纲要、促进经济发展方式转变提出了多项建议。

中国国际经济交流中心理事长曾培炎在年会开幕式上致辞。他希望与会代表加强经济发展战略性、宏观性、前瞻性问题的研究，针对前进道路上遇到的突出问题，提出富有远见卓识的标本兼治之策，为中国经济长期平稳较快发展贡献智慧和力量。

本次年会由中国国际经济交流中心主办，来自全国人大、全国政协、国家发改委、财政部、国务院发展研究中心、中国社会科学院、国家信息中心等单位的专家学者、企业家和北京、天津、南京等地方政府负责人参加了会议。厉以宁、戴相龙、贺铿、刘遵义、张晓强在主论坛上作了主题演讲。

全国地质调查工作会议在北京召开

会议发布消息：国土资源大调查促使我国重要固体矿产资源量大幅增长。12年来，新发现矿产地900余处。新增一批资源量：铁矿石50亿吨、铜3800万吨、铝土矿4.5亿吨、钾盐4.6亿吨、金1800吨、铅锌8300万吨。在开采强度不断加大情况下，铁、铜、铝、钾盐、金等矿产保有储量分别比1999年年底增长41%、28%、39%、88%和53%。在地质调查工作的支持推动下，过去10年全国新增重要矿产资源储量之和几乎占到新中国成立50年总和的一半。在资源消费迅猛增长的情况下，扭转了保有资源储量消耗大于增长的被动局面，保证了资源储量稳定增长态势，基本稳定了重要矿产整体对外依存度，为提高国内矿产资源保障能力作出了重要贡献。初步形成藏中、滇西北、东天山铜多金属、祁漫塔格钨锡多金属、罗布泊钾盐、大场金矿等十大资源基地。12年来，大调查还科学地调查评价了全国地下水资源潜力、严重缺水地区地下水资源远景和重点地区地质环境状况，初步建立一套地质灾害监测防治体系等。

国土资源部部长徐绍史表示，我国近10年来，矿产资源消费量大、增速快，已经成为世界上煤炭、钢铁、氧化铝、铜、水泥消费量最大的国家，对外依存度不断攀升。国土资源部副部长、中国地质调查局局长汪民介绍，"十二五"期间，我国将圈定一批找矿远景区，基本完成重点成矿区带远景区矿产远景调查，累计圈定找矿靶区1500处，新发现大中型矿产地500处，累计形成10处以上大型资源基地等。

"千人计划"专家联谊会在北京成立

中共中央政治局委员、中央书记处书记、中组部部长李源潮，全国人大常委会副委员长韩启德，全国政协副主席、中共中央统战部部长杜青林出席成立大会，并与海外知名专家座谈。

清华大学教授施一公当选首任会长。

李源潮在致辞中指出，人才是科学发展的第一资源。海外留学人才是我国现代化建设的特需资源。要深入实施"千人计划"，提高引进人才质量，充分发挥引进人才作用，推动建设创新型国家。希望"千人计划"专家充分发挥站在国际科技前沿和产业高端、熟悉国际先进科研管理理念、学术造诣深厚等优势，做科技创新创业的开拓者、科技教育人才发展体制机制创新的推动者、先进科技人才的培育者、优良学风和学术道德的践行者。希望联谊会发挥桥梁纽带作用，为海外人才回国创新创业服务，成为科技创新创业思想碰撞、智慧交流和经验分享的重要平台。

教育部在北京召开全国专业学位研究生教育综合改革试点工作会议

经教育部批准，清华大学等64所学校成为改革试点。试点学校研究生的课题和训练项目必须来自实践，并与行业、企业的需求尽可能一致；论文答辩可以是项目完成报告，企业人士参与考核；学生毕业时，有条件的，争取获得三证，即毕业证、学位证和职业资格证。

2010年全国因灾直接经济损失5339.9亿元

民政部发布消息：2010年全国各类自然灾害共造成4.3亿人次受灾，因灾死亡失踪7844人，紧急转移安置1858.4万人次；农作物受灾面积3742.6万公顷，其中绝收面积486.3万公顷；倒塌房屋273.3万间，损坏房屋670.1万间；因灾直接经济损失5339.9亿元。据介绍，与近20年均值相比，受灾人口高出10.7%，紧急转移安置人口高出近1倍，直接经济损失高出1.2倍。综合比较历年灾情指标，2010年是近20年来仅次于2008年的第二个重灾年份，其中青海、甘肃、云南、四川、陕西、吉林、新疆、江西、湖南、贵州等省(自治区)灾情较为严重。

2010年，我国自然灾害主要有以下特点：灾害频繁，重大自然灾害连发；灾害种类多，极端天气事件频发；洪水、旱灾、地震和地质灾害影响突出；点多面广，重复受灾区域大；城市受灾严重，经济社会影响程度深；贫困地区受灾面广，救灾和恢复重建工作难度大；居民住房和公共设施大量损毁，安置重建任务繁重等。据统计，2010年全年因灾倒塌房屋数量位列近10年来第三位。倒塌房屋多发生在经济欠发达的山区、丘陵区，群众自救能力弱，受灾群众转移安置和灾后恢复重建任务艰巨。

从各灾种影响情况看，洪涝(含山体滑坡泥石流)造成的损失最为严重，旱灾次之。从受灾区域情况看，西部地区灾情指标均高于东部地区，主要原因是受地震、山体滑坡泥石流等重特大灾害的影响。

罗涵先逝世

优秀的爱国民主人士，中国共产党的亲密朋友，第六、七届全国政协常委兼副秘书长，第八、九届全国政协常委，中国民主同盟第五、六、七、八届中央委员会副主席，第九届中央委员会名誉副主席罗涵先同志，因病于1月15日在北京逝世，享年89岁。

罗涵先曾任民盟第一、二、三届中央委员，第四届中央常委，民盟中央办公厅副主任，民盟中央副秘书长，是第四、五届全国政协委员。

1月16日

政协甘肃省第十届委员会第四次会议补选冯健身为省政协主席

全国证券期货监管工作会议在北京召开

会议分析了资本市场改革发展面临的新形势，对2011年证券期货监管重点作出了部署安排。中国证监会主席尚福林在会上表示，要更加注重培育和完善市场机制，更加注重提升市场活力和效率，全力推进资本市场持续稳定健康发展。

尚福林说，要加快建设多层次资本市场体系，扩大直接融资。抓紧启动中关村试点范围扩大工作，加快建设统一监管的全国性场外市场。深入推进债券发行监管改革，积极支持银行到交易所债券市场开展交易，显著增加债券融资规模。继续壮大蓝筹市场和中小板市场。落实创业板定位，支持战略性新兴产业发展。

尚福林说，要研究制定国际板制度规则，全面做好有关技术准备，推进国际板建设。支持境内企业境外直接或间接上市。深入推进证券公司、基金公司香港子公司在境外募集资金进行境内证券投资业务试点。

中国人力资源和社会保障出版集团在北京成立

1月17日

国家主席胡锦涛访美前夕在北京接受美国《华尔街日报》和《华盛顿邮报》联合书面采访

关于推动中美关系长期健康稳定发展，胡锦涛表示，进入21世纪以来，在中美双方共同努力下，两国关系总体保持稳定发展。奥巴马总统就任以来，我和奥巴马总统通过互访、会晤、通话、通信等方式保持密切沟通，共同确立了建设21世纪积极合作全面的中美关系定位，倡导建立了中美战略与经济对话机制。两年来，中美两国在经贸、能源、环境、反恐、执法、人文等广泛领域开展务实合作，在处理重大国际和地区热点问题、在应对气候变化和国际金融危机等全球性问题上进行密切沟通和协调，中美关系的战略内涵和全球影响不断增加。

胡锦涛指出，中美两国在国际事务中都具有重要影响，在维护世界和平、促进共同发展方面肩负着重要责任。新形势下，两国共同利益越来越多、合作领域越来越宽。无论在促进亚太地区合作方面还是在完善全球经济治理、推动世界经济可持续增长方面，无论在扩大经贸领域合作方面还是在加强新能源、清洁能源、基础设施建设、航空航天等新领域合作方面，无论在打击恐怖主义、防止大规模杀伤性武器扩散方面还是在应对自然灾害、粮食安全、重大传染性疾病等方面，双方开展互利合作潜力巨大。

胡锦涛强调，中美两国和则两利，斗则俱伤。双方应该从两国人民根本利益出发，从世界和平与发展大局出发，排除干扰，应对挑战，相向而行，推动两国关系不断向前发展。最重要的，一是要加强对话和沟通，增进战略互信；二是要摒弃“零和”的“冷战”思维，客观理性看待对方发展，尊重彼此对发展道路的选择，坚持互利双赢、共同发展；三是要尊重对方主权、领土完整和发展利益，妥善处理彼此重大关切；四是要不断扩大两国利益交汇点，使中美两国在更广领域成为合作伙伴。

胡锦涛指出，毋庸否认，中美两国之间也存在一些分歧和敏感问题。双方应该牢牢把握两国关系发展大方向，加强交流，增进互信，求同存异，妥善处理分歧和敏感问题，共同推动中美关系长期健康稳定发展。

在回答关于外资企业在华投资环境的提问时，胡锦涛表示，利用外资是中国对外开放基本国策的重要内容。加入世贸组织近10年来，中国全面履行承诺，清理和取消了与世贸组织规则不一致的法律规定，对外商投资企业实行国民待遇。所有在中国注册的外商投资企业都是中国企业，它们在中国境内开展创新、生产、经营活动享受与中资企业一视同仁的待遇。在应对国际金融危机冲击过程中，中国采取的一揽子计划和各项政策措施也为包括外商投资企业在内的各类企业发展提供了有利商机。

胡锦涛强调，中国将坚定不移实行对外开放的基本国策，坚持积极有效利用外资，优化外资结构，丰富外商投资方式，拓宽吸引外资渠道，扩大对外开放领域，促进投资便利化。中国将继续完善外商投资法律法规，加大知识产权保护力度，及时解决外商投资企业的合理关切，为各类企业在华投资兴业创造稳定透明的法规政策环境、统一开放的市场环境、规范高效的依法行政环境。

在回答关于如何认识国际金融危机教训的提问时，胡锦涛表示，这场国际金融危机直接反映了在金融市场创新中监管的缺失，而究其根源则是现行国际金融体系存在一些严重弊端，主要有：一是国际金融体系与经济金融全球化发展不适应，难以应对大规模金融活动中存在的风险和挑战；二是国际金融机构未能充分反映发展中国家在世界经济金融格局中的地位变化，代表性和执行力需要进一步增强；三是国际金融体系应对国际金融危机的资源和手段严重不足，救援能力亟待提高。

胡锦涛指出，国际金融危机发生两年多来，在国际社会和二十国集团成员共同努力下，国际金融体系改革取得了进展。中国希望国际社会共同努力，继续推进国际金融体系改革，推动国际金融秩序不断朝着公平、公正、包容、有序的方向发展。实现世界经济长期健康发展，既要从微观上处理好虚拟经济和实体经济、金融创新和金融监管、消费和储蓄的关系，更要以宏观视角审视世界经济中的根本性问题。当前，世界经济失衡最突出的问题是南北发展严重失衡。国际社会应该共同努力，推动建立更平等、更均衡的新型全球发展伙伴关系，促进发达国家和发展中国家相互理解、相互协调，促进世界经济强劲、平衡、可持续发展。

关于中国应对国际金融危机政策举措，胡锦涛表示，国际金融危机给中国带来的困难和挑战是前所未有的。为应对国际金融危机冲击、保持经济平稳较快发展，中国及时调整宏观经济政策，果断实施积极的财政政策和适度宽松的货币政策，推出扩大内需、促进经济增长的一揽子计划，大规模增加政府投资，大范围实施产业调整振兴规划，大力度推进科技创新和技术改造，大幅度提高社会保障水平，实施更加积极的就业政策。在这些政策措施作用下，2009年、2010年中国经济保持平稳较快发展，为地区和世界经济复苏作出了贡献。下一步，中国将以科学发展为主题，以加快转变经济发展方式为主线，实施积极的财政政策和稳健的货币政策，加快推进经济结构调整，大力加强自主创新，切实抓好节能减排，不断深化改革开放，着力保障和改善民生，巩固和扩大应对国际金融危机冲击成果，保持经济平稳较快发展，促进社会和谐稳定。中国将坚持互利共赢的开放战略，愿继续同包括美国在内的国际社会一道，加强务实合作，妥善应对各种风险和挑战，为实现世界经济全面复苏作出更大贡献。

在回答关于美元作用和人民币国际化的提问时，胡锦涛表示，现行国际货币体系是历史形成的。美元是主要国际储备货币，全球相当多大宗商品交易都使用美元，投资和金融市场交易也大多使用美元。因此，美国货币政策会对全球流动性和资本流动产生重要影响，应该保持美元流动性的合理稳定。

胡锦涛指出，一国货币要成为国际上被广泛接受的货币，需要一个长期过程。中国在经济总量和贸易总量上对世界经济作出了重要贡献，人民币在世界经济发展中发挥了一定作用，但如果要实现人民币国际化将需要一个较长的历史过程。中国正在开展的跨境贸易和投资人民币结算试点是为应对国际金融危机而采取的具体举措，目的是促进贸易和投资便利化。跨境人民币结算规模快速增长，说明这一措施适应了市场需求。

关于"十一五"时期中国经济社会发展成就，胡锦涛表示，"十一五"时期是中国发展进程中极不平凡的5年。面对国内外环境的复杂变化和重大风险挑战，我们坚持科学发展的要求，加强和改善宏观调控，充分发挥市场在资源配置中的基础性作用，主动抑制经济运行中的不稳定不健康因素，保持了经济平稳较快发展和社会和谐稳定。5年来，中国国内生产总值预计年均增长11%，人均国内生产总值预计将达到4000美元；农业发展加快，粮食连年增产；经济结构调整取得重要进展，区域发展协调性不断增强，城镇化和新农村建设稳步推进，节能减排取得积极进展，对外贸易平稳较快发展。在努力发展经济的同时，我们坚持以人为本，更加重视发展社会事业和改善民生，城镇和农村居民人均收入预计5年平均增幅分别达到9.3%以上和8%左右，农村贫困人口大幅度减少，教育、社会保障、医疗卫生等各项社会事业加快发展。中国社会主义经济建设、政治建设、文化建设、社会建设以及生态文明建设都取得了新的显著成就。同时，我们也清醒地认识到，中国仍然是世界上最大的发展中国家，要实现全面建设小康社会的目标、进而基本实现现代化还需要进行长期的艰苦努力。

胡锦涛指出，当前，中国价格总水平上涨呈明显的结构性上涨特征，但总体上仍处于温和可控范围，社会总供给与总需求基本平衡，保障市场供应、稳定价格总水平具有较为雄厚的物质基础。我们完全有信心、有条件、有能力保持价格总水平基本稳定。

在回答关于中国政治体制改革的提问时，胡锦涛指出，我们一贯认为，人民民主是社会主义的生命，没有民主就没有社会主义现代化。发展社会主义民主政治是我们始终不渝的奋斗目标。中国实行的改革是包括经济体制改革、政治体制改革、文化体制改革、社会体制改革等在内的全面改革。改革开放30多年来，中国政治体制改革取得了显著成效。中国经济长期快速发展和社会保持和谐稳定的事实也证明，中国政治体制是符合国情的，总体上适应经济社会发展要求。

胡锦涛强调，政治体制改革必须随着经济社会发展而不断深化，与人民政治参与积极性不断提高相适应。我们进行政治体制改革，是要推进社会主义政治制度自我完善和发展。我们将从中国国情出发，继续扩大人民民主、建设社会主义法治国家，实现国家各项工作法治化，保障公民合法权益，推进社会主义民主政治制度化、规范化、程序化，从各个层次、各个领域扩大公民有序政治参与，最广泛地动员和组织人民依法管理国家事务和社会事务、管理经济和文化事业，不断发展社会主义政治文明。

关于中国和平发展道路及中国同亚太国家的关系，胡锦涛表示，坚持走和平发展道路，是中国政府和中国人民向国际社会作出的郑重承诺，是我们长期坚持的对外方针。具体讲，就是要通过中国人民的艰苦奋斗和发明创造，通过对自身制度的不断完善，通过同世界各国友好相处、互利合作来实现国家发展目标。

胡锦涛强调，中国始终坚持独立自主的和平外交政策，坚持在和平共处五项原则的基础上同所有国家发展友好合作。我们主张，各国应该相互平等、相互尊重。像任何国家一样，中国必须维护自身的主权、领土完整和发展利益。同时，我们愿意根据国际关系基本准则，本着互谅互让、对话协商的原则，妥善处理国家关系中的矛盾和分歧。

胡锦涛指出，多年来，中国同包括美国及亚洲邻国等在内的亚太各国的关系稳步发展，共同推动了亚太地区发展。中国同亚太各国的互信在共克时艰中更加牢固，合作在互利共赢中持续发展。当前，中国和亚太各国关系发展面临前所未有的机遇。中国愿同亚太各国携手合作，抓住机遇，应对挑战，共同促进地区和世界和平与发展。

关于朝鲜半岛局势，胡锦涛表示，前一段时间，朝鲜半岛局势高度紧张。我们同有关各方保持密切沟通和协调，为缓和紧张局势、维护半岛和平稳定作出了不懈努力。我们敦促南北双方保持冷静克制，不做任何可能激化矛盾、破坏半岛和平稳定的事情，同时尽快进行对话接触，妥善解决有关问题。我们呼吁有关各方多做有利于半岛局势缓和、有利于半岛和平稳定的事情。在中方和有关各方共同努力下，半岛局势出现缓和迹象。我们希望有关各方抓住机会，积极互动，尽快重启对话协商进程，推动半岛局势进一步朝着积极方向发展。

胡锦涛强调，作为朝鲜半岛近邻和朝韩双方共同的朋友，中方一贯希望并支持南北双方通过对话协商改善关系，和解合作，最终实现自主和平统一。这符合南北双方根本利益，也有利于半岛和平稳定。

胡锦涛指出，中方高度重视朝鲜半岛核问题。我们主张，通过对话协商，以和平方式实现半岛无核化，维护半岛和东北亚和平稳定。为此，中方积极倡导并推动六方会谈进程。我们希望各方从半岛无核化和地区和平稳定大局出发，采取积极行动为重启六方会谈创造条件。我相信，只要各方相互尊重、平等协商，通过六方会谈全面均衡落实“9·19”共同声明，就能够妥善解决半岛核问题，推动半岛和东北亚实现长治久安。

国务院总理温家宝签署第 589 号令发布《国家赔偿费用管理条例》

《国家赔偿费用管理条例》已经 2010 年 12 月 29 日国务院第 138 次常务会议通过，现予公布，自公布之日起施行。

总　理　温家宝

2011 年 1 月 17 日

国家赔偿费用管理条例

第一条　为了加强国家赔偿费用管理，保障公民、法人和其他组织享有依法取得国家赔偿的权利，促进国家机关依法行使职权，根据《中华人民共和国国家赔偿法》（以下简称国家赔偿法），制定本条例。

第二条　本条例所称国家赔偿费用，是指依照国家赔偿法的规定，应当向赔偿请求人赔偿的费用。

第三条　国家赔偿费用由各级人民政府按照财政管理体制分级负担。

各级人民政府应当根据实际情况，安排一定数额的国家赔偿费用，列入本级年度财政预算。当年需要支付的国家赔偿费用超过本级年度财政预算安排的，应当按照规定及时安排资金。

第四条　国家赔偿费用由各级人民政府财政部门统一管理。

国家赔偿费用的管理应当依法接受监督。

第五条　赔偿请求人申请支付国家赔偿费用的，应当向赔偿义务机关提出书面申请，并提交与申请有关的生效判决书、复议决定书、赔偿决定书或者调解书以及赔偿请求人的身份证明。

赔偿请求人书写申请书确有困难的，可以委托他人代书；也可以口头申请，由赔偿义务机关如实记录，交赔偿请求人核对或者向赔偿请求人宣读，并由赔偿请求人签字确认。

第六条　申请材料真实、有效、完整的，赔偿义务机关收到申请材料即为受理。赔偿义务机关受理申请的，应当书面通知赔偿请求人。

申请材料不完整的，赔偿义务机关应当当场或者在 3 个工作日内一次告知赔偿请求人需要补正的全部材料。赔偿请求人按照赔偿义务机关的要求提交补正材料的，赔偿义务机关收到补正材料即为受理。未告知需要补正材料的，赔偿义务机关收到申请材料即为受理。

申请材料虚假、无效，赔偿义务机关决定不予受理的，应当书面通知赔偿请求人并说明理由。

第七条　赔偿请求人对赔偿义务机关不予受理决定有异议的，可以自收到书面通知之日起 10 日内向赔偿义务机关的上一级机关申请复核。上一级机关应当自收到复核申请之日起 5 个工作日内依法作出决定。

上一级机关认为不予受理决定错误的，应当自作出复核决定之日起 3 个工作日内通知赔偿义务机关受理，并告知赔偿请求人。赔偿义务机关应当在收到通知后立即受理。

上一级机关维持不予受理决定的，应当自作出复核决定之日起 3 个工作日内书面通知赔偿请求人并说明理由。

第八条　赔偿义务机关应当自受理赔偿请求人支付申请之日起 7 日内，依照预算管理权限向有关财政部门提出书面支付申请，并提交下列材料：

（一）赔偿请求人请求支付国家赔偿费用的申请；

（二）生效的判决书、复议决定书、赔偿决定书或者调解书；

（三）赔偿请求人的身份证明。

第九条　财政部门收到赔偿义务机关申请材料后，应当根据下列情况分别作出处理：

（一）申请的国家赔偿费用依照预算管理权限不属于本财政部门支付的，应当在 3 个工作日内退回申请材料并书面通知赔偿义务机关向有管理权限的财政部门申请；

（二）申请材料符合要求的，收到申请即为受理，并书面通知赔偿义务机关；

（三）申请材料不符合要求的，应当在3个工作日内一次告知赔偿义务机关需要补正的全部材料。赔偿义务机关应当在5个工作日内按照要求提交全部补正材料，财政部门收到补正材料即为受理。

第十条　财政部门应当自受理申请之日起15日内，按照预算和财政国库管理的有关规定支付国家赔偿费用。

财政部门发现赔偿项目、计算标准违反国家赔偿法规定的，应当提交作出赔偿决定的机关或者其上级机关依法处理、追究有关人员的责任。

第十一条　财政部门自支付国家赔偿费用之日起3个工作日内告知赔偿义务机关、赔偿请求人。

第十二条　赔偿义务机关应当依照国家赔偿法第十六条、第三十一条的规定，责令有关工作人员、受委托的组织或者个人承担或者向有关工作人员追偿部分或者全部国家赔偿费用。

赔偿义务机关依照前款规定作出决定后，应当书面通知有关财政部门。

有关工作人员、受委托的组织或者个人应当依照财政收入收缴的规定上缴应当承担或者被追偿的国家赔偿费用。

第十三条　赔偿义务机关、财政部门及其工作人员有下列行为之一，根据《财政违法行为处罚处分条例》的规定处理、处分；构成犯罪的，依法追究刑事责任：

（一）以虚报、冒领等手段骗取国家赔偿费用的；

（二）违反国家赔偿法规定的范围和计算标准实施国家赔偿造成财政资金损失的；

（三）不依法支付国家赔偿费用的；

（四）截留、滞留、挪用、侵占国家赔偿费用的；

（五）未依照规定责令有关工作人员、受委托的组织或者个人承担国家赔偿费用或者向有关工作人员追偿国家赔偿费用的；

（六）未依照规定将应当承担或者被追偿的国家赔偿费用及时上缴财政的。

第十四条　本条例自公布之日起施行。1995年1月25日国务院发布的《国家赔偿费用管理办法》同时废止。

全国政协在北京邀请已故党外全国政协委员知名人士夫人举行联谊迎春茶话会

中共中央政治局常委、全国政协主席贾庆林出席茶话会。中共中央政治局委员、全国政协副主席王刚出席并讲话。

王刚在讲话中表示，在这喜迎佳节的时刻，我们倍加思念为党和人民事业发展作出卓越贡献的老一辈无产阶级革命家，倍加思念曾经与中国共产党风雨同舟、肝胆相照、荣辱与共、亲密共事的战友和朋友，深切缅怀他们为民族振兴、国家富强、人民幸福建立的丰功伟绩。在漫长的岁月里，各位老大姐与至亲至爱的伴侣相濡以沫、并肩战斗，为我国革命、建设、改革事业，为统一战线和人民政协事业作出了重要贡献。王刚强调，各级政协组织要认真贯彻落实党和国家的有关政策，始终做到格外尊重老大姐，虚心学习老大姐，真诚关爱老大姐，热情服务老大姐，尽心尽力为老大姐颐养天年、发挥余热创造良好条件。

出席茶话会的已故党外全国政协委员、知名人士夫人有：林佳楣（李先念夫人）、王定国（谢觉哉夫人）、许克坤（李沛瑶夫人）、徐素芝（陈俊生夫人）、赵志珍（杨成武夫人）、师剑英（马文瑞夫人）、张素我（周嘉彬夫人、张治中女儿）、廖静文（徐悲鸿夫人）、马存真（马坚夫人）、廖望月（熊克武夫人）、赵恕之（陈劭先夫人）、文洁若（萧乾夫人）、李玲虹（蔡子民夫人）、黄浣碧（爱泼斯坦夫人）、徐桂芬（彭清源夫人）。

茶话会由全国政协副主席兼秘书长钱运录主持。

全国政协副主席杜青林、郑万通、林文漪及有关单位负责人出席茶话会。

纪念党的对外工作90年暨中联部建部60年大会在北京举行

中共中央政治局常委、中央书记处书记、国家副主席习近平出席大会并讲话。

习近平在讲话中回顾了党的对外工作历史和在各个不同历史时期的重要贡献。他指出，党的对外工作90年，是在国际战线和世界舞台上为我们党的成长、壮大、发展，为我们党实现国家独立、人民解放和建立社会主义制度、发展社会主义事业而不断创造外部条件、借鉴外部经验、争取外部支持和扩大对外影响的90年；党的对外工作的90年，也是集中体现我们党在国际战线和世界舞台上为世界的和平发展而不懈努力并作出重大贡献的90年。90年的经验告诉我们，党的对外工作必须坚持以马克思列宁主义、毛泽东思想、邓小平理论和“三个代表”重要思想为指导，深入贯彻落实科学发展观，坚持解放思想、实事求是、与时俱进；必须密切关注和把握世界格局的变化及其特点，正确估计在世界现实格局下国内的工作和发展可以利用的机遇及可能遇到的风险，切实增强战略谋划和运筹；必须在围绕党的中心任务、服务国家总体外交中找准切入点和着力点，不断拓展工作的广度和深度，不断增强工作的特色和优势；必须遵循独立自主、完全平等、互相尊重、互不干涉内部事务的党际关系四项原则，诚心诚意同各国政党发展有利于促进国家关系和人民友谊的党际关系，推动同各国友好关系的发展。

习近平强调，我们要全面建设小康社会，实现把我国建设成为富强民主文明和谐的社会主义现代化国家的宏伟目标，在对外领域面临的首要任务就是维护和用好我国发展的重要战略机遇期，为我国改革开放和社会主义现代化建设创造和平的国际环境和有利的外部条件。习近平对进一步做好党的对外工作提出明确要求。第一，紧密结合深入贯彻落实科学发展观的要求推进党的对外工作，注重科学谋划、宏观布局、统筹兼顾，增强党的对外工作的协调性、科学性和实效性。第二，紧密结合统筹国内国际两个大局的要求推进党的对外工作，自觉把党的对外工作放到党和国家工作大局中来认识，放到中国与世界关系的发展变化中来把握，放到国家总体外交的战略部署中来谋划，处理好内政和外交的辩证关系。第三，紧密结合加强和改进新形势下党的建设要求推进党的对外工作，加强对外国政党治党治国经验的比较研究，冷静观察、深入思考世界政党兴衰成败的经验教训，深化对共产党执政规律的认识。第四，紧密结合提升党的国际形象的要求推进党的对外工作，广泛介绍我们党以人为本的执政理念，展示我们党的执政成就，表明我们党维护世界和平、促进共同发展的真诚愿望，增进国际社会对我们党的了解、尊重和认同。第五，紧密结合深入开展创先争优活动的要求加强党的对外工作队伍建设，不断提高干部队伍的理论素质、党性修养和工作能力，以党组织建设和党员队伍建设不断取得的成效推动党的对外工作发展。

国务委员戴秉国出席大会。

中央和国家机关有关部门负责同志参加了大会。

中央纪委书记贺国强在北京出席中纪委 监察部机关2010年度竞争上岗任职人员集体谈话会并发表讲话

中共中央书记处书记、中央纪委副书记何勇主持会议。

在认真听取竞争上岗干部代表的发言后，贺国强说，这次共有47名同志通过竞争上岗走上了局处级领导岗位，这是深化干部人事制度改革的重要举措。他指出，近年来，按照中央要求和部署，各级纪检监察机关坚持把加强自身建设作为一项基础工程来抓，有力促进了纪检监察干部队伍整体素质和工作水平的提高。今后，要认真总结经验，完善相关制度，在加强纪检监察干部队伍建设上不断迈出新步伐，为深入推进党风廉政建设和反腐败工作提供坚强组织保证和人才支持。

中央纪委副书记黄树贤宣布任免通知，中央纪委监察部领导同志干以胜、李玉赋、吴玉良、屈万祥、姚增科、郝明金出席会议。中央纪委监察部有关派驻机构和委部机关各单位主要负责同志以及委部机关2010年度竞争上岗任职人员参加了会议。

全国信访局长电视电话会议在北京召开

国务委员兼国务院秘书长马凯出席会议并讲话。

马凯强调，各地区各部门要按照中央要求，坚持信访工作本质上是群众工作重要组成部分的理念，怀着对人民群众的深厚感情，全力以赴做好今年的信访工作。一要更加深入地落实中央各项决策部署，并加强督导检查；二要更加有效地推动“事要解决”，提高初次接访工作质量，加强政策研究，全力突破工作难点；三要更加主动地探索体制机制创新，用群众工作统揽信访工作，拓宽工作思路，促进整体工作水平提高；四要更加突出地强化责任，对每一项重点工作都要研究制定具体落实措施，并确定责任部门、责任领导和责任人；五要继续加强信访干部队伍能力建设，培养锻造一支政治坚定、办事公道、作风优良、群众工作经验丰富的信访干部队伍。

国务院副秘书长、国家信访局局长王学军作了工作报告。中央和国家机关有关部门负责同志，各省（区、市）和新疆生产建设兵团，各地（市）、县（区、市）分管信访工作的负责同志、信访局（办）局长（主任）参加了会议。

全国总工会第十五届执行委员会主席团第八次全体会议在北京召开

中共中央政治局委员、全国人大常委会副委员长、中华全国总工会主席王兆国出席会议并讲话。

王兆国说，要深刻理解发展和谐劳动关系、保持社会和谐，对于抓住并用好我国发展的重要战略机遇期的重大意义，把发展和谐劳动关系、保持社会稳定作为当前工会的一项重要任务。正确认识我国劳动关系现状、性质和特点，增强构建和谐劳动关系的责任感和紧迫感。

王兆国指出，工会要更加主动地站在协调劳动关系第一线，推动建立健全党政主导的职工权益维护机制，大力发展和谐劳动关系。要认真总结推广浙江传化集团等构建和谐劳动关系的典型经验，推动开展劳动法律法规执行情况监督检查，依法推进“两个普遍”工作，用先进的企业文化职工文化培育和谐劳动关系，促进企业与职工共同成长、共同进步、共同发展。

会议审议通过了全总十五届五次执委会议议程，审议并原则通过王玉普同志代表全总十五届执委会主席团拟在全总十五届五次执委会议上作的工作报告(审议稿),审议并原则通过拟提交全总十五届五次执委会议审议的《中华全国总工会关于组织动员广大职工为实现“十二五”规划目标任务创先争优建功立业的决议(审议稿)》,审议通过拟提交全总十五届五次执委会议和五次经审会议履行民主程序的有关人事事项。

中央纪委 中组部在北京召开严肃换届纪律保证换届风清气正视频会

中共中央政治局委员、中央书记处书记、中组部部长李源潮指出,换届工作要健康顺利进行,必须有风清气正的换届环境作保证。换届风气不好,就会扰乱干部群众思想,就会偏转科学发展导向,就会破坏选人用人的公正性,就会使老实人吃亏、投机钻营者得利。因此,必须以最坚决的态度落实中央要求,把保证风清气正摆在换届工作突出位置,从换届一开始就抓紧抓好、抓出成效。

李源潮指出,坚持从严治党,不搞不教而诛,而要警钟长鸣。保证换届风清气正,要坚持教育在先、严明纪律;坚持警示在先,让党员干部引以为戒;坚持预防在先,把提名推荐、考察、公示、选举等各个环节都置于组织、干部、群众的有效监督之下,防患于未然。要严厉查处违反换届纪律行为,做到有案必查、查实必处、失责必究,让投机钻营者无机可乘,让心存侥幸者付出代价,让触犯法纪者受到惩处。各级党委要切实加强对换届工作的领导和指导。组织部门要从自身做起,把严肃换届纪律各项要求和措施教育到人、落实到人,以铁的纪律把中央保证换届工作风清气正的要求落在实处。

中央纪委副书记黄树贤在视频会上讲话。中组部常务副部长沈跃跃主持会议。辽宁、河南、河北、云南省负责同志发言。各省区市、副省级城市、新疆生产建设兵团和各市、县纪委、组织部领导班子成员,各市、县和乡镇党委书记,在分会场参加会议。

国务院副总理张德江在北京检查春运准备工作

财政部公布2010年国企运营状况

财政部公布的数据显示,2010年,全国国有及国有控股企业主要效益指标创历史新高:国有企业累计实现营业总收入303253.7亿元,同比增长31.1%;实现利润19870.6亿元,同比增长37.9%;国有企业应交税费25316.8亿元,同比增长25.6%。

2010年,国有经济延续2009年年末回升向好的势头,由上半年的恢复性增长转为下半年的稳定较快增长,营业总收入、实现利润和上交税费三大指标比“十五”末期均实现翻番。从同比情况看,主要行业实现利润继续保持较快增长,其中化工、电子、有色、交通等行业增长超过1倍。

丁俊晖获2011年斯诺克大师赛冠军

1月18日

国务院总理温家宝主持召开国务院第五次全体会议

会议讨论即将提请十一届全国人大四次会议审议的《政府工作报告(征求意见稿)》和《“十二五”规划纲要(草案)》。会议决定,将这两个文件发往各省、自治区、直辖市和中央有关部门、单位征求意见。

温家宝强调,国务院向全国人民代表大会报告工作,是一项法定的重要职责,也是政府接受人民监督的重要形式。一定要以对人民高度负责的精神,认真修改《报告》稿和《纲要(草案)》。要把这两个文件征求意见和修改的过程,作为发扬民主、集思广益的过程,作为总结工作、提高认识的过程,作为深入研究和推动解决一系列重大经济社会问题的过程。国务院将召开一系列座谈会,分别听取民主党派、经济和社会领域专家、企业负责人、科教文卫界人士、基层群众代表的意见,国务院领导同志还要深入农村、城市社区,直接听取群众意见。要通过对《报告》稿和《纲要(草案)》征求意见和修改,达到集中民智、反映民意、凝聚民心、提振信心的目的,使广大干部群众了解政府的决策,增进对政府的信任,支持政府的工作;使政府了解群众的意见、期望和要求,让决策更加贴近群众、贴近实际,增强政府做好各项工作的责任感和使命感,密切政府与人民群众的血肉联系,切实改进政府工作。

温家宝指出,“十一五”时期是我国发展进程中极不平凡的五年。在党中央、国务院坚强领导下,我们战胜前所未有的一系列困难和风险,改革开放和现代化建设取得新的重大成就,社会生产力、综合国力大幅提升,各项社会事业加快发展,人民生活明显改善,国家面貌发生了历史性变化,国际地位和影响力显著提高。这些辉煌成就必将载入史册,激励我们在中国特色社会主义道路上继续奋勇前进。同时,也要清醒看到,我国发展中不平衡、不协调、不可持续的问题依然突出。要直面存在的困难和问题,认真检查政府工作存在的不足,真正做到对人民负责。要着眼于经济社会发展中的重大问题和全局性问题,认真提出修改意见和建议,以推动重点工作取得实质性进展。

温家宝强调,做好一季度工作,对于完成今年经济社会发展的各项任务至关重要。(一)确保价格总水平基本稳定。认真贯彻国务院关于稳定消费价格总水平、保障群众基本生活的政策措施和工作部署。保障主要农产品、基本生活必需品、重要生产资料的生产和供应,加强流通体系建设,搞好农产品产运销衔接,加强价格监管,维护市场秩序。(二)抓好冬春农业生产。切实抓好“菜篮子”工程建设。继续搞好粮食收购,整顿主要农产品收购秩序。做好春耕备耕工作,保障化肥生产供应,保持农资价格基本稳定。做好动物疫病防控。高度重视华北、黄淮等地区的旱情发展情况,做好抗旱的各项工作,确保冬小麦安全越冬。采取有力措施抗击南方部分地区雨雪冰冻灾害,帮助农户生产自救,力争把灾害损失降到最低限度。(三)坚定不移地搞好房地产市场调控。各级政府要增加投入,保障土地供应,落实保障性住房建设任务。抓紧建立保障性住房使用、运营、退出等管理制度。进一步落实和完善房地产市场调控政策,增加市场有效供给,特别要增加中小套型、中低价位普通商品房供给;加强对市场需求的分类调控,落实好差别化信贷、税收政策,支持居民合理住房消费,抑制投机投资性购房;加强房地产市场监测和市场行为监管,严厉查处各类违法违规行为。(四)认真做好财政金融工作。解决民生问题的财政支出,要按时足额拨付到位。坚决制止铺张浪费,防止节日期间变相违规发放福利津贴。综合运用多种货币政策工具,保持合理的社会融资规模和节奏,处理好银行资本金补充与信贷扩张、银行体系风险防范与资本市场稳定的关系,防止年初信贷的非正常投放。着力优化信贷结构,引导商业银行把信贷资金更多投向实体经济特别是中小企业和“三农”等领域。(五)搞好经济运行调节。重点做好煤电油气运协调工作。稳定煤炭供应,加强电力需求侧管理,确保城乡居民生活和企业正常生产的电力供应。组织好成品油调运,增加柴油供应,保障天然气供给。努力做好春运工作,精心组织好旅客运输,特别要保证农民工和学生安全、便捷、顺利回家过年。(六)强化安全生产管理和维护社会稳定。落实企业安全生产主体责任,加大责任追究力度,坚决遏制各类重特大事故发生。要严格节日期间值班制度,及时处置各类紧急情况。加强社会治安综合治理,及时排查、调处、化解各种社会矛盾,努力维护社会稳定。(七)切实解决困难群众生产生活问题。积极帮助困难群众解决好冬季取暖、看病就医等问题。确保农民工工资按时足额发放,决不能拖欠农民工工资,保障农民工合法权益。关心灾区群众的生产生活,确保救灾救济资金及时拨付到位,确保救济粮款及时发放到灾民手中,特别要保证玉树、舟曲等重灾区群众安全过冬。加强食品安全监管,保证食品质量安全。

温家宝最后说,我们要在以胡锦涛同志为总书记的党中央领导下,紧紧依靠全国人民,开拓进取,扎实工作,努力实现“十二五”良好开局,以优异成绩迎接建党90周年!

甘肃省第十一届人民代表大会第四次会议补选刘伟平为省长

全国审计工作会议在北京举行

审计署审计长刘家义在会上表示:2011年,审计机关将加强对宏观经济政策贯彻落实情况的审计监督,促进经济平稳较快发展。其中,将对地方政府性债务进行全面摸底审计,摸清规模和结构,反映问题和成因,分析风险和责任,为政府决策提供有价值的意见和建议。

刘家义说,各级审计机关要把这项工作作为重中之重,在人员、技术等方面全力保障,既要摸清已有债务底数,又要坚决防止有的地方借“十二五”开局盲目铺摊子、上项目,形成新的浪费和风险。

2010年,全国共审计和调查15.7万多个单位,通过上缴财政、减少财政拨款及归还原渠道资金等促进增收节支2099亿元,收回不合规土地8万多亩,促进建立健全规章制度7070项,移送案件线索和事项3092件。

2010年,为促进加强和改善宏观调控,审计系统不断深化对重大政策贯彻执行情况的跟踪审计和调查。各项审计都关注了中央政策的执行情况和实施效果,重点对汶川、玉树、舟曲救灾和灾后恢复重建、京沪高速铁路、西气东输二线、溪洛渡水电站、中央扩内需投资和机场等4.9万多个政府投资项目、世博会、亚运会等重大事项和5家商业银行新增贷款投向结构进行了跟踪审计和调查。通过审计,核减工程投资和结算额517.7亿元,挽回和避免损失212亿元。

2010年审计重点关注了财政、金融、国有资产运营等方面的薄弱环节和潜在风险。通过对地方政府性债务的审计调查,揭示了债务形成时间较长、总体规模较大、蕴含潜在财政风险的情况,促使有关部门强化了管理和监督;通过对全国4462家金融机构和国有企业的审计和调查,促进上缴财政16.2亿元,挽回或避免损失132亿元。

2010年,全国共审计领导干部3.69万名,其中省(市)部长23名、中央企业领导人员10名。从审计情况看,大多数领导干部能够执行中央决策部署,认真履行职责,但也有个别领导干部法制观念和责任意识不强,决策和管理不够规范。审计共查出领导干部对违规行为负有直接责任的问题金额249亿元,82名被审计的领导干部和465名相关人员的问题被移送司法、纪检监察机关处理。

2010年，各级审计机关普遍开展了对城市最低生活保障资金、政府投资保障性住房、新型农村社会养老保险和新型农村合作医疗基金等民生项目和资金的审计和调查，涉及专项资金总额7.4万多亿元，促进拨付和归还资金等436亿元。

2010年我国旅游业总收入1.57万亿元

全国旅游工作会议发布消息：2010年我国旅游业三大市场实现全面恢复并较快增长，全国旅游业总收入1.57万亿元，同比增长21.7%。其中，国内旅游人数达21亿人次，同比增长10.6%；国内旅游收入1.26万亿元，同比增长23.5%。入境旅游人数达1.34亿人次，同比增长5.8%；出境旅游人数5739万人次，同比增长20.4%。

国家旅游局局长邵琪伟介绍，“十一五”期间，我国国内旅游人数年均增长12%，入境过境旅游人数年均增长3.5%，出境旅游人数年均增长19%，全国旅游业总收入年均增长15%。我国跃居全球第四大入境旅游接待国和亚洲第一大出境旅游客源国，居民人均出游率达1.5次，旅游直接就业达1350万人，旅游消费对社会消费的贡献超过10%，旅游业对我国经济社会发展的积极作用更加明显。

第九届两岸关系研讨会在广西桂林举行

本届研讨会主题为“弘扬中华文化优秀传统，促进两岸关系和平发展”。

120余位来自海峡两岸及港澳、海外的专家学者、各界人士参加研讨会。

中共中央台办、国务院台办主任王毅在开幕式上发表讲话。他说，中华文化是两岸同胞共同的宝贵财富，也是维系两岸关系根基的重要纽带。在两岸“三通”之后，更重要的是实现心灵的沟通，深化感情的交融。因为文化交流比其他交流更为深刻和长久。只有不失时机地推进和深化两岸文化交流与合作，两岸关系的基础才能更牢固，两岸关系的动力才能更持久，两岸关系才能经受住风雨考验。

中华文化发展促进会会长许嘉璐在演讲中表示，两岸之间最重要的、“金刚不坏”的纽带是我们共同享有的中华文化。

台湾中华文化总会会长刘兆玄在演讲中说，中华文化是人类的珍贵遗产。当全球问题日趋严峻，以西方文化为基础的解决之道渐入瓶颈，正是中华文化发挥影响的时机。

广西壮族自治区党委书记郭声琨在致辞中表示，弘扬中华文化优秀传统，构建两岸同胞共同精神家园，促进两岸关系和平发展，是海内外中华儿女义不容辞的责任。

中华文化联谊会顾问王蒙、台湾淡江大学教授王邦雄也在大会上发表了演讲。

“2010年度中国科学十大进展”评选在北京揭晓

这10项由我国科学家完成或为主完成的重要研究成果分别是：拓扑绝缘体研究取得重要进展；相对论重离子对撞机上发现首个反超核粒子——反超氚核；揭示三氧化二砷和全反式维甲酸联合治疗急性早幼粒白血病的分子机制；中国发现10万年前早期现代人化石；全基因组关联研究发现银屑病、白癜风和麻风易感基因；揭示水稻理想株型形成的分子调控机制；大地电磁测量揭示青藏高原东部有两条地壳物质流；揭示蛋白质赖氨酸乙酰化在细胞代谢中的调控作用；基于超材料实现微波段三维隐身和电磁黑洞；实验实现最远距离自由空间量子隐形传态。

“2010年互联网10件大事”在北京发布

主题为“把握网络经济脉搏、发掘产业新生力量”的中国互联网产业年会在北京举行。年会公布了“影响2010年中国互联网发展的10件大事”。

这10件大事分别为：互联网法规相继出台；互联网受到党和国家领导人高度重视；中国互联网白皮书发表；互联网列入战略性新兴产业；三网融合试点城市确定；腾讯—360终端软件争议引发关注，事件驱动管理制度创新；垃圾邮件治理成效显著；微博应用迅速兴起，新模式带来新挑战；移动互联网用户近3亿；团购、网购备受网民青睐，1.42亿网民参与网购，居全球第一。

中国国际广播电视网络台(简称CIBN)在北京成立

国务院副总理李克强在北京主持召开国务院深化医药卫生体制改革领导小组第八次全体会议并发表讲话

会议听取了医改工作接受全国人大常委会审议和专题询问情况，审议了医药卫生体制五项重点改革2011年主要工作安排、2011年公立医院改革试点重点工作安排、建立全科医生制度的指导意见等文件。

国务院医改办负责人、卫生部负责人在会上作了汇报和说明。

李克强指出，公立医院是群众看病就医的主要场所，也是医改的重点和难点。今年公立医院改革试点，一要推进试点城市公立医院综合改革，着力完善内部机制，探索公立医院改革的基本路子。二要优先发展县级医院。县级医院服务9亿多群众，是上下联动的枢纽和缓解看病难看病贵的中心环节。要加大支持力度，推进综合改革，提高县级医院看大病的能力。三要转变服务理念，优化诊疗流程，在全国推行惠民便民措施。四要着力形成多元办医格局，适应人民群众看病就医多样化的需求。五要发挥医务人员主力军作用，调动他们投身医改、服务群众的积极性主动性，构建和谐医患关系。

国务院深化医药卫生体制改革领导小组成员单位和有关部门负责人参加了会议。

1月19日

国家主席胡锦涛在白宫与美国总统奥巴马举行会谈

胡锦涛表示，2009年两国元首在伦敦首次会晤以来，两国元首在不到两年时间里8次会晤并实现互访。双方成功举行两轮战略与经济对话，建立了人文交流高层磋商机制。两国共同应对国际金融危机、推进国际金融体系改革，在国际社会产生积极影响。中美经贸、能源、环境、反恐、防扩散、执法等双边领域合作不断深化，两国人民交往更加活跃，在朝鲜半岛局势、伊朗核等地区热点和气候变化等全球性问题上保持着有效沟通和协调。

胡锦涛强调，中美作为在国际社会有重要影响的两个大国，要积极推动积极合作全面的中美关系继续向前发展。中美关系发展需要新思路、新行动、新气象。胡锦涛为此提出5点建议。

第一，发展求同存异、平等互信的政治关系。中美两国能否建立战略互信，事关大国关系和世界和平。双方应该牢牢把握对话和合作的主流，以对话增进了解和信任，以沟通减少误会和疑虑，以合作促进发展和繁荣，巩固共同利益基础。中美两国历史文化、社会制度、发展水平不同，存在一些分歧是正常的，但只要客观理性看待对方，尊重对方对社会制度和发展道路的选择，尊重对方主权、领土完整和发展利益，中美关系就不会偏离正常航道。

第二，深化全面合作、互利双赢的经济关系。世界经济复苏势头已经形成，但仍存在较多不确定因素。今年，中国将开始实施第十二个五年规划，中心是加快转变经济发展方式，美国也在实施调整经济结构等发展战略。中美两国应该继续进行宏观经济政策协调，寻求和扩大互利合作，继续向全球市场发出积极有力信号。中方愿同美方开展全面经济合作，相向而行缓解贸易不平衡，共同倡导自由贸易和反对保护主义，推动两国经贸关系健康稳定发展，推动多哈回合谈判尽快取得实质进展。中方将一如既往为美国在华投资企业提供完全公平的国民待遇，希望美方在放宽对华高技术产品出口限制、给予中国赴美投资企业公平竞争环境、承认中国完全市场经济地位方面尽快采取积极措施。双方应该继续在中美能源环境合作十年框架内重点深化新能源合作，积极开展高速铁路、智能电网改造等基础设施建设合作，使之成为两国关系的新亮点。

第三，开展共同应对挑战的全球伙伴合作。中美两国应该共同承担负责任、建设性大国作用，共同推进金融和经贸领域的国际机制改革，在处理朝鲜半岛局势、伊朗核等地区热点问题和应对气候变化、恐怖主义、跨国犯罪、传染性疾病、严重自然灾害等全球性挑战中加强合作，维护世界和平，促进共同发展。中方支持美方主办亚太经合组织领导人夏威夷非正式会议，欢迎美国正式成为东亚峰会成员，愿同美方就亚太地区重大问题加强政策对话和立场协调，同本地区其他国家一道构筑开放包容、良性互动、合作共赢的亚太格局。

第四，推进人民广泛参与的中美友好事业。良好的中美关系离不开两国人民的理解和支持。双方应该鼓励两国政府有关部门和民间组织通过丰富多彩的形式，加深两国人民特别是青年一代对中美关系重要性的认识，增进他们相互了解和友谊，调动支持发展中美关系的积极性，夯实中美关系的社会和民意基础。中美省州长对话交流机制即将启动，这是拓展两国地方合作的一项创举。希望双方共同做好有关工作。

第五，建立深入沟通、坦诚对话的高层交往模式。两国元首继续通过会晤、通话、通信等方式保持密切联系。双方应该继续充分发挥中美战略与经济对话、人文交流高层磋商以及商贸联委会、科技联委会等机制作用，加强对话、交流、协商。我们要继续创新形式，及时就双边关系和重大敏感问题进行沟通，以加深了解、扩大共识。

奥巴马表示，美方愿意同中方共同努力，加强高层接触，增进战略互信，在推动解决全球经济可持续增长、促进亚太和世界繁荣、防止大规模杀伤性武器扩散、应对全球环境和气候变化等问题上加强合作。加强民间往来对增进两国人民相互了解十分重要。美方对两国经贸合作取得的重要进展表示赞赏，认为两国强有力的经贸关系给两国人民带来好处。美方愿意认真对待中方在经贸领域重要关切，努力取得积极进展。美方对两国战略与经济对话取得的进展表示高兴，愿意继续发挥这一机制的作用，增进两国了解，通过对话解决分歧。解决21世纪多边问题需要美中两国携手合作。美方赞赏中方在应对气候变化问题上发挥的重要作用。

胡锦涛强调，台湾问题事关中国主权和领土完整，事关中国核心利益,是中美关系中最敏感问题。这个问题处理得好,中美关系就能稳步发展,两国合作就会比较顺畅。反之,中美关系就会发生波折。近年来,两岸交流合作得到很大发展,两岸双方都反对"台独"、坚持"九二共识"。我们将继续推进两岸各领域交流合作,共同开创两岸关系和平发展新局面。中方重视并赞赏美方多次重申坚持一个中国政策、遵守中美三个联合公报、不支持任何旨在分裂中国的势力及其活动,希望我们推动两岸关系和平发展的努力得到美方更明确的支持。

奥巴马重申,美国坚持一个中国政策,遵守美中三个联合公报。美方乐见两岸关系不断改善并为此深受鼓舞,希望两岸关系继续取得进展。

中美发表联合声明

二〇一一年一月十九日,华盛顿

1. 应美利坚合众国总统贝拉克·奥巴马邀请,中华人民共和国主席胡锦涛于二〇一一年一月十八日至二十一日对美国进行国事访问。访问期间,胡主席会见了美国副总统约瑟夫·拜登,将会见美国国会领导人,并访问芝加哥。

2. 两国元首回顾了自奥巴马总统二〇〇九年十一月对中国进行国事访问以来中美关系取得的进展,并重申致力于建设二十一世纪积极合作全面的中美关系,这符合两国人民和国际社会的利益。双方重申,中美三个联合公报为两国关系奠定了政治基础,并将继续指导两国关系的发展。双方重申尊重彼此主权和领土完整。两国元首还重申了对二〇〇九年十一月《中美联合声明》的承诺。

3. 中美致力于共同努力建设相互尊重、互利共赢的合作伙伴关系,以推进两国共同利益、应对二十一世纪的机遇和挑战。中美正在安全、经济、社会、能源、环境等广泛领域开展积极合作,需进一步深化双边接触与协调。两国领导人还一致认为,需要与国际伙伴和机构进行更加广泛、深入的合作,以形成和落实可持续的解决方案并促进世界和平、稳定、繁荣和各国人民的福祉。

加强中美关系

4. 鉴于两国面临重要的共同挑战,中美决定继续建设伙伴关系,以推进共同利益、处理共同关切、强调国际责任。两国领导人认识到,中美关系既重要又复杂。中美已成为不同政治制度、历史文化背景和经济发展水平的国家发展积极合作关系的典范。双方同意进一步努力培育和深化战略互信,以加强双边关系。双方重申要深化对话,拓展务实合作,确认需共同努力,处理分歧、扩大共识、加强在一系列问题上的协调。

5. 美方重申,美方欢迎一个强大、繁荣、成功、在国际事务中发挥更大作用的中国。中方表示,欢迎美国作为一个亚太国家为本地区和平、稳定与繁荣作出努力。两国领导人支持通过合作努力建设二十一世纪更加稳定、和平、繁荣的亚太地区。

6. 双方强调台湾问题在中美关系中的重要性。中方强调,台湾问题涉及中国主权和领土完整,希望美方信守有关承诺,理解并支持中方在此问题上的立场。美方表示奉行一个中国政策,遵守中美三个联合公报的原则。美方赞扬台湾海峡两岸《经济合作框架协议》,欢迎两岸间新的沟通渠道。美方支持两岸关系和平发展,期待两岸加强经济、政治及其他领域的对话与互动,建立更加积极稳定的关系。

7. 双方重申,尽管两国在人权问题上仍然存在重要分歧,但双方都致力于促进和保护人权。美方强调,促进人权和民主是美国外交政策的重要组成部分。中方强调,不应干涉任何国家的内政。中美强调,各国及各国人民都有权选择自身发展道路,各国应相互尊重彼此选择的发展模式。双方本着平等和相互尊重的精神处理人权问题上的分歧,按照国际文书促进和保护人权,并同意在第三轮中美战略与经济对话前举行下一轮中美人权对话。

8. 中美同意在下一轮人权对话前恢复举行法律专家对话。双方还同意将加强两国的法律合作和法治交流。两国正积极探讨关于加强妇女在社会中作用的交流和讨论。

9. 中美两国确认,一个健康、稳定、可靠的两军关系是胡锦涛主席和奥巴马总统关于积极合作全面中美关系共识的重要组成部分。双方一致认为,有必要加强各层次的实质性对话和沟通,以减少误解、误读、误判,增进了解,扩大共同利益,推动两军关系健康稳定可靠发展。双方注意到美国国防部长罗伯特·盖茨本月早些时候对中国进行了成功访问,美方欢迎中国人民解放军总参谋长陈炳德上将于二〇一一年上半年访问美国。双方重申,中美国防部防务磋商、国防部工作会晤、海上军事安全磋商机制未来将继续作为两军对话的重要渠道。双方表示,将继续推动二〇〇九年十月中国中央军委副主席与美国国防部长盖茨就发展两军关系达成的七项共识得到落实。

10. 中美同意采取具体行动,深化在航天领域的对话和交流。美方邀请中方代表团于二〇一一年访问美国国家航空航天局总部和其他合适的设施,以作为对美国国家航空航天局长二〇一〇年对中国富有成果的访问的回访。双方同意继续在透明、对等、互利的基础上讨论在航天领域开展务实合作的机会。

11.《中美科技合作协定》是两国最早签署的双边

协定之一，双方认可在该协定框架下取得的成果并欢迎签署该协定延期议定书。中美将继续在农业、卫生、能源、环境、渔业、学生交流、技术创新等广泛领域进行合作，以增进双方福祉。

12. 中美双方欢迎中美执法合作联合联络小组在反恐等诸多领域加强执法合作取得的进展。双方同意通过双边和其他途径加强反腐败合作。

促进高层交往

13. 双方认为，强有力的中美关系离不开高层交往，密切、频繁、深入的对话对推进双边关系以及国际和平与发展十分重要。本着这一精神，两国元首期待在二〇一一年再次会面，包括在美国夏威夷州举办的亚太经合组织领导人非正式会议期间会晤。中方欢迎拜登副总统于二〇一一年访华。美方欢迎习近平副主席此后访美。

14. 双方积极评价中美战略与经济对话这一两国政府间十分重要的协调机制，同意二〇一一年五月在华盛顿举行第三轮对话。战略与经济对话在帮助两国建立互信方面发挥了重要作用。双方还同意二〇一一年春在美国举行第二轮中美人文交流高层磋商，二〇一一年下半年在中国举行第二十二届中美商贸联委会。双方同意两国外长通过互访、会晤等方式保持密切沟通。

15. 双方强调两国议会继续保持交往的重要性，包括中国全国人民代表大会与美国参议院和众议院之间的机制化交流。

应对地区和全球挑战

16. 双方认为，中美两国在促进亚太及其他地区和平安全方面拥有共同利益，同意加强沟通与协调，应对紧迫的地区和全球挑战。双方致力于采取行动保护全球环境，在全球性问题上协调合作，维护和促进各国及各国人民的可持续发展。具体而言，中美同意在下述领域增进合作：应对暴力极端主义，防止核武器扩散、其他大规模杀伤性武器及其运载工具的扩散，加强核安全，消除传染性疾病和饥饿，消灭极端贫困，有效应对气候变化挑战，打击海盗，预防和减少灾害，应对网络安全问题，打击跨国犯罪，打击贩卖人口。中美将与其他各方一道，努力加强合作，应对共同关切、促进共同利益。

17. 中美强调致力于最终实现无核武器世界，强调需要加强国际核不扩散体系以应对核扩散和核恐怖主义等威胁。在此方面，双方支持《全面禁止核试验条约》尽早生效，重申支持日内瓦裁谈会尽早启动“禁止生产核武器用裂变材料条约”谈判，并愿为此进行合作。双方注意到在华盛顿核安全峰会后中美在核安全领域合作深化，签署了关于在华建立核安保示范中心的谅解备忘录。

18. 中美一致认为，正如六方会谈“九·一九”共同声明和联合国安理会相关决议所强调，保持朝鲜半岛和平稳定至关重要。双方对近期事态发展导致半岛局势紧张表示关切。双方注意到两国在半岛问题上保持了密切合作。中美强调改善半岛南北关系的重要性，都认为朝韩开展真诚和建设性对话是非常重要的一步。鉴于半岛无核化对维护东北亚地区和平与稳定至关重要，中美双方重申，有必要采取切实有效步骤实现无核化目标，并全面落实六方会谈“九·一九”共同声明中的其他承诺。在此背景下，中美对朝鲜宣称的铀浓缩计划表示关切。双方反对所有违反六方会谈“九·一九”共同声明和相关国际义务和承诺的活动。双方呼吁采取必要步骤，以尽早重启六方会谈进程，解决这一问题及其他相关问题。

19. 中美重申，将致力于寻求全面长期解决伊朗核问题的办法，以重建国际社会对于伊朗核计划仅限于和平目的的信心。双方同意伊朗根据《不扩散核武器条约》拥有和平利用核能的权利，同时伊朗也应履行该条约规定的相应国际义务。双方呼吁全面执行联合国安理会所有有关决议。双方欢迎并将积极参与六国与伊朗进程，强调包括伊朗在内的各方应致力于建设性的对话进程。

20. 双方同意全力支持苏丹北南和平进程，包括全面有效落实《全面和平协议》。双方强调各方应尊重自由、公平和透明的公投结果。中美双方对达尔富尔问题表示关注，认为应推动达尔富尔地区政治进程取得进一步实质性进展，以促进该问题早日得到全面妥善解决。整个地区继续保持和平稳定符合中美双方利益。

21. 双方同意，本着相互尊重和合作的精神加强在亚太地区的沟通和协调，并通过多边机构等渠道和其他亚太国家一道促进和平、稳定与繁荣。

建设全面互利的经济伙伴关系

22. 胡锦涛主席和奥巴马总统认识到共同努力建设相互尊重、互利共赢的经济合作伙伴关系对两国和世界经济极其重要。两国领导人同意推进全面经济合作，并将依托现有对话机制，基于以下要素，到将于今年五月举行的第三轮中美战略与经济对话时进一步确立全面经济合作框架。

23. 为推进中美两国和世界经济强劲、可持续、平衡增长，双方同意加强宏观经济政策沟通与合作：

（1）美国将重点减少中期联邦赤字，确保长期财政可持续性，并对汇率过度波动保持警惕。美联储近年来已采取重要步骤增强其传递未来展望和长期目标的清晰度。

(2)中国将继续加大力度扩大内需,促进服务部门的私人投资,更大程度地发挥市场在资源配置中的基础性作用。中国将继续坚持推进人民币汇率形成机制改革,增强人民币汇率弹性,转变经济发展方式。

(3)双方同意继续实施前瞻性货币政策并关注其对国际经济的影响。

两国支持欧洲领导人为增强市场稳定性和促进可持续长期增长所作出的努力。

24.双方认识到开放的贸易和投资对促进经济增长、创造就业、创新和繁荣的重要意义,重申将采取进一步措施推进全球贸易和投资自由化,反对贸易和投资保护主义。双方也同意愿本着建设性、合作性和互利性的态度,积极解决双边贸易和投资争端。

25.两国领导人强调将指示其谈判代表进行跨领域的谈判,在维护世界贸易组织多哈发展回合授权、锁定已有成果的基础上,促使多哈回合谈判尽快取得成功、富有雄心、全面和平衡的结果。双方同意加强和扩大两国谈判代表的参与度以完成谈判。

26.两国领导人同意实现更加平衡的贸易关系的重要性,并高度赞扬包括近期在华盛顿举行的第二十一届中美商贸联委会在此方面取得的进展。

27.中方将坚持保护知识产权,包括进行审计以确保各级政府机关使用正版软件,并依法公布审计结果。中国的创新政策与提供政府采购优惠不挂钩。美方欢迎中方同意在世界贸易组织政府采购委员会二〇一一年最后一次会议前提交一份强有力的新的修改出价,其中包括次中央实体。

28.两国领导人认识到培育开放、公平和透明的投资环境对两国经济和世界经济的重要性,重申双方继续致力于推进双边投资协定谈判。双方认识到成功的双边投资协定谈判将通过促进和保护投资,为双方投资者增强透明度和可预见性,支持开放的全球经济。中方欢迎美方承诺通过中美商贸联委会以一种合作的方式迅速承认中国市场经济地位。中方欢迎中美双方讨论美国正在推进的出口管制体系改革,以及在符合美国国家安全利益的前提下这一改革对美向包括中国在内的主要贸易伙伴出口的潜在影响。

29.双方进一步认识到双边商贸关系广阔和强有力的特点,包括此访所达成的合同,双方欢迎双边商贸关系经济上的互利性。

30.双方同意继续通过将要举行的中美战略与经济对话、中美商贸联委会等进程致力于推进双边经济关系取得具体进展。

31.双方认识到企业在两国基础设施建设中发挥积极作用的潜力,并愿加强在这一领域的合作。

32.双方承诺深化在金融部门投资和监管领域的双边和多边合作,在符合审慎监管并与国家安全要求一致的情况下,支持为金融服务和跨境证券投资领域营造开放的投资环境。美方承诺确保"政府支持企业"具有足够资本和能力以履行其财务责任。

33.中美双方认同纳入特别提款权的货币应仅为在国际贸易和国际金融交易中广泛使用的货币。鉴此,美方支持中方逐步推动将人民币纳入特别提款权的努力。

34.双方承诺致力于加强全球金融体系和改革国际金融框架。双方将继续强有力的合作以提高国际货币基金组织和多边开发银行的合法性和有效性。为实现联合国千年发展目标,双方将共同促进国际社会援助发展中国家、特别是最不发达国家的努力。双方还将与多边开发银行协作,寻求合作支持包括非洲在内的全球减贫、发展和区域一体化,为包容和可持续的经济增长作出贡献。

35.双方重申支持二十国集团强劲、可持续和平衡增长框架,重申在二十国集团首尔峰会公报中的承诺,包括采取一系列措施巩固全球经济复苏、减少过度外部失衡并将经常账户失衡保持在可持续水平。双方支持二十国集团在国际经济和金融事务中发挥更大作用,并承诺加强沟通协调,落实二十国集团峰会承诺,推动戛纳峰会取得积极成果。

气候变化、能源和环境合作

36.双方认为气候变化和能源安全是当今时代两大重要挑战。中美同意继续就应对气候变化行动进行密切磋商,为实现两国和世界人民的能源安全而开展协调,加强现有清洁能源合作,确保市场开放,在气候友好型能源领域推动互利投资,鼓励清洁能源,推动先进清洁能源技术开发。

37.双方积极评价中美清洁能源研究中心、可再生能源伙伴关系、《中美能源安全合作联合声明》和中美能源合作项目启动以来两国在清洁能源和能源安全领域合作取得的进展。双方重申继续就能源政策进行交流,在石油、天然气(包括页岩气)、民用核能、风能和太阳能、智能电网、先进生物燃料、清洁煤、能效、电动汽车及清洁能源技术标准等领域进行合作。

38.双方积极评价《中美能源和环境十年合作框架》自二〇〇八年启动以来取得的进展。双方同意在该框架下进一步加强务实合作,落实水、大气、交通、电力、保护区和湿地、能效等优先领域的行动计划,开展政策对话,实施绿色合作伙伴计划。双方高兴地宣布两个新的绿色合作伙伴计划。双方欢迎两国地方政府、企业、研究机构参与十年合作框架,共同探索中美能源环境合作的创新模式。双方对根据十年合作框架将于二〇一一年开展的合作项目和活动表示欢迎。

39. 双方对坎昆协议表示欢迎，认为应对气候变化的努力也应促进经济社会发展。双方同意与其他国家一道，积极推动《联合国气候变化框架公约》的全面、有效、持续落实，包括落实坎昆协议，并支持今年的南非会议达成积极成果。

扩展人文交流

40. 中美两国一贯支持开展更加广泛深入的人文交流，这也是双方建设相互尊重、互利共赢中美合作伙伴关系努力的一部分。双方同意采取切实步骤加强人文交流。双方满意地注意到，二〇一〇年上海世博会取得成功，中方对美国馆的成功展示向美方表示祝贺。双方宣布建立中美省州长论坛，决定进一步支持两国地方各级在一系列领域开展交流合作，包括增强友好省州和友好城市关系。中美还同意采取切实措施，特别是通过"十万人留学中国计划"，加强两国青年之间的对话与交流。美方热忱欢迎更多中国学生赴美留学，并将继续为他们提供签证便利。双方同意讨论扩大文化交流的途径，包括探讨举办中美文化年及其他活动。双方强调将进一步推动相互旅游并为此提供便利。双方认为，所有上述活动都有助于深化了解、互信与合作。

结 语

41. 胡锦涛主席感谢奥巴马总统和美国人民在他访问期间给予的热情款待。中美两国元首认为，此访进一步推进了两国关系，双方决心共同努力建设相互尊重、互利共赢的合作伙伴关系。两国元首均深信，一个更加强有力的中美关系不仅符合两国人民的根本利益，也有利于整个亚太地区乃至全世界。

国家主席胡锦涛同美国总统奥巴马在白宫共同会见中美两国企业家

胡锦涛指出，中美两国双边贸易额从1979年不足25亿美元上升到现在的3800亿美元，增长了150多倍。双向投资从无到有，累计超过700亿美元。我同奥巴马总统讨论了推进中美全面经济合作问题，一致同意加强两国金融、经贸、能源、环境、科技、农业、基础设施建设等领域务实合作。中美经贸和投资合作前景十分广阔。希望两国企业把握机遇、积极作为。

胡锦涛表示，中方欢迎美国企业到中国发展。中国将坚持改革开放，一如既往为包括美国企业在内的外国企业提供透明、公平、高效的投资环境。所有在中国注册的企业都享有国民待遇，中国政府在自主创新产品认定、政府采购、知识产权保护上对它们都会一视同仁、平等对待。中国政府支持中国企业到美国投资兴业。

奥巴马表示，美中两国工商企业界的合作是美中关系最重要的组成部分。与会美国企业同中国都有长期合作关系，向中国出口产品和服务，是美国从良好的美中关系中获益的最好例证。中国企业在美国投资建厂，促进了美国经济增长。美国对华年出口额已达1000亿美元，其中制造业和农产品对华出口为美国创造了50万个就业机会。美国对华出口增速是向其他国家出口增速的两倍。美中贸易仍有很大潜力可挖。希望企业家们就如何进一步推进美中经济关系等建言献策。

微软公司、高盛集团、摩托罗拉、西屋电气公司、赛贝斯公司、通用电气、可口可乐公司、杜邦公司、陶氏化学、波音公司、英特尔公司及中投公司、联想集团、海尔集团、万向集团等两国企业负责人出席了圆桌讨论会。部分企业负责人就贸易和投资、企业与政府合作模式、地方政府对投资的促进作用、改善中美商业环境、企业开展互利合作的形式与途径等问题发表了意见。

国务院总理温家宝主持召开国务院常务会议

会议审议并原则通过《国有土地上房屋征收与补偿条例(草案)》。

会议指出，《国有土地上房屋征收与补偿条例(草案)》是根据《全国人民代表大会常务委员会关于修改〈中华人民共和国城市房地产管理法〉的决定》起草的。制定这个条例，关系到群众切身利益，关系到工业化、城镇化进程，关系到现代化建设全局。党中央、国务院高度重视条例的制定工作，2007年12月国务院常务会议首次审议这个条例草案时提出，经过修改后要公开征求群众意见。2010年，条例草案先后两次向社会公开征求意见，分别收到意见和建议65601条和37898条；起草单位召开45次各类座谈会、论证会，广泛听取中央各部门、地方政府、被征收人以及相关专家的意见；选取40多个有代表性的城市进行专项调查研究；组织力量对社会高度关注的重点难点问题逐一研究论证，力求从制度上加以解决。经过各方面的共同努力，条例草案已经比较成熟。

按照统筹兼顾工业化、城镇化需要和房屋被征收群众利益，把公共利益同被征收人个人利益统一起来的总体要求，条例草案规定：一是对被征收人的补偿包括被征收房屋价值的补偿、搬迁与临时安置补偿、停产停业损失补偿和补助、奖励。对被征收房屋价值的补偿不得低于类似房地产的市场价格。对符合住房保障条件的被征收人除给予补偿外，政府还要优先给予住房保障。二是征收范围。确需征收房屋的各项建设活动应当符合国民经济和社会发展规划、土地利用总体规划、城乡规划和专项规划，保障性安居工程建设和旧城区改建还应当纳入市、县级国民经济和社会发展年度计划。三是征收程序。扩大公众参与程度，征收补偿方案要征求公众意见，因旧城区改建需要征收房屋，多数被征收人认为征收补偿方案不符合本条例规定的，还要组织听证会并修改方案。政府作出房屋征收决定前，应当进行社会稳定风险评估。四是政府是房屋征收与补偿的主体。禁止建设单位参与搬迁，承担房屋征收与补偿具体工作的单位不得以营利为目的。五是取消行政强制拆迁。被征收人超过规定期限不搬迁的，由政府依法申请人民法院强制执行。此外，条例草案还对违反本条例的行为设定了严格的法律责任。

会议决定，该条例草案经进一步修改后，由国务院公布施行。会议要求，条例公布施行后，各级政府和各部门都要认真学习贯彻，严格按照条例的规定开展国有土地上房屋征收与补偿活动，维护公共利益，保障被征收房屋所有权人的合法权益。

会议提出，考虑到集体土地征收是由土地管理法调整的，国务院有关部门要抓紧对土地管理法有关集体土地征收和补偿的规定作出修改，由国务院尽早向全国人大常委会提出议案。

国务院处理三起特别重大事故

国务院对2010年发生的神华集团乌海能源有限责任公司骆驼山煤矿“3·1”特别重大透水事故、华晋焦煤有限责任公司王家岭矿“3·28”特别重大透水事故、辽宁省阜新市“5·23”特别重大道路交通事故等3起特别重大生产安全事故的调查处理报告作出批复，认定这3起事故均为责任事故。依照有关规定，对97名事故责任人作出严肃处理，其中，分别给予84名责任人党纪政纪处分，13名责任人移送司法机关依法追究刑事责任。

国务院还批复决定对中煤乌海能源公司、华晋焦煤公司等5家责任单位处以25万元至300万元不等的罚款，责成内蒙古自治区政府、山西省人民政府向国务院作出深刻书面检查，责成中煤能源集团公司、神华集团公司向国务院国资委作出深刻书面检查。

全国政协主席贾庆林主持召开全国政协第三十四次主席会议并讲话

会议审议通过了政协第十一届全国委员会第四次会议议程(草案)和日程(草案)、政协第十一届全国委员会第四次会议各次全体会议执行主席和主持人名单、政协全国委员会常务委员会工作报告(草案)、政协全国委员会关于政协十一届三次会议以来提案工作情况的报告(草案)、政协第十一届全国委员会委员增补名单(草案)、政协第十一届全国委员会专门委员会副主任增补名单(草案)，书面审议了政协全国委员会2010年度对外交往工作总结(稿)、政协全国委员会办公厅关于2010年委员视察考察工作情况的报告(草案)和政协全国委员会专门委员会2010年度工作总结(稿)。会议决定将上述有关草案和文稿提请政协全国委员会常务委员会第十二次会议审议。会议决定由全国政协副主席王志珍代表常委会在政协十一届四次会议上作提案工作情况的报告。会议还通报了中共政协全国委员会党组2011年度工作要点。

全国政协副主席杜青林、全国政协副主席兼秘书长钱运录，全国政协提案委员会主任李铁林，全国政协副秘书长孙怀山、仝广成、蒋作君、林智敏分别就有关议题作了说明。

贾庆林在讲话中指出，今年是中国共产党成立90周年，也是“十二五”时期开局之年，全国政协还将筹办纪念辛亥革命100周年的活动。开好今年两会具有特殊重要的意义。要高度重视，认真做好政协十一届四次会议的各项准备工作。第一，切实把政协十一届四次会议文件起草好。要深入学习中共十七届五中全会和中央经济工作会议精神，学习胡锦涛同志在新年茶话会上的重要讲话，进一步增强会议文件的思想性、针对性和指导性。第二，切实把政协十一届四次会议的各项组织筹备工作落实好。要认真总结以往的成功做法，建立完善协调一致、高效运行的工作机制，把各方面力量组织好、协调好、调动好，确保会议取得圆满成功。

全国政协副主席王刚、白立忱、陈奎元、阿不来提·阿不都热西提、李兆焯、黄孟复、张梅颖、张榕明、孙家正、李金华、郑万通、林文漪、厉无畏、罗富和、陈宗兴、王志珍出席会议。

中组部 人社部在北京召开《中华人民共和国公务员法》实施5周年座谈会

中共中央政治局委员、中央书记处书记、中组部部长李源潮，中共中央政治局委员、国务院副总理张德江，全国人大常委会副委员长路甬祥出席会议。

李源潮在座谈会上指出，要针对公务员队伍建设的新情况建立分级分类考录制度和基层遴选制度，到2012年省级以上党政领导机关录用公务员，除部分特殊职位外均应从具有2年以上基层工作经历的人员中考录。要建立健全从村(居)党支部书记、大学生村官和工人、农民等基层一线人员中考录公务员制度，完善党政机关和企事业单位干部交流制度，畅通各类优秀人才进入公务员队伍的渠道。

李源潮指出，各级党政机关要按照胡锦涛总书记和温家宝总理指示精神，以推动科学发展、促进社会和谐、服务人民群众为主题，带头开展创先争优活动，兢兢业业做好本职工作，以模范行动，起表率作用，争做人民满意的公务员。要坚持从严管理与关心爱护相结合，不断加强基层公务员队伍建设。

中央纪委副书记黄树贤和财政部、天津市、四川省负责同志介绍了经验，部分公务员代表发言。人力资源和社会保障部部长尹蔚民主持。中央和国家机关有关部门负责同志、部分省(区、市)党委组织部和政府公务员局负责同志参加会议。

全国侨联八届三次全委会议在北京召开

中共中央政治局委员、全国人大常委会副委员长王兆国出席会议并讲话。

王兆国指出，各级侨联要发挥人才荟萃、智力密集、联系广泛的优势，切实把广大归侨侨眷和海外侨胞的智慧和力量凝聚到推动科学发展、加快转变经济发展方式上来，引导侨资进一步向民生和社会事业、农业农村、科技创新、节能环保等领域发展，向高端制造业、高技术产业、现代服务业等产业和中西部地区倾斜，帮助国内企业到境外投资合作，引导海外高层次人才回国创新创业。要鼓励海外侨胞积极参与中外文化交流，开展具有民族特色的文化活动，以开放包容的心态积极主动融入当地社会，宣传中国科学发展、和谐发展、和平发展理念，为我国的发展营造有利外部环境。要以纪念中国共产党成立90周年、辛亥革命100周年为契机，开展多种形式的活动，促进海内外中华儿女大团结，巩固海外侨胞促进祖国统一的思想基础。要顺应广大归侨侨眷和海外侨胞的新期待，深入开展创先争优活动，发扬密切联系侨界群众传统，推进完善符合侨界群众实际的利益表达和权益保障机制，不断提高为侨服务的工作水平。

王兆国强调，各级党委要从战略高度充分认识广大归侨侨眷和海外侨胞是发展中国特色社会主义的独特资源，支持侨联按照法律和章程创造性地开展工作，为侨联组织发挥作用创造更加良好的环境。

中国侨联主席林军在会上作工作报告，回顾总结了2010年全国各级侨联工作取得的成绩，提出了2011年侨联工作的总体要求。

政协北京市第十一届委员会第四次会议选举王安顺为市政协主席

政协浙江省第十届委员会第四次会议选举乔传秀为省政协主席

外交部部长杨洁篪与美国国务卿希拉里·克林顿在华盛顿签署《关于建立中美省州长论坛以促进地方合作的谅解备忘录》

谅解备忘录中表示，支持中国人民对外友好协会和美国全国州长协会建立中美省州长论坛。论坛旨在为中美两国省州级领导人提供一个重要交流平台，以促进两国地方在贸易、投资、能源、环境、人文等广泛领域的务实合作。

中国免除坦赞铁路建设一半债务

中国商务部副部长钟山在赞比亚首都卢萨卡代表中国政府与赞比亚、坦桑尼亚政府代表签署议定书，免除坦赞铁路建设50%的债务。钟山在签署仪式上表示，目前坦赞铁路在经营中存在很多困难，中国政府希望通过免除两国部分债务使该铁路轻装上阵，促进地区经济发展，造福坦赞两国人民。

全军审计工作会议在北京召开

“十一五”期间，全军共审计单位(项目)12.67万个、负有经济责任的团以上领导干部近万名，提出审计建议4.6万余条，有效发挥了审计监督服务职能。

“十一五”期间，全军审计工作围绕强化对经济权力运行的监督制约，稳步推进领导干部经济责任审计，把经济决策是否正确、经费管理是否规范、法规执行是否认真、事业建设是否有效、廉洁自律是否严格作为重点审计内容。对掌管经费物资较多、具有保障资源分配权与调节权，负责大项工程建设、大宗物资采购的领导干部加强审计监督。

围绕服务保障战备建设，系统开展战备工程、军事装备和战储物资管理等军事斗争准备项目审计。对新开工战备工程实施巡查审计，对大型战备工程建设实施派驻审计，对建设周期长的战备工程实施分阶段审计，5年来，审减施工单位不合理收费27.56亿元；对装备计划经常审、重大任务伴随审、新型装备跟踪审、部队关心事项重点审，审减装备价格15亿元；组织战备物资储备审计，促进战储物资及时储备到位，有效增强我军遂行多样化军事任务保障能力。

中国西部最大的数据灾备中心和全国首家“国家级数据安全中心”——中国西部信息中心在成都高新区正式竣工投产

这家数据灾备中心，将为政府、企业特别是银行、保险、证券等金融机构提供高等级的灾难备份服务。数据备份后，一旦政府部门的数据系统崩溃或受损，立即可“启用”在IDC数据中心的同城备份，确保各项业务顺畅运行，最大限度减少损失。

中国成功研发40纳米通信芯片

中国半导体设计公司首创全球之最。展讯通信公司成功研发出全球首款40纳米低功耗商用TD—HSPA/TD—SCDMA多模通信芯片——SC8800G，展讯通信公司携中国半导体协会及合作伙伴发布了这一成果。这一研发的成功代表着中国半导体设计领域的最高水平，并首次超越欧美设计公司水平。

采用这一40纳米芯片的手机，将有上网速度更快、功耗更低的特点，这将对智能城市、物联网、移动互联网、"三网合一"等领域的技术和产业发展起到推动作用。

中国红十字会第九届理事会第二次会议在江苏南京召开

全国人大常委会副委员长、中国红十字会会长华建敏出席会议并讲话。

2010年，在各类自然灾害频发的情况下，中国红十字会总会及红十字基金会投入救灾资金26亿多元。华建敏要求，2011年各级红十字会要以制度建设为中心，深入推进能力建设；要以当前红十字事业发展面临的重大问题为核心，切实抓好理论研究。

会议审议通过了《中国红十字会总会2010年度财务收支情况报告》。报告指出，2010年，中国红十字会总会全年实现财务收入32.57亿元，其中，国内外组织和个人的捐赠折合人民币达到30.12亿元，捐赠收入占总收入的92%，全年总支出25.46亿元，财务收支保持历史最好水平。

会议还表彰了红十字会参与青海玉树抗震救灾、上海世博会及广州亚运会工作的先进集体和先进个人，通过了第九届理事会更换和增补理事、常务理事候选人的决议。

1月20日

国家主席胡锦涛在华盛顿出席美国友好团体欢迎宴会并发表讲话

胡锦涛发表了题为《建设相互尊重、互利共赢的中美合作伙伴关系》的重要讲话。

美中贸易全国委员会主席穆泰康、美中关系全国委员会主席希尔斯、美国商务部部长骆家辉、美国前国务卿基辛格等先后在宴会上发言。

国家主席胡锦涛在美国友好团体欢迎宴会上发表题为《建设相互尊重、互利共赢的中美合作伙伴关系》的讲话

尊敬的基辛格博士，

尊敬的骆家辉部长、拉胡德部长，

尊敬的柯克贸易代表、洪博培大使，

尊敬的美中贸易全国委员会主席穆泰康先生、美中关系全国委员会主席希尔斯女士，

女士们，先生们，朋友们：

首先，感谢美中贸易全国委员会、美中关系全国委员会等友好团体共同举办这场欢迎宴会，使我有机会同各位新老朋友再次相聚、畅叙友情、共话未来。同时，我也要向在座各位和所有关心和支持中美关系发展的美国各界人士，表示诚挚问候和良好祝愿！

74年前的今天，罗斯福总统发表了题为《通往持续进步之路》的就职演说，号召刚刚从严重经济危机中走出来的美国人民团结一致，加倍努力，沿着持续进步的道路勇往直前。当前，国际金融危机导致的急剧动荡逐渐缓解，世界经济正在恢复增长，但不稳定不确定因素仍然较多，世界经济复苏进程仍将艰难曲折。包括中美两国在内的世界各国都希望尽快彻底摆脱国际金融危机影响、推动世界经济全面复苏。面对复杂多变的国际形势，面对各种风险和挑战，中美两国人民应该加强合作，同各国人民一道，共同分享机遇、应对挑战，共同开创人类发展更加美好的未来。

女士们、先生们！

32年前，中国改革开放的总设计师邓小平先生对美国进行了历史性访问。邓小平先生说，太平洋再也不应该是隔开我们的障碍，而应该是联系我们的纽带。历史已经验证了邓小平先生的这个重要断言。

在刚刚过去的21世纪第一个十年，中美两国共同努力，推动21世纪积极合作全面的中美关系不断向前发展，中美关系发展达到从未有过的广度和深度。在国际格局和中美两国不断发展变化的新形势下，怎样才能把健康稳定的中美关系带入下一个十年？

回答这个问题，首先要明确中美关系发展的基础是什么。应该说，中美两国从未像今天这样拥有如此广泛的共同利益、负有如此重大的共同责任。

——中美两国都致力于维护世界和平稳定、推动国际体系改革。中国和美国分别作为世界上最大发展中国家和最大发达国家，两国关系稳定发展本身就是对世界和平稳定的重大贡献。中美两国在一系列地区热点问题上开展协调和合作，在传统和非传统安全领域保持密切沟通和协作，推动国际社会共同应对气候变化、防止核扩散的努力取得重要进展，推动二十国集团领导人峰会等取得积极成果，同国际社会一道维护国际秩序总体稳定，推动国际体系改革和建设。

——中美两国都致力于推动亚太地区发展、促进亚太地区发展繁荣。亚太地区是中美两国利益交汇最集中的地区。中美两国在亚太地区实现合作共处，对

地区形势和中美关系发展都至关重要。中美两国在朝鲜半岛、阿富汗、南亚等地区热点问题上保持密切沟通和协调,共同为促进地区和平发展、睦邻互信、互利合作发挥建设性作用。

——中美两国都致力于加强双边各领域合作、造福两国人民。目前,美国是中国第二大出口市场和主要投资来源地,中国是美国第三大出口市场,也是美国增长最快的出口市场。据不完全统计,过去10年,物美价廉的中国商品为美国消费者节省了6000多亿美元。中国已成为许多美国企业全球利润的最大贡献者。即使在国际金融危机最严重的2008年和2009年,仍有超过70%的美国在华企业实现盈利。目前,两国年跨境旅游人数达300万人次。中美两国人民友好交流、相互学习,不仅促进了各自人文领域发展,而且促进了东西方文明交流互鉴,有力推动了人类文明进步。

展望未来,我们对中美关系发展前景充满信心。在这里,我愿就推动中美关系更加健康稳定地向前发展提出如下主张。

第一,着眼大局,立足长远,积极推进中美伙伴合作。中美关系不是你输我赢、你兴我衰的关系,而应该是相互尊重、增强双方战略互信的关系,是突出共同利益、加强全方位合作的关系。双方应该以更加广阔的全球视野和与时俱进的思维方式看待和处理中美关系,走出一条相互尊重、平等互信、互利共赢、共同发展之路。为此,中美两国应该继续密切高层往来,加深和扩大各级别各层次沟通,加深对对方战略走向、发展道路的了解,不断增信释疑、凝聚共识。

第二,抓住机遇,开拓创新,努力构建互利双赢的中美经济合作新格局。当前,中美两国都在推进经济结构调整,加大对环保、新能源、科技创新的投入,加强医疗、教育等事业发展。这些为寻求两国经济合作新的增长点提供了新的机遇。中方愿同美方一道,推动建立两国更加全面积极的经济合作框架,开展更大规模的财政、金融、经贸合作,扩大能源、环保、农业、卫生等方面交流合作,拓展航空航天、基础设施建设、智能电网等新领域合作,使中美经贸合作纽带更加紧密,为两国人民创造更多就业机会和财富。

第三,加强沟通,密切磋商,深化应对全球性挑战及国际和地区热点问题的协调和合作。中美两国应该开展共担责任、共迎挑战的全球伙伴合作,通过双边渠道和各种多边机制,加强在多哈回合谈判、气候变化、能源资源安全、粮食安全、公共卫生安全等全球性问题上的磋商和协调,继续在地区安全、区域合作和热点问题上保持沟通和交流,努力推动国际体系朝着更加公平、公正、包容、有序的方向发展。要继续致力于促进亚太地区和平、稳定、繁荣,推进开放包容的地区合作,让亚太地区成为中美两国相互尊重、密切合作的重要地区。

第四,加深友谊,面向未来,积极促进社会各界友好交流。中美关系发展归根结底要靠两国人民和各界人士广泛支持和积极参与。要加强对两国文化、教育、科技等领域交流合作规划,促进两国立法机关、地方、工商、学术、媒体等社会各界的对话和交流,让更多人成为中美关系发展的支持者和参与者。尤其要积极促进两国青年交往,开展更丰富多彩的青年交流活动,让中美友谊后继有人。

第五,相互尊重,平等相待,妥善处理重大敏感问题。中美关系发展的历史表明,两国在涉及对方重大利益问题上处理得比较好时,中美关系发展往往比较顺畅和稳定;反之,两国关系就会麻烦不断,甚至出现紧张。台湾、涉藏等问题事关中国主权和领土完整,是中国核心利益所在,牵动着13亿中国人民的民族感情。中方希望美方恪守承诺,同中方一道共同维护两国关系来之不易的良好局面。

诚然,由于历史文化、社会制度、发展水平不同,中美两国之间存在一些分歧和摩擦是正常的,我们应该从战略高度和长远角度出发,本着对历史和未来负责的态度看待和处理双边关系,不受一时一事影响,不受偶然事件羁绊,增进互信,排除障碍,共同努力建设相互尊重、互利共赢的中美合作伙伴关系。

女士们、先生们!

21世纪第一个十年刚刚过去。这是中国改革发展取得新的显著成就的10年,也是中国同世界的关系显著增强的10年。10年间,中国经济保持年均11%左右的增长,人民生活显著改善。10年间,中国平均每年进口6870亿美元商品,为相关国家和地区创造了1400多万个就业岗位。中国同国际社会一道积极应对国际金融危机,推动国际经济体系改革,推动和平解决国际争端和热点问题,积极参加应对全球性问题的国际合作,同世界各国一道维护世界和平、促进共同发展。

同时,我们也清醒地认识到,尽管我们取得了举世瞩目的发展成就,但中国仍然是世界上最大发展中国家的属性没有变,实现国家发展目标需要继续进行艰苦努力。发展是解决中国所有问题的关键,同时发展必须是科学发展,更加注重以人为本,更加注重全面协调可持续发展,更加注重统筹兼顾,更加注重保障和改善民生,促进社会公平正义。中国已经确定了未来5年经济社会发展的指导思想、战略目标和主要任务。我们将继续深化改革开放,全面推进经济体制、政治体制、文化体制、社会体制改革,完善社会主义市场经济体制,发展社会主义民主政治,建设社会主义法治国家，推动文化大发展大繁荣，促进社会和谐，全面提升开放型经济水平，朝着建设富强民主文明和谐的社会主义现代化国家的目标不断迈进。

我们将坚持对外开放的基本国策，奉行互利共赢的开放战略，继续把中国的利益同国际社会的共同利益紧密结合起来，扩大和深化同各方利益的汇合点。中国欢迎世界各国参与中国发展、分享中国发展机遇，将不断拓展新的开放领域和空间，以自己的发展促进地区和世界共同发展。

我们将始终不渝走和平发展道路，继续通过争取和平国际环境来发展自己，又以自身发展维护和促进世界和平。中国致力于和平解决国际争端和热点问题，奉行防御性的国防政策，不搞军备竞赛，不对任何国家构成军事威胁，永远不称霸，永远不搞扩张。

女士们、先生们！

推动中美关系长期健康稳定发展，是两国人民根本利益所在，也是促进世界和平与发展的客观要求。只要中美两国人民携起手来，就一定能够建设和发展相互尊重、互利共赢的中美合作伙伴关系，更好造福中美两国人民和各国人民。

国家主席胡锦涛在华盛顿分别会见美国国会众议长博纳和参议院多数党领袖里德

国家主席胡锦涛在华盛顿会见美国前总统克林顿

国务院总理温家宝在中南海主持召开五次座谈会

座谈会于1月20日至27日召开，主要征求对《政府工作报告(征求意见稿)》和《中华人民共和国国民经济和社会发展第十二个五年规划纲要(草案)(征求意见稿)》的意见。各民主党派中央、全国工商联负责人和无党派人士，经济社会领域专家学者，教育、科技、文化、卫生、体育界代表，企业界代表和工人、农民、学生等基层群众代表，分别出席了座谈会。

座谈会上，大家一致认为，“十一五”时期我国经济社会发展取得了巨大成就。面对国内外复杂形势和一系列重大风险挑战，特别是国际金融危机的严重冲击，党中央、国务院团结带领全国各族人民大力推进改革开放和现代化建设，我国的社会生产力、综合国力大幅提高，各项社会事业加快发展，人民生活明显改善，国际地位和影响力显著增强，国家面貌发生了历史性变化，成绩来之不易。《报告》稿和《纲要》稿回顾成绩、部署工作、谋划未来五年经济社会发展，实事求是，重点突出，措施有力，前瞻性强，充分体现了党的十七大、十七届三中、四中、五中全会和中央经济工作会议精神，突出了以科学发展为主题、以加快转变经济发展方式为主线，明显加强了保障和改善民生、发展社会事业等工作重点。大家一致赞同《报告》稿和《纲要》稿的基本结构和主要内容，并就这两个文件的具体修改和进一步做好政府工作，提出了意见和建议。

温家宝在这五次座谈会上讲了话。他说，坚持依法科学民主决策，是做好政府工作的重要前提。要健全重大事项决策的规则和程序，进一步完善群众参与、专家咨询和政府决策相结合的决策机制。国务院在作出重大决策前，需要通过多种形式，直接听取民主党派、社会团体、专家学者、基层群众等方面的意见和建议。归根到底，我们的政府是人民的政府，我们的权力是人民赋予的，我们作出的每一项决策，最高检验标准就是群众满意不满意，群众高兴不高兴，群众答应不答应。只有认真听取群众的意见和呼声，切实按照人民的意愿办事，我们的政府才能真正做到全心全意为人民服务。

国务院副总理李克强、回良玉、张德江、王岐山，国务委员刘延东、梁光烈、马凯、孟建柱，全国政协副主席、中共中央统战部部长杜青林和有关部门负责同志分别参加了座谈会。

国家副主席习近平在吉林调研

1月20日至22日，习近平在吉林调研时强调，深入贯彻落实党的十七届五中全会和中央经济工作会议精神，实现“十二五”时期良好开局，关键在党，关键在领导干部。各级党委要紧密结合新的形势和任务，以改革创新精神加强和改进党的建设，特别要着力建设一支高素质领导干部队伍，为推动科学发展、促进社会和谐提供坚强保证。

习近平召开党政领导干部座谈会，听取吉林省委、省政府工作汇报，对吉林省近年来经济社会发展和党建工作给予肯定。他强调，在省市县乡党委换届工作中，要认真贯彻德才兼备、以德为先用人标准，突出科学发展导向，真正把政治坚定、实绩突出、作风过硬、群众信任的干部选拔上来，杜绝品行不端、心术不正、作风不实的投机钻营者谋到好处、占到便宜。要加强以人为本、执政为民教育，引导和帮助各级领导干部自觉加强党性修养，增强是非面前的辨别能力、诱惑面前的自控能力、警示面前的醒悟能力，正派做人、干净干事。

天津市第十五届人民代表大会第四次会议选举肖怀远为市人大常委会主任

住建部 国家发改委 人社部联合发出《房地产经纪管理办法》

《房地产经纪管理办法》已经2010年10月27日

住房和城乡建设部第六十五次部常务会议审议通过，并经国家发展和改革委员会、人力资源和社会保障部同意，现予发布，自2011年4月1日起施行。

住房和城乡建设部部长 姜伟新

国家发展改革委主任 张 平

人力资源社会保障部部长 尹蔚民

2011年1月20日

房地产经纪管理办法(略)

国家统计局公布2010年GDP增长值

国家统计局局长马建堂在国务院新闻办公室举行的发布会上公布，据初步测算，2010年我国国内生产总值397983亿元，按可比价格计算，比上年增长10.3%，增速比上年加快1.1个百分点。第一产业增加值40497亿元，增长4.3%；第二产业增加值186481亿元，增长12.2%；第三产业增加值171005亿元，增长9.5%。

2010年我国粮食连续七年增产。全年粮食总产量达到54641万吨，比上年增长2.9%。工业生产平稳增长，企业效益大幅提高。全年规模以上工业增加值比上年增长15.7%，增速比上年加快4.7个百分点。2010年全社会固定资产投资278140亿元，比上年增长23.8%，增速比上年回落6.2个百分点，扣除价格因素，实际增长19.5%。消费平稳较快增长，热点商品销售旺盛。全年社会消费品零售总额154554亿元，比上年增长18.4%；扣除价格因素，实际增长14.8%。

全年城镇居民家庭人均总收入21033元，比上年增长11.5%。其中，城镇居民人均可支配收入19109元，增长11.3%，扣除价格因素，实际增长7.8%。农村居民人均纯收入5919元，增长14.9%，扣除价格因素，实际增长10.9%。货币供应量稳定增长，人民币存贷款增量减少。

财政部公布2010年全国财政收支情况

1—12月累计，全国财政收入83080亿元，比上年增加14562亿元，增长21.3%。其中：中央本级收入42470亿元，比上年增加6554亿元，增长18.3%；地方本级收入40610亿元，比上年增加8008亿元，增长24.6%。财政收入中的税收收入73202亿元，增长23%；非税收入9878亿元，增长9.8%。

中美两国签署大熊猫合作研究新协议

中国野生动物保护协会秘书长臧春林与美国国家动物园园长丹尼斯·凯利在位于华盛顿的美国国家动物园签署了这一协议。根据协议，在美大熊猫夫妇“美香”和“添添”将继续留在美国国家动物园开展合作研究，为期5年，自2010年12月至2015年12月止。同时，中美两国专家将在大熊猫日常安全管理方面加强交流与合作，在大熊猫麻醉、发情、繁殖、育幼等关键时期，中方将派专家参与指导交流，促进项目顺利、安全的实施，争取早日再出繁殖成果。

国务委员刘延东在北京出席纪念《国家通用语言文字法》颁布10周年座谈会

刘延东充分肯定《国家通用语言文字法》颁布10年来语言文字工作取得的成绩。她指出，推广和普及国家通用语言文字，是维护国家主权与尊严、体现国家核心利益的战略举措，对于建设人力资源强国、加快社会主义现代化建设，传播弘扬中华文化、增强国家软实力，维护民族团结和国家统一、建设中华民族共有精神家园具有重要而深远的意义。要坚持以中国特色社会主义理论为指导，坚持党的语言文字工作方针政策，坚持改革创新，以人为本，立足国情，尊重规律，依法行政，群策群力做好语言文字工作。

刘延东强调，贯彻《国家通用语言文字法》是长期战略任务。要以颁布10周年为新起点，完善“政府主导、语委统筹、部门支持、社会参与”的体制机制，研究解决突出矛盾和问题，不断提高语言文字工作科学化、规范化水平。要大力推广和普及国家通用语言文字，建立健全科学的评价体系，全面提升人民群众规范使用语言文字能力。注重语言文字规范标准和信息化建设，加强对社会语言生活的监测与服务，促进语言文字健康发展。要严格执法，加强监督，加大宣传引导，营造良好社会氛围。要积极推动中国语言文字和中华文化走向世界，为提升国家软实力做贡献。

全国人大常委会副委员长路甬祥出席座谈会并讲话。有关部门负责同志及各省区市语言文字工作部门负责人等约240人参加座谈会。

1月21日

国家主席胡锦涛在芝加哥参观美国中西部中国企业展

全国人大常委会委员长吴邦国在人民大会堂分别会见塞浦路斯议长和新西兰副议长

国务院总理温家宝在河南调研

1月21日至22日，温家宝来到河南鹤壁、安阳等地，深入麦田，走访农户，考察基层农业科研院所，与广大干部群众座谈，部署抗旱夺丰收工作。

温家宝在鹤壁主持召开抗旱工作座谈会。他指出:现在离开春很近了,农时紧。受旱地区要及早动手,科学安排,以抗旱为中心,强化技术保障、设施保障、资金保障、物资保障、组织保障,全面做好抗旱保丰收各项工作。一要尽快制定和实施抗旱保丰收的农业技术方案。根据不同的苗情、墒情分类指导,有针对性地采取措施,减少干旱的影响,确保冬小麦安全越冬和顺利返青。二要抓紧检修水利设施,努力增加抗旱水源,全面做好春灌准备。三要加快抗旱资金投入,重点用于加强抗旱应急水源工程、"五小"水利工程和抗旱服务组织建设。四要抓紧抗旱物资的筹备,确保抗旱设备、材料的供给。五要重视解决好重旱区人畜饮水问题,决不让一个群众没有水喝。六要加强抗旱工作领导,形成抗旱保丰收的合力。温家宝强调,农田水利设施建设滞后是我国农业稳定发展和国家粮食安全的重大制约。加快农田水利建设是水利改革发展的重中之重,是提高我国农业生产能力的根本之策。搞好农田水利建设,要特别重视大中型灌区建设、小型农田水利设施建设和发展节水灌溉。他希望河南在当前旱情较重的情况下,进一步加大抗旱保丰收力度,争取农业好收成,为经济社会发展全局作出更大贡献。

国务院总理温家宝签署第590号令公布《国有土地上房屋征收与补偿条例》

《国有土地上房屋征收与补偿条例》已经2011年1月19日国务院第141次常务会议通过,现予公布,自公布之日起施行。

总　理　温家宝

2011年1月21日

国有土地上房屋征收与补偿条例

第一章　总　则

第一条　为了规范国有土地上房屋征收与补偿活动,维护公共利益,保障被征收房屋所有权人的合法权益,制定本条例。

第二条　为了公共利益的需要,征收国有土地上单位、个人的房屋,应当对被征收房屋所有权人(以下称被征收人)给予公平补偿。

第三条　房屋征收与补偿应当遵循决策民主、程序正当、结果公开的原则。

第四条　市、县级人民政府负责本行政区域的房屋征收与补偿工作。

市、县级人民政府确定的房屋征收部门(以下称房屋征收部门)组织实施本行政区域的房屋征收与补偿工作。

市、县级人民政府有关部门应当依照本条例的规定和本级人民政府规定的职责分工,互相配合,保障房屋征收与补偿工作的顺利进行。

第五条　房屋征收部门可以委托房屋征收实施单位,承担房屋征收与补偿的具体工作。房屋征收实施单位不得以营利为目的。

房屋征收部门对房屋征收实施单位在委托范围内实施的房屋征收与补偿行为负责监督,并对其行为后果承担法律责任。

第六条　上级人民政府应当加强对下级人民政府房屋征收与补偿工作的监督。

国务院住房城乡建设主管部门和省、自治区、直辖市人民政府住房城乡建设主管部门应当会同同级财政、国土资源、发展改革等有关部门,加强对房屋征收与补偿实施工作的指导。

第七条　任何组织和个人对违反本条例规定的行为,都有权向有关人民政府、房屋征收部门和其他有关部门举报。接到举报的有关人民政府、房屋征收部门和其他有关部门对举报应当及时核实、处理。

监察机关应当加强对参与房屋征收与补偿工作的政府和有关部门或者单位及其工作人员的监察。

第二章　征收决定

第八条　为了保障国家安全、促进国民经济和社会发展等公共利益的需要,有下列情形之一,确需征收房屋的,由市、县级人民政府作出房屋征收决定:

(一)国防和外交的需要;

(二)由政府组织实施的能源、交通、水利等基础设施建设的需要;

(三)由政府组织实施的科技、教育、文化、卫生、体育、环境和资源保护、防灾减灾、文物保护、社会福利、市政公用等公共事业的需要;

(四)由政府组织实施的保障性安居工程建设的需要;

(五)由政府依照城乡规划法有关规定组织实施的对危房集中、基础设施落后等地段进行旧城区改建的需要;

(六)法律、行政法规规定的其他公共利益的需要。

第九条　依照本条例第八条规定,确需征收房屋的各项建设活动,应当符合国民经济和社会发展规划、土地利用总体规划、城乡规划和专项规划。保障性安居工程建设、旧城区改建,应当纳入市、县级国民经济和社会发展年度计划。

制定国民经济和社会发展规划、土地利用总体规划、城乡规划和专项规划,应当广泛征求社会公众意见,经过科学论证。

第十条　房屋征收部门拟定征收补偿方案,报市、县级人民政府。

市、县级人民政府应当组织有关部门对征收补偿方案进行论证并予以公布,征求公众意见。征求意见期限不得少于30日。

第十一条　市、县级人民政府应当将征求意见情况和根据公众意见修改的情况及时公布。

因旧城区改建需要征收房屋，多数被征收人认为征收补偿方案不符合本条例规定的，市、县级人民政府应当组织由被征收人和公众代表参加的听证会，并根据听证会情况修改方案。

第十二条　市、县级人民政府作出房屋征收决定前，应当按照有关规定进行社会稳定风险评估；房屋征收决定涉及被征收人数量较多的，应当经政府常务会议讨论决定。

作出房屋征收决定前，征收补偿费用应当足额到位、专户存储、专款专用。

第十三条　市、县级人民政府作出房屋征收决定后应当及时公告。公告应当载明征收补偿方案和行政复议、行政诉讼权利等事项。

市、县级人民政府及房屋征收部门应当做好房屋征收与补偿的宣传、解释工作。

房屋被依法征收的，国有土地使用权同时收回。

第十四条　被征收人对市、县级人民政府作出的房屋征收决定不服的，可以依法申请行政复议，也可以依法提起行政诉讼。

第十五条　房屋征收部门应当对房屋征收范围内房屋的权属、区位、用途、建筑面积等情况组织调查登记，被征收人应当予以配合。调查结果应当在房屋征收范围内向被征收人公布。

第十六条　房屋征收范围确定后，不得在房屋征收范围内实施新建、扩建、改建房屋和改变房屋用途等不当增加补偿费用的行为；违反规定实施的，不予补偿。

房屋征收部门应当将前款所列事项书面通知有关部门暂停办理相关手续。暂停办理相关手续的书面通知应当载明暂停期限。暂停期限最长不得超过1年。

第三章　补　偿

第十七条　作出房屋征收决定的市、县级人民政府对被征收人给予的补偿包括：

(一)被征收房屋价值的补偿；

(二)因征收房屋造成的搬迁、临时安置的补偿；

(三)因征收房屋造成的停产停业损失的补偿。

市、县级人民政府应当制定补助和奖励办法，对被征收人给予补助和奖励。

第十八条　征收个人住宅，被征收人符合住房保障条件的，作出房屋征收决定的市、县级人民政府应当优先给予住房保障。具体办法由省、自治区、直辖市制定。

第十九条　对被征收房屋价值的补偿，不得低于房屋征收决定公告之日被征收房屋类似房地产的市场价格。被征收房屋的价值，由具有相应资质的房地产价格评估机构按照房屋征收评估办法评估确定。

对评估确定的被征收房屋价值有异议的，可以向房地产价格评估机构申请复核评估。对复核结果有异议的，可以向房地产价格评估专家委员会申请鉴定。

房屋征收评估办法由国务院住房城乡建设主管部门制定，制定过程中，应当向社会公开征求意见。

第二十条　房地产价格评估机构由被征收人协商选定；协商不成的，通过多数决定、随机选定等方式确定，具体办法由省、自治区、直辖市制定。

房地产价格评估机构应当独立、客观、公正地开展房屋征收评估工作，任何单位和个人不得干预。

第二十一条　被征收人可以选择货币补偿，也可以选择房屋产权调换。

被征收人选择房屋产权调换的，市、县级人民政府应当提供用于产权调换的房屋，并与被征收人计算、结清被征收房屋价值与用于产权调换房屋价值的差价。

因旧城区改建征收个人住宅，被征收人选择在改建地段进行房屋产权调换的，作出房屋征收决定的市、县级人民政府应当提供改建地段或者就近地段的房屋。

第二十二条　因征收房屋造成搬迁的，房屋征收部门应当向被征收人支付搬迁费；选择房屋产权调换的，产权调换房屋交付前，房屋征收部门应当向被征收人支付临时安置费或者提供周转用房。

第二十三条　对因征收房屋造成停产停业损失的补偿，根据房屋被征收前的效益、停产停业期限等因素确定。具体办法由省、自治区、直辖市制定。

第二十四条　市、县级人民政府及其有关部门应当依法加强对建设活动的监督管理，对违反城乡规划进行建设的，依法予以处理。

市、县级人民政府作出房屋征收决定前，应当组织有关部门依法对征收范围内未经登记的建筑进行调查、认定和处理。对认定为合法建筑和未超过批准期限的临时建筑的，应当给予补偿；对认定为违法建筑和超过批准期限的临时建筑的，不予补偿。

第二十五条　房屋征收部门与被征收人依照本条例的规定，就补偿方式、补偿金额和支付期限、用于产权调换房屋的地点和面积、搬迁费、临时安置费或者周转用房、停产停业损失、搬迁期限、过渡方式和过渡期限等事项，订立补偿协议。

补偿协议订立后，一方当事人不履行补偿协议约定的义务的，另一方当事人可以依法提起诉讼。

第二十六条　房屋征收部门与被征收人在征收补偿方案确定的签约期限内达不成补偿协议，或者被征收房屋所有权人不明确的，由房屋征收部门报请作出房屋征收决定的市、县级人民政府依照本条例的规定，按照征收补偿方案作出补偿决定，并在房屋征收范围内予以公告。

补偿决定应当公平，包括本条例第二十五条第一款规定的有关补偿协议的事项。

被征收人对补偿决定不服的，可以依法申请行政复议，也可以依法提起行政诉讼。

第二十七条 实施房屋征收应当先补偿、后搬迁。

作出房屋征收决定的市、县级人民政府对被征收人给予补偿后，被征收人应当在补偿协议约定或者补偿决定确定的搬迁期限内完成搬迁。

任何单位和个人不得采取暴力、威胁或者违反规定中断供水、供热、供气、供电和道路通行等非法方式迫使被征收人搬迁。禁止建设单位参与搬迁活动。

第二十八条 被征收人在法定期限内不申请行政复议或者不提起行政诉讼，在补偿决定规定的期限内又不搬迁的，由作出房屋征收决定的市、县级人民政府依法申请人民法院强制执行。

强制执行申请书应当附具补偿金额和专户存储账号、产权调换房屋和周转用房的地点和面积等材料。

第二十九条 房屋征收部门应当依法建立房屋征收补偿档案，并将分户补偿情况在房屋征收范围内向被征收人公布。

审计机关应当加强对征收补偿费用管理和使用情况的监督，并公布审计结果。

第四章 法律责任

第三十条 市、县级人民政府及房屋征收部门的工作人员在房屋征收与补偿工作中不履行本条例规定的职责，或者滥用职权、玩忽职守、徇私舞弊的，由上级人民政府或者本级人民政府责令改正，通报批评；造成损失的，依法承担赔偿责任；对直接负责的主管人员和其他直接责任人员，依法给予处分；构成犯罪的，依法追究刑事责任。

第三十一条 采取暴力、威胁或者违反规定中断供水、供热、供气、供电和道路通行等非法方式迫使被征收人搬迁，造成损失的，依法承担赔偿责任；对直接负责的主管人员和其他直接责任人员，构成犯罪的，依法追究刑事责任；尚不构成犯罪的，依法给予处分；构成违反治安管理行为的，依法给予治安管理处罚。

第三十二条 采取暴力、威胁等方法阻碍依法进行的房屋征收与补偿工作，构成犯罪的，依法追究刑事责任；构成违反治安管理行为的，依法给予治安管理处罚。

第三十三条 贪污、挪用、私分、截留、拖欠征收补偿费用的，责令改正，追回有关款项，限期退还违法所得，对有关责任单位通报批评、给予警告；造成损失的，依法承担赔偿责任；对直接负责的主管人员和其他直接责任人员，构成犯罪的，依法追究刑事责任；尚不构成犯罪的，依法给予处分。

第三十四条 房地产价格评估机构或者房地产估价师出具虚假或者有重大差错的评估报告的，由发证机关责令限期改正，给予警告，对房地产价格评估机构并处5万元以上20万元以下罚款，对房地产估价师并处1万元以上3万元以下罚款，并记入信用档案；情节严重的，吊销资质证书、注册证书；造成损失的，依法承担赔偿责任；构成犯罪的，依法追究刑事责任。

第五章 附 则

第三十五条 本条例自公布之日起施行。2001年6月13日国务院公布的《城市房屋拆迁管理条例》同时废止。本条例施行前已依法取得房屋拆迁许可证的项目，继续沿用原有的规定办理，但政府不得责成有关部门强制拆迁。

全国政协提案工作情况通气座谈会在北京举行

全国政协十一届三次会议以来，广大政协委员、各民主党派中央和全国工商联、人民团体、政协各专门委员会，积极通过提案建言献策，共提交提案5678件，经审查立案5300件，到目前为止已办复5164件。

全国政协副主席李金华出席座谈会。

政协内蒙古自治区第十届委员会第四次会议选举任亚平为自治区政协主席

政协河南省第十届委员会第四次全体会议选举叶冬松为省政协主席

第十二次全国干部教育联席会议在北京召开

中共中央政治局委员、中央书记处书记、中组部部长李源潮出席会议。

李源潮指出，要落实干部教育培训改革纲要，加大改革创新力度，加快构建中国特色干部教育培训体系。今年重点要在完善计划调训、规范自主选学、开展教学质量评估、健全考核激励机制、深化市县干部教育培训机构办学体制改革等方面取得实效，提高干部教育培训的统筹性针对性实效性。要把干部教育培训作为建设学习型党组织的重要渠道和内容。要大力推进优质教育培训资源向基层延伸倾斜，加强对基层干部教育培训。

中央纪委、中央统战部、中央编办负责同志和全国干部教育联席会议成员参加会议。

国务院副总理李克强在人民大会堂会见基层国土资源管理工作先进代表并举行座谈会

李克强说，国土资源是经济社会发展的重要支撑，基层管理是落实国家政策和宏观调控的重要基础。当前，我国正处于工业化、城镇化和农业现代化加快推进时期，资源相对不足，需求刚性较强，用地矛盾突出，国土资源管理任务更加繁重。我们必须从国家大局和长远出发，创新思路和方式，完善体制机制，统筹保障发展和保护资源，推动经济发展方式加快转变和经济结构战略性调整。要坚守保护耕地的“红线”，加大稀有矿产资源保护力度，节约和集约利用资源，努力提高资源保障程度，使国土资源这一要素投入发挥更大效益。

李克强指出，国土资源工作与民生息息相关。要坚持心系人民、服务群众，从现阶段发展的实际出发，努力推动解决群众反映突出的问题，切实维护人民群众的合法权益。要进一步优化土地供应结构和布局，特别要确保今年1000万套保障性住房建设用地，保持普通商品住房用地供应规模合理增长，为满足群众基本住房需求提供保障。要做好征地拆迁补偿工作，加快闲置土地清理查处，完善土地招拍挂制度，规范农村土地整治，为人民管好用好土地。还要把专业防治与群测群防结合起来，加强地质灾害防治，保障人民群众生命财产安全。

李克强说，大家工作在基层，最了解群众的愿望和需求，承担着落实国家政策法规的重要任务。要坚持有法必依、执法必严、违法必究，当好国土资源管理一线的“把关者”。同时，继续弘扬爱岗敬业、艰苦奋斗、求实创新的光荣传统和优良作风，严于律己，甘于奉献，在事业上不断取得新的进步。

国土资源部部长徐绍史主持会见、座谈活动。中央和国务院有关部门负责人参加会见、座谈并参观展览。

全国妇联十届三次执委会议在北京召开

中共中央政治局委员、全国人大常委会副委员长王兆国出席会议并讲话。

王兆国指出，妇联要紧紧围绕科学发展这个主题和加快转变经济发展方式这条主线，广泛开展“巾帼创新业、建功‘十二五’主题活动”，以“三八红旗手”、红旗集体等先进典型激励广大妇女焕发创造热情，立足本职建新功、争创一流做贡献，在平凡的岗位上创造不平凡的业绩。要抓住纪念中国共产党成立90周年的有利时机，进一步深化创先争优活动，切实推进组织建设、干部队伍建设和工作阵地建设，着力提高组织、引导妇女群众的本领，把广大妇女团结在党和政府周围，引导她们坚定不移地跟党走中国特色社会主义道路。要积极推动保障和改善民生工作，把提高妇女素质作为长期战略任务，促进妇女就业创业，畅通妇女诉求表达、利益协调、权益保障渠道，统筹谋划妇女儿童事业发展目标，着力推动落实男女平等基本国策，进一步营造男女平等、携手发展、共享和谐的良好社会氛围，促进妇女儿童事业与经济社会发展同步。

王兆国强调，妇联工作是党的群众工作的重要组成部分，各级党委、政府要高度重视妇女儿童事业发展，支持妇联组织依照法律和章程创造性地开展工作，积极为妇女依法平等行使民主权利、平等参与经济社会发展、平等享有改革发展成果创造条件。

全国人大常委会副委员长、全国妇联主席陈至立主持会议。

国家防汛抗旱总指挥部总指挥回良玉在北京主持召开国务院专题会议

回良玉指出，今年北方地区干旱发生时间早、持续时间长，受旱区域主要集中在冬小麦主产区，并可能形成冬春连旱，从而对农业生产造成较大影响。从气象预测看，旱情还可能进一步发展。各相关地区和部门必须引起高度重视，对旱情灾情形势的发展不可低估，对抗旱减灾的难度不可低估，对干旱带来的影响不可低估，认真做好防大旱、抗大灾的各项工作。一是强化监测分析，准确把握旱情。切实做好气象观测和天气走势的预测、预报。组织专家开展苗情、墒情、病虫情调查与会商，及时提出抗旱减灾指导意见。二是加强分类指导，科学抗旱减灾。要根据受旱地区和受旱作物的具体情况，综合运用肥水，因地施策、因时施策、因苗施策，增强抗旱措施的针对性和有效性。要采取各种有效形式大力开展技术培训和技术服务，使各项抗旱技术到户到田。三是提前做好准备，及时主动抗旱。要提早安排拨付抗旱资金，提早备足抗旱物资，提早检修维护抗旱设备设施，提早完善抗旱水源调度预案，提早制定抗旱技术路线和具体技术措施，确保抗旱资金物资有保障、抗旱设备设施运转有保证、抗旱应急水源调度有预案、抗旱技术措施有方案，牢牢把握住抗旱工作的主动权。四是大兴农田水利，筑牢抗旱基础。要认真贯彻落实中央农村工作会议精神，多种方式引导和鼓励农民群众投工投劳，加强农田水利基本建设，从根本上提高抗旱能力。五是切实保障城乡居民饮水安全，落实各项救助措施。对饮水困难地区缺水情况进行排查摸底，针对不同情况制定和落实供水保障措施，切实解决好人畜饮水困难。

中央企业2010年净利润增长四成

国务院国资委发布的信息显示，2010年1—12月中央企业累计实现营业收入166968.9亿元,同比增长32.1%;上交税费总额14058.2亿元,同比增长27.7%;累计实现净利润8489.8亿元,同比增长40.2%,其中:归属于母公司所有者的净利润 5621.5亿元,同比增利1500.1亿元,增长36.4%。

中共中央政治局常委李长春在人民大会堂与印度人民党主席尼廷·加德卡里举行会谈

中国科学家主持研究翼龙性别鉴定获突破

据《人民日报》报道:由我国科学家主持的国际研究小组发现与蛋保存在一起的雌性翼龙化石。这一发现为判别这些已绝灭的飞行爬行动物的性别提供了直接证据,解决了翼龙性别鉴定这个关键问题。该项研究成果发表在2011年1月21日的《科学》杂志。

霍英东教育基金会第十二届高等院校青年教师基金及青年教师奖颁奖大会在人民大会堂举行

来自全国150所高等院校的257名青年教师获得总额为294万美元的资助和奖励。

1月22日

全国妇联十届三次执委会议在北京闭幕

全国人大常委会副委员长、全国妇联主席陈至立在会上讲话。

陈至立指出,过去一年里,各级妇联坚持围绕中心、服务大局,抓住机遇有效推动工作,政策保障上实现了新突破,妇女民生工作有了新发展,维权工作有了新成效。新的一年里,各级妇联要紧密结合实际,认真贯彻党的十七届五中全会和中央经济工作会议精神,统一思想,围绕大局,团结引导妇女立足岗位、创先争优,为"十二五"建功。

陈至立强调,要抓住"十二五"发展战略机遇期,推动妇女儿童事业与经济社会同步协调发展,进一步落实男女平等基本国策;要强化维权职能,在推动解决妇女最关心最直接最现实的利益问题上下功夫;要努力做好新形势下的农村、社区妇女群众工作,在促进和谐社会建设中发挥妇联组织的独特作用;要以纪念建党90周年为契机,进一步加强和改进妇女思想教育工作,大力弘扬自尊、自信、自立、自强精神;要依靠党建带妇建加强妇联组织建设,不断提高做好新形势下妇女群众工作的能力和水平。要深化交流合作,大力推进妇联统战联谊和妇女民间外交工作。

陈至立要求,各级妇联要充分发挥组织优势,进一步为妇女发展争取政策、资源、项目和平台,努力推动妇女参政议政,着力促进城乡妇女创业就业,促进妇女健康水平的提高,为贫困妇女排忧解难,为女性人才成长创造条件。

政协安徽省第十届委员会第四次全体会议选举王明方为省政协主席

政协黑龙江省第十届委员会第四次全体会议选举杜宇新为省政协主席

陕西省第十一届人民代表大会第四次会议选举赵正永为省长

中联部部长王家瑞在北京会见印度人民党主席尼廷·加德卡里

1月23日

安徽省第十二届人民代表大会第一次会议选举张宝顺为省人大常委会主任

中国研发成功百米级第二代高温超导带材

上海交通大学宣布,物理系李贻杰教授领导的科研团队历时3年,采用独特的技术路线,成功研发一整套具有我国自主知识产权的百米级第二代高温超导带材,实现了国内超导带材领域的新突破。

1月24日

中央军委在北京举行慰问驻京部队老干部迎新春文艺演出

中共中央总书记、国家主席、中央军委主席胡锦涛出席观看,向在座的军队老同志和全军离退休老干部致以新春问候。

中共中央政治局常委、国家副主席、中央军委副主席习近平出席。

全国人大常委会办公厅在人民大会堂举行形成中国特色社会主义法律体系座谈会

中共中央政治局常委、全国人大常委会委员长吴邦国出席座谈会并发表重要讲话。

中共中央政治局委员、全国人大常委会副委员长王兆国主持座谈会。

路甬祥、韩启德、华建敏、陈至立、周铁农、李建国、司马义·铁力瓦尔地、蒋树声、陈昌智、桑国卫和王汉斌、盛华仁出席座谈会。

国务委员兼国务院秘书长马凯、最高人民法院院长王胜俊、最高人民检察院检察长曹建明和全国人大法律委员会主任委员胡康生、全国人大常委会法制工作委员会主任李适时、湖北省人大常委会副主任周坚卫、中国人民大学教授许崇德、中国社会科学院法学研究所所长李林在座谈会上发言。

全国人大各专门委员会主任委员、部分副主任委员，在京全国人大常委会委员，全国人大常委会副秘书长，全国人大常委会工作委员会主任、副主任，中央有关部门负责人，国务院有关部门负责人，中央军委有关部门负责人，有关人民团体负责人，各省、自治区、直辖市人大常委会负责人，部分全国人大代表，有关专家学者等，共400多人参加了座谈会。

全国人大常委会委员长吴邦国在形成中国特色社会主义法律体系座谈会上的讲话

今天，我们在人民大会堂金色大厅召开形成中国特色社会主义法律体系座谈会，回顾形成历程，畅谈重大意义，总结基本经验，分析形势任务，对加强和改进立法工作，在新的起点上完善中国特色社会主义法律体系，推进社会主义民主法制建设，实施依法治国基本方略，建设社会主义法治国家，具有十分重要的意义。下面，我讲三点意见。

一、充分认识形成中国特色社会主义法律体系的重大意义

发展社会主义民主，健全社会主义法制，是建设中国特色社会主义的一项重要战略任务。新中国成立以来特别是改革开放30多年来，在中国共产党的正确领导下，经过各方面坚持不懈的共同努力，我国立法工作取得了举世瞩目的巨大成就。1982年通过了现行宪法，此后又根据客观形势的发展需要，先后四次对宪法部分内容作了修改。到2010年年底，我国已制定现行有效法律236件、行政法规690多件、地方性法规8600多件，并全面完成了对现行法律和行政法规、地方性法规的集中清理工作。目前，涵盖社会关系各个方面的法律部门已经齐全，各法律部门中基本的、主要的法律已经制定，相应的行政法规和地方性法规比较完备，法律体系内部总体做到科学和谐统一。一个立足中国国情和实际、适应改革开放和社会主义现代化建设需要、集中体现党和人民意志的，以宪法为统帅，以宪法相关法、民法商法等多个法律部门的法律为主干，由法律、行政法规、地方性法规等多个层次的法律规范构成的中国特色社会主义法律体系已经形成，国家经济建设、政治建设、文化建设、社会建设以及生态文明建设的各个方面实现有法可依。这是我国社会主义民主法制建设史上的重要里程碑，具有重大的现实意义和深远的历史意义。

第一，中国特色社会主义法律体系是中国特色社会主义永葆本色的法制根基。把马克思主义基本原理同中国具体实际相结合，走自己的路，建设中国特色社会主义，是我们党总结历史经验得出的基本结论，也是我们国家发展进步的唯一正确道路。坚持中国特色社会主义道路，最重要的是坚持正确的政治方向，在涉及国家根本制度等重大原则问题上不动摇。动摇了，不仅现代化建设无从谈起，已经取得的发展成果也会失去，甚至国家可能陷入内乱的深渊。中国特色社会主义法律体系，是以宪法和法律的形式，确立了国家的根本制度和根本任务，确立了中国共产党的领导地位，确立了马克思列宁主义、毛泽东思想、邓小平理论和“三个代表”重要思想的指导地位，确立了工人阶级领导的、以工农联盟为基础的人民民主专政的国体，确立了人民代表大会制度的政体，确立了国家一切权力属于人民、公民依法享有广泛的权利和自由，确立了中国共产党领导的多党合作和政治协商制度、民族区域自治制度以及基层群众自治制度，确立了公有制为主体、多种所有制经济共同发展的基本经济制度和按劳分配为主体、多种分配方式并存的分配制度。从中国国情出发，郑重表明我们不搞多党轮流执政，不搞指导思想多元化，不搞“三权鼎立”和两院制，不搞联邦制，不搞私有化。中国特色社会主义法律体系的形成，夯实了立国兴邦、长治久安的法制根基，从制度上、法律上确保中国共产党始终成为中国特色社会主义事业的领导核心，确保国家一切权力牢牢掌握在人民手中，确保民族独立、国家主权和领土完整，确保国家统一、社会安定和各民族大团结，确保坚持独立自主的和平外交政策、走和平发展道路，确保国家永远沿着中国特色社会主义的正确方向奋勇前进。

第二，中国特色社会主义法律体系是中国特色社会主义创新实践的法制体现。改革开放是我们党带领全国各族人民作出的决定当代中国命运的关键抉择，也是发展中国特色社会主义、实现中华民族伟大复兴的必由之路，赋予社会主义新的生机活力。30多年来，我们始终坚持以经济建设为中心，全面推进改革开放，成功实现了从高度集中的计划经济体制到充满活力的社会主义市场经济体制、从封闭半封闭到全方位开放的伟大历史转折，极大地调动了亿万人民的积极性，极大地解放和发展了社会生产力，我国以世界上少有的速度持续快速向前发展。我们及时把改革开放和社会主义现代化建设的实践经验上升为法律，并与时俱进，根据改革开放中出现的新情况新问题，从推动经济发展方式转变，推动依法行政和公正司法，推动以保障和改善民生为重点的社会建设，推动社会主义文化大发

展大繁荣,推动人与自然和谐相处等方面制定和完善相应的法律制度,充分发挥法律的规范、引导、保障和促进作用。中国特色社会主义法律体系的形成,从制度上、法律上保障国家始终坚持改革开放的正确方向,着力构建充满活力、富有效率、更加开放、有利于科学发展的体制机制,推动我国社会主义制度不断自我完善和发展。

第三,中国特色社会主义法律体系是中国特色社会主义兴旺发达的法制保障。实现现代化,是一代又一代中国人梦寐以求的美好愿景和矢志不渝的奋斗目标。改革开放30多年来,我们开辟了中国特色社会主义道路,形成了中国特色社会主义理论体系,这是我们取得一切成绩和进步的根本原因。我们将始终高举中国特色社会主义伟大旗帜,不为任何风险所惧,不被任何干扰所惑,聚精会神搞建设,一心一意谋发展,到2020年建成惠及十几亿人口的更高水平的小康社会,到本世纪中叶基本实现现代化。我们已经取得的发展成就离不开法制的保障,我们奋力开创更加美好的未来也离不开法制的保障。中国特色社会主义法律体系的形成,把国家各项事业发展纳入法制化轨道,从制度上、法律上解决了国家发展中带有根本性、全局性、稳定性和长期性的问题,为社会主义市场经济的不断完善、社会主义民主政治的深入发展、社会主义先进文化的日益繁荣、社会主义和谐社会的积极构建,确定了明确的价值取向、发展方向和根本路径,为建设富强民主文明和谐的社会主义现代化国家、实现中华民族伟大复兴奠定坚实的法制基础。

形成中国特色社会主义法律体系,是中国共产党领导亿万人民发展社会主义民主、健全社会主义法制取得的重大成果。以毛泽东同志为核心的党的第一代中央领导集体,带领全国各族人民经过长期浴血奋战,建立中华人民共和国,制定了《中国人民政治协商会议共同纲领》和新中国第一部宪法,确立国家基本制度,为社会主义民主法制建设和中国特色社会主义法律体系的形成奠定了根本政治前提和制度基础。以邓小平同志为核心的党的第二代中央领导集体,深刻总结"文化大革命"的惨痛教训,在作出把党和国家工作重心转移到经济建设上来、实行改革开放历史性决策的同时,把加强社会主义民主法制建设作为坚定不移的方针确定下来,强调必须使社会主义民主制度化、法律化,使这种制度和法律不因领导人的改变而改变,不因领导人看法和注意力的改变而改变,做到有法可依,有法必依,执法必严,违法必究,开辟了社会主义民主法制建设蓬勃发展的新时期。以江泽民同志为核心的党的第三代中央领导集体,带领全党全国各族人民把改革开放伟大事业成功推向21世纪,不断丰富和发展了中国特色社会主义民主法制建设思想,第一次将依法治国确定为党领导人民治理国家的基本方略,把建设社会主义法治国家作为社会主义现代化建设的重要内容,并明确提出到2010年形成中国特色社会主义法律体系的立法工作目标,开启了社会主义民主法制建设的新阶段。党的十六大以来,以胡锦涛同志为总书记的党中央继往开来、与时俱进,在全面建设小康社会实践中坚定不移地把改革开放伟大事业继续推向前进,提出科学发展观的重大战略思想和构建社会主义和谐社会的重大战略任务,全面实施依法治国基本方略,强调发展社会主义民主政治最根本的是坚持党的领导、人民当家做主、依法治国有机统一,开创了社会主义民主法制建设的新局面。

形成中国特色社会主义法律体系,是各方面长期共同努力的结果。全国人大及其常委会认真履行宪法和法律赋予的职责,不断加强和改进立法工作,着力提高立法质量,为形成中国特色社会主义法律体系做了大量卓有成效的工作。国务院适应经济社会发展和法律实施的需要,依法及时制定行政法规,地方人大及其常委会结合本地实际,依法制定大量地方性法规,为形成中国特色社会主义法律体系作出了重要贡献。地方各级人民政府、各级人民法院和人民检察院以及军队等有关方面,广大人民群众和专家学者大力支持和积极参与立法工作,为形成中国特色社会主义法律体系贡献了智慧和力量。

二、认真总结形成中国特色社会主义法律体系的基本经验

党的十一届三中全会,从发展社会主义民主、健全社会主义法制的迫切需要出发,明确提出全国人大及其常委会应当把立法工作摆到重要议程上来,从此我国立法活动全面恢复并迅速展开。党的十五大,站在实行依法治国、建设社会主义法治国家的战略高度,明确提出到2010年形成中国特色社会主义法律体系的立法工作目标。党的十七大,强调要坚持科学立法、民主立法,完善中国特色社会主义法律体系,坚定不移地发展社会主义民主政治,对新时期立法工作提出了新的要求。改革开放30多年来,在党中央的领导下,我们成功走出了一条中国特色的立法路子。我们坚持党的领导、人民当家做主、依法治国有机统一,紧紧围绕党和国家工作大局,有计划、有重点、有步骤地开展立法工作,仅仅用几十年时间就形成了中国特色社会主义法律体系,立法任务之重世所罕见,克服困难之多前所未有,成绩来之不易,经验弥足珍贵。这当中最重要的经验有五条。

一是坚持党的领导。中国共产党是中国特色社会主义事业的领导核心。党的领导是人民当家做主和依

法治国的根本保证，也是加强民主法制建设、做好立法工作的根本保证。党的领导主要是政治、思想和组织领导，通过制定大政方针，提出立法建议，推荐重要干部，进行思想宣传，发挥党组织和党员的作用，坚持依法执政，实施党对国家和社会的领导。我们的党代表最广大人民的根本利益，党制定的大政方针，提出的立法建议，凝聚了全党全国的集体智慧，体现了最广大人民的共同意愿。坚持党的领导同服从人民利益是完全一致的。在立法工作中，我们始终坚持党的领导，使党的主张经过法定程序成为国家意志，成为全社会一体遵循的行为规范和准则，从制度上、法律上保证党的路线方针政策的贯彻落实，保证改革开放和社会主义现代化建设的顺利进行。我们紧紧围绕党和国家中心任务统筹谋划立法工作，科学制定立法规划和立法计划，积极推进重点立法项目，保证党和国家重大决策部署的贯彻落实。对党中央提出的立法建议，及时启动立法程序，坚决贯彻中央意图，圆满完成中央交办的政治任务。对立法中遇到的重点难点问题，向党中央报告。总之，我们的一切法律法规都是在党的领导下制定的，我们制定的一切法律法规都必须有利于加强和改善党的领导，有利于巩固和完善党的执政地位，有利于保证党领导人民有效治理国家。

二是坚持以中国特色社会主义理论体系为指导。法律是实践证明正确的、成熟的、需要长期执行的党的路线方针政策的制度化、规范化和程序化。坚持正确的指导思想，是加强民主法制建设、做好立法工作的根本前提。中国特色社会主义理论体系是包括邓小平理论、“三个代表”重要思想以及科学发展观等重大战略思想在内的科学理论体系，是马克思主义中国化的最新成果，是我们党最可宝贵的政治和精神财富，是全国各族人民团结奋斗的共同思想基础，是必须长期坚持的指导思想，是我们做好一切工作的根本指针。在立法工作中，我们始终坚持以中国特色社会主义理论体系为指导，并以此统一思想认识、确定立法思路，在立法的指导思想上，我们始终把坚持四项基本原则同坚持改革开放结合起来，把坚持社会主义基本制度同发展市场经济结合起来，把推动经济基础变革同推动上层建筑改革结合起来，把提高效率同促进社会公平结合起来，把促进改革发展同保持社会稳定结合起来，把坚持独立自主同参与经济全球化结合起来，保证我们制定的法律法规有利于巩固和完善社会主义制度，有利于解放和发展社会生产力，有利于发挥社会主义制度的优越性。

三是坚持从中国国情和实际出发。法律属于上层建筑，是由经济基础所决定并为经济基础服务的。坚持从我国国情和实际出发，是加强民主法制建设、做好立法工作的客观要求。我国处于并将长期处于社会主义初级阶段，改革开放和社会主义现代化建设是在人口多、底子薄的基础上进行的，随着现代化建设事业的深入发展，我国经济社会呈现一系列新的阶段性特征，我们不仅要下大气力解决长期积累的深层次矛盾和问题，还要妥善应对发展面临的新情况新课题，改革发展稳定的任务极其繁重而艰巨。在立法工作中，我们始终坚持从我国国情和实际出发，把改革开放和社会主义现代化建设的伟大实践作为立法基础，紧紧围绕经济建设这个中心任务，紧紧围绕全面建设小康社会的奋斗目标，紧紧围绕推动科学发展和促进社会和谐开展立法工作。正确把握改革发展稳定的关系，妥善处理法律稳定性与实践变动性的关系，妥善处理法律前瞻性与可行性的关系，确保立法进程与改革开放和社会主义现代化建设进程相适应。对实践经验比较成熟的、各方面认识也比较一致的，规定得具体一些，增强法律的可操作性。对实践经验尚不成熟但现实中又需要法律进行规范的，先规定得原则一些，为引导实践提供规范和保障，并为深化改革留下空间，待条件成熟后再修改补充。对改革开放中遇到的一些新情况新问题，用法律来规范还不具备条件的，先依照法定权限制定行政法规和地方性法规，先行先试，待取得经验、条件成熟时再制定法律。我们还注意研究借鉴国外的立法经验，从中吸取那些对我们有益有用的东西，但决不照抄照搬。各国的法律体系也不相同，我们不用西方某些国家的法律体系来套中国特色社会主义法律体系，外国法律体系中有的法律，但不符合我国国情和实际的，我们不搞；外国法律体系中没有的法律，但我国现实生活需要的，我们及时制定。

四是坚持以人为本、立法为民。体现人民共同意志、保障人民当家做主、维护人民根本利益，是中国特色社会主义法律体系的应有之义。坚持以人为本、立法为民，是加强民主法制建设、做好立法工作的根本目的。在立法工作中，我们始终坚持把实现好、维护好、发展好最广大人民的根本利益作为出发点和落脚点，无论在立法过程中还是在法律规范上都坚持以人为本，尊重人民主体地位，尊重人民首创精神，从人民的实践创造中汲取智慧，从人民的发展要求中获得动力。正确把握最广大人民根本利益、现阶段群众共同利益、不同群体特殊利益的关系，正确反映和统筹兼顾不同方面群众的利益，着力解决人民最关心最直接最现实的利益问题。正确处理权力与权利、权力与责任的关系，既赋予行政机关、审判机关、检察机关必要的权力，又注意对权力的行使加以规范、制约和监督，切实维护公民、法人和其他组织的合法权益。坚持走群众路线，深入推进科学立法、民主立法，不断扩大公民对立法的有序参与,充分发挥人大代表在立法中的作用,通过公布法律法规草案和举行立法座谈会、论证会、听证会等多种形式,广泛听取各方面意见尤其是基层群众的意见,切实做到集思广益、凝聚共识,使我们制定的法律法规充分体现人民群众的共同意愿,增强法律法规贯彻实施的群众基础。

五是坚持社会主义法制统一。坚持社会主义法制的统一,是加强民主法制建设、做好立法工作的内在要求。我国是统一的多民族的单一制国家。社会主义法制的统一,是维护国家统一、民族团结、社会稳定,建立统一的现代市场体系的基础。同时,我国地域辽阔,各地经济、文化、社会发展很不平衡,国家又处于深刻变革之中。这一基本国情,决定了国家实行统一而又分层次的立法体制,即在坚持全国人大及其常委会集中行使国家立法权的前提下,赋予国务院制定行政法规、省级人大及其常委会和较大市人大及其常委会制定地方性法规的权限,还赋予经济特区所在地制定经济特区法规的权限和民族自治地方制定自治条例、单行条例的权限。这样做,既维护了社会主义法制统一,又妥善照顾到各地区的特点和差异,充分调动了中央和地方两个积极性;既及时将改革开放中成熟的经验上升为法律,又为深化改革留下空间。我们始终坚持维护宪法作为国家根本法的权威地位,严格依照法定权限、遵循法定程序开展立法工作,在制定法律法规的同时,开展了对现行法律法规的集中清理工作,并加强对规范性文件备案审查,以保证法律、行政法规、地方性法规不同宪法相抵触,保证行政法规不同法律相抵触,保证地方性法规不同法律、行政法规相抵触,保证法律法规的规定之间衔接协调、不相互矛盾,保障了社会主义法制的统一。

三、深刻把握完善中国特色社会主义法律体系面临的新形势新任务

中国特色社会主义法律体系形成后,如何适应经济社会发展和社会主义民主法制建设的需要,继续加强立法工作,提高立法质量,完善中国特色社会主义法律体系,是摆在我们面前的一个重大课题。我们要坚持以往的成功经验和有效做法,统一认识,再接再厉,以饱满的政治热情和务实的工作作风,投身于建设社会主义法治国家的伟大实践,在新的起点上不断开创立法工作新局面。这里,我想强调三点。

第一点,立法工作任务依然艰巨而繁重。社会实践是法律的基础,法律是实践经验的总结。社会实践永无止境,立法工作也要不断推进。建设中国特色社会主义是一项长期的历史任务,完善中国特色社会主义法律体系也是一项长期的历史任务,必须随着中国特色社会主义实践的发展而发展。更何况中国特色社会主义法律体系本身就不是静止的、封闭的、固定的,而是动态的、开放的、发展的。新形势、新实践、新任务给立法工作提出了新的更高的要求。

这是因为:一是,我国正处在深刻变革的历史进程中,在前进的道路上会遇到这样或那样的新情况新问题,有些是可以预料的,有些是难以预料的,既要解决当前面临的突出问题,又要建立有利于科学发展的体制机制,改革发展稳定的任务依然艰巨,立法工作的任务不会减少,难度也不会降低。二是,我国经济社会发展已进入"十二五"时期,中央提出要牢牢抓住和用好重要战略机遇期,确保科学发展取得新的显著进步,确保转变经济发展方式取得实质性进展,我们的立法工作如何围绕"十二五"时期经济社会发展目标任务,从制度上、法律上推动中央重大决策部署的贯彻落实,有大量工作要做。三是,随着社会主义民主政治的深入发展,人民政治参与积极性不断提高,权利意识越来越强,利益诉求越来越具体,参与立法的愿望越来越高,这对做好立法工作提出了更高的要求。还要看到,我们的法律体系虽然已经形成,但本身并不是完美无缺的,这当中既有一些现行法律需要修改的问题,也有部分配套法规急需制定的问题,还有个别法律尚未出台的问题,这主要是由于立法条件尚不成熟、各方面的认识不尽一致,需要在实践中继续探索,积累经验。总之,立法工作只能加强不能削弱。因此,全国人大及其常委会要充分发挥最高国家权力机关的作用,依法行使国家立法权,加强对立法工作的组织协调,督促有关方面认真研究解决立法中涉及的重大问题,创新立法工作思路,完善立法工作机制,加强立法工作机构和队伍建设,不断提高立法工作的质量和水平。

第二点,把修改完善法律和制定配套法规摆在更加突出位置。我们的法律体系形成后,应当把更多的精力放到法律的修改完善上来,放到配套法规的制定修改上来,当然还要制定一些新的法律,以适应形势发展的需要,推动中国特色社会主义法律体系的与时俱进和发展完善。当前和今后一个时期,要着重做好三方面的工作。

一要更加注重法律的修改完善工作。随着经济社会的深入发展,现行法律的一些规定可能难以适应新形势,甚至可能阻碍经济社会的发展,需要及时修改完善。有的法律规定,当时搞得比较原则,实施一段时间后,经验不断积累,认识不断深化,有条件修改得更具体明确一些、操作性更强一些。还有,不同时期制定的法律所调整的社会关系可能相同或相近,需要在通盘研究的基础上对这些法律进行整合。因此,我们要高度重视法律的修改完善工作,这既是完善法律体系的内在要求,也是今后一个时期立法工作的重要任务。

同时，要在总结试点经验基础上，积极开展立法后评估工作，通过多种形式，对法律制度的科学性、法律规定的可操作性、法律执行的有效性等作出客观评价，为修改完善法律、改进立法工作提供重要依据。另外，我们还要加强法律解释以及法律编纂、清理等工作。对法律规定需要进一步明确具体含义的、法律制定后出现新情况需要明确适用法律依据的，可以通过及时作出立法解释，赋予法律条文更加准确、更具针对性的内涵，这也是保证法律有效实施的重要工作。

二要督促有关方面抓紧法律配套法规的制定工作。行政法规和地方性法规作为中国特色社会主义法律体系的重要组成部分，是对法律的细化和补充，虽然有一些是创制性和先行先试的，但大量的是为法律配套的。我们已经建立督促制定法律配套法规的工作机制，希望有关方面高度重视、积极配合，按照法律规定的原则，在法规集中清理的基础上，抓紧制定现行法律的配套法规。今后凡新制定和新修改的法律，其配套法规要与法律草案同步起草，力争在法律通过后及时出台，以更好保障法律的有效实施。

三要继续做好法律制定工作。为适应经济社会发展的需要，要抓紧研究制定推进转变经济发展方式、保障和改善民生、维护社会和谐稳定、促进可持续发展等方面的法律。要认真总结行政法规的实施经验，将那些应当用法律规范来调整、立法条件比较成熟、各方面意见比较一致的，及时上升为法律。这里要指出的是，调整社会关系的手段是多种多样的，除法律法规外，还有市场机制、社会习惯、道德规范以及管理经验、科学技术等，并不是法律越多越好，能够用其他社会调整手段解决问题的，就不宜也不必通过立法去解决。

第三点，在科学立法民主立法方面迈出新步伐。完善中国特色社会主义法律体系，必须继续深入推进科学立法、民主立法，这不仅是人民当家做主的重要体现，也是提高立法质量的重要途径。中国特色社会主义法律体系的形成过程，是科学立法、民主立法不断深化的过程，是发扬社会主义民主的集中体现。改革开放初期，无法可依的问题相当突出，我们提出“有比没有好”、“快搞比慢搞好”，这是必要的，也是合理的。即使在这样的情况下，我们始终强调立法要坚持走群众路线，充分发扬民主，成熟一个就制定一个。30多年来，我们在科学立法、民主立法方面积累了许多有益经验，对提高立法质量发挥了十分重要的作用。我们要认真总结实践经验，深入推进科学立法、民主立法，着力提高立法质量，不断完善中国特色社会主义法律体系。

要积极探索公众有序参与立法的途径和形式，充分发挥听证会、论证会、座谈会的作用，广泛征求社会各方面尤其是基层群众的意见和建议，认真听取专家学者的意见和建议，努力提高立法调研的针对性和实效性，不断完善公布法律草案的工作机制，建立健全采纳公众意见的反馈机制，积极回应社会关切，切实增强公众参与立法的实效，使立法过程成为普法过程。要完善人大代表参与立法的工作机制，把办理代表议案建议同制定修改法律结合起来，把邀请代表参与常委会活动同提高法律草案起草和审议质量结合起来，认真研究吸收代表提出的意见和建议，充分发挥人大代表在立法工作中的作用。要不断完善法律草案起草过程中的沟通协调机制，充分发挥法律委员会统一审议和专门委员会审议的作用，调动各方面的积极性，共同做好立法工作。要科学合理地确定立法项目，建立健全立法项目论证制度。要不断提高法律草案审议质量，对于法律关系比较复杂、分歧意见较大的法律草案，采取积极慎重的态度，需要调研的深入调研，需要协商的反复协商，需要论证的充分论证，在各方面基本取得共识后再提请表决。要完善立法技术，统一法律的体例、结构、用语，使法律规定更加准确、精炼、规范。

这里，我还要强调一下法律实施的问题。法律的生命力在于实施。中国特色社会主义法律体系的形成，总体上解决了有法可依的问题，在这种情况下，有法必依、执法必严、违法必究的问题就显得更为突出、更加紧迫，这也是广大人民群众普遍关注、各方面反映强烈的问题。因此，我们要在继续加强立法工作的同时，采取积极有效措施，切实保障宪法和法律的有效实施。一要维护宪法和法律的权威和尊严。一切国家机关和武装力量、各政党和各社会团体、各企业事业组织都必须遵守宪法和法律，任何组织或者个人都不得有超越宪法和法律的特权，一切违反宪法和法律的行为必须予以追究。二要坚持依法行政和公正司法。国家行政机关要严格按照法定权限和程序办事，加快建设法治政府。国家审判机关、检察机关要依法独立公正行使审判权、检察权，维护社会公平正义。三要增强全社会的法律意识和法治观念。制定实施“六五”普法规划，深入开展社会主义法治理念教育，形成自觉学法守法用法的社会氛围。让各级领导干部和国家机关工作人员带头遵守宪法和法律，善于运用法律解决现实生活中的实际问题，让广大人民群众懂得依法按程序表达利益诉求、解决矛盾纠纷，用法律武器维护自身的合法权益。全国人大及其常委会要依法行使监督宪法和法律实施的重要职权，地方各级人大及其常委会要依法行使保证宪法、法律和行政法规在本行政区域内得到遵守和执行的重要职权，确保各国家机关把人民赋予的权力真正用来为人民谋利益。

同志们，形成中国特色社会主义法律体系成就辉煌，完善中国特色社会主义法律体系任重道远。让我们紧密团结在以胡锦涛同志为总书记的党中央周围，高举中国特色社会主义伟大旗帜，深入贯彻落实党的十七大精神，坚持党的领导、人民当家做主、依法治国有机统一，不辱使命，开拓进取，在新的起点上完善中国特色社会主义法律体系，为加强社会主义民主法制建设，实施依法治国基本方略，建设社会主义法治国家作出新的更大的贡献！

全国政协主席贾庆林在北京看望杨绛

贾庆林来到无党派知名人士、著名文学家、翻译家杨绛家中，亲切看望这位即将迎来百岁华诞的老人，向她致以诚挚问候和新春祝福。

全国政协副主席、中央统战部部长杜青林一同看望。

杨绛1911年出生，我国著名文学家、翻译家、剧作家，是著名文学研究家和作家钱锺书先生的夫人。

世界单机容量最大水轮发电机组在向家坝电站进入正式安装阶段

此技术中国拥有完全自主知识产权。这标志着我国清洁能源重装工艺及安装水平跃上一个新台阶，也为向家坝电站首台机组明年顺利发电奠定了基础。

向家坝水电站位于四川省宜宾县和云南省水富县交界的金沙江峡谷出口处，是金沙江下游水电梯级开发最末端一个电站，是继葛洲坝和三峡电站等大型水电项目之后又一国家重点清洁能源建设工程。该工程总共将安装8台单机额定容量80万千瓦的水轮发电机组，装机规模仅次于三峡、溪洛渡水电站。

国务院副总理李克强在中南海紫光阁会见世界银行高级副行长林毅夫

中国和俄罗斯在莫斯科举行第五轮战略安全磋商

国务委员戴秉国同俄罗斯联邦安全会议秘书帕特鲁舍夫在莫斯科举行中俄第五轮战略安全磋商。双方就涉及国际形势和双边关系的战略安全问题进行了深入的沟通交流。

双方认为，中俄战略协作伙伴关系建立15年来，两国关系取得了前所未有的大发展。双方彻底解决了边界问题，签署了《中俄睦邻友好合作条约》，在涉及各自核心利益问题上相互坚定支持，有力维护了各自的国家主权、安全和发展利益。两国双边务实合作持续深入发展，人文交流合作蓬勃发展，在全球性事务和重大国际问题上密切协调配合，促进了地区及世界的和平、安全与稳定，推进了世界多极化发展进程。去年，两国双边关系及务实合作又取得新的重要进展，在二十国集团峰会、上海合作组织、“金砖四国”等组织以及地区热点问题上进行了卓有成效的协作。在当前复杂多变的国际形势下，中俄要落实两国元首达成的共识，进一步深化战略互信，扎实推进各领域合作，加强在重大国际和地区问题上的协调配合，更好地维护两国的根本利益和发展大局，促进世界的和平、稳定与繁荣。

双方认为，21世纪第二个十年是两国关系发展的重要机遇期，双方要从战略和全局高度规划好下一个十年中俄关系发展，使中俄关系为两国各自发展提供更加强劲的动力，更好地为促进世界和平稳定作出贡献。无论国际形势如何变化，双方都要坚持平等互信，坚持合作共赢，坚持相互尊重、相互支持，坚持睦邻友好，坚定不移地致力于全面深化中俄战略协作伙伴关系，造福于两国人民。

双方认为，两国元首倡议成立的中俄战略安全磋商机制是双方就重大战略性、全局性问题及时沟通、协调立场的重要渠道，是双方深化战略和政治互信、加强战略协作的重要平台，为加强中俄战略协作发挥了积极作用。双方要共同努力，充分发挥该机制作用，促进两国战略协作伙伴关系的发展。

1月25日

中组部 解放军总政治部 中共北京市委在人民大会堂举行在京老同志迎春茶话会

中共中央政治局常委、中央书记处书记、国家副主席、中央军委副主席习近平代表党中央、国务院和中央军委，出席茶话会。

习近平强调，今年是中国共产党成立90周年，在我们党90年的伟大奋斗历程中，广大老同志为民族独立、人民解放和国家富强、人民幸福作出了不可磨灭的巨大贡献。我们要着眼于党的事业薪火相传，大力宣传老同志的历史功绩，弘扬老同志的优良传统，传承老同志的崇高精神，着力营造在政治上尊重、思想上关心、生活上照顾、精神上关怀老同志的良好社会氛围。要以争创“五好”党支部和争当“四好”党员为目标，组织离退休干部党组织和党员深入开展创先争优活动。要组织老同志采取多种形式学习党和国家重大决策部署，使老同志及时了解世情、国情、党情的新变化，了解改革开放和社会主义现代化建设的新成就，始终保持政治坚定、思想常新、理想永存。

习近平要求各级党委和政府以切实保障老同志安度晚年、颐养天年为着力点，坚决贯彻执行中央出台的一系列惠及老同志的政策措施，确保离休干部离休费保障机制、医药费保障机制和财政支持机制的有效运转，确保离休干部“两费”落实，确保提高企业退休人员养老金政策落实。要进一步建立健全帮扶机制，切实帮助困难地区、困难行业、困难单位和有特殊困难的老同志解决问题。要深入研究和认真解决老干部工作中的新情况新问题，以改革创新精神做好老干部工作，不断完善政策措施、健全工作机制，把老干部工作提高到新水平。

茶话会由中共中央政治局委员、中央书记处书记、中央组织部部长李源潮主持。出席茶话会的有刘淇、令计划、司马义·铁力瓦尔地、马凯、白立忱和张万年、布赫、铁木尔·达瓦买提、曹志、何鲁丽、成思危、许嘉璐、蒋正华、肖扬、贾春旺、孙孚凌、陈锦华、王文元，中央军委委员陈炳德、李继耐、廖锡龙、常万全。

在京中央、国家机关和北京市的老同志代表，老同志家属，中央党政军群各部门及北京市负责同志，各民主党派、全国工商联负责人和无党派人士代表，北京市的工人、农民和知识分子代表也出席了茶话会。

中国经社理事会三届三次会议在北京举行

中共中央政治局委员、全国政协副主席、中国经济社会理事会主席王刚出席并讲话。

王刚说，在全国政协的正确领导和各有关方面的大力支持下，经社理事会坚持围绕中心、服务大局，发挥自身优势，整合各方资源，为促进经济平稳较快发展、维护社会和谐稳定、拓展我国民间外交作出了积极贡献。

王刚指出，要牢牢把握科学发展这个主题和加快转变经济发展方式这条主线，深入研究经济社会发展中的综合性、全局性、前瞻性重大问题，深入开展调研，积极建言献策，提出推动科学发展、促进社会和谐的新办法新举措；要扩大对外交往，有计划、有重点、多层次、多领域地开展对外交流活动，加强与经社理事会和类似组织国际协会的沟通与合作，为增进国际社会对我国的理解和支持发挥积极作用；要加强自身建设，着力提高工作效率，完善工作机制，努力形成运转有序、协调顺畅的工作格局，进一步提高理事会工作的科学化水平。

会议听取并审议了经社理事会2010年度工作报告，增补孙怀山、李长江为中国经社理事会副主席。

中国首个兆瓦级电池储能站在深圳并网成功

我国第一个兆瓦级电池储能站、南方电网兆瓦级电池储能站在深圳宣告并网成功，标志着我国大容量电池储能集成应用技术取得实质性进展，关键设备研发取得重大技术突破。

该电池储能站位于深圳市龙岗区，总容量10兆瓦，第一期5兆瓦，预计年内投产，工程全部投产后，还将成为世界上最大的锂电子电池储能站。据估算，一个兆瓦级“储能电站”，可满足若干个居民小区或多幢商务楼宇一天的非动力用电之需。

国家副主席习近平在钓鱼台国宾馆与汤加国王图普五世举行会谈

全国双拥工作领导小组在北京召开全体会议

中共中央政治局委员、国务院副总理、全国双拥工作领导小组组长回良玉强调，2011年是国家和军队实施“十二五”规划的开局之年，也是深化改革开放、加快转变经济发展方式和推进军队改革建设的关键之年。各地区、各部门要着眼国家和军队改革建设的新任务新要求，围绕中心、服务大局，突出重点、主动作为，在支持国防和军队改革与建设上有新成效，在促进国家经济社会发展上有新建树，在破解双拥工作热点难点问题上有新作为，认真落实好退役士兵职业教育和技能培训政策，帮助解决部队特别是艰苦地区部队的特殊困难。要在推动创建活动深入发展上有新举措，高标准高质量地做好全国双拥模范城(县)考评推荐工作，大力推动创建活动的深入发展，在全社会进一步形成关心支持国防和军队建设的浓厚氛围。要深入开展节日期间的双拥活动，互办实事，互解难题，不断密切军民鱼水情谊。

回良玉要求，各有关方面要牢固树立政治意识、大局意识和使命意识，切实加强组织领导，确保双拥工作有力有序有效开展。要进一步明确和落实组织领导责任，各级双拥工作领导小组及办公室、各成员单位都要扎实做好职责范围内的工作，确保双拥工作在本部门、本系统、本行业的落实。要坚持以科学发展观为指导，充分运用学习实践活动取得的成果和经验，不断增强双拥工作的政治效益、社会效益和军事效益。要着眼时代条件和社会环境等各方面的发展变化，积极推进双拥工作创新发展，以优异的成绩迎接中国共产党成立90周年。

国务委员刘延东在北京出席全国教育工作会议

刘延东指出，今年是“十二五”开局之年，教育工作要围绕中心、服务大局，坚持育人为本，紧紧抓住促进公平、提高质量两大重点，以改革创新为动力，以优先发展为保障，以重大项目和改革试点为抓手，努力在关键领域、薄弱环节和社会关注的热点难点问题上取得突破。一是加快教育结构调整和资源优化配置，提升教育公共服务水平，服务经济社会发展要有新成果；

二是按照“保基本、补短板、强基础”的要求，大力推动义务教育均衡发展，政策支持向农村、贫困地区、革命老区、边疆民族地区倾斜，有效缓解“入园难”问题，建立和完善覆盖各级各类教育的资助体系，促进教育公平要有新进展；三是加大教师培养培训，推进课程改革和教材建设，加强监测评估，提高教育质量要有新突破；四是全面实施素质教育，完善德育体系，改革考试评价制度，人才培养模式要有新探索；五是加大办学体制、教育管理体制改革和教育对外开放，推进改革开放要有新举措；六是落实教育投入，提高教育经费使用效益，保障支撑要上新水平。

国务院参事和中央文史馆馆员迎春招待会在北京举行

全国人大常委会副委员长周铁农，国务委员兼国务院秘书长马凯，全国政协副主席、中央统战部部长杜青林，全国政协副主席张梅颖出席招待会。马凯在招待会上致辞。

马凯强调，2011年是中国共产党成立90周年，也是中央文史研究馆成立60周年。希望参事、馆员们继续以天下为己任，发挥各自的优势，为党和国家的事业深谋远虑，敢于担当，在参政议政、建言献策、咨询国是、民主监督、统战联谊等方面进一步发挥独特作用。

招待会由杜青林主持。

百集纪录片《巨变》开机

由中共中央党校求索音像出版社摄制的百集大型纪录片《巨变》开机。这部纪录片将从一县一市的角度反映30多年来我国改革开放的发展历程。

《巨变》将在全国选取百个重点县(市)进行分集拍摄，通过真实再现、人物访谈以及穿插历史资料等多种形式，力求展现我国基层县市在建设经济社会，特别是在建设社会主义新农村过程中取得的巨大成果和涌现出的模范人物，从而反映改革开放给中国大地带来的时代巨变，也为改革开放留下第一手宝贵历史资料。

1月26日

《人民日报》发表社论《我国社会主义民主法制建设史上的重要里程碑》

新年伊始，世界再次瞩目中国。这次见证的不仅有中国经济社会发展的新奇迹，更有中国特色社会主义民主法制建设的新跨越。

在中国共产党的正确领导下，经过各方面坚持不懈的共同努力，我国立法工作取得了举世瞩目的巨大成就：一个立足中国国情和实际、适应改革开放和社会主义现代化建设需要、集中体现党和人民意志的，以宪法为统帅，以宪法相关法、民法商法等多个法律部门的法律为主干，由法律、行政法规、地方性法规等多个层次的法律规范构成的中国特色社会主义法律体系已经形成，国家经济建设、政治建设、文化建设、社会建设以及生态文明建设的各个方面实现有法可依。

形成中国特色社会主义法律体系，具有重大的现实意义和深远的历史意义。坚持依法治国、建设社会主义法治国家，是党领导人民治理国家的基本方略，是发展社会主义市场经济的客观需要，是社会文明进步的重要标志，是国家长治久安的重要保障。依法治国的前提是有法可依。中国特色社会主义法律体系是中国特色社会主义永葆本色的法制根基，是中国特色社会主义创新实践的法制体现，是中国特色社会主义兴旺发达的法制保障，从制度上、法律上确保国家永远沿着中国特色社会主义的正确方向奋勇前进，推动我国社会主义制度不断自我完善和发展，为建设富强民主文明和谐的社会主义现代化国家、实现中华民族伟大复兴奠定了坚实的法制基础。中国特色社会主义法律体系的形成，是我国社会主义民主法制建设史上的重要里程碑，必将为建设社会主义法治国家提供有力保障，为中国特色社会主义伟大事业提供强大动力。

历尽天华成此景，人间万事出艰辛。中国特色社会主义法律体系的形成，是新中国成立以来特别是改革开放30多年来，中国共产党领导亿万人民发展社会主义民主、健全社会主义法制取得的重大成果，其立法任务之重世所罕见，克服困难之多前所未有。从新中国成立初期制定《共同纲领》和新中国第一部宪法，为中国特色社会主义法律体系形成奠定基石，到实行改革开放历史性决策的同时把加强社会主义民主法制建设作为坚定不移的方针加以确定；从党的十五大提出依法治国，建设社会主义法治国家的基本方略，提出形成中国特色社会主义法律体系的立法目标，到十六大以来全面实施依法治国方略，开创社会主义民主法制建设的新局面，中国特色社会主义法律体系的形成，凝聚着几代中央领导集体的心血，闪耀着几代立法工作者的智慧，寄托着几代中国人的期望。

我们用几十年的时间走过了西方国家用了几百年走完的路，形成了中国特色的社会主义法律体系，经验弥足珍贵。中国特色社会主义法律体系的形成，靠的是我们在立法工作中坚持党的领导，服从服务于党和国家工作大局，使党的主张经过法定程序成为国家意志，成为全社会一体遵循的行为规范和准则；靠的是我们坚持以中国特色社会主义理论体系为指导，以此统一思想认识、确定立法思路；靠的是我们始终坚持从中国国情和实际出发，既注意借鉴国外的有益之处，又不简单照搬照抄；靠的是我们坚持以人为本、立法为民，体现人民共同意志、保障人民当家做主、维护人民根本利益；靠的是我们坚持维护社会主义法制的统一，维护宪法作为国家根本法的权威地位，坚决维护宪法和法律的尊严，促进法律体系的科学和谐统一。

中国特色社会主义法律体系的形成，标志着我国立法工作站在了新的起点上。社会实践永无止境，立法工作要不断推进。建设中国特色社会主义是一项长期的历史任务，实现党的十七大提出的不断完善中国特色社会主义法律体系的要求也是一项长期的历史任务。立法任务依然艰巨而繁重，立法工作只能加强不能削弱。我们必须坚持以邓小平理论和"三个代表"重要思想为指导，深入贯彻落实科学发展观，适应经济社会发展和社会主义民主法制建设的需要，进一步加强立法工作，创新立法工作思路，完善立法工作机制，加强立法工作机构和队伍建设，不断提高立法工作的质量和水平。要把修改完善法律和制定配套法规摆在更加突出位置，在科学立法、民主立法方面迈出新步伐，推动中国特色社会主义法律体系的与时俱进和发展完善。

法律的生命力在于实施。法律体系的形成，对法律的实施提出了更高要求。我们必须采取积极有效措施，切实保障宪法和法律的有效实施，坚持公民在法律面前一律平等，维护宪法和法律的尊严与权威；我们必须始终坚持依法行政和公正司法，实现国家各项工作法治化，维护社会公平正义，切实保障人民的经济、政治、文化和社会权益；我们必须进一步增强全社会的法律意识和法治观念，让法治的种子根植于广大人民心中，形成人人学法守法用法的社会氛围。

形成中国特色社会主义法律体系来之不易，完善中国特色社会主义法律体系任重道远。我们要在以胡锦涛同志为总书记的党中央领导下，高举中国特色社会主义理论伟大旗帜，坚定不移地走中国特色社会主义发展道路，在新的历史起点上开拓进取，在完善法律体系上实现新进展，在法律实施上取得新成效，为建设社会主义法治国家、全面建成小康社会作出新的更大的贡献！

2011年军民迎新春文艺晚会在人民大会堂举行

党和国家领导人胡锦涛、吴邦国、温家宝、贾庆林、李长春、习近平、李克强、贺国强等出席文艺晚会。

王刚、王乐泉、王兆国、王岐山、回良玉、刘淇、刘云山、刘延东、李源潮、张德江、何勇、令计划、李建国、梁光烈、马凯、孟建柱、阿不来提·阿不都热西提等，以及中央军委委员陈炳德、李继耐、廖锡龙、常万全、靖志远、吴胜利、许其亮观看演出。

观看演出的还有中央和国家机关有关部门、全国双拥工作领导小组成员单位、北京市和解放军四总部、驻京部队各大单位、武警部队和军委办公厅的负责同志，全国双拥模范城(县)、双拥模范单位和个人代表，以及驻京部队官兵和首都各界群众代表。

晚会由全国双拥工作领导小组、民政部、广播电影电视总局和解放军总政治部联合举办。

国务院总理温家宝主持召开国务院常务会议

会议首先研究部署进一步做好房地产市场调控工作。

会议指出，自去年4月份《国务院关于坚决遏制部分城市房价过快上涨的通知》印发后，房地产市场出现积极变化，房价过快上涨势头得到初步遏制。为巩固和扩大调控成果，逐步解决城镇居民住房问题，继续有效遏制投资投机性购房，促进房地产市场平稳健康发展，必须进一步做好房地产市场调控工作。会议确定了以下政策措施：

(一)进一步落实地方政府责任。地方政府要切实承担起促进房地产市场平稳健康发展的责任。2011年各城市人民政府要根据当地经济发展目标、人均可支配收入增长速度和居民住房支付能力，合理确定本地区年度新建住房价格控制目标，并于一季度向社会公布。

(二)加大保障性安居工程建设力度。各地要通过新建、改建、购买、长期租赁等方式，多渠道筹集保障性住房房源，逐步扩大住房保障制度覆盖面。加强保障性住房管理，健全准入退出机制，切实做到公开、公平、公正。有条件的地区，可以把建制镇纳入住房保障工作范围。努力增加公共租赁住房供应。

(三)调整完善相关税收政策，加强税收征管。调整个人转让住房营业税政策，对个人购买住房不足5年转手交易的，统一按销售收入全额征税。加强对土地增值税征管情况的监督检查，重点对定价明显超过周边房价水平的房地产开发项目，进行土地增值税清算和稽查。加大应用房地产价格评估技术加强存量房交易税收征管工作的试点和推广力度，坚决堵塞税收漏洞。严格执行个人转让房地产所得税征收政策。各地要加快建立和完善个人住房信息系统，为依法征税提供基础。

(四)强化差别化住房信贷政策。对贷款购买第二套住房的家庭，首付款比例不低于60%，贷款利率不低于基准利率的1.1倍。人民银行各分支机构可根据当地人民政府新建住房价格控制目标和政策要求，在国家统一信贷政策的基础上，提高第二套住房贷款的首付款比例和利率。加强对商业银行执行差别化住房信贷政策情况的监督检查，对违规行为严肃处理。

（五）严格住房用地供应管理。各地要增加土地有效供应，落实保障性住房、棚户区改造住房和中小套型普通商品住房用地不低于住房建设用地供应总量的70%的要求。在新增建设用地年度计划中，单列保障性住房用地，做到应保尽保。今年的商品住房用地供应计划总量原则上不得低于前2年年均实际供应量。大力推广以"限房价、竞地价"方式供应中低价位普通商品住房用地。加强对企业土地市场准入资格和资金来源的审查，参加土地竞买的单位或个人，必须说明资金来源并提供相应证明。对擅自改变保障性住房用地性质的，坚决纠正，严肃查处。对已供房地产用地，超过两年没有取得施工许可证进行开工建设的，及时收回土地使用权，并处以闲置一年以上罚款。依法查处非法转让土地使用权行为。

（六）合理引导住房需求。各直辖市、计划单列市、省会城市和房价过高、上涨过快的城市，在一定时期内，要从严制定和执行住房限购措施。原则上对已有1套住房的当地户籍居民家庭、能够提供当地一定年限纳税证明或社会保险缴纳证明的非当地户籍居民家庭，限购1套住房；对已拥有2套及以上住房的当地户籍居民家庭、拥有1套及以上住房的非当地户籍居民家庭、无法提供一定年限当地纳税证明或社会保险缴纳证明的非当地户籍居民家庭，暂停在本行政区域内向其售房。

（七）落实住房保障和稳定房价工作的约谈问责机制。未如期确定并公布本地区年度新建住房价格控制目标、新建住房价格上涨幅度超过年度控制目标或没有完成保障性安居工程目标任务的省（区、市）人民政府，要向国务院作出报告，有关部门根据规定对相关负责人进行问责。对于执行差别化住房信贷、税收政策不到位，房地产相关税收征管不力，以及个人住房信息系统建设滞后等问题，也纳入约谈问责范围。

（八）坚持和强化舆论引导。对各地稳定房价和住房保障工作好的做法和经验，要加大宣传力度，引导居民从国情出发理性消费。对制造、散布虚假消息的，要追究有关当事人的责任。

会议还分析了当前旱情，研究部署做好抗旱工作。

会议指出，去年10月份以来，我国华北、黄淮等地降水持续偏少，山东、河南、河北、山西、安徽、江苏等冬小麦主产区出现不同程度的旱情。据预测，今后一段时期，这些地区气象干旱仍将持续发展，出现冬春连旱的可能性较大，对农业生产的影响不可低估。

会议强调，各有关地区和部门要从经济社会发展大局出发，充分认识当前抗旱的重要性和紧迫性，立足抗大旱和长期抗旱，及早动手、综合施策，全力抓好当前华北、黄淮等冬小麦主产区抗旱工作，努力夺取夏粮丰收，为全年粮食丰收奠定坚实基础。一要加强监测预报。密切监测天气变化趋势，加强旱情监测分析评估，提高抗旱指挥决策水平。二要加强水源建设和调度。制定抗旱用水计划，在留足城乡群众生活用水前提下，保证抗旱灌溉水量。抓紧检修维护农田机井、泵站等水利设施，因地制宜增建抗旱应急水源工程，全面做好春灌准备。适时开展人工增雨（雪）作业。加强对现有水源的统一管理和科学调度，加大旱区节水力度。大兴农田水利，全面加强大中型灌区、泵站和小型农田水利设施建设，从根本上提高抗旱能力。三要加强春季麦田管理。强化分类指导，因时因地因苗落实抗旱春管措施，确保冬小麦安全越冬和顺利返青、拔节。制定分区域抗旱田间管理工作预案，大力开展抗旱春管技术培训和服务。四要做好抗旱物资储备和春耕备耕物资供应工作。在易旱地区加强抗旱应急物资储备，科学规划储备的种类、规模和存放地点，规范管理和使用。强化调度协调，保障化肥和种子的市场供应，确保抗旱用油、用电需要。做好抗旱机具的保养、调试和检修工作。五要切实解决重旱区人畜饮水问题。全面排查人畜饮水困难情况，落实供水措施。必要时采取拉水送水等应急措施，确保旱区群众基本生活用水。做好因旱灾生活困难群众的救助工作。六要加大资金支持力度。国家已先期安排了粮食生产和农村水利等工程投资40亿元。中央财政在已安排资金的基础上增加安排抗旱支出22亿元，对受旱严重的6省600个县级抗旱服务队，每县补助设备购置费200万元；对6省小麦抗旱浇水平均每亩补助10元；安排抗旱物资储备资金2亿元。中央财政另外安排受灾群众冬春临时生活困难救助资金10.4亿元。

会议最后研究部署进一步治理淮河工作。

国务院总理温家宝在人民大会堂出席外国专家迎春座谈会

20多位外国专家及其亲属参加了座谈会。伊莎白、杰克逊、庞凯文等专家先后发言，感谢中国政府长期以来的关心和帮助，并先后就中国社区建设、金融、航空业发展等问题提出积极、中肯的意见和建议。

在认真听取外国专家的意见和建议后，温家宝代表党中央、国务院向数十年来与中国人民风雨同舟、患难与共的外国老专家表示崇高敬意，并向所有在华工作的外国专家及其亲属致以节日祝福。

温家宝指出，2011年是"十二五"规划的开局之年，中国现代化建设将迎来一个新的开端。中国越发展，越离不开世界，越需要人才保障和智力支撑。中国将实施更加开放的人才政策，加大引进国外智力工作的力度，不断创新体制、完善政策法规、提高服务水平，积极引进和用好海外高层次人才。中国热情欢迎更多的外国专家来华工作创业，参与中国的现代化建设。有关部门要为更多外国专家在华工作创造更好的环境。

参加会见的还有中共中央政治局委员、中央书记处书记、中央组织部部长李源潮，中共中央政治局委员、国务院副总理张德江，中共中央书记处书记、中央办公厅主任令计划，国务委员兼国务院秘书长马凯，国务委员戴秉国等。

中共中央政治局常委李长春在北京分别看望文化界一些知名人士

李长春看望国务院新闻办公室原主任朱穆之、中央文献研究室原主任逄先知、全国性文艺家协会负责同志和部分著名书画家，向他们介绍了当前经济社会发展和文化建设的大好形势，并就深化文化体制改革、加强对文化产品创作生产的引导、增强文艺家协会的凝聚力和影响力、不断满足人民群众日益增长的精神文化需求等进行了深入探讨。

在走访看望和会见中，李长春指出，今年是中国共产党成立90周年，也是“十二五”时期开局之年。他希望广大文化艺术家以胡锦涛总书记在中央政治局第二十二次集体学习时的重要讲话为强大思想武器，紧紧围绕加快文化体制机制改革创新、加快构建公共文化服务体系、加快发展文化产业、加强对文化产品创作生产的引导这“三加快”、“一加强”的重点任务，按照“十二五”时期文化改革发展的总体部署，在大力推进文化创新，创作生产更多无愧于时代、无愧于历史、无愧于人民的精品力作上取得新成就，在培养造就更多德艺双馨、深受人民群众欢迎和喜爱的优秀人才上取得新进展，最大限度地发挥文化引导社会、教育人民、推动发展的功能，推动社会主义文化大发展大繁荣，为“十二五”时期发展开好局、起好步提供强大精神动力和文化条件，以优异成绩迎接中国共产党成立90周年。

中共中央政治局委员、中央书记处书记、中宣部部长刘云山一同看望和会见。中共中央政治局委员、国务委员刘延东，全国政协副主席、中国文联主席孙家正参加了部分看望和会见活动。

国家副主席习近平在北京看望科学家王忠诚 孙家栋 李振声

习近平分别来到中国工程院院士王忠诚，中国科学院院士孙家栋、李振声家中，代表胡锦涛总书记和党中央亲切看望这三位为新中国科技事业作出突出贡献的著名科学家，向他们致以诚挚的问候和新春的祝福，听取他们对深入实施人才强国战略的意见和建议。

在看望三位专家过程中，习近平反复强调，各方面的专家是党和国家的宝贵财富，各级党委和政府要认真做好联系和服务专家的工作，各级领导干部要有爱才的感情和聚才的方法，虚心倾听他们的意见和建议，切实关心他们的工作和生活，使他们更加聚精会神地工作，为国家、为人民作出更大贡献。

国办发出《关于进一步做好房地产市场调控工作有关问题的通知》

各省、自治区、直辖市人民政府，国务院各部委、各直属机构：

《国务院关于坚决遏制部分城市房价过快上涨的通知》(国发〔2010〕10号，以下简称国发10号文件)印发后，房地产市场出现了积极的变化，房价过快上涨的势头得到初步遏制。为巩固和扩大调控成果，进一步做好房地产市场调控工作，逐步解决城镇居民住房问题，促进房地产市场平稳健康发展，经国务院同意，现就有关问题通知如下：

一、进一步落实地方政府责任

地方政府要切实承担起促进房地产市场平稳健康发展的责任，严格执行国发10号文件及其相关配套政策，切实将房价控制在合理水平。2011年各城市人民政府要根据当地经济发展目标、人均可支配收入增长速度和居民住房支付能力，合理确定本地区年度新建住房价格控制目标，并于一季度向社会公布。各地要继续增加土地有效供应，进一步加大普通住房建设力度；继续完善严格的差别化住房信贷和税收政策，进一步有效遏制投机投资性购房；加快个人住房信息系统建设，逐步完善房地产统计基础数据；继续做好住房保障工作，全面落实好年内开工建设保障性住房和棚户区改造住房的目标任务。

二、加大保障性安居工程建设力度

2011年，全国建设保障性住房和棚户区改造住房1000万套。各地要通过新建、改建、购买、长期租赁等方式，多渠道筹集保障性住房房源，逐步扩大住房保障制度覆盖面。中央将加大对保障性安居工程建设的支持力度。地方人民政府要切实落实土地供应、资金投入和税费优惠等政策，引导房地产开发企业积极参与保障性住房建设和棚户区改造，确保完成计划任务。加强保障性住房管理，健全准入退出机制，切实做到公开、公平、公正。有条件的地区，可以把建制镇纳入住房保障工作范围。

要努力增加公共租赁住房供应。各地要在加大政府投入的同时，完善体制机制，运用土地供应、投资补助、财政贴息或注入资本金、税费优惠等政策措施，合理确定租金水平，吸引机构投资者参与公共租赁住房建设和运营。鼓励金融机构发放公共租赁住房建设和运营中长期贷款。要研究制定优惠政策，鼓励房地产开发企业在普通商品住房建设项目中配建一定比例的公共租赁住房，并持有、经营，或由政府回购。

三、调整完善相关税收政策，加强税收征管

调整个人转让住房营业税政策，对个人购买住房不足5年转手交易的，统一按其销售收入全额征税。税务部门要进一步采取措施，确保政策执行到位。加强对土地增值税征管情况的监督和检查，重点对定价明显超过周边房价水平的房地产开发项目，进行土地增值税清算和稽查。加大应用房地产价格评估技术加强存量房交易税收征管工作的试点和推广力度，坚决堵塞"阴阳合同"产生的税收漏洞。严格执行个人转让房地产所得税征收政策。

四、强化差别化住房信贷政策

对贷款购买第二套住房的家庭，首付款比例不低于60%，贷款利率不低于基准利率的1.1倍。人民银行各分支机构可根据当地人民政府新建住房价格控制目标和政策要求，在国家统一信贷政策的基础上，提高第二套住房贷款的首付款比例和利率。银行业监管部门要加强对商业银行执行差别化住房信贷政策情况的监督检查，对违规行为要严肃处理。

五、严格住房用地供应管理

各地要增加土地有效供应，认真落实保障性住房、棚户区改造住房和中小套型普通商品住房用地不低于住房建设用地供应总量的70%的要求。在新增建设用地年度计划中，要单列保障性住房用地，做到应保尽保。今年的商品住房用地供应计划总量原则上不得低于前两年年均实际供应量。进一步完善土地出让方式，大力推广"限房价、竞地价"方式供应中低价位普通商品住房用地。房价高的城市要增加限价商品住房用地计划供应量。

加强对企业土地市场准入资格和资金来源的审查。参加土地竞买的单位或个人，必须说明资金来源并提供相应证明。对擅自改变保障性住房用地性质的，要坚决纠正和严肃查处。对已供房地产用地，超过两年没有取得施工许可证进行开工建设的，必须及时收回土地使用权，并处以闲置一年以上罚款。要依法查处非法转让土地使用权的行为，对房地产开发建设投资达不到25%以上的(不含土地价款)，不得以任何方式转让土地及合同约定的土地开发项目。

六、合理引导住房需求

各直辖市、计划单列市、省会城市和房价过高、上涨过快的城市，在一定时期内，要从严制定和执行住房限购措施。原则上对已拥有1套住房的当地户籍居民家庭、能够提供当地一定年限纳税证明或社会保险缴纳证明的非当地户籍居民家庭，限购1套住房(含新建商品住房和二手住房)；对已拥有2套及以上住房的当地户籍居民家庭、拥有1套及以上住房的非当地户籍居民家庭、无法提供一定年限当地纳税证明或社会保险缴纳证明的非当地户籍居民家庭，要暂停在本行政区域内向其售房。

已采取住房限购措施的城市，凡与本通知要求不符的，要立即调整完善相关实施细则，并加强对购房人资格的审核工作，确保政策落实到位。尚未采取住房限购措施的直辖市、计划单列市、省会城市和房价过高、上涨过快的城市，要在2月中旬之前，出台住房限购实施细则。其他城市也要根据本地房地产市场出现的新情况，适时出台住房限购措施。

七、落实住房保障和稳定房价工作的约谈问责机制

国务院有关部门要加强对城市人民政府住房保障和稳定房价工作的监督和检查。对于新建住房价格出现过快上涨势头、土地出让中连续出现楼面地价超过同类地块历史最高价，以及保障性安居工程建设进度缓慢、租售管理和后期使用监管不力的，住房和城乡建设部、国土资源部、监察部要会同有关部门，约谈省级及有关城市人民政府负责人。对未如期确定并公布本地区年度新建住房价格控制目标、新建住房价格上涨幅度超过年度控制目标、没有完成保障性安居工程目标任务的，相关省(区)、市人民政府要向国务院作出报告。监察部、住房和城乡建设部等部门要视情况，根据有关规定对相关负责人进行问责。对于执行差别化住房信贷、税收政策不到位，房地产相关税收征管不力，以及个人住房信息系统建设滞后等问题，也要纳入约谈和问责范围。

省级人民政府及其有关部门，要参照上述规定，建立健全对辖区内城市落实住房保障和稳定房价工作的约谈问责机制。

八、坚持和强化舆论引导

新闻媒体要对各地稳定房价和住房保障工作好的做法和经验加大宣传力度，深入解读政策措施，引导居民从国情出发理性消费，为促进房地产市场平稳健康发展和加快推进住房保障体系建设提供有力的舆论支持，防止虚假信息或不负责任的猜测、评论误导消费预期。对制造、散布虚假消息的，要追究有关当事人的责任。

国务院办公厅

2011年1月26日

文化部 财政部发出《关于推进全国美术馆公共图书馆文化馆(站)免费开放工作的意见》

第四届中国少年儿童合唱节在海南海口开幕

本届合唱节由文化部、教育部、海南省共同主办。来自全国的29个少儿合唱队,角逐“小百灵杯”、“小云雀杯”和“小黄鹂杯”三大奖项。

1月27日

全国政协主席贾庆林在中南海与全国性宗教团体负责人举行座谈

贾庆林希望各宗教要继承发扬优良传统,始终坚持正确的政治方向,以纪念中国共产党成立90周年为契机,系统总结老一辈宗教界人士与党真诚合作的宝贵经验,继承发扬优良传统,推动各宗教团体继续沿着正确的方向前进。要紧紧围绕“十二五”时期的主题主线,为经济社会发展作出积极贡献,不断创新服务社会的途径方法,努力提高服务的社会化、专业化和科学化水平。要做好信教群众工作,健全与信教群众密切联系的机制渠道,更加重视基层工作,为基层宗教团体和活动场所提供必要的帮助,不断提升基层教职人员的政策水平、宗教造诣和管理能力。要着力加强学习研究,切实推进宗教团体自身建设,努力推进学习研究制度化,形成勤于思考、乐于钻研的良好风气,为宗教与社会主义社会相适应奠定更加深厚的基础。

中共中央政治局委员、国务院副总理回良玉,国务委员兼国务院秘书长马凯,全国政协副主席、中央统战部部长杜青林等出席座谈会。应邀出席座谈会的全国性宗教团体负责人有:中国佛教协会会长传印、中国道教协会会长任法融、中国伊斯兰教协会会长陈广元、中国天主教爱国会主席房兴耀、中国天主教主教团主席马英林、中国基督教三自爱国运动委员会主席傅先伟、中国基督教协会会长高峰等。中国佛教协会副会长班禅额尔德尼·确吉杰布参加座谈。

财政部 国家税务总局发出通知调整个人住房转让营业税政策

财政部、国家税务总局发出通知,经国务院批准,个人住房转让营业税政策调整如下:

个人将购买不足5年的住房对外销售的,全额征收营业税;个人将购买超过5年(含5年)的非普通住房对外销售的,按照其销售收入减去购买房屋的价款后的差额征收营业税;个人将购买超过5年(含5年)的普通住房对外销售的,免征营业税。

当代世界研究中心成立大会在北京举行

国务委员戴秉国向会议发来书面致辞。

戴秉国在书面致辞中说,希望当代世界研究中心和中心理事会通过坚持不懈的积极努力和独具特色的调研成果,为党和国家科学判断国际形势、妥善处理国际事务,实现民族复兴、和平发展的伟大目标发挥不可或缺的重要作用。

中联部部长、当代世界研究中心名誉理事长王家瑞在会上讲话。

2010年度“大众喜爱的50种图书”最终书目揭晓

新闻出版总署全民阅读活动组织协调办公室组织开展的2010年度“大众喜爱的50种图书”推荐活动,揭晓最终书目,《毛泽东箴言》《苦难辉煌》《读点经典》《好妈妈胜过好老师》《中国居民膳食指南》等50种图书荣膺2010年度“大众喜爱的50种图书”。

此次活动特别组织了《人民日报》、新华社、《光明日报》、中央人民广播电台、中央电视台、人民网等19家中央媒体和门户网站开展荐书活动,推荐范围为2009年和2010年出版,在2010年畅销并为大众喜爱的书。

1月28日

国务院总理温家宝致电德国总理默克尔

温家宝表示,中方将继续以实际行动支持欧方应对主权债务危机,支持德国发挥重要作用和影响。这体现了中欧全面战略伙伴关系的精神,有利于世界经济稳步复苏和增长。温家宝希望,在新的一年里,中德、中欧密切沟通,携手努力,顺应时代进步、变革的潮流,为世界和平与发展作出更大贡献。

默克尔感谢中方为欧方应对主权债务危机提供的宝贵支持,表示这有力增强了欧方战胜危机的信心,欧方将团结一致,争取依靠自己的力量克服困难。德方愿继续与中方密切合作,推动德中关系和欧中关系迈上新的台阶。

海峡两岸关系协会第二届理事会第三次会议在北京召开

会议总结了去年工作,规划了今年的工作任务,根据工作需要调整了部分理事。

中共中央台办、国务院台办主任王毅出席会议并发表讲话。他说,海协会与台湾海基会去年举行的第五次和第六次会谈,签署了《海峡两岸经济合作框架协议》《海峡两岸知识产权保护合作协议》《海峡两岸医药卫生合作协议》等3项新协议,为在经济领域率先构建两岸关系和平发展框架作出了积极努力。2011年是两岸关系承前启后的重要一年。希望海协会保持两会制度化协商的稳定发展,落实好框架协议后续协商的各项目标。

海协会会长陈云林发表讲话,对做好海协会今年工作提出要求。他说,坚持“九二共识”是两会协商谈判的重要基础。在今年的工作中,海协会要继续通过协商深化两岸经济合作、增进两岸人民福祉、融洽两岸同胞感情,尽快启动两岸经济合作框架协议的后续协商,早日签署两岸投资保护协议,持续推动两岸文化、教育、科技等领域的商谈。

国务院印发《进一步鼓励软件产业和集成电路产业发展的若干政策》并发出通知

各省、自治区、直辖市人民政府,国务院各部委、各直属机构:

现将《进一步鼓励软件产业和集成电路产业发展的若干政策》印发给你们,请认真贯彻执行。

软件产业和集成电路产业是国家战略性新兴产业,是国民经济和社会信息化的重要基础。近年来,在国家一系列政策措施的扶持下,经过各方面共同努力,我国软件产业和集成电路产业获得较快发展。制定实施《进一步鼓励软件产业和集成电路产业发展的若干政策》,继续完善激励措施,明确政策导向,对于优化产业发展环境,增强科技创新能力,提高产业发展质量和水平,具有重要意义。各地区、各有关部门要高度重视,加强组织领导和协调配合,抓紧制定实施细则和配套措施,切实抓好落实工作。发展改革委要会同有关部门及时跟踪了解政策执行情况,加强督促指导,确保取得实效。

国务院

2011年1月28日

进一步鼓励软件产业和集成电路产业发展的若干政策(略)

财政部发出《关于深入推进基层财政专项支出预算公开的意见》

意见规范基层财政专项支出公开范围,细化基层财政专项支出公开内容,促进依法理财、民主理财。

意见指出,基层财政专项支出主要包括上级财政下达的转移支付资金和本级财政安排的专项资金。基层政府要进一步加大财政专项支出预算的公开力度,特别是要重点公开与人民群众利益密切相关的教育、医疗卫生、社会保障和就业、住房保障支出以及“三农”等方面的财政专项支出。

按照“谁分配、谁公开,分配到哪里、公开到哪里”的原则,财政部门负责公开由财政部门直接安排到人(户)到项目的财政专项支出资金;其他部门负责公开由其分配到人(户)到项目的财政专项支出资金。

意见要求,省、市级财政部门要加强对县、乡财政专项支出预算公开工作的指导,并根据实际情况,进一步明确本地区基层财政专项支出预算公开的具体内容和方式。

县(市)级财政是基层财政专项支出预算公开的关键环节。应主要通过政府门户网站或者报刊等方式,公开财政专项支出的资金管理办法、资金来源(按比例或数额)、分配标准以及到乡镇、部门的分配结果。

乡(镇)级财政是基层财政专项支出预算公开的重要基础。应重点公开财政专项支出的政策、资金来源(按比例或数额)、发放标准、发放形式等,并突出到人(户)到项目的分配结果。对于分配到人(户)的财政专项支出,要通过政府门户网站、乡镇服务大厅、社区(村组)公示栏等,将分配到人(户)的姓名、地址、金额等情况详细公开,方便人民群众查询。对于分配到项目的财政专项支出,要在施工场所外利用公告栏、公示牌等公开工程概算、资金来源以及施工单位等信息。

国务委员戴秉国在中南海会见美国常务副国务卿斯伯格

国务委员刘延东在北京参加足球工作座谈会

刘延东指出,要加强足球人才建设,体教结合,科学训练,规范监管,完善激励保障机制,不断增强足球发展活力。要以校园足球为突破口,切实加强青少年足球,培养青少年足球兴趣,促进青少年强身健体,发掘培养足球后备人才,打牢足球运动的根基,推动足球事业的可持续发展。要建立政府主导、部门协调配合、社会参与推进足球发展的科学体系,充分发挥广大体育工作者的聪明才智,推动足球事业尽快走上持续健康快速发展之路。

国家体育总局局长刘鹏等有关部门负责同志参加了座谈会。足球界代表容志行、金志扬、徐根宝、高洪波、李霄鹏、杨昊、毕妍和教育界、企业界代表王作开、刘彭芝、王健林在座谈会上就深化足球改革,加强科学训练,推进体教结合、中外结合,深入开展青少年足球等提出了意见和建议。

全国4809万农村老人领上“养老金”

据《人民日报》报道:人社部有关负责人透露,截至今年1月26日,第二批扩大新农保试点地区全部启动参保和养老金发放工作,全国27个省、自治区的838个新农保试点县和4个直辖市新农保参保人数达到1.25亿人，其中3428万经确认符合条件的农村老年人按月领取养老金。另外，还有15个省区的316个县自行开展新农保试点，参保人数4017万人，其中领取养老金人数1381万人。目前，开展新农保试点地区参保人数总计达到1.65亿人，其中领取养老金人数达到4809万人。

1月29日

2011年对台工作会议在北京举行

会议1月29日至30日举行。中共中央政治局常委、全国政协主席贾庆林出席会议并作重要讲话。

贾庆林高度评价各地各部门和对台工作系统全体同志过去一年为推动两岸关系和平发展作出的积极贡献。他指出，各有关方面认真贯彻落实中央对台方针政策，扎实有效开展各项工作，开创了两岸关系和平发展的新局面。两岸经济合作框架协议的签署和实施，为实现两岸经济关系正常化和经济合作机制化开辟了道路。两岸互利合作进一步深化，两岸各界大交流局面已经形成。两岸关系和平发展趋势进一步增强，并产生日益广泛的积极影响。他强调，各地各部门要深刻认识当前对台工作面临的新形势，坚决贯彻落实中央决策部署，把握大局，巩固成果，稳步推进两岸关系向前发展，设身处地考虑台湾同胞的需求，注重两岸交流合作的机制化建设，努力使两岸关系发展的成果惠及更多台湾基层民众，为进一步开创两岸关系和平发展新局面作出新的更大贡献。

会议指出，各地各部门要按照中央的要求扎实做好今年的对台工作。坚持“和平统一、一国两制”的基本方针，进一步深入贯彻胡锦涛总书记“12·31”重要讲话精神，切实维护两岸关系和平发展的成果，始终保持两岸关系发展的正确方向，深入贯彻寄希望于台湾人民的方针，不断巩固和加强两岸关系发展的政治、经济、文化和民意基础。继续按照先易后难、先经后政、循序渐进的基本思路，扎实推进各项工作。在反对“台独”、坚持“九二共识”的政治基础上增进两岸互信，保持良性互动。继续深化两岸经济合作，认真落实两岸各项协议，积极推进两岸经济合作框架协议后续协商，努力为两岸同胞谋福祉。大力促进两岸各领域交流，切实加强两岸文化教育交流，持续不断地扩大两岸各界尤其是基层民众和青少年的交往，让更多的台湾同胞在两岸交流合作中受益，不断增强促进两岸关系和平发展的信心和内在动力。

会议强调，各级党委、政府和有关部门要高度重视对台工作，切实加强领导，增强大局意识和政治意识，密切协调配合，加强对台干部队伍建设，为做好新形势下的对台工作提供有力保障。

中央有关领导同志出席会议。国务委员戴秉国主持会议并讲话。中共中央台湾工作办公室、国务院台湾事务办公室主任王毅作工作报告。中央党政军各有关部门、人民团体和各省、自治区、直辖市、副省级城市、新疆生产建设兵团负责同志以及各地各有关部门对台工作机构负责人近300人出席会议。

国土资源部公布2010年全国住房用地供应计划执行情况

2010年全国30个省区市（不含西藏和新疆生产建设兵团）住房供地计划18.47万公顷，实际完成12.54万公顷，比2009年住房供地增加4.9万公顷，同比增长64.1%。其中，保障性住房用地2.47万公顷，同比增加124.5%。与前几年的供地情况同口径相比，保障性住房、中小套型普通商品房和其他住房实际用地10.89万公顷，同比增长42.5%。

从计划完成情况看，全国住房供地计划实际完成67.9%。其中，保障性住房（指经济适用房和廉租房）用地完成计划的65.2%；棚改房用地1.47万公顷，完成计划的40.2%；中小套型商品房用地6.51万公顷，完成计划的80.9%；其他住房用地2.96万公顷，完成计划的68.5%。

保障性住房用地优先供应，中央确定的580万套用地应保尽保。全国保障性住房用地除直接安排的1.59万公顷经济适用房和廉租房用地外，在棚户区改造用地中还安排了8722.06公顷的保障性住房用地。保障性住房用地全年实际供应量占住房用地总量的19.7%，创历史新高。

李娜在2011年澳大利亚网球公开赛女单决赛中获得亚军

1月30日

中共中央在中南海举行党外人士迎春座谈会

中共中央总书记胡锦涛出席座谈会。

座谈会由中共中央政治局常委、全国政协主席贾庆林主持。中共中央政治局常委、书记处书记、国家副主席习近平，中共中央政治局常委、国务院副总理李克强，中共中央书记处书记、中央办公厅主任令计划，全国政协副主席、中央统战部部长杜青林出席。

座谈会上，民革中央主席周铁农、民盟中央主席蒋树声、民建中央主席陈昌智、民进中央主席严隽琪、农工党中央主席桑国卫、致公党中央主席万钢、九三学社中央主席韩启德、台盟中央主席林文漪、全国工商联主席黄孟复、无党派人士代表陈竺等先后发言。

胡锦涛指出，2011年是“十二五”时期开局之年。做好今年改革发展稳定各项工作，具有十分重要的意义。我们要全面贯彻中共十七大和十七届三中、四中、五中全会精神，以邓小平理论和“三个代表”重要思想为指导，深入贯彻落实科学发展观，正确把握国内外形势新变化新特点，继续抓住和用好我国发展的重要战略机遇期，以科学发展为主题，以加快转变经济发展方式为主线，着力解决我国经济社会发展中的突出问题，努力实现今年经济社会发展目标任务，为“十二五”时期发展开好局、起好步。

胡锦涛指出，“十二五”时期是全面建设小康社会的关键时期，是深化改革开放、加快转变经济发展方式的攻坚时期。希望同志们把智慧和力量凝聚到推动科学发展上来，围绕牵动全局的主要工作、事关长远的重大问题，深入开展专题调研，为破解发展难题、提高发展的全面性协调性可持续性多建良言、多献良策。

胡锦涛强调，民生问题事关国家发展大计，事关人民幸福安康，事关社会和谐稳定。我们要始终把保障和改善民生作为推动科学发展、促进社会和谐的重要出发点和落脚点，在经济发展的基础上更加重视以改善民生为重点的社会建设。希望同志们坚持以人为本，深刻认识做好新形势下群众工作的重要性，协助党和政府做好团结群众、联系群众、服务群众的工作，深入了解社情民意，多做顺民意、解民忧、惠民生的实事好事。

胡锦涛指出，中国共产党成立以来90年波澜壮阔的历史和实践充分证明，思想上同心同德、目标上同心同向、行动上同心同行，是中国共产党领导的多党合作和政治协商制度最鲜明的特质，是我们不断夺取革命、建设、改革事业胜利的有力保证。希望同志们认真总结历史经验，进一步激发爱国奉献、建功立业的责任感和创造力，不断提高参政议政本领和水平。

应邀出席座谈会的还有张梅颖、张榕明、厉无畏、罗富和、陈宗兴、王志珍和何鲁丽、许嘉璐、蒋正华、王文元、张怀西、李蒙，以及各民主党派中央、全国工商联有关负责人和无党派人士代表。

中央和国家机关有关部门负责同志参加座谈会。

《人民日报》发表社论《推动水利实现跨越式发展》

《中共中央国务院关于加快水利改革发展的决定》，是2004年以来党中央连续第八年制定指导“三农”工作的“一号文件”。这个一号文件，是党中央、国务院从经济社会发展大局作出的新的重大部署，顺应了人民群众的热切期盼，系统谋划了加快水利改革发展的新思路新举措，含金量高，指导性强，必将对我国水利事业的跨越式发展产生深远影响。

兴水利、除水害，历来是治国安邦的大事，新中国成立以后特别是改革开放以来，我国水利改革发展取得显著成就。主要江河防洪能力不断提升，农田水利设施不断完善，水利保障能力不断增强。但是应当清醒地看到，与经济社会发展的要求相比，我国水利投入强度明显不够，建设进度明显滞后，保障水平明显偏低。洪涝灾害频繁仍然是中华民族的心腹大患，水资源供需矛盾突出仍然是可持续发展的主要瓶颈，农田水利建设滞后仍然是影响农业稳定发展和国家粮食安全的最大硬伤，水利设施薄弱仍然是国家基础设施的明显短板。去年西南地区发生特大干旱、多数省区市遭受洪涝灾害、部分地方突发严重山洪泥石流，再次警示我们，加快水利建设，提高防灾减灾能力刻不容缓。

“十一五”时期，是我国农业发展形势最好、农村面貌变化最大、农民得到实惠最多的历史时期之一，是“三农”发展的又一个“黄金期”。但是农业农村发展仍然困难很多，挑战空前。中央农村工作会议指出，党的十七届三中全会决定和7个中央一号文件已经对农村改革发展作出了系统部署，“三农”政策体系和制度框架已经初步形成，今后要在不断强化和完善现有政策的同时，选取影响全局的薄弱环节和重大问题逐个加以突破。今年中央一号文件以加快水利改革发展为主题，就是要紧紧抓住水利这个薄弱环节，解除水利这个瓶颈制约，夯实农田水利这个重要基础，持续提高农业综合生产能力，力争通过5年到10年努力，从根本上扭转水利建设明显滞后的局面。

一号文件对新形势下水资源的重要作用和水利的战略地位进行了全新的阐释：水是生命之源、生产之要、生态之基。水利是现代农业建设不可或缺的首要条件，是经济社会发展不可替代的基础支撑，是生态环境改善不可分割的保障系统，具有很强的公益性、基础性、战略性。加快水利改革发展，不仅事关农业农村发展，而且事关经济社会发展全局；不仅关系到防洪安全、供水安全、粮食安全，而且关系到经济安全、生态安全、国家安全。我们要认真领会一号文件提出的指导思想、目标任务和基本原则，深入贯彻落实科学发展观，把水利作为国家基础设施建设的优先领域，把农田水利作为农村基础设施建设的重点任务，把严格水资源管理作为加快转变经济发展方式的战略举措；坚持民生优先，坚持统筹兼顾，坚持人水和谐，坚持政府主导，坚持改革创新；按照一号文件的部署，突出加强薄弱环节建设，大兴农田水利建设，加快中小河流治理和小型水库除险加固，抓紧解决工程性缺水问题，提高防汛抗旱应急能力，继续推进农村饮水安全建设，全面加快水利基础设施建设。建立水利投入稳定增长机制，确立水资源开发利用控制、用水效率控制、水功能区限制纳污三条红线，促进水利可持续发展，努力走出一条中国特色水利现代化道路。

当前水利改革正处在攻坚克难阶段，必须加快重点领域和关键环节改革攻坚，破解制约水利发展的体制机制障碍，进一步转变水利发展模式，为水利良性发展和水资源可持续利用提供强大动力和体制保障。

推进水利改革发展，是一项长期而艰巨的任务，需要全党全社会统一认识，形成治水兴水合力。各级党委和政府要站在全局和战略的高度，切实加强水利工作，埋头苦干，开拓创新，把中央出台的政策措施切实落实到位，为“十二五”经济社会发展开好局起好步。

让我们共同迎接水利事业的春天，迎接“三农”发展的新的黄金期。紧紧抓住难得的历史机遇，努力推动水利实现跨越式发展。

中央农村工作领导小组副组长陈锡文 水利部部长陈雷等在国新办举行的新闻发布会上介绍“三农”工作和2011年中央一号文件的有关情况并答记者问

为何聚焦水利？

陈锡文接受记者采访时说，党的十七届三中全会决定和7个中央一号文件已对农村改革发展作出了系统部署，“三农”政策体系和制度框架已初步形成，今后在不断强化和完善现有政策的同时，选取影响全局的薄弱环节和重大问题逐个突破。今年中央一号文件以水利改革发展为主题，就是要抓住当前水利这个薄弱环节。

陈雷表示，新中国成立以后特别是改革开放以来，我国水利改革发展取得显著成就。但全国仍有54%的耕地缺少基本灌排条件，上世纪90年代以来，平均每年因洪涝受灾面积超过2.1亿亩，加快水利建设刻不容缓。今年的中央一号文件，是新中国成立以来中央首个关于水利的综合性政策文件。

文件提出，力争通过5年到10年努力，从根本上扭转水利建设明显滞后的局面。到2020年基本建成防洪抗旱减灾体系、水资源合理配置和高效利用体系、水资源保护和河湖健康保障体系和有利于水利科学发展的制度体系。

钱从哪儿来？

一号文件提出，力争今后10年全社会水利年平均投入比2010年高出一倍。投入如何保障？

陈雷说，一号文件含金量非常高，明确提出加大公共财政对水利的投入。从土地出让收益中提取10%用于农田水利建设。按照目前全国每年土地出让金收益算，每年可以落实600亿—800亿元的资金用于农田水利建设。

不仅财政投入加力，更要建立水利投入稳定增长机制。“以财政资金为主导，多渠道筹集资金，广泛吸取社会、农民参与水利建设。”陈雷表示，文件提出加强水利建设的金融支持，鼓励银行等金融机构增加水利信贷资金。另外要广泛吸引社会资金。各级政府建立水利建设资金的投融资平台，通过贴息、扶持、补助等措施，充分利用市场机制，拓宽投融资渠道，调动社会投资水利的积极性。再有，按照多筹多补、多干多补原则，加大“一事一议”财政奖补力度，充分调动农民兴修农田水利的积极性。

钱往哪儿花？

突出加强五个薄弱环节，建立应对特大干旱和突发水安全事件水源储备制度

水利部副部长矫勇介绍，一号文件明确提出要突出加强五个水利薄弱环节。

——大兴农田水利建设。到2020年，基本完成大型灌区、重点中型灌区续建配套和节水改造任务。扩大节水、抗旱设备补贴范围，大力发展节水灌溉。“十二五”期间新增农田有效灌溉面积4000万亩，农田灌溉水有效利用系数提高到0.55以上。

——加快中小河流治理和小型水库除险加固。“十二五”期间基本完成重点中小河流重要河段治理，让全国小型病险水库全部摘除“病帽”，全面完成山洪灾害易发区预警预报系统建设。

——解决西南等地区的工程性缺水问题。尽快建设一批中小型水库、引提水和连通工程，基本解决缺水城镇、人口较集中乡村的供水问题。

——提高防汛抗旱应急能力。建设一批规模合理、标准适度的抗旱应急水源工程，建立应对特大干旱和突发水安全事件的水源储备制度。

——继续推进农村饮水安全建设。到2013年解决规划内农村饮水安全问题，“十二五”期间基本解决新增农村饮水不安全人口的饮水问题。

水资源怎么管？

据悉，目前正常年份全国年缺水量500多亿立方米，近2/3城市不同程度缺水，水功能区达标率仅42.9%。陈雷介绍，针对日趋严峻的水资源形势，一号文件明确提出，实行最严格的水资源管理制度，划定“三条红线”——水资源开发利用控制红线、用水效率控制红线、水功能区限制纳污红线。力争到2020年全国年用水总量控制在6700亿立方米以内，城乡供水保证率显著提高，万元国内生产总值和万元工业增加值用水量明显降低，城乡居民饮水安全得到全面保障。

陈雷表示，为实现上述目标，要建立三种制度：一

是用水总量控制制度。二是用水效率控制制度，加强用水定额和计划管理。三是水功能区限制纳污制度，从严核定水域纳污容量，严格控制入河湖排污总量。2011年水利部将在重点流域和区域率先划定三条红线，提出量化指标。

文件还提出，严格实施水资源管理考核制度，县级以上政府主要负责人对本行政区域水资源管理和保护负总责。这意味着，今后水资源管理的"闸门"将越收越紧。

国务院副总理李克强在国家海洋局连线慰问中国极地和大洋科考队员

李克强与中国第二十七次南极考察队、"雪龙"号船，中国南极长城站、中山站、昆仑站，中国北极黄河站，第二十二航次大洋考察队暨"大洋一号"船人员进行对话交流，向考察队员及其家属表示亲切慰问。

李克强说，极地与大洋考察是人类探索自然奥秘、拓展生存与发展空间的一件大事，也是我国实施海洋发展战略的重大任务。近年来，中国极地和大洋考察事业进步很快。综合考察能力快速提升，科研成果不断涌现，国际影响力大幅提高，在全球极地和海洋事务中的发言权持续增强。这些成绩的取得，凝聚着广大海洋工作者的辛勤和智慧，体现了极地和大洋科考队员们胸怀大局、科学求实、勇于探索、甘于奉献的精神风貌。

李克强指出，中央"十二五"规划建议对发展海洋事业作出了战略部署，必须认真学习领会。要深入贯彻落实科学发展观，坚持陆海统筹，树立现代海洋理念，把握好国内国际两个大局，提高海洋开发、控制、综合管理能力；把发展海洋经济和保护海洋生态环境有机结合起来，应用好科学考察成果，合理开发利用海洋资源，大力发展海洋产业；保障海上通道安全，维护国家海洋权益，促进海洋事业和整个经济社会全面协调可持续发展。

国务院有关部门负责人参加慰问。国家海洋局负责人主持慰问。

国防部部长梁光烈在驻北京部队调研

梁光烈来到北京卫戍区某团、国防部维和中心，代表胡锦涛主席和中央军委，向部队官兵、离退休老同志、职工、家属表示慰问。他强调，要高举中国特色社会主义伟大旗帜，以邓小平理论和"三个代表"重要思想为指导，深入贯彻落实科学发展观，紧紧围绕推动国防和军队建设科学发展这一主题和加快转变战斗力生成模式这条主线，高起点筹划、高标准推进各项建设和工作，忠实履行新世纪新阶段我军历史使命。

1月31日

胡锦涛等党和国家领导人分别看望江泽民等老同志

春节前夕，胡锦涛等党和国家领导人分别看望或委托有关方面负责同志看望了江泽民、李鹏、万里、乔石、朱镕基、李瑞环、宋平、尉健行、李岚清、曾庆红、吴官正、罗干和李德生、张劲夫、郑天翔、刘复之、杨白冰、丁关根、田纪云、迟浩田、张万年、姜春云、钱其琛、吴仪、曹刚川、曾培炎、王汉斌、张震、倪志福、陈慕华、王丙乾、邹家华、王光英、布赫、铁木尔·达瓦买提、吴阶平、彭珮云、周光召、曹志、李铁映、司马义·艾买提、何鲁丽、丁石孙、成思危、许嘉璐、蒋正华、顾秀莲、热地、盛华仁、唐家璇、肖扬、韩杼滨、贾春旺、叶选平、杨汝岱、任建新、宋健、钱正英、孙孚凌、朱光亚、万国权、胡启立、陈锦华、赵南起、毛致用、王文元、王忠禹、李贵鲜、张思卿、丁光训、罗豪才、张克辉、郝建秀、徐匡迪、张怀西、李蒙、邓力群等老同志，向老同志们致以亲切的节日问候，衷心祝愿老同志们新春愉快、健康长寿。

老同志们对此表示感谢，希望全党全国各族人民紧密团结在以胡锦涛同志为总书记的党中央周围，高举中国特色社会主义伟大旗帜，以邓小平理论和"三个代表"重要思想为指导，深入贯彻落实科学发展观，同心协力，锐意进取，扎扎实实做好改革发展稳定各项工作，为"十二五"时期发展开好局、起好步，奋力夺取全面建设小康社会新胜利，以优异成绩迎接中国共产党成立90周年。

全国人大常委会委员长吴邦国分别致电祝贺吴钦昂敏当选缅甸联邦共和国联邦议会议长兼民族院议长和吴瑞曼当选人民院议长

《人民日报》发表评论员文章《确保对港澳生活必需品的稳定供应》

又是新春佳节到。全力以赴做好对香港、澳门生活必需品的保供工作，确保港澳市场稳定，让广大港澳同胞度过又一个欢乐祥和、货丰菜鲜的春节，是内地人民的共同心愿。

长期以来，受自然环境限制，港澳居民所需的蔬菜、肉禽等基本生活物资主要靠内地供应。中央政府历来十分关怀港澳市民的生活，高度重视对港澳地区生活必需品的稳定供应和质量安全。48年前，在物资相对匮乏的情况下，为保障香港市场农副产品供应，内地开通了供港"三趟快车"。此后，无论在什么时候、什么条件下，"三趟快车"始终风雨无阻，源源不断地满足港澳居民消费需求,也传递着内地与港澳之间血浓于水的深情。今天,内地与港澳相关部门已建立完善的联系工作机制,有了一套从源头抓起、全过程监管的食品农产品质量安全保证体系,为确保供港澳农副产品数量丰盈、质量可靠,提供了有效的制度保障。

春节期间,港澳地区对农副产品的需求上升,加上南方多地出现雨雪冰冻天气,给对港澳生活必需品供应工作带来了一定难度。近日,按照中央政府统一部署,2011年内地供应港澳鲜活农副产品相关工作及应急工作机制全面启动,国务院有关部门已多次协商保障港澳节日供应问题。商务部等全面落实各项保供措施,积极协调相关各方及时下达供港澳粮食及制粉、活兽禽配额,强化出口经营企业管理,稳定出口经营队伍,减少供应环节,引入适度竞争,并与港澳保持畅通的交流和沟通机制。商务、质检部门还指导建立了一批供应港澳高标准的生产加工基地,进一步提高了对港澳出口鲜活农产品的质量。广东、湖南、湖北、河南等8个主供口岸已备足输往港澳的活畜禽。目前,内地供港澳鲜活农产品货源充足,完全可以满足春节期间及全年的供应。

内地与港澳骨肉相连,确保对港澳生活必需品的安全稳定供应,关系到港澳同胞的切身利益,关系到港澳地区的繁荣稳定,必须高度重视,把这项工作做实、做细、做好。有关部门要抓紧对保供企业的货源摸底,加强行业协调,力保供港澳生活必需品货足、质优、价稳;有关省市要发挥地缘优势,将各项保供措施落到实处,提前做好预案,确保物流通畅;有关企业要顾全大局,坚决把对港澳地区的应急保供放在重要位置,充分满足港澳居民春节消费和日常生活需求。

审计署发布"中国人民保险集团股份有限公司2009年度资产负债损益审计结果"及"中国人寿保险(集团)公司2009年度资产负债损益审计结果"

中国人保违规资金19.45亿元,中国人寿违规资金10.78亿元。

中国队在国际乒联巡回赛英国公开赛中包揽男单女单 男双 女双4个项目的冠军

2月1日

中共中央 国务院在人民大会堂举行2011年春节团拜会

党和国家领导人胡锦涛、吴邦国、温家宝、贾庆林、李长春、习近平、李克强、贺国强等同首都各界人士3000多人欢聚一堂，共庆新春佳节。

中共中央总书记、国家主席、中央军委主席胡锦涛主持团拜会。

中共中央政治局常委、国务院总理温家宝在团拜会上讲话。

王刚、王乐泉、王兆国、王岐山、回良玉、刘淇、刘云山、刘延东、李源潮、张德江、何勇、令计划、乌云其木格、韩启德、华建敏、陈至立、周铁农、李建国、司马义·铁力瓦尔地、蒋树声、陈昌智、严隽琪、桑国卫、梁光烈、马凯、孟建柱、戴秉国、王胜俊、曹建明、杜青林、白立忱、阿不来提·阿不都热西提、黄孟复、张梅颖、张榕明、钱运录、李金华、郑万通、万钢、林文漪、厉无畏、罗富和、陈宗兴、王志珍和张万年、王汉斌、倪志福、布赫、铁木尔·达瓦买提、曹志、何鲁丽、许嘉璐、顾秀莲、贾春旺、孙孚凌、王文元、李贵鲜、张思卿、徐匡迪、张怀西、李蒙，中央军委委员陈炳德、李继耐、廖锡龙、常万全、靖志远、吴胜利、许其亮，以及王克等出席团拜会。

国务院总理温家宝在2011年春节团拜会上的讲话

同志们，朋友们：

金虎辞旧岁，玉兔迎新春。在新春佳节到来之际，我向大家拜年！向全国各族人民拜年！向香港同胞、澳门同胞、台湾同胞、海外侨胞拜年！

2010年，是极不平凡的一年。中国共产党团结带领全国各族人民继续推进改革开放和现代化建设。我们有效应对国际金融危机的冲击，正确处理保持经济平稳较快发展、调整经济结构和管理通胀预期的关系，牢牢掌握经济工作主动权，胜利完成了“十一五”规划的主要目标和任务。我们大力发展社会事业，着力改善民生，进一步提高人民生活水平，保持社会和谐稳定。我们共同抗击玉树强烈地震、舟曲特大山洪泥石流和部分地区严重旱涝灾害，加快推进灾后恢复重建，夺取了抗灾救灾的重大胜利。我们成功举办上海世博会和广州亚运会，为祖国赢得了荣誉。经历过这些大事、喜事和难事，中国人民将以更加理性、自信、包容、开放的心态面向世界，走向未来。

我们前进的征程中还面临不少困难和问题。历史经验证明，惟有坚定不移地推进改革和发展，惟有始终不渝地维护社会公平正义，惟有充分发挥全体人民的积极性和创造精神，国家才能振兴，民族才能进步，我们的事业才能发展。

2011年是实施“十二五”规划的开局之年，各项任务十分繁重和艰巨。我们要高举中国特色社会主义伟大旗帜，坚持以科学发展为主题，以加快转变经济发展方式为主线，大力调整经济结构，不断深化改革开放，全面发展社会事业，着力保障和改善民生，推动经济社会发展再上新台阶，为全面建成小康社会打下更加坚实的基础。

我们所做的一切都是为了人民的福祉。必须时刻把群众的冷暖放在心上，通过艰苦细致的工作和坚持不懈的努力，解决群众最关心、最直接、最现实的利益问题。

——要坚决防止物价过快上涨。通过发展生产、保障供给、搞活流通、加强监管，保持物价总水平基本稳定，促进国民经济健康发展和人民生活水平不断提高。

——要坚定不移地搞好房地产市场调控。加大保障性住房建设，增加住房有效供给，抑制投机投资性需求，切实稳定房地产市场价格，努力改善居民的住房条件。

——要坚持走共同富裕的道路。实施更加积极的就业政策，合理调整收入分配关系，完善社会保障体系，努力使低收入群众更多分享改革和发展的成果。

——要大力发展各项社会事业。坚持以人为本，努力办好人民满意的教育，完善基本医疗卫生制度，繁荣精神文化生活，妥善解决上学、看病、文体等关系群众切身利益的问题，满足人民群众的物质文化需要。

“艰难困苦，玉汝于成”。伟大的中华民族具有自强不息、坚忍不拔的奋斗精神，我们有信心、有能力战胜任何困难和挑战，把中国的事情办好，让人民安居乐业、心情舒畅，生活得更加幸福、更有尊严。

让我们在以胡锦涛同志为总书记的党中央领导下，同心同德，奋发进取，在新的起点上继续阔步前进，为建设富强民主文明和谐的社会主义现代化国家而奋斗。

祝大家新春愉快，身体健康！祝全国各族人民阖家欢乐，幸福吉祥！

中共中央总书记胡锦涛在河北保定慰问基层干部群众

2月1日和2日，中共中央总书记、国家主席、中央军委主席胡锦涛来到河北省保定市，看望慰问基层干部群众。胡锦涛代表党中央、国务院和中央军委，向全党全军全国各族人民致以节日的亲切问候和新春的美好祝福。

中共中央书记处书记、中央办公厅主任令计划，中共中央书记处书记、中央政策研究室主任王沪宁一同看望慰问。

国务院总理温家宝在大别山革命老区与基层群众共度春节

温家宝出席了在北京举行的中共中央、国务院2011年春节团拜会后，直接赶往机场飞赴安徽合肥。一下飞机，他随即转乘汽车经过2个小时奔波深入大别山腹地金寨县，进村入户，看望农民群众，了解大别山革命老区经济社会发展情况，同基层干部群众共度新春佳节。

全国各高级人民法院全部开通法院工作人员违纪违法举报网站

各级网站与最高人民法院的举报网站联网对接，这是全国法院积极拓宽群众举报渠道、主动接受社会各界监督、大力加强队伍廉政建设的又一项重要举措。

财政部 国家发改委发出通知在全国统一取消31项涉及企业负担的行政事业性收费

此次取消的行政事业性收费项目涉及工商注册登记和年检、税务登记、车辆检测、卫生防疫、外贸出口、农业生产等多个领域，每年可减轻企业负担约50亿元。出台此项政策将进一步优化企业生产经营环境，支持企业发展。同时，对进一步理顺政府收入分配关系和抑制物价上涨都有积极作用。

商务部发出《关于贯彻实施农产品流通标准的通知》

农产品流通标准化是农产品现代流通体系建设的重要组成部分，是实现农产品现代化交易的基础。商务部有关负责人表示，贯彻实施农产品流通标准不仅有利于推动农产品质量等级化、包装规格化、产品品牌化，提高农产品流通效率、推动建立可追溯体系，还有利于农产品实现优质优价，推动农业产业结构调整、产品结构优化，促进农民增收。

通知要求，农产品现代流通综合试点省市和肉类蔬菜流通追溯体系建设试点城市商务主管部门，应组织试点项目承办单位认真学习农产品流通标准，通过准确把握分级、包装、标识和流通过程要求等内容，更好地贯彻落实标准。

通知强调，要选好龙头企业，发挥示范带动作用。应从试点项目承办单位中，选择一批规模大、产销链条全、影响力大的龙头企业率先实施农产品流通标准。试点项目承办单位要从源头采购开始，依据标准对农产品进行分级、预冷、包装、在包装上粘贴(印刷)标识，实现流通全程可追溯。鼓励批发市场开辟农产品标准化销售专区，对在专区内依据流通标准销售农产品的经销商提供优惠条件和便利服务。

2月2日

国务院总理温家宝在山东与基层干部群众共度春节

2月2日至3日，中共中央政治局常委、国务院总理温家宝来到山东省嘉祥县、曲阜市看望农民群众。他深入麦田了解旱情，到水库实地察看蓄水情况，到农户家中与农民共度春节。

2月3日

国办发出《关于建立外国投资者并购境内企业安全审查制度的通知》

各省、自治区、直辖市人民政府，国务院各部委、各直属机构：

近年来，随着经济全球化的深入发展和我国对外开放的进一步扩大，外国投资者以并购方式进行的投资逐步增多，促进了我国利用外资方式多样化，在优化资源配置、推动技术进步、提高企业管理水平等方面发挥了积极作用。为引导外国投资者并购境内企业有序发展，维护国家安全，经国务院同意，现就建立外国投资者并购境内企业安全审查(以下简称并购安全审查)制度有关事项通知如下：

一、并购安全审查范围

(一)并购安全审查的范围为：外国投资者并购境内军工及军工配套企业，重点、敏感军事设施周边企业，以及关系国防安全的其他单位；外国投资者并购境内关系国家安全的重要农产品、重要能源和资源、重要基础设施、重要运输服务、关键技术、重大装备制造等企业，且实际控制权可能被外国投资者取得。

(二)外国投资者并购境内企业，是指下列情形：

1. 外国投资者购买境内非外商投资企业的股权或认购境内非外商投资企业增资，使该境内企业变更设立为外商投资企业。

2. 外国投资者购买境内外商投资企业中方股东的股权，或认购境内外商投资企业增资。

3. 外国投资者设立外商投资企业，并通过该外商投资企业协议购买境内企业资产并且运营该资产，或通过该外商投资企业购买境内企业股权。

4. 外国投资者直接购买境内企业资产，并以该资产投资设立外商投资企业运营该资产。

(三)外国投资者取得实际控制权，是指外国投资

者通过并购成为境内企业的控股股东或实际控制人。包括下列情形:

1. 外国投资者及其控股母公司、控股子公司在并购后持有的股份总额在50%以上。

2. 数个外国投资者在并购后持有的股份总额合计在50%以上。

3. 外国投资者在并购后所持有的股份总额不足50%,但依其持有的股份所享有的表决权已足以对股东会或股东大会、董事会的决议产生重大影响。

4. 其他导致境内企业的经营决策、财务、人事、技术等实际控制权转移给外国投资者的情形。

二、并购安全审查内容

(一)并购交易对国防安全,包括对国防需要的国内产品生产能力、国内服务提供能力和有关设备设施的影响。

(二)并购交易对国家经济稳定运行的影响。

(三)并购交易对社会基本生活秩序的影响。

(四)并购交易对涉及国家安全关键技术研发能力的影响。

三、并购安全审查工作机制

(一)建立外国投资者并购境内企业安全审查部际联席会议(以下简称联席会议)制度,具体承担并购安全审查工作。

(二)联席会议在国务院领导下,由发展改革委、商务部牵头,根据外资并购所涉及的行业和领域,会同相关部门开展并购安全审查。

(三)联席会议的主要职责是:分析外国投资者并购境内企业对国家安全的影响;研究、协调外国投资者并购境内企业安全审查工作中的重大问题;对需要进行安全审查的外国投资者并购境内企业交易进行安全审查并作出决定。

四、并购安全审查程序

(一)外国投资者并购境内企业,应按照本通知规定,由投资者向商务部提出申请。对属于安全审查范围内的并购交易,商务部应在5个工作日内提请联席会议进行审查。

(二)外国投资者并购境内企业,国务院有关部门、全国性行业协会、同业企业及上下游企业认为需要进行并购安全审查的,可以通过商务部提出进行并购安全审查的建议。联席会议认为确有必要进行并购安全审查的,可以决定进行审查。

(三)联席会议对商务部提请安全审查的并购交易,首先进行一般性审查,对未能通过一般性审查的,进行特别审查。并购交易当事人应配合联席会议的安全审查工作,提供安全审查需要的材料、信息,接受有关询问。

一般性审查采取书面征求意见的方式进行。联席会议收到商务部提请安全审查的并购交易申请后,在5个工作日内,书面征求有关部门的意见。有关部门在收到书面征求意见函后,应在20个工作日内提出书面意见。如有关部门均认为并购交易不影响国家安全,则不再进行特别审查,由联席会议在收到全部书面意见后5个工作日内提出审查意见,并书面通知商务部。

如有部门认为并购交易可能对国家安全造成影响,联席会议应在收到书面意见后5个工作日内启动特别审查程序。启动特别审查程序后,联席会议组织对并购交易的安全评估,并结合评估意见对并购交易进行审查,意见基本一致的,由联席会议提出审查意见;存在重大分歧的,由联席会议报请国务院决定。联席会议自启动特别审查程序之日起60个工作日内完成特别审查,或报请国务院决定。审查意见由联席会议书面通知商务部。

(四)在并购安全审查过程中,申请人可向商务部申请修改交易方案或撤销并购交易。

(五)并购安全审查意见由商务部书面通知申请人。

(六)外国投资者并购境内企业行为对国家安全已经造成或可能造成重大影响的,联席会议应要求商务部会同有关部门终止当事人的交易,或采取转让相关股权、资产或其他有效措施,消除该并购行为对国家安全的影响。

五、其他规定

(一)有关部门和单位要树立全局观念,增强责任意识,保守国家秘密和商业秘密,提高工作效率,在扩大对外开放和提高利用外资水平的同时,推动外资并购健康发展,切实维护国家安全。

(二)外国投资者并购境内企业涉及新增固定资产投资的,按国家固定资产投资管理规定办理项目核准。

(三)外国投资者并购境内企业涉及国有产权变更的,按国家国有资产管理的有关规定办理。

(四)外国投资者并购境内金融机构的安全审查另行规定。

(五)香港特别行政区、澳门特别行政区、台湾地区的投资者进行并购,参照本通知的规定执行。

(六)并购安全审查制度自本通知发布之日起30日后实施。

国务院办公厅

2011年2月3日

2月4日

农业部就冬麦区加大抗旱春管力度启动二级应急

响应

针对当前旱情状况，按照《农业重大自然灾害突发事件应急预案》，农业部决定启动抗旱二级应急响应，加大对北方冬麦区抗旱春管的指导和支持力度。

美国财政部称中国未操纵汇率

美国财政部向国会提交的最新《国际经济和汇率政策报告》中称，美国的主要贸易伙伴国都没有操纵汇率，以获得不公平贸易优势。这份半年度报告原定去年 10 月提交国会。

报告称，自 2010 年 6 月中国重启人民币汇率形成机制改革以来，截至今年 1 月 27 日，人民币兑美元已升值 3.7%，按名义汇率计算，相当于年升幅近 6%。由于中国通胀率高于美国，经实际通胀率调整后，人民币兑美元实际升值幅度更大，中国不符合汇率操纵国的有关定义。

2 月 5 日

2010 年民营企业出口总额达 4800 多亿美元

全国工商联发布消息：2010 年，我国民营企业出口总额达 4812.66 亿美元，较 2005 年增长 223%，年均增长 26.4%。

2010 至 2011 年度“中国民营经济发展形势分析报告”说，面对愈发激烈的市场竞争和前所未有的国际金融危机冲击，我国民营企业充分利用国家一系列鼓励企业“走出去”的优惠政策，积极挺进国际市场，出现了大型企业主动“走出去”，中小企业抱团“走出去”的局面，民营经济已经成为我国对外贸易的重要主体。

2 月 6 日

中国代表团在哈萨克斯坦的阿斯塔纳和阿拉木图举行的第七届亚冬会中获得 11 金 10 银 14 铜位列奖牌榜第四

2 月 7 日

中国代表团在在土耳其埃尔祖鲁姆举行的第 25 届世界大学生冬季运动会获得 3 金 3 银 4 铜位列奖牌榜第八

2 月 8 日

中央军委发布《中国共产党军队委员会工作条例》

《中国共产党军队委员会工作条例》(以下简称《党委工作条例》)是规范军队党委工作的基本法规，是军队各级党委开展工作的基本依据。2004 年 4 月中央军委发布的《中国共产党军队委员会工作条例(试行)》，对于规范和指导各级党委工作，加强党委班子能力建设和先进性建设，发挥了重要作用。此次修订《党委工作条例》，是全面贯彻党的十七大和十七届四中、五中全会精神，进一步加强军队党的建设、规范军队各级党委工作的重要措施。

新修订的《党委工作条例》，着眼更加牢固地确立科学发展观在国防和军队建设中的重要指导方针地位，将深入贯彻落实科学发展观写入党委工作的指导思想，把研究部署学习科学发展观作为党委全委会、常委会的一项重要职责，把树立与科学发展观相符合的思想观念作为党委领导作风的重要内容作出了明确规定。新修订的《党委工作条例》，贯彻和体现了全面履行新世纪新阶段我军历史使命，提高以打赢信息化条件下局部战争能力为核心的完成多样化军事任务的能力，思想政治建设“三个确保”时代课题，以党的创新理论武装为根本加强学习型党组织建设，以思想作风建设为重点加强各级党委班子建设和建设坚强有力、奋发有为的党委班子，以及深入开展创先争优活动等重要思想。新修订的《党委工作条例》，充分体现了近年来中央军委关于加强党组织能力建设和先进性建设、干部队伍建设、作风建设、反腐倡廉建设等方面的新规定，充分吸收了近年来部队各级党委在工作实践中探索总结的成功经验和做法。

新修订的《党委工作条例》，是深入学习实践科学发展观的重要制度成果，条例的发布施行，将进一步规范军队各级党委的工作，促进军队各级党委的建设，提高党委科学决策、民主决策、依法决策水平，增强党委的创造力、凝聚力、战斗力，更好地发挥党委在推动部队建设科学发展和带领部队完成各项任务中的领导核心作用。

2 月 9 日

国务院总理温家宝主持召开国务院常务会议

会议研究部署进一步促进粮食生产的政策措施。

会议指出，保持今年粮食稳定增产，对于管理好通胀预期，稳定消费价格总水平，实现经济平稳较快增长和社会和谐稳定，具有十分重要的意义。当前我国粮食生产面临一些不容忽视的困难和问题。一是河北、河南、山东、安徽、江苏、山西、陕西、甘肃等冬小麦主产区旱情持续发展。据预测，今后一段时期，华北、黄淮地区降水仍比常年同期偏少,主要江河来水总体将继续偏枯。二是粮食生产成本不断上升,农民种粮效益下降。三是一些地方出现放松粮食生产的倾向。在粮食连续7年增产后,盲目乐观情绪有所滋长,麻痹懈怠倾向有所抬头,对保持粮食继续增产的困难和挑战估计不足。

会议决定,在近期已出台扶持政策的基础上,进一步加大对粮食生产的扶持力度。(一)扩大冬小麦抗旱浇水补助范围,补助标准仍为每亩10元。(二)实施冬小麦返青拔节弱苗施肥补助,每亩补助10元。(三)中央财政预安排农机购置补贴资金12亿元,主要用于冬小麦主产区农民购置抗旱急需的水泵、喷灌机械设备以及其他抗旱节水机具补贴,增加抗旱机具数量,提高旱区农机装备水平。(四)实施病虫专业化统防统治补助。在小麦、水稻、玉米三大粮食作物主产区的800个县和迁飞性、流行性重大病虫源头区的200个县,全面推行专业化统防统治,扶持2000个规模化的专业化服务组织,中央财政每个补助25万元。(五)实施东北水稻育秧大棚补助。中央安排5亿元资金,支持东北三省新建水稻育秧大棚20万栋。(六)实施西南西北玉米覆膜种植补助,补助面积5000万亩,每亩补助10元。(七)扩大旱区县级抗旱服务队补助范围。在原定受旱严重6省600个县级抗旱服务队设备购置补助的基础上,再增加补助旱区200个县,每县补助200万元,用于购置抗旱应急拉水车辆、移动抗旱浇地设备等。(八)加大抗旱基础设施建设力度。在先期安排受旱严重地区农村饮水安全、大型灌区续建配套与节水改造中央投资40亿元的基础上,再安排中央投资20亿元,继续用于旱区大型灌区改造骨干工程和农村饮水安全工程建设,根据需要可主要用于抗旱应急水源和灌区田间工程建设。实施上述政策,中央安排资金67亿元。(九)提高稻谷最低收购价。2011年生产的三等早籼稻、中晚籼稻、粳稻最低收购价分别提高到每50公斤102元、107元、128元,比2010年分别提高9元、10元、23元。(十)组织实施全国粮食稳定增产行动。完善产粮大县奖励政策,增加奖励资金规模。深入开展高产创建活动,扩大万亩示范片范围。增加一事一议奖励补助资金,充分发挥村级组织作用,组织农民新建和修复农业基础设施。

会议强调,经过多年的努力,我国农业基础设施有了较大的改善,国家财力物力有了较大的提高,只要各地区、各有关部门高度重视,切实将组织领导落实到位、抗旱措施落实到位、科技支撑落实到位、物资保障落实到位、资金投入落实到位,抓住时机,不违农时,调动广大农民的积极性,就一定能够战胜困难,夺取今年粮食的丰收。

中国国际专利申请跃居世界第四

总部位于瑞士日内瓦的世界知识产权组织发布报告称,在其《专利合作公约》框架下的国际专利申请数量2010年增长了4.8%,中国的专利申请量已跃居世界第四,增幅达到56.2%。

《马克思主义理论研究与学科建设年鉴(2010年卷)》出版

程恩富、侯惠勤主编的《马克思主义理论研究与学科建设年鉴(2010年卷)》由中国社会科学出版社出版。

2月10日

国家主席胡锦涛与尼日利亚联邦共和国总统乔纳森互致贺电庆祝两国建交40周年

国务院总理温家宝在北京出席全国粮食生产电视电话会议并发表讲话

温家宝指出,经过多年努力,我国农业基础设施有较大改善,粮食综合生产能力明显提高,目前粮食供给形势总体是好的,供求平衡,库存充裕,加上国家财力物力显著增强,我们有信心、有能力促进农业生产稳定发展,保障农产品特别是粮食的有效供给,保持物价总水平基本稳定。但也必须看到,粮食增产的难度在增加。粮食生产成本上升、比较效益下降,一些地方出现忽视农业、放松粮食生产的倾向。北方冬小麦主产区旱情持续发展,对今年夏粮增产构成直接威胁。必须认真研究粮食生产中存在的问题,有针对性地开展工作,立足抗大旱、抗大灾,千方百计夺取夏粮和全年农业丰收。

温家宝强调,要全面强化促进粮食和农业生产发展的各项措施。一是切实抓好抗旱工作。受旱地区和有关部门要密切关注天气变化,加强旱情、苗情、土壤墒情监测分析,采取措施减轻干旱影响,确保冬小麦顺利返青。要把抗旱浇麦补贴、抗旱机具购置补贴政策尽快落实到基层、兑现到农户,动员和组织农民适时对冬小麦进行灌溉。要加强抗旱水源调度,确保灌溉用水。保证抗旱设备、材料的供给,认真制定和落实抗旱用油、用电保障措施。妥善解决好重旱区人畜饮水困难问题,保证城市供水。

二是统筹做好春耕备耕各项工作。强化对农民的技术服务,加强冬小麦田间管理。对小麦苗情较差的地方,国家给予一定补贴,鼓励农民及时施返青拔节肥。强化农作物病虫害统防统治,提高防治效果,降低防治成本。做好种子调度和供应,引导农民种足种好春播作物。在东北地区推广水稻大棚育秧，在西北、西南地区推广玉米覆膜种植。深入开展粮棉油糖高产创建活动，切实抓好新一轮"菜篮子"工程建设。全力做好春耕化肥等农业生产资料的生产和供应工作。

三是切实加强农田水利建设。这是水利改革发展的重中之重，是提高我国农业生产能力的根本之策。要认真落实今年中央一号文件精神，加快大型灌区、重点中型灌区续建配套和节水改造，加快大中型灌溉排水泵站改造。要形成新的机制，通过政府增加补助、民办公助、以奖代补、先建后补、奖补结合等多种方式，充分调动农民积极性，吸引和鼓励农民兴办农田水利，建设抗旱设施。大力发展节水灌溉，加大节水技术推广力度，增加节水设备补贴，不断创新节水机制和节水模式。

四是加大促进粮食和农业生产发展的资金投入。财政支出重点向农业农村倾斜，预算内固定资产投资重点用于农业农村基础设施建设，土地出让收益重点投向农业土地开发、农田水利和农村基础设施建设。近期中央财政安排129亿元资金支持粮食生产和抗旱工作，各地都要继续增加支持粮食和农业生产的资金投入。

五是进一步做好粮食等农产品市场调控。提高粮食最低收购价格，继续实施主要农产品临时收储政策，保障农民从事粮食和农业生产的合理收益，努力形成务农收入稳定增长的机制。灵活运用储备、进出口等手段，完善市场调节，确保粮食等主要农产品市场平稳运行。

温家宝强调，各级政府要按照中央的要求，坚持把"三农"工作摆到重中之重的位置。越是加快工业化、城镇化进程，越要巩固和加强农业基础地位。加强农业不能停留在口号上，要切实体现到领导精力、工作部署和资金投入上，推进农业与二三产业协调发展、农村与城市共同繁荣。要细化要求、实化措施、强化监督，全面落实"米袋子"省长负责制和"菜篮子"市长负责制。受旱地区要按照抗旱条例的要求，认真落实抗旱行政首长负责制。加强部门协作，形成支持粮食和农业生产合力。

国务院副总理回良玉主持会议。国务委员马凯出席会议。

国务院各有关部委、单位的负责人出席会议。中共中央、全国人大、全国政协有关部门负责人应邀出席会议。

各省、自治区、直辖市和计划单列市政府，新疆生产建设兵团，市(地)县(市)政府，有关企业的主要负责人和其他负责人在各地分会场参加会议。

全国农村公路工作会议在北京召开

交通运输部部长李盛霖透露，"十二五"中央对农村公路建设投资将逾2000亿元，超过"十一五"投资力度，补助标准也会提高。

"十一五"我国农村公路建设成果显著。5年来，中央对农村公路建设投资达1978亿元，年均递增30%，其中车购税用于农村公路建设1623亿元，约占车购税交通专项资金总量的34.3%，中央预算资金和国债资金投入355亿元。

"十一五"全社会共计完成农村公路建设投资9500亿元，创历史纪录。

截至2010年年底，我国农村公路总里程达到345万公里，农村客运车辆达38万辆，客运线路9万条，日均发班车120万班次。

根据"十二五"规划，到2015年，我国农村公路总里程将达390万公里；农村公路管理养护体制改革落实到位，基本实现"有路必养"。

"2011年是'十二五'的开局之年，做好今年的农村公路工作具有特殊重要的意义。"冯正霖透露，2011年，中央车购税安排农村公路建设投资将超过300亿元。投资也将进一步向西部地区、"少边穷"地区倾斜，西部地区农村公路建设投资比重将占全国2/3以上。为进一步提高农村公路的抗灾能力和安全保障水平，2011年中央车购税将安排20亿元用于农村公路危桥改造，8亿元用于安保工程。

2010年海关特殊监管区进出口额增近四成

海关总署发布消息：2010年，我国海关特殊监管区域实现进出口总额3884.9亿美元，同比增长38.6%。海关特殊监管区域进出口值在我国外贸总量中所占比重已由2007年的10.9%提高到13%，成为我国外贸转型升级的重要平台。

截至目前，全国共有保税港区、综合保税区、出口加工区等海关特殊监管区域99个。近年，海关通过政策调整、功能叠加，提供通关便利，推动区内企业由单纯加工制造向研发、维修等产业链高端延伸。其中，上海海关运用信息化管理平台，实现洋山保税港区、外高桥保税区以及机场综合保税区的区间和区内货物的自由调拨。目前，已有13家地区总部、3家研发中心进驻上海外高桥保税区，推动了外贸转型升级。2010年，上海特殊监管区域进出口总值达1414.61亿美元，同比增长34.96%，占同期上海市外贸总值的39.2%。

外交部部长杨洁篪在阿布扎比与阿布扎比王储谢赫穆罕默德举行会谈

中国第七批赴苏丹(瓦乌)维和部队授勋仪式在位于苏丹南部西加扎勒河州首府瓦乌的中国维和医疗队营区内举行

联合国驻苏丹特派团(联苏团)副司令扎卡尔·侯赛因准将与中国驻苏丹武官吴树陈等向官兵们授予联合国"和平荣誉勋章"。

侯赛因在致辞中表示,中国维和部队在苏丹和平重建中扮演了重要角色。官兵们在各个领域的工作都展现了真正的职业精神和热情,为联苏团部队树立了专业、勤奋和奉献的典范。

科技部撤销国家科技进步奖获奖项目

科技部发布消息:曾获2005年国家科学技术进步奖二等奖的"涡旋压缩机设计制造关键技术研究及系列产品开发"项目,因存在严重学术不端行为,日前被科技部撤销所获奖项,收回奖励证书,追回奖金。

张楠 赵芸蕾在国际羽联公布的最新世界排名上位列混双榜首

2月11日

国务院副总理李克强在贵州考察

2月11日至13日,李克强先后来到黔南布依族苗族自治州和贵阳市,着重就进一步解决群众生产生活中的突出困难、推动西部地区经济社会又好又快发展进行调研。

考察期间,李克强充分肯定贵州经济社会发展取得的显著成绩,希望贵州进一步深化改革、扩大开放,统筹推进工业化、城镇化和农业现代化,促进经济社会全面协调可持续发展,为全面建设小康社会打下坚实基础。

全国老龄委全体会议在北京召开

国务院副总理回良玉参加会议。他指出,"十二五"期间,我国依然面临"未富先老"基本国情,人口老龄化、高龄化、空巢化将进一步加速,制定好老龄事业发展"十二五"规划,安排好当前和今后一个时期的老龄工作,是关系全局的一件大事和要事。要立足当前,着眼长远,着力推进"六个体系"建设:一要着力构筑老龄战略对策体系,强化战略思维,从物质、精神、制度和体制、机制等方面做好应对人口老龄化的全方位准备。二要着力发展老龄服务体系,培育壮大老龄服务事业和老龄服务产业,满足老年人多层次、多样化的服务需求。三要着力完善老年经济供养体系,加快推进覆盖城乡居民的社会保障体系建设,推进新型农村养老保险,解决无收入老年人的社会保障问题,扩大覆盖面。四要着力建设老年健康支持体系,大力倡导健康老龄化理念,大力发展老年文化教育事业,加快建设老年医疗服务设施,不断提高老年人生命生活质量。五要着力打造老年宜居环境体系,关注老年人的特殊需求,弘扬尊老敬老赡养老人优良传统,探索推进"老年友好城市"、"老年宜居社区"和"老年温馨家庭"试点,将老年人宜居环境建设纳入城市总体规划,打造安全、便捷的居民生活圈。六要着力完善老龄工作体系,继续坚持"党政主导、社会参与、全民关怀"工作方针,规范发展基层老龄工作机构和老年群众组织,构建齐抓共管的老龄工作格局。

回良玉强调,各地区、各有关部门务必深化认识,抓住机遇,强化领导,充分利用应对人口老龄化战略研究成果,完善政策,落实措施,努力提高整体推进老龄事业的战略决策能力,积极探索多元长效的老龄事业投入机制,加快建立有效的老龄事业监管、激励机制,进一步提高老龄工作机构履职能力,不断提升管理服务水平,切实保障老龄事业发展"十二五"规划的顺利实施。

会议审议通过了《中国老龄事业发展"十二五"规划》。国家应对人口老龄化战略研究专家委员会主任蒋正华介绍了战略研究进展情况。全国老龄工作委员会成员单位负责人出席会议。

中国南南卫生合作研究联盟正式成立

中国南南卫生合作研究联盟在今天召开的"第二届中非卫生合作国际研讨会"上正式成立,以增强中国与南部国家卫生领域的交流与合作,持续提升中国在国际社会尤其是南南合作中的作用。

全国人大常委会副委员长韩启德出席会议,宣布中国南南卫生合作研究联盟成立。联盟旨在整合各相关机构优势,建立良好沟通渠道及资源共享机制,推动中国全球卫生、南南合作等相关领域学术研究。

2月12日

中共中央决定任命盛光祖为铁道部党组书记 免去刘志军的铁道部党组书记职务

外交部发言人马朝旭就日方钓鱼岛"撞船事件"提出所谓赔偿要求答记者问

有记者问,据报道,日本海上保安厅近日就钓鱼岛"撞船事件"向中方船长提出赔偿要求。中方对此有何回应?

马朝旭说,钓鱼岛及其附属岛屿自古以来就是中国的固有领土。日方应该深刻反省其在此事件中的行为,无权提出所谓的赔偿要求。

《中华人民共和国学位条例》实施30周年纪念大会在北京举行

中共中央政治局委员、国务委员、国务院学位委员会主任委员刘延东出席会议。

刘延东指出,坚持中国特色学位与研究生教育发展之路是我国学位制度的根本方向,与时俱进、改革创新是学位与研究生教育的动力之源,积极提升质量水平是学位与研究生教育的核心任务,加强法制建设是学位与研究生教育改革发展的重要保障,虚心学习、开放包容是中国特色学位制度应有的胸怀。

刘延东强调,要坚持"完善制度、提高质量,科教结合、支撑创新,适应要求、引领未来"的基本思路,围绕国家经济社会发展大局,瞄准世界科技前沿和国家战略需求,丰富和完善学位制度;坚持质量第一,深入推进培养模式和招生制度改革,实行以科学研究为主导的导师负责制,形成符合人才成长规律、富有活力的研究生培养机制;促进科技发展与人才培养有机结合,为提升自主创新和区域发展能力提供人才智力支持;注重科学精神和人文素质培养,加强科研诚信和学术道德建设,培育优良的大学文化和学风;加大投入保障力度,确保研究生教育可持续发展;开展广泛深入的对外交流合作,提升研究生教育的国际化水平。

中央、国家机关有关负责同志,历任学位委员会委员代表,各省(区、市)、高校代表等共约300人参加会议。

国家食品药品监督管理局发出《药品生产质量管理规范(2010年修订)》(简称药品GMP)

新版药品GMP加强了药品生产质量管理体系建设,强化药品生产关键环节的控制和管理;全面强化了从业人员的素质要求,细化了操作规程、生产记录等文件管理规定,增加了指导性和可操作性。新《规范》还进一步完善了药品安全保障措施,引入了质量风险管理的概念,主动防范质量事故的发生,并且提高了无菌制剂生产环境标准,增加了生产环境在线监测要求,提高无菌药品的质量保证水平。新版药品GMP达到了与世界卫生组织药品GMP的一致性。

2月13日

中国选手在国际乒联职业巡回赛卡塔尔站包揽4项冠军

王励勤/许昕以4:2战胜队友马琳/张继科,夺得男子双打冠军;郭跃/李晓霞以4:1战胜队友丁宁/郭焱,夺得女双冠军;刘诗雯以4:2战胜队友丁宁,获得女单冠军;许昕以4:0战胜德国选手波尔,夺得男单冠军。

国办发布《医药卫生体制五项重点改革2011年度主要工作安排》

各省、自治区、直辖市人民政府,国务院有关部门:

《医药卫生体制五项重点改革2011年度主要工作安排》(以下简称《工作安排》)已经国务院同意,现印发给你们,请结合实际,认真组织实施。

2011年是"十二五"规划的开局之年,也是完成医药卫生体制五项重点改革三年任务的攻坚之年,各地区、各有关部门要继续认真落实"保基本、强基层、建机制"的要求,坚定信心,加强领导,明确责任,攻坚克难,强化考核,狠抓落实。地方各级政府主要负责同志是本地区医改工作第一责任人,要对本地区医改任务完成情况负总责;各牵头部门要对牵头任务全国范围内的完成情况负总责,各有关方面要相互支持,密切配合,确保完成医改各项任务。

国务院办公厅

2011年2月13日

医药卫生体制五项重点改革2011年度主要工作安排

为明确任务目标,落实工作责任,扎实推进改革,现提出医药卫生体制五项重点改革2011年度主要工作安排如下:

一、总体要求

深入贯彻落实《中共中央 国务院关于深化医药卫生体制改革的意见》(中发〔2009〕6号)和《国务院关于印发医药卫生体制改革近期重点实施方案(2009—2011年)的通知》(国发〔2009〕12号)精神,继续围绕"保基本、强基层、建机制",统筹推进医药卫生体制五项重点改革。确保基本医疗保障制度覆盖城乡居民,保障水平显著提高;确保国家基本药物制度基层全覆盖,基层医疗卫生机构综合改革全面推开,新的运行机制基本建立;确保基层医疗卫生服务体系建设任务全面完成,服务能力明显增强;确保基本公共卫生服务和重大公共卫生服务项目有效提供,均等化水平进一步提高;公立医院改革试点不断深化,体制机制综合改革取得实质性进展,便民惠民措施普遍得到推广。中医药服务能力和水平进一步提高。医疗费用过快增长得到进一步控制。医药卫生体制改革近三年重点任务基本完成,为下一步深化改革奠定坚实基础。

二、工作任务

(一)加快推进基本医疗保障制度建设。

1. 巩固扩大基本医疗保障覆盖面,基本实现全民医保。

(1)职工基本医疗保险(以下简称职工医保)、城镇居民基本医疗保险(以下简称城镇居民医保)参保人数达到4.4亿,参保率均提高到90%以上。妥善解决关闭破产企业退休人员和困难企业职工参保问题。将在校大学生全部纳入城镇居民医保范围。积极推进非公有制经济组织从业人员、灵活就业人员和农民工参加职工医保。促进失业人员参保。落实灵活就业人员、未建立劳动关系的农民工等人员选择性参保的政策。(人力资源社会保障部、教育部、国资委、财政部负责)

(2)进一步巩固新型农村合作医疗(以下简称新农合)覆盖面,参合率继续稳定在90%以上。(卫生部负责)

2. 全面提升基本医疗保障水平,增强保障能力。

(1)进一步提高筹资标准,政府对新农合和城镇居民医保补助标准均提高到每人每年200元,适当提高个人缴费标准。(财政部、卫生部、人力资源社会保障部负责)

(2)扩大门诊统筹实施范围,普遍开展城镇居民医保、新农合门诊统筹,将基层医疗卫生机构使用的医保目录内药品和收取的一般诊疗费按规定纳入支付范围;积极探索职工医保门诊统筹。(人力资源社会保障部、卫生部分别负责)

(3)明显提高保障水平。城镇居民医保、新农合政策范围内住院费用支付比例力争达到70%左右。所有统筹地区职工医保、城镇居民医保和新农合政策范围内统筹基金最高支付限额分别达到当地职工年平均工资、当地居民年可支配收入和全国农民年人均纯收入的6倍以上,且均不低于5万元。(人力资源社会保障部、卫生部分别负责)

(4)积极开展提高重大疾病医疗保障水平试点,以省(区、市)为单位推开提高儿童白血病、先天性心脏病保障水平的试点,并在总结评估基础上增加试点病种,扩大试点地区范围。抓紧研究从医保、救助等方面对艾滋病病人机会性感染治疗给予必要支持的政策措施。(卫生部、人力资源社会保障部、民政部、财政部负责)

(5)全面提高医疗救助水平。资助困难人群参保,资助范围从低保对象、五保户扩大到低收入重病患者、重度残疾人、低收入家庭老年人等特殊困难群体。开展门诊救助。逐步降低、取消医疗救助起付线,政策范围内住院自付费用救助比例原则上不低于50%。探索开展特重大疾病救助试点。鼓励社会力量向医疗救助慈善捐赠,拓宽筹资渠道。(民政部、卫生部、人力资源社会保障部负责)

3. 提高基本医疗保障经办管理水平,方便群众就医结算。

(1)继续推广就医"一卡通"等办法,基本实现参保人员统筹区域内医疗费用即时结算(或结报,下同)。加强异地就医结算能力建设,开展省(区、市)内异地就医即时结算,探索以异地安置的退休人员为重点的就地就医、就地即时结算。做好农民工等流动就业人员基本医疗保险关系转移接续工作,研究缴费年限累计计算相关问题。(人力资源社会保障部、卫生部、发展改革委、财政部负责)

(2)加强医疗保障基金收支预算管理,建立基金运行分析和风险预警制度,控制基金结余,提高使用效率。职工医保和城镇居民医保基金结余过多的地区要把结余逐步降到合理水平;新农合统筹基金当年结余率控制在15%以内,累计结余不超过当年统筹基金的25%。基金当期收不抵支的地区要采取切实有效措施确保基金平稳运行。(人力资源社会保障部、卫生部、财政部分别负责)

(3)发挥医疗保障对医疗服务供需双方的引导和对医药费用的制约作用。对到基层医疗卫生机构就诊的,在医保支付比例上给予倾斜。改革医疗保险支付方式,大力推行按人头付费、按病种付费、总额预付。积极探索建立医保经办机构与医疗机构、药品供应商的谈判机制。(人力资源社会保障部、卫生部、发展改革委负责)

(4)加强医疗保险对医疗服务的监管。强化定点医疗机构和定点零售药店动态管理,建立完善医疗保险诚信等级评价制度,推行定点医疗机构分级管理,进一步规范定点医疗机构和定点药店的服务行为。研究逐步将医保对医疗机构医疗服务的监管延伸到对医务人员医疗服务行为的监管。依法加大对欺诈骗保行为的处罚力度。(人力资源社会保障部、卫生部分别负责)

(5)职工医保、城镇居民医保基本实现市(地)级统筹,鼓励地方探索省级统筹。有条件的地区进一步提高新农合统筹层次。加快推进基本医疗保障城乡统筹,稳步推进经办管理资源整合。做好各项基本医疗保障制度政策和管理的衔接,实现信息共享,避免重复参保。积极探索委托具有资质的商业保险机构经办各类医疗保障管理服务。(人力资源社会保障部、卫生部、财政部、民政部、保监会分别负责)

(6)支持商业健康保险发展,鼓励企业和个人通过参加商业保险及多种形式的补充保险解决基本医疗保障之外的需求。(保监会、人力资源社会保障部、卫生部负责)

(二)初步建立国家基本药物制度。

全面贯彻落实《国务院办公厅关于印发建立和规

范政府办基层医疗卫生机构基本药物采购机制指导意见的通知》(国办发〔2010〕56号)和《国务院办公厅关于建立健全基层医疗卫生机构补偿机制的意见》(国办发〔2010〕62号),按照全覆盖、建机制的要求,建立规范基本药物采购机制,推进基层医疗卫生机构综合改革,实现新旧机制平稳转换。

4. 扩大国家基本药物制度实施范围,实现基层全覆盖。

(1)扩大基本药物制度实施范围,在所有政府办基层医疗卫生机构实施国家基本药物制度,实行药品零差率销售。(发展改革委、卫生部负责)

(2)研究完善国家基本药物目录(基层使用部分),规范各省(区、市)药品增补,兼顾成人和儿童用药需要,更好地适应基层基本用药需求。同步落实基本药物医保支付政策。(卫生部、人力资源社会保障部负责)

5. 建立规范基本药物采购机制,重塑基层药品供应保障体系。

(1)对实施基本药物制度的政府办基层医疗卫生机构使用的基本药物(包括各省区市增补品种)实行以省(区、市)为单位集中采购、统一配送,确保基本药物安全有效、品质良好、价格合理、供应及时。(卫生部负责)

(2)编制基本药物集中采购计划,确定基本药物采购的具体剂型、规格、质量要求,明确采购数量,并实行量价挂钩。暂无法确定采购数量的省(区、市)通过单一货源承诺的方式进行采购。(卫生部负责)

(3)坚持质量优先、价格合理,鼓励各地采用“双信封”的招标制度,只有经济技术标书评审合格的企业才能进入商务标书评审,商务标书评审由价格最低者中标。(卫生部负责)

(4)实行招标采购结合,签订购销合同。采购机构受基层医疗卫生机构授权或委托与药品供货企业签订购销合同并负责合同执行,对各基层医疗卫生机构基本药物货款进行统一支付,原则上从交货验收合格到付款不得超过30日。(卫生部负责)

(5)建立完善基本药物指导价格动态调整机制,对基本药物零售指导价进行分类管理,对基本药物中的独家品种和经多次集中采购价格已基本稳定且供应充足的品种探索实行国家统一定价。(发展改革委负责)

(6)制定完善基本药物基层配备使用政策,确保政府办基层医疗卫生机构全部配备使用基本药物。(卫生部负责)

(7)保障基本药物生产供应。由供货企业自主选择经营企业进行配送或自行配送。鼓励发展现代物流等多种手段,提高配送效率。推动药品生产流通企业优化结构,实现规模经营。(卫生部、工业和信息化部、商务部负责)

(8)全面推行国家基本药物质量新标准。加强基本药物监管,加快信息化体系建设,对基本药物进行全品种覆盖抽验和全品种电子监管,提升对基本药物从生产到流通全过程追溯的能力。(食品药品监管局负责)

6. 全面推进基层医疗卫生机构综合改革,建立新的运行机制。

(1)调整基层医疗卫生机构收费项目和医保支付政策,将基层医疗卫生机构原挂号费、诊查费、注射费以及药事服务成本合并为一般诊疗费。合理制定调整一般诊疗费收费标准,并在不增加群众现有个人负担的前提下,合理确定医保支付比例。(发展改革委、人力资源社会保障部、卫生部分别负责)

(2)建立基层医疗卫生机构稳定长效的多渠道补偿机制。落实政府对基层医疗卫生机构的专项补助以及经常性收支差额的补助,具备条件的地区可以实行“收支两条线”。(财政部、卫生部负责)

(3)完善编制管理。加快完成基层医疗卫生机构人员编制标准的制定工作。创新机构编制管理方式,以县(市、区)为单位实行人员编制总量控制、统筹安排、动态调整。(中央编办、卫生部、人力资源社会保障部、财政部负责)

(4)深化人事制度改革。推动各地实行定编定岗,全面建立人员聘用制度和岗位管理制度,实行按需设岗、竞聘上岗、按岗聘用、合同管理,建立绩效考核、优胜劣汰、能上能下、能进能出的用人机制。完成基层医务人员竞聘上岗,各地结合实际妥善分流安置未聘人员,确保社会稳定。(人力资源社会保障部、卫生部负责)

(5)健全绩效考核机制,根据工作数量、质量和服务对象满意度、居民健康状况改善等指标,对基层医疗卫生机构及医务人员进行综合量化考核,考核结果与基层医疗卫生机构补助和医务人员收入水平挂钩。(卫生部、财政部、人力资源社会保障部负责)

(6)完善分配激励机制。全面落实绩效工资,保障基层医务人员合理收入水平不降低。坚持多劳多得、优绩优酬,适当拉开医务人员收入差距,并向关键岗位、业务骨干和作出突出贡献的人员重点倾斜,调动医务人员积极性。(人力资源社会保障部、财政部、卫生部负责)

(7)鼓励有条件的地区将村卫生室和非政府举办的基层医疗卫生机构纳入基本药物制度实施范围,通过购买服务等方式进行合理补偿。落实对村医的补助和扶持政策。(卫生部、财政部、人力资源社会保障部负责)

(8)中央财政继续通过以奖代补的办法对各地实

施国家基本药物制度和基层医疗卫生机构综合改革给予奖励补助。(财政部、卫生部、发展改革委负责)

(三)健全基层医疗卫生服务体系。

7. 继续加强基层医疗卫生机构建设,提升基层服务能力。

(1)完成农村三级卫生服务网络和城市社区卫生服务机构建设任务,在前两年支持建设的基础上再支持300所以上县级医院(含中医院,下同)、1000所以上中心乡镇卫生院和13000个以上村卫生室建设,使每个县至少有1所县级医院基本达到二级甲等水平、有1—3所达标的中心乡镇卫生院,每个行政村都有卫生室,每个街道都有社区卫生服务机构。为中西部边远地区、山区配置流动巡回医疗服务车。(发展改革委、卫生部负责)

(2)在整合资源的基础上推进基层医疗卫生机构信息化建设,以省(区、市)为单位建立涵盖基本药物供应使用、居民健康管理、绩效考核等基本功能的基层医疗卫生管理信息系统,并与医保信息系统有效衔接,提高基层规范化服务水平。(发展改革委、卫生部、人力资源社会保障部负责)

8. 加强以全科医生为重点的基层医疗卫生队伍建设,大力培养适宜人才。

(1)出台建立全科医生制度的文件,开展全科医生规范化培训,完善和落实鼓励全科医生长期在基层服务的政策,努力从体制机制上解决基层医疗卫生人才不足的问题。(发展改革委、卫生部、教育部、财政部、人力资源社会保障部负责)

(2)为中西部地区乡镇卫生院和基层部队招收5000名以上定向免费医学生,累计招收超过1万名。(卫生部、教育部、人力资源社会保障部、总后勤部卫生部、财政部负责)

(3)安排1.5万名基层医疗卫生机构在岗人员进行全科医生转岗培训,累计培训人员达到3万名。(卫生部、财政部、人力资源社会保障部负责)

(4)鼓励和引导医疗卫生人才到基层服务,加大乡镇卫生院执业医师招聘力度,为乡镇卫生院和村卫生室培训医疗卫生人员12万人次和46万人次,继续开展城市社区卫生服务机构医疗卫生人员培训。(卫生部、人力资源社会保障部、财政部负责)

(5)制定并实施全科医生临床培养基地建设方案,重点支持100个左右全科医生临床培训基地建设。(发展改革委、卫生部、教育部负责)

9. 转变基层医疗卫生机构服务模式,提高服务质量和效率。

(1)鼓励基层医疗卫生机构开展主动服务、上门服务和巡回医疗。鼓励有条件的地区积极建立全科医生团队,推进家庭签约医生服务,为辖区居民提供方便、连续的健康管理服务。鼓励基层医疗卫生机构提供中医药等适宜技术和服务。(卫生部负责)

(2)大力推行院长(主任)负责制,落实管理责任,提高管理效率。结合基层医疗卫生机构信息化建设,推行规范化、精细化管理,运用基本药物临床应用指南和处方集,规范基层用药和医疗行为,控制基层门诊输液和抗生素、激素使用。(卫生部负责)

(3)明显提高乡镇卫生院和社区卫生服务机构门诊量占医疗卫生机构门诊总量的比例。(卫生部、发展改革委、财政部、人力资源社会保障部负责)

(四)促进基本公共卫生服务逐步均等化。

10. 全面开展9类基本公共卫生服务,提高居民健康素质。

(1)拓展和深化基本公共卫生服务内容,扩大服务人群,提高服务质量,2011年人均基本公共卫生服务经费标准提高到25元。(卫生部、财政部负责)

(2)完善并严格执行9类国家基本公共卫生服务项目服务标准、操作规范和考核办法,提高服务水平。城乡居民健康档案规范化电子建档率达到50%左右。进一步提高儿童保健、孕产妇保健等基本公共卫生服务的质量。做好农民工基本公共卫生服务。为65岁及以上老年人每年进行健康危险因素调查和体格检查。高血压、糖尿病管理人数分别提高到4500万人、1500万人以上。发现的重性精神疾病患者全部纳入管理。(卫生部、财政部负责)

(3)完善基层健康宣传网络。通过互联网等多种渠道开展健康宣传教育,普及健康知识,积极倡导健康的生活方式,促进全民健康素质的提高。(卫生部负责)

11. 完成重大公共卫生服务项目,落实预防为主方针。

(1)继续对15岁以下的人群补种乙肝疫苗,2011年再补种626万人左右,全面完成补种任务。(卫生部负责)

(2)在前两年工作基础上,再完成适龄妇女宫颈癌检查400万人,乳腺癌检查40万人。农村孕产妇住院分娩率达到95%以上;继续开展农村生育妇女免费补服叶酸。(卫生部负责)

(3)为45万例贫困白内障患者免费开展复明手术,累计完成100万例。(卫生部负责)

(4)在前两年工作基础上,累计完成163万户燃煤污染型氟中毒病区改炉改灶任务。(卫生部负责)

(5)在前两年工作基础上,累计完成1128万户无害化卫生厕所建设任务。(卫生部负责)

(6)继续实施艾滋病母婴传播阻断项目。(卫生部负责)

12. 加强专业公共卫生服务能力建设，提高服务可及性。

（1）启动卫生监督体系建设和发展规划，支持中西部地区2100所以上县级卫生监督机构建设。（发展改革委、卫生部负责）

（2）全面实施精神卫生防治体系建设与发展规划，国家重点支持430所左右精神卫生专业机构建设。（发展改革委、卫生部、民政部负责）

（3）依托县级医院建立县域内农村院前急救体系，重点支持800个左右的县配置必要的救护车和指挥系统，同步建立体现公益性的运行机制。（发展改革委、卫生部负责）

（4）落实传染病医院、鼠防机构、血防机构和其他疾病预防控制机构从事高风险岗位工作人员的待遇政策。（卫生部、财政部、人力资源社会保障部负责）

（五）积极稳妥地推进公立医院改革。

按照上下联动、内增活力、外加推力的原则，积极推进公立医院改革试点，着力创新体制机制。同时，在全国范围内大力推广行之有效的便民惠民措施，提高公立医院的服务质量和运行效率。

13. 不断深化体制机制改革试点，形成公立医院综合改革经验。

加大公立医院（含国有企业医院）改革试点力度，力争形成公立医院改革的基本路子。在16个国家联系的公立医院改革试点城市和省级试点城市加快推进综合改革，鼓励在政事分开、管办分开、医药分开、营利和非营利分开等重点难点问题上大胆探索。探索建立高效的公立医院管理体制，形成规范化的公立医院法人治理结构，积极推进现代医院管理制度。深化人事制度改革，健全聘用和岗位管理制度，形成能进能出、能上能下的用人机制，完善以服务质量和效率为核心、能充分调动医务人员积极性的绩效考核和分配激励机制。改革公立医院补偿机制，落实政府投入政策，完善医药价格机制。（卫生部、发展改革委、人力资源社会保障部、财政部、中央编办、国资委负责）

14. 深化公立医院与基层医疗卫生机构的分工协作机制，提高医疗体系整体效率。

（1）着力提高县级医院服务能力，使县级医院成为县域内医疗卫生中心，带动乡村共同提高医疗卫生服务水平。积极推进县级医院综合改革，形成维护公益性、调动积极性的高效运行机制。（卫生部、发展改革委、财政部负责）

（2）进一步巩固和深化三级医院对口支援县级医院长期合作帮扶机制。重点帮助县级医院加强人才培养和能力建设，全国安排6000名县级医院医务骨干人员到三级医院进修学习。三级医院与对口的县级医院建立远程医疗系统。（卫生部、财政部负责）

（3）鼓励各地采取多种方式建立基层医疗卫生机构与县级及其以上医疗机构合作的激励机制，引导有资历的医师到基层医疗卫生机构开展执业活动。探索建立长期稳定、制度化的协作机制，逐步形成基层首诊、分级医疗、双向转诊的服务模式。组建医疗小分队，为边远地区提供巡回医疗服务。（卫生部、人力资源社会保障部负责）

15. 以病人为中心完善公立医院内部运行机制，方便群众就医。

（1）完善预约诊疗制度，所有三级医院实行预约诊疗服务。优化门诊诊疗流程，实行错峰、分时段诊疗，全面推广叫号服务，合并挂号、收费、取药等服务窗口，简化就医手续，缩短群众候诊时间。推行双休日和节假日门诊。广泛开展优质护理服务。（卫生部负责）

（2）制定并落实控制医药费用过快增长的政策措施。规范公立医院临床检查、诊断、治疗、使用药物和植（介）入类医疗器械行为，对医疗、用药行为全过程跟踪监管，鼓励公立医院优先使用基本药物和适宜技术。加强公立医院财务管理和成本核算。完善医用设备和医用耗材管理、采购和价格等政策，政府投资购置的公立医院大型设备按扣除折旧后的成本制定检查价格，降低检查费用；以省（区、市）为单位逐步推开植（介）入类医用耗材实行集中招标采购。加大对开“大处方”行为的查处力度。合理调整医疗技术服务价格，开展按病种等收费方式改革试点。研究对新进入医保目录药品制定统一价格，作为医疗保险的报销计费依据，超过部分由个人支付。（卫生部、发展改革委、财政部、人力资源社会保障部分别负责）

（3）以公立医院改革试点城市为重点开展临床路径管理，研究制定适应基本医疗需求的临床路径，累计达到300种，覆盖绝大多数常见病、多发病。推行电子病历，利用信息化手段加强医疗行为管理。（卫生部、人力资源社会保障部、发展改革委、财政部负责）

（4）加强和完善医疗服务监督机制。发挥卫生行政部门全行业监管职能，加强对医疗服务行为和质量的监管。强化行业自律和医德医风建设，坚决治理医疗领域的商业贿赂，加大对违法违规行为的惩处力度。健全多方参与的社会监督机制。（卫生部负责）

16. 加强卫生人才队伍建设，调动医务人员积极性。

（1）完善住院医师规范化培训的制度框架、培训模式和政策体系，开展住院医师规范化培训。支持临床重点专科建设，对公立和非公立医院一视同仁。（卫生部、人力资源社会保障部、财政部、教育部负责）

（2）制定执业医师多点执业的规范性文件，放宽执业医师多点执业试点条件，增加执业地点数量，将试点范围扩大到所有有条件的城市。鼓励卫生专业技术人才在公立和非公立医疗机构间合理流动。（卫生部、人力资源社会保障部负责）

(3)保障医疗卫生人员合理待遇，建立和推行改善执业环境的长效机制。（卫生部、人力资源社会保障部负责）

17.鼓励和引导社会资本举办医疗机构，加快形成多元办医格局。

(1)出台强化区域卫生规划工作的指导意见，指导各地完善区域卫生规划和医疗机构设置规划，严格控制公立医院建设规模、标准和贷款行为，新增或调整医疗卫生资源在符合准入标准的条件下优先考虑社会资本。指导公立医院改革试点地区开展公立医院布局与结构调整工作，及时总结试点经验。研究制定公立医院改制的范围和办法，稳妥推进公立医院改制。（卫生部、发展改革委、财政部、人力资源社会保障部负责）

(2)抓紧清理和修订相关规章和办法，制定和完善实施细则和配套文件，落实鼓励和引导社会资本举办医疗机构的政策，促进非公立医疗机构发展。鼓励社会资本举办普通医疗机构，支持社会资本举办高端医疗机构，控制公立医院开展特需服务的比例。（卫生部、商务部负责）

三、保障措施

2011年度医改工作的实施时间为2011年2月到2012年2月。各地区、各有关部门要切实加强领导，精心组织实施，强化督促检查，将医改实施情况纳入政绩考核，确保如期完成各项改革任务。

（一）建立目标责任制。

国务院医改办公室将继续与各省（区、市）医改领导小组签订责任状。牵头部门对牵头任务全国范围内的完成情况负总责，要及时将任务分解到各地，制定进度计划，加强督促指导。地方各级政府主要负责同志是本地区医改工作第一责任人，对本地区医改任务完成情况负总责，分管负责同志要具体负责、亲自抓。各有关部门、各省（区、市）要层层分解任务，层层落实责任，2011年2月底前完成各项任务分解，作出具体安排。要督促县级政府实行包干负责制，按照"一人一院（中心）"的要求确定干部包干负责基层医疗卫生机构综合改革。

（二）强化财力保障。

各级政府要将2011年医改任务所需资金纳入财政预算，确保按时足额拨付到位。要重点落实基层医疗卫生机构补偿政策，确保基本药物制度和基层综合改革顺利推进，按确定的任务和进度尽早将基本公共卫生服务经费和重大公共卫生服务专项经费拨付到基层医疗卫生机构。要建立政府投入长效机制，完善政府投入方式，提高资金使用效益，将医改任务完成情况（特别是基层医疗卫生机构综合改革情况）和绩效考核结果与财政补助安排挂钩。

（三）严格绩效考核。

国务院医改办公室会同有关部门要进一步加强对各地医改进展情况和效果的监测评估，建立严格的绩效考核机制，每月对各地工作情况进行汇总通报，每季度进行进度考核，年终对医改三年目标任务完成情况进行全面评估。要建立定期督导机制，每季度开展一次全国范围内的集中督导检查。

（四）加强宣传引导。

要继续加强对医改政策的培训，增强各有关方面的政策执行力。要坚持正确的舆论导向，调动各方参与和推进医改的积极性、主动性和创造性。要及时公布医改工作进展，主动接受新闻媒体和社会各界的监督，解答社会各界关心的问题。要加强正面引导，统一思想，凝聚共识，为深化改革创造良好的舆论氛围和社会环境。

施雅风逝世

2月13日18时，中科院院士、我国现代冰川研究的开拓者和奠基人施雅风先生因病医治无效在江苏逝世，享年93岁。

2月14日

中共中央总书记胡锦涛在人民大会堂会见全国党的建设研究会第五次会员代表大会代表

中央纪委书记贺国强，中宣部部长刘云山，中组部部长李源潮，中央纪委副书记何勇，中央办公厅主任令计划，中央政策研究室主任王沪宁参加会见。

李源潮出席大会并讲话。他指出，全国党的建设研究会要按照党中央的部署和要求，团结带领广大党建研究工作者解放思想、求真务实、积极探索，不断提高党建研究能力和水平。要把握正确方向、坚持与时俱进，加强党建理论研究和创新，为提高党的建设科学化水平服务。要以改革创新精神加强党建研究会自身建设，凝聚和造就高素质党建研究工作者队伍。

这次全国党的建设研究会会员代表大会修订了研究会章程，选举产生了新一届理事会，部署了今后的工作。

国家主席胡锦涛在人民大会堂接受6国新任驻华大使递交的国书

这6位驻华大使分别是：赤道几内亚驻华大使姆

巴、科威特驻华大使祖维赫、朝鲜驻华大使池在龙、智利驻华大使施密特、厄瓜多尔驻华大使阿里萨加和阿尔及利亚驻华大使拉贝希。

中办 国办发出《关于进一步加强新形势下农村精神文明建设工作的意见》

《关于进一步加强新形势下农村精神文明建设工作的意见》(以下简称《意见》)指出,农村精神文明建设是社会主义精神文明建设的重要组成部分,是社会主义新农村建设的重要内容。在新形势下,要高举中国特色社会主义伟大旗帜,以邓小平理论和"三个代表"重要思想为指导,深入贯彻落实科学发展观,紧紧抓住社会主义核心价值体系建设这个根本,按照社会主义新农村建设"生产发展、生活宽裕、乡风文明、村容整洁、管理民主"的总体要求,突出抓好群众性精神文明创建活动,着力培育新农民、倡导新风尚、发展新文化,着力提高农民思想道德文化素质和农村社会文明程度,推动农村精神文明建设迈上新台阶,为建设社会主义新农村、促进农村经济社会又好又快发展提供思想保证、精神动力和文化环境。

《意见》指出,要扎实开展群众性精神文明创建活动,加快提升农村社会文明程度。大力推进文明村镇创建,制定村镇发展规划,加快基础设施建设,加强农村自然历史文化风貌保护,开展群众性爱国卫生运动,实施农村清洁工程,推动村庄美化、环境净化。深化文明生态村、文明小康村等创建工作。加强农村文明社区、文明集市建设,努力营造管理民主、服务完善、文明祥和的社区环境和依法经营、诚实守信、整洁有序的市场环境。制定完善乡规民约,引导农民自我教育、自我管理,培育文明乡风。大力加强农村科普工作,开展民主法制宣传教育,深入推进平安村镇建设,依法查处封建迷信、黄赌毒、非法宗教等活动,切实维护农村社会稳定。深入开展城乡共创活动,有效整合城市、行业、单位和农村的创建资源,加大城乡共建力度,建设更多的文明县城、文明小城镇。高度重视解决农民工精神文化需求问题,鼓励农民工较多的企业与务工地共同开展创建活动。积极开展农村志愿服务活动,帮助孤寡老人、残疾人和留守妇女、留守儿童解决生活困难。开展科技志愿服务,向农民传授实用生产技术、职业技能,帮助提高增收致富能力。

《意见》指出,要不断丰富广大农民的精神文化生活,广泛开展各种形式的群众文化活动,深入进行共产党好、社会主义好、改革开放好、伟大祖国好、各族人民好的宣传教育。利用重要传统节日开展节日民俗、文化娱乐活动,弘扬中华民族优秀文化传统。紧密结合文明村镇、文明户创建实际,积极发展农村特色文化。实施乡土文化品牌战略,培养一批农村文化能人、文化经纪人,培育一批有品牌、有市场的农村文化企业,打造一批有影响力的文化名镇、名村。重视对婚丧嫁娶等民间习俗的引导,倡导科学文明、移风易俗,传播现代文明风尚。加强农村公共文化服务体系建设,兴办更多符合农民需要的文化服务网点,努力为农民提供更多更好的精神文化产品和服务。加强农村思想文化阵地建设,继续实施广播电视村村通、乡镇综合文化站、文化信息资源共享、农村电影放映、农家书屋等重点文化惠民工程,整合利用现有文化设施和资源,不断拓展农村精神文明建设的阵地与渠道。

《意见》强调,各级党委、政府要高度重视农村精神文明建设工作,始终坚持两手抓、两手都要硬的方针,把加强农村精神文明建设与转变农村经济发展方式、加快农民致富步伐结合起来,与学习型党组织建设和创先争优活动结合起来,列入经济社会发展总体规划,纳入科学发展考核评价体系,作为领导干部工作实绩考核的重要内容。增加农村精神文明建设工作的投入,扩大公共财政覆盖农村的范围,并向边远、贫困和民族地区倾斜。加大城市对农村精神文明建设的支持力度,组织开展结对共建活动。加强农村基层工作队伍建设,发挥乡镇党委宣传委员和大学生村官、文化协管员在农村精神文明建设工作中的重要作用。各地区各有关部门和单位要担负起重要职责、发挥自身优势,推动农村精神文明建设各项任务落到实处,形成全党全社会共同关心支持农村精神文明建设的新局面。

江苏省第十一届人民代表大会第四次会议补选罗志军为省人大常委会主任 李学勇为省长

2011 年全国医疗管理工作会议在北京召开

会议深入贯彻落实科学发展观和中央经济工作会议精神,落实 2011 年全国卫生工作会议部署,回顾、总结"十一五"时期和 2010 年全国医政管理、医疗服务监管工作,交流各地医疗管理工作先进经验,部署 2011 年公立医院改革试点任务,统筹安排全国医政工作和医疗服务监管工作。

卫生部副部长马晓伟出席会议并作重要讲话。

2月15日

国家主席胡锦涛在人民大会堂接受 6 位新任驻华大使递交的国书

这 6 位驻华大使分别是:马耳他驻华大使卡萨、东帝汶驻华大使张芬霞、意大利驻华大使严农祺、立陶宛驻华大使安塔纳维切涅、埃塞俄比亚驻华大使塞尤姆和欧盟驻华代表团团长艾德和。

《人民日报》发表评论员文章《推动农村精神文明建设迈上新台阶》

近年来,随着我国社会主义新农村建设的不断推进,广大农民的物质生活水平得到快速提升。物质文明的发展进步带来了广大农民精神面貌的新变化,也对农村精神文明建设提出了新任务、新要求。为了适应当前社会主义新农村建设的新形势、新特点,日前,中共中央办公厅、国务院办公厅印发了《关于进一步加强新形势下农村精神文明建设工作的意见》,对农村精神文明建设工作作出了新部署、提出了新要求。

农村精神文明建设是社会主义精神文明建设的重要组成部分,是社会主义新农村建设的重要内容。一方面,社会主义精神文明建设的根本任务是提高整个中华民族的思想道德素质和科学文化素质。占我国人口大多数的农民文明素质的提高,直接决定着这一根本任务的实现。另一方面,建设社会主义新农村是推动国家经济建设、政治建设、文化建设、社会建设协调发展的系统工程。只有农民群众的思想、文化、道德水平不断提高,崇尚文明、崇尚科学,形成家庭和睦、民风淳朴、互助合作、稳定和谐的良好社会氛围,教育、文化、卫生、体育事业蓬勃发展,新农村建设才是全面的、完整的。

新形势下,农业发展的基础地位进一步增强,农村改革发展的任务依然繁重,农民精神文化生活的需求不断提高,对农村精神文明建设提出了新的要求。农村精神文明建设的加强,有利于提高农民的科技知识水平,加速先进农业技术和农业机械设备的推广,加速农业的现代化进程;有利于形成依法经营、诚实守信、整洁有序的市场环境,落实好扩大内需的经济政策;有利于普及民主法制观念,稳步有序推进基层民主建设;有利于营造管理民主、服务完善、文明祥和的社区环境,提升农村社会的和谐稳定程度;有利于提高科学文化水平,抵制封建迷信、“黄赌毒”等不良习气的侵染;有利于创造丰富多彩的文化成果,满足农民群众的精神文化需求。

进一步加强农村精神文明建设必须尊重农民群众的主体地位。经验告诉我们,依靠民力,顺应民意,关注民生,充分调动广大农民的积极性,让他们实实在在成为精神文明建设的受益者,是农村精神文明建设的重要法宝。为此,《意见》进一步明确了农村精神文明建设“依靠谁、为了谁”的问题,特别强调扎实开展群众性精神文明创建活动,并将农民工、留守妇女儿童、孤寡老人等社会群体纳入视野,以活动为抓手,以实现农民的切身利益为落脚点,为加快提升农村社会文明程度提供了广阔的发展空间。

进一步加强农村精神文明建设必须不断拓展内容和渠道。近年来,广播电视村村通、乡镇综合文化站、文化信息资源共享、农村电影放映、农家书屋等重点文化惠民工程的加速建设,为广大农村提供了形式多样、健康有益、便捷长效的文化渠道,“我们的节日”等一系列文化活动的开展,使农村丰富的传统文化焕发出蓬勃的生机。在此基础上,《意见》进一步强调创新文化产品、建设文化设施、加强人才培养,为农村精神文明建设不断充实和丰富新的载体提供了重要依据。

进一步加强农村精神文明建设必须建立起坚强的机制保障。资金、人才和制度,是农村精神文明建设的重要前提,只有解决好“钱从哪里来、人往哪里去、事要怎么干”的问题,建立起长期有效的运行发展机制,农村精神文明建设才能获得充足的发展后劲。为此,《意见》不仅将农村精神文明建设列入经济社会发展总体规划,更将其纳入科学发展考核评价体系,作为领导干部工作实绩考核的重要内容,充分彰显出国家对农村精神文明建设工作的重视,必将推动农村精神文明建设各项任务进一步落到实处。

我们相信,随着《意见》的贯彻落实,我国农村精神文明建设必将迈上一个新台阶!

最高人民法院发出《关于在审判工作中防止法院内部人员干扰办案的若干规定》

《关于在审判工作中防止法院内部人员干扰办案的若干规定》(以下简称《规定》)主要包括5个方面的内容,从强化对法院内部人员的监督管理入手,从源头上构筑起防止人情案、关系案、金钱案的“隔离墙”。

法官不得私下接触当事人

为了从源头上构筑起防止人情干扰的“隔离墙”,《规定》进一步细化了《中华人民共和国法官法》关于法官不得私下会见案件当事人的规定,明确要求“法院工作人员不得私下接触本人审理案件的案件当事人及其亲属、代理人、辩护人或者其他关系人”,同时要求法院工作人员“因不明情况或者其他原因接触上述人员并可能引起社会公众及案件当事人合理怀疑的,应当自行申请回避”。

针对少数法院内部人员干扰办案的主要方式,《规定》明确要求“人民法院工作人员及退休人员不得违反规定为案件当事人及其亲属、代理人、辩护人或者其他关系人转递涉案材料;不得违反规定打听正在办理的案件;不得以任何理由为案件当事人说情打招呼”。

为了解决一些法院内部人员通过为案件当事人转递涉案材料的方式对办案法官或办案部门施加影响的问题,《规定》规范了法院工作人员及退休人员为案件当事人转递涉案材料的方式。《规定》明确要求“人民法院工作人员及退休人员在职责范围之外收到案件当事人及其亲属、代理人、辩护人或者其他关系人递交、邮寄的涉案材料，应当送交本院立案信访部门处理，不得直接转交案件承办法院、案件承办部门及相关审判组织或者审判人员，也不得在涉案材料上签批任何意见”。

明确领导干部权力边界

为了防止发生法院领导干部和上级法院工作人员在接受请托说情后利用审判管理权违法干扰办案的问题，《规定》明确了法院领导干部和上级法院工作人员过问案件的权力边界，要求法院领导干部和上级法院工作人员“非因履行职责，不得向审判组织和审判人员过问正在办理的案件，不得向审判组织和审判人员批转涉案材料”。

为了防止法院领导干部和上级法院工作人员打着履行监督指导职责的旗号为请托说情者谋取不正当利益，《规定》健全了法院领导干部和上级法院工作人员过问案件的“全程留痕”制度，明确要求“人民法院领导干部和上级人民法院工作人员因履行职责需要对正在办理的案件提出指导性意见时，应当以书面形式提出，或者由案件承办人记录在案”，同时要求“案件承办人应当将人民法院领导干部和上级人民法院工作人员提出指导性意见的批示、函文、记录等文字资料存入案件副卷备查，并在审判组织评议案件和讨论案件时作出说明”。

此外，为了增强《规定》的执行力，最高人民法院特意在《规定》中设立了对违反《规定》行为的惩戒措施，要求对违反本规定的法院工作人员和退休人员应当酌情给予批评教育、组织处理和纪律处分，同时涉嫌犯罪的，还要移送司法机关依法处理。除此之外，最高人民法院和上级地方法院还将通过司法巡查、审务督察及专项检查等形式，加强对下级法院贯彻执行《规定》的情况进行经常性的监督检查。

政协吉林省第十届委员会第四次会议选举巴音朝鲁为省政协主席

国务院印发《全民健身计划(2011—2015年)》并发出通知

各省、自治区、直辖市人民政府，国务院各部委、各直属机构：

现将《全民健身计划(2011—2015年)》印发给你们，请认真贯彻执行。

国务院

2011年2月15日

全民健身计划(2011—2015年)(略)

国务院副总理李克强在北京出席全国深化医药卫生体制改革工作会议并发表讲话

李克强指出，努力实现全民基本医保，今年要大幅提高新农合和城镇居民医保政府补助标准，显著提升人均基本公共卫生服务经费标准。同时，提高住院费用报销比例和最高支付限额，普遍开展基层门诊统筹，提高重点大病保障水平；推行医疗费用即时结算，推行基本医疗保险关系跨制度、跨地区转移接续。要通过提升保障和服务水平，把政府对医改的投入切实转化为百姓防病治病的实惠。

李克强说，建立健全基本药物制度，今年要实现基本药物制度在政府办的基层医疗卫生机构全覆盖，健全乡村基层医疗卫生服务体系，筑牢网底。同时，把增投入与建机制结合起来，全面推进基层医疗卫生机构综合改革，形成药品采购、机构补偿、人员使用、收入分配等新的机制，做到维护公益性、调动积极性、保障可持续。

李克强指出，拓展公立医院改革试点，今年要在国家16个公立医院改革试点城市和地方试点城市，重点实践政事分开、管办分开、医药分开、营利性与非营利性分开的有效方式。县医院覆盖9亿多人口，是大医院和基层医疗卫生机构连接的枢纽。要继续加强县医院建设，推动综合改革，消除以药养医，控制医药费用。所有公立医院都要推广便民惠民措施，改善群众就医条件，优化诊疗流程，让居民看病方便舒适，构建和谐医患关系。还要完善公立医院与基层机构分工协作机制，鼓励社会办医。通过加快改革步伐，积极探索公立医院发展新模式。

2月16日

全国人大常委会第五十七次委员长会议在北京举行

会议由全国人大常委会委员长吴邦国主持。会议决定，十一届全国人大常委会第十九次会议2月23日至25日举行。

十一届全国人大常委会第十九次会议的一项重要任务是为即将举行的十一届全国人大四次会议做准备工作。委员长会议建议，常委会十九次会议审议拟提请十一届全国人大四次会议审议的全国人大常委会工作报告稿，审议十一届全国人大四次会议议程草案、主席团和秘书长名单草案、列席人员名单草案。

委员长会议建议，十一届全国人大常委会第十九次会议继续审议刑法修正案(八)草案、非物质文化遗产法草案、车船税法草案；审议全国人大常委会代表资格审查委员会关于个别代表的代表资格的报告，审议任命全国人大专门委员会个别副主任委员、决定任免铁道部部长和其他有关任免案等。

委员长会议上，全国人大常委会副委员长兼秘书长李建国就常委会十九次会议议程草案、日常安排意见作了汇报。全国人大常委会有关副秘书长，全国人大法律委员会、全国人大常委会代表资格审查委员会负责人就常委会十九次会议的其他议程和十一届全国人大四次会议议程草案、日程安排意见、表决议案办法草案及全国人大常委会工作报告起草情况等作了汇报。

全国人大常委会副委员长王兆国、路甬祥、乌云其木格、韩启德、华建敏、陈至立、周铁农、司马义·铁力瓦尔地、蒋树声、陈昌智、严隽琪、桑国卫等出席会议。

国务院总理温家宝主持召开国务院常务会议

会议研究部署促进稀土行业持续健康发展的政策措施。

会议指出，稀土是不可再生的重要战略资源，在新能源、新材料、节能环保、航空航天、电子信息等领域的应用日益广泛。经过多年发展，我国稀土开采、冶炼分离和应用技术研发取得较大进步，产业规模不断扩大。但稀土行业发展中仍存在非法开采屡禁不止，冶炼分离产能扩张过快，生态环境破坏和资源浪费严重，高端应用研发滞后，出口秩序较为混乱等问题，严重影响行业健康发展。

会议强调，必须加快转变稀土行业发展方式，提升开采、冶炼和应用的技术水平，坚持保护环境和节约资源，坚持控制总量和优化存量，坚持统筹国内国际两个市场、两种资源，积极开展国际合作，力争用5年左右时间，形成合理开发、有序生产、高效利用、技术先进、集约发展的稀土行业持续健康发展格局。为此，一要建立健全行业监管体系，加强和改善行业管理。对稀土资源实施更为严格的保护性开采政策和生态环境保护标准，严把行业和环境准入关。统筹考虑国内资源和生产、消费以及国际市场情况，合理确定年度稀土开采总量和出口配额。抓紧完善有关法律法规。二要依法开展稀土专项整治，坚决打击非法开采和超控制指标开采、违法生产和超计划生产、破坏生态和污染环境等各类违法违规行为，维护行业秩序。三要加快行业整合，调整优化产业结构。深入推进稀土资源开发整合，加快行业兼并重组，提高产业集中度。推动企业技术改造。四要加快稀土关键应用技术研发和产业化。引导和组织稀土生产应用企业、研发机构和高等院校，大力开发深加工和综合利用技术，推动具有自主知识产权的科技成果产业化，为发展战略性新兴产业提供支撑。

会议明确了责任分工，要求各有关地区和部门加强组织领导和协调配合，抓好督促检查，落实责任制，确保各项政策措施落到实处。

会议审议并原则通过《公路保护条例(草案)》和《危险化学品安全管理条例(修订草案)》。

全国政协主席贾庆林在北京调研

2月16日至18日，贾庆林先后到海淀、昌平、丰台、大兴、朝阳、通州以及北京经济技术开发区，深入工厂车间、建设工地、村镇社区，与广大干部群众深入交流、共话发展。调研期间，他听取了北京市委、市政府的工作汇报，对北京“十一五”时期经济社会发展取得的成绩给予充分肯定。

贾庆林指出，实现今年经济社会发展目标任务，实现“十二五”良好开局，必须依靠各党派团体、各族各界人士共同团结奋斗。各级党委要进一步加强和改善对统一战线和人民政协的领导，大力关心支持统战和政协工作，积极采纳他们的真知灼见，真正使统一战线和人民政协参政议政成为充分反映民意、广泛集中民智的有效方式，成为切实改进工作、提高执政能力的重要途径。各级政协组织和统战部门要充分发挥自身优势，紧扣大局大事开展工作，紧扣主题主线履行职能，紧扣群众工作凝心聚力，为促进经济平稳较快发展、维护社会和谐稳定作出新的更大贡献。

2011年第4期《求是》杂志发表全国政协主席贾庆林的文章《切实抓好生态文明建设的若干重大工程》(摘要)

文章指出，生态文明作为一种新的文明理念，摒弃了人类破坏自然、征服自然、主宰自然的理念和行为，倡导在经济社会发展中尊重自然、保护自然、合理利用自然，实现人与自然的和谐。建设生态文明，是推进中国特色社会主义事业的重大战略任务之一，是深入贯彻落实科学发展观的内在要求，是积极应对气候变化、共同呵护人类赖以生存的地球家园的必然选择。

文章认为，推进生态文明建设，当前和今后一个时期要切实抓好以下几项重大工程。一是加强森林资源保护，加大植树造林力度。二是保护和发展草原、湿地。三是合理开发和利用海洋资源，切实加强海洋生态文明建设。四是以节能减排为重点，积极发展低碳技术和循环经济。

文章强调，建设生态文明，需要全社会的共同参与和行动。要在全社会牢固树立生态文明理念，倡导生态伦理道德，推行健康文明的生产方式和生活方式，努力使节约资源和保护环境成为13亿中国人民的共同价值观和自觉行动。我们要按照党的十七大要求的那样，通过坚忍不拔的努力，到2020年全面建设小康社会目标实现之时，在建设生态文明方面基本形成节约能源资源和保护生态环境的产业结构、增长方式和消费模式，生态文明观念在全社会牢固树立，并为人类文明作出应有的贡献。

中央文明办负责同志就进一步加强新形势下农村精神文明建设工作答记者问

问：请您谈谈，新形势下进一步加强农村精神文明建设工作的重要性。

答：我国农村人口占大多数，农业、农村、农民问题始终是中国革命和建设的根本问题。加强社会主义精神文明建设是党在农村的一项十分重要的战略任务，是社会主义新农村建设的重要内容。1995年，中宣部、农业部下发《关于深入开展农村精神文明建设活动的若干意见》，有力地推动了农村精神文明建设工作。15年过去了，农村精神文明建设面临新的形势和任务，一是党的十六大确立了建设社会主义新农村的重大战略任务。党的十七大以及十七届三中、四中、五中全会都对建设社会主义新农村、加强农村精神文明建设作出了部署、提出了要求。各级党委政府对农村精神文明建设越来越重视，工作有了新的发展，创造了许多新的经验，农民文明素质和农村社会文明程度不断提高，为加强新形势下的农村精神文明建设奠定了良好的工作基础。二是随着建设社会主义新农村进程的加快，农村社会生产力快速发展，农民物质文化生活极大改善，亿万农民求富、求知、求乐、求美的愿望更加强烈，既为加强新形势下农村精神文明建设工作提供了有利条件，也提出了更高要求，满足农民精神文化需求、保障基本文化权益的任务十分迫切。三是我国农村的生产经营方式、利益格局、社会结构、组织形式、人口构成等正在发生深刻变化。特别是一些地方出现诚信缺失、道德失范，一些地方封建迷信、黄赌毒等社会丑恶现象沉渣泛起，一些地方黑恶势力猖獗、非法宗教活动有所蔓延，提高农民思想道德文化素质的任务更加繁重。新形势、新任务要求我们必须把农村精神文明建设摆到更加突出的位置。中办、国办印发《意见》，这是中央为加强新形势下农村精神文明建设而采取的重大举措，是指导当前和今后一个时期农村精神文明建设的重要文件。贯彻落实好《意见》，对于提高农民文明素质，提高农村社会文明程度，推进农村改革发展，维护农村和谐稳定，具有十分重要的意义。

问：当前加强新形势下农村精神文明建设工作的总体要求、基本原则、工作思路是什么？

答：中办、国办的《意见》，认真总结党的十六大以来农村精神文明建设的成功实践和重要经验，明确了当前和今后一个时期农村精神文明建设工作的总体要求、基本原则、工作思路。概括起来，就是要紧紧抓住“一个根本”、坚持“五项原则”、突出创建活动、实现“两个目标”。

抓住“一个根本”，就是要高举中国特色社会主义伟大旗帜，以邓小平理论和“三个代表”重要思想为指导，深入贯彻落实科学发展观，抓住社会主义核心价值体系建设这个根本，按照社会主义新农村建设“生产发展、生活宽裕、乡风文明、村容整洁、管理民主”的总体要求，扎实推进农村精神文明建设。

坚持“五项原则”，就是要坚持以经济建设为中心，更好服务改革发展稳定大局，服务社会主义新农村建设，服务农业增产、农民增收、农村繁荣；坚持把社会主义核心价值体系贯穿到农村精神文明建设各项工作始终，形成建设社会主义新农村的强大精神力量；坚持以人为本，充分尊重农民群众主体地位和首创精神，为农民多办好事实事，吸引农民广泛参与，丰富农民精神文化生活；坚持解放思想、实事求是、与时俱进，不断创新内容形式、方法手段和体制机制，保持农村精神文明建设的旺盛生机和活力；坚持统筹城乡，从实际出发，适应城镇化进程和农业现代化要求，因地制宜、分类指导、务求实效，不搞“一刀切”，切忌形式主义、劳民伤财。

突出创建活动，就是要突出抓好农村群众性精神文明创建活动，广泛开展以文明小城镇、文明村、文明户和文明集市为重点的文明村镇创建活动，深入开展城乡共创活动，积极开展农村志愿服务活动以及形式多样、丰富多彩的群众文化活动，进一步加强农村思想文化阵地建设，加快提升农村社会文明程度。

实现“两个目标”，就是要通过精神文明建设，着力培育新农民、倡导新风尚、发展新文化，着力提高农民思想道德文化素质和农村社会文明程度，为建设社会主义新农村、促进农村经济社会又好又快发展提供思想保证、精神动力和文化环境。

问：突出抓好农村群众性精神文明创建活动，具体应该从哪些工作入手？

答：开展农村群众性精神文明创建活动，要立足于农村经济社会发展实际，从改善农民群众关切的民生问题入手，从优化农村生产生活环境入手，从丰富农民精神文化生活入手，多搭建农民群众乐于参与、便于参与的平台和载体，最大限度地吸引农民群众参与。近年来，各地在创建实践中，创造了许多新经验、涌现出许多新典型，如贵州省遵义市“四在农家”、海南省文明生态村、广西壮族自治区“城乡清洁工程”、四川省成都市和广东省中山市以城带乡城乡共建、江西省“一村一品”特色文化、河北省邯郸市“欢乐乡村”等创建活动，紧贴实际、具体实在，深受广大农民群众欢迎。总结这些成功的做法和经验，一是要紧紧围绕文明村镇创建这个重点，大力推动文明县城、文明小城镇、农村文明社区、文明集市建设，深化文明生态村、文明小康村等创建工作，引导广大农民争当“星级文明户”、“文明信用户”和“好儿女、好婆媳、好夫妻”，发挥先进典型示范作用。要以村庄美化、环境净化为目标，加快农村交通、水利、邮政、通信、电力、环卫、市场等基础设施建设，加快危房改造，加强绿化建设，推进农村环境综合整治和改水、改厨、改厕、改圈等工作。要深入推进平安村镇建设，开展民主法制宣传教育和科普教育，依法查处封建迷信、黄赌毒、非法宗教等活动，引导农民群众崇尚科学、抵制迷信、破除陋习，养成科学健康的生活方式。二是要有效整合城市、行业、单位和农村的创建资源，深入开展城乡共创活动，使城市与农村的精神文明创建活动优势互补、相互促进。当前，特别要高度重视解决农民工精神文化需求问题，鼓励农民工较多的企业与务工地共同开展创建活动，利用城市的文化教育设施加强教育培训，开展文化活动和文化服务，提高农民工的文明素质。三是要积极开展农村志愿服务活动，倡导农民就近就便开展送温暖献爱心活动，帮助孤寡老人、残疾人和留守妇女、留守儿童解决生活困难，注重人文关怀和心理疏导，做到亲帮亲、友帮友、邻帮邻、户帮户。四是要充分利用农村丰厚的历史文化资源，鼓励运用地方传统戏曲、曲艺等文艺形式，广泛开展庙会歌会、花会灯会、小戏小品、体育健身、读书征文、书画摄影、劳动技能比赛等群众文化活动。在春节、元宵、清明、端午、七夕、中秋、重阳和少数民族的重要传统节日期间，要以“我们的节日”为主题，开展节日民俗活动、文化娱乐活动。要推广村民中心、乡村学校少年宫、农村文化广场等做法，充分发挥板报橱窗、文化墙、乡情村史陈列室和农村中小学校图书室、文体活动设施的作用，不断拓展农村精神文明建设的阵地与渠道。

问：如何加强对农村精神文明建设的组织领导？

答：农村精神文明建设事关农村改革发展全局，事关亿万农民群众切身利益，事关国家长治久安，只能大大加强，不能有丝毫放松。贯彻落实《意见》精神，加强对农村精神文明建设工作的组织领导，要抓好以下工作：一是要始终坚持两手抓、两手都要硬的方针，把加强农村精神文明建设列入经济社会发展总体规划，纳入科学发展考核评价体系，作为领导干部工作实绩考核的重要内容。二是要增加农村精神文明建设工作的投入，扩大公共财政覆盖农村的范围，保证一定数量资金用于县、乡镇和村精神文明建设，并向边远、贫困和民族地区倾斜。三是要加大城市对农村精神文明建设的支持力度。大中城市特别是全国和省级文明城市、创建文明城市工作先进城市以及各级文明单位，要带头支持周边农村精神文明创建工作，帮助建设公共设施、治理村容村貌、改善文化条件、发展社会服务。四是要加强农村基层工作队伍建设，注重发挥乡镇党委宣传委员和大学生村官、文化协管员在农村精神文明建设工作中的重要作用。五是各有关部门、群众团体、新闻媒体要各负其责、发挥优势，形成全党全社会共同关心支持农村精神文明建设的新局面。

问：贯彻落实《意见》精神，当前要做好哪些工作？

答：主要做好两个方面工作，一方面要认真学习领会《意见》精神，研究制订贯彻落实的具体方案，特别是要抓住各地各部门正在制定“十二五”规划的有利契机，把农村精神文明建设列入经济社会发展总体规划，明确相关目标、政策和措施。另一方面要抓好组织协调和督促检查。特别是文明办作为各级文明委的办事机构，要从思想上高度重视、工作上强力推进，加强与有关部门的沟通联系，切实担负起统一规划、组织协调、督促检查、加强指导的重要职责，推动《意见》的贯彻落实，促进农村精神文明建设工作迈上新台阶、开创新局面。

《国家电网公司2010社会责任报告》在北京发布

这是我国企业在“十二五”期间的首份社会责任报告。这份长达5万余字的报告系统披露了国家电网公司的可持续发展战略、履责理念，以及“十一五”履责实践和绩效。

国际儒学网开通

以研究、传播、普及儒学为宗旨的国际儒学网(域名：www.ica.org.cn)正式开通。该网站由国际儒学联合会主办、四川大学国际儒学研究院协办。

国务院发出通知要求进一步加强艾滋病防治工作

通知针对当前和今后一段时期我国艾滋病疫情及防治工作需要提出了具体要求。

通知指出，我国艾滋病流行形势依然严峻，目前防治工作面临着部分地区和人群疫情已进入高流行状态，艾滋病传播方式更加隐蔽，性传播已成为主要传播途径，男男性行为传播上升明显等一些新情况，防治任务十分艰巨。

通知提出，要坚持预防为主、防治结合，依法防治、科学防治的原则，继续落实国家现行艾滋病防治政策，并与性病防治工作相结合，进一步采取措施，加大工作力度，力争到2015年重点地区和重点人群疫情快速上升的势头得到基本遏制,到2020年全国疫情得到较好控制,继续保持低流行水平。

为进一步落实艾滋病防治政策,扩大防治工作覆盖面,通知要求,扩大宣传教育覆盖面,营造良好社会氛围;扩大监测检测覆盖面,最大限度发现艾滋病病毒感染者;扩大预防母婴传播覆盖面,有效减少新生儿感染;扩大综合干预覆盖面,减少艾滋病病毒传播几率;扩大抗病毒治疗覆盖面,提高治疗水平和可及性;加强血液管理,保障临床用血安全。

在做好救治关怀工作,维护艾滋病病毒感染者和病人的合法权益方面,通知要求,加强医疗保障,减轻艾滋病病毒感染者和病人医疗负担。发展改革、卫生、人力资源社会保障、财政、食品药品监管等部门要根据艾滋病治疗需要和医保基金、财政等各方面承受能力,在基本药物目录中适当增加抗艾滋病病毒治疗和机会性感染治疗药品的种类,扩大用药范围。人力资源社会保障、财政、卫生、民政等部门要逐步提高基本医疗保障水平,做好与国家统一开展的公共卫生服务项目的衔接,切实减轻包括艾滋病病人在内的参保人员的医疗费用负担。发展改革、财政、海关、税务部门要加大对抗艾滋病病毒药品生产的扶持力度,对进口和国产抗艾滋病病毒治疗药品按规定给予税收优惠。

通知要求,加大科研力度,加强国际合作。组织实施好"艾滋病和病毒性肝炎等重大传染病防治"、"重大新药创制"等科技重大专项,加强科研成果转化,力争艾滋病疫苗、抗病毒药物、快速诊断试剂研制取得突破。加强防治效果评估,科学指导防治工作。积极开展国际合作与交流,借鉴其他国家防治经验,提高我国艾滋病防治工作水平。通知强调,疫情严重地区要实施艾滋病防治工作"一把手"负责制,将艾滋病防治纳入政府工作重要内容,摆到突出位置抓紧抓好。

韩汝琦逝世

中国共产党的亲密朋友,第九、十届全国政协常委,北京市政协原副主席,中国国民党革命委员会北京市委原主委,北京大学信息科学技术学院教授韩汝琦同志,因病于2月16日在北京逝世,享年72岁。

2月17日

中共中央在人民大会堂举行元宵节联欢晚会

胡锦涛、吴邦国、温家宝、贾庆林、李长春、习近平、李克强、贺国强等党和国家领导人出席联欢晚会。

联欢晚会由中共中央政治局常委李长春主持。

李长春说,2010年是我国发展进程中很不平凡的一年。在以胡锦涛同志为总书记的党中央坚强领导下,全党全国各族人民同心同德、锐意进取,成功举办上海世博会、广州亚运会,战胜青海玉树强烈地震、甘肃舟曲特大山洪泥石流等重大自然灾害,进一步巩固和扩大应对国际金融危机冲击成果,胜利完成"十一五"规划确定的目标任务,社会主义经济建设、政治建设、文化建设、社会建设以及生态文明建设和党的建设取得新的重大成就,我国经济实力、综合国力、人民生活水平迈上了新的台阶。

李长春强调,2011年是中国共产党成立90周年,也是"十二五"时期开局之年。当前,全党全国各族人民正紧密团结在以胡锦涛同志为总书记的党中央周围,全面贯彻党的十七大和十七届三中、四中、五中全会精神,以邓小平理论和"三个代表"重要思想为指导,深入贯彻落实科学发展观,紧紧抓住和用好我国发展的重要战略机遇期,以科学发展为主题,以加快转变经济发展方式为主线,同心同德、开拓创新,为"十二五"时期发展开好局、起好步而努力奋斗。希望知识界的同志们、朋友们切实担负起时代赋予的重任,锐意进取、奋发有为,为夺取全面建设小康社会新胜利、开创中国特色社会主义新局面,实现中华民族伟大复兴作出新的更大贡献。

出席联欢晚会的领导同志还有:王刚、王乐泉、王兆国、王岐山、回良玉、刘淇、刘云山、刘延东、李源潮、张德江、何勇、令计划、周铁农、李建国、司马义·铁力瓦尔地、梁光烈、戴秉国、杜青林、陈奎元、张梅颖、张榕明、万钢等,以及中央军委委员李继耐、廖锡龙、常万全、靖志远、吴胜利、许其亮等。

国务院副总理张德江在无锡出席亚太经合组织技能开发促进中心揭牌仪式并致辞

张德江在致辞中指出,亚太经合组织技能开发促进中心正式揭牌、亚太经合组织技能开发促进项目正式启动,这是中国政府落实胡锦涛主席重要倡议的具体行动,必将对亚太经合组织各成员加强人力资源开发合作、实现包容性增长发挥积极作用。我们要共同努力,使中心和项目能够成为亚太经合组织成员在职业技能培训领域开展政策对话和人员交流的平台,成为在课程开发、师资培训、职业资格融合等方面进行深度研发的平台,成为在职业技能培训方面推进务实合作的平台。

他强调,加强职业技能开发,不断提高劳动者的综合素质和技术能力,是扩大和稳定就业的根本措施,对促进亚太地区经济社会发展和共同繁荣具有十分重要的意义。中国政府积极倡导人力资源是经济社会发展第一资源,将一如既往地积极参与亚太经合组织在人力资源开发方面的交流与合作，全力支持亚太经合组织技能开发促进项目的实施，从资金和技术上支持技能开发促进中心的发展，为促进亚太经合组织成员人力资源开发、实现亚太地区共同发展繁荣作出新的更大贡献。

人力资源和社会保障部部长尹蔚民，江苏省省委书记罗志军、省长李学勇和国务院有关部门负责同志，亚太经合组织各成员的代表等出席了仪式。

外交部部长杨洁篪在埃里温分别与亚美尼亚共和国总统谢尔日·萨尔基相和总理季格兰·萨尔基相举行会谈

2月18日

国家主席胡锦涛在人民大会堂会见越共中央对外部部长黄平君

胡锦涛表示，中国党和政府始终从战略高度和长远角度看待中越两党两国关系，将一如既往坚持“长期稳定、面向未来、睦邻友好、全面合作”十六字方针和“好邻居、好朋友、好同志、好伙伴”四好精神，我们愿同越方一道，加强高层交往、深化战略沟通，推进互利合作，扩大人文交流，密切在国际和地区事务中的协调与配合，为促进各自社会主义建设事业和中越全面战略合作伙伴关系发展注入新动力，开拓新局面。

黄平君通报了越共十一大的情况和成果，代表越共中央和阮富仲总书记对中共中央和胡锦涛总书记致信祝贺越共十一大召开和阮富仲当选越共中央总书记表示衷心感谢。黄平君说，越共新一届中央领导集体珍视越中传统友谊，将继续坚持“十六字”方针和“四好”精神，同中方一道努力，把越中两党两国关系不断提升到新水平，为世界和亚洲的和平稳定发展作出贡献。

全国政协主席贾庆林在国家图书馆参观新疆历史文献暨古籍保护成果展

本次展览是新中国成立以来第一次在首都北京对新疆珍贵历史文献的全面展示，也是对新疆古籍保护工作成果的一次检阅。展览全面展示了新中国成立后，特别是2007年“中华古籍保护计划”实施以来新疆古籍保护工作成绩，展现了党和政府重视新疆古籍保护工作所取得的成果。

这次展览历史跨度长，内容丰富，价值珍贵，包含了从先秦至明清2000余年间关于新疆的重要文献文物。320件展品来自全国23家收藏单位，涵盖22种各民族文字的木简、文书、古籍、拓片等类型文献。其中超过半数为现今仅存的孤本，21种典籍入选《国家珍贵古籍名录》，许多文献是首次面世。

“西域遗珍——新疆历史文献暨古籍保护成果展”由文化部、新疆维吾尔自治区人民政府、全国古籍保护工作部际联席会议成员单位共同主办，国家图书馆(国家古籍保护中心)、新疆维吾尔自治区文化厅共同承办。

全国政协副主席、中央统战部部长杜青林，全国政协副主席阿不来提·阿不都热西提一同参观。

国务院食品安全委员会第三次全体会议在北京召开

国务院副总理、国务院食品安全委员会主任李克强主持会议并讲话。他强调，要认真贯彻落实党中央、国务院的决策部署，把加强食品安全作为保障和改善民生的重要内容，全面执行食品安全法，彻查严处重大食品安全事故，坚持集中治理和日常监管并重，突出重点，常抓不懈，打好攻坚战、持久战，切实保障人民群众身体健康和生命安全。

国务院副总理、国务院食品安全委员会副主任回良玉出席会议。

会议听取了国务院食品安全办负责人以及卫生部、农业部、工商总局、质检总局等有关部门负责人的汇报和发言。研究了2011年食品安全重点工作和任务分工。会议认为，过去一年，在各地区、各有关部门的共同努力和广大人民群众的大力支持下，我国食品安全工作力度不断加大，食品安全形势总体保持平稳。但当前食品安全基础薄弱，工作难度加大，形势仍然十分严峻。必须增强紧迫感，毫不松懈地继续抓好食品安全工作，促进食品安全形势稳定好转。

会议强调，民以食为天，食以安为先，食品安全关系人民群众健康和生命安全，关系经济发展和社会和谐。做好今年食品安全工作，要针对消费者最为关心的重点问题，持续开展食品安全专项整治，一抓到底，决不手软，切实解决损害群众健康的突出矛盾；落实企业食品安全第一责任人的责任，增强安全意识和守法意识；强化政府监管，在各个环节上严把安全关口，加大监管投入，增加重点产品抽查力度和检查批次，依法严惩违法违规的食品生产经营者。加快建立健全食品安全风险监测评估体系，完善应对突发事件的预案，提高应急处置和快速反应能力，完善有关法律法规和标准，从体制机制上解决影响食品安全的深层次问题。

会议要求，针对食品生产经营链条长、涉及面广的特点，地方各级政府要加强对食品安全工作的组织领导，健全食品安全工作机制；各有关部门要密切协作，食品安全办要加强综合协调，进一步形成食品安全工作合力。要面向和依靠人民群众,搞好舆论宣传和监督,及时发布准确信息,及时澄清虚假消息,增强消费者信心,在全社会形成有利于保障食品安全的良好氛围。

国务院食品安全委员会各成员单位和有关部门负责人参加会议。

国防部部长梁光烈在八一大楼会见印尼国防部副部长沙夫里·沙姆苏丁

中联部部长王家瑞在北京与越共中央对外部部长黄平君举行会谈

国务委员刘延东在北京出席全国科技工作会议

刘延东说,"十一五"时期,我国把科技事业摆在优先发展的战略位置,重大科技成果不断涌现,科技改革和对外开放不断深化,自主创新能力和科技支撑引领作用显著增强,在建设创新型国家、促进经济社会发展、改善民生方面取得卓著成就。她指出,科技实力直接关系国家核心竞争力和未来发展走向。"十二五"时期,我国发展处于重要战略机遇期,要把握和用好机遇,实现科技创新的赶超先进和跨越式发展,就要立足国情,紧扣国家战略需求,科学谋划,前瞻布局,深化改革,加强统筹,凝聚目标,推进科技事业科学发展。要坚持把科技进步和创新作为加快转变经济发展方式的重要支撑,把增强自主创新能力作为发展科学技术的战略基点,坚定不移地走中国特色自主创新道路。要依靠科技推动工业化、城镇化和农业现代化,加快培育和发展战略性新兴产业,扎实推进国家重大科技专项,尽快形成一批技术集成度高、带动性强的重大技术系统和国家示范工程。要加强涉及民生领域先进适用科技的研发和推广,大力支持基础科学和前沿技术研究,力争取得一批重大原始创新成果。

刘延东强调,要进一步深化科技体制改革,完善科技与经济紧密结合的体制机制,探索政产学研用紧密结合的有效途径;加强科技系统的统筹协调,促进科技资源的优化配置和开放共享;营造宽松和谐的知识创新环境,加大创新人才培养使用力度;拓展科技对外开放的广度和深度,努力建设符合社会主义市场经济要求和科技发展规律的国家创新体系。

全国人大常委会副委员长桑国卫,全国政协副主席、科技部部长万钢及中央国家机关有关负责同志,全国科技系统的代表等参加会议。

庞清 佟健在台湾举行的2011年四大洲花样滑冰锦标赛双人滑比赛中获得金牌

2月19日

中共中央总书记胡锦涛在北京出席中央党校省部级主要领导干部社会管理及其创新专题研讨班开班式并发表讲话

中共中央政治局常委吴邦国、温家宝、贾庆林、李长春、李克强、贺国强等出席开班式。开班式由中共中央政治局常委习近平主持。

胡锦涛在讲话中指出,中央举办这次省部级主要领导干部专题研讨班,目的是正确把握国内外形势新变化新特点,针对当前社会管理中的突出问题,着重研究加强和创新社会管理、做好新形势下群众工作的思路和举措,为促进社会和谐、实现"十二五"时期经济社会发展目标任务凝聚强大力量。加强和创新社会管理,是继续抓住和用好我国发展重要战略机遇期、推进党和国家事业的必然要求,是构建社会主义和谐社会的必然要求,是维护最广大人民根本利益的必然要求,是提高党的执政能力和巩固党的执政地位的必然要求,对实现全面建设小康社会宏伟目标、实现党和国家长治久安具有重大战略意义。

胡锦涛强调,社会管理是人类社会必不可少的一项管理活动。在我们这样一个有13亿人口、经济社会快速发展的国家,社会管理任务更为艰巨繁重。我们加强和创新社会管理,根本目的是维护社会秩序、促进社会和谐、保障人民安居乐业,为党和国家事业发展营造良好社会环境。社会管理的基本任务包括协调社会关系、规范社会行为、解决社会问题、化解社会矛盾、促进社会公正、应对社会风险、保持社会稳定等方面。做好社会管理工作,促进社会和谐,是全面建设小康社会、坚持和发展中国特色社会主义的基本条件。

胡锦涛强调,新中国成立以来,党和国家始终高度重视社会管理,为形成和发展适应我国国情的社会管理制度进行了长期探索和实践,取得了重大成绩,积累了宝贵经验。特别是改革开放以来,根据国内外形势发展变化,我们不断就加强和改进社会管理制定方针政策、作出工作部署,有力推进了社会管理改革创新。经过长期探索和实践,我国建立了社会管理工作领导体系,构建了社会管理组织网络,制定了社会管理基本法律法规,初步形成了党委领导、政府负责、社会协同、公众参与的社会管理格局,我国社会管理与我国国情和社会主义制度总体上是适应的,我国社会大局稳定,社会形势总的是好的。

胡锦涛指出,当前我国既处于发展的重要战略机遇期,又处于社会矛盾凸显期,社会管理领域存在的问题还不少。从总体上看,我国社会管理领域存在的问题，是我国经济社会发展水平和阶段性特征的集中反映。经过新中国成立60多年特别是改革开放30多年来的建设和发展，我国经济实力和综合国力显著增强，这为我们不断满足人民日益增长的物质文化需要、解决社会管理领域存在的问题打下了重要物质基础。同时，我国仍处于并将长期处于社会主义初级阶段的基本国情没有变，人民日益增长的物质文化需要同落后的社会生产之间的矛盾这一社会主要矛盾没有变，发展中不平衡、不协调、不可持续问题依然突出，我们解决各种社会问题的物质基础还比较薄弱。解决社会管理领域存在的问题既要增强紧迫感、又要长期努力，加强实践探索和工作落实，深化认识，总结经验，把握规律，开拓创新，全面提高社会管理科学化水平。

胡锦涛强调，社会管理，说到底是对人的管理和服务，涉及广大人民群众切身利益，必须始终坚持以人为本、执政为民，切实贯彻党的全心全意为人民服务的根本宗旨，不断实现好、维护好、发展好最广大人民根本利益。要坚持贯彻党的群众路线，坚持人民主体地位，发挥人民首创精神，紧紧依靠人民群众开创新形势下社会管理新局面。要坚持思想上尊重群众、感情上贴近群众、工作上依靠群众，把群众满意不满意作为加强和创新社会管理的出发点和落脚点。要以人民群众利益为重、以人民群众期盼为念，着力解决好人民最关心最直接最现实的利益问题，始终保持党同人民群众的血肉联系。

胡锦涛就当前要重点抓好的工作提出8点意见。第一，进一步加强和完善社会管理格局，切实加强党的领导，强化政府社会管理职能，强化各类企事业单位社会管理和服务职责，引导各类社会组织加强自身建设、增强服务社会能力，支持人民团体参与社会管理和公共服务，发挥群众参与社会管理的基础作用。第二，进一步加强和完善党和政府主导的维护群众权益机制，形成科学有效的利益协调机制、诉求表达机制、矛盾调处机制、权益保障机制，统筹协调各方面利益关系，加强社会矛盾源头治理，妥善处理人民内部矛盾，坚决纠正损害群众利益的不正之风，切实维护群众合法权益。第三，进一步加强和完善流动人口和特殊人群管理和服务，建立覆盖全国人口的国家人口基础信息库，建立健全实有人口动态管理机制，完善特殊人群管理和服务政策。第四，进一步加强和完善基层社会管理和服务体系，把人力、财力、物力更多投到基层，努力夯实基层组织、壮大基层力量、整合基层资源、强化基础工作，强化城乡社区自治和服务功能，健全新型社区管理和服务体制。第五，进一步加强和完善公共安全体系，健全食品药品安全监管机制，建立健全安全生产监管体制，完善社会治安防控体系，完善应急管理体制。第六，进一步加强和完善非公有制经济组织、社会组织管理，明确非公有制经济组织管理和服务员工的社会责任，推动社会组织健康有序发展。第七，进一步加强和完善信息网络管理，提高对虚拟社会的管理水平，健全网上舆论引导机制。第八，进一步加强和完善思想道德建设，持之以恒加强社会主义精神文明建设，加强社会主义核心价值体系建设，增强全社会的法制意识，深入开展精神文明创建活动，增强社会诚信。

胡锦涛指出，社会管理要搞好，必须加快推进以保障和改善民生为重点的社会建设。要把保障和改善民生作为加快转变经济发展方式的根本出发点和落脚点，坚定不移走共同富裕道路，完善保障和改善民生的制度安排，加快发展各项社会事业，坚持优先发展教育，着力抓好就业这个民生之本，合理调整收入分配关系，加快推进覆盖城乡居民的社会保障体系建设，加快医疗卫生事业改革发展，加快推进住房保障体系建设，继续推进扶贫开发，发展妇女儿童事业，培育壮大老龄服务事业和产业，健全残疾人服务体系，使发展成果更好惠及全体人民。

胡锦涛强调，各级党委和政府要充分认识新形势下加强和创新社会管理的重大意义，统筹经济建设、政治建设、文化建设、社会建设以及生态文明建设，把社会管理工作摆在更加突出的位置，深刻认识和准确把握社会管理规律，加强调查研究，加强政策制定，加强工作部署，加强任务落实，不断提高社会管理科学化水平，不断促进社会和谐稳定，努力为“十二五”时期经济社会发展、为实现全面建设小康社会宏伟目标创造更加良好的社会条件。

习近平在主持开班式时指出，胡锦涛总书记的重要讲话深刻阐述了加强和创新社会管理的重要性和紧迫性，明确提出了新形势下加强和创新社会管理、做好群众工作的总体思路和重点任务。讲话高屋建瓴、内涵丰富，具有很强的思想性、针对性、指导性，对进一步统一全党思想，深入贯彻落实科学发展观，构建社会主义和谐社会，不断完善中国特色社会主义社会管理体系、实现“十二五”时期经济社会发展目标任务，具有十分重要的意义。我们要认真学习、深刻领会，用讲话精神指导办好研讨班，推动加强和创新社会管理、做好群众工作的实践。

王刚、王乐泉、王兆国、王岐山、回良玉、刘淇、刘云山、刘延东、李源潮、汪洋、张高丽、张德江、俞正声、何勇、令计划、王沪宁、梁光烈、戴秉国等出席开班式。

参加这次研讨班的有各省区市、中央和国家机关以及军队各大单位主要负责同志。中央和国家机关副部级单位主要负责同志，中央管理的国有重要骨干企业、金融机构和高等学校主要负责同志，列席了开班式。

中组部 中央创先争优活动领导小组作出关于命名表彰"广州亚运会创先争优先进基层党组织"和"广州亚运会创先争优优秀共产党员"的决定

2010年,我国成功举办了有亚洲45个国家和地区、1万多名运动员参加的广州亚运会和首届亚残运会。在亚运会申办、筹办、举办期间,来自有关省区、部门、单位的基层党组织和共产党员,认真贯彻党中央、国务院指示精神,把参与亚运、服务亚运、支持亚运作为创先争优的重要实践,比贡献、作表率,展风貌、树形象,充分发挥战斗堡垒作用和先锋模范作用,为办成一届高水平、有特色的亚洲体育文化盛会提供了坚强的组织保证。他们以实际行动,彰显了共产党人的政治本色,展示了共产党人的时代风采,诠释了共产党人的先进和优秀。

为表彰在广州亚运会工作中涌现出来的先进基层党组织和优秀共产党员,把广州亚运会成果转化为推动科学发展、促进社会和谐的新优势,激励各级党组织和广大党员坚定信念、奋发进取、真抓实干、创先争优,在建设中国特色社会主义伟大事业中建功立业,经中央领导同志同意,中央组织部、中央创先争优活动领导小组决定:授予第十六届亚运会组委会志愿者部党支部等48个基层党组织"广州亚运会创先争优先进基层党组织"称号,授予阮剑华等12名共产党员"广州亚运会创先争优优秀共产党员"称号。

这次受到表彰的先进基层党组织和优秀共产党员,是广州亚运会众多先进集体和优秀个人的代表。他们的先进事迹,体现了我们党全心全意为人民服务的根本宗旨,体现了党的先进性。我们要大力宣传、学习他们的先进思想和模范事迹,弘扬他们为国争光的爱国精神、勇于超越的拼搏精神、全心为民的服务精神、爱岗敬业的奉献精神、团结协作的团队精神,转化为以人为本、执政为民的自觉追求,转化为做好本职工作、争创一流业绩的实际行动,转化为争科学发展之先、创社会和谐之优的强大力量,为推进改革开放和社会主义现代化建设提供坚强保证。

当前,深入学习贯彻党的十七届五中全会精神,全力推动"十二五"开好局、起好步,工作繁重,任务艰巨。各级党组织和广大共产党员要更加紧密地团结在以胡锦涛同志为总书记的党中央周围,以邓小平理论和"三个代表"重要思想为指导,深入贯彻落实科学发展观,紧紧围绕科学发展主题和加快转变经济发展方式主线创先争优,团结和带领全国各族人民推动经济社会又好又快发展,以优异成绩向建党90周年献礼,为实现全面建设小康社会宏伟目标作出新的贡献!

广州亚运会创先争优先进基层党组织名单(略)

广州亚运会创先争优优秀共产党员名单(略)

中国队在2011年国际乒联巡回赛阿联酋公开赛中包揽4项冠军

王皓在男单决赛中以4:2击败队友马龙夺冠;丁宁则以4:3战胜队友郭焱夺得女单冠军;马琳/张继科、郭跃/李晓霞分别夺取男双和女双冠军。

袁雪芬逝世

著名越剧表演艺术家、上海越剧院名誉院长袁雪芬于2月19日下午2时在沪病逝,享年89岁。

袁雪芬是新越剧的创始者和践行者。20世纪40年代,包括袁雪芬在内的"越剧十姐妹"发起越剧改革,改造越剧旧戏班制度,更将鲁迅名著《祝福》改编成越剧《祥林嫂》上演,该剧亦被誉为"新越剧的里程碑"。1953年,袁雪芬与范瑞娟合作主演《梁山伯与祝英台》,并拍摄了我国第一部大型彩色戏曲影片,该片已成为中国电影史中的永恒经典。

2月20日

中组部等6部门联合发出《关于在党员、干部、群众和青少年中开展中共党史学习教育的通知》

中组部、中宣部、中共中央文献研究室、中共中央党史研究室、教育部、共青团中央联合发出的《关于在党员、干部、群众和青少年中开展中共党史学习教育的通知》(以下简称《通知》)指出,要充分认识开展中共党史学习教育的重要意义。开展党史学习教育,是加强党的思想理论建设、推进社会主义核心价值体系建设的重要任务,是提高党员、干部、群众和青少年思想政治素质的重要方式,是巩固马克思主义在意识形态领域的指导地位、巩固全党全国各族人民团结奋斗的共同思想基础的重要途径。把这项工作抓出成效,对于广大党员、干部加深对党的认识,坚定共产主义理想和中国特色社会主义信念,认真践行全心全意为人民服务宗旨;对于各级领导干部增强继往开来的历史使命感,学习和运用党的历史经验提高治国理政本领,不断推动科学发展、促进社会和谐;对于广大群众尤其是青少年正确认识党的历史,牢固树立坚持中国共产党的领导、坚持中国特色社会主义道路的信心,继承和发扬党的光荣传统和优良作风,都具有十分重要的意义。

《通知》要求,要全面准确地把握中共党史学习教育的基本内容。开展党史学习教育,要认真学习以毛泽东同志、邓小平同志、江泽民同志为核心的党的三代中央领导集体和以胡锦涛同志为总书记的党中央关于中共党史以及中国近现代史、中国革命史的重要论述。在此基础上,把《中国共产党历史》第一卷和第二卷、《中国共产党简史》《中国共产党新时期简史》等党史著作,作为广大党员、干部、群众的基本学习教材;把《青少年学习中共党史丛书》等作为广大青少年的基本读物。要引导党员、干部、群众全面了解和正确认识党的光辉历史、伟大成就、宝贵经验、光荣传统和优良作风。

国务院副总理王岐山在北京主持召开导游工作座谈会

王岐山说,改革开放以来,导游队伍不断壮大,涌现出一批优秀导游,为旅游业快速发展作出了重要贡献。导游职业素质和水平直接关乎旅游服务质量,吃住行游购娱各个环节都离不开导游。必须充分认识导游的重要地位和作用,把导游队伍建设作为一个重要的工作抓手。

王岐山强调,要全面提高导游的综合素质。一是广大导游要加强各类知识的学习和储备,提高自身素质,做到厚积薄发。二是要运用"名导进课堂"、网络、等级考试各项措施,加强导游的专业技能、应急避险、职业道德等培训。三是不断改革导游管理体制机制,研究完善导游薪酬、社会保障等制度。四是探索建立导游协会,充分发挥行业组织的自律作用,形成高尚的职业风范。五是建立导游准入和退出机制,强化监管,维护良好的旅游市场秩序。

王岐山指出,当前,我国旅游业的巨大潜力正在爆发。要按照党的十七届五中全会和中央经济工作会议的要求和部署,全面落实《国务院关于加快发展旅游业的意见》,加快转变旅游发展方式,做好旅游这篇大文章。继续推进改革开放和创新,充分发挥市场配置资源的基础性作用。满足不同游客的多样化、个性化需求。加强"软环境"建设,特别要从文明燃香、厕所管理、礼仪服饰等点滴和细节抓起。整顿和规范旅游市场秩序,维护游客合法权益。各地区、各部门、各方面都要寓管理于服务之中,形成合力,共同把旅游业打造成战略性支柱产业。

党中央、国务院有关部门和人民团体负责同志,各省区市旅游管理部门负责同志参加了座谈会。

国家职业教育研究院落户北京师范大学

大型音乐舞蹈史诗《复兴之路》启动全国巡演

由文化部主管,中国党建网、中央歌剧院主办的大型音乐舞蹈史诗《复兴之路》音乐会全国巡回演出活动在京举行了起航仪式。

《复兴之路》是继《东方红》《中国革命者之歌》之后的第三部大型音乐舞蹈史诗。

世界中医药学会联合会在北京举行第四届中医药国际贡献颁奖大会

全国政协副主席张梅颖出席大会。

此次获奖者为天津中医药大学校长、中国工程院院士张伯礼,法国《中医基本名词术语中法对照国际标准》编委会和新加坡中医——生物双学士学位本科项目。

国家中医药管理局局长王国强在会上表示,目前我国与重要国际组织和外国政府间高层次合作机制建设得到加强,已经与世界上70个国家(地区)签订了含有中医药合作的政府协议91个,专门的中医药合作协议48个。中医药国际贡献奖的设立和开展有力地推动了中医药国际化的进行。

2月21日

中共中央政治局召开会议讨论政府工作报告和"十二五"规划纲要草案

中共中央总书记胡锦涛主持会议。

会议指出,"十一五"时期是我国发展进程中极不平凡的5年。面对国内外环境的复杂变化和重大风险挑战,我们党团结带领全国各族人民,贯彻落实党的理论和路线方针政策,全面推进改革开放和社会主义现代化建设,国家面貌发生新的历史性变化。我国社会生产力、综合国力显著提高,各项社会事业加快发展,人民生活明显改善,改革开放取得重大进展,国际地位和影响力显著提高。这些成就充分显示了中国特色社会主义的优越性,展现了改革开放的伟大力量,极大增强了全国各族人民的自信心和自豪感,增强了中华民族的凝聚力和向心力,必将激励我们在新的征程上继续奋勇前进。5年的成绩来之不易。这是以胡锦涛同志为总书记的党中央总览全局、正确领导的结果,是全党全国各族人民共同努力奋斗的结果。国务院和地方各级政府认真履行职责,做了大量卓有成效的工作。

会议对"十二五"规划纲要草案提出的"十二五"时期我国经济社会发展的主要目标、战略重点、重大举措等进行了讨论研究。会议认为,"十二五"时期是全面建设小康社会的关键时期,是深化改革开放、加快转变经济发展方式的攻坚时期。科学制定"十二五"规划纲要,对继续抓住和用好我国发展的重要战略机遇期、促进经济长期平稳较快发展,对夺取全面建设小康社会新胜利、开创中国特色社会主义事业新局面,具有十分重要的意义。

会议强调,"十二五"时期,我们要高举中国特色社会主义伟大旗帜,以邓小平理论和"三个代表"重要思想为指导,深入贯彻落实科学发展观,适应国内外形势新变化，顺应各族人民过上更好生活新期待，以科学发展为主题，以加快转变经济发展方式为主线，深化改革开放，保障和改善民生，巩固和扩大应对国际金融危机冲击成果，促进经济长期平稳较快发展和社会和谐稳定，为全面建成小康社会打下具有决定性意义的基础。要推动经济发展再上新台阶，加快转变经济发展方式和调整经济结构，大力发展社会事业，扎实推进资源节约和环境保护，全面改善人民生活，全面深化改革开放，不断加强政府自身改革建设，使我国综合国力有更大提升、人民生活有更大改善、国家面貌发生更大变化。

会议要求，在"十二五"规划纲要草案提交十一届全国人大四次会议审查和全国政协十一届四次会议讨论的过程中，要充分发扬民主、集思广益，以利于切实把规划纲要制定好、实施好。

会议强调，2011年是"十二五"时期开局之年。我国发展面临的形势仍然极其复杂。我们要保持清醒头脑，增强忧患意识，努力做好今年各项工作，为"十二五"时期发展开好局、起好步。要保持宏观经济政策的连续性、稳定性，提高针对性、灵活性、有效性，继续实施积极的财政政策和稳健的货币政策，处理好保持经济平稳较快发展、调整经济结构、管理通胀预期的关系，防止经济出现大的波动。要保持物价总水平基本稳定，进一步扩大内需特别是居民消费需求，巩固和加强农业基础地位，加快推进经济结构战略性调整，大力实施科教兴国战略和人才强国战略，加强社会建设和保障改善民生，大力加强文化建设，深入推进重点领域改革，进一步提高对外开放水平，加强廉政建设和反腐败工作。全党全国要在以胡锦涛同志为总书记的党中央领导下，紧紧抓住历史机遇，勇敢面对各种挑战，开拓进取，团结奋斗，扎实工作，努力实现"十二五"时期良好开局，把中国特色社会主义伟大事业继续推向前进。

中共中央总书记胡锦涛主持中共中央政治局第二十六次集体学习

中共中央政治局就优先发展教育、建设人力资源强国问题进行了集体学习。

胡锦涛在主持学习时发表了讲话。

胡锦涛强调，党的十七届五中全会进一步强调，要加快教育改革和发展，推动教育事业科学发展。这是从党和国家工作大局的战略高度、从为实现"十二五"时期经济社会发展目标任务提供强大人才保证和智力支持出发提出的一项重大任务。我国正处于全面建设小康社会的关键时期和深化改革开放、加快转变经济发展方式的攻坚时期，全面建设小康社会对教育事业发展提出了新的更高的要求。

胡锦涛指出，全国教育工作会议召开和《国家中长期教育改革和发展规划纲要》颁布以来，贯彻落实工作取得了初步成效。下一步，我们要以邓小平理论和"三个代表"重要思想为指导，深入贯彻落实科学发展观，大力实施科教兴国战略和人才强国战略，认真落实优先发展、育人为本、改革创新、促进公平、提高质量的工作方针，切实把教育规划纲要全面落实好。

胡锦涛就做好当前教育改革和发展工作提出4点意见。第一，着力提高人才培养水平，全面贯彻党的教育方针，坚持育人为本、德育为先，把促进学生健康成长作为学校一切工作的出发点和落脚点，坚持文化知识学习和思想品德修养的统一、理论学习和社会实践的统一、全面发展和个性发展的统一，强化能力培养，创新人才培养模式，注重培育学生的主动精神和创造性思维。第二，着力深化教育体制改革，加快形成与社会主义市场经济体制和全面建设小康社会目标相适应的教育体制机制。第三，着力推进教育内涵式发展，坚持走以促进公平和提高质量为重点的内涵式发展道路，建立健全覆盖城乡的基本公共教育服务体系，坚持公共教育资源向农村、中西部地区、贫困地区、边疆地区、民族地区倾斜，促进城乡、区域教育协调发展，满足人民群众多层次、多样化的教育需求。第四，着力建设高素质教师队伍，增强广大教师教书育人的责任感和使命感，加强教师职业理想和职业道德教育，提高教师综合素质和业务水平，在全社会倡导和形成尊师重教良好氛围。广大教师要学为人师、行为世范、教书育人，当好学生健康成长的指导者和引路人。

胡锦涛强调，各级党委和政府要把推动教育事业优先发展作为重要职责、摆上重要议事日程，以更大的决心、更多的财力、更多的精力支持教育事业，及时研究和解决教育改革和发展的重大问题和群众关心的热点问题，扎实落实推动教育科学发展的政策措施和工作部署。要动员全社会关心和支持教育事业改革和发展，为把我国建设成为教育强国和人力资源强国而共同奋斗。

全国国防动员建设2010年度人物颁奖仪式在北京举行

来自全国国防动员系统的10名个人当选"全国国防动员建设2010年度人物"，32人获得"全国国防动员建设2010年度人物"提名奖。

中央军委委员、国务委员兼国防部部长梁光烈出席颁奖仪式并讲话。

梁光烈指出，2010年，国防动员系统积极承担各种急难险重任务，在参加抗击西南旱灾、玉树地震、舟曲特大泥石流等严重自然灾害,参与上海世博会和广州亚运会安保等重大行动中,出色完成了任务,涌现出许多先进集体和先进个人。我们要向这些先进人物学习,以更加扎实有效的工作,推动国防动员建设迈上新台阶。

梁光烈强调,胡主席高度重视国防动员建设,作出一系列重要指示,为国防动员工作进一步指明了方向。我们要按照胡主席的指示要求,依据国防动员法,努力构建与国防安全需要相适应、与经济社会发展相协调、与突发事件应急机制相衔接的国防动员体系。要进一步把应对非传统安全威胁在国防动员工作全局中突出出来,加强国防动员应急能力建设。要坚持党管武装和双重领导的根本制度,不断开创国防动员建设新局面。

2月22日

国家主席胡锦涛在人民大会堂与哈萨克斯坦总统纳扎尔巴耶夫举行会谈

胡锦涛说,中方愿同哈方一道,从以下四个方面提升中哈战略伙伴关系:一是深入发展中哈政治关系。两国领导人、政府、立法机构、政党要保持密切交往。双方要加强双边合作和对话机制建设。深化战略沟通,增进战略互信,在涉及各自核心利益的重大问题上继续相互坚定支持。二是全面推进中哈务实合作。双方要确保中哈油气管道安全稳定高效运营,加快中哈原油管道二期第二阶段、天然气管道二期项目、交通合作项目和互联互通工程建设,扩大非资源、清洁能源、高新技术、金融等领域合作,拓展地方交往与合作,积极研究在哈共建工业园区和农业技术示范中心,以中哈建交20周年为契机,扩大两国人文交流合作,进一步夯实中哈友好的物质基础和社会基础。三是继续加强中哈安全合作。双方要加大对“三股势力”的打击力度,切实保障两国公民、企业和机构的生命财产安全,为两国经济社会发展营造良好安全环境。四是深化中哈国际和地区合作。中方支持哈方在国际和地区事务中发挥更大作用,愿同哈方加强在多边框架内的协调与配合,共同促进人类和平与发展的进步事业。

纳扎尔巴耶夫表示,哈方将同中方一道,不断提高两国合作水平,进一步发展全方位的战略伙伴关系。哈萨克斯坦把中国作为发展对外关系的重要优先方向,愿意同中方保持高层交往的良好势头,拓展经贸、能源、非资源、人文、安全等各领域务实合作,进一步加强在国际和地区事务中的协作,把哈中战略伙伴关系推向前进。

两国元首还就上海合作组织、地区形势及其他重大国际和地区问题交换了意见,达成广泛共识。

会谈后,两国元首出席了双边合作文件的签字仪式。

中共中央总书记胡锦涛 国务院总理温家宝对保障中国驻利比亚人员安全作出重要指示

鉴于近日利比亚安全形势发生重大变化,党中央、国务院十分关心我驻利人员安全,胡锦涛总书记、温家宝总理作出重要指示和批示,要求有关方面迅即采取切实有效措施,全力保障我驻利人员生命财产安全。国务院决定成立应急指挥部,负责组织协调我驻利人员撤离及有关安全保障工作,由张德江副总理担任总指挥,戴秉国国务委员协助。

全国人大常委会委员长吴邦国在北京与哈萨克斯坦总统纳扎尔巴耶夫举行会谈

吴邦国指出,议会交往是国家关系的重要组成部分。在当前中哈战略伙伴关系深入发展的大背景下,中国全国人大愿同哈萨克斯坦议会继续加强交流合作,为推动双边关系不断向前发展贡献智慧和力量。

纳扎尔巴耶夫表示,哈方愿学习借鉴中国“十二五”规划纲要及建设创新型国家的经验,进一步深化与中方在各层次各领域的互利合作,推动两国关系再上新台阶。哈方支持两国议会发展更密切的交往与合作。

国务院总理温家宝在北京与哈萨克斯坦总统纳扎尔巴耶夫举行会谈

国务院总理温家宝主持召开国务院常务会议

会议听取全国病险水库除险加固任务完成情况的汇报,研究部署加快推进现代农作物种业发展。

会议指出,我国现有水库绝大多数兴建于20世纪50至70年代,限于当时的经济技术条件,水库建设先天不足,经过多年运行,病险问题突出,严重影响防洪安全。党中央、国务院高度重视病险水库除险加固,先后作出一系列决策部署,确定2008年起用3年时间完成大中型和重点小型病险水库除险加固任务。三年来,各有关地区和部门加强组织领导和监督检查,落实工作责任,积极筹措资金,狠抓建设管理。到去年年底,累计安排投资700多亿元,如期完成了7356座大中型和重点小型水库除险加固任务。一是解决了病险水库泄洪设施标准低、大坝稳定性差、坝体坝基渗漏严重等突出问题,消除了工程安全隐患。去年汛期,全国多个地区发生历史罕见的暴雨洪水,除险加固后的水库经受住了大洪水的考验。二是恢复防洪库容约35亿立方米,有效提高了防洪减灾能力。基本解除了637座县级以上城市、1.61亿亩农田以及大量重要基础设施的溃坝洪水威胁，有效保障了水库下游1.44亿人的生命财产安全。三是恢复兴利库容约98亿立方米，增强了水资源调控和抗御干旱灾害能力，保障了城乡供水安全，改善了区域水环境。近两年我国部分地区发生严重干旱，除险加固后的水库发挥了重要的供水抗旱作用。四是水管体制改革积极推进，水库管理水平不断提高，长效良性运行机制初步建立。

会议决定，在继续巩固大中型和重点小型病险水库除险加固成果的基础上，加快其余小型病险水库除险加固步伐，全面消除水库安全隐患。(一)2012年年底前，完成5400座小型水库除险加固。每座平均投资约450万元，总投资约244亿元，其中中央财政补助投资168亿元。(二)2013年年底前，完成坝高10米以上、库容20万立方米以上的1.59万座重点小型水库除险加固。每座平均投资约240万元，总投资381.38亿元，全部由中央财政安排。(三)2015年年底前，完成其余2.5万座小型水库除险加固，所需资金由地方安排。(四)对新出现的大中型病险水库，加快推进除险加固工作，力争2013年年底前完成。

会议要求，各地区、各有关部门要认真总结近年来病险水库除险加固的做法和经验，加强领导，落实责任，完善机制，狠抓资金使用管理，强化监督检查，确保工程质量、进度和安全。

会议讨论通过《关于加快推进现代农作物种业发展的意见》。会议指出，我国是农业大国，农作物种业是国家战略性、基础性的核心产业。在新形势下加快发展现代农作物种业，对于促进农业长期稳定发展，保障国家粮食安全，具有重要意义。必须坚持自主创新，改革体制机制，完善法律法规，整合农作物种业资源，加大政策扶持和投入力度，快速提升我国农作物种业科技创新能力、企业竞争能力、供种保障能力和市场监管能力，构建以产业为主导、企业为主体、基地为依托、产学研相结合、育繁推一体化的现代农作物种业体系。力争到2020年，培育一批具有重大应用前景和自主知识产权的突破性优良品种，建设一批标准化、规模化、集约化、机械化的优势种子生产基地，打造一批育种能力强、生产加工技术先进、市场营销网络健全、技术服务到位的现代农作物种业集团，全面提升我国农作物种业发展水平。

会议审议并原则通过《土地复垦条例(草案)》。草案规定：生产建设活动损毁的土地，按照谁损毁、谁复垦的原则，由生产建设单位或者个人负责复垦；历史遗留损毁土地和自然灾害损毁土地，由县级以上人民政府负责组织复垦。草案还就加强生产建设活动损毁土地复垦的监管、规范历史遗留损毁土地和自然灾害损毁土地的复垦、建立土地复垦激励机制、违法行为的法律责任等作了规定。

中共中央政治局常委李长春在北京会见全国党委新闻发言人首次培训班全体学员并发表讲话

中共中央政治局委员、中央书记处书记、中宣部部长刘云山一同参加会见。

李长春在讲话中指出，建立党委新闻发言人制度，是党的十七届四中全会确定的一项重要任务，对于新形势下提高党的执政能力，发展社会主义民主，保障人民群众的知情权、参与权、表达权、监督权，密切党同人民群众的血肉联系，把握舆论引导主动权，树立党和政府良好形象，都具有十分重要的意义。他希望参加这次培训班的学员认真学习领会党的十七大和十七届三中、四中、五中全会精神，学习领会中国特色社会主义理论体系的深刻内涵，学习领会党的新闻宣传工作方针政策和原则要求，深入探索信息化条件下舆论传播的特点和规律，切实提高舆论引导的能力和水平。

李长春强调，今年是中国共产党成立90周年，也是"十二五"时期开局之年。当前，我国发展既面临难得机遇，也面临严峻挑战，党委新闻发言人任务艰巨、职责光荣。要以高度的责任感使命感，扎实做好新闻发布和舆论引导工作，着力营造庆祝中国共产党成立90周年的浓厚氛围，着力营造推动科学发展、促进社会和谐的浓厚氛围，着力营造紧紧抓住和用好战略机遇期、推动经济社会又好又快发展的浓厚氛围，着力营造为群众办实事、推动社会公正、做好群众工作的浓厚氛围，着力营造在国际上树立我国和平发展良好形象的浓厚氛围，引导广大干部群众把思想和行动统一到中央精神上来，把智慧和力量凝聚到实现"十二五"良好开局上来，为夺取全面建设小康社会新胜利、开创中国特色社会主义事业新局面而努力奋斗。

国务院召开全国职业培训工作电视电话会议

中共中央政治局委员、国务院副总理张德江出席会议并讲话。

张德江强调，要深入贯彻落实科学发展观，全面落实《国务院关于加强职业培训促进就业的意见》精神和要求，坚持以服务就业和经济发展为宗旨，按照城乡统筹、就业导向、技能为本、终身培训的原则，切实加强制度建设，加快完善工作机制，努力提升培训质量，不断扩大培训规模，增强职业培训的针对性和有效性，做到"培训一人、就业一人"和"就业一人、培训一人"，全面提高全体劳动者技能素质，努力开创职业培训事业新局面。

张德江指出，我国职业培训工作经过积极探索、大胆实践，积累了宝贵经验，取得了显著成效。职业培训体系初步建立，政策制度逐步完善，培训规模不断扩大，技能人才队伍不断壮大，劳动者就业能力不断提高，职业培训在促进就业和保障民生，推进国家工业化、现代化进程，增强国家竞争力等方面都发挥了不可替代的重要作用。

张德江要求，当前和今后一个时期，要全面贯彻落实《国务院关于加强职业培训促进就业的意见》，重点做好六个方面的工作。一是加快健全面向全体劳动者的职业培训制度。要坚持城乡统筹和终身培训，加快健全以就业技能培训、岗位技能提升培训和创业培训为主要内容的职业培训制度，加快实现培训对象的全覆盖。二是注重提高职业培训质量。要以就业为导向，以技能为根本，根据需求变化合理设置培训专业，科学确定培训内容，全面提高职业培训的针对性和有效性。三是坚持政府主导，充分发挥行业、企业、职业院校和培训机构的作用。要强化政府的统筹规划和宏观管理，加大对职业培训的支持力度。要加强职业教育培训资源的整合和能力的提升，提高职业培训资源利用效率。要充分发挥行业、企业在职工培训中的重要作用，不断提升职工技能素质。四是大力加强高技能人才队伍建设。要进一步健全培养体系，完善评价使用制度，强化激励保障措施，培养造就一支数量充足、结构合理、技艺精湛的高技能人才队伍。五是加大职业培训资金投入。要确保职业培训资金充足到位，逐步提高职业培训支出在就业专项资金支出结构中的比重，完善培训补贴政策，加强培训资金监管，切实提高资金使用效益。六是加强对职业培训工作的组织领导。各地区、各有关部门要把职业培训工作摆在各项工作的重要位置，建立统一领导、统筹协调的工作机制，形成全社会各方面大力支持、广泛参与的工作局面。

中宣部在北京召开新闻战线“新春走基层”活动座谈会

中共中央政治局委员、中央书记处书记、中宣部部长刘云山出席会议并讲话。

中央宣传文化部门和单位负责同志，新闻工作者代表出席会议。部分新闻单位和参加“新春走基层”活动的新闻工作者在座谈会作了发言。

最高人民法院在北京召开表彰优秀法院法官和办案标兵大会

最高人民法院院长王胜俊出席会议并讲话。

黑龙江省大庆市让胡路区人民法院、河北省唐山市丰南区人民法院等86个法院，任秋华、詹红莉、龙进品等99名法官被分别授予全国优秀法院荣誉称号和全国优秀法官荣誉称号，李红星、毛金林等199名法官被最高人民法院首次授予“全国法院办案标兵”称号。

国务院副总理王岐山与哈萨克斯坦总统纳扎尔巴耶夫在钓鱼台国宾馆出席中哈企业家代表午餐会

外交部部长杨洁篪在北京与奥地利外交部部长施平德勒格举行会谈

全国妇联授予张广秀全国三八红旗手称号

全国妇联作出决定，授予山东省烟台市福山区福新街道坊上村村委会主任助理张广秀全国三八红旗手荣誉称号。决定号召广大妇女特别是青年女性向张广秀同志学习。

张广秀2009年8月大学毕业到村任职以来，心系群众、忘我工作。去年10月被确诊患急性白血病，生病住院后，她以顽强的意志与病魔作斗争，并坚持“病好了，还要回去当村官”。她扎根农村、自强不息的精神赢得了社会广泛关注和高度赞誉。

2月23日

十一届全国人大常委会第十九次会议在人民大会堂举行

这次会议的重要任务是为即将举行的十一届全国人大四次会议做准备。为此，全体会议审议了全国人大常委会工作报告稿、十一届全国人大四次会议议程草案、主席团和秘书长名单草案、列席人员名单草案。同时，会议继续审议刑法修正案(八)草案、非物质文化遗产法草案、车船税法草案，审议任免铁道部部长的议案等。

吴邦国委员长主持会议。常委会组成人员156人出席会议，符合法定人数。

会议听取了全国人大法律委员会副主任委员李适时作的关于刑法修正案(八)草案审议结果的报告。常委会第十六次会议、第十八次会议先后对刑法修正案(八)草案进行了两次审议，提交本次常委会会议审议的草案三审稿，在刑罚执行期限方面对因累犯和八类重罪判处死刑缓期执行并限制减刑的罪犯与其他罪犯加以了区分，还加重了对生产、销售有毒有害食品犯罪的处罚，增加了单位持有伪造发票犯罪的规定等。

会议听取了全国人大法律委员会副主任委员李重庵作的关于非物质文化遗产法草案审议结果的报告。草案已经常委会第十六次会议、第十八次会议两次审议，提交本次常委会会议审议的草案三审稿，增加了非物质文化遗产知识产权保护与相关法律法规衔接的规定，明确了境外个人进行非物质文化遗产调查应报经省级文化主管部门批准，增加了在代表性传承人丧失传承能力情况下可重新认定传承人、开发利用非物质文化遗产代表性项目应履行相应义务等规定。

会议听取了全国人大法律委员会副主任委员张柏林作的关于车船税法草案审议结果的报告。草案已经常委会第十七次会议初次审议，提交本次常委会会议审议的草案二审稿，在重新测算后明确乘用车仍按排气量大小分档计征车船税，同时，降低排气量为2.0升及以下乘用车的税额幅度；规定按长度确定游艇税额；明确车主定期检验车辆时应向公安机关交管部门提交纳税或免税证明等。

会议听取了全国人大常委会代表资格审查委员会主任委员黄镇东作的关于个别代表的代表资格的报告，审议了有关任免事项。

全国人大常委会副委员长王兆国、路甬祥、乌云其木格、韩启德、华建敏、陈至立、周铁农、李建国、司马义·铁力瓦尔地、蒋树声、陈昌智、严隽琪、桑国卫等出席会议。

国务委员戴秉国，最高人民法院院长王胜俊，最高人民检察院检察长曹建明，全国人大各专门委员会成员，各省、自治区、直辖市人大常委会负责人，部分全国人大代表等列席会议。

国务院总理温家宝在首都博物馆出席中欧青年交流年开幕式

温家宝指出，中欧正处于深化合作的关键时期。如何共享机遇、共迎挑战、共谋发展，关乎中欧人民的福祉和世界的未来。青年朋友们应该一起来思考、探寻正确的答案。青年向往交流、理解和友谊，彼此的心是相通的。把中欧友好合作的种子播撒在每个青年的心里，我们就可以携手共担前进道路上的任何风雨，我们的合作之路、友谊之路就会越走越宽广。

温家宝希望青年人始终以客观、积极、发展的眼光看待和认识世界，敢于追求真理，永远做和平、进步的促进者；秉持坦诚、包容、开放的精神，彼此尊重和信任，相互借鉴和学习；不怕困难，勇于探索和创新，努力超越前人，共同创造中欧关系更加美好的明天。

开幕式上播放了欧盟委员会主席巴罗佐的视频讲话，交流年中方组委会主席、共青团中央书记处第一书记陆昊及欧方代表等分别致辞。

国务院总理温家宝在中南海会见奥地利副总理兼财政部部长普勒尔和外交部部长施平德勒格

国务院总理温家宝就新西兰近日发生强烈地震致电慰问新西兰总理约翰·基

全国政协主席贾庆林在北京召开会议就做好“十二五”时期西藏和四省藏区发展稳定各项工作进行部署

贾庆林指出，要切实做好中央和五省区“十二五”时期重大项目、政策的衔接，把中央第五次西藏工作座谈会确定的、“十二五”期间应当落实的优惠政策、重大项目和资金投入，充分体现于国家“十二五”规划、国家重大建设项目总盘子，以及五省区“十二五”规划、中央各部门专项规划。要加大财政支持力度，充分发挥财政转移支付导向性作用，帮助西藏和四省藏区发展特色优势产业，培育自我发展能力；加强生态环境保护和建设，确保生态环境良好；保障和改善民生，推进基本公共服务均等化。要继续支持做好青海玉树、甘肃舟曲灾后重建工作。

贾庆林强调，要全面加强和改进对口支援工作。抓紧做好对口援藏、援青总体规划的编制和实施，落实援藏、援青资金，完善管理办法。加强干部管理和培训，通过援派干部加强干部队伍力量，支持当地的发展稳定工作，增进民族团结。对口支援工作要进一步向基层和农牧区倾斜，充分尊重受援地区干部群众的意愿，接受群众的监督，把每一个支援项目都建成人民满意工程，使对口支援工作取得政治、经济和社会的综合效益。加强经验总结和交流，广泛宣传报道对口支援工作中的成功经验和先进事迹。

贾庆林指出，加强民族团结，全面提高社会管理科学化水平，促进社会和谐稳定，是实现经济发展民生改善的保障和基础。深入开展对达赖集团斗争，周密部署维护稳定的各项工作，扎实做好藏传佛教工作，有针对性加强涉藏外交外宣工作，为西藏和四省藏区的发展营造良好环境。要进一步加强和完善党和政府主导的维护群众权益机制，加强和完善基层社会管理和服务体系，加强和完善信息网络管理。

国务委员、公安部部长孟建柱，全国政协副主席、中央统战部部长杜青林出席会议并讲话。中央有关部门，西藏、四川、云南、甘肃、青海省（自治区）党委、政府负责同志参加会议。

会议于2月24日结束。

国台办发言人杨毅在新闻发布会上就近期两岸关系的有关事宜答记者问

大陆愿与台方就商签文教交流合作协议加强沟通

在谈到今年两岸教育交流时，杨毅表示，大陆方面将促进两岸各级各类学校在教学、科研等方面的合作。

欢迎更多台湾学生前来大陆高校就读，做好台湾高校来大陆招生的准备工作。同时，扩大两岸青少年交流规模，丰富交流内容。海峡两岸大学校长论坛、两岸基础教育论坛等一系列活动今年也将继续举办。

杨毅说，两岸文化机构和团体将继续举办形式多样、内容丰富的两岸文化交流活动，如分别收藏在两岸的《富春山居图》将在台北故宫博物院合璧展出，两岸文化团体将在台湾举办第二届“两岸汉字艺术节”、第二届“两岸非物质文化遗产月”、第二届“海峡两岸文化创意产业展”、“海峡两岸当代艺术双年展”，以及“妈祖之光”、“客家之歌”等文艺演出。

杨毅表示，为推动两岸文教交流规范化、机制化，大陆方面愿与台湾方面就商签两岸文教交流合作协议加强沟通，积累共识。

大陆方面将全力为在利比亚的台胞提供协助

在回答有关为在利比亚的台湾同胞提供协助的问题时，杨毅说，近日利比亚部分地区局势紧张，中国政府已开始采取撤侨行动。只要台湾同胞有任何需要，可以打电话同外交部或我驻利比亚使馆联系，我们将全力提供协助。

台胞赠送的长鬃山羊和梅花鹿4月落户威海

在回答记者提问时，杨毅表示，经过两会协商安排，大陆方面已经确定于4月16日接收台湾同胞回赠大陆同胞的长鬃山羊和梅花鹿。现在各项准备工作正在加紧进行，不久，大家就可以在山东威海看到这些来自宝岛的可爱动物。

中华人民共和国和哈萨克斯坦共和国发表联合公报

应中华人民共和国主席胡锦涛邀请，哈萨克斯坦共和国总统努尔苏丹·纳扎尔巴耶夫于2011年2月21日至23日对中国进行了国事访问。

访问期间，胡锦涛主席同纳扎尔巴耶夫总统举行了正式会谈，吴邦国委员长和温家宝总理分别会见了纳扎尔巴耶夫总统。

两国领导人在亲切友好的气氛中就发展中哈关系和共同关心的国际和地区问题深入交换意见，达成广泛共识。

一、双方一致认为，近年来，中哈战略伙伴关系稳定发展。两国高层交往密切，相互理解和互信水平不断提高，经贸、能源、人文、安全领域以及国际和地区事务中的合作日益扩大。双方重申将继续在睦邻友好、相互尊重、彼此互信、平等互利的原则基础上，推动中哈关系全面发展，造福两国和两国人民。

二、双方将研究建立两国总理定期会晤机制。

三、双方高度评价中哈合作委员会的工作，愿进一步完善委员会机制建设，充分发挥委员会对双方各领域合作的协调和指导作用。双方责成两国有关部门积极研究今年年内举行委员会第六次会议。

四、双方满意地指出，双方采取及时有效措施，共同应对国际金融危机影响。双方强调，2010年，中哈双边贸易额达204亿美元，大大超过了金融危机前的两国贸易额水平。双方将相互支持对方的经济社会发展战略与规划，推动双边经贸合作进一步发展。

五、双方强调，中哈能源合作已进入新的发展阶段。双方重申将确保油气领域合作项目顺利建设并长期稳定运营，在平等互利基础上扩大核能领域合作，并开展风能、太阳能等可再生能源领域合作。

双方将共同努力，使《中华人民共和国政府和哈萨克斯坦共和国政府关于和平利用核能协定》尽快生效和实施。

六、双方表示将在《中华人民共和国政府和哈萨克斯坦共和国政府关于加强两国非资源经济领域合作规划》框架内，积极落实《中华人民共和国政府和哈萨克斯坦共和国政府关于加强两国非资源经济领域合作规划落实措施计划的修订议定书》。

七、双方指出，中哈霍尔果斯国际边境合作中心是两国非资源领域合作的重点项目之一，确保该中心按期竣工并同步封关运营，对扩大和实现双方经贸合作多样化具有重要的现实意义。双方表示将进一步加强协调和配合，共同推动该中心顺利运营。

双方表示愿加强两国边境经贸合作，鼓励和推动地方合作，支持相关部门和企业积极参加促进贸易和投资的展览会、展销会等活动。

八、双方将积极发展口岸和交通运输领域的合作，继续加强区域交通基础设施网络化建设。双方将采取积极措施，扩大在铁路、公路及航空运输领域的合作。

中方愿参与实施“阿斯塔纳—阿拉木图”高速铁路建设项目。

双方表示愿进一步加强口岸基础设施建设，改善口岸通关条件。

九、双方责成两国相关部门在农业领域开展人员培训、专家互访等方面的合作。双方愿就哈萨克斯坦向中国出口及通过中国向第三国转运粮食开展合作。

十、双方积极评价两国在金融和投资领域合作成果，将继续鼓励相互投资并为此创造良好条件。

十一、双方支持发展两国人民人文领域交流，扩大务实合作。双方将采取有效措施，保护对方公民、法人在本国境内的安全及合法权益。

十二、中方对哈方成功举办第七届亚洲冬季运动会表示热烈祝贺。哈方感谢中方在亚冬会举办过程中给予哈方的支持和配合。双方表示将继续加强两国教育、人文、科技、体育等领域合作。

十三、双方高度评价中哈利用和保护跨界河流联合委员会的工作成效，表示将积极推进《中华人民共和国和哈萨克斯坦共和国跨界河流水量分配技术工作重点实施计划》，决定在今年4月正式开工建设中哈霍尔果斯河友谊联合引水枢纽工程。双方将采取切实有效措施，妥善解决乌勒昆乌拉斯图河水资源利用问题。

十四、双方高度评价《中华人民共和国政府和哈萨克斯坦共和国政府跨界河流水质保护协定》的签署，将积极促成《中华人民共和国政府和哈萨克斯坦共和国政府环境保护合作协定》早日签署。

十五、哈方重申奉行一个中国原则，支持中国政府在台湾、涉藏、涉疆等问题上的立场。中方坚定支持哈方为维护国家独立、主权所做的努力。双方反对任何旨在破坏两国国家主权和领土完整的企图和活动。

十六、双方一致认为，有必要在双边和多边框架内深化打击恐怖主义、分裂主义、极端主义和跨国有组织犯罪活动的合作。

十七、两国元首重申，双方将在国际和地区事务中加强沟通与协调，维护两国和两国人民的共同利益。

双方高度评价上海合作组织为成员国共同发展和本地区安全稳定作出的贡献，强调应进一步提升上海合作组织安全、经济和人文领域合作水平，保障区域一体化，并提高成员国人民的福祉。

中方高度评价哈方担任上海合作组织轮值主席国以来为加强合作所做的贡献。中方指出，哈方与各成员国为筹办2011年6月15日阿斯塔纳上海合作组织10周年纪念峰会以及其他重要活动所做的工作促进了本组织的一体化进程。

中方愿与哈方加强在亚洲相互协作与信任措施会议框架内的协调与配合，推动提升该合作机制在地区事务中的作用。

十八、纳扎尔巴耶夫总统对胡锦涛主席及中方在他访华期间给予他和哈方代表团的热情友好接待深表感谢，并邀请胡锦涛主席在出席今年阿斯塔纳上海合作组织10周年纪念峰会期间再次访问哈萨克斯坦。胡锦涛主席对此表示感谢，并愉快地接受了邀请。

2011年2月23日于北京

中共中央政治局常委李长春在人民大会堂会见由党总部负责人雷德旺率领的埃塞俄比亚人民革命民主阵线（埃革阵）代表团

外交部部长杨洁篪在首尔与韩国总统李明博举行会谈

中联部部长王家瑞在北京会见由国家廉政官穆哈默德·卢卡拉率领的布隆迪保卫民主力量代表团

朴文垚在韩国首尔举行的第十五届LG杯世界围棋棋王战三番棋决赛第二盘比赛中夺冠

朴文垚首次在世界大赛中登顶，他也成为中国第7位围棋世界冠军，朴文垚取代古力成为中国最年轻的围棋世界冠军。

2月24日

十一届全国人大常委会第五十八次委员长会议在人民大会堂举行

全国人大常委会委员长吴邦国主持会议。

会议听取了全国人大常委会副委员长兼秘书长李建国作的关于十一届全国人大四次会议议程草案、主席团和秘书长名单草案、列席人员名单草案，以及全国人大常委会代表资格审查委员会关于个别代表的代表资格的报告和有关任免案的审议情况的汇报；关于倪岳峰辞去十一届全国人大常委会委员及全国人大环境与资源保护委员会副主任委员职务的请求审议情况以及关于接受其辞职请求的决定草案代拟稿的汇报。

会议听取了全国人大法律委员会主任委员胡康生作的关于刑法修正案（八）草案、非物质文化遗产法草案、车船税法草案修改意见的汇报。

委员长会议决定，根据常委会组成人员的审议意见，对上述议案和草案作进一步审议修改后，交付十一届全国人大常委会第十九次会议闭幕会表决。

全国人大常委会副委员长王兆国、路甬祥、乌云其木格、韩启德、华建敏、陈至立、周铁农、司马义·铁力瓦尔地、蒋树声、陈昌智、严隽琪、桑国卫等出席会议。

全国党史研究室主任会议在北京举行

中央党史研究室主任欧阳淞作了工作报告。中央党史研究室和各省、自治区、直辖市及副省级城市、新疆生产建设兵团党委党史部门负责同志等出席会议。

中国中共党史学会第七次会员代表大会将修订学会章程，选举产生新一届理事会。

政协湖北省第十届委员会第四次会议选举杨松为省政协主席

政协海南省五届四次会议第三次全体会议选举于迅为省政协主席

**国务院副总理李克强出席全国保障性安居工程工

作会议并讲话

会上,住房城乡建设部主要负责同志通报了2010年全国保障性安居工程建设进展情况,对下一步工作提出了安排意见;内蒙古、黑龙江、山东、河南、陕西五省(区)政府负责同志介绍了当地保障性安居工程建设的做法和经验,谈了下一步工作打算。在认真听取大家的发言后,李克强说,住房乃民生之要。近年来棚户区改造和廉租房、公租房等保障性住房建设力度逐步加大,上千万困难群众住房明显得到改善。今年保障性安居工程建设1000万套是硬任务,对于稳预期控房价、惠民生促和谐、扩内需转方式具有重大意义,也是调整收入分配结构的重要举措。各地要抓紧安排开工,尽早建成投入使用。

李克强指出,加快推进保障性安居工程,要把保障基本需求与引导合理消费结合起来,从我国人多地少的基本国情出发,多提供小户型、齐功能、质量可靠的住房。要大力发展公共租赁住房,大幅度提升公租房在保障房中的比例,满足居民住房租赁需求,形成梯度消费的合理模式。

李克强说,加大政策支持力度是保障性安居工程建设的前提条件。要大幅增加并及早下达中央和地方财政资金,减免相关税费,合理确定公租房租金水平,引导银行贷款和社会投资,多渠道筹集建设资金,保证资金不留缺口。对公租房等保障性安居工程建设用地按规定实行划拨方式,并增加普通商品住房建设供地。

李克强强调,确保分配公平是大规模实施保障性安居工程的"生命线"。要坚持增加投入与创新机制并重,从准入标准、审核程序、动态管理、退出执行等方面制定一整套制度,实行保障房源、分配过程、分配结果三公开,强化监督管理,确保分配公平公正,使低收入和中等偏下收入住房困难群众真正受益。要严格执行工程建设各项规定,确保房屋质量和建设资金安全,经得起历史和人民的检验。在运营上要注重发挥市场机制的作用,降低管理成本,提高管理效率,实现保障性安居工程可持续运转。

会上,国家保障性安居工程协调小组与各省(区、市)政府和新疆生产建设兵团签订了2011年保障性安居工程目标责任书。

各省(区、市)政府和新疆生产建设兵团负责同志,中央有关部门、国务院有关部门和单位,军队有关部门负责同志,以及部分大型商业银行、中央企业负责同志,各计划单列市、省会(首府)城市和部分地级城市政府负责同志,各省(区、市)住房城乡建设、发展改革、财政、国土资源部门负责同志参加会议。

中国和平发展基金会在北京成立

国务委员戴秉国致信祝贺,全国政协副主席孙家正出席会议。中联部部长王家瑞出席会议并致辞。

中联部、中央统战部、外交部、商务部、国家税务总局、共青团中央、全国妇联、中国民间组织国际交流促进会有关负责人以及部分省区市、企业界代表等参加了成立大会。

国家副主席习近平在人民大会堂与巴基斯坦参联会主席哈立德·沙米姆·韦恩举行会谈

外交部部长杨洁篪在乌兰巴托与蒙古国总统额勒贝格道尔吉举行会谈

国防部部长梁光烈在八一大楼会见巴基斯坦参联会主席哈立德·沙米姆·韦恩一行

全国社会保险局长会议在北京召开

会议发布消息,到2010年年底,全国养老保险参保人数已达2.57亿,与2005年相比,增长46.8%;全国城镇基本医疗保险参保人数4.32亿,比2005年增长213.5%;全国工伤保险参保人数1.62亿,比2005年增长90.8%;全国失业保险参保人数1.34亿,比2005年增长25.6%;全国生育保险参保人数1.23亿,比2005年增长127.5%。城镇基本医疗保险加上新农合,总人数超过12.6亿人,新型农村社会养老保险人数达1.43亿人。各级社保经办机构管理服务的参保总人数已超过12.5亿人次。

全国减灾救灾工作会议在南京召开

会议认为,"十一五"是新中国成立以来各类重特大自然灾害发生最为频繁的时期,也是我国减灾救灾工作取得显著成绩、灾害应急救助水平大幅提升的时期。

民政部副部长罗平飞介绍说,"十一五"期间,全国共有22.2亿人次遭受各类自然灾害影响,因灾直接经济损失2.5万亿元。

会议认为,"十一五"我国灾害应急救助水平大幅提升,主要表现在三个方面。补助项目不断增加,补助标准不断提高;救灾物资储备网络基本形成,救灾物资应急调运能力显著增强;灾情统计上报的时效性、准确性和规范化程度大大提高。

2月25日

十一届全国人大常委会第五十九次委员长会议在

人民大会堂举行

全国人大常委会委员长吴邦国主持会议。

会议听取了全国人大常委会副委员长兼秘书长李建国作的关于接受倪岳峰辞去十一届全国人大常委会委员及全国人大环境与资源保护委员会副主任委员职务的请求的决定草案审议情况的汇报。

会议听取了全国人大法律委员会主任委员胡康生作的关于刑法修正案(八)草案、非物质文化遗产法草案、车船税法草案建议表决稿审议情况的汇报。

会议听取了全国人大常委会副秘书长孙伟作的关于全国人大常委会工作报告稿审议情况的汇报。

24日,常委会分组审议了拟提请十一届全国人大四次会议审议的常委会工作报告稿。常委会组成人员普遍认为报告稿总结工作实事求是、重点突出,客观反映了一年来常委会工作的特点和亮点;部署工作思路清晰、积极可行,具有很强的针对性和指导性。审议中,常委会组成人员一致认为,过去的一年,全国人大常委会坚持以邓小平理论和"三个代表"重要思想为指导,深入贯彻落实科学发展观,坚持党的领导、人民当家做主、依法治国有机统一,服从服务于党和国家工作大局,依法行使最高国家权力机关的职权,做了大量卓有成效的工作,为确保如期形成中国特色社会主义法律体系,推动中央重大决策部署贯彻落实,促进经济社会全面协调可持续发展作出了新的贡献。

常委会组成人员在回顾过去一年的工作时指出,2010年常委会着力抓了一批在中国特色社会主义法律体系中起支架作用的重要法律的制定和修改,督促有关方面全面完成对行政法规和地方性法规的集中清理任务,保证了中国特色社会主义法律体系如期形成。大家认为,中国特色社会主义法律体系的形成,是我国社会主义民主法制建设史上的重要里程碑,具有重大的现实意义和深远的历史意义,是中国特色社会主义永葆本色的法制根基,是中国特色社会主义创新实践的法制体现,是中国特色社会主义兴旺发达的法制保障。

常委会组成人员认为,一年来,常委会加强了对经济工作和保障改善民生工作的监督,依法开展了3次专题询问,进一步增加了监督实效。常委会还认真办理代表议案建议,扩大代表对常委会和专门委员会活动的参与,代表作用进一步发挥;坚持服从服务于国家外交大局,对外交往积极展开;坚持正确政治方向,人大机关自身建设得到加强。

常委会组成人员还就进一步修改完善常委会工作报告稿、做好新一年的工作提出了具体建议。

委员长会议决定,将上述议案、草案及常委会工作报告稿交付十一届全国人大常委会第十九次会议闭幕会表决。

委员长会议提议,吴邦国委员长受常委会委托,向十一届全国人大四次会议作全国人大常委会工作报告。

全国人大常委会副委员长王兆国、路甬祥、乌云其木格、韩启德、华建敏、陈至立、周铁农、司马义·铁力瓦尔地、蒋树声、陈昌智、严隽琪、桑国卫等出席会议。

十一届全国人大常委会十九次会议在人民大会堂闭幕

会议经过表决,通过了刑法修正案(八)、非物质文化遗产法、车船税法;决定免去刘志军的铁道部部长职务,任命盛光祖为铁道部部长。国家主席胡锦涛分别签署主席令,公布了有关法律和任免决定。

吴邦国委员长主持闭幕会。全国人大常委会组成人员158人出席,符合法定人数。

会议表决通过了全国人大常委会工作报告稿,并委托委员长会议根据常委会组成人员审议意见,对报告稿做必要的修改完善后,提请十一届全国人大四次会议审议。

会议表决通过了十一届全国人大四次会议议程草案,决定提请十一届全国人大四次会议预备会议审议;表决通过了十一届全国人大四次会议主席团和秘书长名单草案,决定提请十一届全国人大四次会议预备会议选举;表决通过了十一届全国人大四次会议列席人员名单。

会议表决通过了全国人大常委会代表资格审查委员会关于个别代表的代表资格的报告。根据全国人大常委会发表的公告,十一届全国人大现在实有代表2979人。

会议分别经过表决,任命刘胜玉、孙大发为全国人大民族委员会副主任委员,黄献中为全国人大环境与资源保护委员会副主任委员。

会议表决通过了关于接受倪岳峰辞去全国人大常委会委员及全国人大环境与资源保护委员会副主任委员职务的请求的决定,报请十一届全国人大四次会议确认。倪岳峰同志因另有任用,依照法律规定,向全国人大常委会提出了辞职请求。

会议还表决通过了其他任免案。

在完成各项议程后,吴邦国发表重要讲话。吴邦国指出,刑法作为规定犯罪、刑事责任和刑罚的法律,在中国特色社会主义法律体系中起支架作用。1997年,全国人大对刑法作了全面修订。此后,根据惩治犯罪的需要,常委会又先后通过了1个决定和7个刑法修正案。本次会议通过的刑法修正案(八),使我国刑罚结构更趋合理,有利于更好地发挥刑法在惩治犯罪、保护人民、维护社会秩序、保障国家安全等方面的重要作用。

吴邦国说，车船税法的制定涉及广大消费者的切身利益，社会方方面面都很关注。去年10月，法律草案全文公布后，在社会上引起积极反响，短短一个月内收到各方面的意见近10万条，我们进行了认真梳理分析，并及时向社会作出反馈。考虑到我国乘用车保有量的87%左右都是中小排量，而且主要由广大工薪阶层使用的实际情况，我们根据大多数人的意见，对法律草案作了重要修改，将中小排量汽车的税额幅度适当降低或者保持不变，将大排量汽车的税额幅度适当调高，这样既减轻了广大群众的税负，又有利于引导汽车合理消费、促进节能减排。

吴邦国说，会议审议通过的非物质文化遗产法，第一次从法律上界定了非物质文化遗产的范围，规范了非物质文化遗产调查行为，确定国家采取认定、记录、建档等措施保存各类非物质文化遗产，采取传承、传播等方式保护具有历史、文学、艺术、科学价值的非物质文化遗产，这对继承和弘扬中华民族优秀传统文化，增强民族凝聚力和创造力，推动文化发展与繁荣等具有重要意义。

吴邦国强调，十一届全国人大四次会议就要召开了，这是在我国全面建设小康社会进入关键时期，在深化改革开放、加快转变经济发展方式进入攻坚时期召开的一次十分重要的会议。会议将审查批准国民经济和社会发展"十二五"规划纲要，宣布形成中国特色社会主义法律体系，还将听取审议常委会工作报告和"一府两院"工作报告，审查批准2011年国民经济和社会发展计划以及中央预算，明确今后一个时期国家各项工作的指导思想、总体思路、目标任务和重大举措，这些都是全国各族人民关心的大事。开好这次大会，对于全面贯彻落实中央重大决策部署，深入贯彻落实科学发展观，进一步凝聚全国各族人民的智慧和力量，促进经济平稳较快发展、实现"十二五"时期经济社会发展良好开局具有十分重要的意义。我们要把思想和行动统一到中央对形势的分析判断和对工作的总体部署上来，坚持党的领导、人民当家做主、依法治国有机统一，充分发扬民主，严格依法办事，与全体代表一道，把十一届全国人大四次会议开成一次"民主、团结、求实、奋进"的大会。这里，再强调三点：

一要提高审议质量。要充分尊重和保障代表的民主权利，认真执行大会议事规则和程序，从党和国家工作大局出发，坚持讲大局、议大事，提倡重实际、求实效，充分反映民意，广泛集中民智，实事求是地评价各国家机关的工作，认真负责地提出意见和建议，共同把各项报告和议案审议好修改好。

二要自觉接受监督。会议期间，常委会将向大会报告工作，这是常委会向代表大会负责、受代表大会监督的重要内容。我们要虚心听取代表意见，自觉接受人民监督，进一步加强和改进常委会的工作，更好地行使宪法和法律赋予的职权，不辜负人民重托。

三要搞好服务保障。一个多月来，大会秘书处做了大量扎实细致的工作，目前，大会的各项筹备工作已经基本就绪。会议期间，服务保障任务会更加繁重，各有关方面要再接再厉，继续以饱满的政治热情、良好的精神风貌、严谨的工作作风投入工作，落实责任分工、加强团结协作、精心搞好服务，确保十一届全国人大四次会议顺利进行。

全国人大常委会副委员长王兆国、路甬祥、乌云其木格、韩启德、华建敏、陈至立、周铁农、李建国、司马义·铁力瓦尔地、蒋树声、陈昌智、严隽琪、桑国卫出席会议。

国务委员孟建柱，最高人民法院院长王胜俊，最高人民检察院检察长曹建明，全国人大各专门委员会成员，各省、自治区、直辖市人大常委会负责人，部分全国人大代表等列席会议。

国家主席胡锦涛签署第41号令发布《中华人民共和国刑法修正案(八)》

《中华人民共和国刑法修正案(八)》已由中华人民共和国第十一届全国人民代表大会常务委员会第十九次会议于2011年2月25日通过，现予公布，自2011年5月1日起施行。

中华人民共和国主席　胡锦涛

2011年2月25日

中华人民共和国刑法修正案(八)

一、在刑法第十七条后增加一条，作为第十七条之一："已满七十五周岁的人故意犯罪的，可以从轻或者减轻处罚；过失犯罪的，应当从轻或者减轻处罚。"

二、在刑法第三十八条中增加一款作为第二款："判处管制，可以根据犯罪情况，同时禁止犯罪分子在执行期间从事特定活动，进入特定区域、场所，接触特定的人。"

原第二款作为第三款，修改为："对判处管制的犯罪分子，依法实行社区矫正。"

增加一款作为第四款："违反第二款规定的禁止令的，由公安机关依照《中华人民共和国治安管理处罚法》的规定处罚。"

三、在刑法第四十九条中增加一款作为第二款："审判的时候已满七十五周岁的人，不适用死刑，但以特别残忍手段致人死亡的除外。"

四、将刑法第五十条修改为："判处死刑缓期执行的，在死刑缓期执行期间，如果没有故意犯罪，二年期满以后，减为无期徒刑；如果确有重大立功表现，二年期满以后，减为二十五年有期徒刑；如果故意犯罪，查证属实的，由最高人民法院核准，执行死刑。”

“对被判处死刑缓期执行的累犯以及因故意杀人、强奸、抢劫、绑架、放火、爆炸、投放危险物质或者有组织的暴力性犯罪被判处死刑缓期执行的犯罪分子，人民法院根据犯罪情节等情况可以同时决定对其限制减刑。”

五、将刑法第六十三条第一款修改为：“犯罪分子具有本法规定的减轻处罚情节的，应当在法定刑以下判处刑罚；本法规定有数个量刑幅度的，应当在法定量刑幅度的下一个量刑幅度内判处刑罚。”

六、将刑法第六十五条第一款修改为：“被判处有期徒刑以上刑罚的犯罪分子，刑罚执行完毕或者赦免以后，在五年以内再犯应当判处有期徒刑以上刑罚之罪的，是累犯，应当从重处罚，但是过失犯罪和不满十八周岁的人犯罪的除外。”

七、将刑法第六十六条修改为：“危害国家安全犯罪、恐怖活动犯罪、黑社会性质的组织犯罪的犯罪分子，在刑罚执行完毕或者赦免以后，在任何时候再犯上述任一类罪的，都以累犯论处。”

八、在刑法第六十七条中增加一款作为第三款：“犯罪嫌疑人虽不具有前两款规定的自首情节，但是如实供述自己罪行的，可以从轻处罚；因其如实供述自己罪行，避免特别严重后果发生的，可以减轻处罚。”

九、删去刑法第六十八条第二款。

十、将刑法第六十九条修改为：“判决宣告以前一人犯数罪的，除判处死刑和无期徒刑的以外，应当在总和刑期以下、数刑中最高刑期以上，酌情决定执行的刑期，但是管制最高不能超过三年，拘役最高不能超过一年，有期徒刑总和刑期不满三十五年的，最高不能超过二十年，总和刑期在三十五年以上的，最高不能超过二十五年。”

“数罪中有判处附加刑的，附加刑仍须执行，其中附加刑种类相同的，合并执行，种类不同的，分别执行。”

十一、将刑法第七十二条修改为：“对于被判处拘役、三年以下有期徒刑的犯罪分子，同时符合下列条件的，可以宣告缓刑，对其中不满十八周岁的人、怀孕的妇女和已满七十五周岁的人，应当宣告缓刑：

（一）犯罪情节较轻；

（二）有悔罪表现；

（三）没有再犯罪的危险；

（四）宣告缓刑对所居住社区没有重大不良影响。

宣告缓刑，可以根据犯罪情况，同时禁止犯罪分子在缓刑考验期限内从事特定活动，进入特定区域、场所，接触特定的人。”

“被宣告缓刑的犯罪分子，如果被判处附加刑，附加刑仍须执行。”

十二、将刑法第七十四条修改为：“对于累犯和犯罪集团的首要分子，不适用缓刑。”

十三、将刑法第七十六条修改为：“对宣告缓刑的犯罪分子，在缓刑考验期限内，依法实行社区矫正，如果没有本法第七十七条规定的情形，缓刑考验期满，原判的刑罚就不再执行，并公开予以宣告。”

十四、将刑法第七十七条第二款修改为：“被宣告缓刑的犯罪分子，在缓刑考验期限内，违反法律、行政法规或者国务院有关部门关于缓刑的监督管理规定，或者违反人民法院判决中的禁止令，情节严重的，应当撤销缓刑，执行原判刑罚。”

十五、将刑法第七十八条第二款修改为：“减刑以后实际执行的刑期不能少于下列期限：

（一）判处管制、拘役、有期徒刑的，不能少于原判刑期的二分之一；

（二）判处无期徒刑的，不能少于十三年；

（三）人民法院依照本法第五十条第二款规定限制减刑的死刑缓期执行的犯罪分子，缓期执行期满后依法减为无期徒刑的，不能少于二十五年，缓期执行期满后依法减为二十五年有期徒刑的，不能少于二十年。”

十六、将刑法第八十一条修改为：“被判处有期徒刑的犯罪分子，执行原判刑期二分之一以上，被判处无期徒刑的犯罪分子，实际执行十三年以上，如果认真遵守监规，接受教育改造，确有悔改表现，没有再犯罪的危险的，可以假释。如果有特殊情况，经最高人民法院核准，可以不受上述执行刑期的限制。”

“对累犯以及因故意杀人、强奸、抢劫、绑架、放火、爆炸、投放危险物质或者有组织的暴力性犯罪被判处十年以上有期徒刑、无期徒刑的犯罪分子，不得假释。”

“对犯罪分子决定假释时，应当考虑其假释后对所居住社区的影响。”

十七、将刑法第八十五条修改为：“对假释的犯罪分子，在假释考验期限内，依法实行社区矫正，如果没有本法第八十六条规定的情形，假释考验期满，就认为原判刑罚已经执行完毕，并公开予以宣告。”

十八、将刑法第八十六条第三款修改为：“被假释的犯罪分子，在假释考验期限内，有违反法律、行政法规或者国务院有关部门关于假释的监督管理规定的行为，尚未构成新的犯罪的，应当依照法定程序撤销假释，收监执行未执行完毕的刑罚。”

十九、在刑法第一百条中增加一款作为第二款：“犯罪的时候不满十八周岁被判处五年有期徒刑以下刑罚的人，免除前款规定的报告义务。”

二十、将刑法第一百零七条修改为：“境内外机构、组织或者个人资助实施本章第一百零二条、第一百零三条、第一百零四条、第一百零五条规定之罪的，对直接责任人员，处五年以下有期徒刑、拘役、管制或者剥夺政治权利；情节严重的，处五年以上有期徒刑。”

二十一、将刑法第一百零九条修改为：“国家机关工作人员在履行公务期间，擅离岗位，叛逃境外或者在境外叛逃的，处五年以下有期徒刑、拘役、管制或者剥夺政治权利；情节严重的，处五年以上十年以下有期徒刑。”

“掌握国家秘密的国家工作人员叛逃境外或者在境外叛逃的，依照前款的规定从重处罚。”

二十二、在刑法第一百三十三条后增加一条，作为第一百三十三条之一：“在道路上驾驶机动车追逐竞驶，情节恶劣的，或者在道路上醉酒驾驶机动车的，处拘役，并处罚金。”

“有前款行为，同时构成其他犯罪的，依照处罚较重的规定定罪处罚。”

二十三、将刑法第一百四十一条第一款修改为：“生产、销售假药的，处三年以下有期徒刑或者拘役，并处罚金；对人体健康造成严重危害或者有其他严重情节的，处三年以上十年以下有期徒刑，并处罚金；致人死亡或者有其他特别严重情节的，处十年以上有期徒刑、无期徒刑或者死刑，并处罚金或者没收财产。”

二十四、将刑法第一百四十三条修改为：“生产、销售不符合食品安全标准的食品，足以造成严重食物中毒事故或者其他严重食源性疾病的，处三年以下有期徒刑或者拘役，并处罚金；对人体健康造成严重危害或者有其他严重情节的，处三年以上七年以下有期徒刑，并处罚金；后果特别严重的，处七年以上有期徒刑或者无期徒刑，并处罚金或者没收财产。”

二十五、将刑法第一百四十四条修改为：“在生产、销售的食品中掺入有毒、有害的非食品原料的，或者销售明知掺有有毒、有害的非食品原料的食品的，处五年以下有期徒刑，并处罚金；对人体健康造成严重危害或者有其他严重情节的，处五年以上十年以下有期徒刑，并处罚金；致人死亡或者有其他特别严重情节的，依照本法第一百四十一条的规定处罚。”

二十六、将刑法第一百五十一条修改为：“走私武器、弹药、核材料或者伪造的货币的，处七年以上有期徒刑，并处罚金或者没收财产；情节特别严重的，处无期徒刑或者死刑，并处没收财产；情节较轻的，处三年以上七年以下有期徒刑，并处罚金。”

“走私国家禁止出口的文物、黄金、白银和其他贵重金属或者国家禁止进出口的珍贵动物及其制品的，处五年以上十年以下有期徒刑，并处罚金；情节特别严重的，处十年以上有期徒刑或者无期徒刑，并处没收财产；情节较轻的，处五年以下有期徒刑，并处罚金。”

“走私珍稀植物及其制品等国家禁止进出口的其他货物、物品的，处五年以下有期徒刑或者拘役，并处或者单处罚金；情节严重的，处五年以上有期徒刑，并处罚金。”

“单位犯本条规定之罪的，对单位判处罚金，并对其直接负责的主管人员和其他直接责任人员，依照本条各款的规定处罚。”

二十七、将刑法第一百五十三条第一款修改为：“走私本法第一百五十一条、第一百五十二条、第三百四十七条规定以外的货物、物品的，根据情节轻重，分别依照下列规定处罚：

（一）走私货物、物品偷逃应缴税额较大或者一年内曾因走私被给予二次行政处罚后又走私的，处三年以下有期徒刑或者拘役，并处偷逃应缴税额一倍以上五倍以下罚金。

（二）走私货物、物品偷逃应缴税额巨大或者有其他严重情节的，处三年以上十年以下有期徒刑，并处偷逃应缴税额一倍以上五倍以下罚金。

（三）走私货物、物品偷逃应缴税额特别巨大或者有其他特别严重情节的，处十年以上有期徒刑或者无期徒刑，并处偷逃应缴税额一倍以上五倍以下罚金或者没收财产。”

二十八、将刑法第一百五十七条第一款修改为：“武装掩护走私的，依照本法第一百五十一条第一款的规定从重处罚。”

二十九、将刑法第一百六十四条修改为：“为谋取不正当利益，给予公司、企业或者其他单位的工作人员以财物，数额较大的，处三年以下有期徒刑或者拘役；数额巨大的，处三年以上十年以下有期徒刑，并处罚金。”

“为谋取不正当商业利益，给予外国公职人员或者国际公共组织官员以财物的，依照前款的规定处罚。”

“单位犯前两款罪的，对单位判处罚金，并对其直接负责的主管人员和其他直接责任人员，依照第一款的规定处罚。”

“行贿人在被追诉前主动交代行贿行为的，可以减轻处罚或者免除处罚。”

三十、将刑法第一百九十九条修改为：“犯本节第一百九十二条规定之罪，数额特别巨大并且给国家和人民利益造成特别重大损失的，处无期徒刑或者死刑，并处没收财产。”

三十一、将刑法第二百条修改为：“单位犯本节第一百九十二条、第一百九十四条、第一百九十五条规定之罪的，对单位判处罚金，并对其直接负责的主管人员和其他直接责任人员，处五年以下有期徒刑或者拘役，可以并处罚金；数额巨大或者有其他严重情节的，处五年以上十年以下有期徒刑，并处罚金；数额特别巨大或者有其他特别严重情节的，处十年以上有期徒刑或者无期徒刑，并处罚金。”

三十二、删去刑法第二百零五条第二款。

三十三、在刑法第二百零五条后增加一条，作为第二百零五条之一：“虚开本法第二百零五条规定以外的其他发票，情节严重的，处二年以下有期徒刑、拘役或者管制，并处罚金；情节特别严重的，处二年以上七年以下有期徒刑，并处罚金。”

“单位犯前款罪的，对单位判处罚金，并对其直接负责的主管人员和其他直接责任人员，依照前款的规定处罚。”

三十四、删去刑法第二百零六条第二款。

三十五、在刑法第二百一十条后增加一条，作为第二百一十条之一：“明知是伪造的发票而持有，数量较大的，处二年以下有期徒刑、拘役或者管制，并处罚金；数量巨大的，处二年以上七年以下有期徒刑，并处罚金。”

“单位犯前款罪的，对单位判处罚金，并对其直接负责的主管人员和其他直接责任人员，依照前款的规定处罚。”

三十六、将刑法第二百二十六条修改为：“以暴力、威胁手段，实施下列行为之一，情节严重的，处三年以下有期徒刑或者拘役，并处或者单处罚金；情节特别严重的，处三年以上七年以下有期徒刑，并处罚金：

(一)强买强卖商品的；

(二)强迫他人提供或者接受服务的；

(三)强迫他人参与或者退出投标、拍卖的；

(四)强迫他人转让或者收购公司、企业的股份、债券或者其他资产的；

(五)强迫他人参与或者退出特定的经营活动的。”

三十七、在刑法第二百三十四条后增加一条，作为第二百三十四条之一：“组织他人出卖人体器官的，处五年以下有期徒刑，并处罚金；情节严重的，处五年以上有期徒刑，并处罚金或者没收财产。”

“未经本人同意摘取其器官，或者摘取不满十八周岁的人的器官，或者强迫、欺骗他人捐献器官的，依照本法第二百三十四条、第二百三十二条的规定定罪处罚。”

“违背本人生前意愿摘取其尸体器官，或者本人生前未表示同意，违反国家规定，违背其近亲属意愿摘取其尸体器官的，依照本法第三百零二条的规定定罪处罚。”

三十八、将刑法第二百四十四条修改为：“以暴力、威胁或者限制人身自由的方法强迫他人劳动的，处三年以下有期徒刑或者拘役，并处罚金；情节严重的，处三年以上十年以下有期徒刑，并处罚金。”

“明知他人实施前款行为，为其招募、运送人员或者有其他协助强迫他人劳动行为的，依照前款的规定处罚。”

“单位犯前两款罪的，对单位判处罚金，并对其直接负责的主管人员和其他直接责任人员，依照第一款的规定处罚。”

三十九、将刑法第二百六十四条修改为：“盗窃公私财物，数额较大的，或者多次盗窃、入户盗窃、携带凶器盗窃、扒窃的，处三年以下有期徒刑、拘役或者管制，并处或者单处罚金；数额巨大或者有其他严重情节的，处三年以上十年以下有期徒刑，并处罚金；数额特别巨大或者有其他特别严重情节的，处十年以上有期徒刑或者无期徒刑，并处罚金或者没收财产。”

四十、将刑法第二百七十四条修改为：“敲诈勒索公私财物，数额较大或者多次敲诈勒索的，处三年以下有期徒刑、拘役或者管制，并处或者单处罚金；数额巨大或者有其他严重情节的，处三年以上十年以下有期徒刑，并处罚金；数额特别巨大或者有其他特别严重情节的，处十年以上有期徒刑，并处罚金。”

四十一、在刑法第二百七十六条后增加一条，作为第二百七十六条之一：“以转移财产、逃匿等方法逃避支付劳动者的劳动报酬或者有能力支付而不支付劳动者的劳动报酬，数额较大，经政府有关部门责令支付仍不支付的，处三年以下有期徒刑或者拘役，并处或者单处罚金；造成严重后果的，处三年以上七年以下有期徒刑，并处罚金。”

“单位犯前款罪的，对单位判处罚金，并对其直接负责的主管人员和其他直接责任人员，依照前款的规定处罚。”

“有前两款行为，尚未造成严重后果，在提起公诉前支付劳动者的劳动报酬，并依法承担相应赔偿责任的，可以减轻或者免除处罚。”

四十二、将刑法第二百九十三条修改为：“有下列寻衅滋事行为之一，破坏社会秩序的，处五年以下有期徒刑、拘役或者管制：

(一)随意殴打他人，情节恶劣的；

(二)追逐、拦截、辱骂、恐吓他人，情节恶劣的；

(三)强拿硬要或者任意损毁、占用公私财物，情节严重的；

(四)在公共场所起哄闹事，造成公共场所秩序严重混乱的。

纠集他人多次实施前款行为，严重破坏社会秩序的，处五年以上十年以下有期徒刑，可以并处罚金。”

四十三、将刑法第二百九十四条修改为：“组织、领导黑社会性质的组织的,处七年以上有期徒刑,并处没收财产;积极参加的,处三年以上七年以下有期徒刑,可以并处罚金或者没收财产;其他参加的,处三年以下有期徒刑、拘役、管制或者剥夺政治权利,可以并处罚金。

境外的黑社会组织的人员到中华人民共和国境内发展组织成员的,处三年以上十年以下有期徒刑。

国家机关工作人员包庇黑社会性质的组织,或者纵容黑社会性质的组织进行违法犯罪活动的,处五年以下有期徒刑;情节严重的,处五年以上有期徒刑。

犯前三款罪又有其他犯罪行为的,依照数罪并罚的规定处罚。

黑社会性质的组织应当同时具备以下特征:

(一)形成较稳定的犯罪组织,人数较多,有明确的组织者、领导者,骨干成员基本固定;

(二)有组织地通过违法犯罪活动或者其他手段获取经济利益,具有一定的经济实力,以支持该组织的活动;

(三)以暴力、威胁或者其他手段,有组织地多次进行违法犯罪活动,为非作恶,欺压、残害群众;

(四)通过实施违法犯罪活动,或者利用国家工作人员的包庇或者纵容,称霸一方,在一定区域或者行业内,形成非法控制或者重大影响,严重破坏经济、社会生活秩序。"

四十四、将刑法第二百九十五条修改为:"传授犯罪方法的,处五年以下有期徒刑、拘役或者管制;情节严重的,处五年以上十年以下有期徒刑;情节特别严重的,处十年以上有期徒刑或者无期徒刑。"

四十五、将刑法第三百二十八条第一款修改为:"盗掘具有历史、艺术、科学价值的古文化遗址、古墓葬的,处三年以上十年以下有期徒刑,并处罚金;情节较轻的,处三年以下有期徒刑、拘役或者管制,并处罚金;有下列情形之一的,处十年以上有期徒刑或者无期徒刑,并处罚金或者没收财产:

(一)盗掘确定为全国重点文物保护单位和省级文物保护单位的古文化遗址、古墓葬的;

(二)盗掘古文化遗址、古墓葬集团的首要分子;

(三)多次盗掘古文化遗址、古墓葬的;

(四)盗掘古文化遗址、古墓葬,并盗窃珍贵文物或者造成珍贵文物严重破坏的。"

四十六、将刑法第三百三十八条修改为:"违反国家规定,排放、倾倒或者处置有放射性的废物、含传染病病原体的废物、有毒物质或者其他有害物质,严重污染环境的,处三年以下有期徒刑或者拘役,并处或者单处罚金;后果特别严重的,处三年以上七年以下有期徒刑,并处罚金。"

四十七、将刑法第三百四十三条第一款修改为:"违反矿产资源法的规定,未取得采矿许可证擅自采矿,擅自进入国家规划矿区、对国民经济具有重要价值的矿区和他人矿区范围采矿,或者擅自开采国家规定实行保护性开采的特定矿种,情节严重的,处三年以下有期徒刑、拘役或者管制,并处或者单处罚金;情节特别严重的,处三年以上七年以下有期徒刑,并处罚金。"

四十八、将刑法第三百五十八条第三款修改为:"为组织卖淫的人招募、运送人员或者有其他协助组织他人卖淫行为的,处五年以下有期徒刑,并处罚金;情节严重的,处五年以上十年以下有期徒刑,并处罚金。"

四十九、在刑法第四百零八条后增加一条,作为第四百零八条之一:"负有食品安全监督管理职责的国家机关工作人员,滥用职权或者玩忽职守,导致发生重大食品安全事故或者造成其他严重后果的,处五年以下有期徒刑或者拘役;造成特别严重后果的,处五年以上十年以下有期徒刑。"

"徇私舞弊犯前款罪的,从重处罚。"

五十、本修正案自2011年5月1日起施行。

国家主席胡锦涛签署第42号令发布《中华人民共和国非物质文化遗产法》

《中华人民共和国非物质文化遗产法》已由中华人民共和国第十一届全国人民代表大会常务委员会第十九次会议于2011年2月25日通过,现予公布,自2011年6月1日起施行。

中华人民共和国主席　胡锦涛

2011年2月25日

中华人民共和国非物质文化遗产法

第一章　总　则

第一条　为了继承和弘扬中华民族优秀传统文化,促进社会主义精神文明建设,加强非物质文化遗产保护、保存工作,制定本法。

第二条　本法所称非物质文化遗产,是指各族人民世代相传并视为其文化遗产组成部分的各种传统文化表现形式,以及与传统文化表现形式相关的实物和场所。包括:

(一)传统口头文学以及作为其载体的语言;

(二)传统美术、书法、音乐、舞蹈、戏剧、曲艺和杂技;

(三)传统技艺、医药和历法;

(四)传统礼仪、节庆等民俗;

(五)传统体育和游艺;

(六)其他非物质文化遗产。

属于非物质文化遗产组成部分的实物和场所,凡属文物的,适用《中华人民共和国文物保护法》的有关规定。

第三条 国家对非物质文化遗产采取认定、记录、建档等措施予以保存，对体现中华民族优秀传统文化，具有历史、文学、艺术、科学价值的非物质文化遗产采取传承、传播等措施予以保护。

第四条 保护非物质文化遗产，应当注重其真实性、整体性和传承性，有利于增强中华民族的文化认同，有利于维护国家统一和民族团结，有利于促进社会和谐和可持续发展。

第五条 使用非物质文化遗产，应当尊重其形式和内涵。

禁止以歪曲、贬损等方式使用非物质文化遗产。

第六条 县级以上人民政府应当将非物质文化遗产保护、保存工作纳入本级国民经济和社会发展规划，并将保护、保存经费列入本级财政预算。

国家扶持民族地区、边远地区、贫困地区的非物质文化遗产保护、保存工作。

第七条 国务院文化主管部门负责全国非物质文化遗产的保护、保存工作；县级以上地方人民政府文化主管部门负责本行政区域内非物质文化遗产的保护、保存工作。

县级以上人民政府其他有关部门在各自职责范围内，负责有关非物质文化遗产的保护、保存工作。

第八条 县级以上人民政府应当加强对非物质文化遗产保护工作的宣传，提高全社会保护非物质文化遗产的意识。

第九条 国家鼓励和支持公民、法人和其他组织参与非物质文化遗产保护工作。

第十条 对在非物质文化遗产保护工作中作出显著贡献的组织和个人，按照国家有关规定予以表彰、奖励。

第二章 非物质文化遗产的调查

第十一条 县级以上人民政府根据非物质文化遗产保护、保存工作需要，组织非物质文化遗产调查。非物质文化遗产调查由文化主管部门负责进行。

县级以上人民政府其他有关部门可以对其工作领域内的非物质文化遗产进行调查。

第十二条 文化主管部门和其他有关部门进行非物质文化遗产调查，应当对非物质文化遗产予以认定、记录、建档，建立健全调查信息共享机制。

文化主管部门和其他有关部门进行非物质文化遗产调查，应当收集属于非物质文化遗产组成部分的代表性实物，整理调查工作中取得的资料，并妥善保存，防止损毁、流失。其他有关部门取得的实物图片、资料复制件，应当汇交给同级文化主管部门。

第十三条 文化主管部门应当全面了解非物质文化遗产有关情况，建立非物质文化遗产档案及相关数据库。除依法应当保密的外，非物质文化遗产档案及相关数据信息应当公开，便于公众查阅。

第十四条 公民、法人和其他组织可以依法进行非物质文化遗产调查。

第十五条 境外组织或者个人在中华人民共和国境内进行非物质文化遗产调查，应当报经省、自治区、直辖市人民政府文化主管部门批准；调查在两个以上省、自治区、直辖市行政区域进行的，应当报经国务院文化主管部门批准；调查结束后，应当向批准调查的文化主管部门提交调查报告和调查中取得的实物图片、资料复制件。

境外组织在中华人民共和国境内进行非物质文化遗产调查，应当与境内非物质文化遗产学术研究机构合作进行。

第十六条 进行非物质文化遗产调查，应当征得调查对象的同意，尊重其风俗习惯，不得损害其合法权益。

第十七条 对通过调查或者其他途径发现的濒临消失的非物质文化遗产项目，县级人民政府文化主管部门应当立即予以记录并收集有关实物，或者采取其他抢救性保存措施；对需要传承的，应当采取有效措施支持传承。

第三章 非物质文化遗产代表性项目名录

第十八条 国务院建立国家级非物质文化遗产代表性项目名录，将体现中华民族优秀传统文化，具有重大历史、文学、艺术、科学价值的非物质文化遗产项目列入名录予以保护。

省、自治区、直辖市人民政府建立地方非物质文化遗产代表性项目名录，将本行政区域内体现中华民族优秀传统文化，具有历史、文学、艺术、科学价值的非物质文化遗产项目列入名录予以保护。

第十九条 省、自治区、直辖市人民政府可以从本省、自治区、直辖市非物质文化遗产代表性项目名录中向国务院文化主管部门推荐列入国家级非物质文化遗产代表性项目名录的项目。推荐时应当提交下列材料：

(一)项目介绍，包括项目的名称、历史、现状和价值；

(二)传承情况介绍，包括传承范围、传承谱系、传承人的技艺水平、传承活动的社会影响；

(三)保护要求，包括保护应当达到的目标和应当采取的措施、步骤、管理制度；

(四)有助于说明项目的视听资料等材料。

第二十条 公民、法人和其他组织认为某项非物质文化遗产体现中华民族优秀传统文化，具有重大历史、文学、艺术、科学价值的，可以向省、自治区、直辖市人民政府或者国务院文化主管部门提出列入国家级非物质文化遗产代表性项目名录的建议。

第二十一条　相同的非物质文化遗产项目，其形式和内涵在两个以上地区均保持完整的，可以同时列入国家级非物质文化遗产代表性项目名录。

第二十二条　国务院文化主管部门应当组织专家评审小组和专家评审委员会，对推荐或者建议列入国家级非物质文化遗产代表性项目名录的非物质文化遗产项目进行初评和审议。

初评意见应当经专家评审小组成员过半数通过。专家评审委员会对初评意见进行审议，提出审议意见。

评审工作应当遵循公开、公平、公正的原则。

第二十三条　国务院文化主管部门应当将拟列入国家级非物质文化遗产代表性项目名录的项目予以公示，征求公众意见。公示时间不得少于二十日。

第二十四条　国务院文化主管部门根据专家评审委员会的审议意见和公示结果，拟订国家级非物质文化遗产代表性项目名录，报国务院批准、公布。

第二十五条　国务院文化主管部门应当组织制定保护规划，对国家级非物质文化遗产代表性项目予以保护。

省、自治区、直辖市人民政府文化主管部门应当组织制定保护规划，对本级人民政府批准公布的地方非物质文化遗产代表性项目予以保护。

制定非物质文化遗产代表性项目保护规划，应当对濒临消失的非物质文化遗产代表性项目予以重点保护。

第二十六条　对非物质文化遗产代表性项目集中、特色鲜明、形式和内涵保持完整的特定区域，当地文化主管部门可以制定专项保护规划，报经本级人民政府批准后，实行区域性整体保护。确定对非物质文化遗产实行区域性整体保护，应当尊重当地居民的意愿，并保护属于非物质文化遗产组成部分的实物和场所，避免遭受破坏。

实行区域性整体保护涉及非物质文化遗产集中地村镇或者街区空间规划的，应当由当地城乡规划主管部门依据相关法规制定专项保护规划。

第二十七条　国务院文化主管部门和省、自治区、直辖市人民政府文化主管部门应当对非物质文化遗产代表性项目保护规划的实施情况进行监督检查；发现保护规划未能有效实施的，应当及时纠正、处理。

第四章　非物质文化遗产的传承与传播

第二十八条　国家鼓励和支持开展非物质文化遗产代表性项目的传承、传播。

第二十九条　国务院文化主管部门和省、自治区、直辖市人民政府文化主管部门对本级人民政府批准公布的非物质文化遗产代表性项目，可以认定代表性传承人。

非物质文化遗产代表性项目的代表性传承人应当符合下列条件：

(一)熟练掌握其传承的非物质文化遗产；

(二)在特定领域内具有代表性，并在一定区域内具有较大影响；

(三)积极开展传承活动。

认定非物质文化遗产代表性项目的代表性传承人，应当参照执行本法有关非物质文化遗产代表性项目评审的规定，并将所认定的代表性传承人名单予以公布。

第三十条　县级以上人民政府文化主管部门根据需要，采取下列措施，支持非物质文化遗产代表性项目的代表性传承人开展传承、传播活动：

(一)提供必要的传承场所；

(二)提供必要的经费资助其开展授徒、传艺、交流等活动；

(三)支持其参与社会公益性活动；

(四)支持其开展传承、传播活动的其他措施。

第三十一条　非物质文化遗产代表性项目的代表性传承人应当履行下列义务：

(一)开展传承活动，培养后继人才；

(二)妥善保存相关的实物、资料；

(三)配合文化主管部门和其他有关部门进行非物质文化遗产调查；

(四)参与非物质文化遗产公益性宣传。

非物质文化遗产代表性项目的代表性传承人无正当理由不履行前款规定义务的，文化主管部门可以取消其代表性传承人资格，重新认定该项目的代表性传承人；丧失传承能力的，文化主管部门可以重新认定该项目的代表性传承人。

第三十二条　县级以上人民政府应当结合实际情况，采取有效措施，组织文化主管部门和其他有关部门宣传、展示非物质文化遗产代表性项目。

第三十三条　国家鼓励开展与非物质文化遗产有关的科学技术研究和非物质文化遗产保护、保存方法研究，鼓励开展非物质文化遗产的记录和非物质文化遗产代表性项目的整理、出版等活动。

第三十四条　学校应当按照国务院教育主管部门的规定，开展相关的非物质文化遗产教育。

新闻媒体应当开展非物质文化遗产代表性项目的宣传，普及非物质文化遗产知识。

第三十五条　图书馆、文化馆、博物馆、科技馆等公共文化机构和非物质文化遗产学术研究机构、保护机构以及利用财政性资金举办的文艺表演团体、演出场所经营单位等，应当根据各自业务范围，开展非物质文化遗产的整理、研究、学术交流和非物质文化遗产代表性项目的宣传、展示。

第三十六条　国家鼓励和支持公民、法人和其他组织依法设立非物质文化遗产展示场所和传承场所，展示和传承非物质文化遗产代表性项目。

第三十七条　国家鼓励和支持发挥非物质文化遗产资源的特殊优势，在有效保护的基础上，合理利用非物质文化遗产代表性项目开发具有地方、民族特色和市场潜力的文化产品和文化服务。

开发利用非物质文化遗产代表性项目的，应当支持代表性传承人开展传承活动，保护属于该项目组成部分的实物和场所。

县级以上地方人民政府应当对合理利用非物质文化遗产代表性项目的单位予以扶持。单位合理利用非物质文化遗产代表性项目的，依法享受国家规定的税收优惠。

第五章　法律责任

第三十八条　文化主管部门和其他有关部门的工作人员在非物质文化遗产保护、保存工作中玩忽职守、滥用职权、徇私舞弊的，依法给予处分。

第三十九条　文化主管部门和其他有关部门的工作人员进行非物质文化遗产调查时侵犯调查对象风俗习惯，造成严重后果的，依法给予处分。

第四十条　违反本法规定，破坏属于非物质文化遗产组成部分的实物和场所的，依法承担民事责任；构成违反治安管理行为的，依法给予治安管理处罚。

第四十一条　境外组织违反本法第十五条规定的，由文化主管部门责令改正，给予警告，没收违法所得及调查中取得的实物、资料；情节严重的，并处十万元以上五十万元以下的罚款。

境外个人违反本法第十五条第一款规定的，由文化主管部门责令改正，给予警告，没收违法所得及调查中取得的实物、资料；情节严重的，并处一万元以上五万元以下的罚款。

第四十二条　违反本法规定，构成犯罪的，依法追究刑事责任。

第六章　附　则

第四十三条　建立地方非物质文化遗产代表性项目名录的办法，由省、自治区、直辖市参照本法有关规定制定。

第四十四条　使用非物质文化遗产涉及知识产权的，适用有关法律、行政法规的规定。

对传统医药、传统工艺美术等的保护，其他法律、行政法规另有规定的，依照其规定。

第四十五条　本法自2011年6月1日起施行。

国家主席胡锦涛签署第43号令发布《中华人民共和国车船税法》

《中华人民共和国车船税法》已由中华人民共和国第十一届全国人民代表大会常务委员会第十九次会议于2011年2月25日通过，现予公布，自2012年1月1日起施行。

中华人民共和国主席　胡锦涛

2011年2月25日

中华人民共和国车船税法

第一条　在中华人民共和国境内属于本法所附《车船税税目税额表》规定的车辆、船舶（以下简称车船）的所有人或者管理人，为车船税的纳税人，应当依照本法缴纳车船税。

第二条　车船的适用税额依照本法所附《车船税税目税额表》执行。

车辆的具体适用税额由省、自治区、直辖市人民政府依照本法所附《车船税税目税额表》规定的税额幅度和国务院的规定确定。

船舶的具体适用税额由国务院在本法所附《车船税税目税额表》规定的税额幅度内确定。

第三条　下列车船免征车船税：

（一）捕捞、养殖渔船；

（二）军队、武装警察部队专用的车船；

（三）警用车船；

（四）依照法律规定应当予以免税的外国驻华使领馆、国际组织驻华代表机构及其有关人员的车船。

第四条　对节约能源、使用新能源的车船可以减征或者免征车船税；对受严重自然灾害影响纳税困难以及有其他特殊原因确需减税、免税的，可以减征或者免征车船税。具体办法由国务院规定，并报全国人民代表大会常务委员会备案。

第五条　省、自治区、直辖市人民政府根据当地实际情况，可以对公共交通车船，农村居民拥有并主要在农村地区使用的摩托车、三轮汽车和低速载货汽车定期减征或者免征车船税。

第六条　从事机动车第三者责任强制保险业务的保险机构为机动车车船税的扣缴义务人，应当在收取保险费时依法代收车船税，并出具代收税款凭证。

第七条　车船税的纳税地点为车船的登记地或者车船税扣缴义务人所在地。依法不需要办理登记的车船，车船税的纳税地点为车船的所有人或者管理人所在地。

第八条　车船税纳税义务发生时间为取得车船所有权或者管理权的当月。

第九条　车船税按年申报缴纳。具体申报纳税期限由省、自治区、直辖市人民政府规定。

第十条　公安、交通运输、农业、渔业等车船登记管理部门、船舶检验机构和车船税扣缴义务人的行业主管部门应当在提供车船有关信息等方面,协助税务机关加强车船税的征收管理。

车辆所有人或者管理人在申请办理车辆相关登记、定期检验手续时,应当向公安机关交通管理部门提交依法纳税或者免税证明。公安机关交通管理部门核查后办理相关手续。

第十一条　车船税的征收管理,依照本法和《中华人民共和国税收征收管理法》的规定执行。

第十二条　国务院根据本法制定实施条例。

第十三条　本法自2012年1月1日起施行。2006年12月29日国务院公布的《中华人民共和国车船税暂行条例》同时废止。

国家主席胡锦涛签署第44号令任免铁道部部长

根据中华人民共和国第十一届全国人民代表大会常务委员会第十九次会议于2011年2月25日的决定:

免去刘志军的铁道部部长职务;

任命盛光祖为铁道部部长。

中华人民共和国主席　胡锦涛

2011年2月25日

全国人大常委会任命名单

(2011年2月25日第十一届全国人民代表大会常务委员会第十九次会议通过)

一、任命刘胜玉、孙大发为第十一届全国人民代表大会民族委员会副主任委员。

二、任命黄献中为第十一届全国人民代表大会环境与资源保护委员会副主任委员。

全国人大常委会任命名单

(2011年2月25日第十一届全国人民代表大会常务委员会第十九次会议通过)

任命尚洪涛、董妍(女)、牛静河、刘继国、贾怀珍(女)、王宁(女)、陈颖(女)、焦瑞金、孙灵珍、刘波、解振营、胡健泼、王波(女)、曲燕敏(女)、郭文梅(女)、杨安瑞、宋安明为最高人民检察院检察员。

全国人大常委会关于接受倪岳峰辞去全国人民代表大会常务委员会委员及全国人民代表大会环境与资源保护委员会副主任委员职务的请求的决定

(2011年2月25日第十一届全国人民代表大会常务委员会第十九次会议通过)

根据《中华人民共和国全国人民代表大会组织法》第二十三条第三款"常务委员会的组成人员不得担任国家行政机关、审判机关和检察机关的职务;如果担任上述职务,必须向常务委员会辞去常务委员会的职务"的规定,第十一届全国人民代表大会常务委员会第十九次会议决定:接受倪岳峰辞去第十一届全国人民代表大会常务委员会委员及全国人民代表大会环境与资源保护委员会副主任委员职务的请求,报请第十一届全国人民代表大会第四次会议确认。

全国人大常委会办公厅举行新闻发布会邀请有关方面负责人就十一届全国人大常委会第十九次会议通过的三部法律的有关问题答记者问

刑法修改进一步加强民生保护

对于通过的刑法修正案(八),全国人大常委会法工委副主任郎胜在回答记者提问时表示,主要内容概括起来是两方面:一方面,更好地体现宽严相济的刑事政策,对有些刑罚进行了调整,比如取消了部分犯罪的死刑,规范了被判处死缓的人减刑、假释后的实际执行期限,调整了数罪并罚的刑期,对未成年人、老年人的一些刑罚规定进行了调整。另一方面,根据经济社会的发展需要,进一步加强了刑法对民生的保护,加重了对一些严重侵害人民群众生命安全的犯罪行为的处罚,例如生产有毒有害食品、制售假药等。另外,增加了一些新的犯罪,比如拒不支付劳动者报酬、醉酒驾车、飙车等。加大了对一些严重犯罪的惩处力度,比如黑社会性质的组织犯罪,累犯的惩处力度都有所加重。

郎胜说,这次刑法修正案(八)对有些刑罚的执行方式进行了调整,对管制、缓刑和假释的罪犯规定实行社区矫正,改变了过去由公安机关执行或者监督、考察的规定。这次调整,实际上是在非监禁的刑罚执行方式方面的一个重要改革。这个改革的目的,是为了对这部分犯罪人采取更有效的监督管理方法,也便于这些人更好地融入社会。

保护传承人是"非遗"保护的核心

对于非物质文化遗产法,文化部副部长王文章说,近年来,我们在非物质文化遗产保护方面进行了很多探索,有很多有效的方式。比如"非遗"普查、传承人的保护、文化生态区的保护。这次非物质文化遗产法的出台,是我们在"非遗"保护方面一个里程碑。

全国人大常委会法工委副主任信春鹰说,立法过程中我们做了大量调研,确实感到有些非物质文化遗产项目已经非常脆弱,如果再不进行有效的保护,中华民族的部分传统文化可能会逐步消失,这个损失会非常大。现在通过的非物质文化遗产法,从对非物质文化遗产的调查,到代表性项目名录建立,再到非物质文化遗产代表性项目的传承传播,以至于对违法行为的法律责任都作了明确规定。

王文章介绍说，非物质文化遗产保护中，保护传承人是最核心的。“十二五”期间对传承人的扶持力度还将加大，包括经费的支持力度，特别是这次非物质文化遗产法的公布更明确了对传承人的补助和支持。

将加强车船税法宣传力度

财政部税政司副司长王晓华介绍说，目前我国机动车的保有量已达到1.9亿辆，乘用车也有5000多万辆，车船税立法涉及千家万户和老百姓的切身利益。下一步，将会同有关部门加强税收宣传解释力度。

对于游艇的车船税年基准税额的最低标准从每米400元上升到600元，全国人大常委会法工委经济法室主任黄建初在回答提问时说，通过调研，并借鉴国际经验，在二审时规定按照游艇的长度征税，每米400元至2000元。在这次常委会审议过程中，有些常委委员提出意见，认为游艇和乘用车还是有一定区别的。乘用车是代步工具，而游艇主要用于休闲娱乐。按照中国目前的发展水平，游艇还是属于高档消费品，因此认为对游艇的税额幅度应该适当提高。根据常委委员的意见，法律委员会建议将游艇的税额幅度的下限往上提200元。从了解的情况来看，游艇大体的长度是8米至30米左右，原来的税额幅度是400元至2000元的话，税额就是3200元至6万元，下限调整到600元的话，税额就是4800元至6万元，同时法律也明确授权国务院在法律规定的游艇年基准税额的幅度内确定游艇适用的具体税额。

十一届全国人大常委会在人民大会堂举行题为《我国水利建设现状、问题及对策》的讲座

全国人大常委会委员长吴邦国主持讲座。

讲座主讲人、水利部总规划师周学文从我国的基本水情及水利建设现状、存在的主要问题和对策措施等方面作了深入讲解。

周学文说，我国的水情具有水资源时空分布不均，人均占有量少；河流水系复杂，南北差异大；地处季风气候区，暴雨洪水频发；水土流失严重，水生态环境脆弱等特殊性。新中国成立60多年来，我国初步形成了大中小微结合的水利工程体系，水利面貌发生了根本性变化，大江大河干流防洪减灾体系基本形成，水资源配置格局逐步完善，农田灌排体系初步建立，水土资源保护能力得到提高。但与经济社会可持续发展的要求相比，我国水利发展还存在不小的差距。

周学文认为，今后一段时间，应按照科学发展的要求，推动传统水利向现代水利、可持续发展水利转变，大力发展民生水利，突出加强重点薄弱环节建设，强化水资源管理，深化水利改革，保障国家防洪安全、供水安全、粮食安全和生态安全，以水资源的可持续利用支撑经济社会可持续发展。为此，他提出了6个方面的对策措施：突出防洪重点薄弱环节建设，保障防洪安全；加强水资源配置工程建设，保障供水安全；大兴农田水利建设，保障粮食安全；推进水土资源保护，保障生态安全；实行以水权为基础的最严格水资源管理制度，保障水资源可持续利用；建立水利投入稳定增长机制，保障水利跨越式发展。

全国人大常委会副委员长王兆国、路甬祥、乌云其木格、韩启德、华建敏、陈至立、周铁农、李建国、司马义·铁力瓦尔地、蒋树声、陈昌智、严隽琪、桑国卫等听取讲座。

中共中央政治局常委习近平在人民大会堂会见全国党史研究室主任会议和中国中共党史学会代表大会代表

习近平指出，党史工作是党和国家工作全局中一项十分重要的工作。党中央对党史工作高度重视，2010年党中央第一次以中央名义制定颁发了党史工作文件，召开了全国党史工作会议，对加强和改进新形势下党史工作作出全面部署。随后，中央又批准出版了《中国共产党历史》第二卷、修订重印了第一卷。所有这些，都为进一步做好党史工作增添了强大动力，提供了有利条件。当前和今后一个时期，党史工作的中心任务就是认真贯彻全国党史工作会议精神，把各项任务落实好，充分发挥党史以史鉴今、资政育人的作用。

习近平强调，中国中共党史学会是党史工作特别是党史研究的一支重要力量。学会成立30多年来，在历届理事会领导下，在中央党史研究室指导下，为推进党史学科和党史事业的发展作出了积极贡献。习近平希望中国中共党史学会更好地发挥学术团体的桥梁和纽带作用，坚持正确方向，发扬学术民主，鼓励科学探索，营造良好氛围，在推进党史研究和党史学科建设、开展党史宣传教育、加强自身建设等方面不断取得新的成绩。

中共中央政治局常委习近平在人民大会堂会见杨善洲先进事迹报告团全体成员并发表讲话

杨善洲生前曾任云南省原保山地委书记，1988年退休，2010年10月因病逝世。他六十年如一日，始终坚持共产党人的理想信念和根本宗旨，一心为民、无私奉献。退休后主动放弃省城舒适的生活条件，带领家人和群众历尽艰辛义务造林20多年，建成约5.6万亩的大亮山林场，使昔日的荒山变成了绿洲。2009年4月，他将价值超过3亿元的大亮山林场经营管理权无偿交给国家。

习近平指出，杨善洲同志的先进事迹集中体现了当代中国共产党人的精神风貌。他是党员干部的学习楷模，是离退休干部老有所为的优秀代表。广大党员、干部包括离退休老干部，要向杨善洲同志学习，争创优秀业绩，为中国特色社会主义事业贡献力量。要学习他坚定信念、对党忠诚的政治品格，坚定不移走中国特色社会主义道路，让共产党人的理想信念在心灵深处牢牢扎根；学习他牢记宗旨、一心为民的公仆情怀，一心想着群众、一切为了群众，诚心诚意为群众谋利益；学习他鞠躬尽瘁、不懈奋斗的崇高境界，奋发有为、干事创业，为推动科学发展、促进社会和谐增光添彩；学习他大公无私、淡泊名利的奉献精神，艰苦奋斗、清正廉洁，自觉实践共产党人的人生价值和道德追求。

中共中央政治局委员、中央书记处书记、中央宣传部部长刘云山，中共中央政治局委员、中央书记处书记、中央组织部部长李源潮参加会见。

报告会由中央组织部、中央宣传部、中央创先争优活动领导小组和云南省委联合举办。中央和国家机关有关部门党员、干部和离退休干部代表700多人参加了报告会。报告团成员以自己的亲身经历，从不同角度、不同侧面讲述了杨善洲的先进事迹和崇高精神，感人肺腑、催人奋进。

中央纪委书记贺国强在云南视察

2月25日至3月1日，中共中央政治局常委、中央纪委书记贺国强先后到云南省西双版纳、保山、昆明等地，就贯彻落实胡锦涛同志在十七届中央纪委第六次全会上的重要讲话精神，把以人为本、执政为民贯彻落实到党和国家全部工作特别是党风廉政建设和反腐败工作之中的问题进行调研。

贺国强指出，把以人为本、执政为民贯彻落实到党和国家全部工作中去，必须深入推进党风廉政建设和反腐败斗争，为改革开放和社会主义现代化建设提供有力纪律保证。在省纪委监察厅看望机关干部时，他要求各级纪检监察机关要大力加强领导干部作风建设，认真解决反腐倡廉建设中人民群众反映强烈的突出问题，加大查办违纪违法案件工作力度，充分发挥人民群众在党风廉政建设和反腐败斗争中的重要作用，不断以反腐倡廉建设新成效取信于民、造福于民。

考察期间，贺国强听取了云南省委、省政府和省纪委工作的汇报，对云南近年来的工作给予充分肯定。

国务院副总理王岐山在陕西西安考察

2月25日至26日，中共中央政治局委员、国务院副总理王岐山在陕西省西安市考察农村金融工作。

在农村金融工作座谈会上，王岐山说，解决“三农”问题是全党全国工作的重中之重。伴随着中央和地方一系列强农惠农政策措施的落实，农村经济健康快速发展，这为农村金融发展提供了新的机遇，也对农村金融服务提出了更高要求。面对“十二五”开局之年“三农”工作的需要，在当前货币政策由适度宽松转向稳健的形势下，金融支农力度决不能削弱，涉农信贷投放决不能减少。从根本上增强金融服务“三农”的能力，必须与时俱进，既要发挥市场机制的作用，也要加强政策集成，形成支持合力。农村信用社要当好支农服务的主力军。农业银行要深化“三农”金融事业部改革。农业发展银行、邮政储蓄银行、农村商业银行、村镇银行、小额贷款公司等都要积极推进改革创新，提升服务“三农”的水平。各级党委、政府要为农村金融服务营造良好环境。

王岐山指出，近年来农村金融发展快、变化大，但农村金融服务总体上仍比较薄弱。要坚定信心，因地制宜，科学合理布局农村金融网点，走内涵式、集约化发展路子。要处理好支农服务与自身发展、监管与创新的关系，守住不发生系统性、区域性金融风险的底线。

考察期间，王岐山对陕西省近年来经济社会发展取得的成绩给予充分肯定。他要求金融系统按照中央的要求和部署，全力支持西部大开发和西部地区经济社会发展。

2月26日

全国政协十一届常委会第十二次会议在北京召开

中共中央政治局常委、全国政协主席贾庆林主持开幕会。

本次常委会议为期3天，主要议程是：审议通过关于召开政协第十一届全国委员会第四次会议的决定；审议通过政协第十一届全国委员会第四次会议议程（草案）和日程；审议通过提交政协第十一届全国委员会第四次会议审议的常务委员会工作报告和关于政协十一届三次会议以来提案工作情况的报告；审议通过政协全国委员会提案工作条例；审议通过政协第十一届全国委员会第四次会议秘书长、副秘书长名单；审议通过有关人事事项；听取各专门委员会关于2010年度工作情况的汇报；审议政协全国委员会2010年度对外交往工作总结、有关视察考察和出访情况的书面报告。

上午的开幕会审议通过了关于召开政协第十一届全国委员会第四次会议的决定；听取了关于政协全国委员会常务委员会工作报告（草案）起草情况的说明、关于政协十一届三次会议以来提案工作情况的报告（草案）起草情况的说明、关于政协第十一届全国委员会第四次会议议程（草案）和日程（草案）的说明，以及有关人事事项的说明。全国政协副主席杜青林、全国政协副主席兼秘书长钱运录、全国政协提案委员会主任李铁林、全国政协副秘书长孙怀山分别就上述议题作了说明。

在下午的全体会议上,经济委员会主任张左己、人口资源环境委员会主任张维庆、教科文卫体委员会主任徐冠华、社会和法制委员会主任张福森、民族和宗教委员会主任田聪明、港澳台侨委员会副主任林兆枢、外事委员会主任赵启正、文史和学习委员会主任陈福今分别汇报了本委员会2010年度的工作情况。全国政协副主席何厚铧主持会议。

全国政协副主席王刚、白立忱、陈奎元、阿不来提·阿不都热西提、黄孟复、董建华、张梅颖、张榕明、孙家正、李金华、郑万通、邓朴方、万钢、林文漪、厉无畏、罗富和、陈宗兴、王志珍出席会议。

湖北省第十一届人民代表大会第四次会议补选李鸿忠为省人大常委会主任 王国生为省长

中美正式启动省州长论坛交流机制

中国对外友好协会副会长李小林和NGA主席、华盛顿州州长葛瑞格尔签署了建立中美省州长论坛的协议,揭开了两国地方政府交流的新一页。正在美国访问的中共湖南省委书记周强参加了NGA冬季年会,并出席签字仪式。

朱光亚逝世

中国共产党的优秀党员,忠诚的共产主义战士,杰出的科学家,我国核科学事业的主要开拓者之一,中国科学院、中国工程院资深院士,中国科学技术协会名誉主席、原主席,中国工程院原院长、党组书记,中国人民政治协商会议第八届、九届全国委员会副主席朱光亚同志,因病于2月26日10时30分在北京逝世,享年87岁。

2月27日

国务院总理温家宝通过中国政府网和新华网与网友在线交流

网友提出的问题大多聚焦在民生热点问题上,温家宝一一坦诚作答。

在回答网友关于稳定物价问题时,温家宝说,物价影响国家发展,关系群众生活。党和政府把稳定物价作为经济生活的一件大事。当前,一要控制货币流动性;二要努力发展生产特别是农业生产;三要搞好流通;四要管好市场,打击囤积居奇、哄抬物价。只要我们坚定不移地落实这些措施,就一定能够管理好通胀预期。

有网友提出房价问题,温家宝说,从去年到今年,我们先后3次出台调控措施,房价过快上涨势头有所遏制。要使房价保持在合理水平上,一是必须增加有效供给。今年计划建设保障性住房和棚户区改造住房1000万套。今后5年计划新建保障性住房3600万套。二是下决心抑制投资和投机性住房需求。三是主要用法律和经济手段防止捂盘惜售、圈地不用。

在回答网友提出的医疗改革问题时,温家宝说,目前,城市职工、城市居民和农村医疗保险参保人数超过12亿人。今年政府将继续加大投入,使城乡参保标准都达到200元。决不让有人因为贫穷而疾病得不到治疗。这是我们努力的方向。

一位网友提出了农民工子女上学难的问题。温家宝说,农民工进城后生活上存在许多困难,但是最为关心的还是孩子上学问题。我们必须采取"两手":一手是大力发展农村教育,另一手是保证农民工孩子上学尤其是接受义务教育不因户口受到影响。要让农村的孩子不管是留在家里还是随父母到城市都能够接受良好的教育。

在谈到收入分配改革时,温家宝说,解决收入分配问题,一要提高低收入者的工资水平,同时提高低保的保障水平;二要对收入过高的行业从总量和水平两个方面加以限制;三要保护合法收入,取缔非法收入,调节过高收入。他表示,将提高个人所得税工薪所得费用扣除标准。待国务院讨论后,报全国人大批准。

对"十二五"期间的改革和发展,网友们十分关心。温家宝表示,"十二五"要把发展的重点放在提高经济增长质量和效益上,把发展成果体现在改善民生上。我们必须走创新驱动、内生增长的道路。领导干部的政绩应该以人民群众高兴不高兴、满意不满意、答应不答应为最高标准,而不是以高楼大厦和项目作为最高标准。

在回答网友关于反腐倡廉的问题时,温家宝表示,无论什么人,有多高的职务,只要他们违法乱纪、贪污受贿,都要受到严厉惩处。今年反腐倡廉将把查处主要领导侵权渎职、贪污腐败作为第一位的任务。同时,我们还要推进改革,建立让人民监督的体制。

全国政协十一届常委会第十二次会议举行分组会

会议讨论常委会工作报告(草案)和提案工作情况报告(草案)等文件及有关事项。

常委会组成人员在讨论中对常委会一年来的工作给予充分肯定。大家普遍认为,在中共中央坚强领导下，人民政协牢牢把握团结和民主两大主题，坚持围绕中心、服务大局，认真履行职能，充分发挥协调关系、汇聚力量、建言献策的重要作用，团结动员各党派团体和各族各界人士，围绕制定“十二五”规划积极献计出力，为全面建设小康社会、加快推进社会主义现代化、促进祖国和平统一大业作出了重要贡献。大家在讨论中认为，常委会工作报告(草案)实事求是、重点突出、朴实凝练，客观反映了一年来常委会工作的特点和亮点，对今年任务的部署切实可行，具有很强的针对性、指导性和可操作性。大家还就如何进一步完善报告(草案)提出了修改意见。常委会组成人员一致认为，2011年是“十二五”时期开局之年，如何开好头起好步至关重要。人民政协要发挥优势，选择经济社会发展中具有综合性、全局性、前瞻性的重大问题，认真开展调查研究，继续为“十二五”规划的顺利实施，为促进经济平稳较快发展、维护社会和谐稳定作出新的更大贡献。

全国政协副主席杜青林、白立忱、陈奎元、阿不来提·阿不都热西提、黄孟复、董建华、张梅颖、张榕明、钱运录、孙家正、李金华、郑万通、万钢、厉无畏、罗富和、陈宗兴、王志珍、何厚铧分别参加了小组讨论。

教育部 中组部 财政部共同实施“基础学科拔尖学生培养试验计划”(简称“拔尖计划”)

该计划将在北京大学、清华大学、南京大学等19所高校实施。

该计划的目标是：在高水平研究型大学的优势基础学科建设一批国家青年英才培养基地，建立高等学校拔尖学生重点培养体制机制，吸引最优秀的学生投身基础科学研究，形成拔尖创新人才培养的良好氛围，努力使受计划支持的学生成长为相关基础学科领域的领军人物，并逐步跻身国际一流科学家队伍。

“拔尖计划”先行在数学、物理学、化学、生物科学和计算机科学等领域实施。参与高校采取自主招生、二次选拔等途径，遴选有兴趣、有发展潜力的学生进入该计划学习。

中国科学家新解生物大灭绝

中国科学技术大学地球和空间科学学院教授沈延安的最新研究结果表明，含有有毒气体的厌氧海水的间歇性上涌，造成了生物物种的大量减少及灭亡。

这一发现不仅丰富了人们对地球生命灭绝的认识，而且对研究现代全球气候变化具有重要启示意义：大气中二氧化碳的不断升高有可能导致海洋缺氧，将对人类生存环境造成很大破坏。

2月28日

全国政协十一届常委会第十二次会议闭幕

中共中央政治局常委、全国政协主席贾庆林出席并作重要讲话。

中共中央政治局委员、全国政协副主席王刚主持闭幕会。

会议决定，中国人民政治协商会议第十一届全国委员会第四次会议于2011年3月3日在北京召开，建议这次会议的主要议程是：听取和审议政协全国委员会常务委员会工作报告和政协十一届三次会议以来提案工作情况的报告；列席十一届全国人大四次会议，听取并讨论政府工作报告及其他有关报告，讨论国民经济和社会发展第十二个五年规划纲要草案。

会议期间，常委会组成人员围绕会议主题，积极发表意见和建议，郑重履行职责。常委们对过去一年全国政协常委会的工作给予了充分肯定。大家一致认为，过去的一年，全国政协常委会认真贯彻中共中央决策部署，坚持协商议政谋发展、履职为民促和谐，充分发挥协调关系、汇聚力量、建言献策、服务大局的重要作用，为促进经济社会平稳较快发展作出了积极贡献。大家普遍认为，常委会工作报告稿肯定成绩实事求是，指出问题具体明确，概括经验精辟深刻，部署工作切实可行，是一个主题鲜明、重点突出、内容丰富、文风朴实的报告。常委们就进一步完善常委会工作报告稿和改进政协工作提出了意见和建议。会上还总结交流了各专门委员会的工作。

贾庆林在讲话中指出，胡锦涛总书记在省部级主要领导干部社会管理及其创新专题研讨班上的讲话，是新形势下加强和创新社会管理的纲领性文献。我们要认真学习贯彻胡锦涛等中央领导同志的重要讲话精神，深刻理解并把握加强和创新社会管理的重要性和紧迫性，深刻理解并把握新形势下群众工作的新情况新特点，以及新形势下加强和创新社会管理的总体思路和重点工作，深刻理解和把握关于建设中国特色社会主义社会管理体系的重要论述以及关于加强和完善非公有制经济组织、社会组织管理的重要要求。

贾庆林强调，人民政协作为大团结大联合的组织，是党和政府联系群众、团结各界的重要桥梁和纽带，开展群众工作具有独特优势，能够发挥不可替代的作用。各级政协组织和广大政协委员要牢固树立群众观点，把服务群众作为人民政协工作的根本出发点和落脚点，坚持深入实际、深入基层、深入群众，不断创新履职为民的方式方法，积极为加强和创新社会管理、做好新形势下的群众工作献计出力。

贾庆林指出,今年的两会是在全党全国各族人民为巩固和扩大应对国际金融危机成果、促进经济平稳较快发展和社会和谐稳定而团结奋斗的形势下召开的,开好这次两会对全面贯彻中共十七大和十七届三中、四中、五中全会精神,进一步把全党全国各族人民的认识和行动统一到中央对形势的分析判断和对工作的决策部署上来,做好"十二五"开局之年的各项工作,具有十分重要的意义。我们要认真贯彻会议的指导思想,紧紧围绕制定和实施"十二五"规划等问题协商议政,集中精力开好全国政协十一届四次会议。

会议以表决方式,通过了政协第十一届全国委员会第四次会议议程(草案)和日程,原则通过了提交政协十一届四次会议审议的政协常委会工作报告和政协十一届三次会议以来提案工作情况的报告,通过了政协全国委员会提案工作条例,通过了政协十一届四次会议秘书长、副秘书长名单,决定钱运录为大会秘书长(名单另发)。会议决定增补王太华等4人为政协第十一届全国委员会委员(名单另发),决定增补阳安江为提案委员会副主任,李毅中、张国宝为经济委员会副主任,王太华、王国发为人口资源环境委员会副主任,王全书、胡振民为教科文卫体委员会副主任,王巨禄、宋育英、陈学亨、季允石为社会和法制委员会副主任,刘凡为港澳台侨委员会副主任,刘京、杨多良为外事委员会副主任,陈光林、周国富为文史和学习委员会副主任。

依据政协章程及有关规定,会议通过表决方式,审议通过了关于撤销李建国政协第十一届全国委员会委员资格的决定。

全国政协副主席杜青林、白立忱、陈奎元、阿不来提·阿不都热西提、李兆焯、黄孟复、董建华、张梅颖、张榕明、钱运录、孙家正、李金华、郑万通、万钢、林文漪、厉无畏、罗富和、陈宗兴、王志珍、何厚铧出席会议。

全国政协十一届常委会第十二次会议审议通过《中国人民政治协商会议全国委员会提案工作条例》

新修订的《中国人民政治协商会议全国委员会提案工作条例》(以下简称《提案工作条例》)体现了中共中央近年来关于人民政协工作的一系列重要部署和指示精神。

这是全国政协第四次对该条例进行修订和完善。新修订的《提案工作条例》强调了政协提案工作"全局性"定位,明确将"政协全体会议听取和审议常务委员会关于提案工作情况的报告,听取和审议提案审查委员会、提案委员会关于提案审查情况的报告"纳入政协重要议事日程;强调要充分发挥我国社会主义政党制度的优势和特点,要加强与各民主党派的联系与协作。《提案工作条例》还进一步规范了提案的审查和处理程序、提案撰写和提交的基本要求。为增强提案办理实效,《提案工作条例》专门增加了提案督办的章节,规定了督办工作的程序、重点督办提案的确定方式和办理要求。《提案工作条例》规定,提案的督办由政协全国委员会办公厅统筹协调,各专门委员会分工协作,提案委员会组织实施。

为做好《提案工作条例》修订工作,全国政协先后赴12个省区市开展调研,广泛听取了各民主党派中央、全国工商联、全国政协各专门委员会、全国政协委员代表、部分提案承办单位和有关专家学者的意见。这次修订,将原来的6章26条增加为8章33条。

全国政协第十一届全国委员会第四次会议秘书长副秘书长名单

(2011年2月28日政协第十一届全国委员会常务委员会第十二次会议通过)

秘书长:钱运录

副秘书长:

孙怀山　仝广成　蒋作君　潘贵玉(女)　陈抗甫
卢昌华　王胜洪　陈喜庆　修福金　张宝文　马培华
刘晓峰　王钦敏　黄志贤　宋北杉　林智敏(女)
赵启正　王京清　尤兰田(女)　李　勇

全国政协第十一届全国委员会委员增补名单

(2011年2月28日政协第十一届全国委员会常务委员会第十二次会议通过)

(按姓氏笔画排序)

王太华　刘　京　李毅中　胡振民

国家统计局公布《中华人民共和国2010年国民经济和社会发展统计公报》

中国第一条中低速磁浮交通运营示范线——北京市轨道交通S1线西段开工建设

该线路西起门头沟石门营站,东至石景山区苹果园站。该线路采用我国自主研发的中低速磁浮技术,表明中低速磁浮交通系统已具备工程化、产业化实施能力,将使我国成为继日本之后第二个拥有中低速磁浮交通运营线路的国家。

按照计划,S1线西段中低速磁浮交通运营示范线将于2013年建成。

全国女职工五一巾帼奖表彰大会在北京召开

全国人大常委会副委员长、中华全国总工会主席王兆国在会前会见了全国五一巾帼奖状奖章获得者代表。

据悉，目前我国女职工已达1.37亿，占职工总数的42.6%，此次受到表彰的10个全国五一巾帼奖状获得者、10名全国五一巾帼奖章获得者，1001个全国五一巾帼标兵岗、1004名全国五一巾帼标兵，是在我国经济社会发展中涌现出来的先进集体和个人，是广大女职工中的佼佼者。

全总副主席、书记处第一书记王玉普出席表彰大会并讲话。

全国妇联授予陈燕萍等10人全国三八红旗手标兵荣誉称号

被授予全国三八红旗手标兵荣誉称号的是：扎根农村法庭15年，心系群众、公正办案的江苏省靖江市人民法院江阴园区法庭副庭长陈燕萍；用生命践行忠诚，扎根高原无私奉献的解放军第四医院妇产科主任何敏；勇攀科技高峰，为祖国航空事业作出突出贡献的沈阳飞机设计研究所副总设计师赵霞；自强不息，带领村民致富奔小康的黑龙江省伊春市嘉荫县青山乡建华村村委会主任杨玉玲；不懈追求，在肾脏病防治领域作出创新性贡献的中科院院士、南方医科大学南方医院肾内科主任侯凡凡；多次闯入生命禁区，为白内障盲人带来光明的郑州大学第二附属医院主任医师雷方；用超越血缘和亲情的爱，为孤寡病残老人送去温暖和关爱的新疆生产建设兵团农六师五家渠市一〇二团敬老院院长张新玲；艰辛跋涉，真情关爱留守儿童的湖南省湘西土家族苗族自治州花垣县吉卫镇腊乙村妇代会主任田金珍；奋发有为，从一名普通的采油工成长为高技能人才的大港油田第五采油厂第一采油作业区油水井管理二组组长尤立红；追求卓越，为上海世博会作出突出贡献的上海明华物业公司总经理、党委书记顾凤惠。

全国妇联还同时授予王佳一等334人全国三八红旗手荣誉称号，授予北京大学中外妇女问题研究中心等222个单位全国三八红旗集体荣誉称号。

第十一次中日战略对话在东京举行

外交部副部长张志军和日本外务省事务次官佐佐江贤一郎在东京举行第十一次中日战略对话。双方就中日关系和有关重大问题积极、坦诚、深入地交换了意见。

双方一致认为，中日两国领导人去年年底举行会晤和接触，推动两国关系迈出了改善发展的步伐。今年对中日关系十分重要和关键，双方应落实好两国领导人共识，推动两国关系健康稳定发展。双方一致同意，要共同努力，进一步增进政治互信，深化各领域务实合作，大力改善国民感情，妥善处理敏感问题，为迎接明年中日邦交正常化40周年营造良好氛围和条件。

文化部在北京举行第三批国家级文化产业示范园区和首批国家级文化产业试验园区授牌活动

文化部部长蔡武、副部长欧阳坚出席活动并向园区代表授牌。

开封宋都古城文化产业园区和上海市张江文化产业园区被命名为第三批国家级文化产业示范园区，广州北岸文化码头、黑龙江(大庆)文化创意产业园、长沙天心文化产业园区、中国曲阳雕塑文化产业园4家园区被命名为首批国家级文化产业试验园区。

文化部此次授牌旨在通过国家级文化示范园区、试验园区的示范、辐射和带动作用，引导推动我国文化产业向规模化、集约化的方向发展，进一步增强我国文化产业的整体实力和竞争力。

中国社会保障改革与发展战略研讨会暨《中国社会保障改革与发展战略》首发式在中国人民大学举行

全国人大常委会副委员长华建敏、全国政协副主席张梅颖和专家学者出席会议。

《中国社会保障改革与发展战略》包括《总论卷》《养老保险卷》《医疗保障卷》《救助与福利卷》4卷，由全国人大常委会委员、社会保障学者郑功成主编，是国家社科基金决策咨询项目、“十一五”国家重点图书出版规划项目，全书共计200余万字，由人民出版社出版发行。

中国残联印发《中国残疾人事业中长期人才发展规划纲要(2011—2020)》

从该纲要获悉，截至2010年年底，全国残疾人事业人才队伍总量达近60万人，其中全国残联系统在职人员9.4万人，专兼职委员50万人。

该纲要是我国残疾人事业第一个中长期人才发展规划纲要。纲要指出，到2020年，中国残疾人事业人才发展的总体目标是：人才资源总量稳步增长、人才层次明显提升、人才竞争比较优势明显增强、人才使用效能明显提高、人才发展环境不断改善。

3月1日

国家主席胡锦涛在人民大会堂会见土库曼斯坦政府副总理霍贾穆罕默多夫

纪念孙起孟诞辰100周年座谈会在人民大会堂举行

中共中央政治局常委、全国人大常委会委员长吴邦国出席会议。

孙起孟同志是我国著名的教育家和社会活动家，中国民主建国会和全国工商联的卓越领导人，中国共产党的优秀党员，曾任第七届、第八届全国人大常委会副委员长。

中共中央政治局委员、全国人大常委会副委员长王兆国在座谈会上讲话。王兆国指出，当前，全党全国各族人民正在全面贯彻党的十七届五中全会精神，在新的更高起点上开创全面建设小康社会的新局面。让我们更加紧密地团结在以胡锦涛同志为总书记的党中央周围，高举中国特色社会主义伟大旗帜，以邓小平理论和“三个代表”重要思想为指导，深入贯彻落实科学发展观，继承孙起孟同志的思想，弘扬孙起孟同志的精神，扎扎实实做好改革发展稳定各项工作，夺取全面建设小康社会新胜利，以优异成绩迎接中国共产党成立90周年。

全国人大常委会副委员长、民建中央主席陈昌智，全国政协副主席、全国工商联主席黄孟复出席座谈会。全国政协副主席、民建中央第一副主席、中华职业教育社理事长张榕明出席座谈会并发言。全国政协副主席、中央统战部部长杜青林主持座谈会。

座谈会上，中央统战部副部长尤兰田、民建中央常务副主席马培华、全国人大常委会副秘书长王万宾、中共安徽省委书记张宝顺等先后发言。

有关方面负责人和孙起孟同志亲属、生前友好、生前工作单位和家乡代表及在京民主党派人士代表等出席座谈会。

国务院总理温家宝主持召开国务院常务会议

会议讨论并原则通过《中华人民共和国个人所得税法修正案(草案)》和《成渝经济区区域规划》。

会议认为，为加强税收对收入分配的调节作用，进一步减轻中低收入者的税收负担，有必要对个人所得税法进行修改，提高工资薪金所得减除费用标准，调整工资薪金所得税率级次级距，并相应调整个体工商户生产经营所得和承包承租经营所得税率级距。会议决定，《中华人民共和国个人所得税法修正案(草案)》经进一步修改后，由国务院提请全国人大常委会审议。

会议指出，包括重庆市31个区县和四川省15个市在内的成渝经济区，是我国重要的人口、城镇、产业聚集区，自然禀赋优良，交通体系完整，人力资源丰富，在我国经济社会发展中具有重要的战略地位。在新形势下加快成渝经济区发展，对于深入推进西部大开发，促进全国区域协调发展，增强国家综合实力，具有重要意义。要深化改革，扩大开放，优化空间布局，推动区域一体化发展，推进统筹城乡改革，提升发展保障能力，发展内陆开放型经济，构建长江上游生态安全屏障。力争到2015年，使成渝经济区经济实力显著增强，建成西部地区重要的经济中心和全国重要的现代产业基地；基本公共服务水平显著提升，人民群众生活水平明显提高。

全国政协十一届常委会在北京举办第九次学习讲座

中共中央政治局常委、全国政协主席贾庆林主持讲座并讲话。

国家发展和改革委员会宏观经济研究院研究员王一鸣应邀到会作了《在新的历史起点上推动我国经济社会又好又快发展》的报告。他在报告中分析了国际金融危机后国内外环境的新变化新特征，阐释了“十二五”时期我国经济社会发展的指导思想、目标任务、重大部署，并就编制和实施中长期规划的有关问题阐述了意见。

贾庆林在讲话中指出，今年是中国共产党成立90周年，也是“十二五”时期开局之年。完成今年经济社会发展目标任务，实现“十二五”良好开局，必须依靠各党派团体、各族各界人士共同团结奋斗。我们要充分发挥人民政协的优势，围绕“十二五”规划纲要的制定和实施，就加快转变经济发展方式、推进经济结构战略性调整、推动科技进步和创新、建设资源节约型和环境友好型社会等具有综合性、全局性、前瞻性的重大课题，积极开展视察、调研和专题协商，综合运用调研报告、大会发言、政协信息等各种方式，为党和政府决策提供重要参考意见。要认真研究加强和创新社会管理面临的新情况新问题，主动开展群众工作，积极协助党和政府协调关系、化解矛盾，努力维护社会秩序、促进社会和谐、保障人民安居乐业，为“十二五”时期发展营造良好社会环境。

全国政协副主席王刚、白立忱、阿不来提·阿不都热西提、李兆焯、张梅颖、钱运录、李金华、厉无畏、罗富和、王志珍出席了学习讲座。

中央党校校长习近平在北京出席中央党校春季学期开学典礼并发表讲话

习近平指出，全心全意为人民服务是我们党的根本宗旨。各级领导干部要把以人为本、执政为民贯穿到抓落实之中,切实做到权为民所用、情为民所系、利为民所谋。把握住这一点,就把握住了抓落实的根本,就会把党和人民的托付看得比泰山还重,盯着排头找差距,对照先进学经验,做到为官一任、造福一方。习近平强调,在抓落实过程中,不同的政绩观会有不同的抓法、不同的结果。领导干部要牢固树立正确政绩观,把抓落实的出发点放到为党尽责、为民造福上,把抓落实的落脚点放到办实事、求实效上,把抓落实的重点放到立足现实、着眼长远、打好基础上,不断创造经得起实践、人民、历史检验的业绩。

习近平指出,抓落实的过程必然会遇到许多矛盾和问题。领导干部应该具有的根本态度是,不要怕遇到矛盾和问题,而要敢于正视矛盾和问题;不要绕开矛盾和问题走,而要同群众一道千方百计地去求得矛盾和问题的及时正确解决。抓落实,还要增强预见性,及时发现、尽早处置矛盾和问题,努力使简单矛盾不演化成复杂矛盾,小问题不延误成大问题。要多到矛盾突出的基层去,多到困难较多的一线去,多到难点焦点问题聚集的现场去,在克服困难、化解矛盾、解决问题中抓落实、促发展、出实绩。习近平强调,抓落实一定要防止虎头蛇尾。目标确定了,任务明确了,就要咬定青山不放松,不达目的不罢休。

习近平指出,抓落实必须发扬求真务实、真抓实干的优良作风,防止和克服形式主义。基层是一切工作的落脚点。抓落实的重心要放在基层一线,解决落实不到位问题的思路和办法要到基层和群众中去寻找。领导干部要坚持眼睛向下看、身子往下沉,深入基层、深入群众开展调查研究,及时了解在上面难以听到、不易看到和意想不到的新情况新问题,掌握第一手资料,向群众问计问策,不断推进和深化各项工作的落实。

习近平强调,抓落实的工作实践检验着领导干部的思想品质、工作作风和实际能力,也是考察和选用干部的重要依据。要完善领导干部考核评价机制,褒奖埋头苦干、狠抓落实的干部,教育和调整只尚空谈、不干实事的干部,问责和惩处弄虚作假、失职渎职造成重大损失和严重后果的干部,努力营造崇尚实干、恪尽职守、勇于奉献的良好氛围。抓落实的作风是一级一级带出来的,要注重发挥一把手的表率作用和督促作用,带出抓落实的班子、抓落实的团队。

中共中央政治局委员、中央书记处书记、中央组织部部长李源潮,中共中央书记处书记、中央纪律检查委员会副书记何勇,中共中央书记处书记、中央办公厅主任令计划出席了开学典礼。

中央党校常务副校长李景田主持开学典礼。中央有关部门负责人、中央党校负责人以及2011年春季学期全体学员、分校学员代表和党校教职员工,共1800多人参加了开学典礼。

中央社会主义学院2011年春季开学典礼在北京举行

全国人大常委会副委员长、民进中央主席、中央社会主义学院院长严隽琪,全国政协副主席、中共中央统战部部长杜青林出席开学典礼并讲话。

九三学社中央副主席、中央社会主义学院副院长邵鸿代表各民主党派中央、全国工商联和无党派人士讲话。中央社会主义学院党组书记、第一副院长叶小文主持开学典礼。

国务院南水北调工程建设委员会第五次会议在北京召开

中共中央政治局常委、国务院副总理、国务院南水北调工程建设委员会主任李克强主持召开会议并讲话。

李克强指出,要把节水工作贯穿于工农业生产和社会生活的全过程,建立健全节约用水机制,出台有效的政策措施,全方位提高用水效率。要把加强水资源管理与加大南水北调工程建设力度更好地结合起来,促进沿线地区经济社会全面协调可持续发展。

中共中央政治局委员、国务院副总理、国务院南水北调工程建设委员会副主任回良玉出席会议并讲话。

会议认为,去年以来,南水北调工程各项建设有了明显进展。当前,南水北调工程已进入投资的高峰期和建设的关键期。越是在这种时候,越要加强质量控制和安全生产监督,扎实推进主体工程建设,同步建设配套工程,确保如期实现通水目标、发挥效益,确保建设质量一流,确保资金安全无虞,使南水北调工程经得起历史和人民的检验。

会议强调,治污和环保关系南水北调工程的成败。要坚持先节水后调水、先治污后通水、先环保后用水,继续加大库区和沿线地区专项治理力度,严格保护好上游水源地,加快治污工程项目建设进度,严防输水干线污染,保证北上的水质全面稳定达标。

会议指出,做好征地移民工作是南水北调工程的重要基础。移民群众为国家建设作出了奉献,要认真总结征地移民经验做法,进一步落实移民安置各项政策,扎实开展深入细致的群众工作,切实做到和谐征迁、和谐移民,积极采取后期帮扶措施,确保移民群众搬得出、稳得住、能发展、可致富。

国务院南水北调工程建委会各成员单位和有关部门负责人、工程沿线省(市)政府负责人出席了会议。

国务院批复《浙江海洋经济发展示范区规划》

国务院批复同意《浙江海洋经济发展示范区规划》(以下简称《规划》),浙江海洋经济发展示范区建设上升为国家战略。

国务院的批复要求,《规划》实施要突出科学发展主题和加快转变经济发展方式主线,以深化改革为动力,着力优化海洋经济结构,加强海洋生态文明建设,提高海洋科教支撑能力,创新体制机制,统筹海陆联动发展,推进海洋综合管理,建设综合实力较强、核心竞争力突出、空间配置合理、生态环境良好、体制机制灵活的海洋经济发展示范区,形成我国东部沿海地区重要的经济增长极。

国防部部长梁光烈在八一大楼会见意大利陆军参谋长朱塞佩·瓦洛托

新中国军事外交历史陈列馆揭幕仪式在北京举行

国家博物馆改扩建工程竣工暨《复兴之路》基本陈列复展仪式在北京举行

国家公共文化服务体系建设专家委员会在北京成立

专家委员会的职责主要是为公共文化服务体系建设提供政策建议、业务咨询和理论指导。专家委员会由专家学者、行政管理人员和基层文化工作者按照“三三制”的原则组成,来自北京大学、清华大学、中国社会科学院等学术科研机构和全国部分文化机构的39名专家组成的专家委员会代表着我国公共文化服务体系理论研究的核心力量和一流水平。

《中国共产党90年学习读本》出版

《中国共产党90年学习读本》由人民出版社出版,即日起向全国新华书店公开发行。

该书由中共中央党史研究室研究员、中共中央党校中共党史专家合作撰写而成。中共中央党史研究室原副主任、中共中央党校原副校长李君如为此书作序。该书生动记述了中国共产党领导中国人民,进行新民主主义革命以及社会主义革命和建设的90年的伟大奋斗历程。在这90年里,中国共产党从成立到不断发展壮大,经历了太不平凡的历程。

中国疫苗监管体系通过WHO评估

WHO评估专家组组长贝尔加比博士在京郑重宣布:“中国的国家疫苗监管体系通过了世界卫生组织(WHO)的评估,满足了WHO对国家疫苗监管体系的指标要求,能发挥良好的监管作用。至此,全球具有合格监管体系的疫苗生产国达到36个。”

通过WHO的评估,是疫苗生产企业申请WHO预认证、参与疫苗国际招标采购的前提,这标志着我国食品药品监管和医药卫生事业向国际先进水平迈出了新的步伐,为我国医药产业的发展赢得了更为广阔的空间。

3月2日

国务院总理温家宝签署第591号令公布《危险化学品安全管理条例》

《危险化学品安全管理条例》已经2011年2月16日国务院第144次常务会议修订通过,现将修订后的《危险化学品安全管理条例》公布,自2011年12月1日起施行。

总　理　温家宝

2011年3月2日

危险化学品安全管理条例(略)

全国政协十一届四次会议在人民大会堂举行新闻发布会

大会发言人赵启正发布新闻并回答中外记者提问。赵启正宣布,全国政协十一届四次会议定于3月3日下午3时在人民大会堂开幕,3月13日上午闭幕,会期10天。

赵启正说,这次会议的一项重要任务,是为制定和实施“十二五”规划建言献策。截至2日中午12时,大会秘书处已收到提案711件,大会发言稿423份。

全国政协为“十二五”规划建言献策

赵启正介绍,政协十一届三次会议期间,与“十二五”规划有关的提案和大会发言有650余件,内容涉及调整经济结构、深化改革开放、发展社会事业、保障和改善民生等各个方面。会后,全国政协继续围绕扩大内需、促进区域经济协调发展等16个重要专题开展调研视察,形成《关于编制“十二五”规划需要关注的几个问题的建议》等一批重要意见和建议。全国政协围绕“十二五”规划所提的许多意见和建议在相关政策中得到体现和落实。

政治协商制度化、规范化将对政治体制改革起到重要促进作用

在回答记者关于政治协商制度化、规范化的问题时,赵启正介绍,《中共中央关于加强人民政协工作的意见》已经颁布五年,各地在贯彻中都有些创新,如中共浙江省委2009年制定了全国第一个专门规范政治协商的制度性文件。在这之后,还有12个省级或者副

省级的地方党委出台了类似文件，对坚持和完善中国共产党领导的多党合作和政治协商制度，积极稳妥地推进中国政治体制改革将起到重要的促进作用。"

人民政协继续在协调关系、化解矛盾方面作出努力

在回答记者关于人民政协在协调关系和化解矛盾上应该发挥什么作用的问题时，赵启正说，人民政协肩负着做好群众工作的责任，去年以来，全国政协加强了对社会热点、难点、焦点问题的信息收集和整理，编辑报送了许多社情民意信息，提出民生类提案1700件，受理办理委员和群众来访42000多件，人民政协将继续在协调关系、化解矛盾、反映社情民意方面多做工作。

公共外交旨在向世界说明中国

在回答有关公共外交的问题时，赵启正说，与有些大国公共外交意欲将自己的价值观传播世界、甚至干涉其他国家内政相比，中国的公共外交是向世界说明自己，说明中国的文化传统、社会发展、内外政策，回答人们对中国的问题。他指出，随着经济全球化、国际间往来的方便以及互联网的发展，公众成为公共外交的积极参与者，这是公共外交的新发展。政协把研究、普及和实践公共外交作为一项任务。目前，全国政协已经同世界上128个国家、239个机构、13个国际或区域性组织建立了长期联系。

共同纪念辛亥革命100周年有利于推进两岸关系

在回答记者关于两岸是否会联合举办辛亥革命纪念活动的问题时，赵启正表示，辛亥革命结束了中国最后一个封建王朝的统治，是中国人民为改变自己命运奋起革命的一个伟大的里程碑。两岸同胞共同举办纪念辛亥革命100周年的活动，有利于两岸同胞的交流，共同推进两岸关系的和平发展，有利于团结两岸同胞共同致力于中华振兴，我们积极支持。

赵启正还回答了记者关于保障和改善民生、网络民意、教育改革等问题。

国务院任免国家工作人员

任命苏波、刘利华为工业和信息化部副部长；任命张建国为人力资源和社会保障部副部长、国家外国专家局局长；任命邹志武为海关总署副署长；任命刘赐贵为国家海洋局局长。

免去刘京的公安部副部长职务；免去季允石的人力资源和社会保障部副部长、国家外国专家局局长职务；免去盛光祖的海关总署署长职务；免去李克农的海关总署副署长职务；免去孙志辉的国家海洋局局长职务。

2010年度惩治和预防腐败体系建设重点抽查工作部署会在北京召开

中共中央书记处书记、中央纪委副书记何勇出席会议并讲话。

何勇指出，开展惩治和预防腐败体系建设检查，对于全面贯彻中央决策部署、加快推进惩治和预防腐败体系建设、深入开展党风廉政建设和反腐败斗争，具有十分重要的意义。在检查过程中，要紧紧抓住惩治和预防腐败体系建设中的重点难点问题、腐败现象易发多发的重点领域和关键环节以及群众反映强烈的问题，进行深入细致的了解，确保检查工作取得实效。要注重检查体系建设牵头单位和纪委(纪检组)履行职责、贯彻落实党风廉政建设责任制情况，工程建设领域突出问题专项治理和贯彻执行《廉政准则》、治理公款出国(境)旅游、治理"小金库"、公务用车、公务接待、楼堂馆所建设等工作开展情况，惩治和预防腐败体系建设牵头任务和协办任务进展情况，反腐倡廉制度建设和提高制度执行力的情况，反腐倡廉建设创新情况，推动惩治和预防腐败体系建设工作任务落到实处。

何勇要求，各检查组和被抽查地区、部门和单位党委(党组)、纪委(纪检组)要树立政治意识、大局意识、责任意识，齐心协力做好重点抽查工作。检查组要深入调查研究，深入基层第一线、深入到干部群众中去了解情况。要注重成果运用，增强检查工作的针对性和实效性。

中央纪委副书记张惠新主持会议，中央纪委副书记李玉赋宣读《2010年度惩治和预防腐败体系建设重点抽查工作方案》，中央纪委常委、监察部副部长屈万祥宣读检查人员分组名单和有关情况说明。中央纪委副书记黄树贤，中央纪委副书记、秘书长吴玉良出席会议。

国务院港澳办发言人对曾荫权遭示威者撞伤表示严重关注

国务院港澳事务办公室发言人就香港特别行政区行政长官曾荫权遭示威者撞伤一事发表谈话。

该发言人表示，我们注意到，3月1日下午香港特别行政区行政长官曾荫权在香港历史博物馆出席辛亥革命百年展览时，被香港"社民连"所组织的示威者冲撞受伤。我们对此表示严重关注。香港特别行政区行政长官是依照香港基本法和有关法律在当地选举产生并由中央人民政府任命的，应当受到尊重，其人身安全必须得到切实保护。我们认为，对此类暴力行为应当依法予以惩处。

国务院副总理回良玉在北京主持召开国务院扶贫

开发领导小组全体会议

会议全面总结过去10年的扶贫开发工作,深入分析当前扶贫形势,安排部署未来10年和“十二五”时期的扶贫工作。

回良玉指出,过去10年扶贫开发工作成就辉煌、影响深远,应予以充分肯定。在党中央、国务院的正确领导和全国人民的大力支持下,经过贫困地区广大干部群众的共同努力,如期实现了《中国农村扶贫开发纲要(2001—2010)》确定的目标和任务,农村贫困人口大幅度下降,贫困地区生产生活条件和基础设施状况明显改善、经济社会面貌发生深刻变化,进一步探索和拓宽了适合我国国情的扶贫开发道路。扶贫开发取得的巨大成就,为促进我国经济发展、社会稳定、民族团结、边疆巩固和构建和谐社会发挥了重要作用。我国的扶贫开发,不仅是我国经济社会发展的突出亮点,也为全球减贫事业作出了重大贡献。

回良玉强调,未来10年扶贫开发任务十分艰巨,必须保持清醒头脑。当前我国发展不平衡、不协调的一个突出问题,就是贫困地区与其他地区发展差距很大,制约贫困地区发展的动因依然存在;民生改善中的一个突出矛盾,就是贫困人口数量仍然很大,集中连片特殊困难地区贫困状况严重。要进一步增强责任感和紧迫感,继续毫不放松地抓好扶贫开发工作,切实把扶贫开发作为改善民生和加强社会管理的重大手段,把增加贫困群众收入作为调整收入分配结构、努力扭转收入差距扩大趋势的重大举措,把加大对革命老区、民族地区、边疆地区、贫困地区发展扶持力度作为促进区域协调发展的重大原则。要制定和实施未来10年扶贫开发纲要,提高扶贫标准,完善扶贫政策,创新体制机制,强化扶贫措施,加快贫困地区和贫困人口发展步伐。

回良玉指出,今年是新10年扶贫工作起步之年,要以更大的决心、更强的力度、更实的举措,努力实现良好开局。一要抓好新10年农村扶贫开发纲要和“十二五”整村推进等专项规划的编制工作。二要强化扶贫政策,增加扶贫资金投入,加强资金管理。三要抓好扶贫攻坚试点,对贫困面大、贫困程度深、致贫原因复杂的连片特困地区,采取特殊政策、特殊手段予以扶持,探索综合治理途径。四要继续抓好扶贫开发与农村低保制度衔接试点,更加有效地瞄准扶贫开发对象。五要推进各项重点措施的落实,有序开展易地扶贫搬迁,启动新一轮整村推进,加大产业化扶贫力度,继续对雨露计划实施方式进行改革,广泛地动员社会各方面力量支持扶贫事业,强化扶贫统计监测。六要继续完善“中央统筹、省负总责、县抓落实”的管理体制和“工作到村、扶贫到户”的工作机制。

会议听取了国务院扶贫办的工作汇报,对2011—2020年中国农村扶贫开发纲要进行了认真审议。

“辞旧迎新,祝福接力”原创短信作品大赛在北京颁奖

由中央外宣办指导,人民网、新华网、中国网络电视台等中央新闻网站承办的“辞旧迎新,祝福接力”原创短信作品征集大赛举行颁奖典礼。大赛共评出一等奖20名、二等奖30名、三等奖50名、参与奖500名,中国移动、中国电信、中国联通获得贡献奖。

卫生部印发《食品安全地方标准管理办法》并发出通知

各省、自治区、直辖市卫生厅(局),新疆生产建设兵团卫生局,中国疾病预防控制中心、卫生部卫生监督中心:

为规范食品安全地方标准管理工作,根据《食品安全法》及其实施条例,我部组织制定了《食品安全地方标准管理办法》。现印发给你们,请遵照执行。

卫生部

2011年3月2日

食品安全地方标准管理办法

第一条 为规范食品安全地方标准管理,根据《中华人民共和国食品安全法》及其实施条例等有关规定,制定本办法。

第二条 食品安全地方标准的制定、公布、备案等工作适用本办法。

省级卫生行政部门负责制定、公布、解释食品安全地方标准。卫生部负责食品安全地方标准备案。

第三条 没有食品安全国家标准,但需要在省、自治区、直辖市范围内统一实施的,可以制定食品安全地方标准。

食品安全地方标准包括食品及原料、生产经营过程的卫生要求、与食品安全有关的质量要求、检验方法与规程等食品安全技术要求。食品添加剂、食品相关产品、新资源食品、保健食品不得制定食品安全地方标准。

第四条 食品生产经营者应当依照生产企业所在地的食品安全地方标准组织生产经营。

第五条 制定食品安全地方标准应当以保障公众健康为宗旨,以食品安全风险评估结果为依据,充分考虑地方食品特点和饮食习惯,做到科学合理、公开透明、安全可靠。

第六条 食品安全地方标准的制定、公布具体程序参照《食品安全国家标准管理办法》执行。

第七条 食品安全地方标准编号应当符合下列规定:

食品安全地方标准编号由代号、顺序号和年代号三部分组成。

汉语拼音字母“DBS”加上省、自治区、直辖市行政区划代码前两位数再加斜线，组成食品安全地方标准代号。

食品安全地方标准编号示例：

DBS××/×××-××××

代号 顺序号 年代号

第八条 省级卫生行政部门应当在食品安全地方标准公布之日起20日内报卫生部备案，应当提交下列材料：

(一)报送文件；

(二)标准文本；

(三)编制说明。

第九条 卫生部对符合备案条件的食品安全地方标准，予以备案。

第十条 卫生部定期公布省、自治区、直辖市食品安全地方标准备案情况，指导地方标准制定工作。

第十一条 省级卫生行政部门应当组织卫生监督机构、相关单位对食品安全地方标准的执行情况进行跟踪评价，评价情况应当及时通报相关部门。

第十二条 食品安全地方标准实施后，省级卫生行政部门应当根据科学技术发展、相关食品安全标准制定和跟踪评价结果等情况，组织卫生监督机构对标准复审，确定其继续有效、修订或废止。复审周期原则上不超过五年。

食品安全国家标准公布实施后，相应的食品安全地方标准应当废止。

第十三条 食品安全地方标准修订后，省级卫生行政部门应当在公布后20日内重新报送卫生部备案。食品安全地方标准废止后，省级卫生行政部门应当在废止后20日内向卫生部报送有关废止标准的文件。

第十四条 对食品安全地方标准有异议时，可以向省级卫生行政部门提出意见，省级卫生行政部门应当及时处理。

第十五条 批准发布的食品安全地方标准属科技成果，作为标准主要起草人专业技术资格的评审依据。

第十六条 省级卫生行政部门可根据本办法制定实施细则。

第十七条 本办法自公布之日起施行。

吴阶平逝世

著名的医学科学家、医学教育家、泌尿外科专家和社会活动家，九三学社的杰出领导人，第八、九届全国人民代表大会常务委员会副委员长，九三学社第九届、第十届中央委员会主席，第十一届名誉主席，中国科协名誉主席，中国医学科学院名誉院长，中国科学院、中国工程院资深院士，中国共产党的优秀党员吴阶平同志，因病于3月2日21时18分在北京逝世，享年94岁。

3月3日

《人民日报》发表社论《汇聚推动科学发展的强大合力——热烈祝贺全国政协十一届四次会议开幕》

全国政协十一届四次会议今天开幕。在充满希望的春天里，来自各党派团体、各族各界的全国政协委员汇聚京城，共商国是。我们对大会的召开表示热烈的祝贺！

未来五年间，“十二五”蓝图如何铺展挥就？在大有作为的重要战略机遇期，中国怎样更加奋发有为？全国政协十一届四次会议，承载着亿万人民的殷切嘱托，肩负着承前启后的历史重任。

2010年是我国发展历程中很不平凡的一年。面对国际金融危机冲击带来的严重影响和国际国内环境的深刻变化，以胡锦涛同志为总书记的中共中央团结带领全国各族人民，同心同德、攻坚克难，集中力量办好大事喜事，妥善处置急事难事，党和国家各项事业取得了新的显著成就。在全国人民的共同努力下，“十一五”规划确定的目标任务胜利完成，国家面貌发生新的历史性变化，为全面建成小康社会奠定了重要基础。

在过去的一年里，人民政协高举爱国主义、社会主义旗帜，把握团结和民主两大主题，发挥协调关系、汇聚力量、建言献策、服务大局重要作用，谱写了人民政协事业发展的新篇章。一年来，人民政协加强思想理论建设，自觉坚持中国共产党的领导，坚定不移地走中国特色社会主义政治发展道路；深入开展协商议政，为编制“十二五”规划和保持经济平稳较快发展献计出力；围绕教育、卫生、安居、食品安全等民生问题，积极推动社会管理创新，帮助党和政府排忧解难；认真贯彻民族宗教政策，促进民族团结与宗教和睦；加强与港澳台侨同胞的团结联谊，为中华民族伟大复兴凝心聚力；推动公共外交、拓展对外交流，为我国发展营造良好外部环境；大力推进经常性工作创新，提高人民政协工作科学化水平。

总结一年来的生动实践，我们深切地体会到，推进人民政协事业持续发展，必须牢固树立“五个意识”：牢固树立政治意识，在纷繁复杂形势下保持清醒头脑，在大是大非面前站稳坚定立场，在社会深刻变革中坚持正确方向；牢固树立大局意识，始终服从服务党和国家中心工作；牢固树立群众意识，情牵人民、心系群众，协助党和政府妥善处理各方面利益关系；牢固树立履职意识，把履行政治协商、民主监督、参政议政职能作为重大历史使命；牢固树立委员意识，支持帮助广大委员深入实际、走向基层、贴近群众，在报效国家、服务人民的实践中施展才华、建功立业。

2011年是"十二五"开局之年，中国的发展进入全面建设小康社会的关键时期。面对世情、国情的深刻变化，面对难得的历史机遇和诸多风险挑战，我们要倍加珍惜来之不易的良好发展局面，深入贯彻中共十七届五中全会和中央经济工作会议精神，继续抓住和用好重要战略机遇期，紧紧围绕党和国家中心工作，同心协力搞好政治协商，积极稳妥推进民主监督，扎实有效开展参政议政，汇聚起促进科学发展的强大合力，加快转变经济发展方式，加强和创新社会管理，做好群众工作，促进社会和谐稳定，为实现"十二五"良好开局、夺取全面建设小康社会新胜利作出贡献。

成就鼓舞人心，蓝图催人奋进。让我们更加紧密地团结在以胡锦涛同志为总书记的中共中央周围，以邓小平理论和"三个代表"重要思想为指导，深入贯彻落实科学发展观，再接再厉、锐意进取，为13亿人民谋取更多福祉，为中华民族赢得更大荣光。

预祝大会圆满成功。

全国政协十一届四次会议在人民大会堂开幕

全国政协主席贾庆林，全国政协副主席王刚、廖晖、杜青林、帕巴拉·格列朗杰、白立忱、陈奎元、阿不来提·阿不都热西提、李兆焯、黄孟复、董建华、张梅颖、张榕明、钱运录、孙家正、李金华、郑万通、邓朴方、万钢、林文漪、厉无畏、罗富和、陈宗兴、王志珍、何厚铧在主席台前排就座。

党和国家领导人胡锦涛、吴邦国、温家宝、李长春、习近平、李克强、贺国强等在主席台就座，祝贺大会召开。

全国政协十一届四次会议应出席委员2260人，实到2182人，符合法定人数。

大会首先审议通过了政协第十一届全国委员会第四次会议议程。

贾庆林代表政协第十一届全国委员会常务委员会，向大会报告工作。

王志珍代表政协第十一届全国委员会常务委员会，向大会报告政协十一届三次会议以来提案工作情况。

在主席台就座的领导同志还有：王乐泉、王兆国、王岐山、回良玉、刘淇、刘云山、刘延东、李源潮、汪洋、张高丽、张德江、俞正声、何勇、令计划、王沪宁、路甬祥、乌云其木格、韩启德、华建敏、陈至立、周铁农、李建国、司马义·铁力瓦尔地、蒋树声、陈昌智、严隽琪、桑国卫、梁光烈、孟建柱、戴秉国、王胜俊、曹建明等。

中共中央、国务院有关部门负责人列席开幕大会。各国驻华使节应邀旁听开幕大会。

全国政协第十一届全国委员会第四次会议议程

（2011年3月3日政协第十一届全国委员会第四次会议通过）

一、听取和审议政协全国委员会常务委员会工作报告

二、听取和审议政协全国委员会常务委员会关于政协十一届三次会议以来提案工作情况的报告

三、列席第十一届全国人民代表大会第四次会议，听取并讨论政府工作报告及其他有关报告，讨论国民经济和社会发展第十二个五年规划纲要草案

四、审议通过政协第十一届全国委员会第四次会议政治决议

五、审议通过政协第十一届全国委员会第四次会议关于常务委员会工作报告的决议

六、审议通过政协第十一届全国委员会提案委员会关于政协十一届四次会议提案审查情况的报告

全国政协主席贾庆林在全国政协十一届四次会议上作常委会工作报告

各位委员：

我代表中国人民政治协商会议第十一届全国委员会常务委员会，向大会报告工作，请予审议。

一、2010年工作回顾

2010年是我国发展历程中很不平凡的一年。面对复杂多变的国内外环境，以胡锦涛同志为总书记的中共中央团结带领全国各族人民，同心同德、攻坚克难，战胜青海玉树强烈地震、甘肃舟曲特大山洪泥石流等重大自然灾害，成功举办上海世博会、广州亚运会，有效巩固和扩大应对国际金融危机冲击成果，保持了经济社会发展的良好势头，胜利完成"十一五"规划确定的目标任务，显示了我国社会主义制度的巨大优越性和中华民族团结奋斗的强大凝聚力。

一年来，人民政协高举爱国主义、社会主义旗帜，把握团结和民主两大主题，发挥协调关系、汇聚力量、建言献策、服务大局重要作用，为应对各种风险挑战，推动经济社会又好又快发展，科学制定"十二五"规划，促进两岸关系和平发展，扩大我国对外友好交往作出重要贡献，谱写了人民政协事业发展的新篇章。

（一）围绕坚持走中国特色社会主义政治发展道路，加强思想理论建设

中国特色社会主义政治发展道路，是人民政协各

参加单位的共同选择，也是人民政协加强思想理论建设、推进事业发展的政治基础。常委会坚持把加强思想理论建设摆在各项工作的首位，按照创建学习型组织的目标要求，组织开展主题鲜明、内容丰富、形式多样的学习培训和主题教育活动，引导广大政协委员深入学习中国特色社会主义理论体系和社会主义核心价值体系，学习中共中央关于人民政协的重大理论和方针政策，学习胡锦涛同志在庆祝人民政协成立60周年大会上的重要讲话精神，提高思想认识，进一步巩固了共同思想政治基础。全年共举办了三期常委会专题学习讲座、两期全国政协委员学习研讨班和六期政协干部培训班，共有1700多人次全国政协委员和1600多名各级政协干部参加。

加强国际国内形势的学习研讨和宣传教育，引导参加人民政协的各党派团体和各族各界人士，从我国有效应对国际金融危机冲击、战胜重大自然灾害、成功举办上海世博会和广州亚运会等重大事件和活动中，深刻认识中国共产党是中国特色社会主义事业的坚强领导核心，深切体会我国社会主义制度能够集中力量办大事的巨大优势，切实为党和国家应对各种风险挑战、做好改革发展稳定各项工作凝聚共同意志，汇聚强大合力。

我们把开展对《中共中央关于加强人民政协工作的意见》实施情况总结检查与加强思想理论建设有机结合起来。经中共中央批准，全国政协组织力量分赴6个省区市进行调研检查，召开13场座谈会，各地积极开展自查和督查，推动对《意见》精神实质和重大理论创新，对中共中央关于新形势下政协工作总体部署的深刻理解和把握。五年来的实践证明，《意见》的贯彻实施对于加强和改善中国共产党对人民政协的领导，对于推进中国特色社会主义民主政治建设，对于巩固发展"党委重视、政府支持、政协主动、部门配合、社会关注"人民政协事业发展的生动局面，发挥了重要作用。通过总结检查，进一步激发了各级政协组织和广大政协委员的创造活力和前进动力，增强了坚持中国共产党领导的多党合作和政治协商制度、走中国特色社会主义政治发展道路的自觉性、坚定性。

（二）围绕编制"十二五"规划和保持经济平稳较快发展，深入开展协商议政

紧扣党和国家中心工作协商议政，反映了人民政协的明确定位，彰显了人民政协的独特优势。常委会把为编制"十二五"规划献计献策作为一项重点工作，统筹各民主党派、专门委员会、地方政协等力量，采取专题调研、视察考察、大会发言、委员提案等方式，在规划编制的重要阶段和关键环节，集中议政建言，取得积极成效。全国政协十一届三次会议期间，委员们围绕"十二五"规划制定深入讨论，提交相关提案和大会发言650多件。会后围绕扩大国内需求、增强科技创新能力、应对气候变化和建设生态文明、促进区域经济协调发展、发展海洋经济、协调推进城镇化和新农村建设、推进医药卫生体制改革和收入分配体制改革等16个重要专题，组织开展调研视察，形成一批重要意见建议。召开专题议政性常委会议和"着力扩大内需，促进发展方式转变"专题协商会，报送了《全国政协党组关于编制国民经济和社会发展第十二个五年规划的若干建议》，受到中共中央、国务院高度重视。中共十七届五中全会闭幕后，我们及时召开常委会议，学习贯彻全会精神并就继续对规划编制建言献策作出部署。

人民政协为编制"十二五"规划建言献策的过程，是发扬民主、集思广益、推动科学决策的成功实践，取得了丰硕成果。委员们提出的关于"十二五"时期要坚持以加快转变经济发展方式为主线、以大力调整经济结构为主要内容等建议，为规划编制提供了有益参考。关于加强战略性新兴产业的组织领导、统筹规划、人才支持、体制机制创新等重要建议，受到重视和采纳；关于建设内蒙古绿色清洁能源基地和发展绿色矿业等建议，推动了我国能源结构调整和生态文明建设；关于把建设山东半岛蓝色经济区上升为国家发展战略，加快建设海峡西岸经济区和中原经济区，把云南建设成为我国面向西南对外开放的桥头堡等相关建议，为推进国家区域发展战略布局的完善提供了重要依据；关于加快构建养老保险体系、服务体系和老龄产业发展体系，为积极应对人口老龄化提供了重要参考；关于边防建设以及理顺边防管理体制等意见，促进了有关问题的解决；关于保护和发展"文房四宝"等传统文化产业，推动书法进入中小学课堂等意见，受到中共中央、国务院重视和社会广泛关注。

加强对宏观经济运行情况的密切跟踪和动态研究，就保持经济平稳较快发展、调整经济结构和管理通胀预期，举行12场宏观经济形势分析会、专题座谈会和金融沙龙。委员们提出了完善体制机制，加强财政政策、货币政策、区域政策、产业政策以及环境政策等的协调配合，形成宏观调控整体合力，增强调控针对性、灵活性和有效性等意见建议，为巩固和扩大应对国际金融危机冲击成果、保持经济平稳较快发展提供了有益参考。

（三）围绕保障和改善民生，积极帮助党和政府为民排忧解难

民生问题不仅是重要的经济问题、社会问题，也是重大政治问题。我们坚持以人为本、履职为民的理念，鼓励引导政协委员深入实际、深入基层、深入群众，办利民惠民之事、献富民安民之策。围绕加快保障性安

居工程建设、推进义务教育均衡发展、解决食品质量和安全问题、统筹城乡医疗保险制度以及农村卫生人才培养和配套政策等重点民生问题，开展调研视察和协商议政。提出的完善住房保障法律法规和体制机制，推动优质教育、医疗资源合理配置共享，完善食品安全诚信体系和责任体系，加强安全生产和职业危害防治，维护农民工、残疾人、退休职工和国企改制职工合法权益等意见建议，受到重视和采纳。组织界别委员考察边境地区贫困群众生产生活状况，推动教育、科技、医药卫生"三下乡"活动与智力扶贫、产业扶贫和科技扶贫相结合，帮助群众脱贫致富。

面对西南地区严重干旱和部分省区洪涝灾害、青海玉树强烈地震和甘肃舟曲特大山洪泥石流等重大自然灾害，各级政协组织和广大政协委员紧急行动，全力以赴投身抗灾救灾斗争。有的奔赴灾区，投入一线全力救援；有的慷慨解囊，组织所在单位和界别群众捐款捐物；有的深入灾区调研，为灾后恢复重建把脉献计；文艺界、医卫界及书画名家积极开展义演、义诊和义卖，为灾区群众奉献爱心，共同奏响了中华民族团结协作、扶危济困、守望相助的感人乐章。

重视做好人民政协信访工作，加强对热点、难点、焦点问题的信息收集分析和整理报送，编报社情民意信息92期，提出民生类提案1700余件，受理、办理委员和群众来信来访42000多件次，为协助党和政府了解社情民意、化解矛盾纠纷、维护社会和谐稳定发挥了积极作用。

(四)围绕促进民族团结与宗教和睦，认真贯彻民族宗教政策

做好民族、宗教工作关系民族团结、社会稳定、国家统一。我们牢牢把握各民族共同团结奋斗、共同繁荣发展主题，组织广大政协委员认真学习贯彻中央第五次西藏工作座谈会、中央新疆工作座谈会和西部大开发工作会议精神，深刻认识西藏工作和新疆工作在党和国家工作全局中的特殊重要战略地位，深刻认识深入实施西部大开发战略的重要性和紧迫性，深刻认识做好新形势下民族工作的极端重要性，自觉用党的民族理论和政策武装头脑、指导实践、推动工作。

抓住"制定好'十二五'规划，加快民族地区经济社会发展"这一重大课题，深入民族地区边远乡村和贫困农牧户调查研究，提出加快推进连片民族贫困地区脱贫致富，深入实施富民固边战略以及推动城市化进程中自治州发展等重要建议，为完善民族地区政策提供了有益参考。围绕民族工作领域新情况新问题，开展进城务工经商的少数民族群众服务管理、民族地区法官和检察官队伍短缺问题专题调研，积极推动《城市民族工作条例》修订工作。

组织"宗教院校教育和宗教人才培养问题"的研究论证，对《宗教事务条例》实施五年来的贯彻落实情况开展民主监督，提出完善《条例》配套规章、健全执法主体和执法机制等重要建议，受到重视和采纳。组织委员通过视察考察、走访看望、参加少数民族节日和宗教庆典活动，加强与宗教团体负责人、民族代表人士和少数民族群众的联系。少数民族界和宗教界委员主动深入少数民族群众和信教群众宣讲党的民族和宗教政策，为增进民族团结和宗教和睦作出贡献。中国宗教界和平委员会组织五大宗教团体，共同为上海世博会成功举办祈福，产生良好社会影响。

(五)围绕为中华民族伟大复兴凝心聚力，切实加强团结联谊工作

我们充分发挥人民政协联系广泛的优势，扩大同香港同胞、澳门同胞、台湾同胞和海外侨胞的联系交往。积极组织座谈会、情况通报会、考察团等活动，帮助港澳委员知情明政、履行职责。通过举办"中国经济发展方式的转变·机遇与挑战"研讨会，开展澳门文化产业发展专题调研，为内地经济建设和港澳经济转型升级献计献策。高度重视发挥港澳委员在香港、澳门经济、政治和社会事务中的作用，出席香港中华总商会成立110周年庆典，参加香港友好协进会、澳门中华总商会等举办的活动，进一步加强与港澳重要政团、社团和代表人士的联系，发展壮大爱国爱港、爱国爱澳力量。

邀请由台湾有关党派和无党籍人士组成的"台湾民意代表交流参访团"到京参访，首次以政协委员联谊会名义应邀组团赴台交流，探索了政协委员与台湾民意代表交流的新途径。充分发挥河洛文化、文史资料、京昆戏曲、书画艺术、宗教交流和黄埔精神等桥梁纽带作用，以中华文化的交流增进中华儿女的团结和中华民族的认同。充分利用上海世博会、广州亚运会及各种两岸交流合作平台，积极开展对台交流合作，增进感情、扩大共识。

成功举办"邀请海外侨胞列席全国政协全体会议10周年"纪念活动，认真总结团结海外侨胞发挥作用的经验。邀请海外侨胞代表人士列席全国政协十一届三次会议，组织海外侨胞中的专家学者为"十二五"规划建言献策。加强与海外华侨华人和社团的沟通往来，重点开展对海外侨胞年轻一代的联系联谊，积极开展少数民族侨胞工作，不断拓展人民政协侨务工作新领域。

(六)围绕为我国发展营造良好外部环境，积极拓展对外交流合作

人民政协是增进我国人民同世界各国人民友谊的重要桥梁。常委会坚持服从国家总体外交方针，扩大

全国政协与外国相关机构和组织的交流往来，认真组织高层互访，推动经贸、能源、科技、文化等重点领域务实合作，深化我国与有关国家的政治互信、传统友谊。成功举办以“新形势、新理念、新挑战——探索合作共赢之路”为主题的“21世纪论坛”2010年会议，国家主席胡锦涛发来贺信，来自世界多国的著名政治家、专家学者和企业界人士，围绕全球治理、应对气候变化以及中国与世界关系等重大议题，深入协商交流，达成许多重要共识。会议通过系统阐明我国和平发展理念和政策，向世界表明中国希望继续与世界各国加强友好合作、共享发展机遇、共同应对挑战的鲜明立场。“21世纪论坛”已经成为人民政协开展多边交往、加强国际交流合作的重要平台。

利用上海世博会成功举办的重大契机，积极推进人民政协公共外交的理论研究和实践。创办《公共外交季刊》，开展公共外交联合调研，召开全国各省区市政协外事工作交流会，举办公共外交专题报告，邀请瑞士联邦议会瑞中小组世博访华团访问西藏，在外事出访和来访活动中就涉藏等涉及我国核心利益问题加强与外国各界人士的交流对话，促进世界认识真实的中国，进一步增进了解、消除误解、澄清曲解。

注重发挥政协独特交流平台作用，积极参与多边交往，展示中国合作、开放、民主、进步的形象。中国经济社会理事会与欧盟经济社会委员会合作，成功举办中欧圆桌会议第七、第八次会议，在水资源利用、保护儿童、就业与移民等问题上取得共识。中国宗教界和平委员会成功承办亚洲宗教和平会议2010年度执委会议，积极倡导不同文明对话和跨宗教理解、沟通，取得积极成果。

(七)围绕提高人民政协工作科学化水平，大力推进经常性工作创新

创新是工作推进、事业发展的动力之源。常委会树立勇于变革、勇于创新的理念，着眼加强制度化、规范化、程序化建设，以经常性工作的创新，推动整体工作水平的提升。召开第六次提案工作座谈会，总结交流提案工作经验，修改提案工作条例，强化重点提案选题和办理环节，加大提案公开力度，建立健全提案工作协调配合的科学机制，有力提高了新形势下提案工作的成效。改进专题调研和视察考察工作，加强选题研究论证，注重队伍优化整合，扩大委员参与面，综合运用多种研究方法，增强了政策建议的针对性和实效性。加强党派团体、专门委员会和地方政协的协调联动，加强对重点信息的分类搜集、综合分析和整理报送，提高了协助党和政府做好化解社会矛盾、促进和谐稳定工作的效果。推进文史资料重大基础工程建设，中国政协文史馆建设进展顺利，文史资料工作信息化进程加快，“亲历、亲见、亲闻”史料征集工作务实推进，加强与民主党派文史资料工作的联系，加大对民族地区文史资料工作支持力度，文史资料存史资政、团结育人、鉴往知来的重要作用得到进一步发挥。切实改进新闻宣传工作，统筹搞好“两会”集中宣传与常规报道，加强对外宣传，综合运用多种传播形式，全方位、多角度宣传多党合作和人民政协事业，进一步扩大了人民政协的国际国内影响。

各位委员，过去一年我们取得的成绩，是以胡锦涛同志为总书记的中共中央正确领导、重视关怀的结果，是各级党委政府和社会各界热情帮助、大力支持的结果，是人民政协各参加单位、各级组织和广大政协委员团结协作、努力奋斗的结果。在这里，我代表全国政协常委会表示衷心的感谢！

总结一年来的生动实践，我们深切体会到，推动人民政协事业持续发展，必须牢固树立政治意识，充分认识人民政协作为中国共产党领导的多党合作和政治协商的重要机构，担负着重要的政治责任，具有广泛的政治影响，努力在纷繁复杂形势下保持清醒头脑，在大是大非面前站稳坚定立场，在社会深刻变革中坚持正确方向，自觉坚持中国共产党的领导，坚定不移地走中国特色社会主义政治发展道路。必须牢固树立大局意识，充分认识围绕中心、服务大局是人民政协履行职能的重要原则，始终服从服务党和国家中心工作，围绕改革开放和社会主义现代化建设谋事，紧扣服务科学发展、促进社会和谐干事，努力在全面建设小康社会中成事，进一步彰显人民政协的独特优势和重要作用。必须牢固树立群众意识，顺应人民期待是人民政协发展的动力，始终情牵人民、心系群众，全面反映民思、民盼、民忧，积极协助党和政府妥善处理各方面利益关系，使广大人民群众共享改革发展成果。必须牢固树立履职意识，充分认识人民政协是我国政治体制的重要组成部分，是党和政府科学民主决策的重要环节，是扩大公民有序政治参与的重要途径，把履行政治协商、民主监督、参政议政职能作为重大历史使命，积极发挥政治优势、组织优势、智力优势和渠道优势，为促进经济平稳较快发展和社会和谐稳定作出实实在在的贡献。必须牢固树立委员意识，充分认识人民政协作用发挥在委员、活力展现看委员、事业发展靠委员，切实维护委员民主权利，尊重委员首创精神，提高委员整体素质，支持帮助广大委员深入实际、走向基层、贴近群众，在做好本职工作的同时履行好委员职责，在报效国家、服务人民的实践中施展才华、建功立业。

同时，我们也要看到，与党和人民的要求相比，与人民政协承担的使命相比，与广大政协委员的期望相比，我们的工作还存在着一些不足。主要是：如何总结

运用成功经验推动各地政协工作协调发展，如何进一步加强民主监督，如何完善发挥政协界别作用的机制，如何更好地发挥政协委员的主体作用等。对这些问题，我们一定要高度重视，认真研究，切实解决。

二、2011年工作部署

2011年是中国共产党成立90周年，也是“十二五”时期开局之年。当前，我国经济社会发展正处在必须紧紧抓住并且可以大有作为的重要战略机遇期。人民政协要切实增强机遇意识，既要抓住机遇、用好机遇，又要珍惜机遇、维护机遇，更好地调动各党派团体、各族各界人士的积极性、主动性，全面推进各领域工作坚定不移地朝着既定奋斗目标前进。在新的一年里，人民政协要坚持以邓小平理论和“三个代表”重要思想为指导，深入贯彻落实科学发展观，深入贯彻中共十七届五中全会和中央经济工作会议精神，继续抓住和用好重要战略机遇期，紧紧围绕党和国家中心工作，把推动科学发展和加快转变经济发展方式作为履行职能的首要任务，把促进社会和谐稳定作为义不容辞的责任，把提高政协工作科学化水平作为自身建设的目标，同心协力搞好政治协商，积极稳妥推进民主监督，扎实有效开展参政议政，为实现“十二五”时期良好开局，夺取全面建设小康社会新胜利作出积极贡献。

(一)加强教育引导，进一步夯实走中国特色社会主义政治发展道路的思想政治基础

中国特色社会主义政治发展道路，是被实践证明了的正确之路、必由之路，任何时候、任何情况下都不能偏离和动摇。要把推进学习型组织建设与加强思想理论建设结合起来，深化中国特色社会主义理论体系和社会主义核心价值体系学习教育活动，精心组织常委会学习讲座和在京委员学习报告会，认真举办政协委员学习研讨班，切实把思想和行动统一到中共中央的重大决策部署上来。以纪念中国共产党成立90周年为契机，学习宣传党领导中国革命、建设、改革的丰功伟绩和历史经验，引导广大政协委员充分认识没有中国共产党就没有新中国，就没有中国特色社会主义，自觉坚持中国共产党的领导，坚定不移地走中国特色社会主义政治发展道路。按照中共中央的部署要求，以振兴中华、民族复兴为主要内容，举行辛亥革命100周年纪念大会，通过举办招待会和国际学术研讨会，出版《亲历辛亥革命》纪念图书，拍摄电影、文献电视片等活动，回顾近代以来中国人民为争取民族独立、人民解放、国家富强不懈奋斗的历程，引导各党派团体、各族各界人士深刻认识人民政协和多党合作制度产生发展的历史必然性，更加自觉地高举爱国主义和社会主义旗帜，不断巩固壮大最广泛的爱国统一战线。

(二)紧扣主题主线，积极为实施“十二五”规划献计出力

把握科学发展主题，抓住加快转变经济发展方式主线，就找准了人民政协服务经济社会发展的着力点。要把“十二五”规划目标与今年重点工作有机结合起来，准确把握世界经济发展中长期趋势和我国经济发展的阶段性特征，围绕提高宏观调控的科学性和预见性，处理好保持经济平稳较快发展、调整经济结构和管理通胀预期关系，巩固和扩大应对国际金融危机冲击成果等问题，适时召开宏观经济形势分析会、专题座谈会，力争形成一批务实管用的意见建议。以“加快经济结构战略性调整，促进经济平稳较快发展”为议题，召开专题议政性常委会议，组织各民主党派和无党派人士以及专委会等，就推进发展现代农业、保障粮食安全、加强农村水利基础设施建设、推动科技创新和产业结构升级、发展战略性新兴产业、强化节能减排和应对气候变化、为中小企业发展营造良好金融环境、走中国特色城镇化道路、拓展国际经济合作空间等综合性、战略性、前瞻性问题，深入开展调研视察，为党和政府科学决策提供参考。继续关注和促进民生改善，围绕加强和创新社会管理、提高社会管理科学化水平，促进充分就业，推进收入分配制度改革，保持物价总体水平基本稳定，加强社会保障体系薄弱环节建设，加快构建覆盖城乡的公共文化服务体系，合理配置公共教育资源，深化医药卫生体制重点改革，加快住房保障体系建设等重大问题，察实情、讲实话、出实招，努力促进经济社会全面协调可持续发展。

(三)发挥独特优势，切实加强新形势下群众工作

政协委员来自各个界别、联系各方群众，人民政协开展群众工作具有独特优势。要认真总结各级政协组织开展群众工作的好经验好做法，探索新途径新载体，逐步完善政协组织、政协委员和界别联系群众的工作机制。要畅通信息收集、报送和反馈渠道，积极探索利用互联网收集社情民意的新方式，及时准确地把握全局性、苗头性、倾向性问题，努力成为密切联系人民群众、反映群众意见诉求的重要渠道，成为党和政府舆情汇集和分析机制的重要方面。要深入贯彻中央第五次西藏工作座谈会、中央新疆工作座谈会和西部大开发工作会议精神，更加关注民族地区经济社会发展和生态环境保护，协助做好城市民族工作和扶持人口较少民族经济社会发展工作，推动兴边富民行动深入开展，重点帮扶武陵山等集中连片贫困区群众，进一步推动民族区域自治制度贯彻落实。充分发挥中国宗教界和平委员会和少数民族界、宗教界政协委员的积极作用，进一步开创政协少数民族群众工作和信教群众工作的新局面。

(四)着眼推进祖国统一和民族复兴,努力深化同香港同胞、澳门同胞、台湾同胞和海外侨胞的团结联谊

祖国统一、民族复兴,既需要大陆同胞奋发努力,也需要港澳台同胞和海外侨胞同心协力。要坚定不移贯彻"一国两制"、"港人治港"、"澳人治澳"、高度自治的方针,全力支持香港特别行政区、澳门特别行政区政府依法施政,促进港澳和内地特别是与珠三角地区经济合作,支持和鼓励港澳委员在香港、澳门经济、政治和社会事务中发挥积极作用,为促进港澳长期繁荣稳定和国家经济社会发展多做贡献。拓宽与港澳各界人士的沟通渠道,加强同港澳政团、社团及代表人士的联系,加大对港澳青少年工作力度,不断发展壮大爱国爱港、爱国爱澳力量。坚持"和平统一、一国两制"方针,牢牢把握两岸关系和平发展主题,积极推动政协委员与台湾民意代表的深入交流,扩大同台湾岛内有关党派团体、社会组织、各界人士和基层民众的交往,扎实有效地做好台湾人民工作,积极推动两岸经济合作框架协议的落实,促进海峡西岸经济区先行先试作用充分发挥,进一步拓展两岸经贸、文化交流合作领域。认真贯彻侨务工作方针,密切与归侨侨眷的联系,组织开展内容丰富的侨胞联谊活动,做好海外华侨华人工作,积极为海外留学人员为国服务创造便利条件。

(五)致力增进同世界各国人民友谊,不断深化对外友好交往

人民政协的对外友好交往,是国家形象的重要窗口和公共外交的重要平台。要按照国家外交工作总体部署开展高层互访,深化传统友谊,增强与有关国家的政治互信,推动经贸等重点领域的务实合作。推动政协各专委会与相关国家机构的交流合作,加强同外国议会、重要智库、主流媒体、知名人士的交往,不断深化人民政协公共外交实践。支持中国经济社会理事会与国际协会及其成员组织和联合国有关机构开展友好合作,发挥好中欧圆桌会议的建设性作用,支持中国宗教界和平委员会巩固发展同世界性、地区性跨宗教和平组织的交往,进一步完善双边交流机制。加强对外宣传工作,增进国际社会对我国政治制度、政党制度和人民政协的了解,争取国际社会在相关领域对我国的理解和支持。

(六)突出履职能力的提高,着力加强人民政协自身建设

人民政协自身建设的水平,关系到履行职能的成效,影响着协商议政的质量。要认真总结、充分运用《中共中央关于加强人民政协工作的意见》总结检查活动的成果,推进政治协商、民主监督、参政议政制度化规范化程序化建设,改进完善提案、视察、专题调研、大会发言、社情民意信息、文史资料等工作。扎实推进人民政协理论建设工程,支持中国人民政协理论研究会开展重大课题研究和加强教育培训,在建立完善人民政协理论体系和宣传普及方面迈出新步伐。加强各级政协以及政协组织与党政部门、参加政协的各党派团体之间的联系合作,优化政协专委会联系界别、委员工作机制,形成政协组织综合协调、信息沟通、上下互动、内外联系的合力。强化委员履职能力建设,完善绩效评估、督查落实等工作机制,提高履职成效。在政协机关继续深入开展创先争优活动,提高机关干部队伍素质和为委员履职服务的能力。

各位委员!

新起点开启新征程,新目标赋予新使命。让我们更加紧密地团结在以胡锦涛同志为总书记的中共中央周围,高举中国特色社会主义伟大旗帜,以邓小平理论和"三个代表"重要思想为指导,深入贯彻落实科学发展观,再接再厉、同心协力、锐意进取,为实现"十二五"规划和全面建设小康社会宏伟目标,为推进社会主义现代化建设、实现中华民族伟大复兴,作出新的更大的贡献!

全国政协副主席王志珍在全国政协十一届四次会议上作十一届三次会议以来提案工作情况

全国政协十一届三次会议以来,政协委员、政协各参加单位和专门委员会,深入贯彻落实科学发展观,坚持围绕中心、服务大局,以高度的政治责任感和使命感,认真履行职责,积极建言献策。一年来,共提交提案5678件,经审查,立案5300件。截至2011年2月20日,提案已办复5273件,占立案总数的99.49%。

全国政协副主席王志珍代表政协常委会向全国政协十一届四次会议报告政协十一届三次会议以来提案工作时说,这些提案凝聚着委员们的智慧和心血,反映了人民群众的期待和要求,体现了时代特征和政协特色。

——围绕推动科学发展,委员们就加快转变经济发展方式、加快调整经济结构、加强和改善宏观调控、保持经济平稳健康运行等方面,提出提案2200余件,许多建议已纳入"十二五"规划纲要草案或部门、行业发展规划中。

——围绕保障和改善民生,委员们就人民群众普遍关注的收入分配、住房、就业、教育、医疗卫生、社会保障以及防范通货膨胀、平抑物价等方面,提出提案1700余件,产生了广泛社会影响。

——围绕促进社会和谐稳定,委员们就加强民主法治建设、深化行政管理体制改革、贯彻落实民族宗教政策、扩大内地与港澳台的交流与合作等方面,提出

提案1100余件，对推动和改进相关工作发挥了积极作用。

王志珍说，一年来，常委会认真贯彻落实胡锦涛总书记在庆祝人民政协成立60周年大会上的重要讲话精神，加强组织领导，注重统筹协调，不断开拓创新，在推动提高整体质量、推进制度建设、完善体制机制等方面取得了明显进展。

2011年是中国共产党建党90周年，也是“十二五”规划的开局之年。王志珍说，在新的一年里，要深入贯彻落实科学发展观，正确把握国际国内形势的新变化新特点，以科学发展为主题，以加快转变经济发展方式为主线，把关注民生、履职为民作为提案工作的出发点和落脚点，不断提高提案工作科学化水平，为“十二五”规划开好局、起好步作出积极贡献。

国务院总理温家宝在中南海会见巴西外长帕特里奥塔

温家宝表示，中国将巴西视作真诚的朋友和战略伙伴，愿意同巴方新领导人加强交往，深化政治互信；充分发挥两国高层协调与合作委员会等双边机制的作用，在相互理解、互利共赢基础上扩大贸易、投资、科技、人文领域的交流与合作；携手促进新兴大国团结协作，维护发展中国家的共同利益，推动国际经济金融体系改革向着公平、合理方向发展。

帕特里奥塔表示，巴西新政府高度重视发展对华关系，认为中国是重要的战略伙伴。巴方愿同中方共同努力，进一步推进双方各领域合作，加强双方在重大国际和地区问题上的沟通，推动两国战略伙伴关系深入发展。

国家海洋局发布《2010年中国海洋经济统计公报》

公报显示，2010年我国海洋生产总值38439亿元，海洋生产总值占到国内生产总值的9.7%。

公报中海洋生产总值和各主要海洋产业增加值均按现价计算，增长速度按可比价格计算。各项统计数据均未包括香港、澳门特别行政区和台湾省。其中，海洋产业增加值22370亿元，海洋相关产业增加值16069亿元；海洋第一产业增加值2067亿元，第二产业增加值18114亿元，第三产业增加值18258亿元。海洋经济三次产业结构5:47:48。据测算，2010年全国涉海就业人员3350万人，其中新增就业80万人。

外交部部长杨洁篪在北京与巴西外长帕特里奥塔举行会谈

中国集成电路制造水平达到国际先进水平

科技部、北京市、上海市在北京举行新闻发布会。发布会介绍“十一五”期间这个专项启动项目58项，各项任务按计划有序推进，累计申请专利4248件，取得许多标志性成果。

3月4日

十一届全国人大四次会议在人民大会堂举行预备会议

全国人大常委会委员长吴邦国主持会议。会议选举产生了十一届全国人大四次会议主席团和秘书长，表决通过了十一届全国人大四次会议议程。

十一届全国人大代表共2979人。截至3月3日，已经报到的代表2959人。出席预备会议的代表2749人，符合法定人数。

吴邦国在主持会议时宣布：十一届全国人大四次会议于3月5日召开，会议的各项准备工作目前已经全部就绪。

吴邦国指出，十一届全国人大四次会议的指导思想是：全面贯彻党的十七大和十七届三中、四中、五中全会及中央经济工作会议精神，以邓小平理论和“三个代表”重要思想为指导，深入贯彻落实科学发展观，认真履行宪法和法律赋予全国人大的职责，紧紧围绕科学发展这个主题和加快转变经济发展方式这个主线，完成好大会的各项任务，将大会开成一个民主、团结、求实、奋进的大会，动员全国各族人民更加紧密地团结在以胡锦涛同志为总书记的党中央周围，坚定信心、锐意进取，为促进经济长期平稳较快发展和社会和谐稳定、实现“十二五”时期经济社会发展良好开局、夺取全面建设小康社会新胜利而奋斗。

预备会议经表决，选举产生了十一届全国人大四次会议主席团和秘书长。大会主席团由170人组成，王兆国为大会秘书长。

全国人大常委会副委员长王兆国、路甬祥、乌云其木格、韩启德、华建敏、陈至立、周铁农、李建国、司马义·铁力瓦尔地、蒋树声、陈昌智、严隽琪、桑国卫出席会议。

十一届全国人大四次会议议程

（2011年3月4日第十一届全国人民代表大会第四次会议预备会议通过）

一、听取和审议国务院总理温家宝关于政府工作的报告

二、审查和批准国民经济和社会发展第十二个五年规划纲要

三、审查和批准2010年国民经济和社会发展计划执行情况与2011年国民经济和社会发展计划草案的报告

批准2011年国民经济和社会发展计划

四、审查和批准2010年中央和地方预算执行情况与2011年中央和地方预算草案的报告

批准2011年中央预算

五、听取和审议全国人民代表大会常务委员会委员长吴邦国关于全国人民代表大会常务委员会工作的报告

六、听取和审议最高人民法院院长王胜俊关于最高人民法院工作的报告

七、听取和审议最高人民检察院检察长曹建明关于最高人民检察院工作的报告

八、其他

第十一届全国人大四次会议主席团和秘书长名单

(2011年3月4日第十一届全国人民代表大会第四次会议预备会议通过)

主席团(170人,按姓名笔画为序)

丁晓兵 卫留成 习近平 马启智(回族)
马 飚(壮族) 王万宾 王云龙 王正伟(回族)
王乐泉 王宁生 王 刚 王兆国 王佐书 王沪宁
王 珉 王树国 王晓东(满族) 王维俊(女)
乌云其木格(女,蒙古族) 方 明 巴特尔(蒙古族)
邓崎琳 艾力更·依明巴海(维吾尔族) 石秀诗
龙 刚(苗族) 卢展工 白志健 白克明 白恩培
令计划 冯长根 司马义·铁力瓦尔地(维吾尔族)
吉炳轩 达列力汗·马米汗(哈萨克族)
朱国萍(女) 乔传秀(女) 乔晓阳 华建敏
向巴平措(藏族) 刘云山 刘云耕 刘长瑜(女)
刘志华(女) 刘奇葆 刘绍勇 刘 淇 刘焯华
刘德培 齐续春(满族) 汤小泉(女) 许其亮
许振超 许智宏 孙安民 孙春兰(女) 孙政才
严隽琪(女) 苏 荣 杜德印 李长春 李 牧
李建华 李建国 李适时 李重庵 李继耐 李欲晞
李鸿忠 李登海 李源潮 李慎明 李肇星
杨 扬(女) 杨 岳 杨贵新(女,侗族) 杨 剑
杨继钢 肖怀远 吴邦国 吴华夏 吴胜利
吴晓灵(女) 何 勇 汪光焘 汪 洋 汪毅夫
张云川 张支铁(彝族) 张庆黎 张伯礼 张宝顺
张春贤 张美兰(女,哈尼族) 张高丽 张 毅
陆 浩 陈至立(女) 陈光国 陈先岩
陈秀榕(女) 陈昌智 陈炳德 妣健敏
范徐丽泰(女) 林毅夫 欧广源 罗志军 金炳华
金硕仁(朝鲜族) 周先旺(土家族) 周铁农 周 强
赵乐际 赵季平 赵胜轩 赵洪祝 胡春华 胡康生
胡锦涛 钟南山 俞正声 姜异康 贺一诚 贺国强
贺 铿 袁纯清 袁 武 袁 驷 栗战书 贾庆林
顾逸东 钱运录 徐建一 徐 强 高祀仁
高 洪(白族) 高 强 郭凤莲(女) 郭声琨
郭伯雄 唐世礼(女,布依族)
娘毛先(女,藏族) 桑国卫 黄跃金 黄镇东 常万全
符桂花(女,黎族) 梁国扬 梁慧星 彭先觉
彭祖意(瑶族) 彭清华 蒋树声 韩启德 程贻举
程津培 谢木兰(女) 强 卫
蒙兰凤(女,侗族) 路甬祥 靖志远 褚君浩
嘉木样·洛桑久美·图丹却吉尼玛(藏族)
赫冀成(满族) 管国芳(女,傣族) 廖锡龙 谭永华

秘书长

王兆国

十一届全国人大四次会议主席团在人民大会堂举行第一次会议

全国人大常委会委员长吴邦国主持会议。

主席团会议应到170人,出席164人,符合法定人数。

根据全国人大议事规则的规定,会议首先推选了十一届全国人大四次会议主席团常务主席。主席团常务主席由十一届全国人大常委会委员长、副委员长、秘书长担任。主席团常务主席召集并主持主席团会议。

会议表决通过了十一届全国人大四次会议日程。根据会议日程,这次大会定于3月5日上午开幕,3月14日上午闭幕,会期9天半。

根据全国人大议事规则的规定,主席团第一次会议推选主席团成员若干人分别担任每次大会全体会议的执行主席。经过表决,会议推选了大会全体会议执行主席。会议经过表决,决定李建国、王万宾、石秀诗、李肇星、赵胜轩、尤权为大会副秘书长。李肇星兼任大会发言人。

会议经表决,决定了十一届全国人大四次会议表决议案办法。会议决定,代表提出议案的截止时间为3月9日12时。

十一届全国人大四次会议主席团常务主席名单

(2011年3月4日第十一届全国人民代表大会第四次会议主席团第一次会议推选)

吴邦国 王兆国 路甬祥 乌云其木格(女,蒙古族) 韩启德 华建敏 陈至立(女) 周铁农 李建国 司马义·铁力瓦尔地(维吾尔族) 蒋树声 陈昌智 严隽琪(女) 桑国卫

胡锦涛 吴邦国等党和国家领导人分别看望出席全国政协十一届四次会议委员并参加分组讨论

胡锦涛参加了农工党、九三学社界委员联组会。胡锦涛指出，推动科学发展，加快转变经济发展方式，建设创新型国家，在日趋激烈的国际竞争中赢得发展主动权，根本靠科技，基础在教育，关键是人才。要大力增强科技创新能力，把增强自主创新能力作为战略基点，把科技进步与产业结构优化升级、改善民生紧密结合起来，着力提升原始创新能力，增强集成创新和引进消化吸收再创新能力，构建完整的创新体系，加快科技成果向现实生产力转化。要大力推动教育内涵式发展，按照优先发展、育人为本、改革创新、促进公平、提高质量的工作方针，统筹教育规模、结构、质量、效益，注意解决好广大群众普遍关注的教育公平问题，把提高质量作为教育改革和发展的核心任务，满足人民群众多层次、多样化的教育需求。要大力营造人才发展良好环境，为多样化、个性化、创新型人才成长提供良好环境和机制，着力培养我国现代化建设需要的各方面人才，使各类人才都能各得其所、各展其长、建功立业。胡锦涛强调，要大力发展医疗卫生事业，在保基本、强基层、建机制上狠下功夫，推动医药卫生体制改革不断取得实质性进展，努力解决群众反映强烈的看病难、看病贵问题。要大力发展粮食生产，把支持粮食生产的政策措施向主产区倾斜，充分调动农民种粮、地方抓粮的积极性，努力提高粮食综合生产能力和生产水平。要大力推进生态文明建设，坚持把建设资源节约型、环境友好型社会作为加快转变经济发展方式的重要着力点，加强生态文明理念宣传、法制建设和科技研发，不断提高生态文明水平。

吴邦国参加了无党派人士界委员联组会。吴邦国说，“十一五”时期我国综合国力大幅提升，人民生活明显改善，国际地位和影响力显著提高，谱写了中国特色社会主义事业新篇章。这些成绩，是以胡锦涛同志为总书记的中共中央团结带领全国各族人民共同奋斗的结果，也凝聚着各民主党派、工商联和无党派人士的心血和智慧。吴邦国强调，无党派人士是我国政治生活中的一支重要力量，为国家各项事业发展作出了重要贡献。中国共产党历来重视多党合作和政治协商事业，重视发挥民主党派和无党派人士的作用。希望无党派人士界委员牢牢把握团结和民主两大主题，积极参加政治协商、民主监督、参政议政活动，为报效国家、服务人民继续施展才华、建功立业。一要始终坚持正确政治方向，坚持中国特色社会主义政治发展道路，巩固和发展同中国共产党的团结合作。二要充分发挥人才荟萃、智力密集的优势，为经济社会又好又快发展献计献策。三要不断增强群众观念，努力帮助群众排忧解难，扎实做好所联系群众的工作，为社会和谐稳定添砖加瓦。关于“十二五”规划，吴邦国希望各位委员围绕关系我国经济社会发展全局的重大问题，深入开展调查研究，提出有针对性、有分量的意见和建议，为中央决策提供重要参考，团结广大无党派人士为实现“十二五”时期良好开局再做新贡献。

贾庆林参加了致公党、侨联界委员联组会。在认真听取委员的发言后，贾庆林指出，分布在世界各地的海外侨胞和国内的归侨侨眷，是促进我国现代化建设、实现中华民族伟大复兴的重要力量。党和政府历来十分关心重视侨务工作，祖国和人民始终牵挂着广大海外侨胞的幸福安康。长期以来，致公党和侨联认真贯彻党和国家侨务政策，坚持凝聚侨心、汇集侨智、发挥侨力、维护侨益，在服从服务改革发展稳定大局方面发挥了独特作用，取得了显著成绩。贾庆林强调，新的形势和任务对致公党和侨联履行职能、发挥作用提出了更高要求，也提供了广阔舞台。希望致公党、侨联认真学习贯彻中共十七大和十七届五中全会精神，充分履行职能，进一步做好团结联系归侨侨眷和海外侨胞的各项工作，在全面建设小康社会、实现中华民族伟大复兴的征程上创造新的更大业绩。要紧紧围绕实施“十二五”规划出智出力，为促进国家现代化建设做贡献；广泛团结归侨侨眷和海外侨胞，为促进祖国和平统一和民族团结做贡献；积极开展公共外交，为传播中华文化和营造良好外部环境做贡献；扎实做好侨界群众工作，为更好地服务广大侨胞做贡献。

李长春参加了社科、新闻出版界委员联组会。李长春认真听取发言后说，社科、新闻出版界在推动社会主义文化大发展大繁荣方面责任重大、使命光荣。他希望社科、新闻出版界委员认真贯彻中共十七大和十七届三中、四中、五中全会精神，坚持用党的创新理论武装广大干部群众，多做统一思想、解疑释惑、凝聚力量的工作，为继续抓住和用好我国发展的重要战略机遇期，推动科学发展、促进社会和谐，提供强大的思想保证、精神动力、舆论支持和文化条件。要广泛开展形势政策宣传教育，加强对社会热点问题的引导，把广大干部群众的思想和行动统一到中央精神上来，把智慧和力量凝聚到实现“十二五”时期良好开局上来。要增强群众意识和改革创新意识，坚持“三贴近”，创作生产更多优秀文化产品，更好地满足人民群众日益增长的精神文化需求。李长春说，今年是中国共产党成立90周年、辛亥革命100周年，要广泛开展爱党爱国爱社会主义教育、中国特色社会主义理想信念教育、民族团结进步教育，扎实推进社会主义核心价值体系建设，进一步巩固全党全国各族人民团结奋斗的共同思想基础。

习近平参加了港澳地区全国政协委员联组会。习近平以港澳地区全国政协委员要为实现国家“十二五”宏伟蓝图建言献策、为保持香港澳门长期繁荣稳定贡献力量为主题作了发言。他说，中国共产党领导的多党合作和政治协商制度是我国的一项基本政治制度，反映了人民当家做主的社会主义民主的本质和优越性，具有强大生命力。习近平指出，“十一五”时期我们国家取得的成绩来之不易，积累的经验弥足珍贵，创造的精神财富影响深远。在过去的5年，香港、澳门两个特别行政区同祖国内地一样，也取得了令人鼓舞的新成就、新进展。提交今年全国两会审议和讨论的国家“十二五”规划纲要草案将在多方面体现中央对港澳发展的关心和支持，这必将为港澳带来更大发展空间和更多发展机遇，港澳的前途和命运必将同祖国的前途和命运更加紧密地联系在一起。习近平表示相信，各位港澳地区全国政协委员一定会秉持对国家和民族高度负责的精神，着眼推动科学发展、促进社会和谐，忠实履行职责，发挥各自优势，为完善国家“十二二五”规划纲要积极建言献策。他还殷切希望港澳地区全国政协委员在支持两个特别行政区政府抓住机遇、迎接挑战，更好地谋划和推进港澳经济长远发展方面多做贡献；在全面贯彻“一国两制”方针和基本法，巩固扩大爱国爱港、爱国爱澳旗帜下的广泛团结方面多做贡献；在加强对港澳地区青少年工作方面多做贡献，使“一国两制”伟大事业薪火相传、后继有人。

李克强参加了民建、工商联界委员联组会。许连捷、徐冠巨、李说等委员相继发言，就促进非公有制经济发展、完善中小企业发展环境、引导民间投资等问题提出意见和建议。李克强不时询问有关情况，与大家互动交流。他说，我国经济社会发展取得的巨大成就是中共中央正确领导的结果，是全国人民团结奋斗的结果，也凝聚着包括民建、工商联在内的各党派团体和各族各界人士的心血与汗水。非公有制经济为保持经济平稳较快发展发挥了重要作用。李克强指出，企业是转变经济发展方式、调整经济结构的主体，要进一步深化改革，创新体制机制，坚持和完善基本经济制度，支持和引导非公有制企业发展，推动我国经济尽快走上内生增长、创新驱动的轨道。要加快转变政府职能，完善政策法规，拓宽民间投资领域，扶持中小企业成长，形成各种所有制经济平等竞争、相互促进新格局。要鼓励非公企业参与国有企业改革，推进产业结构优化升级；鼓励非公经济参与公租房等保障性安居工程建设，引导有房地产开发和运营经验的企业建设保障房；鼓励社会资本以多种形式举办医疗机构，满足人民群众多层次、多样化的医疗卫生需求。他希望广大非公经济人士继续发扬爱国、敬业、诚信、守法精神，为全面建设小康社会作出新贡献。

贺国强参加了特邀界委员联组会。贺国强在听取委员们发言后说，“十一五”时期党和国家各项事业取得了新的伟大成就，国家面貌发生了新的历史性变化。5年来，各级政协组织和广大政协委员认真履行职责，为促进我国经济社会发展作出了重要贡献。贺国强指出，制定好、贯彻好、实施好“十二五”规划，对夺取全面建设小康社会新胜利、开创中国特色社会主义事业新局面，具有十分重要的意义。他希望特邀界委员深入调查研究、积极建言献策，主动参与工作、进行民主监督，有效协调关系、广泛汇聚力量，为顺利实施“十二五”规划作出新贡献。贺国强通报了当前党风廉政建设和反腐败工作情况。他强调，要认真学习贯彻胡锦涛同志在中共十七届中央纪委第六次全会上的重要讲话精神，切实把思想和行动统一到中共中央关于反腐倡廉的形势判断、工作思路和要求部署上来，坚定不移地推进党风廉政建设和反腐败斗争，为完成“十二五”时期目标任务提供有力保证。贺国强希望特邀界委员把握正确方向、严守政治纪律，坚持以人为本、密切联系群众，强化责任意识、发挥委员作用，自觉严以自律、永葆政治本色，为推进党风廉政建设和反腐败斗争贡献力量。

王刚、韩启德、陈昌智、桑国卫、廖晖、杜青林、帕巴拉·格列朗杰、白立忱、陈奎元、阿不来提·阿不都热西提、李兆焯、黄孟复、董建华、张梅颖、张榕明、钱运录、孙家正、李金华、郑万通、万钢、林文漪、厉无畏、罗富和、陈宗兴、王志珍、何厚铧等分别参加了以上各组的讨论。

十一届全国人大四次会议在人民大会堂举行新闻发布会

大会发言人李肇星介绍了本次会议的有关情况，并回答中外记者提问。李肇星宣布，十一届全国人大四次会议将于3月5日上午开幕，14日上午闭幕，会期9天半。3月14日闭幕会后，国务院总理温家宝将与采访会议的中外记者见面并回答问题。

李肇星说，这次会议主要有七项议程：听取和审议政府工作报告、审查和批准“十二五”规划纲要、审查和批准计划报告、审查和批准预算报告、听取和审议全国人大常委会工作报告、听取和审议最高人民法院工作报告、听取和审议最高人民检察院工作报告。

十一届全国人大四次会议的开幕会、闭幕会和其他各次全体会议接受中外记者采访，还有一大批代表团的团组会议将向中外记者开放。大会期间将在人民大会堂举行3场记者会，并在新闻中心驻地梅地亚中心举行15场记者会。

审查和批准“十二五”规划纲要是本次会议的重要议程

李肇星说，本次大会的一项重要议程是审查和批准“十二五”规划纲要。今年的特点是政府工作报告中将把年度工作与“十二五”规划纲要一起进行报告。

他说，这次会议审查的“十二五”规划纲要(草案)将提出今后五年我国经济社会发展的主要目标、战略重点、重大举措等任务。纲要在指导思想上坚持以科学发展为主题，以加快转变经济发展方式为主线，明确推动发展的政策导向，在发展目标上突出科技教育、资源环境、人民生活等指标，在主要任务上细化政策举措、工程项目安排，使发展重点进一步落到实处，增强了针对性和可操作性。在形式上采用了导向型标题，在规划指标、工程项目方面设置了专栏，增加了城镇化战略格局等彩图，更为新颖直观。

构建法律体系实现了有法可依

李肇星说，党的十五大提出，到2010年形成中国特色社会主义法律体系。到2011年2月底，包括现行宪法在内，我国现行有效法律共有239件，行政法规690多件，地方性法规近8600件。他说，一个立足中国国情和实际，适应改革开放和社会主义现代化建设需要，集中体现党和人民意志的，以宪法为统帅、以多个法律部门的法律为主干，分为法律、行政法规、地方性法规等多个层次的中国特色社会主义法律体系已经形成，我国经济、政治、文化、社会等各方面总体上实现了有法可依。

在回答如何进一步推进科学民主立法的问题时，李肇星说，全国人大非常重视立法工作，采取非常慎重的态度，原则就是科学立法、民主立法。具体采取的措施包括在网上公布法律草案、广泛征求各界意见，也包括人大代表、人大常委会组成人员到第一线参加调研，直接听取人民群众的意见。全国人大也非常重视专家，包括法律专家和舆论界的建议和意见。

在回答有关制定车船税法吸收公众意见的情况时，他说，这是科学民主立法的一个范例。

2011年全国人大常委会将继续依法开展专题询问

李肇星说，2010年全国人大常委会针对人民群众关注的问题进行了专题询问，这是完善监督方式的一次有益探索，效果良好。专题询问后，人大常委会将审议意见和建议及时转送国务院研究处理，同时选择常委会委员关注的重点问题，加强跟踪监督，推动政府有关部门改进工作，解决了一些长期存在的、关系人民群众切身利益的重点问题。

他说，依法开展专题询问对坚持和完善人民代表大会制度、发展中国特色社会主义民主政治有着深远影响。全国人大常委会专题询问的举措也推动了地方人大相关工作的开展，为今后全面加强和改进人大监督工作积累了一定经验。

李肇星表示，2011年全国人大常委会还将围绕保障性住房建设、教育改革和发展，以及加强法院和检察院基层建设、促进公正司法等工作继续依法开展专题询问。

国防费预算将比上年增长12.7%

在回答有关中国国防费的问题时，李肇星说，中国一贯主张控制国防费的规模，按照统筹经济建设和国防建设相协调的方针，合理安排国防费用。如果获得本次全国人民代表大会会议的审查批准，2011年国防费预算约为6011亿元，比上年预算执行数约增加676亿元，增长12.7%。国防费预算占当年全国财政支出预算的6%，与前几年相比，所占比重有所下降。中国国防投入在世界上相对较低，有限的军事力量完全是为了维护国家独立、主权和领土完整，不会对任何国家构成威胁。中国的国防费是透明的，不存在所谓的隐性军费问题。

新一届人大换届选举将按修改后的选举法分配名额

李肇星说，修改后的选举法规定城乡按相同人口比例选举人大代表，并保证各地区、各民族、各方面都有适当数量代表。

李肇星表示，在新一届人大换届选举时，各地都将采取措施，按照修改后选举法的原则和规定做好人大代表名额的分配工作。全国人大及其常委会还将依法就全国人大代表名额、选举及分配问题作出决定，并对地方人大代表名额分配的工作加以指导。

李肇星指出，中央政府重视户籍制度改革，顺应经济社会发展要求和群众愿望陆续出台了一系列措施。根据中国国情，农民工可以在县及所在镇解决户口问题，将来还会逐步扩大到中等城市。

CPI预期调控目标设为4%左右

在回答如何平衡抑制通胀和经济发展二者之间的关系时，李肇星说，价格上涨是多种因素交织叠加综合的结果，国家高度重视稳定消费价格总体水平，保障群众基本生活问题。

李肇星说，现在已把2011年CPI的预期调控目标设为4%左右，这反映了价格变动趋势，又表明政府控制价格过快上涨的决心。国家主管部门将按照立足当前、着眼长远、综合施策、重点治理、保障民生、稳定预期的原则，以经济和法律手段为主，辅之以必要的行政手段，切实做好稳定消费价格总水平、保障群众基本生活的工作，为经济社会又好又快发展营造有力的价格环境。

3月5日

《人民日报》发表社论《凝聚科学发展的共同意志——热烈祝贺第十一届全国人大四次会议开幕》

承载着亿万人民的热切期待,肩负着继往开来的光荣使命,十一届全国人大四次会议今天在北京隆重开幕。来自全国各地区、各民族的近3000名人大代表齐聚一堂,共商国是,共谋发展,这是我国政治生活中的一件大事。我们对会议的召开表示热烈祝贺!

2010年是我国发展进程中很不平凡的一年。面对深刻复杂变化的国际国内环境,以胡锦涛同志为总书记的党中央团结带领全国各族人民,万众一心,开拓进取,办成了一系列大事,办好了一系列喜事,办妥了一系列难事,经济平稳较快发展,改革开放不断深化,改善民生成效显著,各项建设取得新的重大进展,为"十一五"画上了圆满句号,为迈进"十二五"奠定了良好基础。

过去的一年,全国人大及其常委会坚持党的领导、人民当家做主、依法治国有机统一,紧紧围绕党和国家工作大局依法行使职权,紧紧围绕如期形成中国特色社会主义法律体系加强立法工作,紧紧围绕推动中央重大决策部署贯彻落实加强监督工作,制定和修改了一批在中国特色社会主义法律体系中起支架作用的重要法律,在加强经济工作监督和民生工作监督中,创新和完善了监督工作方式方法,取得良好监督实效。代表作用进一步发挥,对外交往积极展开,自身建设得到加强,为推动科学发展、促进社会和谐作出了新贡献。

2010年,也是我国民主法制建设进程中具有里程碑意义的一年。在党的正确领导下,全国人大及其常委会认真履行宪法和法律赋予的职责,不断加强和改进立法工作,经过各方面坚持不懈的共同努力,党的十五大提出的形成中国特色社会主义法律体系立法工作目标如期完成。这一法律体系,是党的主张和人民意志的统一,凝聚了全党全国的集体智慧,体现了最广大人民的共同意愿,夯实了立国兴邦、长治久安的法制根基,具有重大的现实意义和深远的历史意义。

2011年,是"十二五"时期开局之年。这次会议的一项重要议程是审查和批准"十二五"规划纲要。"十二五"时期是全面建设小康社会的关键时期,是深化改革开放、加快转变经济发展方式的攻坚时期。综合判断国际国内形势,我国发展仍处于可以大有作为的重要战略机遇期,既面临难得的历史机遇,也面对诸多可以预见和难以预见的风险挑战。历史的机遇稍纵即逝,中国的发展不进则退。在推进社会主义现代化的伟大进程中,人大工作任务艰巨,大有可为。只有充分发挥我国人民代表大会制度的政治优势,发展社会主义民主政治,加快建设社会主义法治国家,才能从制度上、法律上推动中央重大决策部署的贯彻落实;只有充分发挥人大密切联系群众、汇聚民意民智的工作优势,进一步凝聚社会共识,形成社会合力,才能切实把"十二五"规划纲要制定好、实施好。

2011年,也是完善中国特色社会主义法律体系的启始之年。完善中国特色社会主义法律体系是一项长期的历史任务。在新的起点上,只要我们坚持以邓小平理论和"三个代表"重要思想为指导,深入贯彻落实科学发展观,适应经济社会发展和社会主义民主法制建设的需要,进一步加强立法工作,创新立法工作思路,完善立法工作机制,加强立法工作机构和队伍建设,不断推进科学立法、民主立法,不断提高立法工作的质量和水平,就一定能够把中国特色社会主义法律体系发展好、完善好。

历史使命光荣艰巨,人民期待殷切厚重。我们必须紧紧抓住历史机遇,勇敢应对各种挑战,奋力排除各种干扰,用这一个5年的团结奋斗,交出一份无愧时代和人民的答卷,为全面建成小康社会打下具有决定性意义的基础。让我们紧密团结在以胡锦涛同志为总书记的党中央周围,凝聚起科学发展的共同意志,同心协力,奋发有为,努力实现"十二五"时期良好开局,把中国特色社会主义伟大事业继续推向前进!

预祝大会圆满成功。

十一届全国人大四次会议在人民大会堂开幕

会议由大会主席团常务主席、执行主席吴邦国主持。大会主席团常务主席、执行主席王兆国、路甬祥、乌云其木格、韩启德、华建敏、陈至立、周铁农、李建国、司马义·铁力瓦尔地、蒋树声、陈昌智、严隽琪、桑国卫在主席台执行主席席就座。

胡锦涛、温家宝、贾庆林、李长春、习近平、李克强、贺国强等和大会主席团成员在主席台就座。

国务院总理温家宝代表国务院向大会作政府工作报告。

根据会议议程,大会印发了国民经济和社会发展第十二个五年规划纲要草案、关于2010年国民经济和社会发展计划执行情况与2011年国民经济和社会发展计划草案的报告、关于2010年中央和地方预算执行情况与2011年中央和地方预算草案的报告,提请审查批准。

在主席台就座的还有:王刚、王乐泉、王岐山、回良玉、刘淇、刘云山、刘延东、李源潮、汪洋、张高丽、张德江、俞正声、何勇、令计划、王沪宁、梁光烈、孟建柱、戴秉国、王胜俊、曹建明、廖晖、杜青林、帕巴拉·格列朗杰、白立忱、陈奎元、阿不来提·阿不都热西提、李兆焯、黄孟复、董建华、张梅颖、张榕明、钱运录、孙家正、李金华、郑万通、万钢、林文漪、厉无畏、罗富和、陈宗兴、王志珍、何厚铧等，以及中央军委委员陈炳德、李继耐、廖锡龙、常万全、靖志远、吴胜利、许其亮等。

香港特别行政区行政长官曾荫权、澳门特别行政区行政长官崔世安列席会议并在主席台就座。

出席全国政协十一届四次会议的政协委员列席大会。

中央和国家机关有关部门、解放军及武警部队、各人民团体有关负责人列席或旁听大会。

各国驻华使节旁听了大会。

国务院总理温家宝在十一届全国人大四次会议上作《政府工作报告》

各位代表：

现在，我代表国务院，向大会作政府工作报告，请各位代表审议，并请全国政协委员提出意见。

一、"十一五"时期国民经济和社会发展的回顾

"十一五"时期是我国发展进程中极不平凡的五年。面对国内外复杂形势和一系列重大风险挑战，中国共产党团结带领全国各族人民，全面推进改革开放和现代化建设，国家面貌发生了历史性变化。

——这五年，我国社会生产力、综合国力显著提高。我们有效应对国际金融危机冲击，保持经济平稳较快发展，胜利完成"十一五"规划的主要目标和任务，国民经济迈上新的台阶。国内生产总值达到39.8万亿元，年均增长11.2%，财政收入从3.16万亿元增加到8.31万亿元。载人航天、探月工程、超级计算机等前沿科技实现重大突破。国防和军队现代化建设取得重大成就。

——这五年，各项社会事业加快发展、人民生活明显改善。教育、科技、文化、卫生、体育事业全面进步。城镇新增就业5771万人，转移农业劳动力4500万人；城镇居民人均可支配收入和农村居民人均纯收入年均分别实际增长9.7%和8.9%；覆盖城乡的社会保障体系逐步健全。

——这五年，改革开放取得重大进展。重点领域和关键环节改革实现新突破，社会主义市场经济体制更加完善。去年对外贸易总额达到2.97万亿美元，开放型经济水平快速提升。

——这五年，我国国际地位和影响力显著提高。我们在国际事务中发挥重要的建设性作用，有力维护国家主权、安全和发展利益，全方位外交取得重大进展。我们成功举办北京奥运会、上海世博会，实现了中华民族的百年梦想。

这些辉煌成就，充分显示了中国特色社会主义的优越性，展现了改革开放的伟大力量，极大增强了全国各族人民的自信心和自豪感，增强了中华民族的凝聚力和向心力，必将激励我们在新的历史征程上奋勇前进。

五年来，我们主要做了以下工作：

（一）加强和改善宏观调控，促进经济平稳较快发展。我们注重把握宏观调控的方向、重点和力度，牢牢掌握经济工作的主动权。"十一五"前期，针对投资增长过快、贸易顺差过大、流动性过剩，以及结构性、输入性物价上涨等问题，采取正确的政策措施，有效防止了苗头性问题演变成趋势性问题、局部性问题演变成全局性问题。近两年，面对百年罕见的国际金融危机冲击，我们沉着应对，科学决策，果断实行积极的财政政策和适度宽松的货币政策。坚持实施一揽子计划，大规模增加政府支出和实行结构性减税，大范围实施重点产业调整振兴规划，大力推进自主创新和加强科技支撑，大幅度提高社会保障水平。坚持扩大内需的战略方针，采取鼓励消费的一系列政策措施，增加城乡居民特别是低收入群众收入，消费规模持续扩大，结构不断升级。实施两年新增4万亿元的投资计划，其中，新增中央投资1.18万亿元。保障性安居工程、农村民生工程和社会事业投资占43.7%，自主创新、结构调整、节能减排和生态建设占15.3%，重大基础设施建设占23.6%，灾后恢复重建占14.8%。政府投资引导带动社会投资，国内需求大幅增加，有效弥补外需缺口，较短时间内扭转经济增速下滑趋势，在世界率先实现回升向好，既战胜了特殊困难、有力地保障和改善了民生，又为长远发展奠定了坚实基础。

（二）毫不放松地做好"三农"工作，巩固和加强农业基础。中央财政"三农"投入累计近3万亿元，年均增幅超过23%。彻底取消农业税和各种收费，结束了农民种田交税的历史，每年减轻农民负担超过1335亿元。建立种粮农民补贴制度和主产区利益补偿机制，农民的生产补贴资金去年达到1226亿元。对重点粮食品种实行最低收购价和临时收储政策，小麦、稻谷最低收购价提高了25%到40%。严格保护耕地。着力推进农业科技进步。粮食产量屡创历史新高，去年达到54641万吨，连续7年增产；农民人均纯收入达到5919元，实现持续较快增长。农村综合改革稳步推进，集体林权制度改革、国有农场管理体制改革全面推开。农业农村基础设施加快建设，完成7356座大中型和重点小型水库除险加固，解决2.15亿农村人口饮水安全问题，农民的日子越过越好，农村发展进入一个新时代。

（三）大力推进经济结构调整，提高经济增长质量

和效益。一是加快产业结构调整和自主创新。积极推进企业技术改造和兼并重组,工业特别是装备制造业总体水平和竞争力明显提高。战略性新兴产业迅速成长。加快建设国家创新体系,实施知识创新工程和技术创新工程,突破了一批产业发展急需的前沿技术、核心技术和关键装备技术,一大批科研成果实现了产业化。服务业快速发展,在国内生产总值中占比提高2.5个百分点。基础设施建设明显加快,五年建成铁路新线1.6万公里,新增公路63.9万公里,其中高速公路3.3万公里,新建、改扩建机场33个,新建和加固堤防1.7万公里。二是扎实推进节能减排、生态建设和环境保护。提出到2020年我国控制温室气体排放行动目标和政策措施,制定实施节能减排综合性工作方案。大力发展清洁能源,新增发电装机容量4.45亿千瓦,其中水电9601万千瓦、核电384万千瓦。关停小火电机组7210万千瓦,淘汰了一批落后的煤炭、钢铁、水泥、焦炭产能。推进林业重点生态工程建设,完成造林2529万公顷。综合治理水土流失面积23万平方公里,加强重点流域水污染防治、大气污染防治和工业"三废"治理。大力发展循环经济。五年累计,单位国内生产总值能耗下降19.1%,化学需氧量、二氧化硫排放量分别下降12.45%、14.29%。三是促进区域经济协调发展。落实区域发展总体战略,颁布实施全国主体功能区规划,制定西部大开发新十年指导意见和一系列区域发展规划,推出促进西藏和四省藏区、新疆等民族地区跨越式发展的新举措。中西部和东北地区发展加快,经济增速等主要指标超过全国平均水平;东部地区经济结构不断优化,自主创新和竞争力逐步提高;地区间基本公共服务差距趋于缩小,各具特色的区域发展格局初步形成。

(四)坚定不移深化改革开放,增强经济社会发展内在活力。财政转移支付制度逐步完善,县级基本财力保障机制初步建立。增值税转型全面实施,成品油价格和税费改革顺利推进,资源税改革启动试点,内外资企业税制全面统一。国有大型商业银行股份制改革顺利完成,政策性金融机构改革、农村信用社改革积极推进;平稳解决上市公司股权分置问题,创业板、股指期货和融资融券顺利推出,债券市场稳步发展;深入推进保险业改革开放;人民币汇率形成机制改革有序推进,跨境贸易人民币结算试点不断扩大。国有企业公司制股份制改革、国有资产监管体制改革取得积极进展。邮政体制改革加快推进。制定实施促进中小企业发展和民间投资的一系列政策,非公有制经济发展环境不断改善,多种所有制经济共同发展。

不断拓展对外开放的广度和深度。进出口总额年均增长15.9%,结构不断优化。贸易顺差连续两年下降,2010年比上年减少6.4%。利用外资水平进一步提高。企业"走出去"步伐明显加快,累计对外直接投资2200亿美元,对外工程承包和劳务合作营业额3352亿美元。积极参与全球经济治理机制改革和区域合作机制建设,多边、双边经贸合作继续深化。对外援助规模持续扩大。对外开放有力促进了经济发展和结构调整,增加了就业,吸收了先进技术和管理经验,大大提高了我国的国际地位。

(五)加快发展社会事业,切实保障和改善民生。始终坚持经济发展与社会发展相协调,围绕改善民生谋发展。把就业放在经济社会发展的优先位置。加强职业培训和就业服务,促进高校毕业生、农村转移劳动力、城镇就业困难人员就业,做好退役军人就业安置工作。实施劳动合同法和就业促进法,普遍提高最低工资标准,推动建立和谐劳动关系。覆盖城乡的社会保障体系建设取得突破性进展,城镇职工基本养老保险实现省级统筹,实施养老保险关系跨省转移接续办法,连续7年提高企业退休人员基本养老金水平,年均增长10%,新型农村社会养老保险试点覆盖24%的县。积极稳妥推进医药卫生体制改革,全面建立城镇居民基本医疗保险制度、新型农村合作医疗制度,惠及12.67亿城乡居民。最低生活保障制度实现全覆盖,城乡社会救助体系基本建立,社会福利、优抚安置、慈善和残疾人事业取得新进展。全国社会保障基金积累7810亿元,比五年前增加5800多亿元。大力实施保障性住房建设和棚户区改造,使1100万户困难家庭住上了新房。我们要持之以恒,努力让全体人民老有所养、病有所医、住有所居。

制定和实施国家中长期教育改革和发展规划纲要。五年全国财政教育支出累计4.45万亿元,年均增长22.4%。全面实现城乡免费义务教育,所有适龄儿童都能"不花钱、有学上"。义务教育阶段教师绩效工资制度全面实施。中等职业教育对农村经济困难家庭、城市低收入家庭和涉农专业的学生实行免费。加快实施国家助学制度,财政投入从2006年的18亿元增加到2010年的306亿元,覆盖面从高等学校扩大到中等职业学校和普通高中,共资助学生2130万名,还为1200多万名义务教育寄宿生提供生活补助。加快农村中小学危房改造和职业教育基础设施建设。全面提高高等教育质量和水平,增强高校创新能力。制定并实施国家中长期科学和技术发展规划纲要,中央财政科技投入6197亿元,年均增长22.7%,取得了一系列重大成果。大力加强基层医疗卫生服务能力建设。国家财政安排专项资金,改造和新建2.3万所乡镇卫生院、1500所县医院、500所县中医院和1000所县妇幼保健院,建立了2400所社区卫生服务中心。制定并实施国家中长期人才发展规划纲要。人口规划目标顺利实现。文化体制改革取得重要进展。公共文化服务体系建设明显加快，文化产业蓬勃发展。哲学社会科学和新闻出版、广播影视、文学艺术繁荣进步。城乡公共体育设施建设加快，全民健身活动蔚然成风。法制建设全面推进，"五五"普法顺利完成。创新和加强社会管理，社会保持和谐稳定。

抗击汶川特大地震等严重自然灾害的斗争取得重大胜利，汶川灾后恢复重建三年任务两年基本完成，玉树强烈地震和舟曲特大山洪泥石流灾后恢复重建有序推进。经过灾难的洗礼，中国人民更加成熟、自信、坚强，中华民族百折不挠、自强不息的伟大精神不可战胜。

五年来，我们不断深化行政管理体制改革，加快转变政府职能，全面完成了新一轮政府机构改革，深入推进依法行政，建设法治政府和服务型政府，推进政务公开，加强行政问责，坚持不懈地开展反腐败斗争，政府自身建设取得积极进展。

过去五年，我们是一步一个脚印走过来的，中国人民有理由为此感到自豪！五年的成绩来之不易。这是以胡锦涛同志为总书记的党中央总揽全局、正确领导的结果，是全党全国各族人民共同努力奋斗的结果。在这里，我代表国务院，向全国各族人民，向各民主党派、各人民团体和各界人士，表示诚挚感谢！向香港特别行政区同胞、澳门特别行政区同胞、台湾同胞和海外侨胞，表示诚挚感谢！向关心和支持中国现代化建设的各国政府、国际组织和各国朋友，表示诚挚感谢！

我们清醒地认识到，我国发展中不平衡、不协调、不可持续的问题依然突出。主要是：经济增长的资源环境约束强化，投资与消费关系失衡，收入分配差距较大，科技创新能力不强，产业结构不合理，农业基础仍然薄弱，城乡区域发展不协调，就业总量压力和结构性矛盾并存，制约科学发展的体制机制障碍依然较多；服务业增加值和就业比重、研究与试验发展经费支出占国内生产总值比重没有完成"十一五"规划目标。一些群众反映强烈的问题没有根本解决，主要是：优质教育、医疗资源总量不足、分布不均；物价上涨压力加大，部分城市房价涨幅过高；违法征地拆迁等引发的社会矛盾增多；食品安全问题比较突出；一些领域腐败现象严重。我们一定要以对国家和人民高度负责的精神，通过艰苦细致的工作和坚持不懈的努力，加快解决这些问题，让人民满意！

回顾"十一五"时期的政府工作，我们进一步加深了以下几个方面的认识和体会。

一是必须坚持科学发展。我们战胜各种严峻挑战，靠的是发展；各领域取得的一切成就和进步，靠的是发展；解决前进道路上的困难和问题，仍然要靠发展。我国仍处于并将长期处于社会主义初级阶段，必须坚持以经济建设为中心，坚持科学发展。要以人为本，把保障和改善民生作为一切工作的出发点和落脚点，坚定不移走共同富裕道路，使发展成果惠及全体人民；坚持统筹兼顾，促进城乡、区域、经济社会协调发展；加快转变经济发展方式，大力推进自主创新，节约资源和保护环境，使经济社会发展与人口资源环境相协调，提高发展的全面性、协调性和可持续性。

二是必须坚持政府调控与市场机制有机统一。健全的市场机制，有效的宏观调控，都是社会主义市场经济体制不可或缺的重要组成部分。市场作用多一些还是政府作用多一些，必须相机抉择。在应对国际金融危机冲击中，我们加强和改善宏观调控，及时纠正市场扭曲，弥补市场失灵，防止经济出现大的起落，实践证明是完全正确的。我们必须不断完善社会主义市场经济体制，充分发挥市场在资源配置中的基础性作用，激发经济的内在活力，同时，科学运用宏观调控手段，促进经济长期平稳较快发展。

三是必须坚持统筹国内国际两个大局。在经济全球化深入发展和对外开放不断深化的条件下，我国经济同世界经济的联系日益紧密，互动和依存不断增强。必须树立世界眼光，加强战略思维，善于从国际形势发展变化中充分把握发展机遇，稳妥应对风险挑战，利用好国内国际两个市场、两种资源，统筹处理好国内发展与对外开放关系，真正做到内外兼顾、均衡发展。

四是必须坚持把改革开放作为经济社会发展的根本动力。改革开放是实现国家强盛、人民幸福的必由之路，必须贯穿社会主义现代化建设全过程。我们要以更大的决心和勇气推进改革，提高改革决策的科学性，增强改革措施的协调性，全面推进经济、政治、文化、社会等各方面改革创新，从根本上破除体制机制障碍，最大限度解放和发展生产力，促进社会公平正义。要坚持把改善人民生活作为正确处理改革发展稳定关系的结合点，把改革的力度、发展的速度和社会可承受的程度统一起来，以改革促进和谐稳定，确保人民安居乐业、社会安宁有序、国家长治久安。

二、"十二五"时期的主要目标和任务

根据《中共中央关于制定国民经济和社会发展第十二个五年规划的建议》，我们编制了《国民经济和社会发展第十二个五年规划纲要（草案）》，提交大会审议。

"十二五"是全面建设小康社会的关键时期，是深化改革开放、加快转变经济发展方式的攻坚时期。从国际看，世界多极化、经济全球化深入发展，和平、发展、合作仍是时代潮流。国际金融危机影响深远，世界

经济结构加快调整,全球经济治理机制深刻变革,科技创新和产业转型孕育突破,发展中国家特别是新兴市场国家整体实力步入上升期。从国内看,我国发展的有利条件和长期向好的趋势没有改变,工业化、信息化、城镇化、市场化、国际化深入发展,市场需求潜力巨大,资金供给充裕,科技和教育水平整体提升,劳动力素质提高,基础设施日益完善,政府宏观调控和应对重大挑战的能力明显增强,社会大局保持稳定。综合判断国际国内形势,我国发展仍处于可以大有作为的重要战略机遇期。

我们要高举中国特色社会主义伟大旗帜,以邓小平理论和"三个代表"重要思想为指导,深入贯彻落实科学发展观,适应国内外形势新变化,顺应各族人民过上更好生活新期待,以科学发展为主题,以加快转变经济发展方式为主线,深化改革开放,保障和改善民生,巩固和扩大应对国际金融危机冲击成果,促进经济长期平稳较快发展和社会和谐稳定,为全面建成小康社会打下具有决定性意义的基础。

——我们要推动经济发展再上新台阶。今后五年,我国经济增长预期目标是在明显提高质量和效益的基础上年均增长7%。按2010年价格计算,2015年国内生产总值将超过55万亿元。要继续加强和改善宏观调控,保持价格总水平基本稳定,把短期调控政策和长期发展政策结合起来,坚持实施扩大内需战略,充分挖掘我国内需的巨大潜力,加快形成消费、投资、出口协调拉动经济增长的新局面。

——我们要加快转变经济发展方式和调整经济结构。坚持走中国特色新型工业化道路,推动信息化和工业化深度融合,改造提升制造业,培育发展战略性新兴产业。加快发展服务业,服务业增加值在国内生产总值中的比重提高4个百分点。积极稳妥推进城镇化,城镇化率从47.5%提高到51.5%,完善城市化布局和形态,不断提升城镇化的质量和水平。继续加强基础设施建设,进一步夯实经济社会发展基础。大力发展现代农业,加快社会主义新农村建设。深入实施区域发展总体战略和主体功能区战略,逐步实现基本公共服务均等化。促进城乡、区域良性互动,一、二、三产业协调发展。

——我们要大力发展社会事业。坚持优先发展教育,稳步提升全民受教育程度。坚持自主创新、重点跨越、支撑发展、引领未来的方针,完善科技创新体系和支持政策,着力推进重大科学技术突破。研究与试验发展经费支出占国内生产总值比重达到2.2%,促进科技成果更好地转化为生产力。适应现代化建设需要,加强人才培养,努力造就规模宏大的高素质人才队伍。大力加强文化建设,推动文化改革发展实现新跨越,满足人民群众不断增长的精神文化需求。大力发展体育事业。进一步深化医药卫生体制改革,健全基本医疗卫生制度,加快实现人人享有基本医疗卫生服务的目标。创新社会管理体制机制,加强社会管理法律、体制、能力建设,确保社会既充满活力又和谐稳定。

——我们要扎实推进资源节约和环境保护。积极应对气候变化。加强资源节约和管理,提高资源保障能力,加大耕地保护、环境保护力度,加强生态建设和防灾减灾体系建设,全面增强可持续发展能力。非化石能源占一次能源消费比重提高到11.4%,单位国内生产总值能耗和二氧化碳排放分别降低16%和17%,主要污染物排放总量减少8%至10%,森林蓄积量增加6亿立方米,森林覆盖率达到21.66%。切实加强水利基础设施建设,推进大江大河重要支流、湖泊和中小河流治理,明显提高基本农田灌溉、水资源有效利用水平和防洪能力。

——我们要全面改善人民生活。坚持把增加就业作为经济社会发展的优先目标,为全体劳动者创造公平的就业机会,五年城镇新增就业4500万人。坚持和完善按劳分配为主体、多种分配方式并存的分配制度,努力实现居民收入增长和经济发展同步、劳动报酬增长和劳动生产率提高同步,逐步提高居民收入在国民收入分配中的比重,提高劳动报酬在初次分配中的比重,加快形成合理的收入分配格局。城镇居民人均可支配收入和农村居民人均纯收入年均实际增长超过7%。提高扶贫标准,减少贫困人口。加快完善社会保障制度,进一步提高保障水平。城乡基本养老、基本医疗保障制度实现全覆盖,提高并稳定城乡三项基本医疗保险参保率,政策范围内的医保基金支付水平提高到70%以上,全国城镇保障性住房覆盖面达到20%左右。坚持计划生育基本国策,逐步完善政策,促进人口长期均衡发展,人均预期寿命提高1岁,达到74.5岁。

——我们要全面深化改革开放。更加重视改革顶层设计和总体规划,大力推进经济体制改革,积极稳妥地推进政治体制改革,加快推进文化体制、社会体制改革,不断完善社会主义市场经济体制,扩大社会主义民主,完善社会主义法制,使上层建筑更加适应经济基础发展变化,为科学发展提供有力保障。坚持和完善基本经济制度,营造各种所有制经济依法平等使用生产要素、公平参与市场竞争、同等受到法律保护的体制环境。加快财税金融体制改革,积极构建有利于转变经济发展方式的财税体制,构建组织多元、服务高效、监管审慎、风险可控的金融体系。深化资源性产品价格和环保收费改革,建立健全能够灵活反映市场供求关系、资源稀缺程度和环境损害成本的资源性产品价格形成机制。实施更加积极主动的开放战略,培育参与国际合作与竞争新优势，进一步形成互利共赢的开放新格局。

——我们要不断加强政府自身改革建设。政府的一切权力都是人民赋予的，必须对人民负责，为人民谋利益，接受人民监督；必须最广泛地动员和组织人民依法管理国家和社会事务，管理经济和文化事业；必须坚持依法治国基本方略，加强维护群众利益的法制建设，推进依法行政；必须实行科学、民主决策，建立健全决策、执行、监督既相互制约又相互协调的运行机制，确保权力正确行使；必须从制度上改变权力过分集中而又得不到制约的状况，坚决惩治和预防腐败；必须保障人民的民主权利和合法权益，维护社会公平正义。

总之，经过未来五年努力，实现"十二五"规划的各项目标，我国的综合国力就会有更大的提升，人民生活就会有更大的改善，国家面貌就会发生更大的变化。

三、2011 年的工作

2011 年，是"十二五"开局之年，做好今年的工作对于完成"十二五"各项目标任务至关重要。过去一年，我们的各项工作取得了很大成绩。国内生产总值增长 10.3%，居民消费价格涨幅控制在 3.3%，城镇新增就业 1168 万人，国际收支状况有所改善。这为做好今年的工作打下了良好基础。

今年，我国发展面临的形势仍然极其复杂。世界经济将继续缓慢复苏，但复苏的基础不牢。发达经济体经济增长乏力，失业率居高难下，一些国家主权债务危机隐患仍未消除，主要发达经济体进一步推行宽松货币政策，全球流动性大量增加，国际大宗商品价格和主要货币汇率加剧波动，新兴市场资产泡沫和通胀压力加大，保护主义继续升温，国际市场竞争更加激烈，不稳定不确定因素仍然较多。我国经济运行中一些长期问题和短期问题相互交织，体制性矛盾和结构性问题叠加在一起，加大了宏观调控难度。我们要准确判断形势，保持清醒头脑，增强忧患意识，做好应对风险的准备。

今年国民经济和社会发展的主要预期目标是：国内生产总值增长 8% 左右；经济结构进一步优化；居民消费价格总水平涨幅控制在 4% 左右；城镇新增就业 900 万人以上，城镇登记失业率控制在 4.6% 以内；国际收支状况继续改善。总的考虑是，为转变经济发展方式创造良好环境，引导各方面把工作着力点放在加快经济结构调整、提高发展质量和效益上，放在增加就业、改善民生、促进社会和谐上。

实现上述目标，要保持宏观经济政策的连续性、稳定性，提高针对性、灵活性、有效性，处理好保持经济平稳较快发展、调整经济结构、管理通胀预期的关系，更加注重稳定物价总水平，防止经济出现大的波动。

继续实施积极的财政政策。保持适当的财政赤字和国债规模。今年拟安排财政赤字 9000 亿元，其中中央财政赤字 7000 亿元，继续代地方发债 2000 亿元并纳入地方预算，赤字规模比上年预算减少 1500 亿元，赤字率下降到 2% 左右。要着力优化财政支出结构，增加"三农"、欠发达地区、民生、社会事业、结构调整、科技创新等重点支出；压缩一般性支出，严格控制党政机关办公楼等楼堂馆所建设，出国(境)经费、车辆购置及运行费、公务接待费等支出原则上零增长，切实降低行政成本。继续实行结构性减税。依法加强税收征管。对地方政府性债务进行全面审计，实施全口径监管，研究建立规范的地方政府举债融资机制。

实施稳健的货币政策。保持合理的社会融资规模，广义货币增长目标为 16%。健全宏观审慎政策框架，综合运用价格和数量工具，提高货币政策有效性。提高直接融资比重，发挥好股票、债券、产业基金等融资工具的作用，更好地满足多样化投融资需求。着力优化信贷结构，引导商业银行加大对重点领域和薄弱环节的信贷支持，严格控制对"两高"行业和产能过剩行业贷款。进一步完善人民币汇率形成机制。密切监控跨境资本流动，防范"热钱"流入。加强储备资产的投资和风险管理，提高投资收益。

今年，重点要做好以下几方面工作。

(一)保持物价总水平基本稳定

当前，物价上涨较快，通胀预期增强，这个问题涉及民生、关系全局、影响稳定。要把稳定物价总水平作为宏观调控的首要任务，充分发挥我国主要工业品总体供大于求、粮食库存充裕、外汇储备较多等有利条件，努力消除输入性、结构性通胀因素的不利影响，消化要素成本上涨压力，正确引导市场预期，坚决抑制价格上涨势头。要以经济和法律手段为主，辅之以必要的行政手段，全面加强价格调控和监管。一是有效管理市场流动性，控制物价过快上涨的货币条件。把握好政府管理商品和服务价格的调整时机、节奏和力度。二是大力发展生产，保障主要农产品、基本生活必需品、重要生产资料的生产和供应。落实"米袋子"省长负责制和"菜篮子"市长负责制。三是加强农产品流通体系建设，积极开展"农超对接"，畅通鲜活农产品运输"绿色通道"。完善重要商品储备制度和主要农产品临时收储制度，把握好国家储备吞吐调控时机，搞好进出口调节，增强市场调控能力。四是加强价格监管，维护市场秩序。特别要强化价格执法，严肃查处恶意炒作、串通涨价、哄抬价格等不法行为。五是完善补贴制度，建立健全社会救助和保障标准与物价上涨挂钩的联动机制，决不能让物价上涨影响低收入群众的正常生活。

（二）进一步扩大内需特别是居民消费需求

扩大内需是我国经济发展的长期战略方针和基本立足点，也是促进经济均衡发展的根本途径和内在要求。

积极扩大消费需求。继续增加政府用于改善和扩大消费的支出，增加对城镇低收入居民和农民的补贴。继续实施家电下乡和以旧换新政策。加强农村和中小城市商贸流通、文化体育、旅游、宽带网络等基础设施建设。大力促进文化消费、旅游消费和养老消费。推动农村商业连锁经营和统一配送，优化城镇商业网点布局，积极发展电子商务、网络购物、地理信息等新型服务业态。大力整顿和规范市场秩序，切实维护消费者权益。深入开展打击侵犯知识产权和制售假冒伪劣商品的专项治理行动。

大力优化投资结构。认真落实国务院关于鼓励引导民间投资新36条，抓紧制定公开透明的市场准入标准和支持政策，切实放宽市场准入，真正破除各种有形和无形的壁垒，鼓励和引导民间资本进入基础产业和基础设施、市政公用事业、社会事业、金融服务等领域，推动民营企业加强自主创新和转型升级，鼓励和引导民间资本重组联合和参与国有企业改革，加强对民间投资的服务、指导和规范管理，促进社会投资稳定增长和结构优化。充分发挥政府投资对结构调整的引导作用，优先保证重点在建、续建项目的资金需求，有序启动“十二五”规划重大项目建设。防止盲目投资和重复建设。严格执行投资项目用地、节能、环保、安全等准入标准，提高投资质量和效益。

（三）巩固和加强农业基础地位

坚持把“三农”工作放在重中之重，在工业化、城镇化深入发展中同步推进农业现代化，巩固和发展农业农村好形势。

确保农产品供给，多渠道增加农民收入。要把保障粮食安全作为首要目标，毫不放松地抓好农业生产。稳定粮食种植面积，支持优势产区生产棉花、油料、糖料等大宗产品。大力发展畜牧业、渔业、林业。切实抓好新一轮“菜篮子”工程建设，大中城市郊区要有基本的菜地面积和生鲜食品供给能力。强化农业科技支撑，发展壮大农作物种业，大规模开展高产创建。继续实施粮食最低收购价政策，今年小麦最低收购价每50公斤提高5到7元，水稻最低收购价每50公斤提高9到23元。大力发展农村非农产业，壮大县域经济，提高农民职业技能和创业、创收能力，促进农民就地就近转移就业。提高扶贫标准，加大扶贫开发力度。

大兴水利，全面加强农业农村基础设施建设。重点加强农田水利建设、中小河流治理、小型水库和病险水闸除险加固以及山洪地质灾害防治。完善排灌设施，发展节水灌溉，加固河流堤岸，搞好清淤疏浚，消除水库隐患，扩大防洪库容。通过几年努力，全面提高防汛抗旱、防灾减灾能力。大力推进农村土地开发整理，大规模建设旱涝保收高标准农田，加快全国新增千亿斤粮食生产能力建设。加强农村水电路气房建设，大力改善农村生产生活条件，努力为农民建设美好家园。

加大“三农”投入，完善强农惠农政策。财政支出重点向农业农村倾斜，确保用于农业农村的总量、增量均有提高；预算内固定资产投资重点用于农业农村基础设施建设，确保总量和比重进一步提高；土地出让收益重点投向农业土地开发、农田水利和农村基础设施建设，确保足额提取、定向使用。今年中央财政用于“三农”的投入拟安排9884.5亿元，比上年增加1304.8亿元。继续增加对农民的生产补贴，新增补贴重点向主产区、重点品种、专业大户、农民专业合作组织倾斜。增加中央财政对粮食、油料、生猪调出大县的一般性转移支付，扩大奖励补助规模和范围。引导金融机构增加涉农信贷投放，确保涉农贷款增量占比不低于上年。加大政策性金融对“三农”的支持力度。健全政策性农业保险制度，建立农业再保险和巨灾风险分散机制。

深化农村改革，增强农村发展活力。坚持和完善农村基本经营制度，健全覆盖耕地、林地、草原等家庭承包经营制度。有序推进农村土地管理制度改革。探索建立耕地保护补偿机制。继续推进农村综合改革。全面实施村级公益事业建设一事一议财政奖补，大幅增加奖补资金规模。加快发展农民专业合作组织和农业社会化服务体系，提高农业组织化程度。年底前，在全国普遍建立健全乡镇或区域性农业技术推广、动植物疫病防控、农产品质量监管等公共服务机构。

解决13亿中国人的吃饭问题始终是头等大事，任何时候都不能掉以轻心。我们有信心也有能力办好这件大事。

（四）加快推进经济结构战略性调整

这是转变经济发展方式的主攻方向。要推动经济尽快走上内生增长、创新驱动的轨道。

调整优化产业结构。加快构建现代产业体系，推动产业转型升级。一是改造提升制造业。加大企业技术改造力度，重点增强新产品开发能力和品牌创建能力，提高能源资源综合利用水平、技术工艺系统集成水平，提高产品质量、技术含量和附加值。推动重点行业企业跨地区兼并重组。完善落后产能退出机制和配套政策。二是加快培育发展战略性新兴产业。积极发展新一代信息技术产业，建设高性能宽带信息网，加快实现“三网融合”，促进物联网示范应用。大力推动节能环保、新能源、生物、高端装备制造、新材料、新能源汽车等产业发展。要抓紧制定标准，完善政策，加强创新能力建设,发挥科技型中小企业作用,促进战略性新兴产业健康发展,加快形成生产能力和核心竞争力。三是大力发展服务业。加快发展生产性服务业,积极发展生活性服务业。大力发展和提升软件产业。着力营造有利于服务业发展的市场环境,加快完善促进服务业发展的政策体系。尽快实现鼓励类服务业用电、用水、用气、用热与工业基本同价。四是加强现代能源产业和综合运输体系建设。积极推动能源生产和利用方式变革,提高能源利用效率。推进传统能源清洁利用,加强智能电网建设,大力发展清洁能源。统筹发展、加快构建便捷、安全、经济、高效的综合运输体系。坚持陆海统筹,推进海洋经济发展。

促进区域协调发展。全面落实各项区域发展规划。坚持把实施西部大开发战略放在区域发展总体战略的优先位置,认真落实西部大开发新十年的政策措施和促进西藏、新疆等地区跨越式发展的各项举措。全面振兴东北地区等老工业基地,继续推进资源型城市转型。大力促进中部地区崛起,进一步发挥承东启西的区位优势。积极支持东部地区率先发展,在体制机制创新和发展方式转变上走在全国前列。更好发挥深圳等经济特区、上海浦东新区、天津滨海新区在改革开放中先行先试的作用。加大力度支持革命老区、民族地区、边疆地区发展,颁布实施2011—2020年中国农村扶贫开发纲要,启动集中连片特殊困难地区扶贫开发攻坚工程,加快贫困地区脱贫致富步伐。

积极稳妥推进城镇化。坚持走中国特色城镇化道路,遵循城市发展规律,促进城镇化健康发展。坚持科学规划,严格管理。加强城市基础设施和公共服务设施建设,增强城镇综合承载能力,提高管理和服务水平。因地制宜,分步推进,把有稳定劳动关系并在城镇居住一定年限的农民工,逐步转为城镇居民。对暂不具备落户条件的农民工,要解决好他们在劳动报酬、子女就学、公共卫生、住房租赁、社会保障等方面的实际问题。要充分尊重农民在进城和留乡问题上的自主选择权,切实保护农民承包地、宅基地等合法权益。城镇化要同农业现代化和新农村建设相互促进,这是必须坚持的正确方向。

加强节能环保和生态建设,积极应对气候变化。突出抓好工业、建筑、交通运输、公共机构等领域节能。继续实施重点节能工程。大力开展工业节能,推广节能技术,运用节能设备,提高能源利用效率。加大既有建筑节能改造投入,积极推进新建建筑节能。大力发展循环经济。推进低碳城市试点。加强适应气候变化特别是应对极端气候事件能力建设。建立完善温室气体排放和节能减排统计监测制度。加快城镇污水管网、垃圾处理设施的规划和建设,推广污水处理回用。加强化学品环境管理。启动燃煤电厂脱硝工作,深化颗粒物污染防治。加强海洋污染治理。加快重点流域水污染治理、大气污染治理、重点地区重金属污染治理和农村环境综合整治,控制农村面源污染。继续实施重大生态修复工程,加强重点生态功能区保护和管理,实施天然林资源保护二期工程,落实草原生态保护补助奖励政策,巩固退耕还林还草、退牧还草等成果,大力开展植树造林,加强湿地保护与恢复,推进荒漠化、石漠化综合治理。完善防灾减灾应急预案,加快山洪地质灾害易发区调查评价、监测预警、防治应急等体制建设。

(五)大力实施科教兴国战略和人才强国战略

科技、教育和人才是国家发展的基础和根本,必须始终放在重要的战略位置。

坚持优先发展教育。推动教育事业科学发展,为人们提供更加多样、更加公平、更高质量的教育。2012年财政性教育经费支出占国内生产总值比重达到4%。加快发展学前教育。公办民办并举,增加学前教育资源,抓紧解决"入园难"问题。促进义务教育均衡发展。加强义务教育阶段学校标准化建设,公共资源配置重点向农村和城市薄弱学校倾斜。以流入地政府和公办学校为主,切实保障农民工随迁子女平等接受义务教育。支持民族地区教育发展,做好"双语"教学工作。全面推进素质教育。加快教育改革,切实减轻中小学生过重课业负担,注重引导和培养孩子们独立思考、实践创新能力。保证中小学生每天一小时校园体育活动。大力发展职业教育。引导高中阶段学校和高等学校办出特色,提高教育质量,增强学生就业创业能力。加强重点学科建设,加快建设一批世界一流大学。支持特殊教育发展。落实和完善国家助学制度,无论哪个教育阶段,都要确保每个孩子不因家庭经济困难而失学。

全面加强人才工作。以高层次和高技能人才为重点,加快培养造就一大批创新型科技人才和急需紧缺人才。加大人才开发投入,推进重大人才工程。深化选人用人制度改革,努力营造平等公开、竞争择优的制度和社会环境,激励优秀人才脱颖而出,创造人尽其才的良好局面。

大力推进科技创新。加快实施国家科技重大专项,突破一批核心关键技术,提升重大集成创新能力。加强基础研究、前沿技术研究,增强原始创新能力。推动建立企业主导技术研发创新的体制机制。鼓励企业共同出资开展关键共性技术研发,共担风险、共享成果,对符合国家战略方向的项目,政府要从政策和资金上给予支持。深化科技管理体制改革,促进科技资源优化配置、高效利用和开放共享。激励科研院所、高等学校和广大科技人员以多种形式与企业合作。保持财政科技投入稳定增长，提高科研经费使用效率。坚定不移地实施国家知识产权战略，提升知识产权的创造、应用、保护、管理能力，激发全社会创新活力。

(六)加强社会建设和保障改善民生

经济越发展，越要重视加强社会建设和保障改善民生。

千方百计扩大就业。继续实施更加积极的就业政策。今年中央财政拟投入423亿元，用于扶助和促进就业。要适应我国劳动力结构特点，大力发展劳动密集型产业、服务业、小型微型企业和创新型科技企业，努力满足不同层次的就业需求。继续把高校毕业生就业放在首位，做好重点人群就业工作。加强职业技能培训，鼓励自主创业。加强公共就业服务，健全统一规范灵活的人力资源市场。加快就业信息网络建设，实现全国互联互通。加强劳动保障监察执法，完善劳动争议处理机制，依法维护劳动者权益，构建和谐劳动关系。

合理调整收入分配关系。这既是一项长期任务，也是当前的紧迫工作。今年重点采取三方面措施：一是着力提高城乡低收入群众的基本收入。稳步提高职工最低工资、企业退休人员基本养老金和城乡居民最低生活保障标准。建立健全职工工资正常增长机制，严格执行最低工资制度。二是加大收入分配调节力度。提高个人所得税工薪所得费用扣除标准，合理调整税率结构，切实减轻中低收入者税收负担。有效调节过高收入，加强对收入过高行业工资总额和工资水平的双重调控，严格规范国有企业、金融机构高管人员薪酬管理。三是大力整顿和规范收入分配秩序。坚决取缔非法收入。加快建立收入分配监测系统。通过持续不断的努力，尽快扭转收入分配差距扩大趋势，努力使广大人民群众更多分享改革发展成果。

加快健全覆盖城乡居民的社会保障体系。将新型农村社会养老保险试点范围扩大到全国40%的县。推进城镇居民养老保险试点，解决集体企业退休人员养老保障的历史遗留问题，建立企业退休人员基本养老金正常调整机制。积极推进机关和事业单位养老保险制度改革。将国有企业、集体企业“老工伤”人员纳入工伤保险制度。完善城乡低保制度。继续多渠道增加社会保障基金。将孤儿养育、教育和残疾孤儿康复等纳入财政保障范围。继续推进残疾人社会保障体系和服务体系建设。加快推进社会保障管理信息化。发挥商业保险在完善社会保障体系中的作用。大力发展慈善事业。

坚定不移地搞好房地产市场调控。加快健全房地产市场调控的长效机制，重点解决城镇中低收入家庭住房困难，切实稳定房地产市场价格，满足居民合理住房需求。一是进一步扩大保障性住房建设规模。今年要再开工建设保障性住房、棚户区改造住房共1000万套，改造农村危房150万户。重点发展公共租赁住房。中央财政预算拟安排补助资金1030亿元，比上年增加265亿元。各级政府要多渠道筹集资金，大幅度增加投入。抓紧建立保障性住房使用、运营、退出等管理制度，提高透明度，加强社会监督，保证符合条件的家庭受益。二是进一步落实和完善房地产市场调控政策，坚决遏制部分城市房价过快上涨势头。制定并向社会公布年度住房建设计划，在新增建设用地计划中，单列保障性住房用地，做到应保尽保。重点增加中小套型普通商品住房建设。规范发展住房租赁市场。严格落实差别化住房信贷、税收政策，调整完善房地产相关税收政策，加强税收征管，有效遏制投机投资性购房。加强房地产市场监测和市场行为监管，严厉查处各类违法违规行为。三是建立健全考核问责机制。稳定房价和住房保障工作实行省级人民政府负总责，市县人民政府负直接责任。有关部门要加快完善巡查、考评、约谈和问责制度，对稳定房价、推进保障性住房建设工作不力，从而影响社会发展和稳定的地方，要追究责任。

推进医药卫生事业改革发展。今年是医改三年实施方案的攻坚年，要确保完成各项目标任务。一是在基层全面实施国家基本药物制度。建立完善基本药物保障供应体系，加强药品监管，确保用药安全，切实降低药价。二是抓好公立医院改革试点。鼓励各地在医院管理体制、医疗服务价格形成机制和监管机制等方面大胆探索。完善医疗纠纷调处机制，改善医患关系。三是提高基本医疗保障水平。稳定提高城镇职工、居民医保参保率和新农合参合率。今年要把新农合和城镇居民医保财政补助标准提高到200元。四是完成农村三级卫生服务网络和城市社区卫生服务机构建设任务。今年全国人均基本公共卫生服务经费标准提高到25元。加强重大传染病、慢性病、职业病、地方病和精神疾病的预防控制和规范管理。加强妇幼保健工作，继续推进妇女宫颈癌、乳腺癌免费检查和救治保障试点。认真做好艾滋病防治工作。大力发展中医药和民族医药事业，落实各项扶持政策。五是鼓励社会资本举办医疗机构。放宽社会资本和外资举办医疗机构的准入范围。完善和推进医生多点执业制度，鼓励医生在各类医疗机构之间合理流动和在基层开设诊所，为人民群众提供便捷的医疗卫生服务。

全面做好人口和计划生育工作。继续稳定低生育水平。做好流动人口计划生育服务管理工作。加强出生缺陷干预，进一步扩大免费孕前优生健康检查试点，做好孕产妇和婴幼儿保健工作。农村妇女住院分娩率达到95%以上。实施新一轮妇女儿童发展纲要，切实保护妇女和未成年人权益。加快建立健全老年人社会服务体系,加强公益性养老服务设施建设。

加强和创新社会管理。强化政府社会管理职能,广泛动员和组织群众依法参与社会管理,发挥社会组织的积极作用,完善社会管理格局。以城乡社区为载体,以居民需求为导向,整合人口、就业、社保、民政、卫生、文化等社会管理职能和服务资源,实现政府行政管理与基层群众自治有效衔接和良性互动。加快建立健全维护群众权益机制、行政决策风险评估和纠错机制,加强信访、人民调解、行政调解、司法调解工作,拓宽社情民意表达渠道,切实解决乱占耕地、违法拆迁等群众反映强烈的问题。加强和完善公共安全体系。健全突发事件应急体制,提高全社会危机管理和抗风险能力。加强信息安全和保密工作,完善信息网络管理。加强社会治安综合治理,严密防范、依法打击各类违法犯罪活动。落实企业安全生产和产品质量主体责任,坚决遏制重特大安全生产事故。完善食品安全监管体制机制,健全法制,严格标准,完善监测评估、检验检测体系,强化地方政府监管责任,加强监管执法,全面提高食品安全保障水平。

各级政府一定要把社会管理和公共服务摆到更加重要的位置,切实解决人民群众最关心最直接最现实的利益问题。

(七)大力加强文化建设

文化对民族和国家的影响更深刻、更久远。要更好地满足人民群众多层次多样化文化需求,发挥文化引导社会、教育人民、推动发展的功能,增强民族凝聚力和创造力。加强公民道德建设,在全社会树立中国特色社会主义的共同理想和信念,加快构建传承中华传统美德、符合社会主义精神文明要求、适应社会主义市场经济的道德和行为规范。加强诚信体系建设,建立相关制度和法律法规。增强公共文化产品供给和服务能力,重点加强中西部地区和城乡基层的文化基础设施建设,继续实施文化惠民工程。扶持公益性文化事业,加强文化遗产保护、利用和传承。进一步繁荣哲学社会科学。发展新闻出版、广播影视、文学艺术、档案事业。加强对互联网的利用和管理。深化文化体制改革,积极推进经营性文化单位转企改制。大力发展文化产业,培育新型文化业态,推动文化产业成为国民经济支柱性产业。大力开展全民健身活动,促进群众体育和竞技体育协调发展。加强对外文化体育交流与合作,不断扩大中华文化国际影响力,让博大精深的中华文化再展辉煌。

(八)深入推进重点领域改革

继续推进国有经济战略性调整,健全国有资本有进有退、合理流动机制。完善国有金融资产、非经营性资产和自然资源资产监管体制,加强境外国有资产监管。继续鼓励、支持和引导非公有制经济发展。健全财力与事权相匹配的财税体制,清理和归并专项转移支付项目,增加一般性转移支付,健全县级基本财力保障机制。在一些生产性服务业领域推行增值税改革试点,推进资源税改革。深化预算管理制度改革,全面编制政府性基金预算,扩大国有资本经营预算范围,试编社会保险基金预算。继续深化金融企业改革,加快建立现代金融企业制度。加快培育农村新型金融机构。继续大力发展金融市场,鼓励金融创新。推进利率市场化改革。扩大人民币在跨境贸易和投资中的使用。推进人民币资本项下可兑换工作。加强和改善金融监管,建立健全系统性金融风险防范预警体系和处置机制。完善成品油、天然气价格形成机制和各类电价定价机制。推进水价改革。研究制定排污权有偿使用和交易试点的指导意见。价格改革要充分考虑人民群众特别是低收入群众的承受能力。按照政事分开、事企分开、管办分开、营利性与非营利性分开的要求,积极稳妥地分类推进事业单位改革。

(九)进一步提高对外开放水平

中国的发展离不开世界。要积极发展互利互惠的多双边经贸关系,不断拓展新的开放领域和空间。继续推动多哈回合谈判,反对各种形式的保护主义,促进国际经济秩序朝着更加公正、合理、共赢的方向发展。

切实转变外贸发展方式。在大力优化结构和提高效益的基础上,保持对外贸易稳定增长。无论是一般贸易还是加工贸易出口,都要继续发挥劳动力资源优势,都要减少能源资源消耗,都要向产业链高端延伸,都要提高质量、档次和附加值。积极扩大自主品牌产品出口。大力发展服务贸易和服务外包,不断提高服务贸易的比重。坚持进口和出口并重,扩大先进技术设备、关键零部件和能源原材料进口,促进从最不发达国家和主要顺差来源国增加进口,逐步改善贸易不平衡状况,妥善处理贸易摩擦。

推动对外投资和利用外资协调发展。加快实施"走出去"战略,完善相关支持政策,简化审批手续,为符合条件的企业和个人到境外投资提供便利。鼓励企业积极有序开展跨国经营。加强对外投资的宏观指导,健全投资促进和保护机制,防范投资风险。坚持积极有效利用外资的方针,注重引进先进技术和人才、智力资源,鼓励跨国公司在华设立研发中心,切实提高利用外资的总体水平和综合效益。抓紧修订外商投资产业目录,鼓励外资投向高新技术、节能环保、现代服务业等领域和中西部地区。

(十)加强廉政建设和反腐败工作

建设廉洁的政府是一项持久而又紧迫的任务,是人民的殷切期望。要加快解决反腐倡廉建设中的突出问题，扎实推进惩治和预防腐败体系建设，把查办大案要案作为反腐败的重要举措，同时更加注重制度建设。一是认真治理政府工作人员以权谋私和渎职侵权问题。针对工程建设、土地使用权出让和矿产资源开发、国有产权交易、政府采购等重点领域存在的问题，加大查处违法违纪案件工作力度，坚决惩处腐败分子。二是切实加强廉洁自律，认真贯彻执行《廉政准则》，落实领导干部收入、房产、投资以及配偶子女从业、移居国（境）外等情况定期报告制度，自觉接受监督。加强审计和监察工作。加大对行政机关领导干部和国有企业、事业单位负责人的监督力度。三是坚决反对铺张浪费和形式主义。要精简会议、文件，清理和规范各种达标、评比、表彰以及论坛、庆典等活动，从经费上严加控制。规范公务用车配备管理并积极推进公务用车制度改革。加快实行财政预算公开，让人民知道政府花了多少钱，办了什么事。各级政府都要努力为人民办事；每一个公务员都要真正成为人民的公仆。

各位代表！

巩固和发展各民族大团结，是国家长治久安、繁荣昌盛的根本保证，是各族人民的根本利益所在。要坚持和完善民族区域自治制度，全面落实中央支持少数民族和民族地区发展的政策措施。制定实施扶持人口较少民族发展、推进兴边富民行动和发展少数民族事业五年规划。让我们团结奋进，共同谱写中华民族繁荣发展的历史新篇章！

全面贯彻党的宗教工作基本方针，深入落实《宗教事务条例》，发挥宗教界人士和信教群众在促进经济发展、社会和谐中的积极作用。

继续加强侨务工作，保护侨胞的正当权益，保护归侨和侨眷的合法权益，充分发挥他们在促进祖国统一和民族振兴中的独特作用。

各位代表！

建立巩固的国防，建设强大的人民军队，是维护国家主权、安全、发展利益和全面建设小康社会的重要保障。要紧紧围绕党和国家工作大局，着眼有效履行新世纪新阶段我军历史使命，全面加强军队革命化现代化正规化建设，不断提高以打赢信息化条件下局部战争能力为核心的完成多样化军事任务的能力。坚持把思想政治建设摆在首位。积极开展信息化条件下的军事训练。加快全面建设现代后勤步伐。推动军民融合式发展，加强国防科研和武器装备建设。积极稳妥地推进国防和军队改革。坚持依法治军、从严治军。坚决完成抢险救灾等急难险重任务。建设现代化武装警察力量，增强执勤、处置突发事件和反恐维稳能力。加强国防动员和后备力量建设，巩固和发展军政军民团结。

各位代表！

我们将坚定不移地贯彻“一国两制”、“港人治港”、“澳人治澳”、高度自治的方针，全力支持香港、澳门两个特别行政区发展经济，改善民生。支持香港巩固和提升国际金融、贸易、航运中心地位。支持澳门建设世界旅游休闲中心，促进经济适度多元发展。充分发挥香港、澳门在国家整体发展战略中的独特作用。进一步提高内地与港澳合作的机制化水平，支持粤港澳深化区域合作，实现互利共赢。在中华民族伟大复兴的历史进程中，祖国内地人民将与港澳同胞携手奋进，共享伟大祖国的尊严与荣耀！

我们将坚持新形势下发展两岸关系、促进祖国和平统一的大政方针和各项政策。继续推进两岸协商，积极落实两岸经济合作框架协议，加强产业合作，加快新兴产业、金融等现代服务业合作发展，支持有条件的大陆企业赴台投资。支持海峡西岸经济区在推进两岸交流合作中发挥先行先试作用。深入开展两岸社会各界交流，积极拓展两岸文化教育合作。增进两岸政治互信，巩固两岸关系和平发展的政治基础，共同维护两岸关系和平发展的良好局面。我们坚信，只要海内外中华儿女继续共同努力奋斗，祖国和平统一大业一定能够实现！

各位代表！

我们将继续高举和平、发展、合作的旗帜，坚持独立自主的和平外交政策，坚持走和平发展道路，坚持奉行互利共赢的开放战略，坚持推动建设持久和平、共同繁荣的和谐世界，为我国现代化建设创造更加有利的外部环境和条件。

我们要保持与主要大国关系健康稳定发展，积极推进对话合作，扩大共同利益和合作基础。坚持“与邻为善，以邻为伴”的周边外交方针，深化同周边国家的睦邻友好合作关系，推进区域次区域合作进程。增进同广大发展中国家的传统友好合作关系，进一步落实和扩大合作成果，推进合作方式创新和机制建设。积极开展多边外交，以二十国集团峰会等为主要平台，加强宏观经济政策协调，推动国际经济金融体系改革，促进世界经济强劲、可持续、平衡增长，在推动解决热点问题和全球性问题上发挥建设性作用，履行应尽的国际责任和义务。中国政府和人民愿与国际社会一道，共同应对风险挑战，共同分享发展机遇，为人类和平与发展的崇高事业作出新贡献！

各位代表！

回顾过去，我们创造了不平凡的光辉业绩；展望未来，我们对国家的锦绣前程充满信心！让我们在以胡锦涛同志为总书记的党中央领导下，紧紧抓住历史机遇,勇敢面对各种挑战,开拓进取,团结奋斗,扎实工作,努力实现"十二五"时期良好开局,把中国特色社会主义伟大事业继续推向前进!

国家发改委在十一届全国人大四次会议上作《关于2010年国民经济和社会发展计划执行情况与2011年国民经济和社会发展计划草案的报告》

各位代表:

受国务院委托,现将2010年国民经济和社会发展计划执行情况与2011年国民经济和社会发展计划草案提请十一届全国人大四次会议审议,并请全国政协各位委员提出意见。

一、2010年国民经济和社会发展计划执行情况

去年,我国经济社会发展环境极为复杂,各类自然灾害和重大挑战极为严峻。在中国共产党的坚强领导下,全国各族人民深入贯彻落实科学发展观,按照十一届全国人大三次会议审议批准的国民经济和社会发展计划,坚持实施应对国际金融危机冲击的一揽子计划,加快推进经济发展方式转变,巩固了经济社会发展良好势头。计划执行情况总体是好的,"十一五"规划确定的主要目标和任务胜利完成。

(一)经济保持平稳较快增长

经济运行总体平稳,质量效益明显改善。全年国内生产总值39.8万亿元,增长10.3%,超过预期目标2.3个百分点。一、二、三产业分别增长4.3%、12.2%和9.5%,超过预期目标0.3个、4个和0.8个百分点。工业增加值16万亿元,增长12.1%,超过预期目标4.1个百分点。煤电油气运等的运行调节和综合协调得到加强,保障了经济社会发展、居民生活以及受灾地区、重大活动、重要时段的需求。全年国家财政收入8.3万亿元,增长21.3%,财政赤字比预算减少500亿元。广义货币供应量M2增长19.7%,新增人民币贷款7.95万亿元。企业效益继续提高,1-11月,全国规模以上工业企业实现利润3.88万亿元,同比增长49.4%。

内需持续扩大,增长的拉动力趋向协调。扩大消费的各项政策取得积极成效,消费需求潜力进一步释放。社会消费品零售总额156998亿元,比上年增长18.3%,超过预期目标3.3个百分点。全国家电下乡产品销售7718万台,增长1.3倍。汽车销售1806万辆,增长32.4%。投资保持适度增长,结构进一步改善。全社会固定资产投资278140亿元,比上年增长23.8%,超过预期目标3.8个百分点。两年新增4万亿元投资计划圆满完成。鼓励和引导民间投资健康发展的若干意见发布实施,为民间投资注入了新的活力,2010年民间投资占城镇固定资产投资比重达51.1%,比上年提高3个百分点。消费、投资、净出口为经济增长分别贡献了3.9个、5.6个和0.8个百分点。

价格总水平基本稳定,市场秩序进一步规范。实行稳定价格与改善民生多措并举,做好粮、棉、肉、糖等重要商品的收储和投放工作;增加鲜活农产品绿色通道政策品种,并将实施范围扩大到所有收费公路;完善困难群众生活补助与物价变动的联动机制,减轻价格上涨对居民生活的影响;停止和取消一批收费项目,降低一批收费标准和药品价格,减轻企业和群众负担;组织开展涉企收费、电力价格、农产品价格等专项整治和打击侵犯知识产权、制售假冒伪劣产品专项行动,营造有序的价格和市场环境。全年居民消费价格总水平上涨3.3%,基本实现调控目标。

(二)农业基础得到加强

粮食等主要农产品稳定增产。克服部分地区特大干旱、低温寡照、严重洪涝等灾害影响,全年粮食产量54641万吨,比上年增加1559万吨,增长2.9%,实现了连续7年增产。油料产量3239万吨,增长2.7%。畜牧业生产总体平稳,全年肉类总产量7925万吨,增长3.6%;水产品产量5366万吨,增长4.9%。受部分地区气候条件不利、种植面积减少等因素影响,棉花产量597万吨,下降6.3%;糖料产量12045万吨,下降1.9%。

强农惠农政策有效实施。全年中央财政用于"三农"方面的支出8579.7亿元,比上年增长18.3%,其中,用于农业和农村建设的中央预算内投资1928亿元,占全部中央预算内投资的比重达到49%。耕地保护工作进一步加强,全国整治土地130多万公顷,新增耕地30多万公顷。全国新增千亿斤粮食生产能力规划全面实施,棉油糖基地、植保工程、动物防疫体系、种养业良种工程得到加强。制定并实施了加强中小水利设施建设、促进农业机械化、保障蔬菜生产供应等方面政策。规划内病险水库除险加固任务全面完成,第二轮小型病险水库除险加固启动实施。支持建设了一批农产品批发市场、粮油仓储、农产品冷链物流等流通基础设施。小麦、稻谷最低收购价每50公斤比2009年平均提高3元和6元,大豆、油菜籽临时收储政策得到较好落实,化肥供应较为充足。对种粮农民实行"四项补贴"的规模达到1226亿元。

农村生产生活条件继续改善。2010年,解决了6186万农村居民和农村学校师生的饮水安全问题,农村安全饮水普及率达到71.3%。新增农村电网线路30万公里。乡镇、建制村的油路通畅率分别达到96%和81%。支持建设大中型沼气工程1343处,全国新增沼气用户500万户。农村危房改造120万户,完成计划目标。新建万村千乡农家店10万家,农村连锁经营网络初步形成。

(三)经济结构调整积极推进

自主创新能力增强。16个国家科技重大专项与973、863、支撑计划顺利实施,上海光源、国家纳米科学中心等重大科学工程建成并通过验收,中科院知识创新三期工程基本完成,数字电视、下一代互联网等50个国家工程中心、32个国家工程实验室、在企业设立的56个国家重点实验室以及高世代液晶显示面板、大规模集成电路、支线飞机等重大项目建设顺利推进。大型飞机研制取得新进展。认定国家级企业技术中心93家,国家创新型试点企业达到550家,创新型试点城市45个。自主研发的高效能计算机"天河一号"运算速度跃居世界第一。

高技术产业发展加快。全年高技术制造业增加值增长16.6%,提高8.9个百分点。集成电路、电子元件、微型计算机设备、移动通信手持机等主要高技术产品产量分别增长57.4%、30.1%、35%和46.4%;软件销售收入1.3万亿元,增长30%。技术市场交易额突破3000亿元。加快培育和发展战略性新兴产业决定颁布实施,现代中药等7个高技术产业化专项积极推进,新建了18个国家高技术产业基地,设立了13只创业投资基金。

工业结构调整取得新进展。重点行业调整振兴规划进一步实施,安排200亿元重点产业振兴和技术改造专项资金,支持了5051个技术改造项目。首钢搬迁顺利完成,鞍钢与攀钢重组取得实质性进展。加快医药行业结构调整的指导意见颁布实施。淘汰落后产能任务全面完成。火电、炼钢、炼铁、水泥、平板玻璃、造纸等行业分别淘汰落后产能1210万千瓦、931万吨、4000万吨、11619万吨、1105万重箱和472万吨,超过计划目标210万千瓦、331万吨、1500万吨、6619万吨、505万重箱和419万吨。

服务业稳定发展。启动了服务业综合改革试点,运用服务业发展引导资金,支持重点领域和薄弱环节加快发展,颁布实施了促进节能服务产业发展的意见。2010年,服务业就业人数占就业总人数比重达到34.8%,服务业增加值占国内生产总值的比重为43%。

基础设施和基础产业保障能力提升。全国铁路营业里程9.1万公里,增加4986公里;公路通车总里程398万公里,增加12万公里;内河高等级航道里程1万公里,增加500公里,沿海港口深水泊位1774个,新增125个;民用运输机场通航175个,新增9个。光缆线路长度995万公里,增加166万公里;互联网宽带接入端口1.88亿个,增加4924万个。能源重点项目、能源基地和储运设施建设得到加强。13个大型煤炭基地已有11个产能达到亿吨,一批清洁能源项目竣工投产,石油储备二期项目加快建设,西电东送工程北、中、南通道的总输送能力超过7800万千瓦。全年原煤产量32.4亿吨,增长8.9%;原油产量2.03亿吨,增长7.1%;天然气产量967.6亿立方米,增长13.5%;发电量42065亿千瓦小时,增长13.2%。

区域发展的协调性增强。区域发展总体战略向纵深推进,全国主体功能区规划发布实施。深入实施西部大开发战略的若干意见顺利出台,推进西藏、新疆跨越式发展和长治久安的意见,以及加快四川、云南、甘肃、青海四省藏区发展的意见颁布实施,重庆两江新区批准设立。新开工建设西部大开发重点工程23项,投资总规模6822亿元。对东北地区工业结构优化升级和现代服务业发展的支持力度加大,扶持东北建设现代农业的指导意见制定出台,资源型城市可持续发展的政策体系进一步完善。促进中部地区崛起规划全面落实,"三基地、一枢纽"建设步伐加快,促进中部地区城市群发展的指导意见以及皖江城市带承接产业转移示范区规划出台,武汉城市圈、长株潭城市群、中原城市群、鄱阳湖生态经济区、太原城市圈的辐射带动作用进一步增强。中西部地区承接产业转移工作取得新进展。东部地区产业结构升级和自主创新积极推进,深圳等经济特区、上海浦东新区、天津滨海新区改革开放步伐加快,促进长江三角洲地区发展的规划颁布实施,全国海洋经济发展试点开始启动。对革命老区、民族地区、边疆地区和贫困地区的扶持力度进一步加大。2010年,安排中央以工代赈投资55亿元和易地扶贫搬迁试点资金20亿元,易地扶贫搬迁人口87万人,超过计划目标11万人,又有909万农村贫困人口脱贫,基本完成计划目标。

(四)节能环保和应对气候变化成效明显

节能减排目标基本实现。2010年,用于节能减排方面的中央预算内投资333亿元,中央财政专项资金518亿元,分别比上年增长1.4倍和73%。积极推进十大重点节能工程,形成节能能力3310万吨标准煤。大力实施节能产品惠民工程,推广高效节能空调近3000万台、节能汽车100多万辆、高效照明产品1.6亿只。新能源汽车示范推广试点启动实施。国家"城市矿产"示范基地建设积极推进。支持城镇污水垃圾处理设施建设,全年新增城镇污水日处理能力1900万立方米、城市生活垃圾日处理能力6.8万吨;城市污水处理率、城市生活垃圾无害化处理率分别达到76.9%和72.5%,比上年提高1.6个和1.2个百分点。2010年,单位国内生产总值能耗下降4.01%,二氧化硫、化学需氧量排放量分别下降1.32%和3.08%;万元工业增加值用水量下降9.6%,工业固体废物综合利用率提高2个百分点。过去五年,单位国内生产总值能耗累计下降19.06%,二氧化硫和化学需氧量排放量分别下降14.29%和12.45%,万元工业增加值用水量下降36.7%,基本或超额完成“十一五”规划目标。

生态环境保护迈出新步伐。退耕还林、退牧还草成果进一步巩固,天然林资源保护一期工程全面完成,长江上游、黄河上中游全面停止了天然林的商品性采伐,生物多样性得到保护和恢复。2010年,全国新增造林面积592万公顷,实施退牧还草666.7万公顷,综合治理水土流失面积4.2万平方公里。全国水资源综合规划颁布实施,“三河三湖”、黄河中上游、三峡库区及上游、渤海、松花江、丹江口库区及上游等重点流域污染治理积极推进,太湖流域水环境综合治理总体方案全面实施。

应对气候变化工作进一步加强。国家方案得到有效实施,低碳技术创新积极推进,低碳省区和低碳城市试点工作进展顺利。成功举办联合国气候变化谈判天津会议,积极开展和参与全方位的国际交流与合作。

(五)改革开放进一步深化

重点领域和关键环节改革取得新突破。农村改革方面,集体林权制度改革有序开展,80%以上的集体林确权到户,国有林场林区改革试点、农垦管理体制改革稳步推进。企业改革方面,中央企业及其下属企业改制面超过70%,规范董事会试点扩大到32家。电力、邮政、市政公用事业等改革取得新进展。多项促进非公有制经济和中小企业发展的配套政策颁布实施。财税体制改革方面,27个省份970个县实行了省直管县财政管理方式改革,油气等资源税改革在西部地区试点,统一了内外资企业和个人城市维护建设税、教育费附加制度。金融体制改革方面,国家开发银行、政策性金融机构、资产管理公司改革稳步推进,中国农业银行成功上市,股指期货顺利推出,企业债券稳步发展,人民币汇率形成机制改革继续推进,跨境贸易人民币结算范围扩大。资源性产品价格改革方面,城市供水成本公开试点、农业水价综合改革试点进展顺利,对超能耗限额产品实行了惩罚性电价,制定统一的农林生物质发电上网电价。社会事业改革方面,医药卫生体制五项重点改革深入推进,国家基本药物制度在60%的政府办基层医疗卫生机构实行,公立医院改革在16个国家试点城市及37个省级试点地区积极探索并不断深化,出台了进一步鼓励和引导社会资本举办医疗机构意见。国家教育体制改革试点全面启动,义务教育学校绩效工资改革深入实施。文化体制改革有序推进,国有文艺院团转企改制省级试点和经营性出版单位转企改制基本完成。全国综合配套改革试点取得积极成效。

开放型经济发展水平进一步提高。坚持实施市场多元化战略和以质取胜战略,加强对“两高一资”产品出口调控,增加国内紧缺的原材料、高载能产品、先进技术及关键零部件进口,贸易不平衡状况得到改善。全年外贸进出口总额29727.6亿美元,增长34.7%,其中,出口增长31.3%,进口增长38.7%;顺差比上年减少6.4%。出台进一步做好利用外资工作的意见,引导外资投向高端制造业、高技术产业、现代服务业、新能源、节能环保产业和中西部地区。全年利用外商直接投资(不含银行、证券、保险领域)1057.4亿美元,增长17.4%。借用国外贷款205亿美元,增长57%。积极实施“走出去”战略,一批重点境外投资项目取得新进展。全年非金融类对外直接投资590亿美元,增长36.3%。对外承包工程完成营业额922亿美元,增长18.7%。

(六)保障和改善民生工作全面加强

城乡居民收入继续增加。城镇居民人均可支配收入和农村居民人均纯收入分别达到19109元和5919元,增加1934元和766元,剔除价格因素,比上年实际增长7.8%和10.9%,超过预期目标1.8个和4.9个百分点。这是1998年以来首次农村居民收入增速快于城镇居民。

就业稳定增长。积极就业政策实施力度加大,基层公共就业和社会保障服务设施建设得到加强,在中西部地区建设了162个县级服务中心和610个乡级服务中心。全年城镇新增就业1168万人,超过预期目标268万人;城镇登记失业率4.1%,实现预期目标。

社会保障水平进一步提高。到2010年年底,城镇参加基本养老保险人数25673万人,超过计划目标1673万人;新型农村社会养老保险试点范围扩大到24%的县。城镇企业职工基本养老保险、流动就业人员基本医疗保障关系转移接续办法顺利实施。城镇参加基本医疗保险人数43206万人,比上年增加3059万人;新型农村合作医疗参合人数8.35亿人,参合率96.3%,比上年扩大2.1个百分点。提高了城乡最低生活保障、失业保险、企业退休人员基本养老金、优抚对象抚恤和生活补助、家庭经济困难学生资助等保障和救助标准。灾后恢复重建工作进展顺利,汶川地震灾后恢复重建实现三年任务两年基本完成目标,玉树、舟曲灾后恢复重建全面展开。

保障性安居工程建设大规模推进。进一步提高了中西部地区新建廉租住房和农村危房改造中央补助标准,加快发展公共租赁住房,并将其纳入保障性安居工程建设规划。2010年,全国保障性住房和棚户区改造住房开工590万套,超过计划目标10万套,其中,保障性住房322万套,棚户区改造268万户;全年基本建成370万套。

社会建设得到加强。国家中长期教育改革和发展规划纲要、人才发展规划纲要颁布实施。改造农村中小学校舍1325万平方米，建设中等职业学校校舍212万平方米。全国"两基"人口覆盖率达到100%，初中阶段三年保留率94%；高中阶段毛入学率达到82.5%，提高3.3个百分点；高等教育毛入学率26.5%，普通本专科招生661.8万人，研究生招生53.8万人。医疗卫生服务体系建设进展顺利。支持建设和改造了891所县级医院、1620所中心乡镇卫生院、1228所社区卫生服务中心和116所精神卫生防治机构。人口自然增长率5‰左右，完成计划目标，年末总人口13.41亿人。广播电视村村通工程、乡镇综合文化站建设、西新工程和文化资源信息共享工程稳步推进。国家博物馆、国家话剧院等重大文化工程进展顺利，全国免费开放的公共博物馆、纪念馆和爱国主义教育基地达到1743家。重点旅游景区基础设施建设得到加强，海南国际旅游岛建设积极推进。哲学社会科学、新闻出版、文学艺术等事业繁荣发展。上海世博会圆满成功，有246个国家和国际组织参展，是世博会历史上参展单位最多的一届。广州亚运会、亚残运会成功举办。群众体育工作迈上新台阶，全国已建成农民体育健身工程超过23万个。社会福利事业发展加快，社会服务机构床位数达到312.3万张，增长4.3%。

在国际经济环境复杂多变、国内自然灾害多发重发的情况下，国民经济保持平稳较快发展，回升向好态势进一步巩固，取得的成绩来之不易。这是党中央国务院统揽全局、坚强领导的结果，是各地区各部门认真执行中央方针政策、密切配合、扎实工作的结果，是全国各族人民迎难而上、共同努力的结果。经过五年的努力，"十一五"规划《纲要》确定的22个经济社会发展主要指标中，8个约束性指标全部实现，14个预期性指标除服务业就业比重、服务业增加值占国内生产总值比重和研发支出占国内生产总值比例3个指标没有完成外，其余都已顺利实现。

在看到成绩的同时，我们也清醒地认识到，国内发展依然面临着一些突出矛盾和问题。一是粮食稳定增产和农民持续增收基础不牢固。耕地、淡水等资源约束加剧，水利基础设施依然薄弱，农业科技水平总体不高，比较效益长期偏低，农民外出务工仍面临制度性障碍。二是经济结构调整任务艰巨。提高自主创新能力面临激励机制不完善、核心技术和高端人才缺乏等制约，一些领域盲目投资、产能过剩问题进一步暴露，淘汰落后产能工作难度加大，服务业发展仍然滞后，城乡区域发展不平衡、不协调问题依然突出。三是物价上涨压力较大。输入性通胀压力上升，市场流动性宽松，游资投机炒作现象增多，资源、土地、劳动力等要素成本上升已成为推动价格上涨的长期性因素。去年物价上涨构成中，70%左右是由食品价格上涨引起的，加大了城乡居民特别是中低收入家庭生活压力。部分大中城市房价涨幅过高，普通居民通过市场解决住房问题的难度依然较大。四是资源环境约束强化。能源资源消耗总量偏大、增长偏快，主要污染物排放量大。节能减排长效机制尚未建立，"两高"行业增长依然偏快，节能减排和应对气候变化压力加大，可持续发展面临较大挑战。五是社会矛盾增多。收入分配、社会保障、上学、就医等方面与人民群众要求还有较大差距，食品药品安全、征地拆迁、安全生产等方面损害群众利益的行为时有发生。同时，世界经济复苏进程艰难曲折，部分国家债务沉重，失业率居高难下，全球流动性继续增加，国际市场大宗商品价格和主要货币汇率持续动荡，这些不稳定不确定因素也增加了做好国内工作的难度。对于上述问题，我们将高度重视，采取有效措施，认真加以解决。

二、2011年经济社会发展的总体要求和主要目标

今年的经济社会发展工作，要全面贯彻党的十七大和十七届三中、四中、五中全会精神，以邓小平理论和"三个代表"重要思想为指导，深入贯彻落实科学发展观，正确把握国内外形势新变化新特点，以科学发展为主题，以加快转变经济发展方式为主线，实施积极的财政政策和稳健的货币政策，增强宏观调控的针对性、灵活性、有效性，加快推进经济结构调整，大力加强自主创新，切实抓好节能减排，不断深化改革开放，着力保障和改善民生，巩固和扩大应对国际金融危机冲击成果，保持经济平稳较快发展，促进社会和谐稳定。

按照上述总体要求，考虑到需要和可能，并与"十二五"规划《纲要》相衔接，提出2011年经济社会发展主要目标：

——保持经济稳定增长。国内生产总值增长8%左右。主要考虑是：一方面，增加就业、改善民生，巩固和扩大应对国际金融危机冲击成果，需要保持合理的经济增长速度。另一方面，8%左右的增长目标比去年实际增长速度要低，主要是为了把各方面的注意力和工作重点引导到加快转变经济发展方式上来，使经济增长速度与结构质量效益相统一，经济发展与人口资源环境相协调，切实做到在发展中促转变、在转变中谋发展。而且在外部环境变数较多、资源环境约束增强、生产要素成本提高的情况下，实现高质量、高效益的8%，还需付出很大的努力。另外，8%左右的增长目标是就全国来讲的，是一个预期性、指导性目标，各地应结合自身实际，把需要和可能结合起来，科学确定增长目标，切不可盲目追求和攀比高速度，更不要层层加码。

——优化经济结构。研究与试验发展经费支出占

国内生产总值的比例提高到1.85%；培育战略性新兴产业取得积极进展，服务业加快发展；技术改造、淘汰落后、兼并重组取得新成效；单位国内生产总值能耗比上年下降3.5%，二氧化碳排放强度下降3.5%左右，二氧化硫、化学需氧量、氨氮和氮氧化物四项主要污染物排放量均减少1.5%，生态建设和环境治理进一步加强；城镇化率提高到48.3%。提出这个组合目标的主要考虑是：加快转变经济发展方式是当前和今后一个时期的主线，必须贯穿于经济社会发展的全过程和各领域，要在"十二五"开局之年迈出坚实步伐，必须坚持把经济结构战略性调整作为主攻方向，进一步加大研发投入，着力推进自主创新，培育和发展战略性新兴产业，促进传统产业转型升级，加大统筹城乡区域协调发展的力度，积极稳妥地推进城镇化，强化节能减排和生态环境保护，提高增长的科技含量和质量效益，提高发展的协调性和可持续性。

——保持物价总水平基本稳定。居民消费价格涨幅4%左右。当前，我国总供给与总需求基本平衡，绝大多数产品供应充足，特别是粮食连续7年丰收、库存充裕，有利于保持物价总水平基本稳定。但是，去年下半年消费价格的较快上涨，会对今年上半年形成较大的翘尾影响，同时引起价格上涨的因素仍然较多：全球流动性大量增加，国际市场大宗商品价格上涨将继续形成较大的输入性通胀压力；国内货币存量规模较大，能源、原材料、土地、劳动力等要素成本逐渐上升，资源性产品价格和环保收费改革也要积极稳妥地推进，这都在一定程度上加大了价格上涨的压力。把居民消费价格涨幅确定为4%左右，既考虑了上述涨价因素和群众的承受能力，同时也为价格改革预留了一定空间。

——保障和改善民生。城镇新增就业900万人以上，城镇登记失业率控制在4.6%以内；努力实现居民收入增长和经济发展同步、劳动报酬增长和劳动生产率提高同步，城镇居民人均可支配收入和农村居民人均纯收入均实际增长8%以上；社会保障制度继续完善，开工建设保障性住房和棚户区改造住房1000万套；人口自然增长率控制在6.5‰以内。保障和改善民生是推动科学发展、促进社会和谐的必然要求，是不断满足人民群众过上更好生活新期待的迫切需要，也是加快转变经济发展方式的根本出发点和落脚点。坚持发展经济与改善民生的内在统一、加快转变经济发展方式与保障和改善民生的有机结合，把解决好就业、收入分配、社会保障等涉及广大人民群众切身利益的突出问题放在更加重要的位置，完善制度安排，健全体制机制，加大投入力度，务求取得新的成效，使改革发展成果惠及全体人民。

——改善国际收支状况。促进货物出口转型升级，服务贸易发展加快，积极扩大进口，进出口贸易总额增长10%左右；利用外资保持增长，结构进一步优化；对外投资稳步扩大。尽管今年世界经济环境依然严峻复杂，各种形式的保护主义抬头，国际市场竞争更趋激烈，但只要有效发挥我国在国际经济分工中的比较优势，坚持出口和进口并重、吸收外资和对外投资并重，加快转变外贸方式和对外投资方式，就能够继续保持外需的稳定增长，并进一步改善国际收支状况。

三、2011年经济社会发展的主要任务和措施

今年是实施"十二五"规划的开局之年，做好经济社会发展各项工作，对于继续抓住和用好重要战略机遇期，以优异成绩迎接中国共产党成立90周年，具有十分重要的意义。要继续加强和改善宏观调控，更加积极稳妥地处理好保持经济平稳较快发展、调整经济结构、管理通胀预期的关系，把稳定物价总水平作为宏观调控的首要任务。继续实施积极的财政政策，并在政策力度上进行微调。适当减少财政赤字和国债规模，今年财政赤字拟安排9000亿元，比上年预算减少1500亿元，其中中央财政赤字7000亿元，代地方发债2000亿元并纳入地方预算，赤字率下降到2%左右。实施稳健的货币政策，今年广义货币供应量M2预期增长16%，保持合理的社会融资规模。要把握好政策实施的力度、节奏和重点，加强政策之间的协调配合，统筹考虑短期调控政策和长期发展政策，既要着力解决当前发展中的突出问题，防止经济出现较大波动，又要切实推进解决深层次矛盾和化解潜在风险，增强发展的协调性、可持续性和内生动力。2011年重点做好以下九方面工作：

（一）强化价格调控监管，保持物价总水平基本稳定。(1)保障市场供应。切实落实"米袋子"省长负责制和"菜篮子"市长负责制。完善重要商品储备制度和主要农产品临时收储制度，科学把握储备吞吐时机，搞好进出口调节。畅通农产品流通渠道，加强"农超对接"，规范和降低城市农贸市场摊位费和超市进场费，支持骨干批发市场升级改造和大型粮食物流节点、蔬菜批发市场、社区菜店、冷链物流建设。(2)增强调控针对性。加强流动性管理。建立健全重要农副产品市场监测预警体系，完善重点商品市场和价格调控预案。把握好政府管理商品和服务价格的调整时机、节奏和力度。依法建立和完善价格调节基金。(3)强化价格监管。加强农产品期货市场监管，清理整顿农产品电子交易市场，遏制过度投机。严格粮食收购资格审核，规范农产品经营和深加工秩序。认真执行《价格违法行为行政处罚规定》和《反价格垄断规定》，严肃查处囤积居奇、哄抬价格、变相涨价、串通涨价等违法行为。(4)完善补贴制度。继续对优抚对象、城乡低保对象、

农村五保供养对象发放价格临时补贴。按照隶属关系，增加对大中专院校家庭经济困难学生和学生食堂补贴。尽快建立和完善最低生活保障、失业保险标准与物价上涨挂钩的联动机制，保障低收入群体基本生活。(5)改善价格环境。落实治理和规范收费的各项规定，继续取消不合理收费项目，降低偏高的收费标准，严禁擅自收费、超标准收费和变相收费。(6)加强舆论引导。正确报道价格形势，阐释价格政策，严厉查处捏造事实、传播虚假信息等恶性炒作事件。

(二)坚持扩大内需特别是消费需求战略，保持经济平稳较快发展。(1)进一步增加居民消费需求。全年社会消费品零售总额预期增长16%。加大收入分配调节力度，增加政府用于改善和扩大消费的支出，增加对城镇低收入群众和农民的补贴。继续实施家电下乡和以旧换新政策，落实促进节能与新能源汽车消费的优惠政策，扩大节能产品推广范围。积极发展电子商务等新型消费业态，促进文化、旅游、健身等消费。推动农村商业连锁经营和统一配送，优化城镇商业网点布局。整顿和规范市场秩序，维护消费者合法权益。(2)在优化结构的前提下保持合理的投资规模。2011年全社会固定资产投资预期增长18%。充分发挥政府投资对结构调整的引导作用。拟安排中央预算内投资3826亿元，比上年减少100亿元，优先保证重点在建、续建项目的资金需求，有序启动"十二五"规划重大项目建设。中央预算内投资主要用于支持保障性安居工程，水利设施，农业和农村基础设施，教育卫生基础设施，自主创新、节能减排和生态环保，中西部地区特别是西藏及四省藏区、新疆等经济社会发展。认真落实国务院关于鼓励和引导民间投资发展的政策，继续抓紧制定配套措施，促进社会投资稳定增长和结构优化。坚持分类指导、有保有压，坚决控制"两高"和产能过剩领域的盲目重复建设，提高投资质量和效益。(3)搞好经济运行调节。加强煤炭产运需衔接，强化电力需求侧管理，搞好原油、成品油、天然气总量平衡和应急调度，保证重点物资运输。

(三)进一步做好"三农"工作，巩固农业农村发展和农民增收的基础。(1)促进粮食稳定增产，力争夺取第8个丰收年。全面强化促进粮食和农业生产发展的各项措施，实施全国粮食稳定增产行动，完善产粮大县奖励政策，深入开展高产创建活动，增加"一事一议"奖励补贴资金，充分调动各级政府重农抓粮和农民务农种粮的积极性，夺取全年农业丰收。2011年，力争粮食产量保持在5亿吨以上；棉花、油料、糖料、肉类、水产品产量分别达到680万吨、3250万吨、12500万吨、8000万吨、5430万吨，比上年增长13.9%、0.3%、3.8%、0.9%和1.2%。(2)加强以水利为重点的农业和农村基础设施建设。认真贯彻落实党的十七届五中全会和中央一号文件精神，制定水利改革发展的重大政策。加快中小河流治理、病险水库除险加固，加强山洪地质灾害防治、蓄滞洪区建设和西南等地区重点水源工程建设。加快实施灌区续建配套和节水改造，全面加强农田水利骨干和田间工程建设。推进高标准农田和水资源配置工程建设。继续做好农村土地整治工作。改善农村生产生活条件。2011年，拟再解决6000万农村人口的饮水安全问题，农村安全饮水普及率达到77%；积极发展农村沼气，力争年末农村沼气户数达到4325万户，比上年增加325万户；实施新一轮农村电网改造，加快无电地区电力建设；继续支持农村公路建设；加大农村危房改造力度，今年拟安排150万户以上；实施好游牧民定居工程。(3)提高农业综合生产能力。严格保护耕地，稳定播种面积，努力增加单产。加快实施全国新增千亿斤粮食生产能力规划，支持东北地区提高粳稻和玉米生产能力。加强糖料生产基地、旱作农业示范基地、新疆优质棉和黄淮海、长江流域棉花生产基地建设。着力建设长江流域油菜籽、黄淮海榨油花生和东北及内蒙古大豆生产基地。支持大城市建设蔬菜保障基地。支持生猪、奶牛标准化规模养殖小区和畜禽、水产良种繁育体系建设。积极发展设施农业。增加农业科研推广投入。推进农作物病虫害专业化统防统治，综合防控重大动物疫病。强化农产品质量安全监管。加强渔政渔港建设。(4)努力促进农民持续增收。提高主要粮食品种最低收购价，从新粮上市起，小麦每50公斤提高5到7元，水稻每50公斤提高9到23元。继续扩大农业补贴规模，提高补贴标准。落实化肥、柴油等农资价格上涨与农资综合补贴挂钩的动态调整机制。大力扶持农民专业合作社、农村社会化服务组织和农业产业化龙头企业，积极发展优势特色农业、农产品加工业。壮大县域经济。加强农民工职业技能培训、就业指导服务和权益保护。

(四)加快产业结构调整，着力提高核心竞争力。(1)大力推进自主创新和战略性新兴产业发展。研究制定自主创新能力建设规划和国家重大科技基础设施中长期规划。深入推进知识创新工程、技术创新工程和重大科技基础设施建设，加快实施重大科技专项，推进国家创新型城市试点示范。抓紧制定实施战略性新兴产业发展规划和配套政策，设立产业发展专项资金，扩大新兴产业创投计划实施规模，研究制定产业发展指导目录和重要新兴产业行业标准。组织实施宽带中国、云计算、物联网、集成电路、平板显示、空间基础设施、支线飞机和通用飞机产业化等产业创新发展工程，以及全民健康、信息惠民等重大应用示范工程。推进国家信息化试点示范。(2)积极改造和提升传统产业。

继续实施重点产业调整和振兴规划。颁布实施新的产业结构调整指导目录。大力支持企业技术改造。积极推进钢铁、石化、有色金属、造船等重点产业生产力布局调整。加快装备制造、汽车零部件、轻工、纺织等行业现代产业集群建设。促进食品工业结构调整和产业升级,加强食品安全监测能力建设,提升食品安全保障能力。引导企业兼并重组,提升产业集中度。建立健全促进落后产能退出的政策体系,继续依法淘汰火电、炼钢、炼铁、水泥、造纸、平板玻璃等行业的落后产能,启动热电联产替代燃煤小锅炉试点。加快中小企业公共服务基础设施建设,拓宽融资渠道,营造有利于中小企业发展的良好环境。(3)促进服务业加快发展。继续推进服务业综合改革试点,建立生产性服务业集聚发展示范区,创新生活性服务业发展方式。重点发展面向农村的服务业,加快发展与现代制造业密切相关的高技术服务业,积极发展新兴服务业。拓宽服务业企业融资渠道,尽快实现鼓励类服务业用电、用水、用气、用热与工业基本同价。积极推进海南国际旅游岛建设。2011年,城镇社区服务设施预期达到18.5万个,增长2.2%。加快信息通信基础设施建设,全国光缆线路达到1095万公里,增加100万公里;互联网宽带接入端口2.23亿个,增加3500万个。(4)加强现代能源产业和综合运输体系建设。积极推动能源生产和利用方式变革,构筑安全稳定经济清洁的现代能源产业体系。加快煤矿企业兼并重组,有序推进大型煤炭基地和大中型现代化煤矿建设。加强大型油气基地建设,优化炼化工业布局。大力发展可再生能源,促进新能源开发利用。2011年,原煤产量预期增长4.9%,原油基本维持现有水平,天然气增长10.1%;发电量增长8%,其中,水电、核电分别增长6.1%和13.3%,并网风力发电装机规模增长45%。加快建设重要通道和综合交通枢纽,重点支持客运专线铁路、西部干线铁路、国家高速公路、国省干线公路、长江干线航道、内河高等级航道和中西部港口、中西部支线机场、西部干线机场建设,加强道路养护。2011年,全国铁路营业里程、公路通车总里程预期分别达到9.9万公里和410万公里,增长8.8%和3%,其中快速铁路、高速公路的通车里程为1.3万公里和8.3万公里,分别增加4700公里和9000公里;内河高等级航道里程10400公里,增加400公里;通航机场达到181个,增加6个。

(五)优化区域发展格局,提高发展的协调性和城镇化水平。(1)继续实施区域发展总体战略。坚持把深入实施西部大开发战略放在区域发展总体战略优先位置,落实新十年西部大开发的重点任务和政策,制定西部大开发"十二五"规划,颁布西部地区鼓励类产业目录,加大对基础设施和生态环境建设的支持力度,促进特色优势产业发展,加快国家重点开发开放试验区建设,落实好促进西藏和四省藏区以及新疆跨越式发展的各项政策,启动实施西部地区生态文明示范工程。完善东北现代产业体系,编制东北地区"十二五"振兴规划,组织实施中俄地区合作规划纲要和大小兴安岭林区生态保护与经济转型规划,开展资源型城市可持续发展试点。深入实施促进中部地区崛起规划,研究制定新时期促进中部地区崛起的政策措施,发挥承东启西的区位优势,进一步增强中部地区城市群和长江中游经济带辐射带动作用。积极支持东部地区体制机制创新和发展方式转变,继续率先发展。进一步加大对革命老区、民族地区、边疆地区和贫困地区的扶持力度,深入开展兴边富民行动,启动集中连片特殊困难地区扶贫开发攻坚工程,做好以工代赈和易地扶贫工作。(2)推动主体功能区建设。全面落实全国主体功能区规划,细化分类指导的区域政策,加强国家专项规划、区域规划与全国主体功能区规划的衔接,建立健全绩效考核评价体系。加快省级主体功能区规划编制。(3)积极稳妥推进城镇化。编制实施促进城镇化健康发展规划,合理确定大中小城市和小城镇的功能定位、产业布局、开发边界。同时要在就业、教育、社会保障、医疗、保障性住房等方面充分考虑农民工进城需要,有序推进符合条件的农业转移人口落户城镇。

(六)坚持不懈地推进节能减排,加强生态文明建设。(1)严格落实目标责任。做好"十二五"节能减排地区目标分解,完善节能减排统计和考核办法。组织对省级政府"十一五"节能减排目标完成情况的评价考核,落实奖惩措施。(2)加快重点工程建设。实施重点节能改造工程、节能产品惠民工程。加强节能减排共性和关键技术研发,实施好重大节能环保技术产业化示范和推广应用。推进城镇污水、垃圾处理设施建设,启动燃煤电厂脱硝,提高污染治理设施投运率。2011年,城市污水处理率、城市生活垃圾无害化处理率达到80%和74%,分别比上年提高3.1个和1.5个百分点。(3)强化节能减排管理。制定并实施高耗能行业能耗限额标准和终端用能产品能效标准。严格执行投资项目节能评估审查制度。开展能耗总量控制和节能量交易试点。突出抓好重点耗能企业节能管理,组织开展万家企业节能低碳行动和绿色建筑行动。严格执行新建建筑节能标准,加快北方采暖地区既有建筑节能改造和供热计量改革,扩大可再生能源建筑应用规模。加大合同能源管理、节能发电调度、电力需求侧管理、能效标识、节能产品认证和政府采购等节能机制的实施力度。加强节能管理能力建设和执法监督检查。(4)大力发展循环经济。完善和落实鼓励支持循环经济发展的政策措施,深化循环经济试点示范。加快大宗固体废物综合利用，推进海水淡化。抓好“城市矿产”示范基地建设，推动再制造产业化及餐厨废弃物资源化利用。全面推行清洁生产。2011年，万元工业增加值用水量下降7%，工业固体废物综合利用率提高1个百分点。(5)加强生态环境保护。加大重点流域特别是大江、大河、大湖水污染防治，以及重点地区重金属污染治理和农村环境综合整治力度，开展农村垃圾收集处理系统建设，控制农村面源污染。加强海洋污染治理。实施天然林资源保护二期工程，加快构建青藏高原生态安全屏障，继续推进京津风沙源、岩溶地区石漠化综合治理、重点防护林体系建设工程，启动黄土高原地区、祁连山冰川与水源涵养区生态环境保护和综合治理。实施好退牧还草工程，支持重要水源补给区生态保护建设。建立健全生态补偿机制，推进重点生态功能区补偿试点，出台三江源国家生态保护综合试验区总体方案。加强水土流失综合治理。加大重点区域地质灾害治理力度。(6)积极应对气候变化。落实控制温室气体排放行动目标。2011年，新增造林面积600万公顷，增加森林蓄积量，增强固碳能力。建立温室气体排放统计和核算体系。扩大低碳试点。加强应对气候变化国际合作。

(七)着力保障和改善民生，建立健全基本公共服务体系和社会管理机制。(1)坚持实施更加积极的就业政策。把促进就业放在经济社会发展优先位置，大力发展劳动密集型产业、小型微型企业、现代服务业和家庭服务业，鼓励自主创业和自谋职业。着力做好高校毕业生、农村转移劳动力、城镇就业困难人员、退役军人就业工作。继续加强基层就业和社会保障服务设施建设，健全统一规范灵活的人力资源市场，强化职业培训。完善劳动争议处理机制。(2)合理调整收入分配关系。研究制订收入分配改革方案，调整国民收入分配格局，缩小收入分配差距。建立健全企业职工工资正常增长机制，稳步推进工资集体协商，逐步提高最低工资标准，坚决防止拖欠职工工资特别是农民工工资。分步实施个人所得税制度改革，适当提高工薪所得税费用扣除标准，降低中低收入者税负，完善对高收入行业工资总额和工资水平双重调控政策。整顿和规范收入分配秩序。(3)切实做好社会保障工作。落实养老、医疗保险关系转移接续办法，提高社会保险统筹层次。健全企业退休人员基本养老金、城乡居民低保标准正常调整机制。积极推进机关和事业单位养老保险制度改革，扩大新型农村社会养老保险试点范围。2011年，城镇参加养老、医疗、失业和工伤保险人数分别增加827万人、794万人、124万人和827万人。加快发展社会救助、社会福利事业，加强儿童福利院、残疾人康复及养老服务设施建设。2011年，每千名老人拥有养老床位数20张，增长9.9%；残疾人服务设施数达到3230个，增长8.6%。(4)加快推进住房保障体系建设。加大保障性安居工程建设力度，大规模开展公共租赁住房等保障性住房建设，加快城市、工矿、林区、垦区等棚户区改造，建立稳定的政府投入机制和社会资金偿还保障机制，优先安排供地和建设计划，鼓励社会资金参与公共租赁住房建设和运营。继续增加商品住房有效供给，提高中小套型、中低价位住房比重，规范发展住房租赁市场。进一步落实和完善房地产调控政策，抑制投机投资性需求，遏制房价过快上涨。抓紧完善符合国情的住房体制和政策体系，形成有效调节住房供应和需求的长效机制。(5)加强教育重点领域建设。全面落实国家中长期教育改革和发展规划纲要。加快农村中小学薄弱学校改造，继续推进中西部农村初中校舍改造工程、全国中小学校舍安全工程和职业教育基础能力建设。大力发展农村学前教育，重视特殊教育，完善高中和职业教育，支持民族院校建设和民族地区“双语”教育。推进边远艰苦地区农村学校教师周转宿舍建设。提升高等教育质量，加快一流大学和一流学科建设。解决好经济困难家庭子女上学问题。2011年，高中阶段教育毛入学率预期达到84%，普通高校计划招收本专科生675万人，研究生56万人。(6)推进医疗卫生事业发展。加强以基层为重点的医疗卫生服务体系建设，实施全科医生培养基地项目，开展卫生监督体系、农村急救体系、精神卫生防治体系建设。加强妇幼保健工作，继续推进妇女宫颈癌、乳腺癌免费检查和救治保障试点。加大对农村特别是中西部边远地区医疗基础设施投入。2011年，人均基本公共卫生服务经费标准由15元提高到25元，新型农村合作医疗、城镇居民基本医疗保险财政补助标准年人均由120元提高到200元。每千人口病床数力争达到3.42张，提高5.6%。完善人口和计划生育服务体系。(7)大力发展文化事业和文化产业。加快构建覆盖城乡的公共文化服务体系。积极推进文化惠民工程，加快重点文化设施建设。繁荣发展哲学社会科学，推进广播影视、新闻出版等领域重大文化建设项目和产品创新。规范发展文化产业基地，强化文化遗产和自然遗产保护，进一步推进美术馆、图书馆、文化馆(站)、博物馆、纪念馆、科技馆免费开放。加强旅游基础设施建设，启动实施红色旅游二期规划。全面发展公共体育事业。2011年，广播、电视人口覆盖率预期分别达到96.71%、97.43%；国内旅游者人数23.1亿人次，增长7.4%。(8)创新社会管理。整合社区管理资源，进一步畅通群众利益诉求表达渠道，积极预防和妥善处理各类群体性事件，加强社会治安综合管理。强化食品药品安全监督管理。坚决遏制重特大安全事故发生。

(9)继续搞好灾后恢复重建。全面完成汶川灾后恢复重建任务,扎实推进玉树、舟曲灾后恢复重建工作。

(八)加大改革攻坚力度,增强经济社会发展的动力和活力。(1)坚持和完善公有制为主体、多种所有制经济共同发展的基本经济制度。继续推进国有经济战略性调整,健全国有资本有进有退、合理流动机制,培育具有国际竞争力的大公司、大企业集团。深化电力、石油、盐业等行业改革。鼓励、支持和引导非公有制经济发展,营造各种所有制经济依法平等使用生产要素、公平参与市场竞争、同等受到法律保护的体制环境。(2)积极稳妥地推进资源性产品价格和环保收费改革。适时推进成品油价格市场化改革。改革和完善天然气价格形成机制,理顺天然气与可替代能源比价关系。择机实施居民阶梯电价,完善水电、核电、可再生能源价格形成机制。推进水价改革。进一步推动排污权有偿使用和交易试点。(3)加快医药卫生体制改革。深入推进五项重点改革,基本完成三年重点工作任务。2011年城镇职工和城镇居民医保参保率、新农合参合率保持在90%以上。在政府办基层医疗卫生机构全面实施基本药物制度,建立规范基本药物采购机制,推进基层医疗卫生机构综合改革,建立长效稳定的补偿机制。抓好公立医院改革试点。落实鼓励和引导社会资本举办医疗机构的政策。(4)深化财税、金融、投资体制改革。完善财政转移支付制度,增加一般性转移支付规模和比例,健全县级基本财力保障机制。深化预算管理制度改革,积极推进预算公开。扩大资源税改革实施范围。开展生产性服务业改征增值税改革试点。健全多层次资本市场体系,加快发展债券、期货市场,提高直接融资比重。积极培育农村新型金融机构。进一步完善人民币汇率形成机制。抓紧制定政府投资条例、企业投资项目核准和备案管理条例。(5)继续推进农村综合改革。研究制定农村征地条例。深化集体林权制度改革,继续开展国有林场林区改革试点。积极推进综合配套改革试点。

(九)坚持实施互利共赢开放战略,拓展国际经济合作空间。(1)优化对外贸易结构。坚持实施市场多元化战略,巩固传统市场,大力开拓新兴市场,稳定和拓展外需。加快加工贸易转型升级,支持成套设备、文化、软件等潜力较大的商品和服务出口,大力发展服务外包,继续控制"两高一资"产品出口。完善进口促进政策,扩大先进技术设备、关键零部件、能源原材料和节能环保产品进口。加强和改善多双边经贸关系,妥善应对贸易摩擦。(2)提高利用外资质量和水平。修订出台外商投资产业指导目录和中西部地区外商投资优势产业目录,鼓励外资投向高端制造业、高技术产业、现代服务业、节能环保等领域和中西部地区,支持外资以多种方式参与国内企业改组改造和兼并重组。积极稳妥扩大服务领域对外开放。进一步完善全口径外债管理。(3)深入实施"走出去"战略。完善支持企业"走出去"的财税、金融、保险政策。扩大人民币在跨境贸易和投资中的使用。健全境外风险防控机制。继续推动境外能源、矿产资源和农业合作。做好对外经济援助工作。

加强内地和香港、澳门交流合作,继续实施更紧密经贸关系安排。支持香港巩固和提升国际金融、贸易、航运中心地位,增强金融在全球的影响力。支持澳门建设世界旅游休闲中心,促进经济适度多元发展。深化粤港澳合作,促进区域经济发展。深化两岸经济合作,落实两岸经济合作框架协议,促进双向投资,加强新兴产业、金融等现代服务业和文化、教育等领域的交流合作。充分发挥海峡西岸经济区在推动两岸交流合作中的先行先试作用。

各位代表,做好2011年经济社会发展各项工作,任务艰巨,责任重大。我们要更加紧密地团结在以胡锦涛同志为总书记的党中央周围,坚持以邓小平理论和"三个代表"重要思想为指导,深入贯彻落实科学发展观,自觉接受全国人大的监督,虚心听取全国政协的意见和建议,奋发有为,锐意进取,扎实工作,为顺利完成经济社会发展目标,实现"十二五"良好开局而努力奋斗!

财政部在十一届全国人大四次会议上作《关于2010年中央和地方预算执行情况与2011年中央和地方预算草案的报告》

各位代表:

受国务院委托,现将2010年中央和地方预算执行情况与2011年中央和地方预算草案提请十一届全国人大四次会议审议,并请全国政协各位委员提出意见。

一、2010年中央和地方预算执行情况

2010年,在中国共产党的坚强领导下,全国各族人民团结奋进,顽强拼搏,各地区、各部门坚持以邓小平理论和"三个代表"重要思想为指导,深入贯彻落实科学发展观,全面贯彻中央的决策部署,认真落实第十一届全国人民代表大会第三次会议的有关决议,国民经济平稳较快发展,社会保持和谐稳定,改革开放和社会主义现代化建设取得新的重大成就。在此基础上,财政发展改革稳步推进,由公共财政预算、政府性基金预算、国有资本经营预算组成的政府预算体系框架基本形成,社会保险基金预算开始试编,预算完成情况较好。

(一)公共财政预算执行情况

全国财政收入83080.32亿元,比2009年(下同)

增长21.3%。加上预算安排从中央预算稳定调节基金调入100亿元,使用的收入总量为83180.32亿元。全国财政支出89575.38亿元,增长17.4%。加上补充中央预算稳定调节基金2248亿元和地方财政结转下年支出1356.94亿元,支出总量为93180.32亿元。全国财政收支总量相抵,差额10000亿元。

其中:中央财政收入42470.52亿元,完成预算的111.6%,增长18.3%。加上从中央预算稳定调节基金调入100亿元,使用的收入总量为42570.52亿元。中央财政支出48322.52亿元,完成预算的103.6%,增长10.3%。其中:中央本级支出15972.89亿元,增长4.7%;中央对地方税收返还和转移支付支出32349.63亿元,增长13.3%。加上补充中央预算稳定调节基金2248亿元,支出总量为50570.52亿元。收支总量相抵,赤字8000亿元,比预算减少500亿元。2010年年末中央财政国债余额67526.91亿元,控制在年度预算限额71208.35亿元以内。

地方本级收入40609.8亿元,加上中央对地方税收返还和转移支付收入32349.63亿元,地方财政收入总量72959.43亿元,增长19.3%。地方财政支出73602.49亿元,增长20.6%,加上结转下年支出1356.94亿元,支出总量为74959.43亿元。收支总量相抵,差额2000亿元,经国务院同意由财政部代理发行地方政府债券弥补。

2010年中央财政预算主要执行情况如下:

1. 中央财政收入预算执行及超收使用情况

2010年中央财政收入总体增长较快,是经济发展、物价上涨以及2009年财政收入基数相对较低等因素的综合反映。中央财政收入超过预算4410亿元,主要是年初收入预算安排是根据相关经济预期指标测算的,执行中一些指标超过预期较多,导致收入超过预算。2010年外贸进出口总额增长34.7%(其中进口增长38.7%),超过年初8%的增幅预期,进口环节税收比预算超收2865亿元;2010年汽车销售量增长32.4%,消费税和车辆购置税比预算超收1285亿元。这两项超收合计占中央财政超收额的94.1%。其他各项收入与预算基本持平。

中央财政主要收入项目。国内增值税15895.59亿元,完成预算的103.6%,增长14.2%。国内消费税6071.54亿元,完成预算的115.8%,增长27.5%。进口货物增值税、消费税10487.46亿元,完成预算的130%,增长35.7%;关税2027.45亿元,完成预算的128.3%,增长36.6%。出口货物退增值税、消费税7327.31亿元(账务上作冲减收入处理),完成预算的103.6%,增长13%。企业所得税7794.25亿元,完成预算的96.7%,增长2.3%。个人所得税2902.85亿元,完成预算的114.2%,增长22.6%。证券交易印花税527.82亿元,完成预算的102.3%,增长6.6%。车辆购置税1792.03亿元,完成预算的133.9%,增长54%。非税收入1968.01亿元,完成预算的94.8%,下降22.9%。

中央财政超收收入使用。根据有关法律法规和第十一届全国人民代表大会第三次会议有关决议要求,在中央财政超收的4410亿元中,用于增加对地方税收返还和一般性转移支付650亿元,增加对地方公路养护等经费转移支付242亿元;增加教育支出260亿元,增加科学技术支出56亿元,增加公路建设支出454亿元。其余2748亿元,用于削减中央财政赤字500亿元,补充中央预算稳定调节基金2248亿元,留待以后年度预算安排使用。2010年中央财政超收收入安排使用情况,国务院已向十一届全国人大常委会第18次会议报告。

2. 中央财政主要支出项目执行情况

按照中央的决策部署,并经全国人大审议批准,2010年中央财政加大了对农业、教育、医疗卫生、社会保障和就业、保障性安居工程、科学技术、环境保护等方面的投入,各项重点支出(包括中央本级支出和中央对地方转移支付支出)得到较好保障。

(1)教育支出2547.34亿元,完成预算的117.9%,增长28.6%。其中,中央本级支出720.96亿元,对地方转移支付1826.38亿元。完善农村义务教育经费保障机制,支出731.8亿元,全国1.3亿名农村义务教育阶段学生全部享受免除学杂费和免费教科书政策,中西部地区约1228万名农村义务教育阶段家庭经济困难寄宿生获得生活费补助。免除2900多万名城市义务教育阶段学生的学杂费。落实农村义务教育薄弱学校改造计划。全面清理化解农村义务教育债务。将普通高中家庭经济困难学生纳入国家资助政策体系,提高高校国家助学金资助标准。加强职业教育基础能力建设,免除440万名中等职业学校家庭经济困难学生和涉农专业学生学费,继续实施中等职业学校国家助学金政策等,共支出209.09亿元。启动新一轮“985工程”建设,推进“211工程”、高校本科教学质量与教学改革工程等,共支出606.63亿元。加大对地方高校改革发展的支持力度,支出200.67亿元。

(2)科学技术支出1728.34亿元,完成预算的105.8%,增长14.3%。其中,中央本级支出1661.3亿元,对地方转移支付67.04亿元。实施国家科技重大专项,支出302亿元。支持国家自然科学基金、“973计划”、国家重点实验室建设运行等基础研究,支出244.39亿元。加强前沿技术研究、社会公益研究和重大共性关键技术研究开发等应用研究,支出904.13亿元。实施重点产业调整振兴规划，促进企业技术改造和自主创新，支出200亿元。推动区域科技创新体系建设，促进产学研用有机结合。

(3)文化体育与传媒支出316亿元，完成预算的100.5%。其中，中央本级支出150.13亿元，对地方转移支付165.87亿元。加强乡镇综合文化站、农家书屋、农村电影放映等重点文化惠民工程建设，丰富农村文化生活，改善基层公共文化体育设施条件。全国向社会免费开放的公共博物馆、纪念馆达到1743家。大遗址、重点文物和非物质文化遗产保护工作继续加强。强化新闻媒体传播能力建设，促进深化文化体制改革，推动文化产业发展。

(4)医疗卫生支出1485.35亿元，完成预算的106.9%，增长16.7%。其中，中央本级支出73.56亿元，对地方转移支付1411.79亿元。新型农村合作医疗参合人数达到8.35亿人，城镇居民基本医疗保险参保人数达到1.95亿人，财政补助标准达到人均120元，中央财政共补助560亿元。支持未参保的关闭破产国有企业退休人员和困难企业职工参加城镇职工基本医疗保险，补助63亿元。进一步提高城乡医疗救助水平，补助94亿元。加强基层医疗卫生服务体系建设，支出225亿元。在60%的政府举办的基层医疗卫生机构实施国家基本药物制度，推进体制机制综合改革。支持向城乡居民免费提供9类基本公共卫生服务，实施重大公共卫生服务项目，共补助295.69亿元。启动公立医院改革试点。

(5)社会保障和就业支出3784.99亿元，完成预算的105.7%，增长14.8%。其中，中央本级支出428.25亿元，对地方转移支付3356.74亿元。全国新型农村社会养老保险试点覆盖面达到24%，补助资金120亿元。开展做实企业职工基本养老保险个人账户试点，继续提高企业退休人员基本养老金水平，基本养老金月人均标准达到1400元，对企业职工基本养老保险基金共补助1561亿元。提高城乡低保补助标准，支出633.01亿元。提高优抚对象等人员抚恤和生活补助标准，支出215.62亿元。建立孤儿基本生活保障制度。切实保障受灾地区群众的基本生产生活，适当提高因灾农户倒损住房恢复重建中央补助标准，支出137.69亿元。做好国有企业政策性关闭破产相关工作，补助资金71.75亿元。落实更加积极的就业政策，积极推行以工代赈，鼓励企业吸纳下岗失业人员，促进高校毕业生就业，对返乡农民工等实施特别职业培训计划。加大小额担保贷款财政贴息力度，扩大扶持范围。

(6)住房保障支出1125.73亿元，完成预算的113.4%，增长15%。其中，中央本级支出386.48亿元，对地方转移支付739.25亿元。加强保障性安居工程建设，全国保障性住房和棚户区改造住房开工590万套，基本建成370万套，加快推进农村危房改造和游牧民定居工程，中央财政保障性安居工程支出764.86亿元，增长38.9%。行政事业单位职工住房公积金等支出352.16亿元。

(7)农林水事务支出3879.66亿元，完成预算的102.7%，增长10.5%。其中，中央本级支出387.89亿元，对地方转移支付3491.77亿元。落实农资综合补贴动态调整机制，农作物良种补贴覆盖地域和品种范围进一步扩大，农机购置补贴范围增加到12大类180个品目，共补贴1074.9亿元。促进农业科技成果转化和先进适用农业技术推广应用，扶持农民专业合作组织发展，推动优势特色和安全高效农业发展，支出114亿元。农业综合开发支出192亿元，改造中低产田、建设高标准农田2411.72万亩，增加粮食综合生产能力311.2万吨。农业林业保险保费补贴支出67.77亿元，累计参保农户达到1.3亿户次。创新财政扶贫开发机制，支持贫困地区发展特色优势产业，补助资金260亿元，覆盖扶贫对象3597万人。农业农村基础设施建设支出1352亿元，完成第一轮病险水库除险加固三年规划任务，启动第二轮重点小型病险水库除险加固，新增450个县实施小型农田水利重点县建设，推进大中型灌区续建配套节水改造等重点工程以及农村电网改造。村级公益事业建设一事一议财政奖补试点范围扩大到27个省份，支出102.67亿元，5.3亿农民受益。中央财政森林生态效益补偿基金支持的国家级公益林扩大到10.49亿亩，支出75.81亿元。

(8)国土气象等事务支出370.04亿元，完成预算的110%，增长51.4%，主要是探矿权采矿权使用费及矿产资源补偿费收入增加较多，按有关规定专项用于矿产资源开发和利用。其中，中央本级支出176.39亿元，对地方转移支付193.65亿元。支持实施与地质和矿业有关的重大项目，进一步加强基础性调查、矿山环境治理及矿产资源节约与综合利用等方面。

(9)环境保护支出1443.1亿元，完成预算的102.1%，增长25.3%。其中，中央本级支出69.48亿元，对地方转移支付1373.62亿元。推动节能减排，支出851.25亿元。扶持1184个重点节能项目，促进773户企业开展节能技术改造，支持经济欠发达地区1689户企业淘汰落后产能。推动532个环境监测站和691个环境监察执法机构开展标准化建设，实施三河三湖及松花江流域水污染防治等重大减排工程，支持城镇污水处理设施配套管网建设8.7万公里。在8个省份约4100个村庄推进农村环境连片整治示范工作，改善农村生活环境。扩大节能产品惠民工程实施范围，推广高效节能空调近3000万台、高效照明产品1.6亿只。

公共领域节能与新能源汽车示范推广试点城市扩大到25个，在6个城市启动私人购买新能源汽车补贴试点。加快发展可再生能源，支出106.31亿元。实施金太阳工程，积极推进光伏发电国内规模化应用。促进生物质能源、风电等发展，在26个城市、62个县启动可再生能源建设应用示范。巩固退耕还林、退牧还草成果，推进林业重点工程和草原生态建设，支出468.06亿元。

（10）交通运输支出2599.25亿元，完成预算的122.7%，增长19.3%。其中，中央本级支出1489.58亿元，对地方转移支付1109.67亿元。推进国省干线等公共交通基础设施建设，新建、改造30万公里农村公路，支出1512亿元。对城市公交等部分公益性行业给予油价补贴，支出187.11亿元。取消政府还贷二级公路收费，补助地方260亿元。推进铁路、高速公路、机场等项目建设，支出125亿元。

（11）资源勘探电力信息等事务支出827.77亿元，完成预算的118.9%，下降2.8%。其中，中央本级支出488.38亿元，对地方转移支付339.39亿元。推进资源勘探电力信息等基础设施建设，支出484亿元。促进中小企业发展，支出93.43亿元。

（12）粮油物资储备管理事务支出793.24亿元，完成预算的73.6%，下降28.2%，主要是据实结算的粮油利息费用等补贴减少。其中，中央本级支出495.12亿元，对地方转移支付298.12亿元。实施粮食直补支出151亿元。提高粮食最低收购价，补贴利息费用109亿元。加强粮油以及石油、有色金属等重要物资储备体系建设，支出257.9亿元。

（13）商业服务业等事务支出802.85亿元，完成预算的94.2%，增长29.9%，与预算的差异主要是据实结算的石油、棉花等物资储备费用减少。其中，中央本级支出140.91亿元，对地方转移支付661.94亿元。继续实施家电汽车下乡以及家电、汽车以旧换新政策，补贴403.58亿元。国家储备棉、糖、肉等补贴支出31.93亿元。推进新农村现代流通服务网络工程建设，促进商贸流通服务业发展，支出81亿元。

（14）地震灾后恢复重建支出794.34亿元，完成预算的101.8%。其中，中央本级支出37.9亿元，对地方转移支付756.44亿元。汶川地震灾后恢复重建三年任务两年基本完成。2008-2010年，汶川地震灾后恢复重建支出累计2330.88亿元，加上中央国有资本经营预算等安排的支出655.82亿元和结转下年支出46.57亿元，合计3033.27亿元，实现三年中央财政对地震灾后恢复重建投入3000亿元的规划目标。

（15）国防支出5182.27亿元，完成预算的99.8%，增长7.3%。与预算的差异主要是据实结算的退役士兵安置经费低于预计。其中，中央本级支出5176.35亿元，对地方转移支付5.92亿元。支持改善军队官兵生活待遇，加强信息化建设，适当增加装备及配套设施，提高军队抢险救灾应急能力等。

（16）公共安全支出1475.42亿元，完成预算的106.1%，增长14.6%。其中，中央本级支出875.2亿元，对地方转移支付600.22亿元。推进政法经费保障体制改革，不断提高保障水平。防灾减灾和灾害应急救援体系建设得到加强。

（17）一般公共服务支出992.7亿元，完成预算的97.8%，下降8.3%，主要用于保障机关正常运转，以及支持地方落实自主择业军转干部退役金。其中，中央本级支出837.24亿元，对地方转移支付155.46亿元。

（18）国债付息支出1512.36亿元，完成预算的98.5%，增长14.5%。

汇总以上各项支出，2010年中央财政用在与人民群众生活直接相关的教育、医疗卫生、社会保障和就业、住房保障、文化方面的民生支出合计8898.54亿元，增长19.9%。农业水利、交通运输和环境保护等支出也与民生密切相关，中央财政对地方的税收返还和一般性转移支付大部分也用于民生支出。2010年中央财政用于“三农”的支出合计8579.7亿元，增长18.3%。其中：支持农业生产支出3427.3亿元，对农民的粮食直补、农资综合补贴、良种补贴、农机购置补贴支出1225.9亿元，促进农村教育、卫生等社会事业发展支出3350.3亿元，农产品储备费用和利息等支出576.2亿元。需要说明的是，民生和“三农”支出不是单独的预算科目，为了便于审议，将与民生和“三农”相关的支出项目综合反映出来，因而存在一些交叉重复。

（二）政府性基金预算执行情况

2010年全国政府性基金收入35781.94亿元，全国政府性基金支出32582.64亿元。

中央政府性基金收入3175.57亿元，完成预算的124.3%。其中：三峡工程建设基金收入59.16亿元，铁路建设基金收入616.92亿元，港口建设费收入114.44亿元，民航机场管理建设费收入136.41亿元，彩票公益金收入247.73亿元，大中型水库移民后期扶持基金收入183.44亿元，中央农网还贷资金收入91.44亿元等。加上2009年结转收入631.34亿元，2010年使用的中央政府性基金收入总量3806.91亿元。中央政府性基金支出3016.75亿元，完成预算的94%。其中：中央本级支出2284.05亿元，包括三峡工程建设支出69.89亿元，铁路建设支出582亿元，港口建设支出87.15亿元，民航机场管理建设支出46.76亿元，彩票公益金用于社会福利、体育、教育等社会公益事业支出139.1亿元，大中型水库移民后期扶持基金支出0.45亿元，中央农网还贷资金支出102.87亿元等；对地方转移支付732.7亿元，增加133.4亿元，增长22.3%。中央政府性基金结转下年支出790.16亿元。

地方政府性基金本级收入32606.37亿元，完成预算的201.9%。其中：国有土地使用权出让收入29109.94亿元，完成预算的213.2%，主要是土地供应增加、地价总体水平上升以及收入管理加强等因素所致。城市基础设施配套费收入610.87亿元。彩票公益金收入243.64亿元。地方教育附加收入242.82亿元。加上中央政府性基金对地方转移支付732.7亿元，地方政府性基金收入为33339.07亿元。地方政府性基金支出30298.59亿元，完成预算的175%。其中：国有土地使用权出让收入安排的支出26975.79亿元，包括征地拆迁补偿等成本性支出13395.6亿元、农村基础设施建设和补助农民等支出2248.27亿元、廉租住房保障支出463.62亿元、破产或改制企业土地出让收入用于安置职工支出3336.63亿元、按城市房地产管理法有关规定用于城市建设的支出7531.67亿元。彩票公益金支出288.19亿元，用于社会福利、体育、教育等社会公益事业。城市基础设施配套支出479.68亿元。地方教育附加支出177.41亿元。地方政府性基金收入大于支出部分结转下年使用。

(三)中央国有资本经营预算执行情况

2010年收取中央企业国有资本收益558.7亿元，完成预算的132.7%。超过预算主要是将国有股减持收入纳入国有资本经营预算管理。加上2009年结转收入18.9亿元，使用的收入总量为577.6亿元。中央国有资本经营支出563.43亿元，其中：补充全国社会保障基金支出148.54亿元，地震灾后恢复重建支出9.32亿元，国有经济和产业结构调整支出179.5亿元，中央企业改革脱困补助支出121.96亿元，重大科技创新支出32亿元，重大节能减排支出30亿元，境外投资支出22.41亿元，社会保障等支出4.7亿元，调入公共财政预算用于民生方面的支出10亿元，新疆生产建设兵团产业发展资金支出5亿元。

以上有关预算执行的具体情况详见《中华人民共和国2010年全国预算执行情况2011年全国预算(草案)》。

(四)积极的财政政策实施情况

认真落实积极的财政政策，促进国民经济继续朝着宏观调控的预期方向发展，进一步巩固经济向好势头。

提高城乡居民收入，扩大居民消费需求。增加对农民的补贴，加强农业基础设施和农业综合生产能力建设，促进农民增收。提高对城乡低保对象、企业退休人员和优抚对象等群体的补助水平，增强居民消费能力。继续实施家电汽车下乡以及家电、汽车以旧换新等鼓励消费的一系列政策。

安排使用好政府公共投资，优化投资结构。通过统筹使用公共财政预算拨款、政府性基金收入、国有资本经营收益等，中央政府公共投资支出10710亿元，主要用于农业基础设施及农村民生工程、教育卫生等社会事业、保障性安居工程、节能减排和生态建设、自主创新和结构调整等方面。继续代理发行2000亿元地方政府债券，优先用于公益性项目续建和收尾。

落实结构性减税政策，引导企业投资和居民消费。巩固增值税转型改革以及成品油税费改革成果。对部分小型微利企业实施所得税优惠政策。对1.6升及以下排量乘用车减按7.5%的税率征收车辆购置税。继续执行各项税费减免政策，严格行政事业性收费和政府性基金项目的审批管理。

(五)财税改革进展情况

优化转移支付结构，提高一般性转移支付规模和比例，归并和清理专项转移支付项目。完善民族地区转移支付办法，健全生态功能区转移支付制度，资源枯竭城市转移支付规模逐步扩大。建立完善县级基本财力保障机制，增强基层政府公共服务保障能力。27个省份970个县实行了省直管县财政管理方式改革，2.86万个乡镇实行了乡财县管财政管理方式改革。健全公共财政预算，全面编制中央和地方政府性基金预算，继续扩大国有资本经营预算制度试点范围，启动试编社会保险基金预算。深化部门预算、国库集中收付、政府采购等预算管理制度改革。资源税改革相继在新疆和西部地区试点。统一了内外资企业和个人城市维护建设税、教育费附加制度。积极推动收入分配制度改革。义务教育学校绩效工资政策全面落实。公共卫生与基层医疗卫生事业单位绩效工资政策加快实施。

(六)落实全国人大预算决议有关情况

按照第十一届全国人民代表大会第三次会议有关决议，以及十一届全国人大财政经济委员会的审查意见，加强和改善财政宏观调控，着力保障重点支出，完善预算编制，严格预算执行，推进财税体制改革，加强政府债务管理。深入推进财政科学化精细化管理。预算法、注册会计师法修订和车船税立法工作取得重要进展。进一步细化预算编制，减少代编预算规模，预算年初到位率有所提高。积极开展重大项目预算评审，增强项目支出预算的准确性和科学性。提前通知中央转移支付预计数额，地方预算编制的完整性明显增强。提高预算执行的均衡性和效率，12月份全国财政支出占全年支出的比重，从2009年的26.3%下降到2010年的20.1%。制定加强地方政府融资平台公司管理具体实施方案，完善相关政策，组织清理核实融资平台公司债务。预算编制、执行、决算和监督相互协调、相互促进的机制不断健全。“小金库”专项治理工作不断深入。组织开展强农惠农资金专项清理和检查,促进管理机制的创新和完善。预算公开全面推进,对外公开的中央财政预算表格从2009年的4张增加到2010年的12张,支出预算表细化到了款级科目。74个中央预算部门公开了部门预算。地方预算公开取得新的进展。加强支出标准体系建设等财政管理基础工作。不断规范乡镇财政管理,监管力度逐步增强。顺利完成全国人大常委会对2009年中央决算询问的应询工作,年中向全国人大常委会报告预算执行情况,并根据审议意见落实相关改进措施,有关情况国务院已向十一届全国人大常委会报告。

2010年是“十一五”的最后一年。回顾过去的五年,财政发展改革呈现新的面貌。

财政收支规模不断扩大,支出结构进一步优化。“十一五”时期,全国公共财政总收入30.3万亿元,年均增长21.3%;全国公共财政总支出31.9万亿元,年均增长21.4%。国家财政用于民生方面的投入大幅增加,城乡免费义务教育全面实现,城乡居民基本医疗保障水平显著提高,覆盖城乡的社会保障制度框架基本形成,公共文化服务体系建设明显加快。“十一五”时期全国公共财政用于教育、医疗卫生、社会保障和就业、文化方面的支出达到4.45万亿元、1.49万亿元、3.33万亿元和5600亿元,分别比“十五”时期增长1.6倍、2.6倍、1.3倍和1.4倍。中央财政用于“三农”的支出累计近3万亿元。

财税政策不断完善,财政宏观调控进一步加强。根据国内外经济形势的发展变化,先后实施了稳健的财政政策和积极的财政政策,并与货币政策、产业政策等协调配合,健全了社会主义市场经济条件下的宏观调控体系,有效应对了国际金融危机的冲击,并为长期可持续发展奠定了基础。

财税改革不断深化,公共财政体系进一步健全。财政转移支付制度逐步完善,县级基本财力保障机制初步建立,政府预算体系框架基本形成。农业税全面取消,增值税转型改革全面实施,内外资企业税制全面统一,消费税制度继续完善,成品油税费改革顺利推进,资源税改革启动试点,地方税改革稳步推进。

财政管理不断加强,管理水平进一步提高。依法理财深入推进,政府收支分类科目体系不断健全,预算编制和执行管理得到加强,预算公开工作加快推进,财政监督机制不断完善,财务会计制度进一步健全,较好保障了财政职能作用的发挥。

上述成绩的取得,是党中央、国务院统揽全局、正确领导的结果,是各地区、各部门密切配合、扎实工作的结果,是全国各族人民团结奋斗、共同努力的结果。同时,我们也清醒地认识到,财政运行和管理工作中还存在一些突出问题,主要是:一些县乡基层财政仍比较困难,基本财力保障力度还需加大;财力与事权相匹配的财政体制尚需完善,推进地区、城乡之间基本公共服务均等化任务相当艰巨;促进经济发展方式转变的财税政策还不够健全,财政调节收入分配的作用需要进一步增强;地方政府性债务风险不容忽视;土地出让收支管理亟待加强;财政管理仍比较薄弱,支出进度还不够均衡,资金使用效益尚需提高。我们将高度重视这些问题,继续采取有效措施,努力加以解决。

二、2011年中央和地方预算草案

(一)当前我国财政形势

2011年我国发展面临的形势仍然极其复杂。世界经济将继续缓慢复苏,但复苏的基础不牢。我国经济向好趋势没有改变,但面临的矛盾和问题也不少。从财政看,收支矛盾依然比较突出。收入方面,经济持续平稳较快发展为财政收入增长奠定了基础,同时,由于2010年收入基数较高,加上外贸进出口快速增长的态势难以持续,车市逐步降温,以及实施个人所得税改革、调整增值税和营业税征收范围、继续对部分小型微利企业实施所得税优惠政策等,也会减少一些收入。2011年财政收入增幅将比上年有所回落。支出方面,完成公共投资在建项目,加强农业、水利等基础设施建设,需要保持一定的投资规模。加快经济结构调整和发展方式转变,推进教育、医药卫生和社会保障等重点领域改革,切实保障和改善民生,应对通货膨胀压力,加大对低收入群体的补助力度等,需要进一步加大财政投入,支出压力很大。

(二)财政预算编制和财政工作总体要求

根据中央决策部署,结合面临的经济财政形势,2011年财政预算编制和财政工作的指导思想是:全面贯彻党的十七大和十七届五中全会精神,以邓小平理论和“三个代表”重要思想为指导,深入贯彻落实科学发展观,紧紧围绕科学发展主题和加快转变经济发展方式主线,继续实施积极的财政政策,深化财税制度改革,推进国民收入分配格局调整,优化财政支出结构,加大对“三农”、教育、医疗卫生、社会保障和就业、保障性安居工程、节能环保以及欠发达地区的支持力度,切实保障和改善民生,推动经济增长、结构调整、区域协调和城乡统筹发展。坚持依法理财和统筹兼顾、增收节支的方针,加强财政科学管理,从严控制一般性支出,提高财政资金使用效益,促进经济平稳较快发展与社会和谐稳定。

根据这一指导思想,2011年继续实施积极的财政政策,主要体现在以下几个方面:

一是提高城乡居民收入,扩大居民消费需求。促进调整国民收入分配格局，增加财政补助规模，提高城乡低收入群体的基本收入，增强其消费能力。完善各项强农惠农政策，努力扩大就业，支持建立健全企业职工工资正常增长机制，提高企业退休人员基本养老金和城乡居民最低生活保障标准，落实义务教育学校、公共卫生和基层医疗卫生事业单位绩效工资等政策。完善家电下乡和以旧换新等有利于扩大消费的政策。

二是着力优化投资结构，加强经济社会发展的薄弱环节。中央基建投资主要用于支持保障性安居工程、以水利为重点的农业基础设施、教育卫生基础设施建设，节能减排和生态环保，新疆、西藏及四省藏区经济社会发展，自主创新和战略性新兴产业发展等方面，优先保证重点在建、续建项目的资金需求，有序启动"十二五"规划重大项目建设。同时，进一步鼓励和引导民间投资健康发展。

三是调整完善税收政策，促进企业发展和引导居民消费。继续改革和完善税制，清理规范行政事业性收费和政府性基金，更好地发挥税收调节经济和收入分配的作用，促进加快转变经济发展方式。开展增值税改革试点，完善消费税制度，分步实施个人所得税制度改革，推进资源税改革。继续对部分小型微利企业实施所得税优惠政策，支持中小企业发展。实施有利于节能减排、环境保护和增加就业的税收优惠政策。

四是进一步优化财政支出结构，保障和改善民生。增加"三农"、欠发达地区、社会事业、结构调整、科技创新等重点支出，促进民生改善和各项社会事业发展，让群众得到更多看得见、摸得着的实惠。大力支持玉树、舟曲灾后恢复重建。压缩一般性支出，切实降低行政成本。

五是大力支持经济结构调整和区域协调发展，推动经济发展方式转变。加大对科技创新的支持力度，推进科技成果转化。促进战略性新兴产业发展，支持中小企业和服务业发展，积极推进产业结构调整、企业兼并重组和技术改造。鼓励并扩大关键零部件及先进设备进口，引进先进技术。大力支持节能减排，加快建立生态环境补偿机制，全面建立草原生态保护补助奖励机制。增加中央对地方一般性转移支付，加大对革命老区、民族地区、边疆地区和贫困地区的支持力度，实施促进区域协调发展的相关财税政策。

2011年要在促进经济平稳较快发展的基础上，集中财力办几件保障和改善民生的大事：一是全面落实国家中长期教育改革和发展规划纲要要求，加大教育投入力度，提高教育资金使用效率；二是大力支持医药卫生体制改革，提高医疗服务和保障水平；三是加大保障性安居工程投入力度，推进公共租赁房、廉租房建设和农村危房及各类棚户区改造；四是支持加快建立覆盖城乡居民的社会保障体系，进一步扩大新型农村社会养老保险试点范围，并将试点地区城镇无收入居民纳入保障范围；五是加强农业农村基础设施建设，大力推进农田水利建设、中小河流治理、小型病险水库除险加固、山洪灾害防治等，切实改善农村生产生活条件；六是支持节能减排和科技创新，促进经济结构调整和发展方式转变。

(三)2011年公共财政预算安排情况

根据中央经济工作会议确定的2011年经济发展预期指标、经济社会政策和财政预算编制的总体要求，2011年公共财政预算主要指标拟安排如下：中央财政收入45860亿元，比2010年执行数(下同)增长8%。从中央预算稳定调节基金调入1500亿元。合计收入总量为47360亿元。中央财政支出总量54360亿元，增长12.5%。其中，中央本级支出17050亿元，增长6.7%；中央对地方税收返还和转移支付支出37310亿元，增长15.3%。中央财政收支总量相抵，赤字7000亿元，比2010年预算数减少1500亿元。中央财政国债余额限额77708.35亿元。

根据地方预算初步安排情况，中央财政代编的地方本级收入43860亿元，增长8%，加上中央对地方税收返还和转移支付收入37310亿元，地方财政收入合计81170亿元，地方财政支出83170亿元，收支相抵，差额2000亿元，国务院同意由财政部代理发行地方政府债券弥补，并列入省级预算管理。地方财政收支安排以同级人民代表大会批准的预算为准。

汇总中央预算和地方预算安排，全国财政收入89720亿元，增长8%，加上从中央预算稳定调节基金调入1500亿元，可安排的收入总量为91220亿元；全国财政支出100220亿元，增长11.9%。全国财政收支差额9000亿元，占GDP的比重由2010年的2.5%下降到2%左右。这样安排，既考虑了巩固和发展应对国际金融危机冲击成果、保持经济平稳较快发展的需要，也体现了促进财政可持续发展的要求。

中央预算稳定调节基金情况。2010年年底余额为2368.13亿元，2011年预算调入使用1500亿元，剩余868.13亿元。

1. 中央财政主要收入项目安排情况

国内增值税17570亿元，增长10.5%。国内消费税6500亿元，增长7.1%。进口货物增值税、消费税11220亿元，增长7%。关税2170亿元，增长7%。企业所得税8380亿元，增长7.5%。个人所得税3120亿元，增长7.5%。证券交易印花税550亿元，增长4.2%。出口退税8005亿元，增长9.2%，相应冲减财政收入。车辆购置税1927亿元，增长7.5%。非税收入2080亿元，增长5.7%。

2. 中央财政主要支出项目安排情况

进一步优化财政支出结构，优先保障加强“三农”、改善民生、发展社会事业、促进经济结构调整、深化改革等方面的支出。中央财政主要支出项目（包括中央本级支出和中央对地方转移支付）拟安排如下：

（1）教育支出2963.57亿元，增长16.3%。其中，中央本级支出786.45亿元，对地方转移支付2177.12亿元。重点支持中西部地区和民族地区发展农村学前教育，安排补助30亿元。完善农村义务教育经费保障机制，提高农村中小学公用经费生均基准定额，继续实施免除城市义务教育阶段学生学杂费政策，解决进城务工人员子女平等接受义务教育问题，共安排921.24亿元。继续实施农村义务教育薄弱学校改造计划等，安排资金165.14亿元。落实中等职业学校家庭经济困难学生和涉农专业学生免学费政策，加强职业教育基础能力建设，安排资金134亿元。健全普通高中、普通本科高校、高等和中等职业学校家庭经济困难学生资助政策体系，安排补助经费271亿元。实施“985工程”、“211工程”等，加快建设一流大学和一流学科，开展优势学科创新平台建设，安排资金717.25亿元。支持提高地方高校生均拨款水平，推动地方高校发展改革，安排资金200亿元。促进特殊教育、民族地区教育发展。

（2）科学技术支出1944.13亿元，增长12.5%。其中，中央本级支出1901.59亿元，对地方转移支付42.54亿元。加快实施国家科技重大专项，安排435亿元，增长44%。增加对国家自然科学基金的投入，推动国家重点实验室和基础科研机构科研能力建设，安排基础研究资金257.19亿元。重点支持前沿技术研究、社会公益研究和重大共性关键技术研究开发，安排应用研究资金990.63亿元。扩大重大科研装备自主研制试点范围。加大对区域创新能力建设的引导支持，推动科技成果向现实生产力转化。

（3）文化体育与传媒支出374.43亿元，增长18.5%。其中，中央本级支出188.4亿元，对地方转移支付186.03亿元。优先支持涉及农村和基层群众切身利益的文化建设项目。保障博物馆、纪念馆等公益性文化设施免费开放。加大国家重点文物和大遗址保护力度。积极推动文化体制改革和文化事业、产业发展。加强新闻媒体国际传播能力建设。

（4）医疗卫生支出1727.58亿元，增长16.3%。其中，中央本级支出63.56亿元，对地方转移支付1664.02亿元。加上2009年安排的1273.21亿元和2010年安排的1485.35亿元，完成中央财政支持深化医药卫生体制改革的三年新增投入计划。将城镇职工基本医疗保险、城镇居民基本医疗保险和新型农村合作医疗保险参保率提高到90%以上，将新型农村合作医疗和城镇居民基本医疗保险的财政补助标准由人均120元提高到200元，中央财政安排760亿元，增长35.7%。支持在政府举办的基层医疗卫生机构全面实施国家基本药物制度，推进基层医疗卫生机构综合改革。将城乡居民人均基本公共卫生服务经费标准由15元提高到25元，继续支持实施重大公共卫生服务项目，安排346亿元。推动公立医院改革试点。加大城乡医疗救助力度，安排80亿元。

（5）社会保障和就业支出4414.34亿元，增长16.6%。其中，中央本级支出484.79亿元，对地方转移支付3929.55亿元。支持将新型农村社会养老保险试点范围由全国24%的县扩大到40%的县，并将城镇无收入居民纳入养老保险范围，安排补助资金131亿元。对全国城乡低保对象、农村五保户等8600多万困难群众发放一次性生活补贴，安排资金104亿元。将企业退休人员月人均基本养老金水平提高140元左右，完善企业职工基本养老保险省级统筹制度，妥善解决未参保集体企业退休人员的基本养老保障问题，安排企业职工基本养老保险补助资金1796亿元，增长15.1%。提高城乡最低生活保障标准，中央财政共安排补助资金749亿元，增长18.3%。调整优抚对象等人员抚恤和生活补助标准，安排补助资金257.7亿元，增长19.5%。适当提高孤儿基本生活补助标准，安排36亿元。安排自然灾害生活救助资金106.5亿元。继续做好国有企业政策性关闭破产收尾工作，安排补助资金60亿元。扩大鼓励创业政策的扶持范围，做好就业帮扶、职业技能培训和创业培训等。

（6）住房保障支出1292.66亿元，增长14.8%。其中，中央本级支出291.63亿元，对地方转移支付1001.03亿元。通过加大各级财政投入、积极引导社会资金参与，加快公共租赁房和廉租房建设，推进城市、工矿、林区、垦区、煤矿等棚户区改造，以及农村危房改造和游牧民定居工程，中央财政安排保障性安居工程支出1030亿元，增长34.7%。行政事业单位职工住房公积金等支出安排262.66亿元。

（7）农林水事务支出4588.83亿元，增长18.3%。其中，中央本级支出424.19亿元，对地方转移支付4164.64亿元。强化以水利为重点的农业农村基础设施建设，大力支持中小河流治理、小型病险水库除险加固和山洪地质灾害防治，扩大小型农田水利重点县建设和国家水土保持重点建设工程实施范围，推进大中型灌区续建配套节水改造以及农村电网改造等，安排资金1575.4亿元。农资综合补贴安排860亿元，增长20.1%。健全农作物良种补贴制度，提高补贴标准，安排资金220亿元。增加农机购置补贴规模，安排175

亿元。推动现代农业建设和优势特色产业发展，安排资金 90 亿元。以粮食主产区为重点，加快全国新增千亿斤粮食生产能力建设，加强中低产田改造，推进高标准农田建设，促进农业产业化经营，提高农业综合生产能力，安排农业综合开发资金 230 亿元，增长 19.8%。建立草原生态保护补助奖励机制，安排资金 136.6 亿元。支持集中连片特殊类型贫困地区实施扶贫攻坚，发展贫困地区特色优势产业，安排资金 306 亿元，增长 17.7%。完善农业保险保费补贴政策，安排资金 94.06 亿元。全面实施村级公益事业建设一事一议财政奖补，安排奖补资金 160 亿元，增长 55.8%。全面清理化解农村义务教育债务，继续实施其他公益性乡村债务清理化解试点。

(8)国土资源气象等事务支出 454.89 亿元，增长 22.9%，增幅较高主要是探矿权采矿权使用费及矿产资源补偿费收入预计增加较多，按有关规定专项用于矿产资源开发和利用。其中，中央本级支出 167.48 亿元，对地方转移支付 287.41 亿元。加强矿产资源勘查、矿山地质环境恢复治理以及矿产资源节约和综合利用，支持开展海域使用监管和保护等工作。

(9)节能环保支出 1591.85 亿元，增长 10.3%。其中，中央本级支出 74.37 亿元，对地方转移支付 1517.48 亿元。加强重点节能工程建设，促进清洁生产、节能技术改造、节能产业发展，继续支持淘汰落后产能，推进建筑节能，进一步加大节能产品惠民工程实施力度，扩大对购买节能和新能源汽车的补贴范围，加强重金属污染治理以及重点地区、重点流域生态综合治理，推进农村环境综合整治，安排节能减排资金 945 亿元。支持实施金太阳工程，加强生物质能源综合利用，推动可再生能源建筑应用示范，鼓励企业生产循环化、物资再制造和利用，安排 122 亿元。推动实施天然林资源保护二期工程，安排资金 140.84 亿元，增长 1.2 倍。支持实施重大生态修复工程，巩固退耕还林成果，安排 327 亿元。鼓励重要能源、资源、原材料进口，严格控制“两高一资”产品出口。促进重点领域低碳技术研究推广，支持实施《应对气候变化国家方案》。

(10)交通运输支出 2866.91 亿元，增长 10.3%。其中，中央本级支出 400.24 亿元，对地方转移支付 2466.67 亿元。推进农村公路、国省干线等公共交通基础设施建设，安排 1966.4 亿元。继续对城市公交、农村客运等部分公益性行业给予油价补贴，安排 296.47 亿元。支持地方取消政府还贷二级公路收费，安排补助资金 260 亿元。

(11)资源勘探电力信息等事务支出 744.86 亿元，下降 10%，主要是相关基建支出减少。其中，中央本级支出 410.88 亿元，对地方转移支付 333.98 亿元。推进资源勘探电力信息等基础设施建设，安排资金 381 亿元。安排专项资金 35 亿元，支持战略性新兴产业技术研发和示范等工作。促进各类中小企业发展，安排专项资金 103.44 亿元。

(12)粮油物资储备事务支出 1130.5 亿元，增长 23.9%。其中，中央本级支出 796.28 亿元，对地方转移支付 334.22 亿元。取消粮食主产区粮食风险基金地方配套，增加中央财政补助规模，安排粮食风险基金 293 亿元。支持稳步提高小麦、稻谷最低收购价，增加粮油、石油、有色金属等重要物资储备，安排 703.87 亿元。

(13)商业服务业等事务支出 706.14 亿元，增长 3.3%。其中，中央本级支出 24.66 亿元，对地方转移支付 681.48 亿元。完善家电下乡和以旧换新政策，安排补贴资金 426 亿元。继续推进新农村现代流通服务网络工程建设，促进商贸流通服务业发展，安排资金 94 亿元。

(14)国防支出 5835.91 亿元，增长 12.6%。其中，中央本级支出 5829.56 亿元，对地方转移支付 6.35 亿元。主要用于支持军队现代化建设和改善军队官兵生活待遇。

(15)公共安全支出 1617.32 亿元，增长 9.6%。其中，中央本级支出 1024.53 亿元，对地方转移支付 592.79 亿元。继续推进政法经费保障体制改革，提高基层政法机关装备水平和办案能力。

(16)一般公共服务支出 1118.84 亿元，增长 4.3%。严格控制一般性支出，对出国(境)经费、车辆购置及运行费、公务接待费等三项经费支出按不超过 2009 年压缩后的规模安排。其中，中央本级支出 876.85 亿元，对地方转移支付 241.99 亿元。

(17)国债付息支出 1839.84 亿元，增长 21.7%。

汇总以上各项支出，2011 年中央财政用在与人民群众生活直接相关的教育、医疗卫生、社会保障和就业、住房保障、文化方面的支出安排合计 10509.92 亿元，增长 18.1%。农业水利、交通运输和环境保护等支出也与民生密切相关，中央财政对地方的税收返还和一般性转移支付大部分也将用于保障和改善民生，民生支出合计将占中央财政支出的 2/3 左右。中央财政用于“三农”的支出安排合计 9884.5 亿元，增长 15.2%。其中：支持农业生产支出 3938.7 亿元，对农民的粮食直补、农资综合补贴、良种补贴、农机购置补贴支出 1406 亿元，促进农村教育、卫生等社会事业发展支出 3963.6 亿元，农产品储备费用和利息等支出 576.2 亿元。中央基建投资安排合计 3826 亿元。

3. 中央对地方税收返还和转移支付支出安排情况

进一步优化转移支付结构，2011 年中央对地方税收返还和转移支付支出37310亿元,增长15.3%。其中:税收返还5067.99亿元,增长1.4%;一般性转移支付17336.77亿元,增长18.5%;专项转移支付14905.24亿元,增长17.1%。在一般性转移支付中,均衡性转移支付安排6609.11亿元,增长21.2%。其中:安排县级基本财力保障机制奖补资金775亿元,增强基层政府提供基本公共服务的能力;安排资金300亿元,提高三江源等生态功能区的财政保障能力。民族地区转移支付安排370亿元,支持西藏、新疆等少数民族地区实现跨越式发展。继续实施资源枯竭城市转移支付制度,安排资金135亿元。成品油税费改革转移支付安排581亿元。

(四)政府性基金预算安排情况

2011年中央政府性基金预算收入2826.27亿元,下降11%。其中:铁路建设基金收入648亿元,港口建设费收入123.93亿元,民航机场管理建设费收入147.32亿元,彩票公益金收入261.5亿元,大中型水库移民后期扶持基金收入198.11亿元,中央农网还贷资金收入96.01亿元等。加上上年结转收入790.16亿元,可安排的中央政府性基金收入总量为3616.43亿元。中央政府性基金预算支出3616.43亿元,增长19.9%。其中:中央本级支出2384.93亿元,增长4.4%,包括铁路建设支出682.92亿元,港口建设支出101.71亿元,民航机场管理建设支出87.77亿元,彩票公益金用于社会福利、体育、教育等社会公益事业支出244.02亿元,大中型水库移民后期扶持基金支出0.47亿元,中央农网还贷资金支出105.95亿元等;对地方转移支付1231.5亿元,增长68.1%。

中央财政代编的地方政府性基金本级收入22995.47亿元,下降29.5%,主要是预计土地相关政府性基金收入减少。其中:国有土地使用权出让收入19753.41亿元,城市基础设施配套费收入446.67亿元,彩票公益金收入261.5亿元,地方教育附加收入274.13亿元。加上中央政府性基金对地方转移支付1231.5亿元,地方政府性基金收入为24226.97亿元。地方政府性基金支出24226.97亿元,下降20%。其中:用国有土地使用权出让收入安排的征地拆迁补偿成本性支出、城市建设等支出20339.57亿元;彩票公益金用于社会福利、体育、教育等社会公益事业支出351.4亿元;城市基础设施配套费安排的支出446.67亿元;地方教育附加安排的支出274.13亿元。

汇总中央和地方政府性基金收支,全国政府性基金收入25821.74亿元,下降27.8%,加上上年结转收入790.16亿元,可安排的全国政府性基金收入总量为26611.9亿元;全国政府性基金支出26611.9亿元,下降18.3%。

(五)中央国有资本经营预算安排情况

2011年,中央国有资本经营预算编制范围在原有基础上,新增教育部、中国国际贸易促进委员会所属企业,农业部、文化部、国家广播电影电视总局直属企业,中国出版集团公司以及中国对外文化集团公司,并适当提高中央企业国有资本收益收取比例。中央企业国有资本经营预算收入844.39亿元,增长51.1%。加上上年结转收入14.17亿元,可安排的预算支出858.56亿元。主要用于:国有经济和产业结构调整支出495.5亿元,中央企业改革脱困补助支出30.5亿元,重大科技创新支出35亿元,重大节能减排支出35亿元,境外投资支出30亿元,安全生产保障能力建设支出10亿元,兼并重组支出80亿元,新兴产业等发展支出45亿元,补充全国社会保障基金支出50亿元,社会保障等支出5亿元,调入公共财政预算用于民生方面的支出40亿元。随着国有资本经营预算制度的不断完善,今后将逐步增加对社保等民生方面的投入。同时,积极推进地方加快试编国有资本经营预算。

以上有关预算安排的具体情况详见《中华人民共和国2010年全国预算执行情况2011年全国预算(草案)》。

三、依法理财,加强管理,圆满完成2011年预算

(一)加强和改善财政宏观调控,促进经济社会又好又快发展。加强对经济运行情况的监测分析,密切跟踪积极财政政策的实施情况,适时调整和完善相关政策措施,强化财政政策与货币、产业等政策的协调配合。把稳定物价总水平放在更加突出的位置,大力支持粮油、蔬菜、棉花等基本生活必需品生产,稳定化肥、煤炭、成品油等供应,做好必需商品进口以及储备物资投放等,促进市场供求平衡和物价基本稳定,保障低收入群体的基本生活。

(二)加快财税体制改革,积极构建有利于转变经济发展方式的财税体制机制。完善政府间财力与事权相匹配的财政体制。健全财政转移支付制度,提高转移支付资金使用效益。完善省以下财政体制,做好健全县级基本财力保障机制相关工作。推进省直管县和乡财县管财政管理方式改革。完善公共财政预算,细化政府性基金预算,扩大国有资本经营预算实施范围并完善相关政策措施,继续试编全国社会保险基金预算。全面取消预算外资金,将所有政府性收入全部纳入预算管理。深入推进部门预算、国库集中收付、政府采购等预算管理制度改革。建立健全预算绩效管理制度。研究推进政府会计改革,探索试编政府资产负债表。在一些生产性服务业领域推行增值税改革试点,相应调减营业税,从制度上逐步解决货物与劳务税收政策不统一的问题。完善消费税制度,将部分容易产

生环境污染、大量消耗资源的产品以及部分高档消费品纳入消费税的征收范围。健全个人所得税制度，提高个人所得税工薪所得费用扣除标准，合理调整税率结构，降低中低收入者税负，强化对高收入的调节。进一步推进资源税改革。按照“正税清费”的原则，清理政府非税收入，提高税收收入占财政收入的比重。

(三)加强财政科学化精细化管理，努力提高财政资金绩效。加强财政法制体系建设，加快预算法、个人所得税法修订和增值税立法。进一步规范预算编制程序，细化预算编制内容，切实减少代编预算规模，继续提高预算年初到位率，严格部门预算管理。将预算编制与预算执行、结余结转资金管理和行政事业单位资产管理有机结合。狠抓预算执行管理，提高预算执行的及时性、均衡性和有效性。完善财政资金管理制度，严格财政监督，健全覆盖所有政府性资金和财政运行全过程的监督机制，切实维护资金安全。继续开展重大财税政策实施情况专项检查。积极推进全过程财政预算绩效管理试点。加快推进预算公开，进一步细化预算公开内容，推进基层财政部门和有关部门向社会公开重点民生支出情况，抓紧做好行政经费等支出公开的有关工作。继续推进“小金库”专项治理，切实抓好强农惠农资金和重点民生资金的监督检查工作。加强财政管理基础工作和基层建设。强化地方政府性债务管理，努力防范财政风险。抓紧建立融资平台公司债务全口径动态监控制度，规范融资平台公司债务管理。加快构建地方政府性债务规模控制和风险预警机制，促进地方政府举债融资的规范化。

(四)坚持勤俭节约，狠抓增收节支。强化收入形势监测，依法加强税收征管，坚决制止和纠正越权减免税收，强化非税收入管理，严厉打击发票违法犯罪活动，努力做到依法征管、应收尽收，确保完成财政收入预算。压缩一般性支出，对出国(境)经费、车辆购置及运行费、公务接待费等支出原则上实行零增长，严格控制党政机关办公楼等楼堂馆所建设，严禁超标准装修办公用房，努力降低行政成本。牢记“两个务必”，树立过紧日子的思想，严肃财经纪律，坚决反对铺张浪费。

各位代表，完成2011年预算意义重大。我们要在以胡锦涛同志为总书记的党中央领导下，高举中国特色社会主义伟大旗帜，坚持以邓小平理论和“三个代表”重要思想为指导，深入贯彻落实科学发展观，自觉接受全国人大的监督，虚心听取全国政协的意见和建议，开拓进取，扎实工作，确保圆满完成预算，为全面实现2011年经济社会发展各项目标作出积极贡献！

中共中央总书记胡锦涛参加十一届全国人大四次会议江苏代表团审议

在听取12位代表发言后，胡锦涛作了发言。他首先表示完全赞成政府工作报告，并对去年和“十一五”时期全国以及江苏省经济社会发展取得的显著成就给予充分肯定。

胡锦涛指出，加快转变经济发展方式是推动科学发展的必由之路，是我国经济社会领域的一场深刻变革，必须贯穿“十二五”时期经济社会发展全过程和各领域。要处理好保持经济平稳较快发展、调整经济结构、管理通胀预期的关系，加大产业结构调整力度，统筹国土空间开发利用，扩大节能减排成果，推进重点领域和关键环节改革，增创对外开放新优势。要注重加强自主创新，推动发展向主要依靠科技进步、劳动者素质提高、管理创新转变。要注重发展现代农业，在工业化、城镇化深入发展中同步推进农业现代化。

胡锦涛强调，要注重加强文化建设，充分发挥文化教育人民、引导社会、推动发展的作用，满足人民群众多样化、多层次精神文化需求。要加快构建终身教育体系、就业服务体系、社会保障体系、医疗保障体系、住房保障体系，切实解决好人民最关心最直接最现实的利益问题，让广大人民群众共享改革发展成果。要提高社会管理科学化水平，加强和完善党和政府主导的维护群众权益机制，维护社会和谐稳定，保持社会良好秩序。

胡锦涛指出，“十二五”时期经济社会发展目标任务要靠各级干部团结带领群众去实现。要坚持正确用人导向，全面提高干部素质和能力，使各级干部不断增强推动科学发展、促进社会和谐能力，以过硬的政治素质、工作本领、作风形象影响和引领广大群众，为各项事业发展提供重要组织保证。

中共中央政治局委员、中央书记处书记、中央组织部部长李源潮参加了审议。

全国人大常委会委员长吴邦国参加十一届全国人大四次会议安徽代表团审议

在认真听取代表发言后，吴邦国表示完全同意政府工作报告和“十二五”规划纲要草案。吴邦国说，“十一五”时期我国改革开放和社会主义现代化建设取得了新的重大成就，经济社会发展跨上了新台阶。“十二五”时期，是我国全面建设小康社会的关键时期，是深化改革开放、加快转变经济发展方式的攻坚时期。制定好、实施好“十二五”规划纲要，对于继续抓住和用好我国发展重要战略机遇期，夺取全面建设小康社会新胜利，具有十分重要的意义。我们要把思想和行动统一到中央对形势的分析判断和对工作的整体部署上来，坚持以科学发展为主题，以加快转变经济发展方式为主线，努力做好改革发展稳定各项工作，实现“十二五”时期良好开局，以优异成绩迎接中国共产党成立90周年。

吴邦国对安徽省的工作给予充分肯定，希望安徽结合实际创造性地开展工作，在推动科学发展上取得新的显著进步，在推动转变经济发展方式上取得实质性进展。为此，吴邦国强调了三点：

一要创新发展思路。加快转变经济发展方式必须进一步创新发展思路。这些年我国经济快速发展有目共睹，但发展中不平衡、不协调、不可持续问题依然突出，加快转变经济发展方式刻不容缓。要妥善处理好保速度与调结构、质量与效益、经济发展与社会发展的关系，真正把精力放在调整经济结构、增强创新能力、提高发展质量、保障改善民生上，推动经济增长向依靠消费、投资、出口协调拉动转变，向依靠第一、第二、第三产业协同带动转变，向主要依靠科技进步、劳动者素质提高、管理创新转变，切实做到在发展中促转变，在转变中谋发展。

二要深化改革开放。改革开放是加快转变经济发展方式的强大动力。要合理调整收入分配关系，处理好效率与公平的关系，再分配应更加注重公平，努力提高居民收入在国民收入分配中的比重，提高劳动报酬在初次分配中的比重，有效扭转收入分配差距扩大趋势。要加快财税体制改革，按照财力和事权相匹配的要求，理顺各级政府间财政分配关系，增加一般性转移支付规模和比例，抓紧建立县级基本财力保障机制，积极构建有利于转变经济发展方式的财税体制。

三要高度关注民生。保障和改善民生是加快转变经济发展方式的根本出发点和落脚点。要坚持以人为本，加快推进以保障和改善民生为重点的社会建设，推进基本公共服务均等化，着力解决老百姓关心的社会保障、就业、就医、住房等民生问题，使发展成果更好地惠及全体人民。

全国政协主席贾庆林参加十一届全国人大四次会议北京代表团审议

贾庆林认真倾听代表们的发言后发言说，温家宝总理所作的政府工作报告，突出了科学发展这个主题和加快转变经济发展方式这条主线，体现了开拓进取、真抓实干的务实精神，是一个坚定信心、振奋人心、凝聚民心的好报告。

贾庆林指出，“十一五”时期是我国发展进程中极不平凡的五年，也是北京经济社会发展质量高、城乡面貌变化大、人民群众得到实惠最多的时期之一。特别是成功举办了一届无与伦比的奥运盛会，圆满完成了新中国成立60周年庆祝活动的筹办任务，首都经济实现历史性突破，各项事业欣欣向荣、蒸蒸日上。

贾庆林强调，今年是“十二五”开局之年。北京和全国一样，面临着加快转变经济发展方式，为“十二五”开好局、起好步的重要任务。要认真贯彻中央决策部署，紧扣主题主线，以更高标准实施人文北京、科技北京、绿色北京战略，促进经济平稳较快发展和社会和谐稳定，在“十二五”时期经济社会发展中走在全国前列、创造新的经验。

贾庆林指出，加快转变经济发展方式，根本出路在于增强科技创新能力。要依托首都科技、智力资源密集的优势，加强关键核心技术、前沿技术研发以及基础理论研究，完善科技创新平台开放共享机制，多出重大科技成果，努力提升科技创新对首都经济发展的驱动作用。要积极推动科技体制机制改革创新，加快构建以企业为主体、市场为导向、产学研相结合的技术创新体系，大力促进科技成果向现实生产力转化，真正实现创新驱动发展。要加快中关村国家自主创新示范区建设，大力整合资源，创新体制机制，努力把中关村打造成为具有全球影响力的科技创新中心和高技术产业基地。

贾庆林强调，北京作为首都，加强和创新社会管理、做好群众工作具有很强的示范引领作用。要在继续坚持以往好经验好做法的基础上，进一步扩大社会管理的覆盖面，加强社会风险防范能力建设，毫不放松地落实好各项维护稳定的政策措施，努力为首都经济社会发展、人民安居乐业营造良好环境。要大力保障和改善民生，紧紧围绕与群众切身利益密切相关的就业、就医、就学、住房、社保等问题，加快建立和完善公共服务体系，提高基本公共服务均等化水平，特别是要切实加大保障性住房建设力度，让人民群众生活得更加幸福。

中共中央政治局委员、北京市市委书记刘淇参加了审议。

中共中央政治局常委李长春参加十一届全国人大四次会议四川代表团审议

李长春在发言中表示，完全赞成温家宝总理所作的政府工作报告，报告突出了“十二五”时期发展的主题、主线，是一个务实、创新、鼓劲的好报告。李长春对四川近年来在抗击汶川特大地震灾害和应对国际金融危机冲击的过程中，推动经济社会又好又快发展取得的成绩，给予充分肯定。他说，抗震救灾和恢复重建的伟大实践，气壮山河、波澜壮阔，创造了人类抗灾救灾史的奇迹，书写了砥砺奋进、豪迈崛起的壮美篇章，铸就了党领导人民自强不息、顽强拼搏、不怕牺牲、敢于胜利的又一座历史丰碑，是激励广大干部群众不断开创中国特色社会主义事业新局面的宝贵精神财富。

李长春强调，保障和改善民生，是贯彻我们党以人为本、执政为民理念的根本要求，是科学发展的根本目的，是加快转变经济发展方式的根本出发点和落脚点。要加大保障和改善民生力度，把发展重心从注重数量和速度转变到注重质量和效益上来，把发展目标从单纯追求经济增长指标转变到更加关注居民幸福指数上来，努力实现居民收入增长和经济发展同步、劳动报酬增长和劳动生产率提高同步，逐步提高居民收入在国民收入分配中的比重，提高劳动报酬在初次分配中的比重，让改革发展成果更好地惠及全体人民。

李长春指出，提高自主创新能力，是推进经济结构战略性调整的中心环节，是保障和改善民生的必然要求，是建设资源节约型、环境友好型社会的有效途径，是提高对外开放水平的必由之路。他希望四川着力构建有利于自主创新的体制机制，着力营造有利于自主创新的社会氛围，使经济尽快走上内生增长、创新驱动的轨道，为推动我国从经济大国向经济强国转变、从贴牌大国向品牌大国转变、从中国制造向中国创造转变作出积极贡献。

李长春说，政府工作报告对推动文化改革发展实现新跨越作出了全面部署，我们要认真贯彻落实。要按照加大力度、加快进度、巩固提高、重点突破、全面推进的要求，深化文化体制改革。要把发展文化事业和文化产业作为加快转变经济发展方式的重要着力点，推动文化事业发展和文化惠民工程建设迈上新台阶，推动文化产业成为国民经济支柱性产业，推动创作生产更多优秀文化产品，更好地发挥文化教育人民、引导社会、推动发展的功能。要抓住汶川灾后恢复重建任务基本完成的契机，大力开展社会主义核心价值体系宣传教育，激励广大干部群众锐意进取、扎实工作，以优异成绩迎接中国共产党成立90周年。

中共中央政治局常委习近平参加十一届全国人大四次会议上海代表团审议

在认真听取代表们的发言后，习近平说，温家宝总理所作的政府工作报告，系统总结了“十一五”时期发展成就和经验，深入阐述了“十二五”时期发展目标和任务，全面部署了今年各项工作，体现了科学发展这个主题，贯穿了加快转变经济发展方式这条主线，突出了保障和改善民生这个重点，是内容丰富、措施具体、求真务实的报告。他表示完全赞成这个报告。

习近平强调，“十一五”时期，是我国社会生产力快速发展、人民生活明显改善、国家面貌发生新的历史性变化的五年，也是上海不断探索具有中国特色、时代特征、上海特点的发展新路取得令人鼓舞的新成就的五年。上海把举办世博会作为实现科学发展重大契机，把结构调整和高新技术产业化作为确保经济平稳较快发展主攻方向，把改善民生放在更加突出位置，各项工作取得显著成绩。

习近平集中阐述了在发展的重要战略机遇期更加奋发有为、齐心协力推进上海创新驱动转型发展的问题。他指出，上海市委、市政府提出的“十二五”时期“创新驱动、转型发展”的方针，符合中央关于更加奋发有为地推进改革开放和现代化建设的要求。要把奋发有为、创新驱动、转型发展贯穿于上海经济社会发展各个领域、各个环节，使上海的发展真正建立在自主创新能力不断增强、人力资源优势充分发挥、创新创业活力竞相迸发的基础之上。

习近平要求上海在推进经济结构战略性调整、加快产业结构优化升级、加快培育发展战略性新兴产业、抢占未来发展战略制高点上更加奋发有为，努力成为国家战略性新兴产业的创新引领区，同时在加快建设国际金融、航运、贸易中心等方面取得新突破。习近平要求上海在进一步深化改革、扩大开放上更加奋发有为，更好地发挥浦东作用，推动重大改革举措在浦东先行先试，争创国家改革示范区，在体制机制创新方面为上海乃至全国提供经验。要着眼赢得未来，在加快教育改革创新方面走在全国前列；着眼把更多战略型科技人才吸引和集聚到上海，完善人才引进政策体系，开发利用好国际国内两种人才资源；着眼共同推动长三角地区在科学发展上走在全国前列，强化区域合作，完善内外联动、互利共赢、安全高效的开放型经济体系。习近平要求上海在加快社会建设、加强和创新社会管理上更加奋发有为，充分运用举办上海世博会在城市管理方面创造的成功经验，借鉴国际先进经验，扎实推进社会管理体制改革和创新，使城市运行安全和生产安全进一步加强，城市建设和管理水平实现新的提升。习近平希望上海各级党组织大力推进党建工作创新，不断提高党的建设科学化水平。

中共中央政治局委员、上海市市委书记俞正声，全国人大常委会副委员长严隽琪参加了审议。

国务院总理温家宝签署第592号令公布《土地复垦条例》

《土地复垦条例》已经2011年2月22日国务院第145次常务会议通过，现予公布，自公布之日起施行。

总　理　温家宝

2011年3月5日

土地复垦条例(略)

隋文静 韩聪在韩国江陵举办的世界青年花样滑冰锦标赛中获得冠军

3月6日

党和国家领导人胡锦涛 吴邦国 贾庆林 习近平分别参加十一届全国人大四次会议和全国政协十一届四次会议一些团组的审议

胡锦涛参加了西藏代表团审议。胡锦涛首先向西藏代表团全体代表、向广大藏族同胞致以节日的祝福，祝大家吉祥如意、扎西德勒。他说，听了各位代表的发言，我为西藏发展取得的每一个新成就、发生的每一个新变化感到由衷的高兴。胡锦涛强调，西藏要坚持中央关于西藏工作的指导思想，走有中国特色、西藏特点的发展路子，切实做好改革发展稳定各项工作，推进西藏跨越式发展和长治久安，在全面建设小康社会进程中迈出更大步伐。要扎扎实实推进跨越式发展，着力培育特色优势产业，着力发展现代特色农牧业，着力加强基础设施建设，着力搞好生态环境保护，夯实建设社会主义新西藏的物质基础。要扎扎实实保障和改善民生，把更多财力投放到公共服务领域、落实到重大公益性项目，把政策资金更多向广大农牧区和边远地区倾斜，协调推进各项社会事业，深入实施"富民兴藏"战略，让各族群众共享改革发展成果。要扎扎实实维护社会和谐稳定。胡锦涛希望在西藏工作的各族干部牢记全心全意为人民服务的根本宗旨，热爱西藏山山水水，热爱西藏各族群众，自觉肩负起党和人民重托，以造福各族群众为己任，不断创造出无愧于党、无愧于祖国、无愧于人民的业绩。

吴邦国参加了广东代表团审议。吴邦国对广东省认真贯彻中央方针政策，结合实际创造性开展工作取得的成绩给予充分肯定。吴邦国说，广东区位优势明显，科教实力雄厚，产业基础良好，经济总量长期居于全国首位，为全国经济社会发展作出了重要贡献。实施"十二五"规划，对广东的发展提出了新的更高的要求。吴邦国希望广东进一步创新发展思路，突出科学发展这个主题和加快转变经济发展方式这条主线，把改革开放作为加快转变经济发展方式的强大动力，坚持用改革的办法解决发展中的问题，不断解放和发展社会生产力，努力在创新体制机制、构建现代产业体系、实现共同富裕、统筹协调发展、建设生态文明等方面走在全国前列。

贾庆林参加了民革、台盟、台联界政协委员联组讨论。贾庆林指出，过去的一年，对台工作全面推进，两岸关系取得重大进展。民革、台盟、台联各级组织认真贯彻落实中央对台工作方针政策，积极推动两岸交流合作，为促进两岸关系和平发展做了大量卓有成效的工作。贾庆林强调，今年是推动两岸关系有序、稳定、良性发展的重要一年。我们要深入贯彻落实胡锦涛总书记在纪念《告台湾同胞书》发表30周年座谈会上的重要讲话精神，坚决贯彻中央对台工作决策部署，牢牢把握两岸关系和平发展主题，继续推动两岸经济合作，大力促进两岸各领域交流，为进一步推动两岸关系和平发展作出新的贡献。要坚决维护两岸关系和平发展大局，巩固两岸关系发展成果和基础，稳步推进两岸关系发展；确保发展成果更多惠及两岸民众，在两岸关系和平发展进程中不断增进两岸同胞福祉，进一步凝聚促进两岸关系和平发展的共识；继续推进两岸各界大交流大合作，不断增进台湾同胞对中华文化和中华民族的认同，推动两岸关系不断向前发展。

习近平分别参加了香港代表团、澳门代表团审议。习近平认真听取范徐丽泰、谭惠珠、马逢国等代表发言后指出，中央政府充分尊重和积极支持香港、澳门特别行政区政府和港澳同胞的愿望，国家"十二五"规划纲要草案首次将涉港澳部分作为单独的一章，特别是清晰界定了香港在国家经济发展全局中的地位和作用，具体阐明了支持香港巩固提升竞争优势、培育新兴产业、深化与内地经济合作的政策和举措，必将对促进香港进一步繁荣发展产生积极影响。希望香港特别行政区政府和社会各界凝聚共识，用足用好中央的各项支持政策，与祖国内地携手并进、共创辉煌。希望香港地区全国人大代表广泛宣传和深入阐释"一国两制"方针和基本法，使广大香港市民更加深刻理解和正确把握"一国"与"两制"的关系，严格按照基本法办事，全力支持特别行政区行政长官和政府依法施政，多提建设性意见，为促进香港经济发展、民生改善、社会和谐，为巩固扩大爱国爱港旗帜下的广泛团结发挥积极作用。在澳门代表团，习近平认真听取贺一诚、梁玉华、梁维特等代表发言后指出，国家实施"十二五"规划为澳门加快自身发展提供了新的重要机遇，为澳门服务国家发展提供了广阔空间。澳门特别行政区政府和社会各界要抓住机遇、奋发有为，使澳门经济发展在今后5年再上一个新台阶。希望澳门地区全国人大代表继续发扬爱国爱澳优良传统，严格按照基本法办事，全力支持特别行政区行政长官和政府依法施政，团结社会各界在推动经济适度多元发展方面迈出更加坚实的步伐；积极献计献策，逐步把澳门建设成为世界旅游休闲中心；积极做好青少年工作，培养更多爱国爱澳年轻人才，使爱国爱澳优良传统薪火相传。

王刚、汪洋、王沪宁、周铁农、李建国、杜青林、郑万通、林文漪、厉无畏等分别参加了以上团组的审议和讨论。

中共中央政治局常委贺国强参加十一届全国人大四次会议湖南代表团审议

贺国强指出,"十一五"时期是我国发展进程中极不平凡的5年,面对国内外复杂形势和一系列重大风险挑战,以胡锦涛同志为总书记的党中央团结带领全党全国各族人民,全面推进改革开放和社会主义现代化建设,我国社会生产力、综合国力显著提高,各项社会事业加快发展,人民生活明显改善,改革开放取得重大进展,国际地位和影响力显著提高,国家面貌发生了新的历史性变化。他说,温家宝总理所作的政府工作报告,系统总结了"十一五"时期我国国民经济和社会发展取得的巨大成就以及政府所做的主要工作、积累的宝贵经验,明确提出了"十二五"时期经济社会发展的主要目标和任务,全面部署了今年的政府工作,是一个求真务实、开拓进取、鼓舞干劲、催人奋进的报告,我完全赞成。

"十一五"时期,湖南经济社会发展上了一个新的台阶,贺国强对此给予充分肯定。贺国强强调,无论是做好今年工作,还是完成"十二五"时期经济社会发展目标任务,都必须把握科学发展这个主题、紧扣加快转变经济发展方式这条主线。希望湖南认真贯彻中央精神,着力加快经济结构战略性调整,抓好长株潭城市群"两型社会"综合配套改革试验区建设,促进经济增长速度与结构质量效益相统一;着力保障和改善民生,使改革发展成果更好地惠及全体人民;着力加强资源节约和环境保护,促进经济社会发展与人口资源环境相协调;着力深化改革开放,增强经济社会发展的活力和动力;着力加强和创新社会管理,为经济社会发展营造和谐稳定的社会环境。

贺国强介绍了当前党风廉政建设和反腐败工作情况。他强调,要认真学习贯彻胡锦涛同志在十七届中央纪委第六次全会上的重要讲话精神,切实把以人为本、执政为民贯彻落实到党风廉政建设和反腐败斗争之中,围绕中心、服务大局,突出重点、整体推进,改革创新、狠抓落实,不断提高反腐倡廉建设科学化水平,为顺利实施"十二五"规划、促进经济社会又好又快发展提供有力保证。具体来讲,要认真抓好3个方面长期性、基础性工作:严明党的政治纪律、加强对中央重大决策部署贯彻落实情况的监督检查;扎实推进党的作风建设;整体推进反腐倡廉各项工作。要认真解决群众反映强烈的突出问题,着力在4个方面下功夫:深入推进专项治理工作,努力遏制消极腐败现象和不正之风在一些领域易发多发的势头;认真落实廉政准则,着力解决党员领导干部在廉洁自律方面存在的突出问题;严肃组织人事工作纪律,确保地方党委换届工作健康顺利进行;加强基层党风廉政建设,着力解决发生在群众身边的腐败问题。

中共中央政治局常委李克强参加十一届全国人大四次会议辽宁代表团审议

李克强仔细倾听,同大家深入探讨。他说,温家宝总理所作的政府工作报告,是一个求真务实、催人奋进的报告。面对世情国情深刻变化,要继续抓住我国发展的重要战略机遇期,应对各种风险挑战,坚持科学发展的主题和加快转变经济发展方式的主线,加快经济转型,着力实施重大民生工程,推动体制机制创新,促进经济和社会良性互动、协调发展。

李克强说,今年是"十二五"开局之年,也是转方式、调结构、惠民生的关键一年。要处理好保持经济平稳较快发展、调整经济结构、管理通胀预期的关系,努力稳定物价总水平,进一步扩大内需特别是居民消费需求,巩固和加强农业,扎实做好经济运行调节工作,着力提高发展的质量和效益,创新发展理念、发展模式、发展路径,为"十二五"时期发展开好局、起好步。

李克强指出,转变经济发展方式贯穿于经济社会发展的全过程和各领域。要坚持以人为本、民生为先,适应发展的新需要和群众的新期待,加快推进以改善民生为重点的社会建设,推动解决关系人民群众切身利益的实际问题。这有利于加强经济发展的薄弱环节、构筑社会保障的安全网,是推动科学发展的重要内容,也是促进社会和谐的重要举措。

李克强强调,今年,要大规模实施保障性安居工程,确保开工建设1000万套保障房,优先发展公租房,满足居民阶梯性消费需求,继续抓好棚户区改造和棚改新区建设,努力提高保障房覆盖比例,确保公平分配、持续运转,促进全体人民住有所居。要深入推进医药卫生体制改革,推进基本药物制度在基层医疗卫生机构全覆盖,搞好公立医院改革试点,继续减轻群众看病就医负担,努力实现全民基本医保。还要合理调整收入分配关系,做好保障和改善民生各项工作,使改革发展的成果惠及广大人民群众。

李克强指出,实施好重大民生工程,必须坚持保基本、强基层、建机制。要保障群众基本生活需求,切实把工作重心放到基层,把硬件建设与软件建设结合起来,把增投入与建机制结合起来,促进民生工程建设可持续,不断提高人民生活水平和质量。

李克强充分肯定"十一五"时期辽宁经济社会发展取得的显著成绩,希望辽宁进一步加快改革创新,大力推进区域开放开发和协调发展,着力增强内生增长和创新驱动能力,继续实施好重点民生工程,努力走在全面振兴老工业基地的前列。

国家发改委主任张平 副主任朱之鑫 徐宪平就“十二五”规划纲要有关内容在十一届全国人大四次会议举行的记者会上答记者问

科学发展贯穿规划纲要

张平说,“十二五”规划纲要的指导思想、政策导向、发展目标,以及重点任务,都体现了科学发展的要求,体现了加快转变经济发展方式的要求,尤其是把以人为本、可持续发展放在了一个突出的位置。

他说,“十二五”规划纲要力求做到长短结合,既衔接了应对国际金融危机提出的各项政策、举措,以巩固和扩大应对国际金融危机的成果,也为到2020年全面建设小康社会目标的实现打下具有决定性意义的基础。纲要中尽量体现扩大内需的导向,把扩大内需作为一个长期的方针和发展的基本立足点;坚持了民生优先的原则,把保障和改善民生放在更加突出的位置;继续深化改革,把改革作为经济发展的动力,作为加快转变经济发展方式的动力。

“十一五”的发展使我国又站在了一个新的起点上

朱之鑫说,这五年,我们大事办得漂亮成功,难事办得稳妥扎实,急事办得及时有效,喜事办得喜庆振奋。

综合国力大幅提升,国内生产总值5年年均增长11.2%,去年实现397983亿元,人均超过4000美元,财政收入达到83080亿元,比“十五”末增长1.6倍。人民生活明显改善,五年城镇累计新增就业5771万人,转移农村劳动力4500万人,城乡居民收入大幅提高,覆盖城乡的社会保障体系建设取得突破性进展。生态环境保护和节能减排取得重要进展,经济体制改革不断深化,我国国际地位和影响力明显增强,特别是有效应对国际金融危机,为世界经济复苏作出了重要贡献。五年的成绩来之不易,积累的经验弥足珍贵,创造的精神财富影响深远。

突出亮点是民生优先

徐宪平说,“十二五”规划纲要的一个突出亮点是民生优先。

他说,“十二五”规划纲要首次提出建立健全基本公共服务体系,明确了“十二五”期间基本公共服务体系的范围和重点,涉及公共教育、就业服务、社会保障、医疗卫生、人口计生、公共文化、基础设施、住房保障、环境保护九个方面。“无论东部,还是西部,不管是城镇居民,还是农村居民,政府都要提供同样水平的公共服务。”

“十二五”居民收入增长要与经济发展同步

徐宪平介绍,“十二五”规划纲要提出合理调整收入分配关系,提出城乡居民收入与经济发展同步,劳动报酬的增长与劳动生产率的提高同步。这“两个同步”的导向提出以后,已经产生了重要的效应。徐宪平举例说,在“十一五”规划中,我国仅1个省提出居民收入与经济增长同步,最终结果是有3个省居民收入与经济增长同步。目前,“十二五”地方规划中,提出居民收入增长超过经济增长的有5个省,提出“完全同步”有19个省,提出“基本同步”的有5个省市。“从‘十一五’的1个,到‘十二五’的29个,相信执行的效果会更好。”

“十二五”保障性住房的覆盖率达到20%,年均新增城镇就业900万人

徐宪平说,“十二五”规划纲要首次提出要实施就业优先战略,即采取更加积极的就业政策,千方百计地扩大就业和创业的规模,特别是要重点解决高校毕业生、农村转移劳动力和城镇困难人员的就业问题。提出5年年均要新增城镇就业900万人,要转移农村劳动力800万人。

为提高住房保障的水平,未来5年,要建设城镇保障性安居工程3600万套,其中今年1000万套,明年1000万套,后面3年还有1600万套,使保障性住房的覆盖率达到20%。对于城镇低收入住房困难家庭要提供廉租房,实行廉租房制度。对城镇中等偏下收入住房困难家庭,要提供公共租赁住房保障。

“十二五”期间要实现城乡社保全覆盖

徐宪平说,“十二五”规划纲要提出要建立健全覆盖城乡的社会保障体系,在今后的五年新型农村养老保险要全覆盖,其中今年要达到40%。要建立健全城镇居民的养老保险制度,城镇参加基本养老保险的人数要新增1亿人,并且养老金还要逐步增长。另外,还要推进机关、事业单位的养老保险改革,实现城镇基础养老金全国统筹。他介绍,“十二五”规划纲要还提出要让全民享有基本的医疗保障,城乡三项基本医疗保险的参保人数要新增6000万人,在政策范围内的医保基金支付水平要提高到70%以上。

中国有条件、有能力保持物价总水平基本稳定

对于今年的物价趋势,张平表示,中国有条件、有能力保持物价总水平的基本稳定。

张平说,政府将从五方面采取措施稳定物价。第一,要大力发展生产,特别是农业生产,尤其是粮食生产。第二,要搞好储备吞吐的调控。第三,做好流通环节的工作,减少流通环节、降低流通成本。第四,要加强市场的监管。对囤积居奇、串通涨价、哄抬价格的现象,要坚决依法进行打击和治理。第五,要控制好流动性。合理地控制信贷的规模,创造稳定价格的货币条件。

“根据政府工作报告,今年的十项重点工作中,把保持价格总水平的基本稳定列为第一条,这也是多

年来所没有的。所以,从宏观调控目标到我们的经济政策都要围绕保持价格总水平基本稳定来确定、来展开。”张平说。

节能减排责任将分解到企业

“为了完成‘十一五’的目标,有一些地方采取了一些过激的行为,甚至是拉闸限电,这不是我们的初衷,这样的一些做法也是不妥当的,我也如实地向社会、向记者朋友作出检讨。”张平坦言,由于节能减排指标第一次作为五年规划中的约束性指标出现,所以还缺乏经验。“发改委作为具体负责这项工作的主管部门,我们工作上确实还有失误的地方,在工作的指导上也有一些不妥当的地方。对于拉闸限电,我们发现以后,也及时地作出了安排,制止这样的情况。”

张平说,中国是一个负责任的国家。在“十二五”期间,对能源消耗的强度、温室气体排放的强度,以及主要污染物总量的排放,要继续加大节能减排工作力度。

对于约束性的指标,我们要分解责任,就是要把节能减排的责任分解到各个地区,分解到有关的企业,这是一个硬约束、硬要求。张平说:“经过艰苦的努力,我们相信,我们能够实现‘十二五’确定的目标,而且也能够避免拉闸限电这样的现象。”

全国政协十一届四次会议在人民大会堂举行记者会

记者会主题是“加快转变经济发展方式,促进‘十二五’时期经济社会科学发展”。全国政协委员、国家统计局原局长李德水,全国政协常委、北京大学光华管理学院名誉院长厉以宁,全国政协委员、中央农村工作领导小组副组长陈锡文,全国政协常委、致公党中央常务副主席王钦敏,全国政协常委、国家发改委原副主任王金祥,全国政协委员、中国工商银行行长杨凯生,全国政协委员、亿利资源集团总裁王文彪出席并回答记者提问。

扩大内需的切入点是理顺收入分配关系

“扩大内需、加快转变经济发展方式是‘十二五’期间中国经济社会发展一个最重大的课题”,李德水说。

他认为应从九方面入手:深入贯彻落实科学发展观;转变经济发展方式关键靠科技进步;切入点是理顺收入分配关系;扩大内需的主攻方向是农村;大力发展服务业特别是现代服务业;走中国特色的城镇化道路;整顿市场经济秩序;完善干部政绩考核制度,增强“忠职”意识;坚持改革开放为动力。

石油价格和气候变化无法控制

“从国内来讲,只要我们努力去做,可以控制在目标范围内,”谈及抑制通货膨胀,厉以宁这样说。

他表示,从2010年开始的通货膨胀由多种原因造成,既有需求拉动的因素,也有要素成本上升的因素,还有国际物价上涨的因素。关于抑制通货膨胀,有两个重要因素无法控制,一是石油价格,二是气候变化对农业的影响。

关于经济增长7%对就业的影响,厉以宁认为经济增长主要不是看速度,而是看质量,当前解决就业问题,主要依靠结构调整。他说,首先要依靠产业结构调整,加快第三产业发展;其次要加大发展民营经济;还要大力鼓励创业,发展微型企业。

“十二五”期间农民增收或出现拐点

陈锡文认为,在“十二五”期间,国家会采取更有力措施,可能会使得农民的收入增长出现一个拐点,“城乡差距扩大格局会有所扭转”。

谈及今年以来的旱情对中国粮食安全生产的影响,陈锡文认为:“会有影响,但这种影响不是太大。”

陈锡文解释说,旱情所影响的粮食作物的比重有限,特别是经过20多天的抗旱,八省的受旱面积已经减少到了2800万亩左右,春节以后受旱面积的75%已经缓解。“下一步继续加大抗旱力度,经过多方面的努力,可以把这种影响降低甚至消除掉。”

陈锡文表示,今年以来中国的粮食价格同比涨幅不到20%,与全球上涨100%相比,不到1/5,“相信中国粮价会基本保持稳定。”

自主创新需政府引导和资本注入

在“十二五”期间继续推进自主创新,应从哪些方面入手?王钦敏认为,自主创新是一个系统工程,作为国家的一个大战略,需要产学研三方结合来开展。

王钦敏表示,实现自主创新,既需要政府在政策上的引导和支持,也需要资本注入。

此外,王钦敏认为,要解决好自主创新的商业模式,构建起一个有利于自主创新的科学的管理体系。王钦敏称,自主创新管理体系的建设十分重要。管理体系强调科技资源的有效配置,要建立健全国家科技决策机制和宏观调控机制,促进全社会科技资源的高效配置和综合集成。

高技术产业发展有两个薄弱环节

“中国要应对金融危机,要能够在今后的国际竞争中占据比较主动地位,需要特别关注战略性新兴产业的发展”,王金祥说。

“十一五”期间,国家的高技术产业发展势头很好。但存在两个薄弱环节:一是很多核心技术并没有掌握在我们手里;二是自主创新能力比较弱,制造业在价值链中还总体处于低水平,产品的附加值比较低。

王金祥说,目前大家对发展战略性新兴产业的积极性很高,但也有一些无序发展的苗头。相信国家一定会对战略性新兴产业的发展,从规划引导、统计监测、布局优化、重点突出方面进行很好的协调部署。

商业银行应进一步加快自身改革

杨凯生表示,在“十二五”期间,商业银行应加快自身在资产结构、盈利结构、服务结构、业务布局结构等方面的转型。

杨凯生说,未来5年,商业银行将在加大对经济发展转型的支持力度中找到更多的发展空间。商业银行要积极为先进的制造业、现代服务业和战略性新兴产业提供信贷支持,而对钢铁、水泥、平板玻璃、煤化工、多晶硅、风电设备制造、造船业等7个产能过剩行业的信贷要加大控制力度。

民营企业应发挥“三多”优势积极参与第三产业发展

王文彪说,民营企业在经济结构调整中应该把握三个重点:一是带头加快发展绿色经济,强调生态环保、节能减排、循环利用、资源节约,实现高科技的发展、可持续的发展;二是加快发展高级化经济,尽快把劳动密集型、低端产业向高技术化、高品牌化、高级化产业发展;三是加快发展服务业。

王文彪说:“民营企业、中小企业应该真正发挥点多、面多、人多的‘三多’优势,积极参与第三产业服务业的发展。”他同时建议,各级政府和各有关部门认真落实支持非公有制经济的36条。

广东省人民政府和澳门特别行政区政府在人民大会堂签署《粤澳合作框架协议》

中共中央政治局常委、国家副主席习近平出席签署仪式,并会见了澳门特别行政区行政长官崔世安和广东省省长黄华华等出席签署仪式的粤澳双方代表。

黄华华、崔世安分别代表广东省人民政府和澳门特别行政区政府签署协议。

《粤澳合作框架协议》共8章38条10000多字,涵盖了粤澳经济、社会、民生、文化等领域,明确了新形势下粤澳合作的定位、原则、目标,确立了合作开发横琴、产业协同发展、基础设施与便利通关、社会公共服务、区域合作规划等合作重点,提出了共建粤澳合作产业园区等一系列具体、务实、可操作的合作举措,并明确了完善合作机制等保障机制安排。

黄华华在致辞中表示,框架协议的签署是粤澳两地落实《珠江三角洲地区改革发展规划纲要》和《内地与澳门关于建立更紧密经贸关系的安排》、携手推进更紧密合作的重大举措,相信在“一国两制”方针的指引下,扎实落实框架协议提出的各项合作事宜,粤澳合作将迎来更加美好的明天。

崔世安在致辞中表示,签署实施《粤澳合作框架协议》,标志着粤澳合作迈进新的历史阶段,澳门特区政府将与广东紧密合作,共同推动落实《粤澳合作框架协议》。

中共中央政治局委员、国务委员刘延东,中共中央政治局委员、广东省委书记汪洋,全国政协副主席廖晖、何厚铧等出席签署仪式并参加了会见。

“十一五”时期我国贫困人口减至2688万

国务院扶贫办召开的新闻通气会发布消息,“十一五”时期我国贫困人口从6431万减少到2688万,5年年均减少748.6万。未来10年,我国将把基本消除绝对贫困现象作为扶贫开发工作首要任务,把连片特困地区作为主战场,力争到“十二五”末,贫困人口显著减少;到2020年,基本消除绝对贫困现象。

“十二五”期间,我国将颁布实施《中国农村扶贫开发纲要(2011—2020)》,提高扶贫标准。我国的贫困人口规模依然庞大,返贫面临新的压力;自然灾害威胁严重,贫困地区防灾抗灾能力不足;我国收入差距仍在扩大,相对贫困现象凸显;地区发展不平衡,连片特困地区矛盾更加突出,“十二五”期间扶贫开发任务十分艰巨,扶贫开发工作将进入啃硬骨头的攻坚阶段。

《中国妇女运动百年》画册出版座谈会在北京召开

全国人大常委会副委员长、全国妇联主席陈至立出席会议并讲话。

陈至立指出,《中国妇女运动百年》画册承载着历史的印迹、历史的经验和历史的不朽。百年中国妇女运动的光辉历程,是一部生动、感人的历史画卷,它为中国妇女留下了弥足珍贵的历史遗产,也为国际妇女运动增添了无比丰厚的精神财富。这部画册的出版是对“三八”国际妇女节100周年的纪念,是对百年来波澜壮阔的中国妇女运动的纪念,表达了对百年来为中国妇女运动作出卓越贡献的先贤们的深切缅怀和崇高敬意,也是向中国共产党成立90周年献上的一份厚礼。

该画册是我国出版史上第一部总结、反映我国广大妇女在党的领导下觉醒、奋争,积极投身革命运动,为我国各时期经济社会发展贡献力量的大型历史画册。共分为启蒙与觉醒、抗争与解放、新生与自强、开拓与奋进等4个章节,收录700多张珍贵的历史图片。

中国关心下一代工作委员会主任顾秀莲出席会议。

《红旗文摘》创刊

由求是杂志社主管主办的大型理论文摘杂志《红旗文摘》创刊,面向国内外公开发行。

《红旗文摘》精选摘编国内重要报刊和学术理论期刊文章，反映党的理论创新成果和哲学社会科学最新研究成果，服务于党的理论宣传事业。杂志设有"要文要论"、"政治发展"、"经济改革"、"文化创新"、"社会建设"、"生态文明"、"党建经纬"、"世界纵览"、"决策背景"、"媒体广角"、"热点观察"、"社会思潮"、"艺海撷英"、"史海钩沉"、"观点辑览"等栏目，并以专题讨论和延伸阅读的方式聚焦、深化选编内容。

3月7日

全国人大常委会委员长吴邦国在清华大学考察

吴邦国首先祝贺清华大学迎来百年华诞。

吴邦国指出，要在"十二五"时期推动转变经济发展方式取得实质性进展，根本靠科技进步，关键是提高自主创新能力。

吴邦国说，祖国的未来在青年。希望同学们抓住世界大变革、国家大发展的良好机遇，身怀报国之心、牢记报国之志，秉承"严谨、勤奋、求实、创新"的学风，刻苦学习，勇于实践，掌握真才实学，自觉投身人民创造历史的伟大实践，自觉在艰苦环境中经受磨炼，到国家建设的广阔舞台施展才华，用自己无悔的人生去谱写壮丽的青春乐章，创造无愧于时代的骄人业绩。同学们纷纷表示，要发奋学习，毕业后报效国家、服务人民。吴邦国还叮嘱在场的清华大学负责人，要深化教学改革，加强素质教育，为国家输送一批又一批优秀人才。

吴邦国强调，一流大学应该成为基础研究和高技术前沿领域原始创新的重要源头，应该成为理论创新和文化创新的重要力量，应该成为汇聚优秀创新人才的重要平台和培养创新人才的重要基地。希望清华大学认真总结百年办学经验，凝炼百年大学文化，把高水平学术研究与国家重大需求结合起来，把攻克科学难题与培养创新人才结合起来，积极探索既出人才、又出成果的，具有中国特色的世界一流大学办学之路，再创清华新的辉煌。

中共中央政治局委员、国务委员刘延东，全国人大常委会副委员长韩启德、李建国、蒋树声等陪同考察。

党和国家领导人温家宝 李长春 习近平 李克强 贺国强分别参加全国两会一些团组审议和讨论

温家宝参加了经济、农业界政协委员联组讨论。会上，厉以宁、范小建、刘永好等10位委员先后发言，对转变经济发展方式、加强农业、支持中小企业发展、合理调整收入分配关系等提出建议。温家宝认真听取发言后说，这是我连续第九次参加政协经济、农业界委员联组会，与大家面对面交流，听取大家的宝贵意见和建议，每次都收获很大。长期以来，广大政协委员认真履行职责，积极建言献策。特别是应对国际金融危机冲击这两年多来，大家不辞劳苦，深入开展调查研究，提出了许多中肯的建议，对政府正确决策起到了积极作用。当前我国经济运行情况总体良好，但发展面临的形势仍然极其复杂。我们必须始终保持清醒头脑，更加兢兢业业做好各项工作。一要充分认识国内外经济形势的复杂性和工作的艰巨性，做好应对新的困难和风险的准备。二要看到发展的有利条件和积极因素，全国上下一定要统一思想，坚定做好工作的信心。信心就是力量，信心就是希望。三要密切关注和跟踪分析经济走势和发展变化，采取灵活审慎的政策措施。形势越是复杂，越要做深入细致的调查研究工作，确保对重大问题的判断和决策正确。四要狠抓各项政策措施的落实，通过扎扎实实的工作，圆满完成各项目标任务。他希望政协经济、农业界各位委员继续关心国是，反映社情民意，为政府建言献策。

李长春参加了天津代表团审议。在听取黄兴国、何树山、赵玫等代表发言后，李长春作了发言。他充分肯定天津经济社会发展取得的成绩，希望天津坚持以科学发展为主题，以加快转变经济发展方式为主线，以保障和改善民生为根本出发点和落脚点，以提高自主创新能力为核心，努力推动"十二五"时期经济社会又好又快发展。李长春强调，加强对文化产品创作生产的引导，是推动社会主义文化大发展大繁荣的重要基础，也是当前文化建设迫切需要解决的问题。要坚持社会主义先进文化前进方向，把思想性、知识性、艺术性、观赏性有机统一起来，把数量不断增长和质量显著提高紧密结合起来，坚持"三贴近"，开展积极文艺批评，建立健全科学的文化产品评价体系，营造有利于文化创新的良好环境，多出优秀作品、多出优秀人才，充分发挥文化教育人民、引导社会、推动发展的作用。

习近平参加了河南代表团审议。郭庚茂、万隆、李亚等代表在发言中积极谈看法、提建议。习近平在发言中指出，国家"十二五"规划纲要草案中提出了一系列促进中部地区崛起的重大举措，希望河南把握国家重点推进中原经济区发展的宝贵机遇，加快经济结构战略性调整，深入推进新型工业化和城镇化。习近平说，河南粮食总产连续5年稳定在1000亿斤以上，既解决了全省1亿人口吃饭问题，又每年调出400亿斤以上原粮及粮食加工制成品。河南要坚持把"三农"工作作为重中之重，进一步巩固发展农业农村好形势，为确保国家粮食安全和物价总水平基本稳定做贡献。习近平还深刻阐述了积极推进文化大发展大繁荣、做好新形势下群众工作、加强和改进党的建设等问题。

习近平勉励占全国总人口十三分之一的河南人民，抓住我国发展的重要战略机遇期，更加奋发有为地开创中原崛起、河南振兴的新局面。

李克强参加了浙江代表团审议。在听取赵洪祝、吕祖善、吕帆等代表发言后，李克强说，加快转变经济发展方式，是我国经济社会领域一场深刻变革。要以经济结构战略性调整为主攻方向，推动经济尽快走上内生增长、创新驱动的轨道，加快产业升级步伐，深化重点领域改革，不断提高对外开放水平，推进经济转型，提高发展的质量和效益。同时，切实抓好重大民生工程建设，深入推进医药卫生体制改革，大规模实施保障性安居工程，使人民群众共享改革发展成果。他希望浙江进一步深化改革开放，以推进海洋经济发展示范区建设为重要抓手，加快结构调整，开拓发展空间，促进城乡和区域协调发展，不断增创发展新优势、实现民生新改善。

贺国强参加了重庆代表团审议。黄奇帆、杨庆育、马忠源等代表先发言后，贺国强指出，统筹城乡改革和发展是"十二五"时期经济社会发展的重要任务，希望重庆以统筹城乡综合配套改革试验区建设为龙头带动，切实抓好科学发展这个主题、加快转变经济发展方式这条主线、统筹城乡发展这项重点任务、改革开放这个强大动力、保障和改善民生这个根本出发点和落脚点、加强和创新社会管理这个重要保障，努力推动经济社会又好又快发展。贺国强强调，要认真学习贯彻胡锦涛同志在十七届中央纪委第六次全会上的重要讲话精神，切实抓好党员领导干部廉洁自律工作，加强反腐倡廉教育，严格执行廉政准则，坚决查处违纪违法案件，以反腐倡廉建设新成效取信于民。

王刚、刘云山、张高丽、张德江、白立忱、黄孟复、张榕明、钱运录、李金华、罗富和等分别参加了以上团组的审议和讨论。

外交部部长杨洁篪在十一届全国人大四次会议举行的记者会上就中国外交政策和对外关系答中外记者问

杨洁篪：各位记者朋友，大家上午好。今天很高兴同大家见面。温家宝总理在《政府工作报告》中已经全面阐述了中国的外交政策和对外关系，今天我很乐意回答大家的问题。

新华社记者：去年这一年我们看到全球风云激荡不止，中国的外交也是格外引人注目。您认为去年的国际形势和中国的外交工作有哪些特点？另外，今年是"十二五"开局之年，您能否介绍一下今年外交工作的主要安排？您对接下来这五年乃至新世纪第二个十年的中国外交有什么展望？

杨洁篪：去年国际形势发展的鲜明特征，可以用"变革"和"合作"来形容。国际金融危机后，世界经济在曲折中艰难复苏，世界大变革、大调整、大发展的趋势不断深入，世界经济治理机制的改革也在不断向前推进，新兴经济体在迅速崛起，国际力量对比正在向着渐趋均衡的方向发展。国际安全形势总体上是稳定的，但不确定、不稳定的因素也不少。虽然各国之间在这个问题、那个问题上存在着一些分歧、矛盾，但各国的相互联系更加密切，相互依存度更高了。以合作促发展、以发展谋安全，已经成为越来越多国家的共识。

去年对中国外交来讲是挑战之年、进取之年。在党中央、国务院领导下，我们办好了喜事，办妥了难事，办成了大事。峰会外交成果丰硕，我们和各国友好关系不断向前推进，外交工作不断开拓新局面。

今年是新世纪第二个十年的开启之年，也是"十二五"时期的开局之年。我们要全方位推进中国的外交事业，特别是要发挥好多边峰会的引领作用。今年1月胡锦涛主席对美国进行的国事访问十分成功，实现了我国今年外交的良好开局。接下来，4月要在中国举行"金砖国家"领导人会晤，6月将举行上合组织成立10周年峰会，10月要举行东亚峰会，11月要在法国举行二十国集团峰会，在美国举行亚太经合组织领导人非正式会议等活动。这些峰会都非常重要，我们要精心筹备好我国领导人出席上述峰会的准备工作。我们相信，中国将会为这些峰会的成功，为促进国际社会合作、地区合作作出更大的贡献。总之，今年的外交工作我们要做到开局良好，中盘走好，收官完好。

展望今后五年至十年的中国外交工作，我想总的目标是为实现全面建设小康社会的宏伟目标创造更加有利的国际和周边关系，要为共同建设持久和平、共同繁荣的和谐世界作出更大的贡献。具体来说，就是要为实施"十二五"规划，为加快转变经济发展方式服好务。我们要立体思维，立体操作，进一步形成以首脑外交为统领，国别、区域和各领域外交相互促进，双多边结合，政经文互动的有力外交架构。我们要坚持统筹国内国际两个大局，要准确把握好和平发展与科学发展的互动关系，要坚持互利共赢的开放战略，这样就能使我们的和平发展道路越走越宽广。

俄罗斯国际文传电讯社记者：请问您如何评价现阶段俄罗斯和中国的战略协作伙伴关系？您对今年双边关系发展有何期待？

杨洁篪：过去一年，中俄关系发展成果丰硕。两国领导人就进一步深化两国战略协作伙伴关系达成了一系列重要共识，中俄关系迈上了一个新的台阶。

今年是《中俄睦邻友好合作条约》签署10周年，是中俄战略协作伙伴关系建立15周年，我们一定要抓住这个重要机遇，进一步推进两国的战略协作伙伴关系。一是应梅德韦杰夫总统邀请，胡锦涛主席将对俄罗斯进行国事访问。我们还要举行一系列庆祝《中俄睦邻友好合作条约》签署10周年的活动。二是全面加强两国的务实合作，两国领导人已经就此达成了重要共识。我们要着重加强在经贸、高科技、地方等领域的项目合作。三是中俄两国互办了"国家年"、"语言年"，其中有不少好项目，我们希望同俄罗斯协商，把它们机制化、常态化。四是进一步加强我们两国在国际和地区组织中的合作，加强双方在地区热点问题上的协调配合。

总之，中俄两国是好邻居、好朋友、好伙伴。万事以诚为本，以信为先，这就是中俄关系给我们的深刻启示，也是两国关系能够不断地持续、协调、健康发展的重要保障。

南非电视五台记者：刚才您提到，"金砖国家"领导人第三次正式会晤今年将在中国举行。中方对这次会晤有何期待？另外，有人认为"金砖国家"组织正在朝着与发达国家相竞争的新兴市场集团的方向发展，对此您有何评论？

杨洁篪：我们欢迎南非加入"金砖国家"组织，欢迎祖马总统4月中旬来中国海南三亚出席"金砖国家"领导人会晤。我们希望这次会晤能够取得重要的、积极的成果。"金砖国家"领导人加强对话交流十分重要。虽然各国的历史文化背景不同，但我们都非常注意能够保持本国的良好增长态势，能够保持稳健的经济社会发展的步伐，我们都关注国际金融、经济的状况，我们愿意在这些领域加强沟通，这既是"金砖国家"人民的愿望，也是世界人民的期待。

我们要进一步拓展各方在务实领域的合作。实际上前一个时期，各方在环保、工商业、智库等方面已经开展了卓有成效的合作。我们将以这次会晤为契机，进一步创新合作方式，丰富合作内涵，为各国人民带来更多的好处。我们要通过这次会晤来充分体现"金砖国家"为应对国际金融危机、推动世界经济复苏、应对气候变化发挥了重要的建设性作用。这个组织同发达国家不是一个竞争关系，而是开放、包容的，是南南合作的重要组成部分，也是南北合作的桥梁。我相信通过这次会晤，"金砖国家"组织将会在上述各个领域发挥更大的作用。

《中国日报》记者：过去一年，我们看到中国和国际社会通力合作的一面，但同时我们也看到了竞争。有些国家认为中国的发展触犯了他们的利益，甚至有的国家点名说中国是他们的竞争对手。您怎么看待当前世界格局下国与国之间，尤其是中国和西方大国以及和周边国家的合作与竞争关系？

杨洁篪：一段时间以来，在国际媒体当中，无论是自己发表评论还是援引一些人士的讲话，"竞争"两个字出现得多了些。回答这个问题要花点时间。首先，我不能忘了向你以及各位在座的女记者朋友致以"三八"妇女节的热烈祝贺。

中国一贯坚持在和平共处五项原则的基础上，在国际关系准则的基础上处理国家与国家的关系，其中也包括合作与竞争的关系。优势互补、合作共赢是中国与各国关系的主流和主导面。毋庸讳言，在一些国家之间的经贸互动等方面，可能既存在着合作，又存在着竞争。我认为，首先是要用开放包容的态度来对待竞争，允许各个国家在竞争中发挥各自的比较优势，挖掘本身的潜力和活力，从而实现共同发展。我们主张在平等公平的基础上来开展竞争，反对把经贸问题政治化，反对双重标准，也反对歧视性的待遇。我们主张以互利共赢为目的开展良性竞争，在实现自身利益的同时，要照顾对方的利益，要懂得换位思考，不能以邻为壑、损人利己，更不能人为地设立对手，树立对立面。竞争应该是平衡有度的。对于那些由于历史原因和一些现实的因素，在竞争当中处于相对不利地位的发展中国家，我们应该施以援手，尽力去帮助、去扶持，提高发展中国家的竞争力，提高他们可持续发展的能力。

中国的发展为同其他国家合作创造了更大空间。这些年，我们同非洲国家进行了很多的合作。例如帮助他们加强基础设施建设。我们已经帮助修建了2200多公里的铁路，3400公里左右的公路。这就像人一样，血脉畅通，这些国家就增强了可持续发展的能力。我们会进一步加强同各国的互利合作，拉紧我们之间的利益纽带。我们也在努力尝试同发达国家一起来帮助第三国，特别是发展中国家。当然，这种三边合作或者是四边、五边的合作必须首先得到驻在国的同意和支持。

新加坡《联合早报》记者：您在阐述中国的外交政策理念后，能否评价2010年中国与周边国家的关系？能否展望一下中国今年的周边外交工作，特别是中国与东盟之间的合作还有什么值得关注的亮点？

杨洁篪：去年，中国周边形势总体上保持了和平、合作、发展的局面。我们同有关国家的关系得到了新的发展，有一些重要的特点。我们之间的相互信任日益加深。中国领导人访问了许多亚洲国家，就如何进一步加强相互信任和合作进行了广泛深入的讨论，达成了许多重要共识。通过各方的共同努力，我们比较成功地克服了国际金融危机对亚洲的影响，亚洲去年经济增长率达到8.2%，成为推动世界经济复苏的重要引擎。我们促进了互利合作，推进了地区一体化建设，并共同努力妥善处理和解决地区热点问题。我们将继续执行“与邻为善、以邻为伴”的基本方针，努力同各方共同营造一个和平稳定、开放包容、合作共赢的地区环境。

我们将继续在新的一年里致力于增进政治互信。今年是中国同巴基斯坦、老挝、文莱建交60周年、50周年和20周年，是中国同东盟建立对话关系20周年，也是中国同东盟、印度的“友好交流年”。我们将举行丰富多彩的活动，进一步增进两国人民和各方的友谊及相互理解，促进亚洲共同发展。我们还将进一步推进区域化建设。我们同东盟已经建立了自贸区，实现了良好的开局，我们要进一步深化这种合作。也要进一步推进东盟十国同中日韩之间的务实合作。

中国和东盟国家山水相连，彼此之间有着十分友好的合作关系。互联互通，实现网络化的建设是我们共同的愿望，双方在这方面已经迈出了良好的步伐。所以，今后我们要进一步共商互联互通上的大计，全力去推进。同时我们一定要一起合作，妥善处理地区的热点、难点问题，使本地区能够保持和平稳定，为我们的发展繁荣创造更好的条件。

路透社记者：杨部长，去年中美关系发生了一些摩擦，尤其关于美国向台湾出售武器，使中美关系比较紧张。您是怎么看将来中美关系的发展？尤其是如果美国再向台湾出售武器，中方会有什么反应？

杨洁篪：首先，我要指出，胡锦涛主席应奥巴马总统邀请，今年1月对美国的访问是十分成功的。双方就进一步推进两国关系达成了重要共识，特别是双方决定建设相互尊重、互利共赢的合作伙伴关系。中美关系现在的气氛是好的。下一阶段，我们还有很多事情要做。王岐山副总理和戴秉国国务委员将同美方共同主持中美第三轮战略与经济对话。刘延东国务委员将同美方共同主持中美人文交流高层磋商机制第二次会议，拜登副总统将于今年年中对中国进行正式访问，此后适当时候，习近平副主席将对美国进行访问。

关于合作伙伴关系，我想强调，当今的时代是全球化的时代，是求和平、谋发展、促合作的时代。因此，推进伙伴合作，是潮流所向、人心所向，是大势所趋。中美两国都是对世界和地区有重要影响的国家，我们决定建立合作伙伴关系，是时代发展的需要，也是两国深化合作的需要。美国有越来越多的人士认识到，在处理中美关系方面，在新的形势下，要有新的思维。在新的时期，要创造新的良好的氛围。两国元首已经为中美关系的未来发展指明了方向，我们现在要做的就是顺势而为，乘势而上。要扎实落实两国元首达成的共识，扎实推进两国合作伙伴关系。

当然，中美在一些问题上存在着分歧或者摩擦，这也是客观事实。关键是要相互尊重，妥善处理。我们对美国售台武器表示坚决反对。我们敦促美方恪守中美三个联合公报和《中美联合声明》的原则和精神，停止售台武器，以实际行动来支持两岸关系的和平发展，这对维护中美关系大局至关重要。

中国国际广播电台记者：我们知道，近一段时期以来，中国购买了一些欧洲国家的国债。同时国际社会上出现了两种声音，一种认为这帮助欧洲国家应对了主权债务危机，还有一种声音对此表示出了顾虑，甚至担忧。您认为中方此举的战略考虑是什么？中国政府今年将采取怎样的措施来进一步深化中欧关系发展？

杨洁篪：我不知道为什么什么事情都要提到“战略”的高度来分析。朋友希望我们施以援手，到底是做还是不做？不做有人说话，做了也有人要说话。事实上，中国十分关注欧洲一些国家出现的主权债务危机，我们采取了增持欧元债券，帮助推进欧洲一体化进程的一系列措施。我认为这是受到广大欧洲地区的国家和人民，特别是当事国家政府和人民的欢迎。在经济全球化的今日，各国越来越成为利益的共同体。因此，我们应该同舟共济，而不是相互排斥；应该相互信任，而不是相互猜疑，这才是和谐相处之道。

中国和欧洲是世界上两个非常重要的经济体，又分别处于各自发展的关键时期，我们相互帮助、合作共赢，何乐而不为？总之，我们愿同欧盟方面共同努力，推进双方的全面战略伙伴关系，推进互尊互信的政治伙伴关系，深化互利共赢的经贸伙伴关系，建设互鉴交流的文明伙伴关系。今年将举行“中欧青年交流年”，这是一个大规模的双方青年交流活动，我们希望通过这样的活动增进双方人民的友谊、信任，为中欧全面战略伙伴关系的持续发展奠定更加牢固的民意基础。

香港凤凰卫视记者：我问的是有关地区的问题。大家都知道六方会谈已经停了两年多，各方对六方会谈似乎信心不足。虽然朝鲜方面已表示希望重返会谈，但韩国方面仍坚持先南北对话后六方会谈的立场。在当前形势下，您认为六方会谈何时能够重启？另外您认为通过六方会谈实现半岛无核化的希望有多大？

杨洁篪：六方会谈的进程确实停滞了两年多时间。在此期间，东北亚的安全形势发生了一些复杂的变化，这个局面值得各方高度重视。至于六方会谈进程本身，人们如果全面地、客观地来看这个进程，会承认这个进程是取得了一些重要的成果的，比如说发表了“9·19共同声明”，促进了有关各方的交流，对稳定地区形势发挥了重要作用。

为了重启六方会谈这一进程，中方提出一系列积极主张，国际社会对此是充分了解的。国际社会希望尽快重启六方会谈这一进程，六方会谈有关各方都对重启六方会谈的进程原则上持积极的态度。现在的问题是在如何重启、何时重启,这还需要进一步进行交流沟通,达成一致。如大家所知,中国积极支持有关方面进行双边的对话、接触、会晤。同时,我们认为这种接触、对话同六方会谈可以相互促进。我们不能期待任何问题一夜之间就能够得到解决,而六方会谈也是前无古人的事。所以各方都应该作出更大的努力。中国古语说“不积跬步,无以至千里;不积小流,无以成江海”,我们相信,通过会谈各方能进一步找到共同语言,在会谈的进程中积极寻找各种问题的解决办法。各方应该利用当前相对有利的时机,作出更大的努力,尽快重启六方会谈进程。我们相信,只要各方保持信心,坚定决心,充分发挥自己的智慧才能,就一定能够推动半岛无核化进程,最终实现半岛无核化和东北亚的长治久安。

法国《费加罗报》记者:您如何评价二十国集团的作用?对今年法国戛纳二十国集团峰会有何期待?

杨洁篪:二十国集团是应对重大经济和金融挑战的重要平台,是全球经济治理的重要平台,是推动建设全球新型发展伙伴关系的有益尝试,体现了世界经济格局发生的重大变化。

我们希望今年下半年在法国戛纳举行的二十国集团峰会能够在以下方面作出重要贡献:推动二十国集团从短期危机应对机制向长效经济治理机制转型,能够在应对重大国际金融、经济风险方面作出重要贡献,能够进一步推动国际金融机构改革,能够更多地照顾和支持广大发展中国家的利益。同时,希望有关国家加大在支持、帮助发展中国家方面的投入,将解决南北发展失衡问题作为解决世界经济失衡的根本出路。

《人民日报》记者:近期中国从利比亚撤离了3万余名中国公民,这是新中国成立以来最大规模有组织撤离海外中国公民的行动,可谓举国关注、举世瞩目。请您介绍一下这方面的情况。另外,今年以来非洲形势出现一些新变化,请您评价一下当前非洲形势及中非合作发展情况。

杨洁篪:最近一个时期,利比亚局势动荡,影响到那里中国公民的生命财产安全,中国政府对此十分关注。在党中央、国务院的领导下,我们圆满完成了从利比亚大规模撤离中国在利人员的工作,这确实是新中国成立以来最大的一次有组织撤离海外中国人员行动。这也是中国各个部门、各地方政府、中国军队、中国驻外使领馆、中国企业等有关人员共同努力的良好成果。中国在这次撤离行动中,也力所能及地帮助12个国家的多达2100人撤出利比亚。这些行动充分说明了中国政府全力贯彻“执政为民、外交为民”的宗旨。我们也要向在撤出行动中给予我们热情帮助和支持的各国政府和友人,向华侨华人表示衷心的感谢。

不久前,我对非洲五国进行了访问。我得到的总的印象和看法是:虽然非洲地区存在着一些不确定、不稳定的因素,但总体上,非洲大陆保持了和平稳定的态势。不断地推进非洲各国乃至整个非洲大陆的经济社会发展、实现地区一体化、在国际和地区事务中发挥更大作用和影响,是非洲国家和人民的普遍愿望,也是他们行动的方向。中国同非洲国家、非盟有着良好合作关系。胡锦涛主席在中非合作论坛北京峰会期间所宣布的对非务实合作八项举措已经得到全面落实,温家宝总理在第四届中非合作论坛上宣布的对非合作新八项举措也在落实方面取得了重要阶段性成果。胡锦涛主席宣布的援建项目——非盟会议中心将在今年内竣工,这是继坦赞铁路后我们援助非洲的最大项目。我们现在也在认真地筹划如何开好明年将在中国举行的中非合作论坛部长级会议。总之,我们要同非洲朋友们共同努力,使中非合作的道路越走越宽广。

日本广播协会记者:日中关系是中国最重要的双边关系之一,但在东海油气田共同开发问题上,在尖阁诸岛(即我钓鱼岛及其附属岛屿)问题上,两国的看法都不一样,存在着各种各样的问题。您认为这个敏感问题应该怎样解决?应该怎样促进两国的战略互惠关系,改善两国国民之间的感情?另外,昨天晚上日本外务大臣前原诚司辞职,您对此有什么样的看法?他的辞职有可能带来日本政治局势的不稳定,这样会不会影响到今后的日中关系?最后,今年日中韩领导人首脑会谈以及外长会谈的主办国是日本,您对日中韩合作机制抱有什么样的期待?

杨洁篪:我们注意到,日本领导人最近就中日关系发出了一些重要、积极的信息,表示希望双方都从战略高度来对待和处理中日战略互惠关系。中方愿同日方共同努力,按照中日四个政治文件的精神,牢牢把握两国关系发展的大方向。我认为,无论对中方还是对日方来讲,中日关系都是两国最重要的双边关系之一,搞好中日关系应该是双方的明智选择。去年年底以来,两国领导人已经进行了多次会晤和接触,推动两国关系迈出改善发展的步伐。对中日两国来讲,今年是改善和推进中日关系相当关键的一年。中方愿同日方保持高层接触,加强交往,同时进一步增进互信。温家宝总理将于今年5月赴日本出席中日韩领导人会议,王岐山副总理将率团出席中日经济高层对话,这些都是两国高层接触会晤的重要方面。

你谈到了改善两国国民感情的问题,我认为这很重要。首先我们要牢牢把握两国关系发展的正确方向,同时要让两国老百姓都看到搞好中日关系给彼此带来的实实在在的好处。对于两国之间的敏感问题,一定要管控好,防止矛盾分歧激化升级。此外,还要进一步推进两国的人文交流，为两国关系改善和发展奠定更好的社会基础。

中方认为，有一百条理由让东海成为“和平、合作、友好之海”。中国坚持两国东海问题原则共识的立场没有任何变化。由于众所周知的原因，在落实东海问题原则共识方面遇到了一些曲折，双方应从两国战略互惠关系大局出发，妥善处理有关敏感问题，为落实东海问题原则共识创造良好条件和氛围。中国政府在钓鱼岛问题上的立场是一贯的、明确的。我们已多次要求日方切实防止再次发生类似去年发生的那样的事件，从而维护两国关系的大局。

我同前原外相有过多次接触和会谈，就改善推进中日战略互惠关系达成了一些重要共识。不论谁是他的继任者，我都愿意同日本的外相保持良好的工作关系，贯彻两国领导人关于推进中日关系的一系列重要共识。我们希望5月举行的中日韩领导人会议能够取得积极的成果，进一步增进战略沟通和政治互信，进一步深化在各领域的务实合作。要重点推动中日韩三国自贸区联合研究，推进商签投资协议的进展。要深化循环经济、科技、环保等领域的合作，还要进一步加强人文领域的交流。同时，我们希望三国能够在促进亚洲地区的和平稳定发展方面发挥更大的作用。

中央电视台记者：现在的国际格局继续发生深刻而复杂的变化，您认为什么样的国际秩序和国际格局才是合理的？

杨洁篪：当前的国际格局和国际秩序继续发生复杂而深刻的变化。我觉得有三个积极“趋向”值得关注：一是国际力量对比“趋向均衡”。新兴经济体迅速发展，推动了国际格局朝着有利于和平和发展的方向演进。二是世界经济治理机制改革“趋向深入”，提高了发展中国家在有关国际机构中的影响力和发言权。三是国际社会合作共赢的意愿“趋向上升”，多边主义更加深入人心。上述三个“趋向”有利于国际格局朝着更加公正合理的方向发展。当然，这是一个长期而复杂的过程。我们愿意同世界各国在新的一年里共同努力，为维护世界和平，促进共同发展一起作出更大的努力。

国务院总理温家宝签署第593号令公布《公路安全保护条例》

《公路安全保护条例》已经2011年2月16日国务院第144次常务会议通过，现予公布，自2011年7月1日起施行。

总　理　温家宝

2011年3月7日

公路安全保护条例(略)

创先争优巾帼建功 全国三八红旗手(集体)表彰大会在人民大会堂举行

会前，中共中央政治局委员、全国人大常委会副委员长王兆国，中共中央政治局委员、国务委员刘延东会见了出席大会的先进个人和集体代表。

全国人大常委会副委员长、全国妇联主席陈至立代表全国妇联向全国各族各界妇女致以节日的问候，向受到表彰的全国三八红旗手和集体、巾帼建功标兵代表表示热烈祝贺。她指出，一年来，全国各族各界妇女奋力拼搏，为祖国的繁荣昌盛作出了新贡献。各级妇联在促进妇女全面发展、依法维护妇女儿童权益方面取得了新成绩。妇女小额担保贴息贷款、农村妇女“两癌”免费检查及查治结合等工作顺利开展，妇女进村“两委”比例大幅度提高，女性高层次人才成长状况研究与政策推动取得成果，和谐平安家庭创建不断深化。

陈至立希望广大妇女进一步坚定理想信念，奋发有为，在实现“十二五”规划中创先争优、再立新功；进一步弘扬新风，为社会和谐稳定作出新贡献；勤奋学习，做高素质的时代新女性。她要求各级妇联组织团结带领广大妇女为经济社会贡献智慧和力量；切实维护妇女合法权益，努力争取政策、资源、项目，进一步推动解决好妇女民生问题，把妇联建设成为党开展妇女工作的坚强阵地和广大妇女的温暖之家。

大会表彰了全国三八红旗手标兵、全国三八红旗手(集体)及全国城乡妇女巾帼建功先进集体和个人。与会的全国三八红旗手向广大妇女发出倡议书，号召全国妇女姐妹积极行动起来，坚定信念、志存高远，立足本职、奋勇争先，刻苦学习、增强能力，积极实践、弘扬文明，为实现“十二五”规划宏伟目标尽展“半边天”的时代风采。

乌云其木格、严隽琪、张梅颖、王志珍和何鲁丽、顾秀莲等参加会见并出席大会。

中宣部 中央文明办在北京召开视讯会议研究部署“讲文明树新风”志愿服务活动

会议强调，广泛开展“讲文明树新风”志愿服务活动，是巩固和发展志愿服务良好态势的必然要求，是推进公民道德建设、提升全社会道德水平的有效载体，是加强和创新社会管理、搞好庆祝中国共产党成立90周年等重大活动的重要保证。要进一步统一思想、提高认识，以高度的政治责任感和使命感扎扎实实地做好各项工作，在全社会兴起“讲文明树新风”志愿服务活动热潮，为庆祝建党90周年营造文明和谐的社会环境。

中宣部、中央文明办、教育部、国家体育总局、共青团中央、全国妇联、中国残联、中国红十字会总会、全国老龄办负责同志分别讲了意见，各省（自治区、直辖市）和各市（地、州、盟）相关部门负责同志参加会议。

国务院副总理王岐山在中南海会见芝加哥商业交易所集团终身荣誉主席利奥·梅拉梅德

中国学者发现易患冠心病基因位点

国际著名学术期刊《自然·遗传》在线发表华中科技大学生命学院教授王擎等人合作的论文，论文运用全基因组关联分析法，首次在中国汉族人群中发现了与冠心病发病相关的易感基因位点。携带此基因位点变异者，患冠心病的风险比普通人高50%。

据该论文作者介绍，冠心病一类由遗传、环境等因素相互作用引起的疾病，具有一定的家庭聚集性和遗传倾向。人体基因组中多个疾病易感基因的“微效作用”累积是发病的内因，全基因组关联分析应用50万至100万个可以覆盖人类全基因组的遗传变异，对一个人群进行全基因组扫描，再通过多个病例对照关联研究。过去4年，研究团队共检测了北京、湖北等5省市的7593个汉族人样本。

3月8日

党和国家领导人胡锦涛 吴邦国 温家宝 贾庆林 李长春 李克强分别参加全国两会一些团组审议和讨论

胡锦涛参加了内蒙古代表团审议。在胡春华、巴特尔、丁瑞莲、王林祥、朝鲁孟、色音图等代表发言后，胡锦涛作了发言，他强调，内蒙古正处于发展的关键阶段，能不能加快转变经济发展方式，关系未来发展的均衡性、协调性、可持续性。要以更大的决心，下更大的气力，推动转变经济发展方式取得实质性进展。要确保抓“三农”劲头不减弱、工作不松懈，努力创造农牧业稳定发展、农牧民持续增收、农村牧区全面进步的新业绩。要统筹处理好资源开发和环境保护的关系，坚持在保护中开发、在开发中保护，实现资源开发和环境保护双赢。要把加强社会建设和社会管理放在更加突出的位置来抓，促进人民幸福安康、民族团结进步、社会和谐稳定。要扎实推进重点领域和关键环节改革，扎实推进对内对外开放，为推动科学发展、加快转变经济发展方式提供强大动力。

吴邦国参加了河北代表团审议。陈全国、陈国鹰、王义芳等代表围绕加快调整产业结构、发挥大型国有企业作用、建立节水农业新机制、推进高等教育发展等问题积极发言。吴邦国在发言中对河北省的工作给予充分肯定。他指出，要把经济结构战略性调整作为加快转变经济发展方式的主攻方向，把科技进步和创新作为加快转变经济发展方式的重要支撑，促进经济增长实现“三个根本性转变”，这不仅是“十二五”时期全国经济工作的重中之重，也是河北实现科学发展的内在要求。吴邦国强调，要针对影响和制约经济社会协调发展的重大结构性问题，着力增强自主创新能力，积极推行低碳技术，大力发展循环经济，努力构建结构优化、技术先进、清洁安全、附加值高、吸纳就业能力强的现代产业体系，切实做好推动科学发展和加快转变经济发展方式这篇大文章。

温家宝参加了吉林代表团审议。会上，王江滨、李福升、孙鹤娟等代表争相就提高粮食生产能力、推动义务教育均衡发展等问题提出建议。温家宝说，吉林是我国粮食主产区。政府要采取更加有力的政策措施，不断调动农民积极性，下决心稳定和提高粮食生产能力。2008年国务院通过了《吉林省增产百亿斤商品粮能力建设总体规划》，2009年国务院又制定了全国新增千亿斤粮食生产能力建设规划。这些规划的实施，将进一步改善粮食主产区的生产条件，使粮食和农业综合生产能力得到较大提高。温家宝说，吉林是生态大省，自然生态资源十分丰富，要切实加强生态建设和环境保护，实现可持续发展。要重点抓好5件事：一是长白山的保护和建设；二是松花江的治理；三是黑土地的保护；四是森林、草原、野生动植物资源的保护；五是湿地保护。

贾庆林参加了文艺界政协委员联组讨论。在听取丹增、仲呈祥、周和平等委员发言后，贾庆林指出，过去的一年，文艺界委员认真履行职责，积极建言献策，组织开展文化领域多项专题调研，热心参与文化惠民活动，为推动文化建设发挥了重要作用。贾庆林强调，当前我国文化建设面临难得的历史机遇。希望文艺界委员坚持社会主义先进文化前进方向，大力弘扬中华优秀文化传统，深入推进文化体制改革，不断探索发展文化事业和文化产业的新思路新举措，推动文化大发展大繁荣，为全面建设小康社会提供强有力的思想保证、精神动力和智力支持。要立足服务大局，充分发挥文化在增进共识、凝聚力量方面的重要作用，夯实各党派团体、各族各界人士团结奋斗的共同思想基础。要坚持以人为本，进一步培养和增进对人民群众的感情，不断提高公共文化服务的质量和水平。要大力保护少数民族文化，更好地满足各族群众精神文化需求。要树立世界眼光，积极推动中华文化“走出去”，提升国家文化软实力。要增强委员履职意识，紧紧围绕文化建设领域的重大问题建言献策，努力提出既有针对性又有可操作性的意见和建议。同时，要加强学习，提高修养，努力创作和奉献更多思想深刻、艺术精湛、群众喜闻乐见的精品力作，为促进文化发展繁荣作出贡献。

李长春参加了山东代表团审议。姜大明、张少军、周厚健等代表围绕推进自主创新、繁荣发展文化事业和文化产业等踊跃发言。在听取代表们发言后，李长春作了发言，对山东经济社会发展取得的成绩给予充分肯定。他强调，提高自主创新能力是国家发展战略的核心，是深入贯彻落实科学发展观的必然要求，是落实加快转变经济发展方式“五个坚持”要求的关键所在。要把提高自主创新能力贯穿于经济社会发展全过程，加快建立以企业为主体、市场为导向、产学研相结合的技术创新体系，制定和完善扶持自主创新的政策措施，建立健全有利于创新成果不断涌现、创新人才脱颖而出的体制机制，大力弘扬创新文化，努力形成激励创新创业的浓厚氛围。李长春希望山东进一步深化文化体制改革，积极构建覆盖城乡的公共文化服务体系，推动文化产业成为国民经济支柱性产业，不断加快文化强省建设步伐。

李克强参加了山西代表团审议。袁纯清、王君、郭凤莲等代表结合山西实际，就发展循环经济、建设社会主义新农村等问题谈看法、提建议。李克强在听取代表们发言后说，“十二五”时期，要牢牢把握中央提出的主题、主线，坚持在发展中促转变、在转变中谋发展，着力加快转变经济发展方式，推动改革创新，使经济增长真正建立在结构优化、质量提高、效益改善的基础上，努力实现居民收入增长和经济发展同步、劳动报酬增长和劳动生产率提高同步。要突出解决好群众最期盼的基本民生问题，推进基本公共服务均等化。李克强希望山西以提高资源循环利用水平为着力点，加快推进资源型经济转型升级，加强保障和改善民生工作，加大保障房建设和棚户区改造等重大民生工程实施力度，促进太原城市群和全省其他地方统筹发展，使经济得发展、环境得改善、群众得实惠。

王刚、刘延东、路甬祥、乌云其木格、周铁农、李建国、曹建明、陈奎元、阿不来提·阿不都热西提、孙家正、陈宗兴、王志珍等分别参加了以上团组的审议和讨论。

全国政协十一届四次会议在人民大会堂举行第二次全体会议

16位政协委员就协调推进城镇化与新农村建设、积极发展现代服务业、大力发展战略性新兴产业、加强农产品流通体系建设等作大会发言。中共中央政治局常委、全国政协主席贾庆林出席会议。

会议的执行主席是王刚、白立忱、阿不来提·阿不都热西提、李兆焯、黄孟复、钱运录、万钢、厉无畏。会议由厉无畏主持。

中共中央政治局委员、国务院副总理王岐山和中共中央、国务院有关部门负责人到会听取发言。

刘江委员代表全国政协经济委员会发言指出，城镇化与新农村建设不可偏废，要协调推进，“双轮驱动”，促进城乡共同繁荣。他提出，现阶段应将县城和中心镇作为重点，构筑新型城镇体系；认真处理好城镇化过程中的土地问题等建议。

欧成中委员在发言中说，国有企业改革取得阶段性的重要成果，国有企业经营状态进一步改善。但国有经济深层次的矛盾并没有消除，国企改革仍需继续推进，国有经济要坚持有所为有所不为。

何丕洁委员代表民革中央建议积极发展现代服务业，大力推动经济转型升级，提出把发展现代服务业作为产业结构调整重要突破口、建立现代服务业产业集聚区等建议。

厉以宁委员就我国外汇储备安全问题进行发言，提出优化外汇储备结构、树立外汇资产储备理念、利用外汇储备作为对外信贷资金等六方面建议。

马蔚华委员就积极稳健有序推进人民币国际化发言，他指出人民币国际化面临诸多挑战，是一个长期艰难的过程，应遵循“积极稳健、有序推进”的原则，分阶段有步骤加以推进。他提出建立健全境外人民币投资回流机制、促进人民币成为区域化的结算货币等建议。

贺强委员代表无党派人士界发言时建议进一步完善证券市场监管，有效保护投资者利益，建立合理的上市公司分红制度，加强股票发行的核准工作等。

吴晓青委员代表民建中央发言指出，要大力发展战略性新兴产业，有力推进产业结构调整，加快经济发展方式转变。他提出合理布局，实事求是地发展战略性新兴产业等三方面建议。

黄海委员在发言中指出，农产品流通对于经济发展和人民生活，具有重要意义。必须采取标本兼治的办法，切实加强农产品流通体系建设。他提出大幅增加财政对农产品批发市场建设的投入等四方面建议。

赖明委员代表九三学社中央发言时说，自主创新能力是国家竞争力核心，是加快转变经济发展方式的重要支撑，应将技术创新尤其是关键核心技术的突破作为产业发展的立足之本，营造有利于产业自主创新的环境。

牛文元委员发言时建议，在加快发展方式转变的总要求下，应制订“低碳发展国家行动方案”，设计相应的调控总量和约束性细则，制定相应的“碳源碳汇平衡表”，建立“国家碳补偿制度”。

潘祖尧委员在发言中认为，近30年来，我国城市建设取得了大发展，但城市建设中的痼疾没有得到根治，反而又有新的发展。他建议应全面总结我国城市规划、城市建设的经验教训，找出解决问题的办法。

陈传阔委员提出,为进一步推进装备制造业“前端”领域创新发展,必须强化举国体制,加强国家层面的组织与协调,推动我国装备制造业由规模优势向技术优势转变。

张泽熙委员在代表台盟中央、全国台联发言时建议构建海峡经济区港口群,推动两岸港口资源的整合,打造具有全球辐射能力的航运枢纽中心。

李德水委员就加强通胀预期管理,提出坚持把“三农”工作作为重中之重、坚持实施稳健货币政策、在调整分配结构上下功夫等建议。

宋北杉委员代表全国工商联发言认为,小型微型企业为我国经济发展和社会稳定作出了巨大贡献,“十二五”时期在继续推动大中型企业做精做大做强的同时,必须把政策的着力点放在小型微型企业上。

赵海英委员发言指出,应从完善预算编制和执行机制、优化财政支出结构、改善国民经济分配格局等方面入手,深化财税体制改革,加大改善民生力度。

全国政协副主席廖晖、杜青林、陈奎元、董建华、张梅颖、张榕明、孙家正、李金华、郑万通、林文漪、罗富和、陈宗兴、王志珍出席会议。

全国政协十一届四次会议在人民大会堂举行记者会

记者会主题是“推进基本公共服务体系建设 保障和改善民生”。全国政协经济委员会副主任郑新立,全国政协提案委员会副主任、九三学社中央专职副主席邵鸿,全国政协经济委员会委员、中国经济体制改革研究会会长宋晓梧,全国政协教科文卫体委员会委员吴明江,致公党中央委员会委员、中国城市发展研究院院长于炼5位全国政协委员出席并回答记者提问。

针对我国的公共服务领域总体上供给不足的现状,郑新立指出,应通过创新社会管理体制,通过特许经营等办法,把社会资金引入到公共服务品的供给上来,包括城市中地铁、学校、医院的修建等等,解决公共产品短缺的问题。

宋晓梧说,我国在教育、医疗、社会保障等方面的投入占GDP的比重相对较低。对基本公共服务的投入在结构上要进行调整,要侧重向农村倾斜,侧重向老、少、边、穷、后发地区倾斜,侧重向困难地区倾斜。

对于学术腐败问题,邵鸿指出,很多高校实行了以年度刚性指标、数量化的考核办法,在一定程度上助长了教师急功近利的倾向;近些年来,我国教育科研经费投入有了很大的增长,存在巨大的物质诱惑,但管理没有跟上,对学术腐败和学术不端行为起到刺激作用;缺乏良好的学术评价环境和纠错机制。

如何缓解看病难?吴明江建议建立适合基层医疗机构人员的评价制度、人员的激励制度和生活保障、社会保障的相关政策等。

对于大家关心的公立医院改革的问题,吴明江认为难点在公益性和营利性的矛盾。在具体改革内容上,宏观方面如制定发展规划,实行管办分开,明确公立医院的补偿政策等;在微观层面上进一步规范管理、规范运营等。

在回答有关保障性住房建设的问题时,于炼认为,应该把保障房建设由现在的政府任务向产业化转变,打造成一个健康、稳定、可持续发展的阳光透明产业。

纪念“三八”妇女节中外妇女招待会在人民大会堂召开

全国人大常委会副委员长、全国妇联主席陈至立在招待会上向各国姐妹致以节日的祝贺。她在致辞中说,“三八”国际劳动妇女节是各国妇女追求独立解放、争取平等发展的光辉节日。百年来,世界各国妇女为实现自身解放、进步与发展进行了不懈斗争,取得了巨大成就,成为经济社会发展的“半边天”。今天,国际妇女运动翻开了新的百年篇章,促进性别平等、赋予妇女权利、促进妇女发展已经成为各国政府和国际社会的基本共识和努力目标。

陈至立指出,中国与各国妇女的交流与合作不断拓展和深化,成果丰硕。中外妇女交流活动为中国与各国妇女朋友提供了交流经验、相互学习的平台,有力地增进了相互间的理解、友谊与合作。她表示,中国妇女期待着与各国妇女机构和组织以及各界妇女进一步加强联系、凝聚共识,深化合作、加深友谊,共同迎接机遇、应对挑战,为争取男女平等、推动妇女进步,为促进世界的文明、进步与繁荣,为维护世界和平作出新的更大的贡献。

王兆国、严隽琪、戴秉国、张榕明和何鲁丽、顾秀莲出席招待会。

全国妇联副主席、书记处第一书记宋秀岩主持招待会。在京女中央委员、候补委员,各有关部委女领导、专家以及中国各族各界妇女代表和在华访问的斯里兰卡总统夫人、各国驻华女外交官、使节夫人、武官夫人,联合国系统驻华机构代表等关心、支持中国妇女儿童事业发展的各界朋友近1800人出席招待会。

国家发改委发出通知要求对企业纳税环节相关收费进行治理规范

通知要求,从今年4月1日起,取消增值税防伪税控系统培训费,禁止增值税防伪税控系统专用设备生产或服务单位向初始用户收取培训费、证书费、换证费等相关收费;取消增值税防伪税控系统网点建设费;严格清理技术服务类收费,各省、自治区、直辖市价格主管部门要会同有关部门对本地区提供电子纳税服务过程中涉及的各类服务费、认证费和维护费进行清理和规范，不符合规定的一律取消。

通知还要求，有关技术服务单位在提供服务时，要与用户签署服务合同，严格履行合同中约定的职责和服务内容，否则不得收取费用；未经企业要求上门提供具体技术维护服务的，不得强制服务强行收费；供货和技术服务单位不得以任何理由，向用户强行推销、搭售扫描仪、计算机、打印机等通用设备，否则以乱收费查处。

“十一五”重大科技成就展在北京开展

由科学技术部、中共中央组织部、国家发展和改革委员会、财政部、总装备部牵头，会同教育部、中国科学院、中国工程院、国家自然科学基金委员会、中国科协、国家国防科技工业局等共同主办的“十一五”国家重大科技成就展在北京国家会议中心开幕，全国政协副主席、科学技术部部长万钢出席开幕式并参观展览。

展览全面介绍了“十一五”期间我国科技战线取得的重大科技成就。

本次展览的参展项目约600项，集中展出了一批对国民经济和社会发展有重大影响、具有重大创新与突破且掌握关键核心技术、具有自主知识产权的重大标志性、亮点项目，“神舟”七号返回舱、“天河一号”超级计算机、12英寸刻蚀机等项目是首次与社会公众见面。

“2010全国人大十大新闻”评选在北京揭晓

获选的十大新闻是：高票通过修改选举法的决定，实行城乡按相同人口比例选举人大代表；围绕形成中国特色社会主义法律体系召开座谈会研讨会，中国特色社会主义法律体系如期形成；社会保险法高票通过，加快建立覆盖城乡居民的社会保障体系；委员长督办代表议案建议，力促提高办理质量；修改国家赔偿法，完善国家赔偿法律制度；表决通过修改代表法的决定，迈出完善人大制度的坚实步伐；高度关注深化医药卫生体制改革工作，召开大联组会议进行专题询问；车船税法草案征求意见近10万条，立法机关及时回应社会关注；开展编制“十二五”规划专题调研，创新人大监督工作方式；通过人民调解法，为社会矛盾减压。

“红十字天使计划民族地区乡村医生培训班”在北京举行开班仪式

培训班由中国红十字基金会、卫生部乡村医生培训中心共同主办，来自云南等6省区、分属15个不同民族的100名乡村医生参加了这次培训班，这也是中国红十字基金会乡村医生培训计划总第22期培训班。

此次来京参加培训的100名乡村医生分别来自云南、广西等民族地区，包括汉、藏、壮、苗、白、彝、傣、布朗、德昂、阿昌、景颇、傈僳、哈尼、拉祜、纳西等15个民族。他们大多是长期在民族地区工作的基层乡村医生。

3月9日

全国政协十一届四次会议在人民大会堂举行第三次全体会议

16位政协委员就加大社会事业投入、切实保障食品安全、创新社会管理等作大会发言。中共中央政治局常委、全国政协主席贾庆林出席会议。

会议的执行主席是廖晖、帕巴拉·格列朗杰、董建华、张梅颖、李金华、林文漪、罗富和。会议由李金华主持。

中共中央政治局委员、国务委员刘延东，以及中共中央、国务院有关部门负责同志到会听取发言。

张大宁委员代表全国政协教科文卫体委员会发言提出，长期以来，我国社会事业相对滞后于经济建设。各级政府要把增加投入与改革、创新公共服务体制机制结合起来，把好事办好、实事办实，使人民群众得到更多的实惠。

刘佩智委员在发言中指出，要切实保障食品安全，让人民群众“吃得安全、吃得放心”。他提出强化源头管控、落实产业政策、完善体制机制、助推舆论监督等建议。

缪合林委员从强化政府在社会管理中的公共服务职能、推动社会管理模式扁平化、大力发展服务性和公益性社会组织等五方面，提出加强社会管理、促进社会和谐的建议。

邵秉仁委员代表全国政协人口资源环境委员会发言指出，加快我国新能源发展，规划必须先行。他提出节能减排优先、推进电力体制改革等五方面建议。

陈凌孚委员认为，加快振兴学前教育，要进一步提升学前教育在民生发展中的地位、进一步增加财政投入、提高幼儿教师素质、严格做好质量评估工作。

孙晓群委员代表全国政协民族和宗教委员会发言，就进一步加强对进城务工经商少数民族群众的服务管理工作，提出建章立制、深入开展党的民族政策和法制教育等三方面建议。

赵晓勇委员在发言中，围绕健全覆盖城乡居民的基本医疗保障体系，提出改革中央政府出资方式、利用价格杠杆调节基本医疗消费行为等建议。

杜黎明委员在发言中，分析了现行公车管理模式、现状及存在弊端，提出建立刚性财政预算约束的公车管理体系、深入开展公务用车情况专项清理等建议。

杨超委员就养老产业发展，提出引导长期性资金投资养老社区建设、加大对养老产业的监管力度、给予适当的财政支持和税收优惠等建议。

闫小培委员代表致公党中央发言认为，作为一个发展中的大国，要进一步扩大对外开放，实施好“走出去”战略，必须做好海外中国学校的建设。

赵龙委员在发言中对全运会体制存在的问题作了分析，提出调整全国性竞技体育比赛布局规划，改革体育事业发展评价指标体系等建议。

洪天慧委员代表全国妇联发言认为，应抓住社会保险法颁布实施的重大契机，加快完善生育保险制度，逐步扩大生育保险的覆盖范围，保障妇女生育保险权益。

王庭大委员提出要保障科学家科研权利，改革科研资源配置模式，建立完善科学的科研评价评估体系，领导机关管理部门要当好“后勤部”等。

张元富委员认为，农民失去土地，就失去了最宝贵的家庭财富。要使农民得到广泛、持久、可靠的保障，必须建立政府主导的失地农民社会保障体系。

杨岐委员建议，要把核电出口上升为国家战略，积极推动自主核电品牌的示范工程建设，加大政策支持力度，给予海外示范项目贷款资金和税收优惠政策等。

陈勋儒委员认为各类全国性创建活动政出多门、名目繁多，提出加强制度化管理、建立城市发展长效机制、切实加强城市管理工作等建议。

全国政协副主席王刚、杜青林、白立忱、陈奎元、阿不来提·阿不都热西提、李兆焯、黄孟复、张榕明、钱运录、孙家正、郑万通、万钢、厉无畏、陈宗兴、王志珍出席会议。

十一届全国人大四次会议主席团常务主席第一次会议在人民大会堂举行

十一届全国人大四次会议主席团常务主席、全国人大常委会委员长吴邦国主持会议。

会议听取了十一届全国人大四次会议主席团常务主席、大会副秘书长、全国人大常委会副委员长兼秘书长李建国作的十一届全国人大四次会议秘书处关于政府工作报告审议和修改情况以及决议草案代拟稿起草情况的汇报。

会议听取了大会副秘书长、全国人大财政经济委员会主任委员石秀诗作的全国人大财政经济委员会关于国民经济和社会发展第十二个五年规划纲要草案的审查结果报告、全国人大财政经济委员会关于2010年国民经济和社会发展计划执行情况与2011年国民经济和社会发展计划草案的审查结果报告。

会议听取了全国人大财政经济委员会副主任委员高强作的全国人大财政经济委员会关于2010年中央和地方预算执行情况与2011年中央和地方预算草案的审查结果报告。

会议还听取了李建国作的十一届全国人大四次会议秘书处关于国民经济和社会发展第十二个五年规划纲要的决议草案代拟稿、关于2010年国民经济和社会发展计划执行情况与2011年国民经济和社会发展计划的决议草案代拟稿、关于2010年中央和地方预算执行情况与2011年中央和地方预算的决议草案代拟稿的汇报。

会议同意将上述审议结果报告和决议草案代拟稿提交大会主席团第二次会议审议。

十一届全国人大四次会议主席团常务主席、全国人大常委会副委员长王兆国、路甬祥、乌云其木格、韩启德、华建敏、陈至立、周铁农、司马义·铁力瓦尔地、蒋树声、陈昌智、严隽琪、桑国卫出席会议。

教育部在北京与15个省份签署义务教育均衡发展备忘录

教育部与北京、天津、河北、辽宁、上海、江苏、安徽、福建、江西、山东、河南、湖南、广西、海南、重庆等15个省、自治区、直辖市人民政府签署义务教育均衡发展备忘录，共同推进义务教育均衡发展。中共中央政治局委员、国务委员刘延东专门作出指示，强调要把义务教育工作作为造福人民群众的重大民生工程，确保适龄儿童少年接受良好义务教育。

全国首个慈善产业园“黄河善谷”在宁夏红寺堡开建

项目规划面积30平方公里，总投资73亿元。宁夏欲将产业园建成西部地区重要的出口贸易加工区和对外贸易窗口，以及中国慈善产业合作示范区。

3月10日

十一届全国人大四次会议主席团在人民大会堂举行第二次会议

会议分别经过表决，决定将十一届全国人大四次会议关于政府工作报告、“十二五”规划纲要、计划报告、预算报告的决议草案提请各代表团审议。

主席团常务主席吴邦国主持会议。会议应到170人，出席166人，符合法定人数。

3月5日至7日，各代表团认真审议了政府工作报告。代表们对政府工作报告给予高度评价，一致认为，政府工作报告全面贯彻党的十七大和十七届三中、四中、五中全会以及中央经济工作会议精神，通篇贯穿了科学发展这个主题，突出了加快转变经济发展方式这个主线，体现了以人为本、执政为民的理念，总结工作实事求是、重点突出，部署工作措施得力、前瞻性强，是一篇求真务实、开拓进取、振奋人心的报告。代表们高度评价"十一五"时期我国经济社会发展取得的巨大成就，对过去五年的政府工作给予充分肯定，普遍赞同"十二五"时期我国经济社会发展的主要目标、战略重点和重大举措，以及今年经济社会发展的预期目标、总体思路和要重点做好的十个方面工作，认为这些目标、任务和要求，经过努力是可以实现的。审议中，代表们也提出了一些意见和建议。国务院根据代表们的审议意见，对政府工作报告认真进行了修改，共修改9处，其中比较重要的修改有5处。

会议经过表决，决定将十一届全国人大四次会议关于政府工作报告的决议草案提请各代表团审议。

全国人大财政经济委员会主任委员石秀诗向主席团会议作了关于国民经济和社会发展第十二个五年规划纲要草案的审查结果报告。财政经济委员会认为，纲要草案全面体现了《中共中央关于制定国民经济和社会发展第十二个五年规划的建议》精神，提出了未来五年经济社会发展的指导思想、总体思路、日标任务和重大举措，总体安排积极可行，建议批准国务院提出的《国民经济和社会发展第十二个五年规划纲要(草案)》。

石秀诗还向会议作了财政经济委员会关于2010年国民经济和社会发展计划执行情况与2011年国民经济和社会发展计划草案的审查结果报告。财政经济委员会认为，2010年国民经济和社会发展计划执行情况总体是好的，2011年国民经济和社会发展计划报告与计划草案主要目标和总体安排可行，建议批准国务院提出的《关于2010年国民经济和社会发展计划执行情况与2011年国民经济和社会发展计划草案的报告》，批准2011年国民经济和社会发展计划。

全国人大财政经济委员会副主任委员高强向会议作了关于2010年中央和地方预算执行情况与2011年中央和地方预算草案的审查结果报告。财政经济委员会认为，2010年中央和地方预算执行情况总体是好的，2011年中央和地方预算草案是可行的，建议批准国务院提出的《关于2010年中央和地方预算执行情况与2011年中央和地方预算草案的报告》，批准2011年中央预算草案。

会议经过表决，通过了这三个审查结果报告。

3月6日至8日，各代表团认真审查了"十二五"规划纲要草案和计划报告、计划草案、预算报告、预算草案。国务院根据代表们的审查意见，对规划纲要草案、计划报告、预算报告认真进行了修改。

会议表决通过，决定将十一届全国人大四次会议关于国民经济和社会发展第十二个五年规划纲要的决议草案、关于2010年国民经济和社会发展计划执行情况与2011年国民经济和社会发展计划的决议草案、关于2010年中央和地方预算执行情况与2011年中央和地方预算的决议草案，提交各代表团审议。

主席团常务主席王兆国、路甬祥、乌云其木格、韩启德、华建敏、陈至立、周铁农、李建国、司马义·铁力瓦尔地、蒋树声、陈昌智、严隽琪、桑国卫出席会议。

十一届全国人大财经委员会关于国民经济和社会发展第十二个五年规划纲要草案的审查结果报告

(2011年3月10日第十一届全国人民代表大会第四次会议主席团第二次会议通过)

十一届全国人大四次会议主席团：

第十一届全国人民代表大会第四次会议审查了国务院提出的《国民经济和社会发展第十二个五年规划纲要(草案)》(以下简称纲要草案)。全国人民代表大会财政经济委员会在对纲要草案进行初步审查的基础上，根据各代表团和有关专门委员会的审查意见，又作了进一步审查。国务院根据审查意见对纲要草案作了修改。现将审查结果报告如下。

财政经济委员会认为，纲要草案全面体现了《中共中央关于制定国民经济和社会发展第十二个五年规划的建议》精神，提出了未来五年经济社会发展的指导思想、总体思路、目标任务和重大举措，总体安排积极可行，建议批准国务院提出的《国民经济和社会发展第十二个五年规划纲要(草案)》。

"十一五"时期是我国发展史上极不平凡的五年。面对复杂多变的国内外形势，全国各族人民在中国共产党的领导下，团结奋斗，胜利完成了"十一五"规划确定的主要目标和任务，综合国力和国际影响力显著提高，人民生活不断改善，社会主义经济建设、政治建设、文化建设、社会建设以及生态文明建设取得重大进展，国家面貌发生了历史性变化。同时，我们也面临着不少严峻挑战，特别是发展中不平衡、不协调、不可持续问题仍然突出。纲要草案对困难和问题作了实事求是的分析，对这些问题要高度重视，做好统筹规划，采取有力措施加以解决。

财政经济委员会认为，"十二五"时期是全面建设小康社会的关键时期，是深化改革开放、加快转变经济发展方式的攻坚时期，是可以大有作为的重要战略机遇期。要以科学发展为主题，以加快转变经济发展方式为主线，按照五年规划的要求，制定好专项规划、地方规划、年度计划及其实施方案和政策措施，强化实施责任，扎实做好规划实施和监测评估工作，保障规划目标和任务如期完成。

要大力推进经济结构战略性调整。坚持实施扩大内需战略，把扩大消费需求作为战略重点，大力优化投资结构和出口结构，促进经济增长向依靠消费、投资、出口协调拉动转变。进一步巩固和加强农业基础地位，加快发展现代农业，增强粮食安全保障能力。推进工业结构调整，提升制造业核心竞争力，培育发展战略性新兴产业，严格控制高耗能产业，降低重化工业比重。营造有利于服务业发展的政策和体制环境，推动服务业大发展。实施区域发展总体战略和主体功能区战略，推进区域良性互动发展。坚持城乡统筹发展，积极稳妥推进城镇化，促进大中小城市协调发展，增强城镇综合承载能力。

要进一步促进科技进步和创新。全面落实国家中长期科技、教育、人才规划纲要。深化科技体制改革，强化科技创新支持政策，引导和支持创新要素向企业集聚，加快建立以企业为主体、市场为导向、产学研相结合的技术创新体系，努力增强科技创新能力，促进科技成果向现实生产力转化。深化教育体制改革，大力促进教育公平，全面推进素质教育，提高教育质量。促进各类人才队伍协调发展，突出培养造就创新型人才，为加快转变经济发展方式、实现科学发展提供人才保证。

要切实保障和改善民生。建立健全基本公共服务体系，逐步缩小城乡、区域间基本公共服务差距。推进收入分配制度改革，调整国民收入分配格局，合理把握政府性收支规模，努力提高城乡居民收入在国民收入分配中的比重，提高劳动报酬在初次分配中的比重，使发展成果惠及全体人民。坚持就业优先战略，大力发展劳动密集型产业、服务业和小型微型企业，鼓励自主创业，促进充分就业。积极推进覆盖城乡居民的社会保障体系建设。加快医疗卫生事业改革发展。全面做好人口工作，大力发展社会养老服务，积极应对人口老龄化。加快残疾人事业发展。

要加快建设资源节约型、环境友好型社会。积极应对气候变化，进一步推进节能降耗，大幅度降低能源消耗强度和二氧化碳排放强度。大力发展循环经济，推广低碳技术，推动形成与我国国情相适应的绿色生活方式和消费模式。加大环境保护力度，强化生态保护与修复，建立生态补偿机制，明显改善环境质量。加强水利和防灾减灾体系建设，增强抵御自然灾害能力。

要进一步深化改革，提高对外开放水平。坚持社会主义市场经济改革取向，加强改革顶层设计和总体规划，加快重点领域和关键环节改革，在构建有利于科学发展的体制机制方面取得实质性进展。坚持和完善基本经济制度，继续推进国有企业改革，加快金融体制改革和资源性产品价格改革。加快推进财税体制改革，理顺各级政府间财政分配关系，加强县级政府提供基本公共服务的财力保障。深化行政体制改革，切实转变政府职能，减少政府对微观经济活动的干预，推行政府绩效管理，建设法治政府和服务型政府。实施互利共赢的开放战略，切实转变外贸发展方式，优化外贸结构，提高利用外资质量，积极实施“走出去”战略。创新社会管理体制机制，加强社会管理能力建设，保障人民群众合法权益，促进社会和谐稳定。

以上报告，请予审议。

全国人民代表大会财政经济委员会

2011年3月10日

十一届全国人大财经委员会关于2010年国民经济和社会发展计划执行情况与2011年国民经济和社会发展计划草案的审查结果报告

（2011年3月10日第十一届全国人民代表大会第四次会议主席团第二次会议通过）

十一届全国人大四次会议主席团：

第十一届全国人民代表大会第四次会议审查了国务院提出的《关于2010年国民经济和社会发展计划执行情况与2011年国民经济和社会发展计划草案的报告》以及2011年国民经济和社会发展计划草案。全国人民代表大会财政经济委员会在对计划报告和计划草案初步审查的基础上，根据各代表团和有关专门委员会的审查意见，又作了进一步审查。国务院根据审查意见对计划报告作了修改。现将审查结果报告如下。

一、财政经济委员会认为，过去的一年，面对复杂多变的国内外形势，国务院和地方各级人民政府按照中共中央确定的方针政策和十一届全国人大三次会议的决议，深入贯彻落实科学发展观，继续应对国际金融危机冲击，国民经济朝着宏观调控的预期方向发展，企稳向好势头进一步巩固，各项社会事业稳步发展，人民生活不断改善，计划执行情况总体是好的。同时也要看到，经济社会发展中不平衡、不协调、不可持续的问题依然突出，经济增长的资源环境约束强化，农业基础仍然薄弱，结构调整任务艰巨，收入分配差距较大，物价上涨压力增大，部分城市房价涨幅过高，财政金融领域风险积聚，教育、医疗、就业、社会保障、食品药品安全和征地拆迁等方面的一些矛盾比较突出，体制机制改革难度加大。必须采取积极有效措施加以解决。

二、财政经济委员会认为，2011年国民经济和社会发展计划报告与计划草案符合中央经济工作会议精神和我国经济社会发展实际，指导思想明确，重点突出，主要目标和总体安排可行，建议批准国务院提出的《关于2010年国民经济和社会发展计划执行情况与

2011年国民经济和社会发展计划草案的报告》，批准2011年国民经济和社会发展计划。

三、财政经济委员会认为，2011年是"十二五"规划开局之年，做好今年经济社会发展工作，对实施好"十二五"规划意义重大。在计划执行过程中，要坚持以科学发展为主题，以加快转变经济发展方式为主线，着重做好以下工作。

（一）扎扎实实做好"三农"工作。坚持把"三农"工作放在重中之重地位。继续加大对"三农"投入，财政支农资金增幅要高于财政支出增幅，预算内固定资产投资和土地出让收益的投向和使用要进一步向"三农"倾斜。稳定粮食播种面积，继续提高粮食最低收购价格，加大对粮食主产区投入和利益补偿力度，调动和保护农民种粮和地方抓粮积极性。严守耕地"红线"，加快中低产田改造，保护和提高耕地质量。加强农业农村基础设施建设，大兴农田水利，提高抵御重大自然灾害的能力。推进农业产业化，支持农民专业合作社、农村龙头企业和农业社会化服务组织发展。继续推进农村综合改革，积极培育农村新型金融机构，加快征地制度改革，健全农村土地保护和补偿机制，防止和纠正违背农民意愿、借各种名义侵占农民利益、乱占农业用地现象。加快推进小城镇建设，促进农民转移就业，多渠道增加农民收入。大力发展农村教育、卫生、文化等社会事业，提高农村基本公共服务质量和水平。

（二）加快推进经济结构战略性调整。进一步扩大内需特别是居民消费需求，着力提高城乡居民实际收入水平和消费能力，优化消费环境，培育新的消费热点，增强居民消费对经济增长的拉动作用。调整优化投资结构，严格执行投资项目用地、节能、环保、安全等准入标准，防止借"十二五"开局盲目铺摊子、上项目，注重提高政府投资质量和效益。切实放宽民间投资市场准入，进一步破除各种有形和无形的壁垒。改造提升传统产业，大力推进自主创新和战略性新兴产业发展，切实加强以企业为主体的创新能力建设，全面落实企业科技投入的激励政策，加大研发和技改投入，提高科技资金的使用效率，加速科技成果转化为现实生产力。加快发展服务业，提高服务业增加值和就业比重。统筹国土空间开发利用，增强区域发展协调性。

（三）努力保持物价总水平基本稳定。有效管理市场流动性，控制物价过快上涨的货币条件。大力发展生产，保障主要农产品、基本生活必需品和重要生产资料有效供应。完善重要商品储备制度，加强农产品流通体系建设，规范市场秩序，严肃查处恶意炒作、哄抬物价等不法行为，确保农民从农产品价格正常上涨中真正受益。把握好政府管理商品和服务价格的调整时机、节奏和力度，降低过高收费标准，特别是行政事业性收费和交通、电信等收费，坚决取缔不合理收费。完善补贴制度，建立健全社会救助、保障标准与物价上涨挂钩的联动机制，保障低收入困难群众基本生活。在保持物价总水平基本稳定的前提下，继续推进价格改革。

（四）调整优化国民收入分配格局。按照中央关于"提高居民收入在国民分配中的比重和劳动报酬在初次分配中的比重"、"居民收入增长和经济发展同步、劳动报酬增长和劳动生产率提高同步"的要求，力争年内出台收入分配制度改革方案，明确改革的目标、步骤和办法。合理调整国家、企业和个人分配关系，科学确定政府性收入水平，合理把握政府性收支规模，努力实现城乡居民收入较快增长。着力提高低收入者收入，重点增加城镇低收入群体和农民收入，提高企事业单位退休人员基本养老金和重点优抚对象待遇。持续扩大中等收入群体，健全工资正常增长机制。严格规范国有企业、国有控股金融机构高管人员的收入，严格控制职务消费。加大再分配调节力度，有效调节过高收入，切实减轻小型微型企业和居民税费负担，努力扭转收入差距扩大趋势。

（五）强化节能减排、生态建设和应对气候变化。从调整经济结构入手，着力改善轻重工业比例关系，遏制高耗能、高污染和产能过剩行业盲目重复建设，加快淘汰落后产能，进一步挖掘节能减排工作潜力。强化政府责任，突出抓好工业、建筑、交通运输、公共机构等重点领域节能工作。积极有序发展清洁能源和可再生能源，促进新能源有效利用。抓好重点流域、区域、行业污染和农村环境综合整治，加快建立健全生态补偿机制。健全法律法规，更多运用价格、税收、排放权交易等经济手段，形成约束激励机制，增强企业和全社会节能减排内生动力。加大节能环保执法力度，强化监督和问责机制。积极应对气候变化，落实好控制温室气体排放行动目标。大力发展循环经济，推广低碳技术，推进资源节约型和环境友好型社会建设。

（六）着力保障和改善民生。坚持就业优先战略，继续实施更加积极的就业政策，大力发展劳动密集型产业、服务业和小型微型企业，鼓励自主创业。加快建设覆盖城乡居民的社会保障体系，在扩大养老保险覆盖面、提高统筹层次、完善转移接续办法等方面取得新进展，加快制定基础养老金全国统筹方案。完善城乡低保制度，加快推进残疾人保障和服务体系建设。大力发展社会公益事业。继续搞好房地产市场调控，遏制投机性住房需求。明确和强化政府责任，重点解决中低收入家庭住房困难，切实落实资金投入，提高保障性住房建设竣工率。全面落实国家中长期教育改革和发展规划纲要，提高教育质量，促进教育公平，大力发展职业教育。扎实推进医药卫生体制改革,提高医疗服务质量和效率。完善公共文化服务体系,发展公共体育事业。切实抓好食品药品安全监管工作,加强安全生产,遏制重特大事故发生,保障人民群众生命财产安全。

(七)不断加大改革攻坚力度。坚持社会主义市场经济改革方向,充分发挥市场在资源配置中的基础性作用,加强改革顶层设计和总体规划,力争在重点领域和关键环节取得新突破。进一步深化行政管理体制改革,切实转变政府职能,建设法治政府和服务型政府。大力推进政务公开,创造条件让群众和舆论更有效地监督政府。继续深化国有企业特别是垄断行业改革,推进国有经济战略性调整。鼓励、支持和引导非公有制经济发展,为各种所有制经济创造平等竞争的体制环境。积极推进财税、金融、投融资体制和资源环境等领域改革。健全多层次资本市场体系,提高直接融资比重。健全中央预算内投资管理制度,抓紧出台企业投资项目核准和备案管理条例。继续完善成品油、天然气价格形成机制和各类电价定价机制,推进水价改革。加快事业单位改革,重点推进教育、科学、文化体育、医疗卫生、社会保障和救助等改革。加强和创新社会管理,畅通群众利益诉求表达渠道,从源头上预防和减少各类社会矛盾,促进社会和谐稳定。

以上报告,请予审议。

全国人民代表大会财政经济委员会

2011年3月10日

十一届全国人大财经委员会关于2010年中央和地方预算执行情况与2011年中央和地方预算草案的审查结果报告

(2011年3月10日第十一届全国人民代表大会第四次会议主席团第二次会议通过)

十一届全国人大四次会议主席团:

第十一届全国人民代表大会第四次会议审查了国务院提出的《关于2010年中央和地方预算执行情况与2011年中央和地方预算草案的报告》和2011年中央和地方预算草案。全国人民代表大会财政经济委员会在对预算报告和预算草案进行初步审查的基础上,根据各代表团和有关专门委员会的审查意见,又作了进一步审查。国务院根据审查意见对预算报告作了修改。现将审查结果报告如下。

一、财政经济委员会认为,2010年中央和地方预算执行情况总体是好的。全国财政收入83080亿元,完成预算的112.4%,比上年增长21.3%;加上调入中央预算稳定调节基金100亿元,收入总量为83180亿元。全国财政支出89575亿元,完成预算的106%,比上年增长17.4%;加上安排中央预算稳定调节基金支出2248亿元,地方财政结转资金1357亿元,支出总量为93180亿元。全国财政收支相抵,赤字10000亿元。其中,中央财政收入42470亿元,完成预算的111.6%,比上年增长18.3%,加上调入中央预算稳定调节基金100亿元,收入总量为42570亿元;中央财政总支出48322亿元(含中央对地方税收返还和转移支付支出),完成预算的103.6%,加上安排中央预算稳定调节基金支出2248亿元,支出总量为50570亿元。中央财政收支相抵,赤字8000亿元,比预算减少500亿元。2010年年末,中央财政国债余额为67527亿元,控制在全国人大批准的71208亿元限额之内。地方财政收支差额2000亿元,由财政部代理发行地方政府债券弥补。

财政经济委员会认为,2010年国务院和地方各级人民政府认真落实中共中央确定的战略部署和十一届全国人大三次会议提出的各项要求,实施积极的财政政策和适度宽松的货币政策,努力推进经济发展方式转变和经济结构调整,经济企稳向好势头进一步巩固,各项社会事业加快发展,人民生活继续改善。在此基础上,全国财政收入超额完成预算,“三农”、教育、科技、卫生、文化、社会保障、就业等重点和民生支出得到较好保障,中央转移支付结构有所改善,预算执行进度明显加快,中央国有资本经营预算覆盖范围有所扩大,上缴比例有所提高,社会保险基金预算试编工作有序进行,中央财政预算和中央部门预算向社会公开,县级基本财力保障机制初步建立,资源税改革开始试点,融资平台公司债务正在认真核实清理,财政预算管理进一步加强。预算报告中专门汇报了落实人大预算决议的有关情况,体现了对人民高度负责的精神。同时应该指出,在预算执行和财政运行中还存在一些值得注意的问题,主要是:收入预算的编制需要研究改进,财政支出结构需要进一步优化;有些预算下达拨付较晚,支出执行进度不够均衡,支出绩效考核比较薄弱;财税体制不够完善,转移支付制度不够规范,专项转移支付比重偏高,县级基本财力保障困难较大;地方土地出让收入增长过快,支出管理亟待加强;地方政府性债务过多,财政风险不容忽视。这些问题应当认真研究,切实加以解决。

二、国务院提出的2011年中央和地方预算草案,全国财政收入安排89720亿元,比上年增长8%,调入中央预算稳定调节基金1500亿元,全国财政收入总量91220亿元;全国财政支出100220亿元,增长11.9%;收支相抵,全国财政赤字9000亿元。其中,中央财政收入安排45860亿元,增长8%,调入中央预算稳定调节基金1500亿元,中央财政收入总量47360亿元;中央财政支出安排54360亿元,增长12.5%;收支相抵,中央财政赤字7000亿元,比上年减少1000亿元。到2011年年末,中央财政国债余额限额77708亿元。地方财政收支差额2000亿元,与上年持平,由财政部代理发行地方政府债券弥补。

财政经济委员会认为,国务院提出的2011年中央和地方预算草案体现了党的十七届五中全会和中央经济工作会议的总体要求,继续实施积极的财政政策,着力优化财政支出结构,切实保障和改善民生,推动经济发展方式转变和经济结构调整,预算草案是可行的。

财政经济委员会建议,批准国务院提出的《关于2010年中央和地方预算执行情况与2011年中央和地方预算草案的报告》,批准2011年中央预算草案。地方各级政府预算依法由本级人民代表大会审查批准。

三、2011年是“十二五”规划的开局之年,切实做好今年的预算执行工作,对于落实“十二五”规划提出的各项要求,加快经济发展方式转变,促进经济社会平稳较快发展具有重要意义。为此,财政经济委员会提出以下建议。

(一)实施有利于转变经济发展方式的财税政策。实施积极财政政策,要更加注重推进经济发展方式转变和经济结构调整,更加注重国民收入分配结构调整和扩大内需,更加注重保障和改善民生。研究制定科学、统一的财政收支口径和标准,全面统计我国政府性收支,提出包括公共预算、政府性基金预算、国有资本经营预算和社会保险基金预算在内的国家综合预算收支汇总表,合理把握财政收支规模。继续实施结构性减税和财政补贴政策,加大对小企业和创新企业的支持力度。完善个人所得税制,更好地发挥税收调节居民收入的作用。清理政府性基金和收费项目,取消重复设置、不符合改革发展方向的基金收费项目,研究将部分收费项目改为税收。

(二)着力保障重点支出。以促进基本公共服务均等化为目标,建立财政基本支出保障和改善民生保障机制。加大财政对“三农”投入的力度,加强农田水利建设,进一步完善强农惠农政策。加大教育投入,促进教育公平,合理配置公共教育资源。加大科技研发投入,推进自主创新和战略性新兴产业发展。落实医药卫生体制改革政策,突出抓好健全基本药物制度和加快公立医院改革试点工作,切实减轻居民医药费用负担。实施更加积极的就业政策,增加社会保障和就业投入。扩大新型农村社会养老保险试点,提高城乡最低生活保障标准,继续做好提高养老保险统筹层次工作。积极推进保障性安居工程建设,统筹落实建设资金,规范分配管理,提高透明度。建立民生支出报告制度和跟踪监督机制。贯彻勤俭节约方针,坚决反对铺张浪费。

(三)严格预算执行。严格执行国家税收法律、法规和财税政策,保证财政收入及时、足额缴入国库。今年预算执行中如有超收,除按法律规定用于增加相关支出外,应用于缩减财政赤字或增加预算稳定调节基金,当年一般不再安排新的支出。超收收入安排使用情况,应向同级人大常委会报告。严格执行支出预算,加快预算下达和资金拨付,加强监督检查和绩效考核。严格执行国家关于土地出让和收支管理的各项政策规定,加强检查监督和行政问责。从2012年起,应当将地方的土地出让收支情况向全国人大报告。2011年审计工作应将地方土地出让收支情况作为一个重点。

(四)健全国家预算管理。进一步细化政府公共财政预算,力争在2012年将中央本级预算中的重点支出细化编列到“项”。适当压缩预算内基本建设投资规模,发挥政府投资导向作用,鼓励和引导社会投资,防止重复建设。加快基本建设支出预算安排,在2012年年初将中央本级75%以上的基本建设支出预算编入部门预算。规范政府性基金预算编制,严格按预算管理,增强预算严肃性。继续完善国有资本经营预算,逐步扩大覆盖范围,增加用于公共支出的数额,2012年应当向全国人大提交全国国有资本经营预算收支情况。继续做好社会保险基金预算试编工作。严格执行将政府性非税收入全部纳入预算管理的规定,按照预算制度安排支出。进一步推进预算公开。

(五)推进财政体制改革。规范中央和地方政府支出责任,加快建立财力与支出责任相匹配的财政体制。规范财政转移支付制度,提高转移支付的科学性,逐步提高一般性转移支付比例,归并、清理、压缩专项转移支付项目,尽快制定转移支付管理条例。完善县级基本财力保障机制,科学确定保障的范围和标准,加大保障力度,合理分担责任,力争在2012年落实到位。完善部门预算制度,规范部门预算收支管理,切实保障部门基本经费支出需要。加强地方政府投融资平台管理,研究编制政府资产负债表,防范财政风险。

(六)加强财税立法工作。按照全国人大常委会立法规划要求,积极做好预算法修改工作,以推进依法理财,规范预算管理。加强税收立法,推进增值税、资源税等税收制度改革,健全税收征管,及时将条件成熟的税收法规上升为法律。

以上报告,请予审议。

全国人民代表大会财政经济委员会

2011年3月10日

十一届全国人大四次会议在人民大会堂举行第二次全体会议

全国人大常委会委员长吴邦国受全国人大常委会

委托向大会报告工作。

温家宝、贾庆林、李长春、习近平、李克强、贺国强等在主席台就座。

会议由大会主席团常务主席、执行主席王兆国主持。

大会执行主席马启智、王云龙、王珉、石秀诗、卢展工、白克明、白恩培、刘云耕、刘焯华、李鸿忠、李肇星、肖怀远、张云川、张庆黎、张宝顺、张春贤、陆浩、罗志军、郭声琨、梁国扬等在主席台执行主席席就座。

全国人大常委会委员长吴邦国在十一届全国人大四次会议上作常委会工作报告

各位代表：

我受全国人大常委会委托，向大会报告工作，请予审议。

2010年的主要工作

2010年，面对复杂的国际国内环境，以胡锦涛同志为总书记的党中央团结带领全国各族人民，万众一心，开拓进取，胜利完成"十一五"规划确定的目标任务，有效巩固和扩大应对国际金融危机冲击成果，奋力战胜青海玉树强烈地震和甘肃舟曲特大山洪泥石流等重大自然灾害，成功举办上海世博会和广州亚运会，社会主义经济建设、政治建设、文化建设、社会建设以及生态文明建设取得新的重大进展，为"十二五"时期经济社会发展奠定了良好基础。

过去的一年，全国人大常委会坚持以邓小平理论和"三个代表"重要思想为指导，深入贯彻落实科学发展观，坚持党的领导、人民当家做主、依法治国有机统一，按照十一届全国人大三次会议精神，围绕党和国家工作大局，做了大量扎实有效的工作。一年来，共审议通过16件法律和有关法律问题的决定，听取审议国务院、最高人民法院、最高人民检察院13个工作报告，检查6部法律实施情况，开展2项专题调研和3次专题询问，办理代表议案506件，决定批准我国与外国缔结的条约、协定以及加入的国际公约4件，还决定和批准任免一批国家机关工作人员，为确保如期形成中国特色社会主义法律体系，推动中央重大决策部署贯彻落实，促进经济社会全面协调可持续发展作出了新的贡献。

一、紧紧围绕如期形成中国特色社会主义法律体系加强立法工作

为实现党的十五大提出的到2010年形成中国特色社会主义法律体系的立法工作目标，去年我们着力抓了一批在中国特色社会主义法律体系中起支架作用的重要法律的制定和修改，督促和指导有关方面全面完成对现行法规的集中清理任务。

(一)制定和修改了一批重要法律。建立健全社会保险法律制度，是关系亿万群众切身利益的大事。常委会高度重视社会保险法的制定工作，在上届初审的基础上，本届又审议了3次，对草案作出重要修改，从法律上明确国家建立基本养老、基本医疗和工伤、失业、生育等社会保险制度，并对基本养老保险关系转移接续，提高基本养老保险基金统筹层次，建立新型农村社会养老保险制度和新型农村合作医疗制度等作出原则规定，强化了各级人大常委会对社会保险基金的监督职权。它的颁布实施，对加快建立覆盖城乡居民的社会保障体系，保障人民群众共享改革发展成果，促进社会主义和谐社会建设，具有十分重要的意义。

人大代表是国家权力机关的组成人员。为充分发挥代表作用，根据代表提出的议案和建议，我们及时启动代表法修改工作，在广泛征求意见基础上，还专门书面征求了每位全国人大代表的意见。修改后的代表法，总结贯彻落实2005年中央九号文件的实践经验，进一步明确了代表的权利和义务，细化了闭会期间代表活动的方式，强化了代表履职的保障措施，有利于进一步保障代表依法执行代表职务，更好地发挥人民代表大会制度的特点和优势。

基层群众自治制度是我国的一项重要政治制度。常委会修订的村民委员会组织法，完善了村委会选举和罢免程序，健全了民主决策、民主管理、民主监督制度，对发展农村基层民主，调动广大农民群众的积极性、主动性和创造性，促进农村改革发展稳定将发挥重要作用。

常委会对国家赔偿法的修改，主要从畅通请求渠道、完善办理程序、细化赔偿范围、明确举证责任、保障费用支付等方面完善了相关法律规定，对促进国家机关依法行使职权，保障公民、法人和其他组织的合法权益，维护社会公平正义与和谐稳定具有重要意义。

刑法作为规定犯罪、刑事责任和刑罚的法律，在中国特色社会主义法律体系中起支架作用，在惩治犯罪、保护人民、维护社会秩序、保障国家安全等方面发挥着重要作用。1997年，全国人大对刑法做了全面修订。此后，根据惩治犯罪的需要，常委会先后通过了1个决定和7个刑法修正案。常委会通过的刑法修正案(八)，进一步落实宽严相济的刑事政策，取消了13个经济性非暴力犯罪死刑罪名，占死刑罪名总数的19.1%；对判处死缓和无期徒刑罪犯的减刑、假释作了严格规范，对数罪并罚执行期限做了调整，加大了对累犯和黑社会性质组织犯罪等的惩处力度；还根据人大代表的议案和建议，将醉酒驾车、飙车、拒不支付劳动报酬等严重危害群众利益的行为规定为犯罪，并细化了惩治危害食品安全、生产销售假药和破坏环境资源等方面犯

罪的规定，进一步强化了刑法对民生的保护，使我国刑罚结构更趋合理，以更好地起到惩治犯罪，教育改造罪犯，预防减少犯罪的作用。

常委会制定的人民调解法，将人民调解工作长期积累的好经验、好做法上升为法律，从法律上完善了人民调解制度，明确人民调解与其他纠纷解决机制的关系，加强对人民调解工作的支持和保障，有利于充分发挥人民调解制度的特点和优势，更好地解决民间纠纷、化解社会矛盾、促进和谐稳定。

常委会还制定了车船税法、非物质文化遗产法、涉外民事关系法律适用法、石油天然气管道保护法，修改了行政监察法、水土保持法、保守国家秘密法、预备役军官法，作出了关于批准香港特别行政区基本法附件一行政长官产生办法修正案的决定，并对附件二立法会产生办法和表决程序修正案依法予以备案。

(二)督促和指导有关方面全面完成对现行法规的集中清理任务。行政法规和地方性法规是中国特色社会主义法律体系的重要组成部分，对保证法律的有效实施，推进依法行政，管理国家和地方事务发挥着重要作用。但现行法规有的也存在不适应、不协调、不配套的问题。为此，我们在2009年完成对现行法律集中清理工作的基础上，去年着重督促和指导有关方面开展了对现行法规的集中清理工作。国务院和地方人大高度重视，按照各自清理范围，在全面梳理基础上进行分类处理。到去年年底，共修改行政法规107件、地方性法规1417件，废止行政法规7件、地方性法规455件，全面完成对现行法规的集中清理任务，保证了到2010年中国特色社会主义法律体系如期形成。

(三)积极推进科学立法、民主立法。一是充分发挥人大代表在立法工作中的作用，无论是论证和确定立法项目，还是起草和审议法律草案，都认真研究吸纳代表议案提出的相关意见，邀请相关代表参与立法工作。二是扩大公民对立法的有序参与，坚持和完善法律草案的公布机制，选择法律草案中人民群众普遍关心的问题进行充分论证，认真听取各方面特别是基层群众的意见，不断完善法律草案。车船税法是人民群众普遍关注的一部重要法律，草案全文公布后的短短一个月内，就收到各方面的意见近10万条，我们进行了认真梳理分析，并及时向社会作出反馈。考虑到我国乘用车保有量的87%左右都是中小排量，而且主要由广大工薪阶层使用的实际情况，我们根据大多数人的意见，对草案做了重要修改，既不增加广大群众税负，又有利于促进节能减排。三是开展了立法后评估试点工作，选择科学技术进步法、农业机械化促进法、农业技术推广法、环境保护法等法律，通过问卷调查、实地调研、案例分析等多种方式，重点对法律制度、法律规定、法律执行以及社会对法律的满意度等，进行分析、论证和评价，为立法后评估工作有序展开积累了有益经验。

二、紧紧围绕推动中央重大决策部署贯彻落实加强监督工作

为胜利完成"十一五"规划确定的目标任务，我们着力加强对经济工作和保障改善民生工作的监督，不断完善监督工作方式方法，依法开展了3次专题询问，进一步增强了监督实效。

(一)以推动转变经济发展方式为重点，加强对经济工作的监督。去年，除按惯例听取审议计划、预算执行情况报告和中央决算报告、审计工作报告，审查批准中央决算外，还听取审议了加快发展服务业、文化产业发展、国家粮食安全等工作情况的报告，检查了科学技术进步法、农业技术推广法、节约能源法、清洁生产促进法，以及台湾同胞投资保护法等法律的实施情况，并对部分重大公共投资项目实施情况进行跟踪调研。审议中常委会组成人员强调，一要把经济结构战略性调整作为加快转变经济发展方式的主攻方向，把推动服务业大发展作为产业结构优化升级的重点，积极扶持战略性新兴产业，加快培育新的经济增长点，并切实抑制高耗能、高污染产业过快增长。二要把增强自主创新能力作为战略基点，重点突破影响我国未来发展的重大科学和关键技术，努力在新一轮国际竞争中抢占技术制高点。三要大力加强农田水利建设，加快农业科技成果转化和推广普及，不断提高农业科技贡献率，确保国家粮食安全，促进农业持续发展和农民稳定增收。

(二)以推动解决民生问题为重点，加强对社会广为关注的重大民生工作的监督。听取审议了国务院关于深化医药卫生体制改革、转移农村劳动力和保障农民工权益、少数民族和民族地区经济社会发展、加强道路交通安全管理等工作情况的报告，检查了妇女权益保障法的实施情况，还听取审议了最高人民法院关于民事审判工作情况的报告、最高人民检察院关于改进渎职侵权检察工作情况的报告。审议中常委会组成人员指出，一要把深化医药卫生体制改革、优先满足群众基本医疗卫生需求作为保障和改善民生的重要任务，积极稳妥解决医改中出现的新情况新问题，确保重点改革顺利实施，让广大人民群众得到医改带来的实惠。二要切实维护农民工合法权益，大力开展农民工职业技能培训，着力解决农民工的劳动报酬、劳动条件、社会保障、安全生产、子女就学等实际问题。三要全面贯彻落实民族区域自治法和中央一系列政策措施，尤其是有关大力支持西藏及四省藏区和新疆发展的新政策新举措，加大在基础设施建设、优势产业发展、基本公

共服务等方面的支持力度，努力推进民族地区实现跨越式发展。四要落实男女平等基本国策，依法保障妇女劳动权益、财产权益和人身权利，抓紧调整女职工禁忌劳动范围，解决侵害农村妇女土地承包权益问题，坚决打击拐卖妇女儿童的犯罪行为。五要进一步加强道路交通安全工作，完善制度措施，整治交通隐患，严格执法管理，防止重特大交通事故发生，保障人民群众生命财产安全。六要进一步抓好人民法院、人民检察院队伍素质和能力建设，完善审判和检察工作机制，不断提高司法水平，更好地满足人民群众司法需求，切实维护社会公平正义。

(三)以增强监督实效为核心，完善监督工作方式方法。询问和质询是人大对“一府两院”实施监督的法定形式。去年，我们选择财政决算、国家粮食安全、深化医药卫生体制改革等作为询问重点，分别采取分组会议、联组会议和大联组会议的方式，开展了3次专题询问，并通过电视、网络等媒体进行现场报道或直播，受到社会广泛关注，产生积极反响，成为人大监督工作的一个亮点。常委会组成人员、有关专门委员会和工作委员会事先认真调研、精心准备，常委会办公厅加强组织协调和统筹安排，国务院有关部门主要负责同志到会听取意见，实事求是回答询问，形成良性互动的局面，保证专题询问顺利展开。专题询问起到了推动国务院及其有关部门改进工作的作用，也丰富了人大监督工作的方式方法。

开展专题调研是这些年常委会加强监督工作的重要方式。去年就“十二五”规划纲要编制问题，我们选择14个课题，进行为期4个月的专题调研，形成了一批有水平、有分量的调研报告，既为中央决策和研究编制规划纲要提供了重要参考，也为本次大会审查批准“十二五”规划纲要做了必要准备。我们还根据监督法和预算法的精神，将原来在6月份听取审议当年1—5月份预算执行情况的做法，改为在8月份专门听取审议预算执行情况的报告，重点审查农业、教育、科技、文化、卫生、社会保障等重点支出资金的到位和使用情况，中央财政对地方转移支付的情况等，增强了预算监督实效。

三、紧紧围绕常委会中心任务做好其他经常性工作

(一)代表作用进一步发挥。常委会坚持把办理代表议案建议作为支持和保障代表依法履职的重要环节。经过各方面共同努力，十一届全国人大三次会议主席团交付审议的506件代表议案，已全部办理完毕，其中，71件议案涉及的7件法律已经常委会审议通过，1件议案涉及的1件法律草案正在审议，144件议案涉及的41个立法项目已列入年度立法计划或立法规划。代表提出的7590件建议、批评和意见，所提问题已经解决或计划解决的占76.7%。加强对代表建议的跟踪督办，推动草原生态保护和增加牧民收入、西海固地区饮水安全和生态移民搬迁等一批民生问题的解决，得到代表们的肯定。一年来，举办了9期代表培训班，1900多名代表参加学习，还组织1800多名代表参加专题调研，邀请500多名代表列席常委会和专门委员会会议、参加常委会执法检查等活动。列席会议和参加活动的代表事先充分准备，会上积极发言，充分反映人民群众呼声，为提高常委会工作质量发挥了重要作用。

(二)对外交往积极展开。我们坚持服从服务于国家外交大局，发挥人大对外交往特点和优势，开展与外国议会多层次多领域的友好往来，为推动国家关系全面发展作出了积极贡献。与美国、俄罗斯、韩国等国议会及欧洲议会的机制交流稳步推进，启动了与法国国民议会定期交流机制，保持了与有关国家议会交往的连续性和稳定性。继续在各国议会联盟、东盟各国议会间大会、亚太议会论坛、亚欧议会伙伴会议等国际和地区议会组织中发挥建设性作用。积极参与第三次世界议长大会的筹备工作，在大会上就推动实现联合国千年发展目标，促进人类共同发展等重大问题阐述中方立场，不仅赢得广大发展中国家议会领导人的高度赞赏，也为大会取得务实成果发挥了重要作用。我们还利用多种场合，阐述我国基本主张，让国际社会加深对中国基本国情的了解，加深对中国坚持科学发展、走和平发展道路的认识。

(三)自身建设得到加强。常委会始终把思想政治建设摆在首位，坚持正确政治方向，不断增强坚持党的领导的自觉性和坚定性，坚持社会主义制度的自觉性和坚定性，坚持中国特色社会主义政治发展道路的自觉性和坚定性。认真贯彻落实党的路线方针政策和重大决策部署。密切与人民群众的联系。认真办好专题讲座，切实提高履职能力。加强与地方人大常委会的联系，学习地方人大依法履职的好经验，共同推动社会主义民主法制建设。各专门委员会结合工作实际，发挥各自优势，深入开展多种形式的专题调研，提出不少好的意见和建议，为提高人大工作整体质量、推动有关方面改进工作发挥了十分重要的作用。全国人大机关积极开展创先争优活动，加强干部队伍建设，集体参谋助手和服务班子的作用得到进一步发挥。

过去一年全国人大常委会取得的成绩，是在以胡锦涛同志为总书记的党中央领导下，全国人大代表、常委会组成人员、各专门委员会组成人员以及全国人大机关工作人员辛勤劳动的结果，是地方各级人大及其常委会共同努力的结果，是国务院、最高人民法院、最

高人民检察院协同工作的结果，是广大人民群众大力支持的结果。在此，我代表全国人大常委会表示衷心感谢！

同时我们也清醒地看到，工作中还有不少应当改进的地方。一是发挥代表作用的服务保障水平需要进一步提高，二是法律修改尤其是配套法规的制定需要进一步抓紧，三是监督工作的重点需要进一步突出。我们要高度重视这些问题，虚心听取代表意见，采取有效措施认真加以解决。

形成中国特色社会主义法律体系的重大意义和基本经验

到2010年形成中国特色社会主义法律体系，是党和人民赋予我们的重大而艰巨的历史任务。新中国成立以来特别是改革开放30多年来，在中国共产党的正确领导下，经过各方面坚持不懈的共同努力，我国立法工作取得了举世瞩目的巨大成就。1982年通过了现行宪法，此后又根据客观形势的发展需要，先后通过了4个宪法修正案。到2010年年底，我国已制定现行有效法律236件、行政法规690多件、地方性法规8600多件，并全面完成对现行法律和行政法规、地方性法规的集中清理工作。目前，涵盖社会关系各个方面的法律部门已经齐全，各法律部门中基本的、主要的法律已经制定，相应的行政法规和地方性法规比较完备，法律体系内部总体做到科学和谐统一。一个立足中国国情和实际、适应改革开放和社会主义现代化建设需要、集中体现党和人民意志的，以宪法为统帅，以宪法相关法、民法商法等多个法律部门的法律为主干，由法律、行政法规、地方性法规等多个层次的法律规范构成的中国特色社会主义法律体系已经形成，国家经济建设、政治建设、文化建设、社会建设以及生态文明建设的各个方面实现有法可依，党的十五大提出到2010年形成中国特色社会主义法律体系的立法工作目标如期完成。

去年下半年以来，我们围绕形成中国特色社会主义法律体系，先后召开了3次座谈会，回顾形成历程，畅谈重大意义，总结基本经验，分析形势任务。各方面一致认为，中国特色社会主义法律体系的形成，是我国社会主义民主法制建设史上的重要里程碑，是中国特色社会主义制度逐步走向成熟的重要标志，具有重大的现实意义和深远的历史意义。

第一，中国特色社会主义法律体系是中国特色社会主义永葆本色的法制根基。把马克思主义基本原理同中国具体实际相结合，走自己的路，建设中国特色社会主义，是我们党总结历史经验得出的基本结论，也是我们国家发展进步的唯一正确道路。坚持中国特色社会主义道路，最重要的是坚持正确的政治方向，在涉及国家根本制度等重大原则问题上不动摇。动摇了，不仅社会主义现代化建设无从谈起，已经取得的发展成果也会失去，甚至国家可能陷入内乱的深渊。中国特色社会主义法律体系，是以宪法和法律的形式，确立了国家的根本制度和根本任务，确立了中国共产党的领导地位，确立了马克思列宁主义、毛泽东思想、邓小平理论和“三个代表”重要思想的指导地位，确立了工人阶级领导的、以工农联盟为基础的人民民主专政的国体，确立了人民代表大会制度的政体，确立了国家一切权力属于人民、公民依法享有广泛的权利和自由，确立了中国共产党领导的多党合作和政治协商制度、民族区域自治制度以及基层群众自治制度，确立了公有制为主体、多种所有制经济共同发展的基本经济制度和按劳分配为主体、多种分配方式并存的分配制度。从中国国情出发，郑重表明我们不搞多党轮流执政，不搞指导思想多元化，不搞“三权鼎立”和两院制，不搞联邦制，不搞私有化。中国特色社会主义法律体系的形成，夯实了立国兴邦、长治久安的法制根基，从制度上、法律上确保中国共产党始终成为中国特色社会主义事业的领导核心，确保国家一切权力牢牢掌握在人民手中，确保民族独立、国家主权和领土完整，确保国家统一、社会安定和各民族大团结，确保坚持独立自主的和平外交政策、走和平发展道路，确保国家永远沿着中国特色社会主义的正确方向奋勇前进。

第二，中国特色社会主义法律体系是中国特色社会主义创新实践的法制体现。改革开放是我们党带领全国各族人民作出的决定当代中国命运的关键抉择，也是坚持和发展中国特色社会主义、实现中华民族伟大复兴的必由之路，赋予社会主义新的生机活力。30多年来，我们始终坚持以经济建设为中心，全面推进改革开放，成功实现了从高度集中的计划经济体制到充满活力的社会主义市场经济体制、从封闭半封闭到全方位开放的伟大历史转折，极大地调动了亿万人民的积极性，极大地解放和发展了社会生产力，我国以世界上少有的速度持续快速向前发展。我们及时把改革开放和社会主义现代化建设的实践经验上升为法律，并与时俱进，根据改革开放中出现的新情况新问题，从推动经济发展方式转变，推动依法行政和公正司法，推动以保障和改善民生为重点的社会建设，推动社会主义文化大发展大繁荣，推动人与自然和谐相处等方面制定和完善相应的法律制度，充分发挥法律的规范、引导、保障和促进作用。中国特色社会主义法律体系的形成，从制度上、法律上保障国家始终坚持改革开放的正确方向，着力构建充满活力、富有效率、更加开放、有利于科学发展的体制机制，推动我国社会主义制度不断自我完善和发展。

第三，中国特色社会主义法律体系是中国特色社会主义兴旺发达的法制保障。实现现代化，是一代又一代中国人梦寐以求的美好愿景和矢志不渝的奋斗目标。改革开放30多年来，我们开辟了中国特色社会主义道路，形成了中国特色社会主义理论体系，这是我们取得一切成绩和进步的根本原因。我们将始终高举中国特色社会主义伟大旗帜，不为任何风险所惧，不被任何干扰所惑，聚精会神搞建设，一心一意谋发展，到2020年实现全面建成小康社会的奋斗目标，到本世纪中叶基本实现现代化。我们已经取得的发展成就离不开法制的保障，我们奋力开创更加美好的未来也离不开法制的保障。中国特色社会主义法律体系的形成，把国家各项事业发展纳入法制化轨道，从制度上、法律上解决了国家发展中带有根本性、全局性、稳定性和长期性的问题，为社会主义市场经济体制的不断完善、社会主义民主政治的深入发展、社会主义先进文化的日益繁荣、社会主义和谐社会的积极构建，确定了明确的价值取向、发展方向和根本路径，为建设富强民主文明和谐的社会主义现代化国家、实现中华民族伟大复兴奠定了坚实的法制基础。

形成中国特色社会主义法律体系，是中国共产党领导亿万人民发展社会主义民主、健全社会主义法制取得的重大成果。以毛泽东同志为核心的党的第一代中央领导集体，带领全国各族人民经过长期浴血奋战，建立中华人民共和国，并制定了《共同纲领》和新中国第一部宪法，确立国家基本制度，为社会主义民主法制建设和中国特色社会主义法律体系的形成奠定了根本政治前提和制度基础。以邓小平同志为核心的党的第二代中央领导集体，深刻总结"文化大革命"的惨痛教训，在作出把党和国家工作重心转移到经济建设上来、实行改革开放历史性决策的同时，把加强社会主义民主法制建设作为坚定不移的方针确定下来，强调必须使社会主义民主制度化、法律化，使这种制度和法律不因领导人的改变而改变，不因领导人看法和注意力的改变而改变，做到有法可依，有法必依，执法必严，违法必究，开辟了社会主义民主法制建设蓬勃发展的新时期。以江泽民同志为核心的党的第三代中央领导集体，带领全党全国各族人民把改革开放伟大事业成功推向21世纪，不断丰富和发展了中国特色社会主义民主法制建设思想，第一次将依法治国确定为党领导人民治理国家的基本方略，把建设社会主义法治国家作为社会主义现代化建设的重要内容，并明确提出到2010年形成中国特色社会主义法律体系的立法工作目标，开启了社会主义民主法制建设的新阶段。党的十六大以来，以胡锦涛同志为总书记的党中央继往开来、与时俱进，在全面建设小康社会实践中坚定不移地把改革开放伟大事业继续推向前进，提出科学发展观的重大战略思想和构建社会主义和谐社会的重大战略任务，全面实施依法治国基本方略，强调发展社会主义民主政治最根本的是坚持党的领导、人民当家做主、依法治国有机统一，开创了社会主义民主法制建设的新局面。

形成中国特色社会主义法律体系，是各方面长期共同努力的结果。全国人大及其常委会认真履行宪法和法律赋予的职责，不断加强和改进立法工作，着力提高立法质量，为形成中国特色社会主义法律体系做了大量卓有成效的工作。国务院适应经济社会发展和法律实施的需要，依法及时制定行政法规，地方人大及其常委会结合本地实际，依法制定大量地方性法规，为形成中国特色社会主义法律体系作出了重要贡献。地方各级人民政府，各级人民法院和人民检察院以及军队等有关方面，广大人民群众和专家学者大力支持和积极参与立法工作，为形成中国特色社会主义法律体系贡献了智慧和力量。

改革开放30多年来，在党中央的领导下，我们成功走出了一条中国特色的立法路子。我们坚持党的领导、人民当家做主、依法治国有机统一，紧紧围绕党和国家工作大局，有计划、有重点、有步骤地开展立法工作，仅仅用几十年时间就形成了中国特色社会主义法律体系，立法任务之重世所罕见，克服困难之多前所未有，成绩来之不易，经验弥足珍贵。这当中最重要的经验有这么五条。

一是，坚持党的领导。党的领导是人民当家做主和依法治国的根本保证，也是加强民主法制建设、做好立法工作的根本保证。中国共产党代表最广大人民的根本利益，党制定的大政方针，提出的立法建议，凝聚了全党全国的集体智慧，体现了最广大人民的共同意愿。坚持党的领导同服从人民利益是完全一致的。在立法工作中，我们始终坚持党的领导，使党的主张经过法定程序成为国家意志，成为全社会一体遵循的行为规范和准则，从制度上、法律上保证党的路线方针政策的贯彻落实，保证改革开放和社会主义现代化建设的顺利进行。我们紧紧围绕党和国家中心任务统筹谋划立法工作，科学制定立法规划和立法计划，积极推进重点立法项目，保证党和国家重大决策部署的贯彻落实。对立法中遇到的重点难点问题，及时向党中央报告。总之，我们的一切法律法规都是在党的领导下制定的，我们制定的一切法律法规都必须有利于加强和改善党的领导，有利于巩固和完善党的执政地位，有利于保证党领导人民有效治理国家。

二是，坚持以中国特色社会主义理论体系为指导。坚持正确的指导思想，是加强民主法制建设、做好立法工作的根本前提。中国特色社会主义理论体系是包括邓小平理论、"三个代表"重要思想以及科学发展观等重大战略思想在内的科学理论体系，是马克思主义中国化的最新成果，是我们党最可宝贵的政治和精神财富，是全国各族人民团结奋斗的共同思想基础，是必须长期坚持的指导思想，是我们做好一切工作的根本指针。在立法工作中，我们始终坚持以中国特色社会主义理论体系为指导，并以此统一思想认识、确定立法思路。在立法的指导思想上，我们始终把坚持四项基本原则同坚持改革开放结合起来，把坚持社会主义基本制度同发展市场经济结合起来，把推动经济基础变革同推动上层建筑改革结合起来，把提高效率同促进社会公平结合起来，把促进改革发展同保持社会稳定结合起来，把坚持独立自主同参与经济全球化结合起来，保证我们制定的法律法规有利于巩固和完善社会主义制度，有利于解放和发展社会生产力，有利于发挥社会主义制度的优越性。

三是，坚持从中国国情和实际出发。坚持从我国国情和实际出发，是加强民主法制建设、做好立法工作的客观要求。在立法工作中，我们始终坚持从我国国情和实际出发，把改革开放和社会主义现代化建设的伟大实践作为立法基础，紧紧围绕经济建设这个中心任务，紧紧围绕全面建设小康社会的奋斗目标，紧紧围绕推动科学发展和促进社会和谐开展立法工作。正确把握改革发展稳定的关系，妥善处理法律稳定性与实践变动性的关系，妥善处理法律前瞻性与可行性的关系，确保立法进程与改革开放和社会主义现代化建设进程相适应。对实践经验比较成熟的、各方面认识也比较一致的，规定得具体一些，增强法律的可操作性。对实践经验尚不成熟但现实中又需要法律进行规范的，先规定得原则一些，为引导实践提供规范和保障，并为深化改革留下空间，待条件成熟后再修改补充。对改革开放中遇到的一些新情况新问题，用法律来规范还不具备条件的，先依照法定权限制定行政法规和地方性法规，先行先试，待取得经验、条件成熟时再制定法律。我们还注意研究借鉴国外的立法经验，从中吸取那些对我们有益有用的东西，但决不照抄照搬。各国的法律体系也不相同，我们不用西方某些国家的法律体系来套中国特色社会主义法律体系，外国法律体系中有的法律，但不符合我国国情和实际的，我们不搞；外国法律体系中没有的法律，但我国现实生活需要的，我们及时制定。

四是，坚持以人为本、立法为民。坚持以人为本、立法为民，是加强民主法制建设、做好立法工作的根本目的。在立法工作中，我们始终坚持把实现好、维护好、发展好最广大人民的根本利益作为出发点和落脚点，无论在立法过程中还是在法律规范上都坚持以人为本，尊重人民主体地位，尊重人民首创精神，从人民的实践创造中汲取智慧，从人民的发展要求中获得动力。正确把握最广大人民根本利益、现阶段群众共同利益、不同群体特殊利益的关系，正确反映和统筹兼顾不同方面群众的利益，着力解决人民最关心最直接最现实的利益问题。正确处理权力与权利、权力与责任的关系，既赋予行政机关、审判机关、检察机关必要的权力，又注意对权力的行使加以规范、制约和监督，切实维护公民、法人和其他组织的合法权益。坚持走群众路线，深入推进科学立法、民主立法，充分发挥人大代表在立法中的作用，不断扩大公民对立法的有序参与，通过公布法律法规草案和举行立法座谈会、论证会、听证会等多种形式，广泛听取各方面意见尤其是基层群众的意见，切实做到集思广益、凝聚共识，使我们制定的法律法规充分体现人民群众的共同意愿。

五是，坚持社会主义法制统一。坚持社会主义法制的统一，是加强民主法制建设、做好立法工作的内在要求。我国是统一的多民族的单一制国家。社会主义法制的统一，是维护国家统一、民族团结、社会稳定，建立统一的现代市场体系的基础。同时，我国地域辽阔，各地经济、文化、社会发展很不平衡，国家又处于深刻变革之中。这一基本国情，决定了国家实行统一而又分层次的立法体制。我们始终坚持维护宪法作为国家根本法的权威地位，严格依照法定权限、遵循法定程序开展立法工作，在制定法律法规的同时，开展对现行法律法规的集中清理工作，并加强对规范性文件备案审查，以保证法律、行政法规、地方性法规不同宪法相抵触，保证行政法规不同法律相抵触，保证地方性法规不同法律、行政法规相抵触，保证法律法规的规定之间衔接协调、不相互矛盾，保障了社会主义法制的统一。

各位代表，法律的生命力在于实施。中国特色社会主义法律体系的形成，总体上解决了有法可依的问题，在这种情况下，有法必依、执法必严、违法必究的问题就显得更为突出、更加紧迫，这也是广大人民群众普遍关注、各方面反映强烈的问题。因此，我们要在继续加强立法工作的同时，采取积极有效措施，切实保障宪法和法律的有效实施。一要维护宪法和法律的权威和尊严。一切国家机关和武装力量、各政党和各社会团体、各企业事业组织都必须遵守宪法和法律，任何组织或者个人都不得有超越宪法和法律的特权，一切违反宪法和法律的行为必须予以追究。二要坚持依法行政和公正司法。国家行政机关要严格按照法定权限和程序办事，加快建设法治政府。国家审判机关、检察机关要依法独立公正行使审判权、检察权，维护社会公平正义。三要增强全社会的法律意识和法治观念。让各级领导干部和国家机关工作人员带头遵守宪法和法律，善于运用法律解决现实生活中的实际问题，让广大人民群众懂得依法按程序表达利益诉求、解决矛盾纠纷，用法律武器维护自身的合法权益。全国人大及其常委会要依法行使监督宪法和法律实施的重要职权，地方各级人大及其常委会要依法行使保证宪法、法律、行政法规在本行政区域内得到遵守和执行的重要职权，确保各国家机关把人民赋予的权力真正用来为人民谋利益。

2011年的主要任务

2011年是"十二五"时期开局之年，我们将迎来中国共产党成立90周年。全国人大常委会工作的总体要求是：全面贯彻党的十七大、十七届五中全会和十一届全国人大四次会议精神，以邓小平理论和"三个代表"重要思想为指导，深入贯彻落实科学发展观，坚持党的领导、人民当家做主、依法治国有机统一，紧紧围绕党和国家工作大局依法行使职权，充分发挥代表作用，密切联系人民群众，在新的起点上进一步加强和改进立法工作，不断完善中国特色社会主义法律体系，在新的形势下进一步加强和改进监督工作，推动中央重大决策部署贯彻落实，努力开创人大工作新局面，为确保"十二五"时期经济社会发展良好开局和社会和谐稳定作出新贡献。

一、在新的起点上继续加强立法工作

中国特色社会主义法律体系的形成，标志着我国立法工作站在了一个新的起点上。社会实践是法律的基础，法律是实践经验的总结。社会实践永无止境，立法工作也要不断推进。建设中国特色社会主义是一项长期的历史任务，完善中国特色社会主义法律体系也是一项长期的历史任务，必须随着中国特色社会主义实践的发展而发展。更何况中国特色社会主义法律体系本身就不是静止的、封闭的、固定的，而是动态的、开放的、发展的。还要看到，我们的法律体系虽然已经形成，但本身并不是完美无缺的，这当中既有一些现行法律需要修改的问题，也有部分配套法规急需制定的问题，还有个别法律尚未出台的问题，这主要是由于立法条件尚不成熟、各方面的认识不尽一致，需要在实践中继续探索、积累经验。总之，国内外形势的新变化，改革开放的新实践，经济社会发展的新任务，人民群众的新期待，不断对立法工作提出新课题新要求。立法任务依然艰巨而繁重，立法工作只能加强不能削弱。今后一个时期，要把更多的精力放到法律的修改完善上来，放到法律配套法规的制定上来，同时还要制定一些新的法律，以推动中国特色社会主义法律体系的与时俱进和发展完善。全国人大及其常委会要充分发挥最高国家权力机关的作用，依法行使国家立法权，加强对立法工作的组织协调，督促有关方面认真研究解决立法中涉及的重大问题，完善立法工作机制，加强立法工作机构和队伍建设，在新的起点上不断开创立法工作新局面。

今年常委会的立法工作，要按照完善中国特色社会主义法律体系的总体要求，抓紧修改与经济社会发展不相适应的法律，及时制定对推动科学发展、促进社会和谐具有重要意义的法律。一是修改预算法、职业病防治法、刑事诉讼法、民事诉讼法、地方组织法、兵役法等。二是制定精神卫生法、行政强制法、出境入境管理法等。三是督促有关方面抓紧制定和修改法律配套法规，做好法律、法规清理后续工作，重点督促和指导最高人民法院、最高人民检察院全面完成对现行司法解释的集中清理任务。

深入推进科学立法、民主立法。要把立法后评估作为加强和改进立法工作的一项新举措，在总结试点经验基础上有序展开，通过多种形式，对法律制度的科学性、法律规定的可操作性、法律执行的有效性等作出客观评价，为修改完善法律、改进立法工作提供依据。完善人大代表参与立法的工作机制，把办理代表议案建议同制定修改法律结合起来，把邀请代表参与常委会活动同提高法律草案起草和审议质量结合起来，认真研究吸收代表提出的意见和建议，充分发挥人大代表在立法工作中的作用。积极探索公民有序参与立法的途径和形式，广泛听取社会各方面尤其是基层群众的意见，认真听取专家学者的建议，建立健全采纳公众意见的反馈机制，积极回应社会关切，在推进科学立法、民主立法方面迈出新步伐。

二、在新的形势下继续加强监督工作

"十一五"时期的五年，改革开放和社会主义现代化建设取得新的巨大成就，我国经济实力、综合国力、人民生活水平迈上新台阶，标志着我国各项事业站在了一个新的起点上。党的十七届五中全会，深入分析今后一个时期的国际国内形势，作出我国发展仍处于可以大有作为的重要战略机遇期的重大判断，确定了今后五年经济社会发展的指导思想、总体思路、目标任务和重大举措，强调要以科学发展为主题，以加快转变经济发展方式为主线，在推动科学发展上取得新的显著进步，在推动转变经济发展方式上取得实质性进展，这对做好新形势下人大监督工作提出了新的更高的要求。

今年常委会的监督工作，要紧紧围绕本次大会批准的"十二五"规划纲要的实施，按照监督法的规定，继续加强工作监督和法律监督，综合运用多种监督形式，在监督内容上更加紧扣大局、更加贴近民生，使人大监督工作取得更多实实在在的效果。一是听取审议计划、预算执行情况报告以及中央决算报告和审计工作报告，审查批准2010年中央决算，着重审查实施积极的财政政策和稳健的货币政策的情况，审查稳定物价和遏制部分城市房价过快上涨的工作情况，并就防范地方政府债务风险和建立完善县级基本财力保障机制问题开展专题调研，推动中央宏观调控政策和重点领域改革措施的贯彻落实，促进经济平稳较快发展。二是听取审议国务院关于加快转变经济发展方式、环境保护、集体林权制度改革、旅游业发展等工作情况的报告，检查农村土地承包法实施情况，就促进民族地区经济社会发展等问题开展专题调研，督促有关方面把科学发展观落实到具体措施上，落实到实际工作中。三是听取审议国务院关于保障性住房建设、实施国家中长期教育改革和发展规划纲要、消防工作等专项工作报告，检查食品安全法、劳动合同法、老年人权益保障法等法律的实施情况，督促有关方面切实解决老百姓最关心的住房保障、子女就学、就业和劳动权益保护等问题。四是分别听取审议最高人民法院、最高人民检察院关于加强基层建设工作情况的报告，推动解决制约基层司法能力建设的突出问题，加强司法队伍管理和能力建设，促进公正司法。五是听取审议国务院关于“五五”普法工作情况的报告，作出关于开展“六五”普法的决议，明确普法重点，增强普法实效，推动形成自觉学法守法用法的良好社会氛围。

合理调整收入分配关系，是人民群众和人大代表普遍关注的问题，也是推动经济发展方式转变必须解决的问题。这涉及国民收入初次分配和再分配，既是一项艰巨任务，也是一项紧迫工作。常委会将围绕这一题目，着重就提高居民收入在国民收入分配中的比重，提高劳动报酬在初次分配中的比重，规范分配秩序，强化税收调节作用，扭转收入差距扩大趋势等问题，加强专题调研。待条件成熟时，安排听取审议国务院专项工作报告。我们还将选择保障性住房建设、财政决算、教育改革、法院和检察院基层建设等问题，结合审议“一府两院”相关报告，继续依法开展专题询问，推动有关方面改进工作。

三、在发挥代表作用、开展对外交往、加强自身建设等方面取得新进展

要以贯彻实施修改后的代表法为契机，从坚持和完善人民代表大会制度出发，坚持尊重代表主体地位，坚持为代表服务的思想，努力提升代表工作水平。认真办理本次代表大会期间代表提出的议案建议，进一步提高办理质量，增强代表专题调研和集中视察的实效，完善代表小组活动方式，搞好代表履职学习，邀请代表参加常委会和专门委员会活动，更好地发挥代表参与管理国家事务的作用。

要以巩固和完善与外国议会定期交流机制为重点，广泛开展与外国议会的友好交往，积极参与国际和地区议会组织活动，充分发挥人大对外交往在增进政治互信、加深人民友谊、推动务实合作、促进国家关系发展方面的独特作用，为维护我国发展重要战略机遇期作出新的贡献。

要以坚持正确政治方向为核心，进一步加强常委会自身建设，坚定不移地坚持党的领导，坚定不移地坚持社会主义制度，坚定不移地坚持中国特色社会主义政治发展道路。要完善组织制度和工作制度，加强履职能力建设，认真办好专题讲座，深入开展调查研究，密切联系人民群众。要充分发挥各专门委员会人才荟萃、知识密集、经验丰富等特点和优势，进一步提高常委会工作的整体质量和水平。要广泛宣传中国特色社会主义法律体系形成的重大意义和基本经验，加强和改进宣传报道工作，增加人大工作透明度，自觉接受代表和人民群众的监督。要加强与地方人大常委会的联系，学习地方人大工作的好做法好经验，共同推动社会主义民主法制建设。全国人大机关要深入推进创先争优活动，全面提高机关干部职工队伍素质能力，搞好服务保障，当好参谋助手。

各位代表，十一届全国人大三次会议作出的关于修改选举法的决定，实行城乡按相同人口比例选举人大代表，更好地体现了人人平等、地区平等、民族平等的原则。今年，全国县乡人大换届选举工作陆续展开，这是按照修改后的选举法进行的第一次县乡人大换届选举，在代表名额分配、选举工作组织等方面有新的变化，对做好换届选举工作提出了新的要求。全国人大常委会在认真调查研究的基础上，分别提出了关于做好全国县乡人大换届选举工作的意见和关于代表名额分配的指导意见。我们要坚决贯彻党中央的统一部署，坚持党的领导、人民当家做主、依法治国有机统一，充分发扬民主，严格依法办事，确保县乡人大换届选举工作顺利进行，把模范遵守宪法和法律、密切联系群众、努力为人民服务、受到群众信赖的优秀分子选为国家权力机关组成人员，为坚持和完善人民代表大会制度、发展社会主义民主政治提供坚实的组织保障。

各位代表，历史赋予我们的使命光荣艰巨，人民对我们的期待殷切厚重。让我们紧密团结在以胡锦涛同志为总书记的党中央周围，高举中国特色社会主义伟大旗帜，以邓小平理论和“三个代表”重要思想为指导，深入贯彻落实科学发展观，鼓足干劲，锐意进取，扎实工作，以优异成绩迎接中国共产党成立90周年，为实现“十二五”时期经济社会发展良好开局，为夺取全面建设小康社会新胜利而努力奋斗！

党和国家领导人温家宝 习近平 贺国强分别参加

全国人大会议一些代表团审议

温家宝参加了福建代表团审议。在听取孙春兰、章联生、林欣欣等代表发言后，温家宝发了言。他表示完全赞同吴邦国委员长所作的全国人大常委会工作报告。温家宝说，福建省地处东南沿海，战略位置重要，发展潜力巨大。支持福建省加快建设海峡西岸经济区是中央统筹全局作出的战略决策，对推动海峡西岸经济社会发展和拓展两岸经济合作意义重大。近日，国务院批准了《海峡西岸经济区发展规划》，明确提出把海峡西岸经济区建成科学发展之区、改革开放之区、文明祥和之区、生态优美之区。建设海峡西岸经济区是一项系统工程和长期任务，要加强组织领导，完善工作机制，确保各项政策落到实处。要充分发挥对台交往的独特优势，扩大对台贸易，拓展双向投资，加强两岸人文交流。有关部门要从全局和战略高度，加大对建设海峡西岸经济区的支持。要允许福建省在对台经贸合作和文化交流中实行更加灵活的政策，先行先试，积累经验。

习近平参加了云南代表团审议。在听取秦光荣、沈培平、李树仙等代表发言后，习近平表示完全赞同吴邦国委员长所作的全国人大常委会工作报告。他指出，国家"十二五"规划纲要草案关于深入实施西部大开发战略的部署和要求，特别是关于把云南建成向西南开放的重要桥头堡的战略布局，为云南在"十二五"时期加快发展增添了强劲动力和广阔空间。希望云南紧紧抓住机遇，用足用好中央支持政策，以更大力度推进开放发展、协调发展和可持续发展，加快建设国际大通道，打造外向型特色优势产业大基地，构建开放型经贸合作大平台，努力使发展的基础更牢、后劲更足。同时，要紧紧抓住保障和改善民生这个重点，切实维护边疆民族地区和谐稳定，推动云南加强和创新社会管理工作再上一个新水平。习近平强调，各级党组织要把开展向杨善洲同志学习活动作为创先争优活动的重要内容，进一步形成学习先进、争当先进、赶超先进的浓厚氛围。

贺国强参加了广西代表团审议。在听取郭声琨、马飚、苏明芳等代表的发言后，贺国强指出，去年，全国人大常委会立法工作成效显著，监督工作有力有效，自身建设不断加强，完全赞成吴邦国委员长所作的全国人大常委会工作报告。贺国强充分肯定了"十一五"期间广西工作取得的显著成绩，希望广西进一步抓好北部湾经济区建设这个龙头带动，充分发挥其先导作用、辐射作用和开放优势，切实推动加快转变经济发展方式取得实质性进展，大力促进城乡和区域协调发展，积极推进中国—东盟自由贸易区建设取得新进展，努力实现广西经济社会又好又快发展。贺国强强调，要进一步加大专项治理力度，抓紧解决反腐倡廉建设中人民群众反映强烈的突出问题，以党风廉政建设和反腐败工作的实际成效取信于民、造福于民。

回良玉、何勇、陈至立等分别参加了以上代表团的审议。

十一届全国人大四次会议就"中国特色社会主义法律体系的形成和完善"举行记者会

全国人大法律委员会委员、全国人大常委会法制工作委员会副主任李飞，全国人大常委会委员、全国人大法律委员会委员、全国人大法制工作委员会副主任信春鹰，全国人大常委会委员、全国人大法律委员会委员、山东大学校长徐显明，就"中国特色社会主义法律体系的形成和完善"相关问题回答了中外记者的提问。

提高立法质量是立法工作的永恒主题

在回答如何提高立法质量问题时，李飞说，提高立法质量是立法工作永恒的主题。全国人大及其常委会始终坚持提高立法质量。只有提高立法质量，才能使我们制定的法律能够立得住、行得通。

李飞说，首先，法律要反映社会发展的客观规律，制定法律首先要符合客观规律。其次，能够体现党的政策主张和广大人民的共同意志。经过实践检验正确的方针政策要通过法律把它固定、确定下来。法律要体现以人为本，所以要体现广大人民的共同意志和最广大人民的根本利益。同时法律也要符合我国的实际，不能超前，也不能落后。法律要有可操作性，这些都是我们提高立法质量需要达到的方面。

李飞表示，通过科学立法、民主立法保证法律的质量，经过长期探索，积累了不少经验，如不断扩大公民参与立法的渠道和方式，充分发挥各级人大代表参与立法的作用，发挥专家学者的作用，加强立法项目的前期评估，开展立法后评估的工作，聘请了一批语言文字专家把关等。

239部法律构成了体系核心内容

法律体系有着丰富的内容，徐显明说："我们打比方说一个国家的法律体系像什么？就像一棵大树，宪法就像树干，在树干上有七条主枝，也就是我们讲的七个法律部门。在主枝上面有很多旁枝和叶子，这就是行政法规和地方性法规。在这个树上挂满了累累的果子，每一个果子都代表着国家的一项制度。"

据介绍，现在宪法相关法一共有38件，民商法一共有33件，行政法有78件，经济法有60件，社会法有18件，刑法有1件，诉讼与非诉讼程序法有10件，如果再加上宪法是239部，这239部构成了现行法律体系的核心内容。

从三个方面对法律体系进行完善

信春鹰说，完善法律体系是一个永无止境的任务，因为社会生活没有止境，所以法律体系的完善也没有止境，社会的发展永远会给法律体系提出新的任务和新的要求。

从现在来看，2010年法律体系形成后，我们要从三个方面对这个体系进行完善：一是更加注重对现行法律的修改完善。有些法律的规定在制定法律的时候是合理的、有效的，但随着社会发展它可能会出现问题，可能不那么有效、不那么合理，我们就要对这个法律进行修改。二是更加关注配套法规的制定工作。法律的实施是一个很复杂的事情，法律规定有时候比较原则，很多法律法规的落实要靠配套法规的制定。三是根据社会发展的需求制定法律，制定法律也是永远没有尽头的工作，因为总会有新的问题被提出，需要通过法律手段调整。

“在法律体系形成之后，完善的工作应该说更有挑战性。”信春鹰说。

信春鹰说，“十二五”期间立法项目重点可能会在以下几个方面：第一，推动经济结构的调整和转型。经济结构调整和转型是“十二五”期间很重要的任务，同时也是要通过法律手段来调整的一个问题。第二，加大保障民生的力度。两会期间，大家都在热烈讨论一个问题，怎样使全体人民共享改革发展的成果？缩小贫富差距或缩小收入差距？我们希望通过国家法律调整手段，能够使社会财富的分配更加公平，使所有人都能共享。

加强法律执行是一个大课题

“常言道，天下之事不难于立法，难于法之行之。”李飞说，实际上在1978年党的十一届三中全会上确定了社会主义法制建设的基本方针，即“四句话、十六个字”，就是有法可依、有法必依、执法必严、违法必究。这四句话实际是两层含义：一层是必须加强法制建设，加强立法工作，使我们国家各项事业的发展都有法可依，纳入法制的轨道。另一层面，我们制定的任何法律都必须要执行，如果违反了要予以追究。这十六个字是完整的有机整体，就像我们说的无法可依和有法不依对一个国家的发展来说都是一个大问题。在中国特色社会主义法律体系形成的时候更强调后三句话，即有法必依、执法必严、违法必究。现在全社会对法律的执行情况更加关注，这些年我们制定任何一部法律通过的时候都强调要保障法律的执行。

“总的来说，怎样进一步加强法律的执行确实是一个大课题，需要全社会共同努力。从上到下都要尊重法律的尊严，自觉地执行法律、遵守法律。我想经过共同努力我们的法制建设会越来越好。”李飞说。

全国政协十一届四次会议在人民大会堂举行第四次全体会议

15位政协委员就深化农村改革、增强文化软实力、推进教育公平等作大会发言。中共中央政治局常委、全国政协主席贾庆林出席会议。

会议的执行主席是杜青林、陈奎元、张榕明、孙家正、郑万通、陈宗兴、王志珍、何厚铧。会议由陈宗兴主持。

中共中央政治局委员、书记处书记刘云山，以及中共中央、国务院有关部门负责同志到会听取发言。

陈锡文委员在发言中指出，要按照产权明晰、用途管制、节约集约、严格管理的原则，进一步完善农村土地管理制度。其核心是三个方面：坚持最严格的耕地保护制度，完善土地承包经营权的权能，实行最严格的节约用地制度。

徐振寰委员代表全国总工会发言建议，充分发挥工人阶级主力军作用，促进科学发展和经济发展方式转变；全面提升职工队伍整体素质，增强广大职工自主创新能力；大力发展和谐劳动关系，更好地促进社会和谐；着力保障和改善民生，切实维护职工合法权益。

张帆委员代表民进中央发言。他在发言中指出，克服文化建设中存在的问题和不足，需要我们对文化的发展进行顶层设计，从战略高度深刻认识文化的重要地位和作用，建立国家的文化强国战略。

林金城委员认为，横琴将在推进粤港澳合作中充当积极角色，通过建设商贸服务基地和区域创新平台，吸引更多的国际高端资源聚集，弥补港澳土地资源和劳动力不足，逐步改变澳门目前较为单一的产业结构，形成珠江口西岸地区新的增长极。

张平委员代表民盟中央发言建议，促进城乡教育的均衡与公平，应建立政府统筹的教育均衡发展体制机制、实行对农村教育倾斜政策、强化政府的公共服务职能。

迟福林委员在发言中指出，“十二五”应以政府转型为重点加快经济发展方式转变。他提出三点建议：尽快改变政府主导型的经济增长方式、确立并实施民富优先的改革导向、以公益性为重要目标优化国有资源配置。

林兆枢委员代表全国政协港澳台侨委员会发言建议，要充分利用“大侨务”资源、强化对海外少数民族侨胞的宣传工作、正确把握少数民族侨务工作同稳定与发展的关系、加大对边疆和少数民族地区贫困归侨侨眷的扶持力度。

刘光复委员在发言中指出，根治文山会海必须动硬来真：领导带头更新观念、转变作风；进一步深化改革，减少层级，推进政府机构精简和职能转变；建立长效机制，严格文件、会议的审批和管理。

赵启正委员代表全国政协外事委员会发言建议，加大对国际志愿者项目的投入，提高志愿者的培训水平，提升他们进行公共外交的能力，关心他们归国后的就业安置，培育有利志愿者成长与发展的社会环境。

卫小春委员发言称，为调动广大农民参与植树造林的积极性，建议国家在集体林权制度改革过程中，借鉴“粮食直补”的经验做法，在广大农村配套实施林木年度直补，切实把植树造林与农民年度收益挂起钩来。

石见元委员代表全国政协社会和法制委员会发言，就完善行政执法与刑事司法衔接机制，提出四点建议：加强组织领导、加强信息平台建设、加强监督管理和完善相关立法。

王晓委员代表共青团中央发言建议，为促进新生代农民工的社会融入，应不断优化他们的成长发展环境、切实加强他们的职业技能培训、着力提高他们的社会保障水平。

陈雅棠委员代表农工党中央发言，就落实西部大开发特殊性政策支持提出四项建议：建立更稳定的资金扶持渠道、以差别化产业政策培育西部自我发展能力、加大对西部环境保护和生态建设扶持力度、扩大西部地区对外开放。

冯国勤委员代表伍淑清委员作联合发言说，人民政协在我国公共外交中大有作为。他提出将人民政协公共外交纳入国家整体外交统筹部署等建议。

王兴东委员发言指出，面对进口电影的挑战，国产电影亟须走出原创疲软、形象匮乏等困境。他提出重奖原创、尽快出台电影法等建议。

全国政协副主席王刚、廖晖、帕巴拉·格列朗杰、白立忱、阿不来提·阿不都热西提、李兆焯、黄孟复、董建华、张梅颖、钱运录、李金华、万钢、林文漪、厉无畏、罗富和出席会议。

2011年亚洲滑雪登山大会在吉林举行

来自中国、韩国的近50名亚洲滑雪登山运动的爱好者齐聚吉林北大湖，共同参与由亚洲滑雪登山联盟和中国登山协会主办的2011亚洲滑雪登山大会。

云南盈江发生5.8级地震

12时58分，云南盈江发生5.8级地震，震中位于北纬24.7度，东经97.9度，震源深度约10公里。中共中央政治局委员、国务院副总理、国家减灾委主任回良玉就云南盈江地震灾区救灾工作作出重要指示。按照指示要求，15时30分，国家减灾委、民政部将之前针对云南盈江地震启动的四级救灾应急响应提升至三级，民政部副部长姜力带领由民政、发改、教育、财政、交通运输、卫生、地震等部门组成的国务院救灾工作组紧急赶赴灾区，协助指导抗灾救灾工作。

3月11日

十一届全国人大四次会议在人民大会堂举行第三次全体会议

会议听取和审议最高人民法院工作报告和最高人民检察院工作报告。

胡锦涛、吴邦国、温家宝、贾庆林、李长春、习近平、李克强、贺国强等出席会议。

最高人民法院院长王胜俊从6个方面报告了一年来的主要工作。

最高人民检察院检察长曹建明从7个方面报告了一年来的主要工作。

大会主席团常务主席、执行主席陈昌智主持会议。大会执行主席卫留成、吉炳轩、刘奇葆、孙春兰、孙政才、杜德印、汪光焘、张毅、陈光国、欧广源、周强、赵乐际、赵洪祝、胡春华、胡康生、姜异康、袁纯清、袁武、栗战书、高祀仁、黄镇东、强卫在主席台执行主席席就座。

最高人民法院院长王胜俊在第十一届全国人大四次会议上作《最高人民法院工作报告》

各位代表：

现在，我代表最高人民法院向大会报告工作，请予审议，并请全国政协各位委员提出意见。

2010年，最高人民法院在以胡锦涛同志为总书记的党中央坚强领导下，在全国人民代表大会及其常委会有力监督下，认真贯彻党的十七大和十七届三中、四中、五中全会精神以及十一届全国人大三次会议决议，深入贯彻落实科学发展观，严格履行宪法和法律赋予的职责，紧紧围绕社会矛盾化解、社会管理创新、公正廉洁执法三项重点工作，大力加强审判、执行工作和自身建设，各项工作取得新进展。去年，最高人民法院受理案件12086件，同比下降6.99%；审结10626件，审限内结案率为98.31%。地方各级人民法院受理案件11700263件，同比上升2.82%；审结、执结10999420件，审限内结案率为98.51%，结案标的额15053.43亿元。

一、高度关注经济社会发展的司法需求，努力为经济社会又好又快发展服务

最高人民法院始终坚持能动司法理念，指导地方各级人民法院找准审判工作服务经济社会发展大局的切入点，为促进经济社会又好又快发展提供有力司法保障。

努力加强对新类型案件适用法律问题的调查研究

和监督指导。受国际金融危机和宏观经济环境变化的影响,一些企业的生存发展面临困境,大量合同纠纷及企业破产、强制清算等案件进入法院,法律问题与社会问题相互交织,各种利益冲突不断加剧。最高人民法院加强对新情况、新问题的调查研究,先后制定涉及金融期货、外商投资、劳动争议、旅游纠纷等领域的20个司法解释和43个指导性意见,指导地方各级法院依法审理借款合同、企业破产、公司清算、项目转让等纠纷案件,妥善解决企业职工安置、债权人保护等问题,为维护市场交易秩序、理顺市场竞争机制、促进社会和谐稳定发挥了积极作用。制定为上海世博会、广州亚运会和亚残运会等重大活动提供司法保障的意见,指导地方法院妥善审理相关案件。及时就青海玉树强烈地震、甘肃舟曲特大泥石流等重大自然灾害引发的涉灾案件进行审判指导,为抗灾救灾和灾后恢复重建提供司法保障。按照国家深入实施西部大开发的战略部署,加强对西部法院的工作指导。

积极为加快转变经济发展方式提供司法保障。最高人民法院制定《关于为加快经济发展方式转变提供司法保障和服务的若干意见》,对妥善审理相关案件提出要求。加强对金融案件的审判指导,切实保护金融机构合法债权,防范逃废银行债务行为,维护良好的金融秩序,各级法院审结融资、证券、保险、票据、担保等金融纠纷案件578919件,同比上升11.63%。根据促进经济结构调整的要求,更加注重促进现代产业体系发展完善,更加注重维护公平竞争的市场秩序,更加注重平等保护市场主体合法权益,各级法院审结合同类案件3239740件,同比上升2.71%。依法支持有利于加快经济发展方式转变的经济活动和经济行为,审结企业兼并、改制、破产、强制清算、股份转让等案件14694件,同比上升56.90%。妥善审理个人住房、汽车买卖、旅游服务及其他消费者权益纠纷案件,促进扩大内需。依法惩治破坏资源、污染环境的犯罪行为,制定审理油污损害赔偿案件司法解释,探索建立环境公益诉讼制度,推动地方法院设立环保法庭,依法促进生态文明建设,各级法院共审结环境污染损害赔偿等案件12018件,同比上升2.83%。

加大知识产权司法保护力度。深入贯彻实施国家知识产权战略纲要,加强对知识产权的司法保护,为培育和发展战略性新兴产业提供司法保障。加强对驰名商标、农产品地理标志以及现代服务业商标的保护,促进自主品牌的形成和发展。依法妥善审理反垄断和不正当竞争案件,防止知识产权滥用,维护公平竞争的市场秩序和公众合法权益。制定商标授权确权行政案件、境外作品著作权纠纷和网吧著作权纠纷等案件审判指导意见,调整知识产权民事案件级别管辖标准,统一法律适用尺度,促进形成鼓励自主创新、推动科技进步的法治环境。与有关部门联合制定《关于办理侵犯知识产权刑事案件适用法律若干问题的意见》,积极参与打击侵犯知识产权和制售假冒伪劣商品专项行动,依法审判侵犯知识产权刑事案件。2010年,各级法院审结知识产权案件48051件,同比上升32.96%。加强知识产权法制宣传,发布中国知识产权司法保护状况白皮书、年度报告和典型案例,开通知识产权司法保护网站,提高知识产权审判透明度,保障司法公正。最高人民法院与中国科学技术协会签署知识产权司法保护合作备忘录,聘请"两院"院士、专家担任科学技术咨询顾问,为知识产权审判提供智力支持。

加强涉外、涉港澳台案件审判和外事工作。依法审理外商投资、贸易等纠纷案件,维护公平交易投资环境,各级法院审结涉外商事、海事、海商案件20258件,同比上升0.83%。加强涉港澳台案件审判工作,制定《关于审理涉台民商事案件法律适用问题的规定》等司法解释,依法维护香港同胞、澳门同胞、台湾同胞合法权益。加强外事工作,成功举办第四次亚太司法改革论坛,完善上海合作组织成员国最高法院院长交流机制,开启"金砖四国"的司法交流,促进我国与外国的司法交流与合作,树立中国司法的良好形象。

二、依法惩治犯罪,妥善化解矛盾,促进社会和谐稳定

最高人民法院始终以促进社会和谐稳定为目标,指导和监督地方各级人民法院依法惩治刑事犯罪,有效化解矛盾纠纷。

贯彻宽严相济刑事政策,依法惩治刑事犯罪。最高人民法院制定《关于贯彻宽严相济刑事政策的若干意见》,指导各级法院正确把握法律政策,依法定罪量刑。各级法院全年审结一审刑事案件779641件,判处罪犯1006420人,同比分别上升1.68%和0.98%。依法严惩境内外敌对势力的分裂、渗透、颠覆等危害国家安全犯罪,继续深入开展打黑除恶专项斗争,依法严惩杀人、绑架、抢劫等严重影响群众安全感的暴力犯罪以及盗窃、抢夺、诈骗等多发性侵财犯罪,依法严惩伤害幼儿园儿童、中小学生和拐卖妇女儿童犯罪,有效遏制严重刑事犯罪上升势头,取得良好社会效果,各级法院审结上述案件265397件,判处罪犯370452人,同比分别下降0.70%和1.24%。积极参与反腐败斗争,依法严惩贪污、贿赂、渎职犯罪,审结此类案件27751件,判处罪犯28652人,同比分别上升7.10%和9.25%。依法打击利用互联网或手机制作、复制、传播淫秽信息犯罪,净化社会环境。制定关于审理伪造货币、非法集资以及国家出资企业中职务犯罪案件等司法解释,依法打击假发票、假币、商业贿赂、证券期货犯罪,维护良好

的市场经济秩序。制定《关于处理自首和立功若干具体问题的意见》，规范自首、立功的认定标准、查证程序和从宽处罚幅度。制定《关于充分发挥刑事审判职能作用深入推进社会矛盾化解的若干意见》，将化解社会矛盾贯穿刑事审判各个环节。积极参与社会治安综合治理和平安创建工作，深化少年司法制度改革，探索社会延伸保护、未成年人轻罪犯罪记录消灭制度等做法。严格规范减刑、假释工作，确保减刑、假释公平公正。积极参与特殊人群帮教管理，与有关部门共同推进社区矫正等工作。

加强诉讼调解，推动多元矛盾纠纷解决机制建设。最高人民法院制定《关于进一步贯彻"调解优先、调判结合"工作原则的若干意见》，指导各级法院更好地运用调解手段化解矛盾，努力实现案结事了人和。坚持合法自愿原则，对依照法律可以调解、根据案情能够调解、调解处理效果更好的案件，首先选择调解方式解决纠纷，各级法院一审民商事案件调解撤诉率达65.29%，同比上升3.31个百分点。着力构建贯穿立案、审判、执行全过程，覆盖刑事、民事、行政、执行各领域的调解、协调、和解工作机制，加强轻微刑事案件和解工作，加大刑事附带民事案件调解力度，积极促成执行案件和解，尽可能通过调解化解矛盾纠纷。注重规范调解工作，正确处理调判关系，对不宜调解以及调解不成的，及时依法作出裁判。加强诉讼与非诉讼相衔接的矛盾纠纷解决机制建设，发挥人民调解组织、社会团体、律师、专家、仲裁机构的作用，通过在法院设立人民调解工作室等做法，引导当事人就地、就近选择非诉方式解决纠纷。积极推动建立人民调解、行政调解、司法调解相结合的"大调解"工作体系，加强三者之间在程序对接、效力确认、法律指导等方面的协调配合，共同化解社会矛盾，促进社会和谐稳定。

依法保护群众诉权，提高行政审判和国家赔偿工作水平。各级法院认真贯彻执行最高人民法院制定的《关于依法保护行政诉讼当事人诉权的意见》，畅通行政诉讼渠道，共受理行政案件135679件，审结129806件，同比分别上升6.77%和7.70%。集中开展行政申诉案件专项复查活动，通过案件评查、再审纠错等工作，妥善处理了一批行政申诉案件。认真贯彻实施修改后的国家赔偿法，及时出台工作意见，对国家赔偿案件的受理、审理、决定、救济与执行等问题进行全面指导，推进国家赔偿工作健康有序开展。

三、积极回应人民群众的关切和期待，依法维护人民权益

最高人民法院始终坚持以人为本、司法为民理念，指导和监督地方各级人民法院认真解决诉讼难、执行难问题，积极回应人民群众对维护自身合法权益的关切和期待。

依法妥善审理涉及民生等案件。高度关注群众对住房、就业等问题的关切，依法妥善审理房屋买卖、劳动争议等案件。妥善调节婚姻家庭、人身财产关系，注重保护妇女、儿童、老年人合法权益，各级法院审结离婚、抚养、继承等婚姻家庭案件1428340件，同比上升3.45%；审结人身损害赔偿案件779340件，同比上升22.71%。依法妥善审理拖欠农民工工资、农村土地承包经营、非法占用耕地等案件，积极参与农资打假专项治理活动，切实维护农民合法权益，审结涉"三农"案件238913件，同比上升3.02%。依法严惩危害食品药品安全、制售假冒伪劣商品犯罪，维护群众生命财产安全。最高人民法院发布《关于进一步加强人民法院涉军案件审判工作的通知》，指导各级法院妥善审理涉军案件，依法维护国防利益和军人军属合法权益。

切实加强司法便民工作。加强和规范"立案信访窗口"建设，建立健全首问负责、服务承诺、办事公开、文明接待、岗位责任等制度，改进诉讼引导、查询咨询服务，改善信访接待设施，为群众提供良好的诉讼环境。加强边远或交通不便地区的人民法庭建设，在相关案件较为集中的地区设立劳动争议、金融等专门合议庭或审判庭，推广远程立案、"一站式"服务等举措，积极探索网上预约立案、送达、庭审等方式，为群众诉讼提供便利。制定《关于大力推广巡回审判方便人民群众诉讼的意见》，推进巡回审判工作制度化、规范化，更好地深入基层，服务群众。按照最高人民法院的统一要求，全国有693个新建审判法庭和600多个人民法庭完成了无障碍设施建设，方便残疾人诉讼。加强司法救助工作，为确有困难的当事人减免诉讼费9656.47万元，同比增加41.51%。

高度重视解决涉诉信访问题。坚持把处理涉诉信访案件作为联系群众、倾听民意、为民解忧的重要途径，依法解决群众信访中反映的问题。认真做好集中清理涉诉信访积案工作，最高人民法院派出12个合议庭和案件复查组，帮助信访问题比较突出的地方法院清理信访积案。制定涉诉信访案件终结办法，坚持领导干部定期接访、法官带案下访、巡回接访等做法，尽力把问题化解在基层。一手抓积案化解，一手抓审判质量，注重从源头上减少涉诉信访案件，各级法院全年接待信访1066687人次，同比减少21.43%。

努力破解执行难问题。为巩固集中清理执行积案活动成果，积极推动建立化解执行难问题长效机制，最高人民法院制定《关于限制被执行人高消费的若干规定》，会同19个中央和国家机关联合发布《关于建立和完善执行联动机制若干问题的意见》，推进社会诚信体系建设，初步构建了综合治理执行难问题的工作格

局。进一步加强执行工作规范化建设，完善执行信息查询制度，强化对执行权的内部监督制约，重点解决消极执行等问题。充分利用督促执行、提级执行、指定执行等方式，不断提高执行的质量和效率。开展创建“无执行积案先进法院”活动和委托执行案件集中清理活动，努力形成良好的化解执行难问题的工作机制。一年来，各级法院执结新收案件2508242件，同比上升2.54%；执行标的到位率73.82%，同比上升8.22个百分点。

四、继续推进司法改革，维护司法公正

按照党中央统一部署，最高人民法院坚持中国特色社会主义司法制度，指导地方各级人民法院紧紧围绕人民群众普遍关心、可能影响司法公正的问题推进改革，进一步加强司法公开、司法民主、司法监督等制度建设。

推进司法公开和司法民主。认真落实最高人民法院《关于司法公开的六项规定》，进一步明确立案、庭审、执行、听证、文书、审务6个方面必须公开的内容、程序和方法。最高人民法院首次发布人民法院工作年度报告，全面改版政务网站，拓展司法公开的广度和深度。完善群众旁听庭审、裁判文书网上发布、诉讼档案查询、庭审活动录音录像等制度，为促进司法公开提供制度保障。确立100个“司法公开示范法院”，总结推广各地法院推行“阳光司法”的经验做法，推进司法公开规范化。在全国开展“司法公开宣传月”活动，充分借助社会媒体，宣传人民法院工作，增强司法工作透明度。进一步完善人民陪审员制度，拓宽参加审判活动的范围，人民陪审员全年参与审判案件912177件，同比上升44.33%，有效发挥了人民群众参与司法、监督司法的重要作用。

切实维护司法公正。创新和加强审判管理，是维护司法公正、提高司法水平的重要手段。最高人民法院成立了审判管理办公室，加强对审判流程和办案质量效率的管理监督。全面推行量刑规范化改革，制定量刑程序规则，确立定性分析与定量分析相结合的量刑方法，规范法官裁量权，促进量刑公平公正。完善刑事证据制度，会同中央政法部门制定《关于办理死刑案件审查判断证据若干问题的规定》和《关于办理刑事案件排除非法证据若干问题的规定》，严格刑事案件特别是死刑案件证明标准，明确规定采用刑讯逼供等非法手段获取的被告人供述不得作为定案证据，确保刑事审判质量。推进民事、行政诉讼制度改革，开展小额案件速裁和行政诉讼简易程序试点工作，做到难案精审、简案快结。制定《关于案例指导工作的规定》，及时发布典型案例，加强对疑难复杂案件的审判指导。加强再审工作，各级法院审结再审案件46214件，因原判确有错误或其他法定事由改判的11729件，占生效裁判的0.17%。

进一步加强基层基础工作。紧紧依靠党委领导和人大监督、政府支持，认真参与政法编制分配工作，积极推进法官招录培养体制和司法考试改革，切实解决一些地方法院法官提前离岗离职问题，缓解基层案多人少矛盾。推进政法经费保障体制改革，初步建立起法院经费保障制度体系。加强法院信息化建设，启动人民法院电子政务项目建设。修订法庭建设标准，进一步改善基层司法条件。制定人民法院援藏、援疆指导意见，全面加强人才、业务、物质援助工作。

五、牢牢抓住法院队伍建设的关键环节，进一步提高司法能力和水平

队伍建设始终是人民法院工作的根本。针对人民群众反映的法官工作和作风上存在的问题，最高人民法院指导地方各级人民法院深入开展创先争优活动和“人民法官为人民”主题实践活动，在加强能力、作风、廉洁建设上下功夫，努力提高法院队伍整体素质。

着力提升司法能力。组织开展全员大培训，提高法官正确适用法律、化解社会矛盾的能力。最高人民法院完成对3622名中级、基层人民法院院长的轮训，提升法院院长的履职能力。举办全国高、中级法院贯彻落实宽严相济刑事政策千人培训班，提高刑事审判法官把握刑事政策的能力。对3万多名执行人员和近2000名国家赔偿工作人员进行培训，提高他们解决问题、适用法律的能力。高级人民法院轮训法庭庭长8899人，同时加强对法官的岗前培训、晋职培训和专题培训。推进民族地区法院双语法官培养，帮助新疆、青海、内蒙古等地法院编写双语法官培训教材，开展东、西部法院之间干部挂职交流等工作，支持西部法院提高队伍素质。实行上下级法院之间干部挂职锻炼制度，培养熟悉基层工作的优秀干部。各级法院组织开展岗位标兵、办案能手评选活动，激励法官加强学习实践，努力提高司法能力水平。

大力改进司法作风。深入开展群众观点教育，进一步深化法官对人民法院人民性的理解和实践，自觉坚持群众路线。健全民意收集机制，畅通民意沟通渠道，组织开展法官进社区、进企业、进学校、进农村等活动，及时听取群众的意见建议，密切同人民群众的血肉联系。以培育公正、廉洁、为民的司法核心价值观为重点，加强法官职业道德建设。修订《法官职业道德基本准则》和《法官行为规范》，制定《人民法院文明用语基本规范》，引导法官改进司法作风。充分发挥先进典型示范作用，宣传学习“群众信服的好法官”陈燕萍、“时代先锋”全国优秀法官龙进品、勇斗歹徒光荣牺牲的全国模范司法警察钟世鑫等先进典型。去年，全国

各级法院共有19060个集体、47298名个人立功受奖。其中,344个集体、489名个人受到中央有关部门表彰奖励。

努力促进司法廉洁。在各级法院领导干部中集中开展党性党风党纪教育,在法官和司法警察中集中开展警示教育,增强拒腐防变意识。坚持"一岗双责",发挥审判委员会、院长、庭长、政工和纪检监察机构的职能,加强对执法办案和法官队伍的管理监督。最高人民法院制定《人民法院司法巡查工作暂行规定》,完善司法巡查制度,先后派出8个巡查组,对部分地方法院开展司法巡查,对发现的问题及时提出整改建议。全国有26个高级人民法院、246个中级人民法院建立司法巡查制度,共对1803个下级法院进行了司法巡查。普遍建立廉政监察员制度,各级法院共任命廉政监察员30623名,较好地发挥了廉政监察员对审判一线的直接监督作用。严格落实"五个严禁"规定,加大案件查处力度。开展对违规收费、违规管理涉案款物、违规使用司法强制措施等问题的专项治理活动,及时发现和纠正存在的问题。完善举报线索核查机制,高级人民法院全部开通与最高人民法院联网的违纪违法举报网站。推进反腐倡廉工作创新,最高人民法院颁布实施《关于对配偶子女从事律师职业的法院领导干部和审判执行岗位法官实行任职回避的规定》,制定《关于在审判工作中防止法院内部人员干扰办案的若干规定》,努力从制度机制上促进司法廉洁。2010年,全国法院共查处违纪违法人员783人,同比下降1.51%。其中,受到政纪处分的540人,因贪污、贿赂、徇私枉法被追究刑事责任的113人,同比分别下降4.09%和17.52%。

六、更加注重接受监督,强化监督制约机制建设

强化监督制约,是人民法院正确履行职责、实现司法公正的重要保障。最高人民法院指导地方各级人民法院进一步增强自觉接受监督的意识,积极完善监督制约机制,努力促进司法公正廉洁,不断提高司法公信力。

自觉接受人大监督。去年全国"两会"结束后,最高人民法院认真梳理全国人大代表提出的审议意见共99项,逐一整改落实。高度重视人大代表建议办理工作,完善交办、督办、反馈机制,妥善办理全国人大代表建议及其他事项796件。完善与全国人大代表日常联络机制,最高人民法院走访、接待和以其他形式与代表沟通交流、听取意见882人次。加强专项报告工作,就人民法院民事审判工作向全国人大常委会作专题报告,根据会议审议意见及时提出并落实加强民事审判工作的具体措施。

认真接受人民政协和民主党派、工商联、无党派人士的民主监督。高度重视办理政协委员提案,及时向全国政协委员通报法院工作情况,最高人民法院去年共办理全国政协委员提案及其他事项130件,以座谈、走访、接待、邀请视察等多种形式与全国政协委员沟通、听取意见309人次。进一步完善与民主党派、工商联、无党派人士的沟通协调机制,加强日常联络,认真听取意见建议。

依法接受检察机关法律监督。健全最高人民法院和最高人民检察院工作沟通机制,共同完善检察机关对民事、行政诉讼和执行工作实施法律监督的有关规定,认真对待检察机关提出的检察建议,支持、配合检察机关依法履行法律监督职责。去年,各级法院共审结检察机关对生效裁判提出的抗诉案件9749件,其中,维持原判的3056件,改判1928件,发回重审721件,以调解、撤诉等方式结案4044件。

积极接受社会各界监督。最高人民法院从全国人大代表、政协委员、各民主党派、工商联、无党派人士以及专家学者、律师和基层群众中聘请40名特邀咨询员和60名特约监督员,虚心听取他们的意见建议。与全国律协建立信息沟通制度,及时研究解决律协反映的问题,保障律师依法履行职责。制定人民法院接受新闻舆论监督工作意见,高度重视网络舆情,对最高人民法院民意信箱收到的5685件网民留言,认真梳理分类,参照改进工作。

各位代表,目前,中国特色社会主义法律体系已经形成,国家经济建设、政治建设、文化建设、社会建设以及生态文明建设的各个方面实现了有法可依,加强和改进人民法院工作,全面提高法院队伍素质,切实保障宪法和法律的有效实施,就显得更加重要、更加突出。面对新形势,我们清醒地认识到,人民法院工作中还存在不少问题和困难:一是审判工作还不完全适应经济社会发展的要求,特别是对新情况新问题的认识、研究和把握还不够深入,司法应对措施还有待完善,一些案件的诉讼难、执行难问题尚未得到解决,涉诉信访问题仍较为突出。二是一些司法改革措施落实不到位,内部、外部监督制约机制尚不完善,审判质量和效率有待进一步提高。三是一些法官司法能力不强,化解社会矛盾、处理复杂疑难案件的水平不高。四是有些法官群众观念淡薄,司法作风不文明、行为不规范、工作不细致,群众意见较大。五是少数法官司法不公、不廉,以案谋私,徇私舞弊,贪赃枉法,严重损害司法公信力。同时,一些法院仍然存在案多人少、法官断层、人才流失、经费不足等困难。为此,我们将立足自身,积极争取各有关方面的支持,尽最大努力解决这些问题和困难。

2011年,是"十二五"时期开局之年。最高人民

法院将认真贯彻党的十七大和十七届三中、四中、五中全会精神，正确把握国内外形势的新变化新特点，牢牢抓住科学发展这个主题，紧紧围绕加快转变经济发展方式这条主线，突出执法办案这个重点，强化队伍建设这个根本，深入推进三项重点工作，依法独立公正行使审判权，为建设公正高效权威的社会主义司法制度，完善中国特色社会主义法律体系，维护社会公平正义，促进社会和谐稳定而努力工作。

一要为保持经济长期平稳较快发展提供司法保障。着眼于促进加快转变经济发展方式，充分发挥审判职能作用：一是根据经济社会发展需要，及时完善司法政策，加强司法解释，强化监督指导，为落实宏观经济政策提供司法保障。二是依法审理金融纠纷案件，妥善处理涉及应对国际金融危机冲击一揽子计划和"十二五"投资项目的案件，为维护金融安全提供司法保障。三是依法审理企业改制、破产等案件，既要促进淘汰落后、过剩产能，推动实现产业转型升级，又要运用企业重组等制度，帮助符合产业调整要求但暂时遇到困难的企业恢复生机，为促进经济结构战略性调整提供司法保障。四是依法审理各类投资纠纷案件，支持和保护符合国家经济发展方向、有利于经济结构调整的资本投入和流转行为，严格审查国有资产处置程序的合法性，依法保护中小投资者和企业职工的合法权益，平等保护国家出资企业、民营企业和外商投资企业的合法权益，为规范投资行为提供司法保障。五是依法审理各类环境保护纠纷案件，促进节能减排和循环经济的发展，为建设资源节约型、环境友好型社会提供司法保障。六是继续加大知识产权司法保护力度，为推动科技进步与创新提供司法保障。

二要努力维护社会和谐稳定。紧紧抓住人民群众关心的公共安全、权益保障、公平正义等问题，全面发挥审判职能作用，加强和创新社会管理，维护社会和谐稳定。依法严惩危害国家安全和社会稳定的严重刑事犯罪，依法严惩严重破坏经济秩序、严重损害群众利益的经济犯罪和国家工作人员职务犯罪。认真执行《刑法修正案(八)》，正确贯彻宽严相济刑事政策，坚持惩罚犯罪和保障人权并重，严格控制和慎重适用死刑，认真落实非法证据排除规定，切实防止发生冤假错案。正确理解和把握"调解优先、调判结合"原则，更加有效地发挥调解和判决的作用，创新和完善司法调解机制，妥善审理各类民事、行政案件，努力做到定分止争、案结事了。完善诉讼与非诉讼相衔接的矛盾纠纷解决机制，促进完善"大调解"工作体系，推进社会矛盾化解。

三要切实维护人民群众合法权益。以进一步解决一些案件的诉讼难、执行难问题为重点，最大限度地满足人民群众日益增长的司法需求。依法公正审理就业、教育、医疗、住房、消费、社会保障以及婚姻家庭等涉及民生的案件，切实维护群众合法权益。完善司法便民利民措施，加强立案信访窗口建设，推广巡回审判方式，加强司法救助工作，依法受理行政诉讼和国家赔偿案件，着力解决一些案件的诉讼难问题。认真做好涉诉信访工作，有效解决群众信访中反映的合理诉求。强化案件责任查究，提高审判质量，从源头上预防和减少信访案件。开展反规避执行专项行动，从严惩处抗拒执行的行为，充分发挥执行联动机制作用，依靠制度优势，推动执行难问题的解决。

四要健全完善更加科学的司法体制和工作机制。以确保司法公正为目标，以实现司法公开和完善监督制约为重点，依法有序地推进司法改革。积极推进裁判文书上网、案件信息查询、诉讼档案查阅等工作，加大司法公开力度，以公开促公正。切实抓好已出台司法改革措施的贯彻落实，重点是深化量刑规范化改革，完善死刑复核程序，建立科学完备的审判管理体系，以制度保公正。以构建审判监督纠错新机制为重点，加强法院内部监督，完善接受外部监督的制度机制。

五要全面提高法院队伍素质。以培育良好的法官职业道德和提高司法能力为重点，切实加强法院队伍建设。深入开展"发扬传统、坚定信念、执法为民"主题教育实践活动，弘扬公正、廉洁、为民的司法核心价值观，加强法官职业道德修养，强化群众观念，增进群众感情，改进司法作风，规范司法行为。加强司法能力建设，着力提高法官适用法律、化解矛盾、做群众工作的能力和水平。强化司法廉洁教育，推动反腐倡廉制度创新，健全司法巡查、廉政监察、网络举报受理、违纪线索核查等工作机制，严格落实最高人民法院"五个严禁"等制度，以更大的力度查处违纪违法行为，确保司法公正廉洁。

六要更加重视加强人民法院基层基础工作。采取切实有效措施改变基层基础工作薄弱的局面，是今年和今后较长一段时期内人民法院工作的重点。完善宏观指导、分类指导机制，加强最高人民法院对下级法院的监督指导。继续推动人员招录办法改革和司法考试改革，拓宽法官来源和渠道，完成法官员额编制标准和法官职务序列改革，加强中西部民族地区特别是西藏、新疆等地双语法官队伍建设，逐步建立并完善法官择优遴选制度和有利于基层干警成长的选拔机制，进一步解决一些基层法院案多人少、法官断层、人才流失等问题。落实法院经费分类保障办法，建立公用经费正常增长机制，进一步改善基层法院经费保障状况。加快办公办案信息化建设。坚持以人为本，关爱法官身心健康，营造和谐工作环境。

各位代表,自觉接受人大及其常委会的监督是人民法院工作不断发展和进步的重要保证。最高人民法院将认真贯彻执行本次大会决议,认真做好专项工作报告、司法解释备案、代表建议办理等工作,确保人民法院准确贯彻执行宪法法律。同时,更加自觉地接受政协民主监督、检察机关法律监督和社会各界监督,以监督促廉洁、保公正。

各位代表,面对新形势下的发展机遇和挑战,人民法院将在以胡锦涛同志为总书记的党中央坚强领导下,高举中国特色社会主义伟大旗帜,以邓小平理论和"三个代表"重要思想为指导,深入贯彻落实科学发展观,严格履行宪法和法律赋予的职责,为全面落实依法治国基本方略、加快建设社会主义法治国家、夺取全面建设小康社会新胜利作出新的更大的贡献!

最高人民检察院检察长曹建明在第十一届全国人大四次会议上作《最高人民检察院工作报告》

各位代表:

现在,我代表最高人民检察院向大会报告工作,请予审议,并请全国政协各位委员提出意见。

2010年检察工作回顾

2010年,在以胡锦涛同志为总书记的党中央正确领导下,在全国人大及其常委会有力监督下,最高人民检察院认真贯彻党的十七大和十一届全国人大三次会议精神,深入贯彻落实科学发展观,紧紧围绕经济社会发展大局,忠实履行宪法和法律赋予的职责,扎实推进社会矛盾化解、社会管理创新、公正廉洁执法三项重点工作,加大执法办案力度,深化检察改革,加强队伍建设,各项检察工作取得新进展。

一、充分发挥检察职能作用,保障经济社会发展

适应经济社会发展的新形势新要求,进一步完善、落实服务大局的措施。

依法维护市场经济秩序。全年共批准逮捕破坏社会主义市场经济秩序犯罪嫌疑人37532人,提起公诉50775人,分别比上年增加4.6%和19.5%。着眼于促进形成统一开放竞争有序的市场体系,加大打击非法集资、金融诈骗、传销等严重经济犯罪力度,督促行政执法机关依法移送涉嫌犯罪案件3448件;积极参与打击侵犯知识产权和制售假冒伪劣商品专项行动,协同开展对产品制造集中地、商品集散地、侵权案件高发地的重点整治,起诉侵犯知识产权、制售伪劣商品等犯罪嫌疑人5642人,同比增加14.1%。

深入开展查办重点领域职务犯罪专项工作。深化治理商业贿赂工作,在房地产开发、产权交易、医药购销等领域,立案侦查涉及国家工作人员的商业贿赂犯罪案件10533件。深化工程建设领域突出问题专项治理,立案侦查项目审批、招标投标、物资采购等环节的职务犯罪案件8584件。会同有关部门开展国土资源领域腐败问题治理工作,立案侦查土地和矿产资源审批出让、开发利用、征地补偿等环节的职务犯罪案件1248件。在近年查办涉农职务犯罪、查办危害能源资源和生态环境渎职犯罪专项工作基础上,建立常态化机制,及时依法查办相关犯罪。

积极参与应对重大突发事件、完成重大任务。青海玉树强烈地震、甘肃舟曲特大山洪泥石流等重大自然灾害发生后,检察机关积极救助受灾群众,依法打击影响灾区稳定、侵害受灾群众利益的刑事犯罪,注重预防和查办侵吞、挪用救灾款物等职务犯罪,全力保障抢险救灾和灾后恢复重建。上海、广东及周边地区检察机关建立联动机制,积极投入世博会和亚运会、亚残运会安保工作,会同有关部门在场馆和配套设施建设中同步开展职务犯罪预防,保障平安世博、平安亚运和廉洁办会。

保障和服务区域协调发展。各级检察机关围绕西部大开发、振兴东北地区等老工业基地、促进中部地区崛起、支持东部地区率先发展等区域发展战略的实施,结合本地区实际,深入调研,改进工作,提供更加有力的司法保障。最高人民检察院制定充分发挥检察职能为深入实施西部大开发战略服务的意见,努力促进西部地区经济社会发展;制定加强和推进检察援藏、援疆工作的意见,完善对口援助机制,从业务、人才、资金等方面加大对西藏、新疆检察机关的支持力度,服务西藏、新疆跨越式发展和长治久安。

二、深入推进社会矛盾化解、社会管理创新,维护社会和谐稳定

加强和改进批捕、起诉等工作,在依法打击犯罪的同时,重视化解社会矛盾,推动完善社会管理。

依法打击各类刑事犯罪。全年共批准逮捕各类刑事犯罪嫌疑人916209人,同比减少2.6%;提起公诉1148409人,同比增加1.2%。深入开展反渗透、反颠覆、反分裂斗争,坚决打击危害国家安全犯罪。积极参与对学校、幼儿园及周边治安秩序的专项整治,严厉打击侵害幼儿园儿童和学校师生生命安全的犯罪。会同有关部门开展打黑除恶专项斗争和打击涉枪涉爆犯罪、"扫黄打非"等专项行动,努力遏制严重刑事犯罪,增强人民群众安全感。最高人民检察院举办第八次上海合作组织成员国总检察长会议,加强打击恐怖主义、分裂主义、极端主义和跨国有组织犯罪的国际合作。

注重结合办案化解社会矛盾。在坚持严格公正执法的前提下,倡导理性、平和、文明、规范执法,注意统筹兼顾各方利益诉求,最大限度化解矛盾、促进和谐。认真落实宽严相济刑事政策,对涉嫌犯罪但无逮捕必

要的，依法决定不批捕64195人，同比增加20.7%；对犯罪情节轻微、依照刑法规定不需要判处刑罚或者免除刑罚的，决定不起诉29898人，同比增加16.9%。推进刑事和解、检调对接机制建设，对民事申诉案件和轻微刑事案件，积极促成当事人达成和解。加强不批捕、不起诉、不抗诉等环节的释法说理工作，促进案结事了人和。

积极参与社会管理创新。配合有关部门加强对城中村、城乡接合部等治安重点地区的排查整治，推动完善社会治安防控体系。规范和强化社区矫正法律监督，协助基层组织加强对社区服刑人员的矫正帮教。完善适合未成年人身心特点的办案方式及制度，加强教育、感化、挽救，对涉嫌轻微犯罪的未成年人依法决定不批捕13080人、不起诉3114人，同比分别增加10.1%和1.8%。依法打击利用互联网传播淫秽信息、实施赌博等犯罪，净化网络环境。针对执法办案中发现的社会管理问题，及时向有关地方和部门提出消除隐患、完善制度的检察建议。

三、加大查办和预防职务犯罪力度，促进反腐倡廉建设

坚持把严肃查办、积极预防职务犯罪摆在突出位置，充分发挥检察机关在反腐倡廉建设中的职能作用。

依法严肃查办贪污贿赂等职务犯罪。全年共立案侦查各类职务犯罪案件32909件44085人，同比分别增加1.4%和6.1%。其中，立案侦查贪污贿赂大案18224件，同比增加0.2%；查办涉嫌犯罪的县处级以上国家工作人员2723人(含厅局级188人、省部级6人)，同比增加2%。加大查办行贿犯罪力度，立案侦查行贿犯罪嫌疑人3969人，同比增加24.3%。健全境内外追逃追赃机制，会同有关部门抓获在逃职务犯罪嫌疑人1282人，追缴赃款赃物计74亿元。坚持依法文明办案，正确区分合法收入与违法所得、工作失误与失职渎职等界限，注意维护企业正常经营发展，注意保障涉案人员合法权益，注意为国家、集体挽回经济损失。规范侦查办案活动，慎重使用强制性措施，严格执行举报人和证人保护、讯问职务犯罪嫌疑人全程同步录音录像以及逮捕职务犯罪嫌疑人报上一级检察院审查决定等制度，进一步提高办案质量。最高人民检察院和澳门检察院联合举办国际反贪会议，与150多个国家和地区的反贪机构深入探讨反腐败国际司法合作。

大力加强渎职侵权检察工作。认真落实全国人大常委会审议渎职侵权检察工作专项报告的意见，加大办案力度，健全办案机制，立案侦查渎职侵权犯罪案件7349件10227人，同比分别增加4.5%和9.3%。其中，立案侦查重特大渎职侵权案件3508件，同比增加10.5%。会同有关部门建立健全行政执法与刑事司法衔接等工作机制，着力解决渎职侵权犯罪发现难、立案难、查证难、处理难等问题。党中央高度重视反渎职侵权工作，中共中央办公厅、国务院办公厅转发了最高人民检察院等9部门联合制定的关于加大惩治和预防渎职侵权违法犯罪工作力度的文件。在北京举办惩治和预防渎职侵权犯罪大型展览，并陆续在全国各地巡展，已有55.5万名国家工作人员参观。

更加重视职务犯罪预防。结合办案加强犯罪分析和对策研究，向有关单位和部门提出预防建议55628件，对国家工作人员进行警示教育964万人次。开展预防工程建设领域职务犯罪专项工作，以政府主导投资的重大工程建设项目和灾后恢复重建项目为重点，协助建设单位和主管部门同步开展职务犯罪预防。完善行贿犯罪档案查询系统，最高人民检察院成立行贿犯罪档案查询中心，推动实现全国范围联网查询。建立职务犯罪预防年度报告制度，及时研究职务犯罪发案态势和预防对策，每年形成综合报告提交党委、人大、政府和有关部门参考。

四、全面强化对诉讼活动的法律监督，促进执法司法公正

制定实施《关于进一步加强对诉讼活动法律监督工作的意见》，着力解决执法司法中人民群众反映强烈的突出问题。

强化刑事诉讼监督。坚持惩治犯罪与保障人权并重，重点加强对有案不立、刑讯逼供、违法取证、量刑畸轻畸重等问题的监督。一是加强立案监督。最高人民检察院会同公安部制定《关于刑事立案监督有关问题的规定》，进一步明确检察机关对刑事立案的监督职责及程序，建立公安机关与检察机关互相通报刑事案件情况等机制。对应当立案而不立案的，督促公安机关立案31203件；对不应当立案而立案的，督促撤案10702件。二是加强侦查监督。与有关部门联合出台《关于办理刑事案件排除非法证据若干问题的规定》和《关于办理死刑案件审查判断证据若干问题的规定》，并制定检察机关适用两个规定的指导意见，强化对侦查取证活动的监督，确保依法全面客观收集证据，有效提高办案质量。会同公安部制定《关于审查逮捕阶段讯问犯罪嫌疑人的规定》，完善检察机关听取犯罪嫌疑人申辩和律师意见、保障律师执业权利等机制。对侦查活动中的违法情况提出纠正意见33836件次。三是加强刑事审判监督。积极支持人民法院量刑规范化改革，起诉时依法提出量刑建议，促进量刑公开公正。加强对职务犯罪案件裁判的监督，建立一审判决两级检察院同步审查机制。对认为确有错误的刑事裁判提出抗诉5425件。

强化刑罚执行和监管活动监督。会同司法行政机

关深入开展全国监狱清查事故隐患、促进安全监管专项活动，重点排查解决“牢头狱霸”问题，对87名严重破坏监管秩序的在押罪犯依法追究刑事责任。推进与监管场所的监控联网，完善和落实收押检察、巡视检察等工作机制。加强对刑罚变更执行的监督，纠正减刑、假释、暂予监外执行不当10813人。开展保外就医专项检察活动，纠正不符合保外就医条件、程序或脱管漏管555人。加大清理久押不决案件力度，依法纠正超期羁押525人次。

强化民事审判和行政诉讼监督。制定实施《关于加强和改进民事行政检察工作的决定》，坚持依法监督、居中监督等原则，对认为确有错误的民事行政裁判提出抗诉12139件。坚持抗诉与息诉并重，对认为裁判正确的44021件申诉，耐心做好当事人的服判息诉工作。对涉及国家和社会公共利益的案件，督促起诉33183件，支持起诉21382件，防止侵害国有资产和公共利益。

强化对司法工作人员渎职行为的监督。会同最高人民法院等部门制定《关于对司法工作人员在诉讼活动中的渎职行为加强法律监督的若干规定》，明确对司法工作人员徇私枉法等12种渎职行为，可以通过调查核实违法事实、提出纠正违法意见、建议更换办案人等措施进行监督。坚决惩治利用司法权贪赃枉法的行为，查办涉嫌犯罪的司法工作人员2721人。

五、坚持执法为民宗旨，维护人民群众权益

立足检察职能加强和改进群众工作，努力做到贴近群众、依靠群众、服务群众。

拓展联系和服务群众的平台。加强接待窗口建设，推行民生服务热线和全国统一的12309举报电话，推行“一站式”受理接待中心和网上查询平台，进一步畅通群众控告申诉渠道。深入开展文明接待室创建活动，推广“融入群众、公正执法、情理兼容、促进和谐”的张章宝工作模式。推进检力下沉，延伸检察工作触角，在乡镇、社区探索建立派出检察室，开展巡回检察，就地受理群众诉求、提供法律服务、化解矛盾纠纷。

依法惩治严重危害民生的犯罪。坚决打击抢劫、抢夺、盗窃、利用电信网络实施诈骗、制售有毒有害食品和伪劣农药、化肥、种子等侵害群众权益的犯罪，严肃查办征地拆迁、社会保障、劳动就业、医疗卫生、招生考试等民生领域的职务犯罪。贯彻尊重和保障人权的宪法原则，立案侦查涉嫌非法拘禁、报复陷害、破坏选举等侵权犯罪的国家机关工作人员524人。依法同步介入重特大事故调查，严肃查办火灾、矿难等事故背后涉嫌职务犯罪的国家工作人员1037人，最高人民检察院直接参与9起重特大事故调查。

加强对特殊群体和困难群众的司法保护。高度重视涉军案件和涉港、涉澳、涉台、涉侨案件，健全沟通协作机制，切实维护国防、军队、武警部队利益和军人军属合法权益，维护香港同胞、澳门同胞、台湾同胞、归侨侨眷合法权益。坚决打击侵害残疾人和农村留守老人、妇女、儿童的犯罪，会同有关部门制定《关于依法惩治拐卖妇女儿童犯罪的意见》，起诉拐卖妇女儿童犯罪嫌疑人4422人。对拖欠农民工工资等案件，开展支持起诉工作。重视刑事被害人权利保护，推进刑事被害人救助工作，对6280名生活确有困难的被害人或其近亲属提供救助救济。

依法妥善解决涉及群众利益的信访问题。完善控告申诉、涉检信访工作制度，开展带案下访、定期巡访、联合接访等活动，共办理群众信访439750件次。高度重视、妥善化解涉检信访积案3959件。最高人民检察院派出8个工作组赴16个省、自治区、直辖市进行了督查。认真贯彻修订后的国家赔偿法，制定《人民检察院国家赔偿工作规定》，依法自觉履行赔偿义务，加强对赔偿案件的法律监督，切实保障赔偿请求人的合法权益。

六、加强检察队伍建设和内部监督制约，提高自身公正廉洁执法水平

切实加强对检察人员的教育、管理和监督，努力提高队伍整体素质，保障自身公正廉洁执法。

加强思想政治建设和职业道德建设。深化社会主义核心价值体系和社会主义法治理念教育，开展创先争优活动，引导检察人员坚定理想信念、端正执法思想。深入开展“恪守检察职业道德、促进公正廉洁执法”主题实践活动，制定检察官职业行为基本规范和检察机关文明用语规则，表彰宣传张章宝、李彬、刘宝瑞、王世杰、杜云、张敬艳、龚勇等先进典型，建立检察官宣誓制度，大力弘扬忠诚、公正、清廉、文明的检察职业道德。

加强执法能力建设。以领导干部和执法办案一线检察官为重点推进全员培训，共培训检察人员11.9万人次。最高人民检察院完成对基层检察长的普遍轮训，开展对省级检察院业务部门负责人的普遍轮训。强化基层教育培训工作，建立市级检察院普遍轮训基层检察人员、省级检察院重点培训基层骨干机制，开展远程教育培训。大规模推进岗位练兵，广泛开展公诉、侦查监督、反渎职侵权等部门的业务竞赛活动。加大对西部地区检察教育培训和人才培养支持力度。

加强执法规范化和内部监督制约机制建设。全面整合规范执法办案各环节的流程及细则，首次颁布检察机关执法工作基本规范。建立案例指导制度，最高人民检察院公开发布首批具有普遍指导意义的案例，指导检察机关统一执法。建立案件评查机制，以涉检

信访案件为重点，全面评查各类案件42229件，对其中确有错误的163件依法予以纠正，对存在执法过错的91名检察人员严肃追究责任。完善检务督察制度，加大对执法行为、检风检纪的督察力度，最高人民检察院对10个省市检察机关进行了专项督察，组织6个省部分检察院开展了交叉督察。

狠抓纪律作风和反腐倡廉建设。制定《检察机关领导干部廉洁从检若干规定》。严格规范检察人员对外交往行为。专项治理违规使用警车问题。在开展扣押冻结款物专项检查的基础上，进一步完善扣押冻结款物管理制度。注重运用自身反面典型进行警示教育，最高人民检察院深入剖析40名检察人员违纪违法案例，举办检察机关自身反腐倡廉教育展览并在各地巡展。严格落实领导干部述职述廉、巡视等制度。最高人民检察院听取和评议11个省级检察长述职述廉报告，对3个省级检察院领导班子进行巡视并回访检查。开展"反特权思想、反霸道作风"专项教育活动，严肃查处违纪违法检察人员267人，其中追究刑事责任38人。

扎实推进基层基础建设。全面规划和落实基层检察院执法规范化、队伍专业化、管理科学化、保障现代化建设。会同有关部门从制度上解决基层检察官提前离岗离职问题，落实政法干警招录培养体制改革试点工作，选派业务骨干到基层挂职锻炼，进一步解决基层办案力量不足、人才短缺等困难。坚持领导干部联系基层、业务部门对口指导等制度。落实政法经费保障体制改革，会同有关部门完善市县级检察院公用经费保障标准等配套制度。中央财政增加了转移支付和补助投资，加大对中西部和贫困地区特别是革命老区、民族地区、边疆地区检察机关支持力度。

七、自觉接受监督，保障检察权依法正确行使

牢固树立监督者更要接受监督的意识，完善和落实自觉接受监督的机制和措施，保证把人民赋予的检察权真正用来为人民谋利益。

自觉接受人大监督。十一届全国人大三次会议闭幕后，最高人民检察院全面梳理审议意见，逐条研究整改措施。按照全国人大要求，完成对现行司法解释的集中清理任务，宣布废止63件。坚持经常主动向人大常委会报告重要工作，积极配合人大常委会开展专题调研和执法检查。最高人民检察院向全国人大常委会专题报告了改进渎职侵权检察工作的情况。对22个省、自治区、直辖市人大常委会作出的关于加强检察机关诉讼监督工作的决议或决定，检察机关认真学习贯彻落实。加强与人大代表的经常性联系，主动通报检察工作情况，诚恳听取意见。最高人民检察院开通全国人大代表联系专网和专线电话，协调江苏、广东检察机关做好香港、澳门部分全国人大代表视察的有关工作。全国人大代表提出的79件议案、建议全部办结。

自觉接受民主监督。主动向政协通报检察工作情况，邀请政协委员座谈、视察、专题调研。健全与各民主党派、工商联和无党派人士的联系机制，推进联系工作制度化、规范化。最高人民检察院经常听取各民主党派、全国工商联和无党派人士对检察工作的意见、建议并通报各级检察机关。切实发挥特约检察员的咨询、监督作用。全国政协委员提出的21件提案全部办结。

自觉接受社会监督。人民监督员制度经7年试点，在全国检察机关全面推行。最高人民检察院制定《关于实行人民监督员制度的规定》，改进人民监督员选任方式，扩大监督范围，增强监督效果。深化检务公开，推行阳光检务，完善和落实公开审查、案件信息查询等制度，提高检察工作透明度。最高人民检察院首次举办检察开放日活动，邀请来自高校、社区、媒体的公众代表参观，并与检察官面对面交流。完善检察机关新闻发布制度，注意听取公众意见和建议，及时回应社会关注的问题。

各位代表，我们清醒地认识到，检察工作仍然存在不少突出问题：一是法律监督职能发挥得还不够充分、有效，与人民群众强化法律监督、维护公平正义的要求仍然存在不小差距，检察机关服务经济社会发展、服务人民群众的认识和能力有待进一步提高。二是检察队伍整体素质还不适应形势发展的要求，一些检察人员执法水平不高，群众观念淡薄，不善于化解社会矛盾，仍然习惯于就案办案、机械执法，一些案件办理质量不高、效果不好。三是自身监督制约和反腐倡廉建设仍需加强，检察人员违纪违法问题时有发生，有的执法不规范、不文明、不公正、不廉洁，以权谋私、滥用职权甚至贪赃枉法，严重损害检察机关的执法公信力。四是基层基础建设的力度还需加大，一些基层检察院管理、保障机制不健全，有的仍然面临案多人少、检察官断档、高素质法律专业人才短缺等问题。对此我们将高度重视，努力加以解决。

2011年检察工作安排

2011年，检察机关要全面贯彻党的十七大、十七届五中全会和本次全国人大会议精神，坚持围绕中心、服务大局，以人为本、执法为民，切实履行宪法和法律赋予的职责，以深化三项重点工作为着力点，不断强化法律监督、强化自身监督、强化队伍建设，为实现"十二五"时期经济社会发展良好开局提供司法保障。

一、更加注重服务经济社会发展。紧紧围绕科学发展这个主题和加快转变经济发展方式这条主线，找准检察工作服务大局的切入点、结合点，切实发挥打击、保护、监督、教育、预防等职能作用。加大惩治严重

经济犯罪力度,维护市场经济秩序,平等保护市场主体合法权益。依法惩治侵害农民权益、危害农业发展、影响农村稳定的犯罪,保障社会主义新农村建设。加强对知识产权的司法保护,促进创新型国家建设。依法惩治造成重大环境污染和破坏生态资源的犯罪,保障生态文明建设和绿色经济发展。适应中国特色社会主义法律体系已经形成的新形势新要求,坚持有法必依、执法必严、违法必究,切实维护国家法律的统一正确实施,为经济社会发展营造良好法治环境。

二、更加注重维护社会和谐稳定。依法坚决打击境内外敌对势力的各种渗透颠覆破坏活动,切实维护国家安全。依法严厉打击严重刑事犯罪,积极参与对治安重点地区和突出治安问题的集中整治。深入推进三项重点工作,克服就案办案的观念和做法,着力建立健全群众诉求表达机制、执法办案风险评估预警机制、贯彻宽严相济刑事政策工作机制、社会矛盾化解机制。积极探索新形势下检察机关参与社会管理创新的方式和途径,促进提高社会管理科学化水平,促进解决影响社会和谐稳定的源头性、根本性、基础性问题。

三、更加注重推进反腐倡廉建设。依法严肃查办发生在领导机关和领导干部中贪污贿赂、失职渎职犯罪案件,重点领域和关键环节中的职务犯罪案件,重大责任事故和群体性事件涉及的失职渎职及背后的腐败犯罪案件,发生在基层政权组织和重点岗位以权谋私、滥用职权的犯罪案件,以案谋私、贪赃枉法和为黑恶势力充当"保护伞"等犯罪案件。严肃查办商业贿赂案件,继续加大对行贿犯罪的惩治力度。认真贯彻落实党中央和全国人大的要求,进一步加强和改进渎职侵权检察工作。加强新领域、新类型案件法律政策研究,依法打击犯罪者,挽救失误者,保护无辜者,支持改革者。加强法制宣传、警示教育、检察建议工作,建立职务犯罪易发多发领域调查分析、风险预警制度,落实职务犯罪预防年度报告制度,促进从源头上预防和减少职务犯罪。

四、更加注重维护人民群众权益。加大对黑恶势力、涉枪涉爆、"两抢一盗"、拐卖妇女儿童、非法集资、制售假冒伪劣商品等犯罪的惩治力度,保障人民群众生命财产安全。把严重损害群众经济权益、人身权利、民主权利的案件作为查办职务犯罪重点,严肃查办侵占惠农补贴、土地补偿、扶贫救灾、移民安置等专项资金的案件,官黑勾结、欺压百姓的案件,干扰、破坏、操纵基层选举的案件,以及食品药品质量、安全生产、征地拆迁、环境保护等方面严重侵害群众切身利益的案件。重视涉检信访工作,依法妥善解决群众合理诉求,引导群众依法理性表达诉求。积极采取带案下访、送法下乡、巡回检察等方式,加强群众工作,完善和落实便民利民措施。

五、更加注重维护社会公平正义。坚持依法监督、规范监督,改进监督方法,提高监督质量,增强监督实效。加强刑事立案监督,落实行政执法与刑事司法衔接机制,切实纠正有罪不究、以罚代刑等问题。加强对刑讯逼供等违法侦查行为的监督,完善对搜查、扣押、冻结等强制性侦查措施的监督机制。规范量刑建议工作,强化对刑事审判特别是量刑畸轻畸重的监督。加强民事审判、行政诉讼监督,积极推进相关司法改革,稳妥开展对民事执行活动的法律监督试点工作。加强刑罚执行和监管活动监督,依法严厉打击"牢头狱霸",规范监外执行检察工作,强化社区矫正法律监督。加强对诉讼中渎职行为的监督,严肃查处司法工作人员贪赃枉法等犯罪,维护司法公正。

六、更加注重自身公正廉洁执法。全面落实检察官职业行为基本规范、检察机关执法工作基本规范和检察机关文明用语规则,切实做到严格、规范、公正、文明执法。突出抓好对自身执法办案的监督制约,强化对重点执法岗位、执法环节、执法人员的监督,强化上级检察院对下级检察院的监督,依法接受公安机关、人民法院在诉讼中的制约,防止检察权的滥用。推行案件集中管理,建立统一受案、全程管理、动态监督、综合考评的执法办案管理监督机制。加强案件评查工作,加大执法过错责任追究力度。对执法和队伍中仍然存在的突出问题,保持高度警觉,坚持从严治检,以"零容忍"的态度严肃查处检察人员违纪违法案件。深化检务公开,进一步落实权利义务告知、检察文书说理、检察工作通报、检察开放日等制度,保证检察权在阳光下运行。

七、更加注重加强队伍建设和基层基础建设。扎实开展"发扬传统、坚定信念、执法为民"主题教育实践活动,不断深化对中国特色社会主义理论体系及中国特色社会主义法律体系的学习和认识,着力解决理想信念、宗旨意识、执法办案等方面存在的突出问题。加强领导班子建设,协同党委选好配强各级检察院领导班子。推进大规模教育培训,重点加大培训基层检察人员力度,提高正确执行法律和政策、做好群众工作、化解矛盾纠纷、维护社会和谐稳定的能力。以全国人大常委会听取和审议人民检察院基层建设专项报告为契机,加强基层检察队伍管理和能力建设,促进公正廉洁执法。深入实施科技强检战略,加强基础设施、科技装备和信息化建设。做好援藏、援疆工作,重视中西部和贫困地区、革命老区、民族地区、边疆地区基层检察院建设,进一步解决案多人少、检察官断档、专业人才短缺等问题,提高基层检察工作和队伍建设水平。

各位代表,在新的一年里,全国检察机关要紧密团结在以胡锦涛同志为总书记的党中央周围，高举中国特色社会主义伟大旗帜，以邓小平理论和“三个代表”重要思想为指导，深入贯彻落实科学发展观，坚持党的领导、人民当家做主、依法治国有机统一，更加自觉地接受监督，更加奋发有为地做好各项检察工作，为夺取全面建设小康社会新胜利作出新的更大贡献！

党和国家领导人吴邦国 温家宝 贾庆林 李长春 李克强 贺国强分别参加全国人大会议一些代表团审议

吴邦国参加了海南代表团审议。吴邦国听取代表们的发言后，指出中国特色社会主义法律体系的如期形成，是我国民主法制建设史上一个重要里程碑。“十一五”规划目标任务的胜利完成，标志着我国经济社会发展跨上了一个新台阶。这些都对做好新时期人大工作提出了新的更高的要求。我们要把加快法律的修改完善和督促配套法规的制定摆在更加突出的位置，深入推进科学立法、民主立法，推动中国特色社会主义法律体系的与时俱进；要综合运用多种监督形式，在监督内容上更加紧扣大局、更加贴近民生，推动中央重大决策部署的贯彻落实，努力开创人大工作新局面，为确保“十二五”时期经济社会发展良好开局和社会和谐稳定作出新贡献。

温家宝参加了江西代表团审议。吴新雄、刘艳琼、廖丽萍等代表发言后，温家宝说，对江西的发展，我最关心两件事，一件是鄱阳湖生态经济区建设，一件是集体林权制度改革。鄱阳湖在我国生态格局中占有重要位置。建设鄱阳湖生态经济区，是一项功在当代、利在千秋的事业，也是一项长期而艰巨的任务。近年来，江西认真实施《鄱阳湖生态经济区规划》，取得显著成效。实践证明，只要领导重视，科学规划，措施得力，常抓不懈，就一定能把鄱阳湖治理好，一定能使鄱阳湖永远保持“一湖清水”。温家宝指出，集体林权制度改革是继土地家庭承包经营后农民的又一大创举，它既有利于促进林业发展和农民增收，也有利于改善生态环境。要按照中央的部署，通过扎实细致的工作，把各项政策措施落到实处，真正实现改革的预期目标。

贾庆林参加了台湾代表团审议。在听取魏丽惠、陈耀中、陈清海等代表代表们发言后，贾庆林指出，过去的一年，对台工作全面扎实推进，两岸经济合作框架协议成功签署，两岸经济合作进一步扩大和深化，两岸各界大交流形成新局面，两岸关系取得新的重要进展。今年是对台工作承前启后的关键一年。要继续坚持“和平统一、一国两制”基本方针，牢牢把握两岸关系和平发展主题，始终确保两岸关系发展的正确方向，按照“先易后难、先经后政、把握节奏、循序渐进”的思路，在稳定两岸关系大局中扎实推进两岸全面交流合作，不断给两岸同胞带来实实在在的利益，不断巩固和加强两岸关系发展的政治、经济、文化和民意基础。贾庆林强调，要办好辛亥革命100周年纪念活动，突出振兴中华、民族复兴的主题，促进两岸同胞携手推动两岸关系和平发展、同心实现中华民族伟大复兴。

李长春参加了贵州代表团审议。李长春在赵克志、慕德贵、姚晓英等代表发言后，对贵州经济社会发展取得的成绩给予充分肯定，希望贵州坚持以科学发展为主题、以加快转变经济发展方式为主线，大力推动以开放促开发、以民生带发展，着力发展特色优势产业、承接国内外先进产业转移、提高城乡居民收入水平，促进贵州经济社会更好更快发展。李长春强调，要加快构建公共文化服务体系，积极推动文化资源向农村和基层倾斜，更好地保障各族群众的基本文化权益。要充分利用贵州丰富的革命文化、历史文化、民族文化和绿色文化资源，充分发挥文化产业优结构、扩消费、增就业、促跨越、可持续的积极作用，加快发展特色文化产业，大力推进红色旅游，不断增强贵州文化的综合实力。

李克强参加了青海代表团审议。会上，骆惠宁、骆玉林、王玉虎等代表就培育壮大特色优势产业、推进玉树灾后恢复重建等积极发表意见。李克强对青海经济社会发展的成绩和玉树灾后恢复重建的进展给予充分肯定。他说，深入实施西部大开发战略给青海发展带来了前所未有的新机遇，青海要统筹西宁经济区和全省其他地区发展，发挥独特优势，协调推进重大发展项目、重大生态建设和重大民生工程，加大矿产资源勘查开发力度，加强三江源生态保护，积极推动绿色发展，在不断增强自我发展能力的同时，促进生态环境修复和改善，促进基本公共服务均等化。李克强强调，当前特别要继续抓好玉树灾后恢复重建工作，扎实有序推进住房和学校、医院、基础设施等建设，积极帮助灾区群众解决生产生活中的困难，使玉树人民早日建好新家园、过上新生活。

贺国强参加了宁夏代表团审议。在听取王正伟、王儒贵、吕新萍等代表发言后，贺国强充分肯定了宁夏近年来的工作，希望宁夏各级党委、政府切实抓好科学发展这个主题和加快转变经济发展方式这条主线，深入实施西部大开发战略，加强生态建设和环境保护，切实保障和改善民生，加强和创新社会管理，推进民族团结进步事业，努力推动宁夏经济社会发展迈上新台阶。贺国强强调，基层党风廉政建设是基层党的建设和国家政权建设的重要内容。各级党组织及纪检监察机关要坚持把基层党风廉政建设作为党风廉政建设和反腐败斗争的基础工程来抓，加强对基层干部的思想作风教育、管理监督，严肃查办违纪违法案件，认真解决发生在群众身边的腐败问题，不断以基层党风廉政建设的新成效取信于民、造福于民。基层干部身处一线，工作任务重、压力大，要切实关心、爱护和信任他们，为他们创造良好的工作环境。

王乐泉、令计划、李建国、司马义·铁力瓦尔地、蒋树声、陈昌智、桑国卫、戴秉国等分别参加了以上代表团的审议。

3月12日

全国政协十一届常委会第十三次会议在北京举行

中共中央政治局常委、全国政协主席贾庆林主持会议。

会议通过了政协第十一届全国委员会第四次会议关于常务委员会工作报告的决议(草案)、政协第十一届全国委员会提案委员会关于政协十一届四次会议提案审查情况的报告(草案)、政协第十一届全国委员会第四次会议政治决议(草案)。会议决定将上述文件草案提交3月13日上午举行的政协十一届四次会议闭幕会审议。

贾庆林主席还主持召开了全国政协第三十七次主席会议。会议听取了蒋作君副秘书长所作的关于政协十一届四次会议小组讨论情况的汇报。

目前，政协十一届四次会议按照预定的议程和安排，进展顺利、成果丰富。委员们以高度的政治责任感，认真审议了政协常委会工作报告、提案工作情况报告和各项决议草案；认真讨论了政府工作报告、“十二五”规划纲要草案、“两高”工作报告和其他有关报告。委员们充分肯定了过去一年的工作成绩，并表示，要进一步增强政治责任感和使命感，围绕党和国家工作大局，围绕关系国计民生的重大问题，选择“十二五”规划纲要提出的综合性、全局性、前瞻性问题，深入调查研究，为促进经济社会长期平稳较快发展建真言、献良策；要继续锐意进取、扎实工作，把人民政协事业不断推向前进。

全国政协副主席王刚、廖晖、杜青林、帕巴拉·格列朗杰、白立忱、陈奎元、阿不来提·阿不都热西提、李兆焯、黄孟复、董建华、张梅颖、张榕明、钱运录、孙家正、李金华、郑万通、万钢、林文漪、厉无畏、罗富和、陈宗兴、王志珍、何厚铧出席会议。

中央军委主席胡锦涛出席十一届全国人大四次会议解放军代表团全体会议

中共中央政治局常委、国家副主席、中央军委副主席习近平出席会议。

胡锦涛认真听取代表们的发言后发表了重要讲话。他在深刻分析国际国内形势后指出，“十一五”时期是我国发展史上极不平凡的5年。5年来，全军和武警部队坚决贯彻党中央、中央军委决策部署，革命化、现代化、正规化建设全面加强，军事斗争准备不断拓展和深化，我军信息化条件下威慑和实战能力进一步增强。出色完成了一系列急难险重任务和重大战备演训活动，经受住了严峻考验，展示了我军过硬素质和良好形象，赢得了党和人民高度赞誉。“十二五”时期是全面建设小康社会的关键时期，也是实现国防和军队现代化建设“三步走”发展战略第二步目标的重要时期。军队在国家安全和发展战略全局中具有重要地位和作用，在维护我国发展的重要战略机遇期中肩负光荣使命和神圣职责。全军要增强机遇意识、忧患意识、使命意识，以高度的历史责任感和时不我待的紧迫感，加快推进国防和军队现代化，加紧做好军事斗争准备，坚决维护国家主权、安全、发展利益，坚决维护我国发展的重要战略机遇期。

胡锦涛强调，要坚持不懈用中国特色社会主义理论体系武装官兵，使全军始终保持思想政治上的清醒和坚定。要始终不渝坚持党对军队绝对领导的根本原则和制度，做到坚定不移听党指挥。要深入持久培育当代革命军人核心价值观，筑牢官兵精神支柱。要坚持以军事斗争准备为龙头带动军队现代化建设整体发展，始终扭住核心军事能力建设不动摇，科学安排非战争军事行动能力建设。要认真抓好以共同条令为重点的条令条例贯彻落实，坚持严字当头，通过严制度、严纪律、严管理，培养部队令行禁止、步调一致的严明纪律和良好作风。要坚定不移深化国防和军队改革，为推动国防和军队建设科学发展提供更具活力的体制机制保证。

胡锦涛指出，要深入推进军民融合式发展，努力形成国防建设和经济建设相互促进、协调发展的良好局面。军政军民紧密团结，是我们的优良传统，是我们战胜困难、夺取胜利的重要政治优势。军队要自觉服从服务于党和国家工作大局，积极参加和支援地方经济、社会、生态环境建设，支持加快转变经济发展方式，勇于承担抢险救灾等急难险重任务，以实际行动为民造福、为国兴利。

全国政协十一届四次会议举行主题为“政协委员谈实施教育规划纲要”的记者会

全国政协委员钟秉林、程天权、王康、刘长铭、迟宝荣、王国宾出席并回答了记者的提问。

不能“一考定终生”

“到目前为止，能够被社会比较普遍接受的就是考试的办法，考试有很多好处，但是考试也有很多弊病。

比如,一考定终生,很多人觉得机会少了点,"中国人民大学党委书记程天权说,现在我们根据很多同志提出的意见,做了一些改革的尝试,就是把一考变成两考或者多次考试,这种办法本意不是想加重学生的负担。"应该放弃和纠正以考试定终生这种观念。"全国政协常委、北京四中校长刘长铭认为,更应该倡导终生学习、终生发展、终生服务社会的理念,这才是成才最根本的问题。

民进中央委员、四川省副主委、四川省教育厅副厅长王康说,要从多方面来解决和考虑这个问题,要鼓励高校办出自己的特色,包括民办高校,它不能和北大、清华相比,但是它在某个专业上面能够超过北大、清华,让学生有更多选择。

把占GDP4%的教育经费支出花在刀刃上

2012年财政性教育经费支出将占国内生产总值比重的4%,这是教育界期盼多年的愿望。王康说,各级财政都要调整自己的支出结构。在年初预算的时候就要把4%预算进去,在年终财政收入有所增加的时候,要优先考虑把教育增长这块列进去,不断扩大教育经费的来源。现在国家已经实施了教育附加费和地方教育附加费,并且国家要求所有还没有开征教育附加费的省份今年都必须开征,这从技术层面和资金的来源渠道做了非常好的保证。

王康说,我们一定要节约教育经费,把钱花在该花的地方,同时也要让社会来监督,确保这个钱用得更好。

"免费师范生100%就业没问题"

今年7月,我国首批免费师范生将走出大学校门,走上工作岗位。北京师范大学校长钟秉林委员介绍,北师大2007年的免费师范生今年即将毕业,将近500人,到2月底签约率已经达到50%。"我个人很有信心,100%就业没有问题。"

钟秉林说,免费师范生试点工作"并不是很简单的计划经济下封闭培养教师的方式,而是在市场条件下,政府采取这种公共财政干预的手段,来加强教师队伍建设,鼓励优秀的青年人去学师范,将来去做教师"。

免费培养医学生,缓解农村"看病难"

国家去年为西部的乡镇医院一共招收了5000名免费医学生,免学费、免住宿费,每年有6000元生活补助。"去年5000名计划名额,报名是5000名的12倍,非常热烈,报到率是100%,至今没有一个人掉队。"吉林大学学位委员会副主任、吉林大学第一医院主任医师迟宝荣介绍,今年计划是5315名,除了临床医学专业以外还有中医。迟宝荣说:"医学生免费培养工作,是医学教育落实教育规划纲要、服务医改的需求,有利于缓解农村看病难、看病贵的现实,消除农民因病致贫或者因病返贫的现象。"

培养创新型艺术人才

北京舞蹈学院原院长王国宾说,艺术不仅是一种形象的塑造,更是内心情感的一种表达,要更加提倡个性化,人才应该更有灵感、更有悟性。"艺术的高级人才需要兼有两个方面的特点,既要有高素质,又必须要有创新。"

王国宾建议,一定要下功夫培养人才的文化个性,同时,要下力量培养开发创新人才的思维模式和方式,"一定要开发培养他们的想象力、创新意识,还要培养他们敢于批判的精神,提倡独立思考、独立见解。"

异地高考可探索推进

钟秉林说,要高度重视进城务工人员子女的教育问题,包括学前教育、基础教育和高等教育,"可以探索推进进城务工人员子女异地高考的问题,但是必须在充分论证和测算的基础之上,还要尊重老百姓的选择。"

刘长铭认为,异地高考问题需要研究,比如北京务工人员的子女,是否可以在北京集中一些学校组织他们按照他户籍所在地的教材或者考试的标准来进行复习,这些都是可以拿出来探讨的一些办法。

王康说,异地高考是应该允许的,但是这种允许不是盲目的,必须是有序的,在认真研究的基础上作出具体的方案。

首都各界人士在北京中山公园中山堂纪念孙中山先生逝世86周年

全国政协副主席李兆焯代表全国政协,民革中央主席周铁农代表民革中央,中共中央统战部副部长尤兰田代表中共中央统战部,北京市副市长程红代表北京市人民政府,北京市政协副主席、民革北京市委会主委傅惠民代表民革北京市委员会参加仪式。

民革中央常务副主席厉无畏主持纪念仪式。

韩启德、周铁农、李建国、蒋树声、陈昌智、严隽琪、桑国卫、李兆焯、黄孟复、张梅颖、张榕明、万钢、罗富和、陈宗兴、王志珍和何鲁丽、许嘉璐、罗豪才以及全国人大、全国政协、中共中央统战部、民革中央、北京市等有关负责人,部分在京参加十一届全国人大四次会议和政协十一届全国委员会四次会议的代表、委员,北京各界人士等200多人出席了仪式。

全国绿化办发布《2010年中国国土绿化状况公报》

2010年,在党中央、国务院的正确领导下,国土绿化部门及社会各界深入贯彻落实科学发展观,全面落实中央林业工作会议、全国绿化委员会第二十八次全体会议精神,努力克服干旱、低温、洪涝等灾害影响,采取有力措施，扎实推进造林绿化，取得显著成绩。

一、全民义务植树蓬勃开展

领导示范带动不断加强。首都全民义务植树日，胡锦涛等党和国家领导人参加北京市义务植树活动。胡锦涛总书记指示："开展全民义务植树活动，对于改善环境质量、建设生态文明、应对气候变化、推动科学发展，都具有重要意义。我们要持之以恒地把这项活动开展下去，动员全社会为建设祖国秀美山川作出不懈努力，为广大人民群众创造一个优美宜居的生活环境。"植树节前后，全国人大、全国政协、共和国部长、百名将军相继开展义务植树活动，地方各级党委、人大、政府、政协领导带头参加义务植树。

宣传发动不断深入。4月1日，全国绿化委员会召开第二十八次全体会议，部署全民义务植树和国土绿化工作。全国绿化委员会、国家林业局、河南省人民政府成功举办第二届中国绿化博览会，充分展示和宣传国土绿化取得的新成就，激发了人们参与生态建设的热情。全国绿化委员会、国家林业局、国务院三峡办、全国政协人资环委、重庆市人民政府、中国绿化基金会共同发起"绿化长江、重庆行动"，广泛发动社会各界积极参与绿化长江、保护三峡。各地相继召开动员会，明确目标，发出号召，组织开展形式多样、丰富多彩的义务植树活动。江苏提出"绿色江苏"的建设目标，辽宁发出"大干四年，绿化辽宁"，黑龙江发出"用三五年的时间绿化龙江大地"的号召；福建开展了以"弘扬生态文明，共建绿色海西"为主题的"四绿"工程建设；广西开展了"绿满八桂"春季植树大行动；山东开展"打造绿色黄河，实现人与自然和谐相处"为主题义务植树活动；浙江开展"应对气候变化——千校万人同栽千万棵树"活动；甘肃各级绿委组织植树节大型主题宣传咨询活动，出动宣传车，设立咨询点，悬挂义务植树横幅，发放绿化科普读物。

管理制度不断完善。各地高度重视建章立制，改进、加强义务植树管理。截至2010年年底，全国已有天津、内蒙古、新疆等12个省、自治区、直辖市颁布了义务植树条例或管理办法。北京市制定实施了《义务植树责任区和基地管理办法》《义务植树登记考核管理办法》和《义务植树验收管理办法》，有力推动了首都义务植树向形式创新、内容丰富、管理规范迈进。湖南省财政厅制定印发《义务植树绿化费征收使用管理办法》，巩固完善义务植树以资代劳制度。浙江各地相继出台林木绿地认建认养办法。陕西省人大常委会审议通过《古树名木保护条例》。湖北省政府制定颁布《古树名木保护管理办法》。河北、河南、四川建立健全义务植树登记考核制度，西藏坚持义务植树检查验收制度。甘肃、贵州、青海推行义务植树目标责任制，山西签订古树名木保护责任书。内蒙古建立"义务植树周"制度。黑龙江实行义务植树"包栽、包活、包管护"责任制。山西省大力推行"一矿一企绿化一山一沟"、"挖一吨煤栽一棵树"等以煤(矿)补林做法，积极引导和组织资源型企业，履行社会责任，以出资或承包荒山的方式参与造林绿化。

实现形式不断创新。江西、广东等省一些地方将尽责形式拓展到义务从事绿化宣传教育活动、单位节日摆花、屋顶绿化、购买碳汇、捐赠绿化资金、门前"三包"、社区绿地管护、古树认养，以及修林道、打防火隔离带、造林整地、育苗、林木抚育和管护等方面，实现形式更加丰富，地点、时间更加灵活，方便了广大适龄公民参加义务植树。上海市开展了"共建绿色家园、同庆世博盛会"、"绿化你我阳台、扮靓幸福家园"等义务植树主题活动，使绿化"进社区、进校区、进营区、进园区、进村宅、进楼宇"。吉林、安徽、山东等地将义务植树与部门绿化、重点生态工程、城乡绿化，以及植纪念树造纪念林、共青团保护母亲河行动、妇联三八绿色工程建设等相结合，加强义务植树基地建设和管理，拓展义务植树载体。

据统计，2010年全国共有5.90亿人次参加义务植树，植树26.03亿株。截至2010年年底，累计有127亿人次参加义务植树，植树589亿株。

二、林业重点工程造林成效显著

各级林业部门紧紧围绕林业"双增"目标，以林业重点生态工程建设为龙头，以集体林权制度改革为动力，以机制创新为重点，以兴林富民为目标，积极组织，周密部署，上下联动，整体推进。大力开展荒山造林、"四旁"植树，以及特色经济林、碳汇林、能源林基地建设，加强优质乡土和珍贵树种培育，全年完成造林面积592.25万公顷。

2010年长江流域防护林工程完成造林11.60万公顷，工程区水土保持、水源涵养，减少滑坡、泥石流等生态防护功能逐步提高。沿海防护林工程完成造林23.15万公顷，对台风、风暴潮等自然灾害的防护能力将不断增强。珠江流域防护林工程完成造林6.75万公顷，水土流失和石漠化治理步伐进一步加快。太行山绿化工程完成造林3.39万公顷，加快了土石山区植被恢复。"三北"防护林建设工程完成造林85.79万公顷，工程区森林覆盖率由1977年的5.05%提高到现在的12.4%。天然林保护工程营造公益林85.3万公顷，森林资源呈现恢复性增长。京津风沙源治理工程造林43.70万公顷，工程区植被盖度明显增加。石漠化综合治理工程完成造林16.87万公顷，治理区域生态状况得到初步改善。退耕还林工程造林78.33万公顷，退耕地造林保存率达99%。速生丰产用材林基地建设工程初步形成我国南方、中东部和东北地区三大用材林产业带。平原绿化工程促进了农村生活和农业生产条件改善以及粮食等农作物稳产高产。

三、城市绿化稳步推进

各地认真编制绿地系统规划、城市森林建设规划，强化绿线管制，深入开展节约型、生态型、功能完善型城市森林和园林绿化建设，积极开展全国绿化模范单位、国家森林城市、国家园林城市(区、县、镇)创建活动，有力地促进了城市绿化发展，人居环境改善。全国城市建成区绿化覆盖面积已达149.45万公顷、绿地面积133.81万公顷、公园绿地面积40.16万公顷；建成区绿化覆盖率38.22%、绿地率34.17%、人均公园绿地面积10.66平方米。同时，各地根据地域特色，建设了一大批高质量的公园绿地、城市片林和林荫大道，加强了城市自然资源和生物多样性保护。截至2010年年底，共设立了63个国家重点公园和41个国家城市湿地公园。各地、各部门积极开展绿化先进创建工作，助推城乡生态文明建设。2010年表彰了335个全国绿化模范单位(城市21个、县89个、单位225个)。截至2010年，命名了180个国家园林城市、7个国家园林城区、61个国家园林县城、15个国家园林城镇，以及22个国家森林城市。

四、部门绿化扎实开展

中央直属机关、中央国家机关绿化委员会积极组织各直属机关开展义务植树和庭院绿化美化活动。中直机关全年新建绿地12万余平方米，改建绿地20万余平方米。中央国家机关通过城乡手拉手开展义务植树活动，积极支援首都郊区绿化和新农村建设。

交通运输系统通过加强领导、明确目标、落实责任、创新机制、加强管护，2010年新增公路绿化里程17.04万公里。累计实现我国公路绿化194.33万公里，其中，国道绿化12.99万公里，公路宜绿化路段绿化率91.2%；省道绿化23.08万公里，绿化率86.4%；农村公路(县、乡、村道)绿化155.13万公里，绿化率53.9%；各类专用公路绿化3.1万公里，绿化率56.7%。高速公路已基本实现绿化。

铁道系统以加强管护、巩固成果为重点，深入开展铁路沿线植树造林，巩固提高造林绿化水平，改善沿线生态环境。2010年在全国铁路沿线共栽植乔木647.5万株、灌木8626.2万株。林木成活率和保存率均创新高。目前，已实现绿化达标的宜林线路3.43万公里，占宜林线路的74.40%。

水利系统全面加强水源涵养和水土保持林建设，2010年完成湖泊、水库周边绿化3900公顷，累计绿化湖泊、水库周边1.03万公顷；江河沿岸绿化长度5300公里，累计绿化江河沿岸长度5.07万公里。

全国绿化委员会与教育部门共同发起了“弘扬生态文明，共建绿色校园”活动，组织开展了“我为气候变化植棵树”和“生态文明从我做起”的征文比赛活动，组织开展了绿色文明校园创建活动，掀起了绿化美化校园的高潮。各级各类学校将国土绿化、森林防火、生态文明教育等内容渗透到教学过程，开展了主题鲜明、内容丰富、形式多样的植绿护绿、保护生态主题实践活动。

农垦系统实行农场领导干部任期绿化目标责任制，分解落实造林绿化任务，充分利用农场闲置土地资源，大力开展植树造林。据统计，全年新建农田林网5.68万公顷。

中国人民解放军和武装警察部队狠抓绿化宣传、监督指导、配套建设，营区绿化、“三荒”造林同步推进。2010年创建全军绿色营区、生态营区120多个，完成“三荒”造林2.67万公顷。义务出动兵力、车辆、机械、工具，积极支援驻地生态建设。北京军区在内蒙古商都义务植树、成都军区组织“百万民兵绿化长江”、贵州军区助推贵毕公路沿线绿化等，受到当地人民群众好评。

各级共青团开展形式多样的绿化活动，倡导青少年爱绿植绿护绿。全国绿化委员会、共青团中央继续开展保护母亲河系列活动，各地积极响应。辽宁省共青团组织开展青少年“绿化辽西北荒山”植树行动；黑龙江共青团在植树月组织全省青少年造林1333.33公顷；江苏开展“共建青奥林，绿满新江苏”主题活动，200余万青少年参与植树。

各级妇联组织围绕绿色主题，精心设计具有鲜明特点的活动，调动广大妇女绿化美化的积极性。陕西省妇联先后组织妇女开展建设“三八绿色工程”、“山川秀美巾帼工程”、“十万农家女创建妇字号林果业示范基地”、“妈妈环保示范林”等。截至2010年年底，全省累计有近百万人次参加，植树1200万株，庭院绿化12.25万公顷。

石油、石化、冶金、煤炭等行业把绿化美化、节能减排、生态建设作为实现可持续发展、提升企业整体形象的一项重要工作，坚持把造林绿化完成情况作为考核各单位领导业绩的重要内容。在积极组织单位职工参加义务植树的同时，进一步加大厂区、矿区、生活区绿化和矿山复垦造林力度，不断提高绿化种植、养护和管理水平，一些企业成为当地绿化的排头兵。

五、草原建设效果明显

实施草原退牧还草、京津风沙源治理、西南岩溶地区草地治理和游牧民定居等草原保护建设工程项目。工程区草原植被呈现良性恢复势头，植被盖度、高度、产草量明显提高，草原生态环境明显改善。全国累计种草保留面积2266.67万公顷，草原围栏面积7333.33万公顷，禁牧休牧轮牧草原面积1.07亿公顷。与非工程区相比，草原保护建设项目工程区草原植被盖度平均提高12个百分点，高度平均提高41.8%，鲜草产量平均提高50.5%，可食鲜草产量平均提高56.6%。

六、自然保护区和湿地建设取得新成绩

进一步加强自然保护区建设，不断提升管理水平。截至2010年年底，全国林业自然保护区(包括森林生态系统、湿地生态系统、荒漠生态系统和野生动植物类型保护区)2035处、面积1.24亿公顷，占国土面积的12.87%。这些自然保护区有效保护了我国90%的陆地生态系统类型、85%的野生动物种群和65%的高等植物群落，对维护生物多样性发挥了重要作用。

野生动物拯救保护领域进一步拓展。对80多种珍稀濒危野生动物实施野外巡护和生境优化，珍稀濒危野生动物野外种群稳中有升。继续强化大熊猫、朱鹮、金丝猴、鹤类珍稀濒危野生动物人工繁育，250多种野生动物人工繁育种群持续扩大，又有一批麋鹿、野马放归自然。野生动物驯养繁殖监管进一步强化。极小种群野生植物拯救保护受到重视和加强，苏铁、兰科植物等濒危野生植物的野外回归试验项目继续推进。

荒漠生态系统的保护和治理扎实推进。编制完成相关规划，积极推进国家级沙化土地封禁保护区建设和区域性防沙治沙工作。完成第四次荒漠化和沙化监测。有效应对重大沙尘暴灾害，最大限度地减轻灾害损失。制定出台《关于进一步加快发展沙产业的意见》，科学指导和规范沙产业健康发展。以履行《联合国防治荒漠化公约》为平台，积极开展合作与交流。据不完全统计，2010年全国共完成沙化土地治理137.28万公顷。

湿地生态系统保护恢复取得进展。实施《中国湿地保护工程实施规划(2005—2010年)》，建立中央财政湿地保护补助专项资金，大力建设湿地公园，加强规范化管理，广泛开展湿地保护宣传教育，认真履行《湿地公约》，不断完善湿地保护体系建设，有效改善生态脆弱和退化湿地的生态状况。2010年全国新增国家湿地公园45处。目前，全国已建立国家湿地公园145处，国际重要湿地37处，1820万公顷、50.3%的自然湿地受到有效保护。

七、森林、草原保护得到加强

森林、草原有害生物防治取得新进展。进一步落实了重大危险性林业有害生物地方政府和林业主管部门"双线"责任制，加强责任兑现检查。开展联合检疫执法行动，形成联防联控有效机制，建立了突发林业有害生物周报制度，测报准确率达85%以上。重点加强了松材线虫、美国白蛾、鼠兔害和薇甘菊等重大危险性林业有害生物防控，松材线虫病首次呈现县级疫点数量减少趋势，扩散蔓延得到初步遏制。积极推进新型草原鼠虫害防治生态治理技术，选用高效、低毒、低残留杀虫剂，大力推广人工招引粉红椋鸟、牧鸡牧鸭、招鹰养狐等鼠虫害天敌控制技术。2010年全国主要林业有害生物发生面积1198.93万公顷，防治面积829.67万公顷，其中无公害防治654.80万公顷。防治草原鼠害666.67万公顷，防治草原虫灾400万公顷，治虫灭鼠减少直接经济损失约16亿元。

森林、草原防火能力得到提升。面对极端天气造成的严峻形势，各地认真落实森林防火责任制，完善应急预案，强化工作督导，深化部门合作，全面加强森林防火、扑火能力建设。森林火灾次数、受害森林面积、人员伤亡与2009年同比分别下降13%、1%和2%。全年新建草原防火指挥中心3个、草原防火物资储备库(站)26个。年均建设边境草原防火隔离带3000公里。

林地资源保护制度进一步完善。国务院审议通过了《全国林地保护利用规划纲要(2010—2020年)》《长江上游、黄河上中游地区天然林资源保护工程二期实施方案》《东北、内蒙古等重点国有林区天然林资源保护工程二期实施方案》，为保护和拓展林业发展空间奠定了坚实基础。森林采伐管理制度进一步完善，全国森林采伐限额制度执行情况继续好转。颁布实施《草原征占用审核审批管理办法》。

保护森林、草原执法有力。开展"春季行动"、"冬季行动"、"严打整治行动"等专项行动，挂牌督办重大案件。全年共受理破坏森林和野生动物案件19.8万起，打击处理违法人员36万人次，维护了森林资源安全和林区社会稳定。认真贯彻实施草原法，不断加大草原执法监督力度，加强对草原征占用、药材采挖、矿产开采等管理，最大限度地减少人为活动对草原生态环境和自然资源的破坏。2010年全国各类草原违法案件发案2.05万起，立案1.95万起，结案1.91万起，结案率98.2%。

八、造林绿化政策机制不断完善

集体林权制度改革成效显著。据统计，全国有18个省、自治区、直辖市基本完成了集体林地明晰产权、承包到户的改革任务。截至2010年年底，确权集体林地1.62亿公顷，占总面积的88.6%，其中已发林权证面积1.34亿公顷，7260多万农户拿到了林权证，3亿多农民直接受益。集体林权制度改革使农民成为山林主人，广大农民育林护林积极性空前高涨。

造林绿化政策支持力度不断加大。启动造林、林木良种补贴试点，安排资金5.15亿元，加强良种繁育、荒山造林和迹地人工更新。扩大了森林抚育补贴试点范围，中央财政补贴资金从5亿元增加到20亿元。完善森林生态效益补偿制度，中央财政对属于集体的国家级公益林，补偿标准由每亩每年5元提高到10元，当年拨付补偿资金75.8亿元，比2009年增长44%。启动实施了湿地保护财政补助，加大了林业国家级自然保护区补助力度。森林保险保费补贴试点稳步推进，公益林保费补贴比例提高到50%，与中国人保财险公司签订了《共同推进森林保险框架协议》。林权抵押贷款规模不断扩大，2010年涉林贷款规模超过1000亿元。

各地对造林绿化的投入显著增长。辽宁省投入造林绿化资金165.8亿元，比2009年增加1.4倍。重庆市投入133亿元，其中社会投入42亿元，占全市造林绿化总投入的36.7%。河南省政府明确规定，从2008年起5年内省级财政安排的林业生态建设资金不低于年度一般预算支出总额的2%，2010年全省完成投资96.42亿元。江苏省工程造林每亩投入基准水平达到3000元以上。湖南省采取多种方式增加造林绿化资金投入，仅“三边”(城边、水边、路边)造林绿化资金就达到18亿多元。陕西各地从本级财政安排专项资金用于造林绿化，厂矿企业也列出专款开展周边环境绿化，千方百计加大投入。云南省加大森林抚育和低产林改造力度，全年地方各级财政投入资金1.32亿元。海南省等地在国家每亩造林补助200元基础上，省、市(县)财政增加配套资金每亩100—200元。

2010年国土绿化虽然成绩显著，但与建设生态文明和改善人居环境的要求相比还存在一定差距，面临着诸多问题和困难。我国现有宜林地4400多万公顷，自然条件大都比较差，造林绿化难度大。同时，国土绿化体制机制障碍仍未消除，资金投入严重不足，企业和群众开展造林绿化的内在驱动力不够。新造林地后期抚育管护亟待加强，造林绿化基础设施薄弱。我国仍然是一个缺林少绿的国家，生态问题依然是制约我国可持续发展最突出的问题，生态差距仍然是我国与发达国家最为显著的差距，生态建设仍将是夺取全面建设小康社会新胜利最为紧迫的任务。

2011年是我国实施“十二五”规划的开局之年、开展全民义务植树运动30周年，做好全年国土绿化工作意义重大。我们要紧密团结在以胡锦涛为总书记的党中央周围，深入贯彻中央林业工作会议精神，紧紧围绕2020年比2005年森林面积增加4000万公顷、森林蓄积量增加13亿立方米的奋斗目标，按照发展现代林业、建设生态文明、推动科学发展的总体要求，坚持依靠人民群众、依靠科学技术、依靠深化改革，以科学发展为主题，以转变发展方式为主线，大力开展全民义务植树和部门绿化，统筹推进城乡绿化，扎实推进林业重点生态工程建设，着力加强森林抚育经营，切实加强自然灾害防控，不断强化森林草原保护，全面完成国土绿化建设任务，以优异的成绩纪念全民义务植树运动开展30周年，向中国共产党成立90周年献礼！

备注：公报中涉及的全国性统计数据，均未包括香港特别行政区、澳门特别行政区和台湾省。

3月13日

十一届全国人大四次会议主席团常务主席第二次会议在人民大会堂举行

十一届全国人大四次会议主席团常务主席、全国人大常委会委员长吴邦国主持会议。

会议听取了十一届全国人大四次会议主席团常务主席、大会副秘书长、全国人大常委会副委员长兼秘书长李建国作的大会秘书处关于全国人大常委会工作报告审议和修改情况以及决议草案代拟稿的汇报、关于最高人民法院工作报告审议和修改情况以及决议草案代拟稿的汇报、关于最高人民检察院工作报告审议和修改情况以及决议草案代拟稿的汇报、关于确认全国人大常委会接受倪岳峰辞去全国人大常委会委员职务的请求的决定草案代拟稿的汇报。

会议还听取了大会副秘书长、全国人大常委会副秘书长王万宾作的大会秘书处关于代表提出议案处理意见的报告。

十一届全国人大四次会议主席团常务主席第二次会议同意将上述决议草案代拟稿、决定草案代拟稿和有关报告提交大会主席团第三次会议审议。

十一届全国人大四次会议主席团常务主席、全国人大常委会副委员长王兆国、路甬祥、乌云其木格、韩启德、华建敏、陈至立、周铁农、司马义·铁力瓦尔地、蒋树声、陈昌智、严隽琪、桑国卫等出席会议。

十一届全国人大四次会议主席团在人民大会堂举行第三次会议

主席团常务主席、全国人大常委会委员长吴邦国主持会议。会议应到170人，出席166人，符合法定人数。

3月10日至11日，各代表团认真审议了全国人大常委会工作报告。代表们对报告给予高度评价，一致认为，报告总结工作实事求是、重点突出，部署工作思路清晰、积极可行，尤其是对形成中国特色社会主义法律体系重大意义的凝练和基本经验的总结，旗帜鲜明，立意高远，既有实践总结，又有理论创新，是一篇高举中国特色社会主义伟大旗帜，坚定不移地走中国特色社会主义政治发展道路，坚持和完善人民代表大会制度的好报告。代表们充分肯定了全国人大常委会的工作。大家一致认为,过去的一年,全国人大常委会坚持以邓小平理论和"三个代表"重要思想为指导,深入贯彻落实科学发展观,坚持党的领导、人民当家做主、依法治国有机统一,按照十一届全国人大三次会议精神,紧紧围绕党和国家工作大局依法行使职权,做了大量卓有成效的工作,为确保中国特色社会主义法律体系如期形成,推动中央重大决策部署贯彻落实,促进经济社会全面协调可持续发展作出了新的贡献。根据代表们提出的意见和建议,报告进行了修改。

会议经过表决,决定将关于全国人大常委会工作报告的决议草案提请各代表团审议。

3月12日,各代表团认真审议了最高人民法院工作报告和最高人民检察院工作报告。代表们对这两个报告给予充分肯定,对最高人民法院和最高人民检察院过去一年的工作表示满意,对报告提出的工作部署和安排表示赞成。根据代表们的审议意见,最高人民法院和最高人民检察院对各自的报告进行了修改。

会议经过表决,决定将关于最高人民法院工作报告的决议草案、关于最高人民检察院工作报告的决议草案提请各代表团审议。

根据全国人大议事规则的规定,全国人大常委会接受常委会组成人员辞职的,应当报请全国人民代表大会下次会议确认。今年2月,十一届全国人大常委会第十九次会议通过了关于接受倪岳峰辞去全国人大常委会委员职务的请求的决定,报请十一届全国人大四次会议确认。会议表决通过,决定将关于确认全国人大常委会接受倪岳峰辞去全国人大常委会委员职务的请求的决定草案提请各代表团审议。

十一届全国人大四次会议副秘书长王万宾向主席团会议作了关于代表提出议案处理意见的报告。

主席团常务主席王兆国、路甬祥、乌云其木格、韩启德、华建敏、陈至立、周铁农、李建国、司马义·铁力瓦尔地、蒋树声、陈昌智、严隽琪、桑国卫出席会议。

十一届全国人大四次会议副秘书长王万宾作《关于第十一届全国人大四次会议代表提出议案处理意见的报告》

(2011年3月13日第十一届全国人民代表大会第四次会议主席团第三次会议通过)

十一届全国人大四次会议主席团:

受大会秘书处的委托,我向大会主席团就十一届全国人大四次会议代表所提议案的处理意见报告如下。

在本次大会上,全国人大代表以邓小平理论和"三个代表"重要思想为指导,深入贯彻落实科学发展观,本着对国家和人民高度负责的精神,依照宪法和法律的规定提出属于全国人民代表大会职权范围内的议案。到3月9日12时议案截止时间,共提出议案566件,其中,以代表团名义提出的议案4件,30名以上代表联名提出的议案562件。代表所提议案中,立法方面的议案558件,监督方面的议案7件,其他议案1件。

提出议案的全国人大代表在大会召开前做了充分准备,深入实际、深入基层、深入群众进行调查研究,认真起草议案文本。大会期间,为进一步完善议案文本,以代表团名义提出的议案由全团代表进行了集体讨论,代表联名提出的议案由领衔代表主动与附议代表沟通研究。大会秘书处对代表议案进行了初步分析,认为今年的代表议案案由鲜明、案据充分、方案具体,质量比较高,在内容上有三个方面新的特点:

一是高度关注"十二五"规划纲要的有效实施。"十二五"时期是全面建设小康社会的关键时期,是深化改革开放、加快转变经济发展方式的攻坚时期。代表们紧紧围绕科学发展这个主题、加快转变经济发展方式这个主线,按照"十二五"规划纲要确定的目标任务,积极提出推动规划纲要有效实施的议案,涉及经济结构战略性调整、促进科技进步和创新、保障和改善民生、推动节能环保、深化改革开放等内容。这方面议案占议案总数的近60%,反映了人民群众对中央重大决策部署的衷心拥护,对全面建成小康社会的愿望和要求。

二是高度关注中国特色社会主义法律体系的完善。中国特色社会主义法律体系的形成,是我国社会主义民主法制建设史上的重要里程碑,是中国特色社会主义制度逐步走向成熟的重要标志。完善中国特色社会主义法律体系,是一项长期而艰巨的任务。在代表提出的558件立法方面议案中,要求修改完善法律和制定法律配套法规的有312件。代表提出的7件监督方面议案,要求推动法律有效实施,做到有法必依、执法必严、违法必究。这方面议案反映了人民群众对全面落实依法治国基本方略、加快建设社会主义法治国家的愿望和要求。

三是高度关注社会管理的加强和创新。加强和创新社会管理,对于维护最广大人民根本利益、构建社会主义和谐社会具有十分重要的意义。今年代表在这方面提出的议案有130件,占议案总数的23%,反映了人民群众对加强社会组织建设、维护社会公平正义、保障人民安居乐业、促进社会和谐稳定的愿望和要求。

根据全国人民代表大会组织法、全国人民代表大会议事规则和新修改的代表法的有关规定,大会秘书处与全国人大各专门委员会对代表提出的议案逐件进行了分析研究，认为没有需要列入本次大会审议的议案。大会秘书处建议本次大会结束后将代表议案分别交由全国人大有关专门委员会审议。其中，法律委员会审议147件，财政经济委员会审议139件，教育科学文化卫生委员会审议88件，内务司法委员会审议87件，环境与资源保护委员会审议57件，农业与农村委员会审议39件，外事委员会审议5件，民族委员会审议2件，华侨委员会审议2件。上述议案经各有关专门委员会审议后，分别依法向全国人大常委会提出审议结果的报告。

审议代表议案，是法律赋予全国人大专门委员会的职责。为了把代表议案审议好、处理好，大会秘书处提出如下建议：

一、进一步提高代表议案处理质量。在认真总结经验的基础上，根据形势发展的要求和人民群众的期待，拿出更多的时间和精力，对代表议案深入分析论证，加强调查研究，完善处理方案，改进处理方式，回应代表关切，充分发挥代表议案的作用。

二、认真研究采纳代表议案的内容。对于具备条件的代表议案，及时补充列入常委会年度立法工作计划、监督工作计划。在起草、修改和审议法律草案过程中，将比较成熟的代表议案直接作为起草法律案的基础，将代表议案中比较成熟的条文直接吸纳到法律草案中。

三、扩大代表对立法、监督活动的参与。邀请提出相关议案的代表列席常委会会议、专门委员会会议；专门委员会审议议案时，邀请提案人列席会议、发表意见；邀请提出相关议案的代表参加立法调研、立法论证、执法检查、专题询问等活动，认真听取他们的意见和建议。

四、加强与代表的联系沟通。通过多种方式，保持与提出议案代表的联系沟通；同时加强与国务院及其有关部门、最高人民法院、最高人民检察院和常委会工作机构的沟通协调，共同提高代表议案处理的质量。

有关专门委员会关于代表议案审议结果的报告经全国人大常委会审议通过后，印发十一届全国人大五次会议。

以上报告，请予审议。

十一届全国人大四次会议主席团在人民大会堂举行第四次会议

主席团常务主席、全国人大常委会委员长吴邦国主持会议。会议应到170人，出席166人，符合法定人数。

主席团第二次会议和第三次会议后，各代表团认真审议了十一届全国人大四次会议关于政府工作报告的决议草案、关于国民经济和社会发展第十二个五年规划纲要的决议草案、关于2010年国民经济和社会发展计划执行情况与2011年国民经济和社会发展计划的决议草案、关于2010年中央和地方预算执行情况与2011年中央和地方预算的决议草案、关于全国人大常委会工作报告的决议草案、关于最高人民法院工作报告的决议草案、关于最高人民检察院工作报告的决议草案，一致同意提请大会全体会议表决。

主席团会议分别表决通过，决定将有关上述7个报告的决议草案提请大会全体会议表决。

此前，各代表团还审议了十一届全国人大四次会议关于确认全国人大常委会接受倪岳峰辞去全国人大常委会委员职务的请求的决定草案。主席团会议经过表决，决定将这一决定草案提请大会全体会议表决。

主席团常务主席王兆国、路甬祥、乌云其木格、韩启德、华建敏、陈至立、周铁农、李建国、司马义·铁力瓦尔地、蒋树声、陈昌智、严隽琪、桑国卫出席会议。

六部委相关负责人就加强知识产权保护问题在十一届全国人大四次会议举行的记者会上答中外记者问

2009年至2010年共出台400多项措施；打击犯罪的力度大幅上升

国家知识产权局副局长贺化表示，目前，各个部门、各个地方齐头推进的国家知识产权战略实施工作体系已经基本建成。2009年和2010年共出台了400多项措施，整个战略实施取得了比较明显的成效。

"我们打击知识产权犯罪从力度上来说是呈上升的态势。"公安部经济犯罪侦查局局长孟庆丰提供了一组数据：2001年至2010年十年间，全国公安机关一共破获知识产权犯罪的案件1.5万起，"十一五"期间共破获了9284起，比前五年增长了60%。

国家工商总局副局长付双建表示，要坚定不移地实施国家知识产权战略，同时要提升知识产权的创造、应用、保护和管理的水平。要形成以日常监管与专项行动相结合，以行政执法和司法相衔接，创造运用保护管理相统一的依法、规范、高效的长效机制。

商标法、著作权法修订已列入今年立法计划；打击网络侵权、假冒伪劣将加大力度

付双建透露，修改商标法列入今年计划，送审稿已报送国务院法制办，下一步工商总局将配合法制办进行论证，使保护商标的法律法规更加完善。目前，著作权法存在不明确且较难操作的地方，需要一次比较全面的修订。新闻出版总署副署长、国家版权局副局长阎晓宏透露：著作权的立法纳入到立法计划中，将由全国人大决定什么时候全面修订这部法律。

随着连锁经营和电子商务的快速发展，网上侵权问题越来越受到关注。据付双建介绍，国家工商总局出台了《网络商品交易及有关服务行为管理暂行办法》,这是我国第一部关于网络商品交易监管的部门规章,对网站的开设、经营、监管都作了相应规定。付双建表示,今后还将针对异地查处和电子证据取证出台两个文件,更加有力地打击网络侵权行为。

"我们建议把制售假冒伪劣商品的犯罪行为由结果罪修改成行为罪,凡是涉及人身健康安全的犯罪,不论数据大小,一律移送公安机关严惩。"国家质检总局副局长刘平均说,国家质检总局一直把农资打假当作重点工作,把坑农害农的行为认定为性质比较恶劣的违法行为,打假的力度很大。他建议修改相关的法律法规,加大对违法犯罪的惩处力度。

加强知识产权保护并非迫于外界压力;即将出台汽车管理召回条例

"外界有一种说法,中国政府对大力保护知识产权虽然很给力,但是迫于外界压力。您怎么看?"有记者问。

"加强知识产权保护,不是迫于外界压力,而是中国自身发展需要。"贺化明确回应。贺化说,在创新型国家的建设过程中离不开知识产权的支撑。如果离开了知识产权的保护,创新型国家建设将很难实现。因此,中国加强知识产权保护,是科学的抉择、坚定的承诺。

商务部条法司司长李成钢表示,知识产权保护是中国实现由"中国制造"到"中国创造"转变的需要。"我们致力于提高中国的知识产权保护水平,同时也致力于提高全球的知识产权保护水平。"

最近,美国将中国一些企业列为知识产权的"恶名企业"。对此,李成钢表态说:"这份报告没有附上翔实的证据材料,并用明确的文字表明了这个名单不是对违法行为的调查结果,也不代表美国政府的分析和评估。我想说的是,如果既没有证据材料,也不是调查的结果,又不代表政府的评估,那么公布这种名单是否合适?这种公布对相关企业的商业信誉可能造成哪些不适当的负面影响?我们对这种做法表示关注。"

有记者质疑:丰田汽车在召回事件中忽略了中国。不仅是丰田,还有很多其他国际大企业都忽略了中国消费者。这是否因为中国的召回制度不是那么完善?下一步将如何改善?

"中国对于进口汽车、合资品牌的汽车和自主品牌汽车的召回管理始终是一视同仁的。"刘平均给出了一组数字:2010年中国汽车召回的总数累计达到117.7万辆,其中进口汽车召回17.6万辆,国产合资品牌的汽车召回96.2万辆,自主品牌的汽车召回3.9万辆。刘平均说,丰田汽车在全球的召回,质检总局出面干预,有效地保护了中国消费者的利益。在制度建设上,国务院法制办高度重视出台汽车管理召回条例的工作,最近连续召开了几次专门的会议,这个条例预计能在今年出台。

全国政协十一届四次会议在人民大会堂闭幕

全国政协主席贾庆林主持闭幕会。

胡锦涛、吴邦国、温家宝、李长春、习近平、李克强、贺国强等在主席台就座。

贾庆林宣布,中国人民政治协商会议第十一届全国委员会第四次会议应出席委员2260人,今天实到2129人,符合法定人数。

会议通过了政协第十一届全国委员会第四次会议关于常务委员会工作报告的决议、政协第十一届全国委员会提案委员会关于政协十一届四次会议提案审查情况的报告、政协第十一届全国委员会第四次会议政治决议。

贾庆林在闭幕会上发表讲话。

出席闭幕会的领导同志还有:王乐泉、王兆国、王岐山、回良玉、刘淇、刘云山、刘延东、李源潮、汪洋、张高丽、张德江、俞正声、何勇、令计划、王沪宁、路甬祥、乌云其木格、韩启德、华建敏、陈至立、周铁农、李建国、司马义·铁力瓦尔地、蒋树声、陈昌智、严隽琪、桑国卫、梁光烈、孟建柱、戴秉国、王胜俊、曹建明等。

中共中央、国务院有关部门负责人列席闭幕会。各国驻华使节应邀旁听闭幕会。

全国政协主席贾庆林在全国政协十一届四次会议闭幕会上的讲话

各位委员:

政协第十一届全国委员会第四次会议,在中共中央、全国人大常委会、国务院的关心重视和有关部门的大力支持下,经过全体委员的共同努力,开得圆满成功,取得了丰硕成果,是一次发扬民主、群策群力的大会,是一次求真务实、团结鼓劲的大会,是一次开启征程、催人奋进的大会。

会议期间,胡锦涛总书记,吴邦国同志、温家宝同志、李长春同志、习近平同志、李克强同志、贺国强同志以及党和国家其他领导同志,出席大会开幕会和闭幕会,参加小组讨论,与委员共商国是、共议大计。胡锦涛同志在参加农工党、九三学社界委员联组会时,就发展我国科技、教育、人才、医疗卫生事业,推进生态文明建设等问题发表了重要讲话,对于人民政协更好地履行职能、发挥作用提出了新的更高要求,充分体现了以胡锦涛同志为总书记的中共中央对人民政协工作的高度重视。中共中央和国务院有关部门负责同志听取大会发言、参加小组讨论,最高人民法院、最高人民检察院负责同志听取委员对“两高”工作报告的意见，对政协工作给予大力支持。在此，让我们以热烈的掌声，表示衷心的感谢！

会议期间，广大委员以对国家和人民高度负责的精神，以尽心竭力履行职责的态度，以讲真话、建诤言的作风，紧紧围绕政府工作报告、《国民经济和社会发展第十二个五年规划纲要（草案）》等，着重就加快转变经济发展方式和调整经济结构、保障和改善民生、繁荣和发展社会主义文化、加强和创新社会管理、保持港澳长期繁荣稳定和促进两岸关系和平发展等重大问题，提出了许多有价值、有分量的意见和建议，充分体现了人民政协这一政治组织和民主形式的独特优势，生动展现了广大政协委员心系国事、情牵民生的精神风貌。

各位委员！

蓝图已经描绘，目标已经明确。关键是心无旁骛抓落实，同心协力开新局。让我们紧密团结在以胡锦涛同志为总书记的中共中央周围，以邓小平理论和“三个代表”重要思想为指导，深入贯彻落实科学发展观，全面学习贯彻胡锦涛总书记在“两会”期间的重要讲话、温家宝总理所作的政府工作报告、“十二五”规划纲要以及其他重要文件精神，认真落实刚刚通过的本次会议政治决议，团结一切可以团结的力量，凝聚一切可以凝聚的智慧，激发一切可以激发的活力，向着“十二五”规划和全面建设小康社会的宏伟目标，向着中华民族伟大复兴的光明前景奋勇前进！

全国政协第十一届四次会议政治决议

（2011年3月13日政协第十一届全国委员会第四次会议通过）

中国人民政治协商会议第十一届全国委员会第四次会议，于2011年3月3日至13日在北京举行。

会议期间，胡锦涛总书记等党和国家领导同志看望出席会议的委员并参加分组讨论，与委员共商国是。委员们本着对国家、对人民高度负责的精神，认真履行政治协商、民主监督、参政议政职能，积极围绕经济社会发展中的重大问题议政建言。会议听取并赞同温家宝总理所作的政府工作报告，赞同《国民经济和社会发展第十二个五年规划纲要（草案）》，赞同最高人民法院工作报告、最高人民检察院工作报告以及其他报告。会议批准贾庆林主席代表政协第十一届全国委员会常务委员会所作的工作报告，批准王志珍副主席代表政协第十一届全国委员会常务委员会所作的提案工作情况的报告。

会议认为，2010年是我国发展进程中很不平凡的一年。面对国内外环境的复杂变化和重大风险挑战，以胡锦涛同志为总书记的中共中央团结带领全国各族人民，万众一心、锐意进取，有效巩固和扩大应对国际金融危机冲击成果，经济平稳较快发展，改革开放不断深化，改善民生成效显著，胜利完成“十一五”规划确定的主要目标任务，我国经济实力、综合国力和人民生活水平迈上新的台阶，中国特色社会主义展现出更加蓬勃的生机。政协第十一届全国委员会及其常务委员会认真贯彻中共中央决策部署，高举爱国主义、社会主义旗帜，牢牢把握团结和民主两大主题，广泛团结动员参加人民政协的各党派团体、各族各界人士，为应对各种风险挑战，推动经济社会又好又快发展，科学制定“十二五”规划，促进两岸关系和平发展，扩大我国对外友好交往作出重要贡献，谱写了人民政协事业发展的新篇章。

会议指出，“十二五”时期是全面建设小康社会的关键时期，是深化改革开放、加快转变经济发展方式的攻坚时期。委员们认为，“十二五”规划纲要（草案）突出了科学发展的主题，贯穿了加快转变经济发展方式的主线，把握了保障和改善民生的重点，反映了全国各族人民的根本利益和共同意愿。实施好“十二五”规划，对于继续抓住和用好我国发展的重要战略机遇期、促进经济长期平稳较快发展，对于夺取全面建设小康社会新胜利、开创中国特色社会主义事业新局面具有重要意义。人民政协要把推动科学发展和加快转变经济发展方式作为履行职能的首要任务，充分发挥人才和智力优势，围绕经济社会发展中综合性、全局性、前瞻性重大课题深入调查研究，积极协商议政，开展民主监督，切实把智慧和力量凝聚到实现“十二五”时期经济社会发展目标任务上来，共同把“十二五”规划的宏伟蓝图变为美好现实。

会议指出，做好2011年各项工作，对于“十二五”时期开好局、起好步，意义重大而深远。委员们建议，要着力加强和改善宏观调控，处理好保持经济平稳较快发展、调整经济结构和管理通胀预期的关系，下大气力保持物价总水平基本稳定；着力扩大内需特别是居民消费需求，鼓励扩大民间投资，推动对外投资和利用外资协调发展；着力优化产业结构，培育发展战略性新兴产业，大力发展现代服务业，加强节能环保和生态建设，促进区域协调发展，积极稳妥推进城镇化；着力发展现代农业，加快水利改革发展和农村水利等基础设施建设，确保农产品供给和国家粮食安全；着力增强自主创新能力，加快科技成果向现实生产力转化；着力推进国有经济战略性调整，深化财税、金融等重点领域改革，进一步提高对外开放水平。人民政协要继续深入调查研究，努力提出科学可行的意见建议，为党和政府决策提供参考。

会议强调，切实保障和改善民生、加强和创新社会管理、做好新形势下群众工作，是推动科学发展、促进社会和谐的重要举措。各级政协组织和广大政协委员要牢固树立群众意识，坚持深入实际、深入基层、深入群众，协助党和政府做好社会管理工作，为促进社会和谐稳定发挥积极作用。委员们建议，要从解决好人民群众最关心最直接最现实的利益问题入手，真心实意为人民群众谋利益。要大力整顿和规范收入分配关系，尽快缩小收入分配差距；关心支持中小企业发展，千方百计支持创业、扩大就业，做好高校毕业生、进城务工人员等重点人群创业就业工作；加快住房保障体系建设，切实解决城镇中低收入家庭住房困难；把提高质量作为教育改革和发展的核心任务，努力实现教育公平；推动医药卫生体制改革不断取得实质性进展，努力缓解看病难、看病贵问题；加快健全基本公共服务体系，逐步提高社会保障的水平和标准；增强公共文化产品供给和服务能力，提高文化产品质量，满足人民群众多层次多样化文化需求；加大对少数民族和民族地区发展的支持力度，切实做好边疆地区和特殊困难地区扶贫开发工作，发挥宗教界人士和信教群众在促进经济发展和社会和谐中的积极作用；创新社会管理机制，加大反腐倡廉力度，促进社会公平正义，增强人民群众的幸福感。

会议指出，人民政协要坚定不移贯彻“一国两制”、“港人治港”、“澳人治澳”、高度自治的方针，全力支持香港特别行政区、澳门特别行政区政府依法施政，支持和鼓励港澳委员在香港、澳门经济、政治和社会事务中发挥积极作用，为促进港澳长期繁荣稳定和国家经济社会发展多做贡献。拓宽与港澳各界人士的沟通渠道，加强同港澳政团、社团及代表人士的联系，不断发展壮大爱国爱港、爱国爱澳力量。坚持“和平统一、一国两制”方针，牢牢把握两岸关系和平发展主题，扩大同台湾岛内有关党派团体、社会组织、各界人士和基层民众的交往，积极推动两岸经济合作框架协议的落实，努力为两岸同胞谋福祉。要认真贯彻侨务工作方针，密切与归侨侨眷的联系，做好海外华侨华人工作。以振兴中华、民族复兴为主要内容，举行辛亥革命100周年纪念活动，发扬光大辛亥革命精神，广泛团结海内外中华儿女，共同为推进祖国和平统一大业、实现中华民族伟大复兴凝聚力量。

会议指出，人民政协的对外交往，是国家总体外交的重要组成部分，也是我国公共外交的重要平台。要按照国家外交总体部署开展互访，深化传统友谊，增强与有关国家的政治互信，推动经贸、文化等重点领域的务实合作。加强同外国议会、重要智库、主流媒体、知名人士的交往，不断深化人民政协公共外交研究与实践。加强对外宣传工作，增进国际社会对我国政治制度、政党制度和人民政协的了解，争取国际社会对我国的理解和支持，为改革开放和现代化建设营造良好的外部环境。

会议指出，提高履行职能的科学化水平，是人民政协强基固本的重要任务。要运用好《中共中央关于加强人民政协工作的意见》贯彻落实成果，深刻把握新形势下人民政协工作的特点和规律，健全各民主党派和无党派人士在人民政协履行职能、发挥作用的机制，积极探索开展界别活动的新方法新途径，发挥好专委会作用，推进学习型政协机关建设。政协委员要牢固树立政治意识、大局意识、群众意识、履职意识和委员意识，更加奋发有为地推动人民政协事业持续发展。

会议强调，中国特色社会主义政治发展道路，是被实践证明了的我国发展进步的唯一正确道路，任何时候、任何情况下都不能偏离和动摇。要以纪念中国共产党成立90周年为契机，学习宣传中国共产党领导中国革命、建设、改革的丰功伟绩，认真总结多党合作和人民政协事业的宝贵经验，深刻认识走中国特色社会主义政治发展道路的历史必然性，进一步增强参加人民政协的各党派团体、各族各界人士坚持中国共产党领导的自觉性和坚定性，不断巩固共同团结奋斗的思想政治基础。

会议号召，人民政协的各级组织、各参加单位和广大政协委员，紧密团结在以胡锦涛同志为总书记的中共中央周围，高举中国特色社会主义伟大旗帜，以邓小平理论和“三个代表”重要思想为指导，深入贯彻落实科学发展观，以昂扬向上的进取精神、求真务实的工作态度，凝心聚力、共谋发展，为实现“十二五”时期目标任务、夺取全面建设小康社会新胜利而努力奋斗！

全国政协十一届提案委员会关于政协十一届四次会议提案审查情况的报告

（2011年3月13日政协第十一届全国委员会第四次会议通过）

政协第十一届全国委员会第四次会议期间，政协委员、政协各参加单位和专门委员会，认真贯彻本次大会指导思想，高度评价全国各族人民在以胡锦涛同志为总书记的中共中央坚强领导下，在“十一五”期间所取得的辉煌成就，紧紧围绕“十二五”时期发展的主题、主线、目标任务和重大举措，关注民生、履职为民，积极通过提案建言献策。截至2011年3月8日下午2时，共收到提案5762件，比政协十一届三次会议增加6.11%。参与提案的委员2035人，占委员总数90.04%。经审查，立案5408件，占提案总数93.86%；作为委员来信转送有关部门研究参考101件，占提案总数1.75%；与提案者协商后并案、撤案253件，占提案总数4.39%。在立案的提案中，委员提案5112件，占提案总数88.72%；各民主党派中央和全国工商联提案262件，有关人民团体提案4件，界别、小组提案28件，政协专门委员会提案2件。

本次会议提案质量进一步提高，反映出委员们注重发挥优势，认真开展调研，抓住实施“十二五”规划以及改革发展稳定的深层次问题，提出富有针对性、战略性、前瞻性的意见和建议；注重体察民情，反映民意，着力就加快发展社会事业、保障和改善民生、加强和创新社会管理、完善中国特色社会主义法律体系等事关群众切身利益的重大问题，出实招、谋良策、谏真言。

围绕保持经济平稳较快发展和加快转变经济发展方式，共提出提案2400余件。其中，涉及经济结构战略性调整的提案640件，主要建议有：优化投资结构，防止盲目投资和重复建设。大力培育战略性新兴产业，加大能源结构调整，发展可再生能源，推动低碳和循环经济发展。加大财税、金融支持力度，优化服务业发展环境，大力发展现代服务业。建立和完善多元化的金融体系，加强金融监管，防范地方政府债务风险。涉及“三农”的提案625件，主要建议有：加强农田水利和农业基础设施建设，严格保护耕地，确保粮食安全。大力发展现代农业，提高农业标准化和农产品质量安全水平。有序转移农村劳动力，促进新生代农民工的社会融入。涉及节能环保和生态建设的提案490件，主要建议有：发展绿色建筑，加强湿地保护、草原生态建设和森林碳汇能力建设，合理开发和利用海洋资源，继续实施林业重点生态工程。推进实施城市垃圾分类处理，加快重点流域水污染治理、大气污染治理、重点地区重金属污染治理和农村环境综合整治，完善空气质量标准和评价体系。涉及区域协调发展和城镇化建设的提案415件，主要建议有：全面落实各项区域发展规划，加大力度支持革命老区、民族地区、边疆地区发展，合理引导城镇化发展的规模、速度和节奏。涉及扩大内需、稳定物价的提案214件，主要建议有：破除行业和政策壁垒，支持民营企业发展。加强价格调控和监管，加强农产品流通体系建设，搞好进出口调节，稳定国内市场。

围绕发展社会事业和改善民生，共提出提案1800余件。涉及教育、科技、文化、卫生、体育的提案1125件，主要建议有：专项督查《教育规划纲要》的贯彻实施情况，加大公共教育资源向农村和城市薄弱学校倾斜力度，将学前教育纳入政府公共服务体系，完善农民工随迁子女义务教育财政保障体制。深化科技管理体制改革，实施知识产权战略和国家科技重大专项，加快科技成果转化。加强公共文化服务体系建设，保障少数民族地区文化产品供给。健全文化市场管理体系，推进“文化走出去”战略。深化医药卫生体制改革，扩大公立医院改革试点，建立基本药物制度，健全农村基层卫生服务体系，落实扶持中医药和民族医药事业发展的各项政策。完善电子监管追溯和召回制度，加强食品药品安全监管。开展全民健身运动，提高青少年身心健康水平。涉及就业和社会保障的提案449件，主要建议有：深化校企合作促进大学生就业，完善残疾人就业和社会保障制度。解决集体企业退休人员养老保障的历史遗留问题，建立基本养老金正常调整机制。完善我国人口政策，发展社会养老业，积极应对人口老龄化。关爱农村留守儿童，完善未成年人监护制度，健全社会救助体系，大力发展慈善事业。涉及住房和收入分配的提案212件，主要建议有：改革房地产税收政策，加强保障性住房后续管理，推进公共租赁住房发展。整顿和规范收入分配秩序，建立健全职工工资正常增长机制，稳步提高最低工资、企业退休人员基本养老金和城乡居民最低生活保障标准。

围绕加强和创新社会管理、促进社会和谐稳定，共提出提案1100余件。涉及社会管理的提案354件，主要建议有：加强社会组织的培育和管理，完善社区服务，完善信访评价体系，加强网络虚拟社会管理。积极稳妥地推进户籍制度改革，提高城市规划和管理水平。涉及法律体系建设的提案348件，主要建议有：深化司法体制改革，加强对司法行政的监督和管理。出台行政问责法，修改个人所得税法，制定公共场所禁烟、城市公共交通、住房保障、学校安全管理、防治家庭暴力等法律法规，严厉打击胁迫儿童乞讨、网络诈骗、危险驾驶等犯罪行为。涉及政府自身建设和廉政建设的提案144件，主要建议有：转变政府职能，推动政务公开，实行阳光财政，加快公务用车改革，规范公款消费，减少铺张浪费，推进惩治和预防腐败体系建设。涉及民族宗教、统一战线和人民政协工作的提案181件，主要建议有：加强城市民族工作，加快民族地区人才培养。加强宗教院所建设和管理，重视基层教职人员培养。发挥政协界别优势，通过提案、视察、反映社情民意等形式开展民主监督。加强对香港、澳门、台湾同胞和海外侨胞中青少年的团结联谊和传统文化培育，加强两岸四地合作交流，促进共同发展。

此外，提案还就加强公民道德教育和社会诚信体系建设、举办中国共产党建党90周年和辛亥革命100周年纪念活动、推进公共外交等方面提出了具体建议。

会议期间，提案委员会根据《提案工作条例》对收到的提案进行了认真审查，加强与提案者和承办单位的沟通协商。以“大力发展现代服务业，加快经济结构调整”和“创新管理，健全机制，加强食品药品安全监管”为主题，召开了两场提案办理协商会，国家13个部委的负责同志和提案者深入交换意见，共商解决问题的办法。报送《重要提案摘报》25期，及时向中央领导同志反映提案中的重要意见和建议。在全国政协网和中国政协新闻网上公开提案276件，增进社会各界对政协提案的了解。

大会闭幕后，3月24日将召开全国政协十一届四次会议提案交办会，将大会提案送交175个承办单位办理。本次大会提案截止日期以后收到的提案，将及时审查立案，送交有关单位办理。

全国政协十一届四次会议关于常务委员会工作报告的决议

（2011年3月13日政协第十一届全国委员会第四次会议通过）

中国人民政治协商会议第十一届全国委员会第四次会议，批准贾庆林主席代表政协第十一届全国委员会常务委员会所作的工作报告。

全国人大常委会委员长吴邦国在人民大会堂看望参加两会新闻报道的中央主要新闻媒体工作者

吴邦国在看望时说，大家紧紧围绕审查“十二五”规划纲要和中国特色社会主义法律体系如期形成等重要议题作了充分报道，突出了坚持科学发展的主题和加快转变经济发展方式的主线，唱响了民主、团结、求实、奋进的主旋律；充分反映了广大代表特别是基层代表履行职责的情况，充分反映了民情民意民声，突出展示了人民代表大会制度的优越性；报道内容丰富，形式多样，生动活泼，为大会顺利进行营造了良好的舆论氛围。

吴邦国希望各新闻媒体继续发挥各自特点和优势，进一步加强中国特色社会主义政治发展道路和人民代表大会制度的宣传报道，为落实依法治国基本方略，加快建设社会主义法治国家作出新的更大贡献。

全国政协主席贾庆林在人民大会堂会见参加两会新闻报道的中央主要新闻媒体工作者

贾庆林充分肯定了中央主要新闻媒体对政协会议的新闻报道工作。他说，这次会议开得很成功，取得了丰硕成果，凝聚着各方面的辛劳和奉献，其中也包括新闻媒体的功劳。中央主要媒体是两会新闻宣传报道的主阵地、主渠道、主力军，充分发挥了权威性强、受众面广、影响力大、公信力高的优势，突出各自特点和作用，紧紧围绕会议主题，对大会进行了充分、及时、富有特色的报道，很好地反映了大会的盛况和取得的成果，为大会成功召开营造了良好舆论氛围。广大新闻工作者以高度的责任心、忘我的奉献精神，传递党和政府的声音，架起了联系人民群众的桥梁，出色完成了宣传报道任务，为政协会议的圆满成功作出了重要贡献。在谈到政协报道创新时，贾庆林特别提到，人民日报的图片、文字报道相互配合，生动活泼，引人入胜。

贾庆林说，当前，我国经济社会发展面临新的形势和任务。希望大家再接再厉，继续保持高昂的工作热情，充分发挥凝聚人心、鼓舞士气的作用，为“十二五”时期开好局、起好步，营造良好的舆论氛围，为实现“十二五”时期的目标和任务提供强有力的舆论支持。

中共中央政治局委员、全国政协副主席王刚，全国政协副主席兼秘书长钱运录等一同会见。《人民日报》、新华社、《光明日报》、《经济日报》、中央人民广播电台、中央电视台、中国国际广播电台相关负责同志和采编人员代表参加会见。

“十一五”国家重大科技成果公开交易发布会在北京举行

科技部火炬高技术产业开发中心副主任蔡文沁介绍，首批公开交易的26项重大科技成果属于国家“973”、“863”、“科技支撑”、“科技重大专项”等计划支持的项目，涉及生物医药、节能减排、农业科技、信息技术等领域。“我们试图通过公开透明的操作模式、高度市场化的竞价机制和规范的交易流程，把更多科技成果尽快转为现实的生产力。”

“十一五”以来，我国科技成果转化机制不断完善，通过科技重大专项的实施，一批研发基础好、市场需求大的重大产品快速进入市场，直接服务于战略性新兴产业发展。据统计，“十一五”期间我国科技成果转化规模不断扩大，通过技术市场合同交易共128671项，成交金额2840亿元。

中国宗教界和平委员会（“中宗和”）第三届委员会第三次全体会议召开

全国政协副主席、“中宗和”主席、中国佛教协会名誉会长帕巴拉·格列朗杰发表了书面讲话，充分肯定了“中宗和”过去一年的工作，并对新一年度的工作提出殷切希望。

帕巴拉·格列朗杰说，2011年是“十二五”时期的开局之年，“中宗和”要认真学习两会精神，紧紧围绕“十二五”时期的主题主线，深入贯彻落实科学发展观，发挥自身优势，团结和带领宗教界人士和广大信教群众，积极投身于经济社会发展各项事业，为国家的和谐稳定、繁荣发展继续作出应有的贡献；充分发挥“中宗和”作为全国政协对外交往重要平台的作用，进一步丰富交流渠道，充实交流内涵，开展灵活多样的跨宗教交流活动，不断发展友谊、广交朋友，向国际宗教界介绍真实的中国，维护我国的核心利益，促进亚洲和世界和平。“中宗和”要继续积极稳妥地开展对台跨宗教交流活动，增进两岸宗教界相互理解和信任，为两岸关系和平发展服务。

会议审议通过了“中宗和”2010年度工作总结，通报了2011年度工作计划要点。全国政协民族和宗教委员会主任田聪明、驻会副主任邓宗良及中央统战部、国家宗教事务局有关部门负责人出席了会议。会议由全国人大常委、“中宗和”副主席、中国伊斯兰教协会副会长余振贵主持。“中宗和”近100名委员出席了会议，他们大多是出席十一届全国人大四次会议和全国政协十一届四次会议的代表、委员中的宗教界人士。

3月14日

《人民日报》发表社论《共同谱写科学发展壮丽篇章——热烈祝贺全国政协十一届四次会议胜利闭幕》

民主，求实，团结，奋进。全国政协十一届四次会议圆满完成各项议程，胜利闭幕。我们对大会的成功表示热烈祝贺。

这是一次意义重大、成效卓著的大会。会议期间，胡锦涛等党和国家领导同志看望出席会议的委员并参加小组讨论，与委员共商国是。委员们认真听取和审议了贾庆林主席代表政协第十一届全国委员会常务委员会所作的工作报告，听取和审议了提案工作情况报告，审议通过了全国政协十一届四次会议政治决议和提案审查情况的报告；列席十一届全国人大四次会议，听取并讨论了政府工作报告、“十二五”规划纲要草案和其他报告。委员们一致认为，温家宝总理所作的政府工作报告，客观回顾成绩、务实总结经验、科学规划未来，是一个坚定信心、振奋人心、凝聚民心的报告。“十二五”规划描绘了中国未来五年的蓝图，反映了中国改革发展的趋势，是党和政府对全国各族人民的庄严承诺。

建睿智之言，献务实之策，谋科学发展。会议期间，委员们本着对国家、对人民高度负责的精神，认真履行政治协商、民主监督、参政议政职能，积极围绕经济社会发展中的重大问题议政建言，充分体现了人民政协为党分忧、为国尽责、为民服务的价值追求，充分展现了人民政协这一中国特色政治组织和民主形式的生机活力。

“十一五”时期是我国发展进程中极不平凡的五年，是中国特色社会主义事业取得辉煌成就的五年。各级政协组织和广大政协委员认真贯彻中共中央决策部署，牢牢把握团结和民主两大主题，坚持协商议政谋发展、履职为民促和谐，为党和国家办成大事、办好喜事、办妥难事作出积极贡献，为应对各种风险挑战、推动经济社会又好又快发展作出重要贡献，谱写了人民政协事业发展的新篇章。

中国共产党领导的多党合作和政治协商制度，植根于中华民族生存和发展的深厚土壤，产生于中国共产党同各民主党派和无党派人士团结奋斗的风雨征程，发展于建设中国特色社会主义的伟大实践，具有鲜明的中国特色和中国气派。60多年的生动实践充分证明，中国共产党领导的多党合作和政治协商制度，反映了人民当家做主的社会主义民主的本质要求，具有强大的生命力。我们要更加自觉地坚持中国共产党的领导，坚定不移地走中国特色社会主义政治发展道路，不断开创人民政协事业的新局面。

“十二五”时期是全面建设小康社会的关键时期，是深化改革开放、加快转变经济发展方式的攻坚时期。做好2011年的各项工作，对于“十二五”时期开好局、起好步，意义重大而深远。人民政协将紧紧围绕党和国家工作大局，加强教育引导，进一步夯实走中国特色社会主义政治发展道路的思想政治基础；围绕主题主线，积极为实施“十二五”规划献计出力；发挥独特优势，切实加强新形势下群众工作；着眼推进祖国统一和民族复兴，努力深化同港澳台侨同胞的团结联谊；致力增进同世界各国人民友谊，不断拓展对外友好交往渠道；突出履职能力的提高，着力加强人民政协自身建设。

承载着13亿人民的光荣和期盼，中国的现代化巨轮正破浪前行。让我们更加紧密地团结在以胡锦涛同志为总书记的中共中央周围，高举中国特色社会主义伟大旗帜，以邓小平理论和“三个代表”重要思想为指导，深入贯彻落实科学发展观，以昂扬向上的进取精神、求真务实的工作态度，共同谱写科学发展壮丽篇章，共同创造中国人民的幸福生活，共同开创中华民族伟大复兴的美好未来！

十一届全国人大四次会议在人民大会堂闭幕

2882名代表出席闭幕会，符合法定人数。

闭幕会由大会主席团常务主席、执行主席、全国人大常委会委员长吴邦国主持。

胡锦涛、温家宝、贾庆林、李长春、习近平、李克强、贺国强等和大会主席团成员在主席台就座。

大会主席团常务主席、执行主席王兆国、路甬祥、乌云其木格、韩启德、华建敏、陈至立、周铁农、李建国、司马义·铁力瓦尔地、蒋树声、陈昌智、严隽琪、桑国卫等在执行主席席就座。

会议表决通过了关于政府工作报告的决议。

会议表决通过了关于国民经济和社会发展第十二个五年规划纲要的决议。

会议表决通过了关于2010年国民经济和社会发展计划执行情况与2011年国民经济和社会发展计划的决议，决定批准关于2010年国民经济和社会发展计划执行情况与2011年国民经济和社会发展计划草案的报告，批准2011年国民经济和社会发展计划；表决通过了关于2010年中央和地方预算执行情况与2011年中央和地方预算的决议，决定批准关于2010年中央和地方预算执行情况与2011年中央和地方预算草案的报告，批准2011年中央预算。

会议经表决，通过了关于全国人大常委会工作报告的决议。

会议表决通过了关于最高人民法院工作报告的决议、关于最高人民检察院工作报告的决议，决定批准这两个报告。

会议表决通过了关于确认全国人大常委会接受倪岳峰辞去全国人大常委会委员职务的请求的决定。倪岳峰同志因另有任用，依照法律规定，向全国人大常委会提出了辞职请求。

大会完成各项议程后，吴邦国发表讲话。他说，第十一届全国人民代表大会第四次会议，在全体代表的共同努力下，圆满完成了各项预定任务。会议充分发扬民主，严格依法办事，进一步统一了思想，明确了任务，鼓舞了干劲，是一次民主、团结、求实、奋进的大会。

吴邦国说，会议期间，代表们肩负全国各族人民重托，以主人翁的高度责任感和历史使命感，依法履行职责，讲大局、议大事，重实际、求实效，使会议的成果充分体现了党的主张和人民意志的统一，充分反映了全国各族人民的共同意愿。这次会议必将进一步团结和动员全国各族人民，奋发有为地投身建设和发展中国特色社会主义的伟大事业。

吴邦国说，会议高度评价了"十一五"时期我国经济社会发展取得的巨大成就，审查批准了《国民经济和社会发展第十二个五年规划纲要》。大家一致认为，"十二五"规划纲要深入贯彻落实党的十七大和十七届五中全会精神，以科学发展为主题，以加快转变经济发展方式为主线，明确了"十二五"时期经济社会发展的指导思想、主要目标、战略重点和重大举措，描绘了未来五年社会主义现代化建设的宏伟蓝图，是今后一个时期我国经济社会发展的重要指导性文件。大家强调，要认真学习规划纲要，全面实施规划纲要，推动科学发展取得新的显著进步，推动转变经济发展方式取得实质性进展，为实现"十二五"规划确定的目标任务贡献智慧和力量。

吴邦国说，会议认真总结了形成中国特色社会主义法律体系的重大意义和基本经验。大家一致认为，中国特色社会主义法律体系的形成，是我国社会主义民主法制建设史上的重要里程碑，是中国特色社会主义制度逐步走向成熟的重要标志，具有重大的现实意义和深远的历史意义。大家强调，要坚持以往的成功经验和有益做法，在新的起点上进一步加强和改进立法工作，推进科学立法、民主立法，不断完善中国特色社会主义法律体系。要更加注重法律的有效实施，维护宪法和法律的权威和尊严，推进依法行政和公正司法，增强全社会的法律意识和法治观念，全面实施依法治国基本方略，努力建设社会主义法治国家。

吴邦国最后说，我们奏响的时代凯歌强劲而嘹亮，我们绘就的发展蓝图绚丽而辉煌。让我们紧密团结在以胡锦涛同志为总书记的党中央周围，高举中国特色社会主义伟大旗帜，以邓小平理论和"三个代表"重要思想为指导，深入贯彻落实科学发展观，同心同德，开拓进取，扎实工作，以优异的成绩迎接中国共产党成立90周年，为实现"十二五"时期良好开局，为夺取全面建设小康社会新胜利、开创中国特色社会主义事业新局面而努力奋斗。

在主席台就座的还有：王刚、王乐泉、王岐山、回良玉、刘淇、刘云山、刘延东、李源潮、汪洋、张高丽、张德江、俞正声、何勇、令计划、王沪宁、梁光烈、孟建柱、戴秉国、王胜俊、曹建明、廖晖、杜青林、白立忱、陈奎元、阿不来提·阿不都热西提、李兆焯、黄孟复、张梅颖、张榕明、钱运录、孙家正、李金华、郑万通、万钢、林文漪、厉无畏、罗富和、陈宗兴、王志珍、何厚铧等，以及中央军委委员陈炳德、李继耐、廖锡龙、常万全、靖志远、吴胜利、许其亮等。

中央党政军群机关负责人，各民主党派中央、全国工商联和无党派代表人士列席了大会。

各国驻华使节旁听了大会。

第十一届全国人民代表大会第四次会议决议

(2011年3月14日通过)

关于政府工作报告的决议

第十一届全国人民代表大会第四次会议听取和审议了温家宝总理所作的政府工作报告。会议高度评价"十一五"时期我国经济社会发展取得的巨大成就，充分肯定国务院过去一年的工作，同意报告提出的"十二五"时期的主要目标任务和2011年的工作部署，决定批准这个报告。

会议号召，全国各族人民在以胡锦涛同志为总书记的党中央领导下，全面贯彻党的十七大和十七届三中、四中、五中全会精神，高举中国特色社会主义伟大旗帜，以邓小平理论和“三个代表”重要思想为指导，深入贯彻落实科学发展观，开拓进取，团结奋斗，扎实工作，努力完成2011年的各项工作任务，实现“十二五”时期经济社会发展的良好开局，把中国特色社会主义伟大事业继续推向前进！

关于全国人民代表大会常务委员会工作报告的决议

第十一届全国人民代表大会第四次会议听取和审议了吴邦国委员长受全国人大常委会委托所作的工作报告。会议高度评价全国人大常委会过去一年的工作，同意报告提出的2011年的主要任务，决定批准这个报告。

会议要求，全国人大常委会要高举中国特色社会主义伟大旗帜，以邓小平理论和“三个代表”重要思想为指导，深入贯彻落实科学发展观，坚持党的领导、人民当家做主、依法治国有机统一，紧紧围绕党和国家工作大局依法行使职权，在新的起点上进一步加强和改进立法工作，不断完善中国特色社会主义法律体系，在新的形势下进一步加强和改进监督工作，推动中央重大决策部署贯彻落实，为确保“十二五”时期经济社会发展良好开局和社会和谐稳定作出新贡献。

关于2010年中央和地方预算执行情况与2011年中央和地方预算的决议

第十一届全国人民代表大会第四次会议审查了国务院提出的《关于2010年中央和地方预算执行情况与2011年中央和地方预算草案的报告》及2011年中央和地方预算草案，同意全国人民代表大会财政经济委员会的审查结果报告。会议决定，批准《关于2010年中央和地方预算执行情况与2011年中央和地方预算草案的报告》，批准2011年中央预算。

关于最高人民检察院工作报告的决议

第十一届全国人民代表大会第四次会议听取和审议了曹建明检察长所作的最高人民检察院工作报告。会议对最高人民检察院过去一年的工作表示满意，同意报告提出的2011年工作安排，决定批准这个报告。

会议要求，最高人民检察院要高举中国特色社会主义伟大旗帜，以邓小平理论和“三个代表”重要思想为指导，深入贯彻落实科学发展观，牢固树立社会主义法治理念，忠实履行宪法和法律赋予的职责，进一步发挥检察机关的职能作用，深入推进社会矛盾化解、社会管理创新、公正廉洁执法三项重点工作，严格规范执法行为，着力提高执法水平，稳步推进司法改革，切实加强基层建设，为维护社会公平正义，促进社会和谐稳定，实现“十二五”时期经济社会发展良好开局提供有力的司法保障。

关于国民经济和社会发展第十二个五年规划纲要的决议

第十一届全国人民代表大会第四次会议审查了国务院提出的《中华人民共和国国民经济和社会发展第十二个五年规划纲要（草案）》，会议同意全国人民代表大会财政经济委员会的审查结果报告，决定批准这个规划纲要。

会议要求，要认真实施“十二五”规划纲要，高举中国特色社会主义伟大旗帜，以邓小平理论和“三个代表”重要思想为指导，深入贯彻落实科学发展观，适应国内外形势新变化，顺应各族人民过上更好生活新期待，以科学发展为主题，以加快转变经济发展方式为主线，深化改革开放，保障和改善民生，巩固和扩大应对国际金融危机冲击成果，促进经济长期平稳较快发展和社会和谐稳定，为全面建成小康社会打下具有决定性意义的基础。

关于2010年国民经济和社会发展计划执行情况与2011年国民经济和社会发展计划的决议

第十一届全国人民代表大会第四次会议审查了国务院提出的《关于2010年国民经济和社会发展计划执行情况与2011年国民经济和社会发展计划草案的报告》及2011年国民经济和社会发展计划草案，同意全国人民代表大会财政经济委员会的审查结果报告。会议决定，批准《关于2010年国民经济和社会发展计划执行情况与2011年国民经济和社会发展计划草案的报告》，批准2011年国民经济和社会发展计划。

关于最高人民法院工作报告的决议

第十一届全国人民代表大会第四次会议听取和审议了王胜俊院长所作的最高人民法院工作报告。会议对最高人民法院过去一年的工作表示满意，同意报告提出的2011年工作安排，决定批准这个报告。

会议要求，最高人民法院要高举中国特色社会主义伟大旗帜，以邓小平理论和“三个代表”重要思想为指导，深入贯彻落实科学发展观，牢固树立社会主义法治理念，忠实履行宪法和法律赋予的职责，进一步发挥审判机关的职能作用，深入推进社会矛盾化解、社会管理创新、公正廉洁执法三项重点工作，严格规范司法行为，着力提高司法水平，稳步推进司法改革，切实加强基层建设，为维护社会公平正义，促进社会和谐稳定，实现“十二五”时期经济社会发展良好开局提供有力的司法保障。

关于确认全国人民代表大会常务委员会接受倪岳峰辞去全国人民代表大会常务委员会委员职务的请求的决定

第十一届全国人民代表大会第四次会议决定：确认第十一届全国人民代表大会常务委员会第十九次会议关于接受倪岳峰辞去第十一届全国人民代表大会常

务委员会委员及全国人民代表大会环境与资源保护委员会副主任委员职务的请求的决定。

中华人民共和国国民经济和社会发展第十二个五年规划纲要

（2011年3月14日第十一届全国人民代表大会第四次会议批准）

中华人民共和国国民经济和社会发展第十二个五年（2011—2015年）规划纲要，根据《中共中央关于制定国民经济和社会发展第十二个五年规划的建议》编制，主要阐明国家战略意图，明确政府工作重点，引导市场主体行为，是未来五年我国经济社会发展的宏伟蓝图，是全国各族人民共同的行动纲领，是政府履行经济调节、市场监管、社会管理和公共服务职责的重要依据。

第一篇 转变方式 开创科学发展新局面

“十二五”时期是全面建设小康社会的关键时期，是深化改革开放、加快转变经济发展方式的攻坚时期，必须深刻认识并准确把握国内外形势新变化新特点，继续抓住和用好重要战略机遇期，努力开创科学发展新局面。

第一章 发展环境

“十一五”时期是我国发展史上极不平凡的五年。面对国内外环境的复杂变化和重大风险挑战，党中央、国务院审时度势，团结带领全国各族人民，坚持发展这个党执政兴国的第一要务，贯彻落实党的理论和路线方针政策，实施正确而有力的宏观调控，充分发挥我国社会主义制度的政治优势，充分发挥市场在资源配置中的基础性作用，使国家面貌发生新的历史性变化。我们有效应对国际金融危机巨大冲击，保持了经济平稳较快发展良好态势，战胜了四川汶川特大地震、青海玉树强烈地震、甘肃舟曲特大山洪泥石流等重大自然灾害，成功举办了北京奥运会、上海世博会和广州亚运会，胜利完成了“十一五”规划确定的主要目标和任务。综合国力大幅提升，2010年国内生产总值达到39.8万亿元，跃居世界第二位，国家财政收入达到8.3万亿元；载人航天、探月工程、超级计算机等尖端科技领域实现重大跨越。经济结构调整步伐加快，农业特别是粮食生产连年获得好收成，产业结构优化升级取得积极进展，节能减排和生态环境保护扎实推进，控制温室气体排放取得积极成效，各具特色的区域发展格局初步形成。人民生活明显改善，就业规模持续扩大，城乡居民收入增长是改革开放以来最快的时期之一，各级各类教育快速发展，社会保障体系逐步健全。体制改革有序推进，农村综合改革、医药卫生、财税金融、文化体制等改革取得新突破，发展活力不断显现。对外开放迈上新台阶，进出口总额位居世界第二位，利用外资水平提升，境外投资明显加快，我国国际地位和影响力显著提高。社会主义经济建设、政治建设、文化建设、社会建设以及生态文明建设取得重大进展，谱写了中国特色社会主义事业新篇章。五年取得的成绩来之不易，积累的经验弥足珍贵，创造的精神财富影响深远。

“十二五”时期，世情国情继续发生深刻变化，我国经济社会发展呈现新的阶段性特征。综合判断国际国内形势，我国发展仍处于可以大有作为的重要战略机遇期，既面临难得的历史机遇，也面对诸多可以预见和难以预见的风险挑战。我们要增强机遇意识和忧患意识，主动适应环境变化，有效化解各种矛盾，更加奋发有为地推进我国改革开放和社会主义现代化建设。

从国际看，和平、发展、合作仍是时代潮流，世界多极化、经济全球化深入发展，世界经济政治格局出现新变化，科技创新孕育新突破，国际环境总体上有利于我国和平发展。同时，国际金融危机影响深远，世界经济增长速度减缓，全球需求结构出现明显变化，围绕市场、资源、人才、技术、标准等的竞争更加激烈，气候变化以及能源资源安全、粮食安全等全球性问题更加突出，各种形式的保护主义抬头，我国发展的外部环境更趋复杂。我们必须坚持以更广阔的视野，冷静观察，沉着应对，统筹国内国际两个大局，把握好在全球经济分工中的新定位，积极创造参与国际经济合作和竞争新优势。

从国内看，工业化、信息化、城镇化、市场化、国际化深入发展，人均国民收入稳步增加，经济结构转型加快，市场需求潜力巨大，资金供给充裕，科技和教育整体水平提升，劳动力素质改善，基础设施日益完善，体制活力显著增强，政府宏观调控和应对复杂局面能力明显提高，社会大局保持稳定，我们完全有条件推动经济社会发展和综合国力再上新台阶。同时，必须清醒地看到，我国发展中不平衡、不协调、不可持续问题依然突出，主要是，经济增长的资源环境约束强化，投资和消费关系失衡，收入分配差距较大，科技创新能力不强，产业结构不合理，农业基础仍然薄弱，城乡区域发展不协调，就业总量压力和结构性矛盾并存，物价上涨压力加大，社会矛盾明显增多，制约科学发展的体制机制障碍依然较多。我们必须科学判断和准确把握发展趋势，充分利用各种有利条件，加快解决突出矛盾和问题，集中力量办好自己的事情。

第二章 指导思想

高举中国特色社会主义伟大旗帜，以邓小平理论和“三个代表”重要思想为指导，深入贯彻落实科学发展观，适应国内外形势新变化，顺应各族人民过上更好生活新期待，以科学发展为主题，以加快转变经济发展方式为主线，深化改革开放，保障和改善民生，巩固和扩大应对国际金融危机冲击成果，促进经济长期平稳较快发展和社会和谐稳定，为全面建成小康社会打下具有决定性意义的基础。

以科学发展为主题，是时代的要求，关系改革开放和现代化建设全局。我国仍处于并将长期处于社会主义初级阶段，发展仍是解决我国所有问题的关键。坚持发展是硬道理的本质要求，就是坚持科学发展。以加快转变经济发展方式为主线，是推动科学发展的必由之路，是我国经济社会领域的一场深刻变革，是综合性、系统性、战略性的转变，必须贯穿经济社会发展全过程和各领域，在发展中促转变，在转变中谋发展。今后五年，要确保科学发展取得新的显著进步，确保转变经济发展方式取得实质性进展。基本要求是：

——坚持把经济结构战略性调整作为加快转变经济发展方式的主攻方向。构建扩大内需长效机制，促进经济增长向依靠消费、投资、出口协调拉动转变。加强农业基础地位，提升制造业核心竞争力，发展战略性新兴产业，加快发展服务业，促进经济增长向依靠第一、第二、第三产业协同带动转变。统筹城乡发展，积极稳妥推进城镇化，加快推进社会主义新农村建设，促进区域良性互动、协调发展。

——坚持把科技进步和创新作为加快转变经济发展方式的重要支撑。深入实施科教兴国战略和人才强国战略，充分发挥科技第一生产力和人才第一资源作用，提高教育现代化水平，增强自主创新能力，壮大创新人才队伍，推动发展向主要依靠科技进步、劳动者素质提高、管理创新转变，加快建设创新型国家。

——坚持把保障和改善民生作为加快转变经济发展方式的根本出发点和落脚点。完善保障和改善民生的制度安排，把促进就业放在经济社会发展优先位置，加快发展各项社会事业，推进基本公共服务均等化，加大收入分配调节力度，坚定不移走共同富裕道路，使发展成果惠及全体人民。

——坚持把建设资源节约型、环境友好型社会作为加快转变经济发展方式的重要着力点。深入贯彻节约资源和保护环境基本国策，节约能源，降低温室气体排放强度，发展循环经济，推广低碳技术，积极应对全球气候变化，促进经济社会发展与人口资源环境相协调，走可持续发展之路。

——坚持把改革开放作为加快转变经济发展方式的强大动力。坚定推进经济、政治、文化、社会等领域改革，加快构建有利于科学发展的体制机制。实施互利共赢的开放战略，与国际社会共同应对全球性挑战、共同分享发展机遇。

第三章　主要目标

按照与应对国际金融危机冲击重大部署紧密衔接、与到2020年实现全面建设小康社会奋斗目标紧密衔接的要求，综合考虑未来发展趋势和条件，今后五年经济社会发展的主要目标是：

——经济平稳较快发展。国内生产总值年均增长7%，城镇新增就业4500万人，城镇登记失业率控制在5%以内，价格总水平基本稳定，国际收支趋向基本平衡，经济增长质量和效益明显提高。

——结构调整取得重大进展。居民消费率上升。农业基础进一步巩固，工业结构继续优化，战略性新兴产业发展取得突破，服务业增加值占国内生产总值比重提高4个百分点。城镇化率提高4个百分点，城乡区域发展的协调性进一步增强。

——科技教育水平明显提升。九年义务教育质量显著提高，九年义务教育巩固率达到93%，高中阶段教育毛入学率提高到87%。研究与试验发展经费支出占国内生产总值比重达到2.2%，每万人口发明专利拥有量提高到3.3件。

——资源节约环境保护成效显著。耕地保有量保持在18.18亿亩。单位工业增加值用水量降低30%，农业灌溉用水有效利用系数提高到0.53。非化石能源占一次能源消费比重达到11.4%。单位国内生产总值能源消耗降低16%，单位国内生产总值二氧化碳排放降低17%。主要污染物排放总量显著减少，化学需氧量、二氧化硫排放分别减少8%，氨氮、氮氧化物排放分别减少10%。森林覆盖率提高到21.66%，森林蓄积量增加6亿立方米。

——人民生活持续改善。全国总人口控制在13.9亿人以内。人均预期寿命提高1岁，达到74.5岁。城镇居民人均可支配收入和农村居民人均纯收入分别年均增长7%以上。新型农村社会养老保险实现制度全覆盖，城镇参加基本养老保险人数达到3.57亿人，城乡三项基本医疗保险参保率提高3个百分点。城镇保障性安居工程建设3600万套。贫困人口显著减少。

——社会建设明显加强。覆盖城乡居民的基本公共服务体系逐步完善。全民族思想道德素质、科学文化素质和健康素质不断提高。社会主义民主法制更加健全，人民权益得到切实保障。文化事业加快发展，文化产业占国民经济比重明显提高。社会管理制度趋于完善，社会更加和谐稳定。

——改革开放不断深化。财税金融、要素价格、垄断行业等重要领域和关键环节改革取得明显进展，政府职能加快转变，政府公信力和行政效率进一步提高。对外开放广度和深度不断拓展，互利共赢开放格局进一步形成。

第四章　政策导向

实现经济社会发展目标，必须紧紧围绕推动科学发展、加快转变经济发展方式，统筹兼顾，改革创新，着力解决经济社会发展中不平衡、不协调、不可持续的问题，明确重大政策导向：

——加强和改善宏观调控。巩固和扩大应对国际金融危机冲击成果，把短期调控政策和长期发展政策有机结合起来，加强财政、货币、投资、产业、土地等各项政策协调配合，提高宏观调控的科学性和预见性，增强针对性和灵活性，合理调控经济增长速度，更加积极稳妥地处理好保持经济平稳较快发展、调整经济结构、管理通胀预期的关系，实现经济增长速度和结构质量效益相统一。

——建立扩大消费需求的长效机制。把扩大消费需求作为扩大内需的战略重点，通过积极稳妥推进城镇化、实施就业优先战略、深化收入分配制度改革、健全社会保障体系和营造良好的消费环境，增强居民消费能力，改善居民消费预期，促进消费结构升级，进一步释放城乡居民消费潜力，逐步使我国国内市场总体规模位居世界前列。

——调整优化投资结构。发挥投资对扩大内需的重要作用，保持投资合理增长，完善投资体制机制，明确界定政府投资范围，规范国有企业投资行为，鼓励扩大民间投资，有效遏制盲目扩张和重复建设，促进投资消费良性互动，把扩大投资和增加就业、改善民生有机结合起来，创造最终需求。

——同步推进工业化、城镇化和农业现代化。坚持工业反哺农业、城市支持农村和多予少取放活方针，充分发挥工业化、城镇化对发展现代农业、促进农民增收、加强农村基础设施和公共服务的辐射带动作用，夯实农业农村发展基础，加快现代农业发展步伐。

——依靠科技创新推动产业升级。面向国内国际两个市场，发挥科技创新对产业结构优化升级的驱动作用，加快国家创新体系建设，强化企业在技术创新中的主体地位，引导资金、人才、技术等创新资源向企业聚集，推进产学研战略联盟，提升产业核心竞争力，推动三次产业在更高水平上协同发展。

——促进区域协调互动发展。实施区域发展总体战略和主体功能区战略，把实施西部大开发战略放在区域发展总体战略优先位置，充分发挥各地区比较优势，促进区域间生产要素合理流动和产业有序转移，在中西部地区培育新的区域经济增长极，增强区域发展的协调性。

——健全节能减排激励约束机制。优化能源结构，合理控制能源消费总量，完善资源性产品价格形成机制和资源环境税费制度，健全节能减排法律法规和标准，强化节能减排目标责任考核，把资源节约和环境保护贯穿于生产、流通、消费、建设各领域各环节，提升可持续发展能力。

——推进基本公共服务均等化。把基本公共服务制度作为公共产品向全民提供，完善公共财政制度，提高政府保障能力，建立健全符合国情、比较完整、覆盖城乡、可持续的基本公共服务体系，逐步缩小城乡区域间人民生活水平和公共服务差距。

——加快城乡居民收入增长。健全初次分配和再分配调节体系，合理调整国家、企业、个人分配关系，努力实现居民收入增长和经济发展同步、劳动报酬增长和劳动生产率提高同步，明显增加低收入者收入，持续扩大中等收入群体，努力扭转城乡、区域、行业和社会成员之间收入差距扩大趋势。

——加强和创新社会管理。提高社会管理能力，创新社会管理体制机制，加快服务型政府建设，在服务中实施管理，在管理中体现服务，着力解决影响社会和谐稳定的源头性、基础性、根本性问题，保持社会安定有序和充满活力。

第二篇　强农惠农　加快社会主义新农村建设

在工业化、城镇化深入发展中同步推进农业现代化，完善以工促农、以城带乡长效机制，加大强农惠农力度，提高农业现代化水平和农民生活水平，建设农民幸福生活的美好家园。

第五章　加快发展现代农业

坚持走中国特色农业现代化道路，把保障国家粮食安全作为首要目标，加快转变农业发展方式，提高农业综合生产能力、抗风险能力和市场竞争能力。

第一节　增强粮食安全保障能力

稳定粮食播种面积、优化品种结构、提高单产和品质，广泛开展高产创建活动，粮食综合生产能力达到5.4亿吨以上。实施全国新增千亿斤粮食生产能力规划，加大粮食主产区投入和利益补偿，将粮食生产核心区和非主产区产粮大县建设成为高产稳产商品粮生产基地。严格保护耕地，加快农村土地整理复垦。加强以农田水利设施为基础的田间工程建设，改造中低产田，大规模建设旱涝保收高标准农田。加强粮食物流、储备和应急保障能力建设。

第二节　推进农业结构战略性调整

完善现代农业产业体系，发展高产、优质、高效、生态、安全农业。优化农业产业布局，加快构建以东北平原、黄淮海平原、长江流域、汾渭平原、河套灌区、华南和甘肃新疆等的农产品主产区为主体，其他农业地区为重要组成的“七区二十三带”农业战略格局。鼓励和支持优势产区集中发展粮食、棉花、油料、糖料等大宗农产品。加快发展设施农业，推进蔬菜、水果、茶叶、花卉等园艺作物标准化生产。提升畜牧业发展水平，提高畜牧业产值比重。促进水产健康养殖，发展远洋捕捞。积极发展林业产业。推进农业产业化经营，扶持壮大农产品加工业和流通业，促进农业生产经营专业化、标准化、规模化、集约化。推进现代农业示范区建设。

第三节 加快农业科技创新

推进农业技术集成化、劳动过程机械化、生产经营信息化。加快农业生物育种创新和推广应用，开发具有重要应用价值和自主知识产权的生物新品种，做大做强现代种业。加强高效栽培、疫病防控、农业节水等领域的科技集成创新和推广应用，实施水稻、小麦、玉米等主要农作物病虫害专业化统防统治。加快推进农业机械化，促进农机农艺融合，耕种收综合机械化水平达到60%左右。发展农业信息技术，提高农业生产经营信息化水平。

第四节 健全农业社会化服务体系

加强农业公共服务能力建设，加快健全乡镇或区域性农业技术推广、动植物疫病防控、农产品质量监管等公共服务机构。培育多元化的农业社会化服务组织，支持农民专业合作组织、供销合作社、农民经纪人、龙头企业等提供多种形式的生产经营服务。积极发展农产品流通服务，加快建设流通成本低、运行效率高的农产品营销网络。

第六章 拓宽农民增收渠道

加大引导和扶持力度，提高农民职业技能和创收能力，千方百计拓宽农民增收渠道，促进农民收入持续较快增长。

第一节 巩固提高家庭经营收入

健全农产品价格保护制度，稳步提高重点粮食品种最低收购价，完善大宗农产品临时收储政策。鼓励农民优化种养结构，提高生产经营水平和经济效益。通过发展农业产业化和新型农村合作组织，使农民合理分享农产品加工、流通增值收益。因地制宜发展特色高效农业，利用农业景观资源发展观光、休闲、旅游等农村服务业，使农民在农业功能拓展中获得更多收益。

第二节 努力增加工资性收入

加强农民技能培训和就业信息服务，开展劳务输出对接，引导农村富余劳动力平稳有序外出务工。促进城乡劳动者平等就业，努力实现农民工与城镇就业人员同工同酬，提高农民工工资水平。增加县域非农就业机会，促进农民就地就近转移就业，扶持农民以创业带动就业。结合新农村建设，扩大以工代赈规模，增加农民劳务收入。

第三节 大力增加转移性收入

健全农业补贴制度，坚持对种粮农民实行直接补贴，继续实行良种补贴和农机具购置补贴，完善农资综合补贴动态调整机制。增加新型农村社会养老保险基础养老金，提高新型农村合作医疗补助标准和报销水平，提高农村最低生活保障水平。积极发展政策性农业保险，增加农业保险费补贴品种并扩大覆盖范围。加大扶贫投入，逐步提高扶贫标准。

第七章 改善农村生产生活条件

按照推进城乡经济社会发展一体化的要求，搞好社会主义新农村建设规划，加强农村基础设施建设和公共服务，推进农村环境综合整治。

第一节 提高乡镇村庄规划管理水平

适应农村人口转移的新形势，坚持因地制宜，尊重村民意愿，突出地域和农村特色，保护特色文化风貌，科学编制乡镇村庄规划。合理引导农村住宅和居民点建设，向农民免费提供经济安全适用、节地节能节材的住宅设计图样。合理安排县域乡镇建设、农田保护、产业聚集、村落分布、生态涵养等空间布局，统筹农村生产生活基础设施、服务设施和公益事业建设。

第二节 加强农村基础设施建设

全面加强农田水利建设，完善建设和管护机制，加快大中型灌区、灌排泵站配套改造，在水土资源丰富地区适时新建一批灌区，搞好抗旱水源工程建设，推进小型农田水利重点县建设，完善农村小微型水利设施。加强农村饮水安全工程建设，大力推进农村集中式供水。继续推进农村公路建设，进一步提高通达通畅率和管理养护水平，加大道路危桥改造力度。加强农村能源建设，继续加强水电新农村电气化县和小水电代燃料工程建设，实施新一轮农村电网升级改造工程，大力发展沼气、作物秸秆及林业废弃物利用等生物质能和风能、太阳能，加强省柴节煤炉灶炕改造。全面推进农村危房改造和国有林区(场)、棚户区、垦区危房改造，实施游牧民定居工程。加强农村邮政设施建设。推进农村信息基础设施建设。

第三节 强化农村公共服务

扩大公共财政覆盖农村范围，全面提高财政保障农村公共服务水平。提高农村义务教育质量和均衡发展水平，推进农村中等职业教育免费进程，积极发展农村学前教育。建立健全农村医疗卫生服务网络，向农民提供安全价廉可及的基本医疗服务。完善农村社会保障体系，逐步提高保障标准。加强农村公共文化和体育设施建设，丰富农民精神文化生活。

第四节 推进农村环境综合整治

治理农药、化肥和农膜等面源污染，全面推进畜禽养殖污染防治。加强农村饮用水水源地保护、农村河道综合整治和水污染综合治理。强化土壤污染防治监督管理。实施农村清洁工程，加快推动农村垃圾集中处理，开展农村环境集中连片整治。严格禁止城市和工业污染向农村扩散。

第八章　完善农村发展体制机制

按照统筹城乡发展要求，加快推进农村发展体制机制改革，增强农业农村发展活力。

第一节　坚持和完善农村基本经营制度

坚持以家庭承包经营为基础、统分结合的双层经营体制。完善农村土地法律法规和相关政策，现有农村土地承包关系保持稳定并长久不变。搞好农村土地确权、登记、颁证工作，完善土地承包经营权权能，依法保障农民对承包土地的占有、使用、收益等权利。在依法自愿有偿和加强服务基础上完善土地承包经营权流转市场，发展多种形式的适度规模经营。深化农村综合改革，推进集体林权和国有林区林权制度改革，完善草原承包经营制度，加快农垦体制改革。

第二节　建立健全城乡发展一体化制度

加快消除制约城乡协调发展的体制性障碍，促进公共资源在城乡之间均衡配置、生产要素在城乡之间自由流动。统筹城乡发展规划，促进城乡基础设施、公共服务、社会管理一体化。完善城乡平等的要素交换关系，促进土地增值收益和农村存款主要用于农业农村。严格规范城乡建设用地增减挂钩，调整优化城乡用地结构和布局，逐步建立城乡统一的建设用地市场。严格界定公益性和经营性建设用地，改革征地制度，缩小征地范围，提高征地补偿标准。完善农村集体经营性建设用地流转和宅基地管理机制。加快建立城乡统一的人力资源市场，形成城乡劳动者平等就业制度。加大国家财政支出和预算内固定资产投资向农业农村倾斜力度。深化农村信用社改革，鼓励有条件的地区以县为单位建立社区银行，发展农村小型金融组织和小额信贷，扩大农村有效担保物范围。认真总结统筹城乡综合配套改革试点经验，积极探索解决农业、农村、农民问题新途径。

第三节　增强县域经济发展活力

扩大县域发展自主权，稳步推进扩权强县改革试点。建立健全县级基本财力保障制度，增加对县级财政的一般性转移支付，逐步提高县级财政在省以下财力分配中的比重。依法赋予经济发展快、人口吸纳能力强的小城镇在投资审批、工商管理、社会治安等方面的行政管理权限。发挥县域资源优势和比较优势，科学规划产业发展方向，支持劳动密集型产业、农产品加工业向县城和中心镇集聚，推动形成城乡分工合理的产业发展格局。

第三篇　转型升级　提高产业核心竞争力

坚持走中国特色新型工业化道路，适应市场需求变化，根据科技进步新趋势，发挥我国产业在全球经济中的比较优势，发展结构优化、技术先进、清洁安全、附加值高、吸纳就业能力强的现代产业体系。

第九章　改造提升制造业

优化结构、改善品种质量、增强产业配套能力、淘汰落后产能，发展先进装备制造业，调整优化原材料工业，改造提升消费品工业，促进制造业由大变强。

第一节　推进重点产业结构调整

装备制造行业要提高基础工艺、基础材料、基础元器件研发和系统集成水平，加强重大技术成套装备研发和产业化，推动装备产品智能化。船舶行业要适应国际造船新标准，建立现代造船模式，发展高技术高附加值船舶和配套设备。汽车行业要强化整车研发能力，实现关键零部件技术自主化，提高节能、环保和安全技术水平。冶金和建材行业要立足国内需求，严格控制总量扩张，优化品种结构，在产品研发、资源综合利用和节能减排等方面取得新进展。石化行业要积极探索原料多元化发展新途径，重点发展高端石化产品，加快化肥原料调整，推动油品质量升级。轻纺行业要强化环保和质量安全，加强企业品牌建设，提升工艺技术装备水平。包装行业要加快发展先进包装装备、包装新材料和高端包装制品。电子信息行业要提高研发水平，增强基础电子自主发展能力，引导向产业链高端延伸。建筑业要推广绿色建筑、绿色施工，着力用先进建造、材料、信息技术优化结构和服务模式。加大淘汰落后产能力度，压缩和疏导过剩产能。

第二节　优化产业布局

按照区域主体功能定位，综合考虑能源资源、环境容量、市场空间等因素，优化重点产业生产力布局。主要依托国内能源和矿产资源的重大项目，优先在中西部资源地布局；主要利用进口资源的重大项目，优先在沿海沿边地区布局。有序推进城市钢铁、有色、化工企业环保搬迁。优化原油加工能力布局，促进上下游一体化发展。引导生产要素集聚，依托国家重点工程，打造一批具有国际竞争能力的先进制造业基地。以产业链条为纽带，以产业园区为载体，发展一批专业特色鲜明、品牌形象突出、服务平台完备的现代产业集群。

第三节　加强企业技术改造

制定支持企业技术改造的政策，加快应用新技术、新材料、新工艺、新装备改造提升传统产业，提高市场竞争能力。支持企业提高装备水平、优化生产流程，加快淘汰落后工艺技术和设备，提高能源资源综合利用水平。鼓励企业增强新产品开发能力，提高产品技术含量和附加值，加快产品升级换代。推动研发设计、生产流通、企业管理等环节信息化改造升级，推行先进质量管理，促进企业管理创新。推动一批产业技术创新服务平台建设。

第四节 引导企业兼并重组

坚持市场化运作，发挥企业主体作用，完善配套政策，消除制度障碍，以汽车、钢铁、水泥、机械制造、电解铝、稀土、电子信息、医药等行业为重点，推动优势企业实施强强联合、跨地区兼并重组，提高产业集中度。推动自主品牌建设，提升品牌价值和效应，加快发展拥有国际知名品牌和核心竞争力的大型企业。

第五节 促进中小企业发展

大力发展中小企业，完善中小企业政策法规体系。促进中小企业加快转变发展方式，强化质量诚信建设，提高产品质量和竞争能力。推动中小企业调整结构，提升专业化分工协作水平。引导中小企业集群发展，提高创新能力和管理水平。创造良好环境，激发中小企业发展活力。建立健全中小企业金融服务和信用担保体系，提高中小企业贷款规模和比重，拓宽直接融资渠道。落实和完善税收等优惠政策，减轻中小企业社会负担。

第十章 培育发展战略性新兴产业

以重大技术突破和重大发展需求为基础，促进新兴科技与新兴产业深度融合，在继续做强做大高技术产业基础上，把战略性新兴产业培育发展成为先导性、支柱性产业。

第一节 推动重点领域跨越发展

大力发展节能环保、新一代信息技术、生物、高端装备制造、新能源、新材料、新能源汽车等战略性新兴产业。节能环保产业重点发展高效节能、先进环保、资源循环利用关键技术装备、产品和服务。新一代信息技术产业重点发展新一代移动通信、下一代互联网、三网融合、物联网、云计算、集成电路、新型显示、高端软件、高端服务器和信息服务。生物产业重点发展生物医药、生物医学工程产品、生物农业、生物制造。高端装备制造产业重点发展航空装备、卫星及应用、轨道交通装备、智能制造装备。新能源产业重点发展新一代核能、太阳能热利用和光伏光热发电、风电技术装备、智能电网、生物质能。新材料产业重点发展新型功能材料、先进结构材料、高性能纤维及其复合材料、共性基础材料。新能源汽车产业重点发展插电式混合动力汽车、纯电动汽车和燃料电池汽车技术。战略性新兴产业增加值占国内生产总值比重达到8%左右。

第二节 实施产业创新发展工程

以掌握产业核心关键技术、加速产业规模化发展为目标，发挥国家重大科技专项引领支撑作用，依托优势企业、产业集聚区和重大项目，统筹技术开发、工程化、标准制定、应用示范等环节，支持商业模式创新和市场拓展，组织实施若干重大产业创新发展工程，培育一批战略性新兴产业骨干企业和示范基地。

第三节 加强政策支持和引导

设立战略性新兴产业发展专项资金和产业投资基金，扩大政府新兴产业创业投资规模，发挥多层次资本市场融资功能，带动社会资金投向处于创业早中期阶段的创新型企业。综合运用风险补偿等财政优惠政策，鼓励金融机构加大信贷支持力度。完善鼓励创新、引导投资和消费的税收支持政策。加快建立有利于战略性新兴产业发展的行业标准和重要产品技术标准体系。支持新产品应用的配套基础设施建设，为培育和拓展市场需求创造良好环境。

第十一章 推动能源生产和利用方式变革

坚持节约优先、立足国内、多元发展、保护环境，加强国际互利合作，调整优化能源结构，构建安全、稳定、经济、清洁的现代能源产业体系。

第一节 推进能源多元清洁发展

发展安全高效煤矿，推进煤炭资源整合和煤矿企业兼并重组，发展大型煤炭企业集团。有序开展煤制天然气、煤制液体燃料和煤基多联产研发示范，稳步推进产业化发展。加大石油、天然气资源勘探开发力度，稳定国内石油产量，促进天然气产量快速增长，推进煤层气、页岩气等非常规油气资源开发利用。发展清洁高效、大容量燃煤机组，优先发展大中城市、工业园区热电联产机组，以及大型坑口燃煤电站和煤矸石等综合利用电站。在做好生态保护和移民安置的前提下积极发展水电，重点推进西南地区大型水电站建设，因地制宜开发中小河流水能资源，科学规划建设抽水蓄能电站。在确保安全的基础上高效发展核电。加强并网配套工程建设，有效发展风电。积极发展太阳能、生物质能、地热能等其他新能源。促进分布式能源系统的推广应用。

第二节 优化能源开发布局

统筹规划全国能源开发布局和建设重点，建设山西、鄂尔多斯盆地、内蒙古东部地区、西南地区和新疆五大国家综合能源基地，重点在东部沿海和中部部分地区发展核电。提高能源就地加工转化水平，减少一次能源大规模长距离输送压力。合理规划建设能源储备设施，完善石油储备体系，加强天然气和煤炭储备与调峰应急能力建设。

第三节 加强能源输送通道建设

加快西北、东北、西南和海上进口油气战略通道建设，完善国内油气主干管网。统筹天然气进口管道、液化天然气接收站、跨区域骨干输气网和配气管网建设，初步形成天然气、煤层气、煤制气协调发展的供气格局。适应大规模跨区输电和新能源发电并网的要求，加快现代电网体系建设，进一步扩大西电东送规模，完善区域主干电网，发展特高压等大容量、高效率、远距离先进输电技术，依托信息、控制和储能等先进技术，推进智能电网建设，切实加强城乡电网建设与改造，增强电网优化配置电力能力和供电可靠性。

第十二章　构建综合交通运输体系

按照适度超前原则，统筹各种运输方式发展，基本建成国家快速铁路网和高速公路网，初步形成网络设施配套衔接、技术装备先进适用、运输服务安全高效的综合交通运输体系。

第一节　完善区际交通网络

加快铁路客运专线、区际干线、煤运通道建设，发展高速铁路，形成快速客运网，强化重载货运网。完善国家公路网规划，加快国家高速公路网剩余路段、瓶颈路段建设，加强国省干线公路改扩建。大力推进长江等内河高等级航道建设，推动内河运输船舶标准化和港口规模化发展。完善煤炭、石油、铁矿石、集装箱等运输系统，提升沿海地区港口群现代化水平。完善以国际枢纽机场和干线机场为骨干、支线机场为补充的航空网络，积极推动通用航空发展，改革空域管理体制，提高空域资源配置使用效率。

第二节　建设城际快速网络

适应城市群发展需要，以轨道交通和高速公路为骨干，以国省干线公路为补充，推进城市群内多层次城际快速交通网络建设。建成京津冀、长江三角洲、珠江三角洲三大城市群城际交通网络，推进重点开发区域城市群的城际干线建设。

第三节　优先发展公共交通

实施公共交通优先发展战略，大力发展城市公共交通系统，提高公共交通出行分担比率。科学制定城市轨道交通技术路线，规范建设标准，有序推进轻轨、地铁、有轨电车等城市轨道交通网络建设。积极发展地面快速公交系统，提高线网密度和站点覆盖率。规范发展城市出租车业，合理引导私人机动车出行，倡导非机动方式出行。优化换乘中心功能和布局，提高出行效率。统筹城乡公共交通一体化发展。

第四节　提高运输服务水平

按照客运零距离换乘、货运无缝化衔接的要求，加强铁路、公路、港口、机场、城市公共交通的有机衔接，加快综合交通枢纽建设。推广先进装备技术应用，提高交通运输信息化水平。优化运输组织，创新服务方式，推进客票一体联程、货物多式联运。大力发展节能环保的运输工具和运输方式。积极发展公路甩挂运输。加强安全管理，保障运输安全。

第十三章　全面提高信息化水平

加快建设宽带、融合、安全、泛在的下一代国家信息基础设施，推动信息化和工业化深度融合，推进经济社会各领域信息化。

第一节　构建下一代信息基础设施

统筹布局新一代移动通信网、下一代互联网、数字广播电视网、卫星通信等设施建设，形成超高速、大容量、高智能国家干线传输网络。引导建设宽带无线城市，推进城市光纤入户，加快农村地区宽带网络建设，全面提高宽带普及率和接入带宽。推动物联网关键技术研发和在重点领域的应用示范。加强云计算服务平台建设。以广电和电信业务双向进入为重点，建立健全法律法规和标准，实现电信网、广电网、互联网三网融合，促进网络互联互通和业务融合。

第二节　加快经济社会信息化

推动经济社会各领域信息化。积极发展电子商务，完善面向中小企业的电子商务服务，推动面向全社会的信用服务、网上支付、物流配送等支撑体系建设。大力推进国家电子政务建设，推动重要政务信息系统互联互通、信息共享和业务协同，建设和完善网络行政审批、信息公开、网上信访、电子监察和审计体系。加强市场监管、社会保障、医疗卫生等重要信息系统建设，完善地理、人口、法人、金融、税收、统计等基础信息资源体系，强化信息资源的整合，规范采集和发布，加强社会化综合开发利用。

第三节　加强网络与信息安全保障

健全网络与信息安全法律法规，完善信息安全标准体系和认证认可体系，实施信息安全等级保护、风险评估等制度。加快推进安全可控关键软硬件应用试点示范和推广，加强信息网络监测、管控能力建设，确保基础信息网络和重点信息系统安全。推进信息安全保密基础设施建设，构建信息安全保密防护体系。加强互联网管理，确保国家网络与信息安全。

第十四章　推进海洋经济发展

坚持陆海统筹，制定和实施海洋发展战略，提高海洋开发、控制、综合管理能力。

第一节　优化海洋产业结构

科学规划海洋经济发展，合理开发利用海洋资源，积极发展海洋油气、海洋运输、海洋渔业、滨海旅游等产业，培育壮大海洋生物医药、海水综合利用、海洋工程装备制造等新兴产业。加强海洋基础性、前瞻性、关键性技术研发，提高海洋科技水平，增强海洋开发利用能力。深化港口岸线资源整合和优化港口布局。制定实施海洋主体功能区规划，优化海洋经济空间布局。推进山东、浙江、广东等海洋经济发展试点。

第二节　加强海洋综合管理

加强统筹协调，完善海洋管理体制。强化海域和海岛管理，健全海域使用权市场机制，推进海岛保护利用，扶持边远海岛发展。统筹海洋环境保护与陆源污染防治，加强海洋生态系统保护和修复。控制近海资源过度开发，加强围填海管理，严格规范无居民海岛利用活动。完善海洋防灾减灾体系，增强海上突发事件应急处置能力。加强海洋综合调查与测绘工作，积极开展极地、大洋科学考察。完善涉海法律法规和政策，加大海洋执法力度，维护海洋资源开发秩序。加强双边多边海洋事务磋商，积极参与国际海洋事务，保障海上运输通道安全，维护我国海洋权益。

第四篇　营造环境　推动服务业大发展

把推动服务业大发展作为产业结构优化升级的战略重点，营造有利于服务业发展的政策和体制环境，拓展新领域，发展新业态，培育新热点，推进服务业规模化、品牌化、网络化经营，不断提高服务业比重和水平。

第十五章　加快发展生产性服务业

深化专业化分工，加快服务产品和服务模式创新，促进生产性服务业与先进制造业融合，推动生产性服务业加速发展。

第一节　有序拓展金融服务业

服务实体经济，防范系统性风险，有序发展和创新金融组织、产品和服务，全面提升金融服务水平。发挥大型金融机构的综合性服务功能，积极发展中小金融机构，围绕促进小型微型企业发展、推动科技创新、发展绿色经济、支持企业跨境经营，以及发展网上交易等新型服务业态，创新金融产品和服务模式。更好地发挥信用融资、证券、信托、理财、租赁、担保、网商银行等各类金融服务的资产配置和融资服务功能。加强金融基础设施建设，进一步健全金融市场的登记、托管、交易、清算系统。拓宽保险服务领域，积极发展责任保险、信用保险，探索发展巨灾保险，创新保险营销服务方式，规范发展保险中介市场，推进再保险市场建设，建立健全保险服务体系。

第二节　大力发展现代物流业

加快建立社会化、专业化、信息化的现代物流服务体系，大力发展第三方物流，优先整合和利用现有物流资源，加强物流基础设施的建设和衔接，提高物流效率，降低物流成本。推动农产品、大宗矿产品、重要工业品等重点领域物流发展。优化物流业发展的区域布局，支持物流园区等物流功能集聚区有序发展。推广现代物流管理，提高物流智能化和标准化水平。

第三节　培育壮大高技术服务业

以高技术的延伸服务和支持科技创新的专业化服务为重点，大力发展高技术服务业。加快发展研发设计业，促进工业设计从外观设计向高端综合设计服务转变。加强信息服务，提升软件开发应用水平，发展信息系统集成服务、互联网增值服务、信息安全服务和数字内容服务，发展地理信息产业。积极发展检验检测、知识产权和科技成果转化等科技支撑服务。培育发展一批高技术服务骨干企业和知名品牌。

第四节　规范提升商务服务业

大力发展会计、审计、税务、工程咨询、认证认可、信用评估、经纪代理、管理咨询、市场调查等专业服务。积极发展律师、公证、司法鉴定、经济仲裁等法律服务。加快发展项目策划、并购重组、财务顾问等企业管理服务。规范发展人事代理、人才推荐、人员培训、劳务派遣等人力资源服务。促进广告、会展业健康发展。

第十六章　大力发展生活性服务业

面向城乡居民生活，丰富服务产品类型，扩大服务供给，提高服务质量，满足多样化需求。

第一节　优化发展商贸服务业

优化城市综合超市、购物中心、批发市场等商业网点结构和布局，支持便利店、中小超市、社区菜店等社区商业发展。鼓励和支持连锁经营、物流配送、电子商务等现代流通方式向农村延伸，完善农村服务网点，支持大型超市与农村合作组织对接，改造升级农产品批发市场和农贸市场。引导住宿和餐饮业健康规范发展。支持发展具有国际竞争力的大型商贸流通企业。

第二节　积极发展旅游业

全面发展国内旅游，积极发展入境旅游，有序发展出境旅游。坚持旅游资源保护和开发并重，加强旅游基础设施建设，推进重点旅游区、旅游线路建设。推动旅游业特色化发展和旅游产品多样化发展，全面推动生态旅游，深度开发文化旅游，大力发展红色旅游。完善旅游服务体系，加强行业自律和诚信建设，提高旅游服务质量。

第三节　鼓励发展家庭服务业

以家庭为服务对象，以社区为重要依托，重点发展家政服务、养老服务和病患陪护等服务，鼓励发展残疾人居家服务，积极发展社区日间照料中心和专业化养老服务机构，因地制宜发展家庭用品配送、家庭教育等特色服务，形成多层次、多形式的家庭服务市场和经营机构。加快建设家庭服务业公益性信息服务平台。加强市场监管，规范家庭服务业市场秩序。

第四节　全面发展体育事业和体育产业

大力发展公共体育事业，加强公共体育设施建设，广泛开展全民健身运动，提升广大群众特别是青少年的体育健身意识和健康水平。继续实施农民体育健身工程。优化竞技体育项目结构，提高竞技体育综合实力。发展健身休闲体育，开发体育竞赛和表演市场，发展体育用品、体育中介和场馆运营等服务，促进体育事业和体育产业协调发展。

第十七章　营造有利于服务业发展的环境

以开放促改革，以竞争促发展，推动服务业制度创新,完善服务业政策体系,优化服务业发展环境。

第一节 加快推进服务领域改革

建立公平、规范、透明的市场准入标准,打破部门分割、地区封锁和行业垄断,扩大服务业开放领域,鼓励和引导各类资本投向服务业,大力发展多种所有制服务企业,建立统一、开放、竞争、有序的服务业市场。深化机关事业单位后勤服务社会化改革。探索适合新型服务业态发展的市场管理办法。推进国家服务业综合改革试点,探索有利于服务业加快发展的体制机制和有效途径。

第二节 完善服务业政策

实行鼓励类服务业用电、用水、用气、用热与工业同价。扩大服务业用地供给,工业企业退出的土地优先用于发展服务业。结合增值税改革,完善生产性服务业税收制度。拓宽服务业企业融资渠道,支持符合条件的服务业企业上市融资和发行债券。扩大政府采购服务产品范围。建立健全服务业标准体系。支持服务业企业品牌和网络建设。优化服务业发展布局,推动特大城市形成以服务经济为主的产业结构。

第五篇 优化格局 促进区域协调发展和城镇化健康发展

实施区域发展总体战略和主体功能区战略,构筑区域经济优势互补、主体功能定位清晰、国土空间高效利用、人与自然和谐相处的区域发展格局,逐步实现不同区域基本公共服务均等化。坚持走中国特色城镇化道路,科学制定城镇化发展规划,促进城镇化健康发展。

第十八章 实施区域发展总体战略

充分发挥不同地区比较优势,促进生产要素合理流动,深化区域合作,推进区域良性互动发展,逐步缩小区域发展差距。

第一节 推进新一轮西部大开发

坚持把深入实施西部大开发战略放在区域发展总体战略优先位置,给予特殊政策支持。加强基础设施建设,扩大铁路、公路、民航、水运网络,建设一批骨干水利工程和重点水利枢纽,加快推进油气管道和主要输电通道及联网工程。加强生态环境保护,强化地质灾害防治,推进重点生态功能区建设,继续实施重点生态工程,构筑国家生态安全屏障。发挥资源优势,实施以市场为导向的优势资源转化战略,在资源富集地区布局一批资源开发及深加工项目,建设国家重要能源、战略资源接续地和产业集聚区,发展特色农业、旅游等优势产业。大力发展科技教育,增强自我发展能力。支持汶川等灾区发展。坚持以线串点、以点带面,推进重庆、成都、西安区域战略合作,推动呼包鄂榆、广西北部湾、成渝、黔中、滇中、藏中南、关中—天水、兰州—西宁、宁夏沿黄、天山北坡等经济区加快发展,培育新的经济增长极。

第二节 全面振兴东北地区等老工业基地

发挥产业和科技基础较强的优势,完善现代产业体系,推动装备制造、原材料、汽车、农产品深加工等优势产业升级,大力发展金融、物流、旅游以及软件和服务外包等服务业。深化国有企业改革,加快厂办大集体改革和"债转股"资产处置,大力发展非公有制经济和中小企业。加快转变农业发展方式,建设稳固的国家粮食战略基地。着力保护好黑土地、湿地、森林和草原,推进大小兴安岭和长白山林区生态保护和经济转型。促进资源枯竭地区转型发展,增强资源型城市可持续发展能力。统筹推进全国老工业基地调整改造。重点推进辽宁沿海经济带和沈阳经济区、长吉图经济区、哈大齐和牡绥地区等区域发展。

第三节 大力促进中部地区崛起

发挥承东启西的区位优势,壮大优势产业,发展现代产业体系,巩固提升全国重要粮食生产基地、能源原材料基地、现代装备制造及高技术产业基地和综合交通运输枢纽地位。改善投资环境,有序承接东部地区和国际产业转移。提高资源利用效率和循环经济发展水平。加强大江大河大湖综合治理。进一步细化和落实中部地区比照实施振兴东北地区等老工业基地和西部大开发的有关政策。加快构建沿陇海、沿京广、沿京九和沿长江中游经济带,促进人口和产业的集聚,加强与周边城市群的对接和联系。重点推进太原城市群、皖江城市带、鄱阳湖生态经济区、中原经济区、武汉城市圈、环长株潭城市群等区域发展。

第四节 积极支持东部地区率先发展

发挥东部地区对全国经济发展的重要引领和支撑作用,在更高层次参与国际合作和竞争,在改革开放中先行先试,在转变经济发展方式、调整经济结构和自主创新中走在全国前列。着力提高科技创新能力,加快国家创新型城市和区域创新平台建设。着力培育产业竞争新优势,加快发展战略性新兴产业、现代服务业和先进制造业。着力推进体制机制创新,率先完善社会主义市场经济体制。着力增强可持续发展能力,进一步提高能源、土地、海域等资源利用效率,加大环境污染治理力度,化解资源环境瓶颈制约。推进京津冀、长江三角洲、珠江三角洲地区区域经济一体化发展,打造首都经济圈,重点推进河北沿海地区、江苏沿海地区、浙江舟山群岛新区、海峡西岸经济区、山东半岛蓝色经济区等区域发展,建设海南国际旅游岛。

第五节 加大对革命老区、民族地区、边疆地区和贫困地区扶持力度

进一步加大扶持力度,加强基础设施建设,强化生

态保护和修复，提高公共服务水平，切实改善老少边穷地区生产生活条件。继续实施扶持革命老区发展的政策措施。贯彻落实扶持民族地区发展的政策，大力支持西藏、新疆和其他民族地区发展，扶持人口较少民族发展。深入推进兴边富民行动，陆地边境地区享有西部开发政策，支持边境贸易和民族特需品发展。在南疆地区、青藏高原东缘地区、武陵山区、乌蒙山区、滇西边境山区、秦巴山—六盘山区以及中西部其他集中连片特殊困难地区，实施扶贫开发攻坚工程，加大以工代赈和易地扶贫搬迁力度。支持新疆生产建设兵团建设和发展。推进三峡等库区后续发展。对老少边穷地区中央安排的公益性建设项目，取消县级并逐步减少市级配套资金。实行地区互助政策，开展多种形式对口支援。

第十九章 实施主体功能区战略

按照全国经济合理布局的要求，规范开发秩序，控制开发强度，形成高效、协调、可持续的国土空间开发格局。

第一节 优化国土空间开发格局

统筹谋划人口分布、经济布局、国土利用和城镇化格局，引导人口和经济向适宜开发的区域集聚，保护农业和生态发展空间，促进人口、经济与资源环境相协调。对人口密集、开发强度偏高、资源环境负荷过重的部分城市化地区要优化开发。对资源环境承载能力较强、集聚人口和经济条件较好的城市化地区要重点开发。对具备较好的农业生产条件、以提供农产品为主体功能的农产品主产区，要着力保障农产品供给安全。对影响全局生态安全的重点生态功能区，要限制大规模、高强度的工业化城镇化开发。对依法设立的各级各类自然文化资源保护区和其他需要特殊保护的区域要禁止开发。

第二节 实施分类管理的区域政策

基本形成适应主体功能区要求的法律法规和政策，完善利益补偿机制。中央财政要逐年加大对农产品主产区、重点生态功能区特别是中西部重点生态功能区的转移支付力度，增强基本公共服务和生态环境保护能力，省级财政要完善对下转移支付政策。实行按主体功能区安排与按领域安排相结合的政府投资政策，按主体功能区安排的投资主要用于支持重点生态功能区和农产品主产区的发展，按领域安排的投资要符合各区域的主体功能定位和发展方向。修改完善现行产业指导目录，明确不同主体功能区的鼓励、限制和禁止类产业。实行差别化的土地管理政策，科学确定各类用地规模，严格土地用途管制。对不同主体功能区实行不同的污染物排放总量控制和环境标准。相应完善农业、人口、民族、应对气候变化等政策。

第三节 实行各有侧重的绩效评价

在强化对各类地区提供基本公共服务、增强可持续发展能力等方面评价基础上，按照不同区域的主体功能定位，实行差别化的评价考核。对优化开发的城市化地区，强化经济结构、科技创新、资源利用、环境保护等的评价。对重点开发的城市化地区，综合评价经济增长、产业结构、质量效益、节能减排、环境保护和吸纳人口等。对限制开发的农产品主产区和重点生态功能区，分别实行农业发展优先和生态保护优先的绩效评价，不考核地区生产总值、工业等指标。对禁止开发的重点生态功能区，全面评价自然文化资源原真性和完整性保护情况。

第四节 建立健全衔接协调机制

发挥全国主体功能区规划在国土空间开发方面的战略性、基础性和约束性作用。按照推进形成主体功能区的要求，完善区域规划编制，做好专项规划、重大项目布局与主体功能区规划的衔接协调。推进市县空间规划工作，落实区域主体功能定位，明确功能区布局。研究制定各类主体功能区开发强度、环境容量等约束性指标并分解落实。完善覆盖全国、统一协调、更新及时的国土空间动态监测管理系统，开展主体功能区建设的跟踪评估。

第二十章 积极稳妥推进城镇化

优化城市化布局和形态，加强城镇化管理，不断提升城镇化的质量和水平。

第一节 构建城市化战略格局

按照统筹规划、合理布局、完善功能、以大带小的原则，遵循城市发展客观规律，以大城市为依托，以中小城市为重点，逐步形成辐射作用大的城市群，促进大中小城市和小城镇协调发展。构建以陆桥通道、沿长江通道为两条横轴，以沿海、京哈京广、包昆通道为三条纵轴，以轴线上若干城市群为依托、其他城市化地区和城市为重要组成部分的城市化战略格局，促进经济增长和市场空间由东向西、由南向北拓展。

在东部地区逐步打造更具国际竞争力的城市群，在中西部有条件的地区培育壮大若干城市群。科学规划城市群内各城市功能定位和产业布局，缓解特大城市中心城区压力，强化中小城市产业功能，增强小城镇公共服务和居住功能，推进大中小城市基础设施一体化建设和网络化发展。积极挖掘现有中小城市发展潜力，优先发展区位优势明显、资源环境承载能力较强的中小城市。有重点地发展小城镇，把有条件的东部地区中心镇、中西部地区县城和重要边境口岸逐步发展成为中小城市。

第二节 稳步推进农业转移人口转为城镇居民

把符合落户条件的农业转移人口逐步转为城镇居

民作为推进城镇化的重要任务。充分尊重农民在进城或留乡问题上的自主选择权,切实保护农民承包地、宅基地等合法权益。坚持因地制宜、分步推进,把有稳定劳动关系并在城镇居住一定年限的农民工及其家属逐步转为城镇居民。特大城市要合理控制人口规模,大中城市要加强和改进人口管理,继续发挥吸纳外来人口的重要作用,中小城市和小城镇要根据实际放宽落户条件。鼓励各地探索相关政策和办法,合理确定农业转移人口转为城镇居民的规模。

对暂时不具备在城镇落户条件的农民工,要改善公共服务,加强权益保护。以流入地全日制公办中小学为主,保证农民工随迁子女平等接受义务教育,并做好与高中阶段教育的衔接。将与企业建立稳定劳动关系的农民工纳入城镇职工基本养老和医疗保险。建立农民工基本培训补贴制度,推进农民工培训资金省级统筹。多渠道多形式改善农民工居住条件,鼓励采取多种方式将符合条件的农民工纳入城镇住房保障体系。

第三节　增强城镇综合承载能力

坚持以人为本、节地节能、生态环保、安全实用、突出特色、保护文化和自然遗产的原则,科学编制城市规划,健全城镇建设标准,强化规划约束力。合理确定城市开发边界,规范新城新区建设,提高建成区人口密度,调整优化建设用地结构,防止特大城市面积过度扩张。预防和治理"城市病"。

统筹地上地下市政公用设施建设,全面提升交通、通信、供电、供热、供气、供排水、污水垃圾处理等基础设施水平,增强消防等防灾能力。扩大城市绿化面积和公共活动空间,加快面向大众的城镇公共文化、体育设施建设。推进"城中村"和城乡结合部改造。加强建筑市场监管,规范建筑市场秩序。深化城市建设投融资体制改革,发行市政项目建设债券。加强城市综合管理。推动数字城市建设,提高信息化和精细化管理服务水平。注重文化传承与保护,改善城市人文环境。

第六篇　绿色发展　建设资源节约型、环境友好型社会

面对日趋强化的资源环境约束,必须增强危机意识,树立绿色、低碳发展理念,以节能减排为重点,健全激励与约束机制,加快构建资源节约、环境友好的生产方式和消费模式,增强可持续发展能力,提高生态文明水平。

第二十一章　积极应对全球气候变化

坚持减缓和适应气候变化并重,充分发挥技术进步的作用,完善体制机制和政策体系,提高应对气候变化能力。

第一节　控制温室气体排放

综合运用调整产业结构和能源结构、节约能源和提高能效、增加森林碳汇等多种手段,大幅度降低能源消耗强度和二氧化碳排放强度,有效控制温室气体排放。合理控制能源消费总量,严格用能管理,加快制定能源发展规划,明确总量控制目标和分解落实机制。推进植树造林,新增森林面积1250万公顷。加快低碳技术研发应用,控制工业、建筑、交通和农业等领域温室气体排放。探索建立低碳产品标准、标识和认证制度,建立完善温室气体排放统计核算制度,逐步建立碳排放交易市场。推进低碳试点示范。

第二节　增强适应气候变化能力

制定国家适应气候变化总体战略,加强气候变化科学研究、观测和影响评估。在生产力布局、基础设施、重大项目规划设计和建设中,充分考虑气候变化因素。加强适应气候变化特别是应对极端气候事件能力建设,加快适应技术研发推广,提高农业、林业、水资源等重点领域和沿海、生态脆弱地区适应气候变化水平。加强对极端天气和气候事件的监测、预警和预防,提高防御和减轻自然灾害的能力。

第三节　广泛开展国际合作

坚持共同但有区别的责任原则,积极参与国际谈判,推动建立公平合理的应对气候变化国际制度。加强气候变化领域国际交流和战略政策对话,在科学研究、技术研发和能力建设等方面开展务实合作,推动建立资金、技术转让国际合作平台和管理制度。为发展中国家应对气候变化提供支持和帮助。

第二十二章　加强资源节约和管理

落实节约优先战略,全面实行资源利用总量控制、供需双向调节、差别化管理,大幅度提高能源资源利用效率,提升各类资源保障程度。

第一节　大力推进节能降耗

抑制高耗能产业过快增长,突出抓好工业、建筑、交通、公共机构等领域节能,加强重点用能单位节能管理。强化节能目标责任考核,健全奖惩制度。完善节能法规和标准,制定完善并严格执行主要耗能产品能耗限额和产品能效标准,加强固定资产投资项目节能评估和审查。健全节能市场化机制,加快推行合同能源管理和电力需求侧管理,完善能效标识、节能产品认证和节能产品政府强制采购制度。推广先进节能技术和产品。加强节能能力建设。开展万家企业节能低碳行动,深入推进节能减排全民行动。

第二节　加强水资源节约

实行最严格的水资源管理制度,加强用水总量控制与定额管理,严格水资源保护,加快制订江河流域水量分配方案,加强水权制度建设,建设节水型社会。强化水资源有偿使用，严格水资源费的征收、使用和管理。推进农业节水增效，推广普及管道输水、膜下滴灌等高效节水灌溉技术，新增5000万亩高效节水灌溉面积，支持旱作农业示范基地建设。在保障灌溉面积、灌溉保证率和农民利益的前提下，建立健全工农业用水水权转换机制。加强城市节约用水，提高工业用水效率，促进重点用水行业节水技术改造和居民生活节水。加强水量水质监测能力建设。实施地下水监测工程，严格控制地下水开采。大力推进再生水、矿井水、海水淡化和苦咸水利用。

第三节 节约集约利用土地

坚持最严格的耕地保护制度，划定永久基本农田，建立保护补偿机制，从严控制各类建设占用耕地，落实耕地占补平衡，实行先补后占，确保耕地保有量不减少。实行最严格的节约用地制度，从严控制建设用地总规模。按照节约集约和总量控制的原则，合理确定新增建设用地规模、结构、时序。提高土地保有成本，盘活存量建设用地，加大闲置土地清理处置力度，鼓励深度开发利用地上地下空间。强化土地利用总体规划和年度计划管控，严格用途管制，健全节约土地标准，加强用地节地责任和考核。单位国内生产总值建设用地下降30%。

第四节 加强矿产资源勘查、保护和合理开发

实施地质找矿战略工程，加大勘查力度，实现地质找矿重大突破，形成一批重要矿产资源的战略接续区。建立重要矿产资源储备体系。加强重要优势矿产保护和开采管理，完善矿产资源有偿使用制度，严格执行矿产资源规划分区管理制度，促进矿业权合理设置和勘查开发布局优化。实行矿山最低开采规模标准，推进规模化开采。发展绿色矿业，强化矿产资源节约与综合利用，提高矿产资源开采回采率、选矿回收率和综合利用率。推进矿山地质环境恢复治理和矿区土地复垦，完善矿山环境恢复治理保证金制度。加强矿产资源和地质环境保护执法监察，坚决制止乱挖滥采。

第二十三章 大力发展循环经济

按照减量化、再利用、资源化的原则，减量化优先，以提高资源产出效率为目标，推进生产、流通、消费各环节循环经济发展，加快构建覆盖全社会的资源循环利用体系。

第一节 推行循环型生产方式

加快推行清洁生产，在农业、工业、建筑、商贸服务等重点领域推进清洁生产示范，从源头和全过程控制污染物产生和排放，降低资源消耗。加强共伴生矿产及尾矿综合利用，提高资源综合利用水平。推进大宗工业固体废物和建筑、道路废弃物以及农林废物资源化利用，工业固体废物综合利用率达到72%。按照循环经济要求规划、建设和改造各类产业园区，实现土地集约利用、废物交换利用、能量梯级利用、废水循环利用和污染物集中处理。推动产业循环式组合，构筑链接循环的产业体系。资源产出率提高15%。

第二节 健全资源循环利用回收体系

完善再生资源回收体系，加快建设城市社区和乡村回收站点、分拣中心、集散市场"三位一体"的回收网络，推进再生资源规模化利用。加快完善再制造旧件回收体系，推进再制造产业发展。建立健全垃圾分类回收制度，完善分类回收、密闭运输、集中处理体系，推进餐厨废弃物等垃圾资源化利用和无害化处理。

第三节 推广绿色消费模式

倡导文明、节约、绿色、低碳消费理念，推动形成与我国国情相适应的绿色生活方式和消费模式。鼓励消费者购买使用节能节水产品、节能环保型汽车和节能省地型住宅，减少使用一次性用品，限制过度包装，抑制不合理消费。推行政府绿色采购，逐步提高节能节水产品和再生利用产品比重。

第四节 强化政策和技术支撑

加强规划指导、财税金融等政策支持，完善法律法规和标准，实行生产者责任延伸制度，制定循环经济技术和产品名录，建立再生产品标识制度，建立完善循环经济统计评价制度。开发应用源头减量、循环利用、再制造、零排放和产业链接技术，推广循环经济典型模式。深入推进国家循环经济示范，组织实施循环经济"十百千示范"行动。推进甘肃省和青海柴达木循环经济示范区等循环经济示范试点、山西资源型经济转型综合配套改革试验区建设。

第二十四章 加大环境保护力度

以解决饮用水不安全和空气、土壤污染等损害群众健康的突出环境问题为重点，加强综合治理，明显改善环境质量。

第一节 强化污染物减排和治理

实施主要污染物排放总量控制。实行严格的饮用水水源地保护制度，提高集中式饮用水水源地水质达标率。加强造纸、印染、化工、制革、规模化畜禽养殖等行业污染治理，继续推进重点流域和区域水污染防治，加强重点湖库及河流环境保护和生态治理，加大重点跨界河流环境管理和污染防治力度，加强地下水污染防治。推进火电、钢铁、有色、化工、建材等行业二氧化硫和氮氧化物治理，强化脱硫脱硝设施稳定运行，加大机动车尾气治理力度。深化颗粒物污染防治。加强恶臭污染物治理。建立健全区域大气污染联防联控机制，控制区域复合型大气污染。地级以上城市空气质量达到二级标准以上的比例达到80%。有效控制城市噪声污染。提高城镇生活污水和垃圾处理能力，城市污

水处理率和生活垃圾无害化处理率分别达到85%和80%。

第二节 防范环境风险

加强重金属污染综合治理，以湘江流域为重点，开展重金属污染治理与修复试点示范。加大持久性有机物、危险废物、危险化学品污染防治力度，开展受污染场地、土壤、水体等污染治理与修复试点示范。强化核与辐射监管能力，确保核与辐射安全。推进历史遗留的重大环境隐患治理。加强对重大环境风险源的动态监测与风险预警及控制，提高环境与健康风险评估能力。

第三节 加强环境监管

健全环境保护法律法规和标准体系，完善环境保护科技和经济政策，加强环境监测、预警和应急能力建设。加大环境执法力度，实行严格的环保准入，依法开展环境影响评价，强化产业转移承接的环境监管。严格落实环境保护目标责任制，强化总量控制指标考核，健全重大环境事件和污染事故责任追究制度，建立环保社会监督机制。

第二十五章 促进生态保护和修复

坚持保护优先和自然修复为主，加大生态保护和建设力度，从源头上扭转生态环境恶化趋势。

第一节 构建生态安全屏障

加强重点生态功能区保护和管理，增强涵养水源、保持水土、防风固沙能力，保护生物多样性，构建以青藏高原生态屏障、黄土高原—川滇生态屏障、东北森林带、北方防沙带和南方丘陵山地带以及大江大河重要水系为骨架，以其他国家重点生态功能区为重要支撑，以点状分布的国家禁止开发区域为重要组成的生态安全战略格局。

第二节 强化生态保护与治理

继续实施天然林资源保护工程，巩固和扩大退耕还林还草、退牧还草等成果，推进荒漠化、石漠化和水土流失综合治理，保护好林草植被和河湖、湿地。搞好森林草原管护，加强森林草原防火和病虫害防治，实施草原生态保护补偿奖励机制。强化自然保护区建设监管，提高管护水平。加强生物安全管理，加大生物物种资源保护和管理力度，有效防范物种资源丧失与流失，积极防治外来物种入侵。

第三节 建立生态补偿机制

按照谁开发谁保护、谁受益谁补偿的原则，加快建立生态补偿机制。加大对重点生态功能区的均衡性转移支付力度，研究设立国家生态补偿专项资金。推行资源型企业可持续发展准备金制度。鼓励、引导和探索实施下游地区对上游地区、开发地区对保护地区、生态受益地区对生态保护地区的生态补偿。积极探索市场化生态补偿机制。加快制定实施生态补偿条例。

第二十六章 加强水利和防灾减灾体系建设

加强水利基础设施建设，在继续推进大江大河治理基础上，积极开展重要支流、湖泊和中小河流治理，增强城乡供水和防洪能力。健全防灾减灾体系，增强抵御自然灾害能力。

第一节 提高供水保障能力

完善南北调配、东西互济、河库联调的水资源调配体系，建设一批跨流域调水和骨干水源工程，统筹推进中小微型水源工程建设，增加水资源供给和储备能力。推动解决西南等地区工程性缺水和西北等地区资源性缺水问题。新增年供水能力400亿立方米。加强雨洪资源和云水资源利用。推进水文水资源管理基础设施和重大水利工程调度管理系统建设。

第二节 增强防洪能力

继续加强淮河、长江、黄河、洞庭湖、鄱阳湖等大江大河大湖治理和重要蓄滞洪区建设，建成一批控制性枢纽工程，提高重点防洪保护区的防洪能力。加大中小河流堤防建设和河道整治力度，基本完成流域面积200平方公里以上有防洪任务的重点中小河流治理。加快病险水库和水闸除险加固，消除安全隐患，增强防洪能力。加强海堤达标建设和重要河口综合治理。搞好跨界河流国土防护治理。

第三节 加强山洪地质气象地震灾害防治

提高山洪、地质灾害防治能力，加快建立灾害调查评价体系、监测预警体系、防治体系、应急体系，加快实施搬迁避让和重点治理。加强重点时段、重点地区山洪地质灾害防治，对滑坡、泥石流等重点突发性地质灾害隐患实施监测预警和综合治理示范，开展重要城市和地区地面沉降、地裂缝等缓变性地质灾害的综合治理。加强气象灾害监测预警预报和信息发布系统建设。提高地震监测分析与震灾防御能力。

第七篇 创新驱动 实施科教兴国战略和人才强国战略

全面落实国家中长期科技、教育、人才规划纲要，大力提高科技创新能力，加快教育改革发展，发挥人才资源优势，推进创新型国家建设。

第二十七章 增强科技创新能力

坚持自主创新、重点跨越、支撑发展、引领未来的方针，加快建设国家创新体系，着力提高企业创新能力，促进科技成果向现实生产力转化，推动经济发展更多依靠科技创新驱动。

第一节 推进重大科学技术突破

把握科技发展趋势，超前部署基础研究和前沿技术研究，推动重大科学发现和新学科产生，在物质科学、生命科学、空间科学、地球科学、纳米科技等领域抢占未来科技竞争制高点。促进科技进步与产业升级、民生改善紧密结合,面向经济社会发展重大需求,在现代农业、装备制造、生态环保、能源资源、信息网络、新型材料、公共安全和健康等领域取得新突破。加快实施国家重大科技专项,增强共性、核心技术突破能力。

第二节 加快建立以企业为主体的技术创新体系

深化科技体制改革,促进全社会科技资源高效配置和综合集成。重点引导和支持创新要素向企业集聚,加大政府科技资源对企业的支持力度,加快建立以企业为主体、市场为导向、产学研相结合的技术创新体系,使企业真正成为研究开发投入、技术创新活动、创新成果应用的主体。增强科研院所和高校创新动力,鼓励大型企业加大研发投入,激发中小企业创新活力,推动建立企业、科研院所和高校共同参与的创新战略联盟,发挥企业家和科技领军人才在科技创新中的重要作用。加强军民科技资源集成融合,鼓励发展科技中介服务,提高服务企业能力。发挥国家创新型城市、自主创新示范区、高新区的集聚辐射带动作用,加快形成若干区域创新中心,把北京中关村逐步建设成为具有全球影响力的科技创新中心。

第三节 加强科技基础设施建设

围绕增强原始创新、集成创新和引进消化吸收再创新能力,强化基础性、前沿性技术和共性技术研究平台建设,建设和完善国家重大科技基础设施,加强相互配套、开放共享和高效利用。在重点学科和战略高技术领域新建若干国家科学中心、国家(重点)实验室,构建国家科技基础条件平台。在关键产业技术领域建设一批国家工程实验室,优化国家工程中心建设布局。加强企业技术中心建设,支持面向企业的技术开发平台和技术创新服务平台建设。深入实施全民科学素质行动计划,加强科普基础设施建设,强化面向公众的科学普及。

第四节 强化科技创新支持政策

强化支持企业创新和科研成果产业化的财税金融政策。保持财政科技经费投入稳定增长,加大政府对基础研究投入,深化科研经费管理制度改革。全面落实企业研发费用加计扣除等促进技术进步的税收激励政策。实施知识产权质押等鼓励创新的金融政策。建立健全技术产权交易市场。实施知识产权战略,完善知识产权法律制度,加强知识产权的创造、运用、保护和管理,加大知识产权执法力度。鼓励采用和推广具有自主知识产权的技术标准。完善科技成果评价奖励制度,加强科研诚信建设。

第二十八章 加快教育改革发展

全面贯彻党的教育方针,保障公民依法享有受教育的权利,办好人民满意的教育。按照优先发展、育人为本、改革创新、促进公平、提高质量的要求,推动教育事业科学发展,提高教育现代化水平。

第一节 统筹发展各级各类教育

积极发展学前教育,学前一年毛入园率提高到85%。巩固九年义务教育普及成果,全面提高质量和水平。基本普及高中阶段教育,推动普通高中多样化发展。大力发展职业教育,加快发展面向农村的职业教育。全面提高高等教育质量,加快世界一流大学、高水平大学和重点学科建设,扩大应用型、复合型、技能型人才培养规模。重视和支持民族教育发展,推进“双语教学”。关心和支持特殊教育。加快发展继续教育,建设全民学习、终身学习的学习型社会。

第二节 大力促进教育公平

合理配置公共教育资源,重点向农村、边远、贫困、民族地区倾斜,加快缩小教育差距。促进义务教育均衡发展,统筹规划学校布局,推进义务教育学校标准化建设。实行县(市)域内城乡中小学教师编制和工资待遇同一标准,以及教师和校长交流制度。取消义务教育阶段重点校和重点班。新增高校招生计划向中西部倾斜,扩大东部高校在中西部地区招生规模,创新东西部高校校际合作机制。改善特殊教育学校办学条件,逐步实行残疾学生高中阶段免费教育。健全国家资助制度,扶助经济困难家庭学生完成学业。

第三节 全面实施素质教育

遵循教育规律和学生身心发展规律,坚持德育为先、能力为重,改革教学内容、方法和评价制度,促进学生德智体美全面发展。建立国家义务教育质量基本标准和监测制度,切实减轻中小学生课业负担。全面实施高中学业水平考试和综合素质评价,克服应试教育倾向。实行工学结合、校企合作、顶岗实习的职业教育培养模式,提高学生就业的技能和本领。全面实施高校本科教学质量和教学改革工程,健全教学质量保障体系。完善研究生培养机制。严格教师资质,加强师德师风建设,提高校长和教师专业化水平,鼓励优秀人才终身从教。

第四节 深化教育体制改革

改进考试招生办法,逐步形成分类考试、综合评价、多元录取的制度。加快建设现代学校制度,推进政校分开、管办分离。落实和扩大学校办学自主权。进一步明确中央和地方责任,加强省级政府教育统筹。鼓励引导社会力量兴办教育,落实民办学校与公办学校平等的法律地位,规范办学秩序。扩大教育开放,加强国际交流合作和引进优质教育资源。健全以政府投入为主、多渠道筹集教育经费的体制,2012年财政性教育经费支出占国内生产总值比例达到4%。

第二十九章 造就宏大的高素质人才队伍

大力实施人才强国战略,坚持服务发展、人才优先、以用为本、创新机制、高端引领、整体开发的指导方针,加强现代化建设需要的各类人才队伍建设,为加快转变经济发展方式、实现科学发展提供人才保证。

第一节 突出培养造就创新型科技人才

围绕提高科技创新能力、建设创新型国家,以高层次创新型科技人才为重点,造就一批世界水平的科学家、科技领军人才、工程师和高水平创新团队。创新教育方式,突出培养学生科学精神、创造性思维和创新能力。加强实践培养,依托国家重大科研项目和重大工程、重点学科和重点科研基地、国际学术交流合作项目,建设高层次创新型科技人才培养基地。注重培养一线创新人才和青年科技人才。积极引进和用好海外高层次创新创业人才。

第二节 促进各类人才队伍协调发展

大力开发装备制造、生物技术、新材料、航空航天、国际商务、能源资源、农业科技等经济领域和教育、文化、政法、医药卫生等社会领域急需紧缺专门人才,统筹推进党政、企业经营管理、专业技术、高技能、农村实用、社会工作等各类人才队伍建设,实现人才数量充足、结构合理、整体素质和创新能力显著提升,满足经济社会发展对人才的多样化需求。

第三节 营造优秀人才脱颖而出的环境

坚持党管人才原则。建立健全政府宏观管理、市场有效配置、单位自主用人、人才自主择业的体制机制。建立人才工作目标责任制。推动人才管理部门职能转变,规范行政行为,扩大和落实单位用人自主权。深化国有企业和事业单位人事制度改革。创新人才管理体制和人才培养开发、评价发现、选拔任用、流动配置和激励保障机制,营造尊重人才、有利于优秀人才脱颖而出和充分发挥作用的社会环境。改进人才服务和管理方式,落实国家重大人才政策,抓好重大人才工程,推动人才事业全面发展。

第八篇 改善民生 建立健全基本公共服务体系

坚持民生优先,完善就业、收入分配、社会保障、医疗卫生、住房等保障和改善民生的制度安排,推进基本公共服务均等化,努力使发展成果惠及全体人民。

第三十章 提升基本公共服务水平

坚持以人为本、服务为先,履行政府公共服务职责,提高政府保障能力,逐步缩小城乡区域间基本公共服务差距。

第一节 建立健全基本公共服务体系

明确基本公共服务范围和标准,加快完善公共财政体制,保障基本公共服务支出,强化基本公共服务绩效考核和行政问责。合理划分中央与地方管理权限,健全地方政府为主、统一与分级相结合的公共服务管理体制。

第二节 创新公共服务供给方式

改革基本公共服务提供方式,引入竞争机制,扩大购买服务,实现提供主体和提供方式多元化。推进非基本公共服务市场化改革,放宽市场准入,鼓励社会资本以多种方式参与,增强多层次供给能力,满足群众多样化需求。

第三十一章 实施就业优先战略

坚持把促进就业放在经济社会发展的优先位置,健全劳动者自主择业、市场调节就业、政府促进就业相结合的机制,创造平等就业机会,提高就业质量,努力实现充分就业。

第一节 实施更加积极的就业政策

大力发展劳动密集型产业、服务业和小型微型企业,千方百计扩大就业创业规模。完善税费减免、岗位补贴、培训补贴、社会保险补贴、技能鉴定补贴等政策,促进高校毕业生、农村转移劳动力、城镇就业困难人员就业。完善和落实小额担保贷款、财政贴息、场地安排等鼓励自主创业政策,促进各类群体创业带动就业。建立健全政府投资和重大项目建设带动就业机制。完善就业援助政策,多渠道开发公益性岗位。鼓励开展对外劳务合作。

第二节 加强公共就业服务

健全统一规范灵活的人力资源市场,完善城乡公共就业服务体系,推动就业信息全国联网,为劳动者提供优质高效的就业服务。健全面向全体劳动者的职业培训制度,加强职业技能培训能力建设。对未能升学的应届初高中毕业生等新成长劳动力普遍实行劳动预备制培训。足额提取并合理使用企业职工教育培训经费,鼓励企业开展职工岗位技能培训。加强创业培训,将有创业愿望和培训需求的人员纳入培训范围。完善城镇调查失业率统计,健全失业监测预警制度,开展就业需求预测。

第三节 构建和谐劳动关系

健全协调劳动关系三方机制,发挥政府、工会和企业作用,努力形成企业和职工利益共享机制,建立规范有序、公正合理、互利共赢、和谐稳定的劳动关系。全面推行劳动合同制度,不断扩大集体合同覆盖面。全面推进劳动用工备案制度。规范劳务派遣用工。改善劳动条件,加快劳动标准体系建设,加强劳动定额标准管理。完善劳动争议处理机制,加强劳动争议调解仲裁,加大劳动保障监察执法力度,切实维护劳动者权益。

第三十二章 合理调整收入分配关系

坚持和完善按劳分配为主体、多种分配方式并存的分配制度，初次分配和再分配都要处理好效率和公平的关系，再分配更加注重公平，加快形成合理有序的收入分配格局，努力提高居民收入在国民收入分配中的比重，提高劳动报酬在初次分配中的比重，尽快扭转收入差距扩大趋势。

第一节　深化工资制度改革

按照市场机制调节、企业自主分配、平等协商确定、政府监督指导的原则，形成反映劳动力市场供求关系和企业经济效益的工资决定机制和增长机制。健全工资支付保障机制。完善最低工资和工资指导线制度，逐步提高最低工资标准，建立企业薪酬调查和信息发布制度，积极稳妥扩大工资集体协商覆盖范围。改革国有企业工资总额管理办法，加强对部分行业工资总额和工资水平的双重调控，缩小行业间工资水平差距。完善公务员工资制度。完善符合事业单位特点、体现岗位绩效和分级分类管理的事业单位收入分配制度。

第二节　健全资本、技术、管理等要素参与分配制度

完善公开、公平、公正的公共资源出让制度，建立国有土地、海域、森林、矿产等公共资源出让收益全民共享机制，出让收益主要用于公共服务支出。扩大国有资本收益上交范围，提高上交比例，统一纳入公共财政。完善股份制企业特别是上市公司分红制度。创造条件增加城乡居民财产性收入。保障技术成果在收入分配中的应得份额。建立健全根据经营管理绩效、风险和责任确定薪酬的制度，严格规范国有企业、国有控股金融机构经营管理人员特别是高层管理人员的收入，严格控制职务消费。

第三节　加快完善再分配调节机制

加快健全以税收、社会保障、转移支付为主要手段的再分配调节机制。合理调整个人所得税税基和税率结构，提高工资薪金所得费用扣除标准，减轻中低收入者税收负担，加大对高收入者的税收调节力度。逐步建立健全财产税制度。调整财政支出结构，提高公共服务支出比重，加大社会保障投入，较大幅度提高居民转移性收入。

第四节　整顿和规范收入分配秩序

健全法律法规，强化政府监管，加大执法力度，加快形成公开透明、公正合理的收入分配秩序。保护合法收入，坚决取缔非法收入。清理规范国有企业和机关事业单位工资外收入、非货币性福利等。加强政府非税收入管理，清理规范各种行政事业性收费和政府性基金。加快收入信息监测系统建设。建立收入分配统筹协调机制。

第三十三章　健全覆盖城乡居民的社会保障体系

坚持广覆盖、保基本、多层次、可持续方针，加快推进覆盖城乡居民的社会保障体系建设，稳步提高保障水平。

第一节　加快完善社会保险制度

实现新型农村社会养老保险制度全覆盖。完善实施城镇职工和居民养老保险制度，全面落实城镇职工基本养老保险省级统筹，实现基础养老金全国统筹，切实做好城镇职工基本养老保险关系转移接续工作。逐步推进城乡养老保障制度有效衔接。推动机关事业单位养老保险制度改革。发展企业年金和职业年金。扩大工伤保险覆盖面，提高保障水平，健全预防、补偿、康复相结合的工伤保险制度。完善失业、生育保险制度。发挥商业保险补充性作用。继续通过划拨国有资产、扩大彩票发行等渠道充实全国社会保障基金，积极稳妥推进养老基金投资运营。

第二节　加强社会救助体系建设

完善城乡最低生活保障制度，规范管理，分类施保，实现应保尽保。健全低保标准动态调整机制，合理提高低保标准和补助水平。加强城乡低保与最低工资、失业保险和扶贫开发等政策的衔接。提高农村五保供养水平。做好自然灾害救助工作。完善临时救助制度，保障低保边缘群体的基本生活。

第三节　积极发展社会福利和慈善事业

以扶老、助残、救孤、济困为重点，逐步拓展社会福利的保障范围，推动社会福利由补缺型向适度普惠型转变，逐步提高国民福利水平。坚持家庭、社区和福利机构相结合，逐步健全社会福利服务体系，推动社会福利服务社会化。加强残疾人、孤儿福利服务。加强优抚安置工作。加快发展慈善事业，增强全社会慈善意识，积极培育慈善组织，落实并完善公益性捐赠的税收优惠政策。

第三十四章　完善基本医疗卫生制度

按照保基本、强基层、建机制的要求，增加财政投入，深化医药卫生体制改革，建立健全基本医疗卫生制度，加快医疗卫生事业发展，优先满足群众基本医疗卫生需求。

第一节　加强公共卫生服务体系建设

完善重大疾病防控等专业公共卫生服务网络。逐步提高人均基本公共卫生服务经费标准，扩大国家基本公共卫生服务项目，实施重大公共卫生服务专项，积极预防重大传染病、慢性病、职业病、地方病和精神疾病，提高重大突发公共卫生事件处置能力。逐步建立农村医疗急救网络。普及健康教育，实施国民健康行动计划。全面推行公共场所禁烟。70%以上的城乡居民建立电子健康档案。孕产妇死亡率降到22/10万，婴儿死亡率降到12‰。

第二节　加强城乡医疗服务体系建设

加强以县医院为龙头、乡镇卫生院和村卫生室为

基础的农村三级医疗卫生服务网络建设，完善以社区卫生服务为基础的新型城市医疗卫生服务体系，新增医疗卫生资源重点向农村和城市社区倾斜。大力推进基层医疗卫生机构综合改革，建立多渠道补偿机制，形成新的运行机制。加强以全科医生为重点的基层医疗卫生队伍建设，完善鼓励全科医生长期在基层服务政策，每万人口全科医师数达到2人。加快推行分级诊疗、双向转诊制度，形成各类城市医院和基层医疗机构分工协作格局。完善区域卫生规划，鼓励和引导社会资本举办医疗机构，放宽社会资本和外资举办医疗机构的准入范围，形成多元办医格局。

第三节 健全医疗保障体系

健全覆盖城乡居民的基本医疗保障体系，进一步完善城镇职工基本医疗保险、城镇居民基本医疗保险、新型农村合作医疗和城乡医疗救助制度。逐步提高城镇居民医保和新农合人均筹资标准及保障水平并缩小差距。提高城镇职工医保、城镇居民医保、新农合最高支付限额和住院费用支付比例，全面推进门诊统筹。做好各项制度间的衔接，整合经办资源，逐步提高统筹层次，加快实现医保关系转移接续和医疗费用异地就医结算。全面推进基本医疗费用即时结算，改革付费方式。积极发展商业健康保险，完善补充医疗保险制度。

第四节 完善药品供应保障体系

建立和完善以国家基本药物制度为基础的药品供应保障体系。基层医疗卫生机构全面实施国家基本药物制度，其他医疗卫生机构逐步实现全面配备、优先使用基本药物。建立基本药物目录动态调整机制，完善价格形成机制和动态调整机制。提高基本药物实际报销水平。加强药品生产管理，整顿药品流通秩序，规范药品集中采购和医疗机构合理用药。

第五节 积极稳妥推进公立医院改革

坚持公立医院的公益性质，积极探索政事分开、管办分开、医药分开、营利性和非营利性分开的有效形式。推进现代医院管理制度，建立科学合理的用人机制和分配制度。改革公立医院补偿机制，积极推进支付方式改革。以病人为中心大力改进公立医院内部管理，优化服务流程，规范诊疗行为，改善医患关系，方便群众就医。推进注册医师多点执业，建立住院医师规范化培训制度。注重调动医务人员积极性。

第六节 支持中医药事业发展

坚持中西医并重，发展中医医疗和预防保健服务，推进中医药继承与创新，重视民族医药发展。发展中医药教育，加强中医医疗机构和中医药人才队伍建设。加强中药资源保护、研究开发和合理利用，推进质量认证和标准建设。医疗保障政策和基本药物政策要鼓励中医药服务的提供和使用。

第三十五章 提高住房保障水平

坚持政府调控和市场调节相结合，加快完善符合国情的住房体制机制和政策体系，逐步形成总量基本平衡、结构基本合理、房价与消费能力基本适应的住房供需格局，实现广大群众住有所居。

第一节 健全住房供应体系

立足保障基本需求、引导合理消费，加快构建以政府为主提供基本保障、以市场为主满足多层次需求的住房供应体系。对城镇低收入住房困难家庭，实行廉租住房制度。对中等偏下收入住房困难家庭，实行公共租赁住房保障。对中高收入家庭，实行租赁与购买商品住房相结合的制度。建立健全经济、适用、环保和节约资源的住房标准体系，倡导符合国情的住房消费模式。

第二节 加大保障性住房供给

强化各级政府责任，加大保障性安居工程建设力度，基本解决保障性住房供应不足的问题。多渠道筹集廉租房房源，完善租赁补贴制度。重点发展公共租赁住房，逐步使其成为保障性住房的主体。加快各类棚户区改造，规范发展经济适用住房。建立稳定投入机制，加大财政资金、住房公积金贷款、银行贷款的支持力度，引导社会力量参与保障性住房建设运营。加强保障性住房管理，制定公平合理、公开透明的保障性住房配租政策和监管程序，严格规范准入、退出管理和租费标准。

第三节 改善房地产市场调控

进一步落实地方政府责任和问责机制，把保障基本住房、稳定房价和加强市场监管纳入各地经济社会发展的工作目标，由省级人民政府负总责，市、县级人民政府负直接责任。完善土地供应政策，增加住房用地供应总量，优先安排保障性住房用地，有效扩大普通商品住房供给。健全差别化住房信贷、税收政策，合理引导自住和改善性住房需求，有效遏制投机投资性购房。加快制定基本住房保障法，修订完善城市房地产管理法等相关法律法规。完善住房公积金制度，加强管理和扩大覆盖范围。加强市场监管，规范房地产市场秩序。加快住房信息系统建设，完善信息发布制度。

第三十六章 全面做好人口工作

控制人口总量，提高人口素质，优化人口结构，促进人口长期均衡发展。

第一节 加强计划生育服务

坚持计划生育基本国策，逐步完善政策。完善计划生育家庭优先优惠政策体系，提高家庭发展能力。提高计划生育家庭奖励扶助金、“少生快富”工程奖励金和特别扶助金的标准,扩大范围并建立动态调整机制。继续推进人口和计划生育服务体系建设,拓展服务范围。综合治理出生人口性别比偏高问题。加大出生缺陷预防力度,做好健康教育、优生咨询、高危人群指导、孕前筛查、营养素补充等服务工作,降低出生缺陷发生率和农村5岁以下儿童生长迟缓率。加强流动人口计划生育服务管理。

第二节 促进妇女全面发展

落实男女平等基本国策,实施妇女发展纲要,全面开发妇女人力资源,切实保障妇女合法权益,促进妇女就业创业,提高妇女参与经济发展和社会管理能力。加强妇女劳动保护、社会福利、卫生保健、扶贫减贫及法律援助等工作,完善性别统计制度,改善妇女发展环境。严厉打击暴力侵害妇女、拐卖妇女等违法犯罪行为。

第三节 保障儿童优先发展

坚持儿童优先原则,实施儿童发展纲要,依法保障儿童生存权、发展权、受保护权和参与权。改善儿童成长环境,提升儿童福利水平,消除对女童的歧视,促进儿童身心健康发展。加强婴幼儿早期启蒙教育和独生子女社会行为教育。切实解决留守儿童教育、孤残儿童、艾滋病孤儿和流浪未成年人救助等问题。严厉打击拐卖儿童、弃婴等违法犯罪行为。

第四节 积极应对人口老龄化

建立以居家为基础、社区为依托、机构为支撑的养老服务体系。加快发展社会养老服务,培育壮大老龄事业和产业,加强公益性养老服务设施建设,鼓励社会资本兴办具有护理功能的养老服务机构,每千名老人拥有养老床位数达到30张。拓展养老服务领域,实现养老服务从基本生活照料向医疗健康、辅具配置、精神慰藉、法律服务、紧急援助等方面延伸。增加社区老年活动场所和便利化设施。开发利用老年人力资源。

第五节 加快残疾人事业发展

健全残疾人社会保障体系和服务体系,为残疾人生活和发展提供稳定的制度性保障。实施重点康复和托养工程、0—6岁残疾儿童抢救性康复工程和"阳光家园"计划,推进残疾人"人人享有康复服务"。大力开展残疾人就业服务和职业培训。加大对农村残疾人生产扶助和生活救助力度。丰富残疾人文化体育生活。构建辅助器具适配体系,推进无障碍建设。制订和实施国家残疾预防行动计划,有效控制残疾的发生和发展。

第九篇 标本兼治 加强和创新社会管理

适应经济体制深刻变革、社会结构深刻变动、利益格局深刻调整、思想观念深刻变化的新形势,创新社会管理体制机制,加强社会管理能力建设,建立健全中国特色社会主义社会管理体系,确保社会既充满活力又和谐稳定。

第三十七章 创新社会管理体制

坚持多方参与、共同治理,统筹兼顾、动态协调的原则,完善社会管理格局,创新社会管理机制,形成社会管理和服务合力。

第一节 健全社会管理格局

按照健全党委领导、政府负责、社会协同、公众参与的社会管理格局的要求,加强社会管理法律、体制、能力建设。坚持党委的领导核心作用,总览全局、把握方向、整合力量、统筹各方,提高引领社会、组织社会、管理社会、服务社会的能力。发挥政府的主导作用,强化社会管理和公共服务职能,建设服务型政府,提高服务型管理能力。发挥人民团体、基层自治组织、各类社会组织和企业事业单位的协同作用,推进社会管理的规范化、专业化、社会化和法制化。广泛动员和组织群众依法有序参与社会管理,培养公民意识,履行公民义务,实现自我管理、自我服务、自我发展。

第二节 创新社会管理机制

加快构建源头治理、动态管理和应急处置相结合的社会管理机制。加强源头治理,更加注重民生和制度建设,坚持科学民主依法决策,防止和减少社会问题的产生;加强动态管理,更加注重平等沟通和协商,解决群众合法合理诉求,及时化解社会矛盾;加强应急处置,更加注重应急能力建设,有效应对和妥善处置突发公共事件,最大限度地增加和谐因素,化解消极因素,激发社会活力。

第三十八章 强化城乡社区自治和服务功能

全面开展城市社区建设,积极推进农村社区建设,健全新型社区管理和服务体制,把社区建设成为管理有序、服务完善、文明祥和的社会生活共同体。

第一节 完善社区治理结构

健全社区党组织领导的基层群众自治制度,推进社区居民依法民主管理社区公共事务和公益事业,实现政府行政管理与基层群众自治有效衔接和良性互动。完善社区居民委员会组织体系,加强城乡结合部、城中村、流动人口聚居地等的社区居民委员会建设。积极培育社区服务性、公益性、互助性社会组织,发挥业主委员会、物业管理机构、驻区单位积极作用,引导各类社会组织、志愿者参与社区管理和服务。鼓励因地制宜创新社区管理和服务模式。

第二节 构建社区管理和服务平台

健全基层管理和服务体系,推动管理重心下移,延伸基本公共服务职能。规范发展社区服务站等专业服务机构,有效承接基层政府委托事项。以居民需求为导向，整合人口、就业、社保、民政、卫生、文化以及综治、维稳、信访等管理职能和服务资源，加快社区信息化建设，构建社区综合管理和服务平台。完善优秀人才服务社区激励机制，推进社区工作人员专业化、职业化。加快建立政府投入与社会投入相结合的经费保障机制。加强流动人口服务管理。

第三十九章　加强社会组织建设

坚持培育发展和管理监督并重，推动社会组织健康有序发展，发挥其提供服务、反映诉求、规范行为的作用。

第一节　促进社会组织发展

改进社会组织管理，建立健全统一登记、各司其职、协调配合、分级负责、依法监管的社会组织管理体制。重点培育、优先发展经济类、公益慈善类、民办非企业单位和城乡社区社会组织。推动行业协会、商会改革和发展，强化行业自律，发挥沟通企业与政府的作用。完善扶持政策，推动政府部门向社会组织转移职能，向社会组织开放更多的公共资源和领域，扩大税收优惠种类和范围。

第二节　加强社会组织监管

完善法律监督、政府监督、社会监督、自我监督相结合的监管体系。健全法律法规，严格依法监管。建立社会组织监管机制和管理信息平台，制定社会组织行为规范和活动准则，提高政府监管效力。实行社会组织信息公开和评估制度，完善失信惩罚机制，强化社会监管。引导社会组织完善内部治理结构，提高自律性。

第四十章　完善维护群众权益机制

加强和完善党和政府主导的维护群众权益机制，形成科学有效的利益协调机制、诉求表达机制、矛盾调处机制和权益保障机制，切实维护群众合法权益。

第一节　拓宽社情民意表达渠道

完善公共决策的社会公示制度、公众听证制度和专家咨询论证制度，扩大公众参与程度。完善信访工作机制，注重民意收集与信息反馈，落实领导干部接待群众来访、处理群众信访制度。发挥人民团体、行业协会、大众传媒等的社会利益表达功能，发挥互联网通达社情民意新渠道作用，积极主动回应社会关切。

第二节　完善社会矛盾调解机制

完善化解社会矛盾的领导协调、排查预警、疏导转化、调解处置机制。加强人民调解、行政调解、司法调解联动，整合各方面力量，有效防范和化解劳动争议、征地拆迁、环境污染、食品药品安全、企业重组和破产等引发的社会矛盾。建立重大工程项目建设和重大政策制定的社会稳定风险评估机制。完善群众工作制度，依靠基层党政组织、行业管理组织、群众自治组织，充分发挥工会、共青团、妇联的作用，共同维护群众权益，兼顾好各方面群众关切，积极化解社会矛盾。

第四十一章　加强公共安全体系建设

适应公共安全形势变化的新特点，推动建立主动防控与应急处置相结合、传统方法与现代手段相结合的公共安全体系。

第一节　保障食品药品安全

制定和完善食品药品安全标准。建立食品药品质量追溯制度，形成来源可追溯、去向可查证、责任可追究的安全责任链。健全食品药品安全应急体系，强化快速通报和快速反应机制。加强食品药品安全风险监测评估预警和监管执法，提高监管的有效性和公信力。继续实施食品药品监管基础设施建设工程。加强检验检测、认证检查和不良反应监测等食品药品安全技术支撑能力建设。加强基层快速检测能力建设，整合社会检测资源，构建社会公共检测服务平台。强化基本药物监管，确保用药安全。

第二节　严格安全生产管理

落实企业安全生产责任制，建立健全企业安全生产预防机制。加强安全监管监察能力建设，严格安全目标考核与责任追究。健全安全技术标准体系，严格安全许可。实行重大隐患治理逐级挂牌督办和整改效果评价制度，深化煤矿、交通运输等领域安全专项治理。健全协调联动机制，严厉打击非法违法生产经营。防范治理粉尘与高毒物质等重大职业危害。开展安全科技攻关和装备研发，规范发展安全专业技术服务机构，加强对中小企业安全技术援助和服务。加强安全宣传教育与培训。单位国内生产总值生产安全事故死亡率下降36%，工矿商贸就业人员生产安全事故死亡率下降26%。

第三节　健全突发事件应急体系

坚持预防与应急并重、常态与非常态结合的原则，建立健全统一指挥、结构合理、反应灵敏、保障有力、运转高效的国家突发事件应急体系，提高危机管理和风险管理能力。健全应急管理组织体系，完善应急预案体系，强化基层应急管理能力。加强应急队伍建设，建立以专业队伍为基本力量，以公安、武警、军队为骨干和突击力量，以专家队伍、企事业单位专兼职队伍和志愿者队伍为辅助力量的应急队伍体系，提高生命救治能力。建立健全应急物资储备体系，加强综合管理，优化布局和方式，统筹安排实物储备和能力储备。建立健全应急教育培训体系。完善特大灾害国际救援机制。

第四节　完善社会治安防控体系

坚持打防结合、预防为主，专群结合、依靠群众的方针，完善社会治安防控体系，加强城乡社区警务、群防群治等基层基础建设，做好刑罚执行和教育矫治工作。完善和规范安全技术防范工作，广泛开展平安创建活动，加强社会治安综合治理。加强公共安全设施建设。建设国家人口基础信息库。加强特殊人群安置、救助、帮教、管理和医疗工作，加大社会治安薄弱环节、重点地区整治力度。加强情报信息、防范控制和快速处置能力，增强公共安全和社会治安保障能力。加强刑事犯罪预警工作，严密防范、依法打击各种违法犯罪活动，切实保障人民生命财产安全。严格公正廉洁执法，提高执法能力、执法水平和执法公信力。

第十篇　传承创新　推动文化大发展大繁荣

坚持社会主义先进文化前进方向，弘扬中华文化，建设和谐文化，发展文化事业和文化产业，满足人民群众不断增长的精神文化需求，充分发挥文化引导社会、教育人民、推动发展的功能，增强民族凝聚力和创造力。

第四十二章　提高全民族文明素质

全面持续有效地提高全民族文明素质，为现代化建设提供有力的思想保证、精神动力和智力支持。

第一节　建设社会主义核心价值体系

加强走中国特色社会主义道路和实现中华民族伟大复兴的理想信念教育，大力弘扬以爱国主义为核心的民族精神和以改革创新为核心的时代精神，努力践行社会主义荣辱观。倡导爱国守法、敬业诚信和勤俭节约，构建传承中华传统美德、符合社会主义精神文明要求、适应社会主义市场经济的道德和行为规范。深入推进社会公德、职业道德、家庭美德、个人品德建设。

第二节　拓展群众性精神文明创建活动

弘扬科学精神，加强人文关怀，注重心理疏导，培育奋发进取、理性平和、开放包容的社会心态。提倡修身律己、尊老爱幼、勤勉做事、平实做人，推动形成我为人人、人人为我的社会氛围。强化职业操守，支持创新创业，鼓励劳动致富，发扬团队精神。广泛开展志愿服务，建立完善社会志愿服务体系。

第三节　营造良好的社会文化环境

保护青少年身心健康，为青少年营造健康成长的空间。加强青少年文化活动场所建设，创造出更多青少年喜闻乐见、益智益德的文化作品，广泛开展面向青少年的各类文化体育活动。积极倡导企业文化建设，深化文明城市创建活动，推进农村乡风文明建设。切实加强文化市场监管，有效遏制违法有害信息传播。综合运用经济、教育、法律、行政、舆论手段，引导人们知荣辱、讲正气、尽义务，形成扶正祛邪、惩恶扬善的社会风气。

第四十三章　推进文化创新

适应群众文化需求新变化新要求，弘扬主旋律，提倡多样化，使精神文化产品和社会文化生活更加丰富多彩。

第一节　创新文化内容形式

立足当代中国实践，传承优秀民族文化，借鉴世界文明成果，反映人民主体地位和现实生活，创作生产更多思想深刻、艺术精湛、群众喜闻乐见的文化精品，扶持体现民族特色和国家水准的重大文化项目，研究设立国家艺术基金，提高文化产品质量。推进学科体系、学术观点、科研方法创新，大力推进哲学社会科学创新体系建设，实施哲学社会科学创新工程，繁荣发展哲学社会科学。

第二节　深化文化体制机制改革

加快推进公益性文化事业单位改革，探索建立事业单位法人治理结构，创新公共文化服务运行机制。深入推进经营性文化单位转企改制，建立现代企业制度。完善统一、开放、竞争、有序的现代文化市场体系，促进文化产品和要素在更大范围内合理流动。加快推进文化管理体制改革。建立健全符合文化企业特点的国有文化资产管理体制和运行机制。加快完善版权法律政策体系，提高版权执法监管能力，严厉打击各类侵权盗版行为。

第四十四章　繁荣发展文化事业和文化产业

坚持一手抓公益性文化事业、一手抓经营性文化产业，始终把社会效益放在首位，实现经济效益和社会效益有机统一。

第一节　大力发展文化事业

增强公共文化产品和服务供给。公共博物馆、图书馆、文化馆、纪念馆、美术馆等公共文化设施免费向社会开放。鼓励扶持少数民族文化产品创作生产。注重满足残疾人等特殊人群的公共文化服务需求。建立健全公共文化服务体系。以农村基层和中西部地区为重点，继续实施文化惠民工程。改善农村文化基础设施，支持老少边穷地区建设和改造文化服务网络。完善城市社区文化设施，促进基层文化资源整合和综合利用。广泛开展群众性文化活动。加强重要新闻媒体建设，重视互联网等新兴媒体建设、运用、管理，把握正确舆论导向，提高传播能力。加强文物、历史文化名城名镇名村、非物质文化遗产和自然遗产保护，拓展文化遗产传承利用途径。依法推进语言文字工作。建立国家文化艺术荣誉制度。

第二节　加快发展文化产业

推动文化产业成为国民经济支柱性产业，增强文化产业整体实力和竞争力。实施重大文化产业项目带动战略，加强文化产业基地和区域性特色文化产业群建设。推进文化产业结构调整，大力发展文化创意、影视制作、出版发行、印刷复制、演艺娱乐、数字内容和动漫等重点文化产业，培育骨干企业，扶持中小企业，鼓励文化企业跨地域、跨行业、跨所有制经营和重组，提高文化产业规模化、集约化、专业化水平。推进文化产业转型升级，推进文化科技创新，研发制定文化产业技术标准，提高技术装备水平，改造提升传统产业，培育发展新兴文化产业。加快中西部地区中小城市影院建设。鼓励和支持非公有制经济以多种形式进入文化产业领域，逐步形成以公有制为主体、多种所有制共同发展的产业格局。构建以优秀民族文化为主体、吸收外来有益文化的对外开放格局，积极开拓国际文化市场，创新文化“走出去”模式，增强中华文化国际竞争力和影响力，提升国家软实力。

第十一篇 改革攻坚 完善社会主义市场经济体制

以更大决心和勇气全面推进各领域改革，更加重视改革顶层设计和总体规划，明确改革优先顺序和重点任务，深化综合配套改革试验，进一步调动各方面积极性，尊重群众首创精神，大力推进经济体制改革，积极稳妥推进政治体制改革，加快推进文化体制、社会体制改革，在重要领域和关键环节取得突破性进展。

第四十五章 坚持和完善基本经济制度

坚持公有制为主体、多种所有制经济共同发展的基本经济制度，营造各种所有制经济依法平等使用生产要素、公平参与市场竞争、同等受到法律保护的体制环境。

第一节 深化国有企业改革

推进国有经济战略性调整，健全国有资本有进有退、合理流动机制，促进国有资本向关系国家安全和国民经济命脉的重要行业和关键领域集中。推动具备条件的国有大型企业实现整体上市，不具备整体上市条件的国有大型企业要加快股权多元化改革，有必要保持国有独资的国有大型企业要加快公司制改革，完善企业法人治理结构。推进铁路、盐业等体制改革，实现政企分开、政资分开。深化电力体制改革，稳步开展输配分开试点。继续推进电信、石油、民航和市政公用事业改革。稳步推进国有林场和国有林区管理体制改革。深化垄断行业改革，进一步放宽市场准入，形成有效竞争的市场格局。

第二节 完善国有资产管理体制

坚持政府公共管理职能和国有资产出资人职能分开，完善经营性国有资产管理和国有企业监管体制机制。探索实行公益性和竞争性国有企业分类管理。健全覆盖全部国有企业、分级管理的国有资本经营预算和收益分享制度，合理分配和使用国有资本收益。完善国有金融资产、行政事业单位资产和自然资源资产监管体制。

第三节 支持和引导非公有制经济发展

消除制约非公有制经济发展的制度性障碍，全面落实促进非公有制经济发展的政策措施。鼓励和引导民间资本进入法律法规未明文禁止准入的行业和领域，市场准入标准和优惠扶持政策要公开透明，不得对民间资本单独设置附加条件。鼓励和引导非公有制企业通过参股、控股、并购等多种形式，参与国有企业改制重组。完善鼓励非公有制经济发展的法律制度，优化外部环境，加强对非公有制企业的服务、指导和规范管理。改善对民间投资的金融服务。切实保护民间投资的合法权益。

第四十六章 推进行政体制改革

按照转变职能、理顺关系、优化结构、提高效能的要求，加快建立法治政府和服务型政府。

第一节 加快转变政府职能

健全政府职责体系，提高经济调节和市场监管水平，强化社会管理和公共服务职能。加快推进政企分开、政资分开、政事分开、政府与市场中介组织分开，调整和规范政府管理的事项，深化行政审批制度改革，减少政府对微观经济活动的干预。继续优化政府结构、行政层级、职能责任，坚定推进大部门制改革，着力解决机构重叠、职责交叉、政出多门问题。在有条件的地方探索省直接管理县(市)的体制。完善公务员制度。深化各级政府机关事务管理体制改革，降低行政成本。

第二节 完善科学民主决策机制

完善重大事项决策机制，建立健全公众参与、专家咨询、风险评估、合法性审查和集体讨论决定的决策程序，实行科学决策、民主决策和依法决策。对涉及经济社会发展全局的重大事项，要广泛征询意见，充分协商和协调。对专业性、技术性较强的重大事项，要认真进行专家论证、技术咨询、决策评估。对同群众利益密切相关的重大事项，要实行公示、听证等制度。严格依法行政，健全行政执法体制机制，完善行政复议和行政诉讼制度。

第三节 推行政府绩效管理和行政问责制度

建立科学合理的政府绩效评估指标体系和评估机制，实行内部考核与公众评议、专家评价相结合的方法，发挥绩效评估对推动科学发展的导向和激励作用。健全对行政权力的监督制度。强化审计监督。推行行政问责制，明确问责范围，规范问责程序，健全责任追究制度和纠错改正机制，提高政府执行力和公信力。

第四节 加快推进事业单位分类改革

按照政事分开、事企分开、管办分开、营利性与非营利性分开的要求，积极稳妥推进科技、教育、文化、卫生、体育等事业单位分类改革。严格认定标准和范围，对主要承担行政职能的逐步将其行政职能划归行政机构或转为行政机构。规范转制程序，完善过渡政策，将主要从事生产经营活动的逐步转为企业，建立健全法人治理结构。继续保留的事业单位强化公益属性，推进人事管理、国有资产和财政支持方式等方面的改革。

第四十七章　加快财税体制改革

理顺各级政府间财政分配关系，健全公共财政体系，完善预算制度和税收制度，积极构建有利于转变经济发展方式的财税体制。

第一节　深化财政体制改革

按照财力与事权相匹配的要求，在合理界定事权基础上，进一步理顺各级政府间财政分配关系，完善分税制。围绕推进基本公共服务均等化和主体功能区建设，完善转移支付制度，增加一般性特别是均衡性转移支付规模和比例，调减和规范专项转移支付。推进省以下财政体制改革，稳步推进省直管县财政管理制度改革，加强县级政府提供基本公共服务的财力保障。建立健全地方政府债务管理体系，探索建立地方政府发行债券制度。

第二节　完善预算管理制度

实行全口径预算管理，完善公共财政预算，细化政府性基金预算，健全国有资本经营预算，在完善社会保险基金预算基础上研究编制社会保障预算，建立健全有机衔接的政府预算体系。完善预算编制和执行管理制度，强化预算支出约束和预算执行监督，健全预算公开机制，增强预算透明度。深化部门预算、国库集中收付、政府采购及国债管理制度改革。进一步推进政府会计改革，逐步建立政府财务报告制度。

第三节　改革和完善税收制度

按照优化税制结构、公平税收负担、规范分配关系、完善税权配置的原则，健全税制体系，加强税收法制建设。扩大增值税征收范围，相应调减营业税等税收。合理调整消费税征收范围、税率结构和征税环节。逐步建立健全综合与分类相结合的个人所得税制度，完善个人所得税征管机制。继续推进费改税，全面推进资源税和耕地占用税改革。研究推进房地产税改革。逐步健全地方税体系，赋予省级政府适当税政管理权限。

第四十八章　深化金融体制改革

全面推动金融改革、开放和发展，构建组织多元、服务高效、监管审慎、风险可控的金融体系，不断增强金融市场功能，更好地为加快转变经济发展方式服务。

第一节　深化金融机构改革

继续深化国家控股的大型金融机构改革，完善现代金融企业制度，强化内部治理和风险管理，提高创新发展能力和国际竞争力。继续深化国家开发银行改革，推动中国进出口银行和中国出口信用保险公司改革，研究推动中国农业发展银行改革，继续推动中国邮政储蓄银行改革。建立存款保险制度。促进证券期货经营机构规范发展。强化保险机构的创新服务能力和风险内控能力，加强保险业偿付能力监管，深化保险资金运用管理体制改革，稳步提高资金运作水平。促进金融资产管理公司商业化转型。积极稳妥推进金融业综合经营试点。

第二节　加快多层次金融市场体系建设

大力发展金融市场，继续鼓励金融创新，显著提高直接融资比重。拓宽货币市场广度和深度，增强流动性管理功能。深化股票发审制度市场化改革，规范发展主板和中小板市场，推进创业板市场建设，扩大代办股份转让系统试点，加快发展场外交易市场，探索建立国际板市场。积极发展债券市场，完善发行管理体制，推进债券品种创新和多样化，稳步推进资产证券化。推进期货和金融衍生品市场发展。促进创业投资和股权投资健康发展，规范发展私募基金市场。加强市场基础性制度建设，完善市场法律法规。继续推动资产管理、外汇、黄金市场发展。

第三节　完善金融调控机制

优化货币政策目标体系，健全货币政策决策机制，改善货币政策的传导机制和环境。构建逆周期的金融宏观审慎管理制度框架，建立健全系统性金融风险防范预警体系、评估体系和处置机制。稳步推进利率市场化改革，加强金融市场基准利率体系建设。完善以市场供求为基础的有管理的浮动汇率制度，推进外汇管理体制改革，扩大人民币跨境使用，逐步实现人民币资本项目可兑换。改进外汇储备经营管理，拓宽使用渠道，提高收益水平。

第四节　加强金融监管

完善金融监管体制机制，加强金融监管协调，健全金融监管机构之间以及与宏观调控部门之间的协调机制。完善地方政府金融管理体制，强化地方政府对地方中小金融机构的风险处置责任。制定跨行业、跨市场金融监管规则，强化对系统重要性金融机构的监管。完善金融法律法规。加快社会信用体系建设，规范发展信用评级机构。参与国际金融准则修订，完善我国金融业稳健标准。加强与国际组织和境外监管机构的国际合作。维护国家金融稳定和安全。

第四十九章　深化资源性产品价格和环保收费改革

建立健全能够灵活反映市场供求关系、资源稀缺程度和环境损害成本的资源性产品价格形成机制，促进结构调整、资源节约和环境保护。

第一节　完善资源性产品价格形成机制

继续推进水价改革，完善水资源费、水利工程供水价格和城市供水价格政策。积极推进电价改革，推行大用户电力直接交易和竞价上网试点，完善输配电价形成机制,改革销售电价分类结构。积极推行居民用电、用水阶梯价格制度。进一步完善成品油价格形成机制,积极推进市场化改革。理顺天然气与可替代能源比价关系。按照价、税、费、租联动机制,适当提高资源税税负,完善计征方式,将重要资源产品由从量定额征收改为从价定率征收,促进资源合理开发利用。

第二节 推进环保收费制度改革

建立健全污染者付费制度,提高排污费征收率。改革垃圾处理费征收方式,适度提高垃圾处理费标准和财政补贴水平。完善污水处理收费制度。积极推进环境税费改革,选择防治任务繁重、技术标准成熟的税目开征环境保护税,逐步扩大征收范围。

第三节 建立健全资源环境产权交易机制

引入市场机制,建立健全矿业权和排污权有偿使用和交易制度。规范发展探矿权、采矿权交易市场,发展排污权交易市场,规范排污权交易价格行为,健全法律法规和政策体系,促进资源环境产权有序流转和公开、公平、公正交易。

第十二篇 互利共赢 提高对外开放水平

适应我国对外开放由出口和吸收外资为主转向进口和出口、吸收外资和对外投资并重的新形势,必须实行更加积极主动的开放战略,不断拓展新的开放领域和空间,扩大和深化同各方利益的汇合点,完善更加适应发展开放型经济要求的体制机制,有效防范风险,以开放促发展、促改革、促创新。

第五十章 完善区域开放格局

坚持扩大开放与区域协调发展相结合,协同推动沿海、内陆、沿边开放,形成优势互补、分工协作、均衡协调的区域开放格局。

第一节 深化沿海开放

全面提升沿海地区开放型经济发展水平,加快从全球加工装配基地向研发、先进制造和服务基地转变。率先建立与国际化相适应的管理体制和运行机制,增强区域国际竞争软实力。推进服务业开放和国际服务贸易发展,吸引国际服务业要素集聚。深化深圳等经济特区、上海浦东新区、天津滨海新区开发开放,加快上海国际经济、金融、航运、贸易中心建设。

第二节 扩大内陆开放

以中心城市和城市群为依托,以各类开发区为平台,加快发展内陆开放型经济。发挥资源和劳动力比较优势,优化投资环境,扩大外商投资优势产业领域,积极承接国际产业和沿海产业转移,培育形成若干国际加工制造基地、服务外包基地。推进重庆两江新区开发开放。

第三节 加快沿边开放

发挥沿边地缘优势,制定和实行特殊开放政策,加快重点口岸、边境城市、边境(跨境)经济合作区和重点开发开放试验区建设,加强基础设施与周边国家互联互通,发展面向周边的特色外向型产业群和产业基地,把黑龙江、吉林、辽宁、内蒙古建成向东北亚开放的重要枢纽,把新疆建成向西开放的重要基地,把广西建成与东盟合作的新高地,把云南建成向西南开放的重要桥头堡,不断提升沿边地区对外开放的水平。

第五十一章 优化对外贸易结构

继续稳定和拓展外需,加快转变外贸发展方式,推动外贸发展从规模扩张向质量效益提高转变、从成本优势向综合竞争优势转变。

第一节 培育出口竞争新优势

保持现有出口竞争优势,加快培育以技术、品牌、质量、服务为核心竞争力的新优势。提升劳动密集型出口产品质量和档次,扩大机电产品和高新技术产品出口,严格控制高耗能、高污染、资源性产品出口。完善政策措施,促进加工贸易从组装加工向研发、设计、核心元器件制造、物流等环节拓展,延长国内增值链条。完善海关特殊监管区域政策和功能,鼓励加工贸易企业向海关特殊监管区域集中。鼓励企业建立国际营销网络,提高开拓国际市场能力。积极开拓新兴市场,推进出口市场多元化。

第二节 提升进口综合效应

优化进口结构,积极扩大先进技术、关键零部件、国内短缺资源和节能环保产品进口,适度扩大消费品进口,发挥进口对宏观经济平衡和结构调整的重要作用,优化贸易收支结构。发挥我国巨大市场规模的吸引力和影响力,促进进口来源地多元化。完善重要农产品进出口调控机制,有效利用国际资源。

第三节 大力发展服务贸易

促进服务出口,扩大服务业对外开放,提高服务贸易在对外贸易中的比重。在稳定和拓展旅游、运输、劳务等传统服务出口同时,努力扩大文化、中医药、软件和信息服务、商贸流通、金融保险等新兴服务出口。大力发展服务外包,建设若干服务外包基地。扩大金融、物流等服务业对外开放,稳步开放教育、医疗、体育等领域,引进优质资源,提高服务业国际化水平。

第五十二章 统筹“引进来”与“走出去”

坚持“引进来”和“走出去”相结合,利用外资和对外投资并重,提高安全高效地利用两个市场、两种资源的能力。

第一节 提高利用外资水平

优化结构,引导外资更多投向现代农业、高新技术、先进制造、节能环保、新能源、现代服务业等领域,鼓励投向中西部地区。丰富方式,鼓励外资以参股、并购等方式参与境内企业兼并重组,促进外资股权投资和创业投资发展。引进海外高层次人才和先进技术，鼓励外资企业在华设立研发中心，借鉴国际先进管理理念、制度、经验，积极融入全球创新体系。优化投资软环境，保护投资者合法权益。做好外资并购安全审查。有效利用国外优惠贷款和国际商业贷款，完善外债管理。

第二节 加快实施"走出去"战略

按照市场导向和企业自主决策原则，引导各类所有制企业有序开展境外投资合作。深化国际能源资源开发和加工互利合作。支持在境外开展技术研发投资合作，鼓励制造业优势企业有效对外投资，创建国际化营销网络和知名品牌。扩大农业国际合作，发展海外工程承包和劳务合作，积极开展有利于改善当地民生的项目合作。逐步发展我国大型跨国公司和跨国金融机构，提高国际化经营水平。做好海外投资环境研究，强化投资项目的科学评估。提高综合统筹能力，完善跨部门协调机制，加强实施"走出去"战略的宏观指导和服务。加快完善对外投资法律法规制度，积极商签投资保护、避免双重征税等多双边协定。健全境外投资促进体系，提高企业对外投资便利化程度，维护我国海外权益，防范各类风险。"走出去"的企业和境外合作项目，要履行社会责任，造福当地人民。

第五十三章 积极参与全球经济治理和区域合作

扩大同发达国家的交流合作，增进相互信任，提高合作水平。深化同周边国家的睦邻友好和务实合作，维护地区和平稳定，促进共同发展繁荣。加强同发展中国家的团结合作，深化传统友谊，维护共同利益。积极开展多边合作。

推动国际经济体系改革，促进国际经济秩序朝着更加公正合理的方向发展。积极参与二十国集团等全球经济治理机制合作，推动建立均衡、普惠、共赢的多边贸易体制，反对各种形式的保护主义。积极推动国际金融体系改革，促进国际货币体系合理化。加强与主要经济体宏观经济政策协调。积极参与国际规则和标准的修订制定，在国际经济、金融组织中发挥更大作用。

加快实施自由贸易区战略，进一步加强与主要贸易伙伴的经济联系，深化同新兴市场国家和发展中国家的务实合作。利用亚太经合组织等各类国际区域和次区域合作机制，加强与其他国家和地区的区域合作。加强南南合作。优化对外援助结构，创新对外援助方式，增加对发展中国家民生福利性项目、社会公共设施、自主发展能力建设等领域的经济和技术援助。

第十三篇 发展民主 推进社会主义政治文明建设

坚持党的领导、人民当家做主、依法治国有机统一，发展社会主义民主政治，建设社会主义法治国家。

第五十四章 发展社会主义民主政治

坚持和完善人民代表大会制度、中国共产党领导的多党合作和政治协商制度、民族区域自治制度以及基层群众自治制度，不断推进社会主义政治制度自我完善和发展。健全民主制度，丰富民主形式，拓宽民主渠道，依法实行民主选举、民主决策、民主管理、民主监督，保障人民的知情权、参与权、表达权、监督权。支持人民代表大会依法履行职权。巩固和壮大最广泛的爱国统一战线。支持人民政协围绕团结和民主两大主题履行职能。支持工会、共青团、妇联等人民团体依照法律和各自章程开展工作，参与社会管理和公共服务。贯彻落实党和国家的民族政策，保障少数民族合法权益，开展民族团结宣传教育和创建活动，巩固和发展平等团结互助和谐的社会主义民族关系。全面贯彻党的宗教工作基本方针，发挥宗教界人士和信教群众在促进经济社会发展中的积极作用。鼓励新的社会阶层人士投身中国特色社会主义建设。做好侨务工作，支持海外侨胞、归侨侨眷关心和参与祖国现代化建设与和平统一大业。

第五十五章 全面推进法制建设

全面落实依法治国基本方略，坚持科学立法、民主立法，完善中国特色社会主义法律体系。重点加强加快转变经济发展方式、改善民生和发展社会事业以及政府自身建设等方面的立法。加强宪法和法律实施，维护社会主义法制的统一、尊严、权威。完善行政执法与刑事司法衔接机制，推进依法行政、公正廉洁执法。深化司法体制改革，优化司法职权配置，规范司法行为，建设公正高效权威的社会主义司法制度。实施"六五"普法规划，深入开展法制宣传教育，树立社会主义法治理念，弘扬法治精神，形成人人学法守法的良好社会氛围。加强法律援助。加强人权保障，促进人权事业全面发展。

第五十六章 加强反腐倡廉建设

坚持以人为本、执政为民，以保持和人民群众血肉联系为重点，扎实推进政风建设。坚持标本兼治、综合治理、惩防并举、注重预防的方针，以完善惩治和预防腐败体系为重点，加强反腐倡廉建设。严格执行廉政建设责任制。加强领导干部廉洁自律和严格管理，认真落实领导干部收入、房产、投资、配偶子女从业等情况定期报告制度。深入推进改革和制度创新，逐步建成内容科学、程序严密、配套完备、有效管用的反腐倡廉制度体系。建立健全决策权、执行权、监督权既相互制约又相互协调的权力结构和运行机制，积极推进政务公开和经济责任审计，加强对权力运行的制约和监督。加大查办违纪违法案件工作力度。开展社会领域防治腐败工作。加强反腐败国际交流合作。

第十四篇 深化合作 建设中华民族共同家园

从中华民族根本利益出发，推进“一国两制”实践和祖国和平统一大业，深化内地与港澳经贸合作，推进海峡两岸经济关系发展，为实现中华民族伟大复兴而共同努力。

第五十七章 保持香港澳门长期繁荣稳定

坚定不移贯彻“一国两制”、“港人治港”、“澳人治澳”、高度自治的方针，严格按照特别行政区基本法办事，全力支持特别行政区行政长官和政府依法施政。支持香港、澳门充分发挥优势，在国家整体发展中继续发挥重要作用。

第一节 支持港澳巩固提升竞争优势

继续支持香港发展金融、航运、物流、旅游、专业服务、资讯以及其他高增值服务业，支持香港发展成为离岸人民币业务中心和国际资产管理中心，支持香港发展高价值货物存货管理及区域分销中心，巩固和提升香港国际金融、贸易、航运中心的地位，增强金融中心的全球影响力。支持澳门建设世界旅游休闲中心，加快建设中国与葡语国家商贸合作服务平台。

第二节 支持港澳培育新兴产业

支持港澳增强产业创新能力，加快培育新的经济增长点，推动经济社会协调发展。支持香港环保、医疗服务、教育服务、检测和认证、创新科技、文化创意等优势产业发展，拓展合作领域和服务范围。支持澳门推动经济适度多元化，加快发展休闲旅游、会展商务、中医药、教育服务、文化创意等产业。

第三节 深化内地与港澳经济合作

加强内地和香港、澳门交流合作，继续实施更紧密经贸关系安排。深化粤港澳合作，落实粤港、粤澳合作框架协议，促进区域经济共同发展，打造更具综合竞争力的世界级城市群。支持建设以香港金融体系为龙头、珠江三角洲城市金融资源和服务为支撑的金融合作区域，打造世界先进制造业和现代服务业基地，构建现代流通经济圈，支持广东在对港澳服务业开放中先行先试，并逐步将先行先试措施拓展到其他地区。加快共建粤港澳优质生活圈步伐。加强规划协调，完善珠江三角洲地区与港澳的交通运输体系。加强内地与港澳文化、教育等领域交流与合作。

第五十八章 推进两岸关系和平发展和祖国统一大业

坚持“和平统一、一国两制”方针和现阶段发展两岸关系、推进祖国和平统一进程八项主张，全面贯彻推动两岸关系和平发展重要思想和六点意见，牢牢把握两岸关系和平发展主题，反对和遏制“台独”分裂活动。巩固两岸关系发展的政治、经济、文化基础，全面深化两岸经济合作，努力加强两岸文化、教育、旅游等领域交流，积极扩大两岸各界往来，持续推进两岸交往机制化进程，构建两岸关系和平发展框架。

第一节 建立健全两岸经济合作机制

积极落实两岸经济合作框架协议和两岸其他协议，推进货物贸易、服务贸易、投资和经济合作的后续协商，促进两岸货物和服务贸易进一步自由化，逐步建立公平、透明、便利的投资及其保障机制，建立健全具有两岸特色的经济合作机制。

第二节 全面深化两岸经济合作

扩大两岸贸易，促进双向投资，加强新兴产业和金融等现代服务业合作，推动建立两岸货币清算机制。明确两岸产业合作布局和重点领域，开展双方重大项目合作。推进两岸中小企业合作，提升中小企业竞争力。加强两岸在知识产权保护、贸易促进及贸易便利化、海关、电子商务等方面的合作。积极支持大陆台资企业转型升级。依法保护台湾同胞正当权益。

第三节 支持海峡西岸经济区建设

充分发挥海峡西岸经济区在推进两岸交流合作中的先行先试作用，努力构筑两岸交流合作的前沿平台，建设两岸经贸合作的紧密区域、两岸文化交流的重要基地和两岸直接往来的综合枢纽。发挥福建对台交流的独特优势，提升台商投资区功能，促进产业深度对接，加快平潭综合实验区开放开发，推进厦门两岸区域性金融服务中心建设。支持其他台商投资相对集中地区经济发展。

第十五篇 军民融合 加强国防和军队现代化建设

着眼国家安全和发展战略全局，统筹经济建设和国防建设，在全面建设小康社会进程中实现富国和强军的统一。

第五十九章 加强国防和军队现代化建设

坚持以毛泽东军事思想、邓小平新时期军队建设思想、江泽民国防和军队建设思想为指导，把科学发展观作为国防和军队建设的重要指导方针，着眼履行新世纪新阶段军队历史使命，以新时期军事战略方针为统揽，以推动国防和军队建设科学发展为主题，以加快转变战斗力生成模式为主线，全面加强军队革命化现代化正规化建设。

加强军队思想政治建设，坚持党对军队绝对领导的根本原则和制度，坚持人民军队的根本宗旨，大力弘扬听党指挥、服务人民、英勇善战的优良传统，培育当代革命军人核心价值观。进一步拓展和深化军事斗争准备，以提高基于信息系统的体系作战能力为根本着力点，深入推进军事训练转变，坚持科技强军，加强国防科研和武器装备建设，加快全面建设现代后勤步伐，加紧培养新型高素质军事人才，提高以打赢信息化条件下局部战争能力为核心的完成多样化军事任务的能力。坚持依法治军、从严治军,加强科学管理,积极稳妥地推进国防和军队改革,优化领导管理体制,健全联合作战指挥体制,推动军事理论、军事技术、军事组织、军事管理创新。建设现代化武装警察力量,增强执勤处突和反恐维稳能力。加强后备力量建设,巩固军政军民团结。

第六十章　推进军民融合式发展

坚持国家主导、制度创新、市场运作、军民兼容原则,统筹经济建设和国防建设,充分依托和利用社会资源,提高国防实力和军事能力,大力推进军地资源开放共享和军民两用技术相互转移,逐步建立适应社会主义市场经济规律、满足打赢信息化条件下局部战争需要的中国特色军民融合式发展体系。

建立和完善军民结合、寓军于民的武器装备科研生产体系、军队人才培养体系和军队保障体系。建设先进的国防科技工业,优化结构,增强以信息化为导向、以先进研发制造为基础的核心能力,加快突破制约科研生产的基础瓶颈,推动武器装备自主化发展。完善武器装备采购制度。改进军队人才征招选拔,完善从地方直接征召各类人才的政策制度。完善退役军人安置政策,加强退役军人培训和就业安置工作。稳步推进以生活保障、通用物资储备、装备维修等为重点的军队保障社会化改革,形成与国家人事劳动和社会保障法规体系相适应的军队职工管理制度,建立军民结合的军事物流体系和军地一体的战略投送力量体系。

坚持经济建设贯彻国防需求,加大重大基础设施和海洋、空天、信息等关键领域军民深度融合和共享力度,完善政策机制和标准规范,推动经济建设和国防建设协调发展、良性互动。强化全民国防观念,健全国防动员体系,加强人民武装、国民经济动员、人民防空、交通战备建设和国防教育,增强国防动员平时服务、急时应急、战时应战的能力。

第十六篇　强化实施　实现宏伟发展蓝图

本规划经过全国人民代表大会审议批准,具有法律效力。要举全国之力,集全民之智,实现未来五年宏伟发展蓝图。

第六十一章　完善规划实施和评估机制

推动规划顺利实施,主要依靠发挥市场配置资源的基础性作用;各级政府要正确履行职责,合理配置公共资源,引导调控社会资源,保障规划目标和任务的完成。

第一节　明确规划实施责任

本规划提出的预期性指标和产业发展、结构调整等任务,主要依靠市场主体的自主行为实现。各级政府要通过完善市场机制和利益导向机制,创造良好的政策环境、体制环境和法治环境,打破市场分割和行业垄断,激发市场主体的积极性和创造性,引导市场主体行为与国家战略意图相一致。

本规划确定的约束性指标和公共服务领域的任务,是政府对人民群众的承诺。主要约束性指标要分解落实到有关部门和各省、自治区、直辖市。促进基本公共服务均等化的任务,要明确工作责任和进度,主要通过政府运用公共资源全力完成。

第二节　强化政策统筹协调

围绕规划提出的目标和任务,加强经济社会发展政策的统筹协调,注重政策目标与政策工具、短期政策与长期政策的衔接配合。按照公共财政服从和服务于公共政策的原则,优化财政支出结构和政府投资结构,逐步增加中央政府投资规模,建立与规划任务相匹配的中央政府投资规模形成机制,重点投向民生和社会事业、农业农村、科技创新、生态环保、资源节约等领域,更多投向中西部地区和老少边穷地区。

第三节　实行综合评价考核

加快制定并完善有利于推动科学发展、加快转变经济发展方式的绩效评价考核体系和具体考核办法,弱化对经济增长速度的评价考核,强化对结构优化、民生改善、资源节约、环境保护、基本公共服务和社会管理等目标任务完成情况的综合评价考核,考核结果作为各级政府领导班子调整和领导干部选拔任用、奖励惩戒的重要依据。

第四节　加强规划监测评估

完善监测评估制度,加强监测评估能力建设,加强服务业、节能减排、气候变化、劳动就业、收入分配、房地产等方面统计工作,强化对规划实施情况跟踪分析。国务院有关部门要加强对规划相关领域实施情况的评估,接受全国人民代表大会及其常务委员会的监督检查。规划主管部门要对约束性指标和主要预期性指标完成情况进行评估,并向国务院提交规划实施年度进展情况报告,以适当方式向社会公布。在规划实施的中期阶段,由国务院组织开展全面评估,并将中期评估报告提交全国人民代表大会常务委员会审议。需要对本规划进行调整时,国务院要提出调整方案,报全国人民代表大会常务委员会批准。

第六十二章　加强规划协调管理

推进规划体制改革,加快规划法制建设,以国民经济和社会发展总体规划为统领,以主体功能区规划为基础,以专项规划、国土规划和土地利用规划、区域规划、城市规划为支撑,形成各类规划定位清晰、功能互补、统一衔接的规划体系,完善科学化、民主化、规范化的编制程序,健全责任明确、分类实施、有效监督的实施机制。

国务院有关部门要组织编制一批国家级专项规划特别是重点专项规划，细化落实本规划提出的主要任务。国家级重点专项规划，要围绕经济社会发展关键领域和薄弱环节，着力解决突出问题，形成落实本规划的重要支撑和抓手。

地方规划要切实贯彻国家战略意图，结合地方实际，突出地方特色。要做好地方规划与本规划提出的发展战略、主要目标和重点任务的协调，特别要加强约束性指标的衔接。

加强年度计划与本规划的衔接，对主要指标应当设置年度目标，充分体现本规划提出的发展目标和重点任务。年度计划报告要分析本规划的实施进展情况，特别是约束性指标的完成情况。

全国各族人民要紧密团结在以胡锦涛同志为总书记的党中央周围，高举中国特色社会主义伟大旗帜，解放思想、实事求是、与时俱进、开拓创新，为实现国民经济和社会发展第十二个五年规划和全面建设小康社会宏伟目标而奋斗！

国务院总理温家宝在十一届全国人大四次会议记者会上答记者问

记者会开始时，温家宝说，各位记者朋友，大家好。刚刚结束的全国人民代表大会通过了政府工作报告和“十二五”规划纲要。摆在我们面前的任务十分艰巨，国内外形势也非常复杂，做好各项工作，完成预期目标，需要付出极大努力。我们要有忧患意识，始终保持清醒的头脑。同时，又要树立信心，信心就像太阳一样，充满光明和希望。我的任期还有两年，我深知这两年的工作不比任何一年轻松。“政如农功，日夜思之，思其始而成其终。”

《人民日报》记者：“十二五”规划确定未来五年我国经济增长的预期目标，是年均增长7%。我们注意到，这个数字和“十一五”规划相比降低了0.5个百分点。请问总理，我们主动调低经济增长速度这样一个选择是出于什么考虑？如果未来经济增长速度有所放缓，会不会影响扩大就业以及改善民生等方面？

温家宝：主动调低“十二五”经济发展速度，不仅表明决心和意志，而且是一个重大的举措。就是说，在今后五年以至中国经济发展的相当长时期，我们要把转变经济发展方式作为主线，真正使中国的经济转到主要依靠科技进步和提高劳动者素质上来，着重提高经济的增长质量和效益。经济发展速度、就业与通货膨胀之间有密切联系。经济发展速度高，就业人数就会多，但通胀的压力也会大。经济发展速度低，就业人数少，通胀压力相对也小，但很容易使经济走向衰退。我们必须在这两者之间走出一条光明道路，把它们有机地结合起来。我们要充分利用这样一个机会，调整经济结构，解决中国经济长期以来存在的不平衡、不协调和不可持续的问题，使经济的发展与人口、环境和资源相适应。7%的发展速度也不算低了。大家注意到，我们的经济总量在不断增加，也就是说基数大了。真正实现有质量和效益的7%的增长速度，并非是一件容易的事情。

谈到就业，我觉得我们应该重视结构调整，在结构调整中重视发展中小企业，特别是科技型企业；重视发展服务业，包括生产型服务业，这些都可以容纳更多的就业。我们一定想办法，在比过去低的速度下还能解决中国日益增长的就业压力问题，这对政府是一个极大的考验。我们完全有决心办好这件事情。

法国《观点周刊》记者：温总理你好。我们看到，今年年初以来，在北非的一些国家经历了很大的变化。世界也在关注着快速发展的中国，有人认为中国在政治、经济、文化等领域已经创建了属于自己的发展模式。我想问的问题是，中国的发展模式如何很好地适应变化中的大环境？其他国家能否从中国的发展模式中借鉴并得到启示？

温家宝：我们十分关注西亚北非发生的政治动荡，但是我们认为，任何把中国同西亚北非发生政治动荡的国家相类比都是不正确的。改革开放30多年来，中国经济社会取得了飞速的发展，人民生活明显改善，这是举世公认的。我们的政府在认真解决当前经济社会中存在的问题，这也是老百姓有目共睹的事实。中国经济这些年确实发生了很大的变化，我们的经济总量跃居到世界第二位，但是我们一直清醒地认识到，中国人口多、底子薄、发展不平衡，依然是一个发展中国家。我们选择了一条适合中国国情的发展道路。这条道路的主要特点是：第一，必须坚持以经济建设为中心，大力促进经济发展和社会进步；第二，必须坚持以人为本，全面协调和可持续发展；第三，必须坚持社会公平正义，以保持社会的和谐稳定；第四，必须保障人民的民主权利，促进人的全面发展，以进一步调动人民的积极性和创造性。

我们的改革和建设还在探索当中，我们从来不认为自己的发展已是一种模式。同样，我们认为任何国家都要走适合自己国情的发展道路，我们尊重各国人民的选择。我们认为，不同国家的不同发展道路都可以相互尊重、相互学习和借鉴。

香港有线电视记者：“十二五”规划报告中特别提到港澳，包括继续支持香港作为国际金融中心的角色，还有就是确立粤港多项大型基建项目的合作，中央在作出这些规划的过程当中都有哪些考虑？另外，现在有人说香港已经逐渐在消失它的传统优势，已经没有独立的能力应对区域竞争，所以迫使中央这次要出手，您怎么看待这个说法？我们很想知道，这些措施是否能够有效解决现在香港存在的一些问题，比如贫富悬殊这样一些深层次矛盾等问题。

温家宝：香港记者的提问，使我想起在2003年我访问香港，也就是在那一年那次访问，我见证了内地与香港签署了CEPA协议。我可以先跟你说，我很想再去一次香港，看望香港人民，向香港人民表示问候。这次"十二五"规划纲要把港澳单独列为一章，表明了中央政府对香港和澳门保持长期繁荣稳定的坚定支持。这样做不仅是两个特别行政区政府和各界人士的要求，对港澳的长期发展也是有利的。

方才你说香港的传统优势不存在了，我不这样看。香港背靠祖国，面向国际，有着开放自由的经济，有着同国际经济接轨的完备法律法规，有着全面的各类管理人才。香港经历了两次金融危机，都经受住了考验。香港作为国际金融中心的优势地位没有改变。在规划当中，我们特别强调支持香港成为离岸人民币业务中心和国际资产管理中心。事实上，这些年我们在金融上的改革都首先在香港先行先试。比如人民币在香港的存款已经超过3000亿元。我们首先实行了货物贸易在香港以人民币结算的试点。内地特别是珠江三角洲与香港合作得到加强，与此同时，香港连接内地的各项基础设施建设很快地向前推进，使物流、人流更加畅通和便捷。这些都有利于巩固和发展香港的国际金融中心地位。

香港目前不仅有应对区域竞争和风险的能力，也有应对世界竞争和风险的能力。但是，香港也面临着相当复杂的外部局势。因此，也要有忧患意识，利用好机遇，迎接各种挑战。我曾经讲过，香港要注意三件事情：第一，要有一个长远的、科学的发展规划；第二，要重视和解决经济社会发展中的深层次矛盾；第三，要努力改善民生。我以为，在香港还要重视教育、科技，以增强香港发展的后劲；还要从自身实际出发，重视发展服务业，包括金融服务和旅游服务，发展小型科技创新企业，以增加就业。香港有着比较充裕的财政收入和雄厚的外汇储备，要进一步加强社会保障体系建设，特别要照顾好弱势群体，致力于改善民生。

我利用这个时间还想回答一个你没有提的问题。就是在"十二五"规划制定过程中，在香港有一种舆论，说香港"被规划"了。我想在这里再次强调，我们将坚持"一国两制"、"港人治港"、高度自治的方针，严格遵守基本法。中央制定的"十二五"规划都是支持香港的发展，中央的规划决不会代替香港的自身规划。

美国《华尔街日报》记者：总理您好。通货膨胀现在成为中国社会越来越突出的一个问题，高物价、高房价已经直接影响到老百姓日常的生活。那么您如何评价政府已经采取的措施呢？下一步有什么新的措施出台？应对通货膨胀，您会不会考虑让人民币较快升值？

温家宝：通货膨胀就像一只老虎，如果放出来关进去很难。我们目前出现的通货膨胀其实是国际性的，如果你看看整个国际形势，由于某些国家实行量化宽松的货币政策，而造成汇率和大宗商品价格的大幅度波动，这不仅影响一个地方，就连欧洲也突破了2%。前几个月，世界粮价上涨15%，如果再加上西亚北非局势的影响，油价高企，超过每桶100美元。输入型的通货膨胀对中国有很大的影响，这也是我们难以控制的。另一方面，确实在我们国内也有因为劳动力成本提高，各种初级产品价格上涨而造成的结构性通货膨胀。我们必须重视解决这些问题。我常讲，通货膨胀包括物价、房价都涉及人民群众的生活，关系到他们的切身利益。因此，我们今年在政府各项工作中，把抑制通货膨胀摆在了第一位。

关于管好通胀预期、抑制通货膨胀所采取的措施，我在《政府工作报告》里已经详细地讲了。我不想再过多地重复。我只是讲，对于管好通胀预期我们还是有信心的。去年11月份，我们消费物价涨幅达到5.1%。12月份，经过努力，物价水平降到4.6%。今年上半年是我们比较困难的时期，大概记者先生也懂得，因为翘尾因素影响大。1月份，CPI达到4.9%；2月份，还保持在4.9%。但你知道，2月份翘尾因素的影响高达3.7个百分点。对于物价，我们不敢掉以轻心。我们是从三个方面来努力管好通胀预期的。第一，要发展生产，特别是农业生产，以保障供给；第二，加强流通，特别是要加强农产品流通这个薄弱环节；第三，主要用经济和法律的手段管好市场。我们将持之以恒地把这项工作做到底。至于房价，我们也是三管齐下。第一，还是要控制货币的流动性。我想补充一点，对于物价这一点也是重要的，也就是说消除房价物价上涨的货币基础。第二，运用财政、税收和金融手段来调节市场需求；第三，加强地方政府的责任，无论是物价和房价，地方都要切实负起责任来。也就是说要坚持"米袋子"省长负责制、"菜篮子"市长负责制，房价也由地方来负主要责任。

你关心人民币升值问题，我可以告诉你，我们将继续坚持人民币汇率形成机制的改革不动摇。如果从1994年算起，大的人民币汇率改革已经进行了3次。现在同1994年相比，人民币的实际有效汇率升值57.9%。我们的改革主要是改变单一的盯住美元，而实行根据市场需求，参照一篮子货币，有管理的浮动汇率制度。我们将根据市场需求的变化来进一步加大人民币浮动的弹性。但同时我们也必须考虑这种改革还是渐进的,因为它关系到企业的承受能力和就业,我们要保持整个社会的稳定。

中央人民广播电台记者:总理,您好。刚才那位外国同行也提到中国的房价,您也阐述了我们调控房价的三方面政策措施。其实从去年开始,国务院就出台了不少关于调控房地产的政策措施,被称为历史上"最严厉的房地产调控"。今年您在政府工作报告当中也重申,要坚定不移地搞好房地产调控。现在社会上有担心,就是这些政策措施能不能落实到位?会不会半途而废?请问总理,您怎么看待这个问题?

温家宝:关于房价的调控,我觉得当前最重要的是各项政策措施的落实。对于中央来讲,就是要加强对地方落实房价调控政策的检查力度,真正实行问责制。同时,密切跟踪和分析房地产市场发展的形势,进一步研究有针对性的宏观调控措施。对地方来讲,就是要认真落实房地产调控的责任。比如,首先要公布政府调控房地产的政策和房价控制目标。在这里,我想特别提出,我们三管齐下,其实还有一项非常重要的措施,那就是加快保障性住房建设。也就是说从供求上解决房地产市场存在的问题。对于保障性住房建设,人民群众中有许多担心,他们总的是赞成的,但也有许多忧虑。我们提出,今年再开工建设保障性住房1000万套,明年再建1000万套,在今后五年建设3600万套。保障性住房除了棚户区改造以外,主要是公租房和廉租房,这个方向必须明确。这里就有一个资金落实的问题,中央今年将向地方补助1030亿元,地方财政也相应加大投入,但还必须更广泛地利用社会资金。对于保障性住房,土地供应必须单列,做到应保尽保。有一件事情非常重要,现在就应该提到日程上来,那就是保障性住房的设计、建设必须有高标准、高要求,也就是说要确保质量、安全和环保。特别是在环保上,从设计到建设整个过程,都要实行节能。这是中国房地产建设的一大机会,如果丢掉了,十分可惜。我在这里想强调一点,就是对于保障性住房建设以后,管理和退出机制现在就要着手制定规则,形成一个完整的从建设到管理、退出的机制,使保障性住房质量和效益得到保证,使保障性住房将来的管理也得到保证。

韩国文化广播公司记者:我们非常关心"十二五"规划中关于推动文化大发展、大繁荣的内容。中国是人类文明的发祥地之一,具有悠久的历史和文化传统。请问中国将如何发挥这种优势来提升国家的软实力?在文化领域有什么具体政策和发展方向?

温家宝:一个国家的实力不仅表现在经济上,而且表现在国民素质、文化发展和道德情操上。我们国家有着5000多年的文化传统。在世界上,历经劫波而现在还保存完整传承下来的文明古国中,中国是一个典范。文化传统是一个国家的灵魂,文化传统更具有感召力和凝聚力。我们一定要充分发扬祖国的文化传统,同时我们也懂得,要学习和借鉴世界先进的文明。只有这样,才能使祖国的文化得到进一步发展,也就是我常说的,只有开放包容,才能使国家强大。

在"十二五"和今后相当长的时间内,我们都要把文化的改革和发展放在重要的位置。加强文化建设,改革文化体制,建设一支高素质的文化队伍,积极开展群众性的文化活动,使中国文化有一个大发展和大繁荣。我们还要善于把文化传统与时代精神结合起来,把发扬我国的传统文化与吸收借鉴外国的先进文明结合起来,使祖国文化再展辉煌。

台湾无线卫星电视台记者:"十二五"规划已经正式通过,而两岸经济合作委员会日前在台湾举行了首次会议。请问温总理,"十二五"规划和两岸签署的ECFA怎么促进两岸的经贸合作?另外,有部分台湾民众担心大陆经济转型之后可能对于在大陆的台资企业造成很严重的冲击,出现经营困难、边缘化,请问总理如何看待这个问题?

温家宝:请台湾记者代向台湾同胞问好。大陆与台湾的ECFA协议的早期收获今年1月1号开始实施。在今年2月份,两岸有关方面进行了一次评估,总的认为开局良好,进展顺利,效果初显。今年1月份,两岸贸易额增长了30%。你可能知道,去年大陆与台湾的贸易额超过1400亿美元,台湾的顺差达到860亿美元。

你方才担心大陆经济转型会使台湾企业边缘化,我想对你讲,大陆已经成为台商投资的一个重要目的地。现在在大陆的台资企业已经有8万多家,直接投资累计超过500亿美元。如果算上异地投资,就是经过维尔京群岛这些岛屿,整个投资超过900亿美元。台商投资已经占到大陆吸引外资的9%。我想请你消除顾虑,就是我们推进科学发展,转变发展方式,只会为台资企业创造良好的投资环境和更为有利的商机。我们将对台资企业继续实行国民待遇。台资企业在大陆的发展不仅不会被边缘化,而且会有更大的发展。我还想说一句,在ECFA实行的过程中,我们会遇到一些问题,我们还将本着循序渐进的方式进一步推进ECFA的后续谈判。在整个谈判过程中,你都可以感受到大陆的诚意和对台湾商界和人民利益的关心。我们是同胞:"骨肉之亲,析而不殊"。

美国有线电视新闻网记者:温总理,您担任总理的职务已有8年,可能将于2013年卸任,您希望为后人留下什么"遗产"?您在多个场合谈到提倡政治改革,考虑到中国现在面临的挑战和问题,您认为应实行什么样的改革,以使中国政府更加有效地解决人民的关切、问题和不满？比如说您支持某些领导职位进行直选和差额选举吗？

温家宝：你的第一个问题问得早了一些。我的任期还有两年，我面临的工作还十分繁重。我应该像一个战士一样，在自己的岗位上坚持到最后一天，做到“忧国不谋身”，恪尽职守。

我认为改革是历史永恒的主题。政治体制改革与经济体制改革应该协调推进，这是因为，第一，世界上一切事物不会是亘古不变的，“如将不尽，与古为新”。只有不断地改革，党和国家才会充满生机和活力。第二，政治体制改革是经济体制改革的保障。没有政治体制改革，经济体制改革不可能成功，已经取得的成果也有失去的危险。第三，当前，我以为最大的危险在于腐败。而要消除腐败的土壤还在于改革制度和体制。我深知“国之命，在人心”。消除人民的怨气，实现人民的愿望就必须创造条件，让人民批评和监督政府。第四，公平正义是社会主义的本质特征，也是社会稳定的基础。我们不仅要实现收入分配的公平，逐步减少收入分配差距扩大的现象，而且要解决教育、医疗等资源分配的不公，让人民共享改革发展的成果。而做到所有这一切，都必须推进经济体制改革和政治体制改革。第五，要给每个人以受教育的机会，充分发挥人的独立思维和创造精神。只有人民有积极性，我们的改革和建设才有坚实的基础，从这个意义上说，这也是民主的真正含义。我们已经在县和不设区的市实行人民代表的直接选举，在村一级实行村民自治制度，在市以上以至中央，我们还实行的是间接选举。我们在中央委员会的选举当中实行了差额选举。我一直认为，这是一个循序渐进的过程。但是要相信，群众能管好一个村，也能管好一个乡，也能管好一个县，这需要一个过程。在一个拥有13亿人口的大国推进政治体制改革并非是一件容易的事情，需要有稳定的、和谐的社会环境，在党的领导下有序地进行。

中央电视台记者：总理，您好。我们特别关注民营企业的发展问题。因为在这些年当中我们看到国务院先后出台了两个36条去引导和鼓励民营资本不断获得健康发展。对此有很多民营企业是充满期待的。但是我们也听到有一些民营企业认为，政府对非公经济的支持是雷声大、雨点小，实际过程当中有很多民间投资还会面临有形或者无形的障碍，似乎“玻璃门”的现象并没有得到有效解决，而且在社会上针对“国进民退”的说法也有不少争议。请问总理，您如何来看待这样一个问题？

温家宝：我们的方针是要巩固和发展公有制经济，同时支持、鼓励和引导非公经济的发展，就是坚持“两个毫不动摇”。我们在2005年出台了支持、鼓励和引导非公经济发展的36条。去年我们又出台了鼓励和引导民营资本投资的36条。应该说，这两个36条“雷声”不小。为什么说它“雷声”不小呢？因为我们明确地提出，无论在法律层面，还是在政策层面，无论是在财税金融政策，还是在准入政策上，我们对不同所有制的企业都一视同仁，鼓励相互竞争，共同发展。为什么许多非公企业还感到“雨点”小？甚至提出存在所谓“玻璃门”和“弹簧门”的现象，我以为最重要的就是落实不够。大家如果注意这两个文件，后一个36条其实是对第一个36条的补充，它在政策和准入的细节上都作了许多明确的规定。我们正在着手制定新36条的贯彻细则。我相信，这两个文件将会进一步推进非公经济的发展。

目前不存在所谓“国进民退”的问题，同样也不存在“民进国退”的问题。应该说，30多年的改革开放，国有经济和个体私营经济都有了很大的发展。对于国有经济的发展，今天我不想着重去谈，单就你提到的民营经济发展来说。在全国的固定资产投资当中，民间投资已经超过50%。在工业企业当中，无论从数量、产值、资产总量还是从业人数，都超过了国有企业，这是一个事实。国有经济虽然比重降低，但它依然掌握着国家经济命脉。国有企业在不断深化改革，特别是通过股份制改革，建立现代企业制度，也吸收了大量的社会资本和民间资本，这样也有利于国有经济的发展。我们一定要坚持“两个毫不动摇”，促进国有经济与民营经济共同发展。

俄通—塔斯社记者：总理，您好。我在中国工作已经18年了，我非常喜欢中国，也习惯了在中国的生活。但是最近发现物价变贵了，请问通货膨胀的原因是什么？很多俄罗斯的媒体都称赞中国政府采取的应对国际金融危机措施。他们说这些措施让人觉得中国与其他国家相比受到的金融危机影响较小，您是否同意这个看法？

温家宝：你的问题重点在第二问，因此我先回答你的第二问。在国际金融危机中，中国受到了巨大的冲击。国际金融危机对实体经济影响很大，如果我们回想2008年年底到2009年上半年，当时国际贸易下降26%，而中国的出口要占到GDP的近1/3，波罗的海指数一度快跌到零。我到深圳集装箱厂去考察时，连一个集装箱的订单都没有。国内生产总值增速最低降到3.8%，不少企业停产，大批农民工返乡。在这种情况下，我们实施了包括四个方面内容的一揽子计划。这就是：大规模的财政投入和结构性的减税，使企业恢复活力；大幅度地提高社会保障水平，使民生继续得到改善；大力度地加强科技支撑，使经济充满后劲；同时大范围地推进重点产业调整振兴，特别是发展新兴战略产业。所有这些都不是单一地解决眼前的问题,而是着眼于长远的发展。

我们实施了4万亿的投资。关于投资比例我在政府工作报告中已经详细阐述了。你问的问题的要害就是所谓国际金融危机对中国冲击小。我跟你讲,事非经过不知难。我们经过这样的努力,使中国在世界上率先回升向好,从而避免经济建设遭受重大的挫折。这一点是举世公认的。至于通货膨胀,我方才已经多次讲过,这次通货膨胀是国际范围内的,在很多新兴国家,CPI都达到8%以至10%,原因我也已经分析了。我们注意在抑制通货膨胀中,要管好货币。也就是说要控制市场的流动性,从根本上消除通货膨胀的基础。

新加坡《联合早报》记者:我想请问关于"十二五"规划的问题。我们留意到中国的知识界对于"十二五"规划给予了很高的评价,认为它为中国的未来指明了更好的方向。但是中国有一句话叫知易行难。转变经济增长方式这个概念从上个世纪90年代中期一直提到今天,请问温总理,您认为"十二五"规划要得到真正地实施,真正地贯彻落实,最难的地方在哪里?

温家宝:你提到转变发展方式知易行难,最难难在什么地方?我以为难在两个方面:一是观念,一是创新机制和干部考核的标准。所谓创新机制,就是要建立和完善鼓励科技进步、人才成长的机制,决定一个国家发展的主要在教育和科技。我一直强调,中国的振兴不单在经济总量,根本在人才和科技进步。通过改革促进产学研的结合。我以为有两个数字比GDP更为重要,一是教育经费占国内生产总值的比重;一是研发经费占国内生产总值的比重。这两条就决定了我们这个民族和国家的创新力量,这才是最有力、最持久、最可靠的发展因素。所谓观念,就是要彻底转变唯GDP的观念。推动经济社会发展,改善人民生活,需要不断地增加经济总量,但是这种总量的增加不能以过度地消耗资源、能源和污染环境为代价。那样不仅不可持续,而且会给我们子孙后代造成影响。与它相关的就是干部政绩的考核。我以为对干部政绩的考核,不仅要看一个地区的经济总量,而且要看经济与社会发展的协调,社会事业的发展和社会的进步,公平正义和人民生活的改善。如果不彻底从根本上解决这两条,我们现在制定的规划也是难以实现的。

新华社记者:总理,您好。去年农民收入的增长是27年来首次超过了城镇居民。请问总理,这是否意味着在扭转城乡差距扩大的进程中出现了一个拐点?"十二五"时期能否保持住这种变化的趋势?

温家宝:应该说,这些年来农民的收入有大幅度的增长,到去年达到5919元,增长幅度超过10%,也超过了城镇居民收入的增长幅度,这是一个可喜的现象。农民收入的增长大致是三个来源。一是农产品,或者叫农业收入。我们在2006年全部免除了农业税,每年减轻农民负担超过1335亿元。与此同时,我们开始对农民实行生产补贴,去年的补贴额超过1200亿元。此外,我们在农村实行了免费的九年义务教育,并且对贫困地区和贫困家庭的孩子,免除了书本费和住宿费。在中等职业学校,我们还特别规定,对来自农村的孩子和学农专业的孩子全部免费。这些都是农民收入增长的一些重要因素。二是工资性收入。这是更为重要的。我们取消了对农民进城的歧视政策。现在农民进城务工的多达2.42亿人,农民的工资性收入占到50%。三是部分农民有财产性收入。农民收入应该说有了很大的提高,但是我们不能盲目乐观,农业基础还不够巩固,农民收入增长也还不够稳定。农民收入的增长是我们实现社会公平,特别是收入分配公平的一个极为重要的方面。为此,我们还要作出极大的努力。比如,我们前几年农产品的价格提高了20%—40%,在这个基础上,今年我们继续大幅提升粮食最低收购价。我们正在积极稳妥地实行户籍制度改革,让符合条件的农民工进城落户。同时,着力解决农民工生活和工作存在的问题,包括培训、子女上学和社会保障。所有这些,都会进一步提高农民的收入。

温家宝:最后,在座的有日本记者吗?我想说几句话。三天以前,日本遭受了历史上罕见的特大地震灾害,给日本人民的生命财产造成了巨大的损失。我想借此机会,代表中国政府和人民向在这次灾难中遇难的日本人民表示深切的哀悼,向全体日本人民表示诚挚的慰问。中国也是一个多地震的国家,我们感同身受。在汶川发生特大地震的时候,日本政府派了救援队,并且给中国以物资上的支援。我们的救援队昨天已经到达日本,我们运送的救灾物资也送到了日本。我们将根据日本的需要,愿意继续提供必要的帮助。请你代为转达。

国家主席胡锦涛 全国人大常委会委员长吴邦国就日本发生特大地震灾害分别致电日本天皇和众参两院议长表示慰问

胡锦涛 吴邦国 温家宝 贾庆林等党和国家领导人分别在国家会议中心参观"十一五"国家重大科技成就展

党和国家领导人胡锦涛、吴邦国、温家宝、贾庆林、李长春、习近平、李克强、贺国强等,分别来到位于北京奥林匹克公园附近的国家会议中心,参观在这里举办的"十一五"国家重大科技成就展。

参观过程中,胡锦涛总书记指出,“两会”刚刚胜利闭幕,我国“十二五”时期发展蓝图已经绘就。完成“十二五”时期经济社会发展的目标任务,在激烈的国际竞争中赢得发展的主动权,最根本的是靠科学技术,最关键的是大力提高自主创新能力。他殷切勉励科技战线的同志们,牢记使命、再接再厉,坚持把科技进步和创新与国家发展战略、经济社会发展目标、人民日益增长的物质文化需要紧密结合起来,着力突破制约我国产业升级的核心技术、关键技术、共性技术,下大气力解决影响我国未来发展的重大科学技术问题,不断攀登世界科学技术高峰,为建设创新型国家,为加快转变经济发展方式、实现科学发展提供强大科技支撑。

参观展览的领导同志还有:王刚、王乐泉、王兆国、回良玉、刘云山、刘延东、李源潮、张德江、何勇、令计划、路甬祥、韩启德、陈至立、严隽琪、梁光烈、戴秉国、李金华、万钢、罗富和、王志珍等,以及中央军委委员陈炳德、李继耐、廖锡龙、常万全、靖志远、吴胜利、许其亮等。

此展览由科学技术部、中共中央组织部、国家发展和改革委员会、财政部、解放军总装备部等11个单位共同主办。

中国队在英国谢菲尔德举办的2011年短道速滑世界锦标赛中获得两枚金牌

范可新以了44秒620的成绩,在女子500米项目上夺得金牌。中国女队在3000米接力项目上夺得金牌。

2011年“温都水城”杯五大连池中国汽车拉力锦标赛在北京落幕

来自全国各地的50多辆赛车参加了比赛。玛吉斯轮胎华南虎车队的樊晓/邹晓松夺得国际组冠军,一汽大众庆洋高尔夫车队的陈德安/路明拿下全场冠军,上海大众斯柯达红牛车队也以出色的表现取得2011赛季开门红。

3月15日

国家主席胡锦涛在人民大会堂接受6国新任驻华大使递交的国书

这6位驻华大使分别是:布隆迪驻华大使加松祖、博茨瓦纳驻华大使乔治、斐济驻华大使泰莱尼、汤加驻华大使拉图、巴布亚新几内亚驻华大使梅罗和缅甸驻华大使吴丁乌。

《人民日报》发表社论《万众一心开创科学发展新局面——热烈祝贺十一届全国人大四次会议胜利闭幕》

不负人民重托,履行光荣使命,十一届全国人大四次会议圆满完成各项议程,胜利闭幕了。我们对大会的成功表示热烈祝贺。

这次会议是在我国发展进入“十二五”时期,全党全国各族人民满怀信心迎接中国共产党成立90周年的形势下召开的。近3000名代表依法履职,认真审议并批准了政府工作报告和其他报告,审查并批准了“十二五”规划纲要。会议充分肯定国务院的工作,高度评价温家宝总理所作的政府工作报告。代表们一致认为,报告系统总结了“十一五”时期的巨大成就、宝贵经验,明确提出了“十二五”时期的主要目标和任务,全面部署了今年的政府工作,是一个求真务实、开拓进取、坚持科学发展、体现以人为本的报告。

会议充分肯定全国人大常委会一年来的工作。在过去的一年里,全国人大常委会围绕党和国家工作大局,做了大量扎实有效的工作。着力抓了一批在中国特色社会主义法律体系中起支架作用的重要法律的制定和修改,保证了中国特色社会主义法律体系如期形成;大力加强对经济工作和保障改善民生工作的监督,为推动中央重大决策部署贯彻落实,促进经济社会发展作出了新贡献。

这次会议的一个重要成果是批准了“十二五”规划纲要。“十二五”规划纲要坚持以科学发展为主题,以加快转变经济发展方式为主线,把保障和改善民生作为加快转变经济发展方式的根本出发点和落脚点,凝聚了全党全国各族人民的智慧,描绘了未来五年我国经济社会发展的崭新蓝图。贯彻落实好“十二五”规划纲要,对于继续抓住和用好我国发展的重要战略机遇期,为全面建成小康社会打下具有决定性意义的基础,具有十分重大的意义。

这次会议庄严宣告了中国特色社会主义法律体系如期形成,全面回顾和总结了中国特色社会主义法律体系形成的艰辛历程、重大意义、基本经验,作出了在实践中不断完善中国特色社会主义法律体系的新部署。中国特色社会主义法律体系的形成,从总体上解决了有法可依的问题,夯实了立国兴邦、长治久安的法制根基,从制度上、法律上解决了国家发展中带有根本性、全局性、稳定性和长期性的问题,标志着我国社会主义民主法治建设进入了新阶段。站在新的历史起点上,要一手抓法律体系完善,一手抓法律实施。把更多的精力放到法律的修改完善上来,深入推进科学立法、民主立法,推动中国特色社会主义法律体系的与时俱进和发展完善;进一步维护宪法和法律的权威,切实保障宪法和法律的有效实施,增强全社会的法律意识和法治观念，做到有法必依、执法必严、违法必究。

"十一五"的巨大成就，"十二五"的美好前景，充分显示了包括人民代表大会制度在内的我国社会主义制度的巨大优越性，充分证明了中国特色社会主义政治发展道路的强大生命力，再次昭示发展是国运所系，稳定是民心所向。不搞多党轮流执政，不搞指导思想多元化，不搞"三权鼎立"和两院制，不搞联邦制，不搞私有化，走自己的路，建设中国特色社会主义，这是历史的基本结论。在新的一年里，围绕促发展、保稳定这个大局，进一步加强和改进立法工作、监督工作，进一步发挥代表作用、开展对外交往、加强自身建设，人大工作必将为维护改革发展稳定的大好局面贡献更大力量。

群策群力谋发展，同心同德开新局。让我们更加紧密地团结在以胡锦涛同志为总书记的党中央周围，以邓小平理论和"三个代表"重要思想为指导，深入贯彻落实科学发展观，万众一心，锐意进取，为实现"十二五"时期经济社会发展良好开局，为夺取全面建设小康社会新胜利而努力奋斗。

国务院批准设立西安综合保税区

该项目是我国西北内陆首个综合保税区，建成后，将成为西安近年来打造的国际内陆港中最为重要的支撑平台之一，有助西北地区进一步提高外向度。

西安综合保税区具有对外开放口岸、保税物流、保税出口加工、国际贸易、国际中转、国际配送，国内外采购、分销和配送等功能，是目前我国开放层次最高、享受优惠条件最多的保税区。

国务院在北京召开全国森林草原防火工作电视电话会议

会议总结"十一五"期间森林草原防火工作，安排部署"十二五"及2011年森林草原防火重点任务。中共中央政治局委员、国务院副总理回良玉在会上强调，目前全国各地已进入春季森林草原防火关键时期，一些地方森林火灾呈高发态势，防火工作形势十分严峻。各地区、各有关部门要始终坚持以人为本、预防为主、积极消灭的方针，务必加强对森林草原防火工作的组织领导，及时排查隐患，严格火源管理，加强预警监测，强化队伍建设，充实物资储备，切实做到火情早发现、火灾早处置，严防重大森林草原火灾和重大人员伤亡，为促进经济发展和维护社会稳定提供有力保障。

国家森林防火指挥部全体成员和中央有关部门负责人在主会场出席会议。各省、自治区、直辖市和计划单列市人民政府、新疆生产建设兵团负责同志，有关市县和单位负责人在各地分会场出席会议。会上，国家森林防火指挥部总指挥贾治邦作了工作汇报，吉林、内蒙古、江西、广西四省区政府负责人发了言。会议还对吉林省取得30年连续无重大森林火灾给予通报表扬。

全国人大常委会副委员长王兆国在人民大会堂会见由主席让·克洛德·雷丁率领的卢森堡总工会代表团

中华女子学院理事会成立大会在北京举行

全国人大常委会副委员长、全国妇联主席陈至立出席会议，并为中华女子学院理事会顾问、理事颁发证书。

全国妇联党组书记、副主席、书记处第一书记宋秀岩在讲话中指出，中华女子学院理事会的成立，是学院谋求进步与发展的新起点，是具有里程碑意义的一件大事，它标志着中华女子学院的发展站在了一个新的历史起点上。

会议审议通过了《中华女子学院理事会章程》。全国人大常委会委员、教育部原副部长吴启迪出席会议，并当选为中华女子学院理事会顾问，全国妇联书记处书记、中华女子学院党委书记范继英当选为中华女子学院理事会理事长。

全国社会保障基金理事会第四届理事大会第一次会议在北京召开

中共中央政治局委员、国务院副总理张德江出席会议并讲话。

张德江强调，一要不断增强责任感，管理和运营好全国社保基金这笔"保命钱"，不辜负党和国家的重托。二要认真总结经验，坚持过去工作中创造的行之有效的做法，深入探索社保基金管理运营的特殊规律，进一步提高工作水平。三要坚持改革创新，积极探索发展壮大社保基金的新途径、新模式、新办法，以改革创新促进社会保障基金事业发展。四要认真谋划"十二五"时期工作，认真分析研究国际国内各种因素对社保基金保值增值的影响，科学规划基金未来发展，力争在"十二五"时期实现新的更大发展。五要加强人才和队伍建设，大力培养和引进人才，建立健全激励约束机制，加快建设一支业务水平高、作风清正廉洁的专业化资产管理队伍。

全国社会保障基金理事会第四届理事大会理事出席了会议，中央有关部门和做实个人账户试点省份的代表列席会议。

3月16日

国务院总理温家宝主持召开国务院常务会议听取

应对日本福岛核电站核泄漏有关情况的汇报

会议指出,3月11日,日本东北部和关东首都圈发生里氏9级强震,并引发海啸,日本福岛第一核电站发生放射性物质泄漏事故。日方正在采取一切可能的措施缓解事故影响。我国辐射环境监测未发现异常,国内所有运行核电机组处于安全状态。根据国家核事故应急协调委员会专家5组分析,福岛核电站目前泄漏的放射性物质经大气和海洋稀释后,不会对我国公众健康造成影响。

会议强调,要充分认识核安全的重要性和紧迫性,核电发展要把安全放在第一位。会议决定:(一)立即组织对我国核设施进行全面安全检查。通过全面细致的安全评估,切实排查安全隐患,采取相关措施,确保绝对安全。(二)切实加强正在运行核设施的安全管理。核设施所在单位要健全制度,严格操作规程,加强运行管理。监管部门要加强监督检查,指导企业及时发现和消除隐患。(三)全面审查在建核电站。要用最先进的标准对所有在建核电站进行安全评估,存在隐患的要坚决整改,不符合安全标准的要立即停止建设。(四)严格审批新上核电项目。抓紧编制核安全规划,调整完善核电发展中长期规划,核安全规划批准前,暂停审批核电项目包括开展前期工作的项目。

会议要求继续加强辐射环境监控预警和重点区域的应急移动监测,及时发布监测情况。加强与日本有关方面合作,积极协助在重灾区的中国公民尽快转移到安全地区。

国务院总理温家宝主持召开国务院常务会议

会议确定《政府工作报告》重点工作部门分工决定开展2011年全国粮食稳定增产行动。

会议指出,为贯彻落实十一届全国人大四次会议审议通过的《政府工作报告》,国务院决定把报告提出的重点工作逐项分解到国务院各部门、各单位,落实责任,确保实现国民经济和社会发展的预期目标。

会议强调,今年是"十二五"开局之年,做好今年的工作对于完成"十二五"各项目标任务至关重要。国务院各部门、各单位要认真履行职责,加倍努力工作,切实完成各项任务。一要加强组织领导,结合本部门、本单位实际抓紧制订落实重点工作的实施方案,明确每项任务的时间进度和质量要求。二要增强大局观念,强化协调配合,形成工作合力,切实提高办事效率。三要统筹兼顾,抓住重点,解决经济社会发展中的突出矛盾和问题,做好关系全局、影响长远的重要工作。四要坚持求真务实,真抓实干,深入基层、深入群众开展调查研究,及时发现新情况,解决新问题。五要加强督促检查,完善问责机制,严肃责任追究。

会议决定,以粮食主产省和非主产省的主产县为重点地区,以增加重要紧缺品种供给和推广落实防灾减灾增产关键技术为重点,开展2011年全国粮食稳定增产行动。力争粮食播种面积稳定在去年水平,实现夏粮丰收、早稻增产、秋粮稳定,全年粮食产量在1万亿斤以上。为此,一要落实播种面积。严格耕地保护,推进耕作制度改革和规模化种植。引导农民扩大粳稻、玉米、杂粮等农作物生产。二要加强农田水利和高标准农田建设。加快大中型灌区节水改造和大中型灌排泵站更新改造,发展节水灌溉。制定实施全国高标准农田建设总体规划。积极发展旱作农业,深入推进测土配方施肥。三要大规模开展粮食高产创建。选择基础条件好、增产潜力大的50个县(市)、500个乡(镇),开展整乡整县推进粮食高产创建试点。四要大力开展科技指导服务。全面推进科技进村入户,推广增产增效技术。关键农时季节组织开展大规模科技服务,提高技术入户率和到位率。五要全力抓好农资供应和市场监管。加强生产、储备和统筹调度,保障种子、化肥、农药、柴油等物资供应和粮食生产用电需要。加强农资价格监测和市场调控,深入开展农资打假专项治理行动。六要切实抓好防灾减灾工作。制定完善防灾减灾预案,加强灾害监测预警。强化抗灾政策支持。推进病虫害专业化统防统治。七要加强政策和资金支持,调动各方面发展粮食生产的积极性。完善产粮大县奖励政策,增加奖励资金。完善粮食直补、农资综合直补、良种补贴和农机具购置补贴政策,加大对种粮农民补贴的力度。引导粮食主产区农民开展农田水利基础设施建设。建立健全粮食生产考核奖励机制。中央新增支农资金100亿元。会议要求各地区、各有关部门加强组织领导,切实落实粮食省长负责制,强化协调配合和督导检查,确保行动顺利开展。

会议决定对《出版管理条例》和《音像制品管理条例》作出修改。

中共中央 国务院 中央军委批准《民兵政治工作规定》《中国人民解放军预备役部队政治工作规定》发布施行

据新华社报道:经中共中央、国务院、中央军委批准,中共中央办公厅、国务院办公厅、中央军委办公厅近日印发《民兵政治工作规定》《中国人民解放军预备役部队政治工作规定》。

民兵、预备役部队政治工作,是中国共产党在民兵、预备役部队中的思想工作和组织工作,是构成民兵、预备役部队战斗力的重要因素,是实现党对民兵、预备役部队绝对领导和民兵、预备役部队履行职能使命的根本保证。

《民兵政治工作规定》共 8 章 40 条,主要包括总则、职责、思想政治教育、组织整顿中政治工作、军事训练与平时执行任务中政治工作、参战支前中政治工作、争创民兵工作先进单位和争当民兵工作先进个人等内容。《中国人民解放军预备役部队政治工作规定》共 10 章 49 条,主要包括总则,组织领导与职责,第一政治委员、政治委员和政治教导员、政治指导员,党组织建设,思想政治教育,预备役军官队伍建设,组织整顿、军事训练和平时执行任务中政治工作,战时政治工作,争创先进预备役营、先进预备役连队和争当优秀预备役军官、优秀预备役士兵等内容。两个《规定》内涵丰富,规定具体,具有很强的针对性、指导性、操作性,为做好新形势下民兵、预备役部队政治工作提供了基本遵循和法规依据。

全国职业能力建设工作座谈会在合肥召开

人力资源和社会保障部副部长王晓初表示,从 2011 年到 2020 年,全国将新培养 350 万名技师和 100 万名高级技师,使技师和高级技师总量达到 1000 万人。

2011 年,人社部将重点实施两大项目:一是高技能人才培训基地建设项目。根据计划,2020 年年底前,建设 1200 个示范性高技能人才培训基地。其中,2015 年年底前支持 400 个国家级高技能人才培训基地建设。二是技能大师工作室建设项目。到 2020 年年底,将建成 1000 个左右国家级技能大师工作室。

3 月 17 日

国务院总理温家宝在中南海紫光阁会见出席"中美工商领袖和前高官首轮对话"的美方代表

温家宝说,当前世界经济正在缓慢复苏,仍面临许多不稳定、不确定因素。我们要坚定信心,正确把握宏观经济政策取向,加强各国之间的合作,积极促进世界经济回升。主要经济体既要解决本国经济发展面临的突出问题,也要防止对世界经济产生负面影响。

温家宝指出,国际金融危机没有改变中美经济互补性强的特点,中国实施扩大内需、鼓励科技创新等一系列政策也为美国企业提供了更多商机。温家宝强调,中国政府坚定奉行互利共赢的开放战略,不断完善涉外经济法律法规,愿与美方加强沟通协调,妥善处理分歧,共同应对挑战。双方要本着建设性的态度,探讨开展大规模财政、金融、经贸合作的有效方式,为促进两国经济发展和世界经济强劲、可持续、平衡增长注入新的活力。

全国政协主席贾庆林在海南调研

3 月 17 日至 22 日,贾庆林先后来到三亚市、保亭县、乐东县、东方市、洋浦经济开发区、澄迈县、海口市等地,深入民族村寨、工厂企业、旅游景区、种植基地,与广大干部群众共谋科学发展大计。贾庆林充分肯定海南省经济社会发展取得的成就。

贾庆林指出,大力发展绿色经济,是"十二五"时期我国经济发展的重要着力点。海南国际旅游岛的建设发展,在理念、目标、方向上与发展绿色经济的要求都是一致的,海南在发展绿色经济方面也具有得天独厚的优势。必须牢固树立绿色、低碳发展理念,切实把海南的优势保持好、发挥好,把绿色经济这篇大文章布局好、谋划好,为海南的发展不断注入新的活力,为全国发展绿色经济创造更多好的经验。要大力发展热带现代农业,加大强农惠农力度,推进节地、节肥、节水、节能的农业生产新技术,促进农业生产经营专业化、标准化、规模化、集约化,实现农产品优质、绿色、安全生产。要大力发展绿色制造业,坚持工业企业集中发展的原则不动摇,注重延伸现有企业的产业链条,发展高科技的研发设计,积极发展海洋经济,扎实做好节能减排,走集约化发展的新型工业化道路。要突出海南特色,着力发展以旅游业为龙头的现代服务业,积极打造一批具有国际竞争力的旅游企业和服务品牌,进一步规范旅游市场秩序,建立健全旅游诚信体系,推动海南旅游业及相关现代服务业在改革开放和科学发展方面走在全国前列。

在三亚槟榔河文明生态村和东方市大田镇报白村库区移民安置点,贾庆林强调,要按照建设全国生态文明示范区的要求,把保护生态环境放在更加突出的位置,在保护中发展,在发展中保护,继续推进海防林建设,切实保护好核心生态区的环境资源,努力走出人与自然和谐相处的文明发展之路,使海南成为全国人民的四季花园。

调研期间,贾庆林还专程看望了海南省政协、统战部机关干部以及各民主党派、工商联负责人和无党派人士。他指出,完成"十二五"规划的目标任务,离不开各党派、各团体、各族各界人士的共同团结奋斗。各级党委要进一步加强和改善对统一战线和人民政协的领导,切实关心支持统战和政协工作,给他们多出题目,多压担子,积极采纳他们的真知灼见,发挥他们的优势和作用,真正使统一战线和人民政协参政议政成为充分反映民意、广泛集中民智的有效方式,成为协助化解矛盾、促进社会和谐的积极力量,成为切实改进工作、提高执政能力的重要途径,形成促进科学发展和社会和谐的强大合力。

中共中央电贺老挝人民革命党第九次全国代表大会召开

中央纪委 中央治理工程建设领域突出问题工作领导小组转发工信部 监察部等13个单位的《工程建设领域项目信息公开和诚信体系建设工作实施意见》并发出通知

通知要求各地区、各有关部门进一步加强领导，加大力度，全面推进工程建设领域项目信息公开和诚信体系建设工作，优化工程建设领域信用环境。

《工程建设领域项目信息公开和诚信体系建设工作实施意见》明确提出，到2011年年底前，县级以上政府要依托政府网站，设立项目信息和信用信息公开共享专栏，集中公开工程建设项目信息和信用信息，建立守信激励和失信惩戒制度；县级以上行业主管部门要建立信用档案，全面公开从业单位和从业人员的不良行为信息；初步实现全国范围内工程建设项目信息和信用信息的互联互通和互认共享。

《工程建设领域项目信息公开和诚信体系建设工作实施意见》提供了工程建设项目信息公开基本指导目录和信用信息基本指导目录，统一规定了项目信息公开的22项基本内容、信用信息公开的10项基本内容，要求各地区、各有关部门对基本内容进行细化和补充，及时、规范地发布相关信息；以现有的电子政务建设为基础，依托政府网站，设立信息公开共享专栏，集中公开信息；对公开的项目信息和信用信息，依托互联网，为公众提供检索、查询等服务，并逐步实现项目统一编码，实现项目全过程信息查询服务；县级以上地方政府网站设立信息公开共享专栏，统一链接本地区的项目信息和信用信息，建立面向社会、开放的信息平台。

中央纪委书记贺国强在重庆调研

3月17日至21日，贺国强先后到重庆市黔江区、彭水苗族土家族自治县、武隆县和主城区等地调研。考察期间，贺国强听取了重庆市委、市政府和市纪委的工作汇报，对重庆近年来的工作给予充分肯定。他希望重庆各级党委、政府和广大干部群众深入贯彻落实中央对重庆工作的重要指示精神，围绕主题、紧扣主线，抓住机遇、开拓创新，艰苦奋斗、扎实工作，努力实现在西部地区率先全面建成小康社会和建成长江上游经济中心的宏伟目标。

中央文明办 公安部在北京联合召开电视电话会议

会议总结2010年“文明交通行动计划”实施情况和工作经验，部署推进实施2011年“文明交通行动计划”工作，突出抓好大城市，全面启动中小城市，同时辐射县乡、农村，着力解决影响文明交通的突出问题。

会议指出，实施“文明交通行动计划”顺应了社会文明和谐的要求，推进了交警队伍执法规范化建设。据统计，至2011年2月底，我国机动车保有量达到2.11亿辆，去年全国新增机动车2048万辆、驾驶人1317万人，有20个城市的机动车保有量超过100万辆。在机动车、驾驶人增长创历史新高的情况下，2011年全国道路交通事故保持了总体平稳态势；一些大城市在机动车保有量增多的情况下，城市交通拥堵现象有所缓解，一定程度上得益于市民文明交通、自觉守法意识逐步增强。

会议明确，2011年实施“文明交通行动计划”工作要扎扎实实地抓好六项措施的落实：抓防范，最大限度地预防重特大交通事故。要把客运、货运交通安全作为今年重特大交通事故预防工作的重中之重，积极会同有关部门，在事前防范、有效防范、综合防范上下功夫。抓整治，坚决遏制突出的交通违法行为。要坚持严格执法，依法严肃查处醉驾、飙车等突出交通违法行为。要将酒驾整治向中小城市和农村地区延伸，有针对性地组织开展阶段性、区域性整治行动。抓整改，大力改善道路安全通行环境。要定期排查，防止因道路硬件设施不完善诱发不文明交通行为、引发交通拥堵和交通事故。要抓源头，着力提高人的文明交通素质。要推动文明交通进学校、进课堂。要全面启动“护卫天使行动”，在大中城市和有条件的市县组建女警队或交警护学岗。抓宣传，积极营造文明交通共建共享氛围。要充分利用传统媒体和现代媒体，广泛传播道路交通安全理念和常识。抓样板，充分发挥典型示范引领作用。要充分发挥大城市、中心城市特别是全国文明城市、创建先进城市的辐射示范作用。

中美工商领袖和前高官首轮对话在北京召开

与会代表将就中美经贸关系中彼此关切的问题交换看法和意见。本次会议由中国国际经济交流中心和美国全国商会共同主办。中国国际经济交流中心理事长曾培炎、中国国际经济交流中心顾问董建华、美国全国商会会长托马斯·多诺霍等在开幕式上致辞。

曾培炎指出，中美双方除了政府层面的战略与经济对话，也需要进行非官方的民间对话和交流，通过开诚布公地交换意见，可以消除不必要的误解，增进互信，推动中美经贸关系顺利发展。

会议围绕2011年中美及全球经济形势、改善中美投资环境、促进中美金融业发展、推动科技创新等议题进行充分讨论和沟通。与会代表一致认为，解决中美经贸关系中的问题，除了政府层面的对话，也需要建立非官方的民间和企业间的对话渠道。此次对话为中美工商领袖之间的沟通和交流提供了一个平台,是一次有益的尝试。

国务委员兼国防部部长梁光烈在阿斯塔纳出席上海合作组织成员国国防部长会议并作大会发言

梁光烈在大会发言时说,上海合作组织成立 10 年来,走过了不平凡的路程,已经成为维护地区安全与稳定、促进成员国共同发展与繁荣的坚定力量。在各成员国国防部门的共同努力下,上海合作组织防务安全领域的务实合作不断深入,安全互信日益增强,为震慑威胁地区安全的"三股势力",提升各国军队建设水平,推动组织健康发展发挥了重要作用。尤其是近年来,上海合作组织防务安全领域合作在机制化、务实化方面不断深入发展,在联合军演、国防部长会晤、反恐经验交流、人员培训等方面的交流与合作取得了丰硕成果。

梁光烈表示,中国军队愿意与各成员国军队更加紧密地团结起来,按照《上海合作组织成员国长期睦邻友好合作条约》和各国元首共识精神,切实落实各项合作计划和措施,努力推动防务安全合作高效、可持续发展。

会议上,成员国国防部(副)部长就地区安全形势面临的新挑战、新威胁,上海合作组织防务安全合作机制化、务实化发展等深入交换了意见,共同签署了《上海合作组织成员国国防部长会议联合公报》,批准了《上海合作组织成员国国防部 2012 年至 2013 年合作计划》。

文化部发布《2010 中国网络音乐市场年度报告》

报告对 2010 年我国网络音乐发展与管理的总体状况进行系统梳理。报告显示,2010 年,我国网络音乐总体市场规模达到 23 亿元。

3月18日

国家主席胡锦涛在日本驻华使馆吊唁日本"3·11"地震遇难者并简短会见日本驻华大使丹羽宇一郎

胡锦涛代表中国政府和人民向丹羽宇一郎大使并日本人民致以诚挚慰问,对遇难者表示深切哀悼。胡锦涛表示,中日两国是一衣带水的友好近邻。我们对日本人民在这次地震中遭受的痛苦感同身受。中国政府和人民正积极支援日本抗震救灾,我们将继续向日方提供必要的帮助。祝愿日本人民早日克服困难,重建家园。中国政府十分关心在日中国公民安全。"3·11"地震发生后,日本政府积极救助在日中国公民。中方对此表示诚挚感谢。

丹羽宇一郎表示,日本"3·11"地震发生后,胡锦涛主席阁下致电我国天皇陛下,祝愿日本人民早日克服困难,重建家园。中国政府向日方提供物资援助,并迅速派出国际救援队,积极开展救援活动。许多中国民众也向日方表示慰问。日本正在国际社会支援下开展救灾。日本政府将确保在日中国公民安全,全力以赴为他们提供支援和方便。日方愿与中方保持密切联系和沟通。

国家主席胡锦涛在人民大会堂会见沙特阿拉伯王国国王特使班达尔亲王

国务院总理温家宝到云南德宏地震灾区慰问受灾群众

3 月 18 日至 19 日,温家宝到云南省德宏傣族景颇族自治州盈江县地震灾区,指导抗震救灾和灾后重建工作,看望慰问受灾的各族群众。

温家宝在抗震救灾指挥部临时搭建的大帐篷里召开会议,听取抗震救灾工作汇报。他提出了下一步抗震救灾的五项重点工作:第一,进一步安排好受灾群众生活,确保每一个人有吃有住。搞好灾区卫生防疫,确保大灾之后无大疫。保证灾区市场供应和物价稳定。第二,认真处置地震带来的灾害隐患。深入开展危房排查,全面检查基础设施受损情况,及时发现并排除隐患。严密防范次生地质灾害,切实加强对隐患点的监测。第三,尽快恢复正常生产生活秩序,使医院、银行、派出所等公共服务设施尽快运转起来。组织力量帮助农民收割甘蔗,搞好运输。第四,科学规划和安排灾后恢复重建。尽快组织灾害评估,编制灾后恢复重建方案。科学确定建筑抗震设防标准,严格建筑技术规范,确保安全。重点帮助城乡居民建设住房。要把学校和医院建成最安全、最牢固、群众最放心的建筑。第五,加强对灾区恢复重建的支持。对抗震救灾资金物资的管理要做到公开透明,接受社会监督。

中组部部长李源潮在江西调研县乡党委换届工作

李源潮指出,领导班子换届是关系一个地方发展全局的大事。换届工作搞好了,"十二五"时期科学发展、社会和谐,就会有比较可靠的思想保证、政治保证和组织保证。要组织党员干部深入学习领会党的十七届五中全会和全国两会精神,以科学发展观为指导,根据"十二五"规划的思路和当地实际情况,认真起草、讨论好党代会报告,理清思路、凝聚共识,规划好未来五年的发展。要坚持正确用人导向,按照德才兼备、以德为先标准,选拔任用政治上靠得住、工作上有本事、作风上过得硬、人民群众信得过的优秀干部,尤其要选好配强县乡党委书记。要积极运用成熟的改革举措,充分发扬党内民主,创新干部选拔方式,扩大选人视野,增强公开性和透明度,提高选人用人公信度。

李源潮指出,换届期间是用人上不正之风易发期,各级党委和组织部门要坚决贯彻执行中央纪委和中央组织部下发的严肃换届纪律、保证换届风清气正的通知,加强教育,加强监督,对跑官要官、买官卖官、拉票贿选等违纪违法行为要严肃查处,决不姑息迁就。要通过换届,换出干劲,换出团结,换出干事创业、创先争优的好风气。

国务院副总理张德江在中国航天科技集团公司调研

张德江听取了航天重大工程进展和航天科技工业发展的情况汇报。他强调,科技进步和创新是转变经济发展方式的重要支撑。中央企业要认真贯彻落实全国两会精神,勇于承担起引领科技创新的重任,始终坚持以科技创新推动企业科学发展,在建设创新型国家中发挥骨干表率作用。

张德江要求,中国航天科技集团公司要作国家创新型企业的优秀代表,大力弘扬"两弹一星"和载人航天精神,坚持自主创新,推进战略转型,深化国际合作,加强人才培养,全面完成载人航天与探月工程等重大科技专项,大力提升企业的科学发展能力,大幅度提高中国航天的综合竞争实力,推动我国由航天大国向航天强国迈进。

工业和信息化部部长苗圩、国资委主任王勇等一同调研。

国务院副总理王岐山在内罗毕会见肯尼亚总统齐贝吉

第二届中国出版政府奖颁奖典礼在北京北展剧场举行

作为我国新闻出版行业最高奖项,中国出版政府奖每三年评奖一次。第二届中国出版政府奖评奖范围是2007、2008、2009三年出版的经过市场和读者检验的优秀出版物及其出版单位和先进人物。评奖工作自2010年9月启动以来,经过层层推荐、逐级审核、专家评审和社会公示等环节,最终评选出240个作品、单位和个人,其中还首次评出期刊奖20个、优秀编辑26名,代表了近年来我国新闻出版业改革发展水平。据悉,《马克思恩格斯文集》等60种图书获图书奖,《求是》等20种期刊获期刊奖,《辉煌六十年》等20种音像制品、电子出版物、网络出版物获音像电子网络奖,《季羡林全集》等10件作品获印刷复制奖,《北京跑酷》等10件作品获装帧设计奖,上海科学技术出版社等50家单位获先进出版单位奖,王明亮等70人获优秀出版人物奖。

3月19日

国务院总理温家宝签署第594号令公布《国务院关于修改〈出版管理条例〉的决定》

《国务院关于修改〈出版管理条例〉的决定》已经2011年3月16日国务院第147次常务会议通过,现予公布,自公布之日起施行。

总　理　温家宝

2011年3月19日

国务院关于修改〈出版管理条例〉的决定(略)

国务院总理温家宝签署第595号令公布《国务院关于修改〈音像制品管理条例〉的决定》

《国务院关于修改〈音像制品管理条例〉的决定》已经2011年3月16日国务院第147次常务会议通过,现予公布,自公布之日起施行。

总理　温家宝

2011年3月19日

国务院关于修改〈音像制品管理条例〉的决定(略)

第五次中日韩外长会议在日本京都举行

中国外交部部长杨洁篪、日本外务大臣松本刚明、韩国外交部长官金星焕出席。

三国外长就筹备第四次中日韩领导人会议、进一步加强中日韩合作及东亚合作、朝鲜半岛局势等共同关心的国际和地区问题交换了意见。

杨洁篪说,三国应进一步加强灾害管理合作,开展更深层次的互利合作,持之以恒地扩大社会人文交流,建设高效运作的合作机制。中方就办好第四次中日韩领导人会议与日韩两国保持沟通,密切合作,精心设计,确保会议取得积极成果。

三国外长认为,中日韩合作,不仅有利于三国共同发展,也有利于本地区乃至世界的和平、稳定与繁荣。三方探讨了在政治、经济、社会、人文、灾害管理及国际事务等各领域的合作,表示将共同努力,推动合作取得积极成果,并不断开拓合作的新领域、新途径。

第一届海峡两岸清明文化论坛在上海举行

来自两岸的80余位专家学者、嘉宾,齐聚一堂,围绕着清明文化这一主题,进行了交流和研讨。全国政协副主席厉无畏出席论坛。

3月20日

中组部发出《关于追授杨善洲同志“全国优秀共产党员”称号的决定》

新华社报道，日前，中共中央组织部作出关于追授杨善洲同志“全国优秀共产党员”称号的决定。

杨善洲，男，汉族，云南施甸人，1927年1月生，1951年5月参加工作，1952年11月加入中国共产党，曾任施甸区、县主要领导，保山地委副书记、书记，1988年退休，2010年10月10日因病逝世。

决定说，杨善洲同志是党员干部的学习楷模，是离退休老同志的优秀代表。在职期间，他坚定不移地贯彻执行党的路线方针和政策，带领干部群众发展粮食生产、推广科学种田、开展多种经营、兴修水利设施，为改变贫穷落后面貌、让老百姓过上好日子不懈奋斗，把深山大沟建成了全国闻名的“滇西粮仓”。退休之后，他主动放弃进省城安享晚年的机会，带领群众历尽艰辛义务植树造林20多年，建成了约5.6万亩的大亮山林场，使昔日的荒山变成了绿洲。2009年4月，他将价值超过3亿元的大亮山林场经营管理权无偿交给国家。他对群众满怀深情，经常拿自己的工资接济困难群众，为他们买粮食、购种子、送衣被；而对自己和家人却始终严格要求，从没利用手中的权力为亲属办过一件私事。他的模范事迹和崇高精神，生动诠释了当代中国共产党人的先进和优秀，为党员干部特别是领导干部为政、干事、做人树立了一面光辉的旗帜。

为激励各级党组织和广大党员、干部坚定信念、牢记宗旨，无私奉献、创先争优，在改革开放和社会主义现代化建设各项事业中充分发挥战斗堡垒作用、先锋模范作用和骨干带头作用，经中央领导同志同意，中央组织部决定，追授杨善洲同志“全国优秀共产党员”称号。

中共中央政治局常委习近平在湖南调研

习近平3月20日至23日在湖南调研时强调，今年全国两会审议通过的“十二五”规划纲要，描绘了未来五年经济社会发展的宏伟蓝图。各级党组织要坚持围绕中心、服务大局，以更加奋发有为的精神加强和改进党的建设，为实现“十二五”时期良好开局提供坚强保证。

在湘潭电机公司、南车株洲电力机车有限公司、中联重工科技发展股份有限公司，习近平指出，要加快推进信息化与新型工业化的深度融合，不断提高自主创新能力，加快培育发展战略性新兴产业，带动和促进转型发展、创新发展、协调发展。在株洲天元沿江大道，习近平强调，要把科学发展这个主题和加快转变发展方式这条主线贯穿于经济社会发展全过程和各领域，坚持在发展中促转变，在转变中谋发展，使经济增长真正建立在优化结构、提高效益、降低消耗、保护环境、改善民生的基础上。

在株洲云龙示范区云田社区花卉培育大棚，习近平强调，水利是农业的命脉，要以深入贯彻今年中央一号文件为契机，切实加强农田水利基本建设，抓好重大水利枢纽和水利工程建设，不断提高抗御自然灾害和水资源调配能力。

在长沙市岳麓区咸嘉新村社区，习近平强调，加强和创新社会管理，基础性、经常性、根本性工作是做好群众工作。要进一步创新工作理念、方式方法和体制机制，把社会管理寓于为群众服务之中，在服务中实施管理、在管理中体现服务，不断提高社会管理和群众工作的针对性和有效性。

习近平召开湖南党政干部座谈会并讲话，对湖南“十一五”时期经济社会发展取得的成绩予以肯定，对湖南今后的工作提出要求，希望湖南的同志紧紧抓住实施“中部崛起”战略的历史机遇，不断开创湖南改革发展新局面。

第十二届中国发展高层论坛在北京开幕

国务院副总理李克强出席论坛开幕式并致辞。

此次论坛主题是“经济发展方式转变中的中国”，由国务院发展研究中心主办。由于时值中国第十二个五年规划开始实施，出席论坛嘉宾们的讨论都围绕此主题展开，议题涉及新时期的对外开放战略、战略性新兴产业与结构调整、收入分配与社保体系建设等。

来自国内外的企业家、专家学者、政府官员和国际组织代表共600多人参加开幕式。

国务院副总理李克强在第十二届中国发展高层论坛开幕式上发表题为《推动经济转型 创新发展模式 着力调整结构 努力改善民生》的致辞

各位来宾，女士们、先生们、朋友们：

第十二届中国发展高层论坛今天开幕。现在正值春天，是万物复苏、播种未来的时节。几天前，中国公布了经全国人民代表大会批准的国民经济和社会发展第十二个五年规划纲要。纲要描绘了未来五年中国发展的蓝图，目前已经开始实施。今天，中外企业家、专家学者、政府官员和国际组织代表齐聚一堂，围绕“加快经济发展方式转变中的中国”进行研讨，很有意义。在此，我代表中国政府对会议的召开表示热烈祝贺！对各位来宾表示诚挚欢迎！

刚刚过去的“十一五”期间，我们着力推动科学发展，有效应对各种挑战，谱写了现代化建设的新篇章。中国发展站在一个新的起点上，既面临难得的历史机遇，也面对诸多可以预见和难以预见的风险挑战。针对发展中存在的不平衡、不协调、不可持续等问题，我们将坚持以科学发展为主题，以加快转变经济发展方式为主线，把各方面发展的积极性引导到保障和改善民生上来，引导到调整经济结构、加强节能环保、深化改革开放上来，着力提升发展的质量和效益。今年，中国还将围绕“十二五”时期转变经济发展方式的关键领域和薄弱环节，编制并实施18个国家级重点专项规划，以推动经济转型，创新发展模式，促进经济社会又好又快发展，为全面建成小康社会打下坚实基础。当前和今后一段时间，我们将从以下几个方面推进工作。

第一，努力保持经济长期平稳较快发展。这是转变经济发展方式的目标，也是其前提。中国经济呈现稳健有力的发展势头，同时面临的国际国内环境依然极其复杂。世界经济正在缓慢复苏，但复苏的基础不牢，不同国家经济增长情况各异，全球流动性大量增加，国际大宗商品价格大幅上涨，一些新的不确定因素在增多。国内输入型通胀与结构性价格上涨因素相互交织，经济结构调整的难度不小。应对新的形势，我们将处理好保持经济平稳较快发展、调整经济结构、管理通胀预期的关系，把稳定物价总水平作为宏观调控的首要任务，实施积极的财政政策和稳健的货币政策，优化公共支出结构、投资结构和信贷结构，防止经济出现大的波动。还将把有效的宏观调控和健全的市场机制结合起来，不断完善社会主义市场经济体制，更加充分地发挥市场在资源配置中的基础性作用，激发各类经济主体的发展潜能，提升经济的内在活力，促进经济长期平稳较快发展。

第二，坚持实施扩大内需的战略。在扩大开放的同时着力扩大内需，是转变经济发展方式的重大任务。中国人口多，人均收入水平不高，这是我们的基本国情。同时，经济增长空间广阔，国内需求潜力巨大，是我们发展的特有优势。扩大内需的重点是增加居民消费需求。这就需要通过鼓励就业创业、加强公共服务等措施，合理调整收入分配关系，增加群众收入，提高居民消费能力。因此，中国“十二五”规划要求，努力实现“两个同步”，即居民收入增长和经济发展同步、劳动报酬增长和劳动生产率提高同步。为体现这个思路，提出了经济年均增长7%、城乡居民收入年均增长7%以上的预期目标，还提出了劳动者最低工资标准年均增长13%以上、城乡居民最低生活保障标准年均增长10%以上等相应指标。这不仅是改善民生的重要措施，也是扩大内需的客观需要。我们还将统筹城乡和区域发展，协调推进工业化、城镇化和农业现代化，持续释放内需潜力，逐步使中国国内市场总体规模位居世界前列。

第三，推动经济尽快走上内生增长和创新驱动的轨道。中国已是经济大国，但企业活力仍不足、科技创新能力还不强、产业结构不够合理。我们认识到，无论是保持经济平稳较快发展，还是加快转变经济发展方式，都需要增强科技创新能力，挖掘企业创新发展的潜力。今后五年，中国将加快建立以企业为主体、市场为导向、产学研相结合的技术创新体系，坚定不移实施国家知识产权战略，重点突破制约产业转型升级的核心关键技术，促进经济增长由主要依靠增加物质资源消耗向主要依靠科技进步、劳动者素质提高和管理创新转变。同时，切实加强农业基础，改造提升制造业，大力培育战略性新兴产业，加快发展低碳技术、节能环保产业和循环经济，构建现代能源产业体系和综合运输体系，使服务业增加值比重提高4个百分点，推动形成科技引领、创新支撑的产业发展格局。

第四，进一步加大改革攻坚力度。中国加快经济发展方式转变，本身是经济社会领域一场广泛而深刻的变革，同时也需要健全的体制机制作保障。我们将坚持市场化的改革方向，更加注重改革的顶层设计和总体规划，明确改革的优先顺序和重点任务，构建有利于科学发展和经济转型的体制机制，形成有激励有约束的制度安排，把“十二五”发展的主题主线落到实处。主要任务有：推进国有经济战略性调整，支持和引导非公有制经济发展，营造各类所有制企业平等使用生产要素、公平参与市场竞争、同等受到法律保护的体制环境；进一步转变政府职能，减少对微观经济活动的干预；加快财税体制改革，焕发经济主体转变发展方式的积极性和主动性；深化金融体制改革，增强金融市场功能；完善资源性产品价格形成机制，促进结构调整、资源节约和生态环保。

第五，统筹实施重大民生工程。保障和改善民生，是中国加快转变经济发展方式的根本出发点和落脚点。建设重大民生工程，既是改善民生的重大举措，也是扩大内需的有效途径，有利于经济和社会协调发展。“十二五”时期，我们将致力于加强社会建设，实施改善民生的十大行动计划，在教育、就业、社保、医疗、住房、环保等领域推进基本公共服务均等化。保障性安居工程是中国当前改善民生、促进发展的标志性工程和硬任务，正在全国范围内大规模展开。今年计划开工建设1000万套保障性住房和棚户区改造住房，包括大力发展公共租赁住房；明年将再开工建设1000万套，力争早日改善中低收入居民住房条件。同时，中国的医药卫生体制改革也在深入推进，今年的主要任务是促进全民基本医保、实施基本药物制度、拓展公立医院改革试点，经过不懈努力，逐步实现人人享有基本医疗卫生服务。总之，我们将进一步做好保障和改善民生各项工作，使全体人民共享发展改革的成果。

女士们、先生们！

经历 30 多年的对外开放，中国经济已深深融入世界经济。中国将以更加开放的姿态面向世界，以更加虚心的态度借鉴和吸收人类文明成果，以更加务实的行动加强国际交流合作。坚定不移地以开放促改革、促发展、促转变，完善区域开放格局，优化对外贸易结构，把引进来和走出去更好地结合起来，推进投资和贸易自由化、便利化，积极参与全球经济治理和区域合作，努力实现中国经济与世界经济共成长。

当今世界正处于大调整、大变革之中。中国有句古话：变则通。顺应时代要求，我们正在推进经济转型和模式创新，这必将推动中国发展实现新的跨越，也会与世界经济的革新发展形成良性互动。可以预见，中国扩大内需的努力，中国的科技创新与产业升级，中国市场经济体制的完善，将给各国企业带来更多商机，为世界经济增长注入新的拉动力量。我们希望，国际社会进一步加强务实合作，发达国家与发展中国家和新兴经济体携手前进、互利共赢，促进世界经济全面复苏和健康发展。

本届论坛的议题富有时代意义和挑战性，参加会议的代表智力密集、人才荟萃。我们期待论坛能够收获更多的真知灼见，为中国加快转变经济发展方式的实践更多地贡献智慧和力量、为加强中国与世界各国的合作更好地搭建平台和桥梁。

最后，祝第十二届中国发展高层论坛取得圆满成功！祝各位在北京工作顺利、身体健康！

谢谢大家。

中组部部长李源潮在南昌出席中国浦东 井冈山 延安干部学院春季开学典礼

李源潮指出，今年是省、市、县、乡四级党委换届之年，各级领导干部要按照胡锦涛总书记要求，以党和人民事业为重，加强党性修养，正确对待个人进退留转，做到“进”者奋发有为，“退”者心情愉快，“留”者意志不衰，“转”者迎接挑战。

李源潮指出，换届中将有一批优秀干部新进领导班子，这是党的事业发展进步需要。但是，我们下大上小的干部层级结构，决定了在任何一次换届中，能被提拔的干部总是少数。领导干部对工作要有进取心，对升迁要有平常心，坦然接受党组织和干部群众的选择。进，要更加感谢党和人民的信任，更加谦虚地努力学习，更加负责地对待责任，更加严格地要求自己；不进，也要心态自如，自觉服从组织安排，不失工作的动力，保持学习的上进心，坚守清正廉洁的底线。

李源潮说，干部的“退”，是党的事业薪火相传的需要。领导干部退岗只是政治生命中的转乘站。党员干部换届中退出了领导职务，但仍是党的队伍中一员，共产党员的政治觉悟不能退，共产党员的精神追求不能退，共产党员的模范作用不能退，共产党员清正廉洁的形象不能退。要向杨善洲同志学习，退位不褪色，一辈子坚守共产党人的精神家园。干部留任，是保持领导班子稳定和工作连续性的需要，留要知足，留要自省，留要加油，留要奋进，以更高标准要求自己，加倍努力做好工作。干部交流转岗，是优化干部资源配置、培养锻炼干部的需要。领导干部要正确对待转岗交流，把转岗交流作为干事创业的新机遇，勇于接受新的挑战，虚心向新单位的干部群众学习，扑下身子干实事，在新岗位上创造新业绩。

上海、江西、陕西三省市党委有关负责同志，中国浦东、井冈山、延安三所干部学院的学员和教职员工参加开学典礼。

国办发出《关于开展 2011 年全国粮食稳定增产行动的意见》

各省、自治区、直辖市人民政府，国务院各部委、各直属机构：

2011 年是“十二五”开局之年。毫不放松地抓好粮食生产，保障有效供给，对于管理好通胀预期、稳定消费价格总水平、实现经济平稳较快增长和社会和谐稳定，具有十分重要的意义。目前，我国粮食生产面临复杂的形势和较大的困难，粮食“七连增”的起点高，北方冬麦区遭遇冬春连旱，粮食生产成本不断上升，农民种粮比较收益下降，一些地方出现放松粮食生产的倾向。为进一步统一思想，调动各方面的积极性，营造重农抓粮的良好氛围，在落实好已出台各项政策措施和现有工程项目的基础上，进一步加大支持力度，全力保持粮食生产发展好势头，经国务院同意，现就开展 2011 年全国粮食稳定增产行动提出以下意见：

一、总体要求和目标任务

(一)总体要求。深入贯彻落实科学发展观，认真落实中央经济工作会议和中央农村工作会议精神，坚持把发展粮食生产作为“三农”工作的首要任务，坚定抗灾夺丰收的信心不退缩，坚定保持粮食稳定发展的目标不动摇，坚定抓工作落实的劲头不放松，以粮食主产省和非主产省的主产县为重点，以增加重要紧缺品种供给为重点，以推广落实防灾减灾增产关键技术为重点，认真落实好国家已有支持粮食生产的政策和项目，进一步强化责任落实，强化政策扶持，强化措施到位,强化考核奖励,千方百计促进粮食稳定增产。

(二)目标任务。确保粮食播种面积稳定在去年的水平,力争夏粮丰收、早稻增产、秋粮稳定,确保全年粮食产量在1万亿斤以上,全力以赴争取实现连续第八个丰收年。

——力争夏粮获得丰收。全力打好抗旱促春管保丰收攻坚战,加强田间管理,实行分类指导,推进科学抗旱,把旱灾的影响降低到最低限度。加强病虫害监测预警,及时发布病虫害信息,抓好重大病虫害防控,大力开展专业化统防统治。积极推广"一喷三防"等关键技术,促进小麦安全成熟,提高单产水平。

——力争早稻恢复增产。充分利用提高早稻最低收购价和良种补贴标准的有利时机,抓好政策落实,加强信息引导,继续推进"单改双",扩大早稻种植面积。加快新品种、新技术推广,减少直播稻面积,推进机插秧,力争单产恢复到2009年的水平。

——力争秋粮保持稳定。稳定播种面积,扩大水稻、玉米等高产作物种植,力争产量稳中有增。加快增产关键技术推广,在东北地区重点推广水稻大棚育秧、机插秧、玉米增密等技术,在黄淮海地区继续推广玉米增密、适时晚收技术,在长江流域重点推广超级稻品种和水稻集中育秧、机插秧技术,在西北地区重点推广玉米全膜双垄沟播技术,在西南地区重点推广间套种、地膜覆盖及再生稻高产栽培技术,努力提高单产水平。及早做好防范东北早霜、南方寒露风的准备,确保安全成熟。

二、重点措施

(三)落实播种面积。要狠抓强农惠农政策落实,层层分解任务,稳定粮食播种面积。落实最严格的耕地保护制度,稳定耕地数量,提高耕地质量。推进耕作制度改革,挖掘土地资源潜力,提高复种指数。在坚持依法自愿有偿流转土地的前提下积极推进规模化种植,大力发展粮食生产合作社,提高种粮规模化水平。在劳务输出较多的地区,要通过代耕、代种等方式帮助缺乏劳动力的农户种足种满,杜绝耕地撂荒。尤其要引导农民扩大粳稻、玉米、杂粮等农作物生产,确保今年粮食播种面积稳定在去年的水平。

(四)加强农田水利和高标准农田建设。认真贯彻落实今年中央一号文件精神,加快大中型灌区节水改造、大中型灌排泵站更新改造等重点农田水利项目建设。大力发展节水灌溉,通过项目带动、节水设备购置补贴、贷款贴息等方式,鼓励和引导农民因地制宜使用喷灌、滴灌、微灌等高效节水灌溉技术。加快实施《全国新增1000亿斤粮食生产能力规划(2009—2020年)》,加强田间工程、农技服务体系、良种科研繁育体系、防灾减灾工程等建设。切实做好农村土地整治工作,大力推进农业综合开发高标准农田示范工程建设,抓紧制定实施全国高标准农田建设总体规划,按照统筹规划、分工协作、集中投入、连片推进的要求,大规模建设旱涝保收高标准农田。各地要按照规划要求,结合实际制定县级规划,整合资金,推进高标准农田建设。积极发展旱作农业,推广地膜覆盖、深松深耕、保护性耕作等技术。深入推进测土配方施肥,有条件的地方实施整乡整县推进,创新服务模式和推广机制,让更多的农民使用配方施肥技术。继续实施土壤有机质提升项目,创新技术模式,搞好技术配套,培肥地力。

(五)大规模开展粮食高产创建。加大投入,创新机制,在更大规模、更广范围、更高层次上深入推进粮食高产创建。今年选择基础条件好、增产潜力大的50个县(市)、500个乡(镇),开展整乡整县整建制推进粮食高产创建试点。《全国新增1000亿斤粮食生产能力规划(2009—2020年)》中的800个产粮大县(场)也要整合资源,积极推进整乡整县高产创建。继续组织实施粮食丰产科技工程等项目。各地要积极筹措资金,建设高产创建万亩示范片,组织开展现场观摩,提高技术到位率。今年中央财政将在去年基础上增加5亿元高产创建补助资金。

(六)大力开展科技指导服务。全面推进科技进村入户,大力推广增产增效和防灾减灾技术,做好重要季节、重点环节科技服务工作。农业部要组织制定分品种、分区域、分农时粮食生产技术方案。开展科技特派员农村科技创业行动,充分发挥科技型龙头企业示范带动作用和科研院所、高等院校优势,继续完善农业科技专家大院、星火科技12396等科技服务模式。在春耕、"三夏"、"三秋"等关键农时季节,组织开展科技服务大会战,动员农业科研、教学、技术推广等方面的专家和基层农技人员深入生产一线,蹲点包片,搞好科技指导服务,提高技术入户率和到位率。开展跨区机耕、机播、机插等作业,精心组织好夏收小麦跨区机收作业。建立健全基层水利服务体系,加强灌溉指导和节水灌溉技术服务。

(七)全力抓好农资供应和市场监管。搞好各种农业生产资料的生产、调运和储备,优化电力调度,保障种子、化肥、农药、柴油等物资供应和用电需要。重点搞好水稻种子的余缺调剂,保证生产用种需要。大力发展现代农作物种业,开展种子执法年活动,强化种子质量检测,确保种子质量安全。加强化肥等农资价格监测和市场调控,及时发布供求信息,推进产销衔接,依法打击坑农害农价格违法行为,保持农资市场和价格基本稳定。深入开展农资打假专项治理行动,加强农资市场监管,维护农民利益。

(八)切实抓好防灾减灾工作。牢固树立抗灾夺丰收的思想,坚持防在灾害前面、救在第一时间、抗在关键时点。制定完善防灾减灾预案,提早做好抗灾救灾的资金、物资和技术准备,充分发挥防汛抗旱专业服务队伍和群众服务组织的作用。加强干旱、洪涝、病虫害等灾害监测预警,及时发布预警信息,适时启动应急响应。强化抗灾政策支持,加强分类指导,大力推进科学抗灾,指导农民因时、因地落实抗灾增产技术。及时搞好种子等生产资料的调剂供应,帮助农民搞好生产恢复。大力开展专业化统防统治,积极推行全程承包模式,有效减轻病虫危害。

三、调动各方面发展粮食生产的积极性

(九)加大对产粮大县的奖励力度。完善产粮大县奖励政策,建立"能增能减、能进能出"的动态调整奖励制度,将财政支持与粮食播种面积、产量、商品量和调出量挂钩。全面取消粮食主产区粮食风险基金地方配套,逐步取消产粮大县农业基本建设项目县级配套,加大中央和省级资金支持力度。突出抓好一批产量超100亿斤的产粮大市、产量超10亿斤的产粮大县的粮食生产,加强指导,重点支持。今年中央财政增加产粮大县奖励资金40亿元,对粮食生产大县除实行一般性财政转移支付政策奖励外,对增产部分再给予适当奖励。

(十)调动农民参与小型农田水利设施建设的积极性。积极发挥财政资金的引导作用,动员村级组织、农民群众新建和修复包括农田水利在内的农业农村基础设施,加强田间末级灌排沟渠、机井、泵站等小型农田水利设施建设。今年增加小型农田水利重点县建设补助、村级公益事业一事一议财政奖补和以工代赈投资等中央专项资金规模30亿元以上,主要用于引导粮食主产区农民开展农田水利基础设施建设。

(十一)调动科技兴粮积极性。继续实施基层农技推广体系改革与建设示范县项目,力争今年内完成在全国普遍建立健全乡镇或区域性农业技术推广、动植物疫病防控、农产品质量监管等公共服务机构的任务。各地要增加财政投入,保障科技人员包县、包乡、包村开展技术服务的经费。加快基层农技推广体系条件建设步伐,努力做到农技推广人员工作有场所、服务有手段、下乡有工具。抓紧落实基层农技推广人员绩效工资,提高基层农技推广人员待遇。科技奖项评选、职称评审等要向到粮食生产一线服务人员倾斜。农业科研院所和大专院校要将科技人员进村入户开展技术指导服务纳入工作考核内容。

(十二)调动农民种粮积极性。研究完善粮食直补的具体操作办法,逐步加大对种粮农民直接补贴力度,将粮食直补与粮食播种面积、产量和交售商品粮数量挂钩。完善农资综合直补与农资价格上涨挂钩的动态调整机制,新增部分要重点支持种粮大户。进一步完善良种补贴政策,增加良种补贴资金16亿元,提高早稻良种补贴标准。增加农机具购置补贴资金10亿元,加大对农民购买农机具的支持力度。落实好粮食最低收购价和临时收储政策,完善实施预案,适时启动,保持粮价合理水平。

(十三)建立完善粮食生产考核奖励机制。今年年底,国务院将对今年发展粮食生产贡献突出的产粮大省和产粮大县、农技推广人员等粮食生产先进工作者、种粮售粮大户进行表彰奖励,使他们政治上有荣誉、经济上有实惠、工作上有动力。建立科学的考核指标,产粮大省和产粮大县以历年贡献大、今年增产多为考核重点,农技推广人员等粮食生产先进工作者以推广抗灾增产技术和开展科技服务为考核重点,种粮售粮大户以生产、出售商品粮和发挥示范带动作用为考核重点。中央财政对受表彰的粮食生产先进单位和个人给予奖励。

四、切实加强组织领导

(十四)强化地方责任。省级人民政府要切实落实粮食省长负责制,主要负责人要对粮食生产亲自研究、亲自部署,在政策制定、工作部署、资金投入上动真格。要层层分解任务,强化市县人民政府的粮食生产责任,加大对粮食和农业生产的资金投入。主产区要在稳定增产的基础上,增加商品粮调出量;主销区要保证必要的自给率,力争有所提高;产销平衡区要继续确保产需基本平衡,力争多做贡献。各省(区、市)人民政府要明确责任,上下联动,深入开展粮食稳定增产行动,并于今年年底向国务院报告履行粮食生产目标责任的情况。

(十五)强化部门协调。由农业部会同发展改革委、财政部、水利部、科技部、国土资源部、人力资源社会保障部、监察部、统计局、粮食局、气象局等部门具体实施粮食稳定增产行动。各有关部门要落实责任,各司其职,通力合作,密切配合,确保行动扎实有效开展。

(十六)强化督导检查。在关键农时季节,要及时派出工作组开展工作督导,推动各项措施落实。各地要建立相应的督导制度,切实帮助基层解决生产中的实际困难,防止形式主义。统计部门要建立省以下粮食生产监测调查制度,严格核实产粮大市、产粮大县及粮食高产创建区粮食生产数据。监察部门要加强监督。

(十七)强化宣传引导。充分利用广播、电视、报纸、网络等媒体,大力宣传各地抓粮食生产的好经验、好措施、好典型,营造良好的舆论氛围。

国务院办公厅

2011年3月20日

平面视频立体转换技术在清华大学实现较大突破

清华大学"清立方"立体视频芯片新闻发布会消息,该技术实现了平面视频高质量的立体转换,为推动数字电视、移动终端与影视制作等产业迈进立体视频领域提供了具有核心竞争力的高端技术支持。

项目负责人清华大学戴琼海教授介绍,根据目前该项目的技术进展,未来三年,普通民众有可能实现在家中利用红绿眼镜通过普通平板电视收看立体视频。

《反腐倡廉10个热点问题》出版发行

该书由中央纪委宣传教育室组织编写,中国方正出版社出版。

该书紧密联系党风廉政建设和反腐败工作实际,对工程建设领域突出问题专项治理、查处党员领导干部违纪违法案件等10个问题,进行了有针对性和说服力的回答。

3月21日

中共中央总书记胡锦涛电贺朱马利·赛雅贡再次当选老挝人民革命党中央委员会总书记

国务院总理温家宝在人民大会堂会见出席中国发展高层论坛2011年会的境外代表

温家宝说,"十二五"规划纲要给中国发展带来了信心和希望,也给世界带来了信心和希望。中国的发展离不开世界,世界的发展也离不开中国。中国越发展,就越要同各国加强合作。中国的对外开放方针不会改变,吸引外资和引进先进技术和管理经验的政策只会加强,不会削弱。

温家宝表示,在世界经济回升向好的形势下,国际社会应该继续发扬同舟共济的精神,密切协调配合,齐心协力促进世界经济实现强劲、可持续、平衡增长。我对世界经济前景是乐观的。

外方代表高度赞扬中国的"十二五"规划纲要,认为温家宝总理的讲话和答问使他们深受鼓舞和启发,愿意同中方加强合作,实现共同发展。

国务院任免香港特别行政区政府主要官员

依照香港特别行政区基本法的有关规定,根据香港特别行政区行政长官曾荫权的提名和建议,国务院2011年3月21日决定:任命陈国基为入境事务处处长,免去白韫六的入境事务处处长职务。

中组部 中宣部 中央创先争优活动领导小组发出通知要求各地广泛开展向杨善洲同志学习活动

新华社报道:近日,中央组织部、中央宣传部、中央创先争优活动领导小组印发通知,要求认真学习贯彻胡锦涛同志重要批示精神,在广大党员、干部中广泛开展向杨善洲同志学习的活动。

通知指出,杨善洲同志60年坚守共产党人的精神家园,始终忠诚党的事业,鞠躬尽瘁、死而后已;始终把人民利益放在第一位,尽心竭力为老百姓干实事、办好事;始终淡泊名利、廉洁奉公,一尘不染、两袖清风;始终艰苦创业,保持劳动人民的朴素本色。杨善洲同志的模范事迹和崇高精神,生动诠释了当代中国共产党人的先进和优秀,为党员干部特别是领导干部为政、干事、做人树立了一面光辉的旗帜。

通知要求,广大党员干部特别是领导干部都要向杨善洲同志学习,自觉加强党性修养,自觉实践党的宗旨,努力做人民满意的好党员、好干部。要学习他坚定信念、对党忠诚的政治品格,学习他牢记宗旨、一心为民的公仆情怀,学习他鞠躬尽瘁、不懈奋斗的崇高境界,学习他大公无私、淡泊名利的奉献精神,自觉实践共产党人的人生价值和精神追求。

通知强调,各地区各部门各单位要高度重视,加强领导,精心组织,迅速掀起学习杨善洲同志的热潮。要紧密联系实际,通过组织生活会、中心组学习、座谈交流、专题讨论等多种方式,增强学习效果,进一步推动形成学习先进、争当先进、赶超先进的浓厚氛围。

通知强调,开展向杨善洲同志学习活动,要与学习贯彻党的十七届五中全会精神和全国两会精神结合起来,牢牢把握科学发展主题,紧紧扣住加快转变经济发展方式主线,切实做好"十二五"开局各项工作;与开展纪念建党90周年活动结合起来,树立新时期共产党员、领导干部的良好形象;与加强领导班子和干部队伍建设结合起来,引导各级领导干部树立正确的权力观、地位观、利益观;与加强对党员、干部群众观念、群众路线教育结合起来,牢固树立以人为本、执政为民的理念,努力解决好人民群众最关心最直接最现实的利益问题;与做好老干部工作结合起来,引导离退休干部为党和人民的事业发挥余热、多做贡献;与开展创先争优活动和学习型党组织建设活动结合起来,引导基层党组织履职尽责创先进、党员立足岗位争优秀、干部示范引领作表率,以优异成绩迎接建党90周年。

国务院副总理李克强在内蒙古考察

李克强3月21日至22日在内蒙古自治区考察时强调,"十二五"规划纲要是未来五年我国发展的蓝图,要按照主题主线的要求,认真实施总体规划,抓紧制定并实施重点专项规划,协调推进发展经济和改善民生,为“十二五”发展开好局、起好步。

考察中,李克强充分肯定近年来内蒙古经济社会发展取得的显著成绩。他希望内蒙古深入推进西部大开发,统筹呼包鄂经济区开发和全区发展,巩固民族团结,促进和谐稳定,为全面建设小康社会奠定坚实基础。

国务院在河南许昌召开全国春季农业生产工作会议

会议全面部署抗灾促春管保春播工作和粮食稳定增产行动。中共中央政治局委员、国务院副总理回良玉在会上强调,在当前通胀预期增强和国际粮食市场价格大幅上扬的背景下,在连续七年增产增收的基础上,抓好今年春季农业生产,既具有特殊重要的意义,也面临着极为严峻的挑战。各地区、各部门要把春季农业生产作为当前农业农村工作的中心任务,以组织实施好粮食稳定增产行动为重点,以实化政策、细化部署、强化落实为抓手,掀起春耕备耕高潮,加强田间管理,扩大春播面积,推进高产创建,保障农资供应,搞好抗旱减灾,千方百计夺取夏粮丰收,再创农业稳定发展、农民持续增收新佳绩。

回良玉指出,当前春耕生产正由南向北全面展开,农情急、农时紧、农事多,各地区、各有关部门要迅速行动起来。一要着力加强春季田间管理,搞好技术指导和病虫害防治,努力减轻干旱等灾害损失。二要着力落实春播面积,扩大间作套种,增加粮食和紧缺农产品生产。三要着力推进高产创建,扩大创建规模,努力提高单产水平。四要着力抓好“菜篮子”产品生产,加强动物疫病防控,保障供给和质量安全。五要着力加快林业建设,推进春季植树造林,防范森林草原火灾。六要着力搞好春耕备耕服务,保证种子、化肥、农药、柴油、电力等充足供应和价格稳定。

回良玉指出,针对今年农业生产面临的复杂形势和干旱等自然灾害较重、农业生产成本上升等困难,国务院决定实施粮食稳定增产行动,国家将采取一系列重大举措,充分调动各方面积极性,努力实现夏粮丰收、早稻增产、秋粮稳定的目标。要强化保护支持政策,增加粮食直补、良种补贴、农机补贴和农资综合直补,落实好粮食最低收购价和临时收储制度,调动农民生产积极性。健全利益补偿机制,国家对粮食和农业生产的支持要向产粮大省、大县倾斜,取消不应由主产区承担的各种负担,强化对产粮大县的奖励政策,调动主产区积极性。完善鼓励政策,提高农业科技人员待遇,改善服务条件,调动农业科技人员积极性。建立健全考核奖励机制,对发展粮食生产作出突出贡献的地方和个人给予奖励。

回良玉要求,各地区、各部门要认真贯彻落实中央农村工作会议、中央一号文件和全国两会、国务院常务会议精神,加强统筹协调,全面做好农业农村各项工作。一要加大农田水利建设力度,不断提高农业综合生产能力。二要加大气象服务和防灾减灾力度,重点加强“倒春寒”、低温连阴雨和春旱等重大气象灾害的监测预报预警和影响评估。三要加大农产品流通和市场调控力度,努力保障农产品供应和市场稳定,做好夏季粮油收购各项准备。四要加大农村扶贫开发力度,着手实施新十年农村扶贫开发纲要,着力加快连片特困地区脱贫致富步伐。五要加大改善农村民生的力度,多渠道促进农民增收,加快农村公共事业发展,安排好困难群众生产生活。回良玉强调,要切实加强组织领导,把地方责任落实好、把部门职责履行好、把督导检查制度贯彻好、把舆论宣传引导好,促进农业农村又好又快发展,为保持经济平稳较快发展、保障和改善民生、促进社会和谐奠定坚实基础。

各省、自治区、直辖市人民政府及发展改革、财政、水利、农业、气象部门负责人,各计划单列市人民政府和新疆生产建设兵团负责人参加了会议。河南、河北、黑龙江、山东、湖南、四川、陕西省人民政府在会上作交流发言。与会代表实地考察了许昌10万亩小麦高产创建整乡推进示范片、有机蔬菜生产基地和龙头企业生鲜物流园。

国务院副总理王岐山在哈拉雷与津巴布韦总统穆加贝举行会谈

3月22日

国家主席胡锦涛与科威特埃米尔萨巴赫互致贺电庆祝两国建交40周年

中央纪委发出《〈中国共产党党员领导干部廉洁从政若干准则〉实施办法》

《实施办法》对《廉政准则》中的相关概念进行了解释;对违反《廉政准则》规定的8个方面52项禁止性规定如何适用《中国共产党纪律处分条例》予以明确;对于需要采取组织处理等措施的违纪行为,规定了相应的处理方式。《实施办法》进一步细化和明确了《廉政准则》的相关要求,内容更加全面,要求更加具体,责任更加明确,监督更加有力,既彰显了党中央依靠制度预防和惩治腐败的坚强决心,也体现了我国反腐倡廉制度建设的与时俱进。《实施办法》的颁布实施,是反腐倡廉制度建设取得的又一重大成果,为《廉政准则》的顺利实施提供了重要保障,为进一步加强对党员领导干部廉洁从政行为的规范和监督提供了重要制度依据,对于完善惩治和预防腐败体系、深入推进反腐倡廉建设,规范党员领导干部的从政行为,加强干部队伍建设,保持党的纯洁性和先进性,具有十分重要的意义。

全国人大常委会副委员长王兆国在北京会见第六届“中国青年创业奖”获得者

王兆国指出,就业是民生之本。“十二五”时期中国的就业压力很大,青年学生的就业形势十分严峻。党中央、国务院始终高度重视就业问题,坚持把增加就业作为发展的优先目标。各级团组织、人力资源和社会保障部门要继续把促进青年就业创业作为服务大局和服务青年的重要举措,秉持竭诚服务青年就业创业的宗旨,努力做好青年“订单式”技能培训、就业创业见习基地、创业就业基金会、小额贷款等工作,发挥好青年创业奖获得者等青年创业典型的示范导向作用,帮助和引导更多的青年实现就业创业。

王兆国强调,广大青年要以“中国青年创业奖”获得者为榜样,自觉树立报效祖国、振兴中华的宏伟志向,弘扬自主创业、艰苦奋斗的时代精神,坚持服务人民、奉献社会的优良品质,为推动科学发展、实现全面建设小康社会的宏伟目标,创造无愧于青春、无愧于时代的光辉业绩。

团中央书记处第一书记陆昊、人力资源和社会保障部副部长信长星等参加会见。

国务院副总理王岐山在罗安达会见安哥拉总统多斯桑托斯

第四届中国印尼防务与安全磋商在雅加达举行

中国人民解放军副总参谋长马晓天与印度尼西亚国防部副部长沙夫里·沙姆苏丁共同主持了第四届中印尼国防部防务安全磋商,双方就地区安全形势、两国防务领域合作以及其他共同关心的问题深入交换了意见。中国驻印尼大使章启月、国防部外事办公室副主任贾晓宁等出席了活动。

中国特命全权裁军大使王群在日内瓦就任裁军谈判会议(裁谈会)轮值主席并发言

王群说,中国愿与有关各方通力合作,共同努力推动裁谈会尽早启动各项实质性工作,促进多边裁军进程。

王群在主持裁谈会发言时表示,中国将本着以下原则履行好主席职责:一是公正、平等地对待各国关切,平衡处理裁谈会各大核心议题,为推动裁谈会取得进展营造良好气氛;二是维护裁谈会的权威及其民主和法制传统,严格按照裁谈会议事规则开展工作;三是通过公开、透明的政府间磋商,依靠全体成员国的共同努力;四是求同存异,注重实效和目标。

杜星垣逝世

原中共中央顾问委员会委员、国务院原秘书长杜星垣同志因病医治无效,于3月22日在北京逝世,享年97岁。

杜星垣是中国共产党第十二次全国代表大会代表,第五届全国人民代表大会代表。

3月23日

中共中央 国务院转发中宣部 司法部《关于在公民中开展法制宣传教育的第六个五年规划(2011—2015年)》并发出通知

各省、自治区、直辖市党委和人民政府,中央和国家机关各部委,解放军各总部、各大单位,各人民团体:

《中央宣传部、司法部关于在公民中开展法制宣传教育的第六个五年规划(2011—2015年)》(以下简称“六五”普法规划)已经中央同意,现转发给你们,请结合实际认真贯彻执行。

法制宣传教育是提高全民法律素质,推进依法治国、建设社会主义法治国家的一项重要基础性工作。深入开展法制宣传教育,是贯彻落实党的十七大和十七届三中、四中、五中全会精神的重要任务,是实施“十二五”规划、全面建设小康社会的重要保障。各级党委和政府要把法制宣传教育纳入当地经济社会发展规划,纳入党委和政府目标管理,进一步完善党委领导、人大监督、政府实施的领导体制,确保“六五”普法规划各项目标任务落到实处。各级领导干部要带头学法守法用法,进一步提高依法执政、依法行政、依法决策的意识和能力。广大公务员要切实加强与履行职责相关的专门法律知识学习,不断提高运用法律手段解决问题的能力。要有针对性地开展青少年法制宣传教育,引导青少年增强法治意识,养成遵纪守法的行为习惯。要坚持法制宣传教育与法治实践相结合,深入推进依法治理,全面提高全社会法治化管理水平。要通过深入开展法制宣传教育,传播法律知识,弘扬法治精神,树立社会主义法治理念,培育社会主义法治文化,形成自觉学法守法用法的社会氛围,为推进依法治国进程,为实现经济社会又好又快发展营造良好的法治环境。

中共中央

国务院

2011年3月23日

中央宣传部 司法部关于在公民中开展法制宣传教育的第六个五年规划(2011—2015年)

在党中央、国务院正确领导下,全国第五个五年法制宣传教育规划已顺利实施完成,取得了显著成效。全民法制宣传教育深入开展,法律进机关、进乡村、进社区、进学校、进企业、进单位活动蓬勃展开,依法治理和法治创建活动深入推进,宪法和法律得到较为广泛普及,全体公民宪法和法律意识明显增强,全社会法治化管理水平逐步提高,法制宣传教育在落实依法治国基本方略、服务经济社会发展、维护社会和谐稳定方面发挥了重要作用。五年来法制宣传教育取得的成功经验,为第六个五年法制宣传教育工作奠定了良好基础。

党的十七大和十七届五中全会提出了深入开展法制宣传教育的重大任务。中国特色社会主义法律体系的形成,整个社会和广大人民群众法治意识的不断增强,对法制宣传教育提出了新的更高要求。继续开展法制宣传教育,对于进一步增强全社会法治观念、推进依法治国进程,为"十二五"时期经济社会发展提供良好法治环境和有效法治保障,具有十分重要的意义。为做好第六个五年法制宣传教育工作,制定本规划。

一、指导思想、主要目标和工作原则

第六个五年法制宣传教育工作的指导思想是:高举中国特色社会主义伟大旗帜,以邓小平理论和"三个代表"重要思想为指导,深入贯彻落实科学发展观,围绕"十二五"时期经济社会发展的目标任务,按照全面落实依法治国基本方略和建设社会主义政治文明的新要求,坚持法制宣传教育与社会主义核心价值体系教育相结合、与社会主义法治理念教育相结合、与社会主义公民意识教育相结合、与法治实践相结合,深入开展法制宣传教育,深入推进依法治理,大力弘扬社会主义法治精神,努力促进经济平稳较快发展和社会和谐稳定,为夺取全面建设小康社会新胜利营造良好法治环境。

第六个五年法制宣传教育工作的主要目标是:通过深入扎实的法制宣传教育和法治实践,深入宣传宪法,广泛传播法律知识,进一步坚定法治建设的中国特色社会主义方向,提高全民法律意识和法律素质,提高全社会法治化管理水平,促进社会主义法治文化建设,推动形成自觉学法守法用法的社会环境。

第六个五年法制宣传教育工作应遵循以下原则:

——坚持围绕中心,服务大局。按照"十二五"时期经济社会发展的总体要求,深入开展法制宣传教育,服务经济平稳较快发展,服务改革开放,服务保障和改善民生,服务维护社会和谐稳定。

——坚持以人为本,服务群众。着眼于群众的实际法律需求,在法制宣传中服务群众,把法制宣传教育的过程变成做群众工作的过程,实现好、维护好、发展好最广大人民的根本利益。

——坚持分类指导,注重实效。根据不同地区、不同行业和不同对象的特点,确定法制宣传教育的重点内容,采取切实可行的方法,增强工作的针对性和实效性。

——坚持学用结合,普治并举。坚持法制宣传教育与法治实践相结合,突出宣传法治实践的重要作用,不断提高法制宣传教育的实际效果。用法制宣传教育引导法治实践,在法治实践中加强法制宣传教育,深入推进各项事业依法治理。

——坚持与时俱进,改革创新。把握法制宣传教育工作规律,创新工作理念,拓展工作领域,完善工作机制,改进方式方法,体现法制宣传教育的时代性、规律性和创造性。

二、主要任务

(一)突出学习宣传宪法。宪法是国家的根本法,是治国安邦的总章程,具有最高权威和法律效力。突出抓好宪法的学习宣传教育,大力宣传我国的根本制度和根本任务,大力宣传中国共产党的领导地位,大力宣传马克思列宁主义、毛泽东思想、邓小平理论和"三个代表"重要思想的指导地位,大力宣传工人阶级领导的以工农联盟为基础的人民民主专政的国体和人民代表大会制度的政体,大力宣传中国共产党领导的多党合作和政治协商制度、民族区域自治制度以及基层群众自治制度,大力宣传坚持公有制为主体、多种所有制经济共同发展的基本经济制度,大力宣传公民的基本权利和义务以及国家生活的基本原则等内容,使广大人民群众全面深刻理解宪法的基本原则和精神,充分认识社会主义制度的优越性,进一步增强全体公民的宪法意识、公民意识、爱国意识、国家安全统一意识和民主法制意识。在全社会牢固树立党的领导、人民当家做主和依法治国有机统一的观念,树立国家一切权力属于人民的观念,树立权利与义务相统一的观念,形成崇尚宪法、遵守宪法、维护宪法权威的良好氛围,使宪法在全社会得到一体遵行,促进国家各项事业健康发展。

(二)深入学习宣传中国特色社会主义法律体系和国家基本法律。加强中国特色社会主义法律体系的学习宣传,深入学习宣传中国特色社会主义法律体系形成的重要意义、基本经验及其基本构成、基本特征。深入学习宣传宪法相关法、民法商法、行政法、经济法、社会法、刑法、诉讼与非诉讼程序法等方面的法律,在全社会形成学法守法用法的良好法治氛围,充分发挥法律在经济社会发展中的规范、引导、保障作用。

(三)深入开展社会主义法治理念教育。组织广大党员干部特别是县处级以上领导干部认真学习社会主义法治理念，牢固树立并自觉践行依法治国、执法为民、公平正义、服务大局、党的领导理念，切实提高党员干部的政治意识、大局意识和法治意识。加大社会主义法治理念的宣传教育力度，推动社会主义法治理念逐步深入人心。

（四）深入学习宣传促进经济发展的法律法规。学习宣传国家基本经济制度、改革开放、社会主义市场经济、财税、金融、投资等方面的法律法规，促进经济平稳较快发展；学习宣传农村基本经营制度、农村土地管理制度、农业支持保护制度、农村金融制度、城乡经济社会发展一体化制度和农村民主管理制度等方面的法律法规，促进社会主义新农村建设；学习宣传加强资源节约和管理、环境和生态保护、防灾减灾等方面的法律法规，促进资源节约型、环境友好型社会建设；学习宣传推进科技进步、加快教育事业发展、加强自主创新能力建设、实施人才强国战略、保护知识产权等方面的法律法规，促进创新型国家建设；学习宣传区域协调发展和城乡规划建设管理相关法律法规，促进区域和城乡协调发展。

（五）深入学习宣传保障和改善民生的法律法规。重点学习宣传收入分配、社会保障、医疗卫生、社会救助等方面的法律法规，促进保障人民基本生活；学习宣传就业促进、劳动合同、劳动争议处理等方面的法律法规，促进建立和谐劳动关系；学习宣传土地征收征用与补偿、土地承包经营权流转、国有企业改制等方面的法律法规，维护人民群众合法权益；学习宣传安全生产、食品药品安全、抗灾救灾、公共卫生等方面的法律法规，保障群众生命财产安全；学习宣传维护妇女、未成年人、老年人、残疾人权益等方面的法律法规，做好特殊群体的权益保障工作。

（六）深入学习宣传社会管理的法律法规。学习宣传维护国家安全、社会稳定、促进民族团结相关法律法规，维护社会政治大局稳定；学习宣传社会治安综合治理、流动人口服务和管理、突发事件应急管理相关法律法规，促进提高社会管理水平；学习宣传信访、投诉、调解等相关法律法规，依法化解矛盾纠纷；学习宣传新闻出版、广播影视、文化文艺、网络电信管理相关法律法规，促进文化事业和文化产业发展。加强刑事、民事和行政诉讼法律宣传，引导公民依法按程序表达利益诉求。加强公正廉洁执法、公正司法教育，维护社会公平正义。

（七）加强反腐倡廉法制宣传教育。以领导干部和公务员为重点，加强公务员法、行政监察法、审计法和廉政准则等相关法律法规和党纪条规的宣传教育，坚持反腐倡廉法制宣传教育与政治理论教育、理想信念教育、职业道德教育、党的优良传统和作风教育相结合，充分发挥廉政教育基地的作用，不断增强各级领导干部和公务员反腐倡廉意识，提高廉洁自律的自觉性。广泛开展面向社会的反腐倡廉法制宣传教育，促进廉政法制文化建设。坚持廉政法制教育从青少年抓起，引导青少年从小树立正确价值观和高尚道德情操。

（八）积极推进社会主义法治文化建设。通过法制宣传教育，弘扬社会主义法治精神，在全社会形成崇尚法律、遵守法律、维护法律权威的氛围。开展丰富多彩的法治文化活动，使法制宣传教育与群众文化生活相结合，丰富法治文化活动载体和形式。引导法治文化产品创作和推广，增加产品数量，提高产品质量，推出精品、创出品牌，不断满足人民群众对法治文化产品的需求。鼓励各类文化团体参加法治文化建设，探索建设法治文化教育基地，发挥公共文化场所在法治文化建设中的资源优势，组织开展法制文艺演出等群众喜闻乐见的法治文化活动。

（九）继续深化“法律进机关、进乡村、进社区、进学校、进企业、进单位”主题活动。突出服务科学发展主题，立足提高公务员社会主义法治理念，深化“法律进机关”活动，不断增强依法管理和服务社会的能力；立足促进农村经济发展和维护社会稳定，深化“法律进乡村”活动，服务社会主义新农村建设；立足推进社会管理创新，深化“法律进社区”活动，提高社区自治和服务能力；立足培育青少年法律素养和道德情操，深化“法律进学校”活动，促进青少年健康成长；立足建立现代企业制度，深化“法律进企业”活动，提高企业核心竞争力和依法防范风险的能力；立足促进法治化管理，深化“法律进单位”活动，营造良好法治氛围。突出不同行业和对象特点，针对机关、乡村、社区、学校、企业、单位的不同需求，采取有针对性的工作措施，提高法制宣传教育的实效性。加强长效机制建设，落实责任单位，明确工作职责，量化工作指标，确保活动取得实效。

深入开展“12·4”全国法制宣传日活动，集中开展以学习宣传宪法为核心的法制宣传教育。利用法律宣传月、宣传周、宣传日等，开展形式多样的法制宣传教育活动。

（十）深入推进依法治理。扎实开展多层次多领域依法治理工作。推进法治城市、法治县（市、区）创建活动，总结推广经验，建立健全制度，不断提高创建水平。开展依法行政示范单位创建活动，推进部门行业结合自身特点开展依法治理，认真贯彻《全面推进依法行政实施纲要》和《国务院关于加强法治政府建设的意见》，健全行政执法程序，规范行政执法行为，强化行政监督和问责，完善执法责任制、执法公示制和执法过错责任追究制，积极推进法律的有效实施，不断提高政府公信力和执行力。开展基层法治创建活动，推进基层依法治理，促进基层民主法治建设。围绕社会热点难点问题和社会管理薄弱环节，开展法制宣传教育和专项治理活动，提高社会管理法治化水平。

三、对象和要求

法制宣传教育的对象是一切有接受教育能力的公民。重点加强对领导干部、公务员、青少年、企事业经营管理人员和农民的法制宣传教育，把领导干部和青少年作为重中之重。

(一)切实加强领导干部学法守法用法。各级领导干部要把宪法和法律作为学习的重要内容，带头学法守法用法，不断提高依法决策、依法行政的意识和能力。健全并落实党委(党组)中心组集体学法、政府常务会议会前学法、法制讲座、法制培训、法律知识考试考核等制度，推进领导干部学法经常化、制度化。把法制教育纳入领导干部理论学习规划，纳入各级党校、行政学院和公务员培训机构教学课程。加强对领导干部任职前法律知识的考察、学法守法用法情况的督促检查和年度评估考核，把依法决策、依法管理、依法办事等考核结果作为干部综合考核评价的重要内容。

(二)大力推进公务员学法守法用法。加强通用法律知识和与履行职责相关的专门法律知识学习，不断提高公务员运用法律手段解决问题的能力。加大公务员培训力度，定期开展社会主义法治理念教育、专门法律知识轮训和新颁布法律法规专题培训。坚持和完善法律知识考试考核制度，将公务员依法办事情况作为公务员任职、晋升的重要依据。加强行政执法人员法律知识培训，完善和推广持证上岗制度，把有关法律知识作为持证上岗考试的重要内容。

(三)深入开展青少年法制宣传教育。根据青少年的特点和接受能力，结合公民意识教育，有针对性地开展法制宣传教育，引导青少年树立社会主义法治理念和法治意识，养成遵纪守法的行为习惯，培养社会主义合格公民。各级各类学校要根据学生特点进一步明确法制教育的地位和目标，完善法制教育的内容和体系，创新法制教育的方法和途径，发挥课堂教学的主渠道作用，努力实现学校法制教育的系统化科学化。深入推进中小学校法制教育课时、教材、师资、经费“四落实”。整合各种社会法制教育资源，建立多种形式的青少年法制教育基地，重视运用互联网等传播手段丰富青少年法制宣传教育的途径和形式，健全学校、家庭、社会“三位一体”的青少年法制教育格局。加强高等学校普法教育，加大中国特色社会主义法学理论教育力度，积极推进高校法学理论教育教材建设和师资队伍建设，引导高校学生牢固树立社会主义法治理念。结合学校校园及周边环境综合治理和安全防范工作，发挥中小学校兼职法制副校长、法制辅导员作用，加强青少年权益保护、预防和减少青少年违法犯罪等有关法律法规宣传教育，加强对有不良行为青少年、社会闲散青少年等特殊青少年群体的法制宣传教育。

(四)积极开展企事业经营管理人员法制宣传教育。加强社会主义市场经济和与企业经营管理相关的法律法规宣传教育，进一步增强企业经营管理人员诚信守法、依法经营、依法办事的观念。把法制培训纳入国有企业负责人培训内容，把依法决策、依法经营、依法管理情况作为考核企业经营管理人员的重要内容。进一步完善企业法律顾问制度，发挥法律顾问在企业依法经营管理中的作用。加强事业单位和非公有制经济组织、新社会组织管理人员法制宣传教育，提高他们依法管理、依法办事能力。深化企业职工法制宣传教育，引导职工遵纪守法，依法维护合法权益。

(五)扎实开展农民法制宣传教育。宣传与农民生产生活相关的法律法规，引导农民依法参与村民自治和其他社会管理活动，提高他们参与民主选举、民主决策、民主管理、民主监督的能力。加强农村“两委”干部法制培训，提高他们运用法律手段管理基层事务、防范和处理矛盾纠纷的能力。开展农村“法律明白人”教育培训，发挥他们在开展法制宣传、法律咨询和化解矛盾中的作用。加强农民工法制宣传教育，突出遵纪守法、依法表达利益诉求等内容的宣传，在农民工集中居住地、工作场所及主要活动场所开展经常性宣传教育，注重法制宣传教育与法律服务相结合，提高农民工的法治观念。

四、工作步骤和安排

第六个五年法制宣传教育规划从2011年开始实施，到2015年结束。分为以下3个阶段。

宣传发动阶段：2011年上半年。各地区各部门各行业根据本规划，研究制定本地区本部门本行业五年普法规划，做好宣传、发动和组织工作。各省(自治区、直辖市)、中央和国家机关制定的第六个五年法制宣传教育规划，报全国普法办备案。

组织实施阶段：2011年下半年至2015年。各地区各部门各行业依据本规划确定的目标任务和要求，结合实际制定年度计划，认真组织实施，确保本规划得到全面贯彻落实。2013年开展中期检查督导和表彰。

检查验收阶段：2015年下半年。在各级党委和政府统一领导下，各级普法依法治理领导小组办公室负责组织对规划实施情况进行总结验收，对先进集体和先进个人进行表彰。

五、组织领导和保障

(一)切实加强领导。各级党委和政府要高度重视，把法制宣传教育纳入当地经济社会发展规划,纳入党委和政府目标管理。进一步完善党委领导、人大监督、政府实施的领导体制,建立健全各级普法依法治理领导小组,完善领导小组定期召开会议、听取汇报、开展督查等制度。领导小组办公室日常工作由政府司法行政部门承担。各级人大要加强对法制宣传教育工作的监督检查,推进法制宣传教育立法。各级党委宣传部门、政府司法行政部门和领导小组办公室负责组织、协调、指导和检查规划的实施工作。各部门各行业负责本部门本行业法制宣传教育工作,按照谁执法谁普法的原则,积极面向社会开展本部门本行业相关法律法规的宣传教育。各类媒体要积极承担公益性法制宣传教育责任。鼓励引导各类社会组织和公民参与、支持法制宣传教育工作。

(二)健全考核评价体系。建立健全考核评估指标体系,完善考核评估运行机制,对本规划实施情况进行年度考核、阶段性检查和专项督查。建立健全激励机制,及时总结推广典型经验,并按照国家有关规定表彰先进。

(三)落实法制宣传教育经费保障。各级政府要把法制宣传教育经费纳入本级政府财政预算,切实予以保障。各部门各单位要根据实际情况统筹安排相关经费,保证法制宣传教育工作正常开展。

(四)抓好队伍建设。培养专兼职相结合的法制宣传教育队伍,提高专职法制宣传教育工作者的政治业务素质和组织指导能力。加强各级普法讲师团、普法志愿者队伍建设,建立健全定期培训和管理制度,提高工作能力和水平。

(五)推进阵地建设。完善城市、乡村公共活动场所法制宣传教育设施。利用各类教育基地开展法制宣传教育培训和实践活动。引导广播、电视、报刊等各类媒体办好普法节目、专栏和法制频道,结合法治实践,采取以案说法等形式,深入浅出地开展法制宣传教育。探索利用互联网、手机等新兴媒体开展法制宣传教育,办好普法网站,推动政府网及门户网站加大法制宣传力度。组织编写一批高质量的普法书籍和读物。

中国人民解放军和中国人民武装警察部队的第六个五年法制宣传教育工作,参照本规划进行安排部署。

国务院总理温家宝主持召开国务院常务会议

会议研究部署进一步加强城市生活垃圾处理工作。

会议决定在全国范围内开展厂办大集体改革,继续压缩中央部门“三公”经费预算。

会议指出,城市生活垃圾处理是城市管理和环境保护的重要内容,是社会文明程度的重要标志,关系人民群众的切身利益。近年来,由于城镇化快速发展,城市生活垃圾激增,垃圾处理能力相对不足,严重影响城市环境和社会稳定。必须充分认识加强城市生活垃圾处理的重要性和紧迫性,按照全民动员、科学引导,综合利用、变废为宝,统筹规划、合理布局,政府主导、社会参与的原则,综合运用法律、行政、经济和技术等手段,加强全过程控制和管理,突出重点工作环节,不断提高城市生活垃圾处理水平,创造良好的人居环境。通过努力,到2015年,全国城市生活垃圾无害化处理率达到80%以上,50%的设区城市初步实现餐厨垃圾分类收运处理。

会议确定了以下政策措施:(一)切实控制城市生活垃圾产生。推广使用城市燃气、太阳能等清洁能源和菜篮子、布袋子,限制一次性用品使用和过度包装,促进源头减量。逐步推行垃圾分类,当前重点推进有害垃圾和餐厨垃圾的单独收运、处理。推广废旧商品回收利用、焚烧发电、生物处理等生活垃圾资源化利用方式。(二)增强城市生活垃圾处理能力。完善收运网络,推广密闭、环保、高效的垃圾收运系统。强化规划引导,推进垃圾处理设施一体化建设和网络化发展。选择适用技术,加快设施建设。严格规范操作,提高设施运行水平。加快存量垃圾治理。(三)强化监督管理。完善法规标准体系和市场准入制度,加强对设施运营状况和处理效果的监管,开展年度考核评价并公开结果。完善全国垃圾处理设施建设和运营监控系统,定期开展排放物监测。(四)加大政策支持力度。拓宽投入渠道,严格执行并不断完善税收优惠政策。按照“谁产生、谁付费”的原则,推行生活垃圾处理收费制度。新区建设和旧城区改造要优先配套建设垃圾处理设施。强化对垃圾处理技术和设备研发的支持。大力培养专业人才。保障环卫职工合法权益。会议要求各地区、各有关部门加强组织领导,落实省级政府负总责、城市政府抓落实的工作责任制,强化分工协作和宣传教育,确保各项政策措施落到实处。

会议指出,上世纪七八十年代,一些国有企业资助兴办的向主办企业提供配套产品或劳务服务的厂办大集体企业,对发展经济和安置回城知识青年、职工子女就业发挥了重要作用。但随着国有企业改革深化和社会主义市场经济发展,厂办大集体产权不清、机制不活、人员富余、竞争力弱等问题日益突出,大量企业停产、职工失业。2005年,国务院批准在东北地区选择部分城市和中央企业进行厂办大集体改革试点,已取得初步成效,试点政策逐步完善。会议决定,从2011年开始,在全国范围内开展厂办大集体改革,用3年至5年时间,使厂办大集体与主办国有企业彻底分离,成为产权清晰、面向市场、自负盈亏的独立法人实体和市场主体；职工得到妥善安置，职工合法权益得到切实维护。会议强调，推进厂办大集体改革，必须坚持从实际出发，化解主要矛盾，解决重点问题；坚持分类指导，通过多种途径安置职工，处理好劳动关系和社会保险关系；坚持统筹兼顾各方面承受能力，由厂办大集体、主办国有企业、地方财政和中央财政共同分担改革成本。中央财政将加大支持力度，提高经济补偿金中央财政补助比例，统筹用于职工安置。会议要求各有关地区、部门和中央企业高度重视，加强组织领导和协调配合，制定切实可行的改革方案，确保改革顺利进行。

会议研究了中央部门因公出国(境)经费、公务用车购置及运行费、公务接待费“三公”经费预算有关问题。会议决定，在2009年和2010年大幅压缩的基础上，2011年继续压缩中央部门“三公”经费预算，今年6月向全国人大常委会报告中央财政决算时，将中央本级“三公”经费支出情况纳入报告内容，并向社会公开，接受社会监督。会议要求，要加强制度建设，进一步完善“三公”经费管理制度和审核程序，建立健全厉行节约长效机制。继续细化预算编制，加强预算执行管理，严格控制预算调整。加强机构设置和编制管理，严格控制因公出国(境)团组数量和规模，加强和规范公务用车配备使用管理，严格执行公务接待有关规定，从根本上控制“三公”经费规模。

会议讨论并原则通过《中华人民共和国道路交通安全法修正案(草案)》，决定该草案经进一步修改后，由国务院提请全国人大常委会审议。

中央治理“小金库”工作领导小组在北京召开会议全面总结2010年“小金库”治理情况

截至2010年年底，全国党政机关、事业单位、社会团体和国有企业共发现“小金库”50738个，涉及金额238.8亿元。其中，2010年新发现“小金库”27036个，涉及金额130.47亿元。

会议要求，今年要继续下大力气做好“小金库”治理工作，各级纪检监察、财政、审计、民政、国资委等牵头部门要抽调精干力量，切实提高治理工作成效。继续重奖举报有功人员和单位，严惩顶风违纪行为。对今年督导抽查发现的“小金库”问题，要从重、从严处理，原则上都要追究责任。

国家发改委发出《关于规范煤化工产业有序发展的通知》

各省、自治区、直辖市发展改革委：

我国煤炭资源虽然相对丰富，但人均资源占有量也仅占世界平均水平的60%左右。科学合理开发、高效加工转化和最大限度地利用煤炭资源是一项长期艰巨的任务。2009年，针对一些地区出现的不顾资源和环境承载能力，盲目规划、违规建设、无序发展煤化工问题，国务院及时下发了《国务院批转发展改革委等部门关于抑制部分行业产能过剩和重复建设引导产业健康发展若干意见的通知》(国发〔2009〕38号)，加强宏观调控和引导，对抑制煤化工产业的盲目发展发挥了积极作用。大部分地区已严格按照国务院文件要求，严格煤炭资源管理，严格项目审核，科学规范煤化工发展；但有些地方仍存在不顾条件大上煤化工的问题，且引发的不良后果已经开始显现。为了全面贯彻落实国务院通知精神和“十二五”规划纲要的要求，进一步规范煤化工产业有序发展，现就有关问题通知如下：

一、高度重视煤化工盲目发展带来的问题

一是加大产业风险。由于一些地区片面强调煤炭转化比例，部分项目重复引进未经验证的技术，致使建成后不能正常生产，巨额资金投入不能发挥效益；有的项目盲目上马，产品缺乏竞争力，市场开发滞后，目前全国甲醇装置开工率只有50%左右，二甲醚装置也大量闲置，相当一部分企业面临破产倒闭；还有的项目不核算煤炭资源完全成本，不落实节能减排责任，不分析煤炭的全过程转化效率，只强调加工工序的效率和效益；还有的企业以发展煤化工为名，行圈占煤炭资源之实，项目盲目布局，造成大量重复建设。

二是加剧煤炭供需矛盾。据不完全统计，目前全国在建和已批待建煤化工项目新增用煤已超过亿吨，各地规划拟建项目新增用煤总量还有几亿吨。尤其值得关注的是，一些煤炭净调入地区在现有火电厂供煤已十分紧张的情况下，还在积极发展煤化工产业。煤化工盲目建设和过度发展不仅加剧了煤炭供需矛盾，也直接影响到全国合理控制能源消费总量。

三是增加节能减排工作难度。煤化工属高耗能、高排放产业，受技术制约，煤炭在整体产业链中的能源转换效率不高，能源消耗和二氧化碳排放强度均高出全国平均水平的10倍以上。煤化工的无序发展必将直接影响节能减排目标的实现。

四是引发区域水资源供需失衡。我国煤炭资源与水资源呈逆向分布，主要蕴藏在水资源短缺地区。大部分煤化工属高耗水产品，发展规模必须量水而行。但一些地区不顾水资源供给约束发展煤化工；一些企业片面强调经济效益，节水意识淡薄，继续采用高耗水技术装备，严重浪费水资源，这将对区域水资源平衡和生态环境保护造成难以估量的后果。

二、切实加强煤化工产业的调控和引导

各地要进一步贯彻落实国务院国发〔2009〕38号文件精神，加大对贯彻落实情况的督促检查，加强对煤化工产业发展的宏观调控和引导，现就有关政策重申如下：

(一)严格产业准入政策。在国家相关规划出台之前，暂停审批单纯扩大产能的焦炭、电石项目，禁止建设不符合准入条件的焦炭、电石项目，加快淘汰焦炭、电石落后产能；对合成氨和甲醇实施上大压小、产能置换等方式，提高竞争力。煤化工示范项目要建立科学、严格的准入门槛。

(二)加强项目审批管理。各级发展改革部门要严格遵守国家对建设项目的相关管理规定和审批程序，进一步加强煤化工项目审批管理，不得下放审批权限，严禁化整为零，违规审批。在新的核准目录出台之前，禁止建设以下项目：

年产50万吨及以下煤经甲醇制烯烃项目，年产100万吨及以下煤制甲醇项目，年产100万吨及以下煤制二甲醚项目，年产100万吨及以下煤制油项目，年产20亿立方米及以下煤制天然气项目，年产20万吨及以下煤制乙二醇项目。上述标准以上的大型煤炭加工转化项目，须报经国家发展改革委核准。

(三)强化要素资源配置。进一步加强煤化工生产要素资源配置，要积极推动区域产业规划的环境影响评价和节能评估，严格项目环境评价审核和节能审查，对主要污染物排放总量超标和节能评估审查不合格的地区，暂停审批新增主要污染物的煤化工项目；煤炭供应要优先满足群众生活和发电需要，严禁挤占生活、生态和农业用水发展煤化工，对取水量已达到或超过控制指标的地区，暂停审批煤化工项目新增取水；对不符合产业政策等规定的煤化工项目，一律不批准用地，不得发放贷款，不得通过资本市场融资，严格防止财政性资金流向产能过剩的煤化工项目。

(四)落实行政问责制。各有关部门及金融机构要按照国发〔2009〕38号文相关要求，认真履行职责，依法依规把好土地、节能、环保、信贷、产业政策和项目审批关，坚决遏制煤化工盲目发展的势头。对违反国家土地、节能、环保法律法规和信贷、产业政策规定，工作严重失职或失误造成重大损失或恶劣影响的行为要进行问责，严肃处理。

三、统筹规划，做好试点示范工作

国家发展改革委、国家能源局正在组织编制《煤炭深加工示范项目规划》和《煤化工产业政策》，经批准后将尽快组织实施。其政策取向：

一是贯彻落实科学发展观和党的十七届五中全会精神，按照“十二五”规划纲要的要求，统筹国内外两种资源，在科学发展石油化工的同时，合理开发和利用好宝贵的煤炭资源，走高效率、低排放、清洁加工转化利用的现代煤化工发展之路；按照可持续发展的循环经济理念，统筹规划、合理布局，科学引导产业有序发展，使我国现代煤化工技术走在世界前沿。“十二五”重点组织实施好现代煤化工产业的升级示范项目建设。

二是加强煤化工产业规划与国民经济社会发展总体规划及相关产业规划衔接，认真落实总体规划对产业发展在节能减排等方面的要求，积极推动煤化工与煤炭、电力、石油化工等产业协调发展，努力做好煤炭供需平衡。切实落实中发〔2011〕1号文件精神，加强水资源和水源地保护，严格控制缺水地区高耗水煤化工项目的建设。

三是煤炭净调入地区要严格控制煤化工产业，煤炭净调出地区要科学规划、有序发展，做好总量控制。新上示范项目要与淘汰传统落后的煤化工产能相结合，尽可能不增加新的煤炭消费量。推行煤炭资源分类使用和优化配置政策，炼焦煤(包括气煤、肥煤、焦煤、瘦煤)优先用于煤焦化工业。

四是提高转换效率。新上示范项目必须核算从煤炭开发到终端使用全周期的能源转换效率，并与其他转换加工方式进行科学比选和评估，全周期煤炭转换效率应明显高于行业现有水平，煤炭资源价格必须按市场价格测算，特别是对二氧化碳排放及捕捉要有明确的责任，新上示范项目应具有大幅减少二氧化碳排放的能力。

五是严格产业准入标准，确保项目科学、高效率，高效益。示范项目建设要按照石化产业的布局原则，实现园区化，建在煤炭和水资源条件具备的地区；项目业主应同时具有资本、技术和资源方面的优势，工程建设方案和市场开发方案必须做到资源利用合理、竞争能力强，并经过充分比选论证。

六是示范项目的实施主要为了探索和开发出科学高效的煤化工技术，培育具有知识产权和竞争能力的市场主体。因此，原则上，一个企业承担一个示范项目，有条件发展煤化工的地区在产品和示范项目上也有严格的数量限制。工程建成后要严格考核验收，及时总结。

国家发展改革委员会

2011年3月23日

中共中央政治局常委李长春在北京参观第十九届中国国际广播电视信息网络展览会

由国家广电总局主办的中国国际广播电视信息网络展览会，是国内也是亚太地区广播影视行业规模最大的专业设备展览会，是广播影视界重要的技术交流和设备展示平台。本次展会以“创新、融合、服务”为核心理念，以推进“三网融合”为主题，吸引了全球30多个国家和地区的近1000家厂商参展。

李长春指出，提高自主创新能力是国家发展战略的核心，是加快转变经济发展方式的关键所在，也是推动文化大发展大繁荣的根本要求。要适应信息化深入发展特别是"三网融合"的新形势，跟踪世界高新技术发展的新成果，围绕人民群众日益增长的精神文化需求的新期待，充分利用对外开放的有利条件，积极推动文化与科技相融合，推动广播影视技术与数字技术、网络技术相融合，加快推进广播影视领域科技进步和创新，着力突破制约文化发展和产业升级的核心技术、关键技术、共性技术，大力培育新的文化业态，努力掌握文化发展和文化传播的主动权。要积极推进体制机制、运营模式创新，真正建立起以企业为主体、市场为导向、产学研相结合的技术创新体系，打造更多拥有自主知识产权和自主品牌的文化骨干企业和文化产品，加大高端人才的引进和培养力度，不断增强我国文化的创造力、传播力、影响力。要大力实施文化"走出去"战略，推动广播影视技术、产品和标准走向世界，不断提高我国广播影视装备的国际竞争力，为提升国家文化软实力作出积极贡献。

中共中央政治局委员、国务委员刘延东一同参观展览。

郭灏霆在荷兰阿珀尔多伦2011年场地自行车世界锦标赛中夺得男子15公里追逐赛冠军

卫生部印发新版《公共场所卫生管理条例实施细则》

《公共场所卫生管理条例实施细则》(以下简称《细则》)将于2011年5月1日起实施。《细则》明确规定，室内公共场所禁止吸烟。

《细则》规定，公共场所经营者应当设置醒目的禁止吸烟警语和标志。室外公共场所设置的吸烟区不得位于行人必经的通道上。公共场所不得设置自动售烟机。公共场所经营者应当开展吸烟危害健康的宣传，并配备专(兼)职人员对吸烟者进行劝阻。

《细则》规定，公共场所经营者应当按照卫生标准、规范的要求对公共场所的空气、微小气候、水质、采光、照明、噪声、顾客用品用具等进行卫生检测，检测每年不得少于一次；检测结果不符合卫生标准、规范要求的应当及时整改。公共场所经营者应当在醒目位置如实公示检测结果。

公共场所经营者应当保持公共场所空气流通，室内空气质量应当符合国家卫生标准和要求。公共场所经营者提供给顾客使用的用品用具应当保证卫生安全，可以反复使用的用品用具应当一客一换，按照有关卫生标准和要求清洗、消毒、保洁。禁止重复使用一次性用品用具。

按照《细则》，公共场所经营者应当组织从业人员每年进行健康检查，从业人员在取得有效健康合格证明后方可上岗。患有痢疾、伤寒、甲型病毒性肝炎、戊型病毒性肝炎等消化道传染病的人员，以及患有活动性肺结核、化脓性或者渗出性皮肤病等疾病的人员，治愈前不得从事直接为顾客服务的工作。

《细则》将执法主体由"卫生防疫站"统一修改为"卫生行政部门"，卫生监督机构承担具体监督执法任务。卫生部主管全国公共场所卫生监督管理工作。

《细则》规定，公共场所经营者对发生的危害健康事故未立即采取处置措施，导致危害扩大，或者隐瞒、缓报、谎报的，由县级以上地方人民政府卫生行政部门处以五千元以上三万元以下罚款；情节严重的，可以依法责令停业整顿，直至吊销卫生许可证。构成犯罪的，依法追究刑事责任。

3月24日

全国人大常委会食品安全法执法检查组第一次全体会议在北京举行

中共中央政治局常委、全国人大常委会委员长吴邦国作出重要批示。

吴邦国指出，食品安全事关人民群众健康和生命安全，全面贯彻实施食品安全法，是保障和改善民生的重要内容。今年，全国人大常委会再次组织开展对食品安全法的执法检查，主要目的是督促政府进一步落实好食品安全法的各项规定，推动法律实施中一些重点和难点问题的解决。希望检查组精心准备，突出重点，深入基层，扎实工作，特别是要针对2009年执法检查报告中提出的问题和建议，全面深入地了解有关情况，督促国务院及其有关部门毫不松懈地抓好食品安全工作，切实改进我国食品安全状况，让人民群众满意和放心。

中共中央政治局委员、全国人大常委会副委员长王兆国出席会议并讲话。他指出，食品安全法是跨越了两届全国人大常委会、经过四次审议通过的。它的颁布实施，充分反映了全国人大常委会对出台这部涉及民生问题法律的慎重态度，以及积极应对食品安全问题、努力提高食品安全水平的决心和信心。广大人民群众对制定食品安全法非常关心，对能否有效贯彻实施好这部法律、切实改善我国食品安全状况更加关注。要切实做好食品安全法执法检查的各项工作，突出重点，求真务实，增强监督工作实效，进一步推动食品安全法的贯彻实施。

全国人大常委会副委员长路甬祥担任此次执法检

查组组长。路甬祥在会上部署了这次执法检查的总体安排。他说,这次检查将在全面了解和评估食品安全法实施情况的基础上,重点检查上次执法检查报告提出意见和建议的整改落实情况。这次检查将突出五个重点:一是食品安全监管体制机制建设情况;二是配套法规体系建设情况;三是食品生产经营者食品安全管理制度的建立情况;四是风险监测、评估体系和标准体系建设、运行情况;五是依法开展食品安全源头治理情况。

根据安排,执法检查组将分为4个小组,于今年4月至6月赴内蒙古、吉林、上海、江苏、湖北、四川、陕西等地开展检查,并委托其他省、自治区、直辖市人大常委会分别对本行政区域内食品安全法的实施情况进行检查。

全国人大常委会副委员长桑国卫等出席会议。

全国人大教科文卫委员会主任委员白克明主持会议。国务院食品安全委员会办公室、卫生部、农业部、国家工商总局、国家质检总局和国家食品药品监管局分别介绍了贯彻实施食品安全法的情况,工业和信息化部、商务部等部门提交了书面汇报。

全国政协十一届四次会议提案交办会在北京举行

中共中央政治局委员、全国政协副主席王刚出席会议并讲话。王刚说,全国政协十一届三次会议以来,在各方共同努力下人民政协提案办理工作取得了显著成绩,特别是各提案承办单位优质高效地完成了提案办理任务,99.49%的提案已得到办理,许多提案反映的问题得到了及时妥善解决,一些重点提案的内容被纳入党和国家的重大决策部署,为促进经济社会又好又快发展发挥了重要作用。

王刚强调,要总结经验、把握规律,认真办理、郑重答复,使人民政协和广大政协委员的履职成果得到充分体现。要着力在加强综合分析上下功夫,在办好重点提案上下功夫,在增进沟通协商上下功夫,在搞好提案督办上下功夫,切实办好每一件提案,进一步提高提案的落实率和答复的满意度。

全国政协副主席兼秘书长钱运录主持会议。全国政协各专门委员会负责同志,中央和国家机关有关部门负责同志、有关省(自治区、直辖市)党委政府负责同志及部分国有大型企业负责同志出席会议。

中共中央政治局常委李长春在福建调研

3月24日至27日,李长春在福建调研时强调,提高自主创新能力是国家发展战略的核心,是加快转变经济发展方式的中心环节。李长春来到福州、莆田、平潭综合实验区等地,进企业、入农户、下工地、走访宣传文化单位,就加快转变经济发展方式、发展文化事业和文化产业、促进对台文化交流等进行调研,听取福建省委、省政府工作汇报,对福建经济社会发展取得的成绩给予充分肯定。他希望福建认真贯彻落实胡锦涛总书记在福建考察工作时的重要讲话精神,紧紧抓住国家鼓励东部地区率先发展、支持福建加快建设海峡西岸经济区等重大机遇,乘势而上、开拓进取,努力走出一条符合福建实际的科学发展之路。

国家内河高等级航道"十二五"建设启动仪式在湖北荆州举行

国务院副总理张德江出席仪式并强调,我国内河水运发展正处于关键时期,要抓住机遇,以"十二五"规划和国务院文件为纲领,以建设高等级航道为重点,以促进沿岸地区经济社会发展为目标,以推进科学化、现代化、信息化、标准化为手段,以调动各方面积极性为方法,以落实政策和资金为保障,进一步加快建设步伐,促进内河水运发展迈上新台阶、再上新水平。

交通运输部部长李盛霖、湖北省省长王国生和国家发展改革委、财政部等国务院有关部门负责同志在主会场出席了启动仪式,江苏省委书记罗志军、省长李学勇,广西壮族自治区党委书记郭声琨、自治区政府主席马飚等分别在江苏、广西分会场出席了仪式。

国家统计局发布《国际地位稳步提高 国际影响持续扩大》的"十一五"经济社会发展成就系列报告

报告显示,中国国内生产总值(GDP)占世界的比重,从2005年的5.0%上升到2010年的95%。"十一五"期间,中国GDP总量的国际排序实现"三连跳":从2005年的第5位提升到2006年的第4位、2007年的第3位、2010年的第2位。中国GDP相当于美国GDP的比例从2005年的17.9%上升至2010年的40.2%。

报告还指出,"十一五"期间,中国人均国民总收入(GNI)大幅提高。据世界银行计算,2009年中国人均GNI达到3650美元,居世界第125位,比2005年前进了3位。人均GNI相当于世界平均水平的比例从2005年的24.8%,提高到2009年的41.8%。

金砖国家智库会议在北京举行

来自中国、巴西、俄罗斯、印度、南非的60多位中外专家将就当前世界经济政治形势、金砖国家及其智库间务实合作进行深入讨论。

本次会议为期两天,将为4月中旬在中国三亚举行的金砖国家第三次领导人会晤提供智力支持和政策建议。

全国政协副主席孙家正在会议开幕式上表示，中方期待与会专家学者畅所欲言，为推动世界经济可持续复苏、为金砖国家这一合作机制不断向前发展贡献自己的智慧。为更好地发挥金砖国家智库的作用，孙家正建议中外专家着力研究金砖国家面临的机遇和挑战，探讨世界经济金融面临的重大问题，加强金砖国家智库之间的交流。

本次会议由当代世界研究中心和中国和平发展基金会主办，主题是"发展、合作、共享"。

首批国产飞腾CPU通用服务器问世

首批采用"核高基"重大专项的重要成果——国产飞腾CPU的通用服务器，由浪潮集团正式推出。这是我国电子信息产业的研制单位、应用企业联手推进高端通用芯片产业化的重要举措，对于实现电子信息产业的自主可控意义重大。

"核高基"重大专项是"核心电子器件、高端通用芯片及基础软件"重大科技专项的简称。由国防科大承担研制的飞腾1000微处理器，是"核高基"重大专项在"十一五"期间取得的标志性成果，对于支撑我国电子信息产业的安全可控发展、提升信息产业核心竞争力，具有至关重要的战略意义。

朱启南在2011赛季射击世界杯悉尼站的比赛中夺得三姿项目冠军

卫生部印发《医疗卫生机构医学装备管理办法》

3月25日

国务院第四次廉政工作会议在北京召开

中共中央政治局常委、国务院总理温家宝在会上发表讲话。

中共中央政治局常委、国务院副总理李克强主持会议，国务院副总理回良玉、张德江、王岐山，国务委员刘延东、孟建柱、戴秉国出席会议。

中共中央政治局常委、中央纪委书记贺国强，中共中央书记处书记何勇应邀出席会议。

监察部、审计署和天津市政府主要负责人在会上发言。

国务院组成部门、直属特设机构、直属机构、办事机构、直属事业单位、部委管理的国家局，在京中央管理国有骨干企业、国有金融机构及有关单位主要负责人出席会议。京外中央管理国有骨干企业主要负责人在所在省(自治区、直辖市)参加会议。

中共中央、全国人大、全国政协、中央军委有关单位负责人，最高人民法院、最高人民检察院负责人，各人民团体、各民主党派中央、全国工商联负责人和无党派人士代表应邀出席会议。

各省、自治区、直辖市政府，计划单列市政府和新疆生产建设兵团，市(地)、县(市)政府主要负责人和分管廉政建设的负责人在分会场参加会议。

国务院总理温家宝在国务院第四次廉政工作会议上的讲话

一、2010年反腐倡廉工作取得新进展

2010年，各级政府全面贯彻中央关于反腐倡廉建设的决策和部署，重点围绕查办违纪违法案件、加强制度建设、解决损害群众利益的突出问题，着力推进廉政建设和反腐败工作，取得了新的进展。

一是坚决查办大案要案。加大领导干部违纪违法案件的查处力度，严肃查处了康日新、李堂堂、许宗衡、张春江等一批重大案件，目前正在调查刘志军涉嫌严重违纪的问题。全年共立案13.96万件，给予党纪政纪处分14.6万人，其中涉嫌犯罪移送司法机关处理的5373人。

二是深入推进反腐倡廉制度建设。下发《关于领导干部报告个人有关事项的规定》和《关于对配偶子女均已移居国(境)外的国家工作人员加强管理的暂行规定》，出台《国务院关于加强法治政府建设的意见》，完善规范权力行使和加强监督方面的制度，取消和下放管理层级184项行政审批事项。推进财税体制改革，中央和地方政府性基金全面纳入预算管理，加大财政预算公开力度。深入开展工程建设领域突出问题、商业贿赂、"小金库"等专项治理工作。

三是加强中央重大决策部署贯彻落实情况的监督检查和资金审计。开展对汶川特大地震、玉树强烈地震、舟曲特大山洪泥石流抗灾救灾及灾后恢复重建资金和项目的监察、审计。加强对中央扩大内需、调整结构、节能减排、规范和节约用地、房地产调控等重大政策措施实施情况的监督检查。通过审计，促进上缴财政、减少财政拨款，为国家增收节支2099亿元，移送案件线索3092件。对56个中央部门预算执行情况和其他483个单位进行了审计，发现一些部门及所属单位违规问题涉及资金599.4亿元，查处并移送重大案件线索131件。督促有关单位全面制定整改措施，认真进行整改，截至2010年年底，纠正问题涉及资金551.5亿元。

四是着力解决损害群众利益的突出问题。认真治理安全生产、环境保护、食品药品安全等方面的突出问题。强化行政问责，对16起安全生产重特大事故和事件涉及的197名责任人员给予纪律处分。严肃查处了河北、山西等7个省的问题奶粉案件，对负有责任的政府和监管部门领导追究了责任。加强价格监管，纠正教育医疗等民生领域各种乱收费、乱加价问题。

五是大力压缩行政开支。继续控制和压缩因公出国出境、公务用车购置及运行、公务接待三项经费支出。全国在2009年压缩15.1％的基础上，2010年又压缩5.8％。印发《国务院办公厅关于加强和规范各地政府驻北京办事机构管理的意见》，组织开展清理整顿工作，撤销地方政府职能部门和县级人民政府驻京办事机构625个。从严控制一般性行政开支，初步遏制了行政经费逐年过快攀升的势头。

但是，我们必须清醒地看到，目前反腐倡廉工作与人民群众的期望还有较大差距。腐败现象在一些领域仍呈易发多发之势，一些案件触目惊心，影响极为恶劣；贪污腐化、形式主义、奢侈浪费的问题屡禁不止。发生这些问题的原因，根本在于制度不完善，机制不健全，已有的制度执行不力，监督不到位和力度不够，导致对权力缺乏有力约束。这些情况表明，反腐倡廉形势依然严峻，任务十分艰巨。

二、2011年政府反腐倡廉建设的重点任务

今年是中国共产党成立90周年，也是“十二五”开局之年，政府各项工作任务艰巨繁重。当前，我国发展面临的形势依然极其复杂，经济社会发展中一些长期问题和短期问题相互交织，尤其是一些社会矛盾比较突出，再加上腐败问题，如果处理不好，产生叠加效应，就会影响改革发展和社会稳定。各级政府和领导干部一定要从政治和全局的高度，充分认识做好反腐倡廉工作的重要性和紧迫性，全面落实中央关于加强反腐倡廉建设的各项部署，采取坚决有力的措施，务求取得新的成效。

今年在全面推进反腐倡廉各项工作的基础上，针对存在的突出问题，重点抓好以下三方面工作。

(一)认真治理领导干部以权谋私和渎职侵权问题。

以权谋私和渎职侵权问题长期没有得到有效解决，在一些地方和部门越来越突出。近年来，发生在国家机关和国有企业的违纪违法案件增多，特别是“一把手”违纪违法案件增多。产生这些问题的重要根源是权力过于集中而又得不到有效制约和监督。各种腐败现象背后都有权力的支撑。哪里权力集中，哪里产生腐败的风险就大；哪里权力不受制约，哪里腐败现象就严重。解决这些问题，根本在于推进经济体制改革和政治体制改革，对那些屡禁不止甚至还在加重的问题，要从重点领域和关键环节入手，加快制度建设，完善体制机制，有针对性地加强治理。

一是着力解决招投标方面的突出问题。当前公共工程建设、土地使用权出让、矿产资源开发利用、政府采购等领域，是以权谋私、腐败问题易发多发的重灾区。许多违法违纪问题集中表现在招投标环节。不少招投标流于形式，表面上按程序公开进行，实际上“暗箱操作”，特别是一些领导干部违规插手干预招投标，一些掌握资金和项目审批权的部门或领导干部直接或变相推荐施工企业或供货商，背后往往都存在权钱交易等腐败问题。

解决招投标方面的突出问题要有具体措施，这里我强调几点：第一，要严格禁止权力介入。政府机关干部、特别是领导干部及其家属和身边工作人员，国有企业、国有金融机构、高等院校负责人不许以任何形式干预、操纵招投标活动。这要成为一条“高压线”，谁碰就依法处理谁。第二，加快建立健全统一规范的招投标有形市场。打破部门、地区、行业封锁和垄断，促进有序竞争，保证招投标公开、透明。第三，加强招投标的监督管理。重点是建立健全社会招投标和招标项目执行情况的监督机制。招标结束后需要修改原定招标条件的，要重新招标，防止有关领导干部和部门与企业串通，弄虚作假。建立健全招投标信息、投标单位及从业人员信用信息公开制度，认真落实招投标违法行为及处理情况记录在案并公开的制度。对借用资质投标和出借资质收取费用、违法违规转包分包等突出问题进行专项治理。

二是依法治理土地和房屋征收征用中侵害群众权益问题。这是侵害群众切身利益比较严重的领域，也是当前社会矛盾中的一个焦点。一些地方不顾群众利益，有的领导干部利用手中的权力同开发商搞权钱交易，强制征地拆迁，引发极端事件，严重影响社会稳定，损害了党和政府的形象。

最近，国务院出台了《国有土地上房屋征收与补偿条例》。这个条例是根据全国人大常委会关于修改《中华人民共和国城市房地产管理法》的决定起草的，历时几年，先后两次公开向社会征求意见，整个过程贯彻了依法立法、科学立法、民主立法的要求。有了这样一个条例，就为城市房屋征收拆迁提供了制度规范，也为人民群众维护自身合法权益、监督政府行为提供了依据，各级政府要认真贯彻执行。

今后城市国有土地上的房屋征收、拆迁、补偿都要严格按照这个条例的规定办事。对征收房屋、搬迁、临时安置、停产停业的补偿，都要切实保护群众和市场主体的合法权益。房屋征收与补偿活动必须由政府组织实施，禁止建设单位参与，不得以营利为目的。不允许行政强制拆迁，任何单位和个人都不得采取暴力和威胁等手段强迫搬迁。房屋征收补偿方案要征求公众意见，扩大公众的参与程度。

要抓紧研究修改《中华人民共和国土地管理法》有关集体土地征收和补偿的规定，国务院将尽快向全国人大常委会提出议案。

三是深化行政体制改革，推进政府职能转变和管理创新。现在一些部门权力过大且过于集中，权力结构不合理，监督制约机制不健全。必须通过制度和体制的改革加以解决。首先，要进一步减少一些政府部门过于集中的权力。继续推进行政审批制度改革，减少行政审批事项。这项工作近些年取得了很大成效，但行政审批项目仍然较多，要继续深入推进。要进一步提高一般性转移支付的比重，清理和压缩专项转移支付项目，减少直至杜绝财政资金分配中的“跑部钱进”现象。有关部门对以上问题要尽快研究，提出办法，争取今明两年取得较大进展。第二，加快建立决策、执行、监督相互协调又相互制约的运行机制。现在一些政府部门及其内设机构，同时承担决策、执行、监督、评价职能。这样的职能配置和权力结构，极易滋生腐败。要进一步完善政府部门内部机构设置，决策、执行、监督职能要相对分离、相互制约。这也是进一步深化政府机构改革的要求。第三，加强对“一把手”权力行使的监督制约。无论是行政机关还是国有企业，凡属重大决策、重要人事任免、重大项目安排、大额资金使用，都要集体研究决定，依法、科学、民主决策，加大决策过程和结果公开力度，防止个人独断专行。要完善民主程序，没有程序的民主就没有实质的民主。进一步健全和加强决策责任制度和问责制度，使权力和责任匹配，做到权责一致。

(二)切实加强领导干部廉洁自律。

加强反腐倡廉工作，领导干部是重点。领导干部自身权力大、岗位责任重、社会关注度高，一旦出问题，造成的影响和损失也大，而且还会带坏队伍和风气，损害党和政府形象。针对当前的突出问题，要重点抓好《中国共产党党员领导干部廉洁从政若干准则》和《关于领导干部报告个人有关事项的规定》的贯彻落实。

一是认真落实领导干部个人事项报告制度。各级领导干部必须按要求如实报告本人收入、住房、投资、配偶子女从业等事项和配偶子女移居国外境外的情况。加强对制度执行情况的督促检查，对不按时报告、不如实报告的，要严肃处理，真正使这项制度在反腐倡廉、干部作风建设和干部考核使用方面发挥重要作用。

二是坚决整治收送礼金问题。要坚决查处领导干部以各种名义收送礼金、有价证券、支付凭证、商业预付卡的行为。当前社会上收送礼金的名目繁多，特别是收送各类商业预付卡即购物卡的风气愈演愈烈。一些单位集中购买商业预付卡，开假发票报销，用这些卡来送礼行贿。对这一腐败现象，必须坚决治理。对收送各类有价证券、支付凭证和商业预付卡的，以收送同等数额的现金处理。有关部门要尽快研究提出治理措施，进一步完善管理制度，从源头上有效防止利用商业预付卡行贿受贿。

三是加强国有企业负责人廉洁自律。要严格规范国有企业负责人职务消费行为。近年来，社会上对国有企业的一些负责人职务消费不规范和奢侈消费问题反映较多。有关部门要尽快研究制定监督管理办法，坚决制止与企业经营管理无关的职务消费行为和奢侈消费风气。禁止国有企业负责人通过同业经营或关联交易为本人、亲属或特定关系人谋取不正当利益。对这类问题，要发现一起，查处一起。要合理确定国有企业负责人薪酬，包括基本年薪、绩效年薪、股权激励和各类补充保险，建立健全激励约束机制，接受公众监督。

(三)坚决遏制奢侈浪费和形式主义。

这件事我们抓了多年，一直在大力压缩行政经费，取得了一定成效，但还没有从根本上解决问题。奢侈浪费和形式主义不仅浪费钱财，更重要的是销蚀奋斗精神，败坏社会风气，同样是一种腐败行为，同样能导致人亡政息。看一下中国历代封建王朝由盛转衰，几乎都是从骄奢淫逸、好大喜功、大兴土木开始的。“历览前贤国与家，成由勤俭败由奢”，这是警世名言！我们所花的每一分钱，都来自人民，都是人民用汗水换来的，必须用来为人民办好事、办实事，决不允许挥霍浪费。

一要继续严格控制和压缩行政经费。今年各级财政预算安排的“三公”支出在去年的基础上进一步削减。因公出国出境团组数和人数也要减少。开展公务用车专项治理，严格执行《党政机关公务用车配备使用管理办法》，各级领导干部要带头遵守。抓紧研究推进中央国家机关公车管理使用改革，今年要拿出改革方案，在一些部门试行。公务接待要严格控制经费，严格执行标准，严禁赠送礼品，一律吃工作餐。外事接待也要执行标准，控制规模，举办国宴要坚持“三菜一汤”。要制定具体办法，狠抓落实，加强监督检查，不能走过场。

二要进一步减少会议和文件。从国务院到地方各级政府，政府领导同志原则上不要参加部门的会议，确有必要参加的须报经主要领导同意，自上而下形成制度，国务院领导要作表率。会议经费预算要单列，并严加控制。未经批准，不得以政府或部门名义和使用财政资金举办各类论坛、研讨会；经批准举办的，要纳入财政预算，接受财政监督。进一步清理压缩各类节庆活动和表彰活动。严格控制以政府或部门名义举办或参与举办国际会议。要大力减少发文数量。今后，凡是不涉密的文件，都要通过政府门户网站公开发布，不再另行发文。

另外，要合理控制举办大型综合性体育赛事的节奏和规模。各申办城市要充分考虑客观条件，不要超出自身能力申办；符合条件的主办城市，要充分利用现有场馆设施，必须新建的场馆，要与学校体育场馆建设统筹安排，避免过度建设，造成资源闲置浪费。要继续严格控制楼堂馆所建设，决不能放松。

三要继续深化行政经费管理改革。全面推进国库集中收付和“公务卡”改革，进一步扩大改革范围，两年内将这两项改革覆盖到各级政府及所属预算单位，做到部门行政经费由部门财务审批记账，国库集中支付和动态监控。要进一步清理部门银行账户，部门开设银行账户由财政部门严格审批，使部门所有账户都受到监控。任何部门不得让下属单位代存代管资金，否则按违反财经纪律处理。我们治理“小金库”，搞了多年，也下了很大功夫，收到了一定成效，但始终没有彻底解决，一个重要原因就是部门的“私房钱”有地方存，能随意花。如果把部门所有账户都管起来，这个问题就会得到有效遏制。

四要大力推进财政预算决算公开。把政府所有收支全部纳入预算管理。各级政府财政总预算和总决算、部门预算和决算，以及政府性基金、国有资本经营等方面的预算和决算，都要向社会公开。公开的内容要详细全面，逐步细化到“项”级科目。特别是各部门的行政经费，包括出国出境、出差、公务接待、公务用车、会议等支出，都要详细公开。各类预算执行和决算的审计报告也要向社会公开，让人民群众更方便地了解和监督政府工作。财政部门要尽快研究提出实施各类预算、决算公开的时间表，今年就要部署相关工作，首先要将各级政府“三公”支出的预算和决算向社会公开。

这里我再强调一点，抓好以上三个方面的重点工作，必须进一步加强监督。政府工作人员是人民的公仆。除了全心全意为人民服务，没有任何特权。政府的工作必须接受人民的监督，这是一条重要的政治原则。各级政府及工作人员特别是领导干部，要自觉接受人大依法监督，自觉接受人民政协的民主监督。加强行政监察和审计监督。要进一步畅通人民群众和市场主体直接监督政府工作的渠道。他们是政府工作最直接的利益相关方，而来自利益相关方的监督往往是最有力的监督。要高度重视人民群众来信来访和投诉举报。建立健全保护和奖励举报人的制度。对各类投诉举报特别是实名、联名投诉举报的问题，都要认真核查。要更好地发挥社会舆论的监督作用，鼓励新闻媒体监督政府工作。

三、加强领导抓好落实

各级政府要按照中央关于反腐倡廉建设的总体要求，将反腐倡廉建设列入政府工作的重要议程，加强领导，强化责任，今明两年，要加快推进惩治和预防腐败体系建设，采取切实可行的措施，务求取得明显成效。

落实党风廉政建设责任制。各级政府及部门主要领导作为第一责任人，要对职责范围内的反腐倡廉工作负总责，敢抓敢管，分管领导对分管领域廉政建设也要负起责任。要强化问责，对廉政建设工作领导不力、疏于监督管理，致使本地区本部门发生重大违纪问题和腐败案件的，要追究领导责任。

狠抓工作落实和督查。这次部署的各项工作，国务院办公厅要会同有关部门尽快细化分解，落实责任，明确工作进度，切实做到有部署、有督查、有验收。各部门要按照职能和分工抓好落实。各地方也要按照中央统一部署，抓好本地区的反腐倡廉建设。

加大查办违纪违法案件的力度。查办案件是惩治腐败最直接、最有力的手段。要始终保持查办案件的工作力度，严肃查办发生在领导机关和领导干部中贪污贿赂、失职渎职案件，重点领域和关键环节中的违纪违法案件，重大责任事故和群体性事件涉及的失职渎职及背后的腐败案件。继续查办商业贿赂案件，严厉打击受贿行贿等违法行为。要集中力量查办大案要案，只要违纪违法，不论职务高低，都要一查到底、严惩不贷，决不姑息迁就。

反腐倡廉工作任务十分艰巨。让我们在以胡锦涛同志为总书记的党中央领导下，高举中国特色社会主义伟大旗帜，以邓小平理论和“三个代表”重要思想为指导，深入贯彻落实科学发展观，以更加坚决的态度和更加有力的措施，扎实推进政府系统反腐倡廉建设，为经济社会健康发展提供有力保障。

中共中央台办主任王毅在人民大会堂会见中国国民党青年工作总会“辛亥革命百年访问团”一行

王毅表示，中国国民党青工总会首次派大型团组来大陆参访，是两岸关系不断改善发展的新成果，也表明国共两党交流正不断拓展和深入。近年来两岸关系新局面的打开，是中国共产党和中国国民党两党领导人站在全民族高度，顺应两岸同胞共同期待作出的重大决断。两党领导人达成的两岸关系共同愿景，已成为两党乃至两岸同胞为之努力的目标。

中央军委批转公安部 总参谋部 总政治部 总后勤部《关于调整军人家属随军政策的意见》

驻全国一般地区部队干部的家属随军条件由副营职或服役满15年统一调整为正连职等5项新的军人

家属随军条件，与以往相比明显放宽。据悉，调整后，全军将有近10万名官兵受益。

据总政有关部门负责同志介绍，这次主要对随军条件作了如下调整：一是将驻全国一般地区部队干部的家属随军条件由副营职或服役满15年统一调整为正连职；二是取消驻艰苦边远地区部队干部的家属随军条件；三是取消在特殊岗位工作干部的家属随军条件；四是将驻京城区部队干部的家属随军条件由正营职或服役满15年的副营职统一调整为副营职；五是将驻艰苦边远地区部队士官的家属随军条件由三级军士长以上士官调整为四级军士长以上士官。

符合随军条件的军人家属，按照个人意愿选择随军或不随军，军委总部分别制定了相应的待遇保障政策。选择随军的家属，经师(旅)级以上单位政治机关批准后，在部队驻地统一按城镇户口办理落户；随军配偶由部队商当地政府部门纳入安置计划，自主择业的，享受减免营业税等优惠政策；随迁子女可在驻地地方或军队园校入托入学；无工作无收入随军家属每月享受500—700元基本生活补贴，并由部队统一办理基本养老和医疗保险。

电子版《清明上河图》获英国创意大奖

英国国际视觉传播协会在伦敦颁发2011年度大奖，电子动态版《清明上河图》夺得最佳现场和体验活动奖。

国际视觉传播协会是欧洲最大的创意公司及创意从业人员的协会组织，国际视觉传播协会奖在国际创意传播界负有盛名，今年是协会首次设立中国区奖项。

3月26日

国家主席胡锦涛就缅甸东北部发生强烈地震致电缅甸总统吴登盛表示慰问

国家主席胡锦涛与喀麦隆共和国总统比亚互致贺电庆祝两国建交40周年

中国企业联合会发布第十七届国家级企业管理现代化创新成果

本届共审定国家级企业管理现代化创新成果184项。

中国南车集团公司创造的“大型轨道交通装备企业打造核心竞争力的战略决策与实施”、中国石油化工集团公司创造的“大型石化集团母子公司体制下的资金集中管理”等32项成果被审定为一等，邯郸钢铁集团有限责任公司创造的“以技术创新为导向的钢铁企业低成本战略转型”等152项成果被审定为二等。

本届国家级企业管理现代化创新成果审定和推广活动由中国企业联合会、国资委企业改革局、工业和信息化部产业政策司和中小企业司共同主办，全国企业管理现代化创新成果审定委员会负责组织。

中国大众文学学会第三届全国会员代表大会在北京召开

来自全国各地近300名代表出席了大会，选举产生新一届理事会的161名理事和46名常务理事，赵铁信当选为会长。

全国儿童福利信息管理系统在北京启动

中国儿童福利和收养中心主任张世峰介绍，这是一套集机构养育儿童、机构代养儿童、社会散居孤儿、困难家庭儿童以及事实上无人抚养的儿童和民间养育孤儿等类型为一体的信息系统的查询库。

这是中国历史上第一次建立的孤残儿童信息查询系统。

3月27日

中共中央总书记胡锦涛对深入开展创先争优活动作出重要指示

当前，创先争优活动正在全国党的基层组织和党员中广泛开展。胡锦涛对深入开展创先争优活动作出重要指示，强调要坚持以推动科学发展、促进社会和谐、服务人民群众为主题，深入一线，深入实际，开展创先争优活动。

中共中央政治局常委吴邦国、温家宝、贾庆林、李长春、习近平、李克强、贺国强也分别作出指示，要求各条战线基层党组织按照中央统一部署，组织广大党员立足本职、联系实际，深入开展创先争优活动，进一步形成崇尚先进、学习先进、争当先进的良好氛围。

中共中央政治局委员刘云山在湖北调研

刘云山先后到十堰、武汉等地考察了一些农村、社区、企业和宣传文化单位，同基层宣传文化干部进行座谈，对湖北经济社会发展和宣传思想文化工作给予充分肯定。他指出，推动“十二五”规划的顺利实施，需要广泛深入的宣传动员。要突出宣传科学发展这个主题，宣传加快转变经济发展方式这条主线，宣传保障改善民生这个出发点落脚点，宣传“十二五”目标任务和重大举措，引导干部群众看到我国经济社会发展的光明前景，不断增强贯彻落实科学发展观的自觉性坚定性，推动经济社会又好又快发展。要结合干部群众的普遍关切,联系各领域改革发展的实际,加强专题分析、权威解读,加强政策阐释、热点引导,着力增强宣传教育的针对性实效性。要有效整合各种资源,充分发挥各级各类媒体的积极作用,深入基层开展面对面的宣讲,使宣传教育覆盖到社会各个群体。

澳门特别行政区基本法颁布18周年纪念活动在塔石广场举行

活动由澳门基本法推广协会、法务局、民政总署及教育暨青年局联合举办。

中山大学联手深圳华大基因研究院开展的“石斑鱼全基因组序列图谱”绘制宣告完成

据《人民日报》报道:这个图谱是我国完成的第三个鱼类基因组测序项目和全基因组序列图谱,也是世界上首个鲈形目鮨科石斑鱼类基因组序列图谱。

3月28日

中共中央政治局就推进依法行政和弘扬社会主义法治精神进行第二十七次集体学习

中共中央总书记胡锦涛在主持学习时强调,全面推进依法行政、弘扬社会主义法治精神,是坚持立党为公、执政为民的必然要求,是推动科学发展、促进社会和谐的必然要求。我们必须增强全面推进依法行政、弘扬社会主义法治精神的自觉性和主动性,加快建设社会主义法治国家。

国家行政学院胡建淼教授、中央党校卓泽渊教授就这个问题进行讲解,并谈了他们的意见和建议。

中共中央政治局各位同志认真听取了他们的讲解,并就有关问题进行了讨论。

胡锦涛在主持学习时发表了讲话。他指出,推进依法行政,弘扬社会主义法治精神,是党的十七大为适应全面建设小康社会新形势、推进依法治国进程而提出的一项战略任务,对深化政治体制改革、发展社会主义民主政治,对全面实施依法治国基本方略、加快建设社会主义法治国家,对建设富强民主文明和谐的社会主义现代化国家、实现党和国家长治久安具有十分重要的意义。

胡锦涛强调,全面推进依法行政,要以邓小平理论和“三个代表”重要思想为指导,深入贯彻落实科学发展观,坚持党的领导、人民当家做主、依法治国有机统一,认真落实依法治国基本方略,以建设法治政府为目标,以事关依法行政全局的体制机制创新为突破口,以增强领导干部依法行政意识和能力、提高制度建设质量、规范行政权力运行、保证法律法规严格执行为着力点,为保障经济又好又快发展和社会和谐稳定发挥更大作用。要更加注重制度建设,在中国特色社会主义法律体系已经形成的有利基础上,继续通过完善立法加强和改进制度建设,坚持科学立法、民主立法,着力抓好促进科学发展、深化改革开放、保护资源环境、保障和改善民生、维护社会和谐稳定、加强政府建设等方面所急需法律法规的制定或修改工作,力求体现规律要求、适应时代需要、符合人民意愿、解决实际问题。要更加注重行政执法,严格依照法定权限和程序行使权力、履行职责,推进政府管理方式创新,加强行政决策程序建设,切实把政府职能转变到经济调节、市场监管、社会管理、公共服务上来,着力保障和改善民生。要更加注重行政监督和问责,完善监督体制机制,全面推进政务公开,切实为人民掌好权、用好权。要更加注重依法化解社会矛盾纠纷,完善行政调解制度,提高行政调解效能,完善行政复议制度,完善信访制度。

胡锦涛指出,在全社会大力弘扬社会主义法治精神,对全面贯彻落实依法治国基本方略、建设社会主义法治国家具有基础性作用,必须把加强宪法和法律实施作为弘扬社会主义法治精神的基本实践,不断推进科学立法、严格执法、公正司法、全民守法进程。各级党委要按照科学执政、民主执政、依法执政的要求,带头维护社会主义法制的统一、尊严、权威,坚持依法办事,各级政府要认真履行宪法和法律赋予的职责,广大党员、干部特别是领导干部要带头遵守和执行宪法和法律。要加强对全体人民的普法宣传教育,深入开展社会主义法治理念教育,特别是要加强与人民群众生产生活密切相关的法律法规宣传,加快在全社会形成学法尊法守法用法的良好法治环境。

胡锦涛强调,推进依法行政,关键在领导,重点在落实。各级党委和政府要把依法行政作为保证“十二五”时期经济社会发展各项目标任务顺利实现的重大举措,加强领导,抓好落实,深入研究解决依法行政面临的突出问题,善于运用法律手段深化改革、推动发展、维护稳定,为全面建设小康社会提供有力法治保障和良好法治环境。

中共中央政治局召开会议讨论研究加强市地州盟党政正职干部管理工作

中共中央总书记胡锦涛主持会议。

会议认为,地市一级在党和国家工作全局中处于承上启下的重要位置,地市党政正职干部是党治国理政的重要骨干力量,在推进改革发展稳定中担负着重要责任、发挥着关键作用。

会议强调,要坚持德才兼备、以德为先标准,按照忠于党、忠于国家、忠于人民,政治上强、具有领导科学发展能力、能够驾驭全局、善于抓班子带队伍、民主作风好、清正廉洁的要求，严格把握人选标准和条件，注重选拔实际工作经验丰富的干部，形成队伍合理结构，推进交流任职，把优秀领导人才选配到市党政正职岗位。要按照干部人事制度改革要求，进一步健全选拔任用机制，完善人选提名，加强考察工作，落实全委会票决制度。要强化教育培训，着力提高推动科学发展、促进社会和谐能力，加强党性锻炼和党性修养，提高教育培训针对性和实效性，拓宽培训渠道，创新培训方式。要健全和改进考核机制，积极引导牢固树立科学发展观和正确政绩观，加强德的考核，全面客观准确考核评价领导科学发展的工作实绩，注重了解群众公认度，支持和鼓励干部踏实干事。要加强管理和监督，促进秉公用权、廉洁从政，加强对贯彻民主集中制情况的监督，严格选人用人行为，落实和完善巡视、经济审计、报告个人有关事项、述职述廉等监督制度。

国务院新闻办就“十一五”教育改革发展及“十二五”教育工作在北京召开新闻发布会

教育部副部长杜玉波在会上表示，2010年我国高等教育毛入学率达26.5%，新增劳动力平均受教育年限达12.7年；教育部将抓好三项工作，确保到2012年财政性教育经费支出占国内生产总值的4%；采取措施化解义务教育阶段的“择校热”。

“高等教育毛入学率”是国际统计口径，指高等学校注册生(在校生)人数与18岁至22岁人口数的比率。杜玉波说，到2015年，我国高等教育毛入学率将达到36%，新增劳动力平均受教育年限将达到13.3年，接近中等发达国家平均水平。

采取措施化解“择校热”

“十一五”期间，我国已经实现了普及九年义务教育的目标，城乡免费九年义务教育得以全面实现，这有效确保了所有义务教育阶段适龄儿童都能“有学上”。而且义务教育普及巩固水平进一步提高，据统计，2010年全国初中三年巩固率达94%。

如今，“上好学”取代“有学上”，成了大家关注的焦点，有限的优质教育资源成为家长们争相抢夺的对象。

针对这一问题，杜玉波说，化解“择校热”的根本措施是推进义务教育均衡发展，标本兼治、综合治理。具体落实需要做好三件事。首先要明确路径，率先在县域、区域内实现城乡均衡发展。其次要明确举措，推进义务教育学校标准化建设。具体包括均衡配置教师、设备、图书、校舍等教育资源。要在今年完善学校办学基本标准；积极推行县域、区域内教师合理交流；实施把优质高中招生名额合理分配到初中的政策；扩大优质教育资源覆盖面。三是抓住难点，建立城乡一体化义务教育发展机制。

通盘考虑进城务工人员子女在就读地参加高考

杜玉波说，近三年来，中央财政下拨62亿元，专项用于解决进城务工人员子女上学问题。目前，进城务工人员随迁子女在公办学校就读的近80%。

据悉，进城务工人员子女就地参加中考、高考的问题，已被教育部提上了议事日程，教育部鼓励和支持各地按照教育规划纲要的要求，抓紧研究制定进城务工人员子女接受义务教育后，在当地参加升学考试的办法。教育部将会同有关部门、省市积极研究相关支持政策。

杜玉波说：“但需要明确的是，进城务工人员子女在就读地参加高考，不等同于‘异地高考’。‘异地高考’是指‘高考移民’，也就是学生为了更多地争取入学机会，到另外一个省份参加高考，这是教育部门不赞同的。”

杜玉波强调，流动人口子女在输入地的升学问题涉及很多方面，不只是教育问题，也涉及我国在推进城乡一体化进程中社会管理和公共服务体制问题，涉及城市管理、社会保障、外来人口与本地居民教育资源配置问题和户籍制度改革等，情况十分复杂，需要通盘考虑，权衡利弊。

部分高校的自主招生与高考不存在替代关系

杜玉波说：“高校自主招生，是目前统一高考制度的重要补充。部分试点高校探索实行自主测试，与高考不存在替代关系，参加了自主测试，还需要参加统一高考。”教育部鼓励高校积极探索自主招生改革，并要求试点高校根据学校自身特色及专业培养要求，着重对学生综合能力、学科特长和创新潜质进行考查；积极探索学校考核与高考、高中学业成绩及个人成长记录相结合的综合评价选拔方式；尤其高度重视联考的考试安全及公平性。

今年成立国家教育考试指导委员会

杜玉波说，今年将成立国家教育考试指导委员会，对考试招生制度改革进行整体设计和评估论证；研究出台考试招生制度改革方案，努力形成分类考试、综合评价、多元录取的考试招生制度；开展普通本科和高职教育分类入学考试试点，继续推进高职院校单独招生改革；深化高考内容与方式改革，着重考查综合素质和能力；加强高校自主选拔录取管理，指导地方清理高考加分政策和项目；深入实施“阳光工程”，加大考试安全管理。

人民文学出版社成立60周年庆祝大会在人民大会堂举行

3月29日

国家主席胡锦涛在人民大会堂接受4国新任驻华大使递交的国书

这4位驻华大使分别是：土库曼斯坦驻华大使纳扎罗夫、法国驻华大使白林、西班牙驻华大使布雷戈拉特和塞拉利昂驻华大使科罗马。

国务院总理温家宝在中南海紫光阁会见韩国外交通商部长官金星焕

全国政协主席贾庆林在北京会见中国机械工业联合会三届三次会员大会代表

贾庆林强调，今年是“十二五”开局之年。刚刚闭幕的全国两会审议通过的“十二五”规划纲要，为机械工业发展进一步指明了方向，也提出了新的更高要求。他提出四点希望：一是着力调整优化产业结构，加快推进机械工业转型升级。把产业结构调整作为主攻方向，坚持改造提升传统产业与培育发展高端装备制造业并重，重点增强新产品开发和品牌创建能力，加快优化产业布局和产品结构，提高产品质量、技术含量和附加值，提升行业的发展质量和效益。要加快推进企业兼并重组，提高生产集中度，打造一批大企业大集团，增强抗风险能力和市场竞争力。二是大力推进科技创新，为机械工业发展注入不竭动力。要把自主创新放在更加突出位置，坚持走中国特色自主创新道路，进一步加大技术研发的投入，大力加强原始创新、集成创新和引进消化吸收再创新，依托重大技术装备国产化专项，突破核心关键技术和共性关键技术，努力占领国际产业竞争制高点，推动机械工业步入创新驱动、内生增长的轨道。三是扎实推进节能减排，大力发展绿色制造业。要坚持走新型工业化道路，下大力气做好节能降耗和减排治污工作，着力淘汰落后产能，坚决遏制低水平的规模扩张，加快应用新技术、新材料、新工艺、新装备改造提升传统产业。要推行绿色制造，开发低碳产业，大力发展高效节能、低污染排放、资源循环利用的机电产品，满足国民经济各行业对节能减排技术装备的需求。四是加快实施“走出去”战略，增强机械工业的国际竞争力。围绕做强主业、优化资源配置、提升竞争力、扩大市场份额等，大力开展国际间的合作，鼓励和支持有条件的企业兼并重组境外企业和研发机构，努力获取国外的资源、技术和人才，同时要抓住时机将部分过剩产能向海外转移，真正做到利用两个市场、两种资源，实现产业可持续发展。

贾庆林希望中国机械工业联合会，更好地发挥上联政府、下联企业的桥梁纽带作用，注重挖掘自身的独特优势，坚持规范运作，创新工作体系与平台，创造性地开展服务，团结凝聚行业各方面力量，为推进机械工业振兴发展、早日实现由大到强的跨越，作出新的更大贡献。

国务院副总理张德江在北京参观第十九届中国国际服装服饰博览会

张德江指出，改革开放以来特别是近年来，我国服装业坚持改革开放、开拓创新，不断发展壮大，为保持经济平稳较快发展和稳定扩大就业作出了重要贡献。但是，我国服装业仍然大而不强，突出问题是创新能力不强，缺乏国际知名品牌，产品附加值低，面临严峻挑战。

张德江强调，要加大研发设计投入，加强研发和设计队伍建设，大力推进原始创新、技术创新、设计创新，为开发自主品牌提供科技和设计支撑。要严格执行国际国内先进质量标准，全面加强质量管理，保持产品质量稳定，使中国服装产品具有高标准、高质量、高水平。要树立精品意识，大力培育和保护自主品牌，加大自主品牌营销宣传力度，扩大自主品牌国内外知名度。要进一步优化政策环境，充分发挥行业协会作用，充分利用专业展会平台，为企业自主品牌建设创造良好条件。

杨善洲同志先进事迹报告会在人民大会堂举行

中共中央政治局委员、中央书记处书记、中宣部部长刘云山出席并讲话。他强调，中央国家机关广大党员干部要模范贯彻胡锦涛总书记重要指示，带头向杨善洲同志学习，把对杨善洲同志的感动和崇敬化为做好本职工作、推动事业发展的强大动力，以优异成绩迎接中国共产党成立90周年，为实现“十二五”宏伟目标贡献智慧和力量。

报告会上，5名报告团成员深情讲述了杨善洲同志模范践行党的宗旨、一生为群众谋利益的先进事迹，报告话语朴实、情真意切，引起观众强烈共鸣。中央和国家机关司局级以上干部和部分离退休干部3000多人现场聆听报告。据悉，杨善洲同志先进事迹报告团还要为中央和国家机关干部、中央党校和国家行政学院在校学员以及高校师生代表作专场报告。

最高人民检察院授予浙江省宁波市人民检察院检察长陈长华同志全国“模范检察官”荣誉称号

中联评估集团在北京成立

这是第一家采用“母子公司”经营模式的资产评估机构，作为财政部推行的“母子公司”试点，中联评估组建的包括集团母公司、区域子公司、分公司、研究院以及境内外37家专业公司，通过集团化、网络化运作，统一技术方法、客服标准、质保风险控制政策、财务政策、合伙人机制等，有力提升国内评估行业运行管理水平，更好地服务市场经济。

外交部部长杨洁篪在北京与韩国外交通商部长官金星焕举行会谈

中国大学生自主创业工作经验交流会暨全球创业周峰会在上海开幕

中共中央政治局委员、国务委员刘延东出席开幕式并发表演讲。全国人大常委会副委员长严隽琪，全国政协副主席、科技部部长万钢出席开幕式并致辞。

刘延东指出，创新创业是落实科学发展观、推动经济社会发展和进步的重要途径，有利于扩大就业和增进民众福祉。中国政府历来高度重视自主创业活动，把支持青年特别是大学生创业作为促进就业的重要内容，形成了"政府促进创业、市场驱动创业、学校助推创业、社会扶持创业、个人自主创业"的生动局面，推动实现以创业促增长，以增长促就业，以就业促和谐。各国加强交流合作，分享创业经验，探讨创业教育，共同推进创新创业事业具有重要意义。

刘延东强调，加强创新创业，关键在人才，基础在教育。要把创新创业理念融入各级各类教育，创新教育理念，改革人才培养模式，注重培养学生的创新意识和能力。要拓展创业实践基地，发挥大学科技园和科技企业孵化器作用，帮助学生创新创业。要建立协作机制，加大扶持力度，完善资金支持、税费减免、户籍迁移等优惠政策，加强知识产权保护，激发创造活力，规范市场秩序，建立创新创业人才评价激励机制，努力营造能创新、敢创业、创成业的良好环境。刘延东希望广大青年学生脚踏实地、艰苦奋斗，在创新创业中实现价值、奉献社会。

严隽琪在致辞中指出，引导、鼓励大学生创业，支持有激情、有目标、有能力、有准备的年轻人创业，是贯彻落实科学发展观的需要。希望各地从实际情况出发，建设一个创业教育的开放平台，吸引各类企业和企业家、社会组织、学校等多种资源；在教育方式上，以应用为导向，以实践为途径。在推动大学生创业工作中，必须坚持体制机制上创新，必须坚持"公为先、益为重"的工作理念。

万钢在致辞中指出，近年来，我国政府高度重视大学生创业工作，通过加强大学生创业载体建设，培育在校大学生的科技创业意识和基本技能。同时，不断完善大学生科技创业的外部环境，探索建立了适应中国国情的大学生创业政策体系。下一步要加大支持以大学生创业为代表的科技创业活动和科技型中小企业培育力度。进一步综合运用政策工具，完善支持创业的政策环境和创业载体功能，降低大学生创业成本和风险。

来自世界96个国家和地区的创业组织代表和中国的创业教育工作者、企业家代表出席开幕式。教育部部长袁贵仁主持开幕式。

北京故宫博物院宣布成立北京故宫文物保护基金会

凡钰在黑龙江举行的2010—2011年度全国自由式滑雪雪上技巧冠军赛女子自选动作比赛中获得冠军

国务院副总理回良玉在北京出席全国绿化委员会全会并发表讲话

中共中央政治局委员、国务院副总理、全国绿化委员会主任回良玉在会上求，采取综合措施，突出重点任务，全面提升国土绿化的质量和效益。一要认真实施《全国造林绿化规划纲要(2011—2020年)》，将建设任务分解落实到各个地方，严格检查验收，确保如期完成。二要全面深化集体林权制度改革，增强林业发展的活力与吸引力，充分调动社会各界尤其是广大农民群众参与林业建设的积极性，不断壮大国土绿化的力量。三要深入开展全民义务植树运动，研究探索推进义务植树的新思路新办法，鼓励适龄公民通过多种方式履行植树义务。四要着力巩固国土绿化成果，依法严惩盗伐滥伐林木和非法占用林地绿地行为，切实加强森林草原防火工作，抓好林业有害生物防治。五要切实加强国土绿化工作的组织领导，完善地方各级政府造林绿化目标责任制和部门绿化责任制。

会议审议通过了《全国造林绿化规划纲要(2011—2020年)》和《关于表彰全国绿化先进集体、劳动模范和先进工作者的决定》。会上，全国绿化委员会副主任、国家林业局局长贾治邦作了工作报告。

3月30日

国家主席胡锦涛在人民大会堂会见法国总统萨科齐

胡锦涛说，双方要保持两国高层和各级别交往势头，加强对话沟通，增进战略互信，尊重和照顾彼此重大关切。双方要深化两国经贸、航空、航天等传统领域的合作，大力拓展新能源、新材料、循环经济等新兴产业的合作，尤其是核安全领域的合作，扩大双向投资，提升合作水平。双方要深入推进人文交流，办好中法语言年系列活动和首批百名法国青年访华活动，推动中法全面战略伙伴关系持续深入发展。

胡锦涛说，我们一贯主张，每个国家的独立、主权、统一和领土完整都应当受到尊重，不赞成在国际事务中使用武力。历史经验一再证明，武力解决不了问题，只能使问题更加复杂化，对话等和平手段才是最终解决问题的出路。

胡锦涛说，我们注意到，最近一些国家和地区组织为解决利比亚危机提出了不乏建设性的主张和建议，我们认为应积极回应这些主张和建议，给和平以机会，这符合各方共同利益。中方支持一切有利于缓解当前利比亚紧张局势的政治努力，呼吁有关各方立即停火，寻求和平解决问题，避免更多平民伤亡，使利比亚局势尽快恢复稳定。

萨科齐说，法国非常重视发展同中国的友好合作关系，法中两国人民的友谊始终不渝。法方愿就国际货币体系改革问题同中方保持沟通，期待着胡锦涛主席出席二十国集团领导人戛纳峰会。萨科齐表示，法方也希望通过政治和外交方式解决利比亚危机。

国务院总理温家宝主持召开国务院常务会议

讨论通过《青藏高原区域生态建设与环境保护规划(2011—2030年)》。

会议指出，包括西藏、青海、四川、云南、甘肃、新疆6省(区)27个地区179个县在内的青藏高原，地理位置特殊，自然资源丰富，是我国重要的生态安全屏障。加强青藏高原生态建设与环境保护，对于维护国家生态安全，促进边疆稳定和民族团结，全面建设小康社会，具有重要意义。党中央、国务院对此高度重视，先后作出一系列决策部署，青藏高原生态环境保护取得积极进展。2001年以来，累计退牧还草约16万平方公里，退耕还林约4200平方公里，治理水土流失面积约9000平方公里，森林覆盖率提高0.8个百分点，主要河流、湖泊水质优良，大部分城镇大气环境质量优于国家一级标准。但由于自然环境复杂脆弱，区域产业结构不尽合理，青藏高原生态安全仍面临严峻挑战，生态建设和环境保护任务依然艰巨繁重。

会议强调，加强青藏高原生态建设与环境保护，必须按照保护优先、预防为主，统筹规划、重点突破，分区管理、协调推进，创新机制、依靠科技的原则，坚持自然恢复和工程修复相结合，全面推进重点地区生态环境保护，加大产业结构调整和污染防治力度，加强基础能力建设，加快解决影响人民群众健康的突出生态环境问题。力争到2030年，使青藏高原自然生态系统趋于良性循环，城乡环境清洁优美，人与自然和谐相处。为此，一要划分主体功能区。根据不同地区的地理特征、自然条件和资源环境承载力，将青藏高原划分为生态安全保育区、城镇环境安全维护区、农牧业环境安全保障区、资源区和预留区等其他地区，并制定实施相应的管理措施。二要加强生态保护与建设。以三江源、祁连山等10个重点生态功能区为重点，强化草地、湿地、森林和生物多样性保护，推进沙化土地和水土流失治理，加强土地整治和地质灾害防治，提高自然保护区管护水平。三要加大环境污染防治力度。优先实施饮用水水源地保护与治理，全力保障城乡饮水安全。推进重点流域水污染和城镇大气污染防治，强化固体废物安全处置，严格辐射安全和土壤环境管理。完善农牧民聚居区环境基础设施。四要提高生态环境监管和科研能力。建设气候变化和生态环境监测评估预警体系。完善法规标准，加强生态环境管理执法能力建设，严格执法监督。大力开展生态环境保护科学研究和宣传教育。五要发展环境友好型产业。加快传统农牧业生态转型，科学合理有序地开发矿产资源和水能资源，促进生态旅游健康发展。积极稳妥地推进游牧民定居工程，实施传统能源替代。

会议要求各有关地区和部门加强组织领导和协调配合，制订实施方案，落实工作责任，完善政策措施，保障资金投入，确保规划顺利实施。

会议审议并原则通过《个体工商户条例(草案)》。会议认为，为进一步鼓励、支持和引导个体工商户健康发展，充分发挥个体工商户在经济社会发展和扩大就业中的重要作用，有必要在总结实践经验基础上制定个体工商户条例。条例草案取消了对个体工商户从业人员人数、申请设立者身份的限制，放宽了经营范围，规定了对个体工商户的扶持、服务措施和个体工商户从事经营活动的基本行为规范等。

统一战线参与毕节试验区建设工作联席会议第四次全体(扩大)会议在北京召开

中共中央政治局常委、全国政协主席贾庆林作出重要批示。全国政协副主席、中央统战部部长杜青林出席会议并讲话。

在传达了胡锦涛总书记关于“同心”重要思想和贾庆林同志重要批示精神后，杜青林指出，统一战线参与毕节试验区建设，必须坚持思路创新和工作创新相结合，必须坚持参与性作用和主体性作用相促进，必须坚持项目制度和责任制度相衔接。经过20多年的发展，统一战线参与毕节试验区建设取得了可喜的阶段性成果，机遇前所未有、基础条件改善、政策支持加大、机制保障有力，站在了乘势而上、全面提升、优势叠加、资源集约新的起点上。当前，要从打造“同心”品牌的高度，在方向上突出走中国特色政治发展道路、思路上突出科学发展、目标上突出民本内涵、特色上突出智力支持、路径上突出整体优势。精心组织和实施“助推发展、智力支持、改善民生、生态建设、示范带动”五大工程，突出“人才培训、改善民生、产业提升”三大亮点，全面推进17个类型项目的落实。要重视研究问题、注重典型引领、完善机制保障、落实工作责任，共同推动试验区建设取得新的更大进展。

中央统战部、各民主党派中央和全国工商联，毕节试验区专家顾问组，国务院有关部门，北京等10省市党委统战部以及贵州省委、毕节地委有关人员约100人参加会议。

财政部 水利部发出《中央分成水资源费使用管理暂行办法》

国家副主席习近平在人民大会堂会见利比里亚外交部长麦金托什

国务院副总理李克强在中南海紫光阁会见德国财政部长朔伊布勒

国务院副总理王岐山在人民大会堂会见法国经济财政与工业部部长克里斯蒂娜·拉加德

外交部部长杨洁篪在北京与利比里亚外长麦金托什举行会谈

中澳首届气候变化论坛在澳大利亚国立大学举行

中国国家发展和改革委员会副主任解振华与澳大利亚气候变化和能源效率部长格雷格·康贝特在论坛上强调，气候变化问题是当今人类面临的重大挑战。应对气候变化，需要朝着低碳、绿色经济的方向发展。

3月31日

全国人大常委会办公厅在人民大会堂召开代表建议交办会

全国人大常委会副委员长兼秘书长李建国出席代表建议交办会并讲话。会议将十一届全国人大四次会议期间全国人大代表提出的8043件建议、批评和意见统一交由177个机关和组织研究办理，并从中确定11项内容作为今年重点办理的建议。

全国人大常委会副秘书长王万宾主持会议，全国人大常委会副秘书长何晔晖通报了十一届全国人大四次会议代表建议提出和交办等情况，国务院副秘书长焦焕成对国务院承办代表建议的部门和单位提出了要求，全国人大常委会法工委、部分在京承办单位负责同志等参加会议。

全国政协主席贾庆林在中国美术馆观看台湾画家刘国松创作大展

贾庆林对刘国松长期以来为弘扬中华文化，推动两岸文化交流所做的努力表示肯定。他说，中华文化是所有炎黄子孙共同拥有的精神财富，是连接两岸同胞牢固的心灵纽带。在两岸关系和平发展新形势下，两岸围绕传承和弘扬中华文化而进行的交流与合作，呈现出新的积极态势，为推动两岸关系继续向前发展提供了新的动力。贾庆林说，民族复兴离不开文化的繁荣与发展。希望两岸文化界人士携起手来，以民族的责任感和使命感，共同作出新的贡献。

刘国松是海内外著名的国画家，多年追求中国画的现代化。本次画展由文化部、国务院台湾事务办公室作为支持单位，中华文化联谊会与中国美术馆共同主办。

国务院副总理回良玉在人民大会堂出席全国农村青年致富带头人表彰会议并讲话

回良玉指出，长期以来，在党的方针政策鼓舞下，广大农村青年紧跟时代步伐，积极就业、自主创业，成为农民致富的带头人、农村文明新风的引领者、新农村建设的生力军，为加快农村经济社会发展、推动改革开放和现代化建设作出了突出贡献。受到表彰的农村青年致富带头人，就是亿万农村青年的优秀代表，是各行各业青年创先争优的模范人物，也是我们大家学习的楷模榜样。

回良玉要求，广大农村青年要以受表彰的致富带头人为榜样，牢记责任、谨记使命，抓住机遇、奋发进取。要胸怀建设新农村的大志气，当好发展现代农业的排头兵，争作适应时代要求的新农民，努力在推动新农村建设中施展才华，在带领农民致富中大显身手，在改变农村面貌中实现人生价值。

国家外汇管理局公布2010年外债数据

截至2010年年末，我国外债余额为5489.38亿美元(不包括香港特别行政区、澳门特别行政区和台湾地区对外负债)。其中，登记外债余额为3377.38亿美元，贸易信贷余额为2112亿美元。

从债务期限看，中长期外债(剩余期限)余额为1732.43亿美元，占外债余额的31.56%；短期外债(剩余期限)余额为3756.95亿美元，占外债余额的68.44%。据初步计算，2010年我国外债偿债率为

1.63%,债务率为 29.25%;负债率为 9.34%;短期外债与外汇储备的比例为 13.19%,均在国际标准安全线之内。

国务院副总理李克强在人民大会堂会见德国副总理兼外长韦斯特韦勒

国务院副总理王岐山在南京分别会见美国财长盖特纳 土耳其副总理巴巴詹和英国财政大臣奥斯本

外交部发言人姜瑜就戛纳峰会和国际货币体系研讨会等问题答记者问

问:法国是今年 G20 主席国,萨科齐总统正在中国南京出席国际货币体系研讨会。中方对 G20 戛纳峰会有何期待?认为南京研讨会能取得什么成果?

答:中方支持 G20 在全球经济治理中发挥更大作用,积极支持法方办好戛纳峰会,愿同法方继续加强合作,共同做好筹备工作,推动戛纳峰会取得积极务实成果。中方高度重视萨科齐总统来华出席国际货币体系研讨会,中方有关部门为会议筹备做了大量工作。相信研讨会能为 G20 有关讨论提供建设性思路。

问:据报道,日方称,中国国家海洋局直升机 26 日在东海海域过于接近并监视日本驱逐舰。在日忙于灾后重建之际,中方举动令人极为"遗憾",日方已向中方提出交涉。中方对此有何评论?

答:中方在东海问题上的立场是明确和一贯的。据我了解,中方直升机系进行正常的巡航执法活动,并与日方舰只保持了必要的安全距离。此事与日本国内正在进行的救灾活动毫无关联。需要指出的是,中日双方对东海部分海域存在不同主张,日方在有关问题上应该采取负责任的态度,停止做不该做的事情,防止情况进一步复杂化,影响两国关系大局。

问:有媒体报道,日本文部科学省 30 日公布了新版教科书的审定结果,全部 7 家出版社发行的社会科教科书均声称钓鱼岛是日本领土。中方对此有何评论?

答:钓鱼岛及其附属岛屿自古以来就是中国的固有领土,中国对此拥有无可争辩的主权,任何试图改变这一事实的言行都是徒劳的。中国外交部已就此向日方提出严正交涉。

中央军委主席胡锦涛签署命令发布《中国人民解放军财务条例》

《中国人民解放军财务条例》(以下简称《条例》)共设 11 章 66 条,主要明确了新时期军队财务工作的总体要求、基本任务、方针原则、领导体制和基本制度等;明晰了总部、军区级单位和军级以下单位财务部门和事业部门的财务工作职责,构成既相互协调又相互制约的运行机制;按照经费管理使用的基本流程,对预算管理、经费供应、支出管理、资产管理、会计核算、财务监督和相关业务建设等内容分别作了规范;在涉及经费使用审批、资金安全管理、预算外经费收缴、资产处置、会计核算要求,以及财务内部控制等方面,严格了财经纪律;特别规定各级机关要从严控制会议、集训、公务接待、差旅、办公设备购置与维修、办公杂支等行政消耗性支出,贯彻了国家和军队关于厉行节约工作的政策要求。

《条例》明确规定,军队财务工作坚持依法管财、科学理财、节俭用财、讲求效益的方针,遵循统一领导、按级负责,分工管理、财务归口的原则。各级党委应当加强对财务工作的领导,把财务工作列入重要议事日程,依照党委工作和财经工作的相关法规制度,审议预算方案、预算执行情况、大项经费开支、大项资产处置和资产统计分析报告等重大财经事项,研究决定加强财务管理的措施,并对其任期和职责范围内的财经决策事项、财力保障绩效和经费安全负领导责任。军队单位必须严格贯彻执行国家财经法律和军队财务法规制度,建立健全本单位财务管理制度,一切经济活动都必须接受财务监督。这些规定,为军队各级进一步做好经费供应保障,加强财务管理监督,维护财经活动秩序,提供了制度保障。

新发布的《条例》自 2011 年 5 月 1 日起施行。

国新办发布《2010 年中国的国防》白皮书

这部近 3 万字的白皮书分为前言和安全形势、国防政策、人民解放军的现代化建设、武装力量运用、国防动员和后备力量建设、军事法制、国防科技工业、国防经费、建立军事互信、军控与裁军 10 章。这是自 1998 年以来中国政府第七次发表国防白皮书。

白皮书进一步阐述中国与世界的互动关系。它说,中国已经站在新的历史起点上,中国的前途命运与世界的前途命运更加密不可分。面对共同的机遇和挑战,中国坚持互信、互利、平等、协作的新安全观,把中国人民的根本利益与世界人民的共同利益联系起来,把中国的发展与世界的发展联系起来,把中国的安全与世界的和平联系起来,努力以自身的和平发展推动建设持久和平、共同繁荣的和谐世界。

白皮书说,中国仍处在发展的重要战略机遇期,安全环境总体有利。中国面临的安全挑战更加多元和复杂。面对纷繁复杂的安全形势,中国高举和平、发展、合作的旗帜,坚持综合安全、合作安全、共同安全的理念,奉行互信、互利、平等、协作的新安全观,全面维护国家政治、经济、军事、社会、信息等各领域安全，与世界各国一道共同营造和平稳定、平等互信、合作共赢的国际安全环境。

白皮书全面阐释了新形势下奉行防御性国防政策的客观依据。它指出，中国的发展道路、根本任务、对外政策和历史文化传统，决定中国必然实行防御性的国防政策。中国坚定不移地走和平发展道路，对内努力构建社会主义和谐社会，对外推动建设持久和平、共同繁荣的和谐世界。中国坚定不移地推进改革开放和社会主义现代化建设，既利用和平的国际环境发展自己，又通过自己的发展维护世界和平。中国坚定不移地奉行独立自主的和平外交政策，在坚持和平共处五项原则的基础上同所有国家发展友好合作。中国坚定不移地秉承中华民族优秀文化传统和以和为贵的和平理念，主张用非军事手段解决争端、慎重对待战争和战略上后发制人。不论现在还是将来，不论发展到什么程度，中国都永远不称霸，永远不搞军事扩张。

白皮书系统概括了新时期中国国防的目标和任务，主要有：维护国家主权、安全、发展利益；维护社会和谐稳定；推进国防和军队现代化；维护世界和平稳定。

4月1日

国务院总理温家宝在北京主持召开会议听取《浙江沿海及海岛综合开发战略研究综合报告》

这个报告是近十年来中国工程院组织院士、专家进行系列专题研究取得的重大成果之一。

中共中央政治局常委、国务院副总理李克强出席会议。

《浙江沿海及海岛综合开发战略研究综合报告》由钱正英院士任组长、徐匡迪院士等任顾问，中国工程院、国家开发银行和浙江省人民政府联合完成。报告系统分析了浙江沿海及海岛的基本情况，提出了综合开发的战略思路、发展目标和一系列政策建议。

温家宝指出，中国既是一个陆地大国，也是一个海洋大国。科学开发利用海洋资源，加快海洋经济发展和沿海地区综合开发，有利于充分利用国土资源，加快经济发展方式转变，对促进东部地区率先发展、实现全面建设小康社会的战略目标具有重大意义。“十二五”期间，我国海洋事业发展面临着难得的机遇，我们要坚持陆海统筹、协调发展的方针，促进海洋经济发展和沿海地区综合开发迈上一个新台阶。温家宝对中国工程院的研究报告给予充分肯定。他说，这个报告基础研究扎实，战略目标清晰，发展重点明确，政策建议具体可行，对于科学编制发展规划、研究制定相关政策有重要的参考价值。

国务院总理温家宝在中南海紫光阁会见德国副总理兼外长韦斯特韦勒

温家宝说，在新形势下，中德关系内涵更加丰富，影响进一步提升，前景十分广阔。双方要抓住机遇，积极落实达成的各项共识。相信在双方共同努力下，这次重要磋商将取得丰硕成果，推动中德战略伙伴关系迈入新阶段。

韦斯特韦勒表示，近年来，德中两国在政治、经济、文化、青年等领域的交流与合作不断深入，在国际和地区事务中保持良好沟通与协调。我们愿与中方密切协作，确保首轮德中政府磋商取得成功，使两国关系实现新的发展。

中央纪委书记贺国强在中央党校作反腐倡廉专题报告

贺国强全面介绍了当前的反腐倡廉形势，并深刻阐述了深入推进党风廉政建设和反腐败斗争需要着重把握的几个问题。他指出，党的十七大以来，在党中央、国务院坚强领导下，全国各级纪检监察机关在充分运用和发扬以往成功经验的基础上，坚持以改革创新精神和求真务实作风推进反腐倡廉建设，进行了一系列探索和实践，取得了新的成效，积累了新的经验，需要我们在今后工作中长期坚持并不断丰富发展。一是坚持围绕中心、服务大局，严明政治纪律，加强对中央重大决策部署贯彻落实情况的监督检查；二是坚持以保持党同人民群众的血肉联系为重点，加强和改进党的作风建设；三是坚持以完善惩治和预防腐败体系为重点，整体推进反腐倡廉建设；四是坚持以人为本、执政为民，着力解决反腐倡廉建设中人民群众反映强烈的突出问题；五是坚持以改革创新精神推进反腐倡廉建设，不断提高反腐倡廉建设科学化水平；六是坚持不断完善反腐败领导体制和工作格局，切实形成推进反腐倡廉建设的强大合力；七是坚持严格要求、严格教育、严格管理、严格监督，大力加强纪检监察机关自身建设。

中共中央书记处书记、中央纪委副书记何勇，中央纪委监察部、中央党校有关负责同志，中央党校各班次学员、部分教职工和离退休老同志等共1000余人参加了报告会。中央党校常务副校长李景田主持报告会。

欧盟正式取消对中国皮鞋征收16.5%的高额反倾销税

中共中央政治局常委李长春在人民大会堂会见德国萨克森州州长提里希

中共中央政治局常委李长春在人民大会堂会见土耳其副总理兼国务部长阿里·巴巴詹

外交部部长杨洁篪与德国副总理兼外长韦斯特韦勒在北京举行首轮中德部长级战略对话

杨洁篪表示，德国是中国重要的合作伙伴，中国政府高度重视中德关系。在新的国际形势下，中德面临许多共同挑战，共同利益不断增加，进一步发展两国关系有利于两国人民福祉，也有利于世界和平与发展。

中德双方一致同意，两国应通过各级别交往和对话不断深化相互理解和信任，尊重各自的发展道路；努力通过解决实际问题来推动双边关系发展；大力加强文化及民间交流、不断巩固社会民意基础；密切在国际事务中的合作，携手应对各种挑战。

中央军委主席胡锦涛签署命令发布《中国人民解放军保密条例》

新修订的《中国人民解放军保密条例》(以下简称《保密条例》)自2011年5月1日起施行。

《保密条例》是军队保密工作的基本依据。新修订的《保密条例》,坚持以胡主席和中央军委关于加强新形势下军队保密工作的一系列重要指示为指导,遵循信息化条件下军队保密工作的特点规律,依据近年来军委、总部制定的保密政策规定,吸收部队的实践经验,并注重与《中华人民共和国保守国家秘密法》相衔接,充实完善了新形势下军队保密工作的各项制度规定,增强了时代性、科学性和规范性。

新修订的《保密条例》,根据"缩小范围、缩短战线,突出重点、确保重点"的划密指导思想,调整了军事秘密的基本范围;针对定密解密工作中存在的问题,增加了定密责任人制度和解密审核、复核制度;适应军队信息化建设需要,增加了涉密信息系统建设与使用、国际联网和移动电话使用等方面的保密要求;根据工作实际和有关法律法规,规范了泄密案件查处工作;着眼建立职责清晰、协调配合的保密工作机制,明确了保密委员会以及军队人员、各级领导和业务部门在保密方面的职责。

《启蒙的艺术》大型展览在北京举办

由中国国家主席胡锦涛与德国总统武尔夫共同担任监护人的《启蒙的艺术》大型主题展览在国家博物馆开幕,国务委员刘延东、德国副总理兼外长韦斯特韦勒共同为该展揭幕并致辞,文化部部长蔡武、副部长赵少华,外交部副部长傅莹、德国驻华大使施明贤、萨克森州州长提利希等中外来宾近千人出席开幕式。

《启蒙的艺术》是中国国家博物馆联合德国柏林国家博物馆、德累斯顿国家艺术收藏馆和巴伐利亚国家绘画收藏馆共同举办的大型主题展览,将通过579件(组)艺术珍品独到、全面地展现"启蒙运动"这一全人类思想的重要遗产。

中国首家数字化脑科医院——北京军区总医院附属八一脑科医院挂牌成立

4月2日

胡锦涛等党和国家领导人在北京同少先队员一起参加首都义务植树活动

党和国家领导人胡锦涛、吴邦国、温家宝、贾庆林、李长春、习近平、李克强、贺国强等,来到北京市永定河畔,同少先队员一起参加首都义务植树活动。

植树过程中,胡锦涛向北京市和国家林业局负责人了解造林绿化工作情况。胡锦涛对全民义务植树活动取得的显著成绩给予充分肯定。胡锦涛强调,前不久召开的全国两会,明确了"十二五"时期经济社会发展的目标任务,对生态文明建设提出了新的更高要求。我们要在新的起点上进一步推进植树造林工作,坚持依靠群众、依靠科技、依靠改革,不断提高生态文明建设成效,努力促进经济社会可持续发展。

参加义务植树活动的领导同志还有:王刚、王乐泉、王兆国、王岐山、回良玉、刘淇、刘云山、刘延东、张德江、何勇、令计划、梁光烈等。

国务院总理温家宝在山西吕梁考察

4月2日至4日,中共中央政治局常委、国务院总理温家宝来到吕梁山区的岚县、兴县和临县,深入田间地头察看墒情,走进农户家中问农事、访民情,到学校、卫生院和农贸市场了解民生,召开座谈会听取意见和建议。

全国政协主席贾庆林在曼德勒会见缅甸曼德勒省行政长官吴耶敏

贾庆林说,长期以来,中国同曼德勒省有着密切的友好往来,地方交流与合作是两国关系的重要组成部分,具有不可替代的重要作用。中方愿积极推动中国更多地方省、市同曼德勒在经贸、旅游等领域加强交流与合作,鼓励更多有实力的中国企业来曼德勒投资兴业,通过地方之间的合作推动两国关系、两国人民的友谊进一步发展。

吴耶敏说,缅中两国是友好邻邦,在双方领导人的精心培育下建立了深厚的情谊。曼德勒与中方交往广泛,他决心在任内为发扬光大两国关系,促进曼德勒与中方合作不断发展作出更大努力。

2011中国国际租赁产业博览会在北京启动

全国人大常委会副委员长陈昌智、全国政协副主席阿不来提·阿不都热西提出席启动仪式,陈昌智宣布博览会正式启动。中国国际贸易促进委员会副会长张伟在启动仪式上表示,2011年我国租赁产业将面临空前发展机遇。

按照世界租赁协会的统计,欧美国家商品流通有30%是通过租赁实现的,而我国仅为1%至3%。随着我国商品租赁占商品流通比例逐渐加大,我国租赁市场的交易额有望达到上万亿元。

国家主席胡锦涛根据全国人大常委会的决定任免驻外大使

一、免去陈明明的中华人民共和国驻瑞典王国特命全权大使职务;

任命兰立俊为中华人民共和国驻瑞典王国特命全权大使。

二、免去余洪耀的中华人民共和国驻蒙古国特命全权大使职务；

任命王小龙为中华人民共和国驻蒙古国特命全权大使。

三、免去马崇仁的中华人民共和国驻萨摩亚独立国特命全权大使职务；

任命赵卫平为中华人民共和国驻萨摩亚独立国特命全权大使。

四、免去郑清典的中华人民共和国驻阿富汗伊斯兰共和国特命全权大使职务；

任命徐飞洪为中华人民共和国驻阿富汗伊斯兰共和国特命全权大使。

五、免去张国庆的中华人民共和国驻马里共和国特命全权大使职务；

任命曹忠明为中华人民共和国驻马里共和国特命全权大使。

六、免去周欲晓的中华人民共和国驻利比里亚共和国特命全权大使职务；

任命赵鉴华为中华人民共和国驻利比里亚共和国特命全权大使。

七、免去高德毅的中华人民共和国驻莱索托王国特命全权大使职务；

任命胡定贤为中华人民共和国驻莱索托王国特命全权大使。

八、免去于洪君的中华人民共和国驻乌兹别克斯坦共和国特命全权大使职务；

任命张霄为中华人民共和国驻乌兹别克斯坦共和国特命全权大使。

国防部部长梁光烈在八一大楼会见赞比亚陆军司令洛帕一行

“世界因你而美丽——2010—2011影响世界华人盛典”颁奖典礼在北京举行

4月3日

中共中央台办主任王毅在西安会见来陕西参加“辛卯年清明公祭轩辕黄帝典礼”等活动的中国国民党荣誉主席吴伯雄

4月4日

国家主席胡锦涛致电祝贺纳扎尔巴耶夫再次当选哈萨克斯坦共和国总统

全国政协主席贾庆林在内比都与缅甸总统吴登盛举行会谈

贾庆林说，希望双方保持高访势头，深化互利合作，加强治国理政经验交流，加强在国际和地区事务上的协调与配合。中方支持缅甸根据自己国情选择的发展道路，将继续为缅甸的发展提供力所能及的帮助。

吴登盛表示，缅方坚定奉行一个中国政策，认为台湾、西藏、新疆是中国领土不可分割的一部分。两国拥有漫长的边境线，感谢中方在边境事务上的支持，这也体现了两国友好关系。吴登盛还介绍了缅国内局势。

会见后，贾庆林与吴丁昂敏乌副总统共同出席了两国有关合作文件签字仪式和中方向缅甸灾区捐赠急救品交接仪式。

全国政协主席贾庆林在内比都会见缅甸联邦议会议长兼民族院议长吴钦昂敏

全国政协主席贾庆林在内比都与缅甸人民院议长吴瑞曼举行会谈

4月5日

辛卯年黄帝故里拜祖大典在河南新郑举行

来自美国、法国、俄罗斯和香港、澳门、台湾等19个国家和地区的华人华侨，以及大陆社会各界来宾近万人齐聚祖根圣地，共拜人文始祖。全国人大常委会副委员长桑国卫，全国政协副主席厉无畏，中华炎黄文化研究会会长许嘉璐参加拜祖大典。

今年的拜祖大典主题为“同根同祖同源，和平和睦和谐”。

环境保护部发出《关于环保系统进一步推动环保产业发展的指导意见》

中国全球健康研发中心在北京成立

该中心由中华国际科学交流基金会与全球肺结核联盟共同组建。其研究目标是将肺结核治疗时间缩短至两个月，最终目标是将治疗周期缩短为10天，让肺结核病的治疗像治疗普通疾病那样的容易快捷。

“中国全球健康研发中心”是公募性的非营利机构，是中华国际科学交流基金会的下属分支机构，具有独立的运营能力。

4月6日

全国人大常委会委员长吴邦国在人民大会堂会见

泰国公主诗琳通

吴邦国指出，在泰国王室、政府和人民的共同努力下，中泰关系长期稳定发展，双方高层互访频繁，政治互信加深，各领域合作全面推进，务实合作成果丰硕，在国际和地区事务中密切协调配合。中方高度重视发展同泰国的战略性合作，愿同泰方携手努力，传承传统友谊，深化互利合作，实现共同发展。

诗琳通公主说，我对中国人民怀有深厚感情，对中国的语言、文化、艺术十分热爱，愿意通过自己的努力，为增进泰中友好，促进互利合作多做贡献。泰国国王和王室成员将始终致力于弘扬泰中友好事业。

国务院总理温家宝主持召开国务院常务会议

会议研究部署促进牧区又好又快发展的政策措施；讨论通过《全国中小河流治理和病险水库除险加固、山洪地质灾害防御和综合治理总体规划》。

会议提出，经过努力，到2020年，全面实现草畜平衡，草原生态步入良性循环，牧区经济结构进一步优化，牧民生产生活条件全面改善，基本实现全面建设小康社会目标。为此，一要加强草原生态保护建设，提高可持续发展能力。把保护基本草原和保护耕地放在同等重要的位置。加快草原功能区划工作，加大草原生态保护工程建设力度。实施禁牧补助和草畜平衡奖励，充分调动牧民保护草原的积极性。落实草原动态监测和资源调查制度，加强草原基础设施管护，严格草原执法监督。二要加快转变发展方式，积极发展现代草原畜牧业。落实草原禁牧休牧轮牧制度，促进草原畜牧业由天然放牧向舍饲、半舍饲转变。加强基础能力和服务体系建设，提高防灾减灾能力。完善草原畜牧业生产补贴政策，加大补贴力度。三要促进牧区经济发展，拓宽牧民增收和就业渠道。加大资金和政策支持力度，积极发展牧区特色优势产业。不断提高牧区对内对外开放水平。实施更加积极的就业政策，促进牧民转产就业。四要大力发展公共事业，切实保障和改善民生。加强牧区交通、电力、通信等基础设施建设，加快实施游牧民定居工程和牧区饮水安全工程。大力发展牧区教育、体育、文化事业，提高公共卫生服务能力。完善社会保障体系，“十二五”期间实现牧区新型农村社会养老保险制度全覆盖。加大牧区扶贫开发力度。五要稳定和完善草原承包经营制度。按照权属明确、管理规范、承包到户的要求，加快推进草原承包工作。力争用5年时间基本完成草原承包工作。会议要求各有关地区和部门高度重视，加强组织领导和协调配合，制订实施方案，落实工作责任，确保各项政策措施落到实处。

会议指出，加强中小河流治理和病险水库除险加固、山洪地质灾害防御和综合治理，是党中央、国务院对我国防灾减灾体系建设作出的重大决策部署。要以防洪薄弱地区和山洪地质灾害易发地区为重点，坚持防治结合、以防为主，整体规划、分步实施，统筹兼顾、突出重点，因地制宜、区别施策，以地方政府为实施主体，完善专群结合的监测预报预警体系，加快中小河流治理和病险水库除险加固最薄弱环节建设，全面开展山洪地质灾害调查评价和搬迁避让，加强灾害易发地区中生态薄弱区综合治理。规划的范围主要包括：流域面积200平方公里以上有防洪任务的5000多条中小河流的重要河段，300多座大中型病险水库和2万多座小型病险水库，2000多座大中型病险水闸，洞庭湖、鄱阳湖重点圩垸和蓄滞洪区；山洪地质灾害防治区和灾害易发地区生态环境综合治理范围487万平方公里，涉及2058个县(市、区)。会议提出，力争用5年时间，基本解决防灾减灾体系薄弱环节的突出问题，使防洪和防治地质灾害的能力显著增强，灾害易发地区生态环境明显改善，防灾减灾长效机制更加完善，保障人民群众生命财产安全，维护经济社会发展大局。会议要求，要加大资金支持力度，调整财政资金支出结构，增加政府投入，多渠道筹集建设资金。要强化科技支撑和监督管理，保证工程质量和进度。要做好前期工作，适时开展中期评估，确保规划顺利实施。

会议审议并原则通过《军工关键设备设施管理条例(草案)》，决定草案经进一步修改后，由国务院、中央军委公布施行。

全国政协主席贾庆林在珀斯出席西澳大利亚州州长巴奈特举行的欢迎午宴暨中澳企业家午餐会并发表演讲

贾庆林在珀斯出席西澳大利亚州州长巴奈特举行的欢迎午宴暨中澳企业家午餐会并发表题为《增进相互理解 深化互利合作》的演讲。西澳州州长巴奈特、澳联邦政府特别国务部长格雷以及中澳企业界代表等各界人士约200人出席。

巴奈特州长致辞表示，西澳州处于澳中贸易的前沿，占澳对华出口的40%，欢迎更多中国投资，愿超越能矿资源合作，扩大双方合作领域，特别是在教育、旅游、科技和研发等方面，以加强双方的友谊和信任，把双方合作推向更高水平。

全国政协主席贾庆林在西澳大利亚州州长巴奈特举行的欢迎午宴暨中澳企业家午餐会上发表题为《增进相互理解 深化互利合作》的演讲

尊敬的巴奈特州长，尊敬的澳联邦政府特别国务部长格雷，各位来宾，女士们，先生们，朋友们：

在这秋风送爽的美好时节，我很高兴来到素有“阳光之城”、“野花之都”美誉的珀斯，与西澳州政府和中澳工商界的朋友们见面。首先，我对西澳州政府和州长先生给予我们一行的热情欢迎与盛情款待，表示衷心的感谢！同时，对长期以来为促进中澳经贸合作，增进两国人民友谊作出积极贡献的工商界朋友表示诚挚的问候，并致以良好的祝愿！

澳大利亚幅员辽阔，风景秀丽，资源丰富，被称为“骑在羊背上的国家”和“坐在矿车上的国家”。中澳两国人民的友谊源远流长。早在15世纪，中国明朝的远洋船队就到过澳大利亚海岸。在漫长的岁月中，许多中国人远涉重洋，侨居在澳大利亚这块美丽富饶的土地上，同澳大利亚人民共同劳动、共同生活，播下了中澳友谊的种子。建交39年来，在两国政府和人民共同努力下，中澳关系保持良好发展势头，各领域合作取得了丰硕成果，给两国人民带来了实实在在的利益。我此次访问澳大利亚，就是要通过与澳大利亚政府和各界朋友的交流，加深友谊，扩大共识，巩固和深化中澳互利共赢的全面合作关系，进一步造福两国人民。

中国和澳大利亚分处南北两个半球，同属亚太重要国家。两国在产业结构和资源禀赋上高度互补，在互利互惠基础上推进经贸与投资合作符合双方的共同利益。近年来，在两国政府和企业家的共同努力下，中澳经贸合作蓬勃发展，规模不断扩大，领域日益拓宽，方式更加多样，中澳经贸关系正步入稳定、健康发展的新阶段。

一是双边贸易快速增长。贸易额自2002年突破100亿美元，到2010年增至880.9亿美元，今年有望突破1000亿美元大关。目前，中国是澳大利亚第一大贸易伙伴、第一大出口市场和第一大进口来源地，并成为澳大利亚第一大服务贸易出口市场。澳大利亚是中国铁矿石、煤炭、氧化铝、液化天然气的第一大进口来源地。中国市场对澳大利亚产品的强劲需求，有力地促进了澳大利亚经济发展。在国际金融危机严重冲击的情况下，澳大利亚是中国前10大贸易伙伴中唯一双边贸易保持增长的国家，也是经济合作与发展组织中唯一没有陷入经济衰退的国家。

二是相互投资不断扩大。中澳互为重要的投资伙伴。截至2010年年底，澳大利亚在华累计设立投资项目9582个，实际投资超过65亿美元。同期，中国企业对澳非金融类直接投资接近88亿美元。两国企业通过多种方式，在能源矿产资源开发、汽车制造、农业、节能环保、金融服务、通讯等诸多领域进行了富有成效的相互投资与合作，为促进彼此经济发展、带动就业发挥了巨大作用。

三是经贸合作日趋多元。中澳两国政府在应对国际金融危机冲击、推动多哈回合谈判等国际和地区经贸事务中以及双边经贸问题上保持了密切沟通，并进行了卓有成效的合作。两国地方政府经贸互动增加，工商界人士来往频繁，各种经贸交流机制不断增多。双方经贸合作已经从传统的农牧业、能源资源扩展到新型能源、节能环保、金融等领域。2010年，中国首次成为澳大利亚第一大服务贸易出口市场。中澳合作已经形成了全方位、多层次、宽领域的经贸互动格局。

女士们、先生们！

随着中国经济的快速发展，国际社会越来越关注中国，对中国也产生了浓厚的兴趣：中国国内生产总值已跃居世界第二，还是不是发展中国家？中国改革开放政策会不会发生变化？中国将来是否继续走和平发展道路？在这里，我愿坦诚地做个回答。

第一，中国仍然是一个发展中国家的基本事实没有改变。经过改革开放30多年的努力，中国的面貌发生了翻天覆地的变化，人民生活实现了从温饱不足到总体小康的历史性跨越，国家现代化的前景正日益清晰地展现在中国人民面前。但也要看到，中国人均国内生产总值只有4200多美元，只相当于澳大利亚的1/10，排在世界100位之后。目前，仍有7亿多人生活在农村，他们年人均纯收入约为750美元，年人均消费支出不到600美元。按照联合国标准，中国贫困人口还有1.5亿。中国劳动力人口近8亿，相当于所有发达国家劳动力数量的总和，始终面临巨大的就业压力。我们在发展进程中遇到的矛盾和问题，无论是规模还是解决难度，在当今世界都是罕见的。中国仍处于并将长期处于社会主义初级阶段，要实现现代化，还有很长的路要走；达到人民共同富裕，还需要几代人甚至更长时间的不懈努力。

第二，中国坚持对外开放的基本国策决不动摇。近代以来的相当长一段时间里中国闭关锁国，经济社会发展曾经长期停滞。1978年，我们正确判断国际国内形势，准确把握时代主题，积极顺应人民愿望，毅然决然地作出了改革开放的重大决策。中国从自身发展的经验教训中深刻地认识到，决不能关起门来搞建设，只有改革开放才是强国之路。中国对外开放的大门已经打开，就决不会关上，今后只会越开越大。正如中国改革开放的总设计师邓小平先生所讲的，“改革开放要贯穿中国整个发展过程”，“对内经济搞活，对外经济开放，这不是短期的政策，是个长期的政策，最少五十年到七十年不会变。……即使是变，也只能变得更加开放。”

今年是中国加入世界贸易组织10周年。10年来，中国认真履行入世承诺，积极扩大改革开放，走出了一条以开放促改革、促发展的道路。中国将坚定不移地继续奉行互利共赢的开放战略,进一步解放思想,以更大的决心和勇气推进改革开放,为推动各国共同发展作出贡献。

第三,中国坚持走和平发展道路矢志不渝。中华民族是爱好和平的民族,自古以来就有以和为贵的传统。我们对和平的热爱代代相传,已经深深融入到自己的血脉之中。中国已经取得的发展进步,得益于一个和平的国际环境;中国要实现新的发展,仍然需要和平的国际环境。中国将坚定不移地走和平发展道路,既争取和平的国际环境来发展自己,又以自己的发展促进世界的和平。中国在追求自身发展的进程中,不会威胁任何人,不会损害任何人的利益,"国强必霸"决不是中国的选择。中国将继续寻求和扩大同世界各国的利益交汇点,与国际社会一道,共同应对风险挑战,共同分享发展机遇,努力促进世界持久和平与共同繁荣。

女士们、先生们!

前不久,中国胜利召开了全国"两会"。十一届全国人大四次会议审查并批准了国民经济和社会发展第十二个五年规划纲要。《纲要》强调要以科学发展为主题,以加快转变经济发展方式为主线,深化改革开放,保障和改善民生,巩固和扩大应对国际金融危机冲击成果,促进经济长期平稳较快发展和社会和谐稳定,为全面建成小康社会打下具有决定性意义的基础。我们将认真贯彻落实"十二五"规划纲要,促进经济社会全面协调可持续发展,努力夺取全面建设小康社会新胜利,奋力开创中国特色社会主义事业新局面。

中国在努力实现"十二五"规划目标任务的过程中,将释放出巨大的投资和消费需求,也必将为包括澳大利亚在内的世界各国企业提供重要商机。据我了解,澳大利亚也正在积极调整经济结构,提升产业竞争力。我们要从战略高度看待和推动双边经贸合作,把握机遇,共同努力,促进两国经贸关系再上新台阶。为此我提四点建议。

第一,发挥互补互利优势,扩大务实合作领域。中澳经济高度互补是两国经贸关系发展得天独厚的优势。近年来,中澳能源资源合作已成为双边经贸合作的重点和亮点。两国政府和企业应该共同努力,加强战略谋划,巩固双方在能源矿产资源、农业等传统领域合作成果,构建长期稳定的能源资源供求关系。同时,做大做强优势产品贸易,大力发展节能减排、环境保护、绿色低碳等领域的贸易投资合作,深入挖掘在港口、铁路、信息技术等基础设施建设方面的互补点,积极拓展金融、旅游、教育等现代服务业的合作空间,努力培育生物工程、新材料研发等高科技领域新的经贸合作增长点,不断为中澳合作注入新的动力。

第二,广泛开展交流互动,不断夯实合作基础。中澳双方高层应当继续保持密切交往势头,为两国经贸合作创造良好的氛围。要充分发挥两国地方政府与对方发展经贸关系的主动性和积极性,利用友好省州和城市关系以及各种可以利用的渠道,开展丰富多彩的交流活动,引导两国更多的企业家认识和把握中澳经济结构的互补性和互利性,充分挖掘合作潜力,着力夯实合作基础,促进两国经贸关系进一步向纵深发展。

第三,推进自贸协定谈判,巩固良好合作态势。中澳达成全面、平衡、高质量、互利的双边自由贸易协定,符合中澳两国根本利益和长远利益。中方始终高度重视和积极对待中澳自由贸易协定谈判,对推进谈判的政治意愿和信心不会改变。希望双方切实本着积极、务实、平衡、互利的精神,争取早日达成彼此都可以接受的协议。这不但能为两国各领域互利合作提供更强大的机制保障,而且将会向国际社会发出中澳合作共赢的积极信号。

第四,着眼全球稳定繁荣,深化多边事务合作。中澳在推动国际金融体系改革、反对贸易与投资保护主义等方面有很多相同或相近的看法。中方欢迎澳在国际和地区事务中发挥更加积极和建设性的作用,愿与澳方进一步加强在全球治理、应对气候变化等重大问题上的磋商和对话,密切双方在联合国、20国集团、亚太经合组织、东亚峰会、太平洋岛国论坛等多边区域机制中的沟通与协调,为建立更加公正合理的国际经济金融秩序、促进世界和平与繁荣作出更大贡献。

女士们、先生们!

中国唐代著名诗人王昌龄有句诗:"与君远相知,不道云海深。"中澳两国虽然远隔千山万水,但两国关系主流始终是合作与发展。在新的形势下,中澳两国共同利益更加突出,经贸合作前景更加广阔。让我们携手奋进,精诚合作,共同开创中澳经贸关系更加美好的未来。

谢谢大家。

全国政协主席贾庆林在珀斯分别会见西澳大利亚州州督迈克尔和州长巴奈特

纪念中国海员工会成立90周年座谈会在人民大会堂召开

中共中央政治局委员、全国人大常委会副委员长、中华全国总工会主席王兆国发来贺信。

王兆国在贺信中高度评价了中国海员工会90年来的光辉历程,并强调,当前我国经济社会发展仍处于可以大有作为的重要战略机遇期,党中央对工会工作提出了新的要求,中国海员建设工会要把握形势发展,坚定理想信念，坚持走中国特色社会主义工会发展道路，为探索新形势下具有产业特色的工会工作新路子，做好党的职工群众工作而不懈努力。要大力弘扬工人阶级伟大品格和劳模精神，充分激发广大海员的积极性、主动性和创造性，全面实施职工素质建设工程，团结动员广大职工为实现“十二五”规划目标任务、建设航运强国建功立业。要紧紧围绕工会重点工作，大力发展和谐劳动关系，加大维护职工权益力度，尽心竭力为职工办实事、做好事，促进职工队伍稳定和社会和谐。各级海员建设工会干部要牢记历史使命，弘扬光荣传统，继往开来，扬帆奋进，不断开创工作新局面，以优异成绩迎接中国共产党成立90周年。

中国海员工会是我国第一个全国性产业工会组织，1921年4月6日在香港成立。2001年，在原中国海员工会、中国公路运输工会和中国建设建材工会的基础上，成立了中国海员建设工会。2009年，中国海员建设工会和中国船东协会通过集体协商签订了全国第一个行业性集体协议——《中国船员集体协议》，为全面维护中国船员的合法权益提供了保证。目前，我国共有155万船员，其中海员65万人，是世界上拥有海员数量最多的国家。

中组部部长李源潮在北京出席市县乡换届工作座谈会

李源潮指出，搞好市县乡换届工作，是各级党委和组织部门的重要政治任务。要坚持德才兼备、以德为先标准，拓宽选人视野，更加全面深入地考察干部，注意充分尊重民意又不简单以票取人，注重使用和保护那些敢于坚持原则、勇于负责、不怕得罪人的优秀干部，树立正确用人导向。要落实中央对关键岗位干部实行重点管理的要求，选优配强市县乡党政正职。要加强对年轻干部、女干部、少数民族干部和党外干部的培养选拔。要充分发扬党内民主，使换届成为加强党内民主的生动实践，通过民主讨论、民主决策、民主选举，形成体现中央精神、凝聚大家共识的党代会报告，选出善于领导科学发展、促进社会和谐的坚强领导班子。要严肃换届纪律，坚持依法办事，加强全过程监督，严肃查处违法违纪行为，保证换届风清气正。

中组部常务副部长沈跃跃主持会议，北京等14个省区市交流发言。各省区市党委组织部和中央有关部门负责同志参加会议。

财政部 国家能源局 农业部发联合出《绿色能源示范县建设补助资金管理暂行办法》

财政部 工信部印发《物联网发展专项资金管理暂行办法》

国家副主席习近平在人民大会堂会见美国前财政部部长亨利·保尔森

国务院副总理李克强在中南海紫光阁会见美国前财政部部长亨利·保尔森

国务院副总理王岐山在钓鱼台国宾馆会见吉尔吉斯共和国政府第一副总理巴巴诺夫

4月7日

全国政协主席贾庆林在堪培拉与澳大利亚总理吉拉德举行会谈

贾庆林表示，中方高度重视同澳大利亚的全面合作关系，愿与澳方共同努力，继续从战略高度和长远角度出发，以《中澳联合声明》为指导，坚持相互尊重、平等互利、合作共赢的原则，保持高层和各级别交往，深化经贸、能源资源、农牧业等传统领域的合作，积极拓展在节能环保、生物制药、高速铁路、宽带网络、货币金融等新领域的务实合作，利用互办文化年、中澳非正式高层论坛成立等契机促进民间友好，加强在全球治理、区域合作等重大国际和地区问题上的协调配合，推动中澳全面合作关系不断取得更大的发展。

吉拉德说，澳欢迎中方取得的发展成就，为两国关系稳步发展感到高兴和满意。双方签署的《联合声明》为进一步加强双边关系提供了良好的框架，作为总理将继续致力于发展建设性、合作性的澳中关系。双方经贸关系十分强劲，希望双方早日缔结互利共赢、长期有效的自贸协定。希望与中方加强在教育、文化、军事等领域的交流与合作，共同应对全球和地区挑战，愿在二十国集团、气候变化、东亚峰会事务上与中方开展更加密切的合作，期待中方在亚太地区安全、朝核等问题上发挥更大的作用。

会谈结束后，贾庆林与吉拉德共同出席了两国有关合作文件的签字仪式。

中组部部长李源潮在北京出席中央创先争优活动领导小组创先争优座谈会

李源潮指出，今年是“十二五”开局之年，要组织基层党组织和党员对照“十二五”发展目标任务，明确创先争优的目标和内容，立足本职岗位，勇挑工作重担，创造一流业绩，努力争科学发展之先。要围绕加强和创新社会管理的新任务，充分发挥基层党组织和党员联系服务群众、促进社会和谐的重要作用，切实做好群众工作、化解社会矛盾纠纷、带头参与平安创建，努力创社会和谐之优。

李源潮指出，要把为民服务作为深入推进创先争优活动的重要内容，以窗口单位和服务行业为重点，组织基层党组织和广大党员开展“为民服务创先争优”活动。要坚持为民导向，确立民生优先、服务第一的理念，认真落实惠民政策，办好利民实事，让群众得到实实在在的利益。要广泛开展党员公开承诺和挂牌上岗活动，争创群众满意窗口、优质服务品牌、优秀服务标兵。要组织党员干部向杨善洲同志学习，自觉加强党性修养，自觉实践为民宗旨。

中央创先争优领导小组成员，各省区市和新疆生产建设兵团党委组织部负责同志，中央统战部等9个行业系统创先争优活动指导小组负责同志参加会议。

全国纪检监察机关查办案件工作座谈会在北京召开

中共中央书记处书记、中央纪委副书记何勇出席会议并讲话。何勇强调，当前和今后一个时期，查办案件工作要突出工作重点，严肃查办违反党的政治纪律的案件，以权谋私、权钱交易的案件，发生在基层的损害群众切身利益的案件，失职渎职、滥用职权的案件以及违反组织人事纪律的案件。要扎实做好信访举报、案件检查、案件审理和案件监督管理等查办案件基础性工作，保障和促进查办案件工作顺利开展。要通过坚决查处违纪违法案件，加强教育、完善制度、强化监督、深化改革，积极推进惩治和预防腐败体系建设。

何勇指出，各级党委、政府要加强对查办案件工作的领导和支持，纪检监察机关要认真落实查办案件工作责任制，努力形成一级抓一级、层层抓落实的责任体系。要加大查办案件组织协调和工作指导力度，做好重大案件信息发布和新闻报道等工作。要进一步加强办案队伍的思想建设、作风建设和业务建设。办案干部要坚持实事求是、秉公执纪、不徇私情，坚决维护党的纪律的严肃性，做党的忠诚卫士、当群众的贴心人。

中央纪委副书记张惠新主持会议，中央纪委监察部有关领导出席会议。

6部门在人民大会堂举办“十二五”规划《纲要》学习辅导报告会

报告会由中共中央宣传部、中央直属机关工委、中央国家机关工委、教育部、解放军总政治部、北京市委联合举办的。国家发展改革委主任张平作了题为《开创科学发展新局面的重要规划》的专题报告。

张平指出，“十二五”规划《纲要》按照党的十七届五中全会精神、依据中央《建议》，坚持以科学发展为主题，以加快转变经济发展方式为主线，进一步明确了未来五年我国经济社会发展的主要目标和政策导向，提出了保持经济平稳较快发展、发展现代产业体系、促进区域城乡协调发展、建设资源节约型和环境友好型社会、推进创新型国家建设、保障和改善民生、深化改革开放等方面的重点任务和重大举措。《纲要》描绘了未来五年我国经济社会发展的宏伟蓝图，是全国各族人民共同的行动纲领。

张平强调，顺利实现《纲要》确定的战略目标和重要任务，是民族的呼唤、人民的期待和我们的历史责任，需要举全国之力，集全民之智。要完善综合评价考核体系，加强规划监测评估，强化专项规划支撑，加强规划实施监督，把《纲要》确定的目标、任务落到实处，确保科学发展取得新的显著进步，确保转变经济发展方式取得实质性进展。

报告会由中宣部常务副部长雒树刚主持，在京党政军机关和中央企业干部、高校师生约3000人参加了报告会。

国家副主席习近平在人民大会堂会见吉尔吉斯共和国政府第一副总理巴巴诺夫

国防部部长梁光烈在八一大楼与喀麦隆国防部长梅贝举行会谈

周海婴逝世

中国共产党优秀党员，政协第十一届全国委员会委员周海婴同志，因病于4月7日5时36分在北京逝世，享年81岁。

周海婴是第四届、五届、六届、七届全国人大代表，政协第八届、九届、十届、十一届全国委员会委员。

4月8日

全国人大常委会委员长吴邦国在重庆调研

4月8日至10日，吴邦国深入重庆的工厂企业、高等院校、社区农村，亲切看望企业员工、学校师生和农民朋友，与广大干部群众深入交流，共话发展。

调研期间，吴邦国听取了重庆市工作汇报，对重庆各方面工作给予充分肯定。他说，自1997年设立直辖市以来，特别是在“十一五”期间，重庆发生了巨大变化，圆满完成了中央交办的三峡库区移民、老工业基地改造、农村扶贫、生态环境保护和建设“四件大事”，经济发展实现重大跨越，经济结构调整取得新进展，内陆开放高地基本形成，综合配套改革初现成效，人民生活明显改善，干部群众精神面貌良好。他希望重庆紧紧抓住两江新区开发开放的重大机遇，以更加奋发有为的精神状态，创造性地开展工作，努力在西部地区率先实现全面建设小康社会目标。

国务院总理温家宝在浙江就经济运行情况进行调研

4月8日至9日，温家宝在舟山市、宁波市深入渔村看望渔民，考察海洋科技、装备制造、纺织出口企业和国际航运服务中心等。

在宁波主持召开上海、江苏、浙江三省市经济形势座谈会，并作重要讲话。

温家宝指出，要保持宏观经济政策的连续性、稳定性，提高针对性、灵活性、有效性，防止物价过快上涨和经济出现大的波动。稳定物价总水平是当前宏观调控的首要任务。中央从控制货币发行、发展生产、保障供应、搞好流通、加强监管等方面作出了全面部署，各地区各部门要不折不扣地贯彻落实。住房供应和房价问题涉及人民群众切身利益，关系经济健康发展、社会和谐稳定，中央加强房地产市场调控的目标是明确的，决心是坚定的。各级政府要切实担负起责任。

温家宝强调，实施稳健的货币政策，是中央综合分析国内外形势作出的重要决策。要处理好总量和结构的关系，抑制通货膨胀和促进经济增长的关系，综合运用好公开市场操作、存款准备金率、利率、汇率等多种价格和数量工具，消除通货膨胀的货币因素。提高直接融资比重，加强对实体经济的支持。

温家宝指出，“十二五”时期是我国加快转变发展方式的攻坚时期，要推进产业转型升级，提高产业核心竞争力。长三角地区是我国综合实力最强的区域之一，在全国经济发展中具有重要引领和支撑作用，要在转变发展方式、调整经济结构和加强科技创新方面走在全国前列。

全国政协主席贾庆林在堪培拉会见澳大利亚总督布赖斯女士

中共中央政治局常委习近平在安徽调研

4月8日至10日，习近平围绕“十二五”规划贯彻实施和党的建设，深入阜阳市、合肥市的农村、企业、社区、大学和科研机构进行调研。

调研结束时，习近平召开安徽党政干部座谈会，对安徽近年来经济社会发展取得的成绩给予肯定，对安徽今后的工作提出殷切希望。他强调，各级党员干部要深入学习杨善洲同志、沈浩同志的先进事迹和崇高精神，在对待党和国家事业上始终保持进取之心，在对待人民赋予权力上始终保持敬畏之心，在对待个人名利地位上始终保持平常之心，在改革发展稳定中充分发挥先锋模范作用。

国务院副总理李克强在吉林考察

4月8日至9日，李克强先后来到吉林市、长春市，走进企业车间、田间地头，深入城镇社区、群众家中，着重就经济运行和重点民生工作进行考察调研。

李克强指出，要按照党中央、国务院的决策部署，围绕实现今年发展目标，突出重点领域，加强薄弱环节，努力增加有效供给，保持经济平稳运行，为“十二五”发展开好局、起好步。

考察中，李克强充分肯定近年来吉林省经济社会发展取得的显著成绩，希望吉林统筹长吉图经济区和全省发展，协调推进工业化、城镇化和农业现代化，努力实现老工业基地全面振兴，让城乡居民生活得更加美好。

中央纪委书记贺国强在北京出席全国纪检监察机关查办案件工作座谈会

贺国强强调，要认真学习贯彻中央精神，进一步加大查办案件工作力度，提高查办案件工作水平，为改革发展稳定提供坚强纪律保证。

贺国强强调，世情、国情、党情的深刻变化和反腐败斗争的不断深入，对纪检监察机关查办案件工作提出了新的更高要求。我们要全面贯彻反腐倡廉方针，进一步理清思路、明确方向，突出重点、抓住关键，不断提高查办案件工作水平。一是要切实抓好拓展案源渠道这项基础工作，注重从信访举报、巡视工作、查办案件、专项治理、媒体舆情中发现案件线索，加强线索管理，提高案源质量。二是要切实抓好提高突破大案要案能力这个关键环节，着力提高案件初核、调查取证、组织协调等能力。三是要切实抓好依纪依法、安全文明办案这项重要原则，严把制度程序关、监督管理关、办案纪律关和政策策略关，保障党员的民主权利和被审查人员的合法权益，切实做到既严惩腐败分子，又保护广大党员干部干事创业的积极性。四是要切实抓好发挥办案治本功能这个重要目的，把查办案件与加强教育警示、推进建章立制、强化制约监督以及刹风整纪等结合起来，促进惩治成果更好地向预防成果转化。五是要切实抓好办案工作创新这个重要动力，积极推进查办案件工作理念思路、方式方法、体制机制创新，努力使办案工作更好地适应反腐败斗争形势和任务的要求。六是要切实抓好加强办案队伍建设这个组织保证，加强对办案人员的教育培训、管理监督和关心爱护，不断提高办案队伍的综合素质和执纪能力。

贺国强强调,从今年开始,地方各级党委将集中换届,查办案件工作不仅不能放松,还要切实加强,为换届工作提供坚强的组织和纪律保障。

中组部发出《关于做好全国先进基层党组织、优秀共产党员、优秀党务工作者推荐工作的通知》

该通知强调,这次表彰的对象是在推动科学发展、促进社会和谐、服务人民群众中创造优秀业绩、作出突出贡献、得到党员群众公认的先进模范;重点是近5年来特别是在开展深入学习实践科学发展观活动和创先争优活动中涌现出来的先进基层党组织、优秀共产党员、优秀党务工作者。要通过表彰,激励全党和全国各族人民更加紧密地团结在以胡锦涛同志为总书记的党中央周围,继续解放思想,坚持改革开放,推动科学发展,促进社会和谐,着力实施"十二五"规划战略部署,全面推进党的建设新的伟大工程,为夺取全面建设小康社会新胜利、开创中国特色社会主义事业新局面、实现中华民族伟大复兴而不懈奋斗。

该通知要求,各地、各部门(系统)推荐的表彰对象要向农村、企业、机关、学校、科研院所、街道社区、社会组织、人民解放军连队等基层单位及农村、企业、科研、医疗、教学等一线基层岗位倾斜。在推荐表彰对象工作中,要采取自下而上、上下结合的方式,多方面听取党员、干部、群众的意见以及有关纪检机关和执法部门的意见,坚持标准,精心组织,严格程序,认真把关。全国先进基层党组织和全国优秀党务工作者表彰对象,要在本省区市、本部门(系统)一定范围内进行公示;全国优秀共产党员表彰对象,要通过中央主要新闻媒体进行公示。

该通知要求,各地、各部门(系统)要在纪念建党90周年之际,普遍开展一次党内表彰活动。"七一"前后,要集中一段时间,充分利用党报、党刊和其他传播媒介,对这次表彰的先进基层党组织、优秀共产党员、优秀党务工作者进行广泛深入的宣传。要把组织推荐、表彰、宣传先进典型,作为加强党的基层组织建设和党员队伍建设的过程,进一步形成学习先进、争当先进、赶超先进的浓厚氛围,更好地推动科学发展、促进社会和谐。

陆路东盟国际商务合作论坛在广西崇左举行

全国政协副主席李兆焯出席论坛并宣布论坛开幕。

来自中国和东盟的专家学者、企业代表就中国—东盟自由贸易区建成大背景下的商务合作、综合保税区建设与发展等问题作了专题报告,共同探讨如何推动南宁—新加坡经济走廊沿线经济的发展。

"陆路东盟"由越南、老挝、柬埔寨、泰国、缅甸、马来西亚和新加坡等7国组成。

国际极地年中国行动总结大会在北京举行

2007年2月启动至2011年3月结束,包括南北极科学考察计划、国际合作计划、信息数据共享和公众宣传计划四大内容的国际极地年中国行动计划任务圆满完成,所取得的丰硕成果受到国际社会的广泛关注和赞誉。

国际极地年中国行动计划首席科学家、中国极地研究中心主任杨惠根表示,此次行动中,我国与多个国际极地年旗舰计划开展了实质性的合作,主要包括南极甘伯采夫冰下山脉探测计划、欧盟北极长期环境变化模式与观测能力研究计划、南极天文学计划和亚洲极地论坛合作,极大地促进了我国极地考察与其他国家的双边与多边国际科技交流。

第二十一届上海白玉兰戏剧表演艺术奖颁奖晚会在上海戏剧院举行

隋文静 韩聪在哈尔滨举行的全国花滑冠军赛中获双人滑冠军

4月9日

全国政协主席贾庆林在布里斯班会见澳大利亚外长陆克文

贾庆林说,中澳关系发展势头良好,两国合作基础坚实,领域广泛,前景广阔。中方愿与澳方共同努力,推动双方关系不断迈上新台阶。中方赞赏澳政府奉行一个中国政策。贾庆林还应询介绍了中国的少数民族政策,特别是西藏、新疆的发展状况及海峡两岸关系。

陆克文表示,澳中双方合作基础良好,潜力很大。尽管双方在一些问题上观点不尽相同,但可以通过加强对话,增进了解,求同存异。澳方愿着眼长远和大局发展对华关系,愿成为中国可靠的能源供应国,在科技领域与中方加强合作,欢迎更多中国企业、留学生和游客来澳投资、学习和旅游。澳政府坚持一个中国的立场不会改变。

全国政协主席贾庆林在布里斯班分别会见昆士兰州州督温斯莉和新南威尔士州州长奥法雷

外交部发言人洪磊就美国务院发表涉华人权报告答记者问

有记者问:美国务院4月8日发表《2010年度国

别人权报告》,涉华部分再次攻击中国人权状况。你对此有何评论?

洪磊说,中国政府重视保障人权。中国经济持续发展,民主法制建设不断推进,文化事业日益繁荣,各族人民日益享有广泛的自由和权

他说,中美在人权问题上有分歧。我们愿在平等和相互尊重的基础上就人权问题开展对话。但坚决反对借人权问题干涉中国内政。

洪磊说,我们奉劝美方多反省自己的人权问题,不要以"人权教师爷"自居,停止借人权报告等方式干涉别国内政。

国务委员刘延东在北京出席"国际化学年在中国"启动大会

刘延东指出,化学作为人类认识自然、创造新物质、探索新应用的基础学科,对整个人类社会的发展起着不可替代的重要作用。

刘延东强调,要着力提升化学研究领域的原始创新能力,推动学科交叉融合,促进基础研究与应用研究相互衔接,带动我国物质科学研究整体水平实现跃升。要把掌握核心关键技术作为主攻方向,引领新能源、新材料、电子信息、生物医药等战略性新兴产业发展,着力支撑产业调整和民生改善。要大力培养造就创新人才,拓展化学国际合作与交流,积极应对气候变化、食品安全、环境污染等全球性挑战,为提升我国科技影响力、推动人类社会文明进步作出新贡献。她指出,要通过举办"国际化学年在中国"等活动,加强科普教育,弘扬科学精神,让广大人民群众更加了解化学,掌握更多科学知识,增强创造美好新生活的能力。

今年是第六十三届联合国大会确定的"国际化学年"。全国化学化工领域科研院所、企业代表,高校化学院系代表,社会团体代表等约730人出席启动大会。

4月10日

全国政协主席贾庆林在悉尼出席澳大利亚新南威尔士州华侨华人举行的欢迎午宴并发表讲话

贾庆林说,长期以来,旅澳侨胞们发扬中华民族勤劳善良的优良传统,在澳艰苦创业,与当地民众和谐相处,为促进当地经济发展、社会进步以及中澳两国人民的友谊作出了重要贡献,赢得了澳人民的尊敬。大家积极关心和支持中国的建设和发展,踊跃赴华投资兴业,为推动中国的改革开放和现代化建设发挥了重要作用。

贾庆林简要介绍了中国在"十一五"时期所取得的成就。他强调,当前应继续抓住和用好中国发展的重要战略机遇期,把"十二五"规划纲要贯彻好、落实好,促进经济长期平稳较快发展和社会和谐稳定,为全面建成小康社会打下具有决定性意义的基础,奋力开创中国特色社会主义事业新局面。

贾庆林最后表示,明年是中澳两国建交40周年,两国关系发展面临新的重要机遇。希望在澳华侨华人朋友们抓住机遇,大力弘扬中华民族的优良传统,积极促进澳当地经济社会发展,积极参与中国的改革开放和现代化建设,积极推动中国的和平统一大业,积极传播中华文明,为推动中澳全面合作关系不断向前发展作出更大贡献。

澳中国和平统一促进会会长邱维廉表示,在澳华侨华人将继续支持中国的经济建设及和平统一大业,为中澳关系和两国人民的友谊不断努力,创造辉煌。

第十五届中国东西部合作与投资贸易洽谈会在西安闭幕

第十五届西洽会以"深化区域大合作,推进西部大发展"为主题,以投资洽谈和商品贸易为主要内容,以投资合作和推进产业转移为重点。主办单位包括31个省(区、市)、新疆生产建设兵团和10个国家部委等42家。将有包括5700多名境外客商在内的10万名以上客商参展参会。大会共设展位3500个、总展示面积10万平方米,设展规模为历届之最。

本届西洽会执行主席单位由浙江和甘肃两省政府共同担任。

本届西洽会共签订利用外资项目合同总投资额101.85亿美元,签订国内横向联合项目合同总投资额5714.34亿元,高新技术成果交易合同额18.48亿元,内贸合同成交总额440亿元。据不完全统计,在签约的省际联合合同项目中,民生相关项目投资总额占签约项目总投资额的20.8%;战略性新兴产业项目投资总额占22%;城镇化建设项目投资总额占21.5%。

国新办发表《2010年美国的人权纪录》

国务院新闻办公室10日发表《2010年美国的人权纪录》(以下简称人权纪录),以回应美国国务院8日发表的《2010年国别人权报告》对中国人权状况的指责。人权纪录说,《2010年国别人权报告》再次对包括中国在内的世界190多个国家和地区的人权状况进行歪曲指责,却对自身糟糕的人权状况熟视无睹,很少提及。

这是国务院新闻办公室针对美国一年一度的国别人权报告连续第12年发表美国的人权纪录,目的在于"敦促美国正视自身的人权问题"。

《2010年美国的人权纪录》全文约1.3万字,包括

关于生命、财产和人身安全,关于公民权利和政治权利,关于经济、社会、文化权利,关于种族歧视,关于妇女和儿童权利,关于侵犯他国人权等6个部分。

人权纪录说,美国无视自身存在的严重人权问题,却热衷于推行所谓"人权外交",将人权作为丑化别国形象和谋取自己战略利益的政治工具,这充分暴露了其在人权问题上实行双重标准的伪善面目和借口人权推行霸权主义的不良图谋。

人权纪录说,美国是世界上暴力犯罪最严重的国家,公民的生命、财产和人身安全得不到应有的保障。美国每年约有1/5的人成为各种犯罪行为的受害者,这一比例居全世界之首。美国枪支管理松懈,泛滥成灾。

人权纪录说,美国政府侵犯公民权利和政治权利的情况相当严重。公民隐私遭到侵犯,警察滥施暴力和刑讯逼供现象严重,冤案错案频发。美国极力标榜和鼓吹互联网自由,而实际上,美国对互联网的限制相当严格。

人权纪录指出,美国失业率居高不下,贫困人口比例创新高,饥饿人口大幅增加,无家可归者激增。

人权纪录说,种族歧视在美国根深蒂固,渗透到社会生活的各个方面。美国少数族裔在就业和职业上受到歧视,贫困率居高不下,种族仇恨犯罪频发,在美国移民的应有权利得不到保障。

人权纪录说,美国的妇女儿童权利状况堪忧。妇女频遭性侵犯和暴力,儿童生活贫困、身心健康得不到保障。

人权纪录说,美国在国际人权领域的纪录劣迹斑斑。美国发动的伊拉克战争和阿富汗战争造成大量平民伤亡。美国拒绝参加一些重要的国际人权公约和履行国际义务。2011年3月18日,联合国人权理事会通过对美国人权普遍定期审议最后文件,而美国却坚持拒绝审议中提出的大多数建议,受到许多国家的批评。

人权纪录指出,事实说明,美国自身的人权纪录十分糟糕,没有资格冒充世界"人权法官",却年复一年地发表《国别人权报告》对其他国家和地区的人权状况进行评判和责难。我们奉劝美国政府切实改善自身的人权状况,检点自身在人权问题上的所作所为,停止利用人权问题干涉别国内政的霸道行径。

第八颗北斗导航卫星在西昌卫星发射中心成功发射

今日4时47分,我国在西昌卫星发射中心用"长征三号甲"运载火箭,成功将第八颗北斗导航卫星送入太空预定转移轨道,这是一颗倾斜地球同步轨道卫星。此次发射是今年北斗导航系统组网卫星的第一次发射,也是我国"十二五"期间的首次航天发射。

本次北斗导航卫星的成功发射,标志着北斗区域卫星导航系统的基本系统建设完成,我国自主卫星导航系统建设进入新的发展阶段。这颗卫星将与去年发射的5颗导航卫星共同组成"3+3"基本系统,经一段时间在轨验证和系统联调后,将具备向我国大部分地区提供初始服务条件。

4月11日

全国政协主席贾庆林在阿皮亚会见萨摩亚国家元首埃菲

贾庆林说,中萨关系一直保持健康稳定发展的良好势头。双方高层互访频繁,各领域的交往和对话日益增多,政治互信不断加深。两国在经贸、旅游、教育、文化、卫生等领域的交流与合作逐步扩大,在重大国际和地区问题上保持良好合作。

埃菲说,中方为萨经济和社会发展提供支持,增强了萨的自主发展能力,双方高层交往密切,两国关系发展令人满意,已成为国家之间关系的典范。

全国政协主席贾庆林在阿皮亚与萨摩亚总理图伊拉埃帕举行会谈

贾庆林表示,中方愿与萨方共同努力,推动双边关系不断迈上新台阶。贾庆林并提出如下建议:一、加强友好交往,增进政治互信,巩固双边关系发展的政治基础。二、深入挖掘潜力,扩大务实合作。中方将继续在力所能及范围内向萨方提供援助,鼓励中国企业积极与萨摩亚企业开展互利合作。三、扩大人文交流,巩固传统友谊,夯实两国友好关系的社会基础,使中萨友谊世代传承并发扬光大。四、加强多边合作,维护共同利益。中国支持萨摩亚在可持续发展、气候变化等问题上的合理诉求,继续在国际和地区事务中与萨方保持沟通与合作,共同维护两国及发展中国家的利益。

图伊拉埃帕说,两国建交以来,中国为萨经济和社会发展提供了大量援助,援建了许多基础设施和农业项目,并将萨列为中国公民旅游目的地,萨对此深表感谢。萨希更多中国游客来萨旅游,欢迎中国企业投资萨旅游业。萨愿与中方一道加强经贸合作,提高经济社会发展水平。

会谈结束后,贾庆林与图伊拉埃帕共同出席了中萨有关合作文件的签字仪式。

福建省十一届人大常委会第二十二次会议接受黄小晶辞去福建省省长职务的请求 任命苏树林为福建

省副省长 代理省长

亚太旅游协会成立60周年庆典暨年会在北京举行

中共中央政治局委员、国务院副总理王岐山出席并致辞。

王岐山强调,加快发展旅游业,是扩内需、调结构、促就业、惠民生的重要举措。在今后五年中,中国政府将深入贯彻落实科学发展观,多策并举,把旅游业培育成国民经济的战略性支柱产业。

王岐山指出,五千年的中华文明和秀美山川,造就了中国得天独厚的旅游资源。经过改革开放30多年的发展,中国的旅游市场规模已跃居世界前列,旅游业的巨大潜力正在逐步爆发,进入了快速发展的"黄金期"。中国政府将加快体制机制改革,推进组织制度创新,扩大对外开放,充分发挥市场配置资源的基础性作用,建立统一、开放、竞争、有序的旅游市场。正确处理保护与开发的关系,突出历史人文特色,推动旅游业可持续发展。坚持以人为本,着力培养高素质从业人员队伍,加强"软环境"和"硬环境"建设,全面提升旅游服务质量和管理水平。

王岐山表示,旅游是和平与友谊的使者。中国旅游业持续快速发展,不仅惠及中国人民,也必将给亚太地区乃至全球带来新的发展机遇。中国愿与世界各国一道,加强交流与合作,共同开创旅游业发展的美好未来。

国务院有关部门负责同志,来自66个国家和地区、400多个机构的代表参加了会议。

2010年农业保险理赔100.69亿元

据《人民日报》报道:保监会发布消息,2010年全国农业保险保费收入135.68亿元,较2009年同期增长1.89亿元。全年农业保险承保的主要粮油棉作物达到6.8亿亩,同比增加3%;承保森林4.8亿亩,同比增加68%;承保牲畜6.3亿头(羽、只),其中能繁母猪2468万头。全年农业保险支付赔款100.69亿元,农业保险覆盖农户1.4亿户次,共有约2100万户次的受灾农户得到保险补偿。

中共中央政治局常委李长春在埃里温会见亚美尼亚总统谢尔日·萨尔基相

国家副主席习近平在人民大会堂会见摩洛哥外交和合作大臣菲赫里

教育部已批准在南开大学 中国政法大学和广州大学三所高校分别设立人权教育与培训基地

这是我国首次在高校设立国家级人权教育与培训基地,是落实《国家人权行动计划(2009—2010)》相关内容的重要举措。

教育部有关负责人表示,人权教育与培训基地的建设目标是,深入贯彻落实科学发展观,坚持中国特色的社会主义人权观,充分整合利用高校的人才、学科、研究和基础条件等资源,通过开展教育和培训、科学研究和社会服务,努力推进我国的人权普及教育和理论研究工作,促进我国人权事业的发展。基地的主要任务包括,推动大学人权教育和理论研究,开展中小学人权教育及方式方法的研究实验,编写教材,组织师资培训和各类相关社会培训,为社会提供咨询,特别是向国家有关部门定期提供咨询报告,以及开展人权领域的国际交流与合作等。

4月12日

国家主席胡锦涛在人民大会堂与巴西总统罗塞夫举行会谈

胡锦涛说,中方愿与巴方一道,重点从以下四个方面进一步深化和发展两国关系,为各自国家经济发展和民生改善作出贡献。第一,坚持平等协商,深化战略互信。双方要保持高层和各级别密切交往,充分发挥中巴高委会、战略对话等各对话机制作用。两国政府部门、立法机构、政党、地方要扩大交流合作。第二,坚持互利互惠,提高合作水平。双方要进一步落实两国政府《共同行动计划》,保持贸易健康平稳发展,促进经贸、投资、能矿、基础设施建设、财金合作。第三,坚持优势互补,扩大科技合作。双方要进一步加强农业、新能源、生物技术、纳米技术、信息技术、空间技术等领域合作。第四,坚持交流互鉴,巩固社会基础。双方要积极拓展文化、教育、公共卫生、社会保障、扶贫等领域交流合作,增进两国新闻界、学术界、体育界和青年友好往来,使中巴友好更加深入人心。

罗塞夫表示,巴方愿意进一步密切两国战略伙伴关系,提升两国伙伴关系的战略性,发挥巴中高委会等机制作用,加强贸易、投资、金融、科技、农业、能矿、基础设施建设以及人文等领域交流与合作,使巴中关系在现有基础上实现质的飞跃。

会谈后,两国元首共同签署了中巴联合公报,并出席了双边合作文件的签字仪式。

中华人民共和国和巴西联邦共和国发表联合公报

一、应中华人民共和国主席胡锦涛邀请,巴西联邦共和国总统迪尔玛·罗塞夫于2011年4月12日至13

日对中华人民共和国进行国事访问。

二、访问期间,胡锦涛主席和罗塞夫总统在亲切友好的气氛中举行了会谈,就双边关系及共同关心的国际和地区问题交换了意见,达成重要共识。中国全国人民代表大会常务委员会委员长吴邦国和国务院总理温家宝分别会见。罗塞夫总统还出席了中巴企业家研讨会和首届"中巴高级别科技与创新对话"。

三、双方签署了涵盖政治、防务、科技、水利、质检、体育、教育、农业、能源、电力、通信、航空等领域的合作文件。双方对访问成果给予积极评价,认为访问取得了成功,将进一步推动中巴战略伙伴关系的发展。

四、两国元首在会谈中回顾并积极评价中巴战略伙伴关系,认为中巴作为发展中大国,在各自地区及国际事务中所发挥的作用日益上升。中巴关系日益具有战略内涵和全球意义。双方一致表示将继续从战略高度和长远角度看待和推进两国关系发展。两国将保持高层密切交往,加强战略互信。双方将积极推动两国立法机构、政党、司法等领域的交流与合作,并推动建立更多友好省州和友好城市关系。双方一致同意在相互尊重、平等互利的原则基础上不断开拓新的合作领域。

五、双方高度重视中巴高层协调与合作委员会在统筹协调两国各领域合作中发挥的积极作用,对双方落实两国政府《2010年至2014年共同行动计划》表示满意,并强调应继续加快落实这一计划。双方同意于今年下半年在巴西举行高委会第二次会议,并适时召开有关高委会分委会会议,相信这将推动《共同行动计划》的进一步落实。

六、双方积极评价近年来中巴经贸合作取得的长足进展,对双边贸易和投资的快速增长表示满意。2009年中国成为巴西主要贸易伙伴,2010年成为巴西主要外国投资来源国之一。近年来,巴西对华投资逐步增长。双方一致认为应就两国贸易、投资结构及双边贸易多样化问题加强对话。中方表示愿推动企业扩大从巴西进口高附加值产品。巴方重申将根据中巴《共同行动计划》中有关条款,迅速处理承认中国市场经济地位问题的承诺。双方表示将通过企业间合作,扩大并拓展相互投资,特别是在高技术工业、汽车、能源、矿业、物流等领域的投资合作。巴方欢迎中国商务部部长陈德铭于2011年上半年率企业家代表团访巴,推动双边贸易多元化及相互投资的进一步发展。

七、双方认为,两国企业间开展对话对促进两国经贸关系发展具有重要意义,鼓励两国企业建立新的伙伴关系。双方对在访问期间召开企业家研讨会及中巴企业家委员会会议表示祝贺。

八、双方强调了继续加强航空领域合作、特别是公务机及支线飞机合作的重要性,深化中国航空工业集团公司以及中国航空运输企业和巴西航空工业公司间的伙伴关系。

九、双方认为,两国在基础设施领域,特别是在巴西"加速增长计划"框架下开展交通、能源等领域的合作潜力巨大。双方一致认为,在基础设施项目,特别是有利于南美一体化的项目中开展合作非常重要。巴方十分欢迎中国企业参与巴西高速铁路项目投标。双方认为,两国在2014年世界杯和2016年奥运会有关基础设施建设项目中建立伙伴关系具有潜力。

十、双方对两国有关部门在动植物检疫和食品安全领域达成的谅解表示满意,承诺将在上述领域加强对话,以促进两国食品农产品贸易安全顺利发展。双方对批准首批巴西企业对华出口猪肉表示祝贺,并同意推动巴西禽肉和牛肉企业的注册进度。双方承诺尽快完成所有规定程序,以便将巴西明胶、玉米、巴伊亚州和阿拉戈阿斯州烟叶、牛胚胎和牛精液、柑橘类水果和中国梨、苹果和柑橘等新的产品列入双方进出口商品清单。本着这一精神,双方一致认为应制定共同战略,提高双边贸易中农产品的附加值。

十一、双方对两国在财金分委会框架下的合作,特别是两国财政部门和央行间的合作进展表示满意。上述合作旨在加强双方在宏观经济政策、货币合作、金融稳定和国际金融体系改革等问题上的交流与对话。双方重申愿在互信互利的基础上深化在财金分委会中的沟通与交流,包括加强两国金融机构间的接触,以便扩大双方合作领域。为此,双方对两国金融机构申请在对方境内开设相关机构表示欢迎。双方还对上海证券交易所和圣保罗证券期货交易所达成的合作谅解表示满意,强调这对进一步加强两国资本市场交流与合作具有重要意义。

十二、双方积极评价在相互投资领域的合作,认为有关合作推动了两国社会经济发展。双方重申将继续推动两国企业开展合作,在互惠互利的基础上进一步扩大相互投资,拓展投资领域。

十三、双方强调,两国在科技和创新等领域的合作取得了积极进展,愿就创新领域政策和规划加强对话,进一步促进双边合作。双方对此访期间召开的"中巴高级别科技与创新对话"取得的积极成果表示满意。在对话中,双方围绕创新政策、农业科技与食品安全、纳米科技、可再生能源、信息通信技术和空间科学等主题进行了探讨。巴方表示愿在巴西举行第二次对话。

十四、双方重申愿促进科研机构及相关企业在农业科学、技术和创新领域合作。双方对中国农业科学院和巴西农牧业研究院在北京设立的联合实验室在此访期间揭牌表示祝贺。

十五、双方重申高度重视空间领域合作，表示愿继续扩大和丰富中巴地球资源卫星合作。两国有关部门将推动03、04星按计划完成研制，并根据两国航天发展需要，统筹考虑中巴航天合作规划，就继续开展合作启动磋商。

十六、双方一致认为，中巴在信息通信技术领域合作与投资潜力巨大。双方一致同意推动两国公共和私营部门加强接触，并鼓励设立相关机制，推动中国和巴西有关企业建立合资和技术伙伴关系。考虑到两国经济发展的良好势头，双方表示愿在现有中国企业对巴投资项目的基础上，进一步促进相互投资多样化，推动巴西通信领域及电子产品技术发展。双方对中国通信企业同巴方在此访期间签署合作谅解备忘录表示祝贺。

十七、双方积极评价两国在能源矿产领域合作取得的长足进展，并对此访期间成功召开中巴高委会能矿分委会第二次会议予以积极评价。双方表示愿意进一步深化在石油贸易及融资、油气勘探开发、电力、能源装备、和平利用核能以及包括生物燃料在内的新能源领域的合作，以深化双方在环境领域及绿色经济项目方面的合作。双方欢迎两国在矿业及相关基础设施、矿产品加工等领域继续扩大合作。双方还表示愿进一步探讨开辟能矿合作新领域。

十八、双方重申愿深化教育交流，重视两国学生、教师和学者交流，并支持中国国家留学基金管理委员会和巴西高等教育人员促进会间的合作。为此，中国国家汉办(孔子学院总部)将同巴方联合组织并举办首届中巴大学校长论坛。双方对在巴西建立孔子学院表示满意，并重申将继续对在中国推广葡萄牙语教学以及在巴西推广汉语教学予以重视。

十九、双方一致同意探讨在对方国家设立文化中心，并尽快商定在巴西举办“中国文化月”和在中国举办“巴西文化月”的时间。双方强调进一步开拓和加强两国在创意经济和文化产业等领域交流与合作的重要性。

二十、考虑到中国举办了2008年奥运会和残奥会，并将主办2014年青奥会，巴西将承办2014年世界杯足球赛和2016年奥运会、残奥会，双方认为开展体育合作潜力巨大。双方一致同意在体育领域就大型国际赛事的筹备与组织工作开展合作，分享经验并签署有关谅解备忘录。此外，双方还同意加强运动员交流，促进体育合作和两国体育水平的提高。

二十一、双方认为旅游合作潜力巨大，承诺推动旅游交流，加强旅游市场管理，鼓励对旅游行业的投资，促进开展旅游教育和人员培训合作。考虑到两国人员往来数量预计将增加，双方一致同意加强两国领事、移民部门的沟通与合作，研究进一步简化签证、居留等相关手续，完善相关服务，为促进双边人员往来提供便利。及时解决双边人员往来中出现的问题，继续采取切实措施保护在本国境内对方公民的合法权益。

二十二、双方表示愿在2010年成立的中巴国防部交流与合作联委会框架下，推动双方军事和防务合作迈上新台阶，并对此访期间双方签署防务合作协定表示祝贺。

二十三、双方将加强在人权领域的双边磋商，交流经验和良好做法。双方决定就社会领域，特别是扶贫领域的政策及规划加强合作。为此，双方决定建立由中国国务院扶贫开发领导小组办公室和巴西社会发展及消除饥饿部及其他相关部门牵头的“社会及扶贫”工作组，并研究建立社会领域合作机制的可能性。双方还对两国卫生部加强合作表示欢迎，并愿研究建立卫生领域合作机制的可能性。

二十四、双方重申愿在多边机构中保持密切协调，使其更具代表性和合法性，推动世界多极化发展，并促进和平、安全和发展。为此，双方强调在二十国集团和金砖国家机制中加强协调意义重大。此外，“基础四国”(巴西、南非、印度、中国)达成共识对联合国气候变化大会南非德班会议(COP—17/CMP—7)取得成功也具有重要意义。双方承诺将共同努力，推动将于2012年6月在里约热内卢举行的联合国可持续发展大会取得成功。该会议将讨论“可持续发展和消除贫困背景下的绿色经济”和“促进可持续发展的机制框架”两大主题。双方重申对实现联合国千年发展目标的承诺，特别是对可持续发展、粮食安全及人民营养保障的承诺。

二十五、双方一致认为，和平、安全与发展相互依存，重申希建立更加公平、公正、包容、有序的国际秩序，以维护国际和平与安全，促进发展、民主、人权和社会公正。双方重申将共同推动多边主义发展，支持联合国在解决重大国际问题中发挥核心作用。双方重申联合国改革的必要性，以使其更加高效、有力地应对当前全球性挑战。鉴此，中巴两国支持对联合国进行广泛改革，包括优先扩大发展中国家在安理会的代表性。中国高度重视巴西作为西半球最大发展中国家在地区和国际事务中发挥的影响和作用，理解并支持巴方希在联合国中发挥更大作用的愿望。考虑到维护发展中国家合法权益的必要性，双方表示愿继续就联合国改革问题加强对话与交流。

二十六、双方同意在二十国集团框架内就国际金融货币体系改革问题深化合作。双方重申承诺根据平等、建设性的原则开展相互评估进程，以促进世界经济强劲、持续、平衡增长。双方认为，应在努力促进世界经济复苏的同时加强监管，以避免滋生新的危机。双方对金融稳定理事会、国际证监会组织和巴塞尔委员会开展的工作表示祝贺。双方一致认为，全球经济治理和国际金融体系的改革应继续同世界经济的转型保持一致。双方建议两国主管二十国集团事务的官员继续就有关议题保持定期磋商，以加强两国双边协调。

二十七、双方重申对完成多哈回合谈判的承诺，并强调2008年7月取得的一揽子成果，是多哈回合自2001年启动以来，各方经过数轮艰苦谈判达成妥协的微妙平衡。两国领导人认为，应当在维护多哈回合授权，充分考虑发展中成员，特别是最不发达成员的关切，尊重已达成的妥协的基础上，推动谈判取得全面、均衡的成果，尽早完成多哈回合谈判。

二十八、巴方高度赞赏中方作为主席国为举办金砖国家领导人第三次会晤所做的准备工作，并预祝会晤取得圆满成功。巴方也预祝在海南举行的博鳌亚洲论坛2011年年会顺利召开。中方对罗塞夫总统出席论坛开幕式表示欢迎。

二十九、罗塞夫总统对访华期间胡锦涛主席和中国政府给予的热情友好接待表示衷心感谢。

中华人民共和国主席　巴西联邦共和国总统
胡锦涛　迪尔玛·罗塞夫

2011年4月12日于北京

国务院总理温家宝在中南海紫光阁会见西班牙首相萨帕特罗

温家宝表示，中国政府重申，愿意继续购买西班牙国债，参与支持西班牙储蓄银行重组基金。中国是欧洲金融市场负责任的长期投资者，支持欧盟和国际货币基金组织采取的救助措施，相信欧洲一定能够实现经济社会稳定发展。

萨帕特罗表示，西班牙欢迎中方扩大在西投资规模，希望进一步加强两国在人文、旅游、基础设施建设等领域的合作，不断推进两国关系发展。西班牙是中国在欧盟国家中的最好朋友，将继续为推动欧中关系发展发挥积极作用。

国务院总理温家宝致电日本首相菅直人就日本遭受强烈地震和海啸灾害表示慰问

国务院副总理张德江在北京部分中央企业调研

张德江来到中国五矿集团、中国船舶工业集团和国家核电技术公司进行调研，详细了解企业生产经营情况，共商企业发展大计。

张德江指出，当前国际金融危机影响依然存在，世界经济格局正在发生深刻复杂变化，各种不稳定不确定因素仍然较多。我国经济发展既面临难得的历史机遇，也面对诸多风险挑战。国资委和中央企业要密切关注经济形势发展变化，高度重视企业运行中存在的突出问题，积极研究有效的应对措施，加大工作力度，进一步开拓国内外市场，狠抓生产经营，继续保持平稳较快发展势头。要进一步加强企业管理，降低物质消耗，降低财务费用，大力节约挖潜，努力消化原材料价格上涨、劳动成本增加等因素，提高经济效益，为管理通胀预期作出贡献。要大力推进科技进步和创新，加快建立和完善科技创新体制机制，引导企业把更多资源要素投入到科技创新活动中。要切实抓好安全生产工作，加大安全投入，加强安全基础工作，落实企业主体责任，完善应急工作体系，努力实现中央企业安全发展。

张德江强调，中央企业要居安思危，认真做好转变发展方式这篇文章，在发展质量和效益上下功夫。要认真落实国家"十二五"规划纲要，科学制定落实企业发展规划，大力推进企业发展方式转变。要加快推动结构调整和转型升级，优化产业布局，加大落后产能淘汰力度，改造提升传统产业，加快"走出去"步伐，提升国际化经营能力和水平，力争在"十二五"期间有新的发展、质的飞跃，成为转变发展方式的排头兵。

根据香港特别行政区行政长官曾荫权的建议国务院批准刘吴惠兰辞去香港特别行政区政府商务及经济发展局局长职务

最高人民法院追授李要兵为全国模范法官

李要兵生前任湖北省武汉市洪山区人民法院刑事审判庭审判员。他在法院工作25年，时刻牢记司法为民宗旨，始终秉持服务大局理念，坚持公正廉洁司法，所办理的近2000件案件，无一投诉，无一引发上访。2009年6月17日，李要兵因劳累过度不幸因公殉职，年仅49岁。

财政部 商务部 工信部发出《家电下乡政策执行监管及违规处理办法》

中共中央政治局常委李长春在埃里温亚与亚美尼亚总理季格兰·萨尔基相举行会谈

中共中央政治局常委李长春与亚美尼亚总理季格兰·萨尔基相共同出席中亚企业家论坛并发表演讲

李长春发表题为《巩固经贸成果 深化务实合作》

的主旨演讲。

李长春说，当前中国和亚美尼亚都处于重要的发展阶段。前不久，中国公布《国民经济和社会发展第十二个五年规划纲要》，描绘了未来五年中国发展的蓝图，为进一步深化两国交流合作提供重要机遇。亚美尼亚经济已基本克服国际金融危机的不利影响，取得恢复性增长，为两国企业合作创造了有利条件。

为进一步推进中亚务实合作、实现互利共赢，李长春提出四点建议：一是增进企业相互了解，创造合作机会。两国工商会和贸易投资促进会等机构要为双方企业搭建经常化、机制化的合作平台，创造更多贸易、投资机会和便利化条件。二是寻找新的经济增长点，推动双边贸易平衡发展。中国将继续支持和鼓励本国企业不断加大从亚美尼亚的进口力度，也希望亚方加大本国优势产品推介力度。三是加强双向投资合作，拓展合作方式。希望双方深化和充实合作内涵，减少投资壁垒，加快推动双边重点投资合作项目取得进展。四是加强政府引导，充分发挥双边合作机制作用。两国经贸混委会要妥善规划双边经贸合作的优先领域和方向，积极落实跟踪双方达成的原则共识，巩固合作成果。

季格兰·萨尔基相在论坛致辞说，本次论坛是两国共同举办的最大型经贸活动，这本身就是亚中关系全面提升的明证。希望双方企业家积极寻找新的合作项目，结交新的合作伙伴，拓展新的合作视野。相信访问和论坛将为亚中务实合作注入新动力，将两国全面关系提升到新高度。

国家副主席习近平在人民大会堂会见出席第十七届中法经济研讨会的法国前总理拉法兰一行

国务院副总理李克强在钓鱼台国宾馆与西班牙首相萨帕特罗举行会谈

国务院副总理王岐山在北京与巴西总统迪尔玛·罗塞夫共同出席中巴企业家研讨会闭幕式并致辞

王岐山说，近年来，中巴关系全面快速发展，经济合作进入“快车道”。两国在能源、资源、金融、农业、科技、基础设施等领域的合作成果丰硕，在二十国集团、“金砖国家”、世贸组织多哈回合谈判等国际和地区事务中的合作卓有成效。中巴两国都是发展中国家，经济互补性强，合作潜力巨大。中方愿与巴方一道，认真落实两国政府《共同行动计划》，充分发挥中国—巴西高层协调与合作委员会的平台作用，为两国企业合作创造良好的环境。希望双方企业家积极落实本次研讨会的成果，继续加强交流，增进友谊，深化合作，为推动中巴战略伙伴关系健康发展作出新的贡献。

罗塞夫表示，希望双方共同努力，发挥好巴西—中国高层协调与合作委员会机制的作用，推动两国各领域合作全面发展，开启两国关系的新篇章，造福于两国人民。

中巴企业家研讨会由中国国家开发银行和巴西外交部联合举办，主题为“超越互补、合作共赢”。两国政府代表、企业家等约700人出席。

国务院副总理王岐山在中南海会见菲律宾财政部长塞萨尔·普里西马率领的菲律宾政府高级经贸代表团

第二轮中美人文交流高层磋商在华盛顿举行

国务委员、中美人文交流高层磋商机制中方主席刘延东与美国国务卿、中美人文交流高层磋商机制美方主席希拉里·克林顿共同主持会议。

刘延东说，人文交流是国与国之间、人民与人民之间加深了解、增进互信的桥梁，是中美关系深化发展的不竭动力。中美建立人文交流高层磋商机制，是两国关系发展中的重要创举，为双方进一步加强教育、文化、科技、体育等领域交流与合作搭建了新的平台，开辟了两国人民交往的更多渠道。当前，中美关系已进入建设合作伙伴新阶段，中美人文交流机制承载着发展中美关系、促进世界和平与发展的重要使命。

刘延东就加强新时期中美人文交流与合作提出三点倡议：一是要面向人民。通过构建官民并举、多方参与的人文交流格局，让两国民众成为人文交流的主体。开展覆盖广泛、重点突出的人文交流活动，使更多各界人士加入到中美友好合作事业中来。二要面向世界。本着相互尊重、开放包容的精神，在交流中相互学习，求同存异，文明互鉴，促进世界和平与发展。三要面向未来。要不断培育和增强人文交流意识。增进两国青年一代的了解与友谊，让中美友好事业薪火相传。

希拉里·克林顿表示，美中开展人文交流与合作对双方关系发展至关重要，有利于扩大两国人民之间往来、增进相互了解，为两国关系奠定坚实基础。在美中双方共同努力下，人文交流机制工作卓有成效，开辟了推进两国关系的新途径。美中在人文领域开展广泛合作符合两国和两国人民的根本利益。美方愿与中方共同努力，创新形式，充实内涵，将两国人文交流与合作提升到新水平。

会议全面总结了中美人文交流高层磋商机制成立一年来两国人文交流与合作取得的进展和成果，规划了今后一个时期中美人文交流的总体框架、阶段重点和工作原则，并就进一步加强教育、科技、文化、妇女、青年、体育等领域合作达成一系列重要共识，确定了数十项合作项目。

第一届中国健康城市发展论坛在北京举办

50多名专家学者对健康城市标准进行讨论和修订，达成了《关于在全国开展健康城市创建促进活动的意见》。

中国医药卫生事业发展基金会常务副理事长桑希杰指出，健康城市和长寿之乡活动要坚持政府引导，全民参与，企业支持，社团推动原则。由论坛主办单位组成的中国长寿之乡评定委员会认定：河南省宁陵县为中国长寿之乡。

4月13日

国家主席胡锦涛在海南三亚与俄罗斯总统梅德韦杰夫举行会谈

胡锦涛指出，中俄双方要坚定不移致力于发展中俄战略协作伙伴关系，维护好两国共同利益，促进世界和平、安全、稳定。双方应该充分发挥两国合作的巨大潜力和优势，重点做好以下四方面工作。一是以共同庆祝《中俄睦邻友好合作条约》签署10周年为契机，大力弘扬两国世代友好的和平理念，增进两国人民传统友谊。二是加大相互政治支持，坚定支持对方维护国家主权、安全、发展利益的努力。三是推进中俄西线天然气管道等能源领域大项目合作，全面扩大经贸、投资、高技术、金融、地方、人文等领域互利合作。四是加强在国际和地区事务及国际经济金融体系改革等重大问题上的沟通和协调。

梅德韦杰夫表示，双方应该加强高层交往和政治对话，在双边和国际场合就共同关心的重大国际和地区问题深入交换意见；继续发掘潜力，扩大双边贸易额，加强投资领域合作；落实好《中国东北地区与俄罗斯远东及东西伯利亚地区合作规划纲要》；推进石油、天然气、水电、核能等重要领域合作；保持两国人文领域合作良好势头。双方应该在国际事务及二十国集团等多边机制中加强协调和配合。

两国元首还就上海合作组织、西亚北非局势、朝鲜半岛局势等交换了意见，表示要加强协调，共同促进相关地区和平稳定。

国家主席胡锦涛在海南三亚会见南非总统祖马

胡锦涛强调，中方愿从以下四方面同南方一道努力，深化中南全面战略伙伴关系。一是密切高层交往。充分利用双边高层交往，加强治国理政经验交流，巩固在涉及各自核心利益的重大问题上的相互理解和支持，服务两国谋发展、促稳定、惠民生的共同目标。二是深化务实合作。积极落实去年两国高层互访达成的重要共识，深化中南基础设施建设、矿业、能源、农业等领域互利合作，扩大中国金融机构和企业对南非重点领域投资合作，持续推动两国贸易平衡健康发展。三是推动人文交流。加强文化、教育、科技、新闻、旅游等领域交流合作。四是加强在国际事务中的合作。密切中南在联合国、世贸组织、二十国集团、金砖国家等重要多边机制中的协调和合作，有效维护两国和广大发展中国家共同利益，推动国际政治经济秩序朝着更加公正合理的方向发展。

祖马表示，南方愿意同中方一道，进一步落实《北京宣言》，加强经贸、环保等领域合作，这有利于南非创造就业机会，推动经济发展；在联合国安理会等多边机构保持密切沟通合作，就重大国际问题协调立场。

国家主席胡锦涛在海南三亚会见印度总理辛格

胡锦涛强调，今年是“中印交流年”。双方要以此为契机，积极扩大各领域交流合作，推动双边关系再上新台阶。一是保持高层往来，增强政治互信。扩大政府、立法机构、政党往来，利用好各种政治对话和磋商机制，加强战略沟通，及时就双边关系和其他共同关心的重大问题交换意见。二是拓展经贸合作，实现互利双赢。早日举行战略经济对话机制首次会议。积极推动双边贸易发展，拓展在基础设施、信息技术、投资、工程承包以及银行业等领域合作，努力实现优势互补、互利双赢。三是扩大人文交流，增进相互了解。今天双方正式宣布启动“中印交流年”。中方将邀请印度500名各界青年访华，中方愿为印度中学汉语教学提供支持，双方要共同办好交流年系列经贸文化活动，兴起两国人民友好交流热潮。四是妥善处理分歧，维护和平稳定。中方愿意本着和平友好、平等协商、相互尊重、相互谅解的精神，继续推进两国关于边界问题的谈判，寻求公平合理、双方都能接受的解决方案。双方应该积极探讨建立边境事务磋商和协调机制，争取尽快达成一致，以便在边界问题解决前更好维护边境地区和平安宁。

辛格表示，经贸合作是两国战略合作的基石。目前两国贸易增长迅速。印方欢迎和鼓励中国企业和公司来印投资，特别是在基础设施领域加大投资力度。印方愿意积极促进两国人文交流合作，办好“印中交流年”，增进青年往来和相互了解。印方愿意同中方一道努力，寻求双方都能接受的边界问题解决方案，在边界问题解决前共同保持边境地区和平与安宁，愿意建立边境事务磋商和协调机制。

十一届全国人大常委会第六十一次委员长会议在

人民大会堂召开

全国人大常委会委员长吴邦国主持会议。

会议决定十一届全国人大常委会第二十次会议4月20日至22日在北京举行。

委员长会议建议,十一届全国人大常委会第二十次会议继续审议行政强制法草案,审议关于修改煤炭法和建筑法个别条款的决定草案、道路交通安全法修正案草案、个人所得税法修正案草案。

委员长会议建议,十一届全国人大常委会第二十次会议审议国务院关于集体林权制度改革工作情况的报告、关于"五五"普法工作情况的报告和关于进一步加强法制宣传教育的决议草案的议案;审议全国人大常委会代表资格审查委员会关于个别代表的代表资格的报告;审议有关任免案等。

委员长会议上,全国人大常委会副委员长兼秘书长李建国就常委会第二十次会议议程草案、日程安排意见作了汇报。全国人大有关专门委员会负责人、常委会代表资格审查委员会负责人、常委会有关副秘书长就常委会第二十次会议的相关议程作了汇报。

全国人大常委会副委员长王兆国、乌云其木格、韩启德、华建敏、周铁农、司马义·铁力瓦尔地、蒋树声、陈昌智、严隽琪、桑国卫等出席会议。

全国人大常委会委员长吴邦国在北京分别与巴西总统罗塞夫和韩国总理金滉植举行会谈

国务院总理温家宝主持召开国务院常务会议

会议研究部署下一阶段经济工作。

会议强调,要保持宏观经济政策的连续性、稳定性,提高针对性、灵活性、有效性,坚持处理好保持经济平稳较快发展、调整经济结构和管理通胀预期的关系,坚决防止物价过快上涨,巩固经济发展的好势头,努力实现今年经济社会发展目标。当前,要重点抓好以下工作:

(一)切实实施好稳健的货币政策。处理好控制货币总量和改善结构的关系、抑制通货膨胀与促进经济增长的关系,综合运用公开市场操作、存款准备金率、利率等多种价格和数量工具,进一步完善人民币汇率形成机制,将社会融资规模控制在合理范围之内,引导商业银行加大对重点领域和薄弱环节特别是中小企业的信贷支持,合理调节中长期贷款和短期贷款的比例,提高直接融资比重,既消除通货膨胀的货币因素,又满足实体经济对金融的合理需求。

(二)千方百计保持物价总水平基本稳定。这是今年宏观调控的首要任务,也是最为紧迫的任务。要不折不扣地贯彻落实国务院关于稳定物价总水平的全面部署,从控制货币、发展生产、保障供应、搞活流通、加强监管等方面入手,采取多种措施综合应对国际国内物价上涨压力,把物价涨幅控制在可承受的限度内。

(三)巩固和扩大房地产市场调控成效。要坚持调控方向不动摇、调控力度不放松。严格控制投机投资性购房需求,努力增加市场供应,稳定市场预期,把房价控制在一个合理水平。切实抓好保障性住房建设,将保障性住房建设任务分解落实情况,以及项目开工建设、竣工计划等安排公之于众,以便群众监督。抓紧建立保障性住房建设、配置、运营、退出等管理制度。努力增加普通商品住房供应,这一手也不能放松。

(四)毫不放松地抓好农业和粮食生产。全力抓好春季农业生产,切实加强小麦中后期田间管理,进一步落实早稻种植面积,强化春播科技指导和服务,搞好防灾减灾和病虫害防控,加强农资供应和保障,努力夺取夏季粮油丰收。继续落实"米袋子"省长负责制和"菜篮子"市长负责制,搞好农产品流通体系建设。全面加强农田水利等农业基础设施建设,增强农业抵御自然灾害的能力。

(五)促进对外贸易又好又快发展。保持外贸政策基本稳定,加快转变外贸发展方式,进一步优化进出口结构,坚持科技兴贸、以质取胜和市场多元化,积极推动加工贸易转型升级,争创参与国际竞争和合作的新优势,全面提升对外贸易的质量和效益。做好"引进来"和"走出去"工作,加快实施"走出去"战略,注重防范风险、提高效益。

(六)下大力气抓好节能减排。坚决抑制高耗能高污染行业过快增长,提高能耗和排放标准等准入门槛,加大差别电价、惩罚性电价政策实施力度。强化节能减排目标责任。加快实施节能减排重点工程。

(七)积极推动发展方式转变。加快推进产业转型升级,加快培育发展战略性新兴产业,推动服务业大发展,改善中小企业发展环境;从深化收入分配制度和财税体制改革、完善社会保障体系、保障改善民生、改善消费环境入手,抓紧建立扩大消费的长效机制;多方面采取措施促进国际收支基本平衡。

要进一步加大工作力度,深入开展食品药品安全专项整治,坚决依法查处各种危害人民生命和健康的违法犯罪行为。

会议要求,各地区、各部门要切实做到思想认识到位、组织领导到位、各项工作落实到位。统筹兼顾,抓住重点,着力做好关系全局、影响长远的重要工作。建立健全问责制,完善绩效考核,严肃责任追究,提高政府公信力和执行力。

国务院总理温家宝在国务院常务会议上发表《关

于当前经济工作的几个问题》的讲话(节选)

一、全面准确把握当前的经济形势

今年以来,我国经济保持平稳运行,国民经济继续朝着宏观调控的预期方向发展。主要表现在:投资、消费、出口稳定增长,内需支撑作用增强;工业平稳增长,农业生产形势向好;财政收支增长较快,货币信贷平稳回调,经济增长的主要拉动力逐步从政策刺激向自主增长有序转变;就业和居民收入继续增加,人民生活进一步改善。这些情况说明,中央关于今年经济工作的决策和部署是正确的、有成效的。我们要正确认识取得的成绩,看到发展的有利条件和积极因素,进一步坚定做好经济工作的信心。

当前国内外环境仍然极为复杂,不稳定、不确定性因素还不少。从国际看,主要经济体经济恢复增长,但失业率仍然处于高位,一些国家财政赤字高企,一些国家主权债务危机隐患仍然没有消除;主要货币汇率波动加剧,国际市场粮食、石油等大宗商品价格不断上涨;通胀压力正在从新兴经济体扩大到发达经济体。世界经济还没有走上正常增长的轨道,目前又出现了两个变数。一是西亚、北非政局动荡,推动能源价格持续攀升,对世界经济增长和通胀形成双重冲击;二是日本地震、海啸和核辐射灾害,短期内将严重影响日本经济,不可避免要影响世界经济复苏进程。从国内看,虽然发展的有利条件较多,各方面发展的积极性很高,但面临的挑战也不少,除了一些体制性、结构性等长期存在的问题外,经济运行中的一些突出矛盾没有明显缓解,主要是物价上涨比较快、通胀预期增强,房地产市场成交量萎缩、多数城市房价还在上涨,宏观调控仍然面临较大压力。我们一定要保持清醒头脑,增强忧患意识,充分估计面临形势的复杂性和严峻性,冷静观察,沉着应对,未雨绸缪,做好应对各种困难和风险的准备,坚持处理好保持经济平稳较快发展、调整经济结构和管理通胀预期的关系,进一步巩固经济发展的好势头,确保实现今年经济社会发展目标,为"十二五"开好局起好步。

二、切实实施好稳健的货币政策

实施稳健的货币政策,是中央综合分析国内外形势作出的重要决策,是宏观调控必须坚持的方向,关键是要把握好调控的力度和节奏。今年以来,我们已经3次提高存款准备金率,两次提高存贷款基准利率,目前广义货币增速趋近调控目标,但成果需要巩固和加强,实施稳健货币政策的大环境没有改变。一是银行间市场利率保持在低位,银行体系流动性与正常水平和合理需求相比仍然充裕。二是结售汇顺差处于较高水平,造成基础货币大量被动投放,加上二季度到期央票和回购规模较大,仍存在对冲流动性压力。三是输入性通胀压力和通胀预期仍然较强。因此,要保持宏观经济政策的连续性、稳定性,提高针对性、灵活性、有效性。一是处理好控制货币总量和改善结构的关系。把好流动性总闸门,保持合理的社会融资规模和节奏,综合运用好公开市场操作、存款准备金率、利率等多种价格和数量工具,进一步完善人民币汇率形成机制,增强人民币汇率弹性,消除通货膨胀的货币条件。同时,要着力优化结构,引导商业银行加大对重点领域和薄弱环节特别是中小企业的信贷支持,合理调节中长期贷款和短期贷款的比例,防止短贷长用、挤占流动资金,造成企业营运资金紧张。要提高直接融资比重,发挥好股票、债券、产业基金等融资工具的作用,加强对实体经济的支持,更好地满足多样化的投融资需求。二是处理好促进经济增长和抑制通货膨胀的关系。当前,增长速度和就业都处在合理水平,稳定物价和管好通胀预期是关键,是第一位的。当然要充分估计货币政策的滞后效应,提高政策的前瞻性,避免政策叠加对下一阶段实体经济产生过大的负面影响。

三、千方百计保持物价总水平基本稳定

这是今年宏观调控的首要任务,也是最为紧迫的任务。去年以来,我国通胀预期压力一直在加大,特别是四季度后物价上涨较快,已经成为经济运行中最突出的矛盾。对通胀问题,中央一直高度重视,早在2009年第四季度,我们就提出把处理好保持经济平稳较快发展、调整经济结构和管理通胀预期的关系作为宏观调控的核心。去年我们及时采取一系列有针对性的政策措施,把全年居民消费价格涨幅控制在3.3%,在经济较快增长的基础上,保持了物价总水平基本稳定,这是很不容易的。从一季度情况看,物价上涨压力仍然较大。

这一轮物价上涨原因比较复杂,许多推动价格上涨的因素还有加剧趋势,我们决不可掉以轻心。一是输入性通胀压力还在加大。受全球流动性充裕、美元走软、西亚北非局势动荡、日本地震灾害的影响,国际大宗商品价格持续上升,目前国际大宗商品期货价格指数已超过国际金融危机前的水平。原油期货价格攀升至两年半以来的最高点。特别是在全球流动性宽松、投机活跃的背景下,大宗商品金融化特性增强,价格并不完全由供求关系决定。受国际大宗商品价格大幅上涨的影响,我国能源、原材料价格"水涨船高",向下游传导的压力加大。二是食品和住房等结构性物价上涨压力仍然很大。三是要素成本涨幅加大。今年劳动工资持续上涨,加上利率上调,增加了企业的成本,对物价总水平的影响不可低估。

目前我国物价总水平仍然处于可控区间。今年以来的物价上涨,翘尾因素比新涨价因素影响要大一些,新涨价因素中也主要是食品和居住类价格，总的来说还是一种结构性上涨。我国粮食连续7年增产、库存充裕，当前小麦苗情长势较好，夏粮有望获得丰收，主要工业品总体供大于求，进口增速较快，稳定物价具备不少有利条件，我们要增强做好价格工作的信心。

国务院从控制货币、发展生产、保障供应、搞活流通、加强监管等方面入手，对稳定物价总水平作出了全面部署，各地各有关部门务必不折不扣地贯彻落实，不能有丝毫懈怠。要密切关注国内外经济环境变化对价格走势的影响，及时发现导致价格波动的异常因素，采取多种措施，把物价涨幅控制在可承受的限度内，坚决防止物价过快上涨。当前最重要的是抓好三个方面的工作：一是毫不放松地抓好农业和粮食生产。要全力抓好春季农业生产，强化小麦中后期田间管理，加强春播科技指导和服务，引导农民种足种好春播作物，突出抓好早稻等粮食生产，搞好防灾减灾和病虫害防控，加强春季农业生产的各项保障，做好农业生产资料的生产、调运、供应，保障春耕备耕物资充足供应，努力夺取夏季粮油丰收。全面加强农田水利等农业基础设施建设，增强农业抵御自然灾害的能力。把中央扶持农业生产的各项政策措施尽快落到实处。继续落实“米袋子”省长负责制和“菜篮子”市长负责制，加强农产品流通体系建设，确保市场供应。二是继续实施好稳健的货币政策，不给物价上涨提供货币条件。三是全面加强价格调控和监管。要加大价格监督检查力度，严肃查处恶意炒作、串通涨价、哄抬价格等不法行为，维护正常市场秩序。要重视发挥市场机制的作用，降低流通环节成本，促进产供销良性循环，避免对生产和供应形成抑制。同时加强舆论引导，努力稳定市场预期。

四、巩固和扩大房地产市场调控成效

当前，社会各方面十分关注房地产价格走势。这是涉及人民群众切身利益，关系经济健康发展、社会和谐稳定的重要问题。中央加强房地产调控的目标是明确的，决心是坚定的。应该看到，随着房地产调控政策的深入推进，市场供求矛盾有所缓解，不合理需求得到一定抑制，市场出现了一些降温迹象。这说明，中央关于房地产调控的政策是正确的。也要看到，当前市场仍处于相持阶段，普通商品住房价格与调控目标和群众期待相比仍有较大差距，特别是有的城市房价过高、上涨过快的局面没有根本改变，有的地方落实中央调控政策的措施也不够有力，总的调控效果还有待巩固和加强。

房地产市场调控，除了抑制不合理需求外，还要努力增加市场供应。一方面，要切实抓好保障性住房建设。今年全国要开工建设1000万套保障性住房，中央财政为此拿出1030亿元，但光靠中央财政是不够的。各级政府都要切实负起责任，多渠道筹措资金，切实加大投入，并优先保证用地供应。要抓紧建立保障性住房建设、配置、运营、退出等管理制度，避免寻租和暗箱操作，促进这一制度长期健康运行。另一方面，要努力增加普通商品住房的供应，加快普通商品住房的土地投放，督促开发商严格按照国家规定，保证住房建设进度，如期推出全部房源并明码标价上市销售，对违反规定的要严肃查处。房地产市场调控目标，是保持市场供求总量基本平衡、结构和价格基本合理，并始终严格控制投机投资性购房需求。要切实做到长期目标和短期目标合理衔接，保障性住房和商品住房统筹兼顾，避免顾此失彼。

房地产调控要真正见到成效，关键要抓落实。目前市场正在观望，如果政策不能真正得到贯彻，流于形式，就很难合理引导市场预期，很难引导开发商合理定价，老百姓也很难建立起信心，我们的调控就会功亏一篑，最终，政府就会失信于民。各级政府都要不折不扣地贯彻落实中央确定的各项政策，强化责任，确保调控措施落到实处、取得实效。要将保障性住房建设任务分解落实情况，以及项目开工建设、竣工计划等安排公之于众，以便群众监督。有关部门要切实加强督察。要坚持调控方向不动摇、调控力度不放松。

五、促进对外贸易平稳健康发展

今年以来，进出口贸易保持快速增长势头，表明我国对外贸易已经克服了国际金融危机的不利影响，步入正常发展轨道。一季度对外贸易的一个重要特点，是进口增速比出口快，出现10.2亿美元的逆差。出现这种情况的原因，主要是大宗商品进口价格飙升，导致进口金额大幅增加。当然，这种因贸易条件恶化所带来的顺差减少，也不是我们所希望的。

从目前情况看，随着世界经济持续复苏，外部市场总体上趋于好转，企业订单有所增加。但是进出口形势依然复杂，影响出口增长的不确定因素还很多，特别是原材料价格、劳动力工资持续大幅上涨，将不同程度挤占外贸企业利润，中小企业面临的成本压力更大。

在进出口趋于平衡的情况下，我们的工作着力点要放在保持对外贸易稳定增长和优化进出口结构上来。一方面，要保持外贸政策的基本稳定，继续用好出口信用保险、出口退税、出口信贷等行之有效的政策，充分发挥“引进来”和“走出去”对扩大出口的带动作用，特别注重改善中小外贸企业的融资条件，为对外贸易稳定发展营造良好环境。另一方面，要加快转变外贸发展方式，坚持科技兴贸、以质取胜和市场多元化，积极推动加工贸易转型升级，鼓励企业发展研发设计、自主品牌和境外营销渠道，争创参与国际竞争和合作的新优势，全面提升对外贸易的质量和效益。“走出去”是一项长期战略，要继续积极推进，同时要注重防范风险、提高效益。

六、积极推动经济发展方式转变

“十二五”时期，是我国加快转变经济发展方式的攻坚时期，今年是开局之年，我们要按照中央的决策和部署，认真做好一些打基础、利长远的大事。一要狠抓节能减排工作不放松。“十二五”规划纲要提出了明确目标，要抓紧把目标任务分解下去。我国能源资源短缺是一个需要长期面对的挑战，既要打攻坚战，也要打持久战。当前节能减排形势有反复苗头，对此决不可忽视，放任自流。有关地方和部门要高度重视，尽快采取更加有力的政策措施加以解决。二要加快推进结构调整和产业转型升级。这是提高经济增长质量、效益和国际竞争力的战略重点。要加强企业技术改造，加快淘汰落后产能，促进企业兼并重组，提高产业集中度，全面提升制造业的水平和竞争力。抓紧制定标准，细化具体扶持政策，加快培育发展战略性新兴产业。切实完善政策措施，推动服务业大发展，进一步提高服务业比重和水平。三要抓紧建立扩大消费的长效机制。随着部分刺激消费政策到期，今年一季度名义和实际消费增速都有所放缓，但仍保持了较高增长速度。关键是要建立扩大消费的长效机制，要深化收入分配制度、财税体制改革，完善社会保障体系，保障改善民生，改善消费环境，从根本上增强居民消费能力和意愿。四要正确处理内需外需关系。坚持扩大内需的战略方针，着力拓展内需增长新空间，培育内需增长新动力，促进我国经济均衡发展。继续用好我国在国际贸易中的比较优势，通过国际市场加快自身发展，带动国内技术进步，增强产业和产品竞争力，缩小与发达经济体的差距。

国务院总理温家宝在人民大会堂与韩国总理金滉植举行会谈

温家宝指出，中方正在积极扩大内需、加快转变经济发展方式，韩方制定了“万亿美元贸易目标”，这为拓展两国经贸合作提供了有利条件。相信通过扎实努力，2015年双边贸易额达到3000亿美元是可以实现的。中韩在信息通讯、造船、金融、物流、高新技术、环保节能等领域合作前景广阔，要扩大相互投资和共同研发，深化产业融合，更好地实现互利共赢。双方有关部门要加紧落实领导人达成的共识，如期启动两国自贸区谈判，这对提振企业界信心、推进东亚经济一体化进程具有重大而深远的意义。

温家宝建议，以明年中韩建交20周年为契机，举办丰富多彩的庆祝活动，扩大青少年交流和文化、教育、旅游合作。

金滉植表示，韩中建立战略合作伙伴关系以来，在政治、经济、文化等各领域的合作不断深化，在国际和地区事务中保持良好沟通协调，两国关系不断向前发展。韩方对此感到满意，并愿与中方共同努力，进一步提升两国关系。

国务院总理温家宝在中南海紫光阁与巴西总统罗塞夫举行会谈

全国政协主席贾庆林在广东深圳调研

4月13日至14日，贾庆林和全国政协副主席兼秘书长钱运录等，在中共中央政治局委员、广东省委书记汪洋等陪同下，来到深圳市的工厂企业、科研院所，就贯彻落实全国两会精神、促进经济社会又好又快发展进行调研。

中央纪委书记贺国强在辽宁调研

4月13日至17日，中共中央政治局常委、中央纪委书记贺国强先后到辽宁大连、营口、盘锦和沈阳等地调研。

考察期间，贺国强听取了辽宁省委、省政府和省纪委的工作汇报，对辽宁近年来的工作给予充分肯定。他希望辽宁各级党委、政府和广大干部群众认真贯彻落实中央要求，进一步解放思想、开拓进取，求真务实、艰苦奋斗，在全面建设小康社会的新征程上谱写辽宁更加美好的明天。贺国强还专门到省纪委监察厅看望了机关干部，要求各级纪检监察机关全面履行纪检监察两项职能，不断以党风廉政建设和反腐败工作新成效为改革发展稳定提供有力保证。

学习杨善洲精神做人民满意的好党员好干部座谈会在北京举行

中共中央政治局常委、中央书记处书记、国家副主席习近平出席会议并讲话。习近平强调，杨善洲同志的模范事迹和崇高精神，生动诠释了当代中国共产党人的先进和优秀，为党员干部特别是领导干部为政、干事、做人树立了一面光辉旗帜。各级党组织要认真贯彻胡锦涛同志关于向杨善洲同志学习的重要指示，教育引导广大党员干部以杨善洲同志为镜子，找差距、增动力，自觉加强党性修养，自觉实践党的宗旨，做人民满意的好党员好干部。

习近平指出，榜样的力量是无穷的。我们学习杨善洲精神，就要像他那样以正确的世界观立身，把坚定的共产主义理想和中国特色社会主义信念化作一心一意为国家为人民利益奋斗终生的实际行动，襟怀坦白，光明磊落，忠于党，忠于祖国，忠于人民，在政治上思想上行动上同党中央保持高度一致；就要像他那样以正确的权力观用权，把人民群众满意作为行使权力的根本标准，常怀敬畏之心、戒惧之意，自觉接受监督，不断增强辨别是非和抵制诱惑的能力，公正处事、公道用人，克己奉公、清正廉洁；就要像他那样以正确的事业观干事，始终保持一股艰苦奋斗的劲头和锐意进取的激情，把全部心思和精力用在干事创业上，在难题面前敢于开拓，在矛盾面前敢抓敢管，在风险面前敢担责任，不断开创各项工作新局面，努力创造出无愧于党、无愧于国家、无愧于人民的业绩；就要像他那样以正确的群众观做人，牢固树立群众观点，始终站稳群众立场，认真贯彻群众路线，自觉增进群众感情，把老百姓的事看成头等大事，把群众的冷暖疾苦挂在心上，努力为群众办实事、办好事、解难事，始终保持同人民群众的密切联系。

座谈会由中共中央政治局委员、中央书记处书记、中央组织部部长李源潮主持。

2011年金砖国家工商论坛在海南三亚召开

来自金砖国家政界、工商界500余名代表出席。全国政协副主席厉无畏出席开幕式并发表主旨演讲。

厉无畏指出，当前国际形势风云变幻，国际格局加剧调整。金砖国家作为更具代表性的新兴市场国家平台，应当秉承互利共赢、民主公平、相互尊重、同舟共济的精神，进一步创新合作方式，丰富合作内涵，拓宽合作领域，增强合作实效。

为推动金砖国家合作的进一步开展，厉无畏提出四点看法：在求同存异中完善全球治理；在科技创新中转变增长方式；在金融互惠中支持工商发展；在优势互补中加强能源合作。他表示应充分发挥金砖国家工商论坛的平台作用，加强政府与工商界之间的对话联系，出台便利工商界，特别是中小企业开展经贸合作的金融支持政策和措施。

南非贸工部部长戴维斯、俄罗斯经济发展部副部长福米乔夫在讲话中均高度评价了中国在推动金砖国家经贸合作方面所付出的努力，并表示愿意与五国工商界携手共同推动经济发展与繁荣。

2011年金砖国家银行合作机制年会暨金融论坛在三亚举行

国家开发银行、巴西开发银行、俄罗斯开发与对外经济活动银行、印度进出口银行、南非南部非洲开发银行等金砖国家银行合作机制成员行，金砖国家知名企业参加了本次论坛。全国政协副主席厉无畏出席会议并致辞。

由国家开发银行主办的本次论坛主题为“金融合作，共创未来”，与会嘉宾围绕这一主题，就全球及金砖国家经济金融发展形势，扩大互利合作，共同推进金砖国家银行和企业在基础设施、资源开发、低碳经济等领域开展投融资合作等议题进行了充分交流。

中共中央政治局常委李长春在布加勒斯特会见罗马尼亚总理埃米尔·博克

中共中央政治局常委李长春在罗马尼亚议会发表题为《巩固中罗传统友谊 谱写友好合作新篇章》的演讲

中国农科院和巴西农牧业研究院在北京联合举行中国—巴西农业科学联合实验室揭牌仪式

该实验室是我国面向拉美国家的第一个农业科学联合实验室，对加强中巴农业科技合作具有重要意义。据悉，按照工作计划，2012年，中国农科院将在巴西农牧业研究院设立联合实验室，这将是我国在国外设立的第一个农业科学联合实验室，也是我国农业科技实施全球布局的重要一步，具有里程碑式的意义。

4月14日

国家主席胡锦涛在海南三亚会见博鳌亚洲论坛理事会成员

胡锦涛指出，今年是论坛成立10周年。10年来，论坛逐步发展成为全球具有重要影响的经济论坛之一，为促进地区经济合作、加强亚洲同世界其他地区的对话和合作发挥了积极作用。

胡锦涛指出，论坛将今年年会的主题定为“包容性发展：共同议程与全新挑战”是富有远见之举。希望这次年会就此广泛交流、深入研讨，为实现包容性发展和可持续发展建言献策。

胡锦涛强调，中国一直高度重视论坛发展，大力支持论坛建设，积极参与论坛活动。中方为论坛成长和取得的成就感到高兴，愿同关心亚洲发展的各国一道，继续为论坛发展提供支持，为促进亚洲和世界经济发展作出贡献。

博鳌亚洲论坛理事长、日本前首相福田康夫代表论坛理事会对中方对论坛提供的大力支持和合作表示衷心感谢。

金砖国家领导人第三次会晤在海南三亚举行

国家主席胡锦涛、巴西总统罗塞夫、俄罗斯总统梅德韦杰夫、印度总理辛格、南非总统祖马出席。这次会晤的主题是“展望未来、共享繁荣”。

胡锦涛在会晤时发表题为《展望未来 共享繁荣》的重要讲话。

各成员领导人在讲话中祝贺这次会晤在三亚举行,欢迎南非参加金砖国家机制。

巴西总统罗塞夫表示,金砖国家机制是发展中国家高水平的合作平台,各成员要在国际经济金融事务中密切协调,推动建立更加公正全面的国际货币体系,在气候变化等领域加强务实合作,推动各国共享繁荣、实现可持续发展,维护发展中国家利益。

俄罗斯总统梅德韦杰夫说,金砖国家合作是俄罗斯外交政策优先方向之一。各成员要加强合作,维护信息安全,促进世界经济复苏和全球经济平衡,推动国际金融体系改革,维护全球粮食安全,促进可持续发展,努力维护新兴市场国家和发展中国家利益。

印度总理辛格说,金砖国家是最大的新兴市场国家合作机制,各成员要加强合作。要重视发展问题,增加对发展中国家的投入,改善发展中国家基础设施,加强能源安全和粮食安全,反对贸易保护主义。

南非总统祖马说,金砖国家要携手努力,推动国际货币体系改革,增加发展中国家发言权和代表性,应对全球经济复苏不平衡,加强互利经贸合作,实现共同增长。

会晤期间,与会各国领导人出席了有关合作文件签字仪式。

会晤结束后,与会各国领导人出席了联合记者招待会,就会晤情况分别发表看法。会议发表了《三亚宣言》。

国家主席胡锦涛在金砖国家领导人第三次会晤时发表题为《展望未来 共享繁荣》的讲话

各位同事,女士们,先生们:

很高兴同大家再次相聚,共商金砖国家合作和发展大计。首先,我谨代表中国政府和人民,并以我个人的名义,对各国领导人和代表来华与会,表示热烈的欢迎!

21世纪刚刚进入第二个十年。过去10年里,世界经历了大发展大变革大调整,和平、发展、合作的时代潮流更加强劲。世界多极化、经济全球化深入发展,全球经济治理出现新变革,科技创新孕育新突破,新兴市场国家合作蓬勃发展,世界各国面临难得的发展机遇。

同时,过去10年里,国际和地区热点此起彼伏,影响着世界和平稳定。南北发展不平衡依然突出,气候变化、环境恶化、能源资源安全、严重传染性疾病、重大自然灾害等全球性问题受到普遍关注。当前,国际金融危机深层次影响仍未根本消除,大宗商品价格上涨,全球通胀压力加大,世界经济复苏存在不确定因素,全球金融治理更是任重道远。近来,西亚北非部分国家出现政局动荡甚至战乱,对地区稳定带来影响。这些都说明,实现世界持久和平、共同繁荣仍有很长的路要走。

机遇要紧紧把握,挑战要妥善应对。在进入21世纪第二个十年的历史时刻,我们需要共同思考一个重要问题:如何使人类拥有一个和平安宁、共享繁荣的21世纪?为此,我愿提出以下几点看法。

第一,大力维护世界和平稳定。和平稳定是发展的前提和基础。上个世纪,人类经历了两次世界大战,生灵涂炭,经济社会发展遭受严重挫折。第二次世界大战结束以来,世界经济能够快速增长,主要得益于相对和平稳定的国际环境。世界银行的统计表明,长期受到暴力冲突影响的国家都没有实现联合国千年发展目标。维护世界和平稳定,使人民安居乐业,是各国政府和领导人需要承担的首要责任。

我们应该恪守联合国宪章宗旨和原则,充分发挥联合国及其安理会在维护和平、缔造和平、建设和平方面的核心作用。坚持通过对话和协商,以和平方式解决国际争端。

我们应该坚持国家不论大小、强弱、贫富都是国际社会平等一员,以民主、包容、合作、共赢的精神实现共同安全,做到一国内部的事情一国自主办、大家共同的事情大家商量办,坚定不移奉行多边主义和国际合作,推进国际关系民主化。

我们应该营造支持各国根据本国国情实现和平、稳定、繁荣的国际环境。应该本着求同存异的原则,尊重各国主权和选择发展道路和发展模式的权利,尊重文明多样性,在交流互鉴、取长补短中相得益彰、共同进步。

第二,大力推动各国共同发展。国际金融危机引发了各国对世界经济不平衡的思考和讨论。从根本上讲,世界经济最大的不平衡是南北发展不平衡,世界经济领域最根本的矛盾是发展中国家发展不足。没有发展中国家经济发展,就没有世界经济长期稳定发展。我们应该继续致力于促进发展中国家发展,推动世界经济复苏和发展。

我们应该建设公平有效的全球发展体系,加强发展机构,增加发展资源,全面落实联合国千年发展目标。应该坚持共同但有区别的责任原则,合作应对气候变化这一全球性挑战。应该本着互利合作、多元发展、协同保障的原则,共同维护能源安全。应该制定长远的国际粮食合作战略,实现全球粮食安全。

我们应该建设公平、公正、包容、有序的国际货币金融体系,支持全球经济发展,增加新兴市场国家和发展中国家在国际货币金融体系中的发言权和代表性。

我们应该建设公正合理的国际自由贸易体系，反对各种形式的保护主义，加强多边贸易体制，推动多哈回合谈判早日实现发展回合目标。

第三，大力促进国际交流合作。我们这个星球是世界各国人民的共同家园。当前，各国相互联系、相互依存、利益交融达到前所未有的程度。一国的前途命运日益紧密地同世界的前途命运联系在一起，携手合作、同舟共济符合各国共同利益。

我们应该充分利用联合国、二十国集团、金砖国家等各层次的多边合作机制，开展务实有效的合作。联合国作为最具普遍性、代表性、权威性的政府间国际组织，在国际事务中应该始终发挥核心作用。二十国集团要继续作为全球经济治理的重要平台。以金砖国家为代表的新兴市场国家合作机制方兴未艾，是全球经济合作的新模式，是多边主义的重要实践，可以继续在促进新兴市场国家合作方面发挥积极作用。

第四，大力加强金砖国家共同发展的伙伴关系。金砖国家合作开展5年来，内涵不断丰富，层次不断拓展，成果不断涌现，逐步形成了多层次、宽领域的合作架构。实践证明，金砖国家合作不仅有利于我们五国经济社会发展，而且有利于世界和平与发展。我们应该立足当前、着眼长远，坚持团结互信、开放透明、共谋发展的基本原则，通过合作加强互信，永远做好朋友、好伙伴。我们的合作是开放的、透明的，目的是实现互利共赢、共同发展。我们应该继续坚定维护金砖国家共同利益，在国际经济金融和发展领域加强协调，增强新兴市场国家和发展中国家在全球经济治理中的地位和作用。我们应该继续深化务实合作，在经贸、卫生、友城等领域积极挖掘合作潜力，推动各领域合作出成果、见实效，进一步增强金砖国家合作的经济社会基础。

各位同事！

改革开放30多年来，中国发展取得了举世瞩目的成就。在过去10年里，中国平均每年进口价值6870亿美元的商品，为相关国家和地区创造了1400多万个就业岗位。2010年，中国国内生产总值实现10.3%的增长，为推动世界经济复苏作出了重要贡献。这充分说明，中国发展是世界发展的一部分，中国发展得越好，对世界作出的贡献越大。

同时，我们也清醒地认识到，中国人口多、底子薄，发展还很不平衡，人均国内生产总值水平还很低，经济发展的资源环境压力加大，还有1亿多人生活在联合国设定的贫困线以下。中国发展面临诸多挑战，实现自己的发展目标需要继续付出艰苦努力。

不久前，我们制定颁布了“十二五”规划纲要，确定了未来5年中国经济社会发展的指导思想、战略目标、主要任务。我们将以科学发展为主题，以加快转变经济发展方式为主线，加快推进经济结构调整，大力加强自主创新，切实抓好节能减排，不断深化改革开放，着力保障和改善民生，促进社会公平正义，促进经济长期平稳较快发展和社会和谐稳定，切实做到发展为了人民、发展依靠人民、发展成果由人民共享。

我相信，一个发展更加持续、社会更加和谐、制度更加完善、对外更加开放的中国，有利于增进13亿中国人民的福祉，也必将对世界和平与发展作出更大贡献。

中国将继续高举和平、发展、合作旗帜，坚持独立自主的和平外交政策，始终不渝走和平发展道路，始终不渝奉行互利共赢的开放战略。中国欢迎世界各国参与中国发展、分享中国发展机遇，将不断拓展新的开放领域和空间，以自己的发展促进地区和世界发展，同世界各国人民共享繁荣。

各位同事，让我们携手前进，共同推动建设持久和平、共同繁荣的和谐世界。

谢谢大家！

金砖国家领导人第三次会晤发表《三亚宣言》

1. 我们，中华人民共和国、巴西联邦共和国、俄罗斯联邦、印度共和国和南非共和国的国家元首和政府首脑，于2011年4月14日在中国海南省三亚市举行金砖国家领导人第三次会晤。

2. 中国、巴西、俄罗斯、印度的国家元首和政府首脑欢迎南非加入金砖国家，期待与南非在这一论坛内加强对话和合作。

3. 致力于和平、安全、发展、合作的宏伟目标和强烈的共同意愿使我们拥有近30亿人口的5个国家从不同的大洲走到一起。金砖国家着眼于为人类社会发展以及建设一个更加平等和公正的世界作出重要贡献。

4. 21世纪应当成为和平、和谐、合作和科学发展的世纪。我们以“展望未来、共享繁荣”为主题，就加强金砖国家之间的合作及共同关心的国际和地区问题进行了坦诚深入的讨论，达成广泛共识。

5. 我们坚信，金砖国家和其他新兴国家在维护世界和平、安全和稳定、推动全球经济增长、加强多边主义、促进国际关系民主化方面发挥了重要作用。

6. 金砖国家是各成员国在经济金融发展领域开展对话与合作的重要平台。我们决心继续加强金砖国家共同发展的伙伴关系，本着开放、团结、互助的基本原则，以循序渐进、积极务实的方式推进金砖国家合作。我们重申这种合作是包容的、非对抗性的。我们愿加强同其他国家，特别是新兴国家和发展中国家，以及有关国际、区域性组织的联系与合作。

7. 我们一致认为，当今世界多极化、经济全球化深入发展，各国相互依存加深，世界正经历深刻、复杂而巨大的变化。面对不断变化的全球环境以及各种全球性威胁和挑战，国际社会应同舟共济、加强合作、共同发展。各国应依据公认的国际法准则，在相互尊重、集体决策的基础上，加强全球经济治理，推动国际关系民主化，提高新兴国家和发展中国家在国际事务中的发言权。

8. 我们致力于推动多边外交，支持联合国在应对全球性挑战与威胁方面发挥中心作用。为此，我们重申，需要对联合国包括安理会进行全面改革，使其更有效、更有代表性，以更成功地应对当今全球性挑战。中国、俄罗斯重申重视印度、巴西和南非在国际事务中的地位，理解并支持其希在联合国发挥更大作用的愿望。

9. 我们强调，金砖国家5个成员国在2011年同时担任安理会成员，有利于就和平与安全问题紧密合作，加强多边主义，促进就安理会审议的有关事项进行协调。我们对当前西亚北非以及西非地区局势动荡深为关切，衷心希望相关国家和平、稳定、繁荣、进步，根据其人民的合法愿望在世界上享有应有的地位和尊严。我们都赞同避免使用武力的原则。我们主张，应尊重每一个国家的独立、主权、统一和领土完整。

10. 我们愿在安理会就利比亚问题加强合作。我们认为，各方应通过和平手段和对话解决分歧，联合国和地区组织应发挥应有作用。我们支持非盟关于利比亚问题的专门委员会提出的倡议。

11. 我们重申强烈谴责一切形式的恐怖主义，强调任何理由都不能为恐怖行为辩解。我们相信，联合国应依据《联合国宪章》和国际法的原则和准则，在协调全球反恐行动方面发挥中心作用。我们敦促联合国大会尽快完成《关于国际恐怖主义的全面公约》的谈判，呼吁所有成员国批准该公约。我们决心强化合作，应对这一全球威胁。我们承诺合作加强国际信息安全，并对打击网络犯罪予以特别关注。

12. 我们注意到，世界经济逐渐从金融危机中复苏，但仍面临一些不确定因素。主要经济体应继续加强宏观经济政策协调，努力推动世界经济强劲、可持续、平衡增长。

13. 我们致力于不断加强经济金融和贸易领域合作，确保金砖国家经济继续保持强劲增长势头，为世界经济长期稳定健康发展作出贡献。

14. 我们支持二十国集团作为国际经济合作主要论坛，在全球经济治理中发挥更大作用。期待2011年举行的二十国集团戛纳峰会在经济、金融、贸易、发展等领域取得新的积极成果，支持二十国集团成员稳定国际金融市场，实现强劲、可持续、平衡增长，支持全球经济增长和发展。俄罗斯提出主办二十国集团2013年峰会，巴西、印度、中国和南非对俄方提议表示欢迎和赞赏。

15. 我们呼吁各方积极落实二十国集团峰会确定的国际货币基金组织改革目标，重申国际经济金融机构治理结构应该反映世界经济格局的变化，增加新兴经济体和发展中国家的发言权和代表性。

16. 我们认识到，国际金融危机暴露了现行国际货币和金融体系的缺陷和不足，支持改革和完善国际货币体系，建立稳定、可靠、基础广泛的国际储备货币体系。我们欢迎当前就特别提款权在现行国际货币体系中的作用进行讨论，包括特别提款权一篮子货币的组成问题。我们呼吁更多关注当前新兴经济体面临的跨境资本大进大出风险。我们呼吁加强国际金融监管和改革，加强各国政策协调与监管合作，促进全球金融市场和银行体系的稳健发展。

17. 粮食、能源等大宗商品价格高位波动成为当前世界经济复苏面临的新风险。我们支持国际社会加强合作，通过减少市场扭曲确保实体市场稳定和强劲发展，同时进一步监管大宗商品金融市场。国际社会应共同致力于增加产能，加强生产国和消费国对话，稳定供需关系，加强对发展中国家的资金和技术支持。国际社会要相应加强对大宗商品金融衍生品市场监管，防止出现扰乱市场的行为。我们应解决国际、地区和国家层面缺乏可靠、及时的供求信息的问题。金砖国家愿就粮食安全问题开展更紧密合作。

18. 我们支持可再生能源的开发和利用。我们认识到可再生能源在应对气候变化方面的重要作用。我们相信，在开发可再生能源领域加强合作和信息交流是重要的。

19. 核能将继续在金砖国家未来的能源组成中占据重要位置。核电站的设计、建设及运行的安全标准和要求应得到严格遵守。各国应在此条件下就发展以和平为目的的安全核能开展国际合作。

20. 促进发展中国家经济可持续增长是世界面临的主要挑战之一。我们认为增长和发展对消除贫困、实现千年发展目标至关重要。消除赤贫和饥饿是全人类在道义、社会、政治和经济方面面临的一项紧迫任务，是当今世界尤其是非洲和其他地区的最不发达国家面临的最严峻的全球性挑战之一。

21. 我们呼吁国际社会积极落实2010年9月联合国千年发展目标高级别会议通过的成果文件，争取于2015年如期实现千年发展目标。

22. 气候变化是威胁公众和各国生计的全球性挑

战之一。中国、巴西、俄罗斯、印度赞赏和支持南非主办《联合国气候变化框架公约》第十七次缔约方大会暨《京都议定书》第七次缔约方会议。我们支持“坎昆协议”,愿与国际社会共同努力,推动德班会议按照“巴厘路线图”授权,根据公平和“共同但有区别的责任”原则,就加强《联合国气候变化框架公约》及其《京都议定书》实施达成全面、平衡和有约束力的成果。金砖国家将就德班会议加强合作。我们将在本国经济和社会适应气候变化方面加强务实合作。

23. 实施《里约宣言》《21世纪议程》《约堡实施计划》及多边环境条约中所强调的可持续发展理念应成为促进经济增长的一个重要手段。中国、俄罗斯、印度、南非赞赏巴西2012年承办联合国可持续发展大会,期待与巴西共同努力,推动会议在可持续发展框架下就经济增长、社会发展、环境保护三个领域达成新的政治承诺,并取得积极务实成果。巴西、俄罗斯、中国和南非赞赏并支持印度承办《生物多样性公约》第十一次缔约方大会。巴西、中国和南非也赞赏并支持印度于2012年10月举行《卡塔赫纳生物安全议定书》第六次缔约方会议。

24. 我们坚定承诺在社会保护、体面工作、性别平等、青年、公共卫生包括艾滋病防治等领域加强对话与合作。

25. 我们支持非洲国家在“非洲发展新伙伴计划”框架下基础设施建设和工业化进程。

26. 我们一致赞同继续推进和扩大金砖国家间经贸投资合作,鼓励各国避免采取保护主义措施。我们欢迎2011年4月13日在三亚召开的金砖国家贸易部长会议所达成的成果。巴西、中国、印度、南非承诺并呼吁世界贸易组织其他成员支持以世界贸易组织为代表的强大、开放、以规则为基础的多边贸易体系,支持以多哈回合谈判现有进展为基础并根据其发展授权,推动谈判早日取得成功、全面、均衡的结果。巴西、印度、中国、南非全力支持俄罗斯早日加入世界贸易组织。

27. 我们审议了金砖国家在各领域的合作进展,认为这些合作是卓有成效的,金砖国家具备开展更紧密合作的基础和条件。我们致力于巩固金砖国家的合作,并将进一步形成其自身议程。我们决心把加强合作的政治意愿转化为实实在在的行动,并为此核准“行动计划”,作为下一步开展各领域合作的基础。我们将在下次会晤上审议该计划的落实情况。

28. 我们愿在科技和创新领域探索合作的可能性,包括和平利用太空。我们祝贺俄罗斯政府和人民庆祝尤里·加加林进入太空50周年,此举开启了科技发展的一个新时代。

29. 我们相信,2011年深圳世界大学生运动会、2013年喀山世界大学生运动会、2014年南京青年奥林匹克运动会、2014年索契冬季奥运会和残奥会、2014年巴西世界杯足球赛、2016年里约热内卢夏季奥运会和残奥会、2018年俄罗斯世界杯足球赛,都将取得成功。

30. 我们对日本遭受灾害并造成重大人员伤亡向日本人民致以诚挚慰问。我们将继续对日本克服灾害后果切实给予支持。

31. 巴西、俄罗斯、印度、南非领导人感谢中国政府举办金砖国家领导人第三次会晤,感谢海南省和三亚市政府和人民对会晤的支持。

32. 巴西、俄罗斯、中国、南非感谢并全力支持印度主办2012年金砖国家领导人会晤。

行动计划

为加强金砖国家合作,造福各成员国人民,我们制定下述行动计划,作为金砖国家合作的重要基础。

行动计划一:巩固已开展的合作项目

1. 2011年下半年在中国举行安全事务高级代表第三次会议;

2. 在第六十六届联合国大会期间举行外长会晤;

3. 适时举行金砖国家事务协调人或副协调人会议;

4. 不定期举行常驻纽约、日内瓦国际组织代表非正式会议;

5. 在二十国集团框架下以及在世界银行/国际货币基金组织年会期间举行财长和央行行长会议;

6. 2011年在中国举办农业合作专家工作组会议、第二届农业部长会议,并在建立金砖国家农业信息系统及举办食品安全研讨会等方面合作;

7. 2011年9月在中国举行国家统计局局长会议;

8. 2011年9月在中国举行第二届国际竞争大会并探讨签署各成员国反垄断机构合作协议的可能性;

9. 继续举办智库研讨会,并考虑建立金砖国家成员国研究中心网络;

10. 在下次领导人会晤前再次举行工商论坛;

11. 加强金砖国家发展银行间金融合作;

12. 落实《金砖国家司法合作议定书》;

13. 发布联合统计手册;

14. 继续举行合作社论坛会议。

行动计划二:开拓新合作项目

1. 2011年在中国举行首届“金砖国家友好城市暨地方政府合作论坛”;

2. 2011年在中国举行卫生部长会议;

3. 联合开展经贸研究;

4. 适时更新《金砖国家国情书目》。

行动计划三：新建议

1. 根据领导人共识在文化领域开展合作；

2. 鼓励在体育领域开展合作；

3. 探讨在绿色经济领域合作的可行性；

4. 召开高官会议，探讨促进金砖国家科技、创新领域合作的方式，包括建立制药业合作工作组等；

5. 在联合国教科文组织建立"金砖国家—联合国教科文组织工作组"，在该组织授权范围内研拟共同战略。

国家主席胡锦涛在海南三亚会见乌克兰总理阿扎罗夫

胡锦涛强调，中方愿同乌方一道推动双边关系不断迈上新台阶。一是提升政治关系水平。两国领导人、立法机构、政府、政党保持密切交往，就共同关心的重大问题及时进行沟通。二是全面推进务实合作。双方要共同努力，力争实现2012年双边贸易额达到100亿美元的目标。加强中乌合作委员会机制建设，充分发挥这一机制的统筹和协调作用。落实好大项目合作，积极推进科技、农业等领域合作，扩大合作规模，提高合作水平。三是扩大人文交往。以明年中乌建交20周年为契机，共同办好有关庆祝活动，推动两国文化团体、学术机构、青年组织友好往来，不断巩固中乌友好社会基础。四是加强在国际和地区事务中的合作。中乌在联合国改革、气候变化、核不扩散等问题上持相同或相近立场。双方应该加强沟通和协调，维护两国共同利益。

阿扎罗夫说，乌方愿意同中方建立和发展战略伙伴关系，保持高层往来和党际交流，加强经贸、科技、航天、航空、农业、人文等领域合作，在重大国际和地区问题上密切沟通和协调。乌方坚定坚持一个中国政策。

国家主席胡锦涛在海南三亚会见西班牙首相萨帕特罗

胡锦涛表示，中方高度重视发展中西关系，双方应该重点做好以下工作。一是巩固政治互信。保持高层交往，密切政府、立法机构、政党、地方交流，加深相互理解和信任。二是扩大互利合作。充分发挥两国经贸混委会、行业协会等机制作用，努力扩大贸易规模，推动贸易和投资便利化，通过加强合作逐步实现双边贸易平衡发展。深化风能、太阳能等新能源及电信、基础设施建设领域投资和技术合作。共同开发第三方市场，努力实现互利共赢。三是加强人文交流。扩大双向语言教学规模，积极拓展双方文化、旅游合作。四是密切国际合作。加强在联合国改革、气候变化、金融稳定等问题上的磋商和合作，继续在各自关切的重大问题上相互给予理解和支持。中方赞赏西班牙为稳定金融和恢复经济增长作出的努力。

萨帕特罗表示，西班牙愿意发展同中国的合作伙伴关系，加强高层往来和政治关系，推进贸易、投资、金融、旅游、文化、可再生能源等领域合作，欢迎更多中国企业到西班牙投资。西班牙愿意继续推进欧中关系发展，支持欧盟尽早承认中国完全市场经济地位，解除对华军售禁令。

国家主席胡锦涛在海南三亚会见韩国总理金滉植

胡锦涛强调，希望双方在现有基础上继续拓展和充实中韩战略合作伙伴关系内涵，推动两国关系再上新台阶。一是加强战略沟通，深化政治互信。继续通过高层交往、各种对话交流机制，坦诚深入沟通，增进相互理解，积累和扩大共识，把两国政治互信提高到新水平。二是密切经贸合作，促进共同发展。中韩贸易额去年突破2000亿美元，提前两年实现预期目标。相信双方确定的2015年达到3000亿美元的双边贸易目标也将如期实现。双方应该进一步挖掘合作潜力，扩大相互投资，推动高新技术、金融、能源、环保等重点领域合作，加快中韩自由贸易区建设进程。三是活跃人文交流，巩固友好基础。以中韩建交20周年和韩国访问年为契机，举办丰富多彩的纪念活动，深化教育、文化、艺术等领域交流合作，引导两国国民增进相互了解，巩固中韩关系发展的社会基础。四是加强多边协调，维护共同利益。继续加强在区域合作、二十国集团、联合国改革、气候变化等领域的协调和配合，维护两国共同利益。

金滉植完表示，韩方愿意同中方一道，着眼长远，进一步发展两国战略合作伙伴关系。要提高两国经贸合作质量和水平，拓展人文、科技、信息等领域合作，在联合国、二十国集团等多边场合就气候变化等重大问题加强沟通和协调。

国务院总理温家宝在北京同国务院参事和中央文史研究馆馆员座谈

温家宝向新聘任的国务院参事王明明、汤敏、施祖麟、刘桓、时殷弘、张纲、王石奇、李烈和新聘任的中央文史研究馆馆员戴逸、汤一介、马振声、刘梦溪、陶思炎颁发聘书。

温家宝发表讲话对参事室、文史馆工作提出4点要求。

国务院总理温家宝在同国务院参事和中央文史研究馆馆员座谈时发表题为《讲真话 察实情》的讲话

这次是我担任总理以来第5次听取参事、馆员们的意见。今天有8位同志发言，还有6位同志的书面发言，也都印发给大家了。这些发言涉及范围非常广泛，包括经济社会发展、科技教育以及文化宗教事务。大家的意见都非常重要，值得我们国务院及有关部门认真研究，还是这句话："知者尽言，国家之利"。从参事室负责同志的汇报和参事、馆员的发言，我们看到参事室、文史馆的工作又有了新的进展。我曾经提出，要将参事室建成有中国特色的高水平政府咨询机构。现在看来，朝这个方向努力是对的，也有初步的成效。

今天和大家座谈，我仍旧要强调讲真话。讲真话，就要有听真话的条件。我早在给已逝的老参事吕德润先生写信时引用了"知屋漏者在宇下，知政失者在草野"这句名言。在上次座谈会上，我又强调"知无不言，言无不尽；言者无罪，闻者足戒"。我今天还想讲，要创造条件让人们讲真话，让参事、馆员讲真话，"贤路当广而不当狭，言路当开而不当塞"。古语说："大智兴邦，不过集众思。"朱熹说："问渠那得清如许，为有源头活水来。"政府的政策要做到清明，符合实际，符合人民的意愿，就必须倾听来自人民的意见，集思广益，这就需要有持久不断的"活水"。

对参事室、文史馆的工作，我想提几点要求供大家一起研究。

第一，加强对经济社会发展中重大问题的政策研究。当前我们国家发展的重大问题是哪些呢？我以为主要有几个方面：一是坚持科学发展和转变发展方式，努力解决发展的不稳定、不协调、不平衡和不可持续的问题。二是推进社会公平正义，认真解决地区、城乡发展不平衡和收入分配不公的问题，做到无论任何组织、任何个人，在宪法和法律面前一律平等。三是促进经济社会协调发展，改变"一条腿长一条腿短"的现象，重视发展科技、教育、文化、卫生、体育等社会事业。四是坚持依法治国，建设社会主义法治国家，特别要保证司法的独立和公正。五是深化经济体制改革和政治体制改革，从制度和体制上解决影响经济社会发展的深层次问题，使国家长治久安。这5个问题都是关系国家长远发展的大问题，需要在党和政府领导下统筹谋划，认真解决。希望参事和馆员们经常到地方和基层走一走、看一看，了解基层的情况，倾听人民的呼声。对现实生活中涌现出来的有生命力的新生事物、新鲜经验及时加以挖掘和提炼，对存在的问题、矛盾和困难要毫不掩饰地如实反映，为国家解决这些重大问题提出真正有价值的对策和建议。

第二，重视对历史和国际经验的比较研究。历史是一面镜子，国际经验也是一面镜子。我们在现代化的进程当中，始终要注意经常地照一照这两面镜子，鉴古知今，博采众长。这样，我们前进的步伐会更加扎实、更加有力。大家非常熟悉《贞观政要》里这句名言："以铜为镜，可以正衣冠；以古为镜，可以知兴替；以人为镜，可以明得失"，我以为这至今仍然是至理名言。现阶段我们前进中遇到的许多问题，一些发达国家也曾经遇到过，比如社会保障问题、住房问题、贫富差距问题、腐败问题、司法公正问题、环境保护问题、权力监督问题，等等。不同的国家解决这些问题往往有不同的方法，有的成功，有的失败，有的至今还在探索。我们要立足国情，对那些成功的经验认真地借鉴和吸收，对那些失败的教训切实地警惕和避免，对尚在探索中的问题加强合作和交流，共同破解难题。还是那句话：只有开放兼容，国家才能富强；只有与古为新，社会才能进步。就拿腐败来说，这是古今中外都想要消除的社会毒瘤。一些发达国家在其发展的过程中也曾受到贪腐成风、民怨沸腾的困扰。通过体制改革，包括改革选人用人制度和加强对权力的监督，腐败现象有所遏制和解决。这次我在"两会"记者招待会上说过，要消除腐败的土壤，最根本的在于改革制度和体制，让人民批评和监督政府，让权力受到制约。我这样说，也是借鉴了历史和国际正反两方面的经验。参事、馆员们的历史知识和国际经验比较丰富，希望大家开阔视野，通过纵向和横向的比较研究，为解决我国现代化进程中的难题献计献策。

第三，注重对社会转型期道德文化建设的研究。从一定意义上讲，文化是制度之母。一种社会制度的形成、巩固和发展，需要有相应的文化为其提供指导和奠定基础。我国改革开放30多年来，伴随经济社会的发展和民主法制的推进，文化建设有了很大的进步。同时也必须清醒地看到，当前文化建设特别是道德文化建设，同经济发展相比仍然是一条短腿。举例来说，近年来相继发生"毒奶粉"、"瘦肉精"、"地沟油"、"彩色馒头"等事件，这些恶性的食品安全事件足以表明，诚信的缺失、道德的滑坡已经到了何等严重的地步。一个国家，如果没有国民素质的提高和道德的力量，决不可能成为一个真正强大的国家、一个受人尊敬的国家。党中央、国务院高度重视文化建设，我们的文化建设除了生产更多健康有益、丰富多彩的精神文化产品，满足人民群众日益多样化的文化需求外，还要把加强同市场经济、民主法治、和谐社会建设相适应的道德文化建设放到更加突出、更加重要的位置上来，这是今天我特别想强调的一个重大问题。要在全社会大力加强道德文化建设，形成讲诚信、讲责任、讲良心的强大舆论氛围。这不仅是维护正常生产生活和社会秩序的需要，也有利于从根本上铲除滋生唯利是图、坑蒙拐骗、贪赃枉法等丑恶和腐败行为的土壤。在新的历史条件下加强道德文化建设，是一项复杂而艰巨的社会系统工程。我们要把依法治国和道德建设紧密结合起来，深化政治体制改革、经济体制改革、文化体制改革、司法体制改革，完善法律法规，使有道德的企业和个人受到法律的保护和社会的尊重，使违法乱纪、道德败坏者受到法律的制裁和社会的唾弃。同时，我们要从绵延数千年的中华优秀传统文化中汲取营养，从世界优秀的文明成果中取长补短，从而培育具有时代精神、自尊自信、深入人心的社会主义道德风尚。我希望，参事室、文史馆发挥自己的独特优势，在这方面作出卓有成效的努力。

第四，发扬崇尚理性、追求真理的科学精神。做学问、搞研究是件很辛苦的事情，而发扬崇尚理性、追求真理的科学精神更需要勇气、学识和为人民服务的精神。什么是理性思维？就是尊重自然规律、科学规律、经济规律和人类发展进步的规律，这是研究学问、从事实际工作的基本要求。不论研究学问还是从事实际工作，都必须要有理性思维。要做到这一点，并不是容易的，这就要求我们必须有爱国家、爱人民并为之服务和献身的精神，就必须有尊重客观实际和规律、追求真理并为之不懈探索和牺牲的精神。上次座谈会我讲话时，引用了陈寅恪先生的“独立之精神、自由之思想”，这是我一生都崇尚的格言。今天我们的参事、馆员从事调查研究，同过去关在书斋里做学问有很大的不同，要有不畏艰辛、不怕牺牲、求实崇真的精神，同样值得提倡“千夫诺诺，不如一士谔谔”。我认为，深入实际而不浮躁，独立思考而不跟风，敢说真话而不人云亦云，这是参事、馆员人格魅力之所在，也是提高咨询国是水平的关键。

各位参事、各位馆员：

一个国家、一个民族，总要有一批心忧天下、勇于担当的人，总要有一批从容淡定、冷静思考的人，总要有一批刚直不阿、敢于直言的人。宋代理学大师朱熹在任福建漳州知州时，曾为创办的白云岩书院写过一副对联：“地位清高，日月每从肩上过；门庭开豁，江山常在掌中看”。这是千百年来中国仁人志士的崇高精神追求。在我看来，把这副对联用在今天参事、馆员们的身上也很贴切。我们就是要有这样的境界和追求。我相信，经过不懈的努力，参事室、文史馆一定能够成为有特色、高水平的政府咨询机构，一定能为推进中国特色社会主义伟大事业作出更大的贡献。

全国人大常委会副委员长王兆国在贵阳出席弘扬社会主义法治精神座谈会

王兆国强调，要认真学习贯彻胡锦涛总书记重要讲话，大力弘扬社会主义法治精神，不断完善中国特色社会主义法律体系，加强对宪法和法律实施的监督，加快建设社会主义法治国家。

王兆国指出，胡锦涛总书记在中共中央政治局第二十七次集体学习时就弘扬社会主义法治精神发表了重要讲话。各级人大及其常委会对此要高度重视，认真学习，贯彻落实到立法、监督等各项工作中去，推动全社会尊重法律、遵守法律，维护法律，推动依法治国基本方略全面实施。

王兆国指出，吴邦国委员长在十一届全国人大四次会议上，正式宣布中国特色社会主义法律体系如期形成。法律体系的形成，标志着我国立法工作站在了新的起点上。今后，要把更多的精力放到法律的修改完善上来，抓紧修改与经济社会发展不相适应的法律；要及时制定对推动科学发展、促进社会和谐具有重要意义的法律；要督促有关方面抓紧制定和修改法律配套法规，进一步做好法律、法规、司法解释的清理工作，认真开展立法后评估，推动中国特色社会主义法律体系的与时俱进和发展完善。

王兆国指出，监督宪法和法律的实施，是全国人大和地方人大的重要职责。要加强法律监督，通过对行政法规、地方性法规等规范性文件的备案审查，维护国家法制的统一，确保宪法和法律得到一体遵循。要按照监督法的规定，综合运用多种监督形式，选好监督重点，加大监督力度，督促和支持“一府两院”依法行政、公正司法，保证把人民赋予的权力真正用来为人民谋利益。各级人大常委会要进一步推动法制宣传教育工作。

最高人民法院发出《关于自觉接受检察机关法律监督进一步推进刑事审判工作的通知》

通知要求各级人民法院更好地依法自觉接受检察机关法律监督，着力提高审理刑事案件的质量，不断提高刑事审判工作的效率。

通知指出，各级人民法院要充分认识依法接受检察机关法律监督对于服务党和国家工作大局、加强和改进人民法院刑事审判工作的重要意义。要从执行宪法和法律的高度，增强接受检察机关法律监督的自觉性和主动性。要把接受监督的重点放在维护公正司法和提高工作实效上，严格依照法律程序公正审理各类抗诉案件，认真听取检察机关提出的检察建议，及时检查和纠正案件审判过程中存在的问题，确保办案程序合法，裁判实体公正。

纪念青海玉树强烈地震 1 周年活动在玉树结古镇举行

中共中央政治局委员、国务院副总理回良玉发表讲话。

中共中央政治局委员、书记处书记、中宣部部长刘云山，全国人大常委会副委员长韩启德，全国政协副主席李金华出席纪念活动。

回良玉指出，面对极为严重的地震灾难、高寒缺氧的自然环境、十分不便的交通条件，在党中央、国务院和中央军委坚强领导下，全党全军全国各族人民以团结一致的强大力量、无所畏惧的英雄气概、挑战极限的顽强意志，科学依法统一、有力有序有效组织开展了一场迄今为止，人类在高原高寒地区规模最大、成效最显著的救援活动，最大程度搜救了被困群众，最快速度救治了伤病人员，最大可能安置了受灾群众，最大限度降低了灾害损失。在中央相关部门有力支持、全国各地大力支援下，在青海省委和省政府坚强领导、各族干部群众和对口援建单位干部职工共同努力下，受灾群众得到妥善安置，城乡居民住房、学校医院等公共服务设施、交通通讯等基础设施以及寺院僧舍和设施的重建进展顺利，特色产业发展、民族文化保护、生态环境修复等成效初现，部分受灾农牧民喜迁新居，一批重点项目相继建成，灾后恢复重建取得重大阶段性成果。

回良玉强调，今年是“十二五”时期的开局之年，也是巩固和扩大国际金融危机冲击成果、促进经济长期平稳较快发展的关键时期。我们要以邓小平理论和“三个代表”重要思想为指导，深入贯彻落实科学发展观，坚持以科学发展为主题，以加快转变经济发展方式为主线，大力弘扬伟大抗震救灾精神，为实现“十二五”规划和全面建设小康社会宏伟目标而努力奋斗。要进一步做好灾后恢复重建工作，确保如期完成恢复重建任务，使灾区人民生产生活条件上一个大的台阶，使三江源地区生态建设和环境保护上一个大的台阶。要切实加强防灾减灾能力建设，认真总结防灾减灾中的经验和教训，全面提高综合防范和抗御能力，最大限度地减少自然灾害造成的损失，努力保障人民生命财产安全和经济社会发展成果。要大力推进民族团结进步事业发展，坚持把发展作为解决民族问题的根本途径，认真落实西部大开发新十年规划，着力增强民族地区自我发展能力，着力保障和改善民生，促进民族地区经济社会又好又快发展。

回良玉最后说，经历了伟大抗震救灾斗争的洗礼，中华民族更加团结、更加坚强、更加不可战胜。让我们紧密团结在以胡锦涛同志为总书记的党中央周围，高举中国特色社会主义伟大旗帜，大力弘扬伟大抗震救灾精神，求真务实、开拓创新，奋力夺取全面建设小康社会新胜利、开创中国特色社会主义事业新局面。

纪念活动由青海省委书记强卫主持。

国务院对河南伊川“3·31”特别重大煤与瓦斯突出事故的调查处理作出批复

2010年3月31日19时20分，河南省洛阳市伊川县国民煤业公司发生一起特别重大煤与瓦斯突出事故，造成44人死亡、4人下落不明，直接经济损失2728.4万元。

事故调查组认为，事故的直接原因是该矿违法在二1煤1102回风巷工作面掘进，由于区域和局部综合防治瓦斯突出措施不落实，在施工瓦斯排放钻孔时诱发煤与瓦斯突出；突出的瓦斯逆流至副斜井井口，遇明火发生爆炸，并引起瓦斯燃烧。

调查组认为除直接原因外，还有三条间接原因也导致事故发生。一是国民煤业公司无视政府有关规定，在停产整顿期间违法组织施工和生产，综合防治瓦斯突出措施不落实，安全生产管理混乱。

二是地方政府及其有关职能部门未正确履行监管职责，煤炭行业管理部门和安全监管部门未认真核实处理该矿在停产整顿期间超量用电涉嫌违法生产的问题，对该矿违法施工和生产的问题失察；国土资源部门对该矿换发采矿许可证工作审查不严，对该矿未按照技改设计方案将越界井筒调整回界内的问题失察；公安部门违规同意向该矿超量供应火工品，对该矿非法购买、使用火工品的问题失察。

三是地方政府贯彻落实党和国家有关安全生产方针政策和法律法规不力，督促有关职能部门履行职责不到位，未认真组织开展煤矿停工停产期间的监督检查工作。

此外，这起事故还暴露出一些领导干部存在严重失职渎职和权钱交易等问题，河南省洛阳市相关部门正在深入调查。

国务院批复同意事故调查组提出的对有关事故责任单位和责任人的处理意见。其中，依法追究伊川县政协副主席王留君、伊川县人民法院院长张国庆、国民煤业公司法定代表人王国政等45人的刑事责任；给予洛阳市人民政府副市长沈庆怀、洛阳市煤炭工业局局长郝松道、伊川县县委书记郭宜品、伊川县人民政府县长吴立刚等32人相应的党纪政纪处分。同时，责成河南省人民政府向国务院作出深刻书面检查；责成洛阳市人民政府依法关闭国民煤业公司、依法没收该矿非法生产所得，由河南省有关部门和河南煤矿安监局依法吊销该矿及有关人员的有关证照。

中共中央政治局常委李长春在布加勒斯特与罗马尼亚总统特拉扬·伯塞斯库举行会谈

李长春说，罗马尼亚是具有重要影响的中东欧地区大国，是中国值得信赖的全天候朋友和伙伴。中方愿与罗方一道努力，把两国良好的政治关系转化为双方各领域互利合作的现实优势，开创中罗关系更加美好的明天。

伯塞斯库说，中国人民是罗马尼亚人民的朋友。罗方高度重视罗中传统友好关系，对中国在罗困难时期给予的宝贵支持和帮助心存感激。当前，罗中政治、经济、文化等各领域都保持良好发展势头。罗方希望与中方一道，大力拓展双边经贸合作关系。罗马尼亚作为欧盟成员，愿为欧中关系发展发挥桥梁和纽带作用，并已为此做好准备。

国务院副总理李克强在中南海紫光阁会见希腊国务部部长巴布基斯

第十七届中法经济研讨会在北京举行

来自两国的政府官员、专家学者对中法经济合作前景进行了热烈探讨。

全国人大常委会副委员长周铁农说，中法都是经济大国，近年来双边贸易和投资持续增长，但从总体上看，两国贸易规模在各自贸易总量中所占比例还不高，相对于两国的经济规模和市场需求，还有很大的增长潜力，值得双方付出更大的努力深入挖掘。

周铁农指出，法国在核电、航空、航天、铁路等方面拥有一流的技术，需要多元化的市场来容纳。中国希望从法国进口更多的先进技术，鼓励法国企业开拓中国市场，也支持具备条件的中国企业到法国投资兴业。希望法国坚持和扩大市场开放，反对贸易和投资保护主义，积极开展对华合作，特别是高技术领域的合作，把中国广阔的市场与法国的先进技术结合起来，双方在扩大贸易和投资合作的过程中共同提高经济竞争力。

4月15日

博鳌亚洲论坛2011年年会在海南博鳌开幕

本届年会的主题是“包容性发展：共同议程与全新挑战”。与会者将围绕这一主题，就包容性发展、中国“十二五”规划、世界经济展望、全球产业转移的新趋势等议题进行交流。

俄罗斯总统梅德韦杰夫、巴西总统罗塞夫、南非总统祖马、韩国总理金滉植、西班牙首相萨帕特罗、乌克兰总理阿扎罗夫、新西兰副总理兼财政部部长英格利希等外国领导人以及来自不同国家和地区的1400多名政界、工商界人士和专家学者出席开幕式。

胡锦涛发表题为《推动共同发展 共建和谐亚洲》的主旨演讲。

俄罗斯总统梅德韦杰夫、巴西总统罗塞夫、南非总统祖马、韩国总理金滉植、西班牙首相萨帕特罗、乌克兰总理阿扎罗夫先后在开幕式上致辞。

论坛理事长福田康夫、沃尔沃集团总裁兼首席执行官约翰森、福特斯克金属集团首席执行官弗里斯特、贵州茅台酒股份有限公司董事长袁仁国等中外企业家代表也在开幕式上致辞。

博鳌亚洲论坛秘书长周文重主持年会开幕式。

国家主席胡锦涛在博鳌亚洲论坛上发表题为《推动共同发展 共建和谐亚洲》的主旨演讲

尊敬的各位贵宾，女士们，先生们，朋友们：

首先，我谨代表中国政府和人民，对博鳌亚洲论坛2011年年会的召开，表示热烈的祝贺！对各位来宾的到来，表示诚挚的欢迎！

10年前，在亚洲有关方面和人士共同努力下，博鳌亚洲论坛宣告成立。这是新形势下亚洲团结意识日益提高、合作意愿不断增强的一个重要标志。10年来，博鳌亚洲论坛在凝聚亚洲共识、传播亚洲声音、促进亚洲合作方面发挥了重要作用，已经成为全球具有重要影响的经济论坛之一。博鳌亚洲论坛之所以能够不断成长，得益于亚洲快速发展，也见证和推动了这一历史进程。

10年来，亚洲经济快速发展，区域合作蓬勃推进，国际影响力持续提高。亚洲经济在国际金融危机中率先企稳复苏，成为拉动世界经济恢复和增长的重要引擎。亚洲发展不仅有力改变着亚洲人民命运，而且日益影响着世界发展进程。

回首亚洲走过的不平凡历程，我们有一个共同的感觉，在国际形势复杂多变的条件下，亚洲能够发生这样深刻的变化、取得这样显著的成就，是有着重要原因的。亚洲的发展，得益于总体稳定的国际和地区环境，得益于深入发展的经济全球化和区域合作，得益于亚洲睦邻友好关系的发展，更与亚洲人民既坚持发扬在长期实践中形成的优良传统又注重学习借鉴世界其他地区的有益经验密不可分。

——亚洲人民历来具有自强不息的奋斗精神。在漫长历史进程中，亚洲人民创造了丰富多彩、享誉世界的辉煌文明。近代以来，在内外多种因素作用下，亚洲经历了曲折和艰难的发展历程。长期以来，亚洲人民为改变自己的命运，始终以不屈的意志和艰辛的奋斗开辟前进道路。今天人们所看到的亚洲发展成就，是勤劳智慧的亚洲人民不屈不挠、锲而不舍奋斗的结果。

——亚洲人民历来具有开拓进取的创新精神。历史和现实都证明，实现经济社会发展，必须找到符合自身实际的发展道路。亚洲人民深知，世界上没有放之四海而皆准的发展模式，也没有一成不变的发展道路。

亚洲人民勇于变革创新,不断开拓进取,探索和开辟顺应时代潮流、符合自身实际的发展道路,为经济社会发展打开了广阔前景。

——亚洲人民历来具有开放包容的学习精神。亚洲是充满多样性的大陆,亚洲文明在多元文化影响中融合演进,为亚洲人民相互学习、相互借鉴、相互促进提供了重要文化基础。亚洲人民既弘扬自身优秀文化传统,又广泛吸收世界各国人民创造的优秀文明成果,促进了亚洲和世界共同发展。

——亚洲人民历来具有同舟共济的团结精神。亚洲人民是一家。历史上,亚洲人民在掌握民族命运的斗争中曾经并肩战斗、风雨同舟。近年来,从应对亚洲金融危机到应对国际金融危机,从抗击印度洋海啸到抗击中国汶川特大地震灾害,亚洲人民守望相助、患难与共。随着亚洲区域一体化进程加快,亚洲人民命运更加紧密地联系在一起。

3月11日,日本发生特大地震海啸灾害,造成重大人员财产损失。包括中国人民在内的亚洲人民对日本人民遭受的痛苦感同身受,纷纷伸出援手,再次向世人展示了亚洲人民同舟共济的团结精神。我们相信,日本人民一定能够战胜这场灾难、重建美好家园。

总之,以上这些优良传统是亚洲精神的重要体现,是亚洲人民共同的宝贵财富,值得倍加珍惜、发扬光大。我坚信,只要坚持发扬这些优良传统,亚洲人民必将在前进道路上创造出新的业绩,为人类和平与发展的崇高事业作出新的更大的贡献。

女士们、先生们!

步入21世纪第二个十年,亚洲发展站在了新的历史起点上。今天的亚洲,经济更加繁荣,社会更加进步,人民信心更加坚定,发展前景更加广阔。同时,我们也要看到,亚洲经济结构性矛盾凸显,发展不平衡性突出,地区热点问题此起彼伏,传统和非传统安全问题大量存在。在世界多极化、经济全球化深入发展的形势下,如何处理好发展和稳定的关系依然是摆在亚洲人民面前的重大课题。本次年会以"包容性发展:共同议程与全新挑战"为主题,具有重要意义。推动共同发展,共建和谐亚洲,这是时代赋予亚洲人民的共同使命。我愿就此提出以下建议。

第一,尊重多样文明,促进睦邻友好。我们应该继续相互尊重各自选择的发展道路,相互尊重各自推动经济社会发展、改善人民生活的实践探索,把亚洲的多样性转化为加强交流合作的活力和动力,增进相互理解和信任,不断提高各领域合作水平。

第二,转变发展方式,推动全面发展。我们应该紧跟世界发展新趋势,着力转变经济发展方式,积极调整经济结构,增强科技创新能力,发展绿色经济,促进实体经济和虚拟经济、内需和外需均衡发展,同时兼顾速度和质量、效率和公平,把发展经济和改善民生紧密结合起来,实现经济社会协调发展。

第三,分享发展机遇,共迎各种挑战。我们应该加强宏观经济政策协调,不断扩大共同利益,推动地区所有成员共同发展。大国要扶持小国,富国要支援穷国,各国要相互帮助,共同把握机遇,共同应对挑战,努力让发展成果惠及地区所有成员,让全亚洲人民生活得更加幸福。

第四,坚持求同存异,促进共同安全。我们应该摒弃冷战思维和零和观念,大力倡导互信、互利、平等、协作的新安全观,照顾彼此安全关切,最大限度展现善意、智慧、耐心,坚持通过对话和协商化解矛盾,积极促进地区安全合作,努力维护和平稳定的地区环境。

第五,倡导互利共赢,深化区域合作。我们应该秉承协商一致、循序渐进的原则,尊重各方共同意愿,加强区域合作机制建设,推动各类机制充分发挥各自优势、并行不悖发展。我们应该坚持开放的地区主义,尊重地区外国家在亚洲的存在和利益。我们欢迎包括金砖国家在内的各个国家积极参与亚洲合作进程,共同促进亚洲和平、稳定、繁荣。

女士们、先生们!

10年来,中国经济持续快速发展,经济实力、综合国力、人民生活水平迈上新的台阶,国家面貌发生举世瞩目的历史性变化,为促进亚洲和世界经济增长作出了重要贡献。10年来,中国深化同亚洲国家的睦邻友好,广泛参与区域合作,同几乎所有亚洲国家建立起不同形式的伙伴关系,成为多个亚洲国家的最大贸易伙伴和最大出口市场。2010年,中国同亚洲国家贸易额达到9316亿美元。中国—东盟自由贸易区涵盖19亿人口,成为发展中国家自由贸易区的典范。中国同亚洲和世界联系的广度和深度达到前所未有的水平,在国际和地区事务中发挥了重要的建设性作用。事实充分证明,中国发展繁荣离不开亚洲,亚洲发展繁荣也需要中国。

中国虽然取得了举世瞩目的发展成就,但仍然是世界上最大的发展中国家,经济社会发展面临巨大的人口、资源、环境压力,发展中不平衡、不协调、不可持续问题依然突出,实现现代化和全体人民共同富裕还有很长的路要走。不久前,中国制定并公布了国民经济和社会发展第十二个五年规划纲要,提出了今后5年中国经济社会发展的总体任务。我们将适应国内外形势新变化,顺应各族人民过上更好生活新期待,以科学发展为主题,以加快转变经济发展方式为主线,更加注重以人为本,更加注重全面协调可持续发展,更加注重统筹兼顾,更加注重保障和改善民生,促进经济长期平稳较快发展和社会和谐稳定，为全面建成小康社会打下具有决定性意义的基础。

全面落实这一规划，对中国提高对外开放水平、深化同亚洲和世界各国的互利合作也具有十分重要的意义。

未来5年，中国将着力实施扩大内需特别是消费需求的战略，建立长效机制，释放消费潜力，着力促进经济增长向依靠消费、投资、出口协调拉动转变。我们将实行更加积极主动的开放战略，不断拓展新的开放领域和空间，扩大和深化同各方利益的汇合点。我们将发挥进口对宏观经济平衡和经济结构调整的重要作用，促进贸易收支基本平衡。这将为亚洲和世界各国扩大对华出口提供重要机遇。

未来5年，中国将着力实施"走出去"战略，引导各类所有制企业有序到境外投资，积极开展有利于改善当地基础设施和人民生活的项目合作。我们将更多投资亚洲和新兴市场国家，同时增加对亚洲发展中国家的经济援助。

未来5年，中国将着力参与全球经济治理和区域合作，推动国际经济金融体系改革，推动建立均衡、普惠、共赢的多边贸易体制，反对各种形式的保护主义，促进国际经济秩序朝着更加公正合理的方向发展。我们将继续积极参与"10+1"、"10+3"、东亚峰会以及中日韩合作，推动中国—东盟自由贸易区稳步发展。我们将加强同周边国家在交通、能源管道、信息通信、电网等领域的基础设施建设合作，提升本地区互联互通水平。中国将继续推进同亚洲国家在旅游、文化、教育、青年等领域的交流合作，加深中国人民同亚洲各国人民相互了解和友谊。

未来5年，中国将着力建设资源节约型、环境友好型社会，深入贯彻节约资源和保护环境基本国策，节约能源，降低温室气体排放强度，发展循环经济，推广低碳技术，积极应对气候变化，促进经济社会发展与人口资源环境相协调，走可持续发展之路。

女士们、先生们！

近代饱经沧桑的中国人民，深知和平之珍贵、发展之重要。中国将坚定不移走和平发展道路，坚定不移奉行互利共赢的开放战略，始终把亚洲放在对外政策的首要位置，坚持与邻为善、以邻为伴的周边外交方针，积极发展同亚洲各国的睦邻友好和互利合作，不断增进相互理解和信任。中国将继续致力于通过友好谈判和平解决同邻国的领土和海洋权益争端，在地区热点问题上发挥建设性作用，积极参与各种形式的地区安全对话和合作，努力维护有利于亚洲和平与发展的地区环境。中国永远做亚洲各国的好邻居、好朋友、好伙伴。

总之，我们对亚洲的未来充满信心。让我们携起手来，共同开创亚洲更加美好的明天。

预祝年会取得圆满成功！

中共中央总书记胡锦涛在海南考察

4月15日至16日，胡锦涛在海南出席金砖国家领导人第三次会晤和博鳌亚洲论坛2011年年会后，来到海口市，深入农村、企业，就贯彻党的十七届五中全会精神、落实"十二五"规划纲要进行调查研究，同各族干部群众共商海南改革发展大计。

在海南国际创意港，胡锦涛对员工们说，创意产业是一个发展前景广阔的新兴产业。创意产业的生命力在于体制机制创新和科学技术支撑，发展创意产业说到底要依靠创新人才。你们大多是年轻人，富有创新精神，祝愿你们在创意产业领域取得更大成绩，也祝愿你们这个园区越办越好。

考察期间，胡锦涛乘坐了东环高铁列车，还专门听取了铁路工作情况汇报，亲切接见了铁路系统劳动模范代表。总书记希望大家进一步增强责任感和使命感，把科学发展主题和加快转变发展方式主线贯穿到铁路建设和运营的各个方面，着力加快转变铁路发展方式，科学有序推进铁路建设，切实保证铁路安全万无一失，努力维护职工群众利益，注重抓好反腐倡廉建设，全面提升我国铁路现代化水平，更好地为经济社会发展服务、为广大人民群众服务。

胡锦涛对海南省有关负责同志说，中央已作出建设海南国际旅游岛的重大战略决策，旅游岛建设发展规划也已批准。对海南来说，现在的关键是要抓住机遇、狠抓落实。希望海南广大干部群众牢牢把握科学发展这个主题和加快转变经济发展方式这条主线，在保护生态环境的前提下，开发旅游资源，完善旅游基础设施，规范旅游市场秩序，着力打造世界一流的海岛休闲度假旅游胜地，努力实现海南经济繁荣、社会和谐、环境优美、人民幸福。

中共中央书记处书记、中央办公厅主任令计划，中共中央书记处书记、中央政策研究室主任王沪宁一同考察。

全国政协主席贾庆林在北京会见出席2011海峡两岸工会论坛的台湾工会界代表

贾庆林说，去年两岸签署了"经济合作框架协议"（ECFA），标志着构建两岸关系和平发展框架在经济领域取得重大进展。这次论坛以此为切入点，共同探讨在ECFA背景下的工会工作，意义重要而深远，充分表明了两岸职工支持两岸经济深化合作的态度，体现了两岸职工在促进两岸关系和平发展中的重要作用。台湾工会界踊跃参与论坛，特别是许多基层工会、青年代表出席，表明论坛的代表性越来越广泛，影响力越来越深入。

贾庆林指出，多年来两岸工会携手合作，致力于维护两岸职工权益，推动两岸关系和平发展，做了许多积极努力，成为两岸关系稳定和发展的重要力量。他提出三点希望：一是两岸工会要继续发挥先锋作用，共同维护两岸关系和平发展的良好局面。当前两岸关系和平发展的良好局面，得益于两岸双方共同反对“台独”，坚持“九二共识”，并在此基础上建立了互信，使得两岸关系全面改善。两岸各领域交流合作成果来之不易，需要两岸同胞共同珍惜。二是两岸工会界应发挥“职工之家”作用，携手合作，把握两岸关系和平发展以及大陆加快转变经济发展方式的机遇，共同维护好两岸职工权益，为两岸广大基层职工谋福祉。三是继续发挥好海峡两岸工会论坛的平台作用，提升两岸工会界交流合作水平。要巩固两岸工会和劳动界的交流成果，继续丰富交流内涵，不断提升合作水平，凝聚两岸工会界和广大职工力量，为深化两岸经济合作、推动两岸关系和平发展、促进中华民族伟大复兴贡献力量。

中共中央台办主任王毅在海南博鳌为前来出席博鳌亚洲论坛年会的台湾两岸共同市场基金会最高顾问钱复一行举行招待酒会

王毅说，去年两岸经济合作框架协议的签署，把两岸各自的中长期发展规划和设想有机、紧密地结合在一起，使两岸实现共同发展和共同繁荣成为可能。但要真正实现这个美好前景，很重要的一点就是要保持两岸关系的稳定，保持台海局势的稳定，保持两岸各自政策的稳定。

王毅还简要介绍了下一阶段两岸关系几个方面的考虑。王毅说，关于两岸经济合作，我们将切实落实好两岸经济合作框架协议的早收计划，大力推进框架协议的各项后续商谈，争取使框架协议的成果更多地惠及两岸特别是台湾的中小企业和基层民众。同时还将不失时机地推进产业、金融业合作及陆资入岛。

关于两岸交流，王毅说，我们将继续稳步、有序地推进两岸各领域、各层次大交流，增进相互了解，融洽彼此感情。对开放大陆居民赴台个人游问题，大陆方面一直持积极态度，正与台湾方面加紧协商，已就大部分问题达成共识。只要双方都秉持积极务实的态度，今年6月底前启动个人游试点是完全可能的。

关于两岸协商，王毅说，我们一方面要及时检验已签协议的执行和落实情况，同时也愿根据两岸同胞的需求不断向前推进。最近，台湾各界和民众很关心核能发电安全，希望通过两岸协商就此签署协议。核能安全涉及两岸同胞的健康和福祉，我们对此高度重视，愿意积极对待，希望通过两岸的接触和商谈，尽快就此达成一致。

中央加快转变经济发展方式监督检查工作领导小组在北京召开第一次会议

中共中央书记处书记、中央纪委副书记、中央加快转变经济发展方式监督检查工作领导小组组长何勇出席会议并讲话。

何勇指出，开展加快转变经济发展方式监督检查有利于各地区各部门准确把握“十二五”时期的总体要求、主要目标和重点任务，在谋划发展、安排项目、确定经济增长速度时，处理好局部和全局的关系、当前和长远的关系、速度和质量效益民生的关系；有利于及早发现和纠正加快转变经济发展方式中的苗头性、倾向性问题，防止和减少腐败现象的发生，加快推进惩治和预防腐败体系建设。

何勇强调，各项监督检查工作都要研究制订具体方案和年度计划，保证规范高效顺畅地进行。要深入开展调查研究，使监督检查方案严格遵循中央要求、符合法律法规、切合工作实际，具有针对性和可操作性；要紧紧围绕“十二五”规划的落实，在重点安排好今明两年监督检查工作的同时，对中长远监督检查工作也作出规划，使监督检查方案既体现近期工作的特点，又具有一定的前瞻性。要把保证中央确定的各项政策贯彻落实作为监督检查的首要任务，坚决纠正有令不行、有禁不止或上有政策、下有对策的行为，维护中央政策的权威性；要把资金管理使用和项目建设实施作为监督检查的重要内容，坚决防止滞留、挪用、挤占、截留资金行为的发生，坚决防止不符合中央规定和地方实际的投资项目反弹，坚决防止劳民伤财的“形象工程”和脱离实际的“政绩工程”出现。

何勇要求，建立健全职责分工、工作程序、效果评估等制度，以及工作会商、情况通报、联合检查等机制，提高监督检查工作规范化水平；注意与工程建设领域突出问题专项治理等工作有机结合，增强监督检查的综合效应；借鉴中央扩大内需促进经济增长政策落实、汶川特大地震抗灾救灾等监督检查工作中的好做法好经验，积极探索创新有效方法和途径，努力使监督检查形式更灵活、方法更多样、成效更明显。

中央纪委副书记、监察部部长马馼主持会议，中央纪委副书记干以胜等领导小组成员单位负责人出席会议。

第一百零九届“广交会”在广州琶洲国际会展中心举办

广交会于4月15日至19日举行，共设标准展位

58699个,比上届增加1563个;展览总面积达到116万平方米,比上届增加3万平方米,共有24415家境内外企业参展,比上届增加816家。

本届启动运行"广交会产品设计与贸易促进中心",旨在为境外专业设计机构和广交会参展企业搭建一个产品设计与开发的合作对接平台。目前,澳大利亚、法国、荷兰、希腊、西班牙、俄罗斯、美国、中国香港、中国台湾等9个国家和地区的设计机构、设计师和潮流趋势专家将应邀出席有关活动。

公布的统计结果:第一期出口成交230.3亿美元,同比增长8.9%;境外采购商到会10.7万人,与上届同比增长8.4%;受不确定因素和成本上升影响,企业接单谨慎。

中共中央政治局常委李长春在卢布尔雅那与斯洛文尼亚总统达尼洛·图尔克举行会谈

李长春说,中国党和政府高度重视发展对斯关系,视斯洛文尼亚为东南欧地区的重要合作伙伴,尊重斯洛文尼亚根据本国国情选择的发展道路。当前形势下,进一步发展中斯关系符合两国和两国人民的共同利益。中方希望继续密切两国高层交往,深化政府、政党、议会关系,拓展经贸、人文、旅游等各领域合作,加强两国青年交流,不断夯实两国关系的政治和民意基础,把中斯关系提升到更高水平。

图尔克说,斯中两国相距遥远,自然禀赋不同,但双方始终本着相互尊重和主权平等的原则,善用各自资源,开展了优势互补、互利双赢的合作,推动两国关系在良好基础上不断深化。世界应以和谐方式发展,中国为此作出了积极贡献,斯愿在欧盟范围内支持中国发挥更大作用。他重申斯方将继续坚持一个中国政策。

中共中央政治局常委李长春在卢布尔雅那与斯洛文尼亚总理博鲁特·帕霍尔举行会谈

国家副主席习近平在人民大会堂与安哥拉人民解放运动政治局委员文森特举行会谈

中哈霍尔果斯河友谊联合引水枢纽工程开工仪式在新疆霍城举行

该工程的建设将有效提高两岸农业灌溉、生态用水的保证率,减轻下游地区特别是霍尔果斯口岸及中哈贸易合作区的防洪压力,促进霍尔果斯河两岸经济的发展。

利部副部长矫勇说,希望通过双方努力,将中哈霍尔果斯河友谊联合引水枢纽建设成为国际一流工程,成为中哈在跨界河流领域友好合作的标志性工程,为中哈两国的友谊树起一座新的丰碑。哈萨克斯坦农业部水资源委员会主席奥尔曼说,该工程是一项惠及两国人民的重要工程,体现了两国在跨界河流领域的积极成果。

国务院 中央军委发出《关于进一步推进军品价格工作改革的指导意见》

《关于进一步推进军品价格工作改革的指导意见》提出,要坚决贯彻落实国务院和中央军委决策部署,充分认识推进军品价格工作改革的重大意义,理清军品价格工作改革的总体思路,牢牢把握改革的方向重点,突出机制创新、方式创新、制度创新、管理创新,加快军品价格从"事后定价"到"事前控制"、从"单一定价模式"到"多种定价模式"、从"个别成本计价"到"社会平均成本计价"的转变,确保军品价格工作改革在建立科学合理的军品价格形成机制、建立适应武器装备多种采购方式的定价模式、完善规范的价格管理制度体系、健全完备的装备价格工作管理体制、构建互联共享的价格信息化管理平台等方面取得突破,努力走出一条投入少、效益高的武器装备建设和国防科技工业发展路子。

中国接受现代远程本专科教育人数累计达1000万人

教育部新闻通气会发布消息,自1999年现代远程教育在我国开展教育试点以来,12年间,我国接受现代远程本专科教育人数累计已达1000万人。

截至2010年,全国共有1500多所普通高校开展了成人本专科教育(函授、夜大、脱产班),在读学生536万人,年招生208.4万人,毕业生197.3万人。独立设置的成人高校还有365所,举办的成人本专科在校生46.6万人,年招生18.4万人,毕业生19.9万人。现代远程教育试点高校69所(含中央广播电视大学开放教育),网络教育本专科在校生453.1万人,年招生166.4万人,毕业生110.6万人。

第三十一届全国最佳邮票评选活动在安徽马鞍山落幕

评选由中华全国集邮联合会等10家单位参与主办,马鞍山市政府、安徽省邮政公司承办,《朱熹诞生880周年》获得最佳邮票奖。

本次评选活动除了最佳邮票奖外,还评出了优秀邮票奖、最佳设计奖和最佳印刷奖。

《大学生村官报》创刊仪式在江苏南京举行

中共中央政治局委员、中央书记处书记、中组部部长李源潮发来贺信。

李源潮在贺信中指出，现在全国已有20多万名大学生村官在农村任职，大学生村官利用所学知识和专业特长，积极为发展农业、致富农民、建设新农村服务。创办一份大学生村官共同的报纸，对于激励广大大学生村官扎根基层、干事创业，营造关心支持大学生村官工作的舆论氛围，具有重要意义。希望《大学生村官报》坚持正确办报方向，体现党的要求，反映大学生村官心声。希望广大大学生村官学报、用报，积极参与办报，坚定在农村大熔炉里锻炼成长的信心，更好地融入农村、服务农民，培养对基层百姓的深厚感情，为建设社会主义新农村作出更大贡献。

创刊仪式上，中组部有关负责同志宣读了李源潮贺信。教育部、人力资源和社会保障部、农业部、中国人民银行、共青团中央及各省区市、新疆生产建设兵团党委组织部、中央新闻单位和部分大学生村官代表参加。

我国启动地球系统模拟器建设

清华大学和浪潮集团联合启动建设地球系统模拟器，以加强地球系统科学研究，提高我国在全球气候变化研究领域的话语权。

地球模拟器是对地球自然过程进行数值模拟的百万亿次超级计算机，可以还原或预测地球自然变化过程，是人类认识地球、研究气候变化的重要科研装备。科学家们借助这套系统，承担联合国政府间气候变化专门委员会第五次评估报告（IPCC—AR5）气候模拟、预测、评估试验的计算任务，对洋流、大气、地壳等进行仿真研究，将为我国制定环境变化相关对策、环境保护与资源科学利用等提供决策依据，对全球气候研究提供重要参考。

4月16日

国务院总理温家宝签署第596号令公布《个体工商户条例》

《个体工商户条例》已经2011年3月30日国务院第149次常务会议通过，现予公布，自2011年11月1日起施行。

总　理　温家宝

2011年4月16日

个体工商户条例

第一条　为了保护个体工商户的合法权益，鼓励、支持和引导个体工商户健康发展，加强对个体工商户的监督、管理，发挥其在经济社会发展和扩大就业中的重要作用，制定本条例。

第二条　有经营能力的公民，依照本条例规定经工商行政管理部门登记，从事工商业经营的，为个体工商户。

个体工商户可以个人经营，也可以家庭经营。

个体工商户的合法权益受法律保护，任何单位和个人不得侵害。

第三条　县、自治县、不设区的市、市辖区工商行政管理部门为个体工商户的登记机关（以下简称登记机关）。登记机关按照国务院工商行政管理部门的规定，可以委托其下属工商行政管理所办理个体工商户登记。

第四条　国家对个体工商户实行市场平等准入、公平待遇的原则。

申请办理个体工商户登记，申请登记的经营范围不属于法律、行政法规禁止进入的行业的，登记机关应当依法予以登记。

第五条　工商行政管理部门和县级以上人民政府其他有关部门应当依法对个体工商户实行监督和管理。

个体工商户从事经营活动，应当遵守法律、法规，遵守社会公德、商业道德，诚实守信，接受政府及其有关部门依法实施的监督。

第六条　地方各级人民政府和县级以上人民政府有关部门应当采取措施，在经营场所、创业和职业技能培训、职业技能鉴定、技术创新、参加社会保险等方面，为个体工商户提供支持、便利和信息咨询等服务。

第七条　依法成立的个体劳动者协会在工商行政管理部门指导下，为个体工商户提供服务，维护个体工商户合法权益，引导个体工商户诚信自律。

个体工商户自愿加入个体劳动者协会。

第八条　申请登记为个体工商户，应当向经营场所所在地登记机关申请注册登记。申请人应当提交登记申请书、身份证明和经营场所证明。

个体工商户登记事项包括经营者姓名和住所、组成形式、经营范围、经营场所。个体工商户使用名称的，名称作为登记事项。

第九条　登记机关对申请材料依法审查后，按照下列规定办理：

（一）申请材料齐全、符合法定形式的，当场予以登记；申请材料不齐全或者不符合法定形式要求的，当场告知申请人需要补正的全部内容；

（二）需要对申请材料的实质性内容进行核实的，依法进行核查，并自受理申请之日起15日内作出是否予以登记的决定；

（三）不符合个体工商户登记条件的，不予登记并书面告知申请人，说明理由，告知申请人有权依法申请行政复议、提起行政诉讼。

予以注册登记的，登记机关应当自登记之日起10日内发给营业执照。

第十条　个体工商户登记事项变更的，应当向登记机关申请办理变更登记。

个体工商户变更经营者的，应当在办理注销登记后，由新的经营者重新申请办理注册登记。家庭经营的个体工商户在家庭成员间变更经营者的，依照前款规定办理变更手续。

第十一条　申请注册登记或者变更登记的登记事项属于依法须取得行政许可的，应当向登记机关提交许可证明。

第十二条　个体工商户不再从事经营活动的，应当到登记机关办理注销登记。

第十三条　个体工商户办理登记，应当按照国家有关规定缴纳登记费。

第十四条　个体工商户应当在每年规定的时间内向登记机关申请办理年度验照，由登记机关依法对个体工商户的登记事项和上一年度经营情况进行审验。

登记机关办理年度验照不得收取任何费用。

第十五条　登记机关和有关行政机关应当在其政府网站和办公场所，以便于公众知晓的方式公布个体工商户申请登记和行政许可的条件、程序、期限、需要提交的全部材料目录和收费标准等事项。

登记机关和有关行政机关应当为申请人申请行政许可和办理登记提供指导和查询服务。

第十六条　个体工商户在领取营业执照后，应当依法办理税务登记。

个体工商户税务登记内容发生变化的，应当依法办理变更或者注销税务登记。

第十七条　任何部门和单位不得向个体工商户集资、摊派，不得强行要求个体工商户提供赞助或者接受有偿服务。

第十八条　地方各级人民政府应当将个体工商户所需生产经营场地纳入城乡建设规划，统筹安排。

个体工商户经批准使用的经营场地，任何单位和个人不得侵占。

第十九条　个体工商户可以凭营业执照及税务登记证明，依法在银行或者其他金融机构开立账户，申请贷款。

金融机构应当改进和完善金融服务，为个体工商户申请贷款提供便利。

第二十条　个体工商户可以根据经营需要招用从业人员。

个体工商户应当依法与招用的从业人员订立劳动合同，履行法律、行政法规规定和合同约定的义务，不得侵害从业人员的合法权益。

第二十一条　个体工商户提交虚假材料骗取注册登记，或者伪造、涂改、出租、出借、转让营业执照的，由登记机关责令改正，处4000元以下的罚款；情节严重的，撤销注册登记或者吊销营业执照。

第二十二条　个体工商户登记事项变更，未办理变更登记的，由登记机关责令改正，处1500元以下的罚款；情节严重的，吊销营业执照。

个体工商户未办理税务登记的，由税务机关责令限期改正；逾期未改正的，经税务机关提请，由登记机关吊销营业执照。

第二十三条　个体工商户未在规定期限内申请办理年度验照的，由登记机关责令限期改正；逾期未改正的，吊销营业执照。

第二十四条　在个体工商户营业执照有效期内，有关行政机关依法吊销、撤销个体工商户的行政许可，或者行政许可有效期届满的，应当自吊销、撤销行政许可或者行政许可有效期届满之日起5个工作日内通知登记机关，由登记机关撤销注册登记或者吊销营业执照，或者责令当事人依法办理变更登记。

第二十五条　工商行政管理部门以及其他有关部门应当加强个体工商户管理工作的信息交流，逐步建立个体工商户管理信息系统。

第二十六条　工商行政管理部门以及其他有关部门的工作人员，滥用职权、徇私舞弊、收受贿赂或者侵害个体工商户合法权益的，依法给予处分；构成犯罪的，依法追究刑事责任。

第二十七条　香港特别行政区、澳门特别行政区永久性居民中的中国公民，台湾地区居民可以按照国家有关规定，申请登记为个体工商户。

第二十八条　个体工商户申请转变为企业组织形式，符合法定条件的，登记机关和有关行政机关应当为其提供便利。

第二十九条　无固定经营场所摊贩的管理办法，由省、自治区、直辖市人民政府根据当地实际情况规定。

第三十条　本条例自2011年11月1日起施行。1987年8月5日国务院发布的《城乡个体工商户管理暂行条例》同时废止。

博鳌亚洲论坛2011年年会“两岸企业家圆桌会议”在海南博鳌举行

两岸企业家希望推动《海峡两岸经济合作框架协议》(简称ECFA)签署后两岸金融业、服务业、海洋运输、电子制造业等方面的合作。

圆桌会议由全国社会保障基金理事会理事长戴相

龙与台湾“两岸共同市场基金会”最高顾问钱复共同主持。参会的包括大陆方面21位业界代表和“台湾工商企业代表团”38位成员。

外交部部长杨洁篪在博鳌会见东盟秘书长素林

4月17日

中共中央电贺古巴共产党第六次全国代表大会召开

国务院副总理回良玉在山东 内蒙古 黑龙江考察

4月17日至20日，回良玉来到粮食主产区山东、内蒙古和黑龙江考察指导粮食和农业生产工作。他强调，抓好农业特别是粮食生产，对于管理好通胀预期、保持国民经济平稳较快发展，具有极端重要的意义。各地、各有关部门要进一步增强大局意识和责任意识，切实把春耕春管春播摆到当前工作的重要位置，认真落实支持粮食和农业生产的各项政策，实施好全国粮食稳定增产行动，充分调动农民生产积极性，大力加强夏季粮油田间管理，种足种好春播作物，搞好科技服务，强化技术措施，稳定农资价格，千方百计夺取夏粮和全年农业丰收。

国务院副总理张德江在北京出席新中国航空工业60周年纪念大会

全国政协副主席李金华出席了纪念大会。

张德江强调，我国航空工业发展正面临着难得的历史机遇。面对国际国内新形势新任务新要求，航空工业要坚持科学发展，加快转变发展方式，着力提高发展能力，大力提高发展质量，实现先进航空武器装备的自主保障、民用航空装备的国产化和航空工业服务业的现代化。要坚定不移、持之以恒地走自主创新的道路，掌握核心关键技术，强化原始创新，夯实发展基础，加快实现由跟踪创新向自主创新的跨越，努力形成先进航空科研能力、系统综合集成能力和数字化研制生产能力。要推进军民融合式发展，统筹好“富国”与“强军”的双重使命。要大力加强人才队伍建设，培养造就一支专业技术人才、专门技能人才、经营管理人才队伍和领军人才队伍。要深化改革开放，激发航空企业和院所的动力、活力、创造力，加快“走出去”的步伐，加强国际合作，充分利用全球的人才、技术、资源和市场，提高国际竞争力，把航空工业做强做优做大，为建设世界航空工业强国而努力奋斗。

有关中央国家机关、军队、中央企业和航空院校的代表参加了纪念大会。

2010年我国商标国际注册申请增幅位居全球第二

据《人民日报》报道：来自世界知识产权组织（WIPO）网站的消息显示，由WIPO管理、85个成员国参加的商标国际注册马德里体系商标申请2010年出现复苏，共收到39687件申请，增长12.8%。其中，中国提交的商标国际注册申请大幅上升，增幅达42%，位居世界第二；申请量为1928件，占全球申请量的4.9%，由世界第8位升至第7位。马德里商标国际注册体系为我国实施“走出去”战略，加大我国企业海外商标注册和维权的力度，提高我国经济的国际竞争力和抗风险能力，发挥了重要作用。

WIPO的统计显示，2010年我国受理商标国际注册16143件，同比增长9.3%，占全世界5.4%的份额，仍是被指定最多的国家，比第2名欧盟多11%。截至2010年年底，我国累计受理商标国际注册15.4万件，连续6年居世界第一；累计申请商标国际注册11415件，连续7年位列世界十强，在发展中国家排名第一。

第四轮中英防务战略磋商在北京举行

中国人民解放军副总参谋长马晓天与英国国防副参谋长尼古拉斯·霍顿在八一大楼共同主持了第四轮中英防务战略磋商。双方就双边关系、国际和地区安全形势、热点问题、各自国防和军队建设情况等共同关心的问题深入交换了意见，达成了广泛共识。

国内首家专题农村电影历史博物馆——中国大理农村电影历史博物馆在云南省大理白族自治州正式建成开馆

《读者》杂志创刊30周年大会在兰州召开

安徽六安战国大墓出土多件罕见文物

六安战国大墓呈南北并列分布，两座墓方向一致，距离是10米。北墓椁长3.8米，宽2.9米，墓室开口长7米，宽4.24米；南墓椁长5.7米，宽达3.5米，墓室开口长和宽达到8.6米和6.2米。

经过统计，北墓外藏室出土了铜器、漆器、陶器等文物120件，其中最为贵重的是一件直径达到27厘米的青铜六山镜，是战国时期青铜镜中少见的名品。专家表示，这种规格和形制的青铜镜目前在国内尚不多见。

第五届中华健康管理论坛在北京举行

论坛由中华国际医学交流基金会主办。

中国关心下一代工作委员会主任顾秀莲论坛上表示，健康不仅指身体健康，而且包括心理健康，是物质与精神的和谐统一，是物质财富和精神财富的源泉！提高人民群众健康水平，不仅是社会民众的迫切愿望，也是经济社会协调发展的基本条件。全国人大常委会副委员长司马义·铁力瓦尔地宣布论坛开幕，张怀西出席此次论坛。

4月18日

国务院总理温家宝在人民大会堂与乌克兰总理阿扎罗夫举行会谈

温家宝表示，中乌在经贸、高科技、农业、基础设施建设等领域的互利合作有着良好基础和巨大潜力。两国副总理级合作委员会即将启动，双方要利用这一机制加强协调配合，确保已商定的大项目顺利推进。同时要结合两国经济发展战略和各自优势，研究制定长期合作规划和相关政策措施，推动中乌务实合作规模和质量达到更高水平。

阿扎罗夫表示，2010年以来，两国领导人多次会晤，达成重要共识，为两国关系发展打下坚实基础。乌方欢迎中方参与乌基础设施建设并扩大对乌投资，愿与中方共同努力，充分发挥中乌合作委员会的作用，为双方合作提供更有利的条件，促进两国的现代化建设。

会谈后，两国总理共同出席了双边有关合作文件的签字仪式。

国务院总理温家宝在人民大会堂会见新加坡国务资政吴作栋

全国纠风工作电视电话会议在北京召开

国务委员兼国务院秘书长马凯出席会议并讲话。

马凯指出，2010年各地区各有关部门认真开展“三农”领域专项治理，坚决纠正加重企业负担的不正之风，加大食品药品安全突出问题专项整治力度，深化医疗、教育、公路“三乱”等专项治理，继续推进民主评议和政风行风热线工作，纠风工作取得明显成效。

马凯强调，经济社会发展的新形势新任务对纠风工作提出了新的更高要求。各地区各部门要紧紧围绕党和政府的中心工作，下大力气解决群众反映强烈的突出问题，当前要着力抓好五个方面的工作。一要坚决纠正征地拆迁中的不正之风。抓好《国有土地上房屋征收与补偿条例》等制度和政策的落实，坚决纠正超范围、超规模征地，改变土地用途，不按规定确定征地补偿标准。截留、挪用补偿资金，以及先拆迁后补偿和违规拆迁、暗箱操作、徇私舞弊等问题。坚决制止违法强制征地拆迁，对违法违规征地拆迁、引发恶性事件或群体性事件的，要追究有关领导人员责任。二要坚决防范和纠正保障性住房建设、配置、管理等环节的不正之风。要确保用地专项专用，加强资金监管，把工程质量作为头等大事，坚决防止这一民心工程成为“豆腐渣工程”。及时将保障房房源、配置过程和结果等相关信息公之于众，最大限度解决低收入家庭和困难群众的住房问题。坚决查处擅自改变住房性质或将住房转让转租、转借或空置的行为。三要坚决纠正食品药品安全领域的不正之风。着力推动建立企业履行主体责任、有关部门各负其责、地方政府负总责的食品药品责任体系。在食品药品行业开展“讲诚信、保质量、树新风”活动，通过完善制度机制，让守法诚信者受益、违法失信者受罚、黑心商人身败名裂，严肃查处监管中的失职渎职、推诿扯皮等行为。四要继续纠正“三农”、医疗、教育等领域的不正之风。严厉打击制售假劣农资坑农害农行为，进一步规范学校办学和收费行为，深入治理医药购销和医疗服务中的不正之风，继续开展公路“三乱”治理。五要坚决纠正政府机关和领导干部中群众反映强烈的不正之风。切实减少行政开支，深入开展清理和规范庆典、研讨会、论坛工作，集中治理领导干部收送礼品卡、购物卡的问题，维护政府形象。

马凯要求，各地区各部门要按照中央的部署和要求，加强领导，强化监督，坚持标本兼治、纠建并举，强化源头治理，逐步铲除滋生不正之风的土壤和条件，以优异成绩迎接建党90周年。

监察部部长、国务院纠风办主任马馼作了工作报告。住房和城乡建设部和北京市、山东省、广东省的负责同志作了发言。

中共中央政治局常委李长春在卢布尔雅那会见斯洛文尼亚议长甘塔尔

国家副主席习近平在人民大会堂会见新西兰副总理兼财政 基础设施部部长比尔·英格利希

国务院副总理李克强在人民大会堂与新西兰副总理兼财政 基础设施部部长比尔·英格利希举行会谈

李克强指出，中新均处亚太地区，两国的共同利益和相互需求不断扩大。中方一贯从战略高度和长远角度看待和发展中新关系，把新西兰视为互利合作的好朋友、好伙伴，愿与新方一道，推动两国全面合作关系不断迈上新台阶。一是保持高层交往，扩大对话领域。二是坚持互利共赢，推动实现2015年双边贸易额翻一番的目标，积极培育两国在清洁能源、低碳经济、基础设施建设等领域合作新亮点。三是尊重和照顾彼此核心利益和重大关切。四是深化文化、教育、科技、旅游等领域的人文交流，巩固中新友谊。五是加强多边合作，维护共同利益。

英格利希表示，中国的发展是世界的机遇，新西兰愿同中方一道，实施好自贸协定，扩大双向投资等各领域合作，推动双边关系进一步深入发展。英格利希重申新方将坚持一个中国政策。

会谈后，李克强与英格利希共同出席了中国人民银行与新西兰储备银行双边本币互换协议的签字仪式。

国务院副总理李克强在北京会见乌兹别克斯坦共和国第一副总理兼财政部部长阿齐莫夫

中共中央政治局常委贺国强在人民大会堂会见乌克兰总理 地区党主席尼古拉·阿扎罗夫

贺国强说，中方愿与乌方共同努力，全面落实好两国元首和政府首脑达成的重要共识，共同开创中乌友好合作新局面。

阿扎罗夫说，作为执政党，乌克兰地区党愿进一步加强与中国共产党的交流，相信即将签署的两党合作协议必将有利于两党和两国人民之间的相互了解，推动各自国家的经济社会建设事业。

会见后，双方共同出席了《中国共产党与乌克兰地区党合作协议》的签署仪式。

外交部部长杨洁篪与马来西亚外长阿尼法在北京举行会谈

会谈后，两国外长共同出席了中马关于部分互免持外交、公务(官员)护照人员签证协定生效的换照仪式。

中央军委发出《2020年前军队人才发展规划纲要》

经中央军委主席胡锦涛批准，《2020年前军队人才发展规划纲要》(以下简称《规划纲要》)近日由中央军委印发全军部队执行。这是中央军委对未来10年我军人才建设和发展作出的中长期战略规划，是在新的起点上推进军队人才建设科学发展的纲领性文件。

《规划纲要》科学判断我国安全和发展形势，紧紧围绕国防和军队发展的主题和主线，阐述了当前和今后一个时期军队人才建设的阶段性特征和面临的主要矛盾，明确了对人才的需求重点。

《规划纲要》以积极稳妥推进中国特色军官职业化为牵引，从分类管理、职业发展、培养开发、考评选拔、调控配置、待遇激励等方面，对未来10年军事人才政策制度改革创新作了框架设计。

《规划纲要》强调，各级党委要加强组织领导，牢固树立人才资源是第一资源、是战斗力第一要素的观念，坚持把人才工作纳入重要议事日程。要优化发展环境，坚持尊重劳动、尊重知识、尊重人才、尊重创造，树立关心支持各类人才发展的导向。要推进科学管理，加强对重大问题的研究，加快人才工作信息化建设，不断提高人才建设管理科学化水平。

《亲历辛亥革命》出版座谈会在北京举行

全国政协副主席孙家正出席座谈会并讲话。

《亲历辛亥革命》是全国政协文史和学习委员会将50年来各级政协征集的辛亥革命史料精选精编后结集成书的，其中一些内容是首次公开出版。全书按照辛亥革命起义前的背景及各地革命形势、武昌首义、各地响应的框架分为上、中、下三册，收录了何香凝、张奚若、沈钧儒等辛亥革命亲历者及其亲属后代撰写的文章182篇，共计150万字。

全国政协副主席孙家正表示，《亲历辛亥革命》的出版是文史资料工作的一个重要成果，有利于增进社会各界人士的共识，更好地发挥文史资料对巩固和扩大爱国统一战线的积极作用。

中国首次绘制完成朱鹮全基因组序列图谱

西安交通大学与深圳华大基因研究院联合召开新闻发布会，宣布“朱鹮全基因组序列图谱绘制”完成。据悉，朱鹮全基因组序列图谱绘制是继鸡基因组、珍珠鸟基因组、火鸡基因组之后，世界上完成的第四个鸟类基因组测序项目和全基因组序列图谱，对于挽救和保护朱鹮和注释生命现象具有重要科学价值。

4月19日

国家主席胡锦涛在人民大会堂与乌兹别克斯坦总统卡里莫夫举行会谈

胡锦涛就进一步推进中乌友好合作伙伴关系发展提出以下五点建议。一是加强各级别交往，增进政治互信。双方要保持高层交往密切，深化政府、立法机构、政党合作，进一步健全和完善双边合作机制。二是深挖合作潜力，推进务实合作。双方要继续推动两国贸易持续稳定增长，扩大能源、非资源领域合作，加强交通、通信等重点领域合作，切实改善投资环境，为双方企业在对方投资兴业提供更多便利。三是深化安全合作，维护地区稳定。双方要加强双边和多边框架内的安全对话与协作，及时交流信息，协调行动，严厉打击“东突”等“三股势力”和跨国有组织犯罪。四是扩大人文交流，促进民间友好。双方要结合明年中乌建交20周年,开展形式多样的交流活动,进一步巩固两国友好的社会基础。五是密切多边协调,加强相互支持。中方支持乌兹别克斯坦加入世贸组织,愿同乌方深化在联合国、上海合作组织等多边框架内的协调与合作,共同致力于维护并促进本地区和世界和平、稳定与发展。

卡里莫夫表示,乌方愿以明年两国建交20周年为契机,进一步密切高层交往,相互尊重和照顾彼此核心利益,完善合作机制,扩大经贸、投资、科技、能源、非资源等领域的务实合作,加强人文交流,在国际和地区事务中密切协作,使两国关系取得更多成果,更好地造福两国人民。乌方将继续坚定支持中方在台湾、涉藏等涉及中国主权和领土完整问题上的立场,共同打击"东突"等"三股势力",维护地区和平与稳定。

会谈后,两国元首共同签署了联合声明,并出席了双边合作文件的签字仪式。

中华人民共和国和乌兹别克斯坦共和国发表联合声明

应中华人民共和国主席胡锦涛邀请,乌兹别克斯坦共和国总统伊·阿·卡里莫夫于2011年4月19日至20日对中华人民共和国进行了国事访问。中华人民共和国主席胡锦涛、全国人民代表大会常务委员会委员长吴邦国、国务院总理温家宝分别与卡里莫夫总统在亲切友好的气氛中举行了会谈和会见。双方就进一步发展双边关系、各领域务实合作及共同关心的国际和地区问题交换了意见,达成广泛共识。

中华人民共和国和乌兹别克斯坦共和国(以下简称双方)高度评价近年来双边关系及各领域合作取得的丰硕成果。

双方一致认为,增进政治互信,深化两国人民的传统友谊与相互了解,在国际和地区事务中保持密切沟通与协调,有利于地区乃至世界的和平、稳定与发展。

双方强调,2004年6月15日签订的《中华人民共和国和乌兹别克斯坦共和国关于进一步发展与加深友好合作伙伴关系的联合声明》和2005年5月25日签订的《中华人民共和国和乌兹别克斯坦共和国友好合作伙伴关系条约》以及2010年6月9日签订的《中华人民共和国和乌兹别克斯坦共和国关于全面深化和发展两国友好合作伙伴关系的联合声明》,为新时期两国关系的发展开辟了更为广阔的前景。

鉴于上述,双方声明如下:

一、双方将遵循《联合国宪章》原则,本着相互尊重国家主权及其他公认的国际法准则,在中乌两国签订的各项双边文件确定的原则基础上,保持和发展高层和各级别的密切交往,就双边关系、共同关心的国际和地区问题深入交换意见。

双方将继续落实达成的各项协议,不断充实两国关系内涵,努力推动中乌友好合作伙伴关系持续发展。

二、双方将继续坚持互不干涉内政的原则,相互坚定支持对方根据本国国情选择的发展道路,加强在维护国家主权和领土完整等问题上的合作与相互支持,并将此视为两国友好合作伙伴关系的重要组成部分。

双方不参与任何有损对方主权、安全和领土完整的同盟或集团,不采取任何此类行动,包括不同第三国缔结此类条约。双方不允许第三国利用本国领土从事损害另一方国家主权、安全和领土完整的活动,不允许在本国领土建立此类组织和团体,并禁止相关活动。

三、乌方重申,中华人民共和国政府是代表全中国的唯一合法政府,台湾是中国领土不可分割的一部分。乌方支持两岸关系和平发展和中国和平统一大业。中方对此表示高度赞赏。

四、双方认为,立法机构之间的交往是国家关系的重要组成部分,加强中国全国人民代表大会和乌兹别克斯坦最高会议的交流与合作十分重要。

五、为促进中乌友好合作伙伴关系的全面深入发展,有效指导和协调双边各领域务实合作,双方商定建立中乌政府间合作委员会机制。

六、双方认为,稳定的双边经贸合作对两国关系全面发展具有重要意义。双方将在本国现代化和经济发展战略基础上,完善双边贸易结构,实现进出口商品种类多样化,促进两国贸易增长,推动战略商品贸易,改善贸易条件,扩大高新技术和非资源领域的贸易规模,落实两国政府2010年6月9日签订的《中乌政府间非资源和高科技领域合作规划》,加快实施大型合作项目,为中乌经贸合作持续、健康、稳定发展创造条件。

双方高度重视并将继续推进两国政府间经贸合作委员会的工作,为两国商品、服务、投资和技术进入对方市场创造良好条件。

七、双方高度评价两国能源合作协议落实情况、合作成果及前景,强调中乌天然气管道项目的运营是两国能源合作的重大成就,成为中乌两国经济发展的促进因素。双方决定继续深化天然气领域合作,将加强自然资源的勘探、开发和贸易合作。

八、双方表示,愿积极扩大金融投资领域的协作。中方重申,将积极落实双方商定的中方向乌方提供贷款的项目。乌方将为上述项目的审批和实施提供便利条件。

两国元首责成双方相关部门加强协商,落实好此访期间签订的《中华人民共和国政府和乌兹别克斯坦共和国政府关于鼓励和保护投资协定》。

双方表示,将加强合作,落实纳沃伊自由工业经济区合资项目。

九、双方将不断加强在国际和地区经济、金融组织内的相互协作。

中国支持乌兹别克斯坦加入世界贸易组织,并将提供必要协助。

十、双方将交通、通信领域合作视为发展双边关系和促进经贸合作的重要内容和优先方向。双方将支持区域通信、交通和过境运输网络化及便利化建设,采取积极措施深化两国铁路、公路及航空运输领域的合作。

十一、双方决定继续加强人文、教育及农业、卫生、体育、旅游、环保领域的合作,强调其对两国经济社会发展具有重要意义。

双方指出,开展科技领域,特别是创新和高科技领域的互利合作对两国经济发展意义重大。双方将加强专家交流,开展在重点领域的科研合作。

双方积极支持在非物质文化遗产和民族传统文化保护领域进行有效合作;加强在公共文化设施管理领域的经验交流;鼓励两国艺术家参加在对方国家举办的国际性文化活动并进行直接交流。

十二、2010年中方成功举办上海世博会和广州亚运会、亚残运会,为加强世界各国人民的交流和促进城市、社会的持续发展作出积极贡献,乌方对此予以高度评价。

中方感谢乌方积极参加2010年上海世博会并举办乌兹别克斯坦国家馆日活动及参加广州亚运会、亚残运会。

十三、双方坚决谴责和反对任何形式的恐怖主义、极端主义和分裂主义,并强调,它们仍然是本地区安全与稳定的主要威胁。

双方将在2001年6月15日签订的《打击恐怖主义、分裂主义和极端主义上海公约》和2003年9月4日签订的《中华人民共和国和乌兹别克斯坦共和国关于打击恐怖主义、分裂主义和极端主义的合作协定》的基础上,加强两国执法、安全部门以及其他相关部门的协调与合作,并在联合国和上海合作组织框架内采取有力措施,共同打击包括"东突"恐怖势力在内的一切形式的恐怖主义和分裂主义,维护两国及本地区的和平与安宁。

双方强调,有必要及时交流信息、加强合作,积极协调行动,打击对地区安全稳定构成现实威胁的各种形式的宗教极端主义,非法贩运麻醉药品、精神药物及其前体,贩卖人口和其他形式的跨国有组织犯罪活动。

十四、双方一致认为,维护中亚地区的和平、安全与稳定是地区各国面临的首要任务。中亚地区的稳定与发展符合包括中乌两国在内的本地区所有国家的利益。中方积极评价乌兹别克斯坦在维护中亚地区稳定方面所做的努力,愿同乌方在双边及上海合作组织等多边框架内加强合作,为促进中亚地区的持久和平、安全稳定与发展繁荣作出应有贡献。

双方表示,应从国际法公认准则和地区各国利益出发,解决中亚水资源开发和利用问题。

十五、双方认为,国际安全环境总体和平的大趋势更加巩固,但传统和非传统安全问题相互交织,安全威胁更趋多样性和复杂性。全球性问题更加突出,国际和地区热点问题此起彼伏,国际形势中的不稳定、不确定因素给世界和平与稳定带来严峻挑战。双方主张加强安全领域的互信与合作,通过对话与协商解决国际争端。

双方表示,愿在国际和地区事务中相互协作,为两国的发展营造更加良好的国际环境,共同努力促进世界和平、稳定与发展。

十六、双方指出,联合国在维护世界和平与稳定、促进共同发展和推动国际合作方面发挥着核心作用。双方支持联合国及其安理会进行合理、必要的改革,提高工作能力和效率。

在安理会改革问题上,双方主张应优先增加发展中国家的代表性,让中小国家有更多机会参与安理会决策。改革应通过广泛民主协商,就联合国改革所涉及的各类问题寻求"一揽子"解决并达成最广泛一致。

十七、双方表示,上海合作组织在维护地区和全球安全,深化成员国之间的睦邻互信和务实合作方面发挥着重要作用。努力发展和壮大上海合作组织、提升其影响力和国际威望符合各成员国的根本利益。

中方对乌方作为上海合作组织主席国成功举办2010年上海合作组织塔什干峰会、努力推动上海合作组织同其他国际组织和国家积极开展交往、采取措施增强上海合作组织在促进国际和地区和平与发展中的作用给予高度评价。

双方将一如既往地与上海合作组织其他成员国相互协作,努力增强上海合作组织在保障地区安全、应对共同威胁和挑战、推进经济和人文领域合作方面的作用。

十八、双方强调阿富汗实现和平与稳定的重要性,指出中亚地区的稳定与安全同阿富汗局势密切相关。

双方重申,加快由联合国主导、吸收有关各方参与的阿富汗和平重建进程,以及建立由地区各国和国际组织参加的推进阿富汗问题谈判进程的高效机制具有重要意义。

双方表示,愿与国际社会相互协作,推动建立一个和平稳定、独立自主、睦邻友善和发展进步的阿富汗,使其摆脱恐怖主义和非法贩运毒品活动。

双方积极评价阿富汗和平重建进程，支持国际社会在联合国主导下，在尊重阿富汗独立、主权和领土完整的前提下，帮助阿富汗重建，共同促进阿富汗及本地区的和平、稳定与发展。

乌兹别克斯坦共和国总统伊·阿·卡里莫夫感谢中华人民共和国主席胡锦涛及中国人民对乌兹别克斯坦代表团的热情友好接待，并邀请胡锦涛主席在方便的时候对乌兹别克斯坦进行国事访问。访问具体时间将通过外交途径商定。

中华人民共和国主席　乌兹别克斯坦共和国总统
胡锦涛　伊·阿·卡里莫夫
2011年4月19日于北京

国务院总理温家宝在中南海紫光阁会见印度尼西亚外长马蒂

全国政协主席贾庆林在北京参观生物芯片北京国家工程研究中心暨博奥生物有限公司

贾庆林指出，实现"十二五"规划目标任务，关键要靠科学技术，靠提高自主创新能力。博奥公司在提高自主创新能力、推动科技事业发展中大有可为，要不断攀登世界科学技术高峰，为建设创新型国家，为加快转变经济发展方式、实现科学发展贡献力量。他希望博奥公司按照"自主创新、重点跨越、支撑发展、引领未来"的方针，坚持把企业技术进步与国家发展战略、经济社会发展目标、人民日益增长的物质文化需要紧密结合起来，加快推进科技创新，重视新技术产品的应用，为提高我国人民的健康水平提供科技支撑。要遵循科技人才的成长规律，建立健全开放流动、竞争合作的科技人员管理制度，营造生动、活跃、民主的研究氛围，加大人才培养力度，为中国生物医学工业造就更多的创新人才和管理人才。要积极利用全球创新资源和最新科技成果，进一步扩大与国际知名企业的合作，加快企业"走出去"步伐，积极开拓国际市场，着力打造国际品牌，为国家争得更多更大的荣誉。

中共中央政治局委员、国务委员刘延东，全国人大常委会副委员长、农工党中央主席桑国卫，全国政协副主席、致公党中央主席、科技部部长万钢等一同参观。

国务院妇女儿童工作委员会五届三次全体会议在北京召开

会议审议《中国妇女发展纲要(2011—2020年)》和《中国儿童发展纲要(2011—2020年)》(稿)。中共中央政治局委员、国务委员、国务院妇儿工委主任刘延东出席会议。

刘延东指出，2001—2010年《中国妇女发展纲要》和《中国儿童发展纲要》实施以来，男女平等观念和儿童优先原则更加深入人心，妇女受教育程度和参与国家社会事务管理的程度进一步提高，就业人数稳步增加，妇女儿童人身权益保护和健康状况明显改善，妇女儿童事业成绩显著。

刘延东强调，各地区、各有关部门要始终把实现好、维护好、发展好广大妇女儿童的根本利益作为妇女儿童工作的出发点和落脚点，以制定实施新的十年妇女儿童发展纲要为抓手，努力解决妇女儿童发展面临的突出问题，推动广大妇女参与经济社会建设，促进妇女儿童更好地共享改革发展成果。要加强政策引导和服务，切实保障妇女公平就业和土地承包等各项经济权益。要着力提高妇女综合素质，弘扬"自尊、自信、自立、自强"精神，增强参与竞争、寻求发展的能力。要切实维护妇女儿童人身权益，严厉打击拐卖妇女儿童、利用儿童乞讨等违法犯罪行为，更加关爱农村留守儿童，加强流浪儿童救助，着力解决好流动妇女儿童卫生保健、教育、社会保障方面的问题。要采取综合措施，建立长效机制，保障和促进儿童全面健康成长。刘延东要求，相关部门要适应新形势发展要求，完善工作体制机制，狠抓队伍建设，创新工作方法，全面提高妇女儿童工作科学化水平。

国务院批转住建部等部门《关于进一步加强城市生活垃圾处理工作意见》并发出通知

最高人民法院发布《中国法院知识产权司法保护状况(2010年)》白皮书

白皮书系中英文本，其中中文本约1.3万字，英文本近8000字。该白皮书全面回顾总结了人民法院2010年的知识产权司法保护工作，充分展示了人民法院知识产权司法保护工作取得的成就。

白皮书显示，2010年地方各级人民法院共新收和审结知识产权民事一审案件42931件和41718件，比2009年增长40.18%和36.74%，新收一审案件诉讼标的总金额达到794801.33万元。全国知识产权民事一审案件平均调解撤诉率达到66.76%，同比上升5.68个百分点。

在行政审判支持和监督依法行政方面，2010年地方各级人民法院新收一审知识产权行政案件2590件，同比上升25%；审结2391件，同比上升21.31%。知识产权行政案件一审收结案数大幅上升，主要集中在商标行政案件，这表明注册商标作为区分商品和服务来源的重要手段，作为生产者和经营者商誉的重要载体，受到越来越多的重视。

在刑事审判方面，2010年，全国法院新收一审知识产权刑事案件3992件，同比上升9.58%。全国法院共审结涉及知识产权侵权的一审刑事案件3942件，同比上升7.7%；判决发生法律效力6001人，其中有罪判决6000人。

全国工商系统打击侵犯知识产权和制售假冒伪劣商品专项行动现场交流会在济南举行

中共中央政治局常委李长春在内罗毕与肯尼亚副总统穆西约卡举行会谈

李长春积极评价中国共产党与肯联合执政的三大政党的友好关系，希望继续开展形式多样、内容丰富的交流和交往，不断夯实中肯关系的政治基础，推动中肯关系全面发展。

穆西约卡说，肯尼亚和广大非洲人民衷心感谢和欢迎中国参与非洲建设进程，为包括肯尼亚在内的非洲国家经济社会发展提供宝贵支持。这是中非真诚伙伴关系和高度政治互信的明证，也是中非关系不断向前发展的坚实基础。他重申肯将继续坚持一个中国政策。

会见结束后，李长春和穆西约卡共同出席"新华手机报"开通仪式。新华手机报是新华通讯社、中国华为公司和肯尼亚当地移动运营商合作开发的，充分利用了现代传媒技术和新华社丰富、权威的新闻信息资源优势。

中共中央政治局常委李长春在内罗毕会见肯尼亚议长马伦德

国务院副总理李克强在人民大会堂与马来西亚副总理穆希丁举行会谈

外交部部长杨洁篪与印尼外长马蒂·纳塔莱加瓦在北京举行会谈

外交部发言人洪磊在例行记者会上就跨境河流开发和六方会谈等问题答记者问

问：有媒体近日报道称，中国正在加速在跨境河流上修建水坝，引发周边国家担心，报道认为未来中国可能把水资源当作一种政治武器影响下游国家。中方对此有何回应？

答：中方对跨境河流的开发利用一直采取负责任的态度，充分考虑对下游的影响和下游国家的正当利益。中方一贯高度重视对资源、环境和生态的影响，主动照顾下游国家关切，并与有关国家保持良好沟通。作为负责任的上游国家，中方决不会做有损下游国家利益的事情。中国将继续通过相关对话与合作渠道，在平等协商、互惠互利的基础上，加强与有关各方的沟通与协调。

问：美国国务院发言人近日表示，朝韩举行对话并建立友好关系是重启六方会谈的首要步骤。中方对此有何回应？

答：全面均衡落实第四轮六方会谈发表的"9·19共同声明"，实现朝鲜半岛无核化，维护半岛和东北亚地区的长治久安符合有关各方的共同利益。最近半岛局势有所缓和，各方之间的互动正在逐渐展开。希望朝鲜半岛核问题有关各方抓住当前有利时机，并通过各种形式的接触对话，为早日重启六方会谈创造条件。要实现朝鲜半岛无核化这一目标，就必须尽快谈起来，在谈判的进程中建立信任，寻找妥善的解决办法。

4月20日

中共中央总书记胡锦涛在清华大学考察

清华大学迎来了建校100周年。胡锦涛为清华大学走过的百年历程和取得的辉煌业绩感到由衷的欣慰。胡锦涛希望清华大学以建校百年为新的起点，全面贯彻党的教育方针，坚持教书育人，进一步提高教学质量和科研水平，努力跻身世界一流大学行列，为国家富强、民族振兴造就更多优秀人才、提供更多智力支持，不断谱写清华大学新的辉煌篇章。

中共中央政治局委员、北京市市委书记刘淇，中共中央政治局委员、国务委员刘延东，中共中央书记处书记、中央办公厅主任令计划等一同考察。

中共中央总书记胡锦涛致电祝贺劳尔·卡斯特罗当选古巴共产党中央委员会第一书记

十一届全国人大常委会第二十次会议在人民大会堂举行第一次全体会议

会议审议行政强制法草案、关于修改煤炭法和建筑法个别条款的决定草案、道路交通安全法修正案草案、个人所得税法修正案草案，听取国务院关于"五五"普法工作情况、关于集体林权制度改革工作情况的报告等。

吴邦国委员长主持会议。常委会组成人员148人出席会议，符合法定人数。

会议听取了全国人大法律委员会副主任委员乔晓阳作的关于行政强制法草案修改情况的汇报。草案已经十届全国人大常委会第十九次会议、第三十次会议以及十一届全国人大常委会第十次会议三次审议，提交本次常委会会议审议的草案四审稿对行政法规可以设定部分行政强制措施、行使相对集中行政处罚权的行政机关可实施法律法规规定的与行政处罚权有关的行政强制措施、进一步明确代履行的范围、进一步完善行政强制程序严格规范行政强制权等作了规定。

1996年通过的煤炭法和1997年通过的建筑法都规定了必须为职工办理意外伤害保险,支付保险费。今年7月即将施行的社会保险法确立了统一的工伤保险制度,要求职工参加工伤保险,由用人单位缴纳工伤保险费。为保持法律之间的协调衔接,避免出现煤矿企业、建筑施工企业同时参加两项保障内容相同的强制保险的情况,需在社会保险法施行前对煤炭法和建筑法的相关规定进行修改。全国人大财政经济委员会主任委员石秀诗就关于修改煤炭法和建筑法个别条款的决定草案作了说明。

将于2011年5月1日起施行的刑法修正案(八)中对醉酒驾车作了规定。为了与刑法修正案(八)的规定相衔接,需要修改道路交通安全法的相关规定。受国务院委托,公安部副部长杨焕宁就道路交通安全法修正案草案作了说明。草案修改了对醉酒后驾驶机动车违法行为人拘留的规定,加大了对饮酒后驾驶机动车违法行为的行政处罚,加大了对伪造、变造机动车牌证及使用假牌证违法行为的行政处罚。

我国现行个人所得税法自1994年实施以来,在调节收入分配、组织财政收入等方面发挥了重要作用。为了贯彻中央关于加强税收对居民收入分配调节的要求,降低中低收入者税收负担,加大对高收入者的调节,并考虑到居民基本生活消费支出增长的实际情况,有必要修订个人所得税法。受国务院委托,财政部部长谢旭人就个人所得税法修正案草案作了说明。草案将工资薪金所得减除费用标准由现行的每月2000元提高到每月3000元;调整了工资薪金所得税率级次级距,将现行工薪所得9级超额累进税率修改为7级,加大了对高收入者的调节力度;相应调整个体工商户生产经营所得和承包承租经营所得税率级距;延长了申报缴纳税款时间。

受国务院委托,国家林业局局长贾治邦报告了集体林权制度改革工作情况。他在介绍集体林权制度改革的主要内容和主要措施后说,虽然全面推开林权制度改革的时间不长,但改革平稳顺利、成效逐步显现:一是激发了农民造林育林护林的热情,森林资源得到保护和发展;二是促进了林业产业的快速发展,社会就业渠道得到拓宽;三是增加了农民的财产和收入,农民群众得到实惠;四是调处了大量林权纠纷,农村不稳定因素得到改善;五是改善了农村干群关系,农村社会管理水平得到提升。

在分析集体林权制度改革存在的困难和问题后,贾治邦指出,要力争今年完成林地确权任务,明年完成林权证发放任务,在此基础上继续深化改革,重点抓好六项工作:加强森林抚育经营,提高森林质量和碳汇能力;加大财政支持力度,构建支持林业发展的长效机制;强化金融保险服务,吸引社会资金发展林业;规范林权流转行为,保障农民合法权益;加快发展林业产业,拓宽农民就业增收渠道;加强林业合作组织建设,健全林业社会化服务体系。

受国务院委托,司法部部长吴爱英报告了“五五”普法工作情况。她说,5年来,“五五”普法规划顺利实施:一是突出学习宣传宪法,各项法律法规得到广泛传播;二是坚持以领导干部、公务员、青少年、企业经营管理人员和农民为重点,全民法制宣传教育深入推进;三是大力开展法制宣传教育主题活动,法制宣传教育在服务党和国家工作大局中发挥了积极作用;四是广泛开展“法律六进”活动,法制宣传教育覆盖面不断扩大;五是扎实开展多种形式的法治创建活动,全社会法治化管理水平不断提高;六是坚持改革创新,普法依法治理工作水平进一步提升;七是健全完善领导体制和工作机制,为普法依法治理工作深入开展提供有力保障。

吴爱英说,在充分肯定“五五”普法取得成绩的同时,也要看到存在的问题和不足。下一步要继续加强宪法学习宣传,大力加强中国特色社会主义法律体系学习宣传,紧紧围绕党和国家工作大局开展法制宣传教育,进一步加强普法重点对象法制宣传教育,进一步推进法制宣传教育工作创新,努力为实现“十二五”时期经济社会发展目标、夺取全面建设小康社会新胜利营造良好法治环境。

法制宣传教育是提高全民法律素质,推进依法治国、建设社会主义法治国家的一项重要基础性工作。为适应“十二五”时期经济社会发展需要,进一步增强全社会法治观念、推进依法治国进程,有必要从2011年到2015年在全体公民中组织实施法制宣传教育的第六个五年规划。为此,国务院提出了关于进一步加强法制宣传教育的决议草案。受国务院委托,吴爱英就决议草案作了说明。决议草案明确,要深入学习宣传宪法和国家基本法律,努力提高全民法律意识和法律素质,公务员尤其是各级领导干部要做学法守法用法的表率,要进一步丰富和拓展法制宣传教育的方法和阵地,健全完善法制宣传教育工作机制,加强对本决议贯彻实施情况的监督检查。

会议听取了全国人大常委会代表资格审查委员会主任委员黄镇东作的关于个别代表的代表资格的报告。

会议还审议了有关任免案。

全国人大常委会副委员长王兆国、路甬祥、乌云其木格、韩启德、华建敏、周铁农、李建国、司马义·铁力瓦尔地、蒋树声、陈昌智、严隽琪、桑国卫出席会议。

国务委员兼国务院秘书长马凯、最高人民检察院检察长曹建明以及最高人民法院负责人、全国人大各专门委员会成员，各省、自治区、直辖市人大常委会负责人，部分全国人大代表等列席会议。

全国人大常委会委员长吴邦国在人民大会堂与乌兹别克斯坦总统卡里莫夫举行会谈

吴邦国说，中方高度赞赏乌方多年来在台湾、涉藏、打击“东突”恐怖势力等重大核心利益问题上给予的坚定支持，将一如既往支持乌兹别克斯坦走符合本国国情的发展道路，支持乌兹别克斯坦政府为维护本国独立与主权、安全与稳定及发展经济所做的努力。在当前复杂多变的国际形势下，中乌有必要进一步加强战略合作，共同应对挑战，维护各自利益。希望双方以建交20周年为契机，全面落实两国元首达成的重要共识，深化在能矿资源、非资源领域、高新技术、金融等领域的合作，扩大在文化、教育、安全、军事等领域的交流与合作，密切在上海合作组织等多边组织中的沟通与协调，推动中乌关系取得更大发展。中国全国人大支持中乌关系发展，愿通过加强与乌兹别克斯坦最高会议的友好往来与合作，为国家关系作出更大贡献。

卡里莫夫表示，乌兹别克斯坦视中国为可信赖、可依靠的合作伙伴，愿与中国加强包括议会交往在内的全方位友好往来与合作。

全国人大常委会委员长吴邦国在人民大会堂会见印度尼西亚国会议长马祖基

国务院总理温家宝主持召开国务院常务会议研究部署2011年深化经济体制改革重点工作

会议指出，今年是“十二五”开局之年，要以更大的决心和勇气推进重点领域和关键环节的改革，处理好政府和市场、经济增长和社会发展、深化改革和保持稳定、应对当前挑战和完善体制机制之间的关系，更加重视改革顶层设计和总体规划，加快破除制约科学发展的体制机制障碍，促进经济发展方式转变，推动经济社会全面协调可持续发展。

会议确定了2011年改革重点工作。一是推进转变经济发展方式的改革，促进科学发展。健全国有资本有进有退、合理流动机制，加快推进国有大型企业公司制股份制改革。落实鼓励引导民间投资的政策措施，制定公开透明的市场准入标准和支持政策，出台中小企业服务体系建设指导意见。深化资源性产品价格和环保收费改革，稳步推进电价改革，完善成品油、天然气价格形成机制。深化财税金融体制改革，健全财力与事权相匹配的财税体制和县级基本财力保障机制，扩大资源税改革实施范围，在部分生产性服务业领域推行增值税改革试点。调整完善房地产相关税收政策。推进利率市场化改革，加快培育农村新型金融机构。深化涉外经济体制改革，建立健全境外投资风险防控机制。二是深化社会领域改革，保障和改善民生。深化收入分配和社会保障制度改革，研究制定收入分配改革方案，稳步推行工资集体协商制度。推进城镇居民养老保险试点和事业单位养老保险制度改革试点，扩大新农保试点范围，加快推进住房保障体系建设。推进国家基本公共服务体系建设，改革基本公共服务提供方式。积极稳妥推进户籍管理制度改革。推进科技、教育、医药卫生体制改革。三是深化行政体制改革，加强廉政建设。深化行政审批制度改革，加强行政问责制度建设。分类推进事业单位改革。大力推进财政预算公开。制订出台机关运行经费管理、公务接待和会议、公务用车制度等改革方案。开展省直接管理县(市)试点。四是深化农村改革，完善体制机制。完善农村土地承包关系长久不变的政策和实施办法，建立耕地保护补偿机制。改革农村征地制度。推进国有农场、林场管理体制改革。完善水资源管理体制，积极推进水价改革。

会议明确了责任分工，要求各地区、各有关部门加强组织领导和督促检查，强化协调配合，狠抓贯彻落实，确保各项改革取得实质性突破。

会议决定，中央财政增加安排180亿元，用于公共租赁住房和廉租住房建设、城市棚户区改造及相关基础设施配套补助；增加安排123亿元，用于新农保试点补助。增加安排后，2011年新农保覆盖地区范围将从原计划的40%提高至60%，从7月1日起实施，城镇无收入居民养老保险试点工作同步推进。

国务院总理温家宝在中南海紫光阁分别与乌兹别克斯坦总统卡里莫夫和马来西亚副总理穆希丁举行会谈

在会见卡里莫夫时，温家宝说，双方商定建立中乌政府间合作委员会机制，这有利于双方更好地统筹、协调和推进各领域务实合作，推进两国关系发展。双方要制定工作细则，加强两国政府间的交流与合作。中方愿与乌方深化能源资源合作，扩大上下游一揽子合作，推动能源项目和金融合作相结合，促进相关产业良性互动和企业相互投资；加强非资源和高科技领域合作，探讨共建科技合作园区、农业示范园区，加强共同研发及其产业化合作，培育双方合作新的增长点。

卡里莫夫表示，乌方愿与中方共同努力，充分利用两国政府间合作委员会机制,深化能源、资源、投资、农业等领域的务实合作,扩大创新和高科技合作,进一步提升两国经贸合作水平。乌方欢迎中国企业到乌投资兴业并为此提供便利。

在会见穆希丁时,温家宝说,中方愿同马方保持高层交往,推进互利合作,加强人文交流,密切在重大国际和地区问题上的沟通与配合,使中马睦邻友好关系代代相传,造福两国人民。

穆希丁说,马方视中国为可靠的伙伴,愿同中国扩大贸易和投资,拓展在经济、金融、基础设施建设、人文等领域的合作,加强在国际和地区事务中的协调和沟通。

全国政协主席贾庆林在人民大会堂会见以联盟总裁 旁遮普省首席部长谢里夫为团长的巴基斯坦穆斯林联盟代表团

国办发出《关于严厉打击食品非法添加行为切实加强食品添加剂监管的通知》

各省、自治区、直辖市人民政府,国务院各部委、各直属机构:

当前,在食品生产经营中违法添加非食用物质和滥用食品添加剂已成为影响食品安全的突出问题。为严厉打击食品非法添加行为,进一步加强食品添加剂监管,切实维护人民群众身体健康和生命安全,经国务院同意,现就有关事项通知如下:

一、严厉打击食品非法添加行为

(一)严禁在食品中添加非食用物质。根据有关法律法规,任何单位和个人禁止在食品生产中使用食品添加剂以外的任何化学物质和其他可能危害人体健康的物质,禁止在农产品种植、养殖、加工、收购、运输中使用违禁药物或其他可能危害人体健康的物质。

(二)加强非法添加行为监督查验。各地区、各有关部门要加大监督检查力度,实行网格化监管,明确责任,分片包干,消除监管死角。督促食用农产品生产企业、农民专业合作经济组织、食品生产经营单位严格依法落实查验、记录制度,并作为日常监管检查的重点。督促食品生产经营单位建立健全检验制度,加密自检频次。完善监督抽检制度,强化不定期抽检和随机性抽检,特别要针对生鲜乳收购、活畜贩运、屠宰等重点环节和小作坊、小摊贩、小餐饮等薄弱部位,加大巡查和抽检力度,提高抽检频次,扩大抽检范围。推广应用快检筛查技术,提高抽检效率。

(三)依法从重惩处非法添加行为。各地区、各有关部门要始终保持高压态势,严厉打击非法添加行为。对不按规定落实记录、查验制度,记录不真实、不完整、不准确,或未索证索票、票证保留不完备的,责令限期整改。对提供虚假票证或整改不合格的,一律停止其相关产品的生产销售;对因未严格履行进货查验而销售、使用含非法添加物食品的,责令停产、停业;对故意非法添加的,一律吊销相关证照,依法没收其非法所得和用于违法生产经营的相关物品,要求其对造成的危害进行赔偿;对上述行为,同时依法追究其他相关责任。对生产贩卖非法添加物的地下工厂主和主要非法销售人员,以及集中使用非法添加物生产食品的单位主要负责人和相关责任人,一律依法移送司法机关在法定幅度内从重从快惩处。有关部门要制定依法严惩食品非法添加行为的具体办法。

(四)完善非法添加行为案件查办机制。要强化行政执法与刑事司法的衔接,相关监管部门发现非法添加线索要立即向公安等部门通报,严禁以罚代刑、有案不移。对涉嫌犯罪的,公安部门要及早介入,及时立案侦查,对影响重大或者跨省份的案件由公安部挂牌督办。有关部门要积极配合公安部门调查取证,提供相关证据资料和检验鉴定证明,确保案件查处及时、有力。

(五)加强非法添加行为源头治理。对国家公布的食品中可能违法添加的非食用物质以及禁止在饲料和饮用水中使用的物质,工业和信息化、农业、质检、工商和食品药品监管等部门要依法加强监管,要求生产企业必须在产品标签上加印"严禁用于食品和饲料加工"等警示标识,并建立销售台账,实行实名购销制度,严禁向食品生产经营单位销售。加强对化工厂、兽药和药品生产企业的监督检查,监督企业依法合规生产经营。要严密监测,坚决打击通过互联网等方式销售食品非法添加物行为。对农村、城乡接合部、县域结合部等重点区域,企业外租的厂房、车间、仓库以及城镇临时建筑、出租民房等重点部位,各地要组织经常性排查,及时发现、彻底清剿违法制造存储非法添加物的"黑窝点",坚决捣毁地下销售渠道。

二、规范食品添加剂生产使用

(一)严格监管食品添加剂生产销售。质检部门要严格执行食品添加剂生产许可制度,从严惩处未经许可擅自生产的企业;加强原料采购和生产配料等重点环节的日常监管,督促生产企业严格执行有关标准和质量安全控制要求。规范复配食品添加剂生产,严禁使用非食用物质生产复配食品添加剂。工商部门要监督食品添加剂销售者建立并严格执行进货查验、销售台账制度,严厉查处无照经营和违法销售假冒伪劣食品添加剂的行为。质检、工商、食品药品监管等部门要严厉查处制售使用标签标识不规范的食品添加剂行为,督促企业将标签标识作为食品添加剂出厂和进货查验的重要内容，不得出厂、销售不符合法定要求的产品。

(二)加强食品添加剂使用监管。食品生产经营单位和餐饮服务单位要严格执行食品添加剂进货查验、记录制度，不得购入标识不规范、来源不明的食品添加剂，严格按照相关法律法规和标准规定的范围和限量使用食品添加剂。各监管部门要加大监管力度，严肃查处超范围、超限量等滥用食品添加剂的行为。卫生部、食品药品监管局要尽快制定餐饮服务环节食品添加剂使用规定，明确允许使用的食品添加剂品种，指导餐饮服务单位规范食品添加剂使用，不得虚假宣传、欺骗消费者。食品药品监管局要重点加强对提供火锅、自制饮料、自制调味料等服务的餐饮单位使用食品添加剂的监管。

(三)完善食品添加剂标准。卫生部要从严审核、制定食品添加剂新品种国家标准，2011 年年底前要制定并公布复配食品添加剂通用安全标准和食品添加剂标识标准。对暂无国家标准的食品添加剂，有关企业或行业组织可以依据有关规定提出参照国际组织或相关国家标准指定产品标准的申请，卫生部会同有关部门要加快食品添加剂标准指定。卫生部、质检总局要尽快制定出台相关措施，做好标准指定完成前的生产许可和监管衔接工作。质检总局要及时审查公布获得进口许可的无国家标准食品添加剂的产品名单，拟生产同一品种食品添加剂的企业可以按相关规定提出制定标准立项建议，在卫生部制定并公布该标准后，按有关规定申请生产许可。

三、加强长效机制建设

(一)强化监测预警。加强食品污染物监测和食源性疾病监测网络建设，强化非法添加物和食品添加剂监测，及时开展安全评估，做到早发现、早报告、早预警，切实防范系统性风险。各地区、各有关部门在监管中发现新的可疑非法添加物或易滥用的添加剂，要立即通报卫生部。卫生部应及时组织研究更新非法添加物和易滥用食品添加剂“黑名单”，并向社会公布。

(二)强化协调联动。各地区、各有关部门要密切协调配合，强化联合执法，规范信息发布。发现违法制售使用非法添加物和滥用食品添加剂的，要及时将信息通报给相关地区和部门。相关地区和部门接到通报后，应当立即依法采取控制措施，查处违法行为。卫生部要会同有关部门细化完善规范信息通报和建立协调联动机制的具体措施。

(三)强化诚信自律。工业和信息化、商务等部门要加强食品生产经营行业管理，推动诚信体系建设，在食品行业开展“讲诚信、保质量、树新风”活动，引导企业树立安全发展、诚信经营的理念。2011 年年底前，各监管部门按系统对所有食品生产经营者建立食品安全信用档案。食品和食品添加剂等行业组织要切实负起行业自律责任，积极组织企业开展自查自纠和内部监督，加强行业监督和培训，及时发现行业中存在的问题并报告监管部门，未能及时发现并报告的要通报批评。

(四)强化社会监督。地方各级政府要建立健全食品安全有奖举报制度，设立专项奖励资金，完善工作机制，指定专门部门负责，切实落实对举报人的奖励，保护举报人的合法权益，鼓励生产经营单位内部人员举报。要结合本地实际制定食品安全信息员、协防员管理办法，加强食品安全信息员、协防员队伍建设。积极支持新闻媒体舆论监督，认真追查媒体披露的问题，及时回应社会关切，公开查处的食品安全案件。同时，要打击虚假新闻，对造成社会恐慌的假新闻制造者，要严肃追究责任。

(五)强化科普宣教。各地区、各有关部门要通过多种形式，大力宣传相关法律法规和标准知识、各类违法添加和滥用食品添加剂行为及其危害以及严厉惩处的措施，要宣传至农户、农业企业、农民专业合作经济组织、食品生产企业、食品经营单位和餐饮服务单位以及从业人员，做到家喻户晓、应知尽知。各地要特别针对小作坊、小摊贩、小餐饮进行集中宣教培训，开展案例警示教育，使其了解相关法律法规和政策规定，自觉规范生产经营行为。

四、严格落实各方责任

(一)企业要切实承担食品安全主体责任。食品生产经营者要依法履行食品安全责任，严格执行查证验货、购销台账、过程控制、产品召回等各项质量安全控制制度，杜绝使用非法添加物，规范使用食品添加剂，及时排查、整改食品安全隐患。要建立食品安全控制关键岗位责任制，明确企业主要负责人为防止非法添加和滥用食品添加剂的第一责任人，负责原材料采购和生产配料的人员为直接责任人，并分别签订责任书；对第一责任人所在单位发生违法添加行为、直接责任人发现单位购入或使用非法添加物未及时向监管部门报告的，第一责任人和直接责任人必须承担法律责任。大型食品企业要建立食品安全管理机构，确保各项食品安全措施落实到位，所属公司产品出现问题的，要暂停本企业所有同类产品的销售并向社会公告，经批批检验合格后方可继续销售。

(二)强化地方政府责任。县级以上地方政府统一负责、领导本行政区域打击非法添加和滥用食品添加剂工作，将其作为食品安全工作的重点，主要负责人要亲自抓，分管领导要直接负责。要制定年度工作计划并认真组织实施，切实加大人力、物力和经费投入，保障监管工作需要。

（三）严格落实部门责任。各有关部门要认真履行食品安全监督管理和行业管理职责，及时查处纠正违法违规行为；建立实施岗位责任制，细化、明确各级各类监管岗位的监管职责，并抄送同级监察机关；切实加强本系统监督执法队伍建设，提高素质，增强监管责任意识，提升依法行政和科学监管能力。财政部门要加大对打击食品非法添加行为和食品添加剂监管工作的支持力度。科技等部门要组织有关方面加强科技攻关，优先支持食品添加剂标准和非法添加物快检筛查技术的研发。

（四）加大责任追究力度。监察部门要加大责任追究力度，对失职、渎职行为要依法依纪追究责任。对行政区域内较长时间或较大范围出现非法添加行为且未及时有效查处的，或者行政区域内大型食品生产经营企业出现违法添加行为的，要严肃追究当地政府及部门相关负责人的责任。对监督检查中走过场、不按规定履职的公职人员，要从严追究责任；情节严重的，依法依纪开除公职；涉嫌徇私舞弊、渎职犯罪的，移交司法机关追究刑事责任。

国务院办公厅

2011年4月20日

中共中央政治局常委李长春在内罗毕会见肯尼亚议长马伦德

中共中央政治局常委李长春访问内罗毕大学并发表演讲

李长春在肯尼亚高教与科技部长科斯盖陪同下，访问内罗毕大学，并对广大师生发表题为《加强中非友好合作　携手共建美好明天》的演讲。

李长春在中肯两国文化部长陪同下出席《隔洋相看——非洲画家笔下的中国》展览开幕式，并为画展剪彩。本次展览共展出约30幅作品，是中国文化部最近3年来“非洲文化人士访华计划”项目访华非洲画家的创作成果，体现了非洲艺术家对中国文化、我改革开放以来建设成就等内容的认识和理解。随后，李长春视察了内罗毕大学孔子学院，了解非洲学生学习汉语的情况，与该校访华学者俱乐部成员亲切交流，并向该学院赠送孔子像。

国家副主席习近平在人民大会堂会见以总主席阿布里·扎尔·巴克里为团长的印度尼西亚专业集团党代表团

国务院副总理张德江在乌克兰首都基辅出席安全与创新利用核能峰会并发表讲话

张德江指出，当前国际社会高度关注核安全问题，与会各国共谋核能发展，共商促进核安全，十分及时，十分必要。25年前乌克兰切尔诺贝利核事故和最近在日本福岛发生的核泄漏事故带来的灾难令人痛心，也再一次警示人们：开发利用核电必须以确保安全为前提。张德江就国际社会通力合作、促进核能安全发展提出四点主张：一是健全制度，提高能力；二是依靠科技，提供保障；三是加强合作，共促安全；四是认真履约，防范风险。

张德江强调，和平利用核能，提高清洁能源比重，是中国能源发展战略的重要内容。在核能开发利用过程中，中国政府始终坚持安全第一的原则。日本福岛核泄漏事故发生后，中国政府本着对社会和人民负责的态度迅速反应，立即采取相应措施。今后，中国政府将继续采取更加有效的安全措施，严格履行自身承担的国际义务，与各国和国际组织密切配合，共同促进核能的安全发展。

乌克兰总统亚努科维奇主持了当天的会议。峰会围绕核安全问题展开讨论，通过了“安全与创新利用核能”峰会宣言。

国务院副总理张德江在基辅与乌克兰总统亚努科维奇举行会谈

张德江指出，中乌合作委员会是统筹、规划和指导中乌双方各领域合作的核心机制，应服务两国关系大局，深入推动双边各领域务实合作，坚持互利共赢原则。中乌合作委员会工作的启动，标志着中乌合作机制提升到新水平，双方应利用好这一平台，在互利共赢基础上就彼此关切的问题坦诚沟通，密切协调，进一步推动双边关系健康良好发展。

克柳耶夫表示，发展对华关系是乌外交优先方向。乌中领导人政治互信度高，经济互补性强，发展和深化互利合作关系潜力巨大。乌中合作委员会的启动，为双方讨论重大问题和具体项目提供了平台，有利于两国制定长期合作的战略。

张德江与克柳耶夫签署《中乌两国政府关于成立中乌合作委员会的协定》后，中乌合作委员会举行第一次会议，双方经贸、农业、航天、科技、教育、文化等6个分委会主席发言。会后，张德江与克柳耶夫签署了《中乌合作委员会第一次会议纪要》，出席了双边合作文件签字仪式和新闻发布会，并出席了中乌企业家理事会成立大会和第一次理事会开幕式。

外交部部长杨洁篪在钓鱼台国宾馆与乌兹别克斯坦总统卡里莫夫举行会谈

全军人才工作会议在北京召开

经中央军委批准召开的这次会议,主要任务是,深入学习贯彻党中央、中央军委和胡主席关于人才建设的决策指示,紧紧围绕国防和军队发展的主题和主线,贯彻全国人才工作会议和教育工作会议精神,交流经验、表彰先进,部署实施《2020年前军队人才发展规划纲要》,在新的起点上推动军队人才建设科学发展。

中央军委委员、总政治部主任李继耐出席会议并讲话。

2011年院士专家咨询服务活动启动仪式在北京举行

中共中央政治局委员、中央书记处书记、中组部部长李源潮在欢送院士专家时指出,以院士专家为代表的高层次人才是我国科学发展的稀缺资源,要把最稀缺的资源送到最需要的地方去,为落实"十二五"规划、推动科学发展提供科技服务。

这次院士专家咨询服务活动,由中组部、国家发改委、教育部、科技部、工业和信息化部、人力资源和社会保障部、环境保护部、农业部、中科院、中国社科院、中国工程院,以及"千人计划"专家联谊会等12家单位举办。230位院士专家将分赴福建、陕西、湖北、广西、辽宁、江西等6省区开展科技咨询服务,这是近年来规模最大的一次。

李源潮说,落实"十二五"规划,加快转变经济发展方式,关键靠科技和人才。现在我国科技人才资源主要集中在大城市,集中在高校和科研院所。农村、企业有许多科技难题急需专家帮助解决,高校、科研院所有许多科研成果需要到生产一线转化。开展院士专家咨询服务活动,就是搭建一座桥梁,把最稀缺的资源送到最需要的地方去。希望院士专家下去后,积极为地方科学发展出主意,帮助企业、农村解决生产中的关键技术难题,促进科研成果向现实生产力转化,建立产学研长期合作渠道,使科研更好地为经济社会发展服务。各地和有关部门要积极为科技人员服务基层提供支持。

12家主办单位和6省区党委组织部负责同志参加了启动仪式。

国家重点基础研究发展计划("973"计划)和国家重大科学研究计划2011年项目在北京启动实施

这是"十二五"期间国家科技计划启动的首批项目。

国家重大科学研究计划今年继续坚持前瞻性部署,在蛋白质研究、量子调控研究、纳米科学研究等共6个计划立项64个项目,投入总经费15.6亿元。据介绍,"十一五"期间,973计划和国家重大科学研究计划共投入国拨经费115亿元,启动项目497项,支持科研人员近3万人次。

新闻出版总署发布《新闻出版业"十二五"时期发展规划》

国家海洋局发布《2010年中国海洋灾害公报和中国海平面公报》

公报显示:去年各类海洋灾害造成直接经济损失132.76亿元,死亡(含失踪)137人。此次公布的《2010年中国海洋灾害公报》对去年海洋灾害情况进行了深入调查和分析,结果表明:去年我国累计发生132次风暴潮、海浪和赤潮过程,其中44次造成灾害。各类海洋灾害(含海冰、浒苔等灾害)造成直接经济损失132.76亿元,死亡(含失踪)137人。海啸灾害方面,2010年我国未发生海啸灾害。

中国伊斯兰教协会在北京举行伊斯兰教解经工作10周年新闻发布会

发布会发布消息,解经旨在发扬中国穆斯林优良传统,学习国际伊斯兰教界抵制极端主义的思想主张,正本清源,宣传伊斯兰教的真精神,维护伊斯兰教信仰的纯洁性,促进伊斯兰教教务工作的开展,保障中国伊斯兰教的健康发展。

该委员会成立10年来,相继编写出版了四辑解读伊斯兰教经典的《新编卧尔兹演讲集》,印数达80万册。这些"卧尔兹"高举爱国、和平、团结的旗帜,着力阐扬伊斯兰教和平、团结、宽容、仁慈、中道、反对私欲、两世吉庆等思想理念,在穆斯林群众中产生了积极影响,取得了良好的社会效应。解经工作弘扬伊斯兰教积极主张,丰富伊斯兰文化内涵,提升穆斯林群众信仰层次,在抵制"三股势力"(民族分裂势力、暴力恐怖势力和宗教极端势力)的渗透破坏,消除思想混乱,提高伊斯兰教教职人员政治和宗教素质,引导我国伊斯兰教健康顺利发展,促进宗教与社会相适应,维护国家统一、民族团结、社会稳定等方面发挥了巨大作用。

4月21日

十一届全国人大常委会第六十二次委员长会议在人民大会堂举行

吴邦国委员长主持会议。

会议听取了全国人大常委会副委员长兼秘书长李建国作的关于全国人大常委会代表资格审查委员会关于个别代表的代表资格的报告和有关任免案审议情况

的汇报。

会议听取了全国人大法律委员会主任委员胡康生作的关于修改煤炭法和建筑法个别条款的决定草案、道路交通安全法修正案草案审议结果的汇报。

会议听取了全国人大内务司法委员会主任委员黄镇东作的关于进一步加强法制宣传教育的决议草案审议情况和修改意见的汇报。

委员长会议决定,根据常委会组成人员的审议意见,对上述议案和草案做进一步审议修改后,交付十一届全国人大常委会第二十次会议闭幕会表决。

全国人大常委会副委员长王兆国、路甬祥、乌云其木格、韩启德、华建敏、周铁农、司马义·铁力瓦尔地、蒋树声、陈昌智、严隽琪、桑国卫等出席会议。

全国人大常委会委员长吴邦国在人民大会堂会见美国国会参议院多数党领袖瑞德

吴邦国说,中方愿与美方一道,积极落实胡锦涛主席与奥巴马总统达成的共识,坦诚对话、增进互信、深化合作、增进友谊,妥善照顾彼此核心利益和重大关切;大力推进经贸合作,特别是新能源、新材料、基础设施建设等领域的务实合作,共同推动中美关系取得更大发展,更好地造福两国人民和世界人民。

谈到议会关系时,吴邦国说,中国全国人大与美国国会在各自政治生活中都具有重要影响。近年来,双方通过定期交流机制渠道开展了富有成效的沟通对话,成为促进中美关系发展的建设性力量。希望双方继续保持交往势头,丰富交流对话的形式和内涵,为中美增进互信、扩大合作发挥更大作用。

瑞德等参议员表示,美中在许多重大问题上有着相似的看法和一致的利益。此次代表团成员都是美国参议院重要代表性人物,显示了美国各方对加强美中合作的强烈兴趣。美国国会参议院愿深化与中国全国人大的交往,为促进两国在经贸、环境保护、清洁能源等领域的合作,推动美中关系发展发挥更加积极的作用。

国务院总理温家宝在中南海紫光阁会见印度尼西亚国会议长马祖基

温家宝表示,两国应加强高层交往,包括政府、议会的交往,就全面深化两国战略合作深入交换意见;用好中国—东盟自贸区这一平台,深化经贸合作;创造良好的投资环境,加强投资合作;加强人文交流,增进两国人民的友谊;加强在国际和地区问题上的协调配合,共同推动中国—东盟关系和东亚合作持续健康发展,维护发展中国家利益。

马祖基表示,印尼愿与中国一道,充分利用中国—东盟自贸区的有利条件,进一步深化双方各方面的合作。印尼欢迎更多的中国企业到印尼投资兴业。印尼国会愿为此作出努力,以造福两国人民。

国务院副总理李克强在北京出席全国严厉打击非法添加和滥用食品添加剂专项工作电视电话会议

李克强说,食品问题无小事,保障安全是大事。这直接关系群众身体健康和生命安全,关系经济社会发展大局。近期发生并查处的一些食品安全突出事件,都与食品生产经营中滥用或非法使用添加物有关,群众对此高度关注。遇乱则治、知难而进,要把整治食品非法添加作为保障食品安全的重要切入点,追踪溯源,加强全过程管理,严查食品制作和加工源头,严管食品添加剂使用,严禁非法添加物,严把食品生产、流通、消费各道关口,促进食品安全形势稳定好转。

李克强强调,食品非法添加危害性大,一旦发生问题,社会影响面广,容易引起连锁反应,必须高度重视。要以《食品安全法》为准绳,重典治乱,加大惩处力度,切实改变违法成本低的问题,让不法分子付出高昂代价,真正起到震慑作用。一旦发现非法添加,要快查快处,第一时间查封问题产品,责令停产停业,并给予严厉经济处罚。对故意添加的,一律吊销证照、罚没设备,企业负责人不得再从事相关食品行业。对涉案政府工作人员,情节严重的,要依法依纪开除公职。对涉嫌犯罪的,要及时移送司法机关,并依据新出台的《刑法修正案》,从重从快予以严惩。

李克强指出,让群众吃得安全、吃得放心,各级政府守土有责,市、县政府尤其要负起责任。要标本兼治,改革并完善食品监管体制机制,严格监管责任制和问责制,对食品安全突出事件,不论发生在哪个地区、涉及哪个部门,都要实行问责。保证食品安全是食品生产经营者最基本的行为准则,要落实企业主体责任,强化讲诚信、保质量的理念并开展相关活动,切实筑牢食品安全的基础。维护食品安全还要依靠群众,加强舆论监督,畅通举报渠道,使劣质食品无藏身之地。对引起社会恐慌的谣言和不实消息,也要及时澄清。

国办发出《关于进一步加强政府网站管理工作的通知》

各省、自治区、直辖市人民政府,国务院各部委、各直属机构:

政府网站已经成为各级人民政府及其部门发布政府信息、提供在线服务、与公众互动交流的重要平台和窗口,在提高行政效能、提升政府公信力等方面发挥了重要作用。但也有一些地方和部门政府网站存在发布信息和页面更新不及时甚至链接错误等问题,给政府形象和公信力造成不良影响。最近,温家宝总理作出重要批示,指出办好政府网站的关键在于及时、准确公开政务信息,倾听群众的意见、呼声和要求,及时讲清事实真相、政策措施、处理结果。只有互动、解决问题,才能吸引群众。为切实加强和规范政府网站管理,经国务院同意,现就有关事项通知如下:

一、高度重视,进一步加强对政府网站管理工作的领导

一些政府网站存在的种种问题,主要原因是建而不管或管不到位,有的单位负责同志对本单位开办的政府网站不问不看,致使网站的政府信息公开平台作用长期得不到发挥和体现,网站管理中存在的问题长期得不到纠正。各地区、各部门要进一步提高认识,把办好网站放在政府工作的重要位置。要按照谁主管谁负责、谁运行谁负责的原则,强化管理和责任,确保网站管理工作落实到人,做到不办则已,办则有人管、能管好。对于委托其他单位运行维护的政府网站,主管单位要加强检查指导,做好内容保障工作,确保网站管理不缺位。提倡领导同志读网。

二、全面检查,切实解决政府网站管理中的突出问题

各地区、各部门要对本地区、本部门政府网站进行全面检查,重点检查以下内容:一是网站页面能否正常访问,各栏目及其子栏目内容是否及时更新;二是信息发布审核和保密审查机制是否健全;三是网站提供的各项服务和互动功能是否正常;四是网站链接是否经过管理单位审核把关,是否存在错链和断链;五是网站安全防范工作是否到位,是否采取了防攻击、防篡改、防病毒等安全防护措施,并制订了应急处置预案;六是网站管理单位和运行维护单位职责是否明确。对检查清理中发现的问题要及时整改,确保上网信息准确、真实,不发生失泄密问题,确保公众能够及时获取政府信息、获得便利的在线服务,确保链接正确有效、网站安全平稳运行。对确实无力管好的网站或栏目,要果断予以关闭。

各地区、各部门要对政府网站管理工作开展经常性的督促检查,并使之制度化、常态化,及时发现并妥善解决存在的问题。

三、健全机制,充分发挥政府网站的信息公开、互动交流作用

要切实加强主动公开工作,及时准确在政府网站发布涉及群众切身利益、需要社会公众广泛知晓或者参与的政府信息,尤其要做好财政预决算、公共资源配置、重大建设项目、社会公益事业等领域政府信息的发布工作。凡是可公开的不涉密文件,都要通过政府网站公开发布。涉及群众切身利益的重要决策,要在政府网站公开征求意见;重要政策出台后,要及时通过政府网站做好政策解读工作;对公众关注的社会热点问题,要主动在政府网站予以回应,发布权威信息,讲清事实真相、有关政策措施以及处理结果等。提倡地方和部门负责同志到政府网站接受在线访谈。

四、规范管理,不断提升政府网站工作水平

政府网站管理单位要建立网站链接审批制度,严格审核把关;运行维护单位要定期检查链接的有效性,发现链接错误,要及时查明原因,加以更正。网站管理和运行维护单位要建立值班读网制度,安排值班人员每日登录网站读网,检查网站运行和页面显示是否正常,特别要认真审看重要稿件和重要信息,及时发现和纠正错情。要不断完善政府网站防攻击、防篡改、防病毒等安全防护措施,做好日常巡检和监测,发现问题或出现突发情况要及时妥善处理。对于缺乏技术保障力量的政府网站,上级政府、部门和主管单位要主动协调有关方面提供技术支持,帮助其做好网站的安全防范工作。政府网站运行维护单位要按照信息安全等级保护的要求,定期对网站进行安全检查,及时消除隐患。

各地区、各部门要通过举办培训班和开展交流研讨等多种方式,对政府网站工作人员进行经常化的管理和业务培训,不断提高办网、管网能力。

国务院办公厅

2011年4月21日

国新办举行新闻发布会介绍2010年中国知识产权发展状况

国家知识产权局局长田力普,国家工商总局副局长付双建,新闻出版总署副署长、国家版权局副局长阎晓宏介绍2010年中国知识产权发展状况,并回答记者提问。

田力普说,2010年,知识产权战略实施有序开展,围绕确定的18项重点工作,较好地完成了222条具体举措。

付双建指出,去年共受理商标注册申请107.2万件,共审查商标注册申请148.1万件,审查周期由原来的36个月以上缩短到1年之内,提前两个月彻底解决国内外广泛关注的商标审查积压问题;截至2010年年底,我国商标注册累计申请量、累计注册量和有效注册量均居世界第一位。去年全年共受理专利申请122.2万件,其中国内发明专利申请29.3万件,同比增长27.9%。2010年全国作品自愿登记量达37万余件,全年共完成计算机软件著作权登记81966件,较上年增长15.5%,连续5年保持高速增长态势。去年全年集成电路布图设计登记申请1108件,受理植物新品种权申请1259件,授予品种权692个。

阎晓宏在回答记者关于“百度文库”事件的提问时表示，百度公司拥有非常广泛的使用者，但“百度文库”事件不是一个好的经营模式，它提供的储存空间里大量的作品都没经过授权，因此权利人、权利人组织，包括一些著名的作家、社会各界反映很强烈。我们正在调查处理这件事，并且约谈了百度的高层管理人员。百度方面正在考虑一些整改计划。

阎晓宏说，互联网时代传播方式发生了很大变化，遇到一些新情况、新问题，互联网上的版权纠纷占到知识产权纠纷案件的一半以上。我们一方面启动《著作权法》的修改，以更好地适应互联网时代的需要。另一方面，也希望百度公司能从法律和社会责任两个方面考虑，尽快拿出一个很好的整改计划。

据介绍，去年10月开展“打击侵犯知识产权和制售假冒伪劣商品专项行动”以来，推进了36项重点工作。2010年，全国知识产权局系统共受理专利侵权纠纷案件1077件，查处假冒专利案件728件，并在全国设立71家知识产权维权援助中心。截至2011年4月15日，全国工商机关已立案查处侵权假冒案件59511件。全国版权系统行政处罚各类侵犯著作权案件10500余件，移送司法机关530余件。全国公安机关破获侵犯知识产权和制售伪劣商品案件2049起，涉案价值23.07亿元，抓获犯罪嫌疑人4157名，逮捕930人。

国新办发布《中国的对外援助》白皮书

《中国的对外援助》白皮书全文共11000多字，以大量的数据和事实，从6个方面详细介绍了中国的对外援助。

一、对外援助政策。中国的对外援助属于南南合作范畴，是发展中国家间的相互帮助。中国对外援助政策的基本内容是：坚持帮助受援国提高自主发展能力，坚持不附带任何政治条件，坚持平等互利、共同发展，坚持量力而行、尽力而为，坚持与时俱进、改革创新。

二、对外援助资金。中国对外援助资金主要有3种类型：无偿援助、无息贷款和优惠贷款。截至2009年年底，中国累计对外提供援助金额达2562.9亿元人民币，其中无偿援助1062亿元，无息贷款765.4亿元，优惠贷款735.5亿元。

三、对外援助方式。中国对外援助主要有8种方式：成套项目、一般物资、技术合作、人力资源开发合作、援外医疗队、紧急人道主义援助、援外志愿者和债务减免。

四、对外援助分布。中国对外援助的主要对象是低收入发展中国家。亚洲和非洲作为贫困人口最多的两个地区，接受了中国80%左右的援助。中国对外援助项目主要分布在农业、工业、经济基础设施、公共设施、教育、医疗卫生等领域。近年来，应对气候变化成为中国对外援助的一个新领域。

五、对外援助管理。中国对外援助的决策权集中于中央政府。商务部是中国国务院授权的政府对外援助主管部门。2008年，商务部会同外交部、财政部等有关部门和机构，正式成立对外援助部际联系机制。2011年2月，部际联系机制升级为部际协调机制。

六、援外国际合作。中国的对外援助以提供双边援助为主，同时在力所能及的前提下支持和参与联合国等多边机构的发展援助工作，并本着开放的态度同多边组织和其他国家在发展援助领域积极开展交流，探讨务实合作。

白皮书最后指出，新形势下，中国对外援助事业任重道远。中国政府将着力优化对外援助结构，提高对外援助质量，进一步增强受援国自主发展能力，提高援助的针对性和实效性。中国将一如既往地推进南南合作，在经济不断发展的基础上逐步加大对外援助投入，与世界各国一道，推动实现联合国千年发展目标，为建设持久和平、共同繁荣的和谐世界而不懈努力。

中共中央政治局常委李长春在内罗毕会见肯尼亚总统齐贝吉

中共中央政治局常委李长春在内罗毕出席中非媒体座谈会

肯尼亚通讯社、《今日肯尼亚报》、非洲电台等10多家非洲媒体代表出席座谈会。

李长春发表总结讲话，他指出，当前形势下，大力加强中非人文交流和媒体合作面临重要机遇。良好的中肯关系、中非关系，为进一步加强媒体合作提供了沃土，中非文化、媒体合作的丰硕成果，为进一步提升合作水平奠定了基础，积累了经验。

李长春指出，应采取切实措施，丰富中非人文交流和媒体合作，使之与不断深化的中非政治、经贸关系发展水平相适应。一是积极履行《中非合作论坛—沙姆沙伊赫行动计划(2010年至2012年)》，认真贯彻执行中非文化领域承诺；二是加强中非媒体的直接沟通，让中非人民通过报道更好地了解真实的非洲、真实的中国；三是推动中非媒体在人员培训、技术支持、节目交换、资源共享等方面的合作，建立对口媒体之间的友好伙伴关系；四是增进中非媒体传播能力建设、技术发展等方面合作。

国家副主席习近平在人民大会堂会见美国国会参

议院多数党领袖瑞德率领的参议院代表团

国务院副总理李克强在人民大会堂会见以德国联邦议院联盟党党团主席福尔克尔·考德尔为团长的联盟党代表团

中央军委批准全军预备役官兵从5月1日起统一换发07式预备役军服

魏宁在2011赛季国际射联射击世界杯赛北京站女子飞碟双向比赛中获得冠军

中国工程院和环保部共同发布《中国环境宏观战略研究成果》

该项目领导小组由全国人大、全国政协以及国务院 17个部门组成。战略研究系统回顾我国30多年环保历程，认真总结我国环保工作的经验教训，科学借鉴国外环保最新理念和举措，提出我国环境保护的战略思想、方针、目标、任务和措施。研究历时3年多，形成了项目综合报告、成果要点报告、4个课题组综述报告以及29个专题报告等多项研究成果，最终成稿达600多万字，由中国环境科学出版社出版。

这一研究指出，我国环境状况是局部有所改善、总体尚未遏制、形势依然严峻、压力继续加大，环境压力比世界上任何国家都大，环境资源问题比任何国家都突出，解决起来比任何国家都困难。

战略研究提出，要避免发达国家走过的先污染后治理、牺牲环境换取经济增长的老路，积极探索代价小、效益好、排放低、可持续的中国环境保护新道路，加快构建符合国情的环境保护宏观战略体系、全防全控的防范体系、高效的环境治理体系、完善的环境法规政策标准体系、健全的环境管理体系和全民参与的社会行动体系。

4月22日

十一届全国人大常委会第二十次会议在人民大会堂闭幕

会议经表决，通过了关于修改煤炭法的决定、关于修改建筑法的决定和关于修改道路交通安全法的决定。国家主席胡锦涛分别签署主席令，公布了有关法律。

吴邦国委员长主持闭幕会。全国人大常委会组成人员149人出席，符合法定人数。

会议表决通过了全国人大常委会关于进一步加强法制宣传教育的决议。根据决议，从2011年到2015年在全体公民中组织实施法制宣传教育第六个五年规划。

会议表决通过了全国人大常委会代表资格审查委员会关于个别代表的代表资格的报告。根据全国人大常委会发表的公告，十一届全国人大现在实有代表2978人。

会议分别经过表决，任命黄小晶、王庆喜为全国人大环境与资源保护委员会副主任委员，免去王庆喜的全国人大常委会副秘书长职务；免去孙伟的全国人大常委会副秘书长职务；任命沈春耀、刘水生为全国人大常委会副秘书长。

会议还表决通过了其他任免案。

在完成各项议程后，吴邦国发表重要讲话。他说，本次常委会会议会期不长、内容重要，在大家的共同努力下，顺利完成了各项预定任务，开得很成功。

全国人大常委会副委员长王兆国、路甬祥、乌云其木格、韩启德、华建敏、周铁农、李建国、司马义·铁力瓦尔地、蒋树声、陈昌智、严隽琪、桑国卫出席会议。

国务委员戴秉国，最高人民检察院检察长曹建明，最高人民法院负责人，全国人大各专门委员会成员，各省、自治区、直辖市人大常委会负责人，部分全国人大代表等列席会议。

国家主席胡锦涛签署第45号令公布《全国人民代表大会常务委员会关于修改〈中华人民共和国煤炭法〉的决定》

《全国人民代表大会常务委员会关于修改〈中华人民共和国煤炭法〉的决定》已由中华人民共和国第十一届全国人民代表大会常务委员会第二十次会议于2011年4月22日通过，现予公布，自2011年7月1日起施行。

中华人民共和国主席　胡锦涛

2011年4月22日

全国人民代表大会常务委员会关于修改《中华人民共和国煤炭法》的决定

第十一届全国人民代表大会常务委员会第二十次会议决定对《中华人民共和国煤炭法》做如下修改：

将第四十四条修改为："煤矿企业应当依法为职工参加工伤保险缴纳工伤保险费。鼓励企业为井下作业职工办理意外伤害保险，支付保险费。"

本决定自2011年7月1日起施行。

《中华人民共和国煤炭法》根据本决定做相应修改，重新公布。

中华人民共和国煤炭法

（1996年8月29日第八届全国人民代表大会常务委员会第二十一次会议通过　根据2009年8月27

日第十一届全国人民代表大会常务委员会第十次会议《关于修改部分法律的决定》第一次修正 根据2011年4月22日第十一届全国人民代表大会常务委员会第二十次会议《关于修改〈中华人民共和国煤炭法〉的决定》第二次修正）

第一章 总 则

第一条 为了合理开发利用和保护煤炭资源，规范煤炭生产、经营活动，促进和保障煤炭行业的发展，制定本法。

第二条 在中华人民共和国领域和中华人民共和国管辖的其他海域从事煤炭生产、经营活动，适用本法。

第三条 煤炭资源属于国家所有。地表或者地下的煤炭资源的国家所有权，不因其依附的土地的所有权或者使用权的不同而改变。

第四条 国家对煤炭开发实行统一规划、合理布局、综合利用的方针。

第五条 国家依法保护煤炭资源，禁止任何乱采、滥挖破坏煤炭资源的行为。

第六条 国家保护依法投资开发煤炭资源的投资者的合法权益。

国家保障国有煤矿的健康发展。

国家对乡镇煤矿采取扶持、改造、整顿、联合、提高的方针，实行正规合理开发和有序发展。

第七条 煤矿企业必须坚持安全第一、预防为主的安全生产方针，建立健全安全生产的责任制度和群防群治制度。

第八条 各级人民政府及其有关部门和煤矿企业必须采取措施加强劳动保护，保障煤矿职工的安全和健康。

国家对煤矿井下作业的职工采取特殊保护措施。

第九条 国家鼓励和支持在开发利用煤炭资源过程中采用先进的科学技术和管理方法。

煤矿企业应当加强和改善经营管理，提高劳动生产率和经济效益。

第十条 国家维护煤矿矿区的生产秩序、工作秩序，保护煤矿企业设施。

第十一条 开发利用煤炭资源，应当遵守有关环境保护的法律、法规，防治污染和其他公害，保护生态环境。

第十二条 国务院煤炭管理部门依法负责全国煤炭行业的监督管理。国务院有关部门在各自的职责范围内负责煤炭行业的监督管理。

县级以上地方人民政府煤炭管理部门和有关部门依法负责本行政区域内煤炭行业的监督管理。

第十三条 煤炭矿务局是国有煤矿企业，具有独立法人资格。

矿务局和其他具有独立法人资格的煤矿企业、煤炭经营企业依法实行自主经营、自负盈亏、自我约束、自我发展。

第二章 煤炭生产开发规划与煤矿建设

第十四条 国务院煤炭管理部门根据全国矿产资源勘查规划编制全国煤炭资源勘查规划。

第十五条 国务院煤炭管理部门根据全国矿产资源规划规定的煤炭资源，组织编制和实施煤炭生产开发规划。

省、自治区、直辖市人民政府煤炭管理部门根据全国矿产资源规划规定的煤炭资源，组织编制和实施本地区煤炭生产开发规划，并报国务院煤炭管理部门备案。

第十六条 煤炭生产开发规划应当根据国民经济和社会发展的需要制定，并纳入国民经济和社会发展计划。

第十七条 国家制定优惠政策，支持煤炭工业发展，促进煤矿建设。

煤矿建设项目应当符合煤炭生产开发规划和煤炭产业政策。

第十八条 开办煤矿企业，应当具备下列条件：

（一）有煤矿建设项目可行性研究报告或者开采方案；

（二）有计划开采的矿区范围、开采范围和资源综合利用方案；

（三）有开采所需的地质、测量、水文资料和其他资料；

（四）有符合煤矿安全生产和环境保护要求的矿山设计；

（五）有合理的煤矿矿井生产规模和与其相适应的资金、设备和技术人员；

（六）法律、行政法规规定的其他条件。

第十九条 开办煤矿企业，必须依法向煤炭管理部门提出申请；依照本法规定的条件和国务院规定的分级管理的权限审查批准。

审查批准煤矿企业，须由地质矿产主管部门对其开采范围和资源综合利用方案进行复核并签署意见。

经批准开办的煤矿企业，凭批准文件由地质矿产主管部门颁发采矿许可证。

第二十条 煤矿建设使用土地，应当依照有关法律、行政法规的规定办理。征收土地的，应当依法支付土地补偿费和安置补偿费，做好迁移居民的安置工作。

煤矿建设应当贯彻保护耕地、合理利用土地的原则。

地方人民政府对煤矿建设依法使用土地和迁移居

民,应当给予支持和协助。

第二十一条　煤矿建设应当坚持煤炭开发与环境治理同步进行。煤矿建设项目的环境保护设施必须与主体工程同时设计、同时施工、同时验收、同时投入使用。

第三章　煤炭生产与煤矿安全

第二十二条　煤矿投入生产前,煤矿企业应当依照本法规定向煤炭管理部门申请领取煤炭生产许可证,由煤炭管理部门对其实际生产条件和安全条件进行审查,符合本法规定条件的,发给煤炭生产许可证。

未取得煤炭生产许可证的,不得从事煤炭生产。

第二十三条　取得煤炭生产许可证,应当具备下列条件:

(一)有依法取得的采矿许可证;

(二)矿井生产系统符合国家规定的煤矿安全规程;

(三)矿长经依法培训合格,取得矿长资格证书;

(四)特种作业人员经依法培训合格,取得操作资格证书;

(五)井上、井下、矿内、矿外调度通讯畅通;

(六)有实测的井上、井下工程对照图、采掘工程平面图、通风系统图;

(七)有竣工验收合格的保障煤矿生产安全的设施和环境保护设施;

(八)法律、行政法规规定的其他条件。

第二十四条　国务院煤炭管理部门负责下列煤矿企业的煤炭生产许可证的颁发管理工作:

(一)国务院和依法应当由国务院煤炭管理部门审查批准开办的煤矿企业;

(二)跨省、自治区、直辖市行政区域的煤矿企业。

省、自治区、直辖市人民政府煤炭管理部门负责前款规定以外的其他煤矿企业的煤炭生产许可证的颁发管理工作。

省、自治区、直辖市人民政府煤炭管理部门可以授权设区的市、自治州人民政府煤炭管理部门负责煤炭生产许可证的颁发管理工作。

第二十五条　煤炭生产许可证的颁发管理机关,负责对煤炭生产许可证的监督管理。

依法取得煤炭生产许可证的煤矿企业不得将其煤炭生产许可证转让或者出租给他人。

第二十六条　在同一开采范围内不得重复颁发煤炭生产许可证。

煤炭生产许可证的有效期限届满或者经批准开采范围内的煤炭资源已经枯竭的,其煤炭生产许可证由发证机关予以注销并公告。

煤矿企业的生产条件和安全条件发生变化,经核查不符合本法规定条件的,其煤炭生产许可证由发证机关予以吊销并公告。

第二十七条　煤炭生产许可证管理办法,由国务院依照本法制定。

省、自治区、直辖市人民代表大会常务委员会可以根据本法和国务院的规定制定本地区煤炭生产许可证管理办法。

第二十八条　对国民经济具有重要价值的特殊煤种或者稀缺煤种,国家实行保护性开采。

第二十九条　开采煤炭资源必须符合煤矿开采规程,遵守合理的开采顺序,达到规定的煤炭资源回采率。

煤炭资源回采率由国务院煤炭管理部门根据不同的资源和开采条件确定。

国家鼓励煤矿企业进行复采或者开采边角残煤和极薄煤。

第三十条　煤矿企业应当加强煤炭产品质量的监督检查和管理。煤炭产品质量应当按照国家标准或者行业标准分等论级。

第三十一条　煤炭生产应当依法在批准的开采范围内进行,不得超越批准的开采范围越界、越层开采。

采矿作业不得擅自开采保安煤柱,不得采用可能危及相邻煤矿生产安全的决水、爆破、贯通巷道等危险方法。

第三十二条　因开采煤炭压占土地或者造成地表土地塌陷、挖损,由采矿者负责进行复垦,恢复到可供利用的状态;造成他人损失的,应当依法给予补偿。

第三十三条　关闭煤矿和报废矿井,应当依照有关法律、法规和国务院煤炭管理部门的规定办理。

第三十四条　国家建立煤矿企业积累煤矿衰老期转产资金的制度。

国家鼓励和扶持煤矿企业发展多种经营。

第三十五条　国家提倡和支持煤矿企业和其他企业发展煤电联产、炼焦、煤化工、煤建材等,进行煤炭的深加工和精加工。

国家鼓励煤矿企业发展煤炭洗选加工,综合开发利用煤层气、煤矸石、煤泥、石煤和泥炭。

第三十六条　国家发展和推广洁净煤技术。

国家采取措施取缔土法炼焦。禁止新建土法炼焦窑炉;现有的土法炼焦限期改造。

第三十七条　县级以上各级人民政府及其煤炭管理部门和其他有关部门,应当加强对煤矿安全生产工作的监督管理。

第三十八条　煤矿企业的安全生产管理,实行矿务局长、矿长负责制。

第三十九条 矿务局长、矿长及煤矿企业的其他主要负责人必须遵守有关矿山安全的法律、法规和煤炭行业安全规章、规程,加强对煤矿安全生产工作的管理,执行安全生产责任制度,采取有效措施,防止伤亡和其他安全生产事故的发生。

第四十条 煤矿企业应当对职工进行安全生产教育、培训;未经安全生产教育、培训的,不得上岗作业。

煤矿企业职工必须遵守有关安全生产的法律、法规、煤炭行业规章、规程和企业规章制度。

第四十一条 在煤矿井下作业中,出现危及职工生命安全并无法排除的紧急情况时,作业现场负责人或者安全管理人员应当立即组织职工撤离危险现场,并及时报告有关方面负责人。

第四十二条 煤矿企业工会发现企业行政方面违章指挥、强令职工冒险作业或者生产过程中发现明显重大事故隐患,可能危及职工生命安全的情况,有权提出解决问题的建议,煤矿企业行政方面必须及时作出处理决定。企业行政方面拒不处理的,工会有权提出批评、检举和控告。

第四十三条 煤矿企业必须为职工提供保障安全生产所需的劳动保护用品。

第四十四条 煤矿企业应当依法为职工参加工伤保险缴纳工伤保险费。鼓励企业为井下作业职工办理意外伤害保险,支付保险费。

第四十五条 煤矿企业使用的设备、器材、火工产品和安全仪器,必须符合国家标准或者行业标准。

第四章 煤炭经营

第四十六条 依法取得煤炭生产许可证的煤矿企业,有权销售本企业生产的煤炭。

第四十七条 设立煤炭经营企业,应当具备下列条件:

(一)有与其经营规模相适应的注册资金;

(二)有固定的经营场所;

(三)有必要的设施和储存煤炭的场地;

(四)有符合标准的计量和质量检验设备;

(五)符合国家对煤炭经营企业合理布局的要求;

(六)法律、行政法规规定的其他条件。

第四十八条 设立煤炭经营企业,须向国务院指定的部门或者省、自治区、直辖市人民政府指定的部门提出申请;由国务院指定的部门或者省、自治区、直辖市人民政府指定的部门依照本法第四十七条规定的条件和国务院规定的分级管理的权限进行资格审查;符合条件的,予以批准。申请人凭批准文件向工商行政管理部门申请领取营业执照后,方可从事煤炭经营。

第四十九条 煤炭经营企业从事煤炭经营,应当遵守有关法律、法规的规定,改善服务,保障供应。禁止一切非法经营活动。

第五十条 煤炭经营应当减少中间环节和取消不合理的中间环节,提倡有条件的煤矿企业直销。

煤炭用户和煤炭销区的煤炭经营企业有权直接从煤矿企业购进煤炭。在煤炭产区可以组成煤炭销售、运输服务机构,为中小煤矿办理经销、运输业务。

禁止行政机关违反国家规定擅自设立煤炭供应的中间环节和额外加收费用。

第五十一条 从事煤炭运输的车站、港口及其他运输企业不得利用其掌握的运力作为参与煤炭经营、谋取不正当利益的手段。

第五十二条 国务院物价行政主管部门会同国务院煤炭管理部门和有关部门对煤炭的销售价格进行监督管理。

第五十三条 煤矿企业和煤炭经营企业供应用户的煤炭质量应当符合国家标准或者行业标准,质级相符,质价相符。用户对煤炭质量有特殊要求的,由供需双方在煤炭购销合同中约定。

煤矿企业和煤炭经营企业不得在煤炭中掺杂、掺假,以次充好。

第五十四条 煤矿企业和煤炭经营企业供应用户的煤炭质量不符合国家标准或者行业标准,或者不符合合同约定,或者质级不符、质价不符,给用户造成损失的,应当依法给予赔偿。

第五十五条 煤矿企业、煤炭经营企业、运输企业和煤炭用户应当依照法律、国务院有关规定或者合同约定供应、运输和接卸煤炭。

运输企业应当将承运的不同质量的煤炭分装、分堆。

第五十六条 煤炭的进出口依照国务院的规定,实行统一管理。

具备条件的大型煤矿企业经国务院对外经济贸易主管部门依法许可,有权从事煤炭出口经营。

第五十七条 煤炭经营管理办法,由国务院依照本法制定。

第五章 煤矿矿区保护

第五十八条 任何单位或者个人不得危害煤矿矿区的电力、通讯、水源、交通及其他生产设施。

禁止任何单位和个人扰乱煤矿矿区的生产秩序和工作秩序。

第五十九条 对盗窃或者破坏煤矿矿区设施、器材及其他危及煤矿矿区安全的行为,一切单位和个人都有权检举、控告。

第六十条 未经煤矿企业同意,任何单位或者个人不得在煤矿企业依法取得土地使用权的有效期间内在该土地上种植、养殖、取土或者修建建筑物、构筑物。

第六十一条　未经煤矿企业同意，任何单位或者个人不得占用煤矿企业的铁路专用线、专用道路、专用航道、专用码头、电力专用线、专用供水管路。

第六十二条　任何单位或者个人需要在煤矿采区范围内进行可能危及煤矿安全的作业时，应当经煤矿企业同意，报煤炭管理部门批准，并采取安全措施后，方可进行作业。

在煤矿矿区范围内需要建设公用工程或者其他工程的，有关单位应当事先与煤矿企业协商并达成协议后，方可施工。

第六章　监督检查

第六十三条　煤炭管理部门和有关部门依法对煤矿企业和煤炭经营企业执行煤炭法律、法规的情况进行监督检查。

第六十四条　煤炭管理部门和有关部门的监督检查人员应当熟悉煤炭法律、法规，掌握有关煤炭专业技术，公正廉洁，秉公执法。

第六十五条　煤炭管理部门和有关部门的监督检查人员进行监督检查时，有权向煤矿企业、煤炭经营企业或者用户了解有关执行煤炭法律、法规的情况，查阅有关资料，并有权进入现场进行检查。

煤矿企业、煤炭经营企业和用户对依法执行监督检查任务的煤炭管理部门和有关部门的监督检查人员应当提供方便。

第六十六条　煤炭管理部门和有关部门的监督检查人员对煤矿企业和煤炭经营企业违反煤炭法律、法规的行为，有权要求其依法改正。

煤炭管理部门和有关部门的监督检查人员进行监督检查时，应当出示证件。

第七章　法律责任

第六十七条　违反本法第二十二条的规定，未取得煤炭生产许可证，擅自从事煤炭生产的，由煤炭管理部门责令停止生产，没收违法所得，可以并处违法所得一倍以上五倍以下的罚款；拒不停止生产的，由县级以上地方人民政府强制停产。

第六十八条　违反本法第二十五条的规定，转让或者出租煤炭生产许可证的，由煤炭管理部门吊销煤炭生产许可证，没收违法所得，并处违法所得一倍以上五倍以下的罚款。

第六十九条　违反本法第二十九条的规定，开采煤炭资源未达到国务院煤炭管理部门规定的煤炭资源回采率的，由煤炭管理部门责令限期改正；逾期仍达不到规定的回采率的，吊销其煤炭生产许可证。

第七十条　违反本法第三十一条的规定，擅自开采保安煤柱或者采用危及相邻煤矿生产安全的危险方法进行采矿作业的，由劳动行政主管部门会同煤炭管理部门责令停止作业；由煤炭管理部门没收违法所得，并处违法所得一倍以上五倍以下的罚款，吊销其煤炭生产许可证；构成犯罪的，由司法机关依法追究刑事责任；造成损失的，依法承担赔偿责任。

第七十一条　违反本法第四十八条的规定，未经审查批准，擅自从事煤炭经营活动的，由负责审批的部门责令停止经营，没收违法所得，可以并处违法所得一倍以上五倍以下的罚款。

第七十二条　违反本法第五十三条的规定，在煤炭产品中掺杂、掺假，以次充好的，责令停止销售，没收违法所得，并处违法所得一倍以上五倍以下的罚款，可以依法吊销煤炭生产许可证或者取消煤炭经营资格；构成犯罪的，由司法机关依法追究刑事责任。

第七十三条　违反本法第六十条的规定，未经煤矿企业同意，在煤矿企业依法取得土地使用权的有效期间内在该土地上修建建筑物、构筑物的，由当地人民政府动员拆除；拒不拆除的，责令拆除。

第七十四条　违反本法第六十一条的规定，未经煤矿企业同意，占用煤矿企业的铁路专用线、专用道路、专用航道、专用码头、电力专用线、专用供水管路的，由县级以上地方人民政府责令限期改正；逾期不改正的，强制清除，可以并处五万元以下的罚款；造成损失的，依法承担赔偿责任。

第七十五条　违反本法第六十二条的规定，未经批准或者未采取安全措施，在煤矿采区范围内进行危及煤矿安全作业的，由煤炭管理部门责令停止作业，可以并处五万元以下的罚款；造成损失的，依法承担赔偿责任。

第七十六条　有下列行为之一的，由公安机关依照治安管理处罚法的有关规定处罚；构成犯罪的，由司法机关依法追究刑事责任：

（一）阻碍煤矿建设，致使煤矿建设不能正常进行的；

（二）故意损坏煤矿矿区的电力、通讯、水源、交通及其他生产设施的；

（三）扰乱煤矿矿区秩序，致使生产、工作不能正常进行的；

（四）拒绝、阻碍监督检查人员依法执行职务的。

第七十七条　对不符合本法规定条件的煤矿企业颁发煤炭生产许可证或者对不符合本法规定条件设立煤炭经营企业予以批准的，由其上级主管机关或者监察机关责令改正，并给予直接负责的主管人员和其他直接责任人员行政处分；构成犯罪的，由司法机关依法追究刑事责任。

第七十八条　煤矿企业的管理人员违章指挥、强令职工冒险作业，发生重大伤亡事故的，依照刑法有关规定追究刑事责任。

第七十九条 煤矿企业的管理人员对煤矿事故隐患不采取措施予以消除,发生重大伤亡事故的,依照刑法有关规定追究刑事责任。

第八十条 煤炭管理部门和有关部门的工作人员玩忽职守、徇私舞弊、滥用职权的,依法给予行政处分;构成犯罪的,由司法机关依法追究刑事责任。

第八章 附 则

第八十一条 本法自1996年12月1日起施行。

国家主席胡锦涛签署第46号令公布《全国人民代表大会常务委员会关于修改〈中华人民共和国建筑法〉的决定》

《全国人民代表大会常务委员会关于修改〈中华人民共和国建筑法〉的决定》已由中华人民共和国第十一届全国人民代表大会常务委员会第二十次会议于2011年4月22日通过,现予公布,自2011年7月1日起施行。

中华人民共和国主席 胡锦涛

2011年4月22日

全国人民代表大会常务委员会关于修改《中华人民共和国建筑法》的决定

第十一届全国人民代表大会常务委员会第二十次会议决定对《中华人民共和国建筑法》做如下修改:

将第四十八条修改为:"建筑施工企业应当依法为职工参加工伤保险缴纳工伤保险费。鼓励企业为从事危险作业的职工办理意外伤害保险,支付保险费。"

本决定自2011年7月1日起施行。

《中华人民共和国建筑法》根据本决定做相应修改,重新公布。

中华人民共和国建筑法

(1997年11月1日第八届全国人民代表大会常务委员会第二十八次会议通过 根据2011年4月22日第十一届全国人民代表大会常务委员会第二十次会议《关于修改〈中华人民共和国建筑法〉的决定》修正)

第一章 总 则

第一条 为了加强对建筑活动的监督管理,维护建筑市场秩序,保证建筑工程的质量和安全,促进建筑业健康发展,制定本法。

第二条 在中华人民共和国境内从事建筑活动,实施对建筑活动的监督管理,应当遵守本法。

本法所称建筑活动,是指各类房屋建筑及其附属设施的建造和与其配套的线路、管道、设备的安装活动。

第三条 建筑活动应当确保建筑工程质量和安全,符合国家的建筑工程安全标准。

第四条 国家扶持建筑业的发展,支持建筑科学技术研究,提高房屋建筑设计水平,鼓励节约能源和保护环境,提倡采用先进技术、先进设备、先进工艺、新型建筑材料和现代管理方式。

第五条 从事建筑活动应当遵守法律、法规,不得损害社会公共利益和他人的合法权益。

任何单位和个人都不得妨碍和阻挠依法进行的建筑活动。

第六条 国务院建设行政主管部门对全国的建筑活动实施统一监督管理。

第二章 建筑许可

第一节 建筑工程施工许可

第七条 建筑工程开工前,建设单位应当按照国家有关规定向工程所在地县级以上人民政府建设行政主管部门申请领取施工许可证;但是,国务院建设行政主管部门确定的限额以下的小型工程除外。

按照国务院规定的权限和程序批准开工报告的建筑工程,不再领取施工许可证。

第八条 申请领取施工许可证,应当具备下列条件:

(一)已经办理该建筑工程用地批准手续;

(二)在城市规划区的建筑工程,已经取得规划许可证;

(三)需要拆迁的,其拆迁进度符合施工要求;

(四)已经确定建筑施工企业;

(五)有满足施工需要的施工图纸及技术资料;

(六)有保证工程质量和安全的具体措施;

(七)建设资金已经落实;

(八)法律、行政法规规定的其他条件。

建设行政主管部门应当自收到申请之日起十五日内,对符合条件的申请颁发施工许可证。

第九条 建设单位应当自领取施工许可证之日起三个月内开工。因故不能按期开工的,应当向发证机关申请延期;延期以两次为限,每次不超过三个月。既不开工又不申请延期或者超过延期时限的,施工许可证自行废止。

第十条 在建的建筑工程因故中止施工的,建设单位应当自中止施工之日起一个月内,向发证机关报告,并按照规定做好建筑工程的维护管理工作。

建筑工程恢复施工时,应当向发证机关报告;中止施工满一年的工程恢复施工前,建设单位应当报发证机关核验施工许可证。

第十一条 按照国务院有关规定批准开工报告的建筑工程,因故不能按期开工或者中止施工的,应当及时向批准机关报告情况。因故不能按期开工超过六个月的,应当重新办理开工报告的批准手续。

第二节　从业资格

第十二条　从事建筑活动的建筑施工企业、勘察单位、设计单位和工程监理单位，应当具备下列条件：

(一)有符合国家规定的注册资本；

(二)有与其从事的建筑活动相适应的具有法定执业资格的专业技术人员；

(三)有从事相关建筑活动所应有的技术装备；

(四)法律、行政法规规定的其他条件。

第十三条　从事建筑活动的建筑施工企业、勘察单位、设计单位和工程监理单位，按照其拥有的注册资本、专业技术人员、技术装备和已完成的建筑工程业绩等资质条件，划分为不同的资质等级，经资质审查合格，取得相应等级的资质证书后，方可在其资质等级许可的范围内从事建筑活动。

第十四条　从事建筑活动的专业技术人员，应当依法取得相应的执业资格证书，并在执业资格证书许可的范围内从事建筑活动。

第三章　建筑工程发包与承包

第一节　一般规定

第十五条　建筑工程的发包单位与承包单位应当依法订立书面合同，明确双方的权利和义务。

发包单位和承包单位应当全面履行合同约定的义务。不按照合同约定履行义务的，依法承担违约责任。

第十六条　建筑工程发包与承包的招标投标活动，应当遵循公开、公正、平等竞争的原则，择优选择承包单位。

建筑工程的招标投标，本法没有规定的，适用有关招标投标法律的规定。

第十七条　发包单位及其工作人员在建筑工程发包中不得收受贿赂、回扣或者索取其他好处。

承包单位及其工作人员不得利用向发包单位及其工作人员行贿、提供回扣或者给予其他好处等不正当手段承揽工程。

第十八条　建筑工程造价应当按照国家有关规定，由发包单位与承包单位在合同中约定。公开招标发包的，其造价的约定，须遵守招标投标法律的规定。

发包单位应当按照合同的约定，及时拨付工程款项。

第二节　发　包

第十九条　建筑工程依法实行招标发包，对不适于招标发包的可以直接发包。

第二十条　建筑工程实行公开招标的，发包单位应当依照法定程序和方式，发布招标公告，提供载有招标工程的主要技术要求、主要的合同条款、评标的标准和方法以及开标、评标、定标的程序等内容的招标文件。

开标应当在招标文件规定的时间、地点公开进行。开标后应当按照招标文件规定的评标标准和程序对标书进行评价、比较，在具备相应资质条件的投标者中，择优选定中标者。

第二十一条　建筑工程招标的开标、评标、定标由建设单位依法组织实施，并接受有关行政主管部门的监督。

第二十二条　建筑工程实行招标发包的，发包单位应当将建筑工程发包给依法中标的承包单位。建筑工程实行直接发包的，发包单位应当将建筑工程发包给具有相应资质条件的承包单位。

第二十三条　政府及其所属部门不得滥用行政权力，限定发包单位将招标发包的建筑工程发包给指定的承包单位。

第二十四条　提倡对建筑工程实行总承包，禁止将建筑工程肢解发包。

建筑工程的发包单位可以将建筑工程的勘察、设计、施工、设备采购一并发包给一个工程总承包单位，也可以将建筑工程勘察、设计、施工、设备采购的一项或者多项发包给一个工程总承包单位；但是，不得将应当由一个承包单位完成的建筑工程肢解成若干部分发包给几个承包单位。

第二十五条　按照合同约定，建筑材料、建筑构配件和设备由工程承包单位采购的，发包单位不得指定承包单位购入用于工程的建筑材料、建筑构配件和设备或者指定生产厂、供应商。

第三节　承　包

第二十六条　承包建筑工程的单位应当持有依法取得的资质证书，并在其资质等级许可的业务范围内承揽工程。

禁止建筑施工企业超越本企业资质等级许可的业务范围或者以任何形式用其他建筑施工企业的名义承揽工程。禁止建筑施工企业以任何形式允许其他单位或者个人使用本企业的资质证书、营业执照，以本企业的名义承揽工程。

第二十七条　大型建筑工程或者结构复杂的建筑工程，可以由两个以上的承包单位联合共同承包。共同承包的各方对承包合同的履行承担连带责任。

两个以上不同资质等级的单位实行联合共同承包的，应当按照资质等级低的单位的业务许可范围承揽工程。

第二十八条　禁止承包单位将其承包的全部建筑工程转包给他人，禁止承包单位将其承包的全部建筑工程肢解以后以分包的名义分别转包给他人。

第二十九条　建筑工程总承包单位可以将承包工程中的部分工程发包给具有相应资质条件的分包单位；但是，除总承包合同中约定的分包外，必须经建设单位认可。施工总承包的，建筑工程主体结构的施工必须由总承包单位自行完成。

建筑工程总承包单位按照总承包合同的约定对建设单位负责；分包单位按照分包合同的约定对总承包单位负责。总承包单位和分包单位就分包工程对建设单位承担连带责任。

禁止总承包单位将工程分包给不具备相应资质条件的单位。禁止分包单位将其承包的工程再分包。

第四章 建筑工程监理

第三十条 国家推行建筑工程监理制度。

国务院可以规定实行强制监理的建筑工程的范围。

第三十一条 实行监理的建筑工程，由建设单位委托具有相应资质条件的工程监理单位监理。建设单位与其委托的工程监理单位应当订立书面委托监理合同。

第三十二条 建筑工程监理应当依照法律、行政法规及有关的技术标准、设计文件和建筑工程承包合同，对承包单位在施工质量、建设工期和建设资金使用等方面，代表建设单位实施监督。

工程监理人员认为工程施工不符合工程设计要求、施工技术标准和合同约定的，有权要求建筑施工企业改正。

工程监理人员发现工程设计不符合建筑工程质量标准或者合同约定的质量要求的，应当报告建设单位要求设计单位改正。

第三十三条 实施建筑工程监理前，建设单位应当将委托的工程监理单位、监理的内容及监理权限，书面通知被监理的建筑施工企业。

第三十四条 工程监理单位应当在其资质等级许可的监理范围内，承担工程监理业务。

工程监理单位应当根据建设单位的委托，客观、公正地执行监理任务。

工程监理单位与被监理工程的承包单位以及建筑材料、建筑构配件和设备供应单位不得有隶属关系或者其他利害关系。

工程监理单位不得转让工程监理业务。

第三十五条 工程监理单位不按照委托监理合同的约定履行监理义务，对应当监督检查的项目不检查或者不按照规定检查，给建设单位造成损失的，应当承担相应的赔偿责任。

工程监理单位与承包单位串通，为承包单位谋取非法利益，给建设单位造成损失的，应当与承包单位承担连带赔偿责任。

第五章 建筑安全生产管理

第三十六条 建筑工程安全生产管理必须坚持安全第一、预防为主的方针，建立健全安全生产的责任制度和群防群治制度。

第三十七条 建筑工程设计应当符合按照国家规定制定的建筑安全规程和技术规范，保证工程的安全性能。

第三十八条 建筑施工企业在编制施工组织设计时，应当根据建筑工程的特点制定相应的安全技术措施；对专业性较强的工程项目，应当编制专项安全施工组织设计，并采取安全技术措施。

第三十九条 建筑施工企业应当在施工现场采取维护安全、防范危险、预防火灾等措施；有条件的，应当对施工现场实行封闭管理。

施工现场对毗邻的建筑物、构筑物和特殊作业环境可能造成损害的，建筑施工企业应当采取安全防护措施。

第四十条 建设单位应当向建筑施工企业提供与施工现场相关的地下管线资料，建筑施工企业应当采取措施加以保护。

第四十一条 建筑施工企业应当遵守有关环境保护和安全生产的法律、法规的规定，采取控制和处理施工现场的各种粉尘、废气、废水、固体废物以及噪声、振动对环境的污染和危害的措施。

第四十二条 有下列情形之一的，建设单位应当按照国家有关规定办理申请批准手续：

（一）需要临时占用规划批准范围以外场地的；

（二）可能损坏道路、管线、电力、邮电通讯等公共设施的；

（三）需要临时停水、停电、中断道路交通的；

（四）需要进行爆破作业的；

（五）法律、法规规定需要办理报批手续的其他情形。

第四十三条 建设行政主管部门负责建筑安全生产的管理，并依法接受劳动行政主管部门对建筑安全生产的指导和监督。

第四十四条 建筑施工企业必须依法加强对建筑安全生产的管理，执行安全生产责任制度，采取有效措施，防止伤亡和其他安全生产事故的发生。

建筑施工企业的法定代表人对本企业的安全生产负责。

第四十五条 施工现场安全由建筑施工企业负责。实行施工总承包的，由总承包单位负责。分包单位向总承包单位负责，服从总承包单位对施工现场的安全生产管理。

第四十六条 建筑施工企业应当建立健全劳动安全生产教育培训制度，加强对职工安全生产的教育培训；未经安全生产教育培训的人员，不得上岗作业。

第四十七条 建筑施工企业和作业人员在施工过程中，应当遵守有关安全生产的法律、法规和建筑行业安全规章、规程，不得违章指挥或者违章作业。作业人员有权对影响人身健康的作业程序和作业条件提出改进意见，有权获得安全生产所需的防护用品。作业人员对危及生命安全和人身健康的行为有权提出批评、检举和控告。

第四十八条 建筑施工企业应当依法为职工参加工伤保险缴纳工伤保险费。鼓励企业为从事危险作业的职工办理意外伤害保险，支付保险费。

第四十九条 涉及建筑主体和承重结构变动的装修工程，建设单位应当在施工前委托原设计单位或者具有相应资质条件的设计单位提出设计方案；没有设计方案的，不得施工。

第五十条 房屋拆除应当由具备保证安全条件的建筑施工单位承担，由建筑施工单位负责人对安全负责。

第五十一条 施工中发生事故时，建筑施工企业应当采取紧急措施减少人员伤亡和事故损失，并按照国家有关规定及时向有关部门报告。

第六章 建筑工程质量管理

第五十二条 建筑工程勘察、设计、施工的质量必须符合国家有关建筑工程安全标准的要求，具体管理办法由国务院规定。

有关建筑工程安全的国家标准不能适应确保建筑安全的要求时，应当及时修订。

第五十三条 国家对从事建筑活动的单位推行质量体系认证制度。从事建筑活动的单位根据自愿原则可以向国务院产品质量监督管理部门或者国务院产品质量监督管理部门授权的部门认可的认证机构申请质量体系认证。经认证合格的，由认证机构颁发质量体系认证证书。

第五十四条 建设单位不得以任何理由，要求建筑设计单位或者建筑施工企业在工程设计或者施工作业中，违反法律、行政法规和建筑工程质量、安全标准，降低工程质量。

建筑设计单位和建筑施工企业对建设单位违反前款规定提出的降低工程质量的要求，应当予以拒绝。

第五十五条 建筑工程实行总承包的，工程质量由工程总承包单位负责，总承包单位将建筑工程分包给其他单位的，应当对分包工程的质量与分包单位承担连带责任。分包单位应当接受总承包单位的质量管理。

第五十六条 建筑工程的勘察、设计单位必须对其勘察、设计的质量负责。勘察、设计文件应当符合有关法律、行政法规的规定和建筑工程质量、安全标准、建筑工程勘察、设计技术规范以及合同的约定。设计文件选用的建筑材料、建筑构配件和设备，应当注明其规格、型号、性能等技术指标，其质量要求必须符合国家规定的标准。

第五十七条 建筑设计单位对设计文件选用的建筑材料、建筑构配件和设备，不得指定生产厂、供应商。

第五十八条 建筑施工企业对工程的施工质量负责。

建筑施工企业必须按照工程设计图纸和施工技术标准施工，不得偷工减料。工程设计的修改由原设计单位负责，建筑施工企业不得擅自修改工程设计。

第五十九条 建筑施工企业必须按照工程设计要求、施工技术标准和合同的约定，对建筑材料、建筑构配件和设备进行检验，不合格的不得使用。

第六十条 建筑物在合理使用寿命内，必须确保地基基础工程和主体结构的质量。

建筑工程竣工时，屋顶、墙面不得留有渗漏、开裂等质量缺陷；对已发现的质量缺陷，建筑施工企业应当修复。

第六十一条 交付竣工验收的建筑工程，必须符合规定的建筑工程质量标准，有完整的工程技术经济资料和经签署的工程保修书，并具备国家规定的其他竣工条件。

建筑工程竣工经验收合格后，方可交付使用；未经验收或者验收不合格的，不得交付使用。

第六十二条 建筑工程实行质量保修制度。

建筑工程的保修范围应当包括地基基础工程、主体结构工程、屋面防水工程和其他土建工程，以及电气管线、上下水管线的安装工程，供热、供冷系统工程等项目；保修的期限应当按照保证建筑物合理寿命年限内正常使用，维护使用者合法权益的原则确定。具体的保修范围和最低保修期限由国务院规定。

第六十三条 任何单位和个人对建筑工程的质量事故、质量缺陷都有权向建设行政主管部门或者其他有关部门进行检举、控告、投诉。

第七章 法律责任

第六十四条 违反本法规定，未取得施工许可证或者开工报告未经批准擅自施工的，责令改正，对不符合开工条件的责令停止施工，可以处以罚款。

第六十五条 发包单位将工程发包给不具有相应资质条件的承包单位的，或者违反本法规定将建筑工程肢解发包的，责令改正，处以罚款。

超越本单位资质等级承揽工程的，责令停止违法行为，处以罚款，可以责令停业整顿，降低资质等级；情节严重的，吊销资质证书；有违法所得的，予以没收。

未取得资质证书承揽工程的，予以取缔，并处罚款；有违法所得的，予以没收。

以欺骗手段取得资质证书的，吊销资质证书，处以罚款；构成犯罪的，依法追究刑事责任。

第六十六条 建筑施工企业转让、出借资质证书或者以其他方式允许他人以本企业的名义承揽工程的，责令改正，没收违法所得，并处罚款，可以责令停业整顿，降低资质等级；情节严重的，吊销资质证书。对因该项承揽工程不符合规定的质量标准造成的损失，建筑施工企业与使用本企业名义的单位或者个人承担连带赔偿责任。

第六十七条 承包单位将承包的工程转包的，或者违反本法规定进行分包的，责令改正，没收违法所得，并处罚款，可以责令停业整顿，降低资质等级；情节严重的，吊销资质证书。

承包单位有前款规定的违法行为的，对因转包工程或者违法分包的工程不符合规定的质量标准造成的损失，与接受转包或者分包的单位承担连带赔偿责任。

第六十八条 在工程发包与承包中索贿、受贿、行贿，构成犯罪的，依法追究刑事责任；不构成犯罪的，分别处以罚款，没收贿赂的财物，对直接负责的主管人员和其他直接责任人员给予处分。

对在工程承包中行贿的承包单位，除依照前款规定处罚外，可以责令停业整顿，降低资质等级或者吊销资质证书。

第六十九条 工程监理单位与建设单位或者建筑施工企业串通，弄虚作假、降低工程质量的，责令改正，处以罚款，降低资质等级或者吊销资质证书；有违法所得的，予以没收；造成损失的，承担连带赔偿责任；构成犯罪的，依法追究刑事责任。

工程监理单位转让监理业务的，责令改正，没收违法所得，可以责令停业整顿，降低资质等级；情节严重的，吊销资质证书。

第七十条 违反本法规定，涉及建筑主体或者承重结构变动的装修工程擅自施工的，责令改正，处以罚款；造成损失的，承担赔偿责任；构成犯罪的，依法追究刑事责任。

第七十一条 建筑施工企业违反本法规定，对建筑安全事故隐患不采取措施予以消除的，责令改正，可以处以罚款；情节严重的，责令停业整顿，降低资质等级或者吊销资质证书；构成犯罪的，依法追究刑事责任。

建筑施工企业的管理人员违章指挥、强令职工冒险作业，因而发生重大伤亡事故或者造成其他严重后果的，依法追究刑事责任。

第七十二条 建设单位违反本法规定，要求建筑设计单位或者建筑施工企业违反建筑工程质量、安全标准，降低工程质量的，责令改正，可以处以罚款；构成犯罪的，依法追究刑事责任。

第七十三条 建筑设计单位不按照建筑工程质量、安全标准进行设计的，责令改正，处以罚款；造成工程质量事故的，责令停业整顿，降低资质等级或者吊销资质证书，没收违法所得，并处罚款；造成损失的，承担赔偿责任；构成犯罪的，依法追究刑事责任。

第七十四条 建筑施工企业在施工中偷工减料的，使用不合格的建筑材料、建筑构配件和设备的，或者有其他不按照工程设计图纸或者施工技术标准施工的行为的，责令改正，处以罚款；情节严重的，责令停业整顿，降低资质等级或者吊销资质证书；造成建筑工程质量不符合规定的质量标准的，负责返工、修理，并赔偿因此造成的损失；构成犯罪的，依法追究刑事责任。

第七十五条 建筑施工企业违反本法规定，不履行保修义务或者拖延履行保修义务的，责令改正，可以处以罚款，并对在保修期内因屋顶、墙面渗漏、开裂等质量缺陷造成的损失，承担赔偿责任。

第七十六条 本法规定的责令停业整顿、降低资质等级和吊销资质证书的行政处罚，由颁发资质证书的机关决定；其他行政处罚，由建设行政主管部门或者有关部门依照法律和国务院规定的职权范围决定。

依照本法规定被吊销资质证书的，由工商行政管理部门吊销其营业执照。

第七十七条 违反本法规定，对不具备相应资质等级条件的单位颁发该等级资质证书的，由其上级机关责令收回所发的资质证书，对直接负责的主管人员和其他直接责任人员给予行政处分；构成犯罪的，依法追究刑事责任。

第七十八条 政府及其所属部门的工作人员违反本法规定，限定发包单位将招标发包的工程发包给指定的承包单位的，由上级机关责令改正；构成犯罪的，依法追究刑事责任。

第七十九条 负责颁发建筑工程施工许可证的部门及其工作人员对不符合施工条件的建筑工程颁发施工许可证的，负责工程质量监督检查或者竣工验收的部门及其工作人员对不合格的建筑工程出具质量合格文件或者按合格工程验收的，由上级机关责令改正，对责任人员给予行政处分；构成犯罪的，依法追究刑事责任；造成损失的，由该部门承担相应的赔偿责任。

第八十条 在建筑物的合理使用寿命内，因建筑工程质量不合格受到损害的，有权向责任者要求赔偿。

第八章 附 则

第八十一条 本法关于施工许可、建筑施工企业资质审查和建筑工程发包、承包、禁止转包，以及建筑工程监理、建筑工程安全和质量管理的规定，适用于其他专业建筑工程的建筑活动，具体办法由国务院规定。

第八十二条　建设行政主管部门和其他有关部门在对建筑活动实施监督管理中，除按照国务院有关规定收取费用外，不得收取其他费用。

第八十三条　省、自治区、直辖市人民政府确定的小型房屋建筑工程的建筑活动，参照本法执行。

依法核定作为文物保护的纪念建筑物和古建筑等的修缮，依照文物保护的有关法律规定执行。

抢险救灾及其他临时性房屋建筑和农民自建低层住宅的建筑活动，不适用本法。

第八十四条　军用房屋建筑工程建筑活动的具体管理办法，由国务院、中央军事委员会依据本法制定。

第八十五条　本法自1998年3月1日起施行。

国家主席胡锦涛签署第47号令公布《全国人民代表大会常务委员会关于修改〈中华人民共和国道路交通安全法〉的决定》

《全国人民代表大会常务委员会关于修改〈中华人民共和国道路交通安全法〉的决定》已由中华人民共和国第十一届全国人民代表大会常务委员会第二十次会议于2011年4月22日通过，现予公布，自2011年5月1日起施行。

中华人民共和国主席　胡锦涛

2011年4月22日

全国人民代表大会常务委员会关于修改《中华人民共和国道路交通安全法》的决定

第十一届全国人民代表大会常务委员会第二十次会议决定对《中华人民共和国道路交通安全法》做如下修改：

一、将第九十一条修改为："饮酒后驾驶机动车的，处暂扣六个月机动车驾驶证，并处一千元以上二千元以下罚款。因饮酒后驾驶机动车被处罚，再次饮酒后驾驶机动车的，处十日以下拘留，并处一千元以上二千元以下罚款，吊销机动车驾驶证。

"醉酒驾驶机动车的，由公安机关交通管理部门约束至酒醒，吊销机动车驾驶证，依法追究刑事责任；五年内不得重新取得机动车驾驶证。

"饮酒后驾驶营运机动车的，处十五日拘留，并处五千元罚款，吊销机动车驾驶证，五年内不得重新取得机动车驾驶证。

"醉酒驾驶营运机动车的，由公安机关交通管理部门约束至酒醒，吊销机动车驾驶证，依法追究刑事责任；十年内不得重新取得机动车驾驶证，重新取得机动车驾驶证后，不得驾驶营运机动车。

"饮酒后或者醉酒驾驶机动车发生重大交通事故，构成犯罪的，依法追究刑事责任，并由公安机关交通管理部门吊销机动车驾驶证，终生不得重新取得机动车驾驶证。"

二、将第九十六条第一款修改为："伪造、变造或者使用伪造、变造的机动车登记证书、号牌、行驶证、驾驶证的，由公安机关交通管理部门予以收缴，扣留该机动车，处十五日以下拘留，并处二千元以上五千元以下罚款；构成犯罪的，依法追究刑事责任。

"伪造、变造或者使用伪造、变造的检验合格标志、保险标志的，由公安机关交通管理部门予以收缴，扣留该机动车，处十日以下拘留，并处一千元以上三千元以下罚款；构成犯罪的，依法追究刑事责任。

"使用其他车辆的机动车登记证书、号牌、行驶证、检验合格标志、保险标志的，由公安机关交通管理部门予以收缴，扣留该机动车，处二千元以上五千元以下罚款。"

原第九十六条第二款作为第四款。

三、本决定自2011年5月1日起施行。

《中华人民共和国道路交通安全法》根据本决定做相应的修改，重新公布。

中华人民共和国道路交通安全法

第一条　为了维护道路交通秩序，预防和减少交通事故，保护人身安全，保护公民、法人和其他组织的财产安全及其他合法权益，提高通行效率，制定本法。

第二条　中华人民共和国境内的车辆驾驶人、行人、乘车人以及与道路交通活动有关的单位和个人，都应当遵守本法。

第三条　道路交通安全工作，应当遵循依法管理、方便群众的原则，保障道路交通有序、安全、畅通。

第四条　各级人民政府应当保障道路交通安全管理工作与经济建设和社会发展相适应。

县级以上地方各级人民政府应当适应道路交通发展的需要，依据道路交通安全法律、法规和国家有关政策，制定道路交通安全管理规划，并组织实施。

第五条　国务院公安部门负责全国道路交通安全管理工作。县级以上地方各级人民政府公安机关交通管理部门负责本行政区域内的道路交通安全管理工作。

县级以上各级人民政府交通、建设管理部门依据各自职责，负责有关的道路交通工作。

第六条　各级人民政府应当经常进行道路交通安全教育，提高公民的道路交通安全意识。

公安机关交通管理部门及其交通警察执行职务时，应当加强道路交通安全法律、法规的宣传，并模范遵守道路交通安全法律、法规。

机关、部队、企业事业单位、社会团体以及其他组织，应当对本单位的人员进行道路交通安全教育。

教育行政部门、学校应当将道路交通安全教育纳入法制教育的内容。

新闻、出版、广播、电视等有关单位,有进行道路交通安全教育的义务。

第七条　对道路交通安全管理工作,应当加强科学研究,推广、使用先进的管理方法、技术、设备。

第二章　车辆和驾驶人

第一节　机动车、非机动车

第八条　国家对机动车实行登记制度。机动车经公安机关交通管理部门登记后,方可上道路行驶。尚未登记的机动车,需要临时上道路行驶的,应当取得临时通行牌证。

第九条　申请机动车登记,应当提交以下证明、凭证:

(一)机动车所有人的身份证明;

(二)机动车来历证明;

(三)机动车整车出厂合格证明或者进口机动车进口凭证;

(四)车辆购置税的完税证明或者免税凭证;

(五)法律、行政法规规定应当在机动车登记时提交的其他证明、凭证。

公安机关交通管理部门应当自受理申请之日起五个工作日内完成机动车登记审查工作,对符合前款规定条件的,应当发放机动车登记证书、号牌和行驶证;对不符合前款规定条件的,应当向申请人说明不予登记的理由。

公安机关交通管理部门以外的任何单位或者个人不得发放机动车号牌或者要求机动车悬挂其他号牌,本法另有规定的除外。

机动车登记证书、号牌、行驶证的式样由国务院公安部门规定并监制。

第十条　准予登记的机动车应当符合机动车国家安全技术标准。申请机动车登记时,应当接受对该机动车的安全技术检验。但是,经国家机动车产品主管部门依据机动车国家安全技术标准认定的企业生产的机动车型,该车型的新车在出厂时经检验符合机动车国家安全技术标准,获得检验合格证的,免予安全技术检验。

第十一条　驾驶机动车上道路行驶,应当悬挂机动车号牌,放置检验合格标志、保险标志,并随车携带机动车行驶证。

机动车号牌应当按照规定悬挂并保持清晰、完整,不得故意遮挡、污损。

任何单位和个人不得收缴、扣留机动车号牌。

第十二条　有下列情形之一的,应当办理相应的登记:

(一)机动车所有权发生转移的;

(二)机动车登记内容变更的;

(三)机动车用作抵押的;

(四)机动车报废的。

第十三条　对登记后上道路行驶的机动车,应当依照法律、行政法规的规定,根据车辆用途、载客载货数量、使用年限等不同情况,定期进行安全技术检验。对提供机动车行驶证和机动车第三者责任强制保险单的,机动车安全技术检验机构应当予以检验,任何单位不得附加其他条件。对符合机动车国家安全技术标准的,公安机关交通管理部门应当发给检验合格标志。

对机动车的安全技术检验实行社会化。具体办法由国务院规定。

机动车安全技术检验实行社会化的地方,任何单位不得要求机动车到指定的场所进行检验。

公安机关交通管理部门、机动车安全技术检验机构不得要求机动车到指定的场所进行维修、保养。

机动车安全技术检验机构对机动车检验收取费用,应当严格执行国务院价格主管部门核定的收费标准。

第十四条　国家实行机动车强制报废制度,根据机动车的安全技术状况和不同用途,规定不同的报废标准。

应当报废的机动车必须及时办理注销登记。

达到报废标准的机动车不得上道路行驶。报废的大型客、货车及其他营运车辆应当在公安机关交通管理部门的监督下解体。

第十五条　警车、消防车、救护车、工程救险车应当按照规定喷涂标志图案,安装警报器、标志灯具。其他机动车不得喷涂、安装、使用上述车辆专用的或者与其相类似的标志图案、警报器或者标志灯具。

警车、消防车、救护车、工程救险车应当严格按照规定的用途和条件使用。

公路监督检查的专用车辆,应当依照公路法的规定,设置统一的标志和示警灯。

第十六条　任何单位或者个人不得有下列行为:

(一)拼装机动车或者擅自改变机动车已登记的结构、构造或者特征;

(二)改变机动车型号、发动机号、车架号或者车辆识别代号;

(三)伪造、变造或者使用伪造、变造的机动车登记证书、号牌、行驶证、检验合格标志、保险标志;

(四)使用其他机动车的登记证书、号牌、行驶证、检验合格标志、保险标志。

第十七条　国家实行机动车第三者责任强制保险制度,设立道路交通事故社会救助基金。具体办法由国务院规定。

第十八条 依法应当登记的非机动车，经公安机关交通管理部门登记后，方可上道路行驶。

依法应当登记的非机动车的种类，由省、自治区、直辖市人民政府根据当地实际情况规定。

非机动车的外形尺寸、质量、制动器、车铃和夜间反光装置，应当符合非机动车安全技术标准。

第二节 机动车驾驶人

第十九条 驾驶机动车，应当依法取得机动车驾驶证。

申请机动车驾驶证，应当符合国务院公安部门规定的驾驶许可条件；经考试合格后，由公安机关交通管理部门发给相应类别的机动车驾驶证。

持有境外机动车驾驶证的人，符合国务院公安部门规定的驾驶许可条件，经公安机关交通管理部门考核合格的，可以发给中国的机动车驾驶证。

驾驶人应当按照驾驶证载明的准驾车型驾驶机动车；驾驶机动车时，应当随身携带机动车驾驶证。

公安机关交通管理部门以外的任何单位或者个人，不得收缴、扣留机动车驾驶证。

第二十条 机动车的驾驶培训实行社会化，由交通主管部门对驾驶培训学校、驾驶培训班实行资格管理，其中专门的拖拉机驾驶培训学校、驾驶培训班由农业（农业机械）主管部门实行资格管理。

驾驶培训学校、驾驶培训班应当严格按照国家有关规定，对学员进行道路交通安全法律、法规、驾驶技能的培训，确保培训质量。

任何国家机关以及驾驶培训和考试主管部门不得举办或者参与举办驾驶培训学校、驾驶培训班。

第二十一条 驾驶人驾驶机动车上道路行驶前，应当对机动车的安全技术性能进行认真检查；不得驾驶安全设施不全或者机件不符合技术标准等具有安全隐患的机动车。

第二十二条 机动车驾驶人应当遵守道路交通安全法律、法规的规定，按照操作规范安全驾驶、文明驾驶。

饮酒、服用国家管制的精神药品或者麻醉药品，或者患有妨碍安全驾驶机动车的疾病，或者过度疲劳影响安全驾驶的，不得驾驶机动车。

任何人不得强迫、指使、纵容驾驶人违反道路交通安全法律、法规和机动车安全驾驶要求驾驶机动车。

第二十三条 公安机关交通管理部门依照法律、行政法规的规定，定期对机动车驾驶证实施审验。

第二十四条 公安机关交通管理部门对机动车驾驶人违反道路交通安全法律、法规的行为，除依法给予行政处罚外，实行累积记分制度。公安机关交通管理部门对累积记分达到规定分值的机动车驾驶人，扣留机动车驾驶证，对其进行道路交通安全法律、法规教育，重新考试；考试合格的，发还其机动车驾驶证。

对遵守道路交通安全法律、法规，在一年内无累积记分的机动车驾驶人，可以延长机动车驾驶证的审验期。具体办法由国务院公安部门规定。

第三章 道路通行条件

第二十五条 全国实行统一的道路交通信号。

交通信号包括交通信号灯、交通标志、交通标线和交通警察的指挥。

交通信号灯、交通标志、交通标线的设置应当符合道路交通安全、畅通的要求和国家标准，并保持清晰、醒目、准确、完好。

根据通行需要，应当及时增设、调换、更新道路交通信号。增设、调换、更新限制性的道路交通信号，应当提前向社会公告，广泛进行宣传。

第二十六条 交通信号灯由红灯、绿灯、黄灯组成。红灯表示禁止通行，绿灯表示准许通行，黄灯表示警示。

第二十七条 铁路与道路平面交叉的道口，应当设置警示灯、警示标志或者安全防护设施。无人看守的铁路道口，应当在距道口一定距离处设置警示标志。

第二十八条 任何单位和个人不得擅自设置、移动、占用、损毁交通信号灯、交通标志、交通标线。

道路两侧及隔离带上种植的树木或者其他植物，设置的广告牌、管线等，应当与交通设施保持必要的距离，不得遮挡路灯、交通信号灯、交通标志，不得妨碍安全视距，不得影响通行。

第二十九条 道路、停车场和道路配套设施的规划、设计、建设，应当符合道路交通安全、畅通的要求，并根据交通需求及时调整。

公安机关交通管理部门发现已经投入使用的道路存在交通事故频发路段，或者停车场、道路配套设施存在交通安全严重隐患的，应当及时向当地人民政府报告，并提出防范交通事故、消除隐患的建议，当地人民政府应当及时作出处理决定。

第三十条 道路出现坍塌、坑漕、水毁、隆起等损毁或者交通信号灯、交通标志、交通标线等交通设施损毁、灭失的，道路、交通设施的养护部门或者管理部门应当设置警示标志并及时修复。

公安机关交通管理部门发现前款情形，危及交通安全，尚未设置警示标志的，应当及时采取安全措施，疏导交通，并通知道路、交通设施的养护部门或者管理部门。

第三十一条 未经许可，任何单位和个人不得占用道路从事非交通活动。

第三十二条 因工程建设需要占用、挖掘道路，或者跨越、穿越道路架设、增设管线设施，应当事先征得道路主管部门的同意；影响交通安全的，还应当征得公安机关交通管理部门的同意。

施工作业单位应当在经批准的路段和时间内施工作业，并在距离施工作业地点来车方向安全距离处设置明显的安全警示标志，采取防护措施；施工作业完毕，应当迅速清除道路上的障碍物，消除安全隐患，经道路主管部门和公安机关交通管理部门验收合格，符合通行要求后，方可恢复通行。

对未中断交通的施工作业道路，公安机关交通管理部门应当加强交通安全监督检查，维护道路交通秩序。

第三十三条 新建、改建、扩建的公共建筑、商业街区、居住区、大(中)型建筑等，应当配建、增建停车场；停车泊位不足的，应当及时改建或者扩建；投入使用的停车场不得擅自停止使用或者改作他用。

在城市道路范围内，在不影响行人、车辆通行的情况下，政府有关部门可以施划停车泊位。

第三十四条 学校、幼儿园、医院、养老院门前的道路没有行人过街设施的，应当施划人行横道线，设置提示标志。

城市主要道路的人行道，应当按照规划设置盲道。盲道的设置应当符合国家标准。

第四章 道路通行规定

第一节 一般规定

第三十五条 机动车、非机动车实行右侧通行。

第三十六条 根据道路条件和通行需要，道路划分为机动车道、非机动车道和人行道的，机动车、非机动车、行人实行分道通行。没有划分机动车道、非机动车道和人行道的，机动车在道路中间通行，非机动车和行人在道路两侧通行。

第三十七条 道路划设专用车道的，在专用车道内，只准许规定的车辆通行，其他车辆不得进入专用车道内行驶。

第三十八条 车辆、行人应当按照交通信号通行；遇有交通警察现场指挥时，应当按照交通警察的指挥通行；在没有交通信号的道路上，应当在确保安全、畅通的原则下通行。

第三十九条 公安机关交通管理部门根据道路和交通流量的具体情况，可以对机动车、非机动车、行人采取疏导、限制通行、禁止通行等措施。遇有大型群众性活动、大范围施工等情况，需要采取限制交通的措施，或者作出与公众的道路交通活动直接有关的决定，应当提前向社会公告。

第四十条 遇有自然灾害、恶劣气象条件或者重大交通事故等严重影响交通安全的情形，采取其他措施难以保证交通安全时，公安机关交通管理部门可以实行交通管制。

第四十一条 有关道路通行的其他具体规定，由国务院规定。

第二节 机动车通行规定

第四十二条 机动车上道路行驶，不得超过限速标志标明的最高时速。在没有限速标志的路段，应当保持安全车速。

夜间行驶或者在容易发生危险的路段行驶，以及遇有沙尘、冰雹、雨、雪、雾、结冰等气象条件时，应当降低行驶速度。

第四十三条 同车道行驶的机动车，后车应当与前车保持足以采取紧急制动措施的安全距离。有下列情形之一的，不得超车：

(一)前车正在左转弯、掉头、超车的；

(二)与对面来车有会车可能的；

(三)前车为执行紧急任务的警车、消防车、救护车、工程救险车的；

(四)行经铁路道口、交叉路口、窄桥、弯道、陡坡、隧道、人行横道、市区交通流量大的路段等没有超车条件的。

第四十四条 机动车通过交叉路口，应当按照交通信号灯、交通标志、交通标线或者交通警察的指挥通过；通过没有交通信号灯、交通标志、交通标线或者交通警察指挥的交叉路口时，应当减速慢行，并让行人和优先通行的车辆先行。

第四十五条 机动车遇有前方车辆停车排队等候或者缓慢行驶时，不得借道超车或者占用对面车道，不得穿插等候的车辆。

在车道减少的路段、路口，或者在没有交通信号灯、交通标志、交通标线或者交通警察指挥的交叉路口遇到停车排队等候或者缓慢行驶时，机动车应当依次交替通行。

第四十六条 机动车通过铁路道口时，应当按照交通信号或者管理人员的指挥通行；没有交通信号或者管理人员的，应当减速或者停车，在确认安全后通过。

第四十七条 机动车行经人行横道时，应当减速行驶；遇行人正在通过人行横道，应当停车让行。

机动车行经没有交通信号的道路时，遇行人横过道路，应当避让。

第四十八条 机动车载物应当符合核定的载质量，严禁超载；载物的长、宽、高不得违反装载要求，不得遗洒、飘散载运物。

机动车运载超限的不可解体的物品，影响交通安全的，应当按照公安机关交通管理部门指定的时间、路线、速度行驶，悬挂明显标志。在公路上运载超限的不可解体的物品，并应当依照公路法的规定执行。

机动车载运爆炸物品、易燃易爆化学物品以及剧毒、放射性等危险物品，应当经公安机关批准后，按指定的时间、路线、速度行驶，悬挂警示标志并采取必要的安全措施。

第四十九条 机动车载人不得超过核定的人数，客运机动车不得违反规定载货。

第五十条 禁止货运机动车载客。

货运机动车需要附载作业人员的，应当设置保护作业人员的安全措施。

第五十一条 机动车行驶时，驾驶人、乘坐人员应当按规定使用安全带，摩托车驾驶人及乘坐人员应当按规定戴安全头盔。

第五十二条 机动车在道路上发生故障，需要停车排除故障时，驾驶人应当立即开启危险报警闪光灯，将机动车移至不妨碍交通的地方停放；难以移动的，应当持续开启危险报警闪光灯，并在来车方向设置警告标志等措施扩大示警距离，必要时迅速报警。

第五十三条 警车、消防车、救护车、工程救险车执行紧急任务时，可以使用警报器、标志灯具；在确保安全的前提下，不受行驶路线、行驶方向、行驶速度和信号灯的限制，其他车辆和行人应当让行。

警车、消防车、救护车、工程救险车非执行紧急任务时，不得使用警报器、标志灯具，不享有前款规定的道路优先通行权。

第五十四条 道路养护车辆、工程作业车进行作业时，在不影响过往车辆通行的前提下，其行驶路线和方向不受交通标志、标线限制，过往车辆和人员应当注意避让。

洒水车、清扫车等机动车应当按照安全作业标准作业；在不影响其他车辆通行的情况下，可以不受车辆分道行驶的限制，但是不得逆向行驶。

第五十五条 高速公路、大中城市中心城区内的道路，禁止拖拉机通行。其他禁止拖拉机通行的道路，由省、自治区、直辖市人民政府根据当地实际情况规定。

在允许拖拉机通行的道路上，拖拉机可以从事货运，但是不得用于载人。

第五十六条 机动车应当在规定地点停放。禁止在人行道上停放机动车；但是，依照本法第三十三条规定施划的停车泊位除外。

在道路上临时停车的，不得妨碍其他车辆和行人通行。

第三节 非机动车通行规定

第五十七条 驾驶非机动车在道路上行驶应当遵守有关交通安全的规定。非机动车应当在非机动车道内行驶；在没有非机动车道的道路上，应当靠车行道的右侧行驶。

第五十八条 残疾人机动轮椅车、电动自行车在非机动车道内行驶时，最高时速不得超过十五公里。

第五十九条 非机动车应当在规定地点停放。未设停放地点的，非机动车停放不得妨碍其他车辆和行人通行。

第六十条 驾驭畜力车，应当使用驯服的牲畜；驾驭畜力车横过道路时，驾驭人应当下车牵引牲畜；驾驭人离开车辆时，应当拴系牲畜。

第四节 行人和乘车人通行规定

第六十一条 行人应当在人行道内行走，没有人行道的靠路边行走。

第六十二条 行人通过路口或者横过道路，应当走人行横道或者过街设施；通过有交通信号灯的人行横道，应当按照交通信号灯指示通行；通过没有交通信号灯、人行横道的路口，或者在没有过街设施的路段横过道路，应当在确认安全后通过。

第六十三条 行人不得跨越、倚坐道路隔离设施，不得扒车、强行拦车或者实施妨碍道路交通安全的其他行为。

第六十四条 学龄前儿童以及不能辨认或者不能控制自己行为的精神疾病患者、智力障碍者在道路上通行，应当由其监护人、监护人委托的人或者对其负有管理、保护职责的人带领。

盲人在道路上通行，应当使用盲杖或者采取其他导盲手段，车辆应当避让盲人。

第六十五条 行人通过铁路道口时，应当按照交通信号或者管理人员的指挥通行；没有交通信号和管理人员的，应当在确认无火车驶临后，迅速通过。

第六十六条 乘车人不得携带易燃易爆等危险物品，不得向车外抛洒物品，不得有影响驾驶人安全驾驶的行为。

第五节 高速公路的特别规定

第六十七条 行人、非机动车、拖拉机、轮式专用机械车、铰接式客车、全挂拖斗车以及其他设计最高时速低于七十公里的机动车，不得进入高速公路。高速公路限速标志标明的最高时速不得超过一百二十公里。

第六十八条 机动车在高速公路上发生故障时，应当依照本法第五十二条的有关规定办理；但是，警告标志应当设置在故障车来车方向一百五十米以外，车上人员应当迅速转移到右侧路肩上或者应急车道内，并且迅速报警。

机动车在高速公路上发生故障或者交通事故，无法正常行驶的，应当由救援车、清障车拖曳、牵引。

第六十九条 任何单位、个人不得在高速公路上拦截检查行驶的车辆，公安机关的人民警察依法执行紧急公务除外。

第五章 交通事故处理

第七十条 在道路上发生交通事故，车辆驾驶人应当立即停车，保护现场；造成人身伤亡的，车辆驾驶人应当立即抢救受伤人员，并迅速报告执勤的交通警察或者公安机关交通管理部门。因抢救受伤人员变动现场的，应当标明位置。乘车人、过往车辆驾驶人、过往行人应当予以协助。

在道路上发生交通事故，未造成人身伤亡，当事人对事实及成因无争议的，可以即行撤离现场，恢复交通，自行协商处理损害赔偿事宜；不即行撤离现场的，应当迅速报告执勤的交通警察或者公安机关交通管理部门。

在道路上发生交通事故，仅造成轻微财产损失，并且基本事实清楚的，当事人应当先撤离现场再进行协商处理。

第七十一条 车辆发生交通事故后逃逸的，事故现场目击人员和其他知情人员应当向公安机关交通管理部门或者交通警察举报。举报属实的，公安机关交通管理部门应当给予奖励。

第七十二条 公安机关交通管理部门接到交通事故报警后，应当立即派交通警察赶赴现场，先组织抢救受伤人员，并采取措施，尽快恢复交通。

交通警察应当对交通事故现场进行勘验、检查，收集证据；因收集证据的需要，可以扣留事故车辆，但是应当妥善保管，以备核查。

对当事人的生理、精神状况等专业性较强的检验，公安机关交通管理部门应当委托专门机构进行鉴定。鉴定结论应当由鉴定人签名。

第七十三条 公安机关交通管理部门应当根据交通事故现场勘验、检查、调查情况和有关的检验、鉴定结论，及时制作交通事故认定书，作为处理交通事故的证据。交通事故认定书应当载明交通事故的基本事实、成因和当事人的责任，并送达当事人。

第七十四条 对交通事故损害赔偿的争议，当事人可以请求公安机关交通管理部门调解，也可以直接向人民法院提起民事诉讼。

经公安机关交通管理部门调解，当事人未达成协议或者调解书生效后不履行的，当事人可以向人民法院提起民事诉讼。

第七十五条 医疗机构对交通事故中的受伤人员应当及时抢救，不得因抢救费用未及时支付而拖延救治。肇事车辆参加机动车第三者责任强制保险的，由保险公司在责任限额范围内支付抢救费用；抢救费用超过责任限额的，未参加机动车第三者责任强制保险或者肇事后逃逸的，由道路交通事故社会救助基金先行垫付部分或者全部抢救费用，道路交通事故社会救助基金管理机构有权向交通事故责任人追偿。

第七十六条 机动车发生交通事故造成人身伤亡、财产损失的，由保险公司在机动车第三者责任强制保险责任限额范围内予以赔偿；不足的部分，按照下列规定承担赔偿责任：

(一)机动车之间发生交通事故的，由有过错的一方承担赔偿责任；双方都有过错的，按照各自过错的比例分担责任。

(二)机动车与非机动车驾驶人、行人之间发生交通事故，非机动车驾驶人、行人没有过错的，由机动车一方承担赔偿责任；有证据证明非机动车驾驶人、行人有过错的，根据过错程度适当减轻机动车一方的赔偿责任；机动车一方没有过错的，承担不超过百分之十的赔偿责任。

交通事故的损失是由非机动车驾驶人、行人故意碰撞机动车造成的，机动车一方不承担赔偿责任。

第七十七条 车辆在道路以外通行时发生的事故，公安机关交通管理部门接到报案的，参照本法有关规定办理。

第六章 执法监督

第七十八条 公安机关交通管理部门应当加强对交通警察的管理，提高交通警察的素质和管理道路交通的水平。

公安机关交通管理部门应当对交通警察进行法制和交通安全管理业务培训、考核。交通警察经考核不合格的，不得上岗执行职务。

第七十九条 公安机关交通管理部门及其交通警察实施道路交通安全管理，应当依据法定的职权和程序，简化办事手续，做到公正、严格、文明、高效。

第八十条 交通警察执行职务时，应当按照规定着装，佩带人民警察标志，持有人民警察证件，保持警容严整，举止端庄，指挥规范。

第八十一条 依照本法发放牌证等收取工本费，应当严格执行国务院价格主管部门核定的收费标准，并全部上缴国库。

第八十二条 公安机关交通管理部门依法实施罚款的行政处罚，应当依照有关法律、行政法规的规定，实施罚款决定与罚款收缴分离；收缴的罚款以及依法没收的违法所得，应当全部上缴国库。

第八十三条 交通警察调查处理道路交通安全违法行为和交通事故，有下列情形之一的，应当回避：

(一)是本案的当事人或者当事人的近亲属；

（二）本人或者其近亲属与本案有利害关系；

（三）与本案当事人有其他关系，可能影响案件的公正处理。

第八十四条　公安机关交通管理部门及其交通警察的行政执法活动，应当接受行政监察机关依法实施的监督。

公安机关督察部门应当对公安机关交通管理部门及其交通警察执行法律、法规和遵守纪律的情况依法进行监督。

上级公安机关交通管理部门应当对下级公安机关交通管理部门的执法活动进行监督。

第八十五条　公安机关交通管理部门及其交通警察执行职务，应当自觉接受社会和公民的监督。

任何单位和个人都有权对公安机关交通管理部门及其交通警察不严格执法以及违法违纪行为进行检举、控告。收到检举、控告的机关，应当依据职责及时查处。

第八十六条　任何单位不得给公安机关交通管理部门下达或者变相下达罚款指标；公安机关交通管理部门不得以罚款数额作为考核交通警察的标准。

公安机关交通管理部门及其交通警察对超越法律、法规规定的指令，有权拒绝执行，并同时向上级机关报告。

第七章　法律责任

第八十七条　公安机关交通管理部门及其交通警察对道路交通安全违法行为，应当及时纠正。

公安机关交通管理部门及其交通警察应当依据事实和本法的有关规定对道路交通安全违法行为予以处罚。对于情节轻微，未影响道路通行的，指出违法行为，给予口头警告后放行。

第八十八条　对道路交通安全违法行为的处罚种类包括：警告、罚款、暂扣或者吊销机动车驾驶证、拘留。

第八十九条　行人、乘车人、非机动车驾驶人违反道路交通安全法律、法规关于道路通行规定的，处警告或者五元以上五十元以下罚款；非机动车驾驶人拒绝接受罚款处罚的，可以扣留其非机动车。

第九十条　机动车驾驶人违反道路交通安全法律、法规关于道路通行规定的，处警告或者二十元以上二百元以下罚款。本法另有规定的，依照规定处罚。

第九十一条　饮酒后驾驶机动车的，处暂扣六个月机动车驾驶证，并处一千元以上二千元以下罚款。因饮酒后驾驶机动车被处罚，再次饮酒后驾驶机动车的，处十日以下拘留，并处一千元以上二千元以下罚款，吊销机动车驾驶证。

醉酒驾驶机动车的，由公安机关交通管理部门约束至酒醒，吊销机动车驾驶证，依法追究刑事责任；五年内不得重新取得机动车驾驶证。

饮酒后驾驶营运机动车的，处十五日拘留，并处五千元罚款，吊销机动车驾驶证，五年内不得重新取得机动车驾驶证。

醉酒驾驶营运机动车的，由公安机关交通管理部门约束至酒醒，吊销机动车驾驶证，依法追究刑事责任；十年内不得重新取得机动车驾驶证，重新取得机动车驾驶证后，不得驾驶营运机动车。

饮酒后或者醉酒驾驶机动车发生重大交通事故，构成犯罪的，依法追究刑事责任，并由公安机关交通管理部门吊销机动车驾驶证，终生不得重新取得机动车驾驶证。

第九十二条　公路客运车辆载客超过额定乘员的，处二百元以上五百元以下罚款；超过额定乘员百分之二十或者违反规定载货的，处五百元以上二千元以下罚款。

货运机动车超过核定载质量的，处二百元以上五百元以下罚款；超过核定载质量百分之三十或者违反规定载客的，处五百元以上二千元以下罚款。

有前两款行为的，由公安机关交通管理部门扣留机动车至违法状态消除。

运输单位的车辆有本条第一款、第二款规定的情形，经处罚不改的，对直接负责的主管人员处二千元以上五千元以下罚款。

第九十三条　对违反道路交通安全法律、法规关于机动车停放、临时停车规定的，可以指出违法行为，并予以口头警告，令其立即驶离。

机动车驾驶人不在现场或者虽在现场但拒绝立即驶离，妨碍其他车辆、行人通行的，处二十元以上二百元以下罚款，并可以将该机动车拖移至不妨碍交通的地点或者公安机关交通管理部门指定的地点停放。公安机关交通管理部门拖车不得向当事人收取费用，并应当及时告知当事人停放地点。

因采取不正确的方法拖车造成机动车损坏的，应当依法承担补偿责任。

第九十四条　机动车安全技术检验机构实施机动车安全技术检验超过国务院价格主管部门核定的收费标准收取费用的，退还多收取的费用，并由价格主管部门依照《中华人民共和国价格法》的有关规定给予处罚。

机动车安全技术检验机构不按照机动车国家安全技术标准进行检验，出具虚假检验结果的，由公安机关交通管理部门处所收检验费用五倍以上十倍以下罚款，并依法撤销其检验资格；构成犯罪的，依法追究刑事责任。

第九十五条 上道路行驶的机动车未悬挂机动车号牌，未放置检验合格标志、保险标志，或者未随车携带行驶证、驾驶证的，公安机关交通管理部门应当扣留机动车，通知当事人提供相应的牌证、标志或者补办相应手续，并可以依照本法第九十条的规定予以处罚。当事人提供相应的牌证、标志或者补办相应手续的，应当及时退还机动车。

故意遮挡、污损或者不按规定安装机动车号牌的，依照本法第九十条的规定予以处罚。

第九十六条 伪造、变造或者使用伪造、变造的机动车登记证书、号牌、行驶证、驾驶证的，由公安机关交通管理部门予以收缴，扣留该机动车，处十五日以下拘留，并处二千元以上五千元以下罚款；构成犯罪的，依法追究刑事责任。

伪造、变造或者使用伪造、变造的检验合格标志、保险标志的，由公安机关交通管理部门予以收缴，扣留该机动车，处十日以下拘留，并处一千元以上三千元以下罚款；构成犯罪的，依法追究刑事责任。

使用其他车辆的机动车登记证书、号牌、行驶证、检验合格标志、保险标志的，由公安机关交通管理部门予以收缴，扣留该机动车，处二千元以上五千元以下罚款。

当事人提供相应的合法证明或者补办相应手续的，应当及时退还机动车。

第九十七条 非法安装警报器、标志灯具的，由公安机关交通管理部门强制拆除，予以收缴，并处二百元以上二千元以下罚款。

第九十八条 机动车所有人、管理人未按照国家规定投保机动车第三者责任强制保险的，由公安机关交通管理部门扣留车辆至依照规定投保后，并处依照规定投保最低责任限额应缴纳的保险费的二倍罚款。

依照前款缴纳的罚款全部纳入道路交通事故社会救助基金。具体办法由国务院规定。

第九十九条 有下列行为之一的，由公安机关交通管理部门处二百元以上二千元以下罚款：

(一)未取得机动车驾驶证、机动车驾驶证被吊销或者机动车驾驶证被暂扣期间驾驶机动车的；

(二)将机动车交由未取得机动车驾驶证或者机动车驾驶证被吊销、暂扣的人驾驶的；

(三)造成交通事故后逃逸，尚不构成犯罪的；

(四)机动车行驶超过规定时速百分之五十的；

(五)强迫机动车驾驶人违反道路交通安全法律、法规和机动车安全驾驶要求驾驶机动车，造成交通事故，尚不构成犯罪的；

(六)违反交通管制的规定强行通行，不听劝阻的；

(七)故意损毁、移动、涂改交通设施，造成危害后果，尚不构成犯罪的；

(八)非法拦截、扣留机动车辆，不听劝阻，造成交通严重阻塞或者较大财产损失的。

行为人有前款第二项、第四项情形之一的，可以并处吊销机动车驾驶证；有第一项、第三项、第五项至第八项情形之一的，可以并处十五日以下拘留。

第一百条 驾驶拼装的机动车或者已达到报废标准的机动车上道路行驶的，公安机关交通管理部门应当予以收缴，强制报废。

对驾驶前款所列机动车上道路行驶的驾驶人，处二百元以上二千元以下罚款，并吊销机动车驾驶证。

出售已达到报废标准的机动车的，没收违法所得，处销售金额等额的罚款，对该机动车依照本条第一款的规定处理。

第一百零一条 违反道路交通安全法律、法规的规定，发生重大交通事故，构成犯罪的，依法追究刑事责任，并由公安机关交通管理部门吊销机动车驾驶证。

造成交通事故后逃逸的，由公安机关交通管理部门吊销机动车驾驶证，且终生不得重新取得机动车驾驶证。

第一百零二条 对六个月内发生二次以上特大交通事故负有主要责任或者全部责任的专业运输单位，由公安机关交通管理部门责令消除安全隐患，未消除安全隐患的机动车，禁止上道路行驶。

第一百零三条 国家机动车产品主管部门未按照机动车国家安全技术标准严格审查，许可不合格机动车型投入生产的，对负有责任的主管人员和其他直接责任人员给予降级或者撤职的行政处分。

机动车生产企业经国家机动车产品主管部门许可生产的机动车型，不执行机动车国家安全技术标准或者不严格进行机动车成品质量检验，致使质量不合格的机动车出厂销售的，由质量技术监督部门依照《中华人民共和国产品质量法》的有关规定给予处罚。

擅自生产、销售未经国家机动车产品主管部门许可生产的机动车型的，没收非法生产、销售的机动车成品及配件，可以并处非法产品价值三倍以上五倍以下罚款；有营业执照的，由工商行政管理部门吊销营业执照，没有营业执照的，予以查封。

生产、销售拼装的机动车或者生产、销售擅自改装的机动车的，依照本条第三款的规定处罚。

有本条第二款、第三款、第四款所列违法行为，生产或者销售不符合机动车国家安全技术标准的机动车，构成犯罪的，依法追究刑事责任。

第一百零四条 未经批准，擅自挖掘道路、占用道路施工或者从事其他影响道路交通安全活动的，由道路主管部门责令停止违法行为，并恢复原状，可以依给予罚款；致使通行的人员、车辆及其他财产遭受损失的，依法承担赔偿责任。

有前款行为，影响道路交通安全活动的，公安机关交通管理部门可以责令停止违法行为，迅速恢复交通。

第一百零五条　道路施工作业或者道路出现损毁，未及时设置警示标志、未采取防护措施，或者应当设置交通信号灯、交通标志、交通标线而没有设置或者应当及时变更交通信号灯、交通标志、交通标线而没有及时变更，致使通行的人员、车辆及其他财产遭受损失的，负有相关职责的单位应当依法承担赔偿责任。

第一百零六条　在道路两侧及隔离带上种植树木、其他植物或者设置广告牌、管线等，遮挡路灯、交通信号灯、交通标志，妨碍安全视距的，由公安机关交通管理部门责令行为人排除妨碍；拒不执行的，处二百元以上二千元以下罚款，并强制排除妨碍，所需费用由行为人负担。

第一百零七条　对道路交通违法行为人予以警告、二百元以下罚款，交通警察可以当场作出行政处罚决定，并出具行政处罚决定书。

行政处罚决定书应当载明当事人的违法事实、行政处罚的依据、处罚内容、时间、地点以及处罚机关名称，并由执法人员签名或者盖章。

第一百零八条　当事人应当自收到罚款的行政处罚决定书之日起十五日内，到指定的银行缴纳罚款。

对行人、乘车人和非机动车驾驶人的罚款，当事人无异议的，可以当场予以收缴罚款。

罚款应当开具省、自治区、直辖市财政部门统一制发的罚款收据；不出具财政部门统一制发的罚款收据的，当事人有权拒绝缴纳罚款。

第一百零九条　当事人逾期不履行行政处罚决定的，作出行政处罚决定的行政机关可以采取下列措施：

（一）到期不缴纳罚款的，每日按罚款数额的百分之三加处罚款；

（二）申请人民法院强制执行。

第一百一十条　执行职务的交通警察认为应当对道路交通违法行为人给予暂扣或者吊销机动车驾驶证处罚的，可以先予扣留机动车驾驶证，并在二十四小时内将案件移交公安机关交通管理部门处理。

道路交通违法行为人应当在十五日内到公安机关交通管理部门接受处理。无正当理由逾期未接受处理的，吊销机动车驾驶证。

公安机关交通管理部门暂扣或者吊销机动车驾驶证的，应当出具行政处罚决定书。

第一百一十一条　对违反本法规定予以拘留的行政处罚，由县、市公安局、公安分局或者相当于县一级的公安机关裁决。

第一百一十二条　公安机关交通管理部门扣留机动车、非机动车，应当当场出具凭证，并告知当事人在规定期限内到公安机关交通管理部门接受处理。

公安机关交通管理部门对被扣留的车辆应当妥善保管，不得使用。

逾期不来接受处理，并且经公告三个月仍不来接受处理的，对扣留的车辆依法处理。

第一百一十三条　暂扣机动车驾驶证的期限从处罚决定生效之日起计算；处罚决定生效前先予扣留机动车驾驶证的，扣留一日折抵暂扣期限一日。

吊销机动车驾驶证后重新申请领取机动车驾驶证的期限，按照机动车驾驶证管理规定办理。

第一百一十四条　公安机关交通管理部门根据交通技术监控记录资料，可以对违法的机动车所有人或者管理人依法予以处罚。对能够确定驾驶人的，可以依照本法的规定依法予以处罚。

第一百一十五条　交通警察有下列行为之一的，依法给予行政处分：

（一）为不符合法定条件的机动车发放机动车登记证书、号牌、行驶证、检验合格标志的；

（二）批准不符合法定条件的机动车安装、使用警车、消防车、救护车、工程救险车的警报器、标志灯具，喷涂标志图案的；

（三）为不符合驾驶许可条件、未经考试或者考试不合格人员发放机动车驾驶证的；

（四）不执行罚款决定与罚款收缴分离制度或者不按规定将依法收取的费用、收缴的罚款及没收的违法所得全部上缴国库的；

（五）举办或者参与举办驾驶学校或者驾驶培训班、机动车修理厂或者收费停车场等经营活动的；

（六）利用职务上的便利收受他人财物或者谋取其他利益的；

（七）违法扣留车辆、机动车行驶证、驾驶证、车辆号牌的；

（八）使用依法扣留的车辆的；

（九）当场收取罚款不开具罚款收据或者不如实填写罚款额的；

（十）徇私舞弊，不公正处理交通事故的；

（十一）故意刁难，拖延办理机动车牌证的；

（十二）非执行紧急任务时使用警报器、标志灯具的；

（十三）违反规定拦截、检查正常行驶的车辆的；

（十四）非执行紧急公务时拦截搭乘机动车的；

（十五）不履行法定职责的。

公安机关交通管理部门有前款所列行为之一的，对直接负责的主管人员和其他直接责任人员给予相应的行政处分。

第一百一十六条　依照本法第一百一十五条的规定,给予交通警察行政处分的,在作出行政处分决定前,可以停止其执行职务;必要时,可以予以禁闭。

依照本法第一百一十五条的规定,交通警察受到降级或者撤职行政处分的,可以予以辞退。

交通警察受到开除处分或者被辞退的,应当取消警衔;受到撤职以下行政处分的交通警察,应当降低警衔。

第一百一十七条　交通警察利用职权非法占有公共财物,索取、收受贿赂,或者滥用职权、玩忽职守,构成犯罪的,依法追究刑事责任。

第一百一十八条　公安机关交通管理部门及其交通警察有本法第一百一十五条所列行为之一,给当事人造成损失的,应当依法承担赔偿责任。

第八章　附　则

第一百一十九条　本法中下列用语的含义:

(一)"道路",是指公路、城市道路和虽在单位管辖范围但允许社会机动车通行的地方,包括广场、公共停车场等用于公众通行的场所。

(二)"车辆",是指机动车和非机动车。

(三)"机动车",是指以动力装置驱动或者牵引,上道路行驶的供人员乘用或者用于运送物品以及进行工程专项作业的轮式车辆。

(四)"非机动车",是指以人力或者畜力驱动,上道路行驶的交通工具,以及虽有动力装置驱动但设计最高时速、空车质量、外形尺寸符合有关国家标准的残疾人机动轮椅车、电动自行车等交通工具。

(五)"交通事故",是指车辆在道路上因过错或者意外造成的人身伤亡或者财产损失的事件。

第一百二十条　中国人民解放军和中国人民武装警察部队在编机动车牌证、在编机动车检验以及机动车驾驶人考核工作,由中国人民解放军、中国人民武装警察部队有关部门负责。

第一百二十一条　对上道路行驶的拖拉机,由农业(农业机械)主管部门行使本法第八条、第九条、第十三条、第十九条、第二十三条规定的公安机关交通管理部门的管理职权。

农业(农业机械)主管部门依照前款规定行使职权,应当遵守本法有关规定,并接受公安机关交通管理部门的监督;对违反规定的,依照本法有关规定追究法律责任。

本法施行前由农业(农业机械)主管部门发放的机动车牌证,在本法施行后继续有效。

第一百二十二条　国家对入境的境外机动车的道路交通安全实施统一管理。

第一百二十三条　省、自治区、直辖市人民代表大会常务委员会可以根据本地区的实际情况,在本法规定的罚款幅度内,规定具体的执行标准。

第一百二十四条　本法自2004年5月1日起施行。

全国人民代表大会常务委员会关于进一步加强法制宣传教育的决议

(2011年4月22日第十一届全国人民代表大会常务委员会第二十次会议通过)

2006年至2010年,我国法制宣传教育第五个五年规划已顺利实施和完成,取得了明显成效。公民的宪法和法律意识明显增强,依法治理和法治创建活动有序推进,社会管理法治化水平进一步提高,法制宣传教育在服务经济社会发展、维护社会和谐稳定、落实依法治国基本方略中发挥了重要作用。现在中国特色社会主义法律体系已经形成,这是我国社会主义民主法制建设史上的重要里程碑,是中国特色社会主义制度逐步走向成熟的重要标志。法律的生命力在于实施。中国特色社会主义法律体系形成后,有法必依、执法必严、违法必究的任务更为突出、更加紧迫,对加强法制宣传教育提出了新的更高的要求。为适应全面建设小康社会和"十二五"时期经济社会发展需要,全面落实依法治国基本方略、加快建设社会主义法治国家进程,进一步增强全社会法治观念,有必要从2011年到2015年在全体公民中组织实施法制宣传教育第六个五年规划。为此,特作决议如下:

一、深入学习宣传以宪法为统帅的中国特色社会主义法律体系。要突出抓好宪法的学习宣传,深入学习宣传宪法确立的我国的国体政体、根本制度、根本任务、公民的权利和义务等主要内容和精神,进一步增强公民的宪法意识和社会主义民主法治观念,形成崇尚宪法、遵守宪法、维护宪法权威的良好氛围。深入学习宣传形成中国特色社会主义法律体系的重大意义、基本经验、基本特征,深入学习宣传中国特色社会主义法律体系的基本法律和促进经济发展、保障和改善民生、加强社会管理、反腐倡廉相关法律法规。深入开展社会主义法治理念教育,推进社会主义法治文化建设,弘扬社会主义法治精神,形成人人自觉学法守法用法和依法行政、公正司法的社会环境。

二、进一步增强法制宣传教育的针对性和实效性。法制宣传教育的对象是一切有接受能力的公民。广大公务员尤其是各级领导干部要带头学习宪法和法律,系统学习和熟练掌握与履行职责相关的法律法规,不断提高自身法律素质和法治观念,增强科学执政、民主执政、依法执政的自觉性;要充分认识依法行政、公正司法是法制宣传教育最有效的实践,增强依法决策、依法行政、公正司法的能力,不断改善领导方式和执政方式,做全社会学法守法用法的表率。要根据青少年的身心特点和接受能力,结合道德品质教育和公民意识教育,有针对性地加强法制宣传教育,努力培养青少年遵纪守法的行为习惯。企业经营管理人员、事业单位和新经济、新社会组织管理人员应当重点学习掌握与市场经济、经营管理相关的法律法规,增强诚信守法、依法管理、依法经营的观念。要在城乡基层群众中重点宣传与生产生活密切相关的法律法规,引导群众依法维护权益、表达诉求、化解纠纷,提高群众参与基层自治和其他社会管理活动的意识和能力。

三、进一步丰富法制宣传教育的形式和方法。法制宣传教育要深入群众、深入基层,生动活泼、通俗易懂,为群众所喜闻乐见,力戒形式主义。广播、电视、报刊等各类媒体要继续履行好社会责任,通过开办法制栏目(专栏、专版)等,广泛开展公益性法制宣传教育。要充分发挥互联网、移动通信等新兴媒体的特点和优势,积极开展法制宣传教育。要努力办好普法网站,充分发挥政府网及门户网站在法制宣传中的重要平台和示范带动作用。要丰富法制宣传教育进机关、进学校、进企业、进单位、进乡村、进社区的内容和形式,不断增强针对性和实效性。要完善并落实公务员法律学习培训制度,把法制宣传教育纳入公务员理论学习规划和各类干部培训机构教学课程。要充分发挥学校作为法制宣传教育重要阵地作用,保证中小学校法制教育课时、教材、师资、经费“四落实”。要充分运用“12·4”全国法制宣传日开展集中法制宣传教育活动,不断扩大法制宣传教育的覆盖面和渗透力。要坚持法制宣传教育与法治实践相结合,善于运用典型案例剖析和群众关心的热点问题开展法制宣传教育,深入推进多种形式、多种层次的法治实践活动,用法治实践推动法制宣传教育、检验法制宣传教育的实效。

四、完善法制宣传教育的组织领导和保障机制。各国家机关和武装力量、各政党、各社会团体、各企事业单位和各类组织,都要高度重视法制宣传教育工作,积极组织开展本部门、本单位以及面向社会的法制宣传教育。要完善法制宣传教育领导体制和工作机制,加强组织领导,加强执法主体的法制宣传教育责任,加强各部门间的协调配合,形成工作合力。法制宣传教育要纳入各地经济社会发展规划和政府目标管理,法制宣传教育经费列入本级政府财政预算,切实予以保障。各部门、各单位要结合实际,统筹安排,保证法制宣传教育工作正常开展。要进一步加大基层法制宣传教育各项投入,努力为基层深入开展法制宣传教育创造条件。

五、加强对本决议贯彻实施情况的监督检查。要进一步完善法制宣传教育考核评估机制,加强年度考核、阶段性检查。各级人民政府要切实组织实施好法制宣传教育第六个五年规划,做好中期督导检查和终期评估验收,并向本级人民代表大会常务委员会报告。各级人民代表大会及其常务委员会要充分运用执法检查、听取和审议工作报告以及代表视察、专题调研等形式,加强对法制宣传教育工作的监督检查,保证本决议得到贯彻落实。

全国人大常委会在人民大会堂举行题为《法律体系的概念与意义》的第二十一讲专题讲座

全国人大常委会委员长吴邦国主持讲座。

今年3月,吴邦国委员长在十一届全国人大四次会议上郑重宣布中国特色社会主义法律体系如期形成。为了更加全面深入地认识中国特色社会主义法律体系,全国人大常委会安排了这次讲座。全国人大常委会委员、全国人大常委会法工委副主任信春鹰从法律体系的概念、中国特色社会主义法律体系部门划分的内在规律和在新的起点上做好立法工作等方面作了深入讲解。

信春鹰说,法律体系是指一个国家所有的法律依照调整对象和调整方法的不同而对现行法律作出的分类。中国特色社会主义法律体系,与学术上讲的法律体系有联系又有区别。中国特色社会主义法律体系的形成,圆了近代以来中国人民建设一个法律制度完备的强大国家的百年梦想,集中体现了我国社会主义民主政治发展的成就,集中体现了中国共产党依法执政的成就,集中体现了和谐社会建设的成就。

信春鹰说,我国在较短的时间内形成中国特色社会主义法律体系,立法任务之重世所罕见,克服困难之多前所未有,成绩来之不易,经验弥足珍贵。坚持党的领导,坚持以中国特色社会主义理论体系为指导,坚持从中国国情和实际出发,坚持以人为本、立法为民,坚持社会主义法制统一,是最重要的经验。在形成法律体系的过程中,我们不断探索法律体系自身发展的内在规律,也积累了丰富的经验。

信春鹰说,中国特色社会主义法律体系的形成,是中国特色社会主义制度逐步走向成熟的重要标志,也是立法工作的新起点。我国正处在深刻变革的历史进程中,社会变革为社会发展进步带来空间和活力,也必然带来这样或者那样的新情况新问题,通过法律制度维护改革发展稳定的任务十分艰巨。要正确认识立法工作面临的新形势,不断研究新问题,以法律制度回应社会发展的新需求。要坚持科学立法、民主立法,把提高立法质量放在更加重要的位置。要更加重视立法技术的研究和应用，以保证制定的法律严谨周密、切实可行。

全国人大常委会副委员长王兆国、路甬祥、乌云其木格、韩启德、华建敏、周铁农、李建国、司马义·铁力瓦尔地、蒋树声、陈昌智、严隽琪、桑国卫等听取讲座。

中央社会治安综合治理委员会等16家单位联合发出《关于深入推进矛盾纠纷大调解工作的指导意见》

《关于深入推进矛盾纠纷大调解工作的指导意见》(以下简称意见)指出，坚持调解优先，依法调解，充分发挥人民调解、行政调解、司法调解的作用。把人民调解工作做在行政调解、司法调解、仲裁、诉讼等方法前，立足预警、疏导，对矛盾纠纷做到早发现、早调解。

意见指出，经人民调解组织、行政调解组织或者其他具有调解职能的组织调解达成的调解协议，双方当事人认为有必要的，可以依法向人民法院申请司法确认。

意见指出，建立由各级政府负总责、政府法制机构牵头、各职能部门为主体的行政调解工作体制，并纳入同级大调解工作平台。

意见强调，人民法院重点推动一般民事案件、轻微刑事案件通过调解等方式实现案结事了。同时，拓展司法调解工作范围。建立完善法院与职能部门在调解、仲裁、执行等工作环节中的联动机制。重点强化劝导分流、诉前调解等职能，推动人民调解、行政调解等各类工作机制的发展与完善。建立健全特邀调解员队伍，主动吸纳行政职能部门、人民调解组织及其他具有调解职能的组织和人员、人大代表、政协委员等参与司法调解工作，引导驻法院(庭)人民调解室调解涉诉纠纷。

意见强调，人民检察院依法履行法律监督职能，建立依托大调解工作平台参与化解社会矛盾纠纷的工作机制。同时，对民事申诉等案件，坚持抗诉与息诉并重，规范引导和解的程序和要求，在遵循事实和法律的基础上，对当事人双方有和解意愿、符合和解条件的，积极引导和促使当事人达成和解。

意见指出，公安机关110报警服务台对接报的可以进行调解的纠纷，及时通过大调解组织分流到相关责任单位进行处理。公安派出所参与乡镇(街道)综治工作中心矛盾纠纷调处工作，并可设立驻所人民调解室，邀请人民调解员参与矛盾纠纷联合调解工作。

意见指出，人力资源和社会保障部门会同工会、企业代表组织，推动乡镇(街道)特别是劳动保障服务所(站)劳动争议调解组织建设。做好劳动人事争议调解、仲裁与诉讼衔接的工作。

意见指出，卫生行政部门积极协调、配合司法行政及保险监督等部门，推广建立规范的医疗纠纷人民调解委员会，推动建立健全医疗纠纷人民调解工作保障机制，推进医疗责任保险，规范专业鉴定机构，统一医疗损害、医疗事故的鉴定程序和标准，加强对医疗纠纷的化解和处理。

意见指出，国土资源部门通过大调解工作平台设立土地纠纷调解工作小组，在人民调解员队伍中培养乡村土地纠纷调解员，因势利导，就近受理及时调解涉及土地权属、征地补偿安置等引发的矛盾纠纷。

意见指出，工商行政管理部门通过大调解工作平台，加强工商行政执法体系建设，发挥消费者协会作用，推进消费维权网络建设。

意见强调，民政部门充分运用调解办法处理民政行政纠纷和与民政行政管理相关的民事纠纷，加快和谐社区建设，加强村(居)民委员会建设、社区管理、养老服务和专职社会工作者队伍建设，建立延伸到社区、村组的调解组织网络。

意见指出，住房和城乡建设部门通过大调解工作平台，建立日常工作联系网络和联络员制度，会同相关部门，实行联席会议制度，重点调解因城市房屋拆迁、建筑施工等引发的矛盾纠纷。

意见指出，信访部门进一步健全与大调解工作平台衔接的工作机制，组织协调和大力推动用调解的方式解决信访人的诉求。

意见指出，工会、妇联和共青团组织发挥自身优势，积极参与大调解工作。

意见强调，各级党委、政府加强对矛盾纠纷大调解工作的组织领导。党政一把手是大调解工作的第一责任人。

意见强调，各级综治委及其办公室在党委、政府的领导下，具体负责矛盾纠纷大调解工作的组织、协调、检查、督办工作，重点加强对县(市、区)、乡镇(街道)矛盾纠纷大调解工作平台的协调指导。督促各部门各单位认真落实部门和单位责任制，把做好大调解工作作为社会治安综合治理考评的重要内容。组织有关部门和单位，对大调解衔接情况进行专项检查，及时解决工作中出现的问题。对矛盾纠纷调解得力的单位(组织)和个人，按照国家规定予以表彰奖励；对领导不重视，调解不力，发生危害社会治安和社会稳定重大矛盾纠纷的地方和单位，实行责任倒查，视情予以通报批评、警示直至一票否决。

中央书记处书记刘云山在北京主持召开中国共产党成立90周年宣传报道工作专题会议

刘云山强调，要充分认识做好建党90周年宣传报道工作的重大意义，把握主题、突出重点，讴歌丰功伟绩、凝聚思想力量，大力唱响共产党好、社会主义好、改革开放好、伟大祖国好、各族人民好的时代主旋律，激励全党全国各族人民紧密团结在以胡锦涛同志为总书记的党中央周围，推动科学发展、促进社会和谐，为夺取全面建设小康社会新胜利、开创中国特色社会主义事业新局面而不懈奋斗。

刘云山强调，做好建党90周年宣传报道是各级各类媒体的共同责任，中央和地方党报党刊、电台电视台要发挥引领带动作用，集中推出一批重点专栏专题、言论评论和纪念文章，晚报都市报要以生动的故事、感人的情节展示我们党的奋斗史光荣史，网络媒体要运用专题集成、背景链接、在线访谈等方式，帮助广大网民更好地了解党的伟大历程。要贴近群众、深入群众、反映群众，多宣传群众身边的共产党员，多普及群众希望了解的党史知识，多报道基层开展的群众性宣传教育活动，把知识性同新闻性结合起来，把历史进程的回顾同现实关切的回应结合起来，努力增强宣传报道实效。要面向国际社会，广泛介绍我们党带领人民进行革命、建设和改革的非凡历程，阐明我们党立党为公、执政为民的理念，让世界更好地了解中国、了解中国共产党。

中央宣传文化部门、中央新闻单位、解放军总政治部宣传部和北京市委宣传部负责同志出席会议。

国务院副总理回良玉在北京国家防总指挥中心出席国家防汛抗旱全体会议

会议进一步分析研判今年的汛情旱情形势，全面安排部署防汛抗旱救灾各项工作。

回良玉指出，今年我国气象年景预测总体偏差，严重洪涝、干旱等自然灾害发生的几率很高，防灾减灾还存在着一些薄弱环节，局部地区的极端天气已造成较大损失，防汛抗旱形势不容乐观。

回良玉强调，要立足防大汛、抗大旱、救大灾，依法科学统一、有力有序有效做好各项工作。一要做好防汛抗旱准备，确保工程、队伍、预案、物资等各项措施落实到位。二要做好监测预报预警，密切监视雨情、水情、风情、旱情的发展变化，及时滚动分析预报，及时发布各类预警信息。三要做好工程调度管理，合理采取“拦、调、分、疏、滞、泄、守”等措施，最大限度地发挥工程效益。四要做好群众转移安置，进一步完善山洪灾害易发区、低洼易涝区、江河蓄滞洪运用区、海上作业区、出海船只等重点区域的人员转移安置预案，落实到社区、村组、住户和个人。五要做好抢险救灾工作，加强工程巡查，确保及时发现险情、及时启动预案、及时组织抢护。六要做好新闻宣传引导，及时准确发布重特大突发水旱灾害信息。

中共中央政治局常委李长春在马普托与莫桑比克总统阿曼多·埃米利奥·格布扎举行会谈

中共中央政治局常委李长春在马普托与莫桑比克解放阵线党总书记菲利佩·保恩德举行会谈

李长春充分肯定两国执政党关系为促进双边关系发展所发挥的重要作用，对中莫在国际事务中的合作予以积极评价，对莫政府坚持一个中国政策、在涉及中国核心利益问题上给予中方宝贵支持表示赞赏。他重申中国发展对非关系的原则立场，强调指出，中莫同为发展中国家，面临着相似的建设任务，有着许多共同的发展诉求。

阿里说，莫中两国关系源远流长，两党关系也有牢固基础。希望莫中双方共同努力、充分挖掘两国各领域互利合作的潜力，给两国人民带来更多实际利益。

会见结束后，李长春与阿里共同出席中莫两国政府间有关合作协定的签字仪式。

中共中央政治局常委李长春在马普托会见莫桑比克总理艾雷斯·阿里

国务委员刘延东在北京出席全国治理教育乱收费部际联席会议第十一次会议

刘延东指出，治理教育乱收费是涉及千家万户和亿万学生切身利益的重要民生工程，事关教育事业科学健康发展。2010年，各地区、各部门积极采取加大投入、完善制度等源头治理措施，不断规范办学行为和收费行为，治理教育乱收费取得阶段性成果，受理教育乱收费举报数量较2009年有较大幅度下降。但有些地方学校工作开展不平衡，群众反映强烈的突出问题没有得到切实有效解决。

刘延东强调，要把治理教育乱收费与推进教育行风建设结合起来，完善信访举报反馈、行风问题督办、校务公开、行风评议等工作机制，做到坚持原则，不回避矛盾；实事求是，不空谈浮夸；深入一线，不走形式；一心为民，不以权谋私。要加强对治理教育乱收费政策执行情况的监督检查，抓好治理义务教育阶段择校乱收费和规范中小学服务性收费和代收费等有关文件贯彻落实，着力解决中等职业学校国家补助资金虚报冒领、中小学教辅材料过多过滥、义务教育和高中阶段改制学校清理规范等重点难点问题。要深化教育体制改革，完善法律制度，加强经费投入保障机制建设，严格落实教育收费政策，继续清理教育行政事业性收费项目，规范招生秩序，加强师德教育，坚决查处教育乱收费案件。要加强组织领导和宣传教育，发挥舆论监督的警示作用，促进治理工作制度化、科学化，切实维护社会公平正义。

环保部 中宣部 中央文明办 教育部 共青团中央 全国妇联发出《全国环境宣传教育行动纲要(2011—2015年)》的通知

各省、自治区、直辖市、副省级城市环境保护厅(局)、宣传部、文明办、教育厅(教委)、团委、妇联:

为贯彻落实党的十七届五中全会通过的《中共中央关于制定国民经济和社会发展第十二个五年规划的建议》和国家"十二五"环境保护工作部署,环境保护部、中央宣传部、中央文明办、教育部、共青团中央、全国妇联等6部门联合编制了《全国环境宣传教育行动纲要(2011—2015年)》,现印发给你们。请各地区各部门切实加强组织领导,注重协调配合,认真贯彻落实,把加强环境宣传教育工作、增强全社会的环境保护意识放到更加重要的位置,推动建立全民参与环境保护的社会行动体系,为加快建设资源节约型、环境友好型社会,提高生态文明水平营造良好的舆论氛围和社会环境。

环境保护部 中宣部
中央文明办 教育部
共青团中央 全国妇联
2011年4月22日

全国环境宣传教育行动纲要(2011—2015年)(略)

2010绿色中国年度焦点人物评选结果揭晓

在纪念第四十二个世界地球日之际,2010绿色中国年度焦点人物评选揭晓,颁奖仪式在北京举行。此次评选活动由中国绿化基金会、中国生态文明研究与促进会、人民网、绿色中国杂志社共同主办。

全国人大常委会原副委员长姜春云,中共青海省委书记、省人大常委会主任强卫,国家开发银行董事长陈元获年度大奖;云南省保山原地委书记杨善洲获年度特别奖;中国电影表演艺术学会会长、中国电视家协会副主席唐国强等46人分获其他各类奖项。

4月23日

全国哲学社会科学规划领导小组在北京召开会议审议《国家哲学社会科学研究"十二五"规划》

中共中央政治局委员、中央书记处书记、中宣部部长、全国哲学社会科学规划领导小组组长刘云山出席会议并讲话。

刘云山强调,"十二五"时期哲学社会科学研究工作要坚持以邓小平理论和"三个代表"重要思想为指导,深入贯彻落实科学发展观,大力推动理论创新,推动建立具有中国特色的哲学社会科学学科体系,为实现"十二五"经济社会发展目标提供强有力的理论支撑。要继续深化马克思主义特别是中国特色社会主义理论体系研究,进一步推进马克思主义中国化、时代化、大众化;深化推动科学发展、加快转变经济发展方式研究,着力促进经济又好又快发展;深化中国发展道路和发展战略研究,充分展示中国特色社会主义的制度优势;深化文化体制改革和文化建设研究,推动社会主义文化大发展大繁荣;深化社会建设和社会管理与创新研究,努力促进社会和谐稳定;深化加强和改进新形势下党的建设研究,积极推动党的建设理论创新和实践创新。

刘云山指出,国家社科基金规划管理工作是哲学社会科学研究工作的重要方面,对繁荣发展哲学社会科学具有十分重要的示范导向作用。要按照坚持正确导向、突出国家水准、提升管理水平、服务专家学者的要求,注重抓导向、抓精品、抓管理,把好学术质量关、资金使用关,做到公开公平公正、科学规范透明,自觉接受学界监督、社会监督,确保国家社科基金发挥最大社会效益。

全国政协副主席、中国社科院院长、全国哲学社会科学规划领导小组副组长陈奎元,全国哲学社会科学规划领导小组全体成员出席会议。

2011大学校长全球峰会在清华大学开幕

中共中央政治局委员、国务委员刘延东出席开幕式并致辞。

刘延东指出,大学是教书育人、培养人才的摇篮,是探索未知、认识真理的殿堂,是知识创新、科技创新的高地,是分享成果、交流合作的平台。当今世界正处于大发展、大变革、大调整时期,解决重大全球性问题、推动人类文明向更高水平迈进,越来越依赖知识技术的创新和人的素质的提高,大学作为教育事业的高端,地位和作用愈加重要。清华大学在百年历程中,坚守"自强不息,厚德载物"的校训,培养了一批又一批学术大师、兴业英才,孕育了许多开创性的科研成果,为中国发展和世界科技进步作出了突出贡献。

刘延东强调,大学要以人才培养为根本,把握人才成长规律,改革人才培养模式和评价制度,不断提高教育质量,引导学生全面而有个性地发展,培养适应时代要求和社会发展的优秀人才。要以科学研究为支撑,推动教学与科研良性互动,大力开展自然科学、人文社会科学、工程与技术科学研究,促进基础理论创新和技术瓶颈突破。要以服务社会为方向,主动深刻地融入社会,构建与科研院所和行业企业相互开放、紧密合作的格局,为培育新兴产业、推动区域发展、建设学习型社会发挥更大作用。要以校风学风教风为引导，倡导独立思考、实事求是的品格，弘扬志存高远、淡泊名利的精神，加强科研诚信和学术道德建设，让大学真正成为秉承人文精神、科学精神的绿色净土，成为引领社会风尚的先锋。要以国际交流合作为桥梁，开展多层次、宽领域的教育交流合作，相互学习借鉴，分享优质资源，积极投身跨文化交流，促进人类多样文明和谐共生。

本次峰会是清华大学百年庆典的重要内容，以“全球经济社会发展与高等教育”为主题，全球100多所知名大学校长出席论坛。

《青少年学习中共党史丛书》出版

中国共产党成立90周年之际，面向全国广大青少年，使其系统学习了解党90年历史的大型通俗读物《青少年学习中共党史丛书》由中共党史出版社出版，并在全国发行。

第一届北京国际电影季开幕式《星耀北京》在国家大剧院举行

中共中央政治局委员、北京市市委书记刘淇，中共中央政治局委员、中央书记处书记、中宣部部长刘云山出席了开幕式。

开幕式表彰了获得2010年度电影“走出去”工作表现突出影片《唐山大地震》《孔子》《十月围城》《赵氏孤儿》《叶问2》《麋鹿王》《走路上学》《新少林寺》《72家租客》《剑雨》，著名电影艺术家张会军、杨在葆、祝希娟、葛存壮、秦怡、雷恪生、李前宽、吴思远、谢飞、张和平为获奖者颁奖。

4月24日

庆祝清华大学成立100周年大会在人民大会堂举行

中共中央总书记、国家主席、中央军委主席胡锦涛在大会上发表重要讲话。

党和国家领导人吴邦国、温家宝、贾庆林、习近平、李克强等出席大会。

庆祝大会由清华大学党委书记胡和平主持。清华大学校长顾秉林在发言中回顾了清华大学百年发展历程，表示百年华诞是学校发展的重要里程碑，更是迈向未来的历史新起点，要大力弘扬清华精神，奋发有为，开创未来。清华大学教师代表李艳梅、清华大学学生代表齐兴达在大会上发言。北京大学校长周其凤、美国耶鲁大学校长莱文分别代表国内大学和国外大学发言。

出席庆祝大会的还有：刘淇、刘云山、刘延东、李源潮、吴官正、令计划、王沪宁、路甬祥、韩启德、华建敏、李建国、桑国卫、马凯、戴秉国、杜青林、陈奎元、董建华、万钢、林文漪、何厚铧和曾培炎、王汉斌、彭珮云、贾春旺、徐匡迪、李蒙，中央军委委员李继耐、常万全等。

中央和国家机关有关部门同志，北京市和其他省市负责同志，国内外知名学者代表，国内外著名大学校长代表，对清华大学发展作出重要贡献的来宾代表，台湾新竹清华大学代表团，清华大学校友代表和师生代表等，共8000多人参加庆祝大会。

中共中央总书记胡锦涛在庆祝清华大学建校100周年大会上的讲话

老师们，同学们，同志们，朋友们：

4月的北京，春风送暖。在这个美好的时节，我们在这里隆重集会，庆祝清华大学建校100周年。首先，我代表党中央、国务院，向清华大学全体师生员工和广大校友，表示衷心的祝贺！向参加庆祝活动的海内外嘉宾，表示热烈的欢迎！向全国高等学校的师生员工和广大教育工作者，致以诚挚的问候！

100年前，在中华民族内忧外患、风雨飘摇的历史背景下，清华大学的前身清华学堂建立了。那个时代，外国列强的侵略欺凌，封建统治的腐败黑暗，使我们的祖国和人民蒙受了水深火热的苦难。中国人民和大批仁人志士在苦难中觉醒、在压迫下奋起，决心改变民族积贫积弱的命运和人民苦不聊生的状况。也就是在这一年，中国爆发了震惊世界的辛亥革命，为中国进步打开了闸门，推动全民族更加自觉地走上了振兴中华的奋斗历程。

90年前，在中国人民改变民族命运如火如荼的斗争中，中国共产党应运而生。90年来，中国共产党团结带领全国各族人民前仆后继、顽强拼搏，经过长期浴血奋战和艰苦奋斗，成立了新中国，进行了社会主义革命和建设，实行了改革开放，成功开辟了中国特色社会主义道路，为中华民族伟大复兴打开了前所未有的光明前景。

建校以来，广大清华师生始终与民族共命运、与时代同步伐，形成了优良文化传统和光荣革命传统，在中国人民为实现中华民族伟大复兴而奋斗的史册上写下了自己的隽永篇章。

建校伊始，清华秉持科学救国理想，倡导“中西融会、古今贯通、文理渗透”，一批学界泰斗在清华园里潜心治学、精育良才，形成了名师荟萃、鸿儒辉映的盛况，很快发展成为我国最好的大学之一，填补了我国现代科技的诸多空白。抗日战争期间，清华同北大、南开一道，在极其艰苦的条件下，共创了西南联大的办学成就。梁启超、冯友兰、陈岱孙、费孝通、钱锺书、吴晗、曹禺、季羡林等一大批我国人文社会科学学术大师，叶企孙、茅以升、竺可桢、华罗庚、钱三强、钱学森、邓稼先、钱伟长等一大批我国自然科学学科和工程技术领域奠基人和开拓者，还有获得诺贝尔物理学奖的杨振宁、李政道，都是清华人中的佼佼者。广大清华师生始终满怀强烈的爱国情怀，积极投身"五四"运动，坚定走在"一二九"运动等爱国民主运动前列，奋勇参加民族救亡和人民解放斗争，涌现出闻一多、朱自清等一大批革命先烈和民主志士，为新中国的诞生作出了重要贡献。

新中国成立以后，广大清华师生满怀豪情投身祖国教育、科研、建设事业，全面贯彻党的教育方针，实行教学科研生产三结合，坚持又红又专、全面发展的育人理念，重视因材施教、实践锻炼、能力培养，努力建设高水平的社会主义大学。清华大学创办了原子能、无线电等一批国家急需的新技术专业，积极参与"两弹一星"等重大工程，完成国徽、人民英雄纪念碑、密云水库等重要设计，成为我国培养高层次人才和发展先进科学技术的重要基地。我和很多同龄人在这一时期进入清华大学学习，清华园里蓬勃昂扬的青春理想、严谨勤奋的治学氛围、艰苦朴素的优良作风、生动活泼的文化生活深深熏陶了我们。当时，蒋南翔校长富有创造性的教育思想，刘仙洲、梁思成、马约翰、张光斗等大家名师执教讲坛、垂范学子的风采，令我们受益匪浅、终生难忘。

改革开放以来，广大清华师生牢记科教兴国、人才强国的使命，主动适应社会需求，深入进行教育改革，加快建设综合性、研究型、开放式的一流大学，清华大学办学总体实力大为增强，人才培养质量、学术研究水平、社会服务能力不断提高。清华大学坚持以人才培养为根本任务，强化厚基础、重实践、求创新的育人特色，大力培养高素质、高层次、多样化、创新型的人才，广大毕业生踊跃到国家重点行业和基层施展才干。清华大学紧紧围绕改革开放和社会主义现代化建设的战略需要开展科研，取得高温气冷堆等一大批先进科技成果和优秀人文社会科学成果，社会影响和国际声誉不断提升，在创建世界一流大学的征程上迈出重大步伐、取得显著成绩。

水木清华，钟灵毓秀。在一个世纪的发展历程中，清华秉承"爱国奉献、追求卓越"的传统，恪守"自强不息、厚德载物"的校训，弘扬"行胜于言"的校风，培养了17万名优秀人才，涌现出一大批学术大师、兴业英才、治国栋梁。在国家表彰的23位"两弹一星"勋章获得者中有14位是清华校友，460位清华校友当选中国科学院院士和中国工程院院士。100年来，一代又一代清华人在革命、建设、改革中顽强拼搏、真诚奉献，为祖国、为人民、为民族建立了突出功绩。

清华百年历史又一次表明，坚持解放思想、实事求是、与时俱进，坚持以实现国家富强、民族振兴、人类进步为己任，坚持正确办学方向，坚持以人为本，遵循高等教育规律，全面实施素质教育，不断推进改革创新，我们的大学就能获得事业发展的强大动力，就能源源不断培养出德才兼备的优秀人才。

老师们、同学们、同志们、朋友们！

当今世界正处在大发展大变革大调整时期。世界多极化、经济全球化深入发展，世界经济格局发生新变化，综合国力竞争和各种力量较量更趋激烈，世界范围内生产力、生产方式、生活方式、经济社会发展格局正在发生深刻变革。特别是创新成为经济社会发展的主要驱动力，知识创新成为国家竞争力的核心要素。在这种大背景下，各国为掌握国际竞争主动，纷纷把深度开发人力资源、实现创新驱动发展作为战略选择。

对我国来说，当前和今后一个时期是全面建设小康社会的关键时期，是深化改革开放、加快转变经济发展方式的攻坚时期。综合判断国际国内形势，我国发展仍处于可以大有作为的重要战略机遇期，既面临难得的历史机遇，也面对诸多可以预见和难以预见的风险挑战。我们既要充分认识我国发展取得的举世瞩目的伟大成就，也要清醒地看到，我国仍处于并将长期处于社会主义初级阶段的基本国情没有变，我国仍是世界上最大的发展中国家，全面建成小康社会、基本实现现代化依然任重道远。我们决不能骄傲自满、故步自封，必须谦虚谨慎、埋头苦干，更加奋发有为地推进改革开放和社会主义现代化建设，继续在中国特色社会主义道路上向着中华民族伟大复兴的光辉目标奋勇前进。

推动经济社会又好又快发展，实现中华民族伟大复兴，科技是关键，人才是核心，教育是基础。我们必须深入实施科教兴国战略和人才强国战略，全面贯彻落实国家中长期教育改革和发展规划纲要，加快从教育大国向教育强国迈进。高等教育作为科技第一生产力和人才第一资源的重要结合点，在国家发展中具有十分重要的地位和作用。新中国成立60多年特别是改革开放30多年来，我国建成了世界上规模最大的高等教育体系，培养了数以亿计的高层次专门人才和高技能人才，取得了一批具有世界先进水平的科研成果。同时，从总体上看，我国高等教育还不完全适应经济社会发展和人民群众接受良好教育的要求，同国际先进水平相比还有明显差距。不断提高质量，是高等教育的生命线，必须始终贯穿高等学校人才培养、科学研究、社会服务、文化传承创新各项工作之中。我们必须适应实现经济社会又好又快发展、促进人的全面发展、推动社会和谐进步的要求，坚持走内涵式发展道路，借鉴国际先进理念和经验，全面提高高等教育质量，不断为社会主义现代化建设提供强有力的人才保证和智力支撑。

——全面提高高等教育质量，必须大力提升人才培养水平。高等教育的根本任务是人才培养。要坚持把促进学生健康成长作为学校一切工作的出发点和落脚点，全面贯彻党的教育方针，坚持育人为本、德育为先、能力为重、全面发展，着力增强学生服务国家服务人民的社会责任感、勇于探索的创新精神、善于解决问题的实践能力，努力培养德智体美全面发展的社会主义建设者和接班人。要注重更新教育观念，把促进人的全面发展和适应社会需要作为衡量人才培养水平的根本标准，树立多样化人才观念和人人成才观念，树立终身学习和系统培养观念，造就信念执着、品德优良、知识丰富、本领过硬的高素质人才。要注重培养拔尖创新人才，积极营造鼓励独立思考、自由探索、勇于创新的良好环境，使学生创新智慧竞相迸发，努力为培养造就更多新知识的创造者、新技术的发明者、新学科的创建者作出积极贡献。

——全面提高高等教育质量，必须大力增强科学研究能力。高等学校特别是研究型大学，既是高层次创新人才培养的重要基地，又是基础研究和高技术领域创新成果的重要源泉。要积极适应经济社会发展重大需求，开展国家急需的战略性研究、探索科学技术尖端领域的前瞻性研究、涉及国计民生重大问题的公益性研究。要积极提升原始创新、集成创新和引进消化吸收再创新能力，瞄准国际前沿，加强基础研究，推动学科融合，培育新兴学科，建设重大创新平台和创新团队，以高水平科学研究支撑高质量高等教育。要积极推动协同创新，通过体制机制创新和政策项目引导，鼓励高校同科研机构、企业开展深度合作，建立协同创新的战略联盟，促进资源共享，联合开展重大科研项目攻关，在关键领域取得实质性成果，努力为建设创新型国家作出积极贡献。

——全面提高高等教育质量，必须大力服务经济社会发展。要紧紧围绕科学发展这个主题、加快转变经济发展方式这条主线，不断增强服务经济社会发展能力。要自觉参与推动战略性新兴产业加快发展，促进产学研紧密融合，加快科技成果转化和产业化步伐，着力推动“中国制造”向“中国创造”转变。要自觉参与推动区域协调发展，积极参与推进西部大开发、振兴东北地区等老工业基地、促进中部地区崛起、支持东部地区率先发展的进程，以服务和贡献开辟自身发展新空间。要自觉参与推动学习型社会建设，适应全民学习、终身学习的时代需要，加快发展继续教育，广泛开展科学普及，为社会提供形式多样的教育服务，深入开展政策研究，积极发挥思想库和智囊团作用，努力为党和国家科学决策、民主决策作出积极贡献。

——全面提高高等教育质量，必须大力推进文化传承创新。高等教育是优秀文化传承的重要载体和思想文化创新的重要源泉。要积极发挥文化育人作用，加强社会主义核心价值体系建设，掌握前人积累的文化成果，扬弃旧义，创立新知，并传播到社会、延续至后代，不断培育崇尚科学、追求真理的思想观念，推动社会主义先进文化建设。要积极开展对外文化交流，增进对国外文化科技发展趋势和最新成果的了解，展示当代中国高等教育风采，增强我国文化软实力和中华文化国际影响力，努力为推动人类文明进步作出积极贡献。

总之，我国高等学校要把提高质量作为教育改革发展最核心最紧迫的任务，完善中国特色现代大学制度，加强领导班子建设，创新教育教学方法，强化实践教学环节，形成人才培养新优势，努力出名师、育英才、创一流。各级政府要加大财政投入，引导更多社会资源支持教育，形成优先发展教育的良好社会环境，让所有受教育者学有所教、学有所成、学有所用。

建设若干所世界一流大学和一批高水平大学，是我们建设人才强国和创新型国家的重大战略举措。要以重点学科建设为基础，以体制机制改革为重点，以创新能力提高为突破，加大支持力度，健全长效机制，鼓励重点建设高校成为知识创新的策源地、深化教育改革的试验田、扩大开放的桥头堡。清华大学作为国家重点支持的大学，要坚持“中国特色，世界一流”的发展道路，改革创新，奋勇争先，在加快建设世界一流大学的进程中取得新的更大的成就。

老师们、同学们、同志们、朋友们！

青年是民族的希望、国家的未来，青年学生是国家的宝贵人才资源。党和人民对包括广大青年学生在内的全国青年寄予厚望。在这里，我想给清华大学的同学们和全国青年学生提三点希望。

第一，希望同学们把文化知识学习和思想品德修养紧密结合起来。青年人朝气蓬勃，善于接受新事物，正处于学习的黄金时期，应该珍惜美好青春年华，以只争朝夕的精神，刻苦学习科学文化知识，认真学习中华优秀文化和人类文明成果，夯实理论功底，提高专业素养，努力用人类创造的一切文明成果丰富自己。同时，要积极加强自身思想品德修养，认真学习中国特色社会主义理论体系，牢固树立正确的世界观、人生观、价值观，胸怀远大理想，陶冶高尚情操，培育科学精神，立为国奉献之志，立为民服务之志，牢牢把握人生正确航向，把个人成长成才融入祖国和人民的伟大事业之中，以实际行动创造无愧于人民、无愧于时代的业绩，谱写壮丽的青春乐章。

第二，希望同学们把创新思维和社会实践紧密结合起来。科学理论、创新思维来自于实践，又服务于实践。同学们要做到勤于学习、善于思考、勇于探索、敏于创新，激发求知欲和好奇心，在打好知识根基的前提下，提高创新思维能力，不断认识和掌握真理。同时，要坚持理论联系实际，积极投身社会实践，在基层一线砥砺品质，在同人民群众的密切联系中锤炼作风，在实践中发现新知、运用真知，在解决实际问题的过程中增长才干，不断提高实践能力、创新创业能力，切实掌握建设国家、服务人民的过硬本领，为走上社会、成就事业打下坚实基础。

第三，希望同学们把全面发展和个性发展紧密结合起来。全面发展和个性发展相辅相成。同学们要坚持德才兼备、全面发展的基本要求，在发展个人兴趣专长和开发优势潜能的过程中，在正确处理个人、集体、社会关系的基础上保持个性、彰显本色，实现思想成长、学业进步、身心健康有机结合，在德智体美相互促进、有机融合中实现全面发展，努力成为可堪大用、能负重任的栋梁之材。

教育大计，教师为本。广大教师和教育工作者是推动教育事业科学发展的生力军。广大高校教师要切实肩负起立德树人、教书育人的光荣职责，关爱学生，严谨笃学，淡泊名利，自尊自律，加强师德建设，弘扬优良教风，提高业务水平，以高尚师德、人格魅力、学识风范教育感染学生，做学生健康成长的指导者和引路人。要把加强教师队伍建设作为教育事业发展最重要的基础工作来抓，充分信任、紧紧依靠广大教师，提升教师素质，提高教师地位，改善教师待遇，关心教师健康，形成更加浓厚的尊师重教社会风尚，使教师成为最受社会尊重的职业，努力造就一支师德高尚、业务精湛、结构合理、充满活力的高素质专业化教师队伍。

老师们、同学们、同志们、朋友们！

海阔凭鱼跃，天高任鸟飞。全面建设小康社会，建设社会主义现代化国家，实现中华民族伟大复兴，为我国广大有志青年提供了创造精彩人生的广阔舞台。生长在我们这样一个伟大时代，我国青年一代应该大有作为，也必将大有作为。让我们紧紧携起手来，志存高远，脚踏实地，共同为我们伟大祖国、伟大民族更加美好的明天奋斗、奋斗、再奋斗！

第八次中日韩经贸部长会议在日本东京举行

商务部部长陈德铭、日本经济产业大臣海江田万里、韩国外交通商部通商交涉本部长金宗埙共同出席会议。

三国经贸部长就共同应对日本大地震、中日韩自贸区官产学联合研究、中日韩投资协定以及加强三国在多边框架下合作等共同关心的问题交换了意见。

4月25日

全国政协主席贾庆林在人民大会堂会见参加伊斯兰教“解经”工作10周年总结大会的全体代表

贾庆林说，2001年中国伊斯兰教协会成立中国伊斯兰教教务指导委员会，正式开展“解经”工作。10年来，在中央的高度重视和亲切关怀下，在有关部门的正确指导和大力支持下，“解经”工作取得了丰硕成果，有力地弘扬和发展了伊斯兰教教义中适应社会主义社会的积极思想，批驳了“三股势力”歪曲篡改伊斯兰教教义的歪理邪说，为维护民族团结、社会稳定和祖国统一发挥了重要作用。实践证明，“解经”工作是伊斯兰教工作中抓根本、打基础、管长远的工作，是团结引导广大穆斯林群众的法宝，是与民族分裂势力和宗教极端势力斗争的利器，是引导宗教与社会主义社会相适应的创举。

贾庆林希望中国伊斯兰教界认真学习贯彻全国两会精神，巩固和深化“解经”工作成果，着力加强伊斯兰教经学思想建设，自觉抵御“三股势力”分裂活动，进一步推动中国伊斯兰教与社会主义社会相适应，努力开创中国伊斯兰教事业发展新局面。他强调，要始终坚持正确方向，坚持把中国伊斯兰教爱国爱教的优良传统融入到“解经”工作当中，把各族穆斯林群众促进经济社会发展、创造幸福美好生活的共同愿望融入到“解经”工作当中，把宗教界维护祖国统一、民族团结和社会和谐稳定的社会责任融入到“解经”工作当中，引导广大穆斯林群众在谨守善功、追求后世荣耀的同时，抓住现世机遇，积极投身实现“十二五”奋斗目标的宏伟事业，不断增强在党的领导下走中国特色社会主义道路的自觉性和坚定性。要扎实稳妥推进工作，坚持与时俱进，以经典为依据，编写好“新卧尔兹”，使其在法律、政策许可范围内，更加贴近实际，贴近信教群众的宗教生活，同时进一步做好宣讲工作，规范讲经内容和形式，更有效地把伊斯兰教教义中和平、团结、爱国的思想宣传到穆斯林群众当中去，做到入脑入心。要注重总结推广经验，积极运用已有的工作成果，处理好传统与现代、继承与发展、教情与国情的关系，积极借鉴其他国家伊斯兰教经学思想建设的优秀成果，不断丰富和充实“解经”内容，努力在伊斯兰教与社会主义社会相适应方面作出新的探索。要着力加强队伍建设，进一步加大培训力度，切实提高“解经”、讲经人员的政治觉悟、政策法律水平和宗教学识，使他们在"解经"过程中更好地发挥主力军作用，并通过多种有效形式，培养和发现更多的"新卧尔兹"编写和宣讲人才，不断壮大"解经"工作队伍，提高"解经"工作水平。

贾庆林强调，各级党委、政府和有关部门要从政治和全局的高度，充分认识"解经"工作的重要意义，及时了解和掌握进展情况，切实帮助解决存在的困难和问题，确保"解经"工作健康有序开展。

中共中央政治局委员、国务院副总理回良玉，全国政协副主席、中央统战部部长杜青林等参加了会见。

中央纪委书记贺国强在北京出席开展党政机关公务用车问题专项治理工作和清理规范庆典 研讨会 论坛活动工作电视电话会议并讲话

贺国强指出，近年来中央高度重视和大力加强党政机关厉行节约工作，取得了明显成效，但这方面的任务仍很艰巨。特别是一些地方和部门超编制超标准配备公务用车、豪华装饰公务用车、公车私用等问题突出，庆典、研讨会、论坛活动过多过滥，不仅耗费大量人力物力财力，增加行政成本，加重基层、企业和群众负担，而且助长了铺张浪费、脱离群众等不良风气，人民群众对此反映强烈。我们要从落实中央以人为本、执政为民要求，密切党同人民群众血肉联系，发扬艰苦奋斗优良传统，推动党政机关改进作风、提高效能的高度，充分认识开展两项专项治理工作的重要意义，切实把两项专项治理工作抓紧抓好抓出成效。

贺国强强调，两个《实施意见》明确提出了开展两项专项治理工作的重要意义、总体要求、范围内容、方法步骤、政策界限和工作措施等，我们要全面领会、准确把握、认真落实。一是要明确任务要求，把握正确方向。要认真落实党政机关和领导干部公务用车配备使用管理规定，着力解决突出问题、加强规范管理、建立健全制度，进一步提高公务用车配备使用管理的规范化制度化水平，积极推进公务用车制度改革；要坚决撤销不符合规定的庆典、研讨会、论坛活动，严格庆典活动审批程序，严格控制研讨会、论坛活动数量，严格限制庆典、研讨会、论坛活动规模和开支，严格规范县处级以上领导干部出席庆典、研讨会、论坛活动，严格规范举办各类涉外论坛等，努力实现活动数量大幅减少、举办行为逐步规范、基层负担明显减轻的目标。二是要抓住关键环节，整体推进工作。公务用车问题专项治理工作要着力抓好严格清理纠正、严格编制和配备标准、严格使用管理等关键环节，庆典、研讨会、论坛过多过滥问题专项治理工作要着力严把审批关、严把经费关、严把领导出席关。三是要把握政策界限，保证治理效果。公务用车问题专项治理工作要重点把握好新老政策的衔接，准确认定超编车超标车、妥善处理违规车辆、积极抓好执法执勤用车和越野车治理、严禁借机更换公务用车。庆典、研讨会、论坛过多过滥问题专项治理工作要重点把握好清理和规范的关系，凡不符合规定的，要坚决予以撤销；确需举办的，要按规定履行审批程序；经批准举办的，要严格规范实施。四是要抓好督促整改，严格执行纪律。对工作进展迟缓、效果不够明显的地区、部门和单位，要督促提出有效的改进措施；对有令不行、有禁不止，搞"上有政策、下有对策"和顶风违纪违规的，要视情节依照有关规定分别给予批评教育、组织处理或者纪律处分，涉嫌违法犯罪的要依法追究其法律责任。五是要注重制度建设，建立长效机制。既要抓紧解决当前存在的问题，又要通过深化改革和完善制度，巩固和扩大治理成果，逐步形成防治同类问题反复发生的长效机制。

中共中央书记处书记、中央纪委副书记何勇在主持会议时强调，各地区各部门要认真学习贺国强同志重要讲话精神，从政治和全局的高度充分认识贯彻落实两个《实施意见》、开展两项专项治理的重要意义，切实增强做好两项专项治理工作的责任感和紧迫感。

中共中央书记处书记、中央办公厅主任令计划，国务委员兼国务院秘书长马凯出席会议。

中央纪委副书记、秘书长吴玉良宣读了《中共中央办公厅、国务院办公厅关于开展清理和规范庆典、研讨会、论坛活动工作的实施意见》和《中共中央办公厅、国务院办公厅关于开展党政机关公务用车问题专项治理工作的实施意见》。中央纪委常委、监察部副部长屈万祥，全国清理规范庆典、研讨会、论坛工作领导小组成员和中央公务用车问题专项治理工作领导小组成员，中央和国家机关各部门、各人民团体负责同志，两个领导小组成员所在单位有关司局负责同志，中央纪委监察部有关部门负责同志等在主会场参加了会议。

中宣部 中央党校 中国社科院 四川省委在成都举行抗震救灾和恢复重建与社会主义核心价值体系理论研讨会

会议于4月25日至26日举行。这次理论研讨会在社会上引起广泛关注，广大理论工作者和实际工作者踊跃参加研讨会征文，共递交论文200余篇。中央党校、中国社科院组织专家学者评选出30篇优秀论文。

中宣部副部长申维辰在研讨会讲话时指出，抗震救灾和恢复重建创造了抗击自然灾害、重建美好家园的人间奇迹，诠释着社会主义核心价值体系的要义和真谛，显示了社会主义核心价值体系的精神魅力和强大威力。

中央党校副校长张伯里，中国社科院党组副书记、副院长李慎明，四川省委常委、宣传部部长黄新初在研讨会上致辞。

中宣部、中央党校、中国社科院、四川省委等有关单位负责人，《人民日报》、新华社、《求是》杂志等中央主要新闻媒体相关负责人，高等院校、社科研究机构的专家学者代表，陕西、甘肃、青海、重庆等省市宣传部门有关负责人，以及四川重灾市州代表等120余人参加了研讨会。

民革中央在北京与来访的欧洲华侨华人联合会及欧洲和平统一促进会联合参访团举行座谈会纪念辛亥革命100周年

全国人大常委会副委员长、民革中央主席周铁农会见了参访团成员，并与他们亲切交谈。

周铁农说，多年来，以欧华会和欧洲和统会为代表的欧洲各国华侨华人组织，为反对"台独"分裂，支持祖国统一而进行了长期不懈的努力。在辛亥百年之际，广大侨胞热情高涨，积极举办纪念活动，为振兴中华，推动民族复兴作出了积极贡献，我们对此深表赞赏与钦佩。由欧洲21个国家华人社团组成的这个参访团，是应河北省政府邀请回国参访的，该团还将赴西柏坡参加当地的庆祝中国共产党建党90周年系列活动。

国家发改委修订并发布新的产业结构调整指导目录(2011年本)

此次修订的目录与《目录(2005年本)》相比较，鼓励类删除175条，新增413条；限制类删除70条，调整到淘汰类12条，新增85条；淘汰类删除157条，新增189条。修订后的《目录(2011年本)》条目共1399条，其中鼓励类750条，限制类223条，淘汰类426条。

全国村村通电话工程"十一五"总结暨"十二五"启动大会在北京召开

外交部部长杨洁篪在北京与索马里过渡政府副总理兼外长奥马尔举行会谈

中央军委副主席习近平在人民大会堂会见出席上合组织成员国军队总参谋长会议各国代表

上海合作组织成员国军队总参谋长会议在上海举行

中央军委委员、总参谋长陈炳德主持会议并作大会发言。

陈炳德说，在上海合作组织成员国元首们的正确领导下，遵照上合组织宪章，10年来防务安全领域合作取得丰硕成果，军事互信不断加深，法律法规不断健全，合作机制不断完善，联合反恐演习成效显著，为建设持久和平、共同繁荣的和谐地区作出了重要贡献。实践证明，这种崭新的防务安全合作模式正在显示出强大的生机和活力。

此次会议由中方倡议，是为贯彻落实成员国元首共识，在上合组织框架下首次举行的成员国军队总参谋长会议，旨在总结合作经验，研究问题，规划未来深化务实合作的具体形式和内容。

中国民间文艺家协会第八次全国代表大会在北京召开

会议于4月25日至27日召开。

来自全国31个省、自治区、直辖市和解放军、中直机关等单位的民间文艺工作者代表参加了会议。中共中央政治局委员、中央书记处书记、中宣部部长刘云山出席开幕式并讲话，强调广大民间文艺工作者要认真贯彻党的文艺方针政策，以对历史负责、对民族负责、对未来负责的精神，继承民间文化遗产、光大民族民间文艺，更好地发挥文化引导社会、教育人民、推动发展的功能，共同谱写我国民间文艺事业繁荣发展新篇章。

大会选举产生了新一届理事会和以冯骥才为主席的主席团等领导机构。

中国青年报创刊60周年座谈会在北京举行

大运会火种在清华大学成功采集

国务院副总理李克强参加2011年全国儿童预防接种日活动并考察北京市医改工作

李克强与北京友谊医院的医护人员进行了座谈。他说，公立医院改革是整个医改的重点和难点，要从三方面做好这篇文章。一要逐步缓解人民群众看病难、看病贵问题。破除以药养医、药价虚高现象，减轻患者就医负担。二要使医护人员的价值和地位得到应有体现。注重医德医技，倡导尊医重卫，理顺分配机制，发挥好医务人员改革主力军作用。三要建立有利于医疗卫生持续发展的体制机制。制度创新、管理创新、服务创新潜力很大。要加快推进投入、补偿和人事分配、绩效考核等方面机制建设，走出公立医院发展的新路子。

4月26日

中共中央政治局召开会议研究部署农村扶贫开发工作并审议《中国农村扶贫开发纲要(2011—

2020年)》

中共中央总书记胡锦涛主持会议。

会议认为,《中国农村扶贫开发纲要(2001—2010年)》实施以来,我国扶贫开发取得新的成就。农村贫困人口大幅减少,收入水平稳步提高,贫困地区基础设施明显改善,社会事业不断进步,最低生活保障制度全面建立,农村居民生存和温饱问题基本解决,探索出一条中国特色扶贫开发道路。扶贫开发的成就,为我国经济发展、政治稳定、民族团结、边疆巩固、社会和谐发挥了重要作用,为全球减贫事业作出了重大贡献。

会议指出,我国仍处于并将长期处于社会主义初级阶段,经济社会发展总体水平不高,制约贫困地区发展的深层次矛盾依然存在,特别是集中连片特殊困难地区扶贫攻坚任务仍十分艰巨。深入推进扶贫开发,是坚持以人为本、执政为民、改善民生、缩小差距、促进全体人民共享改革发展成果的重大举措,是全面建设小康社会、构建和谐社会的迫切需要。必须以更大的决心、更强的力度、更有效的举措,打好新一轮扶贫开发攻坚战,确保全国人民共同进入全面小康。

会议强调,我国扶贫开发已经从解决温饱为主要任务的阶段转入巩固温饱成果、提高发展能力、加快脱贫致富、缩小发展差距的新阶段。要高举中国特色社会主义伟大旗帜,以邓小平理论和"三个代表"重要思想为指导,深入贯彻落实科学发展观,提高扶贫标准,加大投入力度,把连片特困地区作为主战场,把稳定解决扶贫对象温饱、尽快实现脱贫致富作为首要任务。到2020年,稳定实现扶贫对象不愁吃、不愁穿,保障义务教育、基本医疗和住房;贫困地区农民人均纯收入增长幅度高于全国平均水平,基本公共服务主要领域指标接近全国平均水平,扭转发展差距扩大趋势。

会议要求,要坚持开发式扶贫方针,创新体制机制,完善政策体系,大力推进专项扶贫、行业扶贫、社会扶贫,不断提高贫困地区和扶贫对象自我发展能力,积极开展国际合作。各级党委和政府要进一步提高思想认识,切实加强组织领导,强化扶贫开发责任,加强扶贫机构队伍建设,加强扶贫法制化建设,努力实现到2020年扶贫开发目标任务。

中共中央政治局就世界人口发展和全面做好新形势下我国人口工作进行第二十八次集体学习

中共中央总书记胡锦涛在主持学习时强调,要充分认识我国人口问题的长期性、复杂性、艰巨性,不断增强做好人口工作的自觉性和主动性,加强战略研究,加强政策统筹,加强工作协调,加强任务落实,不断开创人口工作新局面,为"十二五"时期经济社会发展创造更加有利的人口环境。

中国人民大学社会与人口学院翟振武教授、国家人口计生委中国人口老龄化与经济社会发展研究中心于学军研究员就这个问题进行讲解,并谈了他们的意见和建议。

中共中央政治局各位同志认真听取了他们的讲解,并就有关问题进行了讨论。

胡锦涛在主持学习时发表了讲话。胡锦涛要求抓好以下重点工作的落实。第一,坚持和完善现行生育政策,切实稳定低生育水平,创新人口和计划生育工作体制机制和手段方法,全面加强基层基础工作,完善人口和计划生育利益导向政策体系。第二,着力提高人口素质,切实加快建设人力资源强国,完善人口发展政策体系,重视婴幼儿早期发展,加强青少年健康人格教育,加强人力资源开发,促进人的全面发展。第三,综合治理出生人口性别比问题,切实促进社会性别平等,深入开展"关爱女孩行动",广泛宣传男女平等、少生优生等文明婚育观念,保障妇女合法权益,加强未成年人保护,制定有利于女孩健康成长和妇女发展的经济社会政策,推动妇女儿童事业全面发展。第四,引导人口有序迁移和合理分布,切实加强流动人口管理和服务,制定引导人口合理流动、有序迁移的政策,积极稳妥推进城镇化,统筹协调好人口分布和经济布局、国土利用的关系,把流动人口管理和服务纳入流入地经济社会发展总体规划之中,为人口流动迁移创造良好政策和制度环境。第五,完善社会保障和养老服务体系,切实应对人口老龄化,制定实施应对人口老龄化战略和政策体系,培育壮大老龄事业和产业,加强公益性养老服务设施建设,发扬敬老、养老、助老的良好社会风尚。第六,建立健全家庭发展政策,切实促进家庭和谐幸福,加大对孤儿监护人家庭、老年人家庭、残疾人家庭、留守人口家庭、流动人口家庭、受灾家庭以及其他特殊困难家庭的扶助力度。

国务院总理温家宝在中南海紫光阁接受马来西亚和印度尼西亚记者联合采访

温家宝:欢迎记者朋友们。不久我将对印度尼西亚和马来西亚进行访问。这是我担任总理以来第一次正式访问印尼,是我时隔6年以后第二次访问马来西亚。我心里非常高兴。因为这两个国家同中国关系源远流长,是兄弟和近邻。我希望通过记者朋友们转达我对印尼和马来西亚两国人民的亲切问候和良好祝愿!下面,我愿意接受你们的采访。

记者:您能否向我们的观众朋友谈谈您对印尼的印象?您如何评价当前印尼同中国的关系?中国政府制定了国民经济和社会发展的第十二个五年规划,印尼政府也制定了中长期经济发展蓝图,双方如何将双边关系发展面临的机遇转化为造福两国的实际成果？

温家宝：印尼地大物博，人口众多，有漫长的海岸线和众多的岛屿，被誉为“赤道上的翡翠”。中国与印尼的关系由来已久，近年来发展更快。我很小的时候就知道印尼这个国家，而且会吟唱印尼著名的歌曲《宝贝》和《哎哟妈妈》。其实，中国和印尼的关系历史可以追溯到两千年前，公元4世纪中国高僧法显曾经到过印尼。公元8世纪，中国高僧义净到过印尼。那时就有不少华人开始迁往印尼。前几天，我会见贵国议长马祖基的时候，他给我讲了一段历史，他说他是苏门答腊人，那里有很多人都很像华人，他认为他也有华人的血统。最著名的还是公元15世纪初，郑和下西洋，他是回民，在印尼建立了很多清真寺，有的现在还保存着。

20世纪，我以为最为重大而值得纪念的事件就是万隆会议。周恩来总理和苏加诺总统共同为开好这次会议付出了很大的努力，会议签署了亚非国家和平共处的十项原则。我为了了解这段历史，曾经专程到万隆去看了看。我对印尼有着很美好的印象。

你方才讲，中国已经制定并正在实施第十二个五年规划，印尼也重视并且制定了中长期发展蓝图。这其实是我们两个国家合作的重要机遇。要抓住机遇，把它变成现实，我以为要抓好六方面工作：

第一，加强高层往来，建立两国领导人互访机制，增进政治互信。第二，密切经贸合作。两国可以利用中国—东盟自贸区等机制，加强在能源、基础设施建设以及制造业、农业、渔业等重要产业的合作。第三，加强海上合作，包括海上安全、海军交往、反恐演习和军事演习，还要重视海洋经济、海洋资源开发、海洋科技以及地震、海啸等灾害的预报和减灾。第四，加强人文领域的合作，主要包括科技、教育和人文往来。人文交流与教育合作象征着两国友谊的未来，也是两国合作的基础。我们可以共同推进两国尽早签署互相承认学位学历、增派留学生，这对两国都很有意义。第五，加强在中国—东盟层面的合作。印尼今年是东盟轮值主席国，我们希望印尼能够在中国与东盟合作中发挥积极、建设性作用。第六，加强两国在重大国际和地区问题上的合作。印尼是二十国集团成员，是一个新兴发展中大国，无论是在亚洲还是在世界，都有着越来越广泛的影响，我们愿意同印尼在国际事务中加强磋商与配合，共同维护世界和平、繁荣和进步。

记者：温总理，您好！马中关系到现在已经上升到一个新高度，比如马来西亚现在是中国在东盟最大的贸易伙伴，两国也将签署互认文凭的协议。请问，两国在现在以及未来十年要如何推进双边关系，在哪些领域加强合作？马来西亚首相纳吉布说过，马中关系未来成功要基于双方互相信任，您认为推进马中关系需要哪些重要因素？

温家宝：在回答你问题的时候，我首先想起中马关系中两件大事。一是马来西亚是在东盟成立以后、中国很困难的时候与中国最早建交的东盟国家。那是在37年前，现任总理纳吉布的父亲拉扎克总理同周恩来总理共同签署了两国建交的文件。二是20年前，是马来西亚促进东盟与中国开始对话的。中国有句古语，就是“人有恩于我不可忘”。这两件事情，我们一直铭刻在心。

方才你提到中马关系的未来，我也以为首先是互信。中国还有一句古语，叫作“凡交，近则必相靡以信，远则必忠之以言”。

互信是合作的重要基础。中马合作有着光明的未来。我以为以下三个方面是中马合作的重点。第一是加强经贸合作。马来西亚是东盟国家中同中国贸易额最大的国家。去年双边贸易按中方计算达到742亿美元。我们应该使双边贸易保持平衡、协调和可持续发展的趋势，并且不断增加科技含量。

第二是科技和教育合作。我前两天看到，有些报纸已经非常关注我这次到访马来西亚，双方将签署互认学位和学历协议。为什么把这件事情提得这么高？我以为教育和科技交流，象征着两国交往的未来。特别是年轻人，两国未来的友谊和合作要靠他们。

第三就是加强相互投资。投资合作范围包括马来西亚十分关注的槟城二桥和沙捞越纸浆厂，还有其他如基础设施建设等重点领域的合作。在双边合作当中有一个进展，就是要加强金融对合作的支持。我会提出具体建议，使金融和经贸合作有机结合起来。我相信通过这些方面的合作，中马关系会有一个新的开端。

记者：近年来，中国和东盟关系取得很大发展，您认为双方关系还存在什么挑战？中国将采取什么措施来推动同东盟关系发展？包括印尼在内的一些国家对中国—东盟自贸区还有一些关切，您对此有何看法？

温家宝：你问了一个很大的问题，就是中国与东盟的关系。今年是中国—东盟建立对话关系20周年。20年来，我们走过了一条从开展对话、睦邻友好到战略合作的道路。中国与东盟已经形成了全面合作的关系，比如中国与印尼在2005年建立战略伙伴关系，随后又制定了落实战略伙伴关系的行动计划，这使两国关系进入到一个新的阶段。

中国与东盟关系现在发展到全面向前推进的时期，东盟一体化建设不断取得新进展，中国—东盟自贸区全面建成，财金、基础设施、互联互通等领域合作不断深化。虽然东盟国家发展程度不完全一样，但是按照互利共赢的方针，我们都可以从合作中获益。

我有幸从2003年起就出席中国与东盟合作的历次领导人会议,我觉得东盟一体化建设在向前推进,“10+1”、“10+3”、中日韩等各种合作机制逐步完善,相互促进、优势互补、共同发展,已经形成了一个比较完备的合作机制。我希望中国与东盟的合作能够沿着正确的道路继续健康向前发展。

记者先生关心中国与东盟自贸区建设问题,其实中国与东盟自贸区建设酝酿已久,去年正式建成。中国与东盟各国都从自贸区建设中得到了好处,贸易额大幅度增长。譬如中国与印尼的双边贸易今年一季度增长就近40%,并且基本平衡。

我想借这个机会解决某些企业和个人的一些疑虑。自贸区的建设和发展是互利共赢的,我们应该充分利用自贸区创造的有利条件,特别是优惠政策。自贸区在建设过程中,要根据实际情况不断加以完善,照顾中小企业利益,使它有利于各国经济发展。在这方面,中国一直坚持开放的路线。

在两次金融危机中,中国与东盟风雨同舟、共克时艰。在印尼发生海啸和中国发生汶川地震的时候,我们相互支持、相互帮助,充分体现了中国与东盟、中国与印尼的兄弟之情。

记者:尽管马来西亚和中国因南沙群岛几个岛礁,比如弹丸礁的争议有过摩擦,但两国关系还是平稳发展。请问温总理,中国是否会与马来西亚等与中国在南海有主权争议的国家就共同开发进行会谈?

温家宝:中国将继续坚持《南海各方行为宣言》,两国关于领土和海洋权益的争议,应该由双方通过和平协商共同解决。我们不赞成把双边争议的问题放到多边场合,因为那样会使问题扩大化和复杂化。记者先生说得很好,虽然中国与马来西亚在南海某些岛礁上有些争议,但这并不妨碍我们两国和平相处,这是第一点。

第二点,我完全赞成,在南海有领土和海洋权益争议的国家应该也完全能够实行共同开发。这样做不仅有利于南海局势的和平稳定,而且有利于当事国及各方的利益。

在这里,我想讲一个我以为非常重要的问题,那就是中国的发展和走向,这也是东盟一些国家关注的问题。中国是一个发展中国家,尽管经过30年的改革开放,经济和社会发展取得巨大进步,但是由于人口多、底子薄,我们要实现小康社会进而实现现代化目标,还需要一个长期、艰苦的过程。中国坚持独立自主的和平外交政策,坚持与邻为善、以邻为伴的睦邻友好政策,中国现在不发达我们这样做,即使将来发达了,我们也永远这样做,永远不会称霸。

应该看到,中国发展本身就是对人类繁荣与进步的巨大贡献。同时,中国的发展也是邻国特别是东盟国家发展的机遇。中国是一个负责任的大国,我们是世界和平、安全与稳定的维护者。我们认为,中国与东盟国家,只有保持一个和平的外部环境和一个稳定的国内环境,才能够不断发展与进步。在这点上,我相信我们会得到东盟国家长期的理解和合作。

记者:当前东亚形势发生了很大变化,请问中国将如何处理与刚刚加入东亚峰会的美国等域外大国的关系?在维护地区和平稳定方面,中国将承担何种责任与义务?随着美、俄加入东亚峰会,本地区的合作机制也在发生变化和调整,中方对此有何看法?

温家宝:我本人经历了东亚峰会变化的整个过程,我以为对待当前东亚峰会的变化要坚持三条原则:第一,要巩固、加强和发展现有的合作机制,这是最重要,也是最现实的。要进一步建立和完善合作的长期规划,加大对合作的投入,并做好各项合作计划的落实工作,以造福东亚各国人民。第二,要尊重东亚的多样性。东亚机制的变化,反映了东亚合作的多样性。这种多样性中有一条重要的原则,也是中国一直倡导和恪守的原则,就是要坚持东盟主导,东亚整个合作的进程要有利于东盟一体化的进程,有利于东盟各国的发展。第三,要坚持东亚合作的开放和包容。现在东亚合作已经逐步扩大了,从今年开始,美国、俄罗斯的领导人将参加东亚峰会。在现有机制下,东亚峰会应该还是领导人引领的战略论坛性质,这种论坛应该有利于东亚地区的和平稳定,有利于进一步加强东亚合作,有利于东亚的发展与进步。

中国是一个负责任的国家,我们不仅自己坚持走和平发展的道路,同时我们对地区的安全、稳定也肩负起自己应负的责任,比如反恐和海上安全。中国一直主张海上安全并且身体力行,根据国际法准则保障海上航行的自由与安全。中国是南海航行的受益者,正如大家所知,中国包括能源在内的许多货物运输,都要经过马六甲海峡。我们愿意与有关各国加强合作,共同维护南海航行的安全和马六甲海峡的安全。

我即将到马来西亚和印度尼西亚访问,相信通过同两国领导人推心置腹地交换意见,同两国社会各界广泛接触,访问一定能取得圆满成功,推进同两国的友谊与合作。谢谢各位。

国务院总理温家宝在人民大会堂与澳大利亚总理吉拉德举行会谈

温家宝指出,中澳密切的经贸合作为双方缓解国际金融危机冲击发挥了积极作用。双方应进一步提升能源资源合作水平,通过贸易、投资、服务、培训等多种形式,建立长期稳定的战略合作关系,并扩大在新能源、清洁能源、可再生能源研发和利用等方面的合作。拓展网络、铁路、港口等基础设施建设领域合作的新途径、新方法。稳步推进两国自由贸易协定谈判,积极探讨开展双边金融合作,更好地实现优势互补和共同发展。

吉拉德赞同温家宝进一步发展两国关系的意见,重申澳恪守一个中国政策,表示澳方愿与中方共同努力,不断完善合作机制,进一步密切高层交往,加强经贸、能源资源、投资、基础设施建设、旅游、人文等领域的交流合作。澳大利亚政府欢迎中国扩大对澳投资,欢迎更多中国留学生到澳留学深造,欢迎更多中国游客到澳观光。

双方还就共同关心的国际和地区问题深入交换了意见。

会谈后,两国总理出席了有关双边合作文件的签字仪式。

国务院任免国家工作人员

任命王志刚为科学技术部副部长;任命李国英为水利部副部长;任命陈立为国家人口和计划生育委员会副主任;任命于广洲为海关总署署长;任命甘霖(女)为国家工商行政管理总局副局长;任命蔡赴朝为国家广播电影电视总局局长;任命白春礼为中国科学院院长;任命李伟为国务院发展研究中心主任;任命刘鹤为国务院发展研究中心副主任;任命郑清典为常驻国际海底管理局代表处代表。

免去江帆的国家人口和计划生育委员会副主任职务;免去刘凡的国家工商行政管理总局副局长职务;免去王太华的国家广播电影电视总局局长职务;免去赵实(女)的国家广播电影电视总局副局长职务;免去鲁炜的新华通讯社副社长职务;免去路甬祥的中国科学院院长职务;免去张玉台的国务院发展研究中心主任职务;免去陈京华的常驻国际海底管理局代表处代表职务。

国务院副总理李克强与澳大利亚总理吉拉德在北京共同出席中澳经贸合作论坛并致辞

李克强就深化两国经贸合作提出五点建议。一是推动两国能源资源合作建立长期稳定的战略关系。双方应当超越简单的买卖关系,创新合作方式,持续实现互利双赢。二是推动两国基础设施领域合作成为新增长点。澳方正在积极推进基础设施建设,中方企业有着丰富的经验和成熟的技术,携手合作大有可为。三是推动两国服务业合作成为新亮点。抓住中国服务业发展的机遇,利用好澳大利亚的优势,深化在医疗卫生、食品安全、金融、旅游等领域的务实合作。四是推动贸易投资自由化和便利化。坚持开放、非歧视的政策,共同为两国企业创造公平竞争的良好环境。希望澳方为包括国有企业在内的中国各类企业赴澳投资提供便利。五是推动经贸合作相关机制建设。从大局出发,互谅互让,以务实的精神推动中澳双边自由贸易区谈判取得实质性进展,共同开创经贸合作新局面。

吉拉德在致辞中说,中国经济发展对澳大利亚经济繁荣作出了贡献。澳方将不断改善投资贸易环境,深化双方各领域合作,加强在全球与区域合作问题上的沟通与协调。

中华志愿者协会在北京成立

邹市明在大连举行的全国男子拳击锦标赛49公斤级比赛中获得冠军

4月27日

国家主席胡锦涛在人民大会堂会见澳大利亚总理朱莉娅·吉拉德

胡锦涛积极评价吉拉德就任以来奉行务实友好、互利合作的对华关系,表示中澳双方应共同落实好两国高层互访成果,进一步做好以下三方面工作:一是相互尊重,深化政治互信。双方要妥善处理两国间的敏感问题,牢牢把握两国关系发展大方向,使中澳关系始终沿着健康稳定的轨道发展。二是互利合作,实现共同发展。双方要充分发挥互补优势,将巨大的合作潜力转化为实实在在的合作成果,提升各领域务实合作水平。三是加强对话,扩大多边合作。双方要加强在区域、二十国集团机制、应对全球性挑战等国际和地区事务中的沟通与协调,为促进亚太地区乃至世界的和平、稳定与发展而共同努力,推动中澳关系向更高层次、更广领域迈进。

吉拉德表示,澳方坚定奉行一个中国政策,视澳中关系为对外关系中最重要的双边关系之一,高度重视进一步发展两国关系。吉拉德说,我此次访华,与中方就广泛领域合作深入交换意见,签署了多项新的合作协议。澳方愿与中方密切合作,抓住机遇,推动两国关系不断取得新发展。

全国人大常委会委员长吴邦国在人民大会堂与法国国民议会议长阿夸耶举行会谈

吴邦国说,两国议会关系进入新的发展阶段,为丰富中法新型全面战略伙伴关系内涵,推动各领域务实合作发挥了重要作用。希望双方进一步密切领导人、专门委员会、友好小组和办事机构之间的交往,加强在治国理政、立法监督等方面的经验交流，使中法友好更加深入人心。他指出，不同国情、不同政治制度的议会之间，只要牢牢把握两国关系发展大局，坚持相互尊重、平等相待、友好相处的原则，增进了解，深化合作，就能够成为国家关系的建设性力量，为双边关系发展注入新的活力。

阿夸耶说，法中两国不同的政治体制和文化背景不仅不会影响双方的合作，反而显示出双方合作的互补性。法方期待双方在核电、太阳能、风能等新能源领域和航空、医疗卫生、文化、旅游等方面的合作结出更多硕果。他表示乐见中国的经济社会取得更大发展，相信中国一定能实现国家“十二五”规划发展目标。

“2011经济全球化与工会”国际论坛在人民大会堂开幕

中共中央政治局委员、全国人大常委会副委员长、中华全国总工会主席王兆国在开幕式上讲话。

全国人大常委会委员长吴邦国出席并致辞。

世界工联总书记马瑞克斯、国际劳工组织副总干事萨拉萨在开幕式上分别致辞。来自89个国家、145个工会组织的外国工会领导人以及中国工会干部近400人参加了开幕式。

本次国际论坛是第七次，论坛主题为“转变经济发展方式与提升劳动者素质”和“体面劳动与社会保障”。

全国人大常委会委员长吴邦国在“2011经济全球化与工会”国际论坛开幕式上的致辞

尊敬的各国工会朋友们，女士们，先生们：

这是我第三次同出席经济全球化与工会国际论坛的朋友们见面，记得2006年12月和2009年2月，也是在北京人民大会堂，我与出席论坛的各国朋友进行了愉快交流，今天再次同各位新老朋友见面，感到十分高兴。首先，我代表中国政府和人民对2011年论坛的成功召开表示热烈祝贺！向与会的各国工会朋友表示热烈欢迎和诚挚谢意！

经济全球化与工会国际论坛成立7年来，在各方的支持和参与下，得到了长足发展，论坛规模不断扩大，交流议题日益广泛，国际影响逐步增强，已成为各国工会加强合作、平等交流的重要平台，对促进各国经济社会发展、维护劳动者合法权益、推动国际工运健康发展发挥着重要的作用。我们相信，经过有关各方的共同努力，论坛一定能够办得越来越好。

女士们、先生们，

加快转变经济发展方式，是当今世界各国面临的重大课题，国际金融危机、气候变化等全球性挑战，使这一课题变得更加迫切。本次论坛以“转变经济发展方式与提高劳动者素质”和“体面劳动与社会保障”为主题，为各国推进经济发展方式转变、实现经济社会全面协调可持续发展提供了重要的交流平台。作为世界上最大的发展中国家，我们提出了科学发展观的重大战略思想，把转变经济发展方式作为“十二五”规划的主线，着力调整经济结构，着力推进科技进步和创新，着力深化改革开放，着力加强资源节约和环境保护，着力保障和改善民生，努力实现全面协调可持续发展。我们从中国的实践认识到，转变经济发展方式是一场深刻变革，与广大劳动者密切相关。这当中，很重要的有这样三点。

一是，转变经济发展方式离不开劳动者的积极参与。在中国，人民是国家和社会的主人，社会主义现代化建设是亿万人民实现自己利益、创造美好生活的共同事业。加快经济发展方式转变，必须充分发挥广大劳动者的主力军作用。我们始终坚持尊重劳动、尊重知识、尊重人才、尊重创造的方针，充分发挥和尊重劳动者的首创精神，充分调动劳动者积极性、主动性和创造性。我们大力发展社会主义民主，从各个层次、各个领域扩大公民有序政治参与，坚持和完善企业职工代表大会制度，实行民主选举、民主决策、民主管理、民主监督，依法保障劳动者的知情权、参与权、表达权、监督权。截至2010年9月底，中国已建立基层工会197.6万个，拥有会员近2.4亿人，工人入会率达75%，建立职工代表大会的各类企业181.4万家，覆盖64%的公有制企业和62%的非公有制企业。我们还积极开展各种形式的社会主义劳动竞赛，鼓励和支持广大职工立足本职岗位、争创一流业绩，争当锐意改革创新的先锋和推动科学发展的楷模。亿万劳动者以国家主人翁的责任感和使命感，积极投身社会主义现代化建设，劳动热情充分发挥，创造活力竞相进发。

二是，转变经济发展方式离不开劳动者素质的普遍提高。在中国，工人阶级是领导阶级，推动先进生产力发展是工人阶级先进性的具体体现。加快经济发展方式转变，必须造就宏大的建设创新型国家的劳动者队伍。我们深入实施科教兴国战略和人才强国战略，充分发挥科技第一生产力和人才第一资源作用，推动发展向主要依靠科技进步、劳动者素质提高、管理创新转变。我们制定国家中长期人才发展规划纲要，提出到2020年人才资源总量增加到1.8亿人，高技能人才占技能劳动者的比例达到28%，主要劳动年龄人口受高等教育的比例达到20%，人力资本对经济增长的贡献率达到33%，逐步实现由人力资源大国向人才强国转变。我们大力推进重点领域、重点行业创新人才培养工程，着力加强普通劳动者技能和创业培训，深入开展技术革新和发明创造活动，建立健全培养人才、聚积人才、激励人才、人尽其才的体制机制。亿万劳动者以开拓创新、自强不息的进取精神，在创造物质财富的过程中努力实现自身的全面发展，劳动者素质不断提高，一批拔尖创新人才脱颖而出。

三是，转变经济发展方式离不开劳动者权益的有效保障。在中国，人民的利益高于一切，全心全意为人民服务是党和国家的根本宗旨。加快经济发展方式转变，必须把最广大人民的根本利益实现好、维护好、发展好。我们始终坚持以人为本、执政为民，把保障和改善民生作为加快转变经济发展方式的根本出发点和落脚点，切实维护广大劳动者的合法权益，积极构建和谐劳动关系。我们制定了劳动法、就业促进法、劳动合同法、劳动争议调解仲裁法、社会保险法、安全生产法、工会法等一大批法律法规，并通过执法检查等方式督促行政机关、审判机关、检察机关切实做到有法必依、执法必严、违法必究。我们大力实施积极的就业政策，改善就业环境，提高就业质量，让广大劳动者实现体面劳动；积极推进职工工资集体协商制度，建立职工工资正常增长机制和支付保障机制，实行最低工资保障制度，不断增加劳动者特别是一线劳动者的劳动报酬；建立健全涵盖养老、医疗、失业、工伤、生育等在内的社会保险制度，解除广大劳动者的后顾之忧；着力解决拖欠职工工资、职业病防治、安全生产等劳动者普遍关注的突出问题，妥善处理各方面的利益关系，形成企业与职工共建共享共赢的良好局面。亿万劳动者以乐观向上、甘于奉献的精神风貌，通过辛勤劳动创造自己的幸福生活，劳动关系更加和谐，工作生活更有尊严。

女士们、先生们，

工会作为广大劳动者的组织，是各国政治、经济、社会生活中不可或缺的重要力量，在推动国家经济社会发展方面发挥着不可替代的作用。中国党和政府一贯高度重视中国工会的地位和作用，支持工会依照法律和章程独立自主地开展工作，充分履行维护劳动者合法权益的神圣职责，更好地团结和动员广大劳动者为社会主义现代化建设事业建功立业。希望各国工会组织进一步扩大交往、增进友谊、加强合作，共同推动发展互相尊重、友好合作、民主和谐的国际工会关系，为建设和谐劳动关系、实现可持续发展，为推动建设持久和平、共同繁荣的和谐世界作出更大贡献。

最后，预祝本次论坛取得圆满成功。

谢谢大家。

国务院总理温家宝在马来西亚首都吉隆坡参观马来亚大学并与该校师生进行交流

汶川特大地震抗震救灾和恢复重建先进事迹首场报告会在人民大会堂举行

报告会由中央宣传部、国家发展改革委、解放军总政治部和四川省委联合主办。报告会上，报告团成员饱含深情地讲述了在抗震救灾和恢复重建过程中的亲身经历和真切感受，深深打动了全场听众。中央国家机关和北京市干部代表、驻京部队官兵代表、首都高校师生以及社会各界代表3000多人现场聆听了报告。首场报告会后，报告团还将赴部分省市巡回报告。

中共中央政治局常委李长春 国务院副总理李克强在人民大会堂会见汶川特大地震抗震救灾和恢复重建先进事迹报告团全体成员

李长春指出，2008年5月12日发生的汶川特大地震，给灾区人民生命财产和经济社会发展造成巨大损失。在党中央坚强领导下，在全国人民大力支持下，灾区各级党组织和广大人民群众自立自强、迎难而上，对口支援省市和援建工作者苦干实干、无私奉献，实现了家家有房住、户户有业就、人人有保障、设施有提高、经济有发展、生态有改善的重建目标，夺取了抗震救灾和恢复重建的全面胜利。抗震救灾和恢复重建的三年，是气壮山河、可歌可泣、极不平凡的三年，创造了举世瞩目的人类抗灾救灾史上的奇迹，铸就了党领导人民自强不息、顽强拼搏、不怕牺牲、敢于胜利的又一座历史丰碑。

李长春指出，当前，我国发展正处于可以大有作为的重要战略机遇期。大力宣传和弘扬抗震救灾和恢复重建形成的宝贵精神财富，对于推动科学发展、促进社会和谐，实现经济社会又好又快发展，具有十分重要的意义。要通过开展巡回报告等多种形式，大力宣传抗震救灾和恢复重建的重大胜利和深刻启示，宣传抗震救灾和恢复重建过程中涌现出来的先进典型和感人事迹，引导全国各族人民进一步坚定在中国共产党领导下、走中国特色社会主义道路、实现中华民族伟大复兴的信念和信心，紧紧抓住和用好我国发展的重要战略机遇期，为“十二五”时期发展开好局、起好步而努力奋斗，以优异成绩迎接中国共产党成立90周年。

国务院副总理王岐山在中南海会见国际金融协会理事长查尔斯·达拉雷

国防部举行首次例行记者会

国防部新闻事务局局长、国防部新闻发言人耿雁生大校主持发布会，发布相关信息并回答了记者提问。

有记者问到J—20隐形战机第二次试飞的问题，耿雁生说：“随着技术进步，中国军队不断发展和更新武器装备是非常正常的，这也是世界各国军队现代化建设的通行做法。新型武器装备在发展的过程中，开展系列的试验工作也是正常的。需要强调的是，中国坚定奉行防御性国防政策和积极防御的军事战略，发展武器装备是为了满足维护国家安全的需要，不针对任何国家和特定目标。我们希望外界能够客观、理性地看待中国军队正常的武器装备试验，不要作过度的猜测和解读。”

广东队8年来第七次夺得中国男子篮球职业联赛(CBA)冠军

4月28日

全国人大常委会委员长吴邦国在广西调研

4月28日至29日，吴邦国在广西壮族自治区百色市田东县调研。

吴邦国在调研时强调，做好山区扶贫开发是田东实现科学发展的重点，也是工作的难点。要在把新增财力更多用于改善民生的同时，花更多精力、下更大气力解决贫困山区群众的长远生计问题。一要因地制宜发展特色林业和林下经济，培育农村经济新的增长点；二要着力加强农民工职业技能培训，通过组织劳务输出增加农民工资性收入；三要积极推动大石山区生态移民搬迁安置，并通过承接东部地区产业转移、大力发展县域经济等创造更多就业岗位，积极稳妥推进城镇化，让贫困山区群众的生活一天天好起来。

调研期间，吴邦国对田东深入开展学习实践科学发展观活动取得的成绩给予充分肯定。

国务院总理温家宝在吉隆坡与马来西亚总理纳吉布举行会谈

温家宝表示，中马两国有着深厚的传统友谊和密切的友好往来。双方在彼此核心利益的问题上相互支持，照顾彼此重大关切，携手应对国际金融危机，各领域交流合作不断深化，两国关系呈现良好发展势头。

温家宝就进一步推动中马战略性合作关系发展提出以下建议：

第一，加强高层交往，深化互信。两国外交部建立战略磋商机制，加强沟通协调，推动两国关系长期、稳定、健康发展。

第二，进一步深化经贸、投资、金融、海上、执法等领域的务实合作。共同确立两国未来合作的原则、方向和框架，制定《中马经贸合作五年规划》，推动大型经济项目和重点领域合作，扩大高附加值和高技术产品贸易，优化贸易结构，增加本币在双边贸易中的结算比重，提升经贸关系水平；扩大相互投资，中方欢迎马方企业积极参与中国中西部和东北部地区发展；抓紧落实中马政府间海洋合作协议，推动海上合作取得实质性进展，共同维护马六甲海峡的安全；合作打击跨国犯罪，为两国经济社会发展和友好合作提供有力保障。

第三，扩大人文交流，不断巩固两国友好的社会基础。加强在文化、旅游、新闻媒体等领域的交流。以两国签署高等教育学位学历互认协议为契机，大力推进教育合作。办好明年两国青年“百人团”互访活动，增进两国青年之间的相互了解和友谊。

第四，加强在国际和地区事务中的沟通与配合，推动东亚合作朝着正确方向健康发展，共同维护本地区的和平、稳定与繁荣。

纳吉布表示马方愿进一步加强两国战略磋商和各层次人员往来，促进相互信任，扩大经贸、金融、投资、基础设施建设、旅游、教育、青年、中医药、执法等领域的合作，在国际和地区事务中加强配合。马方欢迎更多中国企业到马投资兴业，继续为马经济、社会发展发挥积极作用。

会谈后，两国总理见证了两国政府和企业间多项合作协议的签署，并共同会见了记者。

国务院总理温家宝在吉隆坡与马来西亚总理纳吉布共同出席中马经贸投资合作论坛并致辞

纳吉布在致辞中表示，中国是马来西亚可以信任、尊重、合作的朋友和伙伴，马来西亚一贯视中国的发展为机遇而非挑战，坚定致力于加强同中国的友好合作。马方愿在互利共赢的基础上，充分利用马中双边合作机制和东盟—中国自贸区全面建成带来的有利条件，深化两国各领域合作，实现优势互补，造福两国和两国人民。

中马经贸投资合作论坛由中华人民共和国商务部和马来西亚国际贸易和工业部主办，中马政府高级官员和经济界人士代表共700人出席。

国务院总理温家宝在中马经贸投资合作论坛上发表题为《共同推动中马互利合作再上新台阶》的致辞

尊敬的纳吉布总理阁下，女士们，先生们：

我很高兴在吉隆坡与中马两国经济界人士相聚。借此机会，我代表中国人民，向马来西亚人民致以亲切问候！并向长期致力于中马经贸合作的两国经济界人士表示衷心感谢和崇高敬意！

这是我担任总理以后时隔六年再次访问马来西亚。六年来，马来西亚积极推进经济转型，经济快速发展，社会和谐稳定，外交务实活跃，地区和国际影响力显著提升。中国人民为马来西亚的发展和进步感到由衷高兴和钦佩。

中国和马来西亚是隔海相望的亲密邻邦，两国人民之间的传统友谊源远流长。马来西亚是第一个同中国建交的东盟国家。在两国几代领导人和双方人民的精心呵护下，中马关系经受住了时间和国际风云变幻的考验，步入成熟、稳定、健康的发展轨道。

政治上，两国战略互信加深，高层交往频繁。双方就两国关系及重大国际地区问题保持密切沟通。在涉及彼此重大利益的问题上相互支持，照顾彼此关切；在应对国际金融危机中同舟共济，共克时艰；在国际金融体系改革、应对气候变化、粮食和能源安全等重大国际问题上持相同或相似立场，共同维护发展中国家利益。两年前，纳吉布总理上任不久，选择中国作为东盟之外的首个出访国家，并在北京签署了两国战略性合作共同行动计划，标志着中马关系进入新阶段。

经济上，两国互利合作快速发展，领域不断拓宽。近十年，双边贸易额增长近8倍，2010年达到742亿美元的历史新高。中国已是马来西亚最大贸易伙伴，也是马来西亚棕榈油出口的最大市场，马来西亚是中国在东盟最大的贸易伙伴。中马双向投资日趋活跃，目前总金额已突破60亿美元。"香格里拉"和"百盛"等马来西亚品牌在中国家喻户晓。中方企业在马来西亚参与基础设施合作初见成效，已开工建设了槟城二桥、巴贡电站等一批重点工程。两国金融合作走在中国同东盟国家合作的前列。在国际金融危机肆虐的时刻，两国央行签署了中国与东盟国家间第一个本币互换协议，为维护地区金融稳定作出了重要贡献。林吉特成为第一个在中国银行间外汇市场挂牌交易的新兴市场国家货币。

人文上，两国人员交往密切，科教文卫体等领域交流合作扎实推进。两国互为重要的海外游客来源地，现在每周往返两国的航班达到170架次，每年人员往来超过200万人次。"新马泰"至今仍是最受中国民众青睐的出境旅游线路。中国在马来西亚留学生人数超过万人，是马来西亚最大留学生来源国之一，马来西亚来华留学生也有近4000人。他们都是中马友好薪火相传的使者。

实践证明，中国和马来西亚既是相互信任、相互支持的真诚朋友，也是平等互利、合作共赢的可靠伙伴。中马关系越往前走，相互理解和友情就越深，共同利益和需求就越多，两国人民得到的实惠也就越大。

女士们，先生们：

当今世界政治经济格局正处在大变革大调整时期，东亚地位进一步上升，中国和马来西亚都面临发展的重要机遇和挑战。扩大和深化中马互利合作，符合双方的根本利益，也有利于促进本地区和平稳定和发展繁荣。我这次访问贵国，就是要巩固中马友谊与互信，推动两国关系实现新的更大发展。上午，我同纳吉布总理进行了友好会谈，对发展两国关系达成广泛共识，签署了《两国政府关于扩大和深化经济贸易合作的协定》等多个重要合作文件，确立了新形势下两国互利合作的原则、方向和框架。这里，我想就促进两国经贸合作全面发展提出几点建议：

第一，扩大双边贸易规模。中马两国经济结构各具特色，互补性强，双边贸易还有较大的潜力可挖。随着中国经济快速发展，对马来西亚棕榈油、橡胶以及电子产品的需求还会增加，同时中国各类机电产品物美价廉，适用性强，也符合马来西亚的需要。双方应该充分利用中国—东盟自贸区的优惠政策，发挥各自的比较优势，扩大进出口规模。在巩固传统大宗商品贸易的同时，努力扩大高新技术、高附加值产品出口，提高信息通信、生物制药、绿色科技产品的出口比重，进一步优化两国贸易结构。中国政府欢迎马方企业到中国参加各种展览会和交易会。马来西亚是今年中国—东盟博览会的主题国，希望马方企业积极参会，推介产品和交流经验。中方理解马来西亚对华出口热带水果的愿望，决定开放从马来西亚进口冷冻榴莲，也希望马方能逐步增加中国清真食品、汽车产品的进口。在中马双边贸易中，中方一直存在比较大的逆差，对此中方坚持以积极眼光看待，不搞贸易保护主义，致力于发展中逐步实现进出口平衡。

第二，深化双向投资合作。中国政府一如既往地欢迎马来西亚企业到中国发展，特别是到中西部和东北部地区投资兴业。广西钦州中马产业园区是双方在中国西部地区合作的第一个工业园，具有示范意义。中国政府欢迎马方有实力的企业积极参与园区的规划和开发建设。尽管中国企业对马投资起步较晚，目前规模不大，但增速很快，发展前景十分广阔。中国政府鼓励和支持有实力的企业扩大对马来西亚的投资，重点开展加工制造、能源资源、服务业等领域的合作，希望马方提供政策支持和投资便利。

第三，加强基础设施建设合作。今后一个时期，马来西亚基础设施建设需求很大，中国企业经验丰富、技术过硬、造价合理，双方合作的空间很大。中方支持中国企业通过多种方式，参与马来西亚道路、桥梁、港口、电站、通信等基础设施建设。双方正在商谈中的马来西亚南部铁路、槟州明光水坝等重大项目，建成后将产生巨大的经济和社会效益，必将成为两国企业互利共赢的标志和中马友谊的象征。希望双方企业通力合作，争取早日开工。

第四，拓展双方金融合作。这是两国经济界的迫切要求，也是促进两国经贸合作持续发展的重要基础。中国政府欢迎马方金融机构到中国拓展业务规模，已正式批准马来西亚国家银行在北京设立代表处,允许马来西亚国家银行在中国银行间债券市场进行投资。希望双方企业充分利用好双边本币互换安排和两国货币即期交易业务,扩大本币在双边贸易结算中的比重。中方愿意根据双方合作项目的实际需要增加政策性融资规模,同时鼓励金融机构为条件成熟的项目提供商业贷款。

第五,促进教育科技等领域的合作。教育科技是中马合作和交流的重要领域。中方愿意加强两国学者、教师、专家和学生的交流,推动高等院校之间的合作。中方在马来亚大学设立了孔子学院,马方在北京外国语大学设立了马来研究中心。两国政府刚刚签署了高等教育学位学历互认协议,中方欢迎更多的马来西亚学生到中国留学,愿意大力开展两国青年友好交流活动。中马科技合作具备较好的基础和条件,双方在生物、遥感、信息、中医药、海洋等领域互有优势,应进一步促进共同研发与人才培训合作。未来五年,中方愿意为马方培训超过1万名通信行业的人才。

女士们,先生们:

中国改革开放30多年来,取得了举世瞩目的成就,发生了翻天覆地的变化。中国越发展,同世界的联系越紧密,就越需要一个和平稳定的外部环境,越需要加强同世界各国的密切合作。开放包容、互利共赢、共同发展,是我们30多年来发展对外关系的最深体会,也是我们不断进步的重要法宝。

中国刚刚制定了"十二五"规划,明确提出坚定不移地扩大对外开放,实行更加积极主动的开放战略。我们将实行进口和出口并重、吸收外资和对外投资并重的政策,加快转变外贸发展方式,促进进出口平衡发展。我们将努力扩大和深化同各方利益的汇合点,在巩固同发达国家经贸合作的同时,加强同发展中国家的团结合作,深化同周边国家的睦邻友好和务实合作,促进共同发展。我们将完善区域开放格局,深化沿海开放,扩大内陆开放和沿边开放,把与东盟接壤的广西、云南建成向西南开放的重要桥头堡。中国将积极参与全球经济治理和区域合作,推动建立均衡、普惠、共赢的多边贸易体制,反对各种形式的保护主义。所有这些举措,必将给包括马来西亚在内的世界各国企业带来更大的商机。

实践已经证明必将继续证明,中国的发展,对马来西亚、对周边邻国、对世界,都是机遇,而不是挑战,更不是威胁。

今天在座各位都是中马两国经济界的精英,深化两国经贸合作的历史重担落在你们肩上。我坚信,通过双方的不懈努力,两国传统友谊一定会进一步加深,各领域互利合作一定会取得更大成果,中马关系必将迎来更加美好的明天!

预祝本次论坛取得圆满成功!

谢谢各位!

国务院总理温家宝在吉隆坡分别会见马来西亚前总理马哈蒂尔和巴达维

全国总工会庆祝"五一"国际劳动节大会在人民大会堂召开

中共中央政治局委员、全国人大常委会副委员长、中华全国总工会主席王兆国代表党中央向全国各族工人、农民、知识分子和其他劳动群众致以节日的问候。

中共中央政治局委员、国务院副总理张德江,全国人大常委会副委员长兼秘书长李建国,全国政协副主席阿不来提·阿不都热西提以及全国人大常委会原副委员长、中华全国总工会原主席倪志福出席大会。

王兆国在讲话中指出,劳动是人类文明进步的源泉,尊重劳动、倡导劳动、保护劳动,是社会主义社会的显著标志。要组织动员广大职工踊跃投身创先争优建功立业活动,广泛掀起社会主义劳动竞赛新高潮,让勤奋劳动、诚实劳动、创新劳动在全社会蔚然成风;要全面提高职工队伍整体素质,为加快建设创新型国家提供强有力的人力资源支持;要积极构建社会主义和谐劳动关系,使广大职工群众共享经济社会发展成果。

王兆国指出,做好社会管理工作,促进社会和谐稳定,是全面建设小康社会、坚持和发展中国特色社会主义的基本条件。各级工会要坚定不移地走中国特色社会主义工会发展道路,推动健全党委领导、政府负责、社会协同、公众参与的社会管理格局,充分发挥工会组织在加强和创新社会管理中的重要作用,广泛动员和组织职工群众依法有序参与社会管理和公共服务,做促进社会和谐稳定的中流砥柱。

王兆国强调,紧紧依靠和切实关心广大职工群众,是贯彻党的群众路线最重要最根本的体现。各级党委和政府要真心为职工群众着想,全力为职工群众造福,加强和改进对工会工作的领导,把更多的资源和手段赋予工会组织,更好地发挥工会组织在国家社会主义现代化建设中的重要作用。

国家统计局发布《2010年第六次全国人口普查主要数据公报[1](第1号)》

2010年根据《全国人口普查条例》和《国务院关于开展第六次全国人口普查的通知》,我国以2010年11月1日零时为标准时点进行了第六次全国人口普查[2]。在国务院和地方各级人民政府的统一领导下，在全体普查对象的支持配合下，通过广大普查工作人员的艰苦努力，目前已圆满完成人口普查任务。现将快速汇总的主要数据公布如下：

一、总人口

全国总人口为1370536875人。其中：

普查登记的大陆31个省、自治区、直辖市和现役军人的人口[3]共1339724852人。

香港特别行政区人口[4]为7097600人。

澳门特别行政区人口[5]为552300人。

台湾地区人口[6]为23162123人。

二、人口增长

大陆31个省、自治区、直辖市和现役军人的人口，同第五次全国人口普查2000年11月1日零时的1265825048人相比，十年共增加73899804人，增长5.84%，年平均增长率为0.57%。

三、家庭户人口

大陆31个省、自治区、直辖市共有家庭户[7]401517330户，家庭户人口为1244608395人，平均每个家庭户的人口为3.10人，比2000年第五次全国人口普查的3.44人减少0.34人。

四、性别构成

大陆31个省、自治区、直辖市和现役军人的人口中，男性人口为686852572人，占51.27%；女性人口为652872280人，占48.73%。总人口性别比(以女性为100，男性对女性的比例)由2000年第五次全国人口普查的106.74下降为105.20。

五、年龄构成

大陆31个省、自治区、直辖市和现役军人的人口中，0—14岁人口为222459737人，占16.60%；15—59岁人口为939616410人，占70.14%；60岁及以上人口为177648705人，占13.26%，其中65岁及以上人口为118831709人，占8.87%。同2000年第五次全国人口普查相比，0—14岁人口的比重下降6.29个百分点，15—59岁人口的比重上升3.36个百分点，60岁及以上人口的比重上升2.93个百分点，65岁及以上人口的比重上升1.91个百分点。

六、民族构成

大陆31个省、自治区、直辖市和现役军人的人口中，汉族人口为1225932641人，占91.51%；各少数民族人口为113792211人，占8.49%。同2000年第五次全国人口普查相比，汉族人口增加66537177人，增长5.74%；各少数民族人口增加7362627人，增长6.92%。

七、各种受教育程度人口

大陆31个省、自治区、直辖市和现役军人的人口中，具有大学(指大专以上)文化程度的人口为119636790人；具有高中(含中专)文化程度的人口为187985979人；具有初中文化程度的人口为519656445人；具有小学文化程度的人口为358764003人(以上各种受教育程度的人包括各类学校的毕业生、肄业生和在校生)。

同2000年第五次全国人口普查相比，每10万人中具有大学文化程度的由3611人上升为8930人；具有高中文化程度的由11146人上升为14032人；具有初中文化程度的由33961人上升为38788人；具有小学文化程度的由35701人下降为26779人。

大陆31个省、自治区、直辖市和现役军人的人口中，文盲人口(15岁及以上不识字的人)为54656573人，同2000年第五次全国人口普查相比，文盲人口减少30413094人，文盲率[8]由6.72%下降为4.08%，下降2.64个百分点。

八、城乡人口

大陆31个省、自治区、直辖市和现役军人的人口中，居住在城镇的人口[9]为665575306人，占49.68%；居住在乡村的人口为674149546人，占50.32%。同2000年第五次全国人口普查相比，城镇人口增加207137093人，乡村人口减少133237289人，城镇人口比重上升13.46个百分点。

九、人口的流动

大陆31个省、自治区、直辖市的人口中，居住地与户口登记地所在的乡镇街道不一致且离开户口登记地半年以上的人口为261386075人，其中市辖区内人户分离的人口[10]为39959423人，不包括市辖区内人户分离的人口为221426652人。同2000年第五次全国人口普查相比，居住地与户口登记地所在的乡镇街道不一致且离开户口登记地半年以上的人口增加116995327人，增长81.03%。

十、登记误差

普查登记结束后，全国统一随机抽取402个普查小区进行了事后质量抽样调查。抽查结果显示，人口漏登率为0.12%。

注释：

[1]本公报中数据均为初步汇总数。

[2]普查登记的对象是指普查标准时点在中华人民共和国境内的自然人以及在中华人民共和国境外但未定居的中国公民，不包括在中华人民共和国境内短期停留的港澳台居民和外籍人员。“境内”指我国海关关境以内，“境外”指我国海关关境以外。

[3]大陆31个省、自治区、直辖市和现役军人的人口数据不包括居住在境内的港澳台居民和外籍人员。

[4]香港特别行政区的人口数为香港特别行政区政府

提供的2010年年底的数据。

[5]澳门特别行政区的人口数为澳门特别行政区政府提供的2010年年底的数据。

[6]台湾地区的人口数为台湾地区有关主管部门公布的2010年年底的户籍登记人口数据。

[7]家庭户是指以家庭成员关系为主、居住一处共同生活的人组成的户。

[8]文盲率是指大陆31个省、自治区、直辖市和现役军人的人口中15岁及以上不识字人口所占比重。

[9]城乡人口是指居住在我国境内城镇、乡村地域上的人口,城镇、乡村是按2008年国家统计局《统计上划分城乡的规定》划分的。

[10]市辖区内人户分离的人口是指一个直辖市或地级市所辖的区内和区与区之间,居住地和户口登记地不在同一乡镇街道的人口。

中共中央政治局常委贺国强在人民大会堂会见法国国民议会议长阿夸耶

中联部部长王家瑞在北京与苏丹全国大会党对外关系部部长穆斯塔法·奥斯曼·伊斯梅尔举行会谈

中联部部长王家瑞在北京会见欧洲议会人民党党团执行局成员埃尔马·布罗克一行

全国军队转业干部安置工作电视电话会议在北京召开

中共中央政治局委员、国务院副总理张德江,中央军委委员、总政治部主任李继耐出席会议并讲话。会议要求,要深入贯彻落实科学发展观,进一步增强做好军转安置工作的责任感、使命感、紧迫感,始终把军转安置工作作为一项重要政治任务,坚持以人为本,加强领导,强化责任,深化改革,狠抓落实,以确保完成军转安置任务为目标,不断完善军转安置政策制度,促进军转安置工作科学发展、和谐发展,初步建立具有中国特色退役军官安置制度。

"十一五"时期,在党中央、国务院、中央军委的正确领导下,经过军地双方共同努力、密切协作,全国共安置了28.7万名军转干部,圆满完成了军转安置的各项任务。

国务院军转安置工作小组组长、中央组织部副部长、人力资源和社会保障部部长尹蔚民在会上作了工作报告。

第七届中国国际动漫节在浙江杭州开幕

4月29日

国家主席胡锦涛在人民大会堂会见法国国民议会议长阿夸耶

胡锦涛说,中法作为联合国安理会常任理事国和二十国集团成员,比以往拥有更加广泛的共同利益和更加广阔的合作前景。中方愿与法方一道努力,进一步加强双边、地区和多边层面的合作,共同应对各种全球性挑战,推动中法全面战略伙伴关系进一步向前发展。

胡锦涛表示,中国政府支持两国立法机构加强交往,扩大合作。希望两国立法机构发挥代表性强、联系广泛等优势,为深化双边务实合作建言献策、牵线搭桥,推动中法全面战略伙伴关系取得更多实实在在的成果。

阿夸耶说,法方期待双方在核电、航空、机电和文化、教育、医疗卫生等领域的合作取得更大成绩,更好地造福两国人民,把法中全面战略伙伴关系推上更高层次。

中共中央总书记胡锦涛在天津考察

4月29日至5月1日,胡锦涛来到天津,深入社区、企业、科研机构,就贯彻落实党的十七届五中全会精神和"十二五"规划纲要、加快转变经济发展方式、保障和改善民生进行调查研究,同基层干部群众共商科学发展、和谐发展、率先发展大计。

考察结束时,胡锦涛听取了天津市委和市政府的工作汇报,对天津市近年来的工作给予充分肯定。胡锦涛希望天津市以邓小平理论和"三个代表"重要思想为指导,深入贯彻落实科学发展观,牢牢把握国家支持东部地区率先发展、加快推进天津滨海新区开发开放的重大历史机遇,始终坚持科学发展这个主题和加快转变经济发展方式这条主线,把创新精神和务实作风紧密结合起来,注重加快转变经济发展方式,注重深化改革开放,注重保障和改善民生,注重加强干部队伍建设,在新的起点上开创科学发展新局面、描绘人民幸福生活新画卷,以优异成绩迎接中国共产党成立90周年。

国务院总理温家宝在雅加达与印度尼西亚总统苏西洛举行会谈

温家宝表示,中方高度重视印尼在国际事务中的重要地位和作用,支持印尼发展强大,愿同印尼携手合作,推动两国关系向更高水平发展,共创亚洲的美好未来。

苏西洛说，印尼高度重视对华关系，视中国为重要的战略伙伴。希望双方以温家宝总理此访为契机，扩大共识，规划合作，推动两国战略伙伴关系迈上新的台阶。

双方对两国友好互利合作取得的进展表示满意。

会谈后，两国领导人出席了双边合作文件的签字仪式，并共同会见了记者。

中华人民共和国政府和印度尼西亚共和国政府关于进一步加强战略伙伴关系的联合公报

一、应印度尼西亚共和国总统苏西洛·班邦·尤多约诺邀请，中华人民共和国国务院总理温家宝于2011年4月28日至30日对印度尼西亚共和国进行正式访问。

二、访问期间，温家宝总理和苏西洛总统在亲切友好的气氛中举行会谈，就双边关系及共同关心的国际和地区问题深入交换了意见，达成重要共识。双方对访问成果感到满意，认为访问将成为中印尼战略伙伴关系发展的重要里程碑。

三、双方回顾了两国友好互利合作关系取得的新进展，一致认为，中印尼关系已进入全面发展的新阶段，具有地区和全球战略意义。双方同意在中印尼战略伙伴关系框架下，进一步增进在政治领域业已存在的紧密关系，深化和扩大经贸往来，促进文化交流和民间交往，扩大国际合作。

政　治

四、双方重申将继续奉行相互尊重独立、主权和领土完整的原则。苏西洛总统重申印尼坚持一个中国政策的一贯立场，支持中国和平统一进程。温家宝总理对印尼方这一立场表示赞赏，并重申中国坚定支持和尊重印尼的国家统一、领土完整和主权。

五、双方对2010年1月21日签订的《中华人民共和国政府与印度尼西亚共和国政府关于落实战略伙伴关系联合宣言的行动计划》感到满意，一致同意采取具体措施落实好行动计划，推进两国各领域务实合作。

六、双方认识到加强两国领导人互访和完善高级别战略对话机制的重要性。双方同意进一步加强印尼政治、法律、安全统筹部长和中国国务院国务委员之间的双边磋商，责成两国外长联委会每年召开一次会议，履行监督、评估各领域现有双边合作，并寻找新的合作机遇的机制职能以加强两国战略伙伴关系。同时，双方同意保持在两国防务与安全磋商、经贸和技术合作联委会等机制下的对话与合作。

七、双方欢迎签署《中华人民共和国外交部和印度尼西亚共和国外交部关于共同行动的谅解备忘录》，以加强两国外交部合作，包括开展相互交流、外交官培训、政策规划研究以及建立两国外交部各级别官员间热线电话等。

八、中方欢迎印尼即将在上海开设总领馆。双方认为，这将有利于进一步深化两国关系。

经济、贸易和投资

九、双方重申海上合作对发展两国战略伙伴关系的重要意义，承诺继续加强在航行安全、海上安全、海军合作、渔业开发活动、打击非法、不报告及不受管制的渔业捕捞活动、海洋科研环保等领域的交流与合作。双方欢迎签署《关于修订〈中华人民共和国国家海洋局和印度尼西亚共和国海洋渔业部关于海洋领域合作谅解备忘录〉的议定书》。

十、双方对双边经济关系的积极发展表示满意。双方相信，两国贸易额达到500亿美元的目标有望提前实现，同意努力实现2015年两国贸易额达到800亿美元的新目标。双方强调和重申以平衡和可持续发展的方式实现上述目标。

十一、为此，温家宝总理重申中方坚定致力于扩大从印尼进口并为此提供便利，通过增加中国在印尼工业领域的投资等措施提高印尼工业能力。

十二、双方欢迎两国政府签署《中华人民共和国政府和印度尼西亚共和国政府关于扩大和深化双边经济贸易合作的协定》，并决心通过互利互惠的方式落实好上述协定。

十三、双方同意积极鼓励和支持两国企业增加和扩大双向投资，包括推动双方相关协会间建立直接对话。印尼欢迎中国增加对印尼制造业、高新技术、农业、林业、渔业、清洁能源和旅游业等领域的投资。

十四、印尼欢迎中国企业在平等互利基础上，特别是在公私伙伴合作框架下，参与印尼公路、桥梁、港口、电站和水资源开发等基础设施发展。双方同意就印尼经济走廊的发展加强合作。中方也希望就经济合作区的发展同印尼方加强合作。

十五、双方再次承诺将推进两国农业领域合作，特别是在技术转让、能力建设、粮食储备管理、杂交水稻共同研发以及应对粮食安全相关问题方面的合作。

十六、双方强调，将巩固扩大两国在油气、煤炭、电力领域的合作，并积极探索新能源和可再生能源领域的合作机会。为此，双方强调，充分利用中国—印尼能源论坛，加快实现两国在能源领域的合作目标。

防务和安全

十七、双方一致认为，为应对21世纪传统和非传统安全挑战，两国应进一步加强战略防务合作。为此，双方承诺，进一步加强包括联合演习、海上安全、国防工业在内的防务及其能力建设领域的合作，并加强非传统安全领域的交流与合作。

社会和文化

十八、双方一致认为,建立双边合作机制,加强防灾、减灾领域协商与协调非常重要,其中包括信息、经验共享及相关人员培训。

十九、双方强调相互尊重对方的传统文化,同意进一步加强艺术、电影、媒体、展览以及双方达成一致的其他领域的交流与合作。

二十、双方同意进一步推动两国教育领域合作,在教育及相关机构鼓励语言教学,促进学生交流和学者交流,扩大奖学金规模,推进互相承认学历学位工作。

二十一、双方同意加强两国青年和青年组织间互访,加强体育合作。

二十二、双方同意推动旅游合作,鼓励联合宣传推广,鼓励两国游客互访。

二十三、双方同意促进两国学术界交流,加深两国国民间业已存在的友好关系,增进双方相互理解与信任。双方进一步鼓励双方智库加强交流。

地区和国际问题

二十四、双方强调中国和印尼在促进亚太地区和平与稳定方面拥有广泛共同利益,为此,双方支持构建和完善开放、包容、互利的合作框架。双方重申,将坚定致力于在中国—东盟、东盟与中日韩、东亚峰会(EAS)、东盟地区论坛(ARF)、亚太经合组织、亚欧会议等多边框架下加强协调与合作,共同应对国际和地区问题。双方致力于促进区域贸易和投资自由化与便利化、区域经济一体化和经济技术合作以及为本地区的稳定和发展作出贡献。

二十五、双方高度评价中国与东盟二十年来始终保持密切合作关系。温家宝总理表示相信,在印尼担任东盟主席国期间,中国—东盟关系将得到进一步提升。

二十六、双方承诺将继续支持东盟在东亚峰会中的主导作用。双方相信,2011年11月在巴厘举行的东亚峰会将进一步推动各成员国密切合作,以进一步实现本地区的共同稳定、共同安全和共同繁荣。

二十七、双方一致认为,中印尼在多边领域中的合作是两国战略伙伴关系的重要组成部分。作为主要发展中国家,中印尼加强对话与合作将为国际社会应对重大挑战作出贡献。中国和印尼愿在联合国、二十国集团和世界贸易组织框架下保持密切磋商。同时,双方将加强与其他发展中国家的协调,在重大国际问题上维护发展中国家的主张和利益,推动建立持久和平、共同繁荣的和谐世界。

二十八、双方强调,应对气候变化应在可持续发展框架下进行,应基于《联合国气候变化框架公约》及其《京都议定书》的原则和规定,应在坎昆会议成果的基础上继续落实"巴厘路线图"授权,推动南非德班气候变化会议取得积极成果。

二十九、双方满意地看到,中国和印尼在应对国际金融危机带来的挑战中采取了积极有效措施,保持了各自经济增长,并为全球经济复苏作出了重要贡献。双方支持加快落实和深化国际货币基金组织和世界银行的改革,实现二十国集团匹兹堡峰会确定的量化改革目标,将就此保持密切磋商与协调。

三十、温家宝总理对苏西洛总统以及印尼政府和人民在此次正式访问期间给予他本人和代表团的热情款待表示衷心感谢,这充分体现了两国和两国人民间长久的友谊和互利合作关系。

中央党校举行2011年春季学期第一批进修班毕业典礼

中共中央政治局常委、中央书记处书记、中央党校校长习近平出席毕业典礼,并为学员颁发毕业证书。

中共中央政治局委员、中央书记处书记、中央组织部部长李源潮,中央书记处书记、中央纪委副书记何勇,中央书记处书记、中央办公厅主任令计划出席毕业典礼。

中央党校常务副校长李景田在毕业典礼上讲话,他希望学员们继续加强学习,不断深化学习,努力做学习的表率;真抓实干,抓好落实,确保"十二五"规划的顺利实施;学习杨善洲精神,不断增强党性修养,做人民满意的好党员好干部;关心党校事业,支持党校建设,为进一步提高干部队伍素质作出新贡献。

中央有关部门负责人、中央党校负责人出席毕业典礼。中央党校各直属单位主要负责人和全体毕业学员260多人参加了毕业典礼。

国务院副总理李克强在北京主持召开"十二五"国家重点专项规划编制工作座谈会

座谈会上,国家发展改革委负责同志介绍了国家重点专项规划编制的总体情况,工业和信息化部负责同志介绍了有关重点专项规划编制的思路,6位专家学者从不同角度对编制重点专项规划提出了意见和建议。在认真听取大家的发言后,李克强说,当前世界经济政治格局加快调整变革,我国发展有许多有利条件,但国际国内环境中不确定不稳定因素增多。推动"十二五"发展,必须按照加快转变经济发展方式的要求,着力解决不平衡、不协调、不可持续问题。未来五年发展的规划纲要已经制定,抓好落实至关重要。要切实发挥规划纲要的引领和指导作用,防止规划与工作脱节,避免"两张皮",真正做到长短结合、标本兼治，抓住重点、突破难点，促进经济长期平稳较快发展与社会和谐进步。

李克强指出，“十二五”要编制 18 个重点专项规划，主要集中在五个方面：一是推动结构调整。坚持把扩大内需作为规划的立足点和战略方针，着力扩大居民消费需求，带动结构调整和产业升级。二是加快科技创新。充分发挥人力、人才和智力资源的作用，促进科技成果更多地转化为现实生产力，使规划成为抢占未来发展制高点的规划。三是强化节能环保。发挥规划的激励和约束功能，加大节能减排力度，加强生态环保工作，提高能源资源利用效率。四是突出改善民生。坚持保基本、广覆盖、可持续，制定好改善民生行动计划，实施好一批重大民生工程，促进基本公共服务均等化。五是深化改革开放。注重顶层设计，创新体制机制，努力在重点领域和关键环节取得突破；拓展开放领域，提高开放水平，为加快转变经济发展方式增添动力。

李克强最后说，编制好重点专项规划，要转变观念，创新理念，增强转方式的自觉性；从全局出发，统筹兼顾地方和部门实际，搞好综合平衡；立足国情国力，加强比较论证，提高规划的科学性；公开透明地编制规划，推进决策的民主化；把规划的编制与实施结合起来，增强规划的严肃性和可操作性，规划不能只是“挂在墙上”，而是要付诸行动，着力实施，取得实效。

国务院副总理王岐山在山东青岛主持召开全国打击侵犯知识产权和制售假冒伪劣商品专项行动工作会议

王岐山说，这次专项行动开展 5 个月来，各地区、各有关部门围绕国内外关注和涉及群众切身利益的侵权假冒突出问题，集中整治了一些重点地区、重点领域、重点市场。全国共立案查处了 10 万多起侵权假冒案件，特别是查处了一批大案要案，严惩了犯罪分子，显示了专项行动的执行力和威慑力。各级政府机关使用正版软件检查整改工作顺利推进。实践证明，中央关于开展打击侵犯知识产权和制售假冒伪劣商品专项行动的决策是完全正确的。

王岐山对专项行动最后两个月的工作作出了具体部署。他要求，各地区、各部门要发扬连续作战的作风，突出工作重点，分清轻重缓急，掀起打击侵权假冒的新高潮。要继续突出重点领域和重点市场的整治，严厉打击网络购物领域侵权、制售假劣农资、问题食品、假冒药品等损害农民利益和群众生命健康安全的行为。要抓紧大案要案的查处，加大刑事打击和经济处罚的力度，特别是要使侵权和制售假冒伪劣商品的违法分子在经济上付出高昂的代价，真正形成震慑，打到痛处。要在软件采购纳入财政预算、实施国有资产管理和审计等环节落实工作责任，按照时间节点推进政府机关使用正版软件工作。要加大宣传和舆论监督力度，继续保持强大的打击声势。

国家副主席习近平在人民大会堂会见苏丹南方自治政府财政部部长阿索贝

国防部部长梁光烈在八一大楼与泰国国防部部长巴维·翁素万举行会谈

4 月 30 日

全国人大常委会委员长吴邦国在广西桂林会见法国国民议会议长阿夸耶

吴邦国指出，中国正在进一步实施推进西部大开发、促进中部地区崛起等区域发展战略，这为中法扩大地方合作提供了更加广阔的空间。希望中国全国人大和法国国民议会发挥自身优势，引导法国地方和企业把目光更多投向中国的中西部地区，促进双方在旅游观光、环境保护、扶贫开发等方面的互利合作，实现共同发展。

阿夸耶说，法中在许多领域都建立了长期、战略性的合作关系。法国国民议会愿为法中各层次、各领域合作深入发展多做实事。

吴邦国和阿夸耶还共同出席了中国广西桂林阳朔县与法国上萨瓦省老阿讷西市建立友好关系签约仪式。

国务院总理温家宝在印尼卡尔蒂妮宫发表题为《加强睦邻友好 深化互利合作》的演讲

尊敬的马蒂外长，各位外国使节，青年朋友们，女士们，先生们：

我非常重视这篇演讲，我为这篇演讲几乎准备了一年的时间。我要告诉大家，一个拥有世界人口最多的国家，它的对内对外政策，特别是对东盟国家的政策。这个国家深刻地懂得“如将不尽，与古为新”，只有开放兼容，国家才能富强，只有坚定不移地走和平发展的道路，才能实现富强、民主、和谐、文明的现代化目标。我是诚恳地谈中国对内对外政策的一些基本观点，所讲的每一句话都是真诚的，只有真诚的话才能打动人。我相信，我能够做一篇好的演讲，不辜负大家的期望。

我很高兴来到美丽的千岛之国印度尼西亚访问。感谢印尼世界事务委员会为我精心安排了今天的活动。首先，请允许我代表中国人民，向印尼人民致以亲切的问候，向长期致力于两国友好的各界朋友表示衷心的感谢！

印尼是一个朝气蓬勃、充满希望的发展中大国。近年来，苏西洛总统带领印尼人民，励精图治，勇敢战胜自然灾害，有效应对国际金融危机，经济加快发展、社会保持稳定、民族更加和睦，国家呈现出蒸蒸日上的繁荣景象。作为东盟和二十国集团的重要成员，印尼在地区和国际事务中发挥的作用越来越大。我谨对你们取得的卓越成就表示热烈祝贺！

中国和印尼都有着悠久灿烂的文化，日惹的婆罗浮屠佛塔与中国的万里长城都是古代东方文明的奇迹。中国古代佛教高僧法显、会宁、义净曾到爪哇、苏门答腊居住和学习。600年前中国伟大的穆斯林航海家郑和曾在雅加达等地建立多个清真寺，三宝垄至今仍传颂着他与当地人民友好交往的历史佳话。近代以来，两国人民在争取民族独立的艰苦岁月中，相互同情、相互支持，结下了深厚友谊。新中国成立后，印尼是最早与中国建交的国家之一，并且帮助新中国打破西方贸易禁运。对此，中国人民铭记在心。

进入新世纪，两国高层往来频繁，政治互信不断增强，经贸合作快速发展。2005年双方战略伙伴关系的确立，标志着两国关系进入了一个新的阶段。去年双边贸易额接近430亿美元，中国成为印尼最主要的贸易伙伴和出口市场之一。面对百年罕见的国际金融危机，两国同舟共济，共克时艰，签署了总额高达1000亿元人民币的双边本币互换协议，为稳定地区金融发挥了积极作用。双方在国际事务中密切沟通协作，提升了发展中国家的影响力。特别值得一提的是，在对方遭受重大自然灾害时，两国人民感同身受，患难与共。2008年中国发生汶川地震时，印尼派出医疗队奔赴灾区。印尼亚齐一位80岁的老村长行程2000多公里，亲手把全村的捐款送到中国驻印尼使馆。2004年印尼发生地震海啸灾害时，中国国际救援队也迅速赶赴灾区救援。这充分表明，中国和印尼是好邻居，更是好兄弟。

我这次访问，是友好合作之旅，也是规划未来之旅。昨天，我与苏西洛总统进行了全面、深入的会谈，达成重要共识，决定进一步加强中国印尼战略伙伴关系。双方发表了联合公报，签署了多项政府间合作文件。我和苏西洛总统确定了2015年实现双边贸易额800亿美元的新目标。今天还将签署总额约100亿美元的经贸协议。中方宣布提供10亿美元优买贷款和80亿美元融资额度，用于支持印尼基础设施建设和重点产业发展。我们决定进一步加强矿产资源、清洁能源合作，拓展海洋科研和渔业合作。印尼在马六甲海峡事务中发挥着重要作用，中方愿同印尼加强协调并提供相关支持。这些合作项目是在国际金融危机影响还在延续的背景下达成的，必将为两国巩固经济持续向好势头、深化互利合作注入强劲动力，推动双方战略伙伴关系迈向新的高度。

来到印尼，不能不谈万隆精神。我在来访途中的飞机上，不禁想起16年前访问贵国期间，我曾专程到万隆会议旧址瞻仰的往事。1955年，周恩来总理代表新生的人民共和国，克服重重艰险来到贵国，与亚非国家领导人一道，共同倡导了历久弥新的万隆精神。万隆会议给我们留下了极为宝贵的历史遗产。求同存异、和平共处，是万隆精神的核心，至今仍然是我们正确处理国与国关系的行为指南。万隆精神是不朽的，值得我们倍加珍惜，发扬光大！

女士们，先生们！

印尼是东盟最大的国家，在东盟发展的许多重要时刻发挥了关键作用，为东盟联合自强作出了突出贡献。作为东盟的好伙伴，中国对此高度赞赏，并为东盟取得的成就感到由衷高兴。

1997年亚洲金融危机，催生了东亚全面合作。这次国际金融危机，也将进一步促进中国与东盟的关系，树立发展中国家互助合作的新典范。东盟奉行协商一致、共担责任、互不干涉内政的原则，以东盟方式推动本地区的政治稳定、经济发展和社会进步，顺应了和平、发展、合作的时代潮流。这条道路是成功的，在国际社会产生了重要的积极影响。《东盟宪章》确立到2015年建成政治安全共同体、经济共同体、社会文化共同体的目标，东盟将更具凝聚力、影响力和竞争力，我们对此充满期待，抱有信心。

中国一贯支持东盟联合自强，高度重视和积极推进双方关系的发展。中国第一个与东盟确立了面向和平与繁荣的战略伙伴关系；中国第一个以域外大国身份加入《东南亚友好合作条约》；中国第一个同东盟商签自由贸易区协定，并共同建成了发展中国家之间最大的自贸区。我们这样做，顺应了经济全球化和区域一体化的趋势，符合东盟各国的利益，也符合中国的利益。

2003年，我在印尼巴厘岛出席第七次中国与东盟领导人会议时曾讲过，中国将坚定不移地实行睦邻、安邻、富邻的周边外交政策。八年过去了，人们不难看到，中国说话是算数的。今后，不管国际风云如何变化，中国都将一如既往地奉行这一政策。

——中国坚定支持东盟在区域合作中的主导作用。东盟在实践中形成的区域合作理念和做法，符合东亚地区实际，是行之有效的、成熟的，应该也必须坚持。东亚现行区域合作机制，“10＋1”也好，“10＋3”也好，东亚峰会也好，主体始终应该是“10”，也就是东盟。只有东盟继续发挥主导作用，东亚合作才能健康发展。中国在这个问题上的立场是坚定不移的。

——中国致力于深化同东盟的务实合作。去年中国成为东盟的最大贸易伙伴,我们建成了发展中国家间最大的自贸区,并确立了2015年双方贸易额达到5000亿美元的目标。中国政府将继续鼓励扩大进口东南亚各国的优势产品,鼓励中方企业到东盟国家投资,把双方共同利益的蛋糕做得更大。在未来10年,我们将加快实现中国与东盟国家陆路运输通道的互联互通,通过双边援助贷款、中国—东盟投资合作基金和商业信贷等多种方式为东盟国家的公路、铁路、通信、电力等基础设施提供金融支撑。同时,根据东盟方面的需要,加强对海上和空中互联互通的投入,有序推进相关领域的便利化和标准化建设,为促进本地区商品、资本、信息的自由流通、人员往来和经济社会发展创造更好条件。历史将证明,建立中国—东盟自贸区的决策是富有战略眼光的,必将更多惠及双方企业和人民。

——中国将积极推动与东盟各国的人文交流。巩固邦交的根本在民众,增进友谊的基础在交流。今年是"中国—东盟友好交流年",规划中的40多项大型活动正在陆续展开,内容涉及文化、教育、旅游、新闻、青年等众多领域。其中,"感知中国"系列活动已经在印尼启动。即将在中国举行的亚洲文化节,将把东盟作为重要主题。双方制定了2020年将留学生规模扩大到各10万人的计划。中国和东南亚丰富多彩的自然景观和底蕴深厚的民族文化,是增进双方人民相互了解和友情的独特资源。去年中国—东盟领导人会议宣布到2015年双方人员交流达到1500万人次的目标。我们要进一步挖掘教育、旅游等领域的合作潜力,鼓励更多本国民众到对方求学和观光旅游,使传统友谊深入人心,代代相传。

——中国愿继续在不附加任何条件的情况下援助东盟欠发达国家。由于历史原因,东盟部分国家尚未摆脱贫困。中国将一如既往地支持他们的发展,提供力所能及的援助。中国的支持和援助不附带任何条件,是真诚无私的。中国有句古语,叫作"授人以鱼,不如授人以渔"。从我们自身的发展经验来看,一个国家要从根本上摆脱贫困和落后,必须依靠人才和科技。中国政府愿意在能力建设和人力资源培训方面加大投入,支持东盟欠发达国家加速实现发展目标。

——中国愿意与东盟携手维护本地区的安全稳定。历史告诉我们,和是福,乱是祸。毋庸讳言,本地区还存在着一些领土主权、海洋权益等争议。我们要本着睦邻友好、平等协商的原则,通过双边渠道为妥善解决这些问题作出不懈努力。中方不赞成渲染或制造紧张气氛和把问题扩大化、复杂化,坚决反对使用武力或以武力相威胁。多年来,中国同东盟各国为维护国际航道的安全通畅作出了重要贡献,这是有目共睹的,中方将继续履行应尽的责任和义务。中方愿同东盟加强合作,共同应对恐怖主义、跨国犯罪、自然灾害、传染疫病等非传统安全威胁,营造安宁、祥和的社会环境。

——中国支持东亚合作在开放中稳步推进。开放和透明,是区域合作的生命力所在。东亚的合作,从来都是开放的,而不是排他的。近年来,包括东盟在内的东亚地区,已经成为发展最快和最具活力的地区,在世界经济格局中的地位和影响不断上升。东亚合作吸收域外国家和地区参与,是顺应经济全球化潮流的必然选择。中国欢迎一切有利于促进地区稳定与发展的主张,支持美国、俄罗斯、欧盟等国家和组织参与东亚合作进程。但是,无论是谁都必须尊重东亚的自主性和多样性。推进东亚合作,要循序渐进,先易后难。当前,首先要充分发挥"10+1"、"10+3"和中日韩等现有合作架构的作用,同时探索其他符合本地区特点的合作方式。

女士们,先生们!

新中国成立60多年特别是改革开放以来,经济快速发展,人民生活明显改善,国际地位逐步提高。但是,中国仍然属于发展中国家的基本国情没有变,独立自主的和平外交政策没有变,同东盟各国睦邻友好合作的诚意也没有变。

中国人如何看待自己?如何看待自己同世界的关系?我们既自信又清醒。自信的是,我们对自己选择的发展道路和未来充满信心。清醒的是,我们对自身面临的困难、风险有足够的认识。中国的经济总量在逐年增加,但按13亿人口平均,仅列世界100位左右。中国实现全面建设小康社会的目标尚需时日,建成现代化国家还有很长的路要走。

中国古代伟大的思想家老子在《道德经》中说过:"知人者智,自知者明。"意思是说,了解别人叫明智,认识自己才是高明。我担任国务院总理已经第九个年头,我为我的祖国发展进步感到欣慰,同时我也常常为如何破解各种现实难题而寝食难安。中国确实有一部分地区、一部分人先富起来了,但还有一部分地区、一部分人尚未摆脱贫困,他们在教育、医疗、社保等方面存在着亟待解决的困难。许多国家工业化、城镇化进程中遇到的难题,我们都遇到了;他们没有遇到的问题,我们也遇到了。面对人民的信任和期待,我们不敢有丝毫的懈怠。我们需要虚心借鉴世界各国的有益经验,更需要立足国情,大胆实践,勇于探索。把13亿人口的国计民生问题解决好,我们肩上的担子很重很重,需要长期埋头苦干。中国没有任何理由骄傲自满。

我还想说的是,中国有着几千年的文化传统,历来崇尚和为贵。倡导讲信修睦,以礼待人。丝绸之路,向外国送去的是精美的纺织品、茶叶和瓷器。郑和七下西洋,没有占别人一寸土地。中国的发展离不开世界,世界的繁荣也需要中国。中国人民珍惜同其他国家和人民的友谊与合作,更加珍惜自己经过长期奋斗而得来的独立自主权利。我相信,对这一点,东南亚各国人民和我们是感同身受的。中国的发展不会妨碍任何国家,也永远不会威胁任何国家!中国将始终坚持独立自主的和平外交政策,世世代代走和平发展道路!

女士们,先生们!

“远在天边,近在心田”。中国人民对印尼怀有美好的情感。印尼的岛国风情,多元文化,浪漫情调,令人向往。半个多世纪前,中国、印尼等一大批亚洲新独立国家登上国际政治舞台,宣告了新亚洲的诞生。今天,我们正亲眼见证着亚洲的全面崛起和东方文明的伟大复兴,先辈们振兴亚洲的梦想正在我们手中成为现实,而中国与印尼是推动这一划时代变化的重要力量。相似的历史遭遇,让我们走到了一起,共同的历史使命,把我们紧紧联系在一起。让我们携起手来,加强睦邻友好,深化全面合作,共创美好未来,迎接亚洲世纪的到来!

得里马嘎西!(谢谢!)

国务院总理温家宝在雅加达与印度尼西亚副总统布迪奥诺共同出席“中国—印尼战略商务对话”并致辞

温家宝在雅加达与印度尼西亚副总统布迪奥诺共同出席“中国—印尼战略商务对话”,与两国企业家代表开展交流并致辞。

布迪奥诺表示,两国经贸合作发展迅速,潜力巨大,前景广阔。中国的发展给印尼等周边国家带来难得的发展机遇,有利于促进本地区的和平、稳定和繁荣。印尼愿与中方共同努力,扩大合作领域,提高合作水平,更好造福两国人民。

“中国—印尼战略商务对话”由中国商务部和印尼经济统筹部主办,中国和印尼政府高级官员和企业家代表共180人出席。

国务院总理温家宝在“中国—印尼战略商务对话”上的致辞

尊敬的布迪奥诺副总统,女士们,先生们:

我很高兴与两国经济界代表见面。借此机会,我谨对长期以来为促进两国经贸关系发展、增进两国人民友谊作出贡献的朋友们,表示诚挚感谢和良好祝愿!

中国和印尼,是隔海相望的友好邻邦,也是平等互利的战略伙伴。近年来,两国政治互信不断增强,高层往来日益频繁,双方关系步入更加活跃、富有成果的新阶段。在两国经济界的共同努力下,双方经贸合作不断深化,成果丰硕,给两国人民带来了实实在在的利益。

——双边贸易快速发展。新世纪头10年,两国贸易额年均增长22.8%,2010年达到427.5亿美元,远远超过了两国领导人提出的300亿美元目标。目前,中国已是印尼第二大贸易伙伴、第一大进口来源地和第二大出口市场。印尼的蛇皮果、山竹等热带水果已进入中国千家万户,中国的温带水果也丰富了印尼人民的餐桌。

——双向投资日趋活跃。两国经济快速发展,吸引着越来越多企业到对方国家投资。截至2010年年底,在印尼投资办厂的中国企业超过1000家,各类投资累计超过60亿美元,纳税超过10亿美元,为印尼创造了3万多个就业岗位。与此同时,印尼企业在中国的累计投资金额也突破了20亿美元。

——基础设施建设合作成效显著。中国企业积极参与印尼重大基础设施建设,是两国经贸合作中的一大亮点。2009年建成的泗马大桥,2010年竣工的阿萨汉水电站,都是东南亚地区的标志性工程,也是中国工程企业走向国际市场的“名片”。这些质量过硬、造价较低、发展急需的重大基础设施,改善了印尼人民的生产生活条件,夯实了经济长远发展的基础。

——金融领域合作方兴未艾。这些年来,中国政府根据印尼经济建设的实际需要,累计向印尼提供了28亿美元的优惠出口买方贷款,印尼成为使用中方这项贷款最多的国家。与此同时,不少中方银行和保险公司也在印尼设立分支机构,参与印尼经济建设进程。为了支持印尼建设第一期1000万千瓦电站项目,中方银行就提供了约65亿美元的商业贷款。

——两国地方和民间往来频繁。目前,两国地方政府已缔结了5对友好省份和10对友好城市。两国优美的自然风光和悠久灿烂的文明,吸引着来自世界各地的游客。2010年共有47万中国居民来印尼旅游,同时也有57万印尼游客到中国观光。两国人民来往多了,心与心自然贴得更近。

女士们,先生们:

我这次访问印尼,既是加深了解、增进友谊之旅,也是规划未来、深化合作之旅。此访期间,我和苏西洛总统进行了友好、富有成果的会谈,签署了两国政府关于扩大和深化经贸合作的协定,确立了到2015年双边贸易额达到800亿美元的新目标,达成了总额约100亿美元的经贸协议。我们对发展两国经贸关系取得广泛共识,一致认为中国和印尼经济互补性强,又都处于经济快速发展的阶段,双方经贸合作具有坚实的政治

基础和广阔的发展前景。为了推动两国经贸合作向更高层次、更广领域发展,更好地造福于两国人民,我愿提出以下几点建议:

第一,继续扩大双边贸易规模。中国和印尼人口多,市场潜力大,双方贸易还有较大潜力可挖。我们要进一步提高双方贸易便利化水平,稳定和扩大两国大宗商品、大型机电产品和高附加值产品贸易,优化进出口商品结构,推动两国贸易上规模、上水平。中国不谋求贸易顺差,愿意增加来自印尼的进口,推动双方贸易健康、平衡、持续发展。中方理解印尼热带水果对华出口的诉求,愿意加强两国政府主管部门的沟通和协商,为印尼水果进入中国市场提供便利。我们希望印尼企业充分利用中国—东盟博览会、广交会等平台,加强产品宣传,在中国市场上赢得更大的份额。

第二,加快推进基础设施建设合作。中方支持中国企业通过多种方式,参与印尼道路、桥梁、港口、电站、通信等基础设施建设,包括已经启动的第二期1000万千瓦电站项目。为了深入推进双方基础设施领域的合作,中国政府决定向印尼新增10亿美元优惠出口买方信贷,同时鼓励金融机构为条件成熟的合作项目提供融资支持。希望双方加快落实已经商定的优惠出口买方贷款项目,用好用足剩余资金,争取相关合作项目尽早启动实施。

第三,积极扩大双方投资合作。中国政府一如既往地欢迎印尼企业到中国投资兴业,同时也鼓励和支持有实力的企业扩大对印尼的投资,重点加强农业、渔业、旅游、加工制造和能源资源等领域的互利合作。建设中印尼经贸合作区,是扩大投资合作的有效途径,希望双方加大投资和工作力度,吸引更多企业向园区聚集。印尼正在实施六大经济走廊规划和建设巴布亚等经济特区,中方愿意推动中国企业积极研究参与建设的可行性,希望印尼政府为中方企业赴印尼投资提供便利和政策支持。

第四,深化多边经贸领域的合作。印尼是世界上具有重要影响的国家,是"二十国集团"、"新钻十一国"的重要成员。中国重视印尼在国际和地区事务中的地位和作用,愿与印尼方共同促进中国—东盟经贸关系发展,共同推动发展中国家的互利合作,共同反对贸易保护主义。中国—东盟自贸区是中国与东盟国家经过多年努力精心培育的利益共同体。实践证明,这个自贸区对东盟各国有利,对中国有利,对印尼也有利,是互利共赢的典范。我们希望双方企业充分利用自贸区的优惠政策,发挥各自的比较优势,拓展各个领域的交流与合作。也希望两国政府和社会各界倍加珍惜来之不易的成果,妥善解决自贸区建设中出现的各种问题,共同建设好、维护好自贸区,使两国经济在更大范围、更高层次上实现优势互补。

女士们,先生们:

中国和印尼,是亚洲两个重要的发展中大国。加强两国经贸合作,符合两国的根本利益,也有利于地区和平、稳定与发展。当前,发展两国经贸关系具备"天时"、"地利"、"人和"等多种有利条件。我坚信,富有进取精神的两国企业家,一定会把握时机,携手共进,以更大的决心和勇气深化两国互利合作,共同创造两国经贸合作的美好明天!

谢谢大家!

国务院总理温家宝在雅加达会见印度尼西亚副总统布迪奥诺

国务院总理温家宝在雅加达会见印尼国会议长马祖基

国务院总理温家宝在雅加达会见东盟秘书长素林

全国文化体制改革工作会议在安徽合肥举行

会议于4月30日至5月1日举行。中共中央政治局常委李长春对会议作出重要批示,强调要深入贯彻胡锦涛总书记在中央政治局第二十二次集体学习时的重要讲话精神和党的十七届五中全会精神,按照国家"十二五"经济社会发展总体部署,牢牢把握科学发展主题和加快转变经济发展方式主线,着力破除制约文化发展的体制机制障碍,转变文化发展方式,为"十二五"文化改革发展开好局、起好步。中共中央政治局委员、中央书记处书记、中宣部部长刘云山,中共中央政治局委员、国务委员刘延东出席会议并讲话。全国人大常委会副委员长路甬祥,全国政协副主席、中国社会科学院院长陈奎元出席会议。

会上,中宣部、文化部、国家广电总局、新闻出版总署表彰了84个全国文化体制改革工作先进地区。中央文化体制改革工作领导小组成员及其办公室成员,各省区市党委宣传部长、副省长(副主席、副市长),全国人大、全国政协专门委员会负责同志,中央宣传文化单位负责同志,各省区市文化、广电、新闻出版部门负责人等出席会议。

中宣部等4部门表彰全国文化体制改革工作先进地区

中共中央宣传部、文化部、国家广电总局、新闻出版总署决定对已完成中央既定各项重点改革任务、进度较快的北京、安徽等12个省(区、市)和沈阳、南京等72个地(市、盟)予以通报表彰。

中宣部等4部门要求，各地各部门学习借鉴全国文化体制改革工作先进地区的宝贵经验，深入贯彻落实科学发展观，加快文化体制机制改革创新，加快构建公共文化服务体系，加快发展文化产业，加强对文化产品创作生产的引导，全面完成中央确定的2011年文化体制改革各项任务，为实现社会主义文化大发展大繁荣奠定坚实的体制机制基础。

表彰名单如下：

北京市、天津市、河北省、山西省、辽宁省、上海市、江苏省、安徽省、山东省、重庆市、陕西省、宁夏回族自治区。

河北省承德市、张家口市、秦皇岛市、唐山市、廊坊市、邯郸市；

山西省太原市、晋城市；

内蒙古自治区阿拉善盟、锡林郭勒盟；

辽宁省沈阳市、营口市；

黑龙江省大庆市、鸡西市；

江苏省南京市、苏州市、无锡市、常州市、镇江市、扬州市、泰州市、南通市、淮安市、宿迁市、徐州市、连云港市、盐城市；

浙江省湖州市、嘉兴市；

安徽省合肥市、亳州市、淮北市、宿州市、阜阳市、蚌埠市、淮南市、滁州市、六安市、巢湖市、马鞍山市、芜湖市、宣城市、安庆市、池州市、黄山市、铜陵市；

福建省厦门市、莆田市；

江西省赣州市、九江市；

山东省青岛市、淄博市、烟台市、潍坊市、泰安市、威海市、日照市、莱芜市、临沂市；

河南省洛阳市、安阳市、商丘市；

湖北省天门市；

湖南省岳阳市；

广东省深圳市、珠海市、佛山市、惠州市、中山市、清远市；

云南省丽江市；

陕西省西安市。

5月1日

《人民日报》发表社论《勤奋劳动 诚实劳动 创新劳动——庆祝“五一”国际劳动节》

光荣属于伟大的劳动者。今天，我国工人阶级和劳动群众迎来了自己的节日——“五一”国际劳动节。我们向全国工人阶级和劳动群众致以节日的祝贺，向各条战线上的劳动模范和先进工作者表示崇高的敬意！

平凡孕育伟大，劳动创造世界。今年是中国共产党成立90周年。在波澜壮阔的90年历程中，我们党始终是中国工人阶级的先锋队，工人阶级是我们党始终依靠的中坚力量。90年来，工人阶级和广大劳动群众紧紧跟随党的前进步伐，以彻底的革命精神和蓬勃的创造力量，积极投身革命、建设、改革的时代洪流，为实现民族独立和人民解放、国家富强和人民幸福作出了不可磨灭的历史性贡献。历史雄辩地证明，中国工人阶级和劳动群众是推动我国社会全面进步的根本力量，是中国特色社会主义伟大事业的胜利之本。

当前，我国进入了新的发展阶段，但无论经济社会面貌如何改变，无论科技进步和知识更新达到何种程度，劳动依然是中国社会发展的主导因素。如果说过去是劳动者用自己的双手，推动中国取得举世瞩目的伟大成就、赢得举足轻重的国际地位；那么在世情国情发生深刻变化的今天，工人阶级和广大劳动群众的奉献与奋斗，依然关系到国家目标的实现，关系到中国未来的发展，关系到亿万中国人民的光荣与梦想。

今年是“十二五”的开局之年。“十二五”是全面建设小康社会的关键时期，是深化改革开放、加快转变经济发展方式的攻坚时期。面对机遇和挑战，中国可以大有作为，也必须奋发有为。新形势和新任务，要求工人阶级和广大劳动群众继承和发扬光荣传统，以高度的历史主动性，勤奋劳动、诚实劳动、创新劳动，自觉投身社会主义现代化建设的伟大实践。在经济体制深刻变革、社会结构深刻变动、利益格局深刻调整、思想观念深刻变化的发展新阶段，以勤奋劳动成为科学发展的实践者和主力军；在价值追求多元、多样、多变的社会转型期，以诚实劳动引领社会风尚、促进社会和谐；在我国内外环境、增长机制发生重大变化的条件下，以创新劳动加快转变经济发展方式、建设创新型国家。这是时代赋予中国工人阶级的崇高使命，具有光荣传统的中国工人阶级一定能够与时俱进、锐意进取，更好地发挥改革主力、发展动力、稳定基石的作用。

党和国家事业的发展进步，离不开广大劳动者的创造力量；党的全部执政活动，离不开强有力的群众工作。紧紧依靠和切实关心广大劳动者，是党的群众路线最重要最根本的体现。各级党委和政府要加强和改进对工会工作的领导，把更多的资源和手段赋予工会组织，始终站在工人阶级和劳动群众的立场上，切实解决他们最关心最直接最现实的利益问题。各级工会组织和广大工会干部要坚定不移地走中国特色社会主义工会发展道路，继续依法推动企业普遍建立工会组织、普遍开展工资集体协商，积极构建社会主义和谐劳动关系，不断实现好、维护好、发展好广大劳动群众的根本利益。

劳动是一切幸福的源泉。生活的美好，社会的进步，源于平凡艰辛的劳动。回首过去，“中国奇迹”的创造、“中国震撼”的交响，无不凝聚着广大劳动者的智慧和汗水。在历史的新起点上，以更大的劳动热情和创造活力投身中国特色社会主义伟大事业，中国工人阶级和劳动群众必将书写更加灿烂辉煌的篇章。

国务院总理温家宝在北京保障性住房建设工地看望建筑工人

温家宝在北京市市委书记刘淇等陪同下，来到北京朝阳区王四营保障性住房项目建设工地。

温家宝说，作为改革开放和工业化、城镇化进程中涌现出来的一支新型劳动大军，农民工已成为产业工人的主体，北京乃至全国的建设都离不开农民工。北京现在抓保障性住房建设，就是靠农民工在一线劳动。北京人民感谢你们，全国人民感谢你们。

温家宝强调，保障性住房建设要讲规模，讲质量，讲配套。所谓规模，就是说保障性住房要在住宅建设中占一定比例，全国的目标是20%，北京提出要超过20%甚至达到30%。所谓配套，就是户型要多种多样，户型虽小但功能齐全；注意设施配套，有学校、幼儿园、医院或诊所，靠近地铁或公交线路，使大家感到方便。所谓质量，就是从设计、施工、监理到验收都要坚持“质量第一”的理念。所有建筑都要重视质量，保障性住房更要重视，要确保每根钢筋的使用、每块混凝土的浇注、每个门窗的安装都要达到安全要求，这是百年大计。保障性住房建设还要建立一套包括资金筹措、生产建设、管理运营、退出在内的完善机制。政府主要是做好指导、规划和资本金补充保障工作，建设和运营管理要靠企业。

《人民日报》转载2011年第9期《求是》杂志评论员文章《更加自觉地走科学发展道路 推动经济社会又好又快发展》

党的十七届五中全会和“十二五”规划纲要明确提出，“十二五”时期推动我国发展要坚持以科学发展为主题,这就要求我们切实把科学发展观贯彻到经济社会发展的各个方面,更加自觉地走科学发展道路。以科学发展为主题,这是全党全国人民的共同意志,是时代的要求,关系改革开放和社会主义现代化建设全局。对此,全党要继续深化认识,坚决贯彻。

科学发展观是马克思主义关于发展的世界观和方法论的集中体现。发展,是人类社会永恒的主题。发展观是关于发展的本质、目的、内涵和要求的总体看法和根本观点。发展观受世界观统领,有什么样的世界观就会有什么样的发展观。辩证唯物主义、历史唯物主义世界观为人们探索人类社会发展规律指明了道路。科学发展观以马克思主义为指导,贯彻了马克思主义基本原理,继承和发展了党的三代中央领导集体关于发展的重要思想,在我国发展目的、发展战略、发展布局、发展阶段、发展动力、发展要求等重大问题上提出了一系列新思想、新观点、新论断,形成了涵盖社会主义现代化建设各个方面的重要思想理论和方针政策,是发展中国特色社会主义必须坚持和贯彻的重大战略思想。科学发展观立足中国发展实际、指导中国现代化建设,借鉴和吸收了世界各国研究发展问题的有益思想材料,是中国特色社会主义理论体系的有机组成部分。

科学发展观体现了社会主义的本质要求。科学发展观的第一要义是发展,就是要实现体现社会主义本质、符合经济社会发展规律的科学的发展、又好又快的发展。社会主义发展的根本目的是不断实现好、维护好、发展好最广大人民的根本利益,满足人的全面发展的需要。科学发展观的核心是以人为本,就是要从最广大人民的根本利益出发谋发展、促发展,不断满足人民日益增长的物质文化需要,做到发展为了人民、发展依靠人民、发展成果由人民共享,最终实现共同富裕。社会主义的发展是在生产力和生产关系、经济基础和上层建筑的相互推动中实现的,经济发展是基础,政治发展、文化发展、社会发展又反过来给经济发展以巨大影响;离开政治、文化、社会的发展,单纯追求经济增长,经济最终也搞不上去。科学发展观的基本要求是全面协调可持续,就是要坚持以经济建设为中心,全面推进经济、政治、文化、社会以及生态文明建设,促进现代化建设各个环节、各个方面相协调,促进生产关系与生产力、上层建筑与经济基础相协调,促进经济发展与人口资源环境相协调,实现富强民主文明和谐的发展目标。以公有制为主体、多种所有制经济共同发展的基本经济制度和我国的政治制度,在集中力量、统筹安排、宏观调控等方面有着巨大优势。科学发展观的根本方法是统筹兼顾,就是要发挥我国社会主义制度的特点和优势,正确认识和妥善处理经济社会发展中的重大关系,认真考虑和对待各方面发展需要,正确反映和兼顾各方面利益要求,充分调动全社会的发展积极性。

科学发展观进一步回答了我国发展实践提出的关系全局的重大理论和实际问题。科学发展观与党的三代中央领导集体关于发展的思想一脉相承,是以胡锦涛同志为总书记的党中央,立足社会主义初级阶段基本国情,特别是深刻分析新世纪新阶段我国发展呈现出的一系列新的阶段性特征,总结我国发展实践,借鉴国外发展经验,适应新的发展要求提出来的。科学发展观是以深刻总结过去发展的成功经验为基础的,没有改革开放以来的巨大发展成就,就不可能提出树立和落实科学发展观的问题;同时,科学发展观又是从新世纪新阶段我国发展实际出发,科学分析我国全面参与经济全球化的新机遇新挑战,全面认识工业化、信息化、城镇化、市场化、国际化深入发展的新形势新任务,深刻把握我国发展面临的新课题新矛盾,适应全面建设小康社会的新要求,着眼于把握发展规律、创新发展理念、转变发展方式、破解发展难题提出来的。总之,科学发展观在我们党探索和回答什么是马克思主义、怎样对待马克思主义,什么是社会主义、怎样建设社会主义,建设什么样的党、怎样建设党的基础上,进一步回答了实现什么样的发展、怎样发展的重大理论和实际问题,是同马克思列宁主义、毛泽东思想、邓小平理论和“三个代表”重要思想既一脉相承又与时俱进的科学理论,是我国经济社会发展的重要指导方针,是发展中国特色社会主义必须长期坚持和贯彻的重大战略思想,为中国特色社会主义理论体系贡献了最新成果。

坚持发展是硬道理的本质要求,就是坚持科学发展。我国发展虽然取得了举世瞩目的伟大成就,但我国仍处于并将长期处于社会主义初级阶段的基本国情没有变,人民日益增长的物质文化需要同落后的社会生产之间的矛盾这一社会主要矛盾没有变,发展仍然是解决我国所有问题的关键,而发展必须是以人为本、全面协调可持续的科学发展。实践经验表明,推动科学发展,一要注重处理好抓住发展机遇和创新发展理念、发展模式的关系。综合判断国际国内形势,我国发展仍处于可以大有作为的重要战略机遇期,我们要牢牢抓住历史机遇,主动适应环境变化,有效化解各种矛盾,更加奋发有为地推进改革开放和社会主义现代化建设。当今世界,科技进步日新月异,全球经济结构深度调整,主要国家纷纷出台政策措施抢占未来发展的制高点,这给我国发展既带来机遇又带来挑战。抓住机遇要求我们加快发展,抓紧解决发展中存在的不平衡、不协调、不可持续的问题。我们必须把抓住和用好发展机遇同创新发展理念、发展模式有机结合起来,加快转变经济发展方式,大幅提高资源配置效率和资源利用能力,努力实现又好又快发展。二要注重处理好政府和市场的关系。我们实行社会主义市场经济体制,就是要发挥市场在资源配置中的基础性作用。市场作用和政府调控相辅相成、缺一不可,市场作用多一些还是政府作用多一些,需要根据宏观经济运行状况相机抉择。关键是要坚持社会主义市场经济改革方向,不断完善体制机制,从制度上保证市场机制和宏观调控有机结合,实现社会资源优化配置。三要注重处理好经济发展和收入分配的关系。合理配置生产和分配环节的资源,是经济良性循环的重要条件。必须在保持经济平衡较快发展的前提下,更加注重保障和改善民生,下决心、下功夫调整收入分配关系,促进分配公平,让发展成果由人民共享。四要注重处理好国内发展和对外开放的关系。我国经济与国际经济的互动和依存在不断加强,要求我们树立全球视野,进行双向思维,提高在全球范围内优化资源配置的能力,善于从国际国内条件的相互转化中抓住发展机遇,从国际国内资源的优势互补中创造发展条件,真正做到内外兼顾、互利共赢。

"十二五"时期是全面建设小康社会的关键时期,是深化改革开放、加快转变经济发展方式的攻坚时期。我们一定要牢固树立科学发展理念,更加自觉地走科学发展道路,通过全面实施"十二五"规划纲要,确保科学发展取得新的显著进步,确保转变经济发展方式取得实质性进展,努力开创科学发展新局面。

第四届两岸合唱节在新竹举行

由中国音协、福州市政府、新竹市政府联合举办的本届合唱节,两岸共有近20支合唱团队以及4支童声合唱团队参赛参演,演艺人员超过1000人,其中大陆赴台人员超过600人,为2008年首届两岸合唱节举办以来参与人数最多的一次。

福建省歌舞剧院附属合唱团、台湾沂风女声合唱团等6支合唱团队获得金奖,广东顺德合唱团、新竹女中合唱团等6支合唱团队获得银奖,台湾大学EMBA合唱团、福建省三明市总工会爱乐合唱团等6支合唱团队获得铜奖。

5月2日

全国宣传部长座谈会在合肥召开

中共中央政治局委员、中央书记处书记、中宣部部长刘云山出席会议并讲话。

会议认为,今年以来宣传思想文化战线认真贯彻中央要求,坚持高举旗帜、围绕大局、服务人民、改革创新,推动各方面工作取得新进展新成效。集中开展党的十七届五中全会精神、全国"两会"精神的形势政策教育,扎实推进党的理论创新成果的宣传普及,广泛开展社会主义核心价值体系教育,开展向杨善洲等先进典型学习活动,有力弘扬了民族精神和时代精神。加快文化体制机制改革创新,加快公共文化服务体系建设,加快文化产业发展,加强对文化产品创作生产的引导,文化改革发展整体推进、成效显著。宣传思想文化工作巩固和发展了积极健康向上的良好态势,为推动科学发展、加快转变经济发展方式、促进社会和谐稳定作出了重要贡献。

刘云山指出,围绕中心、服务大局是宣传思想文化工作的基本职责,弘扬体现时代进步要求的思想和精神是宣传思想文化工作的基本任务。要进一步深化"十二五"规划的宣传教育,突出宣传经济社会发展的主题主线,深入阐释在当代中国坚持发展是硬道理的本质要求就是坚持科学发展,加快转变经济发展方式是适应我国发展新的阶段性特征作出的战略抉择,引导干部群众增强贯彻主题主线的自觉性,聚精会神搞建设、一心一意谋发展,维护改革发展稳定大局。要精心组织中国共产党成立90周年的宣传教育,唱响共产党好、社会主义好、改革开放好、伟大祖国好、各族人民好的时代主旋律,坚定人们跟党走中国特色社会主义道路的信心;要认真做好宣传报道,推出一批重点理论文章、文艺作品和出版物,全景式地宣传党的光辉历程和宝贵经验,展示共产党人的先进事迹和崇高品格;要立足基层、着眼群众,广泛开展群众性宣传教育活动,把人们对党的深厚情感转化为做好本职工作的实际行动。

刘云山指出,宣传思想文化工作承担着宣传群众、动员群众、服务群众的重要任务,贯彻党的群众路线有着特殊重要的意义。要在指导思想上进一步树立群众观点、强化群众立场,牢记人民的利益高于一切,把服务群众作为基点和归宿,把群众满意作为检验工作的第一标准。要在工作内容上进一步反映群众愿望、满足群众需求,回答群众关切、解答思想疑惑,反映人民心声、通达社情民意,更好地为群众代言、为群众谋利,多提供普通群众喜欢的文化产品和文化服务,多为群众办实事好事。要在政策措施上进一步坚持重心下移、更好地惠及普通百姓,把更多的资源投向基层,把更多的项目放在基层,深入实施文化惠民工程,不断改善文化民生,让人民群众共享文化发展成果。要在思想作风上进一步增进群众感情、拉近同群众的距离,感恩群众、情系群众、敬畏群众,在深入基层、走进群众中净化心灵、改进作风,不断提高服务群众的能力和水平。

各省、自治区、直辖市和新疆生产建设兵团党委宣传部长,中央宣传文化系统各单位负责同志出席会议。中宣部常务副部长雒树刚主持了会议。

国防知识产权学术交流研讨会在北京召开

会议发布消息:自我国国防知识产权战略实施工作启动以来,国防专利申请量快速增长,近两年来的国防专利申请量超过了1985年开展国防专利工作以来至2005年这20年的总和。

国防知识产权战略实施工作启动以来,国防专利申请量快速增长,近两年来的国防专利申请量超过了2005年以前的20年的总和。同时,以信息化为特征的高技术领域国防专利比例不断增大。据统计,"十一五"末期物理与电学领域的国防专利申请量占申请总量的比例,相比于"十五"初期提高了17个百分点。

国防知识产权战略实施领导小组副组长、总装备部科技委副主任卢锡城介绍,自2009年国防知识产权战略实施工作启动以来,组织开展了19个专项任务的研究论证和11个国防知识产权工作试点,在国防知识产权权利归属、利益分配和价值评估等关键理论问题上取得较大突破,在武器装备全寿命过程中的知识产权管理方面积累了有益经验。

外交部部长杨洁篪在开罗同埃及外长阿拉比举行会谈

中国与海湾阿拉伯国家合作委员会第二轮战略对话在阿布扎比举行

会议由外交部部长杨洁篪和海合会部长理事会轮值主席国阿联酋外长阿卜杜拉·本·扎耶德·阿勒纳哈扬共同主持,科威特副首相兼外交大臣穆罕默德·萨巴赫、巴林外交大臣哈立德、海合会下任轮值主席国沙特阿拉伯外交国务大臣迈阿尼和海合会秘书长扎耶尼出席会议。

双方强调,愿根据2010年6月在北京签署的《中华人民共和国和海湾阿拉伯国家合作委员会战略对话谅解备忘录》以及2004年6月在北京签署的经济、投资和技术合作框架协议,进一步完善双方在各领域的磋商、协调与合作机制。

双方认为应尽快召开专家会议,为落实上述框架协议和谅解备忘录在贸易、投资、能源、文化、教育、科研、环境、卫生等领域的有关内容制订行动计划,确定具体时间表。双方同意继续加强磋商,尽早完成自由贸易区谈判。

双方一致认为,中东海湾地区战略地位重要,对世界和平与发展具有重要影响,维护该地区的和平与稳定符合地区国家和国际社会的共同利益。中方欢迎并支持海合会为解决也门当前危机所做的努力。

双方商定于2012年在中国举行中国—海合会第三轮战略对话。

吴静钰在韩国庆州举行的跆拳道世锦赛49公斤级比赛中夺得冠军

5月3日

国务院总理温家宝在中南海同首都各界青年代表举行座谈

20位应邀到中南海的青年代表,既有首都高校大学生,也有青年作家、社区医生、游泳运动员、新闻记者和科研人员,还有文艺工作者、公交司机、交通警察、小学教师、农民工、超市收银员等。

温家宝总理对青年成才提出5点希望:

——有理想。青年要树立为建设富强、民主、文明、和谐的社会主义现代化国家而奋斗的理想;树立为实现世界繁荣和进步而奋斗的理想。"守志如行路,有行十里者,有行百里者,有行终生者。行十里者众,行百里者寡,行终生者鲜。"青年要树立终生的远大理想,并努力为之奋斗。

——善学习。青年是一个人学习最好的时期,最少保守思想,最能接受新生事物,要刻苦学习。不仅学知识、学本领,而且要学做人。学习要持之以恒,尤其要打好基础。要善于求知求新,不断学习新知识,探索新事物。既要学会动脑,又要学会动手。

——讲道德。青年要懂得真善美,懂得自己肩负的社会责任。从年轻时起就培养讲诚信的良好品质,做一个有道德的人。

——要自立。青年要善于独立思考,从年轻时就培养独立思考的习惯和能力,学会判断事物的真伪。靠思考了解事情真相,作出正确判断;还要勇于创新,不墨守成规。

——勇奋斗。青年要树立为实现崇高理想勇于献身、不怕牺牲、坚忍不拔的奋斗精神。

温家宝最后说,国家和民族的希望在青年一代身上。如果一个民族没有奋发有为的青年,那就没有未来;如果一个民族没有诚实、正直、果断、善良和勇敢的品格,那么它将无法得到其他民族的尊重,也无法屹立于世界民族之林。青年的命运就是中华民族的命运,青年的未来就是国家的未来。他希望大家好学上进,百尺竿头,更进一步。

中央纪委书记贺国强在四川调研

5月3日至4日先后到四川绵阳、成都等地，就抗震救灾和灾后重建以及监督检查工作进行调研。

在北川抗震纪念广场，贺国强说，北川浴火重生的实践再次证明，只有在中国共产党的坚强领导下，发挥社会主义制度的巨大优越性，依靠全党全国各族人民的共同奋斗，才能创造出一个又一个人间奇迹。

在安县社会福利中心，贺国强说，地震发生后，在党中央、国务院、中央军委的坚强领导下，在全国人民的大力支援下，灾区广大人民群众不畏艰难、奋力抗灾、重建家园，取得了重大胜利。

在北川新县城工程建设指挥部办公点，贺国强深入了解抗震救灾和灾后重建监督检查工作情况。他说，汶川地震发生后，按照中央的要求和部署，有关方面认真组织开展了抗震救灾和灾后重建监督检查工作，确保了廉洁救灾、阳光重建。希望大家再接再厉，继续做好后续工作，并进一步总结经验、把握规律、建立健全长效机制，为今后加强对重大工程、活动的监督检查工作提供借鉴。

中共中央书记处书记、中央纪委副书记何勇陪同调研。

第十五届"中国青年五四奖章"评选揭晓

共青团中央、全国青联决定，授予马金永等25名同志第十五届"中国青年五四奖章"、中国海洋石油总公司渤海油田勘探开发研究院辽东湾勘探项目队等2个青年集体"中国青年五四奖章集体"。

荣获第十五届"中国青年五四奖章"称号的是：中国人民解放军63713部队光学测量二中队分队长马金永；江西绿环牧业有限公司总经理王冬新；四川省屏山县锦屏镇锦屏集翠村联合党总支书记王玉屏（女）；山东豪迈机械科技股份有限公司模具技术部电火花科研小组组长王钦峰；国家密码管理局高级工程师卢英威；新疆维吾尔自治区库尔勒市哈拉玉宫乡铁斯杆村四组农民亚克甫·赛买提（维吾尔族）；北京舞蹈学院青年舞团演员刘岩（女）；北京城市学院党委书记、校长刘林；吉林省公安消防总队长春市支队特勤大队一中队中队长助理孙军；贵州省紫云苗族布依族自治县水塘镇水塘小学教师孙正勇；中国人民武装警察部队新疆维吾尔自治区总队第二支队特勤中队中队长安宏伟；中国飞行试验研究院副院长、中航工业飞行产业发展公司总经理宋庆国；上海市公安局刑事侦查总队五支队副支队长张浩；山东省烟台市福山区福新街道坊上居委会主任助理兼团支部书记张广秀（女）；中国人民解放军96117部队某导弹发射营营长张建廷；天津市公安医院肾内科主任张勉之；四川省北川羌族自治县招商局局长张康奇（羌族）；中国北车集团唐山轨道客车有限责任公司铝合金厂工人张雪松（回族）；宁波维科精华集团人丰家纺有限公司制品分厂质检员杨晓霞（女）；上海航天技术研究院遥感六号卫星总设计师陈筠力；厦门航空有限公司飞行技术部副总经理、波音737机长周明明；广东省东莞市以纯集团华隆服装有限公司华隆制衣厂厂长罗雪琴（女）；内蒙古民族歌剧院院长助理、内蒙古民族歌剧院歌舞团艺术总监哈斯敖登（女，蒙古族）；武汉理工大学管理学院管理科学与工程专业2009级硕士研究生郎坤（女，满族）；哈尔滨工业大学智能控制与系统研究所所长高会军。

荣获"中国青年五四奖章集体"称号的是：中国海洋石油总公司渤海油田勘探开发研究院辽东湾勘探项目队；中国人民解放军77363部队。

国家统计局公布2010年城镇职工年均工资

公布的信息显示，2010年全国城镇非私营单位在岗职工年平均工资为37147元，与2009年相比，同比增长13.5%；全国城镇私营单位就业人员年平均工资为20759元，同比增长14.1%。私营单位就业人员年平均工资低于城镇非私营单位在岗职工平均工资，但增长速度高于非私营单位0.6个百分点。

2010年城镇非私营单位在岗职工年平均工资高于全国平均水平的有9个省（区、市），占全部城镇非私营单位在岗职工人数的31.2%；低于全国平均水平的有22个省（区、市），占全部城镇非私营单位在岗职工人数的68.8%。

5月4日

《人民日报》发表社论《用奋斗为民族赢得新光荣——庆祝"五四"青年节》

一切着眼未来的民族，都会把关注的目光投向青年，把青年看作推动历史发展的重要力量。在"五四"青年节到来之际，我们将节日的祝贺寄予全国各族各界青年，也把殷切的期待赠与亿万朝气蓬勃的中国青年。

作为现代中国的青春记忆，"五四"不仅承载着厚重的历史积淀，更蕴藏着发展变革的时代要求。把文化知识学习和思想品德修养紧密结合起来，把创新思维和社会实践紧密结合起来，把全面发展和个性发展紧密结合起来，今年"五四"前夕，胡锦涛总书记在清华百年校庆重要讲话中提出的三点希望，既是对广大青年的殷切期待，更从时代视野和国家未来的高度，指出了当代青年的发展方向。

"以青春之我，创建青春之家庭，青春之国家，青春之民族,青春之人类,青春之地球,青春之宇宙……”青年的奋斗,始终与国家民族的命运紧密相连。从救亡图存到矢志复兴,回首近代以来的中国历史,在中国共产党成立90周年、新中国60多年、改革开放30多年的历程中,一代又一代中国青年与民族共命运、与时代同步伐,在中国社会的伟大变革和发展进步中谱写了一曲曲感人肺腑的青春乐章。实践充分证明,青年始终是我国社会中最积极、最活跃、最有生气的力量;青年的奋斗只有与国家和民族的需要有机结合,才能创造永恒的青春、书写不朽的篇章。

从旧中国的风雨飘摇到新中国的举足轻重,在青年的奋斗与奉献中,社会主义中国以迅疾的脚步融入世界发展潮流,重返世界舞台中心。然而,历史的成就并不意味着一路坦途,相反,社会的发展始终与风险挑战相伴。处在关键时刻的中国,必须深化改革攻坚克难、抓住机遇乘势而上。对当代青年来说,不断从时代赋予的使命中寻找方向,在民族复兴的征程上贡献力量,这不仅是对个人能力的重大考验,也是成就事业、实现价值的必然选择。

一代人有一代人的使命。胡锦涛总书记的三点希望,正是着眼于新形势提出的新要求,是当代青年成长成才、建功立业的必由之路。德才兼备、以德为先,只有把文化知识学习和思想品德修养紧密结合起来,当代青年才能在思想观念多元、多样、多变的时代,牢牢把握人生的正确航向,把个人的人生追求同民族的前途命运联系起来,在平凡的劳动岗位上创造不平凡的业绩,从而在推动社会进步中实现人生价值。读万卷书、行万里路,只有把创新思维和社会实践紧密结合起来,当代青年才能在科技日新月异的时代,实现理想与现实的激情碰撞,在脚踏实地的探索中获得开拓创新的不竭动力,成为新知识的创造者、新技术的发明者、新学科的创建者。科学发展、以人为本,只有把全面发展和个性发展紧密结合起来,当代青年才能在人才竞争日益激烈的时代,在正确处理个人、集体、社会关系的基础上保持个性、彰显本色,成为可堪大用、能负重任的栋梁之材。

“青年者,国家之魂”。未来要靠青年去创造,历史要靠青年去书写。在改革发展的伟大时代,当代青年应该大有作为,也必将大有作为。让我们紧紧携起手来,志存高远,脚踏实地,以更加辉煌的业绩迎接建党90周年,共同为我们伟大祖国、伟大民族的美好明天奋斗、奋斗、再奋斗!

全国人大常委会老年人权益保障法执法检查组第一次全体会议在北京举行

中共中央政治局常委、全国人大常委会委员长吴邦国作出重要批示。

吴邦国指出,应对人口老龄化,是实施我国经济社会发展“十二五”规划纲要的重大课题,是人大代表和社会各界普遍关注的重要民生问题。老年人权益保障法执法检查,是今年人大监督工作的重点,要精心组织,讲求实效,把执法检查与法律的修改完善有机结合起来,与代表议案、建议的办理有机结合起来。通过监督检查,督促有关方面高度重视老龄工作,发展完善老年社会保障体系和老龄服务体系,加强老龄工作体制机制建设,进一步营造敬老、养老、助老的良好社会氛围,切实维护老年人合法权益。

中共中央政治局委员、全国人大常委会副委员长王兆国,全国人大常委会副委员长李建国、司马义·铁力瓦尔地出席会议。在听取有关部门介绍情况后,李建国作了讲话。他指出,当前,我国正处在全面建设小康社会的关键时期,既面临难得的发展机遇,也面对诸多重大挑战,人口老龄化就是我们面临的严峻挑战之一。依法做好老年人工作,是我们实现科学发展、加强社会管理与创新、构建社会主义和谐社会的一项重要任务。要充分认识这次执法检查的重要意义,通过监督检查,督促有关方面进一步重视老龄工作。

李建国强调,在执法检查过程中,要围绕城乡养老保险、老年医疗和贫困老年人救助情况,居家养老服务和机构养老工作开展情况,老龄工作体制机制建设及运行情况,老年人参与社会发展情况等四个重点问题,深入调查研究,了解真实情况,抓住那些带有普遍性的经过努力可以解决的突出问题,研究提出意见,督促有关方面着力加以解决,增强执法检查工作的实效性。

全国人大内务司法委员会主任委员黄镇东主持会议。全国老龄委、国家发改委、民政部、财政部、人力资源和社会保障部、住房和城乡建设部和最高人民法院分别汇报了本系统贯彻实施老年人权益保障法的情况,中组部、教育部、司法部、文化部、卫生部、国家人口计生委、体育总局、解放军总政治部、全国总工会、全国妇联等单位提交了书面汇报。

国务院总理温家宝主持召开国务院常务会议

会议研究部署进一步推进财政预算公开工作。

会议指出,财政预算公开是政府信息公开的重要内容和公共财政的本质要求,对于保障公民的知情权、参与权和监督权,加强法治政府建设,发展社会主义民主政治,具有重要意义。近年来,党中央、国务院高度重视,先后作出一系列决策部署,财政预算公开工作取得积极成效。一是中央财政预算公开步伐明显加快。2009年首次公开了经全国人大审查批准的中央财政收入、中央财政支出、中央本级支出、中央对地方税收返还和转移支付等4张预算表。2010年经全国人大审查批准的中央财政预算12张表格全部公开，内容涵盖公共财政预算、政府性基金预算和国有资本经营预算。二是中央部门预算公开工作取得突破性进展。2010年在报送全国人大审查部门预算的98个中央部门中，有75个公开了部门预算。三是地方财政预算公开工作稳步推进。2010年18个省(区、市)财政公开了本地区公共财政预算和政府性基金预算，2011年27个省(区、市)财政进行了公开。2011年，20个省(区、市)公开了省直部门的部门预算。

会议强调，应当清醒地看到，财政预算公开工作进展不平衡，公开还不够细化，与人民群众的期望仍存在一定差距。必须进一步推进财政预算公开，建立健全公开机制，扩大公开范围，细化公开内容，不断提高依法行政、依法理财水平。一要进一步细化公开中央财政总预算和总决算。2011年中央公共财政预算支出中部分重点支出和2010年度中央财政总决算要公开到"项"级科目。二要继续推进中央部门预算和决算公开。2011年报送全国人大审查部门预算的98个中央部门，都要公开经全国人大审查批准的部门预算。今年6月全国人大常委会审查批准中央决算草案后，98个中央部门要公开部门决算。中央部门要加大公开力度，增加部门预算和决算公开的内容。三要公开出国(境)费、车辆购置及运行费、公务接待费"三公"经费和行政经费支出情况。中央财政2010年度行政经费支出决算总额和"三公"经费决算总额，经全国人大常委会批准后公开。中央各部门要公开本部门2010年度"三公"经费决算数和2011年"三公"经费预算情况。四要公开中央对地方转移支付资金管理办法。公开内容包括转移支付管理制度、资金分配和管理办法等。五要大力推进地方财政预算、决算公开。地方政府及其有关部门要比照中央财政做法，公开经同级人大或其常委会审查批准的政府财政总预算和总决算，并做好部门预算、"三公"经费等公开工作。会议要求，对公开的财政预决算要作出通俗易懂的说明，并与预决算同时公开。

会议讨论并原则通过《中华人民共和国职业病防治法修正案(草案)》。草案从保护劳动者权益出发，完善了职业病诊断制度。会议决定，草案经进一步修改后由国务院提请全国人大常委会审议。

中央纪委 监察部会同中央抗震救灾资金物资监督检查领导小组在四川成都召开抗灾救灾和灾后重建监督检查工作总结会

中共中央政治局常委、中央纪委书记贺国强出席会议并讲话。

贺国强指出，汶川特大地震发生以来，在中央的坚强领导下，经过全党全国共同努力，抗震救灾和灾后重建工作取得举世瞩目的巨大成就，灾区城乡面貌发生了翻天覆地的巨大变化，经济社会发展和人民生活实现了新的历史性跨越，玉树和舟曲灾后重建工作也取得重大阶段性成果，再次彰显了我们党的坚强领导能力、社会主义制度的巨大优越性和中华民族的强大凝聚力。3年来，各地区各部门各单位认真贯彻落实中央要求和部署，扎实推进抗灾救灾和灾后重建监督检查工作，取得了明显成效，有力推动了中央有关决策部署贯彻落实，防范了腐败现象发生，促进了抗灾救灾和灾后重建工作顺利进行，维护了党和政府良好形象。从监督检查情况看，抗灾救灾和灾后重建资金物资管理使用情况总体上是好的，基本做到了款物专用、账目清楚、公开透明，没有发现重大违纪违法问题，实现了廉洁救灾和阳光重建。

贺国强强调，我们要按照胡锦涛总书记等中央领导同志的重要指示精神，认真总结经验、把握工作规律、健全长效机制，进一步加强对中央重大决策部署执行情况的监督检查，为推动科学发展、促进社会和谐提供有力保证。一是要增强政治敏锐性和工作责任感，紧紧围绕党和国家的中心任务和工作大局，抓住事关我国经济社会发展的重大决策、事关改革发展稳定全局的重要工作、中央高度重视和国内外广泛关注的重大活动、关系广大人民群众切身利益的重大问题等，迅速启动、及时开展监督检查，维护中央政令畅通，确保各项决策部署真正落到实处。二是要坚持以人为本、执政为民，切实把实现好维护好发展好最广大人民根本利益作为监督检查工作的出发点和落脚点，进一步探索在监督检查工作中贯彻以人为本、执政为民的新思路、新途径和新办法，不断以监督检查工作的实际成效造福于民。三是要加强组织领导、健全工作机制，充分发挥各有关地区和部门的积极性，切实形成监督检查工作的整体合力。四是要坚持科学运作、精心实施，紧紧抓住不同阶段的中心任务、抓住发现和整改问题这个关键环节、抓住严格执行纪律这个重要手段、抓住改进方式方法这项重要措施开展监督检查，切实增强工作的针对性和实效性。五是要加强制度建设、健全长效机制，及时总结推广监督检查工作中创造的好做法好经验并用制度固定下来，针对监督检查中发现的薄弱环节和突出问题积极推动有关方面完善相关政策措施，督促各地区各部门各单位把监督检查与业务工作紧密结合起来，不断巩固和扩大监督检查工作成果。六是要坚持信息公开透明、回应社会关切，加大信息公开力度，拓宽群众参与渠道，为监督检查工作营造良好社会环境。

中共中央书记处书记、中央纪委副书记、中央抗震救灾资金物资监督检查领导小组组长何勇主持会议。

会上，中央抗震救灾资金物资监督检查领导小组，四川、陕西、甘肃、青海4个受灾省以及对口援建省（市）代表广东省汇报了抗灾救灾和灾后重建监督检查工作情况。

最高人民检察院 国家赔偿工作办公室发出《关于2010年度全国职工日平均工资标准的通知》

通知指出，根据国家统计局2011年5月3日公布数据，2010年全国城镇非私营单位在岗职工年平均工资为37147元，日平均工资为142.33元。2011年全国检察机关在办理刑事赔偿案件时，执行新的日赔偿标准，该标准比2010年增加了16.9元，为142.33元。最高法同日也公布了同样标准，并要求各级法院在审理国家赔偿案件时按此标准执行。

纪念五四运动92周年暨中国青年五四奖章和全国优秀团员团干部团组织表彰座谈会在北京举行

中共中央政治局委员、全国人大常委会副委员长王兆国出席并讲话。

王兆国首先代表党中央向全国广大团员、团干部和各族青年致以节日的问候。他指出，伟大的五四爱国运动开辟了中国历史的新纪元。党领导中国青年运动开启了波澜壮阔的历史进程。一部中国青年运动史，就是中国青年在党的领导下奋勇前进的历史，就是中国青年在革命、建设和改革事业中建功立业的历史，就是中国青年与广大人民群众紧密结合团结奋斗的历史，就是一批又一批青年马克思主义者茁壮成长的历史。

王兆国要求，在新的历史条件下，广大青年要牢牢围绕当代中国青年运动的核心，自觉坚持中国共产党的领导，在思想上坚定信念，在行动上高度自觉，努力做党的科学理论的实践者、党的大政方针的拥护者、党的决策部署的执行者。要牢牢把握当代中国青年运动的主题，坚定不移走中国特色社会主义道路，踊跃投身“十二五”规划实施，充分发挥中国特色社会主义建设的生力军和突击队作用。要牢牢把握当代中国青年运动的方向，始终与祖国命运相结合，与广大人民群众相结合，主动融入人民群众之中，深入基层一线，在劳动中创造财富，在奋斗中成就人生。要牢牢把握当代中国青年运动的基础，努力培养一大批具备高度的理论自觉、鲜明的实践品格、深厚的群众根基、奋进的创新精神的青年马克思主义者。

王兆国强调，各级党委和政府要热情关心青年，正确引导青年，真心帮助青年，千方百计为青年成长成才、干事创业创造条件。

第十五届中国青年五四奖章获得者和全国优秀团员、团干部、团组织代表等参加座谈会。

国办就设立国家互联网信息办公室发出通知

据新华社报道：经国务院同意，国务院办公厅日前就设立国家互联网信息办公室发出通知。

通知说，国家互联网信息办公室的主要职责包括，落实互联网信息传播方针政策和推动互联网信息传播法制建设，指导、协调、督促有关部门加强互联网信息内容管理，负责网络新闻业务及其他相关业务的审批和日常监管，指导有关部门做好网络游戏、网络视听、网络出版等网络文化领域业务布局规划，协调有关部门做好网络文化阵地建设的规划和实施工作，负责重点新闻网站的规划建设，组织、协调网上宣传工作，依法查处违法违规网站，指导有关部门督促电信运营企业、接入服务企业、域名注册管理和服务机构等做好域名注册、互联网地址（IP地址）分配、网站登记备案、接入等互联网基础管理工作，在职责范围内指导各地互联网有关部门开展工作。国家互联网信息办公室不另设新的机构，在国务院新闻办公室加挂国家互联网信息办公室牌子。

国务院新闻办公室主任王晨任国家互联网信息办公室主任，国务院新闻办公室副主任钱小芊任国家互联网信息办公室副主任，工业和信息化部副部长奚国华、公安部副部长张新枫任国家互联网信息办公室兼职副主任。

外交部发言人姜瑜就美国国际宗教自由委员会年度报告涉华内容答记者问

有记者问：近日美国国际宗教自由委员会发表2011年度“国际宗教自由报告”，涉华部分再次攻击中国。中方对此有何评论？

姜瑜说，中国政府依法保障公民的宗教信仰自由。中国人民依法享有充分的宗教信仰自由。我们奉劝美方所谓“国际宗教自由委员会”摒弃偏见，尊重事实，停止借发表报告等方式干涉中国内政。

国家副主席习近平在人民大会堂会见以会长高村正彦为团长的日本日中友好议员联盟代表团

外交部部长杨洁篪在贝尔格莱德与塞尔维亚总统塔迪奇举行会谈

全国大学生校园文艺会演《五月的鲜花——永远跟党走》在北京举行

中共中央政治局常委李长春与首都高校学生代表

一起观看了演出。

由中宣部、教育部、共青团中央主办的这场演出，以五四青年节为契机，弘扬“五四精神”，歌颂中国共产党的光辉历程，讴歌中国共产党在各个历史时期领导人民所取得的伟大成就。

中共中央政治局委员、书记处书记、中宣部部长刘云山，中共中央政治局委员、国务委员刘延东，全国政协副主席、中国社会科学院院长陈奎元一同观看演出。

深圳第二十六届世界大学生夏季运动会火炬点燃暨火炬传递活动启动仪式在北京举行

5月5日

国务院总理温家宝在人民大会堂与奥地利总理维尔纳·法伊曼举行会谈

温家宝表示，中方愿与奥方共同努力，实现贸易平衡、多元化和可持续发展，争取5年内将双边贸易额翻一番；欢迎奥地利扩大对中国尤其是中西部地区投资，中国政府鼓励企业到奥地利发展，并同奥方合作参与中东欧经济建设；支持中奥在节能环保、可再生能源、现代制造业、高科技领域深化合作。

温家宝指出，中奥文化交流成果丰硕，形成了政府主导与民间自发、政府资助与商业运作并行发展的良好局面。中方愿与奥方扩大文化贸易、广播电视、出版、教育等领域的交流合作，共同办好庆祝中奥建交40周年系列活动，为增进两国人民的相互了解和友谊注入新的活力。

法伊曼表示，两国建交40年来，各领域合作不断深化。进一步密切同中国的关系对奥方十分重要。希望两国保持高层互访和各级别交往，扩大贸易和投资规模，尤其加强在节能环保、可再生能源、高科技领域的合作，扩大文化、教育交流，共同办好两国建交40周年庆祝活动。相信在双方共同努力下，奥中关系将会迈上新的台阶。

全国政协主席贾庆林在四川调研

5月5日至8日，贾庆林先后来到南充、遂宁、成都等地，深入农业生态园区、工厂企业、乡镇社区，就学习贯彻全国两会精神、促进经济社会又好又快发展进行调研。调研期间，贾庆林听取了四川省委省政府的工作汇报，充分肯定四川省灾后恢复重建和经济社会发展取得的成就，希望四川努力实现发展新跨越和社会和谐稳定，继续走在西部地区科学发展前列。

在大百合农业科技园、沱牌集团有限公司、大雁微电子有限公司、西部现代物流港，贾庆林指出，推动绿色发展，是加快转变经济发展方式、促进经济社会全面协调可持续发展的必然要求，也是抢占世界科技经济制高点、增强我国综合竞争力的战略举措。要大力发展生态农业，推广现代农业科学技术，生产无公害农产品，加快植树造林步伐，努力培育一支掌握现代农业知识的新型农民队伍；大力发展绿色制造业，切实增强自主创新能力，在大力发展新兴产业的同时改造提升传统产业，积极发展循环经济；大力发展现代服务业，建立社会化、专业化、信息化的现代物流服务体系，推动旅游业特色化发展和旅游产品多样化发展，着力建设西部物流中心、商贸中心、金融中心；大力推广绿色生活方式和消费模式，引导人们从自身做起、从点滴做起、从现在做起，努力形成节约资源、减少污染、保护环境的社会风气。

在江堰市幸福镇民丰社区，贾庆林强调，要把社会管理和公共服务摆到更加重要的位置，加快健全覆盖城乡居民的社会保障体系，不断加大保障性住房建设力度，确保食品安全，切实解决人民群众最关心最直接最现实的利益问题。要高质量、高标准全面完成灾后恢复重建任务，维护好管理好运营好各类重建设施，加快灾区产业发展，抓好灾区产业园区建设，落实就业困难人员扶持援助政策，实施集中连片扶贫开发工程，全力推进灾区发展振兴。

国务院副总理李克强在福建考察

5月5日至7日，李克强先后来到南平市、平潭综合实验区、福州市等地，访农家，上茶山，进工厂，到社区，与基层干部群众深入交流，着重就深化改革开放、加快转变经济发展方式进行考察调研。

在沿途考察中，李克强指出，改革开放是促进经济社会发展的必由之路。随着世情国情变化，我们需要在总结过去成功经验的基础上，进一步积极探索，不断完善体制机制，创新发展理念和模式。要围绕破解不平衡、不协调、不可持续的问题，全面推进各项改革，努力在重点领域和关键环节取得突破性进展，不断提升开放型经济水平，促进经济长期平稳较快发展与社会和谐进步。

考察期间，李克强充分肯定福建近年来各方面取得的成绩，希望福建广大干部群众继续开拓进取，勇于创新，推进海西经济区建设，在加快转变经济发展方式中走在前列。

第二期发展中的女性领导者高级研究班在北京开班

研究班由中组部、全国妇联、国家行政学院共同举办。全国人大常委会副委员长、全国妇联主席陈至立出席开班式并讲话。

陈至立指出，党始终重视培养选拔女干部，重视女干部能力建设，发挥女干部作用。特别是党的十七大以来，培养选拔女干部工作走上制度化轨道，促进女干部成长的政策措施日益完善，一批批优秀女干部走上领导岗位。

陈至立强调，妇女参政议政是现代社会文明进步的重要标志，是国家人才开发战略的重要组成部分。要继续采取积极有效措施，加大对女干部培训的力度，推动更多高素质女性人才脱颖而出，在更高层次、更广泛领域参与国家和社会事务的管理，力争使妇女参政水平有一个新的提高。她充分肯定了第一期研究班所取得的成效，并希望第二期学员要深入学习，深入思考，深入交流，学以致用，进一步增强责任意识、忧患意识、发展意识，坚定走中国特色社会主义道路的信念，努力提高政治智慧、领导艺术和执政能力，增强服务人民群众的本领。

国务院批复《成渝经济区区域规划》

这是我国推动科学发展、加快转变经济发展方式的重要战略部署，也是深入实施西部大开发、促进区域协调发展的又一重大举措。规划提出，到2015年，把成渝经济区建成西部地区重要的经济中心；到2020年，成为我国综合实力最强的区域之一。

商务部发出《全国药品流通行业发展规划纲要(2011—2015年)》

规划纲要提出，到2015年要形成1—3家年销售额过千亿的全国性大型医药商业集团，20家年销售额过百亿的区域性药品流通企业；药品批发百强企业年销售额占药品批发总额85%以上，药品零售连锁百强企业年销售额占药品零售企业销售总额60%以上；连锁药店占全部零售门店的比重提高到2/3以上。

规划纲要提出，今后将提高行业准入标准，将是否符合行业规划作为行业准入的重要依据，严格控制药品经营企业数量。加强日常监管和考核，建立退出制度，对违法违规和不遵守各项管理制度的企业要限期整改，严重的取消经营资格。

规划纲要表示，要提高行业集中度。鼓励药品流通企业通过收购、合并、托管、参股和控股等多种方式做强做大，实现规模化、集约化和国际化经营。整合现有药品流通资源，引导一般中小药品流通企业通过市场化途径并入大型药品流通企业。

国资委公开2011年部门预算

2011年其预算收支均为39.44亿元，较2010年的34.34亿元略有增加。

依据《财政部关于批复国务院国有资产监督管理委员会2011年部门预算的通知》，2011年国资委一般预算收入394450.22万元(含财政拨款180153.25万元)，一般预算支出394450.22万元(含财政拨款支出180153.25万元)。

在2011年财政拨款支出中，包括基本支出108171.67万元，项目支出71981.58万元。其中额度最大的一笔支出是“资源勘探电力信息等事务—国有资产监管”支出，预算为75838.56万元，用于国资委机关及直属直管单位经费支出。

商务部发布对美部分进口汽车产品反倾销和反补贴调查的终裁决定的公告

公告最终认定原产于美国的排气量在2.5升以上的小轿车和越野车存在倾销和补贴，中国国内产业受到了实质损害，并且倾销和补贴与损害之间存在因果关系。终裁决定暂不采取反倾销措施和反补贴措施。

国家副主席习近平在钓鱼台国宾馆会见日本前首相鸠山由纪夫

外交部部长杨洁篪在伯尔尼与瑞士外交部部长卡尔米—雷伊举行会谈

中国出版协会第六次会员代表大会在北京举行

来自全国420多名各类出版发行单位、民营书业企业，各省、自治区、直辖市版协以及全国性教育、出版科研、出版材料供应单位的会员出席了大会。大会还通过了中国版协第五届理事会工作报告、章程修改稿及财务报告的决议，并进行了换届选举。

自本届开始，中国出版工作者协会更名为中国出版协会。

5月6日

国家主席胡锦涛在人民大会堂会见奥地利总理维尔纳·法伊曼

胡锦涛表示，中奥两国没有根本利害冲突，双方都倡导多边主义、维护世界文明多样性，都有推进各领域合作的积极愿望。希望双方以两国建交40周年为契机，继续本着平等友好、互利合作、共同发展的精神，继往开来，携手努力，进一步扩大各领域的交流与合作，加强在国际和地区事务中的沟通与协调，共同开创中奥友好合作关系的美好未来。

法伊曼说，奥方愿意同中方一道，进一步扩大两国在经贸、可再生能源、环保、科技、文化、教育等领域务实合作，加强双方在国际和地区事务中的对话与磋商，推动两国关系取得新的进展。

全国政协主席贾庆林在成都会见中国国民党荣誉主席吴伯雄

贾庆林强调，今年是两岸关系承前启后之年。保持两岸关系的持续稳定发展，关键在于巩固和增强反对“台独”、坚持“九二共识”的共同政治基础。两岸同胞一定要携起手来，共同反对“台独”分裂活动，共同维护两岸关系的良好局面，并为下一步两岸关系发展创造更好的条件。

贾庆林表示，在稳定两岸关系的基础上，两岸双方还要尽量多办一些两岸同胞关心的事情。两岸双方推动交流合作、协商谈判，都要着眼于真正给老百姓带来实实在在的好处。为此，我们要积极落实两岸经济合作框架协议，推进有关后续协商并取得实质进展。要完成大陆居民赴台个人游试点的协商，使更广大的基层民众直接受益。要抓紧就建立核电安全信息通报机制、开展技术交流合作等开始商谈，并尽快达成一致，以维护两岸同胞的健康福祉。

吴伯雄表示，近几年，两岸关系和平发展局面得来不易，值得珍惜。两岸关系发展方向正确，不能倒退。期望本届两岸经贸文化论坛能够取得新的成果，凝聚两岸各界共识，共同努力，推动两岸关系持续稳定发展。

中共中央政治局常委李长春在山西调研

5月6日至10日，李长春先后来到运城、临汾、晋中、太原等地，深入企业、农村、高校和宣传文化单位，就加快转变经济发展方式、深化文化体制改革、推动文化大发展大繁荣等进行调研，听取山西省委省政府工作汇报，对山西经济社会发展取得的成绩给予充分肯定。

调研期间，李长春主持召开座谈会，听取基层干部群众、专家学者、文化工作者对加强文化建设、推进文化改革发展的意见和建议。他强调，深化文化体制改革、推动文化大发展大繁荣，对于满足人民群众日益增长的精神文化需求，对于建设社会主义核心价值体系、巩固全党全国各族人民团结奋斗的共同思想基础，对于推动经济社会又好又快发展，对于全面建设小康社会、推进中国特色社会主义伟大事业，对于提高国家文化软实力、增强我国国际竞争力，对于传承中华文明、弘扬中华优秀传统文化，具有十分重要的意义。他希望山西充分发挥丰厚的文化资源优势，紧紧围绕“三加快”、“一加强”的重点任务，加快文化改革发展步伐，繁荣文化事业和文化产业，为实现由文化大省向文化强省的跨越打下坚实基础。

全国县乡两级人大换届选举工作学习班在北京举行

全国人大常委会办公厅会同中共中央组织部、中共中央宣传部5月6日至7日举办学习班，对换届工作作出部署，这标志着全国县乡两级人大换届选举工作全面启动。中共中央政治局委员、全国人大常委会副委员长王兆国，中共中央政治局委员、中央书记处书记、中央组织部部长李源潮出席学习班开班式并讲话。全国人大常委会副委员长兼秘书长李建国主持开班式并讲话。

这次县乡两级人大换届选举，是2010年3月选举法修改后首次实行城乡按相同人口比例选举人大代表，更好地体现人人平等、地区平等、民族平等。这是我国政治生活的一件大事。据有关部门统计，这次换届选举将产生县乡两级人大代表200多万人，涉及县级政权2000多个、乡级政权3万多个。参加这次县级人大代表选举的选民将达9亿多人，参加乡级人大代表选举的选民将达6亿多人。数亿选民通过县乡两级人大换届选举，行使选举权和被选举权，这是保证人民当家做主、推进社会主义民主政治建设的重要实践。

这次县乡两级人大换届选举工作的指导思想是：全面贯彻党的十七大和十七届三中、四中、五中全会精神，以邓小平理论和“三个代表”重要思想为指导，深入贯彻落实科学发展观，坚持党的领导、人民当家做主、依法治国有机统一，坚持和完善人民代表大会制度，扩大社会主义民主，全面落实依法治国基本方略，加快建设社会主义法治国家，进一步巩固国家基层政权、推动科学发展、促进社会和谐。

各省、自治区、直辖市人大常委会和党委组织、宣传部门负责人，中央主要新闻单位负责人等参加了学习。

中国首个县级国家综合改革试点——浙江义乌国际贸易综合改革试点全面启动

外交部部长杨洁篪在莫斯科与俄罗斯总统梅德韦杰夫举行会谈

中蒙在乌兰巴托签署双边货币互换协议

中国人民银行与蒙古银行(央行)关于人民币与图格里克双边货币互换协议签字仪式在蒙古国首都乌兰巴托举行。该协议互换金额为50亿元人民币，有效期为3年，经双方同意可以展期。

汶川地震灾后恢复重建主题展览在中国人民革命军事博物馆开幕

广州亚运会和亚残运会总结表彰大会在广州举行

中共中央政治局委员、国务委员刘延东出席并讲话,中共中央政治局委员、广东省省委书记汪洋主持大会,全国人大常委会副委员长桑国卫,全国政协副主席罗富和等出席大会。

人力资源和社会保障部部长尹蔚民首先宣读了《人力资源和社会保障部、国家体育总局、解放军总政治部、中国残疾人联合会、中共广东省委、广东省人民政府关于表彰广州亚运会亚残运会先进集体和先进个人的决定》,广东省省长黄华华宣读了《中共广东省委、广东省人民政府关于表彰广州亚运会亚残运会先进集体和先进个人的决定》。随后,会议向受表彰的先进集体和先进个人代表颁奖。

刘延东在会上发表了讲话。

表彰大会上,先进集体和先进个人代表国家乒乓球队领队黄飙、广州市公安局治安管理支队支队长金卫、中国电信股份有限公司广州分公司客户工程师李森、中国残疾人体育代表团盲人足球队运动员王亚锋4位同志先后发言。

北京、吉林、黑龙江、福建、江西、山东、湖南、广东、广西、海南省(区、市)负责同志,中央和国家机关有关部门负责同志,解放军有关单位和武警部队负责同志,共青团中央、中国残联负责同志,广州亚运会、亚残运会先进集体代表和先进个人,以及各方面代表等约3000人参加大会。

5月7日

第七届两岸经贸文化论坛在成都开幕

中共中央政治局常委、全国政协主席贾庆林和中国国民党荣誉主席吴伯雄出席开幕式并致辞。

中国国民党荣誉主席连战发来贺电,祝贺论坛召开。他表示,两岸经济合作框架协议的签署,开启了两岸经济合作、文化交流新局面。期盼与会代表继续通力合作,为增进两岸经济交流与合作、发扬中华文化而奉献心力。

第七届两岸经贸文化论坛由中共中央台湾工作办公室海峡两岸关系研究中心与中国国民党国政研究基金会共同主办。与会人士将围绕“深化两岸合作、共创双赢前景”这一主题,就大陆“十二五”规划与台湾“黄金十年”蓝图、两岸经济合作框架协议实施与促进两岸经济发展、两岸文教合作与青年交流等三项议题进行研讨。

论坛开幕式由中共中央台湾工作办公室主任王毅和中国国民党副主席林丰正共同主持。国务院侨务办公室主任李海峰,海峡两岸关系协会会长陈云林,四川省省长蒋巨峰,中国国民党副主席蒋孝严,新党主席郁慕明,亲民党秘书长秦金生,无党团结联盟主席林炳坤,以及两岸工商、实业、文化、教育界代表人士,有关专家学者、青年代表近450人出席开幕式。

全国政协主席贾庆林在第七届两岸经贸文化论坛开幕式上的致辞

尊敬的吴伯雄荣誉主席,各位嘉宾,各位朋友,女士们,先生们:

大家上午好!

蓉城五月,花香四溢,处处生机盎然。在这美好的时节,来自海峡两岸的有识之士,相聚在人文荟萃、物产丰饶的“天府之国”,隆重举办第七届两岸经贸文化论坛,共谋两岸合作双赢的良策。在此,我谨代表中共中央和胡锦涛总书记,对本届论坛的举办表示热烈的祝贺,向与会嘉宾致以诚挚的问候!

2006年以来,由中国共产党和中国国民党两党领导人倡议举办的两岸经贸文化论坛,走过了不平凡的历程,已成为两党和两岸各界人士真诚交流对话的重要平台。在前六届论坛上,国共两党和两岸各界人士紧紧围绕推动两岸关系和平发展这一主题,激荡思想火花,共商发展大计,对深化两岸交流合作、推进两岸关系发展发挥了重要的先导作用。本届论坛以“深化两岸合作、共创双赢前景”为主题,集中研讨大陆“十二五”规划与台湾“黄金十年”蓝图、两岸经济合作框架协议实施与促进两岸经济发展、两岸文教合作与青年交流等三项议题,具有重要的现实意义。希望与会的两岸各界有识之士围绕本届论坛的主题和议题,深入交流,积极建言,务实献策,为推动两岸关系和平发展作出新的贡献。

各位嘉宾、各位朋友!

去年7月第六届两岸经贸文化论坛举办以来,两岸关系发展又取得了一系列重要成果。两岸双方在反对“台独”、坚持“九二共识”的共同政治基础上增强互信,保持良性互动,维护了两岸交流合作、协商谈判的必要环境。两岸经济合作框架协议正式生效和早期收获计划的实施,给两岸同胞带来了实实在在的利益。两岸各界大交流正在形成新局面,各界人士尤其是基层民众更广泛地参与到交流合作中来,增进了相互了解和彼此感情。总的看,两岸关系和平发展越来越得到两岸同胞的认同和支持,越来越成为两岸民意的主流。形势的发展也进一步说明,两岸关系和平发展是正确的选择,是不可阻挡的趋势。我们应当坚持两岸关系的正确方向,稳定和平发展的大局,继续推进两岸协商谈判,全面开展两岸交流合作,确保两岸关系发展成果惠及更多的基层民众。我们要不断夯实两岸关系和平发展的政治、经济、文化和民意基础,不断增强促进两岸关系和平发展的内在动力,不断拓宽两岸关系和平发展的前进道路。

当前,两岸经济合作正处在新的起点上,进入可以大有作为的关键时期。大陆今年开始实施国民经济和社会发展第十二个五年规划,以科学发展为主题,以加快转变经济发展方式为主线,旨在促进经济长期平稳较快发展和社会和谐稳定,为全面建成小康社会打下具有决定性意义的基础。台湾经济也面临转型升级的新课题。两岸经济向更高水平发展,必将为两岸经济合作创造更多机遇、拓展更大空间。两岸实施经济合作框架协议,必将推动经济关系正常化和机制化进程,为深化两岸经济合作提供有力的制度保障。从更宽广的视野看,全球范围的产业结构、生产方式与国际分工正面临大调整、大变革,围绕市场、资源、人才、技术、标准等方面的竞争更加激烈。这既为两岸经济发展带来了更多挑战,也提供了难得契机。

大陆的"十二五"规划纲要首次把发展两岸关系专门列为一章,这是近几年两岸关系不断改善和发展的必然结果,也充分体现了我们进一步为两岸同胞谋福祉的真诚愿望。这一章节把建立健全两岸经济合作机制作为总体框架,指明了今后几年深化两岸经济合作的发展方向、重点领域和主要内容。我们注意到,台湾方面提出了"开创黄金十年"的政策蓝图,深化两岸经济合作也是其中的重要一环。两岸的经济发展规划都把加强彼此合作列为重要内容,这是前所未有的。我相信,只要两岸同胞紧抓机遇,凝聚共识,积极行动,就一定能开创两岸共同发展、共同繁荣的美好前景。为此,我愿提出四点建议。

第一,以落实两岸经济合作框架协议为主线,推动两岸经济合作机制化进程。今年以来,两岸货物贸易和服务贸易早期收获计划全面实施并初见成效,两岸经济合作委员会开始运作,框架协议规定的后续商谈也已全面启动。今后,我们要继续实施好早期收获计划,让两岸民众进一步共享其利。积极推进各项后续协商,不断健全两岸经济合作机制。尽快达成两岸投资保障协议,为促进双向投资提供更好、更便利的条件。抓紧启动争端解决协议商谈并及早取得成果,更好地维护两岸企业的合法权益。总之,要以落实框架协议为主线,着眼于为两岸经济合作提供稳定的制度保障,最大限度地实现两岸资源优化配置,促进两岸经济共同繁荣发展。

第二,以推动经济发展方式转变为牵引,提升两岸经济合作水平。"十二五"期间,大陆将加快转变经济发展方式,大力推动经济结构战略性调整,积极促进科技进步和创新,这将为两岸经济合作开创新领域,带来新机遇,提供新利基,注入新动力。与此同时,台湾经济为实现调整产业结构、强化创新能力、照顾弱势群体等目标,也需要进一步加强两岸经济关系。两岸都高度重视并紧紧抓住这些重大调整所蕴含的商机,深化合作,统筹布局,就能够提升两岸经济合作水平,优化两岸产业结构,增强各自的科技创新与转化能力,提高两岸经济的核心竞争力,更好地应对日趋激烈的国际竞争。

第三,以增进两岸人民福祉为根本,提高两岸经济合作惠及普通民众的实际效果。古人云:虑于民也深,则谋其始也精。推动两岸经济合作,根本目的是为了增进两岸同胞的民生福祉。我们迄今实施的各项政策和措施,都是面向所有台湾同胞尤其是基层民众的。当前,推动两岸经济合作的成果惠及更广大的普通民众,是一项十分紧要的任务。两岸双方都应为此采取切实措施,身体力行。两岸应积极促成大陆居民赴台个人游试点,争取在今年6月底之前办成这件好事。两岸还应高度重视并不断加强中小企业合作,进一步在融资、税收、科技成果转化等方面提供更多支持,鼓励和协助他们加快转型升级、拓展更大市场,获得更好发展,充分发挥其增加就业、提高收入、改善民生的重要作用。最近,台湾方面提出开展两岸核电安全合作,大陆愿予积极支持。希望双方尽快就此开始商谈,抓紧达成协议,以维护两岸同胞的健康福祉。总之,我们将在推动两岸关系和平发展中继续贯彻以人为本的精神,继续为最广大的台湾同胞办实事、办好事。

第四,以确保两岸关系和平发展大局为重点,维护两岸经济合作必要的良好环境。两岸发展经济,推进经济合作,落实经济合作框架协议,和平稳定的环境至关重要。2008年5月以来,两岸交流合作、协商谈判之所以能够不断取得突破性进展,关键在于台湾局势发生重大的积极变化,两岸关系发展出现难得的历史机遇,两岸双方在反对"台独"、坚持"九二共识"的共同政治基础上建立了互信,形成了良性互动的局面。事实证明,有了反对"台独"、坚持"九二共识"这一两岸关系和平发展的共同政治基础,两岸双方就能够搁置争议,求同存异,营造出有利于交流合作、协商谈判的良好环境。两岸同胞都应自觉珍惜两岸关系和平发展的机遇,巩固两岸关系和平发展的政治基础,维护两岸关系和平发展的大局。

需要强调的是,两岸关系和平发展,不但要厚植共同的经济利益,而且要加强中华文化的精神纽带,增强休戚与共的中华民族认同。前些日子,吴伯雄主席有段话讲得好。他说,两岸之间有两座大桥,第一座是经济合作,第二座是文化交流,经济合作是手携手的工作,文化交流是心连心的工作,两者缺一不可。在两岸经济合作已经取得丰硕成果的今天,两岸文化教育交流也应当获得进一步的繁荣,使经济合作、文教交流协调发展、相得益彰。我们要不失时机地深化两岸文教交流,形成全方位、多层次、机制化的合作格局,进一步密切两岸民众感情,使"两岸同胞一家人"的观念深入人心。只有这样,两岸关系发展的基础才能更加牢固,动力才能更加持久。青年人朝气蓬勃,充满活力,应当走在两岸交流合作的前列,相互学习,相互借鉴,共同推进中华文化的继承与创新,不断增强对中华民族的认同,成为推动两岸关系和平发展的有生力量。

各位嘉宾、各位朋友!

今年是辛亥革命100周年,海内外中华儿女正在以各种方式隆重纪念这一历史性大事。辛亥革命结束了统治中国几千年的君主专制制度,打开了中国进步的闸门,谱写了古老中国发奋图强的崭新篇章,树立起中国人民改变自身命运的历史丰碑。孙中山先生毕生致力于实现民族振兴、国家统一的崇高精神,至今仍激励着海内外中华儿女为之奋斗。今天,中华民族正呈现出前所未有的勃勃生机,展现出光明灿烂的发展前景。我衷心希望,两岸同胞抓住难得的历史机遇,携手并进,不断开创两岸关系和平发展新局面,共同为实现中华民族的伟大复兴而不懈奋斗!

最后,祝第七届两岸经贸文化论坛圆满成功!

谢谢大家。

中央纪委书记贺国强在湖南考察

5月7日至11日,中共中央政治局常委、中央纪委书记贺国强先后到湖南省株洲、衡阳、岳阳、湘潭、长沙等地进行调研。他强调,要大力弘扬革命传统,牢牢把握主题主线,紧紧抓住长株潭"两型社会"综合配套改革试验区建设这个龙头带动,切实推动湖南经济社会又好又快发展。

考察期间,贺国强听取了湖南省委、省政府和省纪委的工作汇报,对湖南近年来的工作给予充分肯定。他希望湖南各级党委、政府和广大干部群众认真贯彻落实中央要求,进一步解放思想、开拓创新,团结奋进、顽强拼搏,在全面建设小康社会的新征程上谱写湖南科学发展、富民强省的新篇章。

中央文明办在四川绵阳召开"抗震救灾英雄少年"座谈会

与会"美德少年"代表发出倡议,号召全国未成年人自觉以抗震救灾英雄少年为学习榜样,以灾区恢复重建的巨大成就为生动教材,加深对社会主义制度优越性的认识,加深对中国共产党的情感,加深对民族精神和时代精神的理解,生动形象地感悟社会主义核心价值体系,树立理想信念、争做有道德的人,成长为中国特色社会主义的合格建设者和可靠接班人。2008年荣获中央文明办、教育部、共青团中央、全国妇联联合表彰的"抗震救灾英雄少年、优秀少年",甘肃舟曲、青海玉树优秀少年和部分省(区、市)美德少年代表参加会议。

我国跃居为世界第一造船大国

国务院新闻办举行的2011年中国航海日活动新闻发布会上,交通运输部副部长徐祖远透露,我国港口货物吞吐量和集装箱吞吐量已经连续7年位居世界第一,水产品的总产量已经近20年位居世界首位。从2010年起,我国不仅是航运大国、海洋大国,更跃居为世界第一造船大国。

杨家根在The North Face 100北京国际户外耐力跑挑战赛中获得冠军

中国地质大学学生杨家根以8小时31分08秒的成绩获得100公里男子组冠军,打破了日本选手镝木毅对这一荣誉的垄断。

5月8日

第七届两岸经贸文化论坛在成都闭幕

中共中央政治局常委、全国政协主席贾庆林和中国国民党荣誉主席吴伯雄出席闭幕式并讲话。

贾庆林指出,今年是两岸关系发展承前启后的关键一年。我们要努力保持两岸关系和平发展的正确方向,关键是两岸双方应继续在反对"台独"、坚持"九二共识"的共同政治基础上,增进互信,保持良性互动,营造有利于两岸关系和平发展的良好环境。我们要切实维护两岸关系改善和发展的成果,两岸同胞在过去三年里创造了交流合作的丰硕成果,增进了自身的福祉,这些成果来之不易,弥足珍贵。我们要稳步推进两岸关系,继续按照"先易后难、先经后政"的思路,循序渐进地做好各项工作;同时要争取两岸协商谈判的新成果,用事实说明两岸关系在发展,而且还有广阔发展潜能和空间。我们要力争使两岸关系和平发展的成果惠及最广大的两岸民众尤其是基层民众,不断巩固两岸关系和平发展的民意基础,不断增强两岸关系和平发展的强劲动力。

吴伯雄在讲话中表示,两岸应充分利用"十二五"规划与"黄金十年"的相关规划,优势互补,加强合作,实现共同利益最大化的双赢结果。加强核能发电的安全性以及遇上极端天灾时的应变能力，也是未来两岸可以加强合作的方向。两岸要携手合作，落实经济合作框架协议，深化产业优势互补，提升竞争力，开拓全球商机，共创双赢。

吴伯雄表示，两岸所共有的文化资产是悠久而辉煌的中华文化，加上两岸语言相通，更有利于两岸文化产业的互动、合作与发展。要建构实质交流平台，增进两岸青少年的互动与交流，巩固两岸和平发展的基础。炎黄子孙，血肉相连。孙中山先生倡导的振兴中华，是我们共同的语言。我们要加强合作，扩大交流，巩固互信，良性互动，搁置争议，求同存异，小心呵护两岸关系和平发展得来不易的局面，确保正确的发展方向。

闭幕式由中共中央台湾工作办公室主任王毅和中国国民党副主席蒋孝严共同主持。王毅代表主办单位作了本届论坛小结。蒋孝严宣读了“第七届两岸经贸文化论坛共同建议”。

中共中央政治局常委习近平在贵州调研

5月8日至11日，习近平来到黔西南布依族苗族自治州、黔南布依族苗族自治州和贵阳市，围绕推动经济社会又好又快发展以及加强和改进党的建设，深入农村、企业、社区、高等学校和科研机构进行调研。

调研期间，习近平详细了解各地贯彻落实十七届四中全会精神、加强和改进党的建设情况。他要求基层党组织和广大党员坚持把创先争优活动同基层党建工作创新紧密结合起来，努力争科学发展之先、创社会和谐之优。调研结束时，习近平主持召开贵州党政干部座谈会并讲话。他强调，贵州各级党组织要以纪念建党90周年为契机，充分利用红色资源对党员干部进行党的优良传统教育和理想信念教育，引导大家结合新的实际弘扬当年红军的伟大精神，开拓进取、真抓实干，为推动科学发展而不懈奋斗。

中国最大的无人直升机——V750在山东潍坊首飞成功

李德生逝世

中国共产党第十届中央政治局常委、中央委员会副主席，原中共中央顾问委员会常务委员，中央军委原委员，总政治部原主任，北京军区原司令员，沈阳军区原司令员，国防大学原政治委员李德生同志，因病于5月8日15时20分在北京逝世，享年96岁。

李德生1930年2月参加革命工作，1931年2月加入中国共产主义青年团，1932年2月转为中国共产党党员，1955年被授予少将军衔，1988年被授予上将军衔。

5月9日

国务院总理温家宝在四川地震灾区考察灾后恢复重建工作并主持召开座谈会

5月7日至9日，温家宝到四川地震灾区考察灾后恢复重建工作。9日在都江堰市主持召开汶川地震灾后恢复重建座谈会，发表重要讲话。

国务院总理温家宝在汶川地震灾后恢复重建座谈会上的讲话

“5·12”汶川特大地震，已经过去三年了。我心里一直惦记着灾区，牵挂着灾区的群众。三年来，我10次到四川灾区，也到了陕西、甘肃灾区。记得地震当天我赶到灾区时，所到之处都是残垣断壁、满目疮痍，充满惊恐、悲痛的气氛。地震后第12天，我第二次来到灾区，在映秀同联合国秘书长一起接受中外记者的联合采访，那个时候我就说：“过三年再来，一个新的汶川会拔地而起。”三年来，在党中央、国务院的坚强领导和全国人民的大力支持下，灾区各级党委、政府带领人民艰苦奋斗，广大建设者顽强拼搏，恢复重建工作进展顺利，灾区面貌发生了翻天覆地的变化，用大家的话来讲，是脱胎换骨的巨变。看到这些，我感到十分欣慰。灾区的恢复重建，群众十分满意，社会各界评价很高，国际社会也给予广泛赞誉。对四川、陕西、甘肃灾区恢复重建工作，中央是充分肯定的。下面，我讲几点意见。

一、汶川地震灾后恢复重建取得重大成就

汶川地震灾后不久，我们又受到百年罕见的国际金融危机的严重冲击，在十分困难的条件下，党中央、国务院下决心加大对灾后恢复重建的支持，加快恢复重建步伐，共投入恢复重建资金10205亿元，其中，中央财政安排灾后恢复重建基金3026亿元。目前，四川、陕西、甘肃三省灾区所有纳入国家重建规划的项目已全部开工建设，完工项目占规划项目的95%，完成投资占规划总投资的95%。可以说，灾后恢复重建的主要任务已经完成，灾区经济社会发展水平和群众基本生产生活条件明显超过了灾前水平，实现了一个大的跨越。《汶川地震灾后恢复重建总体规划》提出的“家家有房住、户户有就业、人人有保障、设施有提高、经济有发展、生态有改善”的重建目标基本实现，灾后恢复重建取得了决定性胜利。

一是城乡居民住房条件显著改善。我们坚持把住房重建作为恢复重建的重中之重。震后一年，震损住房修复加固全面完成；震后一年半，农村住房重建全部完成；震后两年，城镇住房重建基本完成。现在，灾区群众住房问题都得到了妥善解决。三省灾区一共维修加固农村住房292万户、城镇住房146万套;重建农村住房191万户、城镇住房近29万套。从这几天考察的情况看,城乡居民居住条件比震前显著改善,住房布局更加合理,功能更加完备,配套服务更加齐全,既安全,又美观,还经济实用,不少农民家里建起了上下水设施,用上了自来水,连生活方式都发生了根本性变化,老百姓发自内心高兴。

二是公共服务设施水平大幅度提升。不仅损毁的学校、医院得到全面恢复重建,还建成了一大批社会福利院、敬老院、社区服务中心、村民活动中心等公共服务设施。学校、医院等的抗震设防标准由7度提高到8度,建筑物更加坚固安全,设施装备也明显改善。不少学校,比如北川中学,不仅有宽敞明亮的教室、干净整洁的宿舍,还新建了实验室、图书馆、运动场,都达到相当水平。灾区的公共服务能力显著增强,基本公共服务均等化实现水平跃居西部地区前列。

三是基础设施保障能力明显提高。交通、通信、能源、水利等基础设施功能全面恢复,一大批关系灾区长远发展的重大基础设施项目相继建成。生态逐步修复,环境治理力度加大,防灾减灾能力增强。重点重建城镇面貌焕然一新,村庄布局、村落规划结束了散乱无序状况。我们看到的城镇、乡村的居住点,不仅房子漂亮,有些建起了健身设施、文化设施。

四是产业发展实现再生性跨越。我们坚持把产业恢复重建与转变经济发展方式、调整产业结构、优化产业布局结合起来,灾区经济浴火重生。震损企业全部恢复生产,东汽产能和销售收入再创历史新高。产业调整优化迈出重大步伐,淘汰了一批落后产能,建设了一批特色产业园区,形成了一批产业集群。农业生产设施和农业服务体系全面恢复,建成了一批特色农产品生产基地。灾区经济发展的基础明显夯实,可持续发展能力得到提高,主要经济指标超过震前水平,呈现良好的发展势头。

五是精神家园得到了同步重建。地震不仅对灾区人民生命财产带来重大损失,而且给人们造成了巨大的心理创伤。在恢复重建过程中,我们实施心理康复工程,高度重视人文关怀。现在看来,灾区干部群众已经逐渐走出了灾难的阴影,重新拾起生活信心,表现出不屈不挠、自强不息的坚强毅力和乐观向上、奋发进取的精神风貌。人们精神上的这种变化,更为宝贵,意义更为重大。

一位哲人说过,超越自然的奇迹,总是在对厄运的征服中出现的。灾后恢复重建在这么短的时间内,达到现在这样的水平,可以说是创造了一个奇迹。有评论说,灾区最漂亮的是住房,最坚固的是学校,最现代的是医院,最满意的是群众。我看这个评价是符合实际的。

灾后恢复重建的巨大成就,是各方面共同努力的结果。在此,我代表党中央、国务院,向灾区广大干部群众,向支援恢复重建的建设者,向关心支持恢复重建的全国各条战线的干部群众、各界人士、港澳台同胞、海外华侨华人以及国际社会和国际友人,表示衷心的感谢!

汶川地震灾后恢复重建的巨大成就,充分体现了社会主义制度的优越性,集中展现了“一方有难、八方支援”的优良传统,再次彰显了中华民族的凝聚力和向心力,必将进一步激发全国人民的自信心和自豪感,把改革开放和现代化建设事业继续推向前进。

二、认真总结灾后恢复重建的宝贵经验

汶川特大地震是新中国成立以来遭受的破坏性最强、波及范围最广、灾害损失最大的一次地震灾害。在这么短的时间完成恢复重建任务,是我们战胜自然灾害的又一伟大壮举。恢复重建中有很多创新和探索,值得认真总结。

第一,坚持以人为本,把城乡居民住房、学校、医院重建放到优先位置。灾后我们以最快的速度,对居民住房建设进行安排。对住房毁损无房可住的受灾群众,中央财政按照城镇居民每户2.5万元、农村居民每户1万元的标准给予补助,地方财政也拿出资金进行补助,再加上多方支持,在较短的时间内使灾区群众住上了放心房,解决了灾区群众基本生活问题,稳定了人心,保持了灾区的社会稳定。地震中,学校、医院损失很重。我们认真吸取教训,提出要把学校、医院等公共服务设施建成最安全、最牢固、群众最放心的建筑,全面提高学校、医院等公共服务设施的抗震设防标准。建筑设防标准的提高,不仅使学校更安全、家长更放心,而且为今后应对灾害提供了重要避难场所,在这方面多花一些钱,是值得的。这两年,我们还推广汶川地震恢复重建的做法,在全国范围实施了校舍安全工程。

第二,坚持规划先行,科学指导灾后恢复重建。灾后恢复重建是一项关系灾区长远发展和灾区群众切身利益的庞大系统工程,必须以科学规划为指导。震后11天,我们就启动了规划的编制工作。我们集中各方智慧,通过深入调研、科学民主决策,历时3个多月,完成了恢复重建总体规划和城乡住房建设、基础设施建设等10个专项规划。规划充分考虑了生态环境承载能力,注重处理恢复与提升、当前与长远的关系。这些规划涵盖了重建工作的各个方面,成为指导恢复重建的纲领性文件,保障了恢复重建工作有力有序有效推进。汶川特大地震也让我们更加懂得尊重自然,敬畏自然,按自然规律办事。在规划制定和实施中,我们始终坚持恢复重建与防灾减灾相结合。灾区居住点、公

共设施以及重要基础设施的建设，坚持科学选址，避开断裂带，避开地质灾害隐患点，避开泄洪通道，工程建设坚持高标准严要求，要能经得起历史的检验。去年8月四川遭受特大山洪泥石流灾害，绝大多数地震灾区经受住了考验。

第三，坚持统筹兼顾，将恢复重建与促进经济社会发展紧密结合。灾区的恢复重建，不是简单地恢复，而是要有提高。既考虑灾区原有的发展基础、资源禀赋，又充分利用重建提供的发展机遇，高起点、高标准建设，高度重视产业升级、节能环保，努力促进灾区经济社会全面协调可持续发展。这次恢复重建使灾区的基础设施、人居条件都有较大改善。过去灾区很多城市没有污水处理设施，市政设施很不健全，在重建中全面加强了供水、污水处理、能源供应等公用设施建设。在灾区恢复重建中，还结合本地资源优势和特色，加快灾区经济结构调整、产业升级和布局优化，为灾区长远发展奠定了基础。

第四，坚持举全国之力，调动社会各方面力量支援灾区重建。对于汶川地震这样的特大灾害，恢复重建仅靠灾区的力量是远远不够的。震后，我们及时提出举全国之力，支持灾区恢复重建，迅速出台了一系列政策措施。紧急调整当年预算，中央财政建立地震灾后恢复重建基金，同时还从财政支出、税收优惠、减免政府性基金和行政事业性收费、金融支持(增加再贷款额度)、产业扶持、土地和矿产资源、就业援助和社会保险、粮食政策等很多方面对恢复重建进行支持。恢复重建中，我们实施了对口支援，“一省帮一重灾县”，19个援建省市3年共投入825亿元。我们积极引导社会各界支持灾后恢复重建，累计接受社会捐赠资金和物资797亿元(包括抗震救灾)，接受特殊党费93亿元，香港、澳门特区政府分别支持恢复重建100亿港元和55亿澳元。实践证明，举全国之力应对巨灾，是灾后恢复重建取得成功的重要保障。

第五，坚持依靠群众，充分发挥灾区群众在恢复重建中的主体作用。灾后恢复重建，始终坚持一切相信群众，一切依靠群众，充分发挥灾区广大干部群众的积极性、主动性、创造性。规划设计、重建选址、工程施工等各个环节，都坚持广泛听取群众意见，尊重群众意愿，把群众满意不满意作为重要标准。三年来，灾区群众面对艰巨的重建任务和重重困难，不等不靠，自力更生，互帮互助，共建家园。群众是灾区恢复重建最重要的力量，群众的支持和拥护是恢复重建顺利推进最基本的保障。

第六，坚持依法重建，注重灾害应急管理和灾后重建的制度建设。在恢复重建过程中，始终坚持按照法律法规和制度办事，做到政策公开，规划公开，规范操作，透明运行。我们制定了《汶川地震灾后恢复重建条例》，这是我国首个地震灾后恢复重建专门条例，颁布了《自然灾害救助条例》，修订了《中华人民共和国防震减灾法》，还制定和完善了一大批救灾和灾后重建工作规范与管理办法。比如，我们制定严格的工程质量标准，自始至终加强工程质量监管。我们制定抗震救灾和恢复重建资金物资管理办法，加强审计、监察工作。我们及时向社会公布资金物资使用、工程进展等情况，使恢复重建全面接受群众监督。恢复重建4万多个项目，上万亿元的投资，没有发现重大违法违纪行为，实现了廉洁重建。工作中形成的统一高效的组织领导体系、科学系统的规划体系、全面细致的政策扶持体系和全方位的监管体系，不仅保障了汶川地震应急抢险和恢复重建的顺利推进，而且对玉树、舟曲救灾和恢复重建提供了有益经验，对完善我国防灾减灾体系发挥了重要作用。

三、全面完成重建任务，加快提升灾区可持续发展能力

灾后恢复重建三年目标任务已经基本完成，但要实现发展振兴，还有很长的路要走。要再接再厉，奋发图强，巩固灾后重建成果，不仅要让群众住上好房子，还要过上好日子，不断提升自我发展能力，努力开创地震灾区发展振兴的新局面。重点抓好以下几个方面：

一要巩固和发展恢复重建成果。全面完成恢复重建规划的各项任务，巩固和发展恢复重建的成果，还有大量艰苦细致的工作要做。对于少数还没有完成的重建任务，要督促落实责任，细化工作措施，倒排工程进度，确保如期全面完成。要坚持质量第一、“好”字当头，进度服从质量。要落实重建工作监管，抓紧开展规划总体评估，强化审计、监察和社会监督，确保资金使用规范有序。对对口援建项目，尤其要做好扫尾、移交、协调和衔接服务工作，切实把建成的项目运营好、维护好、管理好，使恢复重建的成果长期有效地服务人民。

二要加快提升灾区内生发展动力。这几年，灾区经济恢复主要得益于重建投资拉动、政策扶持和对口支援帮扶，发展基础不稳固，特别是产业支撑能力还比较弱。“十二五”规划和西部大开发新十年规划，为灾区发展提供了新的机遇，要加快转变经济发展方式，面向未来、着眼长远，科学谋划灾区产业振兴。灾区一些地方在装备制造、电子信息、生物医药、生态农牧业、旅游文化产业等方面具有良好的发展基础，要充分发挥自身优势，培育壮大特色优势产业，推进产业结构升级，促进灾区经济再上新的台阶。这几年，灾区的旅游业发展势头很好，要突出自然、民族、文化特色，做好旅游业这篇大文章。要利用好对口援建的合作机制，加强与相关地区的经济合作，把承接产业转移与发展壮

大特色优势产业结合起来,促进灾区经济加快发展。

三要着力解决灾区群众现实困难和长远生计。要大力促进就业。就业是民生之本。随着灾后恢复重建任务的完成,项目建设直接提供的就业岗位明显减少,加上就业需求增加,灾区就业压力进一步增大。要把促进就业作为灾区发展振兴的优先目标,作为促进灾区群众收入稳定增长的重大措施,千方百计解决好就业问题。灾区有20万群众失去耕地和宅基地,要搞好耕地调剂和土地整理复垦,妥善解决好土地问题,保证他们长期有地种、衣食足、有收入。要加大扶贫帮困力度。灾区因灾致贫、返贫多,"三孤"、伤残人员比例大,农户建房负债较重,困难群众面宽量大。要继续抓好特殊困难群体帮扶工作,切实解决灾区群众建房还贷、上学、就医、再生育中遇到的困难,加大社会救助力度,广泛开展助学助残活动,继续做好心理抚慰和再生育服务工作。要加大扶贫开发投入,加强职业技能培训,提高贫困人口素质,增强贫困人口和贫困地区自我发展能力。要加快发展社会事业,加强社会管理。全面推进灾区教育、医疗卫生、文化、社会保障等各项社会事业发展,促进基本公共服务均等化。特别是要大力发展灾区中等职业教育,实施特殊教育发展工程,支持康复机构和设施建设,加快发展社会福利事业。要适应灾区新情况、新变化,全面创新社会管理和服务,特别要加强基层工作,切实解决好群众关心的问题。灾区新建了大批道路、交通、学校、医院、文化场馆、市政、社区服务等一流的公共设施,要加强管理和维护,有效发挥这些设施的功能和作用。要强化软件方面的配套建设,培养和引进专业技术和管理人才,建立和完善运营管护长效机制,全面提升管理和服务能力。

四要深入推进防灾减灾能力建设。我国是世界上自然灾害最为严重的国家之一,灾害种类多、分布地域广、发生频次高。汶川地震灾区处在青藏高原向四川盆地过渡地带,是地震等多种灾害多发地区。地震以后,地质环境稳定性进一步恶化,滑坡、泥石流等灾害隐患进一步增多。去年舟曲发生的特大山洪泥石流灾害,在一定程度上与汶川地震有关。地震使灾区山体松动,遇到暴雨,很容易造成山体下泄。因此,在今后相当长时间内,防灾减灾的任务将更加繁重。要全面加强灾害预警体系建设,强化各级政府防灾减灾职责,完善应急机制,提高全社会对自然灾害的综合防范和抵御能力。重点抓好三件事。一是地质灾害的防治。加强对山洪、泥石流、滑坡和不稳定斜坡体等灾害风险区和隐患点的综合治理。特别是要抓好去年出现险情的清平、映秀、龙池等特大泥石流沟的应急治理。每一个有危险的岩体,每一个可能发生滑坡、泥石流的地方,都要有监测、有应对措施,防止因滑坡、泥石流造成人员伤亡事故。二是加快生态修复和保护。地震灾区森林、植被、水体、土壤等生态系统受到重创,要认真落实生态环境综合治理规划,推进重点生态工程建设,加大林草植被保护与恢复力度,推进水土流失综合治理,促进人与自然和谐相处,提高防御自然灾害的能力。三是加快中小河流治理和小型水库除险加固。受地震影响,灾区中小河流治理、水库除险加固的任务更加繁重和迫切,要按照中央的部署,认真抓好落实。

五要自强奋进建设美好新家园。在灾后重建中,灾区各级干部群众,发扬自力更生、艰苦创业精神,展现了感恩奋进、坚忍不拔的良好风貌。在今后的发展中,要继续大力弘扬伟大的抗震救灾精神,发扬中华民族自强不息的优良传统,用勤劳的双手建设美好新家园。中央有关部门要继续大力支持汶川地震灾区发展振兴,协调和帮助灾区解决实际困难,在财政、税收、金融、投资、土地、产业、扶贫开发等政策上给予支持,为灾区发展创造良好环境。要积极推动对口支援向对口合作转变,由"输血"帮扶向"造血"提升转变,由"硬件"援建为主向技术智力等"软件"支持为主转变。

我相信,经历了灾难的洗礼,灾区的干部群众会更加坚强,有了恢复重建的基础,灾区的未来一定会更加美好。让我们紧密团结在以胡锦涛同志为总书记的党中央周围,再接再厉,开拓进取,努力建设一个幸福和谐的新家园。

中共中央政治局委员刘云山在吉林调研

刘云山先后到长春、四平等地,深入城乡基层和宣传文化单位调研,同宣传文化干部进行座谈,对吉林经济社会发展和文化建设给予充分肯定。他指出,文化发展应当是城乡共同推进、协调发展的过程,文化繁荣应当是全面进步、普遍提高的过程。文化建设的根基在基层,基层文化得不到加强,就谈不上文化的整体进步,更谈不上文化的大发展大繁荣。这些年,中央出台一系列政策措施,推进基层文化建设取得明显成效。但文化建设的薄弱环节仍在基层,必须把基层文化建设摆在更加突出的位置,把服务最广大人民群众作为工作的基点和归宿。

刘云山强调,推动文化全面协调可持续发展,要加强统筹规划,把更多的资源投向基层,把更多的项目放在基层,深入推进公共文化服务体系建设和重点文化惠民工程,切实解决城乡之间、区域之间发展不平衡问题,更好地体现公益性、基本性、均等性、便利性。要创新基层文化发展模式,拓展基层文化服务渠道,把政府扶持和市场机制结合起来,积极引导社会资金以多种方式投入基层文化建设、兴办公益性文化事业,鼓励开展丰富多彩的民间文化、群众文化活动。要树立以人民为中心、以普通大众为对象的创作导向,降低文化消费门槛,多生产群众买得起、用得上的文化产品,多提供群众喜闻乐见的文化服务,努力满足人民群众日益增长的精神文化需求。要建立强有力的帮扶机制,动员党政机关、企事业单位和群众团体开展城乡共建、区域共建,开展多种形式的文化扶贫、对口支援,不断开创城乡基层文化建设新局面。

中共中央政治局委员刘延东在人民大会堂会见以庄成鑫为团长的香港中华出入口商会访京团全体成员

刘延东指出,香港回归祖国13年来,中央政府坚定不移贯彻"一国两制"方针和基本法,全力支持行政长官和特区政府依法施政,香港保持了繁荣稳定的局面。实践表明,"一国两制"、"港人治港"、高度自治的方针完全正确,香港同胞完全有能力管理好、建设好、发展好香港。

刘延东希望香港中华出入口商会高举爱国爱港旗帜,广泛团结进出口界人士,不断加强自身建设,积极促进香港经济发展和社会和谐,为"一国两制"事业和香港的长期繁荣稳定作出应有的贡献。

公安部发出通知要求各级公安机关依法履行职责严厉打击食品非法添加犯罪行为

通知指出,各地公安机关要充分发挥职能作用,积极会同有关行政主管部门,重点对农村、城乡接合部、县域接合部等重点区域,企业外租的厂房、车间、仓库以及城镇临时建筑、出租民房等重点部位组织开展经常性排查,及时发现、彻底清剿违法制造存储非法添加物的"黑窝点",坚决捣毁地下销售渠道;对涉嫌犯罪的,要迅速行动,依法立案侦查,重大案件由公安部挂牌督办;要加强部门、警种合作,形成整体作战合力,并加强与检、法机关沟通协调;要注重分析研判,系统梳理食品监管工作中存在的漏洞和薄弱环节,创新工作方法,增强打击实效,推动完善监管打击长效机制。

针对当前社会关切的"瘦肉精"事件,通知特别强调,要认真贯彻《国务院食品安全委员会办公室关于印发〈"瘦肉精"专项整治方案〉的通知》要求,组织开展针对性强的打击行动,将查清"瘦肉精"生产源头、查清销售网络、将犯罪分子全部缉拿归案作为侦办"瘦肉精"案件的硬性标准。

第三轮中美战略与经济对话在华盛顿举行

5月9日至10日第三轮中美战略与经济对话举行。国家主席胡锦涛特别代表、国务院副总理王岐山,国务委员戴秉国,美国总统奥巴马特别代表、美国国务卿克林顿,财政部长盖特纳共同主持对话。双方就落实胡锦涛主席今年1月访美期间两国元首达成的重要共识,大力推动中美相互尊重、互利共赢的合作伙伴关系向前发展进行了深入沟通交流,加深了了解,扩大了共识,增进了信任,推进了合作,取得了丰硕成果。

本次经济对话的主要任务是落实胡锦涛主席访美期间两国元首达成的重要共识,推进建设全面互利的经济伙伴关系。双方就两国经济合作中的战略性、长期性、全局性问题进行了深入讨论,达成多项互利共赢的成果。王岐山副总理和盖特纳财长共同签署了《中美关于促进经济强劲、可持续、平衡增长和经济合作的全面框架》,明确两国将开展更大规模、更加紧密、更为广泛的经济合作。

5月10日

中共中央总书记胡锦涛在钓鱼台国宾馆会见中国国民党荣誉主席吴伯雄

胡锦涛指出,3年来,两岸关系取得一系列突破性进展,总体面貌发生历史性变化。两岸协商持续进行,为两岸交往作出一系列制度化安排。两岸实现全面直接双向"三通",给两岸同胞往来创造了前所未有的有利条件。两岸达成经济合作框架协议,推进两岸经济合作机制化、制度化进程。两岸社会各界交流广泛展开,加强了两岸同胞尤其是基层民众的交往。经过双方共同努力,两岸同胞在经济合作中增加了共同利益,在文化交流中增强了精神纽带,在直接往来中增进了彼此感情。

胡锦涛就推动两岸关系发展提出4点意见。

第一,要继续把握两岸关系和平发展大局。为此,国共两党、两岸双方要坚持体现一个中国原则的"九二共识",继续坚决反对"台独"分裂活动。巩固了这一共同政治基础,双方就可以继续营造两岸交流合作、协商谈判的必要环境,就可以携手开辟两岸关系发展新局面。

第二,要继续维护国共两党、两岸双方的良性互动。3年来,国共两党、两岸双方交往的一条重要经验,就是要在共同政治基础上建立互信,进而求同存异,展开良性互动。双方应该在两岸关系上更多发出积极正面信息,及时妥善处理可能发生的问题。

第三,要继续稳步推进两岸交流合作。积极对待两岸经济合作框架协议各项后续商谈,及早达成并签署投资保障协议。要大力推进两岸文化教育交流,重视和加强两岸青少年交流,增强中华文化的认同和中华民族的认同。对台湾方面提出开展两岸核电安全交流合作,我们充分理解,希望双方尽快通过商谈达成相关协议。

第四，要继续保障台湾基层民众共享两岸交流合作成果。这些年来，我们一直设身处地考虑台湾同胞实际需求，解决好与他们切身利益相关的具体问题。两岸同胞共同推动两岸关系发展，也应该共享两岸关系发展成果。

吴伯雄表示，坚持“九二共识”、反对“台独”是两岸关系和平发展的重要基础，需要双方共同巩固。两岸同胞同属中华民族、炎黄子孙，经贸合作是两岸手携手，文化交流是两岸心连心。3年来两岸交流持续扩大，协商积极进行，两岸关系和平发展已走在历史正确的道路上，不应该受到阻碍，更不能倒退。我们要珍惜已有的成就，克服存在的困难，继续奋勇前行。

中共中央书记处书记、中央办公厅主任令计划，中央书记处书记、中央政策研究室主任王沪宁，中共中央台办主任王毅，海协会会长陈云林，中国国民党副主席林丰正、蒋孝严等参加会见。

中共中央总书记胡锦涛给北京大学第十二届研究生支教团成员的回信

北京大学第十二届研究生支教团的同学们：

很高兴收到你们的来信。首先，我向你们，并通过你们，向北京大学研究生支教团的全体同学，表示诚挚的问候！

从同学们的信中得知，你们志愿到西部地区参加为期一年的支教扶贫工作，不怕艰苦，竭诚奉献，为推动西部地区教育事业发展发挥了积极作用。经过支教扶贫实践，你们丰富了阅历、磨炼了意志、增长了才干。我为你们的进步感到由衷的欣慰。

这些年来，北京大学组织一批又一批在读研究生深入西部地区基层一线开展支教扶贫活动。这是促进青年学生向实践学习、向人民群众学习的一个有效形式。希望北京大学坚持把支教扶贫的接力棒一届一届传下去，让更多的青年学生在实践中得到锻炼提高，努力成长为堪当国家建设重任的栋梁之材。

衷心祝愿同学们都拥有一个精彩的人生！

中共中央政治局常委习近平在贵阳主持召开深入贯彻落实十七届四中全会精神座谈会并发表讲话

今年4月中旬以来，中央有关部门组成6个调研组到12个省区市，就贯彻落实四中全会精神情况进行调研。在这次座谈会上，山西、江苏、重庆、贵州、云南、陕西等六个省市党委有关负责同志交流汇报了前一段贯彻落实四中全会精神情况和下一步工作考虑。

习近平指出，十七届四中全会以来，各级党委高度重视全会精神的贯彻落实，紧密结合推动科学发展、促进社会和谐的实践谋划和部署党建工作，力度大、措施实，取得重要阶段性成效。各级党委强化了“抓好党建是本职，不抓党建是失职，抓不好党建是不称职”的意识，在坚持党要管党、从严治党，全面落实党建工作责任制上有新进步；建立健全了抓党的建设的长效机制，在提高党的建设科学化水平上有新进步；围绕贯彻落实四中全会提出的各项任务，对加强党的思想、组织、作风、制度建设和反腐倡廉建设提出了一系列重要举措，在推动党的建设创新上有新进步。

习近平强调，四中全会精神对党的建设具有长远指导意义，需要长期、持续不断地抓落实。各级党委要认真总结和运用前一段贯彻落实中的成功经验，坚持实事求是态度，发扬深入扎实作风，深入研究党的建设中存在的突出问题，提出科学决策，进一步把四中全会确定的各项党建工作任务落到实处，切实取得更大成效，不断提高党的建设科学化水平。

习近平指出，抓好四中全会精神的贯彻落实，要体现到做好当前的党建工作上。各级党委要增强政治责任感，切实加强领导班子和干部队伍建设，坚持德才兼备、以德为先用人标准，注意选拔经过实践锻炼和重大考验的优秀干部，注意选拔埋头苦干、不事张扬的优秀干部，真正把政治坚定、实绩突出、作风过硬、群众信任的干部选拔进领导班子，树立正确用人导向。各级领导干部要讲党性、重品行、作表率，始终做到为民、务实、清廉，尽职尽责地做好本职工作。

习近平强调，创先争优活动是加强基层党组织建设一项经常性工作。今年是中国共产党成立90周年。各级党组织要结合“七一”评选表彰活动，组织广大党员学习党的历史，学习先进典型的事迹和经验，进一步弘扬党的优良传统和作风，坚定理想信念，增强党的观念和忧患意识、大局意识、责任意识，在推动科学发展、促进社会和谐的实践中，在坚持和发展中国特色社会主义的实践中充分展现当代中国共产党人的先进性。

庆祝新疆维吾尔自治区政协成立60周年大会在乌鲁木齐举行

政协全国委员会发来贺电，对政协新疆维吾尔自治区委员会成立60周年表示热烈祝贺。中共中央政治局委员、全国政协副主席、全国政协代表团团长王刚出席大会并讲话。

王刚指出，60年来，新疆人民政协与自治区一道成长，与全疆各族人民一道前行，创造了辉煌的业绩，谱写了光辉的篇章。新疆各级政协组织和广大政协委员，始终高举爱国主义和社会主义旗帜，牢牢把握团结和民主两大主题，认真履行政治协商、民主监督、参政议政职能，为维护祖国统一、反对民族分裂、增进民族团结，为新疆的经济发展、民生改善、社会稳定作出了不可磨灭的重要贡献。

王刚强调，新疆各级政协组织和广大政协委员要深入贯彻落实中央新疆工作座谈会精神，牢牢把握重大历史机遇，紧紧围绕党和政府中心工作，服从服务于新疆改革发展稳定大局，坚持把走中国特色社会主义政治发展道路作为根本保证，始终保持人民政协工作的正确方向；把促进科学发展作为履行职能的第一要务，积极推动新疆经济社会又好又快发展；把促进社会和谐作为履行职能的政治责任，着力维护新疆社会稳定；把促进民族团结作为履行职能的重大使命，不断巩固和发展平等团结互助和谐的社会主义民族关系，努力开创人民政协事业新局面，为加快建设繁荣富裕和谐稳定的社会主义新疆创造新业绩、建立新功勋。

庆祝大会上，全国政协副主席阿不来提·阿不都热西提宣读了政协全国委员会的贺电。各省区市政协分别发来贺电。

新疆维吾尔自治区党委书记张春贤在庆祝大会上讲话，代表自治区党委向自治区政协成立60周年表示祝贺，并希望全区各级政协组织和广大政协委员坚定信心、抓住机遇，履行职责、发挥优势，广泛团结全疆各族人民为推进新疆跨越式发展和长治久安作出更大贡献。自治区政协各界别的委员代表分别发言。

新疆维吾尔自治区党政军生产建设兵团和各有关方面、对口援疆省市政协有关负责人以及社会各族各界1600余人参加庆祝大会。

庆祝大会由新疆维吾尔自治区政协主席艾斯海提·克里木拜主持。

陈辽敏被授予“全国模范法官”等荣誉称号

最高人民法院与浙江省委在杭州联合召开命名表彰大会，授予陈辽敏“全国模范法官”、“人民的好法官”荣誉称号。最高人民法院党组书记、院长王胜俊，中共浙江省委书记、省人大常委会主任赵洪祝出席大会向陈辽敏颁发证书和奖章并讲话。

陈辽敏现任浙江省杭州市西湖区人民法院立案庭庭长，近4年来共办结各类民商事案件4000余件，涉案标的额7亿多元，所办案件无一超审限、无一引发缠诉上访。

国务院在长沙召开全国现代农作物种业工作会议

会议全面部署加快推进现代农作物种业发展各项工作。

中共中央政治局常委、国务院总理温家宝就我国种业发展作出重要批示。中共中央政治局委员、国务院副总理回良玉出席会议并讲话。

回良玉强调，发展现代农作物种业是一项艰巨复杂的系统工程，要加强统筹协调、突出重点任务、把握关键环节。一要着力提升科技创新能力，支持科研教学单位的科研成果、育种资源、研发人才向种子企业流动，积极开展联合攻关，加快培育一批具有重大应用前景和自主知识产权的突破性优良品种。二要着力提升企业竞争能力，推动企业兼并重组，对优势企业给予重点扶持，加快打造一批现代种业集团。三要着力提升供种保障能力，加大种子生产基地建设投入力度，强化种子生产收储扶持政策，加强种子储备调控体系建设，保证良种供应数量充足、质量安全、价格合理。四要着力提升市场监管能力，加强种子市场准入管理和监督检查，健全种子管理机构和队伍，强化行业自律。

回良玉要求，各地区、各有关部门要把加快推进现代农作物种业发展作为一件大事、要事来抓，努力实现传统种业到现代种业的飞跃。要强化规划指导，抓紧编制全国现代农作物种业发展规划，分作物、分区域、分阶段提出发展目标、方向和重点，明确任务和措施。要强化政策扶持，抓紧把中央出台的各项支持政策细化、实化、具体化。要强化改革创新，全面推进种业科研、生产、经营和管理各个环节的改革。要强化协作配合，形成支持种业发展合力。

中央有关部门和各省、自治区、直辖市人民政府及发展改革、科技、财政、农业部门负责人，各计划单列市人民政府和新疆生产建设兵团负责人，部分骨干企业、农科院校负责人和部分院士、专家参加了会议。农业部、国家发改委、科技部、财政部，以及吉林省农科院、中国种子集团有限公司、袁隆平农业高科技股份有限公司负责人在会上作了发言。与会代表实地考察了国家杂交水稻工程技术研究中心、袁隆平农业高科技股份有限公司、湖南省长沙县早稻高产创建田。

国家发改委发出《关于完善价格政策促进蔬菜生产流通的通知》

各省、自治区、直辖市及计划单列市、副省级省会城市、新疆生产建设兵团发展改革委、物价局：

蔬菜是居民生活必需品，其价格变动涉及千家万户，关系国计民生。总体看，我国蔬菜的生产和流通取得了长足发展，生产规模不断扩大、产量大幅增长、品种日益丰富，满足了人民群众不断增长的消费需要。但随着工业化、城镇化快速推进，一些城市对蔬菜生产供应的投入有所减少，蔬菜自给率降低、过于依赖外地供应，导致蔬菜供应的运输距离长、流通环节多，抵御自然灾害冲击的能力下降，加剧了蔬菜价格的异常波动。为进一步贯彻落实国发〔2010〕26号、40号文件精神，现就完善价格政策促进蔬菜生产流通有关事项通知如下：

一、实施优惠价格政策扶持蔬菜生产经营

各地价格主管部门要积极研究完善相关价格政策，降低生产经营成本，促进蔬菜生产供应。对蔬菜生产过程中的用水、用电价格，要按照农业用水、用电价格执行。大型农贸市场用电、用气、用热价格实行与工业同价。大型农贸市场的用水价格，已按要求简化用水价格分类的地区，应当执行非居民用水价格，有条件的可以执行居民用水价格；尚未简化分类的，应当按照工商业用水中较低标准执行。蔬菜冷链物流中的冷库用电要实行与工业用电同价。严格执行鲜活农产品运输绿色通道政策，将免收道路通行费措施落实到位，各地可以根据情况进一步扩大蔬菜运输免收道路通行费的品种范围。

二、运用价格调节基金支持蔬菜生产流通

已经建立价格调节基金的地区，要依照《价格法》的规定，积极运用价格调节基金支持蔬菜的生产流通，价格调节基金用于支持蔬菜生产流通的比例原则上不应低于基金总额的30%。支持商场、超市、农贸市场开辟农产品平价销售区域和本地菜农直销区域，降低生产经营成本；对农副产品生产、流通和销售领域的蔬菜大棚和温室、冷库和平价商店等公益性基础设施给予支持，降低蔬菜生产流通费用；支持建立蔬菜市场和价格信息监测、发布、预警体系建设，提高蔬菜价格调控的前瞻性、预见性。尚未建立价格调节基金的地区，要按照国发〔2010〕40号文件的要求，2011年年底前依法建立完善价格调节基金制度。

三、加强市场收费管理

对政府投资建设的农产品市场，各地价格主管部门可以按照法定程序将摊位费纳入定价目录，实行政府指导价或政府定价管理，由价格主管部门按照保本微利的原则核定收费标准。加强对涉及农贸市场的行政事业性收费、社团收费的清理整顿，取消不合理的收费项目，降低偏高收费标准。

没有列入定价目录的摊位费，各地价格主管部门要在清理高额经营权承包费或者提供政府补贴的前提下，推动市场投资主体降低摊位费标准。对摊位费标准过高的，要及时采取引导、劝诫、公布参考收费标准、公开曝光等多种手段，推动降低收费标准。必要时，对农贸市场的建设运营成本和收费情况进行调查，并公开成本情况。

各地价格主管部门要配合有关部门研究制定农副产品市场经营户示范合同，列明经营户位置、经营品种以及摊位费标准和收取形式等内容。水电费、供暖费、税金、垃圾处理费、污水处理费等必要的代收费也要一并列明项目和标准，并在市场醒目位置公示，接受监督。除合同列明的摊位费和代收费项目外，严禁农贸市场等投资主体利用市场优势地位，随意变更收费标准或收取其他任何费用。

四、强化价格监督检查

各地价格主管部门要强化监管力量，及时受理和处置群众的举报。要重点检查水电支持性价格政策、鲜活农产品绿色通道政策、利用价格调节基金扶持蔬菜生产流通的执行情况，以及农贸市场利用优势地位违反法律法规或经营合同向经营户乱收费和乱摊派行为等。要继续保持对捏造散布涨价信息、恶意囤积、哄抬价格、串通涨价等各类价格违法行为的高压打击态势，依法严肃查处，纠正违法行为。对社会影响较大的典型案件，要公开曝光。加强农产品电子交易市场监管，严厉打击操纵合约价格等违法行为。

五、完善菜农利益保护机制

各地价格主管部门要积极与当地农业、保险监管部门协调，推动开办基本蔬菜品种的政策性保险业务。基本蔬菜品种要根据本地蔬菜生产和消费实际确定。各地价格主管部门要研究测算基本蔬菜品种种植成本，为合理确定保险费率和赔付标准提供支持。对于缴纳基本蔬菜保险费用确有困难的，应协调财政或利用价格调节基金予以一定补贴。各地价格主管部门要配合有关部门研究完善相关政策，支持发展订单农业，引导和鼓励农产品生产基地、菜农与客户签订远期购销合同，确定蔬菜品种、数量和价格，降低蔬菜种植的风险。

六、配合落实相关政策

各地价格主管部门要向当地党委、政府建议，并积极配合有关部门开展工作，确保国发〔2010〕26号、40号文件确定的扶植生产、保障供应，强化行政首长负责制等各项政策措施落实到位。要完善考核指标体系，强化“菜篮子”市长负责制；增加城市郊区蔬菜种植面积，提高蔬菜自给率，绿叶蔬菜基本实现本地供应；支持蔬菜生产基地和蔬菜大棚、日光温室等设施蔬菜建设，提高蔬菜自给能力；按照“就近、便民”的原则，合理规划包括批发市场、社区农贸市场、平价菜店在内的城市农产品市场体系，通过低税收、低收费政策降低摊位费，方便居民购买；完善城市蔬菜储备体系，确保一定数量的蔬菜储备规模，提高城市蔬菜应急供应能力；支持农超对接、农校对接、大型连锁商业企业直接与农产品生产基地建立长期购销关系；支持农产品生产基地与大型工矿企业直接签订购销合同，减少蔬菜生产供应的中间环节；根据本地经济发展的实际和建设新菜地的成本，大幅度提高新菜地开发建设基金标准，切实加强对新菜地开发建设基金的征收、使用管理。

各地价格主管部门要在当地党委和政府领导下，进一步加强调查研究，认真分析蔬菜产供销过程中出现的新情况、新问题，及时提出对策建议，努力促进蔬菜生产供应，保持市场价格基本稳定。

发展改革委

2011年5月10日

美国总统奥巴马在华盛顿白宫会见国务院副总理王岐山和国务委员戴秉国

王岐山表示，中美经济既有合作，也有碰撞，但合作是主流。中方在保护知识产权、使用正版软件、完善创新与政府采购政策、培育开放投资环境等方面取得积极进展。希望美方在放宽对华高科技产品出口管制等中方关切问题上取得突破性进展，实现互利共赢，更好地造福两国人民。

戴秉国表示，中方愿与美方一道抓住机遇，全力落实胡主席访美成果，推进中美合作伙伴关系建设。双方应加强在国际和地区事务中的协调配合，共同应对各类挑战，维护和促进世界和平与发展。

戴秉国指出，中国在人权领域取得了有目共睹的历史性进展，中美双方应在平等和相互尊重基础上开展人权交流与对话，求同存异，妥善处理分歧。

奥巴马表示，美中战略与经济对话是双边关系中的重要机制，有力促进了相互了解与合作。第三轮对话很有成果，他对此非常满意。美方支持一个强大、繁荣、成功的中国，支持中国在国际事务中发挥更大作用。中方在保护知识产权等方面取得了良好进展。美方愿向中国和其他国家出口更多高科技产品，这符合双方的利益。

国务院副总理李克强在中南海紫光阁会见阿富汗外长扎勒迈·拉苏尔

外交部部长杨洁篪在钓鱼台国宾馆与阿富汗外交部部长扎勒迈·拉苏尔举行会谈

第五届中国发明家论坛开幕式暨第六届发明创业奖颁奖典礼在北京举行

全国人大常委会副委员长陈至立出席并致辞。

陈至立指出，多年来，我国各行各业热心发明创造的发明人致力于科技创新，并努力使发明成果转化应用，为推动科技进步作出了杰出贡献。广大发明人要认真学习“十二五”规划纲要，紧密结合纲要提出的重点工作开展发明创造，力争取得更多自主知识产权。希望广大发明人向获奖者学习，学习他们的创新创业精神，不怕困难和失败、百折不挠的精神，团结协作的团队精神，努力实现发明成果的转化和产业化，为建设创新型国家作出更大贡献。

丁宏标等50位同志获得第六届发明创业奖，丁冉峰等10位同志获得发明创业奖特等奖，同时授予“当代发明家”荣誉称号。

教育部在北京召开2010—2011年度全国毕业生就业典型经验高校经验交流会

会议宣布了50所全国毕业生就业典型经验高校名单。

大连海事大学、中山大学、江西理工大学和安徽工贸职技学院做了典型发言。来自全国21个省(市、区)50所年度就业典型经验高校负责人、部分省市毕业生就业指导机构负责人等参加了会议。

5月11日

国务院总理温家宝主持召开国务院常务会议讨论通过《中国残疾人事业“十二五”发展纲要》

会议指出，党中央、国务院高度重视发展残疾人事业。“十一五”时期，我国残疾人事业取得历史性新成就。五年来，全国有1038万残疾人得到不同程度的康复，特殊教育学校发展到1704所，残疾少年儿童义务教育水平明显提高，接受社会救助的城乡残疾人达到5861万人次，城镇新就业残疾人180万人次，累计扶持农村贫困残疾人解决温饱618万人次。广大残疾人自强不息、顽强拼搏，在经济社会发展中发挥了重要作用。

会议强调，当前我国残疾人事业基础依然比较薄弱，残疾人社会保障和服务政策措施还不够完善，残疾人总体生活状况与社会平均水平仍存在较大差距。“十二五”时期，必须按照政府主导、社会参与，国家扶持、市场推动，统筹兼顾、分类指导，立足基层、面向群众的原则，健全残疾人社会保障体系和服务体系，力争到2015年，使我国残疾人生活总体达到小康，参与和发展状况显著改善。为此，一要加强残疾人社会保障体系建设，保障残疾人基本生活。将符合条件的残疾人全部纳入城乡最低生活保障范围，提高低收入残疾人生活救助水平。帮助城乡残疾人普遍按规定参加基本养老保险和基本医疗保险。建立贫困残疾人生活补助和重度残疾人护理补贴制度。扩大残疾人社会福利范围，提高福利水平。加快发展残疾人慈善事业。二要大幅增加残疾人基本公共服务供给，促进残疾人全面发展。建立残疾人托养服务体系，为智力、精神和重度残疾人托养服务提供200万人次补助。新安排城镇100万残疾人就业，扶持1000万农村贫困残疾人改善生活状况。加快推进城乡无障碍环境建设，积极扶持辅助器具产业发展，大力发展残疾人教育、文化和体育事业。三要加强残疾人康复和残疾预防工作，有效控制残疾的发生和发展。完善康复网络，初步实现残疾人“人人享有康复服务”目标。制定实施国家残疾预防行动计划，建立综合性、社会化预防和控制网络。针对危害面广、可预防的致残因素，实施一批重点预防工程。普及残疾预防知识。四要优化社会环境，促进残疾人事业可持续发展。弘扬人道主义思想，加快发展志愿助残服务，增强全社会扶残助残意识。进一步完善残疾人事业法律法规政策体系，加强残疾人组织、人才队伍和基础设施建设。建立稳定增长的残疾人事业投入保障机制。开展国际交流合作。会议要求各地区、各部门加强组织领导和督促检查，制订实施方案，切实抓好落实。

国家副主席习近平在人民大会堂会见以会长马有礼为团长的澳门中华总商会访京团全体成员

习近平说，有着光荣历史传统的澳门中华总商会是澳门最具代表性和社会影响力的团体之一，为澳门平稳过渡、顺利回归作出过重要贡献，也为实践“一国两制”伟大事业、保持澳门繁荣稳定发挥了重要作用。

习近平向访京团简要介绍了国家“十一五”发展情况和“十二五”发展规划。他表示相信，澳门中华总商会一定会同全体澳门同胞一道，抓住国家“十二五”规划纲要颁布实施的宝贵机遇，在保持澳门经济繁荣稳定方面更加奋发有为，使澳门同全国一样，在“十二五”时期实现又好又快发展。

习近平向澳门中华总商会提出四点希望：一是深入贯彻“一国两制”方针和澳门基本法，不断巩固扩大爱国爱澳的社会政治基础。二是把握宝贵发展机遇，发挥澳门独特优势，为支持国家又好又快发展、促进澳门繁荣稳定再立新功。三是在继续培养青年人才方面尽职尽责，确保“一国两制”伟大事业后继有人、薪火相传。四是更好履行服务会员、服务社会职能，为促进澳门社会更加和谐稳定多做贡献。

全国政协副主席、中央统战部部长杜青林参加会见。

国务院副总理张德江在陕西调研

5月11日至13日，张德江先后到榆林市、宝鸡市，深入街道、社区、乡镇、农户，走进市民中心、养老保险经办机构，召开基层群众座谈会，了解新农保和城镇居民社会养老保险工作情况，听取基层干部和城乡居民的意见和建议。他对榆林市、宝鸡市和陕西省试点工作取得的成绩给予充分肯定。

张德江在调研新农保试点进展情况时指出，新型农村社会养老保险试点工作开展以来，有关部门和试点地区制定相关政策，采取有力措施，积极引导农民参保，基础养老金按时足额发放，受到亿万农民群众广泛拥护，试点工作已取得重要进展。今年新农保覆盖地区范围将从原计划的40%提高至60%，各地区、各部门要认真总结试点经验，抓紧制订工作方案，突出重点，加大投入，加强经办能力建设和基金监管，切实做好今年的扩大试点工作，把党的惠民政策落到实处。

张德江强调，建立城镇居民社会养老保险制度，是我国向城乡居民社会养老保险制度全覆盖迈出的重要步伐，标志着我国社会养老保险制度体系的初步形成，意义十分重大。我们要以高度的政治责任感和历史使命感，加强组织领导，保证资金投入，狠抓政策落实，确保试点工作起好步、开好局。要借鉴新农保试点经验，根据城镇居民特点，科学制订试点方案。要注重制度建设，建立长效机制。要坚持城乡统筹，兼顾不同保障制度的衔接。要广泛宣传试点工作的重要意义、基本原则和政策措施，引导城镇居民踊跃参保。

国务院副总理王岐山在华盛顿会见美国联邦储备委员会主席伯南克

国务院副总理王岐山在华盛顿会见泛美开发银行行长莫雷诺

全国政协副主席郑万通在联合国可持续发展委员会第十九届会议上发言

郑万通说：“国际社会应当充分考虑发展中国家的国情，尊重其实施可持续发展的自主权，确保其享有必要的政策空间。发达国家既应改变不可持续的生产与消费模式，避免资源、能源的大量消耗，还应兑现援助、减债、技术转让等承诺，帮助发展中国家提升可持续发展能力。”

郑万通指出，中国政府一直坚持人与自然和谐共存的绿色发展，推动实现世界经济平衡发展，倡导普惠共赢的包容发展。

第十二届世界俄语大会在上海开幕

国务委员刘延东出席开幕式并致辞。俄罗斯总理普京给大会发来贺信。

刘延东在致辞中说，四年一届的世界俄语大会作为俄语学界规模最大、层次最高的学术盛会，为各国开展俄语学习研究和跨文化交流提供了重要平台。世界俄语大会首次走进亚洲、来到中国，体现了世界俄语学界对中国俄语教育研究成绩的充分肯定，展示了中国政府对俄语教育研究和中外语言文化交流的高度重视。

刘延东强调，人文交流作为人与人、心与心的交流，在国家之间增进理解、化解矛盾、促进友好中发挥着不可替代的作用。中国愿与世界各国一道，加强语言文化交流，推动人文合作，携手构建持久和平、共同繁荣的和谐世界。她倡议，要以语言为纽带，鼓励国民学习和掌握其他国家的语言，搭建沟通情感的桥梁，为增进相互了解和友谊创造条件、奠定基础；要以文化为依托，拓展语言教学研究的文化内涵，让更多人领略其他国家的历史文化，感受不同文明的独特魅力；要以青少年为重点，让各国的年轻一代彼此走近，为人文交流增添后劲与活力。

第十二届世界俄语大会主题是“时间与空间中的俄语和俄罗斯文学”。本次大会是首次在亚洲国家举办。

中宣部 文化部发出《关于加快国有文艺院团体制改革的通知》

《关于加快国有文艺院团体制改革的通知》(以下简称《通知》)要求，除中央文化体制改革工作领导小组确定的少数保留事业单位性质的院团外，其他国有文艺院团(不含新疆、西藏地区)都要转制为企业。

《通知》强调，要加大对转制文艺院团的资金扶持力度。转制前由各级财政安排的正常事业经费，转制后在一定期限内继续拨付。中央和地方财政通过安排文化产业发展专项资金、宣传文化专项资金，对转制文艺院团重点产业发展项目予以支持，分批为县级转制文艺院团配备流动舞台车、交通车，资助转制文艺院团更新设备、改善排练和演出条件。鼓励探索以政府采购等方式支持转制文艺院团加快发展。国家非物质文化遗产保护专项资金向承担非物质文化遗产保护任务的转制文艺院团倾斜。

《通知》指出，要全力保障转制文艺院团职工的合法权益。转制前已经离退休人员的离退休待遇标准不变，对转制前参加工作、转制后退休人员与事业单位同类人员的退休待遇差，要通过多种方式妥善予以解决。要充分尊重演职人员的择业意愿，拓宽转岗途径，加强转岗培训，经考核可充实到文化馆(站)、群众艺术馆等公益性文化单位，也可安排其从事艺术普及工作。经协商一致自谋职业的，要依照国家有关规定支付经济补偿、接续社会保险关系。鼓励艺术名家和其他演职人员以个人持股的方式参与转制院团的股份制改造。

《通知》提出，今年下半年，中宣部、文化部将联合开展对地方国有文艺院团体制改革工作的督察。2012年上半年，将对各地国有文艺院团体制改革工作进行验收。

《中国奇迹——纪念抗击汶川特大地震三周年大型专题文艺晚会》在北京举行

中共中央政治局常委李长春，中共中央政治局委员、国务院副总理回良玉，中共中央政治局委员、书记处书记、中宣部部长刘云山，全国人大常委会副委员长陈昌智，全国政协副主席李金华以及中央军委委员、总政治部主任李继耐等一同观看演出。

晚会由中宣部、国家广电总局和解放军总政治部联合举办。

“5·12”抗震救灾纪念馆在四川大邑开馆

该馆是目前全国唯一建成开放的抗震救灾大型主题纪念馆。

作为中宣部公布的第四批全国爱国主义教育示范基地，纪念馆实行免费开放。

5月12日

中共中央政治局常委李长春在广东深圳调研

5月12日至15日，李长春深入深圳的企业、社区、科研院所和宣传文化单位，就加快转变经济发展方式、深化文化体制改革、推进文化事业和文化产业等进行调研。

李长春强调，改革创新是时代精神的核心，是推进文化建设的强大动力。要坚持社会主义先进文化的前进方向，以满足人民群众日益增长的精神文化需求为根本目标，以建设社会主义核心价值体系为根本要求，以构建有利于文化科学发展的体制机制为主攻方向，进一步深化文化体制改革，解放和发展文化生产力，推动社会主义文化大发展大繁荣，充分发挥文化引导社会、教育人民、推动发展的重要作用。

调研期间，李长春主持召开座谈会，听取对文化改革发展的意见和建议。李长春认真听取发言，不时与大家讨论交流。他强调，各级党委政府要以高度的文化自觉，进一步深化对文化重要地位和作用的认识，牢固树立新的文化发展理念，正确认识和妥善处理文化改革发展中的重大关系，切实把文化工作摆在全局工作的重要位置，纳入重要议事日程，纳入经济社会发展总体规划，纳入科学发展考核评价体系，加强组织领导，加强统筹协调，加强政策扶持，加大资金投入，加强督促检查，充分调动社会各方面和广大文化工作者的积极性主动性创造性，不断提高领导和推动文化改革发展的科学化水平。

国务院副总理李克强在北京出席主权财富基金国际论坛第三次会议并致辞

李克强指出，实现世界经济全面复苏和持续发展，需要建立更加平等均衡的发展伙伴关系，构建稳健安全的财政金融体系，促进金融和经济协调发展。中国将全面深化包括财税金融改革在内的各领域改革，推动科学发展和经济发展方式加快转变。

李克强说，经历了国际金融危机的冲击，面对当前复杂多变的环境，国际社会应当深入思考，怎样更好地把握机遇、应对挑战，推动世界经济全面复苏和持续发展。他指出，促进发展中国家持续较快增长，有利于开拓国际市场空间，为世界经济发展打下坚实基础。国际社会应当以包容、合作、共赢的精神看待新兴市场国家的发展，致力于解决南北发展不平衡问题。经济全球化是各国共同繁荣发展的普遍需要，应当坚持开放市场，反对任何形式的保护主义，推动多哈回合谈判进程，促进全球经济实现强劲、可持续、平衡增长。

李克强强调，健康有序的金融市场有利于实体经济提高效率、更好发展，但如果出现金融杠杆率过高、资产价格泡沫化等问题，就会给金融和经济都带来危害。应从实际出发，把金融创新与发展牢牢建立在为实体经济服务的基础上。他说，国际金融危机的深层次影响仍未根本消除，各国应当继续携手合作，深入推进财政金融改革，合理控制财政赤字和债务规模，改善国际货币体系，逐步化解财政金融风险。主要储备货币发行国实施宏观政策应兼顾对国内经济和国际经济的影响，减少国际资本大规模无序流动，防范全球性通货膨胀。

李克强介绍了中国“十二五”规划纲要。他指出，中国将推进经济结构战略性调整，保持经济长期平稳较快发展。实现未来发展目标，关键在于创新体制机制。我们将加快财税体制改革，积极构建有利于转变经济发展方式的财税体制；深化金融体制改革，稳步推进利率市场化，完善汇率制度，加强和改善金融监管，努力构建现代金融体系。同时，以开放促发展、促改革、促创新。

李克强最后指出，在应对国际金融危机中，各国主权财富基金对稳定国际金融市场、恢复信心发挥了一定的积极作用。中国政府将继续支持本国主权财富基金按照商业化原则开展独立的投资和运营管理。世界各国应继续为金融企业相互投资创造开放、公平、非歧视的环境。

世界著名主权财富基金、投资银行和金融机构代表性人士、知名学者和有关国际组织代表、有关国家政府官员参加了会议。主权财富基金国际论坛由全球26家主权财富基金发起，论坛第三次会议由中国投资有限责任公司承办。

第二轮中欧高级别战略对话在欧盟轮值主席国匈牙利首都布达佩斯举行

中国国务委员戴秉国和欧盟外交与安全政策高级代表兼欧盟委员会副主席阿什顿共同主持对话。双方就如何看待对方发展、中欧关系和国际形势进行了广泛、深入、坦诚的交流。

双方一致同意：第一，保持双方高层交往，增进政治互信。第二，深化务实合作，努力实现互利共赢。应结合中国“十二五”规划和“欧洲2020战略”契合点，扎扎实实推进合作，特别是在基础设施建设、环保、可持续发展等领域的合作。为对方企业赴当地投资兴业提供良好条件。第三，大力开展人文交流，积极推动青年、地方省市、专家学者交流。第四，加强在国际事务中的协调与合作。

全国首个海峡两岸交流基地——台儿庄古城开埠

国务院副总理回良玉在国家减灾中心主持召开国家减灾委员会全体会议

会议总结“十一五”期间防灾减灾救灾工作，分析当前自然灾害形势，安排部署“十二五”及2011年重点工作任务。

回良玉对当前的防灾减灾救灾工作作出具体部署。一要切实做好综合减灾规划编制实施工作，将防灾减灾纳入当地经济社会发展规划，加大落实和督促检查力度，确保规划目标实现。二要切实推进玉树、舟曲、盈江等灾区恢复重建，统筹组织好施工队伍、建材供应运输等，加快资金拨付进度，强化工程质量监管，确保按期完成重建任务。三要切实抓紧灾害防范防御工作，严密监测雨情、水情、风情，及时发布预警预报信息，加快推进江河湖泊、病险水库治理和山洪地质灾害防治工作，制定完善建筑物抗灾设防标准。遇有灾害发生，要及时启动应急预案，切实采取应急措施，积极妥善予以应对。四要切实强化各项救灾应急准备，做到预案、队伍、物资、资金等各环节备灾责任到人、措施到位，做好救灾救助演练，加强灾情会商评估，完善物资储备体系，确保受灾群众得到及时妥善安置。五要切实加强减灾科技应用和科普宣传，大力推动减灾救灾科研创新和成果转化，充分利用“防灾减灾日”活动等多种形式，广泛开展群众性防灾减灾知识普及。

会议讨论了国家综合防灾减灾“十二五”规划。国家减灾委全体委员出席了会议，国家减灾委副主任、民政部部长李立国作了工作报告。会前，回良玉副总理和有关部门负责同志还考察了民政部国家减灾中心和减灾业务平台。

第二次全国重点保护野生植物资源调查项目在北京启动

云南、浙江、黑龙江、新疆、广西等5个省(区)被确定为本次调查的试点省份,今年5月下旬至10月底为野外调查工作时间,由国家林业局野生动植物保护与自然保护区管理司负责组织实施。

陈慕华逝世

中国共产党的优秀党员,久经考验的忠诚的共产主义战士,无产阶级革命家,我国经济工作和妇女儿童工作的杰出领导人,中国共产党第十一届、十二届中央政治局候补委员,第七届、八届全国人民代表大会常务委员会副委员长,国务院原副总理,原国务委员,中华全国妇女联合会原主席、名誉主席陈慕华同志,因病于5月12日12时25分在北京逝世,享年90岁。

5月13日

国务院总理温家宝在中南海会见由会长米仓弘昌和名誉会长御手洗富士夫率领的日本经济团体联合会代表团

温家宝表示,希望经团联继续为推动中日经济技术合作和民间交往发挥积极作用。两国政府和人民要共同努力,以中日邦交正常化40周年为契机,推动双方战略互惠关系取得新进展。

米仓和御手洗表示,中国政府和人民在东日本地震、海啸发生后第一时间向日方表示慰问并提供有力支援,增添了我们救灾的勇气和力量。

中央党校举行春季学期第二批入学学员开学典礼

中共中央政治局常委、中央书记处书记、中央党校校长习近平出席典礼并讲话。

习近平指出,马克思主义经典著作包含着经典作家所汲取的人类探索真理的丰富思想成果,体现着经典作家攀登科学理论高峰的不懈追求和艰辛历程。阅读经典著作,本身就是增长知识、开阔眼界、增加思想深度和训练思维方式的过程,就是培养高瞻远瞩的战略洞察力和脚踏实地的工作作风的过程,会使我们在潜移默化中受到他们崇高风范和人格力量的熏陶,从而实现自己思想境界和道德情操的升华。

习近平指出,马克思主义经典著作卷帙浩繁,领导干部都集中较长一段时间进行脱产学习是有困难的,主要是靠自己挤时间学习,因此要突出重点,精选精学。10卷本《马克思恩格斯文集》和5卷本《列宁专题文集》已经出版发行,这两部文集是学习马克思主义经典著作的权威性教材,领导干部可以精读其中的代表性篇目。毛泽东思想是马克思列宁主义基本原理同中国具体实际相结合的产物,是中国特色社会主义理论体系的重要思想来源,学习马克思主义经典著作要认真学习毛泽东同志的重要著作。

习近平强调,领导干部学习马克思主义经典著作,尤其要注意学习马克思主义哲学。哲学是人类的智慧之学。在马克思主义三个组成部分中,哲学是基础。掌握马克思主义哲学,是掌握马克思主义完整科学体系的重要前提。今天,我们的领导干部要正确判断形势,在错综复杂的形势变化面前保持头脑清醒,坚定理想信念,科学分析我国发展面临的机遇和挑战,全面看待前进道路上的主流和支流、出现的矛盾和问题,都离不开马克思主义哲学的指导,离不开辩证唯物主义和历史唯物主义的思想方法。学好马克思主义哲学,把思想方法搞正确,增强工作中的科学性和全面性,才能不断开创各项工作的新局面。

习近平指出,马克思主义经典著作思想深刻,要深入理解马克思主义的精神实质和思想精髓,必须专心致志地读、原原本本地读,努力掌握贯穿经典著作中的马克思主义立场观点方法,学懂学通马克思主义基本原理。他强调,领导干部要把学习马克思、恩格斯、列宁和毛泽东同志的重要著作与学习《邓小平文选》《江泽民文选》和党的十六大以来以胡锦涛同志为总书记的党中央提出的科学发展观等重大战略思想紧密结合起来,深刻理解中国特色社会主义理论体系的重大理论意义和实践意义,深刻认识科学发展观是马克思主义关于发展的世界观和方法论的集中体现,着力转变不适应不符合科学发展要求的思想观念,着力解决影响和制约科学发展的突出问题,进一步形成贯彻落实科学发展观的正确政策导向、舆论导向、用人导向和体制机制,进一步形成促进科学发展的强大合力。

中共中央政治局委员、中央书记处书记、中央组织部部长李源潮,中央书记处书记、中央纪委副书记何勇出席了开学典礼。

中央党校副校长陈宝生主持开学典礼。中央有关部门负责人、中央党校负责人以及2011年春季学期第二批入学学员和在校学员,共1100多人参加了开学典礼。

国办发出通知要求各地各部门开展专项检查坚决制止违法强拆

通知要求各地区、各有关部门要认真贯彻今年1月国务院公布施行的《国有土地上房屋征收与补偿条例》和《国务院办公厅关于进一步严格征地拆迁管理工作切实维护群众合法权益的紧急通知》等征地拆迁制度规定,严格依法按程序办事,切实落实地方政府责任，坚决制止违法强制拆迁、暴力拆迁，从源头防范化解矛盾，做到依法、文明、和谐拆迁。

通知指出，此次专项检查要突出以下三项内容：一是检查《条例》和其他征地拆迁制度规定贯彻落实情况。包括《条例》宣传学习情况；征地拆迁相关人员培训情况；征地拆迁决定征求群众意见情况；社会稳定风险评估情况；补偿方案征求群众意见情况；房屋征收评估情况和补偿标准确定、执行情况；补偿费用及时足额到位情况；先补偿后搬迁落实情况；房屋征收部门及征收实施单位确立情况；地方性法规规章及规范性文件清理、修订情况；与《条例》配套的地方性法规政策制定情况；安置和保障政策制定和落实情况；申请人民法院实施强制执行情况等。二是征地拆迁责任落实情况。包括地方各级政府主要领导、分管领导责任落实情况；政府部门管理责任落实情况；征地拆迁矛盾纠纷排查调处机制建设情况等。三是征地拆迁违法违规案件查处情况。包括发生违法强制拆迁、暴力拆迁案件查处情况；涉及的领导责任、管理部门责任、直接责任人责任追究情况；涉嫌违法乱纪问题处理情况等。

通知要求，此次专项检查分两个阶段进行。第一阶段各省（区、市）人民政府按照通知要求立即开展全面自查，6月20日前形成自查报告报国务院。第二阶段从6月下旬开始，由住房和城乡建设部、国土资源部、公安部、监察部、农业部、法制办等部门组成督查组进行重点督查，督查结果及时予以通报。

国务院副总理李克强在北京出席全国食品安全工作专题会议暨省部级领导干部加强食品安全监管专题研讨班结业式

中共中央政治局委员、国务院副总理、国务院食品安全委员会副主任回良玉、王岐山出席专题会议暨结业式。

李克强说，确保食品安全是全面建设小康社会的关键环节。改革开放以来，我们用30多年时间解决了人民吃得饱的问题；进入新的发展阶段，必须下决心解决群众吃得好、吃得安全的问题。提高食品安全水平也是转变经济发展方式的必然要求，有利于增强国际国内对“中国制造”的信心，有利于开拓十几亿人口大市场、促进内需扩大。保障食品安全还是创新社会管理、维护和谐稳定的重要内容。必须坚定信心、迎难而上，打好食品安全攻坚战和持久战。

李克强指出，今年要加大食品安全重点整治力度，重典治乱必须重拳出击。一是严肃依法进行整治。要完善和严格执行食品安全法律法规，让犯罪者承担应有的刑事责任，使不法分子付出高昂代价，对违法行为给予最大震慑，使其不敢以身试法。二是强化企业责任。企业是食品安全第一责任人，要健全诚信体系，所有食品生产经营者都要建立安全信用档案。严格执行市场退出机制，严重违法者不允许再涉足食品行业。三是落实政府监管职责。要全面加强食品安全监管，横向到边、纵向到底，构建广覆盖的监管格局，消除死角盲点。健全食品安全综合协调机制，增强监管合力。做到信息公开透明，第一时间回应社会关切。提高应急处置能力，把食品安全问题解决在萌芽状况和发生之初。对渎职失职行为要严肃责任追究，决不允许在工作中推诿扯皮。改革和完善体制，形成监管的长效机制。国务院食品安全办和有关部门要组织督查。

参加会议暨结业式的有，省部级领导干部加强食品安全监管专题研讨班学员，国务院食品安全委员会全体成员和各有关单位负责人及工作人员，约160人。

审计署发布20个省区市有关企业节能减排情况审计结果公告

公告说，根据有关规定，审计署对河北、山西、内蒙古、辽宁、吉林、黑龙江、江苏、浙江、安徽、福建、山东、河南、湖北、湖南、广东、广西、重庆、四川、贵州、陕西20个省、自治区、直辖市电力、钢铁和水泥等行业2007年至2009年节能减排情况进行了审计调查。

审计调查结果表明，2007年至2009年，20个省区市累计投入节能减排专项资金1241.87亿元（不含新能源类资金），其中：中央财政918.28亿元，省级财政323.59亿元。从审计调查结果看，国家财政投入的资金管理使用没有出现重大违法违纪问题。但审计调查也发现，有的企业对节能减排专项资金管理使用不够规范，有的企业存在违规新建高耗能项目，有的企业新建项目污染防治达不到国家规定标准，有的企业淘汰落后产能不够彻底，还有的企业存在违规使用土地等问题。

审计发现，长沙绿铱环保科技有限公司、内蒙古昊升热力有限责任公司等11户企业挤占、挪用专项资金0.57亿元，用于企业经营等支出；徐州中科玻璃有限公司、渭南市宇洁环保有限责任公司等14户企业采取编造虚假申报资料、多头重复申报等手段，套取专项资金0.86亿元；陕西渭河煤化工集团有限责任公司、马鞍山市王家山污水处理厂等15户企业因有关部门审核把关不严，多得节能减排专项资金0.62亿元。

审计发现，2002年以来，山东天源热电有限公司、三门峡慧能热电有限责任公司和泰州市新浦化工热电厂等42户企业违规建设火电项目44个，涉及装机容量939万千瓦；杭州钢铁集团、唐山市丰南区经安钢铁有限公司、西林钢铁集团公司等97户企业违规建设钢铁项目143个，涉及炼铁产能7201.99万吨、炼钢产能

7369.8万吨、轧钢产能1509.6万吨;乐山市海天建材有限责任公司、海城市毛祈水泥有限公司和贵州从江明达水泥有限公司等47户企业违规建设水泥项目47个,涉及水泥产能4083万吨。

审计发现,截至2009年年底,鄂尔多斯市东胜发电厂和大唐陕西发电有限公司户县热电厂等8户企业存在多报关停装机容量、淘汰落后产能设备处置不彻底等问题,涉及装机容量49.25万千瓦;南京第二钢铁厂、河津市银鑫钢铁公司和湖北鼎盛冶金科技有限公司等121户企业存在多报淘汰落后产能等问题,涉及炼铁产能2347.9万吨、炼钢产能2098.2万吨;重庆市嘉南水泥有限公司、南宁市北湖水泥厂和安徽省大江股份有限公司等54户企业存在应淘汰落后产能未淘汰等问题,涉及水泥产能915.55万吨。

此外,审计调查还发现,12个省有的企业采用以租代征、未批先用等形式违规使用土地;有的企业享受不应获得的电价、税收返还和土地出让金减免等优惠政策。审计调查指出问题后,8个省及时修改和完善了相关政策制度,取消了企业违规享受的土地、税费和电价等优惠政策;4个省正在积极研究整改措施。

公告说,审计调查指出问题后,国家发展改革委、财政部、工业和信息化部、能源局等部门已展开调查,督促各地进行整改,并正在研究完善相关政策制度,促进节能减排工作的深入开展。相关地方政府及部门、企业高度重视,积极整改,目前已取得初步成效,并依法依规追究了20名相关人员的责任。

中国轻工业联合会第三次会员代表大会在北京召开

全国人大常委会副委员长陈至立在会上表示,希望联合会继续发挥好桥梁和纽带作用,推动轻工业的产业结构调整和发展方式转变。

她希望联合会继续发挥好桥梁和纽带作用,做好服务工作,推动轻工业的产业结构调整和发展方式转变,促进产业优化升级,淘汰落后产能,推进节能减排,建设低碳绿色轻工生产体系,提高企业的自主创新能力,特别要在督促行业企业诚信自律、严格遵守职业道德、保障产品尤其是食品质量安全等方面发挥积极作用,为扩大内需、增加就业,为促进轻工业在"十二五"开局之年开好头,起好步,推动轻工业持续、快速、健康发展作出新的更大的贡献。

全国政协副主席李金华、中国轻工业联合会名誉会长顾秀莲出席会议。

本次会议推举顾秀莲、陈士能、杨志海、潘蓓蕾、张善梅为中国轻工业联合会名誉会长,选举步正发为中国轻工业联合会会长。

国土资源部 财政部 农业部联合发出《关于加快推进农村集体土地确权登记发证工作的通知》

该通知明确规定实行凭证管地用地制度,要求凡被征收的农村集体所有土地,在办理征地手续之前,必须完成农村集体土地所有权登记,在征地拆迁时,要依据农村集体土地所有权证或农村集体土地使用证进行补偿;凡是进入市场流转的经营性集体建设用地使用权,必须经过确权登记,做到产权明晰、四至清楚、没有纠纷,没有经过确权登记的集体建设用地使用权一律禁止流转;农用地流转需与集体土地所有权确权登记工作做好衔接,确保承包地流转前后的集体所有性质不改变,土地用途不改变,农民土地承包权益不受损害;对新农村建设和农村建设用地整理涉及宅基地调整的,必须以确权登记发证为前提。

为充分发挥农村集体土地确权登记发证工作成果在国土资源管理各个环节的基础作用,通知提出,农村集体土地确权登记发证与集体建设用地流转、农村土地整治、农用地流转、土地征收等各项重点工作挂钩。凡是到2012年年底未按时完成工作的,农转用、土地征收审批暂停,农村土地整治项目不予立项。

机载多波段多极化干涉SAR测图系统(简称机载SAR测图系统)的研制取得全面成功

国家测绘局发布消息,历时3年科技攻关,打破西方技术壁垒,由中国测绘科学研究院牵头承担的"机载多波段多极化干涉SAR测图系统(简称机载SAR测图系统)"的研制取得全面成功。作为国内首套具有自主知识产权的机载SAR测图系统,突破了多项核心技术,获得6项自主知识产权专利,填补了国内空白,整体技术指标达到国际先进水平。

第七届中国国际文化产业博览交易会在深圳举行

文博会5月13日至16日举行,由文化部、商务部、广电总局、新闻出版总署、中国国际贸易促进委员会、广东省人民政府和深圳市人民政府联合主办。全国1896个政府组团、企业和机构参展,还有来自全球89个国家和地区近12000名海外采购商受邀参会。

截至5月16日12时,本届文博会总成交额达1245.49亿元,同比增长14.42%,再创历史新高。

本届文博会共吸引观众达354.05万人次,其中专业观众50.26万人次,同比增加28.83%。展会上,产业核心层和龙头企业更加突出,主会场龙头企业参展比例达56%,比上一届提升5个百分点;文化产业核心层参展率达92%,其成交总金额达417.69亿元。

此外,4D球幕影院、陪伴型小机器人、交互式翻书机等"文化+科技"产品纷纷亮相本届文博会。截至5月16日12时，科技型文化产业成交额达440.71亿元，比上届增长36.95亿元，其中，合同成交250.91亿元。

文化产业发展座谈会在深圳召开

中共中央政治局委员、中央书记处书记、中宣部部长刘云山出席会议并讲话。

刘云山指出，把文化区分为文化事业和文化产业，一手抓公益性文化事业、一手抓经营性文化产业，是党的十六大以来文化建设认识上的一个重大突破、文化改革发展实践上的一个重大创新。实践告诉我们，发展文化产业是满足人民群众精神文化需求、保障人民群众文化权益的重要内容，是推动科学发展、加快经济发展方式转变的重要途径，是提高国家文化软实力、增强中华文化竞争力的重要举措。现在我国文化产业发展势头强劲，规模实力不断提升，市场主体日渐壮大，市场体系初步形成，新兴文化业态快速成长，正迎来一个加快发展的重要战略机遇期。要以新的视角认识文化产业的地位作用，抓住机遇、乘势而上，以更有力的措施推动文化产业有一个新的更大发展。

座谈会上，光明日报社和经济日报社发布了第三届“文化企业30强”名单。中央有关部门和部分省区市党委宣传部负责同志，部分文化企业负责人出席会议。中宣部常务副部长雒树刚主持了会议。

国家海洋局发布《2010年中国海洋环境状况公报》

公报显示，2010年我国海洋环境质量总体维持在较好水平，主要海洋功能区环境质量基本满足海域使用要求，但近岸局部海域富营养化、海洋环境灾害频发和海岸带生境破坏成为影响我国海洋环境质量的突出问题。

公报统计，2010年我国管辖海域的海水质量状况总体较好。符合第一类海水水质标准的海域面积约占我国管辖海域面积的94%，但尚有4.8万平方公里的近岸海域水质劣于第四类海水水质标准。近岸沉积物质量总体良好，各项监测指标符合第一类海洋沉积物质量标准的站位比例在91%以上。近岸典型海洋生态系统总体处于健康和亚健康状态，局部区域生态系统处于不健康状态，生物多样性和生态系统结构变化较大，生态服务功能受损。赤潮和绿潮灾害有所减轻，但江河污染物入海量增加，溢油等突发环境事故灾害对海洋生态环境的损害严重。入海排污口总体排污状况略有改善，陆源排污仍是影响海洋环境的主要原因。

5月14日

外交部部长杨洁篪在哈萨克斯坦阿拉木图出席上海合作组织成员国外长理事会会议

杨洁篪高度赞赏上合组织成立10年来为促进地区和谐、发展和国际关系民主化作出的重要贡献。他说，中国是上合组织的积极参与者和建设者，将继续以自身发展促进本组织及其成员国的发展，为地区的持久和平与共同繁荣作出更大努力。中方愿同各方密切配合，做好上合组织阿斯塔纳峰会的筹备工作。

2011年科技活动周在北京开幕

中共中央政治局委员、国务委员刘延东在出席活动周开幕式。

刘延东指出，提高自主创新能力、建设创新型国家，是国家发展战略的核心和增强综合国力的关键。要通过科技进步与创新，支撑经济发展方式加快转变、促进民生改善。大力提高原始创新、集成创新和引进消化吸收再创新能力，着力突破制约产业发展的核心关键技术，重点培育和发展战略性新兴产业，加快高新技术改造传统产业，使我国尽快走上创新驱动、内生增长的发展轨道。要坚持以人为本，把科技进步与发展社会事业、创新社会管理、提高人民生活水平结合起来，着力解决关系民生的重大科技问题，促进更多科技成果惠及民生。

刘延东强调，科技创新和科技普及，犹如科技工作之两翼。要提高全民科学素质，让建设创新型国家成为全社会的自觉行动。科技活动周作为科普工作的标志性活动，已连续举办10年，成为一个深受群众欢迎的科技节日。新时期科普工作要突出时代要求，大力普及节约能源资源、保护生态环境、保障安全健康的知识；要提高科普能力，加强科普与教育、科技、文化的结合，注重各类科普平台的整合共享；要关注民生改善，围绕满足公众多样化、高品质生活的需求，开展广泛的科普活动；要培育创新文化，激发广大公众特别是青少年的科技兴趣，增强全社会的创新动力与创造活力。

全国政协副主席、科技部部长万钢，北京市、中央有关部门负责人，首都学生、企业职工和群众代表等1000余人参加了开幕式。

第一届“瑞安华富杯”全国短篇报告文学奖颁奖大会在北京举行

本届评选作品为2008—2009年两年中正式公开发表的短篇报告文学。9篇获奖作品为：一等奖李春雷的《夜宿棚花村》；二等奖孙梽文的《希望之路》，郝敬堂的《好大一个家》和党益民的《守望天山》；三等奖朱晓军的《"水鬼"的天下》，王丛伟、施正勋、张益的《云江爱潮接汶川》，李青松的《一种精神》，江胜信的《情洒昆仑，梦回浦江》和张成起的《与死神拔河的村官》。这些获奖作品，题材广泛多样，内容丰富多彩、生动感人，思想性、文学性和可读性强。

5月15日

中央纪委 中组部派督导组赴14省区对各地换届风气进行督促检查

据《人民日报》报道，近日，中央纪委、中央组织部联合派出督导组，赴河北、山西、内蒙古、辽宁、江苏、安徽、福建、江西、河南、湖南、广西、云南、西藏、新疆14个省区，对各地换届风气进行督促、检查和指导。

督导的主要任务是，全面了解和掌握被督导地区贯彻中央关于严肃换届纪律的部署要求，落实严密组织、严明纪律、严肃教育、严格监督、严厉查处、严加考核等"六严"措施的做法和成效。督导实行普遍检查与重点检查相结合、明察与暗访相结合，采取个别访谈、问卷调查、民主测评、受理举报、查核问题等多种方式进行，既总结各地好的经验，又督促整改存在的问题，坚决查处违反换届纪律行为，以推动各地换届工作健康顺利进行。

国务院副总理回良玉在北京看望残疾人职工

在以"改善残疾人民生，保障残疾人权益"为主题的全国助残日到来之际，回良玉专程来到北京市的残疾人集中就业单位，看望慰问在这里工作的残疾人职工。

回良玉对北京市委、市政府高度重视残疾人工作予以充分肯定。他指出，我国有8300万残疾人，残疾人是一个特别困难、特别需要关心和扶助的社会群体。刚刚过去的"十一五"时期，我国残疾人事业迈出历史性步伐，成为经济社会发展的一个亮点，是坚持以人为本的一个印证。残疾人就业工作也取得了很大成绩，国家在"十二五"期间还将启动实施"城镇百万残疾人就业工程"，进一步促进残疾人就业工作。

回良玉强调，我们应该清醒地看到，当前我国残疾人就业规模不大、就业层次较低、就业稳定性差的情况还没有根本改变，歧视和侵犯残疾人劳动权益的现象还时有发生。各级政府及有关部门要加大工作力度，促进残疾人就业各项政策的落实。各级就业服务机构要为残疾人提供更加周到全面的服务，用人单位要担负起安置残疾人就业的社会责任。

回良玉最后说，残疾人同样是社会财富的创造者，他们为国家赢得了荣誉，为社会作出了贡献，他们的精神感动着我们。希望广大残疾人坚持自强自立，不断提高自身技能和素质，更好地融入社会、参与社会，实现人生价值。

中国残联、北京市政府和中央有关部门的负责人一起参加了考察慰问活动。

民盟成立70周年纪念大会在北京举行

中共中央政治局委员、国务委员刘延东出席大会并代表中共中央致贺词。

刘延东充分肯定了中国民主同盟的光荣历史和重要贡献。她指出，70年来，民盟团结爱国知识分子和民主人士，与中国共产党风雨同舟、和衷共济，走过了一条从爱国主义到社会主义的历史道路，成为致力于中国特色社会主义建设的参政党。实践证明，民盟是中国共产党的亲密友党，是中国革命、建设和改革事业的重要政治力量。

刘延东指出，当前我国正在向着社会主义现代化强国的宏伟目标迈进，落实好"十二五"规划纲要、为全面建成小康社会打下具有决定性意义的基础，需要包括各民主党派在内的全国各族人民的共同努力。真诚希望包括民盟在内的各民主党派，按照"思想上同心同德、目标上同心同向、行动上同心同行"的要求，总结历史经验，激发爱国热情，增进政治共识，巩固多党合作的共同思想基础，坚定不移地走中国特色社会主义道路；围绕科学发展主题和转变经济发展方式主线，积极参政议政，切实履行职能，为实现全面建设小康社会宏伟目标献计出力；弘扬优良传统，促进政治交接，提高参政党建设水平，推动统一战线和多党合作事业薪火相传。

全国人大常委会副委员长、民盟中央主席蒋树声在纪念大会上回顾了民盟成立70年来的光辉历程，号召全盟继承民盟前辈爱国奉献、追求真理、修身明志、自尊自强的优良传统，自觉接受中国共产党的领导，与中国共产党风雨同舟、亲密合作，坚定不移地走中国特色政治发展道路，坚持和完善中国共产党领导的多党合作和政治协商制度，在国家政治生活中积极发挥作用，坚持把促进科学发展作为参政议政的第一要务，不断提高履行职能的能力和水平，为夺取全面建成小康社会的新胜利、谱写中华民族伟大复兴新篇章而努力奋斗。

全国人大常委会副委员长、农工党中央主席桑国卫代表民革、民建、民进、农工党、致公党、九三学社、台盟等民主党派中央和全国工商联致贺词。民盟中央原副主席吴修平作为民盟盟员代表在会上发言。

会上，民盟中央对在思想建设、组织建设、参政议政、社会服务等方面作出突出成绩的民盟512个地方和基层组织、1059名盟员给予表彰,分别向其授予先进集体和先进个人称号。

纪念大会由全国政协副主席、民盟中央第一副主席张梅颖主持。全国政协副主席、中共中央统战部部长杜青林,全国政协副主席、民建中央第一副主席张榕明以及各民主党派中央、全国工商联负责人和有关方面负责同志出席大会。

"第一届中国县域经济高峰论坛"在安徽宁国召开

论坛由中国区域经济学会、中国社会科学院工业经济研究所和安徽省宣城市委、市政府共同主办。来自全国12个省29县(市)的100余位领导和专家学者,围绕"十二五"我国县域经济发展与主体功能区建设主题进行了交流研讨。

中国队在荷兰鹿特丹举行的第五十一届世乒赛中包揽5个项目金牌

郑洁 彭帅在罗马网球大师赛女双决赛中获得冠军

5月16日

国家主席胡锦涛在人民大会堂与欧洲理事会主席范龙佩举行会谈

胡锦涛说,建交30多年来,双方高层交往频繁,各级别对话富有成效,各领域合作成果丰硕,在重大国际和地区问题上也保持着密切沟通与协调。中方始终从时代发展和战略高度看待中欧关系,我们愿与欧方一道,进一步规划和把握好中欧关系发展大局,把中欧全面战略伙伴关系提高到新的水平。

胡锦涛说,政治上,双方要保持高层交往势头,进一步加强战略对话和政策沟通,深化双边和多边事务的协调与合作,努力发展相互尊重、友好互信的平等伙伴关系,推动中欧关系不断取得新进展。经济上,双方要抓住机遇,深挖潜力,加强贸易、金融、创新、研发、环保、新能源等领域的合作,不断培育新的增长点,着力推进互利共赢、共同发展的合作伙伴关系。中方将继续为欧盟国家企业来华投资兴业提供便利。希望欧盟采取积极措施,扩大对华高技术产品出口,承认中国市场经济地位,为中国企业赴欧盟国家投资经营创造宽松的政策环境,使中欧经贸合作不断迈上新台阶。人文上,双方要扩大文化、教育、科研、智库、媒体等领域的对话与合作,开展形式多样的交流活动,共同办好"中欧青年交流年"和"中欧文化间对话年",加深相互了解和友谊,积极构建相互借鉴、富有特色的和谐伙伴关系,为中欧友谊的巩固和发展不断充实新活力。

范龙佩说,双方不仅是经济伙伴,而且是政治伙伴,人文领域交往也在不断加强。欧中双方发展阶段和发展水平各不相同,但双方有着许多共同点,在投资和贸易领域合作潜力巨大,在应对气候变化、金融、科技、城市化等方面有着很大合作空间。欧方愿意同中方加强各领域合作,扩大人文交往,共同保持市场开放,避免保护主义,推动多哈回合谈判尽早取得成果。

国务院批转《中国残疾人事业"十二五"发展纲要》并发出通知

各省、自治区、直辖市人民政府,国务院各部委、各直属机构:

国务院同意国务院残疾人工作委员会制定的《中国残疾人事业"十二五"发展纲要》,现转发给你们,请认真贯彻执行。

国务院

2011年5月16日

中国残疾人事业"十二五"发展纲要

为全面贯彻落实《中共中央、国务院关于促进残疾人事业发展的意见》(中发〔2008〕7号),加快推进残疾人社会保障体系和服务体系建设,进一步改善残疾人状况,促进残疾人平等参与社会生活、共享改革发展成果,依据《中华人民共和国国民经济和社会发展第十二个五年规划纲要》,制定《中国残疾人事业"十二五"发展纲要》(以下简称纲要)。

一、残疾人事业面临的形势

"十一五"时期,我国残疾人事业迈出历史性的新步伐。党中央、国务院印发《关于促进残疾人事业发展的意见》,对发展残疾人事业作出重大部署,提出加快推进残疾人社会保障体系和服务体系建设、努力使残疾人和全国人民一道向着更高水平小康社会迈进的目标,为未来一个时期残疾人事业的发展指明了方向。国家修订《中华人民共和国残疾人保障法》,批准加入联合国《残疾人权利公约》,制定实施《残疾人就业条例》和残疾人社会保障、特殊教育、医疗康复等领域的一系列政策法规,为发展残疾人事业、保障残疾人权益奠定了法律制度基础。完成第二次全国残疾人抽样调查,为规划和发展残疾人事业提供了科学依据。成功举办2008年北京残奥会、上海世界特奥会、广州亚残运会,上海世博会设立生命阳光馆,开展全国残疾人职业技能竞赛、全国残疾学生技能竞赛和残疾人特殊艺术展演,宣传我国残疾人事业发展成就,表彰全国残疾人自强模范和扶残助残先进,人道主义思想广泛弘扬,扶残助残的社会氛围日益浓厚,残疾人参与社会生活的环境进一步改善。

在各级党委、政府的重视和社会各界的支持下,《中国残疾人事业“十一五”发展纲要(2006—2010年)》各项任务指标全面完成,残疾人状况得到明显改善,政府和社会为残疾人服务的能力进一步提升:实施一批重点康复工程,1037.9万残疾人得到不同程度的康复。残疾人特殊教育学校达到1704所,在校残疾学生总数为42.6万人,残疾儿童少年义务教育入学水平明显提高;残疾人职业培训机构达到4704个,376.5万人次残疾人接受职业教育和培训。残疾人就业服务机构达到3019个,城镇新就业残疾人179.7万人次;扶持618.4万人次农村残疾人摆脱贫困;城乡残疾人接受各种形式的社会救助分别达到1623.7万人次和4237.6万人次。残疾人法律服务机构达到3231个,为57.9万人次残疾人提供法律服务和法律援助。创建100个全国无障碍建设示范城市,城市无障碍环境显著改善。基层残疾人组织得到加强,残疾人综合服务设施网络初步建立,为残疾人服务的条件得到改善。广大残疾人积极投身改革开放和社会主义现代化建设伟大实践,自强不息,顽强拼搏,在经济社会发展中发挥了重要作用。

但是,我国残疾人事业基础还比较薄弱,仍然滞后于经济社会发展;残疾人社会保障和服务政策措施还不够完善,稳定的制度性保障还需要进一步推进;残疾人总体生活状况与社会平均水平存在较大差距,在基本生活、医疗、康复、教育、就业、社会参与等方面存在许多困难;农村残疾人的社会保障与服务亟待改善,残疾儿童在接受教育、抢救性康复等方面仍面临一些问题。歧视残疾人、侵害残疾人权益的现象仍时有发生。

今后五年是全面建设小康社会的关键时期,是深化改革开放、加快转变经济发展方式的攻坚时期,也是加快发展残疾人事业的重要时期。必须加快推进残疾人社会保障体系和服务体系建设,加快改善残疾人状况,不断缩小残疾人生活状况与社会平均水平的差距,努力使残疾人同全国人民一道向着更高水平的小康社会迈进。

二、“十二五”时期残疾人事业发展的总目标和指导原则

“十二五”时期,残疾人事业的发展要高举中国特色社会主义伟大旗帜,以邓小平理论和“三个代表”重要思想为指导,深入贯彻落实科学发展观,全面落实《中共中央 国务院关于促进残疾人事业发展的意见》,按照“政府主导、社会参与,国家扶持、市场推动,统筹兼顾、分类指导,立足基层、面向群众”的要求,健全残疾人社会保障体系和服务体系,使残疾人基本生活、医疗、康复、教育、就业、文化体育等基本需求得到制度性保障,促进残疾人状况改善和全面发展,为残疾人平等参与社会生活创造更好的环境和条件,为全面建设小康社会和构建社会主义和谐社会作出贡献。

(一)总目标。

——残疾人生活总体达到小康,参与和发展状况显著改善。

——建立起残疾人社会保障体系和服务体系基本框架,保障水平和服务能力明显提高。

——完善残疾人事业法律法规政策体系,依法保障残疾人政治、经济、社会、文化教育权利。

——加强残疾人组织和人才队伍建设,提高残疾人事业科技应用和信息化水平。

——系统开展残疾预防,有效控制残疾的发生和发展。

——弘扬人道主义思想,为残疾人平等参与社会生活、共享经济社会发展成果创造更加有利的环境。

(二)指导原则。

1. 坚持以残疾人为本。将切实改善残疾人民生、促进残疾人全面发展作为发展残疾人事业的根本出发点和落脚点。激励残疾人自尊、自信、自强、自立,创造社会财富、实现人生价值。

2. 坚持以加快发展为主题,以残疾人社会保障体系和服务体系建设为主线。将残疾人事业纳入国民经济和社会发展大局,立足国情,讲求实效,加大投入,加快发展,缩小残疾人生活状况与社会平均水平的差距,促进残疾人事业与经济社会协调发展。

3. 坚持党委领导、政府负责的残疾人工作领导体制。将残疾人工作纳入政府重要议事日程和目标管理。建立稳定增长的残疾人事业经费投入保障机制。充分发挥残疾人和残疾人组织的作用,支持残联依照法律法规和章程开展工作,参与残疾人事业社会管理和公共服务。

4. 坚持社会化工作方式。鼓励和引导社会各界参与、支持残疾人社会保障和服务,培育理解、尊重、关心、帮助残疾人的社会风尚。

5. 坚持统筹兼顾和分类指导。政策、资金、项目重点向中西部地区、革命老区、民族地区、边疆地区、贫困地区、农村和基层倾斜,促进区域和城乡残疾人社会保障和服务均衡发展,增强基层为残疾人服务的能力。做好残疾人社会保障体系和服务体系建设省级试验区和专项试点城市工作,发挥典型示范作用。

6. 坚持解决当前问题与完善制度体系相结合。优先解决残疾人反映突出、要求迫切的实际困难。加强制度建设,完善运行机制,提高服务能力,依法发展残疾人事业。

专栏一:主要工作目标

1. 社会保障

——符合条件的残疾人全部纳入城乡最低生活保障制度,实现应保尽保;提高低收入残疾人生活救助水平。

——城乡残疾人普遍加入基本养老保险和基本医疗保险。逐步提高基本医疗和康复保障水平。

——有条件的地方探索建立贫困残疾人生活补助和重度残疾人护理补贴制度。扩大残疾人社会福利范围,适当提高社会福利水平。

——实施"集善工程"、"长江新里程计划"等一批助残慈善项目,推进残疾人慈善事业加快发展。

2. 公共服务

——完善康复服务网络,通过实施重点康复工程帮助1300万残疾人得到不同程度的康复,普遍开展社区康复服务,初步实现残疾人"人人享有康复服务"目标。

——完善残疾人教育体系,健全残疾人教育保障机制。适龄残疾儿童少年普遍接受义务教育,积极发展残疾儿童学前康复教育,大力发展残疾人职业教育,加快发展残疾人高中阶段教育和高等教育。

——加大职业技能培训和岗位开发力度,稳定和扩大残疾人就业,城镇新就业残疾人100万;规范残疾人就业服务体系,保障有就业需求的残疾人普遍得到就业服务和职业培训。

——加强农村残疾人扶贫开发,扶持1000万农村贫困残疾人改善生活状况、增加收入、提高发展能力;为100万农村残疾人提供实用技术培训;改善农村贫困残疾人家庭居住条件。

——建立残疾人托养服务体系,为智力、精神和重度残疾人托养服务提供200万人次补助。

——加强残疾人公共文化和体育健身服务,进一步丰富残疾人精神文化生活。

——建立残疾人法律救助工作协调机制,加快残疾人法律救助工作站建设,为符合规定的残疾人法律援助案件提供补助。

——加快推进城乡无障碍环境建设,有条件的地方为贫困残疾人家庭无障碍改造提供补助。

——制定实施国家残疾预防行动计划,开展残疾预防体系建设试点项目。

3. 支撑条件

——加强残疾人社会保障和服务法规政策建设,制定无障碍建设条例、残疾人康复条例,修订《残疾人教育条例》。

——加强残疾人组织建设,建设好专职、专业和志愿者队伍,加快残疾人康复、教育、就业、维权、托养、文化体育、社会工作等专门人才培养。

——新建、改建、扩建一批骨干残疾人服务设施。

——建立稳定增长的残疾人事业经费投入保障机制。

——做好残疾人社会保障与服务统计和残疾人状况监测。建设残疾人人口综合数据管理系统和中国残疾人服务网。

——产出一批残疾人事业科技和理论研究重大成果。

三、"十二五"时期残疾人事业的主要任务和政策措施

(一)社会保障。

主要任务:

——残疾人基本生活得到稳定的制度性保障。

——城乡残疾人普遍按规定加入基本养老保险和基本医疗保险。

——逐步扩大残疾人社会福利范围,提高社会福利水平。

政策措施:

1. 将残疾人普遍纳入覆盖城乡居民的社会保障体系并予以重点保障和特殊扶助,落实并完善针对残疾人特殊困难和需求的生活补助、护理补贴、社会保险补贴、生活救助等专项社会保障政策措施。

2. 将符合条件的残疾人全部纳入城乡最低生活保障制度,实现应保尽保;靠父母或兄弟姐妹供养的成年重度残疾人单独立户的,按规定纳入低保范围。提高对低收入残疾人的生活救助水平。地方可对符合条件的重度残疾人、一户多残、老残一体等困难残疾人家庭和低收入残疾人家庭给予临时救助。对城乡流浪乞讨生活无着的残疾人按规定给予及时救助和妥善安置。贯彻落实《关于优先解决城乡低收入残疾人家庭住房困难的通知》,将住房困难的城乡低收入残疾人家庭优先纳入基本住房保障范围。将符合条件的城乡贫困残疾人纳入医疗救助范围,逐步提高救助标准。开展残疾人康复救助,对贫困残疾人无法通过医疗保险和医疗救助渠道解决的康复费用予以补助。

3. 督促用人单位依法为残疾职工缴纳社会保险费,符合条件的残疾人按规定享受失业保险待遇。将残疾人纳入就业扶持和就业援助政策范围,对企业吸纳、灵活就业和公益性岗位安置的残疾人,按规定给予社会保险补贴。按规定落实城镇贫困残疾人个体工商户缴纳基本养老费补贴政策。支持符合条件的企业按规定为残疾职工办理补充养老保险和补充医疗保险。制定非公有制经济从业残疾人员、残疾农民工、被征地农村残疾人、灵活就业残疾人参加各类社会保险的优惠政策。对工(农)疗机构、辅助性工场等集中安置残疾人就业单位办理社会保险给予优惠政策。

在城镇居民养老保险试点过程中按照自愿参保的

原则将符合规定条件的残疾人纳入其中。落实贫困残疾人参加城镇居民基本医疗保险、新型农村合作医疗个人缴费部分的政府补贴政策。落实为重度残疾人等缴费困难群体参加新型农村社会养老保险代缴部分或全部最低标准保险费政策。

逐步降低或取消医疗救助的起付线,合理设置封顶线。在将重性精神病患者经常服药费用纳入新农合、城镇居民基本医疗保险基金支付范围的基础上,对仍有困难的给予救助。逐步调整基本医疗保险药品目录、诊疗项目范围和医疗服务设施标准,提高残疾人医疗康复保障水平。逐步规范和增加工伤保险职业康复项目。鼓励开设针对残疾人特殊需求的商业保险险种。

4. 建立贫困残疾人生活补助和重度残疾人护理补贴制度。有条件的地方开展一户多残、老残一体等困难残疾人生活补助试点和重度残疾人护理补贴试点。有条件的地方对重度残疾人适配基本型辅助器具、残疾人家庭环境无障碍建设和改造、日间照料、护理和居家服务给予政府补贴。制定落实残疾人生活用水、电、气、暖费用,挂号费、诊疗费,泊车费,盲人、聋人手机短信和宽带费用以及农村筹资筹劳等方面的优惠政策。研究制定无民事行为能力和限制民事行为能力残疾人财产信托、人身和财产保险等保护措施。

5. 落实《伤病残军人退役安置规定》,做好伤病残军人移交安置工作,逐步提高伤病残军人保障待遇。保障伤病残军人优先享受康复、教育、就业、扶贫及文化、体育等公共服务。

(二)康复。

主要任务:

——完善康复服务网络,健全保障机制,加快康复专业人才培养,初步实现残疾人"人人享有康复服务"目标。

——全面开展社区康复服务;实施重点康复工程,帮助1300万残疾人得到不同程度的康复。

——构建辅助器具适配体系,组织供应500万件各类辅助器具,有需求的残疾人普遍适配基本型辅助器具。

政策措施:

1. 以专业康复机构为骨干、社区为基础、家庭为依托,发挥医疗机构、城市社区卫生服务中心、村卫生室、特教学校、残疾人集中就业单位、残疾人福利机构等的作用,建立健全社会化的残疾人康复服务网络,全面开展医疗康复、教育康复、职业康复、社会康复,提供功能技能训练、辅助器具适配、心理辅导、康复转介、残疾预防、知识普及和咨询等康复服务。重点解决中西部地区、农牧区和贫困残疾人康复服务的可及性问题。

2. 加强省、市、县三级专业康复机构的规范化建设。制定康复机构和精神病患者康复机构的建设标准和服务规范。建设一批专业化骨干康复机构以及综合医院康复医学科和康复医院。扶持一批有条件的省、市级康复机构成为区域性康复技术资源中心,扶持一批社区康复站成为基层康复工作示范点。加强综合医院、精神专科医院康复医学科室建设,规范康复医学服务行为,开展康复医疗与训练、人员培训、技术指导、康复技术研究等工作。加强民政福利机构康复设施建设。

3. 城市社区卫生服务中心、乡镇卫生院要根据康复服务需求设立康复室,配备适宜的康复设备和人员。建立示范性社区康复站。依托各级各类医疗、康复、教育机构,充分利用社区资源,加强社区康复服务能力建设,制定社区康复服务质量标准,开展规范化社区康复服务,实现康复进社区、服务到家庭,为残疾人提供基本康复服务。

4. 实施0—6岁残疾儿童免费抢救性康复项目,建立残疾儿童抢救性康复救助制度,有条件的地区逐步扩大康复救助范围。实施白内障患者复明救治、盲人定向行走训练、低视力残疾人康复、聋儿听力语言康复、肢体残疾人矫治手术及康复训练、麻风畸残矫治手术及防护用品配置、智力残疾人康复训练与服务、精神病防治康复等国家重点康复工程。

5. 制定国家扶持辅助器具产业发展政策,研究完善辅助器具等残疾人专用品进口税收优惠政策。构建辅助器具适配体系,完善辅助器具标准,实施《残疾人辅助器具机构建设规范》,发挥国家和区域残疾人辅助器具资源中心的作用,加强各级残疾人辅助器具服务中心(站)建设,推广辅助器具评估适配等科学方法,推进辅助器具服务进社区、到家庭。加强国家康复器械质量监督检验中心建设,强化辅助器具质量监督检验工作。扶持研发、生产一批残疾人急需的辅助器具,组织供应500万件辅助器具,提高适用性和使用率。完善中国残疾人辅助器具服务网,办好中国国际康复博览会。

6. 制定康复医学发展规划,加强康复医学学科建设,提高康复医学发展水平,不断提高康复服务质量。建立国家康复人才教育基地。实施康复人才培养"百千万"工程,使康复专业人才总量增加、结构合理、水平提高。逐步建立完善康复专业技术人员和技能人员职业资格评价体系和晋升体系。制定完善听力语言康复,脑瘫、智力残疾、孤独症儿童康复训练,精神病防治康复等技术标准。

(三)教育。

主要任务:

——完善残疾人教育体系,健全保障机制,提高残疾人受教育水平。

——适龄残疾儿童少年普遍接受义务教育，提高残疾儿童少年义务教育质量。

——发展残疾儿童学前康复教育；大力发展残疾人职业教育，加快发展残疾人高中阶段教育和高等教育。

——减少残疾人青壮年文盲。

政策措施：

1. 贯彻落实《残疾人教育条例》《国家中长期教育改革和发展规划纲要(2010—2020年)》和《国务院办公厅转发教育部等部门关于进一步加快特殊教育事业发展意见的通知》(国办发〔2009〕41号)，建立完善从学前教育到高等教育的残疾人教育体系，健全特殊教育保障机制，将特殊教育纳入国家教育督导制度和政府教育评价体系，保障残疾人受教育的权利。

2. 将残疾人义务教育纳入基本公共服务体系。继续完善以特殊教育学校为骨干、以随班就读和特教班为主体的残疾儿童少年义务教育体系，加快普及并提高适龄残疾儿童少年义务教育水平。采取社区教育、送教上门、跨区域招生、建立专门学校等形式对适龄重度肢体残疾、重度智力残疾、孤独症、脑瘫和多重残疾儿童少年实施义务教育。动员和组织农牧区适龄残疾儿童少年接受义务教育，推进区域内残疾儿童少年义务教育均衡发展。建立完善残疾儿童少年随班就读支持保障体系，依托有条件的教育机构设立特殊教育资源中心，辐射带动特殊教育学校和普通学校，提高随班就读质量。支持儿童福利机构特教班建设。

3. 建立多部门联动的0—6岁残疾儿童筛查、报告、转衔、早期康复教育、家长培训和师资培养的工作机制，鼓励和支持幼儿园、特教学校、残疾儿童康复和福利机构等实施残疾儿童学前康复教育。实施"阳光助学计划"，资助残疾儿童接受普惠性学前康复教育。逐步提高残疾儿童学前康复教育普及程度。重视0—3岁残疾儿童康复教育。帮助0—6岁残疾儿童家长及保育人员接受科学的康复教育指导。鼓励、扶持和规范社会力量兴办残疾儿童学前康复教育机构。

4. 普通高中、中等职业学校要创造条件招收残疾学生。鼓励和扶持特教学校开设高中部(班)，支持特教高中、残疾人中等职业学校建设，改善办学条件。扩大残疾人中等职业学校招生规模，拓宽专业设置，改革培养模式，加快残疾人技能型人才培养。帮助农村残疾人和残疾人家庭子女接受职业教育。残疾人教育机构、职业培训机构、托养机构、残疾人扶贫基地等要承担扫除残疾人青壮年文盲的任务和职责，探索残疾人青壮年文盲扫盲工作机制和模式。

5. 普通高校要创造条件扩大招收残疾学生规模，为残疾学生学习、生活提供便利。要尊重少数民族的风俗习惯，为少数民族残疾学生创造良好学习生活环境。继续办好南京特殊教育职业技术学院、长春大学特殊教育学院、北京联合大学特殊教育学院、天津理工大学聋人工学院、滨州医学院特殊教育学院等高等特殊教育学院(专业)，适当扩大招生规模，拓宽专业设置，完善办学机制，提高办学层次和质量。通过自学考试、远程教育等方式帮助更多的残疾人接受高等教育。完善盲、聋、重度肢体残疾等特殊考生招生、考试办法。聋人参加各类外语考试免试听力。

6. 加大特殊教育教师培训力度，提升特殊教育师资能力。高等师范院校普遍开设特殊教育课程，鼓励和支持高等师范院校和综合性院校举办特殊教育专业，加快特殊教育教师培养。根据国家规定落实并逐步提高特教津贴。在优秀教师表彰中提高特殊教育教师比例。推进中西部地区特殊教育学校建设。国家制定特殊教育学校基本办学标准，地方政府制定学生人均公用经费标准和教职工编制标准。改善特殊教育学校办学条件。深化课程改革，完善教材建设，加强教学研究，不断提高特殊教育教学质量和水平，全面提高残疾学生思想道德、科学文化、身心健康素质和社会适应能力。

7. 全面实施残疾学生免费义务教育。对义务教育阶段残疾学生在"两免一补"基础上，针对残疾学生的特殊需要，进一步提高补助水平。逐步实施残疾学生高中阶段免费教育。普通高校全日制本专科在校生中家庭经济困难的残疾学生及残疾人家庭子女优先享受国家助学金。动员社会力量广泛开展各种形式的扶残助学活动。

8. 将手语、盲文研究与推广工作纳入国家语言文字工作规划，建立手语、盲文研究机构，规范、推广国家通用手语、通用盲文，提高手语、盲文的信息化水平。建立手语翻译员培训、认证、派遣服务制度。

(四)就业。

主要任务：

——完善残疾人就业促进和保护政策措施，稳定和扩大残疾人就业，提高残疾人就业质量，鼓励残疾人创业，城镇新就业残疾人100万人。

——规范残疾人就业服务体系，有就业需求的各类残疾人普遍获得就业服务和职业技能培训。

政策措施：

1. 全面贯彻《中华人民共和国就业促进法》和《残疾人就业条例》。落实对残疾人集中就业单位税收优惠和对从事个体经营的残疾人实施收费减免、税收扶持有关政策，完善残疾人就业保障金征收使用管理政策。编制残疾人集中就业单位专产专营和政府优先采购产品与服务目录。将残疾人就业纳入各级政府就业联动和督导工作。

2. 实施百万残疾人就业工程。切实落实按比例就业政策，党政机关、人民团体、事业单位及国有企业带头安排残疾人，促进更多残疾人在各类用人单位按比例就业，逐步建立残疾人按比例就业岗位预留制度；政府开发的适合残疾人就业的公益性岗位，应优先安排残疾人就业；落实完善残疾人就业促进税收优惠政策，鼓励用人单位吸纳残疾人就业；通过资金扶持、小额贷款贴息、经营场所扶持、社会保险补贴、税收优惠等措施，扶持残疾人自主创业和灵活就业。以社区便民服务、社区公益性岗位、家庭服务、电子商务等多种形式促进残疾人社区就业和居家就业。落实高校残疾人毕业生就业扶持政策。加强对外来务工残疾人、女性残疾人和少数民族残疾人的职业培训和就业服务。

3. 加强残疾人职业教育培训和职业能力建设。以就业为导向，鼓励各级各类特殊教育学校、职业学校及其他教育培训机构开展多层次残疾人职业教育培训，着力加强订单式培训、定向培训和定岗培训，强化实际操作技能训练和职业素质培养，着力提高培训后的就业率。建立残疾人职业培训补贴与培训质量、一次性就业率相衔接的机制。加强残疾人职业能力开发，建立健全残疾人职业技能人才奖励机制。举办全国残疾人职业技能竞赛，参加国际残疾人奥林匹克职业技能竞赛。

4. 全面实施《盲人医疗按摩管理办法》。组织好国家盲人医疗按摩人员资格考试，做好盲人医疗按摩人员执业资格和专业技术职称评审工作。扩建北京按摩医院。培养盲人医疗按摩人员。鼓励医疗机构录用盲人医疗按摩人员。帮助有执业资格的盲人开办医疗按摩所。制定盲人保健按摩管理办法，规范盲人保健按摩行业管理。培训盲人保健按摩人员并扶持就业。为听力言语残疾人提供培训，帮助听力言语残疾人就业。大力推进职业康复劳动项目，促进智力和精神残疾人辅助性就业。

5. 各地公共就业服务机构和基层劳动就业社会保障公共服务平台免费为残疾人提供有针对性的职业介绍、职业指导等就业服务。将就业困难残疾人纳入就业援助范围，通过即时岗位援助、公益性岗位安置、社会保险补贴等政策，加大就业援助力度。结合公共就业人才服务专项活动，为残疾人提供专门服务。采取有效措施积极引导经营性人力资源服务机构履行社会责任，为残疾人提供优质、高效、贴心的就业服务。加强劳动保障监察，督促各类用人单位认真遵守国家促进残疾人就业的法律法规，禁止针对残疾人的就业歧视和违法雇佣残疾人，维护残疾人公平就业权利。

6. 实施残疾人就业服务能力建设工程。加强国家残疾人就业服务指导中心建设，制定残疾人职业技能鉴定辅助标准，完善残疾人职业技能鉴定办法。加快推进残疾人就业服务机构规范化建设，县级以上残疾人就业服务机构具备独立开展就业服务的条件，建立残疾人职业指导、职业信息分析、职业能力评估和劳动保障协理相结合的专业就业保障服务队伍，为用人单位提供适合残疾人的就业信息发布和推荐残疾人就业等支持性服务，免费为残疾人提供职业指导、职业适应评估、就业和失业登记、职业介绍等服务。依托基层残疾人专职委员队伍，培训残疾人就业服务与社保协理员。加强残疾人就业服务信息网建设，将其纳入公共就业人才服务信息网络系统。

7. 依托农村扶贫开发和统筹城乡就业政策，扶持农村残疾人开展种养业、家庭服务业和其他增收项目，有序组织农村残疾人转移就业。

（五）扶贫。

主要任务：

——加强农村残疾人扶贫开发，扶持1000万农村贫困残疾人改善生活状况、增加收入、提高发展能力。

——为100万农村残疾人提供实用技术培训。

——继续实施“阳光安居工程”，改善农村贫困残疾人家庭居住条件。

政策措施：

1. 贯彻落实《中国农村扶贫开发纲要(2011—2020年)》，将贫困残疾人作为重点扶持群体纳入政府扶贫开发规划，统筹安排，同步实施，优先帮扶。制定并实施《农村残疾人扶贫开发规划(2011—2020年)》。完善贫困残疾人口的识别机制，将家庭年人均纯收入低于当地最低生活保障标准的农村贫困残疾人纳入农村低保范围，将有劳动能力的农村贫困残疾人纳入扶贫范围。帮助有劳动能力的贫困残疾人优先享受国家扶贫开发和惠农政策，做好农村低保制度和扶贫开发政策的有效衔接。中央和地方多渠道安排筹措资金，加大对农村贫困残疾人的帮扶力度。

2. 继续开展残疾人康复扶贫。增加中央康复扶贫贷款贴息资金。加大康复扶贫贷款管理体制改革力度，健全担保体系，简化贷款程序，提高贷款扶持贫困残疾人户的到位率和扶贫效益。加强对扶持贫困残疾人的能人大户和扶贫基地的信贷支持。开展产业化扶贫，实施“阳光助残扶贫基地建设工程”，扶持创建一批农村残疾人扶贫基地，带动贫困残疾人农户发展生产、增加收入。

3. 加强对农村贫困残疾人的培训。为100万农村贫困残疾人开展实用技术培训，合理设置适合不同类别残疾人的培训项目，使经过培训的残疾人至少掌握1—2门实用增收技术。政府举办或补助的面向“三农”

的培训机构和项目免费培训残疾人。

4. 在移民扶贫和农村危房改造工程中对农牧区贫困残疾人家庭住房建设和改造予以优先安排。继续使用国家彩票公益金支持“阳光安居工程”——中西部地区农村贫困残疾人家庭危房改造项目。

5. 加强基层残疾人扶贫服务社建设,依托农村金融机构、供销合作社、农民专业合作社、贫困村互助社、各种行业协会组织等农村社会化服务体系,为残疾人提供多种形式的生产生活服务。

6. 广泛开展“帮、包、带、扶”活动,动员城乡基层组织、干部、群众、志愿者结对帮扶农村贫困残疾人。

(六)托养。

主要任务:

——初步建立残疾人托养服务体系。

——继续实施“阳光家园计划”,为残疾人托养服务提供200万人次补助。

政策措施:

1. 以智力、精神、重度残疾人为重点对象,组织开展托养服务需求调查,摸清底数,制定托养服务发展计划。

2. 建立健全以省级或省会城市托养服务机构为示范、设区的市和有条件的县托养服务机构为骨干、乡镇(街道)和社区日间照料为主体、居家托养服务为基础的残疾人托养服务体系。省级或省会城市、设区的市及有条件的县(市、区)建设一批残疾人托养服务骨干示范机构。引导支持社会组织和个人兴办非营利性残疾人托养服务机构。

3. 大力发展居家托养服务。通过政策和资金扶持,动员社会服务组织、志愿服务人员、家庭邻里等力量,依托社区和家庭,为更多居住在家并符合托养条件的残疾人提供生活照料、康复护理、生活和职业能力培训、精神慰藉、安全保护等方面的服务。

4. 坚持政府投入为主,鼓励通过社会募集等多种渠道筹措托养服务资金,逐步提高托养服务的补助标准,扩大受益面。

5. 制定实施残疾人托养服务机构建设标准和服务规范。加强行业管理,探索建立针对残疾人托养服务机构、提供残疾人居家托养服务的社会组织资助制度和服务质量监管制度。对规范达标的托养服务机构给予居民家庭水、电、气、暖费用同价优惠待遇。按照专职与志愿相结合的原则,加强托养服务队伍建设,培训管理和服务人员。

(七)文化。

主要任务:

——加强公共文化服务,满足残疾人基本文化需求。

——丰富残疾人文化生活,发展残疾人文化艺术。

政策措施:

1. 各类公共文化场所免费或优惠向残疾人开放,提供设施及信息交流无障碍服务。群众艺术馆、文化馆、乡镇综合文化站、社区文化中心(街道文化站)、特殊教育学校、残疾人组织、社会福利机构、社会残疾人服务机构等组织残疾人开展形式多样、健康有益的群众性文化、艺术、娱乐活动。农家书屋、全国文化信息资源共享工程等国家公共文化服务重点项目中要有为残疾人服务的内容。在国家和地方各级政府组织开展的各项文化活动以及各类文化评奖、艺术比赛中,鼓励和吸纳残疾人或残疾人文化艺术团体参与。

2. 以“残疾人文化周”为载体,开展基层群众性残疾人文化活动。在城乡社区实施“残疾人文化进社区”项目。扶持出版为残疾人服务的图书、音像制品。扶持残疾人题材的影视剧、戏剧、广播剧等文艺作品的创作、发行。建设网上中国残疾人数字图书馆,拓展面向各类残疾人的数字资源服务。扶持各种音像制品、网络视频和学习课件加配字幕。

3. 各级公共图书馆应设立盲人阅览室,配置盲文图书及有关阅读设备,做好盲人阅读服务。资助中西部地区设区的市、县两级公共图书馆盲人阅览室建设。充分发挥中国视障文化资讯服务中心(中国盲文图书馆)资源辐射和公共文化服务作用。盲人读物出版规模比“十一五”翻两番,加强盲人信息化产品研发、生产和应用。

4. 扶持以特殊教育学校为主的残疾人特殊艺术人才培养基地。举办全国残疾人艺术汇演、全国特教学校学生艺术汇演和全国残疾人文化艺术博览会。鼓励扶持残疾人参加工艺美术、书画、文学、摄影等艺术活动和创作,培育残疾人文化艺术品牌。开展残疾人文化艺术国际交流。

(八)体育。

主要任务:

——加强残疾人群众体育工作,促进残疾人康复健身,提高社会参与能力。

——提高残疾人竞技体育水平,在重大残疾人国际赛事中争取优异成绩。

政策措施:

1. 公共体育设施免费向残疾人开放,为残疾人参加体育健身提供便利。社会体育指导员要积极组织、帮助残疾人参加体育健身活动。社区和社会福利机构、特殊教育学校、康复机构、托养服务机构等残疾人相对集中的基层单位要结合康复训练、职业培训、特殊教育等,广泛开展残疾人群众性体育健身活动。重视农村残疾人体育工作,引导农村残疾人因地制宜参加健身活动。推动残奥、聋奥、特奥均衡发展,经常参加特奥运动的智力残疾人发展到120万人。

2. 贯彻落实《全民健身计划(2011—2015年)》,实施"残疾人自强健身工程"。推广适合残疾人身心特点的健身康复体育项目,举办全国性、区域性残疾人群众性体育展示活动。为基层残疾人体育活动场所和残疾人综合服务设施配置适宜的器材器械,建设一批群众体育活动示范点。积极做好残疾人体育健身服务,培养残疾人社会体育健身指导员。开展残疾人群众性体育促进康复健身效果的评估和科学研究。

3. 改革残疾人体育竞赛制度。实施残疾人运动员等级评定办法。建立优秀残疾人运动员集训队伍,培育残疾人体育技术人员、管理人员队伍。发挥国家残疾人体育训练基地的示范作用,进一步加强残疾人体育基地建设和管理。加强残疾人体育教育、科研工作和道德作风建设。解决退役残疾人运动员社会保障和教育、就业等问题。

4. 办好全国残运会、特奥会、聋人运动会等赛事。组团参加残奥会、特奥会、听障奥运会等重要国际赛事,争取优异成绩,为国争光。

(九)无障碍环境。

主要任务:

——加快推进无障碍建设与改造,开展全国无障碍建设市、县、区创建工作。

——加强信息无障碍建设,公共服务信息方便残疾人使用。

——开展残疾人家庭无障碍改造,对贫困残疾人家庭提供改造补助。

政策措施:

1. 制定实施无障碍建设条例,依法开展无障碍建设。完善无障碍建设标准体系,新建、改建、扩建设施严格按照国家相关规范建设无障碍设施,加快推进既有道路、建筑物、居住小区、园林绿地特别是与残疾人日常生活密切相关的已建设施无障碍改造。提高无障碍建设质量和水平,加强无障碍设施日常维护与管理。开展创建全国无障碍建设市、县、区工作。普及无障碍知识,加强宣传与推广。

2. 实施无障碍环境建设工程。将无障碍建设纳入社会主义新农村和城镇化建设内容,与公共服务设施同时规划、同时设计、同时施工、同时验收。航空、铁路及城市公共交通要加大无障碍建设和改造力度,公共交通工具要逐步完善无障碍设备配置,公共停车区要设置残疾人停车位。广泛开展残疾人家庭无障碍改造工作,有条件的地方要对贫困残疾人家庭无障碍改造提供补助。基本完成残疾人综合服务设施的无障碍改造。

3. 将信息无障碍纳入信息化相关规划,更加关注残疾人享受信息化成果、参与信息化建设进程。制定信息无障碍技术标准,推进通用产品、技术信息无障碍。推进互联网和手机、电脑、可视设备等信息无障碍实用技术、产品研发和推广,推动互联网网站无障碍设计。各级政府和有关部门采取无障碍方式发布政务信息。推动公共服务行业、公共场所、公共交通工具建立语音提示、屏显字幕、视觉引导等系统。推进聋人手机短信服务平台建设。推进药品和食品说明的信息无障碍。图书和声像资源数字化建设实现信息无障碍。

(十)法制建设和维权。

主要任务:

——进一步完善残疾人事业法律法规政策体系,加强普法宣传,提高全社会依法维护残疾人权益的意识,为残疾人社会保障体系和服务体系建设提供良好法制环境。

——完善残疾人维权工作机制,畅通联系残疾人的渠道,深入开展残疾人法律救助工作,着力解决残疾人普遍性、群体性的利益诉求。

政策措施:

1. 进一步健全残疾人事业法律法规体系。制定无障碍建设条例、残疾人康复条例,修订《残疾人教育条例》。完成残疾人保障法地方实施办法的修改工作,指导地方适时制定和修改残疾人优惠政策和扶助规定。在涉及残疾人的立法中纳入保障残疾人权益的内容。尊重和保障残疾人在相关立法和残疾人事务中的知情权、参与权、表达权和监督权。

2. 进一步加大残疾人保障法等保障残疾人权益法律法规的实施力度,积极配合各级人大、政协开展执法检查、视察和调研,依法维护残疾人合法权益。建立健全残联系统人大代表、政协委员服务工作机制,充分发挥残疾人组织和残疾人代表在国家政治、经济、社会、文化生活中的民主参与、民主管理和民主监督作用。

3. 将残疾人保障法等法律法规纳入国家"六五"普法规划,开展形式多样的普法宣传活动,提高全社会依法维护残疾人权益的意识,提高残疾人对残疾人保障法等法律法规的知晓率,提升残疾人运用法律武器维护自身合法权益的能力。对残联系统工作人员开展法制教育培训,培训残疾人维权工作人员。

4. 深入推进残疾人法律救助工作。切实加强残疾人法律救助工作协调机制建设,在政策制定、重大案件解决上发挥有效作用。拓展残疾人法律服务工作领域和服务内容,开展"送法进社区"、"送法进乡村"等活动,把残疾人法律服务向社区、乡村和老少边穷地区延伸,为残疾人提供个性化、专业化服务,依法解决残疾人切身利益问题。继续推动将残疾人权益保护事项纳入法律援助补充事项范围，扩大残疾人法律援助覆盖面。加快残疾人法律救助工作机构建设，在省、市和有条件的县建立残疾人法律救助工作站。为符合规定的残疾人法律援助案件提供经费补助。加强残疾人法律救助工作的信息化管理和基础理论研究。

5. 进一步完善残疾人信访工作机制，畅通信访渠道，健全信访事项督查督办与突发群体性事件应急处置机制。加大矛盾纠纷排查化解力度，将残疾人信访反映的困难和问题解决在基层。根据各类别残疾人的不同特点、需求，制定出台相关政策，解决残疾人在社会保障和服务等方面普遍性、群体性的权益诉求。加大重大侵害残疾人权益的信访案件协调督办力度，严厉打击侵害残疾人权益的违法犯罪行为，维护残疾人权益和社会稳定。

(十一)残疾预防。

主要任务：

——建立综合性、社会化预防和控制网络，形成信息准确、方法科学、管理完善、资源共享、监控有效的残疾预防机制。

——实施重点预防工程，有效控制残疾的发生和发展。

政策措施：

1. 制定和实施国家残疾预防行动计划。开展残疾预防体系建设试点项目。广泛开展以社区为基础、以一级预防为重点的三级预防工作，健全政府统筹规划和协调、各有关部门和团体齐抓共管、各司其职、密切配合的残疾预防工作体系和工作机制。

2. 针对危害面广、可预防的致残因素，实施一批重点预防工程。开展免费孕前优生健康检查试点。逐步建立健全全国产前筛查诊断网络，做好孕产期保健和产前诊断，开展新生儿疾病筛查、诊断和治疗，建立残疾儿童早发现、早报告、早治疗制度，有效控制孤独症、脑瘫、重度智力残疾等先天残疾的发生，有效控制先天性苯丙酮尿症和先天性甲状腺功能低下所引起的儿童智力残疾的发生。强化计划免疫和基本医疗卫生保健，大量减少传染病致残。积极开展高血压、冠心病、脑血管疾病等慢性病的预防监测和治疗，倡导健康生活方式，减少慢性病致残。有效落实各项地方病防治措施，防止出现地方性克汀病新发病例、重度氟骨症患者、大骨节病临床新发病例和急性、亚急性克山病病例。加强初级眼保健工作，提高白内障手术能力，普及青少年视力检查和眼保健，减少白内障、糖尿病视网膜病变、低视力、儿童盲、屈光不正等导致的可避免盲。规范临床药物使用管理，完善控制药物不良反应的措施和不良反应的报告制度，减少药物致残。加强环境保护、安全生产、工伤预防、交通安全和防灾减灾工作，提高应急处理和医疗急救能力，控制、减少环境因素和事故致残。重视精神残疾预防，对重点人群开展心理健康教育和心理干预。

3. 普及残疾预防知识，提高公众残疾预防意识。组织好世界精神卫生日、全国爱耳日、爱眼日、预防出生缺陷日、防治碘缺乏病日等主题宣传教育活动，重点做好新婚夫妇、孕产期妇女、有害环境地区居民、交通和矿山行业职工、中小学生等重点人群的宣传教育工作。普及婚前卫生指导、孕前优生咨询和医学检查。

4. 加强有关残疾预防法律法规建设。执行残疾人残疾分类分级国家标准，实施残疾报告制度。加强信息收集，建立残疾预防的综合信息网络平台和数据库，开展致残因素监控和残疾预防对策研究。加强国家社科基金重大项目“中国残疾预防对策研究”的组织实施和成果转化应用工作。

专栏二：“十二五”主要助残服务项目

1.0—6 岁残疾儿童抢救性康复工程：为残疾儿童实施免费抢救性康复，建立残疾儿童抢救性康复救助制度和 0—6 岁残疾儿童筛查、报告、转衔、早期康复教育工作机制。

2. 千万残疾人康复工程：开展白内障患者复明救治、精神病防治康复等国家重点康复工程，帮助 1300 万残疾人得到不同程度的康复。适配 500 万件辅助器具。

3. 阳光助学计划：为贫困残疾儿童提供学前康复教育资助。

4. 百万残疾人就业工程：扶持城镇新就业残疾人 100 万名。

5. 阳光助残扶贫基地建设工程：扶持创建农村残疾人扶贫基地，带动农村贫困残疾人家庭发展生产、增加收入。

6. 阳光家园计划：对残疾人托养服务提供 200 万人次补助。

7. 阳光安居工程：继续使用彩票公益金支持中西部地区农村贫困残疾人家庭危房改造；有条件的地方要对贫困残疾人家庭无障碍改造给予补助。

8. 残疾人文化建设工程：在城乡社区实施“残疾人文化进社区”项目。支持中西部地区设区的市、县两级公共图书馆盲人阅览室建设和省、市两级电视台开办手语节目。扶持特殊艺术人才培养基地。

9. 残疾人自强健身工程：建设一批残疾人群众体育活动示范点，为基层残疾人体育活动场所、残疾人综合服务设施配置器材器械，推广适合残疾人的体育健身项目。

10. 志愿助残阳光行动：开展志愿助残阳光行动，注册助残志愿者达到 1000 万人，受助残疾人达到 1.5

亿人次。

(十二)残疾人组织和工作队伍建设。

主要任务:

——完善残疾人组织体系,履行"代表、服务、管理"职能。

——加强基层残疾人组织建设和社区残疾人工作,提高为残疾人服务的能力。

——建设高素质的残疾人工作专职、专业和志愿者队伍。

——充分发挥残疾人专门协会作用。

政策措施:

1.进一步加强残联组织建设,完善各级残联机构设置,配备适应工作需要的人员编制。加强与残疾人的血肉联系,切实履行职能;掌握残疾人社会保障和服务的基本情况和基础数据,积极向政府反映残疾人的特殊困难和需求;协助政府做好有关政策、法规、规划的制定和行业管理工作。做好第二代残疾人证发放管理工作。

2.按照《关于进一步加强和规范基层残疾人组织建设的意见》的要求,在规划城乡基层组织建设的过程中,对基层残疾人组织给予积极指导和支持,进一步推进基层残疾人组织规范化建设。建立健全乡镇(街道)、村(社区)残疾人组织,除分类指导地区外,城乡基层残疾人组织实现全覆盖。加大基层残疾人组织的工作经费投入。着力培育基层残疾人工作者和残疾人专职委员队伍。加强残疾人专职委员培训,改善工作条件,妥善解决好其待遇问题,为基层残疾人工作提供组织和人才保障。

3.将残疾人社会保障和服务纳入城乡社区建设规划和内容。社区建设协调领导机构要吸收同级残联为成员,城乡社区居民委员会要充分发挥残疾人协会和残疾人专职委员的作用,整合社区资源开展残疾人康复、社保经办、就业服务、日间照料、文化体育、法律服务、无障碍等工作。

4.县级以上残联全部建立残疾人专门协会,省、设区的市残联建立残疾人专门协会活动场所,进一步加强专门协会规范化建设,活跃专门协会工作,切实发挥"代表、服务、维权"职能。加强对残疾人社会组织的联系、指导和支持。

5.加强残联干部队伍建设,将残联干部队伍建设纳入干部队伍和人才队伍建设整体规划,加大培养、使用和交流力度。选好配强各级残联领导班子。做好残疾人干部的选拔、培养和使用工作,省级残联配备盲人、聋人专职理事,逐步配备智力、精神残疾人亲属理事。建立完善残疾人人才库。深入开展残疾人工作者"人道、廉洁、服务、奉献"的职业道德教育,加大设区的市、县级残联干部培训力度。进一步发挥各级残联代表大会代表作用。

6.制定并实施《中国残疾人事业中长期人才发展规划纲要(2011—2020年)》。加快培养残疾人社会保障和服务等专业人才队伍。建立完善人才保障和激励机制,按照国家有关规定落实对为残疾人服务工作人员的工资待遇倾斜政策。

7.将志愿助残工作纳入国家志愿服务总体规划,开展"志愿助残阳光行动"。建立健全助残志愿者招募注册、服务对接、评价激励、权益维护等机制,促进志愿助残服务的专业化、常态化和长效化。助残志愿者注册人数达到1000万。

8.大力弘扬自强不息精神,鼓励和帮助残疾人参与社会生活,充分发挥残疾人在残疾人事业中的作用。广泛开展自强活动,培育、发现自强典型。召开第五次全国"自强与助残"表彰大会。

(十三)科技、信息化和基础设施建设。

主要任务:

——加强残疾人事业领域的科技创新和成果应用及信息化建设工作,提高残疾人事业的信息化管理水平,为残疾人社会保障体系和服务体系提供技术支撑。

——加强残疾人事业基础设施建设,完善布局,改善条件,增强服务能力。

政策措施:

1.建设残疾人人口综合数据管理系统,实现与社会保障和公共服务管理信息平台的数据交换和资源共享,为残疾人享有社会保障和服务提供身份认证和基础信息,为残疾人事业发展提供客观真实的基础数据。建设全国统一的中国残疾人服务网,开展个性化、多形式的网上便民、惠民服务。继续加强中国残联和地方残联网站资源和无障碍建设,加大政务信息公开力度。建立和完善残联系统信息化标准体系。加强信息化机构、队伍建设和基层信息专业技术人才培养。

2.国家科技支撑计划、自然科学基金、社会科学基金等支持、推动残疾人事业领域的科技创新、政策理论研究和科技应用。发挥中国残疾人信息和无障碍技术研究中心作用,加快"中国残疾人信息无障碍关键技术支撑体系及示范应用"研究成果的转化与应用。继续实施"科技助残行动计划"。开展残疾人康复服务平台研发及应用示范等研究。鼓励和支持高等院校、科研机构和企事业单位研究残疾鉴定、康复、特殊教育、职业技能鉴定、辅助器具等领域的标准和技术。培育一批以科技为先导的为残疾人服务的产业品牌和企业。

3.加强对残疾人服务设施的统筹规划,将残疾人康复、教育、就业、福利、托养、文化体育、综合服务等专业服务设施建设纳入城乡公益性建设项目,在立项、规划和建设用地等方面优先安排,加大投入,重点扶持,使残疾人服务设施布局合理、条件改善、服务能力增强。实施残疾人综合服务设施建设标准,继续完善残疾人综合服务设施建设。应建未建地区要建设符合要求的残疾人综合服务设施;无障碍设施不规范的残疾人综合服务设施应进行改造;建设规模不达标的残疾人综合服务设施应进行扩建。中央对中西部困难地区的残疾人综合服务设施建设继续给予适当补助。

(十四)统计、监测和政策研究。

主要任务:

——加强统计和监测,掌握残疾人基本状况和基础数据,及时跟踪残疾人事业有关工作的进展情况和取得的成效。

——加强残疾人社会保障和服务理论与实践研究,完善管理运行制度和服务标准。

政策措施:

1. 完善残疾人社会保障体系和服务体系统计指标,制定统计数据标准。加强基层业务台账工作,推行统计电子化和网络化管理应用。开展残疾人事业统计季报工作,提高统计数据的准确性和实效性。加强对各类统计数据资源的综合分析,发布残疾人事业年度统计公报。推进残疾人事业相关统计指标纳入社会保障和公共服务统计指标体系。加强统计队伍建设,定期做好培训、检查、监督、管理工作。

2. 做好残疾人状况监测工作,稳定工作队伍,落实保障条件,提高数据质量,加强分析利用。筹备第三次全国残疾人抽样调查,推进残疾人抽样调查的制度化、规范化。

3. 加强有关学科建设,充分发挥高校和研究机构残疾人事业研究基地的学术优势,办好残疾人事业发展研究会,进一步加强残疾人事业的理论与实践研究。重点开展残疾人公民权利、人道主义思想等基础性研究和残疾人社会福利、劳动权益保护、残疾人服务业、残疾人服务提供模式、服务机构运行管理、服务质量标准与监管、无障碍等方面政策研究。编写出版残疾人社会保障和服务研究、培训系列丛书。

(十五)社会环境和残疾人慈善事业。

主要任务:

——进一步弘扬人道主义思想,广泛宣传“平等、参与、共享”的现代文明社会残疾人观,为残疾人社会保障体系和服务体系建设营造良好社会环境。

——发挥残疾人社会服务组织作用,大力发展残疾人慈善事业,建立社会力量参与残疾人社会保障和服务的有效机制。

政策措施:

1. 宣传、文化、广播影视、新闻出版等部门和单位采取有效措施,进一步支持残疾人事业。新闻媒体要加大残疾人事业宣传力度,广泛宣传党和政府扶残助残优惠政策措施、社会各界的助残善举和残疾人的自强精神,加强网络等新媒体宣传。中央、省、设区的市广播电台要积极创造条件开设残疾人专题节目、电视台要积极创造条件开办手语栏目。对困难地区广播电台开设残疾人专题节目、电视台开设手语栏目给予扶持。继续推进影视剧和电视节目加配字幕。组织好全国残疾人事业好新闻作品评选和各地人民广播电台残疾人专题节目展播活动。组织好全国助残日、国际残疾人日等主题宣传活动。继续开展“手拉手红领巾助残”等活动。

2. 通过用地保障、信贷支持和政府采购等形式,鼓励民间资本参与发展残疾人社会福利事业,兴办残疾人康复、托养服务等各类社会福利机构。采取公办民营、民办公助、政府购买服务等多种形式,通过资金、场地、人才等扶持措施鼓励各类社会组织、企事业单位和个人参与发展残疾人服务业。改进和完善对残疾人社会服务组织资助办法,建立服务质量标准和监管制度,有条件的地方可以试点竞争性投标,确保服务的效率和质量。加强残疾人服务业规划和行业管理。

3. 大力发展残疾人慈善事业。残疾人福利基金会要积极为残疾人事业筹集善款,开展爱心捐助活动。发展中国狮子联会。实施好“集善工程”、“长江新里程计划”等残疾人慈善品牌项目。红十字会、慈善会等社会组织要积极开展残疾人慈善项目,鼓励社会单位和个人增强慈善意识,为残疾人事业发展贡献力量。

(十六)国际交流与合作。

做好联合国《残疾人权利公约》履约工作,建立健全国家履约机制,促进残疾人事业发展和残疾人权益保障。积极参与国际残疾人事务,加强对外宣传,展示我国残疾人人权保障和社会发展的成就。

加强与联合国有关机构、各国政府、国际残疾人组织、各国残疾人组织和民间机构的交流与合作,拓展国际交流领域,提高国际合作水平,增进与各国残疾人之间的相互了解和友谊,借鉴国外残疾人事务的有益经验和做法,促进我国残疾人事业的发展。

专栏三:“十二五”主要能力建设项目

1. 残疾人综合服务设施新建、扩建、改造:扶持应建未建设施新建,建设规模未达标的设施扩建,进行无障碍设施改造。

2. 专业康复机构建设:建设一批专业化的省、市级骨干残疾人康复机构。

3. 示范性社区康复站建设:建设一批示范性社区康复站。

4. 专业托养服务机构建设：建设一批专业化的市、县级骨干残疾人托养服务机构。

5. 特殊教育机构建设：推进中西部特殊教育学校建设；建设一批中高等残疾人职业教育示范校；建立一批高等院校残疾人学生实习训练基地。

6. 就业服务能力建设：支持省级和各省会城市、计划单列市残疾人就业服务机构规范化建设。

7. 残疾人人口综合数据管理系统建设：建设覆盖3000万残疾人口的综合数据管理系统，与社会保障和公共服务管理信息平台实现数据交换和资源共享。

8. 科技助残行动计划：开展残疾人康复服务平台研发及应用示范等科技助残项目。

9. 残疾预防综合信息网络平台和数据库建设：整合各部门数据资源，对主要致残因素进行监测和分析，为残疾预防工作提供科学依据。

10. 残疾人事业专业人才培养：加快培养残疾人康复、特殊教育、就业服务、托养服务、体育健身、维权等专业人员和残联专职工作人员、基层残疾人专职委员队伍。

四、纲要的实施、监测和绩效评估

残疾人事业是中国特色社会主义事业的重要组成部分。残疾人工作是保障和改善民生的重点。实施好《中国残疾人事业"十二五"发展纲要》是各级政府和全社会义不容辞的责任。

各地区要依据本纲要制定当地残疾人事业"十二五"发展纲要，各部门要制定配套实施方案，各地区、各部门要将本纲要的主要任务指标纳入当地国民经济和社会发展总体规划、民生工程及部门规划，统一部署、统筹安排、同步实施。要综合运用各种财税支持手段，积极引导社会力量投入，形成多渠道、全方位的资金投入格局，建立投入稳定增长的残疾人事业发展经费保障长效机制，确保纲要规定的各项任务落到实处。

各级政府残疾人工作委员会及相关部门要根据纲要执行评估指标体系开展年度监测评估和跟踪问效，及时发现和解决执行中的问题。各部门每年要向同级政府残疾人工作委员会报告纲要执行情况。各级政府残疾人工作委员会在"十二五"中期和期末对纲要实施情况进行考核、绩效评估和信息公开。

第二届"中欧政党高层论坛"在北京开幕

中共中央政治局委员、中央书记处书记、中宣部部长刘云山出席开幕式并发表了题为《把握机遇、深化合作、共创未来》的主旨讲话。

刘云山说，现在，国际形势继续发生深刻变化，国际金融危机后续影响仍在持续，中国和欧洲分别出台"十二五"规划与"欧洲2020战略"，这不仅关系到自身发展，也将对世界经济以至全球经济治理产生重要影响。中欧政党领导人再次相聚北京，以"中欧合作的新机遇、新前景"为主题，就双方发展的理念思路、目标举措进行交流研讨，对增进互信共识、促进合作发展，具有重要意义。

刘云山强调，加强中欧政党对话，促进中欧全方位、多领域合作，是中欧各政党的共同使命。希望与会嘉宾坦诚交流探讨中欧开展务实合作的途径办法，为促进中欧互利共赢、共同发展贡献智慧和力量。

中联部部长王家瑞，欧洲议会社会党党团主席舒尔茨，法国人民运动联盟副总书记诺维利，欧洲议会人民党党团代表、欧洲议会对华关系代表团副团长伊万诺娃，欧洲自由党副主席洛宁，欧洲议会绿党党团副主席彼蒂科费尔，捷克和摩拉维亚共产党主席菲利普等外方代表也先后致辞。他们均表示，此次论坛是欧中政党在新形势下一次重要的高层对话，为欧中政党领导人围绕欧中未来发展战略及双方务实合作进行深入交流提供了重要机会，必将对欧中政党交往和欧中关系的长远发展起到积极推动作用。

来自19个欧洲国家的31个政党，以及1个欧洲地区性政党和5个欧洲议会党团领导人出席论坛开幕式。论坛先后在北京、天津两地举办，期间还将举办企业家经贸洽谈会。

中国和希腊在北京签署《中华人民共和国外交部和希腊共和国外交部关于简化签证手续的联合声明》

5月17日

国务院总理温家宝在中南海紫光阁会见欧洲理事会主席范龙佩

温家宝表示，中方对欧洲保持稳定和繁荣抱有信心，支持欧洲一体化进程，高度重视欧盟的国际地位。我期待今年再次同范龙佩主席和巴罗佐主席一道主持中欧领导人会晤，增进政治互信，规划各领域合作，密切在重大国际问题上的协调配合，推动中欧全面战略伙伴关系取得新进展。

范龙佩表示，中国不仅是欧盟重要的贸易伙伴，也是推进全球治理的战略伙伴。欧方高度重视欧中关系，希望双方结合各自的发展战略和优势，共同制定长期的合作交流规划，妥善处理分歧。欧方愿与中方密切配合，确保今年欧中领导人会晤取得成功。

最高人民检察院 监察部通报20起工程建设领域典型案件

最高人民检察院、监察部今日联合举行新闻发布会，中央工程治理领导小组办公室主任、监察部副部长郝明金在会上通报了20起工程建设领域典型案件。

1. 北京市门头沟区建委原主任安凤奎在廉租房建设中受贿案；

2. 天津市地下铁道总公司原总经理高怀志在地铁建设中受贿、贪污案；

3. 河北省国土资源厅原助理巡视员顾旗章在土地出让中贪污、受贿案；

4. 山西省水利厅原副厅长孙廷容在水利建设中挪用公款、受贿、贪污案；

5. 内蒙古自治区锡林郭勒盟原盟委副书记蔚小平在矿产资源开发中受贿、巨额财产来源不明案；

6. 辽宁省大连市金州区三十里堡街道红果村村干部贪污哈大铁路客运专线巨额征地动迁补偿款案；

7. 吉林省长春师范学院原党委书记王栾周在学校工程建设中受贿案；

8. 江苏省苏州市交通局原局长严冬在公路工程建设中受贿案；

9. 安徽省蚌埠市政协原副主席徐社新插手干预工程项目受贿、巨额财产来源不明案；

10. 江西省萍乡市2亿元串通投标系列案；

11. 山东省青岛市土地储备整理中心原主任周铮受贿案；

12. 广东省深圳市两家公司串通投标案；

13. 广西壮族自治区来宾市原副市长李启亮插手工程建设项目受贿案；

14. 海南省东方市发展和改革局原主任科员何明高受贿案；

15. 重庆市奉节县职工住宅楼开裂倾斜案；

16. 四川省眉山市国土资源局原副调研员杨淑华受贿、贪污、挪用公款、巨额财产来源不明案；

17. 贵州省贵阳市原市长助理樊中黔受贿、巨额财产来源不明案；

18. 陕西省宁强县交通局原局长何超、原副局长刘华斌受贿案；

19. 甘肃省窑街煤电集团有限公司原党委书记、董事长李人志受贿、巨额财产来源不明案；

20. 夏回族自治区卫生厅原副厅长兼保健局局长李寿芬以虚增工程量等手段套取工程款贪污、受贿案。

大陆首家台资担保公司——福建龙台融资担保有限公司在福建龙岩挂牌成立

国家地震灾害紧急救援队成立10周年座谈会在北京举行

中共中央政治局常委、国务院总理温家宝作出重要批示，指出国家地震灾害紧急救援队肩负崇高使命，在历次抢险救灾中，坚持生命至上，科学施救，不畏艰险，勇挑重担，作出了突出贡献，赢得了国内外高度赞誉。实践证明，这是一支技术精湛、作风顽强的队伍，是一支党和人民信得过的队伍。希望再接再厉，在今后的抢险救灾行动中作出更大的贡献。

中共中央政治局委员、国务院副总理回良玉出席座谈会。

回良玉说，国家地震灾害紧急救援队成立十年来，大力加强能力建设，按照“反应迅速、机动性高、突击力强”的目标要求，贴近实战刻苦训练，熟练掌握了地震灾害救援理论和技术，迅速成长为国家应急救援体系的一支尖兵，实现了由一支新生力量向国际重型救援队伍的跨越式发展，有力地带动了全国地震救援力量的快速发展。

回良玉指出，救援队以最大限度地保护人民生命安全为己任，在一系列抢险救援中取得了显著成绩。在四川汶川地震、青海玉树地震、甘肃舟曲泥石流等灾害救援中，救援队都以最快的速度、最短的时间把党和政府的关怀带给灾区人民，把生命的希望和生活的勇气带给灾区人民。面对灾区极为恶劣的救援条件，救援队冲锋在前，承担了很多急难险重的攻坚任务，发挥了不可替代的骨干和突击队作用。

救援队成立以来，9次实施国际人道主义救援，克服了重重困难，取得了良好救援效果。回良玉指出，救援队的国际救援行动，体现了中国人民对受援国人民的友好情谊，展示了我国在国际人道主义事务领域所发挥的重要作用，表达了我国对构建和谐世界、维护世界和平的道义担当，彰显了我国作为一个负责任大国关心世界、关爱生命的良好形象，为国家整体外交作出了重大贡献，为祖国赢得了荣誉，也为中华民族增添了光彩。

回良玉强调，当前，全球自然灾害及其衍生、次生灾害多发频发，灾害的突发性、复杂性和破坏性进一步加重加大。我国是世界上自然灾害最为严重的国家之一。我们要深入贯彻落实科学发展观，高度重视防灾减灾和抗灾救灾能力的提高，进一步加强救援队伍建设，努力提高地震等灾害救援能力和水平，最大限度地减轻灾害损失。要强化国家救援队的示范引领作用，带动全国应急救援力量建设。要强化各方面救援力量的协调联动，进一步增强抢险救灾合力。要进一步加强应急救援领域的国际交流，继续履行国际人道主义义务。国家救援队要牢记神圣使命，发扬优良传统，争取更大光荣，为国家和人民再立新功。

国务院副总理李克强在人民大会堂会见英国国际

贸易与投资特别代表安德鲁王子

5月18日

全国人大常委会委员长吴邦国在圣但尼会见法属留尼汪省长拉朗德

国务院总理温家宝主持召开国务院常务会议

会议讨论通过《三峡后续工作规划》和《长江中下游流域水污染防治规划》。

会议指出，在党中央、国务院的坚强领导和全国人民的大力支持下，经过17年艰苦努力，三峡工程初步设计建设任务如期完成，防洪、发电、航运、水资源利用等综合效益开始全面发挥。三峡工程在发挥巨大综合效益的同时，在移民安稳致富、生态环境保护、地质灾害防治等方面还存在一些亟须解决的问题，对长江中下游航运、灌溉、供水等也产生了一定影响。这些问题有的在论证设计中已经预见但需要在运行后加以解决，有的在工程建设期已经认识到但受当时条件限制难以有效解决，有的是随着经济社会发展而提出的新要求。适时开展三峡后续工作，对于确保三峡工程长期安全运行和持续发挥综合效益，提升其服务国民经济和社会发展能力，更好更多地造福广大人民群众，意义重大。

会议强调，开展三峡后续工作，必须坚持以人为本、关注民生，保护环境、持续发展，统筹兼顾、突出重点，国家扶持、多元投入，区分缓急、分步实施的原则，完善扶持政策，加大资金投入，建设和谐稳定的新库区，实现经济社会与环境协调发展。《三峡后续工作规划》的主要目标是：到2020年，移民生活水平和质量达到湖北省、重庆市同期平均水平，覆盖城乡居民的社会保障体系建立，库区经济结构战略性调整取得重大进展，交通、水利及城镇等基础设施进一步完善，移民安置区社会公共服务均等化基本实现，生态环境恶化趋势得到有效遏制，地质灾害防治长效机制进一步健全，防灾减灾体系基本建立。为此，一要促进库区经济社会发展，实现移民安稳致富。大力促进就业。对进城镇安置移民和生态屏障区农村相关转移人口，补助基本养老保险和医疗保险个人缴费。二要加强库区生态环境建设与保护。将水库水域、消落区、生态屏障区和库区重要支流作为整体，综合采取控制污染、提高生态环境承载力、削减库区入库污染负荷等措施，建设生态环境保护体系。三要强化库区地质灾害防治。建立完善监测预警系统和应急机制。对受地质灾害威胁的农村人口实施避险搬迁，对迁建城镇、人口密集区和影响重大的地质灾害体实施工程治理。严格控制地质灾害易发区县城、集镇建成区规模。四要妥善处理三峡工程蓄水后对长江中下游带来的不利影响。实施工程整治，稳定河势，加固堤防，改善航道和取水设施功能。实施生态修复，改善生物栖息地环境，保护生物多样性。加强观测研究，优化水库调度。五要提高三峡工程综合管理能力。构建综合的监测体系、信息服务平台和会商决策系统，形成系统的工程运行管理长效机制。六要以洪水资源化、水库优化调度、供水效益拓展为主攻方向，拓展三峡工程防洪、发电、航运、生态和水资源配置等综合效益，提高在国家水安全和电网运行安全等方面的战略保障能力。会议要求有关地区和部门加强领导和协调配合，完善政策措施，精心组织实施。

《长江中下游流域水污染防治规划》的范围，包括尚未纳入水污染防治规划的长江干流、长江口、汉江中下游、洞庭湖和鄱阳湖等5个控制区，涉及8个省（区、市）的408个县，流域面积63.3万平方公里。长江中下游流域是我国人口密度最高、经济活动强度最大、环境压力最重的流域之一。由于经济社会发展迅速，流域水污染问题日渐突出，饮用水水源和水生态安全面临考验。“十二五”时期，必须坚持分区控制、突出重点，统筹规划、综合治理，海陆兼顾、河海统筹，以优化经济结构和产业布局为重点，综合运用工程、技术和生态的方法，加大生态环境保护和建设力度，全面提升流域及近岸海域水污染治理和环境监管水平，保障饮用水水源地水质安全，解决突出的流域水环境问题，促进流域经济社会可持续发展。会议要求加强项目管理，保证工程质量；开展考核评估，确保规划顺利实施。

会议讨论并原则通过《中华人民共和国兵役法修正案（草案）》，决定该草案经进一步修改后，由国务院、中央军委提请全国人大常委会审议。

国务院总理温家宝在人民大会堂与巴基斯坦总理吉拉尼举行会谈

温家宝说，中巴建交60年来，两国关系经历了各种严峻考验，历久弥新，造福两国人民，为促进亚洲和平与稳定作出了重要贡献。面对国际和地区形势的深刻变化，中方愿与巴方一道，充分发挥领导人年度会晤机制和外交磋商机制的作用，真诚沟通，密切配合，维护共同利益，做全天候的战略伙伴。

温家宝表示，中巴制定了新的经贸合作规划，将能源、基础设施建设、农业作为重点，建立了合作机制。中国政府鼓励本国企业扩大对巴投资，加强同巴方在贸易、金融、科技领域的合作。双方要密切配合，努力在上述方面取得更多实质性成果。共同办好商定的一系列人文交流活动，增进两国人民的相互了解和友好感情。

吉拉尼表示,巴方感谢中国政府和人民长期以来对巴基斯坦的宝贵支持和无私帮助,对双方互利合作取得的成就感到满意。巴基斯坦致力于进一步发展巴中战略合作伙伴关系,坚定奉行一个中国政策,支持中国在台湾、涉藏、涉疆等问题上的立场。巴方愿与中方共同努力,扩大和深化两国在基础设施建设、能源、农业、经贸、投资、金融、人文等领域的合作,加强在国际和地区事务中的协调与配合,以两国建交60周年为契机,将巴中战略合作伙伴关系推向更高水平。

会谈后,两国总理出席了有关双边合作文件的签字仪式。

全国基层党组织书记加强社会管理集中轮训示范班在北京举办

中共中央政治局委员、中央书记处书记、中组部部长李源潮出席并讲话。

李源潮指出,基层党组织在基层社会管理中担负着领导核心责任。一个地方经济发展好不好,社会是否和谐稳定,老百姓对党和政府是否信任,关键看党组织强不强,党组织书记怎么样。基层党组织书记要认真学习中央关于加强和创新社会管理的方针政策,把握加强和创新社会管理的总体要求,担负起基层社会管理的领导核心责任。要坚持以人为本、执政为民,把群众满意作为根本标准,认真解决群众反映强烈的突出问题,最大限度增加和谐因素、减少不和谐因素,激发社会活力。要善于把中央和上级要求与本地实际结合起来,提高加强和创新基层社会管理的能力。要及时掌握社情民意,对矛盾纠纷发现在早、处置在小。要善于用民主协商、示范引导、说服教育的办法做好群众工作,教育引导群众理性合法表达利益诉求。要公道正派、依法办事,公私分明、廉洁自律,对歪风邪气敢于斗争,以公平公正赢得群众信任。

第二届"中欧政党高层论坛"在天津闭幕

中欧双方与会者围绕"中国'十二五'规划与'欧洲2020战略':中欧合作的新机遇、新前景"这一主题,进行了坦诚深入的交流和探讨,取得了积极成果,形成了以下共同看法:

一是在新的历史起点上进一步充实和加强中欧全面战略伙伴关系,不仅符合中欧双方的根本利益,也有利于整个世界的稳定与繁荣。二是中国"十二五"规划和"欧洲2020战略"在发展理念、发展方向和政策实践上拥有许多交汇点和互补性,中欧双方应以此为契机,积极挖掘合作潜力,拓展合作领域,提升合作水平。三是应本着平等友好、求同存异、互利共赢的精神,通过对话和协商等方式,妥善化解分歧与矛盾,共同维护好中欧合作大局。四是中欧政党机制化交往是中欧全面战略伙伴关系的重要组成部分,中欧政党希望并将积极推动"中欧政党高层论坛"的机制化建设。双方初步商定,由欧方于今年下半年在布鲁塞尔主办本届论坛的第二次会议,届时双方将就中欧关系、国际经济治理等共同关心的问题继续深入对话。

国家副主席习近平在人民大会堂会见欧洲理事会主席范龙佩

解放军总参谋长陈炳德在华盛顿分别会见美国国务卿希拉里·克林顿和国防部长盖茨

第一届太湖文化论坛在苏州开幕

国务委员刘延东出席开幕式并致辞。

刘延东指出,文化是民族之根,是一个民族共有的精神家园。文化是交流之桥,沟通着各国人民的心灵和情感。文化是制度之母,任何一种良好社会秩序的建立和社会制度的选择都体现着鲜明的文化烙印。文明多样性是人类社会的基本特征,各种文明交相辉映、竞相绽放,是人类文明进步的活力源泉。要尊重和维护文明多样性,包容差异、扩大共识、增进互信、化解矛盾,为维护世界和平、促进人类进步事业作出不懈努力。

刘延东强调,推动不同文明的对话与交流,是建设持久和平、共同繁荣的和谐世界的重要途径,也是当代各国人民的共同使命。她提出四点倡议:一是相互尊重,平等相待,理性看待分歧,在坦诚沟通中最大限度寻求共识,理解尊重各国选择社会制度和发展道路的自主权。二是相互学习,取长补短,以开放博大的胸怀和多元共生的气度,在全球格局中交流互鉴。三是与时俱进,传承创新,紧跟时代步伐,在传承基础上不断创新文化内涵、文化表现形式和传播方式,始终保持生机与活力。四是人人参与,人人共享,坚持官民并举,吸引社会各界人士特别是青年人的广泛参与,发挥人文交流在文明对话中的独特作用,通过人民的相知与互信奠定国家友好的社会基础。

首届太湖文化论坛以"加强文明对话与合作、促进世界和谐与发展"为主题,全国政协副主席张梅颖,全国政协副主席、中国文联主席孙家正以及有关国家政要、专家学者、文化官员等约500人出席论坛。

《十七大以来重要文献选编》中册出版发行

《中国大百科全书》数据库出版发布会在中国大

百科全书出版社举行

国家体育总局颁布《2011—2020年奥运争光计划纲要》

《2011—2020年奥运争光计划纲要》(以下简称《纲要》)提出中国代表团在伦敦奥运会上的目标将是“保持金牌和奖牌总数排名前列,巩固优势项目,拓展潜优势项目金牌增长点,基础项目和集体球类项目争取有所进步”。

《纲要》中称,到2020年,中国特色竞技体育发展模式将进一步完善,竞技体育综合实力进入世界竞技体育强国行列。虽然对今后十年中的每届奥运会都提出了目标和要求,但是《纲要》并未设定中国代表团在任何一届奥运会上具体的金牌数和奖牌数目标。

《纲要》中称,过去十年的成绩“实现了奥运争光计划的战略目标”,并提出了中国代表团在今后十年奥运会上的目标,除上述伦敦奥运会目标之外,其他目标为:

2014年冬季奥运会,保持水平,努力实现奖牌数有所增加和在奖牌榜排名有所提升。

2016年夏季奥运会,继续保持金牌数和奖牌数排名前列,保持并扩大新的优势项目数量,潜优势项目实现更大突破,基础项目继续提高水平,综合竞争力进一步加强;集体球类项目缩小与世界先进水平的差距,个别项目取得突破。

2018年冬季奥运会,实现运动成绩稳中有升,力争在基础大项上实现突破,进入奖牌榜前列。

2020年夏季奥运会,继续保持金牌和奖牌数领先,金牌和奖牌结构显著改善,潜优势项目、基础项目金牌和奖牌数占金牌、奖牌总数的比例大幅度提升;集体球类项目整体水平显著提高,进入先进国家行列。

《纲要》还明确了2011—2020年中国竞技体育的其他任务,包括实现竞技体育重点突出、内部各门类均衡发展,提高竞技体育人才队伍综合素质,推进竞技体育体制改革和探索中国特色的职业体育发展道路等。

5月19日

全国政协主席贾庆林在钓鱼台国宾馆与巴基斯坦总理吉拉尼举行会谈

贾庆林指出,加强两国间的交流与合作,有利于促进两国人民之间相互了解,推动双方务实合作发展。长期以来,中国全国政协与巴基斯坦议会保持了良好交流与合作,为两国各领域合作发展起到了积极推动作用。中国全国政协愿继续为巩固中巴传统友谊作出贡献。

吉拉尼说,中国是巴基斯坦真正的、最可信赖的朋友和伙伴。巴方真诚感谢中方长期以来为巴基斯坦经济社会发展提供的支持和帮助,感谢中方对巴基斯坦反恐斗争的积极评价。

对外友协与巴基斯坦驻华大使馆在北京共同举办庆祝中国—巴基斯坦建交60周年招待会

全国政协主席贾庆林和正在中国访问的巴基斯坦总理吉拉尼出席了招待会并致辞。

贾庆林指出,2005年,中巴签署《睦邻友好合作条约》,为两国关系发展指明了方向。当前,中巴战略合作伙伴关系正站在新的历史起点上,面临新的发展机遇。中巴两国加强友好合作,符合两国和两国人民的根本利益,也有利于本地区乃至世界的和平、稳定与繁荣。中方始终从战略高度和长远角度看待和发展中巴关系,把发展中巴友好合作作为中国外交的优先方向。中方愿与巴方一道,以建交60周年为契机,弘扬传统友谊,深化各领域务实合作,不断丰富战略合作伙伴关系内涵,把中巴关系推向新高度。

吉拉尼表示,与中国的友谊是巴基斯坦外交政策的基石。巴中友谊和战略合作伙伴关系是保证地区和全球和平与安全的不可或缺的关键因素。

全国妇女小额贴息贷款工作现场推进会在兰州召开

全国人大常委会副委员长、全国妇联主席陈至立出席会议并讲话。

陈至立指出,妇女小额贴息贷款工作实施一年多来,在各级财政、人社、金融机构的支持指导下,在各地党委政府的高度重视、各级妇联组织积极推动下取得了可喜成绩,有力地促进了妇女创业就业和增收致富,为现代农业生产和农村发展以及地方经济增长作出了积极贡献,在维护妇女权益、提高妇女地位、维护家庭和谐及社会稳定方面发挥了重要作用。

陈至立要求,各级妇联在推进小额贷款工作中要特别关注和扶持农村中低收入妇女、就业困难的女大学生,大力推进贷款与技能培训、项目的结合,积极探索创新担保方式,建立健全风险防范机制。

全国妇联副主席宋秀岩主持会议,甘肃省委书记陆浩出席并致辞,财政部、人社部、人民银行的领导发表了讲话,甘肃、新疆、广西等地介绍了工作经验。

“中国旅游日”主题活动启动

经国务院批准,自2011年起,将《徐霞客游记》开篇日5月19日确定为“中国旅游日”。今年的主题是“读万卷书,行万里路”。中共中央政治局委员、国务院副总理王岐山出席由国家旅游局和北京市政府在天坛公园举行的“中国旅游日”启动仪式并揭晓“中国旅游日”标志。

王岐山指出，加快发展旅游业，有利于促进经济发展方式转变和结构调整，有利于扩大就业，改善民生。要按照“十二五”规划和《国务院关于加快发展旅游业的意见》的要求，坚持以人为本，从体制机制、组织制度、服务管理等各环节入手，全面加强旅游“软”、“硬”环境建设，提高导游队伍素质，规范旅游市场秩序，保障旅游安全，推动旅游业又好又快发展，努力把旅游业培育成战略性支柱产业。

王岐山强调，要把“中国旅游日”主题活动持久深入地开展下去，并以此为契机激发全民参与旅游的热情，充分调动各方面的积极性，营造全社会关心、支持旅游业发展的良好氛围。

北京市和中央有关部门、人民团体负责同志及部分国家驻华使节参加了启动仪式。

国家副主席习近平在人民大会堂会见塞内加尔外交国务部部长尼昂

国务院副总理李克强在中南海紫光阁会见世界经济论坛主席施瓦布

国务院副总理王岐山在中南海会见澳大利亚前总理基廷等国家开发银行国际顾问委员会成员

外交部部长杨洁篪在北京与塞内加尔外交国务部部长尼昂举行会谈

国家海洋局发布新批准的5处国家级海洋特别保护区和7处国家级海洋公园名单

国家级海洋公园属首次设立。新批准的5处国家级海洋特别保护区包括乳山市塔岛湾海洋生态国家级海洋特别保护区、烟台牟平沙质海岸国家级海洋特别保护区、威海小石岛国家级海洋特别保护区等。首批7处国家级海洋公园包括广东海陵岛国家级海洋公园、广西钦州茅尾海国家级海洋公园、厦门国家级海洋公园等。

国家食品药品监管局公布《国家药物滥用监测年度报告(2010年)》

报告显示，2010年我国药物滥用状况和流行趋势呈现4个特点：一是海洛因和“冰毒”是药物滥用者主要流行滥用的物质；二是以“冰毒”为代表的新型毒品滥用呈增长态势，传统毒品海洛因滥用流行趋势在减弱；三是医疗用麻醉药品和精神药品滥用持续处于较低水平，药品滥用预警报告减少；四是“多药滥用”在局部地区流行情况较为严重。报告显示，我国禁毒形势依然严峻，药物滥用防治任务艰巨。

5月20日

国家主席胡锦涛在人民大会堂会见巴基斯坦总理吉拉尼

胡锦涛表示，双方要加强务实合作，抓紧落实基础设施、能源、农业等重点领域合作项目，稳步推进经贸、金融、科技等领域的合作，积极探讨新的合作方式和途径，不断挖掘潜力，提高合作质量和水平。同时要着眼长远，扩大人文交流，促进教育、文化、媒体、政党、地方友好交往和对口交流，办好“中巴友好年”、百名青年互访等活动。中方赞赏巴方为反恐斗争作出的重大努力和重要贡献，愿同巴方加强安全对话与协作，共同打击“三股势力”、毒品走私、跨国犯罪，为两国经济社会发展营造良好安全环境。

吉拉尼说，巴方愿意同中方一道，进一步加强基础设施、能源、农业、经贸、金融、科技、文化等领域务实合作，以及在国际和地区问题上的协调与对话，深化巴中友谊，推动两国战略合作伙伴关系不断向前发展。巴方致力于打击各种形式的恐怖主义，感谢中方对巴方反恐斗争的支持。

中华人民共和国和巴基斯坦伊斯兰共和国发表联合声明

一、应中华人民共和国国务院总理温家宝的邀请，巴基斯坦伊斯兰共和国总理赛义德·优素福·拉扎·吉拉尼于2011年5月17至20日对中华人民共和国进行正式访问。此访适逢中国和巴基斯坦建交60周年，以及双方确定的“中巴友好年”。

二、温家宝总理同吉拉尼总理举行了会谈，中华人民共和国主席胡锦涛、全国政协主席贾庆林、国务委员刘延东分别会见了吉拉尼总理。两国领导人在热情、友好及相互理解、信任和尊重的气氛中，就进一步促进中巴全天候战略合作伙伴关系深入交换意见，达成广泛共识。访问期间，吉拉尼总理出席了“中巴建交60周年”庆祝招待会和首届中巴企业家论坛，在北京大学发表演讲，赴上海参观访问，出席在苏州举行的“太湖文化论坛”开幕式并发表演讲。

三、两国领导人满意地回顾了建交60年来中巴关系的发展，一致认为久经考验的全天候友谊和全方位合作已成为中巴关系的标志性特征。双方将坚定致力于不断扩大和深化战略伙伴关系、经济合作和民间交流。

四、两国领导人一致认为，“中巴友好年”是庆祝两国友谊的机遇，也是推进务实合作和实现更加广泛和富有成果的中巴战略伙伴关系的机遇。双方满意地评估了两国在政治、经济、贸易、军事、文化、体育和教育领域开展纪念活动的情况。

五、双方一致认为，中巴友谊与合作符合两国和两国人民的根本利益，有利于本地区乃至世界的和平、稳定和发展。双方认为，在当前复杂多变的国际地区形势下，根据2005年签署的《中华人民共和国和巴基斯坦伊斯兰共和国睦邻友好合作条约》有关原则和精神，巩固和深化中巴全天候战略合作伙伴关系具有十分重要的意义。

六、中方重申，中国政府始终把巩固和发展中巴关系置于外交优先方向，坚定不移地推进对巴基斯坦友好政策。中方感谢巴方长期以来在涉及中国核心利益的问题上给予的坚定支持。巴方强调，对华友好是巴外交政策的基石和举国共识。巴方感谢中国政府和人民对巴经济、社会发展的大力支持和无私帮助，感谢中方为巴基斯坦特大洪灾救援和灾后重建所提供的援助。

七、中方重申，巴基斯坦的独立、主权和领土完整应得到尊重，巴基斯坦为促进南亚和平与稳定所做的努力应得到认可和支持。巴方重申，继续坚定奉行一个中国政策，支持中国统一大业。

八、双方同意，根据温家宝总理访巴达成的共识，进一步优先加强在基础设施、能源和农业领域的合作。两位领导人也注意到双方在金融和银行领域互利合作的最新进展。双方正就货币互换协议进行商谈，中国工商银行即将在巴基斯坦开设分行。双方重申，将继续提升在军事和安全领域的互信与合作，维护两国和地区的和平、安全与稳定。双方也同意继续推进海上安全领域的交流合作。

九、双方注意到《中巴经贸合作五年发展规划》和《中巴自贸协定》为双边经贸合作提供了非常良好的框架。中巴企业家论坛的成立将进一步加强两国企业界的交流。

十、双方认为，恐怖主义、分裂主义和极端主义严重威胁地区和平、稳定与安全，重申在双多边框架内就共同打击“三股势力”开展实质合作的决心。中方肯定巴基斯坦为反恐作出的重大努力和付出的巨大牺牲，重申尊重和支持巴基斯坦继续推进反恐战略，维护自身安全。巴基斯坦重申，决不允许其领土被用来攻击任何国家，将继续支持国际反恐合作。

十一、中方认为，巴基斯坦是本地区重要国家，在维护地区和平、安全与稳定方面发挥着重要作用。双方同意就地区事务、阿富汗等热点问题和地区合作加强协调与配合。双方一致同意致力于加强广大发展中国家的团结合作，就气候变化、粮食和能源安全、联合国改革等重大国际问题加强沟通与合作。

十二、访问期间，双方签署了经济援助、金融、采矿等领域共三项合作文件。

十三、吉拉尼总理感谢温家宝总理及中国政府和人民对其本人和代表团的热情友好接待，并邀请中方领导人在双方方便的时候对巴基斯坦进行正式访问。双方将通过外交途径商定访问事宜。

2011年5月20日于北京

国家主席胡锦涛与巴基斯坦总统扎尔达里互致贺电庆祝两国建交60周年

全国人大常委会委员长吴邦国在温得和克与纳米比亚国民议会议长古里拉布举行会谈

吴邦国说，我此次访问贵国的目的，就是进一步巩固中纳传统友谊，深化务实合作，推动两国关系持续深入发展。为此，吴邦国提出四点建议：一是保持高层交往势头，加强政府、立法机构、执政党之间的友好往来，从战略和全局高度把握和规划两国关系发展方向。二是深化经贸合作，尤其要加强投资合作，推动融资、矿业资源、农业渔业、基础设施、通信等领域的互利合作迈出更大步伐，不断提升经贸合作水平。三是扩大人文交流，加强在教育、卫生、文化、旅游等领域的合作，增进两国人民特别是青年一代的相互了解，使中纳友谊代代相传。四是加强在联合国、中非合作论坛等领域的合作，就联合国改革、气候变化、国际经济治理、实现千年发展目标等全球性问题以及非洲热点问题及时沟通、密切配合，共同维护两国和广大发展中国家的合法权益。

在谈到议会交往时，吴邦国指出，中国全国人大和纳米比亚国民议会有很好的合作基础。希望双方进一步密切各层次各领域的友好往来，加强在治国理政、立法监督、发展经济、改善民生等方面的经验交流和学习借鉴，密切在多边议会组织中的协调与配合，为中纳关系增添新的内容、注入新的活力。

在谈到中非关系时，吴邦国指出，中非传统友谊是宝贵的政治财富，中非友好合作是建立在相互尊重、互利双赢基础上的，符合双方的根本利益。中方愿同纳方一道，在新的形势下，把中非传统友谊发扬光大，共同推动中非新型战略伙伴关系不断迈上新台阶。

古里拉布表示，纳十分珍视纳中友谊，感谢中方长期以来给予的支持和帮助。他重申，纳米比亚坚定奉行一个中国政策，支持中国早日实现国家和平统一大业。对此，吴邦国表示感谢。

会谈结束后，吴邦国委员长和古里拉布议长共同出席了中纳两国经济技术合作协定等4项协议签字仪式。

全国人大常委会委员长吴邦国在温得和克会见纳米比亚全国委员会主席卡佩雷

全国政协第三十八次主席会议在北京召开

会议决定6月下旬召开全国政协十一届常委会第十四次会议，建议这次常委会议的议题为围绕“加快经济结构战略性调整，促进经济长期平稳较快发展”建言献策。中共中央政治局常委、全国政协主席贾庆林主持会议并讲话。

会议审议通过了政协第十一届全国委员会常务委员会第十四次会议议程草案和日程，审议通过了有关人事事项的决定草案。会议决定，将上述草案提请第十四次常委会议审议。全国政协副主席、中共中央统战部部长杜青林，全国政协副主席兼秘书长钱运录，全国政协副秘书长仝广成分别对有关事项作了说明。

在听取了关于常委会议前期筹备工作情况的汇报后，贾庆林在讲话中指出，常委会议各项筹备工作进展顺利，办公厅和各专门委员会围绕会议的主要议题做了大量的准备工作，为开好这次常委会议打下了较好的基础。从现在到常委会议召开还有一段时间，办公厅和各专门委员会在做好会议各项组织工作的同时，要继续积极组织常委、委员紧紧围绕“加快经济结构战略性调整，促进经济长期平稳较快发展”的主题开展视察、调研活动，广泛了解情况，认真研究问题，提出有价值的意见和建议。

全国政协副主席王刚、阿不来提·阿不都热西提、李兆焯、黄孟复、董建华、张梅颖、孙家正、邓朴方、万钢、厉无畏、罗富和、何厚铧出席会议。

中央纪委书记贺国强在北京出席加快转变经济发展方式监督检查工作电视电话会议并发表讲话

为加强对加快转变经济发展方式监督检查工作的领导，经中央批准，由中央纪委牵头，成立了中央加快转变经济发展方式监督检查工作领导小组。中共中央书记处书记、中央纪委副书记何勇任组长，国家发展改革委、科技部、工业和信息化部、监察部、财政部、国土资源部、环境保护部、住房和城乡建设部、水利部、审计署等部门负责同志为成员，领导小组办公室设在监察部。这次电视电话会议，就是对加快转变经济发展方式监督检查工作进行动员部署。

贺国强指出，开展加快转变经济发展方式监督检查，是在认真总结近年来开展对中央关于扩大内需促进经济增长政策落实情况监督检查及对中央其他重大决策部署落实情况监督检查的基础上，针对当前和今后一个时期经济社会发展目标任务提出来的，是严明政治纪律、保证中央重大决策部署贯彻落实的基本要求，是坚持围绕中心、服务大局、推动“十二五”规划顺利实施的重要保证，是坚持关口前移、防范在先、从源头上防治腐败的重要举措。当前重点对以下7个方面工作落实情况开展监督检查：一是贯彻落实中央关于“十二五”时期经济社会发展的指导思想、总体思路和重大举措情况，二是管理通胀预期有关工作落实情况，三是贯彻落实《中共中央、国务院关于加快水利改革发展的决定》情况，四是保障性安居工程建设政策落实情况，五是重点产业振兴和技术改造专项投资项目实施、国家科技重大专项实施及其经费管理使用、科技计划项目实施及其经费管理使用情况，六是节能减排和环境保护政策措施落实情况，七是耕地保护和节约用地政策措施落实情况。同时，根据中央部署，还将适时确定新的监督检查重点工作。

中共中央书记处书记、中央纪委副书记、中央加快转变经济发展方式监督检查工作领导小组组长何勇主持会议。国家发展改革委、水利部、辽宁省、湖北省有关负责同志作了发言。

中央加快转变经济发展方式监督检查工作领导小组成员，各项监督检查工作参加部门的相关负责同志，中央纪委派驻领导小组成员单位和各项监督检查工作参加部门的纪检组组长等在主会场出席会议。各省（区、市）、副省级城市及新疆生产建设兵团纪委书记、政府分管领导及有关部门负责人在各分会场参加会议。

国务院在北京召开全国天然林资源保护工程工作会议

中共中央政治局委员、国务院副总理回良玉出席会议并讲话。

回良玉强调，天然林资源保护工程二期建设任务更加繁重，必须统筹协调、突出重点。一要着力保护森林资源，继续严格执行长江上游、黄河上中游地区天然林禁伐政策，坚决落实东北、内蒙古等重点国有林区木材产量调减任务，建立健全森林管护责任制，把每一棵该保的林木坚决保住、把每一寸该守的林地坚决守住。二要着力增加森林资源，全面加强森林抚育，加快推进公益林建设，抓好后备森林资源培育，让树木生长得更茁壮、让森林发育得更茂盛。三要着力加快林区发展，大力培育接续和替代产业，努力拓宽就业渠道，加强林区基础设施建设，大力发展林区社会事业，加强和创新林区社会管理。四要着力创新体制机制，下大力气推进国有林资源管理体制改革、国有林区公共事务管理体制改革和国有森工企业改革。

回良玉要求，各地区、各有关部门要把天然林资源保护工程二期建设作为一件大事、要事来抓。要强化地方责任，继续实行省级人民政府负全责，继续坚持目标、任务、资金、责任"四到省"的责任制。要强化政策落实，把各项扶持政策兑现到林业场局和职工、林农家庭。要强化部门协调，形成推动工程建设的合力。要强化督导检查，确保工程建设按规划实施、资金分配使用按规定执行。

中央有关部门和17个有工程建设任务的省、自治区、直辖市人民政府，新疆生产建设兵团及林业、发展改革、财政、人力资源和社会保障部门负责人，内蒙古、吉林、黑龙江、大兴安岭森工(林业)集团公司主要负责人参加了会议。黑龙江、四川、甘肃省和内蒙古森工集团，以及国家林业局、国家发展改革委、财政部、人力资源和社会保障部负责人在会上作了发言。会议还表彰了保护森林和野生动植物资源先进集体、先进个人和优秀组织单位。

"2011陆家嘴论坛"在上海举行

以"新时期的金融体系及其宏观管理"为主题的"2011陆家嘴论坛"5月20日至21日举行。中共中央政治局委员、上海市委书记俞正声出席开幕式及论坛全体大会并致辞。

"2011陆家嘴论坛"共同轮值主席、中国保监会主席吴定富主持开幕式，并在全体大会上作主旨演讲。中国人民银行行长周小川、中国银监会主席刘明康、中国证监会主席尚福林、财政部副部长李勇作主旨演讲。"2011陆家嘴论坛"共同轮值主席、上海市委副书记、市长韩正等出席。

论坛围绕"新时期的金融体系及其宏观管理"的主题，来自金融主管部门、金融市场和金融机构的代表就"金融市场开放"、"资本项目开放"、"人民币跨境流动"等我国金融领域的10多个热点话题展开了热烈讨论，财经主管部门以及主要金融市场代表在会上披露了多项金融改革举措。

本次论坛由上海市人民政府、中国人民银行、中国银监会、中国证监会、中国保监会共同主办。

金融安全国际学术研讨会在北京举行

讨论会由中国国际战略学会和香港陈复生基金联合举办、牛津大学东西方战略学会协办。中国人民解放军副总参谋长、中国国际战略学会会长马晓天空军上将致开幕词，欧盟委员会前主席、意大利前总理普罗迪，英国前副首相、前欧盟贸易委员曼德尔森出席并致辞。

2011年度国家社科基金项目评审工作会议在北京召开

中共中央政治局常委李长春出席会议并讲话。

李长春指出，国际国内形势的新发展新变化对哲学社会科学工作提出了一系列新任务新要求，必须切实增强做好工作的责任感使命感，明确努力方向，把握工作重点，全面推动哲学社会科学繁荣发展。要大力推进马克思主义中国化、时代化、大众化，进一步巩固全党全国各族人民团结奋斗的共同思想基础；大力加强重大理论和现实问题的研究，充分发挥哲学社会科学思想库、智囊团的作用；大力推进马克思主义理论研究和建设工程，全面完成工程的各项任务；大力推进哲学社会科学创新体系建设，加快形成具有中国特色、体现时代精神的学术发展新格局；大力推进我国哲学社会科学"走出去"，进一步增强中国学术研究在国际上的话语权和影响力；大力推进哲学社会科学人才队伍建设，培养造就一批马克思主义理论家特别是中青年理论家。

今年国家社科基金23个学科共收到了21180多项申报课题。经过通讯初评，有近6000项课题人围本次会议评审。会议将按照公平公正、质量第一的要求，评选出2900个左右拟立项目。

中央宣传思想工作领导小组成员，全国哲学社会科学规划领导小组成员，各省、自治区、直辖市和新疆生产建设兵团党委宣传部长，中央和国家机关有关部门负责同志，部分高校负责同志，国家社科基金23个学科评审组300多名专家学者出席会议。各省、自治区、直辖市和新疆生产建设兵团党委宣传部分管社科理论工作的副部长、社科规划办主任列席会议。

纪念《解放军画报》创刊60周年座谈会在北京举行

5月21日

全国人大常委会委员长吴邦国在温得和克与纳米比亚总统波汉巴举行会谈

吴邦国强调，中纳经济互补性强，合作基础好，发展潜力大，而且双方都有提升经贸合作质量和水平的强烈愿望，加强和深化中纳经贸合作大有可为。一要积极解决纳方关切，鼓励中国企业扩大对纳方牛羊肉、水产品等进口，优化贸易结构。二要加强矿产资源领域投资合作，以此带动矿产品深加工、制造业等方面的合作,提升合作质量和水平。三要推进基础设施建设领域合作,积极探索项目融资新方式新途径,坚持互利双赢的原则,做好统筹规划,使基础设施建设领域的合作成为中纳经贸合作的新亮点。

波汉巴表示,纳方愿在更广泛领域与中方开展长期的、战略性合作,欢迎更多的中国企业到纳投资兴业,积极参与纳经济社会发展计划的实施。纳政府将为此创造良好条件、提供便利。

全国人大常委会委员长吴邦国出席在温得和克举行的中非青年领导人论坛开幕式并致辞

开幕式上,中纳两国领导人还见证了中国希望工程走进非洲援纳项目签字仪式。

本次论坛由中国共产党和纳米比亚人组党共同倡议举办。中纳两国有关方面负责人及来自中国和非洲18个国家的青年代表共200多人参加。

全国人大常委会委员长吴邦国在中非青年领导人论坛开幕式上的致辞

尊敬的波汉巴总统阁下,

尊敬的古里拉布议长阁下,

亲爱的青年朋友们,女士们,先生们:

走进今天这个会场,心情格外舒畅,看到这么多朝气蓬勃的面孔,感到自己也年轻了许多。更让我欣慰的是,中非传统友谊后继有人,中非友好事业大有希望。首先,我代表中国共产党、中国政府和中国人民,对中非青年领导人论坛的召开表示热烈祝贺!向中国和非洲的青年朋友们致以亲切问候和良好祝愿!对纳米比亚为论坛作出的努力表示衷心的感谢!

巩固中非传统友谊,推动中非务实合作,促进中非共同发展,是包括青年人在内的23亿中非人民的共同心愿。这次论坛以“传承友谊,携手共进”为主题,充分体现了时代发展的客观要求和中非友好的强大生命力。

青年朋友们,女士们,先生们,

谈起中非友好,我们不禁想起2006年中非合作论坛北京峰会。这是中非友好史上一次具有历史意义的盛会,是新形势下中非务实合作的一个重要缩影。我记得,中国主要领导人都参加了,48个非洲国家的国家元首、政府首脑以及国际组织代表也出席了,参会人数高达1700多人。在这次峰会上,中非领导人共同决定建立政治上平等互信、经济上合作共赢、文化上交流互鉴的中非新型战略伙伴关系,胡锦涛主席宣布了中国加强对非务实合作的一揽子8项政策举措,绘就了中非合作的新蓝图,把中非友好合作推向新高度。这里,我想强调的是,中非友谊不是什么人赐予的,中非合作也不是一厢情愿的,说到底,是共同的历史遭遇让我们走到一起,是共同的发展使命让我们连到一起,是共同的战略利益让我们站到一起。中非友好是大势所趋、人心所向。

——中非是平等相待的好兄弟。中非都曾饱受帝国主义、殖民主义侵略和压迫,对以大欺小、以强凌弱、以富压贫深恶痛绝,追求平等相待、相互尊重是我们共同的价值取向,也是中非友谊薪火相传的一条重要经验。上个世纪50年代末、60年代初,非洲独立解放运动蓬勃发展,大批非洲国家相继独立。由于历史原因,新生的非洲国家经济发展滞后,人民生活困难,迫切需要得到世界各国的支持和帮助。就在非洲人民最需要的时候,中国政府在世界上率先承认获得独立的非洲国家,并从各个方面给予支持和力所能及的帮助。我印象很深的是,1963年,我们的周恩来总理用50多天的时间,远渡重洋、万里奔波,连续访问10个非洲国家,提出了著名的中国对外援助8项原则,核心是平等相待、相互尊重,严格尊重受援国主权,决不附带任何条件,决不要求任何特权,决不把援助看作单方面的赐予,真心实意地帮助受援国逐步走上自力更生、独立发展的道路。尽管当时中国自身建设任务相当繁重,财力和物力也相当紧张,我们仍然全力支援和帮助非洲国家建设了一大批国计民生项目,被誉为“自由之路”的坦赞铁路就是典型范例。迄今为止,中国共向非洲提供各类援助930亿元人民币,为50多个国家援建900多个成套项目,免除35个国家债务325笔、203亿元人民币,累计培训各类人员3.5万人次。几十年来,中国工程技术人员、医疗队员、农业专家和志愿者,一批又一批,一代又一代,来到非洲大陆,克服各种困难,同非洲人民并肩战斗、忘我工作,为非洲发展和中非友谊奉献了宝贵的青春甚至生命,数百位中国援非人员永远长眠在非洲大地。中国政府和人民永远缅怀他们,非洲国家和人民也永远不会忘记他们。

——中非是相互支持的好朋友。在风风雨雨的岁月中,中非人民在涉及对方核心利益和重大关切的问题上始终相互理解、相互支持,结下了难能可贵的真挚友谊,历久弥坚,牢不可破。这是我们独特的战略优势和宝贵财富。我们不会忘记,从上个世纪60年代初开始,包括非洲朋友在内的广大发展中国家,把恢复中国在联合国的合法席位当作自己的事,不畏强权、仗义执言,顶住压力、不屈不挠,连续10年向联大提出相关提案。1971年,第26届联大会议以压倒性多数通过著名的2758号决议,决定恢复中国在联合国的一切合法权利,确认中华人民共和国政府的代表是中国在联合国组织的唯一合法代表。这当中,非洲朋友的鼎力支持功不可没,投赞成票的76个国家中有26个来自非洲，占赞成票的三分之一。毛泽东主席曾风趣地说，是非洲朋友把我们“抬进”了联合国。我们不会忘记，非洲朋友大力支持中国举办北京奥运会和上海世博会，积极帮助我们战胜四川汶川特大地震等严重自然灾害。在申办上海世博会之初，纳米比亚开国总统努乔马就明确表示，上海是你们的城市，也是我们的城市，我们一定支持你们。非洲有11位总统、1位议长、3位总理、2位副总统出席北京奥运会开幕式和闭幕式，有21位非洲国家领导人参观上海世博会和出席相关活动。长期以来，中国作为联合国安理会常任理事国，始终为维护非洲国家主权主持公道，为支持非洲大陆发展积极呼吁，为解决非洲热点问题奔走斡旋，给予了非洲国家坚定有力的支持。

——中非是互利合作的好伙伴。世界上有那么一些人，总是戴着有色眼镜看待中非合作，甚至说中国到非洲是搞什么“新殖民主义”。这顶帽子无论如何戴不到中国人头上。事实上，中非合作是互利共赢的，给双方带来的是实实在在的利益。过去的十年，中非贸易额从100亿美元增加到1269亿美元，1600多家中国企业到非洲安家落户，中国已成为非洲第一大贸易伙伴，近年来对非洲经济增长的贡献率超过20%。我六次访问非洲，每次来，都要看一看经贸合作项目，对此有切身感受。这里，我给大家举两个小例子。赞比亚谦比希铜矿，始建于1963年，由于经营不善、缺乏资金，1987年不得不停产。1998年中赞合资重新开发，仅3年就复矿投产，雇用本地员工2000人，当年上缴税款近400万美元，促进了当地就业和经济繁荣。原来失业的机械师姆瓦克激动地对我说，非常庆幸能在复产后的谦比希铜矿找到工作，一定好好干，为赞中友谊作出贡献。埃塞俄比亚受地理和技术条件限制，很多地区长期通讯不畅。2006年，中埃企业开始合作建设埃塞俄比亚全国通信网，得到中方15亿美元的融资支持。经过这些年的努力，埃塞俄比亚已经拥有非洲最先进的通信网络，全国无线信号覆盖率从7%提升到90%，手机用户从90万增加到950万。中方企业还专门建立技术培训中心，累计培训埃方专业技术人员上千人次，目前该通信网已全部交由当地管理和运营。

特别令人欣慰的是，中非青年在中非友好事业中日益发挥着不可替代的重要作用。中国向非洲派出的工程技术人员、医疗队员、农业专家、维和人员和志愿者，主力军都是年轻人，他们以自己的知识、热情和奉献精神赢得了非洲人民的尊重和信赖。非洲国家累计派出3.4万名青年学生到中国留学，他们学成回国后成为建设国家的生力军，也成为中非友好的桥梁和使者。从非洲丛林到万里长城，从大学校园到工厂企业，从中非青年联欢节到“文化聚焦”活动，中非青年付出了辛勤劳动，留下了欢声笑语，结下了深厚情谊，成为中非友好一道亮丽的风景线。

青年朋友们，女士们，先生们，

中非青年领导人论坛，是中非双方为加强青年交流搭建的新的重要平台，是中非青年友好交往史上的一件大事，对于增进中非青年相互了解和友谊，吸引更多青年人投身中非友好事业，使中非友好合作永葆生机与活力，具有重要意义。借此机会，我想就论坛的发展提几点建议，与各位青年朋友探讨。

一要服务中非关系大局。2000年中非共同倡议成立的中非合作论坛，是中非集体对话的重要平台和务实合作的有效机制，经过10多年的发展，已经成为引领中非关系发展的旗帜。中非青年领导人论坛服从服务于中非友好合作关系的大局，很重要的一条，就是要坚持在中非合作论坛框架下开展工作，紧紧围绕双方领导人达成的重要共识、部长级会议确定的合作计划，拟定会议主题，明确工作重点，规划目标任务，落实相关措施，并加强同其他合作机制的协调与配合。希望通过双方的共同努力，把论坛建设成为青年朋友们开展定期交流与合作的有益平台，更好地发挥青年参与中非友好事业的积极作用，共同推动中非新型战略伙伴关系向前发展。中方愿为论坛的建设提供必要的支持和帮助。

二要传承中非传统友谊。中非老一辈领导人共同缔造和精心培育的传统友谊，是中非关系历久弥坚、蓬勃发展的不竭动力和宝贵财富，也是中非友好在新的时代背景下薪火相传、发扬光大的坚实基础。希望青年朋友们以传承中非传统友谊为己任，铭记光荣历史，顺应时代潮流，赋予中非传统友谊新的内涵，推动中非友好关系持续发展。要积极开展形式多样、内容丰富、为青年人喜闻乐见的活动，广泛宣传中非人民的深厚情谊，充分展示中非务实合作的丰硕成果，深入交流中非传统文化、基本国情和发展经验，着力加强青年之间的友好往来和相互学习，不断增进相互了解和理解，让中非青年更加相知相近相亲，让中非传统友谊更加深入人心。

三要促进中非务实合作。发展中非关系，很重要的内容，就是拓展和深化各领域务实合作。应当说，包括在座各位在内的中非青年朋友们，思想活跃、勤奋好学、充满热情、勇于创新，不仅是各自国家发展建设的生力军，也是促进中非务实合作的生力军。事实上，在中非务实合作的广阔天地中，无论是经贸合作还是人文交流，无论是科技合作还是教育合作，无论是人力资源开发还是志愿者服务，青年人已经作出并将继续作出骄人的业绩。希望青年朋友们紧紧抓住中非经济快速发展带来的新机遇，以落实双方达成的合作共识为重点，充分发挥论坛人才荟萃、联系广泛的优势，为拓展和深化中非务实合作建言献策，为加强企业合作牵线搭桥，为扩大双方人文交流添砖加瓦，不断为中非务实合作开辟新的途径、充实新的内容、注入新的活力，进一步夯实中非友好合作关系的物质基础。

青年朋友们，女士们，先生们，

青年是国家和民族的希望，承载着中非友好的未来。我和波汉巴总统这一代人，亲身经历了中非患难与共、风雨同舟的历史进程，亲眼目睹了中非友谊之树从幼苗到参天大树的成长过程。我们相信，经过一代又一代中非青年的不懈努力，这棵参天大树一定能够枝繁叶茂、硕果累累。

最后，祝论坛取得圆满成功！

国务院总理温家宝访问日本宫城县名取市和福岛县福岛市灾区代表中国政府和人民向灾区民众表示慰问

珍爱生命之水——2011年青少年科学调查体验活动在天津启动

此活动由教育部、中央文明办、国家广电总局、共青团中央、中国科协共同主办。

本次科学体验活动将组织全国青少年开展与水相关的科学调查活动，搜集整理相关数据，提交调查报告，从而提高水患意识、节水意识和水资源保护意识。调查成果将进行评奖并在今年全国科普日向社会公示。

团结报创刊55周年座谈会在北京举行

团结报是我国目前唯一一份由民主党派主办的时政类报纸。

中共中央统战部、新闻出版总署分别发来贺信，全国人大常委会副委员长、民革中央主席周铁农出席座谈会并讲话，全国政协副主席、民革中央常务副主席厉无畏出席座谈会，中共中央统战部副部长尤兰田宣读贺信并讲话。

周铁农在讲话中回顾了团结报创刊55周年来的光辉历程。他说，55年来，在民革中央的直接领导下，在中共中央统战部以及各民主党派的大力支持帮助下，团结报始终坚持正确的办报方向，牢固树立政治家办报的理念，锐意进取，不辱使命；始终坚持大力宣传中国共产党的理论、路线和方针政策，宣传爱国统一战线和中国共产党领导的多党合作和政治协商制度，真实记录包括民革在内的各民主党派履行参政议政、民主监督职能的足迹；始终坚持继承和发扬新闻宣传优良传统，不断探索新形势下新闻宣传工作的新思路、新途径、新方法，提高舆论引导力、影响力、凝聚力，为推动统一战线、多党合作事业的发展营造了良好的舆论氛围，作出了重要贡献。

中共中央统战部发来的贺信说，希望团结报立足新形势，适应新发展，始终坚持正确的舆论导向，更好地担负起宣传统一战线和多党合作事业的光荣使命，为开创统一战线和多党合作事业新局面，为全面建设小康社会和争取祖国完全统一作出新的更大的贡献！

5月22日

第四次中国日本韩国领导人会议在日本东京举行

中国国务院总理温家宝、日本首相菅直人和韩国总统李明博出席会议。会议由菅直人主持。

温家宝在发言中说，中日韩建立伙伴关系三年来，经受住了国际金融危机、重大自然灾害和错综复杂的地区、国际形势考验，相互沟通协调得到加强，合作领域不断拓宽，促进了三国经济和社会发展，维护了地区和平与稳定。三国利益密不可分，命运休戚相关、同舟共济、互利共赢的精神深入人心，这是我们继续携手前行最为重要的基础。我们必须坚定信念，排除干扰，增进互信，深化合作，维护共同利益，促进东亚地区的和平、稳定与繁荣。

温家宝提出以下建议：

第一，积极支持日本灾后重建工作。中方愿根据日方需要，提供力所能及的帮助，并通过中日双边和中日韩三边机制，就共同感兴趣的领域和项目探讨合作方式。

第二，高度重视核电安全问题。认真落实三国达成的有关共识。建立中日韩核电安全交流与合作机制，加强信息通报、应急辐射监测、事故救援及后果评价、技术装备研发等方面的合作。

第三，切实推进防灾减灾合作。今年下半年举办东亚地震研讨会。中方愿出资启动东北亚地震、海啸和火山研究项目。探讨建立应急、救援合作机制。

第四，推进贸易投资自由化、便利化。在今年内完成三国自贸区官产学联合研究，争取明年启动谈判，努力在今年内完成三国投资协定谈判。推动物流信息互联与共享，全面开展陆海联运合作。

第五，大力发展可再生能源。合作发展风能、太阳能、潮汐能、生物质能，大力推广节能技术。成立中日韩"可再生能源产学研创新联盟"，将三国技术、生产和市场优势更好结合起来。

第六，加快中日韩循环经济示范基地建设，促进合理利用资源、保护生态环境、实现可持续发展。中国政府愿采取积极措施，争取年内在中国启动循环经济示范基地建设，并支持在日韩建立示范基地。

第七，加强社会人文交流。争取实现2015年三国人员往来达到2600万的目标。统筹规划三国教育合作，推动“亚洲校园”项目，促进三国人民特别是青年之间的相互了解与友谊。

菅直人和李明博表示，中日韩合作有着良好基础，取得了丰硕成果，给三国人民带来实实在在的利益，为维护地区和世界的和平与繁荣发挥了积极作用。三国要本着相互尊重、相互理解、相互信任的精神，加强在核能安全、可再生能源、循环经济、节能环保、防灾减灾、经贸、教育、文化、青年等领域的交流与合作，推动三国伙伴关系达到更高水平。

会议宣布建成中日韩合作秘书处，同意举行三国年度亚洲政策磋商。

会后三国发表了《第四次中日韩领导人会议宣言》，以及加强灾害管理合作、核安全合作、可再生能源和能效合作等成果文件。三国领导人共同会见了记者，并在三国工商界午餐会上发表了讲话。

第五次中日韩领导人会议将于明年在中国举行。

第四次中日韩领导人会议宣言

（2011年5月22日　日本东京）

2011年5月22日，我们，中华人民共和国、日本国和大韩民国的领导人在日本东京举行会晤。

我们对2011年3月11日东日本大地震造成的重大人员伤亡和财产损失深表慰问。这一事件提醒我们，三国地缘相近，人民友好，三国合作十分必要。

鉴此，我们对三国合作全面持续发展的良好势头表示满意，并愿意进一步加强三国面向未来的全方位合作伙伴关系。三国合作必将有助于日本早日恢复，基于这一认识，我们一致认为，互相帮助非常重要，尤其是在危难时刻。我们决心通过三国各领域合作，支持日本克服当前的困难局面。

我们欢迎三国合作秘书处取得的进展。秘书处今年将在韩国建成。我们希望秘书处进一步促进三国合作。

我们确认将保持和加强高层交往，决定在每年三国外交高官磋商期间举行亚洲政策磋商，以加强对各自亚洲政策全面、客观和深入了解，促进地区和平稳定。

一、三国合作

灾害管理与核安全

考虑到东日本大地震，日本政府承诺同中、韩及国际社会分享在核事故和地震中吸取的经验教训。我们重申三国在灾害管理与核安全领域合作的重要性，决定按附件推动有关合作。

经济增长

我们作为本地区三个重要国家的领导人，一致认为三国应加强合作，以进一步增强地区活力与动力，引领亚洲的强劲增长。

鉴此，我们重申三国投资框架不断增长的重要性。三国投资框架将进一步加强三国经济伙伴关系。我们都认为需要进一步努力，促使三国投资协定谈判尽早达成实质性共识。

考虑到日本当前情况及其影响，同时注意到三国自贸区联合研究进展情况以及三国经贸部长和三国外长建议，我们决定加快三国自贸区联合研究，以便研究能在今年内完成，并即采取后续步骤。

我们重申食品安全和能源安全的重要性，鼓励在上述领域开展对话与合作。

我们欢迎三国建立东北亚物流信息服务网络，鼓励在三国运输及物流部长会议机制下进一步推进三国无缝物流服务体系建设，早日实现三国陆海联运。

我们确认，促进三国间旅游有利于刺激经济，尤其是受灾害影响的日本旅游业，同时也有助于加深对彼此国家的了解。我们支持2010年第五次中日韩旅游部长会议确定的目标，即到2015年将三国人员往来规模扩大到2600万。我们一致认为，三国应共同努力，为实现这一目标，为促进旅游和友好往来营造并坚定维护良好的环境。我们确认，三国在互惠基础上通过进一步自由化扩大航空服务网络十分重要。我们也确认在签证程序便利化方面所做的努力。我们一致认为，应推动扩大友好城市之间的交流。

我们将进一步提升海关合作，特别是在三国海关负责人会议框架下贸易便利化和改进海关程序方面的合作。

环境可持续发展

我们认识到，为了子孙后代，国际社会需要解决全球环境问题。我们显示了引领该领域有关努力的决心。鉴此，我们认为，为实现可持续增长，应当促进使用可再生能源，提高能源效率，决定按附件推动有关合作。

我们认可韩国釜山三国环境部长会议的成果。我们对在三国环境部长会议框架下，三国联合行动计划取得的进展以及举办学生和企业论坛表示欢迎。我们将加强合作，应对气候变化、生物多样性丧失等全球环境问题以及沙尘暴、酸沉降、固体废弃物特别是电子废弃物非法越境转移等地区环境问题。在这方面，我们欢迎关于建立打击包括电子废弃物在内的废弃物非法越境转移合作机制的承诺。

我们强调密切合作以稳步落实《生物多样性公约》第十次缔约方大会成果的重要性。

我们注意到正在进行的关于探讨建立三国循环经济示范基地基本思路的讨论，认识到就循环经济示范基地未来框架进行有效磋商十分必要。我们决定加快合作，以启动筹备工作。

人文交流

我们认识到，人文交流特别是青少年交流，是三国间加深互信，增进面向未来的合作关系的基础。鉴此，我们决定在中日韩青少年友好会见活动框架下举办“未来论坛”，促进友好合作关系。

考虑到中日邦交正常化40周年、中韩建交20周年，我们决定在2012年特别增进三国友好交流。

我们欢迎通过“亚洲校园”计划促进三国大学交流，希望尽早启动示范项目。为进一步推动三国教育合作，我们决定继续努力，建立三国教育部长会议机制。合作领域可以包括促进师生交流，以培育相互理解，建立面向未来的合作关系。

我们认识到文化交流对于深化三国间相互理解十分重要，希望在2011年第三次中日韩文化部长会议发表的《奈良宣言》基础上，采取具体措施，促进三国文化交流，并在2012年第四次三国文化部长会议上进一步推动相关工作。

我们期待，中日韩文化产业论坛将促进三国文化产业界的交流与合作。

其他

我们确认，为保障海上安全，加强三国搜救领域合作的重要性，期待三国密切相关合作。

我们强调，应通过合作，成功落实二十国集团首尔峰会通过的“首尔发展共识”及其跨年度行动计划，期待在今年韩国釜山第四次援助有效性高级别论坛上，开展深入、有意义的讨论。我们将继续就各自的发展合作政策交换意见。

我们重申，长期同邻国协调合作，对根除恐怖主义至关重要。鉴此，我们期待中日韩反恐磋商取得具体成果。

我们对索马里海域海盗严重威胁国际航运及海上商业航路安全表示严重关切，承诺同国际社会一道，加大努力，应对这一共同威胁。我们决定在这方面加强三国合作。

二、地区和国际问题

东北亚形势

我们一致认为，朝鲜半岛无核化将极大地促进东北亚的和平与稳定。会上对朝鲜声称的铀浓缩计划表达了关切。我们强调真诚和建设性的南北对话具有非常重要的意义，并强调了采取切实行动为重启六方会谈创造有利环境的重要性。我们重申致力于实现六方会谈2005年“9·19”共同声明所列目标。

东亚区域合作

我们重申通过中日韩领导人会议、东盟加中日韩、东亚峰会、东盟地区论坛、亚太经合组织等现有框架推动区域合作的承诺，以实现东亚的和平、稳定与繁荣。我们继续支持东盟作为东亚区域合作的主导力量。在这方面，我们欢迎美国和俄罗斯今年加入东亚峰会。我们致力于在三国间，以及同东盟和其他伙伴一道，开展紧密合作，推动东亚区域合作。

裁军与防扩散

我们重申对《不扩散核武器条约》所做的坚定承诺，愿同其他各方一道，在各国安全不受减损原则基础上，以促进国际稳定的方式，寻求建立无核武器世界。我们强调，决心落实2010年《不扩散核武器条约》审议大会最后文件。我们欢迎韩国主办2012年核安全峰会，重申将为峰会成功保持密切合作。

国际经济形势

我们讨论了国际经济形势有关问题，包括世界经济面临的不确定因素和潜在风险。我们重申，将通过二十国集团及其他相关机构，特别是通过稳步落实二十国集团首尔峰会成果，共同应对全球经济挑战，实现强劲、可持续和平衡增长。

附件 ·：

灾害管理合作

我们，中华人民共和国、日本国和大韩民国的领导人，在2011年3月11日东日本大地震的背景下，一致认为，发生在一国的灾难不仅给该国，也给其他两国带来同样的痛苦。我们确认，三国愿尽最大努力进行合作，加强防灾救灾能力建设，并强化灾难发生时的援助体系。

我们确认以下原则：

一、我们将通过信息交流降低灾害风险，将灾害带来的破坏减少至最低限度。

二、当三国中的一国发生重大灾害时，其他两国在了解受灾国情况并确认其需要后，将根据受灾国的请求，尽快派出紧急救援队等救灾队并提供救灾物资。救灾队应能自我补给，不给受灾地区增加负担。

三、在符合本国法律并考虑到国际惯例和灾害情况的条件下，受灾国将尽快就接受救灾队和救灾物资提供可能的合作。

四、三国将分享应对包括此次东日本大地震在内的自然灾害的经验和教训，并将其用于未来的防灾救灾工作。

五、三国将分享灾后重建信息，以此加强重建过程中的三边合作。

六、三国将稳步推动目前已经确认的三边合作，包括2008年在首次中日韩领导人会议上签订的《中日韩三国灾害管理联合声明》。

七、中日韩将在东盟地区论坛、东亚峰会和东盟“10+3”等三国参与的其他地区论坛就灾害管理进行密切合作。

具体而言,我们将推动以下措施:

一、举行演练和加强能力

——推动三国提供及接受援助的主管部门、灾害管理及救灾主管部门之间的交流,以提高提供和接受援助的能力。

——考虑举行演练(桌面演练)和多重灾害联合演练,如有必要,可与其他地区框架合作。

——在灾区建立有效的三国合作体系。

二、确保灾害发生时沟通快速顺利

——指定24小时联络点,负责发布灾害信息并迅速协调救援需求和供给。应考虑三国合作秘书处如何协助双边沟通。

——加强合作、建立网络以快速确认本国公民安全。

三、就提供和接受援助加强协调

——共享关于提供和接受救灾队、接受救援物资的程序和做法的信息。

四、推动灾害管理方面的技术发展和信息共享

——共享三国关于灾害管理和救灾的体系及政策信息。

——讨论如何将适当的地球空间信息用于灾害管理。

——与区域组织和联合国机构积极合作,更好地利用已有或计划建立的平台。

为稳步推进上述措施,我们将在充分利用三国合作秘书处并考虑到灾区情况的条件下,在日本举行一次工作层的研讨会。我们同时确认,将就今年在中国举行的三国灾害管理第二次会议进行合作。另外,我们确认将考虑组建一支由三国防灾和灾后重建专家组成的联合研究小组,在灾区重建情况允许的情况下,在合适的时间进行实地考察,为未来的工作积累经验。

附件二:

核安全合作

我们,中华人民共和国、日本国和大韩民国的领导人讨论了日本近期发生的灾难性地震、海啸和核事故。现在,我们重申加强核安全以及继续以最大透明度安全运行核设施的极端重要性。

福岛第一核电站近期发生事故后,我们认识到破坏性自然灾害可能对核安全造成严重威胁。日本政府致力于同中国、韩国及整个国际社会分享从这一核事故中得到的教训,这有利于增进全世界范围内核设施的安全。

我们认识到核能仍然是许多国家的重要选择,但发展核能应以确保核安全为前提,并坚持“安全第一”的原则。日本政府表达了解决福岛第一核电站事态的决心,并确认日本将继续以最大透明度向国际社会提供信息。中国和韩国政府支持日本政府在以安全、保险方式稳定福岛第一核电站并最终解决这一核事故方面所做的努力。

我们决定促进三国专家之间就加强核电安全及应对自然灾害进行讨论。有关讨论将涉及核安全法规、应急准备和应对措施及其他核安全相关问题,通过双边和三边框架,如2008年9月成立的核安全监管高官会,以及其他机制开展。因此,三国将充分利用高官会,作为进行务实和具体合作的框架。

核安全信息共享与交流对建立和维护核设施安全运行的信心至关重要。为此,我们决定加强信息共享方面的合作。此外,我们还决定开始讨论建立核事故及早通报框架和专家交流事宜,并考虑在核事故时就大气流动轨迹的分析和预测进行实时的信息交流。我们一致认为,在发生核事故时,在产品安全方面依据科学证据慎重采取必要应对措施很重要。

我们重申支持核安全国际合作及国际原子能机构在该领域的主导作用。为此,我们将积极参加机构今年6月举行的部长级核安全大会。

在此方面,我们也欢迎韩国在2012年举办核安全峰会的有关倡议。

我们重申致力于加强在核安全领域的合作。

附件三:

通过加强可再生能源和能源效率合作实现可持续增长

我们,中华人民共和国、日本国和大韩民国的领导人认为,有必要通过引进可再生能源和提高能源效率来促进可持续增长,同时解决气候变化及自然资源限制问题。我们决心将环境保护与经济发展相协调作为目标,将实现可持续增长作为全球增长的动力,重申《联合国气候变化框架公约》的目标和原则,特别是共同但有区别的责任和各自能力原则。

我们也同意,三国将开展合作以促进在南非德班举行的《联合国气候变化框架公约》第十七次缔约方会议取得积极成果。

我们认识到,稳步推进这一领域的合作,不仅有利于三国,也有利于整个国际社会。

为了更有效、更全面地实现可持续增长,我们确认建立适当框架的重要性,以评估通过低碳技术及产品的传播以及其他方式开展合作的有效性和效率。从中、长期角度看,我们认为三国应在可持续增长领域展开研究或咨询,其中包括可再生能源和能源效率。

径。三是深化农业领域务实合作。安哥拉农业发展潜力大，中方计划为安援建农业示范中心，希望发挥其带动作用，促进农业开发投资，提升合作规模和水平，使农业领域成为中安互利合作新的增长点。

多斯桑托斯说，安中互利合作已成为促进安哥拉发展的重要因素，对安调整经济结构和改善人民生活发挥了积极作用。安哥拉政府将积极推动双方已达成协议的合作项目尽快建成，真诚希望与中方在更广泛的领域开展互利合作，在国际和地区事务中加强协调配合，不断提升两国战略伙伴关系水平。

双方还就中非关系、国际经济治理机制改革等共同关心的问题深入交换了意见。

全国人大常委会委员长吴邦国在罗安达与安哥拉国民议会议长卡索马举行会谈

首都各界纪念西藏和平解放60周年座谈会在人民大会堂举行

中共中央政治局常委、全国政协主席贾庆林出席座谈会并讲话。

座谈会由中央统战部、全国人大常委会办公厅、全国政协办公厅、国家民委举办。全国人大常委会副委员长陈昌智，国务委员、国务院秘书长马凯，全国政协副主席、中央统战部部长杜青林，全国政协副主席、中国社会科学院院长陈奎元，十届全国人大常委会副委员长热地出席座谈会。杜青林主持座谈会。热地和西藏自治区人民政府主席白玛赤林、在西藏工作过的老同志代表阴法唐、在京工作的藏族同志代表拉巴平措、中国佛教协会副会长班禅额尔德尼·确吉杰布在座谈会上发言。

全国政协主席贾庆林在首都各界纪念西藏和平解放60周年座谈会上的讲话

同志们，朋友们：

今天是西藏和平解放60周年纪念日。我们在人民大会堂召开座谈会，与社会各界和西藏各族人民一起，隆重庆祝这一重大节日。首先，我代表党中央、国务院，向西藏各族工人、农牧民、知识分子、干部和各界人士，向人民解放军驻藏部队指战员、武警西藏部队官兵和公安民警，表示热烈的祝贺和亲切的慰问！向所有为西藏和平解放和繁荣发展作出贡献的同志们、朋友们，表示崇高的敬意！向一切关心和支持西藏发展进步的港澳同胞、台湾同胞、海外侨胞和国际友人，表示衷心的感谢！

西藏自古以来就是伟大祖国不可分割的一部分，西藏的命运始终同祖国的命运紧密相连。1840年鸦片战争以后，中国沦为半殖民地半封建社会，西藏与全国其他地方一样，遭到帝国主义列强的侵略和欺凌。1949年10月新中国成立，带来了西藏解放的希望曙光。1950年10月昌都解放，拉开了西藏解放的历史序幕。1951年5月23日，中央人民政府代表和原西藏地方政府代表在北京签订了“十七条协议”，实现了西藏的和平解放。这是一件具有重大历史意义的事件，标志着祖国大陆实现了统一，标志着中华民族实现了在新的历史条件下的大团结。

西藏和平解放，彻底驱逐了帝国主义势力，捍卫了国家主权和领土完整。西藏战略地位十分重要，帝国主义势力觊觎已久，多次发动武装入侵，企图变西藏为自己的殖民地。遭到失败后，又勾结西藏少数上层反动分子，煽动、策划“西藏独立”，千方百计阻挠解放。毛泽东同志明确指出：“西藏为中国内政问题，任何外国无权过问。”、“十七条协议”第一条明确规定，“西藏人民团结起来，驱逐帝国主义侵略势力出西藏”。根据“十七条协议”，我们废除了外国势力在西藏地方享有的特权，一举将其驱逐出西藏，使西藏永远摆脱了帝国主义的羁绊。

西藏和平解放，沉重打击了各种分裂势力，维护了国家统一和民族团结。从十三世纪起，历代中央政府都对西藏实行有效行政管辖，世界上也从未有任何一国的政府承认西藏是一个“独立的国家”。1949年前后，西藏少数上层反动分子在外国势力的支持下，公开进行一系列“西藏独立”活动，图谋把西藏从中国分裂出去。第十世班禅额尔德尼代表西藏爱国进步人士和西藏人民致电中央，期望早日解放西藏。党中央和毛主席高瞻远瞩，果断作出“进军西藏宜早不宜迟”的决策，并敦促西藏地方政府派代表到北京谈判。“十七条协议”的签订，宣告了“藏独”活动的可耻失败，沉重打击了分裂祖国的反动势力。西藏和平解放，维护了中国的统一，维护了中华民族的大团结。

西藏和平解放，为改变西藏政教合一的封建农奴制创造了条件，开辟了百万农奴翻身解放的道路。旧西藏实行的政教合一的封建农奴制，比中世纪的欧洲还要黑暗、落后。占西藏总人口95%的广大农奴和奴隶没有任何人身权利和生产生活资料，任凭农奴主阶级残酷压迫。“十七条协议”规定，“逐步发展西藏的农牧工商业，改善人民生活”，“西藏地方政府应自动进行改革”，使西藏人民看到了希望。特别是在西藏的人民解放军和工作队，大力开展生产贸易、修桥筑路、引进现代教育医疗等，为人民群众做好事，使西藏人民加深了对中国共产党和人民军队的了解，政治觉悟不断提高，要求改革的愿望日益高涨。这为1959年的平息叛乱和通过民主改革推翻压在西藏人民头上的封建农奴制，奠定了坚实的群众基础。没有西藏和平解放，封建农奴制的丧钟就不会敲响，就没有西藏百万农奴的翻身解放。

西藏和平解放，开启了西藏繁荣进步的光明前程，极大地促进了西藏各项事业发展。旧西藏极度封闭落后，没有公路，没有工业，没有一所现代意义上的学校，社会发展长期停滞不前。伴随着西藏的和平解放，人民解放军"一面进军，一面筑路"，在最短时间内先后修通了康藏、青藏、滇藏、新藏公路和西藏区内许多公路。古老的雪域高原第一次出现现代意义上的学校、医院、农业灌溉设施、牧民定居点等，政治、经济、文化、教育、卫生等各项事业开始全面发展。没有西藏和平解放，就没有西藏的发展进步，更没有今天欣欣向荣的新西藏。

同志们、朋友们！

从和平解放到今天，西藏已走过60年波澜壮阔的光辉历程。60年来，中央始终高度重视西藏的发展进步，关心西藏各族人民。以毛泽东同志为核心的党的第一代中央领导集体，实现了西藏和平解放，完成了民主改革，使西藏从封建农奴制社会直接跨入社会主义社会，为西藏发展进步奠定了坚实的政治基础和社会基础。以邓小平同志为核心的党的第二代中央领导集体，召开了两次西藏工作座谈会，制定了一系列符合西藏实际的经济政策和改革开放政策，推动西藏发展进入一个新时期。以江泽民同志为核心的党的第三代中央领导集体，召开了中央第三次、第四次西藏工作座谈会，根据新的历史条件，制定了一整套符合西藏实际、代表西藏各族人民根本利益的政策措施，进一步开创了西藏改革开放和社会主义现代化建设的新局面。党的十六大以来，以胡锦涛同志为总书记的党中央继往开来、与时俱进，进一步丰富和发展了新时期西藏工作方针政策，召开了中央第五次西藏工作座谈会，树立了西藏实现跨越式发展和长治久安的新的里程碑。在中央正确领导和全国人民大力支持下，西藏自治区历届党委和政府团结带领全区各族人民，开拓奋进，取得了举世瞩目的辉煌成就。

西藏各族人民真正实现了当家做主。继民主改革之后，1965年成立西藏自治区，在西藏全面确立了民族区域自治制度，西藏人民与全国各族人民一样，享有了宪法和法律规定的各项权利，享有了平等参与管理国家事务和自主管理本地区和本民族事务的政治权利。根据宪法和民族区域自治法赋予的自治和自主权，西藏先后制定了250余件地方性法规和单行条例。一大批藏族和其他少数民族干部迅速成长，已经成为建设西藏、发展西藏的骨干力量。

西藏经济走上了跨越式发展道路。经过民主改革、社会主义改造和改革开放，西藏的社会生产力得到了极大的解放和发展。从没有一家现代工厂，到建立起门类比较齐全、富有地方特色的现代工业体系；从没有一条公路，到初步建立起以公路、铁路、航空、管道为主的综合交通运输体系；从古老的信差驿站，到建立起以光缆、卫星、网络为骨干的现代通讯网络体系，西藏经济建设实现了历史性跨越。

西藏各族人民生活水平显著提高。改革开放以来，西藏在全国率先实现了城乡免费义务教育，对义务教育和高中阶段的农牧民子女实行"三包"（包吃、包住、包学习费用）。城镇医疗保险实现全覆盖，农牧民全部享有以免费医疗为基础的医疗保障，社会保障体系基本建成。2010年，全区农牧民人均纯收入达到4138.7元，27.48万户、140万农牧民住进安居新房。西藏的人均寿命从和平解放前的35.5岁提高到67岁。

西藏各族人民的宗教信仰自由受到充分尊重。坚持各宗教、各教派一律平等，依法保护正常的宗教活动，寺庙学经、辩经、晋升学位等传统宗教活动有序进行，藏传佛教特有的传承方式得到充分尊重。国家累计投入超过10亿元，修缮了布达拉宫等重点文物保护单位和扎什伦布寺、萨迦寺等重要宗教场所。目前西藏共有1700多处藏传佛教活动场所，僧尼4.6万人，信教群众的宗教信仰自由依法得到保护和尊重。

西藏的优秀传统文化得到保护和发展。藏语文得到广泛学习和使用，成为中国第一个具有国际标准的少数民族文字。在国家的支持、帮助下，《大藏经》等佛教典籍、《格萨尔王》等优秀民间文化艺术遗产得到大规模的系统收集整理和出版，大批珍贵文物得到保护，独具特色的藏医藏药走向世界，藏族众多的传统节日得到保留和继承。

西藏的生态环境保护与建设全面加强。建立各类自然保护区47个，总面积41.37万平方公里，居全国之首。建立各类生态功能保护区21个，保护湿地600余万公顷。加大退牧还草、退耕还林力度，加强节能减排，主要城镇空气质量优良率达95%以上，雪域高原的碧水蓝天得到很好保护。

60年沧桑巨变，西藏经历了从黑暗走向光明、从落后走向进步、从贫穷走向小康、从专制走向民主、从封闭走向开放的光辉历程。当前，西藏经济发展、社会进步、文化繁荣、民生改善、民族团结、宗教和谐，正处于历史上最好的发展时期。历史雄辩地证明：只有坚持中国共产党领导，坚持社会主义制度，坚持民族区域自治制度，坚持走有中国特色、西藏特点的发展路子，西藏才会有繁荣进步的今天和更加美好的明天。

抚今追昔，我们不会忘记作出和平解放西藏英明决策的老一辈无产阶级革命家，他们的丰功伟绩将永世长存！我们不会忘记那些为西藏和平解放、发展进步、民族团结和社会稳定，作出突出贡献的英烈和"老西藏"，以及不断涌现出来的先进人物，他们的感人事迹值得我们永远铭记！我们不会忘记为西藏和平解放作出特殊贡献的第十世班禅大师和阿沛·阿旺晋美同志，他们的爱国主义精神值得我们世代传扬！

同志们、朋友们！

当前，西藏发展正面临着难得的历史机遇。党的十七届五中全会和"十二五"规划纲要描绘了我国未来五年发展的宏伟蓝图，也对西藏工作提出了明确要求。今年3月，胡锦涛总书记参加十一届全国人大四次会议西藏代表团审议时对西藏工作发表了重要讲话，为西藏的经济社会发展进一步指明了方向。我们要认真学习贯彻胡锦涛总书记的重要讲话，全面落实中央第五次西藏工作座谈会精神，以科学发展为主题，以加快转变经济发展方式为主线，努力推动西藏实现跨越式发展和长治久安。

第一，全力推动西藏经济跨越式发展。发展是解决西藏所有问题的基础。要紧紧抓住并切实用好中央深入实施西部大开发战略、加大对西藏支持力度的难得历史机遇，一心一意谋发展，聚精会神搞建设，努力在跨越式发展道路上迈出新步伐。要加快转变经济发展方式，大力实施"一产上水平、二产抓重点、三产大发展"的经济发展战略，推动西藏经济实现更好更快更大发展。要着力培育具有地方特色和比较优势的战略支撑产业，加大重点区域开发力度，增强自我发展能力。要继续把建设生态西藏放在突出位置，全面加强生态环境保护与建设，努力实现西藏经济社会可持续发展。

第二，切实保障和改善民生。要坚持以人为本，把改善农牧民生产生活条件放在优先位置，把农牧民生产生活条件的改善程度以及他们对生活的满意度，作为衡量我们工作成效的重要标准。要在经济发展的基础上加快推进以保障和改善民生为重点的社会建设，着力解决好教育、就业、住房、医疗、社会保障等各族群众最关心、最直接、最现实的利益问题。要把援藏工作的重点转向农牧区，把项目建设的重点转向直接惠及农牧民生产生活上，切实提高农牧民收入水平，使他们更好地享受到改革发展的成果。

第三，坚决维护西藏社会和谐稳定。稳定是西藏人民的根本利益所在。只有社会稳定，经济才能顺利发展，各族群众才能安居乐业。要始终高举维护社会稳定、维护社会主义法制、维护人民群众根本利益、维护祖国统一、维护民族团结的旗帜，紧紧依靠各族干部群众，谋长久之策，行固本之举，牢牢掌握反分裂斗争主动权。要深入揭批达赖集团，进一步增强各族干部群众对达赖集团斗争的坚定性、自觉性和主动性。要毫不松懈地在各族干部群众中开展社会主义核心价值体系宣传教育，使各族干部群众不断增强中华民族意识、国家意识、法制意识、公民意识，进一步夯实反分裂斗争的思想基础和群众基础。要健全社会管理体制、推进社会管理创新、加强社会主义法制建设，切实维护人民群众的根本利益。

第四，全面贯彻落实党的民族宗教政策。民族宗教工作在西藏工作全局中具有特殊重要地位。要牢牢把握各民族共同团结奋斗、共同繁荣发展的主题，把有利于民族团结、有利于各民族共同繁荣发展、有利于民族交往交流交融、有利于国家统一和社会稳定，作为衡量民族工作成效的重要标准，推动各民族和睦相处、和衷共济、和谐发展。要广泛开展民族团结进步创建活动，注重培养选拔优秀藏族干部和其他少数民族干部，不断加强"三个离不开"教育，不断巩固和发展平等团结互助和谐的社会主义民族关系。要全面贯彻党的宗教工作基本方针，深入开展寺庙法制宣传教育，依法加强对宗教事务的管理，保护正常的宗教活动，维护宗教团体、宗教活动场所以及宗教界人士和信教群众的合法权益。

同志们、朋友们！

西藏和平解放60年的历史丰碑已经铸就，迈向新征程的进军号角已经吹响。让我们更加紧密地团结在以胡锦涛同志为总书记的党中央周围，高举中国特色社会主义伟大旗帜，以邓小平理论和"三个代表"重要思想为指导，深入贯彻落实科学发展观，同心同德、扎实工作，为建设团结、民主、富裕、文明、和谐的社会主义新西藏而努力奋斗，以优异成绩迎接中国共产党成立90周年！

扎西德勒！

中办 国办印发《农村基层干部廉洁履行职责若干规定(试行)》并发出通知

各省、自治区、直辖市党委和人民政府，中央和国家机关各部委，军委总政治部，各人民团体：

《农村基层干部廉洁履行职责若干规定(试行)》(以下简称《规定》)已经中央同意，现印发给你们，请结合实际认真贯彻执行。

《规定》的颁布实施，是加强反腐倡廉法规制度建设、完善农村基层干部行为规范、促进农村基层干部廉洁履行职责的重要举措。各级党委和政府要从提高党的执政能力、巩固党的执政基础的高度，充分认识贯彻实施《规定》的重要性，深入学习宣传，认真查找和解决本地区、本部门、本系统农村基层干部廉洁履行职责方面存在的突出问题，加强对《规定》贯彻执行情况的监督检查，及时纠正并严肃处理违反《规定》的行为，确保把《规定》落到实处。要坚持从严要求和关心爱护相结合，切实为农村基层干部廉洁履行职责创造条件。广大农村基层干部要认真执行《规定》，自觉接受监督，坚决杜绝违反《规定》行为的发生。

各地区各部门在执行《规定》过程中的重要情况和建议，要及时报告中央。

中共中央办公厅

国务院办公厅

2011年5月23日

农村基层干部廉洁履行职责若干规定(试行)

为进一步加强农村党风廉政建设，促进农村基层干部廉洁履行职责，维护农村集体和农民群众利益，推动农村科学发展，促进农村社会和谐，依据《中国共产党章程》和其他有关党内法规、国家法律法规，制定本规定。

总　则

农村党风廉政建设关系党的执政基础。农村基层干部廉洁履行职责，是坚持以邓小平理论和“三个代表”重要思想为指导，深入贯彻落实科学发展观，全面贯彻落实党的路线方针政策，加快推进社会主义新农村建设的重要保障；是新形势下加强党的执政能力建设和先进性建设，造就高素质农村基层干部队伍的重要内容；是保证农村基层干部正确行使权力，发展基层民主，保障农民权益，促进农村和谐稳定的重要基础，是加强和创新社会管理，做好新形势下群众工作，密切党群干群关系的必然要求。

农村基层干部应当坚定理想信念，牢记和践行全心全意为人民服务的宗旨，恪尽职守、为民奉献；应当发扬党的优良传统和作风，求真务实、艰苦奋斗；应当遵守党的纪律和国家法律，知法守法、依法办事；应当正确履行职责和自觉接受监督，清正廉洁、公道正派；应当倡导健康文明的社会风尚，崇尚科学、移风易俗。

第一章　乡镇领导班子成员和基层站所负责人廉洁履行职责行为规范

第一条　禁止滥用职权，侵害群众合法权益。不准有下列行为：

(一)非法征占、侵占、“以租代征”转用、买卖农村土地和森林、山岭、草原、荒地、滩涂、水面等资源；

(二)违反乡镇土地利用总体规划、村镇建设规划和基本农田保护规定进行审批和建设；

(三)侵占、截留、挪用、挥霍或者违反规定借用农村集体财产或者各项强农惠农资金、物资以及征地补偿费等；

(四)违反规定干预、插手农村村级组织选举或者农村集体资金、资产、资源的使用、分配、承包、租赁以及农村工程建设等事项；

(五)违反规定扣押、收缴群众款物或者处罚群众；

(六)对发现的严重侵害群众合法权益的违纪违法行为隐瞒不报、压案不查；

(七)其他滥用职权，侵害群众合法权益的行为。

第二条　禁止利用职务之便，谋取不正当利益。不准有下列行为：

(一)索取、收受或者以借为名占用管理、服务对象财物，或者吃拿卡要；

(二)在管理、服务活动中违反规定收取费用或者谋取私利；

(三)用公款或者由村级组织、乡镇企业、私营企业报销、支付应当由个人负担的费用；

(四)设立“小金库”，侵吞、截留、挪用、坐支公款；

(五)利用职权和职务上的影响为亲属谋取利益；

(六)其他利用职务之便，为本人或者他人谋取不正当利益的行为。

第三条　禁止搞不正之风，损害党群干群关系。不准有下列行为：

(一)违反规定选拔任用干部，或者在乡镇党委和政府换届选举中拉票贿选，败坏选人用人风气；

(二)弄虚作假，骗取荣誉和其他利益；

(三)在社会保障、政策扶持、救灾救济款物分配等事项中违规办事、显失公平；

(四)漠视群众正当诉求，或者对待群众态度恶劣，故意刁难群众；

(五)大吃大喝，公款旅游，或者违反规定配备、使用小汽车；

(六)大操大办婚丧喜庆事宜，或者借机敛财。

第二章　村党组织领导班子成员和村民委员会成员廉洁履行职责行为规范

第四条　禁止在村级组织选举中拉票贿选、破坏选举。不准有下列行为：

(一)违反法定程序组织、参与选举，或者伪造选票、虚报选举票数、篡改选举结果；

(二)采取暴力、威胁、欺骗、贿赂等不正当手段参选或者妨害村民依法行使选举权、被选举权；

(三)利用宗教、宗族、家族势力或者黑恶势力干扰、操纵、破坏选举。

第五条　禁止在村级事务决策中独断专行、以权谋私。不准有下列行为：

(一)违反规定处置集体资金、资产、资源，或者擅自用集体财产为他人提供担保，损害集体利益；

(二)违法违规发包集体土地、调整收回农民承包土地、强迫或者阻碍农民流转土地承包经营权，非法转让、出租集体土地，或者违反规定强制调整农民宅基地；

（三）在政府拨付和接受社会捐赠的各类救灾救助、补贴补助资金、物资以及退耕还林退牧还草款物、征地补偿费使用分配发放等方面违规操作、挪用、侵占，或者弄虚作假、优亲厚友；

（四）在集体资金使用、集体经济项目和工程建设项目立项及承包、宅基地使用安排以及耕地、山林等集体资源承包、租赁、流转等经营活动中暗箱操作，为本人或者他人谋取私利；

（五）违背村民意愿超范围、超标准向村民筹资筹劳，加重村民负担，或者向村民乱集资、乱摊派、乱收费。

第六条　禁止在村级事务管理中滥用职权、损公肥私。不准有下列行为：

（一）采取侵占、截留、挪用、私分、骗取等手段非法占有集体资金、资产、资源或者其他公共财物；

（二）在计划生育、落户、殡葬等各项管理、服务工作中或者受委托从事公务活动时，吃拿卡要、故意刁难群众或者收受、索取财物；

（三）违反规定无据收（付）款，不按审批程序报销发票，或者设立"小金库"，隐瞒、截留、坐支集体收入；

（四）以虚报、冒领等手段套取、骗取或者截留、私分国家对集体土地的补偿、补助费以及各项强农惠农补助资金、项目扶持资金；

（五）未经批准擅自借用集体款物或者经批准借用集体款物但逾期不还，或者违反规定用集体资金、公物操办个人婚丧喜庆事宜；

（六）以办理村务为名，请客送礼、大吃大喝，挥霍浪费集体资金，或者滥发奖金、补贴，用集体资金支付应当由个人负担的费用。

第七条　禁止在村级事务监督中弄虚作假、逃避监督。不准有下列行为：

（一）不按照规定实行民主理财，或者伪造、变造、隐匿、销毁财务会计资料；

（二）阻挠、干扰村民依法行使询问质询权、罢免权等监督权利；

（三）阻挠、干扰经济责任审计以及其他重大事项的审计；

（四）阻挠、干扰有关机关、部门依法进行的监督检查或者案件查处。

第八条　禁止妨害和扰乱社会管理秩序。不准有下列行为：

（一）参与、纵容、支持黑恶势力活动；

（二）组织、参与宗族宗派纷争或者聚众闹事；

（三）参与色情、赌博、吸毒、迷信、邪教等活动或者为其提供便利条件；

（四）违反计划生育政策或者纵容、支持他人违反计划生育政策。

第三章　实施与监督

第九条　各级党委和政府负责本规定的贯彻实施。开展教育培训，完善考评激励，落实待遇保障，加强监督检查，促进农村基层干部自觉贯彻执行本规定。

第十条　各级党委和政府应当结合本规定的贯彻实施建立健全农村基层党务公开、政务公开、村务公开和办事公开制度以及农村基层干部经济责任审计制度，推进农村基层权力运行公开透明。

第十一条　县（市、区、旗）党委和政府每年应当对乡镇领导班子成员执行本规定的情况进行一次检查考核。

县（市、区、旗）有关主管部门每年应当按照干部管理权限对基层站所负责人执行本规定的情况进行一次检查考核。检查考核时应当充分听取基层站所所在地的乡镇党委和政府的意见，并将考核结果通报乡镇党委和政府。

乡镇党委和政府每年应当对村党组织领导班子成员和村民委员会成员执行本规定的情况进行一次检查考核。

第十二条　纪检监察机关协助同级党委和政府或者根据职责开展对本规定贯彻实施情况的监督检查，依纪依法查处农村基层干部违反本规定的行为。

第十三条　村党组织和村民委员会应当依据本规定完善村规民约，建立廉政承诺制度，健全监督制约机制，保证本规定的贯彻执行。

第十四条　村党组织和村民委员会应当结合贯彻执行本规定健全党组织领导的村级民主自治机制。对村级重大事务实行村党组织提议、村党组织和村民委员会商议、党员大会审议、村民会议或者村民代表会议决议，决议内容和实施结果应当公开。

第十五条　村党组织和村民委员会应当结合贯彻执行本规定建立健全党务公开、村务公开和财务公开制度。

第十六条　村党组织领导班子成员和村民委员会成员应当将贯彻执行本规定的情况作为民主生活会对照检查、年度述职述廉和民主评议的重要内容，接受党员和村民的监督。

第十七条　村务监督委员会或者其他形式的村务监督机构应当依法履行监督职责，对村民委员会成员执行本规定的情况进行监督。

第十八条　村民代表可以对村民委员会成员执行本规定的情况进行询问和质询。

第十九条　农村基层干部遵守本规定的情况应当作为对其奖励惩处、考核评价、选拔任用、考录的重要依据。

第四章　违反规定行为的处理

第二十条　乡镇领导班子成员和基层站所负责人有违反本规定第一章所列行为的，视情节轻重，由有关机关、部门依照职责权限给予诫勉谈话、通报批评、调离岗位、责令辞职、免职、降职等处理。

应当追究党纪政纪责任的，依照《中国共产党纪律处分条例》《行政机关公务员处分条例》等有关规定给予相应的党纪政纪处分。

乡镇党委和政府领导班子成员因工作失职，应当进行问责的，依照《关于实行党政领导干部问责的暂行规定》处理。

涉嫌犯罪的，移送司法机关依法处理。

第二十一条　村党组织领导班子成员有违反本规定第二章所列行为的，视情节轻重，由有关机关、部门依照职责权限给予警示谈话、责令公开检讨、通报批评、停职检查、责令辞职、免职等处理。

应当追究党纪责任的，依照《中国共产党纪律处分条例》给予相应的党纪处分。

涉嫌犯罪的，移送司法机关依法处理。

第二十二条　村民委员会成员有违反本规定第二章所列行为的，视情节轻重，由有关机关、部门依照职责权限给予警示谈话、责令公开检讨、通报批评、取消当选资格等处理或者责令其辞职，拒不辞职的，依照《中华人民共和国村民委员会组织法》的规定予以罢免。

对其中的党员，应当追究党纪责任的，依照《中国共产党纪律处分条例》给予相应的党纪处分。

涉嫌犯罪的，移送司法机关依法处理。

第二十三条　农村基层干部违反本规定获取的不正当经济利益，应当依法予以没收、追缴或者责令退赔；给国家、集体或者村民造成损失的，应当依照有关规定承担赔偿责任。

第二十四条　村党组织领导班子成员和村民委员会成员受到本规定第二十一条、第二十二条处理的，由县（市、区、旗）或者乡镇党委和政府按照规定减发或者扣发绩效补贴（工资）、奖金。

第二十五条　村党组织领导班子成员和村民委员会成员中的党员因违反本规定受到撤销党内职务处分的，或者受到留党察看处分恢复党员权利后，两年内不得担任村党组织领导班子成员；被责令辞职、免职的，一年内不得担任村党组织领导班子成员。

第五章　附　则

第二十六条　本规定适用于乡镇党委和政府领导班子成员、人大主席团负责人、基层站所负责人，村（社区）党组织（含党委、总支、支部）领导班子成员、村（居）民委员会成员。

乡镇其他干部、基层站所其他工作人员，农村集体经济组织中的党组织（含党委、总支、支部）领导班子成员、农村集体经济组织负责人，村民小组负责人，参照执行本规定。

第二十七条　各省、自治区、直辖市党委和政府可以根据本规定，结合实际情况制定具体实施办法，并报中央纪委、监察部备案。

第二十八条　本规定由中央纪委、监察部负责解释。

第二十九条　本规定自发布之日起施行。

国务院副总理李克强在中国测绘创新基地看望测绘工作者并召开座谈会

李克强与地理信息科研人员亲切交谈，他说，测绘是古老的行业，也是充满活力的事业，地理信息是经济社会活动的基础，发展前景十分广阔。李克强说，我国国土广袤、海域辽阔，测绘地理信息事关拓展发展空间，事关国家安全。发展海洋经济，保障海洋权益，都离不开你们的工作。

李克强听取了国家测绘局负责人的汇报并与院士专家座谈，院士代表陈俊勇、刘先林、李德仁和中青年专家张继贤先后发言，就做好测绘地理信息工作、发展地理信息产业、监测地理国情、建设数字城市、加强测绘教育等提出了意见建议。李克强不时插话，与大家深入探讨交流。他说，“十一五”时期，测绘地理信息发展取得新的成就，已站到一个新的起点上。特别是在汶川特大地震和灾后重建中，测绘部门冲锋在前，在第一时间获取和制作灾区影像、第一时间提供使用，为了解灾情、指挥决策、抢险救灾及恢复重建提供了有效的保障服务。广大测绘职工特别是基层一线工作人员为此付出了大量心血。

李克强指出，测绘地理信息是战略性新兴产业和生产型服务业的重要结合点，开发利用潜力很大。随着地理信息的不断丰富和广泛应用，将促进物联网、数字城市等领域及关联服务业的发展，完善“网格化”社会管理，支撑重大项目决策，带动扩大就业，方便生产生活。国家测绘局近日更名为国家测绘地理信息局，体现了国家对测绘地理信息工作的支持和期望。要抓住这个重要契机，紧密围绕我国经济社会发展的需要，密切跟踪国际相关领域最新发展，统筹规划，加大投入，完善体制，加快发展测绘事业和地理信息产业，增强自主创新能力，丰富测绘地理信息产品和服务，实现信息资源共享，为全面建设小康社会作出新贡献。

全国政协副主席、科技部部长万钢一同考察调研和参加了座谈会，国务院有关部门负责人参加了上述活动。

全国基础研究工作会议在北京召开

国务委员刘延东在出席会议时强调，基础研究是科学之本、技术之源。新中国成立特别是改革开放以来，我国基础研究实现了跨越式发展，建成了门类齐全的学科体系，形成了比较完备的科技力量布局，取得了一批具有世界影响的重大成果。她强调，当代科学前沿孕育新的重大突破，人类社会面临新的全球性挑战，基础研究对于加快转变经济发展方式、提升国家竞争力和促进人类文明进步的作用日益突出。我国基础研究已进入从量的扩张向质的提高的重要跃升期，要总结经验，正视差距，抢抓科学突破的先机，努力提升我国在世界科学领域的地位。

全国政协副主席、科技部部长万钢在全国基础研究工作会议上作了工作报告。中国科协名誉主席周光召，国家机关、军队有关部门和地方科技部门的负责同志，有关科研院所、高校及专家代表等共300多人出席会议。

国办转发中国人民银行等7部门《关于规范商业预付卡管理的意见》并发出通知

各省、自治区、直辖市人民政府，国务院各部委、各直属机构：

人民银行、监察部、财政部、商务部、税务总局、工商总局、预防腐败局《关于规范商业预付卡管理的意见》已经国务院同意，现转发给你们，请认真贯彻执行。

国务院办公厅

2011年5月23日

关于规范商业预付卡管理的意见

近年来，适应信息技术发展和小额支付服务市场创新的客观需要，商业预付卡市场发展迅速。商业预付卡以预付和非金融主体发行为典型特征，按发卡人不同可划分为两类：一类是专营发卡机构发行，可跨地区、跨行业、跨法人使用的多用途预付卡；另一类是商业企业发行，只在本企业或同一品牌连锁商业企业购买商品、服务的单用途预付卡。总体看，商业预付卡在减少现钞使用、便利公众支付、刺激消费等方面发挥了一定作用。同时，商业预付卡市场也存在监管不严、违反财务纪律、缺乏风险防范机制、公款消费和收卡受贿等突出问题，严重扰乱了税收和财务管理秩序，助长了腐败行为。为规范商业预付卡管理、严肃财经纪律、防范金融风险、促进反腐倡廉，现提出如下意见：

一、明确职责，加强管理

强化对商业预付卡发卡人的管理，是规范商业预付卡管理的首要环节，必须进一步明确部门职责，落实分类监管。人民银行要严格按照《非金融机构支付服务管理办法》(中国人民银行令〔2010〕第2号)的规定，加强对多用途预付卡发卡人的监督检查，完善业务管理规章，维护支付体系安全稳定运行。未经人民银行批准，任何非金融机构不得发行多用途预付卡，一经发现，按非法从事支付结算业务予以查处。对商业企业发行的单用途预付卡，商务部门要强化管理，抓紧制定行业标准，适时出台管理办法。金融机构未经批准，不得发行预付卡。

二、健全制度，规范行为

规范商业预付卡的发行和购买，是防范利用商业预付卡洗钱、套现、偷逃税款以及行贿受贿的有效途径，必须进一步建立健全规章制度，加大执法力度。一是建立商业预付卡购卡实名登记制度。对于购买记名商业预付卡和一次性购买1万元(含)以上不记名商业预付卡的单位或个人，由发卡人进行实名登记。二是实施商业预付卡非现金购卡制度。单位一次性购卡金额达5000元(含)以上或个人一次性购卡金额达5万元(含)以上的，通过银行转账方式购买，不得使用现金；使用转账方式购卡的，发卡人要对转出、转入账户名称、账号、金额等进行逐笔登记。三是实行商业预付卡限额发行制度。不记名商业预付卡面值不超过1000元，记名商业预付卡面值不超过5000元。

严格发票和财务管理。发卡人必须严格按照《中华人民共和国发票管理办法》有关规定开具发票。税务部门要加强发票管理和税收稽查，坚决依法查处发卡人在售卡环节出具虚假发票、购卡单位在税前扣除与生产经营无关支出等行为。财政部门要加强财务管理，严厉查处挪用预算资金、利用购卡进行公款消费等行为。

三、坚决治理，防贿促廉

治理收卡受贿等违纪违法行为，是加强反腐倡廉工作的迫切要求和重要环节，必须进一步狠抓落实，加大查处力度。按照《中国共产党党员领导干部廉洁从政若干准则》和《中共中央办公厅国务院办公厅关于严禁党政机关及其工作人员在公务活动中接受和赠送礼金、有价证券的通知》(中办发〔1993〕5号)的规定，严禁国家工作人员特别是领导干部在公务活动中收受任何形式的商业预付卡。凡收受商业预付卡又不按规定及时上交的，以收受同等数额的现金论处。对涉嫌受贿的，依法严肃查处。

四、防范风险，维护权益

加强预付资金管理，维护持卡人合法权益，是防范金融风险的重要手段，必须引起足够重视，进一步完善工作机制。多用途预付卡发卡人接受的、客户用于未来支付需要的预付资金,不属于发卡人的自有财产,发卡人不得挪用、挤占。多用途预付卡发卡人必须在商业银行开立备付金专用存款账户存放预付资金,并与银行签订存管协议,接受银行对备付金使用情况的监督。人民银行要加强对多用途预付卡备付金专用存款账户开立和使用的监管。商务部门要采取有效措施,加强对单用途预付卡预付资金的监管,防范资金风险。

人民银行、商务部要继续健全商业预付卡收费、投诉、保密、赎回、清退等业务管理制度,全面维护持卡人合法权益。为防止发卡人无偿占有卡内残值,方便持卡人使用,记名商业预付卡不设有效期,不记名商业预付卡有效期不得少于3年。对于超过有效期尚有资金余额的,发卡人应提供激活、换卡等配套服务。工商部门要进一步加强监督检查,加大消费维权工作力度,严厉打击侵犯消费者权益的不法行为,及时开展相关消费提示,营造良好的消费环境。

商业预付卡管理涉及部门众多,情况复杂,规范整顿的任务十分艰巨。各有关部门要各负其责,建立对商业预付卡的联合监督检查机制,进一步加强协调配合,齐抓共管,形成合力。2011年年底前,人民银行、商务部等有关部门要联合开展一次商业预付卡市场专项检查,以检查促整改,促进商业预付卡市场规范发展。

国家副主席习近平在人民大会堂会见新加坡前总理李光耀

中央军委发出《中央军委"十二五"期间立法规划》

《中央军委"十二五"期间立法规划》要求,各单位要高度重视军事立法工作,组织所属机关、部门认真落实有关立法任务,及时协调解决立法工作中的重大问题。承担立法任务的部门要坚持主要领导亲自抓,认真做好法规草案的立法调研、征求意见、试点验证、修改完善等工作,保证按照时间节点和质量要求完成法规起草任务。各单位负责法制工作的部门要加强对立法工作的指导,会同起草部门研究解决立法中的重点、难点问题,经常督促检查立法项目的进展情况,切实把好法规草案审查的"政治关、政策关、事实关、保密关、文字关",确保出台的法规经得起实践和历史的检验,努力为全面加强军队革命化现代化正规化建设,为我军圆满完成党和人民赋予的各项任务,提供更加完备的法制保障。

《西藏和平解放六十周年》纪念邮票在拉萨首次发行

第四届徐迟报告文学奖在湖北谷城颁奖

赵瑜的《寻找巴金的黛莉》、李春雷的《木棉花开》、何建明的《生命第一》、丰收的《王震和我们》和杨黎光的《中山路》共5篇(部)荣获大奖;党益民的《守望天山》等10篇(部)荣获优秀奖。中国作家协会、湖北省作家协会、襄阳市、谷城县的有关同志和来自全国各地的作家、专家学者参加了颁奖活动。

5月24日

中央纪委书记贺国强在上海调研

5月24日至25日,贺国强在上海就加快转变经济发展方式、保持经济平稳较快发展进行调研。

贺国强指出,提高自主创新能力是加快转变经济发展方式的根本途径和关键环节,要充分发挥上海科技和人才密集以及综合配套能力强等优势,瞄准国际科技发展前沿,紧跟世界产业发展潮流,努力掌握更多重要关键技术、获得更多自主知识产权、培植更多自主创新品牌,力争在新一轮科技革命和产业革命中赢得发展的主动权。要积极推动科技体制机制改革,加快构建以企业为主体、市场为导向、产学研相结合的技术创新体系,搭建创新资源服务平台,研究相关配套措施,推动战略性新兴产业发展,培育新的经济增长点,努力使上海成为国家战略性新兴产业的创新引领区。

考察期间,贺国强充分肯定了上海市近年来经济社会发展取得的成绩,希望上海各级党委、政府和广大干部群众认真贯彻落实党的十七届五中全会精神,充分发挥上海世博会的后续效应和浦东新区先行先试的带动作用,加快推进国际经济、金融、贸易、航运中心和现代化国际大都市建设,努力争当全国加快转变经济发展方式、推动科学发展的排头兵。

中共中央政治局委员、上海市市委书记俞正声,中共中央书记处书记、中央纪委副书记何勇一同调研。

最高人民法院发布《人民法院工作年度报告(2010年)》

年度报告由前言、审判执行篇、法院管理篇和改革发展篇共4部分组成,共4万余字,以图文并茂的形式,全面展示了人民法院2010年履行审判职能的情况、加强审判管理的举措、确保廉洁司法的生动实践,以及司法改革取得的新进展、新成效。

报告显示,死刑复核工作已进入规范运行、稳定发展的阶段。人民法院为切实保障死刑案件程序公正,坚持死刑二审案件全部开庭审理,严格证据审查判断,确保证据确实、充分,切实把好死刑案件的事实关、证据关、程序关、适用法律关,坚决贯彻党和国家的死刑政策。

年度报告指出,严格掌握和统一死刑适用标准,确保死刑只适用于极少数罪行极其严重的犯罪分子。加强对死刑适用的指导,统一死刑适用尺度,努力使复核的每一起死刑案件都经得起历史、法律和人民的检验,切实尊重和保障公民的生命权这一最基本的人权;按照宽严相济刑事政策的要求,对具有法定、酌定从轻、减轻情节的,依法从轻或者减轻处罚;不是必须判处死刑立即执行的,均依法判处死刑缓期二年执行。依法开展附带民事诉讼的调解,促进因民间纠纷激化导致犯罪的案件被害人与被告人达成谅解协议,尽量依法不判处死刑立即执行,最大限度化解社会矛盾。

国务委员刘延东在北京出席纪念中国委托公证人(香港)制度建立30周年座谈会

刘延东充分肯定了委托公证人制度在贯彻"一国两制"方针和香港特别行政区基本法中发挥的重要作用,对委托公证人付出的辛勤劳动表示赞赏。她说,中国委托公证人制度自1981年建立以来,有效解决了一个国家内实行不同法律制度和公证制度的香港特别行政区与内地间公证文书相互使用问题,为内地和香港民众处理民事、经济事务提供了便捷有效的法律服务,有力地维护了两地居民的合法权益,促进了两地经贸交流合作,是"一国两制"方针在法律服务领域的成功实践和有益探索。实践证明,中央政府关于建立委托公证人制度的决策是正确的,委托公证人制度的实践是成功的。

刘延东指出,当前内地与香港在经贸、社会、文化等各方面的交流与合作日益密切,这将为委托公证人制度提供广阔的空间,也为委托公证人履行职责、发挥作用提供了更加宽广的舞台。希望广大委托公证人以爱国爱港、建港兴港为己任,忠于职守、不辱使命、开拓进取,努力维护国家和香港繁荣稳定;继续秉承恪尽职守的执业原则,强化质量至上的责任意识,本着对法律负责、对社会负责、对当事人负责的精神,更好地服务香港和内地经济发展;进一步完善委托公证人制度,不断扩大业务合作的范围,加强委托公证人队伍建设,增强委托公证人在香港法律界的凝聚力和影响力,更好地为两地广大民众服务。

刘延东向获得委托公证人荣誉奖的代表颁发了荣誉证书及纪念奖牌。

司法部部长吴爱英等中央有关部门负责人,来自香港的64名委托公证人,以及内地公证协会、法律专家代表参加了座谈会。

中海油与熔盛重工共同建造世界第一艘3000米级深水铺管起重船"海洋石油201"在江苏如皋举行国家科技重大专项汇报会暨命名仪式

国家副主席习近平在人民大会堂会见伊朗伊斯兰共和国外交部部长萨利希

中国—东盟环保合作中心在北京揭牌

环境保护部部长周生贤与东盟副秘书长米思然·卡尔梅共同为中国—东盟环境保护合作中心揭牌。未来,我国将与东盟尽快商定环保合作行动计划,确保双方合作的惠益共享。中心将开展"中国—东盟绿色使者计划"活动,扎实推进在环境无害化技术、环境标志与清洁生产等方面的合作。

5月25日

全国人大常委会委员长吴邦国在开普敦与南非总统祖马举行会谈

吴邦国建议:第一,保持高层往来势头。进一步密切政府、立法机构、执政党等各方面的友好交往,深化在治国理政方面的经验交流,不断增进政治互信。第二,深化务实合作。充分发挥中南双边合作委员会的指导和协调作用,提出深化两国经贸合作的规划和项目,引导企业加强在制造业、能矿资源开发和深加工、基础设施建设等领域的合作,着力推动一批具有带动作用的大项目合作,不断提升经贸合作的质量和水平。第三,密切在国际事务中的合作。前不久南非加入金砖国家机制,为中南合作提供了新的平台。希望双方加强在多边框架内的协调与配合,共同维护广大发展中国家的利益。中方支持南方举办德班气候变化大会,并愿与南方共同努力,推动会议取得积极成果。

祖马表示,南方高度重视发展同中国的关系,愿加强与中国在双边和多边各领域的务实合作,欢迎中方积极参与非洲跨国区域基础设施建设项目合作,共同推动南中关系全面深入发展。

祖马表示,中国的发展有利于非洲的发展,非中合作对促进非洲发展进步产生了重要作用。南方将继续积极致力于中非合作论坛的建设,为推动非中关系发展作出应有的贡献。

全国人大常委会委员长吴邦国在开普敦与南非国民议会议长西苏鲁举行会谈

全国人大常委会委员长吴邦国在南非国民议会发表演讲

南非国民议会议长西苏鲁和多数党总督导莫谢卡

分别致欢迎词和感谢词。

吴邦国委员长夫人章瑞珍、全国人大常委会副委员长兼秘书长李建国等中方陪同人员，南非国民议会和省务院议员共300多人聆听了演讲。

全国人大常委会委员长吴邦国在南非国民议会发表题为《弘扬传统友谊 共创美好未来》的主旨演讲

尊敬的西苏鲁议长，

尊敬的马赫兰古主席，

女士们，先生们，朋友们：

今天，在我对南非进行正式友好访问之际，有机会来到国民议会，同各位新老朋友见面，感到十分高兴。首先，我向在座各位，并通过你们向兄弟的南非人民和非洲人民转达中国人民的诚挚问候和良好祝愿！

南非是世界上具有重要影响的国家。这片广袤神奇的大地，不仅以两洋交汇的壮美风光、灿烂独特的多元文化闻名于世，更以反种族隔离斗争的光荣历史、争取人民自由平等的伟大胜利享誉世界。新南非成立17年来，贵国政府和人民积极探索适合本国国情的发展道路，经济蓬勃发展，种族和睦相处，民生不断改善，国际地位和影响力日益提升。特别是南非世界杯足球赛的成功举办，集中展示了南非蒸蒸日上的新兴大国形象，“彩虹之国”焕发出更加绚丽夺目的光彩。中国人民对南非人民取得的巨大成就感到由衷的钦佩和高兴，衷心祝愿兄弟的南非人民不断取得新的更大成就。

中国和南非虽然远隔千山万水，但两国人民心心相印。早在南非人民反对种族隔离的正义斗争中，中国人民就坚定地与南非人民站在一起。1998年，中南正式建立外交关系，揭开了两国友好合作的新篇章。13年来，双边关系发展势头强劲，已成为各自对外关系中发展最快、最为重要的双边关系之一，这在国与国之间的关系中是少有的。

——战略互信不断加深。建交仅两年两国就确立了伙伴关系，2004年提升为平等互利、共同发展的战略伙伴关系，2010年再上一个台阶、建立了全面战略伙伴关系。形象地说，中南政治关系的发展就像田径赛中的“三级跳”一样。两国领导人像走亲戚一样常来常往，建交不久曼德拉总统和江泽民主席就实现了互访，此后姆贝基总统、祖马总统多次访华，胡锦涛主席等中国主要领导人也先后访问南非。上个月，两国元首还在中国海南举行的金砖国家领导人第三次会晤期间进行了很好的会谈。

——经贸合作快速发展。中南签订了投资、贸易、技术、税收等多个双边经贸合作协定，务实合作涵盖贸易、能源矿产、农业、房地产、新能源等众多领域。双边贸易额从16亿美元增加到257亿美元，增长了15倍，中国已成为南非在全球的最大贸易伙伴，南非也成为中国在非洲的最大贸易伙伴。一批有实力、讲信誉的中国企业在南非创业发展，不少世界知名的南非企业赴华投资兴业。2007年，中国工商银行出资54.6亿美元入股南非标准银行，是迄今为止中国在非洲最大规模的金融类投资。

——人文交流日益密切。南非已成为与中国建立友好省市最多、设立孔子学院最多、吸引中国游客最多和拥有中国留学生最多的非洲国家。2010年，首站赴南非旅游的中国游客达到5.4万人，同期南非有6.4万多人次来华，分别比上年增长34.8%和25.5%。近年来，“感知中国·南非行”、“相约北京·南非周”等大型文化活动相继举办，掀起了一个又一个中南人文交流的新高潮。

还值得一提的是，两国立法机构间的交流与合作日益密切，在中国全国人大与外国议会建立定期交流机制的15个国家中，南非是唯一的非洲国家。在此，我愿向长期致力于促进中南友好合作关系发展的南非议会和各位议员，表示衷心的感谢和崇高的敬意。

这里我要强调的是，中国和南非同为有重要影响的发展中大国，同为当今世界最具发展活力的新兴市场国家。重要的历史责任，广泛的共同利益，巨大的合作空间，使两国关系越来越具有战略性和全球意义。中方愿同南方一道，继续本着相互尊重、平等互利、共同发展的原则，巩固战略合作的基础，丰富战略合作的内涵，共同开创中南全面战略伙伴关系更加美好的明天。

女士们，先生们，朋友们，

国家繁荣富强、人民幸福安康，是包括中国在内的广大发展中国家的共同追求和强烈期盼。新中国成立60多年来，特别是改革开放30多年来，中国共产党团结带领亿万中华儿女，以改天换地的豪情壮志和波澜壮阔的创新实践，谱写了中华民族迈向现代化的壮丽史诗，国家实力一天天强起来，人民生活一天天好起来，古老的中华大地焕发出勃勃生机。很多外国朋友问我中国发生沧桑巨变的原因。我想，最根本的是我们开辟了一条符合中国国情、顺应时代潮流、体现人民意愿的强国富民道路。这当中，很重要的有这样三点。

第一，坚持把发展作为执政兴国的第一要务。我们切身体会到，发展是国家繁荣富强、人民幸福安康的关键所在。贫穷落后是长期以来中国面临的最大实际，解决中国一切问题要靠发展，战胜一切挑战还要靠发展。改革开放30多年来，我们始终坚持发展是硬道理的战略思想，横下一条心，排除一切干扰，紧紧扭住经济建设这个中心不动摇，聚精会神搞建设，一心一意谋发展。连续制定和成功实施6个国民经济和社会发展五年规划，制定和实施数十个相关领域的中长期发展规划，以及西部大开发、东北地区等老工业基地振兴、中部地区崛起、东部地区率先发展等多个区域发展战略。经过30多年持续发展，中国的综合国力大大增强，人民生活明显改善，国际地位不断提升。2010年与改革初期的1978年相比，国内生产总值从2165亿美元增加到5.8万多亿美元，占全球的比重由1.8%提高到9.5%，经济总量跃居世界第2位。人均国内生产总值从226美元增加到4300多美元，增长了18.4倍。国家财政收入从1132亿元增加到8.3万亿元，增长了72.4倍。主要农产品和工业品产量位居世界第1位，粮食产量从3亿吨增加到5亿多吨，成功解决了占世界近1/5人口的吃饭问题。高速公路通车里程达到7.4万公里，居世界第2位；高速铁路通车里程达到8400多公里，电力装机达到9.6亿千瓦，均居世界第一位。顺利实施了载人航天飞行、月球探测、青藏铁路、三峡工程等一批举世瞩目的重大工程，成功举办了北京奥运会和上海世博会，奋力战胜了四川汶川特大地震等严重自然灾害。正是因为我们始终把发展作为执政兴国的第一要务，中国的面貌发生了历史性变化，亿万人民从发展中得到了实惠，发展已成为全国各族人民的共同追求，中国的发展不可阻挡。

第二，坚持把改革作为发展进步的强大动力。我们切身体会到，改革是国家繁荣富强、人民幸福安康的必由之路，只有改革开放，才能释放亿万人民的创造活力，才能赋予社会主义新的生机。改革开放30多年来，我们始终坚持一切从实际出发，只要有利于发展社会生产力，有利于增强综合国力，有利于提高人民生活水平，就大胆地试、大胆地闯，锐意推进经济领域、政治领域和其他各个领域的全面改革，不断实现社会主义制度的自我完善和发展。一是，发展社会主义市场经济，确立公有制为主体、多种所有制经济共同发展的基本经济制度，对农村集体土地实行家庭承包经营，对国有经济布局进行战略调整，对国有企业进行改革改组改造，建立现代企业制度，90%的国有企业完成股份制改造，一批大型国有企业在境内外上市。同时，毫不动摇地鼓励、支持和引导非公有制经济发展，非公有制经济创造的增加值占国内生产总值的比重达到2/3左右。积极培育资本、产权、土地、劳动力和技术等生产要素市场，完善政府宏观调控体系，充分发挥市场在资源配置中的基础性作用。二是，坚决实行对外开放，从建立经济特区到加入世界贸易组织，从大规模"引进来"到大踏步"走出去"，不断拓展对外开放的广度和深度，形成全方位、宽领域、多层次的对外开放格局。目前，中国的进出口总额超过2.9万亿美元，成为世界第一大货物出口国和第二大货物进口国，累计实际利用外商直接投资超过1万亿美元，批准设立外商投资企业71万家。三是，积极稳妥地推进政治体制改革，涉及国家领导制度、立法制度、行政管理制度、司法制度、基层群众自治制度等各个方面，努力增强党和国家活力，充分调动人民积极性。实行依法治国基本方略，通过现行宪法和4个宪法修正案，制定现行有效法律239件、行政法规690多件、地方性法规8600多件，形成以宪法为统帅的中国特色社会主义法律体系，国家各项事业的发展都纳入法制化轨道。正是因为我们始终把改革作为发展进步的强大动力，不断破除束缚生产力发展的体制障碍，全社会的创造活力竞相迸发，亿万人民从改革开放中看到了希望，改革开放已经深入人心，中国的改革开放不可逆转。

第三，坚持把和谐稳定作为改革发展的重要基础。我们切身体会到，稳定是国家繁荣富强、人民幸福安康的根本前提。中国有13亿人口、56个民族，城乡、区域发展很不平衡，要在这样的发展中大国搞现代化建设，没有安定的政治局面和稳定的社会环境，什么事情也办不成，已经取得的发展成果也会失去，甚至可能陷入内乱和分裂的深渊。对此，我们始终保持清醒头脑，从战略高度妥善处理改革发展稳定的关系。一是，坚持走自己的路，在涉及国家根本制度等重大原则问题上不动摇、不折腾，坚定不移地走中国人民自己选择的正确发展道路，积极借鉴人类社会创造的文明成果包括政治文明的有益成果，但决不照抄照搬，在中国发生深刻变革、世界发生深刻变化的背景下，始终保持了国家政局长期稳定。二是，确保人民安居乐业，从解决老百姓最关切的就业、教育、医疗、住房、收入分配、社会保障等方面的问题入手，着力保障和改善民生，实现好、维护好、发展好最广大人民的根本利益，做到发展为了人民、发展依靠人民、发展成果由人民共享。2010年与改革初期的1978年相比，城镇居民年人均可支配收入从343元增加到1.9万元；农村居民年人均纯收入从134元增加到5919元。农村贫困人口减少2.2亿人，减贫人数约占发展中国家减贫人数的75%。城镇化率从17.9%提高到49.7%，每年有1000万左右的农村居民转为城镇居民。城镇基本养老保险覆盖2.57亿人，全国基本医疗保险覆盖超过12亿人。9年免费义务教育全面普及，在校大学生人数由86万人增加到2231万人。城乡居民人均预期寿命，从新中国成立前的35岁上升到2010年的73.5岁。三是，促进社会和谐稳定，针对社会深刻变革带来的矛盾和问题，着力加强和创新社会管理，健全群众权益保障机制，畅通群众利益表达渠道，依法保护公民合法权益，依法惩治违法犯罪活动，及时把矛盾和问题化解在萌芽状态，最大限度地增加和谐因素，最大限度地减少不和谐因素。正是因为我们始终妥善处理改革发展稳定的关系，中国的改革发展才能够顺利进行，亿万人民从稳定中尝到了甜头，从30多年来改革开放的实践中深刻体会到，和谐稳定是全国各族人民的根本利益所在，稳定是福，动乱是祸，社会和谐稳定是改革发展的前提和基础。

我们也清醒地认识到，虽然中国取得的成就举世瞩目，但面临的矛盾和问题也世所罕见，发展不平衡、不协调、不可持续的问题相当突出，改革发展稳定的任务依然艰巨而繁重。目前，我们正按照中国全国人大批准的"十二五"发展规划，深入贯彻落实科学发展观，加快转变经济发展方式，加快经济结构战略性调整，努力实现经济社会又好又快发展。我们坚信，只要紧紧抓住经济建设这个中心，不断深化改革开放，不断改善民生，不断促进和谐稳定，中国就一定能够成为富强民主文明和谐的社会主义现代化国家，中国各族人民就一定能够过上更加幸福安康的好日子。

女士们，先生们，朋友们，

我先后六次访问非洲，亲眼目睹了非洲大陆的发展进步，亲身感受到这片热土的勃勃生机。今天的非洲，经济社会发展迅速，国际地位和影响日益提高，一个团结自信、阔步前进的新非洲正展现在世人面前。

中国是世界上最大的发展中国家，非洲是发展中国家最集中的大陆。加强同包括非洲国家在内的广大发展中国家的团结与合作，始终是中国独立自主和平外交政策的重要基础。事实已经证明并将继续证明，深化中非友好合作符合中非人民的根本利益，有利于推动中非共同发展进步，有利于促进世界和平与繁荣。我这次非洲之行的主要目的，就是要弘扬中非传统友谊，推动中非关系不断向前发展。

回首新世纪的第一个十年，中非传统友谊历久弥坚，务实合作硕果累累。2000年，双方共同倡议成立中非合作论坛，构筑了中非集体对话与务实合作的新平台和新机制，掀开了中非合作的新篇章。2006年，胡锦涛主席在中非合作论坛北京峰会上宣布加强对非务实合作的8项政策举措，绘就了中非合作的新蓝图，成为中非友好合作新的里程碑。2009年，中国政府在论坛第四届部长级会议上又推出8项新举措，为全面推进中非合作提供了新机遇、注入了新动力。我们高兴地看到，在双方的共同努力下，过去的10年，中非贸易额从100亿美元增加到1269亿美元，1600多家中国企业到非洲安家落户，仅2010年直接投资就达到10.7亿美元，是2000年的5倍。中国已成为非洲第一大贸易伙伴，近年来对非洲经济增长贡献率超过20%，中非务实合作展现出巨大的生机和活力。

展望新世纪的第二个十年，我们对中非关系的发展前景充满信心。中非友好不会因为国际形势的变化而变化，更不会因为自身经济的发展和国际地位的变化而变化。只要我们秉持和发扬中非友好合作的好传统、好经验、好做法，与时俱进，开拓创新，就一定能够推动中非新型战略伙伴关系不断迈上新台阶。

一要坚持平等相待。这是我们宝贵的政治财富。半个多世纪以来，中非关系之所以能够历经风雨考验、取得长足发展，一条很重要的经验，就是我们始终坚持平等相待，充分尊重对方国家主权和领土完整，充分尊重对方根据本国国情自主选择的社会制度和发展道路，决不干涉对方国家内部事务，决不把自己的意志强加于人。中国向非洲提供的援助历来不附加任何政治条件，从不把援助当作单方面的赐予，从不造成受援国对中国的依赖，而是真心实意地帮助非洲国家提高自我发展能力。中国愿与非洲各国一道，坚持从战略高度、长远角度看待和发展中非关系，密切双方在中非合作论坛框架内的对话与协商，继续保持中非高层交往势头，加强政府、立法机构、政党间的交流与合作，在涉及彼此核心和重大利益问题上相互支持，不断夯实中非关系的政治基础，永做好朋友、好兄弟、好伙伴。

二要坚持互利合作。这是我们内在的共同需求。中国和非洲各国同属发展中国家，都面临加快经济发展、改善人民生活的任务，而且双方经济互补性强，非洲有丰富的自然和人力资源，中国有适用技术和成熟经验，中非合作领域多、空间广、潜力大。近年来，中非妥善应对国际金融危机冲击，保持了经济平稳较快发展，经济结构调整步伐加快，这为中非深化互利合作提供了新的契机和动力。双方应抓住难得机遇，发挥互补优势，拓展合作领域，挖掘合作潜力，全面落实中非合作论坛第四届部长级会议达成的最新成果，充分发挥企业作为经贸合作主体的作用，重点加强农业、基础设施、制造业、能源资源、人力资源开发等领域合作，不断提升互利合作的质量和水平。中方将继续扩大从非洲进口，鼓励和支持更多有实力的中国企业赴非投资，加大技术转让力度，逐步扩大对非援助规模，优化援助结构，使援助项目更多向民生、人文和节能环保等领域倾斜。

三要坚持相互支持。这是我们独特的战略优势。在半个多世纪的风风雨雨中，中非始终相互理解、患难与共，只要朋友有困难有需要，都毫不犹豫地伸出援助之手，始终不渝地给予坚定支持。在世界多极化深入发展、国际体系深刻调整的今天，双方应积极推动南南合作和南北对话，进一步密切在联合国、世界贸易组织等多边舞台的配合，积极参与全球治理和国际金融体系改革，共同推动国际政治经济秩序朝着更加公正合理的方向发展；进一步加强在应对气候变化、环境保护、粮食安全、能源资源安全、公共卫生安全等全球性挑战方面的协调与合作,共同维护发展中国家的正当权益;进一步敦促发达国家切实兑现官方发展援助承诺,开放市场、减免债务、加大对发展中国家的资金和技术支持,共同推动联合国千年发展目标的落实。作为安理会常任理事国,中国将一如既往地坚定支持非洲国家维护国家主权、安全和发展利益,支持包括非洲国家在内的发展中国家提高在国际体系中的代表性和发言权,支持非洲国家谋求联合自强、自主解决非洲问题的努力,支持非洲联盟在加强非洲团结合作方面发挥主导作用。

女士们,先生们,朋友们,

今天正值第48个"非洲日"。借此机会,我谨代表中国政府和中国人民,并以个人的名义,向非洲人民为争取独立自由、谋求发展进步作出的不懈努力和取得的巨大成就表示崇高的敬意,衷心祝愿包括南非人民在内的非洲人民在建设美好家园、实现非洲复兴的伟大事业中创造新的辉煌。

国务院总理温家宝主持召开国务院常务会议

会议研究部署进一步做好高校毕业生就业工作并听取关于侨务工作的汇报。

会议确定了以下政策措施:(一)积极拓展毕业生就业领域。在构建现代产业体系中着力发展智力密集型、技术密集型产业和生产性、生活性服务业,创造更多适合毕业生的就业机会。对中小企业吸纳毕业生就业的,在信贷、社保等方面给予政策支持。(二)鼓励引导毕业生面向城乡基层和中西部地区就业。大力开发社会管理和公共教育、卫生、文化等领域服务岗位。重点解决好到城乡基层岗位工作毕业生的工资待遇、社会保障、人员流动等方面的实际问题。(三)鼓励支持毕业生自主创业,促进灵活就业。加强创业教育、创业培训和创业服务。符合条件的自主创业毕业生,可在创业地按规定申请小额担保贷款,从事微利项目的,财政贴息贷款额度提高到10万元。对毕业年度参加创业培训的毕业生,按规定给予培训补贴。(四)支持毕业生参加就业见习和技能培训。加强见习管理,规范见习活动。合理确定并及时调整见习期间基本生活补助标准,补助费用由见习单位和地方政府分担。对符合条件的参加职业技能培训、鉴定的毕业生和对毕业生开展岗前培训的企业,给予补贴。鼓励科研项目单位吸纳毕业生就业。(五)加强毕业生就业指导、就业服务和就业援助。建立健全毕业生就业信息服务平台。将就业困难的毕业生纳入就业援助体系,实施"一对一"职业指导和重点帮扶。对困难家庭毕业生给予适当的求职补贴。对未就业的毕业生按规定办理失业登记,落实就业扶持政策。保障毕业生落户等就业权益。会议要求各地区、各有关部门加强组织领导,强化目标责任,切实抓好各项政策措施的落实。

会议听取了关于侨务工作的汇报。会议指出,在世界各地分布大量的海外侨胞,是我国的独特国情和重要资源。当前和今后一个时期侨务工作的主要任务是,围绕国家工作大局,在更广领域、更高层面、更深层次发挥侨务工作的优势和作用。重点抓好以下工作:一是服务国家经济社会发展,引荐华侨创新创业领军人才。二是围绕国家总体外交战略,拓展侨务公共外交。三是引导海外侨胞积极推进两岸关系和平发展和祖国统一大业。四是围绕提高国家文化软实力战略,加强海外华文教育,弘扬中华优秀文化。五是建立健全工作机制,依法维护侨胞权益,促进侨界改善民生。六是深入开展联谊、服务和引导工作,培育和发展海外对我友好力量。

全国政协主席贾庆林在人民大会堂会见以第一副主席努尔兰·尼格马图林为团长的哈萨克斯坦祖国之光人民民主党代表团

贾庆林说,中方感谢哈方一直以来在攸关中国核心利益问题上给予的坚定支持,愿与哈方一道,本着长期稳定、睦邻友好、合作共赢的精神全方位推进中哈战略伙伴关系,造福两国人民。

贾庆林积极评价中哈党际关系,并强调,中国共产党愿在党际关系四项原则基础上继续深化与"祖国之光"党的友好合作关系,进一步推动两国执政党战略交流与对话,创新合作形式,充实合作内容,共同谱写中哈友好合作新篇章。

尼格马图林,并表示将继续通过党际关系加强相互交流借鉴,共同促进两国各领域的务实合作。

廉洁办世博 廉洁办亚运总结大会在上海举行

胡锦涛、温家宝等中央领导同志作出重要指示,要求总结运用好廉洁办世博、廉洁办亚运的经验,探索建立长效机制。中共中央政治局常委、中央纪委书记贺国强出席大会并讲话。他强调,要认真贯彻落实中央精神,总结经验,把握规律,巩固成果,健全机制,切实把廉洁办世博、廉洁办亚运经验体现和运用到党风廉政建设和反腐败工作中。

贺国强指出,廉洁办世博、廉洁办亚运是上海世博会、广州亚运会筹办工作的重要组成部分,也是世博会、亚运会顺利举办的重要保障。上海世博会、广州亚运会持续时间长、工程建设量大、资金流量密集、涉及范围广、参与人数多,筹办过程能否有序高效、能否有效防止腐败现象发生,事关世博会、亚运会的顺利举办,事关我们对人民群众和国际社会的郑重承诺,事关党和政府的良好形象。党中央、国务院对廉洁办世博、廉洁办亚运工作始终高度重视，在世博会、亚运会筹备工作一开始就提出了明确要求。按照中央的要求，中央纪委监察部把廉洁办世博、廉洁办亚运工作纳入党风廉政建设和反腐败工作总体部署，推动监督检查工作深入开展，有效发挥了指导、支持、协调作用；上海世博会、广州亚运会组委会、执委会以及有关地区、部门和单位全面学习借鉴廉洁奥运经验，坚持把廉洁办世博、廉洁办亚运工作纳入筹办工作总体部署、融入筹办工作每个环节，建立专门监督机构，健全监督工作体系，扎实开展了对中央政策措施落实、资金管理使用、工程建设质量、活动组织运行、征地拆迁和居民安置等情况的监督检查，取得了显著成绩。通过开展廉洁办世博、廉洁办亚运工作，增强了各地区各部门各单位贯彻落实中央精神的自觉性和坚定性，保证了筹办工作圆满成功，有效预防和减少了腐败现象发生，展示了党和政府反对腐败的坚定决心和坚强能力，增强了人民群众对反腐败斗争的信心。截至目前，尚未发现重大违纪违法案件，尚未发现损害群众利益的突出问题，尚未发现重大资金挪用挤占、重大损失浪费、重大质量和安全生产事故等问题，实现了建设工程安全优质、资金物资使用规范、组织运行节俭高效、重大活动阳光透明，兑现了我们向人民群众和国际社会作出的廉洁承诺。

贺国强强调，廉洁办世博、廉洁办亚运工作，为我们抓好其他重大工程、重大活动的监督检查工作积累了宝贵经验，也为深入推进党风廉政建设和反腐败斗争提供了有益启示。

中央纪委监察部、上海市和广东省纪委以及上海世博局、广州亚运会监督委员会有关负责同志在会上发了言。上海市、广东省、中央和国家机关及有关机构、中央管理的国有重要骨干企业负责同志参加了会议。

国家特聘专家专题培训班暨证书颁发仪式在中央党校举行

中共中央政治局委员、中央书记处书记、中组部部长李源潮出席，他勉励国家特聘专家珍惜荣誉、艰苦创业、勇攀高峰，以科技创新创业的优异成绩，回报祖国和人民的期望与信任。

首批有600多名全职回国的“千人计划”专家被授予“国家特聘专家”称号。李源潮为参加这次培训班的248名国家特聘专家颁发了证书。

中组部、人力资源和社会保障部、教育部、科技部、国务院国资委、中国人民银行等部门负责同志出席证书颁发仪式。

“大型快速高效数控全自动冲压生产线”和“数控大型多工位压力机”两项国产关键冲压装备达国际先进水平

这两项课题均由济南二机床集团公司承担完成。其中“大型快速高效数控全自动冲压生产线”课题掌握了11项关键核心技术及集成制造技术，取得14项专利，部分性能指标优于德、日等国产品。“数控大型多工位压力机”课题研制出两台25000千牛大型多工位压力机及其配套设备，完成了12项关键技术的研究与验证，生产效率提高3—4倍，节能50%以上。

5月26日

中宣部举办新闻发布会专题介绍国家哲学社会科学研究“十二五”规划和国家社科基金管理工作

中宣部副部长、新闻发言人王晓晖对即将实施的《国家哲学社会科学研究“十二五”规划》和国家社科基金管理工作的相关情况进行了重点说明。

王晓晖介绍，《国家哲学社会科学研究“十二五”规划》已经全国哲学社会科学规划领导小组批准，将于近日印发施行。这份规划是在征求26个学科近千名专家的意见基础上形成的，是“十二五”时期我国哲学社会科学研究的重要指导性文件。《规划》总结了过去五年我国哲学社会科学研究取得的显著成绩、基本经验和存在的薄弱环节，分析了当前面临的新形势新要求，明确了今后五年哲学社会科学研究的指导思想、目标任务、保障措施和重点课题。《规划》在指导思想上，突出强调坚持正确政治方向，遵循社科研究规律，牢固树立精品意识，注重引导学风建设，加快建设哲学社会科学创新体系；在目标任务上，《规划》根据我国经济社会发展需要，部署了8个方面的重点研究方向，强调加强重大理论和现实问题研究，更好地服务党和国家工作大局；在保障措施方面，《规划》强调加强组织领导、加强人才队伍建设、加大经费投入、创新体制机制，努力为哲学社会科学研究创造良好条件和环境。

“十一五”时期，国家社科基金累计投入达17.46亿元，比“十五”时期的5.59亿元增长了两倍多。王晓晖表示，为鼓励哲学社会科学界更好地发挥思想库和智囊团作用，1986年党中央批准设立国家社科基金。国家社科基金设立之初每年只有500万元，近十年来增幅较快，已从2006年的两亿多元增加到今年的8亿元，“十二五”期间，将会再次翻番。基金支持的学科设置和项目类别不断拓展，目前设有23个学科以及教育学、艺术学、军事学3个单列学科，形成了包括年度项目、重大项目、西部项目、后期资助项目、特别委托项目和中华学术外译项目等在内的多层次项目资助体系。“十一五”时期，国家社科基金累计资助立项11098项，比“十五”时期的5044项增长了120%。研究成果数量和质量显著提升，推出4800多项最终成果和37600多篇阶段性成果，其中许多成果被党和政府有关部门纳入决策参考，1000多项成果获得省部级以上奖励。目前国家社科基金覆盖面和影响力不断扩大，导向性、权威性和示范作用越来越明显，并且成为广大专家学者研究的重要资助来源，为推动我国哲学社会科学繁荣发展发挥了重要作用。

外交部部长杨洁篪在北京会见赤道几内亚外交国际合作与法语国家事务部长米查

国家国防科技工业局在北京组织举行“风云三号”B气象卫星在轨交付仪式

卫星由研制部门中国航天科技集团公司正式交付给用户中国气象局。作为我国自主研制的新一代太阳同步轨道气象卫星，“风云三号”B星正式投入使用，标志着我国极轨气象卫星真正实现了升级换代，也标志着我国气象卫星跨越发展、达到了世界先进水平。

中国疾病预防控制中心发布《2011年中国控制吸烟报告》

报告指出，通过立法创建全面无烟环境已成为各级政府的共识。社会各界关注并积极推动烟草控制工作，越来越多的公众(包括吸烟者)支持公共场所禁烟。然而，全面推行公共场所禁烟在我国绝非易事。目前，我国7.4亿非吸烟者遭受二手烟暴露，公共场所是遭受二手烟暴露最严重的地方。实现公共场所禁烟这一目标，需要全社会共同努力。

5月27日

国家主席胡锦涛在人民大会堂与缅甸总统吴登盛举行会谈

两国元首一致同意，顺应形势发展需要，把两国关系提升为全面战略合作伙伴关系。

胡锦涛就进一步发展中缅关系提出四点建议：一是着眼未来，提升双边关系。中方愿同缅方建立和发展全面战略合作伙伴关系，加强各级别友好交往，扩大各领域交流合作，增进相互了解和友谊，永做好邻居、好朋友、好伙伴。二是相互配合，加强战略支持。中方尊重缅甸人民根据本国国情自主选择的发展道路和政治制度，支持缅甸新政府为维护稳定、发展经济、改善民生所做的努力，高度赞赏缅方坚定奉行一个中国政策。中方愿加强同缅方在东盟与中日韩、东盟与中国及大湄公河次区域经济合作等机制中的合作，维护双方及发展中国家共同利益，促进地区和世界的和平与发展。三是平等互利，深化务实合作。双方要抓紧商签《中缅经济合作规划》，更好地规划、指导、协调两国经贸合作，促进双边贸易健康、稳定、持续发展。双方要扩大能源、电力、交通、农业等领域合作，按期保质建设好中缅大型合作项目，推动两国互联互通建设，创新合作思路和方式。四是齐抓共管，维护边境稳定。中方尊重缅甸主权和领土完整，理解缅甸政府和人民维护国家统一、民族团结的愿望。中缅双方要继续加强边境管理合作，把中缅边境建设成为和平、友好、合作的纽带。

吴登盛表示，缅方对两国关系提升为全面战略合作伙伴关系感到十分高兴。缅方愿意同中方继续密切配合，保持两国高层交往势头，加强经贸、交通、能源、农业、禁毒等领域务实合作，推进两国重大合作项目，加强在区域和次区域合作框架内的合作，巩固两国传统友谊，夯实两国友好关系的基础，推动两国全面战略合作不断迈上新台阶。缅方愿意同中方加强边境管理合作，共同维护两国边境和平与稳定。长期以来，中方向缅方提供了大量无私帮助，为缅甸经济社会发展作出巨大贡献，缅方对此深表感谢。缅方将继续坚定奉行一个中国政策，坚定支持中方维护核心利益的立场和主张，坚定支持中国走和平发展道路。

会谈后，两国元首共同出席了有关合作文件的签字仪式。

中国与缅甸发表关于建立全面战略合作伙伴关系的联合声明

应中华人民共和国主席胡锦涛邀请，缅甸联邦共和国总统吴登盛于2011年5月26日至28日对中华人民共和国进行了国事访问。

访问期间，中华人民共和国主席胡锦涛同吴登盛总统举行会谈，中国国务院总理温家宝、中国人民政治协商会议全国委员会主席贾庆林分别会见吴登盛总统。双方在亲切友好的气氛中就双边关系和共同关心的国际地区问题深入交换意见。

双方一致认为，自1950年6月8日建立外交关系以来，中缅睦邻友好合作关系顺利发展。特别是进入新世纪以来，双方领导人保持密切交往，政治、经济、文化、科技等各领域友好合作全面推进，两国人民传统“胞波”友谊不断发扬光大。双方对两国关系发展感到满意。

双方强调，中缅关系建立在双方共同倡导的和平共处五项原则基础之上，经受住了国际形势和各自国情变化的考验，展现出广阔的发展前景。

双方认为，当今世界正处于大发展大变革大调整之中，世界多极化和经济全球化深入发展，国与国相互依存更加紧密，和平、发展、合作既是时代潮流，也符合本地区国家和人民的共同利益。新形势下，在业已存在的友好合作基础上进一步提升中缅双边关系水平，是两国实现共同发展的需要，符合两国和两国人民的根本利益，也有利于本地区的和平、稳定和繁荣。基于上述共同政治意愿，双方一致同意，建立中缅全面战略合作伙伴关系，并达成以下共识：

一、保持两国高层密切交往，不断提升战略互信。进一步加强两国议会、政府、司法部门和政党之间的友好交流合作，促进双边关系全面、稳定、深入发展。

二、继续开展两国外交部门之间不定期磋商，及时就双边关系和国际、地区热点问题交换意见。利用双多边场合保持经常会晤，加强战略沟通。

三、本着平等互利、优势互补、注重实效的原则，进一步提升两国经贸合作规模和水平，逐步加强健康、稳定、可持续的经贸合作关系。共同为两国贸易、投资合作创造良好环境，依据两国经贸政策，深化彼此经贸往来。

四、在互惠互利基础上，进一步开展教育、文化、科技、卫生、农业、旅游等各领域友好合作。加强人文交流，扩大人员往来，不断增进两国人民的相互了解和友谊。

五、加强边境管理合作，及时就边境管理事务进行沟通，努力维护边境地区的和平、安宁和稳定。

六、中方重申尊重缅甸的独立、主权和领土完整，支持缅方走符合本国国情的发展道路。缅方重申继续奉行一个中国政策，承认中华人民共和国政府是代表全中国的唯一合法政府，台湾是中国领土不可分割的一部分，继续支持两岸关系和平发展和中国的和平统一大业。

七、进一步加强在联合国等多边场合中的协调配合，共同维护广大发展中国家的利益。加强在东盟与中日韩、东盟与中国及大湄公河次区域经济合作等机制中的合作，促进本地区共同发展和繁荣。

2011年5月27日于北京

中国科协第八次全国代表大会在人民大会堂开幕

党和国家领导人胡锦涛、温家宝、贾庆林、李长春、习近平、李克强、贺国强等到会祝贺。1300多名优秀科技工作者代表，肩负全国5800万科技工作者的重托出席这一盛会。

中共中央政治局常委、中央书记处书记、国家副主席习近平代表党中央作了题为《科技工作者要为加快建设创新型国家多做贡献》的祝词。

中国科学院院长白春礼和全国总工会副主席、书记处第一书记王玉普，分别代表科技界和各人民团体向大会致贺词。

中国科协主席、大会主席团主席韩启德主持开幕式，代表第七届全国委员会在会上作了工作报告。报告回顾了过去五年的科协工作，总结了做好科协工作的经验体会，并对今后五年科协工作提出了建议。

中央和国家机关有关部门、解放军、各人民团体，各省、自治区、直辖市负责同志，在京中国科协历届负责同志，以及首都各界人士和科技工作者代表约3000人参加了开幕式。

国家副主席习近平在中国科协第八次全国代表大会发表题为《科技工作者要为加快建设创新型国家多做贡献》的祝词

各位代表、同志们：

中国科学技术协会第八次全国代表大会今天在北京隆重开幕，这是我国科技界的盛事，也是广大科技工作者的喜事。开好这次大会，对激发广大科技工作者的创新热情和创造活力，努力为全面建设小康社会和加快建设创新型国家建功立业，具有十分重要的意义。我受党中央委托，向科协八大召开表示热烈的祝贺！向与会代表并通过你们向全国各条战线上辛勤劳动的科技工作者致以崇高的敬意！

中国科协七大以来的五年，是我国发展史上极不平凡的五年，也是我国科技事业实现历史性跨越的五年。五年来，全国广大科技工作者不辱使命、不负重托，勇于实践、敢于超越，取得一大批关系经济社会发展全局、具有重大国际影响的科学技术成果，增强了科技对经济社会发展的支撑能力，在应对国际金融危机冲击、促进经济平稳较快发展、保障和改善民生中发挥了重要作用，为全面建设小康社会和加快建设创新型国家作出了积极贡献。广大科技工作者不愧为中华民族的优秀儿女，不愧为先进生产力的开拓者和先进文化的传播者。

各位代表、同志们！

人类社会已进入21世纪第二个十年。综合判断国内外形势，这十年既是我国经济社会发展的重要战略机遇期，也是科学技术发展的重要战略机遇期。面对世界新一轮科技革命和产业革命的新形势，我们只有奋力抢占国际经济科技制高点、积极培育新的经济增长点，才能在综合国力竞争中赢得主动。

去年10月召开的党的十七届五中全会通过了关于制定国民经济和社会发展第十二个五年规划的建议，今年3月召开的十一届全国人大四次会议批准了国家“十二五”规划纲要。“十二五”时期是全面建设小康社会的关键时期，是深化改革开放、加快转变经济发展方式的攻坚时期。加快转变经济发展方式，最根本的是要依靠科技的力量，最关键的是要大幅度提高自主创新能力。我们要努力使科技创新成为经济社会发展主要驱动要素，为全面协调可持续发展提供持久动力；使科技创新成为产业发展的核心竞争要素，促进先进科技与产业深度融合；使科技创新成果成为惠及人民大众的有效手段，让先进技术广泛而深入地渗透到社会生活各个方面，实现从“中国制造”向“中国创造”的转变，推动我国走上科学发展、创新驱动、内生增长轨道。这样的新形势新任务，既对科技工作提出新的更高要求，也为科技工作者施展才华、勇攀高峰提供了更加广阔的舞台。

希望广大科技工作者更加自觉、更加积极地提高自主创新能力，努力在实现经济又好又快发展和民生不断改善方面奋发有为。自主创新、重点跨越、支撑发展、引领未来，是我国科技工作的指导方针。为加快建设创新型国家，我们既要继续学习借鉴人类文明优秀成果，更要大力提高自主创新能力，大幅度提升国家竞争力。广大科技工作者要立足改革开放和社会主义现代化建设全局，着眼赢得未来国际科技竞争主动权，把服务经济发展方式转变和产业转型升级作为主攻方向，研究开发直接决定产业核心竞争力的关键技术，提高基础工艺、基础材料、基础元器件研发和系统集成水平，用先进技术改造提升传统产业。要深入研究节能环保、新一代信息技术、生物、高端装备制造、新能源、新材料、新能源汽车等领域的前沿关键技术，用先进技术支撑战略性新兴产业发展。要着眼于探索科技新知，深入开展基础研究，潜心探索自然规律，努力在世界科技前沿取得更多研究成果，为人类和平发展和文明进步拓展空间，用科学技术引领未来。要把科技创新与提高人民生活质量和水平结合起来，在防灾减灾、公共安全、生命健康等关系民生的重大科技问题上加强攻关，使科技成果更充分地惠及人民群众。

希望广大科技工作者更加自觉、更加积极地弘扬创新文化，努力在激发全民族创新热情和创造活力方面奋发有为。科技同文化一样，都是最需要创新的领域。科技创新同文化创新相辅相成、相互促进。广大科技工作者要带头大力发扬中华民族自强不息、革故鼎新的优良传统，坚持用创新文化激发创新精神、推动创新实践、激励创新事业。要自觉继承我国科技界长期以来形成的奋勇争先、崇尚一流、不甘落后的优良传统，努力营造勇于创新、宽容失败的良好氛围，使我国广大科技工作者不断增强开拓进取、锐意创新的信心和勇气，始终保持严谨求实、勇于创新的科学精神，不畏艰险、勇攀高峰的探索精神，团结协作、淡泊名利的团队精神，万众一心地为加快建设创新型国家建功立业。广大科技工作者要积极参与科学技术普及工作，在全社会大力培育创新意识，努力激发全民族创新热情和创造活力。要结合贯彻落实今后10年全民科学素质行动计划纲要，围绕提高全民族科学文化素质，在全社会广为传播科学知识、科学方法、科学思想、科学精神，进一步形成讲科学、爱科学、学科学、用科学的社会风尚。

希望广大科技工作者更加自觉、更加积极地培养和举荐青年科技人才，努力在加快建设人才强国方面奋发有为。科技创新，人才为本，人才资源是最可宝贵的战略资源。培养造就规模宏大、结构优化、布局合理、素质优良的人才队伍，是建设创新型国家的战略选择。要坚决贯彻尊重劳动、尊重知识、尊重人才、尊重创造的重大方针，深入实施科教兴国、人才强国战略，以高层次人才、高技能人才为重点，统筹推进各类人才队伍建设。希望老一辈科技工作者着眼我国科技事业兴旺发达、后继有人，把发现、培养和举荐人才作为义不容辞的责任，更加自觉地甘当人梯、奖掖后学，努力为国家科技事业繁荣发展培养优秀后备人才。希望广大青年科技工作者认清使命、勇于担当，着眼我国科技事业接力推进、薪火相传，虚心向老一辈科技工作者学习，努力在实践中增长才干，争取在人生创造力最旺盛的黄金期作出突出业绩。要结合深化科技体制改革，完善科技人才培养举荐、选拔任用、激励保障机制，使那些品德高尚、能力突出、在科技创新中有突出贡献的优秀人才脱颖而出，使科技界和全社会各方面优秀创新人才大量涌现。

希望广大科技工作者更加自觉、更加积极地加强品格修养，努力在促进科学道德建设和学风建设方面奋发有为。我国许多卓有成就的老一辈科学家既是重大科研成果的创造者，又是崇高思想品格的践行者。他们的实践表明，在科技领域取得成就，不仅需要丰富的科技知识、创新的思维能力，还要具有高尚的思想品格、顽强的拼搏精神。广大科技工作者要践行社会主义核心价值体系，坚定中国特色社会主义共同理想，自觉用社会主义荣辱观引领社会风尚。要把自身事业追求和人生价值同国家富强、社会进步、人民幸福紧密联系起来，坚持科技为经济社会发展服务、为人民服务，坚持以人民利益为最高利益，以报效祖国为最高荣耀，在创造一流的科技业绩中书写人生辉煌。要坚持献身、创新、求实、协作的科学态度，积极探索新知，经得起挫折，耐得住寂寞，潜下心来做学问、搞科研。要自觉加强道德自律，鼓励开展健康的学术批评，坚决遏制科学研究中的浮躁风气和学术不端行为，推动建立和完善科学研究诚信监督机制，在全社会树立科技界崇尚真理、求真务实，坚持说真话、办实事、求实效的良好形象。

各位代表、同志们！

中国科协是中国科技工作者的群众组织，是党领导下的人民团体。科协七大以来，科协组织坚持以科技工作者为本，把加强党和政府同科技工作者的联系作为基本职责，把激发科技工作者的创新热情和创造活力作为重要目标，把竭诚为科技工作者服务作为根本任务，在团结带领广大科技工作者增强自主创新能力、建设创新型国家和提高全民科学素质方面做了大量富有成效的工作，以实际行动表明，科协组织不愧为党和政府联系科技工作者的桥梁和纽带，不愧为推动国家科技事业发展的重要力量。在新的历史起点上，科协组织要继续围绕党和国家工作大局，更好地履行"三服务一加强"的工作职能，努力开创科协工作新局面。

科协组织要继续致力于促进科学技术繁荣和发展，更好地为经济社会发展服务。要把广大科技工作者的思想和力量凝聚到实现"十二五"时期经济社会发展目标和各项任务上来。以增强自主创新能力为导向，积极参加国家创新体系建设；通过搭建不同形式、不同层次的学术交流平台，进一步提高学术交流质量和实效；推动产学研结合，努力把更多创新要素向企业集聚，加快构建以企业为主体、以市场为导向、产学研相结合的技术创新体系，促进科技成果转化为生产力；充分发挥党和人民事业发展的思想库作用，积极推动科学家之间的交流，推动科学家同决策者和社会公众之间的交流，启迪创新思维，增进创新氛围。

科协组织要继续致力于促进科学技术普及和推广，更好地为提高全民科学素质服务。要继续履行好全民科学素质行动计划纲要实施工作办公室职责，围绕为实现全面建设小康社会奋斗目标奠定坚实科技和人力资源基础，花大力气抓好普及科学技术、提高全民科学素质工作。要按照政府推动、全民参与、提升素质、促进和谐的要求，广泛深入开展群众性、基础性、社会性科普活动，推动形成社会化科普工作格局，不断加大科技知识在全社会传播速度和覆盖广度。

科协组织要继续致力于促进科技人才成长和提高，更好地为科技工作者服务。要在党委和政府同科技工作者之间建立畅通稳定的双向沟通渠道，在为科技工作者服务方面更加突出为科技人才成长服务这个重点。深入开展科技工作者状况调查，及时准确掌握科技工作者在就业方式、科研环境、生活状况、流动趋势、思想观念等方面出现的新情况新问题，满腔热情地反映和推动解决科技工作者关心的实际问题。要加强对科技工作者特别是基层一线科技工作者和离退休科技工作者的关心和爱护，协调各方力量为他们多办得人心、暖人心、稳人心的好事、实事，把广大科技工作者更加紧密地团结在党的周围。

科协组织要继续着眼于建设科技工作者之家、当好科技工作者之友，更好地加强自身建设。要按照哪里有科技工作者、科协工作就做到哪里，哪里科技工作者密集、科协组织就建到哪里的要求，扩大科协组织覆盖面和影响力。要以深入开展创先争优活动为契机，着力提高科协组织做好新形势下群众工作的能力和水平，增强科协组织对科技工作者的凝聚力和吸引力。

科协工作是国家科技工作的重要组成部分，也是党的群众工作的重要组成部分。希望各级党委和政府从提高自主创新能力、加快建设创新型国家的战略高度，进一步加强和改进对科协工作的领导。要全力支持科协组织依照法律和章程独立自主地开展工作，定期听取科协工作汇报，关心科协干部成长，保障经费投入。要更加重视发挥科协组织为党委和政府科学决策服务的独特作用，重视发挥科协组织在推动科学发展、促进社会和谐中的独特作用，积极引导支持科协所属学会承接政府转移的社会化服务职能。要通过深化科技管理体制改革，优化科技资源配置，完善科技项目申报和科技成果评价机制，有效改变一部分骨干科研人员无法集中精力搞科研的状况，使他们心无旁骛地专注研究、多出成果。要大力宣传、持续宣传科技界涌现的先进典型，充分展示广大科技工作者的卓越贡献、崇高境界和时代风采。

各位代表、同志们！

我国现代化建设的伟大目标是，到我们党成立100年时建成惠及十几亿人口的更高水平的小康社会，到新中国成立100年时基本实现现代化，建成富强民主文明和谐的社会主义现代化国家。我国科技发展的奋斗目标是，到2020年时使我国进入创新型国家行列，到新中国成立100年时使我国成为世界科技强国。广大科技工作者责任重大、使命光荣。让我们更加紧密地团结在以胡锦涛同志为总书记的党中央周围，高举中国特色社会主义伟大旗帜，以邓小平理论和"三个代表"重要思想为指导，深入贯彻落实科学发展观，在全面建设小康社会的伟大历史进程中，为加快建设创新型国家作出新的更大的贡献！

最后，预祝中国科协第八次全国代表大会圆满成功！

《人民日报》发表社论《让全社会创造活力竞相进发——热烈祝贺中国科学技术协会第八次全国代表大会召开》

中国科学技术协会第八次全国代表大会今天在北

京隆重开幕。我们对大会的召开表示热烈祝贺，向全国科技工作者致以崇高敬意。

中国科协是党领导下的人民团体，是党和政府联系科技工作者的桥梁和纽带。自第七次全国代表大会以来，中国科协团结带领广大科技工作者，不断提高学术交流质量和水平，深入开展提升全民科学素质工作，大力推动群众性技术创新活动，努力做好育才引才荐才用才工作，着力推进国家级科技思想库建设，工作扎实，成效斐然。在我国科技事业发展的大格局中，科协组织正在发挥越来越重要的作用。

当今世界，科技竞争在综合国力竞争中的地位更加突出，创新驱动发展已成为各国的战略选择。当今中国，正处于全面建设小康社会的关键时期，深化改革开放、加快转变经济发展方式的攻坚时期。要抓住历史机遇、赢得发展先机，最根本的是靠科技的力量，最关键的是大幅提高自主创新能力，最迫切的是大力激发全民族的创新精神、充分释放全社会的创造活力。

激发创新精神，释放创造活力，需要进一步深化科技体制改革，为建设创新型国家提供有力体制保障，真正把科技第一生产力的作用解放和发挥出来。只有不断完善国家科技决策机制和宏观协调机制，改革科技评价体制机制，才能促进全社会科技资源高效配置；只有加快构建各具特色和优势的区域创新体系，提高区域创新能力和竞争力，才能提高全社会创新效率；只有把增强自主创新能力作为国家战略贯穿到经济社会发展各个方面，才能在全社会树立和弘扬创新文化。

激发创新精神，释放创造活力，需要充分调动人民群众的积极性和主动性，为科技进步与创新提供强大动力、广阔舞台。大力普及科学技术，提高全民科学素质，创新能力就有了生长点；广泛深入开展群众性技术创新活动，鼓励人们以各种形式积极参与科技创新，创新事业就有了生力军；养成讲科学、爱科学、学科学、用科学的良好社会风尚，帮助人们以科学思想观察问题，以科学态度看待问题，以科学方法处理问题，科技创新就有了最深厚的社会基础。

激发创新精神，释放创造活力，需要扎实推进人才强国战略，切实把科技人力资源优势转化为人才优势、创新优势和发展优势。科技创新要万马奔腾、生气勃勃，就必须牢牢抓住人这个根本。这就要求我们把科技发展、教育发展的需求和人才发展的长远目标有机结合起来，用好用活科技人才；把科技发展内在规律、科技人才成长规律和社会主义制度优越性统一起来，努力造就一批世界一流的科学家和科技领军人才；把人才成长成才和社会环境对接起来，努力形成创造活力竞相进发、创新人才大量涌现的生动局面。

通过科协组织联系、团结和带领广大科技工作者为经济社会发展服务，是我们党领导科技工作的巨大优势和成功经验。站在新的历史起点上，我们热诚期待并充分相信，中国科协一定能够肩负光荣使命，广大科技工作者一定能够更加奋发有为，为加快建设创新型国家、不断开创科学发展新局面而努力奋斗，为夺取全面建设小康社会新胜利再谱新篇。

全国人大常委会委员长吴邦国出席在比勒陀利亚举行的中国—南非工商界晚餐会并致辞

此次晚餐会由中国商务部和南非贸工部共同举办。吴邦国委员长夫人章瑞珍、全国人大常委会副委员长兼秘书长李建国等中方陪同人员，南非经济发展部长兼贸工部代理部长帕特尔，南政府、议会、地方官员，以及中南两国企业家负责人共约200人出席。

全国人大常委会委员长吴邦国在比勒陀利亚举行的中国—南非工商界晚餐上的致辞

女士们，先生们，朋友们：

在我对南非进行正式友好访问期间，有机会与工商界的各位新老朋友见面，感到十分高兴。长期以来，中南工商界的各位朋友为增进两国人民友好、促进务实合作作出了不懈努力和积极贡献。在此，我谨代表中国政府和中国人民，向在座的各位朋友致以诚挚问候和衷心感谢！

中国和南非都是有影响力的发展中大国，具有广泛的共同利益和相似的发展诉求，深化两国经贸合作不仅符合两国人民的根本利益，也有利于加强发展中国家的团结与合作。我此次访问南非的一个重要目的，就是推动中南经贸合作再上一个新台阶，这也是我与南非领导人谈论最多的话题。双方高度评价这些年经贸合作取得的积极进展，充分表达了提升合作质量和水平的强烈愿望。应当讲，中南经贸合作基础好、潜力大，有利条件很多。去年8月两国元首共同签署《北京宣言》，前不久金砖国家领导人第三次会晤在中国海南举行，南非加入金砖国家机制，这为深化中南合作提供了新的平台。只要我们秉承平等、开放、包容的理念，抓住难得机遇，发挥各自优势，中南经贸合作就一定会取得更大发展。我想，这也是在座的各位工商界朋友非常关心的问题。借此机会，谈几点想法，同大家交流。

一要加强投资合作。这些年，中南贸易合作快速发展、成绩显著，去年双边贸易额达到257亿美元，占中非贸易额的五分之一，中国成为南非在全球的最大贸易伙伴和出口市场，南非也成为中国在非洲的第一大贸易伙伴。同时也要看到，与双方贸易的快速发展相比，中南投资合作还显得有些滞后，虽然增长速度比较快，但总体规模还不够大，与两国经济实力还不相称。截至目前,中国对南非的非金融类投资累计23.7亿美元,在非洲排名第四,而南非对中国的直接投资累计只有6亿美元。当然,这也从一个侧面说明,扩大中南双向投资合作的潜力很大。中国有13亿人的消费市场,经济总量已经跃居世界第二位,正处于工业化、城镇化深入推进的过程中,有大量的投资需求。南非是非洲最大的经济体,也是世界矿产资源大国,而且与非洲国家经贸联系密切,具有较强的带动和辐射作用。还值得一提的是,南非是中国金融机构在非洲设立分支机构最多的国家,中国工商银行出资54.6亿美元入股南非标准银行,南非标准银行也在北京设立了代表处,这些都为双方深化和扩大投资合作提供了有利条件。事实上,双方已经有一批有实力的企业到对方投资兴业,并且取得了很好效果。比如,中国海信集团在南非生产的电视机畅销南非和周边国家,中兴、华为、中钢、酒钢等一批中国知名企业在南非安家落户。南非啤酒公司在华合资生产的雪花啤酒占到中国啤酒市场13%的份额,中南合作经营的腾讯网在广大中国网民中享有盛誉。这些都说明,只要善于抓住机遇,坚持互利双赢,中南投资合作就一定会大有作为。

二要拓展合作领域。目前,中南两国都推出了各自的经济社会发展战略。中国正在实施的"十二五"发展规划,把调整经济结构和促进产业升级摆在突出位置,今后5年将重点改造提升传统制造业,培育发展战略性新兴产业,加快发展现代服务业,开发利用新能源、清洁能源。南非正在实施的"新增长路线",明确未来10年优先发展基础设施、农业、矿业、制造业、旅游业及服务业等领域,推动经济向吸纳更多劳动力的模式转变。这为两国拓展合作领域提供了难得的机遇和巨大的空间。还要看到,中国经过30多年的改革开放,已经成为世界制造业大国,尤其在基础设施、新能源开发等领域积累了丰富的经验,而且中国是世界上最大的旅游客源国,去年中国公民出境游就达到5740万人次。南非矿产资源丰富,矿业、制造业等比较发达,在深井开采、废弃矿山利用、煤化工等领域拥有世界领先技术,同时南非拥有独特的自然和人文景观,旅游资源得天独厚。也就是说,拓展制造业升级改造、基础设施建设、新能源开发利用、节能环保、低碳经济、旅游观光、服务贸易等领域的合作,符合两国发展战略的需要,也有利于发挥双方的互补优势,完全可以成为中南经贸合作的新亮点。

三要完善合作环境。这些年,中方为改善中非经贸合作环境做了大量工作,通过扩大免关税受惠商品范围、设立非洲产品展销中心等方式,促进更多的非洲产品进入中国市场;通过设立中非发展基金、提供优惠贷款和优惠出口买方信贷等方式,引导和支持中国企业到非洲投资。同时,中南建立了国家双边委员会、经贸联委会、战略对话等双边合作机制,签署了促进和保护投资、避免双重征税、科学技术合作、动植物检验检疫等多项双边经贸合作文件。应当说,中南经贸合作的大环境总体上是好的。为了不断扩大合作规模、拓展合作领域,双方应进一步相互开放市场,切实推进贸易投资自由化和便利化,努力消除各种形式的贸易投资障碍,共同创造更加便利高效的合作环境。要充分发挥现有合作机制的作用,本着相互尊重、平等协商、彼此照顾对方关切的原则,妥善处理摩擦和纠纷,确保两国经贸合作健康发展。

女士们,先生们,朋友们,

经贸合作是中南全面战略伙伴关系的物质基础,也是两国关系持续充满活力的重要保障。中南良好的政治关系应当促进经贸关系发展,经贸关系发展必将为两国关系发展注入新的动力。这里,我想强调的是,要把双方加强和深化经贸合作的愿望转化为现实,很重要的一条就是充分发挥企业的主体作用。企业是市场主体和投资主体,也是经贸合作的主体。只有加强企业合作,发挥企业的积极性、主动性、创造性,尤其是推动一些带动全局的大项目合作,中南经贸合作才能做实做大,才能具有强大的生命力。中国政府将继续鼓励有实力、讲信誉的中国企业到南非创业发展,也欢迎南非企业来华投资兴业。

在座的各位朋友,都是中南经贸合作的积极实践者和开拓者,有许多经验和体会。相信大家一定能够把握机遇、乘势而上,开拓进取、再创佳绩,共同推动中南经贸合作向更大规模、更宽领域和更高水平迈进。

国务院总理温家宝在中南海紫光阁与缅甸联邦共和国总统吴登盛举行会谈

全国政协主席贾庆林在人民大会堂与缅甸联邦共和国总统吴登盛举行会谈

第二次全国对口支援新疆工作会议在北京召开

会议于5月27日至29日召开。会前,中共中央总书记、国家主席、中央军委主席胡锦涛作出重要批示,他指出:"一年来,援疆工作取得了显著成绩。要认真总结交流经验,切实贯彻援疆规划,全面实施援疆工作,务求取得扎实成效。"中共中央政治局常委、国务院副总理李克强出席会议并讲话。

李克强在讲话中充分肯定了援疆工作取得的显著成绩。他说,一年来,在党中央、国务院坚强领导下,19个支援省市、新疆维吾尔自治区和新疆生产建设兵团、中央有关部门和单位齐心协力、迅速行动,做了大量工作。对口支援综合规划和专项规划已经编出，支持新疆发展的政策措施逐步出台，来自祖国各地的科技人员、教师、医生、企业家和援疆干部满怀热情投入工作，一大批试点项目开始实施，给天山南北各族群众带来了实惠。

李克强指出，全面实施对口援疆，是中央新时期新疆工作总体部署和整体安排中的重要组成部分，是贯彻落实“十二五”规划纲要、加快转变经济发展方式、实施扩大内需战略的必然要求，是促进形成西部大开发新的增长极、提高各族群众生活水平、推进新疆跨越式发展和长治久安的重大举措。“兄弟同心，其利断金。”对口援疆是新疆的需要，也是其他地区的需要，有利于发挥新疆的比较优势和后发优势，也有利于拓展全国发展的市场空间和回旋余地。

李克强强调，今年是“十二五”开局之年，也是新一轮对口援疆全面实施的开局之年。要抓住机遇、乘势而上，把推动发展和维护稳定有机结合起来，不断开创援疆工作新局面。一是坚持把保障和改善民生放在优先位置，扎实推进民生工程建设，集中力量办成一些大事、实事，解决好急事，促进基本公共服务均等化。二是着力培育新疆自我发展能力，推进产业转移，发挥企业援疆的生力军作用，加快重大基础设施和优势产业项目建设，发挥好喀什、霍尔果斯特殊经济开发区等产业园区的作用，把新疆资源、地缘优势尽快转化为经济优势。三是抓紧落实差别化经济政策。按照特事特办的原则，采取更加灵活的特殊政策，支持新疆发展。四是深入推进全方位援疆。把经济、教育、科技、干部、人才各类援疆更好地结合起来，统筹软硬件建设，提高援疆成效。

李克强要求，各有关地区、部门和企业要加强组织领导，创新理念机制，坚持真情援建、科学援建、高效援建，严格项目和资金管理，保质保量地完成建设任务，确保援疆工作取得扎实成效。他强调，援疆干部和人才是对口援疆的中坚力量，要从政治、工作、生活上关心帮助，支持他们与新疆同志一道，把援疆规划的宏伟蓝图变成美好现实，造福各族人民群众。

中共中央政治局委员、中央政法委副书记王乐泉，国务委员、国务院秘书长马凯出席并分别主持会议。

各援疆省市及有关部门、前方指挥部，新疆维吾尔自治区及各受援地州，新疆生产建设兵团及各受援师，中央和国家机关有关部门、部分中央企业负责人近300人出席会议。

文化部发布《2010中国艺术品市场年度报告》

报告分成2010中国艺术品市场概况、政府政策与行业规范、中国艺术品市场结构分析、2010年全球艺术品市场概况、2010年中国艺术品市场在国际市场中的地位与作用、中国艺术品市场发展制约因素分析、中国艺术品市场发展趋势分析7个部分。并以附录的形式汇编了2010年中国画廊业调研与分析、2010年中国艺术品拍卖市场报告、2010年中国艺术品博览会市场报告以及2010年中国艺术品市场大事记4部分内容。

第二十一届全国图书交易博览会在哈尔滨国际会议中心举行

书博会于5月27日至30日举行。主会场订货码洋达53.5亿元，订货数量3.17亿册。据统计，主会场参展人数达15万人次。

本届书博会共落实展位4200多个，展区总面积近8万平方米，展出各类出版物37万多种。将民营书业直接纳入主会场，是本届书博会的一大特色，此举使民营书业参展数达到1400个，创历届之最。

5月28日

中国科协第八次全国代表大会在北京举行全体会议

中共中央政治局常委、国务院总理温家宝应邀作关于科技发展问题的报告。他强调，我们国家要真正强大起来，屹立于世界民族之林，必须要有强大的科技，有众多高水平人才，这是国家发展的力量所在、后劲所在。没有科技的发展，就没有中国的发展；科技发展的未来，决定着中国的未来。

温家宝指出，加快科技发展是全面参与国际竞争并赢得主动的迫切要求，是抢抓新科技革命和产业革命机遇，实现经济科技跨越式发展的战略任务，是实施“十二五”规划和全面建设小康社会的重要内容。解决制约我国发展的瓶颈和事关全局的重大问题，从根本上讲，一要靠改革开放，二要靠科技进步。这是推动我国经济社会发展的两大根本动力。

温家宝强调，要依靠科技创新加快转变经济发展方式。科技工作要紧紧围绕科学发展这个主题和加快转变经济发展方式这条主线，为全面完成“十二五”的目标任务提供有力支撑，引领中国未来发展。要加快实施国家重大科技专项，把握世界科技发展新趋势和我国经济社会发展新要求，着眼于抢占科技和产业发展新的制高点，进一步凝练主攻方向，集中力量，重点突破。要加快培育和发展战略性新兴产业。加强自主创新，着力突破关键核心技术。要理清思路，明确方向，合理布局，加强政策引导，增加政府投入，动员全社会力量，形成合力，尽快把战略性新兴产业发展抓出成效。要运用高新技术加快改造提升传统产业。大幅度提高传统产业的科技含量,提高传统产业的质量效益和竞争力。

温家宝强调,作为一个大国,我们必须有自己的基础研究和前沿研究。没有基础和前沿领域的原始创新,科技创新就没有根基。原始创新是我国科技发展的灵魂,是民族发展的不竭动力,是支持国家崛起的筋骨。要进一步重视和加强基础研究和前沿研究。坚持从国情国力出发,坚持有所为、有所不为。着眼于科学前沿和国家战略需求,把握可能发生革命性变革的重要研究方向,选择具有一定基础和优势、对国家发展具有全局和长远影响的关键领域,有效组织力量开展攻关,力争在科学上取得原创性突破。要加大对基础和前沿研究的支持力度,提高基础和前沿研究投入占科技投入的比重。国家财政要为基础和前沿研究提供长期稳定支持,保障研究的连续性、稳定性。要依托高水平国家科研机构和研究型大学,建设一批多学科综合交叉的科学研究中心,稳定支持和培养造就一批创新能力强、潜心研究的优秀人才队伍。要改革评价体系,为从事基础和前沿研究的科研人员营造一个能充分发挥自主性、创造性、长期潜心研究的环境。

温家宝指出,加快科技发展必须继续深化科技体制改革。要紧紧抓住促进科技与经济紧密结合这个核心问题,对我国科技管理体制、决策体制、评价体系以及科技系统组织结构、科技人事管理制度等,有步骤地系统推进改革,建立与社会主义市场经济体制相适应、符合科技发展规律的现代科技体制;充分发挥市场配置科技资源的基础作用,提高科技资源利用效率,最大限度调动和激发广大科技工作者和全社会的创新活力,解放和发展科技生产力。

温家宝强调,解放思想、实事求是、崇尚理性、勇于探索、追求真理,这是科学技术与生俱来的禀性,也是科学精神的实质。科技不仅是知识和技能,更是一种文化、一种精神。一个具有科学精神的民族,才是真正有生机、有希望的民族。要努力提高全民族科学素质。在科技领域,大力营造敢为人先、敢于创造、敢冒风险、敢于怀疑批判和宽容失败的环境,鼓励自由探索,发扬学术民主,提倡学术争鸣。在全社会形成尊重知识、尊重人才、尊重劳动、尊重创造的氛围。要坚定不移地实施知识产权战略,加大知识产权保护力度,激发全社会的创新活力。要大力加强科学普及工作,传播科学思想,弘扬科学精神,提高全民族科学素质。他希望广大科技工作者要抓住机遇,顽强拼搏,为我国科技发展和现代化建设作出更大贡献。

全国人大常委会副委员长、中国科协第八次全国代表大会主席团主席韩启德主持了报告会。

中国机械工业联合会 中国汽车工业协会在北京联合发布2010年中国机械工业百强企业和中国汽车工业30强企业名单

在中国机械工业百强企业中,按主营业务收入排名前三位的是:中国机械工业集团有限公司、潍柴控股集团有限公司、上海电气(集团)总公司,去年主营业务收入都超过了800亿元。在汽车工业30强企业中,按主营业务收入排名前三位的是:上海汽车工业(集团)总公司、中国第一汽车集团公司、东风汽车公司,去年主营业务收入都在3000亿元以上。

全国妇联主席陈至立在河南看望留守流动儿童

在河南省妇女儿童活动中心,陈至立对孩子们说,党和国家非常关心你们,采取措施为你们改善生活学习环境,社会各界也纷纷向你们伸出援助之手,希望你们珍惜时光,好好学习、天天向上、健康成长,不辜负人民对你们的期望,努力做国家的栋梁之材。

陈至立要求各级妇联组织要从促进社会和谐的高度,认识做好留守流动儿童工作的重要性和紧迫性,推进"农村留守妇女儿童关爱行动",因地制宜组织开展形式多样、内容丰富的关爱活动,协助有关部门解决留守流动儿童在生活、学习、医疗、安全等方面遇到的困难和问题。

5月29日

全国人大常委会委员长吴邦国在马累与马尔代夫总统纳希德举行会谈

吴邦国强调,马尔代夫旅游资源和渔业资源丰富。马政府在大力发展经济的同时,重点推进民用住房、交通网络工程建设。中方在上述领域有优势,愿通过开展互利合作,帮助马将资源优势转化为产业优势和经济优势。中方将采取积极有效措施,增加自马尔代夫进口,鼓励和支持有实力、信誉好的中国企业赴马投资兴业,鼓励更多中国游客赴马旅游。希望双方有关部门和企业加强沟通,积极探讨在旅游、渔业、基础设施建设等领域合作的新途径、新方式,使双边经贸合作向更高层次、更大规模迈进。中方愿继续为马经济社会发展提供力所能及的帮助。

吴邦国指出,中国政府高度重视气候变化问题,充分理解马尔代夫等小岛屿国家对气候变化问题的特殊关切,愿同马方加强对话与交流,敦促发达国家履行其应尽的义务,维护包括马尔代夫在内的发展中国家共同利益,共同提高应对气候变化的能力。纳希德对此十分赞赏,表示愿同中方一道,加强协调和磋商,为推进应对气候变化国际合作作出不懈努力。

会见结束后，吴邦国委员长和纳希德总统共同出席了中马两国政府经济技术合作协定签字仪式。

全国人大常委会委员长吴邦国在马累与马尔代夫人民议会议长沙希德举行会谈

第三届中国成都国际非物质文化遗产节在四川成都举行

中国队在山东青岛举行的第十二届苏迪曼杯世界羽毛球混合团体锦标赛中获得冠军

中国羽毛球队以3:0战胜欧洲劲旅丹麦队，实现了苏迪曼杯四连冠。中共中央政治局委员、全国政协副主席、中国羽毛球协会名誉主席王刚发贺电勉励，希望国家羽毛球队把胜利当作新起点，把荣誉变为动力，再接再厉，加倍努力，不断夺取新的胜利。

5月30日

中共中央政治局召开会议研究加强和创新社会管理问题

中共中央总书记胡锦涛主持会议。

会议指出，加强和创新社会管理，事关巩固党的执政地位，事关国家长治久安，事关人民安居乐业，对继续抓住和用好我国发展重要战略机遇期、推动党和国家事业发展、实现全面建设小康社会宏伟目标具有重大战略意义。党和国家始终高度重视社会管理，对形成和发展适应我国国情的社会管理制度进行了长期探索和实践。特别是改革开放以来，根据国内外形势发展变化，党和国家不断就加强和改进社会管理制定方针政策、作出工作部署，有力推进社会管理改革创新。经过长期探索和实践，我国建立了社会管理工作领导体系，构建了社会管理组织网络，制定了社会管理基本法律法规，初步形成党委领导、政府负责、社会协同、公众参与的社会管理格局，社会管理与我国国情和社会主义制度总体上是适应的。

会议认为，当前，我国既处于发展的重要战略机遇期，又处于社会矛盾凸显期，社会管理任务更为艰巨繁重。我国经济实力和综合国力不断增强，为不断满足人民日益增长的物质文化需要、解决社会管理领域存在的问题奠定了重要物质基础。同时，我国仍处于并将长期处于社会主义初级阶段的基本国情没有变，人民日益增长的物质文化需要同落后的社会生产之间的矛盾这一社会主要矛盾没有变。随着实际情况的变化，我国社会管理理念思路、体制机制、法律政策、方法手段等方面还存在很多不适应的地方，解决社会管理领域存在的问题既十分紧迫又需要长期努力。

会议指出，加强和创新社会管理，要高举中国特色社会主义伟大旗帜，全面贯彻党的十七大和十七届三中、四中、五中全会精神，以邓小平理论和“三个代表”重要思想为指导，深入贯彻落实科学发展观，全面落实依法治国基本方略，充分发挥党的领导的政治优势和我国社会主义制度优势，总结推广我国社会管理成功经验，借鉴国外社会管理有益成果，推动中国特色社会主义社会管理体系自我完善和发展。要紧紧围绕全面建设小康社会的总目标，牢牢把握最大限度激发社会活力、最大限度增加和谐因素、最大限度减少不和谐因素的总要求，积极推进社会管理理念、体制、机制、制度、方法创新，完善党委领导、政府负责、社会协同、公众参与的社会管理格局，加强社会管理法律、能力建设，完善基层社会管理服务，建设中国特色社会主义社会管理体系。要以解决影响社会和谐稳定突出问题为突破口，通过协调社会关系、规范社会行为、化解社会矛盾和深入细致的群众工作，维护人民群众权益，促进社会公平正义，保持社会良好秩序，有效应对社会风险，为党和国家事业发展营造更加良好的社会环境。

会议强调，加强和创新社会管理，要坚持以人为本、服务为先，多方参与、共同治理，关口前移、源头治理，统筹兼顾、协商协调，依法管理、综合施策，科学管理、提高效能的原则，立足基本国情，坚持正确方向，推进改革创新。要加强和完善社会管理格局，加强社会管理制度建设，加强基层社会管理和服务，完善党和政府主导的维护群众权益机制，加强流动人口和特殊人群服务管理，加强非公有制经济组织、社会组织服务管理，加强公共安全体系建设，完善信息网络服务管理，营造良好社会环境。各地区各部门要深刻认识加强和创新社会管理的重要性和紧迫性，把加强和创新社会管理摆在更加突出的位置，加强调查研究，加强政策制定，加强工作部署，加强任务落实，全面提高社会管理科学化水平。

中共中央政治局就培育发展战略性新兴产业研究进行第二十九次集体学习

中共中央总书记胡锦涛在主持学习时强调，加快培育发展战略性新兴产业，对实现经济社会全面协调可持续发展，对全面建设小康社会、加快推进社会主义现代化具有重要战略意义。要深入贯彻落实科学发展观，面向经济社会发展重大需求，处理好市场基础性作用和政府引导推动的关系、整体推进和重点突破的关系、立足当前和着眼长远的关系，发挥企业主体作用，加大政策扶持力度，深化体制机制改革，着力营造良好环境，强化科技成果产业化，推动战略性新兴产业快速健康发展。

清华大学公共管理学院薛澜教授、国务院发展研究中心产业经济研究部冯飞研究员就这个问题进行讲解,并谈了他们的意见和建议。

中共中央政治局各位同志认真听取了他们的讲解,并就有关问题进行了讨论。

胡锦涛在主持学习时发表了讲话。他指出,加快培育发展战略性新兴产业是加快转变经济发展方式的必然要求,是努力掌握国际经济竞争主动的必然要求,是加快建设创新型国家的必然要求,关系经济社会发展全局。加快培育发展战略性新兴产业,有利于我们充分发挥科技引领作用、在更高起点上形成新的经济增长点、提高经济增长质量和效益,有利于我们抓住国际产业调整转移和生产要素优化重组的时机、加快形成参与国际经济合作和竞争新优势,有利于我们有效吸引、集聚、整合创新资源,加强经济社会发展创新驱动。我们一定要紧紧抓住历史机遇,切实加大工作力度,把战略性新兴产业加快培育成为先导产业和支柱产业。

胡锦涛要求抓好以下重点工作的落实。第一,着力实现重点领域突破,综合考虑我国国情和科技、产业基础,根据战略性新兴产业发展阶段和特点,在统筹规划、系统布局、协调推进的同时,选择最有基础和条件的领域进行重点突破,加快形成竞争优势。第二,着力增强自主创新能力,完善以企业为主体、市场为导向、产学研相结合的技术创新体系,发挥国家科技重大专项核心引领作用,结合实施产业发展规划,强化企业技术创新能力建设,建设产业创新支撑体系,加快培养造就高素质人才,集中力量突破一批支撑战略性新兴产业发展的关键共性技术。第三,着力培育市场需求,组织实施惠及民生的重大应用示范工程,支持市场拓展和商业模式创新,鼓励先进低碳技术应用,完善标准体系和市场准入制度,加快建立有利于战略性新兴产业发展的行业标准和重要产品技术标准体系,为企业开拓市场创造必要条件。第四,着力深化国际合作,坚持"引进来"和"走出去"相结合,以更加有效的措施推进更加广泛和深入的国际科技交流合作,更好利用全球科技成果和智力资源,支持我国战略性新兴产业领域的重点产品、技术、服务开拓国际市场,支持我国企业培育国际化品牌,引导外资投向战略性新兴产业,推动形成合作发展新格局。第五,着力强化政策扶持,发挥我国社会主义制度能够集中力量办大事的政治优势,借鉴发达国家经验,紧紧围绕加快培育发展战略性新兴产业的目标和任务,建立健全科学、合理、有效的政策保障体系,调动各方面积极性,集聚创新资源,形成发展合力。

胡锦涛强调,加快培育发展战略性新兴产业是我国经济社会发展的重大战略任务。各级党委和政府要切实负起责任,把这项工作摆上重要议事日程,把国家总体部署同本地区本部门实际紧密结合起来,加强组织领导和统筹协调,加大政策支持力度,加强规划编制、政策落实等工作协调指导,加快推进相关领域改革,遵循规律,因地制宜,努力完成加快培育发展战略性新兴产业各项目标任务。

全国大法官研讨班在上海召开

最高人民法院院长王胜俊在开幕式讲话中指出,中国特色社会主义法律体系的形成为人民司法事业发展提供了难得的历史机遇。各级人民法院要充分认识法律体系形成的重大意义,准确把握法律体系形成后人民法院工作面临的机遇与挑战,进一步明确法律体系形成后人民法院所担负的重大历史使命。

王胜俊强调,根据中国特色社会主义法律体系形成后的新形势、新情况、新要求,确保宪法法律实施、确保公正司法,人民法院必须始终坚持社会主义法治理念;始终坚持加强学习;始终坚持公正司法;始终坚持以人为本、执法为民;始终坚持能动司法;始终坚持调解优先、调判结合;始终坚持司法改革;始终坚持加强队伍建设;始终坚持抓基层打基础;始终坚持党的领导。

国务院任免国家工作人员

任命张少农为国土资源部副部长;任命付建华为国家安全生产监督管理总局副局长。

免去梁嘉琨的国家安全生产监督管理总局副局长职务。

中国科协第八次全国代表大会在人民大会堂闭幕

中共中央政治局委员、全国人大常委会副委员长王兆国出席闭幕式并讲话。

王兆国强调,各级科协组织要紧紧抓住增强自主创新能力这个国家发展战略的核心和提高综合国力的关键,大力促进自主创新,在推动科学发展上展现新作为;要发挥好人民团体的协同作用,全心全意为科技工作者服务,在组织和服务科技工作者上取得新进展;要紧紧抓住开展创先争优活动这个契机,把学会建设放在更加突出的位置,进一步加强科协基层组织建设。各级党委和政府要加强和改善对科协工作的领导,支持科协组织依照法律和章程创造性地开展工作,关心科协干部成长,使科协充分发挥在促进经济社会又好又快发展中的独特作用。

新当选的中国科协第八届全国委员会主席韩启德

致闭幕词。他指出，党中央历来高度重视科技工作者工作和科协工作，我们要认真学习、深刻领会中央领导同志的重要讲话精神，贯彻落实到科协工作的各个环节各个方面，开拓创新，奋发有为，为推动科学发展、促进社会和谐、全面建成小康社会提供有力的科技支撑，推动科协工作不断迈上新台阶。他强调，中国科协第八届全国委员会将进一步继承和发扬中国科协爱国、求真、协作、服务的优良传统，坚持“三服务一加强”的工作定位，以做好党的群众工作为着眼点，以推动国家科技事业发展为着力点，以增强服务能力为立足点，解放思想，求真务实，团结协作，为胜利完成“十二五”规划、全面建成小康社会、实现中华民族伟大复兴而不懈奋斗。

大会宣布了中国科协第八届全国委员会主席、副主席、常务委员会委员和中国科协第八届书记处第一书记、书记名单，通过了中国科协八大关于中国科协七届全委会工作报告的决议、中国科协八大《关于〈中国科协事业发展“十二五”规划(2011—2015)(草案)〉的决议》，同时宣布授予马国馨等20位同志为中国科协荣誉委员，聘请张晓强等11位同志为中国科协顾问。

闭幕式上，中国科协还举行了颁奖仪式，授予北京林学会等200个集体“全国科协系统先进集体”荣誉称号，授予刘晓勘等499名同志“全国科协系统先进工作者”称号，其中中国石化集团北京燕山石油化工有限公司科学技术协会等32个集体为“全国科协系统先进集体标兵”，李玉明等31人为“全国科协系统先进工作者标兵”。同时宣布《关于命名2011—2015年度全国科普示范县(市、区)的决定》，并向32个全国科普示范县(市、区)代表授牌。

中共中央政治局委员、国务委员刘延东，全国人大常委会副委员长司马义·铁力瓦尔地，全国政协副主席郑万通等出席闭幕式并为获奖者颁奖授牌。闭幕式由中国科协副主席、书记处第一书记陈希主持。

中国科协产生新一届领导机构

经代表选举，全国人大常委会副委员长、九三学社中央主席、中国科协主席韩启德连任中国科协第八届全国委员会主席。

邓中翰、卢锡城、冯长根、刘玠、李静海、沈岩、张桃林、陈希、陈赛娟、赵沁平、秦大河、袁家军、唐启升、黄伯云、程东红、谢克昌等16人当选为中国科协副主席。

中国科协第八次全国代表大会共选举产生第八届全国委员会委员380名。干勇等53人当选为中国科协常委。

根据中国科协主席提名，决定陈希为中国科协第八届书记处第一书记，程东红等4人为书记处书记。

5月31日

中共中央总书记胡锦涛在湖北考察

5月31日至6月3日，胡锦涛在湖北考察工作。从鄂西北山城十堰到省会江城武汉，胡锦涛深入基层干部群众，就加快转变经济发展方式、保障和改善民生、加强和改进党的建设等进行调查研究。总书记的到来，极大激发了湖北广大干部群众走科学发展道路、建荆楚崛起功业的热情和干劲。

考察结束时，胡锦涛听取了湖北省委和省政府的工作汇报，充分肯定了湖北近年来各项事业取得的成绩。他希望湖北广大干部群众以邓小平理论和“三个代表”重要思想为指导，深入贯彻落实科学发展观，紧紧把握国家大力促进中部地区崛起和推进武汉城市圈资源节约型、环境友好型社会建设综合配套改革试验的宝贵机遇，牢牢坚持科学发展这个主题和加快转变经济发展方式这条主线，振奋精神、凝聚力量，锐意进取、扎实奋斗，做好改革发展稳定各项工作，努力把湖北打造成促进中部地区崛起的重要战略支点，朝着全面建成小康社会的目标不断迈进，以优异成绩迎接中国共产党成立90周年。

胡锦涛强调，“十二五”时期发展目标任务已经确定，关键是要狠抓落实。新形势下党的建设必须紧紧围绕这个中心任务来展开，把全党的注意力集中到抓落实上来，着力提高领导班子抓落实的能力，着力增强干部队伍抓落实的自觉性，着力发挥广大党员抓落实的先锋模范作用，为实现“十二五”时期发展目标任务、夺取全面建设小康社会新胜利提供坚强政治保证和组织保证。

中共中央书记处书记、中央办公厅主任令计划，中共中央书记处书记、中央政策研究室主任王沪宁一同考察。

国务院总理温家宝到北京市朝阳区十八里店小学看望师生

全国政协主席贾庆林在贵州 重庆 湖南调研

5月31日至6月4日，贾庆林先后来到贵州铜仁地区，重庆秀山县，湖南湘西州、张家界市等地，深入农村乡镇、工厂企业、城市社区和高等院校，就加快推进扶贫开发，促进武陵山区发展进行调研。贾庆林强调，要深入贯彻落实科学发展观，紧紧抓住国家推进扶贫开发的历史机遇，全面贯彻中央扶贫开发战略部署，广泛凝聚各方面的智慧和力量，打好新一轮扶贫开发攻坚战,努力实现武陵山区又好又快发展,确保贫困地区人民与全国人民一道共同实现全面小康。

中央国家机关厉行节约工作会议在北京召开

中共中央政治局常委、国务院总理温家宝作出重要批示,指出建设一个廉洁、节俭的政府是我们的目标。中央国家机关要带头厉行节约,特别要从严控制和压缩因公出国出境、公务用车购置及运行、公务接待三项经费支出。这项工作要注重制度改革和建设,加强监督检查,务求实效,不搞形式主义,不走过场。

国务委员兼国务院秘书长马凯出席会议并讲话。他强调,中央国家机关要全面落实党中央、国务院部署和要求,认真学习贯彻温家宝总理批示精神,进一步弘扬艰苦奋斗的优良作风,带头做好厉行节约工作。一是把压缩"三公"经费支出作为中央国家机关厉行节约工作的重点,采取严格控制措施,确保达到预期目标,并按要求公开"三公"经费预算及支出情况。二是深入推进机关节能降耗,努力实现2011年用电、用水、用油比2010年下降2%的目标。三是深入开展公务用车问题专项治理,严格控制和规范庆典、研讨会和论坛等活动,不得以各种名义向地方政府、企业、个人摊派会议活动经费。四是严格控制楼堂馆所建设,坚决防止和杜绝违规建设办公楼和以维修为名超标准豪华装修。五是着力把好国有资产采购关,强化日常管理,提高使用效益。六是进一步加强机构编制管理,严格控制人员经费。

马凯强调,带头做好厉行节约工作是中央国家机关义不容辞的责任,要充分发挥政府机关对全社会的表率作用,充分发挥中央国家机关对地方党政机关的示范作用,充分发挥领导干部的模范作用。凡是要求地方党政机关做到的,中央国家机关要首先做到。凡是要求普通职工做到的,领导干部首先要做到。要用我们的实际行动,使厉行节约蔚成风气。

会议由国管局、发展改革委、财政部和中央国家机关工委联合召开,中央国家机关各部门有关负责人参加会议,有关部门交流了开展厉行节约工作的经验与做法。

全国党史界纪念中国共产党成立90周年学术研讨会在北京召开

研讨会由中央党史研究室、中国中共党史学会和中国中共党史人物研究会联合举办。

中央党史研究室主任、中国中共党史学会会长、中国中共党史人物研究会会长欧阳淞,中国中共党史学会名誉会长、中国中共党史人物研究会名誉会长孙英,中国中共党史学会常务副会长谷安林等在大会开幕式上作主题报告。

大会开幕式由中央党史研究室副主任龙新民主持,中央党史研究室副主任李忠杰作大会总结。来自全国党史系统、党校系统、军队系统、社科院系统、高校系统的160多位专家学者,围绕"中国共产党领导革命、建设和改革的成功实践、基本理论和宝贵经验"的主题进行研讨。

国务院副总理李克强在中南海紫光阁与英国前首相布莱尔举行会谈

国务院副总理王岐山在莫斯科与俄罗斯总理普京举行会谈

普京强调,俄中两国务实合作具有全方位发展的特点,其中能源合作占非常重要位置。两国能源谈判代表为推动两国能源合作作出了重要贡献。俄中两国已在石油、天然气、煤炭、核能、电力、新能源等各个领域开展合作,并为此制定了下一步合作的中长期计划,俄方对此予以积极评价。他特别强调指出,正是当年他和胡锦涛主席的共同推动,俄中原油管道项目才得以上马。现在已看到这条管线投入运行的实际成果。在俄中即将开展的天然气合作规模宏大,双方正在进行2个大项目的谈判,一个是西线天然气,一个是东线天然气,都是标志性工程。西线每年供气300亿立方米,东线每年供气380亿立方米,而且都是为期30年的合作,意义非常重大。希望双方在6月份胡主席访俄期间取得实质性进展。

王岐山指出,中俄同为世界重要能源生产国和消费国,双方能源合作是全面、长期和战略性合作,是中俄务实合作的关键领域之一,是中俄战略协作伙伴关系的重要组成部分。在两国领导人的关心下,近年来中俄能源合作取得了长足进展。今天成功举行了中俄能源谈判代表第七次会晤,这次会晤充分体现了互信、坦诚、务实的合作精神,双方就下一阶段石油、天然气、煤炭、电力、核能、新能源等领域合作,深入交换了意见,取得了丰硕成果。中俄原油管道项目已于今年1月1日正式运营,这一项目显示了两国领导人的巨大魄力和决心。事实证明,这一重要决断是完全正确的。中俄在天然气领域合作潜力巨大,此次会晤中,双方就有关天然气合作达成重要共识,力争尽快取得突破性进展。

会见后,在普京总理的见证下,王岐山副总理与俄罗斯副总理谢钦签署了中俄《天然气领域合作谅解备忘录的议定书》。

国务院副总理王岐山在莫斯科与俄罗斯副总理谢钦共同主持中俄能源谈判代表第七次会晤

王岐山表示,中俄能源合作是全面、长期、战略性合作,是两国战略协作伙伴关系的重要内容。当前,中俄经济发展势头良好,扩大能源合作面临历史性机遇。中方愿与俄方一道,本着互信、坦诚、务实的原则,认真落实两国领导人达成的重要共识,充分发挥中俄能源谈判机制的作用,推动两国能源合作更上层楼。

王岐山指出,在两国政府及相关企业积极努力下,双方在石油、天然气、煤炭、电力、核能等领域合作都取得了可喜进展,中方对此表示满意。中俄原油管道今年1月1日正式投产以来,保持了稳定运行态势,截至目前已输油600多万吨。通过此次会晤,中俄就积极推进原油管道贸易达成了新的共识。天然气合作是当前中俄能源合作的重中之重,中方愿与俄方一道,全力推动天然气合作早日取得实质性进展。双方可充分发挥各自资源、技术、资金和人才等方面的优势,加强煤炭领域合作。中方高度评价两国在核能领域开展的一系列卓有成效的合作。中俄电力合作稳步推进,可再生能源领域合作取得新突破。中方愿与俄方秉持互利共赢的原则,密切沟通,真诚合作,推动两国能源合作不断取得新的成果,造福于两国人民。

谢钦表示,每次俄中能源谈判代表会晤都是在非常良好和充满信任的气氛中进行,都取得了丰硕成果,此次会晤同样卓有成效。俄中能源合作具有战略性,我和王岐山副总理就方方面面的议题深入交换了意见,在绝大多数问题上达成了广泛共识。特别是在大型能源合作项目上有新进展。从今天的会晤中可以得出结论:现在俄中战略协作伙伴关系已经发展到相当高的水平,允许我们双方解决任何问题。希望我们的友好合作带来更多的务实成果。

中联部部长王家瑞在北京会见蒙古国矿产和能源部长卓力格特和总理顾问恩赫巴雅尔

中央军委发出《军队党员领导干部廉洁从政若干规定》

《军队党员领导干部廉洁从政若干规定》从11个方面对党员领导干部廉洁从政行为作出了70个“不准”的禁止性规定,同时对党委、纪委、党委书记和副书记、机关部门的责任作了规范,规定了考评及结果运用、责任追究办法,为进一步促进军队党员领导干部廉洁从政提供了重要遵循,是新形势下加强军队反腐倡廉建设的重要法规。

国务院发出《关于进一步做好普通高等学校毕业生就业工作的通知》

各省、自治区、直辖市人民政府,国务院各部委、各直属机构:

普通高等学校毕业生(以下简称高校毕业生)是国家宝贵的人才资源,是现代化建设的重要生力军。做好高校毕业生就业工作,是促进经济发展和社会和谐的重要举措。近年来,各地区、各有关部门认真贯彻落实党中央、国务院的决策部署,做了大量工作,取得明显成效,高校毕业生就业形势总体保持稳定。预计“十二五”时期,高校毕业生数量仍将持续增长,促进高校毕业生就业任务依然十分繁重。各地区、各有关部门要继续把高校毕业生就业摆在就业工作的首位,进一步加大工作力度,多渠道开发就业岗位,完善相关政策措施,切实加强就业服务,千方百计促进高校毕业生就业。为进一步做好高校毕业生就业工作,现就有关问题通知如下:

一、适应加快转变经济发展方式和调整经济结构的进程,积极拓展高校毕业生就业领域

(一)在构建现代产业体系中努力创造更多适合高校毕业生的就业机会。在推进战略性新兴产业发展中培育新的就业增长点,着力发展既具有较高科技含量又具有较强吸纳就业能力的智力密集型、技术密集型产业,开发更多适合高校毕业生的就业岗位。在加快转变经济发展方式和调整经济结构中实施有利于发挥劳动力比较优势的技术进步和产业升级技术战略,带动生产性就业岗位增长,努力扩大吸纳高校毕业生就业规模。大力发展具有增长潜力的生产性服务业和生活性服务业,积极鼓励发展服务外包、动漫、现代信息技术、现代服务业等产业,创造更多高校毕业生就业机会。积极支持和鼓励高校毕业生投身现代农业建设,鼓励农业企业吸纳高校毕业生就业。在安排政府投资、重大建设项目和制定产业规划时要充分考虑扩大就业的需要,探索建立投资带动就业评估机制,更好地发挥投资对就业的带动作用。及时发布和宣传行业发展规划和相关专业领域的人才规划,引导高校根据行业人才需求,有针对性地开展人才培养。各高校要根据经济社会发展和产业结构调整的需要,认真做好相关专业人才需求预测,合理调整专业设置,推进人才培养模式改革,强化实践教学和实习实训,提高人才培养质量。支持相关行业和产业与高校联合开展人才培养和岗位对接活动,使广大高校毕业生能够学有所用。

(二)鼓励中小企业吸纳高校毕业生就业。中小企业是吸纳高校毕业生就业的主要渠道。要进一步改善中小企业发展环境,大力发展劳动密集型产业、服务业、小型微型企业和创新型科技企业,将落实中小企业扶持政策与做好高校毕业生就业工作结合起来,鼓励

企业积极吸纳高校毕业生就业。对招收高校毕业生达到一定数量的中小企业，地方财政应优先考虑安排扶持中小企业发展资金，并优先提供技术改造贷款贴息。对劳动密集型小企业当年新招收登记失业高校毕业生达到一定比例的，可按规定申请最高不超过200万元的小额担保贷款，并享受财政贴息。对企业招收就业困难高校毕业生、签订劳动合同并缴纳社会保险费的，按规定给予社会保险补贴。高校毕业生到中小企业就业的，在专业技术职称评定、科研项目经费申请、科研成果或荣誉称号申报等方面，享受与国有企事业单位同类人员同等待遇。

二、鼓励引导高校毕业生面向城乡基层、中西部地区以及民族地区、贫困地区和艰苦边远地区就业

(三)鼓励高校毕业生面向城乡基层就业。各地要根据统筹城乡经济和加快基本公共服务发展的需要，大力开发社会管理和公共教育、医疗卫生、文化等领域服务岗位，增加高校毕业生就业机会。要进一步完善相关政策，重点解决好他们在工资待遇、社会保障、人员编制、户口档案、职称评定、教育培训、人员流动、资金支持等方面面临的实际问题，鼓励和引导高校毕业生到城乡基层特别是城市社区和农村教育、医疗卫生、文化、科技等基层岗位工作。对在公益性岗位就业并符合条件的高校毕业生，按规定给予社会保险补贴和公益性岗位补贴。自2012年起，省级以上机关录用公务员，除部分特殊职位外，均应从具有2年以上基层工作经历的人员中录用。市(地)级以下机关特别是县乡机关招录公务员，应采取有效措施积极吸引优秀应届高校毕业生报考，录用计划应主要用于招收应届高校毕业生。要按照统一征集岗位、统一发布公告、统一组织考试、统一服务管理的原则，统筹实施“选聘高校毕业生到村任职”、“三支一扶”(支教、支农、支医和扶贫)、“大学生志愿服务西部计划”、“农村义务教育阶段学校教师特设岗位计划”等基层服务项目，做好各类项目之间的政策衔接，进一步落实对服务期满考核合格人员的就业政策措施。切实做好免费师范毕业生就业工作。积极做好征集高校毕业生入伍服义务兵役工作。

(四)鼓励高校毕业生到中西部地区、民族地区、贫困地区和艰苦边远地区就业。要结合中部地区崛起和西部大开发战略的实施以及产业梯度转移的需要，鼓励和引导高校毕业生到中西部地区就业。各地要尽快出台并完善相关政策，对到中西部地区和艰苦边远地区县以下基层单位就业，服务期达到3年以上(含3年)的高校毕业生，按规定实施相应的学费和助学贷款代偿。对到艰苦边远地区或国家扶贫开发工作重点县就业的高校毕业生，在机关工作的，试用期工资可直接按试用期满后工资确定，试用期满后级别工资高定1至2档；在事业单位工作的，可提前转正定级，转正定级时薪级工资高定1至2级。

三、鼓励支持高校毕业生自主创业，稳定灵活就业

(五)落实和完善创业扶持政策。各地区、各有关部门要进一步落实和完善各项创业扶持政策，改善创业环境，积极引导高校毕业生创业。持《就业失业登记证》(注明“自主创业税收政策”或附着《高校毕业生自主创业证》)的高校毕业生在毕业年度内(指毕业所在自然年，即1月1日至12月31日)从事个体经营的，3年内按每户每年8000元为限额依次扣减其当年实际应缴纳的营业税、城市维护建设税、教育费附加和个人所得税。2011年1月1日至2011年12月31日，对高校毕业生创办的年应纳税所得额低于3万元(含3万元)的小型微利企业，其所得减按50%计入应纳税所得额，按20%的税率缴纳企业所得税。发挥小额担保贷款政策促进就业的积极作用，对符合条件的高校毕业生自主创业的，可在创业地按规定申请小额担保贷款；从事微利项目的，可享受不超过10万元贷款额度的财政贴息扶持。对合伙经营和组织起来就业的，可根据实际需要适当提高贷款额度。要进一步改进和完善“小额担保贷款+信用社区建设+创业培训”联动工作机制。有条件的地区要加大财政投入，并积极引入风险投资资金，探索财政资金、风险投资等与大学生创业赛事的对接模式，规范发展民间融资，多渠道加大创业资金投入。要进一步完善和落实行政事业性收费减免等优惠政策，按照法律法规的规定，适当放宽市场准入条件，鼓励高校毕业生创业。

(六)加强创业教育、创业培训和创业服务。各高校要广泛开展创业教育，积极开发创新创业类课程，完善创业教育课程体系，将创业教育课程纳入学分管理。积极推广成熟的创业培训模式，鼓励高校毕业生参加创业培训和实训，提高创业能力。对高校毕业生在毕业年度内参加创业培训的，根据其获得创业培训合格证书或就业、创业情况，按规定给予培训补贴。要根据高校毕业生特点和需求，组织开展政策咨询、信息服务、项目开发、风险评估、开业指导、融资服务、跟踪扶持等“一条龙”创业服务。在充分发挥各类创业孵化基地作用的基础上，因地制宜建设一批大学生创业孵化基地，并给予相关政策扶持。对基地内大学生创业企业要提供培训和指导服务，落实扶持政策，努力提高创业成功率，延长企业存活期。

(七)稳定灵活就业。各地要鼓励支持高校毕业生通过多种形式灵活就业，并给予相关政策扶持。对符合就业困难人员条件的灵活就业高校毕业生，要按规定落实社会保险补贴政策。对申报灵活就业的高校毕

业生,各级公共就业人才服务机构按规定提供人事、劳动保障代理服务,做好社会保险关系接续工作。

四、支持高校毕业生参加就业见习和技能培训,鼓励科研项目单位吸纳高校毕业生就业

(八)支持高校毕业生参加就业见习。各地要结合当地产业发展需要和高校毕业生情况,鼓励和扶持一批规模较大并有一定社会影响力的企事业单位作为就业见习单位,为有见习需求的未就业高校毕业生提供见习机会。积极引导有条件的科技企业孵化器创建大学生科技创业见习基地。要进一步完善就业见习管理办法,明确见习对象范围、见习基地条件、见习补贴标准、见习考核评估等事项,进一步规范见习活动。认真落实见习期间基本生活补助政策,基本生活补助费用由见习单位和地方政府分担。各地要根据当地经济发展和物价水平,合理确定和及时调整基本生活补助标准。见习单位应加强见习场所的安全管理,并为参加见习的高校毕业生购买人身意外伤害保险。见习单位支出的见习补贴相关费用,不计入社会保险缴费基数,但符合税收法律法规规定的,可以在计算企业所得税应纳税所得额时扣除。

(九)支持高校毕业生参加职业技能培训和技能鉴定。各地要积极组织有培训需求的高校毕业生参加职业技能培训和技能鉴定,帮助其提高就业能力。对高校毕业生在毕业年度内参加职业技能培训的,根据其取得职业资格证书(未颁布国家职业技能标准的职业应取得专项职业能力证书或培训合格证书)或就业情况,按规定给予培训补贴。对高校毕业生在毕业年度内通过初次职业技能鉴定并取得职业资格证书或专项职业能力证书的,按规定给予一次性职业技能鉴定补贴。对企业新招收毕业年度高校毕业生,在6个月之内开展岗前培训的,按规定给予企业职业培训补贴。

(十)鼓励科研项目单位吸纳高校毕业生就业。鼓励高校、科研机构和企业,结合国家产业发展和技术进步的需要开展研究,并按照公开、自愿、双向选择的原则,在所承担的项目实施过程中,聘用优秀高校毕业生作为研究助理或辅助人员参与研究工作。在承担的民口科技重大专项、“973”计划、“863”计划、科技支撑计划以及国家自然科学基金等重大重点项目实施过程中,聘用高校毕业生的劳务性费用和有关社会保险费补助可按规定从项目经费中列支。聘用期满,根据工作需要可以续聘或到其他岗位就业,就业后工龄与参与研究期间的工作时间合并计算,社会保险缴费年限合并计算。

五、大力加强就业指导、就业服务和就业援助

(十一)加强就业指导和就业服务。各高校要全面开展职业发展指导和就业创业教育,将就业指导课程纳入教学计划,建立贯穿于整个大学教育期间的职业发展和就业指导课程体系,帮助大学生树立正确的成才和就业观念。各地区、各有关部门要根据高校毕业生求职就业特点,创新就业服务模式,完善服务措施,采取组织企业进校园、召开专场招聘会和供求洽谈会、开展网络招聘等活动,为高校毕业生提供方便、快捷、直接、有效的就业信息服务。各地公共就业人才服务机构、高校毕业生就业指导服务机构及其他就业服务机构要加强合作,建立健全高校毕业生就业信息服务平台,提供政策发布、岗位信息、网络招聘、远程面试、指导咨询等就业服务。要大力推动互联网就业服务的健康发展,加强信息监督管理,规范互联网求职就业行为。要加强人力资源市场需求预测,完善职业供求信息收集和发布制度,引导高校毕业生理性求职、用人单位积极招聘和高校科学合理设置专业。鼓励各类职业中介机构为高校毕业生提供就业服务,对为登记失业高校毕业生提供服务并符合条件的给予职业介绍补贴。鼓励企业与高校合作,为大学生提供有针对性的指导和服务,帮助大学生提升专业能力和职业能力。全面落实为登记失业高校毕业生免费提供政策咨询、职业指导、职业介绍和人事档案托管等服务政策。支持工会、共青团、妇联等组织开展多种形式的高校毕业生就业创业扶持活动。

(十二)开展就业失业登记。各级公共就业人才服务机构要按照就业促进法的规定,为已就业高校毕业生免费办理就业登记,并按规定提供人事、劳动保障代理服务。要进一步完善就业登记办法,建立就业登记与劳动合同管理、社会保险费缴纳联动机制,维护劳动者就业权益。对未就业的高校毕业生可按规定办理失业登记,并纳入户籍所在地失业人员统一管理,落实相关就业扶持政策。各级人力资源社会保障部门、教育部门和各高校要加强合作,进一步完善以实名制为基础的高校毕业生就业统计制度,做好高校毕业生毕业前后的信息衔接和服务接续。

(十三)强化就业援助。各级公共就业人才服务机构要将就业困难的高校毕业生纳入当地就业援助体系,建立专门台账,实施“一对一”职业指导和重点帮扶,并向用人单位重点推荐,或通过公益性岗位安置就业。对符合条件的人员按规定落实社会保险补贴和公益性岗位补贴。各高校可根据困难家庭毕业生的实际情况,给予适当的求职补贴。各地要高度重视大城市聚居地长时间失业高校毕业生以及女性、残疾人和少数民族等高校毕业生的就业问题,提供有针对性的就业服务和就业指导,鼓励有条件的地区制定实施专门的就业扶持政策。

(十四)保障就业权益。各城市应取消高校毕业生

落户限制,允许高校毕业生在就(创)业地办理落户手续(直辖市按有关规定执行)。各地要按照就业促进法、劳动合同法、公务员法等的要求,进一步深化高校毕业生就业制度改革,简化高校毕业生就业程序。对到各类用人单位就业的高校毕业生,其职称评定、工资待遇、社会保险办理、工龄确定等要严格按照国家有关规定执行。高校毕业生从企业、社会团体到机关事业单位就业的,其参加基本养老保险缴费年限合并计算为工龄。要加大对各类企业特别是中小企业在劳动用工、缴纳社会保险费等方面的劳动监察力度,切实维护高校毕业生的合法权益。要进一步加强人力资源市场管理,大力开展人力资源市场清理整顿工作,严厉打击非法职业中介和招聘过程中的各类欺诈行为。要认真执行残疾人就业条例的有关规定,保障残疾人高校毕业生的就业权益。要切实落实取消就业体检中乙肝检测项目的有关规定,防止各类就业歧视,维护高校毕业生公平就业权利。

各地区、各有关部门要按照本通知精神,进一步加强对高校毕业生就业工作的领导,强化目标责任,把高校毕业生就业工作情况列入政府政绩考核内容,切实抓好贯彻落实。要加大对就业政策措施和先进典型的宣传力度,引导高校毕业生转变就业观念,营造良好的就业环境。

中华人民共和国国务院

2011年5月31日

纪念《中国日报》创刊30周年座谈会在人民大会堂举行

中共中央政治局常委李长春致信祝贺。中共中央政治局委员、中央书记处书记、中央宣传部部长刘云山出席大会并讲话。

刘云山在讲话中对《中国日报》30年的发展历程和重要贡献给予了充分肯定。他指出,作为我国对外传播重点媒体,中国日报社秉持“让世界了解中国、让中国走向世界”的办报宗旨,紧跟时代潮流,运用新的传播技术,改善采编手段、丰富内容形态、扩大网络覆盖,为增进同各国人民的相互了解和友谊作出了重要贡献。新的形势新的任务为我国对外传播事业提供了难得机遇,也赋予了重要历史责任。要坚持解放思想、与时俱进,着力在加强内容建设上取得新成效、在拓宽传播渠道上取得新进展、在发展新媒体新业务上取得新突破,推动我国对外传播能力有一个跨越式发展。要把展示我国民主进步文明开放的国家形象作为第一位任务,更好地向世界介绍中国、展示中国,架起中国人民同各国人民沟通交流的桥梁。要把增强吸引力感染力作为不懈追求,尊重传播规律、讲究传播艺术、不断改进创新,尽可能多地满足海外受众的信息需求。要把拓展渠道载体作为重要支撑,统筹国内传播与国际传播,统筹传统媒体与新兴媒体,统筹软件建设与硬件建设,加快构建覆盖广泛、技术先进的现代传播体系。要把培养优秀人才作为基本保障,着眼长远、立足中国、面向世界,培养造就一支有志于传播中国文化、增进各国友谊、促进世界和谐的高素质对外传播人才队伍。

全国人大常委会副委员长乌云其木格、国务委员戴秉国、全国政协副主席陈奎元出席座谈会。

庆祝2011年“六一”国际儿童节晚会《在灿烂阳光下》在中央电视台举行

国务院副总理李克强在北京主持召开国务院深化医药卫生体制改革领导小组第九次全体会议

会议听取了国务院医改办公室负责人关于2011年一季度医改集中督导情况的汇报,审议了《关于进一步加强乡村医生队伍建设的指导意见》等文件。在认真听取大家发言后,李克强说,今年以来医改继续保持良好势头,基本医保参保人数增加,基本药物制度覆盖面扩大,基本公共卫生服务项目增多,公立医院改革试点逐步深入,便民惠民举措全面推开,成效进一步显现。要继续巩固扩大成果,推动医改五项重点任务取得新突破。

李克强指出,随着改革进入深水区,难点问题增多。必须加快改革创新步伐,把建机制作为今年医改攻坚的重中之重。积极推进基层医疗卫生机构综合改革,推动基本药物制度全覆盖。鼓励公立医院改革试点城市围绕“管办分开、政事分开、医药分开、营利性和非营利性分开”进一步加强探索、形成经验,突出抓好县级医院改革,充分调动医务人员改革的积极性,鼓励社会办医,不断拓展和深化公立医院改革。

李克强强调,把全民基本医保作为公共产品向城乡居民提供,是一项重大制度创新,需要政府、社会、个人共同努力。要健全新农合、城镇居民医保、城镇职工医保制度,进一步提高保障标准,提升报销比例,切实发挥好保基本的作用。医疗救助制度是困难群众看病就医的“兜底网”,要纳入全民基本医保统筹考虑,加大救助力度,有效缓解低收入群众就医特别是大病治疗的困难。商业医疗保险是全民基本医保制度的重要补充,要积极探索,鼓励商业保险机构参与医疗保障管理经办服务,提高资金使用和服务的效率。通过改革促进各项制度无缝衔接,逐步形成完善的全民基本医保制度框架。

李克强说,乡村医生植根于广阔农村,是承担基层基本医疗和公共卫生服务的“守门人”,也是保障广大农民健康的“看护者”。必须按照强基层的要求,进一步健全服务网络,完善补偿机制,加强人员培养培训,推动基本药物使用和新农合门诊统筹延伸到村,让群众在村里看病就能报销、得到更多实惠,提高基本医疗卫生服务的公平性、可及性、便利性。

李克强指出,医改任重道远,是一项长期艰巨的任务。推动医改,既要开拓进取、攻坚克难,完成好今年改革各项工作,又要统筹谋划、远近结合,规划好“十二五”时期医改的目标任务,把改革进一步推向深入。

国务院深化医药卫生体制改革领导小组成员单位和有关部门负责人参加了会议。

全国计划生育协会工作座谈会在贵州贵阳举行

中共中央政治局委员、全国政协副主席、中国计划生育协会会长王刚出席会议并讲话。

王刚在讲话中充分肯定了计划生育协会工作取得的显著成绩。他指出,实践证明,计划生育协会是推进我国人口和计划生育事业、落实计划生育基本国策、推动统筹解决人口问题的生力军,是促进社会和谐进步的重要力量,是党和政府完全信赖和依靠的重要群众团体。做好新形势下计生协工作是推动经济社会发展的需要,是统筹解决我国人口问题的需要,也是加强群众工作的需要。

王刚强调,各级计划生育协会和广大会员要牢牢把握主题主线,积极服务于科学发展,为统筹解决人口问题和全面做好人口工作献计出力;要充分发挥自身优势,积极服务于社会和谐稳定,协助党委和政府引导群众处理好各种利益关系,使计生协真正成为党和政府联系人民群众的桥梁和纽带;要坚持以人为本,积极服务于计划生育群众,为他们贯彻落实基本国策、树立新型婚育观念提供全方位服务,使计生协的优势和作用在服务群众中得到更好体现。

国家禁毒委员会办公室公布《2011中国禁毒报告》

报告显示,全国禁毒执法部门2010年共破获毒品犯罪案件8.9万起,抓获毒品犯罪嫌疑人10.1万名。

这份报告涵盖了2010年全国禁毒宣传教育、禁吸戒毒、打击毒品犯罪、易制毒化学品管制、禁毒国际合作等工作,介绍了2010年全国禁毒部门按照国家禁毒委员会统一部署,组织开展禁毒严打整治,深入实施《中华人民共和国禁毒法》的情况。

报告显示,2010年,全国禁毒部门深入推进禁吸戒毒工作,积极落实各项戒毒措施,治疗挽救吸毒人员。全国新发现吸毒人员21.4万余名,依法强制隔离戒毒吸毒成瘾人员17.5万名,社区戒毒、社区康复9.6万名。

6月1日

国务院总理温家宝主持召开国务院常务会议决定启动城镇居民社会养老保险试点并部署加强地质灾害防治工作

会议决定,自2011年7月1日起,启动城镇居民社会养老保险试点工作,今年试点范围覆盖全国60%的地区,明年基本实现全覆盖。(一)年满16周岁(不含在校学生)、不符合职工基本养老保险参保条件的城镇非从业居民,均可在户籍地自愿参加城镇居民养老保险。(二)参保居民要按规定缴纳养老保险费,政府对参保居民缴费给予补贴,补贴标准不低于每人每年30元。(三)参保居民年满60周岁,可按月领取包括基础养老金和个人账户养老金在内的养老金。基础养老金由政府全额支付,每人每月不低于55元,国家根据经济发展和物价变动等情况适时调整。(四)已年满60周岁、符合规定条件的城镇居民,不用缴费,可按月领取基础养老金。

会议要求,各地区、各有关部门要加强组织领导和督促检查,结合实际制订试点实施方案,确保试点顺利进行。要强化基金监督管理,做好相关制度的衔接,不断提高经办服务管理能力,切实把好事办好。

会议指出,我国地质条件复杂,地质灾害隐患多、分布广。近年来,受极端天气、地震、工程建设等因素影响,地质灾害多发频发,给人民群众生命财产造成严重损失。当前和今后一个时期,必须坚持属地管理、分级负责,防治结合、预防为主,专群结合、群测群防,统筹规划、综合治理,加强地质灾害防治工作,全面提高防治水平。力争到2020年,全面建成地质灾害调查评价体系、监测预警体系、防治体系和应急体系,基本消除特大型地质灾害隐患点威胁,减少灾害造成的人员伤亡和财产损失。为此,一要全面开展隐患调查评估。以县为单元,在全国范围开展山洪、地质灾害调查评价工作。对地质灾害隐患点开展经常性巡回检查。组织力量对重大隐患点进行详细勘查,逐点制定落实监测防治措施。在地质灾害易发区进行工程建设,要严格按规定开展地质灾害危险性评估。二要加强监测预报预警。完善监测预报网络,以农村山区等偏远地区为重点,加强预警信息发布手段建设,确保及时发现险情、及时发出预警。健全以村干部和骨干群众为主体的群测群防队伍,提高群测群防水平。三要实施综合防治。对危害程度高、治理难度大的地质灾害隐患点,优先实施搬迁避让,对一时难以实施搬迁避让的隐患点实施工程治理。加强地震灾区、三峡库区和重要设施周边地质灾害的防治。建立健全地面沉降、塌陷及地裂缝防控机制。四要提高应急救援水平。加强应急救援体系建设,修订完善突发地质灾害应急预案。组织应急避险演练,强化基层地质灾害防范,做到临灾避险组织快速有序。五要健全保障机制。完善法律法规和相关标准,加强防治队伍建设,加大资金投入,积极推进科技创新。深入开展科普宣传和培训教育,构建全社会共同参与地质灾害防治的工作格局。会议要求各地区、各有关部门加强组织领导和协调配合,明确责任,确保各项政策措施落到实处。

国务院发出《关于促进牧区又好又快发展的若干意见》

各省、自治区、直辖市人民政府,国务院各部委、各直属机构:

牧区在我国经济社会发展大局中具有重要的战略地位。党中央、国务院历来高度重视牧区工作,在不同历史时期都对牧区工作作出重要决策和部署,并不断加大支持力度。在各族干部群众的共同努力下,牧区经济社会发展取得重大成就。但是,由于自然、地理、历史等原因,牧区发展仍然面临不少特殊的困难和问题,欠发达地区的状况仍然没有根本改变,已成为经济社会发展的薄弱环节。为促进牧区又好又快发展,现提出以下意见:

一、重要意义与基本方针

(一)充分认识促进牧区发展的重要意义。目前,我国牧区主要包括13个省(区)的268个牧区半牧区县(旗、市),牧区面积占全国国土面积的40%以上。草原是我国面积最大的陆地生态系统,牧区是主要江河的发源地和水源涵养区,生态地位十分重要。草原畜牧业是牧区经济发展的基础产业,是牧民收入的主要来源,是全国畜牧业的重要组成部分。牧区矿藏、水能、风能、太阳能等资源富集,旅游资源丰富,是我国战略资源的重要接续地。牧区多分布在边疆地区和少数民族地区,承担着维护民族团结和边疆稳定的重要任务。促进牧区又好又快发展,是加强草原生态保护与建设,构建国家生态安全屏障的迫切需要;是转变草原畜牧业发展方式,增加牧民收入的现实选择;是缩小区域发展差距,全面实现小康社会目标的必然要求;是让各族群众共享改革发展成果,促进民族团结和边疆稳定的战略举措。

(二)加快牧区又好又快发展是一项重大而紧迫的任务。改革开放特别是实施西部大开发战略以来,牧区生态建设大规模展开,草原畜牧业发展方式逐步转变,基础设施建设步伐加快,牧民生活水平显著提高,城乡面貌发生可喜变化,牧区发展已经站在新的历史起点上。同时必须清醒地看到,草原生态总体恶化趋势尚未根本遏制，草原畜牧业粗放型增长方式难以为继，牧区基础设施建设和社会事业发展欠账较多，牧民生活水平的提高普遍滞后于农区，牧区仍然是我国全面建设小康社会的难点。必须进一步增强责任感和紧迫感，站在全局和战略的高度，采取更加有力的政策措施，支持牧区经济社会又好又快发展。

(三)进一步明确牧区发展的基本方针。草原既是牧业发展重要的生产资料，又承载着重要的生态功能。长期以来，受农畜产品绝对短缺时期优先发展生产的影响，强调草原的生产功能，忽视草原的生态功能，由此造成草原长期超载过牧和人畜草关系持续失衡，这是导致草原生态难以走出恶性循环的根本原因。必须认识到，只有实现草原生态良性循环，才能为草原畜牧业可持续发展奠定坚实基础，也才能满足建设生态文明的迫切需要。随着我国综合国力日益增强，农牧业综合生产能力不断提升，已经有条件更好地处理草原生态、牧业生产和牧民生活的关系。在新的历史条件下，牧区发展必须树立生产生态有机结合、生态优先的基本方针，走出一条经济社会又好又快发展新路子。

二、总体要求

(四)指导思想。以邓小平理论和“三个代表”重要思想为指导，深入贯彻落实科学发展观，牢固树立生态优先理念，以加快转变经济发展方式为主线，以保障改善民生为根本出发点和落脚点，进一步解放思想、锐意创新，进一步加大投入、强化支持，着力加强草原生态保护建设，实现生态良性循环；着力转变草原畜牧业发展方式，积极发展现代草原畜牧业；着力促进牧区经济全面发展，开辟牧民增收和就业新途径；着力增强基本公共服务能力，不断提高广大牧民物质文化生活水平，努力把牧区建设成为生态良好、生活宽裕、经济发展、民族团结、社会稳定的新牧区。

(五)基本原则。

——坚持生态优先，协调发展。把草原生态保护建设作为牧区发展的切入点，加大生态工程建设力度，建立草原生态保护长效机制，积极转变草原畜牧业发展方式，大力培育特色优势产业，促进牧区经济与人口、资源、环境协调发展。

——坚持以人为本，改善民生。把提高广大牧民的物质文化生活水平摆在更加突出的重要位置，着力解决人民群众最现实、最直接、最紧迫的民生问题，大力改善牧区群众生产生活条件，加快推进基本公共服务均等化，让广大牧民共享改革发展的成果。

——坚持因地制宜，分类指导。遵循自然、经济和社会发展规律，根据各类牧区不同的资源环境条件，科学确定各自的生态保护模式和产业发展重点。针对全国牧区发展不平衡的特点，分别采取有针对性的政策措施，重点加强对困难地区和薄弱环节工作的指导。

——坚持深化改革，扩大开放。以稳定和完善草原承包经营制度为重点，落实基本草原保护制度，健全草原畜牧业市场化、专业化发展和生态补偿机制，深化牧区农村综合改革，逐步建立有利于牧区科学发展的体制机制。统筹牧区与农区发展，加强与其他地区的良性互动，努力扩大对外开放，为牧区发展注入新的活力。

——坚持中央支持，地方负责。根据牧区特殊重要的战略地位和特殊困难，中央加大支持力度，实施特殊的强牧惠牧政策。促进牧区发展的主要责任在地方，地方各级政府要切实负起责任，调动广大牧民和各方面的积极性，促进牧区又好又快发展。

(六)发展目标。

——到2015年，基本完成草原承包和基本草原划定工作，初步实现草畜平衡，草原生态持续恶化势头得到遏制；草原畜牧业良种覆盖率、牲畜出栏率和防灾减灾能力明显提高；特色优势产业初具规模，牧区自我发展能力增强；基本实现游牧民定居，生产生活条件明显改善，基本公共服务供给能力和可及性明显提高，人畜共患病得到基本控制；贫困人口数量显著减少，牧民收入增幅不低于本省(区)农民收入增幅，牧区与农区发展差距明显缩小。

——到2020年，全面实现草畜平衡，草原生态步入良性循环轨道；草原畜牧业向质量效益型转变取得重大进展，牧区经济结构进一步优化；牧民生产生活条件全面改善，基本公共服务能力达到本省(区)平均水平；基本消除绝对贫困现象，牧民收入与全国农民收入的差距明显缩小，基本实现全面建设小康社会目标。

三、加强草原生态保护建设，提高可持续发展能力

(七)做好基本草原划定和草原功能区划工作。把保护基本草原和保护耕地放在同等重要的位置。加快制定基本草原保护条例，依法推进基本草原划定，落实基本草原保护制度，到2015年基本草原划定面积达到本地草原面积的80%。根据全国主体功能区规划，加快草原功能区划工作。青藏高原中西部(含三江源、青海湖流域)、新疆帕米尔高原和准噶尔盆地、河西走廊、内蒙古西部等地区，坚持生态保护为主，以禁牧为主要措施，促进草原休养生息；青藏高原东部、内蒙古中部、新疆天山南北坡、黄土高原等地区，坚持生态优先、保护和利用并重，严格以水定草、以草定畜，适度发展草原畜牧业；内蒙古东部、东北三省西部、河北坝上、新疆伊犁和阿勒泰山地等地区，坚持保护、建设和利用并重，加大建设力度，全面推行休牧和划区轮牧，实现草畜平衡。

(八)加大草原生态保护工程建设力度。坚持重点

突破与面上治理相结合、工程措施与自然修复相结合，全面加强草原生态建设。加大天然草原退牧还草工程实施力度，完善建设内容，科学合理布局草原围栏，加快重度退化草原的补播改良，提高中央投资补助标准，取消县及县以下资金配套。加强内蒙古中东部、河北坝上等京津风沙源区的草地治理，加大投入力度。启动草原自然保护区建设工程，对具有代表性的草原类型、珍稀濒危野生动植物以及具有重要生态功能和经济科研价值的草原进行重点保护。继续加强三江源、青海湖流域、甘南黄河水源补给区等地区草原生态建设。加快编制实施科尔沁退化草地治理、甘孜高寒草地生态修复、伊犁河谷草地保护等重点草原生态保护建设工程规划，恢复和提高水源涵养、水土保持和防风固沙能力。

(九)建立草原生态保护补助奖励机制。坚持保护草原生态和促进牧民增收相结合，实施禁牧补助和草畜平衡奖励，保障牧民减畜不减收，充分调动牧民保护草原的积极性。从2011年起，在内蒙古、新疆(含新疆生产建设兵团)、西藏、青海、四川、甘肃、宁夏和云南8个主要草原牧区省(区)，全面建立草原生态保护补助奖励机制。对生存环境恶劣、草场严重退化、不宜放牧的草原，实行禁牧封育，中央财政按照每亩每年6元的测算标准对牧民给予禁牧补助，5年为一个补助周期；对禁牧区域以外的可利用草原，根据草原载畜能力，确定草畜平衡点，核定合理的载畜量，中央财政对未超载的牧民按照每亩每年1.5元的测算标准给予草畜平衡奖励。补助奖励政策实行目标、任务、责任、资金"四到省"机制，由各省(区)组织实施，补助奖励资金要与草原生态改善目标挂钩，地方可按照便民、高效的原则探索具体发放方式。建立绩效考核和奖励制度，落实地方政府责任。

(十)强化草原监督管理。按照机构设置合理、队伍结构优化、设施装备齐全、执法监督有力的要求，进一步加强草原监管工作。落实草原动态监测和资源调查制度，每年进行动态监测，每5年开展一次草原资源全面调查。加强草原基础设施管护，保护草原生态建设成果。严格草原执法监督，加强草原征占用管理，依法查处非法征占用、乱开滥垦、乱采滥挖及其他侵占破坏草原的案件，及时纠正违反禁牧和草畜平衡管理规定的行为。严格草原植被恢复费征收和管理。在牧区半牧区县(旗、市)健全草原监理机构，加强执法队伍建设，保障工作经费，改善工作条件。

四、加快转变发展方式，积极发展现代草原畜牧业

(十一)促进草原畜牧业从粗放型向质量效益型转变。有步骤地推行草原禁牧休牧轮牧制度，减少天然草原超载牲畜数量，实现草畜平衡。加强草原围栏和棚圈建设，在具备条件的地区稳步开展牧区水利建设、发展节水高效灌溉饲草基地，促进草原畜牧业由天然放牧向舍饲、半舍饲转变，实现禁牧不禁养。优化生产布局和畜群结构，提高科学饲养和经营水平，加快牲畜周转出栏，增加生产效益。加强农牧结合，形成牧区繁育、农区育肥的生产格局。启动实施内蒙古及周边牧区草原畜牧业提质增效示范工程、新疆牧区草原畜牧业转型示范工程、青藏高原牧区特色畜牧业发展示范工程，支持肉牛(羊)标准化养殖小区(场)等建设，提高生产能力和水平。落实税收优惠和财政补贴等扶持政策，支持发展牧民专业合作组织，推进适度规模经营，提高草原畜牧业组织化程度。

(十二)加强基础能力和服务体系建设。强化科技支撑，完善服务体系，提高草原畜牧业发展水平。加大相关农业科研经费对牧区的支持力度，进一步加强优良畜种和草种选育、草原生态系统恢复与重建等关键技术的研发。加强草原畜牧业、草原生态等学科建设，培养专业技术人才。支持种畜繁育场、牧草良种繁育基地建设，提高优良种畜和牧草供种能力。加强动物疫病防控，落实动物防疫和疫畜扑杀补贴政策，有效控制布病、包虫病、结核病等人畜共患病和口蹄疫等重大传染性疾病。严格全程监管，保障畜产品质量安全。结合乡镇畜牧兽医站续建，提高建设标准，改善牧区基层畜牧业技术推广服务条件。开展科技特派员农村科技创业行动。选择当地符合条件的人员定向培养，充实基层农技推广队伍。开展牧民生产技术培训，加快推广优质饲草生产、牲畜舍饲半舍饲、品种改良、疫病防控等先进适用技术。

(十三)提高防灾减灾能力。抓紧编制牧区防灾减灾工程规划，尽快启动实施。支持雪灾易灾县(旗、市)建设饲草料储备库，建立饲草料储备制度。建设草原火灾应急通信指挥系统、防火物资储备库、防火站和边境防火隔离带，建立专业半专业防扑火队伍，开展技能培训和应急演练，提高草原防扑火能力。加强草原鼠虫害和毒害草防治基础设施建设，扩大防治面积，增加生物防治比例，加强草原外来物种入侵防控工作。完善草原防灾减灾应急预案，健全工作机制，保障工作经费。

(十四)加大生产补贴力度。针对牧区特点，完善草原畜牧业生产补贴政策。继续实施畜牧良种补贴政策，在对牧区肉牛和绵羊进行良种补贴基础上，将牦牛和山羊纳入补贴范围。在实行草原生态保护补助奖励机制的8个省(区)，实施人工种植牧草良种补贴，中央财政每亩补贴10元；对牧民生产用柴油等生产资料给予补贴，中央财政每户补贴500元。加大牧区牧业机械购置补贴支持力度。发展多种形式的草原畜牧业保

险，对符合条件的畜牧业保险给予保费补贴。

（十五）稳定和完善草原承包经营制度。按照权属明确、管理规范、承包到户的要求，积极稳妥地推进草原确权和承包工作。依法明确草原权属，实现草原承包地块、面积、合同、证书“四到户”，保持草原承包关系稳定并长久不变。建立地方政府草原承包工作目标责任制，落实工作经费，力争用5年的时间基本完成草原确权和承包工作。强化草原承包合同管理，健全草原承包档案。在依法自愿有偿和加强服务的基础上，规范承包经营权流转，防止以流转为名改变草原用途。因建设需要征占用草原的，应当依法进行征地或用地补偿，并做好被征占用地牧民的安置工作。草原上特殊物种资源管理和经营由当地政府制定专门管理办法。

五、促进牧区经济发展，拓宽牧民增收和就业渠道

（十六）积极发展牧区特色优势产业。发展特色农畜产品加工业，培育壮大龙头企业，延长产业链条，提高产品附加值。在保护草原生态的前提下，有序开发矿产资源，整顿开发秩序，提高开发水平。积极发展风电、太阳能发电等清洁能源，有序开发建设水电，因地制宜发展生物质能。大力发展循环经济，提高资源综合利用水平。完善民族医药标准体系和检测体系，合理开发利用药用动植物资源，扶持民族医药产业发展。落实税收优惠政策，继续扶持少数民族特需商品和民族手工艺品生产企业发展。发展现代物流服务业，加强牧区畜产品批发交易市场和商业零售网点建设。进一步发掘民族文化、民俗文化、草原文化和民族民间传统体育，发展以草原风光、民族风情为特色的草原文化产业和旅游业。加强重点旅游景区基础设施建设，打造一批精品旅游线路，形成一批国内外知名的旅游目的地。

（十七）不断提高牧区对内对外开放水平。抓住区域间产业转移的机遇，依托牧区资源优势，积极吸引发达地区企业到牧区投资兴业，促进和提高特色优势产业发展水平。加强牧区与其他地区的经济技术合作与交流，实现互利共赢。利用上海合作组织等区域合作平台，促进与周边国家和地区的经济技术合作。鼓励和支持牧区企业参与对外投资、对外承包工程和对外劳务合作。加强重点边境城镇、口岸基础设施和物流中心建设，规范并促进边民互市贸易区（点）的发展，落实边民互市优惠政策，促进口岸经济发展。

（十八）加大对牧区特色优势产业发展的支持力度。支持有条件在牧区发展的清洁能源和不破坏生态环境的资源开发利用项目优先布局建设并审批核准。现有中小企业发展专项资金、科技型中小企业技术创新基金、企业技改贴息资金和生产补助资金等对牧区符合条件的项目给予适当倾斜。对设在西部地区的鼓励类产业牧区企业减按15%的税率征收企业所得税。在安排土地利用年度计划指标时适当向牧区倾斜。鼓励外资参与提高矿山尾矿利用率和矿山生态环境恢复治理新技术开发应用项目。鼓励银行业金融机构加大对牧区金融服务力度，探索利用政策性金融手段支持牧区重点产业发展。落实涉农贷款税收优惠、农村金融机构定向费用补贴、县域金融机构涉农贷款增量奖励等优惠政策，进一步落实和完善县域法人金融机构将新增可贷资金主要留在当地使用的政策。引导银行业金融机构增加牧区特别是边远牧区服务网点，消除牧区金融服务空白乡镇。支持融资性担保公司发展牧区业务。

（十九）促进牧民转产转业。实施更加积极的就业政策，按规定为符合条件的转移就业牧民提供免费就业信息和职业介绍等服务，落实职业培训补贴、职业技能鉴定补贴、牧区未继续升学的应届初高中毕业生参加劳动预备制培训补贴等政策，提高牧民素质和转产转业能力，减轻草原人口承载压力。加强劳务品牌培育和推介，有序组织牧民劳务输出，加强公共就业服务体系建设，加强市场监管，规范发展就业中介服务，为牧民提供高效优质的就业服务。鼓励牧区企业积极吸纳牧民就业。做好外出务工牧民社会保险关系转移接续工作。设立毒草治理、围栏管护、减畜监督、防火、鼠虫害测报等草原管护公益岗位，组织牧民开展草原管护。

六、大力发展公共事业，切实保障和改善民生

（二十）加强牧区基础设施建设。加快实施牧区饮水安全工程，尽快解决牧民饮水安全问题，优先解决游牧民定居点供水，进一步提高供水保证率和水质合格率，同步解决牲畜饮水困难问题。加大牧区农村公路和口岸公路建设投入力度，加快实施建制村通油路工程，支持主要转场牧道建设，加强农村公路养护。支持牧区适度建设支线机场和通勤机场。加强牧区铁路建设。进一步推进牧区电网改造升级和无电地区电力建设，因地制宜发展太阳能、风能等新能源，结合实施“金太阳”示范工程支持牧民建设户用太阳能光伏发电系统。加强牧区通信网络建设，逐步消除电信服务空白点。对中央安排的西部牧区公益性基础设施建设项目，取消县及县以下配套资金。

（二十一）加快实施游牧民定居工程。加大游牧民定居工程建设投入力度，将牧民基本生产生活设施纳入建设内容，在高寒高海拔边境地区根据水资源条件，因地制宜建设小型水利设施和饲草基地，在藏区建设青稞基地，力争到2015年基本完成游牧民定居任务。牧区地方政府要积极整合农村饮水安全、农村公路建

设等项目资金，确保定居点的水电路和通信等基础设施配套；要落实配套资金，加大对困难游牧民和边境线地区游牧民的补助力度。加快实施牧区危房改造和抗震安居工程，统筹推进新牧区和小城镇建设。

（二十二）大力发展牧区社会事业。巩固提高义务教育质量和水平，推进寄宿制学校标准化建设，逐步提高牧区义务教育阶段家庭经济困难寄宿生生活补助标准。加快普及高中阶段教育，大力发展符合牧区发展需要的中等职业教育，逐步免除中等职业学校牧区学生学费。因地制宜开展双语教育，加强双语师资队伍建设。积极发展学前教育，加快牧区幼儿园建设。提高公共卫生服务能力，加强牧区急救体系和妇幼保健能力建设，加大地方病和重大传染病防治力度。巩固提高新型农村合作医疗参合率，逐步提高政府补助标准和报销比例，提高统筹层次。健全三级医疗卫生服务网络，加强以全科医生为重点的卫生人才队伍建设，开展流动巡回医疗服务，发展远程医疗。继续推进基层人口和计划生育服务体系建设，积极实施少生快富工程，完善农村计划生育家庭奖励扶助和计划生育特别扶助政策。“十二五”期间实现牧区新型农村社会养老保险制度全覆盖。进一步完善牧区社会救助和社会福利体系。继续实施重点文化和体育惠民工程，广泛开展公共文化体育服务和群众体育健身活动。加强少数民族语言文字广播影视节目译制制作播映，增加适合牧民的少数民族文字出版物。加大文化遗产保护力度。加强少数民族传统体育项目保护和推广。

（二十三）加大牧区扶贫开发力度。加大中央及省级财政对牧区半牧区县（旗、市）的转移支付力度，逐步缩小地方标准财政收支缺口。加大财政扶贫资金、以工代赈资金投入，加强项目资金整合。加大牧区信贷扶贫资金投入，大力发展扶贫小额信贷。对牧区贫困乡村实行整村（乡）推进扶贫，对集中连片特殊困难地区实行连片开发、综合治理，重点支持改善基本生产生活条件，扶持特色优势产业发展。对生态环境脆弱、不具备生活条件的地区，积极稳妥推进异地扶贫搬迁工程建设。完善扶贫开发工作机制，把政府支持与社会广泛参与更好地结合起来，引导社会资源投入扶贫开发事业。加大兴边富民行动规划实施力度。加大边境地区专项转移支付力度，支持边境省（区）建立边民补助机制。

（二十四）促进民族团结和社会稳定。全面贯彻党的民族政策，坚持和完善民族区域自治制度，牢牢把握各民族共同团结奋斗、共同繁荣发展的主题，巩固和发展平等团结互助和谐的社会主义民族关系，深入开展民族团结宣传教育工作，大力推进民族团结进步创建和表彰活动。全面贯彻党的宗教工作基本方针，加强对宗教组织和信教群众的服务，提高依法管理宗教事务的水平，维护宗教和睦和社会和谐。健全党委领导、政府负责、社会协同、公众参与的社会管理格局，构建具有牧区特色的社会管理体系。巩固和加强党的基层组织，加强基层党组织带头人队伍和基层政权建设。深化乡镇机构改革，加强基层干部队伍建设，稳定和充实乡村干部队伍，落实基层干部待遇政策。继续加强社会组织建设和管理，培育各类民间服务性组织，发挥其在联系社区、沟通民意等方面的重要作用。加强基层民主管理，健全村级组织运转经费保障机制，加大对村级公益事业建设“一事一议”财政奖补力度，全面清理化解农村义务教育债务，积极稳妥开展其他公益性债务清理化解试点工作。

七、切实加强对牧区工作的组织领导

（二十五）落实地方政府责任。地方各级政府要充分认识牧区发展的紧迫性、艰巨性和长期性，切实把促进牧区又好又快发展工作摆上重要位置，统一思想，加强领导，全面部署，狠抓落实，确保牧区工作不断取得新进展。要根据中央要求，从实际出发，明确发展目标，研究制定本地区促进牧区发展的实施方案和政策措施。省级政府对牧区工作负总责，一级抓一级，逐级落实责任制。要建立工作协调机制，明确各部门工作职责，强化政策实施监督检查。要深入实际调查研究，加强工作指导，及时研究解决牧区发展中出现的新情况、新问题，妥善处理好改革、发展和稳定的关系。

（二十六）加强指导和支持。各有关部门要充分认识促进牧区发展的重要意义，认真履行职责，加强工作指导，加大工作力度，积极落实各项政策措施，支持地方政府做好工作，为促进牧区又好又快发展创造良好条件。国家民委要加强对牧区发展工作的综合协调和督促检查。农业部要认真履行规划指导、监督管理、协调服务职能，做好草原生态保护建设和草原畜牧业发展工作。发展改革委、财政部要落实支持牧区发展的资金。其他有关部门也要根据促进牧区又好又快发展的总体要求，结合各自职能，明确职责和任务，强化工作措施。各部门要加强衔接，细化方案，密切配合，形成合力，把各项政策措施落到实处。承担对口援藏、援疆、援青工作的省（市）及中央企业，在开展对口支援工作中要重点向牧区倾斜。

中华人民共和国国务院

2011年6月1日

全国铁路动车组列车今日起全部实行购票乘车实名制

国家主席胡锦涛根据全国人大常委会的决定任免

驻外大使

一、任命孙海潮为中华人民共和国驻中非共和国特命全权大使；

免去石虎的中华人民共和国驻中非共和国特命全权大使职务。

二、任命廖力强为中华人民共和国驻比利时王国特命全权大使；

免去张援远的中华人民共和国驻比利时王国特命全权大使职务。

三、任命周欲晓为中华人民共和国驻赞比亚共和国特命全权大使；

免去李强民的中华人民共和国驻赞比亚共和国特命全权大使职务。

四、任命胡山为中华人民共和国驻巴哈马国特命全权大使；

免去胡定贤的中华人民共和国驻巴哈马国特命全权大使职务。

五、任命郑清典为中华人民共和国驻牙买加特命全权大使；

免去陈京华的中华人民共和国驻牙买加特命全权大使职务。

六、任命肖清华为中华人民共和国驻土库曼斯坦特命全权大使；

免去吴虹滨的中华人民共和国驻土库曼斯坦特命全权大使职务。

国家副主席习近平在罗马与意大利总统纳波利塔诺举行会谈

中俄总理定期会晤委员会环境保护合作分委会第六次会议在哈尔滨举行

会议于6月1日至2日举行。分委会中方主席、环境保护部部长周生贤，俄方主席、自然资源与生态部部长特鲁特涅夫出席会议。

双方相互通报了两国政府一年来在边境地区的环保举措。双方对中俄环保合作取得的成果给予高度评价。

分委会审议并批准了各工作组的工作计划，通过了《2010年度中俄跨界水体水质联合监测数据评估结论》，审议并批准了《2011年中俄跨界水体水质联合监测实施方案》和《中俄黑龙江流域自然保护区网络建设战略》文本。

中日绿色博览会在北京开幕

由中国贸促会和日本经济团体联合会联合主办，于6月1日至3日召开。全国政协副主席白立忱出席开幕式并发表演讲。

白立忱表示，中日两国经济互补性强，合作前景广阔。开展在绿色经济领域的合作，为中日经贸关系的发展提供了新的契机，是中日经贸关系发展的新亮点和增长点。中国在绿色经济的发展上具有良好的产业基础和巨大的市场，而日本在解决能源和环境问题方面拥有世界一流的先进技术和成功经验，中日双方优势互补，加强合作，可以解决两国共同面临的资源、环境问题，实现共同发展。

他表示，2011年中日绿色博览会应时代潮流而生，是中日两国间开展节能环保合作的又一次积极行动。他希望借此良机进一步推进两国绿色经济界的合作与交流，开拓中日经贸合作新局面，为促进两国经济发展和本地区繁荣作出新的更大贡献。

博览会得到了中国外交部、环保部、商务部和日本外务省、经济产业省、环境省等中日政府部门的大力支持，中日友好协会名誉顾问唐家璇担任中方组委会名誉主任，中国贸促会会长万季飞担任主任。

中国第一款云计算数据中心操作系统产品——云海OS由浪潮集团研发成功

业内专家认为，这是我国在全球云计算竞争焦点领域取得的重大突破，表明我国已初步掌握了云计算核心软件技术，对于构建自主可控的云计算产业具有战略意义。

中国野生动物疫病研究中心在北京成立

研究中心由国家林业局和中国科学院联合成立，标志着我国野生动物疫源疫病监测防控工作步入以科研为先导的轨道，将在解决我国野生动物源新发和重大传染病预防与控制、疫病早期预警等关键科学问题和技术瓶颈方面发挥重要作用。

6月2日

全国分类推进事业单位改革工作座谈会在北京召开

国务委员兼国务院秘书长马凯出席会议并讲话。

马凯指出，改革开放特别是党的十六大以来，各地区和教育、科技、文化、卫生等行业积极探索事业单位改革，积累了有益经验，取得了明显成效。同时，一些事业单位功能定位不清，政事不分，事企不分，机制不活，国家支持公益服务的政策还不够完善。这些问题影响了公益事业的健康发展，迫切需要通过推进事业单位改革加以解决。分类推进事业单位改革，是深入贯彻落实科学发展观、构建社会主义和谐社会的客观需要，是加快转变经济发展方式、促进经济更好更快发展的内在要求，是推进政府职能转变、建设服务型政府的重要举措，对加快推进现代化建设、不断完善改革总体布局具有重要意义。

马凯强调，分类推进事业单位改革要始终把握并贯彻四项基本要求。一是必须始终坚持以促进公益事业发展为目的。通过改革体制、完善机制，激发事业单位活力，促进公益事业更好更快发展，不断满足人民群众和经济社会发展对公益服务的需求，而不是简单地减人、减机构、甩包袱。二是必须始终坚持以科学分类为基础。按照社会功能将现有事业单位划分为承担行政职能、从事生产经营活动和从事公益服务三个类别，根据不同事业单位的特点分别实施不同的改革和管理措施。三是必须始终坚持以创新体制机制为核心。着力在管理方式、人事制度、收入分配、社会保险、财政保障等关键环节进行积极探索。改革的总体目标是逐步建立起功能明确、治理完善、运行高效、监管有力的管理体制和运行机制，形成基本服务优先、供给水平适度、布局结构合理、服务公平公正的中国特色公益服务体系。四是必须始终坚持分类指导、分业推进、分级组织、分步实施的工作方针。不同社会功能、不同行业、不同地区的事业单位的改革要因地制宜，稳步推进。条件成熟的可率先改革，暂不具备条件的允许过渡，不搞"一刀切"。各行业事业单位改革要继续在既有改革部署和领导机制下推进。各地要在中央总体部署下，结合当地实际对事业单位改革作出具体安排。

国家副主席习近平在罗马与联合国秘书长潘基文举行会谈

习近平表示，作为最大的发展中国家和安理会常任理事国，中国一向积极倡导、支持并践行多边主义，维护联合国权威和作用。我们认真履行应尽的责任和义务，为联合国更好地履行职责作出了自己的贡献。我们将继续全力支持联合国在国际事务中发挥核心作用，一如既往地积极参与联合国各领域工作，发展同联合国的伙伴关系，对联合国的工作给予积极支持配合。我们愿和联合国共同努力，不断发掘合作潜力，拓宽合作领域，共同为建设一个持久和平、共同繁荣的和谐世界而努力。

潘基文说，作为联合国安理会常任理事国，中国在国际舞台上一直发挥着负责任大国的作用，积极致力于世界的和平与发展事业，并为帮助非洲等欠发达地区国家以及缓和朝鲜半岛等地区热点问题作出了重要贡献，赢得了国际社会赞扬。联合国愿继续加强与中国的合作，共同为世界的和平与繁荣不懈努力。

国家副主席习近平在罗马与俄罗斯总统梅德韦杰夫举行会谈

国家副主席习近平在罗马与美国副总统拜登举行会谈

国务院副总理李克强在人民大会堂会见以会长米仓弘昌和名誉会长御手洗富士夫为团长的日本经济团体联合会代表团

国务院副总理李克强在中南海紫光阁会见参加中国银监会国际咨询委员会第九次会议的全体委员

国务院在北京召开全国普通高校毕业生就业工作电视电话会议

中共中央政治局委员、国务院副总理张德江强调，促进高校毕业生就业是我国就业工作的首要任务，要深入贯彻落实科学发展观，把思想和行动统一到中央的决策部署上来，加大工作力度，狠抓政策落实，多渠道开发就业岗位，加强就业指导服务，确保实现高校毕业生就业工作目标。

中共中央政治局委员、国务委员刘延东主持会议。

张德江指出，国务院为加强高校毕业生就业工作，制定下发了《国务院关于进一步做好普通高等学校毕业生就业工作的通知》，在财政、税收、金融、就业服务等方面提出了新的政策措施，加大了鼓励支持力度，进一步明确了工作要求。各地区、各部门要认真抓好文件精神和各项政策的贯彻落实。要加快调整经济结构，着力发展智力密集型、技术密集型产业和生产性、生活性服务业等劳动密集型产业，创造更多适合高校毕业生的就业机会。要积极引导高校毕业生转变就业观念，同时采取更有效的措施，鼓励高校毕业生到城乡基层、中西部地区和中小企业就业。要强化政策落实、创业教育培训和创业服务，鼓励高校毕业生自主创业，使更多的高校毕业生通过创业实现就业。要建立健全高校毕业生就业信息服务平台，将就业困难的高校毕业生纳入就业援助体系，积极开展更具针对性的就业指导和服务。要继续深化高等教育改革，建立以满足需求和提高质量为导向的人才培养模式，更好地适应经济社会发展和人的全面发展。

张德江指出，现在距离2011届高校毕业生离校还有一个月左右的时间，是做好高校毕业生就业指导和就业服务的关键时期。各地区、各有关部门和高校要加强组织领导，将做好高校毕业生就业工作摆上重要议事日程，作出周密部署和安排。要加大政策落实督促检查力度，结合实际抓紧制定出台配套政策和实施办法。要加强舆论宣传，树立正确导向，扎实推进高校毕业生就业工作取得新成效。

刘延东强调，各地区、各有关部门、各高校要认真贯彻落实国务院文件要求和本次会议精神，把高校毕业生就业作为重要民生工程，作为就业工作的首要目标，完善政策，开拓渠道，加强服务，帮扶重点，以高度的责任感、坚定的决心和务实的作风，千方百计促进高校毕业生就业。

财政部 教育部发出《关于加强中央高校基本科研业务费管理工作的通知》

党中央有关部门，国务院有关部委、有关直属机构，中央部门直属各高等学校：

为提高高校自主创新能力和高层次人才培养能力，财政部、教育部自2008年起设立中央高校基本科研业务费专项资金(以下简称基本科研业务费)，支持高校自主开展科学研究。为进一步加强中央高校基本科研业务费管理工作，现就有关事项通知如下：

一、各高校要严格按照《财政部 教育部关于中央高校基本科研业务费管理的意见》(财教〔2008〕233号)和《中央高校基本科研业务费专项资金管理暂行办法》(财教〔2009〕173号)精神，进一步修改完善资金管理办法，在办法中充分体现支持青年教师、在校研究生在科研领域的自由探索、自主创新活动的政策意图，严格划定支持对象年龄范围，对科研内容不设限或少设限，合理确定成果验收要求。

二、各高校要进一步加强组织领导工作，成立以校长为组长，包括财务、科研、人事、研究生院等部门在内的工作领导小组，统筹安排学校基本科研业务费的使用。要建立部门工作会商制度，加强沟通、密切配合，增强政策实施效果。

三、各高校要将基本科研业务费纳入校内预算统一管理，并加强基本科研业务费课题预算编制的审查、监督和管理工作。要建立课题预算评审制度，降低预算编制的盲目性和随意性，提高预算编制质量。

四、各高校要高度重视基本科研业务费预算执行工作，建立起预算编制、预算执行与预算安排挂钩的奖惩制度。财务部门应根据课题的预算评审结果，科学合理地安排年度预算，防止预算安排与课题执行进度脱钩，造成年终突击花钱或大量结转结余的现象；要实事求是地简化课题申报程序、缩短审批时间，及时核拨经费；要定期在校内公布各课题预算执行进度情况，督促各项目负责人加快预算执行进度。未经财务部门批准自行调整预算用途或预算执行进度缓慢的，各高校应采取扣减预算或不再安排以后年度预算等措施，确保预算顺利执行。

五、各高校要严格规范基本科研业务费的开支范围，不得开支有工资性收入的人员工资、奖金、津补贴和福利支出，不得购置大型仪器设备，不得分摊学校公共管理和运行经费，不得偿还学校债务，不得支付罚款、捐赠、赞助、投资，也不得用于为其他科研项目配套、用于实验室等科研基地的运行费用。

六、各高校要加强课题库建设和管理，结合上年度资金规模和下年度"一下"预算控制数，于每年11月底前完成下一年度基本科研业务费专项资金的课题申报、评审、遴选排序和预算评审、公示等工作，并将当年评审通过的课题纳入校内基本科研业务费课题库，同时，及时上传至教育部、财政部建立的"基本科研业务费管理平台"(平台操作手册另发)。

七、各高校要加大基本科研业务费的校内宣传力度，主动面向青年教师和在校学生开展政策解释和经验交流工作，并加强预算编制、预算执行、经费使用和管理等相关财务规定的培训和指导工作。

八、财政部、教育部将定期开展对各高校基本科研业务费使用管理情况的专项检查或评估。检查或评估情况将作为调整各高校基本科研业务费额度的重要参考依据。

财政部

教育部

2011年6月2日

人社部发出《人力资源和社会保障事业发展"十二五"规划纲要》

《中国文情报告》(2010—2011)在北京发布

《中国文情报告》从本年度(2010—2011)开始，正式纳入"蓝皮书"系列，由社会科学文献出版社于近期出版。

6月3日

财政部 住建部发出《关于绿色重点小城镇试点示范的实施意见》

有关省、自治区、直辖市、计划单列市财政厅(局)，住房城乡建设厅(委、局)：

为贯彻党的十七届五中全会精神，积极稳妥推进中国特色城镇化，促进我国小城镇健康、协调、可持续发展，财政部、住房城乡建设部决定"十二五"期间开展绿色重点小城镇试点示范，制定如下实施意见：

一、开展绿色重点小城镇试点示范的重要意义

小城镇是中国特色城镇体系中的重要环节。近年来，随着城乡经济社会发展和城镇化战略实施，我国小

城镇得到了较快发展,积聚人口规模不断增加,有效促进了改善当地居民生产生活条件,推动了区域协调发展。但当前,我国小城镇建设发展中存在着在资源能源利用粗放、基础设施和公共服务配套不完善、人居生态环境治理滞后等突出问题。开展绿色重点小城镇试点示范,有利于引导城乡建设模式转型,增强节能减排能力,缓解大城市人口压力,推进城镇化可持续发展;有利于增强小城镇居住功能和公共服务功能,提高人口和经济集聚程度,统筹城乡经济社会发展;有利于增强城乡居民消费能力,加快服务业发展,促进扩大内需,推进经济结构调整。

二、开展绿色重点小城镇试点示范的指导思想和基本原则

开展绿色重点小城镇试点示范的指导思想是,深入贯彻落实科学发展观,以党的十七大和十七届三中、五中全会精神为指导,按集约节约、功能完善、宜居宜业、特色鲜明的总体要求,促进小城镇健康发展,通过加强政策扶持与引导,创建一批生态环境良好、基础设施完善、人居环境优良、管理机制健全、经济社会发展协调的绿色重点小城镇,切实为提高小城镇建设的质量和水平提供示范,为建立符合我国国情的小城镇建设发展模式积累经验。

根据上述指导思想,开展绿色重点小城镇试点示范要坚持以下基本原则:一是中央政策引导,试点示范带动。通过中央支持试点示范、完善评价体系、明确建设要求等,带动和引导绿色小城镇建设,克服大拆大建和贪大求洋等不良倾向。二是地方责任主体,统筹规划推进。地方政府承担小城镇建设发展的主要责任,抓好绿色重点小城镇试点示范组织实施,确保政策效果;地方政府要按照中央政策导向要求,认真修编行政区域内重点镇规划,并完善配套管理机构和政策措施,予以稳步推进发展。三是加强绿色建设,夯实发展基础。推动小城镇发展,要做好完善基础设施、培育发展经济、健全公共服务体系、保障农民权益等各项工作。开展绿色重点小城镇试点示范,从加强城镇薄弱环节入手,为更好地推进其他各项工作奠定基础。四是注重机制探索,积累工作经验。推进小城镇建设发展涉及面广、工作难度大,要通过开展试点工作,检验政策效果,解决实际问题,完善制度办法,为进一步推进小城镇建设发展积累经验。

三、绿色重点小城镇试点示范的工作内容

(一)设立评价体系,明确目标任务。建立绿色重点小城镇评价指标体系,对人均建设用地、污水处理率、绿化面积、垃圾无害化处理率等指标实行量化考核。根据东、中、西部区域的不同,评价指标将有所区别。试点示范镇要根据评价指标相应明确有效利用土地和其他资源、合理布局建设用地、加强生态环境建设、改善居住环境、增强基础设施和公共服务覆盖能力、引导产业和人口有序集聚等方面的目标和任务。

(二)探索建设模式,体现特色发展。根据各地经济社会发展水平、区位特点、资源和环境基础,分类探索小城镇建设发展模式。要保持地方和小城镇特色、保护历史街区与历史建筑、避免千篇一律。大城市郊区及城镇密集地区试点镇,要积极探索城乡基础设施共建共享、融入城市发展的有效途径;历史文化及旅游景观的特色试点镇,要在挖掘资源优势、统筹保护和开发方面形成好的机制与办法;位于中西部及农村地区的试点镇,要在增强产业聚集功能与综合承载能力,更好地发挥"以城带乡"作用方面积累经验。

(三)完善规划编制,落实建设任务。根据试点示范目标任务及发展模式,编制完善绿色重点小城镇总体规划和各专项规划。试点示范镇建设要把改善人居环境、增强居住功能与公共服务功能作为主要任务,统筹安排基础设施、公共服务及其他类相关建设。制订实施方案,要细化建设任务,提出重点建设项目规模、施工方案、实施进度和资金安排,把规划建设要求落到实处。

(四)突出绿色生态,保证重点工程。试点示范镇要切实增强节能减排能力,重点开展以下绿色生态设施建设,一是污水和垃圾处理等环境建设项目;二是太阳能及浅层地能可再生能源建筑应用、既有居住建筑节能改造建设项目;三是商贸流通设施、镇内道路、园林绿化及供排水设施等基础设施建设项目。

(五)落实县级责任,统筹项目建设。试点示范镇所在县级人民政府对推进绿色重点镇负总责,按照实施方案,统筹推进各类项目建设。要落实规划建设管理和项目质量安全责任,确保工程建设质量;积极筹措资金,将更多的政策资源向绿色重点小城镇倾斜;切实抓好工作进度,积极稳妥地推进绿色重点小城镇的建设。

四、绿色重点小城镇试点示范的支持政策

(一)财政支持政策。中央财政利用现有的资金渠道支持试点示范镇建设发展,在符合相关管理办法规定的前提下,城镇污水管网建设、建筑节能、可再生能源建筑应用、商贸流通服务业发展等专项资金向绿色重点小城镇倾斜,支持绿色重点小城镇开展相关工作,完成相应建设任务。地方财政也要切实加大投入,与中央财政资金形成合力,更好地支持绿色重点小城镇的建设发展。

(二)城乡建设政策。住房城乡建设部将试点示范镇纳入项目带动规划一体化实施试点,加强保障性住房和农村危房改造的支持力度。地方各级住房城乡建

设部门要整合现有各类支持小城镇建设的项目和资金,向试点示范镇倾斜。

五、绿色重点小城镇试点示范的组织实施

(一)循序渐进、逐步推开。2011年将率先在部分积极性高、工作基础好的省份选择少量试点示范镇,并在试点过程中不断完善有关政策,待取得经验后,逐步扩大政策实施范围。2011年试点申报组织工作另行通知。

(二)加强指导,协同推动。财政部、住房城乡建设部组织专家组对试点示范镇规划修编、实施方案编制、工程质量控制、绩效考核评估等全过程予以指导。地方财政、住房城乡建设部门也要及时协调解决试点过程中的问题,联合有关部门协同推进试点实施。

(三)绩效评价,加强监督。将绿色重点小城镇试点纳入财政绩效考评范围和重点镇动态考核范围,建立健全评价指标体系,对工作开展较好、试点效果突出的试点示范镇加大支持力度,并作为示范样板予以推广。切实加强监督检查,提高财政资金使用效率,确保建设项目实施效果。

绿色重点小城镇试点示范工作要求高、任务重。地方各级财政、住房城乡建设部门要根据以上实施意见,制定推进绿色重点小城镇试点示范工作的具体办法。试点示范工作开展的情况,及时向财政部、住房城乡建设部报告。

财政部
住房城乡建设部
2011年6月3日

国家副主席习近平在罗马与意大利总理贝卢斯科尼举行会谈

习近平强调,中国十分重视意大利的作用及双边关系发展潜力,愿进一步加强中意全面战略伙伴关系。一是密切政治对话,鼓励和支持各层次各领域交流合作。继续加强相互了解和信任,彼此理解和支持各自重大关切,巩固双边关系基础。二是落实好《中意关于加强经济合作的三年行动计划》,不断扩大务实合作,探寻合作新机遇。三是继续扩大人文交流,加强地方交往,办好“中国文化年”各项活动。

习近平说,中欧利益密切相关,相互依存不断加深。中方愿同欧方携手合作,共同反对贸易保护主义。这不仅有利于应对国际金融危机等全球性挑战,而且有利于双方经济长远发展。

贝卢斯科尼说,意方对当前两国关系在正确轨道上的快速发展感到满意。意方高度重视发展与中国的关系,愿与中方进一步加强合作,特别是在文化、电影制作、旅游等方面的合作,推动两国关系向更高水平发展。

会谈后,双方共同出席了两国有关科技、经贸等领域合作文件的签字仪式。

国家副主席习近平在米兰出席中意工商晚宴并发表讲话

习近平在米兰出席了中意工商晚宴,并发表了题为《开拓创新互利合作　抓住机遇共同发展》的讲话。意大利经济财政部部长特雷蒙蒂、经济发展部部长罗马尼以及中意工商企业界代表约300人出席了晚宴。

国家副主席习近平在中意工商晚宴上并发表题为《开拓创新互利合作　抓住机遇共同发展》的讲话

女士们,先生们,朋友们:

我很高兴能在出席“意大利统一150周年”庆典之后,来到风景秀丽的创意设计之都——米兰访问,并出席中意工商晚宴。今天正值意大利国庆假期,特雷蒙蒂部长、罗马尼部长和在座各位工商界和企业界朋友专程从各地赶来出席晚宴,这充分体现了意大利人民对中国人民的深情厚谊,体现了意大利工商界对深化中意经贸和投资合作的高度热情。

意大利是西方文明的重要发源地之一。150年前,意大利人民翻开了自己“最灿烂历史中的最光辉的一页”。从那时起,意大利就从农业国走向工业国,从亚平宁半岛走向欧洲、走向世界,直至跻身于世界强国之列。在这里,我要再次向意大利统一150周年表示热烈祝贺!

意大利是欧洲最早同中国开展贸易往来的国家之一。2000多年前,伟大的“丝绸之路”就将我们两个文明古国联系在一起,《马可·波罗游记》也在两国人民中传为佳话。1970年两国建交以来,双边关系和经贸合作始终平稳较快发展。2004年建立全面战略伙伴关系以来,两国关系进入历史上最好的发展时期。2010年双边贸易额达到451.5亿美元,同比增长44.5%,增速居欧盟国家前列。截至2010年年底,意大利企业在华累计投资已突破50亿美元,比2004年年底翻了一番;中国企业赴意投资热情也日益高涨。现在意大利是中国在欧盟的第三大技术进口来源国、第四大贸易伙伴、第五大直接投资来源国,中国是意大利在亚洲的第一大贸易伙伴。今晚在座的各位工商界朋友都是中意经济发展和双边合作的重要参与者,长期以来为推动中意友好合作作出了积极贡献。在这里,我代表中国政府和人民,向你们表示由衷的敬意和诚挚的感谢!

女士们、先生们!

今年是中国加入世界贸易组织第十个年头。这是中国全面兑现入世承诺，严格遵循国际通行的市场规则，致力于完善公开、公平、透明的贸易和投资环境，全方位扩大对外开放的10年。10年来，中国清理、修订了3000多部法律法规和部门规章，开放了100多个服务贸易领域，平均关税从2001年的15.3%降到了2010年的9.8%；中国出口和进口规模分别增长4.9倍和4.7倍，2010年中国成为世界第二大进口国，货物贸易进口总额1.4万亿美元，占世界贸易总额9.1%；出口1.6万亿美元，占世界贸易总额10.4%。10年来，中国平均每年进口价值6870亿美元的商品，为相关国家和地区创造了1400多万个就业机会。10年来，中国共吸引7000多亿美元外资，世界500强企业中已有480多家在华开展业务。这表明，中国加入世界贸易组织，既促进了自身经济发展，也为世界经济持续繁荣提供了动力，实现了互利共赢。在应对国际金融危机挑战中，中国与世界各国同舟共济，为推动世界经济复苏作出了重要贡献。

女士们、先生们！

今年是中国"十二五"规划起步之年。近期，中国从有利于深化改革开放、加快转变经济发展方式、优化投资环境着眼，完善了自改革开放以来实行的引进外资政策，调整了部分超国民待遇的优惠措施，一律实行国民待遇。但这并不意味着中国不再欢迎外资进入中国。中国加快转变经济发展方式，不仅不会排斥外资，相反会不断提高利用外资的水平和质量，使外资在推进中国经济又好又快发展中发挥更加积极的作用。特别是中国坚持扩大内需战略，将为外国商品进入中国市场提供更广阔的空间。

中国将鼓励外资更多参与中国现代农业、高新技术、先进制造、节能环保、新能源和现代服务业等领域的发展，鼓励外资更多投向中国中西部地区。同时鼓励外资以参股、并购等方式参与中国企业兼并重组，从而促进外资股权投资和创业性投资发展。中国还将坚持进口和出口并重，在保障出口稳定增长的同时，更加注重进口对宏观经济平衡和结构调整的重要作用，积极扩大先进技术、关键零部件、国内短缺资源和节能环保产品进口，适度扩大消费品进口，促进贸易收支平衡。

中国将坚持吸收外资和对外投资并重，在坚定不移"引进来"的同时，更大力度"走出去"，引导有实力的中国各类所有制企业有序到境外投资，积极开展有利于改善当地基础设施和人民生活的投资合作和项目合作。

在这里，我还要重申，中国鼓励自主创新政策适用于依法在中国设立的所有外资企业；外资并购安全审查制度将使中国的投资环境更为透明、公正、更加具有可操作性。在知识产权保护方面，中国将继续加大行政执法和司法力度，切实保护外资企业合法权益。总之，中国奉行互利共赢的开放战略是坚定不移的。

女士们、先生们！

中国目前正处于工业化、城镇化快速发展时期，消费结构和产业结构升级步伐加快，消费需求和投资需求增长强劲。意大利在现代农业、高端装备制造、节能环保、创意设计、生物医药和新能源开发等领域拥有世界领先的技术、产品和管理经验，特别是贵国中小企业占企业总数98%以上，享有"世界中小企业王国"美誉，在同我曾经工作过的中国浙江省以及其他省份的中小企业互利合作方面走在许多国家前列。中意双方在扩大经贸和投资合作特别是中小企业合作方面互补性很强，前景十分广阔。去年10月发表的《中意关于加强经济合作的三年行动计划》，全面规划了扩大两国贸易和投资合作，推动环保、科技创新和中小企业合作，以及促进两国经济可持续发展等重点领域合作，并提出许多务实的政策举措。希望两国工商界以此为契机，携手开创中意经贸合作新局面，为两国和两国人民带来更多实实在在的利益。

女士们、先生们！

这里，我愿讲一讲中国同欧盟的关系问题。欧盟是世界最大的发达国家集团，中国是世界最大的发展中国家，双方经济利益相互交融。特别是面对国际金融危机和欧洲主权债务危机的冲击，中欧同舟共济、相互支持、相互帮助，体现了中欧关系发展的高水平。去年双边贸易总额近4800亿美元，赴欧的中国游客超过150万，来华的欧洲游客突破300万。现在，有20多万中国学生在欧洲学习，欧盟国家也有2万多名学生在华留学。2009年，我在比利时出席"欧罗巴利亚——中国艺术节"活动期间，深切感受到欧洲民众有了解中国、认识中国的强烈愿望，支持中欧加强交流合作。在意大利，我也感受到"中国文化年"在这里引起强烈共鸣。现在，中欧合作已超越双边关系范畴，加强中欧合作有利于促进世界和平、稳定、繁荣。

中欧各自制定的战略规划，为深化和扩大彼此合作带来新的机遇。"欧洲2020战略"将促进经济可持续发展、灵巧增长、包容性增长作为主要目标，这同中国"十二五"规划以科学发展为主题，以加快转变经济发展方式为主线，更加注重以人为本，注重全面协调可持续发展，注重统筹兼顾，注重保障和改善民生，有很多契合之处。这将为双方工商界相向而行，开拓创新、互利合作，抓住机遇、共同发展，开辟更加广阔的空间。我们真诚希望欧盟以更加积极、开放的姿态开展对华高新技术和投资合作，共同反对贸易和投资保护主义，为中欧关系健康稳定发展作出更大贡献。

国务院副总理李克强在中南海紫光阁会见莫桑比克外交与合作部部长奥尔德米罗·巴洛伊

国防部部长梁光烈在新加坡会见美国国防部部长盖茨

国新办在北京举行新闻发布会介绍我国环境总体形势

环境保护部副部长李干杰说，2010年，我国部分环境质量指标持续好转，但总体形势依然十分严峻。

一是全国地表水污染依然较重。长江、黄河、珠江、松花江、淮河、海河和辽河等七大水系总体为轻度污染。二是全国近岸海域水质总体为轻度污染。四大海区中，黄海和南海近岸海域水质良好，渤海近岸海域水质差，东海近岸海域水质极差。三是全国城市空气质量总体良好，但部分城市污染仍较重；酸雨分布区域保持稳定，但酸雨污染仍较重。四是全国城市声环境质量总体较好。五是全国辐射环境质量总体良好。核设施、核技术利用项目周围环境电离辐射水平总体未见明显变化。六是全国部分生态系统功能有所改善，但主要生态环境问题依然突出。七是农村环境问题日益显现，农业源污染物排放总量较大，局部地区形势有所好转，但总体形势仍十分严峻。

6月4日

全国人大常委会委员长吴邦国在人民大会堂与纳米比亚总统波汉巴举行会谈

吴邦国表示，中非关系是中非几代领导人精心培育的成果，是双方的宝贵财富。中非双方应该共同努力，不断深化中非新型战略伙伴关系，让中非友好世代相传。

吴邦国说，南共体在维护南部非洲和平稳定、促进次区域一体化、自主解决本地区事务方面发挥着重要作用，中方愿以总统此访为契机深化与南共体的友好合作，支持南共体在促进南部非洲经济社会发展、一体化建设、解决地区问题上作出的积极努力。

波汉巴说，中国是伟大的国家，包括纳米比亚在内的南部非洲各国十分重视发展对华关系，认为与中国的务实合作对各国的发展至关重要。他首次以南共体主席身份访华的目的，就是为了在更高水平上发展同中国的友好合作，实现共同发展。

国务院总理温家宝在武汉主持召开江苏 安徽 江西 湖北 湖南5省抗旱工作座谈会

温家宝指出，近一个时期以来，长江中下游地区降水过程少，高温天气多，河湖水位持续偏低，水利工程蓄水不足，数千万亩耕地受旱，水产养殖遭受损失，河湖生态受到影响，一些地方出现人畜饮水困难。面对严重旱情，受旱地区广大干部群众奋起抗灾，付出了巨大努力，取得了显著成效。近日部分地区出现降雨，但未来天气变化还存在很大的不确定性，旱情根本缓解还有一个过程，对灾情的影响决不可掉以轻心。当前，正值早稻生长发育和中稻栽插用水关键时期，是农业生产和水产养殖的重要季节，我们一定要采取更加有力的措施，狠抓落实，科学应对，确保农业特别是粮食丰收。

温家宝强调，做好当前的抗旱工作，一要千方百计保障群众生活用水，努力促进粮食和农业稳定发展。全面落实供水措施，尽最大努力保证城乡居民饮水安全。加强分类指导，搞好田间管理，及时调整农业生产结构。采取措施尽快恢复渔业生产。力争早稻损失晚稻补，渔业损失农业补，农业损失非农业补。二要强化水利水电工程的科学调度，发挥好三峡等水利工程的综合调蓄作用，提高长江流域抗灾减灾整体能力，多渠道开辟抗旱水源，大力推行农业节水，强化科学用水。三要加大抗旱资金和物资投入，强化对农业生产的扶持。近期，中央财政将再次下达一批特大抗旱经费，重点用于补助农民抗旱浇地和抗旱服务队开展抗旱服务。进一步增加农业、渔业生产救灾资金，用于农民购买鱼苗、种子、化肥等生产资料。要统筹安排，突出重点，提高资金的使用效益。同时，搞好农资供应和价格质量监管，抓好夏收夏种夏管。四要坚持抗旱防汛两手抓，未雨绸缪，防范旱涝急转，抓紧进行堤防、水库隐患排查与除险加固，加强监测预报，保障安全度汛。科学规划，妥善解决好旱灾过后的生态恢复问题。五要全面加强水利基础设施建设，着眼长远，全面规划，落实好中央加强水利建设的各项政策措施。六要切实加强对抗旱工作的组织领导，受旱地区要把抗旱减灾作为当前的一项重要任务来抓。主要领导要深入抗旱第一线，切实帮助群众解决抗旱工作中遇到的实际困难和问题。各有关部门要通力协作，努力形成抗旱救灾的强大合力，确保群众生产生活用水需要，确保农民收入和困难群众生活不因旱灾而受到大的影响。七要统筹抓好稳定物价、保障性住房建设、经济运行调节、财政金融等各方面工作，努力实现全年经济社会发展目标。

温家宝指出，尽管干旱对农业生产带来不利影响，但各地抗旱措施有力，加之近期出现降雨过程，对改善土壤墒情和旱情有积极作用。受旱地区早稻种植面积略有增加，中稻栽插还有回旋余地，只要狠抓抗旱保苗，加强田间管理，就可以把干旱损失降到最低。今年全国夏粮有望增产，粮食库存比较充裕，我们完全有能力保持市场稳定。

中共中央政治局委员、国务院副总理回良玉陪同考察，并出席了座谈会。他指出，要认真落实中央的各项政策措施，科学配置抗旱水源，兼顾上下游、左右岸，坚持抗旱和防汛两手抓，充分发挥三峡工程和江河湖泊的调蓄作用，统筹水资源开发利用和水生态保护，全面做好防汛抗旱和促进农业发展各项工作。

中国—南部非洲发展共同体(南共体)经贸论坛开幕式在北京举行

国务院副总理王岐山出席开幕式并致辞。

王岐山说，近年来中国与南共体国家经贸、投资等各领域合作取得了丰硕成果，为双方带来了实实在在的利益。去年双边贸易额达610亿美元，占中非贸易额近一半。中国已成为南共体重要的贸易伙伴和投资来源地。

王岐山说，进一步加强中国和南共体国家的经贸合作，对于促进双方经济平稳较快增长，推动全球经济全面复苏，都具有重要作用。中国正在实施“十二五”规划，南共体正参与规划“非洲南北经济发展走廊”，双方务实合作面临着新的机遇。中方愿继续扩大从南共体国家的进口，鼓励有实力、信誉好的企业赴南共体国家投资兴业，力所能及地帮助南共体国家增强自主发展能力。双方应进一步加强经贸、投资、金融、能源资源、基础设施等领域合作，实现互利共赢。中国政府愿与南共体国家一道，为双方企业合作营造良好的环境。希望双方企业家以本次论坛为契机，加强交流，增进了解，深化合作，推动中非新型战略伙伴关系不断发展，共同开创中国与南共体国家合作的美好未来。

南共体轮值主席、纳米比亚总统波汉巴在开幕式上致辞时表示，包括南共体国家在内的非洲国家珍视与中国的团结和友谊。南共体国家愿与中国在已有的良好合作基础上，拓展贸易潜力，扩大相互投资，加强技术合作，促进双方的共同发展，造福双方人民。

国防部部长梁光烈在新加坡会见俄罗斯联邦政府第一副总理伊万诺夫

《百年西藏》中英文版首发式在北京举行

在庆祝西藏和平解放60周年之际，华文出版社联袂美国普利尼斯出版社，同步出版并各自发行《百年西藏——20世纪的人和事》中文版和英文版。本书为中央统战部、中国出版集团公司纪念西藏和平解放60周年的重点图书。

李娜夺得2011年法国网球公开赛女子单打冠军

李娜以2:0战胜卫冕冠军、意大利选手斯齐亚沃尼夺冠，成为第一个捧起网球大满贯赛单打冠军的亚洲选手。

中国中医药研究促进会第五次会员代表大会在北京召开

全国政协副主席、农工党常务副主席陈宗兴出席会议并讲话。陈宗兴担任荣誉会长，卫生部副部长、国家中医药管理局局长王国强担任名誉会长。全国政协常委、农工党副主席张大宁当选为第五届理事会会长。

陈宗兴说，医促会应当加强与主管部门的联系和沟通，围绕主管部门的中心工作，统筹开展有针对性的调研和学术交流活动，努力为中医药事业的发展贡献智慧和力量。抓住中医药事业发展中的关键问题，充分发挥医促会的人才优势和智囊作用，积极开展中医药领域和中西医结合领域等方面的调查研究，为政府主管部门献计献策。

6月5日

国家主席胡锦涛在人民大会堂会见纳米比亚总统波汉巴

胡锦涛表示，中国一贯重视发展同南共体的友好合作关系，愿继续本着平等、互利、共赢的精神，同南共体加强对话磋商，积极探讨并适时建立相关合作机制。稳步推进能源、水利、交通、通信等领域务实合作。中方支持南共体加强能力建设和维和努力，愿为南共体培训急需专业人才，也欢迎南共体成员国继续派员参加中方举办的培训项目。中方支持南共体在地区和国际事务中发挥更大作用，携手应对地区热点问题和全球性挑战。

胡锦涛说，中纳建交以来，两国关系一直健康顺利发展。双方在政治、经贸、文教、卫生等领域和国际事务中进行了卓有成效的合作。我们高度赞赏纳米比亚坚定奉行一个中国政策。进一步扩大两国经贸合作。加强两国人文交流，增进人民友谊，为中纳友好合作关系长远发展打下更加牢固的基础。

波汉巴表示，纳方将继续坚定奉行一个中国政策。纳方愿意同中方一道，进一步加强两国在政治、经贸、基础设施、科技、交通、文化、体育等领域合作，不断推动两国友好合作关系向前发展。

第十九届中国昆明进出口商品交易会及第四届南亚国家商品展在云南昆明举行

交易会及商品展于6月5日至10日举行。

本届昆交会及南亚国家商品展重点突出“互联互通、合作共赢”主题。展会共设置室内标准展位2485个，其中，昆交会设1983个标准展位，南亚国家商品展设置502个标准展位。另外，还设立了3000平方米的室外展区。

国家副主席习近平在哈瓦那革命宫与古巴国务委员会主席劳尔·卡斯特罗举行会谈

习近平表示当前国际形势复杂多变，世界格局和国际秩序面临重大调整。我们应该抓住机遇，共同努力，推动中古互利友好合作达到一个新的更高的水平。一要保持高层交往，深化政治互信。从战略高度和长远角度看待和推进两国关系，不断凝聚共识，加深相互理解。二要深化务实合作，实现互利共赢。充分发挥两国经贸混委会机制的协调作用，稳步推进两国贸易往来。中国政府支持有实力的企业到古巴寻求新的合作和投资机会。三要拓展友好往来，增进人民友谊。继续深化文化、教育领域合作，促进两国青年友好交流，让中古友好世代相传。四要加强国际合作，维护共同利益。我们愿同古方在联合国等重要国际组织和多边机制中保持密切沟通，在联合国及其安理会改革、气候变化等重大国际问题上加强协调配合，共同维护我们两国和广大发展中国家的利益。

劳尔·卡斯特罗说，古方愿同中方进一步加强治国理政和党建经验交流，学习互鉴，推动各自国家更好地发展。

国防部部长梁光烈在新加坡出席第十届香格里拉对话会并发表演讲

梁光烈强调中国坚定不移地走和平发展道路，奉行防御性国防政策和睦邻友好政策，致力于通过安全合作维护周边地区的和平稳定，与各国增进互信、促进共同利益，履行自己的国际责任和义务。

梁光烈说，中国在与各国一道促进安全合作时，坚持四项原则：第一，相互尊重、平等相待，照顾彼此的核心利益和重大关切；第二，相互理解、增进信任，全面准确把握彼此的战略意图；第三，互利共赢、同舟共济，不搞针对第三方的对抗性结盟；第四，开放包容、团结合作，欢迎世界各国为亚太安全作出贡献。

梁光烈表示，中国参与国际安全合作，不是要建立自己的势力范围、对外扩张，而是着眼于维护良好的周边安全环境，着眼于与其他国家的共同利益，着眼于自己的国际责任和人道主义义务。

就“中国的国际安全合作”作专题发言时，梁光烈表示，中国致力于维护南海地区的和平稳定。中国与东盟各国在2002年签署了《南海各方行为宣言》，确认领土和海洋权益争议由直接相关的主权国家双边通过友好协商和谈判，以和平方式解决；承诺尊重各国依国际法原则所规定的在南海的航行及飞越自由。

纪念中国书协成立30周年座谈会在人民大会堂举行

6月6日

“中国共产党的建设”国际研讨会在北京举行

国际研讨会由6月6日至7日举行，由当代世界研究中心和美国乔治·华盛顿大学联合举办。

中联部部长、当代世界研究中心名誉理事长王家瑞出席研讨会开幕式并作主旨演讲。来自美国、欧洲、新加坡等学术界的知名学者以及相关中方学者出席研讨会。

研讨会期间，与会代表围绕“中国共产党建党90年来的理论和实践”、“中国共产党的思想建设”、“中国共产党的组织建设”等议题进行了深入坦诚的交流和探讨。双方一致认为，研讨会为促进中国与世界的相互了解与共同发展更好地搭建了平台和桥梁。外方专家表示，通过此次研讨会，进一步加深了对中国共产党的了解，增强了对中国在中国共产党领导下发展成就和道路的认识。

国家副主席习近平在哈瓦那看望古巴革命领导人菲德尔·卡斯特罗

外交部部长杨洁篪在布达佩斯与匈牙利总理欧尔班举行会谈

第十七届上海电视节开幕

电视节于6月6日至10日举行。本届电视节包括白玉兰奖评选、国际影视节目市场和国际新媒体与广播影视设备市场、亚洲动画创投会、白玉兰论坛等主体活动，大学生电视节、电视连续剧互联网观众票选等特别活动。

《人民文学》2010年度中短篇小说获奖作品在广东东莞颁奖

奖项包括中短篇小说奖金奖各1名，年度中短篇小说奖各3名。

畀愚、石舒清凭借中篇小说《邮递员》和短篇小说《低保》获得金奖，林那北、南飞雁、阿乙的中篇小说《龙舟》《灯泡》《那晚十点》以及鲁敏、王手、范小青的短篇小说《铁血信鸽》《市场“人物”》《我们都在服务区》分别获得年度奖。

6月7日

中央党校 全国党建研究会 重庆市委在重庆联合举办“纪念中国共产党成立90周年党建理论与实践重庆研讨会”

研讨会6月7日至8日召开。来自中央和国家有关部委、全国28个省区市相关部门及重庆市的领导和专家学者共500余人参加了研讨会。

中华全国手工业合作总社第七次代表大会在北京召开

中共中央政治局委员、国务院副总理张德江出席会议并讲话。他强调，各级手工业合作联社和集体企业员工要深入贯彻落实科学发展观，发扬自力更生、艰苦奋斗、互助合作的精神，坚持走改革开放的路子，坚持走科学发展的路子，坚持走特色优势的路子，努力实现城镇集体经济更大规模、更高质量的发展，为全面建设小康社会作出更大贡献。

全国人大常委会副委员长蒋树声、全国政协副主席张榕明出席大会。

张德江指出，集体经济是公有制经济的重要组成部分，是推动我国经济社会发展的重要力量。特别是改革开放以来，全国手工业合作总社、各级联社和集体企业广大员工坚持改革创新，集体经济改革发展取得了显著成绩，经济实力迅速壮大，发展质量不断提高，在继承、保护、发展、传播中华民族优秀传统文化中发挥了巨大作用。

张德江强调，全面完成“十二五”规划提出的各项目标，必须继续大力发展城镇集体经济，充分发挥集体经济在促进我国经济社会发展中的重要作用。要继续保持城镇集体经济的特色优势，走“专、精、特、新”道路，大力发展传统手工业和工艺美术，形成自己的技术优势和产品优势。要深化改革扩大开放，建立完善现代产权制度和现代企业制度，推动资源整合、资产组合、资本融合，实现投资主体多元化，发展劳动者的劳动联合和资本联合的经济组织。要不断推进技术创新管理创新，开发“名、优、新、特”产品，培育知名品牌，加强企业内部管理，完善职工民主管理制度，提高企业市场竞争能力和应对风险的能力。要加强对集体经济的领导和支持，进一步落实相关政策措施，妥善解决历史遗留问题。要充分发挥城镇集体经济联合组织的职能作用，推进自身改革，拓展服务对象，拓宽服务渠道，真正成为政府与企业间的纽带和桥梁。

外交部发言人洪磊在例行记者会上就中国船只在南海活动答记者问

记者问：菲律宾外交部近日称，中国船只在南海日益加强的活动损害了菲律宾渔民利益，危害了地区和平稳定，侵犯菲律宾主权和海洋管辖权，违反《南海各方行为宣言》，请问你对此有何评论?

洪磊说：中国船只在中国管辖海域进行例行巡航和科学考察及测量活动，是完全正当、合法的。中方不接受菲方的无端指责。

洪磊表示，中国在南海的主张是长期的、一贯的，延续了若干世纪，完全符合包括《联合国海洋法公约》在内的国际法有关规定。

洪磊说，中方要求菲律宾停止损害中方主权和海洋权益，导致南海争议扩大化和复杂化的单方面行动，并且不再发表与事实不符和不负责任的言论。

洪磊说，中方愿与菲方通过直接协商谈判，寻求妥善解决有关争议的办法。中方愿与有关各方共同努力，认真落实《南海各方行为宣言》，切实维护南海稳定，将南海建设成为和平之海、友谊之海、合作之海。

中朝两个经济区开发合作联委会第二次会议在辽宁和吉林召开

6月7日至9日，中国商务部部长陈德铭和朝鲜劳动党中央行政部部长张成泽在辽宁和吉林共同主持召开中朝罗先经济贸易区和黄金坪、威化岛经济区(简称两个经济区)开发合作联合指导委员会第二次会议。

会议期间，双方举行了两个经济区部分合作项目启动仪式。

为促进中朝边境地区的经济社会发展，推动两国经贸务实合作，中朝双方就合作开发位于朝鲜境内的罗先经济贸易区和黄金坪、威化岛经济区达成共识，并成立中朝两个经济区开发合作联合指导委员会。

两部中医古籍文献《黄帝内经》《本草纲目》被列入《世界记忆名录》

据《人民日报》报道，在近日举行的新闻通气会上，卫生部副部长、国家中医管理局局长王国强介绍说，两部中医古籍文献《黄帝内经》《本草纲目》日前顺利列入《世界记忆名录》，这是中国传统医药典籍文献进入世界文献遗产保护工程的一项重要成果，对中医药走向世界将会产生广泛而深远的影响，意义重大。

第三届优秀通俗理论读物推荐评选在北京揭晓

由中宣部、新闻出版总署组织开展的第三届优秀通俗理论读物推荐活动结束，经过网上投票和专家论证，从63个部门和单位报送的122种作品中评选出

15种推荐图书，它们是:《七个怎么看——理论热点面对面·2010》(学习出版社、人民出版社)、《划清“四个重大界限”学习读本》(学习出版社)、《军营理论热点怎么看·2010》(解放军出版社)、《党的十七届五中全会〈建议〉学习辅导百问》(党建读物出版社、学习出版社)、《马克思主义中国化的历史进程和基本经验简明读本》(人民出版社)、《与大学生村干部谈心》(山西人民出版社)、《农村基层干部反腐倡廉知识读本》(人民出版社)、《通俗哲学简编》(辽宁人民出版社)、《科学发展观在湖南的认识与实践之二》(湖南人民出版社)、《提问2010：中国百姓关注的十大民生问题》(红旗出版社)、《“精神家园”丛书·民族精神》(黑龙江教育出版社)、《上海高校六个“为什么”学习宣传系列丛书》(上海教育出版社)、《给领导干部提个醒》(新华出版社)、《马克思的故事》(辽宁人民出版社)和《道德力》(北京大学出版社)。

“十一五”环保成就展暨第十二届中国国际环保展在北京开幕

全国人大常委会副委员长陈至立、全国政协副主席阿不来提·阿不都热西提出席开幕式。

本届展览共有近20个国家和地区的500余家中外企业参展。中国环保产业骨干企业和国家重点环保实用技术与示范工程技术依托单位占国内展商的半数以上。意大利、美国、德国、法国、日本、韩国、比利时、中国香港等国家和地区的200余家知名企业竞相参展，带来全球领先的环保技术装备与环保理念。

6月8日

国务院总理温家宝主持召开国务院常务会议

会议研究部署进一步加大财政教育投入工作和促进物流业健康发展工作。

会议指出，党中央、国务院高度重视增加财政教育投入，先后采取了一系列政策措施。在中央和地方各级政府的共同努力下，我国财政教育投入持续大幅增长，已成为公共财政第一大支出。2010年全国财政教育支出相当于公共财政收入的17.6%。但要清醒地看到，到2012年实现国家财政性教育经费支出占国内生产总值比例达到4%的目标，任务仍然十分艰巨。今明两年，各地区、各有关部门要以更大的决心调整财政支出结构，将新增财力着力向教育倾斜，更加突出教育优先发展的战略地位。一要严格落实教育经费法定增长要求。各级政府安排支出预算时，要保证财政教育支出增幅明显高于财政经常性收入增幅。对预算执行中的超收部分，也要按照这一要求安排教育拨款。二要进一步增加公共财政预算对教育的投入。2011年和2012年，各省(区、市)财政教育支出占财政一般预算支出的比重都要明显提高。把支持教育事业发展作为公共投资的重点，提高预算内基建投资用于教育的比重。三要拓宽财政性教育经费来源渠道。统一内外资企业和个人教育费附加制度。按照《教育法》的规定，全面开征地方教育附加。从土地出让收益中按比例计提教育资金。四要合理安排使用财政教育经费。支持实施重大项目，切实减轻人民群众教育负担。合理配置教育资源，重点向农村地区、边远地区、贫困地区和民族地区倾斜。全面推进教育经费科学化精细化管理，提高资金使用效益。会议要求加强组织领导，开展监测分析和监督检查，确保各项政策措施落到实处。

会议指出，2009年3月国务院印发《物流业调整和振兴规划》以来，物流业快速发展，产业发展水平不断提升。但随着《规划》的深入实施，一些不适应物流业发展的政策问题进一步显现，制约了产业发展。必须制定完善配套政策措施，促进物流业健康发展。一要切实减轻物流企业税收负担。完善物流企业营业税差额纳税试点办法，扩大试点范围，尽快全面推广。研究解决仓储、配送和货运代理等环节与运输环节营业税税率不统一问题。完善大宗商品仓储设施用地的土地使用税政策。二要加大对物流业的土地政策支持力度。科学制定物流园区发展规划，对纳入规划的物流园区用地给予重点保障。支持将工业企业旧厂房、仓库和存量土地资源用于发展物流业。三要促进物流车辆便利通行。降低过路过桥收费，大力推行不停车收费系统。加强城市配送管理，解决城市中转配送难、配送货车停靠难等问题。四要改进对物流企业的管理。放宽对物流企业资质的行政许可和审批条件，逐步减少行政审批，提高审批效率。五要鼓励整合物流设施资源。支持大型优势物流企业对分散的物流设施资源进行整合，鼓励中小物流企业加强联盟合作。引导行业系统内的仓储和运输设施开展社会化物流服务，支持商贸流通企业发展共同配送。六要推进物流技术创新和应用。加强物流新技术自主研发，加快先进物流设备研制，制定和推广物流标准，适时启动物联网的应用示范。推进物流信息资源开放共享。七要加大对物流业的投入。各级政府要加大对物流基础设施的投资扶持，积极引导银行业金融机构加大对物流企业的信贷支持，拓宽融资渠道。八要促进农产品物流业发展。大力发展农超对接、农校对接、农企对接。完善农产品增值税政策，鼓励大型企业从事农产品物流业。加快建立主要品种和重点地区的冷链物流体系。加大对农产品批发市场、农贸市场的政府投入和政策扶持。严格执行鲜活农产品绿色通道政策和配送车辆24小时进城通行、便利停靠政策。加快发展粮食和棉花现代物流。会议要求各地区、各有关部门加强组织协调，细化政策措施，认真抓好落实。

国务院总理温家宝在国家博物馆会见日本前首相麻生太郎以及中日两国影视动漫界代表并出席中日合办影视周动漫节启动仪式

全国人大常委会法制工作委员会负责人就当前县乡人大换届选举问题答记者问

问：去年3月，全国人大对选举法作了最新修改，这次县乡人大换届选举是选举法修改后的第一次选举。请问这次选举与往届相比有哪些不同？

答：2010年3月14日，十一届全国人大三次会议通过了关于修改选举法的决定。选举法的这次修改，主要精神可概括为“一个重点”、“三个平等”。新一轮的县乡人大换届选举应当按照选举法新的精神，严格依法进行。这就是这次选举与往届的不同，是这次选举的突出特点。

“一个重点”，就是落实党的十七大提出的要求，实行城乡按相同人口比例选举人大代表。“三个平等”包括：一是人人平等，保障公民都享有平等的选举权；二是地区平等，保障各地方在国家权力机关有平等的参与权，有关行政区域不论人口多少，都应有相同的基本名额数，都能选举一定数量的代表；三是民族平等，保障各民族都有适当数量的代表，人口再少的民族，也要有一名代表。这三个平等体现了我国国体、政体的内在要求，是有机统一的整体，不能只强调其中一个方面而忽视其他方面。

此外，新的选举法还对代表候选人的提名与介绍、投票选举程序等问题一并作了修改。

问：选民应当如何进行登记？

答：选民登记是由选举机构对依法享有选举权的公民进行登记、确认其选民资格的必经程序。没有登记的选民将无法参加人大代表选举，也不能成为代表候选人。

选民登记按选区进行。选区可以按居住状况划分，也可以按生产单位、事业单位、工作单位划分。这意味着选民既可以在居住地登记，也可以在单位登记。但每一选民只能在一个选区登记，不得重复登记。

为了做到不错登、不漏登和不重登，可以采取选举机构主动登记和选民主动登记并举的办法，力求全面准确。选举工作机构要选派并培训好登记员，到选民住所或工作单位对选民进行登记；也可以设立选民登记站，通过电视、广播和网络等现代通信手段，发动选民主动登记。

问：我国流动人口已有2.6亿，他们的选举权和被选举权如何保障？

答：保障流动人口的选举权和被选举权，是县乡人大换届选举中应当予以重视和解决的问题。选民如果在选举期间外出，经选举委员会同意，可以书面委托其他选民代为投票。对于选民实际上已经迁居外地但是没有转出户口的，在取得原选区选民资格证明后，也可以在现居住地的选区参加选举。在这个基础上，各地应依法组织好流动人口参选。如认为条件成熟，可适当放宽流动人口在现居住地参选的条件，具体由省级人大常委会在调查研究的基础上，结合第六次全国人口普查情况和本地经济社会发展状况作出规定。

具体操作中，选举机构要采取多种措施为流动人口参选创造便利条件，如户口所在地的选举委员会可以为本地外出在同一居住地的流动人口集体开具选民资格证明，可将传真委托等方式视为书面委托，现居住地的选举机构也可以主动联系户口所在地选举机构确认流动人口的选民资格；对于已在居住地参加过上一届选举的选民，经核对资格后，可以不用再开具选民资格证明，继续在现居住地参加选举。

问：如何才能使选民对代表候选人有比较充分的了解？

答：为了方便选民全面准确地了解代表候选人的基本情况，修改后的选举法增加规定，接受推荐的候选人应当向选举委员会如实提供个人身份、简历等基本情况。个人身份包括国籍，是否拥有国(境)外永久居留权、长期居留许可，是否在其他地方已担任人大代表职务等。对候选人提供的个人情况，选举委员会有责任进行了解核实。候选人提供的基本情况不实的，选举委员会应当向选民通报。

对代表候选人的介绍，要严格按照法律的规定，在选举委员会的统一安排下进行。推荐者应根据选举委员会的统一安排，在选民小组会议上介绍所推荐的代表候选人的情况。选举委员会在选民协商、讨论候选人过程中，要以适当的方式，积极、主动地向选民介绍代表候选人的情况。

这次修改选举法，进一步加大了组织代表候选人与选民见面的力度，选举委员会“根据选民的要求，应当组织代表候选人与选民见面”，由代表候选人介绍本人的情况，回答选民的问题。与选民见面活动要在选举委员会统一组织下进行。

为使选民有比较充裕的时间了解正式代表候选人的情况，同时适应加大组织选民与代表候选人见面力度的需要，修改后的选举法将公布正式代表候选人名单的时间，由原规定选举日的5天以前修改为选举日的7天以前。

同时,根据选举法的规定,介绍代表候选人的活动在选举日必须停止,以避免干扰、影响选民投票。

问:有网络称,目前有人欲以"独立候选人"身份参选基层人大代表,对此有何评论?

答:我国宪法和选举法规定,中华人民共和国年满十八周岁的公民,不分民族、种族、性别、职业、家庭出身、宗教信仰、教育程度、财产状况、居住期限,都有选举权和被选举权;但是依照法律被剥夺政治权利的人除外。我国选举法对人大代表的选举程序作出了明确规定。公民参选人大代表以及一切选举活动,都必须在法律规定的范围内,严格依法按程序进行。根据选举法,任何公民参选县乡人大代表,首先要在选区进行选民登记,由选举委员会对选民资格进行审查和确认;其次,要依法被推荐为代表候选人,按照选举法规定,代表候选人由各政党、各人民团体联合或者单独提出,或者由各选区选民十人以上联名提出;第三,代表候选人由选举委员会汇总后交各该选区选民讨论、协商,根据较多数选民意见确定正式代表候选人名单,必要时可以通过预选确定正式代表候选人名单;第四,由选举委员会统一组织开展对代表候选人的介绍活动。

基于上述规定,我国的县乡人大代表候选人,只有由各政党、各人民团体和选民依法按程序提名推荐的"代表候选人",经讨论、协商或经预选确定的"正式代表候选人",没有所谓的"独立候选人","独立候选人"没有法律依据。

国务院副总理张德江在山西湖南就安全生产工作进行调研

6月8日至11日,张德江到山西省太原市、忻州市、朔州市,湖南省长沙市、岳阳市、浏阳市等地,深入煤炭、钢铁、有色、公路、铁路、化工、烟花爆竹等企业,调研安全生产工作,充分肯定山西、湖南两省所取得的成绩。他指出,今年以来全国安全生产继续保持总体稳定、持续好转的态势,较大以上事故起数和死亡人数同比有较大幅度下降,但部分地区行业较大事故上升,非法违法生产经营建设问题仍然突出,安全生产形势依然十分严峻。各地区、各部门要深入贯彻落实科学发展观,认真分析、切实解决安全生产领域面临的新情况新问题,进一步强化安全生产企业主体责任、部门监管责任和属地管理责任,采取更加有效措施,全力消除安全隐患,坚决遏制事故发生。

在山西考察煤矿安全生产工作时,张德江指出,要始终抓住煤矿安全这一重中之重,继续加强瓦斯等灾害治理,加快科技进步和技术改造,加强科学管理和安全管理,深化煤炭资源整合和企业兼并重组,提高企业技术装备和信息化水平,提高干部职工安全意识和安全素质,提高煤炭行业整体安全水平。同时,要保证煤炭生产、科学开发资源、保护生态环境。

张德江要求,要认真贯彻落实《国务院关于进一步加强企业安全生产工作的通知》,继续做好安全生产各项重点工作。要深入贯彻落实新修订的《道路交通安全法》,加大以客运为重点的交通运输安全专项治理力度,严肃查处各类交通违法行为。要完善高速铁路等铁路运输安全措施,严把各道关口,确保万无一失,确保旅客出行安全。要加强化工企业的安全管理,加强危险化学品、烟花爆竹生产、储存、运输、使用等各个环节的安全监管,严防事故发生。要加强尾矿库的综合治理,严格按照规划标准除险加固,推进尾矿的开发利用。要高度重视雨季安全生产工作,严防自然灾害引发安全生产事故。

中办 国办印发《关于深化政务公开加强政务服务的意见》并发出通知

各省、自治区、直辖市党委和人民政府,中央和国家机关各部委,军委总政治部,各人民团体:

《关于深化政务公开加强政务服务的意见》已经中央同意,现印发给你们,请结合实际认真贯彻执行。

中共中央办公厅

国务院办公厅

2011年6月8日

关于深化政务公开加强政务服务的意见

为深入贯彻落实党的十七大和十七届三中、四中、五中全会精神,促进服务政府、责任政府、法治政府、廉洁政府建设,提高依法行政和政务服务水平,现就深化政务公开、加强政务服务提出如下意见。

一、深化政务公开、加强政务服务的重要性和总体要求

1.深化政务公开、加强政务服务的重要性。深化政务公开、加强政务服务,对于推进行政体制改革、加强对行政权力监督制约、从源头上防治腐败和提供高效便民服务,都具有重要意义。党的十六大以来,在党中央、国务院坚强领导下,政务公开不断深化,政府信息公开、行政权力公开透明运行、公共企事业单位办事公开全方位推进,政务(行政)服务中心(以下简称服务中心)发展迅速,服务群众功能不断完善。但是,工作中也还存在一些问题,主要是:政务公开方面,有的存在重形式轻内容现象,有的公开内容不全面、程序不规范,有的不能妥善处理信息公开与保守秘密的关系,政府信息共享机制不够健全;政务服务方面,服务体系建设不够完善,服务中心运行缺乏明确规范,公开办理的行政审批和服务事项不能满足群众需求等。各地区各部门要高度重视解决这些问题,坚持保障人民群众的知情权和监督权，加大推进政务公开力度，把公开透明的要求贯穿于政务服务各个环节，以公开促进政务服务水平的提高，创造条件保障人民群众更好地了解和监督政府工作。

2. 深化政务公开、加强政务服务的总体要求。要以邓小平理论和“三个代表”重要思想为指导，深入贯彻落实科学发展观，坚持以人为本、执政为民，坚持围绕中心、服务大局，按照深化行政体制改革的要求，转变政府职能，推进行政权力运行程序化和公开透明；按照公开为原则、不公开为例外的要求，及时、准确、全面公开群众普遍关心、涉及群众切身利益的政府信息；按照便民利民的要求，进一步改进政务服务，提高行政效能，推进政务服务体系建设，为人民群众提供优质便捷高效服务。

二、以改革创新精神深化政务公开工作

3. 创新政务公开方式方法。坚持方便群众知情、便于群众监督的原则，拓宽工作领域，深化公开内容，丰富公开形式，促进政府自身建设和管理创新。坚持区别情况、分类指导，提高政务公开的针对性和有效性。坚持创新载体、完善制度，实现政务公开的规范化、标准化。坚持问政于民、问需于民、问计于民，依靠群众积极支持和广泛参与，畅通政府和群众互动渠道，切实提高政务公开的社会效益。

4. 推行行政决策公开。坚持依法科学民主决策，建立健全体现以人为本、执政为民要求的决策机制，逐步扩大行政决策公开的领域和范围，推进行政决策过程和结果公开。凡涉及群众切身利益的重要改革方案、重大政策措施、重点工程项目，在决策前要广泛征求群众意见，并以适当方式反馈或者公布意见采纳情况。完善重大行政决策程序规则，把公众参与、专家论证、风险评估、合法性审查和集体讨论决定作为必经程序加以规范，增强公共政策制定透明度和公众参与度。

5. 推进行政权力公开透明运行。坚持依法行使权力，积极推进行政权力运行程序化和公开透明，确保行政机关和公务员严格依照法律规定的权限履职尽责。按照职权法定、程序合法的要求，依法梳理审核行政职权，编制行政职权目录，明确行使权力的主体、依据、运行程序和监督措施等，并向社会公布。严格规范行政裁量权行使，细化、量化裁量基准，公开裁量范围、种类和幅度。重点公开行政机关在实施行政许可、行政处罚、行政收费、行政征收等执法活动中履行职责情况，积极探索执法投诉和执法结果公开制度。

6. 加大行政审批公开力度。公布本地区本部门不涉及国家秘密、商业秘密和个人隐私的行政审批项目目录，继续清理、调整和减少行政审批事项。没有法律法规依据，行政机关不得设置或变相设置行政许可事项和非行政许可审批事项。进一步减少审批事项，优化工作流程，公开办理程序，强化过程监控，建立行政审批事项的动态管理制度。逐步依法将审批职能和审批事项集中到服务中心公开办理，建立健全决策、执行、监督相互协调又相互制约的运行机制。

7. 深入实施政府信息公开条例。各级行政机关要严格执行政府信息公开条例，主动、及时、准确公开财政预算决算、重大建设项目批准和实施、社会公益事业建设等领域的政府信息。各级政府财政总预算和总决算，部门预算和决算，以及政府性基金、国有资本经营等方面的预算和决算，都要向社会公开。公开的内容要详细全面，逐步细化到“项”级科目。各部门要逐步公开出国出境、出差、公务接待、公务用车、会议等经费支出。抓好重大突发事件和群众关注热点问题的公开，客观公布事件进展、政府举措、公众防范措施和调查处理结果，及时回应社会关切，正确引导社会舆论。进一步完善政府信息依申请公开、保密审查和监督保障等措施，认真做好涉及政府信息公开的举报投诉、行政复议、行政诉讼等工作。妥善处理好信息公开与保守秘密的关系，对依法应当保密的，要切实做好保密工作。

8. 着力深化基层政务公开。总结推广基层政务公开的成熟做法，大力推进乡镇(街道)政务公开，及时公开城乡社区居民关心的事项。健全农村集体资金、资产、资源管理制度，为深入推进村务公开打好基础。健全公共企事业单位办事公开制度，所有面向基层服务的医院、学校、公交等公共企事业单位，都要全面推行办事公开，主动接受群众监督。要编制办事公开目录，重点公开岗位职责、服务承诺、收费项目、工作规范、办事纪律、监督渠道等。主管部门要切实承担起对公共企事业单位办事公开的组织协调、监督指导职责。

9. 加强行政机关内部事务公开。加大干部工作、机关财务预决算、政府采购、基建工程等信息的公开力度，加强权力运行监控。开展廉政风险防控管理，梳理行政机关内部职权依据和运行流程，查找廉政风险点，制定防控措施，并及时在内部公开，加强对关键岗位和重点环节权力运行的制约和监督，防止权力滥用。

三、统筹推进政务服务体系建设

10. 逐步建立健全政务服务体系。按照建设服务型政府的要求，将政府及其部门的政务服务体系建设纳入基本公共服务体系建设的范畴，完善相关政策规定和管理措施，整合政务服务资源，健全政务服务平台，促进政务服务的均等化、规范化、高效化，提供让群众满意的高质量政务服务。

11. 充分发挥服务中心作用。服务中心是实施政务公开、加强政务服务的重要平台。各地要因地制宜规范和发展各级各类服务中心。凡与企业和人民群众密切相关的行政管理事项,包括行政许可、非行政许可审批和公共服务事项均应纳入服务中心办理。因涉密、场地限制等特殊情况不进入服务中心办理的,由本级政府决定。双重管理和垂直管理部门的行政许可、非行政许可审批和公共服务事项,按照便于工作、加强服务的原则,适合依托服务中心的可纳入当地服务中心办理。

12. 明确服务中心职能。各省(自治区、直辖市)要在本行政区域内规范省、市、县三级服务中心的名称、场所标识、进驻部门、办理事项和运行模式,推进政务服务规范化建设。服务中心管理机构负责对政府各部门进驻、委托事项办理的组织协调、监督管理和指导服务,对进驻窗口工作人员进行管理培训和日常考核,承担本级政府赋予的其他职责。服务中心管理机构作为行政机构,应使用行政编制,配备少而精的工作人员;已使用事业编制的,应在行政编制总额内调剂出一部分进行替换。在调整、配备服务中心编制中,要结合当地政府机构改革,注重优化整体编制结构,坚持增减平衡。服务中心管理机构规格由本级政府决定,其运行经费和人员办公经费列入本级财政预算。经本级政府同意确需由部门单独设立的办事大厅,应当接受服务中心的指导和监督。

13. 规范服务中心运行。以提高服务质量和效率为重点规范服务中心运行,着力为群众解决实际问题。进驻服务中心的政府部门要对其服务窗口办理事项充分授权,使不需要现场勘察、集体讨论、专家论证、听证的一般性审批事项能在窗口受理后直接办结。逐步实行"一个窗口受理、一站式审批、一条龙服务、一个窗口收费"的运行模式。对同一个行政审批事项涉及两个以上部门的,逐步实行联合办理或并联审批。凡进驻服务中心办理的事项都要公开办理主体、办理依据、办理条件、办理程序、办理时限、办事结果、收费依据、收费标准和监督渠道。建立健全首问负责、限时办结、责任追究、效能评估等制度,提高服务水平。服务中心应设置专门的政府信息公开查阅场所。

14. 推进基层便民服务。坚持把方便基层群众办事作为政务服务的出发点和落脚点。探索在乡镇(街道)开展便民服务的有效形式,有条件的地方要依托城乡社区综合服务设施设立便民服务中心,将劳动就业、社会保险、社会救助、社会福利、计划生育、农用地审批、新型农村合作医疗及涉农补贴等纳入其中公开规范办理;在城乡社区(村)设立便民代办点,将便民服务向城乡社区(村)延伸。推行便民服务免费代办制度。

15. 建立统一规范的公共资源交易平台。完善公共资源配置、公共资产交易、公共产品生产领域的市场运行机制,推进公共资源交易统一集中管理,逐步拓展公共资源市场化配置的实施范围,确保公共资源交易公开、公平、公正。为公共资源交易搭建平台、提供服务,逐步推进省、市、县、乡四级公共资源交易网络建设。有条件的地方可探索公共资源交易平台与服务中心合并的一体化管理模式。

16. 加强信息化建设。推广电信网、广电网、互联网等现代科技手段在政务服务中的应用,提高政务服务信息化水平。将服务中心信息化纳入当地电子政务建设总体规划,充分利用现有电子政务资源,逐步实现网上办理审批、缴费、咨询、办证、监督以及联网核查等事项。规范技术标准,推动不同层级服务中心之间实现网络互联互通、信息共享和业务协同。重视和加强政府网站建设,完善门户网站功能,扩大网上办事范围,及时充实和更新信息发布内容,凡是不涉密的文件要通过政府门户网站公开发布。

17. 整合政务服务资源。进一步加强各项载体建设,发挥好政府公报、政务公开栏、公开办事指南等在政务服务中的作用,完善新闻发言人制度,创新政务服务方式,畅通政务服务渠道。进一步加强统一规划和资源整合,充分发挥现有场所和信息化资源功能,切实避免重复建设和投资浪费。要以服务中心为主体,逐步实现各级各类政务服务平台的连接与融合,形成上下联动、层级清晰、覆盖城乡的政务服务体系。

四、强化监督保障措施

18. 加强组织领导。各级党委和政府要高度重视政务公开和政务服务工作,将其列入重要议事日程,统一研究部署,及时解决工作中的重大问题。坚持从实际出发,研究提出改进和加强政务公开和政务服务工作的措施,循序渐进,务求实效。行政首长要作为第一责任人,分管领导要亲自抓督促、抓协调、抓落实。落实政府部门工作责任,进一步加强财政、编制等方面的支持保障,加强宣传教育,加大培训力度,形成工作合力。切实加强服务中心党的建设,深入开展创先争优活动。政务公开工作领导机构要协助党委和政府抓好统筹安排,指导、协调政务公开和政务服务各项工作。各级监察机关要认真履行行政监察法赋予的职责,加强对政务公开工作的组织协调和检查指导。

19. 加强制度建设。建立和完善规范行政裁量权、加强廉政风险防控、完善政务公开程序、规范服务中心运行、评议政务服务质量等方面的制度,为深化政务公开、加强政务服务提供制度保障。建立健全政府信息公开条例配套制度,制定政府信息公开的评估标准和程序,逐步实现政府信息公开的系统化和标准化。研究建立党务公开、政务公开、司法公开、厂务公开、村务公开和公共企事业单位办事公开有机结合的制度规范，使之相互促进、协调运转。

20. 加强监督考核。各地区各部门要把政务公开和政务服务工作纳入党风廉政建设责任制考核、行政机关绩效考核和民主评议范围，细化考核评估标准。建立健全电子监察系统，对行政许可、非行政许可审批和公共服务事项实现全过程监察。加强党的基层组织和党代会代表的监督，充分发挥人大代表、政协委员、民主党派、人民团体和新闻媒体的监督作用，强化社会监督。高度重视人民群众监督，认真解决群众投诉反映的问题。研究改进和加强监督的方式方法，切实提高监督实效。建立健全激励和问责机制，对工作落实到位、社会满意度高的地区和部门要予以奖励；对工作落实不力的，要进行诫勉谈话，限期整改；对损害群众合法权益、造成严重后果的，要严格追究责任，坚决避免政务公开和政务服务流于形式，确保各项工作落到实处。

江西省十一届人大常委会第二十五次会议接受吴新雄辞去省长职务请求 决定鹿心社为副省长 代省长

国务院转发国家发改委《关于2011年深化经济体制改革重点工作的意见》

意见主要从四个方面提出了今年深化经济体制改革的重点任务。

围绕加快转变经济发展方式深化改革。今年要重点在资源性产品价格、税收制度、垄断行业、金融体制、涉外经济体制等方面加大改革力度，加快构建有利于经济发展方式转变的体制机制。一是深化成品油、电力、天然气等资源性产品价格改革。二是改革和完善资源税、增值税、消费税、房产税等税收制度。三是推进电力体制改革。四是完善食品安全监管体制，深化流通体制改革。五是进一步完善多层次资本市场体系，扩大人民币在跨境贸易和投资中的使用。六是健全支持境外投资的相关政策和服务体系。

围绕保障和改善民生深化改革。处理好发展社会事业和创新社会体制的关系，更加重视从制度上保障和改善民生、促进社会公平正义。一是统筹推进医药卫生体制五项重点改革。二是加快推进教育、科技体制改革。三是深化文化体制改革，加快推进经营性文化单位转企改制。四是深化收入分配和社会保障制度改革，改革完善个人所得税制度，稳步推行工资集体协商制度，完善城乡社会养老保险制度。五是推进公共服务体制改革。

围绕加强政府自身建设深化改革。要进一步扩大公开范围，细化公开内容，包括进一步细化公开中央财政总预算和总决算、继续推进中央部门预决算公开、公开“三公”经费和行政经费支出情况、公开中央对地方转移支付资金管理办法、大力推进地方财政预决算公开等。此外，意见还提出了深入推进行政审批制度改革、建立政府绩效管理制度、分类推进事业单位改革、开展省直管县(市)改革试点等其他改革任务。

围绕完善农村发展体制机制深化改革。一是完善土地管理制度，赋予农民更加充分而有保障的土地承包经营权，探索建立耕地保护补偿机制，研究修订土地管理法等相关法律法规，促进土地增值收益主要用于农业农村。二是推进国有农场、国有林场和国有林区改革，全面深化集体林权制度改革。三是创新水利发展体制机制，完善水资源管理体制，加快水利工程建设和管理体制改革，健全基层水利服务体系。四是积极稳妥推进户籍管理制度改革，把有稳定劳动关系并在城镇居住一定年限的农民工及其家属逐步转为城镇居民。

国家副主席习近平在蒙得维的亚同乌拉圭总统穆希卡举行会谈

习近平表示，中方愿同乌方共同努力，把两国友好合作关系推向新水平。一要深化政治互信，巩固合作基础。中方愿同乌方保持高层交往势头，支持两国立法机构加强友好往来。希望充分发挥两国间各种对话机制的作用，加强相互理解和支持。二要发挥各自优势，扩大经贸合作。双方应加强质检、海关、金融、基础设施建设等领域合作，优化两国贸易结构，实现双边贸易平衡。三要促进人文交流，增进相互了解。中国政府积极支持和鼓励两国社会各界加强交往，在各领域开展形式多样的交流合作，使中乌友好更加深入人心。四要加强多边合作，维护共同利益。中方愿同乌方进一步密切在联合国、世界贸易组织、南美洲国家联盟等国际和地区组织中的合作，共同维护两国及广大发展中国家利益。

穆希卡说，进一步发展与中国友好合作关系对乌拉圭具有战略意义。作为中国可信赖的伙伴，乌方希望全面加强与中国的互利合作，也愿通过加强政治对话，为促进拉美与中国的友好关系作出积极努力。

双方共同出席了两国有关合作文件的签字仪式，并共同会见了记者。

国家副主席习近平在蒙得维的亚与乌拉圭副总统兼国会主席阿斯托里举行会谈

国务院副总理王岐山在中南海会见法国经济 财政与工业部部长克里斯蒂娜·拉加德

国防部部长梁光烈在八一大楼与智利国防部部长阿拉芒举行会谈

外交部发言人洪磊就美国FG公司在香港诉刚果(金)案答记者问

问：香港特区终审法院今日决定就美国FG公司诉刚果(金)案提请全国人大常委会释法，这是香港特区终审法院第一次提请释法，请问你对此有何评论?

答：我们注意到香港特区终审法院就美国FG公司诉刚果(金)案作出的判决，其中决定根据香港特区基本法第一百五十八条第三款，提请全国人大常委会对基本法第十三条和第十九条涉及的4个问题作出解释。我们欢迎终审法院作出提请释法的这一决定。我们认为，终审法院在审理案件过程中按照香港特区基本法第一百五十八条第三款的规定提请释法，是履行基本法规定的义务，对于全面落实"一国两制"、完整实施基本法有积极意义。

慈善事业发展与社会管理创新国际论坛在北京举行

论坛由全国妇联、中国儿童少年基金会共同主办，这是纪念中国儿童少年基金会成立30周年系列活动之一。全国人大常委会副委员长、全国妇联主席、中国儿童少年基金会理事长陈至立出席论坛并致辞。

陈至立强调，必须进一步加强对慈善组织的扶持力度，完善"政府推动、民间运作、社会参与、多方协作"机制，加强慈善事业的制度化、规范化建设，积极推动慈善立法工作；进一步加强慈善组织自身建设，建立慈善行业自律机制，提高公信力、组织动员力和运作水平；要加强慈善理论研究，大力弘扬"人文关怀"、"助人为乐"的慈善文化，倡导"有钱出钱、有力出力"、"人人都能成为慈善家"的理念。

本次论坛以"慈善组织在社会管理中的责任与使命"为主题，围绕"公益事业发展与企业社会责任"、"儿童慈善需求与发展方向"、"公益创新与推进全民公益"三个议题进行了交流和探究。

6月9日

国家禁毒委员会全体会议在北京召开

国务委员、国家禁毒委员会主任孟建柱主持会议并讲话。

孟建柱指出，当前我国面临的禁毒斗争形势依然严峻复杂，禁毒工作任务更加繁重艰巨。各地区、各有关部门要从深入推进社会管理创新、保障人民群众安居乐业的高度，充分认识做好新形势下禁毒工作的重要性、紧迫性，切实增强政治责任感和历史使命感，锲而不舍地抓好禁毒工作，持之以恒地解决毒品问题，最大限度减少毒品的社会危害。

孟建柱强调，要牢固树立以人为本、科学戒毒的理念，进一步创新对吸毒人员的服务管理，建立完善更具人性化的戒毒康复模式和以安置就业为核心的社区戒毒、社区康复工作体系，给予戒毒人员更多关心体恤，使他们病有所医、困有所帮、有学可上、有业可就。要进一步创新对合成毒品的防范和管控，加强预防教育，引导公众认清合成毒品的危害，自觉做到珍爱生命、远离毒品，加强涉毒娱乐场所专项整治，加强对易制毒化学品的严格管制，最大限度地防止流入制毒渠道。要进一步创新对毒品犯罪的打击和整治，准确分析、牢牢把握毒品犯罪的规律特点和最新动向，有针对性地组织开展打击整治行动，既要破大案，又要办小案，切实提高打击毒品犯罪的能力和水平。

孟建柱要求，扎实做好禁毒工作，有效解决毒品问题，必须充分发挥我们党的政治优势和社会主义制度优势，坚持党委领导、政府负责、部门协同、群众参与，积极推进禁毒工作社会化、常态化。要把做好群众工作贯穿禁毒工作始终，提高群众自觉抵御毒品侵害的能力，增强群众参与禁毒斗争的积极性和主动性。要切实加强禁毒国际合作，不断开拓合作渠道，推动禁毒合作取得更加务实的成果。

会上，国家禁毒委员会副主任兼国家禁毒委员会办公室主任、公安部副部长张新枫代表国家禁毒委员会办公室汇报了2010年全国禁毒工作情况，分析了当前禁毒斗争形势，并提出了当前和今后一个时期的禁毒工作建议。国家禁毒委员会副主任、委员出席会议并作了发言。

国务院批准在江苏省连云港市设立国家东中西区域合作示范区并批复《国家东中西区域合作示范区建设总体方案》

第四次全国残疾人事业工作会议在北京召开

中共中央政治局委员、国务院副总理、国务院残疾人工作委员会主任回良玉出席会议。

回良玉强调，发展残疾人事业，事关全面建设小康社会大局，事关社会公平正义。残疾人仍然是社会最困难的群体，他们的生活水平和质量与健全人相比还有较大差距，就业还面临较大困难，服务保障还比较薄弱。做好残疾人工作，必须坚持以残疾人为本，坚持普惠政策与特惠措施相结合，把健全残疾人社会保障体系和服务体系作为基本公共服务体系建设的优先领域，把保障残疾人基本需求作为保障和改善民生的重点任务，全面落实《中国残疾人事业"十二五"发展纲要》。一要加大保障力度，着力满足残疾人基本需求，将残疾人普遍纳入城乡居民的社会保障体系，并给予重点保障和特殊扶助。二要大幅增加服务供给，优先发展残疾人教育，稳定和扩大残疾人就业，丰富残疾人精神文化生活，加大农村残疾人扶贫开发力度，切实增强残疾人发展能力。三要加强基础建设，健全法规制度，重视人才培养，完善投入机制，加快基础设施建设，进一步改善残疾人事业发展的支撑条件。四要建立社会化残疾预防机制，加快普及残疾预防知识，提高公众残疾预防意识，制定实施国家残疾预防行动计划，有效控制残疾的发生和发展。

良玉说，广大残疾人既是残疾人事业发展的主体，也是建设中国特色社会主义事业的重要力量。希望广大残疾人朋友自强不息、顽强拼搏，用崇高的理想激励自己，用昂扬的志气鼓舞自己，用丰富的知识充实自己，创造新的业绩，实现人生价值，为国家富强和民族振兴做贡献，和全国人民一道共创共享和谐美好新生活。

全国政协副主席、国务院残工委副主任、中国残联名誉主席邓朴方，中央和国家机关有关部门负责同志，各省、自治区、直辖市人民政府和残工委负责同志等出席会议。会议还表彰了全国残疾人工作先进单位和先进个人。

国家副主席习近平在圣地亚哥与智利总统皮涅拉举行会谈

习近平表示，中智同为发展中国家，都面临着发展经济、改善民生的重任。在人类社会进入21世纪第二个十年之际，两国应共同努力把中智关系提升到新水平。习近平就进一步加强双方各领域务实合作提出五条建议：一是扩大双边贸易，以去年8月两国自由贸易协定服务贸易补充协定生效为契机，不断培育双边贸易新的增长点。二是促进投资合作，加紧推进中智自由贸易协定关于投资的补充协定谈判，尽早达成一致并签署有关协议，为相互投资提供有力支持和更多便利。三是深化农业合作，充分发挥中智农业联委会机制对推进两国农业合作的指导和规划作用，促进两国在种质资源、科技研发、农业技术示范等领域交流合作。四是推进金融合作，积极支持两国金融机构加强合作，为两国经贸、矿业、农业、林业及民生等领域的合作提供金融服务。五是加强科技合作，支持两国有关部门和高新技术企业在清洁能源、可再生能源和新能源领域积极探讨开展合作，并进一步发掘生物技术、信息技术、地震科技等领域合作潜力。

皮涅拉说，智中虽相距遥远，但两国友谊基础深厚，合作意愿强烈，并着眼未来。智利在发展对华关系方面始终走在拉美国家前列，今后也愿意继续发挥引领作用，在推动拉美与中国合作方面作出更多努力。

会谈结束后，习近平与皮涅拉总统共同出席了两国经贸、农业、矿业、金融、电信、检验检疫等领域合作文件的签字仪式。

全国人大常委会副委员长王兆国在都柏林会见爱尔兰总理肯尼

中国—老挝本币跨境结算在云南昆明正式启动

外交部发言人洪磊就越南在南沙海域驱赶中国渔船答记者问

问：据报道，越南外交部发言人称中国渔船日前蓄意割断越南在南海作业的油气勘探船电缆，严重侵犯了越南所谓的主权权利和管辖权，请问中方对此有何评论？

答：越方的说法完全不符合事实。众所周知，中国对南沙群岛及其附近海域拥有无可争辩的主权。中国渔船世世代代在南沙群岛万安滩海域作业。6月9日上午，中国渔船在上述海域正常作业时，遭到越南武装舰船的非法驱赶，并导致其中一艘渔船的渔网与在现场非法作业的越南油气勘探船的电缆缠绕在一起，越方船只不顾中国渔民的生命安全，拖曳中国渔船倒行长达一个多小时。在中国渔船主动剪断渔网后，双方才脱离接触。越方船只的做法严重威胁了中国渔民的生命安全。

需要指出的是，越南在中国南沙群岛万安滩海域进行非法油气勘探并驱赶中国渔船，严重侵犯了中国的主权和海洋权益。中方要求越方停止一切侵权活动，不再采取危及中国渔民人身和财产安全的行动，不再采取使争议复杂化和扩大化的行动。中方希望越方为维护南海的和平稳定作出应有的努力。

中国第二颗月球探测卫星“嫦娥二号”正式飞离月球

国防科技工业局发布消息：6月9日17时10分，在北京航天飞行控制中心的精确控制下，我国第二颗月球探测卫星“嫦娥二号”正式飞离月球，奔向距地球150万公里的深空。

这是“嫦娥二号”卫星在2010年10月1日成功发射，至2011年4月1日半年设计寿命期满，圆满完成了各项工程目标和科学探测任务后，开展的拓展性试验任务。

国家文物局公布2010年度中国十大考古新发现评选结果

这十大发现是：

河南新郑望京楼夏商时期城址

山东济南大辛庄商代遗址

山西翼城县大河口西周墓地

江苏苏州市木渎春秋城址

陕西西安凤栖原西汉家族墓地

新疆吐峪沟石窟

陕西蓝田北宋吕氏家族墓园

湖南永顺县老司城遗址

江苏南京大报恩寺遗址

广东汕头市“南澳Ⅰ号”明代沉船

中国人口文化促进会第四次全国会员代表大会在北京召开

会议总结了人口文化促进会过去5年来的工作，提出了今后5年人口文化发展规划建议，选举产生了新一届理事会。

全国政协副主席李金华当选为中国人口文化促进会新一届理事会会长。彭珮云、蒋正华当选名誉会长，崔丽当选常务副会长。

国家人口计生委主任李斌出席大会并讲话。全国人口文化促进会200余位代表参加会议。

6月10日

国家主席胡锦涛分别接受哈萨克斯坦 俄罗斯媒体书面采访

在对哈萨克斯坦、俄罗斯进行国事访问前夕，国家主席胡锦涛分别接受了哈《哈萨克斯坦真理报》《主权报》和哈萨克斯坦通讯社，以及俄《俄罗斯报》、俄通社—塔斯社和国际文传电讯社书面采访，就中哈关系、中俄关系、当前国际形势等回答了提问。

关于中哈关系以及两国经济、科技、人文等领域合作现状和前景，胡锦涛表示，中哈建交近20年来，在双方共同努力下，两国关系始终保持健康稳定发展的良好势头。特别是2005年7月建立战略伙伴关系以来，中哈关系得到新的快速发展。两国高层交往密切，政治互信不断增强。我同纳扎尔巴耶夫总统在双边和多边场合多次举行会晤。两国已全面解决历史遗留的边界问题，签署了《中哈睦邻友好合作条约》，制定了《中哈21世纪合作战略》，成立了副总理级政府间合作委员会。双方全面推进战略伙伴关系的法律基础日臻完善。两国务实合作取得显著成果，经贸、金融、能源、交通、科技、人文等各领域合作不断深化。中哈石油、天然气管道等项目陆续建成并投人运营，一大批非资源领域合作项目顺利实施。2010年双边贸易额达204亿美元，是建交初期的50多倍。中哈务实合作持续深入发展给两国和两国人民带来实实在在的利益。双方在涉及对方核心利益的重大问题上相互坚定支持，在打击“三股势力”、贩毒、跨国有组织犯罪方面开展了卓有成效的合作。两国人文交流不断扩大，社会交往日益密切，边境毗邻地区友好合作得到加强。“永久和平、世代友好”的理念在两国深入人心，两国人民传统友谊得到巩固和发展。双方在联合国、上海合作组织、亚信等多边框架内保持密切协调和配合，维护和促进了本地区和世界和平、稳定、发展。中方对两国关系发展现状感到满意，对双边关系发展前景充满信心。

胡锦涛指出，中哈互为友好邻邦和重要战略伙伴，同为上海合作组织成员国。发展长期、稳定、全面的中哈战略伙伴关系是两国人民共同愿望，符合两国现实和长远利益。中方高度重视发展对哈关系，始终致力于深化中哈各层次各领域友好合作，不断提升双边关系水平。当前，中哈都在实施新的五年发展规划，两国关系发展面临新的机遇。中方愿同哈方一道，本着相互尊重、平等相待、互利双赢的原则，一如既往增进睦邻友好，加深相互信任，完善合作机制，深化经贸、能源、非资源等各领域务实合作，密切多边协调和安全合作，推动中哈战略伙伴关系不断迈上新的台阶。

在回答对这次访问哈萨克斯坦有何期待、将取得哪些成果的问题时，胡锦涛表示，我期待在访问期间同纳扎尔巴耶夫总统举行会谈，同马西莫夫总理举行会见。我愿同哈萨克斯坦领导人回顾和总结中哈关系近20年来的发展历程和成果，共同对中哈战略伙伴关系下一步发展作出规划和部署、对两国各领域务实合作提出新的目标和任务。我希望同哈方领导人就上海合作组织发展、中亚地区形势以及其他共同关心的重大国际和地区问题深入交换意见。访问期间，双方将发表一份联合政治文件，两国有关部门和企业负责人将签署涉及经贸、金融、环保等领域重要双边合作文件。我们完全有理由相信，在双方共同努力下，这次访问将取得圆满成功，为今后中哈关系持续稳定全面发展注入新的动力。

关于访俄期间同梅德韦杰夫总统和普京总理将讨论的问题，胡锦涛表示，应梅德韦杰夫总统邀请，我即将对俄罗斯进行国事访问，并出席第十五届圣彼得堡国际经济论坛。访俄期间，我将同梅德韦杰夫总统举行会谈，同普京总理举行会见。今年是《中俄睦邻友好合作条约》签署10周年，中俄关系发展面临新机遇。我将同梅德韦杰夫总统和普京总理总结条约签署10年来两国关系发展的成果和经验，确定下一个10年中俄关系发展方向，制定推进两国各领域合作规划。我还将就共同关心的重大国际和地区问题同俄方领导人深入交换意见。我相信，这次访俄将为中俄战略协作伙伴关系在新世纪第二个10年持续健康稳定发展注入新的动力。

在回答关于当前中俄关系发展状况的提问时，胡锦涛表示，《中俄睦邻友好合作条约》签署10年来，中俄关系一直保持全面健康快速发展势头，达到了前所未有的高水平。两国建立起完备的高层交往机制，两国领导人保持着频繁互访和会晤。两国彻底解决了历史遗留的边界问题，在主权、安全、发展利益特别是核心利益问题上相互坚定支持，政治和战略互信不断增强。两国经贸、能源、科技、地方等领域务实合作取得丰硕成果，给两国人民带来实实在在的好处，为两国发展振兴发挥了积极作用。两国举办“青年友谊年”、“国家年”、“语言年”等大型交流活动，教育、文化、卫生、体育、媒体、旅游等人文领域合作蓬勃发展，两国人员往来每年达300多万人次，两国民众相互了解和友谊日益加深。两国在重大国际和地区事务中保持密切的战略协作，维护了两国共同利益，促进了世界多极化和国际关系民主化。

胡锦涛强调，未来10年，在条约精神指导下，在双方共同努力下，中俄战略协作伙伴关系一定会不断迈上新的台阶，取得越来越多的成果，更好造福两国人民，并且为维护世界和地区和平、安全、稳定作出新的应有贡献。

关于中俄经贸合作前景和扩大两国投资合作，胡锦涛表示，在双方共同努力下，中俄经贸合作成功克服国际金融危机影响，实现全面快速回升，整体质量和水平显著提高。2010年，双边贸易额已接近600亿美元。中国跃升为俄罗斯第一大贸易伙伴，两国投资和经济技术合作步伐明显加快，边境和地区合作蓬勃发展。中俄是重要的新兴市场国家和战略协作伙伴，两国经贸合作前景广阔、潜力巨大。双方应该充分发挥各自优势，扩大贸易规模，提高经贸合作质量和水平，实现经贸合作更好更快发展。

胡锦涛指出，去年11月，梅德韦杰夫总统提出了未来3至5年双边贸易额达到1000亿美元目标的设想。从目前发展势头看，实现这一目标是完全可能的。双方还在研究制定下一个10年双边贸易发展目标。中方愿同俄方一道，继续深化经济交流合作，推动双边经贸合作规模和质量协调发展。

胡锦涛表示，近年来，中俄相互投资呈现较快增长势头，各领域投资和经济技术合作项目日益增多。2009年，两国先后批准了《中俄投资合作规划纲要》和《中国东北地区与俄罗斯远东及东西伯利亚地区合作规划纲要(2009—2018年)》。下一步，双方应该以两个规划纲要为指导，以重大项目为龙头、以地区合作为突破、以健全机制为保障，不断创新合作方式、丰富合作内容、挖掘合作潜力、提升合作水平。在继续搞好能源、农业、加工制造业领域合作的基础上，进一步探讨高新技术、基础设施建设、物流和运输、电子信息等领域合作机会，结合双方优势，不断优化投资产业结构。此外，还应该加大两国金融机构参与力度，为双边合作项目提供更好融资环境。

在回答关于中俄能源合作的提问时，胡锦涛表示，近年来，中国积极参与国际能源市场开发，同有关国家开展了多方位合作。这些活动有利于增加全球能源供应，维护世界能源市场稳定和供应安全。

胡锦涛指出，中方高度评价中俄能源合作，这既是中俄经贸合作的重要内容，也是中俄战略协作伙伴关系的重要组成部分。中国能源市场潜力很大，我们愿同俄罗斯以及其他能源生产国和消费国加强合作，共同维护世界能源市场稳定，实现互利共赢。

关于当前国际形势以及国际反恐形势，胡锦涛表示，当前，国际形势正在经历“冷战”结束以来最为深刻复杂的变化，和平、发展、合作的时代潮流更加强劲。世界多极化、经济全球化深入发展，科技创新孕育新突破，新兴市场国家和发展中国家合作蓬勃发展，世界各国面临难得的发展机遇。

胡锦涛指出，与此同时，国际形势的复杂性依然突出。国际金融危机深层次影响不断显现，世界经济复苏步伐缓慢，南北发展不平衡依然严重，全球经济治理改革任重道远。国际安全形势在保持总体稳定的同时，不稳定不确定因素增多。近来，西亚北非部分国家出现政局动荡甚至战乱，对地区稳定带来复杂深刻的影响。各种传统安全问题和非传统安全问题进一步交织，气候变化、环境恶化、能源资源安全、严重传染性疾病、重大自然灾害等全球性问题的威胁和挑战增加。

胡锦涛强调，新形势下，各国相互依存和利益交融不断加深，求和平、谋发展、促合作是人心所向、大势所趋。面对各种风险挑战，我们必须和衷共济、携手合作，谋求共同发展，为建设一个持久和平、共同繁荣的和谐世界作出不懈努力。

胡锦涛表示，近年来，在国际社会共同努力下，恐怖主义活动遭到严重打击，国际反恐斗争取得积极进展。同时应该看到，当前国际反恐形势依然严峻，一些恐怖组织活跃，恐怖主义滋生的土壤远未消除，国际反恐斗争任重道远。国际社会应该按照《联合国宪章》及其他公认的国际法和国际关系准则，加强国际合作，共同打击恐怖主义。应该采取政治、经济、外交等综合手段，标本兼治，努力消除恐怖主义滋生的土壤。中方愿继续本着平等合作、双向互利的原则，同各方一道，推动国际反恐合作不断取得新进展，维护地区和世界和平稳定。

在回答关于中国和平发展的提问时，胡锦涛表示，30多年来，中国坚持改革开放政策，经济社会等各方面发展取得新的显著成就，国际地位不断提升，这是有目共睹的事实。但是，中国仍然是一个发展中国家。从社会生产力、科技创新能力、人民生活水平等方面看，中国还远未达到发达国家的水平。使全体中国人民实现共同富裕、过上更加幸福美好的生活，是一项长期而艰巨的任务，需要我们付出百倍努力。这决定了当前和今后相当长时期内，中国必须把主要精力放在发展上。

胡锦涛强调，坚持走和平发展道路，是中国政府和人民向国际社会作出的郑重承诺，是我们长期坚持的方针。中国将继续高举和平、发展、合作旗帜，始终坚持独立自主的和平外交政策，在和平共处五项原则的基础上同世界各国发展友好合作。倡导互信、互利、平等、协作的新安全观，奉行防御性的国防政策，不搞军备竞赛，不对任何国家构成军事威胁，坚持用和平方式解决国际争端和地区热点问题，反对任意使用武力或以武力相威胁。中国永远不称霸，永远不搞扩张。

关于中国共产党成立90周年，胡锦涛表示，中国共产党90年的历史，是与中国人民的命运、中华民族的复兴、中国的发展进步紧密联系在一起的。20世纪初期的中国，外受帝国主义侵略蹂躏，内受封建专制统治的压迫，民族灾难深重，人民生活在水深火热之中。正是在这样的历史背景下，中国共产党应运而生。90年来，中国共产党紧紧依靠和紧密团结全国各族人民不懈奋斗，战胜各种艰难险阻，取得了革命、建设、改革的伟大胜利。90年后的今天，社会主义中国欣欣向荣，中华民族已经巍然屹立在世界东方。同时，中国共产党也从一个50多人的小党发展成为拥有8000多万党员的大党。可以说，中国共产党90年的历史，就是为民族独立、人民解放和国家富强、人民幸福而不懈奋斗的历史。

胡锦涛指出，虽然我们取得了举世瞩目的发展成就，但我们在发展进程中遇到的矛盾和问题无论规模还是复杂性都世所罕见。中国要全面建成更高水平的小康社会、基本实现现代化、实现全体人民共同富裕，还有很长的路要走。中国共产党将认真总结经验，坚持全心全意为人民服务的根本宗旨，坚持科学发展，更好带领全国各族人民推进改革开放和现代化建设，让13亿中国人民过上更加幸福美好的生活。

学习型党组织建设工作经验交流会在杭州召开

中共中央政治局委员、中央书记处书记、中宣部部长刘云山出席会议并讲话。

刘云山指出，要突出重点，扎实推进，保证学习型党组织建设更加有效地开展。要抓重点内容，坚持不懈地开展党的理论创新成果和重大决策部署的学习教育；抓重点对象，充分发挥领导班子、领导干部示范带动作用；抓关键环节，切实加强和改进学风建设；抓活动载体，广泛搭建便捷多样的学习平台；抓舆论宣传，积极营造重视学习、崇尚学习的良好氛围。要切实加强组织领导，把这项工作纳入党的建设总体规划，纳入党委重要议事日程，纳入目标管理考评体系，作出周密部署，提出明确要求，确保学习型党组织建设各项任务落到实处。

中央建设学习型党组织工作协调小组成员，各省区市和新疆生产建设兵团党委宣传部长及建设学习型党组织工作协调小组办公室主任，中央宣传文化系统各单位负责同志，解放军总政治部负责同志等160多人参加会议。中宣部常务副部长雒树刚主持了会议。

国务院副总理李克强在山西考察

6月10日至11日，李克强从太行山区到晋中平原，深入长治、太原等地的产业园区、工厂车间、建设工地，就加快转变经济发展方式和民生工作进行考察调研，并亲切看望慰问革命老区干部群众。

在潞安集团，李克强指出，"十二五"期间，我国发展面临的能源资源矛盾仍十分突出。加快转变经济发展方式、实现可持续发展，必须破解能源资源瓶颈制约，发展循环经济是一条势在必行、行之有效的出路。当前正值迎峰度夏的关键时刻，缓解煤电油气运压力、促进经济平稳运行，既要保障有效供应，也要注重节能增效，提高能源资源使用效率。我们正在抓紧编制国家能源专项规划，这也是重点专项规划，要把推动循环发展放在重要位置。

在太原重型机械集团，李克强勉励企业继续做强中国制造，努力打造世界品牌。走进罗克佳华有限公司，看到企业把物联网技术应用于矿山安全、污染源监控、住房公积金管理等领域，李克强说，我们正在跨进物联网时代，要让这一战略性新兴产业和现代服务业尽快成长，运用新技术把经济社会信息更广泛地连接起来，服务企业，服务大众。

李克强还看望了山西长治光荣院老同志们，考察太原市西华苑保障房小区。

考察中，李克强充分肯定山西省经济社会发展和结构调整取得的成绩，希望山西深化改革开放，进一步发挥比较优势，推进太原城市群建设，加快资源型经济优化升级，在中部崛起中实现发展的转型跨越。

新世纪中国农村扶贫开发成就展在北京开幕

中共中央政治局委员、国务院副总理、国务院扶贫开发领导小组组长回良玉出席开幕式并致辞。

中共中央书记处书记、中央纪委副书记何勇、全国人大常委会副委员长乌云其木格、李建国、司马义·铁力瓦尔地,全国政协副主席张榕明、钱运录出席开幕式并一起参观展览。

回良玉在致辞中指出,消除贫困、共同富裕,实现中华民族的伟大复兴,是中国共产党始终不渝的奋斗目标和崇高使命。党和政府始终高度重视扶贫开发事业,从上世纪80年代中期开始,国家实施了有组织、有计划、大规模的扶贫开发。进入新世纪以来,国家实施了《中国农村扶贫开发纲要(2001—2010年)》,进一步加大了扶贫开发力度,极大地改变了贫困地区的面貌,极大地增进了贫困群众的福祉,进一步探索和拓宽了适合我国国情的扶贫开发道路。扶贫开发的巨大成就,不仅为促进我国经济发展、政治稳定、民族团结、边疆巩固发挥了重要作用,也为推动全球减贫事业作出了重大贡献,其创造的精神财富影响深远,必将载入史册。他强调,未来10年扶贫开发任务十分艰巨,要进一步增强责任感和紧迫感,继续毫不放松地抓好扶贫开发工作,进一步完善扶贫政策,创新体制机制,强化扶贫措施,加快贫困地区和贫困人口发展步伐。

财政部发出《基本建设贷款中央财政贴息资金管理办法》并发出通知

国务院有关部门,有关省、自治区、直辖市、计划单列市财政厅(局),新疆生产建设兵团财务局,有关中央管理企业:

根据《中共中央国务院关于深入实施西部大开发战略的若干意见》(中发〔2010〕11号)和《国务院关于发挥科技支撑作用促进经济平稳较快发展的意见》(国发〔2009〕9号)精神,为更好地发挥财政贴息政策的扶持引导作用,经征求有关部门意见,我们对《基本建设贷款中央财政贴息资金管理办法》(财建〔2007〕416号)进行了修订。现印发你们,请遵照执行。

财政部

2011年6月10日

基本建设贷款中央财政贴息资金管理办法(略)

国家副主席习近平在圣地亚哥会见智利众议长梅莱罗

国家副主席习近平在圣地亚哥出席中国—智利企业家委员会第五次年会开幕式并发表讲话

智利总统府秘书部部长拉罗莱特、经济部部长丰泰内、国家生产与贸易联合会主席孔查、中智企业家委员会双方主席以及中智两国工商企业界代表等约400人出席了开幕式。

外交部副部长张志军、国家发展和改革委员会副主任朱之鑫、国家开发银行董事长陈元、中国驻智利大使吕凡等出席上述活动。

国家副主席习近平在中国—智利企业家委员会第五次年会开幕式上发表题为《把握有利机遇 深化互利合作》的讲话

尊敬的拉罗莱特部长先生,女士们,先生们,朋友们:

今天,中国—智利企业家委员会第五次年会隆重开幕,我很高兴能同各位一起出席年会开幕式。中智企业家委员会成立6年来,为加强两国企业对话和合作、促进两国经贸关系发展起到了积极作用。我谨向各位中智企业家,以及长期以来为促进中智友好合作、增进两国人民友谊作出积极贡献的各界人士,致以崇高敬意!

智利地理地貌独特,人民顽强坚韧。长期以来,智利以独特的民族精神屹立于世界民族之林,特别是以傲人的智利经济奇迹,赢得拉美地区发展样板的美誉。去年,智利发生“2·27”特大地震灾害,在皮涅拉总统领导下,智利人民有效开展了抗震救灾和灾后重建;去年8月圣何塞铜矿发生塌方事故后,智利政府全力开展营救行动,成功解救了被埋在地下700米深处、长达69天的33名矿工,创造了世界救援史上的奇迹。这不仅彰显了智利人民的强大民族凝聚力,也显示了智利政府应对突发重大灾害的卓越领导能力。对此,我们深表钦佩。

中智两国和两国人民,是真诚互信的好朋友、互利合作的好伙伴。双方自1970年建立外交关系以来,特别是2004年建立全面合作伙伴关系以来,政治互信不断加深,各领域务实合作成果丰硕,在国际和地区事务中保持着密切沟通和配合。智利积极参与北京奥运会和上海世博会,给中国办好这两大国际盛会提供了有力支持。去年是两国建交40周年,上任不久的皮涅拉总统对中国进行了成功的国事访问,两国元首就进一步加强中智关系达成重要共识,为双边关系未来发展指明了方向。

我们高兴地看到,在两国政府和各界共同努力下,双边经贸合作快速发展,贸易总量大幅增长。2010年,双边贸易额达到258亿美元,同比增长44.8%,现在中国已成为智利第一大贸易伙伴、第二大进口来源国、第一大出口目的地国,智利则是中国在拉美的第二大贸易伙伴。目前,中国是智利铜的最大买主,同时智利的葡萄酒、水果、三文鱼等产品也越来越多地进入中国市场；中国的汽车、家电、轻纺和通信产品也受到智利消费者的欢迎。不断扩大的经贸合作，持续增长的相互投资，稳步推进的金融合作，给双方人民带来了实实在在的利益，也使两国人民的友谊与日俱增。

女士们、先生们！

深化中智经贸合作，前景广阔，大有可为。这是因为，稳定发展的双边关系，为深化经贸合作提供了良好政治基础和社会环境；快速发展的两国经济，为深化经贸合作提供了内在动力；各具优势的资源、资金、技术、市场，为深化经贸合作提供了广阔空间。中方愿同智方一道，把深化经贸合作作为今后的共同着力点和两国关系新亮点。我建议，双方可在以下5个方面共同作出努力。

第一，抓住机遇，继续扩大双边贸易。2005年签署的中智自由贸易协定，是两国经贸关系发展史上的里程碑，为深化经贸合作注入强大动力，引领双边贸易发展进入快车道。2010年8月，中智自由贸易协定关于服务贸易的补充协定也已正式生效。两国应该抓住自由贸易协定签署和服务贸易补充协定生效的有利时机，积极培育新的贸易增长点，保持贸易规模持续快速增长的好势头，为两国各自经济发展作出积极贡献。

第二，挖掘潜力，积极开展投资合作。截至2010年年底，智利在华实际投资0.7亿美元，中国在智利实际投资约4.4亿美元，双方在开展投资合作方面还有很大潜力。中国政府将继续鼓励有实力的中国企业，加大对智利资源、能源、农业、基础设施建设等传统领域投资，以及高新技术和先进制造业等领域的投资。同时，也欢迎更多智利企业家前往中国投资兴业。希望中智自由贸易协定关于投资补充协定的谈判尽早达成一致并签署协议，为相互投资提供更多便利。

第三，着眼长远，大力拓展新兴产业合作。在国际金融危机冲击和全球气候变化双重压力下，现在世界各国都把发展新兴产业作为引领复苏、促进发展的突破口。中国在“十二五”规划中确立了节能环保、新一代信息技术、生物、高端装备制造、新能源、新材料以及新能源汽车等重点发展的新兴产业。中国在太阳能光伏产业、大型成套设备等领域也拥有世界先进技术。智利也及时出台了大力发展低碳经济的相关政策。希望双方发挥各自优势，加强新兴产业合作，共同提升相关产业竞争力，为两国经贸关系可持续发展注入新动力。

第四，开拓进取，发挥企业主体作用。春江水暖鸭先知。企业既是对市场机遇感应最为敏感的微观主体，也是经贸和投资合作主体。当前，亚太和拉美成为全球最具经济活力的地区，这为双方企业乘势而上、扩大合作提供了机遇。希望双方企业和企业家审时度势、奋发有为，以本次年会召开为契机，进一步积极行动起来，加强彼此交往，增进相互了解，挖掘合作潜力，开辟新的更加广阔的合作领域，在更大规模上实现优势互补。

第五，依托机制，提高政府服务水平。两国政府特别是经贸主管部门应该充分利用好现有的双边政治磋商、经贸混委会、科技混委会、农业联委会、矿业联委会等机制，加强磋商和协调，积极发挥宏观指导作用，为双方企业扩大互利合作和人员往来提供便利、排忧解难。两国政府还要积极为企业合作提供政策咨询、信息传递等服务，支持金融机构给予必要的资金保障，完善有利于双向投资的法制环境。

女士们、先生们！

改革开放30多年来，中国经济持续快速发展。特别是在过去10年里，中国平均每年进口价值6870亿美元的商品，为相关国家和地区创造了1400多万个就业机会。2010年，中国国内生产总值实现10.3%的增长，货物进口额达到13948亿美元，为推动世界经济复苏作出重要贡献。这充分说明，中国发展得越好，对世界作出的贡献越大，为各国提供的发展机遇和市场机遇就越多。不久前，中国制定和颁布了“十二五”规划纲要，确定了未来5年中国经济社会发展的指导思想、战略目标、主要任务。我们将以科学发展为主题，以加快转变经济发展方式为主线，加快推进经济结构调整，大力加强自主创新，切实抓好节能减排，不断深化改革开放，着力保障和改善民生，促进社会公平正义，促进经济长期平稳较快发展和社会和谐稳定。

智利在发展与中国的关系上曾经创造了“四个第一”，即：智利是第一个同中华人民共和国建交的南美国家，也是第一个就中国加入世贸组织同中方签署双边协议、第一个承认中国完全市场经济地位、第一个同中国签署双边自由贸易协定的拉美国家。我相信，在21世纪第二个十年，在中国颁布实施的“十二五”规划纲要和智利制定的宏伟经济社会发展目标引领下，在两国政府积极推动和两国企业界共同努力下，中智两国一定会在深化经贸和投资合作方面，创造出更多新的第一，更好地造福两国人民。希望中智两国企业家携起手来，把握发展机遇，深化互利合作，共创中智关系更加美好的明天！

祝中智企业家委员会第五次年会圆满成功！

国家副主席习近平在总部位于圣地亚哥的联合国拉丁美洲和加勒比经济委员会发表演讲

联合国拉丁美洲和加勒比经济委员会执行秘书巴尔塞纳，部分智利国会议员、政府官员、军警高官、学术界、商界代表和各国驻智使节约200人出席。

巴尔塞纳代表联合国拉丁美洲和加勒比经济委员会感谢习副主席专程莅临就拉中关系发表重要演讲。她说，这充分体现了中国政府对发展同拉美国家关系的高度重视。拉中关系的发展对拉美地区较早摆脱金融危机影响发挥了重要作用。目前拉中关系已日趋成熟，面临着实现质的飞跃的契机。双方应抓住机遇，继续保持高层对话，拓展务实合作，尤其是在科技创新、教育、可再生能源等领域的合作，加强在全球性议题上的协调配合，推动拉中关系向新的更高水平发展。

国副主席习近平在联合国拉丁美洲和加勒比经济委员会发表题为《携手开创中拉全面合作更加美好的未来》的演讲

尊敬的巴尔塞纳执行秘书女士，女士们，先生们，朋友们：

今天，我很荣幸能在对智利进行正式访问期间，来到联合国拉丁美洲和加勒比经济委员会做客并同大家见面。拉美经委会是研究拉美经济社会发展的权威机构，也是汇聚拉美发展经验、创新发展理念的重要智库。我谨代表中国政府和人民，向在座各位朋友，并通过你们向拉美和加勒比各国人民致以诚挚问候和良好祝愿。

这是我担任中华人民共和国副主席以后第一次访问智利。中智虽然相距遥远，但两国人民长期友好。智利是第一个同中华人民共和国建交的南美国家，也是第一个就中国加入世贸组织同中方签署双边协议、第一个承认中国完全市场经济地位、第一个同中国签署双边自由贸易协定的拉美国家。中智建交41年来，特别是2004年建立全面合作伙伴关系以来，两国关系取得长足发展。

拉美和加勒比地区是当今世界最具发展活力和发展潜力的地区之一。2003年至2008年，拉美经济年均增长4.8%，人均国内生产总值年均增长3.4%。2009年，拉美地区虽然也受到国际金融危机的严重冲击，但很快就在2010年实现了恢复增长，经济增长速度达到6%，人均国内生产总值增长达到4.8%。这表明拉美已进入经济持续较快增长的新阶段。与此同时，拉美对外交往更为活跃，成为积极参与全球治理，维护世界和平、促进共同发展的一支不可忽视的新兴力量。

女士们、先生们！

太平洋西岸的中国是一个有着5000多年历史的文明古国。中华人民共和国成立以来特别是改革开放30多年来，我们坚持对外开放基本国策，打开国门搞建设，加快发展开放型经济。从建设经济特区到开放沿海、沿江、沿边、内陆地区再到加入世界贸易组织，从大规模“引进来”到大踏步“走出去”，利用国际国内两个市场、两种资源的水平不断提高，国际竞争力逐步增强，人民物质生活和精神文化生活得到改善。

在21世纪第一个十年，中国保持了经济平稳较快发展与社会和谐稳定。我们有效应对国际金融危机冲击，战胜了四川汶川特大地震、青海玉树强烈地震、甘肃舟曲特大山洪泥石流等重大自然灾害，成功举办了北京奥运会、上海世博会，胜利完成了“十一五”规划的主要目标任务，综合国力大幅提升。现在，中国已成为世界第一大出口国、第二大进口国、第二大经济体、第四大发明专利国。中国在载人航天、探月工程、超级计算机等尖端科技领域实现重大突破。同时，中国还创造了世界最大规模的就业，实现了世界最大规模的减贫，并推进了世界最大规模的城市化。去年，居住在中国城镇的人口已占全国总人口的49.7%，这为实现全球城市人口首次超过农村人口作出了重要贡献。

中国的快速发展进步，并没有改变作为发展中国家的定位。中国的人口多、底子薄，发展还很不平衡，人均国内生产总值水平还很低，还有1亿多人生活在联合国设定的贫困线以下。中国产业结构不够合理，城乡区域发展不协调，经济发展质量需要改善，特别是经济增长的资源环境约束强化，科技创新能力不强，就业总量压力和结构性矛盾并存。中国实现自己的发展目标需要继续付出艰苦努力。

不久前，中国政府颁布了国民经济和社会发展第十二个五年规划纲要，确定了今后5年中国的发展目标。我们将以科学发展为主题，以加快转变经济发展方式为主线，深化改革开放，保障和改善民生，促进经济长期平稳较快发展与社会和谐稳定，为全面建成惠及十几亿人口的更高水平的小康社会打下具有决定性意义的基础。

女士们、先生们！

中国同拉美和加勒比国家都是发展中国家，都处在经济社会发展关键时期。在过去的10年，双方发挥各自优势，为实现联合国千年发展目标携手同行，中拉合作实现了跨越式发展，合作的发展速度和广度、深度都达到前所未有的水平。

过去10年是中拉紧密团结的10年。中拉战略上相互重视，政治上相互支持。巩固和加强中拉关系成为双方坚定不移的政治抉择。10年来，中国国家领导人多次访问拉美和加勒比，拉美和与中国建交的加勒比国家元首或政府首脑都先后访华。中拉在涉及各自核心利益和重大利益问题上始终相互理解、相互支持，在重大国际问题和全球性问题上保持良好沟通和配合，政治互信不断加深。

过去10年是中拉共同发展的10年。中拉贸易额由不足150亿美元迅速攀升到1830亿美元，年均增长

28.4%。特别是中国加入世贸组织以来，中拉经贸合作持续深化，在应对国际金融危机过程中，中拉又携手合作、共克时艰，取得丰硕成果，充分显示了双方经济的巨大互补性。现在，中拉经贸合作呈现出全方位发展的良好局面，中国已成为拉美第二大贸易伙伴，拉美则成为全球对华出口增速最快的地区。中拉合作给双方人民带来实实在在的利益，表明这种合作是互利共赢的，是可持续的。

过去10年是中拉深化友谊的10年。中拉两大古老文明相互尊重，文化交流和人员往来日益密切，越来越多的孔子学院成为中拉人民相互了解和学习的窗口。拉美和加勒比国家积极参与北京奥运会和上海世博会，向中国人民展示了一个充满活力和希望的拉美。中拉企业家峰会、中拉智库交流论坛等民间交流机制，打破了中拉地理距离的制约，成为推动中拉友好合作和共同发展的新平台。这些密切的交流，极大增进了双方人民的相互了解和友谊。

女士们、先生们！

进入21世纪第二个十年，中拉关系迎来新的发展机遇。我们将遵照胡锦涛主席2008年访问秘鲁时提出的发展中拉关系的三项重要方针，同拉美和加勒比国家一道，牢牢把握共同发展的主题，坚持平等互利的基本原则，不断开拓创新、开展广泛全面合作，使中拉关系在新的起点上迈上更高层次、覆盖更宽领域、达到更高水平。

第一，中拉在政治上应该成为相互尊重、真诚互信的好伙伴。保持双方领导人密切交往传统，共同维护中拉关系稳定发展大局。在涉及彼此重大利益的问题上加强沟通和协调，不断夯实互信基础。我们深信，只要双方同心同德，继续以长远眼光、战略思维、包容态度看待和处理中拉关系，就一定能推动互利合作始终沿着正确轨道不断向前发展。

第二，中拉在经济上应该成为互惠互利、合作共赢的好伙伴。中国愿同拉美和加勒比国家一道，着眼于推动中拉务实合作向全面、深入、平衡、可持续方向发展，促成相互出口更多高附加值产品，扩大贸易规模，优化贸易结构。我们也将继续鼓励中国企业在相互尊重、平等互利基础上加大在拉美投资兴业力度，拓展农业、制造业、基础设施建设、新能源、航空航天等领域合作，积极探索新的合作方式，不断提升中拉合作水平。

第三，中拉在人文上应该成为交流互鉴、和谐共处的好伙伴。人文交流是沟通不同国家人民心灵的有效渠道。中拉要加强民间团体、学术机构、新闻媒体等社会各界多层次、多形式的交流往来，不断增进相互理解，巩固中拉关系发展的社会基础。特别要多为青少年创造相互接触、相互学习、广交朋友的机会，将中拉友谊不断传承下去。我们还要共同着眼于进一步造福双方人民，深入开展扶贫减灾、公共卫生建设、社会保障、人力资源开发等领域经验交流，丰富合作内涵，为实现联合国千年发展目标多做贡献。

第四，中拉在国际事务上应该成为同舟共济、协调合作的好伙伴。进一步密切在重大国际问题上的沟通合作，不断加强在应对全球性挑战方面的经验交流，拓展中拉关系战略内涵，提升中拉关系全球影响。同时，中国将一如既往地支持拉美和加勒比国家在国际事务中发挥更大作用，共同维护好发展中国家正当权益。

女士们、先生们！

让我们在促进中拉双方共同发展和推动建设持久和平、共同繁荣的和谐世界的道路上携手同行，共同开创中拉全面合作更加美好的未来。

谢谢大家。

外交部部长杨洁篪在北京与刚果共和国外交与合作部部长伊奎贝举行会谈

第九届科学中国人2010年度人物在北京揭晓

中国科学院院士、中国科学院地质与地球物理研究所研究员刘光鼎获“终身成就奖”；中国科学院院士、四川辉阳生命工程有限公司董事长刘新垣，中国工程院院士、北京医科大学第一医院教授郭应禄获“杰出贡献奖”；中国科学院院士、南方科技大学校长朱清时获“杰出校长奖”；中国人民解放军某厂高级工程师向巧等5人获“杰出青年科学家”荣誉称号。

第二十五届中国戏剧梅花奖大赛颁奖晚会在成都举行

本届共有42位演员获奖，其中王艳等35名演员荣获第二十五届中国戏剧梅花奖“一度梅”奖，史佳花等5名演员获第二十五届中国戏剧梅花奖“二度梅”殊荣，本届梅花大奖花落苏州滑稽戏剧团的表演艺术家顾芗与重庆川剧院的表演艺术家沈铁梅。

孔杰在北京夺得亚洲电视围棋快棋赛冠军

6月11日

国务院总理温家宝给日本灾区小学生福岛佳代的回信

福岛佳代小朋友：

来信、图画及照片都收到了，非常高兴。我已邀请日本灾区的孩子们到中国度假，知你非常喜欢中国，希望你能来。

祝你和家人健康、愉快!

温家宝

2011年6月11日

全国政协主席贾庆林在厦门会见出席第三届海峡论坛的两岸各界人士

贾庆林指出,过去三年两岸关系取得可喜进展,总体面貌发生了历史性的巨大变化。这表明我们推动两岸关系和平发展的政策,符合两岸同胞的共同利益,是正确和可行的。下一步两岸关系发展面临很多机遇,我们主张加强大陆"十二五"规划与台湾"黄金十年"政策蓝图的连接,同时落实好两岸经济合作框架协议,全面扩大和深化两岸经济合作,更好地实现两岸经济互惠互利,让台湾千家万户获得更多实实在在的好处。

贾庆林强调,未来一段时间是两岸关系承前启后的关键节点,能否在此期间维护好两岸关系和平发展的大局,积极把握机遇,有效排除干扰,妥善处理问题,是摆在两岸同胞面前非常现实和重大的任务。我们主张两岸同胞自觉行动起来,共同呼吁四个"一定要":

一定要前进。两岸关系正呈现良好发展势头,必须保持下去。只要两岸双方把握方向,巩固互信,先易后难,循序渐进,就可以在前进中不断克服困难、在发展中解决问题,就可以赢得越来越多台湾民众的理解和支持。

一定要稳定。两岸关系的稳定,关键在于进一步巩固反对"台独"、坚持"九二共识"这一共同的政治基础。两岸基层民众追求的是安定幸福的生活,不希望两岸关系发生新的波折甚至动荡。

一定要团结。两岸双方应多尽融洽感情的心力,不做影响团结的事情。两岸各界人士需要加强沟通,共同维护中国人的形象和两岸民众的切身利益,一道增进中华民族的整体利益。

一定要共赢。两岸各界更应发扬互利共赢的合作精神,尊重对方实际情况,照顾彼此合理关切,不仅自己过得好,也想着让对方过得好,大家都获益、都开心、都幸福。

中国国民党副主席曾永权表示,近年来,两岸交流合作取得一系列重大进展,两岸关系迈入和平繁荣大道。举办了七届两岸经贸文化论坛,建立国共党对党沟通平台;在"九二共识"基础上,举行了六次两会协商,建立制度化协商渠道;海峡论坛至今举办三届,建立了两岸民间交流桥梁。希望双方继续共同努力,相互尊重,搁置争议,和平发展,共创双赢。

中国统一联盟主席纪欣、屏东县国民党籍民意代表王进士、佛教慈济慈善事业基金会副总执行长林碧玉、新竹农田水利会会长徐元栋、工商建设研究会理事长吴嘉璘、乡镇市民代表会联合总会秘书长刘冠雄也先后发言,为两岸关系和平发展建言献策,祝愿海峡论坛这一两岸基层民众交流合作的盛会越办越好。

全国政协副主席林文漪,顾秀莲、王毅、孙春兰、陈云林、苏树林、宋秀岩、梁绮萍以及来自台湾的亲民党荣誉副主席钟荣吉,台湾无党团结联盟主席林炳坤,新党全委会顾问陈癸淼,中国统一联盟主席纪欣,人民最大党主席许荣淑等110名各界代表参加会见。

中共中央政治局常委李长春在宁夏调研

6月11日至14日,李长春先后来到固原、中卫、吴忠、石嘴山、银川等地,深入农村、社区、企业和宣传文化单位,就改善贫困地区群众生产生活、转变经济发展方式和推动文化改革发展等进行调研,听取宁夏回族自治区党委和政府工作汇报,对宁夏经济社会发展取得的成就给予充分肯定。他希望宁夏紧紧抓住国家深入实施西部大开发战略等机遇,牢牢把握科学发展这个主题和加快转变经济发展方式这条主线,一手抓保障和改善民生、一手抓特色优势产业发展,大力推进民族团结进步事业,努力探索符合宁夏实际、具有宁夏特色的兴区富民发展新路。

国务院副总理李克强在河北石家庄出席部分省份保障性安居工程工作会议

李克强强调,各地要认真贯彻落实党中央、国务院的决策部署,注重创新机制,确保任务落实,确保建设质量,确保分配公平,三方面齐头推进,实现今年保障房建设目标,兑现对人民群众的郑重承诺。

李克强说,保障性安居工程既是重大民生工程又是重大发展工程,不仅有利于保障和改善民生,增加住房有效供给,抑制房价过快上涨;也有利于优化投资结构,扩大消费需求,带动相关产业发展。这是对我们加快转变经济发展方式的重要检验,也是加强和改善宏观调控、保持经济平稳较快发展的重要举措。

李克强说,中央将进一步采取措施加大对地方的资金支持力度,各地也要集中财力用于保障房建设,抓紧建立健全保障性安居工程融资机制,吸引各方面资金投入,同时加强资金监管,确保资金安全。保障房用地要优先供应、应保尽保,项目审批要急事急办,为推动保障房建设创造条件。

李克强强调,住房质量直接关系群众生命财产安全,在这个问题上不能有丝毫马虎和放松。各地都要尽快制定落实保障房质量监管办法,在设计、建材、施工等各个环节上严格把关,对存在的问题、隐患发现一起,整改一起。要对保障房建设实行质量终身责任制,一旦质量出了问题,不论责任人走到哪里,都要追究其责任。

李克强指出，公平分配是保障性安居工程的“生命线”。各地都要出台保障房分配管理的具体办法，完善准入退出机制，审核和分配房屋要实行网上公开，接受人大代表、政协委员、新闻媒体和人民群众全过程监督，建立投诉举报制度，坚决排除人为干扰，严肃查处以权谋私，做到过程和结果公开公平公正，使住房困难的中低收入家庭受益。李克强要求，各地区各有关部门要进一步贯彻落实国务院关于房地产调控的政策措施，促进房地产市场健康发展。

中国爱国拥军促进会成立大会在人民大会堂举行

第四届全国残疾人职业技能竞赛在江苏南京举行

中共中央政治局委员、国务院副总理回良玉，全国政协副主席邓朴方致信。

回良玉在信中指出，残疾人中蕴藏着巨大的创造潜能，他们同样是物质文明和精神文明的创造者，是中国特色社会主义事业不可或缺的建设者。各地区、各有关部门要采取更加有力的举措，大力推动残疾人就业、改善残疾人民生。他鼓励全体参赛选手赛出风格、赛出水平、赛出友谊，展现当代残疾人身残志坚、自强不息、奋发有为的风采。

邓朴方在信中强调，希望通过竞赛活动引导社会正确认识残疾人的潜能与比较优势，提高用人单位安置残疾人就业的责任意识，履行法律义务，促进残疾人就业。

本届竞赛由人力资源和社会保障部、中国残联共同主办，江苏省人民政府承办。

6月12日

第三届海峡论坛大会在福建厦门举行

论坛于6月12日至17日举行。中共中央政治局常委、全国政协主席贾庆林出席并致辞。

贾庆林说，三年来，论坛聚焦“扩大民间交流、加强两岸合作、促进共同发展”的主题，坚持民间性、大众性、广泛性的特色，内涵不断丰富，形式不断创新，影响不断扩大，已成为两岸民间交流的重要平台和知名品牌。参加本届论坛的台湾民众超过1万人，近90%来自基层，还出现了台湾庙会等新形式。实践证明，论坛具有旺盛的生命力和创造力。只要有两岸同胞特别是台湾民众的关心、爱护和广泛参与，只要保持特色、注重实效、完善机制，只要充分调动各方面的积极性，论坛就一定能越办越好，越办越红火。

贾庆林表示，海峡论坛的动力在于基层民众，两岸关系发展的活力在于基层交流。基层交流源于不能割舍的亲情、乡情和友情，有着天然、朴素的内在动力；根植于既有的千丝万缕联系，遍及经济、文化、社会各个方面，牵动社情民意，惠及千家万户。20多年来，不管台湾海峡是晴是雨，两岸民众都积极开展交流合作，致力于实现直接“三通”，反对“台独”势力倒行逆施，终于迎来了两岸关系和平发展的春天。特别是最近三年，两岸民众开始了史无前例的大交流，基层交流更是深入社区、乡村，遍及经济、文化、社会生活的各个领域。两岸基层民众的直接来往与交流合作，拉近了彼此距离，增加了相互了解和理解，减少了隔阂和误解，增强了亲近感和认同感，扩大了共同利益，使两岸关系和平发展成为不可阻挡的历史潮流，也有利于为两岸进一步化解分歧营造良好的民意氛围。

贾庆林指出，我们一直高度重视两岸基层交流。两岸关系和平发展要靠两岸政治家的共识与推动，更要靠社会各界的认同和参与；要靠工商企业、社会团体的交往，更要靠普通百姓的互动；要靠人流、物流、资金、信息的畅通，更要靠基层民众心灵的沟通。我们始终坚持制定发展两岸关系的政策措施面向台湾基层民众，千方百计为两岸基层交流创造更好的条件、提供更多的便利、搭建更多的平台，为台湾同胞在大陆的正当权益提供切实的保障，使两岸关系和平发展的成果惠及更广大的基层民众。今后，我们将继续依靠基层、服务基层、造福基层。在制定和实施具体政策时，更多倾听基层民众的声音，了解基层民众的需求。

贾庆林强调，两岸关系和平发展，符合两岸同胞的根本利益，也是两岸同胞的历史责任。和平发展的局面，要靠两岸同胞同心同德、一道打拼；和平发展的成果，要让为之作出努力的两岸同胞特别是基层民众共同享有、共同维护。贾庆林为此提出五点希望：

第一，切实打牢两岸关系和平发展的政治基础。只有保持两岸关系的稳定，巩固反对“台独”、坚持“九二共识”的共同政治基础，排除对两岸关系的各种干扰因素，才能使两岸关系保持正确方向，才能让和平发展的成果不至得而复失。

第二，不断扩大两岸关系和平发展的成果。当前，要切实落实两岸经济合作框架协议，加快后续协议的商谈，深化两岸经济合作，扩大文化教育交流，让基层民众更多受益。

第三，努力推进改善民生的政策措施。大陆的“十二五”规划将民生放在优先位置。两岸双方都需要采取更多亲民、便民、利民的措施。两会商谈也应该继续把改善民生放在重要位置，更多地考虑保障就业和增加收入等民众的切身利益。

第四，着力促进两岸基层的对接与互助。两岸基层应加强交流、扩大合作，让更多的民众直接受益。两岸基层组织和社团应创新合作方式，多出主意，多结对子，多办实事。两岸各类民间团体和中小企业，应该发挥自身特长，在促进两岸贸易投资以及旅游观光等方面扮演更加积极的角色。

第五，积极把握海峡西岸经济区大发展的难得机遇。包括大陆和台湾在内的中国是两岸同胞的共同家园，包括海西海东的海峡两岸都是两岸同胞的创业天地。以福建为中心的海西地区与台湾有着地缘、人缘、文缘等密切联系，拥有先行先试的政策，面临大开发、大发展的历史机遇。希望台湾同胞与大陆同胞一道，投身包括平潭岛在内的海西建设，施展自己的才华与抱负。

中国国民党副主席曾永权在发言中代表国民党对第三届海峡论坛的顺利举办表示祝贺。他说，本届论坛充分体现了多元、草根的特色，贴近民生议题，契合两岸需要。顺应民心是两岸关系稳定的根基，增进民利是两岸关系和平发展的目标。两岸关系正迈向大交流、大合作、大发展的新时代，大家要非常珍惜这得来不易的成果，不应该也不可以再走回头路。当前，要尽速完成两岸经济合作框架协议后续协商，搭建更多两岸民间交流平台，推动两岸产业合作，加强海西与台湾各地的经贸合作。两岸要继续走和平繁荣的大道，让双方经济互惠双赢、人民安居乐业，让我们的子子孙孙在和平、繁荣、幸福中成长。

中共中央台办、国务院台办主任王毅在发言中说，两岸交往已经深入到基层民众的日常生活当中。两岸关系风调雨顺，民众就能得到更多便利和实惠；两岸关系风高浪急，民众的生活和福祉就会受到冲击。今年论坛的最强音是"聚焦基层，共享成果"。"聚焦基层"，就是要将更多的关心和资源投向基层，展现民众的创造力和主人翁精神，发挥民众推动两岸关系和平发展的主力军作用。"共享成果"，就是要让两岸关系和平发展的成果由为之作出努力的两岸同胞共同享有，让两岸民众尤其是台湾基层民众更多、更广、更均衡地从两岸交流合作中受益。"聚焦基层、共享成果"已经在两岸交流合作中取得可喜进展，是我们发展两岸关系方针政策的重要内容，也是两岸关系未来发展的客观要求。只要我们双方维护好两岸关系的政治基础，保持好和平发展的良好势头，当前及今后出现的问题都能在前进中逐渐解决，民众利益也能在前进中逐步扩大。

中共福建省委书记孙春兰在发言中说，海峡论坛创办于厦门，影响及两岸。举办两年来，论坛发布实施了一系列政策措施，使两岸民众获益良多。我们将按照《海峡西岸经济区发展规划》的目标任务，加快建设两岸经贸合作的紧密区域、两岸文化交流的重要基地、两岸直接往来的综合枢纽，使发展成果更好地惠及两岸人民。我们将进一步推动闽台产业合作，为两岸关系发展奠定更为坚实的物质基础；加快推进平潭开放开发，积极建设两岸同胞的共同家园；以最大的诚意为台湾同胞办实事、做好事，不断谋求两岸民众的共同福祉。

国家旅游局局长邵琪伟在发言中宣布，大陆居民赴台个人游第一批试点城市为北京市、上海市及福建省厦门市，并将于6月28日正式启动。同时，双方同意开放福建居民赴金门、马祖、澎湖地区个人游，具体实施安排将尽快协商确定。两岸将在总结经验的基础上，按照积极稳妥、循序渐进的原则，依发展情况逐步扩大开放范围。

台湾桃园县县长吴志扬、台南农会代表林其福、南投市长许淑华，国家发改委副主任解振华、海关总署副署长鲁培军也分别在大会上发言。

论坛大会由中共中央台办、国务院台办常务副主任郑立中主持。全国政协副主席林文漪、厉无畏，顾秀莲、陈云林、宋秀岩、林军、梁绮萍，以及来自台湾的亲民党荣誉副主席钟荣吉、无党团结联盟主席林炳坤、新党全委会顾问陈癸淼、中国统一联盟主席纪欣、人民最大党主席许荣淑等两岸嘉宾共1700余人出席大会。

全国政协主席贾庆林在江西调研

6月12日至16日，贾庆林先后来到景德镇、鹰潭、新余、宜春、萍乡、南昌等地，深入工厂企业、科技园区、农村乡镇，与广大干部群众共商科学发展大计。他还专程前往安源路矿工人运动纪念馆，深切缅怀老一辈革命家的丰功伟绩。调研期间，贾庆林听取了江西省委、省政府的工作汇报，对江西近年来改革开放和现代化建设取得的成就给予充分肯定。

在宜春市西村现代农业示范园，贾庆林强调，推进经济结构战略性调整，是提升国民经济整体素质、赢得国际经济竞争主动权的根本途径。要充分认识加快转变经济发展方式的艰巨性和紧迫性，切实做到在发展中促转变、在转变中谋发展。要着力推进产业结构优化升级，大力发展现代农业，积极推进新型工业化进程，加快推进资源型城市转型，切实增强产业核心竞争力，努力形成结构优化、技术先进、清洁安全、附加值高、吸纳就业能力强的现代产业体系。要以鄱阳湖生态经济区建设为龙头，树立绿色、低碳发展理念，加强生态环境保护与建设，加快构建资源节约、环境友好的生产方式和消费模式，增强可持续发展能力，努力探索出一条经济与生态协调发展的新路子。

在鹰潭市上清镇西源村，贾庆林强调，发展经济的出发点和落脚点,是为了满足人民群众日益增长的物质和文化生活需求。要牢固树立为人民服务的根本宗旨,带着责任抓民生,带着感情抓民生,让广大人民群众共享改革发展的成果。要着力解决好人民群众最关心、最直接、最现实的利益问题,不断提高城乡居民收入水平,加快解决居民收入差距过大和分配不合理的问题,努力实现城乡居民收入与经济同步增长。要进一步加强和创新社会管理,积极推进社会管理理念、体制、机制、制度、方法创新,着力解决影响社会和谐稳定的突出问题,努力营造更好的社会环境。

调研期间,贾庆林专程看望了江西省政协、统战部机关干部以及各民主党派、工商联负责人和无党派人士。他指出,新形势、新任务对统战、政协工作提出了新的更高要求,也为统一战线和人民政协提供了更加广阔的舞台。各级政协组织和统战部门要更加积极地履行职责,更加自觉地开展工作,进一步提高统战、政协工作的科学化水平,推动统一战线和人民政协事业实现新的更大发展。各级党委要认真贯彻落实中央文件精神,进一步加强对统一战线和人民政协的领导,多给他们出题目、交任务,多替他们解难题、办实事,多为他们搭台子、铺路子,更好地发挥他们的优势和作用,为实现党的总目标、总任务服务。

中央纪委书记贺国强到新疆阿克苏伊犁阿勒泰乌鲁木齐等地调研

贺国强就各族群众的生产生活,加快转变经济发展方式等问题进行调研,还看望了新疆生产建设兵团机关和农四师62团7连干部职工。在阿克苏、伊犁等地,贺国强接见了援疆干部代表,希望广大援疆干部牢记使命、扎实工作,创造出经得起实践、历史和人民检验的业绩;希望新疆和派出地各级党委、政府关心、支持援疆干部,为他们创造良好的工作、生活环境。

考察期间,贺国强听取了新疆维吾尔自治区党委、政府和纪委的工作汇报,对新疆近年来的工作给予充分肯定。他希望新疆各级党委、政府和各族干部群众认真贯彻落实中央新疆工作座谈会精神,紧紧抓住宝贵机遇,正确把握发展方向,在全面建设小康社会新征程上创造新疆各族人民更加美好幸福的未来。贺国强还专门到自治区纪委监察厅看望了机关干部,要求各级纪检监察机关深入推进党风廉政建设和反腐败斗争,为推动新疆跨越式发展和长治久安提供有力保证。

中共中央书记处书记、中央纪委副书记何勇一同调研。

第三届海峡论坛·海峡妇女论坛在福建厦门举行

本次论坛以“两岸姐妹携手、共促和谐发展”为主题,围绕《海峡两岸经济合作框架协议》(ECFA)顺利实施的形势要求,突出了两岸同胞的深情厚谊,凸显了妇女群体的鲜明特色。

本次论坛首次组织闽台两地300个家庭结对联谊,表达两岸家庭期盼大团圆的心声。

全国妇联副主席、书记处第一书记宋秀岩出席本次论坛开幕式并致辞。她希望两岸姐妹携起手来,为两岸关系朝着更加光明的前景迈进,为中华民族伟大复兴,共同努力作出妇女界应有的贡献。

《建党以来重要文献选编(一九二一——一九四九)》出版发行

该书经中共中央批准,由中共中央文献研究室、中央档案馆编辑,由中央文献出版社出版,在全国各地发行。

该书收入了中国共产党成立以后至新中国成立以前各个历史时期形成的重要文献,包括中国共产党全国代表大会、中央全会等重要会议的文件,中共中央的重要决议、决定、宣言、通知、通告、指示,中央领导人的重要报告、讲话、文章、电报、书信等。全书共26册,约1350万字,收入各类文献3600多篇,其中300余篇为第一次公开发表。

付小芳在世界九球中国公开赛中获得女子组冠军

6月13日

国家主席胡锦涛在阿斯塔纳与哈萨克斯坦总统纳扎尔巴耶夫举行会谈

胡锦涛就发展中哈全面战略伙伴关系提出六点建议。第一,做真诚互信的政治合作伙伴。政治互信是中哈全面战略伙伴关系的基石。双方要坚持《中哈睦邻友好合作条约》确立的“世代友好、永久和平”理念,保持各级别各领域交往,不断增进相互理解和信任,继续加大在涉及对方核心利益问题上的相互坚定支持。中方将一如既往支持哈方自主选择符合本国国情的发展道路,支持哈方为维护国家主权和安全、促进国家发展所做的努力。第二,做互利共赢的经贸合作伙伴。适时启动两国总理定期会晤机制,充分发挥中哈合作委员会及其分委会的职能和作用。希望双方共同努力,争取到2015年将中哈贸易额提高到400亿美元。中方愿同哈方加快推进两国油气管道和中国—中亚天然气管道新项目建设,加强核能、太阳能、风能等清洁能源和新能源领域合作;认真落实《中哈政府关于加强非资源经济领域合作规划》及有关措施和计划。中方支持哈萨克斯坦加入世界贸易组织,支持两国企业开展合作,愿为双方感兴趣的大型合作项目提供融资支持,希望哈方为中国企业赴哈投资兴业提供便利。第三,做互学互鉴的人文合作伙伴。中方愿本着相互借鉴、求同存异的原则,同哈方加强文化、教育、旅游、卫生、媒体等领域交流合作,继续增加哈方来华奖学金留学生名额。第四,做共同创新的科技合作伙伴。中方支持两国科研机构和高技术企业密切交流,加强高新技术研究及成果产业化合作。希望双方充分发挥互补优势,确定和实施一批重点合作项目,加强航空、航天等领域合作。第五,做团结互助的安全合作伙伴。中方愿同哈方一道,加大打击"三股势力"以及贩毒等跨国有组织犯罪力度。加强两国安保合作。第六,做相互支持的国际合作伙伴。中方愿同哈方就重大国际和地区问题保持密切沟通和协调,继续加强在联合国、上海合作组织、亚信等多边框架内的配合和协作,共同应对区域性及全球性挑战,共同促进世界和平、稳定、繁荣。

纳扎尔巴耶夫表示,双方要大力增进政治互信,保持两国高层交往和政府、立法机构交流,加强能源、非资源、交通、基础设施、科技、人文等领域务实合作,加强安全合作以及在国际和地区问题上的磋商和协调。

会谈结束后,两国元首出席两国合作文件签字仪式,签署《中哈关于发展全面战略伙伴关系的联合声明》,并共同会见记者。

中华人民共和国和哈萨克斯坦共和国关于发展全面战略伙伴关系的联合声明

应哈萨克斯坦共和国总统努尔苏丹·纳扎尔巴耶夫邀请,中华人民共和国主席胡锦涛2011年6月12日至14日对哈萨克斯坦共和国进行了国事访问。

两国元首在亲切友好气氛中全面回顾了双边关系发展历程,满意地指出,中华人民共和国与哈萨克斯坦共和国(以下简称双方)自1992年1月3日建交以来,两国关系持续稳定发展。双方2002年12月23日签订的《中华人民共和国和哈萨克斯坦共和国睦邻友好合作条约》和2005年7月4日签订的《中华人民共和国和哈萨克斯坦共和国关于建立和发展战略伙伴关系的联合声明》,为两国关系发展奠定了坚实的法律基础,并将双边合作提升到战略伙伴水平。

两国元首一致认为,中哈战略伙伴关系取得全方位和快速发展。双方政治协作、战略合作、务实合作和人文交往均达到前所未有的高水平。在两国关系发展进入新的历史阶段之际,双方声明如下:

一

双方决定发展全面战略伙伴关系。双方将在恪守《中华人民共和国和哈萨克斯坦共和国睦邻友好合作条约》以及其他现行双边条约基础上,促进睦邻友好关系,深化互利务实合作,加强协调配合,以实现共同发展和繁荣。双方发展这一关系不是结盟,也不针对第三方。不管国际和地区形势如何变化,发展中哈全面战略伙伴关系都是两国外交政策的优先方向。

双方强调,政治互信是中哈关系的基础。双方将保持两国领导人之间的密切交往,就双边关系和国际及地区重大问题交换意见;促进两国政府、立法机构、政党、社会团体、企业和金融机构等开展全面交流与合作,不断增进双方相互理解和信任。

双方重申支持对方为维护国家主权、安全和领土完整所做的努力,不允许在本国领土上成立损害对方主权、安全和领土完整的组织和团伙,并禁止其活动。哈萨克斯坦共和国重申,坚定奉行一个中国政策,承认中华人民共和国政府是代表全中国的唯一合法政府,台湾是中国不可分割的一部分,确认不同台湾建立官方关系和进行官方往来。哈萨克斯坦共和国支持台湾海峡两岸关系和平发展和中国和平统一大业。中华人民共和国支持哈萨克斯坦共和国及其领导人为维护国家主权和领土完整所做的努力,支持哈方自主选择的发展道路,以及确保本国经济社会发展、实现国家战略优先方向所采取的措施和努力。中华人民共和国支持哈萨克斯坦共和国维护地区和世界和平与稳定的努力,包括举行亚洲相互协作与信任措施会议(亚信论坛)和世界与传统宗教领袖大会。

二

双方一致认为,务实合作是中哈全面战略伙伴关系的重要组成部分。为此,双方商定尽快建立和启动中哈总理定期会晤机制。双方将继续共同努力,提高中哈合作委员会及其分委会以及利用和保护跨界河流联合委员会的工作效率。

双方满意地指出,同双方合作初期相比,2010年两国贸易额取得显著增长。考虑到两国经贸合作潜力巨大,两国元首提出到2015年将双边贸易额提高到400亿美元的目标。

双方将就各自国家的经济社会发展经常交流经验和信息,以拓宽合作领域,进一步发挥双边合作和经济互补的优势。两国宏观经济部门及研究机构应加强对中国"十二五"规划和哈萨克斯坦2020年前国家发展战略计划的研究。

双方认为,能源领域合作对发展双边关系具有重要意义。双方将本着互利原则,继续不断扩大和深化能源合作。为进一步发展油气领域合作,双方将共同努力确保中哈天然气管道二期、中哈原油管道二期第二阶段、中国—中亚天然气管道第三条管线哈萨克斯坦境内段顺利建设,以及中哈原油管道和中国—中亚天然气管道哈萨克斯坦境内段长期安全稳定运营。双方将继续发展和深化和平利用核能领域的合作。双方将开展在太阳能、风能和其他清洁能源等可替代能源领域的合作。

双方将继续开展非资源经济领域合作。为此,将认真落实两国政府签订的《中华人民共和国政府和哈萨克斯坦共和国政府关于加强两国非资源经济领域合作规划》及新修订的《中华人民共和国政府和哈萨克斯坦共和国政府关于加强两国非资源经济领域合作规划落实措施计划》。

双方将进一步加强投资合作,加紧商谈新的《中华人民共和国政府和哈萨克斯坦共和国政府鼓励和保护相互投资协定》草案。双方将推动双边贸易本币结算,欢迎两国银行建立合作伙伴关系并开展代理业务,鼓励双方企业使用本币贷款和投资,支持两国金融机构与企业积极互动与合作。

中华人民共和国重申支持哈萨克斯坦共和国加入世界贸易组织,将推动哈萨克斯坦产品进入中国市场,并为吸引哈萨克斯坦对中国经济的投资创造便利条件。

哈萨克斯坦共和国欢迎中华人民共和国积极参加哈萨克斯坦共和国2020年前国家发展战略计划内的工业化和基础设施建设进程。双方将在高科技、技术密集型和节能领域开展合作。双方将探讨在哈萨克斯坦联合建设工业园区及开展其他项目合作的可能性。

双方将大力推动交通运输领域合作,实施本地区公路互联互通项目。中方积极支持实施阿斯塔纳—阿拉木图铁路建设项目、“欧洲西部—中国西部”国际运输走廊项目,以及中国境内“精河—伊宁—霍尔果斯”铁路与哈萨克斯坦境内“热特肯—霍尔果斯”铁路对接项目。

双方支持开展科技领域合作,愿加强两国科研机构的联系,在新技术研究及其产业化方面合作,探讨在两国境内建设联合科技园区及在哈萨克斯坦建立超级计算机中心的可行性。双方支持两国航空航天部门及企业开展交流与合作。

双方指出,扩大和深化农业领域合作对确保两国粮食安全意义重大。双方支持两国企业就落实双边农业项目加强合作,继续开展哈萨克斯坦粮食对华出口并经中国转口合作,支持两国企业开展磷肥生产合作。

双方对口岸和海关领域合作表示满意。为进一步促进双边及区域间贸易,并为此创造良好的经贸环境,双方将尽快完善边境口岸相关法律文件,继续加强边境口岸基础设施建设,全面推动两国在该领域的合作。

三

双方指出,发展两国人文合作具有重要意义。双方将加强新闻媒体、学术机构、文艺团体和青年组织的友好交往,继续深化文化、教育、旅游、卫生和体育领域的交流与合作。

双方认为,通过合作提高医疗服务质量和发展高技术含量的卫生体系是两国国家政策的重要方向之一。为保障两国国民的健康,双方将推动医疗卫生领域合作。

双方商定在2012年中哈建交20周年之际共同举办一系列庆祝活动。

四

双方强调发展地方合作的重要性。双方将促进边境贸易发展,提高中哈霍尔果斯国际边境合作中心作为重要的地区经贸合作枢纽的作用。

双方愿扩大两国边境及内地的直接经济交往,支持中国新疆维吾尔自治区等省区同哈萨克斯坦开展合作与交流,支持中华人民共和国天津市同哈萨克斯坦共和国阿拉木图市建立友好城市关系。

五

双方高度评价两国在环境保护领域开展的富有成效的合作,指出,2011年2月22日签订的《中华人民共和国政府和哈萨克斯坦共和国政府跨界河流水质保护协定》和2011年6月13日签订的《中华人民共和国政府和哈萨克斯坦共和国政府环境保护合作协定》是双方在环境保护,特别是在跨界河流水质保护领域取得的重要成果。

双方高度评价中哈利用和保护跨界河流联合委员会的工作成效,表示将积极落实《中华人民共和国和哈萨克斯坦共和国跨界河流水量分配技术工作重点实施计划》。双方将共同建设中哈霍尔果斯河“友谊”联合引水枢纽工程,继续建设联合水利设施的实践,完善在利用和保护跨界河流领域的双边法律基础。

双方对中哈在双边基础上和上海合作组织框架内开展紧急情况领域合作表示满意。在当前重大自然和技术灾难威胁不断增长的情况下,双方将共同积极努力,进一步加强两国紧急救灾部门的合作。

六

双方指出,国际恐怖主义、分裂主义、极端主义和跨国有组织犯罪活动(非法贩运武器弹药、麻醉药品、精神药物和易制毒化学品、经济犯罪等)对地区及世界和平与稳定构成严重威胁。双方将在双边框架、上海合作组织及其他国际组织等多边框架内,继续密切合作打击“三股势力”。

双方共同致力于确保联合国在国际社会打击恐怖主义和应对其他新挑战和新威胁方面的核心作用。

七

双方指出,国际合作是两国全面战略伙伴关系的重要组成部分。双方将继续加强在联合国、上海合作组织、亚信等多边框架内的协调与合作，就重大国际和地区问题保持沟通，协调立场。

双方认为，上海合作组织成立10年来，为深化成员国之间的睦邻互信与友好合作，促进成员国共同发展，维护本地区和平、安全与稳定发挥了重要作用。即将于2011年6月15日在阿斯塔纳举行的上海合作组织峰会将是一次盛会。相信此次峰会将进一步凝聚共识，确立本组织未来10年的发展目标和方向，推动上海合作组织持续健康稳定发展。双方将共同努力，为扩大和深化上海合作组织框架内安全、经济和人文合作领域务实合作作出积极贡献。

双方认为，联合国在维护世界和平、促进共同发展和加强国际合作方面应发挥重要作用。双方支持对联合国安理会进行合理、必要改革，以更好地履行《联合国宪章》赋予的维护国际和平与安全的首要职责。双方认为，应该通过广泛民主讨论，争取在兼顾各方利益和关切的基础上，就“一揽子”改革方案达成最广泛一致。为维护会员国团结，不应人为预设谈判时限，不应过早提交讨论任何在目前阶段尚未得到压倒性多数会员国支持的方案，包括不采取“零散处理”的做法。

双方将继续加强在亚信论坛框架内的协调与合作，推动该进程顺利发展，加强成员国互信与合作，维护地区和平与安全。

双方支持在中亚建立无核武器区，主张核武器国家尽快签署《中亚无核武器区条约》相关议定书。双方将为加强以《不扩散核武器条约》为基石的核不扩散制度作出不懈努力。

中华人民共和国主席　哈萨克斯坦共和国总统
胡锦涛　努尔苏丹·纳扎尔巴耶夫
2011年6月13日于阿斯塔纳

全国人大常委会委员长吴邦国在人民大会堂会见沙特协商会议主席阿卜杜拉

吴邦国说，双方高层互访频繁，政治互信不断加深，务实合作成果丰硕，文化、教育、安全等领域交往日益活跃，两国战略性友好关系内涵不断丰富。中方感谢沙方长期以来在涉及中国核心利益问题上给予的坚定支持。

谈到议会关系时，吴邦国说，双方的交流与合作日益密切，富有成效。希望今后进一步加强领导人、专门委员会、友好小组等多渠道、多层次往来，扩大治国理政等方面的经验交流，密切在各国议会联盟、世界议长大会等多边议会组织中的合作，维护发展中国家利益，为中沙关系发展作出更大贡献。

阿卜杜拉说，沙方期待加强与中方在各领域的务实合作，密切双方议会间的友好往来，推动两国关系不断结出新硕果。

国务院总理温家宝在人民大会堂会见沙特阿拉伯王国协商会议主席阿卜杜拉

国务院总理温家宝在人民大会堂与巴巴多斯总理斯图尔特举行会谈

温家宝说，中方赞赏巴方坚定奉行一个中国政策，愿加强与巴方的高层往来，增进相互了解和信任；密切在气候变化等重大问题上的沟通协调，维护共同利益；本着相互尊重、平等互利的原则，扩大在经贸、基础设施、农业、旅游、文教等领域的交流与合作，促进两国的经济发展和人民之间的友谊。希望巴巴多斯继续为促进中国同加勒比地区的友好关系发挥积极作用。

斯图尔特表示，巴巴多斯高度重视对华关系，坚定奉行一个中国政策，愿进一步密切同中方的友好交往，深化在新能源、教育、基础设施建设、旅游等领域的合作。

会谈后，两国总理出席了双边有关合作文件的签字仪式。

中共中央政治局委员刘云山在浙江调研

刘云山考察了一些社区、企业、学校和宣传文化单位，瞻仰了南湖革命纪念地，对浙江经济社会发展和宣传思想文化工作给予充分肯定。他指出，我们党90年的历史是一部带领人民实现民族独立、人民解放和国家富强、人民幸福的奋斗史，是一部战胜各种艰难险阻、开辟民族伟大复兴正确道路的奋斗史，也是一部生动的教科书。做好建党90周年的宣传教育，充分展示党领导人民进行革命、建设和改革的丰功伟绩，大力弘扬党在长期实践中铸就的光荣传统和优良品格，对于激励干部群众更加紧密地团结在以胡锦涛同志为总书记的党中央周围，推动科学发展、促进社会和谐、顺利实现“十二五”奋斗目标，具有重要意义。

刘云山强调，做好建党90周年的宣传教育，要精心组织新闻报道，广泛开展主题教育，切实抓好重点宣传文化项目，推动形成喜庆祥和、团结奋进的浓厚氛围。要突出宣传教育主题，紧密结合改革发展的伟大实践，充分运用红色资源，深入开展党的历史、党的知识、党的性质宗旨教育，深刻揭示是历史和人民选择了马克思主义、选择了中国共产党、选择了社会主义道路、选择了改革开放，使纪念建党90周年的宣传教育成为弘扬党的光荣传统的过程，成为坚定人们理想信念的过程。要注意体现群众性、增强实效性，坚持立足基层、面向群众，多运用群众喜闻乐见的方式，多搭建群众互动交流的平台，广泛吸引群众参与，使宣传教育活动热在基层、热在群众，让群众在参与中产生共鸣、受到教育，引导人们立足岗位做好本职工作，为全面建设小康社会而努力奋斗。

2011年全国食品安全宣传周在北京启动

中共中央政治局常委、国务院副总理李克强对此作出重要批示。他指出：为进一步贯彻实施《食品安全法》，举办以"人人关心食品安全，家家享受健康生活"为主题的食品安全宣传周系列活动，有针对性地普及食品安全法律和知识，十分必要。希望各界积极参与，营造全社会共同关注、支持、维护食品安全的良好氛围，形成重典治乱、依法深入开展专项整治的强大合力，努力提高食品安全水平，保障人民群众身体健康和生命安全，促进经济社会协调发展。

全国人大常委会副委员长路甬祥宣布食品安全宣传周正式启动。

全国食品安全宣传周启动仪式暨第三届食品安全论坛由国务院食品安全委员会办公室、工业和信息化部、公安部、农业部、商务部、卫生部、工商总局、质检总局、食品药品监管局联合主办。

西气东输二线干线工程全线贯通

中石油今日日宣布，西气东输二线干线工程全线贯通，并计划于6月底实现投产。

西气东输二线工程是我国第一条引进境外天然气资源的大型管道工程，由1条干线8条支线组成，管线全长8653公里，起于新疆霍尔果斯首站，横穿我国15个省区市及特别行政区，止于香港。其中，霍尔果斯至广州段为干线，全长4865公里。

中蒙签署《中华人民共和国政府和蒙古国政府经济技术合作协定》经济技术合作协定

国防部部长梁光烈在八一大楼与以色列副总理兼国防部部长巴拉克举行会谈

《陈云画传》出版发行

由中共中央文献研究室编著的大型领袖人物传记类图书《陈云画传》，由浙江人民美术出版社出版，在全国各地公开发行。

《陈云画传》图文并茂，融史料性、思想性、艺术性于一体，收入的1000余幅图片，是从众多历史图片中精选出来的，其中有不少是第一次公开发表。《陈云画传》约17万字，包括陈云小传、当事者的回忆文章、图片说明、前言、陈云大事年表、陈云夫人于若木及子女撰写的回忆文字等。

6月14日

国家主席胡锦涛在阿斯塔纳会见塔吉克斯坦总统拉赫蒙

胡锦涛指出，中塔务实合作互补性强，前景广阔。近年来，双方合作取得显著成果。中方愿同塔方一道，深化经贸、基础设施建设、采矿、通信、农业等领域合作。要落实和拓展双方合作大项目，继续加强中塔卡拉苏—阔勒买口岸的基础设施建设；加强在农业生产、加工和技术等方面的交流合作，在塔吉克斯坦建立农业合作示范园区，加强两国农业部门交流合作；深化地方合作，落实好关于加强中国新疆同塔吉克斯坦合作的政府间协议，将中塔地方合作提升到新的水平。

拉赫蒙表示，塔方致力于全面推进同中方各领域友好合作，对华关系过去、现在、将来都是塔吉克斯坦对外关系的优先方向。塔方满意地看到，两国在双边和多边领域进行很好合作，发展了高水平互信关系。塔方愿意同中方一道，加强经贸、农业、交通等领域务实合作，把两国关系推向新的水平。塔方重申坚定坚持一个中国政策，坚定支持打击"三股势力"。

国家主席胡锦涛在阿斯塔纳分别会见哈萨克斯坦总理马西莫夫 吉尔吉斯斯坦总统奥通巴耶娃 伊朗总统艾哈迈迪—内贾德

全国人大常委会委员长吴邦国在人民大会堂会见巴巴多斯总理斯图尔特

十一届全国政协第七期委员学习研讨班在北京举行

中央政治局委员、全国政协副主席王刚出席开班式并讲话。

王刚指出，重视学习是人民政协的优良传统和作风。加强政协委员的学习，是不断提高政协委员素质的需要，是做好新形势下人民政协工作的需要，也是服务党和国家事业发展的需要。广大政协委员要牢固树立终身学习的理念，不断提高思想觉悟，拓宽知识视野，深化专业造诣，为提高履行职责能力和水平打下坚实基础，用自己的实际行动推动人民政协学习型组织建设。

王刚要求，广大政协委员要以对国家和人民高度负责的精神，自觉肩负光荣使命，充分发挥重要作用。要积极为促进科学发展做贡献，以推动"十二五"规划顺利实施为着力点,努力提出转变发展方式、破解发展难题的新办法新举措,为保持经济长期平稳较快发展建言献策。要积极为促进社会和谐稳定做贡献,深入探索加强和改进政协群众工作的新途径新载体,协助党和政府做好协调关系、化解矛盾、理顺情绪工作,为加强和创新社会管理献计出力。要积极为促进人民政协事业发展做贡献,深入研究关系人民政协长远发展的重大理论和实践问题,大力推进人民政协理论创新、制度创新和工作创新,使人民政协事业始终保持旺盛生机和活力,在坚持和发展中国特色社会主义事业中发挥更大作用。

全国政协副主席兼秘书长钱运录主持开班式。

张雅琴先进事迹报告会在人民大会堂举行

报告会由中共中央宣传部和中共江苏省委联合举办。中央国家机关和北京市的干部群众代表、首都高校师生代表、驻京部队官兵代表等共700多人参加了报告会。

张雅琴生前是江苏省丹阳市新桥镇金桥村党总支书记。她在任10年间,始终以坚定正确的理想信念,团结带领党支部一班人为全村过上美好生活奋力拼搏,发展壮大集体经济,带领群众增收致富,把一个普普通通的经济薄弱村,发展成为经济繁荣、社会和谐、百姓安居乐业、充满生机活力的社会主义新农村。张雅琴在平凡的岗位上作出了不平凡的业绩,赢得了当地干部群众的真心拥护爱戴。由于长期辛勤工作、积劳成疾,张雅琴于去年9月不幸病逝。

我国成为世界最大水产品贸易国

据《人民日报》报道:30多年来,我国水产品对外贸易快速发展,出口额占农产品出口总额的28%。2010年,中国水产品进出口贸易总额203亿美元,其中出口额138亿美元、增长28.1%,已超过美国成为世界最大的水产品贸易国。

国务院副总理李克强在人民大会堂会见以色列副总理兼国防部部长巴拉克一行

中联部部长王家瑞在北京会见以奉辛比克党执行主席涅本蔡为团长的柬埔寨奉辛比克党代表团

6月15日

上海合作组织成员国元首理事会第十一次会议在哈萨克斯坦首都阿斯塔纳举行

国家主席胡锦涛、哈萨克斯坦总统纳扎尔巴耶夫、俄罗斯总统梅德韦杰夫、塔吉克斯坦总统拉赫蒙、乌兹别克斯坦总统卡里莫夫、吉尔吉斯斯坦总统奥通巴耶娃出席会议。

成员国元首先举行小范围会谈,然后同观察员国领导人、主席国客人及国际组织代表举行大范围会谈。东道国哈萨克斯坦总统纳扎尔巴耶夫主持会议。

此次峰会的主题是回顾过去、展望未来、凝聚共识、巩固团结。会议主要回顾总结上海合作组织10年来取得的成就和发展经验,深入分析国际和地区形势发展,对该组织未来发展方向作出战略规划。

胡锦涛在会上发表题为《和平发展 世代友好》的重要讲话。

各成员国元首表示,完全支持中方关于2011至2012年为上合组织"睦邻友好年"的倡议,相信中国在担任主席国期间,一定能够为促进本组织合作、推动本组织发展弘扬"上海精神"作出新的贡献,各成员国将对中方工作给予全力支持和配合。

观察员国伊朗总统艾哈迈迪—内贾德、巴基斯坦总统扎尔达里、主席国客人阿富汗总统卡尔扎伊以及印度外长克里希纳也在会上发言。

国际组织负责人代表也发了言。

会议结束后,成员国元首签署《上海合作组织十周年阿斯塔纳宣言》,并共同会见记者。

会议发表了《上海合作组织10周年成员国元首理事会会议新闻公报》。

国家主席胡锦涛在上海合作组织成员国元首理事会第十一次会议上发表题为《和平发展 世代友好》的讲话

尊敬的纳扎尔巴耶夫总统,尊敬的各位同事:

很高兴同大家一道庆祝上海合作组织成立10周年。这次峰会在本组织发展进程中具有承前启后的重要意义。感谢主席国和纳扎尔巴耶夫总统为峰会举行所做的精心准备和周到安排。

10年前的今天,上海合作组织应运而生。这一创举顺应了世界和平与发展的时代潮流,反映了新形势下成员国人民求和平、促合作、谋发展的共同愿望和要求。

10年来,各成员国团结一致、密切协作,推动上海合作组织不断向前发展,取得了重要成就。

我们完善了组织架构,建立多层次定期会晤机制,设立秘书处和地区反恐怖机构两个常设机构,确保了本组织成员国及时充分的沟通和协调。

我们奠定了坚实法律基础,签署《上海合作组织宪章》《长期睦邻友好合作条约》等上百份重要合作文件,为本组织发展和成员国在组织框架内合作打下牢固法律基础。

我们创立了新型国家关系模式，把“世代友好，永保和平”的思想以法律形式确定下来，标志着本组织成员国睦邻互信和团结协作达到前所未有的高水平。

我们贯彻了“上海精神”，在互信、互利、平等、协商、尊重多样文明、谋求共同发展的“上海精神”引领下，求同存异、取长补短，实现和睦共处。这是本组织不断发展壮大的根本原因，也为国际社会探索新安全观和新型国家关系提供了宝贵经验。

我们维护了地区和平，率先明确提出打击恐怖主义、分裂主义、极端主义的目标，举行10余次联合反恐军事演习，极大震慑了“三股势力”、毒品走私、跨国有组织犯罪，为维护地区和平稳定发挥了积极作用。

我们促进了地区国家共同发展，签署《多边经贸合作纲要》，倡议建立能源俱乐部、上海合作组织开发银行、粮食安全合作机制，区域经济一体化取得重大进展。中方先后承诺向其他成员国提供120多亿美元优惠贷款，推动有利于本地区共同发展的大型项目。

我们开展了广泛国际合作，吸收4个观察员、两个对话伙伴，同联合国等重要国际和地区组织建立联系并开展合作，积极参与阿富汗重建，国际地位和影响持续上升。

上海合作组织取得的成就充分证明，本组织是地区和平稳定的重要保障，是促进地区各国共同发展繁荣的强大动力，有着美好的发展前程。

各位同事！

我们已经迈入本世纪第二个十年，世界正处在大发展大变革大调整时期，和平、发展、合作的时代潮流更加强劲，以合作促安全、谋发展成为国际社会广泛共识。同时，国际和地区热点问题此起彼伏，新矛盾新挑战层出不穷，维护世界和平、促进共同发展的任务更加艰巨繁重。

未来10年是上海合作组织发展的关键时期，对我们各成员国自身发展和本地区稳定至关重要。我们应该本着对成员国、本地区乃至世界的和平、稳定、发展高度负责的精神，牢牢把握组织未来发展方向，全力将上海合作组织建设成为机制完善、协调顺畅、合作全面、开放和谐的区域合作组织。

我们应该为本组织未来10年的发展作出总体规划，重点明确以下任务。

第一，坚持睦邻友好，构建和谐地区。我们应该坚持不懈落实《长期睦邻友好合作条约》，加强在核心利益问题上的沟通和磋商，不断增进互信，加大相互支持力度。要坚持大小国家一律平等，真诚相待，在协商一致基础上决定本组织重大事项。

第二，增强本组织抵御现实威胁的能力，确保地区长治久安。我们应该把握影响地区安全的核心问题和关键因素，建立更加完善的安全合作体系。要在尊重各国独立、主权、领土完整和各国人民意愿的基础上，提高组织行动能力和快速反应能力。要毫不懈怠打击“三股势力”、贩毒和跨国有组织犯罪，定期举行联合反恐演习。

第三，推动实现区域经济一体化，促进地区各国共同发展。我们应该拓展合作领域，推动贸易和投资便利化，推进域内交通、能源、通信基础设施互联互通，加快构建本地区能源安全、金融安全、粮食安全合作机制，加强非资源和民生领域合作，深入发掘应对危机和促进可持续发展的内生动力。中方将继续落实向成员国提供的优惠贷款，努力将欧亚经济论坛、中国—亚欧博览会打造成区域经济合作平台，更好促进地区经济发展繁荣。

第四，加强人文合作，推动人民世代友好。我们应该坚持不懈扩大人文交流，拓宽民间和社会交流渠道，建设教育、医疗服务网络，开展旅游和体育合作，促进人民相互了解，夯实上海合作组织未来发展的社会基础。

各位同事！

本组织观察员、对话伙伴以及阿富汗是我们的好邻居、好伙伴，长期以来为本组织发展倾注了热情、作出了贡献。中方支持本组织继续以开放透明的姿态参与国际和地区合作，为本地区各国发展创造更加有利的条件。

本次峰会闭幕后，中方将接任上海合作组织主席国。各方一致同意把这一年确定为本组织“睦邻友好年”。我们应该弘扬“上海精神”，深化互利合作，保障和平发展，巩固世代友好。中方相信，在各方不懈努力下，上海合作组织必将在新的航程中乘风破浪，驶向更加光明的未来！

谢谢各位！

上海合作组织10周年阿斯塔纳宣言

上海合作组织成员国元首在上海合作组织成立10周年之际，于2011年6月15日在阿斯塔纳举行成员国元首理事会会议，并声明如下：

一

十年前，关于成立上海合作组织(以下简称“上合组织”或“本组织”)的决定是经得起检验的历史性战略抉择。十年来，上合组织已成为公认的具有重要影响的多边组织，积极促进了本地区和平与发展，有效应对了当代各种威胁与挑战。

上合组织成员国在21世纪初为深化本地区内的睦邻友好伙伴关系而作出选择，在共同发展方面取得了实实在在的成果,已成为国际社会的典范。

上合组织成员国恪守《上海合作组织宪章》和《上海合作组织成员国长期睦邻友好合作条约》的原则和规定,在共同维护和平、安全和稳定,以及在上合组织区域内开展政治、经济、人文和其他领域多边合作方面为本组织有效运作奠定了坚实的基础。

二

十年来,上合组织走过了从建章立制到建立各领域有效合作机制的成功之路。

(一)本组织主要机构——元首理事会、政府首脑(总理)理事会和外长理事会定期举行会议,体现出高水平的政治互信。确保了就本组织最重要的工作作出一致决定,推动了各领域互利合作。

(二)各方就打击恐怖主义、分裂主义、极端主义、非法贩运毒品和武器、跨国有组织犯罪开展了卓有成效的安全合作。建立了安全会议秘书、总检察长、最高法院院长、国防部长、紧急救灾部门领导人、公安内务部长、禁毒部门领导人会议等定期会晤机制,以便解决共同应对新威胁和新挑战的迫切问题。

(三)通过了旨在促进成员国社会经济发展的长期经贸合作纲要和实施计划。经贸、交通、农业、财政部长和央行行长会晤促进了既定目标的实现。实业家委员会和银行间联合体活动步入务实阶段。

(四)人文合作日益加强,促进了上合组织成员国人民的心灵沟通和不同文化间的对话。文化、卫生、科技部长会议,以及上合组织论坛框架下的合作不断深入。

(五)本组织常设机构——北京秘书处和塔什干地区反恐怖机构工作高效,为切实落实本组织框架内达成的协定和共识发挥了重要作用。《上海合作组织程序规则》和《上海合作组织常设机构人员条例》的通过,加强了本组织工作的系统性。

(六)本组织对同其他国家、国际及地区组织开展合作持开放态度。观察员国印度、伊朗、蒙古国、巴基斯坦,对话伙伴白俄罗斯和斯里兰卡参与了本组织框架内各领域合作。同联合国、独联体、集体安全条约组织、欧亚经济共同体、东盟、联合国亚太经社委员会和经济合作组织建立了伙伴关系。

三

元首们满意地指出,成员国在国际和地区问题上具有广泛共识,重申愿在国际舞台上开展密切协调。

元首们指出,国际关系正在经历大变革、大调整。现代政治、经济和金融形势急剧变化。团结一致、有效应对全球安全挑战,确保可持续发展,是各国面临的最突出的共同问题。

在对当前国际形势认识一致、不以损害他国安全为代价维护自身安全的基础上,建立属于所有国家的不可分割的安全空间,推动合作和发展,已越来越成为各国面临的优先任务。

人类仍面临着金融经济震荡、地区冲突、大规模杀伤性武器扩散、恐怖主义、跨国犯罪、粮食短缺、气候变化等威胁和挑战。前不久日本发生的灾害再次表明,国际社会有必要采取共同行动消除现代威胁,包括采取措施,及时向自然灾害和技术事故的受害国提供帮助。

元首们对西亚北非局势动荡深表关切,呼吁尽快稳定该地区局势,支持该地区国家根据本国国情和历史文化特点推动民主发展,认为各国内部冲突和危机只能通过政治对话和平解决,而国际社会的行动应有助于民族和解进程,严格遵循国际法准则,并充分尊重有关国家独立、主权和领土完整,恪守不干涉内政原则。鉴此,上合组织成员国强调,必须停止利比亚境内的武装冲突,有关各方应全面严格遵守联合国安理会第1970号和第1973号决议。

上合组织成员国愿同国际社会一道,促进国际和地区的和平、稳定和发展,推动国际关系民主化,并坚持运用国际法处理各种国际事务的原则。

四

成员国元首强调,在应对新挑战和新威胁,实现经济、社会、人文发展等领域加强和发展同联合国的交往是本组织对外交往的优先方向。

联合国作为独一无二、具有公认合法性的组织,在维护世界和平与安全、促进共同发展、加强国际合作方面发挥着核心作用。上合组织成员国支持联合国通过渐进改革增强权威、提高效率,不断加强及时有效应对挑战和威胁的能力。

成员国强调,有关各方应继续进行多边磋商,就联合国及其安理会改革问题找到"一揽子"解决方案,达成最广泛一致。为维护联合国会员国团结,不应人为预设谈判时限,不应过早提交讨论任何在目前阶段尚未得到压倒性多数会员国支持的方案,包括不采取"零散处理"的做法。

上合组织成员国视联合国为参与国际反恐协作的主要平台,认为共同努力实施联合国全球反恐战略,履行国际反恐公约,落实联合国安理会的相关决议具有重要意义。

五

成员国表示,应严格遵守《不扩散核武器条约》。该条约限制了核武器扩散的威胁,推进了核裁军进程,确保了在和平利用核能领域开展广泛的国际合作。

建立中亚无核武器区是维护地区和平安全的重要因素,有助于为加强核不扩散体系、提高国际和地区安全水平作出实质贡献。所有核武器国家签署《中亚无核武器区条约》相关议定书将是这方面的有效步骤。

成员国认为,某一国家或少数国家集团单方面和不受限制地部署反导系统有可能破坏战略稳定和国际安全。

成员国主张和平利用外空,强调必须确保外空活动的安全。主张在日内瓦裁军谈判会议框架下制定关于防止在外空放置武器和对外空物体使用或威胁使用武力的具有法律约束力的条约草案。

六

元首们满意地指出,上合组织成立10年来,已成为建设亚太地区多边组织伙伴网络的重要一员。

上合组织支持维护亚太地区和平、稳定和繁荣,在国际法准则与原则、非集团化和照顾各国合法利益的基础上,建立公开、透明和平等的安全与合作架构。

七

打击恐怖主义、分裂主义、极端主义仍是上合组织在安全领域的主要优先方向。上合组织成员国严厉谴责一切形式的"三股势力",将继续共同落实《打击恐怖主义、分裂主义和极端主义上海公约》和《上海合作组织反恐怖主义公约》的规定。

上合组织成员国指出,跨国犯罪、非法贩运毒品是对现代社会的严重威胁。《2011—2016年上海合作组织成员国禁毒战略》旨在加强务实合作,共同防范毒品威胁对上合组织所在地区的消极影响,确保本地区可持续发展。

信息领域存在的现实安全威胁令人担忧。具有全球和跨国性质的网络犯罪问题要求国际社会携手努力,广泛开展合作。上合组织成员国愿在国际信息安全领域加强协作。

考虑到国际形势及各种威胁的发展态势,应该刻不容缓地建立阻止极端主义思潮泛滥和宣扬恐怖主义的政治、社会和其他条件。

上合组织支持将阿富汗建设成为独立、中立、和平、繁荣的国家。实现阿富汗的和平与稳定是维护地区和国际安全的主要因素之一。上合组织成员国将继续协助友好的阿富汗人民为重建国家作出努力。

八

提高上合组织国家人民的民生和福祉是本组织的最重要目标。

上合组织成员国认为,本组织的中心任务仍是落实克服全球金融经济危机影响、保障国民经济持续平衡发展的联合计划。上合组织成员国支持进一步改革国际金融体系,在金融监管领域加大政策与合作协调力度,将继续就有效维护成员国金融体系稳定问题进行对话。

上合组织成员国将推动交通、通信、农业生产、创新与节能技术、贸易和旅游等领域的大型联合项目,加快建立相关融资保障机制。这些项目的落实将显著提高相互贸易额,开拓新市场,为地区发展和亚欧交通走廊多元化注入强劲动力。

贯彻实施2008年10月30日在阿斯塔纳批准的《〈上海合作组织成员国多边经贸合作纲要〉落实措施计划》有助于促进上合组织成员国经济增长。

元首们主张进一步加强上合组织地区经贸和投资合作,包括发挥本组织观察员国和对话伙伴的潜力。

九

成员国指出,旨在巩固互利共赢的睦邻友好合作关系的人文合作在本组织活动中占有重要地位。本组织将进一步大力加强文化、环保、科技、创新、卫生、旅游、体育领域合作。

继续在应对自然和人为灾害威胁领域开展合作具有重要意义。

十

在安全、经济和改善民生领域进行合作今后仍将是本组织的优先方向。在前些年已取得成就的基础上,成员国将继续本着互信、互利、平等、协商、尊重多样文明、谋求共同发展的精神加强合作,共同落实本组织基本文件规定的所有宗旨和原则。

值此上合组织成立10周年之际,我们,上合组织成员国元首,在本宣言中声明,上合组织将有效地实现既定目标与任务,维护本组织所在地区的和平、稳定和繁荣。

哈萨克斯坦共和国总统　努尔苏丹·纳扎尔巴耶夫
中华人民共和国主席　胡锦涛
吉尔吉斯共和国总统　萝扎·奥通巴耶娃
俄罗斯联邦总统　德米特里·梅德韦杰夫
塔吉克斯坦共和国总统　埃莫马利·拉赫蒙
乌兹别克斯坦共和国总统　伊斯兰·卡里莫夫
2011年6月15日于阿斯塔纳

上海合作组织10周年成员国元首理事会会议新闻公报

上海合作组织(以下简称上合组织或本组织)成员国元首理事会于2011年6月14日至15日在阿斯塔纳举行会议,庆祝上合组织成立10周年。哈萨克斯坦共和国总统纳扎尔巴耶夫、中华人民共和国主席胡锦涛、吉尔吉斯共和国总统奥通巴耶娃、俄罗斯联邦总统梅德韦杰夫、塔吉克斯坦共和国总统拉赫蒙、乌兹别克斯坦共和国总统卡里莫夫与会。

会议由哈萨克斯坦共和国总统纳扎尔巴耶夫主持。

本组织秘书长伊马纳利耶夫、本组织地区反恐怖机构(以下简称地区反恐怖机构)执委会主任朱曼别科夫出席会议。

本组织观察员国代表团团长伊朗伊斯兰共和国总统艾哈迈迪—内贾德、巴基斯坦伊斯兰共和国总统扎尔达里、印度共和国外交部长克里希纳、蒙古国总统办公厅主任巴特图勒嘎,以及主席国客人阿富汗伊斯兰共和国总统卡尔扎伊列席会议并讲话。

联合国副秘书长兼毒品和犯罪问题办公室执行主任费多托夫、独联体执行委员会主席兼执行秘书列别杰夫、欧亚经济共同体秘书长曼苏罗夫、集体安全条约组织秘书长博尔久扎列席会议。

元首们就当前国际和地区形势以及上合组织合作现状和前景深入交换了意见,并在本组织成立十周年之际,总结了过去时期的工作经验和成果。

元首们指出,十年来,尽管国际和地区形势发生重大变化,上合组织成功经受了所有考验,堪称深化成员国睦邻友好伙伴关系的重要机制。本组织已成为本地区维护安全和推动社会经济发展繁荣的有效多边机制、开展文明间对话的典范,是全球推动国际关系民主化的积极因素。

成员国对本组织工作的评价,对进一步完善其务实合作机制和方式的立场,以及近期合作的方向已写入《上海合作组织十周年阿斯塔纳宣言》。

会议批准了《2011—2016年上海合作组织成员国禁毒战略》及其《落实行动计划》。文件将有助于提高成员国在本组织区域内共同应对毒品威胁的能力。

根据《上海合作组织接收新成员条例》制定的《关于申请国加入上海合作组织义务的备忘录范本》,进一步完善了上合组织未来扩员的法律基础。国家协调员理事会和专家工作组将继续研究上合组织扩员的所有问题,包括为接收新成员商定必要的法律、行政和财务条件。

本组织成员国授权代表签署了《上海合作组织成员国政府间卫生合作协定》。

上合组织秘书长与联合国毒品和犯罪问题办公室执行主任签署了《上海合作组织秘书处与联合国毒品和犯罪问题办公室谅解备忘录》。

会议听取并批准了本组织秘书长关于过去一年本组织工作的报告和地区反恐怖机构理事会关于地区反恐怖机构2010年工作的报告。

成员国重申,将继续共同打击一切形式的恐怖主义、分裂主义和极端主义,打击非法贩运毒品、武器和其他形式的跨国犯罪,以及非法移民。

会议重申,鉴于在信息领域切实存在的安全威胁,成员国合作推动国际社会在保障国际信息安全方面达成共同行为准则具有迫切意义。

成员国指出,阿富汗国内形势旷日持久的紧张和对抗,仍然是本地区安全稳定的主要威胁来源之一。强调仅仅依靠军事手段无法解决阿富汗冲突,一致认为必须首先重视解决阿富汗社会经济问题,包括交通和社会基础设施重建。为此,本组织支持成员国同国际机构和其他有关方面一道共同参与实施阿富汗经济重建项目。

元首们指出,为应对新挑战和新威胁,2010年成员国元首理事会会议后举行了安全会议秘书会议(2011年4月29日,阿斯塔纳)、总检察长会议(2010年10月22日,厦门;2011年6月8日,阿拉木图)、公安内务部长会议(2011年4月28日,阿斯塔纳)、国防部长会议(2011年3月17日,阿斯塔纳)、总参谋长会议(2011年4月25日至26日,上海)、禁毒部门领导人会议(2011年3月30日,阿斯塔纳)、"和平使命—2010"联合反恐演习(2010年9月9日至25日,哈萨克斯坦江布尔州)、"天山2号(2011)"联合反恐演习(2011年5月6日,喀什),以及国际研讨会(2011年2月22日至23日,阿拉木图)和上合组织论坛第六次会议(2011年5月27日至28日,塔什干)。

元首们满意地指出,作为协调本组织成员国主管部门务实合作的有效机制,地区反恐怖机构工作正在不断加强。对《打击恐怖主义、分裂主义和极端主义2010年至2012年合作纲要》的实施情况给予积极评价。

元首们强调,上合组织成员国在促进吉尔吉斯斯坦局势正常化方面发挥了积极作用,并向吉尔吉斯斯坦提供了大量人道主义和财政援助。

会议积极评价2010年11月25日杜尚别政府首脑(总理)理事会会议成果,指出本组织成员国部委间开展的经济活动显著加强。建议实业家委员会和银行间联合体采取切实的共同行动,落实多边项目,以促进成员国社会经济发展,加大投融资合作力度。将加快研究建立上述项目的融资保障机制。

元首们指出,本组织经贸部长会议、农业部长会议和审计部门领导人会议均取得积极成果。根据已有的经验,将继续利用各种国际经济平台举办本组织专门活动。

成员国认为,本组织人文合作对加强睦邻友好合作具有重要意义,今后将高度重视加强本组织文化、环保、科技、创新、卫生、旅游和体育领域合作。

教育领域的例行活动、文化部长会议(2011年5月18日至19日,阿斯塔纳)和首次卫生部长会议(2010年11月18日,阿斯塔纳)有助于实现上述目标。

会议强调,在预防和消除上合组织所在地区紧急状态方面坚持合作具有重要意义。

成员国表示赞成与本组织观察员国印度、伊朗、蒙古国、巴基斯坦，以及对话伙伴白俄罗斯、斯里兰卡进一步扩大合作。观察员国和对话伙伴拥有的潜力将为进一步加强上合组织工作提供很大的动力。

元首们满意地指出，2010年12月13日第六十五届联合国大会通过的《关于联合国和上海合作组织合作的决议》，将进一步加强两组织在维护安全稳定、经济社会、人文及其他共同感兴趣领域的合作。

会议强调，上合组织与独联体、集体安全条约组织、欧亚经济共同体、东盟、经济合作组织和联合国亚太经社会在已有的谅解备忘录基础上开展交流出现积极趋势。本组织将继续扩大国际交往。

元首们高度评价哈萨克斯坦共和国在担任本组织主席国期间所做的工作，对哈方在上合组织10周年阿斯塔纳峰会期间给予的热情接待表示感谢。

上合组织成员国元首理事会下次会议将于2012年在中华人民共和国举行。根据《上海合作组织宪章》，主席国将由中华人民共和国担任。

元首们支持中方倡议，宣布中方担任主席国的2011年至2012年为上合组织"睦邻友好年"。

全国人大常委会委员长吴邦国主持召开十一届全国人大常委会第六十四次委员长会议

会议决定十一届全国人大常委会第二十一次会议6月27日至30日在北京举行。

委员长会议建议，十一届全国人大常委会第二十一次会议继续审议个人所得税法修正案草案、行政强制法草案；首次审议职业病防治法修正案草案、兵役法修正案草案。

委员长会议建议，常委会第二十一次会议审议国务院关于提请审议批准《中华人民共和国和阿尔及利亚民主人民共和国关于民事和商事司法协助的条约》的议案；审议国务院关于2010年中央决算的报告，审查和批准2010年中央决算；审议国务院关于2010年度中央预算执行和其他财政收支的审计工作报告；审议国务院关于消防工作情况的报告。

根据委员长会议的建议，常委会第二十一次会议还将审议全国人大常委会执法检查组关于检查食品安全法实施情况的报告；审议全国人大常委会法制工作委员会关于立法后评估试点工作情况的报告；审议吴邦国委员长访问纳米比亚、安哥拉、南非和马尔代夫四国情况的书面报告；审议全国人大常委会代表资格审查委员会关于个别代表的代表资格的报告；审议有关任免案等。

委员长会议上，全国人大常委会副委员长兼秘书长李建国就常委会第二十一次会议议程草案、日程安排意见作了汇报。全国人大有关专门委员会、全国人大常委会有关工作委员会和代表资格审查委员会负责人就常委会第二十一次会议的相关议程作了汇报。

全国人大常委会副委员长路甬祥、乌云其木格、韩启德、华建敏、陈至立、周铁农、司马义·铁力瓦尔地、蒋树声、严隽琪、桑国卫等出席会议。

全国人大常委会委员长吴邦国在人民大会堂会见蒙古国总理巴特包勒德

国务院总理温家宝主持召开国务院常务会议

会议讨论并通过《中国妇女发展纲要(2011—2020年)》和《中国儿童发展纲要(2011—2020年)》，研究部署进一步促进内蒙古自治区经济社会又好又快发展的政策措施。

会议指出，2001年国务院颁布实施《中国妇女发展纲要(2001—2010年)》和《中国儿童发展纲要(2001—2010年)》以来，我国妇女儿童事业取得新的发展。妇女就业人数稳步增加，妇女参与决策和管理的比例提升，城乡免费九年义务教育全面实现，小学男女童入学率均达到99.4%，妇女平均预期寿命由2000年的73.3岁提升至75.25岁，妇女儿童的生存与发展环境进一步优化，两个纲要确定的各项目标基本实现。但要清醒地看到，受经济社会文化等因素影响，我国妇女儿童发展及权利保护仍面临诸多问题与挑战。必须坚持男女平等的基本国策和儿童优先原则，编制和实施好新一轮妇女儿童发展纲要，促进妇女儿童全面发展。

《中国妇女发展纲要(2011—2020年)》确定了健康、教育、经济、决策与管理、社会保障、环境、法律7个发展领域及各领域的主要目标和策略措施，以保障妇女合法权益，提高妇女社会地位，推动妇女平等依法行使民主权利，平等参与经济社会发展，平等享有改革发展成果。《中国儿童发展纲要(2011—2020年)》确定了健康、教育、福利、社会环境、法律保护5个发展领域及各领域的主要目标和策略措施，以保障儿童生存、发展、受保护和参与的权利，缩小儿童发展的城乡区域差距，提升儿童福利水平和身心健康水平，提高儿童整体素质。会议要求，各地区、各有关部门要高度重视，认真制定地方妇女儿童发展规划和部门实施方案，建立健全工作机制，加强监测评估，确保两个纲要顺利实施。

会议指出，内蒙古在全国经济社会发展和边疆繁荣稳定大局中具有重要战略地位。党中央、国务院历来重视内蒙古的发展和民族团结。2009年以来，中央

40多个有关部门就内蒙古经济社会发展的重大问题又多次开展深入的实地调研和科学论证,提出进一步促进内蒙古经济社会又好又快发展的意见。

会议强调,改革开放特别是实施西部大开发和振兴东北地区等老工业基地战略以来,内蒙古抢抓机遇,开拓进取,经济社会发展取得巨大成就,站到了新的历史起点上。进一步促进内蒙古经济社会又好又快发展,必须坚持深化改革扩大开放,坚持推进经济结构战略性调整,坚持保障和改善民生,坚持节约资源保护环境,坚持促进民族团结社会稳定,力争到2015年,使内蒙古综合经济实力进一步增强,农牧区生产生活条件明显改善,基本公共服务能力显著提高,生态环境恶化趋势得到有效遏制,草原植被覆盖度达到43%,森林覆盖率达到21.5%,节能减排取得明显成效。到2020年,城乡居民收入超过全国平均水平,主要生态系统步入良性循环,形成生产发展、生活富裕、生态良好的新局面。为此,一要全面推进生态建设和环境保护。在全国退牧还草工程建设中继续把内蒙古作为重点。加大沙地沙漠和水土流失治理力度,做好环境综合整治和节能减排工作。二要按照合理布局、安全可靠、适度超前的原则,加强综合交通、水利、输电通道、信息网络等基础设施建设。三要转变畜牧业发展方式,提高农业现代化水平,改善农牧区生产生活条件。到2013年基本解决农牧民及农林场职工饮水安全问题和无电地区用电问题。加快乡村道路建设,加大农村危房改造和游牧民定居工程实施力度。四要构建多元化现代产业体系。推进国家能源基地建设,发展资源深加工、装备制造业、现代服务业和战略性新兴产业,改造提升传统产业。五要统筹推进城乡区域协调发展,加大扶贫力度,促进资源型城市转型。六要努力扩大就业,完善社会保障体系,加快发展教育、医疗、文化、体育等社会事业。七要不断深化改革,推进体制机制创新,提升开放水平。八要巩固和加强民族团结,创新社会管理,维护边疆社会稳定。会议要求加大对内蒙古的产业、财税、金融、投资、土地等方面政策支持力度,有关地区和部门要加强组织领导,明确工作责任,切实抓好落实。

会议审议并原则通过《电力安全事故应急处置和调查处理条例(草案)》。

国务院任免国家工作人员

任命江小涓(女)为国务院副秘书长;任命丘小雄为国家税务总局副局长;任命吴新雄为国家电力监管委员会主席;任命徐德明为国家测绘地理信息局局长。

免去丘小雄的国务院副秘书长职务;免去江小涓(女)的国务院研究室副主任职务;免去王旭东的国家电力监管委员会主席职务。

国务院副总理王岐山在内蒙古考察

6月15日至17日,王岐山来到神华集团鄂尔多斯煤制油分公司、鄂尔多斯集团、内蒙古北方重工业集团、亿利集团、包钢稀土研究院等企业,仔细了解企业技术研发、生产经营和金融服务等情况。他说,促进对外经济的发展速度、结构、质量、效益相统一,是一项关乎全局和长远的紧迫任务。要在确保出口稳定增长的同时,积极扩大进口,促进贸易平衡发展。当前我国对外开放在"请进来"上,要从引进资金向更加注重引进先进技术、管理经验、高端人才和国际品牌转变,促进国内产业转型升级。要加强对企业"走出去"的服务和支持,深化能源资源国际合作,充分利用好"两种资源、两个市场"。在谈到能源资源产品开采、加工和出口时,王岐山强调,要充分考虑我国人多、地少、水少的国情和资源禀赋等特点,高度重视生态环境保护和节水节能降耗,实现可持续发展。他希望,企业要一心一意办好主业,突出核心竞争力,推动民族品牌走向国际市场。

王岐山强调,要深入贯彻落实科学发展观,因地制宜,突出特色,把转变经济发展方式、调整经济结构的要求落到实处,促进民族地区经济又好又快发展。

王岐山强调,各类金融机构要围绕转方式、调结构的大局,深入基层、市场和企业调查研究,做艰苦细致的工作,提高西部地区金融服务水平。要从当地实际出发,优化金融结构,创新金融产品,提升服务质量,加大对有市场、有效益企业的信贷支持,更好地满足战略性新兴产业和"三农"、小企业的资金需求。要正确认识财政风险与金融风险的关系,对政府主导的公益性基础设施建设融资,要兼顾当前和长远,充分考虑承受能力,量力而行。各级政府要十分关注并及时了解民间金融市场的状况,与金融监管机构密切合作,守住不发生系统和区域风险的底线,营造有利于金融健康发展的良好市场环境。

考察期间,王岐山对近年来内蒙古自治区经济社会发展取得的成绩给予充分肯定。他要求有关部门认真贯彻中央关于兴边富民的一系列政策措施,全力支持民族地区经济社会发展。

吴孟超先进事迹报告团在中国科学院举行专场报告会

报告会由中宣部、卫生部和总政治部、总后勤部、上海市委联合组织,千余名在京院士、优秀青年科学家代表和青年学生代表参加了报告会。

中国科学院院士、第二军医大学东方肝胆外科医院院长吴孟超主刀完成14000多台手术,耄耋之年仍坚持亲自上手术台,把我国肝胆外科事业提高到世界领先水平，荣获了国家最高科学技术奖。

国防部部长梁光烈在八一大楼会见坦桑尼亚人民国防军司令姆瓦姆涅盖一行

西藏和平解放60年成就展在北京民族文化宫开幕

中宣部副部长，中央外宣办、国务院新闻办主任王晨致开幕词。

此次展览由中央统战部、中央外宣办、国家民委、国家发改委、西藏自治区人民政府和新华社联合主办。展览分为“前言”、“波澜壮阔的历史进程”、“举世瞩目的伟大成就”、“大幅改善的人民生活”、“西藏的明天更加美好”、“结语”6部分，通过500余幅图片、30多件实物、30多张图表以及丰富翔实的历史文献、生动新颖的多媒体手段，充分展示了西藏和平解放的伟大历史进程，生动展现了西藏60年来翻天覆地的变化和西藏人民幸福安康的新生活，以及西藏各民族团结、社会和谐的精神风貌，热情颂扬了西藏建设过程中涌现出的先进人物事迹。

6月16日

国家主席胡锦涛在莫斯科同俄罗斯总统梅德韦杰夫举行会谈

两国元首全面总结中俄关系10年发展成果，并就下一个10年两国关系发展规划深入交换意见。

胡锦涛指出，今年是《中俄睦邻友好合作条约》签署10周年。10年来，在条约原则和精神指导下，中俄战略协作伙伴关系得到前所未有的大发展，主要表现为：双方本着互谅互让、平等协商原则，彻底解决了历史遗留的边界问题，为国与国通过对话谈判解决边界问题树立了典范；双方在涉及对方主权、安全、发展利益特别是核心利益问题上相互坚定支持，互为最主要、最重要的战略协作伙伴；双方建立了较为完备的领导人会晤和各部门合作机制，签署200多份双边合作文件，双边关系的机制和法律基础进一步完善；双边贸易额从2000年的约80亿美元增加到去年的近600亿美元，增长6倍多，互为最主要的贸易伙伴；双方在能源、科技、地方等重点领域相继实施一批大型合作项目，经贸和经济技术合作正向纵深发展；双方成功互办“青年友谊年”、“国家年”和“语言年”等人文交流合作活动，密切了两国人民联系，加深了双方传统友谊；中俄共同推动成立了上海合作组织、金砖国家等地区和多边合作机制，在联合国、二十国集团等全球和多边机制框架内密切协调和配合，维护了共同利益，提高了两国国际地位和影响。中俄关系发展促进了两国发展，给两国人民带来了实实在在的好处，也促进了地区及世界和平稳定。

关于中俄务实合作，胡锦涛指出，双方要共同努力在2015年前实现双边贸易额达到1000亿美元的目标，并在此基础上制定到2020年双边贸易额达到2000亿美元的规划。继续本着互谅互让、合作共赢原则积极推进石油、天然气领域合作，不断扩大核电、煤炭、电力、新能源和新技术等领域合作，致力构建中俄能源战略合作伙伴关系。加强投资、高技术等领域及地方合作。

梅德韦杰夫表示，双方要加强经贸合作，继续推进贸易多元化，提高高技术产品比重。推动和落实新的合作方式，进一步加强本币结算合作。加强两国金融、能源、航空、航天、海关等领域及地方合作，将创新领域合作提升到新水平。希望中方加大对俄投资力度，欢迎更多中国企业来俄投资兴业。进一步推动两国文化交流，办好“旅游年”活动，巩固和增进两国人民友谊。

会谈结束后，两国元首出席两国有关合作文件签字仪式，签署《中俄关于当前国际形势和重大国际问题的联合声明》，发表《中俄元首关于〈中俄睦邻友好合作条约〉签署10周年的联合声明》，并共同会见记者。

中华人民共和国和俄罗斯联邦关于当前国际形势和重大国际问题的联合声明

中华人民共和国和俄罗斯联邦(以下称双方)，基于对主要国际问题的共同立场，重视在国际关系中制定凝聚各方的积极日程，共同合力应对当今挑战以确保社会经济可持续发展，指出国家间的相互依赖程度正在不断加深，必须加强国际政治的多边和法律基础，声明如下：

一、双方指出，当前全球化进程不断加快，国家间相互依存日益加深，不同经济与文化密切交融，国际关系体系进入大发展、大变革、大调整的关键时期。国际金融危机的爆发表明，现有全球治理机制缺乏效率，不能反映当代政治、经济和金融现实。该机制正朝着多极化的方向积极演变。为防止未来大规模危机重演，各国共同致力于改革国际金融体系已成为当前国际关系中的头等大事之一。与此同时，地区和局部冲突、自然灾害和事故、大规模杀伤性武器扩散、恐怖主义、跨国犯罪、粮食短缺、气候变化等威胁依然存在。只有各国团结一致，共同努力，才能有效应对这类全球性挑战和威胁。

二、双方支持联合国在国际事务、维护和平、促进发展和多边合作中发挥中心协调作用。双方一致认为，必须加强联合国安理会代表性并保持其有效性，将在安理会改革问题上加强协作。双方表示，支持现有的政府间谈判机制，就联合国安理会改革问题开展公开平等的讨论，致力于在联合国成员国中达成最广泛一致的“一揽子”解决方案。有关改革问题的讨论不应人为设定时间限制，应讨论所有提出的改革方案。双方认为，采取“分步走”方式，仓促推动安理会改革方案不利于达成共识。

三、双方支持二十国集团为完善全球经济和金融治理所做的努力，视之为国际经济合作的主要平台。双方支持二十国集团进一步加强工作，以稳定国际金融市场，实现强劲、可持续和平衡增长，改革国际货币金融体系，反对贸易保护主义，加大对发展问题的关注。中方欢迎俄方2013年举办二十国集团峰会的倡议。

中国支持俄罗斯2011年年底前加入世界贸易组织。

四、双方强调高度重视金砖国家框架内的合作。2011年4月14日在三亚(海南岛，中国)举行的金砖国家领导人第三次会晤，表明该机制的国际声望正在上升，双方对会晤成果表示欢迎。南非加入对促进金砖国家合作具有重要意义。双方将进一步加强金砖国家框架下的协调与合作，同金砖国家其他成员国一道落实金砖国家领导人第三次会晤《三亚宣言》和“行动计划”。

五、双方对2011年6月15日在阿斯塔纳举行的上海合作组织10周年成员国元首理事会会议的成果表示欢迎，并满意地指出，上海合作组织为维护地区安全、加深成员国之间睦邻互信、开展务实合作发挥了重要作用。

双方将加强协作，以维护上海合作组织地区的和平稳定。双方高度重视进一步完善本组织在应对新威胁和新挑战方面的条约法律基础，以及加强打击恐怖主义、贩毒和有组织犯罪的实际步骤。双方重申，将根据2009年6月16日签署并已生效的《上海合作组织成员国保障国际信息安全政府间合作协定》开展合作。

双方认为，应加强上海合作组织框架内的经济和人文合作，集中力量落实具体的合作项目。在中国担任轮值主席国期间(2011—2012年)，双方将继续围绕本组织各项议题开展密切协作。

双方恪守《上海合作组织宪章》中开放的基本原则，认为批准《关于申请国加入上海合作组织义务的备忘录范本》是为构建本组织扩员法律基础迈出的新的一步。

六、双方将进一步加强在中俄印(度)机制内的合作，重申愿深化三方在全球和地区问题上的协作，包括三国在联合国和亚太地区多边机制内的配合。

七、双方支持在国际反恐公约、《联合国全球反恐战略》和安理会反恐决议的基础上进一步加强反恐合作。双方商定，共同促进上海合作组织秘书处和东盟秘书处在应对新威胁和新挑战领域的协作，强调亚太经合组织反恐特别小组工作的重要性。

八、双方重申，支持建设无核世界的崇高目标，并在维护战略稳定和各国安全不受减损原则的基础上推动实现这一目标。

双方认为，大规模杀伤性武器及其运载工具的扩散问题首先应在国际法准则框架内通过政治和外交途径解决，以巩固国际安全。双方支持在履行国际核不扩散义务的前提下开展民用核能合作，支持促进国际原子能机构全面保障监督协定及其附加议定书的普遍性。

双方强调，《不扩散核武器条约》具有重大意义，并将全面促进落实2010年5月《条约》审议大会上通过的行动计划。

九、双方高度重视加深在反导问题上的相互理解，强调应优先通过政治外交手段应对导弹领域的威胁和挑战，应维护全球战略平衡与稳定，照顾各国安全利益。

双方强调应确保外空安全，防止外空出现任何形式的冲突，维护外空的开放性。双方主张凝聚国际社会力量，维护外空安全，促进和平利用外空，在日内瓦裁军谈判会议内制定具有法律约束力的防止在外空放置武器、对外空物体使用或威胁使用武力条约。

十、双方愿加强合作，推动国际社会在联合国框架内达成维护国际信息安全行为规范。

十一、双方认识到，气候变化问题是人类共同面临的严峻挑战，国际社会应在《联合国气候变化框架公约》及其《京都议定书》基础上加强合作，共同应对气候变化。双方同意开展合作，以推动德班会议根据“巴厘路线图”授权，按照“共同但有区别的责任”原则，就加强公约及其议定书的全面、有效、持续实施取得积极成果。

十二、双方将积极巩固信任与合作氛围，推动在欧洲大西洋和欧亚地区建立共同的不可分割的安全稳定空间，避免出现分界线、冲突、势力范围和安全水平不等的区域。

双方指出，俄方提出的《欧洲安全条约》倡议有助于就建立全地区集体安全和合作体系的最广泛问题开展建设性讨论。

十三、双方认为，亚太合作应坚持开放包容、求同存异、互谅互让、互利共赢。双方重申，将在国际法准则、承认安全不可分割和兼顾各国利益的基础上协同努力，推动在亚太地区建立开放、透明和平等的安全与合作格局。双方将相互并同亚太地区其他国家积极协作，共同推进2010年9月27日签署的全面深化中俄战略协作伙伴关系联合声明中提出的关于亚太合作的中俄联合倡议。

双方认为，中俄战略协作伙伴关系是维护亚太地区和平、稳定和繁荣的重要因素。双方在安全双边合作方面积累了丰富的经验，愿同该地区其他国家分享。

十四、双方支持加强亚太地区各个多边机制的作用，希其相互补充，为亚太地区和平、稳定、繁荣创造良好环境。

双方非常重视东亚峰会，认为这是团结亚太地区国家的重要论坛。双方将推动东亚峰会继续发挥“领导人引领”的战略论坛作用，以利于亚太地区发展和安全。

双方还高度评价上海合作组织、东盟地区论坛、东盟与对话伙伴国国防部长会议、亚欧会议、南亚区域合作联盟、亚洲相互协作与信任措施会议、亚洲合作对话、巴厘民主论坛等地区机制对巩固亚太地区安全与合作作出的贡献。

双方重申愿就双方共同参加的多边地区机制议程中的问题开展紧密的协作。

十五、双方支持亚洲—太平洋经济合作组织在深化亚太地区经贸合作方面发挥重要作用，支持在开放、共同、互利和非歧视性的基础上进一步发展地区经济一体化。双方将扩大在亚太经合组织框架内的合作，特别是在2012年俄罗斯担任亚太经合组织东道主的背景下，合作领域包括贸易和投资自由化便利化、经济技术合作、区域经济一体化、粮食安全以及完善交通物流体系等，并积极研究开展以现代化为目标的合作。

十六、中方重申，支持俄方为维护自身的根本利益、推动外高加索和独联体地区的和平稳定、促进独联体地区合作与一体化所做的努力。

维护中亚和平稳定、促进经济发展和繁荣是该地区友好的各国人民的首要任务。双方将继续在双边和上海合作组织框架内同该地区国家加强政治、安全、经贸领域的合作。

双方指出，吉尔吉斯斯坦领导人为克服国家当前面临的困难、确保国家沿着民主道路继续前进、实现民族和睦与经济发展作出的努力具有重要意义。双方愿继续为吉尔吉斯斯坦人民提供必要帮助和支持。

十七、双方一致认为，朝鲜半岛核问题只能在六方会谈框架内通过政治外交方式解决，重申愿相互并同六方会谈其他各方继续密切协作，在恪守2005年9月19日中朝俄韩美日联合声明的基础上尽快重启六方会谈进程。

双方坚信，降低该地区的军事活动强度将有利于创造恢复谈判的条件。双方还表示，将继续致力于建立东北亚和平与安全多边保障机制。

十八、双方将恪守通过政治外交途径尽快解决伊朗核问题的方针，确保伊朗作为《不扩散核武器条约》成员国享有的和平利用核能权利，同时恢复国际社会对伊朗核计划完全和平性质的信心。这一问题如能解决，将有助于伊朗和国际社会开展各领域的全面合作，并巩固核不扩散体系和国际安全。双方认为，在循序渐进和平等互利基础上开展对话和谈判，是全面、长期、妥善解决该问题的唯一正确途径。

十九、双方认为，西亚北非有关国家局势应在法律范畴内通过政治对话寻求解决方案，并就恢复稳定和社会秩序，推动民主和经济改革开展广泛的民族对话，呼吁各方通过和平手段解决分歧，国际社会可为尽快恢复地区和有关国家稳定、避免局势进一步复杂化提供建设性帮助，但外部势力不应干涉该地区国家内部进程。

二十、双方对利比亚危机表示关切。为避免暴力进一步升级，有关各方必须严格遵守联合国安理会第1970号和第1973号决议，不得随意解读和滥用。重要的是尽快停火，通过政治外交方式解决利比亚问题。双方将继续在联合国安理会内共同努力，并支持非盟调解利比亚内部冲突的倡议，全力推动实现上述目标。

二十一、双方支持阿富汗成为和平、独立、中立、经济稳定的国家。双方强调，国际社会必须共同配合打击威胁世界和平稳定的阿富汗非法贩毒。双方支持阿富汗民族和解与重建进程，支持向阿富汗政府移交其管理自己国家的权力。双方认为，上海合作组织是开展地区合作，促进阿富汗局势稳定和重建，打击恐怖主义、非法贩毒和有组织犯罪的重要平台。

二十二、双方对日本2011年3月11日遭受地震海啸灾难表示深切慰问，重申愿支持日本政府和人民在本国灾后重建和经济振兴方面所做的努力，将继续向日本提供必要协助。

双方高度重视保障核能设施安全问题，并一致认为，日本核电站事故使确保核安全上升为一个重要的国际问题。双方认同国际原子能机构在此方面发挥的主导作用，支持国际社会在广泛参与的基础上对该问题进行充分探讨。

中华人民共和国主席　　俄罗斯联邦总统
胡锦涛　　德米特里·梅德韦杰夫

2011年6月16日于莫斯科

国家主席胡锦涛和俄罗斯联邦总统梅德韦杰夫关

于《中俄睦邻友好合作条约》签署10周年的联合声明

一

2001年7月16日，中华人民共和国和俄罗斯联邦国家元首签署了《中俄睦邻友好合作条约》。

条约汲取了长期以来中俄关系发展的有益经验，以及公认的国际法准则，成为当代两国关系的基础性国际法律文件。条约充分体现了中俄两国人民睦邻友好的深厚历史传统和两国奉行的和平外交政策。

条约确定以平等互信的战略协作伙伴关系作为中俄关系模式，这至今仍具有现实意义。中俄关系的基础是不以意识形态划线，平等互信，承认领土完整，尊重彼此利益，尊重自主选择社会制度和发展道路的权利，不干涉内政，在涉及主权、安全、发展等核心利益问题上相互支持；互利共赢，开展全方位合作；不结盟、不对抗、不针对第三国。

条约不仅反映了世纪之交中俄关系的发展成果，更指明了两国关系进一步全面发展的道路。条约实施纲要贯穿了条约的宗旨、原则和精神，双方正在顺利落实。

二

条约签署10年来，中俄关系全面快速发展，各领域合作都达到前所未有的高水平。

两国高层交往频繁，政治互信显著提升。两国都把发展与对方的双边关系确定为外交政策的优先方向之一。边界问题彻底解决，整个中俄边界成为两国和平与全面合作的纽带。

两国经贸、投资、金融、能源、科技、地方等领域务实合作快速发展。中俄总理定期会晤机制有效运转，包括数十个委员会、分委会和工作组，实际涵盖了双边合作的所有领域。

中俄关系的社会基础显著巩固。中俄互办"国家年"和"语言年"等大型活动，为发展双方人文交流，加强两国人民的相互理解和友谊作出了重要贡献。

条约的签署和实施具有重要的国际意义，向全世界展示了大国之间和谐共处、平等信任、互利共赢和建设性关系的成功典范。中俄以条约为基础开展的战略协作成为国际事务中举足轻重的因素，有利于建立公正合理的国际新秩序，有利于世界多极化和国际关系民主化。

中俄关系持续全面发展符合两国的根本利益，给两国人民带来了实实在在的好处，巩固了地区及世界的和平、安全与稳定。双方10年来落实条约所取得的丰硕成果，以及条约所蕴藏的推动中俄战略协作伙伴关系发展的巨大潜力，使我们有充分理由对两国关系的未来和前景充满信心。

三

条约签署后的第二个10年为中俄关系进一步大发展开辟了新机遇。双方将继续遵循条约确立的原则和精神，致力于发展平等信任、相互支持、共同繁荣、世代友好的全面战略协作伙伴关系。

为此，双方决定：

(一)将继续保持密切高层交往，不断增进互信，相互坚定支持对方选择的发展道路，支持对方维护本国主权、统一和领土完整，将发展中俄关系作为本国外交的优先方向之一。

(二)将全面深化两国务实合作。贸易领域，创造必要条件，将双边贸易额在2015年前提升至1000亿美元，在2020年前提升至2000亿美元。完善中俄投资促进会议机制，积极落实《中俄投资合作规划纲要》，不断扩大相互投资规模。能源领域，全面推进石油、天然气、核能、煤炭、电力、新能源等合作，在互利基础上构建战略性、长期性能源伙伴关系。积极探索新的科技和创新合作方式，确保在进行优先方向的联合基础研究和高科技研发时，以及科研成果商业化和产业化过程中开展全面合作。扩大和深化地区合作，积极落实《中国东北地区与俄罗斯远东及东西伯利亚地区合作规划纲要(2009—2018年)》，根据两国社会经济发展战略对地区合作项目清单进行必要调整。

(三)从国家和社会层面对中俄教育、文化、卫生、体育、媒体、旅游、电影、档案、青年等领域的合作给予全面推动，增进两国人民友谊，为中俄关系进一步发展打造坚实的社会和民意基础。

(四)将扩大和深化作为中俄全面战略协作伙伴关系重要组成部分的两军交流和合作，增进两军传统友谊。

(五)将继续遵循《联合国宪章》的宗旨和原则，进一步密切在国际和地区事务中的协调配合，加强在联合国、二十国集团等多边机制中的合作，推动上海合作组织、金砖国家、中俄印(度)等合作机制深入发展，维护地区和世界的和平、安全与稳定，为推动建立持久和平、共同繁荣的和谐世界不懈努力。

国家主席胡锦涛在《中俄睦邻友好合作条约》签署10周年庆祝音乐会上发表题为《开创中俄战略协作伙伴关系发展新局面》的讲话

尊敬的梅德韦杰夫总统，女士们，先生们，朋友们：

今天，我们在热烈友好的气氛中相聚，共同隆重庆祝《中俄睦邻友好合作条约》签署10周年。首先，我谨代表中国政府和人民，向梅德韦杰夫总统，向在座各位俄罗斯朋友，向全体俄罗斯人民，致以最诚挚的问候和最美好的祝愿！

10年前，中俄两国领导人在全面总结两国关系发展成果和经验的基础上，高瞻远瞩，共同签署了《中俄睦邻友好合作条约》,为新世纪两国关系发展奠定了坚实法律基础。

10年来,在条约精神指导下:

——我们两国在政治上互尊互信,两国关系日臻成熟。双方在涉及对方主权、安全、发展利益特别是核心利益问题上相互坚定支持。

——我们两国在经济上互利互惠,务实合作全面发展。10年来,双边贸易额增长了6倍多,去年接近600亿美元。两国能源、投资、高技术、军技和地方等领域合作全面推进。

——我们在人文领域互学互鉴,传统友谊日益加深。双方成功互办了“青年友谊年”、“国家年”、“语言年”等大型人文交流活动,两国关系社会和民意基础更加牢固。

——我们在国际事务中密切协调,战略协作不断深化。双方在一系列重大国际和地区问题上密切配合,推动成立了上海合作组织、金砖国家等合作机制,促进了世界多极化和国际关系民主化,维护了世界和平、安全、稳定。

女士们、先生们!

10年来的实践充分证明,条约所确立的宗旨、原则、精神符合中俄两国根本利益,具有强大生命力,是经得住时间考验的。

现在,我们已步入21世纪第二个10年。我们要以共同庆祝条约签署10周年为契机,遵循条约精神,致力发展平等信任、相互支持、共同繁荣、世代友好的全面战略协作伙伴关系。

我们要进一步坚持平等互信,坦诚相待,坚定支持对方走自己的发展道路和实现发展振兴,坚定支持对方维护本国核心利益的努力,不断深化两国战略和政治互信。

我们要进一步发展互利共赢的全面务实合作,充分发挥各自优势和潜力,积极探索新的合作领域和方向,特别是要加强各领域战略性大项目合作,更好促进两国共同发展,共同繁荣。

我们要进一步弘扬中俄世代友好的和平理念,加强人文领域交流合作,增进两国人民心灵沟通,使中俄两国人民友谊根深叶茂、万古长青。

我们要进一步加强在国际和地区事务中的协调和配合,全方位深化国际战略协作,继续推动国际政治经济秩序朝着更加公正合理的方向发展,维护共同利益。

女士们、先生们!

《中俄睦邻友好合作条约》倡导的互信、互利、平等、协作的新安全观,为确立新型国家关系树立了典范。条约不仅成为中俄关系发展史上的重要里程碑,也是国际关系史上的一个创举。我相信,随着中俄关系持续顺利发展,条约国际影响力将不断扩大。我们对两国关系发展前景更加充满信心。让我们携手努力,共创中俄关系更加美好的未来!

谢谢大家!

国家主席胡锦涛在莫斯科会见俄罗斯总理普京

全国人大常委会委员长吴邦国在新疆就中央新疆工作座谈会精神贯彻落实情况进行调研

6月16日至19日,吴邦国先后来到和田、喀什、昌吉、石河子、乌鲁木齐等地,行程3000多公里,深入工厂企业、田间地头、兵团农场、街道社区、百姓家庭等20多个考察点,看望各族干部群众。

吴邦国强调,要从战略和全局的高度,充分认识做好新疆工作的重要意义,全面贯彻落实中央新疆工作座谈会精神,紧紧抓住国家政策支持和全国各地支援的大好机遇,着力增强自身发展能力,把资源优势转化为经济优势,造福全疆各族人民,扎扎实实地推进新疆跨越式发展和长治久安。

调研期间,吴邦国听取了新疆维吾尔自治区工作汇报,对新疆的工作给予充分肯定。他说,新疆维吾尔自治区党委、政府团结带领全疆各族人民,认真贯彻中央的方针政策,结合本地实际创造性地开展工作,国民经济快速发展,社会事业全面进步,民族团结得到加强,人民生活进一步改善,特别是中央新疆工作座谈会召开以来,各项工作在较短时间内都有了新进展,取得了新突破,迈上了新台阶。希望新疆各族干部群众倍加珍惜来之不易的大好局面,倍加珍惜民族团结和社会稳定,统一思想、凝聚力量、迎难而上,以高度的政治责任感和历史使命感做好新疆工作,为建设繁荣富裕和谐稳定的社会主义新疆而努力奋斗。

国务院总理温家宝在人民大会堂与蒙古国总理巴特包勒德举行会谈

温家宝表示,中方愿与蒙方加强高层沟通,增进战略互信,密切在区域组织和机制中的协调配合;在涉及主权、领土等核心利益的重大问题上相互坚定支持,携手打击“三股势力”和跨国犯罪活动,维护边境安宁;积极落实中蒙经贸合作中期发展纲要,加强统筹协调,有序推进矿能资源开发和基础设施建设领域的大项目;中方愿为蒙方发展民族工业、提高能源保障能力、保护环境、改善民生提供力所能及的帮助;双方要进一步扩大教育、旅游、青年、媒体交流,巩固两国友好的社会基础。

巴特包勒德表示,在双方共同努力下,蒙中关系得到全面拓展,两国建立战略伙伴关系符合双方的共同利益。蒙方坚定奉行一个中国政策，愿与中方密切高层交往和各级别磋商，采取切实措施，扩大在经贸、矿产资源开发、交通运输、金融、农牧业、能源、环境保护、高科技、人文等领域的交流与合作。欢迎中国企业来蒙投资兴业，感谢中方对蒙经济、社会发展提供宝贵援助。蒙方愿与中方一道为维护地区和平稳定作出积极努力。

会谈后，两国总理签署了关于两国建立战略伙伴关系的联合声明并出席了双边有关合作文件的签字仪式。

中华人民共和国和蒙古国关于建立战略伙伴关系的联合声明

一、应中华人民共和国国务院总理温家宝的邀请，蒙古国总理苏赫巴特尔·巴特包勒德于2011年6月15日至17日对中国进行了正式访问。

二、访问期间，温家宝总理同巴特包勒德总理举行了会谈，中国全国人民代表大会常务委员会委员长吴邦国、国家副主席习近平分别会见。两国领导人在友好诚挚的气氛中就两国关系及共同关心的国际和地区问题深入认真交换了意见，达成广泛共识。

三、双方一致认为，中蒙是有着漫长共同边界的友好邻邦，不断巩固和深化中蒙友好关系符合两国和两国人民利益，也有利于促进本地区和平、稳定与发展。双方满意地指出，2003年中蒙建立睦邻互信伙伴关系以来，两国各领域交流与合作不断加深，为两国发展和两国人民福祉作出了贡献，双方对此感到满意。

为进一步加强中蒙睦邻友好与互利合作，双方决定将中蒙睦邻互信伙伴关系提升为中蒙战略伙伴关系，并加强在以下重点领域的合作。

(一)加强政治沟通和相互信任，不断强化中蒙战略伙伴关系的政治基础。

中方重申，发展与蒙古的友好关系是中国政府坚定不移的战略方针。蒙方重申，全面发展与中国的友好合作关系是蒙古对外政策的首要方针之一。

双方重申，相互尊重独立、主权和领土完整，尊重各自选择的发展道路。双方不参加任何针对对方的军事政治同盟，不同第三国缔结任何损害另一方国家主权和安全的条约，不允许第三国利用其领土损害另一方国家主权和安全。

蒙方重申，中华人民共和国政府是代表全中国的唯一合法政府，蒙方坚定支持中方在台湾、涉藏、涉疆问题上的原则立场。中方重申，支持蒙古无核武器地位，支持蒙方通过政治和外交手段保障国家安全和根本利益的努力。

双方认为，高层交往对双边关系发展有特殊重要意义。双方将保持高层交往势头，积极利用国际多边场合举行两国领导人会晤，加强战略沟通。双方将进一步加强两国议会、政府和政党间的交流与合作。

双方商定，进一步加强防务安全领域交流与合作。共同打击恐怖主义、贩毒、贩卖人口等跨境犯罪，加强防灾、减灾、预防传染病等领域合作。

(二)扩大和深化经贸合作，稳步开展互利共赢合作，促进共同发展，为中蒙战略伙伴关系发展提供持久动力。

双方表示，将在本国经济发展战略基础上，完善双边贸易结构，支持相互投资，保持双边贸易与投资的稳步增长。双方将积极落实《中蒙经贸合作中期发展纲要》，利用好两国政府间经贸科技合作委员会、矿能合作委员会及其他合作机制，确保双边经贸合作有序发展。双方同意，从政策层面支持增加环保、高科技投资。

双方重申把资源开发和基础设施建设作为经贸合作首要方向，并表示特别重视矿能资源、农牧业合作。

双方认为应按照矿能资源开发、基础设施建设、金融合作“三位一体、统筹推进”的原则深化合作。蒙方表示，支持中国企业参与蒙古煤炭、铜、铁、石油、铀矿等矿能项目以及住宅等基础设施建设合作。愿在建设连接两国的铁路、公路等方面同中方加强合作。

中方表示，愿同蒙方在成品油供应、炼油厂建设、电力贸易、原材料深加工、过境运输、出海口等方面继续开展互利合作，并提供支持和便利。双方还就经蒙境内铺设天然气管道和高压电线路问题交换了意见。

双方表示，将加强口岸合作，提高通关能力，进一步完善和加强保障食品安全合作机制。

蒙方表示，中国政府提供的优惠贷款和无偿援助是对蒙古经济社会发展的重要支持，对此表示衷心感谢。中方表示，愿在力所能及的范围内继续向蒙方提供援助，相信这将对促进蒙古经济社会发展、增进中蒙友好发挥积极作用。

(三)进一步加强人文交流，增进民间友好，巩固中蒙战略伙伴关系的民意基础。

双方重申，将加强文化、教育、卫生等领域交流与合作。中方表示，愿为蒙方在华设立文化中心提供相关便利，愿积极参与蒙古大学城建设，在非物质文化遗产保护方面同蒙方加强合作。蒙方表示继续支持孔子学院、中国文化中心在蒙古的活动。

双方认为，加强青少年交流对两国关系未来发展有长远战略意义，新闻媒体交流将为两国关系提供良好舆论环境，应重点予以推动。双方同意，积极开展两国青少年代表团互访，逐步扩大规模并形成机制。建立两国新闻代表团互访机制。

双方对两国人员往来日益扩大感到满意，同意加强主管部门间的沟通与合作,完善合作机制与相关服务,及时妥善解决双方人员往来中出现的问题,切实采取措施保护本国境内对方公民的合法权益。

双方对蒙古国驻中华人民共和国香港特别行政区总领事馆开馆感到高兴,同意继续加强领事关系。

双方表示,将在环境保护、应对全球气候变化、防治荒漠化和沙尘暴等方面加强信息交流与合作。

(四)加强在国际和地区事务中的相互协调和支持,维护共同利益,不断丰富中蒙战略伙伴关系的内涵。

双方主张,在国际和地区事务中加强互信与协作,坚持通过对话协商解决争端,共同构筑公正、民主、合理的国际政治经济秩序。

双方支持联合国在维护世界和平、促进共同发展、推动国际合作方面发挥核心协调作用。

双方重申致力于维护世界和亚太地区的和平与稳定。中方支持蒙方积极参与东北亚、东亚合作,支持蒙古成为亚太经合组织成员,欢迎在联合国支持下于乌兰巴托建立无出海口国家国际研究中心。蒙方高度评价中方为维护地区和平与稳定所做重要贡献,支持早日重启六方会谈,对中日韩三方合作不断加强表示祝贺。

中方赞赏蒙古作为上海合作组织首个观察员国积极参与该组织活动,愿积极支持蒙方同其他成员国开展务实合作。蒙方表示,愿同中方和上海合作组织其他成员国加强合作,为促进上海合作组织发展发挥积极作用。

四、访问期间,双方签署了《中华人民共和国和蒙古国关于移管被判刑人的条约》《中华人民共和国政府和蒙古国政府经济技术合作协定》《中华人民共和国政府和蒙古国政府汽车运输协定》《中华人民共和国政府和蒙古国政府关于防止盗窃、盗掘和非法进出境文化财产协定》《中华人民共和国政府向蒙古国政府提供5亿美元优惠出口买方信贷总协议》《中华人民共和国教育部与蒙古国教育文化科学部2011—2016年教育交流与合作执行计划》等文件。

五、双方一致认为,巴特包勒德总理此次访问取得了圆满成功,对进一步推动两国关系发展具有重要意义。巴特包勒德总理对中方的热情接待和周到安排深表感谢。

中华人民共和国国务院总理　蒙古国总理
温家宝　巴特包勒德
2011年6月16日于北京

中央支持新疆经济社会发展政策落实情况监督检查工作汇报会在乌鲁木齐举行

中共中央政治局常委、中央纪委书记贺国强出席会议并讲话。

在认真听取有关方面发言后,贺国强指出,推进新疆跨越式发展和长治久安,是中央着眼于全面建设小康社会、加快推进社会主义现代化全局作出的重大战略决策。根据中央要求,中央纪委监察部会同有关部门及时把开展中央支持新疆经济社会发展政策落实情况监督检查作为一项重点工作进行了研究部署。

贺国强强调,加强对中央支持新疆经济社会发展政策落实情况的监督检查是一项长期、艰巨的任务,我们要适应形势和任务的发展,进一步做好监督检查工作。具体来讲,要把握以下6个方面。一是要把握中央精神,提高思想认识。二是要明确工作任务,突出检查重点。三是要强化督促整改,严格执行纪律。四是要创新方式方法,增强监督实效。五是要加强组织领导,形成工作合力。六是要及时总结经验,健全长效机制。

中共中央书记处书记、中央纪委副书记何勇主持会议。他强调,要认真学习贯彻贺国强同志的重要讲话精神,牢固树立政治意识、大局意识、责任意识,坚决完成好中央交给的这项重要任务,务求取得实效。

国务院副总理李克强在北京门头沟考察工矿棚户区改造情况

李克强听取棚户区改造情况汇报,他指出,解决工业化进程中的棚户区问题,是世界性难题。这两年,国家不断加大棚户区改造力度,全国已有300多万户居民迁入新居。但棚改任务仍十分艰巨,目前还有1100万户亟须改造。即使是北京这样的现代化大城市,也还存在历史遗留的工矿棚户区问题。今年要开工建设的1000万套保障房中,有400万套是棚户区改造住房。目前正是北方建筑施工的黄金季节,各地必须进一步集中力量,创造条件,继续打好棚改攻坚战。

李克强说,住房困难群众就生活在我们周围,不妥善解决群众的居住困难,我们寝食难安。工矿企业老职工曾经为国家作出过贡献,要下决心加快解决工矿棚户区问题。中央今年安排300多亿元资金用于棚改,带动各方投入,就是为了让棚户区群众步入改善居住条件的快车道,让政策阳光温暖更多住房困难群众。

李克强强调,棚改涉及群众切身利益,既要保如期开工,更要切实落实质量责任制,终身责任,永久追溯,坚决防止"偷工减料",建优质工程,保百年安居。同时,要强化分配审核,坚持公示制度,让群众、媒体等全过程监督,确保公开公平公正。

住房和城乡建设部、发展改革委、财政部、国土资源部、人民银行、银监会等国务院有关部门负责人和北京市负责人陪同考察。

中联部部长王家瑞在北京会见蒙古国人民党主席巴特包勒德

《建党以来重要文献选编(一九二一——一九四九)》出版座谈会在人民大会堂举行

中共中央政治局常委、中央书记处书记、国家副主席习近平出席座谈会并讲话。

习近平指出,注重从党的历史经验中汲取智慧和力量以推动党的事业不断开拓前进,是我们党的一个优良传统和政治优势。中国共产党成立的时候力量弱小,但有着为共产主义奋斗的崇高理想,肩负着民族复兴的历史使命,在艰苦卓绝的伟大斗争中成为领导中国革命的核心力量。无数革命先烈和全党同志、全国各族人民长期奋斗,历经艰辛和曲折,成功来之不易。这个历史进程本身,成为中国人民必然选择马克思主义、选择中国共产党、选择社会主义的最好教科书。要通过学习这部文献选编,了解党的奋斗历史,坚定中国特色社会主义信念。

习近平指出,我们党在长期革命斗争中形成了理论联系实际、密切联系群众、批评和自我批评等优良作风,形成了井冈山精神、长征精神、延安精神、西柏坡精神。这些优良传统、优良作风是几代中国共产党人流血牺牲凝聚而成的宝贵精神财富。党的文献,不仅记录了党的奋斗历史,也承载着中国共产党人的伟大精神。要认真学习这部文献选编,继承党的一切优良传统、优良作风并结合新的实践不断发扬光大,始终保持革命战争年代那么一股劲、那么一股气、那么一种革命精神,始终保持党同人民群众的血肉联系。有了这一条,我们党就能够永远立于不败之地。

全国文物系统摸清馆藏珍贵文物家底

据《人民日报》报道:经过 10 年努力,全国文物系统博物馆全部馆藏珍贵文物的家底基本摸清了——共完成 1660275 件套馆藏珍贵文物的数据采集,其中一级文物 48006 件套,二、三级文物 1612269 件套。

6 月 17 日

国家主席胡锦涛在俄罗斯圣彼得堡会见斯里兰卡总统拉贾帕克萨

胡锦涛强调,两国应该加强高层往来,扩大政府部门、政党、地方对口交流,增加各层次人员往来。保持中斯经贸合作良好发展态势,继续落实好重点合作项目,确保项目按期保质完成,中国政府鼓励有实力的中国企业赴斯投资兴业。中方将继续鼓励中国公民赴斯旅游,也欢迎斯方赴华开展旅游宣传推广。

拉贾帕克萨表示,斯方将继续支持中国维护自身核心利益。斯方愿意同中方一道,加强高层交往,巩固传统友谊,拓展经贸、基础设施、旅游、人文等领域务实合作,加强在国际和地区问题上的协调和合作,推动两国全面合作伙伴关系不断向前发展。

国家主席胡锦涛在俄罗斯圣彼得堡出席第十五届圣彼得堡国际经济论坛开幕式并发表演讲

胡锦涛发表题为《共创互利共赢、共同发展的美好未来》的重要演讲。

梅德韦杰夫在开幕式上发表讲话。他热烈欢迎胡锦涛及有关国家领导人出席本届论坛,并阐述了俄罗斯发展战略及发展目标。他表示,今年是俄罗斯联邦成立 20 周年,俄罗斯各项事业稳步推进。俄罗斯致力于推进现代化进程,提高人民生活水平和生活质量,积极有效参与国际事务。他强调,中国是维护世界和平稳定的重要力量,俄中全面战略协作伙伴关系十分牢固。

国家主席胡锦涛在第十五届圣彼得堡国际经济论坛上发表题为《共创互利共赢、共同发展的美好未来》的演讲

尊敬的梅德韦杰夫总统,各位来宾,女士们,先生们,朋友们:

很高兴有机会来到俄罗斯美丽的北方之都出席第十五届圣彼得堡国际经济论坛。首先,我对论坛成功举行,表示热烈的祝贺!

圣彼得堡国际经济论坛自 1997 年创办以来,日益成为各界精英共商俄罗斯和全球经济发展大计的重要平台,国际影响越来越广泛。15 年来,这个论坛见证了俄罗斯经济持续快速发展,促进了国际经济交流合作。我们对论坛起到的积极作用表示赞赏。

当今世界正处在大发展大变革大调整时期,和平、发展、合作的理念更加深入人心。世界多极化、经济全球化深入发展,各国经济相互依存日益加深,新兴市场国家和发展中国家快速成长,区域经济合作方兴未艾,科技创新孕育新突破,国际经济秩序深刻变化。同时,我们也应该看到,国际金融危机发生两年多来,世界经济复苏步伐仍然缓慢,基础依然薄弱,还存在诸多不确定因素,危机的深层次影响仍未消除。国际和地区热点问题此起彼伏,南北发展不平衡问题更加突出,各种形式的保护主义重新抬头。人类生存和发展面临着气候变化、能源安全、粮食安全等一系列新的全球性挑战。

中国愿积极参与讨论和解决世界经济发展中的重大问题,同各国一道应对挑战。这里,我愿提出以下看法。

第一,加强全球经济治理,继续推进国际金融体系改革。国际金融危机不仅给世界经济和各国经济发展造成严重冲击,而且凸显了现行国际金融体系的缺陷,凸显了全球经济治理机制应对危机能力的不足。目前,新兴市场国家和发展中国家在世界经济中的分量不断增加,在全球治理中的作用日益显现。新的全球经济治理机制应该反映世界经济格局变化,遵循相互尊重、集体决策的原则,特别是应该增加新兴市场国家和发展中国家在机制中的代表性和发言权。我们应该支持和推动二十国集团在全球经济治理中发挥更大作用,推动世界经济全面复苏和增长。以金砖国家为代表的新兴市场国家合作机制为全球经济合作开创了新模式,是多边主义的重要实践。我们应该积极完善全球经济治理,推动建设公平、公正、包容、有序的国际货币金融体系,推动建立均衡、普惠、共赢的多边贸易体制,反对各种形式的保护主义,促进国际经济秩序朝着更加公正合理的方向发展。

第二,加快转变经济发展方式,合理调整经济结构布局。世界经济发展给各国既带来了机遇,也带来了挑战。我们应该深刻认识和紧跟世界发展潮流,主动适应国际经济环境变化,坚定不移转变经济发展方式,坚定不移调整经济结构,有效解决各种经济问题,在发展中促转变,在转变中谋发展。在推动转变经济发展方式、调整经济结构布局的过程中,各国应该相互借鉴、取长补短,共同为促进世界经济强劲、可持续、平衡增长作出不懈努力。

第三,充分发挥科技成果潜力,加快科技和经济融合。科技创新发展的广度和深度正迅速拓展,各国都在加快实施科技创新战略,加大研发投入,加快创新人才培养。中国也在积极致力于增强科技创新能力,推进创新型国家建设。我们应该推动各国加强科技创新领域合作,推动科技成果产业化,推动世界经济发展更多依靠科技创新驱动,破解世界经济发展中的诸多难题和制约因素,积极推动科技创新和提高人类福祉紧密结合,使科技创新成果更多惠及各国人民。

女士们、先生们!

作为友好邻邦和战略协作伙伴,中国始终关注和支持俄罗斯发展振兴。我们高兴地看到,面对国际金融危机巨大冲击,俄罗斯采取了一系列切实有效的应对措施,经济重新呈现向好态势。现在,俄罗斯正加快调整经济结构,大力推进以创新为核心的全面现代化战略,各项建设事业取得可喜成就,人民生活水平不断提高。

中国和俄罗斯同是世界重要新兴市场国家。中俄两国持续稳定发展,不仅为对方提供了发展机遇,也有利于促进世界经济发展。近年来,在双方共同努力下,两国经贸合作实现强劲复苏,中俄已经互为主要贸易伙伴。在这次访俄期间,我同梅德韦杰夫总统商定,努力在2015年前把两国贸易额提高到1000亿美元,到2020年把两国贸易额提升到2000亿美元。我们将深化两国投资、能源、核能、航空、航天、科技、金融、地方等领域互利合作,重点扩大新能源、新材料、生物、纳米技术等领域合作,加强绿色新兴产业合作,为两国经济发展增添动力。

女士们、先生们!

中国"十二五"规划纲要从经济发展、结构调整、科技教育、资源环境、人民生活、社会建设、改革开放等方面提出了未来5年中国经济社会发展的目标和任务。概括地讲,中国将以科学发展为主题,以加快转变经济发展方式为主线,更加注重以人为本,更加注重全面协调可持续发展,更加注重改革开放,更加注重保障和改善民生,促进经济长期平稳较快发展和社会和谐稳定,为全面建成小康社会打下具有决定性意义的基础。

中国将继续高举和平、发展、合作旗帜,坚持独立自主的和平外交政策,始终不渝走和平发展道路,始终不渝奉行互利共赢的开放战略。中国欢迎包括俄罗斯在内的世界各国积极参与中国发展,分享中国发展带来的机遇。中国愿与世界各国一道开创互利共赢、共同发展的美好未来!

谢谢大家!

国务院总理温家宝在北京师范大学出席首届免费师范生毕业典礼并发表讲话

温家宝和中共中央政治局委员、国务委员刘延东共同出席典礼。温家宝发表了重要讲话。

北京师范大学校长钟秉林宣读了毕业生准予毕业的决定,并向毕业生代表颁发了毕业证书。温家宝等向6所院校的首届免费师范生优秀毕业生代表颁发了证书。随后,北师大教师代表王葎和首届免费师范生代表苟晓龙先后发言。全体免费师范毕业生宣读誓词。

国务院总理温家宝在北京师范大学出席首届免费师范生毕业典礼上的讲话

老师们,同学们:

大家好!非常高兴参加首届免费师范生的毕业典礼。首先,我要对即将加入人民教师队伍的同学们表示热烈祝贺,对辛勤培育你们的老师们表示衷心感谢!去年教师节,我到河北兴隆县六道河中学看望师生,与同去的北师大同学有个约定,我答应一定参加你们的毕业典礼,今天我是来履约的。最近我连续收到北师大和东北师大部分免费师范生的来信，同学们立志投身教育事业的理想和决心深深打动了我。大家希望在临毕业前，能与我进行面对面交流。实际上，我一直惦记着你们。同学们已经顺利完成学业，即将成为一名光荣的人民教师，走上神圣的讲坛，我感到非常高兴。今天我来，就是同大家谈谈心，说说心里话。

“善之本在教，教之本在师”。教师是人类灵魂的工程师，是太阳底下最光辉的职业。教师肩负着开启民智、传承文明的神圣使命，承载着千万家庭的梦想和希望。中华民族历来有尊师重教的优良传统，《荀子·大略》就有“国将兴，必贵师而重傅”、“国将衰，必贱师而轻傅”的名言。我的祖父和父母都是教师，我的父亲就毕业于北京师范大学，我对教师始终充满景仰之情。

前些年，不少优秀学生不愿意当老师，甚至师范院校的学生也不愿意当老师，更不愿意到中西部地区和农村中小学当老师，我心中确实有些担忧。实施师范生免费教育政策，就是向全社会发出重视师范教育的强烈信号，吸引最优秀、最有才华的学生做教师，鼓励更多的优秀人才终身做教育工作者；就是要进一步在全社会形成尊师重教的浓厚氛围，让教师成为最受尊重、最令人羡慕的职业。

我们高兴地看到，经过四年不懈努力和探索，师范生免费教育试点工作取得了重要进展和显著成效。六所部属师范大学四年共招免费师范生4.6万人，录取分数线高出本省重点线40分以上，越来越多的优秀学生志愿加入教师队伍。首届免费师范毕业生已经全部落实到中小学任教，超过90%的学生到中西部中小学任教。上海、云南、江苏等地部分院校也开展了师范生免费教育试点，这项政策正在彰显出越来越大的示范引领作用。实践证明，国家实行师范生免费教育的决策是完全正确的。

师范生免费教育政策实施已经四年，社会各界十分关注。如何进一步完善好、实施好这项政策，是一件大事。我们要在搞好试点的基础上，认真总结经验，研究和解决存在的问题，加快落实和完善配套政策，让更多优秀毕业生下得去、留得住、干得好。经过认真研究，国务院将出台新的政策措施。我们要建立免费师范生录取和退出机制，加大高校自主招生力度，录取后经考察不适合从教的少数学生可以调整到非师范专业，选拔愿意从教的优秀非师范生转为免费师范生，让真正乐教适教的优秀学生读师范。要提高免费师范生生活补贴标准，给予优秀免费师范生更多奖励。要支持建设一批教师教育改革创新实验区，安排更多名师给免费师范生上课，提供更多观摩名师讲课的实习机会，提高免费师范生培养质量。要进一步改进免费师范生就业办法，通过建立健全分工负责、密切配合的跨部门工作机制，全面落实免费师范毕业生的编制和岗位。要支持到农村学校任教的免费师范毕业生，免试攻读在职教育硕士。要逐步在全国推广师范生免费教育政策，鼓励地方发展师范生免费教育，支持各地师范院校采取定向招生、免费培养的办法，为农村培养骨干教师。

有人认为，大学毕业后当中小学教师，尤其到农村当教师，是大材小用，没有前途。我不这样看。我认为，中小学教师同样能够出人才、出大家、出大师。我国近现代许多杰出人物都是从中小学讲坛成长起来的。文学家鲁迅、科学家钱伟长、历史学家翦伯赞、艺术家丰子恺，等等，都当过中小学教师。中小学老师天天面对的是最渴望求知的眼神和最纯洁的心灵，往往最能体会学生对教育的真实需求，最有条件思考教育的实际问题，最能体会教育的本质，从而不断检验和修正自己的教育思想和教育理念。叶圣陶先生当过很长时间的小学老师，几十年的教学经历，使他成为我国著名的教育家、文学家。钱穆先生成为一代国学大师，与他10年小学加8年中学教师经历有直接关系。他曾这样怀念他的中小学老师生涯：“我个人的经验倒觉得在教小学时最快乐，教中学时又比教大学时快乐。”中小学教师另外一个独特优势，就是脚踏实地、扎根基层，广泛接触民众，深入了解民情、国情，有利于激发老师教育好下一代的责任感和使命感。老舍的第一部长篇文学《老张的哲学》就取材于他当小学校长时的经历。徐向前元帅在回忆自己的一生时说：“‘五四’运动以后，在先进思想影响下，我心里也逐步萌发起改造黑暗社会的念头。当上教师我就想，要通过自己的努力，让学生从小就理解这一点，长成有用的人才，担负救国救民的重任。”

我曾多次倡导大学毕业生教小学，教授给中学生上课。俗话说，名师出高徒。中小学生正处在世界观、人生观的养成时期，老师往往就是他们做人的榜样。如果老师人格高尚、眼界开阔、知识渊博、志向远大、思想活跃，他们的言传身教对学生的影响是巨大而深远的。湖南省立第一师范学校是民国时期一所著名高级中学，曾培养出毛泽东、蔡和森、何叔衡、任弼时等许多优秀学生，其中一个重要原因就是它拥有像黎锦熙、周世钊、杨昌济、徐特立这样一批老师。他们中有的是大学教授、学者，有的是诗人、文学家，堪称大师。南开学校之所以人才辈出，师资力量强也是一个重要原因。张伯苓先生当年就提倡硕士生、博士生乃至留学生教中学。前些年，霍懋征老师给我写信，提出让大学毕业生教小学，而且要蔚成风气。

同学们要树立长期从事中小学教育的志向，首先要有一种精神和信念。鲁迅先生曾经说过：我们中华民族自古以来，就有埋头苦干的人，有拼命硬干的人，有为民请命的人，有舍身求法的人，这就是中国的脊梁。纵观历史，任何国家、任何时代，那些真正开启人类心智的人们，当时大都默默无闻。他们淡泊名利，生活清贫，被人误解，受到忽视，靠着理想和信念，靠着对事业的热爱支撑他们坚忍不拔地奋斗下去，用自己的心血点燃智慧的火把，照亮人间，传承着人类文明的火种。但历史不会忘记他们，他们的英名和事业将永远镌刻在人类文明的丰碑上。大学毕业生立志做中小学教师，就要有这种燃烧自己、照亮别人的奉献精神。

今天，在来这里的路上，我还在想，同学们经过四年学习，很快就要奔赴基层教师岗位，到比较艰苦的环境去工作，你们是否做好了吃苦的思想准备？我觉得，对一个人的成长来说，吃苦是一种磨炼，是一种财富，到艰苦环境中锻炼是年轻人成才的必修课。孟子说："天将降大任于斯人也，必先苦其心志，劳其筋骨，饿其体肤，空乏其身。"说的就是，但凡能成就大事的人，都吃过大苦，都经受过各种磨砺。艰难困苦，玉汝于成。艰苦的环境磨炼人的意志，增强人的勇气和信心。成功没有捷径，艰辛成就事业。我们的周围就有很多生动的例子。就拿你们的校友次旺俊美为例，他是1970年从教育系毕业的一位藏族学生，自愿要求返回条件十分艰苦的家乡工作，经过多年的基层磨炼，后来成为西藏大学校长和西藏自治区社会科学院院长，为西藏科教事业作出了突出贡献。你们的另一位校友窦伯菊，1951年从生物系毕业后，自愿到内蒙古乌兰浩特当一名普通教师，先是教初中，后来到高中和大学任教，由于工作出色，1983年被任命为内蒙古师范大学校长。条件差的地区更需要人才，艰苦的环境更能锤炼人的意志品质。从人的一生看，年轻的时候吃些苦、受些累，更有利于自身的成长进步。希望大家不要怕吃苦受累，不要怕经受挫折，要敢于经风雨、见世面，敢于到基层、到落后地区、到最艰苦的地方锻炼成长。

教师的工作岗位看似平凡，其实当一名教师并不容易，当一名合格的中小学老师更不容易。这里，我想对你们，同时也对全国广大的师范生提几点希望。

——要充满爱心。当好一名教师，首先要是一个充满爱心的人。霍懋征老师说过："是什么力量把一个人见人烦的孩子，变成人见人爱的孩子？是爱。爱是阳光，可以把坚冰融化；爱是春雨，能让枯萎的小草发芽；爱是神奇，可以点石成金。"希望你们关爱每一名学生，视学生为弟妹、如儿女，努力成为学生的良师益友。

——要甘于奉献。中华文明之所以绵延不绝、薪火相传，依靠的就是道贯古今的师者，依靠的就是化育天下的精神。你们选择了做教师，就是选择了奉献，选择了高尚，就是人生中最大的幸福。你们对教育事业的奉献，应该像小河奉献给大海、阳光奉献给大地那样无私、那样无怨无悔、那样一往情深。希望你们把追求理想、塑造心灵、传承文明当作人生的最大乐趣，做好终身从教的思想准备，甘做培育人才的泥土，在奉献中体现价值，在平凡中成就伟大。

——要刻苦学习。"学然后知不足，教然后知困"。教师作为知识的传播者和创造者，必须不断学习，不断充实自己，才会有教学之乐，而无教学之苦。中小学教育是人生启蒙、知识准备、世界观萌芽的特殊阶段，学为人师尤为重要。教师只有学而不厌，才能做到诲人不倦。你们虽然从学校毕业了，但你们的社会实践才刚刚开始，要学习的东西很多。要不断地学习新知识、新技能，提高教书育人本领和教学质量。既要向书本学习，更要向实践学习，向社会学习，向人民学习。

——要勇于创新。教育既是科学，也是艺术。教师从事的是创造性的工作，没有创新精神的教师，不可能培养出创新型人才。钱学森先生曾回忆说，在他一生的道路上有两个高潮，第一个高潮就是在师大附中。六年师大附中的学习生活对他的影响很深。当时数学老师傅仲孙特别提倡创新，在给学生的测验评分时独出心裁，如果出5道题，学生都答对了，但解法平淡，只给80分；如果答对4道，但解法有创新，就给100分，还要另加奖励。杰出教师的过人之处，就是能够在平凡的教学点滴之中，探索教育的真谛，追求事业的卓越。希望你们积极投身教育改革创新实践，重视培养学生的想象能力、创新能力和实践能力，激发学生的兴趣，创造有利于个性发展的氛围，使美好的教育理想变为现实。

经过四年的寒窗苦读，同学们已经完成了学业，就要走向新的工作岗位，这是大家人生的一个新起点。著名作家柳青说过，"人生道路虽然漫长，但紧要处常常只有几步，特别是当人年轻的时候。"你们在踏上人生道路的关键时刻，选择当中小学教师这个关键职业，是有勇气的，也是有远见的。我相信，只要同学们志存高远，刻苦自励，执着坚守，就一定能够把三尺讲坛变为施展才华的广阔舞台，使自己的人生更加精彩！

谢谢大家！

全国政协主席贾庆林在北京看望十一届全国政协第七期委员学习研讨班学员并发表讲话

贾庆林说，重视学习、提倡学习是人民政协的优良传统和作风，几十年来，学习工作已经成为人民政协基础性、经常性工作之一，为加强团结、凝聚力量、履行职能发挥了特殊重要作用。十一届全国政协坚持把学习作为事关人民政协事业长远发展的战略任务来抓，以建设学习型政协组织为目标,先后举办了9次常委会学习讲座、7次在京政协委员报告会、7期政协委员学习研讨班,通过这些机制化的学习活动,带动形成了多层次的学习培训格局,营造了关注学习、勤于学习的良好氛围,使学习培训的过程真正成为了增进团结、凝聚共识的过程,成为了加强能力建设、提高履职水平的过程。

贾庆林就建设学习型政协组织提出四点要求。第一,加强理论武装,确保学习型政协组织建设的方向。自觉坚持中国共产党的领导,坚定不移地走中国特色社会主义政治发展道路。深入学习实践科学发展观,深化社会主义核心价值体系学习教育活动,努力提高思想政治素质和理论政策水平,以理论上的清醒保证政治上的坚定。第二,坚持学以致用,提高学习型政协组织建设的成效。要切实把学习型组织建设与促进改革发展稳定紧密结合起来,与推动人民政协各项工作紧密结合起来,把学习的成果真正转化为运用科学理论分析和解决问题的实际能力,转化为做好人民政协工作的过硬本领。第三,强化委员学习,打牢学习型政协组织建设的基础。要引导广大政协委员深入学习马克思主义中国化的最新成果,学习人民政协理论发展的最新成果,学习履行职责所需要的各方面知识,在学习中开阔视野、把握规律、推进工作,同时大力推动委员学习培训工作的科学化、规范化、制度化,积极探索适合委员特点的学习培训方式。第四,加强组织领导,推动学习型政协组织建设的落实。各级政协组织要把学习工作放在更加突出的位置,建立和完善促进学习、保障学习的长效机制,研究解决学习过程中遇到的实际问题,使人民政协真正成为广大政协委员夯实理论基础、提升政治素养的大熔炉,成为学习新知识、增长新本领的大学校。领导干部要以身作则,努力成为学习型政协组织建设的精心组织者、积极促进者、自觉实践者,在学习型组织建设中发挥表率作用。

中共中央政治局委员、全国政协副主席王刚,全国政协副主席兼秘书长钱运录陪同看望。

中共中央政治局常委李长春在山东调研

6月17日至21日,李长春先后来到威海、烟台、青岛、临沂、枣庄、济南等地,深入企业、社区和宣传文化单位,就加快转变经济发展方式、推动文化改革发展等进行调研,听取山东省委省政府工作汇报,对山东经济社会发展取得的成就给予充分肯定。

在威海拓展纤维有限公司、威高集团、海信集团、中国重汽集团济南商用车有限公司、浪潮集团等企业,李长春强调,大企业具有规模经营、人才集中、辐射带动能力强等多方面优势,是加快转变经济发展方式的重要主体、推进技术进步的骨干力量、参与国际竞争的主力军。他希望山东充分运用对外开放的有利条件,运用改革发展的巨大成就,运用广阔的国内市场空间,加快培育和发展一批拥有核心技术和知名品牌、具有较强国际竞争力的大企业,为推动我国从经济大国向经济强国转变、从贴牌大国向品牌大国转变、从中国制造向中国创造转变作出积极贡献。

李长春还重点调研山东深化文化体制改革情况。先后到烟台市群众艺术馆和黄海社区文化活动中心,山东省博物馆,烟台市青少年宫,临沂蒙山沂水演艺集团公司,青岛华强文化科技产业基地和国际动漫游戏产业园,枣庄市台儿庄运河古城实地考察文化产业发展情况,强调要推动文化与科技、市场、旅游相结合,不断催生新兴文化业态,努力把文化企业做大做强做优做长。

调研期间,李长春专程来到华东革命烈士陵园,参观沂蒙精神展,缅怀革命烈士的丰功伟绩。他指出,沂蒙精神是伟大民族精神在革命战争时期的体现和升华,是我们党和中华民族的宝贵精神财富。要结合庆祝中国共产党成立90周年,进一步加强沂蒙精神的宣传,把沂蒙精神与以改革创新为核心的时代精神紧密结合起来,不断增强对干部群众特别是广大青少年的吸引力,使之代代传承、发扬光大,成为推进全面建设小康社会、实现中华民族伟大复兴的强大精神力量。

国家副主席习近平在人民大会堂会见出席中国侨商投资企业协会第二届会员代表大会的全体代表

习近平说,海外侨胞、归侨侨眷和侨商投资企业为我国革命、建设、改革事业作出了不可替代、不可磨灭的历史贡献。特别是改革开放以来,广大海外侨胞纷纷到祖国内地投资兴业,侨商投资企业和广大侨胞积极捐赠兴办公益事业和扶贫济困,惠及了包括教育、医疗卫生、文化体育、社会福利等众多领域;在支持办好北京奥运会、上海世博会、广州亚运会,参与抗击四川汶川特大地震等严重自然灾害和灾后恢复重建等方面,作出了真情奉献。

习近平指出,为广大侨商投资企业进一步做大做强创造了重要机遇、提供了广阔舞台。他对包括侨资企业家在内的海外侨胞提出四点希望:一是继续充分发挥自身优势,积极参与中国现代化建设;二是继续努力推动两岸交流交往,促进中国和平统一大业;三是继续大力传播中华文化,推动中外文化的交流和融合;四是继续积极融入当地社会,增进中国人民与各国人民相互了解和友谊,为深化中国与世界各国经济合作作出新贡献,为共同实现中华民族伟大复兴作出新贡献,为推动中外文化交流交融作出新贡献,为增进中国人民与世界各国人民的理解与友谊作出新贡献。

习近平指出，他希望协会再接再厉，扎实稳健开展各项会务活动，广泛凝聚侨商智慧和力量，为我国全面建设小康社会发挥更大作用。

全国人大华侨委员会、国务院侨办、全国政协港澳台侨委员会、致公党中央、中国侨联等有关方面负责人参加会见。

国务院副总理张德江在北京出席全国空管“十二五”工作会议

张德江强调，当前和今后一个时期，空管系统要深入贯彻落实科学发展观，按照党中央、国务院、中央军委的总体战略部署，认真落实好空管“十二五”规划。要坚定不移地推进空管领域改革，抓好顶层设计，优化空域资源配置，积极探索建立适合我国国情军情的空管体制机制。要大力推进空管理论建设、航空法律法规建设、空管基础设施建设和空管科技自主创新，为空管工作提供强有力的基础保障。要强化安全责任意识、规章制度建设、管制人员能力素质和技术保障手段，切实抓好空管运行安全管理。要加大对空管改革的政策支持力度，大力支持空管能力建设，积极推动空管科技创新。要加强组织领导和统筹协调，强化沟通与协作，形成工作合力，全面完成空管改革和建设的各项任务。

会议还通报表扬了空管系统先进单位和个人。

第八届两岸信息产业和技术标准论坛在台北举行

论坛6月17日至18日举行。论坛期间，两岸业界代表在无线宽带通信技术、三网融合、平板显示、LED照明等10个领域达成30项共识，签署3项备忘录。

这些共识包括：共同推动TD—SCDMA芯片和终端产品进一步繁荣，共同支持台湾企业积极投入到无线宽带通讯技术TD—LTE芯片和终端的开发，继续推动台湾TD—LTE试验网建设，成立推动LED照明共同标准、太阳光伏共同标准和平板显示共同标准合作3个专家委员会，完成3D平板显示技术术语共通标准制定等。

本届论坛由中国电子工业标准化技术协会、中国通信标准化协会和台湾华聚产业共同标准推动基金会共同主办。

国家副主席习近平在人民大会堂与蒙古国总理巴特包勒德举行会谈

第一个国家级基因库——深圳国家基因库暨国家科技合作基地正式揭牌

6月18日

国家主席胡锦涛在雅尔塔会见乌克兰总统亚努科维奇

胡锦涛表示，中乌双方在政治、经贸、科技、人文等领域及国际事务中进行了良好合作，取得丰硕成果。中方高度评价乌方把对华关系视为对外关系的优先方向，愿同乌方一道，为推动两国各领域交流合作全面深入发展、实现两国人民世代友好而不懈努力。

亚努科维奇表示，胡锦涛这次访问对乌克兰政府和人民意义重大，将为乌中关系发展注入新的动力，把乌中关系提升到新的高度。

第八届中国城市森林论坛在大连开幕

中共中央政治局委员、全国政协副主席、关注森林活动组委会主任王刚出席开幕式并讲话。

王刚指出，关注森林活动是一项惠及人民群众的公益性活动，要始终围绕党和国家重大决策部署，围绕生态建设的重点问题，围绕人民群众普遍关注的民生问题，积极探索开展关注森林活动的新思路新举措，不断丰富开展关注森林活动的新形式新载体，积极有所作为。要始终坚持和全面落实节约资源和保护环境的基本国策，深入实施可持续发展战略，为加快转变经济发展方式做贡献。要广泛动员社会各方面力量，投入国土绿化和森林保护事业，大力增加森林碳汇和森林蓄积量，为应对气候变化做贡献。要在发展新能源和可再生能源方面积极献计出力，努力推进建设以森林植被为主体、林草结合的国土生态安全体系，为维护国家生态安全、能源资源安全做贡献。要深入开展国家森林城市创建活动，大力推动身边增绿行动，让广大城乡居民更加直接地享受生态改善的成果，为建设宜居环境做贡献。

中共辽宁省委书记王珉出席开幕式，国家林业局局长贾治邦，中共辽宁省委副书记、省长陈政高等致辞，全国政协人口资源环境委员会主任张维庆主持开幕式。

本届论坛以“城市森林·绿色经济·幸福家园”为主题，由关注森林活动组委会牵头，国家林业局、全国政协人口资源环境委员会、辽宁省人民政府、经济日报社共同主办，共73个城市、近450人参加了论坛。

长江口深水航道治理三期工程通过国家竣工验收

此项工程标志着迄今为止我国最大的水运工程——长江口深水航道治理工程全面竣工。

工程历时40年研究、13年建设，总投资150亿元。

它消除了千百年来长江口“拦门沙”对长江航运的制约，打造出一条全长92.2公里、深12.5米、底宽350—400米的“双向水上高速通道”。2010年3月，工程三期顺利通过交通运输部的交工验收，经过为期一年的试通航，航道船舶通过流量稳步增长。

庆祝中央民族大学建校60周年大会在北京举行

中共中央政治局委员、国务院副总理回良玉，中共中央政治局委员、国务委员刘延东出席庆祝大会，回良玉发表讲话，刘延东为在中央民族大学从教60年的教师代表颁发荣誉证书。

乌云其木格、司马义·铁力瓦尔地、白立忱、阿不来提·阿不都热西提和布赫、铁木尔·达瓦买提、司马义·艾买提、热地出席庆祝大会。

回良玉指出，建校60年来，中央民族大学认真贯彻党的教育方针和民族政策，坚持社会主义办学方向，坚持为少数民族和民族地区发展服务的办学宗旨，培养了成千上万的优秀人才，取得了许多具有开创性意义的科研成果，创建和发展了一批民族类重点学科，走出了一条民族高等教育又好又快发展的成功之路。中央民族大学为促进民族教育和民族团结进步事业、推动少数民族和民族地区发展、服务国家现代化建设，发挥了特殊作用、作出了重大贡献。

回良玉指出，民族高等院校在我国民族教育和整个教育体系中占有十分重要的地位。要深入贯彻落实科学发展观，大力推进体制机制创新，走质量立校、特色兴校、人才强校之路，全面提高民族高等院校办学水平。中央民族大学是民族高等院校的排头兵，在民族团结进步事业和教育事业中具有不可替代的作用。在新的历史时期，要大力发扬优良传统，抓住难得机遇，采取有力举措，努力实现跨越式发展。

亚洲佛教学者在北京举行研讨会

来自中国、印度、日本、蒙古、缅甸、尼泊尔、新加坡、韩国、泰国和越南等亚洲国家的佛教学者与会，就佛教这一亚洲的文化纽带进行深入交流，以期增进亚洲各国的理解与合作。

该研讨会由印度驻华大使馆、印度文化关系委员会和北京大学印度研究中心联合举办。印度驻华大使苏杰生出席研讨会开幕式并致辞。

6月19日

国务委员刘延东在成都出席绵阳科技城建设部际协调小组第十次会议

刘延东强调，要认真贯彻《国务院关于绵阳科技城发展规划（2011—2015年）的批复》精神，围绕科学发展主题和转变经济发展方式主线，坚定不移地走中国特色军民融合式发展道路，着力提升绵阳科技城的创新能力、创业活力、城市魅力和区域竞争力，为建设创新型国家作出新贡献。

刘延东指出，今年是绵阳科技城建设10周年，10年来，科技城在体制机制创新和军民融合产业发展等方面取得显著成就，为西部大开发战略和科教兴国战略实施发挥了示范引领和辐射带动作用。绵阳科技城要进一步强化自主创新，加速推进创新基地建设，完善科技资源开放共享，激发科研院所、高等学校和企业等创新主体的潜能，建设成为科技创新策源地；要强化军民融合，建立健全军民双向互动、统筹推进、协调发展的体制机制，加快军民两用技术的研发攻关和成果转化，建设成为军民融合示范地；要强化创新人才培养，促进科教结合，加强高层次创新型人才引进培养和开发使用，建设成为创新人才汇聚地；要强化创新成果转化，完善创新链和产业链，搭建科技成果孵化和技术转移转化的有效平台，建设成为科技成果集散地；要强化产业要素集聚，巩固加强优势特色产业，改造提升传统产业，培育发展战略性新兴产业，把绵阳科技城建设成为高新技术产业集中地。刘延东强调，要加强组织领导，创新发展理念，深化体制机制改革，推动绵阳科技城建设不断实现新的跨越。

刘延东18日至20日还深入绵阳、北川、安县、德阳、什邡、彭州、都江堰等地的街道乡村、中小学校、科技园区和文化单位，考察灾后重建情况，看望师生、科技文化工作者和灾区群众。她充分肯定四川省在灾后重建特别是教育科技文化重建方面取得的重大成就，希望在巩固重建成果的基础上，深入推进各级各类教育均衡发展，不断提高教育质量，促进教育公平，切实加强科技对经济社会发展的支撑引领，充分发挥文化在引导社会、教育人民、推动发展中的积极作用。

2011中国国际物联网博览会在北京展览馆举行

博览会由国家金卡工程协调领导小组办公室、中国信息产业商会、中国电子贸促会联合主办。据国家金卡工程协调领导小组办公室主任、中国信息产业商会会长张琪介绍，自物联网被列入国家战略性新兴产业以来，相关产业发展迅速。2010年中国RFID（射频识别）产业的市场规模快速增长，首次突破百亿元大关。

国家现代农业科技城良种创制中心在北京成立

良种创制中心依托系统作物设计前沿实验室和北京凯拓三元生物农业技术有限公司启动建设，采用商业化的产学研合作机制,以作物前沿育种技术研发为核心,培育高产、优质、抗逆作物新品种,实现中国水稻、小麦等主要作物由“经验育种”向“精确育种”、由“科研育种”向“商业育种”的战略性转变,创新生物种业产业化发展模式,快速批量化培育优质高产作物新品种。

第十四届上海国际电影节闭幕

电影节于6月11日至19日举行。土耳其影片《伤不起的女人》获得金爵奖“最佳影片奖”和“最佳男演员奖”两项大奖。

中国导演章明的作品《郎在对门唱山歌》获颁“最佳编剧奖”、“最佳音乐奖”。该片女主演吕星辰摘得了“最佳女演员奖”的桂冠。贾樟柯监制、韩杰导演的《HELLO! 树先生》则捧走了“评委会大奖”和“最佳导演奖”。此外,泰国影片《星期五杀手》捧走了“评委会奖”。

6月20日

国家主席胡锦涛在基辅与乌克兰总统亚努科维奇举行会谈

胡锦涛就发展中乌关系提出4点建议。一是加强政治互信和相互支持,打牢中乌战略伙伴关系政治基础。通过高层交往和各级别磋商,增进相互理解和信任,扩大共识,把握中乌战略伙伴关系发展大方向。二是全面推进务实合作,夯实中乌战略伙伴关系物质基础。充分发挥中乌合作委员会统筹、规划、协调作用,利用好中乌企业家理事会平台,充分调动两国各部门、地方和企业的积极性,挖掘合作潜力,力争使两国务实合作实现质的飞跃。扩大和深化经贸、投资、高新技术、矿产资源、能源、农业等领域合作,以大项目合作为重点,全面提升双边务实合作水平。三是扩大人文交流,巩固中乌战略伙伴关系的社会基础。以明年中乌建交20周年为契机,推动两国文化团体、学术机构、青年组织友好往来。中方支持乌方消除切尔诺贝利核事故后果,中方邀请受灾地区200名儿童明年夏天到中国疗养。四是密切在国际和地区事务中的合作,拓展中乌战略合作多边基础。中方支持乌克兰在国际和地区事务中发挥更大作用,愿同乌方在联合国及其他国际组织内深化协作,加强相互沟通和配合,共同维护两国根本利益,促进地区乃至世界和平、稳定、繁荣。

亚努科维奇表示,乌中经贸合作潜力巨大,乌方愿意同中方保持高层交往,加强基础设施、金融、航空、农业、科技、能源、交通等领域合作,拓展两国地方交往和人文合作,大力开展教育、体育、旅游、卫生领域交流和人员培训,增进两国人民友谊和感情,加强在国际和地区问题上的磋商和协调。乌方愿同中方一道,把两国各领域合作提高到新水平,把两国战略伙伴关系不断推向前进。

会谈结束后,两国元首出席两国合作文件签字仪式,签署《中乌关于建立和发展战略伙伴关系的联合声明》,并共同会见记者。

中华人民共和国和乌克兰关于建立和发展战略伙伴关系的联合声明

应乌克兰总统维克托·亚努科维奇邀请,中华人民共和国主席胡锦涛于2011年6月18日至20日对乌克兰进行了国事访问。

两国元首全面回顾了中乌建交19年来双边关系的发展历程,满意地指出,双方政治互信不断加深,经贸、科技、农业、航天、人文等领域合作日益深化,在联合国等多边框架内合作良好。

两国元首一致认为,两国关系已进入全面发展的新阶段。考虑到双方提升双边关系水平的共同意愿以及地区和国际形势的深刻变化,两国决定建立和发展战略伙伴关系。

为确定这一战略伙伴关系的内涵和基本原则,中华人民共和国和乌克兰(以下简称双方)声明如下:

一、双方愿在相互尊重国家主权和领土完整、不使用武力和以武力相威胁、互不侵犯、互不干涉内政、平等互利、和平共处原则的基础上,根据《联合国宪章》宗旨和原则以及公认的国际法准则,重申恪守1992年1月4日签订的《中华人民共和国和乌克兰建交联合公报》、1992年10月31日签订的《中华人民共和国和乌克兰联合公报》、1994年9月6日签订的《中华人民共和国和乌克兰联合声明》、1995年12月4日签订的《中华人民共和国和乌克兰关于发展和加深友好合作关系的声明》、2001年7月21日签订的《中华人民共和国和乌克兰关于在21世纪加强全面友好合作关系的联合声明》、2002年11月18日签订的《中华人民共和国和乌克兰联合声明》、2010年9月2日签订的《中华人民共和国和乌克兰关于全面提升中乌友好合作关系水平的联合声明》及其他双边文件确定的双边关系各项基本原则,建立和长期全面地发展两国友好合作与平等信任的战略伙伴关系。双方将不断巩固政治互信,加强富有前景领域的合作,寻求加强互利交往新机遇,扩大人文交流。这将促进两国的共同发展和繁荣,符合两国人民的共同利益。

二、双方重申,相互尊重对方选择的政治、经济、社会和文化发展道路,确保两国关系长期稳定发展。

三、双方指出,在相互关系中不使用武力或以武力相威胁，也不相互采取经济及其他施压手段，彼此间的分歧将遵循《联合国宪章》及其他公认的国际法原则和准则，以和平方式解决。

中方高度评价乌方单方面放弃核武器，以无核国家身份加入1968年7月1日缔结签署的《不扩散核武器条约》，重申根据1994年12月中国政府关于向乌克兰提供安全保证的声明，中方承诺，无条件不对作为无核武器国家的乌克兰使用或威胁使用核武器。

四、双方表示，在涉及国家主权、统一、领土完整的问题上将相互坚定支持，这是中乌战略伙伴关系的重要内容。

乌方重申，坚定支持中方在台湾问题上的原则立场。乌方承认世界上只有一个中国，中华人民共和国政府是代表全中国的唯一合法政府，台湾是中国不可分割的一部分。乌方重申坚定奉行一个中国政策，反对任何形式的"台独"，反对台湾加入仅限主权国家参加的国际组织，不与台湾进行任何官方往来。乌方支持两岸关系和平发展和中国和平统一大业，认为台湾问题纯属中国内政。

中方重申尊重乌克兰的独立、主权和领土完整。

五、双方指出，出现威胁一方主权、统一或领土完整等的情况时，双方将紧急举行磋商，以妥善应对出现的局势。

六、双方将利用和完善最高层、高级别和其他各级别的会晤等定期会晤机制，就双边关系中的迫切问题和共同关心的重大国际问题交换意见、协调立场，巩固双边关系的政治基础。

七、双方指出，任何一方不得允许和支持在本国领土上成立损害另一方主权、安全和领土完整的极端组织和团伙及其活动，不得允许第三国利用其领土损害另一方的主权、安全和领土完整。

八、双方将扩大在联合国及其安理会和联合国专门机构中的合作，采取措施增强联合国作为最具普遍性、代表性和权威性的政府间国际组织在国际事务中的中心作用。

九、双方反对可能威胁世界和地区和平、稳定与安全的行动。双方将在双边和多边层面加强协作，根据本国法律和各自承担的国际义务，在打击恐怖主义、分裂主义和极端主义，防止大规模杀伤性武器及其运载工具的扩散，以及打击跨国有组织犯罪、贩卖人口、非法贩运毒品和武器、非法移民及其他犯罪活动方面进行积极合作。

十、双方将继续严格履行此前已签署的双边文件，并进一步充实新的实质内容。在此基础上，双方将制定规定中乌战略伙伴关系基本原则的基础性纲领文件。

十一、双方一致认为，中乌合作委员会是中乌各领域合作的主要协调机制，也是双方业已达成和签署的相关协议的有效落实机制。双方高度评价2011年4月20日在基辅举行的委员会成立大会所取得的成果，表示愿继续努力确保委员会工作顺利开展。

十二、双方一致认为，经贸、投资、科技、航天、航空、农业、基础设施等领域合作是双边关系的重要发展方向。双方将大力促进文化、教育、卫生、旅游和体育领域的交流与合作。双方将为进一步深化上述合作创造一切有利条件。双方将根据本国法律及共同参加的国际条约，保护知识产权。

双方将在国际金融机构、经济组织和论坛内开展合作。

十三、双方一致认为，落实大型合作项目标志着务实合作进入崭新阶段。中方愿与乌方在两国政府间《关于发展基础设施建设领域合作协定》框架下，遵照平等互利、商业运作的原则，积极推动双方企业在基辅地区系列基础设施建设项目和其他重大项目上的合作。双方愿积极支持两国实业界开展相互投资，并在本国为中乌两国投资者创造良好条件，以吸引相互投资。

十四、双方指出，一方将根据国际法、双边条约及各自的法律，采取有效措施，保障在本国境内另一方法人和自然人的合法权益，相互提供必要民事和刑事司法协助。一方相关部门将根据相关国际法和各自国内法调查和解决在本国境内另一方法人和自然人合作和经营活动过程中出现的问题和纠纷。

十五、双方将积极推进两国立法和行政机关的交流合作，支持两国政党、地区和民间组织加强交往，并采取有效措施便利和促进两国人员往来。

双方商定，将共同制订2012年庆祝中乌建交20周年的活动计划。

十六、中乌战略伙伴关系不针对任何第三国。

十七、双方将积极促进在双方都感兴趣的具体领域签署合作协议。

中华人民共和国主席胡锦涛邀请乌克兰总统维克托·亚努科维奇在双方方便的时候再次访华。乌克兰总统表示感谢并愉快地接受了邀请。

中华人民共和国主席　　乌克兰总统
胡锦涛　　维克托·亚努科维奇

2011年6月20日于基辅

国家主席胡锦涛在基辅会见乌克兰总理阿扎罗夫

国家主席胡锦涛在基辅会见乌克兰议长利特温

全国城镇居民社会养老保险试点工作部署暨新型农村社会养老保险试点经验交流会议在北京召开

会议于6月20日至21日召开。中共中央政治局常委、国务院总理温家宝出席会议并作重要讲话。中共中央政治局委员、国务院副总理、国务院新型农村和城镇居民社会养老保险试点工作领导小组组长张德江主持会议。

国务院新型农村和城镇居民社会养老保险试点工作领导小组成员单位，各省、自治区、直辖市人民政府和新疆生产建设兵团、各计划单列市人民政府及有关部门负责同志出席了会议，中央有关部门负责同志参加了会议。

国务院总理温家宝在全国城镇居民社会养老保险试点工作部署暨新型农村社会养老保险试点经验交流会议上的讲话

这次会议非常重要，有两个议题：一是总结交流新型农村社会养老保险试点工作经验；二是研究部署城镇居民社会养老保险试点工作。2009年8月，国务院召开会议部署新农保试点工作，当时考虑到新农保制度建设的创新性和复杂性，曾设想先行试点，再稳妥推进，逐步实现全覆盖。试点工作开始后，效果和各方面反映非常好，各级党委政府高度重视，农民参保积极性很高，没有试点的地方也迫切要求试点，工作进展超出了我们的预期。截至今年5月底，全国27个省、自治区838个县(市、区、旗)和4个直辖市的大部分区县纳入试点范围，其中有9个省区市实现了制度全覆盖。全国已有1.9亿人参保，领取基础养老金的60岁以上老年人达到了5170万人。在这种情况下，国务院决定加快新农保试点进度，并决定从今年7月1日起在全国范围内启动城镇居民养老保险试点。从现在开始，两项工作同步推进，今年内覆盖面都达到60%，在本届政府任期内基本实现制度全覆盖。这是党和政府的又一重大惠民政策，也是促进社会公平正义、逐步实现基本公共服务均等化的一个重大步骤。下面，我讲几点意见。

一、充分认识建立城镇居民社会养老保险制度的重大意义

党的十七大提出加快建立覆盖城乡居民的社会保障体系。建立城镇居民社会养老保险制度，逐步解决城镇非从业居民养老保障问题，与两年前我们建立新农保逐步解决农村居民养老保障问题一样，都是健全我国社会保障体系的重大制度建设。

第一，建立城镇居民社会养老保险制度，是全面建设小康社会的重要内容。没有覆盖城乡居民的社会保障体系，就很难说建成了小康社会。近年来我们不断加大工作力度，重点是建立覆盖不同人群的社会保障制度，解决制度从无到有的问题，同时对已有制度进行完善、提高保障水平。一是新建立了几项重大制度，如城镇居民医保、城乡医疗救助、新农合、新农保等。二是解决了一批历史遗留问题，如关闭破产国有企业退休人员参加医保问题、老工伤待遇问题、集体企业退休人员参加养老保险问题等。三是不断提高社会保障水平，连续七年增加企业退休人员养老金、在新医改中大幅提高基本医疗保障标准等。

在覆盖城乡居民的社会保障体系中，城乡居民低保、基本医疗、基本养老是最重要的三项制度，前两项都实现了全覆盖，现在我们就要着手解决养老保障全覆盖问题。改革开放后，我国社会养老保障制度是从建立企业职工养老保险开始的，经过一段时间探索，在90年代后期随着国有企业改革而全面推开，近年来又进行了一些重要调整和改革。2009年建立了新农保制度并在全国部署试点，现在开始建立城镇居民养老保险制度并进行试点，加上已有的城镇职工基本养老保险，构成了我国养老保障制度的基本框架。新农保和城镇居民养老保险是开创性的。有了这两项制度，可以说，几千年来中国人“老有所养”的愿望，在可预见的未来几年里就能初步实现。建立这两项制度，标志着我国覆盖城乡居民社会保障体系的主要制度都建立起来了，朝着党的十七大提出的目标迈进了一大步，这是全面建设小康社会取得的重大进展。

第二，建立城镇居民社会养老保险制度，是促进社会公平正义的重大举措。公平正义是中国特色社会主义的本质属性。今年是建党90周年。无论是过去艰苦卓绝的武装斗争和流血牺牲，还是对社会主义建设的艰辛探索，开辟改革开放的新时代，走上中国特色社会主义道路。我们党所做的一切，归根到底都是为了实现社会公平正义，为了让人民平等地过上富裕幸福的美好生活。《礼记·大同》中讲：“故人不独亲其亲，不独子其子，使老有所终，壮有所用，幼有所长，鳏寡孤独废疾者皆有所养”，描绘的就是一幅社会化保障人们生活的图景。建立社会化的养老保障制度，是社会文明进步的重要标志，也是现代社会的重要特征。我们要坚持以人为本、推动科学发展，实现社会公平正义，就必须建立和完善社会保障体系。两年前我们部署新农保试点，主要目标就是要构建一个逐步消除城乡差别、人人平等享有的养老保障制度，这次部署城镇居民养老保险试点，并提出两项制度试点同步推进，也是为实现这一目标作出的努力。

社会保障制度是社会公平的基础性制度。不仅可以为人民生活一视同仁地公平提供基本保障，同时也是调节社会收入分配的重要手段。城镇居民养老保险

和新农保覆盖的人群大都是低收入群体，通过这两项制度建设，可以把公共资源更多地向他们倾斜，更好地促进发展成果全民共享，缩小收入分配差距，促进社会公平正义。

第三，建立城镇居民社会养老保险制度，是维护社会稳定、促进社会和谐的迫切要求。建立健全社会保障体系，是保障和改善民生、建设和谐社会的基础工程。要建设和谐社会、保持社会安定，最根本的就是使人民生活有基本保障、无后顾之忧。城镇非从业居民和农村居民，收入低而且很不稳定，有的甚至没有收入，靠个人积累养老十分困难，政府有责任建立一套社会养老保障制度，分担他们养老的经济风险。这一方面可以增强老年人经济自立能力，提高他们的生活质量，增强他们生活的自信心和对社会的认同感；另一方面可以减轻子女赡养的经济负担，在相当程度上避免因经济利益引发的家庭矛盾，有利于形成尊老爱幼的风气和更为和谐的家庭关系。当前我国工业化、城市化快速发展，社会正处于转型期，农村劳动力大规模转移，社会成员就业不稳定、流动性大，客观上要求我们尽快建立起覆盖城乡的社会保障制度，只有这样，才能保证工业化、城市化顺利推进，降低现代化进程中的各种风险。

应当看到，我们已经具备了开展城镇居民社会养老保险试点工作的良好基础。近些年来，我国经济社会快速发展，各级财政能力大大增强，各方面承受能力普遍提高，广大人民群众对社会公平正义有了更高要求。可以说，开展城镇居民社会养老保险试点，中央有决心、群众有期盼、财政有基础、社会有共识、实践有经验。我们一定要从经济社会发展全局和战略高度，充分认识开展这项试点的重大意义，以强烈的责任感和使命感，坚定信心，扎实做好试点工作。

二、试点工作需要把握好的几个要点

城镇居民养老保险和新农保，都是由政府主导建立的社会养老保险制度。从社会保险制度的性质、政府责任和基本国情考虑，我们提出了12字的基本原则，即保基本、广覆盖、有弹性、可持续。这既是建立健全这两项制度的基本思路，也是工作要求。这里我强调四个方面：

第一，坚持低水平起步、广覆盖，重在制度建设。这是这些年建设中国特色社会保障制度的一条基本经验。社会养老保险必须与国情和发展阶段相适应，与国家和城乡居民的承受能力相适应，这样才能做到可持续，人民群众才能真正得实惠。我国仍然是一个发展中国家，人均收入水平还比较低，而且地区间发展很不平衡，国家和绝大多数居民并不富裕，随着户籍制度放宽，每年都有上千万人进入城市，如果把保障标准定得过高，不仅财政压力大，城乡居民缴费也有困难，保障面就难以扩大。因此，当前重点是先把全民养老保障制度建起来，解决制度全覆盖的问题，为全体人民提供公平的制度环境和选择空间，随着经济社会发展，再逐步完善制度和提高保障水平。

特别要强调一点：就是要坚持群众自愿参保，不搞强迫命令。要认真总结新农保的经验，运用好财政补贴这个政策引导措施，搞好经办服务，吸引更多居民参保，努力扩大覆盖面。

第二，坚持政府和个人共担责任，政府要确保责任到位。新农保和城镇居民社会养老保险都是政府和个人及家庭共同承担责任的制度。现代社会养老保障制度有不同模式，主要是两大类：一类是政府包办的福利型养老保障；一类是分担责任的社会养老保险。这两类制度最大的区别是筹资方式不同，即资金来源不同。我国明确要实行的是社会养老保险制度，基本特征就是个人及家庭、政府、企业分担责任，而且要明确划分各自责任。城镇居民养老保险和新农保覆盖的城乡居民没有用人单位，责任就由个人及家庭、政府两方分担。个人获得保障的基本前提是承担缴费义务，因此首先要调动个人及家庭缴费的积极性。每个人从年轻时起就要为养老积累资金，承担起应负的责任。政府的职责主要是建制度、保基本、扶贫弱。

保基本，就是保证向所有参保的老年人提供基础养老金，保障他们晚年的基本生活。同时，政府要承担基金"兜底"责任，缺口部分由财政补贴。现在两项制度初建，对达到60岁的老年人，由政府发放基础养老金，对将要达到60岁的人也提出了解决办法。扶贫弱，就是对无力承担个人责任的困难群体，由政府代他们缴纳应由个人承担的费用，帮助他们参加保险，确保他们晚年养老的权益。即使将来国家更加富裕了，政府的责任也只能是保基本、扶贫弱，这是政府义不容辞的责任。当然保障标准要随着经济发展不断提高。现在中央规定的新农保和城镇居民养老保险基础养老金都是每月55元，地方可根据实际适当上调标准，但不能低于这个水平。对于个人缴费部分，地方政府要给予适当补助。一些经济比较困难的地区压力会比较大，要调整财政支出结构，宁肯少上几个项目，也要确保这方面的支出。在两项新制度初建阶段，政府责任必须首先到位，否则制度就建立不起来，建立了也无法正常运行。个人要享受高于基础养老金的养老保障待遇，必须依靠本人及家庭早缴费、多缴费、多积累。现行制度已为不同人群搭建了制度平台，鼓励有条件的个人及家庭多积累。

第三，坚持城乡统筹，搞好制度和政策衔接。城镇居民养老保险是在新农保取得经验基础上实施的，基

本制度和主要政策与新农保基本一致。这样做的考虑:一是与当前推进城乡基本公共服务均等化的要求相统一,逐步缩小城乡差别;二是顺应城市化发展趋势,有利于城乡居民身份转换、参保衔接。

城镇居民养老保险制度实施后,与新农保、城镇职工基本养老保险制度一道,共同构成了我国养老保障体系的主体框架。这三项制度之间如何衔接转换,特别是两项新制度与城镇职工基本养老保险之间如何衔接转换,要深入研究、总结经验,积极稳妥地探索提出具体办法。此外,还有一些涉及养老的制度和政策,例如城乡居民低保、农村"五保"、社会优抚、农村计划生育家庭奖励扶助、被征地农民社会保障、水库移民后期扶持等,也要在新农保和城镇居民养老保险推进过程中做好衔接工作,以提高社会养老资源利用效率,更好地保障人民群众权益。

第四,坚持多层次、多渠道解决养老问题,继续发挥好家庭和社会各方面积极作用。我国人口老龄化快速发展,现在60岁以上老年人已达1.78亿,预计"十二五"期间将超过2亿人。为老年人提供更好保障,不能完全靠政府,个人、家庭和社会各方面都应当发挥积极作用。在社会养老保险之外,还要鼓励有条件的居民建立个人和家庭养老计划,购买商业养老保险。要弘扬中华民族的优良传统,发挥好家庭在经济供养和情感慰藉等方面的作用。还要充分发挥社会慈善在养老保障方面的重要作用。总之,要通过多层次、多渠道、多种方式的保障措施,让老年人更加幸福地安度晚年。

三、加强组织领导,扎实推进工作

两项制度试点覆盖面今年都要达到60%,在本届政府任期内基本实现制度全覆盖,任务十分艰巨。我们一定要认真贯彻落实中央的部署和要求,精心组织,把好事办好,让群众满意。

一要切实加强组织领导。国务院已经建立新农保和城镇居民养老保险试点工作领导小组,统一领导和组织实施这两项试点工作,各地也要抓紧建立和完善相应的组织领导体系。各级党委、政府要把试点工作摆上重要位置,按照中央部署,制订具体试点计划,排出工作进度,协调解决工作中遇到的问题,保证按时完成试点任务。各部门要认真履行职责,加强协调配合,确保试点工作顺利推进。

二要确保财政补助资金按时足额拨付到位。试点工作能否顺利进行,关键要看政府补助能否及时到位。资金不落实,其他工作就难以落到实处。中央财政对两项试点的补助资金已经作出了安排。地方政府也要根据试点工作进度要求作出相应的财政安排,保证资金及时拨付到位,不打折扣。两项新制度都没有历史包袱,一开始就要把个人账户做实,财政补助要到位,同时要加强基金监管,决不允许借支、挪用,还要研究基金的保值增值问题,为制度长期健康运行夯实基础。

三要加强经办管理服务能力建设。社会保险经办管理服务是一项长期的日常工作,量大面广,涉及参保群众的切身利益,也会直接影响群众参保积极性。要大力推行社保卡,方便参保人缴费、领取养老金和查询本人参保信息。城镇居民养老保险要建立全国统一的信息管理系统,纳入"金保工程"建设,对参保人要记录一生、保障一生、服务一生。试点地区要合理整合现有社保管理服务资源,加强工作力量,但不能盲目扩张机构和增加人员。充分发挥商业金融机构作用,提供优质高效便捷的服务。经办工作经费要纳入同级财政预算,不得从保险基金中开支。

四要注意总结工作经验。城镇居民养老保险试点实行属地管理,中央确定基本原则和政策,地方因地制宜地制定实施办法。在试点过程中会发现许多新情况、新问题,也会涌现不少好做法、好经验,各地各部门要加强调查研究,及时发现和解决问题,及时总结和推广经验。广大城镇居民对养老保险可能有一个认识、认可的过程,要采取多种形式进行宣传引导,特别要让群众看到实惠,引导他们积极参保。

同志们,任务已经明确,关键在于落实。我们要在以胡锦涛同志为总书记的党中央领导下,高举中国特色社会主义伟大旗帜,以邓小平理论和"三个代表"重要思想为指导,深入贯彻落实科学发展观,勇于创新,扎实工作,确保两项试点工作顺利进行,不断完善我国的社会保障制度,为全面建设小康社会努力奋斗,以优异的成绩为中国共产党建党90周年献礼。

全国政协主席贾庆林在钓鱼台国宾馆会见约旦参议长马斯里

贾庆林阐述了中国对西亚北非地区局势的立场,表示中方尊重并支持地区国家自主处理内部事务,希望通过对话和协商尽快实现政局稳定,恢复正常社会秩序。作为联合国安理会常任理事国和负责任的大国,中方愿与国际社会共同努力,促进西亚北非地区的和平、稳定与发展。

马斯里说,约方高度赞赏中国在各领域取得的巨大成就,感谢中国对约旦经济、社会建设提供的大力援助,希望学习借鉴中国的发展经验。约旦参议院愿与中国全国政协加强交流,深化双边各领域互利合作,推动两国关系取得更大发展。

纪念中国共产党成立90周年党建研讨会在北京召开

中共中央政治局常委、中央书记处书记、国家副主席习近平出席会议并讲话。

习近平强调,90年前中国共产党的成立,是掀开中国历史崭新篇章的伟大事件。90年来,我们党紧紧团结和依靠全国各族人民,建立了人民当家做主的新中国,确立了社会主义基本制度,开创了中国特色社会主义道路,从根本上改变了中国人民的前途命运,决定了中国历史发展的正确方向,在世界上产生了广泛而深刻的影响。没有共产党,就没有新中国;有了共产党,中国的面貌就焕然一新。这是中国人民从长期奋斗中得出的最重要最基本的结论。

习近平指出,以毛泽东同志为主要代表的中国共产党人,经过艰辛探索,在总结中国革命正反两方面经验的基础上找到了中国新民主主义革命的正确道路,并在新民主主义革命胜利后适时进行社会主义革命,积极探索适合中国国情的社会主义建设道路,创立和发展了毛泽东思想,开启和推动了马克思主义中国化的历史进程。党的十一届三中全会以来,以邓小平同志为主要代表的中国共产党人,在总结新中国成立以后正反两方面经验的基础上,在研究国际经验和世界形势的基础上,在改革开放的崭新实践中,开辟了中国特色社会主义道路,创立了邓小平理论,实现了党的指导思想和基本理论的与时俱进。党的十三届四中全会以来,以江泽民同志为主要代表的中国共产党人,深刻认识和准确把握世情、国情、党情的发展变化,在实践中积累了治党治国治军新的宝贵经验,创立了"三个代表"重要思想,实现了党的指导思想和基本理论的又一次与时俱进。党的十六大以来,以胡锦涛同志为总书记的党中央,顺应国内外形势发展变化,发扬求真务实、开拓进取精神,继续推进理论创新和实践创新,提出了科学发展观等重大战略思想,在党的指导思想和基本理论的与时俱进上迈出了新步伐。归结起来说,中国共产党90年来坚持马克思主义基本原理同中国具体实际相结合,推进马克思主义中国化产生了两大理论成果,这就是毛泽东思想和包括邓小平理论、"三个代表"重要思想以及科学发展观等重大战略思想在内的中国特色社会主义理论体系。这两大理论成果,是我们党最可宝贵的政治和精神财富,是全党全国各族人民团结奋斗的共同思想基础,是指引党和国家事业不断从胜利走向胜利的行动指南。

习近平强调,党的指导思想和基本理论与时俱进的历史进程启示我们,推进马克思主义中国化,一定要以科学态度对待马克思主义,正确处理坚持和发展、一脉相承和与时俱进的辩证统一关系;一定要胸怀共产主义远大理想,坚持以我们正在做的事情为中心,充分尊重人民群众的伟大实践和创造;一定要以宽广的眼光密切观察世界局势的发展变化,积极借鉴吸收人类文明一切优秀成果;一定要坚持不懈地用党的理论创新成果武装党员干部头脑,不断提高全党的思想理论水平。

中共中央政治局委员、中央书记处书记、中央组织部部长李源潮主持会议。

中央和国家机关有关部门负责同志,各省区市、副省级城市和新疆生产建设兵团有关负责同志,部分国有重要骨干企业和高校负责同志,全国党建研究工作者等共300多人参加会议。

审计署发布公告公布"102个国外贷援款项目2010年度公证审计结果"

2010年,审计署对由中央单位执行或组织执行的102个国外贷援款项目2009年度财务收支和项目执行情况进行了审计,包括26个贷款项目和76个赠款或援助项目,涉及农业、能源、交通、教育、卫生、城市建设和环境保护等领域,计划投资总额折合人民币2897.67亿元,其中协议利用外资额折合人民币385.82亿元。截至2009年12月31日,项目累计完成投资额折合人民币1774.78亿元,其中累计利用外资额折合人民币243.11亿元。

审计结果表明,102个国外贷援款项目总体执行情况较好。项目相关主管部门较好地履行了国外贷援款项目管理职责,大部分项目单位能够严格执行国家财经法规和贷援款协定,国外贷援款项目的实施发挥了弥补资金缺口、引入先进理念和培养管理人才等方面的积极作用,取得了较好的经济效益、社会效益和环境效益。

但审计也发现部分项目单位在项目建设管理、法规和协定执行、财务核算和资金管理等方面存在一些不容忽视的问题。此次审计出具的103份审计报告中,无保留意见的审计报告86份,占83.50%;保留意见的审计报告16份,占15.53%;拒绝表示意见的审计报告1份,占0.97%。此外,审计还发现3起重大违法违纪案件线索,已依法移送有关部门处理。

国防部部长梁光烈在八一大楼会见葡萄牙陆军参谋长拉马略一行

第三届全国中青年德艺双馨文艺工作者表彰会在北京举行

中共中央政治局委员、中央书记处书记、中宣部部长刘云山出席表彰会并讲话,他强调广大文艺工作者要始终坚持社会主义先进文化前进方向,在推动伟大事业的历史进程中积极进行文化创新创造,在服务人民群众的艺术实践中倾情奉献自己的聪明才智,努力做崇德尚艺、德艺双馨的社会主义文化建设者。

全国政协副主席、中国文联主席孙家正出席会议。在这次表彰会上，中宣部、人力资源和社会保障部、中国文联共同授予54名艺术家“全国中青年德艺双馨文艺工作者”荣誉称号。中央有关部门负责同志和来自文艺界的140多名代表参加了会议。

何泽慧逝世

我国著名物理学家、中科院高能物理研究所原副所长、中科院资深院士何泽慧，因病于6月20日7时39分在北京逝世，享年97岁。

6月21日

全国政协十一届常委会第十四次会议在北京开幕

会议的主要议题是围绕“加快经济结构战略性调整，促进经济长期平稳较快发展”建言献策。中共中央政治局常委、全国政协主席贾庆林主持开幕会。中共中央政治局委员、国务院副总理王岐山到会作报告。

贾庆林指出，加快经济结构战略性调整、促进经济长期平稳较快发展，是中共十七届五中全会提出的重要要求，也是人民政协建言献策、服务大局的主攻方向。开好这次专题议政性常委会议，意义重大。常委们要紧紧围绕会议议题，深入讨论、积极建言，提出有价值的意见和建议，为党中央、国务院的决策提供参考。

王岐山就对外经济工作情况作了报告。他说，我国对外开放走过了不平凡的历程，成就巨大。目前，我国已成为世界第一大出口国、第二大进口国，利用外资连续19年列发展中国家首位，对外直接投资跃居世界第五位。事实证明，对外开放是强国富民的必由之路，党中央、国务院关于对外开放的决策和部署是完全正确的。面对当前极为复杂的国际经济形势，要深入贯彻落实科学发展观，毫不动摇地沿着这条正确的道路走下去，努力开创对外开放新局面。

王岐山指出，加快转变对外经济发展方式刻不容缓，任务艰巨。要努力提高出口产品的技术含量和附加值，改变“重出轻进”的观念和做法，坚持进口与出口并重，积极扩大进口，促进贸易平衡发展。当前我国对外开放在“请进来”上，要从引进资金向更加注重引进先进技术、管理经验、高端人才和国际品牌转变，促进国内产业转型升级。加快实施“走出去”战略，加强对企业的服务和支持，做好基础工作，防范投资风险。切实提高援外项目质量，确保把好事办好。

王岐山强调，我国仍处于宝贵的战略机遇期，机遇与挑战并存，机遇大于挑战。要统筹国内国际两个大局，深入推进国际和区域经济合作，积极参与全球经济治理改革，妥善应对各种压力和摩擦，努力营造良好的外部环境，集中精力办好自己的事情。

这次常委会议为期4天。按照议程，常委会组成人员将围绕本次会议议题所设的7个专题进行讨论建言献策，同时还将审议全国政协有关视察考察情况的报告和外事出访报告，审议通过有关人事事项。

全国政协副主席王刚、廖晖、白立忱、陈奎元、阿不来提·阿不都热西提、李兆焯、黄孟复、董建华、张梅颖、张榕明、钱运录、李金华、郑万通、邓朴方、万钢、林文漪、厉无畏、罗富和、陈宗兴、王志珍、何厚铧出席会议。

全国农村精神文明建设工作经验交流会在内蒙古呼伦贝尔举行

会议于6月21日至22日举行。中共中央政治局常委李长春对会议作出重要批示。

此次会议是继2009年在贵州召开全国农村精神文明建设工作经验交流会之后的又一次高规格的全国性专题会议。

中央政治局委员、书记处书记、中宣部部长刘云山出席会议并作重要讲话。会议由中宣部常务副部长、中央文明办主任雒树刚主持。自治区党委书记、人大常委会主任胡春华致辞。自治区党委常委、宣传部部长乌兰，国家有关部委，部分省区市党委常委、宣传部长，以及各省区市、新疆生产建设兵团和副省级城市文明办主任，中央文明委成员单位有关负责同志，部分市县乡镇负责同志和村党支部书记、全国文明村镇代表等100多人出席会议。

此次会议的主要任务是：深入贯彻落实党的十七大和十七届三中、四中、五中全会精神，贯彻落实中办、国办印发的《关于进一步加强新形势下农村精神文明建设工作的意见》，总结工作，交流经验，分析形势，部署任务，推动农村精神文明建设迈上新台阶。

会议概括总结了党的十六大以来全国农村精神文明建设取得的4个方面显著成效和5条成功经验，提出了当前农村精神文明建设工作存在的4个薄弱环节。会议用4个迫切要求，深刻阐述了农村精神文明建设工作的重要地位和面临的新形势，明确了当前和今后一个时期的指导思想、总体思路和重点任务。强调各地要加强组织领导、加强统筹协调、完善体制机制、狠抓工作落实，推动全国农村精神文明建设不断取得新的进展。

与会人员还围绕如何贯彻落实会议精神，进一步做好新形势下农村精神文明建设工作进行了讨论。

中国法学会发布《中国法治建设年度报告(2010)》

报告全文共约3万字，包括立法工作、中国特色的法律体系等11个部分，作为国家级的权威报告，系统、全面地反映了2010年我国社会主义法治建设的实践和取得的成就。

报告指出，2010年是中国发展进程中极不平凡的一年，也是中国法治建设具有标志意义的一年：经过中华人民共和国成立以来特别是改革开放以来30多年的不懈努力，中国特色社会主义法律体系已经形成，国家经济建设、政治建设、文化建设、社会建设和生态文明建设的各个方面实现了有法可依。

报告还指出，2011年是"十二五"开局之年，中国法治建设的任务仍然繁重艰巨。中国特色社会主义法律体系将进一步完善，依法执政、依法行政、公正司法、依法办事的要求将更加迫切，提高全社会法律意识和法治观念的工作将更加深入持久。

中央军委副主席习近平在人民大会堂会见柬埔寨王国副首相兼国防大臣迪班

国务院副总理张德江在北京会见天合联盟主席利奥·范维克及出席中国东方航空公司加入天合联盟签字仪式的联盟成员公司代表

张德江表示，民用航空是国民经济的基础性、战略性产业。中国政府高度重视民航业的改革发展，将继续坚持互利双赢的开放战略，积极推动航空业的交流合作，共同促进全球航空业的持续快速发展。他指出，中国政府积极支持中国的航空公司加入国际航空联盟，也欢迎国外航空公司按照政府间协定开辟飞往中国的航线，依法开展相关业务。他强调，中国的航空公司要抓住入盟的良好契机，学习联盟成员的宝贵经验，大力完善规模航线网络，全力构建服务产品体系，努力提高管理质量和水平，切实增强国际竞争能力，努力打造国际一流航空公司。

会见结束后，张德江出席了中国东方航空公司加入天合联盟签字仪式。

国家海洋局在北京召开极地工作会议

这是自1984年我国组织开展极地考察以来召开的首次极地工作会议。

中共中央政治局常委、国务院副总理李克强对我国极地考察工作作出重要批示。他希望全体极地考察工作者紧紧围绕现代化建设，继续发扬南极精神，进一步加强能力建设，深入开展极地战略和科学研究，积极参与国际交流合作，有效维护国家权益，为我国极地事业发展、为人类和平利用极地作出新的贡献。

会议从考察空间、考察与保障能力、科技创新与科学研究、战略规划与立法管理、科普教育、对外交流、制度与队伍建设、信息化建设、国际极地年行动等方面，系统总结了新世纪以来我国极地考察工作取得的成绩和积累的经验，认为：过去的10年，是我国极地考察事业实现跨越式发展的十年。

会议指出，"十二五"期间，我国极地考察工作者要抓住机遇，坚定信心，强化措施，推动极地考察再创辉煌。进一步确立我国极地事业发展的总体战略，全面提升极地科学考察和研究水平，继续完善极地考察保障体系，不断深化务实合作，努力提高在国际极地事务中的话语权和影响力，加强人才队伍建设，实现我国极地事业的快速健康发展。

中国在西昌卫星发射中心用"长征三号乙"运载火箭成功将"中星10号"卫星送入太空

《江泽民在上海1985—1989》出版座谈会在上海举行

在庆祝中国共产党成立90周年之际，记述江泽民同志1985年6月至1989年5月在担任上海市长、市委书记期间，领导上海改革开放和现代化建设经历的《江泽民在上海1985—1989》一书，近日由上海人民出版社出版。今天下午，上海市举行《江泽民在上海1985—1989》出版座谈会。中共中央政治局委员、上海市委书记俞正声，解放军总政治部副主任贾廷安，市委副书记、市长韩正出席座谈会，向这部重要文献的出版发行表示热烈祝贺。

该书记述了江泽民同志担任上海市长、市委书记期间带领上海广大干部群众推进改革开放和社会主义现代化建设的历程，生动展现了江泽民同志的领导艺术、工作作风、人格魅力，分为历史情结、为民情怀、城市发展、改革开放、领导全局等部分。

6月22日

全国人大常委会委员长吴邦国在人民大会堂会见由国家杜马副主席茹罗娃率领的俄罗斯国家杜马青年议员代表团

吴邦国说，中方愿与俄方一道，全面落实两国元首达成的重要共识，全面深化和扩大各领域合作，推动中俄关系不断迈上新台阶。

吴邦国说，近年来，两国议会交往水平不断提高，机制日益完善，内涵更加丰富，为推动双边关系发展发挥了积极作用。希望双方继续利用好定期交流机制这一平台，紧紧围绕国家关系发展大局，开展实质性交流，增进人民间友好感情，推动两国关系不断取得新的成果。

吴邦国指出,青年是国家的未来,也是中俄友好事业的传承者和生力军,年轻议员的交往成为两国议会交往中的一个亮点。希望大家发挥青年人的特点和优势,为深化中俄友好、推进两国文化、教育、体育、旅游等领域的合作作出积极贡献。

茹罗娃说,本次俄罗斯国家杜马青年议员代表团来自俄罗斯各地区、各党派,亲眼目睹了中国发展取得的巨大成就,感受了世上绝无仅有的成功范例,感到十分钦佩并为之高兴和骄傲,都表示愿为发展对华关系作出贡献。她相信在双方青年一代的共同努力下,俄中友好一定能世代相传,两国关系必将迈上更高的台阶。

国务院总理温家宝主持召开国务院常务会议

会议决定建立全科医生制度并原则通过《戒毒条例(草案)》。

会议指出,全科医生是综合程度较高的医学人才,主要在基层承担预防保健、常见病多发病诊疗和转诊、病人康复和慢性病管理、健康管理等一体化服务,被称为居民健康的“守门人”。目前,我国全科医生的培养和使用尚处于起步阶段,全科医生数量严重不足。建立全科医生制度,逐步形成以全科医生为主体的基层医疗卫生队伍,是医药卫生体制改革的重要内容,对于提高基层医疗卫生服务水平,缓解人民群众“看病难、看病贵”,具有重要意义。

会议要求,到2012年使每个城市社区卫生服务机构和农村乡镇卫生院都有合格的全科医生;再经过几年努力,基本形成统一规范的全科医生培养模式和首诊在基层的服务模式,基本实现城乡每万名居民有2至3名合格的全科医生,更好地为群众提供连续协调、方便可及的基本医疗卫生服务。一要建立统一规范的全科医生培养制度。将全科医生培养逐步规范为“5+3”模式,先接受5年的临床医学本科教育,再接受3年的全科医生规范化培养。二要着力解决当前急需与规范化培养周期较长之间的矛盾,近期采取多种措施培养合格的全科医生。对符合条件的基层在岗执业医师或执业助理医师,按需进行1至2年的转岗培训。严格执行城市医院医生在晋升主治医师或副主任医师职称前到基层累计服务1年的规定。三要改革全科医生执业方式。全科医生可根据需要多点注册执业,可以在基层医疗卫生机构全职或兼职工作,也可以开办诊所。推行全科医生与居民建立契约服务关系。加强全科医生服务质量监管,并与医保支付、基本公共卫生服务经费拨付挂钩。四要创新全科医生激励政策和方式。建立以按签约居民数获得服务费为基础的新激励机制,完善到艰苦边远地区工作的津补贴政策。拓宽全科医生职业发展路径,完善职称晋升办法。

会议要求各地区、各有关部门加强组织领导,制定和完善配套政策,认真开展试点,逐步推广,积极稳妥地推进全科医生制度建设。

会议审议并原则通过的《戒毒条例(草案)》对禁毒法规定的自愿戒毒、社区戒毒、强制隔离戒毒和社区康复等戒毒措施作了具体规定,以规范戒毒工作,帮助吸毒成瘾人员戒除毒瘾,维护社会秩序。

国务院总理温家宝在中南海紫光阁会见印尼经济统筹部长哈达

中央国家机关先进基层党组织 优秀共产党员和优秀党务工作者表彰大会在人民大会堂举行

会前,中共中央政治局常委、国务院总理温家宝会见与会代表并讲话。温家宝首先向受到表彰的中央国家机关先进基层党组织、优秀共产党员和优秀党务工作者表示祝贺和敬意,向中央国家机关全体共产党员致以节日的问候。

国务委员兼国务院秘书长、中央国家机关工委书记马凯在表彰大会上讲话。他指出,中央国家机关担负着从宏观上管理国家政治、经济、文化和社会事务的职能,直接参与党和国家重要方针政策的制定和实施,在贯彻落实科学发展观、推动党和国家事业发展中发挥着全局性的重要作用。要结合新的形势任务和中央国家机关实际,把创先争优活动进一步抓实抓好、引向深入,努力通过创先争优开创科学发展新局面、形成服务群众新气象、塑造干部队伍新形象、激发基层组织新活力,使中央国家机关党的组织率先成为贯彻落实科学发展观和中央各项决策部署的坚强战斗堡垒。

会议表彰了中央国家机关100个先进基层党组织、100名优秀共产党员和80名优秀党务工作者。先进基层党组织代表、优秀共产党员和优秀党务工作者代表在会上先后发言。

中央国家机关各部门党组(党委)书记、机关党委书记和常务副书记,中央组织部负责人,先进基层党组织代表、优秀共产党员、优秀党务工作者等约500人出席会议。

全国政协十一届常委会第十四次会议在北京举行全体会议

17位常委和委员围绕“加快经济结构战略性调整,促进经济长期平稳较快发展”主题作大会发言。中共中央政治局常委、全国政协主席贾庆林出席。

王钦敏常委在发言中认为,加快转变经济发展方式的关键和核心是提高经济发展的质量和效益,要依靠市场,制定灵活的政策,深化重点领域的改革。

张志刚委员代表全国政协经济委员会提出了要减轻税负、降低公路运输收费等加快发展商贸服务业的具体建议。

钱克明常委发言提出,要加快发展现代农业,保障农产品有效安全供给。

张国宝常委呼吁,要树立信心,坚定决心,支持和鼓励创新发展,建设技术创新型强国。

蔡威常委代表农工民主党中央提出,要更好地培育发展战略性新兴产业,促进国民经济结构的战略性调整。

王金祥常委代表全国政协常委赴贵州视察团发言指出,贵州作为西部地区多民族聚居的内陆山区省份,目前正处在加快发展的关键时期,国家要给予政策倾斜,帮助贵州加快脱贫致富奔小康步伐。

陈永棋常委就进一步深化内地与香港经贸合作,提出了利用香港国际金融中心的优势为人民币国际化服务、支持香港积极发展内销市场等建议。

赖明常委代表九三学社中央发言指出,要坚持速度和质量并重,积极稳妥推进城镇化,以保护耕地和保障农民权益为根本,坚持可持续的城镇化发展道路。沈文庆常委建议,进一步推进科技评价体系改革,促进科技奖励事业健康发展。

马培华常委代表民建中央发言认为,企业创新是经济发展的动力,也是改变粗放型增长方式、走新型工业化道路、促进产业优化升级的需要,并就促进企业技术创新提出了建议。

徐辉常委代表民盟中央发言,提出继续教育是当前我国教育与培训体系中的一块短板,急需引起高度重视。

季允石常委和曹康泰委员在联合发言中提出,要充分发挥行政复议制度在加强和创新社会管理中的重要作用,引导公众依法有序理性地表达利益诉求。

邱衍汉常委在发言中说,要坚持把保障和改善民生作为加快转变经济发展方式的根本出发点和落脚点,坚持发展成果共享,努力解决分配领域的突出问题。

李学举委员代表全国政协社会和法制委员会发言,指出要把社会组织建设纳入我国现代化建设大局之中,使之与国家经济社会发展相协调,推动社会组织朝着健康有利的方向发展。

秦大河常委就落实国家“十二五”时期减缓气候变化工作目标提出,要鼓励中小企业参与节能技术创新,大力发展低碳清洁能源,设置国家“十二五”能源消耗总量约束性指标。

汪啸风常委代表全国政协人口资源环境委员会发言,就合理开发利用海洋资源提出建议。

马秀红委员代表全国政协外事委员会发言指出,要加快转变外贸发展方式,进一步提高对外开放水平,促进经济发展方式转变。

全国政协副主席罗富和主持会议。

全国政协副主席王刚、白立忱、陈奎元、阿不来提·阿不都热西提、李兆焯、黄孟复、董建华、张梅颖、张榕明、钱运录、孙家正、万钢、林文漪、厉无畏、陈宗兴、王志珍、何厚铧出席会议。

国家副主席习近平在人民大会堂会见港区省级政协委员联谊会访问团全体成员

习近平指出,香港回归以来,坚决贯彻“一国两制”、“港人治港”、高度自治方针,全面落实中央提出的集中精力发展经济、切实有效改善民生、循序渐进推进民主、包容共济促进和谐的要求,保持了繁荣稳定的良好局面。香港国际金融、贸易、航运中心地位得到巩固,香港同胞对祖国的认同感和向心力不断提升。实践证明,香港同胞是完全有智慧有能力有办法管理、建设和发展好香港的。

习近平对联谊会访问团成员提出四点希望:一是继续发扬爱国爱港光荣传统,发展壮大爱国爱港力量,坚决维护“一国两制”方针和基本法,全力支持行政长官和特别行政区政府依法施政,为促进香港长期繁荣稳定作出更大贡献;二是继续发挥桥梁纽带作用,充分利用国家“十二五”规划纲要颁布实施给香港带来的新机遇,积极推动香港与内地各地区各领域交流合作,努力实现优势互补、共同发展;三是继续发挥自身优势,认真履行政协委员职责,积极为内地各省区市经济建设和社会发展建言献策;四是继续加强自身建设,提升社团凝聚力、影响力,注重培养爱国爱港人才特别是年轻一代爱国爱港政治人才,使爱国爱港光荣传统薪火相传。

中央统战部、国务院港澳办、香港中联办等有关方面负责同志参加了会见。

中央纪委 监察部在北京召开纪念中国共产党成立90周年暨创先争优表彰大会

中共中央政治局常委、中央纪委书记贺国强出席,中共中央书记处书记、中央纪委副书记何勇出席并讲话。他指出,要以纪念中国共产党成立90周年为契机,以受表彰的先进集体和先进个人为榜样,认真履职,扎实工作,为实现“十二五”时期良好开局和全面建设小康社会的宏伟目标作出新的贡献。

何勇强调,各级纪检监察机关和广大纪检监察干部要以对党和人民高度负责的态度,兢兢业业地工作,在本职岗位上创先争优，在反腐倡廉工作中建功立业。要忠于党、忠于人民，胸怀高度的政治责任感和历史使命感，坚持正确的政治立场和政治方向，把实现好、维护好、发展好最广大人民的根本利益作为纪检监察工作的出发点和落脚点，做到权为民所用、情为民所系、利为民所谋，切实履行"做党的忠诚卫士、当群众的贴心人"这一庄严承诺。要加强学习、提高本领，认真学习中国特色社会主义理论体系，系统学习纪检监察业务知识，广泛学习现代经济、政治、金融、法律、科技、管理、历史等方面的知识，虚心向实践学习、向基层学习、向群众学习，努力把各方面知识成果转化为谋划工作的思路和改进工作的措施。要坚持原则、秉公执纪，始终保持坚持原则、实事求是的政治品格和刚直不阿、秉公执纪的职业操守，坚决维护党的纪律的严肃性，坚决维护党和人民的根本利益。要胸怀大局、爱岗敬业，紧紧围绕党和国家工作大局，紧密联系纪检监察工作实际，求真务实、真抓实干，努力作出经得起实践、人民、历史检验的实绩。要严于律己、清正廉洁，谦虚谨慎、戒骄戒躁，艰苦奋斗、勤俭节约，严格执行党员领导干部廉洁从政各项规定，自觉接受党组织和人民群众的监督，保持可亲、可信、可敬的良好形象。

中央纪委副书记张惠新主持会议，中央纪委副书记干以胜宣读《关于表彰委部机关先进基层党组织和优秀共产党员、优秀党务工作者的决定》。中央纪委监察部机关共有12个基层党组织、91名共产党员、28名党务工作者受到表彰。

国家副主席习近平在人民大会堂会见孟加拉国外长穆妮

外交部部长杨洁篪在北京同孟加拉国外长迪普·穆妮举行会谈

国防部部长梁光烈在八一大楼与柬埔寨王国副首相兼国防大臣迪班举行会谈

《马列主义经典著作选编(党员干部读本)》《马列主义经典著作选编学习导读》出版发行

中央组织部、中央宣传部、中央编译局组织编写的《马列主义经典著作选编(党员干部读本)》《马列主义经典著作选编学习导读》分别由党建读物出版社和学习出版社出版，面向全国发行。

6月23日

全国人大常委会委员长吴邦国在人民大会堂会见菲律宾众议长贝尔蒙特

吴邦国说，近年来中国共产党与包括自由党在内的菲律宾各政党，中国全国人大与菲国会参、众两院的交流也在不断深化，有力地推动了两国关系的发展。中方愿与菲方继续加强议会、政党之间的友好往来，增进两国人民之间的友谊，为国家关系注入新的活力。

贝尔蒙特表示，菲中两国友好合作关系涉及领域十分广泛，体现在政治、经贸、文化等各个方面。菲方希望与中方携手努力，共同应对两国关系中出现的问题，推动菲中合作进一步发展，更好地造福两国人民。

中组部 人社部发出《专业技术人才队伍建设中长期规划(2010—2020年)》

这是新中国成立以来第一个专业技术人才队伍建设发展规划，是《国家中长期人才发展规划纲要(2010—2020年)》(以下简称《规划》)六大专项配套规划之一，是当前和今后一个时期我国专业技术人才工作的重要纲领性文件。

《规划》提出了"服务发展，人才优先；以用为本，创新机制；高端引领，强化基层；分类开发，协同推进"的基本原则和"以科学发展观为统领、科学人才观为指导、能力建设为主题、高层次创新型人才为重点、制度创新为动力"的总体要求，明确了我国未来10年专业技术人才队伍建设的总体目标，到2020年建成一支能够支撑和引领现代化建设、规模宏大、结构合理、素质优良、具有强大国际竞争力的专业技术人才队伍，专业技术人才总量预计达到7500万人左右。

作为推进全国专业技术人才工作的重要抓手，《规划》针对当前专业技术人才工作和专业技术人才队伍建设中存在的一些突出问题，提出了10项重点举措：一是以构建国家高级专家培养选拔体系为核心，加强高层次创新型专业技术人才队伍建设；二是以推动博士后事业发展为抓手，大力加强青年专业技术人才培养；三是以实施专业技术人才知识更新工程为龙头，全面提升专业技术人才的能力素质；四是以高层次留学人才为重点，加大海外留学人才吸引力度；五是以深化职称制度改革为动力，实现对专业技术人才的科学评价；六是以"万名专家服务基层行动计划"为平台，加强基层专业技术人才队伍建设；七是以建设专家服务基地和继续教育基地为基础，加强专业技术人才公共服务体系建设；八是以完善市场配置机制为导向，促进专业技术人才的合理流动；九是以深化企事业单位人事制度改革为保障，完善专业技术人才用人制度；十是以加大投入为根本，完善专业技术人才保障激励机制。

“日出东方——马克思主义中国化90年大型电子图书展”在人民出版社网上线运行

图书展由新闻出版总署主管、人民出版社主办、各地人民出版社等单位协办，展览以人民出版社1921年以来出版的著作文献为主，共展出图书1万余册。这是去年上线的“中国共产党思想理论资源数据库”按历史进程编排的一个新的版本。

动画短片《太阳神树》和《天净沙·秋思》夺得德国汉堡国际动漫大赛“中国国家奖”

国务院副总理李克强在北京出席国务院医改专家咨询委员会第一次全体会议并发表讲话

李克强强调，当前医改进展势头良好，要巩固改革成果，继续攻坚克难，突出重点难点问题研究，谋划好“十二五”医改规划，把医改不断推向深入。

会上，专家们现场发言或提交书面材料，对医改取得的成绩，尤其是在较短时间内，初步实现基本医保全覆盖，织起世界最大的全民医保网，建立并在基层广泛实施基本药物制度，使城乡居民看病就医的公平性、可及性、便利性得到改善，给予了积极评价。同时，从制度与管理创新、提高县医院软实力、发展民办医院等方面为医改特别是拓展公立医院改革顶层设计建言献策。座谈中，李克强不时插话讨论，气氛热烈活跃，他对专家们关心支持医疗卫生事业改革发展表示感谢。李克强说，深化医改，既是解决群众看病难、看病贵问题的现实需要，也事关中华民族的整体健康素质和长远发展。医改启动两年来，按照保基本、强基层、建机制的路径，经过各方面的共同努力，五项重点改革取得积极成效。但在我们这个拥有13亿人口的大国，随着城乡居民健康需求不断增长，医改仍面临诸多困难和挑战，一些体制机制性矛盾亟待破解。必须坚持科学民主决策，引智聚力，开拓创新，不断探索这个世界性难题中国式的解决办法。

李克强指出，公立医院改革是医改难点，也是改革的重头戏之一，要遵循上下联动、内增活力、外加推力的原则，深入推进县医院综合改革，加快培养全科医生，提高基层医疗卫生机构服务水平；抓住破除以药养医这个关键环节，加快各级各类公立医院体制机制创新，充分调动医务人员积极性；坚持公立医院的公益性原则，鼓励多元办医，推动公立医院改革不断拓展、深化和突破。

李克强说，医改既是当前一项紧迫工作，又是一项长期复杂的系统工程。“十二五”时期是推动科学发展、加快转变经济发展方式的关键阶段。要抓紧编制好“十二五”医改专项规划，统筹医疗卫生改革和发展，进一步推进全民基本医保、基本药物制度、公立医院改革三大制度创新，促进经济社会协调发展。这需要政府部门形成合力，需要人民群众广泛参与，更需要专家学者深入研究，加强顶层设计，使医改各项政策措施更加科学有效，为实现到2020年基本建立覆盖城乡居民的基本医疗卫生制度的目标奠定基础。

国家减灾委 民政部针对内蒙古 甘肃 宁夏严重旱情启动四级救灾应急响应

国家减灾委、民政部针对内蒙古中西部、甘肃中东部、宁夏南部持续严重旱灾给当地群众造成的生活困难，紧急启动国家四级救灾应急响应，派出工作组赶赴灾区。

据内蒙古、甘肃、宁夏等3省（自治区）民政厅报告，截至23日，今年3月以来的持续干旱共造成3省（自治区）1167万人受灾，439万人因旱灾造成生活困难需政府救助。

6月24日

全国人大常委会委员长吴邦国在人民大会堂会见约旦参议长马斯里

吴邦国说，中方感谢约方在台湾、涉藏、涉疆等涉及中国核心利益问题上给予的坚定支持。经济上优势互补，合作富有成果，中国已成为约旦第二大贸易伙伴。人文上密切交流，相互借鉴，两国人民友谊不断加深。在国际和地区问题上有广泛共识，保持良好沟通与协调。

吴邦国指出，议会交往是国家关系的重要组成部分。中国全国人大愿加强与约旦国民议会参、众两院的友好往来，加强民主法制、治国理政等方面的交流，增进相互了解和理解，促进务实合作，为推动国家关系发展贡献智慧和力量。

马斯里表示，约旦视中国为重要的合作伙伴，约旦国王、政府、议会积极致力于发展对华友好合作。此访的目的，就是表达约方这一强烈的政治意愿。

国务院总理温家宝 中央军委主席胡锦涛签署第598号令公布《军工关键设备设施管理条例》

现公布《军工关键设备设施管理条例》，自2011年10月1日起施行。

国务院总理　温家宝

中央军委主席　胡锦涛

2011年6月24日

军工关键设备设施管理条例（略）

全国政协十一届常委会第十四次会议在北京闭幕

中共中央政治局常委、全国政协主席贾庆林出席闭幕会并讲话，中共中央政治局委员、全国政协副主席王刚主持会议。

这次会议以“加快经济结构战略性调整，促进经济长期平稳较快发展”为主题，深入协商议政，紧扣党和政府的工作重点，把握了围绕中心、服务大局的工作原则，体现了协商于决策之前和决策执行过程中的要求。中共中央、国务院对这次会议高度重视，中央政治局委员、国务院副总理王岐山出席开幕会并作报告。常委会组成人员围绕会议议题提出许多有价值、有见地的意见和建议。中央国家机关52个部委办负责同志到会听取意见并与委员们进行了深入交流。

贾庆林说，要充分认识加快转变经济发展方式的艰巨性和紧迫性，努力实现“十二五”时期良好开局。今年是“十二五”开局之年，如何开好局、起好步，真正贯彻以科学发展为主题，以加快转变经济发展方式为主线，关系全局和长远。我们要在“加快”和“为主线”这两个关键词上深刻领会、狠下功夫，要下最大的力气扩大内需、增加消费，降低能源资源消耗，切实提高经济发展的质量和效益，建设好“两型”社会。

贾庆林就推进经济结构战略性调整，促进经济长期平稳较快发展谈了五个问题。一是发展现代农业，把解决好“三农”问题放在现代化建设重中之重的位置，努力探索出一条中国特色农业现代化道路。二是推进新型工业化，以科技创新为支撑，既要大力改造提升传统产业，又要加快发展战略性新兴产业。三是发展现代服务业，把推动服务大发展作为产业结构优化升级的战略任务，拓展新领域，发展新业态，培育新热点，推进服务业规模化、品牌化、网络化，不断提高服务业的比重和水平。四是发展非公有制经济，大力支持、积极引导非公有制经济健康发展。五是加强生态建设和环境保护，切实抓好森林资源保护、草原和湿地保护、海洋合理开发利用、循环经济等几项重大生态建设工程，树立绿色、低碳发展理念，增强可持续发展能力，努力探索出一条经济与生态协调发展的新路子。

贾庆林强调，要着力保障和改善民生，使发展成果更多惠及人民群众，进一步加强和创新社会管理，不断满足人民群众的精神文化需求。他指出，要充分运用统一战线和人民政协的政治优势、组织优势、智力优势和渠道优势，在加强社会管理、做好新形势下的群众工作方面发挥更加积极的作用。要把服务人民群众作为政协工作的根本出发点和落脚点，逐步完善政协组织、政协委员和界别联系群众的工作机制，真正使人民政协成为党和政府舆情汇集和分析机制的重要方面，为巩固执政党的群众基础作出积极贡献。

会议通过表决，决定增补王旭东、邓楠、张玉台为政协第十一届全国委员会委员，决定任命邓楠、张玉台为全国政协教科文卫体委员会副主任，王旭东为全国政协社会和法制委员会副主任，尤兰田为全国政协港澳台侨委员会副主任。

会议通过了免去李元政协十一届全国委员会人口资源环境委员会副主任职务、撤销其全国政协委员资格的决定。

全国政协十一届常委会在北京举行第十次学习讲座

中共中央政治局常委、全国政协主席贾庆林主持并讲话，外交部副部长李金章应邀到会作了题为《当前国际形势和我国外交工作》的报告。

贾庆林在讲话中指出，当前，我国正处在全面建设小康社会的关键时期。中共十七届五中全会强调，我国发展仍处于可以大有作为的重要战略机遇期，并就实施互利共赢的开放战略、进一步提高对外开放水平、积极创造有利的外部环境提出了明确要求。我们要认真学习贯彻十七大和十七届五中全会精神，紧紧围绕“十二五”规划目标任务，继续抓住和用好重要战略机遇期，更好地统筹国内国际两个大局，为促进世界持久和平与共同繁荣作出新的贡献。

贾庆林强调，人民政协的对外交往工作是我国总体外交的重要组成部分。在新的形势下，人民政协要继续按照我国外交工作总体部署，有计划、有重点、多层次、多渠道地开展同有关国家的友好往来，增进政治互信，深化务实合作。要大力推动人民政协公共外交实践，增进外部世界对我国基本国情、价值观念、发展道路的了解和认识。要发挥政协自身优势，努力开展人文外交，积极开展对外文化交流活动，努力传播中华优秀文化，不断增强中华文化的亲和力、感召力和影响力，为促进我国外交事业发展作出应有的贡献。

全国政协副主席王刚、白立忱、阿不来提·阿不都热西提、李兆焯、黄孟复、张梅颖、张榕明、钱运录、孙家正、李金华、厉无畏、罗富和、陈宗兴、王志珍出席讲座。

全国党员总数8026.9万名

中央组织部副部长王秦丰在中央外宣办举行的新闻发布会上说，截至2010年年底，中国共产党党员总数为8026.9万名；党的基层组织总数为389.2万个。

2011年全国职业院校技能大赛在天津举行

大赛于6月24日至27日举行。来自全国37个省、自治区、直辖市、计划单列市的近5000名选手齐聚天津。一年一度的全国职业院校技能大赛，已成为我国职业教育改革发展成果展示、职业院校与企业合作交流、职业教育教学效果检验及职业院校学生事业发展的平台。

大型文献纪录电影《中国三峡》在北京首映

中共中央政治局常委李长春,中共中央政治局常委、国务院副总理李克强出席观看,并亲切会见该片主创人员。

大型文献纪录电影《中国三峡》由国务院三峡工程建设委员会办公室、中央新影集团等单位联合摄制。该片全面记录了三峡工程的建设历程,展现了三峡工程广大建设者、管理者、移民群众以及有关地区和部门党员干部为工程建设顽强拼搏、无私奉献的感人事迹,描绘了三峡库区经济社会发展的巨大变化,反映出三峡工程是寄托中华民族伟大复兴百年梦想的世纪工程,彰显了社会主义制度集中力量办大事的优越性。

中共中央政治局委员、国务院副总理回良玉,全国政协副主席、中国社会科学院院长陈奎元,以及曾培炎、邹家华、钱正英、徐匡迪、李蒙等一同观看影片。国务院三峡工程建设委员会各成员单位有关负责人,中央和国家机关有关部委负责同志,三峡工程建设者代表、科技工作者代表、移民干部代表、移民群众代表以及武警水电部门代表等400余人参加了首映活动。

中央编译局收藏马克思的两封信

据《人民日报》报道:第一封是马克思致托马斯·奥尔索普(附燕妮·马克思的信),第二封是马克思致科勒特·多布森·科勒特的信。至此我国公开收藏的马克思手稿已增至5份。

第三十五届世界遗产委员会会议同意中国杭州西湖文化景观成为世界遗产

这是我国第41处世界遗产,也是我国连续第九年成功申报世界遗产。

6月25日

国务院总理温家宝在匈牙利总统府会见匈牙利总统施米特

温家宝转达了胡锦涛主席对施米特的亲切问候。温家宝说,匈牙利是一个勇敢、智慧、开放的民族。中匈的根同在亚洲,相互有着亲近感。我在贵国访问期间,深刻体会到匈牙利人民对中国人民的深厚感情。我们要共同努力,让两国青年一代继承和发扬中匈传统友谊。

温家宝表示,我选择匈牙利作为访问欧洲的第一站,目的是以实际行动传递中方对匈牙利经济的信心,扩大中匈各领域交流与合作,促进中国同中东欧国家关系发展。访问取得了重要成果,我们要以此为新的起点,携手向着更高的目标迈进。

施米特请温家宝转达对胡锦涛主席的亲切问候。他表示,两国建交60多年来,始终相互信任,友好合作关系不断发展。中国是匈牙利可靠的伙伴,匈牙利感谢中方的有力支持。温家宝总理对匈牙利的成功访问必将推动两国各领域交流与合作进入新阶段,造福两国人民。

国务院总理温家宝在布达佩斯匈牙利国会大厦与匈牙利总理欧尔班举行会谈

温家宝说,中国对匈牙利的经济抱有信心,愿购买一定数量的匈牙利国债。为促进相互投资,中方决定提供10亿欧元专项贷款资金,用于两国企业合作项目。中国政府支持本国企业参与匈牙利基础设施、工业园区、物流中心建设,鼓励进口匈牙利优势产品。

双方要发挥两国企业家理事会和中匈经贸论坛的作用,促进企业、人员、信息交流,共同为2015年双方贸易额达到200亿美元而努力。

欧尔班表示,中国的经济社会发展取得巨大成就,为世界作出了重要贡献,也给匈牙利增添了信心。匈方高度重视对华关系,愿在相互尊重基础上全面深化两国在各领域的友好合作,并为推动中东欧国家和欧盟发展同中国的关系发挥积极作用。

欧尔班介绍了匈牙利根据自己国情推进改革的情况,以及欧盟应对主权债务危机作出的努力。温家宝表示,欧洲经济基础雄厚,有很强的科技实力和人才优势,正在采取积极行动,中方对欧洲经济振兴抱有信心。中国是欧洲主权债券市场长期的投资者,将继续支持欧洲与欧元,愿与欧方共享机遇,共迎挑战,共谋发展,为促进世界经济稳定增长、为推动中欧关系深入发展作出不懈努力。

会谈后,两国总理出席了双方投资、基础设施、金融、物流、文化等领域合作文件的签字仪式并共同会见了记者。

国务院总理温家宝在匈牙利国会大厦会见匈牙利国会主席克韦尔

国务院总理温家宝在布达佩斯匈牙利科学院出席中国—中东欧国家经贸论坛并发表讲话

中国—中东欧国家经贸论坛由匈牙利国家发展部主办,中国和匈牙利等16个中东欧国家政府高级官员和企业家代表共600多人出席。

国务院总理温家宝在中国—中东欧国家经贸论坛上发表题为《巩固传统友谊 促进共同发展》的讲话

尊敬的欧尔班总理阁下，

女士们，先生们：

很高兴来到美丽的布达佩斯，出席中国—中东欧国家经贸论坛。我对论坛的召开表示热烈祝贺！对匈牙利政府的周到安排表示衷心感谢！对长期致力于中国与中东欧国家经贸合作的朋友们表示崇高敬意！

中国和中东欧国家远隔千山万水，但双方交往源远流长。早在两千多年前，"丝绸之路"就把双方紧密联结在一起。新中国成立后，大多数中东欧国家第一时间与中国建交，揭开了双方友好交往的新篇章。几十年来，尽管国际形势和各自国内局势都发生了很大变化，双方始终相互尊重、相互信任、相互理解、相互支持，传统友谊不断巩固，各领域合作取得长足进展。

双边贸易快速发展。2000年，中国与中东欧国家的贸易额只有30亿美元，2010年已超过400亿美元，年均增速达32%。中国自中东欧国家的进口增长更为迅速，年均增速达38.7%。双方贸易结构不断优化，机电和高新技术产品贸易所占比重超过六成。今天，中东欧国家的玫瑰油、琥珀、水晶、啤酒、小轿车等产品，已经走进中国的千家万户；中国物美价廉的日用消费品，也深受当地人民的欢迎。

双向投资方兴未艾。迄今为止，中东欧国家累计在中国设立企业近2000家。中国企业对中东欧国家的投资也蓬勃发展。创办于1951年的中波轮船公司，是新中国第一家中外合资企业，目前公司拥有20艘现代化远洋货轮，经营航线遍及亚、欧、美、非四大洲。中国华为公司已在匈牙利设立欧洲供应中心，为当地创造了2000多个就业岗位。山东烟台万华集团收购匈牙利宝思德化学公司后，使这家东欧老牌化工企业重新焕发了青春。

合作领域不断拓宽。除了贸易和投资等传统领域外，双方在金融、旅游、法律服务、绿色经济、基础设施等领域的合作也逐步增多。中国银行在布达佩斯设立了直属分行，中国海南航空公司开通了北京至布达佩斯的直达航线，这些都是双方合作的新亮点。2010年，中东欧国家居民赴中国旅游的人数接近20万，首站前往中东欧国家的中国游客超过6万人。双方人民来往多了，心与心自然贴得更近。

合作机制日益完善。近年来，中国与中东欧国家签署多项双边经济、工业和科技合作协定，包括投资保护和避免双重征税协定，为双边经贸合作提供了良好的制度和法律保障。双方建立了经济联委会机制，定期举行磋商，及时解决双方经贸合作中的重大问题。双方还频繁举办各种经贸工商论坛、产品展览和企业家洽谈会，为企业界加强交流合作提供了重要平台。

实践证明，中国和中东欧国家既能做风雨同舟、患难与共的好朋友，也能成为优势互补、合作共赢的好伙伴。双方互利合作越深入，传统友谊就越牢固。

女士们，先生们：

当前，世界政治经济格局正在经历大调整、大变革，中国和中东欧国家的共同利益在扩大，相互需求在增加，企业加强合作的愿望日益强烈。尽管目前双方贸易和投资规模偏小，但是双方经济互补性强，深化合作的潜力大，发展前景十分广阔。

——双方产业各有特长。中东欧在汽车、船舶、飞机制造、污水处理、酿酒和生物制药等许多行业都有优势，许多技术和工艺极具特色。中国以加工制造和基础设施建设见长。只要我们取长补短、互通有无，就完全可以成为长期、稳定的经贸合作伙伴。

——双方都是全球重要的新兴市场。中国处于工业化和城市化快速发展阶段，消费结构和产业结构升级步伐加快，市场潜力巨大。中东欧各国自然资源丰富，工农业基础坚实，科技教育实力雄厚，处于经济稳定增长阶段。尽管少数国家经济还面临一些困难，但这是暂时的，我们对中东欧发展前景充满信心。

——双方都是富有吸引力的投资场所。双方都致力于完善市场经济体制，扩大对外开放，健全法律法规，推动经济加快发展。中国利用外资连续18年居发展中国家首位。随着大多数中东欧国家加入欧盟，这一地区的投资环境极大改善，对包括中国企业在内的各国企业产生了强大的吸引力。

——中东欧国家可以成为中欧合作的桥头堡。中东欧国家位于欧洲心脏地带，交通四通八达，是联系东西方市场的桥梁。中国企业到中东欧国家发展转口贸易和投资合作，可以节约大量商务成本，可以融入欧盟内部的产业分工体系，可以利用欧盟的优惠政策共同开拓西欧市场，实现互利共赢。

女士们，先生们：

中国珍视与中东欧国家长期培育的深厚友谊，始终把中东欧国家看成可信赖的朋友和重要合作伙伴。无论是实施外贸市场多元化战略，还是实施企业"走出去"战略，我们都把中东欧地区作为战略重点。我这次访问中东欧，既是友谊之旅，也是合作之旅。我们愿意与中东欧各国一道，不断创新合作方式，丰富合作内涵，推动经贸合作向更大规模、更宽领域、更高水平发展。为此，我愿提出以下建议：

第一，扩大双方贸易规模。当前，中国和中东欧国家贸易额占各自对外贸易总额的比重都不足4%，占中国与欧盟贸易总额的比重也不足10%，发展潜力巨大。我们要相互扩大市场开放，削减关税和非关税壁垒，加强海关、质检、物流、人员出入境等方面的合作,充分释放双方贸易的发展潜力。中国欢迎中东欧企业积极开拓中国市场,愿意举办更多中东欧国家商品展,在广交会、华交会上为中东欧企业设立专区,为各国优势产品进入中国市场创造便利条件。

第二,促进相互投资合作。这不仅有利于促进各自经济发展,也有利于促进双边贸易平衡。我们要抓紧完善双向投资的法律法规,消除各种投资壁垒,积极开展多种形式的投资促进活动,尽快推动双向投资取得实质性增长。要继续加强电信、新能源、农业、自然资源开发等领域的投资合作,鼓励双方共建工业园区和高新技术开发区。中方支持有实力的企业赴中东欧国家投资,积极参与中东欧国家企业并购重组。希望中东欧国家适当放宽市场准入、技术标准等方面的限制,为中方企业投资提供政策支持。

第三,加强基础设施建设合作。中国企业在基础设施建设方面有较强实力和丰富经验,中东欧国家有广阔市场,双方合作大有可为。目前,中国企业正在积极寻求参与中东欧基础设施建设的机会,即将开工的塞尔维亚"泽蒙大桥",将成为中国企业走进中东欧市场的第一张"名片"。中国政府支持中国企业以公私合营(PPP)、建设—经营—转让(BOT)等欧洲通行方式,承接中东欧国家的基础设施项目,并愿意为此提供融资支持。我们期待双方早日商定几个标志性的大项目。中方愿意加快欧亚铁路建设步伐,支持企业建立畅通的物流网络,使双方货物及人员往来更加便捷。

第四,深化财政金融合作。这是双方经贸关系向更高层次发展的重要保障。中方真诚欢迎中东欧国家金融企业到中国开展业务,支持双方金融企业互设分支机构,扩大跨境贸易人民币结算规模。中方正在探讨设立中国与中东欧国家合作基金,这将为双方经贸合作提供有力支撑。中国是欧洲金融市场负责任的长期投资者,支持中东欧国家采取的一系列经济金融调整措施,并对未来中东欧国家金融市场抱有信心。中方愿意探讨各种有效的合作方式,继续支持中东欧国家的发展,希望中东欧国家进一步开放金融市场。

第五,拓展人文领域的交流。巩固邦交的根本在民众,增进友谊的基础在交流。双方应全面拓展教育、文化、卫生、体育、旅游等领域的交流,促进双方人民尤其是青年一代相互了解、加深友谊。中方愿意推动双方高等院校之间的交流,欢迎更多中东欧学生到中国留学,鼓励科技人员的交流。中东欧国家旅游资源丰富,中方愿意推介中东欧国家的旅游资源,支持更多中东欧国家成为中国公民出境旅游目的地,开通更多直航线路。中方还愿意推动双方在人力资源培训领域的合作,邀请更多中东欧国家的官员和技术人员来华培训。

女士们,先生们:

自从1978年实行改革开放以来,中国城乡社会面貌发生了翻天覆地的变化,但是中国依然属于发展中国家的基本国情没有变,中国人民对中东欧各国人民的友好情谊没有变,与中东欧国家发展互利合作的诚意没有变。中国欢迎中东欧国家企业参与中国发展进程、分享中国发展机遇,并以实际行动推动双方的共同发展。

匈牙利有句谚语:"勤劳的人不会空等明天的到来。"我相信,富有进取精神的企业家,一定会以本次论坛为新起点,抢抓机遇,携手奋进,共同开创中国与中东欧国家经贸合作的新局面!谢谢!

全国政法系统先进基层党组织 优秀党务工作者优秀党员干警表彰大会在人民大会堂举行

大会由中共中央政治局委员、中央政法委副书记王乐泉主持。国务委员、中央政法委副书记孟建柱宣读了中央政法委的表彰决定。云南孟连县委政法委书记郭崇伟、黑龙江哈尔滨市中级人民法院院长王克伦、山东菏泽市牡丹区人民检察院检察长张敬艳、河北沧州市公安局新城派出所所长周希胜、江苏徐州监狱刑罚执行科科长汪家杰等6位同志先后发言。北京市公安局交警孟昆玉代表全体受表彰的集体和个人宣读了致全国政法干警的倡议书。

全国政法系统先进基层党组织、优秀党务工作者、优秀党员干警代表,不同时期的政法英模代表,各省区市和新疆生产建设兵团党委政法委、中央政法各单位、中央有关部门负责人等参加了上述活动。

2011年全国现代戏优秀剧目展演在北京拉开帷幕

中共中央政治局常委李长春出席展演开幕式,并与首都观众一起观看由总政话剧团演出的话剧《生命档案》。中共中央政治局委员、书记处书记、中宣部部长刘云山,中共中央政治局委员、国务委员刘延东以及中央军委委员、总政治部主任李继耐一同出席观看。

第二届全球智库峰会在北京举办

国务院副总理李克强出席开幕式并发表演讲。他强调,国际社会应进一步加强合作,完善和创新全球经济治理,促进世界经济强劲、可持续、平衡增长和各国共同发展。

李克强就完善全球经济治理提出五点看法。第一,加强全球经济治理对世界经济发展十分重要。国际金融危机的爆发,暴露了国际金融体系存在的缺陷,也揭示了全球经济治理的不足之处。为提高经济危机防范能力，需要各国继续同心协力、加强合作，完善和创新全球经济治理。在机制建设中，应遵循相互尊重、集体决策的原则，增加新兴市场国家和发展中国家的代表性和发言权。中国作为世界上最大的发展中国家，愿意与其他国家共同应对全球性挑战、共同分享发展机遇，促进国际经济秩序朝着更加公正合理的方向发展。

第二，完善财政金融体系是消除金融危机根源的关键之举。目前，导致危机的一些深层次矛盾尚未根除，国际社会应加强对金融创新、资本流动的监管，保持主要储备货币流动性合理稳定，推动建立公平、公正、包容、有序的国际货币金融体系。

第三，实现经济健康复苏需要警惕全球性通胀风险。面对全球性通货膨胀等挑战，单靠个别国家努力远远不够，需要各国相互沟通，加强宏观经济政策的协调，既恢复和保持经济增长，又抑制和减轻通货膨胀。

第四，推动经济持续发展必须坚持全球化与自由贸易。贸易自由化是世界经济发展的重要引擎，也是全面复苏的必要条件。国际社会应坚持经济全球化方向，坚决反对和抵制贸易投资保护主义，推动建立均衡、普惠、共赢的多边贸易体系，使自由贸易的好处为各国人民所共享。

第五，缩小南北发展差距是促进世界持久繁荣的根本措施。国际社会应提升南北问题在全球议程中的地位，把支持欠发达国家作为促进世界经济平衡的重要任务，为之提供更多的经济资源、更好的制度保障，提高其自我发展能力。

李克强还介绍了中国"十二五"规划纲要实施的要点和正在编制重点专项规划。

中国国际经济交流中心理事长曾培炎主持开幕式。蒋正华、唐家璇、徐匡迪出席开幕式。

美国前国务卿基辛格、英国前副首相普雷斯科特、波兰前副总理科沃德克等外方嘉宾出席开幕式并在会上发言。

第二届全球智库峰会由中国国际经济交流中心主办。本次峰会历时两天，峰会主论坛的议题是"全球经济治理：共同责任"，分段讨论"经济形势与通胀治理"、"G20与国际货币体系改革"问题。峰会的4个分论坛分别聚焦"能源安全与核能"、"产业转移与重构"、"资本流动与投资环境"、"全球经济治理与智库作用"等问题。

6月26日

国务院总理温家宝在伦敦分别会见英国前首相托尼·布莱尔和戈登·布朗

温家宝表示，中国对英国及欧洲的重视和支持没有停留在口头上，而是采取了实实在在的行动，我是带着诚意和希望来访问的。中方愿意在相互尊重、平等相待的原则基础上，全面深化同英国和欧洲在各领域的交流与合作，这符合双方的根本利益，对世界和平、稳定与发展具有重大战略意义。

布莱尔表示，面对世界政治和经济领域各种不稳定、不确定因素，加强英中关系比以往任何时候都更为重要和紧迫。布朗表示，英国高度重视中国的地位，英中合作前景广阔。他们相信温家宝对英国的访问将为两国关系发展注入新的动力。

国务院总理温家宝在英国伯明翰视察MG汽车英国有限公司

全国纪检监察系统纪念中国共产党成立90周年表彰大会暨反腐倡廉建设理论研讨会在北京召开

中共中央政治局常委、中央纪委书记贺国强出席会议并讲话。

贺国强指出，在波澜壮阔的革命、建设和改革伟大实践中，我们党始终高度重视党的自身建设，坚持不懈地开展党风廉政建设和反腐败斗争，保持和发展了党的先进性和纯洁性，增强了党的创造力、凝聚力和战斗力，为完成党和国家不同历史时期的各项任务提供了坚强的政治保证。90年来特别是改革开放以来，我们党逐步探索形成了符合中国国情的反腐倡廉指导思想、基本原则、工作方针、工作格局、领导体制和工作机制以及法规制度体系，走出了一条中国特色反腐倡廉道路，积累了宝贵经验。主要是：坚持以发展着的马克思主义为指导，保证反腐倡廉建设的正确方向；坚持党的基本路线，把反腐倡廉建设放在党和国家工作全局中来开展；坚持解放思想、实事求是、与时俱进，不断完善和发展反腐倡廉战略方针和工作部署；坚持党要管党、从严治党，把反腐倡廉建设放在更加突出的位置来抓；坚持党的根本宗旨，把实现好、维护好、发展好最广大人民的根本利益作为反腐倡廉建设的出发点和落脚点；坚持重视和加强法规制度建设，保证党风廉政建设和反腐败斗争依纪依法有序开展；坚持党的领导、发挥社会主义制度的优越性，形成推进反腐倡廉建设的强大合力。

贺国强强调，改革创新是社会发展进步的时代潮流，科学发展是事业兴旺发达的根本途径。党的十七大明确提出以改革创新精神全面推进党的建设新的伟大工程的战略任务，党的十七届四中全会强调要提高党的建设科学化水平，这对推进反腐倡廉建设提出了新的更高要求。我们要深入贯彻落实科学发展观，总结历史经验，坚持改革创新，进一步提高反腐倡廉建设科学化水平。一是要科学分析和准确把握反腐倡廉形势，既要充分认识反腐倡廉建设取得的显著成效，又要清醒认识当前消极腐败现象的严重性，还要看到有效防治腐败已经具备了许多有利条件，进一步坚定抓好党风廉政建设和反腐败斗争的信心和决心。二是要以科学发展的理念和思路谋划反腐倡廉建设，坚持围绕中心、服务大局，以人为本、执政为民，标本兼治、惩防并举，与时俱进、改革创新，统筹兼顾、注重建设，更加科学有效地防治腐败。三是要科学安排、整体推进党风廉政建设和反腐败各项工作，加强对中央重大决策部署贯彻落实情况的监督检查，加强以保持党同人民群众血肉联系为重点的作风建设，加强以完善惩治和预防腐败体系为重点的反腐倡廉建设，着力解决反腐倡廉建设中人民群众反映强烈的突出问题，着力加强纪检监察机关自身建设。

贺国强指出，反对消极腐败、建设廉洁政治，是马克思主义政党同一切剥削阶级政党的本质区别之一，也是我们共产党人孜孜以求的奋斗目标。我们要坚持以毛泽东思想和中国特色社会主义理论体系为指导，坚持党的领导、人民当家做主和依法治国的有机统一，把廉洁政治放到社会主义政治建设的大局中去谋划，放到经济社会发展的全局中去体现，放到党风廉政建设和反腐败斗争的实践中去落实，努力做到干部清廉、政府廉洁、政治清明，把反腐倡廉建设进一步推向深入，为开创中国特色社会主义事业新局面作出新的更大贡献。

中共中央书记处书记、中央纪委副书记何勇主持会议。他指出，要认真学习、深刻领会贺国强同志的重要讲话精神，进一步增强责任感和使命感，以改革创新精神推进反腐倡廉建设，切实把中央关于反腐倡廉的重要决策部署贯彻好、落实好。要以这次评选表彰活动为契机，把学习先进与贯彻落实十七届中央纪委第六次全会精神结合起来，与正在开展的创先争优活动结合起来，大力宣传先进典型的优秀事迹，充分发挥先进典型的榜样示范作用，努力建设一支高素质的纪检监察干部队伍。

中央组织部副部长、人力资源和社会保障部部长、党组书记兼国家公务员局局长尹蔚民同志宣读《关于表彰全国纪检监察系统先进集体和先进工作者的决定》。中央纪委副书记黄树贤宣读《关于对杨春华等同志予以嘉奖的决定》。100个单位被授予“全国纪检监察系统先进集体”荣誉称号，8名同志被授予“全国纪检监察系统先进工作者标兵”荣誉称号，190名同志被授予“全国纪检监察系统先进工作者”荣誉称号，300名同志受到嘉奖。

国务院总理温家宝签署第597号令发布《戒毒条例》

《戒毒条例》已经2011年6月22日国务院第160次常务会议通过，现予公布，自公布之日起施行。

总　理　温家宝

2011年6月26日

戒毒条例

第一章　总　则

第一条　为了规范戒毒工作，帮助吸毒成瘾人员戒除毒瘾，维护社会秩序，根据《中华人民共和国禁毒法》，制定本条例。

第二条　县级以上人民政府应当建立政府统一领导，禁毒委员会组织、协调、指导，有关部门各负其责，社会力量广泛参与的戒毒工作体制。

戒毒工作坚持以人为本、科学戒毒、综合矫治、关怀救助的原则，采取自愿戒毒、社区戒毒、强制隔离戒毒、社区康复等多种措施，建立戒毒治疗、康复指导、救助服务兼备的工作体系。

第三条　县级以上人民政府应当按照国家有关规定将戒毒工作所需经费列入本级财政预算。

第四条　县级以上地方人民政府设立的禁毒委员会可以组织公安机关、卫生行政和药品监督管理部门开展吸毒监测、调查，并向社会公开监测、调查结果。

县级以上地方人民政府公安机关负责对涉嫌吸毒人员进行检测，对吸毒人员进行登记并依法实行动态管控，依法责令社区戒毒、决定强制隔离戒毒、责令社区康复，管理公安机关的强制隔离戒毒场所、戒毒康复场所，对社区戒毒、社区康复工作提供指导和支持。

设区的市级以上地方人民政府司法行政部门负责管理司法行政部门的强制隔离戒毒场所、戒毒康复场所，对社区戒毒、社区康复工作提供指导和支持。

县级以上地方人民政府卫生行政部门负责戒毒医疗机构的监督管理，会同公安机关、司法行政等部门制定戒毒医疗机构设置规划，对戒毒医疗服务提供指导和支持。

县级以上地方人民政府民政、人力资源社会保障、教育等部门依据各自的职责，对社区戒毒、社区康复工作提供康复和职业技能培训等指导和支持。

第五条　乡（镇）人民政府、城市街道办事处负责社区戒毒、社区康复工作。

第六条　县级、设区的市级人民政府需要设置强制隔离戒毒场所、戒毒康复场所的，应当合理布局，报省、自治区、直辖市人民政府批准，并纳入当地国民经济和社会发展规划。

强制隔离戒毒场所、戒毒康复场所的建设标准，由国务院建设部门、发展改革部门会同国务院公安部门、司法行政部门制定。

第七条　戒毒人员在入学、就业、享受社会保障等方面不受歧视。

对戒毒人员戒毒的个人信息应当依法予以保密。对戒断3年未复吸的人员,不再实行动态管控。

第八条　国家鼓励、扶持社会组织、企业、事业单位和个人参与戒毒科研、戒毒社会服务和戒毒社会公益事业。

对在戒毒工作中有显著成绩和突出贡献的,按照国家有关规定给予表彰、奖励。

第二章　自愿戒毒

第九条　国家鼓励吸毒成瘾人员自行戒除毒瘾。吸毒人员可以自行到戒毒医疗机构接受戒毒治疗。对自愿接受戒毒治疗的吸毒人员,公安机关对其原吸毒行为不予处罚。

第十条　戒毒医疗机构应当与自愿戒毒人员或者其监护人签订自愿戒毒协议,就戒毒方法、戒毒期限、戒毒的个人信息保密、戒毒人员应当遵守的规章制度、终止戒毒治疗的情形等作出约定,并应当载明戒毒疗效、戒毒治疗风险。

第十一条　戒毒医疗机构应当履行下列义务:

(一)对自愿戒毒人员开展艾滋病等传染病的预防、咨询教育;

(二)对自愿戒毒人员采取脱毒治疗、心理康复、行为矫治等多种治疗措施,并应当符合国务院卫生行政部门制定的戒毒治疗规范;

(三)采用科学、规范的诊疗技术和方法,使用的药物、医院制剂、医疗器械应当符合国家有关规定;

(四)依法加强药品管理,防止麻醉药品、精神药品流失滥用。

第十二条　符合参加戒毒药物维持治疗条件的戒毒人员,由本人申请,并经登记,可以参加戒毒药物维持治疗。登记参加戒毒药物维持治疗的戒毒人员的信息应当及时报公安机关备案。

戒毒药物维持治疗的管理办法,由国务院卫生行政部门会同国务院公安部门、药品监督管理部门制定。

第三章　社区戒毒

第十三条　对吸毒成瘾人员,县级、设区的市级人民政府公安机关可以责令其接受社区戒毒,并出具责令社区戒毒决定书,送达本人及其家属,通知本人户籍所在地或者现居住地乡(镇)人民政府、城市街道办事处。

第十四条　社区戒毒人员应当自收到责令社区戒毒决定书之日起15日内到社区戒毒执行地乡(镇)人民政府、城市街道办事处报到,无正当理由逾期不报到的,视为拒绝接受社区戒毒。

社区戒毒的期限为3年,自报到之日起计算。

第十五条　乡(镇)人民政府、城市街道办事处应当根据工作需要成立社区戒毒工作领导小组,配备社区戒毒专职工作人员,制定社区戒毒工作计划,落实社区戒毒措施。

第十六条　乡(镇)人民政府、城市街道办事处,应当在社区戒毒人员报到后及时与其签订社区戒毒协议,明确社区戒毒的具体措施、社区戒毒人员应当遵守的规定以及违反社区戒毒协议应承担的责任。

第十七条　社区戒毒专职工作人员、社区民警、社区医务人员、社区戒毒人员的家庭成员以及禁毒志愿者共同组成社区戒毒工作小组具体实施社区戒毒。

第十八条　乡(镇)人民政府、城市街道办事处和社区戒毒工作小组应当采取下列措施管理、帮助社区戒毒人员:

(一)戒毒知识辅导;

(二)教育、劝诫;

(三)职业技能培训,职业指导,就学、就业、就医援助;

(四)帮助戒毒人员戒除毒瘾的其他措施。

第十九条　社区戒毒人员应当遵守下列规定:

(一)履行社区戒毒协议;

(二)根据公安机关的要求,定期接受检测;

(三)离开社区戒毒执行地所在县(市、区)3日以上的,须书面报告。

第二十条　社区戒毒人员在社区戒毒期间,逃避或者拒绝接受检测3次以上,擅自离开社区戒毒执行地所在县(市、区)3次以上或者累计超过30日的,属于《中华人民共和国禁毒法》规定的"严重违反社区戒毒协议"。

第二十一条　社区戒毒人员拒绝接受社区戒毒,在社区戒毒期间又吸食、注射毒品,以及严重违反社区戒毒协议的,社区戒毒专职工作人员应当及时向当地公安机关报告。

第二十二条　社区戒毒人员的户籍所在地或者现居住地发生变化,需要变更社区戒毒执行地的,社区戒毒执行地乡(镇)人民政府、城市街道办事处应当将有关材料转送至变更后的乡(镇)人民政府、城市街道办事处。

社区戒毒人员应当自社区戒毒执行地变更之日起15日内前往变更后的乡(镇)人民政府、城市街道办事处报到,社区戒毒时间自报到之日起连续计算。

变更后的乡(镇)人民政府、城市街道办事处,应当按照本条例第十六条的规定,与社区戒毒人员签订新的社区戒毒协议,继续执行社区戒毒。

第二十三条　社区戒毒自期满之日起解除。社区戒毒执行地公安机关应当出具解除社区戒毒通知书送达社区戒毒人员本人及其家属,并在7日内通知社区戒毒执行地乡(镇)人民政府、城市街道办事处。

第二十四条 社区戒毒人员被依法收监执行刑罚、采取强制性教育措施的,社区戒毒终止。

社区戒毒人员被依法拘留、逮捕的,社区戒毒中止,由羁押场所给予必要的戒毒治疗,释放后继续接受社区戒毒。

第四章 强制隔离戒毒

第二十五条 吸毒成瘾人员有《中华人民共和国禁毒法》第三十八条第一款所列情形之一的,由县级、设区的市级人民政府公安机关作出强制隔离戒毒的决定。

对于吸毒成瘾严重,通过社区戒毒难以戒除毒瘾的人员,县级、设区的市级人民政府公安机关可以直接作出强制隔离戒毒的决定。

吸毒成瘾人员自愿接受强制隔离戒毒的,经强制隔离戒毒场所所在地县级、设区的市级人民政府公安机关同意,可以进入强制隔离戒毒场所戒毒。强制隔离戒毒场所应当与其就戒毒治疗期限、戒毒治疗措施等作出约定。

第二十六条 对依照《中华人民共和国禁毒法》第三十九条第一款规定不适用强制隔离戒毒的吸毒成瘾人员,县级、设区的市级人民政府公安机关应当作出社区戒毒的决定,依照本条例第三章的规定进行社区戒毒。

第二十七条 强制隔离戒毒的期限为2年,自作出强制隔离戒毒决定之日起计算。

被强制隔离戒毒的人员在公安机关的强制隔离戒毒场所执行强制隔离戒毒3个月至6个月后,转至司法行政部门的强制隔离戒毒场所继续执行强制隔离戒毒。

执行前款规定不具备条件的省、自治区、直辖市,由公安机关和司法行政部门共同提出意见报省、自治区、直辖市人民政府决定具体执行方案,但在公安机关的强制隔离戒毒场所执行强制隔离戒毒的时间不得超过12个月。

第二十八条 强制隔离戒毒场所对强制隔离戒毒人员的身体和携带物品进行检查时发现的毒品等违禁品,应当依法处理;对生活必需品以外的其他物品,由强制隔离戒毒场所代为保管。

女性强制隔离戒毒人员的身体检查,应当由女性工作人员进行。

第二十九条 强制隔离戒毒场所设立戒毒医疗机构应当经所在地省、自治区、直辖市人民政府卫生行政部门批准。强制隔离戒毒场所应当配备设施设备及必要的管理人员,依法为强制隔离戒毒人员提供科学规范的戒毒治疗、心理治疗、身体康复训练和卫生、道德、法制教育,开展职业技能培训。

第三十条 强制隔离戒毒场所应当根据强制隔离戒毒人员的性别、年龄、患病等情况对强制隔离戒毒人员实行分别管理;对吸食不同种类毒品的,应当有针对性地采取必要的治疗措施;根据戒毒治疗的不同阶段和强制隔离戒毒人员的表现,实行逐步适应社会的分级管理。

第三十一条 强制隔离戒毒人员患严重疾病,不出所治疗可能危及生命的,经强制隔离戒毒场所主管机关批准,并报强制隔离戒毒决定机关备案,强制隔离戒毒场所可以允许其所外就医。所外就医的费用由强制隔离戒毒人员本人承担。

所外就医期间,强制隔离戒毒期限连续计算。对于健康状况不再适宜回所执行强制隔离戒毒的,强制隔离戒毒场所应当向强制隔离戒毒决定机关提出变更为社区戒毒的建议,强制隔离戒毒决定机关应当自收到建议之日起7日内,作出是否批准的决定。经批准变更为社区戒毒的,已执行的强制隔离戒毒期限折抵社区戒毒期限。

第三十二条 强制隔离戒毒人员脱逃的,强制隔离戒毒场所应当立即通知所在地县级人民政府公安机关,并配合公安机关追回脱逃人员。被追回的强制隔离戒毒人员应当继续执行强制隔离戒毒,脱逃期间不计入强制隔离戒毒期限。被追回的强制隔离戒毒人员不得提前解除强制隔离戒毒。

第三十三条 对强制隔离戒毒场所依照《中华人民共和国禁毒法》第四十七条第二款、第三款规定提出的提前解除强制隔离戒毒、延长戒毒期限的意见,强制隔离戒毒决定机关应当自收到意见之日起7日内,作出是否批准的决定。对提前解除强制隔离戒毒或者延长强制隔离戒毒期限的,批准机关应当出具提前解除强制隔离戒毒决定书或者延长强制隔离戒毒期限决定书,送达被决定人,并在送达后24小时以内通知被决定人的家属、所在单位以及其户籍所在地或者现居住地公安派出所。

第三十四条 解除强制隔离戒毒的,强制隔离戒毒场所应当在解除强制隔离戒毒3日前通知强制隔离戒毒决定机关,出具解除强制隔离戒毒证明书送达戒毒人员本人,并通知其家属、所在单位、其户籍所在地或者现居住地公安派出所将其领回。

第三十五条 强制隔离戒毒诊断评估办法由国务院公安部门、司法行政部门会同国务院卫生行政部门制定。

第三十六条 强制隔离戒毒人员被依法收监执行

刑罚、采取强制性教育措施或者被依法拘留、逮捕的，由监管场所、羁押场所给予必要的戒毒治疗，强制隔离戒毒的时间连续计算；刑罚执行完毕时、解除强制性教育措施时或者释放时强制隔离戒毒尚未期满的，继续执行强制隔离戒毒。

第五章　社区康复

第三十七条　对解除强制隔离戒毒的人员，强制隔离戒毒的决定机关可以责令其接受不超过3年的社区康复。

社区康复在当事人户籍所在地或者现居住地乡（镇）人民政府、城市街道办事处执行，经当事人同意，也可以在戒毒康复场所中执行。

第三十八条　被责令接受社区康复的人员，应当自收到责令社区康复决定书之日起15日内到户籍所在地或者现居住地乡（镇）人民政府、城市街道办事处报到，签订社区康复协议。

被责令接受社区康复的人员拒绝接受社区康复或者严重违反社区康复协议，并再次吸食、注射毒品被决定强制隔离戒毒的，强制隔离戒毒不得提前解除。

第三十九条　负责社区康复工作的人员应当为社区康复人员提供必要的心理治疗和辅导、职业技能培训、职业指导以及就学、就业、就医援助。

第四十条　社区康复自期满之日起解除。社区康复执行地公安机关出具解除社区康复通知书送达社区康复人员本人及其家属，并在7日内通知社区康复执行地乡（镇）人民政府、城市街道办事处。

第四十一条　自愿戒毒人员、社区戒毒、社区康复的人员可以自愿与戒毒康复场所签订协议，到戒毒康复场所戒毒康复、生活和劳动。

戒毒康复场所应当配备必要的管理人员和医务人员，为戒毒人员提供戒毒康复、职业技能培训和生产劳动条件。

第四十二条　戒毒康复场所应当加强管理，严禁毒品流入，并建立戒毒康复人员自我管理、自我教育、自我服务的机制。

戒毒康复场所组织戒毒人员参加生产劳动，应当参照国家劳动用工制度的规定支付劳动报酬。

第六章　法律责任

第四十三条　公安、司法行政、卫生行政等有关部门工作人员泄露戒毒人员个人信息的，依法给予处分；构成犯罪的，依法追究刑事责任。

第四十四条　乡（镇）人民政府、城市街道办事处负责社区戒毒、社区康复工作的人员有下列行为之一的，依法给予处分：

（一）未与社区戒毒、社区康复人员签订社区戒毒、社区康复协议，不落实社区戒毒、社区康复措施的；

（二）不履行本条例第二十一条规定的报告义务的；

（三）其他不履行社区戒毒、社区康复监督职责的行为。

第四十五条　强制隔离戒毒场所的工作人员有下列行为之一的，依法给予处分；构成犯罪的，依法追究刑事责任：

（一）侮辱、虐待、体罚强制隔离戒毒人员的；

（二）收受、索要财物的；

（三）擅自使用、损毁、处理没收或者代为保管的财物的；

（四）为强制隔离戒毒人员提供麻醉药品、精神药品或者违反规定传递其他物品的；

（五）在强制隔离戒毒诊断评估工作中弄虚作假的；

（六）私放强制隔离戒毒人员的；

（七）其他徇私舞弊、玩忽职守、不履行法定职责的行为。

第七章　附　则

第四十六条　本条例自公布之日起施行。1995年1月12日国务院发布的《强制戒毒办法》同时废止。

6月27日

十一届全国人大常委会第二十一次会议在人民大会堂举行第一次全体会议

会议审议个人所得税法修正案草案、行政强制法草案、职业病防治法修正案草案、兵役法修正案草案，听取国务院关于2010年中央决算的报告、国务院关于2010年度中央预算执行和其他财政收支的审计工作报告、全国人大财政经济委员会关于2010年中央决算审查结果的报告，审议全国人大常委会法制工作委员会关于立法后评估试点工作情况的报告等。

吴邦国委员长主持会议。常委会组成人员155人出席会议，符合法定人数。

会议听取了全国人大法律委员会副主任委员洪虎作的关于个人所得税法修正案草案审议结果的报告。十一届全国人大常委会第二十次会议对草案进行了初次审议。提交本次常委会会议审议的关于修改个人所得税法的决定草案，在综合分析研究各方面意见基础上，考虑到对城镇居民人均消费性支出以及工薪所得纳税人占全部工薪收入人群比重的测算情况，也考虑到与推进综合和分类相结合的个人所得税、增加直接税比重等税制改革相衔接的要求，维持初次审议稿中将现行工资、薪金所得减除费用标准从2000元提高至3000元，同时将超额累进税率中的第1级税率由5%

修改为3%，以进一步降低工薪所得纳税人中70%较低收入人群的税负。

会议听取了全国人大法律委员会副主任委员乔晓阳作的关于行政强制法草案审议结果的报告。草案已经十届全国人大常委会第十九次、第三十次会议和十一届全国人大常委会第十次、第二十次会议审议。提交本次常委会会议审议的草案五次审议稿对行政法规可以设定的行政强制措施作了进一步规定，同时规定有关机关对公民、法人等就行政强制设定和实施所提意见建议应以适当方式予以反馈等。

职业病防治法自2002年实施以来，对推进我国职业病防治工作，维护劳动者合法权益发挥了积极作用。为更好地加强职业病防治工作，有必要对这部法律进行修改。受国务院委托，卫生部部长陈竺向会议作了关于职业病防治法修正案草案的说明。草案的主要内容包括，消除职业病诊断的受理门槛，简化劳动仲裁程序，规定监管部门在特定情况下对有争议资料作出判定的职责，明确诊断机构在法定情形下应当参考劳动者的自述作出职业病诊断结论等。

兵役法是规范我国兵役制度的重要法律。受国务院、中央军委的委托，中国人民解放军副总参谋长孙建国就兵役法修正案草案作了说明。草案对调整兵员征集范围、完善兵役登记制度，吸引高文化素质青年入伍等作出规定；增加军人基本待遇的规定，完善抚恤优待政策，拓宽现役军官的来源渠道；充实完善士兵和军官退役安置的规定，充实促进退役军人就业的优惠政策等。

受国务院委托，财政部部长谢旭人就2010年中央决算报告和决算草案作了报告。谢旭人说，2010年中央公共财政收入42488.47亿元，完成预算的111.6%，比2009年增长18.3%。加上从中央预算稳定调节基金调入100亿元，中央财政使用的收入总量为42588.47亿元。中央公共财政支出48330.82亿元，比2009年增长10.3%，完成预算的103.6%。加上用于补充中央预算稳定调节基金2257.65亿元，支出总量为50588.47亿元。中央公共财政收支总量相抵，赤字8000亿元，比预算减少500亿元。2010年年末中央财政国债余额67548.11亿元，控制在年度预算限额71208.35亿元以内。

谢旭人说，汇总各项支出，2010年中央财政用在与人民群众生活直接相关的教育、医疗卫生、社会保障和就业、保障性住房、文化方面的支出8920.59亿元，增长20.2%；用于“三农”的支出8579.7亿元，增长18.3%。他还报告了2010年预算执行效果以及进一步提高预决算管理水平的措施。

受国务院委托，审计署审计长刘家义报告了2010年度中央决算执行和其他财政收支的审计情况。他说，2010年度中央预算执行和其他财政收支情况总体较好。审计工作紧紧围绕经济又好又快发展这个中心，加强对宏观政策执行情况、重大投资项目和重点民生资金的跟踪审计，密切关注经济社会运行中的薄弱环节和潜在风险，严肃揭露和查处重大违法违规问题，更加注重从体制、制度和政策层面反映问题。

刘家义说，对审计中发现的问题，审计署依法征求了被审计单位意见，已出具审计报告、下达审计决定。各部门各单位认真整改，目前已追回或归还资金35.85亿元，挽回或避免损失47.23亿元，根据审计意见完善了1075项制度规定，有617人被追究责任。最终整改结果，国务院将在年底前向全国人大常委会专题报告。报告还同时提出了审计意见。

会议听取了全国人大财政经济委员会副主任委员高强作的关于2010年中央决算审查结果的报告。财经委认为，2010年中央决算总体情况是好的，建议批准这个决算草案。同时，财经委建议国务院责成有关部门对决算中反映出的问题从体制机制上认真整改，并建议切实改进预算编制管理、规范预算执行管理、进一步完善财政转移支付制度、加强资金管理和监督、防范和化解地方政府性债务风险等。

2010年全国人大常委会首次开展了立法后评估试点工作，对科学技术进步法和农业机械化促进法有关制度进行了立法后评估。会议审议了全国人大常委会法制工作委员会关于立法后评估试点工作情况的报告。报告从评估对象的选择，评估标准和程序，形成评估报告，评估工作的经验体会等方面，总结了2010年首次开展立法后评估试点工作情况。报告认为，首次立法后评估试点工作达到了预期效果，为继续推进这项工作打下了好的基础。

会议听取了外交部副部长张志军受国务院委托所作的国务院关于提请审议批准《中华人民共和国和阿尔及利亚民主人民共和国关于民事和商事司法协助的条约》议案的说明，听取了全国人大常委会代表资格审查委员会副主任委员何晔晖作的关于个别代表的代表资格的报告，审议了有关任免案。

全国人大常委会副委员长王兆国、路甬祥、乌云其木格、韩启德、华建敏、陈至立、周铁农、李建国、司马义·铁力瓦尔地、蒋树声、陈昌智、严隽琪、桑国卫等出席会议。

国务院副总理张德江，最高人民检察院检察长曹建明以及最高人民法院负责人，全国人大各专门委员会成员，各省、自治区、直辖市人大常委会负责人，部分全国人大代表等列席会议。

全国人大常委会委员长吴邦国在人民大会堂会见斯洛文尼亚议长甘塔尔

吴邦国说，中国全国人大愿深化与斯洛文尼亚议会业已存在的良好关系，加强高层、各专门委员会和友好小组间的交往，扩大在治国理政、立法监督等方面的经验交流，密切在多边议会组织中的合作，为进一步巩固两国关系的民意基础、推动中斯关系全面深入发展发挥更大的作用。

甘塔尔说，斯中政治关系的稳步发展也促进了两国经贸合作结出丰硕成果。事实证明，中国是斯洛文尼亚可信赖的朋友和伙伴。斯洛文尼亚议会希望通过加强与中国全国人大的友好往来，为推动两国各领域务实合作多做贡献。

国务院总理温家宝在伦敦英国首相府与英国首相卡梅伦举行会谈

温家宝表示，维护和发展好中英关系，有利于促进两国的发展，也会对世界格局变化产生积极影响。双方要抓住机遇，加强合作，共迎挑战。

在谈到人权问题时，温家宝指出，中英应当相互尊重，尊重事实，平等相待，通过对话妥善解决分歧，增进相互了解。

温家宝建议，双方进一步挖掘合作潜力，努力实现2015年双边贸易额达到1000亿美元目标；建立双边投资促进工作组，发挥大项目对投资的带动作用；成立中英中小企业合作论坛，为两国产业合作注入新的活力；共同出资设立专项基金，建立研发中心和联合实验室，加强科技合作；中国政府鼓励有实力的中国企业参与英国基础设施建设，支持中国金融机构扩大在英国的业务。双方要发挥高级别人文交流机制的作用，推动两国在教育、文化、青年、媒体等各领域的合作。

卡梅伦表示，卡梅伦赞同温家宝关于加强中英务实合作的建议，希望双方相互扩大开放市场，加强在贸易、投资、高科技、金融服务、基础设施建设、教育和人文领域的交流与合作，做共同促进经济增长的伙伴。英方愿在国际事务中进一步密切与中方的沟通与协调。

会谈后，双方领导人共同出席了双边有关合作文件的签字仪式，并共同会见了记者。

国务院总理温家宝在英国皇家学会发表题为《未来中国的走向》的演讲

尊敬的纳斯会长，各位会员、各位使节，女士们、先生们：

今天，我应邀访问久负盛名的英国皇家学会，深感荣幸。刚才，英国皇家学会授予我“查理二世国王奖”。这不仅是我个人的荣誉，也是对中国科技进步的肯定，同时也是中英两国科技界友谊与合作的象征。对此，我向你们表示衷心的感谢！

英国皇家学会，是英国最高科学学术机构，也是世界上历史最悠久的科学学会。牛顿、达尔文、爱因斯坦、霍金等科学巨匠，为人类科技事业发展作出过划时代的贡献。在座的各位会员，同样以自己的杰出成就造福社会。我向你们表示崇高的敬意！

担任中国总理以来，这是我第四次访问贵国。这一次和上一次时隔两年，感觉大不相同。2009年年初，贵国遭受一场罕见的大雪，同时也经历着国际金融危机的煎熬。我从达沃斯到伦敦一路走来，感受到一种忧郁不安的气氛。我当时说，“信心比货币和黄金更宝贵”。如今仲夏的伦敦，人们又恢复了往日的从容和自信。我对贵国应对危机所做的努力和可喜进展，表示由衷的钦佩！

我要告诉朋友们的是，经过这场国际金融危机的洗礼，中国前进的步伐更加稳健了。在这里，我想说一件事。

2008年5月12日，中国西南部发生毁灭性的特大地震。当时，我站在震中汶川的废墟上，对前来采访的中外记者说，“过三年再来，一个新的汶川会拔地而起”。三年过去了，我们一边应对国际金融危机的冲击，一边举全国之力进行灾后重建。上个月，我第十次来到震区，欣喜地看到：灾区最漂亮的是住房，最坚固的是学校，最现代的是医院，最满意的是居民。我邀请在座各位朋友，有机会到中国汶川走一走、看一看。如果你们身临其境，一定会为这里发生的奇迹感到震撼，也会从中真实地感受到中国的生机和活力。

对中国改革开放以来的发展变化，世界上有各种各样的解读；对未来中国的走向，人们也非常关注。我愿意借今天这个机会，谈谈我的看法。

上世纪80年代初，中国改革开放的总设计师邓小平，曾提出我国现代化进程分“三步走”的战略构想。第一步，基本解决温饱问题；第二步，全面建设小康社会；第三步，到本世纪中叶，基本实现现代化，达到世界中等发达国家水平。2010年到2020年，是中国全面建设小康社会的关键阶段。“三步走”战略的核心和本质，都是坚持以人为本，增进全体中国人的福祉。沿着这条社会主义现代化道路前进，中国必将会有一个更加光明的未来。

未来的中国，将是一个经济发达、人民富裕的国家。集中精力发展经济，不断改善人民生活，始终是中国政府的第一要务。我们将坚持科学发展，着力转变经济发展方式，走绿色、低碳、可持续的发展道路。我们将扩大国内需求特别是消费需求，进一步释放城乡居民消费潜力，使消费成为拉动经济增长的根本动力。我们将更加注重改善民生，努力扩大就业，优先发展教育、卫生等公共事业，深化收入分配制度改革，增加城乡居民收入，加快建立覆盖城乡居民的社会保障体系，让各族人民共享发展成果。

中国经济的振兴和可持续发展，根本靠科技。中国政府已经制定并组织实施了国家中长期科技发展规划。我们持续增加科技投入，近五年，中央财政共投入近 1000 亿美元，年均增长 22.7%。从今年开始实施的“十二五”规划，我们力争把研究开发投入占国内生产总值的比重从现在的 1.75%提高到 2.2%。同时，我们将加快培育和发展战略性新兴产业。现阶段重点培育和发展节能环保、新一代信息技术、生物、高端设备制造、新能源、新材料、新能源汽车等产业。所有这些，都将促进当前发展并为长期发展提供有力支撑。

从世界范围看，克服国际金融危机，保证经济的稳定、平衡和可持续发展，根本也要靠科技。当今世界正处于新科技革命的前夜，新技术革命和产业革命初现端倪，诸多领域正酝酿着激动人心的重大突破。这场新科技革命，必将进一步深化我们对宇宙自然和人类自身的认识，必将开辟生产力发展的新空间，创造新的社会需求，必将深刻影响人类的生产方式、生活方式和思维方式，从而从根本上改变 21 世纪人类社会发展进程。科技无国界。让我们共同迎接这一伟大时代的到来！

未来的中国，将是一个充分实现民主法治、公平正义的国家。在人类历史上，在反对封建专制斗争中形成的民主、法治、自由、平等、人权等观念，是人类精神的一次大解放。只是不同社会、不同国家，实现的途径和形式有所不同。人民民主是社会主义的生命，没有民主就没有社会主义。真正的民主离不开自由。真正的自由离不开经济权利和政治权利的保障。坦率地说，目前中国社会还存在着贪污腐败、分配不公以及损害人民群众权益的种种弊端。解决这些问题的根本途径，是坚定不移地推进政治体制改革，建设社会主义民主法治国家。

我们要尊重和保障人权，依法保障全体社会成员平等参与、平等发展的权利。我们要健全对政府权力的制约和监督机制，保证人民赋予的权力真正为人民谋福利。中国曾经是封建主义影响很深的国家，新中国成立后曾经历十年“文革”的浩劫，在开放的环境下又出现一些新的情况和问题。发扬民主，健全法制，加强对权力的有效监督，仍然是一项长期而艰巨的任务。我们要创造条件让人民监督和批评政府，使政府不敢懈怠、避免产生腐败。人民的责任感和民主精神，将带动社会的进步。人民参与社会管理和公共事务越多，推动社会进步的能量就越大。

近些年来，我们在深化经济体制改革的同时，积极稳妥地推进政治体制改革。在推进政府决策科学化、民主化，加强人民对政府的监督等方面，也有许多进步。例如，实行政务公开，政府预算公开，推行电子政务、听证制度和专家咨询制度等。我已连续三年在作《政府工作报告》之前，在网上同网民交流。今年春，我在新华网在线交流时，收到网民来帖 40 多万条，手机信息 11 万多条，页面访问量近 3 亿人次。同这些普通民众的交流，是心对心的交流，可以直接体察人民的喜怒哀乐和对政府的诉求，有利于改进政府工作。

未来的中国，将是一个更加开放包容、文明和谐的国家。一个国家、一个民族，只有开放包容，才能发展进步。唯有开放，先进和有用的东西才能进得来；唯有包容，吸收借鉴优秀的文化，才能使自己充实和强大起来。

我们不仅要在经济领域、科技领域继续扩大对外开放，而且在文化建设、社会管理等领域也要大胆博采众长。中国在推进现代化过程中遇到的诸多问题，如能源问题、环境问题、贫富差距问题、司法公正问题和廉政问题等，许多发达国家都曾经遇到过。对各国的成功经验，我们要认真借鉴；对别人走过的弯路，我们不应重复；对世界面临的难题，我们要同国际社会一道来破解。

我们要创造更加良好的政治环境和更加自由的学术氛围，让人民追求真理、崇尚理性、尊重科学，探索自然的奥秘、社会的法则和人生的真谛。做学问、搞科研，尤其需要倡导“独立之精神，自由之思想”。正因为有了充分的学术自由，像牛顿这样在人类历史上具有伟大影响的科学家，才能够思潮奔腾、才华迸发，敢于思考前人从未思考过的问题，敢于踏进前人从未涉足的领域。不久前，我同中国科学家交流时提出，要大力营造敢于创造、敢冒风险、敢于批判和宽容失败的环境，鼓励自由探索，提倡学术争鸣。

我们历来主张尊重世界文明的多样性，倡导不同文明之间的对话、交流与合作。我国已故著名社会学家费孝通先生，上世纪 30 年代曾就读于伦敦政治经济学院并获得博士学位，一生饱经沧桑。他在晚年提出：“各美其美，美人之美，美美与共，世界大同。”费老先生的这一人生感悟，生动反映了当代中国人开放包容的胸怀。

未来的中国，将是一个坚持和平发展、勇于担当的国家。走和平发展道路，是中国政府和人民根据时代潮流和自身利益作出的战略抉择，是中国积极参与经济全球化、最终实现现代化的必由之路。中国的和平发展，对世界不是威胁，而是机遇。中国已经成为世界经济增长的重要引擎，近五年对世界经济增长的贡献率在20%以上。自2001年中国加入世界贸易组织以来，年均进口近7500亿美元商品，为相关国家和地区创造了1400多万个就业岗位。未来5年，中国进口规模累计有望超过8万亿美元，将给世界各国带来更多商机。

21世纪应是合作的世纪，而不是冲突和争霸的世纪。中国是世界和平的坚定维护者。我们一贯主张和平解决国际争端，反对使用武力。中国将同国际社会一道，共担责任、共迎挑战，继续推动国际体系朝着更加公平、公正、包容的方向发展。

女士们、先生们：

建设有中国特色的社会主义，是13亿中国人民的庄严选择。中国30多年的变化，得益于改革开放；中国未来的发展，仍然要靠改革开放。改革开放，要贯穿中国现代化建设的始终。倒退没有出路，停滞也没有出路。只有坚定信心、继续前进，中国才能建设成为富强、民主、文明、和谐的社会主义现代化国家，中国人民才能更加普遍和以更高水准过上有尊严的幸福生活。尽管前进的道路上还会有这样那样的艰难险阻，但这一历史进程不可逆转！

女士们、先生们：

英国是世界上最早实现工业化的发达国家，在高科技、高等教育、金融服务、医疗卫生、低碳经济等领域，都具有中国所需要的技术和管理经验。中国广阔的市场、丰富的人力资源和巨大的发展潜力，可以为英国经济发展提供有力的支持。中国政府积极推进大型企业、研究型大学和科研机构同英国的合作，鼓励双方高端人才的交流和合作研究。

英国伟大思想家培根说过，“智者创造机会，而不是等待机会”。富有思想和智慧的中英两国人民，一定能创造更多的机会，推动两国合作迈上新的台阶！我对中英关系的明天充满信心，更充满期待！

谢谢大家！

国务院总理温家宝在柏林与德国总理默克尔举行会谈

对台工作先进集体 先进个人表彰大会在人民大会堂举行

中共中央政治局常委、全国政协主席贾庆林出席会议，会见对台工作先进集体和先进个人代表并颁奖。国务委员戴秉国出席会议并作重要讲话。

戴秉国代表党中央、国务院，向受到表彰的先进集体和先进个人表示热烈祝贺，对对台工作战线同志们多年来坚定贯彻中央对台工作大政方针，坚持奉行一个中国的原则，坚决反对“台独”分裂活动，团结广大台湾同胞，为推动两岸关系发展、实现祖国和平统一所作出的积极贡献、发挥的重要作用予以充分肯定。

戴秉国指出，当前，对台工作正面临新的形势。我们要坚持中央对台工作的大政方针，切实遵循胡锦涛总书记“12·31”重要讲话精神，全面深入贯彻两岸关系和平发展重要思想和政策主张，牢牢把握大局，坚持正确方向，维护发展成果，巩固和加强发展两岸关系的政治、经济、文化和民意基础，继续反对任何形式的“台独”分裂活动，不断实施有利于增进台湾同胞福祉的政策，稳步推进各项对台工作，为促进祖国统一大业持续创造必要的环境和有利的条件。

戴秉国强调，对台工作始终在党和国家工作全局中具有战略性地位。广大对台工作者要坚持用科学发展观指导对台工作，不断增强做好对台工作的光荣感和责任感，不断提高贯彻执行中央对台方针的主动和创造性。各地各部门要加强对台工作队伍的思想建设、能力建设和作风建设。各级党委、政府和各有关部门要切实把对台工作摆上重要议事日程，认真研究和解决对台工作涉及的各方面问题。

此次表彰大会是在庆祝中国共产党成立90周年之际，对台工作系统首次组织的评比表彰活动。中共中央台湾工作办公室、国务院台湾事务办公室主任王毅主持会议并宣读表彰决定。中央党政军各有关部门、人民团体和各省、自治区、直辖市、新疆生产建设兵团有关负责同志、对台工作机构负责人600余人出席会议。

统一战线服务社会管理交流研讨会在北京召开

中共中央政治局常委、全国政协主席贾庆林就统一战线服务社会管理作出重要批示。

贾庆林批示指出，统战工作是党的特殊的群众工作，具有联系广泛、智力密集、渠道畅通的优势，在服务社会管理当中大有可为。希望总结经验，把握规律，创新思路，突出特色，为促进政党关系、民族关系、宗教关系、阶层关系、海内外同胞关系和谐，为建设中国特色社会主义社会管理体系作出更大贡献。

全国政协副主席、中央统战部部长杜青林在会议上指出，统战工作是党的特殊的政治工作、群众工作，也是党的特殊的社会工作。统一战线注重人本管理、源头管理、柔性管理、间接管理、自我管理，能够畅通利益表达、协调社会关系、激发社会活力、整合社会力量，在社会管理中具有独特功能和作用。要立足党和国家大局、统战工作全局，对统一战线服务社会管理进行系统思考和整体谋划，努力提高思路的科学性、规划的协调性、措施的有效性。

杜青林强调，发挥统一战线在加强和创新社会管理中的作用，既要在思路和理念上创新发展，在参与和服务上统筹推进，也要在一些关键点上求得突破。要积极为加强和创新社会管理献计出力，促进非公有制经济组织构建和谐劳动关系，加强城市少数民族群众的管理和服务，推进宗教事务管理的法制化、社会化和民主化，引导统一战线成员加强自我管理，不断推进统一战线服务社会管理工作向深度和广度拓展。

各省、自治区、直辖市和新疆生产建设兵团党委统战部部长，各副省级城市和省会城市党委统战部部长参加会议。

中央直属机关先进基层党组织 优秀共产党员 优秀党务工作者表彰大会在人民大会堂举行

会前，中共中央政治局常委、中央书记处书记、国家副主席习近平亲切会见与会同志并讲话，向受到表彰的先进集体和先进个人表示热烈祝贺，向中直机关全体党员和广大干部职工表示诚挚问候。

中央书记处书记、中央直属机关工委书记令计划出席会见并在表彰大会上讲话。

会上，表彰了中直机关67个先进基层党组织、148名优秀共产党员、68名优秀党务工作者，先进基层党组织、优秀共产党员、优秀党务工作者代表分别发了言。

中直机关各部门各单位有关负责同志和受表彰的先进基层党组织代表、优秀共产党员、优秀党务工作者等700多人参加了会议。

国务院副总理回良玉在北京参观建党以来农村政策回顾展

国家副主席习近平在人民大会堂会见斯洛文尼亚议长甘塔尔

国务院副总理李克强在中南海紫光阁会见美国惠普公司总裁兼首席执行官李艾科

国防部部长梁光烈在八一大楼会见希腊国防参谋长扬尼斯·亚科斯空军上将

国务院副总理张德江在北京参观十一五电子信息产业发展基金成果展

张德江充分肯定了电子发展基金在推动电子信息产业发展中发挥的积极作用，充分肯定了电子信息产业发展取得的巨大成就。

张德江强调，“十二五”时期是我国现代化建设的关键时期。电子信息产业作为国民经济的基础性、支柱性、先导性和战略性产业，要紧紧把握国际经济科技的发展态势，认真贯彻落实国家“十二五”规划纲要，加大支持力度，增强技术突破能力，提升产业核心竞争力。要努力攻克核心关键技术，增强基础电子自主发展能力，夯实产业发展基础，引导产业向价值链高端延伸。要适应信息技术发展的新趋势，大力发展新一代移动通信、下一代互联网、三网融合、物联网、云计算、集成电路、新型显示、高端软件、高端服务器和信息服务等新一代信息技术产业。要切实推进信息化与工业化深度融合，深化信息技术在工业行业关键环节的集成应用，推动产品研发设计、试验测试技术的智能化，加强生产过程和生产装备的信息化，推动信息化与经营管理融合发展。要充分发挥电子发展基金作用，管好用好基金，积极引导和推动电子信息产业又好又快发展。

《中国共产党党旗档案》出版发行

由中央档案馆编辑、中国文史出版社出版的大型史料图集《中国共产党党旗档案》出版发行。该图集首次系统公布了中央档案馆馆藏中有关中国共产党党旗档案，具有极高的文献史料价值和收藏价值。

6月28日

中共中央政治局就中国共产党保持和发展党的先进性研究进行第三十次集体学习

中共中央总书记胡锦涛在主持学习时强调，90年来，我们党在加强和改进自身建设实践中积累的历史经验，对推进党的先进性建设具有长期指导作用，必须十分珍惜并发扬光大。加强党的先进性建设，是加强和改进党的建设的长期任务和永恒课题。我们要充分运用党的建设历史经验，及时总结党的建设新鲜经验，深化对加强和改进新形势下党的建设的规律性认识，继续以改革创新精神全面加强和改进党的建设，不断推进党的先进性建设。

中央党史研究室曲青山教授、中国人民大学马克思主义学院杨凤城教授就这个问题进行讲解，并谈了他们的意见和建议。

中共中央政治局各位同志认真听取了他们的讲解，并就有关问题进行了讨论。

胡锦涛在主持学习时发表了讲话。他指出，先进性是马克思主义政党的本质属性，是马克思主义政党的生命所系、力量所在。90年来，我们党之所以能够从小到大、由弱变强，团结带领全国各族人民战胜各种艰难险阻，不断夺取革命、建设、改革的伟大成就，关键在于我们党坚持马克思主义科学理论指导，始终把党的先进性建设摆在突出位置来抓，不断保持和发展党的先进性。面对深刻变化的国际国内形势，面对改革发展稳定的繁重任务，面对各族人民过上更好生活的新期待，面对党员队伍和党的建设遇到的新情况新问题，我们党肩负着新的历史责任，面临着新的重大考验。执政时间越久，改革开放和社会主义市场经济发展越深入，国内外环境变化越深刻，越要高度重视保持和发展党的先进性，越要把党的先进性建设作为一项重大战略任务切实推进，使党始终成为思想上政治上组织上完全巩固、站在时代前列带领人民团结奋斗、开拓进取的坚强领导核心。

胡锦涛指出，新形势下推进党的先进性建设，必须深刻认识和充分运用坚持马克思主义基本原理同中国具体实际相结合、坚持科学理论指导、坚定不移走自己的路的历史经验，始终把马克思主义作为自己的指导思想，坚持解放思想、实事求是、与时俱进，坚持用马克思主义立场观点方法观察当今世界、观察当代中国，准确把握时代脉搏，不断推进马克思主义中国化时代化大众化，使党的理论和实践始终体现时代性、把握规律性、富于创造性，使党的路线方针政策不断与时俱进，保证党始终站在时代发展的前列和中国社会发展进步的潮头。必须深刻认识和充分运用紧紧依靠人民群众、诚心诚意为人民谋利益、从人民群众中汲取前进力量的历史经验，坚持立党为公、执政为民，坚持以人为本，把最广大人民根本利益作为党全部工作的出发点和落脚点，深入做好群众工作，办好顺民意、解民忧、惠民生的实事，不断实现好、维护好、发展好最广大人民根本利益，使党始终得到人民群众支持和拥护。必须深刻认识和充分运用自觉加强和改进党的建设、不断增强党的创造力凝聚力战斗力、永葆党的生机活力的历史经验，坚持党要管党、从严治党，紧紧围绕党的中心任务，以改革创新精神全面推进党的思想建设、组织建设、作风建设、制度建设和反腐倡廉建设，着力加强党的执政能力建设和先进性建设，不断解决好提高党的领导水平和执政水平、提高拒腐防变和抵御风险能力这两大历史课题，不断提高党的建设科学化水平。

胡锦涛强调，各级党委要按照中央部署，全面落实党建工作责任制，确保党的建设各项任务落到基层、落到实处。要把推进党的先进性建设同继续解放思想、坚持改革开放、推动科学发展、促进社会和谐的实践紧密结合起来，同全面建设小康社会的实践紧密结合起来，同加强和改进党的建设的实践紧密结合起来，着力把党的先进性建设成果转化为推进改革发展稳定各项工作的实际成效，不断夺取中国特色社会主义伟大事业和党的建设新的伟大工程新胜利。

国务院总理温家宝在柏林与德国总统武尔夫举行会谈

温家宝说，中德都是具有重要影响力的大国，有着广泛的共同利益。首轮中德政府磋商的成功举行，充分表明两国关系是全方位的。中方愿与德方加强高层沟通，发挥各种对话机制的作用，客观看待和妥善处理分歧，促进两国关系健康、稳定、持续发展，携手走出一条大国之间相互尊重、互利合作、共担责任的光明道路。

武尔夫说，中国是德国伟大的伙伴，有着悠久的历史和光明的未来。中国的发展给德国和整个世界带来了机遇。温家宝总理对德国的访问成果丰硕，意义重大。德方愿与中方相互学习，相互借鉴，相互支持，推动两国关系取得更大发展。

国务院总理温家宝与德国总理默克尔在柏林总理府共同主持首轮中德政府磋商

两国外交、经济、科技、教育、文化、农业、环保、质检、司法等部门的20多位部长在对口会谈的基础上，分别汇报了各自领域合作情况和今后的工作规划。

在政府磋商后举行的记者会上，温家宝表示，首轮磋商规模空前、议题广泛、高效务实、成果丰硕，传递了中德着眼长远、加强合作、共谋发展的坚定意愿和信心。双方要加强各自内部统筹协调和相互沟通配合，推动中德全面合作进入新的发展阶段。

默克尔表示，德中关系成熟稳定，合作领域宽广，潜力巨大。首轮政府磋商取得圆满成功，为两国关系发展奠定了更加坚实的基础。德方愿本着相互尊重、平等相待的精神，与中方密切配合，全面落实磋商成果，推动两国关系迈上新台阶。

两国总理见证了一系列双边合作文件和重要经济协议的签署，并共同回答了记者的提问。双方发表了首轮中德政府磋商联合新闻公报。

中华人民共和国与德意志联邦共和国首轮中德政府磋商联合新闻公报

中华人民共和国国务院总理温家宝应德意志联邦共和国总理安格拉·默克尔的邀请，于2011年6月27日至28日在柏林与默克尔总理共同主持首轮中德政府磋商。双方各有10多位部长参加政府磋商，签署了一系列重要协议，旨在具体落实2010年7月《中德关于全面推进战略伙伴关系的联合公报》。双方同意继续深化政治互信，促进互利合作，将中德战略伙伴关系提升至新水平。

一、政治关系

1. 面对国际和全球性挑战，进一步加强中德合作符合两国利益，将促进两国发展，也有利于世界和平与发展。两国高层经常接触以及政府首脑定期会晤和政府磋商，对促进中德关系至关重要。温家宝总理邀请默克尔总理访华，默克尔总理接受了邀请。

2. 双方强调，愿本着相互尊重、平等相待、积极合作、互利共赢的精神，照顾彼此重大利益，加强相互理解和政治互信，确保双边关系长期稳定发展。德方重申坚持一个中国政策，尊重中国领土完整，中方对此表示赞赏。

3. 两国政府将加强高级别外交政策磋商，并为筹备和实施政府磋商设立协调机构。双方积极评价 2011 年 4 月首轮外长级战略对话取得的成果，并商定每年举行一次对话。德国担任 2011 年至 2012 年度联合国安理会非常任理事国，为深化两国在联合国内的合作提供了机遇。德方拟在沈阳设立总领事馆，中方对此表示欢迎。

4. 两国政府赞赏 10 多年来在法律领域富有成果的交流与合作，并商定加强相关合作。双方商定 2011 年 9 月在青岛举办第十一届法治国家对话研讨会。双方同意在相互尊重、平等相待的基础上继续人权领域的交流与合作，将于 2011 年 7 月在中国举行第九次中德人权对话。双方强调法治国家和保障人权对两国的发展均重要。

5. 两国政府对将于 2011 年 7 月 7 日至 9 日举行的中德对话论坛表示欢迎，赞赏论坛为两国政府发挥重要的政策咨询作用。

二、经济、环境和社会

6. 两国政府深化了经济政策磋商及在宏观经济领域的合作。双方愿继续密切二十国集团内的沟通与协调，推进全球经济治理改革，加强二十国集团作为国际经济金融合作主要平台的作用，体现代表性、平等性和实效性。两国央行拟共同举办“中德金融稳定论坛”，该专业会议将于 2011 年 7 月在法兰克福举办。中方宣布，在中国人民银行驻法兰克福代表处设立交易室，德方对此表示欢迎。德国和中国将与其他国家合作，为完善国际货币体系、促进其稳定和抵御冲击能力作出贡献。

7. 两国政府商定，将本着平等互利的精神深化和拓展双边经贸合作，支持两国经济可持续发展。双方愿共同努力，争取至 2015 年双边贸易额达到 2800 亿美元。德方欢迎中国根据“十二五”规划将采取的扩大内需和进口的有关措施。两国共同致力于严格遵守世贸组织规则和减少贸易壁垒。德方将继续积极支持欧盟尽快承认中国完全市场经济地位，中国将与欧盟就此继续对话。双方将努力推动多哈回合达成协议，这将为进一步促进世界经济发出重要信号，并为世界经济增长注入新动力。德国欢迎中国为加入世贸组织《政府采购协定》所做努力。

8. 两国政府拟有效使用“中德船舶发展资金”，进一步深化双方在船舶制造、远洋运输、港口建设等领域的合作。

9. 两国政府强调中小企业发展对国民经济和社会发展的意义。两国希望能于 2011 年在中国举行第三轮中小企业政策磋商。双方鼓励中小企业在工业设计、科技研发、文化及创意产业等领域开展合作。中方宣布由中国国家开发银行提供总额 20 亿欧元的专项贷款，为两国中小企业的合作提供资金支持，德方对此表示高度赞赏。双方一致同意，应进一步实施并扩大中德中小企业经营管理人员培训项目，德方经营管理人员今后亦将赴华交流经验。双方将商签新的中德中小企业合作协议。

10. 德方欢迎愿意长期在德经营并创造就业岗位的中国企业来德投资。两国政府欢迎两国企业进一步扩大双向投资。双方决定建立中德投资咨询联络处，为两国间投资提供便利。两国还将共同发表“中德合资企业合同示范条款”，为两国合资企业，尤其是中小企业举行合同谈判提供便利。

11. 两国政府高度重视实体经济对推动经济发展的重要意义。首轮中德政府磋商期间，两国总理出席了第六届中德经济技术合作论坛开幕式。论坛突出体现了两国政府和经济界在能源、环保技术、循环经济、医疗经济及生物技术、电子及信息通信技术、基础设施及电动汽车等领域开展合作的浓厚兴趣。能源工作组的会议还特别强调，双方在该领域具有极大合作潜力。双方同意 2011 年下半年在德国柏林举行中德部级信息通信政策磋商。

12. 德国十分欢迎中国应邀担任 2012 年德国汉诺威工业博览会的伙伴国。

13. 两国政府加强了在知识产权保护、标准化、计量、检验检疫、食品安全和产品质量监管等领域的成功合作。双方认为知识产权保护对进一步开展贸易与投资具有重要意义。两国政府愿本着互利精神继续扩大标准化领域的成功合作。双方愿加强在认证领域的合作。

14. 两国政府认为，两国农业合作前景广阔。中国是农业大国，德国拥有先进的农业技术。双方愿将此领域的长期密切合作提升到新水平，以应对新的全球性挑战。双方将共同制定未来 5 年中德农业合作行动计划，在中德农业合作联委会框架下组建中德生物质能工作组及中德畜牧业创新技术中心。双方愿在提升农业产品技术合作水平及促进农业可持续发展方面继续开展互利合作，共同为维护全球粮食安全作出贡献。

双方决定于2011年秋天在中国举行中德农业联委会第六次会议。双方将在2012年柏林国际绿色周活动中,充分展示中德农业科研合作30年来取得的成就。双方将继续就某些农产品贸易认证开展合作。

15. 两国政府认为,加强传染病防治、食品安全合作对两国人民均有益。双方重申,愿促进中德医院间的伙伴关系,支持双方医院开展有效管理模式的交流。希望通过这种交流为中国医院管理的青年带头人赴德进修提供更多机会。

16. 两国政府高度评价双方在环保领域的密切合作,商定继续开展中德战略环境对话。优先合作领域包括:生态保护、污染减排、电子废弃物、化学品管理和核安全。第四届中德环境论坛将于2012年下半年举行。双方要加强在动力电池回收领域的合作。

17. 妥善应对气候变化符合两国利益。两国政府高度评价双方应对气候变化的积极措施并一致认为,实现使大气层升温低于2摄氏度还需要继续付出努力。两国政府赞赏双方在气候保护领域的密切合作。双方将继续扩大"低碳发展"领域的务实合作。

18. 替代动力对21世纪解决气候、环境和动力问题具有重要意义。两国政府愿在未来发展战略、措施和规则等方面继续保持交流。双方将完善相关合作机制,以共同促进替代动力、电动汽车及其国际标准实现更为广泛的应用,并为解决气候、环境和交通问题作出贡献。中德双方相关部委将共同建立中德电动汽车战略伙伴关系。双方欢迎企业、研究机构之间建立伙伴关系,以及两国地方政府间在电动汽车研发示范项目、商业运营以及推广使用等领域开展合作。

19. 德国在高能效建筑和低碳生态城市建设方面拥有先进技术和经验。这些技术和经验符合中国城市提高技术、管理水平的需要。两国政府将深化在低碳城市,尤其是高效能建筑和可持续城市发展领域的合作。

三、科技、教育、文化和媒体

20. 两国政府将深化职教领域合作并为此建立"中德职教合作联盟",共同建设一批职教示范基地。此外还发表了一项促进高等教育领域全面合作的声明。双方将通过在高校领域建立中德示范伙伴关系,深化高校领域合作。双方愿在今后4年内推动双方学生和学者交流人数达到2万人。

21. 两国政府珍视30多年来科技合作的成就,双方商定扩展研究和生命科学等领域的对话合作平台,以及开展中德清洁水创新研究项目。2011年9月,中德创新论坛第一次会议将在中国召开。

22. 两国政府鼓励和支持主管青年工作的政府部门和组织巩固和扩大伙伴关系。双方欢迎建立"中德未来之桥"论坛。首届"中德青年精英夏令营"活动将于2012年春季在北京举行,主题为"走向低碳经济:21世纪中国和德国的可持续城市发展"。

23. 德国和中国两个文化大国之间长期、积极的文化交流为两国人民之间的理解和友谊作出了重要贡献。双方欢迎在北京成功举办2011年"启蒙的艺术"展,该展由两国国家元首共同担任监护人,此外还配套举行了主题为"启蒙之对话"的一系列论坛和沙龙活动。德方欢迎和支持于2012年中德建交40周年之际在德国举行中国文化年活动。双方签署了一项关于进一步深化文化领域合作的谅解备忘录。

24. 两国政府一致认为必须继续加强两国在媒体领域的对话。双方支持"中德媒体对话"、中德媒体论坛,并于2011年秋季在政府层面举行首届媒体对话。

国务院总理温家宝在柏林出席第六届中德经济技术合作论坛并发表演讲

德国总理默克尔共同出席。温家宝说,德国是欧盟具有重要影响力的国家,也是中欧友好合作的重要推动力量。中国高度重视发展与欧盟的关系。中欧没有根本利害冲突,拥有广泛的共同利益,经济互补性很强,文化各具特色,双方要用积极的、发展的、辩证的眼光看中欧关系,相互尊重,相互信任,平等协商,互利共赢,不断丰富全面战略伙伴关系的内涵。

第六届中德经济技术合作论坛由中国国家发展和改革委员会以及德意志联邦经济技术部共同举办,中德政府高级官员和两国经济界人士共500人出席。

国务院总理温家宝在第六届中德经济技术合作论坛上发表题为《做共同发展的好伙伴》的演讲

尊敬的默克尔总理,女士们,先生们:

很高兴出席中德经济技术合作论坛。论坛作为两国经济界交流与合作的重要平台,对促进中德经济技术合作发挥了积极作用。我谨对论坛的召开表示热烈祝贺,向长期致力于中德友好的朋友们表示崇高敬意。

我担任总理以来多次访问德国,每次都给我留下深刻印象。德意志民族是一个严谨敬业、勤劳智慧、富于理性的伟大民族。在这片土地上,诞生了许多巨擘伟人,他们以无与伦比的智慧与创造,为人类文明进步作出了重要贡献。

中德两国人民的友好交往源远流长。中德建交以后,两国关系进入了一个崭新的历史时期。2004年我访德期间,两国宣布在中欧全面战略伙伴关系框架内建立具有全球责任的伙伴关系。2010年,两国发表《中德关于全面推进战略伙伴关系的联合公报》,商定建立中德政府磋商机制。密切的经济合作是中德关系的重要支柱。在两国经济界共同努力下,中德经济技术合作取得了累累硕果,给两国人民带来了实实在在的利益。

中德是紧密的经贸伙伴。去年,两国贸易额超过1400亿美元,占中国与欧盟贸易总额的近1/3。德国累计在中国设立7000多家企业,实际投入超过170亿美元,在欧盟国家中居首位。德国还是中国自欧洲引进技术最多的国家。双方累计签署技术引进合同超过1.5万项,合同金额超过500亿美元。特别是在应对国际金融危机中,两国密切沟通、协调行动,为世界经济复苏作出了积极贡献。

中德经济互补性强,经济都保持较快增长势头。双边经贸合作完全可以再上新台阶。我这次访问德国,带来了阵容庞大的政府代表团和企业家代表团,就是要全面深化双方的务实合作。我们不仅期待与德方企业签署更多的经贸合作协议,而且希望与德国政府建立政府磋商协调机制,使双方的磋商常态化、机制化。为了更好地推动双方务实合作,我们要在以下方面共同努力。

——扩大双边贸易规模。要深入挖掘两国贸易的增长潜力,采取更多贸易便利化措施,争取未来5年双边贸易额再翻一番。中方愿意增加对德国优势产品的进口,也希望德国早日承认中国完全市场经济地位,为双方贸易健康发展扫除障碍。中方致力于建立开放的政府采购制度,对各类企业一视同仁。2010年,中国机电产品国际招标中,德国企业名列中标额第一位。中国正在积极申请加入世贸组织《政府采购协定》,希望有关成员采取灵活务实的态度,降低要价,使中国早日加入这一协定。

——鼓励双向投资合作。中方欢迎更多德国企业来华投资,愿意尽快结束双方合资合同示范条款谈判,建立中德投资咨询热线,解决企业遇到的各种难题,并将扩大服务领域对外开放。我愿重申,所有在中国依法设立的外资企业都享受国民待遇,各类企业的知识产权都将得到有效保护。也希望德方采取积极有效措施,支持中国企业赴德投资。

——加强技术交流与合作。德国企业的技术优势与中国的劳动力资源和市场优势相结合,有利于促进中国经济结构调整和产业升级,也有利于提升德国企业和产品的国际竞争力,是互利共赢的。中方愿与德方加强在先进装备制造、交通、能源、石化与精细化工、新材料、生物制药、航空航天等领域的技术合作,中方愿在重大项目合作中加强技术交流,但决不强制转让技术。欧盟对华出口管制政策限制了德国高新技术产品对华出口,极大地制约了德国企业在中国市场上的竞争力。我们希望德方推动欧盟放宽出口管制,提升高新技术产品在双边贸易中的比重。

——拓展新能源和节能环保合作。两国在可再生能源发展和提高能效等领域合作大有可为。去年两国已签署共同建立生态园合作协议,拟在中国青岛建立首个中德生态园,欢迎德方企业积极参与规划和建设。我们愿意充分发挥双边财政合作的示范作用,重点支持双方在节能减排、绿色信贷及气候变化等领域的合作。我们还期待双方企业在新能源交通、建筑节能和低碳生态城市建设等方面合作迈出实质性步伐。

——密切两国中小企业合作。中方不仅重视与德国大型跨国公司合作,也重视推动双方中小企业合作。中方决定设立一项总额为20亿欧元的专项贷款,支持中德中小企业合作,充分发挥双方在资金、技术、研发、人才、市场等方面的互补优势,促进共同成长。

——广泛开展人文领域的交流。这不仅能促进经贸合作,也有利于增进两国人民之间的友谊。中方建议依托中德职业教育示范基地,设立由政府、企业、院校三方参与的"中德职教联盟",提升中德职教合作水平。建议把生命科学作为未来合作的优先领域,通过共同建设创新平台,促进双方科研机构和企业间的研发合作。中方愿与德方加强医院管理合作,利用德国的先进经验,帮助中国提升医院综合管理水平。

女士们、先生们:

德国是欧盟具有重要影响力的国家,也是中欧友好合作的重要推动力量。今天中欧关系的良好局面,与德国的支持和努力是密不可分的。

中国高度重视发展与欧盟的关系。中欧建交以来,我们始终把中欧关系作为对外关系的战略重点,始终希望同欧盟做携手共进、互利共赢的好伙伴。尽管当前世界政治经济形势正在发生重大变化,但中国对中欧关系的战略定位不会改变,对中欧互利合作的方针政策不会改变,对中欧长期友好的信念和决心不会改变。

从政治上看,中欧没有根本的利害冲突,没有悬而未决的历史问题,这是中欧友好合作的重要基础。中欧都主张世界多极化,支持经济全球化,维护文明多样性,是推动世界和平与发展的重要战略力量。中欧在应对气候变化、打击恐怖主义、消除贫困等全球性问题上拥有广泛的共同利益。中欧团结合作不仅有益于双方,也有益于世界。

从经济上看,双方处于不同的发展阶段,互补性很强,发展中欧关系符合双方的利益。欧盟可以为中国提供先进的技术、设备、管理经验和优质产品,中国可以为欧洲的资本、商品、技术、专利提供广阔市场。中欧之间有竞争,但合作的前景更广阔。

从文化上看,中欧文化博大精深、各具特色,在许多方面可以互学互鉴。中欧文明都是由多个民族、多种文化交流融合的产物，都具备开放包容、海纳百川的优秀品格。中欧文明几千年的交往，对彼此都是一种丰富。“东学西渐”为欧洲启蒙运动送去了灵感，“西学东渐”也对中国和东方国家的文明产生了积极影响。“山不厌高，海不厌深”。中欧文明应继续在相互交流中取长补短，共同进步。

从中欧的地位看，作为两支处于上升中的重要力量，双方加强合作具有战略意义。欧盟是世界最大的发达国家联合体，是世界上独立的一极。随着《里斯本条约》生效，欧盟的整体实力将更加强大。尽管目前部分欧盟国家经济面临一些困难，但这是暂时的。欧盟拥有强大的实体经济、雄厚的科技力量、坚实的人才基础，完全有能力应对当前面临的挑战，我们对欧盟的发展充满信心。

由于历史文化、社会制度和发展阶段不同，中欧之间也存在一些分歧，这是正常的。关键是要用积极的、发展的、辨证的眼光看中国、看欧盟、看中欧关系。为了推动中欧关系沿着成熟、稳定、健康的轨道发展，必须始终把握好以下几点：

相互尊重。中欧社会制度、文化背景和历史遭遇各不相同，相互尊重显得尤为重要。只有相互尊重，双方才能超越意识形态、政治制度和发展模式的差异，发展平等的伙伴关系。中方尊重欧盟各国人民选择的政治制度和发展模式，也希望欧方尊重中国的主权和领土完整，尊重中国人民的自主选择，共同推动中欧关系持续健康向前发展。

相互信任。中欧之间存在的很多问题，根源在于缺乏理解和信任。我们希望欧方能真正相信中国的发展对欧盟各国是机遇而不是挑战，这样才能把互信的基础打得更深厚。我们之所以要求军售解禁和给予中国市场经济地位，实质上也是相互信任的问题，希望欧方早日作出正确的政治决断。

平等协商。中欧之间不可能在所有问题上都一致。只要平等协商，求同存异，分歧就不难处理。目前，中欧对话和磋商机制达230多个，完全可以把我们合作中的问题处理得很好。即使一时解决不了的，也可以从长计议。

互利共赢。中欧关系中的问题，是发展中的问题、前进中的问题。只要全面深化互利合作，扩大双方利益汇合点，不断丰富和充实全面战略伙伴关系的内涵，就能把问题解决好，就能获得双赢的结果。

女士们、先生们：

明年是中德建交40周年。按照中国人的说法，“四十而不惑”，这就是说中德关系已经到了成熟的阶段。发展中德关系，对双方有利、对欧盟有利、对世界有利。德国启蒙思想家莱布尼茨在《中国近事》一书中说，“我们双方都各自具备通过相互交流使对方受益的技能”。中国的邓小平先生也曾说过：“欧洲和亚洲实际是一个大陆，你们在西边，我们在东边，把我们联系在一起的因素比人们想象的要多得多。”只要我们始终抱定互利友好的决心和信心不动摇，潜心耕耘中欧友好这片沃土，我们播下的友谊种子就一定会长成参天大树，我们的互利合作就一定会结出丰硕的果实。

谢谢大家！

中国首家稀贵金属交易所在湖南永兴开市

湖南南方稀贵金属交易所总投资2.6亿元人民币，占地约189亩，已建成稀贵有色金属交易大楼、金库、基本仓库、质检中心等硬件设施，以及集交易、结算、信息、质检、仓储、物流配送、货物质押融资等服务为一体的软件体系。交易所可提供有色金属、稀贵金属成品及原料的现货交易、现货延期交易等中远期电子交易服务。

国防部部长梁光烈在八一大楼与斯洛文尼亚国防部部长柳比察·耶卢希奇女士举行会谈

解放军总政治部 总后勤部发出提高离休干部生活补贴标准和扩大发放范围的通知

新华社报道，经党中央、中央军委和胡锦涛主席批准，解放军总政治部、总后勤部日前发出通知，提高离休干部生活补贴标准和扩大发放范围。

通知明确，红军和抗日战争时期参加革命工作的离休干部，在原有生活补贴的基础上，每人每年再增发一个月离休费数额的生活补贴。同时，将解放战争时期参加革命工作的离休干部纳入生活补贴发放范围，每人每年发放一个月的离休费作为生活补贴。按此调整后，红军时期、抗日战争前期、抗日战争后期、解放战争时期参加革命工作的离休干部，可分别享受三个月、两个半月、两个月和一个月离休费数额的生活补贴。

通知要求，2011年增发的生活补贴，要在7月1日以前送到每一位离休干部手中。

大陆居民赴台个人游启动

首批试点城市：北京、上海、厦门，两岸双方同意开放福建居民赴金门、妈祖、澎湖地区个人游。

6月29日

庆祝中国共产党成立90周年文艺晚会《我们的旗帜》在人民大会堂举行

党和国家领导人胡锦涛、吴邦国、温家宝、贾庆林、李长春、习近平、李克强、贺国强等出席观看晚会，与首都各界群众6000多人共同庆贺中国共产党九十华诞。

出席观看晚会的领导同志还有：王刚、王乐泉、王兆国、王岐山、回良玉、刘淇、刘云山、刘延东、李源潮、张德江、李岚清、曾庆红、罗干、何勇、令计划、王沪宁、路甬祥、乌云其木格、韩启德、华建敏、陈至立、周铁农、李建国、司马义·铁力瓦尔地、蒋树声、陈昌智、严隽琪、桑国卫、梁光烈、马凯、孟建柱、戴秉国、廖晖、杜青林、白立忱、陈奎元、阿不来提·阿不都热西提、李兆焯、黄孟复、张梅颖、张榕明、钱运录、孙家正、李金华、万钢、林文漪、厉无畏、罗富和、陈宗兴、王志珍和迟浩田、张万年、姜春云、曹刚川、倪志福、布赫、铁木尔·达瓦买提、彭珮云、司马义·艾买提、成思危、许嘉璐、顾秀莲、热地、盛华仁、肖扬、贾春旺、杨汝岱、毛致用、王文元、王忠禹、张思卿、罗豪才、徐匡迪、张怀西、李蒙等，中央军委委员陈炳德、李继耐、廖锡龙、常万全、靖志远、吴胜利，以及于永波、王克、乔清晨。

晚会由中宣部、文化部、广电总局、解放军总政治部和北京市联合主办，来自中央、地方和军队的1500多名老中青三代文艺工作者参加了演出。

国家主席胡锦涛在人民大会堂与苏丹总统巴希尔举行会谈

胡锦涛说，经过半个多世纪的发展，双方在政治、经贸、文教、卫生等领域的合作富有成效，在国际和地区事务中保持着密切沟通和配合。中方赞赏苏方坚定奉行一个中国政策，在台湾等问题上给予宝贵支持。

胡锦涛就进一步发展中苏友好合作关系提出四点建议：(一)加强对话，深化政治关系。两国领导人、政府部门、立法机构和执政党要继续加强对话交流，在彼此关切的重大问题上保持沟通，相互支持。中方坚定奉行对苏友好政策，无论国际形势和苏丹国内形势如何变化，这一政策都不会改变。(二)平等互利，拓展经贸合作。双方要在巩固已有合作成果的基础上，继续加强协调配合，稳步推进一揽子合作项目。中方对加强两国农业、矿业合作持积极态度，愿向苏方提供技术支持，继续做好苏丹农业示范中心等项目。中方鼓励中国企业参与苏丹矿产资源勘探开发，支持有实力、信誉好的中国企业赴苏丹投资，希望苏方提供更为有利的政策支持和相关协助。(三)交流互鉴，弘扬传统友谊。双方要进一步加强文化、教育、卫生、新闻、扶贫等领域的交流合作。中方愿继续帮助苏丹培训各类急需人才。(四)携手互助，维护和平稳定。中方愿同苏方就安理会改革、气候变化、粮食安全、达尔富尔等国际和地区问题保持密切沟通与协调，拓展双方在中非、中阿合作论坛框架内的合作，维护和促进世界的和平、稳定与发展。

巴希尔表示，苏方希望同中方加强能源、农业、矿产、文化、教育、扶贫等领域合作，造福两国人民。苏方欢迎并支持中国公司来苏投资兴业。苏方愿意同中方加强在国际和地区问题上的协调与磋商，共同促进世界和平与发展。

胡锦涛说，中方一贯尊重苏丹人民的意愿和选择，坚定支持北南和平进程，希望北南双方从国家和民族的根本利益出发，坚持和平选择和民族和解不动摇，继续落实《全面和平协议》，本着互谅互让的精神，通过对话协商，妥善解决有关问题，实现睦邻友好、互利合作、共同发展。

巴希尔说，苏方希望保持北南和平稳定，愿意同南方共同创立国与国关系新模式，实现双方共同利益。苏方致力于通过谈判解决达尔富尔问题，高度赞赏中方为和平解决达尔富尔问题发挥的建设性作用。

会谈后，两国元首出席了有关合作文件的签字仪式。

十一届全国人大常委会第二十一次会议在人民大会堂举行第二次全体会议

会议听取国务院关于消防工作情况的报告和全国人大常委会执法检查组关于检查食品安全法实施情况的报告。

吴邦国委员长出席会议。会议由陈昌智副委员长主持。常委会组成人员149人出席会议，符合法定人数。

受国务院委托，国务委员、公安部部长孟建柱报告了近年来消防工作情况。孟建柱说，经过各地区、各有关部门共同努力，在致灾因素大量增多的情况下，确保了全国消防安全形势总体平稳。2008年至2010年与前三年相比，火灾起数和死亡、受伤人数分别下降37%、33.8%、61%，财产损失上升55.5%。

在总结消防工作取得成绩的同时，孟建柱用了3个“没有根本改变”概括了当前消防工作存在的主要问题：消防安全基础建设不适应经济社会发展的状况没有根本改变，社会消防安全保障能力不适应社会需求的状况没有根本改变，公众消防安全意识不适应现代社会管理要求的状况没有根本改变，总体上仍处于火灾易发、多发期。

孟建柱说，当前工业化、城镇化、市场化快速发展给消防安全带来新问题，公众消防安全意识亟待提升，公共消防设施和装备建设欠账较多，消防专业力量不足，消防管理机制不够健全。针对这些问题，报告提出了下一步工作措施，通过完善体制机制，进一步加强源头管控，排查整治隐患，不断加强和改进消防工作。

食品安全关乎人民群众的切身利益，关乎社会的和谐稳定。2011年3月至5月全国人大常委会执法检查组开展了食品安全法执法检查工作。这是自2009年6月食品安全法实施以来全国人大常委会第二次对这部法律实施情况进行检查，主要目的是督促国务院和各级政府进一步落实好法律的各项规定，推动法律实施中重点和难点问题的解决。

全国人大常委会副委员长路甬祥代表执法检查组报告了检查情况。检查组认为，继2010年十一届全国人大常委会第十三次会议听取和审议食品安全法实施情况的报告以来，国务院及其有关部门对执法检查报告和常委会审议时提出的意见，认真研究整改，完善政策措施，加强监督管理，取得了积极成效。但也应当看到，当前的食品安全状况不容乐观，存在以下突出问题：一些食品生产经营企业法律意识淡漠，诚信道德低下；一些地方和部门监管缺失，对违法行为打击不力，使食品领域违法犯罪行为未得到有效遏制；体制调整尚未完全到位，某些职责分工不明确，造成一些环节监管缺失；法规和标准不健全，影响了法律实施效果；检验检测资源配置不合理，影响监管工作效率；法律的宣传贯彻不够深入，特别是对生产经营人员的教育薄弱。

针对本次执法检查中发现的问题，检查组提出8个方面的建议：进一步理顺监管体制，明确细化监管责任；强化地方政府的责任，加强基层监管能力建设；强化源头管理，加强综合治理食品安全问题的科学研究；整合检验检测资源；抓好配套法规和标准体系建设；加强宣传教育，提高食品生产经营者法律意识和责任意识；加强对食品安全违法行为的惩处力度；加强全社会的监督等。

会议审议了吴邦国委员长访问纳米比亚、安哥拉、南非和马尔代夫四国情况的书面报告。

全国人大常委会副委员长王兆国、乌云其木格、韩启德、华建敏、陈至立、周铁农、李建国、司马义·铁力瓦尔地、蒋树声、严隽琪、桑国卫等出席会议。

最高人民法院和最高人民检察院负责人，全国人大各专门委员会组成人员，各省、自治区、直辖市人大常委会负责人，部分全国人大代表等列席会议。

全国人大常委会委员长吴邦国在人民大会堂与苏丹总统巴希尔举行会谈

吴邦国说，无论国际风云如何变幻，中国对苏丹的友好政策不会改变，两国务实合作的发展方向不会改变。中方将一如既往地重视对苏关系，愿同苏方共同努力，全面深化中苏友好合作。中方尊重苏丹人民选择的发展道路，支持苏丹促进民族和解和经济社会发展的努力。

吴邦国表示，中国全国人大和苏丹国民议会保持着友好往来。希望双方共同努力，丰富合作形式，充实合作内涵，为中苏关系发展注入新的活力。

巴希尔说，苏方对两国各领域合作取得的成果表示满意，愿进一步深化苏中友好合作关系，加强两国政府、议会、政党间的合作，全面提升两国关系水平。苏方坚定奉行一个中国政策，支持中国和平统一大业。

全国政协主席贾庆林在北京参加全国政协机关庆祝建党90周年暨全国政协机关先进基层党组织 优秀共产党员 优秀党务工作者表彰大会并会见代表

中共中央政治局委员、全国政协副主席王刚，全国政协副主席阿不来提·阿不都热西提、李兆焯，全国政协副主席兼秘书长钱运录一同参加会见。

贾庆林说，在全党深入开展创先争优活动，是加强党的基层组织建设的一项经常性工作，也是在新形势下加强党的先进性建设的重要举措。全国政协机关认真贯彻落实中央的统一部署，以建设“学习型、服务型、创新型、和谐型”机关为目标，开展了一系列内容丰富、形式多样的活动，取得了明显成效。学习型党组织建设扎实推进，党员为科学发展服务的能力和水平不断提高，工作氛围更加和谐有序。希望大家以这次表彰活动为新的起点，更加扎实地开展创先争优活动，坚持发挥好基层党组织的战斗堡垒作用和共产党员的先锋模范作用，带头把各方面的智慧和力量凝聚到推动科学发展、促进社会和谐上来，进一步开创人民政协事业发展新局面，为实现“十二五”时期的目标任务、夺取全面建设小康社会和现代化建设新胜利作出积极贡献。

会上表彰了全国政协机关5个先进基层党组织、53名优秀共产党员、7名优秀党务工作者。先进基层党组织、优秀共产党员、优秀党务工作者代表分别发言。

全国政协主席贾庆林在北京经济技术开发区就北京市数字电视产业园建设发展情况进行调研

国务院副总理张德江出席中央企业先进基层党组织和优秀共产党员 优秀党务工作者表彰大会

会前，张德江会见中央企业先进基层党组织和优秀共产党员、优秀党务工作者代表并讲话。

张德江强调，国有企业要深入贯彻落实科学发展观，坚持党的领导，加强党的建设，继续深化改革，勇挑重担，奋发有为，为建设中国特色社会主义作出新的更大贡献。要坚持党对国有企业的领导，坚定不移地贯彻落实党的路线方针政策，使国有经济始终成为党执政的重要经济基础。要坚持加强党的建设,充分发挥企业党组织政治核心作用和共产党员先锋模范作用,使国有企业真正成为一支特别能战斗的队伍。要坚持社会主义基本经济制度,毫不动摇地发展壮大国有经济,增强国有经济的控制力、影响力和竞争力。要坚持深化改革开放,建立现代企业制度,完善法人治理结构,加强内部管理,加快"走出去"步伐,把国有企业做强做优做大。要坚持科学发展,加快转变发展方式,促进国有企业高效发展、创新发展、节约发展、安全发展,实现发展质量的新飞跃。

国务院国资委主任王勇等参加了有关活动。

国务院发出《关于进一步加大财政教育投入的意见》

各省、自治区、直辖市人民政府,国务院各部委、各直属机构:

《国家中长期教育改革和发展规划纲要(2010—2020年)》(以下简称《教育规划纲要》)明确提出,到2012年实现国家财政性教育经费支出占国内生产总值比例达到4%的目标(以下简称4%目标)。为确保按期实现这一目标,促进教育优先发展,现提出如下意见:

一、充分认识加大财政教育投入的重要性和紧迫性

教育投入是支撑国家长远发展的基础性、战略性投资,是发展教育事业的重要物质基础,是公共财政保障的重点。党中央、国务院始终坚持优先发展教育,高度重视增加财政教育投入,先后出台了一系列加大财政教育投入的政策措施。在各地区、各有关部门的共同努力下,我国财政教育投入持续大幅增长。2001—2010年,公共财政教育投入从约2700亿元增加到约14200亿元,年均增长20.2%,高于同期财政收入年均增长幅度;教育支出占财政支出的比重从14.3%提高到15.8%,已成为公共财政的第一大支出。财政教育投入的大幅增加,为教育改革发展提供了有力支持。当前,我国城乡免费义务教育全面实现,职业教育快速发展,高等教育进入大众化阶段,办学条件显著改善,教育公平迈出重大步伐。

新形势下继续增加财政教育投入,实现4%目标,是深入贯彻党的十七大和十七届五中全会精神,推动科学发展、建设人力资源强国的迫切需要;是全面落实《教育规划纲要》,推动教育优先发展的重要保障;是履行公共财政职能,加快财税体制改革,完善基本公共服务体系的一项紧迫任务。地方各级人民政府、各有关部门必须切实贯彻党的教育方针,深入领会加大财政教育投入的重要意义,进一步提高思想认识,增强责任感和紧迫感,采取有力措施,切实保证经济社会发展规划优先安排教育发展,财政资金优先保障教育投入,公共资源优先满足教育和人力资源开发需要。

按期实现4%目标,资金投入量大,任务十分艰巨。各地区、各有关部门要认真贯彻落实国务院关于拓宽财政性教育经费来源渠道的各项政策措施,进一步调整优化财政支出结构,切实提高公共财政支出中教育支出所占比重。中央财政要充分发挥表率作用,进一步加大对地方特别是中西部地区教育事业发展转移支付力度,同时增加本级教育支出。地方各级人民政府要切实按照《教育规划纲要》要求,根据本地区教育事业发展需要,统筹规划,落实责任,大幅度增加教育投入。

二、落实法定增长要求,切实提高财政教育支出占公共财政支出比重

(一)严格落实教育经费法定增长要求。各级人民政府要严格按照《中华人民共和国教育法》等法律法规的规定,在年初安排公共财政支出预算时,积极采取措施,调整支出结构,努力增加教育经费预算,保证财政教育支出增长幅度明显高于财政经常性收入增长幅度。对预算执行中超收部分,也要按照上述原则优先安排教育拨款,确保全年预算执行结果达到法定增长的要求。

(二)提高财政教育支出占公共财政支出的比重。各级人民政府要进一步优化财政支出结构,压缩一般性支出,新增财力要着力向教育倾斜,优先保障教育支出。各地区要切实做到2011年、2012年财政教育支出占公共财政支出的比重都有明显提高。

(三)提高预算内基建投资用于教育的比重。要把支持教育事业发展作为公共投资的重点。在编制基建投资计划、实施基建投资项目时,充分考虑教育的实际需求,确保用于教育的预算内基建投资明显增加,不断健全促进教育事业发展的长效保障机制。

三、拓宽经费来源渠道,多方筹集财政性教育经费

(一)统一内外资企业和个人教育费附加制度。国务院决定,从2010年12月1日起统一内外资企业和个人城市维护建设税和教育费附加制度,教育费附加统一按增值税、消费税、营业税实际缴纳税额的3%征收。

(二)全面开征地方教育附加。各省(区、市)人民政府应根据《中华人民共和国教育法》的相关规定和《财政部关于统一地方教育附加政策有关问题的通知》(财综〔2010〕98号)的要求,全面开征地方教育附加。地方教育附加统一按增值税、消费税、营业税实际缴纳税额的2%征收。

(三)从土地出让收益中按比例计提教育资金。进一步调整土地出让收益的使用方向。从2011年1月

1日起，各地区要从当年以招标、拍卖、挂牌或者协议方式出让国家土地使用权取得的土地出让收入中，按照扣除征地和拆迁补偿、土地开发等支出后余额10%的比例，计提教育资金。具体办法由财政部会同有关部门制定。

各地区要加强收入征管，依法足额征收，不得随意减免。落实上述政策增加的收入，要按规定全部用于支持地方教育事业发展，同时，不得因此而减少其他应由公共财政预算安排的教育经费。

四、合理安排使用财政教育经费，切实提高资金使用效益

在加大财政教育投入的同时，各地区、各有关部门要按照《教育规划纲要》的要求，进一步突出重点、优化结构、加强管理，推动教育改革创新，促进教育公平，全面提高教育质量。

（一）合理安排使用财政教育经费。一是积极支持实施重大项目。坚持顶层设计、总体规划、政策先行、机制创新的基本原则，着力解决教育发展关键领域和薄弱环节的问题。国务院有关部门负责组织实施符合《教育规划纲要》总体目标、关系教育改革发展全局的项目，做好统筹规划和宏观指导工作。地方各级人民政府要按照《教育规划纲要》要求，结合本地实际，因地制宜地实施好相关重大项目。二是着力保障和改善民生。教育经费安排要坚持以人为本，重点解决人民群众关切的教育问题，切实减轻人民群众教育负担，使人民群众能够共享加大财政教育投入和教育改革发展的成果，保障公民依法享有受教育的权利。大力支持基本普及学前教育、义务教育均衡发展、加快普及高中阶段教育、加强职业教育能力建设、提升高等教育质量、健全家庭经济困难学生资助政策体系等重点任务。三是优化教育投入结构，合理配置教育资源。要统筹城乡、区域之间教育协调发展，重点向农村地区、边远地区、贫困地区和民族地区倾斜，加快缩小教育差距，促进基本公共服务均等化。要调整优化各教育阶段的经费投入结构，合理安排日常运转经费与专项经费。

（二）全面推进教育经费的科学化精细化管理。一是要坚持依法理财、科学理财。严格执行国家财政管理的法律法规和财经纪律，建立健全教育经费管理的规章制度。二是要强化预算管理。提高预算编制的科学性、准确性，提高预算执行效率，推进预算公开。三是要明确管理责任。地方各级人民政府要按照教育事权划分，督促有关部门采取有效措施，加强经费使用管理。各级教育行政部门和学校在教育经费使用管理中负有主体责任，要采取有效措施，切实提高经费管理水平。四是要加强财务监督和绩效评价。进一步完善财务监督制度，强化重大项目经费的全过程审计，建立健全教育经费绩效评价制度。五是要加强管理基础工作和基层建设。充分发挥基层相关管理部门的职能作用，着力做好教育基础数据的收集、分析和信息化管理工作，完善教育经费支出标准，健全学校财务会计和资产制度，规范学校经济行为，防范学校财务风险。

五、加强组织领导，确保落实到位

（一）加强组织领导。各省（区、市）人民政府负责统筹落实本地区加大财政教育投入的相关工作。要健全工作机制，明确目标任务，做好动员部署，落实各级责任，加强监督检查。国务院各有关部门要按照职责分工，加强协调配合，共同抓好贯彻落实工作。

（二）加大各省（区、市）对下转移支付力度。要按照财力与事权相匹配的要求，进一步完善省以下财政体制，强化省级财政教育支出的统筹责任，防止支出责任过度下移。省级人民政府要根据财力分布状况和支出责任划分，加大对本行政区域内经济欠发达地区的转移支付力度。

（三）加强监测分析。各地区要加强对落实教育投入法定增长、提高财政教育支出比重、拓宽财政性教育经费来源渠道各项政策的监测分析和监督检查，及时发现和解决政策执行中的相关问题。财政部要会同有关部门制定科学合理的分析评价指标，对各省（区、市）财政教育投入状况作出评价分析，适时将分析结果报告国务院，并作为中央财政安排转移支付的重要依据。

国务院

2011年6月29日

中宣部 新闻出版总署在北京召开电视电话会议对深化非时政类报刊出版单位体制改革工作进行动员部署

中宣部常务副部长雒树刚、新闻出版总署署长柳斌杰出席会议并讲话。中宣部副部长孙志军主持会议。

会议指出，中央高度重视非时政类报刊出版单位体制改革工作，先后作出一系列重要部署。近年来，部分非时政类报刊出版单位先行先试，创新体制机制，焕发了生机和活力。同时要看到，非时政类报刊改革总体进展相对滞后，还存在着结构不合理、市场竞争力弱等突出问题。深化非时政类报刊出版单位体制改革，是文化体制改革的一项重要任务，是增强报刊发展活力、提升主流媒体舆论引导能力的重要途径，是优化报刊出版业布局结构、推动文化产业成为国民经济支柱性产业的迫切需要。一定要抓住机遇，推进改革，形成有利于报刊出版业科学发展的体制机制。

会议强调，非时政类报刊改革政治性、政策性强，必须坚持社会主义先进文化前进方向，加强统筹规划，突出工作重点，分类分批推进。要科学把握改革的实

施范围,着力推动符合条件的非时政类报刊出版单位转企改制,建立健全现代企业制度。加快推进报刊出版资源整合,优化布局结构,着力培育一批大型非时政类报刊出版传媒集团公司。鼓励具有独特优势的非时政类报刊出版单位走内涵式发展道路,形成一批专、精、特、新现代报刊出版企业。加强和改善非时政类报刊出版单位管理,完善市场准入和退出机制,确保非时政类报刊自觉坚持正确舆论导向,始终把社会效益放在首位,努力实现社会效益和经济效益的有机统一。

会议要求,各地、各有关部门和单位要切实加强对非时政类报刊出版单位体制改革的组织领导,确保改革稳妥有序推进。要建立健全领导体制和工作机制,加强沟通协调,形成工作合力。要科学制定改革总体方案,细化工作目标和时间进度,分期分批提出转企改制单位名单,切实抓好组织实施和任务落实。要进一步完善配套政策,强化保障措施,推动改革不断深化。要充分发挥各级党组织的积极作用,做好深入细致的思想政治工作,维护和发展好职工合法权益,使改革获得深厚的群众基础和力量源泉。

中央和国家有关部委、有关人民团体、有关民主党派中央、有关中央企业分管报刊出版工作的负责同志,以及非时政类报刊出版单位体制改革工作联席会议办公室联络员在主会场出席会议。各省区市党委宣传部分管副部长、新闻出版局主要负责人等参加了分会场的会议。

中共中央政治局常委李长春在人民大会堂会见由全国主席莫约率领的津巴布韦非洲民族联盟—爱国阵线(津民盟)代表团

国务院副总理李克强在人民大会堂与苏丹总统巴希尔举行会谈

由八一电影制片厂摄制的重大现实题材影片《飞天》在人民大会堂举行首映式

6月30日

中共中央总书记胡锦涛为《中国共产党成立九十周年》纪念封题词

为纪念中国共产党成立90周年,国家邮政局和中国邮政集团公司将于7月1日发行《中国共产党成立九十周年》纪念封1枚。胡锦涛总书记专门为纪念封题词"中国共产党成立九十周年"。

十一届全国人大常委会第二十一次会议在人民大会堂闭幕

会议经表决,通过了全国人大常委会关于修改个人所得税法的决定,通过了行政强制法。国家主席胡锦涛分别签署第48号、第49号主席令,公布了有关法律。

吴邦国委员长主持闭幕会。全国人大常委会组成人员154人出席,符合法定人数。

会议表决通过了全国人大常委会关于批准《中华人民共和国和阿尔及利亚民主人民共和国关于民事和商事司法协助的条约》的决定,批准了这一条约。

会议表决通过了全国人大常委会关于批准2010年中央决算的决议,批准了2010年中央决算。

会议表决通过了全国人大常委会代表资格审查委员会关于个别代表的代表资格的报告。根据全国人大常委会发表的公告,十一届全国人大现在实有代表2977人。

会议经过表决,任命雪克来提·扎克尔(维吾尔族)为十一届全国人大民族委员会副主任委员。

会议还表决通过了其他任免案。

在完成各项议程后,吴邦国发表重要讲话。他说,修改个人所得税法,是合理调整收入分配关系的重大举措,涉及人民群众切身利益,社会方方面面广泛关注。国务院在认真调查研究、反复测算论证的基础上,提出了个人所得税法修正案草案。全国人大常委会高度重视个人所得税法的修改工作,在4月份的会议上进行了初审,随后将修正案草案向社会公布征求意见,一个多月共收到意见23万多条,同时书面征求了各地方、中央有关部门和部分企业、高等院校、研究机构的意见,还专门召开座谈会直接听取专家和公众代表的意见,并在汇总分析的基础上及时向社会作出反馈。总的来看,社会各界对修改个人所得税法普遍表示赞成,认为体现了中央保障和改善民生的精神,同时也对草案提出一些修改意见和建议。在这次会议上,我们本着认真负责的态度,综合考虑各方面意见,积极与国务院沟通协调,经过充分审议、反复研究,对草案作了进一步修改。常委会通过的关于修改个人所得税法的决定,主要内容有两点:一是将工薪所得减除费用标准由每月2000元提高至3500元,二是将工薪所得税率结构由9级超额累进税率修改为7级,并将第一级税率由5%降至3%。这样修改后,进一步降低了中低收入者的税负,适当增加了高收入者的税负,体现了高收入者多缴税、中等收入者少缴税、低收入者不纳税的原则。下一步,要按照"十二五"规划的精神,加快推进个人所得税改革,建立健全综合与分类相结合的个人所得税制度,更好地发挥税收调节收入分配的作用。

吴邦国说,行政强制法的制定,涉及对公民人身权的限制和公民、法人财产权的处分。在立法过程中,常委会始终强调正确处理权力与权利、权力与责任的关系，既对行政强制行为进行规范、制约和监督，避免和防止权力滥用，维护公民、法人和其他组织合法权益，又赋予行政机关必要的强制手段，保障行政机关依法履行职责，提高行政管理效率。本次会议通过的行政强制法，确定了设定和实施行政强制必须遵循的原则，规范了行政强制的种类、设定权限、实施主体和相关程序，对于保障和监督行政机关依法履行职责，维护公共利益和社会秩序，保护公民、法人和其他组织的合法权益，具有十分重要的意义。为保障法律的有效实施，国务院和各地方要抓紧对现行法规、规章和其他规范性文件中设定的行政强制进行专项清理，对不符合行政强制法规定的作出修改或者废止。

吴邦国说，立法后评估是加强和改进立法工作、提高立法质量、保证法律有效实施的新举措。按照常委会工作部署，法工委会同有关方面，选择科学技术进步法和农业机械化促进法等法律，通过文献研究、问卷调查、实地调研、案例分析等方法，对有关法律制度进行评估，取得了较好效果，这次会议审议了相关报告。我们要在认真总结试点经验的基础上，进一步完善立法后评估工作机制，推动这项工作经常化、规范化，不断提高科学立法、民主立法水平。

吴邦国说，会议听取审议了2010年中央决算报告和审计工作报告，审查批准了2010年中央决算，并结合审议决算报告开展了专题询问。审议中，常委会组成人员和列席会议的同志对去年的财政和审计工作给予肯定，同时大家也指出，在充分肯定2010年中央财政赤字和国债余额均控制在十一届全国人大三次会议批准的范围内的同时，对地方政府性债务余额规模较大且增长较快、举债融资不够规范、不少地区和行业偿债能力较弱等问题，必须引起高度重视。大家建议，要依法采取有效措施防范和化解地方政府性债务风险，切实保障国家经济和金融安全。对审计查出的问题，请国务院责成有关方面切实进行整改，依法追究责任，完善体制机制，并在今年年底前将整改和处理情况向全国人大常委会报告。

吴邦国指出，食品安全事关人民群众身体健康和生命安全。常委会高度重视食品安全工作，2009年制定了食品安全法，当年就在全国范围开展执法检查，今年又组织了新一轮执法检查，重点检查常委会所提意见和建议的整改落实情况及当前社会关注的热点问题，督促有关方面进一步加强食品安全工作。审议中，常委会组成人员和列席会议的同志充分肯定执法检查组的工作，普遍赞成执法检查报告。大家指出，经过各方面的共同努力，当前我国食品安全形势总体稳定，同时也必须看到，部分领域和地区食品安全状况不容乐观，尤其是少数食品生产经营者不讲诚信道德，目无法纪、唯利是图，有些地方和部门群众观念淡薄，监管缺失、执法不严，食品安全事件时有发生，造成十分恶劣的影响，人民群众反映强烈。大家强调，解决食品安全方面存在的突出问题，关键是要严格依法办事，大力加强食品安全法律法规宣传教育，坚决打击食品安全违法犯罪行为，切实提高食品生产经营者的法律意识，做到严格自律、守法经营、诚信经营，切实提高食品安全监管工作的水平，做到责任明确、恪尽职守、执法到位，不断改进我国食品安全状况，让消费者放心，让老百姓满意。

吴邦国说，会议还听取审议了国务院关于消防工作情况的报告。常委会组成人员和列席会议的同志对国务院及有关部门的工作给予充分肯定。大家强调，我国消防工作依然面临很大压力，必须警钟长鸣、常抓不懈，决不能有丝毫麻痹大意。要加快城乡公共消防设施和装备建设，严格落实消防工作责任制，增强公众消防安全意识，加大火灾隐患整治力度，坚决预防和遏制重特大火灾事故，切实保障人民群众生命财产安全。

吴邦国强调，会议期间，大家对有关法律草案提出的意见和建议，请法律委员会会同有关方面认真研究，进一步修改完善相关法律草案，提请以后的常委会会议审议；对有关报告提出的意见和建议，请常委会办公厅汇总整理成《审议意见》，送国务院及有关部门研究改进工作参考。

吴邦国说，明天是伟大的中国共产党成立90周年。90年来，中国共产党团结带领全国各族人民，在争取民族独立、人民解放和实现国家富强、人民富裕的历史征程中取得了一个又一个伟大胜利。在国家制度和民主法制建设方面，我们建立了工人阶级领导的、以工农联盟为基础的人民民主专政的社会主义国家，建立了人民代表大会制度这一国家根本政治制度。长期以来，我国各族人民在中国共产党的领导下，通过人民代表大会制度牢牢把国家和民族的前途命运掌握在自己手中，真正成为国家和社会的主人。实践证明，人民代表大会制度是符合我国国情、体现国家性质、实现和保障人民当家做主的好制度，是我们能够经得起各种风浪、克服各种困难、沿着社会主义道路前进的可靠制度保证，也是我们全面建设小康社会、实现中华民族伟大复兴的可靠制度保证。在新的历史条件下，我们要紧密团结在以胡锦涛同志为总书记的党中央周围，高举中国特色社会主义伟大旗帜，坚定不移地走中国特色社会主义政治发展道路，坚持党的领导、人民当家做主、依法治国有机统一，开拓创新，扎实工作，把人民代表大会制度坚持好完善好，为我国社会主义民主法制建设作出新的更大贡献。

全国人大常委会副委员长王兆国、路甬祥、乌云其木格、韩启德、华建敏、陈至立、周铁农、李建国、司马义·铁力瓦尔地、蒋树声、陈昌智、严隽琪、桑国卫出席会议。

国务委员梁光烈，最高人民法院和最高人民检察院负责人，全国人大各专门委员会成员，各省、自治区、直辖市人大常委会负责人，部分全国人大代表，以及有关部门的负责同志列席会议。

国家主席胡锦涛签署第48号令公布《全国人民代表大会常务委员会关于修改〈中华人民共和国个人所得税法〉的决定》

《全国人民代表大会常务委员会关于修改〈中华人民共和国个人所得税法〉的决定》已由中华人民共和国第十一届全国人民代表大会常务委员会第二十一次会议于2011年6月30日通过，现予公布，自2011年9月1日起施行。

中华人民共和国主席 胡锦涛

2011年6月30日

全国人民代表大会常务委员会关于修改〈中华人民共和国个人所得税法〉的决定

(2011年6月30日第十一届全国人民代表大会常务委员会第二十一次会议通过)

第十一届全国人民代表大会常务委员会第二十一次会议决定对《中华人民共和国个人所得税法》做如下修改：

一、第三条第一项修改为："工资、薪金所得，适用超额累进税率，税率为百分之三至百分之四十五(税率表附后)。"

二、第六条第一款第一项修改为："工资、薪金所得，以每月收入额减除费用三千五百元后的余额，为应纳税所得额。"

三、第九条中的"七日内"修改为"十五日内"。

四、个人所得税税率表一(工资、薪金所得适用)修改为：

级数	全月应纳税所得额	税率(%)
1	不超过1500元的	3
2	超过1500元至4500元的部分	10
3	超过4500元至9000元的部分	20
4	超过9000元至35000元的部分	25
5	超过35000元至55000元的部分	30
6	超过55000元至80000元的部分	35
7	超过80000元的部分	45

(注：本表所称全月应纳税所得额是指依照本法第六条的规定，以每月收入额减除费用三千五百元以及附加减除费用后的余额。)

五、个人所得税税率表二(个体工商户的生产、经营所得和对企事业单位的承包经营、承租经营所得适用)修改为：

级数	全年应纳税所得额	税率(%)
1	不超过15000元的	5
2	超过15000元至30000元的部分	10
3	超过30000元至60000元的部分	20
4	超过60000元至100000元的部分	30
5	超过100000元的部分	35

(注：本表所称全年应纳税所得额是指依照本法第六条的规定，以每一纳税年度的收入总额减除成本、费用以及损失后的余额。)

本决定自2011年9月1日起施行。

《中华人民共和国个人所得税法》根据本决定做相应修改，重新公布。

中华人民共和国个人所得税法

第一条 在中国境内有住所，或者无住所而在境内居住满一年的个人，从中国境内和境外取得的所得，依照本法规定缴纳个人所得税。

在中国境内无住所又不居住或者无住所而在境内居住不满一年的个人，从中国境内取得的所得，依照本法规定缴纳个人所得税。

第二条 下列各项个人所得，应纳个人所得税：

一、工资、薪金所得；

二、个体工商户的生产、经营所得；

三、对企事业单位的承包经营、承租经营所得；

四、劳务报酬所得；

五、稿酬所得；

六、特许权使用费所得；

七、利息、股息、红利所得；

八、财产租赁所得；

九、财产转让所得；

十、偶然所得；

十一、经国务院财政部门确定征税的其他所得。

第三条 个人所得税的税率：

一、工资、薪金所得，适用超额累进税率，税率为百分之三至百分之四十五(税率表附后)。

二、个体工商户的生产、经营所得和对企事业单位的承包经营、承租经营所得，适用百分之五至百分之三十五的超额累进税率(税率表附后)。

三、稿酬所得，适用比例税率，税率为百分之二十，并按应纳税额减征百分之三十。

四、劳务报酬所得，适用比例税率，税率为百分之二十。对劳务报酬所得一次收入畸高的，可以实行加成征收，具体办法由国务院规定。

五、特许权使用费所得，利息、股息、红利所得，财产租赁所得,财产转让所得,偶然所得和其他所得,适用比例税率,税率为百分之二十。

第四条 下列各项个人所得,免纳个人所得税:

一、省级人民政府、国务院部委和中国人民解放军军以上单位,以及外国组织、国际组织颁发的科学、教育、技术、文化、卫生、体育、环境保护等方面的奖金;

二、国债和国家发行的金融债券利息;

三、按照国家统一规定发给的补贴、津贴;

四、福利费、抚恤金、救济金;

五、保险赔款;

六、军人的转业费、复员费;

七、按照国家统一规定发给干部、职工的安家费、退职费、退休工资、离休工资、离休生活补助费;

八、依照我国有关法律规定应予免税的各国驻华使馆、领事馆的外交代表、领事官员和其他人员的所得;

九、中国政府参加的国际公约、签订的协议中规定免税的所得;

十、经国务院财政部门批准免税的所得。

第五条 有下列情形之一的,经批准可以减征个人所得税:

一、残疾、孤老人员和烈属的所得;

二、因严重自然灾害造成重大损失的;

三、其他经国务院财政部门批准减税的。

第六条 应纳税所得额的计算:

一、工资、薪金所得,以每月收入额减除费用三千五百元后的余额,为应纳税所得额。

二、个体工商户的生产、经营所得,以每一纳税年度的收入总额减除成本、费用以及损失后的余额,为应纳税所得额。

三、对企事业单位的承包经营、承租经营所得,以每一纳税年度的收入总额,减除必要费用后的余额,为应纳税所得额。

四、劳务报酬所得、稿酬所得、特许权使用费所得、财产租赁所得,每次收入不超过四千元的,减除费用八百元;四千元以上的,减除百分之二十的费用,其余额为应纳税所得额。

五、财产转让所得,以转让财产的收入额减除财产原值和合理费用后的余额,为应纳税所得额。

六、利息、股息、红利所得,偶然所得和其他所得,以每次收入额为应纳税所得额。

个人将其所得对教育事业和其他公益事业捐赠的部分,按照国务院有关规定从应纳税所得中扣除。

对在中国境内无住所而在中国境内取得工资、薪金所得的纳税义务人和在中国境内有住所而在中国境外取得工资、薪金所得的纳税义务人,可以根据其平均收入水平、生活水平以及汇率变化情况确定附加减除费用,附加减除费用适用的范围和标准由国务院规定。

第七条 纳税义务人从中国境外取得的所得,准予其在应纳税额中扣除已在境外缴纳的个人所得税税额。但扣除额不得超过该纳税义务人境外所得依照本法规定计算的应纳税额。

第八条 个人所得税,以所得人为纳税义务人,以支付所得的单位或者个人为扣缴义务人。个人所得超过国务院规定数额的,在两处以上取得工资、薪金所得或者没有扣缴义务人的,以及具有国务院规定的其他情形的,纳税义务人应当按照国家规定办理纳税申报。扣缴义务人应当按照国家规定办理全员全额扣缴申报。

第九条 扣缴义务人每月所扣的税款,自行申报纳税人每月应纳的税款,都应当在次月十五日内缴入国库,并向税务机关报送纳税申报表。

工资、薪金所得应纳的税款,按月计征,由扣缴义务人或者纳税义务人在次月十五日内缴入国库,并向税务机关报送纳税申报表。特定行业的工资、薪金所得应纳的税款,可以实行按年计算、分月预缴的方式计征,具体办法由国务院规定。

个体工商户的生产、经营所得应纳的税款,按年计算,分月预缴,由纳税义务人在次月十五日内预缴,年度终了后三个月内汇算清缴,多退少补。

对企事业单位的承包经营、承租经营所得应纳的税款,按年计算,由纳税义务人在年度终了后三十日内缴入国库,并向税务机关报送纳税申报表。纳税义务人在一年内分次取得承包经营、承租经营所得的,应当在取得每次所得后的十五日内预缴,年度终了后三个月内汇算清缴,多退少补。

从中国境外取得所得的纳税义务人,应当在年度终了后三十日内,将应纳的税款缴入国库,并向税务机关报送纳税申报表。

第十条 各项所得的计算,以人民币为单位。所得为外国货币的,按照国家外汇管理机关规定的外汇牌价折合成人民币缴纳税款。

第十一条 对扣缴义务人按照所扣缴的税款,付给百分之二的手续费。

第十二条 对储蓄存款利息所得开征、减征、停征个人所得税及其具体办法,由国务院规定。

第十三条 个人所得税的征收管理,依照《中华人民共和国税收征收管理法》的规定执行。

第十四条 国务院根据本法制定实施条例。

第十五条 本法自公布之日起施行。

国家主席胡锦涛签署第49号令公布《中华人民共和国行政强制法》

《中华人民共和国行政强制法》已由中华人民共和国第十一届全国人民代表大会常务委员会第二十一次会议于2011年6月30日通过，现予公布，自2012年1月1日起施行。

中华人民共和国主席 胡锦涛

2011年6月30日

中华人民共和国行政强制法

第一章 总 则

第一条 为了规范行政强制的设定和实施，保障和监督行政机关依法履行职责，维护公共利益和社会秩序，保护公民、法人和其他组织的合法权益，根据宪法，制定本法。

第二条 本法所称行政强制，包括行政强制措施和行政强制执行。

行政强制措施，是指行政机关在行政管理过程中，为制止违法行为、防止证据损毁、避免危害发生、控制危险扩大等情形，依法对公民的人身自由实施暂时性限制，或者对公民、法人或者其他组织的财物实施暂时性控制的行为。

行政强制执行，是指行政机关或者行政机关申请人民法院，对不履行行政决定的公民、法人或者其他组织，依法强制履行义务的行为。

第三条 行政强制的设定和实施，适用本法。

发生或者即将发生自然灾害、事故灾难、公共卫生事件或者社会安全事件等突发事件，行政机关采取应急措施或者临时措施，依照有关法律、行政法规的规定执行。

行政机关采取金融业审慎监管措施、进出境货物强制性技术监控措施，依照有关法律、行政法规的规定执行。

第四条 行政强制的设定和实施，应当依照法定的权限、范围、条件和程序。

第五条 行政强制的设定和实施，应当适当。采用非强制手段可以达到行政管理目的的，不得设定和实施行政强制。

第六条 实施行政强制，应当坚持教育与强制相结合。

第七条 行政机关及其工作人员不得利用行政强制权为单位或者个人谋取利益。

第八条 公民、法人或者其他组织对行政机关实施行政强制，享有陈述权、申辩权；有权依法申请行政复议或者提起行政诉讼；因行政机关违法实施行政强制受到损害的，有权依法要求赔偿。

公民、法人或者其他组织因人民法院在强制执行中有违法行为或者扩大强制执行范围受到损害的，有权依法要求赔偿。

第二章 行政强制的种类和设定

第九条 行政强制措施的种类：

（一）限制公民人身自由；

（二）查封场所、设施或者财物；

（三）扣押财物；

（四）冻结存款、汇款；

（五）其他行政强制措施。

第十条 行政强制措施由法律设定。

尚未制定法律，且属于国务院行政管理职权事项的，行政法规可以设定除本法第九条第一项、第四项和应当由法律规定的行政强制措施以外的其他行政强制措施。

尚未制定法律、行政法规，且属于地方性事务的，地方性法规可以设定本法第九条第二项、第三项的行政强制措施。

法律、法规以外的其他规范性文件不得设定行政强制措施。

第十一条 法律对行政强制措施的对象、条件、种类作了规定的，行政法规、地方性法规不得作出扩大规定。

法律中未设定行政强制措施的，行政法规、地方性法规不得设定行政强制措施。但是，法律规定特定事项由行政法规规定具体管理措施的，行政法规可以设定除本法第九条第一项、第四项和应当由法律规定的行政强制措施以外的其他行政强制措施。

第十二条 行政强制执行的方式：

（一）加处罚款或者滞纳金；

（二）划拨存款、汇款；

（三）拍卖或者依法处理查封、扣押的场所、设施或者财物；

（四）排除妨碍、恢复原状；

（五）代履行；

（六）其他强制执行方式。

第十三条 行政强制执行由法律设定。

法律没有规定行政机关强制执行的，作出行政决定的行政机关应当申请人民法院强制执行。

第十四条 起草法律草案、法规草案，拟设定行政强制的，起草单位应当采取听证会、论证会等形式听取意见，并向制定机关说明设定该行政强制的必要性、可能产生的影响以及听取和采纳意见的情况。

第十五条 行政强制的设定机关应当定期对其设定的行政强制进行评价，并对不适当的行政强制及时予以修改或者废止。

行政强制的实施机关可以对已设定的行政强制的

实施情况及存在的必要性适时进行评价，并将意见报告该行政强制的设定机关。

公民、法人或者其他组织可以向行政强制的设定机关和实施机关就行政强制的设定和实施提出意见和建议。有关机关应当认真研究论证，并以适当方式予以反馈。

第三章　行政强制措施实施程序

第一节　一般规定

第十六条　行政机关履行行政管理职责，依照法律、法规的规定，实施行政强制措施。

违法行为情节显著轻微或者没有明显社会危害的，可以不采取行政强制措施。

第十七条　行政强制措施由法律、法规规定的行政机关在法定职权范围内实施。行政强制措施权不得委托。

依据《中华人民共和国行政处罚法》的规定行使相对集中行政处罚权的行政机关，可以实施法律、法规规定的与行政处罚权有关的行政强制措施。

行政强制措施应当由行政机关具备资格的行政执法人员实施，其他人员不得实施。

第十八条　行政机关实施行政强制措施应当遵守下列规定：

(一)实施前须向行政机关负责人报告并经批准；

(二)由两名以上行政执法人员实施；

(三)出示执法身份证件；

(四)通知当事人到场；

(五)当场告知当事人采取行政强制措施的理由、依据以及当事人依法享有的权利、救济途径；

(六)听取当事人的陈述和申辩；

(七)制作现场笔录；

(八)现场笔录由当事人和行政执法人员签名或者盖章，当事人拒绝的，在笔录中予以注明；

(九)当事人不到场的，邀请见证人到场，由见证人和行政执法人员在现场笔录上签名或者盖章；

(十)法律、法规规定的其他程序。

第十九条　情况紧急，需要当场实施行政强制措施的，行政执法人员应当在二十四小时内向行政机关负责人报告，并补办批准手续。行政机关负责人认为不应当采取行政强制措施的，应当立即解除。

第二十条　依照法律规定实施限制公民人身自由的行政强制措施，除应当履行本法第十八条规定的程序外，还应当遵守下列规定：

(一)当场告知或者实施行政强制措施后立即通知当事人家属实施行政强制措施的行政机关、地点和期限；

(二)在紧急情况下当场实施行政强制措施的，在返回行政机关后，立即向行政机关负责人报告并补办批准手续；

(三)法律规定的其他程序。

实施限制人身自由的行政强制措施不得超过法定期限。实施行政强制措施的目的已经达到或者条件已经消失，应当立即解除。

第二十一条　违法行为涉嫌犯罪应当移送司法机关的，行政机关应当将查封、扣押、冻结的财物一并移送，并书面告知当事人。

第二节　查封、扣押

第二十二条　查封、扣押应当由法律、法规规定的行政机关实施，其他任何行政机关或者组织不得实施。

第二十三条　查封、扣押限于涉案的场所、设施或者财物，不得查封、扣押与违法行为无关的场所、设施或者财物；不得查封、扣押公民个人及其所扶养家属的生活必需品。

当事人的场所、设施或者财物已被其他国家机关依法查封的，不得重复查封。

第二十四条　行政机关决定实施查封、扣押的，应当履行本法第十八条规定的程序，制作并当场交付查封、扣押决定书和清单。

查封、扣押决定书应当载明下列事项：

(一)当事人的姓名或者名称、地址；

(二)查封、扣押的理由、依据和期限；

(三)查封、扣押场所、设施或者财物的名称、数量等；

(四)申请行政复议或者提起行政诉讼的途径和期限；

(五)行政机关的名称、印章和日期。

查封、扣押清单一式二份，由当事人和行政机关分别保存。

第二十五条　查封、扣押的期限不得超过三十日；情况复杂的，经行政机关负责人批准，可以延长，但是延长期限不得超过三十日。法律、行政法规另有规定的除外。

延长查封、扣押的决定应当及时书面告知当事人，并说明理由。

对物品需要进行检测、检验、检疫或者技术鉴定的，查封、扣押的期间不包括检测、检验、检疫或者技术鉴定的期间。检测、检验、检疫或者技术鉴定的期间应当明确，并书面告知当事人。检测、检验、检疫或者技术鉴定的费用由行政机关承担。

第二十六条　对查封、扣押的场所、设施或者财物，行政机关应当妥善保管，不得使用或者损毁；造成损失的，应当承担赔偿责任。

对查封的场所、设施或者财物，行政机关可以委托第三人保管，第三人不得损毁或者擅自转移、处置。因第三人的原因造成的损失，行政机关先行赔付后，有权向第三人追偿。

因查封、扣押发生的保管费用由行政机关承担。

第二十七条　行政机关采取查封、扣押措施后，应当及时查清事实，在本法第二十五条规定的期限内作出处理决定。对违法事实清楚，依法应当没收的非法财物予以没收；法律、行政法规规定应当销毁的，依法销毁；应当解除查封、扣押的，作出解除查封、扣押的决定。

第二十八条　有下列情形之一的，行政机关应当及时作出解除查封、扣押决定：

（一）当事人没有违法行为；

（二）查封、扣押的场所、设施或者财物与违法行为无关；

（三）行政机关对违法行为已经作出处理决定，不再需要查封、扣押；

（四）查封、扣押期限已经届满；

（五）其他不再需要采取查封、扣押措施的情形。

解除查封、扣押应当立即退还财物；已将鲜活物品或者其他不易保管的财物拍卖或者变卖的，退还拍卖或者变卖所得款项。变卖价格明显低于市场价格，给当事人造成损失的，应当给予补偿。

第三节　冻　结

第二十九条　冻结存款、汇款应当由法律规定的行政机关实施，不得委托给其他行政机关或者组织；其他任何行政机关或者组织不得冻结存款、汇款。

冻结存款、汇款的数额应当与违法行为涉及的金额相当；已被其他国家机关依法冻结的，不得重复冻结。

第三十条　行政机关依照法律规定决定实施冻结存款、汇款的，应当履行本法第十八条第一项、第二项、第三项、第七项规定的程序，并向金融机构交付冻结通知书。

金融机构接到行政机关依法作出的冻结通知书后，应当立即予以冻结，不得拖延，不得在冻结前向当事人泄露信息。

法律规定以外的行政机关或者组织要求冻结当事人存款、汇款的，金融机构应当拒绝。

第三十一条　依照法律规定冻结存款、汇款的，作出决定的行政机关应当在三日内向当事人交付冻结决定书。冻结决定书应当载明下列事项：

（一）当事人的姓名或者名称、地址；

（二）冻结的理由、依据和期限；

（三）冻结的账号和数额；

（四）申请行政复议或者提起行政诉讼的途径和期限；

（五）行政机关的名称、印章和日期。

第三十二条　自冻结存款、汇款之日起三十日内，行政机关应当作出处理决定或者作出解除冻结决定；情况复杂的，经行政机关负责人批准，可以延长，但是延长期限不得超过三十日。法律另有规定的除外。

延长冻结的决定应当及时书面告知当事人，并说明理由。

第三十三条　有下列情形之一的，行政机关应当及时作出解除冻结决定：

（一）当事人没有违法行为；

（二）冻结的存款、汇款与违法行为无关；

（三）行政机关对违法行为已经作出处理决定，不再需要冻结；

（四）冻结期限已经届满；

（五）其他不再需要采取冻结措施的情形。

行政机关作出解除冻结决定的，应当及时通知金融机构和当事人。金融机构接到通知后，应当立即解除冻结。

行政机关逾期未作出处理决定或者解除冻结决定的，金融机构应当自冻结期满之日起解除冻结。

第四章　行政机关强制执行程序

第一节　一般规定

第三十四条　行政机关依法作出行政决定后，当事人在行政机关决定的期限内不履行义务的，具有行政强制执行权的行政机关依照本章规定强制执行。

第三十五条　行政机关作出强制执行决定前，应当事先催告当事人履行义务。催告应当以书面形式作出，并载明下列事项：

（一）履行义务的期限；

（二）履行义务的方式；

（三）涉及金钱给付的，应当有明确的金额和给付方式；

（四）当事人依法享有的陈述权和申辩权。

第三十六条　当事人收到催告书后有权进行陈述和申辩。行政机关应当充分听取当事人的意见，对当事人提出的事实、理由和证据，应当进行记录、复核。当事人提出的事实、理由或者证据成立的，行政机关应当采纳。

第三十七条　经催告，当事人逾期仍不履行行政决定，且无正当理由的，行政机关可以作出强制执行决定。

强制执行决定应当以书面形式作出，并载明下列事项：

（一）当事人的姓名或者名称、地址；

（二）强制执行的理由和依据；

(三)强制执行的方式和时间；

(四)申请行政复议或者提起行政诉讼的途径和期限；

(五)行政机关的名称、印章和日期。

在催告期间，对有证据证明有转移或者隐匿财物迹象的，行政机关可以作出立即强制执行决定。

第三十八条　催告书、行政强制执行决定书应当直接送达当事人。当事人拒绝接收或者无法直接送达当事人的，应当依照《中华人民共和国民事诉讼法》的有关规定送达。

第三十九条　有下列情形之一的，中止执行：

(一)当事人履行行政决定确有困难或者暂无履行能力的；

(二)第三人对执行标的主张权利，确有理由的；

(三)执行可能造成难以弥补的损失，且中止执行不损害公共利益的；

(四)行政机关认为需要中止执行的其他情形。

中止执行的情形消失后，行政机关应当恢复执行。对没有明显社会危害，当事人确无能力履行，中止执行满三年未恢复执行的，行政机关不再执行。

第四十条　有下列情形之一的，终结执行：

(一)公民死亡，无遗产可供执行，又无义务承受人的；

(二)法人或者其他组织终止，无财产可供执行，又无义务承受人的；

(三)执行标的灭失的；

(四)据以执行的行政决定被撤销的；

(五)行政机关认为需要终结执行的其他情形。

第四十一条　在执行中或者执行完毕后，据以执行的行政决定被撤销、变更，或者执行错误的，应当恢复原状或者退还财物；不能恢复原状或者退还财物的，依法给予赔偿。

第四十二条　实施行政强制执行，行政机关可以在不损害公共利益和他人合法权益的情况下，与当事人达成执行协议。执行协议可以约定分阶段履行；当事人采取补救措施的，可以减免加处的罚款或者滞纳金。

执行协议应当履行。当事人不履行执行协议的，行政机关应当恢复强制执行。

第四十三条　行政机关不得在夜间或者法定节假日实施行政强制执行。但是，情况紧急的除外。

行政机关不得对居民生活采取停止供水、供电、供热、供燃气等方式迫使当事人履行相关行政决定。

第四十四条　对违法的建筑物、构筑物、设施等需要强制拆除的，应当由行政机关予以公告，限期当事人自行拆除。当事人在法定期限内不申请行政复议或者提起行政诉讼，又不拆除的，行政机关可以依法强制拆除。

第二节　金钱给付义务的执行

第四十五条　行政机关依法作出金钱给付义务的行政决定，当事人逾期不履行的，行政机关可以依法加处罚款或者滞纳金。加处罚款或者滞纳金的标准应当告知当事人。

加处罚款或者滞纳金的数额不得超出金钱给付义务的数额。

第四十六条　行政机关依照本法第四十五条规定实施加处罚款或者滞纳金超过三十日，经催告当事人仍不履行的，具有行政强制执行权的行政机关可以强制执行。

行政机关实施强制执行前，需要采取查封、扣押、冻结措施的，依照本法第三章规定办理。

没有行政强制执行权的行政机关应当申请人民法院强制执行。但是，当事人在法定期限内不申请行政复议或者提起行政诉讼，经催告仍不履行的，在实施行政管理过程中已经采取查封、扣押措施的行政机关，可以将查封、扣押的财物依法拍卖抵缴罚款。

第四十七条　划拨存款、汇款应当由法律规定的行政机关决定，并书面通知金融机构。金融机构接到行政机关依法作出划拨存款、汇款的决定后，应当立即划拨。

法律规定以外的行政机关或者组织要求划拨当事人存款、汇款的，金融机构应当拒绝。

第四十八条　依法拍卖财物，由行政机关委托拍卖机构依照《中华人民共和国拍卖法》的规定办理。

第四十九条　划拨的存款、汇款以及拍卖和依法处理所得的款项应当上缴国库或者划入财政专户。任何行政机关或者个人不得以任何形式截留、私分或者变相私分。

第三节　代履行

第五十条　行政机关依法作出要求当事人履行排除妨碍、恢复原状等义务的行政决定，当事人逾期不履行，经催告仍不履行，其后果已经或者将危害交通安全、造成环境污染或者破坏自然资源的，行政机关可以代履行，或者委托没有利害关系的第三人代履行。

第五十一条　代履行应当遵守下列规定：

(一)代履行前送达决定书，代履行决定书应当载明当事人的姓名或者名称、地址，代履行的理由和依据、方式和时间、标的、费用预算以及代履行人；

(二)代履行三日前，催告当事人履行，当事人履行的，停止代履行；

(三)代履行时，作出决定的行政机关应当派员到场监督；

(四)代履行完毕,行政机关到场监督的工作人员、代履行人和当事人或者见证人应当在执行文书上签名或者盖章。

代履行的费用按照成本合理确定,由当事人承担。但是,法律另有规定的除外。

代履行不得采用暴力、胁迫以及其他非法方式。

第五十二条 需要立即清除道路、河道、航道或者公共场所的遗洒物、障碍物或者污染物,当事人不能清除的,行政机关可以决定立即实施代履行;当事人不在场的,行政机关应当在事后立即通知当事人,并依法作出处理。

第五章 申请人民法院强制执行

第五十三条 当事人在法定期限内不申请行政复议或者提起行政诉讼,又不履行行政决定的,没有行政强制执行权的行政机关可以自期限届满之日起三个月内,依照本章规定申请人民法院强制执行。

第五十四条 行政机关申请人民法院强制执行前,应当催告当事人履行义务。催告书送达十日后当事人仍未履行义务的,行政机关可以向所在地有管辖权的人民法院申请强制执行;执行对象是不动产的,向不动产所在地有管辖权的人民法院申请强制执行。

第五十五条 行政机关向人民法院申请强制执行,应当提供下列材料:

(一)强制执行申请书;

(二)行政决定书及作出决定的事实、理由和依据;

(三)当事人的意见及行政机关催告情况;

(四)申请强制执行标的情况;

(五)法律、行政法规规定的其他材料。

强制执行申请书应当由行政机关负责人签名,加盖行政机关的印章,并注明日期。

第五十六条 人民法院接到行政机关强制执行的申请,应当在五日内受理。

行政机关对人民法院不予受理的裁定有异议的,可以在十五日内向上一级人民法院申请复议,上一级人民法院应当自收到复议申请之日起十五日内作出是否受理的裁定。

第五十七条 人民法院对行政机关强制执行的申请进行书面审查,对符合本法第五十五条规定,且行政决定具备法定执行效力的,除本法第五十八条规定的情形外,人民法院应当自受理之日起七日内作出执行裁定。

第五十八条 人民法院发现有下列情形之一的,在作出裁定前可以听取被执行人和行政机关的意见:

(一)明显缺乏事实根据的;

(二)明显缺乏法律、法规依据的;

(三)其他明显违法并损害被执行人合法权益的。

人民法院应当自受理之日起三十日内作出是否执行的裁定。裁定不予执行的,应当说明理由,并在五日内将不予执行的裁定送达行政机关。

行政机关对人民法院不予执行的裁定有异议的,可以自收到裁定之日起十五日内向上一级人民法院申请复议,上一级人民法院应当自收到复议申请之日起三十日内作出是否执行的裁定。

第五十九条 因情况紧急,为保障公共安全,行政机关可以申请人民法院立即执行。经人民法院院长批准,人民法院应当自作出执行裁定之日起五日内执行。

第六十条 行政机关申请人民法院强制执行,不缴纳申请费。强制执行的费用由被执行人承担。

人民法院以划拨、拍卖方式强制执行的,可以在划拨、拍卖后将强制执行的费用扣除。

依法拍卖财物,由人民法院委托拍卖机构依照《中华人民共和国拍卖法》的规定办理。

划拨的存款、汇款以及拍卖和依法处理所得的款项应当上缴国库或者划入财政专户,不得以任何形式截留、私分或者变相私分。

第六章 法律责任

第六十一条 行政机关实施行政强制,有下列情形之一的,由上级行政机关或者有关部门责令改正,对直接负责的主管人员和其他直接责任人员依法给予处分:

(一)没有法律、法规依据的;

(二)改变行政强制对象、条件、方式的;

(三)违反法定程序实施行政强制的;

(四)违反本法规定,在夜间或者法定节假日实施行政强制执行的;

(五)对居民生活采取停止供水、供电、供热、供燃气等方式迫使当事人履行相关行政决定的;

(六)有其他违法实施行政强制情形的。

第六十二条 违反本法规定,行政机关有下列情形之一的,由上级行政机关或者有关部门责令改正,对直接负责的主管人员和其他直接责任人员依法给予处分:

(一)扩大查封、扣押、冻结范围的;

(二)使用或者损毁查封、扣押场所、设施或者财物的;

(三)在查封、扣押法定期间不作出处理决定或者未依法及时解除查封、扣押的;

(四)在冻结存款、汇款法定期间不作出处理决定或者未依法及时解除冻结的。

第六十三条 行政机关将查封、扣押的财物或者划拨的存款、汇款以及拍卖和依法处理所得的款项,截留、私分或者变相私分的,由财政部门或者有关部门予以追缴；对直接负责的主管人员和其他直接责任人员依法给予记大过、降级、撤职或者开除的处分。

行政机关工作人员利用职务上的便利，将查封、扣押的场所、设施或者财物据为已有的，由上级行政机关或者有关部门责令改正，依法给予记大过、降级、撤职或者开除的处分。

第六十四条　行政机关及其工作人员利用行政强制权为单位或者个人谋取利益的，由上级行政机关或者有关部门责令改正，对直接负责的主管人员和其他直接责任人员依法给予处分。

第六十五条　违反本法规定，金融机构有下列行为之一的，由金融业监督管理机构责令改正，对直接负责的主管人员和其他直接责任人员依法给予处分：

(一)在冻结前向当事人泄露信息的；

(二)对应当立即冻结、划拨的存款、汇款不冻结或者不划拨，致使存款、汇款转移的；

(三)将不应当冻结、划拨的存款、汇款予以冻结或者划拨的；

(四)未及时解除冻结存款、汇款的。

第六十六条　违反本法规定，金融机构将款项划入国库或者财政专户以外的其他账户的，由金融业监督管理机构责令改正，并处以违法划拨款项二倍的罚款；对直接负责的主管人员和其他直接责任人员依法给予处分。

违反本法规定，行政机关、人民法院指令金融机构将款项划入国库或者财政专户以外的其他账户的，对直接负责的主管人员和其他直接责任人员依法给予处分。

第六十七条　人民法院及其工作人员在强制执行中有违法行为或者扩大强制执行范围的，对直接负责的主管人员和其他直接责任人员依法给予处分。

第六十八条　违反本法规定，给公民、法人或者其他组织造成损失的，依法给予赔偿。

违反本法规定，构成犯罪的，依法追究刑事责任。

第七章　附　则

第六十九条　本法中十日以内期限的规定是指工作日，不含法定节假日。

第七十条　法律、行政法规授权的具有管理公共事务职能的组织在法定授权范围内，以自己的名义实施行政强制，适用本法有关行政机关的规定。

第七十一条　本法自2012年1月1日起施行。

全国人大常委会关于批准《中华人民共和国和阿尔及利亚民主人民共和国关于民事和商事司法协助的条约》的决定

(2011年6月30日第十一届全国人民代表大会常务委员会第二十一次会议通过)

第十一届全国人民代表大会常务委员会第二十一次会议决定：批准2010年1月10日由外交部部长杨洁篪代表中华人民共和国在阿尔及尔签署的《中华人民共和国和阿尔及利亚民主人民共和国关于民事和商事司法协助的条约》。

全国人大常委会关于批准2010年中央决算的决议

(2011年6月30日第十一届全国人民代表大会常务委员会第二十一次会议通过)

第十一届全国人民代表大会常务委员会第二十一次会议，听取了财政部部长谢旭人受国务院委托作的《国务院关于2010年中央决算的报告》和审计署审计长刘家义受国务院委托作的《国务院关于2010年度中央预算执行和其他财政收支的审计工作报告》。会议结合审议审计工作报告，对《2010年中央决算(草案)》和中央决算报告进行了审查。会议同意全国人民代表大会财政经济委员会提出的《关于2010年中央决算审查结果的报告》，决定批准《2010年中央决算》。会议要求，要切实改进预算编制管理，规范预算执行，完善财政转移支付制度，加强资金管理和监督，防范和化解地方政府性债务风险，充分发挥财政职能作用，更好地促进经济社会又好又快发展。

全国人大常委会公告

(十一届)第二十七号

福建省人大常委会补选苏树林为第十一届全国人民代表大会代表，吉林省人大常委会补选聂文权为第十一届全国人民代表大会代表。全国人民代表大会常务委员会同意代表资格审查委员会的审查报告，确认苏树林、聂文权的代表资格有效。

特此公告。

全国人民代表大会常务委员会

2011年6月30日

(十一届)第二十八号

第十一届全国人民代表大会代表陈晓萍、蒋民华因病去世，陈晓萍、蒋民华的代表资格自然终止。

全国人民代表大会常务委员会对陈晓萍、蒋民华代表的去世表示哀悼。

特此公告。

全国人民代表大会常务委员会

2011年6月30日

(十一届)第二十九号

吉林省人大常委会接受了王兆华提出的辞去第十一届全国人民代表大会代表职务的请求。依照代表法的有关规定，王兆华的代表资格终止。

现在，第十一届全国人民代表大会实有代表 2977 人。

特此公告。

全国人民代表大会常务委员会

2011 年 6 月 30 日

全国人大常委会任命名单

（2011 年 6 月 30 日第十一届全国人民代表大会常务委员会第二十一次会议通过）

任命雪克来提·扎克尔（维吾尔族）为第十一届全国人民代表大会民族委员会副主任委员。

全国人大常委会任免名单

（2011 年 6 月 30 日第十一届全国人民代表大会常务委员会第二十一次会议通过）

一、免去刘学文的最高人民法院立案一庭庭长职务。

二、任命姜启波为最高人民法院立案一庭庭长。

三、任命王胜全、关丽（女）、刘银春（女）、孙祥壮、何东宁、吴兆祥、宋建立、张纯（女）、张志弘（女）、李波（女）、汪斌、汪国献、沙玲（女）、周加海、苑多然、范明志、洪清沪、骆电、郭利然、郭忠红（女）、郭修江、高晓力（女）、程捷（女）、董保军、韩晋萍（女）为最高人民法院审判员。

四、免去杨临萍（女）的最高人民法院行政审判庭副庭长职务。

五、免去邢军、杨永波、姜华（女）的最高人民法院审判员职务。

全国人大常委会免职名单

（2011 年 6 月 30 日第十一届全国人民代表大会常务委员会第二十一次会议通过）

免去马相哲、周苏民（女）的最高人民检察院检察员职务。

十一届全国人大常委会在人民大会堂举行第二十二讲专题讲座

此次题目是：我国加强和创新社会管理的若干问题。吴邦国委员长主持讲座。

主讲人中国社会科学院社会学研究所所长、研究员李培林，围绕我国社会管理体制基本特征及取得的成就、改革开放以来的巨大社会变迁对社会管理体制提出的挑战、当前我国社会管理面临的新情况新问题、加强和创新社会管理的主要举措等四方面作了深入讲解。

李培林说，社会管理通常是指以政府为主导的包括其他社会力量在内的行为主体，在法律、法规、政策的框架内，通过各种方式对社会领域的各个环节进行组织、协调、服务、监督和控制的过程。改革开放以来，随着社会主义市场经济的深入发展，社会发生了深刻变化。为适应社会主义民主政治和市场经济需要，我国在就业、收入分配、社会保障、教育、医疗、住房、城乡关系等领域，进行了一系列涉及社会管理体制的改革，初步形成了既充满活力、又相对有序的社会管理局面。

李培林说，随着经济社会快速发展，我国社会管理面临一些新情况、新问题和新挑战。要求我们深入研究社会管理规律，更新社会管理观念，整合社会管理资源，创新社会管理的体制机制，形成社会管理的新格局。

在讲到加强和创新社会管理的主要举措时，李培林讲解了 10 个方面的内容。一是形成和完善党委总揽全局、政府负责实施、社会各方协同、公众广泛参与的社会管理格局；二是进一步加强和完善党和政府主导的维护群众权益机制，维护社会公平正义，让人民群众共享改革发展的成果；三是注意发挥社区在基层社会管理中的作用，使社区工作逐步专门化和专业化；四是发展专业化的社会管理人才队伍；五是进一步建立健全公共安全体系；六是抓住当前的突出矛盾，有步骤地解决一批历史遗留的社会问题；七是充分发挥社团、行业组织和中介组织等社会组织的作用，同时加强对社会组织活动的依法监管；八是完善社会管理的法律体系建设，进一步强化社会管理中的依法治理，维护社会和谐稳定；九是加强道德和诚信体系建设，提升社会管理的软实力；十是通过系统总结地方经验并加以提炼，完善社会管理创新的顶层设计，走出一条中国特色社会主义的社会管理道路。

全国人大常委会副委员长王兆国、路甬祥、乌云其木格、韩启德、华建敏、陈至立、周铁农、李建国、司马义·铁力瓦尔地、蒋树声、陈昌智、严隽琪、桑国卫等听取讲座。

国务院总理温家宝致电祝贺非盟第十七届首脑会议召开

中共中央政治局常委李长春到清华大学调研

李长春指出，胡锦涛总书记在庆祝清华大学建校 100 周年大会上发表的重要讲话，为新形势下我国高等教育事业发展指明了方向，对清华大学加快建设世界一流大学提出了新的更高要求。他希望清华大学深入学习贯彻胡锦涛总书记重要讲话精神，以全面提高教育质量为根本，以重点学科建设为基础，以增强创新能力为突破,以加强人才队伍建设为保障,加快建设世界一流大学。

李长春强调,中国共产党已经成立90年、在全国执政62年、领导改革开放33年,推动中国发生了人类历史上少有的深刻变革和经济社会的快速发展,开辟了中国特色社会主义道路。这是中国共产党领导中国人民在借鉴人类文明成果的基础上,从本国国情出发,依靠自己力量开辟的创新之路,是人类文明史上的伟大创举,是中国对世界的历史性贡献,是开展社会主义核心价值体系教育最重要、最鲜活、最有力的教材。要以庆祝中国共产党成立90周年为契机,抓住社会主义核心价值体系建设这个灵魂和根本,在大学生中深入开展中国近现代史和中国共产党领导全国各族人民书写的奋斗史、创业史、改革开放史教育,引导他们深刻认识历史和人民是怎样选择了马克思主义、选择了中国共产党、选择了社会主义道路、选择了改革开放,进一步坚定在中国共产党领导下、走中国特色社会主义道路、实现中华民族伟大复兴的共同理想信念。要坚持全员育人、全方位育人、全过程育人,把社会主义核心价值体系教育融入到高校思想政治理论课教学中,融入到哲学社会科学研究中,融入到校园文化建设中,融入到大学生社会实践中,推动大学生思想政治教育工作取得新成效、迈上新台阶。

中共中央政治局委员、国务委员刘延东一同调研。

中组部 中宣部发出通知要求认真组织学习《马列主义经典著作选编(党员干部读本)》《马列主义经典著作选编学习导读》

通知要求,各级党组织要把《选编》和《学习导读》的学习纳入纪念中国共产党成立90周年的宣传教育工作之中,作为深入推进创先争优活动、学习型党组织建设的基本内容。各级党委(党组)中心组要认真组织好《选编》和《学习导读》学习。各级各类党校、行政学院和干部学院要把《选编》和《学习导读》纳入培训教学内容,各高校要把《选编》和《学习导读》作为师生理论学习材料,推动马克思主义中国化最新成果进教材、进课堂、进头脑。各级党委讲师团要围绕《选编》和《学习导读》的内容,组织好对党员干部和基层群众的宣讲活动。

各民主党派中央 全国工商联和无党派人士致信中国共产党中央委员会热烈祝贺中国共产党成立90周年

中国共产党中央委员会:

光辉历程铸伟业,风雨同舟谱新篇。在中国共产党成立90周年之际,各民主党派中央、全国工商联和无党派人士,谨向中国特色社会主义事业的坚强领导核心——中国共产党,致以最崇高的敬意和最热烈的祝贺!

90年来,中国共产党团结带领全国各族人民,为民族独立、人民解放而前仆后继、顽强拼搏,为国家富强、民族振兴而开拓进取、励精图治,为人民幸福、社会和谐而不懈奋斗、无私奉献,取得了中国革命、建设、改革事业的一个又一个伟大胜利。

中国共产党为中华民族独立解放建立了历史功勋。中国共产党是顺应历史发展潮流而产生的马克思主义政党。在长期革命斗争中,中国共产党自觉肩负起中华民族独立解放的历史重任,推翻了"三座大山",结束了中华民族百年屈辱的历史,建立了社会主义新中国。我们深切体会,只有共产党才能救中国,才能引领中国走向胜利与光明。

中国共产党为建设社会主义进行了不懈探索。新中国成立以后,面对一穷二白的社会面貌,中国共产党带领人民迅速恢复国民经济,积极组织发展生产,通过对农业、手工业和资本主义工商业的社会主义改造,顺利实现了由新民主主义到社会主义的平稳过渡。围绕什么是社会主义、怎样建设社会主义这一重大历史课题,中国共产党艰辛探索、不懈追求,不断总结正反两方面经验,努力探索中国特色社会主义发展道路。我们深切体会,中国共产党是一个追求真理、勇于担当的党,是一个与时俱进、开拓创新的党。

中国共产党实行的改革开放取得了辉煌成就。中国共产党十一届三中全会的召开,开启了改革开放历史新时期。中国共产党毫不动摇地坚持以经济建设为中心,紧紧抓住发展这个党执政兴国的第一要务,聚精会神搞建设,一心一意谋发展,推动中国特色社会主义事业不断前进。我国经济实力和综合国力极大增强,人民生活水平显著提高,国际影响力不断扩大。我们深切体会,只有在中国共产党领导下,国家才能繁荣富强,人民才能幸福安康,中华民族才能走向复兴。

中国共产党领导的多党合作事业书写了崭新篇章。1948年,各民主党派和无党派人士响应中国共产党发布的"五一口号",选择了自觉接受中国共产党的领导。新政协的召开,创立了中国共产党领导的多党合作和政治协商制度。以毛泽东同志为核心的中共第一代中央领导集体,强调共产党和民主党派要"长期共存、互相监督",确立了社会主义条件下多党合作的政治格局。以邓小平同志为核心的中共第二代中央领导集体,强调民主党派是为社会主义服务的政治力量,多党合作是我国政治制度的一个特点和优点,坚持和完善中国共产党领导的多党合作和政治协商制度成为中国特色社会主义理论和实践的重要组成部分。以江泽民同志为核心的中共第三代中央领导集体，强调要稳定多党合作的格局，将中国共产党领导的多党合作和政治协商制度载入宪法，纳入社会主义初级阶段基本纲领。以胡锦涛同志为总书记的中共中央，强调巩固和发展社会主义和谐政党关系，走中国特色政治发展道路，提出思想上同心同德、目标上同心同向、行动上同心同行是中国共产党领导的多党合作和政治协商制度最鲜明的特质。在中国共产党热情帮助和大力支持下，各民主党派思想建设、组织建设、制度建设不断推进，政治协商、民主监督、参政议政职能充分发挥。我们深切体会，中国共产党领导的多党合作和政治协商制度，在中国特色社会主义事业发展过程中发挥着重要作用，显示出强大生命力和巨大优越性。

在庆祝中国共产党90周年诞辰的时候，回顾历史，展望未来，我们坚信：没有中国共产党就没有新中国，只有中国共产党才能发展中国。我们将一如既往自觉坚持中国共产党的领导，坚定不移走中国特色社会主义道路；一如既往同中国共产党肝胆相照、荣辱与共，坚持以邓小平理论和"三个代表"重要思想为指导，深入贯彻落实科学发展观，在推动科学发展、促进社会和谐中充分发挥自身优势和作用，为完成"十二五"时期发展目标任务、夺取全面建设小康社会新胜利、实现中华民族伟大复兴作出新的更大的贡献。

衷心祝愿中国共产党再创辉煌，衷心祝愿伟大祖国繁荣昌盛！

中国国民党革命委员会中央委员会
中国民主同盟中央委员会
中国民主建国会中央委员会
中国民主促进会中央委员会
中国农工民主党中央委员会
中国致公党中央委员会
九三学社中央委员会
台湾民主自治同盟中央委员会
中华全国工商业联合会
2011年6月30日

京沪高铁正式开通

中共中央政治局常委、国务院总理温家宝在北京南站出席京沪高速铁路通车运营仪式，并乘坐首发列车G1次考察运营情况。

京沪高速铁路自北京南站至上海虹桥站，途经北京、天津、河北、山东、安徽、江苏、上海7省市，沿途24个站，最短旅行时间为4小时48分钟。京沪高速铁路全长1318公里，是世界上一次建成线路最长、标准最高的高速铁路。

解放军总参谋部通信部改编为总参谋部信息化部

"永远跟党走——庆祝中国共产党成立90周年图片展"在北京国家博物馆开幕

中共中央政治局常委、中央书记处书记、国家副主席习近平出席开幕式并参观展览。

图片展由中华全国总工会主办，分"走向光明"、"创造辉煌"、"时代先锋"、"桥梁纽带"4个部分。

"母亲水窖"项目捐赠仪式在北京举行

全国人大常委会副委员长、全国妇联主席陈至立出席，并向捐款企业颁发荣誉证书。

此次由百事基金会捐资500万美元启动的"母亲水窖"项目将为全国8个省、自治区、直辖市的农村及中小学校共计50万人提供安全饮水，包括云南、甘肃、广西、四川、重庆、贵州、青海和内蒙古。

7月1日

《人民日报》发表社论《永远为人民而奋斗——热烈庆祝中国共产党成立九十周年》

90年前，在中华民族存亡续绝的关键时刻，中国共产党诞生了。这一开天辟地的大事变，开创了中国革命的崭新面貌，把中国带向一个全新的未来。

在党的90华诞之际，回首革命战争的严峻考验、建设道路的艰辛探索、改革开放的创新实践，展望全面小康的宏伟蓝图、中国特色社会主义的壮丽篇章、民族复兴的伟大使命，8000多万党员、13亿中国人民，无不备受振奋、倍觉自豪、倍感光荣。

1921—2011。中国共产党团结带领中国人民完成了彪炳千秋的三件大事——建立了人民当家做主的新中国、确立了社会主义基本制度和建立了独立的比较完整的工业体系和国民经济体系、开创了中国特色社会主义道路。这三件大事，从根本上改变了中华民族的前途命运，决定了中国历史的发展方向，不仅使中国人民走上了幸福安康的广阔道路，更为世界经济发展和人类文明进步作出了巨大贡献。

1921—2011。中国共产党团结带领中国人民完成了震古烁今的三个转变——从半殖民地半封建社会到民族独立、人民当家做主的新社会，从新民主主义革命到社会主义革命和建设，从高度集中的计划经济体制到充满活力的社会主义市场经济体制、从封闭半封闭到全方位开放。这三个转变，不可逆转地结束了近代以来中国内忧外患交织、几近亡国灭种的悲惨境遇，不可阻挡地开启了中华民族不断发展壮大、走向伟大复兴的历史征程。

这确实是一个绝大的变化，是自有世界历史和中国历史以来无可比拟的大变化。这些变化充分证明，中国共产党的90年历史，是一部团结带领中国人民实现民族独立、人民解放和国家富强、人民幸福的奋斗史；是一部把马克思主义基本原理同中国实际和时代特征相结合、不断找到适合中国国情发展道路的探索史。

环顾世界，还有哪个政党有这样的理论勇气，在与具体实际的结合中不断推动理论的飞跃，从毛泽东思想的创立到中国特色社会主义理论体系的形成，为伟大事业提供了行动指南。浴血奋战闯出一条“农村包围城市，武装夺取政权”的革命之路，自力更生铺就一条社会主义建设之路，解放思想开启一条改革开放之路。为人民利益而奋斗，90年筚路蓝缕的探索中开辟中国特色社会主义伟大道路。

环顾世界，还有哪个政党有这样的实践能力，28年革命历程，记录一个政党的奋斗成长；30年建设岁月，见证一个民族的顽强奋进；32年改革开放，诠释一个国家的繁荣富强。为人民利益而奋斗，90年波澜壮阔的进步中书写社会主义中国辉煌篇章。

多少悲壮，多少豪迈，多少光荣。90年风雨砥砺，一个真理颠扑不破：没有共产党，就没有新中国；有了共产党，中国的面貌就焕然一新。

多少曲折，多少探索，多少奋斗。90年岁月峥嵘，一个信念更加坚定：党的根基在人民，血脉在人民，力量在人民。

办好中国的事情，关键在党。90年党的发展历程证明，我们党之所以能够成为领导中国革命、建设、改革事业的核心力量，之所以能够承担起中国人民和中华民族的历史重托，之所以能够在剧烈变动的国际国内环境中立于不败之地，根本原因就在于高度重视并不断保持马克思主义政党的先进性，就在于始终保持并不断发展与人民群众的血肉联系。全党同志须时刻谨记，只有紧紧依靠人民、相信人民，着眼人民根本利益，才能获得事业发展、社会进步的力量源泉，才能在中国社会发展进步中始终引领时代潮流。

毫无疑问，我们取得了堪称伟大辉煌的成就，但要永远牢记我们的一切成就都是广大人民共同努力、团结奋斗的结果；我们创造了足以载入史册的事业，但要永远牢记与我们的宏伟目标相比，与人民群众的要求相比，我们没有任何理由骄傲自满、故步自封。全党同志须时刻谨记，在任何时候任何情况下，与人民群众同呼吸共命运的立场不能变，全心全意为人民服务的宗旨不能忘，坚信群众是真正英雄的历史唯物主义观点不能丢。

当前，我们仍处于大有可为的重要战略机遇期，“十二五”蓝图全面展开，既面临难得的历史机遇，也面对各种风险挑战。坚决推动科学发展、加快转变经济发展方式，全面推进社会主义经济、政治、文化、社会以及生态文明建设，不断促进社会和谐、促进各民族大团结，是对我们党执政能力的考验，也是对中华民族自强能力的考验。全党同志须时刻谨记，必须将完成党的各项工作与实现人民利益统一起来，将尊重社会发展规律与尊重人民历史主体地位统一起来，将为崇高理想奋斗与为最广大人民谋利益统一起来。

面对风云变幻的国际形势，面对艰苦繁重的改革发展任务，我们必须更加坚定地将立党为公、执政为民的信念，作为指导、评价、检验一切执政活动的最高标准。到我们党成立100年时全面建设小康社会，到新中国成立100年时基本实现现代化，我们必须更加始终不渝地坚持邓小平理论、“三个代表”重要思想，深入贯彻落实科学发展观，做到发展为了人民、发展依靠人民、发展成果由人民共享。全党同志须时刻谨记，只有自强不息才能把握命运，只有与时俱进才能跟上时代，只有改革开放才能强国富民，只有艰苦奋斗才能成就伟业。

永远为人民而奋斗，我们将书写无愧于历史、无愧于先烈、无愧于时代的崭新篇章。让我们紧密地团结在以胡锦涛同志为总书记的党中央周围，不畏风险、不惧挑战，不断探索、不懈奋斗，向着中国特色社会主义事业美好前景，向着中华民族的伟大复兴，前进！

庆祝中国共产党成立90周年大会在人民大会堂举行

中共中央总书记胡锦涛在会上发表重要讲话。

中共中央政治局常委吴邦国、温家宝、贾庆林、李长春、习近平、李克强、贺国强等出席大会。

习近平宣读《中共中央关于表彰全国先进基层党组织和优秀共产党员、优秀党务工作者的决定》。决定指出，为表彰先进、弘扬正气，激励各级党组织和广大共产党员、党务工作者在改革开放和社会主义现代化建设中创先争优、建功立业，中央决定由中央组织部对近年来在工作中取得优异成绩的500个基层党组织、50名共产党员、200名党务工作者予以表彰，分别授予全国先进基层党组织、全国优秀共产党员和全国优秀党务工作者荣誉称号，并追授方永刚等13名同志全国优秀共产党员荣誉称号。

胡锦涛、吴邦国、温家宝、贾庆林、李长春、习近平、李克强、贺国强等为全国先进基层党组织和优秀共产党员、优秀党务工作者代表颁奖。

吴邦国在主持大会时强调，胡锦涛同志的重要讲话，深入总结了我们党90年的光辉历程和宝贵经验，深刻回答了新形势下加强和改进党的建设的新课题，全面阐述了坚持和发展中国特色社会主义的新要求，对我们适应新形势新任务，全面推进党的建设新的伟大工程，全面推进中国特色社会主义伟大事业，具有重大而深远的指导意义。全党全国各族人民要认真学习、深刻领会，把思想和行动统一到讲话精神上来，把讲话精神贯彻落实到党和国家各项工作中去。

中共中央总书记胡锦涛在庆祝中国共产党成立90周年大会上的讲话

同志们，朋友们：

今天，我们在这里隆重集会，同全党全国各族人民一道，庆祝中国共产党成立90周年，回顾中国发展进步的伟大历程，瞻望中国发展繁荣的光明前景。

90年前的今天，中国共产党成立了。这是中华民族发展史上开天辟地的大事变。从此，中国人民踏上了争取民族独立、人民解放的光明道路，开启了实现国家富强、人民富裕的壮丽征程。

90年来，中国共产党人和全国各族人民前赴后继、顽强奋斗，不断夺取革命、建设、改革的重大胜利。今天，一个生机盎然的社会主义中国已经巍然屹立在世界东方，13亿中国人民正在中国特色社会主义伟大旗帜指引下满怀信心走向中华民族伟大复兴。

同志们、朋友们！

1840年鸦片战争以来中国170多年的历史，概括地说就是，我们伟大的祖国经历了刻骨铭心的磨难，我们伟大的民族进行了感天动地的奋斗，我们伟大的人民创造了彪炳史册的伟业。

鸦片战争以后，中国逐步成为半殖民地半封建社会，列强对中国的侵略步步进逼，封建统治日益腐败，祖国山河破碎、战乱不已，人民饥寒交迫、备受奴役。救亡图存的民族使命迫在眉睫。争取民族独立、人民解放，实现国家富强、人民富裕，成为中国人民必须完成的历史任务。

在那个风雨如晦的年代，为改变中华民族的命运，中国人民和无数仁人志士进行了千辛万苦的探索和不屈不挠的斗争。太平天国运动，戊戌变法，义和团运动，不甘屈服的中国人民一次次抗争，但又一次次失败。孙中山先生领导的辛亥革命，结束了统治中国几千年的君主专制制度，对推动中国社会进步具有重大意义，但也未能改变中国半殖民地半封建的社会性质和中国人民的悲惨命运。

事实说明，不触动封建根基的自强运动和改良主义，旧式的农民战争，资产阶级革命派领导的革命，照搬西方资本主义的其他种种方案，都不能完成中华民族救亡图存的民族使命和反帝反封建的历史任务。要解决中国发展进步问题，必须找到能够指导中国人民进行反帝反封建革命的先进理论，必须找到能够领导中国社会变革的先进社会力量。

1921年，在马克思列宁主义同中国工人运动相结合的进程中，中国共产党应运而生。中国共产党的诞生，是近现代中国历史发展的必然产物，是中国人民在救亡图存斗争中顽强求索的必然产物。从此，中国革命有了正确前进方向，中国人民有了强大精神力量，中国命运有了光明发展前景。

90年来，我们党团结带领人民在中国这片古老的土地上，书写了人类发展史上惊天地、泣鬼神的壮丽史诗，集中体现为完成和推进了三件大事。

第一件大事，我们党紧紧依靠人民完成了新民主主义革命，实现了民族独立、人民解放。经过北伐战争、土地革命战争、抗日战争、解放战争，党和人民进行28年浴血奋战，打败日本帝国主义侵略，推翻国民党反动统治，建立了中华人民共和国。新中国的成立，使人民成为国家、社会和自己命运的主人，实现了中国从几千年封建专制制度向人民民主制度的伟大跨越，实现了中国高度统一和各民族空前团结，彻底结束了旧中国半殖民地半封建社会的历史，彻底结束了旧中国一盘散沙的局面，彻底废除了列强强加给中国的不平等条约和帝国主义在中国的一切特权。中国人从此站立起来了，中华民族发展进步从此开启了新的历史纪元。

第二件大事，我们党紧紧依靠人民完成了社会主义革命，确立了社会主义基本制度。我们创造性地实现由新民主主义到社会主义的转变，使占世界人口四分之一的东方大国进入社会主义社会，实现了中国历史上最广泛最深刻的社会变革。我们建立起独立的比较完整的工业体系和国民经济体系，积累了在中国这样一个社会生产力水平十分落后的东方大国进行社会主义建设的重要经验。

第三件大事，我们党紧紧依靠人民进行了改革开放新的伟大革命，开创、坚持、发展了中国特色社会主义。党的十一届三中全会以来，我们总结我国社会主义建设经验，同时借鉴国际经验，以巨大的政治勇气、理论勇气、实践勇气实行改革开放，经过艰辛探索，形成了党在社会主义初级阶段的基本理论、基本路线、基本纲领、基本经验，建立和完善社会主义市场经济体制，坚持全方位对外开放，推动社会主义现代化建设取得举世瞩目的伟大成就。

这三件大事，从根本上改变了中国人民和中华民族的前途命运，不可逆转地结束了近代以后中国内忧外患、积贫积弱的悲惨命运，不可逆转地开启了中华民族不断发展壮大、走向伟大复兴的历史进军，使具有5000多年文明历史的中国面貌焕然一新，中华民族伟大复兴展现出前所未有的光明前景。

90年来，中国社会发生的变革，中国人民命运发生的变化，其广度和深度，其政治影响和社会意义，在人类发展史上都是十分罕见的。

事实充分证明，在近代以来中国社会发展进步的壮阔进程中，历史和人民选择了中国共产党，选择了马克思主义，选择了社会主义道路，选择了改革开放。

事实充分证明，中国共产党不愧为伟大、光荣、正确的马克思主义政党，不愧为领导中国人民不断开创事业发展新局面的核心力量。

同志们、朋友们！

90年来，我们取得的一切成就，是一代一代中国共产党人同人民一道顽强拼搏、接续奋斗的结果。以毛泽东同志为核心的党的第一代中央领导集体团结带领全党全国各族人民，夺取了新民主主义革命的伟大胜利，确立了社会主义基本制度，为当代中国一切发展进步奠定了根本政治前提和制度基础。以邓小平同志为核心的党的第二代中央领导集体团结带领全党全国各族人民，开启了改革开放的伟大历程，吹响了建设中国特色社会主义的时代号角，开辟了社会主义事业发展新时期。以江泽民同志为核心的党的第三代中央领导集体团结带领全党全国各族人民，坚持改革开放、与时俱进，引领改革开放的航船沿着正确方向破浪前进，成功把中国特色社会主义伟大事业推向21世纪。党的十六大以来，党中央团结带领全党全国各族人民，以邓小平理论和“三个代表”重要思想为指导，深入贯彻落实科学发展观，着力推动科学发展、促进社会和谐，继续在全面建设小康社会实践中推进中国特色社会主义伟大事业。

在庆祝中国共产党成立90周年的时刻，我们深切怀念为中国革命、建设、改革，为中国共产党建立、巩固、发展作出重大贡献的毛泽东、周恩来、刘少奇、朱德、邓小平、陈云等老一辈无产阶级革命家，深切怀念为创立、捍卫、建设新中国而英勇牺牲的革命先烈，深切怀念近代以来为中华民族独立和解放而顽强奋斗的所有先驱。他们为祖国和民族建立的丰功伟绩永垂史册！

在这里，我代表中共中央，向全国广大工人、农民、知识分子，向各民主党派、各人民团体、各界爱国人士，向中国人民解放军、武警部队、公安民警，致以崇高的敬意！向香港特别行政区同胞、澳门特别行政区同胞和台湾同胞以及广大侨胞，致以诚挚的问候！向一切同中国人民友好相处，关心和支持中国革命、建设、改革事业的各国人民和朋友，表示衷心的谢意！

同志们、朋友们！

经过90年的奋斗、创造、积累，党和人民必须倍加珍惜、长期坚持、不断发展的成就是：开辟了中国特色社会主义道路，形成了中国特色社会主义理论体系，确立了中国特色社会主义制度。

中国特色社会主义道路，是实现社会主义现代化的必由之路，是创造人民美好生活的必由之路。中国特色社会主义道路，就是在中国共产党领导下，立足基本国情，以经济建设为中心，坚持四项基本原则，坚持改革开放，解放和发展社会生产力，巩固和完善社会主义制度，建设社会主义市场经济、社会主义民主政治、社会主义先进文化、社会主义和谐社会，建设富强民主文明和谐的社会主义现代化国家。

中国特色社会主义理论体系，是指导党和人民沿着中国特色社会主义道路实现中华民族伟大复兴的正确理论。我们党坚持把马克思主义基本原理同中国具体实际结合起来，在推进马克思主义中国化的历史进程中产生了两大理论成果。一大理论成果是毛泽东思想。毛泽东思想是马克思列宁主义在中国的运用和发展，系统回答了在一个半殖民地半封建的东方大国，如何实现新民主主义革命和社会主义革命的问题，并对建设什么样的社会主义、怎样建设社会主义进行了艰辛探索，以创造性的内容为马克思主义宝库增添了新的财富。另一大理论成果是中国特色社会主义理论体系。中国特色社会主义理论体系是包括邓小平理论、“三个代表”重要思想以及科学发展观等重大战略思想在内的科学理论体系，系统回答了在中国这样一个十几亿人口的发展中大国建设什么样的社会主义、怎样建设社会主义，建设什么样的党、怎样建设党，实现什么样的发展、怎样发展等一系列重大问题，是对毛泽东思想的继承和发展。

中国特色社会主义制度，是当代中国发展进步的根本制度保障，集中体现了中国特色社会主义的特点和优势。我们推进社会主义制度自我完善和发展，在经济、政治、文化、社会等各个领域形成一整套相互衔接、相互联系的制度体系。人民代表大会制度这一根本政治制度，中国共产党领导的多党合作和政治协商制度、民族区域自治制度以及基层群众自治制度等构成的基本政治制度，中国特色社会主义法律体系，公有制为主体、多种所有制经济共同发展的基本经济制度，以及建立在根本政治制度、基本政治制度、基本经济制度基础上的经济体制、政治体制、文化体制、社会体制等各项具体制度，符合我国国情，顺应时代潮流，有利于保持党和国家活力、调动广大人民群众和社会各方面的积极性、主动性、创造性，有利于解放和发展社会生产力、推动经济社会全面发展，有利于维护和促进社会公平正义、实现全体人民共同富裕，有利于集中力量办大事、有效应对前进道路上的各种风险挑战，有利于维护民族团结、社会稳定、国家统一。

面对风云变幻的国际形势，面对艰巨繁重的国内改革发展稳定任务，我们党要团结带领人民继续前进，开创工作新局面，赢得事业新胜利，最根本的就是要高举中国特色社会主义伟大旗帜，坚持和拓展中国特色社会主义道路，坚持和丰富中国特色社会主义理论体系，坚持和完善中国特色社会主义制度。

同志们、朋友们！

回顾90年中国的发展进步，可以得出一个基本结论：办好中国的事情，关键在党。

总结90年的发展历程，我们党保持和发展马克思主义政党先进性的根本点是：坚持解放思想、实事求是、与时俱进，以科学态度对待马克思主义，用发展着的马克思主义指导新的实践，坚持真理、修正错误，坚定不移走自己的路，始终保持党开拓前进的精神动力；坚持为了人民、依靠人民，诚心诚意为人民谋利益，从人民群众中汲取智慧和力量，始终保持党同人民群众的血肉联系；坚持任人唯贤、广纳人才，以事业感召、培养、造就人才，不断增加新鲜血液，始终保持党的蓬勃活力；坚持党要管党、从严治党，正视并及时解决党内存在的突出问题，始终保持党的肌体健康。

全党必须清醒地看到，在世情、国情、党情发生深刻变化的新形势下，提高党的领导水平和执政水平、提高拒腐防变和抵御风险能力，加强党的执政能力建设和先进性建设，面临许多前所未有的新情况新问题新挑战，执政考验、改革开放考验、市场经济考验、外部环境考验是长期的、复杂的、严峻的。精神懈怠的危险，能力不足的危险，脱离群众的危险，消极腐败的危险，更加尖锐地摆在全党面前，落实党要管党、从严治党的任务比以往任何时候都更为繁重、更为紧迫。

我们必须从新的实际出发，坚持以科学理论指导党的建设，以改革创新精神研究和解决党的建设面临的重大理论和实际问题，着眼于全面建设小康社会、加快推进社会主义现代化，全面认识和自觉运用马克思主义执政党建设规律，全面推进党的建设新的伟大工程，不断提高党的建设科学化水平。

在新的历史条件下提高党的建设科学化水平，必须坚持解放思想、实事求是、与时俱进，大力推进马克思主义中国化时代化大众化，提高全党思想政治水平。

90年来党的发展历程告诉我们，理论上的成熟是政治上坚定的基础，理论上的与时俱进是行动上锐意进取的前提，思想上的统一是全党步调一致的重要保证。中国共产党人坚信马克思主义基本原理是颠扑不破的科学真理，坚信马克思主义必须随着实践发展而不断丰富和发展，从来不把马克思主义看成是空洞、僵硬、刻板的教条。马克思主义，理论源泉是实践，发展依据是实践，检验标准也是实践。任何固守本本、漠视实践、超越或落后于实际生活的做法都不会得到成功。在历史上的一些时期，我们曾经犯过错误甚至遇到严重挫折，根本原因就在于当时的指导思想脱离了中国实际。我们党能够依靠自己和人民的力量纠正错误，在挫折中奋起，继续胜利前进，根本原因就在于重新恢复和坚持贯彻了实事求是。这方面的经验教训，我们党在《关于若干历史问题的决议》和《关于建国以来党的若干历史问题的决议》中进行了系统总结，我们必须牢牢记取。

实践发展永无止境，认识真理永无止境，理论创新永无止境。党和人民的实践是不断前进的，指导这种实践的理论也要不断前进。中国特色社会主义道路必将在党和人民的创造性实践中不断拓展，中国特色社会主义制度必将在深化改革、扩大开放中不断完善。这一过程必将为理论创新开辟广阔前景。在新的历史条件下坚持马克思主义，关键是要及时回答实践提出的新课题，为实践提供科学指导。我们要准确把握世界发展大势，准确把握社会主义初级阶段基本国情，深入研究我国发展的阶段性特征，及时总结党领导人民创造的新鲜经验，重点抓住经济社会发展重大问题，作出新的理论概括，永葆科学理论的旺盛生命力。

理论创新每前进一步，理论武装就跟进一步，这是我们党加强自身建设的一条重要经验。我们必须按照建设马克思主义学习型政党的要求，抓紧学习人类社会创造的一切科学的新思想新知识。全体党员、干部都要把学习作为一种精神追求，深入学习和掌握马克思列宁主义、毛泽东思想，深入学习和掌握中国特色社会主义理论体系，牢固树立辩证唯物主义和历史唯物主义世界观和方法论，真正做到学以立德、学以增智、学以创业。全党同志特别是党的各级领导干部都要不断提高思想政治水平，坚定理想信念，增强为党和人民事业不懈奋斗的自觉性和坚定性，咬定青山不放松，真正做到坚定不移、矢志不渝。

在新的历史条件下提高党的建设科学化水平，必须坚持五湖四海、任人唯贤，坚持德才兼备、以德为先用人标准，把各方面优秀人才集聚到党和国家事业中来。

90年来党的发展历程告诉我们，政治路线确定之后干部就是决定因素。坚持五湖四海、任人唯贤，是我们党性质和宗旨的必然要求。我们党除了人民利益，没有自己的特殊利益。我们党坚持这个崇高原则，为一切忠于人民、扎根人民、奉献人民的人们提供了施展才华的宽广舞台。中国特色社会主义道路能不能越走越宽广，中华民族能不能实现伟大复兴，要看能不能不断培养造就大批优秀人才，更要看能不能让各方面优秀人才脱颖而出、施展才华。

我们要以更宽的视野、更高的境界、更大的气魄，广开进贤之路，把各方面优秀干部及时发现出来、合理使用起来。要坚持把干部的德放在首要位置，选拔任用那些政治坚定、有真才实学、实绩突出、群众公认的干部，形成以德修身、以德服众、以德领才、以德润才、德才兼备的用人导向。要坚持凭实绩使用干部，让能干事者有机会、干成事者有舞台，不让老实人吃亏，不让投机钻营者得利，让所有优秀干部都能为党和人民贡献力量。

源源不断培养造就大批优秀年轻干部，是关系党和人民事业继往开来、薪火相传的根本大计。年轻干部要承担起事业重任，必须牢固树立正确的世界观、权力观、事业观，做到忠诚党的事业、心系人民群众、专心做好工作、不断完善自己。广大年轻干部要自觉到艰苦地区、复杂环境、关键岗位砥砺品质、锤炼作风、增长才干。经过艰苦复杂环境磨炼、重大斗争考验、实践证明优秀、有培养前途的大批年轻干部能够不断涌现出来，党和人民事业就大有希望。

人才是第一资源，是国家发展的战略资源。全党同志和全社会都要坚持尊重劳动、尊重知识、尊重人才、尊重创造的重大方针，牢固树立人人皆可成才的观念，敢为事业用人才，让各类人才都拥有广阔的创业平台、发展空间，使每个人都成为对祖国、对人民、对民族的有用之才，特别是要抓紧培养造就青年英才，形成人才辈出、人尽其才、才尽其用的生动局面。

在新的历史条件下提高党的建设科学化水平，必须坚持以人为本、执政为民理念，牢固树立马克思主义群众观点、自觉贯彻党的群众路线，始终保持党同人民群众的血肉联系。

90年来党的发展历程告诉我们，来自人民、植根人民、服务人民，是我们党永远立于不败之地的根本。以人为本、执政为民是我们党的性质和全心全意为人民服务根本宗旨的集中体现，是指引、评价、检验我们党一切执政活动的最高标准。全党同志必须牢记，密切联系群众是我们党的最大政治优势，脱离群众是我们党执政后的最大危险。我们必须始终把人民利益放在第一位，把实现好、维护好、发展好最广大人民根本利益作为一切工作的出发点和落脚点，做到权为民所用、情为民所系、利为民所谋，使我们的工作获得最广泛最可靠最牢固的群众基础和力量源泉。

每一个共产党员都要把人民放在心中最高位置，尊重人民主体地位，尊重人民首创精神，拜人民为师，把政治智慧的增长、执政本领的增强深深扎根于人民的创造性实践之中。要高度重视并切实做好新形势下群众工作，坚持问政于民、问需于民、问计于民，真诚倾听群众呼声，真实反映群众愿望，真情关心群众疾苦，依法保障人民群众经济、政治、文化、社会等各项权益。只有我们把群众放在心上，群众才会把我们放在心上；只有我们把群众当亲人，群众才会把我们当亲人。各级党政机关和干部要坚持工作重心下移，经常深入实际、深入基层、深入群众，做到知民情、解民忧、暖民心。要把基层一线作为培养锻炼干部的基础阵地，引导干部在同群众朝夕相处中增进对群众的思想感情、增强服务群众本领。要把服务群众、做群众工作作为基层党组织的核心任务和基层干部的基本职责，使基层党组织成为推动发展、服务群众、凝聚人心、促进和谐的坚强战斗堡垒。

在新的历史条件下提高党的建设科学化水平，必须坚持标本兼治、综合治理、惩防并举、注重预防的方针，深入开展党风廉政建设和反腐败斗争，始终保持马克思主义政党的先进性和纯洁性。

90年来党的发展历程告诉我们，坚决惩治和有效预防腐败，关系人心向背和党的生死存亡，是党必须始终抓好的重大政治任务。我们党对长期执政条件下滋生腐败的严重性和危险性，对改革开放和社会主义现代化建设全过程都要反对腐败，认识是清醒的。我们党旗帜鲜明、一以贯之反对腐败，反腐倡廉建设不断取得新的明显进展，为推进改革开放和社会主义现代化建设提供了重要保障。同时，反腐败斗争形势依然严峻、任务依然艰巨。如果腐败得不到有效惩治，党就会丧失人民信任和支持。全党必须警钟长鸣，充分认识反腐败斗争的长期性、复杂性、艰巨性，把反腐倡廉建设摆在更加突出的位置，以更加坚定的信心、更加坚决的态度、更加有力的举措推进惩治和预防腐败体系建设，坚定不移把反腐败斗争进行到底。

各级领导干部都要牢记，我们手中的权力是人民赋予的，只能用来为人民谋利益。行使权力就必须为人民服务、对人民负责并自觉接受人民监督，决不能把权力变成牟取个人或少数人私利的工具。各级干部都要自重、自省、自警、自励，讲党性、重品行、作表率，做到立身不忘做人之本、为政不移公仆之心、用权不谋一己之私，永葆共产党人政治本色。

在新的历史条件下提高党的建设科学化水平，必须坚持用制度管权管事管人，健全民主集中制，不断推进党的建设制度化、规范化、程序化。

90年来党的发展历程告诉我们，建设好、管理好一个有几千万党员的大党，制度更带有根本性、全局性、稳定性、长期性。必须始终把制度建设贯穿党的思想建设、组织建设、作风建设和反腐倡廉建设之中，坚持突出重点、整体推进，继承传统、大胆创新，构建内容协调、程序严密、配套完备、有效管用的制度体系。

推进党的制度建设，要坚持以党章为根本、以民主集中制为核心，坚持和完善党的领导制度，改革和完善党的领导方式和执政方式，发展党内民主，积极稳妥推进党务公开，保障党员主体地位和民主权利，完善党代表大会制度和党内选举制度，完善党内民主决策机制，保障党的团结统一，增强党的创造活力，坚决克服违反民主集中制原则的个人独断专行和软弱涣散现象。全党同志都要牢固树立法律面前人人平等、制度面前没有特权、制度约束没有例外的观念，认真学习制度，严格执行制度，自觉维护制度。

总之，只要全党同志常怀忧党之心、恪尽兴党之责，以更加奋发有为的精神状态推进党的建设，我们党就一定能够更好把握历史大势、勇立时代潮头、引领社会进步。

同志们、朋友们！

中国共产党自诞生之日起就勇敢担当起团结带领人民实现中华民族伟大复兴的历史使命。继续推动中华民族伟大复兴进程，必须始终坚持党的基本路线不动摇，继续解放思想，坚持改革开放，推动科学发展，促进社会和谐，在新的历史起点上把中国特色社会主义伟大事业全面推向前进。

面向未来，全党同志必须牢记，我国过去30多年的快速发展靠的是改革开放，我国未来发展也必须坚定不移依靠改革开放。新时期最鲜明的特点是改革开放。改革开放是党在新的历史条件下领导人民进行的新的伟大革命，是决定当代中国命运的关键抉择，是坚持和发展中国特色社会主义、实现中华民族伟大复兴的必由之路。只有改革开放才能发展中国、发展社会主义、发展马克思主义。当前，世情、国情、党情继续发生深刻变化，我国发展中不平衡、不协调、不可持续问题突出，制约科学发展的体制机制障碍躲不开、绕不过，必须通过深化改革加以解决。我们一定要坚定不移坚持党的十一届三中全会以来的路线方针政策，坚定信心、砥砺勇气，坚持不懈把改革创新精神贯彻到治国理政各个环节，奋力把改革开放推向前进。要坚持社会主义市场经济的改革方向，提高改革决策的科学性，增强改革措施的协调性，找准深化改革开放的突破口，明确深化改革开放的重点，不失时机地推进重要领域和关键环节改革，继续推进经济体制、政治体制、文化体制、社会体制改革创新，继续解放和发展社会生产力，继续推动我国社会主义制度自我完善和发展，坚决破除一切妨碍科学发展的思想观念和体制机制弊端，为推进中国特色社会主义事业注入强大动力。

在前进道路上，我们要继续牢牢扭住经济建设这个中心不动摇，坚定不移走科学发展道路。

以经济建设为中心是兴国之要，是我们党、我们国家兴旺发达、长治久安的根本要求。只有推动经济又好又快发展，才能筑牢国家发展繁荣的强大物质基础，才能筑牢全国各族人民幸福安康的强大物质基础，才能筑牢中华民族伟大复兴的强大物质基础。改革开放30多年来，我们坚持以经济建设为中心，推动社会生产力以前所未有的速度发展起来，这是我国综合国力、人民生活水平、国际地位大幅度提升的根本原因。今后，我们必须继续牢牢坚持发展是硬道理的战略思想，牢牢扭住经济建设这个中心，决不能有丝毫动摇。

生产力是人类社会发展的根本动力。我们党是以中国先进生产力的代表登上历史舞台的。党的一切奋斗，归根到底都是为了解放和发展社会生产力，不断改善人民生活。我们已经取得了举世瞩目的伟大成就，但我国仍处于并将长期处于社会主义初级阶段的基本国情没有变，人民日益增长的物质文化需要同落后的社会生产之间的矛盾这一社会主要矛盾没有变，我国是世界上最大的发展中国家的国际地位没有变。发展仍然是解决我国所有问题的关键。牢牢抓住和用好我国发展的重要战略机遇期，是我们赢得主动、赢得优势、赢得未来的关键所在，是对我们党执政能力的重大考验，也是对我们民族自强能力的重大考验。我们必须继续聚精会神搞建设、一心一意谋发展，不断夯实坚持和发展中国特色社会主义的物质基础。

在当代中国，坚持发展是硬道理的本质要求就是坚持科学发展。我们要以科学发展为主题，以加快转变经济发展方式为主线，更加注重以人为本，更加注重全面协调可持续发展，更加注重统筹兼顾，更加注重改革开放，更加注重保障和改善民生，加快经济结构战略性调整，加快科技进步和创新，加快建设资源节约型、环境友好型社会，促进社会公平正义，促进经济长期平稳较快发展和社会和谐稳定，不断在生产发展、生活富裕、生态良好的文明发展道路上取得新的更大的成绩，不断为全面建成小康社会、实现中华民族伟大复兴打下更为坚实的基础。

在前进道路上，我们要继续大力推进社会主义民主政治建设，坚定不移走中国特色社会主义政治发展道路。

人民民主是中国共产党始终高扬的光辉旗帜。改革开放以来，我们党总结发展社会主义民主的正反两方面经验，明确提出没有民主就没有社会主义，就没有社会主义现代化，人民当家做主是社会主义民主政治的本质和核心。我们坚持推进政治体制改革，在发展社会主义民主政治方面取得了重大进展。我们废除了实际上存在的领导干部职务终身制，确保了国家政权机关和领导人员有序更替。我们不断扩大人民有序政治参与，人民实现了内容广泛的当家做主。我们坚持和完善中国共产党领导的多党合作，深入开展政治协商、民主监督、参政议政，发展最广泛的爱国统一战线。我们建立健全深入了解民情、充分反映民意、广泛集中民智、切实珍惜民力的决策机制，保证决策符合人民利益和愿望。我们建立健全广纳群贤、人尽其才、能上能下、充满活力的用人机制，为各方面优秀人才建功立业开辟了广阔渠道。我们形成了中国特色社会主义法律体系，我们党自觉在宪法和法律范围内活动，支持人大、政府、政协、司法机关等依照法律和各自章程独立负责、协调一致开展工作。我们建立健全权力运行制约和监督体系，保证党和国家机关按照法定权限和程序行使权力。事实充分证明，我国社会主义民主政治具有强大生命力，中国特色社会主义政治发展道路是保证人民当家做主的正确道路。

同时，我们也要看到，我国社会主义民主法制建设与扩大人民民主和促进经济社会发展的要求还不完全适应，社会主义民主政治的具体制度方面还存在不完善的地方，在保障人民民主权利、发挥人民创造精神方面还存在不足。随着中国特色社会主义事业持续推进，我国社会主义民主政治建设需要也必然会继续向前推进。

发展社会主义民主政治，必须坚持中国特色社会主义政治发展道路，关键是要坚持党的领导、人民当家做主、依法治国有机统一。我们要积极稳妥推进政治体制改革，以保证人民当家做主为根本，以增强党和国家活力、调动人民积极性为目标，扩大社会主义民主，建设社会主义法治国家，发展社会主义政治文明。要坚持发挥党总揽全局、协调各方的领导核心作用，提高党科学执政、民主执政、依法执政水平，保证党领导人民有效治理国家。要坚持国家一切权力属于人民，健全民主制度，丰富民主形式，拓宽民主渠道，保证人民依法实行民主选举、民主决策、民主管理、民主监督。要全面落实依法治国基本方略，在全社会大力弘扬社会主义法治精神，不断推进科学立法、严格执法、公正司法、全民守法进程，实现国家各项工作法治化。总之，我们要不断推进社会主义民主政治制度化、规范化、程序化，进一步把我国社会主义政治制度的优越性发挥出来，为党和国家兴旺发达、长治久安提供更加完善的制度保障。

在前进道路上，我们要继续大力推动社会主义文化大发展大繁荣，坚定不移发展社会主义先进文化。

社会主义先进文化是马克思主义政党思想精神上的旗帜。面对当今文化越来越成为综合国力竞争重要因素的新形势，我们必须以高度的文化自觉和文化自信，着眼于提高民族素质和塑造高尚人格，以更大力度推进文化改革发展，在中国特色社会主义伟大实践中进行文化创造，让人民共享文化发展成果。

要坚持发展面向现代化、面向世界、面向未来的，民族的科学的大众的社会主义文化，推动社会主义先进文化更加深入人心，推动社会主义精神文明和物质文明全面发展，不断开创全民族文化创造活力持续迸发、社会文化生活更加丰富多彩、人民基本文化权益得到更好保障、人民思想道德素质和科学文化素质全面提高的新局面，建设中华民族共有精神家园。

发展社会主义先进文化，必须把社会主义核心价值体系建设融入国民教育、精神文明建设和党的建设全过程。要坚持用马克思主义中国化最新成果武装全党、教育人民，引导广大干部群众深刻领会党的理论创新成果，坚定理想信念。要在全体人民中大力弘扬以爱国主义为核心的民族精神和以改革创新为核心的时代精神，增强民族自尊心、自信心、自豪感，激励全党全国各族人民为实现中华民族伟大复兴而团结奋斗。要坚持用社会主义荣辱观引领社会风尚，深入推进社会公德、职业道德、家庭美德、个人品德建设，加强对青少年的德育培养，在全社会形成积极向上的精神追求和健康文明的生活方式。要加快文化体制改革，加快构建公共文化服务体系，加快发展文化事业和文化产业。要着眼于推动中华文化走向世界，形成与我国国际地位相对称的文化软实力，提高中华文化国际影响力。中华民族创造了源远流长、博大精深的中华文化，中华民族也一定能够在弘扬中华优秀传统文化的基础上创造出中华文化新的辉煌。

在前进道路上，我们要继续大力保障和改善民生，坚定不移推进社会主义和谐社会建设。

保障和改善民生，促进社会和谐，是实现全面建设小康社会宏伟目标的必然要求。我们必须从维护最广大人民根本利益和实现国家长治久安的战略高度抓好社会建设，推动社会建设与经济建设、政治建设、文化建设协调发展。

推进社会建设，要以保障和改善民生为重点，着力解决好人民最关心最直接最现实的利益问题。要坚持发展为了人民、发展依靠人民、发展成果由人民共享，完善保障和改善民生的制度安排，把促进就业放在经济社会发展优先位置，加快发展教育、社会保障、医药卫生、保障性住房等各项社会事业，推进基本公共服务均等化，加大收入分配调节力度，坚定不移走共同富裕道路，努力使全体人民学有所教、劳有所得、病有所医、老有所养、住有所居。

正确处理改革发展稳定关系，实现改革发展稳定的统一，是关系我国社会主义现代化建设全局的重要指导方针。发展是硬道理，稳定是硬任务；没有稳定，什么事情也办不成，已经取得的成果也会失去。这个道理，不仅全党同志要牢记在心，还要引导全体人民牢记在心。

当代中国正经历着空前广泛的社会变革。这种变革在给我国发展进步带来巨大活力的同时，也必然带来这样那样的矛盾和问题。社会矛盾运动是推动社会发展的基本力量。我们要遵循社会发展规律，主动正视矛盾，妥善处理人民内部矛盾和其他社会矛盾，不断为减少和化解矛盾培植物质基础、增强精神力量、完善政策措施、强化制度保障，最大限度激发社会活力，最大限度增加和谐因素，最大限度减少不和谐因素。要加强和创新社会管理，完善党委领导、政府负责、社会协同、公众参与的社会管理格局，建设中国特色社会主义社会管理体系，全面提高社会管理科学化水平，确保人民安居乐业、社会和谐稳定。

巩固的国防和强大的军队，是国家主权、安全、领土完整的坚强后盾。我们必须统筹经济建设和国防建设，走中国特色军民融合式发展路子，在全面建设小康社会进程中实现富国和强军的统一。要着眼全面履行新世纪新阶段军队历史使命，以推动国防和军队科学发展为主题，以加快转变战斗力生成模式为主线，全面加强军队革命化、现代化、正规化建设，坚持党对军队绝对领导的根本原则和人民军队的根本宗旨，培育当代革命军人核心价值观，拓展和深化军事斗争准备，积极开展信息化条件下军事训练，提高国防科技和武器装备自主创新能力，加快全面建设现代后勤步伐，抓紧培养高素质新型军事人才，积极稳妥推进国防和军队改革，坚持依法治军、从严治军，全面提高以打赢信息化条件下局部战争能力为核心的完成多样化军事任务能力。要加快建设现代化武装警察力量。要深化全民国防教育，加强国防动员和后备力量建设，巩固和发展军政军民团结。

我们要一如既往坚持“一国两制”、“港人治港”、“澳人治澳”、高度自治的方针，全力支持香港特别行政区政府、澳门特别行政区政府依法施政、发展经济、改善民生，推进香港、澳门同内地的交流合作，团结一切爱国爱港、爱国爱澳力量，保持香港、澳门长期繁荣稳定。我们要牢牢把握两岸关系和平发展主题，全面深化两岸交流合作，扩大两岸各界往来，共同反对和遏制“台独”分裂活动，为两岸同胞谋幸福，为中华民族创未来。

同志们、朋友们！

环顾全球，和平、发展、合作的时代潮流没有变，但世界和平与发展面临诸多挑战。共同分享发展机遇，共同应对各种风险，推动建设持久和平、共同繁荣的和谐世界，是各国人民的共同愿望。

中国共产党和中国人民历来是促进世界和平与发展的积极力量。为人类作出应有贡献，是中国共产党和中国人民早就作出的庄严承诺。我们将坚持不懈为人类和平与发展的崇高事业作出自己的努力，争取对人类作出新的更大的贡献。

中国外交政策的宗旨是维护世界和平、促进共同发展。我们将继续坚持独立自主的和平外交政策，始终不渝走和平发展道路，始终不渝奉行互利共赢的开放战略，在和平共处五项原则的基础上同所有国家发展友好合作，维护发展中国家正当要求和共同利益，积极参与多边事务，推动国际政治经济秩序朝着更加公正合理的方向发展。我们将坚定不移实行对外开放的基本国策，完善开放型经济体系，全面提高开放型经济水平，加强同世界各国的互利合作，继续以自己的和平发展促进各国共同发展。

中国共产党将在独立自主、完全平等、相互尊重、互不干涉内部事务原则的基础上，同各国各地区政党和政治组织发展交流合作，相互学习借鉴治国理政经验，促进国家关系发展。

同志们、朋友们！

回顾我们党90年的发展历程，我们有一个共同的感觉，这就是，我们党从成立之日起，就始终代表广大青年、赢得广大青年、依靠广大青年。我们党的创始人之一李大钊说过，为世界进文明，为人类造幸福，以青春之我，创建青春之人类。我们党的创始人，一代又一代中国共产党人，大多数都是从青年时代就满腔热血参加了党，决心为党和人民奋斗终生。我们党的队伍里始终活跃着怀抱崇高理想、充满奋斗激情的青年人，这是我们党历经90年风雨而依然保持蓬勃生机的一个重要保证。青年是祖国的未来、民族的希望，也是我们党的未来和希望。全党都要关注青年、关心青年、关爱青年，倾听青年心声，鼓励青年成长，支持青年创业。党对青年寄予厚望，人民对青年寄予厚望。全国广大青年一定要深刻了解近代以来中国人民和中华民族不懈奋斗的光荣历史和伟大历程，永远热爱我们伟大的祖国，永远热爱我们伟大的人民，永远热爱我们伟大的中华民族，坚定理想信念，增长知识本领，锤炼品德意志，矢志奋斗拼搏，在人生的广阔舞台上充分发挥聪明才智、尽情展现人生价值，让青春在为党和人民建功立业中焕发出绚丽光彩。

同志们、朋友们！

90年前，中国共产党只有几十个成员，国家贫穷落后，人民苦不聊生。今天，中国共产党已经拥有8000多万党员，国家繁荣昌盛，人民幸福安康。90年来，我们党取得的所有成就都是依靠人民共同奋斗的结果，人民是真正的英雄，这一点我们永远不能忘记。

我们完全有理由为党和人民取得的一切成就而自豪，但我们没有丝毫理由因此而自满，我们决不能也决不会躺在过去的功劳簿上。

在本世纪上半叶，我们党要团结带领人民完成两个宏伟目标，这就是到中国共产党成立100年时建成惠及十几亿人口的更高水平的小康社会，到新中国成立100年时建成富强民主文明和谐的社会主义现代化国家。我们肩膀上的担子重、责任大。全党同志要牢记历史使命，永远保持谦虚、谨慎、不骄、不躁的作风，永远保持艰苦奋斗的作风，勇于变革、勇于创新，永不僵化、永不停滞，不动摇、不懈怠、不折腾，不为任何风险所惧，不被任何干扰所惑，坚定不移沿着中国特色社会主义道路奋勇前进，更加奋发有为地团结带领全国各族人民创造自己的幸福生活和中华民族的美好未来！

全国政协主席贾庆林在辽宁大连调研

7月1日至2日，贾庆林来到辽宁省大连市，深入工厂企业、港口码头，就加快转变经济发展方式、推动东北地区等老工业基地全面振兴进行调查研究。

在大连船舶重工集团，贾庆林指出，装备制造业产业关联度高、服务功能强、技术资金密集，是各行业产业升级、技术进步的重要保障和国家综合实力的集中体现。要按照"十二五"规划的要求，坚持走中国特色新型工业化道路，大力振兴装备制造业，着力突破和掌握关键核心技术和前沿技术，加快打造世界级的一流企业和知名品牌，为振兴东北地区等老工业基地、建设创新型国家奠定坚实的基础。要着力推进装备制造业优化升级，大力改造提升传统制造业，加快发展高端制造业，促进制造业由大变强。着力增强自主创新能力，高度重视科技人才的培养和引进，深化体制机制改革，切实搞好产学研相结合，力争在首台首套研制和产业化上实现突破，使经济发展更多地依靠科技创新驱动。着力加快"走出去"步伐，鼓励和支持有条件的企业兼并重组境外企业和研发机构，有序向境外转移成熟技术装备和产能，培育具有国际知名度和影响力的大型跨国企业，建立和完善支持企业"走出去"的政策和服务体系，努力提升产业国际竞争力。

在中国一重大连加氢反应器制造有限公司，贾庆林强调，绿色制造作为一种现代制造模式，综合考虑了环境影响和资源效率，是制造业和绿色理念的有机结合。发展绿色制造业，要求生产过程和产品都是绿色的，有了绿色的装备就为用户实现节能降耗提供了基本条件。要积极推进绿色设计和制造工艺，提供节能、节水、节材、智能化的高附加值产品，推广回收再生和循环再利用技术，延伸再制造产业链，提高能源资源利用效率，增强可持续发展能力，为建设资源节约型、环境友好型社会作出不懈努力。

贾庆林强调，各级党委要认真贯彻落实中央有关文件精神，更加注重加强对统一战线和人民政协的领导，更加注重发挥统战、政协资源的独特优势和作用，更加注重统筹解决统战、政协工作中的重大问题，为统一战线和人民政协履行职能创造更好的环境和条件。各级政协组织和统战部门要自觉地把思想和行动统一到中央的决策部署上来，多谋促进科学发展的大事，多做维护社会和谐稳定的好事，多办保障和改善民生的实事，为实现全面建设小康社会的宏伟目标作出新的更大贡献。

全国政协副主席兼秘书长钱运录参加了调研。

纪念中国共产党成立90周年理论研讨会在北京举行

7月1日至2日，中央组织部、中央宣传部、中央党校、中央文献研究室、中央党史研究室、教育部、中国社会科学院、解放军总政治部在京联合召开纪念中国共产党成立90周年理论研讨会。中共中央政治局常委李长春出席研讨会并作重要讲话。

李长春在讲话中指出，90年来我们党始终高度重视理论建设，重视发挥科学理论对事业发展的强有力指导作用。我们党的90年，是在风云激荡中高举马克思主义伟大旗帜，在风险考验中坚定马克思主义政治信仰，始终坚持和不断巩固马克思主义指导地位的90年；是把马克思主义基本原理与中国实际相结合，创造性地解决中国革命、建设和改革的一系列重大问题，推动党和国家事业不断胜利前进的90年；是坚持用科学理论武装全党，以思想建设引领推动党的建设，始终保持和发展党的先进性的90年；是尊重人民首创精神，在人民的历史创造中进行理论创造，不断赋予马克思主义以勃勃生机和活力的90年；是高度重视理论人才队伍建设，团结凝聚一大批理论工作者，不断发展壮大马克思主义理论队伍的90年。90年来，党的理论工作积累了很多成功经验，要很好地坚持，并结合新的实践不断发扬光大。

李长春强调，当今世界正处于大发展大变革大调整时期，我国改革开放和社会主义现代化建设进入新的关键时期。世情国情党情的发展变化，对理论工作提出新的更高要求。广大理论工作者要进一步增强责任感使命感，始终围绕党和国家工作大局，着力推进马克思主义中国化时代化大众化，在新的历史起点上开创党的理论建设新局面。牢牢把握理论武装这个首要任务，坚持不懈地抓好中国特色社会主义理论体系的学习教育，用当代中国马克思主义凝聚起团结奋斗的强大力量。牢牢把握党和国家事业发展的主题，进一步发挥思想库和智囊团的作用，为推动科学发展提供有力理论支撑。牢牢把握服务人民这个宗旨，深入回答广大群众普遍关注的热点问题，用党的理论创新成果引导和动员群众。牢牢把握坚持改革创新的要求，立足中国特色社会主义伟大实践进行新的理论创造，深化对中国特色社会主义道路的研究和阐释，努力形成具有中国特色、中国风格、中国气派的学术话语体系，不断增强当代中国马克思主义的说服力、吸引力和凝聚力。牢牢把握人才培养这个根本，大力推进理论人才队伍建设，着力造就一支宏大的、高素质的马克思主义理论队伍。要在加强对深化改革开放的研究上取得重要成果，在加强对加快转变经济发展方式、贯彻落实"十二五"规划的研究上取得重要成果，在加强对中国特色社会主义政治发展道路的研究上取得重要成果，在加强对深化文化体制改革、推动社会主义文化大发展大繁荣的研究上取得重要成果，在加强对创新社会建设和管理的研究上取得重要成果，在加强对党的建设的研究上取得重要成果，为夺取全面建设小康社会新胜利、开创中国特色社会主义事业新局面作出新的贡献。

中共中央政治局委员、中央书记处书记、中央宣传部部长刘云山主持会议，中共中央政治局委员、国务委员刘延东，中共中央政治局委员、中央书记处书记、中央组织部部长李源潮，全国政协副主席、中国社会科学院院长陈奎元出席。

研讨会主办单位主要负责同志，中央宣传思想工作领导小组成员，入选论文作者，理论界特邀代表，各省区市和新疆生产建设兵团党委宣传部主要负责同志，中央直属机关工委、中央国家机关工委和解放军总政治部宣传部负责同志，约230人参加会议。

中办发出通知要求各地区各部门认真学习贯彻胡锦涛同志在庆祝中国共产党成立90周年大会上的重要讲话精神

中共中央发出《关于表彰全国先进基层党组织和优秀共产党员优秀党务工作者的决定》

中国共产党走过了90年波澜壮阔的光辉历程。90年来，中国共产党团结带领全国各族人民前仆后继、英勇奋斗，取得了新民主主义革命的伟大胜利，建立了人民当家做主的新中国；确立了社会主义基本制度，实现了中国社会变革和历史进步的巨大飞跃；实行改革开放，开辟了中国特色社会主义道路，为中华民族伟大复兴打开了前所未有的光明前景。在中国革命、建设、改革的历史进程中，各级党组织和广大共产党员顽强拼搏、艰苦奋斗，忘我工作、无私奉献，充分发挥战斗堡垒和先锋模范作用，书写了可歌可泣的壮丽篇章，为党和人民的事业作出了重要贡献。

党的十七大以来，在以胡锦涛同志为总书记的党中央坚强领导下，全党高举中国特色社会主义伟大旗帜，带领人民从新的历史起点出发，求真务实，锐意进取，继续全面建设小康社会、加快推进社会主义现代化，在中国特色社会主义伟大征程上迈出了新步伐、取得了新胜利，涌现出一大批先进基层党组织和优秀共产党员、优秀党务工作者。在纪念中国共产党成立90周年之际，为了表彰先进、弘扬正气，激励各级党组织和广大共产党员、党务工作者在改革开放和社会主义现代化建设中创先争优、建功立业，中央决定：由中央组织部对大庆油田党委等500个基层党组织、孙家栋等50名共产党员、王家元等200名党务工作者予以表彰，分别授予"全国先进基层党组织"、"全国优秀共产党员"和"全国优秀党务工作者"荣誉称号；同时，追授方永刚等13名同志"全国优秀共产党员"荣誉称号。

这次表彰的先进集体和优秀个人,是各条战线党组织和共产党员、党务工作者的优秀代表。他们的先进事迹和崇高精神,集中体现了中国共产党作为马克思主义政党的先进性,体现了当代中国共产党人的先进性。中央号召,各级党组织要向受表彰的先进基层党组织学习,坚决贯彻执行党的基本理论、基本路线、基本纲领、基本经验,切实履行党章规定的各项职责,坚持围绕中心、服务大局,坚持以人为本、执政为民,坚持和健全民主集中制,大力加强领导班子和党员队伍建设,充分发挥推动发展、服务群众、凝聚人心、促进和谐的作用,努力开创各项工作的新局面。广大共产党员和党务工作者要以受表彰的优秀共产党员、优秀党务工作者为榜样,加强学习、坚定信念,自觉用中国特色社会主义理论体系武装头脑,增强走中国特色社会主义道路的自觉性和坚定性;牢记宗旨、心系群众,进一步加强与人民群众的联系,真心实意地为群众谋利益;勤奋工作、甘于奉献,以强烈的事业心和责任感做好本职工作,努力创造一流的业绩;严守纪律、弘扬正气,模范遵守党纪国法,带头践行社会主义荣辱观,永葆共产党人的政治本色。中央希望,受表彰的先进集体和优秀个人珍惜荣誉、再接再厉,为党和人民的事业作出新的更大贡献。

当前,我国正处在全面建设小康社会的关键时期和深化改革开放、加快转变经济发展方式的攻坚时期。全党同志要紧密团结在以胡锦涛同志为总书记的党中央周围,以邓小平理论和“三个代表”重要思想为指导,深入贯彻落实科学发展观,解放思想、开拓奋进,为实现“十二五”时期经济社会发展目标、夺取全面建设小康社会新胜利、开创中国特色社会主义事业新局面而不懈奋斗!

全国先进基层党组织、优秀共产党员、优秀党务工作者和追授的全国优秀共产党员名单(略)

全国铁路实行新的列车运行图

本次调图后,全国铁路将开行旅客列车2128.5对,比现图增加195对,客座总能力将达到401.3万,比现图增加35.1万,铁路客运能力增长9.6%,货运能力增长6%。

解放军总政治部发出通知要求全军和武警部队认真学习贯彻胡锦涛总书记在庆祝中国共产党成立90周年大会上发表的重要讲话

国防部部长梁光烈在八一大楼会见罗马尼亚海军参谋长奥雷尔·波帕一行

“蛟龙”号再次起航冲击5000米深度纪录

作为国家高技术研究发展计划(“863”计划)重大专项,中国“蛟龙”号载人潜水器由母船载运,从江苏江阴起航,开始执行为期约47天的5000米级海上试验任务。

7月2日

中共中央总书记胡锦涛在中南海会见全国先进基层党组织和优秀共产党员优秀党务工作者代表

全国先进基层党组织和优秀共产党员优秀党务工作者代表纪念建党90周年座谈会在中南海召开

中共中央政治局常委、中央书记处书记、国家副主席习近平参加座谈会。习近平在讲话中指出,胡锦涛同志在庆祝中国共产党成立90周年大会上的讲话,科学总结了我们党90年的奋斗业绩,深刻揭示了我们党90年来保持和发展马克思主义政党先进性必须坚持的根本点,提出了新的形势下提高党的建设科学化水平和全面推进中国特色社会主义伟大事业的主要任务,为加强和改进党的建设、加快推进社会主义现代化建设提供了根本指针。各级党组织和广大党员要认真学习、深刻领会这一重要讲话,把思想和行动统一到讲话精神上来,把智慧和力量凝聚到实现党的宏伟目标上来。

习近平指出,中国共产党90年来所以能够取得革命、建设、改革的辉煌成就,是同广大基层党组织和共产党员充分发挥作用密不可分的。在群众中,一个先进基层党组织就是一个坚强战斗堡垒,一名优秀共产党员就是一面闪光的旗帜。全国基层党组织都要向这次受到表彰的先进集体学习,围绕中心、服务大局,扎实工作、锐意进取,努力成为推动发展、服务群众、凝聚人心、促进和谐的坚强战斗堡垒。广大共产党员和党务工作者都要以受表彰的优秀个人为榜样,立足岗位、创先争优,把共产党人的先进性在推动科学发展、促进社会和谐的实践中充分发挥出来。

习近平强调,共产党员要志存高远,胸怀共产主义远大目标,并把这种远大理想落实到脚踏实地、扎扎实实做好当前的本职工作上,始终保持良好的精神状态,敢于面对矛盾和问题,矢志不渝地为中国特色社会主义事业不懈奋斗,努力成为坚定理想信念的先锋模范;要把全心全意为人民服务作为毕生的价值追求,坚持以人为本、执政为民理念,做到一切为了群众、一切依靠群众、一切服务群众,诚心诚意为人民谋利益,努力成为牢记党的根本宗旨的先锋模范;要坚持把创先争优作为一种理念融入思想、作为一种动力融入工作、作为一种追求融入人生，爱岗敬业、勇于进取，努力成为创造一流业绩的先锋模范；要始终弘扬党的优良传统，始终保持谦虚、谨慎、不骄、不躁的作风，始终保持艰苦奋斗的作风，坚持培养高尚道德情操、砥砺优良道德品质、树立崇高道德形象，努力成为实践社会主义核心价值体系的先锋模范。

习近平还对各级党组织教育培养、关心帮助党员和正确引导党员充分发挥先锋模范作用提出明确要求。

座谈会由中共中央政治局委员、中央书记处书记、中央组织部部长李源潮主持。

国办印发《关于进一步加强乡村医生队伍建设的指导意见》

各省、自治区、直辖市人民政府，国务院各部委、各直属机构：

乡村医生是具有中国特色、植根广大农村的卫生工作者，长期以来在维护广大农村居民健康方面发挥着难以替代的作用。随着农村经济体制改革和医改工作的深入推进，乡村医生队伍发展遇到了新的情况和问题。为确保农村医疗卫生服务"网底"不破，保障广大农村居民基本医疗和公共卫生服务的公平性、可及性，根据深化医药卫生体制改革的有关精神，经国务院同意，现就进一步加强乡村医生队伍建设提出以下指导意见：

一、总体要求

按照保基本、强基层、建机制的要求，从实际出发，明确乡村医生职责，改善执业场所，实现村卫生室和乡村医生全覆盖；将村卫生室纳入基本药物制度和新型农村合作医疗（以下简称新农合）门诊统筹实施范围，完善乡村医生补偿、养老政策，健全培养培训制度，规范执业行为，强化管理指导，提高乡村医生服务水平，为农村居民提供安全有效、方便价廉的基本医疗卫生服务。

二、明确乡村医生职责

乡村医生（包括在乡村执业的执业医师、执业助理医师，下同）主要为农村居民提供公共卫生和基本医疗服务，包括在专业公共卫生机构和乡镇卫生院的指导下，按照服务标准和规范开展基本公共卫生服务；协助专业公共卫生机构落实重大公共卫生服务项目，按规定及时报告传染病疫情和中毒事件，处置突发公共卫生事件等；使用适宜药物、适宜技术和中医药方法为农村居民提供常见病、多发病的一般诊治，将超出诊治能力的患者及时转诊到乡镇卫生院及县级医疗机构；受卫生行政部门委托填写统计报表，保管有关资料，开展宣传教育和协助新农合筹资等工作。

三、实现村卫生室和乡村医生全覆盖

（一）明确村卫生室规划设置和建设标准。县级卫生行政部门根据区域卫生规划和医疗机构设置规划，综合考虑服务人口、居民需求以及地理条件等因素，合理规划村卫生室设置。原则上每个行政村设置1所村卫生室，人口较多或者居住分散的行政村可酌情增设；乡镇卫生院所在地的行政村原则上不设村卫生室。

村卫生室可以由乡村医生联办、个体举办，或者由政府、集体或单位举办，经县级卫生行政部门批准后设立。村卫生室的用房和基本设备按照国家规定的标准配备。各地要采取公建民营、政府补助等多种方式，支持村卫生室的房屋建设和设备购置。

（二）合理配置乡村医生。乡村医生可在村医疗卫生机构执业（包括村卫生室及按照国家有关规定开办的诊所等其他医疗卫生机构）。在村卫生室执业的乡村医生由县级卫生行政部门会同有关部门考核确定，原则上每千人应有1名乡村医生，居住分散的行政村可适当增加；每所村卫生室至少有1名乡村医生执业。

各地要对村卫生室和乡村医生情况进行全面摸底，对目前没有村卫生室和乡村医生的行政村，政府要积极鼓励有资质人员举办村卫生室，或者由政府建设村卫生室；积极采取定向培养、委托培训、乡镇卫生院派人驻点等多种方式引导乡村医生到村卫生室执业，确保2011年年底前每个应设村卫生室的行政村都有1所村卫生室，每个村卫生室都有乡村医生。

四、加强乡村医生和村卫生室管理

（一）严格乡村医生执业资格。乡村医生必须具有乡村医生执业证书或执业（助理）医师证书，并在卫生行政部门注册并获得相关执业许可。在村卫生室从事护理等其他服务的人员也应具备相应的合法执业资格。县级卫生行政部门要严格按照执业医师法和《乡村医生从业管理条例》等有关法律法规，加强准入管理。新进入村卫生室从事预防、保健和医疗服务的人员原则上应当具备执业助理医师及以上资格。严禁并坚决打击不具备资格人员非法行医。

（二）强化县级卫生等部门的管理职责。县级卫生行政部门要将乡村医生和村卫生室纳入管理范围，对其服务行为和药品器械使用等进行监管。要建立健全符合村卫生室功能定位的规章制度和业务技术流程，组织乡村医生培训。要科学划分乡镇卫生院和村卫生室的职能分工，合理分配基本公共卫生服务任务量，加强绩效考核。考核结果在所在行政村公示，并作为财政补助经费核算和对在村卫生室执业的乡村医生进行动态调整的依据。县级卫生、财政、价格等部门要加强对乡村医生和村卫生室补助经费使用的监管，督促其规范会计核算和财务管理，公开医疗服务和药品收

费项目及价格，做到收费有单据、账目有记录、支出有凭证。

（三）加强乡镇卫生院对村卫生室的业务指导和管理。鼓励各地在不改变乡村医生人员身份和村卫生室法人、财产关系的前提下，积极推进乡镇卫生院和村卫生室一体化管理，由县级卫生行政部门委托乡镇卫生院对乡村医生和村卫生室进行技术指导、业务和药品器械供应管理以及绩效考核。乡镇卫生院要通过业务讲座、例会等多种方式加强对乡村医生的业务指导，对乡村医生及村卫生室药品器械供应使用和财务管理进行日常监督，在县级卫生行政部门统一组织下对乡村医生及村卫生室的服务质量和数量进行考核。

（四）提高村卫生室信息化水平。将村卫生室纳入基层医疗卫生机构信息化建设和管理范围，充分利用信息技术对其服务行为、药品器械供应使用加强管理和绩效考核，提高乡村医生及村卫生室的服务能力和管理水平。根据村卫生室的功能定位设计有关软件，建立统一规范的居民电子健康档案，实行乡镇卫生院和村卫生室统一的电子票据和处方笺。

五、将村卫生室纳入相关制度实施范围

（一）在村卫生室实施基本药物制度。将村卫生室纳入基本药物制度实施范围，执行基本药物制度的各项政策，实行基本药物集中采购、配备使用和零差率销售。在村卫生室执业的乡村医生要全部使用基本药物，基本药物由乡镇卫生院负责供应。

（二）积极将村卫生室纳入新农合门诊统筹实施范围。将符合条件的村卫生室纳入新农合定点医疗机构管理，并将村卫生室收取的一般诊疗费和使用的基本药物纳入新农合支付范围，支付比例不低于在乡镇卫生院就医的支付比例。要充分发挥新农合对乡村医生、村卫生室医疗费用和服务行为的监管作用。鼓励地方结合推进新农合门诊统筹，同步开展新农合支付方式改革，探索按人头支付、总额预付等多种支付方式，利用支付政策引导乡村医生和村卫生室转变服务行为，提高服务质量。要加强对新农合支付村卫生室诊疗和药品费用的监管，防止虚开单据，骗取套取新农合资金。

六、完善乡村医生补偿和养老政策

（一）健全多渠道补偿政策。根据乡村医生提供服务的数量和质量多渠道予以补偿。

对乡村医生提供的基本公共卫生服务，主要通过政府购买服务的方式进行合理补助。县级卫生行政部门根据乡村医生的职责、服务能力及服务人口数量，明确应当由乡村医生提供的基本公共卫生服务具体内容，并合理核定其任务量，确保与其功能定位和服务能力相适应。根据实际工作量，将相应比例的国家基本公共卫生服务经费拨付给乡村医生，不得挤占、截留或挪用。

对乡村医生提供的基本医疗服务，主要由个人和新农合基金进行支付。各地要按照《国务院办公厅关于建立健全基层医疗卫生机构补偿机制的意见》（国办发〔2010〕62号）要求，合理制定村卫生室一般诊疗费标准以及新农合支付标准和办法。在综合考虑新农合基金承受能力和不增加群众个人负担的前提下，充分发挥新农合对乡村医生的补偿作用。

村卫生室实施基本药物制度后，为保证在村卫生室执业的乡村医生合理收入不降低，各地要综合考虑基本医疗和公共卫生服务补偿情况，采取专项补助的方式对在村卫生室执业的乡村医生给予定额补偿。可以按照服务人口数量或者核定后的乡村医生人数制定补助标准，补助水平与对当地村干部的补助水平相衔接。具体补偿政策由各省（区、市）政府结合实际制定。

鼓励有条件的地方进一步提高对服务年限长和在偏远、条件艰苦地区执业的乡村医生的补助水平。

（二）积极解决乡村医生的养老问题。各地要结合新型农村社会养老保险制度（以下简称新农保）的推进，积极引导符合条件的乡村医生参加新农保，对符合新农保待遇领取条件的乡村医生发放养老金。各地政府可以采取补助等多种形式，妥善解决好老年乡村医生的保障和生活困难问题，具体办法由当地政府结合实际制定。

七、健全乡村医生培养培训制度

（一）加强乡村医生的培训。各省（区、市）卫生行政部门要合理制定乡村医生培养培训规划，采取临床进修、集中培训、城乡对口支援等多种方式，选派乡村医生到县级医疗卫生机构或医学院校接受培训。县级卫生行政部门对在村卫生室执业的乡村医生每年免费培训不少于两次，累计培训时间不少于两周。

（二）加强乡村医生后备力量建设。县级卫生行政部门要摸清并动态掌握本行政区域内乡村医生执业情况，着眼长远，编制乡村医生队伍建设规划，建立乡村医生后备人才库，从本地选派人员进行定向培养，及时补充到村卫生室。有条件的地方要制定优惠政策，吸引城市退休医生、执业（助理）医师和医学院校毕业生到村卫生室工作。各地要结合探索建立全科医生团队和推进签约服务模式，积极做好乡村医生队伍建设和全科医生队伍建设的衔接。

八、切实做好组织实施工作

（一）加强组织领导。地方各级人民政府要高度重视乡村医生在基层医疗卫生服务体系中的重要作用，将乡村医生队伍建设作为医改的重要工作，列入议事日程，完善相关配套政策，确保顺利实施。各有关部门要认真履行职责,强化协作配合,加大督促指导力度,确保各项工作扎实推进。

(二)制订实施方案。各省(区、市)要结合本地实际,进一步细化、实化相关政策措施,在本意见印发30个工作日内,制定具体实施方案,并报国务院医改办公室、卫生部、财政部、人力资源社会保障部备案。

(三)落实资金投入。各地区要督促指导县级人民政府积极调整财政支出结构,将完善乡村医生补偿和养老政策以及村卫生室建设等方面所需资金纳入财政年度预算,并及时拨付到位,确保资金专款专用,不得挤占和挪用。省级人民政府要承担统筹责任,进一步加大对困难地区的转移支付力度。中央财政将通过转移支付加大对困难地区的支持力度,并对在村卫生室执业的乡村医生实施基本药物制度给予必要的补助。严禁以任何名义向乡村医生收取、摊派国家规定之外的费用,要为乡村医生创造良好的执业环境。

国务院办公厅

2011年7月2日

7月3日

国务院总理温家宝在辽宁调研

7月3日至4日,温家宝在辽宁调研,他指出,今年以来,我国经济运行总体良好,经济增长由政策刺激向自主增长转变,继续朝着宏观调控预期方向发展。但是,经济发展面临的国内外环境仍十分复杂,不稳定、不确定因素还不少。我们既要正确认识取得的成绩,看到发展的有利条件和积极因素,坚定做好经济工作的信心;又要保持清醒头脑,增强忧患意识,冷静观察,做好应对各种困难和风险的准备,巩固经济发展的好势头,努力实现今年经济社会发展目标。

《人民日报》转载2011年第13期《求是》杂志署名秋石的文章《始终保持党同人民群众的血肉联系》(摘要)

文章指出,我们党能够有效担当历史使命,能够在跌宕起伏的历史进程中保持长盛不衰,奥秘就在于始终保持与人民群众的血肉联系。

文章说,党的性质和它坚持的马克思主义指导思想决定了中国共产党登上历史舞台的那一天起,就代表中国最广大人民群众的根本利益,并为之进行了最忠勇、最热忱、最坚韧的斗争。正因为我们党始终坚持为人民服务的根本宗旨,并且创造性地贯彻于革命、建设和改革的历史进程中,贯彻于我们党的全部工作、全部活动中,我们党才真正代表了中国社会的前进方向,得到了中国最广大人民群众的真诚拥护。90年的历史告诉我们,要保持党同人民群众的血肉联系,就必须不断强化全党的宗旨意识,不断夯实立党为公、执政为民的思想基础。

文章认为,党的群众路线是党的根本工作路线,是保持党同人民群众血肉联系的法宝,是中国共产党最重要的政治优势。新形势下,有必要在党内普遍深入地进行马克思主义群众观点和党的群众路线的再教育,引导党员干部自觉地尊重人民群众、相信人民群众、依靠人民群众。

文章指出,群众工作是我们党赖以联系群众的必不可少的渠道和桥梁,是实现党的任务的中心环节,是社会管理的基础性根本性经常性的工作。新形势下党同人民群众的关系面临着许多新情况,人民内部矛盾也呈现出许多新特点,我们的群众工作面临许多新挑战。这就要求我们必须深入研究形势和任务的发展变化对群众工作提出的新要求,积极探索加强和改进群众工作的新途径新办法新机制,把群众工作贯穿到社会管理各个方面、各个环节。

文章说,党的优良作风是党联系群众的强力黏合剂,是凝聚党心民心的巨大力量。在长期执政的条件下,在改革开放和发展社会主义市场经济条件下,保持党同人民群众血肉联系的关键,是一靠教育、二靠制度,切实解决好党的思想作风、学风、工作作风、领导作风和干部生活作风方面的突出问题。要从各级领导干部和领导机关做起,反对官僚主义、形式主义,反对奢侈腐化、铺张浪费,倡导勤俭节约、勤俭办一切事业。努力做到在感情上贴近群众,思想上尊重群众,行动上深入群众。

文章强调,90年的历史使我们更深刻地感悟到一条真理:党的根基在人民、血脉在人民、力量在人民。在新的征途上,只要我们紧紧地和人民在一起,始终保持和发展党同人民群众的血肉联系,就一定能够战胜各种困难和风险,在中国特色社会主义道路上实现中华民族的伟大复兴!

国务委员刘延东在北京出席全国青少年足球联赛精英选拔赛暨中国足球希望之星赴欧洲留学启动仪式

胡锦涛《在庆祝中国共产党成立90周年大会上的讲话》单行本出版发行

7月4日

全国社会保险法宣传周活动启动仪式在人民大会堂举行

中共中央政治局常委、全国人大常委会委员长吴邦国作出重要批示。

吴邦国指出,我国社会保障法制建设,事关广大人民群众的切身利益,事关社会主义和谐社会建设。深入开展社会保险法宣传普及活动,对保障法律有效实施、维护群众合法权益,具有十分重要意义。希望普法活动与法制实践活动结合起来,让用人单位树立法制观念,自觉依法办事,让广大群众知晓法律知识,善于运用法律维护自身合法权益。

全国人大常委会副委员长华建敏出席启动仪式并讲话。他指出,社会保险法从法律上明确国家建立基本养老、基本医疗和工伤、失业、生育等社会保险制度,并对确立基本养老保险关系转移接续制度,提高基本养老保险基金统筹层次,建立新型农村社会养老保险制度、城镇居民养老保险制度和新型农村合作医疗制度等作出原则规定;明确社会保险行政管理体制,提高了社会保险费征收的强制性,强化了各级政府在社会保险筹资中的责任。

华建敏强调,贯彻落实好社会保险法,必将有力促进社会保险各项事业持续、稳定、健康发展。要大力做好宣传教育工作,使广大干部和群众都能正确理解和掌握这部法律的基本规定并自觉遵照执行。他希望各级政府进一步加强领导,各级人力资源社会保障部门切实担负起责任,各有关部门各负其责、密切配合,各级人大加强执法监督和检查,带动社会各界和广大群众积极参与,确保这部保障和促进民生的重要法律得到切实贯彻和有效实施。

中宣部有关负责同志主持启动仪式,全国人大财经委、全国人大常委会法工委、人力资源社会保障部、司法部等单位负责同志,以及用人单位代表、职工代表和社会保险经办机构代表参加了启动仪式。

国务院总理温家宝在北京召开四次经济形势座谈会

7月4日至11日,温家宝先后召开四次经济形势座谈会,分别听取部分省政府负责人、企业界负责人和经济专家意见和建议。

温家宝要求统筹做好关系全局的几项重点工作。一是保持物价总水平基本稳定。管住货币总量外,抓好农产品生产、特别是食品供应,促进供求平衡;切实降低过高的流通成本,规范发展住房租赁市场,合理把握政府管理价格的调整时机和力度;加强价格监管,稳定通胀预期。二是坚定不移地把房地产市场调控政策落到实处。继续抑制不合理的住房需求,重点抓好保障性住房和普通商品房建设,落实好1000万套保障性住房开工建设计划,加强金融支持,推动制度建设。三是毫不放松地抓好农业和粮食生产。继续落实“米袋子”省长负责制和“菜篮子”市长负责制。实行扶持生猪产业持续健康发展的政策措施,增加市场供应,促进市场稳定。四是抓好结构调整和节能减排相关工作。五是努力保持对外贸易稳定增长,促进对外贸易基本平衡。

国务院副总理李克强、回良玉、张德江、王岐山,国务委员兼国务院秘书长马凯出席企业家和经济专家座谈会。

中共中央政治局常委习近平在中南海会见优秀党员专家暑期学习考察团成员

每年暑期邀请各领域专家代表进行学习考察,是党中央关心、服务和联系人才的一项重要制度。在庆祝中国共产党成立90周年之际,党中央、国务院邀请90位荣获全国或省部级优秀共产党员称号、在专业领域作出突出贡献的党员专家代表,到井冈山开展“纪念建党90周年与发扬党的光荣传统”主题学习考察活动。

习近平强调,胡锦涛同志在庆祝中国共产党成立90周年大会上的重要讲话,站在时代发展和战略全局的高度,全面回顾了我们党90年波澜壮阔的奋斗历程,系统总结了90年来党领导革命、建设、改革的宝贵经验,明确提出了新的历史条件下提高党的建设科学化水平的目标任务,深刻阐述了在新的历史起点上把中国特色社会主义伟大事业全面推向前进的大政方针。讲话高屋建瓴、总揽全局、内涵丰富、思想深刻,有很强的理论性、实践性和指导性,是继续全面推进中国特色社会主义伟大事业和党的建设新的伟大工程的纲领性文献,对我们适应新形势新任务、进一步做好党和国家各项工作具有重大而深远的指导意义。当前,全党一项重要政治任务就是把胡锦涛同志重要讲话学习好、领会好、贯彻好。习近平希望各条战线、各个领域的党员专家认真学习这篇重要讲话,把思想和行动高度统一到讲话精神上来。

习近平强调,我国正处在全面建设小康社会的关键时期,处在深化改革开放、加快转变经济发展方式的攻坚时期。“十二五”这五年干好了,就能为全面建成小康社会打下具有决定性意义的基础。他勉励广大党员专家保持优良传统,认清历史使命,充分发挥党员先锋模范作用,在本职岗位上创先争优、拼搏奉献,始终保持严谨求实、勇于创新的科学精神,始终保持不畏艰险、勇攀高峰的探索精神,为建设创新型国家建功立业。

习近平指出,广大专家学者是党和国家的宝贵财富。各级党委和政府要认真做好联系和服务专家的工作,各级领导干部要有爱才的感情和聚才的方法,虚心倾听他们的意见和建议，切实关心他们的工作和生活，使他们更加聚精会神地工作。

中共中央政治局委员、中央书记处书记、中央组织部部长李源潮，中央书记处书记、中央办公厅主任令计划，中央书记处书记、中央政策研究室主任王沪宁，国务委员兼国务院秘书长马凯参加会见。

国务院副总理李克强在安徽考察

7月4日至5日，李克强先后来到安庆、合肥，进工厂、到田头、看工地，与干部群众交流探讨发展之计。李克强说，当前我国经济总体运行平稳，但国际国内环境仍然十分复杂。保持经济平稳较快发展，需要兼顾当前和长远，既针对现实矛盾，管理好通胀预期；又坚持转方式、调结构，为长远发展创造条件。他指出，扩大内需是转方式的战略任务，要在立足开拓国内市场、努力增加就业岗位的同时，更加注重结构调整与总量平衡，着力增加粮食、能源等有效供给，化解发展的瓶颈制约。

李克强强调，我们要认真学习、深刻领会胡锦涛总书记在庆祝中国共产党成立90周年大会上的讲话，并贯彻落实到各项工作之中。要坚持科学发展，加快转变经济发展方式，在结构调整优化中巩固发展势头，实现"十二五"良好开局。

考察中，李克强充分肯定近年来安徽省经济社会发展取得的显著成绩，希望安徽继续发挥优势，统筹推进皖江城市带和全省发展，在创新转型中迸发活力，在中部崛起中实现新跨越。

国务院对河南省中平能化集团"10·16"特别重大煤与瓦斯突出事故的调查处理报告作出批复

认定这起事故是一起责任事故，批复同意事故调查组提出的对有关事故责任单位和责任人的处理意见。

对平禹四矿矿长张爱国、总工程师司新波等2人移送司法机关，已批准逮捕；给予中平能化集团董事长梁铁山、平禹煤电公司董事长殷耀西等25人相应的党纪、政纪处分。同时，责成河南省人民政府向国务院作出深刻书面检查；由河南煤矿安全监察局依法对平禹煤电公司处以罚款250万元。

2010年10月16日6时，河南省中平能化集团平禹煤电公司四矿（以下简称平禹四矿）发生特别重大煤与瓦斯突出事故，造成37人死亡、4人受伤，直接经济损失2274万元。

国家副主席习近平在人民大会堂会见日本外相松本刚明

国家副主席习近平在人民大会堂会见韩国民主党党首孙鹤圭一行

中共中央政治局常委贺国强在巴黎会见法国国民议会议长阿夸耶

中共中央政治局常委贺国强在巴黎与法国前总统德斯坦共同出席法国汉语年开幕式

贺国强说，此次"汉语年"活动必将使越来越多的法国民众特别是广大青少年学生有机会了解和学习中国的语言和文化，从而为进一步加深两国人民之间的友谊、推动中法全面战略伙伴关系的发展作出积极贡献。

德斯坦强调法中双方决定开展大规模的法中语言年活动是一项重大举措，必将进一步加深法中两国人民之间的相互了解和友谊。

贺国强与德斯坦共同为法国"汉语年"徽标揭牌。

外交部发言人洪磊就日本渔船赴钓鱼岛海域作业问题答记者问

有记者问：据报道，日本冲绳县渔业协会及右翼团体的渔船3日前往钓鱼岛海域作业，中方对此有何评论？

洪磊说，钓鱼岛及其附属岛屿自古以来就是中国的固有领土，中国对此拥有无可争辩的主权。日方在钓鱼岛海域采取的任何举措都是非法和无效的，中方已向日方提出严正交涉，要求日方立即将渔船撤离相关海域。

国际反贪局联合会第三届研讨会在上海开幕

全国高等学校教育学院联盟在北京师范大学成立

全国高等学校教育学院联盟的成立，旨在改变过去我国教育学科交流的无组织、无纪律、范围小的状态，为全国高校教育学院提供一个交流平台。联盟将定期组织召开院长会议，讨论和研究中国教育学科发展问题，推进各教育学院之间资源和资讯共享。

7月5日

全国人大常委会劳动合同法执法检查组第一次全体会议在人民大会堂举行

中共中央政治局常委、全国人大常委会委员长吴邦国作出重要批示，强调再次对劳动合同法的施行情况进行检查，目的是进一步解决劳动密集型中小企业和非公企业落实劳动合同规定等法律实施中存在的问题，保证劳动合同法得到更好实施。

全国人大常委会副委员长华建敏、陈至立出席会议。在听取有关部门汇报后，执法检查组组长华建敏作了讲话。他指出，今年执法检查的重点是，法律的宣传和贯彻实施情况，建筑、制造、采矿、餐饮等劳动密集产业中农民工劳动合同签订率情况，劳务派遣不规范、侵犯劳动者权益的情况，企业建立集体协商和集体合同制度的情况等。针对这些重点问题，一是加大劳动合同制度推进力度，进一步推进劳动合同制度的规范化。二是依法规范劳务派遣用工，把社会关注度较高的临时性、辅助性、替代性岗位问题，同工同酬问题，以及劳务派遣员工参与民主管理问题等作为当前规范劳务派遣的三个重点进行检查。三是扎实推动建立集体协商制度，要注意发现和总结推广一些地方在建立集体协商和集体合同制度方面好的做法和经验。

华建敏说，要按照吴邦国委员长的批示要求，以对党和人民高度负责的精神，准确把握存在的共性问题，确保取得实实在在的效果。他强调，检查组一要深入基层，到劳动者生产工作的第一线，倾听他们的心声，反映他们的愿望，积极研究和推动解决职工特别是困难职工、进城就业农民工劳动保障的实际问题。二要广泛听取意见，要在全面听取意见和深入分析的基础上，提出有针对性的改进执法工作的意见和建议，要鼓励职工与企业共进退，促进企业发展。三要密切配合，共同努力把这次执法检查工作做细、做实、做好。

全国组织部长学习胡锦涛总书记“七一”重要讲话精神研讨班在全国组织干部学院开班

中共中央政治局常委、中央书记处书记、国家副主席习近平出席开班式并讲话。

习近平指出，胡锦涛同志“七一”讲话高屋建瓴、统揽全局，思想深刻、内涵丰富。“七一”讲话动员全党同志倍加珍惜、长期坚持、不断发展90年来我们党团结带领人民推进革命、建设、改革的历史成就和宝贵经验，大力发扬党的光荣传统和优良作风，永远牢记历史使命，永远不负人民重托，始终坚持继往开来、不懈奋斗，坚定不移地沿着中国特色社会主义道路奋勇前进，更加奋发有为地团结带领全国各族人民创造幸福生活和中华民族美好未来，为我们这个在13亿人口的东方大国长期执政的马克思主义政党、这个有着8000多万名党员的世界上最大的共产党，不断争取新的更大的光荣。学习“七一”讲话，要紧密联系“十二五”时期的目标任务和本职工作，牢牢把握、深刻理解讲话的精神实质，解放思想、实事求是、与时俱进、开拓创新，为夺取全面建设小康社会新胜利、开创中国特色社会主义事业新局面而奋斗。

习近平指出，在新的形势下继续推进中国特色社会主义伟大事业和党的建设新的伟大工程，组织工作战线责任重大。贯彻落实“七一”讲话关于继续推进改革开放和经济社会发展的目标任务，需要党的建设和组织工作提供保证；贯彻落实“七一”讲话关于党的建设和组织工作的各项任务，更是组织工作战线的分内之责。组织工作战线的同志要通过学习“七一”讲话，牢固树立围绕中心、服务大局的指导思想，坚持把党的建设和组织工作同加快转变经济发展方式、调整优化经济结构的实践结合起来，同加强和创新社会管理、做好保障和改善民生的各项工作结合起来，以党的建设和组织工作新成绩推动经济社会发展取得新成效。

财政部公布2010年中央行政单位 事业单位和其他单位的“三公”经费支出合计94.7亿元

2011年中国经济社会论坛在内蒙古鄂尔多斯开幕

中共中央政治局委员、全国政协副主席、中国经济社会理事会主席王刚出席开幕式并讲话。

王刚指出，今后五年是我国全面建设小康社会的关键时期，是深化改革开放、加快转变经济发展方式的攻坚时期。中国经济社会理事会作为一个综合研究经济社会问题的全国性社团组织，要坚持从统筹国内国际两个大局的角度，既深入分析和科学预判后国际金融危机时期世界经济发展的趋势和挑战，又深刻认识和准确把握“十二五”时期我国经济社会发展的态势和走向，努力提出转变发展方式、破解发展难题和加强社会建设、创新社会管理的新办法新举措，为推动科学发展、促进社会和谐作出积极贡献。

本次论坛由中国经济社会理事会和内蒙古自治区政协联合主办，论坛的主题是“世界经济调整与‘十二五’时期中国的发展”，共有200多人参加了会议。

国家副主席习近平在人民大会堂会见以主席拉斯穆森为团长的欧洲社会党高级代表团

习近平指出，中国“十二五”规划和欧洲未来十年新的发展战略的实施，为中欧各自发展和中欧关系发展提供了重要战略机遇，希望双方进一步加强政治互信、互利合作和人文交往，推动中欧关系在更高水平上发展。

习近平积极评价中欧党际关系，对欧洲社会党及其成员党多年来积极推动中欧关系发展表示赞赏。习近平强调，为应对共同挑战，中欧政党有必要加强定期交流，就中欧关系中的长期性、战略性、根本性问题进行深入对话，为推动中欧全面战略伙伴关系健康稳定发展发挥更大作用。

习近平还简要介绍了中国的经济社会发展情况。

拉斯穆森说，通过此访，我们深入了解了胡锦涛总书记“七一”重要讲话和中国的“十二五”规划，对中共的执政任务和中国的未来发展走向有了更为全面的认识。相信中共一定能领导中国取得更大发展和进步，为欧洲和世界发展带来更多机遇。欧洲社会党希望全面加强与中共的交流与合作，全力推进欧中关系，共享发展机遇，共谋美好未来。

中共中央政治局常委贺国强在巴黎与法国总统萨科齐举行会谈

贺国强强调，当前国际形势正处于大发展大变革大调整之中，全球性挑战日益增多，需要中法共同应对。中法作为世界上的两个大国，其合作不仅体现在双边关系中，也体现在国际事务中。中方愿在促进世界和平与发展方面加强与法方的合作。

萨科齐说，希望法中之间政治、经贸、人文等各个领域的合作不断取得新进展。法方愿与中方进一步加强在国际领域的合作。

中国医药工业科研开发促进会第九届会员大会第二次会议在山西长治召开

全国人大常委会副委员长桑国卫出席会议并作了题为《脑血管病药物上市后研究对我国新药研发的启示》的学术报告。桑国卫指出，我国人口多、市场大，药品市场有很好的发展前景，有望成为全球第三大药品市场。中国政府重视对创新药物和生物医药的研发投入，“十二五”期间国家将继续实施创新药物重大专项，鼓励创新药物研发。桑国卫指出，在国际上，复方药物创新正成为新药研发的最新趋势，中国企业也可加以借鉴。

7月6日

国务院总理温家宝致电黑山总理伊戈尔·卢克希奇祝贺中黑建交5周年

国务院总理温家宝主持召开国务院常务会议

会议部署2010年度中央预算执行等审计查出问题的整改工作。

会议指出，近年来，审计机关紧紧围绕党和国家工作中心，深入开展对中央宏观经济政策贯彻落实情况的跟踪审计，加强对重大民生项目和资金的审计监督，大力推进经济责任审计，在保障中央政令畅通和加强改善宏观调控、推动反腐倡廉和法治建设、维护国家经济安全、促进社会和谐稳定方面发挥了重要作用。特别是今年上半年审计署组织全国审计机关4万多人，按照“见账、见人、见物，逐笔、逐项审核”的原则，对涉及债务的地方政府7.9万多个相关部门单位、6500多个融资平台公司、37万多个项目、187万多笔债务进行了审计，摸清了省市县三级地方政府性债务的规模、结构、成因及偿债风险状况，做了非常扎实的基础工作。

会议指出，2010年度中央财政管理有明显改进，预算执行的严肃性和规范性进一步增强，但一些重大民生项目管理和财税、金融、投资等重点领域还存在一些问题，有的中央企业在重大决策、财务核算和内部控制方面还不够规范。多年形成的地方政府性债务规模较大，部分地区和行业偿债能力弱，存在风险隐患。这些问题暴露了一些制度和管理上还存在漏洞，必须引起高度重视。

会议要求认真做好整改工作，对发现的问题做到事事有回音、件件有落实。一要有效化解地方政府性债务风险。按照分类管理、区别对待的原则，妥善处理债务偿还和在建项目后续融资问题。继续抓紧清理规范融资平台公司。金融机构要切实加强风险识别和风险管理，严格落实借款人准入条件，按照商业化原则履行审批程序。坚决禁止政府违规担保行为。同时要研究建立规范的地方政府举债融资机制。二要切实改进预算管理，大力推进预算公开。提高预算编制的科学性和准确性。完善基金预算管理制度和使用办法，扩大国有资本经营预算实施范围。大力推进预算决算公开，扩大公开范围，细化公开内容，特别是对“三公”经费支出等社会公众高度关注的内容要公开得更详细。三要进一步完善转移支付制度。将具有一般性转移支付性质的专项转移支付调整为一般性转移支付，完善一般性转移支付的规模确定机制，更好地促进地区间财力基本均衡。继续推进专项转移支付项目的清理整合。完善县级基本财力保障机制。四要加强重点民生项目和资金的管理，维护好广大人民群众的切身利益。各类涉及民生的财政资金，都要切实加强财政管理，严格预算约束，提高预算执行力。五要严肃财经纪律，严格责任追究。始终坚持重大事项集体决策制度，切实避免违规决策、擅自决策造成损失或浪费。严格执行各项财经法律法规，对审计揭露出来的腐败案件和经济犯罪线索要一查到底。

会议强调，各地区、各部门、各单位主要负责同志承担整改工作第一责任，不仅要坚决纠正自身存在的问题，还要对本区域、本系统内存在的问题加强督促检查。要建立整改工作责任制，对故意推诿、拖延甚至拒不整改的,依法依纪追究责任。做好审计查出问题的整改结果的公开工作,及时回应社会关切。年底前国务院将就审计查出问题的整改情况向全国人大常委会专题报告。

会议指出,在中央和地方的共同努力下,《西藏自治区"十一五"规划项目方案》顺利实施。到2010年年底,188个规划项目全部开工建设,其中109个竣工投产,累计完成投资871亿元。在中央投资的有力带动下,西藏全社会固定资产投资累计完成1656亿元。"十一五"时期是西藏历史上投资力度最大、建设项目最多、经济社会发展成效最显著的时期,基础设施瓶颈制约大大缓解,公共服务水平显著提高,高原生态环境得到有效保护,特色优势产业加快发展,农牧民生产生活条件明显改善。

会议批准的《"十二五"支持西藏经济社会发展建设项目规划方案》针对当前西藏最突出、最紧迫的困难和问题,坚持妥善处理发展建设与环境保护的关系,围绕保障和改善民生、基础设施建设、特色优势产业、生态环境保护等重点领域,安排了226个建设项目。"十二五"西藏全社会固定资产投资较"十一五"时期大幅度增长,规划方案的顺利实施,将加快改善西藏各族群众生产生活条件,有力推动西藏实现跨越式发展。会议要求,按照量力而行、分步实施的原则,区分轻重缓急,有计划地推进西藏各项建设。继续发挥中央投资主导作用,引入市场机制,充分调动社会各方面支持西藏建设的积极性。加强项目规划与其他有关规划的衔接,建立健全工作机制,确保顺利实施,确保工程质量和经济社会效益。

中共中央政治局常委贺国强在华沙与波兰最高监察院院长耶杰尔斯基举行会谈

中共中央政治局常委贺国强在华沙分别会见波兰众议长谢蒂纳和副总理帕夫拉克

在会见谢蒂纳时,贺国强说,中国全国人大与波兰众议院建立了友好关系,双方各专门委员会和议员友好小组之间也开展了富有成效的交流与合作。中方高度重视两国议会间的交往,认为这是两国政治关系的重要组成部分,并可为推动双方各方面合作发挥独特作用。

谢蒂纳说,波兰愿与中方共同努力,进一步加强双方高层交流,包括议会间的交流,为两国各领域合作奠定坚实基础。

在会见帕夫拉克时,贺国强说,中波经贸合作不断扩大,波兰已连续6年成为中国在中东欧地区的最大贸易伙伴。两国经贸合作潜力很大,双方应继续加强合作,为双边贸易、投资和企业合作创造良好环境。

帕夫拉克说,波兰十分重视对华关系,愿意推动两国各方面合作尤其是经贸合作取得更大发展。中方企业通过与波兰企业合作,不仅可以使自己的产品满足波兰市场需求,而且可以更便捷地进入欧盟其他国家的市场。

会见后,贺国强与帕夫拉克共同出席了两国有关合作协议的签字仪式。

中国在酒泉卫星发射中心用"长征二号丙"运载火箭成功将"实践十一号03星"送入太空

中国首只由中央财政注资引导的国家级文化产业投资基金——中国文化产业投资基金正式成立

该基金由财政部、中银国际控股有限公司、中国国际电视总公司和深圳国际文化产业博览交易会有限公司四家共同发起设立,基金规模200亿元。

中国红十字会在北京召开全国红十字会系统廉政工作会议

会议于7月6日至7日召开,会议向社会承诺"两公开两透明",即捐赠款物公开,财务管理透明,招标采购公开,分配使用透明。

康菲中国公司表示蓬莱油田渗油点已得到控制

康菲石油中国有限公司和中国海洋石油公司联合召开新闻发布会,康菲石油中国有限公司总裁司徒瑞表示,渤海湾蓬莱19—3油田的渗油点已经得到控制,油膜回收工作也已经基本完成,没有人员受伤,没有油膜到达海岸的报告。

7月7日

全国政协主席贾庆林在人民大会堂会见台湾台中市市长胡志强一行

贾庆林指出,三年来,两岸交流合作总体态势良好。两岸民众通过密切往来、交流合作,拉近了距离,融洽了感情,加深了了解,扩大了共同利益,为两岸关系和平发展培植了民意基础,增添了活力。希望两岸交流合作越来越扩大,越来越深化,进一步造福两岸同胞。

贾庆林表示,扩大与深化两岸交流合作,需要我们共同维护两岸关系和平稳定的大环境,共同保持两岸关系和平发展的良好势头,不能停滞,更不能倒退。两岸交流合作潜力巨大,前景广阔,大有可为。只要两岸同胞紧抓机遇,凝聚共识,互谅互让,彼此尊重,就一定能够继续开创两岸互利双赢、共同繁荣的美好前景。

胡志强表示，台中与大陆各地的交流合作一直很热络。两岸经济合作框架协议的实施成效显著，台中也从中受益。大陆居民赴台个人游开辟了两岸人民交往的新渠道，欢迎更多的大陆同胞到台中作客。两岸关系和平发展不可阻挡，会越走越顺。

中共中央台办、国务院台办主任王毅，国家体育总局局长刘鹏等参加了会见。

国务院总理温家宝签署第599号令公布《电力安全事故应急处置和调查处理条例》

《电力安全事故应急处置和调查处理条例》已经2011年6月15日国务院第159次常务会议通过，现予公布，自2011年9月1日起施行。

总　理　温家宝

2011年7月7日

电力安全事故应急处置和调查处理条例(略)

国务院批准设立浙江舟山群岛为国家级新区

浙江舟山群岛新区是继上海浦东新区、天津滨海新区和重庆两江新区后又一个国家级新区，也是国务院批准的我国首个以海洋经济为主体的国家战略层面新区。

全国审计工作座谈会在内蒙古呼和浩特召开

会议介绍，我国自1999年实施经济责任审计以来，审计机关共对43万多名领导干部进行了经济责任审计，其中省部级党政领导干部和中央企业领导人员150多名。10多年来，通过经济责任审计，全国共7600多名领导干部因以权谋私等问题被移送纪检监察和司法机关。

7月8日

中央水利工作会议在北京举行

会议于7月8日至9日举行。中共中央总书记、国家主席、中央军委主席胡锦涛，中共中央政治局常委、全国人大常委会委员长吴邦国，中共中央政治局常委、国务院总理温家宝，中共中央政治局常委、全国政协主席贾庆林，中共中央政治局常委李长春，中共中央政治局常委、国家副主席、中央军委副主席习近平，中共中央政治局常委、国务院副总理李克强等出席会议。

胡锦涛在会议上发表重要讲话，强调加快水利改革发展，是事关我国社会主义现代化建设全局和中华民族长远发展重大而紧迫的战略任务，是保障国家粮食安全的迫切需要，是转变经济发展方式和建设资源节约型、环境友好型社会的迫切需要，是保障和改善民生、促进社会和谐稳定的迫切需要，是应对全球气候变化、增强抵御自然灾害综合能力的迫切需要。我们必须充分认识加快水利改革发展的重要性和紧迫性，积极行动起来，更加扎实地做好水利工作，推动水利事业又好又快发展。

温家宝在会议上讲话。李克强主持会议。

胡锦涛在讲话中指出，兴水利，除水害，历来是治国安邦的大事。几十年来，我们党领导人民开展了气壮山河的水利建设，取得了前所未有的治水兴水成就。新形势下，我国经济社会发展和人民生活改善对水提出了新的要求，发展和水资源的矛盾更加突出，水对经济安全、生态安全、国家安全的影响更加突出。当前和今后一个时期，加快水利改革发展的总体要求是：以邓小平理论和“三个代表”重要思想为指导，深入贯彻落实科学发展观，把水利作为国家基础设施建设的优先领域，把农田水利建设作为农村基础设施建设的重点任务，把严格水资源管理作为加快转变经济发展方式的战略举措，注重科学治水、依法治水，突出加强薄弱环节建设，大力发展民生水利，不断深化水利改革，加快建设节水型社会，促进水利可持续发展，努力走出一条中国特色水利现代化道路。加快水利改革发展的主要目标是，力争通过5年到10年努力，从根本上扭转水利建设明显滞后局面。到2020年，基本建成防洪抗旱减灾体系、水资源合理配置和高效利用体系、水资源保护和河湖健康保障体系、有利于水利科学发展的体制机制和制度体系。

胡锦涛指出，加快水利改革发展，要坚持以下原则。一是坚持民生优先，着力解决人民最关心最直接最现实的水利问题，促进水利发展更好服务于保障和改善民生。二是坚持统筹兼顾，注重兴利除害结合、防灾减灾并重、治标治本兼顾，统筹安排水资源合理开发、优化配置、全面节约、有效保护、科学管理。三是坚持人水和谐，合理开发、优化配置、全面节约、有效保护、高效利用水资源，合理安排生活、生产、生态用水。四是坚持政府主导，充分发挥公共财政对水利发展的保障作用，大幅增加水利建设投资。五是坚持改革创新，加快水利重点领域和关键环节改革攻坚，着力构建充满活力、富有效率、更加开放、有利于科学发展的水利体制机制。

胡锦涛强调，要切实完成水利改革发展的重点任务，加强顶层设计、统筹规划，科学确定水利发展长远目标、建设任务、投资规模，有计划、有步骤，分阶段、分层次推进，同时要齐心协力攻坚克难，确保不断取得阶段性突破和进展。当前，要全力以赴完成好以下重点任务。一要着力加强农田水利建设，下大气力在全国大规模开展农田水利建设,健全农田水利建设新机制,全面提高农业用水效率,持续改善农业水利基础条件,显著提高农业综合生产能力。二要着力提高防洪保障能力,在继续加强大江大河大湖治理的同时,加快推进防洪重点薄弱环节建设,继续推进主要江河河道整治和堤防建设,加大中小河流治理力度,巩固大中型病险水库除险加固成果,加快小型病险水库除险加固步伐,全面提高城市防洪排涝能力,从整体上提高抗御洪涝灾害能力和水平。三要着力建设水资源配置工程,实现江河湖库水系连通,全面提高水资源调控水平和供水保障能力,加快实施农村饮水安全工程,确保城乡居民饮水安全。四要着力推进水生态保护和水环境治理,坚持保护优先和自然恢复为主,维护河湖健康生态,改善城乡人居环境。五要着力实行最严格的水资源管理制度,加快确立水资源开发利用控制、用水效率控制、水功能区限制纳污3条红线,把节约用水贯穿经济社会发展和群众生活生产全过程。六要着力提高水利科技创新能力,力争在水利重点领域、关键环节、核心技术上实现新突破,加快水利科技成果推广转化。

胡锦涛指出,加快水利改革发展,是关系中华民族生存和发展的长远大计,一定要真抓实干、持之以恒,把中央各项决策部署落到实处。要加强领导、落实责任,各级党委和政府要加深对水利建设重要性的认识,把水利改革发展工作摆在重要位置,重点抓战略规划,抓工作部署,抓督促检查,确保责任到位、措施到位、投入到位。要科学治水、依法管水,坚持可持续发展治水思路,建立健全适应我国国情和水情的法律法规体系,提高水利工作科学化、法制化水平。要健全队伍、转变作风,建设一支高素质人才队伍,突出加强基层水利人才队伍建设,加大急需紧缺专业技术人才培养力度,加快解决西部地区水利人才不足问题。要密切协作、形成合力,牢固树立全流域一盘棋思想,全面统筹各项任务,形成治水兴水合力。要重视宣传、营造氛围,加大国情和水情宣传普及力度,提高全民水患意识、节水意识、水资源保护意识,在全社会形成节约用水、合理用水的良好风尚。

温家宝在讲话中指出,要认真总结国内外治水的经验教训,立足我国基本国情,顺应自然规律和社会发展规律,适应经济社会发展要求,制定实施新形势下的治水方略。一是科学规划。立足当前、着眼长远,做好顶层设计、搞好规划布局,促进水资源合理开发、优化配置、全面节约、有效保护、科学管理、永续利用。二是统筹安排。注重兴利除害并举、防灾减灾并重、治标治本结合,统筹处理好重大关系,最大程度发挥水利的综合效益。三是综合治理。多措并举、综合治理,把工程措施与非工程措施结合起来,充分运用现代科技、信息、管理等手段,健全综合防灾减灾体系,不断提高治水的科学化水平。四是节水优先。大力倡导、全面强化节约用水,不断提高水资源利用效率和效益。五是强化保护。坚持在开发中保护、在保护中开发,以水资源的可持续利用保障经济社会的可持续发展。六是量水而行。在确定产业发展、生产力布局、城镇建设规划时,充分考虑水资源、水环境承载能力,因水制宜、以供定需。

温家宝对下一阶段的水利重点工作作出安排。要全面提高防汛抗旱减灾能力,加快中小河流治理,加快小型水库除险加固步伐,加快山洪灾害防治,加快抗旱水源建设。要大力推进节水型社会建设,实行最严格的水资源管理制度,建立健全节约用水的利益调节机制,大力推广节水技术和产品。要加大水生态治理和水环境保护力度,加强水污染防治,实施地下水超采治理和保护,推进生态脆弱河湖修复,继续加强水土保持。要突出加强农田水利建设,充分发挥现有灌溉工程作用,因地制宜扩大有效灌溉面积,健全农田水利建设新机制。要着力保障城乡居民饮水安全,加强水资源配置工程建设,提高城乡供水保障能力,解决好农村饮水安全问题,加强城市供水能力建设。要健全加快水利发展的保障机制,加大水利建设投入,推进水利改革创新,加快水利科技进步。

中共中央政治局委员、国务院副总理回良玉在总结讲话中指出,要认真学习贯彻胡锦涛、温家宝同志的重要讲话和2011年中央一号文件精神,把思想切实统一到中央对水利形势的科学判断上来,把行动切实统一到中央对水利发展的战略部署上来,做到领导真重视、资金真投入、工作真落实。要抓紧建设一批重大水利工程,突出强化小型水利建设,明确政府在水利建设中负主要责任,建立健全体制机制,激发加快水利发展活力。要落实领导责任,提高工作水平,加强监督检查,搞好宣传引导,形成全社会治水兴水的强大合力。

出席会议的中央领导同志还有:王岐山、刘淇、刘云山、刘延东、李源潮、汪洋、张高丽、张德江、俞正声、令计划、梁光烈、马凯、戴秉国。

国家发展改革委、财政部、水利部、黑龙江、江苏、山东、湖南、重庆、甘肃等单位有关负责同志在会上发言。

中央农村工作领导小组成员,各省、自治区、直辖市和计划单列市、新疆生产建设兵团的主要负责人,中央和国家机关及军队有关单位负责同志,部分高校负责人等出席了会议。

党和国家领导人贾庆林 李长春 李克强分别在北

京民族文化宫参观西藏和平解放60年成就展

中央领导同志指出，西藏和平解放是中国共产党领导的中国人民解放事业的重要组成部分，是西藏社会发展具有划时代意义的历史转折点，开辟了西藏从黑暗走向光明、从专制走向民主、从贫穷走向富裕、从封闭走向开放的新纪元。60年来，在中央关心、全国支援和西藏各族人民的共同努力下，西藏社会面貌发生了翻天覆地的变化，各项事业取得了前所未有的成就，实现了社会制度和经济社会发展的历史性跨越，今天的雪域高原正处于历史上最好的发展时期。要大力宣传西藏和平解放60年的辉煌成就，深入开展民族团结进步教育，激励各族人民在中国共产党领导下团结奋斗、积极进取，努力在中国特色社会主义道路上创造西藏更加美好的明天。

全国政协主席贾庆林在吉林调研

7月8日至13日，贾庆林先后来到长白山保护开发区、延边、吉林、辽源、长春等地，走进企业车间、田间地头，深入农村乡镇、街道社区，与广大干部群众共商"十二五"改革发展大计。调研期间，贾庆林还听取了吉林省委、省政府的工作汇报，对吉林近年来经济社会发展取得的成就给予充分肯定。

贾庆林强调，要深入学习贯彻胡锦涛同志在庆祝中国共产党成立90周年大会上的重要讲话精神，紧扣主题主线，着力突出特色，发挥潜在优势，在工业化、城镇化深入发展中同步推进农业现代化，全面振兴东北地区等老工业基地，努力实现"十二五"规划和全面建设小康社会的宏伟目标。

调研期间，贾庆林还看望了吉林省政协、统战部机关干部及各民主党派、工商联负责人和无党派人士。他指出，实现东北地区等老工业基地振兴，需要各党派团体、各族各界人士共同团结奋斗。各级党委要进一步加强和改善对统一战线和人民政协的领导，在关心支持统战、政协工作上多办实事，在发挥他们的优势和作用上多想办法，在统战、政协干部的成长进步上多搭平台，为统一战线和人民政协事业发展创造更好的环境和条件。各级政协组织和统战部门要更加自觉地围绕中心、服务大局，更加积极地履行职能、发挥作用，更加主动地增进团结、凝聚力量，为促进老工业基地全面振兴作出新的贡献。

财政部公布中央本级"三公"经费2010决算支出和2011年预算情况

2011年中央本级"三公"经费财政拨款预算94.28亿元。其中，因公出国(境)经费19.9亿元，公务用车购置及运行费59.19亿元，公务接待费15.19亿元。

与2010年决算数相比，2011年中央本级"三公"经费财政拨款预算减少0.42亿元。其中，由于外交活动和国际交流增加，因公出国(境)经费比上年有所增加；公务用车购置及运行费、公务接待费比上年减少。

国家副主席习近平在人民大会堂会见菲律宾外长德尔罗萨里奥

中共中央政治局常委贺国强在尤尔塔与波兰总统科莫罗夫斯基举行会谈

外交部部长杨洁篪在北京同菲律宾外长德尔罗萨里奥举行会谈

世界史学会第二十届年会在首都师范大学举行

年会由世界史学会主办，首都师范大学历史学院全球史研究中心协办，来自30多个国家和地区的数百位学者参加会议。世界史学会主席阿尔弗雷德·安德烈、首都师范大学著名教授齐世荣、教育部副部长郝平出席了开幕式并致辞。

此次年会包括两大议题，世界历史上的中国、中心—边缘视角中的世界史，与会者提交的论文大多与中国有关。

7月9日

国务院总理温家宝在陕西考察

7月9日至10日，温家宝先后来到陕西咸阳、西安等地，访农户、看超市，深入工厂农村、物流公司，广泛听取基层干部群众意见，就当前经济运行有关问题调研，并在西安主持召开山西、河南、四川、陕西四省经济形势座谈会。

温家宝指出，当前我国经济保持平稳较快发展，经济运行的情况总体是好的。同时，经济发展的国内外环境仍然十分复杂，不稳定、不确定因素还不少。要准确判断经济形势，认真研究和及时解决影响经济发展的突出问题，把稳定物价总水平作为宏观调控的首要任务，坚持宏观调控的取向不变，把握好宏观经济政策的方向、力度和节奏，提高政策的针对性、灵活性、前瞻性，统筹做好关系全局的各项工作，努力实现今年经济社会发展目标。

2011库布其国际沙漠论坛在内蒙古鄂尔多斯开幕

中共中央政治局常委、全国政协主席贾庆林致信祝贺。中共中央政治局委员、国务委员刘延东出席并致辞。

"2011库布其国际沙漠论坛"以"沙漠·科技·新经济"为主题,开幕式由全国政协副主席、科技部部长万钢主持,全国政协副主席黄孟复、董建华出席论坛。爱尔兰前总理约翰·布鲁顿,韩国前总理李寿成,联合国政府间气候变化委员会副主席莫汉·莫纳辛等参加论坛并发表演讲。国内外专家学者和有关部门负责人等共220余人参加论坛。

7月10日

《人民日报》发表社论《动员全党全社会力量 加快水利改革发展》

中央水利工作会议日前在北京召开。这是在"十二五"开局之年、全面建设小康社会进入关键时期召开的一次重要会议,会议总结了我国水利改革发展实践经验,分析了水利工作面临的新情况新问题,明确了今后一个时期水利改革发展主要任务,对贯彻落实《中共中央、国务院关于加快水利改革发展的决定》进行全面部署,动员全党全社会力量,推动水利实现跨越式发展,为实现全面建设小康社会宏伟目标提供更为有力的水利保障。

水是生命之源、生产之要、生态之基。水利是现代农业建设不可或缺的首要条件,是经济社会发展不可替代的基础支撑,是生态环境改善不可分割的保障系统,具有很强的公益性、基础性、战略性。兴水利,除水害,历来是治国安邦的大事。新中国成立后,党和国家始终把水利建设作为经济社会发展战略的重要组成部分、作为治国理政的一件大事。几十年来,我们党领导人民开展了气壮山河的水利建设,取得了前所未有的治水兴水成就,一大批重大水利工程相继建成并发挥效益,主要江河防洪能力显著增强,城乡供水保障水平大幅提高,农田水利设施体系不断完善,水资源节约保护得到加强,水土保持和水生态修复稳步推进,水能资源开发利用效益巨大,战胜了多次特大洪涝干旱灾害,为经济社会发展、人民安居乐业提供了重要保障。

但我们必须清醒地看到,新形势下,我国经济社会发展和人民生活改善对水提出了新的要求,发展和水资源的矛盾更加突出,水对经济安全、生态安全、国家安全的影响更加突出,成为制约可持续发展的重要因素。我国人均水资源占有量2100立方米,仅为世界平均水平的28%,列世界第125位,全国2/3的城市不同程度缺水,而且时空分布不均,水旱灾害年均影响上千万人口。洪涝灾害频繁仍然是中华民族的心腹大患,水资源供需矛盾突出仍然是可持续发展的主要瓶颈,农田水利建设滞后仍然是影响农业稳定发展和国家粮食安全的重大制约,水利设施薄弱仍然是国家基础设施的明显短板。随着工业化、城镇化深入发展,我国水利形势更趋严峻,增强防灾减灾能力要求越来越迫切,强化水资源节约保护工作越来越繁重,加快扭转农业主要靠天吃饭局面任务越来越艰巨。加快水利改革发展,是事关我国社会主义现代化建设全局和中华民族长远发展重大而紧迫的战略任务。

当前和今后一个时期,加快水利改革发展的总体要求是:以邓小平理论和"三个代表"重要思想为指导,深入贯彻落实科学发展观,把水利作为国家基础设施建设的优先领域,把农田水利建设作为农村基础设施建设的重点任务,把严格水资源管理作为加快转变经济发展方式的战略举措,注重科学治水、依法治水,突出加强薄弱环节建设,大力发展民生水利,不断深化水利改革,加快建设节水型社会,促进水利可持续发展,努力走出一条中国特色水利现代化道路。

加快水利改革发展,要坚持民生优先,着力解决人民最关心最直接最现实的水利问题,加快水利基本公共服务能力建设,推动水利基本公共服务均等化,促进水利发展更好服务于保障和改善民生。要坚持统筹兼顾,注重兴利除害结合、防灾减灾并重、治标治本兼顾,促进流域和区域、城市和农村、东中西部地区水利协调发展。要坚持人水和谐,正确处理经济社会发展和水资源条件的关系,科学确定水资源开发利用规模,合理安排生活、生产、生态用水,既要满足经济社会发展合理需求,也要满足维护河湖健康基本需求,决不能为追求一时发展而牺牲子孙后代福祉。要坚持政府主导,充分发挥公共财政对水利发展的保障作用,把水利作为公共财政投入重点领域,建立水利投入稳定增长机制,大幅增加水利建设投资。要坚持改革创新,加快水利重点领域和关键环节改革攻坚,破除制约水利发展的体制机制障碍,着力构建充满活力、富有效率、更加开放、有利于科学发展的水利体制机制。

加快水利改革发展,要整合工作力量、集中优势资源,突出战略重点、加强薄弱环节,齐心协力攻坚克难,确保不断取得阶段性突破和进展。当前要着力加强农田水利建设,着力提高防洪保障能力,着力建设水资源配置工程,着力推进水生态保护和水环境治理,着力实行最严格的水资源管理制度,着力提高水利科技创新能力。

水安则邦安,水兴则邦兴。加快水利改革发展,是关系中华民族生存和发展的长远大计,是强国富民的重大举措。面对我国特殊的基本水情,要提高全民水患意识、节水意识、水资源保护意识,在全社会形成节约用水合理用水的良好风尚。各级党委和政府要把水利改革发展工作摆在重要位置,党政主要领导要亲自抓负总责,确保责任到位、措施到位、投入到位。我们要同心同德,锐意进取,扎实工作,不断开创水利改革发展新局面,为夺取全面建设小康社会新胜利、加快推进社会主义现代化作出积极贡献。

第二届中国行政改革论坛在北京举行

论坛由中国行政体制改革研究会主办。国务委员兼国务院秘书长、国家行政学院院长马凯出席论坛并致辞。

马凯强调,围绕转变发展方式推进行政体制改革,有许多重大问题需要进行深入研究。一要深入研究进一步转变政府职能,继续深化行政审批制度改革,大幅减少政府对微观经济活动的直接干预,加强和改善宏观调控,推进市场开放和公平准入,构建新型社会管理制度体系,建立健全公共服务体系,为转变发展方式提供体制机制保证。二要深入研究进一步优化政府组织机构,完善决策、执行、监督相互制约、相互协调的权力运行机制,合理划分中央地方事权,积极稳妥地分类推进事业单位改革,使行政权力的运行与转变发展方式的需要相适应,既有效维护国家法制统一、政令统一和市场统一;又使地方结合自身实际,创造性地开展转变发展方式的各项工作。三要深入研究进一步推进法治政府建设,及时把推动发展方式转变的成熟经验和做法上升到法律,尽快解决一些领域无法可依或有法难依的状况,为转变发展方式提供法律保障。四要深入研究进一步完善行政决策机制,形成决策前有调研、决策中有论证、执行中有监督、执行后有评价、决策失误有追究的全程制约,完善决策信息系统和智力支持系统,保证重大行政决策的科学性,避免不利于发展方式转变的重大决策、重大事项出台。五要深入研究进一步完善政府绩效管理,建立科学合理的政府绩效评估指标体系和评估机制,形成符合科学发展要求的政府绩效评价体系,完善行政问责制度,加大对政府财政预决算、公共资源配置、重大建设项目投资以及重大政策制定等行为的监督力度。他希望与会专家学者围绕主题深入交流研讨,为推动经济发展方式转变和行政体制改革建言献策。

国家行政学院常务副院长、中国行政体制改革研究会会长魏礼群在论坛开幕式上作主旨演讲。中央国家机关有关部门和单位负责人、有关专家学者150余人参加了论坛。

中共中央政治局常委贺国强在伊斯坦布尔会见土耳其安塔利亚省省长阿尔特帕尔马克和伊斯坦布尔省省长穆特鲁

中国企业品牌研究中心发布2011年中国品牌力指数调查结果

在电视、冰箱、空调、吸油烟机、电热水器等12个家电业第一品牌中,本土品牌占据10席。

国务院副总理张德江在平壤与朝鲜内阁总理崔永林举行会谈

中国队在日本神户进行的亚洲田径锦标赛上排名金牌榜第二

中国队以10金12银5铜,排名奖牌榜第二,首次丢掉金牌榜榜首位置。

7月11日

中央军委主席胡锦涛在人民大会堂会见武警部队第二次党代会代表

中共中央政治局常委、国务院总理温家宝,中共中央政治局常委、国家副主席、中央军委副主席习近平等参加会见。

胡锦涛强调,武警部队肩负着维护国家安全和社会稳定、保障人民安居乐业的神圣职责,地位重要,使命光荣。要更加重视从思想上政治上建设部队,始终保持部队坚定正确的政治方向。要下大力抓好军事训练,不断增强有效履行职责使命的能力。要坚持依法治警、从严治警,扎实做好抓基层打基础工作。要努力提高部队党的建设科学化水平,带领广大官兵为夺取全面建设小康社会新胜利作出更大贡献。

国家主席胡锦涛在人民大会堂会见朝鲜最高人民会议常任委员会副委员长杨亨燮

胡锦涛表示,中国党和政府高度重视发展中朝友好合作关系,我们愿同朝方一道,继续本着继承传统、面向未来、睦邻友好、加强合作的精神,密切高层交往、深化战略沟通、扩大互利合作、加强治党治国经验交流,推动中朝友好合作关系持续深入向前发展。

杨亨燮说,朝方高度重视朝中友好合作关系,愿同中方一道,为推动两国关系进一步巩固和发展,维护本地区和平与稳定而积极努力。

全国人大常委会委员长吴邦国在人民大会堂会见以最高人民会议常任委员会副委员长杨亨燮为团长的朝鲜友好代表团

全国人大常委会副委员长王兆国在黑龙江考察

王兆国对黑龙江省近年来强调科学发展,坚持通过改革促进发展，全力推进“八大经济区”和“十大工程”建设，经济社会各项事业和生态环境保护取得显著成就给予高度评价；对全省各级工会在团结动员广大职工建功立业、大力推进“两个普遍”、发展和谐劳动关系、维护职工权益、开展帮扶工作等方面取得的突出成绩予以充分肯定。

国新办发布《西藏和平解放60年》白皮书

前　言

1951年5月23日，中央人民政府和西藏地方政府在北京签订《关于和平解放西藏办法的协议》(以下简称《十七条协议》)，西藏实现和平解放。

西藏和平解放是中国人民解放事业的重要组成部分，是近代以来中华民族反对帝国主义侵略、维护国家统一和主权伟大斗争中的一件大事，是西藏社会发展具有划时代意义的历史转折点，是西藏从黑暗走向光明、从落后走向进步的起点。

西藏和平解放60年来，在中国共产党和中央人民政府领导下，经历了民主改革、自治区成立、社会主义建设和改革开放的伟大历史进程，现代化建设事业取得了前所未有的成就，社会面貌发生了翻天覆地的变化，人的命运发生了深刻的改变。这是西藏各族人民团结奋斗的伟大成果，也是中国实行共同团结奋斗、共同繁荣发展的民族政策的生动体现。

今年是西藏和平解放60周年。回顾总结西藏和平解放60年波澜壮阔的历史进程，全面展示新西藏发展的巨大成就，进一步推动西藏实现跨越式发展和长治久安，用事实揭穿达赖集团散布的种种谎言，有助于国际社会正确了解西藏和平解放60年的历史真相，让世人真实感受和认识一个充满生机和活力的社会主义新西藏。

一、西藏和平解放的实现

(一)西藏自古以来就是中国不可分割的一部分

中国是一个统一的多民族国家，西藏人民是中华民族大家庭的重要成员。中国的疆域和历史是中华民族共同创造的，藏族作为中国境内具有悠久历史的民族之一，为多民族统一国家的缔造与发展，为中华民族的形成和发展作出了重要贡献。大量考古、学术研究表明，藏族与汉族和其他兄弟民族自古就有血缘、语言和文化等方面的密切联系，西藏地方与中国内地的经济、政治、文化往来始终没有中断过。13世纪，元朝中央政府设立释教总制院和宣政院，直接管理西藏地区军政事务，正式将西藏地方纳入中央行政管辖之下。此后，中央政府对西藏的管辖逐步规范化、制度化，其中包括直接掌握西藏地方行政机构及任命西藏地方官吏的权力，驻军戍边，并多次在西藏清查人口户籍等。明袭元制，实施多封众建，贡市羁縻。清朝加强了对西藏地方的管理。清朝皇帝于1653年、1713年分别册封五世达赖喇嘛、五世班禅喇嘛，自此正式确定达赖喇嘛、班禅额尔德尼的封号，以及他们在西藏的政治和宗教地位。1727年，清廷设驻藏大臣，代表中央监督西藏地方行政。1751年，清王朝正式任命七世达赖喇嘛掌管西藏地方政府，废除郡王掌政制度，设立由四位噶伦组成的噶厦地方政府。1793年，清廷在驱除廓尔喀入侵势力之后，颁布了著名的《钦定藏内善后章程二十九条》，完善了中央政府治理西藏地方的多项制度，明确规定达赖喇嘛等大活佛转世须经金瓶掣签认定，并报请中央批准。清朝此后的五位达赖喇嘛有三位经由“金瓶掣签”认定，有两位由清朝皇帝批准免于金瓶掣签。清朝皇帝还曾于1706年革除六世达赖仓央嘉措的名号，并于1904年和1910年先后两次革除十三世达赖土登嘉措的名号。

1911年，辛亥革命爆发，推翻了清王朝，建立了中华民国。1912年3月11日，中华民国第一部宪法《中华民国临时约法》明确规定中央对西藏的主权，宣布“西藏是中华民国领土的一部分”，提出“合汉、满、蒙、回、藏诸族为一人，实行五族共和”。7月17日，民国政府设蒙藏事务局，隶属国务院，管理蒙藏事务。1929年，南京国民政府设立蒙藏委员会，行使对西藏的行政管辖。1940年，国民政府在拉萨设立蒙藏委员会驻藏办事处，作为中央政府在西藏地方的常设机构。历史事实表明，虽然民国期间军阀混战，内乱频仍，但中央政府仍在十分艰难的条件下维护了国家在西藏的主权。十四世达赖喇嘛丹增嘉措就是经当时国民政府批准免于金瓶掣签继位的。国际上没有一个国家和政府承认过“西藏独立”。

(二)所谓的“西藏独立”问题是近代帝国主义侵略势力瓜分中国图谋的一部分

1840年英国发动鸦片战争以后，中国逐步沦为半殖民地半封建社会。19世纪末，帝国主义掀起瓜分中国的狂潮，英国侵略势力趁机染指西藏。英军先后于1888年、1903年两次武装入侵西藏，因遭到西藏军民的抵抗而失败。在靠武装侵略没能达到将西藏变为殖民地的目的后，帝国主义开始在西藏培植亲帝分裂势力，策划把西藏从中国分裂出去的活动，煽动“西藏独立”。1907年8月31日，英俄帝国签订《西藏协定》，第一次在国际文件中把中国对西藏地方的主权篡改为“宗主权”。1913年，英帝国策划召开西姆拉会议，唆使西藏代表首次提出“西藏独立”的口号，当即遭到中国政府代表的拒绝。英国代表于是提出所谓“折中”方案，企图将中国在西藏地方的主权篡改为“宗主权”，使西藏在“自治”的名义下脱离中国政府的管辖，遭到中国政府和人民的坚决反对。1914年7月，中国政府代表奉命拒绝在《西姆拉条约》上签字，并发表声明概不承认任何此类条约或文件，同时将立场照会英国政府，西姆拉会议遂以破产而告终。1942年，西藏地方政府在英国代表的支持下突然宣布成立“外交局”，公开进行“西藏独立”活动，因遭到全国人民和国民政府的反对而不得不改变原议。

1947年，英帝国主义幕后策划邀请西藏派代表参加“泛亚洲会议”，在会场上悬挂的亚洲地图和万国旗中把西藏作为一个独立国家来对待，经中国代表团严正交涉，会议组织者不得不改正。1949年7月8日，西藏地方政府以“防止共产党混迹西藏”为借口，下令将国民政府驻藏办事处人员及相关人员驱赶出西藏，制造了“驱汉事件”。1949年11月，西藏地方政府决定派所谓的“亲善使团”赴美国、英国、印度、尼泊尔等国，寻求对“西藏独立”的政治支持和军事援助，加紧分裂国家的活动。1949年年底，美国人劳尔·汤姆斯以“无线评论员”名义在西藏探索“华盛顿给西藏以可能的援助”，并在美国报刊上宣称“美国已准备承认西藏为独立自由”的国家。1950年上半年，一批美国枪支弹药经由加尔各答进入西藏，用以对抗中国人民解放军进藏。

历史事实清楚地证明，所谓“西藏独立”完全是新老帝国主义侵略者炮制出来的，是西方侵略势力瓜分中国领土阴谋的一部分。

（三）解放西藏是中国人民解放事业的重要组成部分

面对帝国主义的侵略和压迫，包括藏族在内的中国各族人民为维护国家的独立、统一和领土完整，为实现中华民族的解放，不惜流血牺牲，进行了长达100多年不屈不挠的斗争。直到在中国共产党的领导下，经过艰苦卓绝的斗争，中国人民的解放斗争才取得了完全胜利。1949年，人民解放战争取得决定性胜利，中华人民共和国宣告成立。人民解放军进军西藏、解放西藏，驱逐帝国主义势力出西藏，提上了议事日程。

针对帝国主义分子和西藏地方上层反动势力紧锣密鼓策划“西藏独立”的活动，1949年9月2日，中国共产党授权新华社发表题为《决不容许外国侵略者吞并中国的领土——西藏》的社论，在概述列强百年来侵略西藏的过程后指出，“西藏是中国的领土，决不容许任何外国侵略；西藏人民是中国人民的一个不可分离的组成部分，决不容许任何外国分割。这是中国人民、中国共产党和中国人民解放军的坚定不移的方针”。社论发表后，西藏各界纷纷响应和拥护，盼望解放军早日进藏。1949年10月1日，十世班禅致电中央政府“速发义师，解放西藏，驱逐帝国主义势力”。11月23日，毛泽东、朱德复电十世班禅说：“中央人民政府和中国人民解放军必能满足西藏人民的这个愿望”。12月2日，原西藏摄政五世热振活佛的近侍热振·益西楚臣到青海西宁，向人民解放军控诉帝国主义者破坏西藏内部团结的罪行，要求迅速解放西藏。1950年年初，藏族农牧民、青年、妇女和民主人士代表百余人在刚刚解放的兰州集会，要求解放西藏。西康省甘孜白利寺五世格达活佛、康北玉隆地区头人夏格刀登和康南巨商邦达多吉派出的代表到达北京，向中央人民政府毛泽东主席致敬，倾诉藏族同胞迫切要求解放的热望。

为了应对国际形势的复杂变化和西藏地方的严峻局势，满足西藏人民要求早日解放的愿望，1949年12月，毛泽东主席在前往苏联访问、途经满洲里时，写信给中共中央，作出了“进军西藏宜早不宜迟”的战略决策。

在酝酿和探索解放西藏的过程中，考虑到西藏是一个特殊的民族地区，为了有利于人民解放军顺利进军，有利于维护西藏人民的利益，有利于加强民族团结，中国共产党确立了和平解放的方式。1949年3月，毛泽东主席根据人民解放战争即将全面胜利的形势指出，待解放的地方按照“北平方式”和平解放的可能性在增加。之后，湖南、宁夏以及与西藏相邻的新疆、云南、西康等省相继以和平方式解放，为和平解放西藏提供了借鉴。1950年1月20日，针对西藏地方政府派出所谓“亲善使团”一事，毛泽东主席授权中央人民政府外交部发言人发表谈话指出：西藏人民的要求是在中央人民政府统一领导下实行适当的区域自治，“如果拉萨当局在这个原则下派出代表到北京谈判西藏的和平解放的问题，那么，这样的代表自将受到接待”。

为争取和平解放西藏，中央人民政府组织开展了大量的政治争取工作。1950年间，西南局和西北局先后四次派出代表或代表团赴西藏进行劝和，以争取十四世达赖喇嘛和西藏地方政府派出代表与中央人民政府谈判和平解放西藏的办法。2月1日，西北局派出藏族干部张竞成携带青海省人民政府副主席廖汉生致十四世达赖喇嘛和摄政达扎·阿旺松饶的书信等赴藏联络。3月底，在中共中央批准和西南局组织下，与西藏政教界有着良好关系的汉族高僧志清法师由成都启程赴藏。7月间，以塔尔寺当才活佛为团长的青海寺院赴藏劝和团从西宁出发。青海省人民政府副主席、著名藏族学者喜饶嘉措向达赖喇嘛和藏族同胞发表广播讲话，呼吁西藏地方政府“迅速派遣全权代表赴京进行和平协商”。7月10日，西康省甘孜白利寺五世格达活佛一行十人从白利寺出发，踏上赴藏劝和征程。然而，这一系列劝和促谈活动，却受到帝国主义侵略势力和西藏亲帝分裂分子的重重阻挠，劝和人员被驱赶或软禁，有的代表团被分解，格达活佛在昌都被投毒致死。

与此同时，西藏地方政府在帝国主义侵略势力的怂恿和西藏上层亲帝分裂势力的把持下，极力扩充藏军，并以其主力7个代本（相当于团）沿金沙江西岸陈兵于以昌都为中心的周围地区，企图阻止人民解放军进军解放西藏。昌都为从西南入藏的必经之地。1950年8月23日，毛泽东指出占领昌都"对于争取西藏政治变化及明年进军拉萨，是有利的"，"有可能促使西藏代表团来京谈判，求得和平解决"。10月6日起，人民解放军进藏部队从南北两线分别渡过金沙江执行解放昌都的作战任务。10月19日，昌都解放。在此基础上，昌都地区第一次人民代表会议召开，选举产生了昌都地区人民解放委员会，成立了昌都地区僧俗人民争取和平解放西藏工作委员会。昌都战役打开了和平谈判的大门，为促进西藏和平解放创造了必要条件。

（四）签订《十七条协议》，实现西藏和平解放

中央人民政府和毛泽东主席始终没有放弃和平解放西藏的努力，在昌都战役进行中，仍催促西藏"代表团应速来京"。昌都战役促使西藏地方政府内部发生分化，爱国进步力量占据上风，主张亲帝分裂的摄政达扎·阿旺松饶被迫下台，十四世达赖喇嘛于11月17日提前亲政，西藏地方政局朝着有利于和平解放的趋势发展。

1951年1月2日，十四世达赖喇嘛移居西藏亚东，一面对我进行观望，一面向英、美、印、尼等国求援，伺机逃往国外，但是没有一个国家愿意公开支持"西藏独立"。西藏地方政府也相应地分为留守的"拉萨噶厦"和临时性的"亚东噶厦"两部分。随后，西藏地方政府"官员会议"决定正式派出代表到北京同中央人民政府和谈。达赖喇嘛在致中央人民政府表示愿意和平谈判的信中说："过去，在我年幼未掌权期间，藏汉之间关系屡遭破坏，近日已通知阿沛及随员从速启程去北京。为争取时间，我们将再给阿沛两位助手，经印度前往北京。"在中央人民政府民族平等政策和和平解放西藏方针的感召下，西藏地方政府派出了与中央人民政府和谈的全权代表团，阿沛·阿旺晋美为首席代表，凯墨·索安旺堆、土丹旦达、土登列门、桑颇·登增顿珠为代表。代表团分作两路启程，于1951年4月27日齐聚北京，受到中央人民政府的欢迎。随即，中央人民政府组成谈判代表团，李维汉为首席全权代表，张经武、张国华、孙志远为全权代表。经过友好协商，中央人民政府和西藏地方政府于1951年5月23日在北京签订了《关于和平解放西藏办法的协议》。

关于中央人民政府和西藏地方政府进行和平谈判并签订《十七条协议》，需要强调以下几点基本历史事实：

第一，和平谈判是在西藏地方政府承认西藏是中国不可分割的一部分的前提下进行的。十四世达赖喇嘛和西藏地方政府派出谈判代表团时，给每位代表颁发了一份盖有印章的全权证书，证书外面注明了西藏全权代表五人的姓名和身份，里面写有承认西藏为中国领土等内容。谈判要解决的根本问题，是增强民族团结和维护祖国统一问题。正如阿沛回忆指出的，在这个问题上，"双方代表的基本立场是一致的。"

第二，中央人民政府关于和平解放西藏问题的"十大政策"是谈判的基础。"十大政策"主要内容是：驱逐英美帝国主义侵略势力出西藏，西藏实行民族区域自治，西藏现行各种政治制度维持原状概不变更，保障宗教信仰自由，发展西藏经济和文化教育，西藏各项改革事宜由西藏人民及西藏领导人采取协商方式解决，人民解放军进入西藏等。在谈判之初，西藏地方政府代表强调不能接受"十大政策"中的"人民解放军进入西藏"。当时，中央人民政府代表并没有勉强西藏地方政府代表，而是建议休会两天，安排他们参观，同时耐心劝说，提出既然承认西藏是中国不可分割一部分就没有理由阻止人民解放军进入西藏。同时，充分考虑到西藏代表提出的西藏经济落后、资源贫瘠，供给人民解放军有很大困难的问题，中央政府作出"进军西藏，不吃地方，一切开支由中央负责"的保证。双方最终协商确定西藏地方政府积极协助人民解放军进入西藏，巩固国防。

第三，达赖喇嘛和班禅额尔德尼之间的团结问题，是谈判必须解决的一个重要问题。由于帝国主义侵略势力的挑唆，九世班禅喇嘛在20世纪20年代初与十三世达赖喇嘛发生不和，被迫从西藏出走内地，1937年12月在返回西藏途中圆寂于青海玉树。1949年8月10日，经国民政府批准，十世班禅在青海塔尔寺坐床继位。西藏地方政府代表团在谈判之初，并不承认十世班禅的合法地位。中央人民政府谈判代表团向西藏地方政府谈判代表团展示了原国民党政府批准认定十世班禅为九世班禅转世灵童的全部公文，以及由达赖喇嘛方面代表参加的十世班禅在塔尔寺坐床继位时的照片。在确凿的证据面前，西藏地方政府谈判代表团最终承认了十世班禅的合法地位。谈判期间正值"五一"劳动节，中央人民政府邀请西藏地方政府谈判代表团和十世班禅在天安门城楼上共同观礼，阿沛·阿旺晋美与十世班禅进行了友好会面，并受到毛泽东的接见。

第四，协议在相互尊重和友好协商的基础上达成。协议大部分条款是关于西藏内部关系和内部事宜的处

理。在这些问题上,中央人民政府全权代表依据中央人民政府的民族政策和西藏地区的实际情况,主动提出了一系列建议。西藏地方政府谈判代表团也提出了若干建议。中央人民政府对正确的部分加以采纳和研究综合,并对不合理的部分进行了耐心的解释。西藏地方政府代表土丹旦达根据切身经历谈道:"我作为译仓派出的僧官,在谈判过程中对宗教信仰、寺庙收入等提的建议较多,中央大都采纳了。"谈判一开始就搞了汉、藏两种协议文本,每一次修改两种文本都同步进行,并得到了西藏地方政府谈判代表团的同意。谈判结束后,汉、藏两个文本同时产生,并在签订后予以一并公布。

西藏地方政府全体谈判代表作为全权代表,在正式谈判前协商立下如下工作原则:"能做主的问题就立即定下来,不能解决的,向亚东报告";来不及请示时,"作为全权代表可以先定下来,再向达赖喇嘛报告"。西藏地方政府谈判代表团向达赖喇嘛和噶厦的请示渠道始终通畅,就哪些问题请示由他们内部协商确定。谈判开始不久,关于人民解放军进入西藏问题,西藏地方政府谈判代表通过凯墨·索安旺堆和土丹旦达带来的密码机向在亚东的达赖喇嘛和噶厦发了电报,说明谈判中其他方面问题都不大,就是如不承认人民解放军进藏守卫国家边疆,谈判恐怕谈不成。其间,他们还在与班禅的关系问题上,同"亚东噶厦"联系过两次。在20多天的谈判中,虽然双方代表在一些问题上有争论和不同意见,但始终是在友好真诚、充分协商的气氛中进行的,最终就有关和平解放西藏的所有问题达成协议。在协议签字仪式上,双方代表在协议文本上签名,并加盖了个人图章,以示郑重。

为了保证协议的贯彻执行,中央人民政府和西藏地方政府在谈判中签订了两个协议附件。其一是《关于人民解放军进驻西藏的若干事项的规定》。在人民解放军进驻西藏问题上,西藏地方政府全权代表在谈判中提出了进藏部队的具体数量、驻军部署及供给等有关人民解放军进驻西藏的具体问题。由于这些问题属于军事机密,因而不能写在需要公布的协议中,于是就有了签订这一附件的必要。其二是《关于西藏地方政府负责执行和平解放西藏办法的协议的声明》。对于协议,如果达赖喇嘛予以承认,并返回拉萨,则和平解放西藏顺理成章。如果达赖喇嘛因某种情况暂不返回拉萨,西藏地方政府谈判代表团提出,希望中央人民政府允许达赖喇嘛在执行协议的第一年内,因某种需要可以自行选择住地,在此期间内返职时,其地位与职权不予变更。对此,中央人民政府表示同意,但如果将这一内容写在协议里,则可能引起各种议论。双方就有可能发生的情况提前作出预防性规定,签订了该附件。这两个附件是属于协议实施细则和对协议未尽事宜的补充。

第五,协议得到达赖喇嘛和西藏僧俗人民的一致拥护。阿沛·阿旺晋美从北京回到拉萨后,西藏地方政府于9月26日至29日召开了全体僧俗官员、三大寺堪布、藏军甲本以上军官等300多人的"官员大会",通过了向达赖喇嘛的呈文:"签订的《十七条协议》,对于达赖之宏业,西藏之佛法、政治、经济诸方面,大有裨益,无与伦比,理当遵照执行。"10月24日,达赖喇嘛致电毛泽东主席表示拥护协议。该电文全文为:"今年西藏地方政府特派全权代表噶伦阿沛等五人于1951年4月底抵达北京,与中央人民政府指定的全权代表进行和谈。双方代表在友好基础上已于1951年5月23日签订了关于和平解放西藏办法的协议。西藏地方政府及藏族僧俗人民一致拥护,并在毛主席及中央人民政府领导下积极协助人民解放军进藏部队巩固国防,驱逐帝国主义势力出西藏,保护祖国领土主权的统一,谨电奉闻。"10月26日,毛泽东主席复电达赖喇嘛,感谢他对实行和平解放西藏协议的努力。

《十七条协议》的签订,标志着西藏实现和平解放,西藏的社会发展从此揭开了崭新的一页。和平解放使西藏彻底摆脱了帝国主义的侵略及其政治、经济羁绊,维护了中国的国家主权、统一和领土完整,实现了全国各族人民的团结和西藏内部的团结,为西藏与全国一起共同进步和发展创造了基本前提。

二、和平解放60年的发展历程

和平解放是西藏历史发展的一个重要转折点。在此后的60年里,西藏历经民主改革、自治区成立、社会主义建设和改革开放各个历史阶段,走过了波澜壮阔的发展历程。

(一)落实《十七条协议》,维护国家统一和民族团结,开启西藏现代化发展的崭新征程

——进军西藏,巩固边防。按照《十七条协议》及附件一的规定,从1951年9月到1952年6月,以十八军为主的各路进藏部队先后到达拉萨,进驻(抵)太昭、江孜、日喀则、山南隆子宗、亚东、察隅、改则等国防重镇,完成了进军西藏的任务,结束了西藏4000多公里边境线上长期有边无防的历史。

——统一处理西藏一切涉外事务。1952年9月6日,中央人民政府驻西藏代表外事帮办办公室成立,在中央人民政府外交部的领导下,具体办理西藏地方的一切涉外事宜。1954年4月29日,中印双方在北京签订了《关于中国西藏地方和印度之间的通商和交通协定》,同时互换照会,取消印度继承的英国侵略西藏遗留下来的特权。1955年中国和尼泊尔正式建立外交关系,并于1956年签订《中华人民共和国和尼泊尔

王国保持友好关系以及关于中国西藏地方和尼泊尔之间的通商和交通协定》,取消了尼泊尔在西藏的特权,中尼友好关系在新的基础上得到巩固和发展。至此,完全实现了由中央人民政府统一处理西藏地区的一切涉外事宜。

——实行生产自给,解决军需民用。中央政府作出了“进军西藏,不吃地方”及“精打细算,生产自给”等指示,提出“保障军需,兼顾民用”,“统一采购,紧缩开支”等一系列财经政策。人民解放军进驻拉萨后,首先从羊毛出口贸易着手,解决军需民用问题。中央政府拨款400亿元(旧币),以高于出口印度市场的价格,收购西藏积压的羊毛,打击了上层反动集团囤积居奇,挑拨、破坏藏汉关系的图谋,上层人士为此获得丰厚的利润,也体会到中央政府是切实维护藏族人民利益的,在经济上逐渐减少了对帝国主义势力的依赖和联系,积极向中央政府靠拢。

——开展统战工作,促进民族团结和进步。在中央人民政府的推动下,1952年4月,十世班禅额尔德尼及班禅行辕人员自青海返回拉萨,实现了班禅与达赖的友好会晤。西藏工委不间断地进行工作,解决了达赖与班禅相互之间的历史遗留问题和现实问题。1953年,十四世达赖和十世班禅被选为全国佛教协会名誉会长,功德林活佛被选为副会长。1956年9月,成立了中国佛教协会西藏分会。1954年9月,十四世达赖、十世班禅联袂赴京参加中华人民共和国第一届全国人民代表大会第一次会议,体现了西藏各族人民平等参与管理国家大事的权利。与此同时,组织参观团或观礼团到内地参观、访问,自1952年至1957年间组织了13批1000多人次到内地参观、访问,其成员不断扩大,包括从拉萨直至西藏各地区的上层僧俗官员、寺庙喇嘛、青年和妇女,增进了西藏与内地的联系和各民族的团结。

——积极开展现代化建设,推动西藏经济社会文化的发展。和平解放后,人民解放军和进藏工作人员坚决执行《十七条协议》和中央的政策,修建康藏、青藏公路和当雄机场,兴修水利,建设现代工厂、银行、贸易公司、邮局、农场和学校等,采取多种措施帮助农牧民发展生产,开展社会救济,救灾活动,免费为群众防疫治病,推动了西藏经济、社会、文化事业的发展,展示了一种现代文明和进步的新气象,在西藏各阶层和广大群众中产生了深远影响,从而打破了西藏社会长期封闭、停滞的局面,开启了走向现代社会的历史进程,为西藏社会进一步向前发展开辟了广阔前景,为西藏与全国共同前进创造了必要条件。

(二)实行民主改革,废除封建农奴制度,解放百万农奴和社会生产力,完成西藏历史上最深刻的社会变革

民主改革之前的旧西藏是一个比欧洲中世纪还要落后、黑暗的政教合一的封建农奴制社会。占人口5%的官家、贵族、寺庙上层僧侣三大领主及其代理人占有西藏的全部耕地、牧场、森林、山川、河流和大部分牲畜,而占人口95%的农奴和奴隶没有生产资料和人身自由。广大农奴和奴隶不仅遭受着沉重的赋税、乌拉差役和高利贷的剥削,而且遭受着世所罕见的残酷的政治压迫和刑罚,挣扎在死亡线上。改革西藏社会制度是西藏社会发展的必然要求和西藏人民的根本愿望。考虑到西藏的特殊情况,《十七条协议》规定:“对于西藏的现行政治制度,中央不予变更”;“有关西藏的各项改革事宜,中央不加强迫。西藏地方政府应自动进行改革,人民提出改革要求时,得采取与西藏领导人员协商的方法解决之”。和平解放后,中央人民政府对西藏社会制度改革采取了十分慎重的态度和极为宽容的政策,耐心等待和劝说西藏地方上层统治集团主动进行改革,并给予充分的时间。但是,西藏反动上层为了维护农奴主阶级的既得利益和特权,根本反对改革,企图永远保持封建农奴制,为此,他们蓄意违反《十七条协议》,策划了一系列分裂祖国的活动,直至1959年发动全面武装叛乱。

为了维护国家的统一和西藏人民的根本利益,中央人民政府采取果断措施,与西藏人民一道坚决平息了叛乱,解散了西藏地方政府,并在西藏进行了一场彻底摧毁封建农奴制度的民主改革运动。民主改革废除了“政教合一”制度,实现了政教分离;废除了生产资料的封建领主所有制,确立了农牧民个体所有制;废除了对“三大领主”的人身依附,使农奴和奴隶获得人身自由。民主改革是西藏社会进步和人权发展史上划时代的重大变革,使西藏百万农奴和奴隶在政治、经济和社会生活多方面实现了翻身解放,有效地促进了西藏社会生产力的发展,为西藏的现代化发展开辟了道路。据统计,在民主改革中,农奴和奴隶共分得土地280多万克(15克相当于1公顷),到1960年西藏民主改革完成时,西藏的粮食生产量比1959年增长12.6%,比民主改革前的1958年增长17.7%,牲畜存栏头数1960年比1959年增长9.9%。

(三)实行民族区域自治制度,推动西藏走上社会主义的发展道路

西藏民主改革的过程同时也是民主建政的过程。1959年3月西藏发生叛乱后,国务院发布命令,解散西藏噶厦地方政府,决定由西藏自治区筹备委员会行使西藏地方政府职权。此后,相继撤销了昌都地区人民解放委员会和班禅堪布会议厅委员会,结束了几种不同性质政权并存的局面,建立了统一的人民民主政

权。1961年,西藏各地开始实行普选,昔日的农奴和奴隶第一次获得了当家做主的民主权利,选举产生了西藏各级权力机关和政权,一大批翻身农奴和奴隶担任了各级领导职务。1965年9月,西藏自治区第一届人民代表大会第一次会议在拉萨开幕,西藏自治区及其人民政府宣告成立。此后,西藏通过对农牧业的社会主义改造,走上了社会主义的发展道路。西藏自治区的成立和社会主义制度的实行,从制度上保障了各民族平等、团结、互助和共同繁荣政策在西藏的实现,保障了西藏各族人民平等参与管理国家事务和自主管理本地区本民族事务的权利,为西藏在国家的特殊支持和资助下,根据本地区特点实现与全国共同发展进步提供了制度保证。

(四)实行改革开放,推动西藏经济从封闭走向开放、从供给型经济走向经营型经济

20世纪80年代,西藏与全国一样掀起了改革开放和现代化建设热潮。1980年和1984年,中央先后召开第一次和第二次西藏工作座谈会,确定了西藏以经济建设为中心,从封闭式经济转变为开放式经济,从供给型经济转变为经营性经济的指导方针。中央政府制定了“土地归户使用,自主经营,长期不变”,“牲畜私有私养,自主经营,长期不变”等一系列有利于西藏经济发展的特殊优惠政策,推进了西藏的经济体制改革和对外开放,并从1984年起,由国家投资、全国九省(市)援建西藏43项工程等一批项目。改革开放政策的实施和国家的支援,壮大和繁荣了西藏经济,提高了西藏产业的整体水平和经济活动的商品化水平,使西藏经济社会发展跨上了一个新的台阶。

(五)根据新的形势,在实践中探索和形成新时期西藏工作的基本方针,不断加快西藏发展,维护局势稳定

达赖集团叛逃国外后,始终没有放弃“西藏独立”的主张和分裂国家的活动,在美国中央情报局的支持下,在印度宣布成立“西藏独立国”,在印度、尼泊尔建立了叛乱武装基地,长期对我边境实施武装袭扰。1964年,国务院第151次会议通过《关于撤销达赖职务的决定》,指出“达赖在1959年发动叛国的反革命武装叛乱,逃往国外以后,组织流亡伪政府,公布伪宪法,支持印度反动派对我国的侵略,并且积极组织和训练逃往国外的残余叛乱武装骚扰祖国边境。这一切证明他早已自绝于祖国和人民,是一个死心塌地为帝国主义和外国反动派作工具的叛国分子。”西藏实行改革开放后,达赖集团更是加紧进行渗透破坏,并于上世纪80年代末组织策划拉萨骚乱。中央政府采取有力措施,迅速平息了骚乱,并于1989年提出了指导西藏工作的十条意见,对统一思想、促进稳定发挥了重要作用,成为新时期西藏工作的转折点。1994年,中央政府召开第三次西藏工作座谈会,确立了以经济建设为中心,紧紧抓住发展经济和稳定局势两件大事,确保西藏经济加快发展,确保社会全面进步和长治久安,确保人民生活水平不断提高的新时期西藏工作指导方针;作出了中央关心西藏、全国支援西藏的重大决策;制定了一系列加快西藏发展的特殊优惠政策和措施,形成了国家直接投资西藏建设项目、中央实行财政补贴、全国进行对口支援的全方位支援西藏现代化建设的格局。2001年,中央召开第四次西藏工作座谈会,决定采取更加有力措施,进一步加大对西藏的支持力度,全面推进西藏的发展,促进西藏的稳定。1994年以来,中央政府先后安排60个中央国家机关、全国18个省市和17户中央企业,从人力、财物、技术、管理等方面对口支援西藏,对口援藏范围覆盖到西藏所有地市和73个县(市、区)。特别是1994年确定的62项援藏工程和2001年确定的117项援藏工程的全面完成,极大地改善了西藏的生产生活条件,为西藏经济社会发展注入了强劲的动力。与此同时,排除达赖集团的干扰破坏,圆满完成十世班禅转世灵童的寻访认定,批准认定坚赞诺布继任第十一世班禅额尔德尼,坚决开展对达赖分裂集团的斗争,维护了西藏的局势稳定。

(六)坚持科学发展观,大力推动西藏从加快发展到跨越式发展,从基本稳定到长治久安

中共十六大以后,中央根据新的历史条件,明确提出要按照科学发展观的要求,把保障和改善农牧民生产生活条件,增加农牧民收入作为经济社会发展的首要任务,推动西藏经济社会更好更快更大发展,使各族群众共享改革发展成果。中央政府于2006年制定了加快西藏发展、维护西藏稳定的40条优惠政策,确定了西藏“十一五”建设项目180个(实际完成188个),推动西藏发展稳定工作取得了新的显著成绩。西藏经济快速发展,交通、能源等基础设施成效明显,青藏铁路等一大批重大项目建成并发挥良好效益,社会事业全面进步,各族群众的生活水平显著提高,西藏自我发展的能力进一步增强。与此同时,依法平息拉萨“3·14”事件,坚决防范和打击达赖集团分裂西藏活动,深入开展寺庙爱国主义教育和法制宣传教育,反分裂斗争取得重大胜利,民族团结不断加强。2010年1月,中央召开第五次西藏工作座谈会,进一步丰富和完善了西藏工作指导思想,提出以经济建设为中心,以民族团结为保障,以改善民生为出发点和落脚点,紧紧抓住发展和稳定两件大事,确保经济社会跨越式发展,确保国家安全和西藏长治久安,确保各族人民物质文化生活水平不断提高,确保生态良好的指导思想,对西藏的发展稳定各项工作作出了全面部署。西藏站在新的历史起

点上展现了蓬勃发展的崭新态势。

三、举世瞩目的伟大成就

和平解放60年来，在中央人民政府和全国各族人民大力支持下，经过西藏各族人民艰苦奋斗，西藏实现了由封建农奴制度到社会主义制度、由封闭贫穷落后到开放富裕文明的两大“历史性跨越”，在各方面取得了举世瞩目的伟大成就。

（一）政治建设成就斐然，社会制度实现历史跨越

和平解放以来，西藏废除了封建农奴制度，实行了民族区域自治制度，建立了人民民主的社会主义制度。昔日的农奴和奴隶从此成为国家和社会的主人，不仅享有了平等参与管理国家事务的权利，而且享有了自主管理本地区、本民族事务的政治权利。在2007年举行的西藏自治区、地（市）、县、乡（镇）人民代表大会代表的选举中，参选率达到96.4%。经过直接和间接选举产生的34000多名四级人大代表中，藏族和其他少数民族占94%以上。在全国人大代表中，西藏自治区有20名代表，其中藏族公民12名，门巴族、珞巴族公民各1名。西藏各阶层和各界人士还通过参与各级人民政治协商会议，参政议政，行使民主权利。现有多名西藏民族、宗教界人士是全国政协委员。中国人民政治协商会议西藏委员会于1959年成立以来，历届委员中的绝大多数是藏族和其他少数民族人士。

民族区域自治在法制化的轨道上不断推进。西藏自治区成立以来，先后制定了279件地方性法规和具有法规性质的决议、决定，内容涉及民主政治、经济发展、文化教育、语言文字、人民司法、医疗卫生、文物保护、野生动植物和自然资源保护、环境保护等各个方面。现已建立起以自治条例和单行条例为骨干的地方性自治法规体系，为维护西藏各族人民在政治、经济和社会生活各方面的权益，促进地方经济社会发展，提供了重要的法律保障。这些法制建设成果具有鲜明的西藏地方特点，其中包括《西藏自治区立法条例》《西藏自治区各级人民代表大会选举实施细则》《西藏自治区学习、使用和发展藏语文的决定》《关于维护祖国统一、加强民族团结、反对分裂活动的决议》《西藏自治区文物保护管理条例》和《西藏自治区环境保护条例》等等。

藏族和其他少数民族干部是西藏自治区干部的主体，是建设西藏、发展西藏的骨干力量。西藏自治区成立以来，历任自治区人大常委会主任和人民政府主席均是藏族公民。全区干部队伍中，藏族及其他少数民族占70.3%，其中县乡两级主要领导中，藏族和其他少数民族占81.6%。目前，西藏自治区专业技术人员达到5.4万人，少数民族技术人员占76.8%左右。

（二）经济建设实现跨越式发展，人民生活得到大幅改善

和平解放前，西藏经济长期停滞不前，百业凋零，民不聊生。和平解放以来，西藏走上了跨越式发展的道路。为推动西藏经济社会发展，中央政府根据西藏经济社会发展的实际，制定了许多特殊优惠政策，涉及金融、财税、投资、基础设施建设、产业发展、农牧业和农牧区、环保、教育、卫生、科技、文化、体育等各个方面，并在财力、物力、人力上给予大力支持和帮助。中央财政没有从西藏拿走一分钱，反而不断加大对西藏的财政转移支付力度，1952—2010年中央对西藏的财力补助达3000亿元，年均增长22.4%。60年来，中央对西藏的直接投资超过1600多亿元，在不同时期相继安排了43项、62项、117项、188项等一大批关系西藏长远发展和人民生活的重大工程项目，相继建成了公路、铁路、机场、通信、能源等一批重点基础设施，极大地改善了西藏的基础设施和人民生产生活条件。据统计，1994—2010年，对口援藏省市、中央国家机关及中央企业分6批共支援西藏经济社会建设项目4393个，总投资133亿元，共选派4742名优秀干部支援西藏。

在中央政府的大力扶持和全国各地支援下，西藏经济实现了历史性跨越。据统计，1959—2010年，西藏全社会固定资产投资累计完成2751亿元，年均增幅达到15%以上，其中1994—2010年，全社会固定资产投资累计2643亿元，年均增幅达到20%以上。1951年西藏地区生产总值仅有1.29亿元，2010年达到507.46亿元，按可比价格计算增长111.8倍，年均增长8.3%。其中，1994年以来，西藏地区生产总值连续18年达到两位数增长，年均增速达12%。“十一五”期间（2006年—2010年），西藏地区生产总值先后跨上300亿元、400亿元、500亿元三大台阶。2010年，西藏自治区人均生产总值为17319元，地方财政一般预算收入达到36.65亿元，连续8年保持20%以上的增长。

现代工业从无到有，现已建立起一个包括能源、轻工、纺织、机械、采矿、建材、化工、制药、食品加工、民族手工业、藏医药等20多个门类、富有西藏特色的现代工业体系。工业总产值从1956年的0.014亿元增加到2010年的75.61亿元，年均增长14.1%。特色优势产业不断发展壮大，甲玛铜多金属矿正式投产并在香港成功上市，拉萨青稞啤酒、5100矿泉水、甘露藏药等一批特色产品打入国内外市场。旅游业持续快速增长，2010年接待游客685.14万人次，旅游总收入达到71.4亿元，正向着重要的世界旅游目的地发展。

能源、交通等基础产业蓬勃兴起。和平解放前，西藏仅有一座125千瓦、只供少数上层贵族享受的小电站，而今已形成以水电为主，地热、风能、太阳能等多能互补的新兴能源体系。2010年，西藏电力装机总容量

达到97.4万千瓦，用电人口覆盖率达到82%以上。青藏直流联网工程开工建设，即将结束西藏电力孤网运行的历史。和平解放前西藏没有一条公路，现在已初步建立起以公路、铁路、航空、管道为主的综合交通运输体系，西藏所有乡镇和80%以上的行政村通公路，通车里程达到5.82万公里。墨脱公路嘎隆拉隧道胜利贯通，即将结束全国唯一不通公路县的历史。青藏铁路建成通车，结束了西藏没有铁路的历史。拉萨贡嘎机场助航灯光工程投入使用，林芝米林机场、阿里昆莎机场、日喀则和平机场建成通航，结束了西藏无夜航和支线航空单一的历史。目前，西藏已初步形成了以拉萨贡嘎机场为干线，以昌都邦达、林芝米林、阿里昆莎、日喀则和平机场为支线的机场布局，开通了22条国际国内航线。旧西藏通讯是人背畜驮、驿站式传递，今天，西藏已迈入信息化时代，建立起以光缆、卫星、网络为骨干的现代通讯网络体系，基本实现乡乡通宽带、村村通电话。

旧西藏农牧业基本靠天吃饭、靠天养畜，如今农牧业现代化程度大幅提高。西藏第一产业增加值由1959年的1.28亿元增加到2010年的68.13亿元，年均增长4.8%。粮食产量由1959年的18.29万吨增加到2010年的92万吨；粮食平均亩产量由1959年的91公斤提高到2008年的357.4公斤；年末牲畜存栏数由1959年的956万头(只、匹)增加到2010年的2321万头(只、匹)。

和平解放前，西藏90%以上的人没有自己的住房，过着衣不蔽体、食不果腹的生活。60年来，西藏各族人民的生活条件不断改善，生活水平不断提高。1951年，西藏城镇居民人均居住面积不到3平方米；2010年年末，西藏城镇居民人均居住面积达到34.72平方米。2006年开始，西藏实施以安居工程为突破口的社会主义新农村建设，先后使27.48万户、140.21万农牧民住上了安全适用的新房，人均居住面积增加到24平方米，实现了让全区所有住房条件较差的农牧民住上安居新房的目标。同时，西藏整体推进农牧区水、电、路、讯、气、广播电视、邮政和优美环境综合建设，农牧区面貌发生历史性变化。目前，乡镇通邮率、乡镇通公路率和行政村通公路率分别达到85.7%、99.7%、81.2%，累计解决153.2万农牧民的安全饮水问题，农牧区碘盐覆盖率达91.2%。2010年，西藏农牧民人均纯收入达到4138.7元，连续8年保持两位数增长，城镇居民可支配收入达到14980元。随着人民生活逐步富裕，消费结构开始多样化，冰箱、彩电、电脑、洗衣机、摩托车、手机等消费品进入了寻常百姓家。西藏每百户农村居民家庭拥有彩色电视机73.45台、移动电话52.64部、生活用汽车3.98辆，其中拉萨市每百户城镇居民家庭拥有家用电脑63台、移动电话182部、家用轿车32辆。广播、电视、通信、互联网等现代信息传递手段，与全国乃至世界同步发展，已经进入到人民群众的日常生活。

(三)社会建设全面进步，各项事业呈现欣欣向荣的局面

旧西藏没有一所现代意义上的学校，寺院垄断着教育，仅有极少数僧官学校，绝大多数学生是贵族子弟，广大农奴和奴隶被剥夺了受教育的权利，适龄儿童入学率不到2%，青壮年文盲率高达95%，现代科技更是一片空白。1951年至2010年，国家累计投入西藏教育经费407.3亿元，有力地推动西藏教育事业发展。如今，西藏已经建立起一个涵盖幼儿教育、小学教育、中学教育、职业教育、高等教育、成人教育、特殊教育等具有地方特色和民族特点的现代教育体系。2010年，西藏拥有普通高等教育院校6所，各级中学122所，小学872所，各类在校学生达50多万人。内地西藏班在校生总数2万余人；在内地12省市42所学校开办中职班。目前，西藏适龄儿童入学率、初中入学率、高中入学率和高等教育毛入学率分别达到99.2%、98.2%、60.1%和23.4%，青壮年文盲率下降到1.2%，15周岁以上人口人均受教育年限达到7.3年。国家对农牧民子女和城镇困难家庭子女实行包吃、包住、包学习费用的"三包"政策，涵盖学前、小学、初中和高中阶段，目前，"三包"经费年补助标准达到2000元。科技事业从无到有，迅速发展。2010年，西藏共有各类独立科研院所34所、民营科研机构9所、农牧技术推广机构140个，各类专业技术人员52107人，完成国家及自治区重点科技项目3253项。经济发展中的科技含量明显提高，其中科技对经济增长的贡献率达到33%，对农牧业增长的贡献率达到40%。

医疗卫生事业不断发展健全。和平解放前，西藏只有3所设备简陋、规模很小的官办藏医机构和少量私人诊所，从医人员不足百人。2010年年末，西藏有各级各类医疗卫生机构1352个，床位8838张，卫生技术人员9983人。以政府投入为主导，家庭账户、大病统筹和医疗救助相结合的农牧区医疗制度全面建立，以拉萨为中心、遍布城乡的医疗卫生网建立起来，实现了乡乡有卫生院、村村有卫生室。人民的健康水平显著提高。孕产妇死亡率由1959年的5000/10万人下降到174.78/10万人，婴幼儿死亡率由和平解放前的430‰下降到20.69‰。人均预期寿命从35.5岁提高到67岁。据第六次全国人口普查，西藏人口由和平解放前100万增加到现在的300.22万人，其中藏族人口271.64万人，占90.48%。

以养老、医疗、失业、工伤和生育五大保险为主体

的覆盖城乡居民的社会保障体系已经建立。自2009年11月开展新农保工作以来，截至2010年年底，73个县(市、区)全部纳入新农保试点范围，累计向年满60周岁及以上农牧区居民发放基础养老金7631.55万元；企业退休人员人均养老保险待遇达到每月2439元，高于全国平均水平。城镇居民医保政策范围内住院费用报销比例达到75.1%。2010年年度医疗费最高报销额度达到13万元，是西藏城镇居民人均可支配收入14980元的8.7倍。参加社会保险总人数达到166.23万人，兑现各项社会保险待遇17.32亿元。城镇就业总人数达到52.71万人，城镇登记失业率为3.81%。

(四)文化建设空前繁荣发展，宗教信仰自由受到尊重和保护

中央政府和西藏地方政府高度重视民族优秀文化的继承、保护和发展。藏语文的学习、使用和发展受到法律保障，藏文已成为国家第一个具有信息技术信息交换用文字编码国际标准的少数民族文字。国家累计投入14.5亿元对布达拉宫、罗布林卡、萨迦寺等文物古迹进行维修保护。西藏的传统手工技艺、民间美术、藏戏等76个文化项目已被列入国家级非物质文化保护名录，53位传承人入选国家级非物质文化遗产项目代表性传承人名录。布达拉宫、大昭寺、罗布林卡列入联合国世界文化遗产名录，藏戏和"格萨尔"成功入选世界非物质文化遗产名录，独具特色的藏医藏药走向世界，藏学研究事业空前繁荣。

广播电视和新闻出版事业快速发展。2010年，西藏已有广播电台4座、电视台5座，中波广播转播台27座，县级广播电视转播台68座，乡(镇)村级广播电视收转站9371座。西藏建成中国第一个少数民族语广播影视节目译制中心——中国西藏藏语广播影视节目译制中心。38万多户农牧民群众通过直播卫星可以收听收看到55套数字广播电视节目。广播、电视人口综合覆盖率分别达到90.28%和91.4%。目前，西藏公开发行的报刊种类已达58种，已累计出版各类藏汉文图书1.2万多种、2.5亿多册。

西藏现有专业艺术表演团体10个，业余文艺演出队和藏戏表演队500多个，县级民间艺术团19个。拉萨雪顿节、日喀则珠峰文化艺术节、那曲恰青赛马节等一大批群众性文化传统节庆得到继承和创新。西藏大力实施广播电视"村村通"、"户户通"、文化信息资源共享、县乡村文化馆(站)等文化惠民工程，综合文化活动中心和县级文化信息资源共享工程实现全覆盖，创作出一大批具有浓郁地方特色、鲜明时代特点、突出时代特征的文化精品，文艺作品的产量和质量大幅提升。

宗教信仰自由得到尊重和保护。在西藏，各宗教、各教派一律平等。藏传佛教特有的活佛转世的传承方式得到充分尊重，寺庙学经、辩经、受戒、灌顶、修行等传统宗教活动和寺庙学经考核晋升学位活动正常进行。西藏各族人民群众的宗教信仰自由得到充分保障。中央人民政府先后将西藏的布达拉宫、大昭寺、扎什伦布寺、哲蚌寺、色拉寺、萨迦寺等著名宗教活动场所列为重点文物保护单位。目前西藏共有1700多处宗教活动场所，僧尼约4.6万人，僧俗信教群众每年都组织和参加萨噶达瓦节等各种各样的宗教和传统活动，每年到拉萨朝佛敬香的信教群众达百万人次以上。

(五)生态建设取得长足发展，环境保护全面加强

西藏是中国重要的生态屏障和安全屏障。和平解放前，西藏根本谈不上宏观生态建设和综合环境保护。和平解放以来特别是改革开放以来，中央政府和西藏自治区政府高度重视生态建设和环境保护，投入了大量资金和人力、物力，特别是2002年中央决定建设160个重点生态保护建设项目。"十五"期间，国家投入西藏生态环境保护与建设的资金达32.43亿元，"十一五"期间达到101.62亿元，是"十五"期间的3倍多。西藏自治区人大和人民政府颁布实施的生态建设和环境保护类法规、规范性文件、部门规章30余件，形成了比较系统的地方性环境保护法规体系，如《土地管理法》《水法》《草原法》等。同时，积极推进天然林保护、退耕还林、退牧还草等工程，大力开展水土流失治理、防沙治沙和小流域综合治理及地质灾害防治工作。西藏在全国率先启动草原生态保护奖励机制试点工作，全面启动农村薪柴替代工程，15万户农牧民用上清洁的沼气能源。目前，西藏已建立21个生态功能保护区、7个国家森林公园、3个地质公园、1个国家级风景名胜区以及47个各级各类自然保护区，保护区面积占西藏土地面积的34.5%，居全国之首。森林覆盖率由和平解放时的不足1%提升到11.91%，保护湿地600余万公顷。据最新环境公报显示，西藏的水环境、大气环境基本没有受到污染，西藏基本保持了较为自然的原生状态，是世界自然环境最好的地区之一。西藏已经初步走上了一条经济发展与生态保护齐头并进的可持续发展道路。2009年3月2日，中央政府批准《西藏生态安全屏障保护与建设规划(2008—2030年)》，计划投入资金155亿元，到2030年基本建成西藏生态安全屏障。

结束语

60年在人类历史的长河中只是短暂的瞬间。但是，在中国共产党和中国政府的领导下，西藏各族人民创造了短短60年跨越上千年的人间奇迹。

和平解放60年的历史证明，西藏作为中国不可分割的组成部分，历来与祖国同命运、共发展。西藏的发展进步与祖国息息相关，祖国的命运直接影响到西藏

的前途。近代中国积贫积弱、政府腐败无能，沦为半殖民地半封建社会，包括西藏在内的中国领土遭到西方列强的侵略和蹂躏，面临被瓜分肢解的厄运。中华人民共和国成立以后，在中央人民政府的强有力领导和特殊关怀下，西藏实现了和平解放，并通过民主改革、自治区成立、社会主义建设和改革开放，由一个政教合一的封建农奴制社会跨入了人民民主的社会主义现代化社会，实现了经济的快速发展和社会的全面进步，一步步地向现代化迈进。可以说，西藏 60 年的发展进步是与祖国的统一、发展和中央的关心、全国的支援分不开的。没有祖国的独立、统一和富强，就没有西藏社会的新生和发展。只有坚持中国共产党的领导，坚持社会主义道路，坚持民族区域自治制度，坚持走有中国特色、西藏特点的发展路子，西藏才有繁荣进步的今天和更加美好的明天。

当前，中国正处于全面建设小康社会、加快推进改革开放和现代化建设的新的历史时期。中央召开了第五次西藏工作座谈会，从国家发展和西藏的实际出发，确立了西藏从加快发展到跨越式发展、从基本稳定到长治久安的战略目标，作出了全面的部署。西藏的改革发展稳定各项工作呈现出喜人的局面。我们相信，有过去 60 年发展奠定的良好基础，有中央的关心、全国的支援和西藏各族人民的共同奋斗，西藏必将迎来更加美好的明天。

中国打击侵犯知识产权和制售假冒伪劣商品专项行动成果展启动仪式在北京举行

中共中央政治局常委、国务院总理温家宝为成果展撰写了导语。中共中央政治局委员、国务院副总理、全国打击侵犯知识产权和制售假冒伪劣商品专项行动领导小组组长王岐山出席启动仪式，现场点击开通成果展网站。

温家宝在导语中指出，随着知识产权的兴起和经济全球化的深入，知识产权在世界各国经济发展战略中的地位和作用日趋重要。加强知识产权保护，已成为各国发展科技、提高核心竞争力的必然选择。中国政府高度重视知识产权保护，近年来制定了国家知识产权战略，建立了与国际通行规则相协调、符合中国国情的知识产权法律体系，形成了行政与司法相结合的知识产权保护模式。

温家宝强调，“十二五”是我国深化改革开放、加快转变经济发展方式的关键时期。我们必须坚持以科技进步和创新作为重要支撑，对保护知识产权工作提出更高的要求，坚决遏制部分领域和地区存在的侵权盗版、制售假冒产品现象。为适应这一形势和任务，国务院决定从 2010 年 10 月到 2011 年 6 月，在全国集中开展打击侵犯知识产权和制售假冒伪劣商品专项行动，针对侵权假冒的重点内容、重点地区、重点领域和重点产品，采取有力措施，开展集中整治，查办大案要案，曝光违法违规企业，震慑违法犯罪分子，维护公平竞争的市场秩序。

温家宝指出，为展现中国政府保护知识产权的一贯立场和坚定决心，国务院批准举办这次专项行动成果展览。希望通过典型案例展示和正面宣传引导，进一步唤起全社会的知识产权保护意识，动员广大企业和公众支持并参与知识产权保护，从而形成崇尚创新、诚信守法的社会氛围，为建设创新型国家、推动科学发展作出贡献。

专项行动成果展是中央政府部门首次网上办展，由全国打击侵犯知识产权和制售假冒伪劣商品专项行动领导小组 26 个成员单位联合主办，中国网络电视台承办。

国办发出《关于加强气象灾害监测预警及信息发布工作的意见》

《关于加强气象灾害监测预警及信息发布工作的意见》(以下简称《意见》)提出加快构建气象灾害实时监测、短时临近预警和中短期预报无缝衔接，预警信息发布、传播、接收快捷高效的监测预警体系。

《意见》有针对性地规定了气象灾害监测预警及信息发布的目标、任务和措施。《意见》提出，到“十二五”末，灾害性天气预警信息提前 15—30 分钟以上发出，气象灾害预警信息公众覆盖率达到 90% 以上。到 2020 年，建成功能齐全、科学高效、覆盖城乡和沿海的气象灾害监测预警及信息发布系统，气象灾害监测预报预警能力进一步提升，预警信息发布时效性进一步提高，基本消除预警信息发布“盲区”。

《意见》进一步强调“政府主导、部门联动、社会参与”气象防灾减灾机制建设，要求各级政府和各有关部门切实履行职责，将气象预警信息传播手段的建设和运行纳入地方财政预算以及对各级政府的绩效考核。进一步强调各社会媒体要切实承担社会责任，及时、准确、无偿播发或刊载气象灾害预警信息，要求基础电信运营企业要根据应急需求对手机短信平台进行升级改造，建立“绿色通道”，提高预警信息发送效率。进一步强调依靠基层、面向基层，要求县、乡级人民政府有关部门，学校、医院、社区、工矿企业、建筑工地等指定专人负责气象灾害预警信息接收传递工作，形成县—乡—村—户直通的气象灾害预警信息传播渠道。

中共中央政治局常委贺国强在贝尔格莱德会见塞尔维亚总统塔迪奇

中共中央政治局常委贺国强在贝尔格莱德与塞尔维亚总理茨韦特科维奇举行会谈

贺国强说，近年来，双方关系水平不断提升，各领域合作日益扩大。去年中塞双边贸易额大幅增加，塞方对华出口同比增长100%。另外，双方在重大项目合作方面也取得长足进展。

茨韦特科维奇说，他十分感谢中方一贯支持塞方在维护国家主权、领土完整方面的原则立场，并重申塞方坚定恪守一个中国的立场，决不动摇。茨韦特科维奇表示，塞方对进一步加强两国经济合作非常重视，塞高层已作出决策，将对中国企业参与塞经济发展敞开大门，并为其在塞投资兴业提供更多便利。

会见结束后，贺国强与茨韦特科维奇共同出席了中塞有关合作协议的签字仪式。

中共中央政治局常委贺国强在贝尔格莱德会见塞尔维亚第一副总理 社会党主席达契奇

国务院副总理张德江与朝鲜朝鲜领导人共同出席《中朝友好合作互助条约》签订50周年纪念宴会并致辞

张德江在致辞中说，中朝发展睦邻友好、深化互利合作，符合两国人民的根本利益。实践证明，中朝友好经得起国际风云变幻的考验，具有强大生命力。近年来，两国关系不断取得新的发展。胡锦涛总书记和金正日总书记就双边关系等达成的一系列重要共识，为中朝关系发展指明了方向，注入了强大动力。中方愿与朝方一道，认真落实两国领导人达成的重要共识，推动中朝关系不断迈上新的台阶。我们坚信，中朝友好合作关系必将迎来更加美好的未来，中朝传统友谊必将世代相传、万古长青。

张德江说，中国友好代表团一抵达平壤，就深切感受到朝鲜人民对中国人民的友好情谊，亲眼目睹了朝鲜人民在建设社会主义事业中取得的新成就。作为友好邻邦和亲密朋友，我们感到由衷高兴。我们衷心祝愿并相信，勤劳勇敢的朝鲜人民一定能够克服前进中的困难，在各条战线上取得更大胜利。

金贞淑表示，在朝中传统友好关系进入新的历史时期形势下，张德江副总理率中国友好代表团来朝与朝鲜人民共同纪念《中朝友好合作互助条约》签订50周年意义重大。朝方愿与中方携手努力，认真落实金正日总书记访华与胡锦涛总书记达成的重要共识，推动朝中关系不断向前发展。

中央军委副主席习近平在人民大会堂会见美军参联会主席马伦一行

习近平指出，中美关系是世界上最重要的双边关系之一。中美双方应共同努力，认真落实中美两国元首达成的重要共识，牢牢把握两国关系发展的正确方向，深化各领域务实合作，妥善处理分歧和敏感问题，推动中美关系健康稳定地向前发展。

习近平强调，两军关系是两国关系的重要组成部分。一个健康稳定的两军关系，对建设中美合作伙伴关系具有重要意义。近期两军关系稳步发展、持续改善，这符合两国元首关于发展两军关系的重要共识，也有利于中美两军加强合作、共同应对国际地区安全形势的新挑战。希望两国防务部门和军队继续加强交往，增进了解，扩大共识，深化互信，积极落实双方达成的一系列重要共识，努力排除影响两军关系发展的障碍，共同建设相互尊重、合作互惠的军事关系。

马伦说，美中是世界上两个重要的国家，美中关系在当今世界的重要性与日俱增，美方高度重视两国关系，愿在相互尊重、相互信任的基础上不断推动两国关系发展。

第十六次全军院校会议在北京开幕

会议主要任务是，以胡主席关于军队院校教育和军事人才培养的一系列重要论述为指导，围绕深入贯彻胡主席以推动国防和军队建设科学发展为主题，以加快转变战斗力生成模式为主线的重大战略思想，总结交流院校建设和人才培养的实践经验，部署军队院校和训练机构调整改革任务，讨论研究《军队院校教育改革和发展规划纲要(2011—2020年)草案》。

会议将明确军队院校和训练机构调整改革的指导思想、基本原则、主要任务、具体措施和实施方法步骤。调整改革将围绕联合作战指挥人才培养完善培训体制、围绕新型作战力量建设优化院校结构、围绕提高人才培养质量效益整合教育资源、围绕增强办学活力理顺内部关系，进一步健全以任职教育为主体、军队院校教育与国民教育融合、军队院校与训练机构结合的新型军事人才培养体系，全面提高人才培养的质量效益。

会议还着眼军队信息化建设和军事斗争准备需要，系统提出2020年前军队院校教育改革和发展的总体构想和重大举措。经会议讨论修改后，将以中央军委名义颁布实施。

总参谋部有关领导对《军队院校和训练机构调整改革意见》和《军队院校教育改革和发展规划纲要(2011—2020年)草案》作了说明，对军队院校和训练机构调整改革作了具体部署。12名院校长交流了院校建设发展和人才培养经验。

首次金砖国家卫生部长会议在北京举行

国务院副总理李克强发来贺词。

李克强说，医疗卫生事关人民身体健康，事关经济社会发展，也是联合国千年发展议程的重要内容。这次会议讨论的“全球卫生——药物可及”议题，不仅关系到我们5个国家约占世界43%人口的健康问题，而且对全球公共卫生事业发展起着重要的推动作用。

李克强指出，医改是世界性难题，很多国家都在进行探索。2009年，中国启动了深化医药卫生体制改革，经过两年来的实践，五项重点改革取得积极成效，初步建成覆盖13亿人、世界上最大的全民基本医保网，在基层广泛实施基本药物制度，不断推进公立医院改革试点，充分调动医务人员积极性，努力缓解看病难、看病贵的问题，使人民群众看病就医的公平性、可及性、便利性得到改善。但医改是一项长期任务，实现人人享有基本医疗卫生服务还需要艰苦持续地努力，不断探索前进。中国愿与其他国家分享改革的经验，共同破解这个世界性难题。

首次金砖国家卫生部长会议是根据今年4月在中国三亚举办的金砖国家领导人第三次会晤的决议而举办的，主题为“全球卫生——药物可及”。来自中国、巴西、俄罗斯、印度和南非的卫生部部长参加了会议。世界卫生组织和联合国艾滋病规划署代表作为观察员出席了会议。

中国在西昌卫星发射中心用“长征三号丙”运载火箭成功将“天链一号02星”送入太空

7月12日

中共中央总书记胡锦涛在人民大会堂参加两岸万名青年大交流主题联欢活动

胡锦涛对大家说，你们这次交流活动的主题是“两岸同心，我们同行”，这很有意义。古人讲，“读万卷书，行万里路。”台湾青年朋友到大陆各地走一走、看一看，一定会得到不少收获，一定能更加真切地感受到，大陆和台湾是两岸人民的共同家园，两岸同胞的确是血脉相连的一家人。

胡锦涛指出，近年来，两岸关系保持和平发展的良好态势。正是由于两岸关系的改善和发展，两岸青年朋友才有机会像今天这样自由往来。胡锦涛特别强调，青年昭示着未来，推动两岸关系未来发展归根到底要靠青年。希望两岸青年一代接过发展两岸关系的接力棒，更加踊跃地投身到两岸交流合作中来，携手开创中华民族伟大复兴的美好未来。

刘云山、刘延东、令计划等领导同志和中共中央台办、共青团中央等单位负责同志一同参加了活动。

两岸万名青年大交流活动由中共中央台办、共青团中央等17家单位联合举办，共有22个分团，7月上旬起在大陆各地陆续展开。这次主题联欢是两岸万名青年大交流活动的重要组成部分。

中央军委主席胡锦涛在人民大会堂会见第十六次全军院校会议代表

中共中央政治局常委、国家副主席、中央军委副主席习近平一同会见。

胡锦涛在会见时指出，军队院校是培养军事人才的主渠道，在军队现代化建设中具有重要地位和作用。希望同志们紧紧围绕国防和军队建设的需要，全面贯彻党的教育方针，积极推动军队院校教育科学发展。要坚持把思想政治建设摆在首位，确保办学育人的正确方向。要扎实推进军队院校调整改革，深入探索现代军事教育的特点规律，努力培养造就大批高素质新型军事人才，为有效履行新世纪新阶段我军历史使命提供有力的人才和智力支持。

中共中央政治局委员、国务委员刘延东，中央军委副主席，中央军委委员梁光烈、陈炳德、李继耐、廖锡龙、常万全、靖志远、吴胜利、许其亮参加会见。

国家有关部委、解放军四总部、全军各大单位、武警部队和军委办公厅领导也参加了会见。

国务院总理温家宝主持召开国务院常务会议

会议指出，近一个时期，猪肉价格涨幅较大，影响了群众生活，带动了物价上涨。为保护生产者和消费者利益，促进生猪生产持续健康发展，必须按照统筹兼顾、综合施策、长短结合、标本兼治的原则，进一步完善扶持生猪生产的政策措施。既要保护生猪饲养积极性、促进生产，又要避免猪肉价格过快上涨、过多增加消费者生活支出；既要加强中短期市场调控、保障市场供应和价格基本稳定，又要着眼长远，保持政策的连续性、稳定性，落实长期的扶持和保障措施，尽量减缓周期性波动，防止大起大落。

会议确定了以下政策措施：(一)加大生猪生产扶持力度。今年中央支持大型标准化规模养殖场和小区建设的投资恢复至25亿元，今后视情况适当增加。对养殖户(场)按每头能繁母猪100元的标准给予补贴。继续落实能繁母猪保险保费补贴政策。支持生猪原良种场建设，加大生猪冻精补贴力度。将生猪调出大县奖励范围由421个县增加至500个县。(二)加强生猪公共防疫体系建设。落实对国家一类动物疫病免费强制免疫政策。对标准化规模养殖场和小区的病死猪无害化处理费用每头补助80元，将屠宰环节病害猪损失补贴由每头500元提高至800元。将因防疫需要而扑杀的生猪补助标准由每头600元提高至800元。将基层防疫人员工作经费补贴标准由每年1000元提高至1200元。(三)强化信贷和保险支持。增加对规模养殖企业的信贷支持,为规模养殖场和小区提供信用担保服务。抓紧研究建立规模养殖企业联合体担保贷款方式。做好生猪保险工作,提高生猪保险覆盖面。(四)妥善安排低收入群体和家庭经济困难学生生活。年底前,各地要全部建立起社会救助和保障标准与物价上涨挂钩的联动机制,及时发放价格临时补贴。通过定点供应储备食品、落实好家庭经济困难学生资助政策、加强学生食堂管理等方式,确保秋季开学后学生生活水平不因价格上涨而降低。(五)加强生猪等"菜篮子"商品生产、流通、消费领域的统计、监测和分析,及时掌握生产状况和市场变化。

会议要求进一步强化"菜篮子"市长负责制,切实抓好各种"菜篮子"产品的生产和市场供应。要加强市场监管,依法查处扰乱市场秩序的不法行为,稳定市场预期。

会议指出,今年以来,各地区、各有关部门认真贯彻落实国务院关于房地产市场调控的各项政策措施,着力推进保障性安居工程建设,取得初步成效。多数城市房价涨幅明显趋缓,投机投资性购房需求得到有效抑制,部分房价过高城市出现稳中有降态势。截至6月底,全国保障性住房新开工超过500万套,超过全年目标任务的50%。在建保障性住房预计年内建成400万套以上。当前存在的主要问题是:部分城市房价上涨压力仍然较大,有的城市调控力度有所放松。保障性安居工程建设进展不平衡,有的地方开工率较低,社会资金投入保障性住房建设的措施不完善,工程质量、分配管理等方面还有待加强。

会议认为,当前房地产市场调控正处于关键时期,必须坚持调控方向不动摇、调控力度不放松,坚定不移地抓好各项政策措施的落实,不断巩固和加强调控效果。一要严格落实地方政府房地产市场调控和住房保障职责。各地要从严把握和执行房价控制目标,进一步贯彻落实国务院确定的各项调控政策,房价过高的地区要加大调控力度,着力改善供求关系,促进房价合理回归。二要完善相关政策措施,加大政府投入和贷款支持力度,确保今年1000万套保障性住房11月底前全部开工建设。要以对历史和人民负责的态度,切实抓好工程质量安全。建立健全公开透明的分配制度和退出机制,确保保障性住房分配公平公正、管理科学有序。三要继续严格实施差别化住房信贷、税收政策和住房限购措施,遏制投机投资性购房,合理引导住房需求。已实施住房限购措施的城市要继续严格执行相关政策,房价上涨过快的二、三线城市也要采取必要的限购措施。四要认真落实今年的住房用地供应计划,确保保障性住房用地,加快普通商品住房用地投放。认真执行《国有土地上房屋征收与补偿条例》。五要规范住房租赁市场,抑制租金过快上涨。加强市场监测和监管,完善房地产市场信息披露制度。

国务院总理温家宝在中南海紫光阁会见世界卫生组织总干事陈冯富珍

温家宝说,中国政府将进一步深化医药卫生体制改革,确保完成各项目标任务,重点发展生物医药等战略新兴产业,并加强与世界卫生组织的合作。

陈冯富珍高度评价中国在医疗卫生领域取得的巨大成就,感谢中国政府对世界卫生组织和她本人工作的大力支持,表示愿为促进世卫组织改革、推动全球医药卫生事业发展继续发挥积极作用。

中组部部长李源潮在北京与中央党校第30期中青年干部培训班学员座谈

李源潮指出,中青年干部要深刻认识肩负的历史使命,坚定理想信念,认清社会责任,树立科学信仰,为党和人民的事业自觉奉献。要培养对人民群众的深厚感情,来自人民、植根人民、服务人民,拜人民为师。要把学习作为一种精神追求,学以致用、学以律己。要坚持立德修身,培养高尚的道德品行。要带头创先争优,实践共产党人的先进性。要大兴求实之风,不讲不实之词,不做表面文章,不搞华而不实的"形象工程"。

李源潮强调,要全面贯彻党的干部政策,坚持德才兼备、以德为先用人标准,在中青年干部中树立正确用人导向。要把有发展潜力的优秀年轻干部送到艰苦地区、复杂环境、基层一线、关键岗位去锻炼。要解放思想,创新机制,广开年轻干部进贤之路。对年轻干部要严格要求、严格教育、严格管理、严格监督。

中组部常务副部长沈跃跃、中央党校常务副校长李景田等参加座谈。

央行发布《2011年上半年金融统计数据报告》

报告显示,6月末,广义货币(M2)余额78.08万亿元,同比增长15.9%;上半年人民币贷款增加4.17万亿元,6月末人民币贷款余额同比增长16.9%。6月末,国家外汇储备余额为31975亿美元,同比增长30.3%。上半年人民币存款增加7.34万亿元,同比少增1846亿元。

全国人大与美国参议院会议机制第六次会议在华盛顿举行

全国人大常委会副委员长、中美议会(参院)会议机制中方主席路甬祥和美方主席默里参议员共同主持会议。

双方一致认为,中美关系是当今世界上最重要的双边关系之一,中美开展互利合作不仅符合两国的根本利益,也有利于亚太地区乃至世界的和平、稳定与繁荣。双方将致力于推动建设相互尊重、互利共赢的中美合作伙伴关系。

中方强调,台湾问题是中美关系中最重要、最敏感的核心问题。希望美国国会恪守中美三个联合公报特别是"八一七公报"原则,慎重、妥善处理台湾问题,不支持、不推动售台武器,以实际行动支持两岸关系和平发展。希望美国国会理解并尊重中方在涉藏问题上的原则立场,不以任何方式支持和纵容"藏独"势力的反华分裂活动。

美方表示理解中方的有关关切,重申将继续坚持一个中国政策。

双方一致认为,中美立法机构之间的交往是两国关系的重要组成部分。机制建立7年来,经过双方共同努力,其影响逐步扩大。双方通过各种形式的交流,增加了了解,扩大了共识,加强了互信,促进了各领域的务实合作,为两国关系发展发挥了不可或缺的作用。有必要巩固并加强这一机制,为推动中美关系健康稳定发展作出新的贡献。双方商定,机制第七次会议将于2012年在中国举行。

双方还就经贸、能源环境等领域合作和有关国际地区问题坦诚、深入交换了意见。

全国人大外事委主任委员、中美议会(参院)会议机制中方常务副主席李肇星、美方副主席钱布利斯参议员和中国驻美大使张业遂等参加了会议。

7月13日

国家副主席习近平在人民大会堂会见香港侨界社团联会访京团全体成员

习近平说,香港回归祖国14年来,在中央正确领导和全国各地大力支持下,香港特别行政区政府坚持依法施政,战胜1997年亚洲金融危机、2003年"非典"疫情和国际金融危机的冲击,使香港经济繁荣发展,成为国内外公认的充满发展活力的地区经济体。广大香港同胞对"一国两制"、"港人治港"、高度自治方针更加认同,对管理好建设好发展好香港更加充满信心。

习近平充分肯定香港侨界社团联会是香港侨界最有代表性的社团组织,也是富有活力和影响力的爱国爱港社团之一。自2004年成立以来,广泛团结香港侨界同胞,为贯彻落实"一国两制"方针和基本法,支持特区政府依法施政,维护香港繁荣稳定,为支持参与内地改革开放和现代化建设,促进祖国和平统一大业作出了积极贡献,同时,在开展民间外交、增进中外交流方面发挥了积极作用。

习近平在简要介绍了内地发展情况后,对访京团成员提出四点希望:一是继续全力支持行政长官和特别行政区政府依法施政,为维护香港长期繁荣稳定作出新贡献;二是继续积极支持和参与祖国内地现代化建设,为实现中华民族伟大复兴作出新贡献;三是继续积极参与和推动两岸侨界交流,为促进祖国和平统一大业作出新贡献;四是继续大力推动爱国爱港力量发展壮大,为确保爱国爱港光荣传统薪火相传作出新贡献。

香港侨界社团联会访京团团长余国春先生在会见中简要介绍了该社团成立7年来所做的主要工作,并表示将为香港繁荣稳定和民族团结、祖国发展作出新的更大努力。

国家统计局发布上半年国民经济运行情况

在国新办举办的发布会上,国家统计局新闻发言人盛来运表示,初步测算,上半年国内生产总值204459亿元,按可比价格计算,同比增长9.6%。

上半年农业生产总体稳定,夏粮生产获得丰收。工业生产平稳增长,企业效益继续增加。上半年,全国规模以上工业增加值同比增长14.3%。6月份,规模以上工业增加值同比增长15.1%,环比增长1.48%。固定资产投资保持较快增长,房地产投资增速较快。上半年,固定资产投资(不含农户)124567亿元,同比增长25.6%。全国房地产开发投资26250亿元,同比增长32.9%。上半年,社会消费品零售总额85833亿元,同比增长16.8%。

城乡居民收入稳定增长,农村居民收入增长较快。上半年,城镇居民家庭人均总收入12076元。其中,城镇居民人均可支配收入11041元,同比增长13.2%,扣除价格因素,实际增长7.6%。农村居民人均现金收入3706元,同比增长20.4%,扣除价格因素,实际增长13.7%。

中共中央政治局常委贺国强在迪拜与阿联酋副总统兼总理谢赫穆罕默德·本·拉希德·阿勒马克图姆举行会谈

贺国强说,中阿经贸合作成果丰硕,潜力巨大,去年双边贸易额超过250亿美元。目前阿联酋已成为中国在阿拉伯世界最大的出口市场和第二大贸易伙伴。中方愿进一步扩展与阿合作领域,加强两国在能源、金融、通信、铁路、工程承包等方面的合作。

谢赫穆罕默德首先请贺国强转达他对温家宝总理的良好祝愿。他说,目前,阿中关系发展良好,双方政治互信不断增强，经贸往来日益密切，各领域交流深入发展。阿联酋钦佩中国在中国共产党领导下取得的发展成就，愿与中国建立更为紧密的合作关系，以更好地服务于两国的共同利益。

会见后，贺国强出席了中阿两国有关合作协议的签字仪式。

中共中央政治局常委贺国强在阿布扎比会见阿布扎比酋长国王储穆罕默德·本·扎耶德·阿勒纳哈扬

国务院副总理李克强在中南海紫光阁会见由韩国国会副议长洪在馨率领的超党派国会议员代表团

国防部部长梁光烈在八一大楼会见英国海军参谋长马克·斯坦霍普

全国首家哲学高等研究院在北京成立

据《人民日报》报道：全国首家哲学高等研究院——中国社会科学杂志社哲学高等研究院近日在北京召开了成立大会。中国社会科学杂志社哲学高等研究院是由中国社会科学杂志社发起，联合北京大学哲学系、清华大学哲学系、中国人民大学哲学院等11家高校哲学院系和重点研究基地共同建立的哲学一级学科高等级学术组织协调机构。

中国社会科学院常务副院长王伟光等为研究院揭牌，来自全国20余所高校和科研机构的50余名哲学工作者参加了大会。

科技部在北京举行《国家“十二五”科学和技术发展规划》新闻通气会

《国家“十二五”科学和技术发展规划》历时两年编制完成，已正式发布实施。

“十二五”科技发展的总体目标是：自主创新能力大幅提升，科技竞争力和国际影响力显著增强，重点领域核心关键技术取得重大突破，为加快经济发展方式转变提供有力支撑。基本建成功能明确、结构合理、良性互动、运行高效的国家创新体系，国家综合创新能力世界排名由目前第21位上升至前18位，科技进步贡献率力争达到55%，创新型国家建设取得实质性进展。

“十二五”期间，除研发投入强度外，还将致力于实现以下主要目标：原始创新能力显著提升，科学和技术重点领域取得重大突破，国际科学论文被引用次数进入世界前5位，每万人发明专利拥有量达到3.3件，研发人员发明专利申请量达到12件/百人年；科技与经济结合更加紧密，产业技术创新明显加强，经济增长的科技含量明显提高，全国技术市场合同交易总额达到8000亿元，高技术产业增加值占制造业增加值的比重达到18%；科技创新更加惠及民生，科技支撑可持续发展和改善基本公共服务的能力显著增强；创新基地建设再上新台阶，形成比较完善的公共科技资源共享机制和服务体系；科技人才队伍进一步壮大，每万名就业人员的研发人力投入达到43人年，全民科学素质显著提高，公民具备基本科学素质的比例达到5%；科技创新的体制机制不断完善。

7月14日

中共中央政治局常委李长春在甘肃调研

7月14日至17日，李长春先后到天水、酒泉、嘉峪关、兰州等地，深入企业、农村、科研院所和宣传文化单位，就学习贯彻胡锦涛总书记“七一”重要讲话精神、加快转变经济发展方式、推动文化改革发展等进行调研，听取甘肃省委省政府工作汇报，对甘肃经济社会发展取得的成就给予充分肯定。他希望甘肃紧紧抓住国家深入实施西部大开发战略等机遇，牢牢把握主题主线，充分发挥比较优势和后发优势，努力增创发展新优势，加快实施中心城市带动战略，加快培育一批支撑经济社会发展的大企业，加快提高自主创新能力，大力发展特色优势产业，加强生态环境建设，不断提高经济发展的质量和效益，走出一条符合甘肃实际、具有甘肃特色的科学发展之路。

国新办发布《国家人权行动计划(2009—2010年)》评估报告

前　言

2009年4月，国务院授权国务院新闻办公室发布了《国家人权行动计划(2009—2010年)》(以下简称《行动计划》)。这是中国政府制定的第一份以人权为主题的国家规划，是全面推进中国人权事业发展的阶段性政策文件，是中国政府落实尊重和保障人权这一宪法原则，积极推动科学发展，促进社会和谐的一项重大举措，是中国政府在人权领域作出的庄严承诺。

《行动计划》发布后，中央和国家机关各有关部门、各级地方政府高度重视，依照“各司其职、分工负责”的原则，将《行动计划》纳入本部门、本地区的工作职责，并结合各个领域的中长期工作规划，周密部署，精心组织，采取切实有效的措施积极推动落实。各类企事业单位、社会团体、非政府组织、新闻媒体、学术机构和社会各界积极参与《行动计划》的宣传教育和贯彻落实。在党中央、国务院的领导下，经过各有关部门、单位和全社会的共同努力，如期完成了《行动计划》规定的目标任务。

根据《行动计划》的规定，由国务院新闻办公室和外交部牵头，国家立法和司法机关、国务院相关职能部门以及社会团体、非政府组织等组成的国家人权行动计划联席会议机制，负责统筹协调《行动计划》的执行、监督和评估工作。为保证《行动计划》确定的促进和保护人权的各项目标措施得到落实，联席会议机制先后两次组织对《行动计划》的执行情况进行评估。

2009年年底，联席会议机制组织开展了《行动计划》中期评估工作，责成各有关部门和单位对2009年度《行动计划》执行情况作出报告，组织有关单位和专家学者有针对性地进行调查研究，并召开了"《国家人权行动计划(2009—2010年)》执行情况中期评估会议"，对前期的落实情况进行评估检查，对如何完成《行动计划》下一阶段的目标任务提出意见和建议，作出相应部署。中期评估工作有力地推动了《行动计划》的全面落实。

2010年11月，联席会议机制启动了《行动计划》终期评估工作，对计划的完成情况展开全面、科学的评估。终期评估工作分调研、评估、总结三个阶段。2010年11—12月，国务院新闻办公室组织新闻单位、人权专家赴上海、四川等地进行调研，听取各界人士的意见和建议，形成了调研报告。中国人权研究会先后五次组织人权专家和非政府组织代表赴北京、天津、山东、广东、福建、浙江等地，就《行动计划》的落实情况进行实地调研，提出意见和建议。在此基础上，联席会议机制责成各有关部门和单位对各自所涉《行动计划》任务的执行、落实与完成情况进行自我评估，提交了书面评估材料。联席会议机制组织中央国家机关有关部门和单位、人民团体、非政府组织以及南开大学、上海社会科学院、中国社会科学院、中央党校等高校和科研机构的人权专家成立了评估小组，汇集各方面资料，对《行动计划》的执行情况进行认真的评估总结。在评估过程中，联席会议机制和评估小组多次召开工作会议，对照《行动计划》中各项指标，对各部门、各单位的自我评估情况进行逐条核实和研究，并通过信函、通话等多种方式广泛征求联席会议机制成员单位和社会各界的意见和建议，最后形成了《〈国家人权行动计划(2009—2010年)〉评估报告》。

现将《〈国家人权行动计划(2009—2010年)〉评估报告》予以公布。

一、总体执行情况

2009—2010年是进入新世纪以来中国经济发展最困难的两年，也是中国应对各种挑战，全面落实《行动计划》，推动人权事业取得显著进步的两年。中国政府将尊重和保障人权作为治国理政的重要原则，将贯彻落实《行动计划》贯穿于改革发展稳定的各项工作中，妥善应对国际金融危机的巨大冲击，战胜重大自然灾害的严峻挑战，大力推进改革开放和现代化建设，全面完成了《行动计划》确立的目标任务，推动中国人权事业取得了重大进展。

——坚持以人为本，妥善应对国际金融危机的巨大冲击和重大自然灾害的严峻挑战，坚定不移地推进人权事业。

2009—2010年，是历史罕见的国际金融危机持续蔓延，给包括中国在内的世界各国的经济社会发展带来巨大冲击，对人民生活和人权保障构成严重威胁的两年。面对严峻形势，中国政府坚持将应对金融危机冲击、保持经济社会平稳较快发展与落实《行动计划》、促进人权事业发展结合起来，将扩内需、调结构、保增长与保民生结合起来，果断推出一系列应对措施，投入超过4万亿元，加快建设保障性安居工程、农村基础设施、医疗卫生和教育事业等民生工程，加快铁路、公路、机场等基础设施建设，加快生态环境建设，增加城乡居民特别是低收入群众收入，在全球率先实现了经济总体回升向好和人民生活的明显改善，取得了有目共睹的巨大成就。2009年和2010年，国内生产总值分别比上年增长9.2%和10.3%，城镇居民人均可支配收入分别比上年实际增长9.8%和7.8%，农村居民人均纯收入分别比上年实际增长8.5%和10.9%。中国为应对国际金融危机所做的不懈努力，不仅保证了中国经济的平稳较快发展和人权状况的持续改善，并且为世界各国摆脱金融危机、实现经济回升和民生改善作出了重要贡献。

2009—2010年，中国重大自然灾害频发，抗灾救援和灾后重建任务十分艰巨，人民生命财产和人权保障面临巨大挑战。2008年5月12日，四川汶川发生新中国成立以来破坏性最强、波及范围最大的8级特大地震，重创约50万平方公里，直接严重受灾地区达13万平方公里，69227人遇难，17923人失踪，37万多人受伤，直接经济损失8451亿元。2010年4月14日，青海玉树发生7.1级强烈地震，造成2698人遇难，270人失踪。2010年8月7日，甘肃舟曲发生特大山洪泥石流灾害，舟曲县2/3区域被水淹没，1501人遇难，264人失踪。面对这一系列重大自然灾害，中国政府始终把人民的生命安全放在第一位，迅速组织开展抗震救灾和抢险救援工作，最大限度地挽救了受灾群众的生命，最大限度地降低了灾害造成的损失，谱写了人类历史上伟大的人道主义新篇章。在灾后重建工作中，中国政府坚持以人为本、尊重自然、统筹兼顾、科学重建的原则，迅速出台一系列支援灾区的政策措施，将人权保障融入抗灾救援和灾后重建的政策措施之中，在《行动计划》中专门就四川汶川灾后重建中的人权保障作出规定。两年来,四川汶川灾后恢复重建三年任务已基本完成,受灾群众基本生活条件和灾区经济发展水平达到或超过灾前水平,家家有房住、户户有就业、人人有保障。玉树强烈地震和舟曲特大山洪泥石流恢复重建有序推进,灾区人民的人权切实地得到了保障。

——坚持将尊重和保障人权与推动科学发展、促进社会和谐结合起来,有效保障全体社会成员平等参与、平等发展的权利。

2009—2010年,中国政府坚持科学发展观,将落实《行动计划》贯穿于推动科学发展、促进社会和谐的全过程,贯穿于统筹城乡发展、统筹区域发展、统筹经济社会发展、统筹人与自然和谐发展、统筹国内发展和对外开放各个方面,坚持将保障人民的生存权、发展权摆在保障人权的首位,着力解决好人民最关心、最直接、最现实的权利和利益问题,不断完善保障和改善民生的制度安排,大力促进就业,加快发展多项社会事业,推进基本服务均等化,加大收入分配调节力度,努力使发展成果惠及全体人民,有效地改善了人民的生存权、发展权和经济、社会、文化权利。两年来,人民生活明显改善,城镇居民的人均可支配收入和农村居民的人均纯收入均大幅增长,覆盖城乡的社会保障体系逐步健全,基本医疗卫生服务体系和覆盖全国城乡居民基本医疗卫生制度框架初步建立,教育文化事业不断发展,全体人民学有所教、劳有所得、病有所医、老有所养、住有所居的目标扎实推进,少数民族、妇女、儿童、老年人和残疾人权利保障得到进一步加强。

——坚持将尊重与保障人权与加强民主法治建设结合起来,积极稳妥推进政治体制改革,依法保障公民权利与政治权利。

2009—2010年,中国坚持党的领导、人民当家做主、依法治国有机统一,将落实《行动计划》贯穿于民主法治建设各个环节,积极稳妥推进政治体制改革,扩大公民有序政治参与,健全民主制度,丰富民主形式,拓宽民主渠道,深入推进政务公开,不断增强决策透明度与公众参与度,不断推进决策科学化、民主化,依法实行民主选举、民主决策、民主管理、民主监督,着力保障人民的知情权、参与权、表达权、监督权。特别是经修改的选举法明确规定,实行城乡按照相同人口比例选举人大代表,保障公民平等享有选举权,这是中国民主政治建设中的一个重大进步。中国将尊重和保障人权的原则贯穿于立法、行政和司法各个环节之中,加强对公共权力的制约和监督。两年来,全国人大及其常委会先后审议通过了30件与人权密切相关的法律和有关法律问题的决定。到2010年年底,中国已制定现行有效法律236件、行政法规690多件、地方性法规8600多件,中国特色社会主义法律体系已经基本形成,社会生活的各个领域和人权保障的各个方面实现了有法可依。

总之,在党中央、国务院的高度重视和坚强领导下,中央国家机关各部门、各单位、各级政府以及社会各界共同努力,通力合作,砥砺奋进,攻坚克难,认真、全面、坚决地执行落实《行动计划》。到2010年年底,《行动计划》规定的各项措施得到了有效实施,预定的各项目标如期实现,各项指标均已完成。其中有约35%的约束性指标、50%以上的涉民生指标提前或超额完成。《行动计划》得到了全面落实。在《行动计划》规定的任务之外,中国政府在各领域、各方面还做了大量的工作。通过《行动计划》的全面落实,中国公民的人权意识显著提高,人民的总体生活状况明显改善,经济、社会和文化权利保障得到全面加强,公民权利与政治权利的保障更加有效,少数民族、妇女、儿童、老年人和残疾人的权利得到有力保障,国际人权领域交流与合作进一步深化,各领域的人权保障在制度化、法治化的轨道上全面推进。《行动计划》各项目标任务的如期完成,标志着中国人权事业的发展进入了一个新的阶段。这是中国政府深入贯彻落实以人为本的科学发展观,妥善应对国际金融危机巨大冲击和各种重大自然灾害严峻挑战,推动经济社会发展和人民生活水平提高取得的重大成果;是中国落实"国家尊重和保障人权"的宪法原则,坚持将人权的普遍性原则同中国具体国情相结合,坚定不移地推进中国人权事业取得的重大进展。

应该看到,中国仍然是一个发展中国家,发展中不平衡、不协调的问题依然突出。如经济增长的资源环境约束强化,收入分配差距较大,城乡区域发展不协调,优质教育、医疗资源总量不足、分布不均,物价上涨压力加大,部分城市房价涨幅过高,违法征地等引发的社会矛盾增多,食品安全问题比较突出。受自然、历史、文化、经济社会发展水平的影响和制约,中国的人权事业发展还面临诸多挑战,实现公民充分享有人权的崇高目标任重道远。

中国将继续坚定不移地坚持中国特色社会主义道路,坚持以人为本,进一步加强和完善党和政府主导的维护群众权益机制,健全保障人权的法律体系,不断提升全社会尊重和保护人权的意识,全面推进中国人权事业的发展,努力使每一个社会成员的各项基本权利得到切实保障,使每一个社会成员生活得更有保障、更有尊严、更加幸福。

二、关于经济、社会和文化权利

两年来,国家采取有效措施,着力改善民生,人民的经济、社会和文化权利保障得到全面加强。《行动计划》规定的经济、社会和文化权利指标绝大多数提前或超额完成。

(一)工作权利

两年来,城镇新增就业2270万人,转移农业劳动力1939万人,分别超出《行动计划》目标的26.1%和7.7%。截至2010年年底,城镇登记失业率为4.1%,低于《行动计划》预定的5%。全国规模以上企业劳动合同签订率达到97%,小企业劳动合同签订率达到65%。共查处用人单位不签订劳动合同、拖欠工资、不依法参加社会保险等劳动保障违法案件81.9万件。

国家采取一系列措施,加强劳动保护,保护劳动者生命安全。两年来,国家安全生产监督管理总局开展“安全生产年”活动和安全生产法、《国务院关于进一步加强企业安全生产工作的通知》的宣传教育,强化全民安全意识。先后颁布了《煤矿领导带班下井及安全监督检查规定》和《企业安全生产标准化基本规范》等70多个部门规章,制定修订100多项安全生产标准和煤炭行业标准,集中开展打击非法违法生产经营建设行为专项行动。据不完全统计,截至2010年,全国共查处各类非法违法行为约200万起,依法关闭取缔各类非法生产、经营等单位和项目3.34万余个,共排查各类隐患1356.3万项。

出台人民调解法和《劳动人事争议仲裁组织规则》,推动公正、及时解决劳动争议,促进劳动关系和谐稳定。目前,全国共建立各级协调劳动关系三方组织1.4万多个,建立各类劳动争议调解组织约53.4万个,有调解人员200多万人。

(二)基本生活水准权利

2010年,城镇居民人均可支配收入达到19109元,比《行动计划》预定的15781元高出3328元。全国各省(自治区、直辖市)普遍调高了最低工资标准。

贫困人口生活状况得到改善。2009年年初,国家将扶贫标准提高至1196元,新标准覆盖的人口规模为4007万人。截至2010年年底,贫困人口减少到2688万人,比2008年年底减少了1319万人,贫困发生率从4.2%降至2.8%;全国592个国家扶贫开发工作重点县农民人均纯收入从2611元增至3273元。两年来,对3.78万个重点贫困村实施了整村推进,贫困劳动力转移技能培训264.3万人。

城市居民尤其是中低收入家庭的住房条件不断改善。2008年第四季度到2010年年底,全国保障性安居工程建设投资超过1.3万亿元,开工建设保障性住房和棚户区改造住房1300万套,竣工800万套,以实物方式解决了800多万户城镇低收入和中等偏下收入家庭的住房困难。2010年以发放住房租赁补贴的方式,改善了近400万户城镇低收入家庭的住房条件。两年来,国务院颁布实施了《国有土地上房屋征收与补偿条例》和《关于进一步严格征地拆迁管理工作切实维护群众合法权益的紧急通知》等行政法规和政策文件,进一步规范了征收行为和征地拆迁管理工作。2009年,民政部会同财政部下拨100亿元用于农房重建补助。

最低生活保障制度进一步完善。两年来,民政部下发了《关于进一步加强城市低保对象认定工作的通知》《关于进一步规范农村最低生活保障工作的指导意见》等一系列文件。2010年,中央财政补助城市低保资金365.5亿元,增幅达12.5%;补助农村低保资金269亿元,增幅达24.5%。

(三)社会保障权利

社会保险制度进一步完善。两年来,国家颁布了社会保险法,修订了《工伤保险条例》和《工伤认定办法》。截至2010年年底,全国参加城镇基本养老保险、医疗保险、失业保险、工伤保险和生育保险人数分别为2.57亿、4.32亿、1.34亿、1.62亿和1.23亿。参加新型农村社会养老保险的人数达1.4亿。建立工伤保险地市级或相当于地级管理的统筹区269个。

农村五保供养制度得到完善。民政部颁布《农村五保供养服务机构管理办法》,修订《农村敬老院管理暂行办法》。两年来,国家安排中央预算内投资、彩票公益金,支持近1300个农村五保供养服务机构项目建设。目前,农村五保供养对象为556.3万人。全国集中供养平均标准为每人每年2951.4元,分散供养平均标准为每人每年2102.1元。

民政部制定了《救助管理站服务标准》和《流浪未成年人救助保护机构服务标准》。2010年,民政部用彩票公益金3000万元支持40个重点县(市)和大中城市重点社区建设流浪未成年人救助保护中心和全天候救助保护中心。两年来,安排中央预算内投资2.8亿元,直接支持164所流浪未成年人保护机构建设。

(四)健康权利

覆盖全国城乡居民的基本医疗卫生制度框架初步建立,居民的基本卫生保健水平得到提高。目前,中国人口平均预期寿命达到73.5岁,孕产妇死亡率为30/10万,5岁以下儿童死亡率为16.4‰,婴儿死亡率为13.1‰。截至2010年年底,职工基本医疗保险和城镇居民基本医疗保险参保人数4.3亿,新型农村合作医疗(以下简称新农合)覆盖人数超过8.36亿,总参保人数达到12.6亿,覆盖90%以上的城乡人口。2011年年初,各级财政对城镇居民医保和新农合参保补助标准由每人每年不低于40元提高到200元。近几年,中央财政安排509亿元专项资金,解决了800万关闭破产国有企业及其他企业退休人员的医疗保障问题。

职工医保、城镇居民医保政策范围内住院费用统筹基金支付比例分别达到75%和59%，大多数地区职工医保、城镇居民医保统筹基金最高支付限额分别达到当地职工年平均工资、居民可支配收入的6倍。

基本医疗卫生服务体系进一步健全。两年来，国家安排投资448.3亿元，支持全国2382所社区卫生服务中心、116所精神卫生机构、1877所县级医院、5169所中心乡镇卫生院和约1.13万所村卫生室改善业务条件。同时，国家分别安排投资11.4亿元和16.9亿元，支持16所国家中医临床研究基地和142所地市级以上重点中医院；为乡镇卫生院招聘执业医师2万余名，培训城市社区和农村基层医务人员近300万人次。每年为中西部乡镇卫生院免费定向培养5000名医学生。

基本公共卫生服务均等化得以逐步推进。2010年，全国人均基本公共卫生服务经费补助标准达到17.4元。城镇、农村居民健康档案累计建档率分别为48.7%和38.1%。两年来，为8449万65岁以上老年人进行健康检查，完成贫困白内障患者复明手术56.1万例。目前，3553.8万高血压病人、918.9万糖尿病人和170.6万重性精神疾病患者纳入慢性病规范管理。农村已建成783.3万个无害化卫生厕所，燃煤型氟中毒改灶143.9万户。

有效控制传染病流行。两年来，完成1.02亿人次的麻疹疫苗强化免疫。白喉等15种传染病报告病例数大幅下降。2010年，全国乙脑、狂犬病、出血热报告发病率分别为0.19/10万人、0.15/10万人、0.17/10万人，分别比2007年下降42%、40%、15%。

食品、药品安全的保障措施进一步完善。2009年2月以来，国家颁布实施了食品安全法、食品安全法实施条例等29件涉及食品安全监管工作的法律法规和其他规范性文件，制定公布了163项国家食品安全标准。建立违法食品添加物的“黑名单”制度，全国质监部门食品执法打假工作共立案查处6.5万多起。

城乡社区公共体育设施条件明显改善。2009年10月，《全民健身条例》开始实施。两年来，国家体育总局共投入资金9.14亿元援建各类全民健身工程。截至2010年年底，全国各类体育场地超过100万个，其中，建在农村的体育健身工程23万多个。群众体育活动站点超过25万个。

(五)受教育权利

公民受教育权利进一步得到保障。国家颁布了《国家中长期教育改革和发展规划纲要(2010—2020年)》，确立了到2020年进入人力资源强国行列的战略目标。截至2010年年底，普及九年义务教育人口覆盖率达100%，小学学龄儿童净入学率达99.7%，小学五年巩固率达到99%，初中毛入学率达到100%。城市小学新生中接受学前教育的比例达96.6%，农村小学新生中接受学前教育的比例达90.8%。全国15岁以上人口文盲率下降到4.08%。

农村教育事业发展步伐加快。2010年，国家免除了全国约1.3亿名农村义务教育学生学杂费和教科书费，免除了寄宿生住宿费，按照小学每生每年750元、初中每生每年1000元的标准，对约1224万名农村家庭经济困难寄宿生补助了生活费。2009年，中央财政支持的农村义务教育阶段教师特设岗位计划扩大到中部地区国家级贫困县，公开招聘高校毕业生到农村教学任教，截至2010年共为农村学校补充18.5万名特岗教师。

职业教育得到大力推进。两年来，教育部会同财政部确定了960个中央财政支持的职业教育实训基地，285所国家中等职业教育改革发展示范学校项目，229所优质特色中等职业学校建设项目，100所骨干高等职业学校建设项目；新建和改扩建910所中等职业学校的教学实习实训和生活设施523万平方米，购置各种教学实训设备6.2万余台(套)。

实施“高等学校本科教学质量与教学改革工程”。国家共批准3453个本科特色专业建设点，累计建设3863门国家级精品课程，批准120所高校实施大学生创新性实验计划1.6万多个。

校外教育得到大力支持。两年来，中央继续利用专项彩票公益金30亿元建设600所未成年人校外活动场所，对1692个校外活动场所实施补贴，给1092个校外活动场所重置设备和维护经费各60万元，并投入3000万元用于校外活动场所管理人员和骨干教师培训。

家庭经济困难学生资助体系进一步健全。2010年9月，国家将全国普通高校国家助学平均资助标准从原来的每生每年2000元提高到3000元。全国普通高校每年约有50万名家庭经济困难新生通过“绿色通道”入学。全国中等职业学校约有1200万名学生获得每人每年1500元的国家助学金。从2010年秋季学期起，国家设立普通高中国家助学金，下达中央预算22.5亿元，资助学生479万名，平均资助标准为每生每年1500元。

(六)文化权利

公共文化服务体系更加完善。截至2010年年底，全国有线广播电视用户达18872万户，农村地区数字电影流动放映设备超过4.2万套，基本实现一村一月放映一场电影的公益目标，全国所有已通电行政村和20户以上已通电自然村基本实现村村通广播电视。截至2010年年底，全国共有公共图书馆2885个，群众艺术(文化)馆3264个,博物馆2435个,乡镇(街道)文化站4万多个。截至2010年年底,国家累计投入资金70多亿元,建成各类农家书屋30多万家,覆盖50%的行政村。国家投入57.8亿元用于覆盖城乡的全国文化信息资源共享五级网络服务体系建设,工程资源量达到108万亿字节(TB),累计服务超过8.9亿人次。国家财政投入1亿元,为剧团等基层文化机构配备流动舞台车330辆。两年来,中央财政安排免费开放专项经费40亿元,重点补助地方博物馆、纪念馆免费开放所需资金。全国1749家公共博物馆、纪念馆和数千家其他各类博物馆、纪念馆和各级爱国主义教育基地向社会免费开放。

国家制定《文化产业振兴规划》和《关于促进电影产业繁荣发展的指导意见》,推进文化产业发展。2010年,文化产业本外币中长期贷款累计新增276亿元,文化企业上市融资104亿元。

知识产权的保护力度加大。两年来,国家修订了著作权法、专利法和知识产权海关保护条例,颁布了《广播电台电视台播放录音制品支付报酬暂行办法》。2010年,国务院开展了打击侵犯知识产权和制售假冒伪劣商品专项行动;文化部开展了打击网络游戏侵权盗版行为等专项行动;国家版权局持续开展了软件正版化和打击侵权盗版专项行动。两年来,全国共受理专利侵权纠纷案件2014件,查处各类商标违法案件10万余件。文化行政部门和文化市场综合执法机构共出动执法人员约1650万人次,责令经营单位整改约51万家次,7058家被吊销许可证。

(七)环境权利

环境质量进一步改善,公众环境权益得到保障。《应对气候变化国家方案》得到落实。截至2010年年底,单位国内生产总值能耗、全国化学需氧量(COD)和二氧化硫的排放量均实现或超过《行动计划》的目标。重点城市空气质量优良天数比例平均为91.5%,95.6%的重点城市空气质量优良天数超过292天。两年来,各地共出动执法人员508万余人次,检查企业204万余家次。开展各类重金属排放企业和造纸企业的专项检查。全面排查沿江沿河化工石化企业,特别是距离饮用水水源地较近的企业存在的环境污染隐患。截至2010年年底,全国已有80%的地市级环保部门和70%的县级环保部门开通了"12369"环保举报热线,30%的县级以上环保部门成立了环境投诉受理中心。2009年,国家修订了可再生能源法。到2010年,新增水电装机容量、风电装机容量、太阳能光伏电池产量、太阳能热水器集热面积均居世界第一。

实施《全国林地保护利用规划纲要》。目前,中国森林面积达29.32亿亩,森林覆盖率从20世纪90年代初期的13.92%提高到20.36%;人工林保存面积达9.26亿亩,居世界首位。截至2010年年底,在森林覆盖率、改良草地、治理退化、沙化和碱化草地、灌溉水有效利用、典型森林生态系统和国家重点野生动植物保护、自然湿地保护以及水土流失综合治理等方面均完成或超额完成《行动计划》的目标。

(八)农民权益的保障

农民土地权利得到切实保障。全国人大常委会颁布实施了农村土地承包经营纠纷调解仲裁法,农业部会同有关部门制定了农村土地承包经营纠纷仲裁规则、农村土地承包仲裁委员会示范章程等配套规章和文件。截至2010年年底,18个省(自治区、直辖市)制定了征地补偿费在农村集体内部分配使用办法。全国2.29亿承包农户以家庭承包方式承包到了集体耕地;全国土地流转面积达到1.87亿亩,占家庭承包经营耕地面积的14.7%;全国设立农村土地承包仲裁委员会1405个,其中县级设立仲裁委员会1369个,覆盖全国47.9%的县(市)。各地区全面展开集体林权制度改革。截至2010年年底,已有18个省(自治区、直辖市)基本完成了明晰产权、承包到户的改革任务;完成林改确权面积24.31亿亩,发放林权证7260万本,3亿农民直接受益。农民宅基地用益物权得到保障。"一户一宅"的基本分配制度得到实行,农村宅基地管理办法不断完善。农村宅基地申请报批程序进一步规范,农村宅基地登记发证工作切实加强。

改革征地制度,被征地农民合法权益得到维护。贯彻实施《征收土地公告办法》和《国土资源听证规定》,在报批拟征地项目的补偿标准和安置方案前,书面告知当事人有要求举行听证的权利。征地程序进一步完善。按照"先安置、后拆迁"的要求,做好征地中农民住房拆迁补偿安置工作,妥善解决好被拆迁农户居住问题。各地公布实施了征地统一年产值标准和征地区片综合地价,补偿水平普遍提高20%至30%,部分地方提高幅度达1倍以上。建立补偿标准动态调整机制,每2—3年对征地补偿标准进行调整;建立被征地农民社会保障制度,全国已有29个省(自治区、直辖市)出台了被征地农民纳入社会保障体系的办法,将被征地农民纳入基本生活或养老保障体系。进一步拓展征地安置途径,采取农业生产安置、异地移民安置等多种方式妥善安排被征地农民的生产和生活,维持其基本的生产条件和收入来源。

国家把促进农民增收和民生改善作为农业和农村工作的中心任务。2009年和2010年,农村居民人均纯收入分别达到5153元和5919元,扣除价格因素,实际增长分别为8.5%和10.9%。农村居民人均纯收入实际增幅连续7年超过6%。国家对种粮农民实行直接补贴和农资综合补贴，扩大良种补贴范围，进一步增加农机具购置补贴，2009年和2010年上述四种补贴规模分别为1274.5亿元和1225.9亿元。

农民的健康保障水平进一步提高。新农合覆盖面持续稳定扩大，参合率保持在90%以上。筹资和保障水平进一步提高，人均筹资达到155.3元。60%以上的统筹地区实行门诊统筹。2010年，统筹地区政策范围内住院费用报销比例比上一年提高5个百分点，最高支付限额提高到全国农村居民人均纯收入的6倍左右。两年来，全国共解决1.22亿农村居民的饮水安全问题。

农民工权益得到保障。两年来，有关部门培训农民工逾千万人，农村劳动者创业培训13万人。国家逐步建立农民工工资支付保障制度，最低工资水平大幅提高。截至2010年年底，全国已有30个省(自治区、直辖市)调整了最低工资标准，月最低工资标准平均增长幅度为22.8%。全国已有26个省(自治区、直辖市)建立了工资支付监控制度。31个省(自治区、直辖市)全部在建设领域建立了工资保证金制度。

(九)四川汶川特大地震灾后重建中的人权保障

四川汶川地震灾区群众的生活和各项权利得到充分保障。现在，四川、甘肃、陕西三省灾区共维修加固农村住房292万户、城镇住房146万套，重建农村住房191万户、城镇住房近29万套，城乡居民居住条件比震前明显改善。

灾区劳动者就业得到充分保障。国家采取建立就业援助联席会议制度等措施，投入36.78亿元支持扩大就业和社保事业，直接帮助灾区劳动者实现就业176.5万人，稳定就业13万多人，开发23万个公益性岗位，实现"零就业"家庭至少一人以上就业目标，灾区整体就业状况恢复到震前水平。出台政策措施促进灾区群众增收脱贫致富，加快培育灾区农村产业，拓展农民稳定增收渠道。四川省全部解决纳入国家规划的228.6万人的农村安全饮水问题，纳入国家规划的39个重灾县和极重灾县的城镇居民可支配收入增长12.1%，农民人均现金收入增长13.2%，城乡居民收入超过灾前水平。

灾区中小学和医疗卫生机构的重建工作基本完成。国家规划重建的3972所学校开工99.7%，完工93.8%，灾区学生于2010年春季开学时已全部进入永久性建筑学习。规划重建的3001个医疗卫生机构恢复重建项目已开工99.7%，完工92.2%，基本完成了1108个地震灾区计划生育服务机构的恢复重建工作。灾区建成一批文化市场服务网点、社会福利院、社区服务中心、敬老院、广播电视等配套服务设施。

尊重遇难者，对地震中遇难和失踪人员登记造册并予以公布。四川省本着实事求是、依法办事、分类处理的原则，制定规范的工作方法，核实一批、公布一批。目前，全省98个确认有遇难或失踪人员的县(市、区)，绝大部分已完成公布工作。灾区各级政府正继续本着高度负责的精神，郑重稳妥地做好遇难失踪人员的名单公布工作和最终遇难人数的核定工作。

抗震救灾资金物资得到公开透明、规范有序的使用。2009年1月起，国家审计署全面启动跟踪审计工作，到2010年11月，国家审计署和地方审计机关共派出1.9万多人次，组成7137个审计组，对四川、甘肃、陕西三省灾后恢复重建项目开展跟踪审计，审计情况已向社会公告。四川省及其所辖市、县相继成立抗震救灾资金物资监督检查领导小组，监督款物的接收使用，实现了从灾初到恢复重建阶段的全过程监督，确保专款专用。

防震减灾的法制不断健全，公众的防震减灾意识不断提高。四川省出台了《关于加强农村村民住宅抗震设防管理的决定》和《汶川地震灾区城镇受损房屋建筑安全鉴定及修复加固拆除实施意见》等地方性法规；其他受灾地区也制定了相关规范性文件。2009年起，四川省要求各级各类学校安排专门学时实施省级地方课程《生活·生命与安全》，进行应急疏散安全演练，普及防震减灾知识。

三、关于公民权利与政治权利

两年来，中国切实加强民主法治建设，积极稳妥推进政治体制改革，公民权利与政治权利得到更加有效的保障，《行动计划》预定的公民权利与政治权利目标得到实现。

(一)人身权利

司法机关出台关于刑事证据制度的司法指导性文件，依法保障人身权利。2010年6月，最高人民法院、最高人民检察院等下发了《关于办理刑事案件排除非法证据若干问题的规定》，明确规定采用刑讯逼供等非法手段取得的供述和证人证言等，不能作为定案的根据。

严禁执法人员实施非法拘禁的各项措施得到落实。2010年4月，有关部门联合颁布了《公安机关人民警察纪律条令》，严惩非法剥夺、限制他人人身自由行为。检察机关加强对刑事侦查、刑事审判和刑罚执行的法律监督，立案侦查国家机关工作人员利用职权实施非法拘禁、报复陷害、破坏选举等侵犯公民人身权利和民主权利的犯罪1002人。两年来，各级人民法院共审理包括国家机关工作人员利用职权实施的非法拘禁犯罪在内的非法拘禁案件1.86万件。

国家进一步严格控制和慎用死刑。2011年2月，全国人大常委会审议通过《刑法修正案(八)》，取消了票据诈骗罪等13个经济性非暴力犯罪的死刑，死刑罪名削减幅度近1/5。修改后的刑法还对审判时已满75周岁的人犯罪适用死刑作了限制性规定。2010年6月，有关部门联合发布了《关于办理死刑案件审查判断证据若干问题的规定》，对死刑案件的证据审查判断采用更为严格的标准。人民法院坚持死刑二审案件全部开庭审理的制度，保障死刑被告人的上诉权利。

执法制度建设不断完善。国务院下发《关于加强法治政府建设的意见》，对行政机关公正文明执法作出了严格规范。最高人民检察院、公安部出台了《关于审查逮捕阶段讯问犯罪嫌疑人的规定》，进一步保证刑事案件办案质量，保障犯罪嫌疑人的合法权益。公安部制定了执法细则，对办案的主要环节和步骤作出了具体规定。此外，公安部还出台了《公安机关涉案财物管理若干规定》《关于建立完善法制员制度的指导意见》《关于进一步规范和加强公安机关执法信息化建设的指导意见》等30多项部门规章，完善了执法环节、执法岗位等方面的制度。

（二）被羁押者的权利

保护被羁押者权利的法律法规进一步完善。2009年5月，公安部出台《看守所防范和打击“牢头狱霸”十条规定》《关于对看守所女性在押人员实行集中关押管理的通知》等规范性文件，完善了看守所在押人员分押分管制度、新入所人员过渡管理和收押告知制度、在押人员受虐报警制度等。2009年12月，公安部、卫生部联合发出《关于切实加强和改进公安监管场所医疗卫生工作的通知》，要求加强公安监管场所医疗机构建设。2010年12月施行的《监狱建设标准》，进一步规范了监狱管理和设施建设。监管执法公开制度基本建立，看守所设立接待室、举报箱，并公布民警姓名以及有关的监管执法制度和程序。目前，已有1500多个看守所向社会开放，接受社会监督。最高人民法院、最高人民检察院等颁布了《关于加强和规范监外执行工作的意见》，明确减刑、假释裁定前的公示和听证制度，增强减刑、假释案件审理的透明度。两年来，各级人民法院依法办理减刑100.5万余人、假释6.8万人。

为防止对被羁押者实施刑讯逼供或者体罚、虐待、侮辱等行为，公安部规定，除特殊原因外，提讯在押人员必须在看守所讯问室内进行，讯问室内用金属防护网分隔，分设在押人员和办案人员出入口，避免在押人员与办案人员的人身接触。启动讯问室加装同步录音录像设备工作，借助科技手段防止刑讯逼供等行为。实行在押人员被提讯前、后和被提解出所、送返看守所时体表检查制度。

（三）获得公正审判的权利

诉讼当事人获得公正审判的权利得到保障。最高人民法院制定了《关于庭审活动录音录像的若干规定》，经人民法院许可，当事人可以查阅和复制庭审录音录像。目前，北京、上海、山东等地法院已实现了庭审同步录音录像。2010年9月，最高人民法院公布了《人民法院量刑指导意见（试行）》，会同有关部门联合下发了《关于规范量刑程序若干问题的意见（试行）》。从2010年10月起，全国各级法院全面试行量刑规范化改革，规范刑事自由裁量权，统一了15种常见犯罪的量刑标准，目前这15种常见犯罪案件占基层法院刑事案件总数的90%左右。

审判信息全面公开。两年来，最高人民法院制定了《关于司法公开的六项规定》和《关于人民法院接受新闻媒体舆论监督的若干规定》，保障公民获得审判信息的权利。全国各级人民法院建立了立案大厅，公示开庭信息、司法救助等有关信息；设立导诉台，开通导诉热线；建立审判信息网络查询系统和执行案件信息管理系统，方便诉讼当事人查询。目前，全国大多数高级人民法院、97家中级人民法院和472家基层人民法院开展了裁判文书网上公布工作。

人民陪审员制度进一步健全和完善。两年来，最高人民法院制定了《关于人民陪审员参加审判活动若干问题的规定》和《关于进一步加强和推进人民陪审员工作的若干意见》，人民陪审员参与审判案件154.4万件，占基层法院普通程序案件总数的32.44%。全国各级法院扩大人民陪审员选任范围，人民陪审员数量已近8万人。

律师在执业活动中的权利进一步得到保障。2009年以来，有关部门推动修改或废止与律师法规定不一致的各类规章和规范性文件，先后出台了《律师和律师事务所执业证书管理办法》《律师执业活动年度考核规则（试行）》等规章和行业规范。司法部会同有关机关正在起草《关于在刑事诉讼活动中依法保障律师执业权利的规定》，着力解决律师会见难、阅卷难、调查取证难等问题。

国家赔偿制度进一步完善。2010年4月，全国人大常委会审议通过了《关于修改〈中华人民共和国国家赔偿法〉的决定》，使赔偿请求渠道进一步畅通，赔偿程序进一步完善，赔偿的范围和标准更加明确，赔偿费用管理和支付机制得到理顺。为保证国家赔偿法的贯彻实施，国家有关部门相继制定、修改了相关行政法规和司法解释。两年来，各级人民法院审结国家赔偿案件2950件，其中决定赔偿的805件，赔偿金额7170.9万元。2009年3月，最高人民法院、最高人民检察院等联合下发《关于开展刑事被害人救助工作的若干意见》。人民法院扩大司法救助的范围，两年来共批准当事人减、缓、免交诉讼费案件54.7万件。

（四）宗教信仰自由

正常的宗教活动依法得到保护。两年来，国家宗教事务局发布了《藏传佛教寺庙管理办法》《关于修订〈中华人民共和国境内外国人宗教活动管理规定实施细则〉的决定》，会同有关部门下发了《关于妥善解决宗教教职人员社会保障问题的意见》，制定了《国家宗教事务局办理行政复议案件程序规定》等规章制度。国家支持改善全国性宗教团体和部分宗教院校办公办学条件。截至2010年年底，中国道教学院和中国道教协会新会所基本竣工。国家投入资金支持伊斯兰教朝觐工作，支持四川天主教神哲学院、中南神哲学院等宗教院校和宗教团体建设以及宗教教职人员培训。投入近6亿元用于西藏桑耶寺、昌珠寺、扎什伦布寺和新疆伊犁陕西清真大寺、喀什艾提尕尔清真大寺等重点寺庙的保护和维修。

（五）知情权

积极推行政务公开，公民的知情权得到切实保障。在政府信息公开条例和《国务院办公厅关于施行〈中华人民共和国政府信息公开条例〉若干问题的意见》的基础上，2010年10月国务院发布《关于加强法治政府建设的意见》，基本形成了政务公开制度体系。

截至2010年年底，75个中央部门公开了部门预算，18个省（自治区、直辖市）公开了公共财政预算和政府性基金预算，12个省（自治区、直辖市）按月或季度公开了预算执行情况。省、市、县、乡、村联动的政务服务体系初步形成，31个省（自治区、直辖市）共设立政务（行政）服务中心2842个，乡镇（街道）便民服务中心约2.5万个。

2010年6月，国务院通过《自然灾害救助条例》，对自然灾害救助中的信息公开问题作出了具体规定。条例规定，在自然灾害发生并达到自然灾害救助应急预案启动条件时，应当立即向社会发布政府应对措施和公众防范措施；通过报刊、广播、电视、互联网，主动向社会公开所接受的自然灾害救助款物和捐赠款物的来源、数量及其使用情况。重特大安全生产事故责任追究联席会议机制定期对瞒报事故的查处进行专项督察和检查。

新闻发布制度和新闻发言人制度进一步完善，建立了党委新闻发言人制度和县级政府新闻发言人制度。2010年，中共中央出台《关于建立党委新闻发言人制度的意见》，大力推进党中央有关部门和省（自治区、直辖市）党委设立新闻发言人制度的建设。目前，已有13个中共中央部门和单位，31个省（自治区、直辖市）和新疆生产建设兵团的党委设立了新闻发言人，党委新闻发布工作走向制度化、规范化。两年来，各部委各部门以及各省（自治区、直辖市）共举办了3522场新闻发布会。

（六）参与权

公民的参与权得到切实保障。2010年3月，全国人大通过了修改选举法的决定，规定城乡按照相同人口比例选举人大代表，人大代表更具有广泛的代表性，进一步完善了关于选举机构、选举程序等规定，更好地体现了人人平等、地区平等和民族平等。两年来，全国政协共立提案1万多件，其中90%以上已答复办理。全国政协共组织15个委员视察团和30个委员考察团，并向中央和国务院报送了视察报告和考察报告；收到社情民意信息27333篇，群众来信75119件，并多次召开专题议政性常委会、专题协商会、座谈会和咨询会，积极为经济社会发展建言献策。

健全基层群众自治制度。2010年10月，全国人大常委会通过新修订的村民委员会组织法，提高了农村村民自治和民主管理水平。目前，已有31个省（自治区、直辖市）出台了村委会选举办法，8个省份制定了村务公开条例；约85%的村建立了村民大会或村民代表会议制度，90%以上的村建立了村务公开监督机构。国家发布的《关于加强和改进城市社区居民委员会建设工作的意见》，明确要求进一步规范社区民主选举程序，稳定扩大社区居民委员会直接选举覆盖面。2010年，全国各地普遍进行了城市居民委员会选举。

推进厂务公开，维护职工权益。2010年，国家有关部门联合下发了《关于2010年厂务公开民主管理工作的意见》，加强对国有企业改制重组关闭破产过程中厂务公开民主管理工作的指导。截至2010年9月，在全国已建工会的企事业单位中，211.3万家单独建立了厂务公开制度，比上一年增长20.6%，224.9万家单独建立了职工代表大会制度，增长率为22.3%。

国家支持各人民团体参与社会管理和公共服务，维护群众合法权益。全国总工会参与了社会保险法和《工伤保险条例》等直接关系职工和工会权益的法律、法规的制定与修改；积极推动工会法的修改工作。全国妇联大力推动农村妇女进入村委会；参与全国人大常委会组织的妇女权益保障法执法检查，推动全国31个省（自治区、直辖市）全部完成了妇女权益保障法实施办法的制定和修改。共青团各级委员会开展了“共青团与人大代表、政协委员面对面”活动，建立人大代表关心青少年事务小组，建立“青少年权益使者”工作队伍，开展共青团倾听活动，反映和维护青少年权益。

进一步加强社会组织建设与管理，增强社会服务功能。《基金会管理条例》《社会团体管理登记条例》和《民办非企业单位登记管理暂行条例》的修订工作已列入国务院立法工作计划。社会组织每年募集资金100多亿元用于减贫济困、救灾防灾等。社会组织尤其是行业协会在规范市场秩序、发展行业自律、制定行业标准、调解贸易纠纷等方面发挥着越来越重要的作用。目前,全国6万多个行业协会联系会员2000多万家(含个体工商户),4万多个学术社团联系专家学者500多万人,各类农村专业经济协会联系农户1000多万个,社会组织提供了超过1000万个专兼职工作岗位。

(七)表达权

公民的言论自由得到充分保障。近年来,互联网成为公民行使表达权利的新渠道。截至2010年年底,中国网民人数达到4.57亿,互联网普及率达到34.3%,超过世界平均水平;中国境内现有网站552万个、论坛上百万个,博客用户2.95亿个。据抽样统计,网民每天发表的言论达300多万条,超过66%的中国网民经常在网上发表言论,充分表达思想观点和利益诉求。中国领导人经常上网了解公众意愿,与网民进行在线交流。通过互联网征求意见已成为各级政府的普遍做法,每年通过互联网征求到的建议多达几百万条。

新闻和出版事业进一步发展。两年来,国务院完成了《出版管理条例》和《音像制品管理条例》的修订工作;新闻出版总署发布了《新闻记者证管理办法》和《报刊记者站管理办法》,依法保障新闻媒体和记者的合法权益。两年来,全国出版图书、期刊、报纸总印张数为2701.14亿印张,出版图书33万种,报纸2056种。

(八)监督权

公民的民主监督权利得到进一步保障。全国人大及其常委会充分行使监督宪法和法律实施的职权,全面促进公民各项权利的维护和实现。两年来,常委会听取审议国务院、最高人民法院、最高人民检察院20个专项工作报告;开展了对妇女权益保障法等9部法律实施情况的执法检查;对部分重大公共投资项目实施情况和“十二五”规划编制工作若干重要问题开展专题调研;就中央决算、国家粮食安全和深化医药卫生体制改革三个专项工作报告开展了专题询问;作出了应对气候变化的决议;对3000余件行政法规、地方性法规和司法解释等规范性文件进行了备案审查。人民政协的监督机制渐趋完善,民主监督效果日益显著。

信访渠道进一步拓宽。国家信访局建成互联互通、资源共享的全国信访信息系统,推广和规范了网上信访、专线电话、绿色邮政、视频接访等多种信访形式。人民建议征集制度在全国逐渐推广,各级党政领导干部阅批群众来信、定期接待群众来访成为常态,党政领导干部和党代会代表、人大代表、政协委员联系信访群众制度逐渐完善。

四、关于少数民族、妇女、儿童、老年人和残疾人的权利

两年来,中国少数民族、妇女、儿童、老年人和残疾人权利得到有力保障,实现了《行动计划》确定的目标。

(一)少数民族权利

少数民族的合法权益得到依法保障。目前,中国的55个少数民族都有全国人大代表。在第十一届全国人大代表中,有少数民族代表411名,占代表总数的13.76%,在十一届全国人大常委中有少数民族委员25名,占委员总数的15.53%,均超过少数民族人口占人口总数8.49%的比例。人口超过100万的18个少数民族都有本民族的全国人大常委会委员。截至2010年年底,全部155个民族自治地方的人大常委会中均有实行区域自治的民族的公民担任主任或者副主任,自治区主席、自治州州长、自治县县长(或自治旗旗长)也依法全部由实行区域自治的民族的公民担任。全国共有290多万名少数民族干部。

少数民族教育事业迅速发展。民族自治地方普及九年义务教育的人口覆盖率已达到100%。目前,全国共有18所民族院校,全日制在校生总规模超过20万人。民族地区各级各类学校约8.3万所,全国各级各类学校中少数民族在校学生总数为2309.85万人。全国有300多所普通高校举办了民族预科班,每年招生规模达3万余人,累计招收少数民族预科生20余万人。国家累计投资超过20亿元用于新疆、西藏、内蒙古、青海等地推行寄宿制教育。在内地设立的西藏中学和新疆高中班累计招生超过4万人。

少数民族自由、平等地学习、使用和发展本民族语言文字的权利得到保障。目前,适应各民族语言环境与教育条件的双语教学模式基本建立。到2010年,全国1万余所学校开展了双语教学,在校生近500万人;有14种少数民族语言广播,8种少数民族语言电视;在内蒙古、新疆、西藏等10个省、自治区建立了11个少数民族语电影译制中心,覆盖34个少数民族语种或方言,自2009年起已完成466部数字电影的译制和361部少数民族语数字电影译制发行版的制作;7种少数民族语言文字能够在计算机中广泛使用;国家投入1.2亿元,扶持发展少数民族出版事业,36家民族类出版社用23种少数民族文字出版各类图书;国家扶持少数民族文字报纸近百种、期刊192种。

少数民族文化得到保护和发展。国家建立四级非物质文化遗产名录体系和传承人认定制度,加强对少数民族文化的保护。国家设立了热贡文化、羌族文化、土家族苗族文化等少数民族文化生态保护实验区。截至2010年年底,国家累计投入3亿元,用于发展新疆少数民族文化事业。两年来,国家推出了一批具有较大影响的少数民族题材影视作品,举办了“中国非物质文化遗产展演——少数民族传统音乐舞蹈专场”、

“全国少数民族非物质文化遗产项目调演”等活动。

民族地区经济快速发展，少数民族的生活水平进一步提高。两年来，国家投入少数民族发展资金27.79亿元；安排兴边富民补助资金11.84亿元，其中西藏1.53亿元，新疆2.4亿元。2010年，人口较少民族聚居区行政村农牧民人均纯收入已达2344元，比2005年增长2.6倍。2010年，新疆维吾尔自治区地区生产总值为5418.8亿元，西藏自治区地区生产总值为507.5亿元，分别比2009年增长10.6%和12.3%。截至2010年年底，640个人口较少民族聚居村均已基本实现了具备条件的特困村通路、通电、通电话、通广播电视，有学校、有卫生室、有安全的人畜饮用水、有安居房、有稳定解决温饱的基本农田或草场。

(二)妇女权利

妇女平等参与管理国家和社会事务的权利得到保障。十一届全国人大女代表占代表总数的21.3%，全国政协女委员比例为17.7%。各级政府组成人员中女干部的比例也在不断上升。农村妇女参与基层民主管理的水平逐步提高，2009年全国村委会成员、居委会成员中女性比例分别为21.5%和49.7%。

妇女的就业权利和获得经济资源的平等权利得到保障。截至2010年10月，全国共发放妇女小额担保贷款166.05亿元，帮助41.05万名城乡妇女创业。各地妇联开展的来料加工、手工编织项目，带动400多万名妇女就业。“创办你的企业”项目每年培训妇女5万人次。截至2010年9月，全国工会女职工组织已达158.9万个，占已建工会组织的77.61%。女职工专项集体合同签订数已达71.36万份，覆盖企事业124.39万家，覆盖女职工5424.46万人。

国家将人口和计划生育及生殖健康纳入国家发展战略。全国所有县和95%的乡(镇)设立了人口和计划生育信息、咨询与技术服务中心。80%以上的县开展了生殖健康和计划生育优质服务。2010年，接受宫颈癌、乳腺癌检查的农村妇女人数分别为649万和87万，享受住院分娩补助的农村孕产妇人数为884.7万，住院分娩率达96.7%。两年来，共安排中央预算内投资11.6亿元，支持中西部地区县级计划生育服务站和乡(镇)中心服务站的设施建设；安排中央预算内投资3亿元，补助购置1822辆流动服务车，改善了为育龄妇女提供生殖健康优质服务的条件。

反对针对妇女的家庭暴力工作进一步加强。27个省(自治区、直辖市)出台了预防和制止家庭暴力的专门法规，许多地方公安机关在“110”报警网络提供家庭暴力报警服务。有条件的地方法院设立了维权合议庭和反家暴合议庭，部分法院开展了家庭受害者人身保护令试点工作。

(三)儿童权利

保护未成年人的法律体系得到完善。截至2010年，18个省(自治区、直辖市)完成了未成年人保护法地方性配套法规的修订工作，5个省(自治区、直辖市)制定了预防青少年违法犯罪的地方性法规。两年来，有关部门联合发布了《关于进一步建立和完善办理未成年人刑事案件配套工作体系的若干意见》，最高人民法院出台了《关于进一步加强少年法庭工作的若干意见》，《刑法修正案(八)》对未成年人犯罪宣告缓刑、构成累犯以及免除轻罪报告义务等方面作出了明确的规定。目前，全国法院共设少年法庭2219个。

儿童健康权得到有效保障。儿童免疫规划疫苗增加到11种，可预防12种疾病，接种率达90%以上。两年来，国家免费为15岁以下儿童接种乙肝疫苗5762.9万人。农村儿童白血病和先天性心脏病的补偿超过70%，符合民政医疗救助条件的家庭可再获20%的补助。

全国地级以上城市都拥有儿童福利机构，初步形成儿童福利机构服务网络。2010年，国务院办公厅颁布了《关于加强孤儿保障工作的意见》。中央财政安排专项补助资金25亿多元，对东、中、西部地区孤儿分别给予月人均180元、270元、360元的补助。继续实施“安康计划”，为青海等地孤儿赠送儿童重大疾病公益保险11.7万余份。实施《“十一五”儿童福利机构建设规划》，投入15.2亿元，新增孤儿安置床位约5.7万张，每年为10万名左右的孤儿提供服务。

预防和打击拐卖妇女儿童犯罪取得新进展。《中国反对拐卖妇女儿童行动计划(2008—2012年)》得到贯彻落实，有关部门建立了来历不明人员、疑似被拐人员信息通报核查机制。2009年4月起在全国开展“打拐”专项行动，截至2010年年底，全国共破获拐卖妇女案件9165起、拐卖儿童案件5900起，解救被拐卖儿童9388人、妇女约1.8万人。打掉犯罪团伙3573个，刑事拘留拐卖犯罪嫌疑人2.25万人。两年来，各级人民法院审结拐卖妇女儿童、组织儿童乞讨等侵害未成年人权益的刑事案件7395起，依法严惩罪犯9596人。2010年，中越双方在两国边境开展打击跨国拐卖妇女儿童犯罪专项行动，并签署《关于加强预防和打击拐卖人口合作的协定》；中缅签署《关于加强打击拐卖人口犯罪合作谅解备忘录》。

(四)老年人权利

老年人权益得到进一步保障。2011年，企业退休人员基本养老金在2005—2009年连续增加的基础上，月人均增加140元。目前，全国已建成养老机构3.8万个，床位266.2万张；社区服务中心17.5万个，城市便民、利民服务网点69.3万个；基层老年文化活动设施70多万个；老年大学(学校)4万多所，在校老年学员超过430万；全国性老年社会团体14家，分会遍及全国各地；老年人协会80多万个，会员超过3500万；老年法律援助中心1.6万多个；老年维权协调组织约9.6万个。

(五)残疾人权利

残疾人社会保障和服务体系建设进一步加强。精神卫生法已列入全国人大常委会立法工作计划。《无障碍环境建设条例(征求意见稿)》已公布，《残疾人残疾分类和分级》国家标准已正式颁布实施。2010年3月，有关部门联合下发了《关于加快残疾人社会保障体系和服务体系建设的指导意见》《关于加强残疾人法律救助工作的意见》。2010年，全国3592个法律援助机构为5.4万多名残疾人提供了辩护、代理等法律援助服务。

残疾人康复服务水平不断提高。两年来，安排中央预算内投资1.8亿元，支持396所中西部地区残疾人综合服务设施建设。目前，全国有社区康复站约14.5万个，接受社区康复服务的残疾人数累计1268万；残疾人托养服务机构4029个，14.5万名智力、精神和重度残疾人得到机构托养服务；实施"贫困残疾儿童抢救性康复项目"，惠及4万名贫困残疾儿童。

两年来，有关部门出台了《残疾人航空运输办法(试行)》，修订了《民用机场旅客航站区无障碍设施设备配置标准》，修订了《机动车驾驶证申领和使用规定》，使更多残疾人获得申请驾驶证的资格。100个城市开展无障碍城市创建工作，1118个地市、县系统地开展无障碍建设。27个省级电视台开办了手语新闻栏目，341个公共图书馆建立了盲人阅览室。

2009年5月，国务院办公厅转发了《关于进一步加快特殊教育事业发展的意见》，明确了今后一个时期加快发展残疾人教育事业的目标、任务和措施。截至2010年年底，全国特教学校共1706所，特教班1.6万多个，在校残疾学生55万人。20多个省(自治区、直辖市)制定了专项资助残疾学生政策。截至2010年，纳入"中西部地区特殊教育学校建设规划"，拟新建或改扩建的1160所特教学校，有80%已经建成。

继续开展"全国就业援助月"、"万人就业工程"等专项残疾人就业援助活动。城镇新安排67.4万残疾人就业，就业人数达到441万；农村1749.7万残疾人实现就业。

贫困残疾人的扶助力度进一步加大。有关部门联合下发了《关于优先解决城乡低收入残疾人家庭住房困难的通知》，帮助22万余户农村贫困残疾人家庭进行了危房改造。城镇残疾人参加社会保险人数达405万；城镇集中供养残疾人和农村五保供养残疾人分别达到10.6万和60.5万；292万城乡残疾人获得临时救济，160.4万城乡残疾人得到定期补助。

为残疾人提供更广泛的机会参加体育文化活动。开展全国特奥日，建设了27个示范性国家全民健身助残工程，参加了美国冬季特奥运动会、温哥华冬季残奥会等四十项国际赛事。到2010年5月，成功举办了首届全国残疾儿童艺术节等重大体育文化活动，在1000个社区开展残疾人文化进社区活动。上海世博会设立"生命阳光馆"，开创了在世博会上设立残疾人馆的先河。

五、关于人权教育

两年来，通过多种形式的人权教育和传播普及人权知识，公民的人权意识和维权能力明显提高，完成了《行动计划》确定的任务。

在九年义务教育中，增加了法律和人权方面的教学内容。在小学阶段的《品德与生活》课程中，引导儿童热爱生命、热爱生活、熟悉儿童权利。在初中阶段的《思想品德》课程中，介绍了17项关于法律和人权方面的内容以及未成年人保护法等法律法规。在高中阶段的《思想政治》等课程中，介绍了宪法规定的公民权利和义务以及国际人权公约的有关内容。

高等院校深入开展人权理论研究与教育。国际人权法等三部人权法教材入选"普通高等教育'十一五'国家级教材规划"。目前，高校和科研院所成立的人权研究机构近30个，数十所高校开设了人权法和人权教育课程，南开大学、山东大学、中国政法大学等高校招收和培养人权方向的硕士和博士研究生。教育部在南开大学、中国政法大学和广州大学设立国家人权教育与培训基地。

有重点地开展针对公职人员的人权教育培训。两年来，国务院新闻办公室举办了四期人权知识培训班，对各级党政干部和司法系统干部等进行人权知识培训。中央党校和各级党校普遍把人权纳入教学内容，对各级领导干部进行人权知识教育。公安机关开展人民警察核心价值观教育活动，培养民警的法治意识、程序意识、证据意识和人权意识。两年来，全国县级公安局长、监狱长、司法局长分别接受集中培训，强化人权法治意识。

面向大众的人权教育广泛开展。两年来，中国人权研究会等人权研究机构编写出版了《中国人权在行动》《中国人权建设60年》等书籍。《人权》杂志、中国人权网等媒体积极促进人权知识的普及。

六、关于国际人权义务的履行及国际人权领域的交流与合作

两年来，中国认真履行已参加的国际人权条约规定的义务，倡导并积极参与国际人权领域的交流与合

作,为推动国际人权事业的健康发展作出了新的努力,落实了《行动计划》的要求。

中国重视国际人权文书对促进和保护人权的重要作用,认真履行条约义务,及时向相关条约机构提交履约报告,与条约机构开展建设性对话,并充分考虑条约机构提出的建议与意见,结合中国国情对合理可行的建议加以采纳和落实。

两年来,中国政府撰写了《经济、社会和文化权利国际公约》第二次履约报告、《儿童权利公约》第三和第四次合并履约报告(包括履行《〈儿童权利公约〉关于买卖儿童、儿童卖淫和儿童色情制品问题的任择议定书》最新情况)、《〈儿童权利公约〉关于儿童卷入武装冲突问题的任择议定书》首次履约报告和《残疾人权利公约》首次履约报告,广泛征求相关部门、非政府组织、学术机构和社会公众的意见,并分别向联合国提交了上述报告。

2009年,中国政府派团出席联合国消除种族歧视委员会审议中国履行《消除一切形式种族歧视国际公约》第十至十三次合并报告的会议,与委员会进行了建设性对话。8月28日委员会通过并公布审议结论,积极肯定了中国政府在发展民族地区经济、扶持人口较少民族、保护少数民族文化等方面的举措和成就。中国政府高度重视委员会审议结论,于2010年8月就审议结论中的部分建议向委员会提交了反馈材料。

中国政府认真履行《联合国反腐败公约》,积极开展反腐败领域的国际合作。2009年以来,先后派代表团出席了《联合国反腐败公约》第三次缔约国大会及公约框架下履约审议、资产追回和预防腐败工作组历次会议和磋商。

中国正在进行一系列立法、司法改革,目前已完成对律师法和国家赔偿法等法律的修订,为尽早批准《公民权利和政治权利国际公约》创造条件。

中国致力于在平等和相互尊重的基础上,开展国际人权交流与合作,推动国际人权事业健康发展。中国继续深入参与联合国大会第三委员会、联合国人权理事会等机构的工作,派代表团出席人权理事会第四至十轮国别人权审查,推动理事会以公正、客观和非选择性方式处理人权问题。2009年2月,中国首次接受联合国人权理事会国别人权审查。中国代表团在审议会议中全面介绍了中国人权事业的发展、面临的挑战和努力的目标,与各国进行了开放、坦诚的对话。许多国家肯定中国在人权领域所做的努力和取得的进步,并提出了有价值的建议。中国代表团以严肃和高度负责任的态度,认真研究了各国所提的建议,接受了所有符合中国国情、具有可行性的建议共42条。同年6月,人权理事会全会核可了工作组审议中国的报告。

中国与联合国人权特别机制保持了良好的合作关系。2010年12月,中国政府接待了粮食权特别报告员访华。中国继续重视联合国人权事务高级专员办公室在国际人权领域的重要作用,每年均向高专办捐款支持其工作。落实了与高专办签署的人权技术合作《谅解备忘录》。

中国重视并继续加强与联合国粮农组织、教科文组织、世界卫生组织、国际劳工组织等专门机构和其他相关国际组织的交流与合作;继续积极参与亚太地区、次区域框架下的人权交流活动,出席人权理事会雇佣军问题亚洲区域磋商,发挥了建设性作用。

中国继续在平等和相互尊重的基础上与有关国家和区域组织开展双边人权对话与交流。两年来,中国与欧盟、美国、英国、荷兰、德国、澳大利亚等分别举行了人权对话或磋商,并与发展中国家广泛开展了人权交流。

中国的非政府组织积极开展国际人权领域的交流与合作。两年来,中国人权研究会两次举办"北京人权论坛",先后与40多个国家和地区以及有关国际组织的官员、专家进行了交流。

财政部公布上半年全国公共财政收支情况

6月份,全国财政收入10055.76亿元,比去年同月增加2176.36亿元,增长27.6%。上半年累计,全国财政收入56875.82亿元,比去年同期增加13526.03亿元,增长31.2%。

6月份,全国财政支出10809.12亿元,比去年同月增加2689.97亿元,增长33.1%。上半年累计,全国财政支出44435.14亿元,比去年同期增加10623.78亿元,增长31.4%。

社会保障和就业、医疗卫生、住房保障支出等与民生相关的主要项目支出大幅增长。今年上半年,教育支出6127.94亿元,增长27.8%;社会保障和就业支出5760.1亿元,增长40.5%;一般公共服务支出4577.64亿元,增长23.8%;农林水事务支出3728.85亿元,增长38.8%;医疗卫生支出2454.54亿元,增长61.4%;住房保障支出1188.75亿元,增长76.6%。

国家主席胡锦涛根据全国人大常委会的决定任免驻外大使

一、任命杨厚兰为中华人民共和国驻尼泊尔联邦民主共和国特命全权大使;

免去邱国洪的中华人民共和国驻尼泊尔联邦民主共和国特命全权大使职务。

二、任命高克祥为中华人民共和国驻安哥拉共和国特命全权大使;

免去张伯伦的中华人民共和国驻安哥拉共和国特命全权大使职务。

三、任命黄勇为中华人民共和国驻斐济群岛共和国特命全权大使；

免去韩志强的中华人民共和国驻斐济群岛共和国特命全权大使职务。

四、任命成竞业为中华人民共和国常驻联合国维也纳办事处和其他国际组织代表、特命全权大使；

免去胡小笛的中华人民共和国常驻联合国维也纳办事处和其他国际组织代表、特命全权大使职务。

国家副主席习近平在人民大会堂会见韩国国防部长官金宽镇

我国主导马铃薯基因组研究获重大成果

中国农科院发布消息，国际权威学术期刊《自然》（*Nature*）14日发表了马铃薯全基因组序列图和生物学分析的封面论文。此项成果是由14个国家29个单位的97名研究人员组成的“马铃薯基因组测序国际协作组”经过6年艰苦的努力共同完成的。在项目执行过程中，中方团队实现了从参与到主导的跨越，奠定了我国在马铃薯基因组研究领域的国际领先地位。

7月15日

国家主席胡锦涛在中南海会见美国芝加哥市佩顿中学师生

中共中央党校举行2011年春季学期毕业典礼

中共中央政治局常委、中央书记处书记、中央党校校长习近平出席毕业典礼，并为学员颁发毕业证书。

毕业典礼结束后，习近平参观了由中央档案馆和中央党校联合举办的“纪念中国共产党成立90周年档案资料展”，对运用档案史料开展党史教育的做法给予充分肯定。

中共中央政治局委员、中央书记处书记、中央组织部部长李源潮，中央书记处书记、中央纪委副书记何勇出席毕业典礼并参观展览。

中央党校常务副校长李景田在毕业典礼上讲话，希望学员们继续深入领会、扎实贯彻胡锦涛同志“七一”重要讲话精神，为全面推进党的建设新的伟大工程和中国特色社会主义伟大事业贡献更大力量；继续加强学习、带头学习，争做学习型领导干部；继续真抓实干、狠抓落实，确保“十二五”规划顺利实施；继续关心党校事业、支持党校建设，为进一步提高干部队伍素质作出新贡献。

国务院副总理李克强到中国国家博物馆参观国土资源调查评价成果展

参观中，李克强对现代物探技术发展和新资源勘查接续基地尤为关注。李克强指出，国土资源调查评价对于国计民生意义重大，在我们这样一个有着13亿人口、正处于工业化城镇化快速推进关键时期的发展中大国，提高能源资源保障能力、化解瓶颈制约，必须进一步加强地质勘查。要在继续推进国际合作、利用好两个市场两种资源的同时，坚持立足国内，运用先进找矿技术，摸清资源储备的底数与开发利用的可能性，不断增加重要资源探明储量，形成一批资源战略接续区，把矿产资源潜力转化成经济社会发展的保障力。

中共中央政治局委员、国务院副总理回良玉，国务委员兼国防部部长梁光烈，国务委员兼国务院秘书长马凯也分别参观了展览。

中共中央政治局常委贺国强在德黑兰与伊朗副总统穆罕默迪扎德举行会谈

贺国强说，中伊经贸互补性强，能源合作契合度高。两国在国际和地区事务中也保持着良好的沟通、协调与配合。贺国强说，今年正值中伊建交40周年，双方应以此为契机，开拓创新，携手合作，进一步推进双方宽领域、深层次、多渠道的友好交流，促进两国关系发展。

穆罕默迪扎德说，伊中两国有着长期的友好合作传统。近年来，两国高层交流频繁，经贸合作不断扩大，双方在国际和地区事务中也保持着良好的磋商与合作。伊方十分重视对华关系，希望与中方共同努力，推动双边关系、特别是双方经贸合作不断取得新进展。

纪念建党90周年新创作儿童歌曲发布会暨“红领巾心向党——寻访光荣足迹”少先队员暑期活动启动仪式在人民大会堂举行

第六届中华慈善奖表彰大会在北京举行

会议对40名个人和志愿者团体、37家企业和23个慈善项目进行了表彰。中共中央政治局委员、国务院副总理回良玉，全国人大常委会副委员长华建敏，全国政协副主席张梅颖出席会议并颁奖。

中华慈善奖由民政部举办，旨在表彰在慈善事业中作出突出贡献的个人、团体、企业和优秀慈善项目，大力弘扬慈心为民、善举济世的慈善精神和人道主义精神，促进社会主义精神文明建设，发挥慈善事业改善民生、促进社会和谐的积极作用。中华慈善奖表彰活动体现了党和政府对社会各界慈行善举的充分肯定和弘扬,自2005年以来已举办了6届,影响力不断提升,推动了慈善事业的深入发展。

7月16日

2011年第14期《求是》杂志发表国务院总理温家宝的文章《关于科技工作的几个问题》

文章指出,当今世界正处于新科技革命的前夜,新技术革命和产业革命初现端倪。一些重要科技领域酝酿着激动人心的重大突破,并将深化我们对人类自身和宇宙自然的认识,提升人们的科学理性,开辟生产力发展的新空间,创造新的社会需求,深刻影响人类的生产方式、生活方式、思维方式,从根本上改变21世纪人类社会发展面貌,催生以知识文明为特征的新型人类文明。新科技革命将依赖人类现代化进程和国际竞争的强大需求拉动,也必将与新兴产业发展更加紧密融合、互相推动促进。全球将进入一个创新密集和新兴产业快速发展的时代。对我国来说,这既是重大的挑战,也是难得的机遇。

文章强调,科技是经济社会发展的强大动力。我们国家要真正强大起来,屹立于世界民族之林,必须要有强大的科技,有众多高水平人才,这是国家发展的力量所在、后劲所在。没有科技的发展,就没有中国的发展;科技发展的未来,决定着中国的未来。

文章分五个部分:一、准确把握科技发展的新形势;二、依靠科技创新加快转变经济发展方式;三、加强基础研究和前沿研究;四、进一步深化科技体制改革;五、提高全民族科学素质。

第十三次全国检察工作会议在宁夏银川召开

中共中央政治局委员、中央政法委副书记王乐泉,国务委员、中央政法委副书记孟建柱也分别作出批示。最高人民检察院检察长曹建明出席会议并讲话。

这次会议的主要任务是学习贯彻胡锦涛总书记"七一"重要讲话精神,总结第十二次全国检察工作会议以来的工作,分析面临的形势,确定"十二五"时期检察工作的总体思路、奋斗目标和重大举措。

中共中央政治局常委贺国强在德黑兰与伊朗总统艾哈迈迪—内贾德举行会谈

贺国强说,近年来,中伊高层接触频繁,政治互信不断加深。两国经贸关系发展迅速,去年双边贸易额接近300亿美元。两国在重大国际和地区事务中一直保持着密切的沟通、协调与合作。

艾哈迈迪—内贾德强调,今年是伊中建交40周年,两国关系正在进入一个新的历史起点,双方未来合作前景十分光明。

贺国强与伊朗副总统穆罕默迪扎德共同出席了两国有关合作协议的签字仪式。

外交部发言人马朝旭就美国总统奥巴马会见达赖喇嘛一事发表谈话

马朝旭说,美国东部时间7月16日,美方无视中方坚决反对,安排奥巴马总统在白宫会见达赖喇嘛。此举严重干涉中国内政,伤害中国人民感情,损害中美关系。中国外交部和驻美使馆已在北京和华盛顿向美方提出严正交涉。

他表示,西藏事务纯属中国内政。达赖喇嘛长期打着宗教旗号从事反华分裂活动,其本质是政治流亡者。中方坚决反对任何国家的领导人以任何方式会见达赖喇嘛,坚决反对任何国家、任何人利用达赖喇嘛干涉中国内政。美方允许达赖喇嘛窜访美国并安排最高领导人会见,严重违背国际关系基本准则,违背美国政府一再作出的郑重承诺,损害了中美关系,中方对此表示强烈愤慨和坚决反对。维护中美关系持续稳定发展,需要中美双方共同努力。我们要求美方认真对待中方严正立场,立即采取措施消除恶劣影响,停止干涉中国内政,停止纵容和支持"藏独"反华分裂势力。

汉语桥世界大学生中文比赛10周年庆典暨第十届比赛开幕式在长沙举行

中共中央政治局委员、国务委员刘延东出席并启动开幕。

刘延东指出,语言作为文化载体和交流工具,其价值伴随着多样文明和谐共生的时代潮流而愈显宝贵。语言的学习交流,能够超越历史时空,跨越国家疆域,在更大范围内推动人类文明进步。中国政府一贯鼓励本国人民,特别是广大青少年学习和使用其他国家的语言,积极倡导不同文化在和而不同中取长补短,在求同存异中共同进步。通过学习外语,中国青年了解了世界多元文化,促进了中国人民与各国人民的友好交流与合作。

刘延东说,多掌握一种语言,就等于多了一把广交朋友、认识世界、开启未来的钥匙。汉语是世界上最优美的语言之一,也是联合国确定的官方工作语言之一。我们通过中外合作举办孔子学院、开展留学生教育等方式,努力满足各国人民学习汉语、了解中国的需要,受到了各国政府和社会各界的广泛欢迎。她勉励各国青少年朋友勤奋学习、学以致用,注重积累、掌握方法,不断提高汉语学习使用的能力和水平;以语言为媒、文化为桥,全面感知真实中国,将中国人民热情友好、真诚待人、爱好和平的美好感情,传递到世界每一个角落；以文会友、以友辅仁，积极促进跨文化交流，深化相互了解，培育牢固友谊，共建世界美好未来，为世界和平和人类社会的繁荣进步而共同努力。

第十一届全国中学生运动会在内蒙古包头市奥林匹克体育中心举行

2011生态文明贵阳会议在贵州贵阳召开

会议7月16日至17日召开。本次会议由全国政协人口资源环境委员会、科学技术部、环境保护部、住房和城乡建设部、北京大学和贵州省人民政府共同主办。中共中央政治局常委、全国政协主席贾庆林作出重要批示。

联合国秘书长潘基文向会议发来贺信说，今年的论坛，关注地方的行动，具有非常重要的意义，将会为各国及全世界实现低碳绿色经济的行动提供动力，同时也必将为明年在里约热内卢召开的联合国可持续发展大会20周年峰会做好重要的准备。

全国政协副主席郑万通在致辞中指出，当今世界，人类前所未有地关注着自身的生存和发展，生态文明、绿色发展、可持续发展成为世界各国共同的话题。中国一直坚持人与自然和谐共存的绿色发展，推动实现世界经济的平衡发展，倡导普惠共赢的包容发展，这也是中国“十二五”规划的重要内容。他希望贵阳会议加强综合研究，整合各方智力资源，为中国参加明年的联合国可持续发展大会提供准备；加强开展更有适应性和针对性的专题研究，为中国绿色的、生态的、可持续的发展提出建设性建议；坚持不懈，把建设生态文明，推动可持续发展作为一项长期战略。

全国政协副主席董建华以及徐匡迪、爱尔兰前总理伯蒂·埃亨等出席会议并演讲。英国前首相托尼·布莱尔向会议发来视频讲话。全国政协人口资源环境委员会主任张维庆主持开幕会。

今年会议的主题是“通向生态文明的绿色变革——机遇与挑战”，将举办科学和技术论坛、企业家论坛、跨国公司论坛、教育论坛等11个专题论坛。会议期间，还将举办全国生态文明建设成果展、中国·贵阳节能环保产品和技术展，杭州、贵阳等46个城市和中节能等140多家企业集中展示生态文明建设的最新成果。同期，国家发改委和环境保护部分别举办全国低碳发展现场交流会、第一届全国生态文明建设试点经验交流会。会议还举行名人生态环保公益活动和培育生态公益林活动，倡导践行低碳、绿色生活方式。

会议发表《2011贵阳共识》。

7月17日

拉萨至贡嘎机场高速公路通车

中共中央政治局常委、国家副主席、中央军委副主席、中央代表团团长习近平，率中央代表团全体成员出席典礼，并为公路通车剪彩。

中央代表团副团长回良玉、李建国、杜青林、帕巴拉·格列朗杰、热地、陈炳德一同为公路通车剪彩。

拉萨至贡嘎机场高速公路是西藏第一条高速公路，2009年4月28日开工，路线全长37.8公里，工程概算总投资15.9亿元，将拉萨市区到贡嘎机场的行车时间缩短了半个小时。

杨绛先生迎来百岁生日

杨绛先生是著名作家、翻译家、外国文学研究家，见证了中国知识分子的风华年代，也亲历了特殊岁月里的起起伏伏。

7月18日

国务院总理温家宝在人民大会堂与伊拉克总理马利基举行会谈

温家宝表示，中国一贯尊重伊拉克人民的意愿和选择，支持伊方为维护国家独立、主权和领土完整、实现稳定和发展所做的努力，愿意加强两国高层交往，增进相互了解和信任，密切在重大地区和国际问题上的磋商与配合，推动中伊关系取得新发展。

温家宝表示，中国政府鼓励本国企业同伊方建立长期稳定的油气供需关系，扩大在勘探、开发、炼化、设备贸易等方面的互利合作。中方将继续为伊拉克经济重建提供力所能及的援助，认真落实减债协议，积极参与伊拉克基础设施建设，并为伊方增强自我发展能力培训各类人才。

马利基表示，伊中有着牢固的传统友谊，在伊拉克面临困难的时候，中国政府和人民给予了宝贵支持和援助，为伊拉克实现稳定和恢复重建发挥了重要作用，伊方对此表示感谢。伊方将采取进一步措施保护中国在伊人员安全和中国企业的权益。希望有更多的中国公司来伊拉克投资，扩大双方在油气、电力、交通运输、住房、电信、农业等领域的合作，实现互利共赢。伊拉克政府坚定奉行一个中国政策，把中国视为重要的战略伙伴，愿与中方共同努力，推动两国关系在各个领域取得新的发展。

会谈后，两国总理出席了双边有关合作文件的签字仪式。

全国政协主席贾庆林在人民大会堂会见澳大利亚新南威尔士州州长奥法雷

贾庆林说，新南威尔士州资源丰富，经济发达，科技先进，特别是在金融、电力、天然气、农业和矿业等领域具有很强优势，在中澳经贸合作中占有十分重要的地位。希望双方充分发挥各自优势，将合作潜力转化为实实在在的合作成果，更好地造福两国人民。中方愿与澳方一道，在现有良好基础上，将双边各领域友好交流与务实合作不断推向前进。

奥法雷说，近年来澳中两国关系发展势头良好，各领域合作不断扩大。新南威尔士州政府将利用自身优势，不断加强与中方各领域的互利合作，为推动双边关系深入全面发展作出贡献。

中共中央政治局常委习近平与西藏自治区各族各界群众一起观看庆祝西藏和平解放60周年文艺晚会《再唱山歌给党听》

中央创先争优活动领导小组在北京召开第七次会议

中组部部长李源潮指出，基层党组织和党员争先进、创优秀，思想上先进是动力之源。要联系实际深入学习领会胡锦涛总书记“七一”讲话精神，进一步明确创先争优的目标和方向，增强创先争优的自觉性。要坚持以科学发展为主题、以加快转变经济发展方式为主线，激励基层党组织和党员在推动科学发展实践中建功立业。要紧紧围绕维护社会稳定这个硬任务，创新社会管理，化解社会矛盾，促进社会和谐。要牢固树立以人为本、执政为民的理念，多为群众办好事实事，密切党群干群关系。要坚持不懈地加强基层党组织建设，使之成为推动发展、服务群众、凝聚人心、促进和谐的坚强战斗堡垒。

李源潮指出，创先争优活动要让人民群众得到实惠，由人民群众来评判实效。要把“服务人民群众”作为创先争优的一个突出重点，扎实推进窗口单位和服务行业创先争优。要推动机关干部到基层去，到群众中去，帮助群众解决实际困难。要增强基层党组织和党员做好群众工作的意识和能力，积极建设服务型基层党组织。

中央创先争优活动领导小组成员参加了会议。会议讨论了在窗口单位和服务行业深入开展“为民服务创先争优”的指导意见。

财政部公布上半年国有企业经济运行情况

1—6月，国有企业累计实现营业总收入174191.6亿元，同比增长24.2%；国有企业累计实现利润总额11256.8亿元，同比增长22.3%。

1—6月，全国国有企业主要效益指标同比继续保持20%以上增幅，但成本费用增幅已连续3个月略高于营业总收入增幅，其中财务费用增幅高达29.1%。

上半年实现利润同比增幅较大的行业有：建材、化工、有色、煤炭、商贸。实现利润环比增幅较大的行业有：施工房地产、钢铁、电力、商贸。

国务院副总理李克强在中南海紫光阁会见加拿大外交部部长贝尔德

外交部部长杨洁篪在北京与加拿大外交部部长贝尔德举行会谈

中国队在泰国曼谷举行的2011年斯诺克世界杯中获得冠军

由丁俊晖、梁文博组成的中国队以4∶2击败北爱尔兰队，以全胜战绩为中国队历史上首次夺得世界杯冠军。

国务院安委会办公室通报武汉“7·12”重大火灾事故情况

通报说，12日9时许，武汉市经济技术开发区东荆路一座出租厂房发生火灾，造成15人死亡，火灾过火面积3450平方米，起火原因正在调查之中。

该起火建筑产权所有方为武汉东神轿车有限公司，总建筑面积9200平方米。厂房用高约3.3米的单层铁皮隔板分隔成三部分，由武汉市政环卫机械制造公司、武汉恒瑞橡塑有限公司和武汉合傲商贸有限公司分别承租，用作生产车间、仓储车间、办公区、员工宿舍、食堂等。

通报称，该事故暴露出厂房存在严重的消防安全隐患。有关单位擅自将原设计的戊类厂房改为集生产、储存、销售、办公和人员食宿为一体的“多合一”场所，人员食宿与生产区域未实行防火分隔，且厂房的安全出口不满足消防安全要求，疏散通道堵塞，严重影响人员疏散逃生和灭火救援。

事故还表明现场人员消防安全意识淡薄。据了解，在火灾发生后20多分钟才有人报警，延误了灭火救援的时机，且部分现场人员没有在第一时间逃生反而到二层躲避，造成了人员伤亡的扩大。

国务院安委办指出，当地消防安全监督管理工作存在薄弱环节，对违法生产经营行为打击不力，在消防安全隐患排查和专项整治工作中存在漏洞。

新疆和田发生严重暴力恐怖案件

公安、武警经过多次法律宣传和警告无效，果断采取措施，击毙行凶和负隅顽抗的暴徒14人，抓获4人，成功解救6名人质，缴获大量斧头、砍刀、匕首、燃烧瓶、爆炸装置等作案工具。事件处置过程中，1名武警战士牺牲，1名特警、1名联防队员受伤。13时30分许，事态得到有效控制，事发地秩序得以恢复。

初步查明，18名暴徒16日先后潜入和田市，购买、制造各种施暴凶器。18日12时许，暴徒按照预先计划冲进和田市公安局纳尔巴格街派出所，手持斧头、砍刀、匕首、燃烧瓶、爆炸装置等，疯狂进行打、砸、烧，杀害1名联防队员和2名人质，重伤2名无辜群众，劫持6名人质，在派出所楼顶悬挂极端宗教旗帜，纵火焚烧派出所。

据了解，这是一起有组织、有预谋，劫持人质，纵火、爆炸、杀人，攻击基层政法机关的严重暴力恐怖案件。警方坚决果断地处置事件，依法打击犯罪，维护了法律尊严，保护了人民群众的生命财产安全。

7月19日

《人民日报》发表社论《建设更加富饶祥和的新西藏》

雪山起舞，江河欢歌。今天，西藏各族人民迎来自己盛大的节日，欢庆西藏和平解放60周年。

西藏和平解放，实现了祖国大陆的完全统一，为百万农奴翻身做主人开辟了道路，开启了西藏繁荣进步的历史新纪元。从60年前那个具有划时代意义的历史转折点开始，这片辽阔的高原彻底摆脱帝国主义的侵略和羁绊，历经民主改革、自治区成立、社会主义建设、改革开放的伟大历史进程，从黑暗走向光明、从落后走向进步、从专制走向民主、从贫穷走向富裕、从封闭走向开放。今天的西藏，经济发展、社会进步、文化繁荣、民生改善、民族团结、宗教和谐、人民安居乐业，正处于历史上最好的发展时期。

这60年，古老的青藏高原发生了千年未有的历史性巨变，实现了社会制度和经济社会发展的历史性跨越。这60年，占西藏人口95%以上的农奴和奴隶彻底告别封建农奴制，成为国家和社会的主人。这60年，西藏全区的生产总值、农牧民人均纯收入几十倍上百倍地增长，无公路、无航空、无铁路的历史相继终结，人民生活发生了天翻地覆的变化。这60年，西藏的民族优秀文化得到充分继承和发展，宗教信仰自由受到充分尊重和保护。这60年，西藏的自然环境得到精心保护，是世界上生态环境最好的地区之一。历史以无可辩驳的事实，揭示了一个颠扑不破的真理：没有中国共产党就没有新西藏。只有坚持中国共产党领导，坚持社会主义制度，坚持民族区域自治制度，坚持走有中国特色、西藏特点的发展路子，西藏才有繁荣进步的今天和更加美好的明天。

西藏60年的繁荣发展，离不开党中央的殷切关怀，离不开全国人民的无私援助，也凝结着西藏各族人民共同奋斗的心血和汗水。西藏的发展进步，充分展现了社会主义制度的巨大优越性，充分印证了民族区域自治制度的旺盛生命力，充分彰显了民族团结进步焕发的强劲发展动力。它从一个侧面生动地证明，各民族人民不断增强对中华民族的归属感、对中华文化的认同感、对伟大祖国的自豪感，在社会主义大家庭中和衷共济、和睦相处、和谐发展，就一定能够形成实现国家兴旺发达、人民幸福安康、社会和谐稳定、国家长治久安的强大力量。

在同全国一道全面建成小康社会的新征程上，今日西藏正焕发出无限的生机和活力。无疑，在前进的道路上，还会出现许多新情况新问题，还会面临新的困难和挑战。只要我们全面深入贯彻落实中央第五次西藏工作座谈会精神，以经济建设为中心，以民族团结为保障，以改善民生为出发点和落脚点，紧紧抓住发展和稳定两件大事，深入开展对达赖分裂主义集团的斗争，确保经济社会跨越式发展，确保社会长治久安，确保各族人民物质文化生活水平不断提高，确保生态环境良好，团结、民主、富裕、文明、和谐的社会主义新西藏就必定巍然矗立于世界之巅。

把雄伟辽阔的雪域高原建设得更加美丽富饶、安定祥和，是全党全国各族人民的共同心愿。让我们紧密团结在以胡锦涛同志为总书记的党中央周围，高举中国特色社会主义伟大旗帜，以邓小平理论和“三个代表”重要思想为指导，深入贯彻落实科学发展观，共同团结奋斗、共同繁荣发展，迎来社会主义新西藏更加灿烂美好的明天。

国家主席胡锦涛在人民大会堂会见伊拉克总理马利基

胡锦涛表示，中伊务实合作潜力很大，发展前景广阔。双方要本着积极务实、互利共赢的精神，加强以双边贸易为中心的经贸合作，深化以油气合作为龙头的能源合作，扩大以基础设施建设为主的大项目合作，推动两国务实合作向广度和深度发展。中方一如既往支持伊拉克新政府为维护独立、主权和领土完整，促进国家重建和长治久安所做的努力。

马利基表示，伊方愿意把中国作为重要合作伙伴，进一步加强两国在政治、经贸、能源、基础设施、科技、人文等领域务实合作，以及在国际和地区事务中的协调与配合，欢迎中国企业到伊拉克投资兴业。伊方重申恪守一个中国政策。

国务院总理温家宝在北京主持召开国家应对气候变化及节能减排工作领导小组会议

会议指出，“十一五”期间，经过全国上下共同努力，基本实现了节能减排约束性指标。我国以能源消费年均6.6%的增速支撑了国民经济年均11.2%的增速。节能减排工作有力促进了产业结构调整和技术进步，提高了全社会节能环保意识，遏制了能源消耗强度和主要污染物排放量大幅上升的势头，成为贯彻落实科学发展观的一大亮点，并为应对全球气候变化作出了重要贡献。

会议强调，“十二五”期间是我国转变经济发展方式、加快经济结构战略性调整的关键时期。要继续把节能减排作为调结构、扩内需、促发展的重要抓手，作为减缓和适应全球气候变化、促进可持续发展的重要举措，进一步加大工作力度，务求取得预期成效。(一)推进重点领域节能减排。工业节能要注重以先进生产能力淘汰落后生产能力。交通节能要重视发展公共交通，优化运用多种运输方式。建筑节能要合理改造已有建筑，大力发展绿色建筑、智能建筑，最大限度地节能、节地、节水、节材。生活节能要推广使用经济高效的节能产品，培养节约环保的消费模式和生活方式。(二)进一步调整优化产业结构。发展现代产业体系，鼓励发展第三产业和战略性新兴产业，运用高新技术改造传统产业。推动能源生产和利用方式变革，构建安全、稳定、经济、清洁的现代能源产业体系。(三)实施节能减排重点工程。着力抓好节能重点工程、环境治理重点工程、循环经济重点工程。(四)推广使用先进技术。建立节能减排技术遴选、评定及推广机制，积极引进、消化、吸收国外先进技术，加快技术的开发、示范和推广应用，有效提高能源利用效率，降低污染排放。(五)加强节能减排管理。完善节能评估审查制度，制定和执行耗能设备国家标准，鼓励企业建立节能计量、台账和统计制度。实施电力需求侧管理、能效标识、政府节能采购等管理方式。(六)完善节能减排长效机制。落实税收优惠政策，推进资源税费和环境税改革。调整进出口关税，遏制高耗能、高排放产品出口。

会议强调，要积极开展应对气候变化国际合作。坚持以《联合国气候变化框架公约》和《京都议定书》为基础，坚持“共同但有区别的责任”原则和公平原则，按照“巴厘路线图”授权，在哥本哈根协议和坎昆协议基础上，建设性推动应对气候变化国际谈判进程，使德班会议在加强公约和议定书全面、有效和持续实施方面，取得进一步的积极成果。

会议要求各地区、各部门进一步统一思想，提高认识，对节能减排综合性工作方案早部署、早落实。要抓紧分解落实节能减排指标，完善节能减排统计、监测、考核体系，切实把落实五年目标与完成年度目标结合起来，把年度目标考核与季度跟踪检查结合起来。要加强节能减排工作的组织领导，地方各级人民政府对本行政区域内节能减排工作负总责，政府主要领导是第一责任人。严格实行节能减排奖惩机制，把各地区节能目标责任评价考核结果，作为对省级人民政府领导班子和领导干部综合考核评价的重要依据，实行问责制。动员全社会力量开展节能减排行动。

国务院副总理、国家应对气候变化及节能减排工作领导小组副组长李克强，国务委员、国家应对气候变化及节能减排工作领导小组副组长戴秉国，有关部门负责人出席会议。

国务院总理温家宝签署第600号令公布《国务院关于修改〈中华人民共和国个人所得税法实施条例〉的决定》

现公布《国务院关于修改〈中华人民共和国个人所得税法实施条例〉的决定》，自2011年9月1日起施行。

总理　温家宝

2011年7月19日

国务院关于修改《中华人民共和国个人所得税法实施条例》的决定

国务院决定对《中华人民共和国个人所得税法实施条例》做如下修改：

一、第十八条修改为：“税法第六条第一款第三项所说的每一纳税年度的收入总额，是指纳税义务人按照承包经营、承租经营合同规定分得的经营利润和工资、薪金性质的所得；所说的减除必要费用，是指按月减除3500元。”

二、第二十七条修改为：“税法第六条第三款所说的附加减除费用，是指每月在减除3500元费用的基础上，再减除本条例第二十九条规定数额的费用。”

三、第二十九条修改为：“税法第六条第三款所说的附加减除费用标准为1300元。”

本决定自2011年9月1日起施行。

《中华人民共和国个人所得税法实施条例》根据本决定做相应的修改，重新公布。

中华人民共和国个人所得税法实施条例

第一条　根据《中华人民共和国个人所得税法》(以下简称税法)的规定，制定本条例。

第二条　税法第一条第一款所说的在中国境内有住所的个人，是指因户籍、家庭、经济利益关系而在中国境内习惯性居住的个人。

第三条　税法第一条第一款所说的在境内居住满一年，是指在一个纳税年度中在中国境内居住365日。临时离境的，不扣减日数。

前款所说的临时离境，是指在一个纳税年度中一次不超过30日或者多次累计不超过90日的离境。

第四条　税法第一条第一款、第二款所说的从中国境内取得的所得，是指来源于中国境内的所得；所说的从中国境外取得的所得，是指来源于中国境外的所得。

第五条　下列所得，不论支付地点是否在中国境内，均为来源于中国境内的所得：

(一)因任职、受雇、履约等而在中国境内提供劳务取得的所得；

(二)将财产出租给承租人在中国境内使用而取得的所得；

(三)转让中国境内的建筑物、土地使用权等财产或者在中国境内转让其他财产取得的所得；

(四)许可各种特许权在中国境内使用而取得的所得；

(五)从中国境内的公司、企业以及其他经济组织或者个人取得的利息、股息、红利所得。

第六条　在中国境内无住所，但是居住一年以上五年以下的个人，其来源于中国境外的所得，经主管税务机关批准，可以只就由中国境内公司、企业以及其他经济组织或者个人支付的部分缴纳个人所得税；居住超过五年的个人，从第六年起，应当就其来源于中国境外的全部所得缴纳个人所得税。

第七条　在中国境内无住所，但是在一个纳税年度中在中国境内连续或者累计居住不超过90日的个人，其来源于中国境内的所得，由境外雇主支付并且不由该雇主在中国境内的机构、场所负担的部分，免予缴纳个人所得税。

第八条　税法第二条所说的各项个人所得的范围：

(一)工资、薪金所得，是指个人因任职或者受雇而取得的工资、薪金、奖金、年终加薪、劳动分红、津贴、补贴以及与任职或者受雇有关的其他所得。

(二)个体工商户的生产、经营所得，是指：

1.个体工商户从事工业、手工业、建筑业、交通运输业、商业、饮食业、服务业、修理业以及其他行业生产、经营取得的所得；

2.个人经政府有关部门批准，取得执照，从事办学、医疗、咨询以及其他有偿服务活动取得的所得；

3.其他个人从事个体工商业生产、经营取得的所得；

4.上述个体工商户和个人取得的与生产、经营有关的各项应纳税所得。

(三)对企事业单位的承包经营、承租经营所得，是指个人承包经营、承租经营以及转包、转租取得的所得，包括个人按月或者按次取得的工资、薪金性质的所得。

(四)劳务报酬所得，是指个人从事设计、装潢、安装、制图、化验、测试、医疗、法律、会计、咨询、讲学、新闻、广播、翻译、审稿、书画、雕刻、影视、录音、录像、演出、表演、广告、展览、技术服务、介绍服务、经纪服务、代办服务以及其他劳务取得的所得。

(五)稿酬所得，是指个人因其作品以图书、报刊形式出版、发表而取得的所得。

(六)特许权使用费所得，是指个人提供专利权、商标权、著作权、非专利技术以及其他特许权的使用权取得的所得；提供著作权的使用权取得的所得，不包括稿酬所得。

(七)利息、股息、红利所得，是指个人拥有债权、股权而取得的利息、股息、红利所得。

(八)财产租赁所得，是指个人出租建筑物、土地使用权、机器设备、车船以及其他财产取得的所得。

(九)财产转让所得，是指个人转让有价证券、股权、建筑物、土地使用权、机器设备、车船以及其他财产取得的所得。

(十)偶然所得，是指个人得奖、中奖、中彩以及其他偶然性质的所得。

个人取得的所得，难以界定应纳税所得项目的，由主管税务机关确定。

第九条　对股票转让所得征收个人所得税的办法，由国务院财政部门另行制定，报国务院批准施行。

第十条　个人所得的形式，包括现金、实物、有价证券和其他形式的经济利益。所得为实物的，应当按照取得的凭证上所注明的价格计算应纳税所得额；无凭证的实物或者凭证上所注明的价格明显偏低的，参照市场价格核定应纳税所得额。所得为有价证券的，根据票面价格和市场价格核定应纳税所得额。所得为其他形式的经济利益的，参照市场价格核定应纳税所得额。

第十一条　税法第三条第四项所说的劳务报酬所得一次收入畸高，是指个人一次取得劳务报酬，其应纳税所得额超过2万元。

对前款应纳税所得额超过2万元至5万元的部分，依照税法规定计算应纳税额后再按照应纳税额加征五成；超过5万元的部分，加征十成。

第十二条　税法第四条第二项所说的国债利息，是指个人持有中华人民共和国财政部发行的债券而取得的利息；所说的国家发行的金融债券利息，是指个人持有经国务院批准发行的金融债券而取得的利息。

第十三条　税法第四条第三项所说的按照国家统一规定发给的补贴、津贴，是指按照国务院规定发给的政府特殊津贴、院士津贴、资深院士津贴，以及国务院规定免纳个人所得税的其他补贴、津贴。

第十四条　税法第四条第四项所说的福利费，是指根据国家有关规定，从企业、事业单位、国家机关、社会团体提留的福利费或者工会经费中支付给个人的生活补助费；所说的救济金，是指各级人民政府民政部门支付给个人的生活困难补助费。

第十五条　税法第四条第八项所说的依照我国法律规定应予免税的各国驻华使馆、领事馆的外交代表、领事官员和其他人员的所得，是指依照《中华人民共和国外交特权与豁免条例》和《中华人民共和国领事特权与豁免条例》规定免税的所得。

第十六条　税法第五条所说的减征个人所得税，其减征的幅度和期限由省、自治区、直辖市人民政府规定。

第十七条　税法第六条第一款第二项所说的成本、费用，是指纳税义务人从事生产、经营所发生的各项直接支出和分配计入成本的间接费用以及销售费用、管理费用、财务费用；所说的损失，是指纳税义务人在生产、经营过程中发生的各项营业外支出。

从事生产、经营的纳税义务人未提供完整、准确的纳税资料，不能正确计算应纳税所得额的，由主管税务机关核定其应纳税所得额。

第十八条　税法第六条第一款第三项所说的每一纳税年度的收入总额，是指纳税义务人按照承包经营、承租经营合同规定分得的经营利润和工资、薪金性质的所得；所说的减除必要费用，是指按月减除3500元。

第十九条　税法第六条第一款第五项所说的财产原值，是指：

(一)有价证券，为买入价以及买入时按照规定交纳的有关费用；

(二)建筑物，为建造费或者购进价格以及其他有关费用；

(三)土地使用权，为取得土地使用权所支付的金额、开发土地的费用以及其他有关费用；

(四)机器设备、车船，为购进价格、运输费、安装费以及其他有关费用；

(五)其他财产，参照以上方法确定。

纳税义务人未提供完整、准确的财产原值凭证，不能正确计算财产原值的，由主管税务机关核定其财产原值。

第二十条　税法第六条第一款第五项所说的合理费用，是指卖出财产时按照规定支付的有关费用。

第二十一条　税法第六条第一款第四项、第六项所说的每次，按照以下方法确定：

(一)劳务报酬所得，属于一次性收入的，以取得该项收入为一次；属于同一项目连续性收入的，以一个月内取得的收入为一次。

(二)稿酬所得，以每次出版、发表取得的收入为一次。

(三)特许权使用费所得，以一项特许权的一次许可使用所取得的收入为一次。

(四)财产租赁所得，以一个月内取得的收入为一次。

(五)利息、股息、红利所得，以支付利息、股息、红利时取得的收入为一次。

(六)偶然所得，以每次取得该项收入为一次。

第二十二条　财产转让所得，按照一次转让财产的收入额减除财产原值和合理费用后的余额，计算纳税。

第二十三条　两个或者两个以上的个人共同取得同一项目收入的，应当对每个人取得的收入分别按照税法规定减除费用后计算纳税。

第二十四条　税法第六条第二款所说的个人将其所得对教育事业和其他公益事业的捐赠，是指个人将其所得通过中国境内的社会团体、国家机关向教育和其他社会公益事业以及遭受严重自然灾害地区、贫困地区的捐赠。

捐赠额未超过纳税义务人申报的应纳税所得额30%的部分，可以从其应纳税所得额中扣除。

第二十五条　按照国家规定，单位为个人缴付和个人缴付的基本养老保险费、基本医疗保险费、失业保险费、住房公积金，从纳税义务人的应纳税所得额中扣除。

第二十六条　税法第六条第三款所说的在中国境外取得工资、薪金所得，是指在中国境外任职或者受雇而取得的工资、薪金所得。

第二十七条　税法第六条第三款所说的附加减除费用，是指每月在减除3500元费用的基础上，再减除本条例第二十九条规定数额的费用。

第二十八条　税法第六条第三款所说的附加减除费用适用的范围，是指：

(一)在中国境内的外商投资企业和外国企业中工作的外籍人员；

(二)应聘在中国境内的企业、事业单位、社会团体、国家机关中工作的外籍专家；

(三)在中国境内有住所而在中国境外任职或者受雇取得工资、薪金所得的个人；

(四)国务院财政、税务主管部门确定的其他人员。

第二十九条 税法第六条第三款所说的附加减除费用标准为1300元。

第三十条 华侨和香港、澳门、台湾同胞,参照本条例第二十七条、第二十八条、第二十九条的规定执行。

第三十一条 在中国境内有住所,或者无住所而在境内居住满一年的个人,从中国境内和境外取得的所得,应当分别计算应纳税额。

第三十二条 税法第七条所说的已在境外缴纳的个人所得税税额,是指纳税义务人从中国境外取得的所得,依照该所得来源国家或者地区的法律应当缴纳并且实际已经缴纳的税额。

第三十三条 税法第七条所说的依照税法规定计算的应纳税额,是指纳税义务人从中国境外取得的所得,区别不同国家或者地区和不同所得项目,依照税法规定的费用减除标准和适用税率计算的应纳税额;同一国家或者地区内不同所得项目的应纳税额之和,为该国家或者地区的扣除限额。

纳税义务人在中国境外一个国家或者地区实际已经缴纳的个人所得税税额,低于依照前款规定计算出的该国家或者地区扣除限额的,应当在中国缴纳差额部分的税款;超过该国家或者地区扣除限额的,其超过部分不得在本纳税年度的应纳税额中扣除,但是可以在以后纳税年度的该国家或者地区扣除限额的余额中补扣。补扣期限最长不得超过五年。

第三十四条 纳税义务人依照税法第七条的规定申请扣除已在境外缴纳的个人所得税税额时,应当提供境外税务机关填发的完税凭证原件。

第三十五条 扣缴义务人在向个人支付应税款项时,应当依照税法规定代扣税款,按时缴库,并专项记载备查。

前款所说的支付,包括现金支付、汇拨支付、转账支付和以有价证券、实物以及其他形式的支付。

第三十六条 纳税义务人有下列情形之一的,应当按照规定到主管税务机关办理纳税申报:

(一)年所得12万元以上的;

(二)从中国境内两处或者两处以上取得工资、薪金所得的;

(三)从中国境外取得所得的;

(四)取得应纳税所得,没有扣缴义务人的;

(五)国务院规定的其他情形。

年所得12万元以上的纳税义务人,在年度终了后3个月内到主管税务机关办理纳税申报。

纳税义务人办理纳税申报的地点以及其他有关事项的管理办法,由国务院税务主管部门制定。

第三十七条 税法第八条所说的全员全额扣缴申报,是指扣缴义务人在代扣税款的次月内,向主管税务机关报送其支付所得个人的基本信息、支付所得数额、扣缴税款的具体数额和总额以及其他相关涉税信息。

全员全额扣缴申报的管理办法,由国务院税务主管部门制定。

第三十八条 自行申报的纳税义务人,在申报纳税时,其在中国境内已扣缴的税款,准予按照规定从应纳税额中扣除。

第三十九条 纳税义务人兼有税法第二条所列的两项或者两项以上的所得的,按项分别计算纳税。在中国境内两处或者两处以上取得税法第二条第一项、第二项、第三项所得的,同项所得合并计算纳税。

第四十条 税法第九条第二款所说的特定行业,是指采掘业、远洋运输业、远洋捕捞业以及国务院财政、税务主管部门确定的其他行业。

第四十一条 税法第九条第二款所说的按年计算、分月预缴的计征方式,是指本条例第四十条所列的特定行业职工的工资、薪金所得应纳的税款,按月预缴,自年度终了之日起30日内,合计其全年工资、薪金所得,再按12个月平均并计算实际应纳的税款,多退少补。

第四十二条 税法第九条第四款所说的由纳税义务人在年度终了后30日内将应纳的税款缴入国库,是指在年终一次性取得承包经营、承租经营所得的纳税义务人,自取得收入之日起30日内将应纳的税款缴入国库。

第四十三条 依照税法第十条的规定,所得为外国货币的,应当按照填开完税凭证的上一月最后一日人民币汇率中间价,折合成人民币计算应纳税所得额。依照税法规定,在年度终了后汇算清缴的,对已经按月或者按次预缴税款的外国货币所得,不再重新折算;对应当补缴税款的所得部分,按照上一纳税年度最后一日人民币汇率中间价,折合成人民币计算应纳税所得额。

第四十四条 税务机关按照税法第十一条的规定付给扣缴义务人手续费时,应当按月填开收入退还书发给扣缴义务人。扣缴义务人持收入退还书向指定的银行办理退库手续。

第四十五条 个人所得税纳税申报表、扣缴个人所得税报告表和个人所得税完税凭证式样,由国务院税务主管部门统一制定。

第四十六条 税法和本条例所说的纳税年度,自公历1月1日起至12月31日止。

第四十七条 1994纳税年度起,个人所得税依照税法以及本条例的规定计算征收。

第四十八条　本条例自发布之日起施行。1987年8月8日国务院发布的《中华人民共和国国务院关于对来华工作的外籍人员工资、薪金所得减征个人所得税的暂行规定》同时废止。

西藏和平解放60周年庆祝大会在拉萨举行

中共中央总书记、国家主席、中央军委主席胡锦涛题写“祝贺西藏和平解放六十周年”贺匾。中共中央政治局常委、国家副主席、中央军委副主席、中央代表团团长习近平出席庆祝大会并发表重要讲话。

西藏自治区党委书记张庆黎在大会上发言。他说，60年前，西藏实现和平解放，开辟了西藏历史的新纪元。从此，我们党团结带领西藏各族人民共同奋斗，创造了60年跨越上千年的人间奇迹。当前，西藏已站在新的历史起点上，我们决心全面贯彻中央第五次西藏工作座谈会精神，大力弘扬“老西藏”精神，抓住宝贵机遇，用好全国支援，矢志艰苦奋斗，奋力推进跨越式发展和长治久安，努力谱写建设社会主义新西藏的壮丽篇章。

西藏军区司令员杨金山、群众代表拉巴也在会上发言。

中央代表团副团长李建国、杜青林、帕巴拉·格列朗杰、热地、陈炳德和代表团全体成员，以及西藏自治区党政军负责人出席了今天的大会。

中共中央政治局常委习近平在庆祝西藏和平解放60周年大会上的讲话

同志们、朋友们：

今天，古城拉萨花团锦簇，雪域高原焕然一新，各族人民纵情歌唱。我们中央代表团带着以胡锦涛同志为总书记的党中央的重托、带着全国人民的深情厚谊来到这里，同西藏各族人民一道，隆重庆祝西藏和平解放60周年。

首先，我代表中共中央、全国人大常委会、国务院、全国政协、中央军委，向西藏各族工人、农牧民、知识分子、干部和各界人士，向人民解放军驻藏部队指战员、武警西藏部队官兵和公安干警，表示热烈的祝贺和亲切的慰问！向所有为西藏和平解放和改革发展作出贡献的同志们、朋友们，致以崇高的敬意！向一切关心和支持西藏发展进步的港澳同胞、台湾同胞、海外侨胞和国际友人，表示衷心的感谢！

1951年，中央人民政府与当时的西藏地方政府在北京签订了《关于和平解放西藏办法的协议》，宣告西藏和平解放。这是西藏历史上具有划时代意义的转折点，也是中国人民解放事业和祖国统一事业的一件大事。西藏和平解放，不仅粉碎了外部势力妄想把西藏从中国分裂出去的图谋，捍卫了国家主权和领土完整，维护了祖国统一和民族团结，而且开辟了百万农奴翻身解放的道路，开启了西藏走向繁荣进步的光明前程。

60年来，西藏这片古老而神奇的土地发生了翻天覆地的伟大变化。

社会制度实现历史性跨越。黑暗落后的封建农奴制度被彻底废除，在旧西藏连做人的基本权利都没有的百万农奴成为国家和社会的主人，依法拥有并享受着广泛的政治、经济、文化、社会权利，思想观念和精神面貌发生了深刻变化。经过民主改革和成立自治区，西藏各族人民走上了社会主义康庄大道。

经济社会实现全面发展。社会主义制度的建立，改革开放政策的实施，极大地解放和发展了西藏的社会生产力，中央制定的一系列特殊优惠政策，为西藏经济社会发展注入强大推动力。西藏经济持续快速发展，基础设施建设成就巨大，特色产业形成优势，生态环境保持良好，藏族优秀传统文化得到保护和弘扬，社会主义先进文化成为主旋律，各项社会事业蓬勃发展。西藏同全国其他地区一样展现了生机勃勃的发展前景。

人民生活水平大幅提高。全区城乡居民收入不断增长，以安居工程为突破口的社会主义新农村建设扎实推进，农牧民居住环境和农牧区面貌发生显著变化，教育卫生等基本公共服务体系正在完善，覆盖全区城乡居民的社会保障体系初步建立，人均预期寿命比和平解放初期增长近一倍。西藏各族人民正在向着全面小康目标胜利迈进。

各民族团结不断巩固。党的民族政策和宗教政策在西藏得到全面贯彻落实，民族区域自治制度不断完善，少数民族干部茁壮成长，平等团结互助和谐的社会主义民族关系日益巩固和发展，群众的宗教信仰得到充分尊重和保护，爱国统一战线不断发展壮大。全区各族人民坚定不移地进行反分裂斗争，不断挫败达赖集团和国际敌对势力的分裂破坏活动，有力维护了民族团结、社会稳定和祖国统一。西藏各族干部群众和全国各族人民紧密团结，完全有信心有力量维护和发展西藏安定团结的社会局面。

60年的建设成就伟大辉煌，60年的发展经验十分珍贵。这一切成就的取得，都是以毛泽东同志、邓小平同志、江泽民同志为核心的党的三代中央领导集体和以胡锦涛同志为总书记的党中央在西藏发展各个历史时期英明决策、正确领导的结果，是西藏各族干部群众团结奋斗、顽强拼搏的结果，是全国各族人民大力支援、竭诚帮助的结果。

此时此刻，我们深切缅怀为西藏革命、建设、改革事业，为保卫和建设祖国边疆贡献了青春、智慧、力量乃至宝贵生命的先烈和英雄们，他们的丰功伟绩和崇高风范将永垂青史！

西藏60年不平凡的发展历程揭示了一个颠扑不破的真理：没有中国共产党就没有新中国，也就没有新西藏。只要我们坚持中国共产党领导、坚持社会主义制度、坚持民族区域自治制度，坚持走有中国特色、西藏特点的发展路子，西藏必将迎来更加繁荣、更加进步、更加美好的明天。

同志们、朋友们！

西藏是重要的国家安全屏障，也是重要的生态安全屏障、重要的战略资源储备基地、重要的高原特色农产品基地、重要的中华民族特色文化保护地、重要的世界旅游目的地。做好西藏工作，是深入贯彻落实科学发展观、全面建设小康社会的迫切需要，是实现可持续发展的迫切需要，是维护民族团结和社会稳定的迫切需要，是维护祖国统一和国家安全的迫切需要。加快西藏发展、维护西藏稳定，既是中央的战略部署和明确要求，也是西藏各族干部群众的强烈愿望和共同责任。

去年1月，中央召开了第五次西藏工作座谈会，对推进西藏跨越式发展和长治久安作出了全面部署，为做好西藏今后的工作进一步指明了方向。今年7月1日，胡锦涛同志在庆祝中国共产党成立90周年大会上发表重要讲话，系统总结了我们党90年的辉煌历程和基本经验，指明了党在今后一个时期的奋斗目标和工作任务。这一重要讲话，是指导我们继续全面推进中国特色社会主义伟大事业和党的建设新的伟大工程的纲领性文献。

中央殷切希望西藏各族干部群众认真学习贯彻胡锦涛同志“七一”重要讲话精神，全面落实中央第五次西藏工作座谈会精神，坚持中央关于西藏工作的指导思想，抓住历史机遇、用好全国支援、继续艰苦奋斗，围绕建设团结、民主、富裕、文明、和谐的社会主义新西藏这个宏伟目标，推进跨越式发展和长治久安，努力完成到2020年全面建成小康社会的任务，创造西藏各族人民更加幸福美好的新生活。

加快发展，是解决西藏所有问题的关键。要始终坚持以经济建设为中心、坚持四项基本原则、坚持改革开放，进一步把中央赋予的特殊优惠政策同西藏的具体实际紧密结合起来，积极推进“一产上水平、二产抓重点、三产大发展”的经济发展战略，努力在科学发展的轨道上推进西藏实现跨越式发展。要继续加强全区基础设施建设，稳步提升农牧业发展水平，加快发展特色优势产业，加强生态环境保护，进一步提高对外开放水平，切实增强西藏自我发展能力。

保障和改善民生，是西藏经济社会发展的出发点和落脚点。要按照努力使全区各族群众学有所教、劳有所得、病有所医、老有所养、住有所居的要求，在经济发展的基础上加快推进以保障和改善民生为重点的社会建设，继续推进社会主义新农村建设，落实教育优先发展各项政策措施，大力发展医疗卫生事业，加快建立和完善覆盖城乡居民的社会保障体系，加大扶贫开发力度，着力解决好西藏各族人民最关心最直接最现实的利益问题。

弘扬社会主义先进文化，是构建西藏各族人民共有精神家园的必然要求。要坚持用中国特色社会主义共同理想凝聚力量，用以爱国主义为核心的民族精神和以改革创新为核心的时代精神、以艰苦奋斗为核心的“老西藏”精神鼓舞全区各族干部群众斗志，以社会主义荣辱观引领社会风尚，使社会主义核心价值体系真正深入人心，转化为全区广大群众的自觉行动。要继承和弘扬西藏优秀文化传统，坚持在保护中传承、在创新中发展，不断推动西藏文化事业发展繁荣。

维护社会稳定，是实现西藏跨越式发展和各族人民美好生活的根本保证。要全面贯彻落实党的民族政策，坚持民族区域自治制度，牢牢把握各民族共同团结奋斗、共同繁荣发展的主题，牢固树立“三个离不开”的思想，不断巩固和发展西藏和谐稳定的良好局面，把西藏建设成为促进民族团结的典范。要坚持、巩固和壮大爱国统一战线，最广泛地凝聚智慧和力量。要坚持党的宗教工作基本方针，依法管理宗教事务，维护藏传佛教正常秩序。要深入开展反对达赖集团分裂祖国活动的斗争，紧紧依靠各族干部群众，谋长久之策，行固本之举，彻底粉碎一切破坏西藏稳定、危害祖国统一的图谋。

人民解放军驻藏部队、武警西藏部队和西藏政法队伍，是戍边卫国和保卫西藏社会主义现代化建设、维护西藏社会稳定的坚强柱石和忠诚卫士，要继续发扬优良传统和作风，履行神圣使命，为实现西藏跨越式发展和长治久安再立新功。

同志们、朋友们！

历史潮流浩浩荡荡，中华民族伟大复兴不可阻挡，西藏的明天一定更加美好。让我们更加紧密地团结在以胡锦涛同志为总书记的党中央周围，高举中国特色社会主义伟大旗帜，以邓小平理论和“三个代表”重要思想为指导，深入贯彻落实科学发展观，齐心协力、开拓进取，奋发有为地把建设社会主义新西藏的伟大事业继续推向前进。

祝我们伟大祖国繁荣昌盛！

祝西藏各族人民幸福安康！

扎西德勒！

中共中央 全国人大常委会 国务院 全国政协 中央军委庆祝西藏和平解放60周年的贺电

中共西藏自治区委员会、西藏自治区人大常委会、西藏自治区人民政府、西藏自治区政协、西藏军区：

在西藏各族人民欢庆西藏和平解放60周年之际，中共中央、全国人大常委会、国务院、全国政协、中央军委向西藏各族工人、农牧民、知识分子、干部和各界爱国人士，向驻藏人民解放军指战员、武警部队官兵和政法干警，向参加和支援西藏建设、关心和帮助西藏发展进步的全体同志，致以热烈的祝贺和亲切的慰问！

60年前，中央人民政府与原西藏地方政府在北京签订了《关于和平解放西藏办法的协议》。西藏的和平解放，彻底驱逐了帝国主义势力，捍卫了国家主权和领土完整；沉重打击了各种分裂势力，维护了国家统一和民族团结；为改变旧西藏政教合一的封建农奴制度创造了条件，开辟了百万农奴翻身解放的道路；开启了西藏繁荣进步的光明前程，极大地促进了西藏各项事业的发展。

60年来，中央始终高度重视西藏工作，深切关怀西藏各族人民，制定实施了一系列加快西藏发展、保持西藏稳定的政策措施。西藏各族人民在中国共产党的领导和全国人民的支持下，推翻了旧制度、建立了新政权，实行民族区域自治制度，进行社会主义建设和改革开放，使西藏面貌发生了翻天覆地的巨大变化。改革开放以来，特别是中央第三次西藏工作座谈会以来，中央进一步加大西藏工作力度，各兄弟省区市和社会各界大力支援西藏的改革和发展，西藏自治区党委和政府团结带领全区各族干部群众顽强奋斗，西藏经济持续快速发展，文化建设富有成效，社会事业全面进步，生态环境保护加快实施，各族群众生活明显改善，民族团结不断加强，反分裂斗争取得重大胜利，经济建设、政治建设、文化建设、社会建设以及生态文明建设和党的建设取得显著成就，一个生机勃勃、欣欣向荣的社会主义新西藏呈现在世人面前。

历史雄辩地证明：没有中国共产党就没有新西藏，只有坚持中国共产党领导，坚持社会主义制度，坚持民族区域自治制度，坚持走有中国特色、西藏特点的发展路子，西藏才会有繁荣进步的今天和更加美好的明天。

当前，我国正处于全面建设小康社会的关键时期，西藏同全国一样，已站在新的历史起点上。中央第五次西藏工作座谈会对推进西藏跨越式发展和长治久安作出了战略部署。党的十七届五中全会和国家“十二五”规划纲要描绘了我国未来5年发展的宏伟蓝图，也对西藏工作提出了明确要求。西藏各级党委和政府要团结带领全区各族干部群众认真贯彻落实中央决策部署，以科学发展为主题，以加快转变经济发展方式为主线，努力在跨越式发展上迈出新步伐；要以保障和改善民生为出发点和落脚点，把改善农牧民生产生活条件放在优先位置，全面提高各族人民生活水平；要切实防范和打击分裂势力的渗透破坏活动，不断增进各民族的大团结，坚决维护祖国统一和西藏稳定；要大力弘扬社会主义先进文化，保护、继承和发展西藏优秀传统文化，构建各民族共有的精神家园；要全力抓好党的建设，加强基层政权建设，增强党组织的创造力、凝聚力、战斗力。

驻藏人民解放军、武警部队和政法队伍是推进西藏跨越式发展和长治久安的重要力量，要始终牢记党和人民的重托，忠实履行职责使命，继续发扬优良传统和作风，加强军政、军民、警民团结，维护和促进民族团结，为西藏的发展和稳定再立新功。

我们相信，在以胡锦涛同志为总书记的党中央坚强领导下，西藏各族干部群众一定能够始终坚持新时期西藏工作指导思想不动摇，团结一致，扎实工作，开拓创新，奋发进取，着力确保西藏经济社会跨越式发展，确保国家安全和西藏长治久安，确保西藏各族人民物质文化生活水平不断提高，确保西藏生态环境良好，为建设团结、民主、富裕、文明、和谐的社会主义新西藏而不懈奋斗！

祝西藏自治区繁荣进步！

祝西藏各族人民幸福和谐！

全国各族人民大团结万岁！

中共中央

全国人大常委会

国务院

全国政协

中央军委

2011年7月19日

财政部公布2011上半年税收总收情况

数据显示：2011年1—6月，全国税收总收入完成50028.43亿元，同比增长29.6%。

从税种收入情况来看，国内增值税、消费税、营业税、企业所得税等主要税种均保持较快增长。其中，国内增值税完成12431.30亿元，同比增长19.7%；国内消费税完成3760.75亿元，同比增长20.2%；营业税完成7150.8亿元，同比增长24.4%；企业所得税完成11175.36亿元，同比增长38.3%；个人所得税完成3554.78亿元，同比增长35.4%；关税完成1350.29亿元，同比增长32.1%；城市维护建设税完成1427.90亿元，同比增长49.9%，比去年同期增速加快了21.7个百分点。

中国互联网络信息中心(CNNIC)在北京发布《第28次中国互联网络发展状况统计报告》

截至今年6月底，中国网民规模达到4.85亿；今年上半年，微博用户数量以高达 208.9% 的增幅，成为用户增长最快的互联网应用模式。

国务院副总理李克强在中南海紫光阁会见意大利外交部部长弗拉蒂尼

外交部部长杨洁篪在北京与意大利外交部部长弗拉蒂尼举行会谈

《中国人民解放军军史》出版座谈会在人民大会堂举行

中国科技出版传媒集团有限公司暨中国科技出版传媒股份有限公司成立大会在北京举行

中共中央政治局委员、国务委员刘延东出席大会并讲话。

刘延东指出，深化文化体制改革，组建大型出版传媒集团，促进文化事业全面繁荣和文化产业快速发展，是党中央、国务院作出的重要部署。中国科技出版传媒集团有限公司、中国科技出版传媒股份有限公司的成立，是推进中央各部门出版社体制改革的又一重大成果，对于推动我国从出版大国向出版强国迈进、推进创新型国家建设必将发挥积极作用。

7 月 20 日

国家主席胡锦涛在人民大会堂与喀麦隆总统保罗·比亚举行会谈

胡锦涛表示，在新的历史起点上，中方愿同喀方继续共同努力，从以下三个方面进一步建设好、发展好中喀友好合作关系，更好地为两国人民谋福祉。(一)巩固政治关系，做相互信赖的好朋友。两国领导人、立法机构、政府部门和执政党可根据形势发展，开展多种形式的对话、交流与合作，进一步增进互信，扩大共识，在气候变化、粮食安全、扶贫减贫等全球性问题上保持密切磋商与协调，维护各自和发展中国家的正当权益。(二)深化经贸合作，做互利共赢的好伙伴。双方要健全和完善双边经贸合作机制，充分发挥两国经贸混委会的作用，加强统筹规划和指导协调。集中精力，按期保质建设好已开工项目，抓紧做好尚未开工项目前期准备工作，争取尽早启动这些项目。双方要深挖合作潜力，扩大合作规模，积极探讨和开展多种形式的合作，加强能源、资源、基础设施建设、农业等领域的合作。中方理解并支持喀方为建设新兴国家所做的努力，愿继续帮助喀方增强自主和可持续发展能力。(三)密切人文交流，做心心相印的好兄弟。双方要进一步弘扬传统友谊，拓展文化、教育、人力资源培训、卫生、旅游等领域的交流合作。

比亚完全赞同胡锦涛关于进一步发展两国关系的重要意见，表示喀方愿意同中方一道，加强政治、经济、卫生、教育、科技、文化、体育等领域务实合作，不断推进两国友好合作关系，造福两国人民。

会谈后，两国元首共同出席了有关合作文件的签字仪式。

国务院总理温家宝主持召开国务院常务会议

会议研究部署近期加强土地管理的重点工作。

会议指出，近年来，各地区、各有关部门认真贯彻党中央、国务院决策部署，落实土地调控政策，土地管理工作取得积极成效。但当前建设用地供需矛盾突出，严格保护耕地、保障必要的建设用地难度加大，用地粗放浪费现象依然存在，违法违规用地、侵害群众权益问题易发多发。必须认真落实科学发展观，切实转变经济发展方式，坚持最严格的耕地保护制度和节约用地制度，坚持深化改革和体制机制创新，坚持严格执法督察，进一步加强和改进土地管理工作，促进经济社会全面协调可持续发展。

会议要求近期重点做好以下工作：(一)切实加强耕地保护，确保耕地保有量不减少、质量有提高。制定并实施全国土地整治规划，加快建设高标准基本农田，力争"十二五"期间再建成 4 亿亩旱涝保收的高标准基本农田。开展建立耕地保护补偿机制试点，完善土地收益基金制度，明确土地收益基金计提比例，专项用于耕地保护。(二)严格依法依规管地用地，坚决防止违法违规用地反弹。国土资源、交通运输、铁路等部门要协同配合，切实解决重点工程项目用地未批先用问题。发展改革、国土资源等部门要抓紧清理整改高尔夫球场，严肃查处违法占地、违规建设高尔夫球场，维护土地利用和管理秩序。(三)认真落实《国有土地上房屋征收与补偿条例》，加快规范农村集体建设用地管理。按照依法、严肃、有效的原则查处征地拆迁中的违法案件，严格责任追究，坚决制止违法强拆行为。加快推进土地管理法修订，切实规范和完善集体土地征收与补偿，维护农民权益。完善农村宅基地制度，严格宅基地管理，依法保障农户宅基地用益物权。(四)做好保障性安居工程用地供应。依法加快供地进度，保证今年 1000 万套保障性安居工程建设用地。提前做好明年保障性安居工程建设用地供应的储备和预安排。采取多种措施增加普通商品住房用地供应。坚持和完善土地招标拍卖挂牌出让制度，推进商品住房用地供应由价格主导向双向定价、配建保障房等转变。(五)加强和改善土地调控，促进结构调整和发展方式转变。

强化土地利用总体规划的整体管控作用，确保各部门各行业制定相关规划、开发利用土地符合土地利用总体规划。综合运用土地利用计划、土地供应、地价等政策工具，加强对产业、区域发展的引导，推动产业结构调整和集约用地。建立规划和项目节约用地评价制度。

会议研究确定了加强和改进流浪未成年人救助保护工作的政策措施。会议指出，做好流浪未成年人救助保护工作，直接关系未成年人健康成长与社会和谐稳定。必须贯彻预防为主、标本兼治的方针，健全机制、落实责任，加快建设流浪未成年人救助保护体系。一要坚持未成年人权益保护优先，更加积极主动地救助保护流浪未成年人。二要建立跨部门、跨警种、跨地区工作机制，加大打击拐卖未成年人犯罪力度，尽最大努力发现、解救失踪被拐未成年人。三要综合运用多种方式，帮助流浪未成年人及时回归家庭，确保其得到有效监护和妥善照顾。切实加强对家庭监护的指导和监督。四要做好流浪未成年人的教育矫治，为其提供文化和法制教育、心理辅导、行为矫治、技能培训等救助保护服务，对合法权益受到侵害的要及时提供法律援助或司法救助。五要进一步明确家庭、学校、政府和社会的责任，强化源头预防和治理。六要抓紧修订相关法律法规，完善救助保护制度，为流浪未成年人救助保护提供有力的法律和制度保障。

会议决定对《烈士褒扬条例》和《军人抚恤优待条例》作出修改。修改后的《烈士褒扬条例》完善了烈士评定条件，设立了统一标准的烈士褒扬金制度，规范了烈士遗属定期抚恤金标准，明确了对烈士遗属的优待，加强了烈士纪念设施的保护和管理。《军人抚恤优待条例》相应修改。

中组部 中央统战部 国家发改委 西藏自治区在拉萨召开对口支援西藏工作座谈会

正在拉萨出席西藏和平解放60周年庆祝活动的中共中央政治局常委、国家副主席、中央军委副主席、中央代表团团长习近平率中央代表团全体成员出席会议并作讲话。

习近平指出，1994年中央第三次西藏工作座谈会决定对口支援西藏，这是党中央、国务院从党和国家工作全局高度作出的重大战略决策，是我们党西藏工作方略的丰富和发展，是社会主义制度优越性的充分体现，是各民族共同团结奋斗、共同繁荣发展这一新时期民族工作主题的生动实践，是实施西部大开发战略、推进区域协调发展的重大举措。

习近平强调，这次座谈会安排在西藏和平解放60周年庆祝活动期间召开，充分体现了中央对做好对口支援工作的重视。做好对口支援工作意义重大，责任重大，使命光荣，必须长期坚持和不断完善。要认真贯彻中央第五次西藏工作座谈会精神，努力做到“五个始终”：一是始终按照全面、协调、可持续发展的要求，着眼于建立健全对口支援长效机制，科学制定和实施对口支援规划，统筹推进经济支援、干部支援、人才支援、教育支援、科技支援、企业支援，抓紧落实国务院批准的《“十二五”支持西藏经济社会发展建设项目规划方案》，形成全方位、多层次、宽领域的对口支援工作格局；二是始终把保障和改善民生作为对口支援工作的首要任务，坚持以人为本，把资金和项目进一步向农牧区和农牧民倾斜，改善基层干部群众生产生活条件，扎实推进教育、医疗、就业、社会保障等民生工程建设，使西藏各族群众得到更多实惠；三是始终坚持国家支持与提高自我发展能力相结合，坚持对口帮扶与互利合作相促进，积极挖掘合作潜力，拓展合作领域，提升合作水平，努力实现互利共赢、共同发展；四是始终加强对口支援干部工作，促进承担对口援藏任务的有关地区和单位积极选派有培养前途的业务骨干和后备干部在对口支援工作实践中锤炼意志、增长才干、增强本领，使他们为推进西藏实现跨越式发展和长治久安发挥作用、作出贡献；五是始终注重总结对口支援工作经验，深刻把握对口支援工作规律，不断提高对口支援工作水平，更好发挥对口支援工作对西藏经济社会发展的强大推动作用。

中共中央政治局委员、国务院副总理回良玉，全国人大常委会副委员长兼秘书长李建国，全国政协副主席帕巴拉·格列朗杰，十届全国人大常委会副委员长热地，中央军委委员、总参谋长陈炳德出席会议。

全国政协副主席、中央统战部部长杜青林主持会议并作了总结讲话。他要求承担对口支援任务的地方、部门和单位认真学习贯彻习近平同志的重要讲话精神，把思想和行动统一到中央精神上来，切实增强推进对口支援工作的责任感和使命感，确保中央关于加快西藏和四省藏区发展各项战略部署的贯彻落实，推动对口支援工作取得更大成效。

中央和国家机关有关部委，西藏自治区、四川省、青海省负责同志以及承担援藏任务的省市和大型国有企业有关负责同志在会上发了言。西藏自治区党政负责同志，自治区有关部门和各地市负责同志，各对口支援省市负责同志和大型国有企业负责同志130人参加会议。

中共中央政治局常委习近平在拉萨听取西藏自治区工作汇报

习近平充分肯定西藏和平解放60年来取得的历史性伟大成就和发生的翻天覆地变化，充分肯定当前西藏全区经济发展、社会进步、文化繁荣、民生改善、民族团结、社会稳定、人民安居乐业的可喜局面。

习近平指出，西藏的稳定关系国家的稳定，西藏的安全关系国家的安全。自治区各级党委和政府要始终保持清醒的政治头脑，始终高举维护社会稳定、维护社会主义法制、维护人民群众根本利益、维护祖国统一、维护民族团结的旗帜，紧紧依靠各族干部群众，加强民族工作和宗教工作，加强和创新社会管理，维护和增进各民族人民的团结，深入开展反对达赖集团分裂祖国活动的斗争，坚决维护祖国统一、国家安全和西藏的社会稳定。

西藏自治区党委书记张庆黎汇报了自治区党委、政府工作。

中央代表团副团长回良玉、李建国、杜青林、帕巴拉·格列朗杰、热地、陈炳德等出席座谈会。

中共中央政治局常委习近平看望慰问西藏宗教界爱国人士

习近平来到大昭寺，看望慰问西藏宗教界爱国人士。习近平说，中国是一个统一的多民族国家，西藏自古以来就是祖国神圣领土不可分割的一部分。西藏和平解放 60 年来发生了翻天覆地的变化，人民生活得到极大改善。长期以来，广大宗教界人士积极发挥作用，为维护西藏稳定、祖国统一、民族团结作出的贡献，党和政府不会忘记。

习近平强调，加快推进西藏跨越式发展和长治久安，是西藏各族人民群众的共同心愿，也是包括宗教界人士在内的西藏各族人民的共同责任。他希望，宗教界人士一如既往地与党和政府同心同德，高举爱国主义旗帜，继承和发扬爱国爱教、护国利民的优良传统，自觉与分裂势力划清界限，为西藏的跨越式发展，为人民生活水平的提高，为祖国繁荣昌盛作出新的贡献。

国务院任免国家工作人员

任命尚冰为工业和信息化部副部长；任命成竞业为常驻联合国工业发展组织代表、常驻国际原子能机构代表。

免去奚国华的工业和信息化部副部长职务；免去李克平的全国社会保障基金理事会副理事长职务；免去胡小笛的常驻联合国工业发展组织代表、常驻国际原子能机构代表职务。

国务院副总理李克强与省部级领导干部住房保障与房地产市场调控专题研讨班学员进行座谈

李克强指出，城镇部分中低收入居民住房困难，是我国发展中不平衡、不协调、不可持续矛盾的突出表现之一，也是世界上许多国家都曾遇到的普遍性难题。要借鉴国际经验做法，从我国实际出发，遵循社会主义市场经济规律，逐步形成以市场供给为主、政府保障和市场机制相结合的住房供给体系。保障房是专门面向中低收入住房困难家庭的"托底房"，是社会保障"安全网"的重要组成部分。必须大规模实施保障性安居工程，尤其是加快棚户区改造，大力建设公共租赁住房，着力改善困难群众居住条件。

李克强强调，做好住房保障工作，要注重建立健全融资建设、质量监管、准入退出、运营维护等一整套机制。今年要做到"三个确保"。一是确保开工建设千万套保障房落到实处。这是改善民生和推动发展的"硬任务"，也是艰巨的任务。中央财政将进一步加大支持力度，各地也要增加这方面政府支出，并吸引社会资金投入，保证土地供应，不折不扣、实实在在地加以推进。二是确保建设质量。这是保障房建设的"硬杠杠"。要实行全过程监管，落实终身责任追究，坚决杜绝工程质量隐患，做到百年安居。近期要开展一次保障房质量安全大检查。三是确保分配公平。这是住房保障的"生命线"。要完善制度设计，坚持阳光操作，接受全社会监督，做到公平公正，促进持续运行。决不允许搞"权力房"。这"三个确保"要全面推进，务求实效。

李克强说，在做好住房保障工作的同时，要继续增加中低价位中小套型普通商品房供给，有效抑制投机投资性购房，巩固房地产市场调控成果，保持经济长期平稳较快发展，维护广大人民群众根本利益。

姚明在上海召开新闻发布会宣布正式退役

7 月 21 日

中共中央在中南海召开党外人士座谈会

中共中央总书记胡锦涛主持座谈会并发表重要讲话。

中共中央政治局常委温家宝、贾庆林、李克强出席座谈会。温家宝通报了上半年经济工作有关情况，介绍了中共中央、国务院关于做好下半年经济工作的考虑。

座谈会上，民革中央主席周铁农、民盟中央主席蒋树声、民建中央主席陈昌智、民进中央主席严隽琪、农工党中央主席桑国卫、致公党中央主席万钢、九三学社中央主席韩启德、台盟中央主席林文漪、全国工商联主席黄孟复、无党派人士陈章良先后发言。他们表示赞同中共中央、国务院对当前我国经济形势的分析和对下半年经济工作的考虑，并就加快转变经济发展方式、稳定物价总水平、加强房地产市场宏观调控、服务和支持小型微型企业发展、加快促进区域协调发展、加快养老服务业发展等提出了意见和建议。

胡锦涛就继续做好经济工作提出6点意见。一是要继续加强和改善宏观调控,继续实施积极的财政政策和稳健的货币政策,保持政策的连续性和稳定性,增强政策的前瞻性、针对性、有效性,把握好宏观调控的方向、力度、节奏,保持经济平稳较快发展。二是要继续稳定物价总水平,坚持把稳定物价总水平作为宏观调控的首要任务,密切观察经济发展和物价上涨的走势,加强市场保障,加大清费减负力度,建立社会救助和保障与物价上涨挂钩联动机制。三是要继续抓好农业生产,力争全年农业再获好收成。四是要继续保障和改善民生,深入做好就业工作,重点做好高校毕业生和部分困难群众就业工作,加强社会保障体系建设,加大对低收入群众的帮扶力度,抓好食品安全、安全生产工作,安置好受灾群众生产生活,加快推进保障性安居工程建设。五是要继续推进经济结构调整和经济发展方式转变,发展战略性新兴产业和现代服务业,加强对小企业的支持和服务,加大对西藏、新疆、内蒙古等民族地区和其他欠发达地区的支持力度,抓好节能减排工作。六是要继续深化改革开放,通过体制机制创新解决经济发展中的深层次矛盾,推动经济结构调整和经济发展方式转变。

胡锦涛指出,做好下半年经济工作,需要我们付出艰苦努力。希望各民主党派中央、全国工商联和无党派人士深入开展考察调研,促进畅通社会各界利益表达渠道,在促进发展、改善民生中发挥积极作用,继续为实现全年经济社会发展目标任务贡献智慧和力量。

温家宝在通报时说,今年以来,我国经济增长由政策刺激向自主增长有序转变,继续朝着宏观调控的预期方向发展。我们认真贯彻中央经济工作会议精神,坚持处理好保持经济平稳较快发展、调整经济结构和管理通胀预期三者关系,更加注重稳定物价总水平,多措并举遏制物价过快上涨势头;加强房地产市场调控,加大保障性住房建设力度;对地方政府性债务进行全面审计,认真清理规范地方政府融资平台公司;及时有效抗旱防汛,加强水利等农业基础设施建设;进一步完善社会保障体系;不失时机地深化重点领域改革,扩大对外开放,各方面工作都有新进展。但也清醒地看到,当前经济发展面临的不稳定、不确定因素还不少。世界经济复苏进程还很脆弱、很不平衡,国内经济运行中的一些体制性、结构性矛盾仍然突出,还出现了一些新情况、新问题。稳定物价总水平仍然是宏观调控的首要任务,宏观调控的取向不能变。同时,必须根据形势变化,提高宏观经济政策的针对性、灵活性、前瞻性,既要把物价涨幅降下来,又不使经济增速出现大的波动。要继续做好稳定物价总水平的各项工作,坚定不移地把房地产市场调控政策落到实处、确保见到实效,大力推进经济结构调整和经济发展方式的转变,进一步巩固发展的好势头,努力实现今年经济社会发展目标。着力深化改革开放,更加注重改革的顶层设计,通盘考虑新形势下如何改革和完善财税、金融、收入分配、对外经济等领域的体制机制,为更长远的发展创造良好条件。

王岐山、张德江、令计划、王沪宁、马凯,中共中央、国务院有关部门负责人出席座谈会。

出席座谈会的党外人士还有张梅颖、张榕明、厉无畏、罗富和、陈宗兴、王志珍和张宝文、马培华、王钦敏、汪毅夫、孙安民、汤敏等。

国家主席胡锦涛致电南非总统祖马就双边关系及共同关心的问题交换意见

两国元首对双边关系发展感到满意,表示愿意共同努力,进一步深化和发展中南全面战略伙伴关系。

祖马通报了非盟就和平解决利比亚问题所做努力,表示非盟提出了关于政治解决利比亚问题的方案和路线图,同利比亚冲突双方及有关各方保持接触。非盟将继续同中方及有关各方保持沟通和协调,力争通过和平方式解决利比亚问题。

胡锦涛指出,当前,利比亚局势已成为国际社会关注的焦点,引发的人道主义危机令人忧虑。中方呼吁有关各方立即停火,尽快就和平解决利比亚危机进行谈判,以政治手段和和平方式解决纷争,通过对话协商恢复正常秩序。中方认为,利比亚的主权、独立、领土完整应该得到尊重,利比亚未来应该由利比亚人民决定,国际社会应该尊重利比亚人民的自主选择。中方希望利比亚冲突双方以国家和人民根本利益为重,从维护地区和平稳定大局出发,认真考虑非盟及有关方面调解方案,采取更为灵活、务实的态度,国际社会也应该为此发挥更积极的建设性作用。

胡锦涛指出,南非和非盟为推动利比亚问题政治解决发挥了重要作用,显示了非洲各国坚持"以非洲方式解决非洲问题"的决心。中方对此表示高度赞赏,愿同南非和非盟就利比亚问题继续保持密切沟通和协调。

全国人大常委会委员长吴邦国在人民大会堂分别会见喀麦隆总统比亚和韩国国会副议长郑义和

在会见比亚时,吴邦国表示,务实合作从传统的贸易合作扩大到工程承包和产业合作,为两国关系发展奠定了物质基础。在人文领域的交流与合作丰富多彩,夯实了中喀友好的社会基础和民意基础。中国全国人大愿进一步密切与喀麦隆国民议会在各层次、各领域的交流与合作，为促进两国关系和务实合作深入发展多做贡献。

在会见郑义和时，吴邦国表示，建交19年来，中韩在政治、经贸、人文等各领域的友好交流与合作呈现快速发展的好势头。希望双方进一步完善和加强机制建设，丰富交流内涵，拓展合作的深度和广度，为中韩战略合作伙伴关系增添新的活力。

国务院总理温家宝在中南海紫光阁与喀麦隆总统比亚举行会谈

温家宝表示，中国将喀麦隆等非洲国家视为重要的战略伙伴，愿在资金、技术、人才培养等方面继续提供帮助，扩大贸易和投资合作，落实中非合作论坛各项共识，密切在联合国等重要国际组织中的协调配合，推动中喀、中非关系达到更高水平。

比亚表示，中国长期以来给予喀麦隆宝贵的帮助和支持，为喀麦隆实现稳定与发展作出了重要贡献。中国是喀麦隆的老朋友和可靠的战略伙伴，喀方愿进一步加强高层交往，深化各领域友好合作，推动两国关系迈上新的台阶。

中共中央政治局常委习近平率中央代表团部分成员赴林芝地区看望当地各族干部群众

习近平代表中央代表团向当地各族干部群众、驻林芝解放军指战员、武警部队官兵、政法干警致以亲切问候。他充分肯定西藏和平解放60年来林芝地区发生的翻天覆地变化。习近平说，看到林芝地区经济发展势头很好，各项社会事业全面进步，人民生活水平大幅提高，民族团结，社会稳定，呈现出一派欣欣向荣的景象，中央代表团的同志都为你们取得的成就感到欣慰和振奋。

习近平说，中央第五次西藏工作座谈会和国家“十二五”规划的实施，为西藏包括林芝地区的进一步发展提供了前所未有的机遇。希望林芝地区各级党组织和广大干部以科学发展为主题，以转变经济发展方式为主线，发挥优势，乘势而上，在推进西藏跨越式发展和长治久安中继续走在全区前列。尤其要做精做强旅游业，坚持在发展中保护好生态环境，推动对口援藏工作向纵深发展，还要广泛开展军政、军民共建活动，保卫祖国边防安全。

中央代表团副团长帕巴拉·格列朗杰和中央代表团部分成员参加了会见。

国务院副总理张德江在北京主持召开国务院安全生产委员会全体会议

张德江指出，今年上半年，各地区、各部门、各单位认真贯彻党中央、国务院的决策部署，继续深入开展“安全生产年”活动，安全生产形势继续保持总体稳定，事故死亡人数同比下降11.6%。但少数行业领域和地区重大事故上升，特别是近一个时期部分行业领域较大事故有所反弹，一些地方和行业依然存在安全责任、防范措施、安全监管、治理整顿不到位等问题，全国安全生产形势依然严峻、不容乐观。

张德江强调，今年下半年要狠抓落实，把中央的决策部署落到实处，把各项政策措施落到实处，把各项工作任务落到实处，务必抓出成效。要进一步强化安全生产责任落实，落实企业安全生产主体责任和地方政府、有关部门的监管责任，依法严厉打击瞒报谎报事故及事故后逃逸行为，依法严格查处事故，严格追究事故责任。要进一步强化煤矿、非煤矿山、交通运输、桥梁隧道、建筑施工、烟花爆竹、危险化学品、消防、冶金等重点行业领域的安全防范，排查隐患、重在整改，切实做到安全措施、责任、资金、时限和预案“五落实”。要进一步强化打击非法违法生产经营建设行为，确保“打非”责任落实到县乡政府、关闭取缔措施落实到现场、惩处手段落实到实际控制人。要进一步强化安全保障能力，大力推进安全生产标准化建设，加强技术装备建设和专业救援队伍建设，提高救援能力。要进一步强化安全监管监察，加强挂牌督办、跟踪督办和安全约谈，加强安全监管网络信息化建设。要进一步强化安全培训和宣传教育，加强安全文化建设，加强社会监督和新闻舆论监督。

张德江指出，当前正值主汛期，各地区、各部门、各单位一定要深刻吸取事故教训，制定完善应急预案，切实加强汛期安全生产工作。

国家安监总局局长、国务院安委会副主任骆琳，公安部副部长黄明分别汇报了全国安全生产总体情况和道路交通、消防安全情况。国务院安委会成员参加了会议。

福建省第十一届人民代表大会第五次会议选举苏树林为省长

中国首座快堆并网发电

北京西南郊的中国实验快堆主控室，我国首座快堆发出强大电流，开始源源不断地输往华北电网，从而实现了我国首座快堆成功并网发电的目标。

专家指出，这一国家“863”计划重大项目目标的全面实现，标志着列入国家中长期科技发展规划前沿技术的快堆技术取得重大突破。也标志着我国在占领核能技术制高点，建立可持续发展的先进核能系统上跨出了重要的一步。

国务院副总理李克强在人民大会堂会见乌兹别克斯坦最高会议参议院主席萨比罗夫

《中国双拥》杂志创刊

经国家新闻出版总署批准，我国拥军优属、拥政爱民工作的专业宣传平台——《中国双拥》杂志创刊出版。

《中国双拥》杂志由民政部主管，中国爱国拥军促进会主办。该杂志为月刊，正16开，彩色印刷，面向社会公开发行，设有高端访谈、政策解读、军人风采、典型风范、军属、亲历、战史、军休等栏目。

王大珩逝世

“两弹一星”元勋，中国科学院、中国工程院院士，国际宇航科学院院士，光学科学家、教育家王大珩同志，因病于7月21日在北京逝世，享年96岁。

王大珩是中国共产党第十二次全国代表大会代表，第三、四、五、六届全国人大代表，第三、七届全国政协委员。

7月22日

中共中央政治局召开会议

会议决定今年10月在北京召开中国共产党第十七届中央委员会第六次全体会议，主要议程是：中共中央政治局向中央委员会报告工作，研究深化文化体制改革、推动社会主义文化大发展大繁荣问题。会议还研究了当前经济形势和经济工作。中共中央总书记胡锦涛主持会议。

会议认为，今年以来，各地区各部门按照中央决策部署，以科学发展为主题，以加快转变经济发展方式为主线，实施积极的财政政策和稳健的货币政策，着力稳物价、调结构、保民生、促和谐，经济保持平稳较快增长，农业生产形势良好，价格调控总体有效，市场供应得到较好保障，社会需求基本稳定，结构调整积极推进，重点改革继续深化，社会保障体系进一步健全，人民生活水平持续提高。这是党中央、国务院正确领导、科学决策的结果，是全国上下扎实工作、共同努力的结果。

会议指出，当前，我国经济发展形势总体是好的，同时发展中不平衡、不协调、不可持续矛盾仍然突出，国际环境和国内经济运行又出现了一些新情况、新问题、新矛盾。我们既要正确认识取得的成绩，坚定做好经济工作的信心，又要保持清醒头脑，增强忧患意识，冷静观察，未雨绸缪，做好应对各种困难和潜在风险的准备，巩固经济社会发展好势头。

会议强调，要全面贯彻党的十七大和十七届三中、四中、五中全会精神，以邓小平理论和“三个代表”重要思想为指导，深入贯彻落实科学发展观，加快转变经济发展方式，继续加强和改善宏观调控，实施积极的财政政策和稳健的货币政策，着力稳定物价总水平，加快推进结构调整和节能减排，大力保障和改善民生，促进经济平稳较快发展和社会和谐稳定，努力实现“十二五”时期经济社会发展良好开局。

会议指出，下半年要重点抓好以下工作。要坚持把稳定物价总水平作为宏观调控的首要任务，强化政府责任，加强市场保障，降低流通成本，整治市场价格秩序，对困难群众采取有力有效的救助措施。要全力夺取全年农业丰收，切实抓好秋粮生产，促进生猪等畜牧水产业稳定发展，加强农田水利基础设施建设，认真抓好防汛减灾工作。要坚持不懈搞好房地产市场调控和保障性住房建设，坚持调控决心不动摇、方向不改变、力度不放松，坚决遏制住房价格过快上涨，确保落实保障性住房建设计划，确保建设质量，确保分配公平。要着力促进内需平稳较快增长，完善促进消费政策，改善消费环境，促进民间投资持续较快发展，优化投资结构，有效发挥财政金融政策作用，优化信贷结构，加强金融监管。要下大力气加快推进结构调整，积极培育和发展战略性新兴产业，促进传统产业结构升级，支持服务业发展，改善小企业发展环境，促进区域协调发展。要毫不放松地抓好节能减排，明确各级政府目标责任，建立健全有效的激励约束机制，强化企业主体作用，深入推进全社会节能减排。要不断提高对外开放水平，保持外贸政策基本稳定，促进出口稳定增长，积极扩大进口，有效利用外资，推进企业走出去。要深化医药卫生、资源环境、财税金融、农村、文化体制等重点领域改革。要大力保障和改善民生，促进就业和创业，健全社会保障制度，加快发展教育、文化、卫生等各项社会事业，创新社会管理和服务，维护社会和谐稳定。

会议强调，各地区各部门要切实把思想和行动统一到中央对形势的分析判断和对工作的总体部署上来，狠抓政策落实，搞好协调配合，不断开拓创新，务求工作实效。

全国人大常委会委员长吴邦国在人民大会堂会见乌兹别克斯坦最高会议参议院主席萨比罗夫

吴邦国指出，两国立法机构应充分发挥各自优势，为中乌各领域务实合作，特别是具有战略意义的大项目合作提供更有力的法律保障。为此，希望双方一是充分发挥立法、审批和监督职能，为双边合作的开展奠定坚实的法律基础；二是利用代表和议员来自不同行业和领域的广泛代表性,积极为中乌务实合作出谋划策、牵线搭桥,不断开拓新的合作领域;三是发挥代表和议员来自不同地方的区域代表优势,积极推动两国地方合作。

萨比罗夫说,两国立法机构的交流,为双边关系的全面发展作出了积极贡献。乌方视中方为可信赖的朋友和合作伙伴,愿继续加强乌中全方位的务实合作。乌兹别克斯坦最高会议愿加强与中国全国人大的友好合作和交流,学习中方在治国理政、民主法制等方面的成功经验,推动双边关系不断向前发展。

中共中央政治局常委习近平率中央代表团部分成员赴日喀则地区看望当地各族干部群众

习近平说,"十二五"时期是日喀则经济社会发展的重要时期、关键时期。广大干部群众要紧紧抓住中央深入实施西部大开发战略、加大支援西藏发展力度等宝贵机遇,立足自身实际,用好各地支援措施,继续抓好"三农"、提高农牧业发展水平,坚持因地制宜、发展特色优势产业,加强基础设施建设、改善农牧民生产生活条件,增加农牧民收入、不断提高各族群众生活水平,努力在科学发展的轨道上实现跨越式发展。

中央代表团副团长帕巴拉·格列朗杰和中央代表团部分成员参加了会见活动。

外交部发言人马朝旭就日方在钓鱼岛事件上对中国公民采取所谓司法程序答记者问

有记者问:据报道,7 月 21 日,日本冲绳那霸检察审查会再次认定应起诉去年钓鱼岛事件中的中方船长,那霸地方检察机关将据此对中方船长提出公诉。中方对此有何评论?

马朝旭说,我愿重申,钓鱼岛及其附属岛屿自古以来就是中国的固有领土,日方在此问题上对中国公民采取任何所谓司法程序都是非法和无效的。

京珠高速信阳段发生重大事故

今日凌晨 4 时左右,京珠高速从北向南 938 公里又 700 米处,河南信阳明港附近一辆大客车发生燃烧。

经初步调查,事故发生时,这辆客车共载有乘客 47 人,除当地紧急救出的 6 人,其余 41 人死亡。另据调查,这辆客车荷载人数为 35 人,属严重超员。

7 月 23 日

中央军委在八一大楼举行晋升上将军衔仪式

中央军委主席胡锦涛向晋升上将军衔的同志颁发命令状。

这次晋升上将军衔的高级军官是:副总参谋长孙建国、侯树森,总政治部副主任贾廷安,海军政治委员刘晓江,沈阳军区司令员张又侠,兰州军区政治委员李长才。

厦门特大走私案首要犯罪嫌疑人赖昌星被加拿大有关部门遣返回国

1996 年至 1999 年期间,赖昌星及其他走私犯罪分子在厦门关区大肆走私进口成品油、植物油、汽车、香烟等货物,涉案金额巨大,严重破坏了正常的经济秩序,给国家造成巨大经济损失。1999 年 4 月,根据党中央和国务院的部署,有关部门组成专案组对厦门特大走私案进行调查。同年 8 月,赖昌星畏罪自香港潜逃加拿大,并向加拿大移民部提出了难民资格申请,企图长期滞留加拿大,以逃避法律制裁。加拿大有关部门经甄别,驳回了赖昌星的难民资格申请。随后加拿大移民部启动了对赖昌星的遣返程序,并最终于当地时间 2011 年 7 月 22 日依法将其递解出境。

庆祝中国共产党成立 90 周年暨建军 84 周年音乐会《人民军队忠于党》在北京中国剧院举行

国务委员刘延东在深圳考察并专题研究世界大运会筹办工作

7 月 23 日至 24 日,刘延东在深圳实地考察了大运会场馆及其配套服务设施试运行情况,听取了组委会关于筹办工作的汇报。

刘延东指出,深圳大运会筹办四年多,目前已进入最后冲刺的关键阶段,要加强领导,落实责任,群策群力,注重细节,高标准、高质量做好筹办工作。要深入排查安全隐患,严谨细致落实各项安保措施,提高突发事件应急处置能力,为各国参赛人员和观众创造安全放心的良好环境,确保实现平安大运。要尊重参赛国家和地区民俗习惯,热情周到做好来宾接待服务,精心安排好重大外事活动和人文交流活动。要组织好宣传报道,倡导志愿服务,营造广泛参与、文明和谐、欢乐热烈的浓厚氛围。要完善赛时运行指挥体系,提高场馆管理和赛事组织水平,并做好赛事举行和城市运行的有序衔接,加强食品安全、公共卫生等领域监管,保障赛事顺利举行。她强调,要把举办赛事同促进城市经济社会发展和改善民生结合起来,彰显深圳人民团结友爱、热情好客的时代风尚,展示中国改革开放、繁荣发展的良好形象,让筹办成果真正惠及广大市民。通过举办大运会,充分展示我国大学生文明热情、朝气蓬勃、积极向上的精神风貌,促进中外人文交流,增进各国大学生之间的了解与友谊。

中共中央政治局委员、广东省委书记汪洋参加考察等活动。

甬温线发生动车追尾事故

20时30分，甬温线永嘉至温州南路段，北京南至福州D301次列车与杭州至福州南D3115次列车发生严重追尾事故。造成两列动车多节车厢脱轨。

铁路部门及地方有关单位已紧急组织救援。事故发生后，铁道部部长盛光祖赶往现场指挥救援。

7月24日

中共中央总书记胡锦涛 国务院总理就“7·23”甬温线特别重大铁路交通事故作出重要指示

指示要求各有关部门和地方务必把救人放在第一位，全力以赴组织好救援工作，同时查明原因，做好善后处理。

国务院副总理张德江赶赴温州指导“7·23”甬温线特别重大铁路交通事故救援善后处理和事故调查工作并宣布成立国务院事故调查组

张德江主持召开现场会，他指出，事故发生后，胡锦涛总书记、温家宝总理高度重视事故的救援工作，立即作出重要指示，要求各有关部门和地方要把救人放在第一位，全力以赴组织好救援工作，同时查明原因，做好善后处理。

张德江指出，前一段时间的救援工作及时有效。浙江省、温州市迅速行动，浙江省领导连夜赶赴现场，温州市第一时间组织抢救，当地干部群众自发参加救援。铁道部迅速作出反应，部领导连夜赶赴现场，铁路职工全力救治旅客。安全监管、卫生、公安、交通运输等部门也派出工作组和医疗队参与救援工作。同时，旅客积极自救、互救，各新闻单位及时、准确地报道了事故情况和救援进展。在各方面的努力下，救援工作及时、有效，把人员伤亡降到了最低程度，他代表党中央、国务院向参加救援工作的人员表示衷心感谢。

张德江说，做好下一步的工作，一要全力以赴救治伤员，千方百计调动一切医疗力量进行救治、千方百计减少因伤死亡、千方百计减少因伤致残。二要认真做好遇难、受伤人员的善后工作，坚持以人为本，做好死伤人员的家属接待工作，依据有关政策妥善做好相关工作。三要继续做好滞留旅客疏散的后续工作。四要抓紧清理现场，尽快恢复通车，注意现场清理工作安全，加强列车运行科学调度，开展全路安全检查。五要加强宣传舆论工作，公开、透明发布事故消息，及时、准确报道救援进展情况。六要成立事故救援和善后处置工作指挥部，由浙江省省长吕祖善任总指挥，铁道部部长盛光祖任副总指挥，各部门积极支持配合，共同做好各项工作。

张德江在会上宣布，成立国务院“7·23”甬温线特别重大铁路交通事故调查组，由安全监管总局局长骆琳任组长。事故调查组要以严肃认真、实事求是、科学严谨的态度，开展事故调查工作，查明事故原因，总结事故教训，依法依规严肃处理相关责任人员。

国务院总理温家宝在人民大会堂会见由前众议院议长河野洋平率领的日本国际贸易促进协会2011年度访华团

国土资源部发出关于贯彻落实《国务院关于促进稀土行业持续健康发展的若干意见》的通知

通知要求开展全国稀土行业生产秩序专项整治，全面清理稀土探矿权采矿权，提高开采准入门槛，原则上禁止现有稀土开采矿山扩大产能，大幅减少稀土开采企业数量，力争用1—2年时间，基本形成以大型企业为主导的稀土开发格局。

通知要求，严厉打击违法勘查开采和超指标开采，维护良好开发秩序。对重大违法勘查开采案件要挂牌督办，依法追究企业和相关人员责任。对稀土矿山生产的产品流向和数量逐一造册登记，禁止超控制指标开采。国土资源部将统一部署，划定一批矿区作为国家稀土资源储备矿产地，由当地政府负责监管和保护，未经国家批准不得开采。

为进一步规范稀土矿业权管理，通知要求严格清理并重新审核已颁发的勘查许可证和采矿许可证；依法严格查处以登记其他矿种的名义勘查开采稀土等违法违规行为。在全国范围内继续暂停受理新立稀土探矿权、采矿权申请，不得新增稀土矿业权；原则上禁止现有稀土开采矿山扩大产能；制定南方离子型稀土矿开采准入制度，从申请人的资金实力、技术力量、生产规模等方面提高准入门槛。

朱晓虎和唐思楠分别获得第八届威凯杯全国冠军赛暨象棋一级棋士赛男女组冠军

7月25日

国务委员戴秉国在深圳与美国国务卿希拉里·克林顿举行会晤

双方同意继续坚定不移地致力于建设相互尊重、互利共赢的中美合作伙伴关系，共同努力拓展两国各领域合作，尊重彼此重大利益和关切，妥善处理分歧，增进战略互信。戴秉国重申了中方在台湾和涉藏问题上的严正立场。双方一致表示，要共同维护和促进亚太地区来之不易的和平稳定发展局面，并就朝鲜半岛局势等问题交换了意见。双方认为，这次会晤是富有成果的，并决定继续保持密切的、形式灵活多样的接触沟通，就中美关系及共同关心的问题随时交换看法。

中国驻美国大使张业遂、外交部副部长崔天凯、中央外事办公室副主任裘援平等参加了会晤。

纪念辛亥革命百年全国书画作品展在北京开展

全国人大常委会副委员长、民革中央主席周铁农出席开展仪式。此次展览由民革中央、中国文联、中央文史馆、中国美协、中国美术馆等联合举办。

著名篮球运动员姚明获三项大奖

在由中国篮协主办的"姚明退役仪式暨表彰典礼"上，国家体育总局授予姚明"体育运动荣誉奖章"，中国奥委会授予姚明"中国奥林匹克金质奖章"，中国篮协授予姚明"中国篮球杰出贡献奖"。

中宣部 公安部等8部门联合发出《全民消防安全宣传教育纲要(2011—2015)》

《全民消防安全宣传教育纲要(2011—2015)》(以下简称《纲要》)由中宣部、公安部、教育部、民政部、文化部、卫生部、国家广电总局、国家安监总局等8个部门联合制定。

《纲要》明确，要在开展全民消防安全教育的基础上，重点针对家庭和社区、学校、农村、人员密集场所、社会单位开展消防安全教育专项行动，不断健全、完善和落实消防安全宣传教育责任制，提升全民消防安全素质，增强全社会抗御火灾的能力。《纲要》规定：学校应落实相关学科课程中消防安全教育内容，针对不同年龄段学生分类开展消防安全教育；每学年组织师生开展疏散逃生演练、消防知识竞赛、消防趣味运动会等活动；有条件的学校应组织学生在校期间至少参观一次消防科普教育场馆。

《纲要》明确要求，各级人民政府应将消防宣传经费列入本级财政预算，为建设消防科普教育基地等固定宣传设施、配备消防宣传车、制作消防宣传品和开展消防安全培训、消防志愿活动等提供经费保障，确保《纲要》顺利实施。

国家宗教局发言人就梵蒂冈发表声明指责中国天主教会祝圣乐山 汕头两教区主教事发表谈话

全文如下：

6月29日、7月14日中国天主教乐山教区、汕头教区分别祝圣了雷世银、黄炳章两位主教。新祝圣的主教信仰虔诚、德才兼备，深受神长教友的拥护和爱戴。中国天主教会祝圣主教完全是为了开展正常的教务管理和牧灵福传工作需要。梵蒂冈以两位主教未经梵蒂冈批准为由，以所谓"绝罚"相威胁，极其无理和粗暴，严重伤害了中国天主教会，令广大神长教友痛心，我们对此予以严重关注。

上个世纪50年代中国天主教会就曾遭受梵蒂冈所谓的"绝罚"威胁，这对中国天主教广大神长教友是个很大的历史创伤，从此中国天主教会坚定地走上了自选自圣主教的道路。历史证明，中国天主教不会因为梵蒂冈的威胁而停滞不前，广大神长教友将会更坚定地走独立自主自办和自选自圣主教的道路，我们也将一如既往地给予支持和鼓励。

中国政府改善中梵关系的原则和立场是一贯的、明确的，希望通过建设性对话与梵蒂冈探讨改善关系的途径和办法，如梵方也有改善关系的诚意，就应撤销所谓"绝罚"，切实回到对话的正确轨道上来。

7月26日

国务院总理温家宝签署第601号令公布《烈士褒扬条例》

《烈士褒扬条例》已经2011年7月20日国务院第164次常务会议通过，现予公布，自2011年8月1日起施行。

总　理　温家宝

2011年7月26日

烈士褒扬条例(略)

中投公司发布2010年年度报告

报告显示，中投公司境外全球投资组合2010年收益率达到11.7%，自公司成立以来的累计年化收益率为6.4%。

"蛟龙"号在下潜试验中创造中国载人深潜新的纪录

北京时间7月26日早上6时07分，"蛟龙"号在第二次下潜试验中成功突破5000米水深大关，并在6时17分时达到最大下潜深度5057米，创造了我国载人深潜新的纪录，也是"蛟龙"号7000米征途上的一个阶段性成果。

《中国共产党历史大事记(1921年7月—2011年6月)》单行本出版发行

该书是中共中央党史研究室编写，由人民出版社出版，在全国范围内发行。

中国画学会在北京成立

著名画家、中国美术家协会主席刘大为任名誉会长，著名画家、中央美术学院教授郭怡孮任首届会长。

7月27日

国务院总理温家宝主持召开国务院常务会议

会议对"7·23"甬温线特别重大铁路交通事故遇难者表示深切哀悼，对受伤人员和伤亡人员家属表示亲切慰问，决定采取坚决措施，以交通、煤矿、建筑施工、危险化学品等行业领域为重点，全面加强安全生产。

7月23日，D301次列车在甬温线永嘉至温州之间的高架桥上与D3115次列车发生追尾事故，目前已造成39人死亡、192人受伤。事故发生后，党中央、国务院立即作出救援部署，有关地区和部门、公安民警、消防部队、武警和解放军官兵、医护人员全力抢救，当地群众和社会各界人士积极参加救援。目前，受伤人员正在接受治疗，善后处理工作全面展开。会议要求，要按照科学、严谨、依法和实事求是的原则，严肃认真地对事故进行调查处理。抓紧查清事实，依法依规追究责任。调查处理工作要公开、透明，结果向社会公布，给人民群众一个真诚负责任的交代。要继续全力救治受伤人员，全力减少因伤死亡、因伤致残。要准确核实遇难者人数和身份，妥善做好赔偿、抚恤等工作。

会议指出，近一段时间，一些地方接连发生煤矿、非煤矿山、道路交通事故和建筑物、桥梁垮塌事件，给人民群众生命财产造成严重损失。这些问题充分暴露出一些地方、部门和单位安全生产意识淡薄，安全责任不落实、防范监管不到位，制度和管理还存在不少漏洞，教训极其深刻。

会议决定采取坚决措施，以交通、煤矿、建筑施工、危险化学品等行业领域为重点，全面加强安全生产。(一)全面排查和消除安全隐患。要针对近期事故多发暴露的突出问题，对以铁路、公路、桥梁为重点的交通运输，以煤矿为重点的矿山，以危险化学品为重点的工业领域，以在建住房项目为重点的建筑领域等，开展全面、系统、彻底的安全隐患排查。对发现的安全隐患，必须限期整改。对不具备安全生产条件的生产经营企业，要坚决停产整顿或依法关闭。对存在重大安全隐患的桥梁、建筑、车辆等，要坚决停用，待采取措施符合安全要求后方可使用。对非法违法生产经营建设行为，要依法打击，并严防死灰复燃。当前正值汛期，洪涝和地质灾害易发，要切实加强安全防范，减少灾害损失。(二)全面落实和完善安全生产制度。要针对近期多发问题和排查出的突出隐患，狠抓制度落实，切实纠正一些地方、部门、企业有法不依、有章不循、纪律松弛、责任不到位的现象，真正做到依法准入、依法生产、依法监管。加快修订安全生产法，进一步明确责任，加大对违法行为的惩处力度。完善安全生产应急预案，组织应急演练，努力提高事故救援和应急处置能力。(三)严格落实安全生产责任。要认真贯彻《国务院关于进一步加强企业安全生产工作的通知》，全面落实企业安全生产主体责任，并把责任层层落实到每个生产环节、每个工作岗位，真正做到不安全不生产。要强化有关部门和地方的安全监管责任，领导干部和监管工作人员要敢于负责。发生生产安全事故，要根据情节轻重依法依规严肃追究有关领导干部、企业负责人和相关人员的责任。对关系安全生产的重点部位、关键岗位，要配强干部和管理人员，确保有人负责、有得力的人负责、能负得了责。(四)切实加强安全生产和监管能力建设。深刻总结每一次事故的教训，有针对性地提高标准、改进技术，加强技术培训，提高管理水平、技术水平和防范事故能力。加强对职工的安全生产培训，坚持先培训后上岗，持证上岗。安全生产培训决不能走过场，不搞速成班。(五)依法加强行政和社会监督。强化部门协调，完善行政监督体系，确保发现隐患能及时整改、发生事故能及时处理。建立健全安全生产举报制度，实行安全生产信息公开，接受群众监督。各部门、各单位接到关系安全生产的举报，都必须在第一时间查明情况、负责任地加以处理，及时向社会发布准确真实的信息，让人民群众放心。要自觉接受舆论监督，对舆论揭露的问题要深查原因，切实整改。(六)大力加强安全生产宣传教育。广泛宣传安全生产知识，增强全社会的安全生产观念，建设以人为本、关注安全、关爱生命的安全文化。领导干部尤其要全面学习掌握安全生产知识，增强安全生产意识，严格依法依规办事。

会议要求各地区、各有关部门和单位将开展安全排查整治的结果及时向国务院安全生产委员会报告。各地区、各部门要统一思想，提高认识，紧紧依靠广大人民群众，动员全社会力量，坚决打赢安全生产这场攻坚战，努力实现科学发展、安全发展。

广州市第十三届人大常委会第四十二次会议首度公布亚运账单

亚运筹办费用136亿多元；城市重点基础设施建设费用1090亿元。

会上，广州市财政局局长张杰明专门就亚运会和亚残运会场馆建设和城市建设资金使用情况向常委会作了较详细的汇报。据介绍，广州亚运会和亚残运会整个新、改、扩建场馆 78 个，包括开闭幕场馆海心沙，总投资共计 72.48 亿元，其中，省财政预算安排 10.96 亿元，市本级财政预算安排 39.71 亿元，区（县级市）财政预算安排 15.79 亿元，其他有关市政府和企业投入 6.02 亿元。

此外，为迎办亚运会和亚残运会，广州市在 2005 年至 2010 年 6 年期间，共投入城市重点基础设施建设资金 1090 亿元。其中，花了 547 亿元建成并开通 7 条轨道交通新线；168 亿元用于全市污水治理和河涌综合整治；185.1 亿元用于城市道路交通建设；189.9 亿元用于环境综合整治。

中国与新加坡双边合作联委会第八次会议在新加坡举行

国务院副总理王岐山和新加坡副总理张志贤共同主持会议。

王岐山说，双边合作联委会建立 8 年来，对推动中新合作发挥了重要作用。双方联委会机制应坚持全面性、前瞻性、战略性，不断拓展两国在经贸、投资、科技、金融、人文等领域的交流与合作，加强两国在双边及区域和国际重大问题上的沟通与协调。

中方在会议发言中指出，中国已有 7 个省市与新方建立了双边经贸理事会，部分省市与新方开展合作的广州知识城、吉林食品区、大连长兴岛等大型项目也取得新进展。中方希望加强双方在科技、教育、文化等领域的交流，推动两国关系向新的广度和深度发展。

张志贤表示，新方欢迎中国把新加坡作为加强与亚洲联系，走向世界的门户，共同为亚洲和世界的和平与繁荣作出贡献。

会后，王岐山、张志贤共同出席了《关于修改中华人民共和国政府和新加坡共和国政府自由贸易协定的议定书》和《中国银监会与新加坡金管局关于危机管理合作的补充协议》等政府文件的签字仪式。

第九颗北斗卫星在西昌卫星发射中心成功发射

7 月 27 日 5 时 44 分，我国在西昌卫星发射中心用“长征三号甲”运载火箭，成功将第九颗北斗导航卫星送入太空预定转移轨道，这是北斗导航系统组网的第四颗倾斜地球同步轨道卫星。

本次北斗导航卫星的成功发射，标志着我国北斗区域卫星导航系统建设又迈出了坚实一步。

此次发射的卫星和火箭分别由中国航天科技集团公司所属中国空间技术研究院和中国运载火箭技术研究院研制。这是长征系列运载火箭的第 141 次飞行。

7 月 28 日

国务院总理温家宝察看“7·23”甬温线特别重大铁路交通事故现场悼念遇难者看望受伤人员慰问遇难者亲属并与中外记者见面

7 月 23 日，D301 次列车在甬温线永嘉至温州之间的高架桥上与 D3115 次列车发生追尾事故，造成 39 人死亡，192 人受伤。事故发生后，受伤人员被送往温州市 10 多家医院治疗。

温家宝在国务委员兼国务院秘书长马凯陪同下来到温州市第二人民医院，看望了住在重症病房和普通病房的伤员。他对伤员们说，这起事故给你们带来了不幸，全国人民非常关心。我们一定要对每一位受伤人员的治疗负责到底。希望你们安心养病，早日恢复健康。他还特别叮嘱医生要精心治疗，让伤员早日康复。温家宝到金球国豪大酒店看望了部分死伤人员家属。

温家宝来到事故发生地温州市鹿城区黄龙街道双岙村的铁路高架桥下，敬献鲜花，并三鞠躬，表达对遇难者的哀悼。

随后，温家宝在事故现场会见了中外记者。

国务院总理温家宝在温州金球国豪大酒店看望“7·23”甬温线特别重大铁路交通事故部分遇难者亲属时的讲话

大家作为遇难者的亲属，失去亲人的痛苦，心情我完全理解，我的心情和大家一样非常沉痛，谁都有父母、丈夫、妻子、儿女，谁都有亲人，亲人遇难，是多少钱也换不来的。让我借这个机会向大家表示亲切的慰问，我给大家鞠个躬。

大家刚才反映的问题集中起来是三个方面：

第一件事是处置工作。列车发生事故以后，处置工作是否得当。处置工作的最大原则就是人的生命——救人！我们常讲一句话：只要还有一线希望就要尽百倍努力。有关部门确实应该认真听取、严肃对待群众意见，包括各种质疑。对于在抢救人员中是否做到这一点，要给群众一个明白的回答。

第二件事是事故原因的调查和事故处理。这件事情正在进行当中，国务院已经组成独立的调查组。调查组包括安监部门、监察部门等。他们将认真地、科学地、实事求是地对事故进行调查，要对人民负责，得出的结论要经得住历史的检验。我们将根据调查的结果，依照法律和规章处理责任人。追究责任、处理责任人也是对在这次事故中不幸遇难者的一个交代，同时也是警示后人：无论是发展还是建设，都应该把人命、把安全放在第一位，把今后的安全工作做得更好，让那些长眠在地下的人安息。

第三件事是你们提了一些具体的要求，比如大家都关心的理赔问题。我想跟大家说句心里话，我刚才听到为理赔款而争执感到非常难受，因为人的生命是多少钱都买不来的。遇难者亲属还是讲道理的。理赔是对生者的一种安慰。其实，我知道，亲属要的是公道。我相信这件事情会合情合理地解决。同时，不是给完钱就算完事，大家回到家乡，如果家里还有困难，社会还要给予关注，要特别注意照顾好他们，使他们心里能得到慰藉，使未成年的孩子能好好学习，使老人得到照顾。

另外，遇难者的遗物清理也是善后工作非常重要的一个方面。有人把遇难者的遗物仅仅看成是一件物品，我认为不是的！遗物清理也是对死者的尊重，对生者的安慰。所以对于能够寻找出来的遗物，应该尽力寻找，要把能够寻找到的遗物主动让人们去认领。对每件遗物，都要十分注意保管。我们的部门和地方政府应该把人民放在心上，主动做好工作。

我知道，今天还有一些遇难者亲属我还没有见到，你们可以把我的话告诉他们。你们失去的亲人，也是我的亲人。我再给大家鞠个躬，对各位遇难者家属表示慰问，让死者安息！

国务院总理温家宝在温州“7·23”甬温线特别重大铁路交通事故现场答记者问

温家宝：记者朋友们，今天我来到铁路特别重大事故现场，给遇难者献了花圈，表示对他们的深切哀悼！刚才我到医院去看望了伤员，又同遇难者家属见面。此时此刻，我的心里很悲痛，愿意借这个机会同各位记者见面，讲一讲我心里的话。

我们不要忘记这起事故，不要忘记在这起事故中死难的人。这起事故让我们更警醒地认识到，发展和建设都是为了人民，而最重要的是人的生命安全；它也让我们认识到一个政府最大的责任就是保护人的生命安全。这段时间，我生病了，11天在病床上，今天医生才勉强允许我出行。这就是为什么这次事故发生第6天我才来。现在，我愿意回答大家的问题。

新华社记者：“7·23”甬温线特别重大铁路交通事故发生后，社会公众对高铁技术安全、铁路调度、现场救援等高度关注，有一些疑问，群众迫切要求查明原因。请问目前事故调查进展如何，国务院对查明事故原因、总结事故教训、查处相关责任人有什么进一步考虑？

温家宝：这次事故发生以后，社会上和群众对于事故原因、事故处置工作有很多质疑。我认为，我们应当认真听取、严肃对待群众的意见，给群众一个负责任的交代。事故发生以后，国务院立即成立了事故调查组，它包括安监部门、监察部门等单位，这个小组是独立工作的，将通过现场勘查、技术取样、科学分析、专家论证，得出一个实事求是的、经得起历史检验的结论，并且依照国家的法律法规，严肃追究直接责任者和领导责任。目前事故调查工作已经开始，我们要求事故调查处理的全过程要公开透明，接受社会和群众的监督。

美国有线新闻电视网记者：刚才您在讲话中提到，对于这次事故的处理公众有不满和指责。我了解到，中国正在急于向世界其他国家出口高铁技术，包括美国在内。我想问的是，中国政府和您本人将具体采取什么措施，使国际社会能够重拾对中国高铁的信心，以说明中国的高铁技术是非常先进和安全的？

温家宝：中国高铁技术的出口以及其他高科技产品出口的可信度不在口头上，应该在实践中。就高铁来说，应该从它的设计、设备、技术、建设和管理综合来衡量。在这个当中，安全是第一位的。失掉了安全，就失掉了高铁的可信度。这些年高铁事业有了很大的发展，但是这起事故提醒我们，要更加重视高铁建设的安全问题，要实现速度、质量、效益和安全的统一，把安全放在第一位。我相信有关部门会认真汲取这起事故的教训，从多方面改进工作，特别是要突破关键技术，加强管理，使中国的高铁真正安全起来。这样才能在世界站得住，有信誉。

路透社记者：这次高铁事故对铁路建设会有什么影响？

温家宝：铁路建设如同其他各项建设事业一样，在“十二五”规划中都有明确的要求，这就是要突出结构调整和发展方式的转变。对铁路建设来讲，这起事故使我们更加重视铁路的安全，特别是高速铁路的安全。整个铁路的布局要考虑高速铁路、整个铁路网之间的关系，还要考虑铁路、公路与水运、航空运输之间的关系。还是这样一个原则，我们一定要做到科学规划、合理布局、有序发展。不是越快越好，而是把速度与质量、效益和安全有机结合起来，把安全放在第一位。

香港商业电台记者：您觉得这次事故是天灾还是人祸呢？

温家宝：我方才已经讲了，我们正在进行严肃认真的调查，调查的结果将会回答你的问题。我想强调一点，我们的调查处理，一定要对人民负责，无论是机械设备问题，还是管理问题，以及生产厂家制造问题，我们都要一追到底。如果在调查过程中，发现背后隐藏着腐败问题，我们也将依法处理，毫不手软。只有这样，才能对得起长眠在地下的遇难者。

中央电视台记者：我们站的这个地方几天前还是

一片狼藉,但是现在已经几乎看不到事故的痕迹了。很多公众质疑,对于这起事故的现场处理是不是过于匆忙?您刚才提到公开透明,在大事故发生之后,我们的政府怎样才能真正做到及时、公开、透明?

温家宝:在事故发生以后,胡锦涛主席当即指示要把抢救人放在第一位。我得到这个消息后,立即给铁道部部长打电话,他可以证实,我只说了两个字,就是"救人"。刚才我在接待遇难者家属的时候,他们也提到类似的问题,我觉得事故处置的最大原则就是救人,千方百计救人。还是那句老话,只要有一线希望,就要尽百倍的努力。铁道部门和有关方面是否做到这一点,要给群众一个实事求是的回答。处置的第二个原则,就是要检查安全,这就需要取证、调查和分析,要停开那些有问题的列车。同时,要对道轨以及路基都进行排查,这些处置工作都是极为重要的。当然,还有一个善后的问题,比如对几十位遇难者的家属,在处理当中一定要人性化。我对他们讲,谁都有父母、丈夫、妻子、儿女,谁都有亲人,亲人遇难,失去了生命,是多少钱也换不来的。因此,一定要关爱他们,给他们合情合理的赔偿,其目的也是为了让死者安息,让生者得到慰藉,包括对遗物的处理,有人以为它仅仅是财产问题,我认为它实际上是亲人对死者的怀念。我们为什么要求有关部门认真清理遗物,就是要对人民负责。至于你提到的公开、透明,这一点非常重要。这起事故能否处理得好,其关键就在于能否让群众得到真相。因此,处理的结果应当及时、准确向群众发布。

日本共同社记者:事故带来了重大冲击,我要问的问题是,如何让中国民众和海外人士重新恢复对中国的信心?铁道部方面应进行哪些改革?

温家宝:应该看到,改革开放30多年来,中国的发展,包括科技事业都取得了很大的进步。我们懂得一个国家要真正繁荣和强大,就必须依靠科技的力量,提高全民族的素质。如果说,我们今天站在这里来总结这起事故的教训,并且寄托对在这起事故中死难的人们的哀思,最主要的就是我们全国人民、我们整个民族要振奋精神,团结一致,更加努力地学习和工作。特别是在科技上,要有自己的发明、自己的品牌、自己的知识产权、自己具有国际竞争力的产品。这不是说一说就可以办得到的,这需要大力发展科技事业,突破关键技术,使我们的技术设备更安全、更可靠、更具有竞争力。对于中国的未来,无论是发展和建设,还是科技和教育,我都是充满信心的,并将继续努力奋斗。

《温州日报》记者:您曾经在多个场合赞扬过温州人的创业精神,在这次救援行动中,温州人展示了创业之外的另一面,温州各级党委、政府和人民以很强的大局观念和大爱精神投入救援。我们看到,事故发生的当晚,附近很多村民连夜自发抢救,还有很多普通市民彻夜排队献血,您对温州人在这次救援中的表现如何评价?

温家宝:应该感谢温州人民!我确实在多个场合,包括在国外都给予温州人民以赞扬,因为他们闯荡天下,具有改革开放和创新的意识,具有创业的精神。在这起灾难发生的时候,温州人民又向世人展示了他们的另一面,那就是大爱的精神。他们自觉地组织起救援队,参加救助工作,有上千人主动到献血站去献血。他们还对遇难者家属以及受伤的群众提供了良好的医疗设施,进行了耐心细致的抚慰工作。我今天来到温州,实在没有时间在这里多看一看,但是我感谢这里的人民,谢谢你们!

谢谢各位记者,天气很热,让大家久等,十分抱歉。谢谢大家!

我国发现类似始祖鸟的恐龙

在7月28日出版的英国《自然》杂志上,中国科学院古脊椎动物与古人类研究所徐星等人报道了发现于我国辽西地区大约1.6亿年前沉积地层中产出的一件小型恐龙标本。研究者们把这件标本命名为"郑氏晓廷龙",以感谢山东天宇自然博物馆馆长郑晓廷先生为保护和收藏大量重要脊椎动物化石标本所做的努力。

郑氏晓廷龙重约800克,是迄今发现的最小的小型兽脚类恐龙之一。它的锥形齿以及长而粗壮的前肢与原始鸟类极为相似,它特化的足部具有恐爪龙类所有的特化第二趾,它的后肢发育长长的飞羽,呈现出典型的四翼状态。

研究者发现,郑氏晓廷龙代表与生存于德国侏罗纪晚期的始祖鸟亲缘关系非常近的一种小型兽脚类恐龙;一个更加意外的分析结果是:研究显示始祖鸟不属于鸟类,位于一个不同的演化支系上。这一结论对鸟类起源及相关的飞行起源和羽毛早期演化的研究具有重大意义。

7月29日

国家主席胡锦涛与塞拉利昂共和国总统欧内斯特·巴伊·科罗马互致贺电庆祝两国建交40周年

中央纪委书记贺国强在中央纪委监察部北戴河培训中心看望全国纪检监察系统先进工作者

中共中央书记处书记、中央纪委副书记何勇一同看望。

贺国强说,全国纪检监察系统先进工作者是纪检监察干部的杰出代表。他对参加培训休养的同志提出了希望,希望大家珍惜荣誉、谦虚谨慎,戒骄戒躁、再接再厉,按照“做党的忠诚卫士、当群众的贴心人”的要求,充分发挥示范引领作用,再创佳绩、再立新功。

国务院总理温家宝 中央军委主席胡锦涛签署第602号令公布《国务院、中央军事委员会关于修改〈军人抚恤优待条例〉的决定》

现公布《国务院、中央军事委员会关于修改〈军人抚恤优待条例〉的决定》,自2011年8月1日起施行。

国务院总理 温家宝

中央军委主席 胡锦涛

2011年7月29日

国务院、中央军事委员会关于修改《军人抚恤优待条例》的决定(略)

国务院批复同意对黑龙江省伊春市华利实业有限公司“8·16”特别重大烟花爆竹爆炸事故责任单位和责任人的处理意见

2010年8月16日9时47分,黑龙江省伊春市华利实业有限公司发生特别重大烟花爆竹爆炸事故,共造成34人死亡、3人失踪、152人受伤,直接经济损失6818万元。近日,国务院对这起事故的调查处理报告作出批复,认定这起事故是一起责任事故。

国务院批复同意事故调查组提出的对有关事故责任单位和责任人的处理意见。对华利公司董事长金朝相等7名事故责任人采取了依法逮捕的司法措施。给予21名责任人员党纪、政纪处分。其中,给予乌马河区副区长、党委常委赵维强行政撤职、撤销党内职务处分,乌马河区区长、党委副书记李光行政降级、党内严重警告处分,乌马河区党委书记、人大常委会主任李纯厚党内严重警告处分,伊春市委常委、副市长马建路行政记过处分,黑龙江省安全监管局副局长姜国钧行政记过处分。同时,依法吊销华利公司相关证照并处500万元罚款,对该公司董事长金朝相依法追究其刑事责任,并终身不得再担任烟花爆竹生产经营单位的主要负责人;依法撤销煤炭科学研究总院抚顺分院甲级烟花爆竹安全评价资质并处罚款;责成黑龙江省人民政府向国务院作出深刻检查,责成伊春市政府及市长王爱文分别向黑龙江省政府作出深刻检查。

中共中央 国务院 中央军委发出《关于加强新形势下国防教育工作的意见》

新华社报道:近日,中共中央、国务院、中央军委下发了《关于加强新形势下国防教育工作的意见》(以下简称《意见》),要求深入贯彻党的十七大和十七届三中、四中、五中全会精神,全面落实国防教育法,大力弘扬爱国主义精神,增强全民国防观念,促进建设和巩固国防。

《意见》指出,国防教育是建设和巩固国防的基础,是增强民族凝聚力、提高全民素质的重要途径。

《意见》强调,普及和加强国防教育是全党全社会的共同责任,必须加强领导,齐抓共管,科学组织,狠抓落实,努力形成党委政府重视、军地密切配合、社会各界支持、全民踊跃参与的良好局面。各级党委和政府要把国防教育纳入经济社会发展总体规划,各地国防动员委员会应将国防教育纳入国防动员范畴,持之以恒、常抓不懈。宣传、组织、人力资源社会保障、教育、民政、司法行政、工商行政管理、文化、新闻出版、广播电影电视等部门,工会、共青团、妇联等人民团体要切实履行职责,齐心协力抓好国防教育工作的落实。解放军、武警部队要积极支持和配合地方开展全民国防教育。各级国防教育领导和工作机构要认真履行组织、协调和指导国防教育工作的职责。要将国防教育检查和考评情况列入经济社会发展综合评价体系、双拥模范城(县)考评标准,纳入党政机关目标绩效管理考评体系。注重发挥各级人大、政协的作用,加强对落实国防教育法情况的监督检查。各地区各部门要大力培养和宣传国防教育的先进典型,调动社会各界参与国防教育事业、关心支持国防和军队建设的积极性、主动性,推动国防教育工作深入开展。

7月30日

国务院印发《中国妇女发展纲要(2011—2020年)》和《中国儿童发展纲要(2011—2020年)》并发出通知

各省、自治区、直辖市人民政府,国务院各部委、各直属机构:

现将《中国妇女发展纲要(2011—2020年)》和《中国儿童发展纲要(2011—2020年)》印发给你们,请认真贯彻执行。

国务院

2011年7月30日

中国妇女发展纲要(2011—2020年)(略)

中国儿童发展纲要(2011—2020年)(略)

中共中央台办主任王毅在中国驻芝加哥总领馆为旅美台胞代表举行招待会并发表讲话

王毅表示,今年是两岸关系承前启后的重要年头,受到各方关注,大陆方面在两岸关系上的主要看法可以用三个“共同”来概括。

第一，两岸关系和平发展的成果应由两岸同胞共同享有。

王毅表示，两岸同胞是推动两岸关系改善和发展的根本动力和功臣，和平发展的成果理应由为此付出心血和努力的两岸同胞共同享有。坚持为台湾同胞办好事、谋福祉，始终是大陆对台政策的重要出发点和着眼点。在两岸关系和平发展的新阶段，我们希望两岸关系和平发展的成果能够惠及更多台湾同胞尤其是广大基层民众。为此，我们将继续积极推动两岸各领域交流，累积更多合作成果，让更多台湾同胞从中获益。

第二，两岸关系和平发展的局面需要两岸同胞共同维护。

王毅表示，维护两岸关系和平发展，需要不断推动两岸经济的共同发展、文化的彼此借鉴、社会的相互融合。但最重要的保证仍是要坚定维护和巩固两岸双方反对"台独"、认同"九二共识"的共同政治基础。在制止分裂国家、维护一中框架的原则问题上，不能倒退，也不应动摇。

第三，两岸关系和平发展的未来要靠两岸同胞共同开创。

王毅表示，两岸关系和平发展之路既充满光明和机遇，也面临各种困难和挑战。怎样开创两岸关系的未来？开创一个什么样的未来？值得两岸同胞共同思考和实践。我们要顺应两岸关系发展的内在规律，着眼两岸同胞的利益和福祉，更重要的，是要站在全民族发展的高度，把两岸关系的前途与中华民族的未来更紧密地结合在一起。

7月31日

国防部在人民大会堂举行招待会庆祝中国人民解放军建军84周年

中央军委委员、国务委员兼国防部部长梁光烈上将致祝酒词。中央军委委员、总参谋长陈炳德上将，中央军委委员、总政治部主任李继耐上将，中央军委委员、总后勤部部长廖锡龙上将，中央军委委员、总装备部部长常万全上将，中央军委委员、第二炮兵司令员靖志远上将，中央军委委员、海军司令员吴胜利上将，中央军委委员、空军司令员许其亮上将出席了招待会。

梁光烈首先代表党中央、国务院、中央军委，向中国人民解放军指战员、武装警察部队官兵、预备役军人和广大民兵，致以节日祝贺！向辛勤工作在国防科技工业战线的同志们，致以诚挚问候！向为我军建设作出重要贡献的军队离退休老同志、转业退伍军人、革命伤残军人和烈军属，表示亲切慰问！向关心支持国防和军队建设的各级党政机关、社会团体和全国各族人民，表示衷心感谢！向出席今天招待会的各国驻华武官和夫人及各位来宾，表示热烈欢迎！

梁光烈说，90年前，半殖民地半封建的中国，民族危机和社会危机空前深重。在中国人民救亡图存的斗争中，中国共产党应运而生，从此中国革命有了正确前进方向，中国人民有了强大精神力量。1927年南昌起义，党创建了人民军队，走上了独立领导革命、武装夺取政权的道路。84年来，在中国共产党的坚强领导下，我军和人民群众一道，前仆后继，英勇奋战，为实现民族独立和人民解放建立了卓越功勋，为捍卫国家主权、安全、领土完整和促进经济社会发展作出了突出贡献。84年来，人民军队始终听党话、跟党走，一切为了人民，一切服务人民，从小到大，由弱到强，不断发展壮大。特别是在新的历史条件下，我军革命化现代化正规化建设全面加强，军事斗争准备不断拓展深化，信息化条件下的威慑和实战能力进一步增强，已经成为诸军兵种合成、具有一定现代化水平并开始向信息化迈进的强大军队。84年的光辉历史充分证明，我军不愧是忠于党、忠于社会主义、忠于祖国、忠于人民的英雄军队，不愧是闻名于世的威武之师、文明之师、和平之师，不愧是建设中国特色社会主义的重要力量。

梁光烈指出，当今世界，和平、发展、合作的时代潮流没有变，但世界和平与发展面临诸多挑战。我国正经历空前广泛的社会变革，人民军队的使命神圣光荣，任务更加艰巨繁重。我们要进一步增强机遇意识、忧患意识、使命意识，以推动国防和军队建设科学发展为主题，以加快转变战斗力生成模式为主线，大力加强军队革命化、现代化、正规化建设，努力提高以打赢信息化条件下局部战争能力为核心的完成多样化军事任务能力，全面履行新世纪新阶段我军历史使命。

梁光烈最后表示，面对新的形势和任务，全军和武警部队要更加紧密地团结在以胡锦涛同志为总书记的党中央周围，高举中国特色社会主义伟大旗帜，以邓小平理论和"三个代表"重要思想为指导，深入贯彻落实科学发展观，锐意进取，扎实工作，开拓创新，为建设巩固的国防和强大的军队不懈奋斗，坚决完成党和人民赋予的神圣使命！

出席招待会的还有解放军四总部、驻京各大单位、武警总部负责人章沁生、马晓天、孙建国、侯树森、魏凤和、蔡英挺、童世平、贾廷安、杜金才、吴昌德、刘源、王洪尧、李安东、刘晓江、邓昌友、张海阳、刘成军、孙思敬、刘亚洲、房峰辉、刘福连、王建平等。

中共中央、国务院有关部门，北京市、对外友协负责人孙亚夫、王国庆、叶大波、张志军、虞列贵、黄殿中、孙绍骋、廖晓军、王和民、华建、刘敬民、李小林等也出席了招待会。

出席招待会的还有在京的军队离休老干部代表，部队各有关部门负责人，部队英模、首都民兵、军烈属、双拥模范和原国民党起义人员代表等。

外国驻华大使馆武官夫妇等也应邀出席了招待会。

第十四届国际泳联世界锦标赛在上海闭幕

本届世锦赛，东道主中国队共获得15金、13银、8铜。其中，中国跳水“梦之队”包揽了该项目全部10块金牌；花游赛场上，中国姑娘仍然获得了6银1铜的历史最好成绩；水球鏖战中，中国女子水球队勇夺银牌，实现了历史性的突破；孙杨在男子1500米自由泳比赛中创造了新的世界纪录并摘得金牌。

《2010年中国重大自然灾害图集》出版发行

8月1日

最高人民法院 最高人民检察院联合发出《关于办理危害计算机信息系统安全刑事案件应用法律若干问题的解释》

司法解释共有11条，重点内容包括：一是明确了非法获取计算机信息系统数据、非法控制计算机信息系统罪，提供侵入、非法控制计算机信息系统程序、工具罪，破坏计算机信息系统罪等犯罪的定罪量刑标准；二是规定了对明知是非法获取计算机信息系统数据犯罪所获取的数据、非法控制计算机信息系统犯罪所获取的计算机信息系统控制权，而予以转移、收购、代为销售或者以其他方法掩饰、隐瞒的行为，以掩饰、隐瞒犯罪所得罪追究刑事责任；三是明确了对以单位名义或者单位形式实施危害计算机信息系统安全犯罪的行为，应当追究直接负责的主管人员和其他直接责任人员的刑事责任；四是规定了危害计算机信息系统安全共同犯罪的具体情形和处理原则；五是明确了"国家事务、国防建设、尖端科学技术领域的计算机信息系统"、"专门用于侵入、非法控制计算机信息系统的程序、工具"、"计算机病毒等破坏性程序"的具体范围、认定程序等问题；六是界定了"计算机信息系统"、"计算机系统"、"身份认证信息"、"经济损失"等相关术语的内涵和外延。

审计署发布2010年度绩效报告

报告显示，2010年，审计署共审计领导干部49名，其中省(市)部长23名、中央企业领导人员10名，特派办、所属单位和审计厅主要负责人16名。

2010年，地方各级审计机关共审计(调查)15.7万个单位，共查出违规问题金额3280.5亿元、损失浪费问题金额427.6亿元、侵害人民群众利益问题金额34.1亿元、被审计单位损益或财政收支不实问题金额1651.2亿元。通过审计，为国家增收节支850.3亿元，其中已上交财政519.1亿元，已减少财政拨款或补贴75.6亿元，已归还原渠道资金255.6亿元。

京沪开行首月发送旅客525.9万人

新华社报道：截至7月31日，京沪高铁开通运营一个月以来，共开行动车组列车5542列，日均179列；运送旅客525.9万人，日均17万人，平均上座率107%。京沪高铁和既有京沪线日均合计发送旅客25.4万人，较京沪高铁开通前同比增加9.4万人，增长58.8%。

《中国—哥斯达黎加自由贸易协定》正式生效

商务部发布消息：《中国—哥斯达黎加自由贸易协定》经中哥双方友好协商并书面确认，于2011年8月1日起正式生效，成为中国达成并实施的第十个自贸协定。

经过近两年稳定运行的中华人民共和国国防部网正式开通

8月2日

国家主席胡锦涛与土耳其共和国总统居尔互致贺电庆祝两国建交40周年

2011年第15期《求是》杂志发表署名秋石的文章《深刻理解保持和发展马克思主义政党先进性的根本点》

文章说，胡锦涛总书记关于我们党保持和发展马克思主义政党先进性的四个根本点的重要论断，是对我们党90年来保持和发展先进性历史经验的科学总结，也是对党的先进性建设规律的深刻揭示，深入理解并牢牢把握这四个根本点，对于在新的历史条件下继续推进党的建设新的伟大工程，提高党的建设科学化水平，不断保持和发展党的先进性，具有重大的现实意义和深远的历史意义。

文章指出，坚持解放思想、实事求是、与时俱进，是保持和发展党的先进性的决定因素。中国共产党之所以充满生机和活力，始终走在时代前列，一个根本原因，就在于它能够把握时代主题，顺应社会发展要求，将党的先进性的本质特征与党在各个时期的历史任务有机结合起来，提出和运用反映时代发展和最广大人民根本利益要求的理论、路线、方针、政策，凝聚党心民心，成为党和人民的行动指南。坚持为了人民、依靠人民，是保持和发展党的先进性的本质要求。我们党的最大政治优势是密切联系群众，党执政后的最大危险是脱离群众，党要跳出历史"周期率"，就必须以保持党同人民群众的血肉联系为核心加强党的先进性建设。坚持任人唯贤、广纳人才，是保持和发展党的先进性的活力源泉。在中国，从来没有任何一个政治组织像我们党这样，集中了那么多先进分子，组织得那么严密和广泛，在长期艰苦卓绝的奋斗中为中华民族作出了那么多牺牲，建树了那么多功绩，创造了那么多奇迹。坚持党要管党、从严治党，是保持和发展党的先进性的内在根据。只有紧密结合实际不断加强和改进党的自身建设，保持和发展党的先进性才能获得最可靠的保证。

文章强调，在世情、国情、党情发生深刻变化的新形势下，保持和发展党的先进性面临许多前所未有的新情况新问题新挑战。我们要以坚定理想信念为重点加强思想建设，以造就高素质党员、干部队伍为重点加强组织建设，以保持党同人民群众的血肉联系为重点加强作风建设，以完善惩治和预防腐败体系为重点加强反腐倡廉建设，以健全民主集中制为重点加强制度建设。要牢牢把握保持和发展马克思主义政党先进性的根本点，按照党的建设的总体布局，把先进性的要求贯彻在党的各方面建设的全过程，以不断提高党的建设科学化水平来推进党的先进性建设。

国办发出《关于促进物流业健康发展政策措施的意见》

《关于促进物流业健康发展政策措施的意见》(以下简称《意见》)要求各有关方面进一步降低过路过桥收费。要按照规定逐步有序取消政府还贷二级公路收费，减少普通公路收费站点数量，控制收费公路规模，优化收费公路结构。加大对高速公路收费的监管力度，撤并不合理的收费站点，逐步降低偏高的高速公路收费标准，对已出让经营权的繁忙路段，应根据政府财力状况逐步回购经营权。《意见》就切实减轻物流企业税收负担、加大对物流业的土地政策支持力度、促进物流车辆便利通行、加快物流管理体制改革、鼓励整合物流设施资源、推进物流技术创新和应用、加大对物流业的投入、优先发展农产品物流业、加强组织协调9个方面作出了规定。

在减轻物流企业税收负担方面，《意见》要求统筹完善有关税收支持政策，抓紧完善物流企业营业税差额纳税试点办法，进一步扩大试点范围。要结合增值税改革试点，尽快研究解决仓储、配送和货运代理等环节与运输环节营业税税率不统一的问题。研究完善大宗商品仓储设施用地的土地使用税政策，既要促进物流企业集约使用土地，又要满足大宗商品实际物流需要。

《意见》要求加快推进物流管理体制改革，打破物流管理的条块分割。在规范管理的前提下适当放宽对物流企业资质的行政许可和审批条件，改进资质审批管理方式。认真清理针对物流企业的资质审批项目，逐步减少行政审批。要破除地区封锁和体制、机制障碍，鼓励物流企业开展跨区域网络化经营。进一步规范交通、公安、环保、质检、消防等方面的审批手续，缩短审批时间，提高审批效率。要支持大型优势物流企业通过兼并重组等方式，对分散的物流设施资源进行整合；鼓励中小物流企业加强联盟合作，创新合作方式和服务模式，优化资源配置，提高服务水平，积极推进物流业发展方式转变。目前只为本行业本系统提供服务的仓储和运输设施，要积极创造条件向社会开放，开展社会化物流服务。支持商贸流通企业发展共同配送，降低配送成本，提高配送效率。支持物流企业加强与制造企业合作，全面参与制造企业的供应链管理，或与制造企业共同组建第三方物流企业。制造企业剥离物流资产和业务，可根据有关文件规定，享受税收、资产处置、人员安置等相关扶持政策。

《意见》要求各级人民政府要加大对物流基础设施投资的扶持力度，对符合条件的重点物流企业的运输、仓储、配送、信息设施和物流园区的基础设施建设给予必要的资金扶持。要把农产品物流业发展放在优先位置，加大政策扶持力度，加快建立畅通高效、安全便利的农产品物流体系，着力解决农产品物流经营规模小、环节多、成本高、损耗大的问题。提高对农产品批发市场和农贸市场(含社区菜市场)公益性的认识，加大政府投入和政策扶持力度。加强农产品批发市场、农贸市场的规划和建设，新建城市居住区要严格按照相关规定，配套建设社区菜市场或相应的商业设施，不得随意改变用途。要研究农产品批发市场相关房产税政策，农产品批发市场和农贸市场的用水、用电、用气、用热价格实行与工业同价。规范和降低农产品批发市场、农贸市场的摊位费等相关收费，必要时按法定程序将摊位费纳入地方政府定价目录管理，清理超市向供应商收取的违反国家相关法律法规的通道费。

外交部发言人马朝旭就中方海底矿区申请获得核准答记者问

记者问：据了解，中方就国际海底区域多金属硫化物提出的勘探区申请已获得核准，请介绍有关情况。

马朝旭答：在中国政府的担保下，中国大洋协会于2010年5月向国际海底管理局提出国际海底区域多金属硫化物勘探区申请。国际海底管理局理事会于今年7月核准了上述申请，中国大洋协会在位于西南印度洋的国际海底区域内，获得1万平方公里勘探矿区。根据有关规定，中国大洋协会将与国际海底管理局签署勘探合同，在合同有效期内，中国大洋协会在上述矿区对多金属硫化物资源享有专属勘探权，并在未来开发该项资源时享有优先开采权。

根据《联合国海洋法公约》，国际海底区域及其资源是人类的共同继承财产。中方开展国际海底资源勘探活动，有助于了解和利用国际海底资源，提高对深海的科学认知水平和有效保护海底环境，服务于全人类的共同利益。

全国坡耕地水土流失综合治理工程会议在兰州召开

水利部部长陈雷在会议上指出，我国现有坡耕地

3.59亿亩，约占全国耕地总量的1/5，坡耕地是山丘区群众赖以生存发展的生产用地，也是水土流失的主要策源地，坡耕地面积占全国水土流失总面积的6.7%，产生的土壤流失量却占到全国的28.3%，严重的水土流失加剧了当地的贫困程度，成为制约山丘区经济社会发展的突出瓶颈。

国土资源部 中组部等6部门首次联合考核省级政府耕保责任

据《人民日报》报道：为落实党中央、国务院关于省级政府耕地保护责任目标考核要求，国土资源部会同中央组织部、农业部、监察部、审计署、国家统计局等部门将首次开展2006—2010年省级政府耕地保护责任目标考核。

根据《2006—2010年省级政府耕地保护责任目标考核工作方案》，6部门将根据考核情况对各省(区、市)予以奖惩。对耕地保护责任目标履行措施得力、成效突出的省(区、市)，将给予表扬和奖励；对考核不合格的，责令整改，限期补充、补划数量质量相当的耕地和基本农田，并扣减用地指标，暂停整改期内用地审批，监察部、国土资源部对其审批用地情况进行全面检查，按程序依法处理直接责任人，并追究有关人员的领导责任。考核结果送中央组织部，作为领导班子和领导干部年度考核、换届考察实绩分析的参考依据。

西藏首个特有鱼类国家级水产种植资源保护区——巴松错特有鱼类国家级水产种植资源保护区正式揭牌

上海"11·15"特别重大火灾事故系列刑事案一审判决

上海第二中级法院分别判处高伟忠等26名被告人有期徒刑16年至免予刑事处罚。11月15日，成胶州路728号火灾，造成58人死亡、71人受伤等特别严重后果。

8月3日

外交部发言人马朝旭就日本新版《防卫白皮书》答记者问

记者问：据报道，日本政府2日公布了2011年版《防卫白皮书》，再次出现涉华消极内容。中方对此有何评论？

马朝旭答，日本新版《防卫白皮书》对中国国防建设说三道四，发表了不负责任的评论，中方对此表示强烈不满。我愿重申，中国坚持走和平发展道路，坚持与邻为善、以邻为伴的周边外交方针，坚持通过对话协商解决双边关系中的问题，奉行防御性国防政策，致力于推动建设和谐亚洲、和谐世界。中国的发展给包括日本在内的世界各国带来重要机遇，过去没有、今后也不会对任何国家构成威胁。

马朝旭说，我愿强调，中国加强国防和军队现代化建设，完全是为了维护本国主权、安全和领土完整，不针对任何国家。希望日方以史为鉴，并认真反省自身的防务政策，多做有利于增进与邻国互信、有利于维护地区和平稳定的事情，而不是相反。

外交部部长杨洁篪在地拉那与阿尔巴尼亚副总理兼外长哈吉纳斯托举行会谈

杨洁篪表示，在新的历史时期，中阿双方将成为互利共赢的好伙伴。两国可重点做好以下几方面工作：一是扎实推动各层次人员往来，增进对彼此国情和需求的了解，创造更多合作机会。二是找准经贸合作的切入点。中国启动了"十二五"规划，致力于实施外贸市场多元化和企业"走出去"战略，阿致力于扩大对外出口，吸引外资，双方合作互补性强。三是不断拓展旅游、地方省市交往等新的合作领域。两国还应加强在重大国际和地区问题上的沟通和协调。杨赞赏阿坚持一个中国的政策。

会谈后中阿双方签署了两国在旅游、人员培训领域的合作文件。

中央军委发出《关于深入学习贯彻胡总书记在庆祝中国共产党成立90周年大会上重要讲话的意见》

据《人民日报》报道：中央军委日前制定下发《关于深入学习贯彻胡总书记在庆祝中国共产党成立90周年大会上重要讲话的意见》。这是推动全军和武警部队把学习贯彻胡总书记重要讲话引向深入的实际步骤，是围绕国防和军队发展的主题和主线、全面推进军队各项建设和改革的重要举措。

谢振华逝世

原中顾委委员、昆明军区政治委员谢振华同志，因病医治无效，于8月3日在北京逝世，享年95岁。

谢振华是江西省崇义县人，1930年参加革命，同年加入中国共产主义青年团，1932年转为中国共产党党员。谢振华是中国共产党第九、第十、第十二、第十三届全国代表大会代表，第十届中央委员会候补委员、第十二届中央委员会委员，第四届全国人民代表大会代表。他1955年被授予少将军衔，曾荣获二级八一勋章、二级独立自由勋章、一级解放勋章和一级红星功勋荣誉章。

8月4日

国家反恐怖工作协调小组在乌鲁木齐召开全国反恐怖工作会议

国务委员、公安部部长、国家反恐怖工作协调小组组长孟建柱在会议上强调，要认真贯彻落实胡锦涛总书记等中央领导同志重要指示精神，清醒认识当前反恐形势的严峻性、复杂性和长期性，切实增强忧患意识、责任意识，切实履行维护稳定的第一责任，以更坚定的决心、更有力的措施，坚决打击防范暴力恐怖犯罪活动，维护社会大局稳定，保障群众生命财产安全。

近期，新疆连续发生暴力恐怖犯罪案件，造成无辜群众重大伤亡，严重影响了新疆经济社会发展和民族团结。党中央、国务院高度重视，中央领导同志作出重要批示，要求组织力量尽快侦破案件，依法对暴力恐怖犯罪予以坚决打击。孟建柱强调，要坚持法律面前人人平等，无论是谁，只要是触犯了法律，只要是危害人民群众生命财产安全，只要是从事分裂国家、破坏民族团结活动，都要坚决依法处理。对于那些胆敢以身试法、搞暴力恐怖活动的犯罪分子，要严惩不贷，决不姑息，决不手软。他要求，要调动一切可以调动的资源，动员一切可以动员的力量，狠抓反恐怖各项工作措施的落实，形成对暴力恐怖犯罪活动的严打高压态势，坚决遏制暴力恐怖案件频发势头，坚决把暴力恐怖分子的嚣张气焰打下去，增强各族群众的安全感。

国务院副秘书长、国家反恐怖工作协调小组副组长汪永清主持会议。会上，公安部副部长、国家反恐办主任孟宏伟，公安部副部长陈智敏，外交部部长助理程国平，新疆维吾尔自治区副主席、公安厅厅长朱昌杰分别发言。

国家反恐怖工作协调小组成员单位有关负责同志，各省区市反恐怖工作协调小组负责同志、反恐办主任，公安部有关业务局、新疆维吾尔自治区各地市州公安机关负责同志参加会议。

外交部部长杨洁篪在地拉那与阿尔巴尼亚总统托皮举行会谈

解放军总参谋长陈炳德在莫斯科会见俄国防部部长谢尔久科夫

林林逝世

中国人民对外友好协会原副会长林林同志，因病于8月4日在北京逝世，享年101岁。林林是政协第五、六、七届全国委员会委员。

8月5日

国务院总理温家宝致电祝贺英拉·西那瓦当选泰国总理

外交部部长杨洁篪在华沙与波兰总理图斯克举行会谈

《党的基本知识简明读本》和《党的历史知识简明读本》出版发行

中央组织部组织一局会同中央宣传部宣教局、中央纪委宣教室、中央党校组织部组织编写了《党的基本知识简明读本》，由党建读物出版社出版；会同中央党史研究室科研管理部组织编写了《党的历史知识简明读本》，近日由党建读物出版社和中共党史出版社联合出版。

中国迄今为止规模最大的综合性科技绩效评估——科学基金资助与管理绩效国际评估顺利完成

新华社报道：来自6个国家的13位资深科学家组成了此次国际评估的专家委员会。美国科学理事会原主席杰尔教授担任专家委员会主席，全国人大常委会副委员长韩启德院士和德国科学基金会原主席温奈克教授担任副主席。评估由基金委和财政部联合委托进行，2010年年初启动，历时约1年半。

8月6日

万里长江地铁第一隧——武汉地铁2号线右线工程顺利贯通

此隧道成为中国第一条成功穿越长江的地铁隧道。这条地铁隧道全长约3100米，开挖深度在长江平均水位线下48米处，为双线双洞隧道。

8月7日

岭澳核电站二期两台百万千瓦级自主品牌核电机组全面建成

中广核大亚湾核电基地所属广东岭澳核电站二期2号机组通过运行验收，经电网确认正式投入商业运行，至此我国首批“自主设计、自主制造、自主建设、自主运营”的两台百万千瓦级自主品牌核电机组全面建成。

岭澳核电站二期两台百万千瓦级压水堆核电机组采用自主品牌核电技术CPR1000建设，是我国“十五”

期间唯一的核电自主化依托项目，也是我国首个“自主设计、自主制造、自主建设、自主运营”的百万千瓦级核电站，该项目建成并投入运营，为推进我国核电集约化、标准化、系列化发展奠定了坚实的基础。

岭澳核电站二期2号机组商运后，大亚湾核电基地在运行的核电机组增加到6台、总装机610.8万千瓦，年发电量超过450亿千瓦时，成为目前我国最大的核电基地，可满足1875万个家庭一年的基本用电需求。

第一届“全国残疾人健身周”暨自强健身工程在天津启动

“全国残疾人健身周”是各级残联系统借助全民健身日契机，在8月8日所在的工作周开展内容丰富、形式多样、简便易行的残疾人体育健身活动，营造残疾人参加体育健身的浓厚氛围，使广大残疾人享受体育健身带来的快乐。

8月8日

国家主席胡锦涛在人民大会堂接受5国新任驻华大使递交的国书

这5位驻华大使分别是：阿尔巴尼亚驻华大使扎尼、韩国驻华大使李揆亨、哥伦比亚驻华大使乌雷亚、阿根廷驻华大使马蒂诺、白俄罗斯驻华大使布里亚。

外交部部长杨洁篪在喀土穆与苏丹外长卡尔提举行会谈

国家体育总局推出的第九套广播体操正式向全社会公布

8月9日

国务院总理温家宝主持召开国务院常务会议分析当前国际金融形势及其影响

会议指出，当前国际金融市场出现急剧动荡，世界经济复苏的不确定性、不稳定性上升。我们要冷静观察，沉着应对，做好防范风险的准备。

会议认为，今年以来，我国经济社会发展继续保持良好态势，宏观调控的积极效应逐步显现，经济保持平稳较快增长，价格调控总体有效，结构调整积极推进。要保持宏观经济政策的连续性、稳定性，提高政策的针对性、灵活性、前瞻性，切实把握好宏观调控的力度、节奏和重点，处理好保持经济平稳较快发展、调整经济结构、管理通胀预期三者的关系，努力把物价涨幅降下来，继续保持经济平稳较快增长。继续采取综合措施，维护我国经济和金融安全。

会议强调，中方支持有关各方为金融稳定和经济增长所做的努力，支持二十国集团财长和央行行长关于稳定金融市场的声明，要求有关各国切实采取负责任的财政、货币政策，减少财政赤字，妥善处理债务问题，保持市场投资安全和稳定运行，维护全球投资者信心。国际社会要加强宏观经济政策沟通协调，推动实现世界经济强劲、可持续、平衡增长。

许麟庐逝世

中央文史研究馆馆员，中国国民党革命委员会成员，著名国画家、书法家、书画鉴赏家许麟庐，因病于8月9日在北京逝世，享年95岁。

许麟庐又名德麟，1916年生于山东蓬莱。1934年毕业于天津商业学校，曾先后在天津吉昌公司、三井洋行、北平厚生织布厂、振丰煤矿及德聚涌面粉厂工作。新中国成立后，在北京大华面粉厂任经理。1951年创办和平画店，任经理。1956年在中国美术家协会美术服务部工作，1957年起在北京荣宝斋工作，任编辑室主任。1981年加入中国国民党革命委员会，曾任民革中央团结委员会委员、监察委员会委员等职。1987年被聘为中央文史研究馆馆员。曾兼任中山书画社副社长、中国老年书画研究会副会长、北京花鸟画研究会会长、北京中国画研究会副会长。

许麟庐师从齐白石先生，擅长写意花鸟画，其作品被国内外多家博物馆、美术馆、纪念馆收藏。

8月10日

国家主席胡锦涛在人民大会堂与莫桑比克总统格布扎举行会谈

胡锦涛说，中方高度重视发展中莫关系，愿从以下4个方面深化两国友好合作：(一)密切友好交往，增进政治互信。两国政府及相关部门要共同落实好双方达成的共识和有关合作文件。两国立法机构、执政党可以通过多种方式和渠道加强友好往来，交流借鉴治国理政经验。(二)推进务实合作，拓宽合作领域。中方愿同莫方一道，坚持互利双赢、共同发展，实施好在建和已商定项目，循序渐进推进新的合作项目，确保安全、优质、高效完成各项建设工程。中方愿结合莫方国家发展规划，鼓励和支持有实力的中国企业赴莫投资，扩大基础设施建设、农业、制造业等领域合作，为当地发展多做贡献。(三)扩大人文交流，夯实民意基础。中方重视同莫方在人力资源开发、广播电视、地方民间等领域开展交流合作，加强两国人民特别是青年一代交往，使中莫友谊代代相传。（四）加强多边合作，维护共同利益。双方应该利用好联合国、世贸组织、中非合作论坛等国际机构和多边机制，加强在国际和地区事务中的合作，共同维护两国和广大发展中国家利益。

格布扎表示莫方愿把中方作为实现自身发展的重要合作伙伴，加强政治互信和双边往来，大力拓展经贸、农业、渔业、科技、环保、基础设施建设、卫生、教育培训、人力资源开发等领域务实合作，夯实两国合作基础，拓宽合作渠道，增进两国人民友谊，把两国友好合作关系不断推向前进。

会谈后，两国元首共同出席了双边合作文件签字仪式。

全国人大常委会委员长吴邦国 国务院总理温家宝在北京分别与莫桑比克总统格布扎举行会谈

国务院总理温家宝主持召开国务院常务会议

会议决定开展高速铁路及其在建项目安全大检查。

会议指出，目前，“7·23”甬温线特别重大铁路交通事故的调查和善后处理工作正在深入展开，铁路系统正在集中排查隐患，加强安全措施。彻底查明事故的原因，深刻反思和总结教训，全面加强铁路安全生产，对实现铁路尤其是新建高速铁路安全运营，对我国铁路事业的健康发展，至关重要。因此，这次调查不仅要查清直接原因，还要追根溯源，查清设计、制造、管理等方面的源头性问题。会议决定充实、加强国务院事故调查组，调整人员结构，完善调查制度，以提高调查工作的权威性和公信力。为切实做好铁路建设、运营、管理等方面的安全工作，会议决定进一步采取以下三项措施：

（一）开展高速铁路及其在建项目安全大检查。成立由国家安全监管总局牵头、有关部门和各方面专家参加的有充分权威的国务院检查组，重点检查安全生产制度和责任制落实情况，设备质量和运营安全保障情况，在建项目设计、质量和安全情况，职工教育培训和关键岗位人员合格上岗情况。对发现的问题，要系统梳理，深入分析，有针对性地提出整改意见。检查情况要向国务院报告。

（二）适当降低新建高速铁路运营初期的速度。新建高速铁路运营初期，要根据不同线路实际情况，科学评估，适当降低运营速度，以利于增加安全冗余，改进技术和管理，积累安全管理经验。

（三）对已经批准但尚未开工的铁路建设项目，重新组织系统的安全评估。暂停审批新的铁路建设项目，并对已受理的项目进行深入论证，合理确定项目的技术标准、建设方案。

会议指出，以上三项措施涉及面广，任务复杂繁重，要科学部署，周密细致制订方案、分解任务，加强协调配合。一要切实加强组织领导。有关部门主要负责人要负总责，组建工作能力强、专业水准高的专门班子，负责具体组织落实。二要及时整改。要在查清和消除隐患、全面加强薄弱环节基础上，重点完善安全生产规章制度和责任体系，规范新建高速铁路开通条件，严格设备工程质量和技术要求，理顺铁路运输组织体系和作业程序，打牢铁路安全生产的基础。整改工作要注意借鉴和汲取国际经验。三要统筹做好部分高速铁路降低运营速度后的运力调度等工作，适当增加其他客运车次，做到既确保铁路安全，又不影响人民群众出行方便。四要坚持公开透明、准确真实的原则，认真做好信息发布工作，使事故的调查处理和后续整改最大程度得到社会的理解和支持。五要科学编制“十二五”铁路发展规划。合理确定铁路等级、速度目标值等核心指标，完善安全标准，更加注重新技术、新装备开发应用的安全性和可靠性。加大高速铁路运营安全投入。完善和落实运营风险和安全评估机制，全面开展后评估工作。

铁道部部长盛光祖在发言中表示，“7·23”甬温线特别重大铁路交通事故给人民群众生命财产造成重大损失，我们深感内疚，十分痛心。事故暴露出铁路运输安全基础和管理方面存在薄弱环节，对重大事故的应急管理和处置缺乏经验，教训是深刻的。对社会各方面提出的批评和建议，铁道部将认真研究，并切实改进工作。铁道部将积极配合国务院事故调查组，查明原因，查找漏洞，全面加强和改进铁路安全工作，给人民群众一个真诚、负责任的交代。

会议指出，中国将坚定不移地继续发展高速铁路，但必须坚持科学规划、统筹协调，坚持百年大计、质量第一，切实把每一项工程都建成优质工程。会议要求铁路干部职工牢固树立科学发展观，牢固树立安全第一的观念，振作精神，增强信心，团结一致，扎实工作，通过各方面共同努力，真正把中国的高速铁路办成让全国人民放心的铁路。

中国首艘航母平台——原“瓦良格”号进行首次出海航行试验

王涛逝世

著名林业科学家，第九、十届全国人大常委会委员，中国工程院院士，中国林业科学院首席科学家，林业研究所名誉所长，无党派人士王涛同志，因病于8月10日在北京逝世，享年75岁。

8月11日

中共中央总书记胡锦涛在广东考察

8月11日至15日，胡锦涛由中共中央政治局委员、广东省委书记汪洋等陪同，到深圳、广州等地考察。

就如何适应经济形势新变化进一步加快转变经济发展方式，胡锦涛考察了广州汽车集团乘用车有限公司、广州佳都集团有限公司、广州番禺节能科技园、广州TIT国际服装创意园了解了科技创新、转型发展情况。

就如何把握全面建设小康社会新要求进一步加大文化改革发展力度，胡锦涛考察了公益性文化事业和经营性文化产业发展情况。

就如何顺应人民群众新期待进一步做好保障和改善民生工作，胡锦涛深入了解了保障性住房建设、和谐社区建设和城市环境治理情况。

考察期间，胡锦涛接见了驻广州部队师以上领导干部，并作了重要讲话。胡锦涛强调，要大力加强思想政治建设，始终保持部队建设的正确方向。要坚持以推动国防和军队建设科学发展为主题、以加快转变战斗力生成模式为主线，全面推进各项建设和改革。要积极开展信息化条件下军事训练，不断增强履行使命任务的能力。要坚持依法治军、从严治军，确保部队安全稳定。要自觉践行我军根本宗旨，为促进地方经济社会发展、维护社会和谐稳定创造新业绩、作出新贡献。

考察结束时，胡锦涛听取了广东省委和省政府的工作汇报，希望广东干部群众坚持以邓小平理论和“三个代表”重要思想为指导，深入贯彻落实科学发展观，紧紧抓住国家支持东部地区率先发展、支持珠江三角洲地区改革发展、支持经济特区创新发展的宝贵机遇，立足新起点，把握新趋势，建立新机制，增创新优势，进一步加快转变经济发展方式，进一步深化改革开放，进一步推进以改善民生为重点的社会建设，进一步提高党的建设科学化水平，切实当好推动科学发展、促进社会和谐的排头兵，朝着率先全面建成小康社会的目标奋勇前进。

中共中央政治局委员、中央书记处书记、中央宣传部部长刘云山，中共中央政治局委员、国务委员刘延东，中共中央书记处书记、中央办公厅主任令计划，中共中央书记处书记、中央政策研究室主任王沪宁，以及中央军委委员李继耐分别陪同考察。

国家主席胡锦涛在深圳会见联合国教科文组织总干事博科娃

胡锦涛指出，联合国教科文组织是教育、科学、文化等领域最大的政府间国际组织，成员众多，影响面广，对促进世界各国教育普及提高、科技发展进步、文化传承创新做了许多开创性工作，发挥了重要作用。中国高度重视同联合国教科文组织的合作，积极支持和广泛参与联合国教科文组织开展的全民教育、保护世界文化和自然遗产等工作。

博科娃表示，中国作为教科文组织的重要成员，积极参与该组织开展全民教育等活动，特别是在支持发展中国家发展方面同教科文组织进行了很好的合作，教科文组织对此表示赞赏和感谢，希望双方进一步加强合作。

国家主席胡锦涛在深圳会见国际大学生体育联合会主席乔治·基里安

胡锦涛指出，举办世界大学生运动会将促进奥林匹克运动在中国的传播，推动大学生体育运动在中国和世界的发展和普及，也将为世界各国各地区大学生开展交流提供重要平台。在国际大体联大力支持下，在国际大体联大家庭成员共同努力下，深圳世界大学生运动会各项工作准备就绪。我们期待着第二十六届世界大学生运动会取得圆满成功。

基里安高度赞赏中国重视青年体育运动事业，表示国际大体联同中国保持良好合作，在华举办的重大赛事十分成功。国际大体联愿意同中国继续加强交流合作，共同推动世界大学生运动发展。

全国人大常委会委员长吴邦国在人民大会堂与玻利维亚总统莫拉莱斯举行会谈

吴邦国表示，中方愿与玻方共同努力，深化在经贸、人文等领域的务实合作，交流治国理政、保障改善民生等方面经验，增强两国友好的民意基础，促进共同发展。

莫拉莱斯表示玻利维亚愿学习借鉴中国的有益经验，全面加强与中方的友好关系和务实合作，欢迎更多的中国企业赴玻投资兴业，共创双赢，造福两国人民。

国务院总理温家宝在中南海紫光阁分别与斯里兰卡总统拉贾帕克萨和玻利维亚总统莫拉莱斯举行会谈

全国政协主席贾庆林在陕西调研

8月11日至16日，贾庆林在陕西调研。

在榆林现代农业科技示范区、华电榆横煤电有限责任公司、陕西延长石油榆林煤化有限公司、秦川机床工具集团等企业考察调研时，贾庆林强调，要切实把思想和行动统一到中央对形势的分析判断和对工作的总体部署上来，狠抓工作落实，努力实现“十二五”时期经济社会发展良好开局。要加快推进产业结构优化升级,大力发展现代农业,做强做大优势特色产业,积极培育发展战略性新兴产业,加快形成具有地方特色、竞争力强的现代产业体系;大力增强自主创新能力,全面落实国家中长期科技、教育、人才规划,统筹利用好各方面科技资源,强化企业主体地位,提高企业创新能力,努力赢得发展的先机和主动权;切实提高生态文明水平,深入推进节能减排,继续加大植树造林和防沙治沙力度,积极构建资源节约、环境友好的生产方式和消费模式,推动生态建设和环境保护迈上新台阶。

在兵马俑博物馆、西安关中民俗艺术博物院、大明宫遗址公园、2011西安世界园艺博览会,贾庆林指出,要认真做好经济建设和文化建设这两篇大文章,努力把文化的资源优势转化为文化的现实竞争力和软实力,形成文化发展与经济发展互促共进的良好局面。要加强公共文化服务,全面推进社会主义核心价值体系建设,大力改善农村文化生活条件,积极发展先进的网络文化,更好地保障人民基本文化权益;着力发展文化产业,科学制定文化产业发展规划,切实推进文化科技创新,加快形成公有制为主体、多种所有制共同发展的文化产业格局;着力加强文化遗产保护,坚持把保护文化遗产与促进经济发展结合起来,使文化遗产成为推动经济发展的新亮点;着力实施文化“走出去”战略,做好统筹规划,打造精品力作,共同推动中华文化走向世界。

调研期间,贾庆林还看望了陕西省政协、统战部机关干部及各民主党派、工商联负责人和无党派人士。他指出,陕西的统一战线资源十分丰富,要继承发扬优良传统,积极引导统一战线成员和政协委员坚定不移地走中国特色社会主义政治发展道路,矢志不渝地推动科学发展、促进社会和谐,卓有成效地加强自身建设、提高工作科学化水平。各级党委要进一步加强对统一战线和人民政协的领导,切实为他们履行职能、发挥作用创造有利条件。

国务院在内蒙古呼伦贝尔召开全国牧区工作会议

中共中央政治局委员、国务院副总理回良玉在讲话中对牧区发展成就予以高度肯定后指出,由于自然、地理、历史等原因,牧区仍然是全国经济发展的滞后区、民生改善的薄弱区、生态环境的脆弱区。加快牧区发展,意义十分重大,任务十分艰巨。要牢牢把握新时期牧区工作的基本方针和指导原则,坚持生态优先、协调发展,坚持以人为本、改善民生,坚持因地制宜、分类指导,坚持深化改革、扩大开放,坚持中央支持、地方负责,努力扭转牧区发展滞后、生态恶化的局面。到2020年,全面实现草畜平衡,草原生态步入良性轨道;草原畜牧业向质量效益型转变取得重大进展,牧区经济结构进一步优化,牧民生产生活条件全面改善,基本公共服务能力达到本省(区)平均水平;基本消除绝对贫困现象,牧民收入与全国农民收入的差距明显缩小,基本实现全面建设小康社会目标。

回良玉要求,各有关地区和部门要充分认识促进牧区发展的重要性、紧迫性和艰巨性,切实把思想和行动统一到中央的决策部署上来,加强领导,强化责任,真抓实干,努力形成各方支持牧区发展的合力,认真抓好强牧惠牧政策措施的落实,切实维护牧区民族团结和社会稳定,促进牧区又好又快发展。

全国牧区省(区)人民政府和新疆生产建设兵团负责同志及有关部门负责同志,牧区工作任务较重的地(州、盟)、县(旗)人民政府主要负责同志,中央有关部门、有关企业负责同志出席会议。

外交部部长杨洁篪在广东深圳会见罗马尼亚外长巴孔斯基

8月12日

第二十六届世界大学生夏季运动会在广东深圳开幕

国家主席胡锦涛出席开幕式并宣布本届大运会开幕。

参赛国家及地区152个,参赛运动员7865人,设306项(24个大项)比赛项目。

本届大运会组委会副主席、深圳市委书记王荣首先致辞,表达深圳市民欢迎世界各地朋友的共同心声,愿深圳的一切给大家留下美好的回忆。

本届大运会组委会主席、教育部部长袁贵仁致辞,代表组委会向来自世界各地的代表团表示热烈欢迎,向所有关心、支持本届大运会并为之付出辛勤劳动的朋友们表示崇高敬意,祝愿大学生运动员在这次盛会上展现不一样的精彩、创造新的奇迹。

国际大体联主席基里安在致辞时,对中国政府和广东省、深圳市为本届大运会所做的精心准备表示衷心感谢,向本届大运会的参赛者们献上衷心祝福。

出席开幕式的外国领导人和贵宾有:莫桑比克总统格布扎、玻利维亚总统莫拉莱斯、斐济总统奈拉蒂考、斯里兰卡总统拉贾帕克萨、埃塞俄比亚总理梅莱斯、罗马尼亚总理博克、联合国教科文组织总干事博科娃。

出席开幕式的中方领导人还有:刘云山、刘延东、汪洋、令计划、王沪宁、陈昌智、孟建柱、戴秉国、罗富和以及中央军委委员李继耐。

香港特别行政区行政长官曾荫权、澳门特别行政区行政长官崔世安出席开幕式。

中国国民党荣誉主席连战出席开幕式。

国际大体联主要执委也出席了开幕式。

国家主席胡锦涛在深圳会见玻利维亚总统莫拉莱斯

胡锦涛表示,中方高度重视中玻关系,愿同玻方一道努力,开展互利双赢的全面合作,造福两国人民。建议双方重点在4个方面作出努力。一是深化真诚友好的政治关系。中方愿同玻方保持高层往来和接触,加强两国政府、政党和立法机构对话和交流,在彼此关切的重大问题上相互理解和支持。二是推动互利双赢的务实合作。两国有关部门和企业要不断挖掘潜力,创新合作方式,拓展合作领域,提高合作水平。扩大双边贸易,推进能源矿产和基础设施建设等重点领域合作,落实和促进科技合作。中方将继续向玻方提供力所能及的帮助。三是开展人文交流。拓展在文化、教育、医疗卫生、体育、旅游等领域的交流合作。四是加强多边事务中的协调和配合。在有关国际和地区组织、粮食安全、气候变化、可持续发展等全球性问题上保持磋商和协调。

莫拉莱斯表示,长期以来,中方为促进玻利维亚经济社会发展作出积极贡献,玻方对此表示衷心感谢。玻利维亚十分重视发展对华关系,愿意同中方一道,增强政治关系,加强经贸、农业、科技、基础设施、人文等领域务实合作和交流,加强在国际和地区事务中的协调和配合,把两国关系不断推向前进。

会见后,两国元首共同出席了双边合作文件签字仪式。

国家主席胡锦涛在深圳分别会见斐济总统奈拉蒂考 罗马尼亚总理博克 埃塞俄比亚总理梅莱斯

国家主席胡锦涛在深圳设宴欢迎前来出席第二十六届世界大学生夏季运动会开幕式和相关活动的贵宾

欢迎宴会由深圳大运会组委会执行主席、广东省省长黄华华主持。

莫桑比克总统格布扎、玻利维亚总统莫拉莱斯、斐济总统奈拉蒂考、斯里兰卡总统拉贾帕克萨、埃塞俄比亚总理梅莱斯、罗马尼亚总理博克、联合国教科文组织总干事博科娃等出席欢迎宴会。

出席欢迎宴会的还有:刘云山、刘延东、汪洋、王沪宁、陈昌智、孟建柱、戴秉国、罗富和、李继耐。

香港特别行政区行政长官曾荫权、澳门特别行政区行政长官崔世安出席欢迎宴会。

中国国民党荣誉主席连战出席欢迎宴会。

国家主席胡锦涛在第二十六届世界大学生运动会开幕式欢迎宴会上的致辞

尊敬的基里安主席,尊敬的各位国家元首、政府首脑,尊敬的各位国际大体联执委会委员,尊敬的各位来宾,女士们,先生们,朋友们:

今晚,第二十六届世界大学生运动会将在深圳隆重开幕。我谨代表中国政府和人民,对各位嘉宾表示热烈的欢迎!

世界大学生运动会自1959年创办以来,秉承“发展大学生体育运动、促进国际团结合作”的宗旨,为各国各地区大学生运动员同场竞技、展示英姿搭建了平台,为世界各国各地区青年加深互相了解、增进友好感情架起了桥梁,有力推动了国际青年体育事业发展。

半个世纪以来,各国各地区大学生运动员在赛场上奋力拼搏、勇创佳绩,展现了朝气蓬勃、昂扬向上的青春风采。不同国家、不同民族、不同宗教信仰的青年学子在大运会上友好交流、积极互动,多彩文化在这里交融,友谊种子在这里播撒,合作信念在这里凝聚。这是大运会的魅力和真谛所在。

女士们、先生们!

深圳是中国最年轻的大城市,这里充满生机活力,是观察当代中国的重要窗口。我相信,在深圳市政府和人民几年来精心筹办的基础上,在国际大体联和各国各地区代表团积极参与和共同努力下,本届大运会一定能办成一届有特色、高水平的运动会,在世界大运会历史上写下精彩的一页。

现在,我提议:

为本届大运会圆满成功,

为世界各国人民团结和友谊,

为各位嘉宾和家人健康,

干杯!

国务院总理温家宝与东盟轮值主席国印度尼西亚总统苏西洛互致贺电庆祝双方建立对话关系20周年

中央纪委书记贺国强在山西考察

8月12日至16日,贺国强先后到山西晋中、长治、忻州、太原等地调研。

考察期间,贺国强听取了山西省委、省政府和省纪委的工作汇报,对山西近年来的工作给予充分肯定。他希望全省广大干部群众弘扬光荣传统,抓住宝贵机遇,发挥自身优势,以推进国家资源型经济转型发展综合配套改革试验区建设为龙头,切实推动经济社会又好又快发展，在全面建设小康社会的新征程上谱写山西转型跨越发展的新篇章。

国务院副总理李克强在中南海会见人口普查先进集体和先进个人代表

李克强说，这次人口普查的高质量成果凝结着广大普查人员的辛勤奉献，衷心感谢全体普查工作者，特别是基层一线的普查人员。他强调，要科学系统深入地开发应用普查成果，进一步提高统计工作水平，为科学发展和加快转变经济发展方式服好务。

李克强说，这次人口普查是一项重大的国情国力调查，普查动员的范围之广、参与的人员之多、公众的支持之大，都是前所未有的。普查查清了人口总量、基本结构、迁移流动、居住条件等状况，普查数据质量按国际标准也是过硬的。这将为我国各项事业的发展提供科学可靠的信息支撑，对于制定经济社会发展战略、规划和政策，推进重大民生工程，都具有重要意义。

李克强关切询问代表们的工作和生活情况。他说，这次人口普查，各级普查机构和近千万普查人员全力以赴，涌现出一批先进集体和先进个人，大家是其中的先进代表。各级普查机构按照国家统一部署，紧密协作配合，在制定方案、培训人员、宣传发动、普查摸底、现场登记等方面做了大量艰苦细致的工作。广大普查人员坚持科学普查、依法普查，恪尽职守，对4亿多家庭进行了访问，对13亿多人口收录了情况，实现了区不漏房、房不漏户、户不漏人、人不漏项，用自己的劳动成就了这次普查。他勉励大家发扬普查中展现出来的优良工作作风，在各自岗位上再创佳绩，为人生添光彩，为社会做贡献。

李克强强调，人口普查数据是一笔非常宝贵的财富。他希望统计系统再接再厉，扎实做好普查资料的整理分析等工作，深度开发普查成果。有关部门也要围绕关系经济社会发展大局和人民群众切身利益的重大事项，结合前瞻性、战略性重点问题研究，把最新普查数据和研究成果用到经济社会发展的各个领域。

李克强指出，统计普查工作是认识国情、把握国势、制定国策的基础性工作。面对复杂多变的国际国内环境和经济社会发展需要，要进一步完善普查制度和方法，加大现代信息技术的应用，提高各项普查的科学性、全面性和准确性，为经济社会管理提供科学依据，为企业、居民和社会各界提供服务。

国办发出《关于开展国务院高速铁路安全大检查的通知》

各有关省、自治区、直辖市人民政府，国务院各有关部委、直属机构，有关中央企业：

为深刻汲取“7·23”甬温线特别重大铁路交通事故教训，进一步加强铁路安全生产工作，着力促进高速铁路安全发展，国务院决定开展高速铁路安全大检查。现就有关要求通知如下：

一、检查目的

通过高速铁路安全大检查，全面系统排查和彻底整治高速铁路安全隐患，增强铁路系统干部职工安全责任意识，促进高速铁路安全管理的制度建设和机制完善，进一步做好高速铁路建设、运营、管理等方面的安全工作，有效防范和坚决遏制重特大铁路交通事故发生，为高速铁路事业和经济社会发展创造良好条件。

二、检查的重点内容

(一)安全生产责任制落实情况。重点检查各相关单位、各级各类人员是否把安全生产方针作为第一前提，安全生产责任体系建设和落实情况，各级干部深入一线、到岗到位，落实安全包保制度情况；关键作业的卡控情况，职工执行作业纪律、劳动纪律和标准化情况；对安全问题进行整改，责任进行追究、考核等情况。

(二)铁路运营安全保障情况。全面检查高铁线路、通信信号、牵引供电、动车组等设备的检测监测和养护维修等情况；新开通高铁的运营管理和安全保障措施落实、运输组织指挥等情况，特别是新技术、新设备、新工艺在运用中暴露出问题的分析和整治措施落实情况等；职工作业控制，风雪雨雾、雷电等恶劣天气和设备发生故障等非正常情况行车组织、安全应急保障情况等；营业线施工组织和安全制度措施落实情况；季节性防洪安全措施、降雨检查巡视、重点处所看护等制度的落实情况，防暑降温和高温条件下线路变化的防范情况，防雷防风措施落实情况等。

(三)铁路设备质量保证情况。重点检查高速铁路的动车组、牵引供电系统、轨道、桥隧、信号系统、通信系统、防灾系统等设备的设计规范是否满足高铁运行安全要求，是否具备设备故障导向安全的功能，是否具备高铁产品准入资格等；各企业对关键工序和特殊过程的识别和控制情况，“三检制”(自检、互检、专检)的落实情况等；各企业均衡生产情况，安全、质量分析会议执行及提案落实情况等；售后服务是否满足运营需求，是否建立并实施质量信息反馈、分析及追踪制度，产品源头质量是否得到可靠控制等；现场工艺、定置管理及实物(产品)质量状况。

(四)铁路建设施工安全情况。重点检查长大隧道和不良地质隧道施工质量安全管理及隐患排查情况；深水桥梁、大跨高墩桥梁、路基、无砟轨道、轨道、公路跨越铁路和铁路跨越公路桥梁、大型车站等施工质量安全管理和隐患排查情况；既有线施工计划、施工方案审批和落实、安全协议签订和现场安全盯控、路料和施工机械安全管理、线路开通放行确认以及影响工程质量安全的因素及隐患情况；风险管理及高风险隧道施工单位领导带班和建设单位领导包保责任落实情况，火工品及爆破器材管理情况；季节性安全防范措施落实情况。

（五）高速铁路环境治理情况。重点检查开展铁路沿线打击各种危及铁路安全的非法违法生产经营建设行为情况；高铁沿线环境存在的安全隐患排查和整治情况；站车防火防爆、查危防爆措施落实情况，较大客站特别是高铁车站落实全覆盖安检制度情况；旅客列车、候车室、售票厅等公众聚集场所和关键设备防火防爆措施落实情况，以及治安维护情况等。

（六）建立健全和落实规章制度情况。重点检查各专业、各岗位规章制度、作业标准、作业指导书建立健全情况；现行质量安全规章制度的有效性、完整性以及执行落实情况；机车车辆制造、修理单位是否对基本规章、专业规章分层次、按专业进行了细化，形成了专业技术文件；验收把关质量控制情况等。

（七）企业安全教育培训情况。主要检查铁路系统安全生产监管部门各级领导和执法人员安全生产教育培训情况，企业主要负责人和安全生产管理人员、特殊工种人员按有关规定持证上岗情况；职业教育培训、全员培训、专业技能培训和岗前培训、班前培训，以及职工培训合格上岗情况。

三、检查的范围、对象和时间安排

（一）检查的范围：速度为200公里/小时及以上正在运营的高速铁路和在建项目（包括客运专线）。

（二）检查的对象：北京、沈阳、郑州、武汉、西安、济南、上海、南昌、广州、成都10个铁路局和中国南车集团公司、中国北方机车车辆工业集团公司、中国铁路通信信号集团公司等设备生产厂家；认真排查技术装备、设计施工、安全管理等方面存在的薄弱环节和隐患，并督促落实整改措施。

（三）时间安排。8月中旬至9月中旬，具体行程由各检查组自行确定。

四、检查组组成

经国务院常务会议研究决定，此次高速铁路安全大检查由发展改革委、科技部、工业和信息化部、人力资源社会保障部、国土资源部、住房城乡建设部、交通运输部、水利部、国资委、质检总局、安全监管总局、电监会的同志和有关技术专家参加，共组织12个检查组，分别由上述部门负责同志带队。国务院办公厅负责协调指导。

五、检查方式

各检查组要采取明查与暗访、抽查与普查、查阅资料与现场检测等方式，深入基层站段、车间、班组，对技术装备、设计施工、安全管理等方面存在的薄弱环节和隐患进行认真排查。要与各相关铁路局等单位代表进行座谈，了解高速铁路建设、运营、管理的成效和存在的问题，听取有关意见和建议。检查结束时，要向各相关铁路局等单位负责同志反馈意见，对进一步做好铁路安全工作提出整改、完善和提高的指导意见。

六、有关要求

（一）加强组织领导。各有关地区、部门和单位要高度重视，切实加强组织领导，对检查工作作出周密安排部署。铁道部要在深入开展安全生产隐患自查整改的基础上，积极主动配合国务院检查组做好检查工作。相关地方各级人民政府要切实落实属地监管责任，加强对有关企业和建设项目的安全监管，配合开展高速铁路安全大检查。

（二）强化隐患整改。各检查组要深入基层一线开展检查，及时发现和解决实际问题。对检查发现的隐患和问题，要督促责任单位，限期整改到位，并制定落实监控措施；对存在严重威胁安全重大隐患的项目，要责令立即停止运营或生产建设。

（三）严肃作风纪律。各检查组要轻车简从，廉洁自律，严格执行党风廉政建设和保密等相关规定。检查工作要客观全面，严肃认真，务求实效。大检查开始前，各检查组要制定检查工作实施方案。

（四）认真总结报告。各检查组对检查过程中掌握的情况、发现的问题以及提出的意见和建议进行整理汇总，在实地检查结束后一周内提交检查报告报国务院。

国务院办公厅

2011年8月12日

最高人民法院发出关于适用《中华人民共和国婚姻法》若干问题的解释（三）

《最高人民法院关于适用〈中华人民共和国婚姻法〉若干问题的解释（三）》已于2011年7月4日由最高人民法院审判委员会第1525次会议通过，现予公布，自2011年8月13日起施行。

2011年8月9日

关于适用《中华人民共和国婚姻法》若干问题的解释（三）

为正确审理婚姻家庭纠纷案件，根据《中华人民共和国婚姻法》《中华人民共和国民事诉讼法》等相关法律规定，对人民法院适用婚姻法的有关问题作出如下解释：

第一条　当事人以婚姻法第十条规定以外的情形申请宣告婚姻无效的，人民法院应当判决驳回当事人的申请。

当事人以结婚登记程序存在瑕疵为由提起民事诉讼,主张撤销结婚登记的,告知其可以依法申请行政复议或者提起行政诉讼。

第二条　夫妻一方向人民法院起诉请求确认亲子关系不存在,并已提供必要证据予以证明,另一方没有相反证据又拒绝做亲子鉴定的,人民法院可以推定请求确认亲子关系不存在一方的主张成立。

当事人一方起诉请求确认亲子关系,并提供必要证据予以证明,另一方没有相反证据又拒绝做亲子鉴定的,人民法院可以推定请求确认亲子关系一方的主张成立。

第三条　婚姻关系存续期间,父母双方或者一方拒不履行抚养子女义务,未成年或者不能独立生活的子女请求支付抚养费的,人民法院应予支持。

第四条　婚姻关系存续期间,夫妻一方请求分割共同财产的,人民法院不予支持,但有下列重大理由且不损害债权人利益的除外:

(一)一方有隐藏、转移、变卖、毁损、挥霍夫妻共同财产或者伪造夫妻共同债务等严重损害夫妻共同财产利益行为的;

(二)一方负有法定扶养义务的人患重大疾病需要医治,另一方不同意支付相关医疗费用的。

第五条　夫妻一方个人财产在婚后产生的收益,除孳息和自然增值外,应认定为夫妻共同财产。

第六条　婚前或者婚姻关系存续期间,当事人约定将一方所有的房产赠与另一方,赠与方在赠与房产变更登记之前撤销赠与,另一方请求判令继续履行的,人民法院可以按照合同法第一百八十六条的规定处理。

第七条　婚后由一方父母出资为子女购买的不动产,产权登记在出资人子女名下的,可按照婚姻法第十八条第(三)项的规定,视为只对自己子女一方的赠与,该不动产应认定为夫妻一方的个人财产。

由双方父母出资购买的不动产,产权登记在一方子女名下的,该不动产可认定为双方按照各自父母的出资份额按份共有,但当事人另有约定的除外。

第八条　无民事行为能力人的配偶有虐待、遗弃等严重损害无民事行为能力一方的人身权利或者财产权益行为,其他有监护资格的人可以依照特别程序要求变更监护关系;变更后的监护人代理无民事行为能力一方提起离婚诉讼的,人民法院应予受理。

第九条　夫以妻擅自中止妊娠侵犯其生育权为由请求损害赔偿的,人民法院不予支持;夫妻双方因是否生育发生纠纷,致使感情确已破裂,一方请求离婚的,人民法院经调解无效,应依照婚姻法第三十二条第三款第(五)项的规定处理。

第十条　夫妻一方婚前签订不动产买卖合同,以个人财产支付首付款并在银行贷款,婚后用夫妻共同财产还贷,不动产登记于首付款支付方名下的,离婚时该不动产由双方协议处理。

依前款规定不能达成协议的,人民法院可以判决该不动产归产权登记一方,尚未归还的贷款为产权登记一方的个人债务。双方婚后共同还贷支付的款项及其相对应财产增值部分,离婚时应根据婚姻法第三十九条第一款规定的原则,由产权登记一方对另一方进行补偿。

第十一条　一方未经另一方同意出售夫妻共同共有的房屋,第三人善意购买、支付合理对价并办理产权登记手续,另一方主张追回该房屋的,人民法院不予支持。

夫妻一方擅自处分共同共有的房屋造成另一方损失,离婚时另一方请求赔偿损失的,人民法院应予支持。

第十二条　婚姻关系存续期间,双方用夫妻共同财产出资购买以一方父母名义参加房改的房屋,产权登记在一方父母名下,离婚时另一方主张按照夫妻共同财产对该房屋进行分割的,人民法院不予支持。购买该房屋时的出资,可以作为债权处理。

第十三条　离婚时夫妻一方尚未退休、不符合领取养老保险金条件,另一方请求按照夫妻共同财产分割养老保险金的,人民法院不予支持;婚后以夫妻共同财产缴付养老保险费,离婚时一方主张将养老金账户中婚姻关系存续期间个人实际缴付部分作为夫妻共同财产分割的,人民法院应予支持。

第十四条　当事人达成的以登记离婚或者到人民法院协议离婚为条件的财产分割协议,如果双方协议离婚未成,一方在离婚诉讼中反悔的,人民法院应当认定该财产分割协议没有生效,并根据实际情况依法对夫妻共同财产进行分割。

第十五条　婚姻关系存续期间,夫妻一方作为继承人依法可以继承的遗产,在继承人之间尚未实际分割,起诉离婚时另一方请求分割的,人民法院应当告知当事人在继承人之间实际分割遗产后另行起诉。

第十六条　夫妻之间订立借款协议,以夫妻共同财产出借给一方从事个人经营活动或用于其他个人事务的,应视为双方约定处分夫妻共同财产的行为,离婚时可按照借款协议的约定处理。

第十七条　夫妻双方均有婚姻法第四十六条规定的过错情形,一方或者双方向对方提出离婚损害赔偿请求的,人民法院不予支持。

第十八条　离婚后,一方以尚有夫妻共同财产未处理为由向人民法院起诉请求分割的,经审查该财产确属离婚时未涉及的夫妻共同财产，人民法院应当依法予以分割。

第十九条　本解释施行后，最高人民法院此前作出的相关司法解释与本解释相抵触的，以本解释为准。

央行发布《2011年上半年金融统计数据报告》

数据显示，上半年人民币贷款增加4.17万亿元，同比少增4497亿元。6月份人民币贷款增加6339亿元，同比多增207亿元。

具体数据如下：

一、广义货币增长15.9%，狭义货币M1增长13.1%

2011年6月末，广义货币(M2)余额78.08万亿元，同比增长15.9%，比上月末高0.8个百分点，比上年年末低3.8个百分点；狭义货币(M1)余额27.47万亿元，同比增长13.1%，比上月末高0.4个百分点，比上年年末低8.1个百分点；流通中货币(M0)余额4.45万亿元，同比增长14.4%。上半年净回笼现金110亿元。

二、上半年人民币贷款增加4.17万亿元，外币贷款增加513亿美元

6月末，本外币贷款余额54.65万亿元，同比增长16.8%。人民币贷款余额51.40万亿元，同比增长16.9%，分别比上月末和上年年末低0.2个和3.0个百分点。上半年人民币贷款增加4.17万亿元，同比少增4497亿元。分部门看，住户贷款增加1.46万亿元，其中，短期贷款增加5965亿元，中长期贷款增加8588亿元；非金融企业及其他部门贷款增加2.70万亿元，其中，短期贷款增加1.34万亿元，中长期贷款增加1.43万亿元，票据融资减少1422亿元。6月份人民币贷款增加6339亿元，同比多增207亿元。外币贷款余额5018亿美元，同比增长22.2%，上半年外币贷款增加513亿美元。

三、上半年人民币存款增加7.34万亿元，外币存款增加307亿美元

6月末，本外币存款余额80.30万亿元，同比增长17.5%。人民币存款余额78.64万亿元，同比增长17.6%，比上月末高0.5个百分点，比上年年末低2.6个百分点。上半年人民币存款增加7.34万亿元，同比少增1846亿元。其中，住户存款增加3.28万亿元，非金融企业存款增加1.64万亿元，财政性存款增加9748亿元。6月份人民币存款增加1.91万亿元，同比多增5685亿元。外币存款余额2564亿美元，同比增长17.9%，上半年外币存款增加307亿美元。

四、银行间市场交易活跃，市场利率明显上升

上半年银行间市场人民币交易累计成交91.76万亿元，日均成交7521亿元，日均同比多成交1456亿元，同比增长24.0%。

6月份银行间市场同业拆借月加权平均利率为4.56%，分别比上月和上年12月份上升1.63和1.64个百分点；质押式债券回购月加权平均利率为4.94%，分别比上月和上年12月份上升1.91个和1.82个百分点。

五、国家外汇储备增长30.3%

2011年6月末，国家外汇储备余额为31975亿美元，同比增长30.3%。6月末人民币汇率为1美元兑6.4716元人民币。

中国首个自主研发抗肿瘤药物——盐酸埃克替尼上市

“十一五”重大新药创制专项支持项目——盐酸埃克替尼研发成果发布会发布消息，我国第一个自主研制和第一个拥有自主知识产权的小分子靶向抗肿瘤药——盐酸埃克替尼(商品名：凯美纳)获得国家食品药品监管局的新药证书，并于日前上市销售。

盐酸埃克替尼主要用于非小细胞肺癌的二、三期治疗，安全性好，价格明显低于进口药物。

8月13日

世界大学校长论坛在深圳开幕

会议于8月13日至14日召开。国务委员刘延东出席开幕式并致辞。

刘延东指出，当今时代是深刻变革、孕育机遇的时代，也是充满挑战和不确定因素的时代。人类需要运用智慧来化解矛盾、消弭危机、创造未来。大学作为培养高端人才的重要基地，作为创造新知识、新思想、新科技的重要源泉，应承担起时代赋予的使命，适应迅速变化的知识社会，大力培养各类人才；站在创新高峰与前沿，服务社会繁荣与进步；促进跨文化理解与合作，为构建和谐世界而不懈努力。

刘延东强调，加强各国高等教育的交流合作，对于促进人类社会的知识传播、文化传承、多元文明互鉴以及实现全球繁荣发展，具有重要作用。中国政府一贯高度重视高等教育的交流合作，鼓励中国大学与各国大学构建有深度、更持久的合作共赢关系。要共享优质教育资源，扩大中外学生交流规模和政府间学历学位互认，支持中外大学间教师互派、学生互换、学分互认和学位互授联授，吸引更多世界一流的专家学者来华从事教学、科研和管理工作，全面提升学科建设水平和人才培养质量。要深化科研合作，鼓励大学瞄准世界科技发展前沿，开展国际学术交流，建立联合实验室等实体性国际研发机构，协同推进高水平基础研究

和高技术研究，共同攻克应对全球性挑战的重大问题。要扩大社会互动，支持大学与科研机构、企业开展合作，形成教学、科研和产业良性互动的多赢格局，推动大学参与区域经济一体化建设，合作加强战略研究和决策咨询，提升服务社会的水平和实效。要开展文化交流，鼓励大学加强国际理解教育，拓展校际交流，增进学生对不同国家、不同文化的认知和感受，培育学生包容多元文化的胸怀和跨文化学习研究的能力。刘延东希望各国大学更加广泛深入地参与到跨文化交流中来，共同谱写人类文明进步的辉煌篇章。

本次论坛以“21世纪大学的新使命与人才培养”为主题，联合国教科文组织总干事伊琳娜·博科娃及来自五大洲68个国家和地区的163位大学校长出席开幕式，教育部部长袁贵仁主持开幕式。开幕式上还宣布设立了深圳大运留学基金，并为首批获得基金的学生代表颁发了证书。

2011年北京个性化教育国际会议在北京举行

全国人大常委会副委员长陈至立出席开幕式并致辞。她强调，要坚持全面发展与个性发展的统一，培养和促进学生实现德智体美全面发展。

陈至立说，《国家中长期教育改革和发展规划纲要》强调指出，推进素质教育是中国特色社会主义教育的主旋律，坚持以人为本、全面实施素质教育是我国教育改革发展的战略主题，是贯彻我国教育方针的时代要求。实施个性化教育，是促进教育改革创新的一个重要抓手，是实施素质教育的重要措施，是教育贯彻以人为本科学发展观的具体体现。

陈至立指出，个性化教育主张遵循教育规律和人才成长规律，尊重广大学生的主体地位，有利于加强教育的针对性、实效性，有利于改变学生被动学习的状况、调动学生学习的主动性和积极性，有利于发展学生的优势潜能、有效培养其创新能力。

教育部副部长刘利民出席开幕式并致辞。中国教育学会会长顾明远教授、华东师大叶澜教授等国内外专家学者将在会议上作主题报告，800余名代表与会。

中国新闻摄影学会在济南举行2010年度中国新闻摄影年赛颁奖典礼

来自全国新闻界的15名金奖获得者和4名年度杰出摄影记者与图片编辑在现场领奖。

这次获奖的新闻摄影作品，涵盖了玉树地震、世博会、上海大火等2010年度中国政治、经济、文化等国内重大新闻事件。2010年度中国新闻摄影年赛还评出年度杰出摄影记者、杰出图片编辑各两名。

8月14日

国务院发出《关于贯彻实施〈中华人民共和国行政强制法〉的通知》

通知指出，行政强制法是继行政处罚法、行政复议法、行政许可法等之后又一部规范政府共同行为的重要法律，对保障和监督行政机关严格依法履行职责，提高行政管理效率，维护公共利益和社会秩序，保护公民、法人和其他组织的合法权益具有重要意义。地方各级人民政府、国务院各部门要从深入贯彻落实科学发展观，加快建设社会主义法治国家和法治政府，构建社会主义和谐社会的高度，充分认识行政强制法施行的重要意义，采取有效措施，作出具体部署，狠抓贯彻落实，扎实做好行政强制法的贯彻实施工作。

根据行政强制法的规定，结合当前行政强制设定和实施的实际，通知对行政机关贯彻实施行政强制法提出了五个方面的具体要求：

一是加强对行政强制法的学习、宣传和培训。各级行政机关工作人员特别是领导干部，要带头认真学习行政强制法，深刻领会行政强制法的精神，充分认识施行行政强制法对政府管理将产生的影响，准确把握行政强制法对行政执法提出的新任务、新要求；要抓紧组织行政执法人员开展行政强制法培训，使他们全面掌握行政强制法的各项规定，并在行政执法中自觉贯彻执行；要充分利用各种宣传舆论工具，采取多种形式，向人民群众广泛宣传行政强制法，让人民群众了解这部法律，监督这部法律的实施，依照这部法律维护自身的合法权益。

二是认真做好有关行政强制规定的清理工作。国务院各部门要抓紧对自己负责执行的行政法规中有关行政强制的规定进行梳理，对需要修改或者废止的提出处理意见。各地区、各部门要抓紧组织力量，对规章和规范性文件开展一次专项清理，对与行政强制法不一致的规定，要及时予以修改或者废止，确需保留的，要依法及时上升为法律、法规。规章和规范性文件的清理工作要在2012年1月1日前全部完成，并向社会公布清理结果。凡与行政强制法不一致的有关行政强制的规定，自行政强制法实施之日起一律停止执行。

三是依法规范行政强制实施主体。要抓紧依据行政强制法开展行政强制实施主体清理工作，行政机关没有法定依据实施行政强制、行政机关内设机构以自己名义实施行政强制措施、非行政机关未经法律或者行政法规授权行使行政强制权的，都要予以纠正。行政强制措施依法由行使相对集中行政处罚权的行政机关行使后，原有关行政机关不得再实施这些行政强制措施，防止出现不同行政机关重复实施行政强制的现象。要加强对行政执法人员的资格管理，把具备资格的人员配备在实施行政强制权的执法岗位上；对不具备资格的人员，要坚决调离执法岗位；对行政执法人员开展严格规范公正文明执法教育，引导他们树立正确的执法理念，对采用教育、劝导等非强制手段可以达到行政管理目的的，不得实施行政强制。

四是严格遵守行政强制程序。要强化程序意识，并结合实际，建立健全有关配套制度，保证把行政强制法的各项程序规定落到实处。要准确把握行政强制法对行政强制执行体制问题的立法精神，严格执行有关规定，正确运用行政强制法赋予的行政强制执行权，既要有效维护公共利益和社会秩序，又要切实保护公民、法人和其他组织的合法权益。

五是强化对实施行政强制的监督。要将有关行政强制的规定作为法规规章备案审查的重点，加大审查力度，对违法设定或者规定行政强制的，要坚决予以纠正。要完善当事人对行政机关实施行政强制进行陈述申辩的制度，尊重并保障当事人申请行政复议、提起行政诉讼、要求损害赔偿的权利。要健全行政强制执行的补救制度，对据以执行的行政决定被撤销、变更，或者执行错误的，行政机关应当恢复原状或者退还财物，或者依法给予赔偿。县级以上地方人民政府要建立重大行政强制决定的备案制度，切实加强对实施行政强制的监督检查，发现违法实施行政强制的，坚决予以纠正；应当追究法律责任的，依法追究有关责任人员的法律责任。

通知最后强调，各地区、各部门要把贯彻实施行政强制法，规范行政强制行为作为当前和今后一个时期全面推进依法行政、加快建设法治政府的一个重要抓手，把严格执行行政强制法与贯彻实施《全面推进依法行政实施纲要》《国务院关于加强市县政府依法行政的决定》《国务院关于加强法治政府建设的意见》结合起来，统筹考虑，统一安排。要以贯彻实施行政强制法为契机，进一步加强和改进政府立法，规范行政执法，加强执法监督，切实提高行政机关及其工作人员依法行政的能力和水平，扎扎实实地推进法治政府建设。

全国政协副主席杜青林在浙江 安徽调研

8月14日至16日，杜青林到杭州、合肥、黄山、池州、宣城等地，听取当地统战工作情况汇报，与各级统战干部、宗教团体负责人和专家学者进行座谈研讨。

杜青林强调，要着眼科学发展主题和加快转变经济发展方式主线，坚持和完善中国特色社会主义制度，社会主义文化的发展和繁荣，加强和创新社会管理，进一步明确统一战线服务经济、政治、文化和社会"四位一体"建设的着力点。他指出，要适应统一战线内部构成的变化，更加注重开放包容，更加注重协调关系，更加注重教育引导，更加注重方法创新，更加注重团结联谊，使统一战线功能作用得到充分彰显和发挥。

在与宗教团体负责人座谈时，杜青林指出，要全面贯彻落实党的宗教工作方针政策，充分发挥宗教团体作为党和政府联系信教群众的桥梁和纽带作用，加大宗教人才培养力度，着力加强宗教团体的领导班子建设，继承弘扬我国宗教护国利民、心诚扬善、崇顺尚和的价值理念，推进依法管理、社会管理和民主管理，把宗教界人士和信教群众紧密团结在党和政府周围。

国务委员刘延东在北京出席教育部直属高校工作咨询委员会第二十一次会议并讲话

刘延东指出，高等教育是科技第一生产力和人才第一资源的重要结合点，国家强大学必须强。提高质量是高等教育的生命线，要作为高等教育事业发展的根本大计、改革创新的第一要求，凝聚各方面力量，全力以赴把这一最核心最紧迫的任务实施好、完成好。

刘延东强调，全面提高高等教育质量是一项复杂的系统工程，涉及理念思路的更新、体制模式的创新、评价机制的引导、基础能力的保障、社会环境的营造等，必须以人才培养为核心，科学研究为基础，社会服务为方向，文化传承创新为引领，形成大学各项功能相互促进、相互支撑、办学质量整体提升的新格局。按照符合国家和区域发展需要、符合学校实际、符合人才成长规律的原则，优化调整学科专业结构、培养类型结构和区域结构，突出特色、分类管理、防止同质化，促进规模、质量、效益的协调发展。要以科学的质量观指导人才培养，弘扬成功经验，改革培养模式，创新教学方法，注重因材施教、个性化培养，强化实践育人，建立多种主体联合培养的方式。依托优势学科群，与科研院所、行业企业建立开放、集成、高效的协同创新机制，探索高等教育质量提升的新平台、服务国家创新发展的新路径、体制机制创新的新载体。完善符合高校特点的内部治理结构，积极稳妥地扩大高校办学自主权，健全依法办学、自主管理、民主监督、社会参与的机制，推进中国特色现代大学制度建设。建立完善政府、学校、专门机构和社会多元评价相结合的科学规范的质量标准体系和教育教学评估监督制度。大力加强教师师德和教学能力建设，改善工作生活条件，努力建设一支师德高尚、业务精湛、结构合理、充满活力的教师队伍。

刘延东要求，高校领导班子要自觉按照社会主义政治家、教育家的要求，坚持党对高校工作的领导，树立大局意识、责任意识、忧患意识，解放思想、奋发进取，遵循教育教学规律，提高办学治校水平，不断开创高等教育改革发展新局面。

来自教育部直属高校的咨询委员、其他部委和地方所属高校的特邀党委书记和校长共193人参加了会议。

我国海拔最高的援藏小学建成并启用

由中国石化集团援建的、海拔4700多米的西藏班戈县中石化小学正式建成启用，这是目前海拔最高的援藏小学。

中国足协聘请何塞·安东尼奥·卡马乔出任国家男子足球队主帅

这位西班牙名帅正式成为中国男子足球队主教练，任期为3年。

中国队在英国伦敦举行的2011年羽毛球世界锦标赛中包揽五枚金牌

男子单打决赛中，林丹以2:1战胜马来西亚选手李宗伟，第四次夺得男单冠军。中国选手王仪涵以2:0战胜中华台北队球员郑韶婕，第一次获得世锦赛女单冠军。中国组合王晓理/于洋以2:0击败队友田卿/赵芸蕾获得女双冠军。中国选手蔡赟/付海峰以2:0战胜韩国选手高成炫/柳延星，实现世锦赛三连冠。中国组合张楠/赵芸蕾夺得混双冠军。

8月15日

十一届全国人大常委会第六十七次委员长会议在人民大会堂召开

会议由全国人大常委会委员长吴邦国主持。

会议决定十一届全国人大常委会第二十二次会议8月24日至26日在北京举行。

委员长会议建议，十一届全国人大常委会第二十二次会议审议全国人大常委会委员长会议关于提请审议刑事诉讼法修正案草案的议案；审议全国人大常委会委员长会议关于提请审议香港特别行政区基本法第十三条第一款和第十九条的解释草案的议案。

委员长会议建议的常委会第二十二次会议议程还有：审议国务院关于提请审议批准《东南亚友好合作条约第三修改议定书》的议案；审议国务院关于今年以来国民经济和社会发展计划执行情况的报告、关于今年以来预算执行情况的报告；审议全国人大常委会执法检查组关于检查老年人权益保障法实施情况的报告；审议全国人大常委会代表资格审查委员会关于个别代表的代表资格的报告；审议有关任免案等。

委员长会议上，全国人大常委会副委员长兼秘书长李建国就常委会第二十二次会议议程草案、日程安排意见作了汇报。全国人大常委会有关副秘书长，全国人大有关专门委员会、全国人大常委会有关工作委员会和代表资格审查委员会负责人就常委会第二十二次会议的相关议程作了汇报。

全国人大常委会副委员长王兆国、路甬祥、乌云其木格、韩启德、华建敏、陈至立、周铁农、司马义·铁力瓦尔地、蒋树声、陈昌智、严隽琪、桑国卫等出席会议。

全国人大常委会委员长吴邦国在人民大会堂与埃塞俄比亚总理梅莱斯举行会谈

吴邦国说，近年来，两国政治互信不断增强，合作内涵不断丰富，合作成果显著，堪称中国与非洲国家友好关系的典范。中方愿同埃方携手努力，增进传统友谊，抓住两国经济发展带来的新的合作机遇，结合各自国家发展战略，不断探讨新的合作方式，拓宽合作领域，推动中埃全面合作伙伴关系不断迈上新台阶。

吴邦国表示，中国全国人大和埃塞俄比亚联邦议会一直保持着密切交往和合作，双方应继续加强友好交往，促进务实合作，推动政党、地方和人员之间的往来，为国家关系不断增添新的内容、注入新的活力。

梅莱斯表示，埃中在基础设施建设、农业、矿业、航空等领域的合作前景广阔，埃塞俄比亚政府欢迎更多中国企业赴埃投资兴业，支持两国议会为推动双边关系发展发挥更大作用。

国务院总理温家宝在人民大会堂分别同埃塞俄比亚总理梅莱斯和罗马尼亚总理博克举行会谈

在同梅莱斯会谈中，温家宝宣布：为帮助埃塞等非洲国家应对当前严重旱灾，中国政府决定在提供9000万元人民币紧急粮食援助基础上，再增加3.532亿元人民币紧急粮食援助。

温家宝表示，埃塞是中国在非洲的真诚朋友和重要伙伴。中国支持埃塞实施"增长与转型5年计划"，愿扩大在电力、交通等基础设施建设领域的合作，加大工业投资和技术转让力度，帮助埃塞发展高效农业，实现经济社会可持续发展。

梅莱斯说，中国长期给予埃塞宝贵经济援助和支持，有力增强了埃塞的自我发展能力。埃塞愿进一步加强两国在贸易、投资和技术领域的互利合作，推动埃中关系取得更大进展。

两国总理共同见证了双边有关合作协议的签字仪式。

在同博克会谈中，温家宝表示，中国政府对两国在基础设施建设方面开展融资、承包和技术合作持积极态度；鼓励加强企业、信息、人员交流，带动双方产业发展和商品贸易；中罗可以在矿产资源开发利用、农林牧渔业生产加工等领域实现优势互补。

博克欢迎中方企业对罗方的大型基础设施项目进行投资。罗方愿进一步加强同中方在经贸、旅游、文化等领域的交流合作，密切在国际地区事务中的沟通配合，开辟两国关系新的发展阶段。

全国构建和谐劳动关系先进表彰暨经验交流会在北京举行

会议于8月15日至16日举行。会议由全国总工会、人力资源和社会保障部、全国工商联、中国企业联合会、中央宣传部联合召开。会议表彰了全国模范劳动关系和谐企业和工业园区，交流了构建和谐劳动关系的工作经验，对当前和今后一个时期构建和谐劳动关系工作进行了全面部署。

会议期间，习近平等中央领导同志会见了受表彰的全国模范劳动关系和谐企业和工业园区代表并合影留念。

中央纪委书记贺国强在太原出席部分省(区、市)巡视工作座谈会并发表讲话

贺国强指出，建立和完善巡视制度，是党中央从加强党内监督、提高党的执政能力、保持和发展党的先进性的战略高度作出的一项重大决策。党的十七大以来，在中央的正确领导下，在各级党委的大力支持下，各级巡视机构积极探索实践，扎实开展工作，巡视工作领导体制和工作机制逐步健全、制度体系框架基本形成、方式方法不断改进、监督成效更加明显，为推动党的路线方针政策和中央重大决策部署的贯彻落实、维护改革发展稳定大局，为加强领导班子和干部队伍建设、促进党风廉政建设和反腐败斗争发挥了重要作用。

贺国强强调，胡锦涛总书记在“七一”重要讲话中，着眼于世情、国情、党情发生深刻变化的新形势，对坚持党要管党、从严治党，加强党内监督、严肃党的纪律、深入推进党风廉政建设和反腐败斗争提出了一系列新要求。我们要深入学习贯彻胡锦涛总书记“七一”重要讲话精神，切实加强和改进巡视工作，努力提高巡视工作科学化水平。一是要更加注重科学理论指导，牢固树立以人为本、统筹兼顾、改革创新等理念，切实把科学发展观的要求贯穿于巡视工作全过程和各方面，确保巡视工作始终沿着正确方向发展；二是要更加注重服务大局，把维护党的政治纪律作为巡视工作的首要任务，紧扣科学发展这个主题和加快转变经济发展方式这条主线、着眼维护社会和谐稳定这个硬任务、围绕全面推进党的建设新的伟大工程开展巡视，不断增强巡视工作的针对性和实效性；三是要更加注重整体推进，着力构建比较完整的全国性巡视监督网络，逐步形成各层面巡视工作相互补充、相互促进的良好局面；四是要更加注重完善制度，逐步形成内容科学、程序严密、配套完备、有效管用的巡视工作制度体系，同时，着力提高制度执行力，确保各项制度不折不扣落到实处；五是要更加注重巡视干部队伍建设，把严把“入口关”与拓宽用人渠道结合起来，把理论学习与实践锻炼结合起来，把严格要求与关心爱护结合起来，不断提高巡视干部队伍综合素质和业务能力。

贺国强强调，作为被巡视对象的县级领导班子和领导干部，要自觉接受监督，带头廉政勤政，按照巡视反馈意见，认真抓好整改落实，借力推进工作，不断开创各项工作新局面。

国务院高速铁路及其在建项目安全大检查动员部署会议在北京召开

会议于8月15日至16日召开。中共中央政治局委员、国务院副总理张德江作动员讲话。

张德江指出，“7·23”甬温线特别重大铁路交通事故再一次警示我们，必须坚持把安全作为发展高速铁路的首要前提和根本保证，全面加强高速铁路安全工作，切实把速度、质量、效益与安全统一起来，实现高速铁路安全运营以及铁路事业健康发展。

张德江要求，检查工作要认真贯彻国务院常务会议精神，全面落实国务院办公厅通知的各项要求，全面系统排查和彻底整治高速铁路安全隐患。要坚持科学严谨、实事求是的原则，认真排查高速铁路运营、建设、管理中的薄弱环节和安全隐患，及时反馈，督促整改。对检查发现的隐患和问题，能立即整改的要立即整改；不能立即整改的，要落实安全责任，制定保障措施，明确整改时限；如存在严重威胁安全的重大隐患，要责令立即停止运营或生产建设。要通过检查，进一步落实和完善高速铁路安全生产各项制度，落实安全生产责任制，强化源头治理，加强安全监管，提高管理水平，推进高速铁路安全生产长效机制的健全和完善。

张德江强调，检查组要抓紧准备，动员培训后到位开展工作。要发扬深入细致的工作作风，深入基层、深入现场、深入群众，掌握第一手材料，了解真实情况。要坚持求真务实的工作态度，勇于发现问题、提出问题、解决问题，不留情面、不走过场，真正起到检查的作用。各检查组分别明确一位专家担任副组长，共有175位专家参加检查，要注重充分发挥专家的优势和作用，做到“既看病、又开方”，提高对安全隐患排查的科学性和整改的针对性。要严格遵守各项检查纪律，严格执行党风廉政建设和保密等相关规定，以保证检查工作的高效客观公正。要做好宣传报道工作,及时准确发布检查工作信息。铁道部和各有关方面要主动配合和积极支持安全大检查工作。

国办发出《关于加强和改进流浪未成年人救助保护工作的意见》

意见要求各地充分认识流浪未成年人救助保护工作的重要意义,加强和改进流浪未成年人救助保护工作。

意见明确,流浪未成年人救助保护工作的总体要求是:牢固树立以人为本、执政为民的理念,贯彻预防为主、标本兼治的方针,健全机制,完善政策,落实责任,加快推进流浪未成年人救助保护体系建设,确保流浪未成年人得到及时救助保护、教育矫治、回归家庭和妥善安置,最大限度减少未成年人流浪现象,坚决杜绝胁迫、诱骗、利用未成年人乞讨等违法犯罪行为。

流浪未成年人救助保护工作的基本原则是:坚持未成年人权益保护优先,坚持救助保护和教育矫治并重,坚持源头预防和综合治理,坚持政府主导和社会参与。

意见指出,公安机关发现流浪乞讨的未成年人,应当护送到救助保护机构接受救助。其中由成年人携带流浪乞讨的,应当进行调查、甄别,对有胁迫、诱骗、利用未成年人乞讨等违法犯罪嫌疑的,要依法查处;对由父母或其他监护人携带流浪乞讨的,应当批评、教育并引导护送到救助保护机构接受救助,无力自行返乡的由救助保护机构接送返乡,公安机关予以协助配合。民政部门要积极开展主动救助,引导护送流浪未成年人到救助保护机构接受救助。城管部门发现流浪未成年人,应当告知并协助公安或民政部门将其护送到救助保护机构接受救助。对突发急病的流浪未成年人,公安机关和民政、城管部门应当直接护送到定点医院进行救治。充分发挥村(居)民委员会等基层组织作用,组织和动员居民提供线索,劝告、引导流浪未成年人向公安机关、救助保护机构求助,或及时向公安机关报警。

意见还指出,要加大打击拐卖未成年人犯罪力度,帮助流浪未成年人及时回归家庭,做好流浪未成年人的教育矫治,强化流浪未成年人源头预防和治理。

意见最后指出,健全工作机制,形成救助保护工作合力。加强舆论引导,弘扬中华民族恤孤慈幼的传统美德,鼓励社会力量通过开展慈善捐助、实施公益项目、提供志愿服务等多种方式,积极参与流浪未成年人救助保护工作,营造关心关爱流浪未成年人的良好氛围。

中国首部华侨华人蓝皮书——《华侨华人研究报告(2011)》首发式在北京举行

蓝皮书由国务院侨办直属院校华侨大学主编。所载文献从历史、政策、国际移民潮流和规律、主要侨胞居住地之现状、国内侨务概貌以及经济科技、华文媒体和华文教育等角度,剖析新侨情,解读新问题,探索新路径。

钱家骏逝世

中国美术电影的泰斗级人物钱家骏因病于8月15日在上海去世,享年95岁。他的代表作有《乌鸦为什么是黑的》《一幅僮锦》《牧笛》和《九色鹿》。

8月16日

国家主席胡锦涛在人民大会堂接受5国新任驻华大使递交的国书

这5位驻华大使分别是:斯里兰卡驻华大使乌杨高达、科摩罗首任驻华大使阿布德、苏里南驻华大使皮纳斯、澳大利亚驻华大使孙芳安、美国驻华大使骆家辉。

国家主席胡锦涛与伊朗总统艾哈迈迪—内贾德互致贺电庆祝两国建交40周年

中共中央政治局常委李长春在中国盲文图书馆新馆调研

中共中央政治局委员、书记处书记、中宣部部长刘云山一同调研。

李长春详细了解馆藏和服务情况,并与盲人教育工作者亲切交谈,勉励他们把党和政府的关怀送到盲人读者的心坎上。

李长春与中国残联及所属单位负责同志、职工代表一起座谈,听取他们的意见建议。李长春对中央和国家有关部门特事特办,迅速建成中国盲文图书馆新馆给予肯定、表示谢意。他指出,残疾人事业是党和国家事业的重要组成部分。以胡锦涛同志为总书记的党中央对广大残疾人非常关心,先后作出一系列部署,推动我国残疾人事业取得长足进步。盲文图书馆新馆的快速建成,体现了党中央、国务院和全社会对残疾人事业的关心,体现了以人为本、执政为民的理念,体现了社会主义制度的优越性,体现了我国人权事业发展的成果。随着经济社会快速发展和综合国力日益增强,我们有责任也有条件采取更有力的措施,进一步完善残疾人公共文化服务体系,推动残疾人文化事业大发展大繁荣。盲文图书馆是公共文化服务体系的重要基础性设施，要贴近盲人实际，体现人文关怀，营造良好环境，把盲文图书馆建设成盲人学习科学知识、陶冶情操的精神家园。要坚持改革创新，加大盲用信息化产品的开发应用，加快盲文数字图书馆建设推广步伐。要加强对外交流，使中国盲文图书馆成为展示我国残疾人文化事业发展成就的重要窗口。要加快培养优秀人才，为盲文图书馆事业繁荣发展提供有力保障。全国各级公共图书馆都要建立盲人阅览室或盲人读书角，让盲人朋友平等享受公共文化服务。要以完善残疾人公共文化基础设施为突破口，大力推动残疾人文化事业繁荣发展。要积极宣传社会各方面关心帮助残疾人的爱心和善举，宣传残疾人先进典型的感人事迹，在全社会营造关爱扶助残疾人的良好风尚。

国务院副总理李克强在香港会见香港特别行政区行政长官曾荫权

国务院副总理李克强深入香港社区看望市民

李克强由香港特别行政区行政长官曾荫权等陪同，前往长者地区中心、护理安老院和居民家庭，亲切看望香港市民，参观香港房屋委员会展览中心，了解香港公共房屋规划与建设情况，并与香港工商及专业界团体代表举行座谈，听取他们对两地经济合作的建议。

全国铁路开始第一阶段的降速调图

京津城际、海南东环、广珠城际高铁开始降速，京沪高铁、沪杭高铁开行的高铁数量也有所减少。调整后，京津城际高铁最快通达时间为33分钟，列车票价分别下调为一等席66元，二等席55元。京沪高铁列车开行数量将由目前的88对减少到66对，京沪线最短运行时间仍为4小时48分。

8月17日

国务院总理温家宝主持召开国务院常务会议

会议通过《中国老龄事业发展“十二五”规划》并部署进一步做好社会保险基金管理工作。

会议指出，“十一五”时期是我国老龄事业快速发展的5年。养老保障体系逐步完善，基本养老保险和基本医疗保险制度建设取得重大进展，老年社会福利和社会救助制度逐步建立。老龄服务体系从城市向农村逐步延伸，养老服务机构和老年活动设施建设明显加快，全社会敬老爱老助老氛围日渐浓厚。“十二五”时期，我国将出现第一个老年人口增长高峰，60岁以上老年人将由1.78亿增加到2.21亿，老年人口比重将由13.3%增加到16%，人口老龄化进程将加快，社会养老保障和养老服务需求将大量增加。要立足当前、着眼长远，统筹兼顾、突出重点，制定并实施好《中国老龄事业发展“十二五”规划》，促进老龄事业更好发展，努力实现老有所养、老有所医、老有所教、老有所学、老有所为、老有所乐的工作目标。

会议确定了“十二五”时期老龄事业发展的重点任务：(一)进一步完善老年社会保障制度。实现新型农村社会养老保险和城镇居民社会养老保险制度全覆盖。将符合条件的老年人全部纳入最低生活保障范围。(二)做好老年医疗卫生保健工作。基层医疗卫生机构要为辖区内65岁以上老年人建立健康档案，组织定期体检。广泛开展老年健康教育，更加注重老年精神关怀和心理慰藉。(三)完善家庭养老支持政策。完善老年人口户籍迁移管理政策、家庭养老保障和照料服务扶持政策，提倡亲情互助，弘扬孝亲敬老传统美德。(四)大力发展老龄服务。居家养老服务网络覆盖所有的城市街道、社区和80%以上的乡镇、50%以上的农村社区。推进供养型、养护型、医护型养老机构建设，实现每千名老年人拥有30张养老床位。开展多种形式的老年社区照料服务，加快发展护理康复服务。(五)加快老年活动场所和无障碍设施建设，增加文化、教育和体育健身设施，丰富老年人精神文化生活。(六)完善老龄产业引导和扶持政策，促进老年用品、用具和服务产品开发。(七)加强老龄法制建设和法律服务，加强养老服务行业监管，维护老年人合法权益。会议要求各地区、各有关部门加强组织领导和督促检查，确保规划顺利实施。

会议听取了2010年全国企业职工基本养老、失业、城镇职工基本医疗、工伤和生育五项社会保险基金决算情况的汇报。2010年，五项基金总收入17071亿元，比上年增长16%；总支出13310亿元，比上年增长21%；收支相抵，当年结余3761亿元；历年累计结余21438亿元，是2005年的3.9倍。2010年各级财政对五项基金补助1900亿元，其中中央财政补助1624亿元。社会保险基金运行继续保持良好势头。与此同时，社会保险事业取得新的发展。一是社会保险法制建设取得重要进展。颁布了社会保险法，修订了工伤保险条例，建立了全国统一的社会保险基金预算制度。二是覆盖面继续扩大。截至2010年年底，全国企业职工基本养老、失业、城镇职工基本医疗、工伤和生育五项社会保险参保人数较“十五”期末分别增长49%、26%、71%、89%和123%。关闭破产企业退休人员和困难企业职工参加基本医疗保险、未参保集体企业退休人员参加基本养老保险、老工伤人员参加工伤保险等一批重点难点问题得到相应解决。三是待遇水平稳步提高。企业退休人员月均基本养老金由2005年的

649元增加到1362元。失业人员月均领取失业保险金由2005年的276元增加到495元。城镇职工基本医疗保险住院费用统筹基金支付比例超过70%,最高支付限额提高到职工平均工资的6倍。四是五项基金全部纳入财政专户,实行收支两条线管理,并接受专门审计。挤占、挪用、骗取基金的违法违纪问题明显减少,基金安全得到有效保障。社会保险事业的发展为保障和改善民生发挥了重要作用,为整个社会的和谐稳定提供了重要保障。

会议要求进一步加强社会保险基金管理。一要提高基金预算管理水平。今年将新型农村社会养老保险和城镇居民基本医疗保险基金纳入预算编报范围,明年将新型农村合作医疗和城镇居民社会养老保险基金纳入编报范围。完善预算编报方法,加强预算执行管理。二要完善基金财务会计制度,将社会保险法规范的所有险种纳入管理范围。三要加快信息化建设,推进基金的科学化、精细化管理。推进信息公开,提高透明度。四要进一步提高统筹层次,适当提高保障水平,将基金结余保持在合理规模内。坚持安全第一的审慎原则,在完善法规、严格监管的前提下,适当拓宽基本养老保险基金投资渠道,实现保值增值。

国家"十二五"规划与两地经贸金融合作发展论坛在香港会展中心举行

由香港特别行政区政府和国家商务部、国家发展和改革委员会、中国人民银行联合举办的国家"十二五"规划与两地经贸金融合作发展论坛举行。中共中央政治局常委、国务院副总理李克强出席论坛并发表主题演讲。

香港特别行政区行政长官曾荫权首先致辞,对李克强副总理来港出席论坛表示诚挚欢迎,对中央政府给予香港的一贯支持表示衷心感谢。

李克强发表了题为《协力求发展 合作促繁荣》的主题演讲。

随后,李克强回答了与会人士的提问。在回答有关香港发展人民币离岸业务的相关问题时,李克强说,香港发展人民币离岸业务中心有着独特优势。两地经济相互联系与发展,对人民币离岸业务带来了越来越大的需求;中央政府始终支持香港在发展人民币离岸业务方面先行先试;香港具有成熟先进的金融制度,完善的监管体系,有大批熟悉两地和国际市场的人才。支持香港成为离岸人民币业务中心,有利于香港巩固和提升国际金融中心地位,对香港和内地都有重要意义。在回答内地与香港服务业合作的有关问题时,李克强说,目前内地经济总量虽已居世界第二位,但服务业发展相对滞后;香港服务业种类全,专业化、国际化水平高,具有较强的市场竞争力。未来五年内地服务业的大发展,将为两地服务业合作提供广阔舞台。深化服务业合作,不仅有利于内地和香港的共同发展,打造新的增长点,而且能够形成新的竞争优势,在区域和全球竞争中赢得市场,拓展新的发展空间。

国务院副总理李克强在国家十二五规划与两地经贸金融合作发展论坛上发表题为《协力求发展 合作促繁荣》的演讲

同胞们、朋友们:

很高兴出席由香港特别行政区政府和国家商务部、国家发展和改革委员会、中国人民银行共同举办的国家"十二五"规划与两地经贸金融合作发展论坛。这次论坛汇聚海内外工商专业界人士、专家学者、内地与香港的政府官员,围绕国家实施"十二五"规划、推进内地和香港交流合作,共谋发展大计,具有重要意义。在此,我谨代表中央政府对论坛的举办表示热烈的祝贺!向长期以来致力于加强内地和香港合作、关心支持香港发展的各界人士表示崇高的敬意!

回顾历史,内地和香港的经济合作成果丰硕。香港在国家改革开放和现代化建设中发挥了不可替代的重要作用,内地对香港繁荣稳定提供了坚实支撑。改革开放30多年来,内地和香港发挥各自优势,与时俱进,形成了互利共赢的全方位合作格局。香港回归祖国以来,内地和香港经贸合作进入快速发展的新时期。内地与香港更紧密经贸关系安排(CEPA)的签署与实施,给内地与香港合作注入了新的动力。一方面,香港以广泛的国际联系和特有的优势,为内地发展提供了示范和借鉴,有力促进了内地现代化建设。另一方面,内地以巨大的市场腹地和丰富的要素资源,为香港经济成长开拓了广阔空间,有力促进了香港经济转型和国际竞争力的增强。目前,香港是内地最大的转口贸易平台,内地是香港最大的贸易伙伴,内地和香港互为最大的直接投资来源地。金融合作日益深化,港股总市值中内地企业市值超过一半,内地跨境贸易人民币结算总额中与香港的结算额占较大比重。在应对亚洲金融危机和国际金融危机的冲击中,内地和香港风雨同舟,中央政府始终坚定地支持香港。实践表明,内地和香港发展互相促进、密不可分。

面向未来,国家"十二五"时期的发展将给香港带来新的机遇。当今世界正处于大调整大变革大发展之中,中国正处于全面建设小康社会的关键时期。为适应世情国情的深刻变化,国家"十二五"规划以科学发展为主题、以加快转变经济发展方式为主线,突出创新转型,对经济结构进行战略性调整,着力扩大内需,提高发展质量和效益;突出民生优先,协调推进经济发展和社会建设，实施重大民生工程，使发展成果更好地惠及全体人民；突出改革开放，以更大的决心、勇气和精力全面推进各领域改革，实行更加积极主动的开放战略，增强发展动力和活力。内地经济的长期平稳较快发展，工业化城镇化的持续推进，产业结构和区域布局的优化调整，绿色、低碳、循环发展水平的不断提高，都会给香港发展创造良好环境、更好条件，提供更多机遇。

国家“十二五”规划纲要，首次将保持香港澳门长期繁荣稳定的内容单独成章。其中关于香港的部分，明确阐述了中央政府支持香港发展、促进内地与香港合作的政策方向，充分体现了“一国两制”、“港人治港”、高度自治的方针，认真考虑了香港社会各界的关切，必将对香港未来发展发挥积极影响。

进一步发挥香港长期以来形成的独特优势，发挥香港在内地改革开放和现代化建设中不可替代的重要作用，是香港的需要，也是国家的需要。香港在“一国两制”下，既保持了原有的经济制度，又能从祖国日益繁荣中获得更多的机遇、更大的空间和强有力的支持，具有双重优势。香港作为国际自由港和举足轻重的国际金融、贸易、航运中心，是世界上最开放、最具活力、最具竞争力的地区经济体之一，服务业比重大、种类全、水平高，在参与国家发展和全球竞争中可以赢得更多的机会，具有先发优势。香港地理位置优越，基础设施健全，法律制度完备，资金充裕，资讯发达，人才荟萃。这些优势，在国家“十二五”时期发展的进程中都将显示出重要价值。中国经济和世界经济的深度融合，贸易自由化和投资便利化的深入推进，全方位开放格局的不断完善，需要发挥香港通达国际市场的窗口和平台作用。国家推动经济转型，在对外开放中扩大内需，促进产业结构优化升级，需要发挥香港服务业的辐射和带动作用。建设中华民族共同家园，深化内地与港澳经贸合作，促进两岸经济关系发展，需要发挥香港的桥梁和纽带作用。只要把独特的优势巩固住，把应有的作用发挥好，香港就一定能够实现更大的发展。

我们对祖国的未来充满信心，对香港的未来充满信心，对内地和香港的合作发展充满信心。保持经济长期平稳较快发展，促进社会和谐，是国家“十二五”规划的目标和要求。保持香港长期繁荣稳定，是中央政府对香港政策的出发点和落脚点。这两个长期，紧密相连，事关国家与香港的根本利益，是全体中华儿女的共同期盼。国家经济长期平稳较快发展，是香港长期繁荣稳定的坚实依托；香港长期繁荣稳定，也有利于国家经济长期平稳较快发展。只要内地和香港携手努力，就一定能够实现这两个长期的目标，为增进内地和香港民众福祉作出更大贡献。

同胞们、朋友们！

按照国家“十二五”规划要求，中央政府立足当前、着眼长远，制定了支持香港进一步发展、深化内地与香港经贸金融等方面合作若干新的政策措施。这体现了“一国两制”下内地对香港优先开放的一贯政策，目的是推动内地和香港经贸金融等方面合作迈上一个新台阶。其主要内容是：

第一，大幅提升内地对香港服务贸易开放水平。目前内地对原产于香港的货物已全部实行零关税，同时正在推动服务业对香港扩大开放。CEPA 补充协议八的磋商已经启动，将在年内签署。内地将采取更加积极的措施，扩大对香港传统服务业和新兴服务业的开放，包括香港业界关注的医疗服务、建筑服务、律师服务、检测认证等领域。支持香港在内地设立旅行社。还将进一步放宽服务提供者的标准，充实贸易投资便利化的内容，切实扩大 CEPA 的受惠面，继续推动在广东等省(市)先行先试。到“十二五”末，通过 CEPA，基本实现内地和香港服务贸易的自由化。

第二，巩固和提升香港国际金融中心地位。金融业是香港的核心竞争力所在，提升香港在全球及亚洲的金融中心地位，对香港发展至关重要。我们将在内地推出港股组合 ETF(交易所交易基金)，继续支持内地企业赴港上市，允许内地港资法人银行参与共同基金销售业务。内地将不断提高对港资银行开放的层次和质量，支持港资银行在广东省内以异地支行形式合理布点、均衡布局。支持香港保险公司设立营业机构或通过参股方式进入内地市场，加强双方在保险产品研发、业务经营和运作管理等方面合作。支持香港发展成为国际资产管理中心。这也有利于两地携手合作，克服国际金融市场震荡带来的冲击和影响。

第三，支持香港发展成为离岸人民币业务中心。香港发展离岸人民币业务具有天然优势。中央政府将积极支持香港人民币市场发展，拓展香港与内地人民币资金循环流通渠道，支持香港离岸人民币金融产品创新发展。把跨境贸易人民币结算范围扩大到全国，开展外资银行以人民币增资试点，支持香港企业使用人民币到境内直接投资。允许以人民币境外合格机构投资者方式(RQFII)投资境内证券市场，起步金额为200亿元。

我们将增加在香港发行人民币债券的境内金融机构主体，允许境内企业在香港发行人民币债券，扩大境内机构在香港发行人民币债券的规模。国家财政部今天要在港发行200亿元人民币国债，比去年增加120亿元；其中有50亿元是向个人发行的，这可以使更多的香港居民有机会参与投资。中央政府在香港发行人民币国债将作为一项长期的制度安排，并逐步扩大发行规模。这是促进香港人民币债券市场发展和完善的一项重要举措。

第四,支持香港参与国际和区域经济合作。中央政府继续支持香港积极参与多边和区域经济合作,近期重点支持香港参与东亚区域合作,并探讨香港加入内地已签署自贸区协定的可能性。在今后对外自贸区商谈中,更多地兼顾香港的利益和关切。同时,增强两地在世贸组织和亚太经合组织中的协调与互动,不断提高香港参与多边和区域合作水平。

第五,推动内地与香港企业联合"走出去"。香港拥有金融、贸易、投资、法律、会计、咨询等方面的优势,内地企业"走出去"步伐正在加快,内地和香港合作大有可为。我们将从项目对接、投资拓展、信息交流、人才培训等方面,加大对内地企业与香港企业联合"走出去"的政策支持力度,积极引导内地和香港企业合作开拓国际市场,建立商品营销网络;鼓动内地和香港企业以联合投资、联合投标、联合承揽项目等方式,共同开拓国际投资和基础设施建设市场。

第六,发挥香港在粤港澳合作中的重要作用。粤港澳经济规模已居世界都市圈前列,香港的独特地位能够在提升区域整体竞争力方面担当更重要的角色。内地将加快落实粤港、粤澳合作框架协议,打造更具综合竞争力的世界级城市群和世界先进制造业、现代服务业基地,支持建设以香港为龙头的金融合作区域,构建现代流通经济圈,共建珠三角优质生活圈。推进珠三角加工贸易转型升级示范区建设,支持港资加工贸易企业稳定发展和转型升级。

我们将深化内地与香港旅游开发、生态环保、清洁发展、医疗卫生、食品安全、养老服务等方面合作。制定财税、土地、劳保、人才等支持政策,大力推动前海深港现代服务业合作区建设,积极发展创新金融、现代物流、信息服务、科技服务和其他专业服务。加快内地与香港基础设施对接,完善珠三角地区与港澳交通运输体系。加强粤港供水、供电、供气等网络合作,到2012年下半年实现西气东输二线工程香港支线向香港供气。

以上政策措施,是中央政府支持香港发展的坚定决心的重要体现。论坛下一个环节,中央政府有关部门主要负责人还将就这些政策措施作具体说明。下一步,内地有关部门和地方将加强与香港有关方面的衔接,把这些政策措施不折不扣地落实到位,不断推动香港发展、促进内地和香港合作,让两地民众都能够得到实实在在的利益。

同胞们、朋友们!

香港与祖国休戚相关、荣辱与共。这里我重申,凡是有利于香港繁荣稳定、有利于内地和香港共同发展的事情,中央政府都将尽最大努力去做。我相信,在我们国家全面建设小康社会、中华民族实现伟大复兴的历史进程中,香港一定会续写新的华章,创造新的辉煌!

祝本次论坛圆满成功!

谢谢大家。

国务院副总理李克强在香港出席香港特别行政区政府举行的欢迎晚宴并致辞

李克强说,香港回归祖国以来,在中央政府的大力支持下,香港同胞同心砥砺,顽强拼搏,抓住国家快速发展和经济全球化日益深入的历史机遇,克服两次金融危机带来的严重冲击等诸多困难,保持了全球最具活力的自由经济体和国际金融、贸易、航运中心的地位,保持了繁荣稳定,发展的总体态势向好。香港回归以来所取得的巨大成就充分证明,"一国两制"具有强大的生命力。

李克强说,中国人谋事行事,重视把握大局、判断大势。现在的香港,具备了保持繁荣稳定、实现进一步发展的诸多有利条件。国家的繁荣昌盛,是香港进一步发展的坚强后盾。过去两年多来,面对国际金融危机的冲击,香港保持了金融经济稳定,这得益于香港自身的有效应对,也得益于内地经济的稳定发展和两地经济的紧密联系。国家经济在开放中转型,内需潜力不断释放,将给香港发展带来不竭的动力。可以预见,凭借"一国两制"的独特优势,香港将继续从祖国改革开放和现代化建设中获得更多的机遇。

李克强表示,得天独厚的区位优势和先行发展的深厚积淀,是香港长期繁荣稳定的重要基础。香港位于东亚的中心地带,在区域经济、世界经济版图中占有重要地位,是全球最具竞争力的地区之一,是国家实施开放战略中的重要支点。随着世界经济格局的调整,亚太地区的重要性日趋上升,香港未来发展的舞台更加广阔。

李克强指出,香港长期繁荣稳定,根本在于香港同胞自身努力。香港同胞视野开阔,勤奋务实,善于捕捉机遇,勇于开拓创业。香港未来的发展,仍然需要香港各界和衷共济、群策群力,在和谐发展中不断改善民生,在增进民众福祉中激发社会创新活力。

李克强说,中央政府希望,特区政府、社会各界和广大市民团结在爱国爱港旗帜下,从维护香港整体利益和根本利益出发,集中精力发展经济,切实有效改善民生,循序渐进推进民主,包容共济促进和谐,聚最大的共识,尽最大的努力,共同把香港建设好、发展好。

中央财政18亿元支持国有工矿棚户区改造

新华社报道:中央财政下拨2011年国有工矿棚户

区改造(第二批)中央预算内基建支出预算(拨款)17.96亿元,专项用于内蒙古、辽宁、河南、湖南等27个省(区、市)2011年已落实的国有工矿棚户区改造工程直接配套的基础设施建设。

8月18日

全国人大常委会委员长吴邦国在人民大会堂与美国副总统拜登举行会谈

吴邦国说,中国全国人大愿与美参众两院进一步加强友好往来,充分发挥定期交流机制的作用,密切各层次各领域的合作,共同增进中美战略互信、促进务实合作、深化人民友好,努力成为两国关系健康发展的建设性力量。

拜登表示,美方希望中国的"十二五"规划能够成功实施,认为一个繁荣、统一、强大的中国对美国有利。尽管美中两国的历史、文化、制度不同,但这种差异不应成为双方合作的障碍,而应成为双方合作的机遇。美中应抓住历史机遇,坦诚交流,加强合作,造福两国人民。

国务院副总理李克强在香港出席香港大学百周年校庆典礼

李克强说,十年树木,百年树人。当今世界,经济全球化不断深入,科技革命酝酿新的突破,国际竞争日益激烈。这种竞争归根到底是教育的竞争、人才的竞争。无论是巩固和增强香港竞争力,还是促进国家改革开放和现代化建设,都需要发展和提升教育。相信港大和香港教育界一定能够继续发挥特色、融汇创新,广泛集聚资源,不断提升优势,为香港和国家的发展多育人才、多出成果、多做贡献。

李克强说,培养新型人才对教育事业提出了新的要求。大学不仅承担着传播知识、科学研究的责任,而且肩负着传承文化、服务社会的使命。香港高校背靠祖国,又置身于国际化大都市,在弘扬中华优秀文化、提升香港文化品质、丰富社会精神生活方面,可以发挥重要作用;在优化配置人力资源、促进教学科研成果应用、使广大民众参与和共享社会发展进步方面,也大有可为。

"香港的繁荣与祖国的建设,需要千千万万掌握现代知识技能、熟知国情区情、通晓国际规则的人才,需要加强内地和香港教育交流。"李克强说,香港和内地已建立了有效的合作机制,采取了许多措施。从明年开始,中央政府有关部门将设立专项资金,每年支持1000名港大学生和老师到内地去学习、考察和开展科研工作;同时,国家将支持香港其他高校与内地高校开展广泛而深入的合作,为帮助师生们了解内地、熟悉国情提供条件,促进内地和香港教育事业共同发展。

李克强说,青年学生是人才资源中最具潜力的力量。港大的发展、香港的繁荣、祖国的昌盛,给青年学生提供了学习研究、干事创业的广阔舞台。希望同学们立足香港,志存高远,勤奋学习,不辱使命,为香港的繁荣发展贡献自己的聪明才智;关注和了解祖国的过去、现在和未来,在中华民族伟大复兴的历史进程中实现自己的人生抱负;用世界文明的优秀成果丰富自己,积极参与国际交流与合作,成为具有国际视野的人才。"我相信,香港青年必定是有志、有为、有担当的,是大有希望的。"

李克强表示,教育的持续发展,需要一代又一代传承与创新。后人的成功往往站在前人的肩膀上。港大汇聚了一支优秀的教师团队,他们既具有国际化背景,又了解本土情况,有的还在多地执教。各位老师业有专精,辛勤执教,把自己的知识和积累传授给学生、传播于社会,值得全社会尊敬。相信老师们定会继续履行传道、授业、解惑的光荣使命,在教书育人的崇高事业中取得更加优异的成果。

最后,李克强说,港大是香港的大学,是中国的大学,是面向世界的大学,我坚信在下一个百年里港大一定会取得更大成功。"让我们共同祝福港大、祝福香港、祝福祖国!"

国务院副总理张德江在中国航天科工集团公司调研

张德江强调,国防科技工业要深入贯彻落实科学发展观,切实转变经济发展方式,深化军工企业改革,大力推进自主创新,着力提升军工核心竞争力,积极推进军民融合发展,切实加强人才队伍建设,为国防现代化建设和经济社会发展作出更大贡献。

张德江指出,国防科技工业是国家重要战略性产业,是国防现代化的重要物质技术基础,是经济社会发展和科技进步的重要推进力量。"十二五"时期,国防科技工业面临繁重的发展任务,必须增强忧患意识、危机意识和责任意识,坚持走军民融合式发展路子,强化基础,自主创新,着力提升军工核心竞争力,加快发展现代化武器装备,加快形成信息化为主导的机械化、信息化复合式发展能力,加快建立和完善军民结合、寓军于民的武器装备科研生产体系,为国防现代化提供可靠保障,为经济社会发展提供有力支撑。军工企业要坚持国家利益至上,发扬自力更生、勇于攀登的精神,以推进科技进步和创新为核心,着力深化改革,加强企业管理,加快转变发展方式,促进企业科学发展。

张德江要求,航天科工集团要坚持自主创新,大力实施军民融合战略、创新驱动战略、人才强企战略、质量制胜战略，努力走出一条具有航天科工特色的科学发展之路。

国务院副总理王岐山在贵州考察

8月18日至19日，王岐山在贵州省贵阳、遵义市考察保护知识产权和打击制售假冒伪劣商品工作。

考察期间，王岐山听取了贵州省保护知识产权和打击侵权假冒专项行动工作汇报。他说，在全国打击侵权假冒专项行动中，各地区、各部门按照国务院的统一部署，组织有力，打击有效，成果显著。同时，也昭示了侵权假冒形势严峻，不能寄希望"毕其功于一役"，打击侵权假冒是一项长期、复杂、艰巨的任务。要树立全局观念，进一步增强保护知识产权的自觉性，营造良好的创新环境。要从完善法律法规、创新体制机制、加强服务与管理入手，把这次专项行动中行之有效的好经验、好做法推广开来，坚持下去，探索建立长效机制。对于问题食品、假药、假劣农资、软件盗版、网络侵权等突出问题要扭住不放，露头就打，对售假严重的地区和市场，要加强监管，切实维护市场秩序和消费者合法权益。举办打击侵权假冒网上成果展本身就是一项创新，要长期办下去，真正成为警示教育、舆论监督、政府与群众互动的平台。各类新闻媒体要充分报道正反两方面的典型案例，营造良好的社会氛围。

在考察贵阳市政务服务中心时，王岐山指出，各级党政机关要带头使用正版软件，按计划完成软件正版化，并逐步向事业单位、国有企业延伸。贵阳市要积极探索将正版软件采购经费纳入财政预算，实行软件统一采购和国有资产管理，加强审计监督。数字化是现代化的前提，工商、质检等部门要充分用好信息网络，提高服务效率和质量。

王岐山考察了中国(贵州)国际酒类博览会暨2011中国贵阳投资贸易洽谈会展馆、贵州茅台酒厂(集团)公司。他指出，各类展会要落实保护知识产权和打击假冒伪劣的责任，保护企业利益。企业要强化维权意识，保护好自己的专利、品牌和信誉。

王岐山对贵州省近年来经济社会发展取得的成绩给予充分肯定。他要求商务、工商、质检、知识产权、旅游等部门认真贯彻中央关于西部大开发的决策部署，寓管理于服务之中，全力支持西部地区经济社会发展。

全国基层水利服务体系建设(南方片)现场会在武汉召开

会议于8月18日至19日召开，水利部明确提出从三个方面加快建立健全基层水利服务体系：一是基层水利服务机构。它是以小流域、区域或乡镇为单元设置，作为县级水行政主管部门的派出机构，是国家最基层的水利单位，主要承担水资源管理、防汛抗旱、农田水利建设、水利科技推广等公益性职能，其特性是政府职能的延伸。二是农民用水合作组织。它是按照一定章程，由受益农户自愿组成，自我服务的民间合作组织，它填补了农村小型农田水利工程管理主体的缺位，是解决小型农田水利设施的公共性与农户家庭经营的个体性之间矛盾的有效途径，其特征主要是合作互助，主要从事受益区内水量分配、水费收取、水事纠纷调解，负责末级渠系的建设与管护等。三是准公益性专业化服务队伍，如抗旱服务队、喷微灌设施维修队等。

国家副主席习近平在人民大会堂与美国副总统拜登举行会谈

第六届泛北部湾经济合作论坛在广西南宁举行

全国人大常委会副委员长华建敏、全国政协副主席陈宗兴出席开幕式并致辞。

"实践十一号04星"发射失利

北京时间18日17时28分，我国在酒泉卫星发射中心用"长征二号丙"运载火箭发射"实践十一号04星"。火箭飞行过程中发生故障，卫星未能进入预定轨道。

8月19日

国家主席胡锦涛在人民大会堂会见美国副总统拜登

胡锦涛指出，中美两国作为在国际上有重要影响的国家，既肩负着重要责任，也面临着重大挑战。一个良好的中美关系符合两国和两国人民的根本利益，也是世界和平与发展的必然要求。

胡锦涛表示，中方坚定致力于构建互尊互信的中美关系。我们愿同美方一道，加强各级别对话和磋商，扩大两国人民友好交往，努力培育两国战略互信，不断充实中美合作伙伴关系的战略内涵。中方坚定致力于推进互利共赢的中美经济合作。当前世界经济复苏的不稳定不确定性上升，全球经济增长面临严峻挑战。我们要发扬同舟共济精神，加强宏观经济政策协调，落实双方达成的保增长促稳定共识，深化双边和二十国集团等多边框架内的合作，共同提振市场信心，推动世界经济复苏和强劲、可持续、平衡增长。中方坚定致力于深化中美在国际和地区事务中的协调与合作。我们愿充分利用双边渠道和多边机制，加强同美方在地区安全、区域合作、全球性问题上的沟通和协调，推动通过对话谈判和平解决地区热点问题，共同应对传统安全领域和非传统安全领域挑战。中美双方应妥善处理两国间重大敏感问题，坚定维护两国关系发展大局，共同推动相互尊重、互利共赢的中美合作伙伴关系健康稳定深入发展。

拜登说，美方完全致力于建设强有力、持续、积极的美中关系，希望在相互尊重基础上，进一步深化两国各领域合作，把美中关系提升到新的高度。

国务院总理温家宝在中南海紫光阁会见美国副总统拜登

国家副主席习近平在北京与美国副总统拜登共同出席中美企业家座谈会

座谈会由中国国际贸易促进委员会、美中贸易全国委员会、中国美国商会主办，中美两国共19名企业家出席。

习近平与拜登先后在座谈会上讲话。习近平就中美两国企业在中美关系深入发展的大背景下，特别是在当前世界经济复杂严峻的形势下，如何把握机遇、共谋发展的问题提出4点建议。一是要增强信心。当前国际金融市场出现急剧动荡，世界经济复苏的不确定性、不稳定性上升，给经济复苏、企业经营带来新的挑战。在此情况下，最关键的是要振奋精神、增强信心。中国将继续实施积极的财政政策和稳健的货币政策，保持宏观经济政策连续性、稳定性，提高政策针对性、灵活性、前瞻性，处理好保持经济平稳较快发展、调整经济结构、管理通胀预期三者的关系。我们有信心、有能力保持国民经济平稳较快发展，中国经济决不会出现所谓的“硬着陆”。美国经济向来具有很强的韧性和自我修复能力，相信美国经济一定会在应对挑战中取得更好发展。希望中美两国企业家审时度势、坚定信心，努力化挑战为机遇，强化变革、开拓创新，通过自身发展为中美经济和世界经济实现强劲、可持续、平衡增长作出积极贡献。二是要着眼长远。中国“十二五”规划明确提出加快转变经济发展方式和扩大内需，预计未来5年中国将进口超过8万亿美元商品，到2015年中国社会消费品零售总额有望达到31万亿元人民币，这将为包括美国在内的世界各国企业提供更多更大的商机。同时，越来越多有实力、有眼光的中国企业也在积极开拓美国市场。希望两国企业家敏锐把握能源、环保、基础设施、生物医药、金融服务、中小企业等广泛领域的巨大合作机会，相向而行、精诚合作，立足当前、投资未来，共同谱写两国经贸合作新篇章。三是要深化合作。随着中国改革开放和现代化建设深入发展，30多年前单纯由美国提供资金和技术，中国提供劳动力、资源和市场的传统合作模式已经发生根本变化。中美经贸合作正在朝着更广领域、更高水平迈进。中美企业在合作与发展中当然也会有竞争，但这是相互促进、相互借鉴基础上的良性竞争，从根本上说是有利于双方共同发展的。我们愿意看到这种良性竞争带来的互利共赢。四是要相互包容。由于中美经贸合作规模大、发展速度快，在合作过程中出现一些分歧和摩擦是很正常的。我们应当以包容的理念和大度的心态来对待。要坚持相互尊重、平等协商，遵循市场规律，按照世贸组织规则妥善处理。中国将继续解放思想、坚持改革开放，切实贯彻依法治国方略，不断完善对外经贸合作法律法规，有效加强知识产权保护，并在自主创新产品认定、政府采购方面一视同仁，一如既往为所有合作者创造良好投资环境。希望美方排除贸易和投资保护主义干扰，在中方高度关切的放宽美对华高技术产品出口限制、为中国企业赴美投资提供公平环境等问题上早日采取切实行动。相信只要我们坚持平等相待、互谅互让，中美经贸合作就一定能够得到更好、更大的发展。

拜登在座谈会上发表讲话。他赞同习近平关于进一步加强两国经贸合作的4点建议，表示30年来中国发生很多变化，两国都从双边经贸合作中受益。经贸合作是两国合作的重要领域。中国“十二五”规划对中国有利，对美国也有利，美中经贸合作符合两国及全世界利益。美国致力于促进持续、平衡、公平、开放的经济增长，我对美国经济的强劲和活力充满信心。美方愿意同中方加强两国在市场准入和双向投资方面的合作，欢迎和鼓励中国企业和实体到美投资。对于两国经贸关系中存在的问题，双方应在平等和相互尊重基础上通过坦诚对话加以解决。

出席座谈会的部分中美企业家发了言，企业家们对进一步加强两国经贸合作提出建议，强调在新的形势下，两国企业有责任为促进两国经贸合作及世界经济增长作出贡献，对两国经贸合作前景充满信心。

中共中央政治局常委习近平在四川调研

8月19日至22日，习近平深入绵阳市、德阳市、成都市的农村、企业、社区和科研机构，调研了四川经济社会发展、灾后恢复重建和党的建设情况。

在北川县擂鼓镇吉娜羌寨、北川县新县城、东方汽轮机有限公司，习近平指出，灾区发生的巨变，充分证明中华民族是任何困难都难不倒的伟大民族，充分证明社会主义制度能够集中力量办大事的优越性。

在西南航空港经济开发区创业中心，他叮嘱当地同志，要坚持把增强自主创新能力作为战略重点，把政府推动与发挥企业主体作用结合起来，把促进重点技术、关键技术、战略技术的研发与推动改造传统产业结合起来,为加快经济发展方式转变提供有力的科技支撑。

在双流县三星镇南新村时,习近平强调要继续按照城乡一体化发展要求,努力破除城乡二元结构的体制障碍,大力发展农村公共事业,逐步实现城乡之间、不同群体之间公共服务均等化,进一步推动城乡相互促进、协调发展。

在成都市青羊区康庄社区,习近平强调,群众工作是社会管理的基础性、经常性、根本性工作。做好群众工作,关键是各级领导干部要到一线去,深入基层、深入群众,问政于民、问需于民、问计于民,帮助群众解决实际问题。在成都市高新供电局,习近平详细了解企业党建和创先争优活动情况,高度评价该局"共产党员服务队"十年如一日开展便民服务活动,勉励他们始终牢记宗旨、心系群众,立足岗位、奉献社会。

习近平主持召开四川省委、省政府工作汇报会,对四川近年来经济社会发展和党的建设取得的成绩给予充分肯定。他强调,今年是省市县乡四级党委换届之年。做好换届工作,最重要的是坚持正确用人导向,按照德才兼备、以德为先用人标准选人用人。要从政治品质和道德品行等方面全面考察干部的德,注重选用坚持原则、敢于负责、敢抓善管的干部。考察干部的才,要注重推动科学发展、促进社会和谐的能力,防止简单地把经济总量、发展速度等作为评价干部政绩的主要依据,真正把那些在贯彻落实科学发展观和促进社会和谐上思路好、能力强、实绩突出的干部选拔到领导岗位上来。

国务院在北京召开全国加强和改进流浪未成年人救助保护工作电视电话会议

中共中央政治局委员、国务院副总理回良玉在会上强调,流浪未成年人是需要全社会共同关爱的特殊弱势群体。党中央、国务院历来高度重视流浪未成年人救助保护工作。近年来,国家出台了一系列法律法规和政策,各地区、各有关部门采取了有针对性的救助保护措施,开展了一系列打击针对未成年人犯罪的专项行动,有效地维护了流浪未成年人的合法权益,但当前流浪未成年人救助保护工作任务依然复杂艰巨。做好流浪未成年人救助保护工作是维护未成年人合法权益的迫切需要,是加强和创新社会管理的重要举措,是贯彻落实科学发展观,构建社会主义和谐社会的基本要求。

回良玉强调,必须在各级党委、政府统一领导下,全社会共同参与,各部门齐抓共管,把加强和改进流浪未成年人救助保护工作各项政策措施落到实处。一要严厉打击违法犯罪行为,开展严厉打击拐卖和操控流浪未成年人违法犯罪等有关专项行动,加大综合治理和救助保护力度,及时救助保护流浪未成年人。二要加大主动救助力度,开展经常化的救助保护服务。各有关部门要按照职责分工,加强协调配合,建立部门联动工作机制。三要加强教育矫治,帮助流浪未成年人及时回归家庭,妥善安置确实查找不到监护人的流浪未成年人,防止和避免其再度流浪。四要强化源头预防,建立长效机制。指导、督促、帮助家庭履行监护责任和抚养义务。落实义务教育、职业教育、社会保障和扶贫开发等政策,把流浪未成年人救助保护纳入工作重点,开展重点治理。

中央和国家机关有关部门负责人在北京主会场出席会议。各省、自治区、直辖市和计划单列市人民政府、新疆生产建设兵团负责人以及有关部门主要负责人、有条件的市(地)、县(市)人民政府负责人在各地分会场出席会议。民政部、公安部、教育部、财政部、人力资源和社会保障部、卫生部负责人作了发言,江苏省和新疆维吾尔自治区政府负责人介绍了做法和经验。

中国网络视听节目服务协会在北京成立

此举标志着中国网络视听节目服务发展步入新阶段。

在当天举行的成立大会上,审议通过了《中国网络视听节目服务协会章程》,选举产生了协会执行机构和负责人。中国新闻网等78家机构当选为协会第一届理事会理事单位,其中中国网络电视台等28家机构当选为常务理事单位。杨波为协会首任会长,罗建辉、高剑云、王晓晖、马为公、魏地春、汪文斌、焦宏奋、黎瑞刚、古永锵、史立荣、李利民、张力军任副会长,汪文斌兼任协会秘书长。

蓬莱19—3油田溢油事故调查组召开会议分别听取康菲公司和中国海洋石油总公司的情况汇报并就相关问题进行了质询

调查组由国家海洋局牵头联合国土资源部、环境保护部、交通运输部、农业部、安监总局、国家能源局等部门组成。

联合调查组要求,康菲公司必须不折不扣地采取有效措施彻底排查并切断溢油源,彻底排查并消除再次发生溢油的风险,并保证不再造成新的海洋环境损害,对已经造成的损害要切实负起责任。联合调查组调查期间,康菲公司必须积极配合调查工作,无条件地保存好原始数据和资料,并随时按照联合调查组的要求提供相关原始数据和资料。

联合调查组强调,康菲公司必须根据法律的有关规定,及时向社会公众公布溢油事故的相关信息,特别是溢油事故的全过程及造成的影响和损害。

中海油对蓬莱19—3油田生产负有监管责任,同时又是康菲公司的合作者。联合调查组要求中海油要督促康菲公司,采取强有力的措施尽快实现"彻底排查溢油风险点、彻底封堵溢油源"。

8月20日

庆祝中国共产党成立90周年互联网宣传报道表彰仪式在人民大会堂举行

中央对外宣传办公室、国家互联网信息办公室举行表彰仪式,表彰在庆祝中国共产党成立90周年宣传报道工作中涌现出来的先进单位和优秀作品。中央外宣办、国家互联网信息办主任王晨出席并讲话,中央外宣办、国家互联网信息办副主任钱小芊宣读了表彰决定。

人民网、新华网等22家网站获得"优秀网站奖","永远和人民在一起"等15个专题获"优秀专题奖","'七一'总动员"等10个网络互动活动获"优秀互动奖","永远和人民在一起"等10个专题页面获"优秀页面奖","'新西行漫记'大型媒体活动"等10个宣传作品获"优秀创意奖","历史不会忘记"等5个专题获"优秀外宣奖",北京市互联网宣传管理办公室等10家单位获"优秀组织奖","党史上的今天"等3个专栏和中央党校党史部、中央党史研究室宣教局获"特别贡献奖"。

14家期货公司获投资咨询资格

中国证监会核准了14家期货公司的期货投资咨询业务资格。这是自今年5月1日《期货公司期货投资咨询业务试行办法》施行以来,首批取得期货投资咨询业务资格的期货公司。

第三届青岛国际帆船周开幕式暨大型文艺晚会在山东青岛奥林匹克帆船中心举行

8月21日

国家副主席习近平同美国副总统拜登在都江堰市共同参观地震灾后重建项目和都江堰水利枢纽

王传祯获国际辐射领域最高奖

在加拿大蒙特利尔市举行的第十六届国际辐射加工大会(IMRP)上,原中国核工业第二研究设计院比尼辐照技术研究所所长、北京三强核力辐射工程技术有限公司董事长王传祯教授被国际辐射联合会授予IMRP劳伦斯奖。王传祯教授是获得该项大奖的第一位中国科学家。

8月22日

中共中央总书记胡锦涛为《全国干部培训科学发展主题案例教材》作序

新华社报道:胡锦涛为近日出版的全国干部培训科学发展主题案例教材作序。他在序言中强调,要坚持用邓小平理论、"三个代表"重要思想和科学发展观教育和武装干部,加快建设马克思主义学习型政党,培养造就善于推动科学发展、促进社会和谐的高素质干部队伍。

胡锦涛指出,干部教育培训是建设高素质干部队伍的基础性工作,必须紧扣科学发展这个主题和加快转变经济发展方式这条主线,联系实际创新路,加强培训求实效。他要求各级领导干部不断加深对推动科学发展重要性和必要性的认识,自觉转变不适应不符合科学发展的思想观念,切实增强把握发展规律、创新发展理念、转变发展方式、破解发展难题、提高发展质量的能力,切实把科学发展观贯彻落实到经济社会发展各个方面,努力实现经济社会又好又快发展,为全面建成小康社会、加快推进社会主义现代化贡献力量。

科学发展主题案例教材由全国干部培训教材编审指导委员会组织编写,中央纪委、中央组织部、中央宣传部等36个部门和单位参与编写。教材以案例集撰为主要形式,包括《自主创新》《城乡规划与管理》《社会主义新农村建设》《生态文明建设与可持续发展》《金融发展与风险防范》《民生保障与公共服务》《社会服务与管理》《基层民主建设》《突发事件应急管理》《公共事件中媒体运用和舆论应对》等10种,已被列入第三批全国干部学习培训教材,由人民出版社、党建读物出版社出版。

安徽省政府召开新闻发布会宣布安徽省撤销地级巢湖市并对部分行政区划进行调整

根据国务院有关批复内容,本次调整将撤销地级巢湖市,撤销原地级巢湖市居巢区,设立县级巢湖市,由安徽省直辖,合肥市代管;原地级巢湖市管辖的庐江县划归合肥市管辖,无为县划归芜湖市管辖,和县沈巷镇划归芜湖市鸠江区管辖,含山县、和县(不含沈巷镇)划归马鞍山市管辖。

第七届中国青少年科技创新奖颁奖大会在人民大会堂举行

大会由共青团中央、全国青联、全国学联、全国少工委共同主办。中共中央政治局委员、全国人大常委会副委员长王兆国出席颁奖大会并讲话，中共中央政治局委员、国务委员刘延东出席颁奖大会。

王兆国在讲话中指出，设立并颁发中国青少年科技创新奖，饱含着小平同志等老一辈无产阶级革命家对青少年一代的无限关爱。全体获奖同学和广大青少年一定要按照胡锦涛总书记的要求，把文化知识学习和思想品德修养紧密结合起来，把创新思维和社会实践紧密结合起来，把全面发展和个性发展紧密结合起来，努力成长为中国特色社会主义事业的优秀建设者和可靠接班人。

他希望广大青少年树立远大志向，坚定地跟党走中国特色社会主义道路，将个人的奋斗融入全民族的奋斗，立志把我国建设成为富强民主文明和谐的社会主义现代化国家。

邓小平同志生前一直十分关心青少年的健康成长，注重青少年创新精神和创新能力的培养。2004年邓小平同志诞辰100周年之际，邓小平同志亲属遵照他的遗愿，将他生前的全部稿费捐献出来，经党中央批准，由共青团中央、全国青联、全国学联、全国少工委共同设立了中国青少年科技创新奖励基金。基金设中国青少年科技创新奖，主要奖励在校大、中、小学生，是中国青少年的崇高荣誉。

在各地、各学校层层严格选拔、认真推荐的基础上，经过由国内科技教育领域知名专家学者组成的评审委员会的审核评定，并经中国青少年科技创新奖励基金管理委员会确认，清华大学胡嘉仲等95名内地同学，香港中文大学陈超等3名港澳地区同学和日本东京工业大学邓伟等2名海外留学生荣获第七届中国青少年科技创新奖。获奖学生中，小学生10人、初中生10人、高中生22人、大学生30人、研究生28人。

团中央书记处第一书记陆昊主持颁奖大会。

第七届中华人口奖颁奖仪式在北京举行

15位对我国人口和计划生育事业作出突出贡献的人士获奖。李金华和彭珮云、何鲁丽、王忠禹等出席了颁奖仪式。

陈慕华、何鲁丽荣获第七届中华人口奖“特别荣誉奖”；湖北省安陆市雷公镇王畈村计生协秘书长兼计生专干王桂珍，新疆维吾尔自治区和田地区墨玉县政协副主席、人口计生委主任古丽巴哈尔·亚森，四川省资阳市安岳县来凤乡计划生育服务站站长刘艺，河北省清河县计划生育服务站站长孙彦荣，原河南省人口计生委主任、省计生协会第一副会长孟宪臣，广东省副省长雷于蓝荣获“工作奖”；吉林大学党委常务副书记、副校长王胜今，中国社会科学院人口与劳动经济研究所所长蔡昉，首都医科大学附属北京妇产医院主任医师吴明辉，中国科学院动物研究所党委书记、副所长段恩奎荣获“科学技术奖”；联合国人口基金驻华代表希瑞·泰丽雅荣获“国际合作荣誉奖”；联亚集团董事长刘亭、有博传媒集团董事长单大伟荣获“特别贡献奖”。

8月23日

中共中央政治局就完善我国土地管理制度问题研究进行第三十一次集体学习

国务院发展研究中心农村经济研究部刘守英研究员、北京大学城市与环境学院林坚副教授就这个问题进行讲解，并谈了他们的意见和建议。

中共中央政治局各位同志认真听取了他们的讲解，并就有关问题进行了讨论。

胡锦涛在主持学习时发表了讲话。他指出，土地是人类生存发展的重要物质基础。我国是一个人多地少、耕地资源稀缺的发展中大国。改革开放以来，我国土地管理事业快速发展，初步建立起符合国情、适应社会主义市场经济体制要求的土地管理制度基本框架，为经济社会发展提供了有力支撑。同时，我国土地管理仍面临着不少新情况新问题。我们的发展，既要考虑满足当代人的需要，更要为子孙后代留下生存发展空间。建立和完善最严格的土地管理制度，坚持节约集约用地，是贯彻落实科学发展观的题中之义，是确保国家粮食安全的战略举措，是造福子孙后代、实现中华民族伟大复兴和永续发展的长远大计。我们一定要以对国家和人民高度负责、对子孙后代高度负责的精神，紧紧围绕以科学发展为主题、以加快转变经济发展方式为主线，加强土地资源节约和管理工作，十分珍惜和合理利用每一寸土地，促进经济社会发展与土地资源利用相协调。

胡锦涛强调，当前和今后一个时期，要重点抓好以下4方面工作。第一，切实坚持和完善最严格的耕地保护制度，把划定永久基本农田作为确保国家粮食安全的基础，强化耕地保护责任制度，健全耕地保护补偿机制，从严控制各类建设占用耕地，完善耕地占补平衡制度，加快农村土地整理复垦，大规模建设旱涝保收高标准农田。第二，切实实行最严格的节约用地制度，强化土地利用总体规划的整体管控作用，合理确定新增建设用地规模、结构、时序，降低经济增长对土地资源的过度消耗，走集约式城镇化道路，确保保障性安居工程用地供应，严格执行土地用途管制制度，完善土地使用标准。第三，切实维护群众土地合法权益，严格界定公益性和经营性用地，完善征地补偿机制，规范征地拆迁管理,加大土地督察和执法力度,维护被征地农民合法权益。第四,切实推进土地管理制度改革,健全严格规范的农村土地管理制度,加快征地制度改革,深化国有土地有偿使用制度改革,加强土地行政管理能力建设。

胡锦涛强调,各级党委和政府要把土地管理工作纳入重要议事日程,建立健全党委领导、政府负责、部门协同、公众参与、上下联动的工作格局,建立健全耕地保护责任考核体系,严格土地管理责任追究制。国土资源管理部门要积极主动服务,不断提高土地管理工作水平,各有关部门要密切配合,加强统筹协调,形成工作合力。要严格遵守土地管理法律法规和法定程序,依法管地用地。要深入进行土地资源国情和土地法律法规宣传教育,普及保护耕地和节约用地基本知识,使全社会都深刻认识我国国情和保护耕地的重大意义,使保护耕地、节约用地观念深入人心,广泛形成保护耕地、节约用地的良好社会氛围。

外交部部长杨洁篪在北京与老挝副总理兼外交部部长通伦·西苏利举行会谈

“光荣的使命——全国新闻出版行业书画展”在中国革命军事博物馆开幕

第二十六届世界大学生夏季运动会在深圳闭幕

中共中央政治局委员、国务委员刘延东出席闭幕式并宣布深圳大运会闭幕。

中共中央政治局委员、广东省省委书记汪洋,国际大学生体育联合会主席克劳德·加利安等出席闭幕式。

深圳大运会组委会副主席、深圳市市长许勤致辞。他对为大运会圆满成功作出重要贡献的全体人员和协助方表示诚挚的感谢。

国际大学生体育联合会主席克劳德·加利安致辞,高度评价深圳大运会的组织工作。他说,来自全世界的青年被邀请到这里创造“不一样的精彩”,我们将携手共创一个更加美好的世界。

中共中央政治局委员、国务委员刘延东宣布深圳第二十六届世界大学生夏季运动会闭幕。

出席闭幕式的外国领导人有:俄罗斯联邦第一副总理伊戈尔·伊万诺维奇·舒瓦洛夫,老挝人民民主共和国副总理阿桑·劳里,亚美尼亚共和国副总理阿尔缅·格沃尔基扬等。

出席闭幕式的领导同志还有:周铁农、万钢,以及中央军委委员常万全等。

国际大体联主要执委也出席了闭幕式。

此次大运会中国队以75枚金牌、39枚银牌、31枚铜牌、奖牌总数145枚位列奖牌榜第一。

8月24日

十一届全国人大常委会第二十二次会议在人民大会堂举行第一次全体会议

会议审议刑事诉讼法修正案草案、关于香港特别行政区基本法有关条款的解释草案、关于批准东南亚友好合作条约第三修改议定书的议案、关于检查老年人权益保障法实施情况的报告等。

吴邦国委员长主持会议。常委会组成人员155人出席会议,符合法定人数。

现行刑事诉讼法是1979年制定、1996年修正的。实践证明,刑事诉讼程序设计和职权配置总体上是科学、合理的。随着经济社会的快速发展、民主法制建设的不断推进和人民群众司法需求的日益增长,刑事诉讼制度在某些方面也出现了一些不相适应的问题。因此,有必要进一步完善刑事诉讼法的有关规定。受委员长会议委托,全国人大常委会法制工作委员会副主任郎胜从完善证据制度、强制措施、辩护制度、侦查措施、审判程序、执行规定及规定特别程序等七个方面对修正案草案的主要问题作了说明。

受委员长会议委托,全国人大常委会法制工作委员会副主任李飞就《全国人民代表大会常务委员会关于〈中华人民共和国香港特别行政区基本法〉第十三条第一款和第十九条的解释(草案)》作了说明。此次解释香港基本法有关条款的议案是全国人大常委会委员长会议应香港特别行政区终审法院的提请所提出的。

应对人口老龄化是实施我国经济社会发展“十二五”规划纲要的重大课题,是人大代表和社会各界普遍关注的重要民生问题。2011年5月至7月,全国人大常委会开展了老年人权益保障法执法检查工作。这是这部法律1996年颁布实施以来的首次检查。

全国人大常委会副委员长兼秘书长李建国代表执法检查组报告了检查情况。

执法检查组研究认为,与发达国家相比,我国人口老龄化呈现老年人口基础大、老年人口增加快、困难老人数量多、老龄化先于工业化、老龄化与家庭小型化相伴随、老年抚养比快速攀升等特点。针对老龄化形势和这次执法检查发现的问题,执法检查组建议,从战略高度认识和谋划老龄工作,强化社会养老保障根本性作用,大力推进养老服务体系建设,积极为老年人参与社会发展创造条件,建立健全老龄工作体制机制,抓紧修改完善老年人权益保障法。

会议听取了外交部副部长崔天凯受国务院委托所

作的国务院关于提请审议批准《东南亚友好合作条约第三修改议定书》议案的说明，听取了全国人大常委会代表资格审查委员会主任委员黄镇东作的关于个别代表的代表资格的报告，审议了有关任免案。

全国人大常委会副委员长王兆国、路甬祥、乌云其木格、韩启德、华建敏、陈至立、司马义·铁力瓦尔地、蒋树声、陈昌智、严隽琪、桑国卫等出席会议。

国务委员兼国务院秘书长马凯，最高人民检察院检察长曹建明和最高人民法院负责人，全国人大各专门委员会成员，各省、自治区、直辖市人大常委会负责人，部分全国人大代表等列席会议。

全国人大常委会分组审议关于香港基本法第十三条第一款和第十九条的解释草案

常委会组成人员一致认为，根据宪法和香港基本法的规定，对外国国家及其财产实行国家豁免，属于中央管理的事务，涉及中央与特区的关系，香港特区终审法院在对有关案件作出终局判决前，就国家豁免问题提请全国人大常委会解释基本法，符合香港基本法第一百五十八条第三款的规定，是依法办事的正确做法。

有些委员提出，我国是单一制国家，实行统一的外交政策。国家豁免涉及国与国之间的关系，属于国家的外交事务，决定权在中央，一经确定，全国都要一体遵循。香港是国家的一个地方行政区域，虽然具有高度的自治权，但这种自治权，限于特区自治范围内的事务，不包括决定国家外交事务的权力。因此，对于中央决定的国家豁免原则和立场，香港特区应当遵从，不能例外，不能另行采取与中央不一致的立场。列席本次会议的港区全国人大代表表示，通过全国人大常委会对基本法有关条款作出解释，明确国家现行豁免规则并在特别行政区统一实行，不会影响香港的营商环境。

有些委员说，国家豁免是国际社会普遍接受的处理国家间关系的准则，也是我国处理与外国关系的一项重要原则，因此，决定国家豁免政策和立场的行为，是涉及外交的国家行为，按照基本法的规定，特区法院没有管辖权，不能质疑中央对国家豁免所作的决定。

有些委员表示，按照基本法的有关规定，回归前香港原有法律关于国家豁免的规定，应当根据基本法以及全国人大常委会的有关决定，自回归之日起，其中凡是与基本法规定不一致的，都应当作出必要的修改之后，才能在特区适用，这是保证基本法在特区得以正确实施的法律保障。

常委会组成人员普遍认为，全国人大常委会对香港基本法第十三条第一款和第十九条的解释内容，符合宪法和香港基本法的规定，有针对性地回答了香港特区终审法院所提问题，对此表示赞同并建议本次常委会会议予以通过。

国务院总理温家宝主持召开国务院常务会议

会议指出，目前我国地下水开采总量已占总供水量的18%，北方地区65%的生活用水、50%的工业用水和33%的农业灌溉用水来自地下水。全国657个城市中，有400多个以地下水为饮用水源。随着我国城市化、工业化进程加快，部分地区地下水超采严重，水位持续下降；一些地区城市污水、生活垃圾和工业废弃物污液以及化肥农药等渗漏渗透，造成地下水环境质量恶化、污染问题日益突出，给人民群众生产生活造成严重影响。

会议强调，保护好地下水资源，直接关系经济社会可持续发展和子孙后代生存安全。要以高度的责任感和紧迫感，将地下水污染防治工作列入各级人民政府的重要议事日程。要本着保护优先、预防为主、防治结合、落实责任、强化监管的原则，制定和实施好《全国地下水污染防治规划》，切实保障地下水环境安全。会议确定了以下工作目标：到2015年，基本掌握地下水污染状况，初步控制地下水污染源，初步遏制地下水水质恶化趋势，全面建立地下水环境监管体系；到2020年，对典型地下水污染源实现全面监控，重要地下水饮用水水源水质安全得到基本保障，重点地区地下水水质明显改善，地下水环境监管能力全面提高，建成地下水污染防治体系。为此，一要抓紧开展地下水污染状况调查和评估，划定地下水污染治理区、防控区和一般保护区。二要严格地下水饮用水水源保护与环境执法，依法取缔饮用水水源保护区内的违法建设项目和排污口，限期治理地下水污染隐患。三要严格控制影响地下水的城镇污染。削减城镇生活污染负荷，推进管网系统改造，提高城镇生活污水处理率和回用率，加强垃圾填埋场建设和治理。四要加强重点工业行业地下水环境监管，防范石油化工行业和地下工程设施、地下勘探、采矿活动污染地下水，控制工业危险废物对地下水的影响。五要分类控制农业面源对地下水的污染。逐步减少使用化肥和农药，在水源保护区内实施退耕还林还草。六要采取有效治理措施，严格防控污染土壤和污水灌溉对地下水的污染。七要有计划地加快推进地下水污染修复。在地下水污染突出区域进行修复试点，开展海水入侵综合防治示范，切断废弃钻井、矿井等污染途径。八要建立区域和重点地区地下水环境监测系统，建立专业的地下水环境监测队伍。地方人民政府要制订年度监测计划。要完善相关法律法规和标准规范体系，努力提升地下水污染防治科技水平。加强宣传教育，鼓励公众参与，增强全社会保护地下水的危机意识和责任感。

会议审议并原则通过《太湖流域管理条例(草案)》。会议指出,太湖流域人口密集、经济发达,为将太湖流域水资源保护和水污染防治工作进一步纳入法制轨道,有必要制定太湖流域管理条例。条例草案对建立饮用水安全保障制度,规范流域水资源配置和保护,加强水域岸线保护,强化水污染防治措施和地方人民政府责任,作了明确规定,对各类违法行为规定了严格的法律责任。

为完善公安机关监督机制,提高公安机关依法行政水平,努力建设秉公执法、清正廉明的公安队伍,会议决定对1997年公布施行的《公安机关督察条例》作出修改。修改后的条例强化了公安机关督察长的配置;明确了公安督察机构的执法勤务性质、督察范围;规范了督察工作程序;规定了督察措施期限及权利救济程序。条例规定:对于群众投诉正在发生的公安机关及其人民警察违法违纪行为,督察机构必须及时出警,给予现场处置;对于公安机关及其人民警察依法履行职责、行使职权的行为,督察机构必须予以维护。

国务院总理温家宝在中南海紫光阁会见巴基斯坦外长希娜

温家宝表示,中巴已经建立了务实合作机制,确立了能源、基础设施建设、农业等重点合作领域。双方要加强配合,扎实推进各项工作,增强巴方经济可持续发展的基础,为两国扩大互利互惠的贸易、投资和技术合作开辟更加广阔的前景。

希娜表示,巴中在政治、经济、安全领域和国际、地区事务中有着广泛的共同利益和坚实的合作基础,巴方将与中方一道,推动两国战略合作伙伴关系不断向前发展。

全国政协主席贾庆林在人民大会堂会见老挝副总理兼外长通伦·西苏利

贾庆林表示,中方高度重视发展同老挝的关系,赞赏老挝党和政府长期坚定奉行一个中国政策,愿同老方一道,保持高层交往势头,开拓各领域务实合作,举办好建交50周年庆祝活动,大力弘扬中老传统友谊,不断充实和丰富中老全面战略合作伙伴关系内涵,使两国永做好邻居、好朋友、好同志、好伙伴。贾庆林说,中国全国政协与老挝建国阵线长期以来保持密切友好往来,希望进一步加强交流,为推进中老关系发展作出贡献。

通伦积极评价近年来双边关系取得的进展,感谢中国党和政府长期以来给予老方的宝贵支持和帮助,并表示,老方愿同中方一道,以建交50周年为契机,加强友好交往,增进务实合作,推动老中全面战略合作伙伴关系不断迈上新台阶。

2011年世界海上人命救助大会在上海召开

中共中央政治局委员、国务院副总理张德江出席大会并致辞。

张德江在2011年世界海上人命救助大会上指出,实现海洋平安和谐是全人类的共同愿望。中国政府始终坚持把人的生命安全放在第一位,深入贯彻落实科学发展观,高度重视海上人命安全,全面加强应急管理和救援能力建设,严格履行国际海洋公约,广泛参与国际合作,积极援助发展中国家,海上救助等各项工作取得显著进展。他强调,中国政府将一如既往支持并积极参与国际海事组织、国际海上人命救助联盟各项工作,愿意与各国一道共同应对面临的挑战,为加强海上安全作出自己的努力。

开幕式结束后,张德江亲切接见了中国救捞、海事英模代表,并为荣获"中国救捞创建60周年特别贡献奖"的代表颁奖。

国务院副总理李克强在北京与亚美尼亚副总理格沃尔基扬举行会谈

外交部部长杨洁篪在北京与巴基斯坦外长希娜·拉巴尼·哈尔举行会谈

2011年国家艺术院团优秀剧目展演在北京举行

中共中央政治局常委李长春来到北京保利剧院,和首都观众一起观看2011年国家艺术院团优秀剧目展演活动开幕演出——大型歌剧《红河谷》,并与主创人员亲切交谈。他称赞这部歌剧主题鲜明、表演精湛,思想性、艺术性、观赏性俱佳,富有浓郁的民族特色,是开展爱国主义教育和民族团结进步教育的生动教材。他希望艺术工作者紧跟时代,深入生活,勇于创新,创作演出更多具有中国特色、民族风格的歌剧精品,让广大观众喜闻乐见,得到思想启迪和艺术享受。

中共中央政治局委员、书记处书记、中宣部部长刘云山一同观看演出。

8月25日

国家主席胡锦涛在人民大会堂会见法国总统萨科齐

在谈到中法关系时,胡锦涛说,中方愿同法方加强多边机制和全球层面的战略协调,为应对国际经济金融风险、维护国际金融稳定、促进世界经济复苏而共同努力。

萨科齐说，当前法中关系发展良好，战略对话进展顺利，战略互信不断增强，各领域合作取得积极成果，法方对双边关系发展感到满意，愿意同中方加强在政治、经贸、核能等各领域对话与合作，推动双边关系迈上新的台阶。

在谈到欧洲主权债务问题时，中方对欧洲经济和欧元抱有信心，相信欧洲有智慧、有能力克服当前困难，保持经济稳定和增长。中方将继续把欧洲作为主要投资市场之一，也希望欧洲采取措施确保中方对欧投资安全。

萨科齐说，欧元区正在采取措施，推进有关国家财政金融改革，加强欧元区经济治理。感谢中方对欧洲经济和欧元抱有信心。

在谈到二十国集团事务时，胡锦涛说，国际社会应该加强团结、增强信心、齐心协力、共同应对。中方赞同峰会所设的核心议题，积极评价法方为峰会所做的富有成效的筹备工作，将继续支持和参与峰会各项工作，同各成员国一道，为峰会取得成功作出贡献。

萨科齐说，法国作为二十国集团主席国，愿同中方共同探讨世界经济面临的重大问题，加强同各方的沟通协调，推动戛纳峰会为世界经济复苏发挥积极作用。

十一届全国人大常委会第二十二次会议举行第二次全体会议

会议听取国务院关于今年以来预算执行情况的报告、关于今年以来国民经济和社会发展计划执行情况的报告。

吴邦国委员长出席会议。会议由严隽琪副委员长主持。常委会组成人员153人出席会议，出席人数符合法定人数。

受国务院委托，财政部部长谢旭人作了关于今年以来预算执行情况的报告。他说，今年以来，中央和地方预算执行情况较好，财政发展改革取得新进展。1—7月，全国公共财政收入66739.92亿元，完成预算的74.4%，比2010年同期增长30.5%；全国公共财政支出51385.06亿元，完成预算的51.3%，增长29.7%。

谢旭人说，各地区各部门按照十一届全国人大四次会议有关决议，努力做好各项财政工作，扎实落实积极的财政政策，加强和改善财政宏观调控；着力保障重点支出，进一步改善民生；加强财政科学管理，提高财政资金使用效益；推进财税体制改革，构建有利于科学发展的财税制度。总的看，今年以来的预算执行情况较好，同时也还存在一些问题。

谢旭人指出，当前我国经济运行总体良好，但面临的国内外环境仍然错综复杂。下一步，要积极发挥财税政策稳定物价的作用，大力推进经济发展方式转变，着力保障和改善民生，推进财税体制改革，加强地方政府性债务管理，强化财政管理，努力完成全年预算和各项工作任务。

受国务院委托，国家发展和改革委员会主任张平报告了今年以来国民经济和社会发展计划执行情况。他说，今年以来，面对复杂多变的国际形势和国内经济运行新变化新情况，各地区各部门按照中央决策部署，认真落实十一届全国人大四次会议通过的各项决议，以科学发展为主题，以加快转变经济发展方式为主线，实施积极的财政政策和稳健的货币政策，着力稳物价、调结构、保民生、促和谐，国民经济继续朝着宏观调控预期方向发展，各方面工作都取得了新成绩。一是经济运行态势总体良好；二是价格调控总体有效；三是转变经济发展方式取得积极进展；四是经济体制改革继续深化；五是城乡居民生活水平持续提高。

张平指出，也要清醒地看到，我国经济社会发展中不平衡、不协调、不可持续的矛盾依然突出，国际环境和国内经济运行中又出现了一些新情况、新问题、新矛盾，增加了形势的复杂性和调控的艰巨性。下一步，重点从8个方面做好工作：毫不放松加强价格管理，促进物价总水平基本稳定；立足抗灾救灾，全力夺取全年农业丰收；扎实做好房地产市场调控，遏制房价过快上涨；着力扩大内需特别是消费需求，促进经济由政策刺激向自主增长加快转变；下大力气推进结构调整，促进经济协调发展；坚定不移抓好节能减排，努力完成全年目标任务；继续深化改革开放，推进体制机制创新；大力保障和改善民生，保持社会和谐稳定。

全国人大常委会副委员长王兆国、路甬祥、乌云其木格、韩启德、华建敏、陈至立、周铁农、李建国、司马义·铁力瓦尔地、蒋树声、陈昌智、桑国卫出席会议。国务委员梁光烈、最高人民检察院检察长曹建明、最高人民法院负责人，全国人大各专门委员会成员，各省、自治区、直辖市人大常委会负责人，部分全国人大代表以及有关部门负责人列席会议。

十一届全国人大常委会举行第六十八次委员长会议

吴邦国委员长主持会议。

会议听取了全国人大法律委员会主任委员胡康生作的关于《全国人民代表大会常务委员会关于〈中华人民共和国香港特别行政区基本法〉第十三条第一款和第十九条的解释(草案)》审议结果的报告。

会议听取了全国人大外事委员会主任委员李肇星作的关于批准《东南亚友好合作条约第三修改议定书》的议案审议情况及决定草案代拟稿的汇报。

会议听取了全国人大常委会副委员长兼秘书长李

建国作的关于个别代表的代表资格的报告和任免案审议情况的汇报。

委员长会议决定，根据常委会组成人员的审议意见，对上述议案和草案作进一步审议后，提请十一届全国人大常委会第二十二次会议闭幕会表决。

全国人大常委会副委员长王兆国、路甬祥、乌云其木格、韩启德、华建敏、陈至立、周铁农、司马义·铁力瓦尔地、蒋树声、陈昌智、严隽琪、桑国卫等出席会议。

全国政协主席贾庆林在全国政协礼堂会见饶颖奇率领的台湾民意代表交流参访团

贾庆林强调，要维护两岸关系和平发展大局，珍惜来之不易的发展成果。两岸关系之所以能在这几年取得那么大的进展，关键在于两岸双方在反对“台独”、坚持“九二共识”的共同政治基础上建立了互信。有了这样的前提，两岸才能搁置争议，求同存异，通过平等协商，循序渐进地务实解决两岸交流合作中面临的问题。推翻这一前提，必将损害两岸协商谈判的基础，恶化两岸交流合作的气氛，导致两岸关系再生波折甚至重新走向动荡不安，使两岸关系和平发展的成果得而复失。

贾庆林表示，要继续厚植两岸共同利益，不断增进两岸同胞感情。当前，我们将针对国内外经济形势出现的新变化，尽快采取有效措施，帮助大陆台资企业尤其是中小企业缓解面临的暂时困难。我们要进一步改进和创新工作方法，努力让两岸关系和平发展的成果惠及更多的两岸同胞尤其是台湾基层民众。

贾庆林还说，近几年，大陆各级政协与台湾民意代表之间的交流逐步展开，在汇集两岸民智、反映两岸民意、加深相互理解等方面，发挥了不可替代的作用，取得了良好的效果。希望今后继续加强交流，共同推动两岸关系和平发展。

饶颖奇说，经过双方共同努力，两岸的交流取得了丰富的成果。我们这次参访团在以往的基础上，各党派的代表性更广泛，更加关注民生，着眼未来。希望这个交流平台更有生命力，一年比一年办得更好，也希望通过加强交流沟通，为两岸关系和平发展添砖加瓦，创造更崭新的格局。

全国政协港澳台侨委员会主任、海协会会长陈云林，中共中央台办、国务院台办常务副主任郑立中参加了会见。

中共中央政治局常委李长春在吉林调研

8月25日至29日，李长春先后来到白山、吉林、长春等地，进企业、入社区、访农户、考察基层宣传文化单位，就加快转变经济发展方式、振兴东北地区等老工业基地和推动文化改革发展等进行调研。

李长春看望去年7、8月间遭受了历史上罕见的特大洪涝灾害灾区群众。

李长春考察华微电子股份有限公司、中石油吉林石化公司碳纤维厂、希达电子技术有限公司、鸿达高技术集团有限公司等企业，他强调，要加快建立以企业为主体、市场为导向、产学研相结合的技术创新体系，引导创新要素向企业集聚，促进科技成果向现实生产力转化。

深化文化体制改革、推动文化大发展大繁荣，是李长春调研的一个重点。在白山市松江河镇站前社区、吉林市孤店子镇大荒地村，李长春强调，要狠抓公共文化服务体系建设的薄弱环节，推动文化资源向基层和农村倾斜，尽快实现社区有文化活动中心、村村有文化活动室的目标。在吉视传媒股份有限公司，李长春希望企业深入挖掘吉林丰富的特色文化资源，打造更多具有东北民族风情和吉林地域特色的原创歌舞精品。在吉林动画学院，李长春勉励学院在加强人才培养、推动产业化等方面取得新进展，努力成为在全国具有较强影响力和竞争力的动漫研发生产基地。

调研结束时，李长春听取了吉林省委省政府工作汇报，对吉林经济社会发展取得的成就给予充分肯定。他希望吉林紧紧抓住国家进一步实施东北地区等老工业基地振兴战略、推动长吉图经济区建设等宝贵机遇，牢牢把握主题主线，加快提高自主创新能力，加快推进城乡经济社会一体化步伐，加快发展县域经济，加快建设新型农村集体经济组织，努力探索一条符合吉林实际、具有吉林特色的改革发展新路。

中共中央对西藏 云南 海南3省区党委主要负责同志作出职务调整

陈全国同志任西藏自治区党委委员、常委、书记；张庆黎同志不再担任西藏自治区党委书记、常委、委员职务，另有任用。

秦光荣同志任云南省委书记；白恩培同志不再担任云南省委书记、常委、委员职务。

罗保铭同志任海南省委书记；卫留成同志不再担任海南省委书记、常委、委员职务。

国家海洋局在北京召开视频会议通报蓬莱19—3油田溢油事故处置工作有关情况并提出后续工作措施

据通报，自6月4日首次溢油事故以来，蓬莱19—3油田溢油事故累计污染海域5500平方公里，造成劣四类海水约870平方公里。溢油主要污染了溢油平台周边海域和西北方向海域，并已经影响渤海沿岸。

其中，辽宁绥中东戴河浴场沿岸、河北京唐港浅水湾浴场和秦皇岛黄金海岸等地区受到影响，其全部或部分油污来自蓬莱油田溢油。

由7部委组织的蓬莱19—3油田溢油事故联合调查组组长、国家海洋局局长刘赐贵在通报会上说，党中央、国务院高度重视溢油事故的处置工作，先后作出一系列明确指示批示，要求加强污染海域的监测，加大查处工作力度，彻底查清污染源，彻底封堵溢油源，并及时发布权威信息。同时，要对溢油事故造成的影响和损失进行全面认真的调查，切实做好防范、赔偿等善后工作。

之前，国家海洋局已明确提出了溢油处置“两个彻底”（彻底排查溢油风险点，彻底封堵溢油源）、“两个切实”（切实依法维护渔业渔民的合法权益，切实依法维护国家海洋生态环境利益）的工作目标，监测监督、案件审理、生态损害索赔也在有序进行。

刘赐贵表示，目前海上油污处理已取得一定进展，溢油原因正在分析。对于企业应当承担的责任，相关主管部门正在全面追责。比如，对其破坏海洋环境生态的行为，国家海洋局已经立案，依法对生产作业者进行全面取证调查。

刘赐贵说，目前此次溢油事故处理已进入关键阶段，如果康菲公司不能在8月31日的期限内完成“两个彻底”，将依法采取更加严厉的措施，任何企业损害我国海洋环境都必须付出代价。蓬莱19—3油田溢油事故是我国海洋开发中相当严重的一起事故，尤其是渤海作为我国唯一的半封闭内海，生态脆弱，如不能有效处置，势必造成海洋生态灾难。

第二十八届中国电视剧“飞天奖”颁奖典礼在国家体育馆举办

《解放》《沂蒙》《媳妇的美好时代》《人间正道是沧桑》等38部电视剧分获长篇电视剧特别奖和一、二、三等奖。

黄志忠、陈宝国获优秀男演员奖；海清、蒋雯丽获优秀女演员奖。

《李先念年谱(1909—1992)》和《建国以来李先念文稿》出版发行

由《李先念传》编写组和湖北鄂豫边区革命史编辑部编写和编辑的《李先念年谱(1909—1992)》和《建国以来李先念文稿》经中共中央文献研究室审定，由中央文献出版社出版，在全国各地发行。

8月26日

第四十三届南丁格尔奖章颁奖大会在人民大会堂举行

中共中央总书记、国家主席、中央军委主席、中国红十字会名誉会长胡锦涛出席大会，为8名中国获奖者颁发奖章，代表党中央、国务院，向获奖者表示热烈的祝贺，向全国护理工作者、红十字工作者和志愿者表示亲切的问候。

中共中央政治局常委、国务院副总理李克强出席颁奖大会。

今年共有19个国家的39名护理工作者获得本届南丁格尔奖章。我国获奖的8名护理工作者分别是：北京协和医院护理部主任、中华护理学会副理事长吴欣娟，天津市肿瘤医院护理质控中心主任陈荣秀，上海市皮肤病医院护理部副主任孙玉凤，福建医科大学护理学院院长、福建护理学会副理事长姜小鹰，青海省人民医院副院长赵生秀，解放军第四医院医务处副主任护师索玉梅，南京军区南京总医院妇产科护士长陈声容，武警总医院副院长、护理部主任张利岩。

中共中央政治局委员、国务院副总理回良玉在颁奖大会上讲话指出，红十字事业是一项崇高而伟大的人道主义事业。党中央、国务院高度重视我国红十字事业的发展。当前，社会各界参与慈善事业的热情和对人道救助工作的关注度越来越高。要适应新的形势和要求，与时俱进地深化改革、完善制度、强化管理，切实维护慈善公益组织的公信力，提高人道救助的能力和水平。回良玉希望中国红十字会和广大人道服务领域工作者发扬光大南丁格尔精神，秉持人道准则，胸怀博爱之心，播撒仁慈美德，传递友善关怀，努力把各方面力量凝聚起来，推动我国红十字事业等各项慈善公益事业持续健康发展。

全国人大常委会副委员长、中国红十字会会长华建敏在会上说，8名获奖者的先进事迹集中体现了“人道、博爱、奉献”的红十字精神，全国3000万名红十字会员和志愿者要以她们为榜样，更好地为社会公众服务。他表示，中国红十字会要进一步深化改革、创新机制，更加自觉接受社会监督，虚心听取意见建议，不断增强责任感、提升公信力，以赢得全社会的尊重与信赖，更好地为困难群众排忧解难，为国家发展和社会进步作出更大贡献。

红十字国际委员会主席雅各布·克伦贝格尔在致辞中称赞各位获奖者以自己的行为诠释了承诺与奉献，为在社会上推广和发展人道行动和人道理念作出了特殊贡献。

获奖者代表张利岩、青年护士代表薄海欣分别在会上发言。

十一届全国人大常委会第二十二次会议在人民大

会堂闭幕

会议经表决，通过了全国人大常委会关于《中华人民共和国香港特别行政区基本法》第十三条第一款和第十九条的解释，通过了全国人大常委会关于批准《东南亚友好合作条约第三修改议定书》的决定，批准了这一议定书。

吴邦国委员长主持闭幕会。常委会组成人员157人出席会议，出席人数符合法定人数。

会议表决通过了全国人大常委会代表资格审查委员会关于个别代表的代表资格的报告。根据全国人大常委会发表的公告，十一届全国人大现在实有代表2975人。

会议表决通过了有关任免案。

在完成各项议程后，吴邦国发表重要讲话。他说，本次会议的一项重要内容，是审议通过了关于香港特别行政区基本法第十三条第一款和第十九条的解释。这是香港基本法实施以来第一次由香港特别行政区终审法院在审理有关案件的过程中就基本法有关中央人民政府管理的事务和中央与特别行政区关系的条款，提请全国人大常委会进行解释。要强调的是，香港特别行政区是直辖于中央人民政府的地方行政区域，基本法在赋予香港特别行政区高度自治权的同时，明确香港特别行政区的外交、国防等事务由中央人民政府负责管理，并专门规定香港特别行政区法院对国防、外交等国家行为无管辖权。这是体现国家主权所必不可少的，也是保持香港长期繁荣稳定所必不可少的。本次全国人大常委会对基本法有关条款作出的解释，充分体现了"一国两制"方针，既维护了国家主权，又保证了香港特别行政区享有包括独立的司法权和终审权在内的高度自治权，对于推动基本法全面正确实施具有重要意义。我们相信，只要坚定贯彻"一国两制"方针，严格按照基本法办事，就一定能够把香港管理、建设得更加美好。

吴邦国说，抓紧修改与经济社会发展不相适应的法律，是完善中国特色社会主义法律体系的内在要求，也是今后一个时期常委会立法工作的重要任务。今年计划提请常委会初次审议的12件法律草案中，有10件是修改完善现行法律，这当中包括修改刑事诉讼法、民事诉讼法、地方组织法等一批重要法律。这次会议对刑事诉讼法修正案草案进行了初次审议，常委会组成人员和列席会议的同志普遍认为，草案从我国的实际情况出发，总结法律实施和司法实践的经验，落实中央深化司法体制改革的精神，吸纳人大代表相关议案的建议，正确处理惩罚犯罪与保障人权的关系，对刑事诉讼制度作了重要补充和完善，总体上是可行的。这次修改的内容比较多，也非常重要，方方面面都很关注，下一步将广泛征求社会各界意见，在认真研究的基础上进一步修改完善草案，尽早提请以后的常委会会议审议。

吴邦国说，这次会议听取审议了国务院关于今年以来计划执行情况、预算执行情况等两个报告。常委会组成人员和列席会议的同志，充分肯定国务院和地方政府所做的工作。大家指出，在看到成绩的同时，要清醒地认识到我国发展中不平衡、不协调、不可持续的矛盾仍然突出，影响经济稳定运行的不利因素仍然较多，国际环境和国内经济运行又出现一些新情况，增加了形势的复杂性和调控的艰巨性。我们要把思想和行动统一到中央对形势的分析判断和对工作的总体部署上来，坚持以科学发展为主题，以加快转变经济发展方式为主线，继续加强和改善宏观调控，正确处理速度、结构、物价三者关系，着力在加快转变经济发展方式上下更大功夫，努力实现"十二五"时期经济社会发展良好开局。要把稳定物价总水平作为宏观调控的首要任务，切实提高政策的前瞻性、针对性和稳定性；加快推进结构调整，大力保障和改善民生，维护社会和谐稳定；深化财税体制改革，强化财政预算管理，中央和地方财政超收收入应在保证法定支出项目的前提下，通过法定程序，重点向保障性住房建设等民生项目倾斜。

吴邦国指出，检查老年人权益保障法实施情况，是今年常委会监督工作的一项重要内容，也是这部法律颁布以来的第一次执法检查。执法检查组有意识地把执法检查与修改完善法律、办理代表议案建议有机结合起来，通过听取汇报、召开座谈会、实地考察等多种形式，深入了解情况，广泛听取意见，在掌握大量第一手材料的基础上，提出了许多改进老龄工作和完善相关法律的建议。审议中，常委会组成人员和列席会议的同志充分肯定执法检查组的工作，普遍赞成执法检查报告。大家指出，我国是世界上老年人口最多的国家，而且正处在人口老龄化加快的进程中，积极应对人口老龄化，依法保障老年人权益，走出一条适合国情的老龄事业发展路子，事关经济社会发展全局和国家长治久安。各地区、各有关方面要从战略高度认识和谋划老龄工作，坚持立足当前、着眼长远，统筹兼顾、突出重点，不断完善老年社会保障体系，积极推进养老服务体系建设，建立健全老龄工作体制机制，努力拓宽老年人参与社会发展渠道，进一步营造敬老、养老、助老的良好社会氛围，切实维护老年人合法权益。要结合这次执法检查，认真研究完善老年人权益保障法的有关问题，加强沟通协调，尽早提出修改完善法律的草案。

全国人大常委会副委员长王兆国、路甬祥、乌云其木格、韩启德、华建敏、陈至立、周铁农、李建国、司马义·铁力瓦尔地、蒋树声、陈昌智、严隽琪、桑国卫出席会议。

国务院副总理张德江,最高人民法院院长王胜俊,最高人民检察院检察长曹建明,全国人大各专门委员会成员,各省、自治区、直辖市人大常委会负责人,部分全国人大代表,以及有关部门的负责人列席会议。

全国人大常委会关于《中华人民共和国香港特别行政区基本法》第十三条第一款和第十九条的解释

(2011年8月26日第十一届全国人民代表大会常务委员会第二十二次会议通过)

第十一届全国人民代表大会常务委员会第二十二次会议审议了委员长会议关于提请审议《全国人民代表大会常务委员会关于〈中华人民共和国香港特别行政区基本法〉第十三条第一款和第十九条的解释(草案)》的议案。委员长会议的议案是应香港特别行政区终审法院依据《中华人民共和国香港特别行政区基本法》第一百五十八条第三款的规定提请全国人民代表大会常务委员会解释《中华人民共和国香港特别行政区基本法》有关规定的报告提出的。

香港特别行政区终审法院在审理一起与刚果民主共和国有关的案件时,涉及香港特别行政区是否应适用中央人民政府决定采取的国家豁免规则或政策的问题。为此,香港特别行政区终审法院依据《中华人民共和国香港特别行政区基本法》第一百五十八条第三款的规定,提请全国人民代表大会常务委员会解释如下问题:"(1)根据第十三条第一款的真正解释,中央人民政府是否有权力决定中华人民共和国的国家豁免规则或政策;(2)如有此权力的话,根据第十三条第一款和第十九条的真正解释,香港特别行政区('香港特区')(包括香港特区的法院)是否:①有责任援用或实施中央人民政府根据第十三条第一款所决定的国家豁免规则或政策;或②反之,可随意偏离中央人民政府根据第十三条第一款所决定的国家豁免规则或政策,并采取一项不同的规则;(3)中央人民政府决定国家豁免规则或政策是否属于《基本法》第十九条第三款第一句中所说的'国防、外交等国家行为';以及(4)香港特区成立后,第十三条第一款、第十九条和香港作为中华人民共和国的特别行政区的地位,对香港原有(即1997年7月1日之前)的有关国家豁免的普通法(如果这些法律与中央人民政府根据第十三条第一款所决定的国家豁免规则或政策有抵触)所带来的影响,是否令到这些普通法法律,须按照《基本法》第八条和第一百六十条及于1997年2月23日根据第一百六十条作出的《全国人民代表大会常务委员会的决定》的规定,在适用时作出必要的变更、适应、限制或例外,以确保关于这方面的普通法符合中央人民政府所决定的国家豁免规则或政策。"香港特别行政区终审法院上述提请解释的做法符合《中华人民共和国香港特别行政区基本法》第一百五十八条第三款的规定。

根据《中华人民共和国宪法》第六十七条第(四)项和《中华人民共和国香港特别行政区基本法》第一百五十八条的规定,并征询全国人民代表大会常务委员会香港特别行政区基本法委员会的意见,全国人民代表大会常务委员会就香港特别行政区终审法院提请解释的《中华人民共和国香港特别行政区基本法》第十三条第一款和第十九条的规定以及相关问题,作如下解释:

一、关于香港特别行政区终审法院提请解释的第(1)个问题。依照《中华人民共和国宪法》第八十九条第(九)项的规定,国务院即中央人民政府行使管理国家对外事务的职权,国家豁免规则或政策属于国家对外事务中的外交事务范畴,中央人民政府有权决定中华人民共和国的国家豁免规则或政策,在中华人民共和国领域内统一实施。基于上述,根据《中华人民共和国香港特别行政区基本法》第十三条第一款关于"中央人民政府负责管理与香港特别行政区有关的外交事务"的规定,管理与香港特别行政区有关的外交事务属于中央人民政府的权力,中央人民政府有权决定在香港特别行政区适用的国家豁免规则或政策。

二、关于香港特别行政区终审法院提请解释的第(2)个问题。依照《中华人民共和国香港特别行政区基本法》第十三条第一款和本解释第一条的规定,中央人民政府有权决定在香港特别行政区适用的国家豁免规则或政策;依照《中华人民共和国香港特别行政区基本法》第十九条和本解释第三条的规定,香港特别行政区法院对中央人民政府决定国家豁免规则或政策的行为无管辖权。因此,香港特别行政区法院在审理案件时遇有外国国家及其财产管辖豁免和执行豁免问题,须适用和实施中央人民政府决定适用于香港特别行政区的国家豁免规则或政策。基于上述,根据《中华人民共和国香港特别行政区基本法》第十三条第一款和第十九条的规定,香港特别行政区,包括香港特别行政区法院,有责任适用或实施中央人民政府决定采取的国家豁免规则或政策,不得偏离上述规则或政策,也不得采取与上述规则或政策不同的规则。

三、关于香港特别行政区终审法院提请解释的第(3)个问题。国家豁免涉及一国法院对外国国家及其财产是否拥有管辖权,外国国家及其财产在一国法院是否享有豁免,直接关系到该国的对外关系和国际权利与义务。因此,决定国家豁免规则或政策是一种涉及外交的国家行为。基于上述,《中华人民共和国香港特别行政区基本法》第十九条第三款规定的"国防、外交等国家行为”包括中央人民政府决定国家豁免规则或政策的行为。

四、关于香港特别行政区终审法院提请解释的第(4)个问题。依照《中华人民共和国香港特别行政区基本法》第八条和第一百六十条的规定，香港原有法律只有在不抵触《中华人民共和国香港特别行政区基本法》的情况下才予以保留。根据《全国人民代表大会常务委员会关于根据〈中华人民共和国香港特别行政区基本法〉第一百六十条处理香港原有法律的决定》第四条的规定，采用为香港特别行政区法律的香港原有法律，自1997年7月1日起，在适用时，应作出必要的变更、适应、限制或例外，以符合中华人民共和国对香港恢复行使主权后香港的地位和《基本法》的有关规定。香港特别行政区作为中华人民共和国一个享有高度自治权的地方行政区域，直辖于中央人民政府，必须执行中央人民政府决定的国家豁免规则或政策。香港原有法律中有关国家豁免的规则必须符合上述规定才能在1997年7月1日后继续适用。基于上述，根据《中华人民共和国香港特别行政区基本法》第十三条第一款和第十九条的规定，依照《全国人民代表大会常务委员会关于根据〈中华人民共和国香港特别行政区基本法〉第一百六十条处理香港原有法律的决定》采用为香港特别行政区法律的香港原有法律中有关国家豁免的规则，从1997年7月1日起，在适用时，须作出必要的变更、适应、限制或例外，以符合中央人民政府决定采取的国家豁免规则或政策。

现予公告。

全国人大常委会关于批准《东南亚友好合作条约第三修改议定书》的决定

(2011年8月26日第十一届全国人民代表大会常务委员会第二十二次会议通过)

第十一届全国人民代表大会常务委员会第二十二次会议决定：批准2010年7月23日由外交部部长杨洁篪代表中华人民共和国在河内签署的《东南亚友好合作条约第三修改议定书》。

全国人大常委会公告

(十一届)第三十号

第十一届全国人民代表大会代表姜作勇因病去世，姜作勇的代表资格自然终止。

全国人民代表大会常务委员会对姜作勇代表的去世表示哀悼。

特此公告。

全国人民代表大会常务委员会

2011年8月26日

(十一届)第三十一号

河南省人大常委会接受了周以忠提出的辞去第十一届全国人民代表大会代表职务的请求。依照代表法的有关规定，周以忠的代表资格终止。

现在，第十一届全国人民代表大会实有代表2975人。

特此公告。

全国人民代表大会常务委员会

2011年8月26日

全国人大常委会任命名单

(2011年8月26日第十一届全国人民代表大会常务委员会第二十二次会议通过)

一、任命卫留成、吕祖善为第十一届全国人民代表大会财政经济委员会副主任委员。

二、任命刘振起为第十一届全国人民代表大会教育科学文化卫生委员会副主任委员。

三、任命迟万春为第十一届全国人民代表大会外事委员会副主任委员。

四、任命张云川、白恩培为第十一届全国人民代表大会环境与资源保护委员会副主任委员。

五、任命李成玉(回族)为第十一届全国人民代表大会农业与农村委员会副主任委员。

全国人大常委会任免名单

(2011年8月26日第十一届全国人民代表大会常务委员会第二十二次会议通过)

一、免去熊选国的最高人民法院副院长、审判委员会委员、审判员职务。

二、免去俞宏武的最高人民法院民事审判第一庭副庭长职务。

三、免去王玧(女)的最高人民法院民事审判第四庭副庭长职务。

四、免去周帆的最高人民法院民事审判第二庭副庭长职务，任命其为最高人民法院民事审判第四庭副庭长。

五、免去冯强(女)、吴宪光、李辉(女)的最高人民法院审判员职务。

六、任命郭纪胜为最高人民法院立案一庭副庭长、审判员。

七、任命于明、于泓(女)、马东旭、牛建华、王涛、王培中、刘涛(女)、刘树德、刘雪梅(女)、宋楚潇(女)、张潇、李京平(女)、杨兴业、肖宝英(女)、陆建红、周翔、罗敏(女)、赵晋江、钟宣、湛雄辉(女)、舒明生、董朝阳(女)为最高人民法院审判员。

全国人大常委会任免名单

（2011年8月26日第十一届全国人民代表大会常务委员会第二十二次会议通过）

免去苏勇的中国人民解放军军事法院院长职务；

任命刘季幸为中国人民解放军军事法院院长。

全国人大常委会免职名单

（2011年8月26日第十一届全国人民代表大会常务委员会第二十二次会议通过）

免去刘佑生、王庆新、郭素芬（女）、陈东的最高人民检察院检察员职务。

十一届全国人大常委会在人民大会堂举行题为《中国对外贸易面临的形势、问题及对策》的专题讲座

全国人大常委会委员长吴邦国主持讲座。

主讲人商务部国际贸易经济合作研究院院长霍建国，从对当前世界经济贸易形势的判断分析、中国对外贸易取得的成就及存在的问题、新形势下促进中国对外贸易发展的对策等三方面作了深入讲解。

霍建国说，2010年以来，世界经济虽已呈现缓慢复苏态势，但复苏进程仍面临多重矛盾，致使中国面临的国际经贸环境更趋复杂。当前，世界经济格局发生重大变化，经济全球化进程有所放缓，世界经济再平衡未见改善，贸易保护主义不断上升，全球经济治理模式仍处于磨合之中，全球经济复苏基础仍不稳固。

霍建国说，改革开放以来，中国对外贸易在国民经济发展中发挥了重要作用。特别是加入世界贸易组织后，中国改革开放取得丰硕成果，建立了充满活力的开放型经济体系，贸易大国地位稳步确立。当前，世界经济已进入大调整、大变革时期，中国对外贸易面临的内外环境也发生了深刻变化，传统的粗放型出口增长模式难以为继，对外贸易发展方式亟待转变。

霍建国认为，面对国际国内经济发展的新形势，中国对外贸易应进一步调整发展战略，通过加快转变发展方式来增强对外贸易的综合竞争力，促进对外贸易与国民经济的协调发展；通过不断完善对外贸易的体制和机制，不断提升对外开放水平，构建参与国际竞争新优势，稳步推进贸易强国进程。他建议，要充分认识对外贸易的积极作用，坚持发展对外贸易不动摇；积极调整发展战略，加快转变外贸发展方式；加快自主创新步伐，构建国际竞争新优势；加快产业布局调整，促进制造业梯度转移；加快建立海外营销网络，构建对外贸易发展的外部支撑体系；积极参与全球经济治理，营造良好的国际贸易环境。

全国人大常委会副委员长王兆国、路甬祥、乌云其木格、韩启德、华建敏、陈至立、周铁农、李建国、司马义·铁力瓦尔地、蒋树声、陈昌智、严隽琪、桑国卫等听取讲座。

国务院总理温家宝在河北张家口调研

温家宝8月26日至28日来到河北省张家口市万全县、张北县、康保县、沽源县，深入田间地头、走访村庄农户，召开基层干部群众座谈会，就农业生产、生态建设、农村扶贫等进行调研。

温家宝在张北县主持召开了农业、农村工作座谈会。温家宝指出，保持粮食和农业稳定发展，对稳定物价、保持经济平稳较快发展具有十分重要的意义。今年我国夏粮和早稻获得丰收，秋粮面积比去年有所增加，秋粮主产区光照、温度、降水等气象条件总体正常，秋季作物长势好于去年，这为秋粮增产创造了有利条件。目前秋季作物生产正处在产量形成的关键期，气象条件还有很大不确定性，还面临干旱、早霜、寒露风、病虫害等考验。必须毫不松懈地抓好当前农业生产，认真做好技术指导，加强田间管理，千方百计夺取秋粮丰收。要认真落实促进生猪生产和牧区发展的政策措施。强化科技服务，狠抓疫病防控，切实促进生猪和牛羊肉生产，保障市场供给。牧区要认真落实和完善草原生态保护补助奖励机制，保持畜牧业持续稳定健康发展。要改善农产品流通，加快形成流通成本低、运行效率高、安全便利的农产品营销网络。要加大扶贫开发力度，调整农业结构，发展特色农业，大力发展二、三产业特别是农产品加工业，全面提高农业效益，多渠道增加农民收入。

全国政协在全国政协礼堂召开“深化文化体制改革，繁荣发展文化事业和文化产业”专题协商会

中共中央政治局常委、全国政协主席贾庆林出席并讲话。

中共中央政治局委员、国务委员刘延东到会听取意见并讲话。

贾庆林在讲话中指出，加强社会主义文化建设，是实现全面建设小康社会奋斗目标、提高国家核心竞争力、实现中华民族伟大复兴的必然要求。我们党历来十分重视文化建设。改革开放特别是中共十六大以来，党中央始终把文化建设放在党和国家的重要战略地位加以推动，文化建设不断取得新成就。我们一定要从战略高度深刻认识文化建设的重大意义，增强责任感和紧迫感，加大文化改革创新力度，推动社会主义文化大发展大繁荣。要保护和弘扬优秀民族文化，提高中华民族的凝聚力、向心力；大力加强公共文化服务体系建设，切实保障人民基本文化权益；推动文化产业快速发展，努力打造国民经济支柱性产业；深化文化体制改革，切实增强文化发展的动力和活力；推动实施文化“走出去”战略，提升中华文化国际影响力。

刘延东认真听取了委员们的发言。她说，全国政协围绕文化建设进行专题调研和协商，有助于群策群力，凝聚共识，为中共中央、国务院制定政策提供决策参考，共同促进文化体制改革和社会主义文化大发展大繁荣。

中共中央政治局委员、全国政协副主席王刚，全国政协副主席万钢分别主持会议。

全国政协副主席杜青林、陈奎元、阿不来提·阿不都热西提、张梅颖、张榕明、钱运录、孙家正、郑万通、罗富和出席会议。22名全国政协常委、委员和民主党派中央、全国工商联、政协专门委员会的代表作了发言，会议还印发了19份书面发言。文化部、广电总局和新闻出版总署负责同志作了交流发言。中央和国家机关有关部门、全国政协办公厅和各专门委员会、各民主党派中央和全国工商联等方面负责同志，部分在京的全国政协常委、委员共100多人出席会议。

国务院任命香港特别行政区政府主要官员

依照香港特别行政区基本法的有关规定，根据香港特别行政区行政长官曾荫权的提名和建议，国务院决定：任命张云正为海关关长，免去袁铭辉的海关关长职务。

大亚湾核电基地建设经验总结大会暨岭澳核电站二期2号机组投产仪式在深圳举行

中共中央政治局常委、全国人大常委会委员长吴邦国作重要批示。

吴邦国在批示中对岭澳核电站二期2号机组投入商业运行表示祝贺，要求广大核电建设运营工作者更加注重核电安全。

岭澳核电站二期位于广东深圳大亚湾核电基地，拥有两台百万千瓦级压水堆核电机组，2005年12月15日开工，1号、2号机组分别于2010年9月15日和2011年8月7日投入商业运行，由中广核工程有限公司总承包建设，设备国产化比例达到64%。随着岭澳核电站二期的建成，大亚湾核电基地已拥有6台百万千瓦级核电机组、总装机容量610.8万千瓦、年上网电量超过450亿千瓦时，成为我国装机规模最大、发电能力最强的核电基地，完整实现了核电技术“高起点起步，引进、消化、吸收、再创新”的全过程。

国家副主席习近平在人民大会堂会见塞尔维亚议长久基奇—德亚诺维奇

国防部部长梁光烈在北京会见以朝鲜人民武力部后方总局长全昌福为团长的朝鲜人民军后勤代表团

8月27日

全国人大常委会农村土地承包法执法检查组第一次全体会议在北京举行

会议决定正式启动农村土地承包法执法检查。中共中央政治局常委、全国人大常委会委员长吴邦国作出重要批示。

吴邦国指出，农村土地承包法执法检查是今年全国人大常委会监督工作的一个重点。要通过这次检查，全面贯彻农村土地承包法和农村土地承包经营纠纷调解仲裁法，切实保障农民土地承包经营权，保持土地承包关系稳定并长久不变，加强农村土地承包经营权流转管理和服务，落实最严格的耕地保护制度，及时有效解决农村土地承包经营纠纷，不断解放和发展农村社会生产力，推动农村经济社会全面发展。

全国人大常委会副委员长乌云其木格、蒋树声出席会议。在听取有关部门介绍情况后，乌云其木格作了讲话。她指出，稳定和完善农村土地承包关系，是党的农村政策的基石。农村土地承包工作，关系农民利益、农业发展和农村稳定，关系经济社会发展大局。要深刻认识稳定和完善农村土地承包制度的重要性，全面贯彻实施农村土地承包法及相关法律法规。

乌云其木格强调，这次执法检查确定了法律宣传和实施基本情况，规范土地承包经营权流转，对违法行为的查处，对农村承包土地纠纷调解仲裁工作的支持等几个重点。要准确领会法律的基本精神，围绕切实保障农民的土地承包经营权、保证农村土地承包经营权长久不变、规范土地承包经营权依法自愿有偿流转、依法解决好农村土地承包经营纠纷等重点开展工作。

乌云其木格指出，执法检查中，要大力宣传中央的精神和农村土地承包法等法律、法规，特别是要让大家了解中央关于“现有土地承包关系要保持稳定并长久不变”的精神。要认真履行职责，深入基层，广泛听取意见，特别是要听取基层干部和农民群众的意见，同时还要了解当前农村经济发展和农村土地管理方面遇到的新情况、新问题，实事求是评价法律实施情况，肯定成绩、指出问题，提出有针对性的建议。

全国人大农业与农村委员会主任委员王云龙主持会议并介绍了执法检查的总体安排。国家发展和改革委员会、财政部、农业部、国土资源部、水利部、国家林业局和最高人民法院负责人分别介绍了本系统贯彻实施农村土地承包法的情况。

亚洲国际法学会第三届年会在北京开幕

国务委员戴秉国出席并致辞，最高人民检察院检察长、中国国际法学会名誉会长曹建明出席了开幕式。

戴秉国说，改革开放30多年来，中国一贯坚持走和平发展的道路，中国走和平发展道路得益于国际法提供的坚实基础和保障，中国走和平发展道路一定会进一步推动国际法的积极发展。中国提出了加强国际合作，共建永久和平、共同繁荣的和谐世界的倡议。中国走和平发展道路本身也是尊重国际法、维护国际法和发展国际法的宏伟实践。中国永远是亚洲各国的好兄弟、好邻居、好伙伴。面对亚洲崛起的世纪机遇，中国将与亚洲各国一道，共同努力推动亚洲的大发展，推动亚洲国际法的大发展，为整个人类文明，包括国际法治的文明，作出新的更大的贡献。

亚洲国际法学会于2007年在新加坡成立，是亚洲首个区域性国际法学术团体，国际法院中国籍法官薛捍勤为现任会长。本届年会讨论的议题涉及海洋法、气候变化、国际刑法等众多热点国际法问题，300余名中外国际法学者参加了会议。

中组部部长李源潮在乌鲁木齐会见出席“西部之光”人才培养计划实施15周年暨“西部之光”访问学者培养工作7周年工作研讨会的代表

李源潮勉励大家发扬老一辈科技工作者艰苦创业、甘于奉献的优良传统，服务西部、扎根西部、奉献西部，为西部培养更多的人才，使人才成为西部大开发源源不断的动力。

李源潮说，西部大开发最需要的是人才。“西部之光”人才培养计划要长期坚持下去，越搞越好，越搞越有成效。西部地区工作条件相对艰苦，但发展前景十分美好。西部大开发要有艰苦奋斗精神和无私奉献精神。希望青年科技人才像老一辈在西部工作的科技工作者那样，艰苦创业、勇攀高峰，在西部大开发、大建设、大发展的广阔舞台上实现人生理想和抱负。

李源潮说，西部人才发展正在进入历史上最好的时期，中央和对口援助省份都对西部人才发展给予许多支持和倾斜。西部地区各级党委、政府要抓住机遇、用好政策，大力培养和引进人才，用好用活人才，使人才成为西部大开发的重要力量，为西部地区科学发展、跨越发展提供有力人才支撑。

新疆维吾尔自治区党委书记张春贤、自治区主席努尔·白克力，新疆生产建设兵团政委车俊，中科院院长白春礼等参加会见。中央和国家机关有关部门，西部各省区市党委组织部负责同志，“西部之光”人才计划支持和培养的人才代表参加会议。

河北省第十一届人大常委会第二十五次会议决定接受陈全国辞去省长职务的请求 任命张庆伟为副省长代省长

“纪念辛亥革命100周年《光明行》大型民族音乐巡演”在国家大剧院开幕

《中国外交2010》画册首发式在北京举行

外交部部长杨洁篪、外国驻华使节和国际组织驻华代表、中央有关单位和有关部委负责人、专家学者及媒体代表等共200多人出席。

《中国外交2010》画册由外交部编辑，配中、英、法3种文字。画册以过去一年来中国重大外交事件为主线，通过360多幅精美图片，从不同角度再现了丰富多彩的中国外交场景，真实记录了中国外交坚持走和平发展道路的历程。

佟文在法国巴黎举行的第二十八届世界柔道锦标赛女子78公斤以上级决赛中夺得冠军

8月28日

国务院总理温家宝在河北张北看望师生并为广大农村教师作报告

在新学期和第二十七个教师节即将来临之际，国务院总理温家宝在张北县第三中学为广大农村教师作了题为《一定要把农村教育办得更好》的报告。

报告结束后，教育部部长袁贵仁说，温家宝总理是给张北的老师们讲的，也是给全国教师上了新学期开学第一课。这堂课就是农民的教育学。农民的教育学实际上就是中国人民的教育学，中国社会的教育学。

国务院总理温家宝在河北张北农村教师大会上作题为《一定要把农村教育办得更好》的报告

在新学期和第二十七个教师节即将来临之际，我提前向各位教师致以节日祝贺，向长期从事农村教育的广大老师们表示崇高敬意。这里，我就农村教育发展问题讲几点意见。

一、深刻认识办好农村教育的重要意义

农村是社会的基础，改造社会必须从改造农村着手，而改造广大农村，必须从发展农村教育入手。任何一个国家要实现现代化，农村教育都具有基础性、全局性的重要作用。农村人口众多，他们受教育的程度决定着一个国家教育的整体水平。要提高一个国家的教育水平，必须先从农民抓起。如果不懂得这一点，就不懂得农民的教育学，也就不可能树立农民的教育观。

无论是美国的“教育平权运动”，还是印度的“民众科学运动”，以及南美、非洲、东南亚一些国家推行的“平民教育运动”，都是为了在广大农村和社区普及文化、卫生、科学知识，保障社会底层民众平等接受教育的权利。上世纪70年代韩国开展“新村运动”，首要任务也是教育农民，即加强农民的启蒙教育与文化技术教育。发达国家早已普及了义务教育，但仍然十分重视在农村进行扫盲和普及教育。美国至今还认为，乡村教育对美国未来的繁荣至关重要，要加大力度促进美国乡村教育发展。

中国有13亿多人口，超过半数生活在农村，一半以上的学龄儿童在农村。农村教育是农村的希望。农村教育发展了，农民素质提高了，就会形成巨大的人力资源优势；相反，如果农村教育跟不上，众多的人口就会成为发展的巨大压力。今天广大农村的亿万在校生，正是明天国家建设的主力军。如果不把农村教育办好，不努力提高农村人口的文化素质，要实现经济社会协调发展、城乡之间协调发展，改变“一条腿长、一条腿短”的问题，就是一句空话。从这个意义上说，农村教育直接关系全面建设小康社会和现代化目标的实现。

我国农村教育源远流长，历来就有“耕读传家”的传统。中华文明起源于农耕社会，中华文化的根脉在农村，教育是传承文化的主要途径。历史上许多私塾、书院曾盛极一时，但都不是在大城市，而是在山野乡村。那里不但是教育子弟、培养人才的学校，而且是一个地区的文化中心，甚至是学术中心，其薪火相传、生生不息，成为中国人的精神家园。人们常说：“自古寒门出俊才。”中国历史上的许多伟大人物都是出自农村的寒家子弟，靠勤学苦读奋斗成才。中国农村的每一个家庭都懂得，物质上的贫穷只是暂时的，只要孩子有文化、有知识，就能改变人生和命运，生活就会有奔头。

近代以来，我国许多有识之士都认识到农村教育对启迪民智必不可少。民主革命先行者孙中山先生说：“吾国虽自号文物之邦，男子教育，不及十分之六，女子教育，不及十分之三，其中有志无力者，颇不乏人。其故在何？国家教育不能普及也。”著名教育家陶行知先生亲自创办了南京晓庄师范学校，他指出：“乡村教育是立国之大本”，“人民贫，非教育莫与富之；人民愚，非教育莫与智之”。上世纪二三十年代，晏阳初、陶行知、梁漱溟等一批教育界人士在河北、江苏、四川等地发起乡村教育运动，倡导“教育救国”。晏阳初先生提出“除文盲，作新民”，在河北推出“定县模式”，在四川建立乡村建设学院。这些教育先辈为我国农村教育事业躬身实践、终身投入、无私奉献的精神，值得我们学习。

新中国成立以来，党和政府大力发展各级各类教育事业，农村教育面貌焕然一新。建国初期的全国扫盲运动，堪称世界教育史上的奇迹。1949年全国文盲数量占总人口的80%以上，农村文盲率更是高达95%。经过几次大规模扫盲，至1964年，先后有1亿多人摘掉了文盲的帽子。到本世纪初，国家实施西部地区“两基”攻坚计划，我国终于基本扫除青壮年文盲。2003年以来，中央提出加强社会建设的战略方针，大大加快了科技、教育等社会事业发展步伐。国务院从政策上、投入上和制度建设上，着力促进农村教育改革和发展，实现了义务教育全部免费，义务教育经费保障机制日益完善，学龄儿童入学率达到99%以上，基本杜绝农村新生文盲。特别是《国家中长期教育改革和发展规划纲要》实施以来，各级政府把教育事业摆在更加优先发展的位置，包括农村教育在内的整个教育事业呈现出蓬勃发展的新局面。同时我们也清醒地认识到，我国农村教育发展基础还比较薄弱，广大农村学前教育发展严重滞后，部分义务教育学校还未达标，学校之间、城乡之间、区域之间发展不均衡，高中阶段教育结构有待优化，质量有待提高，农村劳动年龄人口受教育程度总体还很低，青壮年文盲仍然存在，农村教育依然是我国教育的“短板”，农村教育改革和发展任重道远。

“求木之长，必固其根；欲流之远，必浚其源。”我们必须认识到农村教育发展是关系国家经济发展和社会进步的重大问题；必须高度重视农村教育发展中面临的新情况、新问题，采取切实可行的措施认真加以解决；必须增强加快发展农村教育的责任感和使命感，抢抓机遇，克服困难，一定要把农村教育办得更好。

二、推进农村各类教育协调发展

我国农村教育发展的最大问题依然是总量问题，也就是教育资源供给不足，特别是优质教育资源不足，与城市形成很大反差。要在巩固已有成果的基础上，促进农村各级各类教育协调健康发展。

第一，深入推进农村义务教育发展。当前，我国农村义务教育已经站在新的历史起点上，初步解决了农村孩子“有学上”的问题，但也面临一些新情况、新问题，比较突出的是留守儿童和农民工随迁子女教育问题，以及学校撤并引起的少量孩子辍学问题等。这是我国工业化、城镇化进程加快和农村富余劳动力向外转移的阶段性产物，也是今后一个较长时期我们面对的突出问题，必须引起高度重视。

一是农村留守儿童教育问题。农村留守儿童数量超过2000万人，他们的最大问题是亲情缺失。各地搞的“寄宿制”、“代管家长制”、“亲情沟通平台”等都是有效措施。但目前以政府为主导的关爱服务体系尚不健全,各地工作开展也不平衡;留守儿童对老人“逆向监护”、留守女童更需特殊关注等新问题不断产生。今后的工作重点,是要以政府为主导,加大对农村留守儿童的关爱和服务工作力度。农村寄宿制学校要配齐、配好生活和心理教师以及必要的管理人员,满足农村留守儿童的需要。鼓励开展“代理家长”、“爱心妈妈”、“托管中心”等关爱活动。加强留守儿童心理健康教育,丰富农村留守儿童的课外、校外生活。总之,要努力为留守儿童的健康成长创造良好环境。

二是农民工随迁子女教育问题。为了解决农民工随迁子女就学难的问题,国家出台了一系列政策,明确提出了以输入地政府管理为主、以全日制公办中小学为主,即“两为主”的政策,并要求在收费、受资助等方面与当地学生一视同仁,保障他们平等接受义务教育的权利。近两年,中央财政每年投入50亿元左右专项经费,用于补充接受农民工随迁子女的学校公用经费和改善办学条件等。但应该看到,保障农民工随迁子女“上好学”的任务依然十分艰巨,社会各界对此高度关注。下一步工作重点,是对农民工随迁子女义务教育做到“两为主”加“全覆盖”。要逐步健全农民工随迁子女义务教育公共财政保障机制,由输入地政府负责。规范、扶持以接收农民工随迁子女为主的民办学校。抓紧研究制定农民工随迁子女接受义务教育后在输入地参加升学考试的办法。加强对农民工随迁子女心理、文化、习俗等方面的引导和教育,使他们更好地融入输入地的学习和生活中。

三是办好寄宿制学校和村教学点。我们抓寄宿制学校已经有些年头,从实践看效果很好,有利于集中使用教育资源,也有利于保证教学质量。这项工作既要常抓不懈,又要因地制宜。总的看,投入要逐步加大,规模要适当扩大,水平要尽快提高。关于村教学点的问题,也要有正确的认识,我们的目标是要让每一个孩子都有学上。如果因为学校撤并、上学路途遥远而使孩子们辍学,那与我们的政策方针是背道而驰的。世界各国都有一些规模很小的学校,有的甚至只有几个学生。如果广大农村群众和农村孩子确有需求,有的村教学点还是要坚持办,而且要办好。这件事在山区、边远地区、牧区尤为重要。

第二,继续大力发展农村普通高中教育和中等职业教育。当前,我国农村普通高中教育与城市相比差距明显,面临着许多困难和问题:不少农村高中办学条件不足,教学资源比较匮乏,大班额、超大班额现象还比较普遍,实验设备、图书资料、信息化设施等明显赶不上城市;办学经费紧张,“吃饭靠财政、运转靠收费、建设靠举债”的现象还普遍存在,尚未建立起完善的经费投入机制;办学模式趋同,应试教育倾向比较严重,“千校一面”和片面追求升学率的问题突出,学生的负担和学习压力大。必须大力加强农村普通高中教育。一要支持农村地区,特别是“普九”较晚的中西部农村地区、民族地区进一步扩大普通高中办学规模,提高普及水平,满足初中毕业生接受高中教育的需求。同时,全面改善农村普通高中学校办学条件,使其全面达到国家规定的基本办学条件标准,缩小与城市学校的差距。二要完善以财政投入为主、其他渠道筹措经费为辅的投入机制,制定普通高中学校生均经费基本标准和生均财政拨款基本标准,逐步提高财政预算拨款占农村普通高中教育经费的比例。要将普通高中学校债务纳入地方政府性债务范围,统筹研究解决。三要推动农村普通高中教育多样化、特色化发展,改变以往过于注重升学的倾向,提高课程的多样性和选择性,满足不同潜质学生的发展需要。

职业教育是面向人人、面向就业的教育。学一门技能、增加就业能力对许多农村孩子来说,既是迫切要求,也是现实选择,大力发展农村职业教育就显得尤为重要。当前,农村职业教育办学条件薄弱、资源不足,农村职业教育和涉农专业教师数量严重短缺,国家中等职业学校资助和免学费政策有待完善,许多民族地区学生和家庭困难学生接受中等职业教育仍有困难。这方面要做好五件事:一是尽快将中等职业教育免学费范围扩大到所有农村学生,鼓励和引导更多的初中毕业生接受中等及以上职业教育。二是建设好一批农村职业学校和涉农专业。国家将利用国债资金,支持各地根据需要改扩建符合标准的农村职业学校。三是健全现代职业教育体系,使职业教育办学规模、专业设置、课程体系、评价考核与经济社会发展相适应。四是大力推广“工学结合”、“校企合作”办学模式,加大政策扶持力度,吸引更多的毕业生投身现代农业和新农村建设。五是加大农村职业教育和涉农专业新教师培养力度,采取多种有效措施,吸引和保证更多的优秀毕业生到农村职业学校和涉农专业任教。

第三,加快发展农村学前教育。学龄前阶段是人生最重要的启蒙时期。国际经验表明:公平的学前教育机会意味着人生起点的公平,有利于消除贫困、减少社会差距、促进社会公平。因此,大力发展学前教育特别是农村学前教育,为每个儿童提供良好的人生开端,是关乎教育公平、社会稳定和民生改善的重大工程,也是影响未来国民素质和综合国力的重大问题。但目前我国农村学前教育资源严重短缺,财政投入不足,办园条件较差,师资队伍不健全,农村地区“入园难”比城市更加突出。农村学前教育是我国整个教育发展的最薄弱环节。不久前,国务院下发了《关于当前发展学前教育的若干意见》,明确了支持学前教育发展的相关政策,启动实施农村学前教育推进工程。国家将设立学前教育发展专项资金,"十二五"期间中央财政将大规模增加资金投入,并带动地方加大投入,大力发展农村学前教育。关键要坚持公益性和普惠性原则,财政增加投入、家庭合理分担,加快构建一个广覆盖、保基本、有质量的农村学前教育公共服务体系,建设一支符合农村学前教育事业发展需要的幼儿教师队伍,使广大农村儿童,特别是留守儿童有机会接受良好的学前教育,健康快乐地成长。

三、着力提高农村教育质量

提高教育质量是各级各类教育普遍面临的重大课题,也是个难题。农村教育的质量不仅直接决定着我国基础教育的整体质量,也是实现全民教育公平的重要方面。当前,农村教育事业改革与发展总体滞后,教育质量整体不高。主要表现在:教育观念相对落后,以素质教育为目标的课程改革推进困难;教育资源配置总体上短缺,难以支撑课程教学改革的需求,国家规定的课程难以全面落实;教学改革滞后,教师的教学观念和教学方式比较陈旧,应试教育倾向很严重。这些都影响了学生全面发展和综合素质的提升,影响了学生的创新精神和实践能力的培养。农村教育质量的提高尤为迫切。

提高农村教育质量,既要靠改善办学条件,又要靠推进教育教学改革。相比而言,教育教学改革任务更加艰巨。我们现有人才培养模式、办学模式和学校制度等由来已久,有其复杂的主客观原因,改变起来绝非易事,也没有现成的路子可走。但要想提高教育质量,不改革肯定是不行的。我提出三个问题与大家探讨:一是大力推进学校课程教学改革。这方面,无论是在城市学校还是农村学校,都大有文章可做。怎么改?要树立"全面发展"、"人人成才"和"多样化人才"的教育理念,坚持育人为本的根本要求,坚持德育为先、能力为重、全面发展的基本方向,做到因材施教、有教无类,尊重并鼓励学生的个性发展和特长培养,也就是要搞"素质教育"而不是"应试教育",要搞"全民教育"而不是"精英教育"。在激烈的升学竞争的背景下,当务之急是在全社会树立多样化人才观。社会需要各种各样的人才,人人都应成为有用之才。要创新教学方法,注重启发式教育,把学、思、知、行结合起来,引导学生学会做人,学会学习,学会做事。二是改革教育评价制度和考试制度。教育评价制度和考试制度的影响力无处不在,它像"指挥棒"一样引导着教育的发展方向。要想有效推进素质教育,必须建立一套与素质教育相适应的教育评价制度和考试制度。三是倡导教育家办学。中小学校的校长,是办学的"领头羊"。过去像张伯苓等都是教育家当中小学校长。现在,一些人把"校长"当作"官"来当,讲究级别待遇,这种倾向必须改变。只有把中小学校长们都培养成为真正的教育家,我们的教育事业才大有希望。

四、加大农村教育投入

投入问题是制约当前农村教育发展的关键问题。今后一个时期,国家要继续加大社会事业投入,重点向农村社会事业倾斜,而农村教育更是重中之重。在农村教育投入方面,需要处理好三个问题:一是较大幅度增加投入总量。要按照《国家中长期教育改革和发展规划纲要》提出的要求,到2012年实现国家财政性教育经费支出占国内生产总值比例达到4%的目标,保证有更多的资金支持教育发展。同时,要优化投入结构,重点向农村教育、职业教育、学前教育、特殊教育等薄弱环节倾斜。要逐步缩小城乡办学条件差距,逐步缩小城乡之间义务教育学生人均经费的差距,逐步缩小城乡教师收入待遇的差距。要继续完善国家助学制度。对于家庭困难的孩子,要通过多种途径进行帮扶,不让一名儿童因贫困而失学。国家将安排资金,在中西部贫困地区为农村中小学生提供营养补助,让孩子们吃饱吃好。有条件的地方,要把校车制度建立起来,配备最好的车辆和最好的司机,实施最好的管理,为孩子们建起安全的"绿色通道"。二是完善投入机制,优化资源配置,提高投入绩效。办教育尤其是办农村教育,既要舍得花钱,又要想办法把钱花好。不把投入机制问题解决好,再多的钱也是不够的。近些年来,我们搞了不少教育方面的工程,效果是明显的,但也出现了一些重复建设、资源浪费的问题。有的地方漂亮的中小学新校舍刚建成,但生源却没有了或不够了。完善教育投入体制,大的方向是中央政府要逐步减少各类专项性教育转移支付,增加一般性教育转移支付,给地方政府特别是基层政府支配教育经费更大的自主权。当然,教育投入仍然放在教育的大盘子里,而不能挪作他用。对现有的一些专项资金要加以整合,统筹使用,提高资金利用效率。三是加强城乡统筹。要充分考虑城市化快速发展和农民工子女进城就读等新形势、新变化,优化教育资源配置和学校布局,提高资源利用效率。学校的布局和班级规模要根据各地经济发展、城镇化进程和地域分布等因素,因地制宜,实事求是,合理设置,不搞"一刀切"。既不能出现农村孩子每天跑十几里地上学的情况,也要防止县城、中心镇学校"生满为患",出现上百人的"大班"。总之,城乡之间的教育资源要整合,学校布局要调整,逐步缩小城乡学校在资源配置上的差异,促进城乡教育资源合理流动。尤其是在义务教育阶段,要积极推进城乡一体化和均衡发展。

五、创新农村教育管理体制

农村教育要有大的发展,首先要解决体制性、机制性的深层次问题。要以转变政府职能和简政放权为重点，深化教育管理体制改革，提高公共教育服务水平。一是进一步完善农村义务教育“以县为主”的管理体制。应该看到，农村义务教育从过去的“分级办学、分级管理”转向“在国务院领导下，由地方政府负责、分级管理、以县为主”的管理体制，这是一个重大进步。但由于各地经济发展不平衡，一些地方县财政比较困难，预算内教育经费不能及时拨付到位，造成农村学校正常运转困难。对于完善教育管理体制，《国家中长期教育改革和发展规划纲要》指出了一个重要方向，就是加强省级政府教育统筹。对于义务教育达不到省级统一标准的财政困难县，省级财政要负责资金补助和统筹平衡。中央财政对中西部欠发达地区给予适当支持。有条件的地方，可以先行一步，加快探索建立“以省为主”的农村义务教育管理新体制。二是切实增加学校办学活力。要逐步改变教育行政部门管理学校的单一方式，综合运用立法、政策指导、规划、拨款、信息服务等措施，减少不必要的直接干预。三是改进教育编制管理。教育编制管理是保证教育质量、合理配置教师资源的基本管理制度。现在，一些地方农村小学反映教师缺乏，一些文体类、科学类、信息技术类课程往往因为没有教师而开不了，这些问题其实就是编制管理问题。长期以来，教育编制是按照“生师比”来确定的，在当前一些地方农村生源下降较快、成班率较低的背景下，编制管理也要解放思想、实事求是、改革创新，按照“总量控制、统筹城乡、结构调整、有增有减”的原则，探索更加科学合理的编制管理办法，可以将“生师比”与“班师比”结合起来统筹安排。总之，编制管理要保证农村学校正常的教学活动，不能因缺教师而使教学内容出现偷工减料的情况。四是支持农村民办教育发展。这不仅可以增加农村教育资源供给，减轻政府压力，也有利于引入竞争机制，促进办学质量提高。目前我国农村民办教育发展尤为滞后，存在一些体制性障碍。从世界各国实践来看，办教育不可能是政府大包大揽。像在农村学前教育、高中教育、中等职业教育等领域，民办教育其实是大有可为的，甚至有自身优势。各级政府要为城乡民办教育发展创造一个良好的宽松环境，贯彻执行国家有关法律法规，使民办教育在设立、招生、证书发放、财政补助、办学自主权等方面的权益得到保障，使民办学校与公办学校在法律和政策面前一视同仁，形成公办、民办教育共同发展的新局面。民办教育也应该是教育家办学，真正致力于教育事业，不能以营利为目的。

六、造就高素质的农村教师队伍

教师是教育之本。有好的教师，才会有好的教育。我国有900多万农村教师，他们长期以来工作在艰苦清贫的环境中，恪尽职守，不计名利，默默耕耘，为我国农村教育事业发展作出了不可磨灭的贡献。在一些较为偏僻的乡村，教师不仅是教育事业的支柱，还承担着传播先进文化和科学技术、提高农民劳动技能和创业能力的重要任务。正如陶行知先生所说，学校是乡村的中心，教师是学校和乡村的灵魂，小而言之，全村之兴衰，大而言之，全民族的命运都掌握在小学教员的手里。

党中央、国务院始终高度关注农村教师的成长。近年来，我们以推进教育公平为重点，在加强农村教师队伍建设方面办了几件大事：一是在6所教育部直属师范大学推出了师范生免费教育政策，4年累计招收免费师范生4.6万人，首届1万余名毕业生全部落实到中小学任教，90%以上到中西部中小学任教。二是启动实施了“中小学教师国家级培训计划”，2010年中央财政安排专项资金5.5亿元，培训中小学教师115万人，其中农村教师占95.6%。三是实施鼓励高校毕业生到农村任教的“特岗计划”，2006年以来招聘近30万名特岗教师，赴中西部22个省区3万多所农村学校任教，服务期满特岗教师的留任比例连续两年达到87%。四是在义务教育学校率先实施绩效工资制度。据调查，绩效工资实施后，农村教师工资增长34%，明显高于城镇教师工资增速。五是实施边远艰苦地区农村学校教师周转宿舍建设。2010年以来，中央投入20亿元，建设周转宿舍4万套。通过实施这些重大举措，农村教师队伍状况有了较大改善。

我们也要看到，农村教师队伍建设依然是影响农村教育发展的突出问题，教师的整体素质仍然有待提高，教师的收入和待遇还有待改善，教师管理机制还有待完善。为此，需要进一步研究和完善相关政策措施：一要完善师范生免费教育，进一步明确政策导向，重点为农村学校培养大批骨干教师，支持到农村学校任教免费师范毕业生的专业成长和长远发展。二要加大农村中小学教师培训力度，“国培计划”经费主要用于农村教师培训，特别要加强音乐、体育、美术等紧缺薄弱学科教师的培训。三要健全农村教师正常补充机制，在完善“特岗计划”的同时，采取多种措施，为农村学校补充大批高校毕业生。四要建立教师定期轮岗交流制度，推动县域内义务教育学校教师、校长定期轮岗交流。五要鼓励各地建立健全城镇教师支援农村教育制度，并将其作为职称、职务晋升的重要依据，抓好师范生到农村学校实习支教和农村教师置换脱产培训。六要完善教师准入退出制度，严格按照编制正常补充合格的新教师，在试点基础上逐步推进教师资格考试改革和定期注册制度，健全农村教师正常退出机制，解决既超编又缺人的突出矛盾。七要完善激励机制。国务院很快将作出部署，在全国部分地区开展中小学教师职称改革试点，将中小学教师的最高职称从副高级和中级提高到正高级。这是对广大中小学教师价值的承认，是鼓励更多高学历、高素质人才从事中小学教育的重要举措。

建设一支高素质的农村教师队伍，关键在各级党委和政府。各级政府务必把农村教师队伍建设当作一件紧迫的大事来抓，千方百计改善农村教师的工作、学习和生活条件，让广大农村教师留得住、有发展、受尊重。必须依法保障教师平均工资水平不低于国家公务员的平均工资水平，并逐步提高。要关心农村教师身心健康，落实和完善农村教师的医疗、养老等社会保障制度，加快农村教师周转宿舍建设，有条件的地方可以开发专门面向农村中小学教师的经济适用房。对长期在农村基层和艰苦边远地区工作的教师，要在工资、职称等方面实行必要的倾斜，完善津补贴标准。要大力宣传教育战线的先进事迹，让尊师重教蔚然成风。

农村教育事业发展，归根结底还要依靠广大农村教师的工作热情和奉献精神。乡村教师的工作岗位既平凡又崇高，献身这种事业的人是具有高尚道德情操的人，是有益于社会的人。我希望各位老师一定要珍惜这个太阳底下最光辉的职业。这里我想给大家提几点希望：

第一，要无私奉献。农村教育事业是为农民群众谋利益的善举，不仅神圣而光荣，而且是大有可为的。人民教师应该把塑造人的灵魂、献身教育事业作为自己的终身信仰，作为终生奋斗的事业，干一辈子而不是干一阵子。每一位农村教师都应发扬“捧着一颗心来，不带半根草去”的精神，把自己看成是一盏明灯，心甘情愿将知识的种子播撒在不为人知的角落里，在平凡的岗位上成就一番不平凡的事业。

第二，要满怀爱心。教育是爱的共鸣，是心与心的呼应。“爱为师之魂”，教师只有热爱学生，才能教育好学生。在教育这片沃野上，是老师的爱点燃了前行的灯盏，照亮了学生的心。当好一名农村教师，首先要热爱农村、热爱农民、热爱农村教育事业、热爱农村孩子。要“以爱育爱”，从小培养孩子有一颗纯洁、正直、善良的心，这比灌输具体的知识更重要。每一位教师都应把学生当朋友、当亲人，一切为了学生，关注每一个学生的成长，把博大无私的爱与宽容献给学生。农村教师要特别注意关心、爱护、帮助家庭有困难、学习有困难、身体有疾病的学生，不放弃每一个学生，不让农村的孩子输在人生的起跑线上。

第三，要提高素质。“师者，人之模范也。”教师的一言一行，都是学生学习的模范。教师的素质直接决定了教育的最终效果。特别是在农村地区，孩子们的教育资源相对有限，知识和信息来源不如城里那么丰富多样，教师更是“孩子心中最完美的偶像”，对年轻心灵的影响是任何教科书、任何道德箴言、任何奖励和处罚制度都不能替代的。这就要求各位农村教师坚持终身学习，不断更新自己的知识，从书本中、群众中、生活中吸收一切优良的东西，贡献给祖国的花朵。不仅要注重言教，还要注重身教，做到德艺双馨，为人师表，“既美其道，又慎其行”，以自己的模范品行来教育影响学生的品行，熏陶净化学生的心灵，赢得全社会的尊重。

第四，要教书育人。教师任何时候都不能忘记，自己是人类灵魂的工程师。教师既要教会学生求知，又要教会学生做人。对于农村孩子而言，考上大学、跳出农门往往是自己的梦想和全家的期望，但不应该是教育的唯一目的。教育的目的是要培养德智体美全面发展的人、对社会有用的人。农村教育中尤其应该鼓励学生贴近自然、贴近群众、贴近生活，激励学生热爱家乡、热爱农民、热爱亲人，有志于承担起建设社会主义新农村的重任。

办好农村教育事业是一项民生工程和民心工程，是农村的希望之路和光明之路。我们一定要肩负起这项重大而光荣的历史责任，通过坚持不懈的努力，让农村所有孩子都能够有学上、上好学，都能接受现代文明的洗礼，为中华民族伟大复兴作出新的贡献！

新疆人才工作暨干部人才援疆工作座谈会在乌鲁木齐召开

中共中央政治局委员、中央书记处书记、中组部部长李源潮出席会议。

李源潮指出，加强新疆人才队伍建设，要把用好现有人才作为关键，通过用好用活现有人才促进优秀人才脱颖而出，形成人才集聚效应。要依托“天山英才”等重点人才工程，大力培养新疆推进新型工业化、新型城镇化和农牧业现代化急需的人才。要依托优势产业和项目，大力吸引疆外人才，建立柔性引才机制，鼓励人才以各种方式为新疆发展贡献聪明才智。要创新人才创新创业扶持机制，为人才提供良好服务，营造拴心留人的人才发展环境，鼓励人才向基层和艰苦边远地区流动。

李源潮指出，干部人才援疆是援疆工作的关键，要完善选派机制，把政治上强、有奉献精神、能干实事的同志选派进疆。要充分发挥援疆干部人才作用，建立健全对口培养新疆干部人才机制，加强对援疆干部人才的管理与考核。要大力宣传表彰服务新疆、奉献新疆、扎根新疆的先进典型，鼓励更多优秀干部人才到新疆建功立业。

新疆维吾尔自治区党委书记张春贤、自治区主席努尔·白克力，新疆生产建设兵团政委车俊，新疆维吾尔自治区和各市地州、兵团各师有关负责人，中央有关部门和单位、对口援疆省市有关负责人参加会议。

中共中央对河北省委主要负责同志职务作出调整

张庆黎同志任河北省委委员、常委、书记；张云川同志不再担任河北省委书记、常委、委员职务。

铁道部第二次调整列车运行图

铁路部门将在既有京沪线上开通4对动卧列车。其中，上海至北京南1对，为D314/3次；上海至北京站2对，分别为D312/1次、D322/1次；南京站至北京南1对，为D350/349次。全部安排为夕发朝至。

京沪线原有的5趟动卧全程耗时10小时左右，软卧上下铺票价分别为655元与730元。此次新开的动卧京沪全程运行时间为11小时45分，软卧下铺票价为698元，比原来下降32元。调图后，京沪线仅有的特快列车T109次的运行时间将有所延长，但中途停经车站数量不变。

国务委员刘延东在北京出席第九届全国科技外事工作会议并讲话

刘延东强调，“十二五”时期是我国加快转变经济发展方式的攻坚阶段，是建设创新型国家的关键时期。当前，科技外事战线要把学习贯彻胡锦涛总书记在庆祝中国共产党成立90周年大会重要讲话作为重大政治任务，真正把思想和行动统一到中央的要求上来，把加快建设创新型国家作为努力方向，不断提升原始创新、集成创新和引进消化吸收再创新能力，积极推动协同创新，创造参与国际经济科技合作与竞争新优势。要围绕产业升级、民生改善、资源能源节约和环境保护，瞄准基础科学前沿，充分吸纳全球科技成果和智力资源，促进我国重点科学领域和关键核心技术的突破与发展。要制定和实施科技国际化战略，深化与科技强国和新兴大国互利共赢的合作，支持和帮助发展中国家加强科技能力建设。要引导企业成为国际科技合作的主体，发挥高校、科研院所的智力优势，促进产学研用之间的知识流动和技术转移。要发现、培养和集聚高层次人才，造就一批站在科学前沿、具有创新思维和能力的拔尖人才，促进中外人文交流。

刘延东要求，要更加注重队伍建设，努力打造一支素质好、业务强、堪当重任的国际科技合作队伍。

全国政协副主席、科技部部长万钢在会上作了工作报告。全国科技外事工作系统代表共300多人出席会议。

第一届中国儿童戏剧节在北京落幕

本届为期42天的戏剧节中，来自8个国家和地区的39部儿童剧在北京、济南、南京、杭州、呼和浩特、宁波、青岛、延安、西安、平顶山郏县等地进行了215场演出，共有15万观众走进剧场，展演剧目题材广泛、品种多样，包括童话剧、神话剧、音乐剧、动漫剧、人偶剧、歌舞剧、互动剧、校园剧、木偶、皮影、沙画、情景马戏、奇趣音乐会等，此外还组织了讲座、研讨会、故事会、工作坊、展览、公益专场演出等活动。

中国选手在2011年中国乒乓球公开赛（苏州）包揽4项冠亚军

郭焱/郭跃以4:3战胜李晓霞/丁宁，获得女双冠军；郭焱以4:3战胜丁宁，获得女单冠军；马琳/张继科以4:3战胜马龙/王皓，获得男双冠军；马龙以4:2战胜张继科，获得男单冠军。

李艳凤在韩国大邱举行的第十三届世界田径锦标赛铁饼比赛中以66.52米的成绩夺得冠军

8月29日

全国人大常委会委员长吴邦国在人民大会堂会见塞尔维亚议长久基奇—德亚诺维奇

吴邦国说，议会交往是中塞战略伙伴关系的重要内容。中国全国人大重视发展同塞尔维亚议会的友好交往，愿进一步密切多层次、多渠道的交流与合作，加强治国理政和民主法制建设等方面的经验交流，为两国关系注入新的活力。

久基奇—德亚诺维奇说，积极发展对华关系是塞尔维亚各党派的一致主张，也是塞方顺应人民意愿作出的战略选择。塞尔维亚议会愿通过自身努力，推动塞中关系达到更高水平，更好地造福两国人民。

全国政协主席贾庆林在内蒙古鄂尔多斯调研

8月29日至30日，贾庆林和随行的全国政协副主席、全国工商联主席黄孟复等，来到内蒙古自治区鄂尔多斯市，深入库布其沙漠防沙治沙一线，走进工厂企业、生态基地、牧民新村，与广大干部群众共商改革发展大计。调研期间，贾庆林还听取了内蒙古自治区党委、政府的工作汇报，对内蒙古自治区和鄂尔多斯市近年来经济社会发展取得的成就给予充分肯定。

深入推进防沙治沙工作，切实提高生态文明水平，是贾庆林此次调研的重点。贾庆林强调，荒漠化防治是功在当代、利在千秋的伟大事业。要坚持预防为主、科学治理、合理利用的方针，遵循规律，因地制宜落实责任，加大投入，健全防沙治沙体制机制，积极动员企业等社会力量参与，努力开创防沙治沙新局面，为建设资源节约型、环境友好型社会作出贡献。要坚持科学防沙治沙，大力开展科技攻关，不断探索新技术、新材料、新方法，统筹规划重点工程建设，努力使广大沙区的生态状况明显改善。要大力发展沙产业，不断调整沙区产业结构，积极发展沙漠新能源产业，注重发挥企业的主体作用，鼓励民间资本进入沙产业，努力调动广大农牧民参与沙产业发展的积极性，切实提高沙产业发展的质量和效益。要进一步加强国际交流与合作，引进国外资金、技术和先进管理经验，推进我国防沙治沙智力与技术"走出去"，开拓国际合作新领域，在世界防沙治沙事业中发挥更大作用。

贾庆林非常关心民营经济的发展情况。贾庆林指出，党中央、国务院高度重视发展民营经济，制定出台了一系列扶持政策，推动民营经济特别是中小企业获得长足发展。要坚持公有制为主体、多种所有制经济共同发展的基本经济制度，着力突破制约中小企业发展的瓶颈问题，营造有利于中小企业健康发展的环境，努力形成国有经济富有实力、民营经济充满活力，大企业顶天立地、小企业铺天盖地的良好局面。要加大对中小企业的扶持力度，认真落实党中央、国务院制定的各项政策，着力缓解民营企业融资难问题，推动中小企业实现集群式发展，为中小企业健康发展创造良好条件。要不断增强企业自主创新能力，引导中小企业加大研发投入、提高核心竞争力，支持中小企业建立共享式技术创新服务平台，推动技术成果转化，强化科技创新成果保护，为建设创新型国家作出更大贡献。

贾庆林一直把民生问题牵挂在心。贾庆林强调，保障和改善民生，是党和政府各项工作的出发点和落脚点。要抓好各项民生实事，着力发展教育、医疗卫生等各项公共事业，推进基本公共服务均等化，让更多的农牧民享受到改革发展成果。要坚持党的民族政策不动摇，牢牢把握各民族"共同团结奋斗、共同繁荣发展"的主题，推动少数民族和民族地区加快发展，尽快改善民族地区基础设施条件，着力培育帮助群众增收致富的特色经济和特色产业，切实提高少数民族群众的生产生活水平。

国家副主席习近平在人民大会堂与第六十六届联合国大会当选主席纳赛尔举行会谈

习近平表示，联合国作为最具普遍性、代表性和权威性的政府间国际组织，自成立以来，在维护世界和平、促进共同发展、推动国际合作方面发挥了不可替代的重要作用。当前国际形势发生复杂、深刻变化。气候变化、粮食安全、核安全、重大自然灾害等全球性问题日益突出，全球金融市场出现新的动荡。近期西亚北非地区局势令人担忧，中东地区和平与稳定面临严峻的考验。中方坚定支持联合国在国际事务中有更大的作为，在利比亚等问题上发挥主导作用，为维护世界和地区的和平与安全作出更大的贡献。

习近平表示，今年是中华人民共和国恢复在联合国合法席位40周年。40年来，中国坚定维护《联合国宪章》的宗旨和原则，全面参与联合国各领域工作。同联合国的交往与合作已成为中国外交重要组成部分。今后，中国将一如既往地积极参与联合国事务，继续积极支持联合国和联大主席的工作。

纳赛尔表示当今世界正面临诸多挑战，联合国作用进一步凸显。他作为联大主席将努力推动第六十六届联大优先处理粮食安全、消除贫困、武装冲突以及气候变化等问题。纳赛尔高度赞赏中国对联合国工作的支持，表示近40年来，中国对联合国各领域工作的巨大贡献有目共睹。希望中国继续坚定支持多边主义、支持联合国在国际事务中发挥更大作用，联合国将进一步加强同中方的合作。

中国共产党与蒙古人民党首次理论研讨会在内蒙古呼和浩特举行

中共中央政治局委员、中央书记处书记、中组部部长李源潮和蒙古人民党总书记乌·呼尔勒苏赫出席研讨会开幕式并分别作主旨报告。

李源潮说，回顾改革开放30多年来中国共产党建设的实践，我们体会到，在长期执政和发展市场经济条件下加强党的建设，必须坚持以科学理论为指导，不断总结实践创造的新经验，回答实践提出的新课题；必须紧紧围绕党的中心任务加强和改进党的建设，不断提高党的领导水平和执政水平；必须始终坚持全心全意为人民服务的宗旨，保证党来自人民、植根人民、服务人民；必须坚持党要管党、从严治党，坚决反对不正之风、惩治腐败。

李源潮说，胡锦涛总书记在"七一"讲话中对提高党的建设科学化水平提出了新的要求。我们将适应新的形势和任务，进一步加强干部理论教育和能力培训，努力建设学习型政党；进一步发展党内民主，努力建设民主团结的政党；进一步推进党的理论创新、实践创新、制度创新，努力建设改革创新的政党；进一步加强和改进干部作风，努力建设密切联系群众的政党；进一步加强反腐倡廉建设，努力建设清正廉洁的政党。

呼尔勒苏赫在报告中，首先对蒙中两党在各自建党90周年之际共同举办理论研讨会表示祝贺。他回顾蒙古人民党建立、发展的历程和经验教训，介绍了党的第二十六届大会确定的"蒙古人民党努力奋斗纲领”的主要内容，强调蒙古人民党要在不断加强自身建设、巩固执政地位、推进国家发展的进程中，加强与中国共产党的相互信任合作关系，为不断深化蒙中睦邻友好合作、加强战略伙伴关系，发挥重要作用。

中联部部长王家瑞、蒙古人民党书记苏赫巴特尔在开幕式上分别致辞。内蒙古自治区主席巴特尔以及中蒙双方有关部门负责人和专家学者近200人出席开幕式。

国防部部长梁光烈在北京会见越南国防部副部长阮志咏

《自然—遗传学》(*Nature Genetics*)期刊在线发表由我国主导通过国际合作完成的白菜全基因组研究论文

这标志着我国以白菜类作物为代表的芸薹属作物基因组学研究取得了国际领先地位。

该项成果是在中国农业科学院蔬菜花卉研究所和油料作物研究所、深圳华大基因研究院主导下，由中国、英国、韩国、加拿大、美国、法国、澳大利亚等国家组成的“白菜基因组测序国际协作组”共同完成。这是继黄瓜基因组测序和马铃薯基因组测序项目后，由中国主导，通过国际合作完成的蔬菜领域基因组研究的又一重大成果。研究结果表明，白菜基因组共包含约42000个基因。

文化部在人民大会堂举行第三批国家级非物质文化遗产名录项目颁牌仪式

中共中央政治局委员、国务委员刘延东出席仪式，向申报单位颁发标牌并观看了部分第三批国家级名录项目的精彩演出。

第三批国家级非物质文化遗产名录包括民间文学、传统音乐、传统舞蹈、传统戏剧、曲艺、传统美术、传统技艺、传统医药、民俗及传统体育、游艺与杂技等项目，赵氏孤儿传说、阿里郎、藏族金属锻制技艺、土家族吊脚楼营造技艺、鹧鸪戏、莲花落、华佗五禽戏、永春纸织画、仿膳(清廷御膳)制作技艺、傣医药(睡药疗法)、藏历年等项目榜上有名。加上2006年、2008年公布的两批，目前我国国家级非物质文化遗产名录项目共1219项。

中石油大连公司发生爆炸大火

29日10时6分，中石油大连石化公司厂区内875号柴油储罐突然发生爆炸大火。经过消防官兵全力扑救，截至29日13时20分，大火才完全扑灭，未造成人员伤亡。

8月30日

国务院总理温家宝电贺野田佳彦当选日本首相

中央纪委书记贺国强在北京观摩廉政风险防控工作情况并出席全国加强廉政风险防控规范权力运行现场会

在参观北京市及东城区廉政风险防范展览、北京市住建委行政审批大厅时，贺国强指出，加强廉政风险防控作为推进权力公开透明运行、健全权力运行制约和监督机制的一项重要实践和探索，是由北京市原崇文区较早提出和实施的，后来得到中央纪委监察部、国家预防腐败局和北京市的高度重视和大力推广，全国许多地区、部门和单位陆续开展了这项工作，呈现出内容不断深化、领域不断拓展、覆盖面逐步扩大、成效逐步显现的良好发展态势，为从源头上防治腐败积累了经验、提供了借鉴。

现场会上，在认真听取北京市、上海市、河北省、浙江省、海关总署、湖北省鄂州市、安徽省芜湖市等7个单位的发言后，贺国强指出，加强廉政风险防控、规范权力运行既是一项重要而紧迫的机制建设，也是一项长期而艰巨的工作任务。各地区各部门各单位要在总结实践经验的基础上，周密部署、精心组织，确保这项工作有力有序向前推进。一是要把握工作原则。要坚持以中国特色社会主义理论体系为指导、以规范权力运行为核心、以加强制度建设为重点、以现代信息技术为支撑，把长远目标与阶段性任务结合起来，围绕中心、系统治理、改革创新、因地制宜，着力构建前期预防、中期监控、后期处置的廉政风险防控机制，不断提高预防腐败工作科学化、制度化和规范化水平。二是要抓住关键环节。要摸清权力底数，科学编制职权目录和权力运行流程图；找准权力运行风险点，实行风险等级管理；有针对性地分类制定风险防控措施，确保权力正确行使；推进权力公开透明运行，自觉接受社会监督。三是要突出防控重点。要突出重点对象，着力规范领导干部特别是掌握人事权、执法权、司法权、审批权、监管权等权力的领导干部的用权行为；要突出重点领域，着力抓好工程建设、土地出让、产权交易等腐败现象易发多发领域以及征地拆迁、教育医疗、社会保障、食品药品安全、环境保护、安全生产等涉及民生领域的廉政风险防控工作；要突出重点环节，着力科学分解和配置权力，加强权力运行的制约和监督；要突出重点任务，着力抓好权力行使前、权力行使中、权力行使后的各项监督任务，增强工作针对性和实效性。四是要运用科技手段。要大力推进电子政务建设，建立完善权力网上公开运行和电子监察系统；积极推进科技平台和资源整合，构建权力运行综合监控网络平台；加快预防腐败信息分析和预警系统研发，准确判断和妥善处置廉政风险。五是要健全长效机制。要继续深化重点领域和关键环节改革，努力消除导致腐败行为发生的体制机制因素；要加快完善规范权力运行的制度体系，切实做到用制度管权管事管人；要加快完善廉政风险防控工作机制，确保廉政风险防控措施落到实处。六是要加强组织领导。各级党委、政府和纪检监察机关要切实把加强廉政风险防控工作作为一项重要任务，强化领导责任、加强统筹协调、搞好宣传教育、深入调查研究、精心制订方案、认真组织实施，确保取得应有实效。

中共中央政治局委员、北京市市委书记刘淇陪同观摩、出席会议并讲话。中共中央书记处书记、中央纪委副书记何勇参加观摩并主持会议。

中宣部在北京召开《从怎么看到怎么办》编写出版工作座谈会

中共中央政治局委员、中央书记处书记、中宣部部长刘云山出席会议并讲话。

刘云山指出，推进理论大众化，是新形势下用党的理论创新成果武装全党、教育人民的战略举措，是凝聚智慧力量、推进事业发展的重要任务，也是深入贯彻党的群众路线的根本要求。

刘云山强调，推进理论大众化，必须站稳群众立场、贴近群众需求，把坚持以人为本、服务人民群众作为永恒不变的法则，增进群众感情，体察群众生活，回应群众关切。必须坚持直面问题、不回避矛盾，以实事求是的态度、唯物辩证的方法，科学回答实践中的问题，引导人们树立客观理性的认识，以全面、辩证、发展的眼光把握社会发展趋势。必须坚持既讲怎么看、又讲怎么办，把理论宣传与推动实践结合起来，把帮助人们认识问题与解决问题统一起来，深入解读中央政策措施，及时反映各地、各部门的经验做法，充分展示基层群众的实践创造，更好地推动实际问题的解决。必须坚持贴近受众，运用生动的形式、鲜活的语言，增强理论的吸引力感染力。要充分发挥理论工作者、实际工作部门、大众传媒等各方面优势和作用，共同参与、共同推进理论大众化工作，使党的理论创新成果和路线方针政策更加深入人心。

全国政协副主席、中国社会科学院院长陈奎元出席会议。来自有关部门、社科研究单位以及高校和基层的8位同志在座谈会上发言。中央和国家机关有关部门、中央宣传文化单位、各省区市党委宣传部、在京有关出版社负责同志，理论界部分专家学者，基层干部、群众和高校师生代表，共140多人参加会议。

浙江省第十一届人大常委会第二十七次会议决定接受吕祖善辞去省长职务的请求 任命夏宝龙为副省长 代省长

海南省第四届人大常委会第二十四次会议决定接受罗保铭辞去省长职务的请求 任命蒋定之为代理省长

云南省第十一届人大常委会第二十五次会议决定接受秦光荣辞去省长职务的请求 任命李纪恒为副省长 代省长

2010年中国对外直接投资678亿美元

在今日召开的新形势下中国对外投资合作研讨会上，中国产业海外发展和规划协会副会长范春永表示，目前中国对外投资已跃居世界第5位，跻身世界资本输出大国的前列。

据国家外汇管理局数据，2010年中国对外直接投资678亿美元，较2009年增长41%。截至2010年年底，中国对外投资存量已突破3000亿美元。

国家副主席习近平在人民大会堂会见古巴共产党中央书记处书记何塞·拉蒙·巴拉格尔

2011北京国家出版论坛在北京举行

论坛由新闻出版总署、国务院新闻办公室和中国民主促进会中央委员会主办，中国图书进出口(集团)总公司承办。全国人大常委会副委员长、民进中央主席严隽琪出席论坛并致辞。

严隽琪在致辞中说，伴随着新技术、新产品、新解决方案的不断问世，数字出版的浪潮来势汹涌，全球出版格局也因此发生了翻天覆地的变化，出版业的数字时代已经到来。严隽琪指出，抓住数字化的契机，把握好我国出版业未来发展的方向，更有效地推动我国出版的转型升级，需要完善支持数字出版的政策、促进数字出版的立法工作、加强数字出版物的版权保护、提高数字出版的国际合作水平。

这次论坛的主题是“数字时代的国际出版业走向”。来自国内外的出版界权威人士围绕论坛主题进行了主题演讲，并就数字技术革命、数字时代的创新业态与盈利模式等问题进行了讨论。

第五届中华图书特殊贡献奖颁奖仪式在国家大剧院举行

国务委员刘延东出席并为获奖者颁奖。

刘延东感谢5位中华图书特殊贡献奖获得者多年来在积极介绍中国和翻译、出版中国作品方面作出的杰出贡献,对他们获奖表示热烈祝贺。刘延东指出,改革开放30多年来,中国已形成了以优秀民族文化为主导、同时积极吸收外来有益文明成果的文化发展格局。文化因交流而丰富,因交融而多彩。推动文化交流不但是各国人民的热切愿望,也是推动人类文明进步与世界和平发展的重要动力。中国期待进一步向世界展示中华文化,加强与世界各国的文化交流,扩大不同文化背景下人们的心灵沟通。

获得本届中华图书特殊贡献奖的分别是:荷兰莱顿大学教授施舟人,美国著名的未来学家约翰·奈斯比特,印度尼赫鲁大学中文副教授狄伯杰,日本中央大学文学系教授饭塚容,英国剑桥大学出版社全球首席执行官及印刷管理总裁潘世勋。

中华图书特殊贡献奖是新闻出版总署设立的政府奖项,旨在表彰在介绍中国、翻译和出版中国图书、促进中外文化交流等方面作出重大贡献的外国翻译家、作家和出版家。

国务委员刘延东在北京出席全民科学素质行动实施工作电视电话会议并讲话

刘延东强调,要深入实施《全民科学素质行动计划纲要》,充分调动社会各界力量,弘扬科学精神,普及科学知识,倡导科学方法,传播科学思想,让讲科学、爱科学、用科学在全社会蔚然成风,使公民科学素质再上新水平。

刘延东指出,"十一五"期间,全民科学素质行动实施工作成效显著,重点人群科学素质行动扎实推进,科普基础能力建设不断加强,公共服务水平明显提升,我国具备基本科学素养的公民比例显著提高,为增强自主创新能力、实现全面协调可持续发展、促进社会和谐提供了有力支撑。

刘延东强调,公民科学素质是落实科学发展的有力支撑、建设创新型国家的坚实基础、衡量现代化强国的重要标志和社会文明进步的强大动力,加强公民科学素质建设具有重要而深远意义。"十二五"期间推进全民科学素质行动,要围绕科学发展主题和加快转变经济发展方式主线,以学生、农民、企业职工和社区居民等重点人群为突破口,通过丰富多彩的科普活动,推动全民科学素质行动深入基层、扎根社会。要促进科学研究与科普工作有机结合,促进科技馆等向公众免费开放,加强科教资源的科普转化,推动各类科普资源整合共享、深度开发,帮助公众了解科技新发现和新成果。要发动广大科研人员开展教育、培训和主题科普活动。要充分发挥传统媒体和新兴媒体作用,提升科技传播质量,推出优秀作品,宣传先进典型,激励更多社会力量投入公民科学素质建设。要加大政府投入,完善政策措施,形成政府推动、社会力量广泛参与的工作格局。她要求各地区、各部门加强组织领导,周密部署,密切协作,确保"十二五"时期全民科学素质行动各项任务的落实。

中国科协常务副主席、书记处第一书记陈希汇报了全民科学素质行动实施工作有关情况,教育部、山西省等有关方面代表作了发言。会议还表彰了"十一五"时期全民科学素质行动实施工作先进集体和先进个人。

民政部在北京召开全国流浪未成年人救助保护工作会议

民政部将会同有关部门在全国范围内开展以"保护儿童、告别流浪"为主题的"接送流浪孩子回家"专项行动,帮助流浪未成年人顺利回归家庭、融入社会,防止其再度流浪。

8月31日

国家主席胡锦涛在人民大会堂与菲律宾总统阿基诺举行会谈

胡锦涛说,中菲建交36年来,两国关系不断向前发展,取得了丰富成果。菲律宾政府坚持奉行一个中国政策,在台湾等问题上给予中方宝贵支持,我们对此表示赞赏。中方高度重视对菲关系,不断巩固和发展中菲战略性合作关系是中国政府的既定政策。

胡锦涛表示,中方愿同菲方共同努力:

(一)着眼长远,确保中菲关系健康稳定发展。双方要进一步落实好2005年两国领导人就建立中菲致力于和平与发展的战略性合作关系达成的重要政治共识和《中菲战略性合作共同行动计划》,推动中菲关系全面深入向前发展。(二)深挖潜力,开拓两国经贸合作新局面。双方要加强贸易、基础设施、农业、水利、新能源、可再生能源、金融等领域合作,实施好有关合作项目,优化贸易结构,拓展贸易规模,推动互联互通建设,争取如期实现两国年贸易额新目标。(三)密切协作,加强防务安全执法合作。两国有关部门负责人要保持密切沟通,加强在人员培训、信息交换、防灾减灾等领域的协调合作,共同打击恐怖主义和跨国犯罪活动,保护两国人民生命财产安全,维护两国社会稳定。(四)继往开来,发扬光大中菲传统友谊。双方要通过多种方式和途径,扩大两国人民友好交往,为两国关系发展营造良好氛围。(五)开放包容,推动区域合作协调发展。中方愿以中国—东盟建立对话关系20周年和实施中国—东盟第二份五年行动计划为契机，继续推进双方在经济金融、互联互通、可持续发展、社会人文等领域的交流合作，为维护东亚和平稳定、促进共同发展发挥建设性作用。

阿基诺表示，双方达成的《菲中战略性合作共同行动计划》对于推动双边关系发展具有重要指导意义。经贸关系是两国关系的重要组成部分，双方签署的《菲中经贸合作五年发展规划》必将为推动两国经贸合作发展发挥重要作用。双方要促进相互投资，努力实现双边贸易发展目标，加强基础设施、旅游等领域合作，扩大两国人民友好交往，加深人民之间相互了解。菲方感谢中方为菲经济社会发展提供无私援助，欢迎中国企业积极参与菲经济发展和国家建设。菲方愿同中方一道，加强各领域务实合作，共同推进菲中致力于和平与发展的战略性合作关系。

胡锦涛说，中国在南海问题上的立场和主张是一贯的、明确的。中方一贯主张南海争议应当由当事国双方通过协商谈判和平加以解决。在争议解决前，有关国家可搁置争议，积极探讨在相关海域的共同开发，这符合有关国家的共同利益。中方愿同包括菲律宾在内的东盟国家一道，积极落实《南海各方行为宣言》，共同把南海建设成为和平之海、友谊之海、合作之海。

阿基诺说，菲方重申致力于维护地区和平稳定，致力于落实《南海各方行为宣言》。南海问题不是菲中关系的全部，不应影响双边关系的发展，不应影响两国各领域友好合作，希望这一问题早日得到解决，造福于两国人民。

会谈后，两国元首出席了有关双边合作文件的签字仪式。

国务院总理温家宝主持召开国务院常务会议

会议决定，在近两年山东省潍坊市、吉林省松原市、陕西省宝鸡市进行试点的基础上，再用一年左右时间，在全国部分地市开展深化中小学教师职称制度改革试点。改革的指导思想和主要任务是：遵循教育发展规律和教师成长规律，建立与事业单位岗位聘用制度相衔接、符合中小学教师职业特点的职称制度，形成以能力和业绩为导向、以社会和业内认可为核心、覆盖各类中小学教师的评价机制。改革的主要内容是：(一)建立统一的中小学教师职称制度，并设置正高级职称。职称系列依次为三级教师、二级教师、一级教师、高级教师和正高级教师。(二)按照注重师德素养、教育教学工作实绩和一线实践经历的要求，完善教师专业技术水平评价标准条件。国家制定基本评价标准，各地区制定具体评价标准。对特别优秀的教师制定相应的破格评审条件。(三)建立以同行专家评审为基础的业内评价机制，健全工作程序和评审规则，建立评审专家责任制，全面推行评价结果公示制度。(四)实现与事业单位岗位聘用制度有效衔接。中小学教师职称评审在核定的岗位内进行，岗位出现空缺时教师可以跨校评聘。新的职称制度适用于普通中小学、职业中学、幼儿园、特殊教育学校和工读学校等。

会议决定，由人力资源和社会保障部、教育部联合成立改革领导小组，统一领导改革试点工作。会议强调，深化中小学教师职称制度改革，是提高中小学教师职业地位，鼓励更多高学历、高素质人才从事中小学教育的重要举措。试点工作政策性强，涉及面广，各地区、各有关部门要加强组织领导，周密部署，认真制定试点方案，确保改革顺利推进。

为加快解决学前教育资源短缺、投入不足、城乡区域发展不平衡等问题，切实缓解入园难、入园贵的矛盾，会议决定，按照地方为主、中央奖补的原则，进一步增加学前教育财政投入。“十二五”期间，中央财政将安排500亿元，重点支持中西部地区和东部困难地区发展农村学前教育。(一)支持中西部农村扩大学前教育资源，包括利用闲置校舍改建幼儿园，依托有富余校舍资源的小学增设附属幼儿园，按照一定条件招聘学前教育巡回支教志愿者。(二)鼓励社会参与、多渠道多形式举办幼儿园。中央财政安排“扶持民办幼儿园发展奖补资金”，支持发展普惠性、低收费民办幼儿园。对地方扶持多渠道举办普惠性、低收费幼儿园和解决进城务工人员随迁子女入园等，中央财政根据工作实绩给予奖补。(三)从2011年起，将中西部地区农村幼儿教师培训纳入“中小学教师国家级培训计划”。(四)从2011年秋季学期起，由地方结合实际先行建立学前教育资助制度，对家庭经济困难儿童、孤儿和残疾儿童入园给予资助。中央财政根据各地工作情况给予奖补。会议强调，地方政府是发展学前教育的责任主体，要加大投入力度，制定优惠政策，着力构建覆盖城乡、布局合理的学前教育公共服务体系。会议要求，加快发展学前教育要坚持公益性、普惠性，坚持因地制宜、勤俭节约，坚决杜决不顾条件大干快上、搞豪华建设，坚决防止资源浪费和产生新的债务；坚持深化改革、创新机制，不断提高办园和保教质量。

会议听取了国有企业监事会对中央企业监督检查情况的汇报。从检查情况看，中央企业努力开拓市场，推进结构调整，深化体制机制改革，加强自主创新，积极履行社会责任，企业经济效益继续提升，活力进一步增强，科研水平不断提高，并在贯彻落实国家宏观调控政策、保障市场供应、承担国家重大工程项目建设、参与社会公益事业等方面发挥了重要作用。2010年，中央企业实现营业总收入16.8万亿元，比上年增长33%；上交税金1.5万亿元，增长31.9%；净利润8522.7亿元，增长42.1%。2011年1月至7月，实现营业总收入11.4万亿元，同比增长24.5%；上交税金9989亿元，增长28.1%；净利润5432.7亿元，增长15.7%。“十一五”时期，中央企业资产总额、营业总收入、上交税金和税后利润等主要经营指标翻了一番，进入世界500强的企业由10户增加到38户。但同时也要看到，部分中央企业的结构调整还存在一些困难，资源环境面临较大压力；有的企业管理水平不高，资源配置效率较低，非主业投资存在不少经营风险，境外资产监管有待加强。会议要求，中央企业要进一步深化改革，加快转变发展方式，加大科技创新力度，强化企业管理和风险管控，加强依法监管和制度建设，为国民经济和社会发展作出更大贡献。

国务院总理温家宝签署第603号令发布《公安机关督察条例》

《公安机关督察条例》已经2011年8月24日国务院第169次常务会议修订通过，现将修订后的《公安机关督察条例》公布，自2011年10月1日起施行。

总　理　温家宝

2011年8月31日

公安机关督察条例(略)

国务院副总理李克强在乌鲁木齐会见前来参加中国—亚欧博览会的香港特别行政区行政长官曾荫权和澳门特别行政区行政长官崔世安

李克强说，香港是重要的国际金融、贸易、航运中心，澳门是中国和葡语国家经贸合作的平台。香港特区、澳门特区参加博览会，不仅有助于港澳扩大在亚欧地区的影响，拓展新的发展空间，而且对于密切中国与亚欧各国经济关系，促进新疆跨越式发展和祖国西部地区开放开发，也有积极意义。

李克强表示，中央政府坚定不移贯彻“一国两制”、“港人治港”、“澳人治澳”、高度自治方针，严格按照特别行政区基本法办事，支持特别行政区行政长官和政府依法施政。他希望香港、澳门特区政府密切关注国际经济和金融形势的新变化，努力防范风险；同时紧紧抓住国家“十二五”发展的机遇，充分发挥各自优势，巩固向好的发展态势，把中央支持港澳发展经济、改善民生、深化与内地合作的有关政策措施衔接好、落实好，不断收获成效。

国务院副总理李克强在乌鲁木齐分别会见巴基斯坦总统扎尔达里 哈萨克斯坦副总理伊谢克舍夫

国务院副总理王岐山在北京与菲律宾总统阿基诺共同出席中国—菲律宾经贸论坛并致辞

王岐山说，中菲建交36年来，在经贸、投资、能源、旅游等各领域合作成果丰硕。2010年，双边贸易额达277亿美元，同比增长35%，中国已成为菲律宾第三大贸易伙伴。中菲经贸诸多领域的合作为两国人民带来了实实在在的利益。伴随着中国—东盟自贸区建设不断推进，中国“十二五”规划以及菲律宾“公私伙伴计划”的实施，中菲合作正面临新的机遇。双方应当认真落实即将签署的《中菲经贸合作五年发展规划》，进一步挖掘合作潜力，扩大贸易规模，优化进出口商品结构，争取2016年双边贸易额达到600亿美元。中方鼓励有实力的中国企业赴菲投资，参与菲律宾基础设施建设。希望双方继续加强在东盟“10+1”、“10+3”等多边平台的沟通协调，共同促进地区经济一体化建设。中国政府愿与菲律宾政府一道，继续为双方企业合作创造良好环境。希望两国企业家以本次论坛为契机，抓住机遇，深化合作，共同开创中菲经贸合作的新局面。

阿基诺在致辞中表示，2015年将建成东盟经济共同体，中国加大同菲律宾贸易合作意味着进一步打开通往该地区的北方门户。菲律宾经济高度对外开放，菲政府将采取措施，实行鼓励外商在菲投资政策，为外国企业注册提供便利，统一地方法规，创造稳定、透明、公平的商业环境，努力树立投资者信心。菲政府着眼长远，谋求持久繁荣，而中国企业家一贯具有长远的战略投资眼光。希望中国企业抓住机遇，扩大在菲投资，特别是对旅游、农业和基础设施等领域进行战略投资。

国防科技大学自主创新团队先进事迹报告会在人民大会堂举行

报告会前，中共中央政治局常委李长春会见报告团全体成员。

报告会由中央宣传部、教育部、科技部、解放军总政治部、解放军总装备部和湖南省委联合主办。报告会上，报告团成员饱含深情地讲述了国防科大自主创新团队为攀登世界科技高峰顽强拼搏的亲身经历和真切感受，深深打动了全场听众，会场不时响起阵阵热烈的掌声。各主办单位有关负责同志，驻京部队大单位、武警部队的领导同志和官兵代表700多人现场聆听了报告。首场报告会后，报告团还将赴部分省市、高等院校巡回报告。

第十八届北京国际图书博览会在中国国际展览中心举行

8月31日至9月4日，第十八届北京国际图书博览会在中国国际展览中心举行。

本届图博会共达成中外版权贸易协议2953项，比去年增长24.13%。其中，达成各类版权输出与合作出版协议1652项，比去年同期增长17%，达成引进协议1301项，引进与输出之比为1:1.3，实现了"十二五"开局之年版权输出的开门红。

来自60个国家和地区的出版机构将展览展示20多万种精品图书，出版大国荷兰以主宾国身份参加博览会。

中共中央政治局常委李长春在北京参观第十八届北京国际图书博览会

李长春对近年来我国出版业改革发展取得的成绩给予充分肯定。他指出，出版业改革发展的实践证明，早改革早主动，晚改革就被动，哪里有改革哪里就有新局面。要进一步深化文化体制改革，坚持用改革的办法破解发展的难题，不断解放和发展文化生产力。李长春希望出版领域认真总结成功经验，在转企改制的基础上，建立现代企业制度，打造合格的市场主体。坚持改革、改组、改造与加强管理相结合，努力培育更多自主经营、自我发展、自我约束的文化产品生产经营者，在市场竞争中做大做强做优做长。要进一步创新走出去的方式和途径，打造更多具有自主知识产权和核心竞争力的优秀产品和知名品牌，增强在国际出版市场的竞争力。要顺应信息技术迅猛发展的趋势，推动出版和高科技深度融合，加快发展数字出版、网络出版，把更多优秀精神文化产品运用于数字出版，不断丰富以移动终端为载体的出版内容。要坚持社会主义先进文化前进方向，努力推出更多思想性、知识性、可读性有机统一的精品力作，更好地满足人民群众日益增长的精神文化需求。

中共中央政治局委员、北京市市委书记刘淇，中共中央政治局委员、中央书记处书记、中宣部部长刘云山，中共中央政治局委员、国务委员刘延东一同参观了展览。

国务院印发《"十二五"节能减排综合性工作方案》并发出通知

各省、自治区、直辖市人民政府，国务院各部委、各直属机构：

现将《"十二五"节能减排综合性工作方案》印发给你们，请结合本地区、本部门实际，认真贯彻执行。

一、"十一五"时期，各地区、各部门认真贯彻落实党中央、国务院的决策部署，把节能减排作为调整经济结构、转变经济发展方式、推动科学发展的重要抓手和突破口，取得了显著成效。全国单位国内生产总值能耗降低19.1%，二氧化硫、化学需氧量排放总量分别下降14.29%和12.45%，基本实现了"十一五"规划纲要确定的约束性目标，扭转了"十五"后期单位国内生产总值能耗和主要污染物排放总量大幅上升的趋势，为保持经济平稳较快发展提供了有力支撑，为应对全球气候变化作出了重要贡献，也为实现"十二五"节能减排目标奠定了坚实基础。

二、充分认识做好"十二五"节能减排工作的重要性、紧迫性和艰巨性。"十二五"时期，我国发展仍处于可以大有作为的重要战略机遇期。随着工业化、城镇化进程加快和消费结构持续升级，我国能源需求呈刚性增长，受国内资源保障能力和环境容量制约以及全球性能源安全和应对气候变化影响，资源环境约束日趋强化，"十二五"时期节能减排形势仍然十分严峻，任务十分艰巨。特别是我国节能减排工作还存在责任落实不到位、推进难度增大、激励约束机制不健全、基础工作薄弱、能力建设滞后、监管不力等问题。这种状况如不及时改变，不但"十二五"节能减排目标难以实现，还将严重影响经济结构调整和经济发展方式转变。

各地区、各部门要真正把思想和行动统一到中央的决策部署上来，切实增强全局意识、危机意识和责任意识，树立绿色、低碳发展理念，进一步把节能减排作为落实科学发展观、加快转变经济发展方式的重要抓手，作为检验经济是否实现又好又快发展的重要标准，下更大决心，用更大气力，采取更加有力的政策措施，大力推进节能减排，加快形成资源节约、环境友好的生产方式和消费模式，增强可持续发展能力。

三、严格落实节能减排目标责任，进一步形成政府为主导、企业为主体、市场有效驱动、全社会共同参与的推进节能减排工作格局。要切实发挥政府主导作用，综合运用经济、法律、技术和必要的行政手段，加强节能减排统计、监测和考核体系建设，着力健全激励和约束机制，进一步落实地方各级人民政府对本行政区域节能减排负总责、政府主要领导是第一责任人的工作要求。要进一步明确企业的节能减排主体责任，严格执行节能环保法律法规和标准，细化和完善管理措施，落实目标任务。要进一步发挥市场机制作用，加大节能减排市场化机制推广力度，真正把节能减排转化为企业和各类社会主体的内在要求。要进一步增强全体公民的资源节约和环境保护意识，深入推进节能减排全民行动，形成全社会共同参与、共同促进节能减排的良好氛围。

四、要全面加强对节能减排工作的组织领导，狠抓监督检查，严格考核问责。发展改革委负责承担国务院节能减排工作领导小组的具体工作，切实加强节能减排工作的综合协调，组织推动节能降耗工作；环境保护部为主承担污染减排方面的工作；统计局负责加强能源统计和监测工作；其他各有关部门要切实履行职责，密切协调配合。各省级人民政府要立即部署本地区"十二五"节能减排工作，进一步明确相关部门责任、分工和进度要求。

各地区、各部门和中央企业要按照本通知的要求，结合实际抓紧制订具体实施方案，明确目标责任，狠抓贯彻落实，坚决防止出现节能减排工作前松后紧的问题，确保实现"十二五"节能减排目标。

国务院

2011年8月31日

"十二五"节能减排综合性工作方案（略）

9月1日

全国人大常委会委员长吴邦国在人民大会堂与菲律宾总统阿基诺举行会谈

吴邦国说，中方奉行“与邻为善、以邻为伴”的周边外交方针，高度重视中菲睦邻友好关系。议会在各自国家政治生活中占有重要地位，议会交往在巩固人民之间的理解与了解、促进务实合作、增信释疑方面发挥着不可替代的作用。中国全国人大愿与菲方一道，积极落实两国领导人达成的共识，增进政治互信，妥善处理分歧，深化务实合作，把两国关系不断推向新的高度。

阿基诺表示，菲中之间虽然存在分歧，但并非两国关系的本质所在，菲方愿与中方一道，致力于通过协商逐步解决双方之间的分歧，推动两国关系不断发展。

国务院总理温家宝在中南海紫光阁与菲律宾总统阿基诺举行会谈

温家宝表示，中国政府愿本着平等相待、互利共赢原则，同菲方一道推动两国经贸合作取得更大进展。一是落实好《中菲经贸合作五年发展规划》，使双边经贸关系得以长期、稳定、健康发展。二是发挥经贸联委会的作用，对重点领域和重点项目加强指导协调。三是充分利用中国—东盟自贸协定，扩大贸易规模，努力实现2016年双边贸易额达到600亿美元的目标。中国政府鼓励本国企业积极参与菲方的交通、通信、能源、农业、水利建设。四是为两国企业扩大合作创造良好条件，切实保护投资者的合法权益。

阿基诺表示，中国是菲律宾的友好邻邦，菲方十分珍视菲中友好合作关系，愿与中方做共同发展的伙伴，深化经贸、农业、基础设施建设、旅游等领域的互利合作，妥善处理分歧，推动两国关系长期、健康、稳定发展。

关于去年在菲律宾发生的“8·23”香港人质事件，温家宝表示希望菲律宾政府高度重视香港特区政府和民众的要求，妥善处理相关问题。阿基诺表示，菲政府和人民对发生这一不幸事件深表遗憾，菲政府正在认真处理善后事宜，愿与中方继续保持沟通。

中华人民共和国与菲律宾共和国发表联合声明

应中华人民共和国主席胡锦涛邀请，菲律宾总统贝尼尼奥·阿基诺于8月30日至9月3日对中国进行国事访问。除北京外，阿基诺总统将前往上海和福建访问。双方认为此访对中菲两国关系发展具有里程碑意义。

在京期间，胡锦涛主席和阿基诺总统举行了富有成果的会谈。全国人大常委会委员长吴邦国和国务院总理温家宝分别会见了阿基诺总统。两国领导人积极评价了中菲建交36年来双边关系取得的发展。双方重申将在相互尊重、平等互利的基础上，共同致力于推动中菲战略性合作关系长期稳定发展。双方也同意2009年10月29日签署的《战略性合作共同行动计划》将继续指导双方各领域合作。菲律宾重申坚持一个中国政策。

两国领导人对访问期间签署的各项协议表示欢迎，相信这些协议将进一步加强双方在贸易、经济技术、旅游、海上互联互通、媒体、体育、文化和信息等领域的合作。

双方认为，中菲两国是友好近邻，两国传统友谊绵延数百年，贸易合作富有活力，民间往来持续不断。两国领导人承诺将继续巩固中菲致力于和平与发展的战略性合作关系。

两国领导人认为现有的中菲双边对话机制对增进了解、拓展合作、加强两国关系具有重要意义。

双方同意继续扩大两国领导人、政府部门负责人、议员以及司法、防务和地方政府官员间的定期交流和互访。双方还同意加强两国青年、企业家、教育工作者、媒体工作者和艺术家间的交流，以增进两国和两国人民间的相互了解和信任。

双方认为，在当前世界经济不稳定、新兴发展中国家对促进可持续发展的作用不断扩大的形势下，拓展和加强中菲经贸合作具有重要现实意义。两国领导人认为《中菲经贸合作五年发展规划(2012—2016)》为两国在以下领域开展合作勾画了蓝图：农业和渔业、基础设施与公共工程、矿业、能源、信息通信技术、加工制造业、旅游业、工程服务和林业。

双方同意进一步扩大双边贸易额，并提出到2016年将双边贸易额提高到600亿美元的目标。双方还同意优化贸易结构，扩大相互投资，探索新能源、可再生能源、航运和港口等新的经济合作领域。

中方支持菲律宾政府提出的公私伙伴计划，愿鼓励合格的中国公司参与该计划框架下的项目竞标。

菲律宾感谢中方在菲发展经济、加强农业和基础设施建设方面给予的帮助。

双方将探讨建立联结中菲的海上高速路，为双边经贸关系注入新的活力，这将成为落实中国—东盟互联互通倡议的补充和支持。

两国领导人欢迎两国地方省市缔结友好关系，认为这可以成为两国和两国人民增进相互了解与友谊的桥梁。

两国领导人同意将2012—2013年定为“中菲友

好交流年”。双方对两国人员往来已突破100万人次表示满意,提出到2016年将人员往来翻一番达到200万人次的目标。双方愿努力增加航空运力推动实现这一目标。

双方积极评价两国根据现有协议在司法和执法领域开展的良好交流与合作。双方将积极履行法律程序,推动《中菲刑事司法协助条约》尽快生效,愿探讨早日启动两国《移管被判刑人协定》的谈判,重申愿在打击包括贩毒和人口贩卖在内的跨国犯罪活动方面加强合作。

两国领导人就海上争议交换了意见,认为不应让海上争议影响到两国友好合作大局。两国领导人重申将通过和平对话处理争议,继续维护地区和平、安全与稳定以及营造良好的经济增长环境。双方重申尊重和遵守中国与东盟国家于2002年签署的《南海各方行为宣言》。

两国领导人对20年来中国—东盟关系取得的进展表示满意,重申在讨论亚洲未来地区架构的性质和形式时应坚持以东盟为主导的原则。

双方同意进一步加强在联合国、亚太经合组织、亚欧会议、世界贸易组织、联合国气候变化会议及其他地区和多边组织的协调与配合。

2011年第17期《求是》杂志发表国务院总理温家宝的文章《关于当前的宏观经济形势和经济工作》

文章分三个部分:一、全面准确把握当前的经济形势;二、坚持宏观调控的取向不变,把握好宏观经济政策的方向、力度和节奏;三、统筹做好关系全局的几项重要工作。

中央党校在北京举行2011年秋季学期开学典礼

中共中央政治局常委、中央书记处书记、中央党校校长习近平出席开学典礼。

习近平指出,领导干部学习历史,要学习中国历史,了解和懂得自古以来中国人民创造的灿烂历史文化,继承中华民族在漫长历史发展进程中形成的优良传统,从中汲取思想精华,结合新的实践不断发扬光大。中国历史是中国人民、中华民族坚持不懈的创业史和发展史,蕴涵着十分丰富的治国理政的历史经验和宝贵的思想文化遗产,其中包含着许多涉及对国家、社会、民族及个人的成与败、兴与衰、安与危、正与邪、荣与辱、义与利、廉与贪等等方面的经验与教训。要善于借鉴历史上治理国家和社会的各种有益经验,学习中华民族优秀的传统文化和高尚的精神追求,从中获得精神鼓舞,升华思想境界,陶冶道德情操,完善优良品格,培养浩然正气,做到自重、自省、自警、自励,认真践行全心全意为人民服务的根本宗旨,经受住“四个考验”,防止“四个危险”,为党和人民事业不断作出自己的贡献。

习近平强调,领导干部学习历史,要注重学习鸦片战争以来的中国近现代历史,深入了解我们伟大祖国经历的刻骨铭心磨难、我们伟大民族进行的感天动地奋斗、我们伟大人民创造的彪炳史册伟业,深刻认识近现代中国国情和中国社会发展规律,深刻认识历史和人民选择中国共产党、选择马克思主义、选择社会主义道路、选择改革开放的历史必然性,增强励精图治、奋发图强的历史使命感和责任感,更好地继承和发扬近代以来中国人民的爱国主义精神,继承和发扬前辈共产党人建树的优良革命传统,为实现社会主义现代化和中华民族伟大复兴持续奋斗。

习近平指出,中国共产党的历史是中国近现代以来历史最为可歌可泣的篇章,学习中国近现代史要特别注意学习中国共产党的历史。中国共产党90年的历史,是党带领人民不断把中国革命、建设、改革事业推向前进的历史,所取得的成就与进步伟大辉煌,所经历的困难与风险也世所罕见。认识党的光荣伟大,不仅要充分认识我们党带领人民取得了光荣伟大的业绩,而且要充分认识我们党带领人民在应对各种困难和风险的考验中披荆斩棘、不断开辟胜利道路所展示出来的巨大勇气、巨大智慧和巨大力量,进一步增强建设中国特色社会主义事业的信心。

中共中央政治局委员、中央书记处书记、中央组织部部长李源潮,中央书记处书记、中央纪委副书记何勇,中央书记处书记、中央办公厅主任令计划出席开学典礼。

中央党校常务副校长李景田主持开学典礼。中央有关部门负责人、中央党校负责人以及2011年秋季学期全体在校学员、党校教职员工,共2200多人参加开学典礼。

中央社会主义学院2011年秋季开学典礼在北京举行

全国人大常委会副委员长、民进中央主席、中央社会主义学院院长严隽琪,全国政协副主席、中共中央统战部部长杜青林出席开学典礼并讲话。

杜青林指出,胡锦涛同志“七一”重要讲话,对中国特色社会主义制度的基本内涵、鲜明特点和重要作用等作了深刻阐释,是继续推进中国特色社会主义伟大事业的纲领性文献。我们要认真学习、深入贯彻,统一思想认识,找准着力重点,推动中国特色社会主义制度自我完善和发展。

杜青林强调,中国共产党领导的多党合作和政治协商制度作为中国特色社会主义制度的重要方面，历经60余年砥砺前进，凝结着中国共产党、民主党派、无党派人士长期探索的智慧结晶，积淀和形成了鲜明的内在特质。要准确把握多党合作制度的基本方位、价值内核、功能优势和目标指向。这是坚持和完善多党合作制度的必然要求，也是提升多党合作制度效能的重要前提。杜青林希望各民主党派、无党派人士着眼多党合作事业发展，立足历史定位和自身特点，以坚持走中国特色社会主义政治发展道路为核心，以提高多党合作制度科学化水平为重点，以加强参政能力建设为基础，坚持党的领导，秉承制度内核；注重统筹协调，提升制度价值；提高参政水平，增强制度活力；加强研究宣传，扩大制度影响，共同推动多党合作有序运行、有效落实，实现多党合作制度效能最大化。

严隽琪在讲话中指出，当前形势下，民主党派成员要深入学习领会胡锦涛同志"七一"讲话精神，认真总结本届民主党派组织在坚持中国共产党领导、加强自身建设和提高参政议政水平等方面的经验，进一步落实政治交接任务，巩固和发展政治交接成果。一是要积极践行"同心"理念，始终不渝地坚持中国共产党的领导，坚定走中国特色社会主义政治发展道路的信念。二是要以中国共产党为师，借鉴中共党建的宝贵经验，遵循参政党发展的自身规律，切实提高参政党建设科学化水平，不断提升自身能力水平。三是要找准角色定位，积极发挥业务专长和自身优势，强化政治责任，增强履职意识，做好"十二五"规划的研究者、践行者和监督者，全面服务国家发展大局。

台盟中央常务副主席汪毅夫代表各民主党派中央、全国工商联和无党派人士讲话。中央社会主义学院党组书记、第一副院长叶小文主持开学典礼。全国政协、中共中央统战部、各民主党派中央、全国工商联、中央社会主义学院有关领导同志以及在中央社会主义学院学习的2011年秋季学期学员参加了开学典礼。

国务院副总理李克强在乌鲁木齐出席首届中国—亚欧博览会开幕式

李克强同前来出席博览会的巴基斯坦总统扎尔达里、吉尔吉斯斯坦总统奥通巴耶娃、阿塞拜疆副总理沙里福夫、哈萨克斯坦副总理伊谢克舍夫和匈牙利前总理迈杰希等贵宾出席开幕式。中国新疆维吾尔自治区、商务部主要负责人先后致辞。

开幕式前，李克强来到博览会场馆参观了展览。

全国人大常委会副委员长司马义·铁力瓦尔地，香港特别行政区行政长官曾荫权、澳门特别行政区行政长官崔世安出席开幕式并参观展览。

首届"中国—亚欧博览会"由中国新疆维吾尔自治区人民政府、新疆生产建设兵团和商务部、外交部、国家发展改革委等27个中央部委共同主办。俄罗斯、哈萨克斯坦等国家贸工部门及贸易投资促进机构，上海合作组织秘书处、联合国贸易与发展会议等国际组织作为国际协办单位。本届博览会设置了6个展区，总展位2000多个，涵盖工业、农业、科技、金融等多个领域。

国务院副总理李克强在乌鲁木齐出席首届中国—亚欧经济发展合作论坛并致辞

巴基斯坦总统扎尔达里、吉尔吉斯斯坦总统奥通巴耶娃、阿塞拜疆副总理沙里福夫、哈萨克斯坦副总理伊谢克舍夫、匈牙利前总理迈杰希出席论坛并致辞。他们高度评价中国经济社会发展取得的成就，表示加强与中国的经贸合作，其意义已超出双边经贸关系的范畴，对于促进亚欧区域经济合作具有重要作用。愿不断深化双边与多边合作，实现互利双赢多赢。

国务院副总理李克强在首届中国—亚欧经济发展合作论坛上发表题为《深化内陆开放开发 促进亚欧合作发展》的致辞

尊敬的扎尔达里总统、奥通巴耶娃总统，尊敬的沙里福夫副总理、伊谢克舍夫副总理，尊敬的迈杰希先生，女士们、先生们、朋友们：

很高兴同大家相聚在乌鲁木齐这一天山脚下美丽的城市，共同出席首届中国—亚欧博览会暨首届中国—亚欧经济发展合作论坛。本届论坛以"合作共赢与可持续发展"为主题，探讨中国与中亚、西亚、南亚和欧洲国家合作发展大计，很有意义。在此，我谨代表中国政府，对博览会和论坛的召开表示热烈祝贺！对远道而来的各位贵宾表示诚挚欢迎！

中国与亚欧各国地处同一大陆，在人类文明进步中发挥了重要作用。亚欧大陆腹地历来是东西方之间的陆上通道，也曾是世界经济版图中最活跃、最发达的地区之一，孕育了多元灿烂的文明。古老的丝绸之路，见证了这一地区历史上的繁荣与辉煌。这里人口众多，幅员辽阔，具有承东启西的区位优势、丰富多样的资源优势、十分广阔的市场空间，发展的潜力巨大。

新形势下，亚欧大陆腹地国家迎来了开放发展的新机遇。随着经济全球化不断深入和科技革命迅猛发展，区域经济一体化进程明显加快，现代交通运输体系建设逐步加强，带动本地区国家经济合作发展步入快车道。2010年，中亚、南亚国家经济平均增长率分别达到6.6%、7.9%，西亚和欧洲一些国家经济稳步增长；中国与中亚、南亚、西亚国家贸易总额合计达到2700亿美元，中国和欧洲互为主要贸易伙伴。亚欧国家经贸合作已经有了一个很好的基础。

女士们、先生们!

适应世情、国情深刻变化,中国制定并开始实施“十二五”规划。规划的核心内容是,推动科学发展,加快转变经济发展方式,着力解决发展中不平衡、不协调、不可持续的问题,保持经济长期平稳较快发展,不断改善民生,促进社会和谐稳定。

扩大内需是中国发展的长期战略方针和基本立足点。中国是世界上人口最多的发展中国家,正处于工业化、城镇化快速推进的时期,内需潜力很大。我们将在坚持扩大对外开放的同时,着力扩大国内需求特别是居民消费需求,建立长效机制,激发内在活力,拓展回旋余地,把巨大的消费潜力转化为内生的发展动力,逐步使中国国内市场总体规模位居世界前列。

西部大开发在中国区域发展总体战略中处于优先位置。过去11年,西部大开发取得重大成就。当前和今后一个时期,我们将深入实施西部大开发战略,促进西部地区经济社会发展再上新台阶。新疆是西部大开发的重点地区,中国政府已经制定并正在实施支持新疆发展的一系列优惠政策,如加大对保障和改善民生的转移支付,增加对基础设施建设和生态环境保护的资金投入,支持优势资源开发转化,实行差别化产业政策、优惠的财税政策、倾斜的土地政策,进一步加强对口支援工作等,以增强新疆自我发展能力,促进新疆跨越式发展和长治久安。

向西开放是中国全方位对外开放的重大举措。对外开放是中国长期坚持的基本国策。面向未来,我们将坚持以开放促改革、促发展,在全面提升沿海开放、向东开放水平的同时,扩大内陆开放,加快沿边开放,鼓励向西开放。新疆是新欧亚大陆桥的重要枢纽,为扩大新疆开放,中国政府推出了多项举措,包括:在喀什、霍尔果斯设立特殊经济开发区,合理布局新疆产业聚集园区,扩大现有口岸功能并增设新的口岸,采取税收、金融等措施支持边贸发展,进行跨境贸易和投资人民币结算试点等。我们的目标是,充分发挥新疆向西开放的桥头堡作用,把新疆建成对外开放的重要门户和基地。这有利于中国内陆和西部地区开放开发,也必将给亚欧合作注入新的动力。通过发挥中国—亚欧博览会等平台作用,中国与中亚、西亚、南亚和欧洲国家经贸等各领域交流合作必将取得新的更大进展。

女士们、先生们!

当前世界大调整、大变革的步伐继续加快,国际金融危机深层次影响仍在持续,近期国际金融市场动荡,世界经济复苏的不确定性、不稳定性增加。亚洲和欧洲是世界经济发展的重要力量,深化亚欧各国和地区务实合作,不仅是彼此的需要,也是世界发展的需要,有利于促进亚欧和世界经济强劲、可持续、平衡增长。我们应当以更加长远的眼光、更加开放的胸怀,开拓思路,创新机制,携手推进亚欧合作发展实现新跨越。在此,我着重从三个方面提出建议:

第一,深化贸易和投资等务实合作。贸易和投资是经济增长的重要动力,扩大亚欧国家贸易和投资合作潜力很大。有关国家应进一步扩大市场开放,增加政策透明度,完善法律保障,加强有关技术标准的衔接,改善通关条件,创造更加稳定、透明和可预期的市场环境,反对任何形式的保护主义,促进贸易和投资自由化便利化。推动中哈霍尔果斯国际边境合作中心建设和发展,探索毗邻国家经贸合作的新模式。完善区域、次区域合作机制,加快区域经济一体化进程。加强各国科技、教育、人才开发等领域合作,共同致力于消除贫困、扩大就业、保障健康、预防和抵御重大自然灾害。

第二,促进基础设施互联互通。亚欧许多国家深处内陆,改善基础设施对扩大经济合作至关重要。有关国家应加强规划协调,推进重大基础设施网络化,重点加强区域性公路、铁路、民航、管道、通讯网络等合作建设。中方愿与有关各方一道,充分挖掘新欧亚大陆桥的运输潜能,积极推动跨国通道建设,签署上海合作组织国际道路运输便利化协定。中国政府将继续向有关国家提供优惠性贷款,支持交通、通讯等基础设施建设。

第三,提高产业和企业互利合作水平。亚欧国家经济互补性强,产业和企业合作前景广阔。各国应继续加强政策支持和引导,提供高效透明的行政服务,努力打造安全稳定的发展环境,为企业合作发展创造条件。深化能源资源开发合作,把资源优势转化为经济优势。积极拓展农牧、旅游、制造、环保等合作领域,挖掘非资源领域合作发展的潜力。经济合作需要资金流的畅通,而目前亚欧内陆国家金融合作仍较薄弱,需要进一步加强。在推进大企业合作发展的同时,还应加大对中小企业交流的关注和支持,更好地发挥各类企业在增长、就业、创新以及国际合作中的能动作用。

女士们、先生们!

合作共赢符合亚欧各国的根本利益,是亚欧各国人民的共同愿望。让我们携手并肩,开拓前行,为创造亚欧内陆经济开放开发新局面、为亚欧地区可持续发展、为世界繁荣进步作出更大贡献。

最后,预祝首届中国—亚欧博览会暨首届中国—亚欧经济发展合作论坛圆满成功!祝各位贵宾身体健康,工作顺利!谢谢大家。

2011中国旅游产业博览会在天津举行

会议于9月1日至4日举行。来自美国、德国、英国、法国等45个国家和我国港澳台地区,来自北京、上海、山东等26个省市及哈尔滨、西安、成都等9个省会城市或计划单列市的旅游局官员,驻华使馆旅游代表,旅游行业协会和企业将参加本届旅游产业博览会。

国务院副总理李克强在乌鲁木齐分别与吉尔吉斯斯坦总统奥通巴耶娃 阿塞拜疆副总理沙里福夫举行会谈

国务院副总理王岐山在中南海会见联合国世界旅游组织秘书长塔利布·里法伊

中联部部长王家瑞在北京会见由党的副领袖 政府副总理兼外长托尼奥·博奇率领的马耳他国民党代表团

中国飞航事业迎来创建50周年纪念日

全国人大常委会委员长吴邦国考察中国飞航事业诞生地——中国航天科工集团第三研究院并作出批示,热烈祝贺中国飞航事业创建50周年,希望中国航天科工集团公司努力打造国际一流航天防务公司,勉励该院以庆祝建院50周年为新起点,为我国飞航事业和国家战略性新兴产业发展再立新功。

人民出版社在人民大会堂纪念创建90周年

纪念活动开始前,中共中央政治局常委李长春会见部分与会代表。

中共中央政治局委员、书记处书记、中宣部部长刘云山出席并讲话,中共中央政治局委员、国务委员刘延东出席。

李长春指出,人民出版社创建于1921年9月,是我们党创办的第一个出版机构,创建以来特别是新中国成立以来,人民出版社出版了大量马克思主义著作和代表国家水平的哲学社会科学著作,已经成为党和国家重要的宣传思想文化阵地、马克思主义理论读物出版中心和哲学社会科学著作重要出版基地,为传播马克思主义,宣传党的路线方针政策,丰富人民群众精神文化生活,繁荣哲学社会科学作出了重要贡献。李长春希望人民出版社深入学习贯彻胡锦涛总书记"七一"重要讲话精神,坚持高举旗帜、围绕大局、服务人民、改革创新,坚持以巩固马克思主义在意识形态领域的指导地位、巩固全党全国各族人民团结奋斗的共同思想基础为中心,牢牢把握正确出版导向,努力完成好国家重大政治性、理论性、公益性出版任务,在推进马克思主义中国化最新成果深入人心方面取得新进展。要以内部体制机制创新为重点,在探索公益性出版事业单位增强活力、改善服务方面取得新突破。要高度重视现代科学技术对出版事业发展的重要作用,在推进传播手段现代化方面实现新跨越,创优质、创品牌、创一流,不断提高影响力和竞争力。要进一步加强人才队伍建设,为实现可持续发展提供新支撑。

刘云山在讲话中指出,党和国家事业发展为出版业的繁荣发展提供了新的机遇、新的空间,也提出了新的任务、新的使命,希望人民出版社和出版界深入学习贯彻胡锦涛总书记"七一"重要讲话精神,继承优良传统,牢记光荣使命,发挥好文化引导社会、教育人民、推动发展的功能。

新闻出版总署署长柳斌杰、中央编译局局长衣俊卿、人民出版社社长黄书元和新老职工代表在会上发言。中央和国家机关有关部门负责同志、有关专家学者和各界代表,以及人民出版社全体职工、部分离退休老同志参加纪念活动。

全国基本药物制度初步建立

国务院医改办公室宣布:经过整整两年的努力,截至7月底,我国实现全国所有政府办基层医疗卫生机构配备使用基本药物,并实行零差率销售。这意味着我国基本药物制度已初步建立,保障了老百姓生病了买得起药、有药可吃。

"全国安全用药月"活动在北京启动

9月2日

国家主席胡锦涛在北京观看话剧《郭明义》并接见剧组主创人员

中共中央政治局常委李长春一同观看演出、参加接见。

话剧《郭明义》是辽宁人民艺术剧院根据鞍钢集团矿业公司齐大山铁矿采场公路管理员郭明义的先进事迹创作的。演出前,胡锦涛等领导同志来到剧组主创人员中间,胡锦涛指出,郭明义同志长期以来自觉学习、实践雷锋精神,坚持爱岗敬业、助人为乐。他不愧是新时期的道德楷模,我们都应向他学习。胡锦涛希望辽宁人民艺术剧院的同志们牢记文艺为人民服务、为社会主义服务的神圣职责,努力创作更多优秀文艺作品,为繁荣发展社会主义先进文化作出更大贡献。

随后,胡锦涛等领导同志走进剧场,同各界代表一同观看话剧《郭明义》。

观看演出和参加接见的领导同志还有:刘云山、刘延东、李源潮、张德江、何勇、令计划。

国务院总理温家宝致电欧盟委员会主席巴罗佐就世界和欧洲经济金融形势以及中欧关系交换看法

温家宝表示，欧盟陆续出台了一系列缓解债务压力、推进结构改革、改进经济治理、促进经济增长的措施，这对于稳定市场、防止形势恶化发挥了重要作用。作为欧盟的全面战略伙伴和主要贸易伙伴，中方密切关注欧洲经济形势，向欧盟及有关国家提供了真诚的支持和帮助。中方对欧洲经济和欧元始终抱有信心，将继续把欧洲作为主要投资市场之一，希望欧方确保中方对欧投资安全。

温家宝指出，不断推进中欧全面战略伙伴关系符合双方的共同利益，顺应和平、发展、合作的时代潮流。中方愿与欧方一道，增进政治互信和战略互信，把携手应对当前困难和实施各自的发展战略结合起来，坚持平等相待、互利共赢的正确道路，增强携手应对挑战的积极势头。双方要密切沟通配合，开好第十四次中欧领导人会晤，以更多的合作成果向世界传递信心和力量。

巴罗佐表示，在当前形势下，欧中作为战略伙伴，应保持密切沟通，探讨如何共同应对挑战。欧方正在采取措施，努力维护欧洲经济的稳定，有能力解决面临的困难。欧方感谢中方对欧元和欧元区经济的支持，高度重视与中方的对话与合作，认为这符合欧方的利益，对欧方至关重要，愿加强双方在贸易、投资、创新、能源、网络安全、人文等领域的合作，欢迎中方扩大对欧投资。希望双方共同努力，使第十四次欧中领导人会晤取得成功，进一步增强欧中关系的战略性，为欧中关系未来发展指明方向。

国务院总理温家宝在国土资源部考察

在国土资源部信息中心，温家宝听取了国土资源信息化建设进展情况汇报，观看了国土资源全国遥感监测“一张图”核心数据库和国土资源综合信息监管平台演示。

在12336违法线索处理中心，温家宝详细了解了国土资源违法线索举报、接收、调查处理工作，还观看了国土资源调查评价主要成果展。

在国土资源部会议室内，温家宝听取了国土资源部部长徐绍史关于近年来国土资源管理工作情况的汇报，并与部分老同志和专家代表等进行座谈。温家宝在听取了大家发言后说，“十二五”时期国土资源工作面临新的形势。我国工业化、城镇化和农业现代化快速发展，经济总量不断扩大，资源环境约束更加突出；世界科技创新正在为改善资源利用创造新的空间，但我们自主创新的能力还不强，面临着更大压力；我国资源利用效率低和环境污染严重的问题尚未根本扭转。面对新形势、新要求，我们要增强责任感、使命感和忧患意识，努力破解市场经济、新技术革命、经济全球化条件下的国土资源管理难题，以资源可持续利用促进经济社会可持续发展。

温家宝对国土资源工作提出了四点要求：一要大力推进资源节约集约利用，注重资源保护和合理开发。坚持开源与节流并重，把节约放在首位。在做好数量管控的同时，加强质量管理和生态管护，防止过度开采。二要统筹利用国际国内两个市场、两种资源，坚持立足国内，夯实资源保障基础。加快实施找矿突破战略，形成能源资源战略接续区，积极参与矿产资源国际合作。三要大力推进科技创新，加强科技支撑。四要加快完善体制机制，处理好中央和地方、政府和市场的关系，为国土资源事业发展注入新的活力与动力。

纪念辛亥革命100周年论坛在人民大会堂召开

论坛由中国国际文化传播中心、民革中央办公厅主办。全国人大常委会副委员长、民革中央主席周铁农出席并讲话。

论坛上，黄埔军校同学会会长林上元、全国工商联原副主席王治国、中国社会科学院近代史研究所研究员马勇、辛亥革命前辈李济深的孙女李霭君等专家学者及革命先辈后代，就辛亥革命的现代启示、辛亥革命对中国统一战线的重大影响等议题作了发言。

国家主席胡锦涛根据全国人大常委会的决定任免驻外大使

一、任命孔铉佑为中华人民共和国驻越南社会主义共和国特命全权大使；

免去孙国祥的中华人民共和国驻越南社会主义共和国特命全权大使职务。

二、任命张迅为中华人民共和国驻阿拉伯叙利亚共和国特命全权大使；

免去李华新的中华人民共和国驻阿拉伯叙利亚共和国特命全权大使职务。

三、任命张万学为中华人民共和国驻塞尔维亚共和国特命全权大使；

免去魏敬华的中华人民共和国驻塞尔维亚共和国特命全权大使职务。

四、任命高燕平(女)为中华人民共和国驻以色列国特命全权大使；

免去赵军的中华人民共和国驻以色列国特命全权大使职务。

五、任命陶卫光为中华人民共和国驻贝宁共和国特命全权大使；

免去耿文兵的中华人民共和国驻贝宁共和国特命

全权大使职务。

六、任命崔志伟为中华人民共和国驻马其顿共和国特命全权大使；

免去董春风的中华人民共和国驻马其顿共和国特命全权大使职务。

七、任命杜起文为中华人民共和国驻希腊共和国特命全权大使；

免去罗林泉的中华人民共和国驻希腊共和国特命全权大使职务。

八、任命罗林泉为中华人民共和国驻爱尔兰特命全权大使；

免去刘碧伟的中华人民共和国驻爱尔兰特命全权大使职务。

国家副主席习近平在人民大会堂会见由蒙古人民党总书记乌·呼尔勒苏赫率领的蒙古人民党高级代表团

国务院副总理李克强在中南海紫光阁会见世界银行行长佐利克

辛亥革命网上博物馆开通

该网由民革中央筹划建立。全国人大常委会副委员长、民革中央主席周铁农出席网站开通仪式，并率先在网页上为辛亥革命志士“献花”，缅怀孙中山等革命先辈。

《辛亥著名人物传记丛书》出版

该套丛书由著名史学专家金冲及、章开沅、李文海担任丛书顾问，由国内近代史和辛亥革命史研究领域卓有建树的专家学者执笔。丛书由团结出版社出版，共20分册。

国家体育总局在北京发布2010年国民体质监测结果

结果显示，2010年全国达到《国民体质测定标准》“合格”以上标准的人数比例为88.9%，这一比例比5年前提高了1.7个百分点。

本次监测的主要结果为：

(一)幼儿身体形态生长发育水平呈持续增长趋势

2010年，幼儿各年龄组的身高、体重、胸围等形态指标平均数比2005年均有明显增长，体重增长幅度最大、胸围等围度指标增幅次之、身高等长度指标增幅最小。

(二)幼儿的身体素质呈持续增长趋势

2010年，幼儿多数年龄组的大部分身体素质指标略高于2005年的水平。自2000年以来，我国幼儿身体素质总体呈持续增长趋势。

(三)成年人、老年人超重与肥胖率持续增长

2010年，成年人和老年人的超重率分别为32.1%和39.8%，比2005年分别增长3.0个和4.2个百分点；成年人和老年人的肥胖率分别为9.9%和13.0%，比2005年分别增长1.9个和1.7个百分点。自2000年以来，我国成年人、老年人超重与肥胖率持续增长。

(四)成年人、老年人的身体机能水平有所回升

反映身体机能水平的成年人肺活量、台阶指数和老年人肺活量，比2005年有较大提高，但与2000年基本持平，表明2010年成年人、老年人的身体机能水平有所回升。

(五)成年人的力量耐力持续增长，绝对力量和爆发力呈持续下降趋势

反映力量耐力的俯卧撑和一分钟仰卧起坐等指标的平均数，自2000年以来呈持续增长趋势。2010年，成年人身体素质中的握力、背力、坐位体前屈等指标呈持续下降趋势；纵跳、闭眼单脚站立、选择反应时等指标平均数则低于2005年，高于2000年。

(六)老年人的柔韧性和反应能力有所提高，力量素质有所降低

与2005年相比，2010年老年人的柔韧性和反应能力等指标有所提高；力量素质等指标有所降低。

(七)国民体质总体合格率持续上升

与2005年相比，2010年国民体质总体合格率有所增长，这种增长的趋势在不同年龄、性别以及城乡人群中均有所体现。同时，与2000年体质监测结果比较，国民体质总体合格率呈持续上升趋势，我国国民体质的总体水平在不断提高。

9月3日

《人民日报》发表社论《在铭记历史中汲取复兴力量——纪念中国人民抗日战争暨世界反法西斯战争胜利六十六周年》

有些重大历史时刻，往往因其影响深远，成为一个民族的恒久记忆和人类文明的启示性资源，不仅属于历史，更属于未来。

今天，是中国人民抗日战争胜利和世界反法西斯战争胜利66周年纪念日。这是人类正义战胜邪恶、光明战胜黑暗、进步战胜反动的伟大纪念日，是中国人民和全世界一切爱好和平的国家和人民的盛大节日。

在这个庄严的时刻，我们向全国参加抗日战争的老战士、爱国人士和抗日将领，向所有为抗战胜利建立了卓著功勋的海内外中华儿女表示崇高敬意！向支援和帮助过中国人民抗日战争的外国政府和国际友人表

示衷心感谢！向在中国人民抗日战争和世界反法西斯战争中英勇献身的烈士们表示深切怀念！向惨遭侵略者杀戮的无辜死难者表示沉痛哀悼！

在半个多世纪前那场慷慨悲壮的反法西斯战争中，中国人民抗日战争开始最早、持续时间最长，成为世界反法西斯战争的东方主战场，以巨大的民族牺牲作出了不可磨灭的贡献。中国人民抗日战争和世界反法西斯战争的胜利，是20世纪人类历史上的重大事件，对于中华民族发展和世界文明进步具有极其深远的意义。

这场伟大胜利，标志着中华民族的大转折。抗日战争的胜利，是近代以来中国人民反抗外敌入侵第一次取得完全的胜利。这场胜利，彻底打败了日本侵略者，捍卫了国家主权和领土完整，促进了中华民族的伟大觉醒，促进了中华民族的大团结，弘扬了中华民族的伟大精神，显著提高了中国的国际地位，加快了中国革命的历史进程，是中华民族走向复兴的伟大转折点。

这场伟大胜利，拓展了民族精神的新疆界。波澜壮阔的全民族抗战中，全体中华儿女用鲜血和生命，筑起了捍卫祖国的钢铁长城，丰富升华了伟大的民族精神。坚持国家和民族利益至上、誓死不当亡国奴的民族自尊品格，万众一心、共赴国难的民族团结意识，不畏强暴、敢于同敌人血战到底的民族英雄气概，百折不挠、勇于依靠自己的力量战胜侵略者的民族自强信念，开拓创新、善于在危难中开辟发展新路的民族创造精神，坚持正义、自觉为人类和平进步事业贡献力量的民族奉献精神。这是伟大的抗日战争留给我们的精神财富，也是中华民族走向伟大复兴的力量源泉。

这场伟大胜利，锤炼了民族复兴的推进者。抗日战争中，中国国民党和中国共产党领导的抗日军队，分别担负着正面战场和敌后战场的作战任务，形成了共同抗击日本侵略者的战略态势。中国共产党积极倡导、促成、维护抗日民族统一战线，最大限度地动员了全国军民共同抗战，在全民族抗战中发挥了中流砥柱的作用，成为夺取抗战胜利的民族先锋。历史证明，中国共产党是中国人民和中华民族利益的坚定捍卫者，是领导中国人民争取民族独立和人民解放的坚强核心。

这场伟大胜利，昭示了发展才是硬道理。落后就要挨打，自强才能自立。这是中国人民夺取抗日战争伟大胜利的宝贵经验，也是中国人民从近代以来屡遭外来侵略的悲惨经历中得出的刻骨铭心的教训。当前，我国仍然处于并将长期处于社会主义初级阶段，唯有始终坚持发展这个第一要务，紧紧抓住和用好重要战略机遇期，推动科学发展，促进社会和谐，不断增强经济实力、科技实力、国防实力和民族凝聚力，才能切实保障人民幸福，捍卫国家尊严。

当年，在抗日战争爆发不久，毛泽东同志就说过，“凡属正义的革命的战争，其力量是很大的，它能改造很多事物，或为改造事物开辟道路……中华民族的解放将从这个战争中得来。”今天，历史的硝烟已经散去，挑战与使命仍在眼前。放眼全球，共同分享发展机遇，共同应对各种风险，推动建设持久和平、共同繁荣的和谐世界，这是各国人民的共同愿望。展望前程，到中国共产党成立100年时建成惠及十几亿人口的更高水平的小康社会，到新中国成立100年时建成富强民主文明和谐的社会主义现代化国家，改革发展的任务光荣而艰巨。面对深刻变化的世界格局，身处改革发展的重要时期，让我们携起手来，不断开创中国特色社会主义事业新局面，为全面建设小康社会、实现中华民族的伟大复兴继续奋斗，为建设一个和平发展、文明进步的世界继续奋斗。

中国企业联合会 中国企业家协会发布2011中国企业500强名单及分析报告

中国石化继续位居榜首，入围门槛从上年的110.84亿元提高到了141.98亿元，大幅提高了28.1%。而且中国内地入围世界500强企业数量取得历史性突破，世界地位更加突出。但是也应看到，2011中国企业500强的平均寿命仅为23年，人均营业收入只相当于世界企业500强和美国企业500强同类指标的45.6%、45.7%，与跨国企业存在较大差距，仍然缺乏核心竞争力。

2011中国企业500强的总体规模与经济效益大幅增长。其中营业收入总额达到36.31万亿元，与2010年国内生产总值29.80万亿元的比值已经达到91.3%，说明我国大企业在国民经济中占据了举足轻重的地位。500强企业的资产总额已达到108.1万亿元，较上年增长了18.4%；实现总利润2.08万亿元，较上年增长了38.67%；纳税总额达到2.73万亿元，较上年的2.12万亿元增长了28.77%，占2010年我国税收总额的37.3%。

9月4日

国务院总理温家宝看望科学家叶笃正 师昌绪 王忠诚

在看望95岁的我国著名气象学家叶笃正时，温家宝说，我们一方面要把自己的事情办好，转变经济发展方式，把碳排放降下来；另一方面要积极参加气候变化的国际咨询和科研机构。叶先生不但是科学家，也是教育家，他非常关心我国的教育事业和人才培养，关心全民族科技素质的提高，写了许多科普读物。叶老接着向总理建议：应该把南开老校长张伯苓的教育思想和西南联大的教育思想好好总结一下。温家宝点头表示赞同地说，教育事业的改革和发展，要吸收和借鉴老一辈教育家的优秀教育思想和做法。

在看望91岁的我国著名材料学家、高温合金研制的开拓者之一师昌绪时，温家宝说："您不仅关心材料科学的发展，还就更好地发展我国科技事业提出了许多建议。最近您关于把航空发动机列入国家科技重大专项的建议，我认为这意见很中肯和有意义。"师老向总理提出：应该进一步加强媒体宣传科技的内容，提高我国青少年的科学素养。温总理说："您说得对，全社会都要努力营造发展科技事业的良好氛围。"

在看望86岁的北京天坛医院名誉院长、北京市神经外科研究所所长王忠诚时，王忠诚对总理说，现在我国神经外科医生数量少，难以满足病人的需要，建议国家加强对神经外科医生培养的力度。温家宝当场表示：您的要求，我记住了。

亚洲政党专题会议在广西南宁举行

会议于9月4日至6日举行。此次会议的主题是"发展与社会共享：让发展成果惠及民众"。中共中央政治局常委、国家副主席习近平向会议发来贺信。

习近平在贺信中代表中国共产党和中国政府向会议召开表示热烈祝贺。他指出，今天的亚洲经济更加繁荣、社会更加进步、人民信心更加坚定、发展前景更加广阔。如何紧跟世界发展新趋势，着力转变经济发展方式，促进全面协调可持续发展；如何更好地兼顾速度和质量、效率和公平，把发展经济与改善民生紧密结合起来，让发展成果惠及全体人民，依然是摆在亚洲各国政党、政府和人民面前的重大课题。

习近平强调，今年是中国共产党成立90周年，站在新的历史起点上，我们将继续牢牢扭住经济建设这个中心不动摇，坚持以科学发展为主题，以加快转变经济发展方式为主线，大力发展各项社会事业，积极推进基本公共服务均等化，努力使全体人民学有所教、劳有所得、病有所医、老有所养、住有所居，做到发展为了人民、发展依靠人民、发展成果由人民共享。我们愿在本次会议期间同亚洲各国政党分享治国理政经验，互学互鉴，共同进步。

联合国秘书长潘基文在向会议发来的视频致辞中说，亚太地区正在发生深刻变革，继续保持强劲增长对于缩小发展差距、实现千年发展目标至关重要。他预祝会议取得圆满成功。

东帝汶总统奥尔塔，老挝国家副主席本扬，柬埔寨副首相索安，亚洲政党国际会议常委会主席德贝内西亚，中共中央对外联络部部长王家瑞，中共广西壮族自治区党委书记郭声琨等也分别在开幕式上致辞。

本次会议由中共中央对外联络部承办。来自26个国家52个政党和有关国际政党组织的137名代表参加了会议。

中联部部长王家瑞在南宁会见孟加拉国民族党主席艾尔沙德

9月5日

全国人大常委会委员长吴邦国在福建调研

9月5日至7日，吴邦国先后来到平潭综合实验区和莆田、泉州、厦门等地，深入建设工地、工厂企业、社区住户，就加快平潭综合实验区开放开发、转变经济发展方式、保障和改善民生等，与广大干部群众共话机遇，同谋发展。

在平潭综合实验区，吴邦国指出，加快平潭开放开发是海峡西岸经济区建设的战略突破口。要坚持高标准高起点，科学规划、分步实施、扎实推进，当前应着力抓好基础设施、生态建设等重点项目。产业发展要走绿色低碳和高技术含量的路子，适当发展劳动密集型产业，城乡建设要与自然环境相协调，保护好平潭的青山绿水。要学习借鉴经济特区和浦东等新区的建设经验，充分发挥平潭的后发优势，结合实际先行先试，努力在更高水平上扩大对外开放，为促进海峡西岸经济区建设、深化两岸交流合作作出更大贡献。

在厦门钨业股份有限公司，吴邦国指出，科技创新是加快转变经济发展方式的重要支撑，也是经济结构战略性调整的不竭动力，要引导和支持创新要素向企业集聚，进一步整合科技资源，培养创新人才，建设创新团队，突破关键技术，加快成果转化，促进经济结构调整和产业优化升级。

在安踏体育用品有限公司，吴邦国说，民营经济的主体是中小企业，要把发展中小企业作为经济结构战略性调整的重要内容，加大对创业投资的引导和支持力度，认真落实扶持政策，积极化解融资难等突出问题，帮助中小企业发展壮大。中小企业要化市场压力为动力，加大品牌与设计、物流与销售两方面工作，加快产品和技术转型升级，更好地掌握市场竞争主动权。

吴邦国来到厦门市湖里区高林居住区，实地考察当地保障房建设情况。

吴邦国指出，保障和改善民生是转变经济发展方式的重要抓手，也是转变经济发展方式的最终目的。各级财政要向公共服务领域倾斜，加大对低收入群体的帮扶力度，认真解决人民群众关心的就业、社保、医疗、教育等方面的突出问题。他强调，保障性住房建设是一项重要的民生工程，希望继续抓好中央各项政策措施的贯彻落实，确保资金可持续，质量有保障，管理有制度，切实把好事办好，让广大群众特别是困难群众真正得到实惠。

调研期间，吴邦国对福建的工作给予充分肯定。他说，近年来，福建经济社会发展取得显著成就，经济结构调整取得新进展，各项工作迈上了新台阶。希望各级干部群众抓住海峡西岸经济区建设的历史性机遇，开拓进取、勇于创新、扎实工作，在科学发展的轨道上实现更好更快发展。

全国人大常委会副委员长兼秘书长李建国等陪同调研。

中共中央政治局常委李长春在北京调研

9月5日、6日和8日，李长春在中共中央政治局委员、北京市市委书记刘淇陪同下，深入中关村科技园区、企业、高校、社区和基层文化单位，就提高自主创新能力、加快转变经济发展方式和深化文化体制改革、推动文化大发展大繁荣等进行调研。

李长春强调，北京是全国政治中心、文化中心和国际交往中心，在推动文化改革发展方面肩负着重要使命。他希望北京以深入学习贯彻胡锦涛总书记"七一"重要讲话精神为强大动力，不断增强文化自觉和文化自信，进一步加快文化体制机制改革创新，加快构建公共文化服务体系，加快发展文化产业，加强对文化产品创作生产的引导，多出精品、多出人才、多出经验，充分发挥示范带动作用，为推动社会主义文化大发展大繁荣作出新的更大贡献。

调研结束时，李长春听取了北京市委市政府的工作汇报，对北京经济社会发展取得的成就给予充分肯定。他希望北京坚持把提高自主创新能力和促进文化改革发展作为推动科学发展、加快转变经济发展方式的重要任务，在全面建设小康社会的征程中努力走在全国的前列，创造更多新鲜经验，更好地发挥示范带动作用。

财政部公布2010年全国社保基金总收入

2010年，全国社会保险基金总收入17071亿元，比上年增长16%，完成预算的111%；总支出13310亿元，比上年增长21%，完成预算的98%；收支相抵，当年结余3761亿元，年终滚存结余21438亿元，比上年增长21%。

企业职工基本养老保险基金总收入12195亿元，比上年增加1788亿元，完成预算的112%；总支出9429亿元，比上年增加1513亿元，完成预算的97%。

失业保险基金总收入649亿元，比上年增加65亿元，完成预算的118%；总支出424亿元，比上年增加56亿元，完成预算的76%。

城镇职工基本医疗保险基金总收入3793亿元，比上年增加493亿元，完成预算的109%；总支出3161亿元，比上年增加643亿元，完成预算的103%。

工伤保险基金总收入270亿元，比上年增加43亿元，完成预算的116%；总支出179亿元，比上年增加34亿元，完成预算的97%。

生育保险基金总收入164亿元，比上年增加29亿元，完成预算的114%；总支出116亿元，比上年增加23亿元，完成预算的104%。

国家副主席习近平在人民大会堂会见世界银行行长佐利克

全军非战争军事行动总结研讨暨成果展示活动在北京举行

活动主要任务是：系统总结近年来全军和武警部队遂行非战争军事行动任务的经验，展示实践成果，探索特点规律，研究进一步加强非战争军事行动能力建设和完成好各项任务的措施。

中央军委发出《关于进一步加强军队审计工作的意见》

新华社报道：经中央军委主席胡锦涛批准，中央军委日前印发了《关于进一步加强军队审计工作的意见》(以下简称《意见》)。

《意见》共7个部分，包括认清审计工作的重要意义、全面发挥审计监督职能、大力推进审计工作改革创新、健全完善审计工作运行机制、积极推动审计结果运用、注重抓好审计力量建设、切实加强党委对审计工作的领导等内容。

《意见》明确要求，审计工作要紧紧围绕深化拓展军事斗争准备、规范经济权力运行、优化资源配置和确保完成重大专项任务，组织实施各项监督。要把审计结果作为加强和改进财经管理工作的重要依据，作为领导干部和单位部门年度工作考核的重要内容。要树立科学审计理念，创新方式方法，正确行使审计职权，把依法严格监督贯穿于审计工作全过程。要调整优化审计体制编制，改善审计队伍结构，加强审计部门内部管理和廉洁自律情况监督检查。要加强审计工作业务领导，完善审计协作机制，建立审计联席会议制度。《意见》对党委领导审计工作的责任作了进一步强调，要求支持审计部门依法独立行使审计监督职责，建立健全党委管审议审制度，切实把好审计部门负责人任免关。

中共中央政治局常委李长春在北京观看为庆祝2011年教师节录制的大型主题晚会《美丽心灵——献给老师的歌》并为2011年度"全国教书育人楷模"颁奖

9月6日

中央军委主席胡锦涛在北京会见参加全军非战争军事行动总结研讨暨成果展示活动的代表

中共中央政治局常委、国家副主席、中央军委副主席习近平一同会见。

第一届亚太经合组织林业部长级会议在人民大会堂开幕

国家主席胡锦涛出席开幕式并发表题为《加强区域合作 实现绿色增长》的致辞。

中共中央政治局委员、国务院副总理回良玉参加上述活动。

国家主席胡锦涛在首届亚太经合组织林业部长级会议上发表题为为《加强区域合作 实现绿色增长》的致辞

女士们，先生们：

金秋时节，来自亚太经合组织各成员的代表们相聚北京，举行首届亚太经合组织林业部长级会议，共同探讨林业发展和绿色增长。首先，我谨代表中国政府和人民，对会议的召开表示热烈的祝贺！向与会各位代表表示诚挚的欢迎！

当前，经济全球化继续发展，科技创新孕育新突破，经济合作持续推进，各国经济相互依存不断加深，全球经济治理出现新变革。亚太经济保持良好发展势头，成为世界经济复苏和可持续增长的重要推动力量。同时，国际金融危机深层次影响仍然存在，国际金融市场不稳定不确定因素增多，国际和地区热点此起彼伏，气候变化、生态恶化、能源资源安全、粮食安全、重大自然灾害等全球性挑战日益突出，全球金融治理任重道远。有效应对全球发展面临的挑战、实现共同发展已经成为国际社会普遍关注的重大课题。

女士们、先生们！

在去年举行的横滨会议上，为促进区域经济实现平衡、包容、可持续、创新、安全增长，我们通过了《亚太经合组织领导人增长战略》，提出了推动亚太经济发展的指导原则、行动计划、落实机制，绿色增长就是其中的重要内容。

森林在推动绿色增长中具有重要功能。森林是陆地生态系统的主体和维护生态安全的保障，对人类生存发展具有不可替代的作用。森林是重要而独特的战略资源，具有可再生性、多样性、多功能性，承载着潜力巨大的生态产业、可循环的林产工业、内容丰富的生物产业。森林是陆地上最大的碳储库，减少森林损毁、增加森林资源是应对气候变化的有效途径。

亚太地区拥有世界上最丰富最独特的森林生态系统，森林面积占全球一半以上。近年来，亚太地区林业呈现良好发展势头，森林面积持续增加，成为扭转全球森林资源下降趋势的主要力量。同时，亚太地区也面临着毁林、森林退化、林区相对贫困和林产品贸易保护主义等挑战。

为应对亚太林业发展面临的挑战、实现共同发展，亚太经合组织各成员高度重视林业在应对气候变化、实现绿色增长方面的重要作用，积极开展区域合作。2007年亚太经合组织领导人第十五次非正式会议通过的《气候变化、能源安全和清洁发展悉尼宣言》提出"到2020年，本地区各种森林面积净增长2000万公顷"的目标。2010年亚太经合组织领导人宣言进一步提出，各方应该共同努力，实现悉尼目标，推动森林恢复和可持续经营。这充分体现了亚太经合组织各成员加强林业合作的政治意愿。亚太经合组织林业合作虽然处于起步阶段，但潜力巨大、前景广阔。

首届亚太经合组织林业部长级会议的召开，为加强区域合作、加快林业发展提供了新的合作渠道。会议将围绕转变经济发展方式、应对气候变化、发展绿色经济、促进绿色增长进行深入探讨，意义重大。这里，我愿就区域林业发展和合作提出三点建议。

第一，加强林业建设。我们应该把林业发展纳入经济社会发展总体布局，完善林业政策，增加资金投入，推进科技创新，加大资源培育力度，创新管理模式，加强森林执法，提升森林资源数量和质量，优化资源配置，推动产业发展，突出生态建设。

第二，发挥森林多种功能。我们应该妥善处理发展和保护、产业和生态的关系，充分发挥森林在经济、社会、生态、文化等方面的多种效益，实现平衡发展。要合理利用森林资源，发展林业产业，壮大绿色经济，扩大就业，消除贫困。要挖掘林业潜力，发展木本粮油和生物质能源，维护粮食安全和能源安全。要加强生物多样性保护，涵养水源，防治荒漠化，增加森林碳吸收，应对气候变化，维护区域和全球生态安全。

第三，深化区域合作。我们应该本着平等互利原则，以务实态度开展区域合作。要推动亚太林业高层对话，加强林业政策协调，深化林业经济技术合作，减少或消除绿色贸易壁垒，积极参与全球森林问题磋商和对话，发挥区域林业合作机制作用，增加对发展中成员的支持。

女士们、先生们！

中国高度重视林业建设,把发展林业作为实现科学发展的重大举措、建设生态文明的首要任务、应对气候变化的战略选择。中国不断增加投入,加强森林生态系统、湿地生态系统、荒漠生态系统建设和生物多样性保护,全面实施退耕还林、天然林保护等重点生态工程,持续开展全民义务植树,深入推进集体林权制度改革,调动全社会发展林业积极性,实现了森林资源和林业产业协调发展。目前,中国森林面积达到1.96亿公顷,其中人工林面积达到6168万公顷,居世界首位,为促进绿色增长、推动可持续发展提供了有利条件。

中国将继续加快林业发展,力争到2020年森林面积比2005年增加4000万公顷、森林蓄积量比2005年增加13亿立方米,为绿色增长和可持续发展作出新的贡献。中国将继续通过亚太森林恢复与可持续管理组织,为亚太经合组织发展中成员提供力所能及的支持。

女士们、先生们!

亚太经济发展和区域合作正面临新的机遇。亚太经合组织各成员应该深化合作、携手共进,让森林永远造福人类,为亚太和世界人民创造更加美好的明天!

祝会议取得圆满成功!

谢谢各位。

中央文史研究馆成立60周年座谈会在人民大会堂举行

中共中央政治局常委、国务院总理温家宝出席座谈会并讲话。

座谈会上,中央文史研究馆馆长袁行霈介绍了文史研究馆60年发展情况。中央文史研究馆馆员和国务院参事代表戴逸、汤一介、冯骥才、刘梦溪先后发言,就文化发展、文史工作等提出意见和建议。在听取发言后,温家宝首先代表国务院向中央文史研究馆和各地文史研究馆的馆员以及从事文史研究馆工作的同志们,表示衷心感谢和崇高敬意。

温家宝指出,文化是一个民族的灵魂。文化对一个国家发展进程的影响,比经济和政治的影响更深刻、更久远。如果说,经济发展改变的是一个国家的面貌,那么文化繁荣则可以化育一个民族的风骨。中华民族拥有五千年文明史,在漫长的历史长河中,无论兴衰成败,历史文化的根脉始终生生不息、绵延不绝。深厚的历史文化底蕴,成为我们民族赖以生存和繁衍发展的精神沃土;丰富的历史文化遗产,成为我们民族取之不尽的宝贵精神财富。中国的优秀文化传统,对今天中国人的价值观念、生活方式和中国的发展道路都具有深刻的影响。文化建设的滞后,必然对经济发展、社会进步、生态保护乃至政治文明形成一定制约。只有当全世界都公认中华文化真正繁荣起来、在世界上具有重要影响力的时候,才是我们真正强大的时候。

温家宝强调,文史研究的主要任务,就是总结提炼民族文化历史的精华,古为今用,增强民族自信心和凝聚力。一个民族如果忘记自己的历史文化传统,就不可能深刻地了解现在和正确地走向未来。只有加强文史研究、保存历史记忆、洞悉历史规律,才能鉴古知今、熔古铸今,开辟新的未来。文史研究必须坚持"百花齐放,百家争鸣"的方针,解放思想,鼓励创新,尊重规律,兼容并包。要鼓励文化工作者深入实际,体验生活,创作更多的精神产品,为建设社会主义精神文明做贡献。

温家宝强调,中央文史研究馆要继承和发扬"敬老崇文、存史资政"的优良传统。敬老崇文就是要弘扬人伦礼义、提倡尊贤尚德,发挥老者的智慧和经验,特别是在文化传承中不可替代的作用。存史资政是中华民族治国安邦的一条重要经验。回顾历史,总结经验,是为了加深对客观事物规律性的认识,是为了更好地指导现实,是为了开辟未来。

温家宝充分肯定了中央文史研究馆和各地文史研究馆所取得的成绩。他说,60年来,文史研究馆大力支持和鼓励各位馆员积极开展文史研究和艺术创作,取得了丰硕成果。新时期我们应进一步办好文史研究馆,更好地发挥馆员的作用。他对文史研究馆工作提出四点要求:一是进一步提高国是咨询、建言献策的质量和水平。二是在推进国家文化建设中发挥独特作用。三是自觉承担起博采众长、弘扬中华文化的责任。四是继续为祖国统一和中华民族的复兴贡献力量。

国务委员兼国务院秘书长马凯,全国政协副主席、中央统战部部长杜青林,中央国家机关有关部门负责人,中央文史研究馆馆员、国务院参事,以及各省(区、市)文史研究馆代表约200人出席座谈会。

国务院总理温家宝应约致电日本首相野田佳彦

温家宝表示,中国政府愿同日本新内阁一道,坚持中日四个政治文件的原则,保持高层交往;积极扩大各领域交流与合作,密切在地区和国际事务中的协调配合;以迎接中日邦交正常化40周年为契机,推动两国战略互惠关系取得新进展。温家宝祝愿日本地震海啸灾区的人民早日重建家园,过上安宁的生活。

野田佳彦表示,日本新内阁视日中关系为最重要的双边关系之一,愿同中方一道,密切高层交往,加强在灾后重建、旅游、海洋等领域的合作和青少年之间的交流,充分利用两国邦交正常化40周年,增进两国人民之间的相互了解和友谊,推动日中战略互惠关系不断向前发展。

中央纪委书记贺国强在中国纪检监察学院调研

贺国强指出，胡锦涛总书记在“七一”重要讲话中，着眼于世情、国情、党情发生深刻变化的新形势，清醒指出了我们党面临的“四种考验”和“四种危险”，特别强调要按照建设马克思主义学习型政党的要求，抓紧学习人类社会创造的一切科学的新思想新知识，真正做到学以立德、学以增智、学以创业。我们要深入学习贯彻胡锦涛总书记“七一”重要讲话精神，紧密结合党风廉政建设和反腐败工作以及纪检监察干部队伍实际，充分发挥中国纪检监察学院和各级纪检监察干部培训机构的主渠道作用，切实加强和改进新形势下的纪检监察干部教育培训工作，不断提高纪检监察干部队伍整体素质和工作水平。在培训对象上要以县处级以上纪检监察领导干部和业务骨干为重点，同时及时、有序地对新任纪检监察领导班子成员进行任职培训；在培训内容上要以能力素质为导向，着力提高纪检监察干部服务、保障和促进科学发展的能力，维护社会稳定的能力，有效防治腐败的能力；在培训方式上要以提高针对性、增强实效性为目标，综合运用讲授式、研究式、案例式、模拟式、体验式等教学方法，着力提高教育培训质量；在培训机制上要坚持组织调训为主、自主选学为辅，积极探索加强纪检监察干部教育培训工作的有效途径。

贺国强指出，反腐倡廉，教育是基础。加强领导干部反腐倡廉教育培训，是深入推进党风廉政建设和反腐败斗争的一项重要任务，也是干部教育培训工作的一项重要内容。要认真贯彻落实《关于加强领导干部反腐倡廉教育的意见》，着力提高领导干部反腐倡廉教育的科学化、制度化、规范化水平，不断夯实领导干部廉洁从政的思想道德基础。一是要落实教育责任。各级党委要切实担负起领导责任，把对领导干部的反腐倡廉教育纳入党的思想政治工作总体部署和党员干部教育培训整体规划，定期听取汇报，研究解决工作中的突出问题。纪检监察机关要履行组织协调职责，明确任务分工，加强沟通联系，搞好督促检查，狠抓工作落实。党委和政府有关职能部门要认真完成好所承担的反腐倡廉教育培训任务。二是要充实教育内容，深入开展理想信念教育、党的优良传统和作风教育、反腐倡廉法规制度教育和道德修养教育，引导各级干部树立正确的世界观、人生观、价值观和权力观、地位观、利益观，切实做到权为民所用、情为民所系、利为民所谋。三是要创新教育方法，以示范教育、警示教育、岗位廉政教育为重要载体，注重把传统方法和现代手段、思想灌输和启发式教育结合起来，增强教育培训的吸引力和感染力。四是要健全教育制度，加快构建充分发挥教育说服力和制度约束力整体功效的党性党风党纪教育机制，形成分级负责、齐抓共管的良好局面。

贺国强要求，中国纪检监察学院要突出办学特色，强化教学管理，加强学科建设，加强队伍建设，搞好后续工程建设，切实提高办学质量和水平，努力把学院建设成为纪检监察专业人才的培养基地、纪检监察学科的建设基地、党政领导干部的廉政教育基地，反腐倡廉建设理论与实践研究中心、反腐败国际交流与合作中心。

国新办发布《中国的和平发展》白皮书

在世界的东方，中国这个拥有13亿多人口的文明古国，正在现代化道路上阔步前行。世界对中国的关注集中起来就是，中国选择了一条什么样的发展道路，中国的发展对世界意味着什么?

中国多次向世界宣示，中国始终不渝走和平发展道路，在坚持自己和平发展的同时，致力于维护世界和平，积极促进各国共同发展繁荣。在进入21世纪第二个十年和中国共产党成立90周年之际，中国再次向世界郑重宣告，和平发展是中国实现现代化和富民强国、为世界文明进步作出更大贡献的战略抉择。中国将坚定不移沿着和平发展道路走下去。

一、中国和平发展道路的开辟

在5000多年文明发展历程中，中国各族人民以自己的勤劳智慧，创造了璀璨的中华文明，缔造了统一的多民族国家。中华文明具有独特的延续性、包容性、开放性。在长期对外交往中，中华民族努力学习借鉴其他民族的长处，自强不息，为人类文明进步作出了重大贡献。

19世纪中叶，西方列强用炮舰打开中国封闭的门户，内忧外患导致中国逐步成为半殖民地半封建社会，国家积贫积弱、战乱不已，民不聊生。在民族存亡的危急关头，无数仁人志士前仆后继，苦苦追寻变革救亡之路。1911年的辛亥革命，结束了统治中国几千年的君主专制制度，激励中国人民为争取民族独立和国家富强而斗争。然而，这些探索和斗争都未能改变中国半殖民地半封建的社会性质和中国人民的悲惨命运。中国共产党肩负民族的期望，带领中国人民进行了艰苦卓绝的奋斗，于1949年建立了中华人民共和国，实现了民族独立、人民解放，开创了中国历史新纪元。

新中国成立60多年特别是改革开放30多年来，中国一直致力于探索符合本国国情和时代要求的社会主义现代化道路。虽然历经曲折，中国人民却孜孜以求、与时俱进，不断总结汲取本国及其他国家发展的经验教训，不断深化对人类社会发展规律的认识，不断推动社会主义制度自我完善和发展。通过艰苦努力，中国找到了一条符合自身国情的发展道路，这就是中国特色社会主义道路。

从更宽广的世界历史视野看，和平发展道路归结起来就是：既通过维护世界和平发展自己，又通过自身发展维护世界和平；在强调依靠自身力量和改革创新实现发展的同时，坚持对外开放，学习借鉴别国长处；顺应经济全球化发展潮流，寻求与各国互利共赢和共同发展；同国际社会一道努力，推动建设持久和平、共同繁荣的和谐世界。这条道路最鲜明的特征是科学发展、自主发展、开放发展、和平发展、合作发展、共同发展。

——科学发展。科学发展就是尊重并遵循经济社会和自然发展规律，牢牢扭住经济建设这个中心，坚持聚精会神搞建设，一心一意谋发展，不断解放和发展社会生产力。中国把科学发展观作为经济社会发展的重要指导方针，坚持把发展作为党执政兴国的第一要务，坚持以人为本，坚持全面协调可持续发展，坚持统筹兼顾。坚持以人为本，始终尊重人权和人的价值，不断满足人民日益增长的物质文化需要，走共同富裕道路，促进人的全面发展，做到发展为了人民、发展依靠人民、发展成果由人民共享。坚持全面协调可持续发展，全面推进经济建设、政治建设、文化建设、社会建设以及生态文明建设，促进现代化建设各个环节、各个方面相协调。坚持统筹兼顾，正确认识和妥善处理中国特色社会主义事业中的重大关系，统筹城乡发展、区域发展、经济社会发展、人与自然和谐发展、国内发展和对外开放。

——自主发展。中国这样人口众多的发展中大国归根结底要靠自己的力量来发展。中国始终坚持独立自主，把国家发展的基点和重心放在国内，注重从本国国情出发，主要依靠自身力量和改革创新推动经济社会发展，不把问题和矛盾转嫁给别国。在经济全球化大背景下，中国只有坚持自主发展，才能更有效地参与国际分工，才能更好地同世界各国开展互利合作。

——开放发展。中国从自身发展经验中深刻认识到，不能关起门来搞建设。中国把改革开放作为一项基本国策，把对内改革和对外开放结合起来，把坚持独立自主同参与经济全球化结合起来，把继承中华民族优良传统同学习借鉴人类社会一切文明成果结合起来，把国际国内两个市场、两种资源结合起来，以开放的姿态融入世界，不断拓展对外开放的广度和深度，加强同世界各国交流合作，完善内外联动、互利共赢、安全高效的开放型经济体系。中国对外开放的大门决不会关上，开放水平只会越来越高。

——和平发展。中华民族是爱好和平的民族，中国人民从近代以后遭受战乱和贫穷的惨痛经历中，深感和平之珍贵、发展之迫切，深信只有和平才能实现人民安居乐业，只有发展才能实现人民丰衣足食，把为国家发展营造和平稳定的国际环境作为对外工作的中心任务。同时，中国积极为世界和平与发展作出自己应有的贡献，决不搞侵略扩张，永远不争霸、不称霸，始终是维护世界和地区和平稳定的坚定力量。

——合作发展。国际社会始终会存在竞争和矛盾。各国应该在良性竞争中取长补短，不断寻找合作机会，扩大合作领域，拓展共同利益。中国坚持以合作谋和平、以合作促发展、以合作化争端，同其他国家建立和发展不同形式的合作关系，致力于通过同各国不断扩大互利合作，有效应对日益增多的全球性挑战，协力解决关乎世界经济发展和人类生存进步的重大问题。

——共同发展。当今世界各国相互依存日益加深，只有实现世界各国共同发展，让更多人分享发展成果，世界和平稳定才有坚实基础和有效保障，世界各国发展才可以持续。因此，中国坚持奉行互利共赢的开放战略，坚持自身利益与人类共同利益的一致性，在追求自身发展的同时努力实现与他国发展的良性互动，促进世界各国共同发展。中国真诚期待同世界各国并肩携手，实现共同发展繁荣。

沿着和平发展道路，中国经历了广泛而深刻的变革，取得了显著的发展成就，为世界繁荣稳定作出了重大贡献，与世界更加紧密地联系在一起。

实现综合国力大幅度提升。经济总量从1978年到2010年翻了四番多，达到5.88万亿美元，占世界的比重从1.8%增加到9.3%。中国现代化建设的物质基础更加坚实，工业化、信息化、城镇化、市场化、国际化深入发展，社会主义建设事业全面推进。人民生活实现从温饱不足到总体小康的历史跨越，人均国民总收入相当于世界平均水平的比例从2005年的24.9%提高到2010年的46.8%。实现从高度集中的计划经济体制到充满活力的社会主义市场经济体制的伟大历史转折，形成公有制为主体、多种所有制经济共同发展的基本经济制度，市场在资源配置中的基础性作用明显增强，宏观调控体系日臻完善。覆盖城乡居民的社会保障体系逐步建立，文化、教育、科技、卫生、体育等社会事业全面发展。

实现从封闭半封闭到全方位开放的伟大历史转折。从建立经济特区到开放沿海、沿江、沿边、内陆地区，从引进外资到鼓励中国企业对外投资，从敞开国门搞建设到加入世界贸易组织，中国参与经济全球化和区域经济合作，对外开放水平不断提高。进出口总额从1978年的206亿美元增加到2010年的29740亿美元。1979年至2010年，累计使用外商直接投资10483.8亿美元。迄今同163个国家和地区建立了双边经贸合作机制，签署10个自由贸易区协定，同129

个国家签署双边投资保护协定，同96个国家签署避免双重征税协定，成为贸易和投资自由化便利化的积极实践者。中国根据加入世界贸易组织的承诺逐步降低关税，关税总水平从加入世贸组织前的15.3%降到目前的9.8%，并取消了大多数非关税措施。中国积极构建总体稳定、均衡发展、互利共赢的大国关系框架，促进形成机遇共享、共同发展的周边合作局面，巩固并加强了同发展中国家传统友谊和团结合作，与各国相互依存、利益交融日益加深，与世界各国交流合作更加广泛。

为世界经济稳定发展作出重要贡献。2001年加入世界贸易组织以来，中国年均进口近7500亿美元商品，相当于为相关国家和地区创造了1400多万个就业岗位。过去10年，在华外商投资企业从中国累计汇出利润2617亿美元，年均增长30%。2000年至2010年，中国非金融类年度对外直接投资从不足10亿美元增加到590亿美元，有力促进了有关国家经济发展。2009年境外中资企业实现境外纳税106亿美元，聘用当地员工43.9万人。中国近年来对世界经济增长的贡献率均达到10%以上。在1997年亚洲金融危机引起周边国家和地区货币大幅贬值情况下，中国保持人民币汇率基本稳定，为区域经济稳定和发展作出了贡献。2008年国际金融危机发生后，中国积极参与二十国集团等全球经济治理机制建设，推动国际金融体系改革，参与各国宏观经济政策协调，参与国际贸易融资计划和金融合作，组织大型采购团赴海外采购，向陷入困境的国家伸出援手。中国认真落实联合国千年发展目标，成为全球唯一提前实现贫困人口减半国家，并根据自身能力积极开展对外援助。截至2009年年底，中国累计向161个国家、30多个国际和区域组织提供了2563亿元人民币的援助，减免50个重债穷国和最不发达国家债务380笔，为发展中国家培训人员12万人次，累计派出2.1万名援外医疗队员和近1万名援外教师。中国积极推动最不发达国家扩大对华出口，并已承诺对所有同中国建交的最不发达国家95%的输华产品给予零关税待遇。

为维护世界和平、应对全球性挑战发挥重要作用。中国是唯一公开承诺不首先使用核武器、不对无核武器国家和无核武器区使用或威胁使用核武器的核国家。中国累计向联合国30项维和行动派出各类人员约2.1万人次，是派出维和人员最多的联合国安理会常任理事国。中国积极参与反恐、防扩散领域国际合作，向遭受严重自然灾害的国家提供人道主义援助并派出救援队，为打击海盗行为向亚丁湾、索马里海域派遣海军护航编队。中国参加了100多个政府间国际组织，签署300多个国际公约，成为国际体系的参与者、建设者和贡献者。中国是最早制定并实施《中国应对气候变化国家方案》的发展中国家，也是近年节能减排力度最大、新能源和可再生能源研发速度最快的国家之一。中国为应对国际和地区热点问题发挥了建设性作用，在朝核问题、伊朗核问题等热点问题上坚持劝和促谈，推动形成朝核问题六方会谈机制。中国同12个陆地邻国解决了历史遗留的边界问题，坚持通过对话谈判处理同邻国领土和海洋权益争端，以建设性姿态提出“搁置争议、共同开发”的主张，尽最大努力维护南海、东海及周边和平稳定。中国通过开展双边合作并参与区域次区域合作，致力于促进亚太地区共同发展繁荣。

新中国成立以来特别是改革开放30多年的发展历程表明，中国是国际社会的重要成员，是推动国际政治经济秩序朝着更加公正合理方向发展并努力作出贡献的国家。

二、中国和平发展的总体目标

中国和平发展的不懈追求是，对内求发展、求和谐，对外求合作、求和平。具体而言，就是通过中国人民的艰苦奋斗和改革创新，通过同世界各国长期友好相处、平等互利合作，让中国人民过上更好的日子，并为全人类发展进步作出应有贡献。这已经上升为中国的国家意志，转化为国家发展规划和大政方针，落实在中国发展进程的广泛实践中。

实现国家现代化和人民共同富裕是中国和平发展的总体目标。20世纪70年代末实行改革开放后，中国制定并实施了“三步走”的现代化发展战略。第一步，实现国民生产总值比1980年翻一番，解决人民温饱问题。第二步，到20世纪末实现国民生产总值再翻一番，人民生活达到小康水平。这两步目标已经实现。第三步，到本世纪中叶中华人民共和国成立100年时，人均国民生产总值达到中等发达国家水平，人民生活比较富裕，基本实现现代化，建成富强民主文明和谐的社会主义现代化国家。“三步走”目标的核心任务是，提高人民物质文化生活水平，实现富民与强国的统一。同时，要随着综合国力的不断增强，履行相应的国际责任和义务。

全面建成惠及十几亿人口的更高水平的小康社会是中国和平发展的中长期目标。到2020年，中国将全面建成惠及十几亿人口的更高水平的小康社会，使中国成为工业化基本实现、综合国力显著增强、国内市场总体规模位居世界前列的国家，成为人民富裕程度普遍提高、生活质量明显改善、生态环境良好的国家，成为人民享有更加充分民主权利、具有更高文明素质和精神追求的国家，成为各方面制度更加完善、社会更加充满活力而又安定团结的国家，成为对外更加开放、更加具有亲和力、为人类文明作出更大贡献的国家。

实现“十二五”规划是中国和平发展的近中期目标。在全面建设小康社会目标指引下,《中华人民共和国国民经济和社会发展第十二个五年规划纲要》确立了“十二五”时期(2011—2015年)中国经济社会发展的指导思想、总体思路、目标任务和重大举措。今后5年,中国经济社会发展将坚持以科学发展为主题、以加快转变经济发展方式为主线,主要目标是:经济平稳较快发展,经济结构战略性调整取得重大进展,科技教育水平明显提高,资源节约和环境保护成效显著,人民生活持续改善,社会建设明显加强,改革开放不断深化。经过全国人民共同努力奋斗,使转变经济发展方式取得实质性进展,综合国力、国际竞争力、抵御风险能力显著提高,全面建成小康社会的基础更加牢固。同时,中国将积极开展国际交流合作,扩大和深化同各方利益汇合点,促进各国共同发展。

从温饱到小康再到中等发达水平,使人民生活更加富裕,集中体现了中国和平发展的战略意图。为了实现上述目标,中国决心在以下方面作出努力。

——加快转变经济发展方式

把经济结构战略性调整作为主攻方向。坚持扩大国内需求特别是消费需求,通过多种途径增强居民消费能力,调整优化国内投资结构,同步推进工业化、城镇化和农业现代化,促进经济增长由主要依靠投资和出口拉动向消费、投资、出口协调拉动转变,由主要依靠第二产业带动向依靠第一、第二、第三产业协同带动转变,由主要依靠增加物质资源消耗向主要依靠科技进步、劳动者素质提高、管理创新转变。深入实施科教兴国战略和人才强国战略,致力于建设创新型国家。坚持观念创新和体制创新,注意学习吸收其他国家的先进技术和管理经验,不断提高经济增长质量和效益。

着力突破制约发展的资源环境瓶颈。确立绿色、低碳发展理念,以节能减排为重点,加快构建资源节约、环境友好的生产方式和消费模式。推动循环经济发展,改善环境质量,构建安全、稳定、经济、清洁的现代能源产业体系,提升资源保障程度,促进人与自然和谐发展,实现经济发展与人口资源环境相协调,坚持探索一条科技含量高、经济效益好、资源消耗低、环境污染少、人力资源优势得到充分发挥的中国特色新型工业化道路。中国经济实现全面协调可持续发展,将为世界经济发展开辟更加广阔的空间。

——进一步挖掘自身资源和市场优势

中国拥有丰富的人力物力资源和比较完备的工业体系,将坚持以自力更生为主实现持续发展。预计到2015年,中国人才资源总量将达到1.56亿人,主要劳动年龄人口受过高等教育的比例将达到15%,人才资源对经济增长的贡献率将达到32%,可以为中国经济持续发展提供充足的优质劳动力。中国矿产资源和耕地面积总量居世界前列,粮食基本实现自给自足。尽管人均国内资源拥有量较低,但通过充分发挥市场配置功能和推动科技进步,可以最大限度减少中国经济社会发展对资源的依赖。中国将发挥原材料、装备以及消费品制造等产业优势,满足本国民众的物质需求,为世界市场提供更多优质产品和服务。

人口规模和经济总量决定了中国拥有巨大国内需求潜力。随着人均收入不断增加、国内投资稳步提高、区域发展战略深入推进,中国还将形成新的经济增长板和更大的市场空间。未来5年,中国消费结构将进一步提升,居民消费潜力将得到进一步释放,国内市场总体规模将位居世界前列,进口规模累计有望达到8万亿美元,这将给世界各国带来更多商机。

——加快构建和谐社会

中国将加快推进以改善民生为重点的社会建设,夯实社会和谐的民生基础。推进社会体制改革,建立健全基本公共服务体系,创新社会管理机制,提高社会管理水平,完善收入分配制度和社会保障体系,努力使全体人民学有所教、劳有所得、病有所医、老有所养、住有所居,形成社会和谐人人有责、和谐社会人人共享的生动局面,使发展成果惠及全体人民。

加强社会主义民主政治建设,积极稳妥推进政治体制改革,发展社会主义民主,建设社会主义法治国家,保障人民当家做主。继续依法实行民主选举、民主决策、民主管理、民主监督,保障人民的知情权、参与权、表达权、监督权,扩大公民有序政治参与。继续坚持各民族一律平等和民族区域自治,依法保障人民的宗教信仰自由,充分尊重并维护公民的基本人权和其他合法权益。

——实施互利共赢的开放战略

坚持对外开放的基本国策。奉行互利共赢的开放战略,充分利用经济全球化和区域经济合作提供的各种有利条件,实现对外开放由出口和吸收外资为主向进口和出口、吸收外资和对外投资并重转变,不断拓展新的开放领域和空间,完善开放型经济体系,提高开放型经济水平,以开放促发展、促改革、促创新。

加快转变外贸发展方式。继续积极参与国际分工,推动外贸发展从规模扩张向质量效益提高转变、从成本优势向综合竞争优势转变,大力发展服务贸易,扩大进口规模,促进国际贸易收支趋向基本平衡,反对贸易保护主义,妥善处理国际经贸摩擦。

努力提高利用外资水平。不断优化结构、丰富方式、拓宽渠道、提高质量,加快引进智力、人才、技术,引导外资投向重点领域和重点地区。保护外资企业在华合法权益,对国际资本和先进技术持开放态度,创造公平有序的投资环境。实施国家知识产权战略,大力提高知识产权创造、运用、保护和管理能力。

更加重视对外投资和合作。鼓励各类企业有序开展境外投资和合作经营,支持在境外开展技术研发投资合作,开展海外工程承包和劳务合作,扩大农业领域国际合作,深化国际能源资源开发互利合作。大力开展有利于改善东道国民生和增强东道国自主发展能力的项目合作,尊重当地宗教和风俗习惯,遵守驻在国法律,承担相应社会责任和义务,促进驻在国发展。优化对外援助结构,创新对外援助方式,提升对外援助效果。

有序扩大金融市场和金融业对外开放。构建服务高效、风险可控的金融体系,完善以市场供求为基础、有管理的浮动汇率制度,逐步实现人民币资本项目可兑换。既为各国对华开展贸易投资互利合作带来更大便利,也为维护国际货币金融市场稳定、促进经济全球化健康发展创造更好条件。

——创造和平国际环境和有利外部条件

中国坚持在和平共处五项基本原则的基础上同所有国家发展友好合作。同发达国家加强战略对话,增进战略互信,深化互利合作,妥善处理分歧,探索建立和发展新型大国关系,推动相互关系长期稳定健康发展。坚持与邻为善、以邻为伴、睦邻友好的方针,发展同周边国家和亚洲其他国家的友好合作关系,积极开展双边和区域合作,共同营造和平稳定、平等互信、合作共赢的地区环境。加强同广大发展中国家的团结,深化传统友谊,扩大互利合作,通过援助和投资等方式,真诚帮助发展中国家实现自主发展,维护发展中国家正当权益和共同利益。积极参与多边事务和全球性问题治理,承担相应国际义务,发挥建设性作用,推动国际政治经济秩序朝着更加公正合理的方向发展。深入开展同各国议会、政党、地方、民间等各方面交流合作,扩大人文领域对外交流,增进中国人民同各国人民的相互了解和友谊。

坚持奉行防御性的国防政策。中国有广阔的领土和辽阔的海洋,陆地边界2.2万多公里,大陆海岸线1.8万多公里。中国面临复杂多样的传统和非传统安全挑战,受到分裂势力和恐怖主义等威胁。推进国防现代化是中国合理的国家安全需求,是中国实现和平发展的必要保障。中国军队现代化的根本目的是捍卫国家主权、安全、领土完整,保障国家发展利益。中国国防开支是合理适度的,是与维护国家安全需要相适应的,中国不会也无意同任何国家搞军备竞赛,不会对任何国家构成军事威胁。中国坚持"人不犯我、我不犯人",致力于和平解决国际争端和热点问题。中国重视加强国际军事交流,推动国际和地区安全合作,反对一切形式的恐怖主义。

三、中国和平发展的对外方针政策

中国作为国际社会的一员,对未来的世界怀有美好期待,坚持与和平发展相适应的国际关系理念和对外方针政策。

——推动建设和谐世界

维护世界和平、促进共同发展是中国外交政策的宗旨。中国倡导并致力于同世界各国一道推动建设持久和平、共同繁荣的和谐世界。认为这既是一个长期目标,又是一项现实任务。为了建设和谐世界,应努力做到:

政治上相互尊重、平等协商,共同推进国际关系民主化。国家不分大小、强弱、贫富,都是国际社会平等成员,都应受到国际社会尊重。维护联合国在世界事务中的核心地位,遵循联合国宪章宗旨和原则,恪守国际法和公认的国际关系准则,在国际关系中弘扬民主、和睦、协作、共赢精神。各国内部事务应由本国人民自己决定,世界上的事情应由各国平等协商,各国平等参与国际事务的权利应得到尊重和维护。

经济上相互合作、优势互补,共同推动经济全球化朝着均衡、普惠、共赢方向发展。努力建立公正、公开、合理、非歧视的多边贸易体制,使经济全球化成果惠及世界各国。携手落实联合国千年发展目标,使21世纪成为人人享有发展成果的世纪。

文化上相互借鉴、求同存异,尊重世界多样性,共同促进人类文明繁荣进步。大力提倡不同文明间对话和交流,消除意识形态偏见和隔阂,使人类社会一天比一天和谐和睦,让世界更加丰富多彩。

安全上相互信任、加强合作,坚持用和平方式而不是战争手段解决国际争端,共同维护世界和平稳定。通过协商对话增进信任、减少分歧、化解纠纷,避免使用武力或以武力相威胁。

环保上相互帮助、协力推进,共同呵护人类赖以生存的地球家园。提倡创新发展模式,走可持续发展道路,促进人与自然和谐发展。坚持共同但有区别的责任原则,加强环境保护和应对气候变化的国际合作。

——坚持独立自主的和平外交政策

中国人民坚持自己选择的社会制度和发展道路,不允许外部势力干涉中国内政。坚持在和平共处五项原则基础上,同所有国家发展友好合作,不同任何国家和国家集团结盟,不以社会制度和意识形态异同决定国家关系的亲疏。尊重各国人民自主选择社会制度和发展道路的权利,不干涉别国内部事务,反对以大欺小、以强凌弱,反对霸权主义和强权政治。坚持通过求同存异、对话协商解决矛盾分歧,不把自己的意志强加于人。坚持从中国人民的根本利益和世界人民的共同利益出发，根据事情本身的是非曲直确定立场和政策，秉持公道，伸张正义，在国际事务中积极发挥建设性作用。

中国坚决维护国家核心利益。中国的核心利益包括：国家主权，国家安全，领土完整，国家统一，中国宪法确立的国家政治制度和社会大局稳定，经济社会可持续发展的基本保障。

中国充分尊重各国维护本国利益的正当权利，在积极实现本国发展的同时，充分顾及他国正当关切和利益，决不做损人利己、以邻为壑的事情。

中国把中国人民的利益同世界各国人民的共同利益结合起来，扩大同各方利益的汇合点，同各国各地区建立并发展不同领域不同层次的利益共同体，推动实现全人类共同利益，共享人类文明进步成果。

——倡导互信、互利、平等、协作的新安全观

中国倡导互信、互利、平等、协作的新安全观，寻求实现综合安全、共同安全、合作安全。

注重综合安全。在新的历史条件下，传统安全威胁和非传统安全威胁相互交织，安全内涵扩展到更多领域。国际社会需要强化综合安全观念，坚持综合施策、标本兼治，携手应对人类面临的多样化安全挑战。

追求共同安全。在经济全球化条件下各国命运休戚与共，国际社会应增强共同安全意识，既要维护本国安全，又要尊重别国安全关切。要摒弃冷战思维和同盟对抗，通过多边合作维护共同安全，协力防止冲突和战争。充分发挥联合国在维护世界和平与安全方面的作用，建立公平有效的共同安全机制。

促进合作安全。战争和对抗只会导致以暴易暴的恶性循环，对话和谈判是解决争端的唯一有效和可靠途径。要以合作谋和平、以合作保安全、以合作化干戈、以合作促和谐，反对动辄使用武力或以武力相威胁。

——秉持积极有为的国际责任观

作为世界上人口最多的发展中国家，中国把自己的事情办好，本身就是对世界负责任最重要的体现。作为国际社会负责任的国家，中国遵循国际法和公认的国际关系准则，认真履行应尽的国际责任。中国以积极姿态参与国际体系变革和国际规则制定，参与全球性问题治理，支持发展中国家发展，维护世界和平稳定。各国国情和发展阶段不同，应按照责任、权利、实力相一致的原则，着眼本国和人类共同利益，从自身国力出发，履行相应国际义务，发挥建设性作用。随着综合国力的不断增强，中国将力所能及地承担更多国际责任。

——奉行睦邻友好的地区合作观

中国同周边各国积极开展睦邻友好合作，共同推动建设和谐亚洲。主张地区各国相互尊重、增进互信、求同存异，通过谈判对话和友好协商解决包括领土和海洋权益争端在内的各种矛盾和问题，共同维护地区和平稳定。密切经贸往来和互利合作，推进地区经济一体化进程，完善现有区域次区域合作机制，对其他区域合作构想持开放态度，欢迎地区外国家在促进地区和平与发展中发挥建设性作用。中国不谋求地区霸权和势力范围，不排挤任何国家，中国的繁荣发展和长治久安对周边邻国是机遇而不是威胁。中国将始终秉承自强不息、开拓进取、开放包容、同舟共济的“亚洲精神”，永做亚洲其他国家的好邻居、好朋友、好伙伴。

四、中国和平发展是历史的必然选择

走和平发展道路是中国政府和人民继承中华文化的优秀传统、根据时代发展潮流和中国根本利益作出的战略抉择，是中国发展的内在需要。

——和平发展是中国历史文化的传承

中国文化自古就认为世界应是一个和谐整体，这个观念深深影响了中华民族的思想和行为，成为中国人处理人与人、人与自然乃至国与国关系的重要价值观。

中国人民历来崇尚“和而不同”、“天人合一”、“以和为贵”的理念，以和谐精神凝聚家庭、敦睦邻里、善待他人。和谐文化培育了中华民族热爱和平的民族禀性。举世闻名的“丝绸之路”是一条贸易之路、文化之路、和平之路，铭刻下中国古人追求同各国人民友好交流、互利合作的历史足迹。中国明代著名航海家郑和“七下西洋”，远涉亚非30多个国家和地区，展现的是中华灿烂文明和先进科技，留下的是和平与友谊。

中华民族以“海纳百川，有容乃大”的胸怀，接受一切有益的外来文化，促进了中外文化融合，留下了不少对外文化交流的千古佳话。中国人民具有强烈的集体意识和社会责任感，崇尚“己所不欲，勿施于人”，尊重不同文化、不同观念，注重推己及人、将心比心，不将自己的意志强加于人。对外待之以礼，实行睦近交远。

从5000多年文明史中走来的中国人民，继承了中华文化的优秀传统，又赋予这一文化新的时代内涵。

——和平发展是中国基本国情的要求

中国人口多、底子薄，用世界7.9%的耕地和6.5%的淡水资源养活着世界近20%的人口，经济社会发展成就要由13亿多人共享，不断满足众多人口生存和发展需求是巨大难题。2010年，中国人均国内生产总值约为4400美元，居世界100位左右。中国城乡、区域发展很不平衡，经济社会发展结构性矛盾突出，资源环境等发展的瓶颈制约突出，经济增长过于依赖物质资源投入，转变经济发展方式任务艰巨。中国自主创新能力较弱，在国际产业体系和贸易分工中仍处于产业

链低端。中国人民生活水平还不高,社会保障体系还很不完善,与发达国家相比还有很大差距。

中国现代化是世界五分之一人口的现代化,这是一个很长的历史过程。这一过程中的困难和问题,无论规模还是难度,在当今世界都是绝无仅有的,在人类历史上也是罕见的。在相当长历史时期内,中国仍将是一个发展中国家,这就决定了中国必须集中力量推进现代化,集中精力解决发展和民生问题;始终需要和平稳定的国际环境,开展对外交流合作。即使中国将来强大起来,和平依然是发展的基本前提,没有理由偏离和平发展道路。基本国情、文化传统和国家根本利益、长远利益是中国和平发展的决定因素和内生动力。

——和平发展是顺应世界潮流的选择

和平与发展是当今时代的两大主题,和平、发展、合作是不可阻挡的世界潮流。当前,世界多极化、经济全球化深入发展,国际体系变革的要求突出,国际社会正面临越来越多新的历史课题。共同用好发展机遇,共同应对各种风险,成为各国人民的愿望。

经济全球化成为影响国际关系的重要趋势。不同制度、不同类型、不同发展阶段的国家相互依存、利益交融,形成"你中有我、我中有你"的命运共同体。人类再也承受不起世界大战,大国全面冲突对抗只会造成两败俱伤。

全球性挑战成为世界主要威胁。人类共同安全问题日益突出,恐怖主义、大规模杀伤性武器扩散、金融危机、严重自然灾害、气候变化、能源资源安全、粮食安全、公共卫生安全等攸关人类生存和经济社会可持续发展的全球性问题日益增多。任何国家都不可能单独解决这些问题,国际社会必须携手应对。如果不能通过全面持续的国际合作抑制各种负面因素,世界和平与发展将面临重大障碍,甚至可能遭受更大灾难。

世界多极化发展进程难以阻挡。新兴市场国家、区域集团和亚洲等地区力量不断发展壮大,各类非国家行为体迅速成长,借助经济全球化和社会信息化拓展影响,成为各国和国际舞台上的重要力量。

世界潮流浩浩荡荡,顺之则昌,逆之则亡。国际社会应该超越国际关系中陈旧的"零和博弈",超越危险的冷战、热战思维,超越曾把人类一次次拖入对抗和战乱的老路。要以命运共同体的新视角,以同舟共济、合作共赢的新理念,寻求多元文明交流互鉴的新局面,寻求人类共同利益和共同价值的新内涵,寻求各国合作应对多样化挑战和实现包容性发展的新道路。要和平,不要战争;要发展,不要停滞;要对话,不要对抗;要理解,不要隔阂,乃大势所趋、人心所向。中国走和平发展道路,正是在这一时代大背景下的必然选择。

五、中国和平发展的世界意义

和平发展道路是中国这个世界上最大的发展中国家探索出的一条新型发展道路,随着时间的推移,这条道路已经并将进一步显示出其世界意义。这条道路的成功既需要中国人民坚持不懈努力,也需要外部世界理解和支持。

中国和平发展打破了"国强必霸"的大国崛起传统模式。建立殖民体系、争夺势力范围、对外武力扩张,是近代历史上一些大国崛起的老路。特别是在20世纪,追逐霸权、实力对抗、兵戎相见,使人类惨遭两次世界大战的浩劫。中国基于自己几千年历史文化传统,基于对经济全球化本质的认识,对21世纪国际关系和国际安全格局变化的认识,对人类共同利益和共同价值的认识,郑重选择和平发展、合作共赢作为实现国家现代化、参与国际事务和处理国际关系的基本途径。几十年来的实践证明,中国走和平发展道路走对了,没有任何理由加以改变。

经济全球化和科技革命为更多国家提供了通过经济发展和互利合作实现振兴的历史条件,越来越多发展中国家走上快速发展的道路。正是因为这样,世界经济规模和发展空间才越来越大,国际社会抵御经济和金融危机的能力才明显增强,国际经济体系变革才有了更强劲的动力。中国和平发展顺应了这一世界发展大势,中国乐见并支持越来越多的发展中国家改变自身命运,也乐见和支持发达国家继续繁荣发展。

在世界发生翻天覆地变化的今天,无论什么主义、什么制度、什么模式、什么道路,都在经历时代和实践的检验。各国国情千差万别,世界上不存在最好的、万能的、一成不变的发展模式,只有最适合本国国情的发展道路。中国的发展道路形成于、立足于本国国情。中国深刻认识到走和平发展道路的重要性和长期性,认识到国内外环境变化的深刻性和复杂性,将更加注意总结和运用自身的成功经验,更加注意学习借鉴其他国家的有益经验,更加注意研究前进道路上的新问题、新挑战,为和平发展开辟更为广阔的前景。

中国发展离不开世界,世界繁荣稳定也离不开中国。中国取得的发展成就与世界各国友好合作密不可分,中国未来发展更需要国际社会理解和支持,我们衷心感谢所有理解、关心、支持、帮助中国发展的国家和人民。有十几亿人口的中国走和平发展道路,这是人类发展史上新的伟大探索和实践,不可能做得十全十美,我们欢迎一切友好建议和善意批评。我们真诚希望国际社会更加深入地了解中国源远流长的文明传统,尊重中国人民对国家主权、安全、领土完整和社会稳定的珍视,理解中国作为最大发展中国家需要逐步解决的各种发展难题,理解中国人民渴望彻底摆脱贫困、过上富裕日子的心情，相信中国人民走和平发展道路的诚意和决心，支持而不是阻碍中国走和平发展道路。

回顾历史，展望未来，我们坚信，一个繁荣发展的中国，一个民主法治的中国，一个和谐稳定的中国，必将为世界作出更大贡献。中国人民愿同世界各国人民一道，为实现人类美好理想而不懈努力。

国务院副总理张德江在哈尔滨主持召开部分省市技术改造工作座谈会

张德江强调，“十二五”时期，是加快转变经济发展方式的攻坚时期，也是促进工业转型升级的关键时期。要坚持把技术改造作为实现工业科学发展、推动工业转变发展方式的重要抓手，作为促进我国工业经济由大变强的重要途径。要正确认识当前和今后一个时期技术改造工作面临的新形势、新要求，准确把握技术改造的新内涵、新任务。要切实加大对技术改造的财政资金支持力度，进一步完善支持技术改造的政策措施，充分调动企业技术改造的积极性，促进企业走入创新驱动、内生增长的发展轨道。要切实加强对技术改造工作的组织领导，进一步完善体制机制，加快推进体系建设，明确目标任务，落实政策措施，加强督促检查，加强协调配合，确保技术改造工作顺利推进。

在黑龙江调研期间，张德江还深入机械装备、汽车、船舶等企业，了解了企业技术改造工作和生产经营情况。9月6日上午，出席“第一届中国国际新材料产业博览会”开幕式并参观展览。

国务院副总理李克强在人民大会堂会见以张富士夫为团长 米仓弘昌为最高顾问的2011年度日中经济协会访华团

中联部部长王家瑞在北京与蒙古民主党主席阿勒坦呼亚格举行会谈

中国教科文卫体工会庆祝教师节暨全国教育系统职业道德建设标兵表彰大会在北京召开

皇晓东、阎学通、岳琴等百名教育工作者获得“全国教育系统职业道德建设标兵”荣誉称号。

“日出东方——马克思主义在中国暨人民出版事业90周年纪念展”在国家博物馆举办

展览由新闻出版总署、中共中央党史研究室、中共中央文献研究室、中央编译局等单位指导，人民出版社和中国国家博物馆共同主办的。

此次展览分为4篇、8大专题，分别展示马克思主义在中国传播历程中的重要文献，马克思主义中国化、时代化、大众化的重要理论成果，是出版界组织的首次全面展示建党以来马克思主义在中国的出版、传播历程的大型展览。

9月7日

全国人大常委会委员长吴邦国在厦门出席第十五届中国国际投资贸易洽谈会开馆式

吴邦国挥动手中的“金钥匙”，随后将其放入启动台的钥匙孔，为本届投洽会开馆。

全国人大常委会副委员长兼秘书长李建国、国务院原副总理吴仪，斯里兰卡总理贾亚拉特纳、萨摩亚副总理福诺托，联合国工发组织、世界投资促进机构协会、非洲经济共同体、非盟委员会等国际组织和有关国家商协会负责人出席开馆式。

中国国民党副主席林丰正，香港、澳门特别行政区政府有关官员出席开馆式。国务院有关部门、部分省区市负责人，以及来自100多个国家和地区的4000多名嘉宾参加开馆式。

商务部部长陈德铭在开馆式上致辞时说，当前，国际金融危机的深层次影响仍在继续，世界经济在复苏中出现了新的不稳定、不确定因素。进一步加强国际合作，支持和鼓励跨国投资，是增强全球经济活力，推动世界经济实现强劲、可持续、平衡增长的有效途径。希望大家充分利用投洽会这一平台，交流信息，分享经验，捕捉机遇，深化合作，促进发展。

中国国际投资贸易洽谈会由商务部主办，联合国贸发会议、联合国工发组织、经济合作与发展组织、世界银行国际金融公司、世界投资促进机构协会等协办。投洽会坚持以“引进来”和“走出去”为主题，是中国目前唯一以促进双向投资为目的的国际投资促进活动，经过15年的发展，已成为全球规模最大的国际投资促进盛会，深受各国政府和国内外企业欢迎。

全国人大常委会委员长吴邦国在福建厦门分别与斯里兰卡总理贾亚拉特纳和萨摩亚副总理福诺托举行会谈

在会见贾亚拉特纳时，吴邦国说，中方感谢斯方在台湾、涉藏等问题上给予的宝贵支持，将继续支持斯方为维护国家独立、主权和领土完整所做的努力，尊重斯方根据本国国情选择的发展道路和内外政策。发展中斯全面合作伙伴关系，是中国周边外交的重要组成部分。中方愿与斯方一道，加强政府、议会、政党等各方面的友好往来，深化务实合作，大力推进基础设施、能源资源开发、旅游等领域的合作，鼓励中国企业特别是大企业更多参与斯国内经济建设，扩大贸易和投资规模，提升合作质量和水平，实现互利共赢，促进共同发展。

贾亚拉特纳表示，双方在各领域开展的富有成效的合作以及中方长期以来提供的无私帮助，有力地促进了斯里兰卡经济社会的发展。斯方十分珍视与中国的传统友谊，愿与中方共同努力，把斯中关系不断引向深入，更好地造福两国和两国人民。

在会见福诺托时，吴邦国说，中国一贯主张国家不分大小、强弱、贫富，都是国际社会的平等一员。中方愿进一步加强与萨摩亚的友好关系，落实两国领导人在“中国—太平洋岛国经济发展合作论坛”上达成的共识，加强务实合作，推动中萨关系取得新的更大发展。

福诺托表示萨摩亚政府一贯重视并始终致力于加强对华关系。中国经济的快速增长，为双方扩大合作提供了更大的舞台。他此行的目的，就是希望吸引更多的中国企业到萨摩亚投资兴业，深化双方在经贸、人文等方面的合作。

国务院总理温家宝主持召开国务院常务会议

会议听取蓬莱19—3油田溢油事故处理情况和渤海环境保护汇报，研究部署加强环境保护的重点工作。

今年6月4日以来，位于渤海中南部海域的蓬莱19—3油田连续发生溢油事故。截至9月6日，溢油累计造成5500多平方公里海水污染，给渤海海洋生态和渔业生产造成严重影响。目前，溢油风险点仍未彻底查清，溢油隐患仍未彻底排除，溢油造成的损失仍在调查评估中。有关部门要切实负起责任，抓紧做好事故调查处理工作。一要督促责任单位彻底排查溢油风险点，封堵溢油源，认真清理油污，切实减轻污染损害，并重新编报海洋环境影响报告书。二要彻底查明事故原因，查清事故造成的危害及损失，依法追究责任，维护受损各方合法权益。三要吸取事故教训，立即部署开展海洋石油勘探开发安全生产检查，全面加强海洋环境监视监测和监督管理，落实安全措施，及时消除各种隐患。四要全面、准确、及时发布事故处置相关信息，真诚回应社会关切。五要着眼长远，抓紧研究完善海洋环境保护的法律法规。

会议分析了渤海环境保护形势。渤海是半封闭内海，由于周围重化工业高度集聚，一些河流携带大量污染物入海，加上围海填海过度，造成近岸海域水质退化，滨海湿地消失，渤海湾和辽东湾等污染严重。近年来，国家专门制定并实施了《渤海环境保护总体规划》，取得一定进展，但形势仍十分严峻。会议确定了今后一个时期的工作目标：确保渤海生态安全，入海污染物排放总量下降，力争渤海近岸海域水质总体改善，力争实现人海和谐。为此，一要加强规划引导，优化产业结构与布局，切实改变沿海地区重化工比重过大、过于集中的状况。严格控制新上石化项目，禁止在可能造成生态严重失衡的地方进行围填海活动。二要加大治污力度，有效控制陆海污染源。坚持海陆统筹、河海兼顾，加强入海河流综合治理，改善入海河流水质。合理布局入海排污口，制定更加严格的地方水污染排放标准。三要多管齐下，努力保护和修复渤海生态系统。加强用水总量控制与调度管理，增加入海淡水量，改善河口和近岸海域生态环境。加强海陆过渡区生态建设，逐步恢复湿地生态功能。在海洋环境敏感区、关键区等划定生态红线。四要加强风险管理，有效防范海洋环境灾害。建立渤海海洋环境预警机制和突发事件应对机制，修订完善相关应急预案。五要强化地方政府和企业的主体意识、法制意识，落实海洋环境保护责任。六要加强宣传教育，提高公众参与渤海环境保护的积极性和主动性。建立公开透明的信息发布机制，接受社会监督。

会议讨论了进一步加强环境保护工作的意见，强调必须把污染治理和生态保护摆在更加重要的位置，切实解决损害公众健康、影响科学发展的突出环境问题。为加强环境保护，落实节能减排各项任务，当前要做好以下重点工作：(一)严格执行环境影响评价制度。凡依法应当进行环评的建设规划和项目，都要严格履行环评程序。环评过程要公开透明，充分征求专家和社会公众意见。对环评文件未经审批即擅自开工、建设过程中擅自作出重大变动等违法行为，要依法追究管理部门、责任企业及有关人员的责任。(二)切实加强重金属污染防治。对重点地区、行业和企业，采取综合措施，进行集中治理。坚决禁止在重点防控区域新建、改建、扩建加重污染的项目。妥善处理重金属污染历史遗留问题和突发污染事件，保障人民群众生命健康安全。(三)严格化学品环境管理。对化学品项目布局进行梳理评估，对化学品生产经营企业进行环境隐患排查，对海洋、江河湖泊沿岸化工企业进行集中综合整治，落实环境监管责任和安全保障措施。提高化学品生产的环境准入门槛。(四)加强农村环境保护。落实“以奖促治”政策，集中整治存在突出环境问题的村庄和集镇，重点治理农村土壤和饮用水水源地污染。推动环保基础设施和服务向农村延伸，引导和帮助农民科学处理垃圾和污水，科学使用农药、化肥和农膜，切实减少面源污染。严格农村工矿企业环境监管，坚决防止污染向农村转移。(五)加快建设环境监测预警体系，完善环境事件应急机制，提高应急管理能力，切实防范环境风险。(六)完善环境法律政策体系。针对近期各种环境事件暴露出的问题，抓紧制定和修订相关法律、法规，为环境保护提供更加完备、有效的法制保障。进一步完善环境政策，健全环境执法协调机制，提高监管效率。

国务院总理温家宝签署第604号令发布《太湖流域管理条例》

《太湖流域管理条例》已经2011年8月24日国务院第169次常务会议通过，现予公布，自2011年11月1日起施行。

总　理　温家宝

2011年9月7日

太湖流域管理条例（略）

纪念康克清同志诞辰100周年座谈会在人民大会堂举行

中共中央政治局常委、全国政协主席贾庆林出席座谈会。

中共中央政治局委员、全国人大常委会副委员长、全国总工会主席王兆国，中共中央政治局委员、中央书记处书记、中组部部长李源潮，全国政协副主席、中央统战部部长杜青林，全国政协副主席兼秘书长钱运录出席座谈会。全国人大常委会副委员长、全国妇联主席陈至立主持会议。彭珮云、顾秀莲、郝建秀出席座谈会。

康克清同志是中国共产党优秀党员，久经考验的无产阶级革命家，中国妇女解放运动的卓越领导人。康克清同志是中共第十一届、十二届中央委员会委员，全国政协第五、六、七届副主席。她在60多年的革命生涯中，兢兢业业、孜孜追求、奋进不息，把自己的一切毫无保留地奉献给她终生为之奋斗的中国革命、建设和改革事业，奉献给她深深挚爱的中国妇女与少年儿童事业。

李源潮在座谈会上讲话。他全面回顾了康克清同志的生平业绩和卓越贡献。他说，康克清同志的一生，是革命的一生，光辉的一生，她的光辉业绩和高尚品德永远值得我们怀念和学习。我们要学习康克清同志信念坚定、始终忠诚党和人民的崇高品质；学习她奋发有为、勇于开拓工作新局面的奋斗精神；学习她求真务实、扎实推进各项工作的优良作风；学习她严于律己、心系普通群众的革命情怀。

中央党史研究室副主任李忠杰，全国妇联党组书记、副主席、书记处第一书记宋秀岩，宋庆龄基金会党组书记、常务副主席常荣军，中共江西省委副书记张裔炯在座谈会上发言。全国政协办公厅、各民主党派中央和全国工商联，中央党史研究室，全国妇联，宋庆龄基金会，中共江西省委等方面负责同志和康克清同志亲属、生前友好和身边工作人员等参加座谈会。

国家统计局发布《关于2010年年度国内生产总值（GDP）初步核实公告》

经初步核实，2010年国内生产总值现价总量为401202亿元，比初步核算数增加3219亿元，按不变价格计算的增长速度为10.4%，比初步核算数提高0.1个百分点。

根据国家统计局《关于我国GDP核算和数据发布制度的改革》的规定，年度国内生产总值核算包括初步核算、初步核实和最终核实三个阶段。近日，国家统计局根据2010年统计年报资料、部分行业财务资料和抽样调查资料，对2010年国内生产总值进行了初步核实。初步核实后的第一产业增加值为40534亿元，比初步核算数增加37亿元，增长速度为4.3%，与初步核算速度相同；第二产业增加值为187581亿元，比初步核算数增加1100亿元，增长速度为12.4%，比初步核算数提高0.2个百分点；第三产业增加值为173087亿元，比初步核算数增加2082亿元，增长速度为9.6%，比初步核算数提高0.1个百分点。按初步核实数计算的三次产业结构，第一产业占10.1%，第二产业占46.8%，第三产业占43.1%。

第一届亚太经合组织林业部长级会议在北京闭幕

中共中央政治局委员、国务院副总理回良玉出席闭幕式并代表中国政府致辞。

回良玉指出，森林是人类文明的摇篮，是支撑人类经济社会发展的重要自然资源。随着对森林认识的不断深化和科学技术水平的快速发展，森林所具有的多种功能和巨大潜力必将得到更加充分的展现。要积极引导全社会充分认识“善待森林就是善待人类，关心林业就是关心未来”这一深刻道理，牢固树立“发展林业就是延续人类文明，保护森林就是保障子孙后代福祉”这一战略共识。中国政府将完善林业政策法规体系，增加对林业建设的资金投入，完善财政补贴、信贷、税收等扶持政策。加强林业部门能力建设，强化林业行政管理体系，加快林业人才资源开发和人才队伍建设。继续坚持以生态建设为主的林业发展战略，大力发展林业绿色产业，提升林业全面协调可持续发展水平。

回良玉强调，加强区域合作、实现绿色增长，需要亚太经合组织各成员齐心协力、共同努力。中国政府将本着互相尊重、平等合作、多方共赢的原则，继续积极参与国际林业交流与合作，进一步加大对亚太森林恢复与可持续管理组织的支持，促进各成员间的经验交流和信息共享，为推动亚太区域林业可持续发展发挥积极作用。

中央军委发出《关于加强和改进新形势下军队党史军史工作的意见》

新华社报道：经胡锦涛主席批准，中央军委日前下发《关于加强和改进新形势下军队党史军史工作的意见》(以下简称《意见》)。

《意见》指出，军队党史军史工作，是党和军队事业的重要组成部分，是军队建设一项具有全局意义的基础性、长远性工作。加强和改进新形势下军队党史军史工作，必须以马克思列宁主义、毛泽东思想、邓小平理论和“三个代表”重要思想为指导，深入贯彻落实科学发展观，围绕党、国家工作大局，围绕国防和军队发展的主题和主线，进一步加强统筹协调，健全制度机制，创新方法手段，不断提高党史军史工作科学化水平，为推动军队建设科学发展、有效履行新世纪新阶段我军历史使命提供有力支持。

《意见》明确了当前和今后一个时期军队党史军史工作的主要任务，提出要做好党史军史资料征集编纂工作，充分发掘和妥善保存党和军队的宝贵历史财富；深化党史军史研究，为国防和军队建设提供历史借鉴；加强党史军史宣传教育，大力弘扬我党我军光荣传统和优良作风；组织好党史军史重要纪念活动，激发广大官兵的革命精神；抓好党史军史场馆建设，开发利用革命传统资源。

《意见》强调，各级党委要以对历史负责、对党和军队建设事业负责的精神，重视抓好党史军史工作。要把党史军史工作摆上党委重要议事日程，研究解决工作中的重大问题，加强统筹协调和经常性指导。把党史军史人才队伍建设纳入全军人才战略工程，关心党史军史干部的成长进步，加大选拔培养和使用交流力度，努力建设一支政治坚定、爱岗敬业、严谨治学、素质过硬的党史军史工作队伍。重视做好制度机制保障、经费保障、基础设施建设保障，努力为军队党史军史工作创造良好条件。

中华诗词研究院成立暨诗词研究与创作座谈会在北京举行

国务委员兼国务院秘书长马凯出席并讲话。

马凯指出，中华诗词是中华文化瑰宝中的明珠，也是人类文明的共同财富。几千年来，中华民族一代又一代创作出了大量脍炙人口的光辉诗篇，在记载历史、传承文化，启迪思想、陶冶情操，交流情感、享受艺术，丰富人的精神世界、提升中华民族凝聚力、推动社会文明进步等方面，发挥了重要的作用。办好中华诗词研究院，推动中华诗词的传承、繁荣和发展，将会对弘扬中华优秀传统文化、提高国民综合素质发挥积极作用。

9月8日

国家副主席习近平在人民大会堂会见哈萨克斯坦外长卡济哈诺夫

国务院副总理李克强在中南海紫光阁会见瑞典瓦伦堡财团代表团

第四次中英经济财金对话在伦敦举行

双方围绕“为中英经济关系持续稳定发展注入新的动力”这一主题，就宏观经济形势和政策，金融监管、发展与合作，中英贸易和投资关系，国际经济政策协调等议题进行了坦诚、深入沟通，取得积极成果。

国务院副总理王岐山和英国财政大臣奥斯本共同主持了对话。

王岐山表示，当前，世界经济形势极为复杂和不确定，国际金融市场动荡加剧，“家家都有一本难念的经”。确保经济金融稳定，推动全球经济强劲、可持续、平衡增长是各国面临的首要任务。要解决欧债危机，需要欧盟特别是欧元区国家对有效的救助措施达成共识，协调配合，尽快付诸实施。欧洲经济的稳定对世界经济复苏至关重要，也关系到中国经济的健康稳定发展。中方对欧洲经济和欧元抱有信心，支持欧元区、欧盟和国际货币基金组织采取的应对措施，相信欧洲有能力、有智慧克服当前困难，走出危机。目前，中国经济形势总体是好的，但也面临着来自国内外的多方面挑战。为此，中国政府已经和正在采取一系列宏观调控的政策措施，实施积极的财政政策和稳健的货币政策，妥善处理保增长、调结构和抑制通胀的关系，努力保持经济持续平稳增长。希望英方振兴经济、保持财政可持续性的措施尽快见到成效。双方应就事关两国经济的重大问题交流信息，加强沟通。

奥斯本说，当前两国关系得到进一步加强。本次对话的目标是，加深对英中贸易关系重要性的理解，深入挖掘经济互补性，加强双边贸易和投资，采取措施应对通胀挑战，促进增长，维护金融稳定。随着中国经济发展，英中两国银行将扩大在对方市场的业务，加强金融领域的合作。在基础设施领域，英中是天然的合作伙伴，今天双方签署的谅解备忘录将提升双方在基础设施领域的合作水平。英方将与中方一道坚决反对各种形式的贸易保护主义。中国实施“十二五”规划将是对世界繁荣和创造就业的重要贡献，也为英中经贸关系创造新机遇。

通过本次对话，双方达成以下重要共识：一、当前各国应当继续加强宏观经济政策协调，推进国际货币金融体系改革，推动世界贸易组织多哈回合谈判，坚决反对贸易保护主义，限制使用贸易救济措施。二、作为二十国集团重要成员，中英两国将与其他成员一道，团结一致，共同推动二十国集团戛纳峰会取得积极成果。三、中英双方将深化贸易与投资合作，打造基础设施、高端制造、新能源、节能环保等新的合作亮点，努力实现2015年双边贸易额达到1000亿美元的目标。四、英方重申支持欧盟尽早承认中国完全市场经济地位，并发挥建设性作用。五、双方将继续加强金融合作，启动资本市场审计监管合作谈判，促进两国资本市场健康发展。六、英方支持人民币适时纳入特别提款权，欢迎中方的金融机构在英国开展业务，继续向包括主权财富基金在内的投资者开放市场，有效保护投资者权益。七、双方将继续在多边框架下加强国际金融监管改革合作。

对话会前，王岐山与奥斯本举行了小范围会谈。对话会后，王岐山出席了《中华人民共和国政府和大不列颠及北爱尔兰联合王国政府关于加强基础设施合作谅解备忘录》和《中国国家能源局与英国能源和气候变化部关于加强能源领域合作的谅解备忘录》签字仪式，并与奥斯本共同会见了记者。

外交部部长杨洁篪在北京与哈萨克斯坦外长卡济哈诺夫举行会谈

中华国际科学交流基金会专家委员会在北京成立

国政协副主席黄孟复出席成立大会并讲话。黄孟复要求专家委员会要面向国内重大发展需求，做好战略性咨询服务工作；追踪国际形势和科技前沿，做好风险预警和技术引进创新工作；要以新任务新举措，助力国家和各级政府做好全民科技素质提升推动工作。

第六届高等学校教学名师奖表彰大会在北京举行

中共中央政治局委员、国务委员刘延东出席大会。

刘延东说，教学名师是高校宝贵的财富，你们以高尚师德、人格魅力、学识风范感染青年学生，为高等教育改革发展作出了突出贡献。在名师的示范引领下，人才培养在高校中的中心地位不断得到巩固，教学工作的基础地位日益受到重视，越来越多的名教授、名专家走上讲台为大学生授课，得到了普遍赞誉。

刘延东指出，提高质量是高等教育的生命线，高校教师队伍的素质和水平直接决定着高等教育质量。她希望广大教师把高尚师德当作为师之根，始终忠诚党和人民的教育事业，自觉践行社会主义核心价值体系，带头传承中华民族优秀文化和传统美德，做爱岗敬业的楷模。把教书育人当作为师之本，扎根教学一线，热爱三尺讲台，尊重学生个性，激发学生潜能，陶冶学生情操，做学生的良师益友。把开拓创新当作为师之重，创新教育教学方法和人才培养模式，促进科研与教学互动，强化实践育人，激发学生的主动性和创造性。把世界眼光当作为师之需，着眼世界发展趋势、立足我国基本国情，积极参与国际合作与交流，掌握和传播科技文化发展最新成果，提升学生的跨文化交流能力和创新竞争力，做中外人文交流的实践者和推动者。

教育部部长袁贵仁主持会议，中央国家机关和军队有关部门负责同志以及教育系统代表共350人参加会议。本届获奖名师100位，来自全国92所高校。

9月9日

国家主席胡锦涛在北京第八十中学看望师生员工

中组部部长李源潮在北京与中央党校第二期县委书记任职培训班学员座谈

李源潮指出，县委书记是党的执政骨干、当地科学发展的带头人、服务百姓的人民公仆。如果每个县委书记都能为党执好政、为民服好务，中国特色社会主义就有了坚不可摧的实践基础。县委书记要牢记科学发展、创先争优，抓好发展第一要务，让所有的群众都能从发展中受益。要以富民增收、安居乐业、保障民生、扶贫解困为己任，为人民办事，让人民满意。要坚持两手抓、两手都要硬，一手抓发展、一手抓稳定，一手抓工作、一手抓队伍。要严于律己、清正廉明，营造风清气正的政治、经济、文化、社会发展环境。

李源潮指出，县委书记要有高尚的追求。要有为官一任、造福一方的业绩追求，树立正确的政绩观。要有理论联系实际的学识追求，减少应酬、带头学习，多读书长知识，多调研长经验。要有共产党人的品德追求，讲党性、重品行、做表率。要有为民、务实、清廉的作风追求，保持共产党人的政治本色。

国家副主席习近平在人民大会堂会见阿根廷外长黑克托尔·齐默尔曼

外交部部长杨洁篪在北京与阿根廷外交国际贸易和宗教事务部部长黑克托尔·齐默尔曼举行会谈

庆祝第二十七个教师节暨2011·中国教师发展论坛在山东潍坊召开

全国人大常委会副委员长、民进中央主席严隽琪,全国政协副主席、民进中央常务副主席罗富和出席论坛。

本次论坛由民进中央和北京师范大学联合举办,主题为“推进教育家办学,促进教师队伍专业化发展”。

严隽琪在论坛开幕式上说,国家发展希望在教育,办好教育希望在教师。教育家应该是一个钟情于教育、具有激情、勇于探索、善于思考、勤于实践的教育工作者群体,应该是把当教师不仅作为职业,更是视为崇高事业的人。广大教师要把提升师德修养、建立投身教育的事业心作为成就教育家的重要因素。

《朱镕基讲话实录》出版发行

《朱镕基讲话实录》(一至四卷)由人民出版社出版,由人民出版社和中国财经出版社向全国发行。

《朱镕基讲话实录》收录了朱镕基同志担任国务院副总理、总理期间的重要讲话、文章、信件、批语等348篇,约123万字。收入照片272幅,批语、书信及题词影印件30件。

全国“敬老月”活动标识 公益广告创意设计在北京揭晓

活动由全国老龄办主办。全国“敬老月”活动标识,以重阳节的“9·9”为设计元素,把圆点化作夕阳,寓意老年人如夕阳红。圆点与中间两弧线构成手舞足蹈快乐无比的老人,“99”二字的线条绕成心形,表示中国社会关爱老年人。

9月10日

国务院副总理回良玉赴贵州考察指导抗旱救灾工作

新华社报道:6月份以来,我国西南部分地区降水异常偏少,发生历史罕见的干旱。胡锦涛总书记、温家宝总理就此作出重要指示,强调要高度重视西南部分地区发生的严重旱情,密切关注灾害发展和对群众生产、生活的影响;要加大抗旱工作力度,切实把抗旱作为保民生、促发展的重要任务来抓,各有关部门要进一步加强对抗旱工作的指导和支持;要坚持把确保群众饮水安全放在首位,统筹抗旱水源和用水需求,科学调度水利工程,把旱灾影响和损失减少到最低限度。

受胡锦涛总书记、温家宝总理委派,中共中央政治局委员、国务院副总理、国家防汛抗旱总指挥部总指挥回良玉近日赶赴旱情最重的贵州省,考察指导抗旱救灾工作。他来到黔西南布依族苗族自治州兴仁县、兴义市和安顺市平坝县等地,深入村寨农户、田间地头、水库塘坝、临时供水站、抗旱打井点,实地察看农作物受灾和水库干涸状况,仔细了解人畜饮水保障和抗旱措施落实情况,看望慰问奋战在抗旱救灾一线的广大干部群众、解放军、武警、消防官兵和公安民警,与当地干部、科技人员和各族群众共商抗旱大计。

回良玉强调,旱区各地和各有关部门要认真贯彻落实胡锦涛总书记、温家宝总理重要指示精神,进一步加大抗旱工作力度,切实做到保饮水、保民生、促增收、促发展。要千方百计增加抗旱水源,采取打井找水、运水送水等措施,切实保障城乡居民饮水,妥善安排好灾区群众基本生活,这是当前抗旱救灾第一位的任务。要因地制宜搞好秋冬种生产,及时补种改种,调整种植结构,增加蔬菜、马铃薯等作物种植,力争做到大季损失小季补、粮食损失经济作物补、种植业损失养殖业补、农业损失非农补,多渠道增加农民收入。要着眼长远全面加强水利工程建设,全方位加大节水力度。他要求,各级领导干部要认真执行抗旱责任制,深入一线帮助群众解决困难和问题。

国务院副总理王岐山在拿骚与巴哈马总理英格拉哈姆举行会谈

王岐山说,近年来,中巴经贸合作不断取得新进展,巴哈马已成为中国在加勒比地区重要的经贸合作伙伴。下阶段,双方应共同努力,确保拿骚机场高速公路和巴哈马大型海岛度假村项目顺利实施,落实好经济技术合作项目,加强旅游合作,中方欢迎巴方为中国游客访巴提供签证便利。他表示,中方将继续鼓励中国企业来巴投资兴业,也欢迎巴企业家赴华参加各种经贸活动。中方愿进一步深化中巴各领域务实合作,推动两国关系全面深入发展。

英格拉哈姆说,巴哈马感谢中方长期以来的支持,以及中国在巴遭受“艾琳”飓风灾害时给予的援助。巴方欢迎来自中国的投资,尤其是一些有影响的大项目投资。希望中方投资的大型海岛度假村项目竣工后吸引更多中国游客。

会见后,王岐山出席了中巴政府间协议的签字仪式。

教育部公布2011年度全国教书育人楷模

北京市第五幼儿园石利颖、贵州省盘县响水中学左相平、浙江省宁波市达敏学校刘佳芬、江苏省南通师范学校第二附属小学李吉林、辽宁省建平县职业教育中心张金波、中南大学金展鹏、上海音乐学院周小燕、新疆维吾尔自治区察布查尔锡伯自治县第一中学贺红岩、广西壮族自治区都安瑶族自治县高级中学莫振高、湖北省武汉市汉阳区钟家村小学桂贤娣等10位教师荣获2011年度“全国教书育人楷模”荣誉称号。

叶挺将军纪念园在广东惠州落成

第九届全国少数民族传统体育运动会在贵阳举行

第九届民族运动会在竞赛项目、表演项目和参赛运动员方面再创新高。来自55个少数民族的6700多名选手同场竞技。独竹漂、花炮、民族式摔跤等16个竞赛项目共产生129个一等奖，185个表演项目共产生74个一等奖。

本届民族运动会取消了竞赛和表演项目的金、银、铜牌(奖)，改设一、二、三等奖，淡化了金牌意识。运动会期间，各族兄弟姐妹在友好中竞技，在快乐中交流，谱写了一曲“平等、团结、互助、和谐”的民族奋进之歌。

运动会9月18日结束。

9月11日

第十四届全国推广普通话宣传周开幕式在内蒙古鄂尔多斯举行

9月11日至17日是第十四届全国推广普通话宣传周。

本届推普周的宣传主题是“提升国家通用语言文字应用能力，弘扬中华优秀文化传统”，全国各地将组织一系列活动，包括：“热爱祖国语言文字”教育和万人签名；学生语言文字知识和基本功竞赛；下乡、入户、进社区开展语言文字政策法规和规范知识宣传、咨询以及“推普大篷车”活动；经典，特别是红色经典诵读和书写；“推普之星”、“推普形象大使”评选等。

9月12日

国家主席胡锦涛致电拉脱维亚共和国总统贝尔津什庆祝两国建交20周年

国务院总理温家宝在北京第一社会福利院与老人共度中秋节

国务院副总理回良玉在贵州贵阳主持召开西南地区抗旱工作座谈会

回良玉强调，要认真落实抗旱责任制，加大抗旱资金物资投入，努力形成抗旱救灾合力，扎实推进抗旱救灾工作。一要优先解决群众饮水问题。这是当前最为迫切的任务，要摆在抗旱救灾工作的第一位。加强水源统一管理和调配，加快应急水源工程建设，增加抗旱水源，千方百计保证群众的生活用水。二要扎实抓好秋冬农业生产。认真做好晚秋作物的生产和秋收工作，谋划好秋冬种。切实加强农业技术指导服务，搞好种子、化肥、农药、农膜等的供应工作。因地制宜，引导农民调整种植结构，及时补种改种，增加蔬菜、马铃薯、油菜等作物种植，力争做到大季损失小季补、粮食损失经济作物补、种植业损失养殖业补、农业损失非农补，多渠道增加农民收入。三要妥善安排好灾区群众生活。保证灾区粮油、肉类、蔬菜等市场供应，搞好重要商品物资的运输调度。加大对受灾群众特别是重旱区困难群体的救助力度，保障灾区群众的基本生活，维护灾区正常的生产生活秩序。四要严密防范森林火灾。要针对持续干旱使旱区森林火险提高的情况，认真落实防火责任，加强火灾隐患排查和火情监测，避免发生重特大森林火灾。

回良玉强调，要深入落实今年中央一号文件和中央水利工作会议精神，全面加强水利基础设施建设，努力从根本上解决水旱灾害问题。西南地区水资源总量较多，但时空分布极为不均。要加快建设一批控制性骨干水利工程，提高供水能力。要调动农民积极性，通过政府增加补助、民办公助、以奖代补、先建后补、奖补结合等多种方式，鼓励农民兴办农田水利，建设抗旱设施。要全方位加强节水工程建设和节水技术推广，不断创新节水机制和节水模式，全面提高水资源利用效率。

贵州、云南、四川、广西、重庆等省(区、市)负责同志在会上发言，国家防汛抗旱总指挥部、国家减灾委有关成员单位负责同志和有关省区市防汛抗旱指挥部负责人及有关专家出席座谈会。

第三届中国—加勒比经贸合作论坛在特立尼达和多巴哥首都西班牙港举行

特多总理比塞萨尔、圭亚那总统贾格迪奥、安提瓜和巴布达总理斯潘塞、牙买加总理戈尔丁、格林纳达总理托马斯、苏里南副总统阿梅拉利，以及其他加勒比国家政要和企业家出席了开幕式。国务院副总理王岐山出席论坛开幕式并致辞。

王岐山指出，在严峻的国际经济形势下，中加深化各领域合作，对于促进自身经济发展、推动世界经济复苏，都具有重要意义。今后三年，中国政府将采取六项政策举措，进一步深化中加合作：一是加强金融和投资合作。中方将向加勒比国家提供10亿美元优惠性质贷款。二是加强能力建设合作。中方将向加勒比国家提供2500个培训名额。三是加强环保和新能源合作。四是加强文化教育卫生合作。五是加强贸易和旅游合作，推动中国公民赴加勒比地区团队旅游。六是加强农渔业合作。中国政府愿与加勒比各国政府一道努力，把中加合作的愿景化为成功的现实。

特多总理比塞萨尔在开幕式致辞中表示，全球经济危机使加勒比国家不能再单纯依靠传统的贸易伙伴，必须拓展与中国等新兴国家的经贸合作。中加在旅游、农业、基础设施、金融、医疗卫生、新能源等领域合作前景广阔，相信双方务实合作必将取得丰硕成果，造福各国人民。

中国和加勒比各国的政府官员及企业界代表约700人参加了论坛活动。

9月13日

国家主席胡锦涛在人民大会堂会见贝宁总统亚伊

胡锦涛表示，中方高度重视中贝关系，愿同贝方一道努力，深化真诚互信的政治关系，在彼此关切的重大问题上继续相互坚定支持；循序渐进推进两国经贸合作，中方愿根据贝方资源禀赋、投资环境特点，积极拓展两国在农业、基础设施建设等领域的合作，共同实施好有关合作项目，提高经贸合作水平；中方愿同贝方开展形式多样的人文交流，扩大两国文化、教育、卫生和人力资源培训等领域的合作；加强在国际和地区事务中的协调配合，维护发展中国家的共同利益。中方支持贝宁及西非地区有关国家积极应对几内亚湾安全问题。

亚伊说，长期以来，中方在基础设施、教育、医疗、农业技术培训等方面向贝方提供大量无私帮助，为促进贝宁经济社会发展作出重要贡献，贝宁政府和人民对此深表谢意。在双方共同努力下，贝中友好合作关系结出丰硕果实。贝方高度重视贝中关系，愿同中方一道，加强高层交往和政治互信，深化经贸、农业、人文、基础设施等领域合作与交流，在国际和地区事务中相互配合，把两国关系推上新的高度。贝方重申坚定地坚持一个中国原则。

国务院总理温家宝在中南海紫光阁会见法国国务部长兼外交和欧洲事务部部长朱佩

温家宝说，当前世界政治、经济、安全形势面临严峻复杂的局面，维护和平、促进发展的任务十分艰巨。国际社会要坚持团结、合作、共赢的正确方向，继续同舟共济，携手应对挑战。中方愿与法方一道，在双边、中欧以及全球事务中密切沟通协作，取得更多成果，推动两国全面战略伙伴关系迈上新台阶。

朱佩表示，法国高度重视法中全面战略伙伴关系，感谢中方对欧元区经济的信心和支持，愿同中方共同努力，促进法中、欧中关系持续发展。法方希望进一步加强双方的协调合作，推动二十国集团戛纳峰会取得成功，发出共同支持世界经济复苏、增长的积极信号。

国务院总理温家宝在大连会见世界经济论坛主席施瓦布

温家宝说，当前世界经济缓慢复苏，但仍存在许多不确定和不稳定因素，挑战是巨大的，需要我们拿出勇气和智慧，最重要的仍然是坚定信心。各国要加强协调配合，为实现世界经济强劲、可持续、平衡发展作出不懈努力。

温家宝表示，夏季达沃斯论坛成立五年来，以面向未来、面向世界、面向创新、面向青年为宗旨，为国际社会共同应对挑战发挥了积极作用。今年论坛年会的主题定为“关注增长质量，掌控经济格局”，顺应了形势发展的要求，相信论坛将向世界传递促进稳定和发展的积极信息。

施瓦布说，世界经济虽然面临困难，但人们仍有理由抱有信心和希望。中国经济的发展为世界作出了积极贡献。世界经济论坛愿与中方密切配合，把夏季达沃斯论坛办成世界各界人士交流的平台，凝聚共识和力量，推动创新和发展。

国务院食安办 公安部联合召开电视电话会议在全国部署开展严厉打击地沟油违法犯罪专项行动

会议要求，各地区、各有关部门认真借鉴前期公安机关侦破地沟油案件的成功经验和做法，针对餐厨废弃物违法排放、收集、加工、销售等各个环节，多管齐下摸排梳理线索，鼓励社会监督举报，坚决取缔非法窝点，追根溯源查清犯罪链条，彻底摧毁地沟油生产销售网络。

同时，严格落实食用油生产经营各环节的监管执法责任和措施，进一步加强对餐饮服务单位、粮油批发市场以及食用油、食品和其他相关企业的监督检查，强化现场检查、检验检测，及时发现、查处各类违法违规行为。此外，要大力发展循环经济，推进资源节约型、环境友好型社会建设，增加循环经济发展专项资金投入，在33个大、中城市开展餐厨废弃物资源化利用和无害化处理试点，实现餐厨废弃物资源化综合利用。

会议还强调，打击非法添加等食品安全违法犯罪的各项工作都不能松懈，惩处食品安全犯罪分子决不能手软，特别是国庆节将至，迎来了食品消费的高峰时段，要进一步加大各环节监管力度，加密对企业、市场的查验检测，保证人民群众的饮食安全。

全国人大常委会副委员长王兆国在人民大会堂会见由主席汉森率领的美国变革谋胜利工会联合会代表团

国务院副总理李克强在人民大会堂会见蒙古民主

党主席阿勒坦呼亚格

李克强说，中蒙有着广泛的共同利益，两国和两国人民睦邻友好符合双方的根本利益。为进一步充实两国关系内涵，李克强提出四点建议：一是保持高层交往，加强政治沟通，增进战略互信；二是抓住历史机遇，发挥互补优势，加强各领域务实合作；三是加强两国立法机构、政党、工青妇组织的交流以及在环保、人文等领域的合作；四是加强多边协调，维护共同利益。

阿勒坦呼亚格说，蒙民主党希望借鉴中国的改革开放经验，加大国内建设力度，加快推进蒙中互利合作项目，为蒙中战略伙伴关系全面发展发挥积极作用。

中国伊斯兰教第九次全国代表会议在北京召开

全国人大常委会副委员长司马义·铁力瓦尔地，全国政协副主席白立忱、阿不来提·阿不都热西提出席开幕式。

会议总结了中国伊斯兰教第八次全国代表会议以来的工作，提出了今后五年的工作任务和目标，审议通过了《中国伊斯兰教协会第八届委员会工作报告》《中国伊斯兰教第九次全国代表会议决议》，修改通过了《中国伊斯兰教协会章程》，公布了投票确定的中国伊斯兰教协会会徽设计方案，通过了《关于中国伊斯兰教协会会徽的决议》。陈广元当选新一届中国伊斯兰教协会会长。

全国各民族穆斯林代表共350余人出席会议。

9月14日

国家主席胡锦涛 国务院总理温家宝与立陶宛共和国总理库比柳斯互致贺电庆祝两国建交20周年

全国人大常委会委员长吴邦国在诺沃奥加廖沃官邸与俄罗斯总理普京举行会谈

吴邦国指出，经贸合作是中俄全面战略协作伙伴关系充满活力的物质基础。中俄作为世界主要新兴经济体和重要邻国，在资金、技术、市场、人力资源等方面优势互补，合作基础良好，俄实施的2020年前发展战略和中国实施的“十二五”规划，为进一步深化双边务实合作提供了更加广阔的舞台。双方应抓住两国快速发展的新机遇，结合各自国内发展战略，全面深化各领域务实合作，共同建设紧密、长期、可持续的经贸合作关系。一是扩大贸易规模，改善贸易结构，通过加强大项目合作和产业合作，促进机电产品和高新技术产品贸易，努力实现2015年前双边贸易额达到1000亿美元、2020年前达到2000亿美元的目标。二是深化能源合作，加快中俄天然气管道建设，保障中俄原油管道长期稳定运营，积极扩大核能、煤炭、电力和新能源领域合作，致力于构建中俄能源战略合作伙伴关系。三是加强科技合作，鼓励企业通过联合研发、建设示范工程、相互扩大投资等方式，开展科技领域合作，特别是具有引导性、前瞻性的技术合作，并依托建设科技工业园区，加快科技成果产业化，培育新的合作增长点。四是推进地方合作，着力加强跨境基础设施建设，探讨建立跨境经贸合作区等新型平台，进一步拓展地方合作的广度和深度。

普京表示，中国是俄罗斯可靠的合作伙伴，双方在各领域的合作富有成效。俄方高度重视发展对华关系，愿同中方一道，密切政府、议会和政党之间的友好往来，把推动经贸合作作为深化战略协作的重要内容，全面提升俄中关系水平。

国务院总理温家宝在大连考察

9月14日至15日温家宝在大连考察。他深入社区、超市、就业与社会保障服务中心，并召开基层群众座谈会，就物价、就业、农副产品供应等进行调研。

温家宝主持召开会议，就安全生产和环境保护问题作了讲话。他强调，要从全局和战略的高度，充分认识做好安全生产和环境保护工作的极端重要性，牢固树立以人为本、安全第一、环境友好的发展理念。要以解决煤矿安全、交通安全、危险化学品安全问题为重点，切实采取有力措施，进一步完善制度，依法管理，严格执法，加强教育，促进安全生产形势进一步好转。

温家宝指出，饮用水、大气、土壤污染和垃圾处理问题，直接影响人民群众的生活，影响人们的健康甚至生命安全。必须以对人民高度负责的精神，把这些问题解决好。要充分利用市场、行政和法律手段，在经济社会发展综合决策、区域流域综合治理、污染源控制治理三个方面下功夫，通过全防全控、联防联控和群防群控，改善环境质量。要把循环经济的理念贯穿到生产、流通、消费的各个环节。

温家宝强调，要进一步加强安全生产和环境保护监督管理。企业要承担主体责任，严格依法生产经营。政府要切实履行好监管责任，并创造条件让群众参与对企业安全和环保的监督，参与对政府相关工作的监督。要建设更加高效的风险管理和应急救援体系。

世界经济论坛2011年新领军者年会(第五届夏季达沃斯论坛)在大连开幕

国务院总理温家宝出席开幕式，并发表了题为《实现更长时期、更高水平、更好质量的发展》的讲话。

世界经济论坛主席施瓦布、贝宁总统亚伊、几内亚总统孔戴、吉尔吉斯斯坦总理阿坦巴耶夫、挪威王储哈康、津巴布韦副总理穆坦巴拉以及来自世界90个国家和地区的政界、商界、学术界和新闻界代表1700余人出席会议。

国务院总理温家宝在2011年夏季达沃斯论坛上发表题为《实现更长时期、更高水平、更好质量的发展》的讲话

尊敬的克劳斯·施瓦布主席,女士们,先生们:

首先,我对第五届夏季达沃斯论坛的召开表示衷心祝贺!对各位嘉宾的到来表示热烈欢迎!夏季达沃斯论坛已经走过了五个年头,五年的论坛形成了一个宗旨,这就是面向世界、面向未来、面向创新、面向青年。会议安排了多种形式的讨论,开得生动活泼、充满朝气,特别在金融危机的困难时期,给世界传递了希望的声音,带来了信心和勇气。本次论坛以“关注增长质量,掌控经济格局”为主题,反映了大家对推动经济强劲、可持续、平衡增长的共识与期待。我祝愿本次论坛获得圆满成功!

国际金融危机爆发至今已经三年,国际组织、各国政府、企业界和专家学者都在深刻反思,探究危机产生的原因,寻求世界经济和各国经济未来发展之路。对中国经济发展的成就,有喝彩的,也有怀疑的;对中国经济的未来,有看好的,也有唱衰的。对此,我们的头脑是清醒的,胸中是有数的,信心是坚定的。

新世纪头十年,是世界政治经济格局大调整、大变革的十年,是中国工业化、城镇化快速发展的十年,也是我们全面推进改革开放和现代化建设取得辉煌成就的十年。

这十年,中国经济年均增长10.5%,国内生产总值由世界第六位上升到第二位,对外贸易总额由第七位上升到第二位;产业结构优化升级,农业基础不断加强,中西部地区发展加快,各具特色的区域发展格局初步形成;各项社会事业蓬勃发展,城乡居民收入大幅提高。中国经济实力、综合国力、人民生活水平迈上新台阶,国家面貌发生了翻天覆地的变化。

我们坚持用改革的办法破解发展难题,不断完善社会主义市场经济体制。在财税、金融、农村、企业、资源价格等领域推出一系列重大改革,使微观经济活力和宏观管理能力明显增强,市场配置资源效率明显提高。全面推进社会事业发展,实现真正免费的九年义务教育,覆盖城乡的社会保障体系初步形成,保障性住房建设加快推进,使“学有所教、劳有所得、病有所医、老有所养、住有所居”的理想逐步变成现实。通过改革,我们进一步破除了制约发展的各种障碍,调动了广大人民的积极性、主动性、创造性,使劳动、资本、知识、技术和管理的活力竞相迸发,成为社会财富迅速增加的源泉。

我们坚持互利共赢的开放战略,提升开放型经济水平。以2001年加入世界贸易组织为契机,加快转变外贸发展方式,调整进出口结构,促进加工贸易转型升级,大力发展服务贸易。把“引进来”与“走出去”结合起来,推动对外投资与利用外资协调发展。积极参与全球经济治理机制改革和区域合作机制建设,不断深化双边与多边经贸合作。今天的中国,已经是一个全面开放的市场经济国家。对外开放不仅有力促进了中国发展,改善了本国人民福祉,也成为促进区域和世界经济发展的重要力量。

女士们,先生们!

步入21世纪第二个十年,中国的发展进入新的历史阶段,仍处在重要战略机遇期。和平、发展、合作仍是时代潮流,国际环境总体上有利于我国和平发展;我国工业化、城镇化和农业现代化深入发展,国内市场潜力巨大,国民储蓄率较高,科技和教育整体水平提升,劳动力素质改善,改革不断深化,社会大局保持稳定,这些都为经济社会发展创造了有利条件、开辟了广阔空间。我们也深刻认识到,我国发展中不平衡、不协调、不可持续的问题仍然突出,制约科学发展的体制机制障碍依然较多。随着经济总量不断扩大,保持我国经济在更长时期内高速增长的难度在加大。但国际国内形势新变化没有改变中国发展的基本面,我们完全有条件、有能力、有信心继续保持经济平稳较快发展,推动经济发展再上新台阶。

“十二五”是中国全面建设小康社会的关键时期。我们充分考虑未来发展趋势和条件,与我国2020年奋斗目标紧密衔接,确立了今后5年发展的总体方向和战略任务,突出体现了加快转变经济发展方式、实现科学发展、让全体人民共享改革发展成果的要求。

——中国将坚持实施扩大内需战略,着力调整优化需求结构,增强消费需求拉动力。立足内需是大国实现经济可持续增长的内在要求和必然选择。中国有占世界20%的人口,人均国内生产总值超过4000美元,进入到消费结构升级的关键阶段,提高城乡居民消费水平和生活质量,加强经济社会发展薄弱环节,都孕育着巨大的国内需求。我们将着力构建扩大消费需求的长效机制,营造良好消费环境,改善居民消费预期,增强居民消费能力,促进消费结构升级。把扩大消费与推进城镇化、保障改善民生有机结合起来,与加快发展服务业有机结合起来,力争使城镇化率再提高4个百分点,服务业增加值占国内生产总值比重再提高4个百分点,使最终需求成为拉动我国经济增长的强劲动力。

——中国将坚持优先发展教育,全面提高人的素质，把经济发展建立在提高人力资本质量的基础上。对于中国这样的发展中大国，大力提升教育水平，全面提高人的素质，是经济发展的优势、动力和源泉。我们要尽快把经济增长从依靠增加人力资本数量转变到依靠提升人力资本质量上来。这是适应技术进步、转变经济发展方式的需要，是适应人口结构变化、实现可持续发展的关键。我们要全面落实国家中长期教育规划纲要，更好地统筹发展各级各类教育，大力促进教育公平，全面实施素质教育，着力培养创新型人才，推动教育事业科学发展，加快从教育大国向教育强国、人力资源大国向人力资源强国迈进。这将为中国经济持续发展提供强大的智力支撑。

——中国将坚持创新驱动，加快建设国家创新体系，大力增强科技对经济社会发展的支撑能力。加快转变经济发展方式，必须依靠科技支撑和引领。"十二五"时期，我们要把科技工作摆在更加突出的位置，深化科技体制改革，从根本上解决科技与经济脱节的问题；加大科技投入，把研究与试验发展经费支出占国内生产总值的比重从1.75%提高到2.2%。瞄准世界科技发展前沿，加强基础研究和战略高技术研究，集中力量突破一批核心关键技术。提升知识产权创造、应用、保护、管理能力，激发全社会创新活力。加快应用新技术、新材料、新工艺、新装备改造提升传统产业。大力培育和发展战略性新兴产业，现阶段重点培育和发展节能环保、新一代信息技术、生物、高端装备制造、新能源、新材料、新能源汽车等产业，力争形成新的支柱性产业，在新一轮科技革命和产业革命中赢得发展的主动权。

——中国将坚持节约资源和保护环境，走绿色、低碳、可持续的发展道路，显著提高资源利用效率和应对气候变化能力。节约资源、保护环境是实现可持续发展的必由之路，是我国的一项基本国策。我们将加快构建有利于节约资源和保护环境的产业结构、生产方式和消费模式，促进人与自然的和谐统一。"十二五"期间，把非化石能源占一次能源消费比重提高到11.4%，单位国内生产总值能源消耗和二氧化碳排放分别降低16%和17%，主要污染物排放总量减少8%至10%。我们要健全法规和标准，强化目标责任考核，理顺能源资源价格体系，加强财税、金融等政策支持，推动循环经济发展，大力培育以低碳排放为特征的工业、建筑和交通体系，全面推进节能、节水、节地、节材和资源综合利用，保护与修复生态，增加森林碳汇，全面增强应对气候变化能力。

——中国将坚持以人为本，更加重视保障改善民生，走共同富裕的道路。我们所做的一切都是为了让全体人民生活得更好，这是检验我们一切工作的标准。我们要以共享发展成果为目标，以保障改善民生为重点，全面推进社会建设。坚持把增加就业作为经济社会发展的优先目标，为全体劳动者创造公平的就业机会。调整国民收入分配格局，努力实现居民收入增长和经济发展同步、劳动报酬增长和劳动生产率提高同步，逐步提高居民收入在国民收入分配中的比重，提高劳动报酬在初次分配中的比重。城镇居民人均可支配收入和农村居民人均纯收入年均增长超过7%。实现城乡基本养老、基本医疗保障的制度全覆盖，全国城镇保障性住房覆盖面达到20%。

——中国将继续深化改革开放，坚决破除体制机制障碍，进一步增强可持续发展动力。中国过去30多年的快速发展，靠的是改革开放，未来的发展进步，也必须依靠改革开放。我们要继续推进经济体制和政治体制改革，为经济社会发展注入强大动力。坚持和完善基本经济制度，加快财税金融、要素价格、垄断行业等重点领域改革，力争取得明显进展。坚持依法治国，从制度上改变权力过分集中而又得不到制约的状况，保障人民的民主权利和合法权益，维护社会公平正义。

中国的发展离不开世界，世界的发展需要中国。这里我重申，中国的对外开放是长期的、全面的、互利的，中国坚持对外开放的基本国策决不会改变。我们将继续积极参与经济全球化的进程，推动建设公正合理的国际贸易体系和金融体制。我们将继续完善涉外经济法律法规和政策，使中国的投资环境变得更加规范、更加透明、更加有利于各类企业投资兴业。

女士们，先生们！

目前，世界经济正在缓慢复苏，但不稳定和不确定性加大。无论发达经济体还是新兴经济体，经济增速都出现回落；一些国家主权债务风险增大，引起国际金融市场急剧动荡；主要发达经济体失业率居高不下，新兴经济体通胀压力上升。这些表明了世界经济复苏的长期性、艰巨性、复杂性。2009年年初，我在达沃斯论坛上曾经说过：这是一场全球性的挑战，战胜危机要靠信心、合作和责任，它也检验着国际社会加强合作的诚意和水平，考验着我们的智慧。今天，我的看法没有改变。国际社会要进一步增强信心，加强合作，共同应对挑战。要加强宏观经济政策沟通协调，加快建立公正、合理、健康、稳定的世界经济新秩序。各国政府要真正承担起责任，把自己的事情做好，主要发达经济体要采取负责任、起作用的财政、货币政策，妥善处理债务问题，保持市场投资安全和稳定运行，维护全球投资者信心。

中国当前的经济形势总体上是好的。今年以来，经济增长由政策刺激向自主增长有序转变，继续朝着宏观调控的预期方向发展。上半年国内生产总值增长

9.6%，贸易顺差减少17.6%，内需的作用增大；城镇新增就业655万人，物价涨幅总体可控，重要商品市场供应得到较好保障；结构调整积极推进，企业效益和财政收入较快增长；居民收入稳步提高，人民生活进一步改善。二季度后经济增速略为放缓，在很大程度上是主动调控的结果，没有超出预期。我们将针对经济运行中的突出矛盾，继续实施积极的财政政策和稳健的货币政策，保持宏观经济政策的连续性、稳定性，根据形势变化提高政策的针对性、灵活性、前瞻性，切实把握好宏观调控的力度、节奏和重点，处理好保持经济平稳较快发展、调整经济结构、管理通胀预期三者的关系，保持物价总水平基本稳定，防止经济出现大的波动，努力实现今年经济社会发展目标。

我相信，中国经济一定能够实现更长时期、更高水平、更好质量的发展，并为推动实现世界经济强劲、可持续、平衡增长作出新的贡献！我们真诚欢迎各国企业积极参与中国改革开放进程，共享中国繁荣进步的机遇和成果！

谢谢大家！

国务院总理温家宝在大连出席第五届夏季达沃斯论坛开幕式和企业家座谈会并回答世界经济论坛主席施瓦布和企业家的提问

问：总理先生，您在演讲中提到世界许多国家面临的挑战，特别是在金融领域，我的问题是中国能采取什么措施来帮助国际社会，特别是欧洲有关国家和美国迎接金融领域的挑战？

答：如果我们看一下当前国际和金融形势，我们就会发现在经济缓慢复苏的过程中，不确定、不稳定的因素加大，一些主要经济体增长乏力、失业居高不下。美国现在面临三项任务：一是控制债务规模，二是减少财政赤字，三是通过经济的发展来增加就业。欧洲一部分国家存在着主权债务危机，现在值得注意的是，要防止主权债务危机的蔓延和扩大。由于美元汇率的波动，国际大宗商品价格处于不稳定状态，新兴发展中国家面临着通货膨胀的压力。在这种形势下，中国已经和世界的发展不可分割，我们必须首先把自己的事情办好，同时要推动国际经济体系改革和金融体系改革，努力保持世界经济的稳定和发展，实现经济强劲、可持续和平衡增长。美国作为世界最大的发达国家，有雄厚的经济实力、坚实的科技基础和丰富的人才，我们相信美国能够克服困难，实现经济的持续复苏。我们希望美国实行正确的经济政策，保持财政和金融的稳定，以维护投资者的利益和信心。去年我同奥巴马总统会谈时曾经提出这样一个建议，中国愿意同美国开展大规模的金融和经济合作，其中有两项最为重要的内容：第一，美国要放开市场，让中国的企业到美国去投资，使债务变成投资，从而促进美国的就业。第二，扩大美国商品对中国的出口。现在的问题在美国，美国应该放开商品出口管制。我记得美国前商务部长骆家辉曾经举过一个例子，如果美国对东亚地区的出口增加1%，那美国的就业就可以增加10万人。我的建议得到了奥巴马总统的赞同，我希望通过这样积极的方式来改善中美贸易平衡，加强中美经贸合作。欧洲是中国的全面战略合作伙伴，我们一直关注着欧洲经济的发展和遇到的困难。在欧洲一些国家发生主权债务危机、经济出现困难的时候，我们多次表示中国愿意伸出援助之手，继续加大对欧洲的投资。不久前，我同欧盟委员会主席巴罗佐通电话，再一次向他明确表示，中国至今相信欧洲能够克服困难，中国仍然愿意扩大对欧洲的投资。但是同样我也希望，欧盟的领导人、欧洲一些国家的领导人也要从战略上看待中欧关系，比如承认中国完全市场经济地位。其实，按照中国加入WTO谈判的结果，中国完全市场经济地位到2016年就为全世界所承认，早几年表示出一种诚意，是一种朋友对朋友的友好关系。下个月我将同欧盟领导人进行会晤，我希望这次会晤在这个问题上能够有所突破。日本是中国的近邻，我们两国在经贸上有很强的互补性，而且两国的贸易总量很大。日本目前遇到的困难主要是前不久遭遇的海啸和核泄漏双重灾难。但我们相信，日本恢复重建将会推动经济较快增长。在日本最困难的时候，我们也伸出了援助之手，包括在经贸和旅游方面都给予了帮助。在这里，我们还不能忘记发展中国家。在金融危机中受害最深、最为困难的是广大发展中国家，它们不仅在经济发展上，而且在通胀压力上都遇到了前所未有的困难。我们对它们要施以援助之手，前不久我们曾两次对非洲进行了粮食援助，包括中东、北非地区一些出现动荡的国家，我们也施以人道主义援助。整个世界在应对危机当中必须携手共进、加强合作来克服困难，中国将秉持这个原则。谢谢诸位，谢谢施瓦布先生。

问：这个问题是有关您在演讲中也谈到的中国推进政治体制改革的问题。在以前的演讲当中，您曾经提出要将中国打造成一个开放、包容，文化上进步和谐的国家，您还说没有开放和包容，一个国家就不可能实现富强。我的问题是，中国将采取什么样的具体措施来达到您在演讲中提出的目标？

答：感谢施瓦布先生对我上午演讲的评价。今天下午的会议我也认为是互动的，不仅是我同在座的各位互动，我脑子里想的实际上是我同全国人民的互动。因此，我感到责任重大，必须准确地、坦诚地谈出我对各方面问题的看法。关于政治体制改革，这些年我讲过多次,如果汇总起来,我以为是比较全面的。施瓦布先生问我当前和今后一个时期应该做哪些工作?我想谈以下几点看法。第一,坚持依法治国。一个执政党最重要的任务就是要依照宪法和法律办事,并且严格在宪法和法律范围内活动,这就需要改变以党代政,把权力绝对化和权力过分集中的现象。为此,必须改革党和国家的领导制度。这个任务是邓小平先生在30年以前就提出来的,我认为在今天尤为紧迫。第二,要推进社会公平正义。这就需要通过改革发展经济,并且改变收入分配不公和差距过大的现象,让人民群众都过上有尊严的生活,都能够享受改革和建设的成果。在一个拥有13亿人口的大国,我深知中低收入者甚至贫困人口还占大多数。社会公平直接关系我们的政府是否真正为人民服务,也关系到经济的可持续发展和社会的和谐稳定。为此,我们要重视做好两个方面的工作:一方面要采取措施,加快提高中低收入者的收入,同时要调节高收入阶层的收入;另一方面,要建立和完善社会保障制度,包括失业、养老、医疗等社会保障,使之形成完整的社会保障体系。第三,维护司法公正。检察机关和司法机关要保持应有的独立性,不受任何行政机关、社会团体和个人的干涉。司法公正体现社会的公平正义,我们必须始终坚持这个方向。这一点也是早在30多年前党的十一届三中全会就提出来的,我们要认真加以贯彻。第四,保障人民的民主权利。要切实保障宪法规定的公民的民主权利和民主权益,其中最主要的是选举权、知情权、监督权和参与权。我想专门讲一下选举权,我们要扩大民主形式,要巩固村民自治。要相信群众能够管好一个村,也能够管好一个乡,甚至管好一个县。现在有的地方在认真总结经验的基础上,推进由村级选举向乡一级选举的试点。我还想讲一下,在扩大民主这个问题上可以先从党内做起,由党内逐步扩大到党外,这样比较稳妥,也比较现实。第五,坚决反对腐败。反腐倡廉是我们各级政府面临的一项重大任务,我觉得当前反腐败可以重点做以下几项工作:一是反对职务侵占。严禁领导干部利用手中的权力插手招投标活动,牟取私利,这要成为经济上反腐败的一项重要任务。二是逐步推进财产申报和公开制度。我们这些年已经制定了一些制度,包括领导干部财产和家属子女在国外定居和经商情况,我们还要进一步加以完善,逐步从申报到公开,这是对干部手中权力的一个最重要的监督。三是公开财政支出中的“三公”经费。我们从今年开始已经在98个部门实行了“三公”经费的公开,群众对此是欢迎的,但是感到还不够,我们还要根据需要逐步扩大范围,并且将公布的内容具体到项。我们要坚决惩治腐败,要依照法律对各种腐败现象和腐败分子严厉予以惩处,毫不手软。我以为在上述五项工作当中,最为重要的,也是难点和重点的,就是有序地扩大社会主义民主,毫不动摇地推进社会公平正义,坚持反腐败斗争。如果这样做下去,我们就会使人心平静下来,使每个人都有安全感,使弱势群体得到帮助,使大家对国家的未来充满信心。谢谢。

问:中国古话讲危机并存,危难和机遇常常是连在一起的。当前金融形势不太好,请问总理,中国企业在这样的形势下,自主创新以及走出国门在全球发展,有没有什么战略性的机遇?

答:当前国际经济形势非常复杂,企业面临着激烈的竞争,我想把你这个问题扩大一下,不仅是企业,我们整个经济发展都面临同样的问题。这次论坛的主题叫“有质量的增长”,其实这句话已经点明了你要问的问题。什么是“有质量的增长”?我以为:第一,应该是全面、协调、可持续的增长。对于中国来说,就是要着力解决地区发展不平衡、城乡发展不平衡的问题,并且使经济与社会协调发展。第二,有质量的增长应该是有科技支撑和科技含量的增长。这就必须进一步推进科技体制改革,使企业真正成为研发和创新的主体。第三,有质量的增长应该是低碳、绿色和环保的增长。我们要采取更坚决有力的措施,实现“十二五”提出的降低二氧化碳排放强度的目标,同时实现其他各项环保目标,减轻人口、资源、环境对经济发展的压力。第四,有质量的增长应该是惠及民生的增长。也就是说增长的结果应该为绝大多数人民所共享,我们所追求的不但是经济增长,而是人的全面发展和社会全面进步。我想再提一点,有质量的增长应当是有一定的发展速度、有比较低的通货膨胀率、可持续的增长。既不使经济出现大的起落,又使通货膨胀控制在可承受的范围内,这一点在当前显得尤为必要,因为我们面临着比较大的通胀压力。我常讲,通货膨胀如果同贪污腐败结合在一起,足可以影响社会的稳定和人心的向背,我们要从这样的高度来看待通胀问题,我的回答可能超过了一个企业的问题。谢谢你。

问:我想问的问题是与非洲发展有关的,非洲各国现在都在寻求加快经济发展速度。但对非洲而言,要实现这个目标恐怕要花较长时间。非洲各国一直把中国的发展看作是快速和可持续发展的重要模式。请问,您认为非洲应该在哪些核心领域下大力气以实现经济真正意义上的快速发展?在这个过程中,中国能够发挥什么样的战略性作用?特别是在回报非洲当地社会、促进当地发展方面。

答:中国同非洲的友谊可以追溯到上世纪五六十年代。那时我们国家很穷,但是我们已经开始了对非洲的无私援助。同时我们也忘记不了,是非洲国家坚决支持恢复中华人民共和国在联合国的合法地位。我们曾经这样讲过：是非洲朋友把中国抬进联合国的。中国有句古话：人于我有恩不可忘记，我于人有恩一定要忘记。我们始终没有忘记非洲人民对中国人民的深情厚谊和有力支持。我同样认为，在发展中国家，最穷困的集中在非洲。但是非洲有着丰富的自然资源，有着勤劳的人民，他们一定能够依靠自己的力量发展起来、富裕起来。我以为对非援助的方针，最重要的就是要把援助的基础建立在增强非洲人民自我发展的能力上，要把对非援助的重点放在改善民生上，使非洲人民能够从援助当中得到实实在在的利益。现在世界对中国援非以及中国对非关系有一些非议，但是我可以告诉大家，中国最穷的时候同非洲人民打交道，无私地援助非洲，我们没有从非洲采过一滴石油、拉过一吨矿石。中国现在比过去强大了，我们对非洲的援助依然是无私的。如果你翻阅资料，从非洲通过各种交易取得资源和石油最多的国家决不是中国。我想经验是相互借鉴的，各国都要根据自己的实际来探索自己的发展道路，我们要尊重非洲的主权、领土完整和自己选择的发展道路。我们的支持应该放在非洲发展最薄弱的环节，一种可持续的相互联系和广泛援助应该是建立在政府主导、企业主体、市场运作的原则基础上的。我们今后对非发展经济关系：第一，要坚持互相尊重、共同协商的原则；第二，要始终尊重非洲的主权和领土完整，尊重非洲人民所选择的发展道路；第三，要坚持平等相待，实现互利共赢。我认为这就是发展与非洲经济贸易联系和对非援助应该坚持的基本原则。当然，我在这里没有更多地阐述中国对非洲援助所采取的政策，其实两次中非合作论坛，我们先后推出了一系列的包括减免债务、提供无息贷款和优惠买方信贷，以及支持他们发展农业、基础设施、派遣医疗队和志愿人员的各项措施，我们还将坚持这样做。我想只要方向正确，中非友谊、中非合作是任何力量所阻挡不了的。我想再补充一句，在对非合作当中，一定要注意合理开发利用资源，保护环境、保护文化。谢谢。

问：温总理，您好，我想请教关于中国制造的问题，中国现在有很多企业生产出世界一流产品，但是还有部分企业透支中国制造的品牌，因此在全球化背景下很需要提升中国制造的国际竞争力和扭转中国制造的整体国际形象。如果能够将中国十万家 GMC 标准的中国企业联合起来，代表真正的优秀中国制造，那么通过五年的时间，我们就能够将中国制造与日本制造和德国制造相媲美。请问温总理，我们经过多少年的时间才能让中国制造成为优质的标志？

答：中国企业家刚刚的提问使我心里产生了一种奋发图强的勇气。虽然我已经年届七十，但此时此刻心情像年轻人一样。我的愿望不仅是“中国制造”，而是“中国创造”；不仅是中国产品，而是中国的自主知识产权，是中国的有质量、有效益、安全可靠的品牌。这需要我们几代人上百年的奋斗。我们今天虽然面临很多问题和困难，但是每一个中国人都不要灰心、不要泄气，我们只能用自己的双手、用自己的智慧把我们国家发展上去。那么，作为领导者我以为最关键的有两个方面要紧紧抓住：第一就是科技；第二就是教育。要使这两个方面都上去，必须实行三个方面的工作：一是坚决实现我们提出的投入目标。也就是到明年，中国教育经费达到 GDP 的 4%。我知道这还有很大的困难，我的决心就是勒紧裤带也要实现。使企业的研发经费在五年内达到 GDP 的 2.2%，这是一方面。二是推进教育和科技改革。对于科技改革来讲，就是要解决科技与经济“两张皮”的现象，实现以企业为主体，产学研相结合。对于教育，最重要的就是要培养创新人才，让我们的孩子从小不仅要学会动脑，而且要学会动手，大脑可以设计出来一个万千世界，双手也可以绘制出一幅美丽的蓝图。就是要培养我们的每个孩子从小就要有独立思考的能力，有创造性的思维。三是必须推进企业改革。整个改革必须以建立现代企业制度为核心，充分发挥领导者和广大职工的积极性。作为一个企业家，不仅眼睛要盯着利润，而且要盯着研发。我可以预见，一场大的金融危机会伴随一场大的科技革命，而哪个民族善于捕捉机遇，哪个民族就能够走在前面，立于不败之地。

问：今天您在演讲当中谈到在欧洲，特别是西欧一些国家面临的挑战，我想指出的是，恐怕现在国际社会面临真正的挑战不一定是来自欧洲，我认为恰恰是来自美国，特别是考虑到美国明年 11 月即将进入美国总统大选季节。我想问的问题是您能不能具体谈一下，您认为美国应该如何以及何时才能够真正解决自己的赤字和债务问题？

答：对于这位外国企业家提出的问题，其实我在上午回答国际经济形势问题时已经全面阐述了。有人说现在经济的主要危险在美国，也有人说主要危险在欧洲。我既不是美国总统，也不是欧洲任何一个国家的总理，我很难下这种判断。但是我已经清晰地表达了中国的意见，那就是欧美作为世界两个最大的发达经济体，应该及时、果断地采取负责任的财政和金融政策，尽快推进政策的调整和体制的改革，从而减少财政赤字，减轻债务危机的压力。我同时相信欧美都具有雄厚的经济基础、先进的管理经验和技术，我相信只要政策得当就一定能够克服困难，实现经济复苏。我们期待着欧美两大经济体尽快实现经济复苏，这不仅对欧美有利，对整个世界也有利。为此，中国愿意与它们都加强合作。谢谢。

国务院总理温家宝在大连分别会见贝宁总统亚伊几内亚总统孔戴、吉尔吉斯斯坦总理阿坦巴耶夫和新加坡荣誉国务资政吴作栋

全国政协主席贾庆林在国家博物馆参观辛亥革命名家墨迹展

为纪念辛亥革命100周年，全国政协教科文卫体委员会和中国国家博物馆共同主办了这次展览，展出时间为9月13日至10月20日。展览从国家博物馆馆藏文物中精选了120件(套)辛亥革命名家的珍贵墨迹，包括书法和书札两部分。其中既有孙中山、黄兴等革命领袖的墨宝，也有革命军中马前卒的手迹；既有勉励同志的题字，也有同志、亲人、友人之间的往来书信，更有凝聚作者思想的书籍手稿。

第一期全国新任乡镇党委书记示范培训班在北京举办

中共中央政治局委员、中央书记处书记、中组部部长李源潮出席并讲话。

来自27个省区市的108名乡镇党委书记参加了这期培训。

李源潮指出，乡镇党委书记是党在农村基层的执政骨干，是乡镇领导班子的带头人，要担负起建设社会主义新农村的领导责任。要把推动发展、致富农民作为第一要务，认真研究本地优势和劣势，带领农民走出一条持续增收致富的路子。要把维护农村和谐稳定作为第一责任，坚持两手抓两手硬。要把抓好党建作为主要职责之一，带好乡镇干部、村党支部书记、大学生村官三支队伍，不断增强农村基层党组织的创造力凝聚力战斗力。

李源潮指出，乡镇党委书记要把农民群众的利益放在首位，努力改善民生。要经常到村里去，到农民家里去，到田间地头去，拜群众为师，与农民交知心朋友，每年有计划地干几件改善民生的实事。要学习“文建明工作法”，把党和政府的要求与百姓愿望很好地结合起来，科学管理、创新方法，提高基层政权的执政水平和群众满意度。要守信念、讲奉献、重品行，工作有本事，办事要公道，自身要干净，保持共产党人清正廉洁的政治本色。各级党委和组织部门对乡镇党委书记既要严格要求，又要热情关心，充分调动他们的积极性创造性。

中组部常务副部长沈跃跃主持开班式。

国务院副总理李克强在北京出席中国—欧洲民间友好合作对话会开幕式并致辞

李克强指出，当前世界格局处于深刻调整变化之中，世界经济复苏中不确定不稳定因素增多，主权债务危机风险上升，国际金融市场动荡，保持经济平稳增长的压力加大，稳定物价、调整结构、扩大就业等任务艰巨，粮食和能源资源安全、重大自然灾害等全球性挑战也需要积极应对。如何在纷繁复杂的环境中化解现实矛盾，把握未来发展，成为各国的共同课题。中欧经贸关系紧密，互补性强，把先进的欧洲设计、技术和管理与日益成长的中国市场联结起来，培育新的增长点，推动创新发展，潜力巨大。希望双方抓住机遇，在深化合作中实现共赢。

李克强强调，中国始终从战略和长远角度看待欧洲发展与中欧合作。我们希望看到一个稳定和繁荣的欧洲，对欧洲经济和欧元始终抱有信心，支持欧洲一些国家采取的稳定市场、平衡财政、推进结构改革等经济金融调整措施。中国将进一步扩大同欧洲的贸易和投资往来，继续把欧洲作为主要投资市场之一，并加强与欧洲各国在宏观政策制定、国际金融体系改革、全球经济治理等方面的沟通协调与配合，携手促进世界经济强劲、可持续、平衡增长。

李克强说，人文交流是沟通心灵、加深理解的桥梁和纽带。办好中欧民间友好合作活动，有利于双方增进互信、互学互鉴，尊重和包容对方的发展道路、文化传统等，促进人文交流与经济合作平行并重发展。他强调，民间友好是国与国关系的基础和前提，民间外交是国家总体外交的重要组成部分。中国政府一如既往地支持民间友好和民间外交事业发展，希望中国和欧洲民间机构及各界人士继续发挥优势、积极行动，开展形式多样的友好交往活动，搭建起欧亚大陆跨越时空的合作之桥、友谊之桥，为21世纪中欧友好合作事业发展作出新贡献。

全国人大常委会原副委员长、中欧协会名誉会长何鲁丽出席对话会开幕式。中国人民对外友好协会会长陈昊苏主持开幕式。

中国—欧洲民间友好合作对话会由中国人民对外友好协会主办，中国人民政治协商会议天津市委员会、中国国际经济交流中心等单位协办。对话会的主题是“跨越时空的合作”，设经济合作和人文交流两个议题。中国全国政协外事委员会主任赵启正、天津市政协主席邢元敏、部分国家驻华大使以及来自中国和欧洲16个国家的政府官员、相关国家对华民间友好合作组织负责人、经济文化学术等各界代表共300余人参加对话会。

中国首批出口马来西亚城际动车组列车在上海罗

泾码头装载起航

2010年7月，南车株机与马来西亚交通部签署228辆城际动车采购大单，这是我国自主研制的高端城际动车首次批量出口订单。

中组部部长李源潮在北京调研医药卫生系统窗口单位创先争优活动

李源潮指出，医药卫生系统为民服务创先争优，要坚持以服务好、质量好、医德好、群众满意为主要内容，切实解决群众反映强烈的突出问题，为群众提供更加安全、方便、有效、价廉的医疗服务，努力争创人民满意的好医院。

李源潮在卫生部召开座谈会，卫生部、首都儿科研究所等6家医疗单位介绍了开展为民服务创先争优的做法和初步成效。李源潮说，医药卫生工作直接关系千家万户的健康和幸福，各基层窗口单位要认真听取群众意见，切实解决群众感到不方便、不放心、不满意的具体问题，改善群众看病就医的感受，做实为民服务创先争优。要进一步改进医德医风，弘扬救死扶伤、病人至上、热情服务、文明行医的良好风尚，促进医务人员精诚专注医治、精益求精服务，构建和谐医患关系。

李源潮指出，医药卫生系统创先争优要为深化医药卫生体制改革提供动力和保证。要广泛开展“三亮三比三评”，推动为民服务创先争优在基层落实、在基层行动、在基层见效。要树立和宣传先进典型，带动广大医务工作者争创岗位奉献先锋、群众满意窗口、优质服务品牌。

9月15日

全国人大常委会委员长吴邦国在莫斯科与俄国家杜马主席格雷兹洛夫举行会谈

吴邦国说，在双方共同努力下，中俄关系取得巨大发展。政治上，战略互信不断加深，彻底解决历史遗留的边界问题，在涉及彼此核心利益的问题上相互坚定支持。经济上，顺利实施一批战略性大项目，形成贸易、能源、科技、地方等全方位合作格局，务实合作的质量和水平显著提高。人文领域，成功互办“国家年”、“语言年”，中俄世代友好深入人心。在联合国、二十国集团等多边框架内保持密切沟通与协调，加强战略协作，共同应对气候变化、能源安全、粮食安全等全球性挑战。坚定不移地发展中俄关系，是中国政府和人民的战略性选择。

在谈到议会交往时，吴邦国指出，这些年，中俄议会以定期交流机制为统领，积极开展各层次各领域的友好交往与务实合作，积累了许多宝贵经验。一是服从服务于国家关系发展大局，从议会层面加强中俄战略协作，坚定支持对方走符合本国国情的发展道路，坚定支持对方维护本国主权、安全、发展等核心利益的努力，坚定支持对方发展振兴。二是加强和完善议会定期交流机制，根据国际形势变化和各自国内的发展需要，选择交流对话的议题、开展坦诚对话，加强民主法制建设和治国理政等方面的经验交流、相互借鉴，更好地促进各自发展。三是推动务实合作，督促两国相关部门尽早启动实施优先合作项目，及时依法按程序审议批准有关双边条约和协定，为务实合作创造良好的法制环境。四是弘扬世代友好，广泛宣传中俄睦邻友好的和平理念，加强议会领导人、专门委员会、友好小组和议员之间，特别是青年议员之间的友好往来，进一步增进彼此了解，加深对中俄关系战略价值的认识，培育中俄世代友好的新生力量。

格雷兹洛夫高度评价俄中议会定期交流机制，认为每次交流都有实质性内容、取得积极成果，为促进国家关系发展发挥了重要作用。加强同中国的友好合作关系，是俄政府、议会的坚定立场，得到各政党和人民的广泛支持。俄方愿与中方共同努力，推动俄中关系在高水平上不断向前发展。

全国老干部工作先进集体和先进工作者表彰大会在北京召开

中共中央政治局常委、中央书记处书记、国家副主席习近平出席会议并讲话。

习近平指出，当代中国共产党人是在老一辈革命家开创的、一代又一代老干部接续奋斗的伟大基业上不断前进的。没有包括广大老干部在内的前辈共产党人和革命者的浴血奋战、艰苦创业，就没有今天中国的大好局面。广大老干部在长期革命、建设、改革实践中积累了丰富经验，具有不可替代的思想政治优势和领导经验优势，是一个可以从中汲取智慧和力量的宝库。广大老干部政治立场坚定、工作经验丰富、群众基础深厚、社会影响广泛，在构建和谐社会中具有独特优势。进一步做好老干部工作，充分发挥老干部在党员队伍和干部队伍建设中的传帮带作用、在关心教育下一代中的示范作用、在推动科学发展和促进社会和谐中的积极作用，充分发挥离退休干部党支部在联系和服务群众中的桥梁和纽带作用，对于加强党的执政能力建设和先进性建设，坚持和发展中国特色社会主义，具有十分重要的意义。

习近平强调，经过多年实践，我们已经形成了关于老干部工作的一系列法规政策和制度规定，建立了一整套老干部工作体制和机制，这是做好老干部工作的重要基础。要健全完善落实离退休干部政治待遇制度、生活待遇制度，进一步加强离休干部离休费保障机制、医药费保障机制和财政支持机制建设，努力让他们过一个幸福、安宁的晚年。要适应形势的发展，认真研究老干部工作中遇到的新情况，探索创新离退休干部党支部设置方式、活动方式和活动内容，做到组织覆盖、班子健全、制度完善、活动经常。要创新关怀、帮扶困难离退休干部机制，及时解决老同志最紧迫、最直接和反映最强烈的问题，为他们雪中送炭、解燃眉之急。

习近平指出，老干部工作部门是党和政府在老干部工作方面的参谋和助手，老干部工作队伍是做好老干部工作的专门力量。长期以来，广大老干部工作者爱岗敬业，任劳任怨，无私奉献，为做好老干部工作付出了大量心血，作出了重要贡献。各级老干部工作部门和广大老干部工作者要牢记组织的重托和广大老干部的期望，坚持弘扬党的优良传统和作风，坚持弘扬中华民族的传统美德，不断砥砺思想品格、提升精神境界、培育高尚道德，进一步树立老干部工作部门和老干部工作队伍的良好形象，在平凡的岗位上创造不平凡的业绩、作出不平凡的贡献。各级党委和政府要加强对老干部工作的领导，及时研究和解决老干部工作中的重大问题和重要事项，真正重视、真情关怀、真心爱护老干部工作队伍，加强对他们的培养教育，关心他们的成长进步。

中共中央政治局委员、中央书记处书记、中央组织部部长李源潮主持大会。中共中央政治局委员、国务院副总理张德江出席。3位受表彰代表发了言。中央和国家机关有关部门负责同志，全国老干部工作先进集体和先进工作者代表，各省区市、中央和国家机关部委、部分国有重要骨干企业老干部工作部门主要负责同志，共约600人参加会议。

铁道部下调火车票退票标准

新华社报道：9月25日起，铁路部门将下调火车票退票费标准，并将在9月底前实现所有动车组列车互联网售票。

新的退票费规定：开车前，退票费由原来按每张车票面额20%计收下调为按5%计收。退票费最低按2元计收。

9月底前，全国动车组列车将分步实行互联网售票。其中，郑西高铁、武广高铁动车组列车20日起实行；广深、沪宁、沪杭、广珠、海南东环、成灌线动车组列车22日起实行；其余动车组列车30日起实行。

中国棉花交易中心落户湖北天门

国务院副总理李克强在中南海紫光阁会见英国前首相布朗

国防部部长梁光烈在八一大楼会见孟加拉国陆军参谋长穆罕默德·阿卜杜尔·穆宾一行

9月16日

国家主席胡锦涛在人民大会堂会见几内亚总统孔戴

胡锦涛表示，中方愿同几方共同努力，把两国关系提高到新的水平。政治上，两国高层领导人、政府部门、立法机构要加强交往，推动合作。经济上，双方要共同落实好达成的共识和成果，深挖合作潜力，拓宽合作领域。人文上，双方要为两国人民扩大友好交往创造更多有利条件，进一步增进两国人民的相互了解和友谊。在国际和地区事务中，双方要加强团结协作，推动国际社会更多关注和支持非洲，共同促进世界的和平与发展。

孔戴说，几中友好历史悠久，两国人民有着深厚情谊。几内亚钦佩中国取得的发展成就，致力于发展几中友好合作。几方高兴地看到，在双方共同努力下，两国关系保持良好发展势头。几方愿同中方一道，进一步加强政治交往和各领域合作，加深人民之间友谊，推动两国友好合作关系不断向前发展。

全国人大常委会委员长吴邦国在莫斯科与俄罗斯总统梅德韦杰夫举行会谈

吴邦国说，中国全国人大愿发挥自身优势和特点，进一步加强与俄联邦委员会和国家杜马的友好往来与合作，为充实中俄关系内涵、提升战略协作水平作出新的更大贡献。

梅德韦杰夫说，俄方视中国为最重要的战略协作伙伴，发展与中国的友好合作关系是俄罗斯坚定不移的立场，愿与中方一道努力，继续加强全方位合作，更好地促进各自发展振兴，给两国人民带来更多福祉。

吴邦国表示，加强科技创新合作，是实现中俄两国元首确定的未来10年务实合作目标的重要抓手，既有利于各自国内发展战略的实施，也有利于合作应对日趋激烈的世界科技竞争。双方应在现有基础上，充分发挥合作机制作用，加强整体规划，选准合作项目，着力加强在战略性新兴产业的合作，并依托建设科技工业园区，加快科技合作成果向现实生产力转化，促进各自经济结构调整和产业优化升级。梅德韦杰夫对此深表赞同，他说，设立斯科尔科沃创新科技园区，是俄支持高新技术产业发展的重要举措，欢迎中国企业积极参与，希望双方加大投资和技术创新合作，提升合作质量和水平，培育俄中经贸合作新的增长点。

两位领导人还就共同关心的国际和地区问题交换了意见，一致认为，作为两国全面战略协作伙伴关系的重要组成部分，中俄在国际事务中的战略协作积极而有成效。在当前国际形势复杂多变的情况下，双方要按照《中俄关于当前国际形势和重大国际问题的联合声明》的精神，加强在全球经济治理、应对气候变化、打击“三股势力”等重大问题上的战略协作，密切在联合国、上海合作组织、金砖国家等多边机制内的协调配合，维护共同利益，推动建立更加公正合理的国际政治经济新秩序。

全国人大常委会委员长吴邦国在莫斯科与俄联邦委员会代主席托尔申举行会谈

全国政协主席贾庆林在人民大会堂会见中国伊斯兰教第九次全国代表会议代表

贾庆林希望新一届中国伊斯兰教协会深入学习贯彻胡锦涛同志“七一”重要讲话精神，坚持党的宗教工作基本方针，不断增强建设中国特色社会主义的积极性，着力维护民族团结和社会和谐稳定，为全面建设小康社会、加快推进社会主义现代化贡献力量。一是要弘扬传统，在坚持爱国爱教上不动摇。继续大力弘扬爱国爱教光荣传统，坚定不移地拥护中国共产党领导，坚持走中国特色社会主义道路，教育广大穆斯林群众把爱自己与爱他人、爱国家与爱伊斯兰教紧密结合起来，坚决维护国家核心利益，坚决反对利用宗教进行的危害祖国和人民利益的活动，坚决抵御境外势力的各种干扰破坏，倍加珍惜来之不易的大好局面。二是要服务大局，在促进科学发展上多出力。要引导伊斯兰教界人士和穆斯林群众把握国家深入实施西部大开发、农业扶贫开发、兴边富民行动等重要机遇，努力学习科学文化知识，不断提高勤劳致富本领，在参与改革开放和现代化建设中创造幸福美好生活。积极参与社会建设，在社会保障、扶贫济困、公益慈善等方面多做工作，不断创新服务社会的途径方法，努力提高服务的社会化、专业化和科学化水平。三是要增强责任，在维护民族团结上做表率。始终高举民族团结的旗帜，教育引导穆斯林群众与其他各族群众牢固树立“三个离不开”的思想，进一步增强对伟大祖国、对中华民族、对中华文化、对中国特色社会主义的认同，不断巩固平等团结互助和谐的社会主义民族关系。进一步树立国家意识、法律意识和公民意识，正确认识和处理宗教与政治、信仰与法律的关系，自觉在国家法律法规范围内开展宗教活动，配合党和政府做好安定人心、化解矛盾的工作，切实维护社会和谐稳定大局。四是要强基固本，在加强自身建设上见成效。要团结带领各级伊协，坚持把广大穆斯林群众满意作为工作标准，进一步改进工作作风，深耕基层、厚植基础，不断提升服务意识，大力强化内部管理，健全各项规章制度，逐步探索规范化、民主化、社会化管理的新思路。要进一步加强各地经学院校建设，坚持正确的办学方向，下大力气培养一批新一代爱国爱教的中青年骨干，为伊斯兰教事业的发展增添新生力量。

中共中央政治局委员、国务院副总理回良玉，全国政协副主席、中央统战部部长杜青林等参加了会见。

中央纪委书记贺国强在广西调研

9 月 16 日至 19 日，贺国强先后到广西柳州、桂林、南宁等地调研。

深入实施“十二五”规划、加快转变经济发展方式，是贺国强此次调研的重点。在柳工集团有限公司，贺国强说，老国有企业为新中国的建设和发展作出过重大历史贡献，我们要继承和发扬工人阶级的优良传统，进一步加快国有企业改革发展步伐，努力把国有企业做大做强；要抓紧解决企业的一些历史欠账，进一步提高企业职工特别是离退休职工的生活水平，让他们共享改革发展的成果。在上汽通用五菱汽车股份有限公司，贺国强嘱咐企业负责人进一步加快技术改造和新产品研发，努力开拓国际国内市场，为推动我国汽车制造业发展作出新贡献。在燕京啤酒(桂林漓泉)股份有限公司，贺国强对企业坚持诚信经营、注重产品质量的做法给予充分肯定，强调企业要树立诚信意识、增强法纪观念，严把产品质量关，确保人民群众吃得安全、用得放心。

在柳州市柳南区宏都社区，贺国强深入了解社区管理和服务情况，并临时召集社区干部开起了座谈会，询问他们的工作感受、实际困难和意见建议。社区干部们反映说，社区给企业下岗职工、大学毕业生就业提供了广阔天地。贺国强要求各级党委和政府坚持重心下移，把加强社区建设作为一项重要任务来抓，切实解决社区组织在工作场所、运行经费、作用发挥等方面存在的实际问题，不断优化社区干部队伍结构、提高社区干部的福利待遇，努力为他们开展工作创造良好环境。

贺国强十分关心保障和改善民生情况。贺国强强调，各级党委和政府要积极改善农村生产生活条件，千方百计帮助农民增收致富，不断提高各族人民生活水平。在南宁市“惠民安居·梧桐苑”廉租住房小区，贺国强走进居民黎玉华家祝贺乔迁之喜，并关切地询问一家人的工作和生活情况。他指出，廉租房建设要高度重视建设质量，切实加强管理，做到建成一栋管好一栋，建成一片管好一片，真正把好事办好，让广大人民群众安居乐业。

在南宁市，贺国强考察了机关绩效综合管理信息平台和创先争优活动教育基地，对南宁市积极推进基层党建工作创新的经验和成效表示赞赏，他要求深入学习贯彻胡锦涛总书记“七一”重要讲话精神，积极推进党建工作创新，不断提高党的建设科学化水平。当前，正值地方党委集中换届，要起草好党代会报告，选好配强领导班子，严肃换届人事工作纪律，营造良好工作和社会环境，确保换届工作顺利进行。要立足当前、着眼长远，认真落实《建立健全惩治和预防腐败体系2008—2012年工作规划》，既全力抓好今年党风廉政建设和反腐败斗争各项任务的落实，又及早谋划明年的工作，为顺利实施“十二五”规划、促进经济社会又好又快发展提供有力保证。

考察期间，贺国强听取了广西壮族自治区党委、政府和纪委的工作汇报，对广西近年来的工作给予充分肯定。他希望广西各族干部群众深入贯彻落实科学发展观，进一步解放思想、开拓进取、扎实工作，在全面建设小康社会的新征程上谱写广西更加美好的明天。

中央政法委在北京召开全国进一步深化打黑除恶专项斗争电视电话会议

国务委员、中央政法委副书记、中央综治委副主任孟建柱出席会议并讲话。

孟建柱指出，黑恶势力犯罪既是一个重要治安问题，也是一个复杂的社会问题。各地区、各部门一定要认真学习贯彻中央的精神，以对党和人民高度负责的精神，切实增强忧患意识和责任意识，清醒认识黑恶势力犯罪的严重危害性，准确把握黑恶势力犯罪活动出现的新动向，着力推动打黑除恶专项斗争向纵深发展。

孟建柱要求，各级党委、政府要态度坚决、旗帜鲜明地支持打黑除恶工作，为打黑除恶工作提供坚强政治保证。各地区、各部门要按照“黑恶必除、除恶务尽”的原则，坚持打早、打小、露头就打，进一步强化打击措施，做到对黑恶势力犯罪“零容忍”。要根据当前黑恶势力犯罪出现的新情况、新动向，积极采取有针对性的措施，严厉打击垄断经营、强揽工程、破坏经济秩序的黑恶势力，严厉打击涉足民生领域、强占各类市场的黑恶势力，严厉打击非法放贷、暴力讨债、“地下出警”等新型黑恶犯罪活动，严厉打击插手选举、欺压百姓的农村黑恶势力。要坚持除恶务尽，依法严惩“黑老大”和骨干成员，深挖黑恶势力的“保护伞”，坚决打掉黑恶势力的经济依托，彻底摧毁黑恶势力的再生基础。要坚持依靠群众，进一步畅通群众举报渠道，认真办理群众举报的每一条线索，打一场打黑除恶的人民战争。

孟建柱强调，各地区、各部门要以加强和创新社会管理为契机，认真梳理、深刻剖析当前黑恶势力滋生发展的深层次原因，紧紧抓住源头性问题，建立健全黑恶势力犯罪防范治理长效机制，最大限度地铲除黑恶势力犯罪滋生发展的土壤。要建立健全重点地区排查整治制度，最大限度地防范黑恶势力滋生蔓延；要建立健全重点行业监管防控格局，最大限度地压缩黑恶势力的生存空间；要建立健全重点环节防范监督体系，最大限度地防止黑恶势力向政治领域渗透。

中央政法委秘书长周本顺出席会议，中央政法委副秘书长、中央综治办主任、全国打黑除恶专项斗争协调小组组长陈冀平主持会议。全国打黑除恶专项斗争协调小组成员、全国打黑除恶专项斗争协调小组办公室成员在主会场参加会议。各省（区、市）、地（州、市）、县（市、区）党委政法委及政法部门负责同志，打黑除恶专项斗争领导小组成员及领导小组办公室成员在分会场参加会议。

2011千人计划太湖峰会在江苏无锡召开

中共中央政治局委员、中央书记处书记、中组部部长李源潮出席并讲话。他指出，中国正在进入以人才为第一资源、以科技创新为第一驱动力的科学发展新阶段，要积极促进科技创新创业人才与风险资本有效对接，培育和发展战略性新兴产业，推动中国产业加快转型升级。

李源潮指出，中国快速发展特别是加快培育新兴产业的战略，正在吸引越来越多的海外人才回国创新创业。未来十年，是中国转型发展、创新发展、科学发展的关键期，是海外人才回国创新创业的机遇期，也将是中国风险投资业飞速发展的黄金期。中国的风险投资要有长远战略眼光，更多关注处于初创期、孵化期的高新技术中小企业，更多关注那些潜在的、对经济社会发展具有突破性、引领性、带动性作用的科技创新创业项目，真正成为人才创新创业的天使之翼。

李源潮指出，推动风险资本和海外回国人才创新创业有效对接，要形成人才、技术、资本互利共赢的机制。风险资本要尊重人才创新创业的主体作用，创业创新人才要主动创造条件，寻求风险资本的参与，依靠市场力量把知识创造、技术发明在资本的承载下转化为现实生产力。各级党委、政府要积极为创业人才与风险投资搭建对接的平台和渠道，促进形成风险投资与人才资本良性互动、价值分享的生动局面。

中石化发现我国埋藏最深的海相大气田

中国石化勘探南方分公司宣布：由中国石化勘探南方分公司在四川盆地发现的、气藏最大埋深6950米的大型海相天然气田——元坝气田，第一期探明天然气地质储量1592.53亿立方米，已于9月16日正式通过国土资源部矿产资源储量评审委员会专家组审定，这是迄今为止国内埋藏最深的海相大气田。

中央军委副主席习近平在人民大会堂会见越南人民军总政治局主任吴春历一行

中联部部长王家瑞在北京会见来华出席夏季达沃斯论坛的贝宁总统托马·博尼·亚伊

中联部部长王家瑞在北京分别会见日本自民党前干事长野中广务和以张光义书记为团长的越共中央企业口党委代表团

第五届国家重点基础研究发展计划（“973”计划）专家顾问组成立

由47位科学家组成的第五届国家重点基础研究发展计划（“973”计划）专家顾问组成立，周光召任荣誉组长，徐冠华任组长，陈佳洱、林泉、朱道本任副组长。

中国五大宗教团体秘书长联席会议发表声明要求美国停止利用宗教干涉别国内政

声明如下：

近日，美国国务院发表《2011年度下半年国际宗教自由报告》，坚持顽固立场，老调重弹，继续无理指责中国的宗教政策，肆意歪曲中国的宗教信仰自由状况，我们深感不解，并予以严正谴责。

中国政府坚定实行宗教信仰自由政策，制定相关法规和完善政策措施，保障公民宗教信仰自由权利，维护宗教界合法权益。我国各宗教得到健康发展，宗教界人士和信教群众心情舒畅，各宗教和睦相处，共同致力于促进经济发展和社会和谐。美国国务院的报告无视这些基本事实，热衷于抹黑中国形象，无事生非，挑起争端，不知意欲何为？

在任何国家，都不允许利用宗教从事违法犯罪活动。国家依法处理借用宗教名义进行危害民族团结、社会稳定和国家安全的违法犯罪活动，有利于维护宗教界合法权益，为中国各宗教健康创造良好条件，我们予以坚决支持。美国国务院的报告把我国依法处理违法犯罪活动说成是限制和迫害宗教，不是因为无知，而是别有用心，试图利用宗教干涉我国内政，制造宗教混乱，从而破坏社会和谐，我们对此深感不安。

我们希望美国政府尊重事实，摒弃偏见，停止利用宗教问题干涉我国内政的活动，停止在宗教问题上制造不和谐舆论的举动。我国宗教界愿意在平等友好、相互尊重的基础上，与美国宗教界开展交流合作，共同促进宗教信仰自由事业，发挥宗教在维护人类正义事业中的积极作用。

中国五大宗教团体秘书长联席会议

2011年9月16日

9月17日

全国人大常委会委员长吴邦国在明斯克与白俄罗斯国民会议代表院主席安德烈琴科 共和国院主席鲁比诺夫举行会谈

吴邦国指出，议会交往是国家关系发展的重要组成部分，中国全国人大与白国民会议关系密切。为进一步提升两国议会合作水平，他提出四点建议。一是服从服务于国家关系发展大局，更好地发挥两国政治上高度互信的优势，在涉及彼此核心利益和重大关切问题上继续给予对方坚定支持。二是加强在治国理政、立法监督、发展经济、改善民生等方面的交流互鉴，就双边关系和共同关心的问题深入交流。三是积极推动务实合作，及时审批双边合作的法律文件，加强推动贸易投资便利化和促进人员往来方面的立法，督促落实两国领导人达成的共识和双方已签署的合作协议，支持企业和地方扩大合作。四是继续加强在多边议会组织中的协调配合，更好地维护两国共同利益。

安德烈琴科和鲁比诺夫表示，白国民会议坚定支持政府将发展对华关系作为外交政策的优先方向，愿与中方一道，认真落实此次访问的重要成果，密切双方议会领导人、专门委员会、友好小组之间的友好往来，着力推动经贸务实合作特别是大项目合作，促进地方、人文等各领域交流，加强在多边议会组织中的协作，为国家关系不断发展作出新的贡献。

会谈结束后，吴邦国委员长与安德烈琴科主席和鲁比诺夫主席共同签署了中国全国人大与白俄罗斯国民会议合作备忘录。

中共中央政治局常委李长春在四川调研

9月17日至20日，李长春先后到广元、雅安、成都等地，深入企业、农村、社区、学校和基层文化单位，就加快转变经济发展方式、巩固灾后恢复重建成果、推动文化大发展大繁荣等进行调研，听取四川省委省政府的工作汇报，对四川灾后恢复重建和经济社会发展取得的成就给予充分肯定。

李长春强调，要充分利用抗震救灾和恢复重建的宝贵资源，加强爱国主义教育基地、社会主义核心价值体系教育基地、民族团结进步宣传教育基地和展示中国特色社会主义发展道路窗口的建设,深入持久地开展丰富多彩的宣传教育活动,引导广大干部群众进一步增强坚持中国特色社会主义旗帜、道路、理论体系、制度不动摇的信念和信心。

李长春强调,社会主义核心价值体系是社会主义意识形态的本质体现,体现着社会主义先进文化的精神价值,蕴含着中华民族优秀传统文化和人类文明有益成果,是当代中国文化的"魂"。国民教育体系、公共文化服务体系、文化产业和各种形式的文化产品,是承载文化精神价值的"体",担负着弘扬社会主义核心价值体系的重要责任,是传播先进文化的有效途径。在推进文化改革发展的过程中,要正确认识和处理文化"魂"与"体"的关系,牢牢抓住文化的"魂",努力创新和用好各种载体,把社会主义核心价值体系贯穿到国民教育和精神文明建设的全过程,体现到精神文化产品创作生产传播的各方面,不断增强社会主义文化的感染力、影响力、竞争力,更好地发挥引导社会、教育人民、推动发展的重要作用。

财政部 国家发改委 工信部发出通知决定对现行节能汽车推广补贴政策进行调整

自2011年10月1日起实施新的节能汽车推广补贴政策,现行节能汽车推广补贴政策执行到2011年9月30日。

新政策对推广车辆产品综合燃料消耗量标准提出了新要求,并规定了具体限值;推广补贴标准不变,即对消费者购买节能汽车继续给予一次性3000元定额补助,由生产企业在销售时兑付给购买者。

其他有关事项按《"节能产品惠民工程"节能汽车(1.6升及以下乘用车)推广实施细则》执行。有关核查工作暂按《"节能产品惠民工程"节能汽车(1.6升及以下乘用车)推广专项核查办法》执行。

中国首台具有自主知识产权国内大功率的"东方红"拖拉机在齐齐哈尔驶下总装线

该拖拉机由国机集团中国一拖黑龙江现代农业装备基地生产。标志着中国已具备大马力拖拉机的制造能力,从而打破了我国在重型拖拉机领域被国外垄断的局面,大大提升了农机装备的国产化水平。

国务院副总理张德江在天津出席中国民航大学建校60周年庆祝大会

张德江强调,民航事业发展,关键在人才,基础在教育。要大力实施科教兴国和人才强国战略,把发展教育放在优先战略位置。他对中国民航大学今后发展提出4点要求:一要强化学校办学特色,坚持正确的办学方向,立足民航、服务民航,力争把中国民航大学办成一所世界著名的民航类高等学府。二要提高人才培养质量,大力提升办学质量和水平,推进教学改革,创新培养方式,加强实践活动,努力为我国民航发展培养出更多、更好、更适用的高素质人才。三要增强科学研究能力,积极参与民航重点科技创新计划、民航重大科技专项和民航重点关键技术研发,在民航科技创新中发挥更大作用。四要加强师资队伍建设,努力营造尊师重教的环境,进一步建立校企合作和双向交流机制,加快培养一批学科带头人和教学科研团队,努力建设一支师德高尚、治学严谨、富有创新精神、具备创新能力的民航师资队伍。

国务院印发《中国老龄事业发展"十二五"规划》并发出通知

各省、自治区、直辖市人民政府,国务院各部委、各直属机构:

现将《中国老龄事业发展"十二五"规划》印发给你们,请认真贯彻执行。

国务院

2011年9月17日

中国老龄事业发展"十二五"规划

为积极应对人口老龄化,加快发展老龄事业,根据《中华人民共和国国民经济和社会发展第十二个五年规划纲要》《中华人民共和国老年人权益保障法》和《中共中央国务院关于加强老龄工作的决定》(中发〔2000〕13号),制定本规划。

一、背景

(一)"十一五"期间取得的主要成就。

"十一五"时期是老龄事业快速发展的五年。养老保障体系逐步完善,覆盖范围进一步扩大,企业职工基本养老保险制度实现全覆盖,企业退休人员养老金水平连续五年提高,基本养老保险实现了省级统筹,新型农村社会养老保险开始试点并逐步扩大范围。职工和城镇居民基本医疗保险制度实现全覆盖,新型农村合作医疗参合率稳步提高。老年社会福利和社会救助制度逐步建立,城乡计划生育家庭养老保障支持政策逐步形成。老龄服务体系建设扎实推进,在城市深入开展并逐步向农村延伸,养老服务机构和老年活动设施建设取得较大进步。老年教育、文化、体育事业较快发展,老年精神文化生活更加丰富。全社会老龄意识明显增强,敬老爱老助老社会氛围日益浓厚,老年人权益得到较好保障。老龄领域的科学研究、国际交流与合作取得了新的进展。广大老年群众坚持老有所为,积极参与经济社会建设和公益活动,在构建社会主义和谐社会中发挥了重要作用。

(二)“十二五”时期老龄事业面临的形势。

“十二五”时期是我国全面建设小康社会的关键时期,也是老龄事业发展的重要机遇期。

长期以来,党和政府十分关心老年群众,不断采取积极措施,推动老龄事业发展进步,取得举世瞩目的成就,为老龄事业持续发展奠定了很好的基础。但是,在快速发展的老龄化进程中,老龄事业和老龄工作相对滞后的矛盾日益突出。主要表现在:社会养老保障制度尚不完善,公益性老龄服务设施、服务网络建设滞后,老龄服务市场发育不全、供给不足,老年社会管理工作相对薄弱,侵犯老年人权益的现象仍时有发生。对此,我们必须高度重视,认真解决。

“十二五”时期,随着第一个老年人口增长高峰到来,我国人口老龄化进程将进一步加快。从2011年到2015年,全国60岁以上老年人将由1.78亿增加到2.21亿,平均每年增加老年人860万;老年人口比重将由13.3%增加到16%,平均每年递增0.54个百分点。老龄化进程与家庭小型化、空巢化相伴随,与经济社会转型期的矛盾相交织,社会养老保障和养老服务的需求将急剧增加。未来20年,我国人口老龄化日益加重,到2030年全国老年人口规模将会翻一番,老龄事业发展任重道远。我们必须深刻认识发展老龄事业的重要性和紧迫性,充分利用当前经济社会平稳较快发展和社会抚养比较低的有利时机,着力解决老龄工作领域的突出矛盾和问题,从物质、精神、服务、政策、制度和体制机制等方面打好应对人口老龄化挑战的基础。

二、指导思想、发展目标和基本原则

(一)指导思想。

高举中国特色社会主义伟大旗帜,以邓小平理论和“三个代表”重要思想为指导,深入贯彻落实科学发展观,适应人口老龄化新形势,以科学发展为主题,以改革创新为动力,建立健全老龄战略规划体系、社会养老保障体系、老年健康支持体系、老龄服务体系、老年宜居环境体系和老年群众工作体系,服务经济社会改革发展大局,努力实现老有所养、老有所医、老有所教、老有所学、老有所为、老有所乐的工作目标,让广大老年人共享改革发展成果。

(二)主要发展目标。

——建立应对人口老龄化战略体系基本框架,制定实施老龄事业中长期发展规划。

——健全覆盖城乡居民的社会养老保障体系,初步实现全国老年人人人享有基本养老保障。

——健全老年人基本医疗保障体系,基层医疗卫生机构为辖区内65岁及以上老年人开展健康管理服务,普遍建立健康档案。

——建立以居家为基础、社区为依托、机构为支撑的养老服务体系,居家养老和社区养老服务网络基本健全,全国每千名老年人拥有养老床位数达到30张。

——全面推行城乡建设涉老工程技术标准规范、无障碍设施改造和新建小区老龄设施配套建设规划标准。

——增加老年文化、教育和体育健身活动设施,进一步扩大各级各类老年大学(学校)办学规模。

——加强老年社会管理工作。各地成立老龄工作委员会,80%以上退休人员纳入社区管理服务对象,基层老龄协会覆盖面达到80%以上,老年志愿者数量达到老年人口的10%以上。

(三)基本原则。

1. 老龄事业与经济社会发展相适应。紧紧围绕全面建设小康社会和构建社会主义和谐社会宏伟目标,确立老龄事业在改革发展大局中的重要地位,促进老龄事业与经济社会协调发展。

2. 立足当前与着眼长远相结合。从我国的基本国情出发,把着力解决当前的突出矛盾和应对人口老龄化长期挑战紧密联系,注重体制机制创新和法规制度建设,统筹兼顾,综合施策,实现全面、协调、可持续发展。

3. 政府引导与社会参与相结合。按照社会主义市场经济的要求,积极发展老龄服务业。加强政策指导、资金支持、市场培育和监督管理,发挥市场机制在资源配置上的基础性作用,充分调动社会各方面力量积极参与老龄事业发展。

4. 家庭养老与社会养老相结合。充分发挥家庭和社区功能,着力巩固家庭养老地位,优先发展社会养老服务,构建居家为基础、社区为依托、机构为支撑的社会养老服务体系,创建中国特色的新型养老模式。

5. 统筹协调与分类指导相结合。注重城乡、区域协调发展,加大对农村和中西部地区的政策支持力度,资源配置向基层、特别是农村和中西部地区倾斜。充分发挥各地优势和群众的创造性,因地制宜地开展老龄工作,发展老龄事业。

6. 道德规范与法律约束相结合。广泛开展孝亲敬老道德教育,加强老龄法制工作,为老龄工作和老龄事业的全面发展提供动力和保证。

三、主要任务

(一)老年社会保障。

1. 加快推进养老保险制度建设。实现新型农村社会养老保险和城镇居民养老保险制度全覆盖。完善实施城镇职工基本养老保险制度,全面落实城镇职工基本养老保险省级统筹,实现基础养老金全国统筹,做好城镇职工基本养老保险关系转移接续工作。逐步推进城乡养老保障制度有效衔接,推动机关事业单位养老保险制度改革。建立随工资增长、物价上涨等因素调整退休人员基本养老金待遇的正常机制。发展企业年金和职业年金。发挥商业保险补充性作用。

2. 完善基本医疗保险制度。进一步完善职工基本医疗保险、城镇居民基本医疗保险、新型农村合作医疗制度。逐步提高城镇居民医保和新农合人均筹资标准及保障水平,减轻老年人等参保人员的医疗费用负担。提高职工医保、城镇居民医保、新农合基金最高支付限额和政策范围内住院费用支付比例,全面推进门诊统筹。做好各项制度间的衔接,逐步提高统筹层次,加快实现医保关系转移接续和医疗费用异地就医结算。全面推进基本医疗费用即时结算,改革付费方式。积极发展商业健康保险,完善补充医疗保险制度。

3. 加大老年社会救助力度。完善城乡最低生活保障制度,将符合条件的老年人全部纳入最低生活保障范围。根据经济社会发展水平,适时调整最低生活保障和农村五保供养标准。完善城乡医疗救助制度,着力解决贫困老年人的基本医疗保障问题。完善临时救助制度,保障因灾因病等支出性生活困难老年人的基本生活。

4. 完善老年社会福利制度。积极探索中国特色社会福利的发展模式,发展适度普惠型的老年社会福利事业,研究制定政府为特殊困难老年人群购买服务的相关政策。进一步完善老年人优待办法,积极为老年人提供各种形式的照顾和优先、优待服务,逐步提高老年人的社会福利水平。有条件的地方可发放高龄老年人生活补贴和家庭经济困难的老年人养老服务补贴。

(二)老年医疗卫生保健。

1. 推进老年医疗卫生服务网点和队伍建设。将老年医疗卫生服务纳入各地卫生事业发展规划,加强老年病医院、护理院、老年康复医院和综合医院老年病科建设,有条件的三级综合医院应当设立老年病科。基层医疗卫生机构积极开展老年人医疗、护理、卫生保健、健康监测等服务,为老年人提供居家康复护理服务。基层医疗卫生机构应加强人员队伍建设,切实提高开展老年人卫生服务的能力。

2. 开展老年疾病预防工作。基层医疗卫生机构要为辖区内65岁及以上老年人开展健康管理服务,建立健康档案。组织老年人定期进行生活方式和健康状况评估,开展体格检查,及时发现健康风险因素,促进老年疾病早发现、早诊断和早治疗。开展老年疾病防控知识的宣传,做好老年人常见病、慢性病的健康指导和综合干预。

3. 发展老年保健事业。广泛开展老年健康教育,普及保健知识,增强老年人运动健身和心理健康意识。注重老年精神关怀和心理慰藉,提供疾病预防、心理健康、自我保健及伤害预防、自救等健康指导和心理健康指导服务,重点关注高龄、空巢、患病等老年人的心理健康状况。鼓励为老年人家庭成员提供专项培训和支持,充分发挥家庭成员的精神关爱和心理支持作用。老年性痴呆、抑郁等精神疾病的早期识别率达到40%。

(三)老年家庭建设。

1. 改善老年人居住条件。引导开发老年宜居住宅和代际亲情住宅,鼓励家庭成员与老年人共同生活或就近居住。推动和扶持老年人家庭无障碍改造。

2. 完善家庭养老支持政策。完善老年人口户籍迁移管理政策,为老年人随赡养人迁徙提供条件。健全家庭养老保障和照料服务扶持政策,完善农村计划生育家庭奖励扶助制度和计划生育家庭特别扶助制度,落实城镇独生子女父母年老奖励政策,建立奖励扶助金动态调整机制。

3. 弘扬孝亲敬老传统美德。强化尊老敬老道德建设,提倡亲情互助,营造温馨和谐的家庭氛围,发挥家庭养老的基础作用。努力建设老年温馨家庭,提高老年人居家养老的幸福指数。

(四)老龄服务。

1. 重点发展居家养老服务。建立健全县(市、区)、乡镇(街道)和社区(村)三级服务网络,城市街道和社区基本实现居家养老服务网络全覆盖;80%以上的乡镇和50%以上的农村社区建立包括老龄服务在内的社区综合服务设施和站点。加快居家养老服务信息系统建设,做好居家养老服务信息平台试点工作,并逐步扩大试点范围。培育发展居家养老服务中介组织,引导和支持社会力量开展居家养老服务。鼓励社会服务企业发挥自身优势,开发居家养老服务项目,创新服务模式。大力发展家庭服务业,并将养老服务特别是居家老年护理服务作为重点发展任务。积极拓展居家养老服务领域,实现从基本生活照料向医疗健康、辅具配置、精神慰藉、法律服务、紧急救援等方面延伸。

2. 大力发展社区照料服务。把日间照料中心、托老所、星光老年之家、互助式社区养老服务中心等社区养老设施,纳入小区配套建设规划。本着就近、就便和实用的原则,开展全托、日托、临托等多种形式的老年社区照料服务。

3. 统筹发展机构养老服务。按照统筹规划、合理布局的原则,加大财政投入和社会筹资力度,推进供养型、养护型、医护型养老机构建设。积极推进养老机构运营机制改革与完善,探索多元化、社会化的投资建设和管理模式。进一步完善和落实优惠政策,鼓励社会力量参与公办养老机构建设和运行管理。"十二五"期间,新增各类养老床位342万张。

4. 优先发展护理康复服务。在规划、完善医疗卫生服务体系和社会养老服务体系中,加强老年护理院和康复医疗机构建设。政府重点投资兴建和鼓励社会资本兴办具有长期医疗护理、康复促进、临终关怀等功能的养老机构。根据《护理院基本标准》加强规范管理。地(市)级以上城市至少要有一所专业性养老护理机构。研究探索老年人长期护理制度,鼓励、引导商业保险公司开展长期护理保险业务。

5. 切实加强养老服务行业监管。进一步完善养老机构行政管理的法律法规,建立养老机构准入、退出与监管制度,做好养老机构登记注册和日常检查、监督管理工作。寄宿制养老机构等关系老年人安全和健康的重要场所,要列入消防安全和卫生许可制度重点管理范围。

(五)老年人生活环境。

1. 加快老年活动场所和便利化设施建设。在城乡规划建设中,充分考虑老年人需求,加强街道、社区"老年人生活圈"配套设施建设,着力改善老年人的生活环境。通过新建和资源整合,缓解老年生活基础设施不足的矛盾。利用公园、绿地、广场等公共空间,开辟老年人运动健身场所。

2. 完善涉老工程建设技术标准体系和实施监督制度。按照适应老龄化的要求,对现行老龄设施工程建设技术标准规范进行全面梳理、审定、修订和完善,在规划、设计、施工、监理、验收等各个环节加强技术标准的实施与监督,形成有效规范的约束机制。

3. 加快推进无障碍设施建设。突出高龄和失能老年人居家养老服务设施、环境的无障碍改造,推行无障碍进社区、进家庭。加快对居住小区、园林绿地、道路、建筑物等与老年人日常生活密切相关的设施无障碍改造步伐,方便老年人出行和参与社会生活。研究制定《无障碍环境建设条例》,继续开展全国无障碍建设城市创建工作。

4. 推动建设老年友好型城市和老年宜居社区。创新老年型社会新思维,树立老年友好环境建设和家庭发展的新理念。研究编制建设老年友好型城市、老年宜居社区指南,发挥典型示范作用。

(六)老龄产业。

1. 完善老龄产业政策。把老龄产业纳入经济社会发展总体规划,列入国家扶持行业目录。研究制定、落实引导和扶持老龄产业发展的信贷、投资等支持政策。鼓励社会资本投入老龄产业。引导老年人合理消费,培育壮大老年用品消费市场。

2. 促进老年用品、用具和服务产品开发。重视康复辅具、电子呼救等老年特需产品的研究开发。拓展适合老年人多样化需求的特色护理、家庭服务、健身休养、文化娱乐、金融理财等服务项目。培育一批生产老年用品、用具和提供老年服务的龙头企业,打造一批老龄产业知名品牌。

3. 加强老年旅游服务工作。积极开发符合老年需求、适合老年人年龄特点的旅游产品。完善旅游景区、宾馆饭店、旅游道路的老年服务设施建设。完善针对老年人旅游的导游讲解、线路安排等特色服务。规范老年人旅游服务市场秩序。

4. 引导老龄产业健康发展。研究制定老年产品用品质量标准,加强老龄产业市场监督管理。发挥老龄产业行业协会和中介组织的积极作用,加强信息服务和行业自律。疏通老龄产业发展融资渠道。

(七)老年人精神文化生活。

1. 加强老年教育工作。创新老年教育体制机制,探索老年教育新模式,丰富教学内容。加大对老年大学(学校)建设的财政投入,积极支持社会力量参与发展老年教育,扩大各级各类老年大学办学规模。充分发挥党支部、基层自治组织和老年群众组织的作用,做好新形势下老年思想教育工作。

2. 加强老年文化工作。加强农村文化设施建设,完善城市社区文化设施。鼓励创作老年题材的文艺作品,增加老年公共文化产品供给。鼓励和支持各级广播电台、电视台积极开设专栏,加大老年文化传播和老龄工作宣传力度。支持老年群众组织开展各种文化娱乐活动,丰富老年人的精神文化生活。

3. 加强老年体育健身工作。在城乡建设、旧城改造和社区建设中,要安排老年体育健身活动场所。加强老年体育组织建设,积极组织老年人参加全民健身活动。经常参加体育健身的老年人达到50%以上。举办第二届全国老年人体育健身大会。

4. 扩大老年人社会参与。注重开发老年人力资源,支持老年人以适当方式参与经济发展和社会公益活动。贯彻落实《中共中央办公厅国务院办公厅转发〈中央组织部、中央宣传部、中央统战部、人事部、科技部、劳动保障部、解放军总政治部、中国科协关于进一步发挥离退休专业技术人员作用的意见〉的通知》(中办发〔2005〕9号),健全政策措施,搭建服务平台,支持广大离退休专业技术人员更好地发挥作用。重视发挥老年人在社区服务、关心教育下一代、调解邻里纠纷和家庭矛盾、维护社会治安等方面的积极作用。不断探索"老有所为"的新形式,积极做好"银龄行动"组织工作,广泛开展老年志愿服务活动,老年志愿者数量达到老年人口的10%以上。

(八)老年社会管理。

1. 加强基层老龄工作机构和老年群众组织建设。各地要建立老龄工作委员会,城乡社区(村、居)要健全老龄工作机制。加强基层老年协会规范化建设,充分发挥老年人自我管理、自我教育、自我服务的积极作用。“十二五”期间,成立老年协会的城镇社区达到95%以上,农村社区(行政村)达到80%以上。

2. 做好离退休人员管理服务工作。充分利用社区资源面向全体老年人开展服务,切实把为离退休老年人服务工作纳入社区服务范围。推进街道(乡镇)、社区劳动保障工作平台建设,为退休人员提供方便、快捷、高效、优质的服务。“十二五”期末,纳入社区管理服务的企业退休人员比例达到80%以上。

(九)老年人权益保障。

1. 加强老龄法制建设。推进老年人权益保障法制化进程,做好修订《中华人民共和国老年人权益保障法》的相关工作,开展执法检查和普法教育,提高老年人权益保障法制化水平。

2. 健全老年维权机制。弘扬孝亲敬老美德,促进家庭和睦、代际和顺。加强弱势老年人社会保护工作,把高龄、孤独、空巢、失能和行为能力不健全的老年人列为社会维权服务重点对象。加强对养老机构服务质量的检查、监督,维护老年人的生活质量与生命尊严,杜绝歧视、虐待老年人现象。

3. 做好老年人法律服务工作。拓展老年人维权法律援助渠道,扩大法律援助覆盖面。重点在涉及老年人医疗、保险、救助、赡养、住房、婚姻等方面,为老年人提供及时、便利、高效、优质的法律服务。加大对侵害老年人权益案件的处理力度,切实保障老年人的合法权益。

4. 加强青少年尊老敬老的传统美德教育。在义务教育中,增加孝亲敬老教育内容,开展形式多样的尊老敬老社会实践活动,营造良好的校园文化环境。

(十)老龄科研。

1. 抓好重点科研项目。开展应对人口老龄化战略研究,制定国家老龄事业中长期发展规划。做好老年人生活状况追踪调查,开展区域性应对人口老龄化战略研究工作,为制定老龄政策提供决策依据。

2. 加强老龄学科教育和专业人才培养。按照老龄事业发展规划和重点发展领域,统筹部署职业教育、高等教育学科专业设置,培养技能型、应用型、复合型人才,做好人力资源支撑,服务老龄事业发展。

3. 推进信息化建设。建立老龄事业信息化协同推进机制,建立老龄信息采集、分析数据平台,健全城乡老年人生活状况跟踪监测系统。

(十一)老龄国际交流与合作。

广泛开展双边、多边国际交流,增进相互了解。积极发挥我国在国际老龄领域的重要影响,深化国际合作。密切跟踪联合国大会老龄问题工作组对建构老年人权利国际保护机制的动向,积极发挥作用,引导相关进程朝有利方向发展。积极研究借鉴国外应对人口老龄化理念和经验,做好联合国人口基金第七周期老龄项目。完成《国际老龄行动计划》在中国执行情况的检查评估。

四、保障措施

(一)加强组织领导。

各级政府要高度重视老龄问题,加强老龄工作。把发展老龄事业纳入重要议事日程,列入经济社会发展总体规划,及时解决老龄工作中的矛盾和问题。健全党政主导、老龄委协调、部门尽责、社会参与、全民关怀的大老龄工作格局。

(二)加大改革创新力度。

进一步解放思想,坚持改革,在体制机制、政策制度、工作思路和发展模式等方面加大创新力度,围绕涉老社会保障制度的配套衔接、老龄事业投入机制、政府购买服务方式、老龄服务市场准入与日常监管、民办养老机构扶持政策、社区养老服务资源的综合开发利用、老龄社会组织规范化建设等比较突出的矛盾和问题,深入开展调查研究,逐步完善政策法规制度,创新体制机制。

(三)建立多元长效投入机制。

各级政府要根据经济发展状况和老龄工作实际,多渠道筹资,不断加大老龄事业投入。进一步完善实施促进老龄事业发展的税收政策,政策引导与体制创新并重,调动社会资本投入老龄事业的积极性。大力发展老龄慈善事业。

(四)加强人才队伍建设。

加强老龄工作队伍的思想建设、组织建设、作风建设和业务能力建设。加快养老服务业人才培养,特别是养老护理员、老龄产业管理人员的培养。根据国家职业标准,组织开展养老护理人员职业培训和职业资格认证工作。有条件的普通高校和职业学校,在相关专业开设老年学、老年护理学、老年心理学等课程。大力发展为老服务志愿者队伍和社会工作者队伍。

(五)建立监督检查评估机制。

本规划由全国老龄工作委员会负责协调、督促、检查有关部门执行,2015年对规划的执行情况进行全面评估。

9月18日

《人民日报》发表社论《勿忘国耻 共襄复兴——纪念九一八事变八十周年》

帝国主义列强的侵略,可能导致一个国家在悲惨沉沦中亡国灭种,也可能激发这个民族在危难之际觉醒和奋起。

80年前的九一八事变,就是这样一个日本帝国主义蓄意侵略中国的大事件,是日本妄图变中国为其殖民地的重要步骤。短短4个多月内,128万平方公里、相当于日本国土3.5倍的中国东北全部沦陷,3000多万东北父老乡亲成了亡国奴。这一事件揭开了日本对中国进而对亚洲及太平洋地区全面武装侵略的序幕。

令侵略者想不到的是,这一事件激起了中华民族的抗日怒潮,中国人民以此为起点进行了长达14年不屈不挠的抗日战争,最终第一次取得了近代以来中国反抗外敌入侵的民族解放战争的完全胜利。其根本原因就在于,历经列强蹂躏的中华民族,已经在日本帝国主义鲸吞中国的嚣张野心中彻底觉醒和顽强奋起了!

纵观近代以来仁人志士救亡图存的悲壮历史,这一次中国人民的觉醒和奋起,不仅标志着中华民族有信心有能力求得民族独立和人民解放,更意味着中华民族在伟大复兴征程上实现了全民自觉的重大转折。促成实现这一重大历史转折的,正是诞生于危难之际的中国共产党,在历史的关键时刻团结凝聚了中华民族的智慧和力量。

这个在成立第二年就提出"打倒列强,除军阀"的新生力量,在九一八事变发生后,提出"以武装民众的民族革命战争来抵抗日本帝国主义的侵略"的抗日救亡主张,号召全民族团结起来抗日救国,反对不抵抗政策。其后,在中国共产党倡导建立的抗日民族统一战线的旗帜下,以国共合作为基础,中国人民同凶恶的日本侵略者进行了气壮山河的斗争。长城内外,大江南北,到处燃起抗日的烽火。中国国民党和中国共产党领导的抗日军队,分别担负着正面战场和敌后战场的作战任务,形成了共同抗击日本侵略者的战略态势。全体中华儿女万众一心、众志成城,各党派、各阶层同仇敌忾、共赴国难。最终,中国人民抗日战争和世界反法西斯战争以中国人民和世界各国人民的彻底胜利载入了史册!

审视80年前这场震惊中外的九一八事变,回望九一八事变以来中国人民抗日战争浴血奋斗的14年,上溯1840年鸦片战争以来中华民族在实现伟大复兴征程上矢志不移的艰辛探索,我们更加深刻地认识到,实现中华民族伟大复兴,必须有能够担当历史使命的坚强领导,必须有全国各族人民的坚定团结,必须以国家强盛和人民富裕为坚实基础。

历史深刻揭示,中国共产党的坚强领导是推进中国社会变革、发展、进步的根本保证。自诞生之日起,中国共产党在一系列重大历史事件中,始终站在历史和时代进步的潮头,带领人民拯救国家和民族于危亡之际,根本改变了中国人民的命运,根本决定了中国历史的前进方向,迎来中华民族伟大复兴的光明前景。历史和人民选择了中国共产党作为救亡图存、富国强民的坚强领导,历史也必将证明,中国共产党能够成为实现中华民族伟大复兴的领导核心。

历史深刻昭示,各族人民的坚定团结是中华民族走向伟大复兴的力量源泉。在亡国灭种之际彻底觉醒,在爱国主义精神感召下捐弃前嫌,在14年抗日战争中空前地团结在一起,中华民族焕发出巨大凝聚力和旺盛生命力,熔铸了伟大的民族精神。前进的道路上,有中华儿女的坚定团结,有民族精神的自觉弘扬,必定形成推动民族伟大复兴的强大合力。

历史深刻警醒,"落后就要挨打"是古老中国弱则被辱的沉痛教训。近代以来的中国无约不损、无战不败,善良的中华民族被奴役、被压迫,中国人民饱受侵略和欺凌,根本原因在于国家的落后。今日中国取得举世瞩目的现代化建设成就,中华民族面貌发生了历史性变化,中国人民找到了实现民富国强、实现民族复兴的中国特色社会主义道路。在这条道路上,坚定不移地抓好发展这个第一要务,集中力量把中国的实力搞上去,中华民族必将以富强、民主、文明、和谐的崭新面貌屹立于世界东方。

80年过去,国耻在心,重任在肩,目标在前,让我们高举中国特色社会主义伟大旗帜,共襄实现中华民族伟大复兴的盛举!

全国人大常委会委员长吴邦国在明斯克与白俄罗斯总理米亚斯尼科维奇举行会谈

吴邦国说,近年来,双方贸易额同建交初期相比增长20倍,基础设施、机械制造、科技园区等大项目合作顺利实施,给两国和两国人民带来了实实在在的利益。要充分发挥政府间经贸、科技和军技合作委员会作用,对优先领域和重点项目作出规划,加强对双边合作的指导和协调。要认真落实双方已签署的合作协议,完善投资政策,拓宽融资渠道,吸引企业直接投资,推动更多具有带动作用的大项目合作。要抓住各自国内结构调整的难得机遇,发挥资金、技术、市场互补的优势,扩大技术和创新领域的合作,加强联合研发和生产,推动合作成果产业化,共同开拓新的市场,培育新的合作增长点。吴邦国指出,企业是市场的主体,也是经贸合作的主体,扩大企业参与将大大提升中白经贸合作的规模和水平。中国政府鼓励和支持中国企业走出去,积极参与白经济社会发展和中白大项目合作,也欢迎白方企业来华投资。

米亚斯尼科维奇说,白方希望学习借鉴中国的成功经验特别是建设开发区的做法,做好白中工业园区的规划和建设,进一步挖掘双方在矿产资源、机械制造、基础设施、航空航天和科技创新等领域的合作潜力，推动两国务实合作从贸易合作向投资合作转型升级。白方欢迎更多中国企业来白投资兴业，并愿为此创造更好条件、提供更多便利。

会见结束后，吴邦国委员长与米亚斯尼科维奇总理出席了中白两国政府经济技术合作、建设工业园区等9项经贸合作文件的签字仪式。随后，两位领导人前往明斯克北京饭店工地，共同为该饭店奠基。

中共中央政治局常委习近平在北京奥林匹克公园参加全国科普日活动

习近平和王兆国、刘淇、刘云山、刘延东、何勇、令计划、韩启德等领导同志，来到北京奥林匹克公园和朝阳区茉藜园社区，同首都群众一起参加全国科普日北京主场活动。

今年全国科普日活动以“节约能源资源、保护生态环境、保障安全健康、促进创新创造”为主题，旨在推动《全民科学素质行动计划纲要》和今年中央一号文件精神的贯彻落实。

参观活动结束后，习近平说，今年的全国科普日活动主题鲜明、设计新颖、形式活泼。特别是科普日北京主场活动与举办科学嘉年华活动相结合，深入基层社区，面向千家万户，既是一次生动的水情、水利、水知识普及教育活动，又是一次落实“社区科普益民计划”，让科普工作走进城市社区、走进居民生活的成功尝试。

习近平指出，社区是社会的基本单元。在我国，建设和谐社会的基础在社区，加强和创新社会管理的重心在社区，提高全民科技文化素质的根基也在社区。着力加强社区科普工作对落实《全民科学素质行动计划纲要》十分重要。习近平要求中国科协和北京市认真总结茉藜园社区在实施中国科协制定的“社区科普益民计划”方面的有益经验，加大对社区科普支持力度，引导更多科技工作者、科普工作者深入社区、深入群众，开展丰富多彩的科学普及活动。同时要进一步发挥社区科普志愿者的作用，不断提高社区居民科学素质。

习近平希望各级党委和政府及时研究和帮助解决科普工作中遇到的困难和问题，支持科协组织广泛深入普及科学知识、为建设节水型社会和创新型国家发挥更大作用。

全国汽车保有量超亿辆

据《人民日报》报道：公安部交管局统计，截至2011年8月底，全国机动车保有量达到2.19亿辆。其中，汽车保有量首次突破1亿辆大关，占机动车总量的45.88%。

中联部部长王家瑞在北京与老挝国家主席朱马利举行会谈

9月19日

国家主席胡锦涛在人民大会堂与老挝国家主席朱马利举行会谈

胡锦涛说，中国党和政府愿根据长期稳定、睦邻友好、彼此信赖、全面合作的方针，同老挝党和政府一道努力，推动中老全面战略合作伙伴关系向宽领域、深层次、高水平发展：(一)深化战略沟通。中方愿同老方就双边关系和其他共同关心的问题保持密切协调，对两国关系作出进一步的规划部署，更加系统、扎实推进双方合作。中方赞赏老挝党和政府坚定奉行一个中国政策，一如既往坚定支持老挝党和政府走符合本国国情的发展道路。(二)深化务实合作。中方愿在经贸、矿产、水电、农业、基础设施建设等重点领域深化两国互利合作。加强双方立法机构、政协、工青妇组织、地方交流和旅游、文化、教育等领域合作。加强国防、公安、司法领域合作，维护各自国家安全稳定。(三)加强两党交流。双方要继续办好两党理论研讨会，扩大党政干部培训合作，相互学习借鉴治党治国经验。(四)加强在国际和地区事务中的协调和合作。中方积极支持老挝承办第九届亚欧首脑会议，愿同老方加强在多边机制内的沟通和协调，推动地区和国际合作朝着正确方向前进。

朱马利说，老方诚挚感谢中方对老挝革命事业和国家建设予以的长期支持。希望老中双方保持高层互访，加强两国在国防、公安领域的合作，加强双方在地区和国际领域的合作与协调，加强双方在治国理政、干部培训方面的交流，扩大双方经贸、文化、教育、司法、旅游等各领域的合作，推动老中关系持续向前发展。

会谈后，胡锦涛和朱马利共同出席了有关双边合作文件的签字仪式。

全国人大常委会委员长吴邦国在明斯克与白俄罗斯总统卢卡申科举行会谈

吴邦国指出，双方应在认真总结两国关系发展成果和经验的基础上，扎实推进各领域务实合作，更好地为两国和两国人民谋福祉。一是继续保持高层交往势头，进一步加强政府、议会、政党之间的友好往来，就共同关心的问题深入交换意见，巩固政治互信，加强战略合作，使中白关系基础更牢固、内涵更丰富、发展更持久。二是继续深化务实合作，加强对双边重大合作项目的战略规划和统筹协调，加强对企业合作的规范和引导，不断探索新的合作模式，努力拓宽融资渠道，推动双方互补优势和合作愿望转化为现实成果。三是继续加强人文交流，加大联合培养高水平人才力度，深化科技和创新领域互利合作，密切人员往来，活跃地方交流，夯实中白友好的社会基础。

卢卡申科表示，白方感谢中方为白经济社会发展提供的大力支持和帮助，愿进一步加强与中国各层次的友好交往，积极深化经贸、科技、军技、教育、文化等领域的务实合作，不断充实白中关系的战略内涵。他重申，白俄罗斯政府坚定奉行一个中国政策，在涉及中国核心利益问题上坚定站在中国人民一边。

国务院总理温家宝主持召开国务院常务会议

会议研究部署进一步做好保障性安居工程建设和管理工作，讨论并原则通过《中华人民共和国精神卫生法(草案)》和《中华人民共和国居民身份证法修正案(草案)》。

会议指出，近年来，我国保障性安居工程建设取得明显成效，为解决中低收入家庭住房困难、遏制房价过快上涨、完善住房体制和促进房地产业健康发展，发挥了重要作用。做好这项工作涉及城市规划、制度建设、资金支持、工程质量、分配机制和运营管理等多方面问题，必须坚持满足基本、保证质量、公平分配、健全制度的原则，合理确定住房保障范围、方式和标准，完善相关支持政策，抓紧形成规范的保障性安居工程投资、建设、运营和管理机制。

会议要求，继续大力推进保障性安居工程特别是公租房建设，加快实现住有所居的目标。公租房面向城镇中等偏下收入住房困难家庭、新就业无房职工和在城镇稳定就业的外来务工人员，以小户型为主，单套建筑面积以40平方米为主，租金标准由市县政府结合当地实际、按略低于市场租金的原则合理确定。各地要根据实际情况继续安排廉租房、经济适用房和限价商品房建设，加快实施棚户区改造，加大农村危房改造力度。逐步实现廉租房与公租房统筹建设、并轨运行。

为确保保障性安居工程顺利、健康推进，会议研究确定了以下政策措施和工作要求：(一)中央继续增加资金补助，地方也要增加财政性资金投入，并加大省级统筹力度。公共预算支出安排不足的地区，要提高土地出让收益和地方政府债券资金安排比重。规范和利用企业债券融资，专项用于公租房等建设。在加强管理、防范风险的基础上，银行业金融机构可以向实行公司化运作并符合信贷条件的公租房项目直接发放贷款，也可向符合条件的地方政府融资平台公司发放贷款。确保用地供应，落实好税费减免政策。引导企业、其他机构参与建设运营，多渠道增加公租房供应。公租房项目可以规划建设配套商业服务设施，统一管理经营，以实现资金平衡。(二)提高规划水平，确保工程质量。贯彻省地、节能、环保原则，充分考虑居民就业、就医、就学、出行需要，优化规划布局和户型设计，配套建设服务设施。严格执行抗震设防等强制性标准，严格落实工程质量责任，项目法人对住房质量负永久责任，逐步推行参建单位负责人和项目负责人终身负责制。(三)建立健全监管机制。规范准入审核，严格租售管理，加强使用管理，健全退出机制，切实防范并严厉查处骗购骗租保障性住房、变相福利分房和以权谋私行为，切实纠正将保障性住房违规出售、转借、出租或转租、闲置、改变用途等行为。建立公众监督机制，落实信息公开，充分发挥社会监督作用。(四)坚持因地制宜，科学编制建设规划，统筹安排年度建设任务，不搞“一刀切”。各地区、各有关部门要加强组织领导和督促检查，周密部署，精心落实，注意总结经验，把保障性安居工程建成廉洁工程、平安工程、放心工程。

会议讨论并原则通过《中华人民共和国精神卫生法(草案)》。草案的立法宗旨是：规范精神卫生服务，保护精神障碍患者合法权益和人格尊严，确保精神障碍患者不因贫困而得不到救治，确保有肇事肇祸危险的严重精神障碍患者不因疏于管理而伤害自身或危害社会与他人，确保无需住院治疗的公民不因程序或制度缺失而被强制收治。为此，草案对精神障碍的诊断和住院治疗、预防和康复、救助以及严重精神障碍患者的管理等作了规定，并对故意将非精神障碍患者作为精神障碍患者送入医疗机构、医疗机构未以精神健康状况为依据将就诊者诊断为精神障碍患者、司法鉴定人出具虚假鉴定意见等行为，设定了严格的法律责任。

会议认为，为提高居民身份证的防伪性能，夯实社会管理的人口信息基础，并进一步严格有关单位对公民个人信息的保密义务和责任，有必要对《中华人民共和国居民身份证法》作出修改。

会议决定，精神卫生法草案和居民身份证法修正案草案经进一步修改后，由国务院提请全国人大常委会审议。

全国政协主席贾庆林在全国政协礼堂接见电影《辛亥革命》摄制组主创人员

中共中央政治局委员、全国政协副主席王刚，全国政协副主席兼秘书长钱运录，全国政协副主席孙家正、万钢一同参加。

贾庆林在讲话中指出，今年是辛亥革命100周年，电影《辛亥革命》全景式反映了辛亥革命波澜壮阔的伟大历程，塑造了以孙中山、黄兴为代表的革命党人和革命先驱们救国救亡、英勇不屈的动人形象。运用影视艺术浓缩跨越百年的激荡风云，再现彪炳史册的千秋人物，对深切缅怀孙中山先生等革命先辈的崇高风范和革命精神，激励海内外中华儿女为中华民族的伟大复兴不懈奋斗，具有重要的现实意义。《辛亥革命》摄制组以高度的责任感和使命感精心创作、精益求精，坚持思想性、艺术性、观赏性有机统一，付出了大量的心血，为纪念辛亥革命100周年活动献上了一份厚礼。

贾庆林说，作为孙中山革命事业最坚定的支持者、最亲密的合作者、最忠实的继承者，中国共产党团结带领全国各族人民进行了艰苦卓绝的斗争，创造了令世界瞩目的辉煌成就，开创了中国历史的新纪元。我们要弘扬辛亥革命精神，高举爱国主义旗帜，积极投身建设中国特色社会主义的伟大事业，为促进祖国和平统一大业实现中华民族的伟大复兴凝聚更大的力量。

贾庆林希望各级政协组织积极发挥优势，推动做好宣传发行工作，使更多人通过观看电影了解历史、受到启示。

电影《辛亥革命》是纪念辛亥革命100周年活动的重点影片，由长春电影集团公司、上海电影集团公司等联合摄制出品。

新欧亚大通道的重要组成部分——巴珠铁路(巴彦乌拉至珠恩嘎达布其)松根山至东乌旗段正式开工

巴珠铁路是国家中长期铁路网规划的重要部分，全长约260公里，全线分四期建设，巴珠铁路全线建成后将与已建设的巴新铁路(巴彦乌拉至辽宁阜新段)连接，形成一条北接蒙古国、南接辽宁等省的大动脉，也是俄罗斯远东地区、蒙古国东部的资源出口中国和经中国过境最近的出海通道。预计2013年3月竣工。

国务院副总理李克强在中南海紫光阁会见英国英中贸易协会主席白乐威爵士

国务院副总理回良玉在金斯顿与牙买加总理布鲁斯·戈尔丁举行会谈

回良玉对进一步加强双边关系提出五点建议：加强高层交往，增进政治互信；深化经贸合作，共创互利共赢；发挥各自优势，加强农业合作；扩大人文交流，实现互鉴共进；保持沟通配合，加强国际事务协调。他表示相信在双方共同努力下，中牙共同发展的友好伙伴关系一定会不断迈上新台阶。

戈尔丁说，中方在基础设施、农业、教育等领域向牙提供了大量慷慨援助，对牙经济社会发展作出了重要贡献，给牙人民带来了实实在在的利益。牙方希望在农产品加工、制造业、航空服务业、基础设施建设和旅游业等领域进一步加强与中方合作，欢迎中方继续加大对牙投资。他重申，牙方将一如既往地坚定支持一个中国立场。

会谈后，回良玉与戈尔丁共同出席了两国经济技术合作协定和农业合作谅解备忘录等文件的签字仪式并会见了记者。

"葛兰素史克科学创新日"在北京大学生命科学学院举行

中国中医研究院研究员屠呦呦，与哈尔滨医科大学第一附属医院张亭栋教授获得今年的"生命科学杰出成就奖"，浙江大学的段树民教授获得神经科学卓越奖，15名研究生和博士后获得明日之星奖。

超级稻试验田亩产达926.6公斤

超级稻第三期亩产900公斤攻关验收组组长程式华宣布，经专家测定，位于湖南省邵阳市隆回县羊古坳乡雷峰村百亩试验田的超级稻加权平均亩产达到926.6公斤。中国工程院院士袁隆平说，这标志着我国杂交稻技术在世界继续保持领先地位。

中国农业科学院棉花研究所培育的"中棉所60"创造黄河流域棉区亩产千斤的纪录

第八届茅盾文学奖颁奖典礼在国家大剧院举行

中共中央政治局常委李长春同志发来贺信。中共中央政治局委员、中央书记处书记、中宣部部长刘云山同志会见历届茅盾文学奖获奖作家。

李长春在贺信中指出，文学事业是中国特色社会主义文化建设的重要组成部分，是各种艺术创作和发展的重要基础，担负着满足人民精神文化需求，推动文化大发展大繁荣的光荣使命。近年来，广大作家和文学工作者在党的领导下，积极投身社会主义现代化建设的奔腾洪流，深刻反映中华民族的历史巨变，为人民放歌，为时代立传，创作出了一批思想性、艺术性、可读性俱佳的优秀作品，我国文学事业呈现出团结繁荣的良好局面。李长春希望广大作家珍惜大好形势，把握历史机遇，牢记历史使命和社会责任，树立远大的文学理想和艺术追求，争做德艺双馨文学家，为人民提供更好更多的精神食粮。

中国作协主席铁凝在颁奖典礼上致辞。

刘云山、铁凝、李冰、金炳华、翟泰丰等分别为获奖作家张炜、刘醒龙、莫言、毕飞宇、刘震云颁奖。

出席中国作协七届主席团第十二次扩大会议的全体人员，在京的中国作协名誉副主席、名誉委员和全委会委员，本届茅盾文学奖评委、纪监组成员，获奖作品责任编辑，茅盾先生家乡代表，李嘉诚基金会代表等

400余人参加颁奖典礼。

第十二届全国运动会会徽在辽宁人民会堂揭晓

十二运会徽以“中国力量　继往开来”作为创意构想的原点，将庄重大气的数字12造型、辽宁拼音缩写LN造型、灵动优美的中华龙鸟造型以及动感有力的运动人形巧妙同构，图形简洁富有张力，色彩鲜明充满时代活力。会徽由鲁迅美术学院平面设计与多媒体学部主任赵璐、辽宁报业传媒集团视觉中心主任张庆钧、辽宁师范大学美术学院副院长关慧良3人共同创作。

9月20日

国务院总理温家宝在中南海紫光阁与老挝人民革命党中央总书记朱马利举行会谈

温家宝表示，中方愿同老方一道，结合各自国家发展战略，加强双边经济合作规划与协调；积极推进基础设施大项目建设，深化农业、能源、矿产等重点领域合作；利用中国—东盟自贸区的优惠政策，扩大贸易和投资规模；支持两国比邻省区开展合作，发展地方经济。中国政府愿为老挝消除贫困、改善民生继续提供帮助。

温家宝重申，中国支持东盟在东亚合作中发挥主导作用，东亚峰会等机制的性质、任务和原则应得到切实尊重和维护。中方愿与老方密切沟通配合，推动今年东亚领导人系列会议取得积极成果。

朱马利说，老方高度评价这次访问的积极成果，这为双方加强各领域合作奠定了坚实基础。朱马利表示，不管国际风云如何变幻，我们在国际事务中将坚定不移地与中国站在一起。老方愿继续推动东盟与中国的互利合作。

全国政协主席贾庆林在北京会见全国少数民族参观团

贾庆林强调，当前，我国经济社会发展正站在新的历史起点上，少数民族和民族地区发展面临难得的机遇。希望大家认真贯彻落实中央的决策部署，高举民族大团结的旗帜，牢牢把握各民族共同团结奋斗、共同繁荣发展的主题，扎扎实实做好民族工作，为促进我国民族团结进步事业作出新的更大贡献。要继续做贯彻党的民族政策的模范，牢固树立马克思主义民族观，认真总结、大力宣传党的民族政策的成功实践，切实增强贯彻党的民族政策的自觉性和坚定性，不断提高处理民族问题、做好民族工作的能力和水平。要继续做推动科学发展的模范，围绕“十二五”规划目标任务，抓住国家深入实施西部大开发战略等重要机遇，不断增强带领各族群众发展经济、创造幸福生活的本领，促进少数民族和民族地区又好又快发展，让各族人民共享改革发展成果。要继续做增进民族团结的模范，坚持“三个离不开”思想，大力弘扬各族人民同呼吸、共命运、心连心的优良传统，广泛开展民族团结宣传教育和民族团结进步创建活动，为巩固和发展平等团结互助和谐的社会主义民族关系贡献力量。要继续做促进社会和谐稳定的模范，引导各族群众倍加珍惜来之不易的社会稳定大好局面，积极促进民族工作领域社会管理创新，旗帜鲜明地同各种分裂破坏活动作斗争，共同筑牢捍卫中国统一、维护社会稳定的坚固长城。

贾庆林表示，组织少数民族参观团是加强民族团结的重要举措，也是民族工作的光荣传统。新中国成立以来，我们每年都组织全国少数民族参观团。这是一次扩大视野、增长知识的机会，也是一次接受教育、学习提高的机会。希望大家珍惜这个难得的机会，多走走多看看，多了解多思考，通过参观考察得到更多收获、实现更大进步。

全国政协副主席、中央统战部部长杜青林参加会见。

这次全国少数民族参观团由2009年受到国务院表彰的民族团结进步模范个人组成，来自全国28个省区市和新疆生产建设兵团。除北京外，参观团还将赴江苏、上海等地参观考察。

全国政协主席贾庆林在人民大会堂会见斯洛文尼亚国民委员会主席卡夫契奇

贾庆林说，经贸合作是中斯重点合作领域，潜力巨大。斯方在医药化工、汽车零配件制造等领域具备技术优势，在港口扩建、铁路改造等基建领域需求较大，而中国有广阔的市场，有经验丰富、技术水平高超并希望扩大国际合作的基建企业，双方在这些领域的合作大有可为。

贾庆林说，中国全国政协高度重视发展同斯洛文尼亚国民委员会的友好关系，愿进一步加强同斯国民委员会多层次、多形式的交往与合作，广泛交流参政议政经验，共同为推动中斯友好合作关系全面发展作出新的贡献。

卡夫契奇说，中国是斯洛文尼亚重要合作伙伴，斯方希望发挥在欧洲的地理位置优势，期待扩大同中方在交通、能源、金融等领域的合作，不断推动两国关系发展，尤其希望中国企业参与斯水电、铁路等建设。

全国政协主席贾庆林在宁夏调研

9月20日至21日，贾庆林来到宁夏回族自治区银川市，深入工厂企业、产业基地、移民新村，就加快转变经济发展方式、促进民族团结与社会和谐稳定进行调研。

在玉泉营葡萄示范基地，贾庆林强调，要坚持从宁夏资源条件、区域特点、产业状况出发，切实推进产业结构优化升级，加快形成具有地方特色、竞争力强的现代产业体系，走出一条符合宁夏实际的全面协调可持续发展之路。要大力发展现代农业，坚持区域化布局、规模化生产、专业化分工和集约化经营，切实保障粮食安全，加快形成农业优势产业带，不断提高农业综合生产能力。要坚持走中国特色新型工业化道路，做强做大优势特色产业，积极培育发展战略性新兴产业，增强自主创新能力，推动工业化与信息化深度融合，形成一批能够占领国内外市场和引领产业技术新趋势的尖端产品和骨干企业。

在永宁县闽宁镇，贾庆林指出，环境是生产力也是吸引力和凝聚力，保护环境就是保发展、保民生。要坚持生态为重、环保优先，健全完善生态保护与补偿机制，综合治理重点流域和生态脆弱区，加快建设资源节约型、环境友好型社会，构筑祖国西部重要的生态安全屏障。要巩固扩大“人进沙退”成果，加快建设沿黄城市带绿色景观、贺兰山东麓生态防护、中部干旱带防风固沙和六盘山水源涵养林四大绿色长廊，提高水资源调控和保障能力，争创全国防沙治沙综合示范省区。要继续下大气力抓好生态移民攻坚，采取综合措施，通过整村推进、产业扶持、项目入户、社会帮扶等办法，不断提高搬迁群众的自我发展能力，帮助贫困群众在移民搬迁中实现脱贫致富。

贾庆林特别牵挂少数民族和民族地区的发展。他指出，宁夏是我国回族最大的聚居地，是信仰伊斯兰教群众比较集中的地方，做好民族和宗教工作具有十分重要的意义。要全面贯彻执行党的民族政策，坚定不移坚持民族区域自治制度，持之以恒开展民族团结宣传教育和创建活动，巩固和发展平等团结互助和谐的社会主义民族关系。要切实改善少数民族群众的生产生活条件，大力发展民族教育，积极发展民族文化，加强少数民族干部和人才队伍建设，扎实推进民族团结进步事业，促进全区各族人民和睦相处、和衷共济、和谐发展。要坚持党的宗教工作基本方针，把宗教界人士和广大信教群众更加紧密地团结在党和政府周围，着力激发他们的爱国热情，更好地发挥他们在促进经济社会发展中的积极作用。

全国道德模范座谈会暨第八届中国公民道德论坛在北京举行

论坛由中央宣传部、中央文明办、解放军总政治部、全国总工会、共青团中央、全国妇联举办。

中共中央政治局常委李长春出席并讲话。李长春指出，近年来特别是党的十七大以来，公民道德建设紧紧围绕全党全国工作大局，牢牢抓住建设社会主义核心价值体系这个根本，扎实推进、开拓创新，焕发出新的活力、取得了显著成效，为巩固共同思想基础、形成坚定理想信念、凝聚强大精神力量、培育良好道德风尚、促进社会和谐稳定发挥了重要作用。评选表彰和学习宣传道德模范，集中展示了新时期公民道德建设的丰硕成果，成功探索了引导人民群众大规模参与道德实践的新鲜经验，形成了崇尚先进、学习先进、争当先进的社会风气。

李长春强调，当前，我国正处于全面建设小康社会的关键时期。10月，我们党将召开十七届六中全会，对深化文化体制改革、推动社会主义文化大发展大繁荣作出全面部署，对加强社会主义思想道德建设提出新任务新要求。我们一定要从党和国家事业全局出发，深刻把握新形势下深入推进公民思想道德建设的重大意义，进一步增强责任感使命感紧迫感，以更加扎实有力的工作开创公民道德建设新局面。要把社会主义核心价值体系融入到国民教育、思想道德建设和群众性精神文明创建活动的全过程，更好地凝聚全党全国各族人民团结奋斗的强大精神力量；充分发挥道德模范的榜样引领作用，在全社会推动形成知荣辱、讲道德、促和谐的文明风尚；切实加强青少年思想道德建设，努力培养中国特色社会主义事业建设者和接班人；大力推动改进创新，不断增强公民道德建设的针对性实效性。

李长春强调，公民道德建设关系党和国家事业全局，关系中华民族自立于世界民族之林的能力，关系人民群众切身利益，是一项社会系统工程，需要全党全社会的共同努力。要充分发挥党的政治优势和组织优势，切实加强组织领导和统筹协调，进一步健全体制机制，坚持求真务实，有效凝聚各方力量，不断把公民道德建设提高到新水平，为推动经济社会又好又快发展，推进全面建设小康社会进程作出新的更大贡献。

中共中央政治局委员、中央书记处书记、中宣部部长刘云山主持会议。

出席会议的还有王兆国、刘延东、陈至立。

中央宣传思想工作领导小组成员，中央文明委委员出席会议。各省(区、市)和新疆生产建设兵团党委宣传部长、文明办主任，第三届全国道德模范以及提名奖获得者参加会议。

中宣部 中央文明办 解放军总政治部 全国总工会 共青团中央 全国妇联联合发出《关于表彰第三届全国道德模范的决定》

各省、自治区、直辖市党委宣传部、文明办、总工会、团

委、妇联,各军区、各军兵种、各总部、军事科学院、国防大学、国防科学技术大学、武警部队政治部,中央文明委各成员单位:

2007年和2009年,中共中央宣传部、中央文明办、解放军总政治部、全国总工会、共青团中央、全国妇联联合评选表彰两届全国道德模范,产生了广泛社会影响。两年来,在以胡锦涛同志为总书记的党中央坚强领导下,各地各部门坚持以邓小平理论和“三个代表”重要思想为指导,深入贯彻落实科学发展观,紧紧围绕全党全国工作大局,以建设社会主义核心价值体系为根本,大力推进公民道德建设,取得显著成效。在人民群众投身道德建设的伟大实践中,涌现出了一大批体现社会主义道德要求的先进人物,为全社会树立了学习的楷模。为集中展示公民道德建设的丰硕成果,更广泛地动员人民群众支持参与道德建设,今年组织开展了第三届全国道德模范评选表彰活动。经群众推荐、组织审核、全国公示和群众投票、评委会评选、综合评定等程序,郭明义等54名同志荣获“全国道德模范”称号,李桓英等260名同志荣获“全国道德模范提名奖”。希望受到表彰的同志,珍惜荣誉,戒骄戒躁,在公民道德建设中再创佳绩。要充分发挥道德模范的榜样作用,广泛开展学习宣传道德模范活动,引导广大群众学习先进,崇尚先进,推动公民道德建设和社会主义精神文明建设深入发展,为实现全面建设小康社会宏伟目标、实现中华民族伟大复兴贡献力量。

中共中央宣传部　中央文明办
解放军总政治部　全国总工会
共青团中央　全国妇联
2011年9月20日

第三届全国道德模范名单(略)

第三届全国道德模范评选表彰颁奖典礼——《德耀中华》在北京举行

中共中央政治局常委李长春出席颁奖典礼,并为全国道德模范颁奖。

颁奖典礼由中央宣传部、中央文明办、解放军总政治部、全国总工会、共青团中央、全国妇联共同主办。

第三届全国道德模范评选表彰活动,共评出54名全国道德模范和260名提名奖获得者,其中90%以上是普通工人、农民、社区居民、教师、医生、学生和军人。

中央纪委书记贺国强在北京出席部分中央部门和企业金融机构巡视工作座谈会

贺国强指出,中央部门和企业、金融机构开展内部巡视,是加强对所属单位领导班子及其成员特别是主要负责人监督的有效途径,是巡视监督领域的重要延伸和拓展。党的十六大以来,部分中央部门和企业、金融机构借鉴中央巡视组的做法开展了内部巡视工作。部分中央和国家机关结合部门工作职责,有重点有步骤地开展了对下属单位的巡视;国有企业的巡视制度进一步完善,以国务院国资委为主对中央企业的巡视有计划地开展,一些中央企业也视情对所属二级单位开展巡视;中国人民银行和银监会、证监会、保监会对各自管理的金融机构开展巡视,各金融机构根据自身情况对所属二级单位开展巡视。总的看,中央部门和企业、金融机构内部巡视工作取得了积极进展和明显成效。

贺国强强调,胡锦涛总书记在“七一”重要讲话中,对坚持党要管党、从严治党,加强党内监督、严肃党的纪律、深入推进党风廉政建设和反腐败斗争提出了一系列新要求。我们要深入学习贯彻讲话精神,进一步理清思路、完善措施,推动中央部门和企业、金融机构内部巡视工作不断取得新成效。一是要明确职责任务,突出工作重点。中央和国家机关中实行垂直管理的部门,可根据实际需要对其直属机构、派出机构进行巡视;实行双重管理的部门,如需开展巡视,对所属省级部门的巡视按其党组织隶属关系进行,特殊情况经中央巡视工作领导小组批准可由部门进行巡视;仅有业务指导关系的部门,应注意区分巡视与业务检查的关系,对没有隶属关系的单位一般不进行巡视。国务院国资委负责对其管理的中央企业进行巡视,并受中央巡视领导小组委托对部分中央管理的国有重要骨干企业进行巡视。中国人民银行和银监会、证监会、保监会负责对其直属机构、派出机构及所管理的金融机构进行巡视。中央企业和金融机构可根据实际需要对其所属单位进行巡视。目前对是否开展内部巡视工作暂不作统一要求和硬性规定。需要开展这项工作的单位要科学论证、稳步实施,有的可先行试点,确保取得实实在在的效果。二是要紧贴中心任务,服务工作大局。要加强对中央重大决策部署贯彻落实情况的监督检查,把开展巡视与推动业务工作紧密结合起来,正确处理巡视机构与被巡视单位党组织的关系,确保巡视工作取得实际成效。三是要健全组织机构,加强工作力量。开展巡视工作的中央部门和企业、金融机构,原则上要成立党委(党组)巡视工作领导小组及其办公室,由党委(党组)主要负责同志或分管纪检监察工作的领导同志担任领导小组组长;要加强巡视干部队伍建设,探索建立专兼职巡视干部相结合的人员构成模式,配强工作力量,健全管理制度。四是要积极探索创新,提高工作水平。要及时总结推广实践中创造的新鲜经验,提高运用巡视成果能力,不断提高巡视工作的科学化、系统化和制度化水平。五是要加强协调配合,形成工作合力。要积极争取党委(党组)的领导和支持,协调处理好巡视工作与其他监督工作的关系,建立系统内部工作联动机制,切实增强监督合力。被巡视单位领导班子及其成员要自觉接受巡视监督。

贺国强要求,中央巡视工作领导小组办公室要认真履行职责,加强组织协调、工作指导和督促检查,主动做好中央部门和企业、金融机构内部巡视工作的日常联系和服务工作。

中共中央书记处书记、中央纪委副书记何勇主持会议。

世界最大规格年产400万吨的CTA/PTA蒸汽回转干燥机组在南京出厂装船

这套机组全部由中国化工天华化工机械及自动化研究设计院自主完成,填补了该领域国内大型关键设备的空白,达到世界先进水平,使石化产业的干燥设备采购成本降低50%。

全球CEO高层会议在上海举行

由联合国工业发展组织主办、以新兴产业为主题的全球CEO高层会议在上海举行。会上进行了"联合国工业发展组织上海高新技术创新发展中心"和"联合国工业发展组织上海国际工业和信息技术促进中心"揭牌仪式。两个中心的建立,将加快上海推进高新技术产业化工作,重点推动新能源、民用航空等九大领域发展,并加快推动新兴产业的实际应用。

国家副主席习近平在人民大会堂分别会见老挝人民革命党中央总书记朱马利 斯洛文尼亚国民委员会主席卡夫契奇

9月21日

全国人大常委会委员长吴邦国在塔什干与乌兹别克斯坦最高会议参议院主席萨比罗夫举行会谈

吴邦国表示,中国全国人大和乌最高会议的友好交往,是中乌友好合作伙伴关系的重要组成部分。

中国全国人大重视发展与乌最高会议的关系,愿保持高层交往势头,密切各层次各领域的友好往来,在涉及彼此核心利益的重大问题上继续予以坚定支持,从议会层面推动务实合作,为国家关系发展作出积极贡献。一要加快双边合作协议和项目的审批程序,积极促进两国地方、企业合作,着力推动大项目特别是能矿、高科技等战略性大项目合作。二要加强促进经济发展、维护社会和谐等方面的经验交流,在改善贸易投资环境、保护企业和公民合法权益等方面采取更加积极的立法措施。三要加强在多边议会组织中的相互支持和协调,为推动上合组织框架内的全面合作发挥建设性作用。

萨比罗夫说,无论是在深化乌中务实合作方面,还是加强双方在国际和地区事务中的协作方面,乌方同中方的看法高度一致。乌方视中国为真诚的朋友和重要的合作伙伴,愿在相互尊重、平等相待、高度信任的基础上,进一步加强与中方在政治、经贸等领域的合作,特别是在打击"三股势力"、维护地区安全方面的合作,共同推进上合组织发展。乌最高会议参议院愿为此作出不懈努力。

会谈结束后,吴邦国委员长和萨比罗夫主席共同签署了中国全国人大和乌兹别克斯坦最高会议参议院合作备忘录,并见证了中乌两国政府经济技术合作协定等5个双边经贸协议的签字仪式。

国务院总理温家宝主持召开国务院常务会议

会议讨论通过《安全生产"十二五"规划》,部署建立完整、先进的废旧商品回收体系,对《中华人民共和国资源税暂行条例》作出修改。

会议充分肯定了"十一五"时期安全生产工作取得的积极进展和明显成效,重点分析了"十二五"时期面临的严峻形势和挑战。当前我国仍处于工业化、城镇化快速发展进程中生产安全事故易发多发的特殊时期,安全事故总量依然较大,职业病发病率居高不下,部分高危行业产业布局和结构不合理,监管监察及应急救援能力亟待提升,安全生产工作既要解决长期积累的深层次、结构性和区域性问题,又要应对新情况、新挑战,任务十分艰巨和繁重。

会议明确了"十二五"时期安全生产的六项主要任务:(一)完善企业安全保障体系。将煤矿和非煤矿山、交通、危险化学品、建筑施工、职业健康等作为安全生产的重点行业领域,全面排查和消除安全隐患,落实和完善安全生产制度,严格安全生产标准,提高企业安全水平和事故防范能力。(二)完善政府安全监管和社会监督体系。加强监管监察队伍和信息化等能力建设,创新监管监察方式,加强社会舆论监督。(三)完善安全科技支撑体系。加强安全生产科学技术研究,培养专业人才,推广应用先进适用技术与装备,提高安全保障能力。(四)完善法律法规和政策标准体系。加快修订安全生产法,完善技术标准,推进企业安全生产标准化建设。(五)完善应急救援体系。健全应急预警和联合处置机制,加强应急救援队伍建设,强化应急实训演练,提高事故救援和应急处置能力。(六)完善宣传教育培训体系。强化高危行业和中小企业一线操作人员安全培训,提高从业人员安全素质和社会公众自救互救能力,提升全民安全防范意识,构建安全发展社会环境。会议要求各地区、各有关部门加强组织领导,强化考核评估,加大政策支持和投入,落实重点工程项目,确保规划顺利实施。

会议强调,国庆长假将至,各地区、各部门要加强安全生产工作,尤其要强化交通运输企业安全生产监督检查,加强人员密集场所安全监管,保障出行和旅游安全,确保人民群众度过一个祥和、平安的节日。

会议对建立废旧商品回收体系作出了部署,指出,我国废旧商品回收体系很不完善,不仅影响废物利用,而且极易造成环境污染,建立完整、先进的回收、运输、处理、利用废旧商品回收体系已刻不容缓。一要完善回收处理网络。建设、改造标准化居民废旧商品回收网点,畅通生产企业回收大宗废旧商品和边角余料渠道,尤其要加强报废汽车、废弃电器电子产品、废轮胎、废弃节能灯等重点废旧商品的回收工作。二要强化科技支撑。加强废旧商品回收、分拣和处理技术攻关,提高装备水平。开展国际合作与交流,借鉴管理经验,引进先进技术。三要培育大型废旧商品回收企业,促进废旧商品回收、分拣和处理集约化、规模化发展。四要加强对回收企业站点、回收加工经营行为和市场秩序的监管,依法查处违法犯罪行为。强化废旧商品回收各环节的污染防治,杜绝二次污染。五要明确政府部门和生产、流通企业及使用者责任,修订完善相关制度标准,加快将废旧商品回收处理纳入法制化轨道。六要广泛开展宣传教育,倡导环保健康、循环利用的生产生活方式。会议决定成立由商务部牵头、有关部门参与的部际协调机制,指导废旧商品回收体系建设工作。

会议在总结原油、天然气资源税改革试点经验的基础上,决定对《中华人民共和国资源税暂行条例》作出修改,在现有资源税从量定额计征基础上增加从价定率的计征办法,调整原油、天然气等品目资源税税率。会议决定对《中华人民共和国对外合作开采海洋石油资源条例》和《中华人民共和国对外合作开采陆上石油资源条例》作出相应修改。

2011中国(宁夏)国际投资贸易洽谈会暨第二届中国·阿拉伯国家经贸论坛在宁夏银川开幕

全国政协主席贾庆林出席开幕式并在中阿经贸论坛高峰会议上发表了题为《携手促发展,合作谋共赢》的演讲。

贾庆林指出,当今世界正处在大发展大变革大调整时期,国际金融危机的深层次影响仍在持续,全球经济复苏的不确定因素依然较多。中阿作为两大发展中经济体和支撑世界经济发展的重要力量,既面临重要的发展机遇,也面临共同挑战。中阿发展双边关系,深化经贸合作,具有很好的条件,面临广阔的空间。中方愿与阿方共同努力,以实现互利共赢、造福人民为宗旨,巩固政治互信,深化友好交往,把各领域合作推向一个新阶段。贾庆林就深化中阿经贸合作提出四点建议:

第一,扩大贸易和投资规模。中方愿与阿方共同努力,充分利用现有合作机制,开展贸易促进活动,为双方企业合作提供更加完善的政策保障、法律保护和优质服务。中方将继续鼓励企业赴阿参与制造业、农业等领域投资,通过项目合作带动本地配套产业和中小企业的发展。中方将进一步完善投资环境,为阿拉伯国家来华投资提供便利条件。

第二,深化能源资源合作。能源资源合作是中阿经贸合作的重点和亮点。中阿应进一步增强相互了解和信任,着力在原油贸易、油气勘探开发、石油服务以及石化等领域构建长期、稳定、互利互惠的合作关系。在加强传统能源合作的基础上,进一步加强新能源的合作与开发,通过引进技术、交流经验促进在太阳能、风能等可再生能源领域的合作,积极探讨在和平利用核能领域合作的可能性。

第三,加强基础设施领域的合作。中方鼓励和支持有实力的企业通过多种方式,参与阿方道路、桥梁、港口、电站、通讯等基础设施建设,积极探讨参与阿拉伯国家间的铁路网、电网等互联互通项目,并愿为此提供金融、技术和管理方面的支持。中方也热烈欢迎阿方企业参与中国特别是中国西部地区建设与发展。

第四,积极拓展新的合作领域。中阿应在巩固传统合作领域的同时,积极拓展物流、金融、旅游、创意产业等领域的合作。中方愿意进一步加大对阿拉伯国家农产品、工业制成品的进口,加强与阿方各国在清真食品贸易和食品安全领域的合作,促进中阿经贸合作多样化。中方将继续向有需要的阿拉伯国家提供更多的经济和技术援助,依据双方意愿加强中阿人力资源开发领域的交流与合作。中方愿同阿方积极开展文明对话活动,扩大文化、新闻、教育等领域的合作,促进中阿文明的交流与融合。

由商务部、中国贸促会和宁夏回族自治区人民政府主办,主体为“传承友谊,深化合作,共同发展”,旨在推动中国和阿拉伯国家深化全面合作共同发展的战略合作关系。

来自巴林、古巴、埃及、埃塞俄比亚、加纳、印度尼西亚、科威特、毛里塔尼亚、突尼斯、土耳其、阿拉伯联合酋长国等76个国家(地区)和各省、自治区、直辖市以及香港、澳门和台湾地区的7000多名官员、代表和客商参加2011宁洽会暨第二届中阿经贸论坛。

全国宣传部长座谈会在北京召开

座谈会于9月21日至22日召开，中共中央政治局委员、中央书记处书记、中宣部部长刘云山出席会议并讲话。

会议总结了今年以来的宣传思想文化工作，对下一阶段工作进行了安排部署。会议认为，今年以来宣传思想文化战线认真贯彻中央决策部署，兴起学习宣传胡锦涛总书记“七一”重要讲话精神的热潮，广泛开展纪念中国共产党成立90周年宣传教育；深入宣传“十二五”规划纲要，广泛开展形势政策教育，推动科学发展、促进社会和谐；扎实推进学习型党组织建设和理论大众化工作，大力推动文化体制改革，加强对文化产品创作生产引导；组织开展“走基层、转作风、改文风”活动，各项工作导向正确、富有成效，有力服务了党和国家工作大局。

刘云山指出，党的十七届六中全会将研究深化文化体制改革、推动社会主义文化大发展大繁荣问题，我国文化建设正面临难得的历史机遇。要精心组织迎接十七届六中全会的宣传，深入阐释中央关于文化建设的重大战略思想、决策部署，积极宣传各地各部门重视、支持文化建设的实际举措，全面反映社会各界关心、参与文化建设的巨大热情，充分展示文化建设的丰硕成果。要进一步增强文化自觉和文化自信，树立机遇意识、责任意识，着力解决文化改革发展的重点问题，加大文化体制改革推进力度，加快文化事业文化产业发展步伐，推出更多优秀精神文化产品，更好地满足人民群众精神文化需求。

各省、自治区、直辖市和新疆生产建设兵团党委宣传部长，中央宣传文化系统各单位负责同志出席会议。

第四届北京人权论坛开幕

论坛由中国人权研究会主办，论坛主题为“文化传统、价值观与人权”。

来自26个国家和联合国等国际组织及港澳台地区的近百名人权高级官员和专家学者出席了本届论坛。

第七届泛珠三角区域合作与发展论坛暨经贸洽谈会在江西南昌举办

洽谈会主题为“加快转变发展方式、深化合作、绿色发展”。全国人大常委会副委员长陈至立出席并宣布大会开幕。

全国政协副主席李兆焯、澳门特别行政区行政长官崔世安、香港特别行政区政府政制及内地事务局局长林瑞麟，以及泛珠内地9省区、国家多个部委领导与会。各政府代表团、经贸代表团参会来宾总数超过1万人，加上20多家世界500强、12家国内500强企业以及参加经贸洽谈和展览展示活动的企业代表，共约5万人。

本届泛珠大会由福建省、江西省、湖南省、广东省、广西壮族自治区、海南省、四川省、贵州省、云南省人民政府和香港、澳门特别行政区政府(简称“9+2”)共同主办，江西省人民政府承办。

中国茶叶流通协会发布《2011中国茶叶行业发展报告》

报告显示，我国茶行业发展的多项指标已名列世界第一。

报告披露，2010年我国茶叶种植面积197万公顷，居世界第一位；茶叶产量147.5万吨，居世界第一位；茶叶农业产值530亿元，居世界第一位；茶叶出口30.24万吨，居世界第二位，出口金额7.84亿美元，居世界第二位；与此同时，国内茶叶市场发展迅猛，110万吨的茶叶内销总量，也居世界第一。

第二届金砖国家国际竞争大会在北京举行

国务院副总理王岐山出席大会开幕式并在致辞中表示，金砖国家作为世界经济的一支重要力量，要认真落实《三亚宣言》及行动计划，充分运用金砖国家国际竞争大会这一平台，密切沟通，进一步加强与世界各国和国际组织在竞争执法领域的合作。

王岐山说，改革开放30多年来，中国冲破计划经济体制的束缚，探索建立了社会主义市场经济体制，逐步形成统一开放、竞争有序的市场体系，经济发展的动力和活力不断增加。为了营造公平竞争的法制环境，中国制定出台了反不正当竞争法、消费者权益保护法、知识产权法等一系列法律法规，建立和完善竞争执法体制，坚决破除妨碍公平竞争的各种障碍。特别是2008年生效的反垄断法，对于预防和制止垄断行为，保护各类市场主体和消费者的合法权益，发挥了重要作用。

王岐山指出，中国政府高度重视竞争执法工作，依法查处各类不正当竞争行为，鼓励企业公平竞争。去年10月以来，中国政府开展打击侵犯知识产权和制售假冒伪劣商品专项行动，成果显著。“十二五”期间，中国将进一步深化改革，扩大开放，鼓励创新，不断完善各类要素价格形成机制，打破行业垄断，加大竞争执法力度，努力营造公平竞争的市场环境，推动经济又好又快发展。

王岐山强调，在当前全球经济复苏依然面临严峻挑战的背景下，各国竞争执法合作应当紧紧围绕经济强劲、可持续、平衡增长的目标，扩大相互开放，坚决反对各种形式的保护主义，消除贸易和投资壁垒，促进国际市场公平竞争，推动各类生产要素在全球范围内自由流动和优化配置。国际竞争执法合作应体现开放和包容。一方面，各国应当加强交流合作，深入探讨竞争执法的共性问题。另一方面，竞争执法合作要充分考虑各国国情和不同的发展阶段，更多地体现新兴经济体和发展中国家的利益和主张。

金砖国家国际竞争大会是金砖国家务实合作的一项重要内容。本届大会由中国工商行政管理总局承办。俄罗斯联邦反垄断局局长、巴西经济保护委员会主席、印度竞争委员会代主席、南非经济发展部部长等与会。

国务院副总理李克强在中南海紫光阁会见美国能源部长朱棣文一行

外交部副部长张志军紧急召见美国驻华大使骆家辉就美方对台军售计划提出强烈抗议

美国宣布总价值58.52亿美元的对台军售计划，即为台“改装”其现有F—16A/B战斗机，售台军用飞机零配件并提供有关训练项目。

张志军指出，台湾问题事关中国主权和领土完整，涉及中方核心利益，事关13亿中国人民民族感情，始终是中美关系中最重要、最敏感的核心问题。美方行径严重违反中美三个联合公报特别是“八·一七”公报原则，严重干涉中国内政，严重危害中国国家安全，损害中国和平统一大业和中美关系，与当前两岸关系和平发展的势头背道而驰，与中美共建合作伙伴关系的精神背道而驰。中方表示强烈愤慨和坚决反对。

张志军指出，在中美两国1982年共同发表的“八·一七”公报中，美方作出了不寻求执行长期向台湾出售武器的政策，并准备逐步减少售台武器直至最终解决的明确承诺。但事实表明，美国并没有践行上述承诺，反而以种种借口一再向台出售武器。

张志军表示，2008年5月以来，台海两岸关系明显改善，走上和平发展轨道。两岸签署并实施《经济合作框架协议》，两岸交流日趋紧密，两岸人民和国际社会均从中受益。美方宣布新的对台军售计划，无论以何种借口和缘由进行，都不能掩盖其严重干涉中国内政的实质，都将向“台独”分裂势力发出严重错误信号，给两岸关系和平发展势头造成严重干扰。

张志军强调，一段时间来，在双方共同努力下，中美关系总体保持稳定发展势头，取得符合两国长远利益的新进展。美方本应珍惜这一来之不易的局面，致力于同中方一道，不断巩固和推进这一积极势头，而不是再次采取损害中方核心利益和两国合作的行动。必须指出，美方这一错误行径将不可避免地给中美两国关系、给两国在军事、安全等领域的交流合作造成损害。中方强烈敦促美方充分认清美售台武器问题的高度敏感性和严重危害性，认真对待中方严正立场，恪守承诺，立即撤销错误决定，停止对台军售和美台军事联系，与中方一道维护中美关系大局和台海和平稳定。

国务委员孟建柱在俄罗斯叶卡捷琳堡出席第二届安全事务高级代表国际会议

孟建柱强调，中方反对一切形式的恐怖主义，反对基于政治目的在反恐问题上搞双重标准，反对将恐怖主义问题与特定宗教和民族相联系。他指出，反恐要遵守《联合国宪章》和国际法基本准则，标本兼治，建立公正合理的国际新秩序，推动社会公正与公平。

孟建柱指出，恐怖主义是国际公害，各种极端思潮特别是极端民族主义和宗教极端主义仍是恐怖主义泛滥的根源。中国是恐怖主义的受害者，面临主要来自境内外“东突”恐怖势力和国际恐怖组织、恐怖分子进行的各种恐怖活动威胁。

中华人民共和国和老挝人民民主共和国发表联合新闻公报

一、应中国共产党中央委员会总书记、中华人民共和国主席胡锦涛的邀请，老挝人民革命党中央委员会总书记、老挝人民民主共和国主席朱马利·赛雅贡于2011年9月18日至21日对中华人民共和国进行了正式友好访问。

访问期间，中共中央总书记、国家主席胡锦涛同老挝人革党中央总书记、国家主席朱马利举行了会谈，中共中央政治局常委、国务院总理温家宝，中共中央政治局常委、国家副主席习近平分别会见了朱马利。两国领导人在诚挚、友好的气氛中相互通报了各自党和国家的情况，就巩固和加强两党两国关系及共同关心的地区和国际问题深入交换了意见，取得了广泛共识。双方一致认为，访问取得圆满成功，为推动中老全面战略合作伙伴关系不断发展作出了贡献。

二、双方对两党、两国和两国人民在探索符合各自国情的社会主义发展道路上取得的伟大成就感到高兴。老挝人革党中央总书记、国家主席朱马利高度评价中国共产党建党90年来的丰功伟业，相信在中国共产党英明领导下，兄弟的中国人民一定能够在全面建设小康社会实践中推进中国特色社会主义伟大事业。中共中央总书记、国家主席胡锦涛祝贺老挝人革党九大和七届国会一次会议成功召开，祝贺朱马利再次当选老挝党和国家最高领导人，祝贺老挝革新开放和国家经济社会发展取得的可喜进步，相信在老挝人革党正确领导下，兄弟的老挝人民一定能在新的起点上沿着社会主义方向取得新的更大成就,把老挝建设成为和平、独立、民主、统一、繁荣的国家。

三、双方高兴地看到,中老建交50年来,两国坚持和平共处五项原则,互相尊重,真诚相待,高度互信,密切合作,两党两国关系经受住国际风云变幻考验。进入新世纪,特别是2009年中老建立全面战略合作伙伴关系以来,中老两党两国关系呈现全面发展的好势头,给两国人民带来实实在在的好处,促进了地区和平与发展。

四、双方一致认为,中老两党两国有着共同的理想和奋斗目标。在当今世界深刻复杂变化,亚洲格局深刻调整形势下,按照"长期稳定、睦邻友好、彼此信赖、全面合作"方针和"好邻居、好朋友、好同志、好伙伴"精神,巩固和发展中老全面战略合作伙伴关系符合两国和两国人民的根本利益,有利于社会主义事业兴旺发达,有利于地区乃至世界和平、稳定、发展、繁荣。为此,双方决定:

(一)保持两党两国高层密切接触和互访,就双边关系和共同关心的问题加强战略沟通。

(二)进一步发挥两国地缘优势,本着平等互利、讲求实效、形式多样、共同发展的精神,认真落实业已签署的各项合作文件,扩大和深化各领域务实合作,不断提高合作质量和水平。

——将中国实施"十二五"规划同老挝实施"七五"规划有机结合起来,加强对双方各领域务实合作的中长期规划和统筹协调。

——抓紧落实现有合作项目尤其是重大合作项目。中方愿继续为老挝国家建设提供力所能及的经济援助,根据平等互利原则,支持和鼓励中国企业参与老挝交通、通信等基础设施建设。

——积极利用中国—东盟自贸区的有利条件,开拓双边贸易的新形式新渠道,继续鼓励和支持双方企业进行双向投资,加强在承包劳务领域的合作。

——在农业、矿产、水电、能源、通信、卫星、扶贫、旅游、环保、人力资源开发等领域开展双方长期互利合作。

——进一步发挥云南等中国沿边省份和老挝地方省份的比较优势,加强双方经贸等领域的交流合作,把发展潜力变为增长现实。

(三)以庆祝中老建交50周年为契机,加强两国党政部门、立法机构、政协、工青妇组织、地方之间以及文化、教育、科技、体育、卫生等领域的交流合作,为中老睦邻友好关系世代相传打造坚实的社会和民意基础。

(四)进一步发挥两党交流合作对党建、社会主义建设事业和两国传统友好的积极促进作用,继续举办好两党理论研讨会,相互学习借鉴治党治国经验;扩大党政干部交流规模,提升合作水平。

(五)进一步加强两国国防、公安、司法领域合作,维护各自国家安全,维护地区和平稳定。

(六)继续加强两国在中国—东盟、东盟—中日韩、东亚峰会、大湄公河次区域经济合作、联合国等多边机制框架下的协调与配合,致力于维护本地区和世界的和平、稳定与发展。中方积极支持老挝主办2012年第九届亚欧首脑会议,重申支持老挝尽早加入世界贸易组织。

五、中方重申尊重老挝的独立、主权和领土完整,支持老挝党、政府和人民坚持社会主义方向、有原则的全面革新路线和为发展经济、维护社会稳定所作出的努力。老方重申坚定奉行一个中国政策,承认中华人民共和国政府是代表全中国的唯一合法政府,台湾是中国领土不可分割的一部分,继续支持两岸关系和平发展和中国的和平统一大业。

六、老挝人革党中央总书记、国家主席朱马利代表老挝党、政府和人民,并以个人名义对中共中央总书记、国家主席胡锦涛以及中国党、政府和兄弟的中国人民所给予的隆重、热情和友好的接待表示衷心感谢,并邀请胡锦涛访问老挝。胡锦涛感谢朱马利盛情邀请,表示愿在双方方便的时候再次访问老挝。

2011年9月21日于北京

兰州军区民兵预备役部队应急专业力量建设观摩交流活动在西安举行

中央军委委员、国务委员兼国防部部长梁光烈参加活动。

梁光烈强调,要紧紧围绕国家及国防和军队建设的主题主线,在做好应战准备的同时,把国防动员应急工作摆上更加突出的位置来抓。要加强宏观筹划指导,按照科学建、科学管、科学用的要求,优化应急力量布局结构,努力构建布局合理、规模适度、管理规范的应急保障体系。要增大应急队伍科技含量,探索民兵预备役人员动态管理的方法路子,建立完善应急装备保障体系,强化针对性、专业化训练,切实提高应急行动能力。要加强国防动员机制与国家应急管理机制的衔接,更好地发挥国防动员在急时应急中的作用。

梁光烈指出,军地各级要以强烈的责任感使命感,在思想上更加重视,组织上更加得力,工作上更加务实,把国防动员应急建设抓紧抓好,不辜负党和人民的期望与重托。

第十三届中国科协年会在天津开幕

中共中央政治局委员、国务委员刘延东出席开幕式并讲话,中共中央政治局委员、天津市市委书记张高丽出席开幕式。

刘延东指出，科技工作者是我国科技事业发展的宝贵财富，是国家现代化建设的重要力量。希望广大科技工作者认真学习贯彻胡锦涛总书记“七一”重要讲话以及中央关于科技工作的一系列部署要求，增强责任感、紧迫感和使命感，把事业抱负、科技专长同国家发展、社会进步、人民幸福紧密地联系起来，激发创造活力，勇攀科技高峰，作出无愧于祖国和人民的新贡献。要围绕服务加快转变经济发展方式，大力推进创新驱动发展，加强基础前沿科学研究，突破核心关键瓶颈技术，积极建言献策；以增强自主创新能力为己任，加强原始创新、集成创新和引进消化吸收再创新，强化协同创新，为加快建设创新型国家多做贡献；主动开展科学普及，提高全民科学素质，努力成为科学知识的传播者、科学方法的实践者、科学思想的倡导者、科学精神的弘扬者；大力弘扬创新文化，继承我国科技界的光荣传统，加强科学道德与学风建设，遵循学术诚信，为全社会践行社会主义核心价值体系发挥示范作用；积极培养举荐更多创新人才，推动完善科技人才培养和评价机制；全力支持和推动科技体制改革，促进解决制约科技发展的体制机制方面的突出问题，在加快国家创新体系建设、实现科教兴国和人才强国战略的宏伟事业中再立新功。

刘延东要求，各级党委和政府关心和支持科协工作，为科技工作者发挥聪明才智提供服务和保障。

全国人大常委会副委员长、中国科协主席韩启德致开幕词。开幕式上颁发了周光召基金会“杰出青年基础科学奖”，香港求是科技基金会“求是杰出科学家奖”和“杰出科技成就集体奖”，中国科协求是杰出青年实用工程奖和成果转化奖。

本届年会以大科普、学科交叉和为举办地服务为宗旨，主题为“科技创新与战略性新兴产业发展”，2400余名科技工作者参加大会。

第十四届世界群众体育大会在北京国家会议中心举行

大会于9月21日至23日举行，由国际奥委会主办、中国奥委会和北京市政府承办。来自90个国家和地区的527名代表出席了本届大会。中共中央政治局委员、北京市市委书记、北京奥运城市发展促进会会长刘淇，国际奥委会主席罗格在开幕式上致辞。

开幕式上罗格为荣获“体育活动的健康与社会效益”、“计划与政策”与“群众体育的发展与促进”三项国际奥委会首次设立的群众体育奖项的3个获奖单位颁奖。

大会发布了《北京宣言》——这是与会代表达成的一个共识，标志着北京乃至世界群众体育上升到一个新台阶。

卫生部首次发布《中国妇幼卫生事业发展报告(2011)》

卫生部妇幼保健与社区卫生司司长秦怀金指出，我国妇女儿童健康状况明显改善。孕产妇死亡率和儿童死亡率持续显著降低，妇女人均预期寿命提高到2009年的75.2岁。2010年全国孕产妇死亡率为30.0/10万，比2000年下降了43.4%。

秦怀金指出，中国现有8.6亿妇女儿童，拥有世界上规模最大的妇女儿童群体。一些威胁妇女健康的常见病、多发病得到有效防治。婴儿死亡率及5岁以下儿童死亡率持续下降，提前实现联合国千年发展目标。2010年全国婴儿死亡率为13.1‰，比2000年下降了59.3%。5岁以下儿童死亡率为16.4‰，比2000年下降了58.7%。5岁以下儿童死亡率城乡差距逐渐缩小。

9月22日

全国人大常委会委员长吴邦国在塔什干与乌兹别克斯坦总统卡里莫夫举行会谈

吴邦国指出，务实合作是中乌友好合作伙伴关系的物质基础，也是两国领导人高度重视的问题。中乌经济互补性强，合作基础好，发展潜力大。希望双方共同努力，把经济互补优势转化为经贸合作的成果。当前要抓好三方面工作。一是尽快启动中乌政府间合作委员会，加强对各领域合作的战略规划和统筹协调。二是深化能源和矿产等领域的务实合作，加强在高新技术、机电、通信、交通、化工、旅游等非资源领域的合作，扩大天然气、稀有金属、棉花等乌优势产品对华出口，不断提升经贸合作的质量和水平。三是不断优化投资环境，中方将继续支持和鼓励本国企业赴乌投资，也欢迎乌企业来华创业，希望双方为企业合作创造更大空间，提供更多便利。

卡里莫夫表示，乌方十分珍视同中国的友好关系，感谢中方长期以来对乌方的坚定支持和真诚帮助。乌中在许多领域的合作富有战略性，期待与中方在更广泛的领域开展互利合作，热忱欢迎中国企业来乌投资，

全国人大常委会委员长吴邦国在塔什干与乌兹别克斯坦最高会议立法院主席塔什穆哈梅多娃举行会谈

全国人大常委会委员长吴邦国在乌兹别克斯坦最高会议立法院上发表题为《弘扬睦邻友好 实现共同发展》的主旨演讲

尊敬的塔什穆哈梅多娃主席，尊敬的各位议员，女士

们、先生们、朋友们：

今天，在我对乌兹别克斯坦进行正式友好访问之际，有机会来到最高会议立法院大厦，同各位议员朋友和各界人士见面，感到十分高兴。首先，我向在座各位，并通过你们向乌兹别克斯坦人民转达中国人民的诚挚问候和良好祝愿，向长期致力于中乌友好事业的乌兹别克斯坦最高会议和各位议员，表示衷心感谢和崇高敬意。

乌兹别克斯坦是欧亚地区具有重要影响的国家。奔腾不息的阿姆河和锡尔河孕育了悠久的中亚文明，勤劳智慧的乌兹别克斯坦人民创造了璀璨的历史文化，塔什干、撒马尔罕、布哈拉等历史名城享誉世界，列吉斯坦神学院、兀鲁伯天文台、雅克城堡等名胜古迹闻名遐迩。独立20年来，贵国人民在卡里莫夫总统的领导下，积极探索符合本国国情的发展道路，社会政治稳定，经济稳步发展，民族团结和睦，人民安居乐业，综合国力日益增强，国际地位不断提升，国家各项事业取得令人瞩目的成就。前不久，卡里莫夫总统签署工业发展优先方向法令，计划未来5年投资300亿美元，实施259个工业项目，进一步吸引外来投资，调整产业结构，发展优势产业，展示了贵国经济社会发展的美好前景，古老的中亚文明摇篮生机盎然，年轻的乌兹别克斯坦共和国蒸蒸日上。作为贵国的真诚朋友和友好邻邦，中国人民对乌兹别克斯坦人民取得的发展进步感到由衷高兴，衷心祝愿乌兹别克斯坦人民在国家建设和民族振兴的征程中取得新的更大成就。

中国和乌兹别克斯坦是亲密近邻，两国人民友好交往源远流长。早在两千多年前，中国的张骞两次穿越大漠戈壁的西域之行，开启了中乌友好交往的先河。古老的丝绸之路，架起了中乌商贸流通的桥梁，编织了文化交流互鉴的纽带，两国人民和睦相处、频繁往来，书写了人类文明交往史上浓墨重彩的篇章。更令人高兴的是，中乌传统友谊在新的历史条件下焕发出更加绚丽夺目的光彩。建交近20年来，在两国领导人的亲自关心和大力推动下，中乌关系全面快速深入发展。2004年，胡锦涛主席成功访问乌兹别克斯坦，同卡里莫夫总统共同宣布建立中乌友好合作伙伴关系。今年4月，卡里莫夫总统成功访华，两国元首就发展长期稳定的中乌友好合作伙伴关系达成广泛共识，为两国关系发展注入新的动力。当前，中乌关系正处于历史上的最好时期，给两国和两国人民带来了实实在在的利益，也为地区和平与繁荣作出积极贡献。政治上，双方互信不断加深，在涉及彼此核心利益的问题上给予坚定支持，在国际和地区事务中保持良好协调与配合。安全上，双方同心协力、密切配合，严厉打击恐怖主义、分裂主义和极端主义“三股势力”，共同维护两国的安全和发展利益。经贸上，能源、交通、通信等重点领域合作卓有成效，中国—中亚天然气管道、德赫卡纳巴德钾肥厂等项目顺利运营，2010年双边贸易额达到24.8亿美元，同比增长29.2%，比建交初期增长了47倍，中国对乌投资达到16.5亿美元，连续两年成为乌兹别克斯坦第一大投资来源国。目前，双方已确定到2015年实现贸易额50亿美元的目标，签署中国采购乌天然气协议、合作开发铀矿床框架协议以及非资源和高科技领域合作规划等。还值得一提的是，两国议会交往日益密切，今年我同萨比罗夫主席成功实现互访，把两国议会交往提升到一个新水平，必将推动国家关系深入发展。我相信，建立在相互尊重、平等相待、互利共赢基础上的中乌关系，一定会迎来更加美好的明天。

女士们、先生们！

中国是亚洲大家庭中的一员，也是世界上邻国最多的国家。中国有句老话，“远亲不如近邻”。新中国成立60多年来特别是改革开放30多年来，我们一直把发展同周边国家的友好关系摆在外交全局的重要位置，坚定奉行“与邻为善、以邻为伴”的周边外交方针，始终致力于同周边国家的睦邻友好。

一是把相互尊重作为睦邻友好的政治基础。对周边国家不论大小、强弱、贫富，我们一律平等相待、坦诚相见，在和平共处五项原则的基础上发展国家关系，同几乎所有周边国家签订双边友好条约，确立不同形式的伙伴关系，建立领导人双边或多边定期会晤机制。不论国际形势和各自国内情况如何变化，我们都从维护国家关系的大局出发，从两国人民的根本利益出发，坚定不移地发展双边友好关系。对周边国家的社会制度、发展道路和内外政策等内部事务，我们从不把自己的意志强加于人，而是充分尊重各国人民根据本国国情作出的自主选择，充分尊重各国的文化传统、价值观念和宗教习俗，充分尊重各国为维护稳定和发展经济所作出的努力。对同周边国家的边界问题，我们一向本着友好协商、互谅互让的原则，通过坦诚对话、和平谈判加以解决。先后同有关国家签订19个边界条约、协定和22个勘界、联检议定书，划定勘定约2万公里的边界线，彻底解决了与绝大多数邻国间历史遗留的陆地边界问题。

二是把和平安宁作为睦邻友好的重要保障。中国奉行防御性国防政策，加强国防建设的目的是捍卫国家主权和领土完整，并向世界郑重宣示永远不称霸，郑重承诺不首先使用核武器、不向无核国家使用或威胁使用核武器。倡导互信、互利、平等、协作的新安全观，推动同周边国家建立军事互信和磋商对话机制，参加东盟地区论坛、东盟防长扩大会、香格里拉对话等多边合作机制，同俄罗斯和中亚邻国签署关于在边境地区加强军事领域信任协定、相互裁减军事力量协定。对地区热点问题，我们一贯主张有关各方通过对话和平解决，秉持客观公正立场，积极劝和促谈，努力斡旋调解，促进朝鲜半岛核问题六方会谈，参与解决伊朗核问题进程，从不做使矛盾复杂化的事情，从不做有损邻居关系的事情。推动上海合作组织积极合作应对日益严峻的恐怖主义、跨国犯罪、重大自然灾害、公共卫生等非传统安全威胁。倡议召开中日韩—东盟打击跨国犯罪部长级会议，与缅甸、泰国、老挝、越南、柬埔寨和联合国禁毒署共同建立六国七方禁毒合作机制，与东盟签署《中国和东盟禁毒合作计划》。推动建立亚洲国家间减灾对话与交流平台，同周边国家签署35个双边或多边减灾救灾文件，积极参与周边国家重大自然灾害救援行动，举办中国—东盟防治非典型肺炎、禽流感等特别会议，设立中国—东盟公共卫生合作基金，开展早期预警、危机管理、防疫互助等合作，提高本地区应对重大自然灾害和突发公共卫生事件能力。

三是把共同发展作为睦邻友好的根本目的。在双边务实合作中，我们在不断扩大双边贸易规模的同时，积极扩大从周边国家进口，对周边发展中国家特别是最不发达国家，通过实行单方面关税减免、消除非关税壁垒、举办商品展等多种方式，为这些国家商品进入中国市场提供便利。中国连续多年成为亚洲最大进口市场，仅去年就进口8346亿美元，贸易逆差达1025亿美元。在扩大对周边国家投资的同时，鼓励走出去的中国企业积极参与当地经济社会发展，拓展合作领域，延伸产业链，更多雇用当地员工，培训专业技术人才，承担相应社会责任，帮助发展中国家增强自身发展能力。中国对亚洲国家和地区非金融类投资累计达到2006亿美元，占中国对外投资总额的70%，仅去年就新增投资383亿美元。我们大力推动地方特别是边境地区间的互利合作，开通了278个一类口岸，举办了7届中国—东盟博览会，面向中亚地区的中国—亚欧博览会、霍尔果斯国际边境合作中心等一批合作平台也已初见成效。在区域合作中，我们在大力推动贸易投资自由化便利化的同时，把推进基础设施互联互通作为合作重点，通过提供优惠信贷和发展援助、设立合作基金等措施，支持跨区域公路、铁路、水路、能源管道、信息通信等基础设施建设，努力形成优势互补、携手并进、共享繁荣的发展格局。中国—东盟自由贸易区2010年全面建成，成为发展中国家间最大的自由贸易区，当年贸易总额就达到2928亿美元，同比增长38%。在应对2008年国际金融危机中，我们在努力克服自身困难的同时，向发展中国家特别是周边国家慷慨施援，同有关国家和地区签署总额达6500亿元人民币的双边货币互换协议，在东盟与中日韩合作框架下建立规模为1200亿美元的区域外汇储备库，设立100亿美元的中国—东盟投资合作基金，向上海合作组织其他成员国提供100亿美元的信贷支持等。近年来，中国对亚洲经济增长的贡献越来越突出，亚洲新兴经济体发展势头强劲，成为全球公认的最具发展活力和潜力的经济板块。

这里我要强调的是，中国坚定不移走和平发展道路，始终奉行"与邻为善、以邻为伴"的周边外交方针，是中国基于时代发展潮流和自身根本利益作出的战略抉择，不会因为中国综合国力的增强而改变。我们深知，中国改革开放30多年来的快速发展，离不开和平稳定的外部环境，离不开与世界和周边各国的互利合作，离不开学习借鉴人类文明的优秀成果。中国要实现社会主义现代化，让13亿人民过上富足安康的好日子，必将更加珍惜来之不易的和平环境，更加坚定地实施互利共赢的开放战略，更加真诚地同所有国家发展友好关系。实践已经证明并将继续证明，中国的发展对周边国家乃至世界是机遇和贡献，不是麻烦更不是威胁，中国过去是、现在是、将来永远是维护世界和地区和平、促进共同发展的积极因素和坚定力量。中国愿同周边国家一道，深化睦邻友好，扩大务实合作，促进共同发展，永做好邻居、好朋友、好伙伴，共同谱写和平、合作、和谐的新篇章。

女士们、先生们！

中亚国家位于欧亚大陆中心，历史悠久、文化灿烂、资源丰富，正以自身的快速发展和独特的地缘优势，吸引着世界的目光。作为友好邻邦，中国一直高度重视发展同中亚国家的友好合作关系，坚定支持中亚国家走符合本国国情的发展道路，坚定支持中亚国家为维护国家安全、发展经济、改善民生所做的努力，坚定支持中亚国家在国际和地区事务中发挥更大作用。

我们高兴地看到，在双方的共同努力下，中国与中亚国家关系实现跨越式发展，中国人民同中亚人民的传统友谊薪火相传、历久弥坚。双方领导人像走亲戚一样常来常往，迄今为止，中国国家元首先后22次访问中亚国家，中亚国家元首先后47次访问中国，双方领导人在多边场合经常会晤，在前不久举行的上海合作组织阿斯塔纳峰会上，胡锦涛主席同中亚四国元首再次见面，就双边关系和其他共同关心的重大问题深入交换意见、凝聚共识、规划未来，有力地推动了中国与中亚国家关系的发展。我们在涉及彼此核心利益的重大问题上坚定支持，在打击"三股势力"等安全合作方面密切协作，在国际和地区事务中协调配合。更为可喜的是，经贸合作成为中国与中亚国家关系的一大亮点，双方贸易额在短短20年内增长了65倍，一批开创性的大项目合作成功实施，起始于土乌边境的中国一中亚天然气管道实现双线投产通气，正在建设的C线竣工后，每年将向中方新增供气250亿立方米，全长3000多公里的中哈原油管道一期工程建成投入使用，二期工程将于2013年竣工运营，双方关系的物质基础更加坚实。我们完全有理由说，中国与中亚国家的关系堪称睦邻友好、共同发展的典范。

当前，世界正处在大发展大变革大调整时期，机遇前所未有，挑战也前所未有。对中国和中亚国家来说，共同构筑全方位、高水平的睦邻友好与互利合作关系，战略性和紧迫性比以往任何时候都更加凸显。我这次访问中亚的目的，就是要进一步落实双方领导人达成的共识，巩固传统友谊，深化务实合作，推动中国与中亚国家关系不断向前发展。为此，我愿提出以下建议。

一要在巩固政治互信的基础上提高战略协作水平。充分理解对方重大关切、坚定支持对方核心利益，是中国和中亚国家睦邻友好的独特战略优势。双方应加强政治支持，在涉及对方主权、领土完整、国家安全、稳定和发展等重大问题上，无论是在双边层面还是在多边层面，都应当以适当的形式及时发出响亮的声音，给予对方坚定的支持。双方应加强在国际和地区事务中的战略协作，就全球经济治理、应对气候变化、能源资源安全等全球性问题，主动沟通信息，及时协调立场，维护共同利益，努力营造有利于和平发展的国际和地区环境。双方应从战略高度重视加强人民之间特别是青年之间的友好往来，让双方人民相知相近相亲，让睦邻友好深入人心、世代相传，不断夯实国家关系发展的社会基础和民意基础。

二要在坚持互利共赢的基础上构建更加紧密的经济联系。深化双边务实合作、推动区域经济一体化，是中国和中亚国家实现共同发展的现实需要。双方应结合各自国家发展战略规划，抓住经济结构调整机遇，发挥经济互补优势，在落实好现有大项目合作、深化油气资源领域合作的同时，积极开展风能、太阳能等清洁能源领域合作，挖掘农业、制造业、高新技术产业、交通、金融等非资源领域合作潜力，推进教育、卫生、旅游等人文领域的合作，密切地方特别是边境地区的务实合作，培育经济技术合作和企业合作新的增长点。双方应大力推进区域经济合作，积极实施上海合作组织成员国多边经贸合作纲要，着力加强区域交通、能源、通信等基础设施网络化建设，认真落实海关、质检、运输等领域便利化措施，加快构建地区能源安全、金融安全、粮食安全合作机制，推动贸易和投资自由化便利化，加快区域经济一体化进程。

三要在加强安全合作的基础上增强抵御现实威胁能力。打击“三股势力”、确保地区安宁，是中国和中亚国家长期而艰巨的共同任务。中国和中亚国家为维护本地区和平安宁付出了巨大努力，取得了显著成效。同时也要看到，在国际和地区热点问题此起彼伏的背景下，“三股势力”再趋活跃，跨国有组织犯罪日益猖獗，本地区安全形势更加复杂。我们要紧紧把握影响地区安全的核心问题和关键因素，建立更加完善的安全合作体系，积极实施打击“三股势力”上海公约，认真落实双边安全合作协定，深化安全对话磋商与信息交流，继续定期举行联合反恐演习，加强大型活动安保协作，着力提高组织行动能力和快速反应能力，毫不懈怠地打击“三股势力”，切实有效地遏制贩毒、武器走私等跨国有组织犯罪活动，确保本地区长治久安。

女士们、先生们！

2001年创建的上海合作组织，顺应世界和平合作发展的时代潮流，反映本地区人民求和平、促合作、谋发展的共同愿望，在“互信、互利、平等、协商，尊重多样文明，谋求共同发展”的“上海精神”引领下，经过10年稳定健康快速发展，合作机制日臻完善，合作内容不断充实，合作成效令人瞩目，已成为维护地区和平稳定的重要保障，成为促进各成员国发展繁荣的强大动力，成为推动国际关系民主化的建设性力量。未来10年是上海合作组织发展的关键时期，对各成员国自身发展和本地区稳定至关重要。今年6月，中国接任上海合作组织轮值主席国。我们愿与各成员国一道，弘扬“上海精神”，努力办好“睦邻友好年”，全面规划未来10年发展蓝图，把上海合作组织建设成为机制完善、协调顺畅、合作全面、开放和谐的区域合作组织。

女士们、先生们！

再过3个月，我们将迎来中国同乌兹别克斯坦建交20周年，中乌关系正站在一个新的历史起点上。回顾过去，我们的合作硕果累累、令人欣慰；展望未来，我们的合作前景广阔、催人奋进。让我们携起手来，传承睦邻友好，深化互利合作，为推动中乌友好合作伙伴关系深入发展，为实现本地区持久和平、共同繁荣而努力奋斗！

国务院总理温家宝在人民大会堂出席中印青年传统文化交流大舞台活动

温家宝在活动中致辞。他来到两国青年中间，同他们进行轻松愉快的交谈。青年代表们表示，要为增进两国人民之间的相互了解和友谊贡献力量。

这次中印青年交流活动由中华全国青年联合会主办，是“中印交流年”重要项目。500名印度青年将在中国进行为期10天的参观访问。中印双方商定，今后将持续开展青年互访活动，巩固两国关系的社会基础。

国务院总理温家宝在中印青年传统文化交流大舞

台活动中的致辞

青年朋友们：

大家好！去年 12 月，我访问印度时，和辛格总理共同决定 2011 年为“中印交流年”，我邀请 500 名印度青年来中国访问。现在你们如约而至，我很高兴。我代表中国政府和人民向你们表示热烈欢迎，也借此机会向两国青年朋友们讲几句心里话。

今天的活动叫作“中印青年传统文化交流大舞台”。中印青年交流从传统文化入手，很有意义。中印两国是“天造地设”的友好邻邦。发源于黄河—长江流域的中华文明和发源于恒河—印度河流域的印度文明被誉为人类文明的双璧，这两大文明从黎明时期就因缘际会。在数千年历史长河中，两大文明交相辉映，彼此促进，深刻影响着人类文明的进程。印度人民很喜欢的那首诗“恒河之水天上来”，与中国古诗“黄河之水天上来”有异曲同工之妙。中国的太极拳、书法、茶艺和印度的瑜伽、音乐、舞蹈是两国传统文化的瑰宝，尽管文化形态各异，但都蕴涵自然、和谐、包容之美。我希望两国青年朋友们在交流切磋传统文化技艺的同时，能够领悟和传承其精神内涵，成为相互尊重、相互学习、共同进步的好朋友、好伙伴。

中印两国有着相似的国情和历史遭遇，今天又面临共同的发展机遇和严峻挑战。我们两个比邻而居的伟大民族，在历史上都曾创造过灿烂辉煌的文明，也遭受过巨大的苦难，如今都处在发展振兴的关键时期。抓住机遇、加快发展，共同应对挑战，共创美好未来，是中印两国的共同使命。作为世界上人口最多和经济增长最快的两个发展中国家，中印两国携手发展和密切合作，不仅能改善两国人民的福祉，也是亚洲和世界人民的福音。两国有理想、有抱负的青年要深刻认识中印关系的战略意义，坚定和平、合作、共赢的信念，从我们丰厚的历史传统文化中汲取智慧和勇气，不断探索创新，发奋图强，把自已的国家建设得更加美好。

今天，在座的青年朋友中有大学生、工程师、农民、企业家、艺术家、政府官员，代表着推进中印全方位交流与合作的中坚力量。希望大家在各自的岗位、各自的领域，为发展中印友好合作关系发挥应有的作用。中印两国青年有责任、也有能力担负起这一共同使命。中印关系的发展前途掌握在青年人的手里。我相信，当中印两国青年携起手来，并肩前行，亚洲的天空将更加璀璨，世界的未来会更加光明！

祝愿你们在中国度过一段愉快而难忘的时光。谢谢大家！

中共中央政治局常委习近平在天津调研

9 月 22 日至 23 日，习近平在中共中央政治局委员、天津市市委书记张高丽等陪同下，来到武清区、宝坻区、东丽区和静海县，围绕统筹城乡发展、加强和创新社会管理以及党建工作，深入农村、企业、社区、科研基地进行调研。

习近平强调，坚持以工促农、以城带乡统筹城乡发展，是实现科学发展的一个大战略。各级领导干部要深入贯彻落实科学发展观，以求真务实作风推动城市和农村相互促进、协调发展，努力形成城乡经济社会发展一体化新格局。

在东丽区华明示范镇，习近平强调，要进一步完善城镇化发展战略及相关政策，优化城镇布局和结构，增强城镇集聚产业、承载人口、辐射带动区域发展的能力，推进新型城镇化与新农村建设互动发展、共同提高。

在武清区的天津市现代农业科技创新基地，习近平指出，要加大科技创新和科研成果转化力度，为转变农业发展方式、推进农业现代化产业化提供科技支撑。

在宝坻区周良庄镇综合服务中心，习近平强调，要坚持以机制创新推动社会管理创新，不断提升城乡社会管理水平，维护社会和谐稳定。

在武清区梅厂镇灰锅口村，习近平指出，建设社会主义新农村，关键在于基层基础工作要做扎实，要充分发挥基层党组织的战斗堡垒作用和共产党员的先锋模范作用。

调研结束时，习近平主持召开天津党政干部座谈会，对天津在“十一五”期间发生的历史性变化给予高度评价，对天津各级干部注重实干的作风给予充分肯定，希望天津各级党组织牢牢把握国家推进滨海新区开发开放的重大历史机遇，再接再厉、乘势前进，带领党员、群众奋力开创天津科学发展新局面。

国务院副总理李克强在北京主持召开“十二五”服务业发展规划编制工作座谈会并发表讲话

李克强强调，经济结构战略性调整是加快转变经济发展方式的主攻方向，发展服务业是调结构的重要突破口。要按照“十二五”规划主题主线的要求，开创服务业发展新局面，促进结构调整取得更大进展。

座谈会上，国家发展改革委负责人汇报了服务业发展规划编制情况，专家代表和有关部门负责人发了言。在认真听取大家意见后，李克强说，服务经济是现代经济的重要标志，服务业是现代产业的主体。社会生产的林林总总，人民生活的方方面面，都与服务业息息相关。在三大需求中，消费需求是最大的潜力所在，居民消费的扩大，主要要靠服务来实现。在三次产业中，服务业是最大的潜力所在，增加服务业供给，能够拉动经济增长、平衡供求关系、稳定市场价格。尤其应当看到，服务业是就业最大的容纳器和社会重要的稳定器，现代服务业具有技术密集、知识密集的特点。在我们这样一个人口大国，加快发展服务业，不仅有利于加强社会建设与管理创新、提高人民生活水平和质量，而且有利于发挥人力资源丰富的优势、促进创新型国家建设、推动经济由大变强。

李克强指出，目前我国服务业比重和水平仍然较低，发展相对滞后，是经济社会发展的一块“短板”。我们必须进一步提高对发展服务业重要性、紧迫性的认识，明确市场化、产业化、社会化、国际化的方向，坚持生产服务业与生活服务业并重、现代服务业与传统服务业并举，大力发展各种支持生产、便民利民、增加就业的服务业态，重点培育现代物流、设计咨询、电子商务、健康服务等新的服务业态，促进服务业发展提速、比重提高、水平提升，确保到“十二五”末实现服务业增加值比重、就业比重各上升4个百分点的目标。

李克强强调，“十二五”服务业规划既是发展的规划，也是改革的规划。推动服务业大发展，必须加快改革步伐，把政府引导和市场机制有机结合起来，充分发挥企业主体的作用。要支持社会资本进入服务业领域，加强市场监管，促进公平竞争、高效发展。推进社会领域和事业单位改革，在政府切实履行好基本公共服务职责、保障基本需求的同时，把非基本服务的运行更多地交给市场调节。深化财税、价格、金融等改革，完善政策措施，提升开放水平，为服务业发展注入新的动力和活力。

国务院副总理张德江在广东对中小企业进行调研

张德江指出，中小企业是扩大就业的主渠道、科技创新的生力军，在经济社会发展中发挥着关系全局、举足轻重、不可替代的作用。党中央、国务院历来高度重视中小企业发展，特别是近年来，国家制定出台了一系列鼓励支持中小企业发展的法律法规和政策措施，中小企业进一步得到了快速发展，地位和作用进一步得到了显著增强。为进一步做好中小企业工作，必须从战略和全局的角度出发，高度重视中小企业发展，密切关注中小企业生产经营情况，及时研究并采取更加有效的措施，全面推动中小企业发展。

张德江强调，当前，受国内外多重因素影响，中小企业在发展中面临一些困难和矛盾。促进中小企业又好又快发展，需要把已经有的、行之有效的政策落实好，同时针对小型、微型企业出现的新情况新问题，及时完善政策措施，进一步加大支持力度。要进一步增强政策的针对性、有效性和可操作性，要着眼制度性建设，着眼解决中小企业发展的深层次矛盾和问题。要进一步落实和完善市场准入政策，多种途径缓解小型、微型企业融资困难。要进一步加大对中小企业的税收优惠支持力度，加大清理和减免部分涉企收费力度，扩大政府采购比例。要积极引导中小企业坚持科技创新，重视技术改造，主动转型升级，改善经营管理，提高员工素质，坚持走集群发展和“专、精、特、新”发展路子，大力提高企业素质和发展水平。要切实转变政府职能，简化行政审批程序，完善中小企业公共服务体系建设，促进中小企业健康发展。

世界首台AP1000机组压力容器吊装成功

中核集团三门核电有限公司宣布：世界首台AP1000核电机组——中核集团三门核电工程1号机组反应堆压力容器于吊装成功，标志着该机组进入关键主设备安装阶段。

中共中央政治局常委贺国强在人民大会堂会见由老挝中央纪委主任本通·吉玛尼率领的老挝人民革命党中央纪委代表团

全军优秀基层干部骨干带兵经验首场报告会在北京举行

巡回报告团由全军和武警部队的11名优秀基层干部骨干组成。首场报告会后，报告团成员将分两个组赴各大单位巡回报告。

9月23日

国家主席胡锦涛在人民大会堂会见毛里塔尼亚总统阿齐兹

胡锦涛表示，中方愿同毛方共同努力，进一步提升两国务实合作水平：一是加强友好交往。深化真诚友好、平等互信的政治关系。二是要拓展经贸合作。在搞好两国渔业、矿业、基础设施建设等传统领域合作的同时，稳步推进通信、能源、科技等新兴领域的合作，共同实施好两国重点合作项目。三是增进人民友谊。积极拓展文教、卫生、防疫、新闻等领域的合作，促进不同文明对话和交流。四是密切多边合作。中方愿同毛方就联合国改革、气候变化、扶贫减灾、粮食安全等全球性问题保持沟通和协调。

阿齐兹完全赞同胡锦涛关于进一步发展两国关系的重要意见。他表示，毛方感谢中方为毛里塔尼亚经济社会发展提供的宝贵支持和无私援助。毛方高度重视毛中关系，视中国为可靠的朋友和重要的合作伙伴，将继续坚定支持中国的统一大业，愿同中方一道，进一步加强高层交往，深化经贸、基础设施建设、农业、渔业、矿业等领域的互利合作，加强在国际和地区事务中的沟通协调，推动两国关系迈上新的台阶。

会见结束后，两国元首出席了有关双边合作文件的签字仪式。

全国政协十一届委员会第四十一次主席会议在北京召开

会议决定，10月召开全国政协十一届常委会第十五次会议，建议这次常委会议的主要议题是学习贯彻中共十七届六中全会精神，围绕深化文化体制改革、推动社会主义文化大发展大繁荣进行讨论。中共中央政治局常委、全国政协主席贾庆林主持会议。

会议审议通过了政协第十一届全国委员会常务委员会第十五次会议议程(草案)和日程，通过了政协第十一届全国委员会委员增补名单(草案)、政协第十一届全国委员会专门委员会副主任增补名单(草案)。会议决定，将上述草案提交政协第十五次常委会议审议。全国政协副主席杜青林、全国政协副主席兼秘书长钱运录、全国政协副秘书长孙怀山分别对有关议题作了说明。

全国政协副主席王刚、廖晖、白立忱、阿不来提·阿不都热西提、李兆焯、张梅颖、郑万通、邓朴方、林文漪、厉无畏、罗富和、王志珍出席会议。

全国政协主席贾庆林在人民大会堂会见毛里塔尼亚总统阿齐兹

全国政协主席贾庆林在中国美术馆参观纪念辛亥革命100周年何香凝艺术精品展

纪念人民检察制度创立80周年座谈会在人民大会堂召开

座谈会上，中国人民大学教授高铭暄、北京市人民检察院原检察长何访拔、河南省人民检察院检察员蒋汉生、四川省北川县人民检察院检察长李成作了发言。

中共中央政治局委员、中央政法委副书记王乐泉，最高人民法院院长王胜俊出席会议。最高人民检察院检察长曹建明出席会议并讲话。他强调，各级检察机关要深入学习贯彻胡锦涛总书记“七一”重要讲话，切实把思想和行动统一到中央对检察工作的指示精神上来，围绕经济社会发展大局，忠实履行宪法法律赋予的职责，强化法律监督、强化自身监督、强化队伍建设，努力推动检察工作全面发展进步，不断完善中国特色社会主义检察制度，为全面建设小康社会、加快建设社会主义法治国家作出积极贡献。

最高人民检察院原检察长韩杼滨、贾春旺、张思卿，曾担任过最高人民检察院领导职务的肖扬、王文元等参加了座谈会。

中央纪委书记贺国强在北京出席反腐倡廉专项治理工作汇报会并发表讲话

在认真听取有关方面关于开展工程建设领域突出问题、“小金库”问题、公务用车问题和庆典、研讨会、论坛过多过滥问题专项治理工作情况汇报后，贺国强指出，开展这4项专项治理工作，是今年党风廉政建设和反腐败工作的一项重点任务，也是我们顺应人民期待、回应社会关切、认真解决反腐倡廉建设中人民群众反映强烈突出问题的实际行动。今年以来，各地区各部门各单位认真贯彻中央要求，扎实开展专项治理，取得积极进展和成效。在工程建设领域突出问题专项治理方面，着力抓好重点领域、重点环节、重点案件和长效机制建设，全国共受理工程建设领域违纪违法问题举报3.8万件，立案1.96万件，给予党纪政纪处分12874人，移送司法机关6801人；在“小金库”专项治理方面，着力巩固成效、防止反弹，抓好全面复查和重点检查，建立健全长效机制，全国累计查出“小金库”58225个，涉及资金266.54亿元，给予行政处罚1942人，组织处理3242人，党纪政纪处分1862人，移交司法机关处理623人；在公务用车问题专项治理方面，已基本完成动员部署、登记自查和审查核实阶段工作任务，进入全面纠正处理阶段，截至目前，全国党政机关共发现违规车辆17.26万辆；在庆典、研讨会、论坛过多过滥问题专项治理方面，着力加强宣传教育，搞好自查自纠，严肃工作纪律，据23个省(区、市)统计，共取消2010个活动，节约经费约8.4亿元。

贺国强强调，开展4项专项治理下一步任务仍很艰巨，要总结经验、把握规律，加大力度、标本兼治，切实巩固和扩大工作成果。一是要进一步提高思想认识，强化组织领导。各级党委、政府要把专项治理工作摆在重要位置，加大督促指导力度，协调解决重大问题；各级专项治理工作领导小组要加强组织协调，搞好分类指导；有关职能部门尤其是牵头部门要认真履行职责、发挥职能优势，主动完成好所承担的任务。二是要突出治理重点，狠抓工作落实。工程建设领域突出问题专项治理工作要继续抓好国土资源、交通运输、铁路、水利等重点领域以及项目决策、招标投标、土地出让、规划管理、工程建设、施工监理等重点环节治理，着力推进工程建设领域法规制度、公共资源交易市场、信息公开和诚信体系建设；“小金库”专项治理工作要在全面推进基础上，集中力量对具有执收执罚权、社会反映比较集中、有群众举报以及日常监管发现问题较多的重点领域、重点部门和重点单位进行检查督导，确保已发现问题整改落实到位；公务用车问题专项治理工作要认真搞好违规车辆的纠正处理，严格执行公务用车配备使用管理有关规定，切实加强日常监管；庆典、研讨会、论坛过多过滥问题专项治理工作要坚持清理和规范相结合，坚决制止、取消一批增加基层负担、形式重于内容的活动，抓紧研究制定规范节庆活动管理的办法。三是要加强督促整改，严格执行纪律。要针对前一段工作中发现的带有普遍性的问题，督促有关地区、部门和单位认真分析原因、切实加以整改，对各类问题背后隐藏的违纪违法行为要坚决查处，对在专项治理工作中失职渎职的要严肃追究责任。四是要认真总结经验，建立长效机制。要尊重基层和群众的首创精神，总结实践经验，创新监督方式，坚持公开透明，注重完善制度，建立健全防止同类问题反复发生、从源头上进行治理的长效机制，推动治理工作制度化、规范化、常态化。

中共中央书记处书记、中央纪委副书记何勇主持会议。他强调，要认真学习领会贺国强同志重要讲话精神，充分认识开展专项治理工作的重要性、紧迫性和艰巨性，进一步增强责任感，突出治理重点，狠抓任务落实。要坚持集中治理与加强日常监管相结合，不仅要注重解决当前存在的突出问题，而且要注重分析产生问题的原因，特别是要针对容易滋生腐败的部位和环节制定防治措施，形成防治同类问题反复发生的长效机制。各专项治理工作领导小组要加强组织协调，搞好分类指导，及时研究解决工作中遇到的问题，推动专项治理工作深入开展。有关职能部门尤其是牵头部门要认真履行职责，把专项治理工作与业务工作紧密结合起来，主动完成好所承担的任务。委部机关相关单位要认真总结前段工作的有效做法和成功经验，按照既定目标和工作方案继续抓好落实。

第六届全国民营企业“关爱员工、实现双赢”经验交流暨表彰会在北京举行

中共中央政治局委员、全国人大常委会副委员长、全国总工会主席王兆国在会见代表时强调，要大力支持中小企业发展，切实维护职工权益，积极构建和谐劳动关系，促进企业效益和职工利益的共同实现、共同发展。

全国政协副主席、全国工商联主席黄孟复在会上讲话中指出，我国正处在全面建设小康社会的关键时期，随着改革开放的不断深化，加快转变经济发展方式、加强和创新社会管理进入攻坚阶段，关爱员工、构建和谐劳动关系越来越显得意义重大而深远。全国民营企业“关爱员工、实现双赢”活动自2004年开展以来，在引导民营企业尊重和关爱员工、调动员工积极性、构建和谐劳动关系、共同推动企业发展等方面发挥了积极作用，取得了显著成效，得到了各级党委政府的充分肯定和社会各界的广泛认同。

全国总工会副主席、书记处第一书记王玉普在会上讲话。同时，会上宣读了《关于表彰“全国关爱员工优秀民营企业家”、“全国热爱企业优秀员工”、“全国双爱双评活动先进企业”的决定》，授予白连树等111位同志“全国关爱员工优秀民营企业家”称号，授予马玉莲等111位同志“全国热爱企业优秀员工”称号，授予北京市均豪物业管理有限责任公司等112家企业“全国双爱双评先进企业”称号。

2011欧亚经济论坛在西安举行

论坛于9月23日至24日举行。中共中央政治局常委李长春出席开幕式并发表了题为《共同开创欧亚合作新时代》的主旨演讲。

来自吉尔吉斯斯坦等46个国家的政要、国际组织代表、企业家和专家学者等近900人济济一堂，共商合作发展。

中共陕西省委书记赵乐际、上海合作组织秘书长伊马纳利耶夫、国家开发银行董事长陈元、蒙古国前总统奥其尔巴特、吉尔吉斯斯坦议会副议长马梅罗娃等也先后在开幕式上致辞。

柬埔寨副首相兼经济和财政大臣吉春，摩尔多瓦副总理莫尔多瓦努，亚美尼亚国民会议副议长巴拉萨尼扬，塔吉克斯坦议会下院第一副议长米拉利耶夫和孟加拉国前总统艾尔沙德，哈萨克斯坦前总理捷列先科，蒙古国前总理阿玛尔扎尔嘎勒，尼泊尔前首相比斯塔，尼泊尔前总理、共产党领导人尼帕尔，菲律宾众议院前议长、亚洲政党国际会议常委会主席德贝内西亚等出席开幕式。

欧亚经济论坛秘书长张德广主持开幕式。中联部、外交部、文化部、商务部等部门有关负责人与会。

中共中央政治局常委李长春在西安会见出席2011欧亚经济论坛外国政要和前政要

他们是：柬埔寨副首相兼经济和财政大臣吉春、摩尔多瓦副总理莫尔多瓦努、亚美尼亚国民会议副议长巴拉萨尼扬、吉尔吉斯斯坦议会副议长马梅罗娃、塔吉克斯坦议会下院第一副议长米拉利耶夫等。

中联部部长王家瑞在北京会见老挝人民革命党中央总书记朱马利

全国人大常委会副委员长陈至立在北京出席全国有色金属工业科学技术大会并发表讲话

陈至立指出，我国有色金属工业产量和效益持续增长，技术装备水平大幅提高，技术进步成效显著，整体实力不断增强，作为国民经济和社会发展支柱产业的作用和地位日益突显。我国已是有色金属产量第一大国，但并不是有色金属强国。她希望有色金属行业加快创新体系建设，努力提高有色金属工业自主创新能力；不断加强科技战略研究，着力突破核心技术、关键技术、共性技术，下大力气解决影响行业发展的重大科学技术，努力实现有色金属工业科学发展；切实加强先进技术的普及推广，促进产品升级换代、提高企业效益；加强人才队伍建设，积极培养青年科技人才，建设有色金属工业人才高地。

十届全国人大常委会副委员长顾秀莲、十届全国政协副主席徐匡迪出席大会并发表重要讲话。中国有色金属工业协会会长陈全训在大会上作了题为《加快自主创新、加快人才培养、全面提高我国有色金属工业科学技术水平》的报告。

纪念鲁迅诞辰130周年座谈会在人民大会堂举行

纪念座谈会由中国作家协会、中国现代文学馆和北京鲁迅博物馆联合主办，中共中央政治局委员、中央书记处书记、中宣部部长刘云山出席会议并讲话。

刘云山在讲话中指出，鲁迅是享誉中外、深受景仰的一代文化大师，是中国现代文化史上一座巍然屹立的丰碑。他以实现民族自立自强为己任，用一篇篇振聋发聩的檄文，激励中国人民在精神上站立起来；他向往社会的光明，以一颗矢志报国的赤子之心，毫不留情地批判旧世界，满怀热情地呼唤新世界、建设新文化；他追求崇高的理想，始终坚定地站在正义的立场上，是中国共产党最忠诚的同志和亲密的战友。鲁迅的人生道路，集中体现了中国先进知识分子为国家和民族勇于担当、勇于奉献的品格，他的作品、思想和精神，穿越历史长河、影响历久弥新。鲁迅精神是激发民族精神和时代精神的宝贵财富，是社会主义先进文化建设的巨大动力，要深刻认识鲁迅精神的现实意义和当代价值，学习和发扬鲁迅精神，坚持正确文化追求，增强文化自觉和文化自信，以新的文化创造凝聚起亿万人民团结奋进的强大力量。

刘云山强调，在新的历史条件下学习和发扬鲁迅精神，要牢牢把握社会主义先进文化的前进方向，把个人理想同祖国的前途命运紧紧联系在一起，为时代放歌、为国家写史、为民族立传。要始终坚守正确的价值追求，时刻保持高度的社会责任感，充分考虑作品的社会效果，弘扬真善美、鞭挞假恶丑，努力做人类灵魂的工程师。要笃定志向、潜心耕耘、精益求精，创作更多思想性艺术性观赏性相统一、经得起历史和人民检验的精品力作。要坚持广学博取、吐故纳新，不忘本来、吸收外来、着眼将来，不断有所前进、有所提高，努力开创中国文学艺术的新境界。

北京鲁迅博物馆馆长杨阳、中国人民大学文学院院长孙郁、绍兴鲁迅中学校长许吉安、复旦大学学生代表梅圣莹、同济大学鲁迅研究中心主任张闳、鲁迅先生的亲属代表周令飞先后在座谈会上发言。

中国作协主席铁凝，鲁迅先生亲属和来自全国各地的作家、学者、社会各界代表130余人出席座谈会。中国作协党组书记、副主席李冰主持会议。

中国女排在台北举行的第十六届亚洲女排锦标赛中获得冠军

第四届中国生态文化高峰论坛在辽宁鞍山举行

此论坛由中国生态文化协会主办，鞍山市人民政府承办。

全国政协人口资源环境委员会副主任、中国生态文化协会会长江泽慧在论坛上作主题报告。

论坛上进行了"全国生态文化示范基地"、"全国生态文化村"、"全国生态文化示范企业"、"国家生态文明教育基地"授牌仪式。辽宁鞍山市千山风景名胜区、北京大兴区长子营镇留民营村、溧阳市天目湖苏园茶文化公司等70多家单位分别获得相应称号牌匾。

论坛期间，9家企业发出《绿色发展 企业先行》倡议书：把弘扬生态文化作为企业义不容辞的责任和义务，增强企业管理者和生产者的环境意识、责任和道德良知，把节能减排、节约低耗、循环利用、绿色低碳的要求落实到生产的各个环节，为推进经济社会的可持续发展作出应有的贡献。

人民日报社副总编辑陈俊宏以及国家发改委、国家林业局有关领导和各省林业厅负责同志参加了论坛。

9月24日

全国人大常委会委员长吴邦国在阿拉木图会见阿拉木图市议长穆卡舍夫

吴邦国说，当前中哈关系很好，双方政治互信、务实合作、人文交流、国际协作都达到很高水平。作为国家关系的重要组成部分，两国地方合作也呈现良好发展态势。贵市是哈经济、金融和文化中心，在发展对华合作方面也走在前列，与中国新疆、湖北、天津、重庆等地的交流合作成效显著，为中哈关系发展作出了积极贡献。我此访的一个重要目的，是推动包括地方合作在内的中哈务实合作，增进人民友谊，夯实双边关系的社会基础和民意基础。希望阿拉木图市充分发挥独特的区位优势和雄厚的综合实力，进一步扩大与中国有关地方的友好往来，提升合作水平，为国家关系注入新活力。

穆卡舍夫说，阿拉木图市毗邻中国，与中国友好往来频繁，经贸合作密切，对双方未来的合作更是抱有浓厚兴趣、充满信心。

国土资源部发出《高标准基本农田建设规范（试行）》

《高标准基本农田建设规范（试行）》（以下简称《规范》）明确指出，高标准基本农田即一定时期内，通过土地整治建设形成的集中连片、设施配套、高产稳产、生态良好、抗灾能力强，与现代农业生产和经营方式相适应的基本农田，包括经过整治的原有基本农田和经整治后划入的基本农田。高标准基本农田建设则是以建设高标准基本农田为目标，依据土地利用总体规划和土地整治规划，在农村土地整治重点区域及重大工程、基本农田保护区、基本农田整备区等开展的土地整治活动。

《规范》强调，高标准基本农田建设内容主要包括土地平整、灌溉与排水、田间道路、农田防护与生态环境保持以及其他等五项工程。通过高标准基本农田建设，实现每个耕作田块直接临渠（管）、临沟、临路，保证每个耕作区与农村居民点相连。

屠呦呦获得2011年度“拉斯克奖”

81岁的中国中医科学院研究员屠呦呦，登上了国际生物医学大奖“拉斯克奖”的领奖台：因为发现青蒿素——一种用于治疗疟疾的药物，挽救了全球特别是发展中国家的数百万人的生命。

这个旨在表彰医学领域作出突出贡献的科学家、医生和公共服务人员的大奖，是生物医学领域仅次于诺贝尔奖的一项大奖。拉斯克基金会将临床医学研究奖授予屠呦呦，以表彰其在治疗疟疾的青蒿素研究中的贡献。这是“拉斯克奖”设立65年来首次颁予中国科学家。

中国国际航空体育节在山东莱芜举办

9月24日至28日，由国家体育总局等单位主办、中国航空运动协会等承办的2011中国国际航空体育节暨国际航空运动器材装备展在山东省莱芜市雪野旅游区开幕。

航空体育节设有特技飞机、轻型飞机、轻型直升机、动力悬挂滑翔机、热气球、动力伞、飞机跳伞、航空模型和模拟飞行等项目的表演、比赛及航空运动器材装备展览。前来参加表演、比赛和展会的有26个国家和地区的500多名飞行员、运动员，其中外国飞行员、运动员约150名，大小航空器和器材300架（具）。

“2011中国绿色发展指数报告发布暨绿色经济理论研讨会”在人民大会堂举行

本次会议是由北京师范大学科学发展观与经济可持续发展研究基地、西南财经大学绿色经济与经济可持续发展研究基地、国家统计局中国经济景气监测中心联合主办的。会上正式发布了《2011中国绿色发展指数报告——区域比较》，公布了我国30个省（区、市）和34个大中城市的绿色发展指数。报告已由北京师范大学出版社正式出版。

根据这一测算结果，我国在绿色发展方面呈现明显的地区差异，东部地区的总体绿色发展水平相对较高，西部地区绿色发展的资源环境禀赋优势相对明显，中部地区绿色发展压力相对较大。

9月25日

全国人大常委会委员长吴邦国在阿斯塔纳与哈萨克斯坦下院议长穆罕默德扎诺夫举行会谈

吴邦国说，双方在涉及对方核心利益的重大问题上相互坚定支持，国家关系的政治基础更加牢固。双方经贸合作规模不断扩大，在基础设施、能源、非资源等领域实施了一批战略性大项目合作，为促进各自国内现代化建设发挥了积极作用。双方携手打击“三股势力”，在安全领域紧密合作，共同维护各自安全和地区安宁。双方在许多国际和地区问题上有着相同或相似的立场，开展密切协调配合，促进国际关系民主化。他强调，哈萨克斯坦是中国的友好邻邦和重要战略伙伴。中方愿与哈方一道，认真落实两国元首达成的共识，通过举办建交20周年系列庆祝活动，增进相互了解与信任，深化各领域互利合作，推动中哈全面战略伙伴关系不断迈上新台阶。

穆罕默德扎诺夫说，哈中在政治、经贸等各领域开展了高水平的合作，显示出勃勃生机。巩固和加强哈中关系，符合两国人民的共同心愿，符合哈中两国的根本利益，也是维护本地区和平稳定、构建和谐中亚的重要因素。哈议会各党派在深化对华全面战略合作方面立场高度一致，愿继续加强与中方在能矿资源、科技创新、非资源领域、跨境基础设施互通互联等领域的合作，推动哈中关系持续向前发展。

吴邦国指出，议员代表人民，议会反映民意。加强议会交往，可以增强国家关系的民意基础，增进人民之间的友谊。中国全国人大与哈萨克斯坦议会建立了良好的合作关系，双方成立了议员友好小组，专门委员会和工作机构之间也开展了有益的合作。希望双方保持领导人互访，进一步加强各层次各领域友好往来，就民主法制建设、维护社会和谐、促进可持续发展等深入交换意见、相互学习借鉴，密切在多边议会组织中的协调配合，为中哈关系充实新的内容、增添新的活力。

穆罕默德扎诺夫表示，哈议会下院愿进一步密切与中国全国人大的友好关系，加强交流，分享经验，为哈中关系发展作出新的更大贡献。

全国发展休闲农业与乡村旅游工作会议在山西晋城召开

会议于9月25日至26日召开，主题为总结交流休闲农业与乡村旅游发展经验，并部署今后一个时期的工作。全国人大常委会副委员长周铁农出席并讲话。

周铁农说，"三农"问题的核心是农业问题，农业问题的根本是利益问题。发展休闲农业与乡村旅游，必须坚持以农民为本，使农民成为发展成果的最大受益者，让农民在发展过程中提高自己，成为有文化、懂经营、会管理的新型农民。各地在实践过程中，要坚决避免农民利益受侵犯、农业生产受影响、农业土地变性质、农村风貌遭破坏，把当地农民发展休闲农业和休闲旅游的积极性保护好、引导好。

中国男子篮球队在湖北武汉战胜约旦队夺得第二十六届亚洲男子篮球锦标赛冠军

9月26日

中共中央政治局召开会议讨论拟提请十七届六中全会审议的文件

会议讨论十七届五中全会以来中央政治局的工作，研究深化文化体制改革推动社会主义文化大发展大繁荣等问题。中共中央总书记胡锦涛主持会议。

会议决定，中国共产党第十七届中央委员会第六次全体会议于10月15日至18日在北京召开。

中共中央政治局听取了《中共中央关于深化文化体制改革推动社会主义文化大发展大繁荣若干重大问题的决定》稿在党内外一定范围征求意见的情况报告，决定根据这次会议讨论的意见进行修改后将文件稿提请十七届六中全会审议。

会议认为，在这次征求意见的过程中，各地区各部门各有关方面和党的十七大代表对文件稿提出了许多很好的意见和建议，要认真吸收和反映，充分发扬民主，集中全党和各方面智慧制定好文件，使之成为新形势下推进文化改革发展的指导性文件。

会议强调，当今世界正处在大发展大变革大调整时期，当代中国进入了全面建设小康社会的关键时期和深化改革开放、加快转变经济发展方式的攻坚时期，文化越来越成为民族凝聚力和创造力的重要源泉、越来越成为综合国力竞争的重要因素、越来越成为经济社会发展的重要支撑，丰富精神文化生活越来越成为我国人民的热切愿望。我们要准确把握我国经济社会发展新要求，准确把握当今时代文化发展新趋势，准确把握各族人民精神文化生活新期待，在全面建设小康社会进程中、在科学发展道路上奋力开创社会主义文化建设新局面。坚持中国特色社会主义文化发展道路，深化文化体制改革，推动社会主义文化大发展大繁荣，必须全面贯彻党的十七大精神，高举中国特色社会主义伟大旗帜，以马克思列宁主义、毛泽东思想、邓小平理论和"三个代表"重要思想为指导，深入贯彻落实科学发展观，坚持社会主义先进文化前进方向，以科学发展为主题，以建设社会主义核心价值体系为根本任务，以满足人民精神文化需求为出发点和落脚点，以改革创新为动力，发展面向现代化、面向世界、面向未来的，民族的科学的大众的社会主义文化，培养高度的文化自觉和文化自信，提高全民族文明素质，增强国家文化软实力，弘扬中华文化，努力建设社会主义文化强国。推进社会主义文化建设，必须坚持以马克思主义为指导，坚持社会主义先进文化前进方向，坚持以人为本，坚持把社会效益放在首位，坚持改革开放。

会议指出，加强和改进党对文化工作的领导，是推进文化改革发展的根本保证。各级党委和政府要切实担负起推进文化改革发展的政治责任，加强文化领域领导班子和党组织建设，健全共同推进文化建设工作机制，发挥人民群众文化创造积极性，提高推进文化改革发展科学化水平。

全国人大常委会委员长吴邦国在阿斯塔纳会见哈萨克斯坦上院议长马米

吴邦国说，哈萨克斯坦是中国在欧亚地区的重要合作伙伴。发展长期稳定的中哈全面战略伙伴关系，是双方基于两国和两国人民共同利益作出的战略选择。

在谈到议会交往时，吴邦国指出，中哈关系的深入发展，给双方议会合作提供了更加广阔的空间，也提出了新的更高要求。中国全国人大重视发展与哈议会上、下两院的友好关系，希望双方充分发挥议会的职能作用和议会交往的特点，加强友好往来，从议会层面为国家关系发展作出积极贡献。一要继续在涉及彼此核心利益的重大问题上给予坚定支持，不断夯实两国关系的政治基础。中方感谢哈方在台湾、涉藏、涉疆、打击"三股势力"等问题上给予的宝贵支持，将一如既往地支持哈方根据本国国情选择的发展道路和奉行的内外政策，支持哈方在国际和地区事务中发挥更大作用。二要加强交流互鉴。中哈在各自国家建设中积累了独特的发展经验，双方要加强在治国理政、立法监督等方面的经验交流，选择共同感兴趣的议题开展实质性对话，服务各自国内发展需要。三要促进务实合作。顺应中哈经贸合作快速发展的现实需要，及时制定完善有关投资保护、劳务合作等方面的法律，为务实合作提供法制保障，促进贸易投资便利化。督促有关部门抓紧落实已达成的合作共识和协议，着力推动能矿、非资源、科技创新等重点领域合作，为扩大两国企业合作牵线搭桥。四要积极推动地方合作。要发挥议会人才荟萃、信息密集、联系广泛的优势，为地方合作特别是边境地区开展合作多做实事。五要加强在世界议长大会、各国议联等多边议会组织中的协调配合，维护共同利益，营造有利于两国发展的外部环境。

马米说，哈中在双边和多边层面的合作富有成果，达到战略伙伴的高水平。哈议会上院愿进一步加强与中国全国人大的友好往来和务实合作，为哈中关系发展作出不懈努力。

全国人大常委会委员长吴邦国在阿斯塔纳出席中哈企业家座谈会并发表讲话

吴邦国指出，能源资源领域是中哈合作的重点领域。中哈原油管道、天然气管道等大型合作项目树立了两国能矿资源合作的典范。加强两国能矿资源领域的互利合作，有利于两国的优势互补，符合双方的共同利益。中方愿在平等互利的基础上，与哈方继续开展能矿资源的战略合作，深化石油、天然铀等矿产区块开发，建设和运营好中哈油气管道，构建更为稳定的能源合作伙伴关系，实现互利共赢。

在谈到非资源领域合作时，吴邦国指出，中国正在实施“十二五”规划，哈方也制定了“2010—2020年国家发展战略”，两国经济发展战略的契合点为拓展合作领域提供了难得的机遇和巨大的空间。中国经过30多年改革开放的发展，在基础设施以及农业、高新技术产业和工业体系建设方面积累了丰富的经验，拥有雄厚的实力。双方企业应结合两国政府签署的非资源领域合作规划，拓展在公路和铁路建设、石化产品生产与加工、冶金、电信设备供应、建筑承包工程、建设农业示范中心等领域的务实合作，积极探讨在新能源、绿色经济、节能环保等新兴产业的互利合作，培育中哈经贸合作的新亮点。

吴邦国强调，企业是市场主体和投资主体，也是经贸合作的主体。只有加强企业合作，中哈经贸合作才能做大做强，才能具有强大的生命力。他说，胡锦涛主席今年6月访哈期间，同纳扎尔巴耶夫总统共同提出到2015年双边贸易额达到400亿美元的目标。双方应继续推动贸易投资便利化，抓紧商签短期劳务协定，修订鼓励和保护相互投资协定，为对方商品、投资和服务进入本国市场创造更好的环境。企业也应当积极履行社会责任，合法经营，守信经营，注重环保，积极参与当地经济社会发展。

吴邦国十分关心中哈两国地方间合作。他说，中哈拥有1700多公里共同边界，开通了7个贸易口岸，新疆维吾尔自治区与哈萨克斯坦山水相连、人文相近，与哈开展经贸合作具有得天独厚的地缘优势。中国正在实施的西部大开发和支持新疆实现跨越式发展战略，为哈萨克斯坦与新疆开展经贸合作提供了良好的契机。作为中国与周边国家建立的首个跨境经济合作区，中哈霍尔果斯国际边境合作中心又为两国合作特别是地方合作提供了重要的平台。希望两国政府、地方和企业共同努力，早日实现中哈霍尔果斯国际边境合作中心封关运营。

吴邦国最后说，经贸合作是中哈全面战略伙伴关系的物质基础，也是两国关系保持活力的重要保障。中哈良好的政治关系应当促进经贸关系发展，经贸关系发展也必将为两国政治关系发展充实新的内容。

座谈会由中国商务部和哈萨克斯坦工业与新技术部共同举办。中国全国人大常委会副委员长兼秘书长李建国、哈政府第一副总理舒克耶夫出席座谈会。中国商务部副部长钟山主持座谈会，两国企业界和政府部门的代表120多人参会，中石油集团、哈国家石油天然气公司等中哈企业负责人在会上发了言。

国务院总理温家宝在人民大会堂与朝鲜劳动党中央政治局常委 内阁总理崔永林举行会谈

温家宝说，面对错综复杂的地区和国际局势，中朝两党、两国政府和人民本着“继承传统、面向未来、睦邻友好、加强合作”的精神，共同努力，推动双边关系不断向前发展。中方愿同朝方保持高层互访，深化战略沟通，维护共同利益，使中朝友谊与合作取得更多成果。

温家宝表示，中方愿加强同朝方在治国理政、经济建设等方面的交流，支持朝鲜探索符合本国国情的发展道路，并继续提供力所能及的帮助。双方要按照“政府引导、企业为主、市场运作、互利共赢”原则，进一步深化在贸易、投资、基础设施建设、资源开发利用、农业等领域的务实合作，造福两国人民。

关于朝鲜半岛局势，温家宝表示，中方希望有关各方保持接触对话，改善关系，早日重启六方会谈，这有利于半岛的和平稳定和东北亚的长治久安。

崔永林表示，朝方愿与中方密切协调配合，深化经贸、基础设施建设等领域的务实合作。欢迎中国企业赴朝投资兴业，朝方将为此提供便利。朝方感谢中方长期以来提供的帮助和支持。朝方坚持通过对话协商实现半岛无核化，主张无条件重启六方会谈，愿与中方保持沟通协作。

国务院总理温家宝在人民大会堂会见出席中印战略经济对话首次会议的印度计划委员会副主席阿鲁瓦利亚一行

温家宝说，去年我访问印度时同辛格总理就建立中印战略经济对话机制达成重要共识，目的是在新形势下进一步加强两国互信，丰富战略合作伙伴关系内涵。首次会议讨论了各自经济形势、宏观经济政策以及投资、基础设施建设、高技术、节能环保等领域的产业政策和务实合作，取得积极成果。希望双方继续努力，使这一对话平台发挥更大作用。

温家宝强调，中印作为友好邻邦和最大的发展中国家，共同面临众多机遇和挑战，保持双边关系长期健康稳定发展对于两国、亚洲乃至世界意义重大。双方要本着相互尊重、睦邻友好的精神，加强各层次、各领域沟通协商，扩大合作，照顾彼此关切，坚定不移地走互利共赢、共同发展的道路。

阿鲁瓦利亚表示，印度和中国都是新兴发展中国家，都肩负着发展本国经济、提高人民生活水平的重任。在当前国际形势下，印中两国应加强协调配合，维护双方的共同利益。印方愿与中方一道，充分利用战略经济对话平台，相互交流借鉴，推动务实合作，为实现各自国家经济社会可持续发展，促进世界的和平、稳定与发展贡献力量。

中印战略经济对话第一次会议在北京举行

中印双方就当前世界经济形势和中印两国宏观经济形势、两国中长期经济社会发展规划，以及进一步开展双方的务实合作等议题进行了“深入坦诚的”交流，并决定明年在印度举行中印战略经济对话第二次会议。

中国代表团团长、国家发展和改革委员会主任张平和印度代表团团长、印度计划委员会副主席阿鲁瓦利亚分别作主旨发言。

随后，两国代表团举行闭门会议。与会的中国代表团其他成员包括外交部、财政部、住房和城乡建设部、铁道部、水利部、商务部、中国人民银行、国家能源局的代表。

全国手机用户超9.4亿

新华社报道：工业和信息化部公布的数据显示，1—8月全国移动电话用户累计净增8108.2万，用户总量达到94008.5万。其中3G用户净增4707万，达到9412.1万。

毕竹清在辽宁沈阳举行的2011世界女子9球锦标赛中夺冠

9月27日

国家主席胡锦涛在人民大会堂会见朝鲜劳动党中央政治局常委 内阁总理崔永林

胡锦涛说，近年来，中朝关系不断取得新进展，两国政治交往密切，各领域交流合作富有成效。中国党和政府高度珍视中朝友谊，本着“继承传统、面向未来、睦邻友好、加强合作”的精神，推动中朝友好合作关系不断向前发展，是我们坚定不移的方针。我们愿同朝方保持高层交往，加强战略沟通，扩大互利合作，共同维护和促进半岛和东北亚的和平、稳定和发展，以更好地造福两国和两国人民。

崔永林说，在两国元首亲自关心下，朝中传统友谊和友好合作不断取得新发展。不断巩固、发展朝中传统友谊，推进互利合作是朝鲜党和政府坚定不移的立场。朝方愿同中方携手努力，推动朝中友好合作迈向更高水平。

在谈到朝鲜半岛形势时，胡锦涛说，通过对话谈判和平解决半岛有关问题，实现半岛无核化，维护半岛和平稳定，符合各方共同利益，也是国际社会的普遍愿望。中方支持朝方为缓和半岛局势、改善外部环境作出的积极努力，相信朝方能够把握当前有利时机，推动半岛形势进一步向好的方向发展。

崔永林说，实现半岛无核化、维护半岛和平稳定是朝方的一贯立场，朝方主张无条件重启六方会谈。

全国人大常委会委员长吴邦国在阿斯塔纳与哈萨克斯坦总统纳扎尔巴耶夫举行会谈

宾主在友好坦诚的气氛中就双边关系、务实合作、国际和地区热点问题进行了深入交谈，达成广泛共识。

两位领导人一致认为，务实合作是中哈关系的物质基础，也是双边关系中发展最快、最具活力的内容之一。吴邦国说，经贸合作的进展与总统阁下高度重视并亲自推动分不开。对下一步合作，他提出几点建议：一是尽快建立和启动总理定期会晤机制，加强宏观经济政策对话和协调，从各自国家发展战略中寻找新的合作机遇。二是为实现到2015年将双边贸易额提高到400亿美元的目标，双方要抓紧制定具体措施计划，尽快签署新的鼓励和保护相互投资、短期劳务合作等协定，推动中哈霍尔果斯国际边境合作中心早日封关运营，提升地方合作的质量和水平。三是深化能源等战略性大项目合作，加快推进中哈油气管道和中国—中亚天然气管道新项目建设，探讨产业合作特别是产业上下游一体化合作方面的新思路，更好地发挥大项目对整个经贸合作的示范和带动作用。四是扩大非资源领域合作，认真落实两国非资源领域合作规划，加大在公路和铁路建设、基础设施互联互通等方面的合作力度，拓展在石油化工、科技创新、清洁能源等领域的合作。希望通过这种互利合作，为双方经济结构调整、产业优化升级起到积极促进作用。

纳扎尔巴耶夫表示，在任何情况下，哈方都是中方最可靠的合作伙伴，将始终坚定奉行一个中国政策，不断加强与中方的战略互信，扩大经贸合作，共同打击“三股势力”。哈方支持两国议会开展更加密切的友好交流与合作。

国务院在北京召开全国节能减排工作电视电话会议

国务院总理温家宝作重要讲话，他强调，要从战略和全局高度认识节能减排的重大意义，全面落实节能减排综合性工作方案，下更大决心、花更大气力，打赢节能减排持久战和攻坚战，建设资源节约型、环境友好型社会。

国务院副总理李克强主持会议。国务院副总理张德江、王岐山出席会议。国务委员兼国务院秘书长马凯在会上宣读了《国务院关于对“十一五”节能减排工作成绩突出的省级人民政府给予表扬的通报》。

温家宝指出，“十一五”时期，我国节能减排取得显著成效，我们以能源消费年均6.6%的增速支撑了国民经济年均11.2%的增长。节能减排工作有力促进了产业结构调整和技术进步，为应对全球气候变化作出了重要贡献。当前，节能减排形势还相当严峻。必须充分认识节能减排的极端重要性和紧迫性，增强忧患意识、危机意识和责任意识，以科学发展观为指导，坚持节能减排思想不动摇，工作不松懈，力度不减弱，步伐不放缓，全面落实“十二五”节能减排综合性工作方案，务求取得预期成效。

温家宝提出五点要求：(一)着力调整优化产业结构，促进节能减排。要坚持走中国特色新型工业化道路。加快发展现代产业体系，逐步提高服务业的比重和水平。大力发展战略性新兴产业。鼓励新上先进生产能力，加快淘汰落后生产能力，强化节能、环保、土地、安全等指标约束，抑制高耗能、高排放行业过快增长，防止高污染、高耗能产业转移到西部地区。大力发展循环经济。合理控制能源消费总量，调整能源结构，大力推广煤炭的清洁高效利用，因地制宜发展风能、太阳能等可再生能源，在做好生态保护和移民安置的基础上积极发展水电，在确保安全的基础上高效发展核电。推动能源生产和利用方式变革，构建安全、稳定、经济、清洁的现代能源产业体系。(二)坚持以科技创新和技术进步推动节能减排。加快建立节能减排的技术支撑体系，选择一批关系全局的重大技术项目，攻克一批共性和关键技术，引进消化吸收国外先进节能减排技术和管理经验。建立节能减排技术的遴选、评定及推广机制，促进产业化示范和推广应用。实施节能改造、重金属污染防治、资源综合利用等重点工程。(三)完善节能减排长效机制。深化资源性产品价格改革，完善价格形成机制。加大财政资金支持引导作用，落实税收优惠政策，积极推进资源税费和环境税费改革。调整进出口税收政策，遏制高耗能、高排放产品出口。加强节能发电调度，实行电力需求侧管理，推行合同能源管理，扶持壮大节能服务产业。在试点的基础上逐步建立碳排放交易市场。推进污水垃圾处理设施建设与运营市场化。(四)加强节能减排能力建设。抓紧制定完善能源消耗、污染排放方面的强制性国家标准和设计规范，完善统计核算与监测方法。加强节能管理体系建设，建立健全国家、省、市三级减排监控体系。(五)推进重点领域节能减排。开展万家企业节能低碳行动，促进重点用能单位科学管理、组织、控制生产经营活动。加强工业、建筑、交通领域节能减排。工业领域要严格执行高耗能、高排放行业的准入标准，全面推行清洁生产，加强重金属污染防治，全过程控制污染物排放。建筑节能要科学合理改造已有建筑，积极发展绿色建筑、智能建筑，最大限度地节能、节地、节水、节材。交通节能减排要重视发展公共交通，统筹发展和优化运用多种运输方式，逐步提高机动车排放标准，积极推广节能与新能源汽车。推广使用经济高效的节能产品，提倡绿色低碳消费，形成节能环保的消费模式和生活方式。各类公共机构要发挥示范带头作用，国家机关要做表率。重视农业和农村节能减排，治理农业面源污染。大规模开展植树造林，增加森林碳汇。

温家宝强调，各级党委和政府要把节能减排作为促进科学发展的硬任务，转变经济发展方式的硬举措，考核各级干部的硬指标。要明确各级政府和有关企业节能减排的责任。加强组织领导，形成一级抓一级、层层抓落实的工作机制。严格监督检查，对节能减排指标实行年度考核，接受社会监督。开展节能减排全民行动，加强舆论监督，尽快形成政府为主导、企业为主体、全社会共同参与的工作局面。

国家发展改革委、环境保护部负责人和河北省、上海市、贵州省政府负责人在会上先后发言。

各省、自治区、直辖市人民政府及新疆生产建设兵团，国务院各有关部门，中央和地方有关企业主要负责人参加会议。中共中央、全国人大、全国政协有关部门和解放军总后勤部的负责人参加会议。

全国政协主席贾庆林在人民大会堂会见朝鲜劳动党中央政治局常委 内阁总理崔永林

全国政协主席贾庆林在人民大会堂会见出席中华海外联谊会三届二次理事大会的全体理事

贾庆林首先代表中共中央向大会的召开表示热烈祝贺，向来自海内外的各位理事、各位朋友致以诚挚问候。贾庆林说，中华海外联谊会是团结联系港澳台同胞、海外侨胞的桥梁和纽带，是致力于促进祖国统一、振兴中华的重要团体。自成立以来，中华海外联谊会始终高举爱国主义伟大旗帜，牢牢把握"统一祖国、振兴中华"的根本宗旨，依托港澳、面向海外，开展了大量卓有成效的工作。

贾庆林说，今年是辛亥革命100周年，也是中国共产党成立90周年。100年前，以孙中山先生为代表的革命党人发起辛亥革命，推翻了清王朝的统治，结束了在中国延续几千年的君主专制制度，打开了中国进步的闸门。90年来，中国共产党作为孙中山先生革命事业最坚定的支持者、最亲密的合作者和最忠实的继承者，大力弘扬辛亥革命精神，团结带领人民集中完成和推进了三件大事，即完成了新民主主义革命，实现了民族独立、人民解放；完成了社会主义革命，确立了社会主义基本制度；进行了改革开放新的伟大革命，开创、坚持、发展了中国特色社会主义。这三件大事，从根本上改变了中国人民和中华民族的前途命运，开启了中华民族不断发展壮大、走向伟大复兴的历史进程。今天，一个生机盎然的社会主义中国已经巍然屹立在世界东方，13亿中国人民正在中国特色社会主义伟大旗帜指引下满怀信心走向中华民族伟大复兴。

贾庆林指出，当前，中国的发展正站在新的历史起点上，中华民族伟大复兴展现出前所未有的光明前景。在这一历史进程中，中华海外联谊会和广大理事肩负着重大责任和光荣使命。他提出三点希望。一是致力科学发展，为实现"十二五"规划的目标任务作出更大贡献。要积极引进海外的人才、技术和管理经验，切实为推动中国企业"走出去"牵线搭桥，踊跃参与新农村建设和新一轮西部大开发等区域协调发展战略，大力开展兴教办学、职业培训、公益慈善等活动，为全面建设小康社会献计出力。二是广泛团结联谊，为促进祖国统一和民族振兴作出更大贡献。要坚定不移贯彻"一国两制"方针，促进港澳长期繁荣稳定。要坚持两岸关系和平发展的正确方向，为祖国和平统一构建更加牢固的社会和民意基础。要进一步密切同广大海外侨胞的联系，为中华民族伟大复兴凝聚强大力量。三是扩大对外交流，为增进中国人民同世界人民的了解和友谊作出更大贡献。要大力开展民间外交和公共外交活动，积极传播中华优秀文化，宣传中国科学发展、和谐发展、和平发展理念，介绍中国改革开放和现代化建设的巨大成就，为中国的改革发展创造良好环境，为促进世界的持久和平与共同繁荣作出应有贡献。

全国政协副主席、中共中央统战部部长、中华海外联谊会会长杜青林，全国政协副主席、民革中央常务副主席、中华海外联谊会副会长厉无畏等参加了会见。

中华海外联谊会在北京举行三届二次理事大会

全国政协副主席、中共中央统战部部长杜青林在理事大会上作工作报告。他强调，在"十二五"的历史新起点，海联会要把握时代方位，更新发展思路，提升品质内涵，在科学轨道上更加激发活力、彰显价值。以爱国主义旗帜引领正确方向，坚持统一祖国、振兴中华的宗旨，坚持统战性、民间性、联谊性的优势，坚持大团结大联合的主题，最大限度地实现全体中华儿女的团结凝聚；以服务主题主线体现独特价值，发挥联系广泛优势推动区域发展，运用资金项目优势促进民生改善，利用组织网络优势服务社会管理；以深化交流联谊推动合作共赢，坚持民族感情和思想共识并举、经济效益和社会影响并重、个人发展和海联事业并进，走高质量、高效益的发展之路；以弘扬人本精神实现持续发展，更加注重发挥理事主体作用，更加注重加强队伍建设，更加注重提高服务质量，努力把中华海外联谊会办成海外朋友之家。

大会由中共中央统战部副部长、中华海外联谊会副会长黄跃金主持。

全国政协副主席、中华海外联谊会副会长厉无畏等出席了开幕大会。

中共中央政治局常委习近平在人民大会堂会见李林森先进事迹报告团全体成员并发表讲话

李林森生前任四川达州万源市委常委、组织部长。他坚持党的干部路线和用人导向，大力推荐使用扎根基层、埋头苦干的干部；注重改革创新，主持推进的"四评村官"等多项工作得到地方党委和上级组织部门的充分肯定；严格要求自已和家人，从不用手中的权力徇私情、谋私利；始终以事业为重，即使身患癌症，仍然以常人难以想象的毅力拼命工作，2011年7月31日因治疗无效不幸去世，年仅42岁。李林森的模范行为和崇高品德赢得了广大干部群众的衷心赞誉。日前，中央组织部追授李林森“全国优秀组织工作干部”称号。

习近平指出，李林森同志的先进事迹集中体现了一名基层组织部长对党无限忠诚、对人民高度负责、对自己严格要求的高尚品质。学习宣传李林森同志先进事迹，对于不断深化创先争优活动，引导广大党员干部进一步履职尽责创先进、立足岗位争优秀、为民服务作表率；对于深入推进组织系统“讲党性、重品行、作表率”活动，进一步树立组织部门公道正派、坚持原则、改革创新、清正廉洁的良好形象；对于搞好正在开展的地方换届工作，教育引导广大党员领导干部讲党性、讲原则、讲纪律、讲奉献，正确对待个人进退留转，大力营造风清气正的换届环境，都具有十分重要的现实意义。

习近平强调，各级党组织要认真组织开展向李林森同志学习活动。各级党员干部要学习李林森同志为党的事业鞠躬尽瘁、对党忠诚的政治品格，像他那样坚定理想信念，矢志拼搏奋斗；学习李林森同志把人民群众当亲人、为民尽责的公仆情怀，像他那样真心实意地为人民群众办实事、做好事、解难事，做人民群众的知心人、贴心人、暖心人；学习李林森同志坚持党的组织原则、公道正派的职业操守，像他那样讲政治、顾大局、守纪律，坚持按制度办事、按规矩办事；学习李林森同志勇于开拓创新、奋发有为的进取精神，像他那样锐意进取，求真务实，努力创造一流的工作业绩；学习李林森同志严格要求自己、清正廉洁的优秀品德，像他那样光明磊落、淡泊名利，始终保持高尚的精神追求。各级组织部门要带头学习李林森同志的先进事迹，采取多种有效形式引导广大组工干部自觉加强党性修养，大力弘扬组织部门的优良传统和作风，扎扎实实推进组织部门自身建设。

中共中央政治局委员、中央书记处书记、中宣部部长刘云山，中共中央政治局委员、中央书记处书记、中组部部长李源潮参加会见。

国务院副总理王岐山在北京主持召开质量工作座谈会

在认真听取部分企业代表、部分省市和质检总局负责同志的发言后，王岐山说，改革开放30多年来，质量工作取得很大成绩，质量总体水平不断提高。我国正处于社会主义初级阶段，工业化、城镇化加速推进，要冷静清醒地看待质量工作面临的形势，既要看到成绩，也要看到挑战。当前，我国企业创新能力不足，缺乏知名品牌，一些地方制售假冒伪劣商品问题突出，质量安全事故频繁发生。质量工作永无止境，提高质量是一项长期、艰巨、复杂的任务，不可能一蹴而就。

王岐山指出，质量关乎转变经济发展方式、调整经济结构的大局，关乎人民群众切身利益，关乎企业生存与发展，关乎国家形象。可以说，质量无处不在。没有质量就没有效益，也就谈不上科学发展。必须牢固树立质量第一的思想，认真落实企业主体责任、监管责任和领导责任，标本兼治，常抓不懈。企业作为市场的主体，要强化质量和诚信意识，建立全员、全过程、全方位质量管理体系，加快技术研发和品牌培育，全面提高员工素质。涉及质量监管的部门都要尽职尽责，守住各自的关口。地方各级党委政府要切实负起责任，营造公开、透明、公正的市场环境，逐步建立和完善社会诚信体系。对制售假冒伪劣商品的行为，要加大惩处力度，使违法制售者付出高昂的代价。当前要重点整治危害人民群众生命健康安全的突出问题，坚决维护消费者的合法权益。

王岐山要求各地区各部门切实加强对质量工作的领导，要想明白，说明白，做明白，持之以恒，不浮不躁。监管部门之间要密切配合，与司法机关、地方党委政府加强协调，形成合力。要建立健全质量法律法规，逐步完善质量和安全标准，提高监管水平。抓好质量关键靠人。监管部门要加强各级领导班子建设，带好队伍。要寓管理于服务之中，注重细节，加强基础工作。充分发挥各类媒体的作用，动员全社会力量共同参与质量管理和监督。

中宣部部长刘云山在北京与第十三期县委宣传部长培训班学员座谈

刘云山指出，宣传思想文化工作承担着宣传群众、动员群众的重要任务，本身就是群众工作。贯彻群众路线是党的宣传思想文化工作的优良传统，是宣传思想文化工作保持正确方向和旺盛活力的重要保证。现在，世情、国情、党情发生深刻变化，宣传思想文化工作的内容、形式、任务也发生很大变化，但无论怎么变，为了人民、依靠人民、服务人民的根本原则不能变，必须始终不渝地贯彻党的群众路线，把服务人民群众作为基点和归宿。

刘云山强调，宣传思想文化工作贯彻党的群众路线，集中起来就是要回答解决好“为了谁”、“依靠谁”、“我是谁”的问题。要始终站稳群众立场，考虑问题、安排工作，都要以群众需要为第一信号，以群众呼声为第一选择，以群众满意为第一标准，更好地为群众立言、为群众谋利。要坚持从群众中来到群众中去，把实践当成最好的课堂，把群众当成最好的老师，尊重群众首创精神，发挥群众主体作用，从群众的伟大实践中汲取智慧和营养。要摆正同人民群众的关系，自觉把人生坐标定位于服务人民群众，心系群众、感恩群众、敬畏群众，视群众为亲人、把群众当主人，始终保持同人民群众的血肉联系。要把握人民群众对文化生活的新期待，眼睛向下、重心下移，推动文化产品、文化设施、文化服务向基层倾斜、向农村倾斜、向普通百姓倾斜，让文化改革发展成果更好惠及人民群众。

刘云山指出，县级机构在我国有着特殊的地位，发挥着承上启下、协调各方的重要作用。中央精神的贯彻、各项工作的开展，都需要通过县一级落实到城乡基层。宣传思想文化工作服务对象在基层，工作主体在基层，任务落实靠基层。只有做好县一级工作，整个宣传思想文化工作才能落到实处、收到实效，才能走进群众、深入人心。县一级宣传文化干部工作十分辛苦、十分敬业，在面临许多困难的情况下，做了大量卓有成效的工作，为传播党的理论路线方针政策付出了不懈努力，为满足群众精神文化需求办了大量实事。要认真贯彻落实中央关于加强地方县级和城乡基层宣传文化队伍建设的精神，抓好县级宣传部领导班子建设，抓好乡镇和社区宣传文化干部的充实配备，真情关怀、真心爱护，充实工作力量，解决实际问题，保证基层宣传思想文化工作持续发展。

第十三期县委宣传部长培训班学员、第二期耀州宣传干部培训班学员210人参加会议。

商务部等34个部门共同发布《服务贸易发展“十二五”规划纲要》

《服务贸易发展“十二五”规划纲要》(以下简称《规划》)提出，到2015年我国服务进出口总额将达到6000亿美元，年均增速超过11%，其中通信、计算机和信息服务、金融、文化、咨询等智力密集、技术密集和高附加值服务贸易占服务出口总额的比重超过45%，在国际上培育一批拥有自主知识产权和知名品牌的重点企业，打造“中国服务”。

《规划》提出稳步扩大贸易规模、不断优化贸易结构、提升对外开放水平、增强国际竞争力、协调服务贸易区域发展等具体要求。

《规划》还按照“突出重点、明确目标、统筹安排”的原则，选择了30个领域作为“十二五”时期的发展重点。这些服务贸易领域首先涵盖了中国具有比较优势的传统领域，如旅游、建筑服务等，又涵盖了一些符合国际服务贸易发展趋势的新兴领域，如咨询、计算机和信息服务等。

外交部部长杨洁篪在纽约与美国国务卿希拉里·克林顿举行会谈

杨洁篪再次就美售台武器问题表明了中国政府的严正立场，指出美方错误行径严重违反中美三个联合公报特别是“八·一七”公报原则，严重干涉中国内政，严重损害中国国家安全，严重损害中国和平统一大业和中美关系。中方要求美方高度重视和严肃对待中方严正立场，纠正售台武器的错误做法，立即撤销上述错误决定，消除恶劣影响，停止对台军售和美台军事联系，以实际行动维护中美关系大局。

希拉里说，美方坚定致力于拓展、深化和加强积极合作全面的中美关系。美方奉行一个中国政策，高度重视并认真对待中方对美售台武器问题的立场和关切。美方欢迎和支持两岸关系和平发展，将继续致力于促进台海和平稳定。美方愿与中方妥善处理彼此间的分歧，避免对美中合作造成干扰。

双方还就中美关系的其他问题以及当前国际形势和相关国际地区问题交换了意见，认为中美应与其他各方共同努力开好今年二十国集团峰会、亚太经合组织领导人非正式会议和东亚峰会，推动世界经济复苏，推进亚太和东亚区域合作。双方还应加强沟通与协调，为维护世界和平、促进共同发展作出应有贡献。

9月28日

中国宋庆龄基金会第六届理事会第一次会议在北京开幕

中共中央政治局常委、全国政协主席贾庆林为大会发来贺信。

贾庆林说，今年是辛亥革命100周年，也是宋庆龄先生逝世30周年。100年前，孙中山先生领导的辛亥革命，推翻了清王朝的封建反动政府，结束了统治中国几千年的君主专制制度，为中国的进步潮流打开了闸门。宋庆龄先生作为孙中山先生民主革命思想和事业最坚决的捍卫者和继承者，把毕生精力都奉献给了中国人民的革命和建设事业，为世界和平和人类进步作出了杰出贡献，是海内外具有重要影响和享有崇高声誉的政治家、社会活动家，深受中国人民和世界人民的尊敬和爱戴。宋庆龄基金会成立以来，在中央的亲切关怀下，在广大理事积极参与和海内外友好人士热情支持下，紧紧围绕党和国家工作大局，始终秉持建会宗旨，做了大量富有成效的工作，在海内外产生了积极影响。

贾庆林希望各位理事着力发展少年儿童公益事业，认真贯彻落实中央的决策部署，积极适应少年儿童成长发展的新要求，精心设计多样化的项目，大力推动少年儿童文教、科技和福利事业；着力促进两岸交流合作，认真贯彻中央对台工作方针政策，切实把发展两岸关系、促进祖国和平统一作为义不容辞的责任，精心组织文化交流和互访活动，为两岸关系和平发展创造有利条件；着力开展民间对外交往，积极推动以青少年和公益慈善组织为主体的公共外交和人文外交实践，大力开展“走出去、请进来”活动，不断扩展与国际相关组织机构和友好人士的交流合作，增进中国人民与世界各国人民的友谊；着力加强基金会自身建设，健全和完善各项工作制度和程序，切实加强内部管理，坚持依法依规办事，不断提高公益服务水平和社会公信力，始终保持基金会良好的社会声誉。

全国政协副主席、中央统战部部长杜青林出席开幕式并讲话。

会议总结回顾了过去一届理事会的工作，审议并通过了基金会工作报告、未来五年的发展规划纲要与基金管理和收支工作报告，修订《中国宋庆龄基金会章程》，推举产生了新一届理事会领导成员。胡启立再次当选中国宋庆龄基金会主席。

中央纪委书记贺国强在北京出席全国惩治和预防腐败体系建设工作会议并发表讲话

贺国强指出，建立健全惩治和预防腐败体系，是党中央从全局和战略高度作出的一项重大决策，是新形势下反腐倡廉建设的重点任务。党的十七大以来，在中央正确领导下，经过各方面共同努力，惩治和预防腐败体系建设取得新的重要进展和显著成效，党风廉政建设和反腐败斗争的方向更加明确、思路更加清晰、措施更加有力、成效更加显著，为全面推进党的建设新的伟大工程发挥了重要作用，为发展中国特色社会主义提供了有力保证。

贺国强强调，《建立健全惩治和预防腐败体系2008—2012年工作规划》(以下简称《工作规划》)，是推进惩治和预防腐败体系建设的基本遵循和重要抓手。当前正处于贯彻落实《工作规划》的关键时期，各地区各部门各单位要加大工作力度、加快工作进度，确保《工作规划》提出的各项目标任务圆满完成。一是要抓工作推进。要对照《工作规划》以及分工方案和工作要点，逐项盘点梳理各自承担任务的进展情况，切实做到摸清工作底数、掌握工作进度、实施分类管理、加大落实力度，特别要把今明两年的各项重点工作抓紧抓好、抓出成效。二是要抓制度完善。要按照《工作规划》的要求，抓紧出台一批反腐倡廉法规制度，同时要加强对反腐倡廉制度执行情况的监督检查，提高制度执行力。三是要抓检查考核。要加大监督检查和考核评价力度，督促有关地区、部门和单位认真查找问题，及时研究提出解决办法和措施。四是要抓经验总结。要加强调查研究、成果运用和舆论宣传，切实把各地区各部门各单位探索形成的成功经验总结好、运用好、发展好。

贺国强强调，党风廉政建设和反腐败斗争是一项伴随着改革开放和社会主义现代化建设全过程的长期任务，惩治和预防腐败体系建设也是一个动态开放、与时俱进的系统工程。要坚持立足当前、着眼长远，超前谋划、统筹安排，认真做好下一个5年工作规划的调研起草工作。一是要搞好顶层设计，坚持科学理论指导，紧紧围绕工作大局，全面贯彻反腐倡廉战略方针，坚持标本兼治、惩防并举、堵疏结合，加强总体规划，进一步明确惩治和预防腐败体系建设的总体思路、目标方向、重点任务、关键环节、重大举措、工作要求等，为今后的惩治和预防腐败体系建设提供科学指导。二是要突出工作重点，对严明党的政治纪律、加强和改进党的作风建设、解决反腐倡廉建设中人民群众反映强烈的突出问题和发生在群众身边的腐败问题、整体推进反腐倡廉建设提出新任务新要求，以重点工作的成效和关键环节的突破带动全局工作的发展。三是要坚持改革创新，加强对反腐倡廉建设重大理论和现实问题的研究，及时总结推广基层和群众在实践中创造的有益做法和新鲜经验，重视科学技术成果运用。四是要建立长效机制，加快形成有利于党员干部坚定理想信念、弘扬优良作风、增强廉洁意识的拒腐防变教育长效机制，建立健全决策权、执行权、监督权既相互制约又相互协调的权力结构和运行机制，建立健全腐败案件及时揭露、发现、查处机制，健全党和政府主导的维护群众权益机制，逐步形成内容科学、程序严密、配套完备、有效管用的反腐倡廉法规制度体系，深入推进重点领域和关键环节改革，最大限度减少腐败现象滋生的体制机制制度漏洞。五是要强化组织领导，落实和完善党风廉政建设责任制，有效整合各方面的力量和资源，增强推进反腐倡廉建设的整体合力。

中共中央书记处书记、中央纪委副书记何勇主持会议。

台盟中央 全国台联 北京市台盟 北京市台联在北京台湾会馆联合举办“台湾同胞纪念辛亥革命100周年座谈会”

来自海峡两岸、港澳及海外的200余位台湾同胞及有关人士出席座谈会。

全国台联会长梁国扬、海协会副会长王在希出席并致辞。梁国扬致辞时表示，台湾同胞积极参与和支持孙中山先生领导的民族民主革命，为实现台湾回归祖国和中华民族的解放作出了贡献。他强调，纪念辛亥革命100周年，就是要继承和发扬台湾前辈的爱国爱乡传统，凝聚中国人的认同，坚持一个中国原则，坚决反对“台独”。

台湾两岸和平发展论坛代表、中国统一联盟副主席蓝博洲发言时表示，辛亥革命鼓舞了台湾同胞民族意识的觉醒，激起台湾抗日斗争新高潮，改变了包括台湾同胞在内的整个中华民族的命运。

国务院发出《关于支持河南省加快建设中原经济区的指导意见》

《关于支持河南省加快建设中原经济区的指导意见》(以下简称《指导意见》)指出，中原经济区是以全国主体功能区规划明确的重点开发区域为基础、中原城市群为支撑、涵盖河南全省、延及周边地区的经济区域，地理位置重要，粮食优势突出，市场潜力巨大，文化底蕴深厚，在全国改革发展大局中具有重要战略地位。

《指导意见》强调，河南省是人口大省、粮食和农业生产大省、新兴工业大省，解决好工业化、城镇化、农业现代化协调发展问题具有典型性和代表性。积极探索不以牺牲农业和粮食、生态和环境为代价的工业化、城镇化、农业现代化协调发展的路子，是中原经济区建设的核心任务。

根据《指导意见》，支持河南省加快建设中原经济区，是巩固提升农业基础地位，保障国家粮食安全的需要；是破除城乡二元结构，加快新型工业化、城镇化进程的需要；是促进协调发展，为全国同类地区创造经验的需要；是加快河南发展，与全国同步实现小康社会目标的需要；是带动中部地区崛起，促进区域协调发展的需要。

《指导意见》明确了中原经济区的战略定位，即：国家重要的粮食生产和现代农业基地，全国工业化、城镇化和农业现代化协调发展示范区，全国重要的经济增长板块，全国区域协调发展的战略支点和重要的现代综合交通枢纽，华夏历史文明传承创新区。

《指导意见》确定了中原经济区发展目标：到2015年，粮食综合生产能力稳步提高，产业结构继续优化，城镇化质量和水平稳步提升，工业化、城镇化、农业现代化发展协调性不断增强，基本公共服务水平和均等化程度全面提高，居民收入增长与经济发展同步，生态环境逐步改善，资源节约取得新进展，初步形成发展活力彰显、崛起态势强劲的经济区域。到2020年，粮食生产优势地位更加巩固，工业化、城镇化达到或接近全国平均水平，综合经济实力明显增强，城乡基本公共服务趋于均等化，基本形成城乡经济社会发展一体化新格局，建设成为城乡经济繁荣、人民生活富裕、生态环境优良、社会和谐文明，在全国具有重要影响的经济区。

《指导意见》全文约15000字，共分10个部分，包括：总体要求；着力提高粮食生产能力，积极推进农业现代化；加快新型工业化进程，构建现代产业体系；积极推进城镇化，促进城乡一体化发展；加强基础设施建设，提高发展保障水平；加强资源节约和环境保护，大力推进生态文明建设；全面提升公共服务水平，切实保障和改善民生；弘扬中原大文化，增强文化软实力；推进体制机制创新，扩大对内对外开放；保障措施等。

国办印发《关于保障性安居工程建设和管理的指导意见》

意见提出，到“十二五”期末，全国保障性住房覆盖面要达到20%左右。

意见提出从五个方面落实各项支持政策：一、确保用地供应，储备土地和收回使用权的国有土地，优先安排用于保障性住房建设。二、增加政府投入，住房公积金增值收益在提取贷款风险准备金和管理费用后全部用于廉租住房和公共租赁住房建设，土地出让收益用于保障性住房建设和棚户区改造的比例不低于10%，中央代发的地方政府债券资金要优先安排用于公共租赁住房等保障性安居工程建设；完不成保障性安居工程建设任务的城市，一律不得兴建和购置政府办公用房。三、规范利用企业债券融资，符合规定的地方政府融资平台公司可发行企业债券或中期票据，专项用于公共租赁住房等保障性安居工程建设。四、加大信贷支持，银行业金融机构可以向实行公司化运作并符合信贷条件的公共租赁住房项目直接发放贷款，公共租赁住房建设贷款利率下浮时其下限为基准利率的0.9倍，贷款期限原则上不超过15年。五、落实税费减免政策。

意见还要求建立健全分配和运营监管机制。对以虚假资料骗购、骗租保障性住房的，一经查实应立即纠正，并取消其在5年内再次申请购买或租赁保障性住房的资格。经济适用住房和限价商品住房购买不满5年的，不得上市交易。经济适用住房配售时，要明确界定政府与购买人的资产份额，并按照政府回购、适当兼顾保障对象合法权益的原则，确定经济适用住房出售所得价款的分配比例。廉租住房、公共租赁住房承租人不再符合相应的住房保障条件的，应在规定期限内腾退；逾期不腾退的，应当按市场价格交纳租金。经济适用住房购房人通过购置、继承、受赠等方式取得其他住房，不再符合经济适用住房保障条件的，应当退出经济适用住房，或者通过补交土地收益等价款取得完全产权。

财政部 国家税务总局发出《关于员工制家政服务免征营业税的通知》

各省、自治区、直辖市、计划单列市财政厅(局)、地方税务局，北京、西藏、宁夏、青海省(自治区、直辖市)国家税务局，新疆生产建设兵团财务局：

为支持家政服务行业发展，增加就业，改善民生，经国务院批准，现将员工制家政服务营业税政策通知如下：

一、自2011年10月1日至2014年9月30日，对家政服务企业由员工制家政服务员提供的家政服务取得的收入免征营业税。

二、本通知所称家政服务企业，是指在企业营业执照的规定经营范围中包括家政服务内容的企业。

三、本通知所称员工制家政服务员，是指同时符合下列三个条件的家政服务员：

1. 依法与家政服务企业签订半年及半年以上的劳动合同或服务协议，且在该企业实际上岗工作；

2. 家政服务企业为其按月足额缴纳了企业所在地人民政府根据国家政策规定的基本养老保险、基本医疗保险、工伤保险、失业保险等社会保险。

对已享受新型农村养老保险和新型农村合作医疗等社会保险或者下岗职工原单位继续为其缴纳社会保险的家政服务员，如果本人书面提出不再缴纳企业所在地人民政府根据国家政策规定的相应的社会保险，并出具其所在乡镇或原单位开具的已缴纳相关保险的证明，可视同家政服务企业已为其按月足额缴纳了相应的社会保险。

3. 家政服务企业通过金融机构向其实际支付不低于企业所在地适用的经省级人民政府批准的最低工资标准的工资。

四、本通知所称家政服务，是指婴幼儿及小学生看护、老人和病人护理、孕妇和产妇护理、家庭保洁(不含产品售后服务)、家庭烹饪。

五、家政服务企业应将员工制家政服务员提供的家政服务收入按照《中华人民共和国营业税暂行条例》(国务院令第540号)第九条的规定，与其他收入分别核算，未分别核算的，不得享受本通知规定的免征营业税优惠政策。

六、家政服务企业依法与员工制家政服务员签订半年及半年以上的劳动合同或服务协议，应当在合同签订后三个月内到当地营业税主管税务机关进行备案，经过备案的企业方可申请本通知规定的营业税优惠政策。

七、家政服务企业凡弄虚作假骗取本通知规定的营业税优惠政策的，除根据现行规定进行处罚外，自发生上述违法违规行为年度起取消其享受本通知规定的营业税优惠政策的资格，三年内不得再次申请。

财政部　国家税务总局

2011年9月28日

上海航运交易所正式发布上海船舶价格指数

这是国内首个船舶价格指数。此举意在助力中国的船舶交易在国际船舶买卖市场中取得更多话语权。

国家副主席习近平在人民大会堂与南非副总统莫特兰蒂举行会谈

习近平说，双方高层交往更加密切，战略互信进一步增强，双边关系政治基础更加牢固。两国经贸合作深入发展，人文交流日益活跃，国际合作更加密切。中方高度赞赏南方在台湾、涉藏等问题上给予的宝贵支持。

习近平表示，中方愿与南方共同努力，推动两国全面战略伙伴关系更好更快发展：一是深化政治互信，巩固合作基础，将中南全面战略伙伴关系打造成为发展中国家间团结合作的典范；二是拓展党际交往，交流执政经验，共同提高执政能力；三是发挥各自优势，加强经贸合作，扩大能源资源和金融合作；四是拓展人力资源培训，促进教育、科技、媒体等人文领域交流；五是加强在联合国、世贸组织、二十国集团、金砖国家等机制的多边合作，就重大国际和地区问题保持密切磋商配合，维护共同利益。

莫特兰蒂说，南方愿与中方共同努力，进一步扩大在经贸、投资、航空、矿产资源以及国际多边等领域的合作，加强在中非合作论坛框架下的交流配合，不断丰富南中全面战略伙伴关系的内涵，更好地造福两国人民，为非洲地区的和平与繁荣作出贡献。

会谈后，双方共同出席了两国有关合作文件的签字仪式，内容涉及矿产资源、金融等领域合作。

国务院副总理李克强在中南海会见参加“监测国家发展：问题与挑战”国际论坛的国际组织和28个国家计划和统计机构负责人并进行座谈

李克强说，当前，国际经济环境中不稳定不确定因素明显增多。全球金融市场动荡起伏，主权债务危机不断发酵，新兴经济体通胀压力加大，世界经济形势严峻复杂和瞬间多变，使各方对未来增长看法分歧增多，应对措施差异较大。在这种情况下，加强统计监测，提供真实、完整、及时的信息，可以为准确判断形势和走势、科学制定政策提供依据，这也有利于增进各方共识，推动各国同舟共济和政策协调，促进世界经济稳定复苏。

李克强指出，面对各种风险挑战，中国政府将继续把稳定物价总水平作为宏观调控的首要任务，加快转变经济发展方式，加大结构调整力度，着力提高发展的质量、协调性和综合竞争力，促进经济长期平稳较快发展。中国把中国的事情办好，就是对世界的贡献。

联合国、世界银行、莫桑比克、卡塔尔、印度的计划和统计机构负责人就加强国际合作、提升统计服务国家发展的能力发表了看法。

中联部部长王家瑞在北京会见越共中央对外部部长黄平君

国务院副总理张德江在北京参观2011年中国国际信息通信展

张德江指出，新一代信息技术产业是国家确定重点发展的战略性新兴产业。要认真落实《国务院关于加快培育和发展战略性新兴产业的决定》，加大政策扶持力度，加强自主创新能力，努力培育并做强做大信息技术产业，使之成为先导性、支柱性产业，带动服务经济社会发展。要继续支持TD—SCDMA的发展，加快TD—LTE规模试验工作，推进TD—LTE产业化、国际化。要加快建设宽带、融合、安全的信息网络基础设施，努力实现新一代信息技术产业核心关键技术的突破，促进物联网、云计算的研发应用，推进信息化与工业化深度融合，全面提升经济社会信息化水平。

张德江强调，推进三网融合是党中央、国务院作出的一项重大决策。要本着服从国家利益，服从人民利益，尊重科学规律的要求，按照国务院《推进三网融合总体方案》确定的目标、任务和政策措施，总结试点经验，做好扩大试点工作，积极推动体制机制创新，大力推进广电、电信业务双向进入，创新融合业务应用，强化网络与信息安全管理，加快实现电信网、广播电视网、互联网融合发展。

中国国际信息通信展览会由工业和信息化部、中国国际贸易促进委员会主办，自1990年以来已成功举办19届，是世界规模最大的信息通信展览会之一。

国务委员刘延东在北京出席中国教育国际交流协会成立30周年座谈会

刘延东强调，民间教育国际交流要服务公共外交大局，促进教育改革发展，以人文交流为依托，以品牌建设为引领，注重统筹谋划、内涵发展、能力建设和民间特色，不断开拓创新，把我国民间教育国际交流合作提高到一个新水平。

刘延东指出，30年来，我国民间教育国际交流立足国内，面向世界，交流规模不断扩大，内容日益丰富，国内外影响力不断提升，已成为中国教育连接世界教育的重要渠道，增进中外了解、互信和友谊的重要途径和展现当代中国良好形象的重要舞台，为提高我国教育现代化水平、增强国家软实力、提升中华文化影响力作出了重要贡献。

刘延东强调，加强民间教育交流对营造有利于我国发展的外部环境、提升我国创新能力和人力资源水平、满足群众多样化教育需求、促进教育改革开放等具有重要意义。要坚持服务大局，认真贯彻党和国家外交外事方针政策，积极宣传中国，自觉维护国家利益。要突出民间特色，发挥优势，探索通过多种形式深化中外师生交流，拓展人文交流广度和深度。要扩大开放共享，充分利用合作办学、科研等各种平台和渠道，促进中外教育优势互补，办好示范性中外合作办学机构，引进海外高层次人才，参与学位互认、学分转换等教育国际规则制定，促进教育事业改革发展。要创新工作模式，着眼全方位对外开放需求，整合开发社会资源，培育整体优势，打造扶持品牌项目，增强民间教育国际交流的活力。她说，民间教育国际交流是教育工作、人才工作和中外民间交流的重要结合点，有关部门要高度重视，积极支持。希望中国教育国际交流协会进一步发挥好桥梁纽带作用，加强队伍建设，提高工作水平，为促进教育改革发展和国家现代化建设再立新功。

中国教育国际交流协会名誉会长罗豪才、中央和国家有关部门负责同志出席会议。

9月29日

“天宫一号”目标飞行器在酒泉卫星发射中心发射成功

北京时间9月29日21时25分45秒，我国自主研制的“天宫一号”目标飞行器在酒泉卫星发射中心发射升空后准确进入预定轨道。胡锦涛、吴邦国、贾庆林、李长春、习近平、李克强等在北京航天飞行控制中心观看发射实况，温家宝、贺国强等前往酒泉卫星发射中心现场观看发射。胡锦涛等领导同志对“天宫一号”目标飞行器发射成功表示热烈祝贺，向为此作出贡献的广大科技工作者、干部职工和解放军指战员表示亲切慰问，勉励大家再接再厉、顽强拼搏，圆满完成我国首次空间交会对接任务。

这次发射的“天宫一号”目标飞行器，全长10.4米，最大直径3.35米，由实验舱和资源舱构成。实验舱可满足3名航天员在舱内工作和生活需要，其前端安装有被动式对接机构，可与飞船实现对接。

国务院总理温家宝在中南海紫光阁会见南非副总统莫特兰蒂

温家宝表示，双方要进一步提升贸易、投资合作规模和水平。中方欢迎更多南非优势产品进入中国市场，鼓励本国企业和金融机构参与南非交通、能源、通信等基础设施建设，支持双方拓展在新能源和可再生能源、制造业、绿色经济、农业等领域的合作。中方愿加强同南非在教育、文化、卫生等方面的交流。

莫特兰蒂表示，南方高度重视对华关系，愿进一步密切高层互访和各层次人员往来，增进相互了解和友谊，扩大经贸、投资、航空、旅游等领域的务实合作，加强在国际地区事务中的协调配合，共同推动南中、非中关系继续向前发展。

全国政协办公厅 中央统战部 国务院侨办 国务院港澳办 国务院台办在北京联合举行国庆招待会

中共中央政治局常委、全国政协主席贾庆林，中共中央政治局常委、国家副主席、中央军委副主席习近平，中共中央政治局常委、国务院副总理李克强出席招待会。

贾庆林在招待会上致辞。他首先代表中共中央、国务院向出席国庆招待会的各位嘉宾表示热烈欢迎，向香港特别行政区同胞、澳门特别行政区同胞、台湾同胞和海外侨胞，致以诚挚的问候和良好的祝愿。他说，今年是中国共产党成立90周年，中国共产党团结带领全国各族人民经过28年的浴血奋战，推翻了帝国主义、封建主义和官僚资本主义在中国的统治，建立了中华人民共和国，开启了中华民族发展进步的历史新纪元。新中国成立62年来，在中国共产党的领导下，中国人民顽强奋斗、艰苦创业，夺取了国家建设和发展的辉煌成就，在中华大地上创造了震古烁今的人间奇迹。回顾62年的光辉历程，我们不会忘记广大港澳同胞、台湾同胞和海外侨胞始终与全国各族人民风雨同舟、甘苦与共，为维护祖国和人民利益、加快推进国家现代化建设、促进祖国和平统一大业，作出了重要贡献。

贾庆林指出，香港、澳门回归祖国以来，“一国两制”实践日益丰富，显示出强大的生命力。在中央政府和祖国内地的大力支持下，香港、澳门特别行政区行政长官和特区政府带领社会各界人士团结奋进，锐意进取，在发展经济、改善民生、推进民主、促进和谐等方面做了大量工作，取得了显著成就。国家“十二五”规划纲要明确了中央政府支持香港、澳门的政策方向，强调支持港澳巩固提升竞争力优势、支持港澳培育新兴产业、深化内地与港澳经济合作，必将为香港、澳门未来发展创造更多机遇。中央政府将始终坚持“一国两制”、“港人治港”、“澳人治澳”、高度自治的方针，全力支持两个特别行政区行政长官和特区政府依法施政，与香港、澳门同胞一起，携手开创更加美好的明天。

贾庆林强调，推动两岸关系和平发展，实现祖国完全统一，是海内外中华儿女的共同心愿。近年来，两岸双方在反对“台独”、坚持“九二共识”的共同政治基础上不断增进政治互信，实现全面直接双向“三通”，签署并实施经济合作框架协议，两岸各界加强交流往来，两岸关系取得一系列突破性进展。我们将牢牢把握两岸关系和平发展主题，努力维护得来不易的良好局面，不断巩固改善发展两岸关系的政治基础，坚决反对和遏制任何“台独”分裂行径，推动两岸关系沿着正确的方向不断前进，努力使两岸关系和平发展的成果惠及更多的两岸同胞尤其是台湾基层民众。

贾庆林说，广大海外侨胞是中华民族大家庭的重要成员，是实现中华民族伟大复兴的重要力量。长期以来，广大海外侨胞心怀故土、情系桑梓，为祖国的繁荣富强和人民的幸福安康发挥了独特作用。我们将一如既往地坚持“以人为本、为侨服务”的侨务工作宗旨，进一步凝聚侨心、汇集侨智、发挥侨力、维护侨益，关心海外侨胞的生存发展，依法维护海外侨胞和归侨侨眷的正当合法权益，最大限度地团结海内外中华儿女，汇聚起实现祖国和平统一大业和中华民族伟大复兴的强大合力。

招待会由国务委员戴秉国主持。王刚、王兆国、王岐山、刘淇、刘云山、刘延东、李源潮、韩启德、周铁农、李建国、陈昌智、严隽琪、桑国卫、梁光烈、廖晖、杜青林、阿不来提·阿不都热西提、黄孟复、张梅颖、钱运录、林文漪、厉无畏、罗富和、陈宗兴、王志珍等出席了招待会。

中央党政军群有关部门负责同志，各民主党派中央、全国工商联和无党派人士代表，来京参加国庆活动的港澳同胞、台湾同胞、海外侨胞，归侨、侨眷代表，科技、教育、文化、体育界知名人士等共约3500人出席国庆招待会。

2011年度中国政府“友谊奖”颁奖大会在人民大会堂举行

中共中央政治局委员、国务院副总理张德江出席会议并讲话。

张德江指出，外国在华专家，是中国人民的亲密朋友，是中外交流的友好使者，是中国现代化建设的重要力量。中国经济社会发展取得的巨大成就，与外国专家的积极参与和大力支持密不可分。他代表中国政府，向所有获奖专家表示热烈的祝贺！向所有在华外国专家表示诚挚的问候和崇高的敬意！

张德江强调，“十二五”时期，是中国全面建设小康社会的关键时期，是深化改革开放、加快转变经济发展方式的攻坚时期。实现“十二五”宏伟目标任务，关键是人才。中国政府将以实施“外专千人计划”为突破，以引进海外高层次人才为重点，高端引领、整体推进，统筹抓好引进国外智力工作，为实现更长时期、更高水平、更好质量发展提供坚强的人才保障和广泛的智力支持。在扩大开放中加大人才政策和体制机制创新力度，完善政策法规，保护知识产权，激励创新创造，提高服务水平，为外国专家提供更宽广的事业发展空间，营造更良好的工作生活环境。

张德江指出，中国发展离不开世界，世界繁荣稳定也离不开中国。我们将继续坚定不移地走改革开放之路。开放的中国，真诚期待同各国政府、国际组织深化交流，合作发展；发展的中国，热忱欢迎更多的外国专家、海外华侨华人专家和国际友人，以各种方式参与中国的现代化建设。

"友谊奖"是中国政府为在经济建设和社会发展中作出突出贡献的外国专家设立的。本年度获奖的50名外国专家来自21个国家，涉及工农业、能源环保、教育科技、医疗卫生、文化体育等领域。自1991年以来，共有来自62个国家的1199名外国专家获得此项殊荣。

民建中央在北京召开纪念辛亥革命100周年座谈会

全国人大常委会副委员长、民建中央主席陈昌智出席会议并讲话。

陈昌智提出，要紧紧把握历史机遇，大力弘扬孙中山先生的爱国主义精神，努力学习孙中山先生不断追求革命、进步的优秀品格，在中国共产党领导下，切实提高履行参政党职能的能力和水平，为"十二五"规划的实施献计出力，为中华民族的伟大复兴团结奋斗。一要始终不渝坚持爱国主义，共同致力于建设中国特色社会主义事业。二要始终不渝坚持中国共产党的领导，自觉维护多党合作的政治格局。三要始终不渝围绕和平、发展主题，积极为促进祖国和平统一大业作出贡献。

座谈会上，与会同志从不同角度畅谈了对辛亥革命的认识、对人民选择中国共产党历史必然性的认识，表达了做好本职工作、为建设中国特色社会主义事业，实现中华民族伟大复兴作出应有贡献的决心。

国务委员马凯在北京出席中国工商管理硕士（MBA）教育20周年纪念大会

马凯强调，要认真贯彻胡锦涛总书记在清华百年校庆时的重要讲话精神，以科学发展观为指导，以社会需求为导向，以提高经营管理能力为核心，以贴近企业实际为特色，以改革创新为动力，大力构建中国特色的工商管理硕士教育制度，培养大批既有理论知识又有实践能力，既有国际视野又深谙中国国情，既有开拓创新能力又有社会责任意识的高素质经营管理人才。

马凯强调，要突出办学特色，全面提升工商管理硕士教育水平，注重贴近企业实践，运用理论解决重大现实问题，增强学生社会责任感，提高跨国文化沟通与管理能力。要加强工商管理硕士教育基础能力建设，从强化培训、引进企业高级管理人员参与、建立合理评价机制等方面提高师资水平，推动中国企业管理案例共享中心建设，引导各方资源支持中西部改善办学条件。要完善工商管理硕士质量保障体系，促进教学合格评估与质量认证有机衔接，通过认证，促进院校自我激励、监督和提高。

西藏和平解放60年成就展在网上开展

为庆祝西藏和平解放60周年，由中央外宣办和西藏自治区人民政府牵头，中央统战部、中央外宣办、国家发改委、国家民委、西藏自治区人民政府、新华社共同举办的"西藏和平解放60年成就展"网上展览在中国网络电视台上线展出，向世界展示西藏和平解放60年来在政治、经济、文化和社会方面取得的巨大建设成就。

9月30日

国务院在人民大会堂举行国庆招待会庆祝中华人民共和国成立62周年

胡锦涛、吴邦国、温家宝、贾庆林、李长春、习近平、李克强、贺国强等党和国家领导人与1000多名中外人士欢聚一堂，共庆佳节。

国务院总理温家宝发表了讲话。他代表党中央、国务院，向全国各族人民致以节日的祝贺；向港澳同胞、台湾同胞和海外侨胞，致以亲切的问候；向关心、支持我国现代化建设的国际友人，表示诚挚的感谢。

招待会由国务委员兼国务院秘书长马凯主持。

出席招待会的还有：王刚、王乐泉、王兆国、王岐山、回良玉、刘淇、刘云山、刘延东、李源潮、张德江、何勇、令计划、路甬祥、乌云其木格、韩启德、华建敏、陈至立、周铁农、李建国、司马义·铁力瓦尔地、蒋树声、陈昌智、严隽琪、桑国卫、梁光烈、孟建柱、戴秉国、曹建明、廖晖、杜青林、白立忱、陈奎元、阿不来提·阿不都热西提、李兆焯、黄孟复、张梅颖、钱运录、孙家正、李金华、郑万通、邓朴方、万钢、林文漪、厉无畏、罗富和、陈宗兴、王志珍和迟浩田、张万年、姜春云、曹刚川、王汉斌、倪志福、王丙乾、邹家华、布赫、铁木尔·达瓦买提、彭珮云、曹志、何鲁丽、成思危、许嘉璐、蒋正华、顾秀莲、热地、唐家璇、肖扬、贾春旺、杨汝岱、宋健、钱正英、孙孚凌、赵南起、王文元、王忠禹、李贵鲜、张思卿、罗豪才、张克辉、郝建秀、李蒙，中央军委委员陈炳德、李继耐、廖锡龙、常万全、靖志远、吴胜利、许其亮以及于永波、王克。

中央和国家机关有关部门负责人，解放军和武警部队负责人，各民主党派、全国工商联负责人和无党派人士代表，各人民团体负责人，北京市负责人，香港特别行政区和澳门特别行政区的一些人士，台湾同胞，华人、华侨代表，在华访问的部分外宾、国际知名人士、著名友好人士，各国驻华使节、各国际组织驻华代表、部分外国专家和配偶，也出席了招待会。

国务院总理温家宝在庆祝中华人民共和国成立62周年招待会上的讲话

各位来宾，各位朋友，同志们：

在这秋风送爽的美好时节，我们迎来了中华人民共和国成立62周年。我代表党中央、国务院，向全国各族人民致以节日的祝贺！向港澳同胞、台湾同胞和海外侨胞，致以亲切的问候！向关心、支持我国现代化建设的国际友人，表示诚挚的感谢！

今年是中国共产党诞生90周年，也是实施“十二五”规划的开局之年。面对严峻复杂的国际经济形势，我们实施积极的财政政策和稳健的货币政策，着力稳物价、调结构、促改革、惠民生，国民经济继续保持平稳较快发展，物价较快上涨势头得到控制，城镇就业进一步扩大，人民生活水平有了新的提高。实践证明，党中央、国务院采取的方针政策是正确的。

回首过去，我们为新中国取得的辉煌成就感到无比自豪。展望未来，我们对祖国的前途满怀信心。我们要坚定地走中国特色社会主义道路，毫不动摇地把社会主义现代化事业推向前进。

——要大力推动科学发展。牢固树立科学发展的理念，加快转变经济发展方式，建设资源节约型和环境友好型社会，实现速度与结构、质量、效益的统一，提高发展的全面性、协调性、可持续性，使发展的成果造福当代、惠及子孙。

——要大力保障和改善民生。始终把改善人民生活放在各项工作的首位，解决好人民群众最关心、最直接、最现实的利益问题。保持物价总水平基本稳定，落实房地产市场调控政策和保障性住房建设计划，加强安全生产和食品药品安全监管，完善社会保障体系，保护生态环境，让人民群众生活得幸福、安全，更有尊严。

——要大力推进改革开放。继续推进经济体制、政治体制、文化体制、社会体制等各个方面的改革，破除影响经济发展与社会和谐的体制机制障碍，不断激发经济社会发展的活力。扩大对外开放，大胆学习和借鉴世界各国创造的一切优秀文明成果，为人类文明进步作出更大贡献。

——要大力维护社会公平正义。努力改变收入分配不公和差距扩大的现象，走共同富裕之路。保障人民的民主权利，维护司法公正，坚决反对腐败，妥善化解各种社会矛盾。营造有道德、讲诚信、守秩序的社会环境，使我们的社会更加和谐有序。

总之，我们所做的一切，都是为了增进人民的福祉。要通过坚持不懈的努力，使发展更加科学、民生更加改善、社会更加公正，建设一个富强民主文明和谐的社会主义现代化国家。

来宾们，朋友们，同志们：

我们要坚持“一国两制”的方针，深化内地与港澳的经贸合作，更好地发挥香港和澳门的独特优势，与广大港澳同胞一道，共同维护香港、澳门的长期繁荣稳定。

我们要坚持新形势下发展两岸关系的各项方针政策，认真落实两岸经济合作框架协议，与广大台湾同胞一道，共同推进两岸和平发展，共同谱写中华民族伟大复兴新篇章。

我们要继续高举和平、发展、合作的旗帜，与世界各国人民一道，共同分享发展机遇，共同应对各种挑战，建设一个持久和平、共同繁荣的和谐世界。

来宾们，朋友们，同志们：

我们的国家生机勃勃、欣欣向荣，我们的未来前程似锦、充满希望。让我们更加紧密地团结在以胡锦涛同志为总书记的党中央周围，高举中国特色社会主义伟大旗帜，以邓小平理论和“三个代表”重要思想为指导，深入贯彻落实科学发展观，为国家强盛和民族复兴大业而不懈奋斗！

现在，我提议：

为庆祝中华人民共和国成立62周年，

为伟大祖国的繁荣富强和各族人民的幸福安康，

为中国人民同世界人民的友谊与合作，

为来宾们、朋友们和同志们的健康，

干杯！

国家主席胡锦涛在人民大会堂会见南非副总统莫特兰蒂

胡锦涛说，中南双方要进一步加强战略沟通，深化政治互信，密切多层次交流合作，使两国关系沿着既定方向持续快速向前推进。双方要结合各自发展规划和战略，深挖合作潜力，扩大合作规模，进一步加强重点领域和重点项目上的合作，使中南务实合作向更高层次、更宽领域发展，实现《北京宣言》确定的目标和任务。

莫特兰蒂说，在两国元首签署的《北京宣言》指引下，南中全面战略伙伴关系顺利发展。南方愿同中方共同努力，进一步落实《北京宣言》，密切高层交往，拓展各领域务实合作，扩大双边贸易，增加相互投资，促进人文交流和人员往来，加强在国际和地区事务中的磋商与合作，推动两国全面战略伙伴关系迈上新台阶。

纪念中国国际交流协会成立30周年座谈会在北京举行

中共中央政治局常委、全国人大常委会委员长吴邦国致信祝贺。

吴邦国在贺信中向中国国际交流协会成立30周年表示热烈祝贺，向长期从事民间外交工作的同志们致以亲切问候。

全国人大常委会副委员长、民革中央主席、中国国际交流协会会长周铁农在致辞中说，我们要以开拓创新的精神完成时代赋予的使命和任务，继续以促进世界和平、维护共同发展为目的，官民并举、亦民亦官地开展对外交流与合作。发挥民间组织优势，服务总体外交，为国内学习借鉴国外社会经济建设的经验教训搭造平台。更加积极地参与国际非政府组织的重要活动，共同探讨国际社会关心的话题，扩大我在国际民间舞台上的影响力。

国务委员戴秉国在讲话中积极评价交流协会成立30年来取得的显著成果，希望交流协会认真总结经验，进一步突出特色，发挥优势。对外交流要结合政治与经济、内政与外交、历史与现实，坦诚交流，深入沟通。对外交流要紧密围绕党和国家中心工作，通过了解世界，让世界真正了解中国，了解并理解中国的和平发展道路。对外交流要谦虚谨慎，积极展示一个可亲、可敬的中国形象。戴秉国祝愿中国国际交流协会在未来取得新的更大成绩。

全国人大常委会副委员长、民建中央主席、中国国际交流协会副会长陈昌智，全国政协副主席、农工民主党中央常务副主席、中国国际交流协会副会长陈宗兴，全国政协副主席、九三学社中央副主席、中国国际交流协会副会长王志珍等中国国际交流协会领导出席了座谈会。

中联部部长王家瑞也在会上讲话，祝贺交流协会成立30周年。中联部副部长李进军宣读吴邦国的贺信。交流协会领导、理事代表和相关单位的负责人等参加了座谈会。

中国国际交流协会成立于1981年9月，由中国各团体、政党以及各界知名人士、社会活动家和学者发起组成。交流协会成立以来，已经先后同世界上近100个国家和地区的200多个民间团体、政党组织、学术机构和国际组织建立了联系，开展不同形式的交流与合作。

国务院总理温家宝在酒泉卫星发射中心会见“天宫一号”飞行任务指挥部成员和参研参试单位代表

温家宝指出，实施“天宫一号”飞行任务，是突破和掌握空间交会对接技术，推动我国载人航天事业向更高水平迈进的关键之战。这次成功发射，是我国载人航天事业发展史上的里程碑，是建设创新型国家的标志性成果，是改革开放和现代化建设的伟大成就。这一成就凝聚着几代航天人的不懈追求和心血汗水，饱含着全体参研参试科技工作者、干部职工、部队官兵的辛勤劳动和聪明才智。大家为祖国航天事业作出的卓越贡献，党和国家不会忘记，人民不会忘记，历史不会忘记。

温家宝强调，中华民族要屹立于世界民族之林，必须占领世界科技制高点。航天工程是当今世界最活跃、最有影响的科技领域之一，是人类文明高度发展的重要标志。希望同志们牢记党和人民的重托，认真贯彻落实胡锦涛总书记关于发展航天事业的重要指示，大力弘扬“两弹一星”精神和载人航天精神，再接再厉、奋力拼搏，为推动我国载人航天事业的新发展作出更大贡献，为中华民族的伟大复兴作出更大贡献。

中共中央政治局委员、国务院副总理张德江，国务委员兼国务院秘书长马凯，全国政协副主席万钢和中央军委委员常万全参加会见。

国务院总理温家宝在人民大会堂会见荣获2011年度中国政府“友谊奖”的50名外国专家以及他们的亲属

温家宝说，今年以来，我国改革开放和现代化建设取得新的成绩。在严峻复杂的国际经济形势下，中国经济保持平稳发展，对世界经济的复苏和稳定有着重要意义。中国的发展进步，既是中国人民团结奋斗的结果，也包含着在华外国专家的辛勤奉献。

温家宝强调，中国经济发展已经站在新的起点上，要实现更高水平、更好质量、更可持续的发展，必须依靠科学的发展方式，先进的科学技术，需要强大的文化和道德力量，达到这一要求的关键是要有高素质的人才。人才是一切资源中最可宝贵的，是各项事业发展的根本所在。我们要在培养大批国内优秀人才的同时，重视引进更多国外高素质人才，为我国现代化建设提供强大的智力支撑。

温家宝说，外国专家是中国经济社会发展进步的参与者和见证者，是中国人民甘苦与共、并肩奋斗的朋友。我们真诚欢迎来自世界各国的专家，到中国工作、创业和发展。有关部门要继续做好外国专家服务工作，以事业凝聚人才，以实践造就人才，以机制激励人才，以法制保障人才，努力为各国优秀人才在中国施展才华创造良好条件。

国务院总理温家宝签署第605号令公布《国务院关于修改〈中华人民共和国资源税暂行条例〉的决定》

《国务院关于修改〈中华人民共和国资源税暂行

条例〉的决定》已经2011年9月21日国务院第173次常务会议通过，现予公布，自2011年11月1日起施行。

总　理　温家宝

2011年9月30日

国务院关于修改〈中华人民共和国资源税暂行条例〉的决定（略）

国务院总理温家宝签署第606号令公布《国务院关于修改〈中华人民共和国对外合作开采陆上石油资源条例〉的决定》

《国务院关于修改〈中华人民共和国对外合作开采陆上石油资源条例〉的决定》已经2011年9月21日国务院第173次常务会议通过，现予公布，自2011年11月1日起施行。

总　理　温家宝

2011年9月30日

国务院关于修改〈中华人民共和国对外合作开采陆上石油资源条例〉的决定（略）

国务院总理温家宝签署第607号令公布《国务院关于修改〈中华人民共和国对外合作开采海洋石油资源条例〉的决定》

《国务院关于修改〈中华人民共和国对外合作开采海洋石油资源条例〉的决定》已经2011年9月21日国务院第173次常务会议通过，现予公布，自2011年11月1日起施行。

总　理　温家宝

2011年9月30日

国务院关于修改〈中华人民共和国对外合作开采海洋石油资源条例〉的决定（略）

国务院任免香港特别行政区政府主要官员

依照香港特别行政区基本法的有关规定，根据香港特别行政区行政长官曾荫权的提名和建议，国务院2011年9月30日决定：任命林瑞麟为政务司司长，任命谭志源为政制及内地事务局局长，批准唐英年辞去政务司司长职务，免去林瑞麟的政制及内地事务局局长职务。

《中国2010年上海世博会跟踪审计结果公告》在中国上海门户网站和上海审计网正式公布

公告说，上海世博会运营收支结余为10.5亿元人民币。审计未发现重大违法违规问题。

门票收入逾73亿元，收支结余将用于公益

审计结果显示，截至2011年3月底，经对上海世博会事务协调局提供的财务决算报告审计，世博会运营收入累计为130.14亿元，由于门票收入、特许经营权收入、场馆出租收入等好于预期，较预算增加了6.96亿元。

世博会运营支出累计为119.64亿元，由于加强了对预算资金的支出控制，实际支出较预算略减少0.79亿元。

据上述数据计算得出，上海世博会运营收支结余为10.5亿元。

47个主体建设项目增加投资17.37亿元

审计结果显示，上海世博会园区主体建设项目共47个，项目完成总投资197.37亿元，比注册报告预计投资规模增加17.37亿元。

跟踪审计成效显著，未发现重大违法违规

审计结果公告评价说，世博会筹备周密充分，主体项目建设优质高效，运营平稳有序，社会效益良好。世博会园区主体工程建设中未发生重大质量和安全生产事故，也未发现重大损失浪费和违法违规问题。

国家工商总局公布《个体工商户登记管理办法》

办法从鼓励、支持和引导个体私营等非公有制经济发展的角度，优化了个体工商户登记流程，规范了登记管理，强化了登记机关的服务职责。

工商部门对办法部分内容做了修改。例，如征求意见稿中"个体工商户营业执照有效期最长为4年；登记机关可以根据个体工商户经营场所的使用期限核定营业执照有效期，有效期最短为6个月。个体工商户应当于营业执照有效期届满前1个月内向登记机关申请换领新营业执照，登记机关应当依法及时换发"的内容被删除，个体工商户营业执照长期有效。办法明确，个体工商户变更登记涉及营业执照载明事项的，登记机关应当换发营业执照。营业执照遗失或毁损的，个体工商户应当向登记机关申请补领或者更换。营业执照遗失的，个体工商户还应当在公开发行的报刊上声明作废。

庆祝中华人民共和国成立62周年音乐会"祖国颂"在北京举行

中共中央政治局常委李长春等领导同志与首都各界群众欢聚一堂，共同欣赏了这台音乐会。

刘淇、刘云山、刘延东、路甬祥、严隽琪、马凯、白立忱、罗富和等一同欣赏音乐会。

屈志统逝世

国务院外国专家局原党组书记、常务副局长屈志统同志，因病医治无效，于9月30日在北京逝世，享年94岁。

10月1日

《人民日报》发表社论《把握中国发展繁荣的光明前景——热烈庆祝中华人民共和国成立62周年》

当阳光越过东方的地平线，我们迎来中华人民共和国的第六十二个国庆日。在这举国欢庆的日子里，每一个中国人，都有理由为我们的国家感到自豪，都满怀期待瞻望中国发展繁荣的光明前景。

世界第二大经济体、第一大出口国，220多种工业品产量居世界第一，粮食产量连续多年突破5000亿公斤……在共和国六十二华诞到来之际，一个生机盎然的社会主义中国巍然屹立于世界东方，一幅斑斓多彩的现代化图景展现在神州大地。中国发展的态势、复兴的趋势，已经越来越清晰地呈现在世人面前。

时间是衡量事业的标准。2011年，我们迎来了中国共产党建党90周年、辛亥革命100周年，时间坐标的交汇，历史现实的对比，使我们更能把握现代中国的发展脉络，更能明辨今天所处的历史方位，更能看清迈向未来的发展方向。

从封建专制到人民民主，从一盘散沙到团结和谐，从封闭愚昧到文明开放，从温饱不足到总体小康，从备受欺凌到重返世界舞台……探寻奋斗的足迹就会发现，一百年来，在这个历经磨难的东方古国，争取独立解放、国强民富是矢志不渝的奋斗目标，振兴中华、民族复兴是始终不变的社会理想，推动一个四分五裂的半殖民地半封建社会，向自立于世界民族之林的现代化国家转变，是百年历史最为激昂的雄浑乐章。

孙中山先生领导的辛亥革命，结束了统治中国几千年的君主专制制度，打开了中国进步的闸门。中国共产党人带领全国人民，建立了人民当家做主的新中国，确立了社会主义基本制度，实行改革开放，不仅为中国的现代化奠定了政治前提和物质基础，更把自身锻造成为推进现代化进程的坚强领导核心，为一个千年文明古国、13亿人口大国开创出一条符合国情的现代化道路——中国特色社会主义道路，创造了举世瞩目的“中国奇迹”。

今天的中国，经济实现了持续30多年的高速增长，城市化率超过了47%，中国特色社会主义法律体系已经形成，社会文化生活日益丰富，人民基本文化权益得到切实保障，覆盖城乡的基本医疗保障制度全面建立，社会保障体系逐步形成，教育、医药卫生、保障性住房等各项社会事业快速发展……这些历史性巨变，源于建党90年来、新中国成立60多年来、特别是改革开放30多年来，我们党团结带领人民在中国这片古老的土地上，书写了人类发展史上前所未有的壮丽篇章。中国社会发生的变革，中国人民命运发生的变化，其广度和深度，在人类发展史上都十分罕见。其政治影响和社会意义，正如胡锦涛总书记所指出的，不可逆转地结束了近代以后中国内忧外患、积贫积弱的悲惨命运，不可逆转地开启了中华民族不断发展壮大、走向伟大复兴的历史进军，使具有5000多年文明历史的中国面貌焕然一新，中华民族伟大复兴展现出前所未有的光明前景。

以百年奋斗走过西方现代化几百年历程，此时此刻，我们距离2020年全面建成小康社会、本世纪中叶基本实现现代化宏伟目标越来越近，我们面临难得机遇和巨大挑战。我国仍处于并将长期处于社会主义初级阶段的基本国情没有变，人民日益增长的物质文化需要同落后的社会生产之间的矛盾这一社会主要矛盾没有变，我国是世界上最大的发展中国家的国际地位没有变，社会转型期的矛盾和问题日益凸显，中国和平发展的国际环境仍然复杂。面向未来，激荡百年的现代化理想仍在路上，发展仍然是解决我国所有问题的关键。我们要坚定改革创新的信心勇气，牢牢抓住和用好重要战略机遇期，以更加奋发有为的精神状态，着力推动科学发展，促进社会和谐，在新的历史起点上全面推进中国特色社会主义事业，在激烈的国际竞争中赢得主动、赢得优势、赢得未来。

中国的现代化，是一部铺陈百年、至今仍在书写的壮丽史诗，是一部激荡世纪、至今依然萦绕在所有中华儿女心头的复兴交响曲。让我们把握中国发展繁荣的光明前景，更加紧密地团结在以胡锦涛同志为总书记的党中央周围，以邓小平理论和“三个代表”重要思想为指导，深入贯彻落实科学发展观，坚定不移走中国特色社会主义道路，创造更加美好的幸福生活和中华民族的美好未来！

胡锦涛 吴邦国 温家宝 贾庆林等党和国家领导人在天安门广场向人民英雄纪念碑敬献花篮

党和国家领导人胡锦涛、吴邦国、温家宝、贾庆林、李长春、习近平、李克强、贺国强等来到天安门广场，与首都各界代表一起，向人民英雄纪念碑敬献花篮，深切缅怀为创立、捍卫、建设新中国而英勇牺牲的革命先烈和近代以来为中华民族独立、解放而顽强奋斗的所有先驱，充分表达全党全国各族人民继承先辈遗志、坚定不移沿着中国特色社会主义道路奋勇前进的豪迈情怀。

敬献花篮仪式由中共中央政治局委员、北京市市委书记刘淇主持。

参加仪式的领导同志还有：王刚、王乐泉、王兆国、王岐山、回良玉、刘云山、刘延东、李源潮、张德江、何勇、令计划、王沪宁、李建国、司马义·铁力瓦尔地、陈昌智、严隽琪、桑国卫、梁光烈、马凯、孟建柱、戴秉国、王胜俊、曹建明、李兆焯、黄孟复、李金华、陈宗兴、王志珍，中央军委委员陈炳德、李继耐、廖锡龙、常万全、靖志远、吴胜利、许其亮。

中央党政军群有关部门和北京市主要负责同志，各民主党派中央、全国工商联负责人和无党派人士代表，也参加了敬献花篮仪式。

国务院总理温家宝到北京北航社区考察蔬菜直销情况并向居民们致以节日问候

国办印发《安全生产"十二五"规划》并发出通知

各省、自治区、直辖市人民政府，国务院各部委、各直属机构：

《安全生产"十二五"规划》(以下简称《规划》)已经国务院同意，现印发给你们，请认真贯彻执行。

各地区、各部门要把安全生产目标、任务、措施和重点工程等纳入本地区、本行业和领域"十二五"发展规划，抓紧制定具体实施方案和行动计划，做到责任到位、措施到位、投资到位、监管到位。负有安全生产监管监察职责的各有关部门要按照职责分工，加强《规划》实施工作的组织指导和协调。要高度重视投资质量和效益，保证《规划》执行的严肃性和合理性。要加强《规划》实施的管理、评估和考核，强化督促检查，确保安全生产"十二五"规划目标的实现。

国务院办公厅

2011年10月1日

安全生产"十二五"规划

安全生产事关人民群众生命财产安全，事关改革发展稳定大局，事关党和政府形象和声誉。为贯彻落实党中央、国务院关于加强安全生产工作的决策部署，根据《中华人民共和国国民经济和社会发展第十二个五年规划纲要》和《国务院关于进一步加强企业安全生产工作的通知》(国发〔2010〕23号)精神，制定本规划。

一、现状与形势

(一)"十一五"期间安全生产工作取得积极进展和明显成效。

党中央、国务院高度重视安全生产，确立了安全发展理念和"安全第一、预防为主、综合治理"的方针，采取一系列重大举措加强安全生产工作。各地区、各部门把安全生产与经济社会发展各项工作同步规划、同步部署、同步推进，深入落实安全生产责任和措施，持续强化安全管理和监督，严厉打击非法违法生产经营和建设行为，积极推动重点行业领域安全专项整治，集中开展"隐患治理年"、"安全生产年"活动，大力推进安全生产执法、治理和宣传教育行动(以下称"三项行动")，切实加强安全生产法制体制机制、安全保障能力和安全监管监察队伍建设(以下称"三项建设")，全国安全生产工作取得积极进展，以提高安全保障能力为核心的基础建设不断加强，以强化监督管理为关键的协作联动机制进一步健全，以安全生产法为基础的安全生产法律法规体系不断完善，以"关爱生命、关注安全"为主旨的安全文化建设不断深入。五年来，全国煤矿瓦斯治理和整顿关闭攻坚战取得明显成效，瓦斯抽采量、利用量分别增长3倍和5倍，小煤矿由18145处降至9042处，实现了小煤矿数量压减至1万处以内的目标；安全执法行动深入开展，共关闭取缔不具备安全生产条件的金属非金属矿山2.1万处、烟花爆竹厂点1.6万处，以及非法建设项目1.1万处，有效规范了安全生产秩序；稳步推进事故隐患排查治理，各级安全监管监察部门查处生产经营单位一般隐患1277.4万项、重大隐患11.6万项，对27.6万处重大危险源采取了安全监控措施；非煤矿山、交通运输、消防(火灾)、建筑施工、危险化学品、烟花爆竹、特种设备、民用爆炸物品、冶金等重点行业领域安全状况明显改善，全国安全生产形势保持了总体稳定、持续好转的发展态势。与"十五"末期的2005年相比，2010年全国各类事故起数、死亡人数分别下降49.4%和37.4%，重特大事故起数、死亡人数分别下降36.6%和52.8%。全国事故死亡人数由2005年的12.7万人，降至2008年的10万人以下、2009年的9万人以下，2010年又进一步降至8万人以下。"十一五"规划任务全面完成，目标如期实现。

(二)"十二五"时期安全生产进入关键时期和攻坚阶段。

"十二五"时期，是全面建设小康社会的重要战略机遇期，是深化改革、扩大开放、加快转变经济发展方式的攻坚阶段，也是实现安全生产状况根本好转的关键时期。安全生产工作既要解决长期积累的深层次、结构性和区域性问题，又要积极应对新情况、新挑战，任务十分艰巨。

一是安全生产形势依然严峻。我国仍处于生产安全事故易发多发的特殊时期，事故总量仍然较大，2010年发生各类事故36.3万起、死亡7.9万人。重特大事故尚未得到有效遏制，"十一五"期间年均发生重特大事故86起，且呈波动起伏态势。非法违法生产经营建设行为仍然屡禁不止。尘肺病等职业病、职业中毒事件仍时有发生。

二是安全生产基础依然薄弱。部分高危行业产业布局和结构不尽合理，经济增长方式相对粗放。经济社会发展对交通、能源、原材料等需求居高不下，安全保障面临严峻考验。轨道交通、隧道、超高层建筑、城市地下管网施工、运行、管理等方面的安全问题凸显。一些地方、部门和单位安全责任和措施落实不到位，安全投入不足，制度和管理还存在不少漏洞。部分企业工艺技术落后，设备老化陈旧，安全管理水平低下。

三是安全生产监管监察及应急救援能力亟待提升。各级安全生产监管部门和煤矿安全监察机构基础设施建设滞后，技术支撑能力不足，部分执法人员专业化水平不高，传统监管监察方式和手段难以适应工作需要。现有应急救援基地布局不尽合理，救援力量仍较薄弱，应对重特大事故灾难的大型及特种装备较为缺乏。部分重大事故致灾机理和安全生产共性、关键性技术研究有待进一步突破。

四是保障广大人民群众安全健康权益面临繁重任务。一方面，部分社会公众安全素质不够高，自觉遵守安全生产法律法规意识和自我安全防护能力还有待进一步强化。另一方面，随着经济发展和社会进步，全社会对安全生产的期望不断提高，广大从业人员"体面劳动"观念不断增强，对加强安全监管、改善作业环境、保障职业安全健康权益等方面的要求越来越高。

二、指导思想、基本原则和规划目标

（一）指导思想。

以邓小平理论和"三个代表"重要思想为指导，深入贯彻落实科学发展观，围绕科学发展的主题和加快转变经济发展方式的主线，牢固树立以人为本、安全发展的理念，坚持"安全第一、预防为主、综合治理"的方针，深化安全生产"三项行动"、"三项建设"，以强化企业安全生产主体责任为重点，以事故预防为主攻方向，以规范生产为重要保障，以科技进步为重要支撑，加强基础建设，加强责任落实，加强依法监管，全面推进安全生产各项工作，继续降低事故总量和伤亡人数，减少职业危害，有效防范和遏制重特大事故，促进安全生产状况持续稳定好转，为经济社会全面、协调、可持续发展提供重要保障。

（二）基本原则。

统筹兼顾，协调发展。正确处理安全生产与经济发展、安全生产与速度质量效益的关系，坚持把安全生产放在首要位置，纳入社会管理创新的重要内容，实现区域、行业（领域）的科学、安全、可持续发展。

强化法治，综合治理。完善安全生产法律法规和标准规范体系，严格安全生产执法，强化制度约束，把安全生产工作纳入依法、规范、有序、高效开展的轨道，真正做到依法准入、依法生产、依法监管。

突出预防，落实责任。坚持关口前移、重心下移，夯实筑牢安全生产基层基础防线，从源头上防范和遏制事故。全面落实企业主体责任，强化政府及部门监管责任和属地管理责任，加强全员、全方位、全过程的精细化管理，坚决守住安全生产这条红线。

依靠科技，创新机制。坚持科技兴安，充分发挥科技支撑和引领作用，加快安全科技研发与成果应用，建立企业、政府、社会多元投入机制，加强安全监管监察能力建设，创新监管监察方式，提升安全保障能力。

（三）规划目标。

到2015年，企业安全保障能力和政府安全监管能力明显提升，各行业（领域）安全生产状况全面改善，安全监管监察体系更加完善，各类事故死亡总人数下降10%以上，工矿商贸企业事故死亡人数下降12.5%以上，较大和重大事故起数下降15%以上，特别重大事故起数下降50%以上，职业危害申报率达80%以上，《国家职业病防治规划（2009—2015年）》设定的职业安全健康目标全面实现，全国安全生产保持持续稳定好转态势，为到2020年实现安全生产状况根本好转奠定坚实基础。

三、主要任务

（一）完善安全保障体系，提高企业本质安全水平和事故防范能力。

煤矿：开展全面、系统、彻底的安全隐患排查治理，防范瓦斯、水害、火灾等重特大事故。完善煤矿安全生产责任体系，强化生产过程管理领导责任。深化煤矿瓦斯综合治理，推进先抽后采、抽采达标，严格落实综合防突措施，完善瓦斯综合治理工作体系。健全灾害监控、预测预警与防治技术体系，狠抓矿井水害、火灾、冲击地压等事故防控技术措施落实。对资源整合矿区实施水文、工程地质补充勘探。治理煤矿火灾隐患。提高矿用产品、设备安全性能。

将煤矿技术人员配备列入安全准入基本条件，严格煤炭建设、生产领域的企业准入标准。推进煤矿企业安全质量标准化和本质安全型矿井建设，推广应用煤矿井下监测监控系统、人员定位系统、紧急避险系统、压风自救系统、供水施救系统和通信联络系统（以下称安全避险"六大系统"），强化安全班组建设等安全基础管理。推动煤矿企业兼并重组和小煤矿整顿关闭，构建安全、高效的煤炭产业体系。完善煤矿采气权与采矿权协调、小煤矿严格准入与有序退出等机制。小型煤矿采煤、掘进装载机械化程度到2015年年底分别达到55%和80%以上。加强煤矿地质勘探报告审查。严格控制新（改、扩）建煤与瓦斯突出矿井建设，"十二五"期间停止核准新建30万吨/年以下的高瓦斯矿井、45万吨/年以下的煤与瓦斯突出矿井项目。

道路交通：制定道路交通安全战略规划。深入推进客运车辆特别是长途客运车辆安全隐患专项整治，从严整治超载、超限、超速、非法载客和酒后、疲劳驾驶等违法违规行为。严格客运线路安全审批和监管,完善道路运输从业人员资格培训和管理制度。开展运输企业交通安全评估。完善客货运输车辆安全配置标准。建立完善车辆生产管理信用体系,加强车辆产品准入、生产一致性管理和监督,提高车辆产品质量和安全性能。改善道路交通通行条件,加强事故多发路段和公路危险路段综合治理。推进高速公路全程监控系统等智能交通管理系统建设。建立农村客运服务和安全管理体系。在公路省际交界处、市际主要交界处建立固定式交通安全服务站。

非煤矿山:制定非煤矿山主要矿种最小开采规模和最低服务年限标准。合理布局非煤矿山采矿权,严格落实非煤矿山建设项目安全核准制度。落实矿产资源开发整合常态化管理措施,到2015年,非煤矿山数量比2010年下降10%以上。实施地下矿山、露天矿山、高陡边坡、尾矿库、排土场等专项整治,重点防范透水、中毒窒息、坍塌和尾矿库溃坝等事故。建设金属非金属矿山井下安全避险“六大系统”。完善石油天然气开采防井喷、防硫化氢中毒、防爆炸着火及海洋石油生产设施防台风、防风暴潮等防范措施。推动露天矿山采用机械铲装、机械二次破碎等技术装备,“三高”(高压、高含硫、高危)油气田采用硫化氢气体防护监测技术装备,三等及以上尾矿库和部分位于敏感地区尾矿库安装在线监测系统。

危险化学品:推动制定与实施化工行业安全发展规划。开展城市化工产业布局调查,加强城市危险化学品生产、储存企业和化学品输运管线等易燃易爆设施隐患排查治理。推动新建危险化学品生产企业进入化工园区,规范化工园区安全监管,实行化工园区区域定量风险评价制度。推动城区内安全防护距离不达标的危险化学品生产及储存企业搬迁。强化危险化学品生产过程安全管理,对涉及危险化工工艺的生产装置建立自动控制系统及独立的紧急停车系统。强化重点监管的危险工艺、危险产品和重大危险源的监管和监控,严格危险化学品安全使用许可。健全区域危险化学品道路运输安全联控机制。加快建设集仓储、配送、物流、销售和商品展示为一体的危险化学品交易市场,推动大中型城市内的危险化学品经营企业进场交易。

烟花爆竹:推进烟花爆竹生产工厂化、标准化、机械化、科技化和集约化建设。严格安全生产准入条件,到2015年,烟花爆竹生产企业数量比2010年减少20%以上。加强烟花爆竹生产、经营、运输、燃放等各环节安全管理和监督,深化“三超一改”(超范围、超定员、超药量和擅自改变工房用途)等违规生产经营行为专项治理,推进礼花弹等高危产品专项整治,建立烟花爆竹流向管理信息系统。

建筑施工:加强工程招投标、资质审批、施工许可、现场作业等环节安全监管,淘汰不符合安全生产条件的建筑企业和施工工艺、技术及装备。落实建设工程参建各方安全生产主体责任。重点排查治理起重机、吊罐、脚手架和桥梁等设施设备存在的安全隐患。建立建筑工程安全生产信息动态数据库,健全建筑施工企业和从业人员安全生产信用体系,完善失信惩戒制度。以铁路、公路、水利、核电等重点工程及桥梁、隧道等危险性较大项目为重点,建立完善设计、施工阶段安全风险评估制度。

民用爆炸物品:优化民用爆炸物品产品结构和生产布局,规范生产和流通领域爆炸危险源的管理,合理控制企业及生产点数量,减少危险作业场所操作人员。推广应用先进适用工艺技术,淘汰落后生产设备和工艺,主要产品的主要工序实现连续化、自动化和信息化。

特种设备:严格市场准入,落实使用单位安全责任,保证安全投入和安全管理制度、机构、人员到位。实施起重机械、危险化学品承压设备等特种设备事故隐患整治,建立重大隐患治理与重点设备动态监控机制。推动应用物联网技术,实现对电梯、起重机械、客运索道、大型游乐设施故障的实时监测,推广应用大型起重机械安全监控系统。

工贸行业:实施冶金、有色、建材、机械、轻工、纺织、烟草和商贸等工贸行业事故隐患专项治理,重点开展工业煤气系统使用、高温液态金属生产和工贸行业交叉作业、检修作业、受限空间作业等隐患排查整治。实施自动报警与安全联锁专项改造,提高自动化程度。加强对企业煤气输送、储存、使用等危险区域连续监测监控。

电力:完善处置电网大面积停电应急体系,提高电力系统应对突发事件能力。加强电力调度监督与管理,加强厂网之间协调配合。扎实开展电力安全生产风险管理和标准化建设,加强新能源发电监督管理,确保电力系统安全稳定运行和电力可靠供应。加强核电运营安全监管,落实安全防范措施。对已投入运行20年以上的水电站全面开展隐患排查,加强水电站大坝补强加固和设备更新改造。

消防(火灾):推进构筑社会消防安全“防火墙”工程。推动消防规划纳入当地城乡规划,加强消防站、消防供水、消防通信、消防车通道等公共消防设施建设。落实新(改、扩)建工程消防安全设计审核、消防验收或备案抽查制度。实施消防安全专项治理行动,整治易燃易爆单位、人员密集和“三合一”场所(企业员工宿舍与生产作业、物资存放的场所相通连)、高层建筑、地下空间火灾隐患。完善相关消防技术标准，严禁违规使用易燃、可燃建筑外墙保温材料。根据国家标准配备应急救援车辆、器材和消防员个人防护装备。

铁路交通：加强高速铁路运营安全监管和设备质量控制，强化高速铁路安全防护设施和防灾监测系统建设。深入开展高速铁路运输安全隐患治理，重点对线路、车辆、信号、供电设备以及制度和管理等进行全方位排查。强化高新技术条件下铁路运输安全风险管控。严厉打击危害高速铁路运输安全的非法违法行为。到2015年，危险性较大的铁路与公路平交道口全部得到改造。开展路外安全宣传教育入户活动。严格铁路施工安全管理，整治铁路行车设备事故隐患，强化现场作业控制，深化铁路货运安全专项整治。

水上交通：加强水路交通安全监管基础设施和港口保安设施建设。开展重点水域、船舶和时段以及重要基础设施安全综合治理。推进现有港口、码头的安全现状评价。强化运输船舶和码头、桥梁建设及通航水域采砂等水上水下施工作业的安全监管。推进内河主要干线航道、重要航运枢纽、主要港口及地区性重要港口监测系统建设。完善船舶自动识别、船舶远程跟踪与识别、长江干线水上110指挥联动等系统，加快内河船岸通信、监控系统建设。实施渡改桥工程。加强内河海事与搜救一体化建设。严厉查处农用船、自用船、渔船非法载客等行为。

民航运输：实施民航航空安全方案，推进航空安全绩效管理。建立空勤人员、空中交通管制员体检鉴定体系和健康风险管理体系。建立航空安保威胁评估机制。研究实行航空货运管制代理人制度。整体规划适航审定能力建设方案。建立航空安保岗位资格认证机制与培训体系。加强飞行、机务、空管、签派等人员的专业技能教育培训。建设航空安全实验基地，提高航空运行、适航维修、航空保安和事故调查分析等实验验证能力。

农业机械：完善农业机械安全监督管理体系，加强安全监理设施和装备建设，加大安全投入，保障安全监理工作需要。强化拖拉机、联合收割机注册登记、牌证核发和年度检验。推广应用移动式农机安全技术检测和农机驾驶人考试装备。加快建立农机市场准入、强制淘汰报废和回收管理制度，推进对危及人身财产安全的农业机械进行免费实地安全检验。创建500个以上"平安农机示范县"。探索开展农机政策性保险，鼓励支持农机安全互助组织有序发展。

渔业船舶：推进重点水域渔船和渔港监控系统建设。强化渔船、渔港安全基础设施管理，加强渔业航标、渔港监控设备等建设。推进渔船自动识别系统建设，加强渔船通信终端设备配备。推进渔船标准化建设，鼓励渔民更新改造老旧渔船，实行渔业船舶、船用产品、专用设备报废制度。加强渔业船员培训基地建设。实施渔船安全救生设备补助项目，推广应用气胀式救生筏等装备，实现沿海中型以上渔船救生设备应配尽配。

职业健康：开展作业场所职业危害普查。加强职业危害因素监测检测。建立完善职业健康特殊工种准入、许可、培训等制度。建立重点行业（领域）职业健康检测基础数据库。开展粉尘、高毒物质危害严重行业（领域）专项治理。到2015年，新（改、扩）建项目职业卫生"三同时"（同时设计、同时施工、同时投产和使用）审查率达到65%以上，用人单位职业危害申报率达到80%以上，工作场所职业危害因素监测率达到70%以上，粉尘、高毒物品等主要危害因素监测合格率达到80%以上，工作场所职业危害告知率和警示标识设置率达到90%以上，重大急性职业危害事件基本得到控制，接触职业危害作业人员职业健康体检率达到60%以上。强化职业危害防护用品监管和劳动者职业健康监护，严肃查处职业危害案件。

同时，全面加强旅游、水利工程等各行业（领域）安全生产工作，及时排查整治安全隐患，全面加强人员密集场所、大型群众性活动的安全管理，严防各类事故发生。

（二）完善政府安全监管和社会监督体系，提高监察执法和群防群治能力。

健全安全生产监管监察体制。完善安全生产综合监管与行业管理部门专业监管相结合的工作机制。健全国家监察、地方监管、企业负责的煤矿安全工作体系。完善煤矿安全监察机构布局。落实地方各级人民政府安全生产行政首长负责制和领导班子成员安全生产"一岗双责"制度。强化基层安全监管机构建设，建立健全基层安全监管体系。积极推动经济技术开发区、工业园区、大型矿产资源基地建立完善安全监管体系。研究建立与道路里程、机动车增长同步的警力配备增加机制。

建设专业化安全监管监察队伍。完善安全监管监察执法人员培训、执法资格、考核等制度，建立以岗位职责为基础的能力评价体系。严格新增执法人员专业背景和选拔条件。建立完善安全监管监察实训体系，开展安全监管监察执法人员全员培训。到2015年，各级安全监管监察执法人员执法资格培训及持证上岗率达到100%，专题业务培训覆盖率达到100%。

改善安全监管监察执法工作条件。推进安全监管部门和煤矿安全监察机构工作条件标准化建设。到2015年，东部省、市、县三级安全监管部门工作条件建设100%达到标准配置，中西部100%达到基本配置，省级和区域煤矿安全监察机构达标率达到100%。改善一线交通警察执勤条件，将高速公路交通安全管理设施及执勤配套设施建设纳入高速公路建设体系。加强农机安全管理机构基础设施及装备建设。

推进安全生产监管监察信息化建设。建成覆盖各级安全监管、煤矿安全监察和安全生产应急管理机构的信息网络与基础数据库。加强特种设备安全监管信息网络和交通运输安全生产信息系统建设。加快建设航空安全信息分析中心，建立民航安全信息综合分析系统。完善农机安全生产监管信息系统。推进海洋渔业安全通信网、渔船自动识别与安全监控系统建设。

创新安全监管监察方式。健全完善重大隐患治理逐级挂牌督办、公告、整改评估制度。推进高危行业企业重大危险源安全监控系统建设，完善重大危险源动态监管及监控预警机制。实施中小企业安全生产技术援助与服务示范工程。强化安全生产属地监管，建立分类分级监管监察机制。把符合安全生产标准作为高危行业企业准入的前置条件，实行严格的安全标准核准制度。推进建立非矿用产品安全标志管理制度。完善高危行业从业人员职业资格制度。健全工伤保险浮动费率确定机制。完善安全生产非法违法企业“黑名单”制度。建立与企业信誉、项目核准、用地审批、证券融资、银行贷款等方面挂钩的安全生产约束机制。

依法加强社会舆论监督。发挥工会、共青团、妇联等人民团体的监督作用，依法维护和落实企业职工安全生产知情权、参与权与监督权。拓宽和畅通安全生产社会监督渠道，设立举报信箱，统一和规范“12350”安全生产举报投诉电话，实行安全生产信息公开。发挥新闻媒体舆论监督作用，强化舆论反映热点问题跟踪调查。鼓励单位和个人举报安全隐患和各种非法违法生产经营建设行为，完善有效举报奖励制度。

(三)完善安全科技支撑体系，提高技术装备的安全保障能力。

加强安全生产科学技术研究。实施科技兴安、促安、保安工程。健全安全科技政策和投入机制。整合安全科技优势资源，建立完善以企业为主体、以市场为导向、政产学研用相结合的安全技术创新体系。开展重大事故风险防控和应急救援科技攻关，实施科技示范工程，力争在重大事故致灾机理和关键技术与装备研究方面取得突破。

强化安全专业人才队伍建设。加强职业安全健康专业人才和专家队伍建设。实施卓越安全工程师教育培养计划。完善注册安全工程师职业资格制度，建立完善注册安全工程师使用管理配套政策。发展安全生产职业技术教育，进一步落实校企合作办学、对口单招、订单式培养等政策，加快培养高危行业专业人才和生产一线技能型人才。

完善安全生产技术支撑体系。完善国家级安全生产监管监察技术支撑机构，搭建科技研发、安全评价、检测检验、职业危害检测与评价、安全培训、安全标志申办与咨询服务等的技术支撑平台。推进省级安全监管部门和煤矿安全监察机构安全技术研究、应急救援指挥、调度统计信息、考试考核、危险化学品登记、宣传教育、执法检测等监管监察技术支撑与业务保障机构工作条件标准化建设。到2015年，东部省级安全监管技术支撑和业务保障机构工作条件建设100%达到标准配置，中西部100%达到基本配置；省级煤矿安全监察机构达标率达到100%；安全生产新产品、新技术、新材料、新工艺和关键技术准入测试分析能力达到90%以上。

推广应用先进适用工艺技术与装备。完善安全生产科技成果评估、鉴定、筛选和推广机制，发布先进适用的安全生产工艺、技术和装备推广目录。完善安全生产共性、公益性技术转化平台，建立完善国家、地方和企业等多层次安全科技基础条件共享与科研成果转化推广机制。定期将不符合安全标准、安全性能低下、职业危害严重、危及安全生产的工艺、技术和装备列入国家产业结构调整指导目录。

促进安全产业发展。制定实施安全产业发展规划。重点发展检测监控、安全避险、安全防护、灾害监控及应急救援等技术研发和装备制造，将其纳入国家鼓励发展政策支持范围，促进安全生产、防灾减灾、应急救援等专用技术、产品和服务水平提升，推进同类装备通用化、标准化、系列化。合理发展工程项目风险管理、安全评估认证等咨询服务业。到2015年，建成若干国家安全产业示范园区。

推动安全生产专业服务机构规范发展。完善安全生产专业服务机构管理办法，建立分类监管与技术服务质量综合评估制度。规范和整顿技术服务市场秩序，健全专业服务机构诚信体系。发展注册安全工程师事务所，规范专业服务机构从业行为，推动安全评价、检测检验、培训咨询、安全标志管理等专业机构规范发展。

(四)完善法律法规和政策标准体系，提高依法依规安全生产能力。

健全安全生产法律制度。加快推动《中华人民共和国安全生产法》等相关法律法规的制定和修订。建立法规、规章运行评估机制和定期清理制度。制定安全设施“三同时”、淘汰落后工艺设备、从业人员资格准入、重大危险源安全管理、危险化学品安全管理、职业危害防控、应急管理等方面以及与法律、法规相配套的规章制度。推动地方加强安全生产立法，根据本地区安全生产形势和特点，研究制定亟须的地方性法规和规章。

完善安全生产技术标准。制定实施安全生产标准中长期规划。提高和完善行业准入条件中的安全生产要求。完善公众参与、专家论证和政府审定发布相结合的标准制定机制。建立健全标准适时修订、定期清理和跟踪评价制度。鼓励工业相对集中的地区先行制定地方性安全技术标准。鼓励大型企业和高新技术集成度大的行业，根据科技进步和经济发展，率先制定企业新产品、新材料、新工艺安全技术标准。

规范企业生产经营行为。全面推动企业安全生产标准化工作，实现岗位达标、专业达标和企业达标。加强企业班组安全建设。强化对境外中资企业的安全生产工作指导与管理，严格落实境内投资主体和派出企业安全生产监督责任。建立完善企业安全生产累进奖励制度。严格执行企业主要负责人和领导班子成员轮流现场带班制度。

提高安全生产执法效力。建立严格执法与指导服务、现场执法与网络监控、全面检查与重点监管相结合的安全生产专项执法和联合执法机制。推行安全监管监察执法政务公开。完善行政执法评议考核和群众投诉举报制度。健全安全生产"一票否决"和事故查处分级挂牌督办制度。强化事故技术原因调查分析，及时向社会公布事故调查处理结果。落实安全生产属地管理责任，建立完善"覆盖全面、监管到位、监督有力"的政府监管和社会监督体系。

(五)完善应急救援体系，提高事故救援和应急处置能力。

推进应急管理体制机制建设。健全省、市、重点县及中央企业安全生产应急管理体系。完善生产安全事故应急救援协调联动工作机制。建立健全自然灾害预报预警联合处置机制，严防自然灾害引发事故灾难。建立各地区安全生产应急预警机制，及时发布地区安全生产预警信息。

加快应急救援队伍建设。加快矿山、公路交通、铁路运输、水上搜救、紧急医学救援、船舶溢油及油气田、危险化学品、特种设备等行业(领域)国家、区域救援基地和队伍建设。鼓励支持化工企业和矿产资源聚集区开展安全生产应急救援队伍一体化示范建设。依托公安消防队伍建立县级政府综合性应急救援队伍。加强紧急运输能力储备。建立救援队伍社会化服务补偿机制，鼓励和引导各类社会力量参与应急救援。

完善应急救援基础条件。强化应急救援实训演练。建立完善企业安全生产动态监控及预警预报体系。完善企业与政府应急预案衔接机制，建立省、市、县三级安全生产预案报备制度。推进安全生产应急平台体系建设，到 2015 年，国家、省、市及高危行业中央企业应急平台建设完成率达到 100%，重点县达到 80% 以上。

(六)完善宣传教育培训体系，提高从业人员安全素质和社会公众自救互救能力。

提高从业人员安全素质。建立国家安全生产教育培训考试中心，以及中央企业安全教育培训考试站。推行安全生产"教考分离"和安全技术人员继续教育制度。强化高危行业和中小企业一线操作人员安全培训。完善农民工向产业工人转化过程的安全教育培训机制。高危行业企业主要负责人、安全生产管理人员和特种作业人员持证上岗率达到 100%。将安全生产纳入领导干部素质教育范畴。实施地方政府安全生产分管领导干部安全培训工程。

提升全民安全防范意识。将安全防范知识纳入国民教育范畴。创建安全文化示范企业。开展安全生产、应急避险和职业健康知识进企业、进学校、进乡村、进家庭活动，实施"安全生产月"、"安全生产万里行"、"文明交通行动计划"、"消防 119"、"安康杯"知识竞赛等安全生产宣传教育活动。培育发展安全文化产业，打造安全文艺精品工程，促进安全文化市场繁荣。

构建安全发展社会环境。开展安全促进活动，建设安全文化主题公园和主题街道。加强安全社区建设，提升社区安全保障能力和服务水平。推进"平安畅通县市"、"平安农机示范县"、"平安渔业示范县"、"文明渔港"、"平安村镇"、"平安校园"等建设，创建若干安全发展示范城市，倡导以人为本、关注安全、关爱生命的安全文化。

四、重点工程

(一)企业安全生产标准化达标工程。

开展企业安全生产标准化创建工作。到 2011 年，煤矿企业全部达到安全标准化三级以上；到 2013 年，非煤矿山、危险化学品、烟花爆竹以及冶金、有色、建材、机械、轻工、纺织、烟草和商贸 8 个工贸行业规模以上企业全部达到安全标准化三级以上；到 2015 年，交通运输、建筑施工等行业(领域)及冶金等 8 个工贸行业规模以下企业全部实现安全标准化达标。

(二)煤矿安全生产水平提升工程。

开展煤矿瓦斯综合治理示范工程和煤层气地面开发利用示范工程建设，在瓦斯灾害严重矿区建成一批理念先进、技术领先、治理达标、管理到位的煤矿瓦斯治理示范矿井，开展矿井通风和瓦斯抽采利用系统更新改造。实施煤矿开采、供电、井下运输、排水、提升等系统安全技术及防灭火工程技术改造。开展煤矿水文地质和老空区普查，实施矿井水害治理工程。推进煤矿机械化和兼并重组小煤矿安全改造工程建设。完成煤矿井下安全避险"六大系统"工程建设。

(三)道路交通安全生命保障工程。

实施客货运输车辆运行安全保障工程,强制推动重点客货运输车辆全面安装具有卫星定位功能的行驶记录仪,推广使用货运车辆限载、限速等装置。实施公路安全保障工程,完善道路标志标线,增设道路安全防护设施。实施农村交通安全管理与服务体系建设工程,建立健全农村地区交通安全管理网络。实施国家主干高速公路网交通安全管控工程,建立完善全程联网监控、交通违法行为监测查处和机动车查缉布控等系统。建设国家、省两级高速公路联网监控平台及气象预警系统、交通事故自动检测系统和交通引导系统。

(四)非煤矿山及危险化学品等隐患治理与监控工程。

推进高危行业企业建设完善重大危险源安全监控系统。实施非煤矿山尾矿库、大型采空区、露天采场边坡、排土场、水害及高含硫油气田、报废油气生产设施等事故隐患综合治理。建设金属非金属矿山井下安全避险“六大系统”。加快实施城区内安全距离不达标的危险化学品生产、储存企业搬迁工程。开展城市燃气与化学品输送管网隐患治理。建设化工园区安全监管和危险化学品交易市场示范工程。建设重点危险化学品道路运输全程监控系统。开展建设工程起重机械事故隐患专项整治。

(五)职业危害防治工程。

开展全国性职业危害状况普查。建立全国职业危害数据库和国家职业危害因素检测分析实验室与技术支撑平台。以防治矿工尘肺、矽肺、石棉肺为重点,实施粉尘危害综合治理工程。以防治高毒物质与重金属职业危害为重点,实施苯、甲醛等高毒物质和铅、镉等重金属重大职业危害隐患防范治理工程。建立健全职业危害防治技术支撑体系,建设一批尘肺病治疗康复中心。

(六)监管监察能力建设工程。

完善省、市、县三级安全监管部门基础设施,补充配备现场监管执法装备。完善现有煤矿安全监察机构工作条件,改造煤矿安全监察机构基础设施,更新补充煤矿执法监察装备。加强水上交通安全监管和港口保安设施建设。实施安全生产监管监察信息化工程。建设若干国家安全生产监管监察执法人员综合实训基地。实施航空安全体系建设工程。建立民爆行业、特种设备、航空安全监管和农业机械等安全生产信息系统。

完善国家监管监察技术支撑体系,建设矿用新装备、新材料安全性分析和煤矿职业危害防治实验室。完善事故鉴定分析技术支撑平台;建设非煤矿山、职业危害、危险化学品、热防护和公共安全等国家安全科技研发与实验基地。实施重大危险源普查和安全监控。完善省级安全监管部门和煤矿安全监察机构直属技术支撑与业务保障单位工作条件。

(七)安全科技研发与技术推广工程。

实施安全生产典型关键技术和安全产业园区示范工程。开发深部矿井热害和瓦斯防治、顶板维护、水灾预防、通信传感等关键设备。研究开发非煤矿山动力性灾害监测及预防控制、尾矿库在线监测、高含硫气田井喷事故监测预警、深海石油开采远程监控、化工园区安全规划布局优化等技术装备以及大型起重机械安全监控管理系统。60马力以上机动渔船全部安装防碰撞设备。到2012年,运输危险化学品、烟花爆竹、民用爆炸物品道路专用车辆,旅游包车和三类以上班线客车全部安装使用具有行驶记录功能的卫星定位装置。

(八)应急救援体系建设工程。

建设7个国家矿山应急救援队、14个区域矿山应急救援队和1个实训演练基地。建设公路交通、铁路运输、水上搜救、紧急医学救援、船舶溢油等行业(领域)国家救援基地和队伍。依托大型企业和专业救援力量,建设服务周边的区域性应急救援队伍。建设一批国家危险化学品应急救援队和区域危险化学品、油气田应急救援队。建设矿山、矿山医学救护、危险化学品等救援骨干队伍和国家矿山医学救护基地。建设一批区域性国家公路应急保障中心。实施中央企业安全生产保障及应急救援能力工程。

(九)安全教育培训及安全社区和安全文化建设工程。

建设完善一批煤矿安全警示教育基地。建设一批安全综合教育培训、特种设备实训、交通安全宣传教育、职业健康教育和安全文化示范基地。实施企业工程技术人员和班组安全培训工程。推进安全社区建设,实施安全促进项目示范工程,建设地区安全社区支持中心和一批国家安全示范社区。建设完善若干安全发展示范城市。

五、规划实施与评估

(一)加强规划实施与考核。

各地区、各有关部门要按照职责分工,制定具体实施方案,逐级分解落实规划主要任务、政策措施和目标指标,加快启动规划重点工程,积极推动本规划实施,并推动和引导生产经营单位全面落实安全生产主体责任,确保规划主要任务和目标如期完成。要健全完善有利于加强安全生产、推动安全发展的控制考核指标体系、绩效评价体系,实施严格细致的监督检查。本规划确定的各项约束性指标,要纳入各地区、各有关部门经济社会发展综合评价和绩效考核范畴。

(二)加强政策支持保障。

完善有利于安全生产的财政、税收、信贷政策,健全安全生产投入保障机制，强化政府投资对安全生产投入的引导和带动作用。加大国家安全生产监管监察技术支撑体系和中西部安全生产监管监察能力建设投入。各级人民政府要继续加强对尾矿库治理、煤矿安全技改、小煤矿机械化改造、瓦斯防治和小煤矿整顿关闭等的支持，引导企业加大安全投入。鼓励银行对安全生产基础设施和技术改造项目给予贷款支持。健全完善企业安全生产费用提取和使用监督机制，适当扩大安全生产费用使用范围，提高安全生产费用提取下限标准。推动高危行业企业风险抵押金与安全生产责任保险制度相衔接。推进安全生产监管监察经济处罚收入管理制度以及煤矿重大隐患和违法行为举报奖励制度建设。落实煤层气开发利用税收优惠政策，适时调整和完善安全生产专用设备企业所得税优惠目录，支持引导矿山安全避险“六大系统”建设。建立健全涉及公众安全的特种设备第三者强制责任险制度。建立非煤矿山闭坑和尾矿库闭库安全保证金制度。规范和统一道路交通安全管理经费投入渠道，实行道路交通社会救助基金制度。实行农机定期免费检验制度，将农机安全检验、牌证发放等属于公共财政保障范围的工作经费纳入财政预算，鼓励有条件的地方对农机安全保险和渔业保险进行保费补贴。

（三）加强规划实施评估。

国务院有关部门要加强对规划实施情况的动态监测，定期形成规划实施进展情况分析报告。在规划实施中期阶段开展全面评估，经中期评估确定需要对规划进行调整时，由规划编制部门提出调整方案，报规划发布部门批准。规划编制部门要对规划最终实施总体情况进行评估并向社会公布。

（四）加强相关规划衔接。

国务院有关部门要按照本规划的要求，组织编制安全生产专项规划，分解细化和扩充完善规划任务。规划实施的责任主体要对本规划确定的重点工程编制工程专项规划，提出建设目标、建设内容、进度安排，以及国家、地方和企业分别承担的资金筹措方案。加强国家、地区经济和社会发展年度计划及部门年度工作计划与本规划的衔接。各地区要做好区域安全生产规划与国家安全生产规划目标指标和重点工程的衔接，并针对本地区安全生产实际，确定规划主要任务和保障措施。

10月2日

中国京剧流派班学员汇报演出在北京落幕

中共中央政治局委员、中央书记处书记、中宣部部长刘云山致信祝贺。

10月1日、2日，中国京剧流派班在北京梅兰芳大剧院分别举行了两场汇报演出。演出汇聚了中国戏曲学院首届京剧流派班一班、二班共63位学员，集中上演了各主要流派的经典唱段，充分展现了流派班一年多来的教学和研习成果。这是新一代京剧流派接班人的首次大规模集体亮相，反响热烈。

刘云山在贺信中指出，流派是京剧艺术丰富而博大的体现，是前人艺术智慧与辛勤创造的结晶，是民族艺术的宝贵财富。只有京剧的流派传人不断壮大、才俊辈出，才能让京剧艺术薪火旺盛、繁荣发展。

中央和国家机关有关部门负责同志观看了汇报演出。

10月3日

国务院总理温家宝在浙江考察

10月3日至4日，温家宝来到浙江绍兴和温州，深入农村、社区、企业和市场，看望广大干部群众，就经济运行情况进行调研。在绍兴市越城区斗门镇荷湖村和府山街道越都社区，温家宝深入村民和社区居民家中，了解生产生活、市场供应和社会保障等情况，向大家致以节日问候。温家宝还考察了绍兴中国轻纺城、绍兴县创意产业基地、绍兴县汇金小额贷款公司、温州百先得服饰有限公司，并在企业主持召开三次座谈会，向企业负责人详细询问中小企业生产经营、小额贷款公司和民间信贷的情况，认真听取大家的意见和建议。

4日下午，温家宝在温州主持召开会议，听取浙江省、温州市关于小企业发展情况汇报。温家宝说，今年以来，面对国际环境新变化和国内经济运行新情况，我们实施积极的财政政策和稳健的货币政策，更加注重稳定物价总水平，初步遏制了物价过快上涨的势头，经济保持平稳较快发展。我们加强房地产市场调控，加大保障性住房建设力度；全面审计地方政府性债务，清理规范地方政府融资平台公司，金融体系效益提高，稳健运行；农业基础设施建设加快，全年粮食有望实现“八连增”；对外贸易较快增长，趋于平衡；城镇就业进一步扩大，人民生活水平稳步提高。通过努力，我国经济增长正在由政策刺激向自主增长有序转变，继续朝着宏观调控的预期方向发展。同时也要看到，世界经济不确定性、不稳定性上升，凸显经济复苏的长期性、艰巨性和复杂性。我国经济运行也面临一些新情况新问题。我们必须充分估计形势的复杂性和严峻性，保持清醒头脑，冷静观察、科学判断，及时、果断作出正确的政策选择。根据国内外形势新变化，进一步加强和改善宏观调控，既要保持政策连续性、稳定性，又要增强政策的前瞻性、针对性和灵活性，牢牢把握经济工作的主动权,巩固经济发展的好势头。

温家宝强调,中小企业在扩大就业、推动经济增长等方面具有不可替代的作用,支持中小企业发展具有全局和战略性的重要意义。一要认真落实并完善对小微企业贷款的差异化金融监管政策。对符合有关条件的小企业贷款进行专项考核,提高对小企业不良贷款比率的容忍度。二要明确将小微企业作为重点支持对象,支持专为小微企业提供服务的金融机构。要督促各类银行切实落实国家支持中小企业特别是小微企业发展的信贷政策。完善激励约束机制,鼓励各类金融机构改进对小微企业的金融服务,强化银行特别是大中型银行的社会责任。按照新的企业划型标准,明确银行小微企业贷款比例和增速要求,并加强统计和最终用户监测,确保政策落实到位。清理银行不合理收费和保证金存款要求,查处违规行为,切实降低企业信贷资金成本。三要加大财税政策对小微企业的支持力度,延长相关税收优惠政策的期限,研究进一步加大政策优惠力度。四要切实防范金融风险。对中小企业的金融支持,要遵循市场原则,减少行政干预,降低市场风险和道德风险。要加强对民间借贷的监管,引导其阳光化、规范化发展,发挥其积极作用。大力整顿金融秩序,采取有效措施遏制高利贷化倾向,依法打击非法集资,妥善处理企业之间担保、企业资金链断裂问题,努力做到早发现、早处置,防止风险扩散蔓延,防范区域性风险。对已经发生的风险事件,要妥善处置,保护人民群众的合法权益,增强市场信心。

刘纪原在第六十二届国际宇航大会获国际宇航大奖

第六十二届国际宇航大会在南非开普敦开幕。国际宇航科学院将冯·卡门奖授予中国航天专家刘纪原,以表彰其在航天研究中所作出的突出贡献,这是中国专家首次获此殊荣。此外,另一位中国航天专家王礼恒被乌克兰南方设计局授予杨格尔100周年勋章。

10月4日

中国队在英国伦敦举行的第四十一届世界技能大赛中名列第二

大赛于10月4日至9日举行。中国首次派出由6名优秀青年技能选手组成的代表队参加数控车、数控铣、焊接、CAD(计算机辅助)机械设计、美发、网站设计等6个项目的比赛。

来自中国石油天然气集团第一建筑公司的员工裴先峰在焊接项目比赛中获得银牌,其他5名中国选手在数控车、数控铣、CAD(计算机辅助)机械设计、美发、网站设计等项目比赛中获得优胜奖。中国队参赛选手总平均分在51个代表队中名列第二,仅次于韩国。

10月5日

第一届环北京职业公路自行车赛在北京奥林匹克公园内开赛

环京赛是与环法自行车赛同级别的最高级别赛事之一,也是国际自盟世界巡回赛在亚洲唯一的一站。第一名是美国HTC高速公路车队的德国人托尼—马丁。

10月6日

第十一届世界华商大会在新加坡开幕

本届大会的主题为"新格局、新华商、新动力",来自32个国家和地区的4000多名华商代表与会。

全国政协副主席、中华全国工商业联合会主席黄孟复出席开幕式并致辞。

新加坡总理李显龙致辞说,中国近年来的快速发展,为新加坡提供了许多商机。世界经济形势在过去20年中发生重大变化,科技突破对经济活动和商业模式产生深远影响。亚洲经济迅速增长,使世界经济重心由西向东移动。世界各地华商发挥创业精神,建立了许多颇具规模的企业,同时在取得成功后回报社会。他希望华商加强相互联系,推动企业走向现代化。

本届世界华商大会在开幕式上正式启用新的永久会徽和会旗。大会设有成功企业家、社会文化、世界经济、创新企业家和青年企业家等5个分组论坛。

10月7日

中国在西昌卫星发射中心用"长征三号乙"运载火箭成功发射法国W3C通信卫星

10月8日

国务院总理温家宝主持召开国务院常务会议

会议部署加强鲜活农产品流通体系建设。

会议指出,经过多年努力,我国鲜活农产品流通体系建设有了很大发展,但总体上依然薄弱。随着城镇化进程加快,一些大中城市近郊菜地和零售网点不断减少,流通环节和成本增加、"卖难买贵"等问题突出。要以加强产销衔接为重点,加快建设高效、畅通、安全、有序的鲜活农产品流通体系。

会议明确了近期的重点任务:(一)着力提高农产

品流通的组织化程度和现代化水平。推动流通企业强强联合,扶持培育一批大型鲜活农产品流通企业、运输企业和农民专业合作社。加强产地预冷、预选分级、加工配送、冷藏冷冻、冷链运输、包装仓储、检验检测和电子结算等设施建设。(二)推进产销衔接,减少流通环节,降低流通成本。鼓励大型连锁超市与农业生产基地直接对接,鼓励大型流通企业、学校等与农民专业合作社、龙头企业建立长期稳定的产销关系,鼓励农业生产基地、专业合作社在社区菜市场直销直供,鼓励有序设立周末直销菜市场、早晚市等临时摊点。(三)健全覆盖生产、流通、消费的农产品信息网络,完善储备调运制度。城市政府要合理安排动态库存,保障应急供应,防止价格大起大落。(四)加强质量安全追溯体系建设,落实索证索票和购销台账制度。建立鲜活农产品经常性检测制度,实行标准、程序、结果三公开。(五)制定实施全国和地方农产品市场发展指导文件,促进合理布局,有效解决批发市场重复建设与零售网点不足并存等问题。

会议强调,鲜活农产品流通体系建设具有重要的公益性,要在充分发挥市场机制作用的同时,加大政策扶持力度。要增加财政投入,通过投资入股、产权回购回租、公建配套等方式,改造和新建一批公益性批发市场、农贸市场和菜市场;在主产区、集散地和主销区升级改造一批带动力强、辐射面广的大型批发市场和加工配送中心;引导社会资金投资农产品流通领域。对鲜活农产品市场要减免租金、摊位费、管理费等费用。落实和完善"绿色通道",依法查处违规收费行为。进一步强化"菜篮子"市长负责制,切实提高大中城市鲜活农产品自给率。

会议讨论并原则通过《中华人民共和国出境入境管理法(草案)》和《关于加强反恐怖工作有关问题的决定(草案)》,决定将两个草案提请全国人大常委会审议。

中组部 中宣部 中央创先争优活动领导小组联合发出通知要求在广大党员干部中深入开展向李林森同志学习活动

新华社报道:日前,中央组织部、中央宣传部、中央创先争优活动领导小组联合发出通知,要求在广大党员干部中深入开展向李林森同志学习活动。

通知指出,李林森同志无论在什么岗位,都始终牢记党的宗旨,真心实意为群众服务。担任五宝镇党委书记期间,他率领干部群众抗击百年不遇的特大洪灾,几次晕倒在抢险救灾第一线,保证了受灾群众无一伤亡,被群众称为"救命书记"。他经常无私资助困难群众,弥留之际仍然牵挂着帮扶对象,而自己治病的钱却是从亲戚那里借来的。担任组织部长以后,他始终恪守公道正派、选贤任能的政治责任,坚守党的干部工作原则,树立重品行、重实干、重基层、重公认的用人导向,大力推荐使用扎根基层、埋头苦干的干部,营造了风清气正的用人环境。他注重改革创新,主持推进的"四评村官"、"五议社区党组织班子"、"千名大学生进万源"引才工程等多项工作得到地方党委和上级组织部门的充分肯定。他严格要求自己,从没利用手中权力为亲属办过一件私事,对跑官要官者更是坚决拒之门外,即使在自己病重靠借钱治疗的时候,也决不收受别人的一点钱财。他始终把党的事业当作生命,在身患癌症的情况下,仍然以常人难以想象的毅力拼命工作,为党的事业燃尽了生命之火。

通知强调,李林森同志的先进事迹,集中体现了一名共产党员对党无限忠诚、对人民高度负责、对自己严格要求的高尚品质。广大党员干部都要向李林森同志学习,学习他为党的事业鞠躬尽瘁、对党忠诚的政治品格;学习他把人民群众当亲人、为民尽责的公仆情怀;学习他坚持党的组织原则、公道正派的职业操守;学习他勇于开拓创新、奋发有为的进取精神;学习他严格要求自己、清正廉洁的优秀品德。

通知要求,各地各部门要加强领导、精心组织,通过组织生活会、中心组学习、座谈交流、专题讨论等多种方式,认真组织好向李林森同志学习活动。要把学习活动与学习贯彻胡锦涛总书记"七一"重要讲话精神结合起来,与深入推进创先争优活动结合起来,与正在开展的地方换届工作结合起来,与做好当前各项工作结合起来,引导广大党员干部锐意进取、改革创新、求真务实、狠抓落实,为推动科学发展、促进社会和谐做贡献。

邹市明在阿塞拜疆巴库举行的第十六届男子拳击世锦赛49公斤级决赛中获得冠军

10月9日

纪念辛亥革命100周年大会在人民大会堂举行

中共中央总书记、国家主席、中央军委主席胡锦涛出席大会并发表重要讲话。

江泽民、吴邦国、温家宝、贾庆林、李长春、习近平、李克强、贺国强等出席大会。

贾庆林在主持大会时指出,胡锦涛同志的重要讲话,高度评价了辛亥革命的伟大意义,全面回顾了辛亥革命100年来中国人民百折不挠、顽强拼搏的奋斗历程,深刻阐述了新形势下实现中华民族伟大复兴的历史使命,进一步提出了发展两岸关系、促进国家完全统一的殷切希望。我们要深入学习领会胡锦涛同志重要讲话精神,继承和发扬辛亥革命精神,进一步凝聚全体中华儿女的智慧和力量,为实现中华民族伟大复兴而努力奋斗。

全国人大常委会副委员长、民革中央主席周铁农代表各民主党派、全国工商联,中国侨联主席林军代表各人民团体在大会上发言,表示要学习、继承辛亥革命先贤为振兴中华不懈奋斗的革命精神,更加紧密地团结在中国共产党周围,积极促进海内外同胞的大团结,为实现中华民族伟大复兴贡献智慧和力量。

出席纪念大会的领导同志还有:王刚、王乐泉、王兆国、王岐山、回良玉、刘淇、刘云山、刘延东、李源潮、张德江、李鹏、李瑞环、宋平、尉健行、李岚清、曾庆红、罗干、何勇、令计划、王沪宁、路甬祥、乌云其木格、韩启德、华建敏、陈至立、李建国、司马义·铁力瓦尔地、蒋树声、陈昌智、严隽琪、桑国卫、梁光烈、马凯、孟建柱、戴秉国、王胜俊、曹建明、廖晖、杜青林、白立忱、陈奎元、阿不来提·阿不都热西提、李兆焯、董建华、张梅颖、张榕明、钱运录、孙家正、李金华、郑万通、邓朴方、万钢、林文漪、厉无畏、陈宗兴、王志珍、何厚铧和田纪云、迟浩田、张万年、姜春云、曾培炎、王汉斌、倪志福、王丙乾、布赫、铁木尔·达瓦买提、彭珮云、曹志、李铁映、何鲁丽、许嘉璐、盛华仁、唐家璇、肖扬、韩杼滨、贾春旺、杨汝岱、任建新、宋健、孙孚凌、胡启立、陈锦华、王文元、王忠禹、李贵鲜、罗豪才、张克辉、郝建秀、张怀西、李蒙,中央军委委员李继耐、廖锡龙、常万全、靖志远、吴胜利、许其亮,以及于永波、王克、王瑞林、乔清晨。

中央党政军群各部门和北京市负责同志,各民主党派中央、全国工商联负责同志和无党派人士代表,在京全国人大常委及部分人大代表、全国政协常委及部分委员,民族、宗教界和社会团体代表,部分外国驻华使节,应邀参加纪念活动的辛亥革命先辈后裔,香港特别行政区、澳门特别行政区和台湾有关人士及海外来宾,以及首都各界群众代表等3000多人出席大会。

中共中央总书记胡锦涛在纪念辛亥革命100周年大会上的讲话

同志们,朋友们:

100年前,以孙中山先生为代表的革命党人发动了震惊世界的辛亥革命,开启了中国前所未有的社会变革。今天,我们隆重纪念辛亥革命100周年,深切缅怀孙中山先生等辛亥革命先驱的历史功勋,就是要学习和弘扬他们为振兴中华而矢志不渝的崇高精神,激励海内外中华儿女为实现中华民族伟大复兴而共同奋斗。

1840年鸦片战争以后,中国逐步成为半殖民地半封建社会,西方列强野蛮入侵,封建统治腐朽无能,国家战乱不已,人民饥寒交迫,中国人民和中华民族遭受了世所罕见的深重苦难。在那个内忧外患接踵而至的年代,一切关心国家和民族前途命运的人们无不痛切感到,要实现民族独立、人民解放和国家富强、人民富裕,就必须推翻封建专制统治,对中国社会进行根本变革。辛亥革命的爆发,是当时中国人民争取民族独立、振兴中华深切愿望的集中反映,也是当时中国人民为救亡图存而前仆后继顽强斗争的集中体现。

孙中山先生是伟大的民族英雄、伟大的爱国主义者、中国民主革命的伟大先驱。孙中山先生站在时代前列,"适乎世界之潮流,合乎人群之需要",大声疾呼"亟拯斯民于水火,切扶大厦之将倾",高扬反对封建专制统治的斗争旗帜,提出民族、民权、民生的三民主义政治纲领,率先发出"振兴中华"的呐喊,希望推动中华民族摆脱封建专制统治和外国列强侵略,推动中国跟上世界发展进步的步伐、跻身世界先进行列。孙中山先生以自己的模范行动实现了"吾志所向,一往无前,愈挫愈奋,再接再厉"的誓言。在他领导和影响下,大批革命党人和无数爱国志士集聚在振兴中华旗帜之下,广泛传播革命思想,积极兴起进步浪潮,连续发动武装起义,有力推动了革命大势的形成。

辛亥革命推翻了清王朝统治,结束了统治中国几千年的君主专制制度,传播了民主共和的理念,以巨大的震撼力和深刻的影响力推动了近代中国社会变革。虽然由于历史进程和社会条件的制约,辛亥革命没有改变旧中国半殖民地半封建的社会性质,没有改变中国人民的悲惨境遇,没有完成实现民族独立、人民解放的历史任务,但它开创了完全意义上的近代民族民主革命,极大地推动了中华民族的思想解放,打开了中国进步潮流的闸门,为中华民族发展进步探索了道路。

孙中山先生和辛亥革命先驱为中华民族建立的历史功绩彪炳史册!在辛亥革命中英勇奋斗和壮烈牺牲的志士们永远值得中国人民尊敬和纪念!辛亥革命永远是中华民族伟大复兴征程上一座巍然屹立的里程碑!

同志们、朋友们!

辛亥革命后,接受这场革命洗礼的中国先进分子和中国人民继续顽强探寻救国救民道路。1921年,在马克思列宁主义同中国工人运动的结合中,中国共产党应运而生。从此,中国人民有了用先进理论指导的马克思主义政党的领导,中国革命出现焕然一新的面貌。

中国共产党人是孙中山先生开创的革命事业最坚定的支持者、最亲密的合作者、最忠实的继承者,不断实现和发展了孙中山先生和辛亥革命先驱的伟大抱负。中国共产党在成立之初，就提出反帝反封建的民主革命纲领，并同孙中山先生领导的中国国民党携手合作，建立最广泛的革命统一战线。辛亥革命后屡遭挫折的孙中山先生，把中国共产党人当成亲密朋友，毅然改组国民党，实行联俄、联共、扶助农工三大政策。国共两党第一次合作，形成席卷全国的革命新形势，给北洋军阀反动统治以沉重打击。孙中山先生逝世后，中国共产党人继承他的遗愿，同一切忠于他的事业的人们共同努力、继续奋斗。经过20多年艰苦卓绝的斗争，中国人民终于夺取了新民主主义革命的胜利，建立了人民当家做主的中华人民共和国，完成了近代以来中国人民和无数仁人志士梦寐以求的民族独立、人民解放的历史任务，开启了中华民族发展进步的历史新纪元。

新中国成立后，中国共产党继承和发展孙中山先生关于建设人民享有民主权利和幸福生活的现代化国家的理想，团结带领全国各族人民自力更生、艰苦奋斗，完成了从新民主主义到社会主义的转变，开展了大规模社会主义建设，推进了改革开放和社会主义现代化伟大事业。经过新中国成立以来特别是改革开放以来的持续奋斗，中国人民取得了举世瞩目的巨大成就，谱写了中国发展的辉煌篇章。当前，全国各族人民正满怀豪情为全面建设小康社会、加快推进社会主义现代化而团结奋斗。孙中山先生振兴中华的深切夙愿，辛亥革命先驱的美好憧憬，今天已经或正在成为现实，中华民族伟大复兴展现出前所未有的光明前景。

同志们、朋友们！

实现中华民族伟大复兴任重道远。我们要紧紧抓住并切实用好我国发展的重要战略机遇期，以马克思列宁主义、毛泽东思想、邓小平理论和“三个代表”重要思想为指导，深入贯彻落实科学发展观，继续解放思想，坚持改革开放，推动科学发展，促进社会和谐，为实现中华民族伟大复兴继续团结奋斗。

实现中华民族伟大复兴，必须坚定不移高举中国特色社会主义伟大旗帜。辛亥革命100年来的历史表明，实现中华民族伟大复兴，必须找到引领中国人民前进的正确道路和核心力量。中国人民付出艰辛努力、作出巨大牺牲，终于找到了实现中华民族伟大复兴的正确道路和核心力量。这条正确道路就是中国特色社会主义道路，这个核心力量就是中国共产党。中国特色社会主义道路，深刻总结近代中国一切救亡图存、振兴中华的经验教训，深刻总结在中国推进社会主义建设的正反两方面经验，深刻总结世界各国实现发展进步的历史启示，符合我国实际和时代要求，符合中国最广大人民根本利益，符合中华民族根本利益。在实现中华民族伟大复兴的征程上，我们一定要牢牢坚持中国共产党的领导，坚持和拓展中国特色社会主义道路，坚持和丰富中国特色社会主义理论体系，坚持和完善中国特色社会主义制度，坚持发展为了人民、发展依靠人民、发展成果由人民共享，全面推进经济建设、政治建设、文化建设、社会建设以及生态文明建设和党的建设，不断保障和改善民生，奋力实现全面建设小康社会宏伟目标，不断开创中国特色社会主义事业新局面，不断为实现中华民族伟大复兴打下坚实基础。

实现中华民族伟大复兴，必须坚定不移高举爱国主义伟大旗帜。辛亥革命100年来的历史表明，爱国主义是中华民族精神的核心，是动员和凝聚全民族为振兴中华而奋斗的强大精神力量。热爱祖国是中华民族的光荣传统。创造中国人民的幸福生活，使中华民族巍然屹立于世界民族之林，是全体中华儿女的共同目标。实现中华民族伟大复兴，离不开全体中华儿女的团结奋斗，也是全体中华儿女义不容辞的职责。在实现中华民族伟大复兴的征程上，我们一定要大力弘扬爱国主义精神，巩固和加强全国各族人民的大团结，巩固和加强海内外中华儿女的大团结，巩固和壮大最广泛的爱国统一战线，促进政党关系、民族关系、宗教关系、阶层关系、海内外同胞关系的和谐，广泛凝聚中华民族一切智慧和力量，团结一切可以团结的力量，万众一心为实现中华民族伟大复兴而奋斗。

实现中华民族伟大复兴，必须坚定不移高举和平、发展、合作旗帜。辛亥革命100年来的历史表明，实现中华民族发展进步，不仅需要安定团结的国内环境，而且需要和平的国际环境。孙中山先生曾经说过：“中国如果强盛起来，我们不但是要恢复民族的地位，还要对于世界负一个大责任。”当今世界，和平、发展、合作的时代潮流更加强劲，中国的前途命运日益紧密地同世界的前途命运联系在一起。中国过去、现在、将来都是维护世界和平、促进共同发展的积极力量。在实现中华民族伟大复兴的征程上，我们一定要坚持独立自主的和平外交政策，坚持走和平发展道路，坚持实施互利共赢的开放战略，在和平共处五项原则的基础上同所有国家发展友好合作，推动国际政治经济秩序朝着更加公正合理的方向发展，同各国人民一道推动建设持久和平、共同繁荣的和谐世界，努力为人类作出新的更大的贡献。

同志们、朋友们！

孙中山先生和辛亥革命先驱振兴中华的宏愿，应该成为两岸同胞的共同追求。两岸同胞是血脉相连的命运共同体，大陆和台湾是两岸同胞的共同家园。当今时代，两岸中国人面临着共同繁荣发展、共谋中华民族伟大复兴的历史机遇，两岸关系和平发展已成为中华民族伟大复兴的重要组成部分。携手推动两岸关系和平发展、同心实现中华民族伟大复兴,应该成为两岸同胞共同努力的目标。

孙中山先生曾经说过,"'统一'是中国全体国民的希望。能够统一,全国人民便享福;不能统一,便要受害。"以和平方式实现统一,最符合包括台湾同胞在内的全体中国人的根本利益。我们要牢牢把握两岸关系和平发展主题,增强反对"台独"、坚持"九二共识"的共同政治基础,促进两岸同胞密切交流合作,共享两岸关系和平发展成果,提升两岸经济竞争力,弘扬中华文化优秀传统,增强休戚与共的民族认同,不断解决前进道路上的各种问题,终结两岸对立,抚平历史创伤,共同为实现中华民族伟大复兴而努力。

同志们、朋友们!

回首中华民族百年奋斗历史,我们无比自豪。展望中华民族伟大复兴光明前景,我们信心百倍。我们呼吁,全体中华儿女携起手来,坚定实现中华民族伟大复兴的理想,努力作出无愧于孙中山先生和辛亥革命先驱、无愧于我们伟大民族的贡献,在时代进步洪流中奋力实现中华民族伟大复兴!

纪念辛亥革命100周年招待会在全国政协礼堂举行

中共中央政治局常委、全国政协主席贾庆林出席,中共中央政治局委员、全国政协副主席、辛亥革命100周年纪念活动筹备办公室主任王刚出席并致辞。

王刚在致辞中说,以孙中山先生为代表的革命党人发动辛亥革命,结束了统治中国几千年的君主专制制度,推动了中华民族的思想解放,打开了中国进步潮流的闸门,树立了中国近代发展史上的一座伟大里程碑。

王刚指出,作为孙中山先生开创的革命事业最坚定的支持者、最亲密的合作者和最忠实的继承者,中国共产党团结带领人民继承和发扬辛亥革命先驱的崇高精神,经过长期艰苦卓绝的奋斗,使辛亥革命先驱的美好憧憬已经或正在成为现实,中华民族伟大复兴展现出前所未有的光明前景。

王刚强调,胡锦涛总书记在纪念辛亥革命100周年大会上的重要讲话,高度评价了辛亥革命的伟大意义,深切缅怀了孙中山先生等辛亥革命先驱的历史功勋,深刻总结了中国共产党领导人民团结奋斗的光辉业绩,精辟指出了弘扬辛亥革命精神、推进民族复兴事业的前进方向,同时对推动两岸关系和平发展、同心实现中华民族伟大复兴提出了殷切希望。我们要认真学习和深刻领会胡锦涛总书记在纪念辛亥革命100周年大会上的重要讲话精神,肩负起"振兴中华、民族复兴"的历史使命,广泛团结海内外中华儿女,为实现中华民族伟大复兴共同奋斗,不断开创中华民族光辉灿烂的美好未来。

招待会由全国政协副主席兼秘书长钱运录主持。刘延东、戴秉国、杜青林、董建华、张梅颖、万钢、林文漪、厉无畏、何厚铧出席。应邀来京参加辛亥革命100周年纪念活动的海外来宾及有关人士参加招待会。

中央纪委书记贺国强在宁夏调研

10月9日至12日,中共中央政治局常委、中央纪委书记贺国强先后到宁夏中卫、吴忠、银川等地调研。

在即将移民搬迁的吴忠市同心县兴隆乡黄谷村、已经实行搬迁的生态移民新村——惠安村,贺国强说,各级党委、政府要扎实推进生态移民这项"民心工程",充分发挥党组织作用,加强思想工作,教育引导广大群众积极支持和配合移民搬迁工作;要精心建设好移民新村,确保移民群众的基本生产生活;要积极拓宽致富渠道,切实使移民群众"搬得出、稳得住、逐步能致富"。

"黄河善谷"工程是宁夏为解决残疾人等困难群体就业实施的又一民心工程。在吴忠市立德工业园区,贺国强希望宁夏深入实施"黄河善谷"工程,坚持走产业发展、扶贫开发和慈善事业相结合的道路,通过提供优惠政策、加大招商引资力度,吸引更多企业来宁夏投资兴业、发展慈善事业。

在宁东能源化工基地,贺国强要求宁夏大力推进产业结构优化升级,高起点、高水平建设宁东大型煤炭基地、煤化工产业基地和"西电东送"火电基地,切实把资源优势转化为经济优势。在考察沙坡头自然保护区、规划中的大柳树水利枢纽工程坝址和中华黄河坛时,贺国强指出,要坚持资源开发和生态保护相结合,努力巩固和扩大防沙治沙成果。

在银川市中山南街市民服务中心,贺国强与工作人员和前来办事的群众亲切交谈,强调要切实抓好加强和创新社会管理这项重要任务,不断提高社会服务和管理水平。在同心清真大寺,贺国强看望慰问了宗教界人士和穆斯林群众,赞扬他们为推进民族团结进步事业作出的贡献,要求各级党委、政府认真贯彻执行党的民族宗教政策,不断巩固和发展各民族和睦相处、和衷共济、和谐发展的大好局面。

在银川市,贺国强考察了自治区土地和矿业权交易信息平台,强调要以改革创新精神推进党风廉政建设和反腐败斗争,为推动科学发展、促进社会和谐提供有力保证。

考察期间,贺国强听取了宁夏回族自治区党委、政府和纪委的工作汇报,对宁夏近年来的工作给予充分肯定。他希望宁夏各级党委、政府和各族干部群众深入贯彻落实科学发展观，解放思想、抓住机遇、开拓进取、真抓实干，在全面建设小康社会、加快推进社会主义现代化的新征程上谱写宁夏兴区富民发展新篇章。

全国林下经济现场会在广西召开

会议于10月9日至10日在北海、钦州、南宁召开。会议全面部署加快发展林下经济，深入推进集体林权制度改革。中共中央政治局常委、国务院总理温家宝作出批示，明确指出，发展林下经济，既可促进农民增收，又可巩固集体林权制度改革。中共中央政治局委员、国务院副总理回良玉也作出批示。

我国有46亿亩林业用地，其中集体林地27亿多亩。发展林下经济，在林下种植药材、蔬菜、蘑菇、木耳、花卉，养殖林蛙、蜜蜂、家禽、家畜及野生动物，生产多种多样丰富的绿色产品，相当于我国扩大了几十亿亩的土地利用面积，极大地拓展了农村经济发展的空间。同时，有力地促进了林业发展方式的转变，使林业产业发展从单纯利用林木资源向综合利用林木、林地和景观资源转变，使农民"不砍树就能致富"，实现了生态受保护、农民得实惠的双赢。这是我国实行集体林权制度改革之后，亿万农民的又一伟大实践。

谢颂凯逝世

中国共产党的亲密朋友，中国民主同盟第六、七、八届中央委员会副主席，佛山科学技术学院原院长谢颂凯同志，因病于2011年10月9日在广州逝世，享年73岁。

谢颂凯1988年至2002年任民盟中央副主席。曾任第七届全国政协委员，第八、九届全国人大常委会委员，第七、八届广东省人大常委会副主任。

10月10日

《人民日报》发表社论《为中华民族伟大复兴而共同奋斗——纪念辛亥革命一百周年》

历史是一面镜子，也是一部教科书。从1911年秋天武昌城头震惊世界的一声枪响，到今天中国大地日新月异的现代化图景，辛亥革命以来的百年巨变，蕴含丰富历史启示，具有深刻现实意义，标明了走向未来的前进方向。

胡锦涛总书记在纪念辛亥革命100周年大会上的讲话，站在振兴中华、民族复兴的高度，回顾百年波澜壮阔历程，深切缅怀孙中山先生等辛亥革命先驱的历史功勋和崇高精神，高度评价辛亥革命的伟大功绩，深刻阐述辛亥革命在民族复兴进程中的重大意义，深情展望中华民族伟大复兴的光明前景，必将极大地激励海内外中华儿女为实现中华民族伟大复兴而共同奋斗。

"亟拯斯民于水火，切扶大厦之将倾。"辛亥革命推翻了清王朝统治，结束了中国几千年的君主专制制度，传播了民主共和理念，开创了完全意义上的近代民族民主革命，以巨大的震撼力和深刻的影响力开启了中国前所未有的社会变革。百年回眸，我们更加真切地认识到，辛亥革命打开了中国进步潮流的闸门，为中华民族发展进步探索了道路，永远是民族复兴伟大征程上一座巍然屹立的里程碑。

以辛亥革命为起点，作为孙中山先生开创的革命事业最坚定的支持者、最亲密的合作者、最忠实的继承者，中国共产党人带领中国人民继续奋斗，夺取了新民主主义革命的胜利，成立了人民当家做主的中华人民共和国，完成了从新民主主义到社会主义的转变，开展了大规模社会主义建设，推进了改革开放和社会主义现代化伟大事业。

从危亡到复兴，从古老到现代，从封闭到开放……中国共产党成立90年来、新中国成立60多年来、改革开放30多年来，中国共产党和中国人民始终没有忘记孙中山先生和辛亥革命先驱，学习和弘扬其"吾志所向，一往无前，愈挫愈奋，再接再厉"的奋斗精神，继承和推进其现代化国家理想，完成了近代以来中国人民和无数仁人志士梦寐以求的民族独立、人民解放的历史任务，开启了中华民族发展进步的历史新纪元，取得了举世瞩目的现代化建设成就，谱写了中国发展的辉煌篇章。孙中山先生振兴中华的深切夙愿，辛亥革命先驱的美好憧憬，今天已经或正在成为现实，中华民族伟大复兴展现出前所未有的光明前景。

百年来的探索与奋斗、苦难与辉煌，无不向我们昭示着这些基本历史结论：实现中华民族伟大复兴，必须坚定不移高举中国特色社会主义伟大旗帜，牢牢坚持中国共产党的领导，坚持和拓展中国特色社会主义道路，坚持和丰富中国特色社会主义理论体系，坚持和完善中国特色社会主义制度，才能沿着正确道路顺利前进；必须坚定不移高举爱国主义伟大旗帜，大力弘扬爱国主义精神，巩固和加强全国各族人民的大团结、海内外中华儿女的大团结，才能广泛凝聚中华民族一切智慧和力量共同奋斗；必须坚定不移高举和平、发展、合作旗帜，坚持走和平发展道路，坚持实施互利共赢的开放战略，才能创造和平的国际环境，同各国人民一道推动建设持久和平、共同繁荣的和谐世界，努力为人类作出新的更大贡献。

站在辛亥革命百年的历史新起点上，我们更加清醒地认识到，中国的现代化达到了前所未有的高度，但我国仍处于并将长期处于社会主义初级阶段的基本国情没有变，我们距离富强民主文明和谐的社会主义现代化国家的目标仍有不小差距，实现中华民族伟大复兴依然任重道远。我们一定要紧紧抓住并切实用好我国发展的重要战略机遇期，以马克思列宁主义、毛泽东思想、邓小平理论和“三个代表”重要思想为指导，深入贯彻落实科学发展观，继续解放思想，坚持改革开放，推动科学发展，促进社会和谐，更加奋发有为地推进现代化事业。

回首百年历程，我们更加深切地感受到，两岸同胞是血脉相连的命运共同体，两岸中国人面临着共同繁荣发展、共谋中华民族伟大复兴的历史机遇，两岸关系和平发展已成为中华民族伟大复兴的重要组成部分。以和平方式实现统一，符合包括台湾同胞在内的全体中国人的根本利益，是中华儿女的共同愿景。

历经百年奋斗，中华民族的伟大复兴已经成为不可逆转、不可阻挡的发展趋势。面向未来，全体中华儿女应当更加紧密地携起手来，汇聚在民族复兴旗帜下，砥砺奋斗精神，共绘发展蓝图，共襄振兴大业，努力作出无愧于孙中山先生和辛亥革命先驱、无愧于我们伟大民族的历史贡献。

全国人大常委会委员长吴邦国在人民大会堂会见加拿大参议长金塞拉

吴邦国说，建交41年来，中加关系取得长足发展。吴邦国指出，中加经济互补性强，务实合作基础良好，互为重要经贸合作伙伴。希望双方充分发挥互补优势，深入挖掘合作潜力，扩大双边贸易和投资规模，大力拓展航运、科技、农业、环保等领域合作，培育新的增长点。吴邦国强调，中方高度重视中加关系，愿与加方一道，坚持从战略高度和长远角度看待和发展两国关系，遵循相互尊重、平等相待、互利共赢的原则，照顾彼此利益与关切，不断夯实中加关系的政治基础、物质基础和民意基础，更好地造福两国和两国人民。

金塞拉说，加拿大高度重视发展与中国的友好关系，对加强双方经贸合作和人文交流具有强烈愿望，愿积极推动两国航运、教育、农业等各领域互利合作。

国务院副总理李克强在湖南考察

10月10日至11日，李克强先后来到湘西自治州和长沙市，深入山乡村寨、企业车间、建设工地和科研单位，着重就经济运行和实施“十二五”规划进行调研。

考察期间，李克强充分肯定湖南近年来经济社会发展取得的显著成绩。他希望湖南继续发挥自身优势，统筹环长株潭城市群建设和武陵山经济协作区集中连片扶贫开发，推动全省创新发展、转型发展、和谐发展，在中部崛起中实现新跨越。

全国司法行政戒毒工作座谈会在安徽合肥召开

座谈会于10月10日至11日召开。司法部部长吴爱英出席会议并讲话，要求认真学习贯彻中央领导同志的重要指示，贯彻实施禁毒法和戒毒条例，进一步增强做好司法行政戒毒工作的责任感、使命感，切实加强对强制隔离戒毒人员的教育、戒毒治疗和管理，积极推进强制隔离戒毒工作创新，认真做好戒毒康复工作，努力提高戒毒工作保障水平，不断开创司法行政戒毒工作新局面，为加强和创新社会管理、维护社会和谐稳定、促进经济社会又好又快发展作出积极贡献。

国家副主席习近平在人民大会堂会见缅甸外交部部长吴温纳貌伦

10月11日

中共中央总书记胡锦涛在人民大会堂与越南共产党中央总书记阮富仲举行会谈

胡锦涛表示，我们愿同越方一道按照“十六字”方针和“四好”精神，把中越全面战略合作伙伴关系维护好、发展好。胡锦涛为此提出5点建议：第一，增进战略互信。继续发扬两党两国高层交往传统，保持高层交往和经常性接触，就共同关心的问题交换意见，扩大共识，增进信任。第二，加强两党交流。继续办好两党理论研讨会，扩大党政干部交流考察规模，相互学习借鉴治党治国经验，为两党两国事业发展提供理论指导、智力支持、人才保障。第三，深化务实合作。充分发挥双边合作指导委员会统筹协调作用，做好双方经贸合作5年发展规划相关工作，使双边经贸合作在现有基础上有一个大发展。加强两国立法机构、政协、工青妇组织、地方交流和文化、教育、国防、公安、司法等领域合作。第四，本着大局为重、互利共赢的精神，坚持通过对话和协商，妥善处理两国关系中的问题。第五，加强协调配合。加强在联合国、亚太经合组织、中国—东盟合作等多边机制内的沟通和协调，共同推动建设持久和平、共同繁荣的和谐亚洲、和谐世界。

阮富仲说，越方将坚定不移地本着“十六字”方针和“四好”精神，密切高层互访，增进政治互信，深化各领域互利合作，丰富人文交流，加强在国际和地区问题上的协调配合，把越中全面战略合作伙伴关系提升到新水平。

双方就中越海上问题坦诚交换了意见，积极评价两国签署《关于指导解决中华人民共和国和越南社会主义共和国海上问题基本原则协议》，认为该协议对妥善处理和解决海上问题具有重要指导意义。

胡锦涛指出，双方领导人应就中越海上问题保持沟通、对话和协商，从政治和战略高度及时指导海上问题的妥善处理。在海上争议最终解决前，不应采取使争议复杂化、扩大化的行动，以冷静和建设性的态度处理出现的问题，不使有关问题影响中越两党两国关系和南海和平稳定。双方应积极研究和商谈共同开发，尽快迈出实质性步伐。

阮富仲表示，海上问题是越中关系的一部分，但处理不好会影响越中关系良好发展大局。越方愿同中方领导人就妥善处理海上问题保持直接沟通，及时提供指导，与中方一道认真落实好两国签署的海上问题基本原则协议，坚持友好协商和谈判，妥善处理和解决，不让有关问题影响两党两国关系、两国人民感情和海上和平稳定。

会谈后，胡锦涛和阮富仲共同出席了有关双边合作文件的签字仪式。

中越签署《关于指导解决中华人民共和国和越南社会主义共和国海上问题基本原则协议》

在中共中央总书记、国家主席胡锦涛与来华进行正式访问的越南共产党中央总书记阮富仲举行会谈后，外交部副部长张志军与越南外交部副部长胡春山签署了《关于指导解决中华人民共和国和越南社会主义共和国海上问题基本原则协议》，全文如下：

中华人民共和国政府代表团和越南社会主义共和国政府代表团一致认为，妥善解决中越海上问题符合两国人民的根本利益和共同愿望，有利于本地区的和平、稳定、合作与发展。双方同意根据中越领导人就海上问题达成的各项共识，在1993年《关于解决中华人民共和国和越南社会主义共和国边界领土问题的基本原则协议》基础上，遵循以下原则处理和解决海上问题：

一、以两国关系大局为重，从战略和全局高度出发，在“长期稳定、面向未来、睦邻友好、全面合作”方针和“好邻居、好朋友、好同志、好伙伴”精神指引下，坚持通过友好协商，妥善处理和解决海上问题，使南海成为和平、友好、合作之海，为发展中越全面战略合作伙伴关系、维护地区和平与稳定作出贡献。

二、本着充分尊重法理依据，同时考虑历史等其他相关因素，照顾彼此合理关切的精神，以建设性的态度，努力扩大共识，缩小分歧，不断推进谈判进程。按照包括1982年《联合国海洋法公约》在内的国际法所确认的法律制度和原则，努力寻求双方都能接受的基本和长久的解决海上争议问题的办法。

三、在海上问题谈判进程中，双方应严格遵守两国高层领导达成的协议和共识，认真落实《南海各方行为宣言》(DOC)的原则和精神。

对中越海上争议，双方将通过谈判和友好协商加以解决。如争议涉及其他国家，将与其他争议方进行协商。

四、在寻求基本和长久的解决海上问题的办法进程中，本着相互尊重、平等相待、互利共赢的精神，按照本协议第二条所述原则，积极探讨不影响双方立场和主张的过渡性、临时性解决办法，包括积极研究和商谈共同开发问题。

五、本着循序渐进、先易后难的精神解决海上问题。稳步推进北部湾湾口外海域划界谈判，同时积极商谈该海域的共同开发问题。积极推进海上低敏感领域合作，包括海洋环保、海洋科研、海上搜救、减灾防灾领域的合作。努力增进互信，为解决更困难的问题创造条件。

六、双方每年举行两次政府边界谈判代表团团长定期会晤，轮流主办，必要时可举行特别会晤。双方同意在政府代表团框架下设立热线联系机制，以便就海上问题及时沟通，妥善处理。

本协议于2011年10月11日在北京签订，一式两份，每份均用中文和越文写成，两种文本同等作准。

全国人大常委会委员长吴邦国在人民大会堂与越南共产党中央总书记阮富仲举行会谈

国务院总理温家宝在人民大会堂与俄罗斯总理普京共同主持中俄总理第十六次定期会晤

两国总理就双边关系和地区、国际形势坦诚、深入交换看法，听取中俄总理定期会晤委员会、中俄能源谈判、中俄人文合作委员会3个合作机制的工作汇报，并对下一阶段双方的合作进行了部署和指导。

温家宝说，今年是《中俄睦邻友好合作条约》签署10周年和中俄战略协作伙伴关系建立15周年。面对新形势、新机遇、新挑战，中国政府愿同俄罗斯政府一道，坚持平等互信、相互支持、共同繁荣、世代友好的正确方向，在双边、地区和国际层面开展更高水平、更大规模的合作与协调，维护共同利益，推动两国关系取得新进展。

温家宝表示，一年多来，中俄总理会晤机制各分委会发挥统筹协调作用，积极落实第十五次总理会晤达成的各项共识，工作富有成效。在此基础上，双方要根据两国关系未来10年发展战略规划，采取更多切实有效的措施，创新合作方式，拓展合作领域，协商解决重大问题，努力开创互利共赢新局面。一是改善中俄贸易结构和贸易环境，提高贸易质量，为实现双边贸易额

2015年达到1000亿美元、2020年达到2000亿美元作出不懈努力。加大对双向投资的政策、资金支持,鼓励扩大投资规模。二是继续推进石油、天然气、核能、煤炭、电力、水利、环保领域的合作。双方要从战略高度和长远角度出发,照顾彼此关切,落实好商定的重大项目。三是在高科技合作方面取得新突破,着力推动联合研发和创新,将更多科研成果转化为先进技术和产品。四是积极实施、完善《中国东北地区与俄罗斯远东及东西伯利亚地区合作规划纲要》,搞好跨境基础设施建设,加强沟通协调,促进边境地区共同发展繁荣。五是制定未来十年中俄人文合作行动计划,推动青少年交流机制化,加强教育、培训合作,以互办旅游年为契机,将两国人文交流提高到新的水平。六是加强双方在上海合作组织框架内的合作,共同推动上合组织发展。

普京表示,俄方高度重视对华关系,认为两国合作前景广阔、意义重大,愿与中方加强战略沟通协调,充分发挥双边各机制的作用和两国各自优势,积极、务实地推进经贸、能源、科技、农业、环保、人文等领域的交流合作,扩大合作规模,提高合作水平,实现互利共赢、共同发展,推动俄中战略协作伙伴关系迈上新台阶。

两国总理签署了《中俄总理第十六次定期会晤联合公报》,见证了双边合作文件的签署,并共同会见了记者。

中俄总理第十六次定期会晤联合公报

应中华人民共和国国务院总理温家宝邀请,俄罗斯联邦政府总理弗·弗·普京于2011年10月11日至12日对中华人民共和国进行了正式访问。10月11日在北京举行了中俄总理第十六次定期会晤。

中华人民共和国主席胡锦涛、全国人民代表大会常务委员会委员长吴邦国分别会见了俄罗斯联邦政府总理普京。

一

双方高度评价中俄战略协作伙伴关系的发展成果,表示两国将继续恪守2001年7月16日签署的《中华人民共和国和俄罗斯联邦睦邻友好合作条约》的原则,本着平等信任、相互支持、共同繁荣、世代友好的精神,坚定不移地扩大和深化全面合作。

两国总理肯定中俄总理定期会晤委员会、中俄能源谈判机制和中俄人文合作委员会所发挥的重要积极作用,指出要进一步提高上述委员会和机制秘书处的协调作用,加强下设分委会和工作组的沟通协调。

中俄总理第十六次定期会晤期间签署了以下文件:

——《中俄总理第十六次定期会晤联合公报》

——《中俄总理定期会晤委员会第十五次会议纪要》

——《中俄人文合作委员会第十二次会议纪要》

——《中华人民共和国政府和俄罗斯联邦政府关于经济现代化领域合作备忘录》

——《关于修改一九九三年十一月三日签订的〈中华人民共和国政府与俄罗斯联邦政府旅游合作协定〉的议定书》

——《中华人民共和国农业部和俄罗斯联邦农业部关于加强农业领域合作的谅解备忘录》

——《中华人民共和国国家质量监督检验检疫总局与俄罗斯联邦农业部关于兽医卫生监督领域合作备忘录》

——《中国国家开发银行与俄罗斯开发与对外经济银行融资合作框架协议》

——《中国工商银行与贝加尔矿业公司合作协议》

——《中国投资有限责任公司和俄罗斯国家开发和对外经贸银行、俄罗斯直接投资基金关于建立中俄投资基金的合作备忘录》

——《中国石化与俄罗斯西布尔公司关于进一步拓展合作的谅解备忘录》

——《中国保利集团公司与"俄罗斯技术"国家集团合作意向协议》

——《中国电子科技集团公司与"俄罗斯技术"国家集团合作意向协议》

——《中钢集团吉林机电设备有限公司与"契克苏"股份有限公司意向协议》

以及其他一系列企业间合作文件。

二

双方将继续致力于扩大经贸合作,着重提高合作质量,完善合作机制。为实现上述目标,双方达成协议如下:

——共同采取措施,通过大力优化贸易结构,提高机电产品和高科技产品在贸易额中的比重,实现双边贸易额2015年提高至1000亿美元,2020年提高至2000亿美元的中长期目标;

——通过完善投资环境,定期举行中俄投资合作促进会议,继续落实《中俄投资合作规划纲要》确定的双边投资优先领域,协助两国投资者开展联合投资项目,扩大相互投资规模;

——积极推进两国企业在高技术和创新领域的合作;

——共同努力落实中俄政府间关于经济现代化领域合作备忘录中的条款;

——深化经济特区合作,加强相关信息交流,继续研究关于在俄罗斯共同建设运营经济特区的问题；

——完善金融合作形式，扩大两国本币结算，促进贸易和投资增长。鼓励两国金融及银行机构对双边合作项目予以融资支持；

——继续优化海关通关流程，提高口岸通关监管效率，加强信息交流，推进贸易统计合作；

——确保全面实施《中国东北地区与俄罗斯远东及东西伯利亚地区合作规划纲要》，调整和充实地方合作重点项目，推动落实双方共同关注的优先合作项目，研究设立中俄地区合作发展基金；

——积极开展合作，完善跨境运输基础设施，尽快开工建设同江—下列宁斯阔耶铁路大桥，继续就推进黑河—布拉戈维申斯克、洛古河—波克罗夫卡和东宁—波尔塔夫卡大桥建设及制定相应的条约法律草案开展工作；努力发展欧洲至中国国际公路运输通道；

——深化纳米系统产业、新材料、生物工程、能源、节能、合理利用开发自然资源与生态、信息及通信系统等领域合作。双方将推动从联合研发到科技成果商业化、产业化的全创新链合作；

——双方支持本国高科技中心及企业入驻对方高新技术园区，并为中俄创新机构间的合作创造必要条件；

——深化航空、航天领域长期合作，两国航天机构起草并通过2013年及后续合作大纲；

——加强和扩大环保合作，推进在跨界水体水质监测与保护、建立生物多样性保护和跨界特别自然保护区、污染防治和及时消除生态灾害后果等领域的合作；

——建立高效的农业合作机制，推动尽快成立中俄农工综合体领域合作联合工作组，开展互利共赢的农业投资合作；

——加强林业资源开发与利用方面的投资合作，落实中俄林业合作规划；

——促进劳务合作。双方有关部门应在2000年11月3日签署的《中华人民共和国政府和俄罗斯联邦政府关于中华人民共和国公民和俄罗斯联邦公民短期劳务协定》框架内制定加强劳务移民管理的具体建议；

——继续研究制定合作打击非法移民活动协定和便利人员合法往来协定文本草案。

三

两国总理高度评价两国能源合作丰硕成果和广阔前景，表示愿在互利基础上继续发展能源战略合作关系，全面深化石油、天然气、电力、煤炭、能效、节能、新能源、和平利用核能等领域的合作。

双方将继续确保中俄原油管道长期、安全、稳定运营，按互利原则推动天然气领域合作，扩大油气开采和加工领域的伙伴关系；推进煤炭、煤炭机械贸易、煤炭资源综合一体化开发、煤制油项目以及煤矿建设工程承包等方面的合作；开展供电合作。

双方将在互利、相互照顾对方利益和确保核安全的原则基础上继续开展和平利用核能的合作。

四

两国总理指出，中俄人文领域的合作是中俄战略协作伙伴关系的重要组成部分，取得了丰硕成果。积极开展人文交流有助于加强相互了解和信任，为中俄睦邻友好和进一步扩大各领域合作创造良好氛围。

为进一步深化和推动双边人文合作，双方将制订中俄人文合作行动计划。

双方将通过政府机构和民间组织为举办大型活动提供支持，广泛吸引两国社会各界积极参加教育、文化、卫生、体育、旅游、媒体、电影、档案和青年政策等领域的人文交流。

双方将积极协助2012年在中国成功举办“俄罗斯旅游年”，2013年在俄罗斯成功举办“中国旅游年”，确保两国青少年交流定期举行，规模不断扩大。

双方将加大力度进一步开展大学生、研究生和科研教学工作者的学术交流，联合培养高水平人才，在中俄人文合作委员会框架下设立“中俄人文交流专项奖学金”，相互为对方增加在高校深造的政府奖学金名额。促进对方国家语言、历史、文化的推广，编写教授汉语和俄语外语类的教科书和教学资料，扩大汉学家和俄语学家的交流，在中国和俄罗斯分别翻译和出版俄语和汉语文学作品。

双方将协助对方国家的文化中心在本国境内开展工作，组织媒体代表互访。

中方支持俄方举办2013年喀山世界大学生夏季运动会和2014年索契冬奥会。

双方同意《中俄人文合作委员会青年合作分委会工作条例》。

五

两国总理满意地指出，根据中俄两国总理第十五次定期会晤关于开展中俄国界第一次联合检查的决定，两国外交部为中俄国界第一次联合检查进行了认真的筹备工作，双方商定成立中俄国界第一次联合检查委员会，并于2011年11月在莫斯科举行委员会第一次会议。

为落实2004年10月14日《中华人民共和国政府和俄罗斯联邦政府关于中俄船只在黑瞎子岛地区（塔拉巴罗夫岛和博利绍伊乌苏里斯基岛地区）周围水域航行的议定书》，双方商定，两国主管部门将就准备相应政府间协议进行谈判。

六

双方愿就进一步促进上海合作组织发展密切协作，使其成为维护地区安全的有效机制和促进本组织成员国持续发展的重要工具。

双方认为，有必要积极深化上海合作组织成员国间交通、能源、通信、金融、粮食安全领域的务实合作，建立上海合作组织专门账户和开发银行，落实其他促进地区和谐发展的合作项目。俄方将全面支持中方担任2011—2012年上海合作组织主席国的工作，首先是办好“睦邻友好年”。

七

双方强调，联合国及其安理会应在世界事务中发挥核心作用。双方将继续推动世界多极化、国际关系民主化和国际法至上，为建立更加公正合理的国际政治经济秩序而共同努力。双方将深化在国际事务中的合作，加强在联合国、金砖国家、上海合作组织、中俄印(度)、东亚峰会和其他多边机制下的协作，加强在能源与粮食安全、可持续发展、防扩散、信息安全、反导、防止外空武器化和外空军备竞赛问题上的协调。双方将继续在朝核、伊朗核、阿富汗、西亚北非等地区热点问题上保持密切沟通与配合。

双方认为，必须加强联合国安理会代表性并保持其有效性，支持现有的政府间谈判机制，就联合国安理会改革问题开展公开平等的讨论，致力于在联合国成员国中达成最广泛一致的“一揽子”解决方案。有关联合国安理会改革的讨论不应人为设定时间限制。仓促推动联合国安理会改革，包括个别国家和国家集团强行推动的未获得联合国绝大多数成员国支持的安理会扩大方案，不利于达成共识。

双方主张，根据国际法和不结盟原则，照顾各方合法利益，致力于在亚太地区建立开放、透明和平等的安全与合作格局。鉴此，双方认为东亚峰会是就维护亚太地区安全、发展、合作等战略问题进行对话的重要论坛之一。

双方重申，愿进一步落实中华人民共和国主席胡锦涛和俄罗斯联邦总统德·阿·梅德韦杰夫于2010年9月提出的中俄关于加强亚太地区安全合作的共同倡议。

双方强调，国际金融危机消极影响尚未完全消除，世界经济仍存在诸多不确定、不稳定因素，复苏基础依然薄弱。两国将加强在二十国集团中的协调，共同致力于完善全球经济治理，推动国际金融体系改革。

八

中华人民共和国国务院总理和俄罗斯联邦政府总理指出，中俄总理第十六次定期会晤在友好、相互理解与建设性合作的气氛中进行，取得了显著成果。双方对会晤成果表示满意。

双方商定，中俄总理第十七次定期会晤将于2012年在俄罗斯举行，具体日期将通过外交途径另行商定。

中华人民共和国国务院总理　俄罗斯联邦政府总理
温家宝　弗·弗·普京

2011年10月11日于北京

国务院副总理李克强在湖南长沙主持召开加强保障性安居工程质量和分配管理工作座谈会并发表讲话

座谈会上，住房和城乡建设部、部分省(区、市)汇报了今年保障房建设、质量检查以及加强分配、运营管理等方面的进展情况。会议认为，今年保障性安居工程建设顺利推进，目前已开工建设980多万套，房屋建设质量总体较好，对改善困难群众住房条件、保持经济平稳运行、促进房地产市场健康发展等都发挥了重要作用。

在认真听取大家发言后，李克强说，各地区、各有关部门认真贯彻党中央、国务院决策部署，想办法，出实招，积极破解资金、土地等方面的难题，为完成全年目标奠定了基础，在保证保障房公平分配方面也进行了积极探索，取得了有益经验，成绩来之不易。

李克强指出，推进保障性安居工程，要确保任务完成、质量可靠、分配公平，这些要求在年初就已作了部署。在当前大规模开工建设的情况下，尤其要重视确保住房建设质量和分配公平。保障房是群众生活起居的场所，也是政府主导改善民生的标志性工程，增加保障性住房数量是重要的，但保证质量是根本要求，如果住房质量出了问题，轻则财产受损，重则危及生命。加强质量管理关键要切实做到“四严”、“一追究”。“四严”就是要严把规划选址关、严把建筑材料关、严把设计施工监理关、严把竣工验收关，对存在质量问题或隐患的，决不能交付使用；“一追究”就是依法追究责任，这是保证房屋质量的一把“利剑”，不仅要举起来，而且要用起来。对监管中发现的问题要一抓到底，轻的实行经济处罚，重者要清退出市场，直至追究刑事责任。对部门和地方也要严格考核问责。大家齐心协力，把保障性住房建成百年安居工程。

国务院有关部门负责人，江西、湖北、湖南、广东、广西、重庆等省(区、市)政府负责人参加了座谈会。

叶志平同志先进事迹报告会在人民大会堂举行

报告会开始前，中共中央政治局常委李长春会见了叶志平同志家属和报告团成员。

叶志平同志生前是四川省绵阳市安县桑枣中学校长，36年在农村教育第一线，在平凡的岗位上创造了不平凡的业绩。在汶川特大地震中，全校2000多名师生在1分36秒内安全转移，创造了“零伤亡”的奇迹，被誉为“史上最牛校长”。今年6月叶志平因积劳成疾去世，终年57岁。

李长春指出，叶志平同志在抗震救灾中的突出表现，是他长期以来忠诚于党的教育事业，爱岗敬业、关爱学生、克己奉公优秀品德的集中反映。他的感人事迹和崇高精神，生动诠释了“学为人师，行为世范”的崇高师德风范，充分展示了当代人民教师良好的精神风貌，集中体现了一名共产党人的政治本色和先进性。他不愧为教育战线的杰出代表，不愧为全社会学习的优秀楷模。

中共中央政治局委员、书记处书记、中宣部部长刘云山，中共中央政治局委员、国务委员刘延东参加会见。

报告会由中央宣传部、教育部和四川省委联合举办。报告会上，叶志平的妻子王关莉和报告团其他4位成员结合自己的亲身经历，深情讲述了叶志平视教育如同生命的感人事迹。中央和国家机关干部代表，首都高校师生代表，北京市部分中小学校长、优秀教师代表等700多人参加报告会。

国务院副总理王岐山在北京与俄罗斯副总理谢钦共同主持中俄能源谈判代表工作会晤

王岐山表示，中方始终视俄方为可靠、可信的合作伙伴，愿与俄方一道，积极扩大石油、天然气、煤炭、电力、核能、新能源等各领域合作。只要双方秉持互利共赢的原则，坦诚沟通，真诚合作，就一定能够取得更多互利共赢的成果。

王岐山指出，中俄原油管道建成并投入运营标志两国能源合作取得重大突破，为俄原油出口开辟了稳定市场，也为中国提供了稳定的石油供应。天然气合作是当前两国能源合作的又一个重点领域，中方对此始终抱有坚定信心，愿本着最大诚意，与俄方积极商谈。中俄煤炭和电力合作前景广阔，双方应务实推进煤炭资源综合一体化开发、煤制油项目以及煤矿建设工程承包等合作，扩大中俄煤炭、电力的贸易和投资。在确保安全的前提下，双方继续开展核能领域合作。中国政府鼓励和支持双方主管部门和企业积极开展能效和可再生能源领域合作。中俄能源领域的合作也带动了双方设备、技术、管理等方方面面的合作，为两国人民带来实实在在的利益。中方愿与俄方一道，共同推动中俄能源合作不断取得新进展。

谢钦说，俄中能源合作充分体现了两国务实合作、互利共赢的本质。两国能源合作一贯从大局出发，相向而行，有力推动了两国经贸关系发展，带动其他领域合作，为双方创造了更多就业，充分体现了相互信任、照顾彼此利益和立足长远的合作原则。此次工作会晤富有成效，双方在原油、石化、煤炭、电力、核电等领域达成许多共识，取得了不少新的成果，为即将举行的总理会晤做好了准备。

全军军人子女教育工作座谈会在北京召开

座谈会于10月11日至12日召开。

这次会议，主要是贯彻落实《军人子女教育优待办法》《军队幼儿园和子女学校“十二五”期间工作规划》，总结交流经验，研究部署工作，在新的起点上推动军人子女教育工作科学发展。

第八届全国残疾人运动会在杭州举行

第八届全国残疾人运动会由中国残联和国家体育总局主办，浙江省人民政府承办。从10月11日至10月19日，分别在杭州、嘉兴、绍兴3个赛区举行不同项目的比赛。赛会共设田径、游泳等18个大项，其中飞镖、象棋、盲人乒乓球是本届赛会新增的群体比赛项目。本届运动会主题口号为“生命阳光，情满浙江”。

来自全国35个代表团的近3400名运动员参加，决出金牌723枚。赛会超世界纪录65项，平世界纪录2项；破全国纪录347项，平全国纪录6项。东道主浙江代表团获109枚金牌，居金牌榜首位。

“第六届中国十佳劳伦斯冠军奖”在浙江宁波象山体育馆揭晓

林丹和李娜分别获得男、女最佳运动员奖，孙杨独揽最佳新人和年度突破两项大奖。

最佳教练由刘国梁和李永波共同获得，最佳团队是中国男子乒乓球队。申雪、赵宏博这对冰上伉俪获得本年度最佳组合奖，最佳残疾运动员由李虎召获得，国际象棋棋手侯逸凡获得本年度最佳非奥运动员。刘翔凭借自己的超高人气成为本年度的人气之王，获得人气奖。

本届中国十佳劳伦斯冠军奖组委会向邓亚萍颁发特别成就奖，同时将杰出贡献奖颁发给姚明，以表彰他们在运动场上所取得的辉煌成绩以及为中国体育事业和中外文化交流作出的贡献。

本次活动由中国体育新闻工作者协会和上海广播电视台共同主办，十佳体育、三立控股、SMG大型活动中心及上海国际影视节有限公司承办，浙江宁波象山人民政府协办。

10月12日

国家主席胡锦涛在人民大会堂会见俄罗斯总理普京

双方就双边关系和共同关心的重大问题深入交换

了意见，达成广泛共识。

胡锦涛说，在双方共同努力下，中俄经贸合作克服了国际金融危机的不利影响，重新走上了快速增长的轨道。中俄经贸合作互补性强，合作潜力巨大。双方要进一步挖掘潜力，扩大合作规模，增加相互投资，加强大型项目合作，深化能源合作，促进地方合作，不断提高两国经贸合作质量和水平，为实现到2015年双边年贸易额达到1000亿美元的目标而共同努力。

普京说，两国经贸合作近年来取得重要进展，贸易规模显著扩大。俄方愿同中方进一步加强能源、科技、航空、航天等领域的战略合作，深化地方合作，努力实现双方确定的贸易发展目标。

全国人大常委会委员长吴邦国在人民大会堂与俄罗斯总理普京举行会谈

全国人大常委会委员长吴邦国在人民大会堂会见孟加拉国议长哈米德

吴邦国指出，不断巩固和发展中孟友好合作，是中方既定的方针。中方愿同孟方共同努力，进一步增进政治互信，深化务实合作，丰富人文交流，加强多边合作，把中孟全面合作伙伴关系提高到新水平。

吴邦国应询介绍中国人民代表大会制度后说，中国全国人大与孟加拉国国民议会的友好交往是两国关系的重要组成部分。希望双方进一步开展多层次多渠道的交流合作，加强在民主法制建设、促进经济发展、保障改善民生等方面的相互学习借鉴，不断丰富两国关系的内涵。

哈米德说，孟方视中方为最值得信赖的朋友，感谢中方长期以来给予孟加拉国的无私帮助。孟加拉国国民议会愿加强与中国全国人大的友好交往，推动两国各领域务实合作，增进人民友谊，为孟中友好世代相传而不懈努力。哈米德重申，孟方将一如既往坚定奉行一个中国政策。

国务院总理温家宝 全国政协主席贾庆林在北京分别与越共中央总书记阮富仲举行会谈

国务院总理温家宝主持召开国务院常务会议

会议研究确定支持小型和微型企业发展的金融财税政策措施。

会议指出，小型和微型企业在促进经济增长、增加就业、科技创新与社会和谐稳定等方面具有不可替代的作用。当前一些小型微型企业经营困难，融资难和税费负担偏重等问题突出，必须引起高度重视。要加强金融服务和财税扶持，主要加大对符合国家产业和环保政策、能够吸纳就业的科技、服务和加工业等实体经济的支持力度，引导和帮助小型微型企业稳健经营、增强盈利能力和发展后劲。

会议研究确定了金融支持小型微型企业发展的政策措施：(一)加大对小型微型企业的信贷支持。银行业金融机构对小型微型企业贷款的增速不低于全部贷款平均增速，增量高于上年同期水平，对达到要求的小金融机构继续执行较低存款准备金率。商业银行重点加大对单户授信500万元以下小型微型企业的信贷支持。加强贷款监管和最终用户监测，确保用于小型微型企业正常的生产经营。(二)清理纠正金融服务不合理收费，切实降低企业融资的实际成本。除银团贷款外，禁止商业银行对小型微型企业贷款收取承诺费、资金管理费。严格限制商业银行向小型微型企业收取财务顾问费、咨询费等费用。(三)拓宽小型微型企业融资渠道。逐步扩大小型微型企业集合票据、集合债券、短期融资券发行规模，积极稳妥发展私募股权投资和创业投资等融资工具。进一步推动交易所市场和场外市场建设，改善小型微型企业股权质押融资环境。积极发展小型微型企业贷款保证保险和信用保险。(四)细化对小型微型企业金融服务的差异化监管政策。对小型微型企业贷款余额和客户数量超过一定比例的商业银行放宽机构准入限制，允许其批量筹建同城支行和专营机构网点。对商业银行发行金融债所对应的单户500万元以下的小型微型企业贷款，在计算存贷比时可不纳入考核范围。允许商业银行将单户授信500万元以下的小型微型企业贷款视同零售贷款计算风险权重，降低资本占用。适当提高对小型微型企业贷款不良率的容忍度。(五)促进小金融机构改革与发展。强化小金融机构重点服务小型微型企业、社区、居民和“三农”的市场定位。在审慎监管的基础上促进农村新型金融机构组建工作，引导小金融机构增加服务网点，向辖内县域和乡镇地区延伸机构。(六)在规范管理、防范风险的基础上促进民间借贷健康发展。有效遏制民间借贷高利贷化倾向，依法打击非法集资、金融传销等违法活动。严格监管，禁止金融从业人员参与民间借贷。对小型微型企业的金融支持，要按照市场原则进行，减少行政干预，防范信用风险和道德风险。

会议研究确定了财税支持小型微型企业发展的政策措施：(一)加大对小型微型企业税收扶持力度。提高小型微型企业增值税和营业税起征点。将小型微利企业减半征收企业所得税政策，延长至2015年年底并扩大范围。将符合条件的国家中小企业公共技术服务示范平台纳入科技开发用品进口税收优惠政策范围。(二)支持金融机构加强对小型微型企业的金融服务。对金融机构向小型微型企业贷款合同三年内免征印花税。将金融企业中小企业贷款损失准备金税前扣除政策延长至2013年年底。将符合条件的农村金融机构金融保险收入减按3%征收营业税的政策，延长至2015年年底。(三)扩大中小企业专项资金规模，更多运用间接方式扶持小型微型企业。进一步清理取消和减免部分涉企收费。

会议要求各地区、各有关部门把支持小型微型企业健康发展作为重要任务，认真制定有关政策措施，切实抓好落实。

外交部部长杨洁篪与摩尔多瓦副总理兼外长莱安克举行会谈

国防部部长梁光烈在北京与越南国防部部长冯光青举行会谈

国务院医改办公布全国医保参保数据

数据显示，医改实施两年来，全民基本医保制度建设快速推进、成效显著，初步形成了以新型农村合作医疗、城镇居民基本医疗保险、城镇职工基本医疗保险为主体，城乡医疗救助为兜底，其他多种形式医疗保险和商业健康保险为补充的中国特色医疗保障体系。它已成为目前世界上最大的基本医保安全网。

截至目前，三项基本医疗保障制度总参保人数增加到12.8亿人，覆盖了90%以上的城乡居民，比2008年增加了1.54亿人。近800万关闭破产企业退休人员和困难企业职工全部纳入了基本医疗保障。

新农合和城镇居民医保政府补助标准增幅较大，从2009年的每人80元提高到2011年的200元。新农合和城镇居民医保政策范围内住院费用报销比例从改革前的50%左右提高到了60%以上，今年力争达到70%左右。

医保付费方式改革积极推进，上海、河南、江苏、宁夏等地探索实行总额预付、按病种、按人头等付费方式，吉林长春、黑龙江克山、四川成都等地探索医保“价格谈判机制”，医疗费用得到初步控制，抗生素、激素使用率下降，实际补偿比提高，患者看病负担减轻。

医疗救助资金大幅增加，2010年共筹集166亿元，比2008年增长了75%。

10月13日

国务院总理温家宝在广东调研

10月13日至14日，温家宝在出席第110届广交会开幕式期间，就经济形势尤其是当前外贸企业情况进行调研。他重点考察了国光电器股份有限公司和广州大阳摩托车有限公司，详细了解企业经营、研发和产品出口等情况，并在广州主持召开外贸企业负责人座谈会，听取意见和建议。

温家宝主持召开外贸企业负责人座谈会，温家宝说，现在遇到困难，我们仍然要充满信心，坚信困难难不倒我们。要通过综合施策，共同努力，渡过难关，使经济再迈上一个台阶。广东处于对外开放的前沿，对国际经济形势变化反应最直接、最敏感。

温家宝说，我们必须高度重视国内外环境变化对外贸企业的影响，保持清醒头脑，增强忧患意识，冷静观察，宁可把形势估计得严峻一些，把应对工作准备得充分一些，努力保持进出口平稳较快增长，避免出现大的起落。

温家宝指出，当前和今后一段时期，对外贸易应当紧紧围绕“稳增长、调结构、促平衡”这三个支柱开展工作。稳增长，就是要努力克服外部环境变化的不利影响，及时妥善解决外贸企业面临的实际困难，保持进出口稳定增长。我们必须立足扩大内需实现经济持续发展，但外贸企业多年苦心经营的国际市场份额不能轻易放弃。调结构，就是要优化进出口产品结构、市场结构和地区结构，提高对外贸易的质量和效益，增强对外贸易的可持续发展能力。促平衡，就是既重视出口，也重视进口，促进国际收支基本平衡。强调“促平衡”，不是要压出口，而是主要靠扩大进口，不是限制利用外资，而是主要靠扩大对外投资来实现。

温家宝强调，当前需要重点抓好五项工作：第一，保持出口政策的基本稳定。要稳定出口退税政策，加快出口退税进度，加大对外贸企业的信贷支持力度，改善对小企业的金融服务，健全出口信用风险保障机制，确保出口企业收汇安全，保持人民币汇率基本稳定，避免给外贸企业造成过大冲击。第二，积极扩大进口。抓紧制定加强进口促进贸易平衡的指导意见，完善进口贴息、进口信贷、进口关税等政策措施，为企业扩大进口创造更加有利的条件。第三，加快转变外贸发展方式。继续发展和巩固传统比较优势，尽快培育新的竞争优势。要把更多的精力放在培育品牌、营销网络和研发设计等方面，生产出更多具有自主知识产权的高、精、尖、新产品，由“中国制造”向“中国创造”转变。第四，提高利用外资的质量和水平。坚持积极有效利用外资的方针，更加重视优化结构和提高质量。鼓励外资重点投向高端制造、高新技术、现代服务业、新能源和节能环保产业，投向中西部地区。第五，积极稳妥实施“走出去”战略。完善信贷、外汇、财税、人员出入境等政策措施，鼓励国内企业在境外建设加工基地、营销网络和研发中心。

中组部发出《关于加强对干部德的考核意见》

《关于加强对干部德的考核意见》(以下简称《意见》)明确,要以对党忠诚、服务人民、廉洁自律为重点,加强对干部政治品质和道德品行的考核。考核政治品质,主要考核干部在政治方向、政治立场、政治态度、政治纪律、党性原则等方面的表现。考核道德品行,主要考核干部的社会公德、职业道德、个人品德、家庭美德。

《意见》指出,要把考核干部在关键时刻、重要事件中的表现作为考核干部德的主要途径,对干部德的考核要注重群众公论。要在全面考核的基础上,根据不同层级和岗位分级分类考核干部的德。对中高级干部要突出考核理想信念、政治立场、与党中央保持一致和贯彻落实科学发展观等方面的情况,对高级干部还要按照政治家的标准来要求。对基层领导干部特别是县乡领导干部,要突出考核宗旨意识、群众观念、办事公道和工作作风等方面的情况。对党政正职,要按照关键岗位重点管理的要求,突出考核党性和贯彻党的路线方针政策、执行民主集中制、坚持原则、履行廉政职责等方面的情况。

《意见》要求,突出德在干部标准中的优先地位和主导作用,把德的考核结果体现到干部的选拔任用、培养教育、管理监督等各个方面。对德表现好的干部,在同等条件下优先使用,注重选拔理想信念坚定、对党忠诚的干部,注重选拔自觉贯彻落实科学发展观、善于推动科学发展的干部,注重选拔坚持原则、敢于负责的干部,注重选拔求真务实、真抓实干的干部,注重选拔执政为民、清正廉洁的干部。坚决不用政治上不强、贯彻落实科学发展观不力的人,坚决不用品质不好、为政不廉的人,坚决不用群众观念淡漠、对人民群众没有感情的人,坚决不用作风不正、热衷做表面文章和搞形式主义的人,坚决不用不坚持原则、奉行好人主义和严重闹不团结的人,已在领导岗位上的要撤换下来。

中共辽宁省第十一届委员会第一次全体会议选举王珉为省委书记

中国人民银行发布《外商直接投资人民币结算业务管理办法》

《外商直接投资人民币结算业务管理办法》明确,境外企业和经济组织或个人以人民币来华投资在遵守中华人民共和国外商直接投资相关法律规定的前提下,可以直接向银行申请办理人民币结算业务,银行可以按照相关规定直接为外商投资企业办理人民币资金结算业务,相关金融服务手续更加便利。

国务院副总理李克强在北京分别会见摩尔多瓦副总理兼外长莱安克和乍得外交非洲一体化与国际合作部长法基

外交部部长杨洁篪在外交部与乍得共和国外交非洲一体化与国际合作部长法基举行会谈

国防部部长梁光烈在八一大楼与黑山国防部部长博罗·武契尼奇举行会谈

中央军委主席胡锦涛签署命令授予四川省甘孜军分区独立营“献身使命模范营”荣誉称号

2010年12月5日,四川省道孚县孜龙山发生山地灌丛草地火灾,这个营62名官兵第一时间投入扑火战斗,在火灾现场突起狂风、死灰复燃的情况下,他们奋不顾身地冲向长满灌丛和枯草的沟谷抢救被困群众,有15名官兵英勇牺牲,3名官兵受伤。为奖励先进,中央军委决定,授予四川省甘孜军分区独立营“献身使命模范营”荣誉称号。

四川省甘孜军分区独立营是自觉实践我军全心全意为人民服务根本宗旨,模范践行当代革命军人核心价值观的先进典型。中央军委号召全军和武警部队要努力向这个营学习。学习他们听党指挥、忠诚使命的坚定信念,坚持不懈地用中国特色社会主义理论体系武装头脑,始终保持思想政治上的清醒和坚定;学习他们热爱人民、无私奉献的崇高品质,牢固树立人民利益高于一切的责任意识,自觉忠于人民、扎根人民、奉献人民;学习他们不畏艰险、不怕牺牲的英雄气概,大力弘扬人民军队的优良传统和作风,圆满完成党和人民赋予的各项任务。广大官兵要以他们为榜样,高举中国特色社会主义伟大旗帜,以邓小平理论和“三个代表”重要思想为指导,深入贯彻落实科学发展观,自觉践行当代革命军人核心价值观,紧紧围绕国防和军队发展的主题和主线,团结拼搏,扎实工作,为推进国防和军队现代化建设而努力奋斗!

中央军委主席胡锦涛签署通令给4个单位5名个人记功

给在单位建设取得突出成绩和完成任务中作出突出贡献的陆航学院某飞行训练团,北京军区某给水工程团,济南军区某集团军特种大队记一等功;兰州军区某步兵旅记二等功。

给在科学研究中作出突出贡献的总参某研究所副所长孔志印、某研究所高级工程师黄永勤、某研究所副所长尹浩,军事科学院战争理论和战略研究部研究员陈舟记一等功;工程兵学院教授厉新光记二等功。

第五届“母亲河奖”颁奖仪式在人民大会堂举行

全国人大常委会副委员长陈至立出席颁奖仪式并为获奖者颁奖。

中国大学生环境教育基地、贵州省遵义市余庆县龙家小学等5个组织获奖，浙江省永嘉县绿色环保志愿者协会会长陈飞、新疆慧光创新科技开发有限公司总经理吐地·艾力等10名个人获奖，中国人民解放军68006部队获保护母亲河行动特别贡献奖。

10月14日

十一届全国人大常委会第七十次委员长会议在人民大会堂召开

会议由全国人大常委会委员长吴邦国主持。

会议决定十一届全国人大常委会第二十三次会议10月24日至29日在北京举行。

根据委员长会议建议的议程，十一届全国人大常委会第二十三次会议将继续审议兵役法修正案草案、职业病防治法修正案草案，首次审议民事诉讼法修正案草案、清洁生产促进法修正案草案、精神卫生法草案、居民身份证法修正案草案。

委员长会议建议的常委会第二十三次会议议程还有：审议国务院提请审议的关于加强反恐怖工作有关问题的决定草案的议案；审议国务院关于城镇保障性住房建设和管理工作情况的报告、关于环境保护工作情况的报告；审议最高人民法院关于加强人民法院基层建设促进公正司法工作情况的报告、最高人民检察院关于加强人民检察院基层建设促进公正执法工作情况的报告。

委员长会议还建议，常委会第二十三次会议审议全国人大常委会执法检查组关于检查劳动合同法实施情况的报告；审议全国人大内务司法委员会、财政经济委员会、农业与农村委员会关于十一届全国人大四次会议主席团交付审议的代表提出的议案审议结果的报告；审议吴邦国委员长访问俄罗斯、白俄罗斯、乌兹别克斯坦和哈萨克斯坦四国情况的书面报告；审议全国人大常委会代表资格审查委员会关于个别代表的代表资格的报告；审议有关任免案。

委员长会议上，全国人大常委会副委员长兼秘书长李建国就常委会第二十三次会议议程草案、日程安排意见作了汇报。全国人大常委会有关副秘书长，全国人大有关专门委员会、全国人大常委会有关工作委员会和全国人大常委会代表资格审查委员会负责人就常委会第二十三次会议的相关议程作了汇报。

全国人大常委会副委员长王兆国、路甬祥、乌云其木格、韩启德、华建敏、陈至立、周铁农、司马义·铁力瓦尔地、蒋树声、陈昌智、严隽琪、桑国卫出席会议。

第一百一十届中国进出口商品交易会(广交会)开幕式暨中国加入世界贸易组织10周年论坛在广州举行

中共中央总书记、国家主席、中央军委主席胡锦涛致信祝贺，中共中央政治局常委、国务院总理温家宝出席开幕式并发表讲话。

胡锦涛在贺信中指出，55年来，广交会始终致力于服务国家经济建设，积极推动我国企业、产品和品牌走向世界，现已发展成为我国对外开放特别是对外贸易的重要平台，为促进我国同世界各国经贸合作发挥了重要作用。

胡锦涛强调，“十二五”时期，我们国家将继续坚定不移地实施互利共赢的开放战略，不断拓展对外开放的广度和深度。希望广交会主动适应国内外经济形势发展变化，进一步创新办会理念、完善服务措施，把这一商品交易会办得更有特色、更有影响、更有成效，为加强我国同世界各国互利合作、全面提高我国对外开放水平作出新的更大贡献。

中共中央政治局委员、广东省省委书记汪洋出席开幕式。第一百一十届中国进出口商品交易会主任、广东省省长黄华华致辞。开幕式由商务部部长陈德铭主持。

国务院总理温家宝在第一百一十届广交会开幕式暨中国加入世界贸易组织10周年论坛上的讲话

各位来宾，各位朋友，女士们，先生们：

今天我们欢聚一堂，共同庆祝第110届中国进出口商品交易会(广交会)隆重开幕。我对各位嘉宾表示热烈欢迎，对长期以来为中国外贸事业发展作出贡献的各界人士表示崇高敬意！

广交会是中国政府在1957年创办的。50多年来，广交会顺应时势变化，不断创新办展理念和办展方式，不断优化参展企业和参展商品，始终保持着旺盛的生命力和蓬勃的发展势头，成为中国历史最久、规模最大、声誉最佳的国际著名展会，成为中国对外贸易发展的缩影。一部广交会的历史，就是一部生动的新中国对外开放史。

展望未来，随着中国经济快速发展和改革开放不断推进，广交会面临更加广阔的发展前景。我们相信，广交会一定会办得更具特色、更上水平、更有成效，为促进我国对外贸易发展作出更大的贡献。

女士们，先生们：

再过两个月，我们就将迎来中国加入世贸组织10周年，这是中国对外开放进程中值得纪念的大事。如果说创办广交会是中国向世界打开了一扇窗，那么加入世贸组织就是中国向世界开启了一扇门；如果说创办广交会是中国向世界伸出一只手，那么加入世贸组织就是中国拥抱整个世界。

加入世贸组织10年来，中国的面貌发生了重大变化，中国对外经贸关系发生了重大变化，中国在世界大家庭中的地位和作用也发生了重大变化。回顾这10年历史，我们可以得出三个重要结论：

第一，中国是说话算数的国家，兑现了加入世界贸易组织时作出的郑重承诺。

10年来，我们全面履行诺言，逐步降低进口产品的关税税率，取消所有进口配额、许可证等非关税措施，全面放开对外贸易经营权，大幅降低外资准入门槛。中国关税总水平由15.3%降至9.8%，远远低于发展中国家的平均水平；中国服务贸易开放部门达到100个，接近发达国家的水平。

我们在扩大市场开放的同时，还致力于提高对外开放政策的稳定性、透明度和可预见性。10年来，中央政府共清理各种法律法规和部门规章2300多件，地方政府共清理地方性政策和法规19万多件，使国内涉外经济法律法规与我国加入世贸组织承诺相一致。

第二，中国是勇于担当的国家，积极承担着与自身发展水平相称的国际责任。

10年来，中国坚定支持世贸组织多哈回合谈判，积极参与国际宏观经济政策协调，参与20国集团等全球经济治理机制建设，推动国际金融体系改革，以实际行动反对贸易保护主义。在国际金融危机蔓延的时候，我国及时实施强有力的内需刺激政策，组织30多个大型采购团赴海外采购，我国进口和对外投资加快增长，为世界经济复苏作出了重要贡献。中国是最早制定并实施《应对气候变化国家方案》的发展中国家，也是近年来节能减排力度最大的国家之一。中国认真落实联合国千年发展目标，是全球唯一提前实现贫困人口减半的国家，并根据自身能力积极开展对外援助。近10年累计对外提供各类援款1700多亿元人民币，免除50个重债穷国近300亿元人民币到期债务，承诺对最不发达国家95%以上的输华产品实行零关税，为173个发展中国家和13个地区性国际组织培训各类人员6万多名，显著增强了受援国的自主发展能力。

第三，中国是致力于共同发展的国家，始终奉行平等互利、合作共赢的对外开放政策。

加入世贸组织对中国的积极影响是巨大而深远的。最显著的是，极大地促进了我国开放型经济发展，提升了我国经济的整体竞争力。10年来，中国货物贸易额由世界第六位上升到第二位，其中出口跃居第一位；累计吸收外商直接投资7595亿美元，居发展中国家首位；对外直接投资年均增长40%以上，2010年当年已达688亿美元，居世界第五位。各个产业在激烈的国际竞争中经受了考验。加入世贸组织给中国人民带来许多看得见、摸得着的好处，更重要的是开阔了人们的视野，改变了人们的思想观念，促进了中国体制改革和制度创新，大大增强了中国发展的内在动力。

中国加入世贸组织也为世界各国带来了实实在在的利益。这10年，中国每年平均进口7500亿美元的商品，相当于为贸易伙伴创造1400多万个就业岗位。在华外商投资企业累计汇出利润2617亿美元，年均增长30%。中国对外投资企业聘用当地员工接近80万人，每年在当地纳税超过100亿美元。中国物美价廉的商品为国外消费者带来了巨大实惠，由于进口中国商品，美国消费者过去10年共节省开支6000多亿美元，欧盟每个家庭每年可以节省开支300欧元。

实践证明，中国扩大对外开放，惠及13亿中国人民，也惠及世界各国人民。中国的发展，是和平的发展、开放的发展、合作的发展、共赢的发展。中国加入世贸组织大家庭，是中国的成功，也是世界的成功！

女士们，先生们：

当今世界是开放的世界，经济全球化和科技革命为各国提供了互利合作、共同发展的有利条件。要开放、不要封闭，要发展、不要停滞，是大势所趋、人心所向。特别是在应对国际金融危机冲击的过程中，发展国际贸易、促进国际投资成为推动世界经济复苏的关键因素。令人忧虑的是，受种种因素干扰，全球多边贸易体系发展坎坷，多哈回合谈判一波三折、徘徊不前，贸易投资保护主义明显抬头，反倾销、反补贴等贸易救济措施屡遭滥用，贸易摩擦政治化倾向日益突出，给世界经济复苏蒙上浓厚的阴影。

历史经验证明，自由、开放、公正的国际贸易，能够促进社会分工，提高劳动效率，扩大市场规模，增加就业机会，符合世界各国的根本利益；相反，贸易保护主义只会拖累世界经济复苏步伐，最终受损的是各国人民。在当前国际金融市场急剧动荡、世界经济不稳定和不确定因素显著增加、主要经济体复苏步伐明显放缓的关键时刻，国际社会应当携起手来，同舟共济，以更大的诚意和决心进一步扩大市场开放，以更加鲜明的态度和行动共同抵制形形色色的保护主义，以更加理性的办法妥善处理国际贸易摩擦。唯有这样，才能尽快驱散国际金融危机的阴霾，才能增强国际社会抵御各种风险的能力，才能实现世界经济强劲、可持续、平衡增长。

坚定不移地实施对外开放的基本国策和互利共赢的开放战略，是中国人民作出的自主抉择。我们从自身发展的经验教训中深深懂得“关起门来搞建设是不能成功的”。中国仍然是一个发展中国家，人口多、底子薄、发展不平衡，科学技术相对落后，经济体制和政治体制还不完善，是我们的基本国情。这就需要不断解放思想，与时俱进，以无比坚定的决心和勇气继续推进改革开放，以海纳百川的胸襟学习借鉴国外一切文明成果。今天的中国，扩大开放的基础更加牢固，条件更加成熟，人民群众的意愿更加强烈，对外开放的道路越走越宽广。我们刚刚制定了“十二五”规划，明确提出实行更加积极主动的开放战略，清楚地表达了中国政府和人民坚持对外开放的巨大勇气和决心。

——我们将把扩大进口与稳定出口结合起来，努力促进国际收支基本平衡。中国始终坚持开放的贸易政策，既重视出口，也重视进口，不刻意追求贸易顺差。五年前，广交会更名为中国进出口商品交易会，增加了进口展区，就是中国促进平衡增长的最好诠释。经过我们的努力，中国进出口正朝着更加平衡的方向发展，2009 年贸易顺差比上年减少 1000 亿美元，2010 年又进一步减少 126 亿美元，预计今年顺差占 GDP 的比重将下降到 3%以内。今后 5 年中国进口总规模有望超过 8 万亿美元，这将给世界各国带来更多商机。我们愿意加强与主要顺差来源国的金融与经济合作，用发展的办法逐步解决贸易不平衡问题。我们也希望有关国家尽快承认中国市场经济地位，放松高新技术产品对中国出口管制，为双边贸易平衡发展创造条件。

——我们将把吸收外资与对外投资结合起来，拓展国民经济的发展空间。中国的资金和外汇比较充裕，这是我们的发展优势，但不能忽视利用外资的作用，国际投资中搭载的技术创新能力、管理经验和市场机会，不是用钱就能买到的。我们将一如既往地欢迎各国投资者来中国兴业，特别是到中西部地区投资。更加重视引进先进技术、人才和智力资源，更加重视保护知识产权。继续为国内外各类市场主体营造开放的法制环境、政策环境和市场环境，清理相关法律、规章和其他政策措施，确保与世贸规则相一致。我们将加快实施“走出去”战略，鼓励有条件、守信誉的各类企业对外投资，重视开展有利于改善不发达国家民生和增强自主发展能力的合作，注意承担社会责任和义务，造福当地人民。

——我们将把深化沿海开放与扩大内陆和沿边开放结合起来，进一步优化区域开放格局。沿海地区要加快培育新的国际竞争优势，由世界工厂向研发设计、品牌营销和服务外包基地转变，由国际产业链低端向产业链高端发展。内陆地区要发挥资源和劳动力丰富的比较优势，着力改善投资环境，积极承接国际产业和沿海产业转移，培育高水平的加工制造基地。沿边地区要充分发挥地缘优势，实行特殊的开放政策，加快重点口岸、边境城市、边境经济合作区和重点开发开放实验区建设，努力提高对外开放的水平。

——我们将把经济领域开放与其他领域开放结合起来，以开放促改革促发展促创新。经济领域依然是我国对外开放的基础和重点。我们将稳步扩大服务业对外开放，继续推进人民币汇率形成机制改革，扩大人民币跨境使用，逐步实现人民币资本项目可兑换。同时，我们也将积极扩大教育、科技、文化、卫生等领域的对外交流与合作，在扩大开放中促进我国社会事业改革与发展。

——我们将把向发达国家开放与向发展中国家开放结合起来，扩大同各方利益的汇合点。中国与发达国家处于不同的发展阶段，经济互补性强，互利合作前景广阔。要加强战略对话，增进战略互信，拓宽合作领域，妥善处理经贸摩擦。广大发展中国家蕴藏着巨大的发展潜力，是我国实施市场多元化战略和“走出去”战略的重点。无论是富国还是穷国，无论实行何种社会制度，我们都愿意在平等互利基础上与他们开展经贸合作。

——我们将把多边开放与双边开放结合起来，继续在国际经济体系中发挥建设性作用。我们愿意以更加积极的姿态，参与多边经贸事务和全球性问题治理，与世界各国一道，共同分享发展机遇，共同应对各种挑战。我们也愿意继续推动区域合作进程，积极与有关国家和地区商建自由贸易区。我愿再次呼吁，各方应坚持世贸组织多哈回合谈判的发展授权，关注最不发达国家利益，在锁定既有成果的基础上，务实推进谈判进程。中方始终是支持谈判的积极力量，衷心期待谈判早日取得实质性成果。

女士们，先生们：

中国对外开放 30 多年来的实践告诉我们：只有开放兼容，国家才能富强，人民才能过上幸福美好的生活。我们要倍加珍惜和维护对外开放的成果，将对外开放贯穿于我国现代化建设全过程，奋力把对外开放的伟大事业推向前进，为建设一个富强民主文明和谐的国家、为世界的繁荣发展和文明进步不懈努力！

谢谢大家！

国务院总理温家宝在广州会见日本经济产业大臣枝野幸男

中央纪委书记贺国强在北京出席加快转变经济发展方式监督检查工作汇报会并发表讲话

贺国强指出，加快转变经济发展方式，是中央科学分析国际国内形势深刻变化、从我国经济社会发展全局出发作出的重大战略决策；开展加快转变经济发展方式监督检查，是严明政治纪律、保证中央重大决策部署贯彻落实、确保中央政令畅通的重要举措。自今年4月加快转变经济发展方式监督检查工作全面部署以来,在党中央、国务院的正确领导下,中央加快转变经济发展方式监督检查工作领导小组认真履行牵头抓总、统筹协调职责,领导小组成员单位及中央国家机关有关部门充分发挥职能优势、积极开展监督检查,各省(区、市)认真制订实施方案和工作计划、精心组织开展自查自纠和重点督查,10个中央检查组分赴全国20个省(区、市)开展了为期半个月的集中检查,中央巡视组把加快转变经济发展方式作为巡视监督的重要内容,取得了重要阶段性成果。通过开展监督检查,广泛深入地宣传了中央精神,及时发现并纠正了在政策落实、资金管理、项目实施等方面存在的一些突出问题,协助中央及有关地方、部门和单位完善了政策措施,防止和减少了腐败现象发生,有力推动了加快转变经济发展方式各项工作的深入开展。

贺国强强调,开展加快转变经济发展方式监督检查,既是一项紧迫的工作,也是一项长期的任务。随着加快转变经济发展方式各项工作的深入推进,下一步的监督检查任务仍很艰巨。我们要正确把握形势、坚定工作信心,进一步增强责任感和使命感,以更加坚决的态度、更加有力的举措扎实推进监督检查工作;要突出工作重点、抓住关键环节,切实加强对中央关于加快转变经济发展方式各项政策措施落实情况的监督检查,特别是要加强对财政资金投向和管理使用情况的监督检查,加强对项目规划、立项、审批、建设和质量等环节的监督检查,增强监督检查工作的针对性和有效性;要创新方式方法、增强工作实效,综合运用多种方法,发挥各有关职能部门和专家学者作用,运用现代科技手段,拓宽监督检查渠道,使监督检查工作形式更灵活、方法更多样、成效更明显;要抓好督促整改、严格执行纪律,针对检查中发现的问题,督促有关地方、部门和单位切实抓好整改落实,确保每个问题都整改到位、不留隐患,同时严肃查处违纪违法行为,切实加大责任追究力度,增强监督检查工作的权威性和严肃性;要认真总结经验、健全长效机制,着力在加强调查研究、完善政策措施、推动深化改革、强化日常监管上下功夫,促进监督检查工作经常化、规范化。

贺国强强调,开展加快转变经济发展方式监督检查涉及面宽、工作量大,必须加强组织领导,增强工作合力。地方各级党委、政府要切实担负起在本地区贯彻落实中央决策部署及开展监督检查的双重领导责任,把加强监督检查作为推动经济社会发展的重要保证来抓,确保中央各项政策措施不折不扣落实到位;中央国家机关有关部门特别是牵头部门要进一步担负起所负责监督检查任务的主抓责任,周密安排部署,精心组织实施,参加部门要按照分工主动参与、积极配合,认真做好职责范围内的工作;各级监督检查工作领导小组要进一步履行好牵头抓总职责,综合指导和督促检查力度;各级纪检监察机关和有关派驻机构要积极协助本地区本部门本单位党委(党组)抓好监督检查工作,充分发挥组织协调、监督检查作用;各监督检查主体既要各司其职,又要密切配合,努力形成运转协调、衔接紧密、优势互补、相互促进的良好工作格局。

汶川地震灾后恢复重建总结表彰大会在北京召开

中共中央政治局委员、国务院副总理回良玉出席大会并讲话。

回良玉在讲话中向受到表彰的先进集体、先进个人和奋战在恢复重建一线的广大干部群众,致以崇高的敬意;向大力支持恢复重建的全国各族人民,以及港澳台同胞、海外侨胞,表示衷心的感谢;向为灾区人民提供宝贵支持的国际友人、有关组织,致以诚挚的谢意。

回良玉指出,汶川地震灾后恢复重建,是人类救灾史上罕见的浩大工程,是中国人民应对自然灾害的伟大壮举。面对灾后恢复重建的艰巨任务,党中央、国务院总揽全局、科学决策,坚强地组织领导各项重建工作;灾区干部群众不等不靠、奋发图强,用自己的双手重建家园;对口支援省市顾全大局、勇挑重担,全力帮助灾区开展恢复重建;人民军队和社会各界齐心协力、广泛动员,合力推进灾后恢复重建。经过三年恢复重建,灾区生活条件实现了大变样,社会事业实现了大跨越,基础设施实现了大提升,产业结构实现了大调整,自强不息精神实现了大弘扬,一个安居乐业、生态文明、安全和谐的新家园呈现在世人眼前。

回良玉强调,对恢复重建中展现的制度优势、凝聚的民族智慧、创造的鲜活经验,要深入总结和发扬光大。恢复重建的伟大实践充分表明,中央统筹、分级负责是恢复重建的体制保障,以人为本、民生优先是恢复重建的核心理念,尊重自然、遵循规律是恢复重建的重要原则,科学规划、统筹兼顾是恢复重建的根本方法,依靠群众、激发活力是恢复重建的决定力量,对口支援、多方参与是恢复重建的关键举措,依法推进、加强监管是恢复重建的有力保障,开拓进取、勇于创新是恢复重建的强大武器。

汶川地震灾后恢复重建总结表彰大会由国家发展和改革委员会、人力资源和社会保障部、解放军总政治部共同主办。人力资源和社会保障部主要负责同志宣读了表彰决定,200个先进集体、295名先进个人受到表彰。四川省委、广东省政府负责同志和先进集体、先进个人代表在会上发言。

中央有关部门、社会团体、中央企业负责人，解放军、武警部队有关负责人，灾区省和重灾市(州)、县(市、区)政府主要负责人，对口支援省市政府有关负责人等700余人出席了大会。

国务院副总理李克强在中南海紫光阁会见美国前国务卿赖斯

人民解放军军事医学科学院建院60周年庆祝大会在北京举行

中共中央总书记、国家主席、中央军委主席胡锦涛作出重要批示，祝贺军事医学科学院建院60周年。胡锦涛指出，60年来，全院科技工作者和广大官兵艰苦奋斗，竭诚奉献，为我国军事医学和卫生事业作出了重要贡献。希望同志们牢记使命，开拓创新，为我国军事医学和卫生事业发展再立新功。

中共中央政治局常委、国家副主席、中央军委副主席习近平也作出批示，向军事医学科学院建院60周年表示祝贺。

国家有关部委、中国科学院和解放军四总部、军委办公厅以及北京市领导出席大会。

10月15日

中越发表联合声明

一、应中国共产党中央委员会总书记、中华人民共和国主席胡锦涛的邀请，越南共产党中央委员会总书记阮富仲于2011年10月11日至15日对中华人民共和国进行正式访问。

访问期间，中共中央总书记、国家主席胡锦涛同阮富仲总书记举行了会谈。中共中央政治局常委、全国人大常委会委员长吴邦国，中共中央政治局常委、国务院总理温家宝和中共中央政治局常委、全国政协主席贾庆林分别会见了阮富仲总书记。中共中央政治局常委、国家副主席习近平，中共中央政治局常委、国务院副总理李克强分别出席了有关活动。在友好、坦诚的气氛中，双方相互通报了各自党和国家的情况，就新形势下进一步加强中越两党两国关系及共同关心的国际和地区问题深入交换了意见，达成广泛共识。除北京外，阮富仲总书记还前往广东省访问。

双方一致认为，阮富仲总书记对中国的圆满成功访问有力推动中越两党两国关系稳定健康深入发展，也将对促进本地区和世界的和平、稳定、合作与发展产生积极影响。

二、双方对两国人民在共产党的领导下，在各自国家社会主义建设事业以及中国改革开放事业、越南革新事业中取得的历史性成就感到高兴。中方祝贺越共十一大成功召开，坚信越南人民一定能胜利实现十一大提出的各项目标和任务，把越南建设成为民富、国强、民主、公平、文明的社会主义国家。越方热烈祝贺中国共产党成立90周年和中国“十二五”规划顺利开局，坚信中国共产党一定会紧密团结和带领中国人民胜利实现全面建设小康社会和加快推进社会主义现代化的宏伟目标。

三、双方回顾和总结了中越建交61年来，特别是两国关系正常化20年来，两党两国关系发展的历程及取得的巨大成就，一致认为，两国关系在各个领域取得快速、全面发展。双方强调，相互尊重、相互理解、相互支持、相互信任、相互合作是两国关系稳定健康发展的重要经验，重申中越世代友好是两党两国和两国人民共同的宝贵财富，应不断巩固和发展，世代相传。

双方重申，中越继续坚持“长期稳定、面向未来、睦邻友好、全面合作”的方针和“好邻居、好朋友、好同志、好伙伴”的精神，从战略高度和全局角度加强两国友好交往，扩大各领域互利合作，珍视好、维护好、发展好中越两党两国关系，推动中越全面战略合作伙伴关系长期健康稳定发展。

双方一致认为，在国际和地区形势深刻复杂变化背景下，中越两党两国深化战略互信，密切全面合作，妥善处理两国间遗留或新出现的问题，符合两党两国和两国人民的根本和长远利益，有利于各自社会主义事业，有利于地区和世界的和平、稳定、合作与发展。

四、双方一致同意，采取切实有效措施全面扩大和深化两国各领域友好合作：

(一)保持高层互访和接触的良好传统，通过双边互访、热线电话、多边场合会晤、互派特使等灵活多样的形式，就国际、地区形势和双边关系中的重大问题及时交换意见，加强战略沟通，为推动中越全面战略合作伙伴关系长期健康稳定发展把握好方向。访问期间，双方正式开通中越领导人热线。

(二)充分发挥中越双边合作指导委员会在深化务实合作、推动双边关系方面的重要作用，进一步加强对各领域合作的政策指导和规划，统筹推进合作，协调解决问题，推动各领域务实合作取得更加丰硕的成果，不断丰富两国全面战略合作伙伴关系内涵。

(三)密切两党交流合作，有效落实《中越两党合作计划(2011—2015年)》。办好两党理论研讨会，加强治党治国经验交流，扩大和深化党政干部培训合作，适时举行两党对外部门和宣传部门交流合作机制部长会晤。

(四)深化两军合作，加强两军高层接触，继续举行好国防部副部长级战略对话，推动建立两国国防部直通电话，加强人员培训和青年军官交往，适时开展陆地边界联合巡逻试点，继续举行两国海军北部湾联合巡逻，加强两军军舰互访等方面的合作。

（五）进一步深化两国执法和安全领域合作，组织筹备好中越两国公安部第三次合作打击犯罪会（部长级），推动开展边境地区打击非法出入境等联合行动，加强有效打击电信诈骗犯罪等新型犯罪领域的配合。增进双方法院、检察院、公安、司法行政等机关的交流和合作，共同预防和打击跨境违法犯罪活动，加强在维护各自国内稳定方面的相互配合与支持。

（六）根据平等互利、注重实效、优势互补、形式多样、共同发展原则，加强和扩大两国务实合作：

——充分发挥两国政府经贸合作委员会、科技合作联合委员会的作用，指导、统筹协调、督促落实两国在相关领域的务实合作。落实好此访期间签署的《中越经贸合作五年发展规划》。

——积极推进两国贸易、投资、财政、金融、农林、交通、电力、信息、矿产、能源、旅游等领域合作，加强促进双边贸易平衡，鼓励并为双方企业扩大长期互利合作、建设跨境经济合作区和"两廊一圈"合作创造有利条件。

——继续推进两国科技、教育、人力资源开发、文化、卫生、体育、新闻等领域合作。加强在环保、水资源管理以及应对气候变化领域的合作。落实好双方《2011—2015年教育交流协议》，扩大开放互派留学生数量。

——继续举办好各种人文交流活动，如中越人民论坛、中越青年友好会见，加大中越友好宣传，加强舆论引导和管理，增进两国人民的友好感情，维护中越两国友好关系大局，让中越友好后继有人，发扬光大。

——进一步扩大两国各地方，特别是中国广西、广东、云南、海南等与越南谅山、老街、高平、广宁、奠边、河江、莱州等两国沿边沿海省份的交流合作。

——继续落实好中越陆地边界有关文件，《北部湾划界协定》和《北部湾渔业合作协定》，积极探索北部湾共同渔区联合检查新模式，推动建立两国渔业部门联系热线。

——加快谈判进程，尽快签署《北仑河口地区自由航行协定》和《德天瀑布地区旅游资源共同开发和保护协定》，共同维护边境地区的稳定和发展。

访问期间，双方签署了《中国共产党和越南共产党合作计划（2011—2015年）》《中华人民共和国政府—越南社会主义共和国政府2012—2016年经贸合作五年发展规划》《中华人民共和国教育部与越南社会主义共和国教育培训部2011—2015年教育交流协议》《中华人民共和国政府和越南社会主义共和国政府关于修改中越两国政府汽车运输协定的议定书》《中华人民共和国政府和越南社会主义共和国政府关于实施中越两国政府汽车运输协定的议定书》《关于指导解决中华人民共和国和越南社会主义共和国海上问题基本原则协议》。

五、双方就海上问题坦诚交换意见，强调通过友好协商与谈判解决争议、维护南海和平稳定的政治意愿和决心，认为这符合两国根本利益和两国人民的共同愿望，有利于本地区的和平、合作和发展。两党两国领导人将就中越海上问题保持经常性的沟通和对话，从政治和战略高度及时指导海上问题的妥善处理和解决。

双方积极评价两国签署《关于指导解决中越海上问题基本原则协议》，认为该协议的签署对妥善处理和解决海上问题具有重要的指导意义，将共同努力认真落实协议。

双方将根据两党两国领导人共识和《关于指导解决中越海上问题基本原则协议》，加大海上问题的谈判力度，寻求双方均能接受的基本和长久的解决办法，并积极探讨不影响各自立场和主张的过渡性、临时性解决办法，包括积极研究和商谈共同开发问题。

双方将稳步推进北部湾湾口外海域划界谈判，同时积极商谈该海域的共同开发问题。积极推进海洋环保、海洋科研、海上搜救、油气勘采、减灾防灾等领域的合作。

在海上争议最终解决前，双方共同维护南海和平稳定，保持冷静和克制，不采取使争端复杂化、扩大化的行动。不让任何敌对势力破坏两党两国关系，并本着建设性的态度处理出现的问题，不使其影响两党两国关系和南海的和平稳定。

六、越方重申坚定奉行一个中国政策，支持两岸关系和平发展与中国统一大业，坚决反对任何形式的"台独"分裂活动。越南不同台湾发展任何官方关系。中方对越方的上述立场表示赞赏。

七、双方重申，继续扩大两国外交部的交流合作，组织好两国外交部外交磋商，加强两国在联合国、世贸组织、亚太经合组织、亚欧会议、东盟地区论坛、中国—东盟、东盟—中日韩、东亚峰会、大湄公河次区域合作等国际和区域事务中的沟通、协调与合作，共同维护和促进本地区和世界的和平、稳定、合作、发展与繁荣。

八、越共中央总书记阮富仲对中共中央总书记、国家主席胡锦涛以及中国共产党、中国政府和人民给予的热情、友好的接待表示衷心感谢，邀请中共中央总书记、国家主席胡锦涛再次访问越南。中共中央总书记、国家主席胡锦涛对此表示感谢。

2011年10月15日于北京

山东大学举行110周年校庆大会

中共中央政治局常委、全国人大常委会委员长吴邦国致信表示祝贺，希望山东大学为社会主义现代化建设作出新的更大贡献。

《2011年中国医药卫生体制改革报告》在北京举行首发式

全国人大常委会副委员长桑国卫出席并讲话。本书共6章，涉及中国医药卫生改革政策、基本医疗保障制度改革、国家基本药物制度、基层医疗卫生服务体系、基本公共卫生服务和中国公立医院改革的探索等内容，涵盖了医疗、预防、保健、药品、医保等专业领域，对医药卫生体制的历史沿革、当前存在的突出问题和深层次原因、国内外医改对比进行了系统研究，既体现了医疗卫生行业的专业特点，又避免了行业框架的局限性。

10月16日

新中国第一所社会主义师范大学——华东师范大学庆祝建校60周年

中国队在日本东京举行的2011年体操世锦赛上以4金5银3铜位列奖牌榜首位

第七届全国城市运动会在江西南昌举行

运动会于10月16日至25日举行。

46个代表团获得金牌，54个代表团获得奖牌，超3项世界青年纪录和6项亚洲青年纪录，创1项全国纪录和11项全国青年纪录。

国家体育总局授予南昌市等54个城市代表团体育道德风尚奖，授予香港特别行政区和澳门特别行政区代表团参赛纪念奖。

中国男子花剑队在意大利卡塔尼亚举行的2011年世界击剑锦标赛决赛中获得冠军

10月17日

科技部 财政部在北京联合召开视频会议讨论推进国家科技计划和经费管理改革

全国政协副主席、科技部部长万钢指出，科技计划和经费管理改革要坚持以人为本，突出"把握科研规律，创新管理方式"的基本理念，努力营造有利于自主创新的政策环境。要通过改革，使国家科技计划的组织更加聚焦国家目标，集成创新资源，促进科技经济更紧密结合；管理更加适应科研活动的规律和特点，最大限度释放科研人员的创新热情；运行更加规范有序、顺畅高效，更好地发挥资金使用效益。

财政部副部长张少春指出，科技计划经费管理改革以完善科技经费管理制度为着力点，主要内容是：完善课题组承担单位的间接成本补偿机制，明确补偿渠道，提高补偿水平，增加绩效支出；增加科研经费使用自主权，解决科研课题经费管理刚性偏大的问题；进一步理顺责权关系，强化课题承担单位法人责任，建立便于问责的经费管理体系；优化投入结构，完善稳定支持与竞争性经费相协调的机制。同时，加强科技经费监督检查，构建上下联动内外结合的监管体系，积极推进信用管理和信息公开，探索推进绩效评价，促进管理、监督与绩效评价更加紧密结合，努力健全完善既满足财政预算管理要求，又适应科研活动特点和规律的科技经费管理机制。

财政部 国家税务总局发出《关于金融机构与小型微型企业签订借款合同免征印花税的通知》

各省、自治区、直辖市、计划单列市财政厅(局)、地方税务局，新疆生产建设兵团财务局：

经国务院批准，为鼓励金融机构对小型、微型企业提供金融支持，促进小型、微型企业发展，自2011年11月1日起至2014年10月31日止，对金融机构与小型、微型企业签订的借款合同免征印花税。

上述小型、微型企业的认定，按照《工业和信息化部、国家统计局、国家发展和改革委员会、财政部关于印发中小企业划型标准规定的通知》(工信部联企业〔2011〕300号)的有关规定执行。

财政部 国家税务总局

2011年10月17日

教育部批准北京城市学院等5所民办高校获得研究生招生资格

据新华社报道：北京城市学院等5所民办高校近日通过教育部审批，正式获得研究生招生资格。这是新中国成立以来，我国民办高校首次获得研究生教育资格，标志着民办高校学历培养层次进一步提升，打破了过去研究生招生由公办高校、科研院所垄断的局面。据了解，此次首批获得研究生招生资格的民办高校分布在北京、河北、陕西等省市。

考生除参加全国研究生统一考试外，还将参与学校与北京社工委联合组织的复试，择优录取。该项目将采取在职学习方式，设置弹性学制，考生可根据实际情况选择2—3年完成学业。

10月18日

中国共产党第十七届中央委员会第六次全体会议公报

(2011年10月18日中国共产党第十七届中央委员会第六次全体会议通过)

中国共产党第十七届中央委员会第六次全体会议,于2011年10月15日至18日在北京举行。

出席这次全会的有,中央委员202人,候补中央委员163人。中央纪律检查委员会常务委员会委员和有关方面负责同志列席了会议。党的十七大代表中部分基层文化工作者和从事文化研究的专家学者也列席了会议。

全会由中央政治局主持。中央委员会总书记胡锦涛作了重要讲话。

全会听取和讨论了胡锦涛受中央政治局委托作的工作报告,审议通过了《中共中央关于深化文化体制改革、推动社会主义文化大发展大繁荣若干重大问题的决定》。李长春就《决定(讨论稿)》向全会作了说明。

全会充分肯定党的十七届五中全会以来中央政治局的工作。一致认为,面对风云变幻的国际形势和艰巨繁重的国内改革发展稳定任务,中央政治局全面贯彻党的十七大和十七届三中、四中、五中全会精神,高举中国特色社会主义伟大旗帜,以邓小平理论和"三个代表"重要思想为指导,深入贯彻落实科学发展观,团结带领全党全军全国各族人民,隆重庆祝中国共产党成立90周年,制定实施"十二五"规划纲要,着力稳物价、调结构、保民生、促和谐,推动国民经济继续朝着宏观调控的预期方向发展,全面推进社会主义经济建设、政治建设、文化建设、社会建设以及生态文明建设,全面推进党的建设新的伟大工程,各项工作取得新进展,为实现"十二五"时期良好开局打下了坚实基础。

全会研究了深化文化体制改革、推动社会主义文化大发展大繁荣若干重大问题,认为总结我国文化改革发展的丰富实践和宝贵经验,研究部署深化文化体制改革、推动社会主义文化大发展大繁荣,进一步兴起社会主义文化建设新高潮,对夺取全面建设小康社会新胜利、开创中国特色社会主义事业新局面、实现中华民族伟大复兴具有重大而深远的意义。

全会指出,中国共产党从成立之日起,就既是中华优秀传统文化的忠实传承者和弘扬者,又是中国先进文化的积极倡导者和发展者。我们党历来高度重视运用文化引领前进方向、凝聚奋斗力量,团结带领全国各族人民不断以思想文化新觉醒、理论创造新成果、文化建设新成就推动党和人民事业向前发展,文化工作在革命、建设、改革各个历史时期都发挥了不可替代的重大作用。

全会指出,改革开放特别是党的十六大以来,我们党始终把文化建设放在党和国家全局工作重要战略地位,坚持物质文明和精神文明两手抓,实行依法治国和以德治国相结合,促进文化事业和文化产业同发展,推动文化建设不断取得新成就,走出了中国特色社会主义文化发展道路。我国文化改革发展,显著提高了全民族思想道德素质和科学文化素质、促进了人的全面发展,显著增强了国家文化软实力,为坚持和发展中国特色社会主义提供了强大精神力量。

全会指出,当今世界正处在大发展大变革大调整时期,文化在综合国力竞争中的地位和作用更加凸显,维护国家文化安全任务更加艰巨,增强国家文化软实力、中华文化国际影响力要求更加紧迫。当代中国进入了全面建设小康社会的关键时期和深化改革开放、加快转变经济发展方式的攻坚时期,文化越来越成为民族凝聚力和创造力的重要源泉、越来越成为综合国力竞争的重要因素、越来越成为经济社会发展的重要支撑,丰富精神文化生活越来越成为我国人民的热切愿望。全面建成惠及十几亿人口的更高水平的小康社会,既要让人民过上殷实富足的物质生活,又要让人民享有健康丰富的文化生活。我们必须抓住和用好我国发展的重要战略机遇期,在坚持以经济建设为中心的同时,自觉把文化繁荣发展作为坚持发展是硬道理、发展是党执政兴国第一要务的重要内容,作为深入贯彻落实科学发展观的一个基本要求,进一步推动文化建设与经济建设、政治建设、社会建设以及生态文明建设协调发展,为继续解放思想、坚持改革开放、推动科学发展、促进社会和谐提供坚强思想保证、强大精神动力、有力舆论支持、良好文化条件。

全会强调,坚持中国特色社会主义文化发展道路,深化文化体制改革,推动社会主义文化大发展大繁荣,必须全面贯彻党的十七大精神,高举中国特色社会主义伟大旗帜,以马克思列宁主义、毛泽东思想、邓小平理论和"三个代表"重要思想为指导,深入贯彻落实科学发展观,坚持社会主义先进文化前进方向,以科学发展为主题,以建设社会主义核心价值体系为根本任务,以满足人民精神文化需求为出发点和落脚点,以改革创新为动力,发展面向现代化、面向世界、面向未来的,民族的科学的大众的社会主义文化,培养高度的文化自觉和文化自信,提高全民族文明素质,增强国家文化软实力,弘扬中华文化,努力建设社会主义文化强国。

全会认为,建设社会主义文化强国,就是要着力推动社会主义先进文化更加深入人心,推动社会主义精神文明和物质文明全面发展,不断开创全民族文化创造活力持续迸发、社会文化生活更加丰富多彩、人民基本文化权益得到更好保障、人民思想道德素质和科学文化素质全面提高的新局面，建设中华民族共有精神家园，为人类文明进步作出更大贡献。

全会按照实现全面建设小康社会奋斗目标新要求，提出了到2020年文化改革发展奋斗目标，号召全党全国为实现这个目标共同努力，不断提高文化建设科学化水平，为把我国建设成为社会主义文化强国打下坚实基础。

全会对推进文化改革发展作出了部署，强调要推进社会主义核心价值体系建设、巩固全党全国各族人民团结奋斗的共同思想道德基础，全面贯彻“二为”方向和“双百”方针、为人民提供更好更多的精神食粮，大力发展公益性文化事业、保障人民基本文化权益，加快发展文化产业、推动文化产业成为国民经济支柱性产业，进一步深化改革开放、加快构建有利于文化繁荣发展的体制机制，建设宏大文化人才队伍、为社会主义文化大发展大繁荣提供有力人才支撑。

全会提出，社会主义核心价值体系是兴国之魂，是社会主义先进文化的精髓，决定着中国特色社会主义发展方向。必须把社会主义核心价值体系融入国民教育、精神文明建设和党的建设全过程，贯穿改革开放和社会主义现代化建设各领域，体现到精神文化产品创作生产传播各方面，坚持用社会主义核心价值体系引领社会思潮，在全党全社会形成统一指导思想、共同理想信念、强大精神力量、基本道德规范。要坚持马克思主义指导地位，坚定中国特色社会主义共同理想，弘扬以爱国主义为核心的民族精神和以改革创新为核心的时代精神，树立和践行社会主义荣辱观。

全会提出，创作生产更多无愧于历史、无愧于时代、无愧于人民的优秀作品，是文化繁荣发展的重要标志。必须全面贯彻为人民服务、为社会主义服务的方向和百花齐放、百家争鸣的方针，立足发展先进文化、建设和谐文化，激发文化创作生产活力，提高文化产品质量，发挥文化引领风尚、教育人民、服务社会、推动发展的作用。要坚持正确创作方向，繁荣发展哲学社会科学，加强和改进新闻舆论工作，推出更多优秀文艺作品，发展健康向上的网络文化，完善文化产品评价体系和激励机制。

全会提出，满足人民基本文化需求是社会主义文化建设的基本任务。必须坚持政府主导，加强文化基础设施建设，完善公共文化服务网络，让群众广泛享有免费或优惠的基本公共文化服务。要构建公共文化服务体系，发展现代传播体系，建设优秀传统文化传承体系，加快城乡文化一体化发展。

全会提出，发展文化产业是社会主义市场经济条件下满足人民多样化精神文化需求的重要途径。必须坚持把社会效益放在首位、社会效益和经济效益相统一，推动文化产业跨越式发展，为推动科学发展提供重要支撑。要构建现代文化产业体系，形成公有制为主体、多种所有制共同发展的文化产业格局，推进文化科技创新，扩大文化消费。

全会提出，文化引领时代风气之先，是最需要创新的领域。必须牢牢把握正确方向，加快推进文化体制改革，发挥市场在文化资源配置中的积极作用，创新文化走出去模式，为文化繁荣发展提供强大动力。要深化国有文化单位改革，健全现代文化市场体系，创新文化管理体制，完善政策保障机制，推动中华文化走向世界，积极吸收借鉴国外优秀文化成果。

全会提出，推动社会主义文化大发展大繁荣，队伍是基础，人才是关键。要深入实施人才强国战略，牢固树立人才是第一资源思想，全面贯彻党管人才原则，加快培养造就德才兼备、锐意创新、结构合理、规模宏大的文化人才队伍。要造就高层次领军人物和高素质文化人才队伍，加强基层文化人才队伍建设，加强职业道德建设和作风建设。

全会强调，要加强和改进党对文化工作的领导。各级党委和政府要切实担负起推进文化改革发展的政治责任，把文化建设摆在全局工作重要位置、纳入经济社会发展总体规划，把文化改革发展成效纳入科学发展考核评价体系。要加强文化领域领导班子和党组织建设，发挥文化战线全体共产党员在推进文化改革发展中的先锋模范作用。要发挥人民群众文化创造积极性，在全社会营造鼓励文化创造的良好氛围，让蕴藏于人民中的文化创造活力得到充分发挥。

全会全面分析了当前形势和任务，强调必须增强忧患意识和风险意识，科学判断国际国内形势，全面把握改革发展稳定大局，保持经济平稳较快发展，加大保障和改善民生工作力度，加强和创新社会管理，维护社会和谐稳定，全面推进党的建设各项工作，着力解决经济社会发展中的突出矛盾和问题，有效防范各种潜在风险，努力实现经济社会发展预期目标。

全会审议并通过了《关于召开党的第十八次全国代表大会的决议》，决定党的十八大于2012年下半年在北京召开。这次大会，是我们党在全面建设小康社会的关键时期和深化改革开放、加快转变经济发展方式的攻坚时期召开的一次十分重要的会议，对我们党团结带领全国各族人民继续全面建设小康社会、加快推进社会主义现代化、开创中国特色社会主义事业新局面具有重大而深远的意义。党的各级组织和全体共产党员要团结带领全国各族人民继续解放思想、坚持改革开放、推动科学发展、促进社会和谐，以优异成绩迎接中国共产党第十八次全国代表大会召开。

全会号召，全党要紧密团结在以胡锦涛同志为总书记的党中央周围，满怀信心带领全国各族人民在坚持和发展中国特色社会主义的伟大实践中进行文化创造，为把我国建设成为社会主义文化强国而努力奋斗！

中共中央关于深化文化体制改革推动社会主义文化大发展大繁荣若干重大问题的决定

（2011年10月18日中国共产党第十七届中央委员会第六次全体会议通过）

中国共产党第十七届中央委员会第六次全体会议全面分析形势和任务，认为总结我国文化改革发展的丰富实践和宝贵经验，研究部署深化文化体制改革、推动社会主义文化大发展大繁荣，进一步兴起社会主义文化建设新高潮，对夺取全面建设小康社会新胜利、开创中国特色社会主义事业新局面、实现中华民族伟大复兴具有重大而深远的意义。全会作出如下决定。

一、充分认识推进文化改革发展的重要性和紧迫性，更加自觉、更加主动地推动社会主义文化大发展大繁荣

文化是民族的血脉，是人民的精神家园。在我国五千多年文明发展历程中，各族人民紧密团结、自强不息，共同创造出源远流长、博大精深的中华文化，为中华民族发展壮大提供了强大精神力量，为人类文明进步作出了不可磨灭的重大贡献。

中国共产党从成立之日起，就既是中华优秀传统文化的忠实传承者和弘扬者，又是中国先进文化的积极倡导者和发展者。我们党历来高度重视运用文化引领前进方向、凝聚奋斗力量，团结带领全国各族人民不断以思想文化新觉醒、理论创造新成果、文化建设新成就推动党和人民事业向前发展，文化工作在革命、建设、改革各个历史时期都发挥了不可替代的重大作用。

改革开放特别是党的十六大以来，我们党始终把文化建设放在党和国家全局工作重要战略地位，坚持物质文明和精神文明两手抓，实行依法治国和以德治国相结合，促进文化事业和文化产业同发展，推动文化建设不断取得新成就，走出了中国特色社会主义文化发展道路。我们坚持解放思想、实事求是、与时俱进，不断推进马克思主义中国化时代化大众化，形成和发展了中国特色社会主义理论体系，为开辟和拓展中国特色社会主义道路、确立和完善中国特色社会主义制度提供了科学理论指导；坚持推进社会主义核心价值体系建设，用马克思主义中国化最新成果武装全党、教育人民，用中国特色社会主义共同理想凝聚力量，用以爱国主义为核心的民族精神和以改革创新为核心的时代精神鼓舞斗志，用社会主义荣辱观引领风尚，巩固了全党全国各族人民团结奋斗的共同思想道德基础；坚持为人民服务、为社会主义服务的方向和百花齐放、百家争鸣的方针，发扬广大人民群众和文化工作者的创造精神，推动优秀文化产品大量涌现，丰富了人民精神文化生活；坚持推进文化体制改革，创新文化发展理念，解放和发展文化生产力，推动文化事业全面繁荣、文化产业健康发展，大幅度提高了人民基本文化权益保障水平，大幅度提高了文化在经济社会发展中的地位和作用；坚持发展多层次、宽领域对外文化交流格局，借鉴吸收人类优秀文明成果，实施文化走出去战略，不断增强中华文化国际影响力，向世界展示了我国改革开放的崭新形象和我国人民昂扬向上的精神风貌。我国文化改革发展，显著提高了全民族思想道德素质和科学文化素质、促进了人的全面发展，显著增强了国家文化软实力，为坚持和发展中国特色社会主义提供了强大精神力量。

当今世界正处在大发展大变革大调整时期，世界多极化、经济全球化深入发展，科学技术日新月异，各种思想文化交流交融交锋更加频繁，文化在综合国力竞争中的地位和作用更加凸显，维护国家文化安全任务更加艰巨，增强国家文化软实力、中华文化国际影响力要求更加紧迫。当代中国进入了全面建设小康社会的关键时期和深化改革开放、加快转变经济发展方式的攻坚时期，文化越来越成为民族凝聚力和创造力的重要源泉、越来越成为综合国力竞争的重要因素、越来越成为经济社会发展的重要支撑，丰富精神文化生活越来越成为我国人民的热切愿望。我国仍处于并将长期处于社会主义初级阶段，人民日益增长的物质文化需要同落后的社会生产之间的矛盾仍然是社会主要矛盾。全面建成惠及十几亿人口的更高水平的小康社会，既要让人民过上殷实富足的物质生活，又要让人民享有健康丰富的文化生活。我们必须抓住和用好我国发展的重要战略机遇期，在坚持以经济建设为中心的同时，自觉把文化繁荣发展作为坚持发展是硬道理、发展是党执政兴国第一要务的重要内容，作为深入贯彻落实科学发展观的一个基本要求，进一步推动文化建设与经济建设、政治建设、社会建设以及生态文明建设协调发展，更好满足人民精神需求、丰富人民精神世界、增强人民精神力量，为继续解放思想、坚持改革开放、推动科学发展、促进社会和谐提供坚强思想保证、强大精神动力、有力舆论支持、良好文化条件。

我国文化领域正在发生广泛而深刻的变革，推动文化大发展大繁荣既具备许多有利条件，也面临一系列新情况新问题。我国文化发展同经济社会发展和人民日益增长的精神文化需求还不完全适应，突出矛盾和问题主要是：一些地方和单位对文化建设重要性、必要性、紧迫性认识不够，文化在推动全民族文明素质提高中的作用亟待加强；一些领域道德失范、诚信缺失，一些社会成员人生观、价值观扭曲，用社会主义核心价值体系引领社会思潮更为紧迫，巩固全党全国各族人民团结奋斗的共同思想道德基础任务繁重；舆论引导能力需要提高，网络建设和管理亟待加强和改进；有影响的精品力作还不够多，文化产品创作生产引导力度需要加大；公共文化服务体系不健全，城乡、区域文化发展不平衡；文化产业规模不大、结构不合理，束缚文化生产力发展的体制机制问题尚未根本解决；文化走出去较为薄弱，中华文化国际影响力需要进一步增强；文化人才队伍建设急需加强。推进文化改革发展，必须抓紧解决这些矛盾和问题。

全党必须深刻认识到，社会主义先进文化是马克思主义政党思想精神上的旗帜，文化建设是中国特色社会主义事业总体布局的重要组成部分。没有文化的积极引领，没有人民精神世界的极大丰富，没有全民族精神力量的充分发挥，一个国家、一个民族不可能屹立于世界民族之林。物质贫乏不是社会主义，精神空虚也不是社会主义。没有社会主义文化繁荣发展，就没有社会主义现代化。在新的历史起点上深化文化体制改革、推动社会主义文化大发展大繁荣，关系实现全面建设小康社会奋斗目标，关系坚持和发展中国特色社会主义，关系实现中华民族伟大复兴。我们要准确把握我国经济社会发展新要求，准确把握当今时代文化发展新趋势，准确把握各族人民精神文化生活新期待，增强责任感和紧迫感，解放思想，转变观念，抓住机遇，乘势而上，在全面建设小康社会进程中、在科学发展道路上奋力开创社会主义文化建设新局面。

二、坚持中国特色社会主义文化发展道路，努力建设社会主义文化强国

坚持中国特色社会主义文化发展道路，深化文化体制改革，推动社会主义文化大发展大繁荣，必须全面贯彻党的十七大精神，高举中国特色社会主义伟大旗帜，以马克思列宁主义、毛泽东思想、邓小平理论和“三个代表”重要思想为指导，深入贯彻落实科学发展观，坚持社会主义先进文化前进方向，以科学发展为主题，以建设社会主义核心价值体系为根本任务，以满足人民精神文化需求为出发点和落脚点，以改革创新为动力，发展面向现代化、面向世界、面向未来的，民族的科学的大众的社会主义文化，培养高度的文化自觉和文化自信，提高全民族文明素质，增强国家文化软实力，弘扬中华文化，努力建设社会主义文化强国。

建设社会主义文化强国，就是要着力推动社会主义先进文化更加深入人心，推动社会主义精神文明和物质文明全面发展，不断开创全民族文化创造活力持续迸发、社会文化生活更加丰富多彩、人民基本文化权益得到更好保障、人民思想道德素质和科学文化素质全面提高的新局面，建设中华民族共有精神家园，为人类文明进步作出更大贡献。

按照实现全面建设小康社会奋斗目标新要求，到2020年，文化改革发展奋斗目标是：社会主义核心价值体系建设深入推进，良好思想道德风尚进一步弘扬，公民素质明显提高；适应人民需要的文化产品更加丰富，精品力作不断涌现；文化事业全面繁荣，覆盖全社会的公共文化服务体系基本建立，努力实现基本公共文化服务均等化；文化产业成为国民经济支柱性产业，整体实力和国际竞争力显著增强，公有制为主体、多种所有制共同发展的文化产业格局全面形成；文化管理体制和文化产品生产经营机制充满活力、富有效率，以民族文化为主体、吸收外来有益文化、推动中华文化走向世界的文化开放格局进一步完善；高素质文化人才队伍发展壮大，文化繁荣发展的人才保障更加有力。全党全国要为实现这些目标共同努力，不断提高文化建设科学化水平，为把我国建设成为社会主义文化强国打下坚实基础。

实现上述奋斗目标，必须遵循以下重要方针。

——坚持以马克思主义为指导，推进马克思主义中国化时代化大众化，用中国特色社会主义理论体系武装头脑、指导实践、推动工作，确保文化改革发展沿着正确道路前进。

——坚持社会主义先进文化前进方向，坚持为人民服务、为社会主义服务，坚持百花齐放、百家争鸣，坚持继承和创新相统一，弘扬主旋律、提倡多样化，以科学的理论武装人，以正确的舆论引导人，以高尚的精神塑造人，以优秀的作品鼓舞人，在全社会形成积极向上的精神追求和健康文明的生活方式。

——坚持以人为本，贴近实际、贴近生活、贴近群众，发挥人民在文化建设中的主体作用，坚持文化发展为了人民、文化发展依靠人民、文化发展成果由人民共享，促进人的全面发展，培育有理想、有道德、有文化、有纪律的社会主义公民。

——坚持把社会效益放在首位，坚持社会效益和经济效益有机统一，遵循文化发展规律，适应社会主义市场经济发展要求，加强文化法制建设，一手抓繁荣、一手抓管理，推动文化事业和文化产业全面协调可持续发展。

——坚持改革开放，着力推进文化体制机制创新，以改革促发展、促繁荣，不断解放和发展文化生产力，提高文化开放水平，推动中华文化走向世界，积极吸收各国优秀文明成果，切实维护国家文化安全。

三、推进社会主义核心价值体系建设，巩固全党全国各族人民团结奋斗的共同思想道德基础

社会主义核心价值体系是兴国之魂，是社会主义先进文化的精髓，决定着中国特色社会主义发展方向。必须强化教育引导，增进社会共识，创新方式方法，健全制度保障，把社会主义核心价值体系融入国民教育、精神文明建设和党的建设全过程，贯穿改革开放和社会主义现代化建设各领域，体现到精神文化产品创作生产传播各方面，坚持用社会主义核心价值体系引领社会思潮，在全党全社会形成统一指导思想、共同理想信念、强大精神力量、基本道德规范。

(一)坚持马克思主义指导地位。马克思主义深刻揭示了人类社会发展规律，坚定维护和发展最广大人民根本利益，是指引人民推动社会进步、创造美好生活的科学理论。要毫不动摇地坚持马克思主义基本原理，紧密结合中国实际、时代特征、人民愿望，用发展着的马克思主义指导新的实践。坚持不懈用中国特色社会主义理论体系武装全党、教育人民，推动学习实践科学发展观向深度和广度拓展，引导党员、干部深入学习贯彻党的基本理论、基本路线、基本纲领、基本经验，学习马克思主义经典著作，系统掌握马克思主义立场、观点、方法。科学分析世情、国情、党情新变化，深入研究解决改革开放和社会主义现代化建设新课题，不断深化对共产党执政规律、社会主义建设规律、人类社会发展规律的认识，不断把党带领人民创造的成功经验上升为理论，不断赋予当代中国马克思主义鲜明的实践特色、民族特色、时代特色。坚持以领导班子和领导干部为重点，以提高思想政治素养为根本，以建设学习型党组织为抓手，大力推进马克思主义学习型政党建设。深入推进马克思主义理论研究和建设工程，实施中国特色社会主义理论体系普及计划，加强重点学科体系和教材体系建设，推动中国特色社会主义理论体系进教材、进课堂、进头脑，加强和改进学校思想政治教育。

(二)坚定中国特色社会主义共同理想。中国特色社会主义是当代中国发展进步的根本方向，集中体现了最广大人民根本利益和共同愿望。要深入开展理想信念教育，引导干部群众深刻认识中国共产党领导和中国特色社会主义制度的历史必然性和优越性，深刻认识中国特色社会主义道路既是实现社会主义现代化和中华民族伟大复兴的必由之路，也是创造人民美好生活的必由之路，自觉把个人理想融入中国特色社会主义共同理想之中，最大限度把广大人民团结和凝聚在中国特色社会主义伟大旗帜之下。紧密结合中国特色社会主义成功实践，联系干部群众思想实际，针对社会热点难点问题，从理论和实践结合上作出有说服力的回答，引导干部群众在重大思想理论问题上划清是非界限、澄清模糊认识，有力抵制各种错误和腐朽思想影响。深入开展形势政策教育、国情教育、革命传统教育、改革开放教育、国防教育，组织学习中国近现代史特别是党领导人民进行革命、建设、改革的历史，坚定广大干部群众对中国特色社会主义的信心和信念。

(三)弘扬以爱国主义为核心的民族精神和以改革创新为核心的时代精神。爱国主义是中华民族最深厚的思想传统，最能感召中华儿女团结奋斗；改革创新是当代中国最鲜明的时代特征，最能激励中华儿女锐意进取。要广泛开展民族精神教育，大力弘扬爱国主义、集体主义、社会主义思想，增强民族自尊心、自信心、自豪感，激励人民把爱国热情化作振兴中华的实际行动，以热爱祖国和贡献自己全部力量建设祖国为最大光荣、以损害祖国利益和尊严为最大耻辱。广泛开展时代精神教育，引导干部群众始终保持与时俱进、开拓创新的精神状态，永不自满、永不僵化、永不停滞，以思想不断解放推动事业持续发展。大力弘扬一切有利于国家富强、民族振兴、人民幸福、社会和谐的思想和精神，大力发扬艰苦奋斗、劳动光荣、勤俭节约的优良传统。加强民族团结进步教育，增进对伟大祖国和中华民族的认同，促进各民族共同团结奋斗、共同繁荣发展。加强爱国主义教育基地建设，用好红色旅游资源，使之成为弘扬培育民族精神和时代精神的重要课堂。

(四)树立和践行社会主义荣辱观。社会主义荣辱观体现了社会主义道德的根本要求。要深入开展社会主义荣辱观宣传教育，弘扬中华传统美德，推进公民道德建设工程，加强社会公德、职业道德、家庭美德、个人品德教育，评选表彰道德模范，学习宣传先进典型，引导人民增强道德判断力和道德荣誉感，自觉履行法定义务、社会责任、家庭责任，在全社会形成知荣辱、讲正气、作奉献、促和谐的良好风尚。深化群众性精神文明创建活动，广泛开展志愿服务，拓展各类道德实践活动，倡导爱国、敬业、诚信、友善等道德规范，形成男女平等、尊老爱幼、扶贫济困、扶弱助残、礼让宽容的人际关系。全面加强学校德育体系建设，构建学校、家庭、社会紧密协作的教育网络，动员社会各方面共同做好青少年思想道德教育工作。深入开展学雷锋活动，采取措施推动学习活动常态化。深化政风、行风建设，开展道德领域突出问题专项教育和治理，坚决反对拜金主义、享乐主义、极端个人主义，坚决纠正以权谋私、造假欺诈、见利忘义、损人利己的歪风邪气。把诚信建设摆在突出位置，大力推进政务诚信、商务诚信、社会诚信和司法公信建设，抓紧建立健全覆盖全社会的征信系统，加大对失信行为惩戒力度，在全社会广泛形成守信光荣、失信可耻的氛围。加强法制宣传教育，弘扬社会主义法治精神，树立社会主义法治理念，提高全民法

律素质，推动人人学法尊法守法用法，维护法律权威和社会公平正义。加强人文关怀和心理疏导，培育自尊自信、理性平和、积极向上的社会心态。弘扬科学精神，普及科学知识，倡导移风易俗、抵制封建迷信。深入开展反腐倡廉教育，推进廉政文化建设。

四、全面贯彻“二为”方向和“双百”方针，为人民提供更好更多的精神食粮

创作生产更多无愧于历史、无愧于时代、无愧于人民的优秀作品，是文化繁荣发展的重要标志。必须全面贯彻为人民服务、为社会主义服务的方向和百花齐放、百家争鸣的方针，立足发展先进文化、建设和谐文化，激发文化创作生产活力，提高文化产品质量，发挥文化引领风尚、教育人民、服务社会、推动发展的作用。

（一）坚持正确创作方向。正确创作方向是文化创作生产的根本性问题，一切进步的文化创作生产都源于人民、为了人民、属于人民。必须牢固树立人民是历史创造者的观点，坚持以人民为中心的创作导向，热情讴歌改革开放和社会主义现代化建设伟大实践，生动展示我国人民奋发有为的精神风貌和创造历史的辉煌业绩。要引导文化工作者牢记为人民服务、为社会主义服务的神圣职责，坚持正确文化立场，认真对待和积极追求文化产品社会效果，弘扬真善美，贬斥假恶丑，把学术探索和艺术创作融入实现中华民族伟大复兴的事业之中。坚持发扬学术民主、艺术民主，营造积极健康、宽松和谐的氛围，提倡不同观点和学派充分讨论，提倡体裁、题材、形式、手段充分发展，推动观念、内容、风格、流派积极创新。把创新精神贯穿文化创作生产全过程，弘扬民族优秀文化传统和五四运动以来形成的革命文化传统，学习借鉴国外文化创新有益成果，兼收并蓄、博采众长，增强文化产品时代感和吸引力。

（二）繁荣发展哲学社会科学。坚持和发展中国特色社会主义，必须大力发展哲学社会科学，使之更好发挥认识世界、传承文明、创新理论、咨政育人、服务社会的重要功能。要巩固发展马克思主义理论学科，坚持基础研究和应用研究并重，传统学科和新兴学科、交叉学科并重，结合我国实际和时代特点，建设具有中国特色、中国风格、中国气派的哲学社会科学。坚持以重大现实问题为主攻方向，加强对全局性、战略性、前瞻性问题研究，加快哲学社会科学成果转化，更好服务经济社会发展。实施哲学社会科学创新工程，发挥国家哲学社会科学基金示范引导作用，推进学科体系、学术观点、科研方法创新，重点扶持立足中国特色社会主义实践的研究项目，着力推出代表国家水准、具有世界影响、经得起实践和历史检验的优秀成果。整合哲学社会科学研究力量，建设一批社会科学研究基地和国家重点实验室，建设一批具有专业优势的思想库，加强哲学社会科学信息化建设。

（三）加强和改进新闻舆论工作。舆论导向正确是党和人民之福，舆论导向错误是党和人民之祸。要坚持马克思主义新闻观，牢牢把握正确导向，坚持团结稳定鼓劲、正面宣传为主，壮大主流舆论，提高舆论引导的及时性、权威性和公信力、影响力，发挥宣传党的主张、弘扬社会正气、通达社情民意、引导社会热点、疏导公众情绪、搞好舆论监督的重要作用，保障人民知情权、参与权、表达权、监督权。以党报党刊、通讯社、电台电视台为主，整合都市类媒体、网络媒体等宣传资源，构建统筹协调、责任明确、功能互补、覆盖广泛、富有效率的舆论引导格局。加强和改进正面宣传，加强社会主义核心价值体系宣传，加强舆情分析研判，加强社会热点难点问题引导，从群众关注点入手，科学解疑释惑，有效凝聚共识。做好重大突发事件新闻报道，完善新闻发布制度，健全应急报道和舆论引导机制，提高时效性，增加透明度。加强和改进舆论监督，推动解决党和政府高度重视、群众反映强烈的实际问题，维护人民利益，密切党群关系，促进社会和谐。新闻媒体和新闻工作者要秉持社会责任和职业道德，真实准确传播新闻信息，自觉抵制错误观点，坚决杜绝虚假新闻。

（四）推出更多优秀文艺作品。文学、戏剧、电影、电视、音乐、舞蹈、美术、摄影、书法、曲艺、杂技以及民间文艺、群众文艺等各领域文艺工作者都要积极投身到讴歌时代和人民的文艺创造活动之中，在社会生活中汲取素材、提炼主题，以充沛的激情、生动的笔触、优美的旋律、感人的形象，创作生产出思想性艺术性观赏性相统一、人民喜闻乐见的优秀文艺作品。实施精品战略，组织好“五个一工程”、重大革命和历史题材创作工程、重点文学艺术作品扶持工程、优秀少儿作品创作工程，鼓励原创和现实题材创作，不断推出文艺精品。扶持代表国家水准、具有民族特色和地方特色的优秀艺术品种，积极发展新的艺术样式。鼓励一切有利于陶冶情操、愉悦身心、寓教于乐的文艺创作，抵制低俗之风。

（五）发展健康向上的网络文化。加强网上思想文化阵地建设，是社会主义文化建设的迫切任务。要认真贯彻积极利用、科学发展、依法管理、确保安全的方针，加强和改进网络文化建设和管理，加强网上舆论引导，唱响网上思想文化主旋律。实施网络内容建设工程，推动优秀传统文化瑰宝和当代文化精品网络传播，制作适合互联网和手机等新兴媒体传播的精品佳作，鼓励网民创作格调健康的网络文化作品。支持重点新闻网站加快发展，打造一批在国内外有较强影响力的综合性网站和特色网站，发挥主要商业网站建设性作用，培育一批网络内容生产和服务骨干企业。发展网

络新技术新业态，占领网络信息传播制高点。广泛开展文明网站创建，推动文明办网、文明上网，督促网络运营服务企业履行法律义务和社会责任，不为有害信息提供传播渠道。加强网络法制建设，加快形成法律规范、行政监管、行业自律、技术保障、公众监督、社会教育相结合的互联网管理体系。加强对社交网络和即时通信工具等的引导和管理，规范网上信息传播秩序，培育文明理性的网络环境。依法惩处传播有害信息行为，深入推进整治网络淫秽色情和低俗信息专项行动，严厉打击网络违法犯罪。加大网上个人信息保护力度，建立网络安全评估机制，维护公共利益和国家信息安全。

(六)完善文化产品评价体系和激励机制。坚持把遵循社会主义先进文化前进方向、人民群众满意作为评价作品最高标准，把群众评价、专家评价和市场检验统一起来，形成科学的评价标准。要建立公开、公平、公正评奖机制，精简评奖种类，改进评奖办法，提高权威性和公信度。加强文艺理论建设，培养高素质文艺评论队伍，开展积极健康的文艺批评，褒优贬劣，激浊扬清。加大优秀文化产品推广力度，运用主流媒体、公共文化场所等资源，在资金、频道、版面、场地等方面为展演展映展播展览弘扬主流价值的精品力作提供条件。设立专项艺术基金，支持收藏和推介优秀文化作品。加大知识产权保护力度，依法惩处侵权行为，维护著作权人合法权益。

五、大力发展公益性文化事业，保障人民基本文化权益

满足人民基本文化需求是社会主义文化建设的基本任务。必须坚持政府主导，按照公益性、基本性、均等性、便利性的要求，加强文化基础设施建设，完善公共文化服务网络，让群众广泛享有免费或优惠的基本公共文化服务。

(一)构建公共文化服务体系。加强公共文化服务是实现人民基本文化权益的主要途径。要以公共财政为支撑，以公益性文化单位为骨干，以全体人民为服务对象，以保障人民群众看电视、听广播、读书看报、进行公共文化鉴赏、参与公共文化活动等基本文化权益为主要内容，完善覆盖城乡、结构合理、功能健全、实用高效的公共文化服务体系。把主要公共文化产品和服务项目、公益性文化活动纳入公共财政经常性支出预算。采取政府采购、项目补贴、定向资助、贷款贴息、税收减免等政策措施鼓励各类文化企业参与公共文化服务。鼓励国家投资、资助或拥有版权的文化产品无偿用于公共文化服务。加强文化馆、博物馆、图书馆、美术馆、科技馆、纪念馆、工人文化宫、青少年宫等公共文化服务设施和爱国主义教育示范基地建设并完善向社会免费开放服务，鼓励其他国有文化单位、教育机构等开展公益性文化活动，各类公共场所要为群众性文化活动提供便利。统筹规划和建设基层公共文化服务设施，坚持项目建设和运行管理并重，实现资源整合、共建共享。加强社区公共文化设施建设，把社区文化中心建设纳入城乡规划和设计，拓展投资渠道。完善面向妇女、未成年人、老年人、残疾人的公共文化服务设施。引导和鼓励社会力量通过兴办实体、资助项目、赞助活动、提供设施等形式参与公共文化服务。推进国家公共文化服务体系示范区创建。制定公共文化服务指标体系和绩效考核办法。

(二)发展现代传播体系。提高社会主义先进文化辐射力和影响力，必须加快构建技术先进、传输快捷、覆盖广泛的现代传播体系。要加强党报党刊、通讯社、电台电视台和重要出版社建设，进一步完善采编、发行、播发系统，加快数字化转型，扩大有效覆盖面。加强国际传播能力建设，打造国际一流媒体，提高新闻信息原创率、首发率、落地率。建立统一联动、安全可靠的国家应急广播体系。完善国家数字图书馆建设。整合有线电视网络，组建国家级广播电视网络公司。推进电信网、广电网、互联网三网融合，建设国家新媒体集成播控平台，创新业务形态，发挥各类信息网络设施的文化传播作用，实现互联互通、有序运行。

(三)建设优秀传统文化传承体系。优秀传统文化凝聚着中华民族自强不息的精神追求和历久弥新的精神财富，是发展社会主义先进文化的深厚基础，是建设中华民族共有精神家园的重要支撑。要全面认识祖国传统文化，取其精华、去其糟粕，古为今用、推陈出新，坚持保护利用、普及弘扬并重，加强对优秀传统文化思想价值的挖掘和阐发，维护民族文化基本元素，使优秀传统文化成为新时代鼓舞人民前进的精神力量。加强文化典籍整理和出版工作，推进文化典籍资源数字化。加强国家重大文化和自然遗产地、重点文物保护单位、历史文化名城名镇名村保护建设，抓好非物质文化遗产保护传承。深入挖掘民族传统节日文化内涵，广泛开展优秀传统文化教育普及活动。发挥国民教育在文化传承创新中的基础性作用，增加优秀传统文化课程内容，加强优秀传统文化教学研究基地建设。大力推广和规范使用国家通用语言文字，科学保护各民族语言文字。繁荣发展少数民族文化事业，开展少数民族特色文化保护工作，加强少数民族语言文字党报党刊、广播影视节目、出版物等译制播出出版。加强同香港、澳门的文化交流合作，加强同台湾的各种形式文化交流，共同弘扬中华优秀传统文化。

(四)加快城乡文化一体化发展。增加农村文化服务总量，缩小城乡文化发展差距，对推进社会主义新农

村建设、形成城乡经济社会发展一体化新格局具有重大意义。要以农村和中西部地区为重点，加强县级文化馆和图书馆、乡镇综合文化站、村文化室建设，深入实施广播电视村村通、文化信息资源共享、农村电影放映、农家书屋等文化惠民工程，扩大覆盖、消除盲点、提高标准、完善服务、改进管理。加大对革命老区、民族地区、边疆地区、贫困地区文化服务网络建设支持和帮扶力度。深入开展全民阅读、全民健身活动，推动文化科技卫生"三下乡"、科教文体法律卫生"四进社区"、"送欢乐下基层"等活动经常化。引导企业、社区积极开展面向农民工的公益性文化活动，尽快把农民工纳入城市公共文化服务体系。建立以城带乡联动机制，合理配置城乡文化资源，鼓励城市对农村进行文化帮扶，把支持农村文化建设作为创建文明城市基本指标。鼓励文化单位面向农村提供流动服务、网点服务，推动媒体办好农村版和农村频率频道，做好主要党报党刊在农村基层发行和赠阅工作。扶持文化企业以连锁方式加强基层和农村文化网点建设，推动电影院线、演出院线向市县延伸，支持演艺团体深入基层和农村演出。中央、省、市三级设立农村文化建设专项资金，保证一定数量的中央转移支付资金用于乡镇和村文化建设。

六、加快发展文化产业，推动文化产业成为国民经济支柱性产业

发展文化产业是社会主义市场经济条件下满足人民多样化精神文化需求的重要途径。必须坚持社会主义先进文化前进方向，坚持把社会效益放在首位、社会效益和经济效益相统一，按照全面协调可持续的要求，推动文化产业跨越式发展，使之成为新的经济增长点、经济结构战略性调整的重要支点、转变经济发展方式的重要着力点，为推动科学发展提供重要支撑。

(一)构建现代文化产业体系。加快发展文化产业，必须构建结构合理、门类齐全、科技含量高、富有创意、竞争力强的现代文化产业体系。要在重点领域实施一批重大项目，推进文化产业结构调整，发展壮大出版发行、影视制作、印刷、广告、演艺、娱乐、会展等传统文化产业，加快发展文化创意、数字出版、移动多媒体、动漫游戏等新兴文化产业。鼓励有实力的文化企业跨地区、跨行业、跨所有制兼并重组，培育文化产业领域战略投资者。优化文化产业布局，发挥东中西部地区各自优势，加强文化产业基地规划和建设，发展文化产业集群，提高文化产业规模化、集约化、专业化水平。加大对拥有自主知识产权、弘扬民族优秀文化的产业支持力度，打造知名品牌。发掘城市文化资源，发展特色文化产业，建设特色文化城市。发挥首都全国文化中心示范作用。规划建设各具特色的文化创业创意园区，支持中小文化企业发展。推动文化产业与旅游、体育、信息、物流、建筑等产业融合发展，增加相关产业文化含量，延伸文化产业链，提高附加值。

(二)形成公有制为主体、多种所有制共同发展的文化产业格局。加快发展文化产业，必须毫不动摇地支持和壮大国有或国有控股文化企业，毫不动摇地鼓励和引导各种非公有制文化企业健康发展。要培育一批核心竞争力强的国有或国有控股大型文化企业或企业集团，在发展产业和繁荣市场方面发挥主导作用。在国家许可范围内，引导社会资本以多种形式投资文化产业，参与国有经营性文化单位转企改制，参与重大文化产业项目实施和文化产业园区建设，在投资核准、信用贷款、土地使用、税收优惠、上市融资、发行债券、对外贸易和申请专项资金等方面给予支持，营造公平参与市场竞争、同等受到法律保护的体制和法制环境。加强和改进对非公有制文化企业的服务和管理，引导他们自觉履行社会责任。

(三)推进文化科技创新。科技创新是文化发展的重要引擎。要发挥文化和科技相互促进的作用，深入实施科技带动战略，增强自主创新能力。抓住一批全局性、战略性重大科技课题，加强核心技术、关键技术、共性技术攻关，以先进技术支撑文化装备、软件、系统研制和自主发展，重视相关技术标准制定，加快科技创新成果转化，提高我国出版、印刷、传媒、影视、演艺、网络、动漫等领域技术装备水平，增强文化产业核心竞争力。依托国家高新技术园区、国家可持续发展实验区等建立国家级文化和科技融合示范基地，把重大文化科技项目纳入国家相关科技发展规划和计划。健全以企业为主体、市场为导向、产学研相结合的文化技术创新体系，培育一批特色鲜明、创新能力强的文化科技企业，支持产学研战略联盟和公共服务平台建设。

(四)扩大文化消费。增加文化消费总量，提高文化消费水平，是文化产业发展的内生动力。要创新商业模式，拓展大众文化消费市场，开发特色文化消费，扩大文化服务消费，提供个性化、分众化的文化产品和服务，培育新的文化消费增长点。提高基层文化消费水平，引导文化企业投资兴建更多适合群众需求的文化消费场所，鼓励出版适应群众购买能力的图书报刊，鼓励在商业演出和电影放映中安排一定数量的低价场次或门票，鼓励网络文化运营商开发更多低收费业务，有条件的地方要为困难群众和农民工文化消费提供适当补贴。积极发展文化旅游，促进非物质文化遗产保护传承与旅游相结合，发挥旅游对文化消费的促进作用。

七、进一步深化改革开放，加快构建有利于文化繁荣发展的体制机制

文化引领时代风气之先，是最需要创新的领域。

必须牢牢把握正确方向，加快推进文化体制改革，建立健全党委领导、政府管理、行业自律、社会监督、企事业单位依法运营的文化管理体制和富有活力的文化产品生产经营机制，发挥市场在文化资源配置中的积极作用，创新文化走出去模式，为文化繁荣发展提供强大动力。

（一）深化国有文化单位改革。以建立现代企业制度为重点，加快推进经营性文化单位改革，培育合格市场主体。科学界定文化单位性质和功能，区别对待、分类指导，循序渐进、逐步推开，推进一般国有文艺院团、非时政类报刊社、新闻网站转企改制，拓展出版、发行、影视企业改革成果，加快公司制股份制改造，完善法人治理结构，形成符合现代企业制度要求、体现文化企业特点的资产组织形式和经营管理模式。创新投融资体制，支持国有文化企业面向资本市场融资，支持其吸引社会资本进行股份制改造。着眼于突出公益属性、强化服务功能、增强发展活力，全面推进文化事业单位人事、收入分配、社会保障制度改革，明确服务规范，加强绩效评估考核。创新公共文化服务设施运行机制，吸纳有代表性的社会人士、专业人士、基层群众参与管理。推动党报党刊、电台电视台进一步完善管理和运行机制。推动一般时政类报刊社、公益性出版社、代表民族特色和国家水准的文艺院团等事业单位实行企业化管理，增强面向市场、面向群众提供服务能力。

（二）健全现代文化市场体系。促进文化产品和要素在全国范围内合理流动，必须构建统一开放竞争有序的现代文化市场体系。要重点发展图书报刊、电子音像制品、演出娱乐、影视剧、动漫游戏等产品市场，进一步完善中国国际文化产业博览交易会等综合交易平台。发展连锁经营、物流配送、电子商务等现代流通组织和流通形式，加快建设大型文化流通企业和文化产品物流基地，构建以大城市为中心、中小城市相配套、贯通城乡的文化产品流通网络。加快培育产权、版权、技术、信息等要素市场，办好重点文化产权交易所，规范文化资产和艺术品交易。加强行业组织建设，健全中介机构。

（三）创新文化管理体制。深化文化行政管理体制改革，加快政府职能转变，强化政策调节、市场监管、社会管理、公共服务职能，推动政企分开、政事分开，理顺政府和文化企事业单位关系。完善管人管事管资产管导向相结合的国有文化资产管理体制。健全文化市场综合行政执法机构，推动副省级以下城市完善综合文化行政责任主体。加快文化立法，制定和完善公共文化服务保障、文化产业振兴、文化市场管理等方面法律法规，提高文化建设法制化水平。坚持主管主办制度，落实谁主管谁负责和属地管理原则，严格执行文化资本、文化企业、文化产品市场准入和退出政策，综合运用法律、行政、经济、科技等手段提高管理效能。深入开展“扫黄打非”，完善文化市场管理，坚决扫除毒害人们心灵的腐朽文化垃圾，切实营造确保国家文化安全的市场秩序。

（四）完善政策保障机制。保证公共财政对文化建设投入的增长幅度高于财政经常性收入增长幅度，提高文化支出占财政支出比例。扩大公共财政覆盖范围，完善投入方式，加强资金管理，提高资金使用效益，保障公共文化服务体系建设和运行。落实和完善文化经济政策，支持社会组织、机构、个人捐赠和兴办公益性文化事业，引导文化非营利机构提供公共文化产品和服务。加大财政、税收、金融、用地等方面对文化产业的政策扶持力度，鼓励文化企业和社会资本对接，对文化内容创意生产、非物质文化遗产项目经营实行税收优惠。设立国家文化发展基金，扩大有关文化基金和专项资金规模，提高各级彩票公益金用于文化事业比重。继续执行文化体制改革配套政策，对转企改制国有文化单位扶持政策执行期限再延长五年。

（五）推动中华文化走向世界。开展多渠道多形式多层次对外文化交流，广泛参与世界文明对话，促进文化相互借鉴，增强中华文化在世界上的感召力和影响力，共同维护文化多样性。创新对外宣传方式方法，增强国际话语权，妥善回应外部关切，增进国际社会对我国基本国情、价值观念、发展道路、内外政策的了解和认识，展现我国文明、民主、开放、进步的形象。实施文化走出去工程，完善支持文化产品和服务走出去政策措施，支持重点主流媒体在海外设立分支机构，培育一批具有国际竞争力的外向型文化企业和中介机构，完善译制、推介、咨询等方面扶持机制，开拓国际文化市场。加强海外中国文化中心和孔子学院建设，鼓励代表国家水平的各类学术团体、艺术机构在相应国际组织中发挥建设性作用，组织对外翻译优秀学术成果和文化精品。构建人文交流机制，把政府交流和民间交流结合起来，发挥非公有制文化企业、文化非营利机构在对外文化交流中的作用，支持海外侨胞积极开展中外人文交流。建立面向外国青年的文化交流机制，设立中华文化国际传播贡献奖和国际性文化奖项。

（六）积极吸收借鉴国外优秀文化成果。坚持以我为主、为我所用，学习借鉴一切有利于加强我国社会主义文化建设的有益经验、一切有利于丰富我国人民文化生活的积极成果、一切有利于发展我国文化事业和文化产业的经营管理理念和机制。加强文化领域智力、人才、技术引进工作。吸收外资进入法律法规许可的文化产业领域，保障投资者合法权益。鼓励文化单位同国外有实力的文化机构进行项目合作，学习先进制作技术和管理经验。鼓励外资企业在华进行文化科技研发,发展服务外包。开展知识产权保护国际合作。

八、建设宏大文化人才队伍,为社会主义文化大发展大繁荣提供有力人才支撑

推动社会主义文化大发展大繁荣,队伍是基础,人才是关键。要坚持尊重劳动、尊重知识、尊重人才、尊重创造,深入实施人才强国战略,牢固树立人才是第一资源思想,全面贯彻党管人才原则,加快培养造就德才兼备、锐意创新、结构合理、规模宏大的文化人才队伍。

(一)造就高层次领军人物和高素质文化人才队伍。高层次领军人物和专业文化工作者是社会主义文化建设的中坚力量。要继续实施"四个一批"人才培养工程和文化名家工程,建立重大文化项目首席专家制度,造就一批人民喜爱、有国际影响的名家大师和民族文化代表人物。加强专业文化工作队伍、文化企业家队伍建设,扶持资助优秀中青年文化人才主持重大课题、领衔重点项目,抓紧培养善于开拓文化新领域的拔尖创新人才、掌握现代传媒技术的专门人才、懂经营善管理的复合型人才、适应文化走出去需要的国际化人才。创新人才培养模式,实施高端紧缺文化人才培养计划,搭建文化人才终身学习平台。鼓励和扶持高等学校和中等职业学校优化专业结构,与文化企事业单位共建培养基地。完善人才培养开发、评价发现、选拔任用、流动配置、激励保障机制,深化职称评审改革,为优秀人才脱颖而出、施展才干创造有利制度环境。重视发现和培养社会文化人才。对非公有制文化单位人员评定职称、参与培训、申报项目、表彰奖励同等对待。完善相关政策措施,多渠道吸引海外优秀文化人才。落实国家荣誉制度,抓紧设立国家级文化荣誉称号,表彰奖励成就卓著的文化工作者。

(二)加强基层文化人才队伍建设。基层文化人才队伍是文化改革发展的基础力量。要制定实施基层文化人才队伍建设规划,完善机构编制、学习培训、待遇保障等方面的政策措施,吸引优秀文化人才服务基层。配好配齐乡镇、街道党委宣传委员、宣传干事和乡镇综合文化站专职人员。设立城乡社区公共文化服务岗位,对服务期满高校毕业生报考文化部门公务员、相关专业研究生实行定向招录。重视发现和培养扎根基层的乡土文化能人、民族民间文化传承人特别是非物质文化遗产项目代表性传承人,鼓励和扶持群众中涌现出的各类文化人才和文化活动积极分子,促进他们健康成长、发挥作用。壮大文化志愿者队伍,鼓励专业文化工作者和社会各界人士参与基层文化建设和群众文化活动,形成专兼结合的基层文化工作队伍。

(三)加强职业道德建设和作风建设。文化工作者要成为优秀文化的生产者和传播者,必须加强自身修养,做道德品行和人格操守的示范者。要引导广大文化工作者特别是名家名人自觉践行社会主义核心价值体系,增强社会责任感,弘扬科学精神和职业道德,发扬严谨笃学、潜心钻研、淡泊名利、自尊自律的风尚,努力追求德艺双馨,坚决抵制学术不端、情趣低俗等不良风气。鼓励文化工作者特别是文化名家、中青年骨干深入实际、深入生活、深入群众,拜人民为师,增强国情了解,增加基层体验,增进群众感情。文化工作者要相互尊重、平等交流、取长补短,共同营造风清气正、和谐奋进的良好氛围。

九、加强和改进党对文化工作的领导,提高推进文化改革发展科学化水平

加强和改进党对文化工作的领导,是推进文化改革发展的根本保证,也是加强党的执政能力建设和先进性建设的内在要求。必须从战略和全局出发,把握文化发展规律,健全领导体制机制,改进工作方式方法,增强领导文化建设本领。

(一)切实担负起推进文化改革发展的政治责任。各级党委和政府要把文化建设摆在全局工作重要位置,深入研究意识形态和宣传文化工作新情况新特点,及时研究文化改革发展重大问题,加强和改进思想政治工作,牢牢把握意识形态工作主导权,掌握文化改革发展领导权。把文化建设纳入经济社会发展总体规划,与经济社会发展一同研究部署、一同组织实施、一同督促检查。把文化改革发展成效纳入科学发展考核评价体系,作为衡量领导班子和领导干部工作业绩的重要依据。制定社会主义核心价值体系建设实施纲要。在全党深入开展社会主义核心价值体系学习教育,使广大党员、干部成为实践社会主义核心价值体系的模范,做共产主义远大理想和中国特色社会主义共同理想的坚定信仰者。深入做好文化领域知识分子工作,充分尊重知识分子创造性劳动,善于同知识分子特别是有影响的代表人士交朋友,把广大知识分子紧紧团结在党的周围。

(二)加强文化领域领导班子和党组织建设。坚持德才兼备、以德为先用人标准,选好配强文化领域各级领导班子,把政治立场坚定、思想理论水平高、熟悉文化工作、善于驾驭意识形态领域复杂局面的干部充实到领导岗位上来,把文化领域各级领导班子建设成为坚强领导集体。加强领导班子思想政治建设,增强政治敏锐性和政治鉴别力,筑牢思想防线,确保文化阵地导向正确。各级领导干部要高度重视并切实抓好文化工作,加强文化理论学习和文化问题研究,提高文化素养,努力成为领导文化建设的行家里手。把文化建设内容纳入干部培训计划和各级党校、行政学院、干部学院教学体系。结合文化单位特点加强和创新基层党的

工作，发挥文化事业单位、国有和国有控股文化企业党组织的领导核心和政治核心作用，重视文化领域非公有制经济组织、新社会组织党的组织建设。注重在文化领域优秀人才、先进青年、业务骨干中发展党员。文化战线全体共产党员要牢固树立党的观念、党员意识，讲党性、重品行、作表率，在推进文化改革发展中创先争优、发挥先锋模范作用。

（三）健全共同推进文化建设工作机制。推动社会主义文化大发展大繁荣是全党全社会的共同责任。要建立健全党委统一领导、党政齐抓共管、宣传部门组织协调、有关部门分工负责、社会力量积极参与的工作体制和工作格局，形成文化建设强大合力。文化领域各部门各单位要自觉贯彻中央决策部署，落实文化改革发展目标任务，发挥文化建设主力军作用。支持人大、政协履行职能，调动各部门积极性，支持民主党派、无党派人士和人民团体发挥作用，共同推进文化改革发展。推动文联、作协、记协等文化领域人民团体创新管理体制、组织形式、活动方式，履行好联络协调服务职能，加强行业自律，依法维护文化工作者权益。全面贯彻党的宗教工作基本方针，发挥宗教界人士和信教群众在促进文化繁荣发展中的积极作用。

（四）发挥人民群众文化创造积极性。人民是推动社会主义文化大发展大繁荣最深厚的力量源泉。要牢固树立马克思主义群众观点，自觉贯彻党的群众路线，为广大群众成为社会主义文化建设者提供广阔舞台。广泛开展群众性文化活动，提高社区文化、村镇文化、企业文化、校园文化等建设水平，引导群众在文化建设中自我表现、自我教育、自我服务。积极搭建公益性文化活动平台，依托重大节庆和民族民间文化资源，组织开展群众乐于参与、便于参与的文化活动。支持群众依法兴办文化团体，精心培育植根群众、服务群众的文化载体和文化样式。及时总结来自群众、生动鲜活的文化创新经验，推广大众文化优秀成果，在全社会营造鼓励文化创造的良好氛围，让蕴藏于人民中的文化创造活力得到充分发挥。

中国人民解放军和中国人民武装警察部队文化建设工作，由中央军委根据本决定精神作出部署。

中华民族伟大复兴必然伴随着中华文化繁荣兴盛。全党要紧密团结在以胡锦涛同志为总书记的党中央周围，满怀信心带领全国各族人民在坚持和发展中国特色社会主义的伟大实践中进行文化创造，为把我国建设成为社会主义文化强国而努力奋斗！

全国宣传部长会议在北京召开

中共中央政治局委员、中央书记处书记、中宣部部长刘云山出席会议并讲话。

刘云山指出，党的十七届六中全会是在全面建设小康社会关键时期和文化改革发展重要阶段召开的重要会议。全会审议通过的关于深化文化体制改革、推动社会主义文化大发展大繁荣若干重大问题的《决定》，在总结历史经验、科学分析形势的基础上，阐明了中国特色社会主义文化发展道路，确立了建设社会主义文化强国的宏伟目标，提出了新形势下推进文化改革发展的指导思想、重要方针、目标任务、政策举措，充分体现了我们党文化上的高度自觉和政治上的远见卓识，是推进我国文化改革发展的纲领性文件。胡锦涛总书记在全会上发表重要讲话，全面回顾了一年来中央政治局的工作，深刻阐述了关系党和国家长远发展的重大问题，就贯彻落实全会精神、做好当前工作提出了明确要求，为推动文化改革发展、促进党和国家事业发展指明了前进方向。全会必将对推动社会主义文化大发展大繁荣，对全面建设小康社会、推进中国特色社会主义伟大事业产生重大而深远的影响。

刘云山指出，十七届六中全会主题重大、内涵丰富，就文化改革发展提出一系列重要论断、重要部署、重要举措。推动全会精神的贯彻落实，需要广泛深入、扎实有效的宣传动员。要全面把握全会基本精神，大力宣传阐释文化改革发展的巨大成就和机遇挑战，宣传阐释文化改革发展的指导思想和重要方针，宣传阐释坚持中国特色社会主义文化发展道路的现实依据和基本要求，宣传阐释文化改革发展的奋斗目标和主要任务。要运用多种形式、多种渠道宣传报道全会精神，集中开展面向干部群众的宣讲活动，切实加强对重大问题的研究解读，把人们的思想和行动统一到全会的决策部署上来。

刘云山强调，落实全会精神的过程，是一个不懈努力、深化实践、创新创造的过程，必须树立良好的精神状态和工作作风。要自觉用全会精神指导实践、推动工作，进一步明确文化改革发展思路，进一步加大文化改革发展推进力度。要围绕社会主义核心价值体系建设、为人民提供更好更多的精神食粮、发展公益性文化事业、发展文化产业、深化文化领域改革开放、建设文化人才队伍等方面的任务，明确工作责任，明确时间进度，明确保障措施，把长远目标和阶段性目标结合起来，有计划分步骤地推进。要坚持求真务实，抓实抓细抓具体，把全会提出的原则要求变为可操作的工作措施，把全会确定的目标任务变成可实施的工作项目，对确定的目标咬住不放，对认准的事情一抓到底，切实把全会精神转化为建设社会主义先进文化的强大动力，转化为推动文化改革发展的实际行动。

各省、自治区、直辖市和新疆生产建设兵团党委宣传部长，中央宣传文化系统各单位主要负责同志出席会议。

中央创先争优活动领导小组印发《关于在创先争优活动中进一步推动各级党政机关和干部深入基层为民服务的指导意见》

该意见的印发和实施，是深入贯彻落实胡锦涛总书记在庆祝中国共产党成立90周年大会上重要讲话精神的重要举措，对于进一步推动各级党政机关和干部坚持以人为本、执政为民理念，在创先争优活动中深入基层为民服务，具有重要意义。

意见指出，要明确目标任务。各级党政机关和干部要坚持工作重心下移，经常深入实际、深入基层、深入群众，做到知民情、解民忧、暖民心，始终保持党同人民群众的血肉联系。要下基层"接地气"，转变干部作风；察民情办实事，真心为民服务；抓基层打基础，加强基层组织。

意见要求，要坚持有效做法。要着眼于党政机关和干部更好地服务大局、服务基层、服务群众，继续坚持广泛走访群众、深入基层调研、实行驻村蹲点、开展结对帮扶等行之有效的深入基层为民服务的方式方法，适应新形势新任务要求，不断加以丰富完善，确保取得实际效果。

意见强调，要加强组织领导。各地区各部门各单位要结合实际，认真研究部署，精心组织实施，要坚持领导带头，实行分类指导，注重考核评议，严守工作纪律，建立长效机制。

纪念陶行知诞辰120周年座谈会在北京举行

全国人大常委会副委员长、民盟中央主席蒋树声出席会议。

民盟中央副主席李重庵在座谈会上代表民盟中央向陶行知先生表示深切的怀念和崇高的敬意。他说，陶行知先生的一生，是为了国家的独立、民主而不懈奋斗的一生，是为了人民的教育事业而鞠躬尽瘁、死而后已的一生。陶行知将教育活动和民族解放、民主革命运动有机结合起来，使其真正成为民族的、民主的、科学的、大众的教育，他对教育的执着努力和探索，是以他热爱祖国、热爱人民的赤子之心为基点的。

李重庵表示，缅怀陶行知先生，就是要学习他与其他民盟前辈们热爱祖国、追求真理、献身人民的伟大精神，继承他们未竟的事业，为国家富强、民族复兴、人民安康作出新的贡献。

座谈会上，陶行知的亲属代表、陶行知学术思想研究专家等分别发言，缅怀陶行知为我国民主革命和教育事业作出的重大贡献。会上还颁发了首届陶行知教育奖。

10月19日

中共中央在中南海召开党外人士座谈会

中共中央总书记胡锦涛主持座谈会并发表重要讲话。中共中央政治局常委贾庆林、李长春、习近平出席座谈会。

李长春介绍了中共中央对起草中共十七届六中全会文件的考虑和文件稿形成过程。

胡锦涛指出，统一战线在社会主义文化建设中有着独特优势和作用。多年来，各民主党派、工商联和无党派人士始终关心文化建设，就加强公民思想道德建设、加强公共文化服务体系建设、加强社区文化建设、加强农村文化建设、保护非物质文化遗产、实施文化走出去战略、加强两岸文化交流等问题深入调查研究，积极践行社会主义核心价值体系，推动继承和发展中华优秀文化传统，为促进文化建设发挥了积极作用。希望各民主党派、工商联和无党派人士充分发挥人才荟萃、智力密集的优势，继续团结带领各级组织和广大成员坚持社会主义先进文化前进方向，反映人民群众文化需求，围绕文化改革发展重大课题，深入开展调研，积极建言献策。希望各民主党派、工商联和无党派人士激发广大成员特别是文化工作者参与文化改革发展的热情，为推动社会主义文化大发展大繁荣贡献智慧和力量，为把我国建设成为社会主义文化强国而共同奋斗。

胡锦涛强调，今年是中国共产党成立90周年。90年来，我们取得了举世瞩目的伟大成就，这些成就是我们党、各民主党派、全国各族人民共同奋斗的成果。社会主义中国、中华民族新的更大的发展成就，同样要靠我们党、各民主党派、全国各族人民共同奋斗来创造。中国共产党领导的多党合作和政治协商制度，是中国特色社会主义制度的重要组成部分。我们要紧紧围绕全面建设小康社会、加快推进社会主义现代化的宏伟目标，坚持好、完善好、发展好中国共产党领导的多党合作和政治协商制度，加强团结合作，永远风雨同舟，把我国多党合作事业不断推向前进。

刘云山、刘延东、令计划、王沪宁、杜青林、陈奎元等出席座谈会。

出席座谈会的党外人士还有张梅颖、张榕明、罗富和、陈宗兴、王志珍和张宝文、马培华、王钦敏、汪毅夫、谢经荣、王明明等。

《人民日报》发表社论《迈向社会主义文化强国的伟大进军》

没有社会主义文化的繁荣发展，就没有社会主义现代化;中华民族的伟大复兴,必然伴随中华文化的繁荣兴盛。

中国共产党第十七届中央委员会第六次全体会议胜利闭幕了。这次在全面建设小康社会关键时期召开的重要会议,从中国特色社会主义事业总体布局的高度,部署了深化文化体制改革、推动社会主义文化大发展大繁荣。强调要坚持中国特色社会主义文化发展道路,努力建设社会主义文化强国。这对于动员全党全国各族人民在党的领导下,推动各项事业不断发展,夺取全面建设小康社会新胜利、开创中国特色社会主义事业新局面、实现中华民族伟大复兴,具有重大的现实意义和深远的历史意义。

全会听取和讨论了胡锦涛同志受中央政治局委托作的工作报告,审议通过了《中共中央关于深化文化体制改革推动社会主义文化大发展大繁荣若干重大问题的决定》。一致认为,面对风云变幻的国际形势和艰巨繁重的国内改革发展稳定任务,以胡锦涛同志为总书记的党中央团结带领全党全军全国各族人民,深入贯彻落实科学发展观,加快经济发展方式转变,全面推进社会主义经济建设、政治建设、文化建设、社会建设以及生态文明建设,全面推进党的建设新的伟大工程,各项工作取得新进展、新成就,为实现"十二五"时期良好开局打下了坚实基础。

文化是民族的血脉,是人民的精神家园。这次全会是一次从战略上对文化改革发展进行研究部署的重要会议。全会通过的《决定》,全面总结我们党领导文化建设的成就和经验,深刻分析文化改革发展面临的形势和任务,在集中全党智慧的基础上,提出了新形势下文化改革发展的指导思想、重要方针、目标任务、政策措施。《决定》充分体现了中国共产党对肩负历史使命的深刻把握、对国内外形势的科学判断、对文化建设的高度自觉,充分反映了全国各族人民的共同愿望,是当前和今后一个时期指导我国文化改革发展的纲领性文件。

文化建设是中国特色社会主义事业总体布局的重要组成部分,我们党始终把文化建设放在党和国家全局工作的重要战略地位。从物质文明和精神文明两手抓到依法治国和以德治国相结合,再到文化事业和文化产业同发展,理论创新和实践探索不断推动着文化建设取得新成就,走出了一条中国特色社会主义文化发展道路。

深化文化体制改革,是党中央作出的关系我国经济社会发展全局的重大决策。无论是覆盖城乡的公共文化服务体系初步形成,还是文化产业结构调整和资源整合力度不断加大;无论是国有经营性文化单位的转企改制,还是文化惠民重点工程的建设,文化体制改革进一步激发文化发展活力,显著提高了全民族思想道德素质和科学文化素质、促进了人的全面发展,显著增强了国家文化软实力,为坚持和发展中国特色社会主义提供了强大精神力量。

当今世界正处在大发展大变革大调整的时期,世界多极化、经济全球化深入发展,科学技术日新月异,各种思想文化交流交融交锋更加频繁,文化在综合国力竞争中的地位和作用更加凸显,维护国家文化安全任务更加艰巨,增强国家文化软实力、中华文化国际影响力要求更加紧迫。当代中国进入了全面建设小康社会的关键时期和深化改革开放、加快转变经济发展方式的攻坚时期,文化越来越成为民族凝聚力和创造力的重要源泉、越来越成为综合国力竞争的重要因素、越来越成为经济社会发展的重要支撑,丰富精神文化生活越来越成为我国人民的热切愿望。在新的历史起点上深化文化体制改革、推动社会主义文化大发展大繁荣,关系实现全面建设小康社会奋斗目标、关系坚持和发展中国特色社会主义、关系实现中华民族伟大复兴。

推动文化大发展大繁荣,必须回答好走什么路、朝什么目标迈进这个方向性、战略性的重大问题。《决定》提出建设社会主义文化强国这一长期战略目标。这一目标与我国深厚文化底蕴和丰富文化资源相匹配、与中国特色社会主义事业总体布局相适应、与建设富强民主文明和谐的社会主义现代化国家的目标相承接。这一目标,具有强大的感召力和推动力,必将大大激发全民族的文化创造热情,凝聚起推进文化改革发展的强大力量,开启迈向文化强国的伟大进军。

推动文化大发展大繁荣,必须坚持以马克思主义为指导,坚持社会主义先进文化前进方向,坚持以人为本,坚持把社会效益放在首位,坚持改革开放。这"五个坚持",指明了文化改革发展的根本指导思想、根本性质、根本目的、根本要求和根本动力,是我们坚持中国特色社会主义文化发展道路,建设社会主义文化强国的基本遵循。

认真学习贯彻党的十七届六中全会精神,走中国特色社会主义文化发展道路,推动社会主义文化大发展大繁荣,兴起社会主义文化建设新高潮,是一项重大而紧迫的政治任务。各级党委要从战略和全局出发,按照《决定》确立的目标、谋划的战略、提出的举措,健全领导体制机制,改进工作方式方法,牢牢把握意识形态工作主导权、掌握文化改革发展领导权。这既是推进文化改革发展的根本保证,也是加强党的执政能力建设和先进性建设的内在要求。

没有文化的积极引领,没有人民精神世界的极大丰富,没有全民族精神力量的充分发挥,一个国家、一个民族不可能屹立于世界民族之林。让我们紧密团结在以胡锦涛同志为总书记的党中央周围，高举中国特色社会主义伟大旗帜，以邓小平理论和“三个代表”重要思想为指导，深入贯彻落实科学发展观，深化文化体制改革、加快文化发展，为推动社会主义文化大发展大繁荣、建设社会主义文化强国而奋斗。

国务院总理温家宝主持召开国务院常务会议部署制定社会信用体系建设规划

会议对制定社会信用体系建设规划作了重点部署，指出良好的社会信用是经济社会健康发展的前提，是每个企业、事业单位和社会成员立足于社会的必要条件。诚信缺失、不讲信用，不仅危害经济社会发展，破坏市场和社会秩序，而且损害社会公正，损害群众利益，妨碍民族和社会文明进步。当前社会诚信缺失问题依然相当突出，商业欺诈、制假售假、虚报冒领、学术不端等现象屡禁不止，人民群众十分不满。各级人民政府要高度重视社会诚信和信用体系建设，通过完善制度、加强教育，努力营造诚实、自律、守信、互信的社会信用环境，使诚实守信者得到保护、作假失信者受到惩戒，为社会主义经济、政治、文化、社会的改革和发展提供良好的道德保障。

会议强调，“十二五”期间要以社会成员信用信息的记录、整合和应用为重点，建立健全覆盖全社会的征信系统，全面推进社会信用体系建设。主要任务是：(一)加快征信立法和制度建设。抓紧制定《征信管理条例》及相关配套制度和实施细则，制定信用信息标准和技术规范，建立异议处理、投诉办理和侵权责任追究制度。(二)推进行业、部门和地方信用建设。有关行业、部门和地方管理部门要通过建立信用信息系统，依法依规有效采集、整合和应用个人、企业、事业单位及其他社会组织的信用信息。各地区要对本地区各部门、各单位的信用信息进行整合，形成统一平台，实现对失信行为的协同监管。当前，尤其要结合市场主体准入、纳税、合同履行、产品质量、食品药品安全和社会保障、科研管理、人事管理等方面的工作，有针对性地加强各领域的信用信息系统建设，建立健全信用档案，尽快改善各行业、各部门、各地区的信用环境。(三)建设覆盖全国的征信系统。在实现行业内、地区内信用信息互联互通的基础上，大力推动信用信息在全国范围的互联互通，充分发挥信用信息对失信行为的监督和约束作用。(四)加强监管，完善信用服务市场体系。规范发展信用服务机构和评级机构，有序推进信用服务产品创新。制定信用服务机构基本行为准则，严格征信机构及其从业人员准入标准，依法查处提供虚假信息、侵犯商业秘密和个人隐私等行为。(五)加强政务诚信建设。政府及其部门在社会诚信和信用体系建设中要起示范带头作用，坚持依法行政，推进政务公开，提高决策透明度，自觉接受社会监督，不断提升公信力。(六)大力培养社会诚信意识。加强诚信教育，普及信用文化和知识，强化责任、激励和约束，确立人无信不立的理念，不断提高全民道德素质，激发民族创新精神，增强国家竞争力。

会议讨论通过了《找矿突破战略行动纲要(2011—2020年)》。《纲要》明确了今后一个时期我国地质矿产勘查工作的目标任务：通过实施找矿战略，实现新的重大突破，形成一批重要矿产资源战略接续区，建立重要矿产资源储备体系，为经济平稳较快发展提供有力的资源保障和产业支撑。一要加强基础地质调查与研究。推进重点成矿区带基础地质调查和综合研究，查明资源潜力和勘探开发前景。加快重点成矿区带的矿产远景调查，寻找新的找矿靶区。加强基础地质和成矿理论研究，研发和推广矿产勘查新技术新方法。二要加强重要矿产勘查。加强主要含油气盆地的地质勘查和老油气区的新领域深度挖潜。勘查开发以页岩气、煤层气为重点的非常规油气资源。通过整装勘查，增加重要矿产资源储量，形成大型矿产资源基地。开展老矿山深部和外围接替资源勘查，延长矿山服务年限。三要实施以企业为主体的矿产资源节约与综合利用示范工程，发展矿产资源领域循环经济。实施找矿突破战略行动，要充分发挥市场机制作用，建立多元化投资平台。

全国政协主席贾庆林在北京看望柬埔寨太皇西哈努克

中共中央政治局常委李长春在北京主持召开中央宣传思想文化工作部门负责人会议

李长春在讲话中指出，认真学习宣传贯彻党的十七届六中全会精神，是当前宣传思想文化战线头等重要的政治任务。要组织中央宣讲团赴各地开展宣讲，推动全会精神的学习贯彻落实。要组织新闻媒体大力宣传全会决定提出的文化改革发展的指导思想、重要方针、目标任务、政策措施，大力宣传改革开放特别是党的十六大以来我国文化改革发展取得的重大成就，大力宣传深化文化体制改革、推动社会主义文化大发展大繁荣的重要性和紧迫性，大力宣传坚持中国特色社会主义文化发展道路的深刻内涵和基本要求，大力宣传建设社会主义文化强国的奋斗目标。要开辟专题专栏，组织一批重点文章，深入阐释全会的重大意义，解读全会精神，介绍全会决定提出的新观点新论断新举措。要坚持贴近实际、贴近生活、贴近群众，结合新闻战线正在开展的“走基层、转作风、改文风”活动，进一步加大对各地区各部门推进文化改革发展的重大举措、成功经验、先进典型和创新做法的宣传力度，推动全党全社会形成学习贯彻全会精神的热潮。

中共中央政治局委员、书记处书记、中宣部部长刘云山，中共中央政治局委员、国务委员刘延东，全国政协副主席陈奎元出席会议。中央宣传思想文化工作部门主要负责同志参加了会议。

中央纪委 监察部在北京召开理论学习中心组学习会议

中共中央政治局常委、中央纪委书记贺国强出席会议并讲话。

贺国强指出，党的十七届六中全会是在我国进入全面建设小康社会关键时期和深化改革开放、加快转变经济发展方式攻坚时期召开的一次十分重要的会议。全会审议通过的《中共中央关于深化文化体制改革推动社会主义文化大发展大繁荣若干重大问题的决定》，全面总结党领导文化建设的成就和经验，深刻分析文化建设面临的形势和任务，阐述了中国特色社会主义文化发展道路，确立了建设社会主义文化强国的战略目标，提出了新形势下推进文化改革发展的指导思想、重要方针、目标任务、政策举措，是当前和今后一个时期指导我国文化改革发展的纲领性文件。胡锦涛总书记在全会上的两次重要讲话，全面总结了中央政治局一年来的工作，对贯彻落实全会精神、做好当前党和国家各项工作、以优异成绩迎接党的十八大召开提出了明确要求。认真学习贯彻党的十七届六中全会精神，是当前和今后一个时期全党全国的首要政治任务，对于全面贯彻党的十七大精神、深入贯彻落实科学发展观，夺取全面建设小康社会新胜利、开创中国特色社会主义事业新局面、实现中华民族伟大复兴，具有重大而深远的意义。

贺国强要求，各级纪检监察机关要紧密结合工作实际学习贯彻党的十七届六中全会精神，扎实有效做好各项工作，不断提高反腐倡廉建设科学化水平，为党和国家事业顺利发展作出应有贡献。当前要抓好以下几项工作：一是要严明政治纪律，加强对党的路线方针政策执行情况和中央重大决策部署贯彻落实情况的监督检查，维护党和国家团结统一，保证中央政令畅通，确保党的十七届六中全会提出的任务措施落到实处。二是要严肃组织人事工作纪律，规范和强化对拟提拔干部的廉政考察，防止和纠正选人用人上的不正之风，确保地方换届工作健康顺利进行。三是要加强党的作风建设，督促各级领导干部特别是换届后新走上领导岗位的干部加强党性修养、弘扬良好作风，树立新班子的新气象、新面貌，进一步密切党同人民群众的血肉联系，以优良的党风促政风带民风。四是要以学习贯彻党的十七届六中全会精神为契机，总结实践经验，把握工作规律，以改革创新精神推进廉政文化建设，为深入开展党风廉政建设和反腐败斗争提供思想保证、精神动力、舆论支持和文化支撑。五是要认真安排好年底年前各项工作，扎实推进反腐倡廉建设，在全力抓好今年各项任务落实的同时，认真研究和部署好明年的工作，不断把党风廉政建设和反腐败斗争推向前进。

中共中央书记处书记、中央纪委副书记何勇主持会议。

全国侨务工作会议在北京召开

会议于10月19日至20日召开。中共中央政治局常委、全国政协主席贾庆林，中共中央政治局常委、国家副主席习近平，中共中央政治局常委、国务院副总理李克强会见了与会代表。

全国人大常委会副委员长陈至立，国务委员戴秉国，全国政协副主席、中央统战部部长杜青林，全国政协副主席、致公党中央主席万钢参加了会见。

戴秉国、万钢出席了随后举行的全体会议，戴秉国代表国务院作了讲话。他充分肯定近年来侨务工作取得的成绩，代表国务院向辛勤工作在侨务战线的同志们表示亲切慰问和崇高敬意，强调凝聚侨心、发挥侨力，对于全面建设小康社会，推进中国特色社会主义伟大事业，实现中华民族的伟大复兴，具有重要意义。

戴秉国要求，各地区、各有关部门要深刻把握世情、国情和侨情的新变化，进一步把握机遇、与时俱进、勇于创新，推动侨务工作在更广领域、更高层面、更深层次发挥重要作用。要进一步发挥侨务资源优势，服务国内经济社会发展；加强与海外侨胞的联系引导，传播中华优秀文化，促进中国与世界各国的友好交往，支持海外侨胞为维护和促进祖国统一做贡献。要坚持开展为侨服务，维护侨胞和归侨侨眷的合法权益。各级政府要加强对侨务工作的组织领导，完善统筹协调机制，深入开展调查研究，着力强化能力建设，以务实创新精神推动侨务工作科学发展。

各省、自治区、直辖市人民政府及新疆生产建设兵团分管侨务工作的负责同志和侨办负责同志，中央和国家机关有关部门负责同志和部分驻外使领馆代表出席了会议。

全国政协副主席杜青林向各民主党派中央全国工商联领导人和无党派人士通报中共十七届六中全会精神

在传达胡锦涛同志重要讲话和李长春同志关于《中共中央关于深化文化体制改革、推动社会主义文化大发展大繁荣若干重大问题的决定(讨论稿)》说明的主要精神后，杜青林说，中共十七届六中全会是在全面建设小康社会的关键时期召开的重要会议。胡锦涛同志的重要讲话和全会通过的《决定》，全面总结党领导文化建设的成就和经验，深刻分析文化建设面临的形势和任务，研究部署了深化文化体制改革、推动社会主义文化大发展大繁荣，对于进一步兴起社会主义文化建设新高潮，对于夺取全面建设小康社会新胜利、开创中国特色社会主义事业新局面、实现中华民族伟大复兴，具有重大而深远的意义。统一战线要切实把思想和认识统一到讲话精神上来，把智慧和力量凝聚到中共中央的决策和部署上来，找准定位，明确思路，突出重点，切实提升服务文化建设的能力和水平，努力为坚持中国特色社会主义文化发展道路、建设社会主义文化强国作出新贡献。

杜青林指出，深入学习贯彻中共十七届六中全会精神是当前和今后一个时期统一战线的重大政治任务。要深入践行社会主义核心价值体系，着力推进"同心工程"、"感恩行动"等活动，夯实统一战线共同团结奋斗的思想政治基础；要紧紧围绕会议确定的各项任务，组织党外人士深入考察调研，了解文化界人士和文化企业的意见建议，反映文化体制改革过程中的新情况新问题，为党和政府决策提供参考；要支持和引导非公有制经济组织以多种形式投资文化产业，大力发展新兴文化产业，推动文化事业和文化产业协调发展；要加强文化界党外人才培养，引导文化界统一战线成员坚持正确创作方向，创造思想性、艺术性、观赏性俱佳的精品力作，丰富基层群众精神文化生活；要深化与港澳台地区文化团体、民间机构的交流合作，加大国际文化市场开拓力度，增强中华文化在世界上的感召力和影响力；要弘扬多党合作文化，传承民族团结文化，挖掘宗教和顺文化，构建新的社会阶层人士信义文化，打造海内外同胞同根文化，进一步丰富社会主义文化。

蒋树声、陈昌智、桑国卫、林文漪、厉无畏、罗富和、陈宗兴、王志珍出席通报会。各民主党派中央、全国工商联负责人和无党派人士，中共中央统战部及统战系统单位负责人参加会议。

外交部部长杨洁篪在哥本哈根会见丹麦首相托宁—施密特

中联部部长王家瑞在北京与南苏丹共和国苏丹人民解放运动总书记帕甘·阿蒙举行会谈

黄炎培职业教育思想研究会成立大会暨第一次会员代表大会在北京举行

全国政协副主席、中华职业教育社理事长张榕明出席会议并讲话。

大会选举张榕明为研究会会长，推举全国人大常委会原副委员长、中华职业教育社原理事长成思危，全国政协副主席、全国工商联主席、中华职业教育社原副理事长黄孟复为名誉会长。

第二十届中国金鸡百花电影节在安徽合肥举行

电影节于10月19日至22日举行。

陈力凭《爱在廊桥》获得了最佳导演奖，程晓玲凭借剧本《岁岁清明》获得最佳编剧奖，娜仁花和孙淳凭借在电影《额吉》和《秋喜》，获得了最佳女演员和最佳男演员的殊荣。最佳故事片奖最终授予了《飞天》。《唐山大地震》，拿到最佳音乐奖和最佳美术奖。

本届金鸡奖第一次设立了最佳中小成本故事片奖，该奖项由《老寨》摘取。最佳导演处女作奖由《盲人电影院》导演路阳获得；本次还设立了两个评委会特别奖，最终由《钢的琴》和老演员朱旭获得。著名配音演员向隽殊、剪辑师傅正义被授予了金鸡奖终身成就奖。

10月20日

全国政协十一届常委会十五次会议在北京开幕

这次会议的主要议题是学习贯彻中共十七届六中全会精神，围绕深化文化体制改革、推动社会主义文化大发展大繁荣进行讨论。中共中央政治局常委、全国政协主席贾庆林主持开幕会。中共中央政治局常委李长春出席开幕会，并作了关于中共十七届六中全会会议情况和会议精神的报告。

李长春全面深入地阐述了《中共中央关于深化文化体制改革、推动社会主义文化大发展大繁荣若干重大问题的决定》的基本考虑、起草过程、总体框架和布局以及主要内容。他指出，中共十七届六中全会深入研究我国文化建设的新形势新要求，总结我国文化改革发展的丰富实践和宝贵经验，研究部署深化文化体制改革、推动社会主义文化大发展大繁荣，进一步兴起社会主义文化建设新高潮，对夺取全面建设小康社会新胜利、开创中国特色社会主义事业新局面、实现中华民族伟大复兴具有重大而深远的意义。全会通过的《决定》，全面总结我们党领导文化建设的成就和经验，深刻分析文化改革发展面临的形势和任务，在充分发扬民主、集中全党智慧的基础上，阐述了中国特色社会主义文化发展道路，确立了建设社会主义文化强国的战略目标，提出了新形势下推进文化改革发展的指导思想。《决定》承前启后，继往开来，理论上有新概括，政策上有新突破，举措上有新实招，是当前和今后一个时期指导我国文化改革发展的纲领性文件，我们要认真学习、深刻领会、全面落实。

李长春强调，当前我国进入了全面建设小康社会的关键时期和深化改革开放、加快转变经济发展方式的攻坚时期，文化越来越成为民族凝聚力和创造力的重要源泉、越来越成为综合国力竞争的重要因素、越来越成为经济社会发展的重要支撑，丰富精神文化生活越来越成为我国人民的热切愿望。我们要坚持社会主义先进文化前进方向，以科学发展为主题，以建设社会主义核心价值体系为根本任务，以满足人民精神文化需求为出发点和落脚点，以改革创新为动力，发展面向现代化、面向世界、面向未来的，民族的科学的大众的社会主义文化，培养高度的文化自觉和文化自信，提高全民族文明素质，增强国家文化软实力，弘扬中华文化，努力建设社会主义文化强国。李长春充分肯定了人民政协在推动我国文化建设中发挥的重要作用，希望政协委员继续关心支持文化建设，为深化文化体制改革、推动社会主义文化大发展大繁荣作出更大贡献。

贾庆林在主持讲话中说，深化文化体制改革，推动社会主义文化大发展大繁荣，是一项长期而艰巨的历史重任，也是人民政协履行职能、开展工作的重大课题。常委会组成人员和各级政协组织、广大政协委员要认真学习领会中共十七届六中全会精神，切实把思想和行动统一到中央的决策部署上来，积极为文化改革发展建言献策，为建设社会主义文化强国贡献力量。

全国政协副主席王刚、杜青林、白立忱、陈奎元、阿不来提·阿不都热西提、李兆焯、董建华、张梅颖、张榕明、钱运录、孙家正、李金华、郑万通、邓朴方、万钢、林文漪、厉无畏、罗富和、陈宗兴、王志珍、何厚铧出席会议。

中央巡视工作领导小组在北京召开第十八次会议

会议听取关于省(区、市)、重点是对县巡视工作和中央单位内部巡视工作情况汇报，研究安排下一步工作。中共中央政治局常委、中央纪委书记、中央巡视工作领导小组组长贺国强出席会议并讲话。

贺国强指出，各级巡视机构和广大巡视干部要把学习贯彻党的十七届六中全会精神作为当前和今后一个时期的首要政治任务，紧密联系实际，扎实推进工作，不断开创巡视工作新局面，为迎接党的十八大、做好党和国家各项工作作出积极贡献。

贺国强指出，地方巡视工作是党的巡视工作的重要组成部分，开展对县巡视工作是地方巡视工作的一项重点。近年来，各省(区、市)党委按照中央要求，认真开展对县巡视工作，取得了积极进展和成效。据统计，截至今年上半年，已完成对全国60％县的巡视。下一步，要结合新的形势和任务，着力加强以下几方面工作：一是要加强组织领导，进一步明确省、市、县三级在巡视工作中的职责和任务，确保对县巡视工作分工明确、协调顺畅、运转高效；二是要突出巡视重点，把党政领导班子及其成员尤其是县委书记、县长作为重点对象，深入了解被巡视县贯彻落实科学发展观、加强党风廉政建设和党员干部队伍建设以及选人用人等情况；三是要增强工作实效，通过了解真实情况、发现突出问题、直接督促整改、全面反馈情况、及时移交线索、延伸成果链条等，切实把巡视工作成果运用好；四是要充实工作力量，抽调优秀干部到巡视组工作，统筹安排好对市和对县的巡视工作，实现资源有机整合、工作相互联动。

贺国强指出，中央部门和企业、金融机构开展内部巡视，是加强对所属单位领导班子及其成员特别是主要负责人监督的有效途径，是巡视监督领域的重要延伸和拓展。一是要明确工作职责。中央和国家机关中实行垂直管理的部门可根据实际需要对其直属机构、派出机构进行巡视，实行双重管理的部门对所属省级部门的巡视按其党组织隶属关系进行，对仅有业务指导关系而没有隶属关系的单位一般不进行巡视；国务院国资委负责对其管理的中央企业进行巡视，并受中央巡视工作领导小组委托对部分中央管理的国有重要骨干企业进行巡视；中国人民银行和银监会、证监会、保监会可根据实际需要对其直属机构、派出机构及所管理的金融机构进行巡视；中央企业和金融机构可根据实际需要对其所属二级单位进行巡视。目前对开展内部巡视工作暂不作统一要求，需要开展这项工作的单位要从实际出发、稳步实施。确定开展内部巡视工作的单位要健全巡视工作机构。二是要突出工作重点。把所属单位党组织领导班子及其成员特别是主要负责人作为巡视监督的重点对象，把被巡视单位贯彻执行党的路线方针政策、坚持民主集中制、落实党风廉政建设责任制及干部选拔任用工作等方面情况作为巡视监督的重点内容。三是要围绕中心工作。把开展巡视与推动业务工作紧密结合起来，积极支持和配合被巡视单位做好改革发展稳定各项工作。四是要提高工作水平。创新方式方法，规范工作流程，健全工作制度，全方位、多层次地了解掌握真实情况，切实提高巡视成果运用的能力和水平。

贺国强强调，各级巡视机构和巡视组要切实加强内部管理、严肃工作纪律。要严把进人关，把优秀干部选配到巡视队伍中来；要加强教育培训，提高巡视干部队伍的思想政治素质和业务本领；要强化纪律要求，从工作程序、工作作风、廉洁自律和财务纪律等方面作出严格规定并认真贯彻落实；要建立退出机制，对不适合从事巡视工作的干部要坚决调离，对犯错误的干部要严肃处理。巡视干部要自觉以良好的作风和过硬的本领做好工作，维护巡视工作的权威性。

中共中央政治局委员、中央组织部部长、中央巡视工作领导小组副组长李源潮，中共中央书记处书记、中央纪委副书记、中央巡视工作领导小组副组长何勇出席会议。

国务院副总理王岐山在中南海会见由澳门金融管理局行政委员会主席丁连星率领的澳门金融界代表团

海协会会长陈云林与台湾海基会董事长江丙坤在天津举行两会恢复协商以来的第七次会谈

双方就两岸核电安全合作议题进行了商谈，就继续推进两岸投保协议协商、加强两岸产业合作交换了意见，并讨论了两会已签协议执行情况、加强会务联系与交流合作等事宜。

两会同意，两岸核电安全合作协议旨在建立两岸核电安全信息通报机制、开展核电安全监管交流及专业机构合作，共同维护两岸同胞的安全、健康与两岸环境。协议主要包括核电安全法规与标准、核电安全分析与审查评估经验、核电厂老化管理、核电安全信息公开的经验等方面内容。

两会表示，两岸投保协议协商经一年来的沟通，双方就协议内容形成诸多共识并基本达成一致，两会对此表示充分肯定。鉴于协议涉及面广、专业性强，且双方管理体制存在差异，两会同意继续加快最后阶段的商谈，在下一次两会会谈时签署协议。

两会认为，两岸应加强产业合作，合作愿景包括继续完善两岸投资环境，发挥产业互补优势，扩大产业合作范围，提高产业合作层次，发展自主品牌，促进两岸产业转型升级，共同培育两岸企业参与国际竞争合作的新优势和竞争力。双方同意定期举办两岸产业合作论坛，并选定若干先期合作项目。

陈云林表示，两会协议是两岸关系和平发展主要成果的集中体现。大陆方面十分重视总结协议执行成效，对于个别协议执行中存在的问题，海协会将协调有关方面研究解决，对超出协议规范之外的问题，希望双方继续共同努力。

两会同意，下次会谈签署投保协议，继续推动两岸经济合作框架协议后续议题协商，如海关合作等，成熟一项，签署一项。

当日下午，陈云林与江丙坤签署了《海峡两岸核电安全合作协议》，两会公布了关于继续推进两岸投保协议协商和加强两岸产业合作两项共同意见。

中共中央台办主任王毅在天津会见台湾海基会董事长江丙坤一行

第十二届西部国际博览会（西博会）在四川成都举行

博览会于10月20日至22日举行。

本届西博会上，共签约投资项目1565个，投资金额9451.7亿元，同比增长25.6%，实现贸易成交额2527.6亿元，同比增长11.2%，投资项目签约及贸易合同成交金额均创历届西博会之最，实现了内贸与外贸、引进来与走出去、展览展示与采购洽谈三个“相结合”。

来自全球105个国家和地区以及全国30个省（区、市）及港澳台地区的参展商、采购商及各界嘉宾7.8万余人参展参会，主展场观众流量超过60万人次。本届西博会国际化水平大幅提升，并大大促进了区域合作互动与交流。

国家副主席习近平在人民大会堂与塞舌尔总统米歇尔举行会谈

外交部部长杨洁篪在哥本哈根与丹麦首相托宁—施密特举行会谈

国防部部长梁光烈在八一大楼与布隆迪国防部长加西尤布文盖举行会谈

纪念人民军工创建80周年大会在北京召开

中共中央总书记、国家主席、中央军委主席胡锦涛致信祝贺人民军工创建80周年。党和国家领导人吴邦国、温家宝、贾庆林、李长春、习近平、李克强、贺国强等对人民军工创建80周年分别作出批示。

中共中央政治局委员、国务院副总理张德江出席大会并讲话。张德江强调，国防科技工业责任重大、使命光荣。要深入贯彻落实科学发展观，大力发扬人民军工光荣传统，放眼世界政治、经济发展变化和军事变革的新形势，着眼维护国家安全和改革发展稳定大局，着力提升自主创新能力，着力深化改革开放，着力推进军民融合，着力加强人才队伍建设，促进国防科技工业实现新的跨越。要认真贯彻《国防科技工业发展“十二五”规划》，围绕保军品、强能力、促转变、谋发展，大力调整优化产业结构，大力提升产品质量，全面提高军工核心能力，促进国防科技工业科学发展。要统筹富国与强军的双重使命，把武器装备科研生产作为重中之重，优先安排资金投入、技术研发、生产组织等，确保完成武器装备科研生产任务。要立足自主创新，积极实施重大科技专项和重大科技工程，集中力量突破一批核心技术、关键技术。要坚持走中国特色军民融合式发展路子，建立和完善军民结合、寓军于民的国防科技工业体系，加强顶层设计，促进军民良性互动、协调发展。要进一步推进国防科技工业体制改革，加强国际合作与交流，提高国防科技工业的竞争力。要大力培养人才、吸引人才、用好人才，形成一支宏大的创新人才队伍，为国防科技工业发展提供强有力的人才和智力支撑。要大力建设先进的军工文化，广泛宣传吴运铎、钱学森、邓稼先等英模人物和先进集体的事迹，使人民军工光荣传统薪火相传、发扬光大。

纪念大会由工业和信息化部、国家国防科技工业局组织召开。工业和信息化部部长苗圩主持会议，工业和信息化部副部长兼国家国防科技工业局局长陈求发、解放军总装备部副部长李安东、江西省副省长朱虹、中国兵器工业集团公司总经理张国清、“两弹一星”元勋孙家栋在会上发言。

中央国家机关有关部门、地方国防科技工业管理部门、军工集团公司、民口配套单位和解放军的代表参加了纪念大会。

第二十一届中国新闻奖评选结果在北京揭晓

评选由中华全国新闻工作者协会主办。来自全国报社、通讯社、电台、电视台和新闻网站的287件作品荣获中国新闻奖，其中特别奖2件，一等奖41件（含9个新闻名专栏），二等奖89件，三等奖155件。《人民日报》评论《决定现代化命运的重大抉择——论加快经济发展方式转变》荣获特别奖，消息《179小时，王家岭见证生命奇迹》和新闻名专栏《人民观察》荣获一等奖。

西藏第一所高层次藏传佛教综合性院校——西藏佛学院落成开院

10月21日

国务院总理温家宝在广西南宁考察

10月21日至22日，温家宝在广西南宁市走访了人才市场、农贸市场和居民小区，了解就业、物价和社会保障等情况，并主持召开座谈会听取当地意见和建议。

温家宝指出，在宏观调控中，要把保障和改善民生作为一项特别重要的任务摆在突出位置，这不仅关系到经济社会的发展，而且关系到群众利益和社会和谐稳定。

温家宝特别强调，在当前物价较高的情况下，要更加重视解决好困难群众的生活问题，健全城乡居民社会保障体系，对低收入群众要做到应保尽保。

温家宝举行座谈会，他说，目前房地产市场调控和保障性住房建设处于关键时期，各级政府要切实采取措施，进一步巩固调控成果。一方面要抓好保障性住房建设；另一方面也要增加普通商品房的用地供给，促进普通商品房市场健康发展。

温家宝说，广西就业情况稳中趋好，主要问题是，总量供大于求与结构性短缺矛盾突出，大学生和部分困难群体就业压力增大。在当前经济增速放缓、外需下降的情况下，更应该坚持把就业作为经济社会发展的优先目标，千方百计扩大就业。要保证经济适度增长，增加就业机会，大力支持劳动密集型产业、服务业、小微型企业和民营企业发展。

全国政协十一届常委会十五次会议举行全体会议

中共中央政治局常委、全国政协主席贾庆林出席。

各民主党派中央、全国工商联负责同志及部分常委在会上作大会发言，他们一致认为，中共十七届六中全会是在全面建设小康社会关键时期召开的一次重要会议。会议通过的《决定》，突出了时代发展的要求，充分反映了全国各族人民的愿望，提出了新形势下推进文化改革发展的指导思想、重要方针、目标任务、政策举措，是指导我国文化改革发展，开创中国特色社会主义文化建设新局面、建设社会主义文化强国的纲领性文件，为中国特色社会主义文化大发展大繁荣指明了前进的方向。参加人民政协的各党派团体、各族各界人士一定要认真学习，深刻领会，坚决贯彻落实。

厉无畏副主席代表民革中央发言提出，要创新理念，大力发展文化创意产业，提升资源转化能力，营造高品质的文化创意生态环境。欧阳明高常委代表民盟中央发言，就动员社会各界力量、促进文化健康发展提出建议，提出要进一步理顺政府管理职能，提高高等教育质量，建立公共文化服务体系，深入研究文化发展规律。李说常委代表民建中央发言强调，要继续深入开展树立和践行社会主义核心价值体系教育活动，坚定不移地走中国特色社会主义政治发展道路。袁祖亮常委代表民进中央发言，建议进一步明确国家的“文化强国战略”，理顺国家文化管理体制，推进文化法律法规建设，加强文化理论建设。左焕琛常委代表农工党中央发言提出，要重视加强对社会主义先进文化的宣传教育，重视对民间优秀传统文化保护、利用和传承，重视互联网的影响力和舆论引导作用。王钦敏常委代表致公党中央发言，提出要深化改革，积极应对文化发展中的新挑战，尽快制定国家文化事业和文化产业中长期发展规划等建议。曾华常委代表九三学社中央发言提出，要遵循文化发展规律和市场经济规律，进一步转变政府职能，促进文化建设健康发展。杨健常委代表台盟中央发言，就进一步加强两岸出版界交流合作，推动两岸出版业共同发展提出建议。王玉锁常委代表全国工商联发言，建议加快推动民间资本进入文化产业，消除制约文化产业发展的体制机制障碍。张道宏常委提出，要进一步提高对文化产业发展的重视，完善文化产业的相关法律法规，转变文化管理模式。高俊良常委代表全国政协常委视察团发言提出，要创新公共文化服务运行机制，加快构建公共文化服务体系。阿什老轨常委提出，繁荣发展民族地区文化事业要多措并举。韦建桦常委代表全国政协文史和学习委员会发言提出，要加快发展博物馆事业，充分发挥博物馆的社会功能。江蓝生常委就深化文化体制改革问题提出了加强文化立法、完善文化市场环境、加强社会配套改革等建议。覃志刚常委代表全国政协教科文卫体委员会发言，表示要进一步发挥人民政协人才荟萃、智力密集的特点和优势，切实承担起推动文化建设的重任。

全国政协副主席张梅颖主持会议。

全国政协副主席王刚、杜青林、白立忱、陈奎元、阿不来提·阿不都热西提、李兆焯、董建华、张榕明、钱运录、孙家正、李金华、郑万通、万钢、林文漪、罗富和、陈宗兴、王志珍、何厚铧出席会议。

第八届中国—东盟博览会在广西南宁国际会展中心开幕

博览会于10月21日至26日举行。国务院总理温家宝出席开幕式。

截至10月26日16时，累计交易总额达到18.07亿美元，比上届增长5.6%。签订国际经济合作项目105个，总投资额74.2亿美元，同比增长10.86%。其中，中国内地各省市及中央直属企业对外合作的“走出去”项目52个，总投资额26.5亿美元，同比增长37.8%。在本届博览会上，参展参会客商5.06万人，比上届增长3.26%。

第八届中国—东盟商务与投资峰会在南宁开幕

峰会主题为“深化区域合作，实现共同繁荣”。国务院总理温家宝在开幕式上发表了《深化合作 共同繁荣》的讲话。

马来西亚总理纳吉布、柬埔寨首相洪森、缅甸副总统吴丁昂敏乌、老挝副总理宋萨瓦、泰国副总理吉滴叻、越南副总理阮春福以及文莱工业和初级资源部部长叶海亚、新加坡贸工部部长林勋强、菲律宾贸工部副部长马拉雅、印尼贸易部部长助理穆赫达塔尔、东盟秘书长素林出席开幕式。洪森也在开幕式上致辞。

峰会开幕式由广西壮族自治区党委书记郭声琨主持，中国国际贸易促进委员会会长万季飞致辞。中国和东盟有关政府部门负责人，国际和区域组织代表，中国和东盟各国工商界代表及专家学者1500人出席开幕式。

本届峰会由中国商务部、贸促会和广西壮族自治区人民政府主办，东盟秘书处、中国—东盟商务理事会协办。

国务院总理温家宝在第八届中国—东盟商务与投资峰会开幕式上发表题为《深化合作 共同繁荣》的讲话

尊敬的纳吉布总理，尊敬的洪森首相，女士们，先生们：

今年是中国—东盟友好交流年，也是中国—东盟建立对话关系20周年。这次峰会以“深化区域合作，实现共同繁荣”为主题，很有意义。我代表中国政府，对会议的召开表示热烈祝贺，对各位嘉宾的莅临表示诚挚欢迎。

中国与东盟国家或山水相连，或隔海相望。自古以来，我们的祖先就共同生息、繁衍在亚洲这片热土上。“远亲不如近邻”。地缘这根纽带把我们紧密联系在一起，无论在中国，还是在东盟国家，随处都可以看到双方文化交流、影响、融合的印记，至今传诵着郑和下西洋、文莱渤泥王来华、万隆会议这样脍炙人口的历史佳话。中国和东盟各国人民之间的传统友谊源远流长、历久弥新。

上世纪八九十年代以来，随着中国改革开放的深入推进，中国和东盟关系进入一个新的历史时期。我们本着加强沟通、增进互信、密切合作、互利共赢的宗旨，建立了中国—东盟对话关系，开启了双方关系的新篇章。20年来，双方关系经历了从全面对话伙伴、睦邻互信伙伴到战略伙伴的历史性跨越，中国—东盟全方位、宽领域、多层面的合作格局逐步形成。

中国真心诚意地发展同东盟的关系。作为区域外大国，中国第一个加入《东南亚友好合作条约》，第一个同东盟建立战略伙伴关系，第一个与东盟建设自由贸易区，率先承诺签署《东南亚无核武器区条约》议定书，坚定支持东盟在东亚合作中发挥主导作用。

中国致力于深化与东盟双方务实合作。在双方政府和工商界的共同努力下，20年来双边贸易额年均增长20%以上，目前已接近3000亿美元。中国成为东盟第一大贸易伙伴，东盟也成为中国的第三大贸易伙伴。我们创建了中国—东盟博览会、商务与投资峰会等经贸交流平台，设立了中国—东盟合作基金、中国—东盟公共卫生合作基金和中国—东盟投资合作基金，为东盟国家进行了数万人的能力建设培训。中国—东盟经贸合作正处于历史上最活跃、最富有成效的时期。

中国始终与东盟国家同舟共济。越是在困难和挑战面前,我们越是坚定地站在一起。1997年亚洲金融危机席卷东南亚时,中国坚持人民币不贬值。2008年国际金融危机最严峻的时期,中国出台了一系列应对金融危机的有力措施,促进了中国与东盟国家贸易与投资稳定增长。我们还共同抗击"非典"、禽流感、甲型H1N1流感等跨境传染病,共同应对历史罕见的印度洋海啸、缅甸风灾等自然灾害。中国—东盟的友好关系经受住了时间和困难的考验。

实践证明,中国和东盟既是唇齿相依、患难与共的好邻居,又是平等互利、合作共赢的好伙伴。正如一句中国谚语讲的那样,"邻居好,赛黄金"。我相信,只要我们始终秉持平等互信、求同存异的原则,就能超越政治、经济、宗教、文化等方面差异,排除一切艰难险阻,推动双方合作不断向前发展,实现共同繁荣。

女士们、先生们:

全球经济格局正在发生深刻变化,亚洲的地位和作用日益重要。中国和东盟都是最具活力的经济体,都处在发展转型的关键时期。要抓住难得的历史机遇,推动经济持续平稳较快发展,就要进一步加强区域经贸合作。中国—东盟国家人口众多,市场空间巨大,经济互补性强,合作前景广阔。这些为我们深化贸易投资合作提供了广泛可能。为了推动双方经贸合作再上水平,我们要重点办好几件大事:

第一,共同建设好自贸区。去年1月1日,中国—东盟自贸区全面建成。这是中国和东盟关系史上又一个重要里程碑,标志着双方经贸关系站在一个新的起点。自贸区的建成,不仅直接扩大区域内市场规模,极大地促进双边贸易快速发展,而且有利于促进农业、交通、旅游、投资等各个领域的合作,使中国和东盟经济在更大范围、更高层次上实现优势互补。中国—东盟自贸区是平等互利、合作共赢的典范。自贸区建成第一年,双方贸易额就达到2928亿美元,同比增长37.5%,创历史新高。今年前三季度,双方贸易额进一步增长26.4%,东盟对中国出口增速快于进口增速。这些表明,自贸区启动后,东盟的国际竞争力不是削弱而是增强了,东盟对中国的出口能力不是降低而是提高了。自贸区是中国与东盟国家经过多年努力精心培育的利益共同体,来之不易,需要倍加呵护和珍惜。中方愿意继续扩大东盟国家优势产品的进口,妥善解决自贸区建设中出现的各种问题,把工作做实,把好事办好。我们将在南宁建设中国—东盟商品交易中心,作为双方产品的展示交易平台和商贸物流基地,希望东盟企业利用好这个平台,在中国赢得更大的市场份额。

第二,大力推进互联互通。实现东盟内部以及中国—东盟的互联互通,是深化经贸合作和人员往来的重要基础,将为缩小地区发展差距、提升地区竞争力、加快东亚一体化进程发挥重要作用。双方无论在基础设施硬件建设,还是在规制安排、人员交往等软件建设方面,都有巨大的合作空间。我们将与东盟方面密切合作,加强对中国与东盟有关国家互联互通的投入,为促进本地区商品、资本、信息的自由流通、人员往来和经济社会发展创造更好条件。中方愿意继续利用好中国—东盟投资合作基金、中国—东盟银联体及对东盟国家建立的信贷渠道,支持中国—东盟互联互通合作项目的落实。实现互联互通是一项长期而艰巨的任务,对已经形成规划的项目要抓好落实;对尚未确定的领域和项目要抓紧研究,早日推出实施方案。

第三,扩大双方投资合作。东盟国家来华直接投资累计达673亿美元,中国企业对东盟的投资也呈现快速增长态势,累计已达135亿美元。中国政府一如既往地欢迎东盟各国企业来中国投资兴业,特别是到中西部投资。中方也鼓励本国优秀企业扩大对东盟的投资。中方已经承诺在东盟国家各建一个经贸合作区,通过集群式投资提高双方经贸合作水平。广西中马产业园是双方在中国西部地区合作建设的第一个工业园,具有示范意义,欢迎马方有实力的企业积极参与园区的规划和开发建设。我们也欢迎更多东盟国家企业来中国共建工业园区。

第四,深化区域经济合作。推动东亚区域和次区域合作,是中国和东盟共同的历史使命。东盟在实践中形成的区域合作理念和做法,符合东亚地区的实际,是行之有效的、成熟的,应该坚持下去。中方始终是东亚合作的积极参与者和支持者。中方将鼓励企业参与东盟东部增长区、大湄公河、泛北部湾等次区域合作,给予金融、技术、市场等方面的有力支持,推动形成若干经济增长极。中方愿与东盟密切合作,进一步深化现有各项区域财金合作,扩大货币互换规模和参与范围,完善"清迈倡议"多边化危机救助机制,加强区域经济监测能力建设,推进亚洲债券市场发展,逐步建立稳定、成熟的地区资本市场,进一步增强本地区应对国际金融风险的能力。

第五,拓展人文领域的交流。这是双方人民加深了解、增进友谊的重要方式,是中国—东盟关系可持续发展的重要基础。目前,东盟国家是中国游客的旅游首选地,去年首站前往东盟国家的中国游客超过500万人次。双方留学生和青少年交往也非常活跃,目前超过6000名汉语志愿者在40所孔子学院和课堂里工作,双方互派留学生超过13万人。我们要以办好"中国—东盟友好交流年"为契机,继续加强文化、教育、旅游、青年等领域的交流与合作，努力实现2015年双方人员往来达到1500万人次的目标。

当前国际金融危机依然阴霾重重，世界经济复苏艰难而曲折，不稳定和不确定性上升。一些国家主权债务风险增大，国际金融市场急剧动荡，主要发达国家失业率居高不下，新兴经济体面临通胀压力，世界经济增速出现回落，对亚洲地区已产生明显影响。在这种情况下，中国和东盟国家更需要精诚团结，做好在较长时期内应对挑战的各种准备，以更加务实开放的态度深化区域合作，推动中国与东盟各国经济持续健康平稳发展。

女士们、先生们：

中国—东盟建立对话关系已有20年了。20年在历史长河中只是一瞬，但是对于一个时代来说，时间并不算短。我真诚地希望中国和东盟的合作能有大的进展，不断取得富有意义的成果，造福中国与东盟国家的人民。这里我愿重申，巩固同东盟面向和平与繁荣的战略伙伴关系，推进互利互惠的全方位合作，是中国政府坚定不移的外交政策。我们将长期奉行“与邻为善、以邻为伴”的方针，永远做东盟的好邻居、好伙伴、好朋友。中国的发展将给东盟带来机遇，东盟的繁荣也符合中国的利益。我们愿同东盟各国一道，以中国—东盟自贸区全面建成为新的起点，拓宽合作领域，充实合作内容，提高合作层次，努力开创中国—东盟互利合作、共同繁荣的美好明天。

预祝本届商务与投资峰会取得圆满成功！

谢谢大家！

国务院总理温家宝在南宁会见马来西亚总理纳吉布和东盟秘书长素林

在会见纳吉布时，温家宝表示，近年来，中马传统友谊得到巩固和加深，两国战略性合作不断取得进展，马来西亚成为中国在东盟内最大的贸易伙伴。双方要继续加强经贸、投资、金融、科技等领域的合作，密切在重大问题上的沟通协调，共同推动两国关系继续向前发展。

纳吉布表示，马方高度重视对华关系，愿进一步深化两国各领域互利合作，使马中传统友谊发扬光大。马方将与中方密切配合，推动东盟—中国关系和东亚合作健康、稳定发展。

两国总理共同出席了中马钦州产业园签约仪式并揭牌。

在会见素林时，温家宝表示，中方将发展同东盟的战略伙伴关系作为周边外交政策的重要基石，坚定支持东盟一体化建设，支持东盟在东亚合作中发挥主导作用，愿与东盟密切配合，推动中国与东盟关系发展迈入新阶段。

素林表示，东盟感谢中方的支持，希望中方进一步扩大对东盟的投资。东盟愿与中方共同努力，全面推进各领域互利合作，加强在重大地区事务中的协调配合，将东盟与中国关系和东亚合作提升到新的高度。

第三次全国老龄工作会议在北京召开

会议深入分析当前我国老龄工作和老龄事业发展面临的新形势，全面部署今后一个时期的老龄工作。

中共中央政治局委员、国务院副总理、全国老龄工作委员会主任回良玉在会上指出，我国已是世界上老年人口最多、老龄化速度最快的国家，老年人口、高龄老人增速加快，空巢老人增多，未富先老、区域不平衡、农村老龄人口比例高等问题突出。对于我国人口老龄化面临的这些新情况、新问题、新挑战必须高度重视。要树立积极的人口老龄观，以积极的态度、政策、行动应对人口老龄化。全社会要积极接纳老年人，形成良好氛围；各方面要积极做好老龄工作，促进老年人的“保障、健康、参与、发展”；老年人要积极面对老年生活、保持身心健康、积极参与社会、提高生活品质；青壮年也要积极为将来养老做物质和精神准备。

回良玉强调，要全面贯彻落实老龄事业发展“十二五”规划，围绕“老有所养、老有所医、老有所教、老有所学、老有所为、老有所乐”的工作目标，推动老龄事业又好又快发展。要加快建设和完善社会养老保障制度体系，完善以社会保险、社会救助、社会福利为基础，以基本养老、基本医疗、基本住房、最低生活保障为重点，以慈善事业、商业养老保险为补充的养老社会保障制度体系。要大力推行居家为主的养老模式，加快建设社会化养老服务体系，建立健全居家养老服务网络，加强对失能老人和高龄老人生活照料和各项服务，统筹发展机构养老服务，加快发展老年人护理康复服务。要在全社会倡导科学、文明、健康生活方式，丰富老年人精神文化生活，提升老年人生活品质和健康素质。要加强老龄法制建设，切实保障老年人合法权益。要重视农村老龄工作，着力加强农村养老保障制度和老龄服务体系建设，推动城乡老龄事业协调发展。

各省、自治区、直辖市及中央有关部门负责人，各地老龄办负责人出席了会议。全国老龄委副主任、民政部部长李立国作会议总结，发展改革委、人力资源和社会保障部、北京市、河北省、黑龙江省、江苏省、云南省、甘肃省负责同志在会上作交流发言。会议还表彰了全国老龄工作先进集体和先进个人。会前，回良玉会见了全国老龄工作先进集体和先进个人代表。

国资委发布《央企2010年度分户国有资产运营

情况表》

数据显示,截至2010年年底,120户中央企业资产总额244274.6亿元,比上年增长16%;实现营业总收入167769.4亿元,比上年增长32.9%。实现净利润8522.7亿元,比上年增长42.8%。

在全部中央企业中,2010年年底资产总额超过千亿元的企业有57家,比上年增加4家;2010年度实现营业收入超过千亿元的企业有43家,比上年增加5家。在美国《财富》杂志2011年公布的世界500强企业中,中央企业有38家,比上年增加8家。

央企中净利润排前五位分别是,中石油1241.8亿、中国移动972.7亿元、中海油742.3亿元、中石化721.2亿元、神华集团468.6亿元。以归属母公司净利润看,102家央企中有6家企业亏损,中国联通亏损多达41.4亿元,其次为大唐集团亏损30.3亿元、中钢集团亏损14.7亿元、中国铝业亏损2.8亿元、中国印刷集团亏损0.4亿元、彩虹集团亏损0.2亿元。

商务部 财政部和中国人民银行联合发出《关于“十二五”时期做好扩大消费工作的意见》

《关于“十二五”时期做好扩大消费工作的意见》(以下简称《意见》)明确了“十二五”扩大消费的指导思想、基本原则、主要任务和财政金融支持政策。这是三部门落实中央“防通胀、扩内需、调结构”部署,进一步增强流通在扩大消费中的作用,加快转变经济发展方式,促进产业结构调整的重要举措。

《意见》明确,扩大消费是“十二五”期间商务工作的重要任务,重点是构建统一开放、竞争有序、高效安全、利产惠民的现代商贸流通体系。要进一步完善农村流通网络,发展社区便民服务,促进网络购物、电视购物等无店铺销售形式规范发展,大力促进便利消费。要发展现代流通方式,促进产销直接对接,降低流通成本,大力促进实惠消费。要完善市场监管体系,大力促进安全消费。

商务部计划从明年开始,每年确定一个月为“消费促进月”,在全国范围内统一开展以“扩消费、促发展、惠民生”为主题的促销活动。财政部门将加大支持力度,强化财政资金的引导作用,着眼于推进现代流通发展,完善市场流通体系,扩大城乡居民消费,突出惠及民生的公益性项目、公共服务性项目、绿色环保项目等支持重点。银行业金融机构将加大对商贸流通企业的信贷支持力度。鼓励消费信贷产品和管理模式创新,支持扩大农村消费。积极推动直接融资工具创新,拓宽商业企业多元化融资渠道。引导经营者采用银行卡结算,方便刷卡消费。

亚洲最大污泥处理工程——上海白龙港污泥处理工程正式投入运行

中共中央政治局常委李长春在人民大会堂会见以总书记帕甘·阿蒙为团长的南苏丹共和国苏丹人民解放运动代表团

国家副主席习近平在人民大会堂会见俄罗斯联邦安全会议秘书帕特鲁舍夫

国务院副总理王岐山在北京与比利时王储菲利普举行会谈

中联部部长王家瑞在北京会见由东帝汶国民议会议长费尔南多·拉萨马率领的东帝汶国民议会跨党派议员考察团

全国妇联副主席宋秀岩在国新办举行的新闻发布会上发布第三期中国妇女社会地位调查的基本情况和主要数据

从调查数据看,与2000年相比,中国妇女社会地位明显提高。女性参与过各级管理工作的比例比10年前提高了4.5个百分点;女性社会参与的主动性有所增强,92.9%的女性关注“国内外重大事务”,83.6%的农村女性近5年来参与了村委会选举。

数据显示,女性受教育状况明显改善。18—64岁女性平均受教育年限为8.8年,比2000年提高2.7年,性别差距由10年前的1.5年缩短为0.3年;女性中接受过高中阶段及以上教育的占33.7%,接受过大学专科及以上高等教育的占14.3%。

在就业方面遭遇过性别歧视的女性占10%。有求职经历的女大学生中,24.7%的人遭遇过不平等对待。最近3年,高层人才所在单位中,20.6%存在“只招男性或同等条件下优先招用男性”的情况,30.8%存在“同等条件下,男性晋升比女性快”的情况,47%存在“在技术要求高、有发展前途的岗位上男性比女性多”的情况。

10月22日

国务院总理温家宝在中南海紫光阁会见出席第五届中日友好21世纪委员会第三次会议的双方委员

全国政协十一届常委会十五次会议在北京闭幕

中共中央政治局常委、全国政协主席贾庆林出席闭幕会并讲话。

中共中央政治局委员、全国政协副主席王刚主持闭幕会。

贾庆林说，这次常委会议是在中共十七届六中全会刚刚闭幕的形势下召开的一次重要会议。中共中央对开好这次常委会议高度重视，中共中央政治局常委李长春同志出席开幕会，就全会情况和会议精神作了重要报告。会议期间，与会同志认真学习全会文件和公报，围绕会议议题进行了深入、热烈的讨论。各民主党派中央、全国工商联负责同志及部分常委作了大会发言。与会同志一致表示，完全拥护胡锦涛同志受中共中央政治局委托所作的工作报告和在全会上的重要讲话，完全拥护《中共中央关于深化文化体制改革、推动社会主义文化大发展大繁荣若干重大问题的决定》，完全拥护《关于召开党的第十八次全国代表大会的决议》。与会同志还就推进社会主义文化改革发展提出了许多有价值、有分量的意见和建议。会议取得了丰硕的议政成果。

贾庆林指出，要认真学习贯彻中共十七届六中全会精神，切实把思想统一到中央的决策和部署上来。这次全会通过的《决定》，立足中国特色社会主义事业总体布局，对新形势下繁荣发展社会主义文化作出全面部署，符合世情、国情、党情和文化发展规律，凝聚了全党全国人民的智慧，是当前和今后一个时期指导我国文化改革发展的纲领性文件。我们要深刻理解和把握推进文化改革发展的重要性和紧迫性，进一步增强推进文化改革发展的责任感和使命感；深刻理解和把握推进文化改革发展的指导思想，坚定不移走中国特色社会主义文化的发展道路；深刻理解和把握建设社会主义文化强国的总体要求和到2020年文化改革发展的奋斗目标，进一步明确努力方向，推动形成全民族文化创造活力持续迸发、社会文化生活更加丰富多彩、人民基本文化权益得到更好保障、人民思想道德素质和科学文化素质全面提高的新局面；深刻理解和把握文化改革发展“五个坚持”的重要方针，确保文化改革发展始终沿着正确道路前进；深刻理解和把握文化改革发展“六个方面”的重大举措，明确工作重点，创新工作思路，团结动员广大群众，共同推动各项重大举措深入实施；深刻理解和把握加强和改进党对文化工作领导的内在要求，遵循文化发展规律，担负推进文化改革发展的政治责任，提高文化建设的科学化水平。

贾庆林强调，学习贯彻十七届六中全会精神，是当前和今后一个时期全党全国的重大政治任务，也是人民政协的重大政治任务。我们要充分发挥人民政协的优势和作用，强化理论武装，切实增强走中国特色社会主义政治发展道路的自觉性和坚定性；积极建言献策，努力为社会主义文化改革发展提供智力支持；广泛凝聚各方面的智慧和力量，共同促进社会主义文化繁荣发展，为推动社会主义文化建设作出更大贡献。

会议通过表决方式，决定增补闵维方为政协第十一届全国委员会委员、全国政协文史和学习委员会副主任。

会议审议了全国政协常委和委员赴陕西、浙江、四川、贵州等地视察考察情况的报告；审议了全国政协代表团访问阿尔及利亚、瑞士、冰岛、意大利、美国、加拿大等外事出访报告。

全国政协副主席杜青林、白立忱、陈奎元、阿不来提·阿不都热西提、李兆焯、董建华、张梅颖、张榕明、钱运录、孙家正、李金华、郑万通、万钢、林文漪、厉无畏、罗富和、陈宗兴、王志珍、何厚铧出席闭幕会。

10月23日

中组部和中央维稳办在云南普洱召开做好新形势下群众工作经验交流会

中共中央政治局委员、中央书记处书记、中央组织部部长李源潮，国务委员、中央维护稳定工作领导小组副组长、公安部部长孟建柱出席会议并讲话。

2008年，普洱市孟连县发生了震动全国的“7·19”事件。事件后，孟连县党委、政府深刻反思、汲取教训，从加强基层组织、整顿干部作风入手，创新群众工作方式方法，建立为民服务五项制度和化解矛盾五项机制，真心实意为人民服务，使党群干群关系发生了巨大变化，出现了经济加快发展、社会和谐稳定、干群团结一心的良好局面。会上，普洱市、孟连县介绍了他们的做法和经验，代表们观看了反映孟连新变化的专题片。

李源潮指出，孟连的实践充分说明，只要我们坚持执政为民，真正为民办事，就能得到群众的信赖和支持。基层党组织和基层干部要把服务群众、做群众工作作为核心任务和基本职责，通过为群众干实事增强凝聚力战斗力。要解决好人民群众最关心最直接最现实的利益问题，不断适应生产力的发展，改革调适包括分配关系在内的利益关系，保证人民群众共享改革发展成果。要畅通群众诉求表达渠道，健全矛盾纠纷排查调解机制，及时排查矛盾、分析矛盾、化解矛盾。要突出抓好改进干部作风这个关键，建立机关干部下基层制度、干部直接联系群众制度、干部经常直接听取群众意见制度，实打实为群众办事。要不断创新群众工作方式方法，完善以党组织为主导的群众工作格局，建立健全基层民主管理机制，提高依法办事能力和水平。要大力加强基层组织建设，深入开展为民服务创先争优，进一步密切党群干群关系。

孟建柱指出，进一步加强和改进新形势下的群众工作，要在倾听民声、问计于民上下功夫，建立完善经常性走访联系群众工作机制、以民意为导向的问题整改考核机制、固本强基的群众工作保障机制，进一步增强维护社会稳定工作的主动性、创造性。要在创新理念、把握规律上下功夫，善于从民生的视角处理问题，以法为据、以理服人、以情感人，全面提升管理服务社会、协调利益关系、化解矛盾纠纷的能力和水平。要在专群结合、群防群治上下功夫，尊重群众主体地位，健全群众参与机制，努力实现专业力量与社会资源的良性互动，使维护社会稳定工作获得最广泛最可靠的群众基础和力量源泉，真正筑牢社会和谐稳定的铜墙铁壁。

云南省省委书记秦光荣，云南省省委副书记、代省长李纪恒出席会议。中央维稳办主任、公安部常务副部长杨焕宁作会议总结。中央和国家机关有关部门负责人，各省区市和新疆生产建设兵团党委组织部、维稳办负责人和基层党组织代表参加会议。

公安部部长孟建柱在西双版纳召开会议研究处理“10·5”事件

10月5日，两艘中国货船在澜沧江—湄公河水域遭不明身份武装人员袭击，造成13名中国船员遇害。事件发生后，党中央、国务院高度重视，要求尽快查明案情，缉拿凶手，保护我国人民生命财产安全。国务委员、公安部部长孟建柱召开会议，专题研究处理“10·5”我国货船遇袭事件有关事宜，部署澜沧江—湄公河航道安全工作。他强调，各有关地区和部门要坚决贯彻落实中央领导同志重要指示精神，会同有关国家加快案件调查处理工作，妥善处理善后事宜，尽快建立中老缅泰4国维护澜沧江—湄公河国际航运安全执法合作机制，切实维护澜沧江—湄公河航运安全。

第一届世界浙商大会在杭州开幕

大会于10月23日至28日举行。

中共中央政治局常委、国家副主席习近平向大会致信表示祝贺。

习近平在贺信中指出，敢为天下先、勇于闯天下、充满创新创业活力的浙商群体，在社会主义市场经济大潮中应运而生，为推动浙江经济持续快速发展，为促进我国区域经济协调发展和提升开放型经济水平作出重要贡献。

习近平指出，当前，我国已进入全面建设小康社会的关键时期和深化改革开放、加快转变经济发展方式的攻坚时期，浙江经济率先发展、转型发展、和谐发展、可持续发展迎来新的机遇，浙商群体的创新创业也迎来新的发展空间。希望浙商群体审时度势、抓住机遇，深入传承浙商文化、大力弘扬浙商精神，继续用好国内国外两个市场、两种资源，把奋力向外拓展同积极向内拓展结合起来，把富而思进同富而思源、富而思报结合起来，做到形成健康的发展机制同坚持理性的投资导向相统一、做大做强主业同拓展新的发展空间相统一、调整产业结构同优化对外贸易结构相统一、营造企业和谐文化同构建和谐劳动关系相统一、追求经济效益、社会效益同生态效益相统一，为全面建成小康社会和创新型国家，为实现中华民族伟大复兴建功立业。

中共中央政治局委员、国务院副总理张德江也向大会发来贺信。他指出，广大浙商坚持“走遍千山万水、吃尽千辛万苦、道遍千言万语、想尽千方百计”的“四千”精神，创造了浙江民营经济的发展奇迹，造就了出类拔萃的企业家群体，为我国改革开放和市场经济发展作出了积极贡献。希望广大海内外浙商以这次大会为新的契机，进一步加强交流、深化情谊，相互支持、共同发展，爱国爱乡、把根留住，弘扬浙商精神，坚持创业创新，大力推进浙江率先发展、转型发展、和谐发展、科学发展，努力为浙江乃至全国的经济社会发展作出新的更大贡献。

全国政协副主席、全国工商联主席黄孟复在开幕式上分析了当前国内外经济形势，充分肯定了浙商精神和浙商贡献，勉励广大浙商紧紧围绕“十二五”经济社会发展的主题和主线，抓住转变发展方式的机遇，在浙江这片热土上，实现更好的发展，取得更令人瞩目的成就。

全国政协副主席董建华在讲话中说，“十二五”规划中，国家高度重视民企在经济社会发展中的重要作用，在政策和各个方面为民企发展营造良好环境。浙商在民企中举足轻重，在国家经济中扮演着重要角色。希望广大浙商抓住机遇，在新起点上再续传奇、再创辉煌，为祖国繁荣昌盛，为民族的复兴作出新的贡献。

香港永新企业有限公司副董事长曹其镛、复星集团有限公司董事长郭广昌、正泰集团股份有限公司董事长南存辉、中国工商银行副行长易会满分别代表海外、省外、省内浙商和世界500强企业在会上致辞。大会表彰了优秀浙商，并发表了《首届世界浙商大会宣言》。

首届世界浙商大会以“创业创新闯天下、合心合力强浙江”为主题。

国务院副总理李克强在平壤与朝鲜内阁总理崔永林举行会谈

李克强表示，中朝友谊是两党、两国和两国人民的宝贵财富。中国党和政府高度珍视中朝传统友谊，始终从战略高度和长远角度认识和把握两国关系。不断巩固和发展中朝传统友好合作关系，是中方坚定不移的方针。新形势下，中方愿与朝方一道，认真落实好两国最高领导人达成的各项重要共识，进一步加强两国各领域友好交流与务实合作，推动中朝关系持续健康稳定向前发展。双方应继续按照"政府引导、企业为主、市场运作、互利共赢"的原则，推动中朝务实合作不断走实走深。保持双边贸易平稳快速增长，积极稳妥推进重点合作项目。广泛开展教育、文化、旅游、媒体、民间团体和地方间的交流与合作，进一步增进两国人民之间的了解和友谊。

李克强还向朝鲜同志介绍了中国共产党十七届六中全会情况和中国改革开放与社会主义现代化建设进展。李克强表示，改善北南和朝美关系，加强对话沟通，维护半岛和平稳定，符合各方共同利益。中方支持朝方坚持接触对话的正确方向，推动有关对话早日取得成果，尽早重启六方会谈，推进半岛无核化，推动半岛形势进一步缓和，维护本地区和平、稳定与发展。

崔永林说，在两国最高领导人的关心下，朝中两国关系近年来在新的更高水平上取得了更大发展。加强两国传统友谊，深化合作，是朝鲜党和政府坚定不移的方针政策，符合两党和两国的战略利益。双方应巩固政治互信，拓展在经贸、矿业、基础设施等领域的务实合作，加强世代友好，共同维护地区的和平、稳定。他表示，朝方主张无条件重启六方会谈，全面落实"9·19"共同声明，实现半岛无核化，这一立场是一贯的。

第五届中日友好二十一世纪委员会第三次会议在钓鱼台国宾馆开幕

中方首席委员、前国务委员唐家璇和日方首席委员、东京证券交易所会长西室泰三分别率团与会并作主旨发言。

中国地质科学院唐烽研究员为首的学术团队发现后生动物真正始祖

据《人民日报》报道：日前，《自然》杂志刊登了一篇名为《远古的海洋"水母"撼动了动物进化树——化石修改了演化的顺序》的评论文章，介绍了以中国地质科学院的古生物学家唐烽研究员为首的学术团队的研究成果。研究认为，发现于华南贵州的一类5.8亿年前的化石让我们开始怀疑已知的动物系统树，这类被命名为"八臂仙母虫"的化石生物，将重新排序生命系统树的最早期分支。这一研究成果将栉水母动物的最早化石记录从"澄江生物群"的寒武纪早期推前了大约3000万年。

国际道教论坛在湖南衡阳衡山举行

论坛于10月23日至25日举行，由中国道教协会、中华宗教文化交流协会共同主办，湖南组委会承办。

中共中央政治局常委、全国政协主席贾庆林专门为论坛发来贺信。中共中央政治局委员、国务院副总理回良玉对办好论坛提出明确要求。全国政协副主席、中共中央统战部部长杜青林出席开幕式并致辞。

来自内地、港澳台地区和19个国家的道教界、政界、学界、商界等有关方面人士参加了论坛开幕式。

10月24日

十一届全国人大常委会第二十三次会议在人民大会堂举行第一次全体会议

会议审议兵役法修正案草案、职业病防治法修正案草案、民事诉讼法修正案草案、精神卫生法草案、居民身份证法修正案草案、关于检查劳动合同法实施情况的报告等。

吴邦国委员长主持会议。常委会组成人员145人出席会议，符合法定人数。

会议听取了全国人大法律委员会副主任委员胡彦林作的关于兵役法修正案草案审议结果的报告。十一届全国人大常委会第二十一次会议对草案进行了初次审议。会后，全国人大法律委员会、常委会法制工作委员会采取将修正案草案印发征求意见、召开座谈会和到一些军区、地方调研等方式，听取了有关部门和专家学者的意见。提交本次常委会会议的二审稿，对机关、团体、企事业单位在兵员征集中切实支持国防和军队建设提出约束性要求，对士兵退役安置制度作了更加全面准确的表述，完善了军人退役安置的相关规定等。

会议听取了全国人大法律委员会副主任委员刘锡荣作的关于职业病防治法修正案草案修改情况的汇报。十一届全国人大常委会第二十一次会议对草案进行了初次审议。根据常委会组成人员和各方面意见，二审稿从完善有关职业卫生监管部门的表述、加强职业病源头预防与控制、开展工作场所现场调查、用人单位已经不存在或无法确认劳动关系的职业病病人救助、加大对违法行为的处罚力度等方面做了进一步修改。

我国现行民事诉讼法是1991年七届全国人大四次会议通过的，2007年十届全国人大常委会第三十次会议对审判监督程序和执行程序的部分规定做了修改。随着经济社会快速发展，民事案件数量不断增多，新的案件类型不断出现，民事诉讼法的规定在某些方面已经不能完全适应人民群众的司法需要，有必要进一步予以完善。经反复与有关部门进行研究，多次听取全国人大代表、企业、律师和专家学者意见，并专门征求部分地方人大常委会的意见，在充分认证并取得基本共识的基础上，形成了民事诉讼法修正案草案。受委员长会议委托，全国人大常委会法制工作委员会副主任王胜明作了关于民事诉讼法修正案草案的说明。

王胜明从完善调解与诉讼相衔接的机制、进一步保障当事人的诉讼权利、完善当事人举证制度、完善简易程序、强化法律监督、完善审判监督程序、完善执行程序等七个方面对修正案草案的主要问题作了说明。

清洁生产是转变发展方式的重要举措。我国于2002年制定清洁生产促进法，全国人大常委会高度重视这部法律的实施情况，2010年进行了执法检查。执法检查报告及常委会审议意见提出，要适时对这部法律进行修改。全国人大环境与资源保护委员会主任委员汪光焘作了关于清洁生产促进法修正案草案的说明。

汪光焘说，修改清洁生产促进法的指导思想是：围绕国民经济和社会发展规划及国务院确定的资源环境约束性指标和节能减排约束性指标的实施，增强清洁生产推行规划的效力；处理好清洁生产促进法有关超标排污的规定与其他环境保护相关法律规定的关系；以高耗能、高排放的企业和使用有毒有害原料或者产品的企业为重点，实行清洁生产强制性审核和自愿性审核相结合的制度；促进提高企业内部管理水平，强化企业实施清洁生产审核的责任，并明确政府对强制性清洁生产审核评估的责任。他还就修正案草案的主要内容作了说明。

会议听取了卫生部部长陈竺受国务院委托作的关于精神卫生法草案的说明。精神卫生既是全球性的重大公共卫生问题，也是较为严重的社会问题。目前实践中存在的突出精神卫生问题主要是：精神障碍患者的救治救助水平偏低，预防、治疗、康复服务体系不够健全；严重精神障碍患者的管理不到位；强制收治精神障碍患者程序缺失，个别地方发生的强制收治案例引起患者及其亲属的强烈质疑，“被精神病”不时成为舆论热点。

陈竺说，为了促进我国精神卫生事业的快速发展，规范和保障精神卫生工作，并有针对性地解决目前精神卫生工作中存在的突出问题，有必要尽快制定精神卫生法。陈竺说明了精神卫生法草案形成的过程和总体思路，以及诊断和住院治疗、精神障碍的预防和康复、精神障碍的救助、严重精神障碍患者的管理制度等具体内容。

会议听取了公安部副部长杨焕宁受国务院委托作的关于居民身份证法修正案草案的说明。他说，居民身份证法自2004年实施以来，为证明公民身份、保障公民合法权益、便利公民进行社会活动发挥了重要作用。为进一步提高居民身份证的防伪性能，夯实社会管理的人口信息基础，需要尽快结束第一代居民身份证与第二代居民身份证并用的局面，在第二代居民身份证的登记项目中加入指纹信息并确保公民个人信息安全，同时，需要完善人民警察依法查验居民身份证的规定。他还就修正案草案的主要内容作了说明。

恐怖主义已成为影响世界和平与发展的重要因素，我国也面临着恐怖活动的现实威胁，反恐怖斗争的长期性、复杂性和尖锐性日趋突出。在这一形势下，进一步推进反恐怖立法，解决反恐怖斗争中遇到的法律问题和实际困难，对于维护国家安全和社会稳定，具有十分重要的意义。受国务院委托，公安部副部长杨焕宁就关于加强反恐怖工作有关问题的决定草案中恐怖活动、恐怖活动组织、恐怖活动人员定义，反恐怖工作领导机构和有关组织力量，恐怖活动组织及恐怖活动人员名单认定，涉恐资产冻结等问题作了说明。

全国人大常委会高度重视维护劳动者合法权益问题。继2008年之后，2011年7月至8月，全国人大常委会再次对劳动合同法的实施情况进行检查。执法检查组在全面了解近几年劳动合同法贯彻实施情况的基础上，重点检查了劳动密集型中小企业即非公企业劳动合同订立与履行、劳务派遣用工、集体协商和集体合同签订等情况。

全国人大常委会副委员长华建敏代表执法检查组报告了检查情况。执法检查组认为，总的来看，劳动合同法已经得到企业和劳动者的普遍认同，对建立和谐劳动关系产生了积极影响，特别是在应对国际金融危机冲击、保护和促进企业健康发展、维护劳动者合法权益方面发挥了重要作用。

执法检查组认为，劳动合同法实施中主要存在以下问题：一是部分劳动密集型中小企业及非公企业劳动合同签订率仍然偏低，部分已签的劳动合同内容不规范、履行不到位，一些地方对企业用工和劳动合同签订情况底数不清的问题仍然没有很好解决；二是劳务派遣在部分单位被滥用，损害派遣工合法权益问题比较突出；三是集体合同签订率和履约质量有待进一步提升；四是劳动保障监察执法队伍建设滞后。针对上述问题，执法检查组建议，进一步加强宣传教育，提高社会各界对劳动合同法的认识；继续完善相关法规和政策措施；严格依法规范劳务派遣用工；大力推进集体协商和集体合同签订工作；强化劳动保障监察；加强劳动争议处理。

2011年3月十一届全国人大四次会议期间，全国人大代表本着对国家和人民高度负责的精神，依照宪法和法律的规定提出属于全国人民代表大会职权范围内的议案566件。大会主席团将这些议案分别交由全国人大有关专门委员会审议，由专门委员会依法向全国人大常委会报告代表提出议案的审议结果。全国人大各专门委员会认真办理代表提出的议案，逐一研究，区别不同情况，提出具体办理意见。本次常委会会议上，全国人大内务司法委员会副主任委员张学忠、财政经济委员会副主任委员乌日图、农业与农村委员会主任委员王云龙分别作了关于十一届全国人大四次会议主席团交付审议的代表提出的议案审议结果的报告。

会议听取了全国人大常委会代表资格审查委员会主任委员黄镇东作的关于个别代表的代表资格的报告，审议了有关任免提案。

全国人大常委会委员长吴邦国在人民大会堂分别会见博茨瓦纳国民议会议长纳莎和南非国民议会副议长姆费凯托

会见纳莎时，吴邦国说，中方感谢博方坚定奉行一个中国政策。中方高度重视发展中博友好合作关系，愿与博方共同努力，进一步加强各方面的友好往来，增进政治互信，深化在制造业、矿业、基础设施建设等领域的互利合作，拉紧双方的利益纽带，推动两国关系不断迈上新台阶。

吴邦国说，当前两国都面临发展经济、改善民生、维护稳定的共同任务，这为深化合作开辟了广阔空间。希望以您的访问为契机，加强中国全国人大与博茨瓦纳国民议会的友好往来与务实合作，为中博关系全面深入发展发挥更加积极的作用。

纳莎说，博方期待学习中方在推动经济社会发展等方面的成功经验。博茨瓦纳国民议会愿加强与中国全国人大的友好交往，为国家关系发展注入新的活力。

会见姆费凯托时，吴邦国说，希望双方以启动议会定期交流机制为契机，加强各层次友好往来，增进相互了解，加强在立法、监督、治国理政等方面的经验交流，推动务实合作，不断丰富两国关系的内涵。

姆费凯托说，南中立法机构定期交流机制的启动，对加强两国立法机构交往很有意义。南非国民议会愿同中国全国人大一道，充分发挥定期交流机制的作用，为两国立法机构乃至国家关系的发展作出积极贡献。

国务院总理温家宝在天津调研

10月24日至25日，温家宝在中共中央政治局委员、天津市委书记张高丽等陪同下在天津滨海新区调研，并主持召开天津、内蒙古、江苏、山东四省(区、市)经济形势座谈会。

24日，温家宝主持会议，听取了天津滨海新区开发开放情况汇报。温家宝说，把滨海新区建成科研单位、科技人才的向往之地，这才算成功。他对天津滨海新区的发展提出了新的要求：第一，着力培育产业国际竞争力，发展高端制造业与高端服务业。第二，着力建设科技创新高地，在一些关键领域实现迎头赶上、跨越发展。第三，着力提升开放型经济水平，在迎接全球新一轮科技革命和产业振兴的浪潮中勇居潮头。第四，着力增强可持续发展能力，在节能减排、生态保护、环境治理、低碳发展等方面走在全国前列。第五，着力深化体制改革，创造有价值的改革经验。

25日温家宝在主持召开天津、内蒙古、江苏、山东四省(区、市)经济形势座谈会上说，要把握好宏观经济政策的力度、节奏和重点，适时适度进行预调微调，保持货币信贷总量的合理增长，优化融资结构，提高金融服务水平。要完善财税政策，大力推进结构性减税。财政支出要把保障和改善民生作为重点，把钱花在刀刃上。信贷政策要与产业政策更好地结合，切实做到有保有压，保证国家重点在建、续建项目的资金需要，重点支持实体经济尤其是符合产业政策的中小企业，支持民生工程尤其是保障性安居工程。继续严格控制产能过剩和高耗能、高污染项目投资。

温家宝强调，要把稳定物价总水平作为首要任务，继续搞好物价调控，稳定通胀预期，落实社会保障措施和救助机制。重点抓好农副产品生产特别是食品供应，加强流通体系建设，加强价格监管。要保持外贸政策的连续性和稳定性，继续用好出口信用保险、出口退税、出口信贷等行之有效的政策，努力促进对外贸易平稳增长和基本平衡。

全国政协主席贾庆林在雅典与希腊总统帕普利亚斯举行会谈

贾庆林强调，中方高度重视发展与希腊关系，继续加强中希关系符合双方共同利益。中方愿同希方保持高层互访和各级别交往，不断增进相互了解和信任，深化各领域合作，密切在国际事务中的协调，更好地服务于各自发展，进一步造福两国人民，为推进中欧关系、促进世界和平与发展作出更大贡献。

帕普利亚斯说，希方很高兴地看到近年来中国日新月异的发展，高度评价中国共产党为中国的独立、发展和繁荣所做的历史贡献，认为中国是世界和平事业的坚定支持力量。希方鼓励并赞赏中国企业在希腊的投资，愿与中方共同努力，推动希中全面战略伙伴关系不断向前发展。

全国政协主席贾庆林在希腊出席希腊工商界欢迎晚宴并发表重要讲话

希腊副总理潘加洛斯陪出席。中希双方工商界代表约300余人出席。

晚宴前,贾庆林和潘加洛斯共同出席了两国有关经济技术合作文件的签字仪式。

全国政协主席贾庆林在希腊工商界欢迎晚宴上发表题为《深化务实合作 促进互利共赢》的讲话

尊敬的潘加洛斯副总理,尊敬的雅尼迪斯主席,女士们,先生们,朋友们:

在这美好的金秋时节,我很高兴来到“不朽的名城”雅典,与希腊工商界的朋友们见面。首先,我对希中工商会的周到安排和热情款待表示衷心的感谢。向长期以来为推动中希经贸合作、增进两国人民友谊作出积极贡献的各界人士,表示崇高的敬意和良好的祝愿!

希腊是西方文明的摇篮、奥林匹克的故乡,也是欧洲对外贸易的发源地,为人类社会的文明进步作出了重要贡献。中希虽然远隔千山万水,但两国人民的友谊源远流长。早在公元前4世纪,希腊人克泰西亚斯就来到中国,撰写了《旅行记》一书,第一次把中国的丝绸介绍给西方,并给中国起了一个美丽的名字“丝之国”。公元2世纪,希腊就出现了与中国开展贸易的商行。拜占庭时期,希腊商船把中国丝绸从地中海东岸转运到欧洲各国,形成了一条环绕欧洲的海上丝绸之路。1972年中希建交后,两国政治关系不断加强,经贸合作持续发展,人文交流日益活跃。2006年中希建立全面战略伙伴关系以来,双方政治互信不断深化,各领域务实合作稳步扩大。希腊政府和人民在涉及中国的重大利益问题上,始终给予我国坚定的支持,特别值得一提的是,希腊为北京奥运会的成功举办和在利比亚的中国公民安全撤离,提供了可贵的支持和帮助。对于这一切,中国人民将永远铭记!

经贸合作是中希全面战略伙伴关系的重要基础,也是两国关系持续发展的重要动力源泉。我们欣喜地看到,在双方的共同努力下,中希经贸关系近年来保持了良好发展势头。双边贸易增长迅速,2007年和2008年连续突破30亿美元和40亿美元。受国际金融危机影响,2009年,中希贸易额有所下降,但2010年以来,中希双边贸易大幅增长,全年贸易额达到43.5亿美元,同比增长18.4%。双向投资十分活跃。截至目前,希腊在华实际投资近1亿美元,中国在希投资累计达5亿美元。去年10月温家宝总理成功访问希腊,双方在扩大双边贸易、加强双方海运合作等领域达成多项共识,有力地促进了中希双边经贸关系的发展。我此次访问希腊,双方政府部门和企业也将签署一系列合作文件和合同,希望双方能够加深彼此了解和共识,构筑全方位、多领域、高层次的中希务实合作新格局。

女士们、先生们!

目前,世界经济正在缓慢复苏,但复苏进程还很脆弱,很不平衡。上半年全球经济增长速度普遍有所回落,发达经济体失业率居高不下,新兴经济体通胀压力较大。前一段美国出现了国债风波,欧盟一些国家主权债务压力较大。总体上看,国际金融市场持续动荡,国际金融危机的深层次影响还没有过去,又暴露了新的问题,世界经济复苏面临诸多困难和挑战,需要各国继续进行长期艰苦的努力。中国作为负责任的大国,近年来采取有效措施,积极应对国际金融危机的巨大冲击,在世界范围内率先实现经济企稳回升。欧盟是中国最大的贸易伙伴和重要的资金技术来源地,欧元也是中国外汇储备多元化的重要依托。一个繁荣稳定的欧洲对世界稳定和发展具有重要意义,也关系到中国经济的健康稳定发展。欧洲有很强的科技和人才优势,金融市场发达,经济基础雄厚,市场潜力很大,中国和全世界都应该对欧洲经济摆脱困境、走向振兴抱有信心。我们支持欧盟、欧洲央行和国际货币基金组织采取的一揽子金融稳定措施,并以实际行动为欧洲国家抵御危机提供了力所能及的帮助。中国也是欧洲主权债务市场的长期投资者,今后将一如既往地支持欧洲与欧元。我们愿与欧方一道,为促进世界经济尽快复苏和平稳增长作出不懈努力。同时,双方也要抓住机遇,深挖潜力,加强贸易、金融、科技、环保、新能源等领域的合作,不断培育新的增长点,着力推进互利共赢、共同发展的合作伙伴关系。中方将继续为欧盟国家企业在华投资兴业提供便利。希望欧盟采取积极措施,扩大对华高技术产品出口,为中国企业赴欧盟国家投资经营创造宽松的政策环境。中国增加从欧盟国家的进口和对欧盟国家基础设施等实体经济的投资,客观上就是向欧盟国家输出需求,有利于欧盟国家加快经济复苏,是互利双赢的。

近一段时间以来,希腊面临着国内经济增长乏力、政府债务较重的压力和困难。希腊人民勤劳智慧,企业勇于创新。我相信,广大工商界朋友和希腊人民一定能够发挥聪明才智,与政府同舟共济,早日渡过当前的经济难关。

女士们、先生们!

新世纪头十年,是世界政治经济格局大调整、大变革的十年,也是中国全面推进改革开放和现代化建设取得辉煌成就的十年。十年来,中国坚持互利共赢的开放战略,以2001年加入世界贸易组织为契机,加快转变外贸发展方式,不断提升开放型经济水平。2010年中国对外货物贸易总额达到2.97万亿美元,对外投资与利用外资协调发展,对外直接投资额居世界第五位,迈入对外投资大国行列。今天的中国,已经是一个全面开放的市场经济国家，已经成为促进区域和世界经济发展的重要力量。实践充分证明，中国扩大对外开放惠及13亿中国人民，也惠及世界各国人民。中国人民经过不懈探索，走出了一条与世界各国和地区互利共赢、共同发展的对外开放道路。同时我们也清醒地认识到，中国仍然是发展中国家，人均国内生产总值仍排在世界100位左右，生产力水平总体不高，城乡之间、地区之间差距大，发展中不平衡、不协调、不可持续的问题依然突出。解决好这些问题，需要继续深化改革，完善体制机制，走科学发展道路，同时需要继续坚定不移地推进对外开放，积极学习借鉴人类文明的一切优秀成果。

今年是中国实施"十二五"规划的开局之年。未来五年，我们将实行更加积极主动的开放战略，不断拓展新的开放领域和空间，扩大和深化同各方利益的汇合点，努力实现与世界各国的互利共赢和共同发展。我们将进一步扩大与世界各国贸易往来，优化对外贸易结构，继续稳定和拓展外需，提高出口产品附加值，积极扩大进口，促进贸易收支基本平衡。我们将鼓励外资参与中国现代农业、高新技术、节能环保等领域，鼓励外资投向中西部地区，扩大金融、物流、教育、医疗、体育等服务业对外开放，同时加大知识产权保护力度，切实保护投资者合法权益。我们还将加快实施"走出去"战略。引导有实力的中国企业有序到境外投资，积极开展有利于改善当地基础设施和人民生活的投资与项目合作。

中国是世界大家庭中的一员，中国的发展进步离不开世界，世界的繁荣稳定也需要中国。我们将高举和平、发展、合作旗帜，坚持独立自主的和平外交政策，始终不渝走和平发展道路，既争取和平的国际环境来发展自己，又以自己的发展促进世界的和平。中国人民愿同包括希腊在内的各国人民一道，共同分享发展机遇，共同应对风险挑战，共同推进人类和平与发展的崇高事业。

女士们、先生们!

中希经贸合作有着较好的基础，两国寻求合作的动力在增强，双方在结构调整中产生的合作机遇也在增加。今天随我到访的40多位中方企业家，正是为寻求合作发展而来。我们愿与希方一道，进一步挖掘潜力，寻找各领域务实合作的新途径，不断夯实中希全面战略伙伴关系的物质基础，共同为促进世界经济早日复苏作出贡献。为此，我愿提出以下建议：

第一，大力推动海运业全方位合作。这一领域是中希经贸合作的传统领域，具有良好的合作基础。希腊是世界海运大国，是巴尔干和地中海地区的物流中心，拥有全球规模最大的商船队，承运了约60%的中国进口原油。中方欢迎希腊船东继续在中国订造船只、投资造修船项目，同时也鼓励更多中国货轮停靠希腊港口，支持中国企业参与希腊港口和码头建设，扩大海运业融资规模。相信两国海运业的全方位合作，必将有效提升双边投资和贸易水平。

第二，积极促进双边贸易平衡发展。希腊是传统农业大国，并具有丰富的矿产和装饰石材资源。希腊的高档橄榄油、大理石受到越来越多的中国消费者的青睐。中方愿进一步扩大自希腊进口，促进贸易平衡发展。欢迎希腊企业积极参加在华举办的各类展会，加强希腊优势产品的宣传推介。希望通过双方共同努力，如期实现两国总理提出的2015年中希双边贸易额突破80亿美元的目标。

第三，不断深化中希旅游业合作。中希两国同为文明古国，旅游资源十分丰富。今年5月16日，两国外交部在北京签署了关于简化签证手续的联合声明。联合声明的落实将进一步促进双边人员往来，对于推动双方在经济、旅游、文化、科技等领域合作将产生积极作用。今年5月18日，中国国际航空公司重新开通北京至雅典航线，为更多中国游客来希腊旅游提供了便利。希望双方以此为契机，抓住机遇，广开思路，积极拓展旅游合作方式，提升中希旅游合作水平。

第四，努力拓展包括新能源在内的新领域合作。中希两国在清洁发展机制、清洁能源技术、环保等可持续发展领域有着相似的规划和合作愿望。今后5年，中国将大力发展新能源，促进能源结构的调整。希腊新能源资源丰富，日照充足，山多海广，发展前景广阔。希腊政府为发展清洁能源也出台了诸多优惠政策。希望两国企业抓住合作先机，积极探讨在新能源、节能环保等领域的投资与合作，为双边经贸关系培育新的增长点。

女士们、先生们!

中国人民对希腊人民怀有深厚的友好感情，中国政府视希腊政府和人民为真诚的朋友。在新的形势下，只要双方从战略高度看待两国经贸合作，发挥各自优势，加强务实合作，就一定能够开创中希友好关系更加美好的未来!

谢谢大家。

国务院任免国家工作人员

任命励小捷为文化部副部长。

免去杨传堂的国家民族事务委员会副主任职务；免去欧阳坚的文化部副部长职务；免去赵白鸽(女)的国家人口和计划生育委员会副主任职务。

中央人才工作协调小组第三十三次会议在北京

召开

中共中央政治局委员、中央书记处书记、中组部部长李源潮指出，要深入学习领会党的十七届六中全会精神，认真落实全会提出的关于建设宏大文化人才队伍的任务，努力为建设社会主义文化强国提供有力人才支撑。

李源潮指出，推动社会主义文化大发展大繁荣，人才是关键。要以十七届六中全会精神为指导，认真实施《全国宣传思想文化中长期人才发展规划》和《全国文化系统人才发展规划》，加快培养造就德才兼备、锐意创新、结构合理、规模宏大的文化人才队伍。要抓紧培养造就高层次、高素质文化人才，加强基层文化人才队伍建设，鼓励和支持优秀文化人才服务基层、扎根基层。要创新文化人才培养开发机制，促进年轻人才、优秀人才脱颖而出。

李源潮指出，要以学习贯彻六中全会精神为动力，加大推进各项人才工作任务落实的力度。要进一步解放思想，开阔眼界、开阔思路、开阔胸襟，加大人才政策创新力度，破除束缚人才发展的思想观念和体制机制障碍。要加大力度、加快进度，推进重大人才工程实施。要进一步加大对人才工作宣传力度，总结推广各地创造的人才工作新经验新办法，通过人才工作先进典型推动人才发展和人才工作各项任务落实。

会议审议了关于加强社会工作专业人才队伍建设和加强职务发明人合法权益保护、促进知识产权运用实施等方面的文件。中央人才工作协调小组成员和国家知识产权局负责同志参加会议。

台盟中央 全国台联在北京举办纪念台湾光复66周年座谈会

台盟中央、全国台联有关人士与部分在京台胞40余人参加了座谈会。

国家副主席习近平在人民大会堂与比利时王储菲利普举行会谈

国务院副总理李克强在平壤会见朝鲜最高人民会议常任委员会委员长金永南

李克强表示，当前中国正在实施“十二五”规划，加快转变经济发展方式，深化改革开放，保障和改善民生。中方愿同朝方加强各渠道交流，增进两国的相互了解和友谊，共同推动两国关系发展。同时，中方支持朝方为改善外部环境的积极努力，支持朝美对话，改善北南关系，重启六方会谈，维护半岛和东北亚地区和平稳定。

金永南说，经历风云变幻考验的朝中关系历久弥坚。近年来，两国高层保持经常性交往，各领域务实合作顺利开展。朝鲜党和政府坚定致力于巩固和发展朝中传统友谊，愿与中方共同努力，从战略高度推动两国在政治、经济、文化等各领域的合作深入发展。

外交部部长杨洁篪在北京会见出席第五届中日友好21世纪委员会第三次会议的双方委员

2011中欧社会管理论坛在北京举行

国务委员兼国务院秘书长、国家行政学院院长马凯出席并致辞。他强调，立足我国国情，借鉴其他国家经验教训，不断根据新形势、新情况、新问题，加强和创新社会管理。

欧盟委员会教育、文化、语言多样性及青年事务委员瓦西利乌出席论坛并致辞。

本次论坛由国家行政学院举办。欧盟及成员国政府官员、驻华使馆代表，国务院有关部门负责同志，有关专家学者共约400人出席。

10月25日

国家主席胡锦涛与比利时国王阿尔贝二世互致贺电庆祝两国建交40周年

十一届全国人大常委会第二十三次会议在人民大会堂举行第二次全体会议

会议听取国务院关于城镇保障性住房建设和管理工作情况的报告、关于环境保护工作情况的报告，听取最高人民法院关于加强人民法院基层建设促进公正司法工作情况的报告、最高人民检察院关于加强人民检察院基层建设促进公正执法工作情况的报告。

吴邦国委员长出席会议。会议由桑国卫副委员长主持。常委会组成人员135人出席会议，符合法定人数。

受国务院委托，住房和城乡建设部部长姜伟新报告了城镇保障性住房建设和管理工作情况。他说，党中央、国务院高度重视住房保障工作。1998年以来，在推进城镇住房商品化的同时，探索推进了住房保障工作。到2010年年底，全国累计用实物方式解决了近2200万户城镇低收入和部分中等偏下收入家庭的住房困难，近400万户城镇低收入住房困难家庭享受廉租住房租赁补贴。今后5年将建设城镇保障性住房和棚户区改造住房3600万套(户)，到“十二五”末，全国保障性住房覆盖面达到20%左右，力争使城镇低收入和部分中等偏下收入家庭住房困难问题得到基本解决，新就业职工住房困难问题得到有效缓解，外来务工人员居住条件得到改善。

姜伟新说,住房水平是社会发展的重要指标。从总体上看,我国住房保障工作还处于探索阶段,存在不少矛盾和问题:保障性住房规划布局有待改善,交通等外部配套设施的建设相对滞后;工程质量有待提高;分配和运营管理方面还存在不少问题;建设资金筹措和征地拆迁压力比较大;政策顶层设计不够;法规建设滞后。下一步,要深入研究住房保障制度,做好政策顶层设计和法规建设工作;从实际出发安排建设年度计划;加强规划建设和质量监管工作;完善公平分配和运行管理机制,进一步做好住房保障工作。

受国务院委托,环境保护部部长周生贤报告了环境保护工作情况。他说,党中央、国务院历来高度重视环境保护,把保护环境确立为基本国策,实施可持续发展战略。"十一五"期间,全国环境保护工作取得积极进展:超额完成污染物减排任务,推动经济发展方式转变取得成效,全面推进江河湖泊休养生息,探索建立大气污染联防联控机制,集中整治重金属污染等关系民生的突出环境问题,继续强化生态保护和农村环境保护,稳步推进核安全与放射性污染防治,不断完善法律法规和政策标准体系,切实加强环境执法监管和能力建设。

周生贤说,当前我国主要污染物减排任务十分艰巨,环境污染依然严重,损害群众健康的环境问题仍然比较突出,生态保护和农村环境保护亟待进一步加强,核与辐射风险防范压力加大。下一步,要强化环境保护推动经济发展方式转变的作用;确保实现主要污染物总量减排目标;着力解决损害群众健康的突出环境问题,切实维护群众环境权益;继续加强重点流域区域海域污染防治;深化"以奖促治"政策,提升生态服务功能;完善政策法规标准体系,健全有利于环境保护的体制机制。

会议听取了最高人民法院院长王胜俊作的关于加强人民法院基层建设促进公正司法工作情况的报告。王胜俊说,基层法院工作直接关系法院工作全局。最高人民法院高度重视基层建设,各地基层法院在加强基层建设、维护司法公正方面做了大量工作:大力加强基层法院队伍建设,基层法院队伍整体素质进一步提升;大力加强基层法院制度创新,基层法院审判工作机制进一步完善;大力加强对基层法院工作的监督指导,基层法院司法水平进一步提高。

在分析了目前人民法院基层建设存在的问题和困难后,王胜俊提出了进一步加强人民法院基层建设促进公正司法的措施:一是认真解决基层法院队伍建设中存在的突出问题,努力打造一支公正廉洁为民的基层法院队伍;二是紧紧围绕执法办案第一要务,切实发挥基层法院在加强社会管理、化解社会矛盾等方面的积极作用;三是进一步拓展司法为民、司法公开、司法民主的广度和深度,切实加强司法公信建设;四是不断完善基层法院工作保障机制,确保人民法院工作科学发展;五是继续加大监督指导力度,努力提高基层法院为大局服务、为人民司法的水平。

会议听取了最高人民检察院检察长曹建明作的关于加强人民检察院基层建设促进公正执法工作情况的报告。曹建明说,基层检察院是检察工作的基础,关系检察工作全局。党中央对人民检察院基层建设高度重视,最高人民检察院坚持将基层检察院建设作为事关检察工作的基础性、全局性、战略性任务来抓,着力解决影响和制约公正执法的突出问题,各项工作取得新进展:坚持以执法办案为中心,加强和改进基层法律监督工作;坚持以队伍建设为根本,提高基层检察队伍整体素质和公正廉洁执法水平;坚持以改革创新为动力,加强基层执法规范化、管理科学化建设;坚持以保障现代化为目标,推动完善基层执法保障机制。

曹建明说,我们清醒地认识到,人民检察院基层建设虽然取得了一些成绩,但发展还不平衡,基层检察工作和队伍建设还存在不少薄弱环节,一些制约公正执法的问题和障碍还没有从根本上解决。全国检察机关要继续把基层基础建设作为战略任务来抓,牢固树立正确的发展理念和执法理念,着力深化执法规范化建设,着力推进队伍专业化建设,着力加强管理科学化建设,着力加强保障现代化建设,切实加强对基层建设的组织指导,不断提高公正执法水平。

会议审议了吴邦国委员长访问俄罗斯、白俄罗斯、乌兹别克斯坦和哈萨克斯坦四国情况的书面报告。

国务院副总理回良玉,全国人大各专门委员会成员,各省、自治区、直辖市人大常委会负责人,部分全国人大代表等列席会议。

全国政协主席贾庆林在雅典与希腊议长佩察尔尼科斯举行会谈

贾庆林说,双方保持高层交往,相互尊重和支持彼此重大关切,在国际事务中密切配合。双方经贸、海运务实合作不断扩大,人文交流丰富多彩。中方高度重视发展同希腊的关系,愿同希方增进政治互信,扩大务实合作,密切人文交流,推动两国全面战略伙伴关系取得新的发展。

贾庆林表示,中国全国政协和希腊议会加强交流,对推动两国关系全面发展有着重要的作用。中国全国政协愿与希腊议会保持各级别和各专门委员会的交往,就推动两国关系发展及参政议政的经验和做法加强交流。

佩察尔尼科斯说，在希腊面对金融危机困难时刻，中方给予了宝贵的支持，体现了希中真诚的友谊，希方对此表示衷心感谢。他说，希议会所有党派都支持发展对华关系，愿与中方加强全方位合作，推动希中关系不断深入发展，同时也愿为欧中关系发展发挥积极作用。

会谈前，贾庆林接受了希腊议会授予的“伯里克利斯”最高荣誉勋章。

全国政协主席贾庆林在雅典会见希腊新民主党第一副主席阿弗拉莫普洛斯

学习贯彻党的十七届六中全会精神中央宣讲团动员会在北京召开

中共中央政治局常委李长春出席会议并讲话。

中共中央政治局委员、中央书记处书记、中宣部部长刘云山主持会议。中共中央政治局委员、国务委员刘延东，全国政协副主席、中国社科院院长陈奎元出席会议。

为深入推进党的十七届六中全会精神的学习宣传贯彻，中央决定由中宣部会同中央有关部门组成中央宣讲团。中央宣讲团成员将在认真学习领会党的十七届六中全会精神基础上，深入研讨、集体备课，并赴各地开展宣讲活动。

李长春强调，要紧紧围绕胡锦涛总书记在全会上的重要讲话精神和全会通过的《中共中央关于深化文化体制改革、推动社会主义文化大发展大繁荣若干重大问题的决定》，全面准确地宣讲全会精神，切实用全会精神统一思想、凝聚力量。

李长春要求宣讲团成员认真备课、加强研讨，努力吃透全会精神，坚持全面讲解、突出重点，既从整体上完整把握、系统宣讲全会精神，又抓住重点问题进行集中宣传阐释。要紧密联系当前国际国内形势发展变化和我国文化改革发展生动实践开展宣讲，倡导清新朴实的话风文风，切实增强宣讲的针对性实效性。要把握政策、注意导向，科学严谨地宣讲全会精神，确保宣讲的准确性科学性。他要求各地高度重视、认真做好宣讲活动的组织工作，努力扩大宣讲活动的覆盖面和影响力，精心组织好宣传报道，切实抓好面向基层的宣讲活动，使全会精神真正深入基层、深入人心。

中央宣传思想工作领导小组成员、中央宣讲团成员、中央宣传文化单位主要负责同志参加会议，中宣部举办的省区市党委宣传部、讲师团学习贯彻党的十七届六中全会精神研讨班与会人员列席会议。

中央纪委 监察部在北京举行全国纪检监察系统先进工作者事迹报告会

中共中央政治局常委、中央纪委书记贺国强在报告会前接见了报告团成员。

贺国强指出，今年组织评选出的近年来在反腐倡廉建设实践中涌现出的先进集体和先进个人，是全国纪检监察战线的骄傲，是广大纪检监察干部的楷模。参加这次报告会的河南省周口市委常委、市纪委书记杨正超，吉林省通化市纪委副书记陈丽华，江苏省泰州市纪委常委、市监察局副局长许年喜，云南省西双版纳州纪委常委、案件检查一室主任郭光庆就是其中的优秀代表。他们长年奋战在纪检监察工作第一线，立足本职、爱岗敬业，埋头苦干、无私奉献，在平凡的岗位上作出了不平凡的业绩。在他们身上，集中体现和充分展示了纪检监察干部顾全大局、恪尽职守的政治品质，敢于碰硬、无私无畏的精神境界，以人为本、执政为民的公仆情怀，一身正气、清廉自守的高尚情操。

贺国强强调，党和国家事业的不断发展，党风廉政建设和反腐败斗争的深入推进，对纪检监察干部队伍提出了新的更高要求。广大纪检监察干部要认真学习先进典型的感人事迹，大力弘扬先进典型的崇高精神，立足本职岗位，勇创工作佳绩，在深入推进党风廉政建设和反腐败斗争实践中再立新功。

接见活动结束后，4名报告人分别以《做一名为党正纪为民解难的纪委书记》《奉献一腔赤诚》《永远像映山红那样绽放光彩》《我愿做一只为民除害的“啄木鸟”》为题作了精彩报告。

中央纪委监察部机关、派驻机构、部分中央金融机构、在京中央企业和北京市纪委监察局的干部730余人在主会场聆听了报告。各省(区、市)普遍在县级以上纪检监察机关设分会场，同步收看了报告会实况。

第二届亚欧交通部长会议在四川成都召开

中共中央政治局委员、国务院副总理张德江出席开幕式。

张德江指出，亚欧交通运输发展既面临新的机遇，也面临新的挑战。亚欧会议各成员国应加强交通运输领域合作交流，共同建设亚欧绿色安全高效交通运输体系。为此，他提出4点建议：一是推动建立亚欧交通基础设施网络体系，进一步加强亚欧区域运输通道建设，优化交通基础设施网络布局和结构，提高亚欧交通基础设施服务保障水平。二是推动建立亚欧便捷高效交通运输体系，加强在交通运输法律法规、产业政策、技术标准等方面的沟通和协调，积极推进智能交通运输系统建设，降低运输成本，提高运输效率。三是推动建立亚欧绿色交通运输体系，积极采用新能源、新材料、低碳技术、信息技术，大力发展循环经济，大力发展公共交通，实现交通运输发展与资源环境的和谐统一。四是推动建立亚欧交通安全应急保障体系，加强交通运输安全监管、防灾减灾、反海盗、应急管理等领域的交流与合作，完善交通运输安全设施，提升交通运输应对重大灾害和突发事件的能力，保障亚欧间人员、货物在运输中的安全需求。

会议期间，张德江接见了与会亚欧国家交通部长和国际组织代表，出席了有关协议的签字仪式。

第二届亚欧交通部长会议由中国交通运输部部长李盛霖和立陶宛交通和通信部部长马修利斯共同主持，四川省委书记刘奇葆出席了开幕式并致辞。亚欧会议36个成员和联合国亚太经社会等5个国际组织派代表出席了会议。

国务院副总理李克强在平壤与朝鲜劳动党总书记金正日举行会谈

李克强表示，中方愿同朝方一道，加强各领域交流与合作，推动两国关系进一步向前发展，把中朝传统友谊世世代代传承下去并不断发扬光大。双方应继续保持高层互访势头，加强战略沟通。进一步深化务实合作，实现共同发展。扩大和密切人文交流，强化两国友好关系纽带。

李克强表示，今年以来，朝方采取一系列积极举措，同有关各方保持对话接触，多次重申支持无条件重启六方会谈，实现半岛无核化。中方支持朝方同有关各方保持和加强接触对话，争取取得积极成果，为早日重启六方会谈创造条件，推动半岛形势进一步缓和。中方愿继续为北南双方改善关系，维护半岛和平稳定发挥建设性作用。

金正日说，在双方的共同努力下，朝中两国友好合作关系不断取得新的发展，呈现出良好的发展势头。在当前深刻复杂变化的国际形势下，朝鲜将同中国进一步加强友好交往和务实合作，使两国关系结出更加丰硕的成果。

金正日强调，朝鲜主张尽快重启六方会谈，各方应根据同时行动原则，全面落实"9·19"共同声明。

外交部部长杨洁篪在北京会见欧盟外交与安全政策高级代表兼欧盟委员会副主席阿什顿

中央军委发出《关于进一步加强军队资产管理的意见》

新华社报道：经中央军委主席胡锦涛批准，中央军委日前批转总参谋部、总政治部、总后勤部、总装备部《关于进一步加强军队资产管理的意见》(以下简称《意见》)，要求各级各部门结合实际，认真贯彻执行。这是胡主席和中央军委着眼军队资产管理工作长远建设发展作出的一项重要部署，为当前和今后一个时期加强军队资产管理提供了基本遵循。

《意见》指出，加强军队资产管理要深入贯彻落实科学发展观，坚持规划计划主导、钱物并重和矩阵式管理的原则，全面推行资产配置标准化、核算动态化、处置规范化、统筹资产调配与预算安排的"三化一统筹"管理模式，进一步完善资产管理体制机制、运行方式和法规制度，逐步形成体现时代特征、符合使命要求、适应军民融合的军队资产管理体系，为我军遂行多样化军事任务提供适时、适地、适量的精确化保障。

《意见》强调，要抓好资产与经费两类资源统筹配置，加强规划计划和预算的有机衔接，完善资产配置标准体系；要推动重要资产集中调配利用，建立健全跨单位、跨部门的资产调剂利用机制；要做好重大任务中的资产管理工作，撤并降改单位对所有资产进行清查登记和封存保管，部队遂行重大任务时要立足现有资产搞保障，做到资源共享、循环利用；要强化资产处置监管，严格处置程序与权限，确保资产处置公开、公正、规范；要逐步完善分工协作的管理机制，事业部门加强资产实物管理，财务部门加强资产价值管理，纪检、审计部门搞好监督检查；要建立健全军队资产管理法规制度体系，制定出台军队资产管理条例和配套规章，提高资产管理的法制化规范化水平。

10月26日

全国人大常委会委员长吴邦国在人民大会堂会见委内瑞拉全国代表大会主席索托

吴邦国说，在复杂多变的国际形势下，加强中委关系符合两国和两国人民的根本利益，也有利于维护世界的和平、稳定与繁荣。中方愿与委方共同努力，加强政府、议会、政党等各方面的友好往来，深化各领域互利合作，进一步巩固和加强共同发展的战略伙伴关系，造福两国人民。

吴邦国说，立法机构的友好交往是中委关系的重要组成部分。中国全国人大愿深化与委内瑞拉全国代表大会业已存在的友好合作关系，扩大各层次的交流与合作，加强民主法制建设和治国理政方面的经验交流，密切在多边议会组织中的磋商与配合，不断丰富中委关系的内涵。

索托表示，委内瑞拉全国代表大会希望进一步加强与中国全国人大的友好关系，为国家关系发展作出积极贡献。

国务院总理温家宝主持召开国务院常务会议

会议决定启动实施农村义务教育学生营养改善计划，讨论通过《疫苗供应体系建设规划》，决定开展深化增值税制度改革试点。

为贯彻落实《国家中长期教育改革和发展规划纲要(2010—2020年)》，提高农村学生尤其是贫困地区和家庭经济困难学生健康水平，会议决定，从2011年秋季学期起，启动实施农村义务教育学生营养改善计划。(一)在集中连片特殊困难地区开展试点，中央财政按照每生每天3元的标准为试点地区农村义务教育阶段学生提供营养膳食补助。试点范围包括680个县(市)、约2600万在校生。初步测算，国家试点每年需资金160多亿元，由中央财政负担。(二)鼓励各地以贫困地区、民族和边疆地区、革命老区等为重点，因地制宜开展营养改善试点。中央财政给予奖补。(三)统筹农村中小学校舍改造，将学生食堂列为重点建设内容，切实改善学生就餐条件。(四)将家庭经济困难寄宿学生生活费补助标准每生每天提高1元，达到小学生每天4元、初中生每天5元。中央财政按一定比例奖补。会议强调，要加强学生食堂管理，严格食品供应准入，确保食品安全。制定中小学食堂供餐规范，明确数量、质量和操作标准。建立专家工作组，加强学校营养指导。补助资金严格用于为学生提供食品，严禁直接发放给学生和家长，严防虚报冒领。全面公开学校食堂和学生营养经费账目及配餐标准，接受学生、家长和社会监督。

会议讨论通过了《疫苗供应体系建设规划》。会议指出，接种疫苗是防控传染病发生和流行最经济、最有效的措施之一。我国现有疫苗可以基本满足常规防疫需求，但还存在研发能力相对落后、规模化生产和应急保障能力不足、疫苗实际接种率仍需提高等问题。《疫苗供应体系建设规划》要求：到2015年，初步建成满足我国经济社会发展需要的疫苗供应体系，实现常态必保，应急能力大幅提升；到2020年，疫苗供应体系进一步健全完善，具备与发达国家同步应对突发和重大疫情的实力。为此，要建立完善疫情监测网络，加强重大和新发传染病疫苗研发，提高疫苗生产产能和质量，合理扩大疫苗免疫规划品种和覆盖人群，提高人兽共患病防控能力，健全储备体系，增强应急保障能力。

会议确定了疫苗供应体系建设的重点项目。一是培育重要急需新产品。尽快完成手足口病疫苗等6种新疫苗的研制及产业化，加快研制和研发一批新的疫苗品种。二是建设关键研发设施，重点支持新型疫苗国家研究中心等能力建设。三是扩增急需产能和实物储备。四是提高疫苗行业装备水平。五是建立疫苗质量检验体系。中央财政对扩大国家免疫规划所需疫苗等给予支持。重点项目安排投资规模约94亿元。

会议强调，疫苗质量安全关系重大，要完善监管体系，严格疫苗生产、流通、预防接种的全过程监管。要加强自主创新，扩大国际合作交流。

为进一步解决货物和劳务税制中的重复征税问题，完善税收制度，支持现代服务业发展，会议决定，从2012年1月1日起，在部分地区和行业开展深化增值税制度改革试点，逐步将目前征收营业税的行业改为征收增值税。(一)先在上海市交通运输业和部分现代服务业等开展试点，条件成熟时可选择部分行业在全国范围进行试点。(二)在现行增值税17%标准税率和13%低税率基础上，新增11%和6%两档低税率。(三)试点期间原归属试点地区的营业税收入，改征增值税后收入仍归属试点地区。试点行业原营业税优惠政策可以延续，并根据增值税特点调整。纳入改革试点的纳税人缴纳的增值税可按规定抵扣。

会议审议并原则通过《饲料和饲料添加剂管理条例(修订草案)》。针对饲料和饲料添加剂生产、使用的质量安全责任不够明确、擅自添加禁用物质等违法行为屡有发生的突出问题，草案强化了地方人民政府的监管责任，规定饲料管理部门应当对饲料和饲料添加剂质量安全状况进行监测，并指导养殖者安全、合理使用，生产经营者对其生产经营的饲料和饲料添加剂的质量安全负责。草案规定了生产经营者的质量安全信用制度，管理部门可以公布具有不良记录的生产经营者名单。草案加大了对违法行为的处罚力度，构成犯罪的依法追究刑事责任。

全国政协主席贾庆林在希腊克里特省首府伊拉克利翁出席经克里特撤离中方在利比亚人员行动优秀人员颁奖仪式并致辞

贾庆林向18位希腊友好人士颁发了“中希友好贡献奖”。颁奖仪式由全国友协副会长李建平主持。贾庆林和克里特省省长阿尔纳乌塔基斯分别致辞。

贾庆林在致辞中说，今年3月，中国政府决定从利比亚撤离中国公民并请希腊政府予以支持。希腊政府在第一时间同意中方经克里特撤离人员，在危急形势下伸出援手，共同创造了经克里特岛成功撤离13185名中国公民的奇迹。这充分体现了希腊人民的国际人道主义精神和中希两国深厚的情谊。

贾庆林说，今天颁发的“中希友好贡献奖”，凝聚着中国人民对18位获奖者、克里特省政府以及希腊政府和人民的感激之情。

阿尔纳乌塔基斯说，在协助撤离在利比亚中国公民过程中，克里特岛各行各业和各界民众热情参与，今天的奖应当属于全体克里特岛人民，属于长期以来为希中两国友谊作出贡献的人民。

国家主席胡锦涛根据全国人大常委会的决定任免驻外大使

一、任命倪坚为中华人民共和国驻伊拉克共和国特命全权大使；

免去常毅的中华人民共和国驻伊拉克共和国特命全权大使职务。

二、任命余洪耀为中华人民共和国驻马尔代夫共和国特命全权大使；

免去杨秀萍(女)的中华人民共和国驻马尔代夫共和国特命全权大使职务。

三、任命罗小光为中华人民共和国驻苏丹共和国特命全权大使；

免去李成文的中华人民共和国驻苏丹共和国特命全权大使职务。

四、任命赵亚力为中华人民共和国驻乌干达共和国特命全权大使；

免去孙和平的中华人民共和国驻乌干达共和国特命全权大使职务。

五、任命汪晓源为中华人民共和国驻哥伦比亚共和国特命全权大使；

免去高正月的中华人民共和国驻哥伦比亚共和国特命全权大使职务。

六、任命李志国为中华人民共和国驻南苏丹共和国特命全权大使。

国家副主席习近平在人民大会堂分别会见乌兹别克斯坦第一副总理阿齐莫夫 安哥拉国务部部长费乌若

韩国总统李明博在首尔会见国务院副总理李克强

李克强表示，中方将继续从战略高度和长远角度重视中韩关系，愿同韩方共同努力，进一步深化各领域交流合作，推动中韩关系在新形势下继续向前发展，为维护地区和平稳定，共创繁荣发展作出积极贡献。双方应加强合作，推动两国经贸合作再上新台阶，推动中韩自贸区建设，将两国双边货币互换规模由1800亿扩大至3600亿元人民币，以进一步推动双边贸易投资和维护地区金融、经济稳定；扩大人文交流，共同办好明年两国建交20周年庆祝活动。

李明博说，韩中应充分发挥两国近邻优势，扩大各领域合作。韩方将保持同中方的高层往来，共同推动经贸务实合作取得更大发展，以明年两国建交20周年为契机，扩大人员往来，深化民间友好。

关于朝鲜半岛局势，李克强说，维护半岛和平稳定符合地区各国共同利益。中方希望各方作出进一步努力，保持和巩固对话缓和势头，争取早日重启六方会谈，以切实维护半岛和平稳定，实现半岛无核化目标。中方真诚支持南北通过对话改善关系，实现和解合作和共同发展。

李明博表示，韩方愿与各方共同努力，维护半岛和平稳定，推动半岛无核化进程。韩方希望以务实态度开展与朝鲜的对话，改善南北关系。

国务院副总理李克强在首尔与韩国总理金滉植举行会谈

李克强就发展中韩关系提出四点建议：第一，保持高层交往，增进政治互信。加强两国政府、议会、政党交流与合作，把握好双边关系友好和合作的大方向。第二，深化经贸合作。加强宏观经济政策协调，增进金融、物流、高技术、节能环保等重点领域合作，将两国双边本币互换规模由1800亿元扩大至3600亿元人民币，推动自贸区政府间谈判早日启动。第三，扩大人文交流，夯实民间友好基础。以明年中韩建交20周年为契机，增进国民相互了解和友好感情。中方从明年起每年增加邀请300名韩国青年访华，并于2015年前向韩国派遣1400名汉语教师。第四，加强多边协调，加强在中日韩、“10+3”和东亚一体化建设中的协调和配合。

金滉植说，韩方期待以明年两国建交20周年为契机，全面加强政治、经济、文化、媒体、青年、国际和地区事务等各领域的交流合作，把两国关系提升到新的水平。韩方希望积极参与中国“十二五”规划的实施，发展两国在电子信息、生物、环保、新能源等方面的合作，实现互利共赢。

会谈结束后，李克强与金滉植出席了中韩货币互换、电子商务、劳务合作、检疫合作等方面合作项目的签字仪式。

外交部部长杨洁篪在北京会见联合国副秘书长托卡耶夫一行

第四届中国人口资源环境发展态势分析会在北京举行

本次会议主题是“新形势，新机遇，新挑战——探索中国可持续发展之路”。全国政协副主席白立忱出席开幕式并致辞，联合国副秘书长沙祖康发来书面致辞。

白立忱在讲话中指出，可持续发展议题广泛且复杂，急需社会各界和广大群众的普遍关注。要充分发挥人民政协的整体优势，加强从战略层面对统筹解决人口资源环境问题的务实研究；加强人民政协与有关部门的横向联系，形成合力优势；加强国际合作，开拓国际视野，掌握国际经济社会的发展态势。

与会的全国政协委员、有关部委负责人及研究机构专家学者围绕“联合国可持续发展大会与中国”和“中国可持续发展与落实‘十二五’规划”进行了讨论分析，就中国可持续发展取得的进展、存在的差距、应该如何应对现实挑战等问题提出了多方面、多视角的意见和建议，以期为我国参加2012年6月在巴西里约热内卢举行的“联合国可持续发展大会”提供参考。

10月27日

十一届全国人大常委会第七十一次委员长会议在人民大会堂举行

全国人大常委会委员长吴邦国主持会议。

会议听取了全国人大法律委员会主任委员胡康生作的关于修改兵役法的决定草案修改意见的汇报、关于居民身份证法修正案草案审议结果的汇报、关于加强反恐怖工作有关问题的决定草案审议结果的汇报。

会议听取了全国人大常委会副委员长兼秘书长李建国作的关于个别代表的代表资格的报告和任免案审议情况的汇报。

委员长会议决定，将关于修改兵役法的决定草案、关于修改居民身份证法的决定草案、关于加强反恐怖工作有关问题的决定草案作进一步审议后，交付十一届全国人大常委会第二十三次会议闭幕会表决。

全国人大常委会副委员长王兆国、路甬祥、乌云其木格、韩启德、华建敏、周铁农、司马义·铁力瓦尔地、蒋树声、陈昌智、桑国卫等出席会议。

全国政协主席贾庆林在海牙与荷兰首相吕特举行会谈

贾庆林说，中方高度重视中荷关系，愿与荷方共同努力，不断加强对话交流，尊重照顾彼此核心利益和重大关切，妥善处理敏感问题，扎实推进各领域务实合作，推动两国关系又好又快地发展。

贾庆林说，荷兰已经连续8年保持中国在欧盟第二大贸易伙伴地位，去年同中国的贸易额已超过560亿美元。双方应采取积极措施进一步扩大双边贸易和双向投资，共同反对各种形式的保护主义，推动两国经贸关系发展，促进世界经济稳定复苏。

贾庆林指出，近年来，两国在农业、水利领域合作成果丰硕。希望双方继续努力，在做好“中荷农业示范中心”等现有合作项目的同时，提升两国农业和水利合作的层次和水平，更好地造福两国人民。

关于中欧关系，贾庆林表示，中欧关系持续健康发展符合双方根本利益，也有利于世界的发展、繁荣和进步。中方始终视欧盟为世界上一支重要的力量，一贯支持欧洲一体化建设，重视发展中欧全面战略伙伴关系。荷兰是欧盟创始国，在欧盟内有独特影响，中方愿同荷方共同努力，推动中欧关系进一步向前发展。

吕特说，荷兰人民十分钦佩中国的发展成就，赞赏中国在当前欧债危机中提供的帮助，愿与中国进一步加强对话与合作，充分利用中国“十二五”规划的机遇，推动两国以及欧中合作再上新的台阶。

全国政协主席贾庆林在海牙会见荷兰议会一院议长德赫拉夫和二院副议长范贝克

全国政协主席贾庆林在海牙会见荷兰副首相兼经济 农业与创新大臣费尔哈亨

国新办发布《中国特色社会主义法律体系》白皮书

白皮书全面介绍了中国特色社会主义法律体系的形成和内涵，展示了新中国立法成就。

白皮书全文约两万字，分为前言、中国特色社会主义法律体系的形成、中国特色社会主义法律体系的构成、中国特色社会主义法律体系的特征、中国特色社会主义法律体系的完善、结束语等部分。

白皮书指出，依法治国，建设社会主义法治国家，是中国共产党领导人民治理国家的基本方略。形成中国特色社会主义法律体系，保证国家和社会生活各方面有法可依，是全面落实依法治国基本方略的前提和基础，是中国发展进步的制度保障。

白皮书介绍，1949年，中华人民共和国成立，实现了中国从几千年封建专制制度向人民民主制度的伟大跨越，彻底结束了旧中国半殖民地半封建社会的历史，人民成为国家、社会和自己命运的主人。60多年来特别是改革开放30多年来，中国共产党领导中国人民制定宪法和法律，经过各方面坚持不懈的共同努力，到2010年年底，一个立足中国国情和实际、适应改革开放和社会主义现代化建设需要、集中体现中国共产党和中国人民意志，以宪法为统帅，以宪法相关法、民法商法等多个法律部门的法律为主干，由法律、行政法规、地方性法规等多个层次法律规范构成的中国特色社会主义法律体系已经形成，国家经济建设、政治建设、文化建设、社会建设以及生态文明建设的各个方面实现有法可依。

白皮书指出，中国特色社会主义法律体系，是中国特色社会主义永葆本色的法制根基，是中国特色社会主义创新实践的法制体现，是中国特色社会主义兴旺发达的法制保障。它的形成，是中国社会主义民主法制建设的一个重要里程碑,体现了改革开放和社会主义现代化建设的伟大成果,具有重大的现实意义和深远的历史意义。

白皮书强调,社会实践是法律的基础,法律是实践经验的总结、提炼。社会实践永无止境,法律体系也要与时俱进。建设中国特色社会主义是一项长期的历史任务,完善中国特色社会主义法律体系同样是一项长期而又艰巨的任务,必须随着中国特色社会主义实践的发展不断向前推进。

白皮书强调,中国特色社会主义法律体系的形成,总体上解决了有法可依的问题,对有法必依、执法必严、违法必究提出了更为突出、更加紧迫的要求。中国将积极采取有效措施,切实保障宪法和法律的有效实施,加快推进依法治国、建设社会主义法治国家的进程。

全国党史部门党史育人工作经验交流会在武汉召开

会议于10月27日至28日召开。会议的主题是:以邓小平理论和"三个代表"重要思想为指导,深入贯彻落实科学发展观,认真学习贯彻胡锦涛总书记"七一"重要讲话精神和党的十七届六中全会精神,总结和交流党史育人工作的经验和做法,推动党史工作更好地为党和国家工作大局服务。

中共中央党史研究室主任欧阳淞在会上强调,各地各部门在党史育人工作方面都创造了许多好做法好经验。归纳起来,有以下几个方面的经验值得重视。一是必须围绕中心,把党史育人工作放在大局中来把握。二是必须统筹兼顾,打牢党史育人工作的基础。三是必须坚持党性原则与科学精神的统一,确保党史育人的正确方向。四是必须创新方式方法,不断探索党史育人的有效途径。五是必须实行分类指导,有效调动各方面的积极性。

共青团中央书记处书记周长奎、教育部党组成员顾海良、中直工委宣传部部长龚海燕、中央国家机关工委宣传部部长刘涛、《光明日报》副总编辑何东平、《人民日报》政治文化部副主任王苏宁、中央电视台总编室副主任石村等在大会上发言。

中共湖北省委书记李鸿忠在会上致辞,来自中央和国家机关相关部门、各省区市、副省级城市党史部门的负责同志等100多名代表出席会议。

国务院副总理李克强在首尔与韩国国会议长朴熺太举行会谈

国务院副总理李克强在首尔出席韩国四大经济团体举行的经济界午餐会并致辞

李克强就加强中韩经贸及人文合作提出六个方面建议:第一,加快推进中韩自贸区建设进程,如期启动两国自贸区谈判。第二,采取构建"绿色产业战略合作机制"等措施,加强绿色产业等新兴领域合作,积极促进循环经济和低碳发展。第三,拓展投资合作的新方式。中方鼓励韩国企业扩大对华高端制造业等方面投资,参与中国西部大开发、东北老工业基地振兴和中部崛起,也鼓励有实力的中方企业到韩国投资。第四,推进金融合作与创新。将两国双边本币互换规模由1800亿元扩大至3600亿元人民币,加大对两国中小企业合作的金融支持,共同推动区域金融市场稳定与发展。第五,密切双边和多边协作。充分发挥业已建立的政府和民间交流机制的作用,妥善解决经贸合作中可能发生的问题。在全球经济治理结构改革中加强立场和政策协调。希望韩方在企业经营、人员往来等方面为中方企业提供更多便利。两国企业可拓展在第三国基础设施建设、市场开拓等领域的合作。第六,扩大人文交流与合作。从明年起中方每年将增加邀请300名韩国青年访华,将于2015年前向韩国派遣1400名汉语教师。中韩进一步加强文化领域的交流,打造合作新亮点,为两国合作提供持久动力。

李克强表示,中国正在实施"十二五"规划,将推动科学发展,加快转变经济发展方式,坚持实施扩大内需战略,深化改革开放,保障和改善民生,保持中国经济长期平稳较快发展。我们将坚持互利共赢的开放战略,使中国同贸易伙伴国的共同利益得到拓展和深化。

李克强强调,中国将坚定不移地走和平发展道路,坚持与邻为善、以邻为伴,致力于发展同周边国家的友好合作关系。中国主张推进半岛无核化进程,支持重启六方会谈,愿与有关各方共同努力,为实现半岛和东北亚的和平稳定作出应有贡献。

韩国全国经济人联合会等四大经济团体、大企业及中资机构代表以及中方代表团成员近300人出席午餐会。

10月28日

全国政协主席贾庆林在海牙出席中荷企业家午餐会并发表讲话

中荷两国企业家代表共250余人出席。

全国政协副主席兼秘书长钱运录、中国驻荷兰大使张军等参加了上述活动。

**全国政协主席贾庆林在中荷企业家午餐会上发表

题为《把握机遇 深化合作 共享繁荣》的讲话

尊敬的克纳彭欧洲事务大臣，女士们，先生们，朋友们：

今天，我很高兴来到风景秀丽的海牙，与中荷经济界、企业界的朋友们见面。长期以来，在座的各位朋友为促进中荷经贸合作、增进两国人民友谊，做了大量卓有成效的工作，取得了丰硕成果。借此机会，我向你们表示诚挚的谢意并致以良好的祝愿！

荷兰素有“欧洲花园”、“风车之国”的美誉，雄伟的拦海大坝闻名世界。荷兰人均耕地只有2.1亩，但农产品出口占全球9%，连续10年农产品出口世界第二。荷兰的奶制品畅销全球，花卉出口世界第一。荷兰的现代农业、畜牧业在技术、设施、教育以及农牧民素质等方面都位居世界前列。荷兰人口虽然不多，经济总量却居世界第16位。这些都是十分令人敬佩的。在2008年爆发的国际金融危机中，荷兰受到的冲击较小，主权债务也处在正常安全水平。作为荷兰人民的朋友，我们对你们取得的成就感到由衷的钦佩和高兴。

中荷两国虽远隔万水千山，但两国人民之间的友好情谊深入人心。正式建交39年来，在两国政府和人民的共同努力下，中荷政治关系良好，经贸、科技、人文等各领域合作成果丰硕。荷兰连续8年保持中国在欧盟第二大贸易伙伴地位。2010年，中荷贸易额达到562亿美元，创历史新高。荷兰对华累计投资120亿美元，其中1亿美元以上项目有60多个，具有“投资质量高，单个项目金额大”的特点。中国企业对荷累计投资12亿欧元，涉及贸易、运输、金融、制造、能源等行业近300家企业。两国相互投资呈现出良好的发展势头。中荷合作在华建立的畜牧、园艺、奶业、农业可持续发展四个培训中心，促进了两国农业交流与合作。

女士们、先生们！

当前，国际社会非常关注中国经济发展形势和未来前景，我愿作个简要介绍。近年来，中国有效应对国际金融危机的巨大冲击，保持了经济平稳较快发展，也对世界经济的复苏作出了一定贡献。2010年，中国国内生产总值增长10.4%，成为世界第二大经济体，人均国内生产总值4400美元，对外贸易总额增长34.7%，当年对世界经济增长贡献率超过30%。今年以来，中国继续实施积极的财政政策和稳健的货币政策，切实加强宏观调控，经济继续保持平稳较快发展态势。上半年国内生产总值增长9.6%，物价较快上涨势头得到控制，内需拉动力进一步增强，外贸顺差同比减少17.6%，进出口更趋平衡。

今年年初，中国制定了国民经济和社会发展第十二个五年规划纲要，明确提出以科学发展为主题，以加快转变经济发展方式为主线，深化改革开放，保障和改善民生，促进经济长期平稳较快发展和社会和谐稳定，为全面建成惠及十几亿人口的更高水平的小康社会打下具有决定性意义的基础。规划突出强调了“走可持续发展之路”，这既是中华民族生存发展的需要，也将是对世界文明的重大贡献。中国的现代化不可能再走过量消耗资源、牺牲生态环境的老路，必须走出一条经济社会与人口资源环境相协调、人与自然相和谐的文明发展道路。未来5年，我们将加快构建有利于节约资源和保护环境的产业结构、生产方式和消费模式，切实降低能耗，减少排放；我们将加强气候变化领域国际交流与合作，切实提高应对气候变化能力；我们将大力提高科技创新能力，加快发展循环经济，推动经济发展更多依靠创新驱动；我们将坚定不移地实施对外开放的基本国策和互利共赢的开放战略，积极扩大进口，更加重视引进先进技术、人才和智力资源，更加重视保护知识产权。我们真诚欢迎包括荷兰在内的世界各国企业积极参与中国可持续发展实践，分享中国可持续发展的机遇和成果。

女士们、先生们！

当前，世界经济正在缓慢复苏，但复苏进程还很脆弱、很不平衡，无论是发达经济体还是新兴经济体，经济增速都出现回落。主要发达经济体失业率居高不下，新兴经济体通胀压力较大。前一段美国出现了国债风波，欧盟一些国家主权债务风险上升。在此背景下，深化中荷经贸合作，既有利于促进两国自身发展，也有利于我们携手努力、共同推动世界经济稳定复苏。同时，中荷处于不同的发展阶段，经济互补性强，深化双边经贸合作具有很多有利条件，符合两国人民的共同利益。这里，我愿就深化中荷经贸关系提出如下建议。

第一，深化现代农业合作，努力提高合作水平。荷兰是农业强国。中国作为拥有13亿人口的农业大国，正在积极促进城乡统筹发展，加快农业现代化步伐。中荷农业合作具有扎实的基础和广阔的前景。双方应继续加强温室技术、蔬菜和鲜花培育、食品加工、乳业、畜牧生产和兽医等领域合作，鼓励大学和科研机构开展联合研究、互派留学生和访问学者，充分发挥中荷农业创新与促进中心的示范作用，共同提升农业现代化水平。

第二，促进贸易便利化，不断扩大贸易规模。中荷两国同为贸易大国，互为重要贸易伙伴。双方应在维护自由贸易、保持市场开放的同时，采取积极措施，特别是充分发挥经贸混委会等机制的作用，为双边贸易创造良好环境。双方海关和质检部门可在便利合法贸易通关、电子信息传输、检验检疫等领域深化合作，提供优质的通关服务。同时，双方应进一步扩大高技术产品贸易，大力拓展旅游、运输、文化、中医药、金融保险等服务贸易，不断提升双边贸易水平和规模。

第三,优化投资环境,大力发展双向投资。中国欢迎更多荷兰企业赴华投资兴业、设立研发中心和地区总部,也鼓励有实力的中国企业到荷投资。两国企业可以绿地投资、参股、并购等多种方式在高新技术、先进制造、现代服务业等领域积极开展合作。中国将继续为各类企业提供优质服务、创造良好的投资环境。同时,希望荷方进一步放宽市场准入等规定,切实解决工作许可和签证等问题,便利中国企业赴荷投资。双方商协会、投资促进机构应积极开展合作,提高服务水平,为两国企业加深了解、挖掘机会提供更好的平台。

第四,拓展节能环保等领域合作,共同应对气候变化。目前,中国正朝着绿色、低碳的方向努力,积极推进资源节约型、环境友好型社会建设。荷兰在能源开发、建筑能效、资源回收利用等方面拥有先进技术和成熟管理经验。两国政府和企业应加强交流与合作,大力推广双方在环境基础设施建设、城市规划与古城保护、建筑节能与供热、污水及垃圾处理等领域示范项目的经验。切实通过相互投资、技术转让、建设生态示范区等形式,开展节能环保等领域的互利合作,共同应对气候变化和资源约束挑战。

女士们、先生们!

明年是中荷正式建交40周年。中国古代的思想家、教育家孔子说过,"四十而不惑"。这就是说,中荷关系正步入成熟发展时期。我相信,只要两国政府和企业界的朋友们坚定信念、把握机遇、携手奋进,中荷经贸合作一定会结出更加丰硕的果实,更好地造福两国和两国人民!

谢谢大家。

中央宣讲团党的十七届六中全会精神首场报告会在人民大会堂举行

报告会由中央宣传部、中央直属机关工委、中央国家机关工委、教育部、解放军总政治部、北京市委联合举办,中央宣讲团成员、中央宣传部常务副部长雒树刚作了报告。

雒树刚的报告,围绕深化文化体制改革、推动社会主义文化大发展大繁荣,进行了深入讲解。报告回顾总结了改革开放特别是党的十六大以来文化建设取得的显著成就,分析了推进文化改革发展的重要性和紧迫性,阐述了中国特色社会主义文化发展道路的基本内涵和要求,阐述了建设社会主义文化强国的战略目标和到2020年的奋斗目标,阐述了推进文化改革发展的重要任务和重大举措。报告坚持理论与实际相结合、国际与国内相结合、历史与现实相结合,系统透彻、深入浅出,在现场听众中引起热烈反响。大家纷纷表示,要按照中央的要求,深入学习党的十七届六中全会精神,把思想统一到六中全会精神上来,把力量凝聚到为全会确定的文化改革发展各项任务而奋斗上来。

中央宣讲团成员,学习贯彻党的十七届六中全会精神研讨班与会同志,在京党政机关干部,中央企业负责人和高校师生约3000人参加报告会。

第一届两岸及香港《经济日报》财经高峰论坛在人民大会堂举行

中共中央政治局常委李长春发来贺信,他希望与会的两岸及香港有识之士深入开展交流,积极建言献策,为进一步深化两岸三地经贸合作、推动共同发展繁荣作出贡献。

中共中央政治局委员、国务院副总理王岐山出席并致辞。王岐山在致辞中指出,近年来,两岸及香港贸易、投资、金融、旅游等各领域合作快速发展。特别是《海峡两岸经济合作框架协议》《内地与香港关于建立更紧密经贸关系的安排》顺利实施,进一步拓展了两岸及香港经济交流合作的空间。

他说,当前,两岸及香港正迎来新的合作机遇。今年开始实施的"十二五"规划,就全面深化两岸及香港经济合作制定了一系列政策措施。我们应当抓住机遇,乘势而上,努力提升两岸及香港经济合作的质量和水平。要继续深化贸易投资合作。健全两岸经济合作机制,继续实施好两岸货物贸易和服务贸易早期收获计划,尽快达成两岸投资保障协议。扩大内地对香港服务贸易开放,支持内地企业与香港企业联合"走出去"开拓国际市场。进一步拓展金融合作的深度和广度。全面落实《海峡两岸金融合作协议》,推动建立两岸货币清算机制,深化两岸金融监管合作。支持香港发展成为离岸人民币业务中心和国际资产管理中心,支持内地企业赴香港上市,支持境内金融机构和企业赴香港发行人民币债券。不断挖掘旅游合作潜力。扎实做好大陆居民赴台个人游试点,完善旅游安全保障机制。支持香港在内地设立旅行社,积极扩大香港与内地旅游合作。

首届两岸及香港《经济日报》财经高峰论坛由《经济日报》、台湾《经济日报》、香港《经济日报》共同主办,经济日报社承办。180余位来自大陆、台湾、香港的知名学者、企业家、媒体人士参加论坛,围绕新形势下"两岸及香港经贸合作的机遇与挑战"这一主题,以金融业、旅游贸易服务业等产业合作为重点进行了深入研讨。

中国记协第八届理事会第一次会议在北京举行

会议于10月28日至30日举行。中共中央政治局常委李长春代表党中央在开幕式上讲话。

大会审议通过了中国记协第七届理事会常务理事会工作报告，总结了过去五年工作的成绩和经验，明确了今后五年的工作和任务；会议讨论并通过了《中华全国新闻工作者协会章程(修订草案)》；会议选举产生了中国记协第八届理事会常务理事会，选举产生了主席、副主席，推举了名誉主席，任命了书记处书记，为做好今后五年中国记协各项工作提供了组织保证。

翟惠生、何崇元、李伟、周锡生、明立志、谭健、梅宁华、陈颂清、李厚朴、杨健、任贤良、孟晓林等12位同志当选为中国记协副主席。

常务理事会任命翟惠生(兼)、高善罡、祝寿臣、顾勇华、王冬梅为书记处书记。

公安部副部长张新枫和泰国警察总监飘潘在曼谷举行联合新闻发布会宣布中国船员在湄公河遇害一案取得重要进展

张新枫说，9名嫌犯已经到案，他们是隶属于泰国第三军区“帕莽”军营的9名士兵。这标志着该案已基本破获。案件很快会进入泰国司法程序，随着调查深入，将会发现更多具体情况。中方会继续配合泰方工作，公安部将安排一个专家工作组协助调查。

张新枫表示，泰国政府和警方高度重视此案，政府主要领导人明确要求从泰中友好大局出发，侦办好该案。他说，泰国警察总署直接参与调查，警察总监和两名副总监亲自指挥，提高了案件的侦办速度和质量。

10月29日

十一届全国人大常委会第二十三次会议在人民大会堂闭幕

会议经表决，通过了全国人大常委会关于修改兵役法的决定、关于修改居民身份证法的决定。国家主席胡锦涛分别签署第50号、第51号主席令，公布了上述法律。

吴邦国委员长主持会议。常委会组成人员138人出席会议，出席人数符合法定人数。

会议表决通过了关于加强反恐怖工作有关问题的决定。

会议分别表决通过了全国人大内务司法委员会、财政经济委员会、农业与农村委员会关于十一届全国人大四次会议主席团交付审议的代表提出的议案审议结果的报告。

会议表决通过了全国人大常委会代表资格审查委员会关于个别代表的代表资格的报告。根据全国人大常委会发表的公告，十一届全国人大代表现在实有2978人。

会议经表决，任命黄尔梅为最高人民法院副院长。

会议还表决通过了其他任免案。

在表决通过各项议案后，吴邦国发表讲话。他说，本次会议议程比较多，也很重要，在大家的共同努力下，圆满完成各项预定任务，会议开得很好。

吴邦国说，修改后的兵役法，适应我国军队现代化建设和经济社会发展的需要，重点增加了吸引高素质青年入伍的规定，完善了军人基本待遇和抚恤优待政策，充实了士兵和军官退役安置、促进就业等内容，对于保证兵役工作顺利开展，维护军人及其家属的合法权益，全面推进人民军队革命化现代化正规化建设，都具有重要意义。

吴邦国指出，为了进一步提高居民身份证的防伪性能，便于公民依法进行社会活动，加强社会管理的基础性制度建设，常委会对居民身份证法作了部分修改，主要是明确了一代证停止使用期限，增加了登记指纹信息的内容，强化了对公民信息的安全保护，完善了依法查验居民身份证的规定。

吴邦国说，会议通过的关于加强反恐怖工作有关问题的决定，适应我国反恐怖斗争的现实需要，借鉴我国参加的国际公约及相关国际文件的规定，从法律上界定了恐怖活动及其组织和人员，明确了反恐怖工作领导机构和组织力量，完善了涉恐资产冻结机制等，有利于进一步加强反恐怖工作，保障国家安全和人民生命财产安全。

吴邦国指出，民事诉讼法是国家法律体系中必不可少的基本法律，对于保护当事人的诉讼权利，保证人民法院正确及时审理民事案件，维护经济社会秩序，具有十分重要的作用。我国民事诉讼法律制度经历了一个逐步建立和不断完善的过程。本届以来，代表们先后提出60多件修改完善这部法律的议案。我们在认真研究代表议案和总结司法实践的基础上，提出了民事诉讼法修正案草案，这次会议对草案进行了初次审议。考虑到民事案件量大面广，各方面都很关注民事诉讼法的修改工作，下一步要在广泛征求意见、充分研究论证的基础上，把草案修改好完善好。

吴邦国说，加强保障性住房建设，是保障和改善民生的重大举措，事关经济社会发展全局。党的十七大明确提出，努力使全体人民住有所居。“十二五”规划纲要确定了实施城镇保障性安居工程的约束性指标。全国人大代表和常委会组成人员非常关心这项重大民生工程。财经委员会在2009年和2010年连续开展了相关专题调研，提出许多有针对性的意见和建议，这次会议又听取审议了国务院关于城镇保障性住房建设和管理工作情况的报告，并以联组会议的方式进行了专题询问。大家认为，在各方面的共同努力下，保障性住房建设取得了积极进展和一定成效，低收入和部分中等偏下收入家庭住房困难有所缓解，同时也要清醒地看到，我国人口众多，正处于工业化、城镇化加快发展的进程中，保障人民群众基本住房需求的任务艰巨而繁重。大家强调，要认真落实中央决策部署，坚持立足国情和实际，努力走出一条中国特色的住房保障路子。一要科学制定建设规划，合理确定保障性住房的范围、方式和标准。在确定保障性住房范围时，要充分考虑各级政府财政承受能力，在对现有居民住房状况充分调研的基础上，严格区分保障性住房和改善性住房的界限，真正使低收入住房困难户得到实惠。二要继续加大公共财政支持力度，充分发挥市场机制作用，建立可持续的资金投入机制。三要建立健全分配和运营监管机制，逐步纳入规范化法制化轨道，确保公平公正透明。

吴邦国说，综合运用多种监督形式，着力加强跟踪监督，是这些年常委会完善监督工作方式方法、增强监督工作实效的一个好办法。这次会议安排听取审议的其他几个专项工作报告和执法检查报告，都是在以往工作基础上开展的跟踪监督。这次会议听取审议了国务院关于环境保护工作情况的报告，听取审议了最高人民法院、最高人民检察院关于加强"两院"基层建设情况的报告，听取审议了常委会执法检查组关于检查劳动合同法实施情况的报告。审议中，常委会组成人员和列席会议的同志对"一府两院"的相关工作给予充分肯定，对执法检查报告普遍表示赞同，同时也提出了一些意见和建议。大家指出，要把加快转变经济发展方式作为防治污染、改善环境的根本出路，着力推动产业结构调整和产品升级换代，着力整治重金属、土壤、地下水污染等损害群众健康的突出问题，着力健全有利于环境保护的体制机制，确保"十二五"规划纲要确定的环保目标任务顺利实现。大家希望各级法院和检察院在巩固已有成果的基础上，进一步抓好基层基础建设，更好地发挥保障社会公平正义、维护社会和谐稳定的作用。大家强调，劳动合同法的制定和实施，对构建和谐劳动关系发挥了重要作用，有力地促进了企业健康发展，维护了劳动者合法权益。在审议中，常委会组成人员高度关注劳务派遣不规范的现象，认为这是劳动合同法贯彻实施中的突出问题，希望抓紧修改完善相关法律规定，加强对劳务派遣单位的监督管理，切实保障劳务派遣人员同工同酬、社会保障等合法权益。同时要继续强化劳动保障监察，加大执法力度，有效推动劳动密集型中小企业和非公企业认真落实法律规定，大力推进企业建立集体协商和集体合同制度，确保劳动合同法在全社会得到更好的贯彻实施。

吴邦国指出，党的十七届六中全会通过的《中共中央关于深化文化体制改革、推动社会主义文化大发展大繁荣若干重大问题的决定》，确定了新形势下文化改革发展的指导思想、重要方针、目标任务和政策措施。胡锦涛总书记在全会上发表的重要讲话，深刻分析了当前形势和任务，全面部署了当前党和国家各项工作，就贯彻落实全会精神提出明确要求。全会还通过了《关于召开党的第十八次全国代表大会的决议》。我们要充分认识推动社会主义文化大发展大繁荣、建设社会主义文化强国的重大意义，深刻理解中国特色社会主义文化发展道路的基本内涵，全面把握做好当前党和国家各项工作的新要求，切实把思想和行动统一到中央精神上来，紧密结合人大工作抓好贯彻落实。要坚持社会主义核心价值体系，加强文化法制建设，提高文化建设法制化水平，为推进文化改革发展提供更加有力的法制保障。要坚持人大工作正确政治方向，不断增强坚持和完善人民代表大会制度的自觉性和坚定性，努力做好新形势下立法、监督、代表等各项工作，充分发挥国家权力机关的作用，开拓进取，扎实工作，以优异成绩迎接党的十八大胜利召开。

全国人大常委会副委员长王兆国、路甬祥、乌云其木格、韩启德、华建敏、周铁农、李建国、司马义·铁力瓦尔地、蒋树声、陈昌智、桑国卫出席会议。

国务委员戴秉国，最高人民法院院长王胜俊，最高人民检察院检察长曹建明，全国人大各专门委员会成员，各省、自治区、直辖市人大常委会负责人，部分全国人大代表等列席会议。

国家主席胡锦涛签署第50号令公布《全国人民代表大会常务委员会关于修改〈中华人民共和国兵役法〉的决定》

《全国人民代表大会常务委员会关于修改〈中华人民共和国兵役法〉的决定》已由中华人民共和国第十一届全国人民代表大会常务委员会第二十三次会议于2011年10月29日通过，现予公布，自公布之日起施行。

中华人民共和国主席　胡锦涛

2011年10月29日

全国人民代表大会常务委员会关于修改《中华人民共和国兵役法》的决定(略)

中华人民共和国兵役法

（1984年5月31日第六届全国人民代表大会第二次会议通过　1984年5月31日中华人民共和国主席令第十四号公布　根据1998年12月29日第九届全国人民代表大会常务委员会第六次会议《关于修改〈中华人民共和国兵役法〉的决定》第一次修正　根据2009年8月27日第十一届全国人民代表大会常务委

员会第十次会议《关于修改部分法律的决定》第二次修正　根据2011年10月29日第十一届全国人民代表大会常务委员会第二十三次会议《关于修改〈中华人民共和国兵役法〉的决定》第三次修正）

第一章　总　则

第一条　根据中华人民共和国宪法第五十五条“保卫祖国、抵抗侵略是中华人民共和国每一个公民的神圣职责。依照法律服兵役和参加民兵组织是中华人民共和国公民的光荣义务”和其他有关条款的规定，制定本法。

第二条　中华人民共和国实行义务兵与志愿兵相结合、民兵与预备役相结合的兵役制度。

第三条　中华人民共和国公民，不分民族、种族、职业、家庭出身、宗教信仰和教育程度，都有义务依照本法的规定服兵役。

有严重生理缺陷或者严重残疾不适合服兵役的人，免服兵役。

依照法律被剥夺政治权利的人，不得服兵役。

第四条　中华人民共和国的武装力量，由中国人民解放军、中国人民武装警察部队和民兵组成。

第五条　兵役分为现役和预备役。在中国人民解放军服现役的称现役军人；经过登记，预编到现役部队、编入预备役部队、编入民兵组织服预备役的或者以其他形式服预备役的，称预备役人员。

第六条　现役军人和预备役人员，必须遵守宪法和法律，履行公民的义务，同时享有公民的权利；由于服兵役而产生的权利和义务，由本法和其他相关法律法规规定。

第七条　现役军人必须遵守军队的条令和条例，忠于职守，随时为保卫祖国而战斗。

预备役人员必须按照规定参加军事训练、执行军事勤务，随时准备参军参战，保卫祖国。

第八条　现役军人和预备役人员建立功勋的，得授予勋章、奖章或者荣誉称号。

第九条　中国人民解放军实行军衔制度。

第十条　全国的兵役工作，在国务院、中央军事委员会领导下，由国防部负责。

各军区按照国防部赋予的任务，负责办理本区域的兵役工作。

省军区（卫戍区、警备区）、军分区（警备区）和县、自治县、市、市辖区的人民武装部，兼各该级人民政府的兵役机关，在上级军事机关和同级人民政府领导下，负责办理本区域的兵役工作。

机关、团体、企业事业单位和乡、民族乡、镇的人民政府，依照本法的规定完成兵役工作任务。兵役工作业务，在设有人民武装部的单位，由人民武装部办理；不设人民武装部的单位，确定一个部门办理。

第二章　平时征集

第十一条　全国每年征集服现役的人数、要求和时间，由国务院和中央军事委员会的命令规定。

县级以上地方各级人民政府组织兵役机关和有关部门组成征集工作机构，负责组织实施征集工作。

第十二条　每年十二月三十一日以前年满十八周岁的男性公民，应当被征集服现役。当年未被征集的，在二十二周岁以前仍可以被征集服现役，普通高等学校毕业生的征集年龄可以放宽至二十四周岁。

根据军队需要，可以按照前款规定征集女性公民服现役。

根据军队需要和本人自愿，可以征集当年十二月三十一日以前年满十七周岁未满十八周岁的公民服现役。

第十三条　国家实行兵役登记制度。每年十二月三十一日以前年满十八周岁的男性公民，都应当在当年六月三十日以前，按照县、自治县、市、市辖区的兵役机关的安排，进行兵役登记。经兵役登记并初步审查合格的，称应征公民。

第十四条　在征集期间，应征公民应当按照县、自治县、市、市辖区的兵役机关的通知，按时到指定的体格检查站进行体格检查。

应征公民符合服现役条件，并经县、自治县、市、市辖区的兵役机关批准的，被征集服现役。

第十五条　在征集期间，应征公民被征集服现役，同时被机关、团体、企业事业单位招收录用或者聘用的，应当优先履行服兵役义务；有关机关、团体、企业事业单位应当服从国防和军队建设的需要，支持兵员征集工作。

第十六条　应征公民是维持家庭生活唯一劳动力的，可以缓征。

第十七条　应征公民正在被依法侦查、起诉、审判的或者被判处徒刑、拘役、管制正在服刑的，不征集。

第三章　士兵的现役和预备役

第十八条　现役士兵包括义务兵役制士兵和志愿兵役制士兵，义务兵役制士兵称义务兵，志愿兵役制士兵称士官。

第十九条　义务兵服现役的期限为二年。

第二十条　义务兵服现役期满，根据军队需要和本人自愿，经团级以上单位批准，可以改为士官。根据军队需要，可以直接从非军事部门具有专业技能的公民中招收士官。

士官实行分级服现役制度。士官服现役的期限一般不超过三十年，年龄不超过五十五周岁。

士官分级服现役的办法和直接从非军事部门招收

士官的办法，由国务院、中央军事委员会规定。

第二十一条 士兵服现役期满，应当退出现役。因军队编制员额缩减需要退出现役的，经军队医院诊断证明本人健康状况不适合继续服现役的，或者因其他特殊原因需要退出现役的，经师级以上机关批准，可以提前退出现役。

士兵退出现役的时间为部队宣布退出现役命令之日。

第二十二条 士兵退出现役时，符合预备役条件的，由部队确定服士兵预备役；经过考核，适合担任军官职务的，服军官预备役。

退出现役的士兵，由部队确定服预备役的，自退出现役之日起四十日内，到安置地的县、自治县、市、市辖区的兵役机关办理预备役登记。

第二十三条 依照本法第十三条规定经过兵役登记的应征公民，未被征集服现役的，办理士兵预备役登记。

第二十四条 士兵预备役的年龄，为十八周岁至三十五周岁，根据需要可以适当延长。具体办法由国务院、中央军事委员会规定。

第二十五条 士兵预备役分为第一类和第二类。

第一类士兵预备役包括下列人员：

（一）预编到现役部队的预备役士兵；

（二）编入预备役部队的预备役士兵；

（三）经过预备役登记编入基干民兵组织的人员。

第二类士兵预备役包括下列人员：

（一）经过预备役登记编入普通民兵组织的人员；

（二）其他经过预备役登记确定服士兵预备役的人员。

预备役士兵达到服预备役最高年龄的，退出预备役。

第四章 军官的现役和预备役

第二十六条 现役军官由下列人员补充：

（一）选拔优秀士兵和普通高中毕业生入军队院校学习毕业的学员；

（二）选拔普通高等学校毕业的国防生和其他应届优秀毕业生；

（三）直接提升具有普通高等学校本科以上学历表现优秀的士兵；

（四）改任现役军官的文职干部；

（五）招收军队以外的专业技术人员和其他人员。

战时根据需要，可以从士兵、征召的预备役军官和非军事部门的人员中直接任命军官。

第二十七条 预备役军官包括下列人员：

（一）退出现役转入预备役的军官；

（二）确定服军官预备役的退出现役的士兵；

（三）确定服军官预备役的普通高等学校毕业学生；

（四）确定服军官预备役的专职人民武装干部和民兵干部；

（五）确定服军官预备役的非军事部门的干部和专业技术人员。

第二十八条 军官服现役和服预备役的最高年龄由《中华人民共和国现役军官法》和《中华人民共和国预备役军官法》规定。

第二十九条 现役军官按照规定服役已满最高年龄的，退出现役；未满最高年龄因特殊情况需要退出现役的，经批准可以退出现役。

军官退出现役时，符合服预备役条件的，转入军官预备役。

第三十条 退出现役转入预备役的军官，退出现役确定服军官预备役的士兵，在到达安置地以后的三十日内，到当地县、自治县、市、市辖区的兵役机关办理预备役军官登记。

选拔担任预备役军官职务的专职人民武装干部、民兵干部、普通高等学校毕业生、非军事部门的人员，由工作单位或者户口所在地的县、自治县、市、市辖区的兵役机关报请上级军事机关批准并进行登记，服军官预备役。

预备役军官按照规定服预备役已满最高年龄的，退出预备役。

第五章 军队院校从青年学生中招收的学员

第三十一条 根据军队建设的需要，军队院校可以从青年学生中招收学员。招收学员的年龄，不受征集服现役年龄的限制。

第三十二条 学员完成学业考试合格的，由院校发给毕业证书，按照规定任命为现役军官、文职干部或者士官。

第三十三条 学员学完规定的科目，考试不合格的，由院校发给结业证书，回入学前户口所在地；就读期间其父母已办理户口迁移手续的，可以回父母现户口所在地，由县、自治县、市、市辖区的人民政府按照国家有关规定接收安置。

第三十四条 学员因患慢性病或者其他原因不宜在军队院校继续学习，经批准退学的，由院校发给肄业证书，回入学前户口所在地；就读期间其父母已办理户口迁移手续的，可以回父母现户口所在地，由县、自治县、市、市辖区的人民政府按照国家有关规定接收安置。

第三十五条 学员被开除学籍的，回入学前户口所在地；就读期间其父母已办理户口迁移手续的，可以回父母现户口所在地，由县、自治县、市、市辖区的人民政府按照国家有关规定办理。

第三十六条 军队根据国防建设的需要，可以依托普通高等学校招收、选拔培养国防生。国防生在校学习期间享受国防奖学金待遇，应当参加军事训练、政治教育，履行国防生培养协议规定的其他义务；毕业后应当履行培养协议到军队服现役，按照规定办理入伍手续，任命为现役军官或者文职干部。

国防生在校学习期间，按照有关规定不宜继续作为国防生培养，但符合所在学校普通生培养要求的，经军队有关部门批准，可以转为普通生；被开除学籍或者作退学处理的，由所在学校按照国家有关规定办理。

第三十七条 本法第三十二条、第三十三条、第三十四条、第三十五条的规定，也适用于从现役士兵中招收的学员。

第六章 民 兵

第三十八条 民兵是不脱产的群众武装组织，是中国人民解放军的助手和后备力量。

民兵的任务是：

(一)参加社会主义现代化建设；

(二)执行战备勤务，参加防卫作战，抵抗侵略，保卫祖国；

(三)为现役部队补充兵员；

(四)协助维护社会秩序，参加抢险救灾。

第三十九条 乡、民族乡、镇、街道和企业事业单位建立民兵组织。凡十八周岁至三十五周岁符合服兵役条件的男性公民，经所在地人民政府兵役机关确定编入民兵组织的，应当参加民兵组织。

根据需要，可以吸收十八周岁以上的女性公民、三十五周岁以上的男性公民参加民兵组织。

国家发布动员令后，动员范围内的民兵，不得脱离民兵组织；未经所在地的县、自治县、市、市辖区人民政府兵役机关批准，不得离开民兵组织所在地。

第四十条 民兵组织分为基干民兵组织和普通民兵组织。基干民兵组织是民兵组织的骨干力量，主要由退出现役的士兵以及经过军事训练和选定参加军事训练或者具有专业技术特长的未服过现役的人员组成。基干民兵组织可以在一定区域内从若干单位抽选人员编组。普通民兵组织，由符合服兵役条件未参加基干民兵组织的公民按照地域或者单位编组。

第七章 预备役人员的军事训练

第四十一条 预备役士兵的军事训练，在现役部队、预备役部队、民兵组织中进行，或者采取其他组织形式进行。

未服过现役预编到现役部队、编入预备役部队和编入基干民兵组织的预备役士兵，在十八周岁至二十四周岁期间，应当参加三十日至四十日的军事训练；其中专业技术兵的训练时间，按照实际需要确定。服过现役和受过军事训练的预备役士兵的复习训练，以及其他预备役士兵的军事训练，按照中央军事委员会的规定进行。

第四十二条 预备役军官在服预备役期间，应当参加三个月至六个月的军事训练；预编到现役部队和在预备役部队任职的，参加军事训练的时间可以适当延长。

第四十三条 国务院和中央军事委员会在必要的时候，可以决定预备役人员参加应急训练。

第四十四条 预备役人员参加军事训练、执行军事勤务的伙食、交通等补助费用按照国家有关规定执行。预备役人员是机关、团体、企业事业单位工作人员或者职工的，参加军事训练、执行军事勤务期间，其所在单位应当保持其原有的工资、奖金和福利待遇；其他预备役人员参加军事训练、执行军事勤务的误工补贴按照国家有关规定执行。

第八章 普通高等学校和普通高中学生的军事训练

第四十五条 普通高等学校的学生在就学期间，必须接受基本军事训练。

根据国防建设的需要，对适合担任军官职务的学生，再进行短期集中训练，考核合格的，经军事机关批准，服军官预备役。

第四十六条 普通高等学校设军事训练机构，配备军事教员，组织实施学生的军事训练。

第四十五条第二款规定的培养预备役军官的短期集中训练，由军事部门派出现役军官与普通高等学校军事训练机构共同组织实施。

第四十七条 普通高中和中等职业学校，配备军事教员，对学生实施军事训练。

第四十八条 普通高等学校和普通高中学生的军事训练，由教育部、国防部负责。教育部门和军事部门设学生军事训练的工作机构或者配备专人，承办学生军事训练工作。

第九章 战时兵员动员

第四十九条 为了对付敌人的突然袭击，抵抗侵略，各级人民政府、各级军事机关，在平时必须做好战时兵员动员的准备工作。

第五十条 在国家发布动员令以后，各级人民政府、各级军事机关，必须迅速实施动员：

(一)现役军人停止退出现役，休假、探亲的军人必须立即归队；

(二)预备役人员、国防生随时准备应召服现役，在接到通知后，必须准时到指定的地点报到；

(三)机关、团体、企业事业单位和乡、民族乡、镇的人民政府负责人，必须组织本单位被征召的预备役人员，按照规定的时间、地点报到；

（四）交通运输部门应当优先运送应召的预备役人员、国防生和返回部队的现役军人。

第五十一条 战时根据需要，国务院和中央军事委员会可以决定征召三十六周岁至四十五周岁的男性公民服现役，可以决定延长公民服现役的期限。

第五十二条 战争结束后，需要复员的现役军人，根据国务院和中央军事委员会的复员命令，分期分批地退出现役，由各级人民政府妥善安置。

第十章 现役军人的待遇和退出现役的安置

第五十三条 国家保障现役军人享有与其履行职责相适应的待遇。现役军人的待遇应当与国民经济发展相协调，与社会进步相适应。

军官实行职务军衔等级工资制，士官实行军衔级别工资制，义务兵享受供给制生活待遇。现役军人享受规定的津贴、补贴和奖励工资。国家建立军人工资的正常增长机制。

现役军人享受规定的休假、疗养、医疗、住房等福利待遇。国家根据经济社会发展水平提高现役军人的福利待遇。

国家实行军人保险制度，与社会保险制度相衔接。军人服现役期间，享受规定的军人保险待遇。军人退出现役后，按照国家有关规定接续养老、医疗、失业等社会保险关系，享受相应的社会保险待遇。现役军人配偶随军未就业期间，按照国家有关规定享受相应的保障待遇。

第五十四条 国家建立健全以扶持就业为主，自主就业、安排工作、退休、供养以及继续完成学业等多种方式相结合的士兵退出现役安置制度。

第五十五条 现役军人入伍前已被普通高等学校录取或者是正在普通高等学校就学的学生，服役期间保留入学资格或者学籍，退出现役后两年内允许入学或者复学，并按照国家有关规定享受奖学金、助学金和减免学费等优待；入学或者复学后参加国防生选拔、参加国家组织的农村基层服务项目人选选拔，以及毕业后参加军官人选选拔的，优先录取。

义务兵和服现役不满十二年的士官入伍前是机关、团体、企业事业单位工作人员或者职工的，服役期间保留人事关系或者劳动关系；退出现役后可以选择复职复工。

义务兵和士官服现役期间，入伍前依法取得的农村土地承包经营权，应当保留。

第五十六条 现役军人，残疾军人，退出现役军人，烈士、因公牺牲、病故军人遗属，现役军人家属，应当受到社会的尊重，受到国家和社会的优待。军官、士官的家属随军、就业、工作调动以及子女教育，享受国家和社会的优待。

第五十七条 现役军人因战、因公、因病致残的，按照国家规定评定残疾等级，发给残疾军人证，享受国家规定的待遇和残疾抚恤金。因工作需要继续服现役的残疾军人，由所在部队按照规定发给残疾抚恤金。

现役军人因战、因公、因病致残的，按照国家规定的评定残疾等级采取安排工作、供养、退休等方式妥善安置。有劳动能力的退出现役的残疾军人，优先享受国家规定的残疾人就业优惠政策。

残疾军人、患慢性病的军人退出现役后，由安置地的县级以上地方人民政府按照国务院、中央军事委员会的有关规定负责接收安置；其中，患过慢性病旧病复发需要治疗的，由当地医疗机构负责给予治疗，所需医疗和生活费用，本人经济困难的，按照国家规定给予补助。

现役军人、残疾军人参观游览公园、博物馆、展览馆、名胜古迹享受优待；优先购票乘坐境内运行的火车、轮船、长途汽车以及民航班机；其中，残疾军人按照规定享受减收正常票价的优待，免费乘坐市内公共汽车、电车和轨道交通工具。义务兵从部队发出的平信，免费邮递。

第五十八条 义务兵服现役期间，其家庭由当地人民政府给予优待，优待标准不低于当地平均生活水平，具体办法由省、自治区、直辖市人民政府规定。

第五十九条 现役军人牺牲、病故，由国家发给其遗属一次性抚恤金；其遗属无固定收入，不能维持生活，或者符合国家规定的其他条件的，由国家另行发给定期抚恤金。

第六十条 义务兵退出现役，按照国家规定发给退役金，由安置地的县级以上地方人民政府接收，根据当地的实际情况，可以发给经济补助。

义务兵退出现役，安置地的县级以上地方人民政府应当组织其免费参加职业教育、技能培训，经考试考核合格的，发给相应的学历证书、职业资格证书并推荐就业。退出现役义务兵就业享受国家扶持优惠政策。

义务兵退出现役，可以免试进入中等职业学校学习；报考普通高等学校以及接受成人教育的，享受加分以及其他优惠政策；在国家规定的年限内考入普通高等学校或者进入中等职业学校学习的，享受国家发给的助学金。

义务兵退出现役，报考公务员、应聘事业单位职位的，在军队服现役经历视为基层工作经历，同等条件下应当优先录用或者聘用。

服现役期间平时荣获二等功以上奖励或者战时荣获三等功以上奖励以及属于烈士子女和因战致残被

评定为五级至八级残疾等级的义务兵退出现役，由安置地的县级以上地方人民政府安排工作；待安排工作期间由当地人民政府按照国家有关规定发给生活补助费；本人自愿选择自主就业的，依照本条第一款至第四款规定办理。

国家根据经济社会发展水平，适时调整退役金的标准。退出现役士兵安置所需经费，由中央和地方各级人民政府共同负担。

第六十一条　士官退出现役，服现役不满十二年的，依照本法第六十条规定的办法安置。

士官退出现役，服现役满十二年的，由安置地的县级以上地方人民政府安排工作；待安排工作期间由当地人民政府按照国家有关规定发给生活补助费；本人自愿选择自主就业的，依照本法第六十条第一款至第四款的规定办理。

士官服现役满三十年或者年满五十五周岁的，作退休安置。

士官在服现役期间因战、因公、因病致残丧失工作能力的，按照国家有关规定安置。

第六十二条　士兵退出现役安置的具体办法由国务院、中央军事委员会规定。

第六十三条　军官退出现役，国家采取转业、复员、退休等办法予以妥善安置。作转业安置的，按照有关规定实行计划分配和自主择业相结合的方式安置；作复员安置的，按照有关规定由安置地人民政府接收安置，享受有关就业优惠政策；符合退休条件的，退出现役后按照有关规定作退休安置。

军官在服现役期间因战、因公、因病致残丧失工作能力的，按照国家有关规定安置。

第六十四条　机关、团体、企业事业单位有接收安置退出现役军人的义务，在招收录用工作人员或者聘用职工时，同等条件下应当优先招收录用退出现役军人；对依照本法第六十条、第六十一条、第六十三条规定安排工作的退出现役军人，应当按照国家安置任务和要求做好落实工作。

军人服现役年限计算为工龄，退出现役后与所在单位工作年限累计计算。

国家鼓励和支持机关、团体、企业事业单位接收安置退出现役军人。接收安置单位按照国家规定享受税收优惠等政策。

第六十五条　民兵、预备役人员因参战、参加军事训练、执行军事勤务牺牲、致残的，学生因参加军事训练牺牲、致残的，由当地人民政府依照军人抚恤优待条例的有关规定给予抚恤优待。

第十一章　法律责任

第六十六条　有服兵役义务的公民有下列行为之一的，由县级人民政府责令限期改正；逾期不改的，由县级人民政府强制其履行兵役义务，并可以处以罚款：

(一)拒绝、逃避兵役登记和体格检查的；

(二)应征公民拒绝、逃避征集的；

(三)预备役人员拒绝、逃避参加军事训练、执行军事勤务和征召的。

有前款第二项行为，拒不改正的，不得录用为公务员或者参照公务员法管理的工作人员，两年内不得出国(境)或者升学。

国防生违反培养协议规定，不履行相应义务的，依法承担违约责任，根据情节，由所在学校作退学等处理；毕业后拒绝服现役的，依法承担违约责任，并依照本条第二款的规定处理。

战时有本条第一款第二项、第三项或者第三款行为，构成犯罪的，依法追究刑事责任。

第六十七条　现役军人以逃避服兵役为目的，拒绝履行职责或者逃离部队的，按照中央军事委员会的规定给予处分；构成犯罪的，依法追究刑事责任。

现役军人有前款行为被军队除名、开除军籍或者被依法追究刑事责任的，不得录用为公务员或者参照公务员法管理的工作人员，两年内不得出国(境)或者升学。

明知是逃离部队的军人而雇用的，由县级人民政府责令改正，并处以罚款；构成犯罪的，依法追究刑事责任。

第六十八条　机关、团体、企业事业单位拒绝完成本法规定的兵役工作任务的，阻挠公民履行兵役义务的，拒绝接收、安置退出现役军人的，或者有其他妨害兵役工作行为的，由县级以上地方人民政府责令改正，并可以处以罚款；对单位负有责任的领导人员、直接负责的主管人员和其他直接责任人员，依法予以处罚。

第六十九条　扰乱兵役工作秩序，或者阻碍兵役工作人员依法执行职务的，依照治安管理处罚法的规定给予处罚；使用暴力、威胁方法，构成犯罪的，依法追究刑事责任。

第七十条　国家工作人员和军人在兵役工作中，有下列行为之一，构成犯罪的，依法追究刑事责任；尚不构成犯罪的，给予处分：

(一)收受贿赂的；

(二)滥用职权或者玩忽职守的；

(三)徇私舞弊，接送不合格兵员的。

第七十一条　县级以上地方人民政府对违反本法的单位和个人的处罚，由县级以上地方人民政府兵役机关会同行政监察、公安、民政、卫生、教育、人力资源和社会保障等部门具体办理。

第十二章　附　则

第七十二条　本法适用于中国人民武装警察部队。

第七十三条　中国人民解放军根据需要配备文职干部。本法有关军官的规定适用于文职干部。

第七十四条　本法自 1984 年 10 月 1 日起施行。

国家主席胡锦涛签署第 51 号令公布《全国人民代表大会常务委员会关于修改〈中华人民共和国居民身份证法〉的决定》

《全国人民代表大会常务委员会关于修改〈中华人民共和国居民身份证法〉的决定》已由中华人民共和国第十一届全国人民代表大会常务委员会第二十三次会议于 2011 年 10 月 29 日通过，现予公布，自 2012 年 1 月 1 日起施行。

中华人民共和国主席　胡锦涛

2011 年 10 月 29 日

全国人民代表大会常务委员会关于修改《中华人民共和国居民身份证法》的决定（略）

中华人民共和国居民身份证法

第一章　总　则

第一条　为了证明居住在中华人民共和国境内的公民的身份，保障公民的合法权益，便利公民进行社会活动，维护社会秩序，制定本法。

第二条　居住在中华人民共和国境内的年满十六周岁的中国公民，应当依照本法的规定申请领取居民身份证；未满十六周岁的中国公民，可以依照本法的规定申请领取居民身份证。

第三条　居民身份证登记的项目包括：姓名、性别、民族、出生日期、常住户口所在地住址、公民身份号码、本人相片、指纹信息、证件的有效期和签发机关。

公民身份号码是每个公民唯一的、终身不变的身份代码，由公安机关按照公民身份号码国家标准编制。

公民申请领取、换领、补领居民身份证，应当登记指纹信息。

第四条　居民身份证使用规范汉字和符合国家标准的数字符号填写。

民族自治地方的自治机关根据本地区的实际情况，对居民身份证用汉字登记的内容，可以决定同时使用实行区域自治的民族的文字或者选用一种当地通用的文字。

第五条　十六周岁以上公民的居民身份证的有效期为十年、二十年、长期。十六周岁至二十五周岁的，发给有效期十年的居民身份证；二十六周岁至四十五周岁的，发给有效期二十年的居民身份证；四十六周岁以上的，发给长期有效的居民身份证。

未满十六周岁的公民，自愿申请领取居民身份证的，发给有效期五年的居民身份证。

第六条　居民身份证式样由国务院公安部门制定。居民身份证由公安机关统一制作、发放。

居民身份证具备视读与机读两种功能，视读、机读的内容限于本法第三条第一款规定的项目。

公安机关及其人民警察对因制作、发放、查验、扣押居民身份证而知悉的公民的个人信息，应当予以保密。

第二章　申领和发放

第七条　公民应当自年满十六周岁之日起三个月内，向常住户口所在地的公安机关申请领取居民身份证。

未满十六周岁的公民，由监护人代为申请领取居民身份证。

第八条　居民身份证由居民常住户口所在地的县级人民政府公安机关签发。

第九条　香港同胞、澳门同胞、台湾同胞迁入内地定居的，华侨回国定居的，以及外国人、无国籍人在中华人民共和国境内定居并被批准加入或者恢复中华人民共和国国籍的，在办理常住户口登记时，应当依照本法规定申请领取居民身份证。

第十条　申请领取居民身份证，应当填写《居民身份证申领登记表》，交验居民户口簿。

第十一条　国家决定换发新一代居民身份证、居民身份证有效期满、公民姓名变更或者证件严重损坏不能辨认的，公民应当换领新证；居民身份证登记项目出现错误的，公安机关应当及时更正，换发新证；领取新证时，必须交回原证。居民身份证丢失的，应当申请补领。

未满十六周岁公民的居民身份证有前款情形的，可以申请换领、换发或者补领新证。

公民办理常住户口迁移手续时，公安机关应当在居民身份证的机读项目中记载公民常住户口所在地住址变动的情况，并告知本人。

第十二条　公民申请领取、换领、补领居民身份证，公安机关应当按照规定及时予以办理。公安机关应当自公民提交《居民身份证申领登记表》之日起六十日内发放居民身份证；交通不便的地区，办理时间可以适当延长，但延长的时间不得超过三十日。

公民在申请领取、换领、补领居民身份证期间，急需使用居民身份证的，可以申请领取临时居民身份证，公安机关应当按照规定及时予以办理。具体办法由国务院公安部门规定。

第三章　使用和查验

第十三条　公民从事有关活动，需要证明身份的，有权使用居民身份证证明身份，有关单位及其工作人员不得拒绝。

有关单位及其工作人员对履行职责或者提供服务过程中获得的居民身份证记载的公民个人信息，应当予以保密。

第十四条　有下列情形之一的，公民应当出示居民身份证证明身份：

（一）常住户口登记项目变更；

（二）兵役登记；

（三）婚姻登记、收养登记；

（四）申请办理出境手续；

（五）法律、行政法规规定需要用居民身份证证明身份的其他情形。

依照本法规定未取得居民身份证的公民，从事前款规定的有关活动，可以使用符合国家规定的其他证明方式证明身份。

第十五条　人民警察依法执行职务，遇有下列情形之一的，经出示执法证件，可以查验居民身份证：

（一）对有违法犯罪嫌疑的人员，需要查明身份的；

（二）依法实施现场管制时，需要查明有关人员身份的；

（三）发生严重危害社会治安突发事件时，需要查明现场有关人员身份的；

（四）在火车站、长途汽车站、港口、码头、机场或者在重大活动期间设区的市级人民政府规定的场所，需要查明有关人员身份的；

（五）法律规定需要查明身份的其他情形。

有前款所列情形之一，拒绝人民警察查验居民身份证的，依照有关法律规定，分别不同情形，采取措施予以处理。

任何组织或者个人不得扣押居民身份证。但是，公安机关依照《中华人民共和国刑事诉讼法》执行监视居住强制措施的情形除外。

第四章　法律责任

第十六条　有下列行为之一的，由公安机关给予警告，并处二百元以下罚款，有违法所得的，没收违法所得：

（一）使用虚假证明材料骗领居民身份证的；

（二）出租、出借、转让居民身份证的；

（三）非法扣押他人居民身份证的。

第十七条　有下列行为之一的，由公安机关处二百元以上一千元以下罚款，或者处十日以下拘留，有违法所得的，没收违法所得：

（一）冒用他人居民身份证或者使用骗领的居民身份证的；

（二）购买、出售、使用伪造、变造的居民身份证的。

伪造、变造的居民身份证和骗领的居民身份证，由公安机关予以收缴。

第十八条　伪造、变造居民身份证的，依法追究刑事责任。

有本法第十六条、第十七条所列行为之一，从事犯罪活动的，依法追究刑事责任。

第十九条　国家机关或者金融、电信、交通、教育、医疗等单位的工作人员泄露在履行职责或者提供服务过程中获得的居民身份证记载的公民个人信息，构成犯罪的，依法追究刑事责任；尚不构成犯罪的，由公安机关处十日以上十五日以下拘留，并处五千元罚款，有违法所得的，没收违法所得。

单位有前款行为，构成犯罪的，依法追究刑事责任；尚不构成犯罪的，由公安机关对其直接负责的主管人员和其他直接责任人员，处十日以上十五日以下拘留，并处十万元以上五十万元以下罚款，有违法所得的，没收违法所得。

有前两款行为，对他人造成损害的，依法承担民事责任。

第二十条　人民警察有下列行为之一的，根据情节轻重，依法给予行政处分；构成犯罪的，依法追究刑事责任：

（一）利用制作、发放、查验居民身份证的便利，收受他人财物或者谋取其他利益的；

（二）非法变更公民身份号码，或者在居民身份证上登载本法第三条第一款规定项目以外的信息或者故意登载虚假信息的；

（三）无正当理由不在法定期限内发放居民身份证的；

（四）违反规定查验、扣押居民身份证，侵害公民合法权益的；

（五）泄露因制作、发放、查验、扣押居民身份证而知悉的公民个人信息，侵害公民合法权益的。

第五章　附　则

第二十一条　公民申请领取、换领、补领居民身份证，应当缴纳证件工本费。居民身份证工本费标准，由国务院价格主管部门会同国务院财政部门核定。

对城市中领取最低生活保障金的居民、农村中有特殊生活困难的居民，在其初次申请领取和换领居民身份证时，免收工本费。对其他生活确有困难的居民，在其初次申请领取和换领居民身份证时，可以减收工本费。免收和减收工本费的具体办法，由国务院财政部门会同国务院价格主管部门规定。

公安机关收取的居民身份证工本费，全部上缴国库。

第二十二条　现役的人民解放军军人、人民武装警察申请领取和发放居民身份证的具体办法，由国务院和中央军事委员会另行规定。

第二十三条　本法自2004年1月1日起施行，《中华人民共和国居民身份证条例》同时废止。

依照《中华人民共和国居民身份证条例》领取的居民身份证，自2013年1月1日起停止使用。依照本法在2012年1月1日以前领取的居民身份证，在其有效期内，继续有效。

国家决定换发新一代居民身份证后，原居民身份证的停止使用日期由国务院决定。

全国人大常委会关于加强反恐怖工作有关问题的决定

（2011年10月29日第十一届全国人民代表大会常务委员会第二十三次会议通过）

为了加强反恐怖工作，保障国家安全和人民生命、财产安全，维护社会秩序，特就反恐怖工作有关问题作如下决定：

一、国家反对一切形式的恐怖主义，坚决依法取缔恐怖活动组织，严密防范、严厉惩治恐怖活动。

二、恐怖活动是指以制造社会恐慌、危害公共安全或者胁迫国家机关、国际组织为目的，采取暴力、破坏、恐吓等手段，造成或者意图造成人员伤亡、重大财产损失、公共设施损坏、社会秩序混乱等严重社会危害的行为，以及煽动、资助或者以其他方式协助实施上述活动的行为。

恐怖活动组织是指为实施恐怖活动而组成的犯罪集团。

恐怖活动人员是指组织、策划、实施恐怖活动的人和恐怖活动组织的成员。

三、国家反恐怖工作领导机构统一领导和指挥全国反恐怖工作。

公安机关、国家安全机关和人民检察院、人民法院、司法行政机关以及其他有关国家机关，应当各司其职、密切配合，依法做好反恐怖工作。

中国人民解放军、中国人民武装警察部队和民兵组织依照法律、行政法规、军事法规以及国务院、中央军事委员会的命令，防范和打击恐怖活动。

四、恐怖活动组织及恐怖活动人员名单，由国家反恐怖工作领导机构根据本决定第二条的规定认定、调整。

恐怖活动组织及恐怖活动人员名单，由国务院公安部门公布。

五、国务院公安部门公布恐怖活动组织及恐怖活动人员名单时，应当同时决定对涉及有关恐怖活动组织及恐怖活动人员的资金或者其他资产予以冻结。

金融机构和特定非金融机构对于涉及国务院公安部门公布的恐怖活动组织及恐怖活动人员的资金或者其他资产，应当立即予以冻结，并按照规定及时向国务院公安部门、国家安全部门和国务院反洗钱行政主管部门报告。

六、中华人民共和国根据缔结或者参加的国际条约，或者按照平等互惠原则，开展反恐怖国际合作。

七、认定恐怖活动组织及恐怖活动人员名单的具体办法，由国务院制定；冻结涉及恐怖活动资产的具体办法，由国务院反洗钱行政主管部门会同国务院公安部门、国家安全部门制定。

八、本决定自公布之日起施行。

全国人大常委会公告

（十一届）第三十二号

河北省人大常委会补选张庆伟为第十一届全国人民代表大会代表，浙江省人大常委会补选夏宝龙为第十一届全国人民代表大会代表，江西省人大常委会补选鹿心社为第十一届全国人民代表大会代表，海南省人大常委会补选蒋定之为第十一届全国人民代表大会代表。全国人民代表大会常务委员会同意代表资格审查委员会的审查报告，确认张庆伟、夏宝龙、鹿心社、蒋定之的代表资格有效。

特此公告。

全国人民代表大会常务委员会

2011年10月29日

全国人大常委会公告

（十一届）第三十三号

云南省人大常委会罢免了杨红卫的第十一届全国人民代表大会代表职务。依照代表法的有关规定，杨红卫的代表资格终止。

现在，第十一届全国人民代表大会实有代表2978人。

特此公告。

全国人民代表大会常务委员会

2011年10月29日

全国人大常委会任命名单

（2011年10月29日第十一届全国人民代表大会常务委员会第二十三次会议通过）

任命张庆彬、张希靖（女）、马顺华、秦骏、王昀（女）、张碧洁（女）、李文峰、李伟、那艳芳（女）、李高生为最高人民检察院检察员。

全国人大常委会任免名单

（2011年10月29日第十一届全国人民代表大会常务委员会第二十三次会议通过）

一、任命黄尔梅（女）为最高人民法院副院长。

二、免去于振安、刘寿杰的最高人民法院审判员职务。

全国人大常委会办公厅举行新闻发布会就新修改的兵役法 居民身份证法和加强反恐怖工作有关问题答记者问

全国人大常委会办公厅邀请了全国人大常委会法制工作委员会、公安部治安管理局和中国人民解放军总参谋部动员部相关负责人回答了记者提问。

身份证登记增加指纹信息防范冒用伪造

在回答记者有关居民身份证登记项目增加指纹信息的问题时，公安部治安管理局副局长黄双全说，增加指纹信息有利于更加有效的防范冒用、伪造居民身份证等违法犯罪行为的发生，从而更好地保护公民权益和公共安全。同时，国家机关以及金融、电信、交通、教育、医疗等社会部门，可以通过加入指纹信息的身份证，更加快速准确地甄别持证人的身份，提高工作效率，为公民参加社会经济活动提供更好的服务。

按照新修改的居民身份证法规定，登记指纹信息，不采取集中、大规模的统一采集方式。同时规定，公民申请领取、换领、补领居民身份证，应当登记指纹信息。

扩大查验情形范围维护公民权益

在新修订的居民身份证法中，增加了一个很重要的查验情形，即"火车站、长途汽车站、港口、码头、机场或者在重大活动期间设区的市级人民政府规定的场所，需要查明有关人员身份"。

全国人大常委会法制工作委员会刑法室副主任臧铁伟说，查验情形范围的扩大主要是出于对公民合法权益的保护。新规定的场所主要是人口流动性比较强、群众聚集的场所。规定人民警察在这些场所可以依法查验有关人员的身份，有利于防范、及时发现、处置突发事件，维护绝大多数群众的生命财产安全。

明确界定恐怖活动

全国人大常委会法制工作委员会刑法室副主任李寿伟表示，现在国际上对何谓恐怖活动还没有公认的标准，在起草定义时，主要参考了我国已经参加的上合组织等有关国际公约，并借鉴了有关国家的规定，对恐怖活动的定义作了较为明确的规定，便于在实践中区别恐怖活动犯罪和其他犯罪。

关于恐怖活动组织、人员名单的认定、公布，李寿伟说，名单的来源有两个方面，一是国内对恐怖活动的打击中确定的恐怖组织和人员，二是联合国安理会关于反恐怖活动有关决议，要求建立恐怖活动名单的认定和冻结的措施。

他进一步指出，虽然本次决定明确了名单认定标准和相关程序，但是，反恐怖工作并不是一次性的，而是持续性的，需要根据反恐形势和工作情况适时公布、调整。因此，我国也将继续根据缔结或参加的国际条约，以及平等互惠原则开展反恐怖国际合作。

十一届全国人大常委会在人民大会堂举行题为《资本市场与中国经济社会发展》的专题讲座

吴邦国委员长主持讲座。

主讲人中国证监会研究中心主任祁斌从全球资本市场的演进历程与启示，中国资本市场的发展历程、情况及问题，推动我国资本市场健康发展的宏观背景与战略措施三方面作了深入讲解。

祁斌说，从历史上看，资本市场是商业信用发展的结果，也是股份制和市场经济发展到一定阶段的产物。资本市场和一国的经济社会发展相伴相生，而脱离经济社会需求的金融发展会带来灾难。资本市场代表着市场化的资源配置方式，但诚信缺失和非理性因素也会带来市场失灵。2008年的金融危机对全球化时代的资本市场发展和监管提出了新的挑战，对世界经济金融格局也将产生深远的影响，这要求我们加快资本市场的发展步伐。

祁斌说，上个世纪70年代末期以来的经济改革，推动了资本市场在中国的出现和成长。今天，资本市场已经成为我国社会主义市场经济的重要组成部分，随着其功能的逐步健全，对我国经济和社会的影响也日益增强。我国资本市场现阶段的主要特征和问题是，市场发展水平不足，不能满足广大企业和投资者的投融资需求；市场的投资回报未能充分显现，投资者保护需要进一步加强，投资文化也需要进一步走向理性和成熟；市场化水平不足，法制建设和监管需要进一步适应市场的快速发展；资本市场和证券业的国际竞争力有待提高。

祁斌说，"十二五"时期是我国深化改革开放、加快转变经济发展方式的攻坚时期，是资本市场发展的重要历史机遇期。我们要抓住时机，推动资本市场的健康发展，为经济和社会全面发展作出贡献。他认为推动我国资本市场健康发展的基本原则是，将发展资本市场作为一项重要的战略措施；资本市场的发展要服务服从于我国经济社会的发展目标，防范系统性金融风险；坚持市场化改革的方向；强化资本市场法制建设；推动资本市场的国际化进程。他提出了推动资本市场健康发展的四项措施：完善市场体系，加快场外市场建设；提高监管水平，改革监管体制；强化投资者保护机制，加强投资者教育；推动社会保障和养老体系与资本市场的良性互动发展。

全国人大常委会副委员长王兆国、路甬祥、乌云其木格、韩启德、华建敏、周铁农、李建国、司马义·铁力瓦尔地、蒋树声、陈昌智、桑国卫等听取讲座。

国务院总理温家宝主持召开国务院常务会议部署近期经济工作

会议认为，今年以来，各地区、各部门按照中央决策部署，贯彻科学发展观，加快转变发展方式，推动经济增长由政策刺激向自主增长有序转变，国民经济保持平稳较快发展。内外需增长动力更趋协调，物价过快上涨势头得到初步遏制，农业生产形势良好，结构调整积极推进，金融体系健康稳定，重点领域改革取得新进展，人民生活进一步改善，经济社会发展总体保持良好态势。当前，国内外环境十分复杂，出现不少新情况、新问题，我们必须始终保持清醒头脑，冷静观察，科学判断，未雨绸缪，作出正确的政策选择。

会议指出，做好今冬明春的各项工作，对于全面完成今年经济工作任务，为明年发展打下好的基础具有重要意义。今后几个月要重点做好以下工作：(一)切实把握好宏观调控的方向、力度和节奏。要敏锐、准确地把握经济走势出现的趋势性变化，更加注重政策的针对性、灵活性和前瞻性，适时适度进行预调微调。保持货币信贷总量合理增长，优化融资结构，提高金融服务水平。完善财税政策，推进结构性减税，集中解决保障和改善民生的紧迫问题。严格控制一般性支出，坚决制止铺张浪费和用财政超收收入兴建楼堂馆所，防止年终突击花钱。信贷政策要与产业政策更好地结合起来，切实做到有保有压。保证国家重点在建、续建项目的资金需要，防止出现“半拉子”工程，重点支持实体经济尤其是符合产业政策的中小企业，支持民生工程尤其是保障性安居工程。继续严格控制高耗能、高污染项目投资，防止重复建设和落后产能盲目扩张。(二)继续采取有力措施稳定物价总水平。加强重要商品特别是生活必需品的产运销衔接，保障市场供应。落实鲜活农产品绿色通道政策和其他扶持政策，切实降低流通成本。整顿和规范市场秩序，依法惩处串通涨价等违法违规行为。落实好社会救助和保障标准与物价上涨挂钩的联动机制，及时发放价格临时补贴，适当提高标准。积极采取措施确保学生食堂饭菜价格基本稳定。(三)抓好秋收和秋冬季农业生产。落实最低收购价和收储政策，组织好粮棉收购。稳定扩大冬小麦播种面积，鼓励南方地区利用冬闲田种植油菜、蔬菜。加强农资市场监管，确保生产资料供应。严密防控秋冬季重大动物疫病，积极开展冬春农田水利建设，提高防灾减灾能力。(四)坚定不移地搞好房地产调控。各地政府要切实负起责任，继续严格执行政策，进一步巩固调控成果。增加普通商品住房用地，促进房价合理调整。加快推进保障性住房建设，提高规划设计水平，加强工程质量监管，抓紧建立健全分配和管理制度，尽快形成有效供应，让人民群众看到政策的成效。(五)积极支持企业特别是吸纳就业和科技创新的小型、微型企业发展。各地区、各部门要抓紧落实已出台的金融财税政策，并进一步加大支持力度，切实帮助企业解决实际困难。进一步放开民间投资的市场准入，切实减轻企业负担，使民间资本有信心、有条件专注于实业发展。(六)促进对外贸易稳定发展。保持外贸政策的连续性和稳定性，发挥好信用保险、出口退税、出口信贷等政策的作用，努力促进对外贸易平稳增长和基本平衡。密切关注外部市场环境变化，及时采取应对措施。(七)狠抓节能减排不放松。认真落实节能减排综合性工作方案，努力完成年度目标任务。确保居民与企业正常用电和采暖用能，坚决防止弄虚作假、政策执行变形走样。(八)努力办好涉及民生的事情。把扩大就业放在更加重要的位置，重点加强对离校未就业高校毕业生的就业服务和就业援助。保证农民工工资足额发放，维护和谐稳定的劳动关系。认真做好社会保障工作，年底前将国有、集体企业等“老工伤”人员全部纳入工伤保险统筹管理，基本完成未参保集体企业退休人员纳入基本养老保险工作，落实提高部分优抚对象抚恤标准的政策。安排好困难群体和灾区群众生产生活。加强经济运行调节，保障煤电油运正常供应。提前做好春运准备工作。(九)大力提高安全生产水平。严格质量监督检查和市场监管，保障食品、药品安全。全面加强安全生产，深入查找安全隐患和漏洞，完善制度措施，坚决遏制重特大事故发生。依法依规妥善处理群众反映的问题，严肃查处征地拆迁等领域损害群众利益的行为，化解矛盾纠纷，维护社会和谐稳定。

会议强调，各地区、各部门要密切跟踪、深入分析国内外经济形势，坚持科学决策、民主决策，结合实际认真研究制定明年经济社会发展的计划。要把困难估计得更充分，把目标和任务确定得更合理，集中精力、心无旁骛，把各项工作做得更扎实。

国务院任免国家工作人员

任命尚福林为中国银行业监督管理委员会主席；任命郭树清为中国证券监督管理委员会主席；任命项俊波为中国保险监督管理委员会主席。

免去刘明康的中国银行业监督管理委员会主席职务；免去尚福林的中国证券监督管理委员会主席职务；

免去吴定富的中国保险监督管理委员会主席职务。

国务院副总理回良玉在四川灾区考察指导农业生产和新农村建设工作

10月29日至31日，回良玉先后深入到遭受“5·12”特大地震重创的汶川、北川、安县、广汉、涪城等县市区，详细了解灾区群众生产生活情况，与干部群众共商灾区振兴发展大计。他指出，经过三年恢复重建，灾区生产条件大变样、基础设施大提升、产业结构大调整、社会事业大跨越，实现了“家家有房住、户户有就业、人人有保障、设施有提高、经济有发展、生态有改善”的重建目标，呈现出勃勃生机与活力。他勉励干部群众再接再厉，艰苦奋斗，用勤劳双手建设美好新家园。他强调，要倍加珍惜灾后重建成果，把建成的项目运营好、维护好、管理好，长期有效地服务于灾区人民。要把促进就业作为灾区发展振兴的优先目标，切实解决好灾区群众现实困难和长远生计。要充分发挥资源优势，突出地域特色，培育壮大特色优势产业，增强自我发展能力。要注重保护民族文化遗产，加强地质灾害防治和防灾减灾能力建设，加强生态环境治理和保护。

回良玉十分关心灾区农业农村发展。他来到广汉市现代粮食产业基地，与种粮大户亲切交谈，详细询问冬小麦播种情况，鼓励他们多打粮食，为国家多做贡献。他强调要大力发展现代农业，通过基地示范引领，推进农业机械化、规模化和产业化，着力提高粮食和农业综合生产能力，努力保障粮食和主要农产品有效供给。在安县兴仁乡农业服务站，回良玉认真听取基层农技人员的建议。他强调，加快新型农业社会化服务体系建设，是发展现代农业的客观要求。要走科技增产增效的路子，要着力健全基层服务网络，充分调动农技人员积极性，解决好“最后一公里”问题，帮助农民实现增产增收。在考察涪城区燕儿河水库时，回良玉指出，这些年我们加大病险水库除险加固力度，取得了显著成效。要认真落实中央关于加强水利建设的部署安排，积极开展冬春农田水利建设，提高防汛抗旱防灾减灾能力。

回良玉强调，当前正是秋收秋种时节，要落实好最低收购价和收储政策，组织好粮棉油的收购；稳定扩大秋冬播粮食面积，利用冬闲田发展油菜、蔬菜等农作物；加强市场调控，保障农产品市场供应和价格合理水平。

国务院 中央军委颁布第608号令发布《退役士兵安置条例》

现公布《退役士兵安置条例》，自2011年11月1日起施行。

国务院总理 温家宝

中央军委主席 胡锦涛

2011年10月29日

退役士兵安置条例(略)

10月30日

全国政协主席贾庆林在慕尼黑会见德国巴伐利亚州议会议长施塔姆

贾庆林说，在当前复杂多变的国际形势下，中德两国面临进一步扩大合作的重要机遇。中方愿同德方一道努力，本着相互尊重、平等互利的原则，加强沟通，深化合作，推动中德关系不断迈上新台阶。

贾庆林表示，中方重视并积极支持两国地方之间开展合作，认为地方合作是中德关系的重要组成部分。在对华贸易和投资方面，巴州始终位居德国各联邦州之首。在地方合作层面，双方交流十分活跃。中方愿本着创新共赢的精神，继续与巴州开展经贸、技术合作，特别是高新技术等领域合作，继续支持中国有关方面同巴州开展互利合作。

施塔姆说，巴州钦佩中国的发展成就，愿与中方进一步加强互学互鉴，推进青年一代交往，扩大在高新技术、可再生能源等领域的合作，推动德中关系不断迈上新台阶。

中共安徽省第九届委员会第一次全体会议选举张宝顺为省委书记

中共河南省第九届委员会第一次全体会议选举卢展工为省委书记

第九届中国国际农产品交易会在四川成都国际会展中心举行

交易会于10月30日至11月1日举行。

中共中央政治局委员、国务院副总理回良玉出席开幕式并宣布交易会开幕。

本届农交会以“转变发展方式，推进现代农业”为主题。来自全国31个省(区、市)、新疆生产建设兵团、台湾等33个展团和美国、瑞士、英国、日本、加拿大、匈牙利等国家的2000多家企业参展，近万家专业采购商到会进行贸易洽谈。

本届农交会贸易成交金额602亿元，比上届增加40多亿元。

国防部部长梁光烈在钓鱼台国宾馆与老挝副总理

兼国防部部长当斋·皮芝举行会谈

10月31日

国家主席胡锦涛在维也纳与奥地利总统菲舍尔举行会谈

胡锦涛强调,中方重视发展同奥地利的关系,愿同奥方一道努力,把中奥友好合作关系推向更高水平。他就此提出4点建议:一是加强平等互信的政治关系。保持两国高层经常交往,从战略高度和长远角度牢牢把握双边关系发展大方向。加强两国立法机构、政府部门、政党交流合作,发挥双方现有交流合作机制作用,更好指导和协调两国关系发展。二是拓展互利共赢的经贸关系。着眼优势互补,加强政策引导,改善市场环境,挖掘合作潜力,做实中奥科技园项目,推动中奥生态园建设,建立中小企业合作与技术转让平台,不断拓展两国经贸合作。希望双方共同努力,以实际行动反对贸易保护主义,继续鼓励和保护双向投资,实现双边贸易平衡、多元化、可持续发展。中方愿意从奥地利进口更多适销对路的商品,同奥方探讨在中东欧地区开展三方合作,也希望奥方为赴奥投资的中资企业提供便利,并在推动欧盟承认中国完全市场经济地位和放宽对华高技术出口限制问题上发挥更加积极的作用。三是促进交流互鉴的人文合作。积极创建人文交流新平台新品牌,扩大文化、教育、智库、媒体友好往来,推动中欧文明对话互鉴。鼓励扩大两国地方和民间交往。四是深化和平发展的多边合作。中方重视并支持奥方在国际事务中发挥独特而积极的作用,愿同奥方加强在全球经济治理、气候变化、能源资源安全、和平解决国际争端等重大国际问题上的协调和合作,在联合国及中欧、亚欧合作框架内加强沟通,共同推动国际政治经济秩序朝着更加公正合理的方向发展。

菲舍尔完全赞同胡锦涛关于发展两国关系的重要意见,表示奥方愿意同中方保持频繁密切的接触和交流,拓展两国经贸合作,特别是扩大双向投资,发挥各自地缘优势,共同开发中东欧及亚洲市场。奥方积极支持欧盟承认中国完全市场经济地位。希望加强两国文化、科技、旅游合作,保持和扩大双方在联合国及多边领域合作。

会谈结束后,两国元首出席两国有关合作文件签字仪式,并共同会见记者。

国家主席胡锦涛在维也纳会见奥地利总理法伊曼

国家主席胡锦涛在维也纳会见奥地利国民议会议长普拉默女士

全国政协主席贾庆林在柏林与德国总统武尔夫举行会谈

贾庆林说,明年两国将迎来建交40周年,中德关系已步入成熟期。中方愿与德方共同努力,推动双边关系不断取得新发展。一是保持密切的高层往来,及时就双边关系及重大国际问题交换看法、协调立场;二是扩大两国贸易规模和相互投资,相互促进,共同增长;三是以明年中德建交40周年纪念活动、"中国文化年"等活动为依托,大力推动人文交流;四是继续加强在联合国、二十国集团内的多边合作,共同应对全球性挑战。

武尔夫说,完全赞同贾主席对发展两国关系的建议。德国是中国可以信赖的伙伴,德方高度重视发展对华关系,对近年来两国经济关系的强劲发展感到满意,对中方在克服国际金融危机影响、稳定世界经济方面发挥的积极作用表示赞赏。

全国政协副主席兼秘书长钱运录、中国驻德国大使吴红波等参加了上述活动。

中共新疆维吾尔自治区第八届委员会第一次全体会议选举张春贤为自治区党委书记

国办发出《关于建立完整的先进的废旧商品回收体系的意见》

《关于建立完整的先进的废旧商品回收体系的意见》(以下简称《意见》)提出到2015年,初步建立起网络完善、技术先进、分拣处理良好、管理规范的现代废旧商品回收体系,各主要品种废旧商品回收率达到70%。

《意见》明确的重点任务有:一是抓好重点废旧商品回收,充分发挥市场机制作用,提高废金属、废纸、废塑料等主要废旧商品的回收率,加强报废汽车回收拆解管理。二是提高分拣水平,建设符合环保要求的专业分拣中心,实现精细化分拣处理,促进废旧商品回收加工一体化发展。三是强化科技支撑,建立健全产、学、研衔接互动机制,在国家相关科技计划中进一步加大对废旧商品回收分拣处理技术研发的支持力度。四是逐步培育形成一批组织规模大、经济效益好、研发能力强、技术装备先进的大型企业,发挥大型企业的示范和带动效应。五是推进废旧商品回收分拣集约化、规模化发展,试点建设分拣技术先进、环保处理设施完备、劳动保护措施健全的废旧商品回收分拣集聚区。六是完善回收处理网络,鼓励各类投资主体积极参与建设、改造标准化废旧商品回收网点,发挥中小企业的优势,对拾荒人员实行规范化管理。七是加强行业监管,加强对回收企业站点、回收加工经营行为和市场秩序的监督管理。八是强化废旧商品回收各环节的污染防治工作，严禁产生二次污染，建立以环保指标为主要依据之一的市场准入和退出机制。

《意见》提出了三个方面的保障措施，一是加大财税金融支持力度，建立专项基金用于废弃电器电子产品回收处理费用补贴，加大金融机构的服务力度，鼓励并引导社会资金参与废旧商品回收体系建设，清理领域内存在的不合法、不合理收费项目。二是完善土地支持政策，对列入各地废旧商品回收体系建设规划的重点项目，在符合土地利用总体规划前提下，于土地利用年度计划内优先安排。三是完善促进和规范废旧商品回收的相关制度，加快废旧商品回收法规建设，建立废旧商品回收统计体系，推进废旧商品回收行业标准和规范的制修订工作，编制“十二五”废旧商品回收体系建设规划并纳入国家“十二五”发展规划和循环经济发展规划。

中国与老挝 缅甸 泰国在北京举行四国湄公河流域执法安全合作会议

中国国务委员孟建柱、老挝副总理兼国防部部长当斋、缅甸内政部部长哥哥和泰国副总理哥威率团出席会议。

会议在友好和信任的气氛中进行，并富有建设性。与会各方注意到，近年来湄公河流域走私毒品、武器弹药等犯罪活动突出，频繁发生四国国籍船舶在航行时遭武装人员敲诈勒索、抢劫、枪击等事件。特别是今年10月5日两艘货船在湄公河水域遭袭，造成13名中国船员遇害，对湄公河流域航运安全造成重大威胁；认为有必要加强四国执法部门在湄公河流域的执法安全合作，并采取有效措施打击危害本流域安全的跨国犯罪活动。

与会各方认为，四国执法部门一贯相互尊重和理解，在反恐、打击毒品犯罪、防范和打击非法出入境、打击贩卖武器弹药和拐卖妇女儿童等跨国犯罪活动中密切协作，维护了本地区的安全稳定，巩固和发展了四国人民之间的传统友谊。

为维护湄公河国际航运安全，保障四国经贸和人员的正常往来，与会各方在平等互利、互相尊重主权的基础上，相互通报了湄公河流域的安全形势，共同探讨了加强湄公河流域安全合作、打击跨国犯罪、维护国际航运安全的措施，达成以下共识：

一、同意进一步采取有力措施，加大联合办案力度，尽快彻底查清“10·5”案件案情，缉拿惩办凶手。

二、同意为应对湄公河流域安全出现的新形势，正式建立中老缅泰湄公河流域执法安全合作机制。

三、同意在四国湄公河流域执法安全合作机制框架下，具体建立情报交流、联合巡逻执法、联合整治治安突出问题、联合打击跨国犯罪、共同应对突发事件合作机制，以有效维护湄公河流域航运安全秩序，保护四国国籍船舶、人员的生命财产安全。采取专项统一行动，彻底摧毁长期危害本流域安全的犯罪集团。

四、同意各自采取有效措施，积极落实第三条合作共识，尽快开展联合巡逻执法，为恢复湄公河航运创造安全条件，争取在12月大湄公河次区域经济合作领导人会议召开之前恢复湄公河通航；尽快联合开展打击跨国毒品犯罪集团行动，防止危害本流域安全的活动发生。

五、同意在四国水上执法部门之间建立直接联络窗口，通过信函、电话、传真、电子邮件进行联络。

六、同意根据工作需要适时再次举办四国湄公河流域执法安全合作会议。遇紧急情况或个案，可随时举行工作会晤。

七、同意将在平等互利、相互尊重主权的基础上进一步加强合作，通过协商解决出现的问题和分歧。

八、同意尽快商签中老缅泰《湄公河流域执法安全合作协议》。

本《联合声明》于2011年10月31日在北京通过。

第二届金砖国家农业部长会议在四川成都举行

会议围绕“密切合作，为世界粮食安全做贡献”的主题，共同探讨粮食安全大计。中共中央政治局委员、国务院副总理回良玉出席开幕式并代表中国政府致辞。

回良玉在致辞中指出，金砖国家是世界经济中最具活力的经济体之一。开展合作5年来，五国政治互信不断提高，合作领域不断拓宽，经济实力和全球影响力显著提升，在应对国际金融危机等重大风险挑战中，发挥了重要作用。金砖五国作为发展中的人口大国，农业各有特色，互补性强，合作前景广阔。各成员国高度重视农业，从本国实际出发，采取了行之有效的政策措施，不仅保障了本国农产品的有效供给，也为全球粮食安全和农业发展作出了积极贡献。中国政府坚持把发展粮食和农业生产、保障国家粮食安全放在经济社会发展的优先位置，立足国内实现粮食基本自给，制定和实施了一系列政策措施，不断提高农业综合生产能力，粮食产量连续8年增产，用不到世界9%的耕地解决了占世界1/5人口的吃饭问题，并向一些发展中国家提供了力所能及的粮食和农业援助，为保障全球粮食安全贡献了力量。

回良玉就金砖国家农业发展和合作提出三点建议：一是全面深化合作，重在实际行动。各国应将发展农业特别是粮食生产放到更加重要位置，加强信息和政策交流，建立长期稳定、务实高效的合作交流机制和工作机制，深入开展农业科研、开发和推广应用合作，支持农民发展粮食和农业生产。二是坚持可持续发展，重在科学应对新挑战。各国应在保障全球粮食安全的前提下，科学引导生物质能源产业发展；呼吁和推动发达国家向发展中国家提供应对气候变化的技术和资金援助，走全面协调可持续的农业发展道路。三是加强立场协调，重在共同利益。各国应加强在国际粮农领域重大问题上的沟通与协调，建立公平合理、持续稳定的国际农产品贸易秩序。共同呼吁国际组织和发达国家为发展中国家提高粮食和农业生产能力、保障粮食安全提供科技、资金和投入支持。

中国农业部部长韩长赋、南非农林渔业部部长蒂娜·乔马特—彼得森、巴西农牧业和供给部副部长塞利欧·波特、俄罗斯农业部副部长伊利亚·舍斯塔科夫和印度农业部国务部长哈里斯·拉瓦特分别率团参加了会议。五国农业部长围绕本次会议主题交换了意见，并批准通过了《金砖国家农业合作行动计划(2012—2016)》，共同签署了《第二届金砖国家农业部长会议共同宣言》。

国务委员刘延东在北京师范大学附属中学考察

刘延东强调，要以纪念杰出校友钱学森诞辰100周年为契机，认真落实中长期教育改革发展规划纲要，全面贯彻党的教育方针，弘扬优良办学传统，深入实施素质教育，努力实现内涵发展、特色发展，为社会主义现代化建设培育更多德智体美全面发展的创新人才。

11月1日

中共中央发出通知部署党的十八大代表选举工作

新华社报道：党的十七届六中全会作出决定，党的十八大于2012年下半年在北京召开。最近，中共中央印发了《关于党的十八大代表选举工作的通知》，对党的十八大代表选举工作作出全面部署。中央组织部近日召开专门会议，安排部署党的十八大代表选举有关工作。

中央确定，党的十八大代表名额共2270名，由全国40个选举单位选举产生。中央提出，党的十八大代表应是共产党员中的优秀分子，在坚持先进性的同时应具有广泛的代表性。要有经济、科技、国防、政法、教育、宣传、文化、卫生、体育和社会管理等各方面的代表。代表中，既要有各级党员领导干部，又要有生产和工作第一线的党员。适当增加生产和工作第一线代表名额，注意推荐工人党员、农民党员和专业技术人员党员中的先进模范人物作为代表人选；女党员代表所占比例应有所提高，少数民族党员代表应占一定比例。

中央要求，要严格履行党章，认真贯彻执行民主集中制，把充分发扬党内民主、坚持走群众路线贯穿于十八大代表选举工作全过程。代表的产生，采取自下而上、上下结合、反复酝酿、逐级遴选的办法进行。要深入进行宣传教育，广泛发动基层党组织和党员积极参与代表候选人的推荐提名。要根据多数党组织或多数党员的意见，采取投票等方式，逐级遴选择优，确定代表候选人推荐人选。实行差额考察，通过考察预告、公示代表人选名单等方式，充分听取基层党组织、党代表、党员和群众的意见，对所有代表人选都要征求纪检机关的意见。对金融机构、企业等方面的代表人选，还应有针对性地听取行政执法、行业监管等有关部门的意见。省、自治区、直辖市要在适当时候向民主党派、工商联和无党派人士通报有关情况并听取意见。中央规定，党的十八大代表实行差额选举。各选举单位召开党代表大会或党代表会议选举产生出席党的十八大代表，差额选举的比例应多于15%。

中央强调，各级党组织要以高度的政治责任感和严谨细致的工作作风，精心组织，周密安排，认真做好十八大代表选举工作。

国务院总理温家宝在中南海紫光阁会见以穆泰康为团长的美中贸易全国委员会董事会代表团

温家宝表示，中美经济互补性强的特点将长期存在，两国经贸关系中合作大于竞争，机遇多于挑战。中国政府坚定实施扩大内需的政策，致力于保护知识产权，鼓励中国企业积极对美投资，倡议同美方在更大规模、更高水平上开展经济、金融、科技、基础设施建设合作，愿意通过平等协商寻求解决两国贸易不平衡问题的有效方式。

温家宝积极评价美中贸易全国委员会成员客观、冷静看待两国经贸合作中出现的问题，反对将其政治化的正确态度，希望他们继续发挥积极影响，推动美国政府在发展双边经贸关系方面创新思维，采取切实行动放宽对华高技术出口限制，吸引和保护中国对美投资，同中方一起走互利共赢、共同发展的道路。

穆泰康等美方人士表示，当前美中加强经贸合作比以往更为重要，有利于世界经济持续复苏和金融形势保持稳定。

2011年第21期《求是》杂志发表中共中央政治局常委李长春的文章《广泛深入宣讲党的十七届六中全会精神，推动兴起学习宣传贯彻全会精神的热潮》

文章分四个部分：一、充分认识宣讲党的十七届六中全会精神的重要意义，以高度的责任感使命感做好宣讲工作；二、全面准确地宣讲党的十七届六中全会精神，切实用全会精神统一思想、凝聚力量；三、深入把握宣讲工作的基本要求，高质量、高水平地完成好宣讲任务；四、切实加强宣讲工作的组织领导，确保宣讲活动扎实有效地展开。

中央纪委书记贺国强在贵阳出席部分省(区、市)纪委书记座谈会并发表讲话

贺国强充分肯定了今年以来在中央正确领导下党风廉政建设和反腐败工作取得的新进展新成效。他强调，各级纪检监察机关要在全力抓好今年各项工作任务落实的同时，深入贯彻落实中央精神，坚持以科学发展观为统领，坚持反腐倡廉战略方针，坚持把抓好长期性、基础性工作与解决群众反映强烈的突出问题相结合，紧扣形势任务、突出工作重点、着力巩固提高、推进改革创新、强化统筹协调，认真研究和谋划好明年的纪检监察工作，以实际行动迎接党的十八大胜利召开。一是要严明党的纪律，特别是要严明政治纪律，加强对党员干部的政治纪律教育，加强对党的政治纪律执行情况的监督检查，严肃查处各类违反政治纪律的行为，坚决维护党和国家的团结统一；要严明组织人事工作纪律，认真做好地方各级领导班子换届、拟提拔干部的廉政考察等工作，匡正选人用人风气，确保地方换届工作健康顺利进行；要加强对中央重大决策部署执行情况的监督检查，健全监督检查长效机制，确保党的路线方针政策和中央重大决策部署不折不扣落到实处。二是要适应换届后领导班子和干部队伍建设的新情况，大力加强党的作风建设,督促各级领导干部特别是新走上领导岗位的干部加强党性修养、弘扬良好作风,以优良的党风促政风带民风,密切党同人民群众的血肉联系。三是要认真落实《建立健全惩治和预防腐败体系2008—2012年工作规划》,整体推进惩治和预防腐败体系建设,既要扎实做好反腐倡廉教育、监督、惩治、纠风、制度、改革等各项工作,确保《工作规划》确定的各项任务圆满完成,又要认真做好惩治和预防腐败体系建设下一个5年工作规划的调研和起草工作,精心谋划好今后一个时期的工作。四是要深入推进专项治理工作,认真解决反腐倡廉建设中人民群众反映强烈的突出问题。

北京市、黑龙江省、上海市、广东省、重庆市、四川省、贵州省、云南省、西藏自治区、青海省纪委书记和贵州省贵阳市、沿河土家族自治县纪委书记参加座谈会并发言。

国务院发布《国家自然灾害救助应急预案》

《预案》中,根据自然灾害的危害程度等因素,国家减灾委设定四个国家自然灾害救助应急响应等级,死亡达30人以上将启动Ⅳ级响应,由国家减灾委办公室组织协调;死亡200人以上将启动Ⅰ级响应,由国家减灾委主任统一组织、领导。同时,各地政府要做好灾情信息收集、汇总、分析、上报。

灾害发生后,相关部门应及时做好过渡性生活救助,自然灾害发生后的当年冬季、次年春季,受灾地区人民政府要为生活困难的受灾人员提供基本生活救助。受灾地区县级人民政府民政部门应当在每年10月底前统计、评估本行政区域受灾人员。因灾倒损住房恢复重建工作,由县(市、区)人民政府负责组织实施,尊重群众意愿,以受灾户自建为主。建房资金通过政府救助、社会互助、邻里帮工帮料、以工代赈、自行借贷、政策优惠等途径解决。重建工作结束后,地方各级民政部门应采取实地调查、抽样调查等方式,对本地倒损住房恢复重建补助资金管理工作开展绩效评估。

中共山西省委第十届委员会第一次全体会议选举袁纯清为省委书记

海协会与台湾海基会在杭州举行两岸经济合作委员会第二次例会

经合会召集人海协会常务副会长郑立中与台湾海基会副董事长高孔廉分别在会上致辞。经合会大陆首席代表、海协会特邀顾问蒋耀平与台方首席代表梁国新共同主持商谈。

会议就第一次例会以来6个工作小组的运作,ECFA(两岸经济合作框架协议)后续单项协议的商谈进展、货物和服务贸易早期收获计划的实施,两岸产业合作,海关合作,两岸经贸社团互设办事机构,未来一段时期的工作安排等深入交换了意见。

会议总结了4个单项协议的商谈进展,认为后续协议商谈进展顺利,为日后商谈工作进一步开展及协议签署奠定了基础。并认为后续单项协议专业性强、涵盖面广、商谈难度大,需要双方协商团队以长远的眼光、开放的姿态,共同推进。

会议评估了ECFA早期收获计划的执行成效,一致认为早期收获执行情况良好,货物贸易早收优惠关税使用率高,切实惠及了两岸业者;服务贸易早收执行率高,受惠以中小企业为主。

会议深化了双方在推动产业合作、海关合作等方面所达成的共识,包括定期举办两岸产业合作论坛,以LED照明、无线城市、冷链物流、TFT—LCD和电动汽车为先期产业合作项目;设立通关、缉私、关税3个业务联络窗口,为两岸贸易往来特别是ECFA货物贸易早收实施提供更多便利和安全。双方并就两岸经贸社团互设办事机构的核准原则、资格条件、申请及登记程序与管理配套等进行深入沟通,同意采取循序渐进的方式予以推进,并于完成各自内部程序后早日实施。

会议充分肯定了第一次例会以来各小组工作成果,双方表示将依据ECFA协议规定积极有序推进协议商谈、扩大早收成果、促进投资便利、完善经济合作。

会议认为经合会在双方代表和全体工作人员的共同努力下,已经成为一个有序、直接、方便、高效的沟通平台。会议同意经合会相关小组依据双方共识,有序展开工作,落实共识内容。下一步,双方将在既有基础上共同努力,稳步推进经合会运作,增进两岸经济繁荣,更多更好地造福于两岸民众。

中联部部长王家瑞在北京会见以党主席伊姆兰汗为团长的巴基斯坦正义运动党代表团

中国自行研制的"神舟"八号飞船在酒泉卫星发射中心成功发射

北京时间11月1日5时58分,"神舟"八号飞船发射升空583秒后成功进入预定轨道。

全国红十字青少年工作会议在天津召开

全国人大常委会副委员长、中国红十字会会长华建敏出席会议。

会议全面总结了2005年全国红十字青少年工作

会议以来各级红十字会青少年工作的开展情况，表彰中国红十字会暑期社会实践项目获资助学校，调整全国学校红十字工作委员会，并进一步明确和部署下一步红十字青少年的工作。

11月2日

国家主席胡锦涛接受法国《费加罗报》书面采访

在出席二十国集团领导人戛纳峰会前夕，国家主席胡锦涛接受了法国《费加罗报》书面采访，就中法、中欧关系，二十国集团领导人戛纳峰会，当前世界经济金融形势等回答了提问。

在回答中法关系及两国在二十国集团框架内合作的提问时，胡锦涛表示，这次来法国，主要是出席二十国集团领导人戛纳峰会，同二十国集团其他成员国领导人共同探讨推动世界经济强劲、可持续、平衡增长。我也期待着同萨科齐总统再次举行会晤。

胡锦涛表示，去年11月，我对法国成功进行国事访问，同萨科齐总统一致决定发展互信互利、成熟稳定、面向全球的中法新型全面战略伙伴关系。今年3月和8月，我同萨科齐总统两次在北京举行会晤，就双边关系、世界经济形势、二十国集团事务和重大热点问题深入交换意见，进一步提高了两国互信水平。近年来，中法关系沿着两国领导人指明的方向稳定发展。两国高层交往频繁，经贸合作增长强劲，人文交流日趋活跃，双方在重大国际和地区问题上保持密切沟通和协调。

胡锦涛指出，当前，国际形势继续发生深刻复杂变化。中法作为有重要国际影响的大国，有必要进一步加强协调和合作，携手应对全球性挑战，为促进世界和平、稳定、繁荣作出积极贡献。中方愿同法方加强各层次各领域交往和对话，深化核电、航空等传统领域务实合作，开拓可持续发展领域合作，加强人文交流，办好中法语言年系列活动，扩大互派留学生规模，共同维护两国关系发展的良好势头。

胡锦涛强调，中方重视同法方在二十国集团框架内的协调与合作，支持法方办好本次领导人峰会，愿同法方一道努力，推动峰会取得积极务实的成果，为世界经济早日恢复强劲增长发挥积极作用。

关于当前世界经济金融形势及中方对二十国集团领导人峰会的期待，胡锦涛指出，当前，世界经济复苏步伐放缓，不稳定不确定因素明显增多，主要经济体经济增速下滑，一些发达国家面临主权债务问题，国际金融市场动荡，各种形式的贸易和投资保护主义愈演愈烈。二十国集团成员应该加强合作，共同推动世界经济实现强劲、可持续、平衡增长。戛纳峰会应该围绕上述目标，着重作出三方面努力。

第一，继续发扬同舟共济、合作共赢的精神。各成员应该继续共同努力、携手合作，加强宏观经济政策协调，发出团结一致应对世界经济重大挑战的明确信号，巩固来之不易的经济复苏成果，提振市场信心。

第二，聚焦世界经济金融领域重大和紧迫挑战。峰会应该妥善应对主权债务、大宗商品价格高位震荡等问题，同时推进国际货币金融体系改革，反对贸易和投资保护主义，推动多边自由贸易谈判。

第三，继续关注南北发展不平衡问题。要客观认识和正确看待新兴市场国家和发展中国家对世界经济复苏和增长作出的积极贡献，照顾其合理关切，增加其在全球经济治理中的代表性和发言权，努力为其可持续发展营造良好外部环境。

在回答中方如何看待实现全球经济再平衡的问题时，胡锦涛表示，国际社会要客观看待强劲增长、可持续增长、平衡增长三者关系。可持续增长是长期目标，通过经济结构调整实现平衡增长是客观要求，而强劲增长是当前世界经济的首要任务，也是实现平衡增长和可持续增长的前提。对二十国集团而言，当务之急是保增长，在增长中求平衡。

胡锦涛指出，国际社会应该正确认识世界经济失衡的本质。失衡是世界经济金融深层次问题的外在表现，而不是原因。导致失衡的原因是结构性的，包括世界经济结构不平衡、国际分工不平衡、国际货币体系不平衡等。解决世界经济失衡问题需要各国共同努力，进行经济结构调整。这是一个长期的过程，不可能一蹴而就。

胡锦涛强调，在以往的二十国集团领导人峰会上，中国和其他一些国家的领导人都指出，当前世界经济中最大的失衡是南北发展不平衡，解决失衡的目的是促进共同发展。只有帮助发展中国家加快发展、共享增长、共同繁荣，世界经济复苏才有坚实基础，全球总需求才能进一步扩大，世界经济增长才能持续长久。这也是中方坚定支持二十国集团关注全球发展问题的重要原因。

胡锦涛表示，国际金融危机发生以来，中国实行强有力的内需刺激政策，国内生产总值年均增长9%以上，进口和对外投资加快增长。今年前三季度，中国国内生产总值增长9.4%，社会消费品零售总额增长17%，进口总额达到12851亿美元、增长26.7%。这些为世界经济复苏和增长作出了重要贡献。中国正在加快转变经济发展方式、调整经济结构，构建扩大内需长效机制，促进经济增长向依靠消费、投资、出口协调拉动转变。中国贸易顺差占国内生产总值比重已从2007年的7.5%降至2010年的3.2%。今后5年，中国消费增长率将保持在一个较高水平上，预计进口总规模有望超过8万亿美元。这将是中国经济发展对世界经济的贡献。

在回答欧洲经济金融稳定形势的问题时，胡锦涛表示，近来，欧洲有关国家在主权债务问题上面临一些困难，国际社会高度关注。中方注意到，欧元区有关国家领导人多次表示，欧方有决心、有能力、有资源解决主权债务问题。近日召开的欧盟首脑会议出台了一些新的应对措施和思路，显示了欧洲团结协作，解决债务问题的意愿。希望这些措施有助于欧洲稳定金融市场，克服当前困难，促进经济恢复和发展。中方真诚希望看到欧元区经济和欧元保持稳定。

关于中欧关系发展，胡锦涛表示，中国始终视欧洲为国际舞台上一支重要力量，一贯支持欧洲一体化建设。中方愿同欧方加深相互了解和信任，扩大和深化各领域务实合作，加强相互尊重、友好互信的平等伙伴关系，深化互利共赢、共同发展的合作伙伴关系，构建相互借鉴、富有特色的和谐伙伴关系，发展包容开放、面向未来的全球伙伴关系。这不仅有利于中国发展和欧洲经济恢复，也有利于世界和平、稳定、繁荣。

国家主席胡锦涛在戛纳与法国总统萨科齐举行会谈

胡锦涛指出，中方积极支持法方办好峰会，希望二十国集团继续发扬同舟共济、合作共赢的精神，通过峰会向国际社会传递保增长、促稳定的明确信号。希望各方共同努力，把戛纳峰会开成一个团结、合作、共赢的会议。

胡锦涛表示，欧洲是世界第一大经济体，没有欧洲经济复苏就没有全球经济复苏，没有欧洲经济发展世界经济就会受到影响。中国一直支持欧洲一体化进程。2008年国际金融危机发生以来，我们一直支持欧洲为应对国际金融危机冲击、实现经济复苏作出的努力。我们希望欧洲好，重视发展中法关系、中欧关系。

萨科齐表示，欧洲承诺解决债务危机，愿为此作出自身努力，并同国际社会加强合作。法方重视中方作用，赞赏中方对重大国际问题的关注，愿同中方保持密切沟通和磋商。

国家主席胡锦涛在戛纳与巴西总统罗塞夫举行会谈

胡锦涛指出，中方愿同巴方一道，重点做好以下工作。一是加深政治互信，用好合作机制。中方愿同巴方保持高层密切交往，深入探讨中巴未来10年合作规划，加强对两国关系发展的统筹协调和长远规划。二是深化务实合作，拓展合作增长点。双方要抓住机遇、深挖潜力，充分利用两国资金、技术、能源资源互补优势，扎实推进各领域合作，实现互利双赢、共同发展。三是加强人文交流合作，扩大人员往来。四是加强多边协调，提高合作水平。双方要加强在联合国、金砖国家、二十国集团等国际组织和多边机制框架内的政策协调和战略合作，为维护发展中国家权益作出贡献。

罗塞夫表示巴方愿意同中方一道，保持高层交往势头，加强科技创新、航空、投资、环境、文化、教育等领域互利合作，在国际和地区问题上加强协调，推动两国战略伙伴关系不断向前发展。

国家主席胡锦涛在戛纳会见国际货币基金组织总裁拉加德

胡锦涛指出，当前，世界经济复苏缓慢。一些发达国家主权债务危机突出，新兴市场国家经济增长面临通胀和跨境资本大幅波动的挑战，经济运行中的不稳定不确定因素增加。在这个关键时刻，各方应该同舟共济、团结协作、共克时艰。第一，各方应该采取措施稳定增长，提振市场信心，防止危机进一步蔓延。在世界经济强劲、可持续、平衡增长中，要特别突出强劲增长。第二，各方应该继续推进结构改革，促进世界经济实现强劲、可持续、平衡增长，同时坚决抵制各种形式的保护主义。

拉加德表示，当前全球经济面临新的威胁，国际社会需要采取有效措施，恢复市场信心。发达经济体要作出巨大努力，同时各方要加强团结、相互支持。国际货币基金组织在这方面可以提供更多支持和帮助。中国作为一个重要国家，在促进全球经济金融稳定方面发挥着重要作用。

国家主席胡锦涛与秘鲁共和国总统乌马拉互致贺电庆祝中秘建交40周年

国务院总理温家宝主持召开国务院常务会议讨论通过《全国抗旱规划》和《中华人民共和国军人保险法(草案)》

会议指出，干旱是我国主要自然灾害之一。经过多年大规模水利建设，我国抵御旱灾能力稳步提升，但总体抗旱能力仍然偏低。近年来，受全球气候变化和经济社会用水大量增加影响，我国干旱灾害呈现频次增加、范围扩大的趋势。目前全国60%以上的县区为易旱地区，658个城市中有110个严重缺水，抗旱减灾任务艰巨繁重。要坚持科学调度管理水资源、加强抗旱工程建设、推行节约用水的生产生活方式三者并举，全面规划、统筹安排，加快建设抗旱减灾体系，保障城乡居民生活用水安全和经济社会可持续发展。

会议讨论通过的《全国抗旱规划》提出了今后一个时期的工作目标：到2015年，以提高严重受旱县和主要受旱县综合抗旱能力为重点，显著改善因旱人畜饮水困难情况；到2020年，严重受旱县、主要受旱县干旱期间的饮水安全和商品粮基地、基本口粮田的基本用水需求得到较高程度保障，全国综合抗旱能力明显提高，节水型社会建设取得明显成效。为此，要重点做好以下工作：一是科学配置水资源，全面提高水利工程体系的抗旱能力。完善和优化国家、流域和区域水资源配置格局，充分挖掘现有各类水利工程的抗旱功能，强化应急联合调度，提高调控水平和整体抗旱能力。二是因地制宜建设农村、乡镇和城市抗旱应急备用水源工程，为城乡居民饮水安全和农业生产用水提供有效的应急保障。三是建设覆盖全国的旱情监测预警站网，加快建设抗旱指挥调度系统，为抗旱指挥和决策调度提供有力支撑。四是以县乡两级抗旱服务组织为重点，加强抗旱管理服务体系建设，提高抗旱机动送水和浇地能力。做好抗旱物资储备。五是加强抗旱减灾基础研究及新技术应用，积极开展国际交流与合作，充分吸收借鉴国际先进技术和经验，不断提高我国抗旱减灾科技水平。

会议强调，抗旱的根本出路在节水。要提高全民节水意识，加快转变经济发展方式。因地制宜推广节水灌溉技术和设备，大力推进农业节水，努力减少水资源消耗，加大防治水污染工作力度。深化水资源管理体制改革，充分运用价格等经济杠杆，引导节约用水，严格控制高耗水项目，鼓励发展低耗水的高新技术产业。加强城乡生活用水管理，加快更新改造供水管网，研制推广节水型用水器具、计量仪表。充分利用雨洪资源，扩大利用再生水。会议要求各级政府和有关部门加强组织领导，完善投入机制，认真落实各项政策措施。

会议讨论并原则通过《中华人民共和国军人保险法(草案)》，决定草案由国务院、中央军委提请全国人大常委会审议。

全国政协主席贾庆林在斯图加特会见德国戴姆勒集团公司董事长兼首席执行官蔡澈

中共中央政治局常委李长春在中央党校作学习贯彻党的十七届六中全会精神的报告

李长春指出，党的十七届六中全会鲜明提出了推进文化改革发展的指导思想、重要方针、目标任务、重大举措，深入回答了我国文化改革发展中一系列带有方向性、根本性、战略性的重大问题。以这次全会为标志，我国文化改革发展必将进入新的阶段。

李长春强调，深入学习领会党的十七届六中全会精神，要牢牢把握坚持中国特色社会主义文化发展道路、建设社会主义文化强国这一主线，牢牢把握建设社会主义核心价值体系这一根本任务，牢牢把握创作生产更好更多精神文化产品这一中心环节，牢牢把握文化事业文化产业“两手抓”这一基本思路，牢牢把握改革创新这一根本动力，牢牢把握人才队伍建设这一基础性工程，牢牢把握加强和改进党的领导这一根本保证，不断加深对全会新思想新观点新论断新举措的理解，切实把思想和行动统一到全会决策部署上来。

刘云山、刘延东、李源潮、马凯、陈奎元出席报告会。

国家副主席习近平在人民大会堂会见以梁亮胜为团长的香港广东客属社团联合总会访京团全体成员

习近平简要介绍了当前国内政治经济形势。他指出，不久前中央召开了十七届六中全会，研究部署了深化文化体制改革、推动社会主义文化大发展大繁荣若干重大问题，并通过了相应的《决定》。《决定》确立了建设社会主义文化强国的战略目标，提出了新形势下推进文化改革发展的指导思想、重要方针、目标任务和政策举措，是当前和今后一个时期指导我国文化改革发展的纲领性文件。

在谈到当前香港面临的形势和任务时，习近平指出，求发展、求稳定、求和谐仍是当前香港主流民意所向，香港经济有望继续保持向好态势，市民对未来的信心逐步增强。这样的局面来之不易，香港社会各界应当倍加珍惜和共同维护。香港各界只要按照胡锦涛主席提出的“集中精力发展经济、切实有效改善民生、循序渐进推进民主、包容共济促进和谐”的总体要求，脚踏实地做好工作，香港就一定能克服当前困难和挑战，迎来更大发展和更加美好的未来。

会见时，访京团成员介绍了香港广东客属社团联合总会开展社团活动等有关情况，以及他们致力于服务香港社会繁荣稳定的设想。

国务院在北京召开全国冬春农田水利基本建设电视电话会议

中共中央政治局委员、国务院副总理回良玉在会上强调，抓好冬春农田水利基本建设，对于稳定明年农业生产、提高防灾减灾能力具有重要意义。要充分利用全国上下高度关心关注水利的良好氛围，围绕提高防洪抗灾能力、供水保障能力、农业综合生产能力和水资源利用效率，大幅度增加资金投入，大力度创新体制机制，大范围动员社会力量，抓住时机大兴农田水利建设，努力巩固和发展农业农村好形势，为经济社会又好又快发展提供有力支撑。

会议强调，今冬明春农田水利基本建设，要重点抓好六个方面工作。一是抓好农田灌排设施建设，加快实施大中型灌区节水改造、灌排泵站更新改造，加强末级渠系改造、田间工程配套、重点涝区治理，强化“五小”水利工程建设。二是抓好抗旱水源工程建设和节水灌溉技术普及推广，建设一批规模化高效节水灌溉示范片区。三是抓好农村饮水安全工程建设，严格水源保护和水质监测。四是抓好水毁工程修复，对直接影响农业生产的工程设施要在今年冬季修复，对各类防洪设施要在明年汛前全面修复。五是抓好防洪薄弱环节建设，加快推进中小河流和大江大河重要支流治理、小型病险水库和病险水闸除险加固，加大山洪灾害防治力度。六是抓好水土流失综合治理，努力构建生态安全屏障。

回良玉指出，当前农业农村工作任务非常繁重，各地区、各有关部门要统筹安排，精心组织，扎实做好各项工作。一要认真督促检查农村各项政策落实情况，确保政策不折不扣落实到基层、兑现到农户。二要抓好今冬明春农业生产，种足种好冬季作物，加强冬春作物田间管理，发展冬春蔬菜和畜牧业生产，做好植树造林准备。三要搞好秋粮收购、农产品市场调控和鲜活农产品流通与供应保障工作，保持主要农产品价格合理水平。四要加强动物疫病防控和森林草原防火工作，确保不发生区域性重大动物疫情，确保不发生重特大森林火灾和重大人员伤亡。五要妥善安排好受灾群众和困难群众的生产生活，确保他们有住处、有饭吃、有衣穿、不受冻。六要学习、宣传、贯彻好十七届六中全会精神，与时俱进地抓好农村文化建设，努力增加农村文化服务总量，不断缩小城乡文化发展差距。

“天宫一号”与“神舟”八号成功实现首次交会对接

11 月 3 日

国家主席胡锦涛致电祝贺阿坦巴耶夫当选吉尔吉斯共和国总统

国家主席胡锦涛在戛纳出席金砖国家领导人会晤

胡锦涛同与会的巴西总统罗塞夫、俄罗斯总统梅德韦杰夫、印度总理辛格、南非总统祖马等就金砖国家合作和二十国集团领导人戛纳峰会相关问题交换了意见。

胡锦涛指出，当前，世界经济形势严峻复杂，一些发达国家主权债务问题突出，引发金融市场动荡，不少发展中国家也面临通胀压力，世界经济增速有所放缓。在当前形势下，二十国集团要更好地同舟共济，同心协力，共克时艰，以推动世界经济强劲、可持续、平衡增长，尤其是要把实现强劲增长放在首位。发达国家和发展中国家都要保持经济平衡较快增长势头。只有这样，世界经济才能实现复苏增长。

胡锦涛强调，欧洲是世界第一大经济体。欧洲经济实现复苏发展，世界经济才能实现复苏发展。中方希望欧洲尽快实现经济复苏和发展。解决欧洲债务问题主要还是要靠欧洲，我们相信欧洲完全有智慧、有能力解决债务问题。同时，国际社会也应该提供支持和帮助。国际社会需要统一思想，采取行动。建议金砖国家财金部门建立磋商机制，密切跟踪形势发展，及时就相关问题交换看法，加强沟通和协调。

与会领导人就加强金砖国家合作进行讨论，并就当前世界经济形势和欧洲债务问题交换看法，一致同意保持密切沟通和协调，共同推动峰会取得积极成果。

国家主席胡锦涛在法国戛纳出席二十国集团领导人第六次峰会

二十国集团领导人第六次峰会在法国戛纳举行，峰会为期两天，主要讨论世界经济形势，推动世界经济强劲、可持续、平衡增长，全球经济治理，发展和金融监管等问题。

东道国法国总统萨科齐主持会议。胡锦涛在会上发表了题为《合力推动增长 合作谋求共赢》的重要讲话。

国家主席胡锦涛在二十国集团领导人第六次峰会上发表题为《合力推动增长 合作谋求共赢》的讲话

尊敬的萨科齐总统，各位同事：

很高兴来到戛纳出席二十国集团领导人第六次峰会，同各位同事共商应对风险挑战、推动世界发展大计。首先，我谨对萨科齐总统和法国政府为本次峰会所做的积极努力和周到安排，表示衷心的感谢！

当前，世界经济形势值得我们高度关注，一些主要经济体经济增速下滑，一些国家主权债务问题突出，国际金融市场动荡不已，新兴市场国家通胀压力仍然较大，各种形式的保护主义愈演愈烈，西亚北非局势持续动荡，极端气候和自然灾害频发也给世界经济带来负面影响，世界经济复苏的不稳定性不确定性突出，风险挑战增多。

2008 年国际金融危机发生以来的种种情况表明，我们面对的不是一场单纯的经济金融危机，这场危机暴露出若干体制机制、政策理念、发展方式的弊端。世界经济发展正处在何去何从的十字路口，全球经济治理正面临十分艰巨的任务，需要我们登高望远，超越具体分歧，超越一时得失，共同探索走出危机、实现发展的正确途径。作为国际经济合作的主要论坛，二十国集团应该继续发扬同舟共济、合作共赢的精神，在这个关键时刻抓住主要矛盾，共同提振市场信心，积极化解风险挑战，努力促进世界经济增长和金融稳定。为此，我愿提出几点建议。

第一，坚持在增长中兼顾平衡。在强劲、可持续、平衡这3个目标中，确保强劲增长是首要。尤其是在当前世界经济面临重大风险、市场动荡不定的情况下，保增长、促稳定应该成为二十国集团领导人峰会的当务之急。我们应该出台新的有力举措，把财政和货币政策落到实处，确保资金流向实体经济部门，扩大生产，增加就业。我们应该重点关注扶持中小企业发展，通过融资、财税等手段帮助它们尽快摆脱困境，为各国经济复苏提供坚实支撑。我们应该充分挖掘科技潜力，积极培育增长亮点，增强经济复苏的内在动力。同时，我们应该加快各自经济结构调整步伐，努力实现世界经济相对平衡增长。

第二，坚持在合作中谋求共赢。目前，各国经济发展面临的形势不同，利益诉求差异加大，矛盾和摩擦增多。市场信心严重不足。形势越严峻，越显示出加强国际协调和合作的必要和迫切。我们应该加强团结，释放合作谋共赢的强有力信号，增强国际社会对世界经济复苏和发展的信心。我们应该加强沟通和协调，努力形成相互支持、相互补充的政策措施，妥善化解主权债务、跨境资本大规模无序流动等金融风险，控制大宗商品价格波动，有效缓解全球通胀压力，避免各国经济政策效果相互抵消。

第三，坚持在改革中完善治理。国际金融危机凸显了全球经济治理体系的弊端，也促使我们开启了推进全球经济治理新体系建设的历史进程。我们注意到，国际金融机构和金融监管改革取得一定进展，新兴市场国家和发展中国家代表性和发言权有所增加。同时，我们也应该看到，国际货币体系、国际贸易体系、大宗商品价格形成机制等仍需大力改革和完善。我们应该稳妥推进国际货币体系改革，扩大国际货币基金组织特别提款权的使用，改革其货币组成篮子，建立币值稳定、供应有序、总量可调的国际储备货币体系。我们应该继续高举自由贸易旗帜，反对贸易和投资保护主义，坚定推动多哈回合谈判，重申不采取新的贸易保护主义措施的承诺，致力于建立公平、合理、非歧视的国际贸易体系。我们应该推动形成更加合理透明的大宗商品定价和调控机制，扩大产能、稳定供求、加强监管、抑制投机，实现和保持大宗商品价格合理稳定，着力保障全球能源安全和粮食安全，尤其是要保障发展中国家能源和粮食消费需求。我们应该坚持推进改革的决心不动摇，朝着更加公正合理的全球经济治理体系不断迈进。

第四，坚持在创新中不断前进。目前这场危机再次十分严肃地向我们提出了人类生产生活活动应该如何开展这个重大命题，考验着我们的智慧和能力，亟待我们采取行动。创新是人类社会发展的不竭动力。应对这场危机，需要锐意进取，不断完善和创新经济社会发展的理念、体制、模式，处理好政府和市场、劳动和资本、生产和消费、公平和效率等重要关系。我们既应该充分发挥市场在资源配置中的基础性作用，又不能放任唯利是图、恶性竞争；既应该充分发挥政府在宏观调控和维护社会公平正义方面的关键作用，又要避免脱离实际、大包大揽。我们既应该大力提倡科技创新、不断提高产业技术水平，又应该始终把增加就业、改善民生摆在首位，使科技进步和扩大就业相得益彰。我们既应该大力促进生产、不断夯实社会发展的物质基础，又应该更加注重收入的合理分配，使社会生产能力提高和民众生活改善相互促进。

第五，坚持在发展中共促繁荣。从根本上看，世界经济发展的最大瓶颈在于广大发展中国家未能实现充分发展，使世界范围内有效需求增长未能跟上生产力发展步伐。长期以来，发达国家和发展中国家资源占有失衡，财富分配不公，发展机会不均，形成“越不发展越落后，越落后就越难发展”的恶性循环，最终制约了世界经济持久稳定增长。加快发展中国家经济社会发展，既是联合国确定的千年发展目标，也是实现世界繁荣的必由之路，国际社会应该在这方面多想办法、多出政策。首尔峰会通过了《共享增长的“首尔发展共识”》和跨年度行动计划，对缩小发展鸿沟、推动共同增长具有重要意义。我们应该继续挖掘新兴市场国家和发展中国家经济发展潜力，大力促进发展中国家经济发展，带动全球总需求扩大。我们应该充分反映世界经济格局变化，继续增加新兴市场国家和发展中国家在全球经济治理中的发言权，为发展中国家发展创造良好制度环境。我们应该推动建立更加平等、更加均衡的新型全球发展伙伴关系，加强南北对话和南南合作，加强同联合国在发展领域的协调和合作，支持联合国及其专门机构继续在发展领域发挥重要作用。中国作为发展中国家的一员，愿意同其他发展中国家开展互帮互助，共同致力于促进世界持久和平与共同繁荣。

各位同事！

今年以来，二十国集团在发展领域重点讨论了粮食安全、基础设施以及向最不发达国家提供免关税、免配额待遇等问题。这些都是中国在南南合作框架内帮助其他发展中国家的重点领域。在粮食安全领域，截至2010年年底，中国通过双边渠道累计提供粮食援助共计约43亿元人民币。为帮助非洲国家应对罕见的干旱灾害和粮食危机，中国已宣布向有关国家提供总计5.332亿元人民币的紧急粮援。在基础设施领域，截至2010年年底，中国共帮助发展中国家建设基础设施项目632个。2010年至2012年间将向非洲提供100亿美元的优惠性质贷款，主要用于基础设施建设。2011年至2015年间将为发展中国家援建200个清洁能源和环保等基础设施项目。

中方坚持通过减免关税等多种途径，为发展中国家对华出口各类产品创造条件。为进一步帮助最不发达国家发展，中方愿在南南合作框架内，对同中国建交的最不发达国家97%的税目的产品给予零关税待遇。我们希望此举同时有助于推动多哈回合谈判早日实现发展回合目标。

各位同事！

今年是中国加入世贸组织10周年。10年来，中国经济发展实现了新的跨越，对世界经济增长的贡献日益增大。10年来，中国平均关税水平从15.3%降至9.8%，达到并超过了世贸组织对发展中国家的要求。10年来，中国总计从海外进口达8.5万亿美元，为各国发展提供了广阔市场。特别是国际金融危机发生以来，一方面，中国积极应对内外各种挑战，努力保持自身经济强劲增长、为地区和世界经济复苏增添动力；另一方面，中国对国际金融机构大幅增资，向发展中国家伸出援手，从发达国家增购债券，为促进有关国家经济社会发展、稳定国际经济金融形势作出了贡献。今后5年中国进口总规模有望超过8万亿美元，这将是中国对世界经济的重大贡献。

中国经济社会发展的总体形势是好的。今年以来，在世界经济形势依然复杂多变的情况下，中国有针对性地加强和改善宏观调控，着力稳物价、调结构、保民生、促和谐，经济增长由政策刺激向自主增长有序转变，国民经济继续朝着宏观调控的预期方向发展。今年前三季度，中国国内生产总值同比增长9.4%；城镇居民人均可支配收入和农村居民人均现金收入实际分别增长7.8%和13.6%；社会消费品零售总额增长17%；进口增长超过出口增长，贸易顺差比去年同期有所减少，经济增长的内外需动力更趋协调。同时，中国经济保持平稳较快发展也面临不少挑战，一些长期积累的体制性、结构性矛盾依然存在，影响经济稳定运行的不利因素较多，价格总水平仍然较高，部分中小企业经营困难，就业压力增大，节能减排形势严峻，这些都需要我们高度关注并认真加以解决。

为了巩固经济社会发展良好势头，我们将坚持以科学发展为主题、以加快转变经济发展方式为主线，继续加强和改善宏观调控，继续处理好保持经济平稳较快发展、调整经济结构、管理通胀预期的关系，更加注重以人为本，更加注重全面协调可持续发展，更加注重统筹兼顾，更加注重改革开放，更加注重保障和改善民生。我坚信，经过我们自己的艰苦努力，加上国际社会的理解和支持，中国经济发展的前景是光明的。中国经济保持平稳较快发展，对世界经济发展无疑将是有利的。

各位同事！

严峻的形势和艰巨的任务摆在我们面前，我们应该协力同心、迎难而上，为实现世界持久和平与共同繁荣而共同奋斗！

谢谢大家。

国家主席胡锦涛在戛纳分别会见俄罗斯总统梅德韦杰夫 美国总统奥巴马

国务院总理温家宝签署第609号令发布《饲料和饲料添加剂管理条例》

《饲料和饲料添加剂管理条例》已经2011年10月26日国务院第177次常务会议修订通过，现将修订后的《饲料和饲料添加剂管理条例》公布，自2012年5月1日起施行。

总　理　温家宝

2011年11月3日

饲料和饲料添加剂管理条例(略)

全国政协主席贾庆林在柏林出席中德企业合作论坛并发表演讲

贾庆林在柏林出席中德企业合作论坛，并发表了题为《携手共创中德经贸合作的美好未来》的演讲。中德两国经济界人士约260人出席。

全国政协副主席兼秘书长钱运录、中国驻德国大使吴红波等参加了上述活动。

全国政协主席贾庆林在柏林中德企业合作论坛发表题为《携手共创中德经贸合作的美好未来》的演讲

尊敬的赫劳约斯主席，女士们，先生们，朋友们：

很高兴在对德国进行正式友好访问之际，来到历史文化名城柏林，与出席中德企业合作论坛的各位朋友见面。今天这个论坛的题目很好，“携手并进、共谋发展”。长期以来，大批富有远见的工商企业界人士正是秉持这样的精神，不懈努力，使两国经贸、技术合作结出累累硕果。借此机会，我谨向大家表示诚挚的谢意并致以良好的祝愿！

德意志民族是一个严谨细致、崇尚思辨的伟大民族。德国历史悠久、文化璀璨,素有“诗人和哲学家国度”的美誉。在这片土地上,诞生了一大批著名的思想家、音乐家、科学家,为人类文明进步作出了重要贡献。1987年我曾访问过德国,贵国经济发达、技术先进、人民勤奋,给我留下了深刻印象。时隔多年,再次踏上这片土地,亲眼目睹了德国统一后发生的巨大变化。

长期以来,德国一直保持世界主要经济体的地位,在国际上的影响力持续上升。我曾在国内从事机械设备制造和进出口工作20余年,直接经办了多项同德国机械设备企业的技术合作和进出口工作,对德国的制造业印象深刻。德国制造业在世界上享有盛誉,在全球产业链中处于最高端,不仅在传统制造领域保持世界领先地位,而且在新兴制造业方面也具有明显优势。德国之所以在制造业方面能保持长盛不衰,我看是得益于德国人认真、执着、勤奋的精神,也得益于德国具有强大的科技创新能力和一整套对技术工作的严格培训制度。更重要的是,德国始终心无旁骛地发展实体经济,特别是将制造业放在核心位置。这也正是2008年爆发的国际金融危机中,德国经济经受考验,并能率先在发达国家中复苏的重要原因之一。我们为德国经济社会发展取得的成就感到高兴,并真诚祝愿德国的增长更加强劲!

中德1972年建交至今,两国高层交往频繁,相互了解日益深入,经贸关系发展迅速,科技、教育、文化等领域合作卓有成效。2010年双方决定全面推进战略伙伴关系。今年6月,中德成功举行首轮政府磋商,为两国全面务实合作创建了一个很好的新平台。明年,两国将迎来建交40周年。中国将在德国举办“中国文化年”,作为合作伙伴国参加2012年汉诺威工业博览会,还将举办一系列建交40周年庆祝活动。我相信,只要中德双方从战略高度和长远角度出发,相互尊重、平等相待,照顾彼此核心利益,两国战略伙伴关系就一定能够始终沿着正确的轨道向前发展。

经贸合作是中德关系的发动机和稳定器。目前,中德互为重要的贸易和投资伙伴,两国经贸合作无论在广度还是深度上,都走在中欧经贸合作的前列。两国贸易额建交之初只有2.75亿美元,2010年达到1424亿美元,增长了500多倍,在中国与欧盟贸易总额中占近30%。截至今年8月,德国在华设立企业7000余家,累计投资项目7500余个,金额超过180亿美元;对华输出技术累计近1.6万项,合同金额超过500亿美元,约占中国自欧盟技术引进合同金额的38%。中国目前是德国企业对外投资首选地之一,也是德国机械、汽车、化工等支柱产业最重要的出口市场之一。事实证明,良好发展的中德经贸合作给两国人民带来了实实在在的利益。

女士们、先生们!

经过改革开放30多年的发展,中国取得了举世瞩目的成就。2010年,中国国内生产总值达到5.88万亿美元,居世界第二位;进出口贸易总额2.97万亿美元,成为世界第一大货物出口国和第二大货物进口国。粮食总产量达5亿多吨,成功解决了13亿人口的吃饭问题。在看到辉煌成就的同时,我们也清醒地认识到,面前的挑战还很多,前进的道路充满艰辛。中国仍然是发展中国家,人均GDP全球排名在100位左右,生产力水平总体不高,城乡之间、地区之间差距大,发展中不平衡、不协调、不可持续的问题依然突出。中国要全面实现现代化,还要进行长期艰苦的努力。

根据今年年初颁布的“十二五”规划纲要,未来五年中国经济社会发展将以科学发展为主题,以加快转变经济发展方式为主线,加快经济结构战略性调整,促进经济长期平稳较快发展和社会和谐稳定,为2020年全面建成小康社会打下具有决定性意义的基础。

——中国的发展将更加注重扩大内需。中国人口占世界20%,正处于消费结构升级的重要阶段,对文化、体育、旅游等消费的需求强劲。中国的工业化、城镇化和农业现代化进程不断加快,每年有1000多万人口从农村转移到城市,中西部地区发展步伐明显加快,源源不断释放出巨大的需求潜力。我们将着力构建扩大消费需求的长效机制,大力实施就业优先战略,深化收入分配制度改革,健全社会保障体系,增强居民消费能力,改善居民消费预期,促进消费结构升级,逐步使国内市场总体规模位居世界前列。

——中国的发展将更加注重科技创新。目前,中国科技进步对经济增长的贡献率比发达国家低25—30个百分点。未来5年,研究与试验发展经费支出占国内生产总值的比重将达到2.2%。我们将加强知识产权保护,深化基础研究和战略高技术研究,加快应用高新技术改造提升传统产业,大力发展节能环保、新一代信息技术、生物、高端装备制造、新能源、新材料、新能源汽车等战略性新兴产业,努力在新一轮科技革命和产业革命中跟上时代发展的步伐。

——中国的发展将更加注重生态建设。节约资源、保护环境是我们的一项基本国策。中国庄严承诺,到2020年单位GDP二氧化碳排放比2005年下降40%—45%,非化石能源占一次能源消费比重达到15%左右,森林面积比2005年增加4000万公顷,森林蓄积量比2005年增加13亿立方米。我们将牢固树立绿色、低碳发展理念,以节能减排为重点,大力发展循环经济,增加森林碳汇,推动能源生产和利用方式变革,加快构建资源节约、环境友好的生产方式和消费模式,增强可持续发展能力,提高生态文明水平。

——中国的发展将更加注重对外开放。近几年来，中国平均进口关税税率已下降到9.8%，外贸顺差逐年减少。未来五年，中国进口规模有望超过8万亿美元，将给世界各国带来更多商机。中国将不断提高利用外资的水平和质量，使外资在推进中国经济又好又快发展中发挥更加积极的作用。我们将实行更加积极主动的开放战略，坚持进口与出口并举、引进外资与对外投资并重，不断拓展新的开放领域和空间，进一步优化出口商品结构，扩大先进技术、先进装备、关键零部件等进口，积极促进贸易平衡，改善国际收支状况，以开放促发展、促改革、促创新。

今年是新世纪第二个十年的开端，国际形势出现深刻复杂的变化。世界多极化、经济全球化深入发展，各国相互依存加深，开放合作、互利共赢越来越成为国际社会的广泛共识。但与此同时，国际形势中的不稳定不确定因素增多，很不太平。国际金融危机的深层次影响进一步显现，世界经济复苏进程脆弱，发展问题更加突出。各种传统安全问题与非传统安全问题相互交织，不断给国际社会提出新的挑战。

在新的形势面前，如何团结协作、共克时艰，是历史摆在我们面前的重要课题。中国的选择是，与包括德国在内的世界各国同舟共济，实现互利共赢和共同发展。

中国将坚持走和平发展道路，这是中国人民根植自身传统文化，经过长期艰辛探索，顺应时代发展潮流作出的战略抉择，也是符合中国国情的成功之路。中国要实现建设社会主义现代化的宏伟目标，满足人民过上更好生活的愿望和要求；中国要履行对国际社会的庄严承诺，谋合作、求和平，既通过维护世界和平发展自己，又通过自身发展维护世界和平。今年9月，中国政府发表了《中国的和平发展》白皮书，再次向世界郑重宣告了中国坚定不移地沿着和平发展道路走下去的决心和意志。

中国将继续奉行独立自主的和平外交政策，不干涉别国内部事务，不把自己的意志强加于人。中国将不断深化与各国的互利合作和利益联系，把共同利益的蛋糕做大，不以邻为壑，不损人利己。中国将继续坚持防御性的国防政策，不搞军备竞赛，不对任何国家构成军事威胁。即使将来强大了，中国也不称霸，不搞扩张。

女士们、先生们！

中德经贸合作基础牢固、互补性强，而且面临新的发展机遇。中国经济的稳定增长为中德经贸关系发展提供了更广阔的空间。借此机会，我愿就深化中德经贸务实合作提出三点建议。

第一，挖掘市场潜力，扩大贸易规模。中国将继续采取贸易便利化措施，在继续进口高端装备的同时，扩大对德国的科技产品和消费品进口。两国政府应积极推动服务业企业合作，共同开拓第三国市场，培育新的贸易增长点。双方企业应充分利用中国进出口商品交易会(广交会)、上海工业博览会、西部国际博览会(西博会)、北京服务贸易交易会(京交会)以及汉诺威工业博览会等平台，拓宽贸易渠道，努力实现两国政府制定的未来5年贸易额翻番的目标。我们希望德方采取实际行动，推动欧盟尽早承认中国完全市场经济地位，放宽对华高技术产品出口限制，为双边贸易健康、平衡发展创造更好环境。

第二，促进双向投资，加强产业互动。中德双向投资合作还有很大空间。两国企业可在高新技术、机械设备、汽车制造和基础设施等领域扩大投资，加深合作。中国将扩大金融、物流等服务业对外开放，稳步开放教育、医疗等领域，希望德国企业加大对这些领域的投资力度。也希望德国政府和经济界为中国企业在德投资创业提供签证、融资、法律咨询等方面的支持和协助。德国中小企业在资金技术密集型产业方面具有很强的竞争力。中德两国政府应在中小企业融资、信息和行政服务等方面提供更多的扶持和便利，搭建更多中小企业合作公共示范平台，推动两国中小企业合作迈上新的台阶。

第三，拓宽合作领域，打造新的亮点。双方应在继续巩固和深化机械、汽车、化工、电子电气、交通运输、通信等传统领域合作的基础上，大力拓展和加强在新能源、新材料、节能环保、航空航天、绿色经济等新领域的合作，努力培育新的增长点。我们高兴地看到，双方正全面加强中德电动汽车合作，设立中德生命科学创新平台，加快实施中德生态园项目。加强技术合作是新领域合作的重点，也是推动中德经贸合作超越单纯买卖关系的必由之路。在技术转让问题上，中国始终遵循市场的规则和自愿的原则，促进企业互利共赢。

德国是欧盟的重要国家，是欧洲一体化进程的重要推动力量。中国高度重视同欧盟的关系，一贯支持欧洲一体化建设。我们支持欧盟应对主权债务危机的努力。解决国家债务过高的有效办法是改革和发展，既要通过改革削减赤字，同时更要努力促进经济的增长。欧洲拥有雄厚的经济基础、强大的科技创新能力、完善的法制和市场环境以及高素质的人才队伍。相信欧洲人民有智慧、有能力克服当前的困难，保持经济稳定和增长。中方将继续把欧洲作为主要投资市场之一，也希望欧洲采取措施为中方对欧投资提供更便利的条件。中国扩大对欧洲投资，努力增加从欧洲进口，客观上就是对欧洲输入需求，有利于拉动欧洲经济发展。中国和欧盟同为维护世界和平、促进共同发展的重要力量，中方愿与欧方增进了解，不断深化各领域务实合作。

女士们、先生们！

德国大文豪席勒曾说过："高尚和纯洁的友谊不会因距离遥远而褪色，反会因双方相知互信而更加浓厚。"中德两国虽然距离遥远，但千山万水阻隔不了两国间的交流与合作。让我们携手前行，开拓奋进，共同创造中德关系更加美好的未来！

谢谢大家。

中共中央党校在北京举行2011年秋季学期第一批进修班毕业典礼

中共中央政治局常委、中央书记处书记、中央党校校长习近平出席毕业典礼，并为学员颁发毕业证书。

中共中央政治局委员、中央书记处书记、中央组织部部长李源潮，中央书记处书记、中央纪律检查委员会副书记何勇出席毕业典礼。

中央党校本期毕业学员共222人。中央党校常务副校长李景田在毕业典礼上讲话，他希望学员们能够继续加强学习，不断深化学习，争当学习的表率；继续深入领会、扎实贯彻党的十七届六中全会的战略决策和重大部署，进一步开创中国特色社会主义事业新局面；继续勤奋努力，扎实做好本职工作，以优异成绩迎接党的十八大召开；继续关心党校事业，支持党校建设，为进一步提高干部队伍素质作出新贡献。

中央有关部门负责人、中央党校负责人和中央党校各直属单位主要负责人等出席了毕业典礼。

第十七次全国地方立法研讨会在福建厦门召开

全国人大常委会副委员长兼秘书长李建国出席会议并就深化对中国特色社会主义法律体系的认识和完善中国特色社会主义法律体系发表讲话。

李建国指出，改革开放30多年来，地方人大及其常委会认真履行宪法和法律赋予的地方立法职权，因地制宜开展立法工作，为各地方推进改革开放、实现经济社会又好又快发展提供了法制保障，为国家立法进行了积极探索、积累了有益经验。在新的起点上不断完善法律体系，要求更高、难度更大，地方立法工作必须进一步加强而不能削弱。

李建国说，各地要认真贯彻落实中央关于进一步加强立法工作人才队伍建设的要求，加强理论武装、力量配备和人才培养，着力培养一支政治坚定、有真才实学、适应完善法律体系新任务的立法工作队伍，使我国的立法事业后继有人、兴旺发达，为不断完善中国特色社会主义法律体系提供坚实的人才保障。

中宣部部长刘云山在北京出席省部级领导干部文化体制改革和文化建设专题研讨班并发表讲话

中共中央政治局委员、中央书记处书记、中宣部部长刘云山强调，党的十七届六中全会承前启后、继往开来，深刻阐明了中国特色社会主义文化发展道路，确立了建设社会主义文化强国的宏伟目标，体现了我们党的远见卓识和责任担当。要把握难得历史机遇，凝聚各方智慧力量，以高度的文化自觉和文化自信贯彻落实全会的战略部署，在新的起点上开创文化改革发展新局面。

研讨班由中宣部、中组部、国家行政学院联合举办，各省区市党委、人大、政府、政协，新疆生产建设兵团及中央和国家机关有关部委分管负责同志参加。中央文化体制改革工作领导小组成员，中央宣传文化单位主要负责同志参加了会议。国家行政学院常务副院长魏礼群主持会议。

11月4日

二十国集团领导人第六次峰会在戛纳电影宫会议中心举行

国家主席胡锦涛出席会议。会议主要讨论了大宗商品价格波动、就业和劳工等问题。胡锦涛就此作了专题发言。

胡锦涛指出，关于控制大宗商品价格波动问题，二十国集团应该关注三方面问题，一是把稳定大宗商品价格同促进世界经济增长结合起来。应该采取措施，扩大产能，稳定供求关系，加强金融市场监管，增强市场交易行为透明度，抑制投机炒作行为，努力促进大宗商品价格合理和基本稳定。二是把稳定大宗商品价格同保障全球能源安全和粮食安全结合起来。应该在实体经济、贸易、金融等方面共同采取行动，构建先进的能源和农业技术研发推广体系，推动形成公平、合理、非歧视的国际贸易体系，促进国际大宗商品市场健康稳定有序发展。三是把稳定大宗商品价格同加强国际发展合作结合起来。应该促进对发展中国家的技术转让和资金支持，积极帮助发展中国家实现能源安全和粮食安全。

胡锦涛强调，中国始终坚持依靠自身力量实现能源安全和粮食安全。在能源领域，我们始终坚持节约优先、立足国内、多元发展、保护环境，构筑稳定、经济、清洁、安全的能源供应体系。在粮食领域，我们始终坚持立足国内实现粮食基本自给的方针，通过加大农业投资、加强农田水利建设、加快农业科技发展等政策措施，稳步提高粮食和农业综合生产能力。

胡锦涛表示，就业事关国计民生，各国应该把稳定和扩大就业尤其是青年群体和弱势人群就业放在经济社会发展优先位置。要以增长促就业，以就业稳增长。中国坚持把促进充分就业作为保障和改善民生的首要任务，也是扩大内需的一个重要举措。实施就业优先战略和积极的就业政策，保持了就业局势总体稳定。这也是对世界经济复苏和减少失业的重要贡献。

会议期间，胡锦涛同英国首相卡梅伦、德国总理默克尔、日本首相野田佳彦、土耳其总理埃尔多安和世界贸易组织总干事拉米等多位外国领导人和国际组织负责人交谈，就发展双边关系和加强二十国集团框架内交流合作交换了意见。

全国政协主席贾庆林在柏林与德国联邦参议院议长泽霍费尔举行会谈

纪念中央革命根据地创建暨中华苏维埃共和国成立80周年座谈会在北京举行

中共中央政治局常委、国家副主席、中央军委副主席习近平出席会议并讲话。

座谈会由中共中央政治局委员、中央书记处书记、中央组织部部长李源潮主持。中共中央政治局委员、中央书记处书记、中央宣传部部长刘云山，全国人大常委会副委员长李建国，国务委员梁光烈，全国政协副主席陈奎元，中央军委委员李继耐出席座谈会。

座谈会由中共中央党史研究室和江西省委、福建省委、广东省委举办。出席座谈会的还有中央和国家机关、军队有关部门负责同志和人民团体负责同志，江西、福建、广东省委有关负责同志和老红军、老同志及专家学者代表。

中共中央政治局常委习近平在纪念中央革命根据地创建暨中华苏维埃共和国成立80周年座谈会上的讲话

同志们：

80年前，中华苏维埃共和国在中央革命根据地的瑞金宣告成立，谱写了中国共产党领导的革命根据地建设和红色政权建设的新篇章。今天，我们在这里举行座谈会，纪念中央革命根据地创建暨中华苏维埃共和国成立80周年，回顾我们党领导人民为实现新民主主义革命任务而艰苦创业的伟大历程，缅怀革命先烈的不朽业绩，就是要结合今天正在进行的社会主义现代化建设实际，大力弘扬党的光荣传统和优良作风，承前启后、继往开来，把老一辈无产阶级革命家开创的、一代一代共产党人和全国各族人民接续奋斗的伟大事业不断推向前进。

在近代中国这样经济文化落后、农民占人口绝大多数的半殖民地半封建大国，如何在无产阶级及其政党领导下取得反帝反封建的民主革命胜利，并经过新民主主义走向社会主义，这在马克思列宁主义著作里是没有现成答案的，只能靠我们党自己在革命实践中进行艰苦探索。以毛泽东同志为代表的中国共产党人把马克思主义基本原理同中国具体实际相结合，科学分析中国社会的性质和特点，把武装斗争、土地革命和党的建设结合起来，创造性地解决了在中国革命实际条件下党和军队建设的一系列基本问题，逐步探索并成功开创出一条建立农村根据地、以农村包围城市、最后武装夺取全国政权的中国特色的民主革命道路。

在党创建的各个革命根据地中，中央革命根据地最具有代表性。1927年大革命失败后，中国共产党确定了土地革命和武装反抗国民党反动统治的总方针，在全国先后组织和发动了近百次武装起义，开辟了大小十几个革命根据地。中央革命根据地是其中最大最重要的一个。1929年1月，毛泽东、朱德等同志率红四军主力从井冈山向赣西南出击，开辟了赣南和闽西根据地，组建了中国工农红军第一方面军。1930年秋至1931年秋，先后粉碎国民党军队的三次“围剿”，使赣南、闽西根据地连成一片，形成了中央革命根据地。1933年中央红军取得第四次反“围剿”胜利后，中央革命根据地扩大到地跨江西、福建、广东三省的广大地区，建立起数个省级和一大批县级苏维埃政权，红军发展到12万余人，党员人数达到13万以上。

在中央革命根据地和党领导的其他革命根据地蓬勃发展的形势下，中华苏维埃第一次全国代表大会1931年11月7日至20日在江西瑞金召开，选举产生了以毛泽东同志为主席的中华苏维埃共和国中央执行委员会、中央执行委员会人民委员会，宣布成立中华苏维埃共和国临时中央政府，并成立以朱德同志为主席的中央革命军事委员会。1934年2月，中华苏维埃又召开了第二次全国代表大会。中华苏维埃共和国是中国历史上第一个全国性的工农民主政权，是我们党在局部地区执政的重要尝试。它的建立，进一步加强了根据地建设，扩大了党和红色政权的影响，开创了土地革命战争新局面，也为我们党在抗日战争和解放战争时期的根据地建设以及新中国的政权建设，提供了宝贵的历史经验，培养了一大批领导骨干和组织、管理人才。

从中央革命根据地创建和中华苏维埃共和国成立到现在，我们党已经从领导人民为夺取全国政权而奋斗的党成为领导人民掌握全国政权并长期执政的党，正在为实现社会主义现代化而奋斗。回顾走过的历程，波澜壮阔、非同寻常；展望未来的征途，前景光明、任重道远。我们要深入学习贯彻胡锦涛同志“七一”重要讲话精神，结合新的实际认真学习和运用当年革命根据地建设和政权建设的历史经验，切实加强党的先进性建设和执政能力建设，更好地担负起坚持和发展中国特色社会主义伟大事业的历史使命。

我们要始终坚持把马克思主义基本原理同中国具体实际相结合，不断推进马克思主义中国化时代化大众化。当年，我们党之所以能够在大革命失败后的短短几年里创建一支相当规模的人民军队和一系列革命根据地，并推动根据地建设取得重要成就，最根本的原因就是由于以毛泽东同志为代表的革命根据地的创建者把马克思主义基本原理同中国具体实际相结合，反对本本主义、教条主义，注重调查研究，根据中国实际创造性地运用马克思主义。革命根据地建设好端端的局面后来之所以丢掉了，最根本的原因则是由于当时“左”倾教条主义、冒险主义领导违背了马克思主义基本原理同中国具体实际相结合的原则，把马克思主义教条化，把共产国际决议和苏联经验神圣化。十一届三中全会以后，我们党在吸取党的历史上包括土地革命战争时期在内的正反两方面经验的基础上，不断探索共产党执政规律、社会主义建设规律和人类社会发展规律，开辟了建设中国特色社会主义的正确道路，形成了中国特色社会主义理论体系，完善和发展了中国特色社会主义制度。这是全党全国各族人民最为宝贵的政治和精神财富。在未来的征途上，无论遇到什么困难和风险，我们都要坚持党的领导，毫不动摇地高举中国特色社会主义伟大旗帜，坚持和拓展中国特色社会主义道路，坚持和丰富中国特色社会主义理论体系，坚持和完善中国特色社会主义制度。同时，我们要始终坚持解放思想、实事求是、与时俱进的科学态度和不断研究新情况、解决新问题的创造精神。这是保持和发展我们党的先进性，实现党的当前和长远奋斗目标、巩固党的执政地位和确保国家长治久安的根本保证。

我们要始终教育共产党员坚定中国特色社会主义信念和共产主义信仰，满怀信心地为全面建设小康社会、加快推进社会主义现代化而不懈奋斗。当年创建和发展革命根据地时期，是我们党处于革命环境极为艰难、斗争形势非常险恶的时期。面对大革命失败后国民党反动派实行白色恐怖的血雨腥风，面对敌人的重兵“围剿”封锁，根据地军民怀着“星星之火，可以燎原”的信念，坚信中国革命必然胜利，不断战胜各种艰难困苦，前仆后继，勇往直前。那时，许许多多的共产党人不为官、不为钱，不怕艰苦、不怕坐牢，慷慨赴死、从容就义，真正做到了为主义和信仰而奋斗、而献身。实践证明，由坚定的政治信仰产生的百折不挠的革命意志，是中国共产党人战胜一切艰难险阻、从胜利走向胜利的强大力量源泉。我们正在从事前无古人的伟大事业。到中国共产党成立100年时建成惠及十几亿人口的更高水平的小康社会，到新中国成立100年时建成富强民主文明和谐的社会主义现代化国家，这不仅意味着我们要登上以比较发达的经济社会发展水平为标志的社会主义物质文明高地，而且意味着我们要登上以坚定的理想信念、高尚的思想道德为核心的社会主义精神文明高地。因此，我们必须始终坚持并大力加强对共产党员特别是各级领导干部的思想政治教育，使他们真正保持对马克思主义的坚定信仰，对社会主义、共产主义的坚定信念，对改革开放和社会主义现代化建设的坚定信心，对建设高度发达的社会主义物质文明和高度发达的社会主义精神文明的坚定追求。

我们要始终坚持以人为本、执政为民，把实现好、维护好、发展好最广大人民根本利益作为一切工作的出发点和落脚点。在创建革命根据地的实践中，我们党十分关注人民群众的利益，注意倾听群众呼声，关心群众疾苦，切实帮助解决人民群众生产和生活的实际困难。毛泽东同志曾反复强调，我们应该深刻地注意群众生活问题和工作方法问题，从土地、劳动问题，到柴米油盐问题，一切群众生活上的问题，都应该把它提到自己的议事日程上。他还作过《关心群众生活，注意工作方法》的报告。当时正是由于党和苏维埃政府真心实意为人民群众谋利益，所以赢得了人民群众真心实意的拥护，因而能够拥有战胜强大敌人和各种困难的真正铜墙铁壁。今天，我们仍然要坚持继承这种真心实意为人民谋利益的优良传统，把以人为本、执政为民、全心全意为人民服务作为指引、评价和检验我们党一切工作的最高标准，始终把人民利益放在第一位，提高在新的形势下做好群众工作的本领。我们的各级领导干部一定要坚持问计于民，一定要懂得我们政治智慧的增长和执政本领的提高都必须深深扎根于人民群众丰富生动的实践之中，充分调动人民群众的积极性主动性创造性。只有这样，我们党长期执政和党领导的各项事业才能获得最广泛最可靠最牢固的群众基础和力量源泉。

我们要始终加强文化建设，满足人民群众不断增长的精神文化需求，推动实现社会主义文化大发展大繁荣。在创建革命根据地的实践中，我们党围绕革命中心任务大力发展文化事业，用集体主义和共产主义思想教育和鼓舞人民，帮助群众从落后的封建传统观念束缚下解放出来。党和苏维埃政府兴办各类学校、报纸杂志、红色中华通讯社、出版机构、文艺团体和俱乐部等，革命文艺活动十分活跃，文化工作呈现出生机勃勃的局面，从而丰富了红军指战员和人民群众的精神文化生活，对塑造人们的革命精神面貌发挥了重要作用。当今世界，文化越来越成为民族凝聚力和创造力的重要源泉，越来越成为综合国力竞争的重要因素，越来越成为经济社会发展的重要支撑。我们要认真学习贯彻党的十七届六中全会精神，自觉地把文化的繁荣发展作为深入贯彻落实科学发展观的一个基本要求，以科学发展为主题，以建设社会主义核心价值体系为根本任务，以满足人民精神文化需求为出发点和落脚点，以改革创新为动力，坚持中国特色社会主义文化发展道路，发展面向现代化、面向世界、面向未来的民族的科学的大众的社会主义文化，努力建设社会主义文化强国。

我们要始终大力弘扬苏区精神，推动创先争优，不断开创各项工作新局面。在革命根据地的创建和发展中，在建立红色政权、探索革命道路的实践中，无数革命先辈用鲜血和生命铸就了以坚定信念、求真务实、一心为民、清正廉洁、艰苦奋斗、争创一流、无私奉献等为主要内涵的苏区精神。这一精神既蕴涵了中国共产党人革命精神的共性，又显示了苏区时期的特色和个性，是中国共产党人政治本色和精神特质的集中体现，是中华民族精神新的升华，也是我们今天正在建设的社会主义核心价值体系的重要来源。1996年9月江泽民同志在赣南老区视察时指出："我们任何时候都不能忘了老区人民。我们要把老区的精神和传统世世代代传下去，永远发扬光大！"胡锦涛同志2003年8月视察赣南老区时强调：革命前辈们在艰苦卓绝的革命斗争中培育起来的革命精神和优良传统，对我们坚定信念、鼓舞斗志、做好工作具有重大的现实意义，永远是我们在前进道路上战胜各种困难和风险、不断夺取新胜利的强大精神力量。无论现在和将来，我们都要坚持继承先烈遗志，大力弘扬苏区精神，学习宣传在革命、建设、改革不同历史时期作出卓越贡献的共产党员的先进事迹和崇高精神，使广大党员和干部从中获得精神鼓舞，升华思想境界，陶冶道德情操，完善思想品格，培养浩然正气，牢记"两个务必"，从而更好地经受住执政考验、改革开放考验、市场经济考验、外部环境考验，防止和克服精神懈怠的危险、能力不足的危险、脱离群众的危险、消极腐败的危险，始终保持共产党人的政治本色。

中央革命根据地和其他革命根据地对中国革命作出了重大贡献和巨大牺牲，现在不少革命老区的发展与经济发达地区相比还存在比较大的差距。我们要继续大力关心老区人民群众的生产生活，加大人力物力财力的投入，切实帮助老区加快致富发展步伐，促进区域协调发展、科学发展，让老区人民生活得更加富裕、更加幸福。

同志们，中央革命根据地和中华苏维埃共和国的历史，已经成为我们党的历史和近代中国革命斗争历史非常重要的一页，是一部丰富生动的教科书，广大干部和党员应该不断从中得到教益，受到启迪，获得力量。让我们紧密团结在以胡锦涛同志为总书记的党中央周围，坚持以邓小平理论和"三个代表"重要思想为指导，深入贯彻落实科学发展观，开拓进取，扎实工作，为完成全面建设小康社会目标，把我国建设成为富强民主文明和谐的社会主义现代化国家，沿着中国特色社会主义道路实现中华民族伟大复兴而努力奋斗！

广东省十一届人大常委会第二十九次会议决定接受黄华华辞去省长职务的请求 朱小丹代理省长职务

第二十一届中国新闻奖 全国优秀新闻工作者颁奖报告会在北京举行

中共中央政治局常委李长春接见获奖代表。中共中央政治局委员、中央书记处书记、中宣部部长刘云山出席报告会并讲话。中共中央政治局委员、国务委员刘延东，全国政协副主席陈奎元参加接见。

刘云山指出，以党的十七届六中全会为标志，我国文化建设站在一个新的历史起点上，进入一个新的发展阶段。广大新闻工作者要深入学习宣传贯彻全会精神，充分发挥新闻媒体文化传播主渠道主阵地作用，增强文化自觉、树立文化自信，进一步唱响时代主旋律，更好地承担起用先进文化引领社会进步的责任。要牢记围绕中心、服务大局的根本职责，准确把握我国基本国情，把握经济社会发展新的阶段性特征，在新闻宣传导向、基调和内容上充分体现大局要求，更好地为推动科学发展、促进社会和谐贡献力量。要始终坚持以人为本、人民至上的价值追求，贴近实际、贴近生活、贴近群众，坚持不懈地走基层、转作风、改文风，更好地反映人民心声、服务人民群众，在全心全意为人民服务中体现新闻工作的价值。要紧跟时代步伐、着力改进创新，积极探索信息化条件下新闻传播的特点和规律，更好地增强新闻宣传的吸引力感染力。要坚守正确人生坐标、秉持崇高职业理想，带头践行社会主义核心价值体系，锤炼思想品质、提升综合素养、增强工作本领，以一流业绩赢得社会尊重、赢得人民赞誉。

中国记协主席田聪明在会上致辞。

中央有关部门、中央主要新闻单位负责同志和来自全国各地的500余名编辑记者代表、部分高校新闻院系师生参加了报告会。

《中国少年报》创刊60周年座谈会在北京举行

中共中央政治局委员、全国人大常委会副委员长王兆国出席座谈会并讲话。

《中国少年报》是中国少年先锋队队报，创刊于

1951年11月5日，始终坚持“陪伴儿童成长，服务儿童成才”办报宗旨，创造了“小虎子”、“小灵通”、“知心姐姐”等栏目形象。

11月5日

第十八届杨凌农业高新科技成果博览会在陕西杨凌举行

展览会于11月5日至9日举行，主题为“创新·合作与农业现代化”，由科技部、商务部、教育部、财政部、农业部等19个部委和陕西省政府联合主办。

本届农高会共有国内外1700多家单位参展，接待人数达160万人次，集中展示了7500多项科技成果和项目，签约项目投资及展会交易总额达565.8亿元，较上届增长114%。

“中国城市科学发展论坛暨2011城市评价报告发布会”在北京举行

《2011中国城市发展综合评价报告》显示，厦门、宁波、苏州等20个城市被评为“2011中国城市科学发展典范城市”。

在《2011中国城市发展综合评价报告》中，苏州、扬州、宁波在“经济发展水平”系统指标中表现良好；在“公共服务水平”系统指标中，北京因拥有强大经济实力和资源基础并注重政府投入公共服务而夺魁；在“居民实际享有水平”即个人受益指标中，常州排名第一。经过综合研究，厦门、宁波、苏州脱颖而出，位列2011中国城市科学发展综合排名前三名。

11月6日

国务院副总理李克强致信祝贺2011中国国际矿业大会在天津开幕

李克强在致信中说，矿产资源的勘探开发和利用，是经济社会发展的重要保障。当前，世界经济格局正在发生深刻变化，对矿业发展提出了新的更高要求，确保能源资源安全已成为各国共同面临的问题。希望国际矿业界坚持更加开放、务实的理念，加强协商与合作，共同维护公平、稳定、有序的国际矿业市场秩序，更好地兼顾矿业生产者和消费者的利益，更有效地保障矿产品供应和价格平稳，推动世界经济平稳健康复苏。

李克强指出，中国现代化建设事业需要可持续的矿业支撑。我们将坚持立足国内，依靠技术进步和体制机制创新，加大地质找矿和资源综合利用工作力度，提高矿产品保障能力和利用效率，促进经济长期平稳较快发展。同时，积极参与国际矿业互利互惠合作，更好地利用两个市场、两种资源，为全球矿业的发展与繁荣继续发挥建设性作用。

中国国际矿业大会包括本次已经连续举办13届，已成为亚洲最大的矿业盛会和全球四大矿业大会之一，是我国矿业对外合作的重要平台。本次大会由国土资源部与天津市人民政府共同举办，主题是“加强国际合作，加快找矿突破”。国土资源部部长徐绍史，天津市市长黄兴国在开幕式上致辞。来自50多个国家矿业界、金融界和政府部门等方面的近5000名代表参加会议。

连接黑龙江省哈尔滨市西部4个新区重要通道——哈尔滨阳明滩大桥竣工通车

该桥是我国长江以北地区最长的超大型跨江桥，其竣工通车也刷新了国内超大型跨江桥的最快建设速度。大桥全长7133米，桥宽41.5米，双向8车道，设计时速80公里，最大可满足高峰时段9800辆机动车通行。

冯夏庭当选国际岩石力学会主席

在北京举行的第十二届国际岩石力学大会上，我国学者冯夏庭研究员接任国际岩石力学学会主席，成为该国际组织成立半个世纪以来首次当选主席的中国科学家。

中国男女乒乓球队在德国马格德堡进行的2011乒乓球团体世界杯冠军争夺战中分别获得冠军

中国伊斯兰教协会在北京举行招待会庆祝古尔邦节

中共中央政治局委员、国务院副总理回良玉，全国人大常委会副委员长司马义·铁力瓦尔地，全国政协副主席、中共中央统战部部长杜青林，全国政协副主席阿不来提·阿不都热西提等到会祝贺。

全国政协常委、中国伊斯兰教协会会长希拉伦丁·陈广元大阿訇在招待会上致辞，他代表中国伊斯兰教协会向出席招待会的各位来宾表示感谢，向全国和世界各国穆斯林兄弟姐妹致以节日祝贺。他表示，中国伊协将努力为全国各族穆斯林服务，团结大家多做善事，为促进经济社会发展、建设和谐社会作出新贡献。他还为在土耳其强烈地震中归真的穆斯林祈福。

11月7日

国务院总理温家宝在俄罗斯圣彼得堡出席上海合作组织成员国总理第十次会议并发表讲话

温家宝在讲话中表示，上海合作组织成立十年来，朝着维护地区安全、促进共同发展的既定目标稳步迈进，在成员国之间营造了团结和睦的政治环境，形成了打击“三股势力”的强大合力，密切了经济合作关系，培育了世代友好的信念。这些实实在在的成果，为我们今天携手应对国际金融危机等各种挑战、维护共同利益奠定了基础。当前，国际格局正在经历大变化、大调整，上合组织不仅要经受住严峻考验，更要抓住机遇发展壮大，造福本地区人民，为建立公正、合理的国际政治、经济新秩序作出应有贡献。

温家宝指出，中方作为上合组织轮值主席国，愿与各方一道，积极制定和实施本组织政治、经济、人文等各领域未来十年规划。与成员国一道团结合作，不懈进取，努力实现上合组织既定的目标和任务，为促进本地区与世界的和平与发展作出新的更大贡献。

温家宝就加强上合组织务实合作提出以下建议：

第一，抓住成员国经济转型带来的合作机遇，采取积极措施，促进货物、资本、技术和服务在成员国之间自由流动，进一步活跃上合组织框架下的经贸合作。

第二，建立多层次、多渠道的融资合作体系，加大对区域经济合作项目的融资支持，继续扩大本币互换和结算合作，加强成员国之间的宏观经济金融政策协调。

第三，加快交通、能源、通信基础设施的互联互通，为本地区的经贸合作打下扎实基础。

第四，推动核能、太阳能、风能等清洁能源的应用，为成员国经济发展提供多元化的能源解决方案。

第五，通过设立上合组织“种子库”，推广优良品种，加强农业技术培训、动植物疫病防控等措施，健全粮食安全合作机制。

第六，通过共建跨境经济合作区、高新科技开发区等方式，加强科技合作，实现可持续发展。

第七，尽快建立疫情通报和联防联控机制，提高对大规模传染病等公共卫生突发事件的预警和应急处置能力。

第八，促进青年交流，充分发挥他们参与上合组织框架下交流的积极性，办好上合组织“睦邻友好年”活动，增进成员国人民之间的相互理解和友谊。

第九，同观察员国建立更加紧密的互利合作关系。

与会的上合组织成员国和观察员国领导人积极评价上合组织成立以来取得的丰硕成果，一致认为上合组织的国际影响力不断扩大，发展潜力巨大。面对当前深刻复杂变化的国际格局和地区形势，上合组织成员国应加强团结协作，积极推进本组织建设，深化政治、经济、安全合作，把上合组织建设成为促进本地区交流合作的平台，更好地维护共同利益，为促进本地区的和平、稳定与发展，建立公正、合理的国际政治、经济新秩序发挥更加积极的作用。

成员国领导人签署了本次总理会议的联合公报，会议发表了《上海合作组织成员国政府首脑（总理）关于世界和上海合作组织地区经济形势的联合声明》等成果文件。

会议决定下次总理会议将于2012年在吉尔吉斯斯坦举行。

上海合作组织成员国政府首脑（总理）理事会会议发表联合公报

2011年11月7日上海合作组织（以下简称“上合组织”或“本组织”）成员国政府首脑（总理）理事会例行会议在圣彼得堡举行，哈萨克斯坦共和国总理马西莫夫，中华人民共和国国务院总理温家宝，吉尔吉斯共和国代总理、第一副总理巴巴诺夫，俄罗斯联邦政府总理普京，塔吉克斯坦共和国总理阿基洛夫，乌兹别克斯坦共和国第一副总理阿济莫夫参加会议。

上合组织秘书长伊马纳利耶夫、上合组织地区反恐怖机构执行委员会副主任卡西莫夫、上合组织实业家委员会主席梅津采夫和上合组织银行联合体主席陈元列席会议。

上合组织观察员国印度共和国电力部部长辛德、伊朗伊斯兰共和国外交部部长萨利希、蒙古国第一副总理阿勒坦呼雅格、巴基斯坦伊斯兰共和国总理吉拉尼，以及阿富汗伊斯兰共和国第二副总统哈利利、独联体执行委员会主席兼执行秘书列别捷夫、欧亚经济共同体副秘书长穆萨塔耶夫作为东道国客人出席会议。

总理们指出，此次总理理事会会议在上合组织成立10周年之际举行，要进一步巩固和发展本组织，以造福其全体成员国。

与会各方祝贺吉尔吉斯共和国政府和人民成功举行总统选举，并祝愿其在政治、社会和经济发展方面取得成就。

各方团长在友好、建设性和务实气氛中就全球和本地区经济发展问题广泛交换了意见。各方强调，在全球金融和原材料市场出现不确定性的条件下，在世界经济增速放缓的形势下，上合组织地区却保持了稳定态势，国内生产总值呈增长趋势，并具有投资吸引力。会议通过了《上合组织成员国政府首脑（总理）关于世界和上合组织地区经济形势的联合声明》。

总理们指出，自2010年11月25日杜尚别总理会议以来，成员国在经济和人文主要方向携手努力，密切合作，取得一系列具体成果。

总理们指出，上合组织成员国元首在2011年6月15日阿斯塔纳峰会上特别强调必须为发展经济合作注入新的动力。峰会将提高上合组织各国福祉和改善民生确定为本组织的重要任务之一。

为此，总理们强调，必须集中精力，制定和落实交通、通信、科技、创新、节能、农业、贸易和旅游等领域的联合项目。上述合作将会促进本组织成员国国民经济现代化，走上创新轨道，保证可持续经济发展。

总理们指出，上合组织实业家委员会和银联体对促进上合组织成员国实业界之间和银行界之间的交流具有重要作用。

总理们对2011年10月26日于杜尚别举行的上合组织成员国经贸部长会议取得的成果表示肯定。

为了加强上合组织区域内经济和人文合作，总理们责成主管部门制定《上合组织进一步推动项目合作的措施清单》(草案)，按规定程序提交上合组织成员国政府首脑(总理)理事会批准。

总理们高度评价近期在上合组织域内举行的旨在深化区域经济合作的务实活动，并支持其定期举行。

总理们重申支持建立上合组织专门账户和开发银行的原则立场，责成继续就建立上合组织框架内的有效项目合作融资机制开展工作，并在下次于中国举行的上合组织成员国元首理事会会议前完成。

总理们对2011年10月28日于莫斯科举行的上合组织成员国交通部长会议取得的成果表示赞赏，认为必须继续在各个级别上积极合作，以便及时落实有关共识，实施交通领域的共同示范性项目。

总理们强调，进一步深化上合组织成员国海关合作和加强电子商务合作具有重要意义。

总理们强调必须加强《“上合组织信息高速公路”项目方案》(草案)运营模式联合制定工作。

总理们强调科技创新合作至关重要，指出在该领域确定优先项目，对推动合作具有重要意义，有利于促进上合组织成员国经济现代化和发展。

根据2011年9月27日于杜尚别举行的成员国紧急救灾部门领导人会议成果，总理们指出，应继续合作，以共同应对自然和技术灾害威胁，通过救灾技术交流等方式，提高应急反应能力。

总理们认为，应促进成员国间游客数量增长，交流旅游项目投资信息和国家旅游政策。

总理们支持继续深化人文领域合作，以加强成员国人民的友谊与睦邻友好。

总理们强调2011年6月15日在阿斯塔纳签署的《上合组织成员国政府间卫生合作协定》的重要性，表示支持深化该领域的全面合作。总理们高度评价2011年10月14日在莫斯科举行的上合组织成员国卫生防疫部门领导人第二次会议成果，认为该会议为进一步推动在上合组织区域内开展防疫和加强疾病监测合作开辟了道路。

总理们高度重视吸收上合组织观察员国和对话伙伴参与上合组织框架内的经济和人文领域活动和项目。各方将继续为此迈出实质步伐。

总理们审议通过了《上合组织秘书处关于〈上合组织成员国多边经贸合作纲要〉实施情况的报告(2010年12月至2011年11月)》。

总理们批准了本组织2012年预算，通过了关于上合组织常设机构财务和组织问题的一系列决议。

总理理事会会议期间签署了《上合组织银联体中期发展战略(2012—2016年)》。

总理们对本次总理理事会会议高水平的组织和承办工作给予高度评价，对俄方的热情接待表示感谢。

下次上合组织总理理事会会议将于2012年在吉尔吉斯共和国举行。

哈萨克斯坦共和国总理　马西莫夫
中华人民共和国国务院总理　温家宝
吉尔吉斯共和国代总理、第一副总理　巴巴诺夫
俄罗斯联邦政府总理　普京
塔吉克斯坦共和国总理　阿基洛夫
乌兹别克斯坦共和国第一副总理　阿济莫夫
2011年11月7日于圣彼得堡

上海合作组织成员国总理第十次会议发表《上海合作组织成员国政府首脑(总理)关于世界和上合组织地区经济形势的联合声明》

声明全文如下：

当前世界正经历大发展大变革。全球化对世界经济和国际关系产生重大影响。

要求建立开放、惠及各方和公正的国际经济金融秩序，就有效维护金融体系稳定开展对话的呼声日益高涨。越来越显而易见的是，如果没有新兴市场经济国家的参与，迫切的全球性问题就无法解决。

当前阶段的显著特点是，区域经济合作在扩大，地区性国际组织和金融机构在世界政治和经济中的作用在提高。

全球经济金融危机给世界经济带来负面影响，使大部分国家的国内生产总值增速减缓，妨碍了民众社会福利水平的提高。国际社会为克服危机后果所采取的共同措施使世界经济得到一定复苏。

与此同时，令人担忧的是，国际市场不稳定性仍然存在，不确定因素有增无减，世界发达和发展中经济体增速放缓。国家财政赤字及国家债务增长幅度导致偿还债务困难，违约风险加大。国内需求保持在较低水平甚至出现下降，阻碍了生产的稳定和可持续性增长。上述问题的存在及缺乏金融、货币和证券市场的监管调节机制使得国际市场未来发展具有较大不确定性。

在此背景下，国际社会应在国际金融监管领域加强合作，共同努力防止金融危机风险加剧和蔓延，保持经济稳定。

在全球经济金融危机的背景下，上合组织各成员国还是比较快速和成功地解决了出现的困难，保持了经济增长。2009年10月14日在北京举行的上合组织成员国总理理事会会议通过的《上合组织成员国关于加强多边经济合作、应对全球金融经济危机、保障经济持续发展的共同倡议》及其后续落实行动在这方面发挥了积极作用。

与此同时，本地区国家在经济发展、保持经济平衡增长、维护地区安全与稳定等方面也面临一系列新的挑战。解决这些问题，需要国际组织、金融机构和上合组织成员国政府继续共同努力。

在当前形势下，大力发展和加强上合组织框架内的经济合作具有重要意义。极其迫切的任务是努力将银行金融领域的负面影响减少到最低限度。

上合组织重申将根据成员国法律鼓励和推动投资合作，实施互利的多边项目。为此，尽快在上合组织框架内成立项目合作融资机制——专门账户和开发银行，具有重要意义。

上合组织面临着在扩大区域内及与国际市场的互联互通、发展民生工程、建立现代化国际物流、贸易和旅游中心、建设新型企业、使用创新和节能技术、发展可再生能源等领域实施大型合作项目的任务。进一步加强经济潜力，巩固金融货币体系，增加国家信贷机构的资本充足率和流动性，确保生产多元化和提高竞争力，在保持上合组织成员国国民经济可持续增长中将发挥关键作用。

总理们强调将加强同观察员和对话伙伴的经贸和投资合作，继续同东盟、联合国亚太经社会和独联体开展经济合作。

上合组织成员国愿继续同国际社会一道努力，建设一个更加公正、公平、全面、和谐，兼顾各方利益，使所有国家从全球化中平等受益的国际金融秩序。

国务院总理温家宝在圣彼得堡康斯坦丁宫会见俄罗斯总理普京

温家宝指出，面对当前纷繁复杂的国际政治、经济形势，中俄作为邻国和有重要影响力的大国，进一步加强战略协作，巩固传统友谊，不仅符合两国人民的根本利益，而且对世界和平与发展具有重要的现实意义和深远的战略意义。中俄都主张世界多样性，反对任何大国和大国集团主宰世界事务。中方愿与俄方继续相互支持，相互帮助，携手应对挑战，共同推进国际政治民主化进程，推动建立公正合理的国际政治、经济新秩序。

温家宝表示，目前中俄两国经济都处于较为健康的状况，各自具有明显的优势，俄罗斯拥有先进的科学技术和丰富的自然资源，中国有改革开放带来的发展优势和广阔的市场潜力。双方完全可以通过优势互补，开展全方位的长期的互利合作。双方要抓住机遇，加强规划和协调，进一步提升贸易、投资、金融、科技合作的规模和质量，这将极大地惠及两国人民，增强两国的竞争力和国际影响力，也有助于促进世界经济的复苏和增长。

普京表示，俄中两国领导人保持了密切的交往和沟通，建立了高度的政治互信，有力推动了两国关系的发展。俄中在政治、经济、人文以及国际事务中的合作都达到了前所未有的高度，两国有着广泛的共同利益，面临共同的挑战，进一步深化全面战略协作伙伴关系无论从双边，还是从全球角度都具有重要的战略意义。俄方愿与中方一道，全面落实达成的各项共识，推动两国关系不断取得进展，为维护世界和平、促进共同发展作出更大贡献。

国务院总理温家宝在圣彼得堡会见巴基斯坦总理吉拉尼 哈萨克斯坦总理马西莫夫 塔吉克斯坦总理阿基洛夫

全国政协主席贾庆林在北京会见出席第十四届京台科技论坛暨2011年北京台湾名品博览会的台湾工商界代表

贾庆林说，两岸经济交流合作，是两岸同胞的共同愿望，也是促进两岸关系发展的经济基础和有效途径。2008年5月以来，两岸经济合作的扩大和深化，得益于两岸关系开创出和平发展的新局面。面向未来，两岸经济合作面临的机遇与挑战并存。大陆今年开始实施“十二五”规划，台湾方面也提出了“黄金十年”的经济蓝图，两岸经济合作的交汇点、契合点更为明确。两岸经济合作框架协议后续协商的推进，两岸经济合作委员会作用的发挥，将使两岸经济合作机制逐步完善。这些都将继续为两岸经济合作创造更为有利的政策环境和良好条件。同时，国际经济形势还在发生复杂深刻的变化，两岸经济都面临转型升级的重大任务。海峡两岸的中国人应该密切合作，紧紧抓住机遇，携手应对挑战，共同提升两岸企业的竞争力，壮大中华民族经济，造福两岸民众。

贾庆林指出，两岸经济合作要顺利开展，尤其是两岸经济合作要制度化和机制化，需要一个良好的两岸关系。当前，两岸关系发展正处在承前启后的关键时刻。巩固两岸关系和平发展的良好局面，事关两岸同胞的切身利益，也与每一位台商息息相关。认同“九二共识”是两岸协商的前提，是两岸关系发展的基础。否定了“九二共识”，将使两岸协商不得不中断，也将使两岸关系发展的基础遭到损害，引起两岸关系重新动荡不安。两岸同胞要共同确保两岸关系继续和平发展的必要条件，为两岸关系的未来争取更加光明的前景。

中共中央台办、国务院台办主任王毅，北京市市长郭金龙参加了会见。

新华社建社80周年纪念大会在人民大会堂举行

中共中央政治局常委李长春出席纪念大会并讲话。

李长春在讲话中代表党中央、国务院，向新华社全体同志表示热烈祝贺。李长春指出，新华社是我们党在艰苦卓绝的红色苏区创办的重要宣传舆论机构，与党和人民一起经历了风风雨雨，始终与党和人民同呼吸、共命运，始终忠于党、忠于人民。80年来，在党中央的坚强领导下，新华社积极宣传党的理论和路线方针政策，及时准确反映海内外各领域新情况，向全世界广泛传播中国声音，为党团结带领全国各族人民夺取中国革命胜利、取得社会主义建设伟大业绩、创造改革开放辉煌成就、开创中国特色社会主义事业新局面作出了重要贡献。80年来，一代又一代新华人牢记肩负的历史重任，用智慧、汗水乃至生命谱写了党的新闻事业的壮丽篇章。实践证明，新华社广大新闻工作者是一支政治强、业务精、纪律严、作风正的高素质队伍，是一支特别能吃苦、特别能战斗、特别能奉献的坚强队伍，是党和人民完全可以信赖的优秀队伍。

李长春强调，学习宣传贯彻好党的十七届六中全会精神，是当前宣传思想文化战线的头等大事和首要政治任务。希望新华社以高度的政治责任感和强烈的历史使命感，切实加强领导，精心组织安排，在新闻战线兴起学习宣传贯彻全会精神热潮中发挥表率和示范作用，努力成为全会精神的积极传播者和模范践行者。要坚持真实准确、全面客观，牢牢把握正确舆论导向，不断提高舆论引导的及时性、权威性和公信力、影响力。要坚持“三贴近”原则，践行“走转改”，把思想性、知识性与趣味性、可读性紧密结合起来，进一步增强新闻报道的亲和力、吸引力、感染力。要加快发展现代传播体系，不断提升信息化条件下的国际传播能力，不断提高新闻报道的原创率、首发率、落地率，为形成与我国经济社会发展水平和国际地位相称的国际传播能力作出应有贡献。要深化体制机制创新，充分调动广大干部职工的积极性、主动性、创造性，进一步增强新华社事业发展的生机和活力。要加强人才队伍建设，造就一支德才兼备、结构合理、锐意进取、作风严谨的新闻工作者队伍，在全国新闻战线发挥模范带头作用，在国际上树立我国新闻工作者的良好形象。

全国人大常委会副委员长华建敏，国务委员兼国务院秘书长马凯，全国政协副主席、中国社会科学院院长陈奎元出席纪念大会。

新华社社长李从军在纪念大会上致辞时表示，新华社要认真学习贯彻党的十七届六中全会精神，全面推进战略转型，加快事业科学发展，不断增强核心竞争力和整体实力，更好地为人民服务、为社会主义服务、为党和国家工作大局服务。

新华社离退休老同志代表闵凡路、青年职工代表张旭东先后发言。中央和国家机关有关部门负责同志、中央主要新闻单位负责同志、联合国驻华机构代表、部分外国驻华使节和境外新闻机构驻京代表等出席纪念大会。

国务院副总理李克强在人民大会堂会见参加中国国际矿业大会的澳大利亚 加拿大 南非等18个国家的资源和能源部部长

李克强说，各国资源禀赋不同，加强合作是必由之路。特别是目前国际大宗商品市场供求和价格大幅波动，更需要有关各方协同应对，推动形成长期、稳定、可预期的大宗商品供求关系和合理的价格机制，抑制投机炒作，保障合理需求。

李克强就国际社会加强资源能源合作提出三点希望，一是应进一步深化开采、加工、技术、市场等全方位务实合作，增强全球资源保障能力。二是应从理性、长远角度，为相互投资创造公平、非歧视的环境，形成利益交融、相互支撑的合作新格局。三是应更加注重资源能源的可持续利用，十分珍惜和节约利用不可再生的宝贵资源，携手合作开发新能源与可再生能源，支撑可持续发展。

澳大利亚、加拿大、南非等国资源和能源部长先后发言，表示愿深化与中国在资源能源领域的合作。

中央纪委书记贺国强在北京部分高校调研

11月7日至10日，中共中央政治局常委、中央纪委书记贺国强先后深入中国人民大学、清华大学、北京师范大学、北京化工大学、北京大学进行调研。他强调，要认真贯彻落实党的十七届六中全会精神、胡锦涛总书记在庆祝清华大学建校100周年大会上的重要讲话精神和《国家中长期教育改革和发展规划纲要(2010—2020年)》，进一步提高高校改革发展水平，为党和国家事业发展提供强有力的人才保证和智力支撑。

考察期间，贺国强特别强调要高度重视解决贫困家庭学生上大学和大学生就业问题。他希望各级党委、政府和高校思想上重视、政策上倾斜、经费上支持、学习上帮助，争取更多的贫困家庭学生能够考上大学并顺利完成学业。他指出，大学生就业是重要民生问题。现在社会上不是人才多了，而是人才缺乏。政府、社会、大学和大学生要共同努力，调整专业设置、转变择业观念、指导动态就业、引导舆论导向，认真解决好这个问题。

第二届中欧政党高层论坛第二次会议在布鲁塞尔开幕

会议以“中国‘十二五’规划与‘欧洲2020战略’：中欧合作的新思路、新举措”为主题。中共中央政治局委员、中央书记处书记、中宣部部长刘云山出席开幕式并发表了题为《推动互利共赢共同发展 实现中欧合作的新飞跃》的主旨讲话。

刘云山指出，当今世界正处在大发展大变革大调整时期。共同分享发展机遇，共同应对风险挑战，推动建设持久和平、共同繁荣的和谐世界，成为中欧合作始终坚持的共同理念。秉持这样的理念，中欧应树立“利益共同体”意识，深化互利共赢、共同发展的合作伙伴关系；应尊重文化差异和世界文明多样性，进一步增进相互了解和友谊，互尊互鉴、求同存异，共同促进人类文明繁荣进步；应共建包容、开放的国际体系，推动建立一个兼顾公平与效率的全球治理体系，有效应对全球性问题挑战。秉持这样的理念，中国始终不渝走和平发展道路，致力于维护世界和平，促进各国共同发展繁荣。

刘云山说，中欧关系正步入新的发展阶段，面临新的机遇，希望双方进一步增进战略互信，坚持“互尊互信、平等协商、求同存异”的原则，从中欧关系大局出发，切实尊重彼此的核心利益和重大关切，客观理性地看待对方的发展；进一步促进合作共赢，加强贸易、金融、环保、高科技、新能源等领域的合作，不断培育新的增长点，使中欧经贸合作不断迈上新台阶；进一步扩大人文交流，以2012年“中欧文化间对话年”为契机，促进文化相互借鉴，积极构建相互理解、相互包容的和谐伙伴关系，为中欧友谊的巩固和发展贡献力量。

欧洲议会人民党党团、社会党党团和欧洲自由党、绿党、左翼党领导人也分别致辞。

中央军委批转总后勤部《关于深化军队职工管理制度改革的意见》

据新华社报道：经胡锦涛主席批准，中央军委日前批转总后勤部《关于深化军队职工管理制度改革的意见》（以下简称《意见》）。

《意见》明确，要按照国家和军队有关政策规定和分类管理、用管一致的原则，严格执行国家统一标准和属地政策相结合的职工工资政策规定，调整职工工资经费保障方式，促进职工工资、社会保险、住房补贴和住房公积金等待遇落实到位，确保职工队伍稳定，奠定好改革基础。

《意见》要求，要按照党中央、国务院关于事业单位分类改革的总体部署，清理全军现有事业单位，建立统一的事业单位数据库，进一步压缩事业单位规模。按照控制规模、精干高效的原则，完善用工定额编制标准，逐级组织核定，总部统一审批下达，切实把用工规模控制住；合理设置用工岗位，规范聘用程序，坚持竞聘上岗，把用人机制搞活；按照以岗定薪、岗变薪变的原则，健全符合军队特点、体现岗位绩效和分类管理的职工收入分配制度。

11月8日

国家副主席习近平在人民大会堂会见英国政府亚洲关系小组主席鲍威尔勋爵一行

何梁何利基金2011年度颁奖大会在北京举行

中共中央政治局委员、国务委员刘延东致信祝贺。全国人大常委会副委员长桑国卫、全国政协副主席万钢等出席颁奖大会并为获奖者颁奖。

本年度何梁何利基金授予国防科技大学杨学军“科学与技术成就奖”、35位科技工作者“科学与技术进步奖”、15位科技工作者“科学与技术创新奖”。

第十三届中国专利奖颁奖大会在北京举行

大会由国家知识产权局和世界知识产权组织共同主办。全国人大常委会副委员长路甬祥出席大会，并为获奖代表颁奖。

本届中国专利奖共评选出中国专利金奖项目15项，中国外观设计金奖项目5项，中国专利优秀奖项目177项，中国外观设计优秀奖项目35项。

教育部发出《关于进一步改进高等学校哲学社会科学研究评价的意见》

《关于进一步改进高等学校哲学社会科学研究评价的意见》（以下简称《意见》）指出，在高校哲学社会科学研究评价工作中，注重理论创新和实际应用价值的质量评价导向有待进一步强化；符合哲学社会科学特点和发展规律的分类评价标准有待进一步完善；科学合理、诚信公正的评价制度有待进一步健全；重数量轻质量、重形式轻内容的评价方法亟待根本扭转；重人情拉关系、本位主义、门户之见等不良现象亟待有效遏制。

针对目前存在"以成果数量评价人才"、对研究成果质量高下的评判标准不明确、对研究人员考核周期过繁、有对研究成果的贡献进行夸大等问题，《意见》要求，要根本上改变简单以成果数量作为评价依据的做法，把是否发现新问题、运用新方法、使用新资料、提出新观点等作为衡量研究成果质量高低的主要内容，要坚持以研究成果为主要评价对象，科学设置考核周期，力戒过多过繁的评价，合理确定评价时限，杜绝急功近利的短期行为，要正确认识引文数据在科研评价中的作用，摒弃简单以出版社和刊物判断研究成果质量的做法。

《意见》还要求，坚持同行评价和社会评价相协调、定性评价与定量评价相结合、过程评价与结果评价相衔接、当前评价和长远评价相补充；健全以随机、回避、轮换为基本原则的专家遴选制度，大力推行匿名评审、署名评价，建立健全评价专家信誉制度、问责制度；反对各种简单化的科研排名；规范高等学校出版社和学术期刊管理；鼓励开展健康的学术批评，营造尊重创新、宽容失败、尊重差异、包容多样的学术环境。

《中国电机工业发展史——百年回顾与展望》首发式在人民大会堂举行

江泽民倡导编写该书并作序和题写书名。中共中央政治局委员、国务院副总理张德江和路甬祥、曾培炎等出席首发式并讲话。

座谈会由国家发展和改革委员会、工业和信息化部主办，有关部门、行业协会的负责同志和专家学者、企业代表共60余人参加会议。

11月9日

国务院总理温家宝主持召开国务院常务会议

会议研究部署进一步做好打击侵犯知识产权和制售假冒伪劣商品工作，讨论通过《"十二五"控制温室气体排放工作方案》。

会议指出，去年10月至今年6月，国务院部署在全国范围开展了打击侵犯知识产权和制售假冒伪劣商品专项行动，集中整治侵权和假冒伪劣突出问题，依法惩处犯罪分子，曝光处理违法违规企业，维护公平竞争的市场秩序，取得显著成效。

会议强调，当前部分地区和领域仍存在侵权和假冒伪劣问题，一些地方对打击侵权和假冒伪劣工作重视不够、查处不力，甚至有案不办。打击侵权和假冒伪劣任务仍很艰巨。要着眼完善法律法规、落实监管责任、强化监管手段、提高执法能力、鼓励公众参与，抓紧建立标本兼治的长效机制。一要继续加强行政执法。针对食品、药品、化妆品、农资、建材、机电、汽车配件等重点商品和著作权、商标、专利等领域的突出问题，严格对生产经营企业的监管，加强市场巡查，强化口岸执法，规范网络交易和经营秩序。二要强化刑事司法打击。公安机关对侵权和假冒伪劣犯罪要及时立案侦查。行政执法部门发现侵权和假冒伪劣行为涉嫌犯罪的，要及时向司法机关移送。建立跨地区跨部门执法协作机制。三要落实监管责任。地方人民政府对本地区打击侵权和假冒伪劣工作负总责，相关工作纳入政府绩效考核。监察机关要严格行政监察和问责。目前，中央和国家机关本级已全部完成软件正版化检查整改任务，各省级政府机关要在2012年6月底前完成，地(市)级政府机关要在2012年12月底前完成。四要强化违规失信惩戒。将打击侵权和假冒伪劣作为诚信体系建设的突破口和重要抓手。建立企业和个体经营者诚信档案，完善信用信息查询和披露制度，加强对失信行为的协同监管。五要充分发挥社会监督作用。完善举报制度，鼓励社会公众举报侵权和假冒伪劣行为。依法将侵权和假冒伪劣案件纳入政府信息公开范围，接受社会监督。广泛宣传法律政策，普及识假防骗知识，加强诚信和公德教育，增强公众自觉。六要修订完善打击侵权和假冒伪劣的法律、法规和规章。研究修改刑法，降低侵权和假冒伪劣行为的刑事责任门槛，加大刑事处罚力度；提高罚款数额，建立对营利性故意侵权和假冒伪劣行为的惩罚性赔偿制度；加大侵权人举证责任，切实解决权利人举证难问题。完善检验和鉴定标准，改善检验检测技术条件，提高执法监管能力。七要加强国际交流合作。建立完善多双边执法合作机制。学习和借鉴国际先进经验，提高我国知识产权保护水平。会议讨论通过《关于进一步做好打击侵犯知识产权和制售假冒伪劣商品工作的意见》，决定设立全国打击侵犯知识产权和制售假冒伪劣商品工作领导小组，办公室设在商务部。

会议讨论通过了《"十二五"控制温室气体排放工作方案》，明确了我国控制温室气体排放的总体要求和重点任务。会议要求，各地区、各部门要按照"十二五"规划纲要提出的到2015年单位国内生产总值二氧化碳排放比2010年下降17%的目标要求，把积极应对气候变化作为经济社会发展的重大战略，作为加快转变经济发展方式、调整经济结构和推进新的产业革命的重大机遇，落实各项任务。一要综合运用多种控制措施，加快调整产业结构，大力推进节能降耗，积极发展低碳能源，努力增加森林碳汇。开展低碳发展的试验试点。探索建立碳排放交易市场。二要加快建立温室气体排放统计核算体系，建立基础统计制度，制定核算指南。三要大力推动全社会低碳节能行动。国家机关、事业单位、社会团体等公共机构要发挥示范作用。落实企业责任，明确重点行业和重点企业排放控制标准和要求。提高公众参与意识，大力倡导绿色低碳、健康文明的生活方式和消费模式。四要广泛开展国际合作，强化科技人才支撑，加强经济适用低碳技术的研发和推广。方案对目标任务做了分解，明确了各地区单位生产总值二氧化碳排放下降指标。

“妇女与可持续发展”国际论坛在人民大会堂开幕

中共中央政治局常委、国家副主席习近平出席论坛开幕式并致辞。

中共中央政治局委员、全国人大常委会副委员长王兆国，中共中央政治局委员、国务委员刘延东出席开幕式。

全国人大常委会副委员长、全国妇联主席陈至立在开幕式上就妇女参与可持续发展发表了主题演讲。马其顿总统夫人伊万诺娃和联合国副秘书长沙祖康分别在开幕式上致辞。

开幕式由国务院妇女儿童工作委员会副主任、全国妇联副主席、书记处第一书记宋秀岩主持。

此次论坛由全国妇联主办，北京市政府协办。与会的亚洲、非洲、欧洲、美洲和大洋洲45个国家的政府部长级官员、政要夫人、议员以及联合国高官、国家和国际级非政府组织负责人、专家学者、工商界人士以及香港、澳门特别行政区政府官员和妇女组织代表约300多人出席了开幕式。

国家副主席习近平在妇女与可持续发展国际论坛开幕式上的致辞

尊敬的各位嘉宾，女士们，先生们，朋友们：

今天，全球妇女和国际社会高度关注的妇女与可持续发展国际论坛在北京隆重开幕。有机会出席这次论坛并与来自世界各地和联合国机构、国际组织的与会者见面，我深感荣幸。在此，我谨代表中国政府和人民，对本次论坛的举办表示热烈祝贺，向所有与会者表示诚挚欢迎！

本次论坛通过回顾交流1992年联合国环境与发展大会以来，特别是1995年联合国第四次世界妇女大会以来，世界各国妇女在可持续发展领域取得的成果、作出的贡献，将进一步推动世界各国妇女能力建设、促进性别平等、促进妇女参与可持续发展各项决策，并将对全球可持续发展进程产生积极而深远的影响。

女士们、先生们！

保护环境，促进经济发展同人口资源环境相协调，促进人与自然相和谐，实现可持续发展，这是国际社会在工业化、城市化和经济全球化进程中普遍关注的重大问题。上个世纪90年代以来，联合国和世界各国为推动环境保护与可持续发展采取了一系列重大举措，出台了一系列指导性文件。特别是1992年在里约热内卢召开的联合国环境与发展大会及会议通过的《里约宣言》和《21世纪议程》，1995年在北京召开的联合国第四次世界妇女大会及会议通过的《北京宣言和行动纲领》，2000年在纽约召开的联合国千年首脑会议通过的《千年宣言》，为全球可持续发展和妇女进步事业确定了原则和蓝图、作出了安排和承诺，也为世界各国妇女积极参与可持续发展创造了条件。

我们高兴地看到，近20年来，环境保护与可持续发展理念越来越为世界各国政府、联合国机构、相关国际组织以及企业和民间社会所认同和践行，各国在促进环境保护和经济社会可持续发展方面的举措越来越广泛和深入。我们还高兴地看到，联合国在推动国际可持续发展合作特别是推动落实千年发展目标方面发挥着至关重要的主导和协调作用，各国妇女积极参与环境保护与可持续发展，在消除极端贫困和饥饿，改善产妇保健、降低儿童死亡率等方面积累了成功经验，为促进人类社会发展进步作出了重要贡献。

女士们、先生们！

中国正处在快速工业化、城镇化进程中。我们着眼于共同呵护人类赖以生存的地球家园和维护中华民族长远生存发展，把环境保护与可持续发展放在国家发展战略突出位置。众所周知，中国是《里约宣言》《21世纪议程》《北京宣言和行动纲领》以及《千年宣言》的积极响应国和忠实践行国，也是最早通过《21世纪议程》、最早制订《节能减排综合性工作方案》和《应对气候变化国家方案》以及最快实现联合国千年发展目标的发展中国家。

我们从人口多、底子薄、人均资源占有量少、城乡和区域发展不平衡的国情实际出发，注重总结国内发展实践、借鉴国外发展经验，在本世纪初提出了以人为本、全面协调可持续发展的科学发展观。我们综合运用法律、经济、行政等手段扎实推进科学发展、和谐发展、和平发展，在环境保护与可持续发展方面取得明显成效。从1992年到2010年，中国累计节约能源约13亿吨标准煤，相当于减排二氧化碳29亿吨。特别是在2006年至2010年的第十一个五年规划实施期间，中国单位国内生产总值能耗累计下降19.1%，化学需氧量、二氧化硫排放量分别下降12.45%、14.29%；全国森林覆盖率从上世纪90年代初期的13.92%提高到20.36%。中国以实际行动为节约能源资源、减缓全球温室气体排放、保护人类生态环境作出了有益贡献。

我们深知，消除贫困，确保可持续发展成果真正惠及贫困地区国家和人民，是推动全球逐步实现平衡发展的关键。因此，2000年以来，中国政府积极响应联合国千年发展目标，并为此作出不懈努力。我们一如既往、尽己所能在南南合作框架内，向发展中国家提供形式多样、真诚无私的援助，减免最不发达国家债务负担。最近，中国国家主席胡锦涛在二十国集团领导人第六次峰会上郑重宣布，对同中国建交的最不发达国家97%的税目的产品给予零关税待遇。我们不断深化与发展中国家金融合作、农业合作、教育科技合作，拓展与发展中国家经贸关系，帮助发展中国家开发人力资源，推动发展中国家教育、医疗等社会事业发展，促进了发展中国家的经济发展和民生改善，为实现千年发展目标作出了应有贡献。在中国国内，我们按照发展为了人民、发展依靠人民、发展成果由人民共享的理念，注重从制度上保障和改善民生，在全国城乡全面实现了九年免费义务教育，实行新型农村合作医疗制度，启动新型农村社会养老保险试点。为了消除绝对贫困现象，我们还不断提高扶贫开发水平，使全国低收入群体就业、子女入学、居住条件得到很大改善，《千年宣言》提出的将贫困和饥饿人口比例减半的目标已经在中国得以提前实现。

女士们、先生们！

中国拥有世界上最大规模的妇女群体。为吸引广大妇女参与环境保护与可持续发展进程，公平分享改革发展成果，我们坚持实行男女平等基本国策，制定并不断完善维护妇女权益、促进妇女发展的法律法规，注重通过司法、行政、宣传、教育和经济、社会等多种手段保障妇女发展机会和权利的实现。现在，越来越多的中国妇女自觉参与到环境保护与可持续发展中来。在参与和实践过程中，广大妇女的主体意识不断增强，对可持续发展的贡献不断提升，妇女自身也在教育、就业、医疗、科技等多个领域实现巨大发展。特别是在实施科教兴国战略和人才强国战略、推动建设创新型国家进程中，我们通过优先发展教育，加大对女性人才资源开发投入力度，使越来越多女性能够接受高层次专业教育，成长为各类高水平人才。目前中国女科技工作者共1400多万人，占全国科技工作者总数40%，在具有高级专业技术职务的科技工作者中女性已占1/3。

女士们、先生们！

截至今年10月底，世界总人口已突破70亿。随着工业化、城市化进程快速推进，随着全球能源资源约束和环境压力日益加大，可持续发展任务更为紧迫。我们在积极推动世界经济实现强劲增长、可持续增长、平衡增长的同时，将针对中国经济社会发展不平衡、不协调、不可持续的问题，特别是收入分配差距较大、科技创新能力不强、城乡区域发展不协调的问题，加大环境保护与可持续发展力度。我们将继续牢牢扭住经济建设这个中心不动摇，坚定不移走科学发展道路，坚持以科学发展为主题，以加快转变经济发展方式为主线，更加注重以人为本，更加注重全面协调可持续发展，更加注重统筹兼顾，更加注重改革开放，更加注重保障和改善民生，加快经济结构战略性调整，加快科技进步和创新，加快建设资源节约型、环境友好型社会，促进社会公平正义，促进经济长期平稳较快发展和社会和谐稳定，在本世纪第二个十年，在生产发展、生活富裕、生态良好的文明发展道路上不断取得新的更大的成绩。

女士们、先生们！

妇女是推动人类文明进步的伟大力量。没有妇女事业的进步，就没有全社会的进步。没有全球妇女的积极参与，就不可能真正实现人类社会的可持续发展。中国将与国际社会一道，进一步担当起推动妇女参与环境保护与可持续发展，促进性别平等和妇女发展的历史使命。中国将继续坚持男女平等，努力发展妇女事业，积极为妇女平等依法行使民主权利、平等参与经济社会发展、平等享有改革发展成果创造条件。中国将继续加大工作力度，切实保障妇女合法权益，促进妇女就业创业，提高妇女参与经济发展和社会管理的能力。中国将继续着力做好妇女教育培训、劳动保护、社会福利、卫生保健、扶贫减贫及法律援助等工作，积极改善妇女发展环境，努力促进妇女事业与经济社会协调发展、妇女与男性平等发展和妇女自身全面发展。

保护地球家园、促进可持续发展，需要全人类的共同努力。中国愿同世界各国一道，相互学习、增进交流，在携手合作应对世界经济金融领域重大紧迫问题等全球性问题挑战、努力改变南北发展不平衡进程中，共同推动全球妇女更大规模、更深层次参与环境保护与可持续发展，为共同建设持久和平、共同繁荣的和谐世界而不懈奋斗！

最后，我衷心预祝本次论坛取得圆满成功！

中国在太原卫星发射中心成功发射"遥感卫星十二号"

11时21分，中国在太原卫星发射中心用"长征四号乙"运载火箭，成功将"遥感卫星十二号"送入太空。同时，成功搭载发射了"天巡一号"卫星。

11月10日

国务院总理温家宝在中南海紫光阁会见国际货币基金组织总裁拉加德

温家宝说，欧洲主权债务危机加剧了发达经济体的财政和金融风险，给世界经济复苏带来严峻挑战。中国政府坚持把自己的事情办好，致力于保持本国经济平稳较快发展。中方支持欧盟、欧洲央行和国际货币基金组织为应对危机采取的措施，愿与各方共同努力，探讨有效的合作方式，维护国际金融稳定，增强推动世界经济实现强劲、可持续、平衡增长的信心和动力。

温家宝表示，中方将继续以开放的态度参与和推进国际货币基金组织各项改革，使其在危机救助、监督和协调各国宏观经济政策、维护全球稳定方面发挥更加积极的作用。

拉加德表示，国际货币基金组织赞赏中国政府推进改革、发展经济、改善民生的一系列政策举措。中国的发展为世界应对危机作出了重要贡献。国际格局正在发生变化，国际货币基金组织将加强同中国的合作。

中共中央政治局常委李长春在广东调研

11月10日至14日，李长春先后到深圳、东莞、佛山、广州等地，深入企业、社区、科技园区和宣传文化单位，就贯彻落实党的十七届六中全会精神、推进文化改革发展、加快转变经济发展方式等进行调研，听取广东省委省政府工作汇报，对广东经济社会发展取得的成就给予充分肯定。

李长春就贯彻落实党的十七届六中全会精神、推进文化改革发展进行调研。他强调，文化产业具有优化结构、扩大消费、增加就业、促进跨越式发展、实现可持续发展的独特优势和突出特点，要加快发展文化产业，为推动科学发展提供重要支撑。

调研期间，李长春主持召开文化建设座谈会，与基层文化工作者畅谈学习贯彻党的十七届六中全会精神的体会，征询他们的意见建议。在听取广东省委汇报后，李长春强调，广东要借助全会召开的强劲东风，进一步深化改革开放，在建设社会主义核心价值体系、创作生产更好更多精神文化产品、保障人民基本文化权益、推动文化产业成为国民经济支柱性产业、构建有利于文化科学发展的体制机制、促进文化与科技融合、提高中华文化国际影响力和竞争力等方面走在全国前列，不断创造文化改革发展的新业绩。

中央纪委书记贺国强在北京大学出席部分高校反腐倡廉建设座谈会

在认真听取教育部和有关高校的工作汇报后，贺国强指出，党的十六大以来，各级教育部门、纪检监察机关和各高校认真贯彻中央要求和部署，以改革创新精神推进高校反腐倡廉建设，取得了显著成绩。高校是教书育人的神圣殿堂，理应成为传播精神文明的一方净土。高校发生的消极腐败现象和违纪违法问题，不仅直接影响高校的改革发展，而且严重损害教育的社会道德教化功能及引领作用，影响青年学生的健康成长。我们一定要充分认识加强高校反腐倡廉建设的重要性和紧迫性，切实把高校反腐倡廉建设摆上重要位置，认真贯彻中央反腐倡廉决策部署，坚持标本兼治、综合治理、惩防并举、注重预防的方针，围绕中心、服务大局，突出重点、统筹推进，不断以反腐倡廉建设新成效为高校改革发展提供有力保证。要抓住反腐倡廉教育这个基础，加强对高校教职员工特别是党员领导干部的廉洁教育，加强对大学生的廉洁教育，切实筑牢高校师生拒腐防变的思想道德防线；要抓住监督管理这个关键，切实加强对招生录取、基建项目、物资采购、财务管理、科研经费、校办企业、学术诚信等重点领域和关键环节的监管；要抓住执行纪律这个重要手段，严肃查办违反政治纪律的案件，领导干部以权谋私、贪污贿赂、失职渎职案件，重点领域和关键环节中的违纪违法案件，损害群众利益的案件，切实遏制腐败现象易发多发的势头；要抓住完善制度这个重要保障，健全领导班子科学民主决策机制，完善高校民主管理制度，健全廉政风险防控机制，切实从源头上防治腐败；要抓住党风廉政建设责任制这个龙头，各级纪检监察机关、教育部门以及各高校党委、行政领导班子要切实担负起加强高校反腐倡廉建设的政治责任，形成推进高校反腐倡廉建设的整体合力。贺国强还希望高校进一步加强廉政理论研究，充分发挥在反腐倡廉建设中的智囊团和思想库作用。

中共中央书记处书记、中央纪委副书记何勇主持会议。

国务院副总理李克强在国务院发展研究中心调研

李克强强调，要凝聚各方智慧，围绕落实主题主线，加强重大问题和重大政策研究，应对复杂形势，推动“十二五”规划全面实施，促进经济长期平稳较快发展。

李克强说，国之本在于厚民生，民生连着内需、连着发展、连着公平。要积极探索有效途径，调整收入分配结构，提高“两个比重”，实现“两个同步”。这不仅有利于提升人们生活水平和质量，也有利于释放城乡居民庞大的潜在消费需求。要适应群众新期待，研究破解难题，下力气推进义务教育、基本医疗、保障性住房等重大民生工程，推进基本公共服务逐步均等化。

李克强强调，转方式是一场广泛而深刻的变革，需要健全的机制保障。转方式每前进一步，改革就必须深化一步。要围绕扩大国内需求、优化产业结构、促进自主创新、加强节能环保、保障改善民生等重点任务，全面推进各领域改革,深化财税、金融、价格等改革。既注重做好顶层设计和总体规划,又尊重群众首创精神。他说,我国经济和世界经济已深度融合,要实施更加积极主动的开放战略,不断拓展广度和深度,以开放促发展、促改革、促创新。

李克强充分肯定国务院发展研究中心在政策研究咨询中取得的成绩,希望大家继续紧盯重大问题和发展趋势,深入调研,提出前瞻性强、可操作性强的政策建议,把中心建成服务国家经济社会发展的一流智库。

国务院副总理张德江在北京出席第八届国家信息化专家论坛并发表讲话

张德江指出,党中央、国务院高度重视信息产业和信息化发展,作出了大力发展信息产业、大力推进国民经济和社会信息化的战略决策,出台了一系列政策措施。经过多年来的不懈努力,信息产业规模持续扩大,技术创新取得可喜进展,国民经济信息化全面推进,信息化工业化融合不断加快,电子商务、电子政务和社会领域信息化发展迅速。

张德江指出,要立足自主研发、实现自主可控,加大科技创新投入,加强政策支持,组织重大科技攻关,发挥企业创新主体作用,着力突破重点核心关键技术,增强在国际信息技术发展中的话语权。要积极推进信息化和工业化的深度融合,深化信息技术在工业行业关键环节的集成应用,推动产品研发设计、试验测试技术的智能化,加强生产过程、生产装备和经营管理的信息化,积极发展电子商务、电子政务,全面提升经济社会领域信息化水平。要加快构建宽带、融合、安全、泛在的信息基础设施,大力增强网络与信息安全保障能力,努力培养高素质信息技术人才和专家队伍,为信息化发展奠定坚实基础。

国家信息化专家论坛由国家信息化专家咨询委员会主办。此次论坛以"全面提高信息化水平,加快迈向信息社会"为主题,研讨交流国际和国内经济和信息化形势,信息技术和产业的创新趋势,信息化管理体制和机制,网络信息安全,工业化、城镇化与信息化融合发展,以及最新信息技术和产业热点问题。

中共江苏省第十二届委员会第一次全体会议选举罗志军为省委书记

国家副主席习近平在人民大会堂会见国际货币基金组织总裁拉加德

中共中央政治局常委贺国强在人民大会堂会见以党的副主席兼执行书记阿里·阿赫梅多夫为团长的阿塞拜疆新阿塞拜疆党干部考察团

外交部部长杨洁篪在美国夏威夷州首府檀香山与美国国务卿希拉里·克林顿举行会谈

全军资产管理工作会议在北京召开

这次会议的主要任务是,深入学习领会胡主席有关重要指示,研究贯彻落实中央军委《关于进一步加强军队资产管理的意见》的措施办法,总结交流军队资产管理改革工作经验,研究部署进一步加强军队资产管理的工作任务。

国家旅游局发出《关于赴台旅游跨区域组团事项的通知》

通知指出,各赴台游组团社可以组织具有直系亲属关系的大陆居民跨区域赴台团队旅游,并按照公安部门的有关规定为其办理通行证、签注等手续。同时,可以承接由单一机构组织并委托的跨区域赴台旅游团组。

单一机构组织委托的跨区域赴台旅游团组,仅限于以下条件:组织本机构正式员工并委托的赴台旅游团;组织本机构负责干部人事管理、党团组织管理和业务管理的人员并委托的赴台旅游团;组织本系统分支机构人员并委托的赴台旅游团;行业组织机构组织正式会员并委托的赴台旅游团。

按照规定,接受委托承接单一机构组织并委托的跨区域赴台旅游团的赴台游组团社,必须具备实力强、信誉好、业绩优等基本条件,3年内未发生重大责任安全事故、质量事件和3年内未受到停业整顿或停止赴台游业务及以上的处罚或处理。

11月11日

国家主席胡锦涛在美国夏威夷州檀香山会见美国工商界代表

国家主席胡锦涛在美国夏威夷州檀香山会见秘鲁总统乌马拉

胡锦涛指出,两国关系进入全面快速发展新阶段,双方政治上彼此信任,经贸合作不断取得实质性进展,在国际和地区事务中保持密切协调。去年,双边贸易额接近100亿美元,中国已成为秘鲁第二大贸易伙伴和第一大出口对象国。

胡锦涛强调,中方始终从战略高度看待和处理同秘鲁的关系。下一阶段,双方可以重点做好以下工作。一是保持高层交往。及时就共同关心的问题交换意见,在涉及对方重要关切和重大核心利益问题上继续相互支持。中方赞赏秘鲁政府重申坚持一个中国政策。二是扩大务实合作。共同应对国际经济金融的复杂形势，积极采取措施，确保双边贸易稳定发展，推动能矿、基础设施建设、高技术、金融、农业、环保等领域互利合作。以两国建交40周年为契机，认真规划中秘关系发展前景。三是加强文化领域交流合作。中方欢迎秘鲁青年来华学习，支持秘鲁进行汉语教学，增进两国人民相互了解。四是密切多边合作。中方支持秘鲁在联合国和地区事务中发挥更大作用，双方应该加强沟通和协调，维护共同利益。

乌马拉表示，中国是秘鲁最重要的贸易伙伴之一，双边自由贸易协定得到顺利实施。秘方愿意加强双方政治交往，推进各领域特别是经贸、能矿、基础设施建设、环保、技术、旅游等领域合作，实现互利双赢。欢迎中国企业来秘投资兴业。双方要加强文化交流，在多边领域加强协调和磋商。秘鲁将坚定奉行一个中国政策。

中共中央总书记胡锦涛在美国夏威夷州檀香山会见中国国民党荣誉主席连战

国家主席胡锦涛在美国夏威夷州檀香山会见香港特别行政区行政长官曾荫权

国务院发出《关于清理整顿各类交易场所切实防范金融风险的决定》

各省、自治区、直辖市人民政府，国务院各部委、各直属机构：

近年来，一些地区为推进权益(如股权、产权等)和商品市场发展，陆续批准设立了一些从事产权交易、文化艺术品交易和大宗商品中远期交易等各种类型的交易场所(以下简称交易场所)。由于缺乏规范管理，在交易场所设立和交易活动中违法违规问题日益突出，风险不断暴露，引起了社会广泛关注。为防范金融风险，规范市场秩序，维护社会稳定，现作出如下决定：

一、高度重视各类交易场所违法交易活动蕴藏的风险

交易场所是为所有市场参与者提供平等、透明交易机会，进行有序交易的平台，具有较强的社会性和公开性，需要依法规范管理，确保安全运行。其中，证券和期货交易更是具有特殊的金融属性和风险属性，直接关系到经济金融安全和社会稳定，必须在经批准的特定交易场所，遵循严格的管理制度规范进行。目前，一些交易场所未经批准违法开展证券期货交易活动；有的交易场所管理不规范，存在严重投机和价格操纵行为；个别交易场所股东直接参与买卖，甚至发生管理人员侵吞客户资金、经营者卷款逃跑等问题。这些问题如发展蔓延下去，极易引发系统性、区域性金融风险，甚至影响社会稳定，必须及早采取措施坚决予以纠正。

各地人民政府和国务院有关部门要统一认识，高度重视各类交易场所存在的违法违规问题，从维护市场秩序和社会稳定的大局出发，切实做好清理整顿各类交易场所和规范市场秩序的各项工作。各类交易场所要建立健全规章制度，严格遵守信息披露、公平交易和风险管理等各项规定。建立与风险承受能力、投资知识和经验相适应的投资者管理制度，提高投资者风险意识和辨别能力，切实保护投资者合法权益。

二、建立分工明确、密切协作的工作机制

为加强对清理整顿交易场所和规范市场秩序工作的组织领导，形成既有分工又相互配合的监管机制，建立由证监会牵头，有关部门参加的“清理整顿各类交易场所部际联席会议”(以下简称联席会议)制度。联席会议的主要任务是，统筹协调有关部门和省级人民政府清理整顿违法证券期货交易工作，督导建立对各类交易场所和交易产品的规范管理制度，完成国务院交办的其他事项。联席会议日常办事机构设在证监会。

联席会议不代替国务院有关部门和省级人民政府的监管职责。对经国务院或国务院金融管理部门批准设立从事金融产品交易的交易场所，由国务院金融管理部门负责日常监管。其他交易场所均由省级人民政府按照属地管理原则负责监管，并切实做好统计监测、违规处理和风险处置工作。联席会议及相关部门和省级人民政府要及时沟通情况，加强协调配合，齐心协力做好各类交易场所清理整顿和规范工作。

三、健全管理制度、严格管理程序

自本决定下发之日起，除依法设立的证券交易所或国务院批准的从事金融产品交易的交易场所外，任何交易场所均不得将任何权益拆分为均等份额公开发行，不得采取集中竞价、做市商等集中交易方式进行交易；不得将权益按照标准化交易单位持续挂牌交易，任何投资者买入后卖出或卖出后买入同一交易品种的时间间隔不得少于5个交易日；除法律、行政法规另有规定外，权益持有人累计不得超过200人。

除依法经国务院或国务院期货监管机构批准设立从事期货交易的交易场所外，任何单位一律不得以集中竞价、电子撮合、匿名交易、做市商等集中交易方式进行标准化合约交易。

从事保险、信贷、黄金等金融产品交易的交易场所，必须经国务院相关金融管理部门批准设立。

为规范交易场所名称，凡使用“交易所”字样的交

易场所，除经国务院或国务院金融管理部门批准的外，必须报省级人民政府批准；省级人民政府批准前，应征求联席会议意见。未按上述规定批准设立或违反上述规定在名称中使用“交易所”字样的交易场所，工商部门不得为其办理工商登记。

四、稳妥推进清理整顿工作

各省级人民政府要立即成立领导小组，建立工作机制，根据法律、行政法规和本决定的要求，按照属地管理原则，对本地区各类交易场所，进行一次集中清理整顿，其中重点是坚决纠正违法证券期货交易活动，并采取有效措施确保投资者资金安全和社会稳定。对从事违法证券期货交易活动的交易场所，严禁以任何方式扩大业务范围，严禁新增交易品种，严禁新增投资者，并限期取消或结束交易活动；未经批准在交易场所名称中使用“交易所”字样的交易场所，应限期清理规范。清理整顿期间，不得设立新的开展标准化产品或合约交易的交易场所。各省级人民政府要尽快制定清理整顿工作方案，于2011年12月底前报国务院备案。

联席会议要切实负起责任，加强组织指导和督促检查，切实推动清理整顿工作有效、有序开展。商务部要在联席会议工作机制下，负责对大宗商品中远期交易市场清理整顿工作的监督、检查和指导，抓紧制定大宗商品交易市场管理办法，确保大宗商品中远期交易市场有序回归现货市场。联席会议各有关部门要按照职责分工，加强沟通，相互配合，相互支持，尽职尽责做好工作。金融机构不得为违法证券期货交易活动提供承销、开户、托管、资金划转、代理买卖、投资咨询、保险等服务；已提供服务的金融机构，要及时开展自查自清，做好善后工作。

国务院

2011年11月11日

国务院国资委在北京召开中央企业社会责任工作会议

国资委副主任黄淑和介绍说，近年来中央企业社会责任工作不断提升。到2010年年底，中央企业万元产值综合能耗比2005年下降20.3%；二氧化硫排放量比2005年减少36.3%，降幅超过全国平均水平22个百分点；化学需氧量排放量减少36.1%，降幅超过全国平均水平23.7个百分点。中央企业还积极参与扶贫，93家中央企业定点扶贫189个国家重点贫困县，涉及21个省市区、8300万人口。2008年至2010年，中央企业累计对外公益捐赠133.7亿元。

会议公布了“2011中央企业优秀社会责任实践”结果，南方电网、中国石化、中国移动和中化集团四家典型企业代表作交流发言，参会企业还就社会责任管理、与利益相关方沟通、企业基金会和节约资源保护环境等话题开展了经验交流。

国务院国资委各厅局有关负责同志，各中央企业分管社会责任工作的负责人和社会责任工作部门负责同志，各省、自治区、直辖市、计划单列市国资委和新疆生产建设兵团国资委的有关负责同志参加会议。

全国煤矿瓦斯防治现场会在合肥召开

中共中央政治局委员、国务院副总理、国务院安全生产委员会主任张德江在现场会上强调，“十二五”时期是我国全面建设小康社会的关键时期，也是促进全国安全生产状况持续稳定好转的关键时期。当前和今后一个时期，做好煤矿瓦斯防治工作，要制定更优惠的政策、采取更有力的措施、实施更严格的管理，加强安全监管与加快抽采利用相结合，调整煤炭产业结构与整合关闭相配套，提升技术装备水平和加强现场管理相协调，全面推进瓦斯防治和抽采利用工作，有效防范和坚决遏制煤矿重特大事故。要坚持治标与治本相结合，更加注重源头治理，严格控制瓦斯超限、严格瓦斯等级鉴定，切实做到先抽后采、抽采达标，实现抽、掘、采平衡。要坚持保供应与保安全相结合，更加注重科学治理，合理确定产能，加大技术改造力度，建立煤矿企业瓦斯防治能力评估制度，采用新技术、新工艺、新装备，把煤炭生产建立在安全保障基础上。要坚持企业自律与政府监管相结合，更加注重主动治理，进一步落实企业的安全主体责任，强化政府和部门安全监管监察责任，严厉打击非法违法生产经营建设行为。要坚持综合治理与开发利用相结合，更加注重化害为利，强制落实抽采达标，抓好煤矿瓦斯开发利用，推进煤层气产业化发展。要坚持落实政策与创新管理相结合，更加注重抓好落实，进一步完善落实财税政策，推进管理体制机制创新，完善法律法规和标准规范体系，把各项政策措施落到实处。

张德江要求，要切实做好岁末年初以及春节前后的各项安全生产工作，加强安全生产大检查和专项督查，切实做到工作早安排、任务早部署，隐患早治理、事故早防范。

煤矿瓦斯防治部际协调领导小组成员及联络员，各产煤省（区、市）政府负责同志及发展改革、煤矿安全监管监察、煤炭行业管理部门负责同志，部分煤炭企业、煤炭科研机构负责人参加会议。

第二届世界低碳与生态经济暨技术博览会在南昌开幕

大会于11月11日至15日举行。博览会由商务部、发展改革委、工业和信息化部、科技部、财政部、环境保护部、住房城乡建设部、国资委和江西省人民政府联合主办,以"扩大低碳合作、发展生态经济、共建绿色家园"为主题。

外交部部长杨洁篪 商务部部长陈德铭在美国夏威夷州檀香山出席亚太经合组织第二十三届部长级会议

全国退役士兵安置改革工作会议在北京举行

经国务院、中央军委批准,全国退役士兵安置工作领导小组、民政部、总参谋部召开全国退役士兵安置改革工作会议。全国退役士兵安置工作领导小组副组长、中央军委委员、总参谋长陈炳德主持会议。

全国退役士兵安置工作领导小组副组长、民政部部长李立国对退役士兵安置改革的主要内容和组织实施工作作了说明。全国退役士兵安置工作领导小组成员,各省、自治区、直辖市及新疆生产建设兵团有关负责同志和民政部门及安置办负责同志,军队各大单位和武警部队有关负责同志参加了会议。

国务委员刘延东在北京出席第四届全国教育科学研究优秀成果奖颁奖暨中国教育科学研究院成立大会并发表讲话

刘延东指出,教育科学研究是认识教育规律的重要工具,是促进教育改革发展的重要保证。

刘延东强调,强国必先强教,强教必兴科研。要深刻认识教育科研的重大意义,自觉担负起推进教育理论创新的崇高使命。要以社会主义核心价值体系为引领,立足基本国情,借鉴先进经验,确保教育科研的正确方向。要围绕主题主线,着眼教育改革发展重大理论和现实问题,加强宏观政策和战略研究,发挥思想库、智囊团作用,为国家和人民提供更加优质高效的教育科研服务。要以推进解决群众关心的教育热点难点问题为出发点和落脚点,走出书斋、贴近百姓,积极回应社会关切,为办好人民满意的教育建言献策。要深入探索教育规律,丰富发展中国特色社会主义教育理论体系。广大教育科研工作者要把做人与治学统一起来,把学术追求与社会责任统一起来,树立优良学风,努力创造学术精品。

刘延东指出,在中央教科所成立70周年之际成立中国教育科学研究院,是中央高度重视教育工作的又一重要举措。希望教育科学研究院立足新起点,弘扬光荣传统,坚持改革创新,建设中国特色的一流国家教育智库。

教育部部长袁贵仁主持会议。有关部委负责同志、第四届全国教育科学研究优秀成果奖获奖代表和全国教育科研院所、部分高校、地方代表出席了大会。

中国生态文明研究与促进会在北京成立

全国政协副主席、中国生态文明研究与促进会会长陈宗兴出席成立大会并讲话。

中国生态文明研究与促进会是经国务院批准的全国性社会团体,是我国第一个以生态文明命名的专业性、公益性、非营利性社会组织,其宗旨是聚集全国高端人才,协助党和政府深入推进生态文明建设,为各级党政领导决策提供咨询服务。

中国生态文明研究与促进会常务副会长祝光耀主持会议。全国人大环资委、全国政协人资环委和中央有关部门、部分省市负责同志及国内外代表500多人出席成立大会。

11月12日

国家主席胡锦涛在美国夏威夷州檀香山与美国总统奥巴马举行会谈

胡锦涛指出,中美作为两个大国,加强合作是唯一正确的选择。发展相互尊重、互利共赢的中美合作伙伴关系,是中美基于两国共同利益、共同担负的责任和共同的战略判断作出的重大决策。

胡锦涛强调,双方应该坚持从战略高度和长远角度出发,推动两国在双边、地区、全球层面的合作取得更多实实在在的成果,确保明年以及更长时期两国关系的平稳发展。胡锦涛提出3点意见。第一,中美要做互尊互信的合作伙伴。两国应该加强高层交往和各级别、各领域对话磋商,客观、理性判断彼此战略意图和政策走向,持之以恒增进战略互信。要积极开展两国人民交往,继续鼓励双方省州市扩大友好交流,增进两国人民相互了解和友谊。相互尊重核心利益是中美建立合作伙伴关系的关键。希望美方切实按照中美三个联合公报确定的原则,慎重妥善处理好有关问题。第二,中美要做互利互惠的合作伙伴。中美两国应该更加注重交流合作、相互借鉴,更加注重互利共赢、共同发展。要充分发挥两国经济互补性强的优势,加强经济技术合作,促进两国企业开展合作,积极探索扩大两国经贸合作的新途径新领域。要通过平等协商,在扩大互利合作中解决出现的问题。第三,中美要做同舟共济的合作伙伴。中美两国应该共同应对当前国际经济金融形势,发挥建设性作用,提振市场信心,支持实现保增长、促稳定的目标。双方也要共同充分利用双边渠道和多边机制,就朝鲜半岛局势、伊朗等地区热点和气候变化、恐怖主义、粮食安全、大规模传染病、自然灾害等全球性问题加强协调,共同维护世界和平、促进全球发展。

胡锦涛指出,中国的汇率政策是负责任的。人民币汇率形成机制改革将会继续稳步推进。同时,美国贸易逆差和失业等结构性问题不是人民币汇率造成的,即使人民币大幅升值,也无法解决美国面临的问题。美国应该尽快采取实际措施放宽对华高技术产品出口限制,并为中国企业赴美投资提供便利。

胡锦涛表示,中美在国际和地区事务中的协调和合作是两国合作伙伴关系的重要支柱。亚太事务应该成为中美协调和合作的重点。中方尊重美方在亚太地区的正当利益,欢迎美方在亚太事务中发挥建设性作用,也希望美方尊重中国在亚太地区的正当利益,处理好彼此利益关切,共同促进亚太地区和平、互信、合作。

奥巴马表示,美方继续致力于以建设性方式同中方发展相互尊重、互利共赢的合作伙伴关系。美方尊重中国主权,乐见台海两岸关系取得的持续进展,支持两岸关系继续稳定、和解。美方将继续执行基于中美三个联合公报的一个中国政策,不支持“台湾独立”。

奥巴马说,美中经贸合作日益深化,双边贸易额和双向投资再创历史新高,两国在促进世界经济增长方面也发挥着越来越重要的作用。美方愿同中方保持密切磋商,并同其他国家一道,共同克服当前世界经济面临的困难,推动世界经济强劲、可持续、平衡增长。

国家主席胡锦涛在美国夏威夷州檀香山出席亚太经合组织工商领导人峰会并发表演讲

胡锦涛发表题为《携手并进 共创未来》的主旨演讲。胡锦涛发表演讲后,达克致答谢辞。他说,胡锦涛主席讲话充满真知灼见,使美国工商界更加了解中国经济同世界经济的联系。中国在经济社会文化各领域建设取得了巨大成就,对世界经济具有重大意义。

令计划、王沪宁、戴秉国等出席会议。

来自亚太地区的工商企业界人士约1200人听取了胡锦涛的演讲。

国家主席胡锦涛在亚太经合组织工商领导人峰会上发表题为《携手并进 共创未来》的主旨演讲

尊敬的曼迪主席,女士们,先生们,朋友们:

很高兴和亚太工商界的朋友们相聚在美丽的夏威夷,围绕“重新定义未来”这一主题交换看法。

当前,世界经济形势值得高度关注,一些主要经济体增速下滑,一些国家主权债务问题突出,国际金融市场动荡不已,新兴市场国家通胀压力加大,各种形式的保护主义明显增多,世界经济复苏的不稳定性不确定性上升。全球经济治理出现新变革,但仍难以适应世界经济格局变化。世界经济结构调整取得新进展,但仍未满足转变经济发展方式的迫切要求。科技创新孕育新突破,但仍未形成强有力的新的经济增长点。

本次峰会以“重新定义未来”为主题,有利于我们深刻认识世界和地区形势新变化新特点,准确把握未来一段时间世界经济和区域合作发展方向,探讨解决工商界关心的问题。

当前形势下,我们必须坚定不移保增长、促稳定,尤其是要努力实现强劲增长,为亚太地区和世界经济发展增添动力。我愿就此谈几点看法。

第一,完善全球经济治理机制,建立更加平等、更加均衡的新型全球发展伙伴关系。新兴市场国家和发展中国家在世界经济中的分量不断增加,在全球经济治理中的作用日益显现。新的全球经济治理机制应该反映世界经济格局变化,遵循相互尊重、集体决策原则,增加新兴市场国家和发展中国家的代表性和发言权。要促进发达国家和发展中国家相互理解、相互协调,发达国家应该承担起在国际经济治理中的责任和义务,在发展问题上采取更多实际行动,新兴市场国家和发展中国家应该立足自身国情、发展阶段和水平,承担力所能及的国际责任,共同推动世界经济平衡、包容、可持续、创新、安全增长。

第二,落实《亚太经合组织领导人增长战略》,实现绿色增长和创新增长。去年横滨会议通过的增长战略指明了今后一个时期亚太地区经济发展方向,其中绿色增长和创新增长是核心内容。我们应该大力倡导绿色发展理念,尊重各成员根据其资源禀赋、发展阶段、能力水平等具体情况自主选择绿色增长道路。要加强环境技术传播和合作,帮助发展中成员发展环境产业,避免产生新的绿色贸易壁垒,努力实现环境、贸易、发展共赢。要加强科技创新领域国际合作,帮助各成员提高科技创新能力、实施科技创新和产业改造、推动科技成果产业化,推动世界经济发展更多依靠科技创新驱动,努力让科技创新成果更多惠及各国人民。

第三,维护多边贸易体制,深化区域经济一体化。多边贸易体制担负着协调各国贸易政策、平衡国际贸易关系、减少贸易摩擦、促进世界经济发展的重任,在应对国际金融危机、反对保护主义等方面发挥了重要作用。我们应该切实履行已经作出的承诺,坚决反对和共同抵制各种形式的保护主义,推动建立均衡、普惠、共赢的多边贸易体制,继续积极推动多哈回合谈判,争取今年在对最不发达国家产品提供“免关税、免配额”议题上首先达成早期收获协议。中国已经宣布对同中国建交的最不发达国家97%的税目的产品给予零关税待遇。同时,要积极推动区域、次区域经济合作和自由贸易区建设,在不同层次和不同范围、以多种途径和方法推动区域经济一体化更好更快发展。中方支持以东亚自由贸易区、东亚全面经济伙伴关系、跨太平洋战略经济伙伴协定等为基础稳步推进亚太自由贸易区建设,实现亚太区域经济一体化目标。

第四,加强公共和私营部门合作,共同推动世界经济发展和经贸合作。工商界是亚太经济发展的主力军和国际经贸发展的重要推动力量,在引领亚太地区经济复苏、促进世界经济增长方面发挥着重要作用。政府部门应该更加重视工商界在经济发展中的作用,倾听工商界意见和建议,发挥工商界参与经济发展和区域合作的积极性和主动性。希望工商界继续提出战略性和前瞻性建议,就进一步推动贸易和投资自由化便利化、深化区域经济一体化、亚太经合组织长远发展等重大问题建言献策。同时,充分利用亚太经合组织各层次各领域机制和平台,交流信息,拓展商机,深化合作,实现共赢。

女士们、先生们!

经过改革开放30多年的努力,中国经济实力不断增强,国内生产总值大幅提升,对外开放水平迈上新台阶。同时,中国发展中不平衡、不协调、不可持续问题依然突出,经济增长的资源环境约束强化,科技创新能力不强,产业结构不合理,城乡、区域发展不协调,制约经济社会发展的体制机制障碍仍然较多。

今年年初,中国制定了国民经济和社会发展第十二个五年规划纲要,描绘了中国未来发展蓝图。我们将坚持以科学发展为主题、以加快转变经济发展方式为主线,深化改革开放,着力保障和改善民生,促进经济长期平稳较快发展和社会和谐稳定。为此,我们将着重在以下几个方面作出努力。

(一)深化经济体制改革,改善商业投资环境。中国将按照转变职能、理顺关系、优化结构、提高效能的要求,加快建设法治政府和服务型政府,深化行政审批制度改革,减少政府对微观经济活动的干预,健全制约和监督机制,推动政府服务朝着更加规范有序、高效便民、公开透明的方向发展。中国将加强自身投资环境建设,继续优化公共服务和管理,不断完善市场体系,为国内外投资者提供公平、稳定、透明的投资环境。

(二)大力发展绿色经济,提高生态文明水平。中国坚持绿色、低碳发展理念,以节能减排为重点,增强可持续发展和应对气候变化能力,提高生态文明水平。预计“十二五”时期,中国环保产业将继续快速增长。2015年环保产业总产值有望超过两万亿元人民币。2011年至2015年,中国环保投资将达3.1万亿元人民币,较过去5年翻一番。中国将绿色产业和节能环保产业作为吸收和利用外资的重点领域,旺盛的绿色需求和优良的投资环境将为各国尤其是本地区企业提供广阔市场和巨大投资机遇。

(三)加强知识产权保护,推进创新型国家建设。中国高度重视知识产权保护,制定并实施国家知识产权战略,建立并不断完善知识产权法律体系,加大知识产权执法力度、司法保护力度。中国将以知识产权保护为基础,以自主创新、重点跨越为核心,大力提高科技创新能力,加快建立以企业为主体的技术创新体系。中国将积极推进创新型国家建设,引进海外高层次创新人才,努力实现从中国制造向中国创造的转变。

(四)提高对外开放水平,积极参与全球经济治理和区域合作。中国将在更大范围、更广领域、更高层次上推进对外开放,实行更加积极主动的开放战略,以开放促发展、促改革、促创新,继续履行所做承诺和应尽义务。中国将坚持进口和出口并重,在稳定出口的同时更加注重扩大进口,坚持吸收外资和对外投资并重,在稳定和扩大吸收外资规模的同时更加注重中国企业到海外投资。中国将推动国际经济体系改革,促进国际经济秩序朝着更加公正合理的方向发展。中国将加强同主要经济体宏观经济政策协调,在国际经济金融组织中发挥更大作用。中国将加快实施自由贸易区战略,加强同主要贸易伙伴的经济联系,深化同其他新兴市场国家和发展中国家的务实合作。

女士们、先生们!

中国的发展是促进亚太地区和世界经济增长的重要力量。随着工业化、信息化、城镇化、市场化、国际化深入发展,中国经济结构转型加快,市场需求潜力巨大,资金供给充裕,科技和教育整体水平提升,基础设施日益完善,社会保障体系逐步健全,为亚太工商界在华投资兴业提供了难得机遇。我们欢迎亚太工商界人士积极参与中国改革开放和现代化进程,共享中国经济发展带来的机遇和成果。中方将同各方携手并进、真诚合作,共同创造亚太地区更加美好的未来!

谢谢各位。

国家主席胡锦涛在美国夏威夷州檀香山分别会见越南国家主席张晋创 日本首相野田佳彦 加拿大总理哈珀

国家主席胡锦涛与卢旺达共和国总统卡加梅日互致贺电庆祝两国建交40周年

全国政协在北京中山公园中山堂举行仪式纪念孙中山先生诞辰145周年

全国政协副主席李金华代表全国政协,全国政协副主席、民革中央常务副主席厉无畏代表民革中央,中共中央统战部副部长尤兰田代表中共中央统战部,北京市副市长程红代表北京市人民政府,分别向孙中山先生塑像敬献了花篮。

全国政协副主席白立忱主持纪念仪式。

张梅颖、张榕明、万钢、王志珍和李蒙出席纪念仪式。

出席纪念仪式的还有：杨邦杰、孙怀山、邵鸿、黄志贤、蒋明麟、仝广成、宋北杉、张秋俭、王国卿、赵炜、张道诚、傅志煌、张国祥、张治、齐续春、修福金、傅惠民、何丕洁、郑建邦、李赣骝、朱培康、刘民复、汤维建、张素我、林上元、张兴凯、温香彩、郭原林、牛有成、沈宝昌、王永庆、蔡国雄、闫仲秋、马玉萍、朱祖朴、张一纯。

11月13日

国家主席胡锦涛在美国夏威夷州檀香山出席亚太经合组织第十九次领导人非正式会议并发表讲话

这次会议以“紧密联系的区域经济”为主题，主要讨论亚太地区经济增长、区域经济一体化、绿色增长、能源安全、规制合作等议题。与会领导人围绕议题交换意见。

国家主席胡锦涛在亚太经合组织第十九次领导人非正式会议上发表题为《转变发展方式 实现经济增长》的讲话

尊敬的奥巴马总统，各位同事：

很高兴同各位同事相聚在夏威夷。这个美丽的地方是连接太平洋东西两岸的一个纽带。我们在这里共同探讨促进亚太经济发展、深化区域合作具有特殊意义。

当前，经济全球化深入发展，各国经济相互依存不断加深，全球经济治理出现新变革。同时，世界经济形势复杂多变，一些主要经济体增速下滑，一些国家主权债务问题突出，国际金融市场动荡不已，新兴市场国家通胀压力加大，各种形式的保护主义明显增多，世界经济复苏的不稳定性不确定性上升。此外，国际和地区热点此起彼伏，粮食安全、能源安全、气候变化、重大自然灾害等全球性挑战日益突出，世界经济发展面临严峻挑战。

在几天前召开的二十国集团领导人戛纳峰会上，与会各国领导人一致同意，当前形势下，要继续发扬同舟共济、合作共赢的精神，坚定不移保增长、促稳定，尤其要努力实现强劲增长。这是世界经济发展对我们提出的客观要求，也是各国各地区人民的共同愿望。我们要坚定信心和决心，拿出勇气和智慧，增强责任感和紧迫感，切实落实去年横滨会议通过的《亚太经合组织领导人增长战略》，加快转变经济发展方式，提高经济增长质量，努力推动经济平衡、包容、可持续、创新、安全增长，实现亚太地区经济长期平稳较快发展和社会和谐稳定。为此，应该重点作出以下努力。

第一，加强协调，积极完善全球经济治理。全球经济治理机制应该反映世界经济格局变化，这有利于各国加强协调合作、有效应对挑战。我们应该加强宏观经济政策协调，共同提振市场信心。我们应该继续推进国际金融机构改革，遵循相互尊重、集体决策原则，增加新兴市场国家和发展中国家的代表性和发言权。我们应该提高金融监管的针对性和有效性，加强对信用评级机构和跨境资本流动等监管，保持主要储备货币流动性的合理稳定，完善国际货币体系，支持二十国集团在全球经济治理中发挥重要平台作用，促进国际经济秩序朝着更加公正合理的方向发展。

第二，坚定不移，加快转变经济发展方式。实现经济可持续增长是推动经济复苏的必然要求，也是促进经济长远发展的必然要求。我们应该加快转变经济发展方式，调整经济结构。发达国家应该实施负责任的宏观经济政策，妥善处理主权债务和财政风险。新兴市场国家应该积极扩大内需，促进经济增长向依靠消费、投资、出口协调拉动转变。我们应该统筹经济社会发展和环境保护，实现资源环境可持续发展，保持财政、货币、贸易、产业等政策可持续性。

我们应该把促进就业作为巩固和拓展经济社会发展成果的重要途径，实施有利于充分就业的发展战略，最大限度创造劳动者就业和发展机会。我们应该实行更加有利于促进就业的产业、贸易、财政、税收、金融政策，建设健全的公共就业服务体系，构建和谐劳动关系。我们应该完善有利于劳动者成长成才的引导机制、培养机制、评价机制、激励机制，充分发挥教育的作用，坚持教育的公益性和普惠性，提高全体劳动者素质和能力，加快构建社会保障体系，着力解决与人民生活息息相关的实际问题。希望各成员积极支持和参与亚太经合组织技能开发促进项目及其中心的活动，加强在人力资源开发、促进就业、青年技能人才培养等方面的合作。

第三，凝聚共识，继续推进经济全球化和区域经济一体化。经济全球化有利于促进合理的国际分工和产品要素优化配置，贸易和投资开放对确保经济复苏具有关键作用。我们应该继续推进经济全球化，切实履行已经作出的承诺，不采取新的贸易保护主义措施，坚决反对和共同抵制各种形式的保护主义，推动建立均衡、普惠、共赢的多边贸易体制，确保各国人民共享贸易和投资自由化益处。我们应该争取今年在对最不发达国家产品提供“免关税、免配额”议题上首先达成多哈回合谈判早期收获协议，拿出政治意愿，推动多哈回合谈判早日取得全面均衡的成果，实现发展回合目标。中国已经宣布对同中国建交的最不发达国家97%的税目的产品给予零关税待遇。我们应该积极推进亚太地区贸易和投资自由化便利化，深化区域经济一体化，为亚太地区经济可持续复苏和发展提供活力和动力。

各位同事！

建设一个和平、发展、繁荣、和谐的亚太，符合本地区各成员共同利益，是区域合作长远目标。作为亚太地区最重要的经济合作机制，亚太经合组织应该根据国际经济发展和贸易投资新形势，深化合作议程，发挥自身优势，推进机制改革，在支持各成员转变经济发展方式、深化区域经济一体化方面发挥独特作用。为此，中方提出以下主张。

（一）全面推进贸易和投资自由化便利化。"下一代"贸易和投资问题的讨论和合作有利于发挥亚太经合组织孵化器作用，引领国际贸易和投资合作进程。我们应该深化全球供应链合作，加强区域内基础设施互联互通和网络化建设，消除货物和服务流通障碍，降低流通时间和成本。我们应该完善中小企业发展的政策环境，加强对中小企业的鼓励、支持、引导，采取切实措施缓解中小企业融资难等问题，推动中小企业参与全球产业链。我们应该发挥政府作用，营造鼓励创新的环境，完善技术创新体系，加大研发投入，加强技术合作和技术转让，提高各成员创新能力。同时，我们应该继续按照茂物目标要求，全面推进本地区贸易和投资自由化便利化，深化区域经济一体化，加强经济技术合作，实现各成员共同发展繁荣。

（二）深化亚太地区绿色增长合作。绿色增长是《亚太经合组织领导人增长战略》核心内容，也是经济社会发展趋势。我们应该根据茂物目标要求，兼顾发达成员和发展中成员不同国情和差别待遇，稳步降低环境产品关税和非关税壁垒，加强环境产品和服务相关技术的传播和合作，帮助发展中成员发展环境产业，努力实现贸易、环境、发展共赢，避免产生新的绿色壁垒。我们应该以首届亚太经合组织林业部长级会议为契机，加强亚太地区森林可持续恢复和管理，应对气候变化，为绿色和可持续增长作出贡献。

维护全球能源安全，对推动世界经济全面复苏和长远发展具有重要意义。我们应该共同稳定能源等大宗商品价格、防止过度投机和炒作，保障各国能源需求，维护能源市场正常秩序。我们应该改善能源结构，加强先进能源技术研发和推广，大力发展清洁和可再生能源，在相关领域积极开展国际合作。我们应该积极推进低碳城镇示范项目合作，加强新能源和可再生能源、节能减排、循环经济、提高能效等领域国际合作。

（三）加强经济结构改革和规制合作。经济结构改革和规制合作有利于改善商业环境、降低商业成本，对促进贸易和投资便利化、深化区域经济一体化有积极意义。我们应该本着自主自愿、平等双向、循序渐进、灵活务实的原则，加强经济结构改革重点领域合作，不断提升区域经济竞争力。我们应该建立健全公众参与、专家咨询、风险评估、合法性审查和集体讨论决定的决策程序。亚太经合组织应该重点开展能力建设和经验交流等活动，以帮助各成员改进经济发展模式、转变经济发展方式，推进行政体制改革，完善决策机制，推动在本地区营造充满活力、富有效率、更加开放、有利于贸易和投资发展的政策环境。

各位同事！

今年是中国加入世界贸易组织10周年，也是中国加入亚太经合组织20周年，对中国参与世界和区域经济合作、推动贸易和投资自由化便利化具有特殊意义。20年来，中国开放水平不断提高，开放程度日益加深，对外贸易和双向投资规模迅速增长，开放型经济全面发展，同世界其他国家和地区联系日益密切，实现了中国和世界共赢。从1991年至2010年，中国进出口总额从1357亿美元增长至29740亿美元，年均增长17.6%；吸收外商直接投资从43.7亿美元增长到1057.4亿美元，年均增长18.3%；中国关税总水平从42.5%降至9.8%。中国通过开放促进国内经济社会发展，市场经济体制进一步完善，建立起统一的可预见的符合世界贸易组织规则的贸易体制，成为全球最开放的市场之一。中国始终是全球贸易和投资自由化便利化的坚定支持者，积极参与和推动多边贸易体制建设和区域贸易合作进程，通过同有关国家和地区组织签署和实施自由贸易协定，促进了区域经济融合和经贸关系发展，积极向发展中成员特别是最不发达成员提供力所能及的经济和技术援助，提高其发展自身经济和参与国际合作能力。

中国参与世界和区域贸易进程的实践证明，只有把对外开放同国内改革发展相结合，参与和推动全球贸易和投资自由化便利化进程，才能实现将自身经济发展融入世界经济发展的互利共赢。

中国将继续实施互利共赢的开放战略，提高对外开放水平。中国将坚定不移坚持进口和出口并重、吸收外资和对外投资并重，加快实施走出去战略，完善区域开放格局，不断拓展新的开放领域和空间。中国将着力营造更加公平透明的法制环境、政策环境、市场环境，完善更加适应开放型经济要求的体制机制，以开放促发展、促改革、促创新。中国将坚定不移参与区域和国际经济合作，寻求自身发展与承担力所能及的国际责任相结合，推动全球贸易和投资自由化便利化进程，为实现亚太地区和世界的持久和平、共同繁荣作出新的更大的贡献。

谢谢各位！

中国人民大学文化创意产业研究中心发布“中国省市文化产业发展指数(2011)”报告

报告使用2010年统计数据及调研数据计算全国省市区的文化产业发展情况。报告显示，产业生产力指数排名前十的为北京、广东、上海、浙江、辽宁、山东、江苏、天津、内蒙古、四川；产业影响力指数排名前十的为上海、北京、浙江、江苏、广东、湖南、山东、陕西、安徽、四川；产业驱动力指数排名前十的为天津、山西、江西、吉林、福建、山东、广西、重庆、内蒙古、四川。

报告还公布了生产力指数、影响力指数、驱动力指数排名前十的省市区，其中生产力是从投入的角度反映文化产业发展的资源投入水平，影响力则是从产出的角度反映文化产业发展的实际效果，产业驱动力则反映了文化产业发展的外部环境。

中办 国办转发《教育部关于深入推进高等学校哲学社会科学繁荣发展的意见》

据新华社报道：中共中央办公厅、国务院办公厅近日转发了《教育部关于深入推进高等学校哲学社会科学繁荣发展的意见》(以下简称《意见》)。

《意见》强调，繁荣发展高等学校哲学社会科学，对坚持和巩固马克思主义在意识形态领域的指导地位、培养德智体美全面发展的社会主义建设者和接班人、提高全民族思想道德素质和科学文化素质、推动社会主义文化大发展大繁荣具有十分重要的意义。

《意见》指出，深入推进高等学校哲学社会科学繁荣发展，必须高举中国特色社会主义伟大旗帜，以邓小平理论和“三个代表”重要思想为指导，深入贯彻落实科学发展观，解放思想、实事求是、与时俱进，以建设具有中国特色、中国风格、中国气派的哲学社会科学为根本任务，大力推进社会主义核心价值体系建设，全面提升人才培养、科学研究、社会服务、文化传承创新的能力和水平，为坚持和拓展中国特色社会主义道路，坚持和丰富中国特色社会主义理论体系，坚持和完善中国特色社会主义制度作出更大贡献。

《意见》提出，深入推进高等学校哲学社会科学繁荣发展的目标是：到2020年，基本建成高等学校哲学社会科学创新体系，为国家哲学社会科学创新体系建设提供有力支撑，为全面建设小康社会、加快推进社会主义现代化、实现中华民族伟大复兴作出新贡献。

《意见》指出，深入推进高等学校哲学社会科学繁荣发展主要有5项任务：一是在积极推进马克思主义理论研究和建设工程中发挥重要作用，深入开展中国特色社会主义道路、理论体系、制度的研究宣传，大力推动实践基础上的理论创新，加强哲学社会科学学科体系和教材体系建设；二是全面提高高等学校哲学社会科学教育教学质量，强化哲学社会科学育人功能，深化哲学社会科学教育教学改革，完善思想政治理论课教学体系；三是提升高等学校哲学社会科学科研创新能力和社会服务水平，加强哲学社会科学基础研究，强化哲学社会科学综合研究，推进哲学社会科学成果的转化应用，提高哲学社会科学信息化水平，实施哲学社会科学走出去战略；四是创新高等学校哲学社会科学科研体制机制，深化科研管理体制改革，创新科研组织形式，完善以创新和质量为导向的科研评价机制，完善科研经费投入和使用机制；五是大力加强高等学校哲学社会科学队伍建设，加大哲学社会科学队伍建设力度，完善哲学社会科学人才培养培训机制，加强学术自律，推进学风制度建设。

《意见》要求，各地党委教育工作部门、教育行政部门和高等学校要把繁荣发展哲学社会科学作为一项战略任务摆在重要位置，纳入重要议事日程，纳入科学发展考核评价体系，加强统筹规划、政策引导和监督管理，围绕国家哲学社会科学研究规划加强衔接协调，着力解决影响和制约哲学社会科学发展的突出问题，为哲学社会科学繁荣发展提供坚强保证和良好条件。

11月14日

纪念廖汉生同志诞辰100周年座谈会在人民大会堂举行

中共中央政治局常委、全国人大常委会委员长吴邦国出席座谈会。

廖汉生同志是中国共产党的优秀党员，久经考验的忠诚的共产主义战士，无产阶级革命家，我军杰出的政治工作领导者，中共第十一届、十二届中央委员会委员，第六、七届全国人大常委会副委员长。他把毕生精力献给了中国革命、建设和改革开放事业，作出了卓越贡献，立下了不朽功勋。

中共中央政治局委员、全国人大常委会副委员长王兆国在讲话中，全面回顾了廖汉生同志的生平业绩和卓越贡献。他说，廖汉生同志的一生，是革命的一生，战斗的一生，全心全意为人民服务的一生，赤胆忠心为共产主义事业奋斗的一生。他的光辉业绩将永远载入中华民族史册，他的高尚品格和革命精神，永远值得我们学习和怀念。我们要学习他坚定的共产主义理想信念和坚强的党性原则，永远对党对人民赤胆忠心；学习他始终坚持求真务实、真抓实干的优良作风；学习他心系人民，始终保持同人民群众血肉联系；学习他廉洁奉公、严于律己、不搞特权、不谋私利的高尚品德。

王兆国指出，当前，全党全国各族人民正在深入学习贯彻胡锦涛总书记“七一”重要讲话和党的十七届六中全会精神，以科学发展为主题，以加快转变经济发展方式为主线，在新的更高起点上开创全面建设小康社会新局面，一个生机盎然的社会主义中国已经巍然屹立在世界东方，13亿中国人民正在中国特色社会主义伟大旗帜指引下满怀信心地走向中华民族伟大复兴。廖汉生同志等先辈们孜孜以求并为之终身奋斗的伟大理想和宏伟目标正在逐步实现。让我们更加紧密地团结在以胡锦涛同志为总书记的党中央周围，高举中国特色社会主义伟大旗帜，以邓小平理论和"三个代表"重要思想为指导，深入贯彻落实科学发展观，继承老一辈无产阶级革命家的遗志，同心协力、锐意进取，扎扎实实做好改革发展稳定各项工作，夺取全面建设小康社会新胜利，以优异成绩迎接党的十八大胜利召开。

中央军委委员李继耐主持座谈会。

全国人大常委会副秘书长王万宾、中共中央党史研究室主任欧阳淞、沈阳军区副政治委员马丙泰、中共湖南省委副书记梅克保在座谈会上发言。

有关方面负责人和廖汉生同志亲属、生前友好、生前工作单位代表等参加座谈会。

国务院在北京召开深入推进行政审批制度改革工作电视电话会议

中共中央政治局常委、国务院总理温家宝出席会议并发表重要讲话。他强调指出，行政审批制度改革是行政管理体制改革的重要内容，是民主政治建设的重要内容，是政府职能转变的关键环节，一定要坚定不移地继续推进，进一步破除制约经济社会发展的体制机制障碍。

中共中央政治局常委、国务院副总理李克强主持会议。

国务院副总理回良玉、张德江、王岐山，国务委员刘延东、马凯、孟建柱出席会议。

中共中央政治局常委、中央纪委书记贺国强，中共中央书记处书记、中央纪委副书记何勇应邀出席会议。

监察部、商务部、农业部和四川省、广东省人民政府负责同志在会上发言。国务院各有关部门、单位主要负责同志在主会场参加会议。各省、自治区、直辖市和计划单列市人民政府、新疆生产建设兵团主要负责同志，各市(地)县(市)人民政府和有关单位主要负责同志，在当地分会场参加会议。

国务院总理温家宝在全国深入推进行政审批制度改革工作电视电话会议上的讲话

这次会议的主要任务是，总结十年来行政审批制度改革进展情况，部署下一步改革工作，推进政府职能转变和管理创新。我讲几点意见。

一、行政审批制度改革取得明显成效

十年来，按照建立社会主义市场经济体制的要求，我们不断深化行政管理体制改革，着力转变政府职能、创新管理方式、规范权力运行、提高行政效能。我们两次修订国务院工作规则，规定要全面履行职能、实行科学民主决策、坚持依法行政、推进政务公开、加强行政监督。根据这些要求，我们努力健全法制，完善制度，建立运行机制，狠抓工作落实，推动行政管理体制改革取得重要进展。行政审批制度改革是行政管理体制改革的重要内容，也是民主政治建设的重要内容。党中央、国务院对这项改革高度重视，各部门和各级政府认真贯彻落实中央的部署和要求，做了大量工作。十年来，国务院分五批共取消和调整行政审批事项2183项，占原有总数的60.6%，各地区取消和调整的行政审批事项占原有总数的一半以上，改革取得明显成效。

一是加快转变政府职能。我们坚持把转变政府职能作为深化行政管理体制改革的中心环节，明确提出在社会主义市场经济条件下，政府的主要职能是经济调节、市场监管、社会管理和公共服务。通过深化行政审批制度改革，清理、取消和调整行政审批事项，把政府不该管的交给企业、社会和市场，逐步理顺政府与市场、政府与社会的关系，市场配置资源的基础性作用进一步增强，权力过分集中的现象有所改变，社会主义市场经济体制不断完善。各级政府在加强和改善宏观调控、强化市场监管的同时，更加注重履行社会管理和公共服务职能，促进经济社会协调发展。

二是全面推进依法行政。我们贯彻依法治国基本方略，把依法行政作为深化行政管理体制改革的基本要求，更加重视法制建设和依法规范政府行为。2004年国务院发布《全面推进依法行政实施纲要》，要求各级政府严格按照法定权限和程序行使职权、履行职能，明确提出建设法治政府的目标。国务院提请全国人大常委会审议通过的《行政许可法》同年7月正式实施，标志着我国行政审批制度改革和行政审批工作走上法制化、规范化轨道。各地各部门按照国务院统一部署，全面清理、废止和修订与法律相违背和不一致的行政法规、规章、规范性文件，新制定了一系列有关行政审批的法规、规章和制度，依法规范政府的权限和履行职能的程序。各级政府及其工作人员依法行政的意识和能力明显增强，建设法治国家迈出重要步伐。

三是加强政府管理创新。我们坚持把推进政府管理创新作为深化行政管理体制改革的重要内容，作为政治体制改革的重要组成部分，更加注重提高行政效能，为人民群众提供方便快捷的服务。我们提出，要公开透明，让权力在阳光下运行。2007年，国务院在全面总结政务公开工作基础上，制定了《政府信息公开条例》。行政审批的所有环节，凡不涉及国家秘密、商业秘密和个人隐私的，一律向社会公开，实行“阳光审批”。各地在改革中还积极探索，建立了行政审批相对集中办理的政务中心或政务大厅，实行一个窗口对外，“一站式”服务；发展电子政务，实行网上申报、网上审批等。这些做法对于减少政府工作流程、优化政府组织结构、提高行政效能，建设服务型政府，都发挥了重要作用。

四是大力加强廉政建设。我们坚持把反腐倡廉的要求贯穿于行政管理体制改革的全过程，更加注重从源头上预防和治理腐败的机制和制度建设。反腐倡廉的关键是有效制约权力。行政审批是行政权力最为集中的领域。建立健全有效规范行政权力运行的监督制约机制，是行政管理体制改革的重要任务，也是行政审批制度改革的重要内容。通过深化行政审批制度改革，进一步健全了行政职责体系和问责制度，完善了政府系统预防和治理腐败的体制机制，遏制了滥用权力、以权谋私等违纪违法和腐败现象蔓延，推动了政府反腐倡廉建设。

在充分肯定改革成效的同时，我们也要清醒地看到，包括行政审批制度在内的行政管理体制改革还滞后于经济社会发展，不适应发展社会主义市场经济的要求，依然是经济体制和政治体制改革的一项重要任务。突出的问题：一是职能转变不到位，不该管的事没有完全放开，该管的事没有认真管好，特别是公共产品和服务提供不足。政府还集中了过多的公共资源和社会资源，权力部门化、利益化的问题依然存在，造成行政审批事项仍然较多，清理不彻底，特别是在投资和社会发展领域，许多审批事项还没有有效清理。一些应该取消的审批事项被合并或调整为审核、事前备案等，虽然改变了形式，但没有改变审批的实质。一些审批事项程序繁琐、时限长、办事效率低下。二是对行政审批设定管理不严。特别是对非行政许可审批项目，管理不规范，随意性大。一些部门和地区利用“红头文件”、规章等，以登记、备案、年检、监制、认定、审定以及准销证、准运证等形式，变相设置审批事项。三是对行政权力的监督机制还不健全。一些部门权力过于集中，同时承担审批、执行、监督、评价职能，权力滥用、权钱交易、官商勾结等腐败现象屡有发生。深化行政审批制度改革，要在总结经验的基础上，增强针对性，着力解决这些突出问题，以更坚决的态度、更务实的作风、更有力的措施，坚定不移地把改革继续推向深入。

二、深化行政审批制度改革的主要任务

“十二五”时期是我国全面建设小康社会的关键时期，是深化改革开放、加快转变经济发展方式的攻坚时期。要推动我国走上科学发展的轨道，全面建设小康社会，必须继续深化改革，进一步破除制约经济社会发展的体制机制障碍，激发全社会的活力和创造力。行政审批制度改革涉及经济社会管理的许多方面，是深化经济体制和政治体制改革的关键环节，我们一定要坚定不移地继续推进，推动政府职能转变取得实质性进展，推动行政管理体制及各方面改革取得实质性进展，下一步要重点做好以下工作。

（一）进一步清理、减少和调整行政审批事项，推进政府职能转变。在社会主义市场经济条件下，政府管理总的方向是减少审批事项，减少对微观经济活动的直接干预，强化经济调节、市场监管、社会管理和公共服务职能，营造更加公平的市场和社会环境。要组织有关部门和专家，邀请人大、政协参与，对各地各部门现有的管理职能和审批事项逐一进行审查评议。总的要求是：坚持市场优先和社会自治原则，凡市场机制能够有效调节的，公民、法人及其他组织能够自主决定的，行业组织能够自律管理的，政府就不要设定行政审批；凡可以采用事后监管和间接管理方式的，就不要再搞前置审批。审查评议的依据、过程和结果，凡不涉及国家秘密的，要向社会公开，听取公众意见，接受公众监督。清理、减少和调整行政审批事项，要突出三个重点领域：一是投资领域。要进一步深化投资体制改革，按照谁投资、谁决策、谁受益、谁承担风险的原则，真正确立企业和公民个人的投资主体地位。国家只批准或核准政府投资项目和关系经济安全、涉及整体布局和影响资源环境的项目，其他原则上由投资者自主决策、自担风险、自负盈亏。二是社会事业领域。要加大对教育、医疗卫生、文化等社会事业和公共服务领域行政审批事项的清理、精减和调整力度，放宽社会和私人资本进入的限制，打破垄断，扩大开放，公平准入，鼓励竞争。三是非行政许可审批领域。要认真清理一些部门和地方利用“红头文件”、规章等对公民、企业和其他社会组织提出的限制性规定，对那些没有法律法规依据、不按法定程序设定的登记、年检、监制、认定、审定以及准销证、准运证等管理措施，要一律取消。力争明年公布第六批取消和调整的行政审批事项，为深入推进机构改革打好基础。

（二）严格依法设定和实施审批事项，推进法治政府建设。行政机关设定行政审批事项、履行审批职能，必须严格依法办事。设定任何审批事项都要于法有据，严格遵循法定程序，进行合法性、必要性、合理性审查论证；涉及人民群众切身利益的，要通过公布草案、公开听证等方式广泛听取意见。没有法律法规依据，任何行政机关不得设定或变相设定行政审批事项，尤其不得以“红头文件”等形式，增加公民、企业和其他社会组织的责任和义务。要进一步优化政府部门职能配置，一件事情原则上由一个部门负责。职能重复或相近的机构，应当整合归并；确需多个部门管理的，要明确牵头部门，建立协调配合机制，防止多重审批和推诿扯皮。要合理划分中央和地方政府的事权，中央政府重点加强对经济社会事务宏观管理，把更多精力转到制定战略规划、政策法规和标准规范上；市场监管、公共服务和社会管理等直接面向公民、法人和其他社会组织的具体管理服务事项，要更多地交给地方政府。

（三）创新行政审批服务方式，推进服务型政府建设。行政审批既是政府对经济社会实施管理的重要手段，也是政府为公众、企业和社会提供公共服务的重要形式。确需保留的审批事项，要按照公开透明、便民高效的要求，依法进一步简化和规范审批程序，创新服务方式，优化流程，提高效能。第一，加强政务中心建设。各部门把大部分接待、受理、咨询、办复等工作转移到政务中心集中办理，这可以节省大量人力物力，有利于精简机构和提高效能。要认真总结各地经验，逐步加以规范。原则上实行一个部门、一级地方政府一个窗口对外。不管谁来办事、办什么事，都在一个窗口受理、咨询和办复。把涉及各部门的审批过程，变成政府内部工作，解决一项审批跑多个部门、在一个部门跑多个司局处室的问题。第二，加强电子政务建设。大力推行和规范网上审批。进一步推进行政审批公开。把审批事项、审批程序、申报条件、办事方法、办结时限、服务承诺等在网上公布，实行网上公开申报、受理、咨询和办复，为群众办事提供更多便利。第三，推行服务质量公开承诺制和亲切服务。这对于规范政府及公务员服务行为、建设服务型政府和构建和谐社会，都具有重要意义。各级政府承担的包括行政审批在内的各类公共服务，涉及方方面面，许多工作都十分具体，不可能完全做到由法律法规详细规范。各地各部门要根据每一项行政审批的特点提出详细的服务规范和标准，征求公众意见，获得认可后向社会作出公开承诺。要把规范服务、便利服务、亲切服务作为公开承诺的重要内容，确定可操作和便于评估的标准。我们不仅要在行政审批领域推行服务质量公开承诺制和亲切服务，还要把这个要求推行到所有公共服务领域。

（四）加强对行政审批权力运行的监督制约，推进反腐倡廉建设。行政审批权过于集中又缺乏有效监督的问题仍然十分突出。要加快建立健全决策、执行、监督相对分离、相互制约的行政运行机制。按照权责一致的要求，建立健全行政审批责任制度，切实做到有权必有责、用权受监督、侵权要赔偿。完善行政审批事项动态管理制度，强化行政审批的全过程监控。进一步推进行政审批规范化建设。凡自然资源开发利用、工程建设、土地使用权出让、产权转让等涉及市场准入和竞争性事项，要依法公开招标或拍卖；凡涉及公共利益的事项，要向社会公告，并按法定程序公开举行听证。建立健全相关制度，保障行政审批设定和实施利益相关方的知情权、陈述权、申辩权、监督权。对违法设定和实施行政审批事项侵害当事人合法权益的，要依法追究责任，并给予当事人合理赔偿。加强行政审批绩效管理，严格落实问责制度。对不按法定程序办事、滥用权力、以权谋私、损害人民群众和当事人合法权益的行为，发现一起，严肃查处一起，决不姑息迁就。

三、切实把改革的要求和措施落到实处

深化行政审批制度改革是一项全局性、政策性很强的工作，也是一项涉及各级政府和多部门的系统工程。要常抓不懈，措施到位，落到实处。

一要加强组织领导。各级政府要把行政审批制度改革作为一项重要任务，摆在突出位置，克服困难和阻力，坚持不懈地加以推进。各部门和各级政府主要领导同志要高度重视，切实负起责任。要建立健全有利于推进改革的领导体制和工作机制，加强协调配合，形成工作合力。

二要突出改革重点。各地各部门要围绕转变政府职能和服务经济社会发展大局，以经济社会发展和民生建设领域审批事项为重点，主动清理和规范现有审批项目，提出取消和调整建议。对下放、转移的审批项目，要做好工作衔接，防止出现管理真空。

三要强化监督考评。加强对行政审批制度改革工作的监督检查，坚决纠正有法不依、有令不行、有禁不止的现象，严肃处理违法违规审批等问题。特别是对新设行政审批项目要严格审查，防止政府机关不适当增加审批事项。要把这项改革工作纳入各级政府履行职责和廉政建设责任制，加强考评，落实奖惩措施。

四要加强调查研究。围绕行政管理体制改革和政府自身建设，针对改革中的重点难点问题，深入开展调查研究和理论探索，增强改革的前瞻性、系统性和科学性。国务院各部门要定期听取地方政府和专家学者的意见，定期对改革的成效进行评估，不断推进体制机制创新。

做好新形势下的行政审批制度改革工作责任重大，任务艰巨。我们要在以胡锦涛同志为总书记的党中央领导下，高举中国特色社会主义伟大旗帜，以邓小平理论和"三个代表"重要思想为指导，深入贯彻落实科学发展观，扎实工作，锐意进取，推进政府管理创新，不断提高行政能力，努力建设法治政府和服务型政府。

全国台联成立30周年纪念大会在人民大会堂举行

全国政协副主席、中央统战部部长杜青林在大会上致辞时指出，全国台联作为台湾各族同胞的爱国人民团体，成立30年来始终高举社会主义和爱国主义旗帜，充分发挥人民团体特点和亲情乡情优势，联谊、团结、服务台湾同胞，在联系定居大陆台胞、服务岛内台胞乡亲、推动两岸交流合作中发挥了积极作用，为促进两岸关系和平发展、做好台湾人民工作、反对和遏制“台独”作出了积极贡献。

他强调，在两岸同胞的共同努力下，两岸关系正迈向大交流、大合作、大发展的新时代。各级台联组织要认真学习贯彻胡锦涛总书记在纪念辛亥革命100周年大会上的讲话精神，深入贯彻落实中央对台工作方针政策，牢牢把握两岸关系和平发展的正确方向，坚持广泛联谊与热情服务并举，增进认同与厚植利益并重，业务拓展与自身建设并进，着力夯实两岸关系和平发展的民意基础，发挥服务台胞的功能和作用，推动两岸文化的交流交往，提升自身建设的科学化水平，努力在推动两岸关系和平发展中发挥更大作用。

全国台联会长梁国扬在大会上致辞，中国侨联主席林军代表各人民团体致贺词，岛内台胞代表吴荣元、港澳及海外台胞代表毛邦杰、大陆台胞代表卢咸池等分别发言。大会上还向为台联事业发展作出特殊贡献的台胞代表颁发了荣誉证书。

全国政协副主席、台盟中央主席林文漪，全国政协副主席、民革中央常务副主席厉无畏，全国政协原副主席、全国台联名誉会长张克辉，中央国家机关、全国人大有关部门和各民主党派中央、全国工商联、各人民团体的负责人出席大会。

全国政协主席贾庆林在人民大会堂会见出席全国台联成立30周年纪念大会的海内外台胞

贾庆林说，30年来，全国台联始终高举爱国主义旗帜，紧紧围绕党和国家工作大局，紧密依靠广大定居大陆台胞，认真贯彻中央对台工作大政方针，充分发挥亲情乡情的优势和人民团体的特点，面向台湾、港澳和海外的台湾同胞，广泛做好联络、服务、团结的工作，积极促进两岸交流交往，密切两岸同胞的感情联系，有效发挥了党和政府联系广大台湾同胞的桥梁和纽带作用，为推动两岸关系发展作出了重大贡献，也成为深受广大台湾同胞信任和欢迎的“台胞之家”。

贾庆林指出，当前摆在海内外同胞面前的重要任务，就是要切实维护两岸关系和平发展的成果，保持两岸关系发展的正确方向和良好势头，巩固和加强两岸关系发展的政治、经济、文化和民意基础。希望大家继续努力，共同维护两岸关系和平发展大局，最大限度地汇聚支持两岸关系和平发展的强大民意。

贾庆林强调，推动两岸关系和平发展，必须把握四个关键：一是把坚持大陆和台湾同属一个中国作为政治基础；二是把深化交流合作、推进协商谈判作为重要途径；三是把促进两岸同胞团结奋斗作为强大动力；四是要继续反对“台独”分裂活动，这是推动两岸关系和平发展的必要条件。这几年，两岸双方在反对“台独”、认同“九二共识”的共同政治基础上建立互信，才能够营造出有利于两岸交流合作的良好环境，促进两岸协商不断取得积极成果。今天，坚决反对“台独”仍然是两岸同胞的共同责任。

贾庆林指出，推动两岸关系和平发展，必须始终坚持寄希望于台湾人民的方针，尽最大可能、最大限度地团结广大台湾同胞共同奋斗。反对“台独”分裂势力破坏台海和平、支持两岸开展平等协商和加强各领域交流合作，已经成为台湾民意的主流，成为两岸同胞的共识。我们要继续强化这种共识，不断夯实两岸关系和平发展的民意基础。越来越多的台湾同胞成为两岸关系和平发展的参与者、推动者和受益者，就能够汇聚起战胜各种干扰和阻碍的强大民意，使两岸关系前进的道路越走越宽广。

中共中央政治局常委习近平 李克强分别在国家博物馆参观“人民科学家钱学森”事迹展览

习近平、李克强等中央领导同志走进展厅，仔细观看展览，认真听取讲解员介绍。

中央领导同志指出，建设中国特色社会主义，必须始终坚持以经济建设为中心，在着力抓好社会主义物质文明建设的同时，切实加强社会主义精神文明建设，不断满足人民的精神需求，丰富人民的精神生活，增强人民的精神力量，不断为推动科学发展、促进社会和谐提供坚强的思想保证和精神动力。“人民科学家钱学森”事迹展览是一部爱党、爱国、爱社会主义教育的生动教材，对于弘扬以爱国主义为核心的民族精神和以改革创新为核心的时代精神，推进社会主义精神文明建设具有重要意义。通过宣传钱学森这样的先进典型，将进一步激励广大干部、群众发奋工作、攻坚克难，为全面建设小康社会、加快推进社会主义现代化、实现中华民族的伟大复兴而不懈奋斗。

参观展览的领导同志还有：王刚、李源潮、张德江、何勇、陈至立、司马义·铁力瓦尔地、李金华、万钢、陈宗兴等，以及中央军委委员李继耐、廖锡龙、许其亮等。

这次展览由中宣部、教育部、科技部、解放军总政治部、解放军总装备部、中国科协主办，上海交通大学承办。

中央纪委 监察部在北京就深入推进党风廉政建设和反腐败工作召开部分专家学者座谈会

中共中央政治局常委、中央纪委书记贺国强出席会议并讲话。

在认真听取冯秋婷、何增科、黄苇町、过勇、周淑真、曲新久、范季海等7位专家学者的发言后，贺国强指出，今年以来，面对风云变幻的国际形势和艰巨繁重的国内改革发展稳定任务，以胡锦涛同志为总书记的党中央团结带领全党全国各族人民，全面推进社会主义经济建设、政治建设、文化建设、社会建设以及生态文明建设和党的建设，党和国家各项事业取得新的重大成就和进展，为实现"十二五"时期良好开局打下了坚实基础。

明年我们党将召开党的十八大，党和国家各方面工作任务十分繁重，纪检监察工作责任重大。当前，各级纪检监察机关要在全力抓好今年各项任务的同时，深入调查研究、广泛听取意见，统筹谋划和科学安排好明年的工作。一是要紧扣形势任务，认真抓好学习贯彻党的十七届六中全会精神这项首要政治任务，严明党的政治纪律，严明组织人事工作纪律，加强对中央重大决策部署贯彻执行情况的监督检查，坚决维护党和国家的团结统一。二是要突出工作重点，以换届后领导班子和干部队伍作风建设为重点加强党的作风建设，以落实《建立健全惩治和预防腐败体系2008—2012年工作规划》为重点推进反腐倡廉建设，以继续开展专项治理为重点着力解决反腐倡廉建设中人民群众反映强烈的突出问题，以全面推行党的基层组织党务公开为重点加强基层党风廉政建设，着力解决群众身边的腐败问题。三是要坚持改革创新，适应新形势新任务新要求，深入推进重点领域和关键环节改革，积极推进反腐倡廉工作创新，认真总结基层的实践创造，努力提高反腐倡廉建设科学化水平。四是要着力巩固提高，把工作着力点放到近年来部署和开展工作的落实上来，通过抓工作推进、抓经验总结、抓制度完善，切实做到巩固成果、把握规律、提高水平。五是要强化统筹协调，正确把握做好日常工作与服务工作大局的关系、做好当前工作与谋划长远发展的关系、发挥职能作用与整合资源力量的关系，以党风廉政建设和反腐败工作新成效为党和国家事业发展提供有力保证。

贺国强强调，深入推进党风廉政建设和反腐败斗争离不开科学的理论支撑。各级纪检监察机关要加强沟通联系，完善工作机制，切实把专家学者在反腐倡廉建设方面的理论研究成果运用好、把专家学者在反腐倡廉建设中的重要作用发挥好。希望各位专家学者进一步结合工作实际、发挥自身优势，深入开展反腐倡廉重大理论和现实问题的研究，一如既往地关心和支持纪检监察工作，积极帮助纪检监察机关查找不足、改进工作，为深入推进党风廉政建设和反腐败斗争作出新的贡献。与此同时，要进一步拓宽人民群众参与反腐倡廉建设的渠道，认真听取群众意见，切实解决群众反映的问题，及时回应群众关切，诚恳接受群众监督。

中共中央书记处书记、中央纪委副书记何勇主持会议。

此前，中央纪委监察部还分别召开了部分省（区、市）纪委书记以及部分中央和国家机关纪检组长（纪委书记）座谈会，听取对明年党风廉政建设和反腐败工作的意见和建议。

中办转发《中央组织部关于加强和改进基层干部教育培训工作的意见》

新华社报道：近日，中共中央办公厅转发了《中央组织部关于加强和改进基层干部教育培训工作的意见》，并发出通知，要求各地区各部门结合实际认真贯彻执行。全文如下：

为全面落实大规模培训干部战略任务，培养造就高素质基层干部队伍，根据《干部教育培训工作条例（试行）》《2010—2020年干部教育培训改革纲要》等有关规定，现就加强和改进基层干部教育培训工作提出如下意见。

一、充分认识加强和改进基层干部教育培训工作的重要性紧迫性

基层干部处在改革发展稳定第一线，是党的路线方针政策的具体执行者，肩负着推动科学发展、促进社会和谐、服务人民群众的重要职责。基层干部素质高低、能力强弱、作风好坏，关系干部队伍整体形象，关系党和国家各项事业发展。抓好基层干部教育培训，对于提高基层干部队伍素质能力，保证改革发展稳定各项任务落实，具有十分重要的意义。

党中央历来高度重视基层干部教育培训工作，在不同时期都提出明确要求、作出重要部署。各地区各部门认真贯彻落实中央精神，在加强基层干部教育培训、提高基层干部队伍素质能力方面做了大量工作，取得了实际成效。当前，我国正处在全面建设小康社会的关键时期和深化改革开放、加快转变经济发展方式的攻坚时期，各种深层次矛盾和问题日益凸显，对基层干部队伍的素质能力提出了新的更高要求。面对新形势新任务新挑战，基层干部教育培训工作还存在许多不适应的地方和薄弱环节，主要是：一些地区和部门重视不够、优质培训资源和经费投入不足、基层干部培训机会偏少、培训针对性实效性不强等。各地区各部门必须进一步增强做好基层干部教育培训工作的责任感和紧迫感，把基层干部教育培训摆在更加突出的位置来抓，做到思想上更加重视、措施上更加务实、保障上更加有力，不断提高基层干部教育培训工作水平。

二、明确基层干部教育培训工作的指导思想、基本原则和主要任务

加强和改进基层干部教育培训工作，要高举中国特色社会主义伟大旗帜，以邓小平理论和“三个代表”重要思想为指导，深入贯彻落实科学发展观，按照中央关于建设马克思主义学习型政党和大规模培训干部、大幅度提高干部素质的要求，多渠道、全覆盖地开展基层干部教育培训，不断提高教育培训工作的科学化、制度化、规范化水平，努力培养造就一支守信念、讲奉献、有本领、重品行的高素质基层干部队伍，为推动科学发展、促进社会和谐提供坚强保证。

加强和改进基层干部教育培训工作，必须坚持服务大局、以人为本，适应经济社会发展需要，准确把握基层干部队伍特点，真正做到科学发展需要什么就培训什么、基层干部缺什么就补什么，更好地为科学发展服务、为基层干部成长服务；坚持上下结合、统筹协调，充分整合利用各种培训资源，为基层干部提供更多的教育培训机会、创造更好的教育培训条件；坚持分级管理、分类实施，根据不同地区、不同类别、不同层次、不同岗位基层干部实际开展教育培训，注重实效，不搞“一刀切”。

开展基层干部教育培训工作，要实行全员教育培训，对象包括县(市、区、旗)直属部门机关干部、乡镇(街道)干部、县域企事业单位领导人员、村(社区)主要负责人、乡村集体经济组织中的党组织负责人、非公有制经济组织和社会组织党组织负责人等，重点抓好县(市、区、旗)直属部门主要负责人、乡镇(街道)党政正职、县乡两级后备干部、县域企事业单位主要负责人、村(社区)党组织书记、非公有制经济组织和社会组织党组织书记等对象的教育培训。要合理确定教育培训时间，根据有关规定，县(市、区、旗)直属部门机关干部、乡镇(街道)干部每年参加各类学习培训的时间累计一般不少于100学时或12天，其他干部一般不少于40学时或5天。

三、增强基层干部教育培训的针对性实效性

突出基层干部在教育培训中的主体地位，强化教育培训需求导向，从基层工作和基层干部队伍的实际出发，丰富教育培训内容，创新教育培训方式，提高教育培训效用，真正让基层干部听得懂、学得会、用得上。

加强马克思列宁主义、毛泽东思想和中国特色社会主义理论体系特别是科学发展观教育，加强社会主义核心价值体系教育，引导基层干部树立正确的世界观、权力观、事业观，增强贯彻落实科学发展观的自觉性坚定性。加强党的路线方针政策和国情形势教育，引导基层干部增强全局观念和大局意识，创造性地落实中央和上级的各项决策部署。加强宗旨意识和公仆意识教育，引导基层干部切实改进思想作风和工作作风，真心实意为群众办实事、做好事、解难事。加强法律法规培训，帮助基层干部提高法治意识和依法办事能力。加强社会管理培训，帮助基层干部提高做好群众工作、化解矛盾纠纷、处置突发事件、促进社会和谐稳定的能力。加强业务知识和工作技能培训，提高基层干部履行岗位职责的能力。加强道德品行教育和反腐倡廉教育，引导基层干部带头践行社会主义荣辱观，自觉遵守廉洁自律各项规定。对基层党员干部，还要抓好以党史党风党纪为重点的党性教育和党的基本知识教育，引导他们增强党的意识、提高做好党务工作的能力。

坚持和完善长期以来行之有效的教育培训方式方法，积极探索具有时代特点、符合基层干部实际的教育培训新途径新方法。实行组织调训与干部选学、集中培训与经常性教育、实体培训与网络培训相结合。充分运用专题讲座、学习研讨等形式，加强对有关理论知识的培训；采取巡回宣讲、流动课堂、送教上门等方式，深入农村、社区、企业开展培训；通过“帮带”培训、现场观摩、案例教学等途径，促进学习借鉴和实践运用；探索挂职培训和行动学习等方法，促进学用结合。

四、推动优质教育培训资源向基层延伸倾斜

充分发挥各级党校(行政院校)的作用。扎实推进市、县党校(行政院校)办学体制改革，整合培训资源，提升教学质量，更好地发挥其在基层干部教育培训中的主阵地作用。大力推行领导干部上讲台制度，切实提高市、县党校(行政院校)教学水平。国家级和省级干部教育培训机构要加强对市、县党校(行政院校)师资的培训。

注重发挥各类培训基地的作用。充分利用高等学校、职业技术院校、科研院所、企业培训机构和社会培训机构等在新知识新技能新信息培训方面的优势，使之成为基层干部教育培训的重要力量。开发利用科技示范、产业园区、创业创新实践、爱国主义教育、廉政教育、警示教育等各类基地，使之成为基层干部教育培训的生动课堂。

积极利用网络教育培训资源。充分发挥在线学习平台、农村党员干部现代远程教育网络、广播电视等在基层干部教育培训中的作用，提高利用效率和服务水平，以基层干部喜闻乐见的方式开展教育培训。推动部门、行业、区域间网络教育培训资源整合，提高网络使用的整体效益。

探索开展送教下基层活动。中央和国家机关有关部委、国家级干部教育培训机构，要带头开展各种形式的送教下基层活动。省级各系统各部门要根据工作需要和基层需求，积极主动送教上门。省(自治区、直辖

市)党委组织部要注重搞好对基层干部教育培训需求的分析,加强统筹协调和工作指导,推动送教下基层活动有序有效开展。

倡导开展对口支援培训。按照中央关于对口支援的总体安排,有关部门和省(直辖市)要制订计划、加大投入、创新方式,积极支持西部地区、边远贫困地区、边疆民族地区和革命老区做好基层干部教育培训工作,重点在师资队伍、培训基地、网络站点建设和骨干人员培训等方面予以支持。各省(自治区、直辖市)要组织所辖市、县开展对口支援培训。

鼓励开展结对帮扶培训。中央和国家机关部委所属高校以及省属高校要积极发挥优势,采取派教师到基层办班授课和请基层干部进校培训等方式,与欠发达地区的市、县开展结对帮扶培训。中央和省属国有重要骨干企业要发挥优势,采取多种方式支持地方开展基层干部教育培训。

五、加强对基层干部教育培训工作的组织领导

基层干部队伍数量庞大、分布广泛、需求多样,基层干部教育培训任务十分艰巨繁重。各级党委要高度重视基层干部教育培训工作,将其摆上重要议事日程,加强统筹规划,分类指导,因地制宜,狠抓工作落实。党委主要负责同志要深入实际,调查研究,及时解决基层干部教育培训工作中的困难和问题。各级干部教育培训领导小组或干部教育联席会议,要充分发挥宏观指导和沟通协调作用,定期研究重要事项,加强力量整合,强化工作督导,保证基层干部教育培训任务落到实处。

健全落实责任制。组织部门牵头抓总,有关部门各尽其责,分级培训,一级抓一级、层层抓落实。中央组织部负责全国基层干部教育培训的宏观指导、制度规范和督促检查;各省(自治区、直辖市)党委组织部负责本地区基层干部教育培训的统筹规划、工作指导、协调服务和督促检查;市、县党委组织部负责研究制定基层干部教育培训方案和计划,并抓好组织实施。实行垂直管理的部门负责本系统基层干部的教育培训工作,部门与地方双重管理的基层干部教育培训工作由主管方负责组织。干部所在单位负责组织实施本单位的教育培训工作。按照优质教育培训资源向下倾斜、重点教育培训对象适当上收的原则,省(自治区、直辖市)抓好示范培训,市、县抓好重点对象培训,部门(单位)抓好全员培训。

加强师资队伍建设。坚持能者为师,注重选聘理论政策水平较高、实践经验丰富的党政领导干部、专家学者、企业经营管理人员和先进模范人物、优秀基层干部、乡土人才、做群众工作的行家等担任教师。加大市、县党校(行政院校)教师培训力度,提高他们理论联系实际的能力和业务水平。根据实际需要,各地区可建立基层干部教育培训师资库。有条件的省(自治区、直辖市)可组织编写符合基层干部特点的教育培训大纲和教材。

加大经费投入。地方各级政府要将基层干部教育培训经费列入年度财政预算,并随财政收入增长逐步提高,保证教育培训工作需要。企事业单位要按照规定足额安排本单位干部教育培训经费。财政困难的地方可统筹使用自有财力和上级转移支付财力,为教育培训工作顺利开展提供保障。地方各级党委留存的党费要对基层党员干部教育培训给予适当补贴。加大监督检查力度,确保教育培训经费及时到位、合理有效使用。

建立健全考核和激励机制。把开展基层干部教育培训工作情况作为考核领导班子和领导干部的重要内容,对措施得力、效果显著的要予以表彰,对重视不够、基层干部反映较大的要严肃批评、督促整改。注意总结宣传各地区各部门的好做法好经验,为加强和改进基层干部教育培训工作营造良好氛围。

中共内蒙古自治区第九届委员会第一次全体会议选举胡春华为自治区党委书记

国家发改委在北京举行中外合资担保公司投资协议签约仪式

这标志着我国利用外资设立中小企业担保公司试点工作取得实质性重大进展。合资担保公司签约金额约51亿元人民币,将成为目前国内投资规模最大的担保公司之一。

中联部部长王家瑞在北京会见德国社会民主党副主席 汉堡市市长奥拉夫·舍尔茨

“天宫一号”与“神舟”八号第二次交会对接成功

中国队在法国巴黎举行的2011年举重世锦赛中共收获16金 排名金牌榜首位

11月15日

国务院总理温家宝在中南海紫光阁会见参加2011年中国环境与发展国际合作委员会年会的外方委员和代表

温家宝说,绿色发展的本质是节能、降耗、可持续,通过加强环境保护、生态治理和减少污染,提高人们生活的环境质量。中国政府把环境保护作为转方式调结

构惠民生的重要抓手，将加大力度推进经济发展的绿色转型。

温家宝指出，在高速发展的过程中，环境污染日益成为我们的突出问题。减少污染，既要加强治理，加快推进经济结构调整，又要切实加强环境法制建设，还要努力改进监测手段，提高监测水平。我们要重视完善环境监测标准，逐步与国际接轨，使监测结果与人民群众对青山绿水蓝天白云的切实感受更加接近。

温家宝表示，中国环境与发展国际合作委员会成立20年来，向中国政府提出了许多重要的政策建议，产生了积极的效果，希望国合会继续为推动中国环保与发展事业贡献力量。

国务院副总理李克强在北京出席中国环境与发展国际合作委员会2011年年会开幕式并发表讲话

李克强说，当前世界经济面临主权债务危机、金融震荡、增长下滑等现实矛盾，揭示出一些国家实体经济与虚拟经济不协调、南北发展不平衡等深层次问题，同时人类也面临着能源资源和粮食安全、气候变化等全球性挑战。在这种情况下，实现世界经济强劲增长是首要任务，加快调整、变革与转型是大势所趋。各国应坚定信心，携手合作，共同努力。

李克强指出，中国经济社会发展已经取得巨大成就，但发展中不平衡、不协调、不可持续问题依然突出。要实现经济长期平稳较快发展，必须致力于在发展中促转变、在转变中谋发展，推进经济转型和模式创新。应当看到，转型也是发展，不仅有利于提高发展质量效益、缓解资源环境制约，而且能够创造新机遇，形成新产业，培育和壮大新的增长点。目前，仅节能环保与资源循环利用产业一项，规模就超过2万亿元，预计到2015年还会再翻一番，对经济会带来强大拉动。

李克强说，中国的转型发展，要突出扩大内需、创新驱动、民生改善、绿色低碳。一是通过调整结构，充分发挥内需潜力巨大的独特优势，增强经济的内生动力和抗冲击力。二是鼓励科技创新，增强产业核心竞争力，不仅满足市场需求，而且创造市场需求，形成经济发展新的支撑力量。三是从13亿多人口生存和发展的实际出发，实施好一批重大民生工程，构筑保障基本民生的“安全网”，使发展成果更好地惠及广大群众。四是提高能源资源利用效率，以解决损害群众健康的环境问题为重点，加大空气、水、土壤污染等的治理力度，尽量多还旧账、努力不欠新账，为人民群众创造宜居环境，实现经济效益和社会效益“双提高”。今后五年，中国将采取综合措施，使单位国内生产总值能耗下降16%、服务业增加值比重提高4个百分点，这“一降一升”，可以有力地促进经济转型。

李克强指出，中国的转型发展，需要依靠深化改革作为动力和保障。当前，正处于改革的攻坚时期，要把改革贯穿于转型发展的始终，进一步健全体制机制，完善投资、财税、金融、贸易等政策，发挥好价格杠杆作用，努力推行差别化、阶梯式的能源资源消费政策，形成有效激励约束机制，使转型发展成为全社会的共同理念和自觉行动，推动经济走上有活力、可持续的增长轨道。

李克强强调，中国的转型发展，是在经济全球化背景下开放式的转型发展。要跟踪研究和顺应、利用世界经济转型大趋势，在扩大开放中扩大内需，在积极参与国际竞争中调结构、上水平、增实力。加强相关领域国际合作，吸收国外先进环保理念和管理经验，共同为可持续发展事业作出贡献。

中国环境保护部部长、国合会中方执行副主席周生贤主持开幕式。

国合会中外委员、有关国家和国际组织驻华使节代表、国内外专家学者200余人参加会议。

全国打击侵犯知识产权和制售假冒伪劣商品工作领导小组第一次全体会议在北京召开

中共中央政治局委员、国务院副总理、全国打击侵犯知识产权和制售假冒伪劣商品工作领导小组组长王岐山在会上强调，各地区、各有关部门要认真贯彻国务院常务会议和《国务院关于进一步做好打击侵犯知识产权和制售假冒伪劣商品工作的意见》精神，立即行动起来，做好打击侵权假冒伪劣工作，切实维护人民群众的切身利益。

王岐山指出，去年10月至今年6月，国务院部署开展了打击侵犯知识产权和制售假冒伪劣商品专项行动，各地区、各有关部门围绕重点集中整治侵权和假冒伪劣突出问题，查处了一批大案要案，曝光了一批违法违规企业，依法惩处了一批犯罪分子，改善了市场环境，提高了全社会知识产权意识，取得了显著成果。看看专项行动网上成果展，恰恰说明在我们经济与社会生活中侵权假冒伪劣形势依然严峻。

王岐山强调，当前我国所处的发展阶段决定了打击侵权假冒伪劣是一项长期、艰巨、复杂的任务，打击侵权假冒伪劣专项行动有结束之日，保护知识产权绝无收兵之时。

各地区、各有关部门要尽快明确打击侵权假冒伪劣工作负责人和机构，明确近期工作任务，落实责任到人。要把专项行动有效做法常态化，将建立长效机制与每一个时间阶段的有限目标相结合，针对本地区、本领域侵权假冒伪劣突出问题，有针对性地制定整治方案，明确阶段性打击工作重点，务求取得持续有效遏制侵权假冒伪劣行为蔓延势头的实效。

要加快修订和完善相关法律、法规和规章，为打击侵权假冒伪劣行为提供法制保障。要增强消费者的维权意识，发挥社会监督作用，大力宣传报道守法诚信经营的优秀企业，公开曝光典型案件和违法违规企业，形成强大打击声势，震慑犯罪分子。要加强督促检查，落实软件经费保障、资产管理和审计等制度规定，确保按时完成政府机关软件正版化检查整改任务。要将专项行动成果展转变为打击侵权假冒伪劣工作网站，办出特色、办出品牌、办出效果，使其成为政府与企业、民众互动的工作平台。

会议讨论通过了领导小组工作规则、贯彻落实《国务院关于进一步做好打击侵犯知识产权和制售假冒伪劣商品工作的意见》任务分工以及打击侵权假冒伪劣近期重点工作安排。

中共广西壮族自治区第十届委员会第一次全体会议选举郭声琨为自治区党委书记

中共西藏自治区第八届委员会第一次全体会议选举陈全国为自治区党委书记

第一届中国海外投资年会在香港开幕

国务院副总理李克强作了重要批示。

中央政府驻港联络办主任彭清华宣读了李克强的重要批示。批示说：加快实施“走出去”战略是“十二五”规划提出的重大任务，是开创对外开放新局面的要求，内地与香港企业携手联合走出去，更可优势互补，大有可为，希望广大企业界人士紧抓机遇，奋发进取，多方式、多渠道走向世界市场，在国际竞争中磨砺、成长、壮大，在相互合作中实现互利双赢。

出席开幕式的其他主礼嘉宾包括全国政协副主席、中华全国工商业联合会主席黄孟复，中国企业联合会会长王忠禹，香港特区署理行政长官林瑞麟，全国政协港澳台侨委员会主任、海峡两岸关系协会会长陈云林，外交部驻港特派员公署特派员吕新华等。

科技部 中国气象局和中国科学院在北京联合发布《第二次气候变化国家评估报告》

报告称，在近60年间，我国陆地表面温度上升导致大部分冰川面积缩小一成。

报告显示，1951年至2009年间，中国陆地表面平均温度上升了1.38摄氏度，从百年尺度来看，中国的升温趋势与全球基本一致。而温度上升则导致中国大部分冰川面积自20世纪50年代以来缩小了10%以上。

报告预测，未来30年，中国沿海海平面将继续上升。全海域2030年比2009年上升80—130毫米，同时存在显著的区域差异，其中天津、上海、广东沿海海平面的涨幅最大。

报告预测还指出，如果不考虑任何适应措施，全球温度升高2.5摄氏度左右会导致中国粮食作物产量降低，单产最高下降幅度约20%，如果考虑适应措施（如CO_2肥效，适应技术等），则可以部分抵消升温的危害。

11月16日

国务院总理温家宝主持召开国务院常务会议

会议决定建立青海三江源国家生态保护综合试验区，讨论并原则通过《中华人民共和国预算法修正案（草案）》。

会议指出，三江源地区是长江、黄河、澜沧江发源地和我国淡水资源重要补给地，是青藏高原生态安全屏障的重要组成部分，在全国生态文明建设中具有特殊重要地位。三江源生态保护与建设总体规划自2005年实施以来，取得明显成效。为从根本上遏制三江源地区生态功能退化趋势，探索建立有利于生态建设和环境保护的体制机制，会议批准实施《青海三江源国家生态保护综合试验区总体方案》。试验区包括玉树、果洛、黄南、海南4个藏族自治州21个县和格尔木市唐古拉山镇。

方案要求按照尊重文化、保护生态、保障民生的原则，坚持生态保护、绿色发展与提高人民生活水平相结合，科学规划，改革创新，形成符合三江源地区功能定位的保护发展模式，建成生态文明的先行区，为全国同类地区积累经验、提供示范。力争到2015年，植被平均覆盖度提高15—20个百分点，生态环境恶化趋势得到初步遏制，城乡居民收入和基本公共服务能力大幅提高；到2020年，植被平均覆盖度提高25到30个百分点，生态系统步入良性循环，城乡居民收入接近或达到本省平均水平，基本公共服务能力接近或达到全国平均水平，全面实现建设小康社会目标。为此，一要划分主体功能区。依据生态特性和资源环境承载能力，将试验区划分为重点保护区、一般保护区和承接转移发展区，按照转变发展方式的要求，实行分类指导。二要以草原植被保护和恢复为重点，加大生态环境保护和建设力度，实施好草原管护、草畜平衡等各项生态保护工程。三要转变农牧业发展方式，提升集约化水平，发展生态型非农产业。四要加强基础设施建设，加快发展社会事业，推进游牧民定居和农村危房改造，切实改善农牧民生产生活条件。加大扶贫开发力度，提高社会保障水平。基础设施建设要服从生态保护。五要创新生态保护体制机制。建立生态环境监测预警系统,及时掌握气候与生态变化情况。建立规范长效的生态补偿机制,加大中央财政转移支付力度。设立生态管护公益岗位,发挥农牧民生态保护主体作用。鼓励和引导个人、民间组织、社会团体积极支持和参与三江源生态保护公益活动。六要建立新型绿色绩效考评机制,转变政绩观念,切实扭转片面追求经济增长速度的做法,实现人与自然和谐。会议要求有关地区和部门加强组织领导,强化政策支持和科技、人才支撑,确保各项工作顺利开展。

会议认为,预算法自1995年施行以来,对规范预算管理、推进依法理财、加强国家宏观调控、促进经济社会发展,发挥了重要作用。随着社会主义市场经济体制和公共财政体制的建立和完善,现行预算法已不能完全适应形势发展要求,有必要修改完善。修改的基本原则是:(一)增强预算的科学性、完整性和透明度。各级政府的全部收入和支出都要纳入预算。除涉及国家秘密的内容外,各级政府和各部门的预算、决算都要依法向社会公开。(二)健全财政管理体制。各级政府之间应当建立财力保障与支出责任相匹配的财政管理体制。(三)完善财政转移支付制度,做到规范、公平、公开。(四)强化政府债务管理,防范财政风险。(五)严格预算执行,规范预算调整,完善预算审查监督。会议决定将草案提请全国人大常委会审议。

全国政协主席贾庆林在人民大会堂会见美国进步中心主席波德斯塔一行

中央党校举行2011年秋季学期第二批入学学员开学典礼

中共中央政治局常委、中央书记处书记、中央党校校长习近平出席典礼并讲话。

习近平指出,重视调查研究,是我们党在革命、建设、改革各个历史时期做好领导工作的重要传家宝。马克思主义的辩证唯物主义、历史唯物主义世界观和方法论,党的实事求是的思想路线,党的从群众中来、到群众中去的根本工作路线,都要求我们的领导工作和领导干部必须始终坚持和不断加强调查研究。回顾我们党的发展历程可以清楚地看到,什么时候全党从上到下重视并坚持和加强调查研究,党的工作决策和指导方针符合客观实际,党的事业就顺利发展;而忽视调查研究或者调查研究不够,往往导致主观认识脱离客观实际、领导意志脱离群众愿望,从而造成决策失误,使党的事业蒙受损失。实践充分证明,调查研究不仅是一种工作方法,而且是关系党和人民事业得失成败的大问题。

习近平强调,调查研究是做好领导工作的一项基本功,调查研究能力是领导干部整体素质和能力的一个组成部分。经常走出领导机关,深入实际、深入基层、深入群众,进行各种形式和类型的调查研究,非常有益于促进领导干部正确认识客观世界、改造主观世界、转变工作作风、增进同人民群众的感情,有益于深切了解群众的需求、愿望和创造精神、实践经验。现在交通通讯手段越来越发达,获取信息的渠道越来越多,但都不能代替领导干部亲力亲为的调查研究。领导干部不论阅历多么丰富,不论从事哪一方面工作,都应始终坚持和不断加强调查研究。

习近平还对中央党校如何加强调查研究工作提出了明确要求。

中共中央政治局委员、中央书记处书记、中央组织部部长李源潮,中共中央书记处书记、中央纪委副书记何勇,中共中央书记处书记、中央办公厅主任令计划出席开学典礼。

中央有关部门负责人、中央党校负责人,以及中央党校新入学学员、在校全体学员、教职员工等共1500多人参加开学典礼。

国新办发布《中国农村扶贫开发的新进展》白皮书

前言

贫困是世界各国和国际社会面临的挑战。促进发展,消除贫困,实现共同富裕,是人类孜孜以求的理想。

中国是世界上人口最多的发展中国家,发展基础差、底子薄,不平衡现象突出。特别是农村贫困人口多,解决贫困问题的难度很大。中国的减贫,在很大程度上就是解决农村的贫困问题。

中国政府始终将减缓贫困作为国家发展的重要目标和任务,坚持以人为本,努力使经济社会发展成果惠及全体人民。20世纪80年代中期以来,中国政府开始有组织、有计划、大规模地开展农村扶贫开发,先后制定实施《国家八七扶贫攻坚计划》(1994—2000年)、《中国农村扶贫开发纲要(2001—2010年)》《中国农村扶贫开发纲要(2011—2020年)》等减贫规划,使扶贫减贫成为全社会的共识和行动。中国的农村扶贫开发,促进了社会和谐稳定和公平正义,推动了中国人权事业的发展和进步。

减贫是人类社会的共同事业,中国的扶贫开发是全球减贫事业的重要组成部分。中国提前实现了联合国千年发展目标中贫困人口减半目标,为全球减贫事业作出了重大贡献。

2001年,中国政府发布了《中国的农村扶贫开发》白皮书,介绍了中国农村扶贫开发的有关情况。这里，就近十年来中国农村扶贫开发取得的进展再作一介绍。

一、扶贫开发的政策和实施

十年来，中国国民经济平稳较快增长，综合国力不断增强。在这一进程中，国家把扶贫开发纳入国民经济和社会发展总体规划，制定和实施有利于农村贫困地区发展的政策措施，把扶贫投入作为公共财政预算安排的优先领域，把贫困地区作为公共财政支持的重点区域，不断加大对贫困地区的扶持力度，切实提高扶贫政策的执行力。

农村政策。中国是一个传统的农业大国，农村人口多，贫困现象突出。实行有利于减贫的农村政策，对于消除农村贫困问题十分重要。十年来，国家实行统筹城乡经济社会发展的方略和工业反哺农业、城市支持农村与“多予少取放活”的方针，全面促进农村经济社会的发展，使贫困地区和农村贫困人口普遍受益。国家相继取消牧业税、生猪屠宰税和农林特产税，特别是取消了在中国存在2600多年的农业税，并以法律形式固定下来，让中国广大农民彻底告别了缴纳农业税的历史。全面实行种粮农民直接补贴、良种补贴、农机具购置补贴和农资综合补贴，逐步建立和完善农村社会保障体系，推进农村饮水、电力、道路、沼气等基础设施建设和农村危房改造。推行集体林权制度改革，使农民真正拥有林地承包经营权和林木所有权，落实各项优惠政策，发展林下经济和森林旅游，增加农民收入。不断加大强农惠农富农和扶贫开发的投入力度，中央财政用于“三农”的支出从2003年的2144.2亿元人民币增加到2010年的8579.7亿元人民币，年均增长21.9%，公共财政覆盖农村步伐明显加快。国家的一些强农惠农富农政策率先在贫困地区实行。其中，免征农业税试点、农村义务教育“两免一补”政策(对农村义务教育阶段贫困家庭学生免书本费、免杂费、补助寄宿生生活费)、对国家新安排的公益性基本建设项目减少或取消县及县以下配套，率先在国家扶贫开发工作重点县实行。一些强农惠农富农政策向贫困地区和贫困人口倾斜。中央财政在农村最低生活保障、新型农村合作医疗和新型农村社会养老保险的制度安排上，对中西部地区给予较大支持。2010年，民政部门资助参加新型农村合作医疗4615.4万人次，资助资金14亿元人民币，人均资助30.3元人民币。

区域政策。20世纪末，中国政府开始实施西部大开发战略。中国的西部地区，自然条件相对恶劣，基础设施建设相对滞后，贫困人口比较集中。十多年来，西部大开发安排的水利、退耕还林、资源开发等项目，在同等条件下优先在贫困地区布局；公路建设加快向贫困地区延伸，把贫困地区的县城与国道、省道干线连接起来；基础设施建设项目尽量使用贫困地区的劳动力，增加贫困人口的现金收入。国家相继出台一系列区域发展政策，促进西藏和四川、云南、甘肃、青海四省藏区以及新疆、广西、重庆、宁夏、甘肃、内蒙古、云南等地经济社会发展，并把农村扶贫开发作为政策重点加以推进。

农村社会保障制度。为贫困人口提供基本的社会保障，是稳定解决贫困人口温饱问题的最基础手段。2007年，国家决定在全国农村全面建立最低生活保障制度，将家庭年人均纯收入低于规定标准的所有农村居民纳入保障范围，稳定、持久、有效地解决农村贫困人口温饱问题。农村最低生活保障标准，由县级以上地方政府按照能够维持当地农村居民全年基本生活所必需的吃饭、穿衣、用水、用电等费用确定。截至2010年年底，全国农村低保覆盖2528.7万户、5214万人；2010年全年共发放农村低保资金445亿元人民币，其中中央补助资金269亿元人民币；全国农村低保平均标准为117元人民币/人、月，月人均补助水平为74元人民币。国家对农村丧失劳动能力和生活没有依靠的老、弱、孤、寡、残农民实行五保供养，即在吃、穿、住、医、葬等方面给予生活照顾和物质帮助。十年间，五保供养逐步实现了由集体福利事业转型为现代社会保障制度，所需资金由农民分摊转由国家财政负担。到2010年年底，全国农村得到五保供养的人数为534万户、556.3万人，基本实现“应保尽保”，全国各级财政共发放农村五保供养资金96.4亿元人民币。2009年，国家开展新型农村社会养老保险试点工作，到2011年7月已覆盖全国60%的农村地区，共有493个国家扶贫开发工作重点县纳入试点，覆盖率达到83%。新型农村社会养老保险实行个人缴费、集体补助、政府补贴相结合的筹资方式，基础养老金和个人账户养老金相结合的待遇支付方式，中央财政对中西部地区按中央确定的基础养老金给予全额补助，对东部地区给予50%的补助。2010年，中央财政对新型农村社会养老保险基础养老金补贴111亿元人民币，地方财政补助资金116亿元人民币。2004年，国家出台了规范的最低工资制度，对保障以农民工为主体的劳动者的劳动报酬权益发挥了积极作用。

提高扶贫政策执行力。政策实施成功与否，关键在于执行。中国政府把建立工作责任制、加强干部队伍和机构建设作为保障扶贫政策执行力的关键，采取有效措施保证扶贫政策的落实。按照“省负总责、县抓落实、工作到村、扶贫到户”的要求，实行扶贫开发工作责任到省、任务到省、资金到省、权力到省。把扶贫开发作为国家扶贫开发工作重点县政府的中心任务，由县负责把扶贫开发的政策措施落实到贫困村和贫困户。实行扶贫工作党政“一把手”负责制，把扶贫开发的效果作为考核这些地方政府主要负责人政绩的重要依据。加强贫困地区干部队伍建设，将贫困地区县级领导干部和县以上扶贫部门干部的培训纳入各级党政干部培训规划，采取挂职锻炼、干部交流等方式充实和加强贫困地区干部队伍。加强扶贫开发统计监测，为科学决策提供依据。加强贫困地区基层组织建设，改进基层干部思想作风和工作作风，推进社会治安综合治理，维护贫困地区社会稳定。充实和加强各级扶贫开发的工作机构，稳定人员，改善条件，提高素质，增强扶贫开发的组织领导和协调管理能力。国务院有关部门把扶贫开发作为一项重要工作，结合各自职能，认真贯彻落实扶贫政策。

中国扶贫开发政策有以下特征：

——坚持开发式扶贫和社会保障相结合。引导贫困地区和贫困群众以市场为导向，调整经济结构，开发当地资源，发展商品生产，提高自我积累、自我发展能力。注重综合开发、全面发展，促进基础设施建设和经济社会协调发展。注重可持续发展，加强资源保护和生态建设，控制人口过快增长。加快推进城乡基本公共服务均等化进程，建立健全农村最低生活保障制度，逐步提高五保供养水平，不断完善自然灾害应急救助体系，建立新型农村合作医疗制度，开展新型农村社会养老保险制度试点，为贫困人口提供基本生存保障。在国家扶贫开发工作重点县推进扶贫开发政策与农村低保制度衔接试点，努力使各项政策覆盖所有贫困人口。

——坚持专项扶贫和行业扶贫、社会扶贫相结合。以贫困人口和贫困地区为工作对象，以财政专项扶贫资金为主要资源，以实现贫困人口基本生存和发展为目标，编制专项扶贫开发规划，分年实施。充分发挥各行业部门职责，将贫困地区作为本部门本行业发展重点，积极促进贫困地区水利、交通、电力、国土资源、教育、卫生、科技、文化、人口和计划生育等各项事业的发展。动员和组织社会各界，通过多种方式支持贫困地区开发建设。党政机关和企事业单位定点扶贫，东西扶贫协作，军队和武警部队支援，社会各界参与，形成有中国特色的社会扶贫方式，推动贫困地区发展，增加贫困农民收入。

——坚持外部支持与自力更生相结合。通过专项扶贫资金、财政转移支付、部门项目建设、社会各界捐助、引进利用外资等途径，不断加大对贫困地区的资金投入。不断探索参与式整村推进、小额信贷、贫困村互助资金等多种扶贫模式。尊重贫困地区广大干部群众在农村扶贫开发中的主体地位，广泛调动他们的主动性、积极性、创造性。广大干部群众自强不息，不等不靠，苦干实干，积极参与决策、投工投劳，依靠自身力量改变贫困落后面貌。

二、扶贫开发的成就

十年来，中国农村居民的生存和温饱问题得到基本解决，贫困人口的生产生活条件明显改善，贫困地区基础设施不断完善，社会发展水平进一步提升，生态恶化趋势得到初步遏制。

农村居民的生存和温饱问题基本解决。国家根据经济社会发展水平的提高和物价指数的变化，将全国农村扶贫标准从2000年的865元人民币逐步提高到2010年的1274元人民币。以此标准衡量的农村贫困人口数量，从2000年年底的9422万人减少到2010年年底的2688万人；农村贫困人口占农村人口的比重从2000年的10.2%下降到2010年的2.8%。

贫困地区经济全面发展。贫困地区产业结构进一步优化，特色优势产业快速发展，县域经济综合实力不断增强。从2001年至2010年，592个国家扶贫开发工作重点县人均地区生产总值从2658元人民币增加到11170元人民币，年均增长17%；人均地方财政一般预算收入从123元人民币增加到559元人民币，年均增长18.3%。农民人均纯收入从2001年的1276元人民币，增加到2010年的3273元人民币，年均增长11%（未扣除物价因素）。上述数据的增幅，均高于全国平均水平。

贫困地区生产生活条件明显改善。国家不断加大贫困地区基础设施建设投入，全面改善这些地方的生产生活条件。从2002年至2010年，592个国家扶贫开发工作重点县新增基本农田5245.6万亩，新建及改扩建公路里程95.2万公里，新增教育卫生用房3506.1万平方米，解决了5675.7万人、4999.3万头大牲畜的饮水困难。到2010年年底，国家扶贫开发工作重点县农村饮用自来水、深水井农户达到60.9%，自然村通公路比例为88.1%、通电比例为98%、通电话比例为92.9%，农户人均住房面积24.9平方米，农户使用旱厕和水冲式厕所比重达88.4%。贫困地区农村面貌发生明显变化。

贫困地区社会事业不断进步。农村义务教育得到加强，扫除青壮年文盲工作取得积极进展，到2010年年底，国家扶贫开发工作重点县7至15岁学龄儿童入学率达到97.7%，接近全国平均水平；青壮年文盲率为7%，比2002年下降5.4个百分点，青壮年劳动力平均受教育年限达到8年。新型农村合作医疗实现全覆盖，基层医疗卫生服务体系建设不断加强，到2010年年底，国家扶贫开发工作重点县参加新农合的农户比例达到93.3%，有病能及时就医的比重达到91.4%，乡乡建有卫生院，绝大多数行政村设有卫生室。贫困地区人口和计划生育工作、公共文化服务体系建设继续得到加强。

贫困地区生态恶化趋势初步得到遏制。从2002年至2010年，国家扶贫开发工作重点县实施退耕还林还草14923.5万亩，新增经济林22643.4万亩。国家扶贫开发工作重点县饮用水水源受污染的农户比例从2002年的15.5%下降到2010年的5.1%，获取燃料困难的农户比例从45%下降到31.4%。

三、专项扶贫

中国政府把收入在扶贫标准以下的人口作为扶贫对象，把贫困人口集中的中西部革命老区、少数民族地区、边疆地区和特困地区作为扶贫开发的重点区域，在这些地区确定了592个国家扶贫开发工作重点县给予重点扶持。中央和地方各级政府编制专项规划，安排专项资金，集中资源改善这些地区基础设施，发展特色优势产业，完善社会服务体系，增强人口素质。东部以及中西部其他地区的贫困县、乡、村，主要由地方政府负责扶持。

十年来，中央和地方各级政府不断调整财政支出结构，逐步加大对扶贫的财政投入，财政投入从2001年的127.5亿元人民币增加到2010年的349.3亿元人民币，年均增长11.9%，十年累计投入2043.8亿元人民币。其中中央财政安排的扶贫资金投入，从100.02亿元人民币增加到222.7亿元人民币，年均增长9.3%，十年累计投入1440.4亿元人民币。财政扶贫资金分配体现了重点倾斜原则，十年累计投向国家扶贫开发工作重点县和各省自行确定的扶贫开发工作重点县1457.2亿元人民币，占总投入的71.3%，县均投入1.36亿元人民币；十年共在22个省(区、市)安排中央财政扶贫资金1356.2亿元人民币，其中西部12个省(区、市)877亿元人民币。

实行整村推进扶贫开发。为促进贫困地区经济社会全面发展，2001年国家在全国确定了14.8万个贫困村，逐村制定包括基本农田、人畜饮水、道路、贫困农户收入、社会事业等内容的扶贫规划，整合各类支农惠农资金和扶贫专项资金，统筹安排，分年度组织实施，力争实现贫困群众增收、基础设施提升、社会公益事业发展、群众生产生活条件改善的目标。截至2010年年底，已在12.6万个贫困村实施整村推进，其中，国家扶贫开发工作重点县中的革命老区、人口较少民族聚居区和边境一线地区贫困村的整村推进已基本完成。

加强劳动力培训。人力资源开发是提高发展能力的有效手段。2004年以来，中央政府累计安排财政扶贫资金30亿元人民币，实施以劳动力转移为主要内容的“雨露计划”，对贫困家庭劳动力开展务工技能和农业实用技术培训。到2010年，培训贫困家庭劳动力超过400万人次，其中80%以上实现转移就业。抽样调查显示，接受培训的劳动力比没有接受培训的劳动力月工资可提高300至400元人民币。劳动力培训在帮助贫困地区劳动力实现就业和增加收入的同时，也使他们学到新技术，接触新观念，开阔了视野，增强了信心。从2010年开始，国家以促进就业为导向，开展了对贫困家庭的初高中毕业生参加职业教育给予直接补助的工作试点。

通过教育开展扶贫。十年来，国家大力发展教育，使大批农村家庭经济困难学生通过接受职业教育掌握了就业技能，在城镇稳定就业，帮助家庭摆脱或缓解了贫困现象。2001年至2010年，全国中等职业学校毕业学生4289万人，其中大部分毕业生来自农村家庭和城市经济困难家庭。不断健全义务教育、高中阶段教育和高等学校家庭经济困难学生资助体系，减轻困难学生家庭经济负担。建设移民学校，推动生态移民。

推进产业化扶贫。结合整村推进、连片开发试点和科技扶贫，扶持贫困农户，建设产业化基地，扶持设施农业，发展农村合作经济，推动贫困地区产业开发规模化、集约化和专业化。十年来，为贫困地区重点培育了马铃薯、经济林果、草地畜牧业、棉花等主导产业。其中，马铃薯产业已经成为贫困地区保障粮食安全、抗旱避灾、脱贫致富的特色优势产业。产业扶贫有效带动贫困农户实现了脱贫致富。

实施以工代赈。以工代赈是从20世纪80年代开始实施的一项农村扶贫政策，重点用于与贫困地区经济发展和农民脱贫致富相关的农村小型基础设施建设，主要包括县乡村公路、农田水利、人畜饮水、基本农田、草场建设、小流域治理等。2001年至2010年，中央政府累计投入以工代赈资金550多亿元人民币，有效改善了贫困地区的生产生活条件。

实施易地扶贫搬迁。在坚持群众自愿的前提下，对居住在生存条件恶劣、自然资源贫乏地区的贫困人口实行易地扶贫搬迁，是改善他们生存环境和发展条件的重要途径。截至2010年，中国政府对770余万贫困人口实行了扶贫搬迁，有效改善了这些群众的居住、交通、用电等生活条件。在推进工业化、城镇化的进程中，一些贫困地区把扶贫搬迁与县城、中心镇、工业园区建设和退耕还林还草、生态移民、撤乡并镇、防灾避灾等项目相结合，在促进贫困农民转移就业的同时，改善了这些群众获得公共服务的条件。

开展金融扶贫。资金短缺一直是制约贫困人口生存和发展的重要因素。从2006年开始，国家在全国1.36万个贫困村开展了贫困村互助资金试点，每个试点村安排财政扶贫资金15万元人民币，按照“民有、民用、民管、民享、周转使用、滚动发展”的方式支持村民发展生产，建立起财政扶贫资金使用长效机制。开展扶贫贷款财政贴息改革，引导和撬动金融机构扩大贴息贷款投放规模，从2001年至2010年，中央财政累计安排扶贫贷款财政贴息资金54.15亿元人民币、发放扶贫贷款近2000亿元人民币。特别是2008年国家对扶贫贷款管理体制进行全面改革，通过引入市场竞争机制、扩大扶贫贷款机构经营权限、下放贴息资金管理权限等，进一步调动了地方和金融机构开展扶贫开发的积极性，有效改善了贫困群众贷款难问题。

开展特殊地区扶贫试点。为了解决制约贫困地区发展的突出问题，中国政府在一些特殊类型的困难地区开展了符合当地特点的扶贫开发工作。在广西壮族自治区的东兰县、巴马县、凤山县，集中力量开展了解决基础设施建设的大会战。在四川省阿坝藏族羌族自治州，开展了扶贫开发与综合防治大骨节病相结合的试点。在贵州省晴隆县开展了石漠化地区的扶贫开发与生态环境建设相结合的试点。在新疆维吾尔自治区的阿合奇县开展了边境扶贫的试点。对云南省的布朗族及瑶族山瑶支系开展全面扶贫。在汶川、玉树地震灾区，把贫困地区的防灾减灾与灾后恢复重建有机结合，全面推进灾后恢复重建。通过这些试点，为因地制宜做好扶贫开发工作探索了道路，积累了经验。

四、行业扶贫

贫困问题是历史、经济、地理、自然等诸多因素综合影响的结果。中国政府从贫困地区实际情况出发，坚持综合治理原则，发挥政府各相关部门优势，积极开展行业扶贫工作。

推广农业技术。围绕贫困地区特色优势产业，采用科技承包、技物结合、典型示范等方式，推广各类先进实用技术，提高种养业生产效率。以农村青壮年劳动力为重点对象，大规模培养种植养殖能手、致富带头人、农牧民技术员、手工艺制作人才和农业产业化急需的企业经营管理人员、农民合作组织带头人和农村经纪人。

改善贫困地区交通条件。积极推进乡(镇)和建制村通沥青(水泥)路建设，满足贫困群众的基本出行需求。加强农村公路危桥改造和安保工程建设，改善农村公路网络状况，提高农村公路安全水平和整体服务能力。推进乡镇客运站建设，加强口岸公路、红色旅游公路建设，支持重要水运通道和便民内河水运设施建设。

加强贫困地区水利建设。着力解决贫困地区农村人畜饮水困难问题，积极推进农村饮水安全工程建设。推进灌区续建配套与节水改造，因地制宜开展小水窖、小水池、小塘坝、小泵站、小水渠等“五小水利”工程建设。在有条件的地区，实施跨区域水资源调配工程，解决贫困地区干旱缺水问题。加强防洪工程建设，加快病险水库除险加固、中小河流治理和水毁灾毁水利工程修复。加强水源保护及水污染防治。

解决无电人口用电问题。组织实施一二期农村电网改造工程、中西部地区农网完善工程、户户通电工程、无电地区电力建设工程、新一轮农网改造升级工程和新农村电气化建设工程，提高农村电网供电可靠性和供电能力。因地制宜发展太阳能和风力发电，解决不通电行政村、自然村用电问题。推进水电新农村电气化县建设。加强可再生能源技术服务体系建设，继续推进沼气、节能灶、小水电代燃料等农村生态能源建设。

开展农村危房改造。2008年起，以解决农村困难群众基本住房安全问题为目标，组织开展了农村危房改造试点。三年来，国家累计安排补助资金117亿元人民币，支持203.4万贫困农户开展危房改造。2010年，已覆盖全国陆地边境县、西部地区县、国家扶贫开发工作重点县、国务院确定享受西部大开发政策的县和新疆生产建设兵团团场。

开展科技扶贫。组织大专院校、科研院所作为依托单位，派遣有实践经验的专家和中青年知识分子组成科技开发团，并向扶贫开发工作重点县派驻科技副县长，帮助研究和制定科技扶贫规划，筛选科技开发项目、引进先进实用技术、组织技术培训，解决产业发展中的关键技术问题，提高贫困地区产业开发的技术水平。在贫困地区推进科技特派员农村科技创业行动，鼓励科技人员与农民结成利益共同体，开展创业和服务，引导科技、信息、资本、管理等现代生产要素向贫困地区集聚，促进当地经济社会发展和农民增收致富。

发展贫困地区社会事业。建立健全农村义务教育经费保障机制，加大对家庭经济困难学生资助力度，减轻贫困地区教育负担。实施中西部农村初中校舍改造工程、全国中小学校舍安全工程和农村义务教育薄弱学校改造计划，加强宿舍、食堂和必要的基础设施建设，改善办学条件。实施农村中小学现代远程教育工程，促进城乡和地区之间优质教育资源共享。加强农村三级医疗卫生服务体系建设，加强国家扶贫开发工作重点县乡镇卫生院、村卫生室建设。组织实施农村订单定向医学生免费培养项目，重点为乡镇卫生院及以下的医疗卫生机构培养卫生人才。加大培养合格乡村医生和接生员的力度，鼓励医疗卫生专业的大学毕业生到乡镇卫生院工作。进一步加大政府对参加新型农村合作医疗费用的资助力度。建立健全人口和计划生育服务体系。全面实行农村计划生育家庭奖励扶助制度，加快推进西部地区计划生育“少生快富”工程。加强农村公共文化服务体系建设，着力建设乡镇综合文化站,组织开展全国文化信息资源共享工程、送书下乡工程,开展广播电视“村村通”工程、农村电影放映工程、“农家书屋”工程。

加强贫困地区生态建设。巩固退耕还林成果,完善补助政策,延长补助期限。实施退牧还草工程,采取封山育草、禁牧等措施,保护天然草原植被。在西藏等地开展草原生态奖励补助试点。组织实施京津风沙源治理工程,在项目区大力发展生态特色产业,实现生态建设与经济发展有机结合。实施岩溶地区石漠化综合治理工程,通过封山育林育草、人工植树种草、发展草食畜牧业、坡改梯、小型水利水保工程,实现石漠化综合治理与产业发展、扶贫开发结合。实施三江源生态保护和建设工程,通过退耕还草、生态移民、鼠害防治、人工增雨等措施,加强长江、黄河和澜沧江发源地的生态保护。加快完善生态补偿机制,加大天然林保护、湿地保护与恢复、野生动植物保护和自然保护区建设力度,维护生物多样性。

国家把对少数民族、妇女、残疾人的扶贫开发纳入规划,统一组织,同步实施,同等条件下优先安排,加大支持力度。组织实施兴边富民专项行动,支持边境地区加快经济社会发展,帮助边境群众增收致富,扶持范围覆盖全国所有陆地边境县和新疆生产建设兵团边境团场,2000年至2010年共投入兴边富民资金22.1亿元人民币。对全国人口在10万人以下的22个人口较少民族实行专项扶持,编制并实施《扶持人口较少民族发展规划(2005—2010年)》,对人口较少民族及其聚居区投入各项扶持资金37.51亿元人民币,集中力量帮助这些民族加快发展步伐。组织实施《中国妇女发展纲要(2001—2010年)》,把缓解妇女贫困程度、减少贫困妇女数量放在优先位置,加大对贫困妇女扶持力度,帮助、支持贫困妇女实施扶贫项目,鼓励、支持以妇女为主的扶贫经济实体的发展。2009年以来,还组织实施了小额担保贴息贷款项目,截至2011年7月底,累计发放贷款409.93亿元人民币,其中农村妇女获得贷款259.23亿元人民币,使贫困妇女成为扶贫资源的获得者和扶贫成果的直接受益者。组织实施《农村残疾人扶贫开发计划(2001—2010年)》,因地制宜选择符合残疾人特点的扶贫项目和方式,着力解决贫困残疾人温饱问题,缩小残疾人生活水平与社会平均水平的差距。

五、社会扶贫

扶贫济困是中华民族的传统美德。中国政府始终注重发扬这一优良传统,组织和动员社会力量积极参与扶贫开发,共同推进减贫事业发展。

为加大对革命老区、民族地区、边疆地区、贫困地区发展的扶持力度,国家大力开展定点扶贫工作。国家确定的定点帮扶单位主要包括中央和国家机关各部门各单位、人民团体、参照公务员法管理的事业单位、国有大型骨干企业、国有控股金融机构、各民主党派中央及全国工商联、国家重点科研院校等,定点帮扶对象为国家扶贫开发工作重点县。多年来,定点帮扶单位采取干部挂职、基础设施建设、产业化扶贫、劳务培训和输出、文化教育扶贫、科技扶贫、引资扶贫、生态建设扶贫、医疗卫生扶贫、救灾送温暖等多样化措施开展定点帮扶。目前,参与此项工作的单位达到272个,受到帮扶的国家扶贫开发工作重点县达到481个,占国家扶贫开发工作重点县总数的81.25%。从2002年至2010年,定点帮扶单位派出挂职干部3559人次,直接投入资金(含物资折款)90.9亿元人民币,帮助引进资金339.1亿元人民币,培训各类人员168.4万人次。中国各民主党派中央及全国工商联,积极发挥各自人力资源、资金动员、信息知识等方面的优势,与贫困地区建立结对帮扶机制,有效开展扶贫工作。

东部发达省市与西部贫困地区结对开展扶贫协作,是国家为实现共同富裕目标作出的一项制度性安排。自1996年开始,中国政府作出部署,安排东部15个经济较发达省、市与西部11个省(区、市)开展东西扶贫协作工作。东西扶贫协作形式多样,形成了政府援助、企业合作、社会帮扶、人才支持为主的基本工作框架。从2003年到2010年,东部到西部挂职的干部2592人次,西部到东部挂职的干部3610人次;东部地区向西部地区提供政府援助资金44.4亿元人民币、协作企业5684个,实际投资2497.6亿元人民币、社会捐助14.2亿元人民币,培训专业技术人才22.6万人次、组织劳务输出467.2万人次。

军队和武警部队是中国社会扶贫的一支重要力量。十年来,军队和武警部队根据国家和驻地扶贫开发总体规划,发挥优势,主动作为,积极参与实施定点扶贫和整村推进扶贫,支援农田水利、乡村道路、小流域治理等农业农村基础设施建设,开展捐资助学、科技服务和医疗帮扶等活动。

各类人民团体、社会组织、民营企业和广大公众积极参与扶贫开发,针对特殊困难地区和群众脱贫致富的要求,通过定点帮扶、结对帮扶、实施专项扶贫工程、参与具体扶贫活动等多种形式,支持产业发展,援建基础设施,发展教育卫生,改善生产生活条件,开展生态环境建设。各类组织有效动员有专业技术且致力于扶贫等公益事业的有识之士,积极开展帮助贫困群众脱贫致富的志愿者活动。民营企业积极履行社会责任,通过捐助资金、招聘劳力、建立产业和培训基地等多种方式参与扶贫开发。

六、国际合作

中国政府致力于依靠自身的力量解决贫困问题,

并注意借鉴国际社会先进的减贫理念和成果，积极与国际社会分享中国在扶贫开发领域的经验和做法，开展国际交流与合作。

20世纪90年代初期，中国就开始利用外资进行扶贫。先后与世界银行、联合国开发计划署、亚洲开发银行等国际组织和英国、德国、日本等国家以及国外民间组织在扶贫领域开展了卓有成效的减贫项目合作。据不完全统计，截至2010年，扶贫领域共利用各类外资14亿美元，加上国内配套资金，直接投资总额近200亿元人民币，共实施110个外资扶贫项目，覆盖了中国中西部地区的20个省(区、市)300多个县，使近2000万贫困人口受益。

外资扶贫作为中国扶贫开发工作的重要组成部分，把国际上一些先进的减贫理念和方法，例如参与式扶贫、小额信贷、项目评估和管理、贫困监测评价等，逐步应用于中国扶贫实践中，在创新扶贫开发机制、提高扶贫工作水平、开发扶贫队伍人力资源等方面产生了积极影响。

多年来，中国积极参与国际减贫事业，致力于构建国际减贫交流合作平台，与广大发展中国家共享减贫经验，共同发展进步。2004年中国政府与世界银行在上海共同召开全球扶贫大会，并与联合国开发计划署等国际机构联合成立中国国际扶贫中心。从2007年开始，中国政府和联合国驻华系统在每年10月17日“国际消除贫困日”期间联合组织举办“减贫与发展高层论坛”，探讨国际减贫的形势和问题。中国政府还组织举办了“中国—东盟社会发展与减贫论坛”，推动了中国与东盟地区的减贫合作，加快减贫进程，促进区域的发展、稳定与繁荣。2010年，中国政府与有关国家和国际机构共同举办了“中非减贫与发展会议”，强调通过“在变革中求发展”的方式削减贫穷，推动千年发展目标在非洲的进程。近年来，中国政府共完成了40多项国内外扶贫理论与政策研究，培训了91个发展中国家的720名中高级官员，举办了上百次减贫方面的高层对话会、研讨会、名人论坛和双边互访减贫交流，与墨西哥、阿根廷、秘鲁、委内瑞拉、哥伦比亚、坦桑尼亚、莫桑比克等发展中国家签订减贫合作协议或共建减贫合作中心，在扶贫领域的交流逐步深化。

结束语

在中国这样一个有着13亿多人口的发展中国家开展扶贫开发，其难度世所罕见。中国为解决贫困问题付出了艰辛的努力，取得了重大进展。

中国政府清醒地意识到，虽然中国的综合国力有了显著增强，但中国仍然是一个人均收入水平较低的发展中国家，缩小城乡、区域、贫富的差距始终是国家发展面临的重大挑战。当前，制约中国贫困地区发展的深层次矛盾依然存在，诸如扶贫对象规模大、相对贫困问题凸显、返贫现象时有发生、集中连片特殊困难地区发展相对滞后。扶贫开发是中国政府一项长期而艰巨的任务。

在新的历史起点上，中国政府将坚持科学发展观，把扶贫开发放在更加突出的位置，全面实施《中国农村扶贫开发纲要(2011—2020年)》，把巩固温饱成果、加快脱贫致富、改善生态环境、提高发展能力、缩小发展差距作为新的政策目标，大力推进扶贫开发事业的深入发展。

中国作为一个负责任的国家，将继续履行与自身发展阶段和发展水平相适应的国际义务，积极参与国际减贫事业，共享先进减贫理念和经验，深化扶贫开发的交流与合作。中国愿与国际社会一道，为创造一个没有贫困、共同富裕的美好世界而不懈努力。

第十三届中国国际高新技术成果交易会(高交会)在深圳会展中心举行

中共中央政治局委员、广东省委书记汪洋出席开幕式并宣布开幕。

本届高交会以“促进国际创新合作、加快发展方式转变”为主题，设9个展馆，包括“高新技术成果交易、高新技术专业产品展、中国高新技术论坛、super-SUPER专题活动、人才与智力交流会、不落幕的交易会”六大板块。

国家副主席习近平在人民大会堂会见津巴布韦总统罗伯特·穆加贝

中联部部长王家瑞在钓鱼台国宾馆会见津巴布韦总统罗伯特·穆加贝

国防部部长梁光烈在八一大楼与苏丹国防部部长阿卜杜勒·拉希姆·侯赛因举行会谈

11月17日

国务院总理温家宝在印尼巴厘岛与印尼总统苏西洛举行会谈

温家宝希望东亚峰会新成员为东亚合作注入新的活力，东亚峰会作为领导人引领的战略论坛，要坚持既定性质、方向和合作领域，为促进地区经济社会发展，保持和平合作势头发挥积极作用。

苏西洛表示，在全球经济困难的背景下，东亚要肩负起促进地区经济增长的重任，成为拉动世界经济增长的动力。东亚峰会各成员国要齐心协力，坚持东亚峰会的原则，维护和平、合作大局，确保峰会沿着正确方向继续前进。东盟不赞成在峰会上讨论具体的政治、安全问题。

关于中国与印尼关系，温家宝表示，中方愿同印尼一道，积极落实达成的各项共识。中方高度重视参与印尼六大经济走廊的基础设施建设和产业发展，中国政府鼓励中国金融机构提供融资支持。两国能源领域合作潜力巨大，要进一步加强油气、煤炭、电力等传统领域以及新能源、可再生能源领域的合作。双方要尽早启动中国—印尼海上合作委员会，利用两国海上合作基金，加强务实合作。

苏西洛表示，温总理今年4月访问印尼，为两国关系发展注入新的动力。印尼感谢中国企业积极参与印尼六大经济走廊建设计划，愿与中方共同努力，推动双方能源、工业、防务领域和海上合作取得更多成果。

全国政协主席贾庆林在广西调研

11月17日至21日，贾庆林先后来到南宁、玉林、梧州等地，深入工厂企业、港口码头、文化园区、水利设施和城镇社区，就促进经济平稳较快发展和社会和谐稳定进行调研。调研期间，贾庆林还听取了广西壮族自治区党委、政府的工作汇报，对广西近年来经济社会发展取得的成绩给予充分肯定，勉励他们抢抓机遇，加快发展，努力实现富民强桂新跨越。

贾庆林强调，要深入贯彻落实党的十七届六中全会精神，紧紧抓住国家深入实施西部大开发战略的宝贵机遇，广泛凝聚各方面智慧和力量，积极推进经济结构战略性调整和发展方式转变，着力深化改革开放，切实加强民族团结，促进经济长期平稳较快发展和社会和谐稳定，以优异成绩迎接党的十八大胜利召开

贾庆林强调，各级党委要认真贯彻落实中央有关文件精神，在推进统一战线和人民政协工作方面出更多实招，在解决他们实际困难方面办更多好事，在促进统战、政协干部成长进步方面想更多办法，切实为他们履行职能、发挥作用创造有利条件。各级政协组织和统战部门要充分发挥优势和作用，更加积极地服务党和国家工作大局，更加努力地推动制度化、规范化、程序化建设，不断提高统一战线和人民政协工作的科学化水平。

国家副主席习近平在人民大会堂会见以朝鲜金日成社会主义青年同盟中央委员会第一书记李勇哲为团长的朝鲜青年友好代表团

“神舟”八号飞船返回舱在内蒙古中部预定区域安全着陆

北京时间19时32分，“神舟”八号飞船返回舱在内蒙古中部预定区域安全着陆。至此，“天宫一号”目标飞行器与“神舟”八号飞船交会对接任务取得圆满成功。

全国高等学校哲学社会科学工作会议在北京召开

中共中央政治局常委李长春作出批示。中共中央政治局委员、国务委员刘延东出席会议并讲话。

李长春在批示中希望全国高校深入贯彻落实党的十七届六中全会精神，大力开展社会主义核心价值体系宣传教育，认真实施马克思主义理论研究和建设工程，充分发挥高校哲学社会科学在教书育人方面的重要作用，帮助大学生树立正确的世界观、人生观、价值观，不断坚定中国特色社会主义理想信念，不断提高思想道德水平和科学文化素质。

刘延东指出，高校作为我国哲学社会科学事业的主力军，长期以来在人才培养、学科建设和学术创新等方面取得显著成绩，为繁荣发展我国哲学社会科学发挥了重要作用。要深入学习贯彻十七届六中全会精神，认真落实中办、国办转发的《教育部关于深入推进高等学校哲学社会科学繁荣发展的意见》，坚持马克思主义指导地位，坚持中国特色社会主义道路、理论和制度，坚持“二为”方向和“双百”方针，大力推动社会主义核心价值体系建设，促进哲学社会科学创新体系建设，研究重大理论实践问题，增强中国哲学社会科学国际话语权，更好地发挥哲学社会科学认识世界、传承文明、创新理论、咨政育人、服务社会的重要功能。

刘延东要求，各级党委政府、教育部门和各高校要切实担负起领导和推动哲学社会科学繁荣发展的责任，深化科研体制机制改革，加强人才队伍和学风建设，强化学术引导和管理，推动高校哲学社会科学健康、蓬勃发展。

教育部部长袁贵仁主持会议。中央国家机关有关部门负责同志，各省（区、市）党委教育工作部门、教育厅（教委）、新疆生产建设兵团教育局、中央部委直属高校、部分地方高校主要负责同志，共计240余人出席会议。

第一届中美文化艺术论坛在国家大剧院和国家博物馆举行

论坛于11月17日至19日举行。美国电影导演乔尔·科恩、奥斯卡影后梅丽尔·斯特里普、大提琴家马友友、中国导演陆川等中美文化名人开展了6场专题讨论，话题涉及食品文化、艺术和市场、摄影等主题。

论坛由亚洲协会美中关系中心，阿斯彭学会艺术项目，中国人民对外友好协会以及美国驻华大使馆组织。

11月18日

国务院总理温家宝在印尼巴厘岛出席第十四次中国与东盟领导人会议并发表讲话

温家宝就深化中国东盟务实合作提出六点倡议。

东盟国家领导人高度评价中国—东盟关系20年来的发展历程和辉煌成就，赞赏中国长期以来奉行睦邻友好政策，以实际行动支持东盟国家发展和东盟一体化建设，支持东盟在区域合作中的主导地位，推进区域合作所做的努力，欢迎温家宝对进一步加强中国—东盟合作提出的倡议，表示面对当前复杂多变的国际政治和经济形势，东盟各国愿与中国继续相互支持，密切配合，深化战略互信，抓住机遇，全面提升务实合作水平，共同为促进本地区和世界和平、稳定与繁荣作出贡献。东盟对双方未来合作前景充满信心。

会议发表了《纪念峰会联合声明》。

温家宝与东盟国家领导人共同出席了中国—东盟中心揭牌仪式。

国务院总理温家宝在第十四次中国与东盟领导人会议上的讲话

尊敬的苏西洛总统，各位同事：

时隔8年，再次来到美丽的巴厘岛，出席中国—东盟建立对话关系20周年纪念峰会，我感到非常高兴和振奋。此时此地，我们要向所有为推动中国—东盟关系发展作出贡献和正在为此努力工作的各界人士表示感谢和敬意。

1991年，中国同东盟建立对话关系，体现了双方顺应时代潮流，探索区域合作的战略远见和勇气，开启了中国与东盟关系的历史进程，具有里程碑意义。

——我们恪守相互尊重、互不干涉内政的原则，不断增进政治互信。东盟国家奉行一个中国政策，支持中国和平统一，在涉及中国主权等重大原则问题上照顾中方关切。中国尊重东盟各国自主选择的发展道路和价值观，支持东盟按照自己的方式处理纷争，反对外部势力干涉东盟内部事务。

——我们在合作中倡导互利、互助、互鉴，促进共同发展。今年双方贸易额将超过3500亿美元，是1991年的40多倍。中国成为东盟最大贸易伙伴，东盟成为中国第三大贸易伙伴。中国为东盟成员国发展经济、改善民生提供了真诚的援助和帮助。东盟成员国也给中国提供了积极的支持。双方在治国理政方面交流经验，取长补短。

——我们在困难面前同舟共济，努力把挑战转化为机遇。双方共同抵御1997年亚洲金融危机，推动建立东盟与中日韩合作机制；携手应对罕见的国际金融危机，如期全面建成中国—东盟自由贸易区；在重大自然灾害和疫情中守望相助，探索建立有效的预警、防控、救助机制。

——我们致力于和平共处和睦邻友好，积极营造安全、和谐的地区环境。通过对话和协商解决争端和处理历史遗留问题；致力于建立东南亚无核武器区；珍视传统友谊，传播世代友好的理念。

多位东盟国家领导人对我说过，中国与东盟的关系最务实、最广泛、最富有成果。我深有同感。我们都是发展中国家，始终把发展经济、改善民生作为最紧迫、最重要的任务，把能否给本国人民和本地区带来实实在在的利益放在首位。我们地缘、文化、历史相近，各方面联系和交往密切，在众多领域开展合作具有得天独厚的有利条件。我们奋发图强，开放包容，始终保持旺盛的活力。

今天，中国与东盟作为致力于和平与繁荣的战略伙伴，在前所未有的广泛领域和高水平上开展交流与合作，成为休戚相关、荣辱与共的命运共同体。中国与东盟共同取得的辉煌成就，为增进本地区人民福祉，促进和平与发展的崇高事业作出了突出贡献，对亚洲乃至世界的进步产生了深远的积极影响。

各位同事，

世界正处于深刻复杂的变化之中。国际金融危机进入第四个年头，全球经济金融形势依然不容乐观。一些发达国家经济复苏乏力，出现严重的金融和债务危机。新兴国家和发展中国家的地位在上升，但整体实力仍不够强大。西亚北非地区发生社会动荡。全球性粮食、能源、环境问题日益威胁着人类的可持续发展。世界经济前景的不确定性、不稳定性有可能长期存在。

当前，东亚保持经济较快增长和社会稳定，是全球最富有活力和潜力的地区，东盟和中国为此作出了重要贡献，赢得国际社会广泛认可和高度关注。必须看到，在全球化深入发展的时代，任何地区和国家不可能独善其身。严峻的外部环境势必对东亚带来不利影响，中国和东盟自身的薄弱环节和问题也会制约竞争力的进一步提升。我们既要充满信心，又要保持清醒，关键是抓住机遇，加强合作，共迎挑战，把命运牢牢掌握在自己手中，不松懈，不动摇，朝着既定的方向和目标继续迈进。关于中国与东盟关系未来发展方向，我谈几点原则意见：

第一，加强战略沟通和战略互信。中国永远不谋求霸权，反对任何霸权行为，将始终奉行“与邻为善，以邻为伴”的周边外交政策，恪守《东南亚友好合作条约》。本地区有关国家在南海存在的争议，是多年积累下来的问题，应由直接有关的主权国家通过友好协商和谈判予以解决。外部势力不应以任何借口介入。2002年,中国与东盟国家签署了《南海各方行为宣言》,确定将推动务实合作,并为最终达成"南海行为准则"而努力。这是东盟国家与中国的共同意愿。中方愿同东盟国家积极推进全面落实《南海各方行为宣言》,加强务实合作,并着手探讨制定"南海行为准则"。

第二,把促进经济发展和社会进步作为第一要务。中国和东盟国家都处于发展的关键时期,我们要把双方发展战略和各自优势更好地结合起来,在更广领域和更高水平上开展合作,增强内生活力和动力,加快发展经济,改善民生,推进现代化建设,实现东亚的全面振兴。

第三,坚持由东盟主导东亚合作进程。中国支持东盟一体化和共同体建设,乐见东盟实力和影响力不断提升,相信东盟完全有能力继续主导东亚合作。中国将于明年设立常驻东盟使团。中国将一如既往地支持和配合东盟工作,坚持以"10+1"为基础,"10+3"为主体,东亚峰会为重要补充,推进东亚合作。

第四,在多边领域维护共同利益。作为同一地区的发展中国家,我们在许多重大问题上有着相似的立场和看法,面临相同的处境和挑战,有着一致的目标和追求。中国和东盟都是促进和平与发展的战略力量,双方要密切协调配合,为推动建立公正合理的国际政治经济新秩序而努力。

各位同事,

中国与东盟的务实合作拥有扎实基础,潜力巨大,具备向更高目标迈进的有利条件。我们要根据形势发展变化,加强统筹规划,建立健全合作机制,深化重点领域的合作,开拓新的合作领域,努力取得更加丰硕的成果。为此,我提出以下具体倡议和建议:

第一,扩大贸易和投资合作。要认真实施中国—东盟自贸区的各项协定,完善自贸区建设,使双方人民、企业得到越来越多的好处。中方将继续向东盟国家派遣贸易投资促进团,在广西南宁设立东盟产品展示中心,促进双方贸易持续平衡增长。中方愿积极扩大对东盟国家的投资,加大转让先进适用技术的力度,共同提升产业竞争力。

第二,把互联互通等基础设施建设放在突出位置。为使这一重点领域的合作更为顺畅、高效,倡议成立中国—东盟互联互通合作委员会,力争尽快实现中国与东盟有关国家陆路运输通道互联互通的目标。中方高度重视与东盟国家构筑海上互联互通网络,愿采取有力举措与东盟国家发展冷藏船、滚装船以及集装箱班轮直线,推进海上旅客和货物运输便利化。中国政府在2009年承诺向东盟国家提供的150亿美元信贷共支持了50多个基础设施等建设项目,涉及几乎所有东盟国家。我宣布,中方将追加100亿美元信贷,其中包括40亿美元优惠性质贷款。

第三,深化金融领域合作。中方愿与东盟国家加强央行合作和金融人才交流;通过互设金融分支机构等形式,推动金融市场开放;加强监管领域的对话合作;扩大本币互换规模,推动人民币与东盟国家货币在双方银行间外汇市场挂牌交易;逐步建立银行间本币清算合作机制,推进双边本币结算业务发展;发挥"中国—东盟银联体"作用,为双方企业提供多样化金融服务;双方要共同推动完善清迈倡议多边化等区域货币互换机制,全面提升东亚金融危机救助水平,维护区域内金融稳定。

第四,开拓海上务实合作。中方将设立30亿元人民币的中国—东盟海上合作基金,从海洋科研与环保、互联互通、航行安全与搜救、打击跨国犯罪等领域做起,逐步将合作延伸扩大到其他领域,形成中国—东盟多层次、全方位的海上合作格局。建议双方成立相应机制对此加以研究,制定合作规划。

第五,深化科技和可持续发展领域的合作。倡议明年作为"中国—东盟科技合作年",在中国举办首届中国—东盟科技部长会议。双方要尽快签署《中国—东盟科技合作协定》,启动科技伙伴计划。中方愿与东盟推进在绿色经济、节能环保、新能源、可再生能源等领域的交流与合作。

第六,更加重视社会和民生领域的合作。中方愿意设立10个职业教育培训中心,为东盟国家经济社会发展提供所需的人力资源;建议双方在灾害管理和人道主义救援方面建立机制化联系,交流信息和技术,探讨建立中国—东盟救灾物资储备库;倡议设立中国—东盟传统医药交流合作中心;中方愿与东盟建立文化部长会议机制,建议明年举行首次正式会议,探讨制订中国—东盟文化合作行动计划。

今天,中国—东盟中心正式成立。双方要积极支持中心开展工作,为促进友好交流与合作提供服务。

苏西洛总统,各位同事,

中国和东盟各国高度评价20年来中国—东盟关系发展取得的成就,对未来合作方向和重点提出了重要的建设性意见。中国—东盟关系的基础是牢固的,潜力是巨大的,前景是广阔的。中国愿与东盟永做好邻居、好朋友、好伙伴,密切协调与配合,努力推动落实达成的各项共识,更多造福人民,为地区和平与繁荣作出更大贡献。

第十四次中国—东盟领导人会议发表联合声明

我们,中华人民共和国和东南亚国家联盟成员国的国家元首/政府首脑，在第十四次中国—东盟领导人会议并纪念中国—东盟对话关系20周年之际，于2011年11月18日相聚印尼巴厘岛；

对于不断加强的中国—东盟关系和1991年开启对话关系以来双方全面对话关系及各领域合作取得的重要进展和显著成果感到满意；

欢迎2003年签署的《落实中国—东盟面向和平与繁荣的战略伙伴关系联合宣言》第一份行动计划(2005—2010)的成功落实及新行动计划(2011—2015)的通过；

赞赏中国于2003年成为第一个正式加入《东南亚友好合作条约》的对话伙伴；

欢迎中国坚定、一贯支持东盟一体化和共同体建设进程，以及东盟在东亚合作和不断发展的地区架构中的核心作用；

认识到落实2002年签署的《南海各方行为宣言》取得的进展，包括近期通过落实《南海各方行为宣言》指针；

受到2010年1月1日以来落实中国—东盟自由贸易区取得的进展，中国—东盟贸易、投资联系和经济合作由此得到加强，为各国经济发展作出重大贡献的鼓舞；

欢迎在2011年为纪念中国—东盟建立对话关系20周年开展的各项有意义的活动；

忆及并致力于遵循1997年《中华人民共和国与东盟国家首脑会晤联合声明》，2003年《中国—东盟面向和平与繁荣的战略伙伴关系联合宣言》以及其他为中国—东盟睦邻友好及全面互利合作奠定基础的联合宣言和合作文件；

考虑到不断变化的国际和地区环境带来的挑战和机遇；

强调在这种情况下进一步推进和加强中国—东盟全面战略伙伴关系的重要性；

重申以《联合国宪章》的原则、《东盟宪章》《东南亚友好合作条约》、和平共处五项原则及其他相关国际法、条约、公约继续引领中国—东盟对话关系及合作；

相信加强中国—东盟对话关系和全面合作以及增进双方互信与理解将极大造福双方人民，并为地区乃至世界的和平、稳定、繁荣和进步作出重要贡献；

特此通过以下内容：

一、我们决心永做好邻居、好朋友、好伙伴，推动双方在政治安全、经济、社会文化及国际和地区事务中的合作，将中国—东盟战略伙伴关系推向新的高度。

二、我们将努力合作，有效落实《落实中国—东盟面向和平与繁荣的战略伙伴关系联合宣言的行动计划(2011—2015)》。

三、中国将支持并与东盟密切合作，以在2015年实现由三个支柱组成的东盟共同体，即东盟政治安全共同体、东盟经济共同体和东盟社会文化共同体。

政治安全合作

四、我们致力于通过密切的高层接触和往来加深相互理解和友谊。我们将继续就共同关心的地区和国际问题加强不同层级的经常性双边和多边对话与磋商。

五、我们继续秉持《东南亚友好合作条约》及和平共处五项原则的精神，加强地区和平、安全、繁荣与互信。

六、我们重申根据国际法，相互尊重彼此独立、主权和领土完整及不干涉别国内政原则。我们致力于通过对话和协商和平解决争端，不诉诸武力或以武力相威胁。

七、我们将通过地区和国际机制与框架在裁军和不扩散领域密切合作。在这方面，中国重申坚定支持东盟为实现东南亚无核武器区所做的努力，愿早日签署《东南亚无核武器区条约》议定书。

八、我们将利用东盟防长扩大会、东盟地区论坛等现有双、多边框架和机制促进防务和军事交流与合作。

九、我们坚定致力于充分、有效落实《南海各方行为宣言》，并朝着在协商一致基础上最终制定南海行为准则而努力，从而进一步为本地区和平、安全、稳定与合作作出贡献。

十、我们将根据国际法，包括1982年《联合国海洋法公约》开展合作，加强海上安全，包括确保商贸自由、航行及海上交通安全。

十一、我们将通过《关于〈落实中国—东盟非传统安全领域合作谅解备忘录〉的行动计划》加强合作，应对非传统安全及跨国犯罪问题。

十二、我们将合作促进和保护人权和基本自由，并支持东盟政府间人权委员会工作。

经济合作

十三、我们致力于在经济全球化和区域一体化的背景下进一步深化和拓展互利经济合作，为地区和双方人民带来福祉。

十四、我们决心充分、有效落实中国—东盟自贸区相关协定，以给人民带来更大福祉，推动经济发展和实现2015年双方贸易额达到5000亿美元及提高中国对东盟直接投资的目标。

十五、我们将根据《中国—东盟全面经济合作框架协议》，继续努力提高市场准入水平、逐渐实现货物、服务贸易自由化和便利化，提升公众和企业界对自贸区效益的认识。我们也将致力于建立一个开放、有竞争力的投资体制，以在中国—东盟自贸区内根据《中国—东盟全面经济合作框架协议》推动并促进投资。

十六、我们将共同努力加强旅游合作，实现2015年双向游客1500万人次的目标。

十七、我们欢迎中国—东盟中心在北京成立，支持中心有效运转，这将为扩大中国—东盟自贸区框架下的贸易与投资以及增加中小企业、旅游、民间及文化交流作出贡献。

十八、我们将密切合作，加强一体化努力，通过支持落实《东盟互联互通总体规划》和中国—东盟互联互通项目，加强东盟内部以及中国与东盟之间的互联互通。我们决心合作，并充分利用一切可能的资源，包括金融和技术支持、投资、公私伙伴关系等，实现东盟内部以及中国与东盟之间的基础设施、规制、人员的互联互通。

十九、我们将共同努力，通过加强“10+3”框架下的宏观经济与金融合作，防止本地区再次发生金融和货币危机。

二十、我们将继续加强农业和粮食生产合作，确保粮食安全，加强能源安全合作，特别是可再生与替代能源合作。

二十一、我们致力于通过落实《东盟一体化倡议第二工作计划》，为东盟缩小发展差距和一体化努力提供帮助。

二十二、我们鼓励中国与东盟进一步合作，支持在东盟东部增长区、老柬缅、越老柬缅、印马泰成长三角、大湄公河次区域经济合作、东盟—湄公河流域开发合作等框架下的次区域开发。

社会文化合作

二十三、我们将通过增加文化、教育、青年、体育和学术交流，增进议会、媒体、社会团体、学术和二轨机构交往，加强社会文化合作，促进民间交往。

二十四、我们将加倍努力，分享经验，以应对气候变化、环境保护和可持续发展等挑战，并在国际气候变化谈判中加强对话与合作。

二十五、我们将共同努力，加强在湄公河可持续水资源管理和利用方面的合作，这对各国民生和粮食安全具有重要意义。

二十六、我们将在利用现有的东盟协定和机制的同时，进一步加强在灾害管理方面的务实合作，包括应急准备、减少风险、人道主义救援、重建和恢复。

二十七、我们将继续密切在公共卫生领域的合作，包括必要时，加强国家预防和反应能力，以应对突发传染病和其他公共卫生紧急事件的挑战。

二十八、我们将进一步加强在减贫与保护妇女、儿童和残疾人等弱势群体方面的合作。

地区与国际合作

二十九、我们将继续保持在国际、地区及次区域事务上的密切沟通，以及在各个国际、地区和次区域机制中的合作。

三十、我们重申致力于进一步加强东亚区域合作，建立一个公开、透明和包容的区域架构。中方重申，在不断演变的区域架构中，包括东盟与中日韩、东亚峰会、东盟地区论坛、东盟防长扩大会和其他区域合作进程中，继续支持东盟的主导地位。

三十一、我们重申由东盟主导的东盟与中日韩合作将继续作为建立东亚共同体这一长期目标的主渠道。我们期待东亚第二展望小组成果报告，作为我们努力的一部分，在2012年东盟与中日韩合作15周年之际为东亚合作和共同体建设作出新的展望。

三十二、我们重申致力于东亚峰会作为领导人引领、开放、透明和包容的论坛的目标和原则，就共同关心和关切的广泛的战略、政治、经济问题进行对话合作，以促进东亚和平、稳定与繁荣。我们欢迎东亚峰会合作不断取得进展和对这一进程的支持。

三十三、中国支持东盟决定建立应对全球性问题共同平台，提高其应对全球与区域重大问题的能力，支持东盟主席国定期参加二十国集团峰会，并将与东盟在这方面保持协调。

三十四、东盟重申坚持一个中国的政策，并赞赏中国为促进本地区和平、稳定与发展作出的积极贡献。东盟支持中国致力于和平发展和稳定，这有利于本地区乃至更大范围的和平、稳定、合作与可持续发展。

2011年11月18日于印尼巴厘岛通过。一式两份，均为英文文本。

国务院总理温家宝出席在印度尼西亚巴厘岛举行的第十四次东盟与中日韩(“10+3”)领导人会议并发表讲话

温家宝提出，下一阶段“10+3”国家要在四方面加强合作。

其他与会领导人表示，“10+3”合作经受了国际金融危机考验，显现出蓬勃的生命力和广阔的发展前景。当前，世界经济形势依然严峻，东亚地区发展机遇与挑战并存，“10+3”国家有信心、有决心加强务实合作，认真落实已达成的共识，提高东亚国家整体应对危机的能力，促进可持续发展，造福本地区人民。

国务院总理温家宝在第十四次东盟与中日韩(“10+3”)领导人会议上的讲话

苏西洛总统，各位同事：

我很高兴再次来到美丽的巴厘岛，与东盟及日、韩领导人共商东亚合作发展大计。我对苏西洛总统和印尼政府的周到安排表示诚挚的感谢。

当前,国际金融危机深层次影响仍在发展。一些发达国家经济复苏乏力,债务问题严重,新兴市场国家和发展中国家通胀压力加大。西亚北非局势动荡,气候变化、粮食安全、自然灾害等全球性问题突出。这些因素交织在一起,使世界经济前景变得不确定、不稳定。

这些年,东盟一体化取得重要进展,东盟整体实力和影响力进一步提升。东亚国家相互帮助,加强合作,共谋发展,成功应对国际金融危机,保持了经济较快增长和金融稳定,地区经济融合进一步加深。东盟与中日韩"10+3"合作为此发挥了重要作用。应该看到,东亚各国在不同程度上都面临经济结构调整、改善民生、增强可持续发展能力的艰巨任务,地区发展还很不平衡。在外部环境不利的情况下,我们要采取更加有力的措施,增强凝聚力和内生发展动力,通过进一步深化合作提高抵御风险的能力和整体竞争力,在世界格局的变化中占据主动位置。

下面,我谈几点意见:

第一,加快推进本地区贸易自由化和便利化。今年8月,中日共同提出加速推进东亚自贸区和东亚全面经济伙伴关系建设的倡议。中方愿在充分尊重东盟中心地位、循序渐进、兼顾各方关切的基础上,务实推进,希望得到各方支持。我们要用好东亚自贸区研究专项资金,推动相关工作取得实质性进展。

第二,进一步提升区域财金合作水平。"10+3"财金合作取得显著成果,前景广阔。《清迈倡议多边化协议》生效,"10+3"宏观经济研究办公室成立,区域信用担保和投资基金筹备进展顺利,未来财金合作重点领域研究已经启动,"10+3"财长会将扩充为"10+3"财长与央行行长会。

建议下一阶段着力提高清迈倡议多边化协议有效性,在危机救助功能基础上拓展危机防范功能;推动储备库资金由当前分散管理实现实际汇集,更好发挥储备库资金作用;增强"10+3"宏观经济研究办公室的经济监测能力;积极推动亚洲债券市场建设,促进本币债券发行,使亚洲储蓄更多投资于本地区,投资于实体经济,为东亚经济发展服务。

同时也要加强区域贸易本币结算等新领域的研究,寻求本地区缩短贸易时间、降低贸易成本、缓解国际金融危机冲击的更好途径。积极推进区域金融安全网建设,提高东亚国家抵御金融风险的能力。

第三,加大对东亚互联互通建设的投入。中日韩三国要加强协调,形成合力,发挥在资金、技术和人力上的优势,更好地支持《东盟互联互通总体规划》的实施,促进东亚互联互通,为推进东亚一体化建设打下基础。

中方支持泰国提出的"10+3"互联互通伙伴关系倡议,将于明年举办"'10+3'互联互通:共识与前景"国际研讨会,以此为平台进一步探讨"10+3"开展互联互通合作的方式。

我们要拓展思路,为基础设施建设项目提供灵活多样的融资方式。"10+3"国家已决定就区域基础设施融资开展研究,希望早日取得具体成果。

第四,促进地区经济发展方式转变和可持续发展。"10+3"机制要加强在科技、新能源、节能环保等领域合作,为各国特别是东亚发展中国家实现可持续发展提供支持和帮助。为此,中方将于明年举办"10+3"创新论坛,探讨推动科技创新,为转变经济发展方式注入动力。

今年,"10+3"国家正式签署了大米紧急储备协定,中方愿与各方一道积极落实这一协定,进一步提升东亚粮食安全合作水平。中方愿扩大与东盟和日韩的卫生合作,用好"10+3"传染病信息通报网站,逐步建立慢性非传染性疾病防控合作联络机制。

各位同事,

东亚合作处于发展的关键阶段,坚持东盟主导,突出发展、互利、共赢的主题,继续以"10+3"为主渠道推进东亚一体化建设,符合各国的共同利益。明年是"10+3"合作进程启动15周年。中方将举办纪念研讨会,出版"10+3"合作文件集,并愿担当东亚思想库网络主席。我们要以15周年为契机,进一步坚定信心,团结协作,推动"10+3"合作达到更高水平。

谢谢。

国务院总理温家宝在印度尼西亚巴厘岛分别会见泰国总理英拉 印度总理辛格

贯彻落实中央民族工作会议精神经验交流会在广西南宁召开

中共中央政治局常委、全国政协主席贾庆林出席会议并发表讲话。

中共中央政治局委员、国务院副总理回良玉出席会议并讲话。全国政协副主席、中央统战部部长杜青林主持会议并作总结讲话。

贾庆林指出,五年的成就令人振奋,积累的经验弥足珍贵。归结起来,就是始终坚持了各民族共同团结奋斗、共同繁荣发展的主题。"两个共同",是全面建设小康社会的应有之义,是民族地区人民群众的共同愿望,是促进民族团结的必然要求,充分体现了中国特色解决民族问题正确道路的鲜明特征,必须始终坚持、毫不动摇。团结和发展是“两个共同”的核心,是民族工作的两件大事。只有搞好团结,发展才有强大动力;只有加快发展,团结才有坚实基础。我们必须抓好团结和发展两件大事,切实保障和改善民生,努力解决好人民群众最关心最直接最现实的利益问题,让各族群众共享改革发展成果。

贾庆林强调,“十二五”时期,是在新的历史起点上全面推进民族工作、加快民族地区发展的关键阶段。要加快少数民族和民族地区发展,加强基础设施建设,着力发展特色产业,建设生态安全屏障,加大改革开放力度,为全面建成小康社会奠定坚实基础。要切实保障和改善民生,大力推动民族地区扶贫开发进程,加快推进民族地区社会事业建设,切实保障少数民族基本文化权益,确保民族地区各族群众共享改革发展成果。要促进民族团结进步,加强民族团结宣传教育,促进各民族密切交往合作,妥善处理涉及民族因素的矛盾和问题,不断巩固和发展平等、团结、互助、和谐的社会主义民族关系。要进一步加强党的领导,毫不动摇地坚持和完善民族区域自治制度,着力加强少数民族干部队伍建设,建立健全民族工作的体制机制,进一步明确和落实各级党委、政府和有关部门做好新形势下民族工作的重要职责,全面提升民族工作科学化水平。

回良玉在会上指出,民族工作是多民族国家治国安邦必须抓好的一项重大工作。“十二五”时期,我国民族地区加快发展、改善民生的任务更为紧迫,转变发展方式、提高自我发展能力的任务更为突出,加强环境保护、搞好生态建设的任务更为艰巨,加强民族团结、促进社会和谐的任务更为繁重。各有关地区和部门要自觉把思想和行动统一到中央的决策部署上来,切实把加快少数民族和民族地区发展摆在更加突出的位置,带着感情组织实施好有关规划、认真落实好支持政策,充分发挥各族干部群众的积极性、主动性、创造性,促进少数民族和民族地区实现科学发展、跨越式发展、和谐发展。

杜青林在总结讲话时说,要吃透会议精神,突出工作重点,解决实际问题,加强协调配合,把中央关于民族工作的各项决策部署落到实处,努力推动民族工作再上新台阶。

这次会议由中央统战部、国家民委主办。中央和国家机关30多个部门,全国各省区市和新疆生产建设兵团、30个民族自治州和部分自治县的200多名同志参加了会议。有关地方和部门的14位同志作了大会交流发言。

中央和国家机关事务工作先进集体先进工作者表彰大会在人民大会堂举行

会前,中共中央政治局常委、国务院副总理李克强会见与会同志并讲话。

中共中央书记处书记、中央办公厅主任令计划,国务委员兼国务院秘书长马凯出席表彰大会。

中直机关的10个先进集体、4名先进工作者、6名劳动模范,国务院各部门的15个后勤工作先进集体、15名后勤工作先进工作者受到表彰。先进集体代表、先进工作者和劳动模范代表作了发言。

会议由国务院副秘书长、国务院机关事务管理局局长焦焕成主持。中央和国家机关有关部门负责人参加了会议。

国务院任免国家工作人员

任命李金早为商务部副部长;任命姜志刚为国务院国有资产监督管理委员会副主任。

免去陈训秋的司法部副部长职务;免去危朝安的农业部副部长职务;免去傅自应的商务部副部长职务;免去马德伦的中国人民银行副行长职务;免去牛越生的国有重点大型企业监事会主席职务。

财政部 国家发改委发出通知免征小微企业部分行政事业性收费

据《人民日报》报道:为切实减轻小型微型企业负担,促进小型微型企业健康发展,近日,财政部会同国家发展改革委印发通知,通知决定,从2012年1月1日至2014年12月31日,对小型微型企业免征管理类、登记类、证照类行政事业性收费,具体包括有企业注册登记费、税务发票工本费、海关监管手续费、货物原产地证明书费、农机监理费等22项收费。

通知指出,各有关部门要督促本系统内相关收费单位加强对小型微型企业享受收费优惠政策的登记备案管理,确保符合条件的小型微型企业享受收费优惠政策。各省、自治区、直辖市财政、价格主管部门要通过多种新闻媒体,向社会公布对小型微型企业免征的各项行政事业性收费,使小型微型企业充分了解和享受收费优惠政策。同时,要加强监督检查,对不按规定落实免征行政事业性收费政策的部门和单位,要按规定给予处罚,并追究责任人员的行政责任。

中国最大中外合资环保迁建项目——中科合资广东炼化一体化项目在广东湛江东海岛奠基

项目由中国石油化工股份有限公司与科威特国家石油有限公司,按股比50:50合资建设。

该项目自2005年中科双边签署合作框架协议以来,最初选址广州市南沙区,并获准陆续开展环评和土地平整等前期工作。然而,项目选址一直遭到环保质疑,认为无论从珠三角的环境容量,还是从南沙的生态区位看，项目都不适合放在珠三角。2009 年 5 月 11 日，中科双方签署《谅解备忘录》，同意将项目“从环境上具有挑战性的南沙迁址到其他地点”。

第六届中国京剧艺术节在武汉落幕

艺术节于 11 月 2 日至 18 日举行。本届京剧艺术节各类奖项揭晓，《建安轶事》等 7 个剧目获一等奖，《知音》等 8 个剧目获二等奖，《唐廷枢》等 12 个剧目获参演剧目奖，《刘兰芝》改编者获荣誉改编奖，《哪吒》主演获特别荣誉奖。本届京剧艺术节共演出 27 台参评剧目、8 台祝贺剧目，全国各地和海外 26 个院团共 6000 余名艺术家、演职人员参加演出。同时开展了 20 余场形式多样、内容丰富的群众文化活动，参与群众超过 10 万人次。

第十三届中国上海国际艺术节闭幕

第十三届中国上海国际艺术节举办的一个月间，演出、展览、比赛、论坛等各类文化活动覆盖上海各个文艺活动场所和社区，来自五大洲 46 个国家和地区的数万名艺术工作者、众多名团名家名剧集聚，原创探索新作迭出，异域民族风情浓郁，共上演 50 台参演剧目，演出 120 场，出票 100% 的达到 13 场，总出票率达到 84%。举办了包括毕加索大展、敦煌艺术展、“写意中国”书画展在内的 18 项展览；来自 38 个国家及全国 25 个省市的 203 家演出经纪机构、演出团体参展，交易成果喜人；各类群众性文化活动 2799 场，活动遍及上海市 17 个区县，吸引观众 423 万人次。

国务院副总理李克强在北京主持召开国务院防治艾滋病工作委员会全体会议

会议听取了卫生部关于当前我国艾滋病防治工作情况及下一阶段工作的汇报，审议通过了《中国遏制与防治艾滋病行动计划(2011—2015 年)》。会议认为，经过多年努力，我国艾滋病防控取得显著成效，疫情上升势头减缓，病死率下降，社会歧视减少，感染者和患者生活质量逐步改善。但当前艾滋病传播形势仍然严峻，防治工作仍然艰巨。

李克强在讲话中说，防控艾滋病关系人民群众切身利益，关系国家长治久安，也是政府创新社会管理、履行公共卫生服务职责的具体行动。打好防治艾滋病攻坚战，一是要健全防控网络，扩大防控覆盖面，今后 5 年，把高危人群有效干预措施覆盖率提高到 90% 以上。所有县级和县级以上医院都能够主动提供检测咨询服务。在高流行地区的基层医疗卫生机构也要完备检测手段，将艾滋病检测纳入住院和门诊的常规检查。同时，对从事艾滋病防治的民间组织，政府要给予经费和条件等方面的支持，以更好地发挥它们的独特作用。二是要在全面落实“四免一关怀”政策的基础上，着力提高艾滋病人的医疗救治水平，对机会性感染病人的治疗费用通过医疗救助给予解决，以降低病死率。三是要保证一线药物的供应，加快攻关步伐，抓紧研制质优价廉的二线药物。同时，还要提高艾滋病人的生活救助、权益保护水平，将符合条件的患者纳入最低生活保障，切实消除在就医、就业、入学等方面对他们的歧视，这是抚慰艾滋病人心理创伤最有效的良药。

李克强说，各地区和有关部门要把艾滋病防治与深化医改结合起来，纳入改革规划，加大经费投入，加强基层艾滋病防治能力建设，对在防治一线的工作人员给予岗位特殊支持，发挥好公立医院防治艾滋病的优势，提高治疗的可及性和水平，努力实现到 2015 年艾滋病新发感染数比 2010 年明显减少、艾滋病病死率明显下降，确保遏制与防治艾滋病行动计划顺利实施。

当天上午，李克强来到北京市疾病预防控制中心，看望慰问艾滋病防治医务人员、民间组织志愿者和感染者，就艾滋病防控工作进行调研。

国务院防治艾滋病工作委员会成员和有关部门负责人出席会议，北京市委市政府、国务院有关部门负责人参加考察。

11 月 19 日

国务院总理温家宝在印尼巴厘岛出席第六届东亚峰会并发表讲话

温家宝表示，面对当前国际金融危机带来的严峻挑战，东亚各国最为关心的议题和最为迫切的任务是保持东亚经济持续较快增长，改善民生，为世界经济实现强劲、可持续、平衡发展提供动力。我们要继续同舟共济，加强合作，东亚峰会应在这方面发挥战略指导作用。温家宝提出：

第一，要继续把应对国际经济金融危机作为当务之急。各国根据本国国情实施适当的财政政策和货币政策，提振市场信心，加强宏观经济政策协调和金融合作。

第二，要认真实施、完善已达成的自由贸易安排，稳妥推进新的自贸区建设，进一步扩大市场开放，挖掘内需潜力，增加区域内贸易规模，提升贸易水平。各国要以实际行动反对保护主义，妥善处理国际贸易摩擦。

第三，要鼓励扩大投资，努力消除影响企业投资的各种障碍，保护企业合法权益，增强投资者信心。通过产业转移、互联互通等方式，增强区域发展内生动力。

第四，要把实现可持续发展作为今后较长时期的主要合作方向，推动峰会在重点领域加强合作，帮助各国加快经济发展方式的转变，加强节能环保、教育、灾害管理等领域合作，增强发展后劲。

第五，要携手应对非传统安全挑战，营造良好的发展环境。在信息交流、能力建设、应急反应等方面加强合作。

温家宝强调，多年来，东亚峰会作为“领导人引领”的战略论坛，促进了东亚各国的相互了解与合作。新形势下，我们应继续在峰会合作中坚持东盟主导，努力寻求和扩大利益汇合点。中方愿与各方携手努力，使峰会取得更多成果，惠及更多的国家和人民。

与会领导人表示，在各国共同努力下，东亚合作取得丰硕成果，为维护本地区和平、稳定与繁荣发挥了积极作用。面对当前复杂严峻的国际政治、经济形势，东亚合作应继续发挥东盟主导和现有机制的作用，加强相互支持与配合，深化在经贸、金融、粮食安全、能源安全、救灾等领域的合作。

国务院总理温家宝在印度尼西亚巴厘岛出席中日韩领导人会晤

温家宝与韩国总统李明博、日本首相野田佳彦就中日韩合作以及共同关心的国际和地区问题交换意见。

温家宝表示，当前中日韩合作势头良好，各领域合作不断取得进展，这不仅符合三国利益，也有利于亚洲乃至世界的稳定和发展。明年中国将担任中日韩合作协调国，愿以明年中日邦交正常化40周年、中韩建交20周年为契机，与日、韩进一步加强高层交往和政策协调，增进战略互信，为三国合作提供政治动力，推动三国合作取得更大进展。

温家宝提出，三方要共同努力，确保年内完成中日韩自贸区联合研究，明年启动相关谈判，尽早完成中日韩投资协定谈判；全面开展陆海联运合作，推动东北亚信息服务网络建设，拓展新兴产业合作，加快产业升级和经济结构调整；加强金融合作，扩大双边货币互换规模；加强在环保、生物多样性保护、绿色经济、防灾减灾、民生等领域交流与合作，加快筹建循环经济示范基地，促进可持续发展；扩大社会人文交流，加强民间交往，增进三国人民之间的相互了解和友好感情，努力实现2015年三国人员往来达2600万人次的目标；充分发挥中日韩合作秘书处的作用，为三国合作提供有力服务和支持。

日韩领导人表示，三国各领域合作成效显著，前景广阔，在当前形势下，中日韩要继续努力，深化经贸、金融、投资、救灾、文化、教育、旅游、青少年等领域的交流合作，加强在国际、地区事务中的协调配合，促进共同发展。

国务院总理温家宝在印尼巴厘岛举行的第六届东亚峰会上就南海问题阐明中方立场

温家宝说，关于南海问题，东亚峰会不是讨论这一问题的合适场合。我本来不想说这个问题，但一些国家领导人点到中国，来而不往非礼也，我愿重申一下中方的立场。

温家宝指出，中国在南海问题上的基本立场和主张是明确的、一贯的。2002年，中国与东盟国家签署了《南海各方行为宣言》，确定推动务实合作，并为最终达成“南海行为准则”而努力。这是东盟国家与中国的共同意愿。南海争议应由直接有关的主权国家通过友好协商和谈判、以和平方式解决，这是《南海各方行为宣言》的共识。我们希望各方都能从维护地区和平稳定的大局出发，多做增进互信、促进合作的事情。

温家宝表示，东亚和东南亚经济的发展，从一个侧面印证了南海的航行自由和安全没有因为南海争议受到任何影响。各国根据国际法在南海享有的航行自由得到了充分保障。南海是中国、本地区其他国家及世界各国的重要运输通道。中国政府为维护南海航行安全作出了积极贡献。

温家宝说，多年来，在各国共同努力下，东亚保持了和平稳定。实现东亚的长治久安，是人心所向，大势所趋。东亚国家有智慧、有能力妥善解决历史遗留问题。

温家宝表示，在当前形势下，东亚峰会继续坚持领导人引领的战略论坛性质，坚持团结、发展、合作的主题尤为必要，不能偏离这个方向。

国务院总理温家宝在印度尼西亚巴厘岛与美国总统奥巴马举行会谈

国务院总理温家宝在印尼巴厘岛会见澳大利亚总理吉拉德和新加坡总理李显龙

中共福建省第九届委员会第一次全体会议选举孙春兰(女)为省委书记

国务院副总理王岐山在湖北宜昌召开地方金融工作座谈会

王岐山说，当前全球经济形势十分严峻，不确定之中可以确定的是，国际金融危机引发的世界经济衰退将长期化。对于我们这样一个对外依存度很高的国家来说，关键要认清形势，把自己的事情办好。金融系统要紧紧围绕转变经济发展方式、调整经济结构这条主线，充分发挥市场配置资源的基础性作用，执行好稳健的货币政策，提高政策的前瞻性、针对性、灵活性，按照

"有保有压"的要求,优化信贷结构,加大对"三农"、小微企业等薄弱环节的支持,不断提高金融服务水平。

王岐山指出,金融机构自身也有亟待解决的结构性问题。城市商业银行、农村信用社、村镇银行等地方金融机构以及小额贷款公司要立足当地,合理布局,规范运作,避免片面求大和跨区域盲目扩张,在提高自身发展质量和效益上下更大功夫。

王岐山强调,防风险是金融业永恒的主题。要处理好金融业与百业的关系,密切关注和跟踪分析国际金融形势和国内金融市场动向,依法打击高利贷、非法集资、非法交易所等违法活动,维护金融秩序,守住防范系统性、区域性金融风险这条底线。对于各类金融风险的处置,要坚持"谁的孩子谁抱"的原则,明确责任,确保金融安全和社会稳定。

王岐山说,服务到位才能管理到位。人民银行、银监会、证监会、保监会等部门要寓管理于服务之中,做好基础工作,加强与地方政府之间的沟通、协调和配合,加强调查研究,努力帮助地方和企业解决实际困难和问题。地方政府金融管理部门要不断探索,正确处理促发展与防风险的关系,发挥好服务和协调作用。

国内首款自主设计海上自升式钻井平台交付使用

国内首台自主设计建造、最大钻井作业深度达9000米的CP—300自升式钻井平台,在位于辽宁盘锦辽滨经济开发区的辽河油田海工基地,举行下水仪式,正式交付使用。通过对CP—300钻井平台的技术攻关,我国突破了国外对自升式钻井平台核心技术的封锁。

11月20日

国务院总理温家宝在文莱斯里巴加湾参观文莱大学

中组部部长李源潮在中国浦东干部学院与党外干部培训班学员座谈

李源潮指出,培养和选拔党外干部是坚持和完善中国特色社会主义政治制度的重要内容,要以德才兼备、以德为先为主要标准,努力建设一支政治坚定、素质优良、结构合理、代表性强,同中国共产党亲密合作的党外干部队伍,共同担负起建设中国特色社会主义、实现中华民族伟大复兴的历史重任。

11月21日

中央军委主席胡锦涛在北京会见军事科学院第七次党代会代表

中共中央政治局常委、国家副主席、中央军委副主席习近平一同会见。

胡锦涛观看了科研实验中心建设情况汇报片,听取了军事科学院的工作汇报。他代表党中央、中央军委,对大会的召开表示热烈祝贺,向各位代表和军事科学院全体同志致以诚挚问候。他指出,军事科学院是中央军委直接领导下的军事科学研究机关,是全军军事科学研究中心,地位重要,使命光荣。这些年来,军事科学院党委和全院官兵坚决贯彻党中央、中央军委的决策指示,深入推进军事理论创新发展,积极协调全军军事科研工作,努力为军委决策服务、为部队建设科学发展服务,取得了一批有分量的科研成果,自身建设也取得了新的成绩,为推动国防和军队建设作出了重要贡献。

胡锦涛强调,思想政治建设是根本性建设,必须始终摆在各项建设的首位来抓。要坚持马克思主义指导地位,坚持用中国特色社会主义理论体系武装头脑,推动学习实践科学发展观向深度和广度拓展。要结合实际大力发展先进军事文化,深入持久培育当代革命军人核心价值观,不断筑牢履行使命的思想政治基础和立身报国的精神支柱。

胡锦涛指出,要紧跟世界军事发展趋势,紧贴我军建设和军事斗争准备的实际,加强全局性、战略性、前瞻性问题研究,不断推出经得起实践和历史检验的理论创新成果。要适应军事科研工作的新要求,努力转变军事科研方式,更新科研发展理念,创新科研组织形式,推动军事科学信息化建设,提高科研工作的科技含量和质量效益。

胡锦涛指出,军事科学院肩负着协调全军军事科学研究工作的任务,要强化军事需求牵引,加强顶层设计,优化资源配置,提高军事科研规划计划的系统性、针对性、前瞻性和执行力。要坚持把人才建设作为军事科研工作的基础工程来抓,加强高素质科研人才队伍建设,培养造就高层次科研领军人才、拔尖创新人才、各类专门人才和科研管理人才,努力形成英才汇聚、人才辈出的人才发展格局。要高度重视科研作风建设,营造科学严谨、求真务实、开拓创新的学术氛围,努力开创军事科研繁荣发展的新局面。

军事科学院院长刘成军、政委孙思敬也参加了会见。

国务院总理温家宝在文莱王宫与文莱苏丹哈桑纳尔举行会谈

温家宝表示,中方愿与文方保持高层交往,就重大问题加强沟通协调,增进政治互信,推动双边关系取得新进展。中方支持文莱推进经济多元化发展的努力,双方要利用经贸磋商机制,加强贸易和投资合作。中方愿积极参与文方基础设施建设，推动两国在能源领域合作从油气贸易向上下游产业合作方向发展，扩大在农业、渔业、新能源、可再生能源等领域合作。双方要以“中文友好年”为契机，弘扬传统友谊，进一步密切在教育、旅游、新闻媒体、青年等领域交流合作。

苏丹哈桑纳尔表示，文方高度重视对华关系，坚定奉行一个中国政策，愿与中方一道，在相互尊重、和平共处原则基础上，全面推进务实合作，把双边关系提升到更高水平，造福两国人民。

关于东亚合作，温家宝说，当前东亚合作呈现良好局面。我们要坚持团结、合作、发展的主题，坚持东盟主导，加强“10+1”、“10+3”合作，妥善处理海上权益争议，推动东亚合作沿着正确的轨道健康稳定向前发展。

苏丹哈桑纳尔表示，在巴厘岛举行的东亚领导人系列会议上，东盟各国表达了加强同中国战略合作伙伴关系的愿望，文方将继续为此发挥积极作用。

海外华文传媒合作组织2011年年会暨第七届香港文汇报国际合作研讨会在河南郑州举行

中共中央政治局常委、全国政协主席贾庆林发来贺信，向会议召开表示祝贺。

贾庆林在贺信中说，近年来，海外华文传媒合作组织充分发挥自身优势，努力推动国际华文传媒的交流与合作，大力传播中华优秀文化，积极服务海外华侨华人，不断增进国际社会对中国基本国情、发展道路、内外政策的了解和认识，为促进海外华侨华人的团结与进步、营造客观友善的国际舆论环境，发挥了积极作用。

贾庆林说，当今世界，和平、发展、合作的时代潮流更加强劲，为华文传媒发挥作用、加快发展提供了广阔空间。希望海外华文传媒合作组织充分利用这一有效平台，进一步深化世界华文传媒之间的务实合作，加强海外华文传媒与所在国主流媒体的联系交流，更加积极地服务海外侨胞，更加自觉地弘扬中华文化，为推动中华文化走向世界、增进中国与世界的了解和友谊作出更大贡献。

海外华文传媒合作组织年会有30多家海外华文媒体的代表和中央国家机关有关部门负责人参加。

第二十二届中美商贸联委会在成都举行

国务院副总理王岐山与美国商务部部长布赖森、贸易代表柯克共同主持，美国农业部部长维尔萨克与会。中美双方就彼此关切的问题进行深入沟通。

中美双方一致认为，中美商贸联委会对扩大双边经贸合作、维护中美经贸关系健康发展、推进两国全面互利的经济伙伴关系发挥了重要作用。双方充分肯定联委会下各行业合作工作组在开展务实合作、加强沟通和磋商、妥善处理彼此经贸关注方面所取得的积极成果。双方同意扩大双边高技术与战略贸易合作，深化中美在知识产权领域的合作，就商签《中美农业合作战略规划》保持沟通，鼓励两国企业围绕战略性新兴产业不断创新合作模式，就改进快递相关的政府服务和监管等议题进行交流，共同推动两国企业在新能源领域扩大合作，搭建中美服务贸易企业交流平台以共同推动双边服务贸易发展，在药品数据保护领域开展合作，继续加强在药品检测技术领域的合作，积极推进智能电网标准、电动汽车和充电设备、改装汽车零部件等领域的交流与合作等。

当日下午，中美双方举行了经贸合作文件签字仪式，双方签署了《中美知识产权合作项目框架协议》《关于支持中美能源合作项目的谅解备忘录》等5项经贸合作文件。美国商务部还向中国贸促会颁发了“商业促进和平奖”。

国务委员刘延东在国家京剧院调研

刘延东强调，京剧是中华民族艺术的瑰宝，是人类艺术百花园中的奇葩。广大京剧艺术工作者要弘扬传统，勇于创新，求真务实，继往开来，以繁荣发展京剧艺术为己任，坚持“二为”方向和“双百”方针，把握正确艺术导向，弘扬社会主义核心价值体系，发挥聪明才智，努力把京剧传承、剧目排演、人才培养、传播普及、对外交流提高到一个新的水平。要大力推进继承创新，努力创作具有国家水准、民族风格、中国气派、时代特色的思想性艺术性观赏性相统一的艺术精品、传世之作。要大力加强人才培养，努力造就德艺双馨的优秀专业人才和复合型的经营管理人才。要大力推进体制机制创新，加快建立面向人民、面向社会、面向世界的科学管理模式，不断增强京剧艺术传承传播的生命力。要大力弘扬中华文化，扩大对外交流，不断增强中华文化的国际影响力和竞争力。要大力推广普及京剧艺术，推动“高雅艺术进校园”、“下基层”等公益活动广泛深入开展。她希望政府有关部门和社会各界继续热情关心、大力支持京剧艺术的繁荣发展，为京剧艺术工作者和艺术家创造良好条件。

11月22日

中国文学艺术界联合会第九次全国代表大会 中国作家协会第八次全国代表大会在人民大会堂开幕

中共中央总书记、国家主席、中央军委主席胡锦涛发表重要讲话。

党和国家领导人吴邦国、温家宝、贾庆林、李长春、习近平、李克强、贺国强等出席开幕式。

全国政协副主席、中国文学艺术界联合会主席孙家正致开幕词，共青团中央书记处第一书记陆昊代表各人民团体致辞，中国人民解放军总政治部副主任杜金才代表中国人民解放军和武警部队致辞。中国作协党组书记、副主席李冰主持开幕式。

出席大会的领导同志还有：刘云山、刘延东、李源潮、何勇、令计划、王沪宁、路甬祥、李建国、陈昌智、马凯、陈奎元、张梅颖。中央和国家机关有关方面负责同志出席开幕式。

这次全国文代会、全国作代会将分别审议中国文学艺术界联合会、中国作家协会上次代表大会以来的工作报告，研究部署今后5年工作任务，修改中国文联、中国作协章程，选举产生中国文联、中国作协新一届领导机构。

全国文艺工作者代表，香港特别行政区、澳门特别行政区特邀代表和台湾地区、海外地区特邀嘉宾约3300人出席会议。

中共中央总书记胡锦涛在中国文联第九次全国代表大会 中国作协第八次全国代表大会上的讲话

各位代表，同志们，朋友们：

今天，我们欢聚一堂，隆重举行中国文学艺术界联合会第九次全国代表大会、中国作家协会第八次全国代表大会。首先，我代表党中央、国务院，向大会的召开表示热烈的祝贺！向与会各位代表，并通过你们向全国广大文艺工作者，致以崇高的敬意和诚挚的问候！

文艺是民族精神的火炬，文艺事业是中国特色社会主义事业的重要组成部分，是社会主义文化建设的重要内容，文艺工作在党和国家工作全局中具有十分重要的地位。在改革开放和社会主义现代化建设进程中，我国文艺事业生机勃勃、硕果累累，文学、戏剧、电影、电视、音乐、舞蹈、美术、摄影、书法、曲艺、杂技以及民间文艺、群众文艺等繁花似锦、姹紫嫣红。广大文艺工作者坚持与时代同进步、与人民共命运，为人民奉献了大量思想内涵丰富、艺术品质上乘的精神食粮，进一步巩固了大团结大繁荣大发展的生动局面。特别是这些年来，在党和国家举办一系列大事喜事、应对一系列难事急事的过程中，总有文艺工作者辛勤奔忙的身影，总有文艺工作者创新前进的足迹，总有文艺工作者倾心奏响的时代乐章。我国社会主义文艺以昂扬的精神、奔放的激情吸引和感染着亿万人民，对满足人民精神需求、丰富人民精神世界、增强人民精神力量、促进人的全面发展发挥着不可替代的作用。

实践证明，我国广大文艺工作者对祖国和人民有真情挚爱，对国家和民族有担当奉献，对艺术和事业有坚守追求，是一支可亲可敬、大有作为的队伍，是一支党和人民完全可以信赖的队伍。广大文艺工作者为继续解放思想、坚持改革开放、推动科学发展、促进社会和谐作出了重要贡献，党和人民感谢你们！

同志们、朋友们！

文化是民族的血脉，是人民的精神家园。实现中华民族伟大复兴，离不开中华文化繁荣兴盛。前不久，我们党召开了十七届六中全会，强调要坚持中国特色社会主义文化发展道路，深化文化体制改革，推动社会主义文化大发展大繁荣，努力建设社会主义文化强国。建设社会主义文化强国，是时代和人民的呼唤，是广大文艺工作者的心愿。我们要认真学习贯彻党的十七届六中全会精神，始终高举中国特色社会主义伟大旗帜，坚持以马克思列宁主义、毛泽东思想、邓小平理论和“三个代表”重要思想为指导，深入贯彻落实科学发展观，坚持社会主义先进文化前进方向，以科学发展为主题，以建设社会主义核心价值体系为根本任务，以满足人民精神文化需求为出发点和落脚点，以改革创新为动力，努力建设社会主义文化强国。我们相信，在全面建设小康社会进程中，在科学发展道路上，有中国共产党的坚强领导，有全党全国各族人民团结奋斗，有全国广大文艺工作者真情奉献，中国特色社会主义文化发展道路必将越走越宽广，建设社会主义文化强国的宏伟目标必将得到实现。

同志们、朋友们！

中华民族历来崇尚文化、热爱艺术，在5000多年文明发展历程中创造了源远流长、魅力永恒的文学艺术，在世界文艺之林独树一帜，为人类文明进步作出了不可磨灭的巨大贡献。在革命、建设、改革各个历史时期，我们党团结带领广大文艺工作者以继承和弘扬民族优秀文化、复兴中华文化为己任，热情鼓舞人民前进，热忱讴歌人民伟业，谱写了中华文艺繁荣发展的崭新篇章。

一切优秀的文化创造，一切传世的精品力作，都是时代的产物。当今世界正处在大发展大变革大调整时期，当代中国正处在中国特色社会主义事业蓬勃发展阶段，我国文艺事业发展面临着难得的历史机遇。波澜壮阔的改革进程，如火如荼的发展实践，实现中华民族伟大复兴的时代主旋律，既呼唤文艺有一个更大的繁荣发展，也为文艺繁荣发展提供了丰沛的动力源泉。广大文艺工作者要认清时代和人民赋予的神圣使命，坚持为人民服务、为社会主义服务，坚持百花齐放、百家争鸣，坚持贴近实际、贴近生活、贴近群众，高擎民族精神火炬，吹响时代前进号角，创作生产更多无愧于历史、无愧于时代、无愧于人民的优秀作品，奋力开创文艺发展新局面，为推动社会主义文化大发展大繁荣、建设社会主义文化强国贡献智慧和力量。

——希望广大文艺工作者始终坚持正确方向，更加自觉、更加主动地承担起用社会主义先进文化引领社会进步的历史责任。作家艺术家具有广泛的社会影响力，应该做真善美的追求者和传播者。古往今来，大凡有作为的进步的作家艺术家，都把高超艺术造诣和高尚价值追求作为人生理想；大凡脍炙人口的经典名著，都以美的力量和形式揭示和传播引领社会进步的思想观念。当代中国文艺要成为激励人民前进的力量，就必须坚持社会主义先进文化前进方向，坚持社会主义核心价值体系。社会主义核心价值体系是根源于民族优秀文化和社会主义先进文化并吸收人类文明成果发展起来的，适应了时代发展要求，集中反映着当代中国人民的理想信念和精神追求，是我国社会主义文化的引领和主导。广大文艺工作者要大力弘扬中国特色社会主义共同理想，发扬以爱国主义为核心的民族精神和以改革创新为核心的时代精神，礼赞高尚道德情操，鼓励一切有利于国家统一、民族团结、经济发展、社会进步的思想道德，推动建设中华民族共有精神家园。要以国家发展和民族进步为念，把艺术创作融入改革开放和社会主义现代化建设伟大实践，以充沛的激情、生动的笔触、优美的旋律、感人的形象，反映国家发展、社会进步、人民创造，奏响时代主旋律。要增强社会责任感，始终把社会效益放在首位，提倡文以载道、以文化人，弘扬真善美，贬斥假恶丑，更好发挥文化引领风尚、教育人民、服务社会、推动发展的作用。

——希望广大文艺工作者始终坚持以人为本，更加自觉、更加主动地承担起为人民抒写、为人民放歌的历史责任。人民是真正的英雄，人民是历史创造者。一切进步的文艺创作都源于人民、为了人民、属于人民，一切进步的文艺工作者的艺术生命都源于同人民群众的血肉联系。只有把人民放在心中最高位置，永远同人民在一起，坚持以人民为中心的创作导向，艺术之树才能常青。广大文艺工作者要把人民满意作为最高标准，把服务群众作为基点和归宿，站稳群众立场，增进群众感情，立志做人民喜爱的作家艺术家，不断创作生产出思想性艺术性观赏性相统一、人民喜闻乐见的优秀文艺作品，把更好更多的精神食粮奉献给人民。要把人民作为文艺的表现主体，着力歌颂人民生动实践、展示人民精神风貌，走到生活深处，走进人民心中，把艺术才干的增长、艺术表现能力的增强深深植根于生活、植根于人民，用人民创造历史的奋发精神哺育自己，从社会生活中汲取营养、挖掘素材、提炼主题，在人民的创造性实践中进行艺术创造、实现艺术进步。

——希望广大文艺工作者始终坚持锐意创新，更加自觉、更加主动地承担起推进文化创造的历史责任。文化的生命力在于文化的创造力。中华民族之所以能在漫长的历史长河中培育和发展了博大精深的中华文化，根本原因就在于中华民族有着旺盛的文化创造力，善于在继承前人文化创造的基础上不断进行新的文化创造。我们不仅要继承和发扬前人的文化创造，而且要勇于在新的时代条件下进行新的文化创造。广大文艺工作者要适应时代变化和人民精神文化生活发展的要求，坚持古为今用、推陈出新，立足中华文化丰沃土壤，从源远流长的传统文化、激昂奋进的革命文化、争奇斗妍的民族民间文化中汲取养分，努力为中华文化书写新的篇章。要积极借鉴和吸收世界各国文化优长，坚持海纳百川、融会贯通，开创中国文艺新风貌新气象。要打开想象空间，鼓励文艺原创，激发创作活力，提倡体裁、题材、形式、手段充分发展，推动观念、内容、风格、流派积极创新，着力增强艺术的表现力、吸引力、感染力，推出更多具有中国特色、中国风格、中国气派的精品力作。要解放思想、转变观念，增强改革创新意识，支持和参与文化体制改革，推动文化体制机制创新，为文艺繁荣发展提供强大动力。

——希望广大文艺工作者始终坚持德艺双馨，更加自觉、更加主动地承担起弘扬文明道德风尚的历史责任。文艺是提高人民精神境界、培育人民高尚灵魂的重要力量。只有自己具有强大精神力量，作家艺术家才能创作出启迪心智、震撼心灵的文艺精品。广大文艺工作者要加强思想道德修养，树立正确的世界观、人生观、价值观，弘扬老一辈作家艺术家的优良传统，始终忠于祖国、热爱人民、奉献社会，秉持崇德尚艺的优良传统，追求真理、反对谬误，崇尚科学、反对愚昧，把实现个人艺术追求和促进社会进步有机结合作为毕生信念。要坚守艺术理想，笃定志向、坚定信念，勤于汲取、善于积累，关注现实、潜心创作，开阔创作视野，提高洞察社会和适应时代能力，增强对艺术的感悟和表现能力，更好传播先进文化、弘扬人间正气、塑造美好心灵。要珍惜人民给予的荣誉，弘扬职业精神，恪守职业道德，认真对待和积极追求作品社会效果，自觉抵制低俗之风，用人格力量赢得社会尊重、赢得人民赞誉。

同志们、朋友们！

重视文艺事业，关心爱护文艺工作者，是我们党的优良传统，也是推动党和人民事业发展的必然要求。各级党委和政府要充分认识新形势下文艺的重要地位和作用，把加强和改善党对文艺工作的领导作为党的执政能力建设的重要内容，深入研究事关文艺工作的重大问题，不断提高领导文艺工作能力和水平。要贯彻党的文艺方针政策，用符合文艺规律的方式发展文艺事业，加大投入和保障力度，完善扶持和奖励机制，加大知识产权保护力度，推动多出人才、多出精品。要高度重视文艺理论研究，加强文艺评论队伍和阵地建设，支持开展积极健康的文艺批评。要发扬艺术民主、学术民主，提倡不同观点、不同流派相互切磋、取长补短、共同进步。要大力培养造就高层次文艺领军人物和高素质文艺人才队伍，在文艺工作者中广交朋友、深交朋友，切实做到政治上充分信任、创作上热情支持、生活上真诚关怀，营造有利于优秀文艺人才健康成长、脱颖而出的良好环境，形成各类文艺人才不断涌现、文艺创造活力竞相迸发的生动局面。

中国文联、中国作协是党领导的文艺界人民团体，是党和政府联系广大文艺工作者的桥梁和纽带。坚持中国特色社会主义文化发展道路、建设社会主义文化强国，对中国文联、中国作协提出了新的更高的要求。希望各级文联、作协组织坚持围绕中心、服务大局，发挥优势，履行职责，把文联、作协建设成文艺工作者的温馨和谐之家，继续团结和激励广大文艺工作者积极投身社会主义文化建设。要适应文艺界人民团体在联络范围、协调手段、服务对象等方面发生的新变化，积极探索符合文艺发展规律的管理体制、运行机制、组织形式、活动方式，开展行业教育，促进行业自律，完善行业服务，维护文艺工作者合法权益。要积极开展对外民间文化交流，推动中华文化走向世界。

同志们、朋友们！

伟大的时代呼唤伟大的作家艺术家，伟大的人民期盼伟大的文艺作品。全国广大文艺工作者要团结一心、开拓进取，为推动社会主义文化大发展大繁荣、建设社会主义文化强国，为全面建设小康社会、实现中华民族伟大复兴作出新的更大的贡献。

预祝大会圆满成功！

中共河北省第八届委员会第一次全体会议选举张庆黎为河北省委书记

国务院副总理张德江在江苏南通主持召开部分地区中小企业工作座谈会

张德江指出，要科学地、准确地判断中小企业面临的形势、发展的态势，全面地、辩证地分析中小企业面临的困难、存在的问题。经过改革开放30多年来的快速发展，我国中小企业已经站在一个新的历史起点上，发展总体上是正常的、健康的，正处于发展的重要阶段和重要战略机遇期。我国经济仍将保持平稳较快发展，对中小企业支持力度不断加大，广阔的国内市场和巨大的需求潜力以及我国商品较强的国际竞争力，我国中小企业发展仍具有巨大空间。但中小企业面临的问题和困难也很多，既有国际因素又有国内因素，既有外部因素又有自身因素，既有新的因素出现又有旧的因素延续。必须从战略和全局的高度，充分认识中小企业的地位和作用，进一步加大工作力度，研究采取更加有效的政策措施，帮助中小企业解决困难和问题，促进中小企业健康发展。

张德江指出，大力发展中小企业，是我国一项长期的战略任务。要加强组织领导，健全工作机制，加强分类指导，加强督促检查，帮助中小企业解决困难、开拓市场、健康发展。要认真贯彻落实国务院有关文件和国务院常务会议精神，切实把财政税收金融等各项政策措施落到实处，并密切关注形势变化，及时完善政策措施。要加大公共服务体系建设，丰富服务内容，为中小企业提供多元化、低成本、高质量的服务。要帮助支持中小企业技术创新，增强自主创新能力，协调中小企业与大型企业配套，支持中小企业走“专、精、特、新”发展之路，走集群发展之路。要鼓励中小企业“走出去”，稳定和开拓国际市场。要帮助中小企业解决用人难、留人难的问题，支持中小企业引进高技术人才，鼓励高校毕业生到中小企业工作。

张德江强调，企业生存发展，归根到底取决于企业自身素质。中小企业要切实提高自身素质和发展水平，按照加快转变发展方式、走科学发展道路的要求，坚持自主创新，改善企业管理，增强市场竞争能力，提高发展水平。要加大技术创新，加快技术升级，优化生产流程，提高生产效率，加强品牌建设，提高产品质量。要提高职工素质，注重企业职工职业培训和职业教育，培养专业技能人才。要增强企业诚信，将诚信建设贯穿于企业经营生产的全过程，树立企业良好形象，自觉承担社会责任。要构建和谐劳动关系，切实保障职工的合法权益，增强企业的凝聚力和职工对企业的向心力。加强安全生产，落实各项安全生产措施，切实做到不安全、不生产。

江苏省省委书记罗志军、省长李学勇，工业和信息化部部长苗圩，中央统战部副部长、全国工商联党组书记、第一副主席全哲洙，国务院有关部门、部分省人民政府负责同志以及部分中小企业负责人出席座谈会。

国务院副总理王岐山在中南海会见香港金融管理局总裁陈德霖率领的香港银行公会代表团

国务院副总理王岐山在钓鱼台国宾馆与土库曼斯坦副总理霍贾穆罕默多夫共同出席中土商务论坛开幕式并致辞

王岐山说，中土两国作为友好近邻，经济互补性强,合作潜力巨大。双方应抓住机遇,努力推动各领域务实合作向更高水平发展。希望双方企业以本次论坛为契机,深入交流沟通,力争取得更多实实在在的成果。中方愿与土方一道,认真落实两国领导人达成的共识,充分发挥中土合作委员会的作用,共同为两国企业合作营造良好的环境,推动中土友好合作关系不断向前发展。

霍贾穆罕默多夫在致辞中表示,土方高度重视发展土中经贸等领域务实合作。近年来,两国合作水平不断提升,规模不断扩大,企业间交往日益增多,大项目合作进展顺利。土中务实合作进入了一个新的发展阶段。土方愿与中方一道,共同努力,发挥两国经济互补的优势,进一步挖掘土中双方各领域合作潜力,不断推动土中友好合作关系迈上新的台阶。

解放军战略规划部成立大会在北京举行

据新华社报道:胡锦涛主席和中央军委日前作出决定,组建中国人民解放军战略规划部。解放军战略规划部成立大会今日在北京举行。

解放军战略规划部是主管军队建设发展规划的职能部门,隶属总参谋部,其主要职能是:研究重大战略问题、组织拟制军队建设发展规划计划和改革方案、提出军队战略资源总体配置和宏观调控建议、协调解决跨总部跨领域有关问题、检查评估军队建设规划计划落实情况等。

国务院 中央军委授予西藏公安消防总队拉萨支队布达拉宫消防大队“布达拉宫模范消防大队”荣誉称号命名大会在拉萨举行

国家知识产权局在上海举行“神舟”八号和“天宫一号”航天交会对接技术国家专利证书颁发仪式

仪式上,由上海航天技术研究院申请的飞行器对接装置、空间对接缓冲机构试验台等15项专利获得国家知识产权局授予的专利证书。

“神舟”八号与“天宫一号”先后两次完成太空完美对接,标志着我国成为继俄罗斯、美国之后,世界上第三个独立掌握载人航天器空间交会对接技术的国家,也标志着我国已突破并掌握了载人航天二期工程的关键技术,拥有完全自主知识产权,将对中国载人航天事业发展产生重大而深远的影响。

国新办发布《中国应对气候变化的政策与行动(2011)》白皮书

白皮书提出了我国应对气候变化的主要目标。其中包括3项重要林业指标:“十二五”时期,我国新增森林面积1250万公顷,森林覆盖率提高到21.66%,森林蓄积量增加6亿立方米。

白皮书全面介绍了中国“十二五”期间应对气候变化的总体部署及有关谈判立场。围绕“十二五”规划纲要提出的中国应对气候变化约束性目标,白皮书明确了应对气候变化的具体工作。

白皮书指出,“十二五”期间,中国将大力推进植树造林,继续实施“三北”重点防护林工程、长江中下游地区重点防护林工程、退耕还林工程、天然林保护工程、京津风沙源治理工程以及岩溶地区石漠化综合治理等生态保护项目。深入开展城市绿化造林,加快建设城市森林生态屏障。开展碳汇造林试点,促进碳汇林业健康有序发展。重视应对极端气候事件能力建设,提高林业等重点领域和沿海、生态脆弱地区适应气候变化水平。研究制定农林业适应气候变化政策措施,保障粮食安全和生态安全。

白皮书指出,“十一五”期间,中国加快转变经济发展方式,通过增加森林碳汇等多种途径控制温室气体排放,取得了显著成效;中国健全相关法律法规体系,完善应对气候变化管理体制和工作机制,加强统计核算研究及制度建设,提高科技和政策研究水平,能力建设进一步加强。我国继续实施“三北”重点防护林工程、长江中下游地区重点防护林工程、退耕还林工程、天然林保护工程、京津风沙源治理工程等生态建设项目,开展碳汇造林试点,加强林业经营及可持续管理,提高森林蓄积量,中央财政提高了造林投入补助标准,每亩补助由100元人民币提高到200元,建立了中国绿色碳汇基金会。目前,中国人工林保存面积6200万公顷,全国森林面积达到1.95亿公顷,森林覆盖率由2005年的18.21%提高到2010年的20.36%,森林蓄积量达到137.21亿立方米,全国森林植被碳储量达78.11亿吨。我国制定了林业碳汇计量监测技术指南,推进了林业碳汇计量监测体系建设。通过“863”计划和支撑计划,设立了主要农林生态系统固碳减排技术研究与示范、林业生态建设关键技术研究与示范等项目,开展了中国绿色发展的重大战略及技术问题等相关研究。

2011年中国妇女研究会年会暨“新时期中国妇女发展与性别平等”研讨会在北京举行

会议于11月22日至24日举行。全国人大常委会副委员长、全国妇联主席、中国妇女研究会会长陈至立出席并讲话。

陈至立强调,要认真总结中国妇女运动的历史,探索中国特色社会主义妇女理论,编纂好《20世纪中国妇女运动史》和《中国特色社会主义妇女理论初探》。

抓住《中国妇女发展纲要(2011—2020年)》颁布和第三期中国妇女社会地位调查数据发布的机遇,开展重大理论和现实问题研究,为妇女运动的发展提供有力的理论支持。

研究会理事、团体会员及专家学者200人出席了会议。

11月23日

国家主席胡锦涛在人民大会堂与土库曼斯坦总统别尔德穆哈梅多夫举行会谈

胡锦涛说,中方高度重视中土关系,在相互尊重、平等互利的基础上发展两国长期稳定的友好合作关系是中国政府的一贯政策。我们愿同土方真诚互助,密切合作,共同建设更加富有生机和活力的中土友好合作关系。

胡锦涛就发展中土友好合作关系提出5点建议:第一,进一步提升友好互信水平。中方愿同土方加强高层交往,扩大政府、立法机构、政党之间的交流,不断增进政治互信。双方要充分发挥中土合作委员会的指导协调作用,在彼此关切的重大问题上加强对话磋商,继续相互坚定支持。第二,进一步推进两国务实合作。双方要深化能源合作,建立长期稳定的能源战略伙伴关系,加强交通、通信、化工、纺织、农业、医疗卫生、高科技等非资源领域合作,共同营造良好的合作环境。第三,进一步扩大人文领域合作。双方要以两国建交20周年为契机,共同办好文化日、艺术节等庆祝活动,广泛开展两国新闻媒体、青少年组织、地方和民间团体的友好交流。第四,进一步开展安全执法合作,严厉打击"三股势力"和跨国有组织犯罪,维护各自国家和地区的安全稳定。第五,进一步密切国际和地区事务的协调配合,为维护世界和平、促进共同发展而共同努力。

别尔德穆哈梅多夫表示,土方愿同中方一道,加强高层往来和政治对话,拓展能源、贸易、投资、化工、运输、通信、纺织、农业、医疗、高科技等领域合作。以两国建交20周年为契机,扩大文化、教育等领域交流,增进两国人民了解和友谊。土方高度评价中方尊重土库曼斯坦中立国地位,坚定支持中国和平统一和领土完整,坚定奉行一个中国政策,反对任何形式的"台湾独立"。土库曼斯坦视中国为维护中亚地区和平、稳定与安全的重要合作伙伴,愿同中方加强在打击"三股势力"、跨国有组织犯罪等方面合作,加强在联合国等多边组织的磋商与协调,维护发展中国家利益。

会谈后,两国元首共同签署了《中华人民共和国和土库曼斯坦关于全面深化中土友好合作关系的联合声明》和《中华人民共和国和土库曼斯坦关于土库曼斯坦向中华人民共和国增供天然气的协议》,出席了两国有关双边合作文件的签字仪式,并共同会见记者。

中华人民共和国和土库曼斯坦关于全面深化中土友好合作关系的联合声明

应中华人民共和国主席胡锦涛邀请,土库曼斯坦总统库尔班古力·别尔德穆哈梅多夫于2011年11月22日至25日对中华人民共和国进行了国事访问。

访问期间,中国国家主席胡锦涛同土库曼斯坦总统库尔班古力·别尔德穆哈梅多夫举行了会谈,全国人民代表大会常务委员会委员长吴邦国、国务院总理温家宝同别尔德穆哈梅多夫总统分别举行了会见。双方在亲切友好的气氛中就双边关系、地区形势及共同关心的国际问题深入交换意见,达成广泛共识。

一

两国领导人全面回顾和总结了建交20年来中土关系发展历程,一致认为,中华人民共和国与土库曼斯坦(以下简称双方)自1992年1月6日建交以来,各领域合作成果丰硕。两国高层交往频繁,经贸合作不断扩大,能源合作发展迅速,人文交流日益深入,双方在国际和地区事务中开展了密切协作。上述成果表明,中土双方对发展两国长期、全面合作给予高度重视。

双方强调,相互尊重、平等互信、真诚互助、互利合作是发展双边关系的根本准则。双方将秉承上述原则,继续深化各领域互利合作,不断提升两国关系水平。

双方将进一步加强两国高层互访,深化两国政府、立法机构、政党之间的交流,全面落实中土合作委员会制定的目标。就共同关心的问题密切沟通协调,全面提升两国友好互信水平。

双方重申相互支持彼此为维护国家主权、安全和领土完整所做的努力,不允许在本国领土上成立有损对方主权、安全和领土完整的组织和团伙,并禁止其活动。土方坚定奉行一个中国原则,反对任何形式的"台独",支持两岸关系和平发展和中国和平统一大业。

中方重申尊重土库曼斯坦人民根据本国国情选择的发展道路,支持土方为维护国家独立、主权和安全,以及为促进经济社会发展、民族团结所做的努力,支持土库曼斯坦奉行永久积极中立政策。

双方决定隆重庆祝两国建交20周年,共同举办庆祝活动,全面巩固中土传统友谊,夯实两国友好合作的社会基础。

二

双方指出,经贸合作是中土友好合作关系的重要组成部分。双方满意地指出,双边贸易额保持高速增长，2010年双边贸易额较两国建交初期增长数倍。今年双边贸易继续保持良好发展势头。中国已成为土库曼斯坦最大贸易伙伴之一。

双方将就各自国家经济社会发展积极交流经验和信息，以进一步促进双边贸易，发挥经济互补优势，拓宽合作领域，充实合作内涵。

双方将认真落实《中华人民共和国政府和土库曼斯坦政府经济贸易合作协定》，扩大两国贸易规模，提升贸易水平。

双方将进一步加强贸易、投资、交通、通信、化工、纺织、农业、医学、高科技等领域的合作，发展地方经贸合作，共同确立并实施一批新的互利合作大项目，造福两国人民。

双方商定扩大通信、航天领域合作。中方愿继续协助土方开展全国电信网络改造，为土通信卫星提供发射服务，并探讨在遥感卫星应用领域开展合作的可能性。双方将继续在供应铁路装备和在两国境内建设基础设施等领域进行合作。

双方将根据本国法律和双边协定，鼓励并保护相互投资，为两国务实合作提供政策支持，创造便利条件。双方将推动完善投资环境，开展合资项目，鼓励和支持本国企业赴对方国家投资。双方将为两国企业在对方国家开展业务给予必要支持。

三

双方高度评价两国能源合作成果，认为双方在该领域的合作已达到很高水平。双方表示，继续深化和扩大两国能源合作，符合两国和两国人民的根本利益。

双方决心致力于建立长期稳定的能源战略伙伴关系，愿继续本着互利原则，共同努力确保中国—土库曼斯坦天然气管道安全稳定运营，实施好阿姆河右岸天然气区块开发项目。

四

双方指出，国际恐怖主义、分裂主义、极端主义、跨国有组织犯罪、非法贩运武器弹药、麻醉药品、精神药物和易制毒化学品、经济犯罪对地区和世界和平与稳定构成严重威胁。

双方重申，将恪守《中华人民共和国和土库曼斯坦关于打击恐怖主义、分裂主义和极端主义的合作协定》，继续共同严厉打击包括“东突”恐怖势力在内的“三股势力”，维护两国和本地区的安全与稳定。

双方将继续发展防务部门之间的务实合作，加强两国军队友好往来，增进军事互信。

双方决定深化两国执法安全部门的交流与合作，以便有效打击跨国犯罪，共同防范和打击危害两国利益的各类犯罪活动，加强在信息交流、大型活动安保、人员培训、执法能力建设、网络监管和交通管理方面的合作。

双方重申将采取有效措施，确保中国—土库曼斯坦天然气管道等两国大型油气合作项目的安全。

五

双方指出，发展人文合作具有重要意义。双方愿进一步扩大两国在文化、教育、体育、旅游等领域交流与合作，大力宣传两国传统友谊，夯实两国关系的社会基础。

双方决定互办大型文化活动，其中包括互办文化日，互派艺术团体参加在对方国家举办的国际性艺术节等。双方指出，加强艺术工作者和公共文化设施管理人员之间的直接交流，推动两国广播影视、新闻出版、社会科学等领域的合作，支持地方和民间团体开展广泛友好交流具有重要意义。

双方愿继续扩大教育领域合作，加强在互派留学生、语言教学等方面合作。

双方愿进一步推动两国在体育运动领域的交流与合作，鼓励两国运动协会加强联系与交往，在国际体育事务中保持沟通与协调。

双方将进一步开展旅游合作。

六

双方一致认为，维护中亚地区的和平与稳定，促进中亚各国经济持续发展与繁荣，符合本地区各国人民的共同意愿和根本利益。中亚国家拥有独特的历史文化传统，国际社会应尊重中亚各国人民根据本国国情选择的发展道路。

中方高度评价土方在维护中亚地区安全、稳定与发展方面所做的努力，愿同土方在双边及多边框架内加强合作，为促进中亚地区的持久和平、安全、稳定与发展繁荣作出应有贡献。

双方强调阿富汗实现和平稳定的重要性，指出中亚的安全与稳定与阿局势密切相关。双方积极评价阿和平重建进程，支持国际社会在尊重阿独立、主权、统一和领土完整的基础上重建阿富汗的努力。

双方重申，愿与国际社会共同努力，积极参与阿和平重建进程，为推动建立一个和平、稳定、独立、发展的阿富汗而不懈努力。

七

双方指出，联合国在维护世界和平、促进共同发展和推动国际合作方面发挥着核心作用。双方支持联合国及其安理会进行合理、必要的改革，以加强权威、提高效率，更好地履行《联合国宪章》赋予的职责。安理会改革应优先增加发展中国家代表性，以便让更多国家参与安理会决策。安理会改革应着眼长远，继续通过民主协商，寻求“一揽子”解决方案，并达成最广泛一致。

双方将进一步加强在联合国框架内的多边合作，就共同关心的国际和地区问题保持密切沟通与配合，为两国发展创造良好的国际环境。

土库曼斯坦总统库尔班古力·别尔德穆哈梅多夫感谢中华人民共和国主席胡锦涛及中国人民对土库曼斯坦代表团的热情友好接待，并邀请胡锦涛主席在方便的时候对土库曼斯坦进行国事访问。胡锦涛主席感谢邀请，并表示将在双方方便的时候访问土库曼斯坦。

中华人民共和国主席 土库曼斯坦总统
胡锦涛 库尔班古力·别尔德穆哈梅多夫
2011年11月23日于北京

全国人大常委会委员长吴邦国 国务院总理温家宝在北京分别与土库曼斯坦总统别尔德穆哈梅多夫举行会谈

国务院总理温家宝在中南海紫光阁会见日本外相玄叶光一郎

全国政协主席贾庆林在北京会见贯彻落实《2010—2020年党外代表人士教育培训改革和发展纲要》经验交流会代表并讲话

贾庆林就贯彻落实《纲要》精神，做好党外代表人士教育培训工作提出四点希望：第一，把握正确方向，巩固共同思想政治基础。要坚持以政治培训为主，深入开展中国特色社会主义理论体系和社会主义核心价值体系教育，深入开展形势任务和世情国情教育，深入开展统一战线和多党合作方针政策、优良传统教育，以共同理想凝聚政治共识、坚定发展信念、提升精神境界，引导党外代表人士真正做到与中国共产党思想上同心同德、目标上同心同向、行动上同心同行。第二，突出工作重点，提高党外人才队伍素质。要着眼于实现政治交接，广泛物色党外优秀人才，有计划、有重点地加大培养力度，积极为他们的健康成长、发挥作用创造良好条件，切实提高党外人士的政治把握能力、参政议政能力、组织协调能力和合作共事能力，努力打造一支以党政人才、企业经营管理人才和专业技术人才为主体的党外人才队伍，为多党合作事业长远发展提供有力人才支持和组织保障。第三，狠抓改革创新，增强教育培训工作实效。要创新方式方法，坚持自觉、自主、自为方针，突出党外代表人士在教育培训中的主体地位，注重激发党外代表人士学习的内生动力，形成具有时代特色、符合党外人士特点的教育培训新路子。第四，加强社院建设，充分发挥主阵地作用。要以学科建设为重点，加强基础理论研究，突出统一战线特色，努力打造统一战线教育培训的特色品牌。以基本建设为抓手，积极完善硬件设施，着力提升师资水平，不断提高管理能力，切实把社会主义学院建设成为统一战线人才培养基地、理论研究基地和方针政策宣传基地。

贾庆林强调，各级党委要切实加强对党外代表人士教育培训和社会主义学院工作的指导，把党外代表人士教育培训纳入当地干部教育培训工作总体规划，不断加大投入力度，帮助解决实际困难，切实改善工作条件，推动党外代表人士教育培训工作不断开创新局面。

周铁农、蒋树声、陈昌智、严隽琪、杜青林、黄孟复、陈宗兴、王志珍参加了会见。

中央党校校长习近平在北京与中央党校学员座谈

参加座谈会的有来自进修部和培训部不同班次的60多位学员代表，大家围绕如何做好明年党的建设和组织工作提出了意见和建议。听取学员们的发言后，习近平作了讲话。他指出，今年以来，随着地方各级领导班子换届，一大批干部走上新的领导岗位，在注重提高领导科学发展能力的同时，加强领导班子的思想政治建设很有必要。要通过对新任领导干部的集中培训、健全党内生活、严格日常管理和监督等多种途径，推动新任领导班子成员加强党性修养，增强政治意识、大局意识、责任意识、创业意识，提高坚持和贯彻民主集中制的自觉性，加强团结协作，树立讲党性、重品行、作表率的良好形象。

习近平强调，民主集中制是民主基础上的集中和集中指导下的民主相结合的制度。领导干部特别是主要负责同志要在坚持和健全民主集中制上起表率作用，关键是“一把手”要带头发扬民主作风，在充分发扬民主的基础上实行正确的集中。每个班子成员都要以对党和人民事业高度负责的精神，恪尽职守、各负其责，积极建言献策。要充分发扬党内民主和社会民主，决策前深入群众调查研究，对各种方案进行比较、鉴别，使决策具有广泛深厚的群众基础。

习近平指出，坚持原则，敢于负责，勇于担当，体现着共产党人的蓬勃朝气、浩然正气、昂扬锐气，反映着领导干部强烈的事业心和责任感。当前我国正处于全面建设小康社会的关键时期和深化改革开放、加快转变经济发展方式的攻坚时期，各级领导干部尤其要牢固树立责任重于泰山的意识，直面难题、敢抓善管、敢担责任，不辜负党和人民的重托。要坚持德才兼备、以德为先的用人标准，注重选用那些坚持原则、敢于负责的干部。

习近平指出，推进干部人事制度改革目的是优化干部人事资源配置，最广泛、最充分地调动广大干部的积极性，把干部选准用好。干部人事制度改革的各项措施，包括民主推荐、民主测评、竞争性选拔等都要用这个标准来衡量、来检验。要正确处理发扬民主与正确集中的关系，把党管干部与扩大民主有机统一起来，坚持把工作实绩作为选拔干部的主要依据，全面、历史、辩证地评价干部。

习近平强调，中央党校学员要通过在党校的学习培训，在党性修养、能力提高等方面取得新的进步，并把在党校的学习收获带回去，把在党校得到提高的学习研究能力带回去，在实际工作中更好地发挥作用。

中共湖南省第十届委员会第一次全体会选举周强为省委书记

国家工商总局发出《公司债权转股权登记管理办法》

博鳌亚洲论坛国际资本会议在法国巴黎举行

会议就全球经济形势及欧洲主权债务危机、国际货币体系改革、银行业监管、跨国并购等进行广泛、深入地讨论。论坛副理事长、中方首席代表曾培炎就推进国际货币体系结构性改革发表主旨演讲。

中方代表指出，现行国际货币体系的弊端主要表现在，以单一主权货币为中心的全球储备货币结构与全球化条件下世界经济多元发展格局不适应，美元作为主权货币的国内政策功能与其作为国际储备货币所应承担的国际责任和义务不适应，现行金融监管体系与跨国金融交易日益频繁、金融创新层出不穷的形势不适应。改革国际货币体系符合全球各个国家和经济体的共同利益，任务十分紧迫。

中方代表认为，各方应在改革现行国际货币体系方面凝聚四点基本共识：第一，现行国际货币体系必须进行结构性改革，以解决世界经济中深层次不平衡。第二，改革应当体现包容性，必须综合考虑和均衡兼顾不同利益诉求，特别是以新兴经济体为代表的发展中国家的呼声和要求。第三，坚持循序渐进的原则，不排除一些地区根据本地区实际情况和需要，采取区域性的货币机制和安排。第四，推进改革与保持经济增长并行不悖，各经济体要兼顾经济的周期性变化和长远的结构性调整，保持经济稳定发展。

中方代表建议：发挥二十国集团在推进改革中的主导作用，充分依靠峰会机制，推动改革取得实质性进展。设计出公正合理、切实可行的改革路线图，可考虑在二十国集团框架下成立一个有代表性的咨询研究团队开展此项工作。国际储备货币发行国应实施负责任的财政政策与货币政策，保持币值相对稳定，合理控制流动性总量，防止产生负面的外溢效应。

外交部部长杨洁篪在北京与日本外相玄叶光一郎举行会谈

外交部部长杨洁篪在北京会见美国副国务卿舍曼女士

把爱心奉献给孩子们——中国儿童慈善30年感动人物颁奖晚会在北京举行

全国人大常委会副委员长、全国妇联主席、中国儿童少年基金会理事长陈至立出席晚会并为感动人物颁奖。

此次揭晓的“中国儿童慈善30年感动人物”是1981年至2011年间，在中国儿童慈善事业，特别是中国儿童少年基金会组织实施的公益项目中作出突出贡献的社会各界爱心个人和群体。他们中有工人、农民、医生、老红军、老干部、民营企业家、解放军、武警部队官兵、文艺体育界明星、长期从事儿童慈善事业的工作者和志愿者、热情关注并积极参与儿童慈善事业的媒体记者、港澳台同胞、海外侨胞、国际友人以及立志成才、感恩图报的受助者等近20个行业的爱心人士。

中国关心下一代工作委员会主任顾秀莲出席颁奖晚会。

11月24日

国务院副总理张德江在贵州调研

11月24日至25日，张德江一行先后到黔南布依族苗族自治州、黔东南苗族侗族自治州和贵阳市，深入街道、社区、村寨、农户，走进社区服务中心、养老保险经办机构，召开基层干部群众座谈会，了解新型农村社会养老保险和城镇居民社会养老保险试点情况，听取基层干部和城乡居民的意见与建议。张德江指出，贵州省各级党委政府高度重视试点工作，加强组织领导，加大资金投入，工作深入细致，试点工作取得了重要进展，成绩来之不易。

张德江强调，开展新型农村社会养老保险和城镇居民社会养老保险试点，是党中央、国务院作出的重大决策，对于加快建设覆盖城乡社会保障体系，实现人人享有基本养老保险，促进社会和谐具有重大意义。试点工作开展以来进展顺利，受到城乡居民的广泛欢迎和衷心拥护，目前试点范围已覆盖全国60%的地区。要继续做好试点工作，加强组织领导，切实落实基本原则和政策措施，确保财政资金投入，保障城乡居民按时领取养老金。要坚持自愿参保原则，引导和鼓励城乡居民参保，完善“长缴多得、多缴多得”的激励机制。要注重制度建设，不断丰富完善政策措施，做好不同保障制度之间的衔接工作。要健全工作机制，加强基层经办机构建设，提高经办能力和服务水平。要强化基金监督管理，探索养老保险基金运营模式，确保基金安全，确保保值增值。要认真总结试点经验，抓紧研究工作方案，为基本实现新型农村社会养老保险和城镇居民社会养老保险全覆盖做好充分准备。

国土资源部首次向公众发布油气资源年度动态评价成果

评价结果显示，石油地质资源量881亿吨、可采资源量233亿吨，比“新一轮全国油气资源评价”(2003—2007年)分别增加116亿吨和21亿吨，探明程度34%，储量产量稳定增长，资源保障能力增强。全国天然气地质资源量52万亿方、可采资源量32万亿方，比“新一轮”分别增长49%和45%，探明程度18%，储量产量快速增长，资源基础雄厚。

评价结果还显示，我国渤海湾盆地滩海、海域中深层勘查取得重大突破，盆地地质资源量由225亿吨增加到277亿吨。鄂尔多斯盆地低渗、特低渗储层开发技术的进步拓展了资源领域，地质资源量由74亿吨增加到129亿吨。北部湾盆地石油地质资源量净增7.6亿吨，增长了1倍。

国家副主席习近平在人民大会堂与赞比亚前总统卡翁达举行会谈

中联部部长王家瑞在北京会见尼泊尔联合共产党(毛主义)副主席纳拉扬·卡吉·什雷斯塔

外交部部长杨洁篪在北京与南苏丹人道主义事务和灾害管理部长卢瓦勒举行会谈

国务委员刘延东在北京出席部署实施全国农村义务教育学生营养改善计划电视电话会议并发表讲话

刘延东强调，实施农村义务教育学生营养改善计划，要发挥政府主导作用，坚持地方为主，分级负责，统筹人民团体、基层组织、企业、慈善机构以及所有热心公益的社会力量，形成共同推进的合力。要坚持试点先行，抓好集中连片特困地区惠及2600多万学生的国家试点工作，支持地方开展试点，完善补助家庭经济困难学生生活费政策，探索建立健全保障农村义务教育学生在校膳食营养的长效机制。要从实际出发，因地制宜创新供餐机制，科学制订供餐方案，合理选择供餐内容，着力改善就餐条件。要加强营养健康教育，培养学生科学营养观念和良好饮食习惯。要牢固树立安全第一意识，健全规章制度，建立从农田到餐桌的食品质量和安全保障链条，细化落实责任，确保食品卫生和学生健康安全。

刘延东指出，农村义务教育学生营养改善计划涉及面广、政策性强、情况复杂，是一项系统工程。各地区、部门和学校要以对人民、对社会高度负责的态度，加强组织领导，抓好动员部署和资金落实，强化规范管理和监督检查，切实把农村义务教育学生营养改善计划建成重要“民生工程”、“放心工程”和“阳光工程”。

国家教育体制改革领导小组成员，中央有关部门负责人等在主会场参加会议。各省(区、市)和计划单列市人民政府、新疆生产建设兵团、国家试点市(地)、县(市)人民政府有关负责人等在分会场参加会议。

中国文学艺术界联合会第九届全国委员会第一次会议选举孙家正连任中国文联主席

中国作家协会第八届全国委员会第一次会议选出铁凝连任中国作家协会主席

11月25日

国务院总理温家宝在中南海紫光阁会见尼泊尔副总理兼外长纳拉扬·卡吉·什雷斯塔

“集善嘉年华·北京2011——支持农村残疾人扶贫基地”大型公益活动在北京举行

中共中央政治局常委、全国政协主席贾庆林出席活动。

全国人大常委会副委员长、农工党中央主席桑国卫出席活动。中国残联主席张海迪代表活动主办单位，感谢社会各界对残疾人扶贫工作的关怀和关注，感谢社会各界为农村贫困残疾人带来美好生活的希望。

本次活动收到捐款承诺1822万元，将用于支持农村残疾人扶贫基地建设。中国残联、中国残疾人福利基金会共同发起“集善嘉年华·北京2011——支持农村残疾人扶贫基地”公益活动，旨在广泛动员社会力量支持帮助河北、黑龙江、安徽、贵州、陕西5省共50个农村残疾人扶贫基地，组织和引导残疾人发展种植业、养殖业、手工业以及多种经营，提供生产管理、实用培训、技术支持、产品回收等服务，有序组织农村贫困残疾人就业，发挥区域辐射作用，逐步实现贫困残疾人脱贫致富。

国务院副总理李克强在河北廊坊召开保障房建设现场座谈会并发表讲话

在儒苑小区建设工地会议室，李克强与河北省、廊坊市相关负责人和基层保障房管理部门、施工单位、监理单位代表，以及保障房申请群众现场座谈，认真听取他们的意见建议，询问建设中的实际困难，了解群众的住房需求和期盼。李克强说，今年是我国保障性安居工程开工量最大的一年，经过各方面共同努力，克服困难，实现了新开工建设1000万套保障性住房的目标，为“十二五”保障房建设开了一个好头，成绩来之不易。要继续扎扎实实地推进，再加一把力，继续搞好在建项目施工并如期完工，让更多低收入住房困难群众尽早入住。

李克强指出，保障性住房建设是重大民生工程。目前不少低收入居民家庭住房困难问题比较突出，很多群众仍住在棚户区中，还有一些中等偏下收入家庭无力通过市场租赁或购买住房，一些新就业人员和进城务工人员也亟待解决居住问题。建设公租房、廉租房等保障性住房，加快推进棚户区改造，可以改善住房困难群众住房条件，是他们的热切期盼，这几年已经取得了很好的效果，需要继续加以推进，让更多困难群众受益。同时，保障房建设也是重大发展工程，是宏观调控的重大举措。中国内需最大的潜力在城镇化，而房价过高则会抑制城镇化进程。建设保障房，有利于遏制房价过快上涨，助推城镇化，这会释放出巨大的消费和投资潜力，推动相关产业发展。特别是在当前世界经济又趋低迷、我国发展外部环境复杂严峻的情况下，扎实推进保障房建设，对于扩大内需、保持经济平稳较快发展具有独特的重要作用。

李克强说，推进保障性安居工程，年初我们就强调要做到“三个确保”。现在，随着确保开工建设目标的实现和陆续建成，要更加重视确保住房建设质量，确保分配公平。这也是人民群众最关心的。各地要总结经验，在建材采购、施工、监理、验收等各环节健全质量管理制度，并切实落实到在建项目中，做到质量检查常抓不懈、质量责任终身追究。凡出现质量问题的，都要对相关单位和责任人严格问责，并记录在案，问题严重企业的要清退出市场。科学制定分配程序，完善审核制度，全面准确掌握申请户实际资产等家庭情况，严格准入资格审核。建立健全纠错、退出机制。实行保障房分配全方位、全过程、全社会监督，做到过程和结果都公开公平公正。严肃查处骗租骗购、利用职权为自己或他人获取保障房牟取私利等各种违规违纪行为。加快推进全国城镇个人住房信息系统建设，逐步与土地、财税、金融等系统实现信息互通，为公平分配保障房提供更好的支撑。

李克强说，明年不仅首先要努力完成今年的结转项目，使其如期竣工交付使用，各地还要根据自身实际，新开工相当数量的保障房，建设任务十分艰巨。各地要统筹谋划，做好项目安排、资金筹措和土地落实等工作。要增加政府投入，加大金融支持，拓宽融资渠道，通过创新经营模式吸引社会资金进入保障房特别是公租房建设领域。做好住房建设数据统计。因地制宜，建立有效的运营管理机制，使已建成的保障房和配套设施正常、可持续运行。

针对座谈会上地方反映的问题，李克强表示，要抓紧研究把保障房用地计划单列，同时研究通过债券等形式筹集资本金的机制，推进建设保障房必要的市政配套设施。

李克强强调，当前房地产市场调控已取得一定成效，但仍处于关键时期，要坚持实施遏制房价过快上涨的政策措施，进一步巩固调控成果。继续完善住房供应体系，在积极推进公租房等保障性住房建设、加大棚户区改造力度的同时，增加中低价位、中小户型普通商品住房供给。充分发挥市场的力量，满足群众多层次、多样化的住房需求，促进房地产市场健康发展和人民群众住有所居。

外交部部长杨洁篪在北京与尼泊尔副总理兼外长纳拉扬·卡吉·什雷斯塔举行会谈

中国文联第九届全国委员会 中国作协第八届全国委员会全体会议在北京举行

中共中央政治局常委李长春出席会议并讲话。

刘云山、刘延东、陈奎元出席会议，孙家正主持会议。

中央和国家机关有关方面负责同志出席会议，全国各文艺家协会和中国文联、中国作协有关负责同志列席会议。

中央文化体制改革工作领导小组在北京召开全体会议

中共中央政治局委员、中央书记处书记、中宣部部长刘云山主持会议并讲话，中共中央政治局委员、国务委员刘延东出席会议并讲话。

会议认为，党的十七届六中全会是在文化改革发展进入关键时期召开的一次十分重要的会议。全会始终贯穿坚持中国特色社会主义文化发展道路、建设社会主义文化强国这一鲜明主题主线，对于在新的历史起点上推进社会主义文化建设具有十分重要的意义。要深入学习领会全会提出的一系列新思想新观点和新任务新举措，在统一思想、深化认识上下功夫，在明确目标任务、理清工作思路上下功夫，切实把全会精神转化为推动文化改革发展的强大动力。

会议结合深入贯彻落实党的十七届六中全会精

神，审议了《关于贯彻党的十七届六中全会精神需要制定的文件责任分工》和《〈国家“十二五”时期文化改革发展规划纲要〉重点任务责任分工》两个文件，通报了关于加强国有文化资产监督管理、加强文化产权和艺术品交易管理以及修订文化及相关产业分类等有关情况，对当前和下一步文化改革发展工作进行了具体安排部署。

11月26日

国务院副总理李克强在北京出席第六届中日节能环保综合论坛开幕式并发表讲话

李克强指出，中日节能环保合作已经成为两国经贸合作的新亮点，应当登高望远，从战略上推动节能环保合作不断深化，增强创新转型发展的能力，培育新的经济增长点，为两国经济稳定增长和世界经济逐步复苏作出贡献。

李克强说，中日同为经济大国，也都是能源消费大国，转型创新是两国的共同利益所在。深化节能环保合作，对于进一步扩大双方经贸往来、培育增长引擎、增强可持续发展能力、巩固两国关系，都具有重要意义。双方应从大局着眼，从长计议，把中国的市场优势与日本的先进技术结合起来，推动节能环保合作取得新的突破性进展。他提出三点建议：

一是加强政策对话。两国政府应利用现有合作机制，进一步密切沟通，交流发展模式和政策经验。中日两国都是能源进口大国，应加强能源问题磋商，提高在国际能源市场的发言权，维护能源消费国利益和世界能源安全。

二是落实重点项目。扎实推进前期和本次签署的合作项目，对其中技术先进、效果好的重大项目，两国政府应给予资金支持。从促进东北亚、东亚经济一体化大局出发，推动中日韩循环经济示范基地建设。

三是分享技术成果。希望日方把更多节能环保先进技术引入中国，以技术拓展市场，更好发挥技术合作的龙头带动作用。中国鼓励双方企业和科研机构合作开展技术研发，进一步加大知识产权保护力度。

国务院副总理李克强在人民大会堂会见日本经济产业大臣枝野幸男一行

工信部 财政部和中国企业联合会在北京召开全国企业技术创新大会

中共中央政治局委员、国务院副总理张德江出席会议并讲话。

张德江强调，当今世界，科学技术日新月异，技术创新对经济发展的支撑作用更显重要，各国企业围绕抢占世界科技和经济制高点的竞争更加激烈。“十二五”时期，是我国加快工业转型升级、转变工业发展方式的重要时期，由工业大国向工业强国转变必须迈出重大步伐，由“中国制造”向“中国创造”转变必须取得显著进展。

大会还为工业和信息化部、财政部首批认定的55家2011年国家技术创新示范企业授牌。

中国企业联合会会长王忠禹、工业和信息化部部长苗圩、国务院有关部门的负责同志、地方工业和信息化主管部门负责人、国家技术创新示范企业的负责人等参加了大会。

国办印发《国家综合防灾减灾规划（2011—2015年）》并发出通知

规划强调，防灾减灾要坚持“政府主导，社会参与；以人为本，依靠科学；预防为主，综合减灾；统筹谋划，突出重点”的原则，明确提出了“十二五”期间的发展目标：

一是基本摸清全国重点区域自然灾害风险情况，基本建成国家综合减灾与风险管理信息平台，自然灾害监测预警、统计核查和信息服务能力进一步提高；二是自然灾害造成的死亡人数在同等致灾强度下较“十一五”时期明显下降，年均因灾直接经济损失占国内生产总值的比例控制在1.5%以内；三是防灾减灾工作纳入各级国民经济和社会发展规划；四是自然灾害发生12小时之内，受灾群众基本生活得到初步救助。自然灾害保险赔款占自然灾害直接经济损失的比例明显提高。灾后重建基础设施和民房普遍达到规定的设防标准；五是全民防灾减灾意识明显增强，防灾减灾知识在大中小学生及公众中普及率明显提高；六是全国防灾减灾人才队伍规模不断扩大，人才结构更加合理，人才资源总量达到275万人左右；七是创建5000个“全国综合减灾示范社区”，每个城乡基层社区至少有1名灾害信息员；八是防灾减灾体制机制进一步完善，各省、自治区、直辖市以及多灾易灾的市（地）、县（区）建立防灾减灾综合协调机制。

第三届优秀通俗理论读物推荐发布会在北京举行

15种图书入选被推荐的优秀通俗理论读物。这15种图书是：《七个“怎么看”——理论热点面对面·2010》《划清“四个重大界限”学习读本》《军营理论热点怎么看·2010》《党的十七届五中全会〈建议〉学习辅导百问》《马克思主义中国化的历史进程和基本经验简明读本》《与大学生村干部谈心》《农村基层干部反腐倡廉知识读本》《通俗哲学简编》《科学发展观在湖南的认识与实践之二》《提问2010：中国百姓关注的十大民生问题》《精神家园丛书·民族精神》《上海高校六个"为什么"学习宣传系列丛书》《给领导干部提个醒》《马克思的故事》《道德力》。

11月27日

第五次全国妇女儿童工作会议在北京召开

中共中央政治局常委、国务院总理温家宝出席会议并讲话。

中共中央政治局委员、国务委员、国务院妇儿工委主任刘延东主持会议并作了工作报告。刘延东在报告中充分肯定了过去十年我国妇女儿童事业取得的历史性成就，提出了新形势下妇女儿童工作的主要任务。强调要全面落实2011—2020年妇女、儿童发展两个纲要，将妇女儿童事业纳入经济社会发展总体格局，坚持政府主导、各方参与、协同推进，强化法律保障，加强教育宣传，优化社会环境，缩小城乡区域差距，努力解决妇女儿童发展面临的重点难点问题，全面提高妇女儿童素质，最大程度增进妇女儿童福祉。刘延东要求各地区各部门加强组织领导，加大投入力度，健全目标管理、监测评估、责任考核、统筹协调、示范带动机制，推动妇女儿童事业科学发展。

全国人大常委会副委员长、全国妇联主席陈至立，国务院妇儿工委委员，各省(区、市)和计划单列市、新疆生产建设兵团负责人，以及受表彰的先进集体和先进个人代表等出席了会议。

国务院总理温家宝在第五次全国妇女儿童工作会议上的讲话

同志们：

今天，我们隆重召开第五次全国妇女儿童工作会议，总结过去十年我国妇女儿童事业发展的成就和经验，表彰全国实施妇女儿童发展纲要先进集体和个人，部署2011—2020年妇女儿童发展两个纲要的实施工作。我代表党中央、国务院，向受表彰的先进集体、先进个人表示热烈的祝贺，向广大妇女儿童工作者表示崇高的敬意，向全国各族各界妇女儿童表示诚挚的问候！下面，我讲几点意见。

一、重视妇女儿童事业是社会文明进步的标志

我国妇女儿童占全国人口的2/3，是推动国家发展和社会进步的重要力量。在一个家庭中，妇女身兼慈母、孝女、贤妻等多重角色，承担着孕育生命、携幼扶老、勤俭持家的重大责任，是家庭和美、邻里和睦、传承美德的坚固磐石。妇女给家庭带来了光明，她们应该得到尊重。在一个社会里，妇女又是劳动者和建设者，巾帼不让须眉，妇女能顶半边天，在发展经济、改善民生、推动文明进步方面发挥着不可或缺的重要作用。没有妇女的积极作用，就不可能有伟大的社会变革。女性的社会地位决定了社会进步的程度。儿童是一个民族、一个国家发展的未来和希望。现在，绝大多数家庭只有一个孩子，让每个孩子身心健康、快乐成长，不仅是家长们的殷切期望，也是中华民族兴旺发达之所系。妇女儿童事业是一件关系国家和民族前途的大事。

党和政府历来高度重视妇女儿童工作，在革命、建设和改革的各个时期，始终将妇女儿童事业作为党和国家工作的重要内容。改革开放以来，随着我国经济发展和社会进步，妇女儿童事业也取得很大成绩。我们把男女平等确定为基本国策，制定了保障妇女儿童权益的专门法律，建立了专门机构，实施了妇女儿童发展的国家行动计划。我们制定颁布了《母婴保健法》《未成年人保护法》《妇女权益保障法》等多部法律，新修订了《婚姻法》，签署了联合国《消除对妇女一切形式歧视公约》《儿童权利公约》等多项公约，为妇女儿童事业发展提供了基本法律保障。特别是进入新世纪以来，我们在促进经济社会协调发展、保障和改善民生的过程中，更加重视妇女儿童事业发展，出台了一系列政策措施。我们实行了农村妇女住院分娩补助、妇女宫颈癌和乳腺癌定期检查、出生缺陷预防、儿童定期健康体检、国家计划免疫规划等政策，并全部纳入国家基本公共卫生服务范围；形成了比较健全的城乡妇幼保健服务网络，全国已有妇幼卫生保健机构3000多所，工作人员50多万人。2010年全国住院分娩率达到97.8%，孕产妇死亡率下降到30/10万，婴儿死亡率下降到13.1‰。政府举办社会福利院集中收养孤老、孤少、孤残，对城市流浪乞讨人员尤其是儿童进行社会救助。我们全面实行城乡免费义务教育，加强寄宿制学校建设，完善国家助学制度，以流入地政府管理为主、以公办中小学为主解决农民工子女进城就学问题，保证城乡每个孩子都有学上。我们实行男女平等就业和女职工特殊劳动保护政策，女性占全社会就业人数的比重达四成以上；扩大妇女对经济社会事务管理的民主参与，重视对女干部的培养和选拔。女性人才在经济社会发展中发挥着越来越重要的作用。我们严厉打击拐卖妇女儿童犯罪和性犯罪等行为，打击非法使用童工等行为，保护妇女儿童的合法权益。通过这些努力，男女平等观念和儿童优先原则进一步深入人心，全社会尊重妇女、关爱儿童的氛围日益浓厚，妇女在国家政治、经济、文化和社会生活各领域的权利得到有效实现，儿童的健康成长和受教育、受保护的权利得到有效保障。在我国这样一个有着两千多年封建历史、男尊女卑传统观念根深蒂固的国家，能够取得如此大的成

效，是历史性的巨大进步。

但是也要清醒地看到，受历史文化传统和经济社会发展等因素的影响，我国妇女儿童发展中仍然面临不少问题，重男轻女的陈旧观念尚未根除。这主要表现在经济社会生活的一些方面，男女不平等的现象还一定程度地存在，出生性别干预现象时有发生，农村妇女土地权益得不到保障，就业歧视特别是女大学生就业难的问题依然存在；拐卖妇女儿童等违法犯罪行为时有发生，青少年犯罪率居高不下。同时，随着工业化、城镇化进程加快，又出现了农村留守妇女儿童和进城流动妇女儿童等新问题。农村留守妇女儿童往往面临生活压力大、亲情缺失和人身安全易受侵害等问题，尤其是留守儿童受教育问题比较突出。农民工子女在城市受教育政策落实情况不平衡，还存在机会不平等的问题。这些情况表明，妇女儿童事业仍然任重道远，工作只能加强、不能放松。

二、着力解决妇女儿童事业发展中存在的问题

“十二五”时期一直到2020年，是我国全面建设小康社会的关键时期。加强妇女儿童工作，关系经济社会发展全局。今年7月，国务院正式颁布了2011—2020年妇女儿童发展两个纲要。这充分体现了党和国家对妇女儿童事业的高度重视，是指导今后妇女儿童工作的纲领性文件。我们要全面贯彻落实两个纲要，推进妇女儿童工作再上新台阶，使妇女儿童的社会地位进一步提高，合法权益得到有效保障，实现妇女儿童全面发展。这里，我强调四个方面的工作：

第一，更加关心妇女的全面发展。妇女的全面发展，是以人为本理念的重要体现。“男女同为天地之菁英，同有无量之盛德大业，应平等相均。”要认真贯彻男女平等基本国策，反对一切形式的性别歧视，为妇女充分平等参与经济建设、政治建设、文化建设和社会建设创造更多机会和条件。政治地位和民主参与是妇女全面发展的重要标志。要重视培养妇女人才，大胆选拔和使用优秀妇女干部，提高妇女参与国家和社会事务管理、决策的水平。推动妇女广泛参与基层民主管理，引导农村妇女在村级事务管理中发挥更大作用。健康是妇女发展的基础。要认真落实妇幼重大公共卫生服务项目，提高妇女的健康素质和生活质量。扩大宫颈癌、乳腺癌免费检查覆盖范围，并对贫困、重症患者实行医疗救助。妇女教育不但关系妇女自身素质的提高，而且与儿童教育密切相关，甚至关系国家的强盛。要加强对妇女的教育培训工作，提升妇女的科学文化素质，增强她们参与各项经济社会事务的能力。就业是妇女参与经济活动、融入社会的前提。妇女解放的重要标志是就业，用自己的劳动和创造为社会服务。要促进妇女公平就业，实行同工同酬，加强对女职工的特殊劳动保护。创造更多适合妇女的就业岗位，支持和帮助妇女自主创业，促进女大学生充分就业，帮助困难妇女群体就业。对于家庭妇女，操持家务很辛苦，我们不但要承认她们的劳动价值，还要在全社会倡导新风，让男女共同承担家务。广大妇女要自尊自信、自强自立，勤奋学习，积极进取，不断提高自身的综合素质和服务经济社会的能力，做自己命运的主人和建设国家的主力。

第二，更加关心儿童的健康成长。儿童是我们一切事业的希望所在。关爱儿童就是面向未来。要认真贯彻儿童优先原则，让每个孩子身心健康、快乐成长。要提高儿童先天素质，认真实施出生缺陷干预工程，努力降低儿童出生缺陷发生率。要坚决克服重男轻女的陈旧观念，制止非医学需要的胎儿性别鉴定和人工终止妊娠行为。要不断改善儿童营养状况，实施贫困地区学龄前儿童营养与健康干预项目。学龄前阶段是人生最重要的启蒙时期。要大力发展学前教育，各级财政要加大投入，抓紧解决群众反映强烈的入园难、入园贵问题。在义务教育阶段，要巩固城乡义务教育成果并不断提高水平，推进基本公共教育服务均等化。积极实施农村义务教育学生营养改善计划。要预防和避免儿童各种意外伤害，特别要加强校园治安、消防安全和校车安全工作。近来一些地方连续出现令人痛心疾首的重大校车安全事故，必须引起各地各部门高度重视。国务院已责成有关部门迅速制定校车安全条例，抓紧完善校车标准，做好校车设计、生产、改造、配备等工作，并建立相应管理制度。做好校车工作所需资金由中央和地方财政分担，多方筹集。要明确地方政府和部门责任，严格责任追究制，对发生的恶性事故要依法严肃处理。要通过中央、地方和社会各界共同努力，使校车成为学生安全的流动校舍，为孩子们建立起安全无忧的绿色通道。全社会都要树立一切为了儿童的理念和道德。儿童应该是社会一切福祉的最先享受者，一切灾难的最后蒙受者。有了儿童美丽的笑容，社会文明之花才能绚丽绽放。

要积极稳妥推进教育教学改革，全面实施素质教育，增加儿童体育锻炼和社会实践机会，使他们既能长进学业，又能有健康的体魄和健全的人格。家长和老师应给儿童自由成长的空间，让儿童自由地说、自由地想、自由地行，儿童才能更好地成长，人类社会才能拥有更美好、更文明的未来。要特别关爱孤儿、病残儿童、流浪儿童等特殊困难群体，加大社会救助力度，让他们能够享受到社会主义大家庭的温暖。

第三，切实保障妇女儿童合法权益。妇女儿童是一个易被侵权的群体，需要有更多的人文关爱和健全的法律制度保障。保障妇女儿童的合法权益，是人道

和文明的体现，是尊重和保障人权的体现。我们要依法保障妇女儿童在经济社会生活和人身安全等方面的权益。要落实保障农村妇女土地权益的相关政策，纠正与法律法规相冲突的村规民约，确保妇女享有与男子平等的土地承包经营权、宅基地使用权和集体收益分配权。要继续严厉打击拐卖妇女儿童、胁迫儿童乞讨等违法犯罪行为，注重从源头上预防和减少侵害妇女儿童的犯罪发生。要治理和净化婴幼儿用品市场，严厉打击制售假冒伪劣商品的违法犯罪行为，保障孩子们衣食住行的健康安全。要预防和制止家庭暴力，让妇女儿童在一个充满温情的家庭环境里生活。

第四，认真解决农村留守妇女儿童的问题。留守妇女、留守儿童是工业化、城镇化进程中出现的新问题。现在，大量的农村青壮年劳动力进城务工，家里留下妻子、孩子和老人。这样一来，农村妇女肩上的担子一下子重了起来，成了家里的顶梁柱，上有老、下有小，既要照顾家庭，又要从事生产劳动，还要承受来自精神和人伦等各方面的压力。留守儿童由于亲情缺失，在身心发育和受教育方面受到很大影响。这些都对妇女儿童工作提出了新挑战，对政府工作和社会各方面提出了新要求。要充分考虑农村留守妇女儿童问题的特殊性和紧迫性，抓紧研究制定相关政策措施，保障他们的权益，促进他们全面发展。对于留守儿童，要确保他们接受义务教育的权利，办好寄宿制学校，配齐、配好生活、心理教师和必要管理人员。对于留守妇女，要多为她们提供帮助，解决生产生活中的实际困难。

要重视进城流动妇女儿童的问题。他们在城市居无定所，与城市融合有一定困难，生活学习面临诸多不便。要按照城乡基本公共服务均等化的要求，对流动妇女儿童与城市人口一视同仁。认真落实相关政策，确保流动儿童在异地平等接受义务教育的权利。加强流动妇女儿童卫生保健、疾病预防控制、计划免疫等工作，逐步实现流动妇女儿童与城市妇女儿童享有同等的卫生保健服务。

三、全社会都要关心支持妇女儿童事业

妇女儿童工作是一项涉及每个家庭、关系整个民族的基础性工作，也是一项庞大的社会系统工程。各级政府要把妇女儿童工作摆上重要日程，加强领导，狠抓落实，把妇女儿童工作做得更好。

要加强对妇女儿童工作的领导。各级领导要有大局意识和责任意识，心系妇女儿童发展，投入更多热情和精力去抓这项工作，加强调查研究，及时解决妇女儿童发展中的实际问题。要把妇女儿童事业发展纳入经济社会发展总体规划和公共政策体系，作为衡量政府工作的重要指标。各级妇儿工委要加强自身建设，搞好组织协调，充分发挥职能作用。

要加大对妇女儿童事业的投入。各级政府要将妇女儿童事业发展所需经费纳入财政预算，提供可靠的经费保障。对贫困地区和少数民族地区妇女儿童事业要给予重点扶持，加强相关基础设施建设，保障所有妇女儿童享有基本公共服务。同时，广泛动员社会力量，多渠道筹集资金，支持妇女儿童事业发展。

要营造有利于妇女儿童发展的社会环境。社会各界各方面都要积极参与妇女儿童事业，群策群力，推动在全社会形成尊重妇女、保护儿童的良好风尚。文化市场、传媒和互联网，要自觉坚决抵制危害青少年成长和贬损女性形象的不良信息传播。文学艺术工作者要弘扬真善美，多创作反映尊重妇女、关爱儿童，积极、健康、向上的精神文化产品。

各级工会、共青团、妇联等人民团体，要充分发挥党和政府联系人民群众的桥梁纽带作用。紧紧围绕党和国家工作大局，真诚倾听妇女儿童呼声，真实反映妇女儿童诉求，真情关心妇女儿童疾苦，依法维护妇女儿童权益。

同志们：妇女儿童事业意义重大，使命光荣。让我们紧密团结在以胡锦涛同志为总书记的党中央周围，高举中国特色社会主义伟大旗帜，以邓小平理论和“三个代表”重要思想为指导，深入贯彻落实科学发展观，扎实工作，锐意进取，努力开创我国妇女儿童工作新局面。

第四届全国就业与社会保障先进民营企业表彰大会在北京召开

中共中央政治局委员、国务院副总理张德江出席大会并讲话，全国政协副主席、全国工商联主席黄孟复出席大会。

张德江充分肯定了近年来民营企业在促进我国经济平稳较快发展、稳定扩大就业、促进社会保障体系建设、构建和谐劳动关系等方面作出的贡献，并指出，非公有制经济已成为社会主义市场经济的重要组成部分，是促进生产力发展、社会和谐稳定的重要力量，非公有制经济人士已成为中国特色社会主义事业的建设者，必须毫不动摇地鼓励、支持和引导非公有制经济发展。

张德江强调，“十二五”是我国促进就业、促进社会保障体系建设、构建和谐劳动关系的重要时期。要充分认识非公有制经济在经济社会发展中的重要地位作用，全面贯彻落实中央鼓励、支持和引导非公有制经济发展的一系列政策措施，促进非公有制经济健康发展、科学发展。要充分发挥民营企业稳定扩大就业主渠道作用，认真落实和及时完善更加积极的就业政策，促进民营企业创造更多的就业岗位，吸纳更多的人员就业，切实提高就业岗位的稳定性，发挥就业人员的积极性，降低职工流失率，增强企业凝聚力，促进企业健康发展。要大力推进民营企业构建和谐劳动关系，切实增强企业的责任感，尊重和维护职工的合法权益，依法与职工签订劳动合同，依法将职工全部纳入社会保险范围，规范用工行为，加强劳动保障，改善劳动条件，妥善解决职工工资问题，加强职工的人文关怀。

表彰大会授予100家民营企业“全国就业与社会保障先进民营企业”荣誉称号，通报表扬了在“2011全国民营企业招聘周”活动期间组织工作突出的53个城市(区)和吸纳就业突出的76家民营企业。

农工党中央领导到南京纪念邓演达殉难80周年

中国农工民主党中央领导到南京，集体拜谒邓演达烈士墓、瞻仰邓演达烈士殉难地。

农工党中央主席桑国卫，农工党中央常务副主席陈宗兴参加拜谒活动。桑国卫在纪念仪式上指出，邓演达毕生追求的理想，在中国共产党的领导下已经实现。邓演达创建的农工党，正在国家政治生活中发挥着重要的作用。

联合国教科文组织宣布把中国皮影戏列入“人类非物质文化遗产代表作名录”

中国队在上海举行的2011中国羽毛球公开赛上获得4枚金牌

11月28日

国务院总理温家宝致信向首届布鲁塞尔“中欧论坛”召开表示祝贺

贺信全文如下：

值此首届布鲁塞尔“中欧论坛”召开之际，我谨表示热烈祝贺，并向出席论坛活动的中外嘉宾和长期以来关心支持中欧关系发展的各界人士致以诚挚问候。

当前，国际形势继续发生深刻复杂变化，世界面临诸多严峻挑战，和平、发展、合作是人心所向，大势所趋。作为国际舞台上两支重要的战略力量，中欧要坚持走同舟共济、互利共赢的道路，全面扩大和深化合作，实现共同发展。

中欧关系要取得更好更大发展，离不开双方人民的相互理解和支持。希望“中欧论坛”围绕重大问题进行讨论，并提出建设性的意见和建议，办出特色，办出成效，成为中欧增进了解、加强互信、推动合作的重要平台，为双方全面战略伙伴关系健康、稳定、深入发展注入新的活力。

祝首届布鲁塞尔“中欧论坛”圆满成功！

中华人民共和国国务院总理　温家宝

2011年11月28日于北京

中国外商投资企业协会第五次会员代表大会在北京召开

中共中央政治局委员、国务院副总理王岐山在会见大会代表时强调，今年是中国加入世贸组织10周年，中国政府在降低关税、市场准入、平等对待内外资企业等方面，兑现了加入世贸组织时所做的承诺。我们将坚定不移地深化改革、扩大开放，不断完善相关法律法规，加强组织制度创新，加大知识产权保护力度，切实维护外资企业合法权益，营造更加公平、公正、透明的投资环境。

王岐山首先肯定了改革开放30多年来中国利用外资取得的辉煌成就。他说，截至目前，中国累计批准设立外资企业73万家，实际利用外资1.2万亿美元，外资企业创造了中国一半以上的进出口、1/7的直接就业、1/5的税收和1/4的工业产值。事实证明，外资企业为中国的改革开放和现代化建设事业作出了巨大贡献，同时亦在中国发展中获得了丰厚的利益。

王岐山指出，中国正处于工业化、城镇化加速期，市场需求的爆发力正逐渐显现，为外资企业带来了新的发展机遇。“十二五”期间，中国利用外资将从引进资金为主，转向更加注重引进先进技术、管理经验、适用人才和国际品牌，推动转变经济发展方式和调整经济结构。

王岐山强调，营造有利于创新的软环境，是内外资企业的共同要求。各地区、各部门要转变招商引资方式，优化利用外资结构，更加注重投资软环境建设。要按照世贸组织规则，加强知识产权保护的执行力，持续有效打击侵犯知识产权和制售假冒伪劣商品行为，为各类市场主体公平竞争和开展创新提供良好的法律环境和制度保障。

他勉励中国外商投资企业协会充分发挥中介组织的桥梁和纽带作用。希望协会不断创新体制机制，完善服务功能，反映企业诉求，维护企业合法权益，积极为企业排忧解难，真正成为“外资企业之家”。

国务院有关部门、各地方外商投资企业协会负责人以及外资协会的企业会员代表约600人出席了今天的活动。

第七次中越两党理论研讨会在江苏常州举行

研讨会由中国共产党和越南共产党有关部门共同举办，以“新形势下做好群众工作的经验”为主题。

中共中央政治局委员、中央书记处书记、中宣部部长刘云山和越共中央政治局委员、中央书记处书记、中央宣教部部长、中央理论委员会主席丁世兄出席开幕式。

开幕式上，刘云山作了题为《秉持人民至上的价值追求　切实做好新形势下的群众工作》的主旨报告，丁世兄作了题为《越南共产党群众工作的实践和若干经验》的主旨报告。

刘云山回顾总结了中国共产党成立90年来坚持立党为公执政为民、团结带领人民群众不懈奋斗的实践历程和宝贵经验，着重阐述了进一步加强和改进群众工作的基本思路和主要举措。强调顺利推进中国特色社会主义伟大事业，要求我们牢固树立群众观点，切实打牢做好群众工作的思想基础；始终站稳群众立场，着力解决人民群众最关心最直接最现实的利益问题；深入贯彻群众路线，不断从人民群众中汲取事业发展的智慧和力量；改进创新方式方法，努力增强群众工作针对性和实效性；建立健全工作制度，有效提高群众工作规范化制度化水平。刘云山指出，党的十七届六中全会从战略上对文化改革发展进行了全面部署，为建设社会主义先进文化、促进文化繁荣发展指明了方向，也对宣传思想文化工作践行党的根本宗旨、贯彻党的群众路线提出了更高要求。必须把宣传引导群众作为首要职责，把反映人民心声作为基本任务，把满足人民群众精神文化需求作为重要着力点，把发挥人民群众文化创造主体作用作为根本途径，把人民群众满意作为第一标准，切实做到文化发展为了人民、文化发展依靠人民、文化发展成果由人民共享。

刘云山说，中越两党都有做群众工作的优良传统，也都面临着加强和改进群众工作的共同课题。此次研讨会就有关重大问题进行深入交流，对于我们深化对群众工作规律的认识，提高做好群众工作的能力和水平，具有重要理论和实践意义。

丁世兄回顾了越共80年来开展群众工作的理论成果和实践经验，高度评价中国共产党90年来，特别是改革开放33年来做群众工作的成就。他表示，在当前形势下，越中两党就重大理论和现实问题进行深入研讨和经验交流，有助于夯实两党的执政基础、推动各自社会主义事业可持续发展，对促进中越关系全面发展也具有重要意义。

中联部部长王家瑞、越共中央对外部部长黄平君分别在研讨会上致开幕词。

中央军委副主席习近平在人民大会堂会见缅甸国防军总司令敏昂兰

11月29日

中央扶贫开发工作会议在北京召开

会议于11月29日至30日召开。中共中央总书记、国家主席、中央军委主席胡锦涛出席会议并发表重要讲话。

党和国家领导人吴邦国、温家宝、贾庆林、李长春、习近平、李克强、贺国强等出席会议。温家宝在会议上讲话，李克强主持会议。

胡锦涛在讲话中指出，这次中央扶贫开发工作会议，是在“十二五”时期顺利开局、全面建设小康社会进入关键时期召开的一次重要会议。会议的主要任务是：总结我国扶贫开发工作取得的成就和经验，分析当前和今后一个时期扶贫开发形势和任务，全面部署《中国农村扶贫开发纲要（2011—2020年）》贯彻落实工作，动员全党全社会力量，坚决打好新一轮扶贫开发攻坚战。

胡锦涛强调，消除贫困、改善民生、实现共同富裕，是社会主义的本质要求，是改革开放和社会主义现代化建设的重大任务，是全党全国各族人民始终不渝的奋斗目标。新中国成立以来，党和国家始终高度重视扶贫开发事业。特别是改革开放以来，党和国家正式启动全国范围有计划、有组织的大规模开发式扶贫，取得了举世瞩目的巨大成就。扶贫开发事业取得的巨大成就，为促进我国经济发展、政治稳定、民族团结、边疆巩固、社会和谐发挥了重要作用，为全球减贫事业作出了重大贡献。

胡锦涛强调，实践充分证明，经过改革开放30多年来的不懈努力，我们成功走出了一条中国特色扶贫开发道路。当前，我国扶贫开发已经从以解决温饱为主要任务的阶段转入巩固温饱成果、加快脱贫致富、改善生态环境、提高发展能力、缩小发展差距的新阶段。扶贫开发既具有更加有利的基础和条件，也面临新的困难和挑战。深入推进扶贫开发，扎实做好新阶段扶贫开发工作，对维护人民根本利益、巩固党的执政基础、确保国家长治久安、实现全面建设小康社会和社会主义现代化宏伟目标具有极为重大的意义。

胡锦涛强调，做好新阶段扶贫开发工作，必须高举中国特色社会主义伟大旗帜，以邓小平理论和“三个代表”重要思想为指导，深入贯彻落实科学发展观，提高扶贫标准，加大投入力度，把集中连片特殊困难地区作为主战场，把稳定解决扶贫对象温饱、尽快实现脱贫致富作为首要任务，坚持政府主导，坚持统筹发展，更加注重转变经济发展方式，更加注重增强扶贫对象自我发展能力，更加注重基本公共服务均等化，更加注重解决制约发展的突出问题，努力推动贫困地区经济社会更好更快发展。

胡锦涛指出，到2020年，深入推进扶贫开发的总体目标是：稳定实现扶贫对象不愁吃、不愁穿，保障其义务教育、基本医疗和住房。贫困地区农民人均纯收入增长幅度高于全国平均水平，基本公共服务主要领域指标接近全国平均水平，扭转发展差距扩大趋势。要坚持开发式扶贫方针，同时实行扶贫开发和农村最低生活保障制度有效衔接，把扶贫开发作为脱贫致富的主要途径，把社会保障作为解决温饱问题的基本手段；坚持统筹城乡发展，坚持扶贫开发与推进城镇化、建设社会主义新农村相结合，与生态环境保护相结合，促进经济社会发展与人口资源环境相协调。要坚持政府主导、分级负责，坚持突出重点、分类指导，坚持全社会参与、合力推进，坚持尊重扶贫对象主体地位、激发贫困地区内在活力。

胡锦涛指出，中央颁发的《中国农村扶贫开发纲要(2011—2020年)》对新阶段扶贫开发工作作出了全面部署，中央明确了新的国家扶贫标准，各级党委和政府要抓紧行动、抓紧落实，突出工作重点，解决关键问题，确保不断取得阶段性突破和进展。要着力推进集中连片特殊困难地区扶贫攻坚，着力巩固和发展专项扶贫、行业扶贫、社会扶贫大扶贫格局，着力完善扶贫开发政策保障体系，着力加强扶贫开发国际交流合作。

胡锦涛强调，新阶段扶贫开发任务艰巨、时间紧迫，必须加强领导、真抓实干，切实把中央决策部署落到实处。各级党委和政府要高度重视扶贫开发工作，加强对扶贫开发工作的督促检查和考核评估，加强扶贫资金使用管理。要切实加强基层组织建设，把基层党组织建设成为推动科学发展、带领农民致富、密切联系群众、维护农村稳定的坚强领导核心。要切实加强扶贫干部队伍建设，努力打造一支素质高、作风实、讲奉献的扶贫开发干部队伍。对那些长期在贫困地区工作、实绩突出的干部，要给予表彰，并注意提拔使用。要切实加强扶贫研究和宣传工作，把扶贫纳入基本国情教育范畴，在全社会营造关心和支持扶贫开发的良好氛围。

温家宝在讲话中指出，在长期实践中，特别是近10年来，我们不断完善国家扶贫战略和政策体系，成功走出了一条以经济发展为带动力量、以增强扶贫对象自我发展能力为根本途径，政府主导、社会帮扶与农民主体作用相结合，普惠性政策与特惠性政策相配套，扶贫开发与社会保障相衔接的中国特色扶贫开发道路。我们坚持统筹城乡经济社会发展，实行工业反哺农业、城市支持农村和多予少取放活方针，全面取消农业税，实行多种农业补贴，加强农村基础设施建设，不断增加对贫困地区的财政转移支付和专项扶贫资金。中央和地方财政安排的扶贫资金，从2001年的127.5亿元，增加到2010年的349.3亿元，10年累计达到2043.8亿元。10年来，592个国家扶贫工作重点县农民人均纯收入年均增长幅度超过全国平均水平。

温家宝强调，要顺应经济社会发展和扶贫开发的阶段性变化，不断完善扶贫开发政策。中央决定将农民人均纯收入2300元(2010年不变价)作为新的国家扶贫标准。这个标准比2009年提高了92%。大幅度提高扶贫标准，把更多低收入人口纳入扶贫范围，这是社会发展的进步，是扶贫力度加大的重要措施。各地发展不平衡，经济发达地区可根据自身实际和能力确定更高的本地扶贫标准。要全面推进连片特困地区扶贫攻坚，将六盘山区等11个连片特困地区和西藏及四川、云南、甘肃、青海四省藏区，新疆南疆三地州作为扶贫攻坚的主战场，并在武陵山片区率先开展区域发展与扶贫攻坚试点。中央和省级财政要大幅度增加对这些地区的一般性转移支付，中央财政扶贫资金的新增部分主要用于连片特困地区，国家大型项目、重点工程和新兴产业要优先向符合条件的特困地区安排。农村义务教育学生营养改善计划率先在连片特困地区的680个县(市)试点。建立定点联系机制，每1个片区由1个中央部委负责具体联系，督促指导片区规划的实施。各省区市可从实际出发，确定若干连片特困地区给予重点扶持。要坚持开发式扶贫和农村社会保障两手抓。今后一个时期，国家新增社会保障投入要向农村尤其是贫困地区倾斜。新型农村社会养老保险明年要实现全覆盖。

出席会议的中央领导同志还有：王岐山、回良玉、刘淇、李源潮、汪洋、张高丽、张德江、俞正声、令计划、李建国、马凯、戴秉国、钱运录等。

会议对2001—2010年为扶贫开发作出突出贡献的先进集体和先进个人进行了表彰。贵州、新疆、四川、重庆、湖北、广东以及中央统战部、国家发改委、教育部、财政部、国资委等地方和部门负责同志作大会发言。

中央农村工作领导小组成员，国务院扶贫开发领导小组成员，各省、自治区、直辖市和计划单列市、新疆生产建设兵团的主要负责人，参与定点扶贫的中央和国家机关有关部门、中央管理的金融机构和国有骨干企业及军队有关部门负责同志等出席会议。

国务院总理温家宝致电祝贺联合国“声援巴勒斯坦人民国际日”纪念大会召开

中共云南省第九届委员会第一次全体会议选举秦

光荣为省委书记

第一届“中欧论坛”在比利时举行

论坛主要涉及地缘政治伙伴关系、经贸关系、人文交流与相互认知3个议题。与会代表还围绕中国的“十二五”规划和“欧盟2020战略”进行讨论，尤其是中国发展绿色经济给中欧合作带来的机遇。

欧方代表认为欧中关系处于重要转型期。欧盟对外行动署亚洲司总司长伊斯蒂乔亚在发言中指出，从去年开始，欧盟内部开展了如何看待中国发展的讨论。去年年底在欧盟峰会的有关文件中，中国被视为与美国、俄罗斯同等重要的战略伙伴，中国在欧盟对外关系中的地位迅速上升。欧盟视中国为重要战略伙伴，这是战略必须。欧中关系正在日益深化，各方面合作越来越丰富，但在中欧关系发展过程中也会遇到一些问题或挑战。欧中也应在贸易伙伴的基础上，思考如何拓展双边关系的外延。

中国始终用战略眼光看待中欧关系。中国外交部欧洲司参赞华春莹表示，中欧建交36年以来对中欧双方均产生了重要影响。目前双方高层访问频繁、双边贸易不断攀升、中欧人文交流密集。虽然当前欧洲处于经济危机、债务危机等困难时刻，但中国始终对欧洲充满信心，并向欧洲提供力所能及的帮助。中欧关系也面临一些问题，毕竟中欧具有不同的文化历史，思维方式不同，而且随着中欧利益融合越来越深，矛盾也会增多。双方应更多地从积极的角度，通过对话，坦诚布公地解决分歧与矛盾。中欧之间需要信心和宽容。

在讨论中欧经贸议题时，双方代表都认为近年来中欧经贸关系发展迅速，互为重要贸易伙伴，但也出现一些摩擦和分歧，需要双方采取切实措施加以解决。

负责此次论坛的“欧洲之友”政策部主任莎达女士会前向本报记者介绍说，参加此次论坛的代表来自欧盟不同国家，大家十分踊跃。说明欧洲人对中国的发展十分关注，对如何发展中欧关系很感兴趣。主办方也希望社会各界有志于推动中欧关系发展的人，聚集到一起集思广益，探讨中欧关系的未来。与会代表一致认为，中欧是战略伙伴，而不是对手。中欧关系是双行道，应加强交流，推动双边关系不断向前发展。

国家副主席习近平在人民大会堂会见国际劳工组织总干事胡安·索马维亚一行

国务院副总理李克强在北京主持召开国务院深化医药卫生体制改革领导小组第十次全体会议

会议审议了《〈医药卫生体制改革近期重点实施方案(2009—2011年)〉实施中期评估报告》《“十二五”期间深化医药卫生体制改革规划(2012—2015)》和《关于县级公立医院改革试点的意见》等文件。

会议认为，医药卫生体制改革两年多以来，五项重点任务取得了阶段性成果，各项目标任务能够如期完成。基本医疗保障制度基本实现全覆盖，全国城乡参保人数达到了12.95亿，人口覆盖率达到95%；基本药物制度在基层初步建立，基本药物售价比制度实施前下降16.9%，群众用药负担明显减轻；基层医疗卫生服务体系逐步健全，基层医疗卫生机构就诊人次明显增加，今年前三季度同比增长13.2%；国家对基本和重大公共卫生服务投入力度加大，数亿群众得到实惠；公立医院改革试点以及县级医院综合改革试点有序推进。

李克强指出，“十二五”时期，我国经济社会发展呈现新的阶段性特征，工业化、城镇化进程加快，人口老龄化趋势凸显。医改是保障和改善民生的迫切需要，无论是促进基本公共卫生服务均等化，推动解决部分群众因病致贫、因病返贫问题，还是更好地满足居民日益增长的健康需求，实现到2015年人均预期寿命再提高1岁的目标，都需要提高医疗卫生服务水平。而随着医改的不断深入，改革难点问题将集中显现、体制性矛盾将集中暴露，工作难度加大。统筹谋划好“十二五”医改规划，对于巩固医改成果以及确保实现2020年的医改目标至关重要。

李克强说，制定好“十二五”医改规划，要深入贯彻落实党中央、国务院关于医改的一系列决策部署，坚持把基本医疗卫生制度作为公共产品向全民提供的核心理念，坚持保基本、强基层、建机制的基本原则，坚持预防为主、以农村为重点、中西医并重的方针，统筹安排、突出重点、循序推进，推动基本医保由“扩大范围”转向“提升质量”，基层医疗卫生机构由“强筋健骨”转向“全面发展”，公立医院改革由“局部试点”转向“全面推进”，医疗卫生体系建设由“重硬件”转向“重服务”，不断筑强城乡居民看病就医的保障网，为实现人人享有基本医疗卫生服务的目标打好基础。

李克强强调，医改是一个宏大的系统工程，也是重大的制度创新，下一步工作必须抓住关键环节，推进重点突破：一是健全全民基本医保制度。在继续提高城乡居民参保率的基础上，进一步提高政府补助标准，探索建立重特大疾病保障机制，积极发展商业健康保险。二是巩固完善国家基本药物制度，把制度实施范围扩大到村卫生室和非政府办基层医疗卫生机构，建立药品生产流通新秩序，理顺医药价格体系，巩固完善基层医疗机构运行新机制。三是全面推进公立医院改革，坚持公立医院的公益性质，推进政事分开、管办分开、医药分开、营利性和非营利性分开，改革“以药补医”

机制，完善公立医院管理体制，搞好便民服务。加强医疗卫生人才队伍建设。发挥医务人员医改主力军作用，调动他们参与改革的积极性。提高政府卫生投入比重，尽力而为，量力而行，做到可持续。鼓励和引导社会资本开办医疗机构，形成多元化办医格局，发展和健全非基本医疗卫生服务体系。

李克强说，县级医院在我国医疗卫生服务体系中居于重要地位，要统筹推进管理体制、运行机制、补偿机制、人事分配、药品供应、监管体制等综合改革，建立健全管理制度，提升服务能力，保障县域居民基本医疗卫生服务，努力实现居民日常就医不出县。

11月30日

国务院总理温家宝主持召开国务院常务会议

温家宝11月23日、30日分别主持召开国务院常务会议。会议审议并原则通过《中华人民共和国招标投标法实施条例(草案)》《中华人民共和国车船税法实施条例(草案)》《中华人民共和国船舶吨税暂行条例(草案)》和《放射性废物安全管理条例(草案)》。

会议审议通过的《中华人民共和国招标投标法实施条例(草案)》，针对当前招标投标领域一些项目规避招标或者搞"明招暗定"的虚假招标、有的领导干部利用权力插手干预招标投标、当事人互相串通围标串标等突出问题，在总结实践经验基础上，细化完善了保障公开公平公正、预防和惩治腐败、维护招标投标正常秩序的规定。一是进一步明确了应当公开招标的项目范围。凡属国有资金占控股或者主导地位的依法必须招标的项目，除法律、行政法规规定的特殊情形外，都应当公开招标。二是充实细化了防止虚假招标的规定。禁止以不合理条件和不规范的资格审查办法限制、排斥投标人。不得对不同的投标人采取不同的资格审查或者评标标准，不得设定与招标项目具体特点和实际需要不相适应或者与合同履行无关的资格审查和中标条件，不得以特定业绩、奖项作为中标条件，不得限定特定的专利、商标、品牌或供应商等。三是完善了评标委员会成员选取和规范评标行为的规定。除招标投标法规定的特殊招标项目外，评标委员会的专家成员应当从评标专家库内相关专业的专家名单中以随机抽取的方式确定。国家工作人员以任何方式非法干涉选取评标委员会成员的，依法追究法律责任。评标委员会成员不得私下接触投标人，不得收受投标人给予的财物或者其他好处，不得向招标人征询确定中标人的意向，不得接受任何单位及个人提出的倾向或排斥特定投标人的要求，不得有其他不客观、不公正履行职务的行为；收受财物或者其他好处的，处以罚款、取消资格，构成犯罪的依法追究刑事责任。四是进一步明确了防止招标人与中标人串通搞权钱交易的规定。招标结束后依法订立的合同，主要条款应当与招标文件、中标人投标文件的内容一致，招标人和中标人不得再行订立背离合同实质性内容的其他协议。五是强化了禁止利用权力干预、操纵招标投标的规定。禁止国家工作人员以任何方式非法干涉招标投标，违反规定的依法给予处分，构成犯罪的依法追究刑事责任。六是完善了防止和严惩串通投标、弄虚作假骗取中标行为的规定。有这些行为的，中标无效，没收违法所得，处以罚款，情节严重的取消一定期限内的投标资格，直至吊销营业执照，构成犯罪的依法追究刑事责任。草案还规定了招标专业人员职业资格制度，完善了对招标投标的行政监督规定。

会议审议通过的《中华人民共和国车船税法实施条例(草案)》细化了应税车船的范围，明确了省级政府确定车辆具体适用税额应遵循的原则，规定了机动船舶和游艇的具体适用税额，细化了税收优惠的规定。

会议决定，以上四个条例草案经进一步修改后，由国务院公布施行。

各民主党派 工商联和无党派人士为全面建设小康社会做贡献表彰大会在北京召开

中共中央政治局常委、全国政协主席贾庆林会前在人民大会堂会见了出席表彰大会的全体代表。

全国政协副主席、中共中央统战部部长杜青林在会表彰大会上讲话。他希望各民主党派、工商联和无党派人士，认真学习贯彻中共十七届六中全会精神，自觉按照"同心"思想要求，以更加饱满的热情为国出力，以更加出色的业绩服务人民。他指出，要巩固同心奋斗思想基础，自觉践行社会主义核心价值体系；要把握同心奋斗着力重点，全方位立体化服务科学发展；要突出同心奋斗品牌效应，大力开展"同心"实践活动；要强化同心奋斗素质保障，切实提高服务大局的能力水平。在推进中国特色社会主义伟大事业的征程中，以国家发展和民族进步为念，有更加自觉更加有力的担当，勇立时代潮头，体现时代精神。

人力资源和社会保障部部长尹蔚民宣读中共中央统战部、人力资源和社会保障部、各民主党派中央、全国工商联联合表彰的决定。有50个单位荣获先进集体称号，150人荣获先进个人称号，同时还表彰了50项建言献策优秀成果、50项社会服务优秀成果。受表彰的先进个人、先进集体、建言献策优秀成果、社会服务优秀成果代表先后在会上发言。出席大会的全体代表提出了《各民主党派、工商联和无党派人士为全面建设小康社会做贡献倡议书》。

全国人大常委会副委员长、民革中央主席周铁农主持会议。

韩启德、蒋树声、陈昌智、桑国卫、张梅颖、张榕明、林文漪、厉无畏、罗富和、陈宗兴、王志珍及各民主党派中央、全国工商联负责人和无党派人士，中共中央统战部、人力资源和社会保障部等有关部门负责人出席大会。

会议由中共中央统战部、人力资源和社会保障部、各民主党派中央、全国工商联联合举办。

国家发改委发出通知将试行阶梯电价制

国家发改委发出通知，自12月1日起，将全国燃煤电厂上网电价平均每千瓦时提高约2.6分钱，将销售电价每千瓦时平均提高约3分钱；居民用电试行阶梯电价制度，由各省适时推出。

人社部发出《企业劳动争议协商调解规定》

要求大中型企业及其分支机构依法设立劳动争议调解委员会。该规定将于2012年1月1日施行。

《企业劳动争议协商调解规定》(以下简称《规定》)对劳动关系双方协商的原则、方式、参加人、时限及和解协议效力等作出详细要求。《规定》明确，大中型企业应当依法设立劳动争议调解委员会，有分公司、分店、分厂的企业，可以根据需要在分支机构设立调解委员会。调解委员会可以根据需要在车间、工段、班组设立调解小组。建立小额简单案件由分支机构调解委员会处理，疑难复杂案件由总公司(总厂、总部)调解委员会处理的分类处理、分级负责、上下联动的工作机制。同时，明确小微型企业既可以设立调解委员会，也可以由劳动者和企业共同推举人员，开展调解工作。调解委员会除了具有调解劳动争议，聘任、解聘和管理调解员的基本职责外，还具有宣传劳动保障法律、法规和政策；参与协调履行劳动合同、集体合同、执行企业劳动规章制度等方面出现的问题；参与研究涉及劳动者切身利益的重大方案；协助企业建立劳动争议预防预警机制等职责。

《规定》明确，双方当事人可以自调解协议生效之日起15日内共同向仲裁委员会提出仲裁审查申请。仲裁委员会受理后，应当对调解协议进行审查，并根据《劳动人事争议仲裁办案规则》第五十四条规定，对程序和内容合法有效的调解协议，出具调解书。此外，人力资源和社会保障行政部门应当指导企业开展劳动争议预防调解工作，协调工会、企业代表组织建立企业重大集体性劳动争议应急调解协调机制，共同推动企业劳动争议预防调解工作。

12 月 1 日

国务院总理温家宝到中国疾控中心考察并与感染者 医务科研人员 国际组织代表等座谈

温家宝说，我国艾滋病防治工作取得的重要成就，是把防治艾滋病纳入了法制轨道，制定了《艾滋病防治条例》和预防与控制艾滋病中长期规划，大力推进药物和疫苗科研攻关，实施了"四免一关怀"政策，不断加大救助力度。更为重要的是，我们把防治艾滋病工作公开化，在全社会广泛宣传教育，努力消除对艾滋病患者的歧视。当前，我国艾滋病传播已从吸毒传播为主转变为性传播为主。要认真总结行之有效的干预措施，借鉴和学习国外经验，深入开展防治工作，提高防治质量和水平。

温家宝说，艾滋病高流行地区要增加定点医院数量，通过"大专科、小综合"模式、配备急需的手术设施、组织医院会诊等，努力解决患者手术难的问题。应该尽快研究将艾滋病等血源性职业暴露纳入职业病范围，予以工伤保障；同时，研究将基层艾滋病防治一线人员的岗位补贴或工作经费纳入财政预算。

温家宝说，艾滋病感染者是我们大家庭的成员，他们是疾病的受害者，理应得到同情和关爱。全社会要正确认识艾滋病，科学防治艾滋病，包容和关爱艾滋病感染者，这是最终战胜艾滋病的社会基础。要抓紧清理现行法律法规，凡是有歧视性的条款，都要抓紧修订。艾滋病感染者要鼓起勇气，热爱生活，积极融入社会，力所能及地为社会做贡献。

温家宝回答患病者最关心的几个问题：第一，治疗问题。国务院已经决定，2012 年先在高流行地区通过医疗救助，帮助解决艾滋病病人机会性感染治疗费用个人负担过重的问题，有关部门正在抓紧研究制定具体办法。要调整基本药物目录，增加艾滋病病毒及抗机会性感染治疗药品种类。第二，艾滋病儿童孤儿的救助问题。有关部门要抓紧研究加大救助力度的具体办法，努力为受艾滋病影响的儿童提供基本的生活保障、均等的教育机会和便利的医疗条件。第三，生活困难问题。国家正在加大资金投入力度，支持各地将符合条件的艾滋病患者家庭全部纳入城乡低保，提高补助水平，并对困难家庭给予临时救助。第四，对因艾滋病导致住房困难的人员，要根据实际情况，通过提供廉租房、给予救助等方式帮助解决。温家宝说，国务院最近将派出督查组，赴艾滋病高流行地区，督促落实各项政策，调研解决工作中的问题。

温家宝强调，艾滋病没有国界，战胜艾滋病需要全人类共同努力。中国政府愿与世界各国和国际组织加强交流与合作，共享成果和经验，为实现全球零艾滋的愿景作出我们的贡献。

国务院副总理李克强在天津考察

12 月 1 日至 2 日，李克强在中共中央政治局委员、天津市委书记张高丽陪同下在天津考察。

李克强来到中国科学院天津工业生物技术研究所，调研科技研发和自主创新进展情况。他说，创新对促进发展至关重要，特别是在当前国际环境复杂严峻、外部不确定因素增多的情况下，要想在应对挑战中求生存谋发展，立于不败之地，就要在扩大开放的进程中深入实施扩大内需战略，在发挥好传统优势的同时，加快向更加依靠创新驱动的方向转变，通过改革使更多的资本、资源、人才等要素向创新活动和产业升级集聚。企业拥有的核心技术、自主品牌、骨干和领军人才越多，应对市场风险的能力就越强，国民经济就会更健康、更有竞争力，调结构、转方式也就更有基础。要通过技术创新基金和创业投资等措施，为中小和微型企业创新发展营造更好环境，千方百计为创业提供条件，为就业提供机会。

在卡特彼勒亚实公司，李克强说，技术是企业的核心竞争力，质量是企业的生命。我们要从制造业大国发展成为制造业强国，必须坚持扩大对外开放，学习借鉴一切国际先进技术和管理经验，不仅提高我们的产业技术水平，而且做到产品质量过硬。把管理创新与技术创新结合起来，增强每一位员工的责任心，共同推升企业和产业在国际和国内市场的竞争力。

力神电池公司主要生产用于电子信息产品和电动汽车的锂离子电池。李克强指出，发展先进制造业和战略性新兴产业，是世界各国的大趋势，也是必争的产业高地。要贴近市场，紧盯前沿，抓住重点，力争取得突破，不仅要形成新的产业，而且要真正掌握关键技术，开拓新的市场需求，在国际竞争中占据主动，打造走向世界的"中国品牌"。

在朗庭园公租房建设工地，李克强听取了项目规划和建设的介绍，实地考察了房屋竣工验收的各项检测。李克强说，要加快全国城市个人住房信息系统的建设和联网工作，为保障房公平分配、房地产调控、相关制度改革奠定基础。他强调，要加快完善保障房分配、退出和监管制度，确保公开公平公正，坚决纠正和打击各种违规行为，真正让住房困难的中低收入群众得到实惠。要坚持实施遏制住房价格过快上涨的政策措施，巩固调控成果，扎实推进保障性住房建设和棚户区改造，增加普通商品房供应，促进房地产市场健康发展和人民群众住有所居。

考察中，李克强充分肯定天津市经济社会发展取得的成就,希望天津继续发挥区位优势,抓住滨海新区开发开放的历史机遇,着力完善体制机制,推进转型创新,保持经济社会发展的良好势头。

中共中央政治局常委李长春在人民大会堂会见越共中央政治局委员丁世兄一行

国务委员刘延东在哈博罗内与博茨瓦纳副总统梅拉费举行会谈

刘延东说,为进一步加强人文领域合作,中方建议:双方进一步落实好两国文化协定2010—2013年执行计划,扩大两国优秀文化的交流互鉴;深化两国教育和人才培训合作,继续共同办好孔子学院;欢迎博科研机构和人员积极参与"中非科技伙伴计划"框架内的交流与合作项目,分享科技发展成果。

中联部部长王家瑞在渥太华会见加拿大参议长金塞拉

中国科学技术协会在北京召开纪念钱学森同志诞辰100周年大会

会议主题为"弘扬钱学森科学精神,推动科协事业科学发展"。全国人大常委会副委员长、中国科协主席韩启德出席大会并讲话。

韩启德在纪念大会上指出,钱学森同志是新观点、新思想、新方法和新理论的首倡者与新兴学科的奠基者,是马克思主义理论的践行者和社会主义核心价值体系建设的推进者,是中国爱国知识分子的典范。他在中国科协工作期间,身体力行倡导学术民主,重视学术组织建设和学术交流的作用;积极推动树立"大科普观",丰富发展了科普工作的文化内涵;重视"专家群体"的整体优势,积极推动经济社会发展;开创科协工作理论研究,努力构建中国特色的科技社团体制机制,给科协系统留下了浓墨重彩的记忆和宝贵的精神财富。

中国科协、中国力学学会、中国系统工程学会、钱学森办公室和上海交通大学等单位代表分别就钱学森对科协事业发展的巨大贡献角度、钱学森系统科学思想和系统科学成就、传承钱学森科学精神等方面在纪念大会上作了主题发言。

第十五届宋庆龄樟树奖在北京举行颁奖典礼

陈至立等6人荣获本届宋庆龄樟树奖。该奖项旨在团结和激励广大妇女儿童工作者以宋庆龄为榜样,积极投身于妇女儿童事业。

陈至立出席颁奖典礼并致辞。中国福利会主席胡启立等为获奖者颁奖。

中华同心温暖工程基金会在北京成立

全国政协副主席、中央统战部部长杜青林发来贺信。全国政协副主席、中华同心温暖工程基金会理事长张榕明为中华同心温暖工程基金会揭牌。

在中华同心温暖工程基金会第一届理事会上,张榕明当选为中华同心温暖工程基金会理事长,陈广庆当选为副理事长兼秘书长。

中华同心温暖工程基金会第一届理事会通过了《中华同心温暖工程基金会章程》和第一届理事会成员名单。

12月2日

《人民日报》发表社论《吹响新十年扶贫开发号角》

在"十二五"时期顺利开局、全面建设小康社会进入关键时期的重要时刻,中央扶贫开发工作会议在京召开,全面部署《中国农村扶贫开发纲要(2011—2020年)》,确定了我国今后十年的扶贫开发工作,动员全党全社会力量,坚决打好新一轮扶贫开发攻坚战。认真学习贯彻会议精神,落实《纲要》提出的各项任务,对于维护群众根本利益、巩固党的执政基础、确保国家长治久安,实现社会主义现代化建设宏伟目标,具有十分深远的意义。

消除贫困、改善民生、实现共同富裕,是社会主义制度的本质要求。改革开放以来,我国大力推进扶贫开发,特别是伴随着《国家八七扶贫攻坚计划》《中国农村扶贫开发纲要(2001—2010年)》的顺利实施,扶贫事业取得巨大成就。到2010年年底,我国贫困人口从改革开放之初的2.5亿减少到2688万。贫困地区基础设施明显改善,社会事业不断进步,最低生活保障制度全面建立,农村居民生存和温饱问题基本解决,成功走出了一条中国特色扶贫开发道路。这些辉煌成就,为促进我国经济发展、政治稳定、民族团结、边疆巩固、社会和谐发挥了重要作用,使我国提前实现联合国千年发展目标中贫困人口减半目标,有力促进了全球减贫事业的发展。

实践表明,衡量一个国家经济社会的发展,不仅要看其最高水平和平均水平,也要看其最低水平——贫困人口的生活状况怎样,贫困地区的发展程度如何。从人类发展和世界范围来看,扶贫是一项永恒使命。就我国而言,扶贫开发同样是长期而重大的任务。一方面,我国仍处于并将长期处于社会主义初级阶段,经济社会发展总体水平不高,制约贫困地区发展的深层次矛盾依然存在，特别是集中连片特殊困难地区扶贫攻坚任务仍十分艰巨。另一方面，随着国民经济保持平稳较快发展，综合国力明显增强，为扶贫开发创造了有利环境和条件。这正是我国扶贫开发工作的全新历史方位——从以解决温饱为主要任务的阶段转入巩固温饱成果、加快脱贫致富、改善生态环境、提高发展能力、缩小发展差距的新阶段。

今后十年，是全面建设小康社会的关键时期，也是扶贫开发可以大有作为的十年。已基本解决生存和温饱问题的人口能否如期实现小康，是建成惠及十几亿人小康社会伟大事业的关键所在，也是新阶段扶贫开发的重要任务。作为未来十年我国扶贫开发的纲领性文件，《中国农村扶贫开发纲要(2011—2020年)》围绕全面小康的奋斗目标，科学把握我国扶贫开发的“变”与“不变”，更加注重转变经济发展方式，更加注重增强扶贫对象自我发展能力，更加注重基本公共服务均等化，更加注重解决制约发展的突出问题，提出了扶贫开发新的总体目标：“到2020年，稳定实现扶贫对象不愁吃、不愁穿，保障其义务教育、基本医疗和住房。贫困地区农民人均纯收入增长幅度高于全国平均水平，基本公共服务主要领域指标接近全国平均水平，扭转发展差距扩大趋势。”明确了新十年扶贫开发的重心所在：“提高扶贫标准，加大投入力度，把连片特困地区作为主战场，把稳定解决扶贫对象温饱、尽快实现脱贫致富作为首要任务。”这些新目标和新任务，符合新阶段扶贫工作的基本特征，吹响了新十年扶贫开发工作的前进号角。

贫穷不是社会主义，共同富裕才是社会主义。解决好贫困地区、贫困人口的脱贫与发展问题，不仅关乎全面建设小康社会宏伟目标的实现，也关系到中国特色社会主义优越性的体现。让我们以更大的决心、更强的力度、更有效的举措，扎扎实实做好扶贫开发各项工作，坚决打好新一轮扶贫开发攻坚战，努力推动贫困地区经济社会更好更快发展，确保到2020年全国实现全面建设小康社会的目标。

全国非公有制经济先进典型事迹报告会在北京召开

中共中央政治局常委、全国政协主席贾庆林出席会议并讲话。

报告会上，坚信“中国人能做到世界最好”的研祥高科技控股集团董事局主席陈志列、追求“和谐发展、激情奉献”的百步亭集团董事局主席茅永红、饱含“大漠之子绿色情怀”的亿利资源集团董事长王文彪、以安置18万人就业为“莫大荣耀”的苏宁电器集团董事长张近东、创新让“小企业干出大事业”的宁波天生密封件有限公司董事长励行根、“信仰激励我前行”的力帆实业(集团)股份有限公司董事长尹明善、坚持“制度保障发展、文化引领成长”的上海复星高科技(集团)有限公司董事长郭广昌、唱响“为祖国强大而强大”的汉能控股集团董事局主席李河君、致力于“构建中国特色和谐劳动关系”的传化集团有限公司董事长徐冠巨、大步“走向世界、共谋双赢”的吉利控股集团董事长李书福等10位先进典型，分别从不同侧面介绍了自己的事迹。

中共中央政治局委员、中央书记处书记、中宣部部长刘云山，全国政协副主席、全国工商联主席黄孟复出席会议。全国政协副主席、中央统战部部长杜青林主持会议。

报告会由中央统战部、全国工商联共同主办。

全国政协主席贾庆林在全国非公有制经济先进典型事迹报告会上的讲话

今天，中央统战部、全国工商联举行全国非公有制经济先进典型事迹报告会，认真学习贯彻中共十七届六中全会精神，深入贯彻落实中央关于加强和改进新形势下工商联工作的意见精神，很有意义。首先，我代表中共中央，向这次会议表示热烈的祝贺，向广大非公有制经济人士表示诚挚的问候！

刚才，10位非公有制经济人士从不同角度、不同方面作了生动感人的事迹报告，听后深受鼓舞、倍感振奋。这10位同志的先进事迹，既有致力自主创新的艰辛探索，又有“走出去”的成功实践；既有构建和谐劳动关系的典型经验，又有积极回馈社会的感人之举。这些都集中展示了广大非公有制经济人士爱国敬业、诚信守法、贡献社会的可贵品质，生动诠释了优秀中国特色社会主义事业建设者的时代精神。

非公有制经济是我国社会主义市场经济的重要组成部分。党中央、国务院高度重视促进非公有制经济发展，出台了一系列支持非公有制经济发展的方针政策，推动我国非公有制经济取得了长足发展。目前，我国私营企业已达900多万家，个体工商户已超过3600万户。非公有制经济固定资产投资已经超过全国的50%，占国内生产总值的比重已经超过一半，税收贡献不断增长，出口贸易占到全国的60%，还提供了80%以上的城镇就业岗位和90%以上的新增就业岗位，成为社会主义现代化建设一支不可或缺的重要力量。伴随着非公有制经济的不断发展，非公有制经济人士队伍日益扩大，他们积极响应党和国家的号召，坚持致富思源、富而思进，在发展企业的同时造福人民、回报社会，为推动经济持续快速发展、保障和改善民生、发展社会公益事业、促进社会和谐作出了重要贡献。

实践证明，促进非公有制经济健康发展、促进非公有制经济人士健康成长，对发展社会主义市场经济、促进国家繁荣富强具有重要的积极作用。非公有制经济健康发展是非公有制经济人士健康成长的重要条件，非公有制经济人士健康成长是非公有制经济健康发展的持久动力，两者相辅相成、相互促进。促进“两个健康”，作为一条长期方针，必须始终坚持；作为一项重要任务，必须坚决贯彻。

当前，我国非公有制经济发展面临着许多有利条件和难得机遇。党中央坚持“两个毫不动摇”的方针，积极营造各种所有制经济依法平等使用生产要素、公平参与市场竞争、同等受到法律保护的体制环境。“十二五”规划对促进非公有制经济转型升级、加快发展作出全面部署，国务院相继出台了关于鼓励、支持和引导个体、私营等非公有制经济发展以及鼓励和引导民间投资健康发展的政策措施，特别是近期制定了一系列支持小型、微型企业发展的优惠政策，决定开展深化增值税制度改革试点，为非公有制经济发展提供了可靠的政策保障，增添了强劲动力。但也要清醒地看到，世界经济形势依然复杂多变，一些主要经济体增速下降，欧洲主权债务问题持续恶化，各种形式的保护主义明显增多，国际市场需求疲软，我国出口增速回落。受多重因素影响，实体经济面临的困难增大，部分小型、微型企业经营困难，“融资难”、“经营难”等问题还没有得到很好解决。希望广大非公有制经济人士认真学习中共十七大和十七届五中、六中全会精神，深入贯彻落实科学发展观，进一步统一思想和行动，突出科学发展的主题，落实加快转变经济发展方式的主线，坚定信心、抓住机遇、应对挑战，为促进经济平稳较快发展和社会和谐稳定作出新的贡献。

第一，树立共同理想信念，坚定不移走中国特色社会主义道路。中国特色社会主义是当代中国发展进步的根本方向，集中体现了最广大人民的根本利益和共同愿望。改革开放以来，广大非公有制经济人士在党和国家政策的指引下，不畏困难、艰苦创业，不断壮大企业实力，为发展中国特色社会主义提供了重要的物质基础、增添了蓬勃的生机活力。非公有制经济人士的成功源于坚定的信仰和艰苦的实践，源于伟大的改革开放事业，源于社会主义市场经济体制的创新完善。广大非公有制经济人士要认真学习中国特色社会主义理论体系，深刻认识中国特色社会主义制度的历史必然性和巨大优越性，深刻认识改革开放和社会主义现代化建设取得的巨大成就，进一步坚定在党的领导下走中国特色社会主义道路的信念。要坚持以爱国报国为己任，把自身发展与国家发展、民族振兴结合起来，在推进现代化建设的进程中体现价值，在实现民族复兴的伟业中贡献力量。

第二，切实做强做优企业，努力成为经济增长的重要推动力量。做强做优企业，既是推动经济发展、全面提升国家竞争力的关键所在，也是非公有制企业强筋壮骨、赢得优势的根本途径。从这次应对国际金融危机冲击来看，掌握核心技术、拥有自主品牌、积极进行结构优化升级的企业，往往受国际市场波动的影响较小，保持长期持续发展的动力较强。全国工商联发布的中国民营企业500强分析报告显示，民营企业500强中有65.2%的企业采取了优化产品结构措施，开发高附加值的产品，332家企业拥有自主品牌，244家企业的收入全部来自自主品牌。同时，还有62.8%的企业进行了产业结构调整，180家进入节能环保、149家进入新材料、128家进入新能源产业。广大非公有制企业要继续提高自主创新能力，推进产学研深度融合，整合科技创新资源，力求突破更多重要关键技术，获得更多自主知识产权，培育更多具有核心竞争力和发展后劲的自主品牌，加快推动“中国制造”向“中国创造”转变。要抓住国家培育发展战略性新兴产业的契机，积极投身新能源、新材料、生物医药、节能环保等新兴产业，努力推动我国在世界产业结构调整中赢得先机。

这里，我还要特别谈到，受国际金融危机的影响，当前国际投资、并购等领域相对宽松。要抓住机遇，积极参与国家实施“走出去”战略，稳步开展跨国并购与合作，不断开拓国际市场，在参与国际合作与竞争中努力提高企业核心竞争力和国际化经营水平。只要用好机遇、策略得当，注意防范风险，非公有制企业在参与国际市场竞争中是完全可以有所作为的。

第三，自觉履行社会责任，着力维护社会和谐稳定。广大非公有制经济人士作为中国特色社会主义事业建设者，既是一份荣誉，更是一份责任。只有致富不忘国家、致富不忘社会、致富不忘人民，做到先富帮后富，才能更好地体现自身价值，实现企业更好发展。“十一五”期间，广大非公有制经济人士积极参与光彩事业，共实施项目6425个，到位资金978.86亿元，安排就业292.03万人，培训230.33万人，带动786.63万人脱贫致富。在发生重大自然灾害时，非公有制经济人士心系灾区人民，踊跃捐款捐物，仅在汶川特大地震中就捐款捐物达62.4亿元，赢得了社会各界的广泛赞誉。要继续积极投身西部大开发、社会主义新农村建设等国家重大战略，通过“同心”工程、感恩行动、光彩事业等活动，推进连片特困地区发展和脱贫致富步伐，促进城乡和区域协调发展。要大力弘扬中华民族扶危济困的传统美德，踊跃投身公益慈善事业，积极捐款捐物、兴资办学，推动困难群众增强自我发展能力、共享改革发展成果。

构建和谐劳动关系是企业履行社会责任的一个重要方面。广大非公有制企业要切实履行服务和管理员工的责任,积极构建符合社会主义核心价值体系的企业文化,全力支持非公有制企业党建工作,以企业内部的和谐稳定促进和维护社会的和谐稳定。

第四,提升自身综合素质,展示中国特色社会主义事业建设者良好形象。企业生存发展,归根到底取决于经营管理人员的素质,取决于企业自身的良好形象。在经济全球化深入发展和国际国内市场竞争日趋激烈的情况下,坚持自强自律、提高自身素质,对非公有制经济人士尤为迫切。广大非公有制经济人士要准确把握国际国内经济形势的新动态,努力学习现代经济、科技、管理和法律等各方面的知识,努力增强科学决策和市场应变能力。要深入践行社会主义核心价值体系,自觉培养和加强法治观念,自觉遵守国家的法律法规,守信用、讲信誉、重信义,推动形成与社会主义市场经济相适应、与中华民族传统美德相承接的行为道德规范,努力成为受人尊重的企业家,充分展示中国特色社会主义事业建设者的良好精神风貌。

毫不动摇地巩固和发展公有制经济,毫不动摇地鼓励、支持和引导非公有制经济发展,是我们党坚定不移的方针。各级党委和政府要认真贯彻落实促进非公有制经济发展的方针政策,加强对非公有制经济发展的指导、管理和服务,营造有利于非公有制经济发展的良好环境。要进一步完善小型、微型企业社会服务体系,支持企业特别是吸纳就业和科技创新能力强的企业发展,切实帮助企业解决实际困难,使民间资本有信心、有条件专注于实业发展。各级统战部门要加强对非公有制经济领域统战工作和工商联工作的理论研究、政策指导和工作协调,做好代表人士的发现、培养、使用和管理工作。各级工商联要加强自身建设,积极为非公有制企业提供创业辅导、信息咨询、金融支持、法律帮助,努力在促进非公有制经济健康发展和非公有制经济人士健康成长中发挥更大作用。

同志们,中国特色社会主义事业正在蓬勃发展,非公有制经济发展前景广阔,非公有制经济人士大有可为。让我们紧密团结在以胡锦涛同志为总书记的党中央周围,以邓小平理论和"三个代表"重要思想为指导,深入贯彻落实科学发展观,学习先进典型,争当先进典型,共同促进非公有制经济健康发展和非公有制经济人士健康成长,为开创中国特色社会主义事业新局面作出新的更大贡献!

中央统战部 全国工商联发出《深入开展向非公有制经济先进典型学习活动的通知》

通知要求深刻理解深入开展向非公有制经济先进典型学习活动的重要意义。大力宣传非公有制经济先进典型,就是宣传党的改革开放政策及其伟大成果,就是宣传中国特色社会主义。在广大非公有制经济人士中开展学习先进典型活动,是加强和改进非公有制经济人士思想政治工作的积极探索,是弘扬社会主义核心价值体系的具体行动,也是把引导教育和自我教育相结合,促进非公有制经济人士健康成长的有效途径,对于引导广大非公有制经济人士把思想和行动统一到中央的决策部署上来,正确认清形势,坚定发展信心,提升企业素质,主动加快转型升级,促进科学发展,具有重要的现实意义。

通知要求深入学习非公有制经济先进典型的宝贵精神,引导广大非公有制经济人士认真学习中国特色社会主义理论体系,深刻认识中国特色社会主义制度的历史必然性和巨大优越性,进一步坚定在党的领导下走中国特色社会主义道路的信念;引导广大非公有制经济企业继续提高自主创新能力,推进产学研深度融合,整合科技创新资源,力求突破更多重要关键技术,获得更多自主知识产权,培育更多具有核心竞争力和发展后劲的自主品牌,加快推动"中国制造"向"中国创造"转变。

通知要求各级党委统战部、工商联切实加强对开展学习先进典型活动的组织领导,把开展向非公有制经济先进典型学习活动与深入贯彻落实党的十七届六中全会精神结合起来,与贯彻落实《中共中央国务院关于加强和改进新形势下工商联工作的意见》结合起来,积极配合党委政府加强对非公有制经济发展的指导、管理和服务,积极提供创业辅导、信息咨询、金融支持、法律帮助,进一步完善中小企业社会服务体系建设,积极支持企业特别是吸纳就业和科技创新能力强的小型微型企业发展,切实帮助企业解决实际困难。

最高人民法院发出《关于依法妥善审理民间借贷纠纷案件 促进经济发展维护社会稳定的通知》

通知要求各级人民法院要认真做好民间借贷纠纷案件的立案受理工作,依法惩治与民间借贷相关的刑事犯罪,加大对民间借贷纠纷案件的调解力度,依法保护合法的借贷利息等10方面工作内容。

国务院副总理张德江在江霍尔果斯与哈萨克斯坦副总理伊谢克舍夫共同出席中哈霍尔果斯国际边境合作中心启动仪式暨中哈铁路对接仪式

张德江说,中哈霍尔果斯国际边境合作中心和两国铁路在霍尔果斯—阿腾科里实现对接工程,是胡锦涛主席和纳扎尔巴耶夫总统亲自决策和推动的战略合作项目,体现了两国领导人对中哈全面战略合作的高度重视,也凝聚了两国人民的聪明才智和辛勤劳动。霍尔果斯国际边境合作中心是整个欧亚地区第一个跨境的国际合作中心,中哈开通了两国第二条铁路通道。中心的启动运营和铁路的对接成功,必将为两国友好交往和务实合作带来新的发展良机。

伊谢克舍夫表示,哈方高度评价和十分重视哈中霍尔果斯国际边境合作中心启动和两国铁路对接,两项目的建设是一大创举,必将促进两个友好邻邦深化互利合作、密切友好交往。希望双方共同努力,促进两国及本地区的繁荣发展。

中联部部长王家瑞在渥太华会见加拿大外长贝尔德

国防部部长梁光烈在塞舍尔首都维多利亚与塞舌尔内政部部长摩根和外交部部长亚当举行会谈

我国在西昌卫星发射中心成功发射第十颗北斗导航卫星

12月2日5时7分,我国在西昌卫星发射中心用"长征三号甲"运载火箭,成功将第十颗北斗导航卫星送入太空预定转移轨道。这是北斗导航系统组网的第五颗倾斜地球同步轨道卫星。本次北斗导航卫星的成功发射,标志着我国北斗区域卫星导航系统建设又迈出了重要一步。

第八届中国青年女科学家奖颁奖典礼在北京举行

全国人大常委会副委员长、全国妇联主席陈至立出席典礼并为获奖者颁奖。来自全国6所高校、4家科研院所的10位青年女科学家从133位候选人中脱颖而出,获得该奖项。

本届获奖的10位青年女科学家是:中国科学院大连化学物理研究所研究员陈萍,中国科学院上海药物研究所课题组长、研究员柳红,新疆大学教授刘浪,南京大学物理学院和固体微结构物理国家重点实验室教授彭茹雯,兰州大学西部环境与气候变化研究院教授赵艳,清华大学生命科学学院教授吴嘉炜,军事医学科学院微生物流行病研究所副所长陈薇,华中农业大学动物科技学院动物医学院教授、教育部重点实验室主任赵书红,海军装备研究院研究室副主任、高级工程师崔东华,北京大学环境科学与工程学院教授胡敏。

中国科学技术信息研究所在北京发布2011年中国科技论文统计结果

统计结果显示,2010年我国机构作者为第一作者的国际论文共12.15万篇,其中23968篇论文的被引用次数高于学科均线,比例为19.7%,分别较2009年、2008年上升了4.2个和8.2个百分点。

统计结果表明,我国国际论文数量和被引用次数世界排位均有提升。2001年至2011年(截至2011年11月1日)我国科技人员共发表国际论文83.63万篇,排世界第二位,比2010年统计时上升2位;论文共被引用519.14万次,排在世界第七位,比2010年统计时提升了1位。我国平均每篇论文被引用6.21次,比上年度统计时的5.87次提高了5.8%;世界平均值为10.71次,比上年提高了1.3%。我国平均每篇论文被引用次数虽与世界平均值还有不小的差距,但提升速度相对较快。从学科上看,我国有12个学科论文被引用次数排在世界前10位以内,其中化学、材料科学、工程技术、数学等4个领域论文的被引用次数排名世界第二位。

统计结果显示,中国各学科论文在2001—2011年10年段的高被引论文(被引用次数处于世界前1%)数量增加到5856篇,排世界第六位,比2010年统计时上升1位。

第一届中国百诗百联大赛颁奖晚会在湖南长沙举行

全国政协副主席、中国文联主席孙家正出席了颁奖晚会。

由文化部、中国文联、湖南省人民政府主办,湖南省文化厅、湖南省文联等单位承办的首届中国百诗百联大赛,启动以来得到社会各界的积极响应,收到全国各地与海内外63个国家与地区华人华侨参赛作品12万多件,大赛官方网站点击量超过560万人次,日最高点击量10万多人次,参赛者覆盖工人、农民、解放军战士、学生等社会各类人群,年龄最长者92岁,最小者才10岁。

张素我逝世

民主党派知名人士,中国共产党的亲密朋友,中国国民党革命委员会中央顾问,著名爱国将领张治中将军长女,对外经济贸易大学教授张素我同志因病于12月2日在北京逝世,享年96岁。

张素我1955年加入中国国民党革命委员会,先后担任民革中央第六届中央委员,第七届中央常委、妇女工作委员会主任,第八届中央监察委员会副主席,第九届起任民革中央顾问。是全国政协第五、九届委员,第六、七、八届常委,全国妇联第四届执委、第五届常委、第六届副主席。

12月3日

国务院副总理王岐山在沈阳考察

12月3日至4日，王岐山在辽宁沈阳考察工作，并召开6省市进出口形势座谈会。

王岐山强调，进出口对宏观经济、就业和社会稳定都至关重要。要认真贯彻中央的要求和部署，立足当前，着眼长远，稳定出口，扩大进口，加快外贸转型升级，实现速度、结构、质量、效益相统一。

王岐山强调，做好进出口工作，必须按照"十二五"规划的要求，"稳增长、调结构、促平衡"。加快转变外贸发展方式，全面提高国际竞争力，是克服当前困难的根本出路。要继续保持外贸政策的稳定性和连续性，切实减轻进出口企业税费负担，加大对有订单、有效益出口企业的金融支持，特别要重视解决中小出口企业的困难。积极扩大进口，清理进口环节的不合理限制，提高进口便利化水平。要以质取胜，在巩固传统市场的同时，大力开拓新兴市场。

王岐山强调，商务、海关、质检、金融等部门以及地方各级政府、驻外机构、行业协会要寓管理于服务之中，做到"情况明、数字准、责任清、作风正、工作实"。要深入调查研究，加强基础工作，注重细节，积极为企业扩大进出口排忧解难，妥善应对贸易摩擦，营造良好环境。

王岐山实地考察了沈阳鼓风机集团、北方重工集团、沈阳远大集团、沈阳机床集团等企业。他指出，要充分发挥企业的主体作用，加快技术创新，培育品牌，以更优质的产品和服务持续拓展国际市场。抓住当前时机"走出去"，收购国外的关键设备及零部件制造企业、专利技术和品牌。当了解到企业在融资、信用保险、用汇等方面还有困难时，王岐山要求随行的有关部门和单位负责同志尽快帮助解决。

考察期间，王岐山对辽宁省近年来经济社会发展，特别是老工业基地调整改造取得的成绩给予充分肯定。辽宁省和国务院有关部门、政策性金融机构负责同志参加了座谈会和考察。

中国人民对外广播事业暨中国国际广播电台创建70周年纪念大会在北京举行

中共中央政治局常委李长春发来贺信。中共中央政治局委员、中央书记处书记、中宣部部长刘云山出席大会并讲话。全国人大常委会副委员长陈至立，国务委员戴秉国，全国政协副主席阿不来提·阿不都热西提出席大会。

李长春说，70年来，中国人民对外广播事业已经成为中国感知世界、世界了解中国的重要窗口。党的十七届六中全会强调，要加强国际传播能力建设，打造国际一流媒体，这对我国对外广播事业发展提出了新的更高要求。他希望全国对外广播系统和中国国际广播电台深入学习贯彻六中全会精神，紧紧围绕党和国家工作大局，改革创新、开拓进取，适应国际传播的特点和要求，着力在增强对外新闻宣传的针对性、时效性和吸引力、感染力上下功夫，在提高新闻信息的原创率、首发率、落地率上下功夫，在扩大国际传播的覆盖面和影响力上下功夫，加快建设国际一流媒体，努力为改革开放和社会主义现代化建设营造更加有利的国际舆论环境，不断提升国家文化软实力，在全面建设小康社会、实现中华民族伟大复兴的征程中作出新的更大贡献。

刘云山在讲话中指出，70年来，几代对外广播工作者以对党对祖国的忠诚、对人民对事业的热爱，积极宣传党的主张，广泛传播中国声音，架设与世界交流沟通的桥梁，推动对外广播事业不断发展壮大，为营造良好国际舆论环境、树立中国良好形象作出了重要贡献。中国国际广播电台坚持开放办台、改革立台、创新强台、人才兴台，作用日益突出、影响越来越大，成为我国对外传播的主阵地和排头兵。在新的起点上开创对外广播事业新局面，必须认真贯彻党的十七届六中全会精神，围绕构建现代国际广播体系，把握正确导向，遵循传播规律，在加强内容建设上取得新成效，在发展新媒体新业务上取得新进展，在拓展传播渠道上取得新突破，不断增强传播能力、提升中华文化国际影响力。

刘云山强调，新形势新任务赋予对外广播事业新使命新要求。要进一步增强责任意识，更好地向世界介绍中国、展示中国，充分展现文明民主开放进步的国家形象。要进一步增强创新意识，讲究传播艺术、提高传播水平，不断提升中国声音的话语权和感召力。要进一步增强发展意识，统筹无线广播与在线广播，统筹传统媒体与新兴媒体，统筹内容创新与技术创新，打造影响广泛的国际一流媒体。要进一步增强合作意识，创新方式、拓展渠道，努力扩大中国广播节目的覆盖范围和世界影响。要进一步增强人才意识，着力建设一支适应对外传播需要的高素质专业队伍，为做大做强对外传播事业提供有力人才支撑。

中宣部副部长、国家广播电影电视总局局长蔡赴朝，中国国际广播电台台长王庚年也在会上发表讲话。

中央有关部门和中央主要新闻单位负责人，对外广播工作者代表，外国驻华使节代表以及外国听众代表等共700多人参加了纪念大会。

中组部部长李源潮在山东沂蒙革命老区调研创先争优活动

李源潮在临沂召开了创先争优座谈会，充分肯定山东省的创先争优活动抓得实、效果好。他指出，创先争优的实质就是把正在干的事情干得更好。要把服务人民群众作为创先争优的重要内容，建立干部直接联系和服务群众制度，经常听取群众的意见和建议，按照群众意愿改进工作，提高服务群众的质量。要以创先争优为动力，破解基层党建工作难题，增强基层党组织和党员创先争优的内生动力，以科学发展、造福人民的优异成绩迎接党的十八大召开。

2011年全国粮食年产量突破5.7亿吨

据新华社报道：国家统计局2日发布报告，据初步统计，2011年全国粮食总产量达到57121万吨，比2010年增产2473万吨，增长4.5%。

第四届中国绿色发展高层论坛在广西钦州举行

论坛由联合国环境规划署、联合国粮农组织、联合国开发计划署指导，中国生态文明研究与促进会、中国环境科学学会、中国林业经济学会、中国治理荒漠化基金会等联合主办，广西钦州市政府承办。

论坛通过了《中国绿色发展高层论坛钦州宣言》，倡导低碳、节约、科学、高效、环保、和谐和可持续的“绿色增长”。本届论坛的成果，将提交给2012年6月联合国“里约+20(即可持续发展地球峰会)”会议。

12月4日

全国法制宣传日座谈会在北京举行

座谈会由中宣部、全国人大内务司法委员会、全国人大常委会法制工作委员会、司法部共同举办。全国人大常委会副委员长陈昌智出席并讲话。

陈昌智强调，要进一步深入学习宣传宪法，牢固树立中国共产党的领导、人民当家做主和依法治国有机统一的观念，树立国家一切权力属于人民的观念，树立权利与义务相统一的观念。要深入宣传中国特色社会主义法律体系，增强全社会法律意识和法治观念。要围绕实现“十二五”时期经济社会发展的目标任务，围绕加强和创新社会管理，围绕改善和保障民生，大力宣传法律法规知识，为经济社会发展营造良好的法治环境。要通过抓领导干部、公务员、青少年、企事业经营管理人员、农民等重点对象，带动和促进全民法制宣传教育的深入开展。

12月5日

中共中央在中南海召开党外人士座谈会

中共中央总书记胡锦涛主持座谈会并发表重要讲话。

中共中央政治局常委温家宝、贾庆林、习近平、李克强出席座谈会。温家宝通报了经济工作有关情况，介绍了中共中央、国务院关于做好明年经济工作的考虑。

民革中央主席周铁农、民盟中央主席蒋树声、民建中央主席陈昌智、民进中央主席严隽琪、农工党中央主席桑国卫、致公党中央主席万钢、九三学社中央主席韩启德、台盟中央主席林文漪、全国工商联主席黄孟复、无党派人士胡四一先后发言。他们赞同中共中央、国务院对当前我国经济形势的分析和对明年经济工作的考虑，并就加快转变经济发展方式、促进产业结构转型升级、统筹城乡区域协调发展、夯实农业发展基础、鼓励支持中小微型企业发展、深化财税体制改革、加强房地产市场宏观调控、完善基本住房制度、推进基本公共服务体系建设等提出意见和建议。

在认真听取了大家的发言后，胡锦涛作了重要讲话。他表示，大家在发言中积极评价和客观分析了今年经济工作取得的成绩和面临的问题，提出许多好的意见和建议，我们将认真研究。

胡锦涛指出，今年是“十二五”时期开局之年。面对严峻复杂的形势，我们坚持以科学发展为主题、以加快转变经济发展方式为主线，实施“十二五”规划，国民经济继续朝着宏观调控的预期方向发展，呈现增长较快、物价趋稳、效益较好、民生改善的良好态势。各民主党派、工商联和无党派人士自觉服从服务于党和国家中心工作，紧紧围绕推动“十二五”规划实施，深入实际进行考察调研，提出许多有价值的意见和建议，在推动科学发展、保持经济平稳较快发展、保障和改善民生、维护社会和谐稳定等方面作出了积极贡献，发挥了统一战线凝聚人心、汇聚力量的重要作用。胡锦涛代表中共中央、国务院，向各民主党派、工商联和无党派人士表示衷心的感谢。

胡锦涛强调，在充分肯定成绩的同时，我们也要清醒认识到，当前世界经济风险明显增多，我国经济发展中不平衡、不协调、不可持续问题仍很突出。我们必须保持清醒头脑，既努力抓住机遇、珍惜机遇、用好机遇，又增强危机意识、忧患意识，更加注重统筹国内国际两个大局，更加主动地加快转变经济发展方式，不断开拓科学发展、社会和谐新局面。

胡锦涛指出，明年是实施“十二五”规划承上启下的重要一年，做好经济工作具有十分重要的意义，关键是要把稳增长、调结构、保民生、促稳定更好结合起来。一是要继续加强和改善宏观调控，根据经济运行中的新情况新问题，加强政策协调配合，注重分类指导、有扶有控，统筹处理好增长、结构、物价关系。二是要继续抓好“三农”工作，毫不放松抓好粮食生产，加大强农惠农富农政策力度，丰富农产品供应，抓好农田水利基础设施建设。三是要继续加快经济结构调整，着力扩大内需特别是消费需求，保持投资合理增长，推进产业结构优化升级，坚定不移推动实现节能减排目标。四是要继续深化改革开放，深入研究和确定改革顶层设计和总体规划，适时推进改革，保持出口稳定增长，扩大进口规模，促进国际贸易基本平衡。五是要继续做好保障和改善民生工作，加大民生领域投入，加快推进以改善民生为重点的社会建设，切实办好涉及民生的大事要事，通过办实事、办好事、办难事，让人民群众更好享受发展成果。

胡锦涛最后希望各民主党派、工商联和无党派人士充分发挥智力密集优势，充分发挥专业特长优势，充分发挥联系广泛优势，积极建言献策，深入了解和及时反映社情民意，深入开展社会服务，为推动“十二五”规划深入实施贡献智慧和力量。

王岐山、回良玉、张德江、令计划、王沪宁、杜青林和中共中央、国务院有关部门负责人出席座谈会。出席座谈会的党外人士还有张梅颖、张榕明、厉无畏、陈宗兴、王志珍和张宝文、马培华、王钦敏、汪毅夫、孙安民、潘贵玉、李稻葵等。

国家主席胡锦涛在人民大会堂接受6国新任驻华大使递交的国书

这6位驻华大使分别是：古巴驻华大使白诗德、阿塞拜疆驻华大使甘基洛夫、吉布提驻华大使米吉勒、格鲁吉亚驻华大使加姆克列利泽、利比里亚驻华大使卡马拉和安哥拉驻华大使比雷斯。

全国人大常委会委员长吴邦国在人民大会堂会见柬埔寨国会主席韩桑林

吴邦国说，中方愿与柬方共同努力，保持高层互访势头，加强政府、议会、政党等各方面的友好往来；深化经贸合作，在落实好双方已达成合作项目的同时，拓展在农业、水利等领域的合作，力争提前实现两国确定的2015年双边贸易额增长目标；加强安全领域合作，共同打击跨境犯罪、恐怖活动；密切在多边事务中的磋商与协调，不断丰富和充实两国全面战略合作伙伴关系的内涵，造福两国人民。

谈到议会关系时，吴邦国说，中国全国人大愿与柬埔寨国会、参议院保持密切交往，加强专门委员会、友好小组等多层次交流互访，就治国理政、发展经济、减灾脱贫等开展经验交流，增进人民友谊，为国家关系注入新的内容。

韩桑林表示，柬政府、议会和人民十分珍视与中国的传统友谊，非常钦佩中国经济社会发展取得的巨大成就，愿与中方一道，推动柬中关系不断向前发展。他重申，柬方将一如既往坚持一个中国政策。

国务院总理温家宝签署第610号令发布《中华人民共和国船舶吨税暂行条例》

《中华人民共和国船舶吨税暂行条例》已经2011年11月23日国务院第182次常务会议通过，现予公布，自2012年1月1日起施行。

总　理　温家宝

2011年12月5日

中华人民共和国船舶吨税暂行条例(略)

国务院总理温家宝签署第611号令发布《中华人民共和国车船税法实施条例》

《中华人民共和国车船税法实施条例》已经2011年11月23日国务院第182次常务会议通过，现予公布，自2012年1月1日起施行。

总　理　温家宝

2011年12月5日

中华人民共和国车船税法实施条例

第一条　根据《中华人民共和国车船税法》(以下简称车船税法)的规定，制定本条例。

第二条　车船税法第一条所称车辆、船舶，是指：

(一)依法应当在车船登记管理部门登记的机动车辆和船舶；

(二)依法不需要在车船登记管理部门登记的在单位内部场所行驶或者作业的机动车辆和船舶。

第三条　省、自治区、直辖市人民政府根据车船税法所附《车船税税目税额表》确定车辆具体适用税额，应当遵循以下原则：

(一)乘用车依排气量从小到大递增税额；

(二)客车按照核定载客人数20人以下和20人(含)以上两档划分，递增税额。

省、自治区、直辖市人民政府确定的车辆具体适用税额，应当报国务院备案。

第四条　机动船舶具体适用税额为：

(一)净吨位不超过200吨的，每吨3元；

(二)净吨位超过200吨但不超过2000吨的，每吨4元；

(三)净吨位超过2000吨但不超过10000吨的，每吨5元；

(四)净吨位超过10000吨的，每吨6元。

拖船按照发动机功率每1千瓦折合净吨位0.67吨计算征收车船税。

第五条　游艇具体适用税额为：

(一)艇身长度不超过10米的,每米600元;

(二)艇身长度超过10米但不超过18米的,每米900元;

(三)艇身长度超过18米但不超过30米的,每米1300元;

(四)艇身长度超过30米的,每米2000元;

(五)辅助动力帆艇,每米600元。

第六条　车船税法和本条例所涉及的排气量、整备质量、核定载客人数、净吨位、千瓦、艇身长度,以车船登记管理部门核发的车船登记证书或者行驶证所载数据为准。

依法不需要办理登记的车船和依法应当登记而未办理登记或者不能提供车船登记证书、行驶证的车船,以车船出厂合格证明或者进口凭证标注的技术参数、数据为准;不能提供车船出厂合格证明或者进口凭证的,由主管税务机关参照国家相关标准核定,没有国家相关标准的参照同类车船核定。

第七条　车船税法第三条第一项所称的捕捞、养殖渔船,是指在渔业船舶登记管理部门登记为捕捞船或者养殖船的船舶。

第八条　车船税法第三条第二项所称的军队、武装警察部队专用的车船,是指按照规定在军队、武装警察部队车船登记管理部门登记,并领取军队、武警牌照的车船。

第九条　车船税法第三条第三项所称的警用车船,是指公安机关、国家安全机关、监狱、劳动教养管理机关和人民法院、人民检察院领取警用牌照的车辆和执行警务的专用船舶。

第十条　节约能源、使用新能源的车船可以免征或者减半征收车船税。免征或者减半征收车船税的车船的范围,由国务院财政、税务主管部门商国务院有关部门制定,报国务院批准。

对受地震、洪涝等严重自然灾害影响纳税困难以及其他特殊原因确需减免税的车船,可以在一定期限内减征或者免征车船税。具体减免期限和数额由省、自治区、直辖市人民政府确定,报国务院备案。

第十一条　车船税由地方税务机关负责征收。

第十二条　机动车车船税扣缴义务人在代收车船税时,应当在机动车交通事故责任强制保险的保险单以及保费发票上注明已收税款的信息,作为代收税款凭证。

第十三条　已完税或者依法减免税的车辆,纳税人应当向扣缴义务人提供登记地的主管税务机关出具的完税凭证或者减免税证明。

第十四条　纳税人没有按照规定期限缴纳车船税的,扣缴义务人在代收代缴税款时,可以一并代收代缴欠缴税款的滞纳金。

第十五条　扣缴义务人已代收代缴车船税的,纳税人不再向车辆登记地的主管税务机关申报缴纳车船税。

没有扣缴义务人的,纳税人应当向主管税务机关自行申报缴纳车船税。

第十六条　纳税人缴纳车船税时,应当提供反映排气量、整备质量、核定载客人数、净吨位、千瓦、艇身长度等与纳税相关信息的相应凭证以及税务机关根据实际需要要求提供的其他资料。

纳税人以前年度已经提供前款所列资料信息的,可以不再提供。

第十七条　车辆车船税的纳税人按照纳税地点所在的省、自治区、直辖市人民政府确定的具体适用税额缴纳车船税。

第十八条　扣缴义务人应当及时解缴代收代缴的税款和滞纳金,并向主管税务机关申报。扣缴义务人向税务机关解缴税款和滞纳金时,应当同时报送明细的税款和滞纳金扣缴报告。扣缴义务人解缴税款和滞纳金的具体期限,由省、自治区、直辖市地方税务机关依照法律、行政法规的规定确定。

第十九条　购置的新车船,购置当年的应纳税额自纳税义务发生的当月起按月计算。应纳税额为年应纳税额除以12再乘以应纳税月份数。

在一个纳税年度内,已完税的车船被盗抢、报废、灭失的,纳税人可以凭有关管理机关出具的证明和完税凭证,向纳税所在地的主管税务机关申请退还自被盗抢、报废、灭失月份起至该纳税年度终了期间的税款。

已办理退税的被盗抢车船失而复得的,纳税人应当从公安机关出具相关证明的当月起计算缴纳车船税。

第二十条　已缴纳车船税的车船在同一纳税年度内办理转让过户的,不另纳税,也不退税。

第二十一条　车船税法第八条所称取得车船所有权或者管理权的当月,应当以购买车船的发票或者其他证明文件所载日期的当月为准。

第二十二条　税务机关可以在车船登记管理部门、车船检验机构的办公场所集中办理车船税征收事宜。

公安机关交通管理部门在办理车辆相关登记和定期检验手续时,经核查,对没有提供依法纳税或者免税证明的,不予办理相关手续。

第二十三条　车船税按年申报,分月计算,一次性缴纳。纳税年度为公历1月1日至12月31日。

第二十四条　临时入境的外国车船和香港特别

行政区、澳门特别行政区、台湾地区的车船,不征收车船税。

第二十五条　按照规定缴纳船舶吨税的机动船舶,自车船税法实施之日起5年内免征车船税。

依法不需要在车船登记管理部门登记的机场、港口、铁路站场内部行驶或者作业的车船,自车船税法实施之日起5年内免征车船税。

第二十六条　车船税法所附《车船税税目税额表》中车辆、船舶的含义如下:

乘用车,是指在设计和技术特性上主要用于载运乘客及随身行李,核定载客人数包括驾驶员在内不超过9人的汽车。

商用车,是指除乘用车外,在设计和技术特性上用于载运乘客、货物的汽车,划分为客车和货车。

半挂牵引车,是指装备有特殊装置用于牵引半挂车的商用车。

三轮汽车,是指最高设计车速不超过每小时50公里,具有三个车轮的货车。

低速载货汽车,是指以柴油机为动力,最高设计车速不超过每小时70公里,具有四个车轮的货车。

挂车,是指就其设计和技术特性需由汽车或者拖拉机牵引,才能正常使用的一种无动力的道路车辆。

专用作业车,是指在其设计和技术特性上用于特殊工作的车辆。

轮式专用机械车,是指有特殊结构和专门功能,装有橡胶车轮可以自行行驶,最高设计车速大于每小时20公里的轮式工程机械车。

摩托车,是指无论采用何种驱动方式,最高设计车速大于每小时50公里,或者使用内燃机,其排量大于50毫升的两轮或者三轮车辆。

船舶,是指各类机动、非机动船舶以及其他水上移动装置,但是船舶上装备的救生艇筏和长度小于5米的艇筏除外。其中,机动船舶是指用机器推进的船舶;拖船是指专门用于拖(推)动运输船舶的专业作业船舶;非机动驳船,是指在船舶登记管理部门登记为驳船的非机动船舶;游艇是指具备内置机械推进动力装置,长度在90米以下,主要用于游览观光、休闲娱乐、水上体育运动等活动,并应当具有船舶检验证书和适航证书的船舶。

第二十七条　本条例自2012年1月1日起施行。

中央纪委书记贺国强在天津考察

12月5日至7日,贺国强在中共中央政治局委员、天津市市委书记张高丽陪同下,在天津就加快转变经济发展方式、推动经济社会又好又快发展以及加强党风廉政建设和反腐败工作等问题进行调研。

考察期间,贺国强高度评价近年来天津发生的可喜变化。他要求天津市总结经验、发扬成绩,坚持高起点规划、高水平建设、高效能管理,突出城市特色,提升城市品位,优化发展空间,完善管理体制,保护生态环境,提高市民素质,推动城市发展与经济社会发展相适应、与人口资源环境相协调,切实把城市规划好、建设好、管理好,努力把天津建设成为独具特色的国际性、现代化宜居城市。

考察期间,贺国强听取了天津市委、市政府和市纪委的工作汇报,对天津近年来的工作给予充分肯定。他希望天津各级党委、政府带领广大干部群众,进一步解放思想、开拓进取、扎实工作,奋力谱写天津加快科学发展、全面建设小康社会的新篇章;他要求各级纪检监察机关认清形势任务、围绕工作大局、认真履行职责,以深入推进党风廉政建设和反腐败斗争新成效迎接党的十八大胜利召开。

全国食品安全办主任会议在北京召开

会议于12月5日至6日召开。中共中央政治局常委、国务院副总理、国务院食品安全委员会主任李克强,中共中央政治局委员、国务院副总理、国务院食品安全委员会副主任回良玉对会议作出重要批示。李克强指出,民以食为天,食以安为先。食品安全问题事关人民群众切身利益、身体健康和生命安全,食品安全监管须臾不可放松,其工作责任重于泰山。要进一步提高认识,戮力同心、攻坚克难,以更有力的措施,深化食品安全治理整顿,及时排查风险隐患,有效解决突出问题,严厉打击和惩处违法犯罪活动。完善监管体制机制,强化监管执法,构建食品安全长效机制,切实提高食品安全水平,让人民群众更加放心消费,促进经济发展和社会和谐。回良玉指出,食品安全事关重大,加强食品安全工作不容放松。务必要以"如履薄冰"、"心无旁骛"的精神,求真务实、真抓实干,深化食品安全治理行动,坚决防止重大食品安全事件发生,切实加强日常监管执法,不断提高食品安全保障水平。

会议要求,全国各级食品安全部门要认真贯彻落实党中央、国务院的决策部署,以对人民群众高度负责的态度,从践行科学发展观、坚持以人为本、构建和谐社会和增强政府公信力的高度出发,充分认识做好食品安全工作的极端重要性和紧迫性,坚定信心、振奋精神、迎难而上,兢兢业业搞好食品安全监管执法,扎扎实实解决食品安全突出问题,不断提高食品安全保障水平。

会议指出,2012年要将继续狠抓治理整顿作为食品安全的突出工作,针对问题多发场所、单位和大宗食品品种，深入开展风险大排查、隐患大治理、问题大整改，坚决遏制危害人民群众身体健康的违法违规问题。要完善法律法规，强化行政执法，健全办案机制，支持刑事司法，确保违法必究、执法必严、惩处从重，进一步加大对食品安全违法犯罪活动的打击力度。要严格落实食品安全责任制和责任追究制，层层落实领导责任制和岗位负责制，严肃查处食品安全监管中的失职渎职行为。要进一步完善食品安全监管体制机制，细化落实监管职责，强化各环节监管措施衔接，并着力推动重心下移、强化基层监管，动员全社会积极参与，构建严密有效的管理监督体系。要加强监管队伍和技术装备建设，加快完善食品安全标准、风险监测、检验检测体系，切实提高食品安全监管能力。

国务院副总理李克强在中南海紫光阁会见苏格兰首席部长亚历克斯·萨蒙德

外交部部长杨洁篪在波恩与阿富汗总统卡尔扎伊举行会谈

全军装备工作会议在北京召开

会议主要任务是：认真总结“十一五”时期全军装备工作，全面部署“十二五”时期装备建设发展和部队装备工作任务，统一思想、明确要求，在新的起点上推进武器装备建设科学发展。

中共中央政治局常委李长春到北京欢乐谷华侨城大剧院观看由华侨城集团原创的大型舞蹈诗剧《金面王朝》

中共中央政治局委员、北京市市委书记刘淇，中共中央政治局委员、书记处书记、中宣部部长刘云山一同观看演出。

大型原创舞蹈诗剧《金面王朝》是华侨城集团所属北京欢乐谷艺术团适应文化改革发展的新形势和旅游市场的新需求，倾力打造的一台富有浓郁民族特色的舞台节目，2007年登陆北京文化演艺市场，成为北京文化旅游产业中的一颗闪耀之星，被评为北京市首批16个重点旅游演出项目。

2011中华志愿服务事业发展论坛在人民大会堂举行

全国人大常委会副委员长、中华志愿者协会会长周铁农出席并致辞。

周铁农指出，在全面总结我国志愿服务事业发展的实践、学习借鉴外国成功做法的基础上，科学提炼推进我国志愿服务事业发展的经验与规律，深入分析“十二五”时期我国志愿服务事业发展面临的形势，深刻研讨志愿服务在经济社会发展全局中的地位和作用，提出符合我国实际、具有中国特色的志愿服务指导方针、发展思路、目标任务和重大举措，特别是在政策法规、组织队伍建设、项目品牌、管理体制、社会动员、资金保障等方面提出建设性意见，为加快推进我国志愿服务事业发展贡献力量，显得尤其重要。

中华志愿者协会副会长黄晴宜作了《中国志愿服务事业回顾与展望》的报告。与会者围绕“提高社会管理科学化水平”、“公众参与志愿服务策略”等问题进行了研讨。

12月6日

中央军委主席胡锦涛在北京分别会见海军第十一次党代表大会代表和全军装备工作会议代表

中共中央政治局常委、国家副主席、中央军委副主席习近平一同会见。

胡锦涛强调，要高举中国特色社会主义伟大旗帜，以邓小平理论和“三个代表”重要思想为指导，深入贯彻落实科学发展观，认真学习贯彻党的十七届六中全会精神，紧紧围绕国防和军队建设主题主线，大力弘扬我军优良传统，加快推进海军转型建设，拓展深化军事斗争准备，扎实推进海军现代化，为捍卫国家安全、维护世界和平，作出新的更大贡献。

国家机关有关部门、中国科学院、解放军四总部和海军领导分别参加会见。

国家副主席习近平在人民大会堂与柬埔寨国会主席韩桑林举行会谈

国务院副总理王岐山在中南海会见美国洛杉矶市市长安东尼奥·维拉雷戈萨

中联部部长王家瑞在奥斯汀会见美国得克萨斯州众议院议长斯特劳斯和两党议员代表

纪念中国华侨历史学会成立30周年座谈会在北京举行

会议回顾了中国华侨历史学会的发展历程，研究探讨了学会的发展方向，对于推动华侨华人研究学术发展，开创学会的新局面具有重要意义。来自全国各地的侨史专家学者、地方侨史学会代表以及学会顾问等共100余人参加了会议。

教育部和卫生部在北京联合召开全国医学教育改

革工作会议

中共中央政治局委员、国务委员刘延东作出批示。全国人大常委会副委员长韩启德出席并讲话。

韩启德就“医学教育应该培养什么样的人才”、“如何实现医学教育的改革和发展”两个根本问题，结合医学教育的办学规律和医学教育国际发展趋势，对医学教育人才培养及改革发展提出明确要求。要求大力加强医学人文建设，加强医师职业精神培养；重视实践环节，强化实践能力培养；强化医学内部及外部的学科交叉整合，培养具有“大医学”概念的新型复合型医学人才。同时就推进医学教育改革提出明确要求。

教育部部长袁贵仁、卫生部部长陈竺就医学教育贯彻落实教育规划纲要和医药卫生体制改革意见分别作主题报告，对推进医学教育综合改革、加强全科医生培养、全面提高医学教育质量等问题进行全面部署。

国务院医改办、发改委、财政部、人社部、中组部、总后卫生部、教育部、卫生部等部委相关司局负责人，各省(区、市)、新疆生产建设兵团教育厅(教委)、卫生厅(局)主要负责人，有关医学院负责人参加会议。

12月7日

全国人大机关第五次党代会在北京举行

大会于12月7日至8日举行。中共中央政治局常委、全国人大常委会委员长吴邦国致信祝贺。

吴邦国在贺信中指出，过去四年来，全国人大机关各级党组织深入学习贯彻党的十七大和十七届三中、四中、五中、六中全会精神，以改革创新精神全面推进机关党的建设，努力提升参谋助手和服务保障工作水平，各方面工作都取得了可喜的成绩。他强调，全国人大机关各级党组织和全体党员干部，要认真学习落实胡锦涛总书记“七一”重要讲话精神，坚持用中国特色社会主义理论体系武装头脑，坚持人大工作正确政治方向，弘扬党的优良传统作风，深入推进创先争优活动，不断提高机关党的建设科学化水平，全面提升素质能力，团结一心，振奋精神，扎实进取，为全国人大及其常委会依法行使职权当好参谋助手、搞好服务保障，为坚持和完善人民代表大会制度、做好新形势下人大工作作出新的更大的贡献，以优异成绩迎接党的十八大胜利召开。

国务院总理温家宝主持召开国务院常务会议

会议指出，目前，我国已形成较为完备的药品生产供应体系，基本建立覆盖药品研制、生产、流通和使用全过程的安全监管体系，药品安全状况明显改善，药品安全保障能力明显提高。但是，医药企业诚信体系不健全、监管力量和技术支撑体系薄弱等问题还比较突出，药品安全仍处于风险高发期。必须坚持安全第一、科学监管的原则，落实药品安全责任，提高监管效能，确保药品质量，全面提高药品安全保障能力，降低药品安全风险。

会议讨论通过的《国家药品安全规划》明确了“十二五”时期药品安全工作的总体目标和重点任务。到2015年，药品生产100%符合新修订的《药品生产质量管理规范》要求，药品安全水平大幅提高，人民群众用药安全满意度显著提升。重点任务是:(一)提高国家标准。力争化学药品、生物制品标准与国际接轨，中药标准主导国际标准制定。(二)健全检验检测体系。加强国家级药品检验机构建设，改善省、地(市)级机构实验室条件，加强县级机构快速检验能力建设。(三)强化药品和医疗器械全过程质量管理。完善药品研制规范，促进与国际接轨。提高临床试验现场监督检查覆盖率。建立中药材流通追溯体系，促进常用中药材规范化生产。加快监管信息化建设，对已批准上市药品实行统一编码管理，电子监管覆盖所有药品品种。(四)强化安全监测预警。完善不良反应和药物滥用监测制度，健全药品上市后再评价制度，重点加强新药、中药注射剂、高风险药品的安全性监测和评价。完善应急预案，保障应急药品及时有效供应。(五)提高国家基本药物生产供应能力，确保质量安全、公平可及。加强基本药物抽验和招标、采购、使用质量管理，完善农村基本药物供应网和监督网。(六)建立药品安全监管长效机制。完善药品价格形成机制、集中采购政策和药品抽验工作机制，健全问题药品与退市药品召回处置制度。开展医药企业信用等级评价，建立企业诚信档案，对严重违规、失信者实行行业禁入。依法严厉打击制售假冒伪劣药品行为。(七)深化改革，完善法制。深化药品行政审批制度改革，严格标准，规范程序。创新药品执法体制机制，强化执法监督。规范药品流通秩序，减少流通环节。加快药品管理有关法律法规制修订工作。

会议要求按照地方政府负总责、监管部门各负其责、企业是第一责任人的要求，落实药品安全责任，加强部门协作和联合执法。加强宣传教育，提高公众安全用药、合理用药意识。加强人才、科技和投入支撑，促进医药产业结构调整，提高自主创新能力。

国新办发布《中国的对外贸易》白皮书

前　言

和平、发展、合作是当今世界潮流。改革开放以来，中国顺应经济全球化趋势，不断扩大对外开放，在平等互利的基础上积极同世界各国开展经贸合作。经过多年发展，对外贸易成为中国经济最为活跃、增长最快的部分之一，中国也成为跻身世界前列的贸易大国。中国对外贸易的发展，将中国与世界更加紧密地联系起来，有力推动了中国的现代化建设，也促进了世界的繁荣与进步。

2001 年中国加入世界贸易组织。10 年来，中国经济融入全球经济的进程加快，中国对外贸易的活力进一步增强。在中国加入世界贸易组织 10 周年之际，中国政府发表白皮书，对中国的对外贸易情况作一系统介绍。

一、中国对外贸易的历史性进步

1949 年中华人民共和国成立以后，坚持独立自主、自力更生，逐步开展对外经济贸易交流，但受到当时国际政治环境和国内计划经济体制等因素制约，对外贸易发展相对缓慢。

1978 年，中国进入改革开放的新时期。大力发展对外贸易，成为中国加快现代化建设、改变落后面貌、促进经济发展和提高综合国力的重要途径。30 多年来，中国利用世界经济较长时期繁荣、经济全球化深入发展的机遇，扩大对外开放，吸引利用外商投资，引进先进技术，改造提升国内产业，在全面参与国际分工和竞争中，实现了对外贸易的跨越式发展。

——货物贸易总量跻身世界前列。1978 年，中国货物进出口总额只有 206 亿美元，在世界货物贸易中排名第 32 位，所占比重不足 1%。2010 年，中国货物进出口总额达到 29740 亿美元，比 1978 年增长了 143 倍，年均增长 16.8%。其中，出口总额 15778 亿美元，年均增长 17.2%；进口总额 13962 亿美元，年均增长 16.4%。中国出口总额和进口总额占世界货物出口和进口的比重分别提高到 10.4%和 9.1%，连续两年成为世界货物贸易第一出口大国和第二进口大国。

——货物贸易结构发生了根本性变化。中国出口商品结构在 20 世纪 80 年代实现了由初级产品为主向工业制成品为主的转变，到 90 年代实现了由轻纺产品为主向机电产品为主的转变，进入新世纪以来，以电子和信息技术为代表的高新技术产品出口比重不断扩大。外贸经营主体除了国有企业外，还包括外商投资企业、民营企业等，后二者的进出口总额目前均已超过国有企业。20 世纪 80 年代至本世纪初，中国加工贸易蓬勃发展，成为外贸的半壁江山。在中国外贸发展中，外商投资企业和加工贸易发挥了十分重要的作用。

——形成全方位和多元化进出口市场格局。改革开放后，中国全方位发展对外贸易，与世界上绝大多数国家和地区建立了贸易关系。贸易伙伴已经由 1978 年的几十个国家和地区发展到目前的 231 个国家和地区。欧盟、美国、东盟、日本、金砖国家等成为中国主要贸易伙伴。新世纪以来，中国与新兴市场和发展中国家的贸易持续较快增长。2005 年至 2010 年，中国与东盟货物贸易占中国货物贸易比重由 9.2%提高到 9.8%，与其他金砖国家货物贸易所占比重由 4.9%提高到 6.9%，与拉丁美洲和非洲货物贸易所占比重分别由 3.5%和 2.8%提高到 6.2%和 4.3%。

——服务贸易的国际竞争力不断增强。加入世界贸易组织后，中国服务贸易进入新的发展阶段，规模迅速扩大，结构逐步优化，排名也进入世界前列。旅游、运输等领域的服务贸易增势平稳，建筑、通信、保险、金融、计算机和信息服务、专有权利使用费和特许费、咨询等领域的跨境服务以及承接服务外包快速增长。2001 年至 2010 年，中国服务贸易总额(不含政府服务)从 719 亿美元增加到 3624 亿美元，增长了 4 倍多。中国服务贸易出口在世界服务贸易出口中的比重从 2.4%提高到 4.6%，2010 年达 1702 亿美元，从世界第 12 位上升到第 4 位；服务贸易进口比重从 2.6%提高到 5.5%，2010 年达 1922 亿美元，从世界第 10 位上升到第 3 位。

对外贸易发展有力推动了中国的现代化建设，中国成长为一个开放的经济体。参与国际分工与竞争，引进先进技术、设备和管理，利用外商直接投资，极大促进了中国技术进步和产业升级，提高了企业管理水平和市场竞争力。加工贸易迅速发展壮大使中国劳动力充裕的比较优势得以发挥，加快了中国的工业化和城镇化进程。对外贸易直接带动就业人口超过 8000 万，其中 60%以上来自农村，就业者的收入和生活得到显著改善。对外贸易与国内投资、消费一起，成为中国经济增长的三大引擎。

中国对外贸易的历史性进步是与国际国内形势的发展变化紧密联系在一起的。20 世纪 80 年代前后，和平与发展成为时代主题。随着经济全球化不断推进，资金、技术、产品、市场、资源、劳动力等要素在世界范围内的流动和配置更加活跃。以信息、通信为主导的科学技术进步使生产效率得到极大的提高，国际产业转移不断深化和发展。经济全球化、科学技术进步、国际产业转移和各国之间加强合作等为中国融入世界经济提供了历史性机遇。中国政府顺应时代潮流，以经济建设为中心，实行改革开放，发展与世界各国的经济技术合作，积极合理有效利用外资，充分发挥比较优势，促进了国际产业链分工的深化，为对外贸易发展创造了有利条件。在这个进程中，外国企业尤其是发达国家的跨国公司在中国获得大量投资机会，其拥有的资本、技术、管理经验和销售渠道等要素实现增值，分享了中国经济高速增长的成果。中国对外贸易的发展得益于改革开放，得益于经济全球化，得益于坚持走互利合作共赢道路。中国的发展离不开世界，世界的繁荣稳定也离不开中国。

中国仍然是一个发展中国家。与世界贸易强国相比，中国出口产业仍处于全球产业链的低端，资源、能源等要素投入和环境成本还比较高，企业国际竞争力、一些行业的抗风险能力相对较弱等。实现由贸易大国向贸易强国的转变，将是一个较为长期的进程，还需要付出艰苦努力。

二、中国外贸体制的改革与完善

改革开放前，中国对外贸易实行指令性计划管理和国家统负盈亏。改革开放以来，中国外贸体制经历了由指令性计划管理到发挥市场机制的基础性作用、由经营权高度垄断到全面放开、由企业吃国家“大锅饭”到自主经营和自负盈亏的转变。在中国争取恢复关税与贸易总协定缔约方地位和加入世界贸易组织的谈判过程中，在中国加入世界贸易组织后，中国的外贸体制逐步与国际贸易规则接轨，建立起统一、开放、符合多边贸易规则的对外贸易制度。

改革开放初期，中国外贸体制改革主要是改革单一计划管理体制，下放外贸管理权和经营权，实行外汇留成制度并建立外汇调剂市场。吸收外商直接投资，使外商投资企业作为新的经营主体进入外贸领域，打破了国有外贸企业的垄断。此后，中国推行了外贸经营承包制，用指导性计划逐步取代指令性计划。按照国际贸易通行规则，建立了出口退税制度。1992年10月，中国明确提出建立社会主义市场经济体制的改革目标。根据这一目标，对财政、税收、金融、外贸和外汇体制进行了全面改革。1994年1月，中国政府取消对出口的所有财政补贴，进出口企业转变为完全自负盈亏。人民币官方汇率与市场调剂汇率并轨，实行以市场供求为基础、单一的、有管理的浮动汇率制度。外贸经营领域进行了企业股份化和进出口代理制试点。同年，《中华人民共和国对外贸易法》正式颁布实施，确立了维护公平、自由的对外贸易秩序等原则，奠定了对外贸易的基本法律制度。1996年12月，中国实现了人民币经常项目下可兑换。与此同时，中国多次大幅度自主降低关税，减少配额和许可证等非关税措施。这些改革使中国初步建立起以市场经济为基础，充分发挥汇率、税收、关税、金融等经济杠杆作用的外贸管理体制和调控体系。

2001年12月11日，历经16年谈判，中国成为世界贸易组织第143个成员。根据加入世界贸易组织的承诺，中国扩大了在工业、农业、服务业等领域的对外开放，加快推进贸易自由化和贸易投资便利化。在履行承诺过程中，中国深化外贸体制改革，完善外贸法律法规体系，减少贸易壁垒和行政干预，理顺政府在外贸管理中的职责，促进政府行为更加公开、公正和透明，推动开放型经济进入一个新的发展阶段。

——加快对外经济贸易法制化建设。加入世界贸易组织后，中国集中清理了2300多部法律法规和部门规章。对其中不符合世界贸易组织规则和中国加入世界贸易组织承诺的，分别予以废止或修订。新修订的法律法规减少和规范了行政许可程序，建立健全了贸易促进、贸易救济法律体系。根据世界贸易组织《与贸易有关的知识产权协议》，中国对与知识产权相关的法律法规和司法解释进行了修改，基本形成了体系完整、符合中国国情、与国际惯例接轨的保护知识产权法律法规体系。

——进一步降低关税，削减非关税措施。在加入世界贸易组织过渡期，中国进口商品关税总水平从2001年的15.3%逐步降低到2005年的9.9%。到2005年1月，中国绝大多数关税削减承诺执行完毕。根据承诺，中国自2005年1月起全部取消对424个税号产品的进口配额、进口许可证和特定招标等非关税措施，仅仅保留了依据国际公约以及在世界贸易组织规则下为保证生命安全、保护环境实施进口管制产品的许可证管理。2010年，中国关税总水平已经降至9.8%，其中农产品平均税率降至15.2%，工业品平均税率降至8.9%。关税约束率自2005年起一直维持在100%。

——全面放开外贸经营权。根据2004年新修订的《中华人民共和国对外贸易法》，自2004年7月起，中国政府对企业的外贸经营权由审批制改为备案登记制，所有对外贸易经营者均可以依法从事对外贸易。取消外贸经营权审批促进了国有企业、外商投资企业和民营企业多元化外贸经营格局的形成。在国有企业和外商投资企业进出口持续增长的同时，民营企业对外贸易发展迅速，进出口市场份额持续扩大，成为对外贸易的重要经营主体。2010年，国有企业、外商投资企业和民营企业进出口分别占中国进出口总额的20.9%、53.8%和25.3%。

——进一步扩大服务市场开放。中国认真履行加入世界贸易组织的承诺，为境外服务商提供了包括金融、电信、建筑、分销、物流、旅游、教育等在内的广泛的市场准入机会。在世界贸易组织服务贸易分类的160个分部门中，中国开放了100个，开放范围已经接近发达国家的平均水平。2010年，中国服务业新设立外商投资企业13905家，实际利用外资487亿美元，占全国非金融领域新设立外商投资企业和实际利用外资的比重分别为50.7%和46.1%。

——营造更为公平的市场竞争环境。中国通过建立、完善公平贸易法律制度和执法、监督机制，遏制与打击对外贸易经营中的侵权、倾销、走私、扰乱市场秩序等不公平贸易行为，努力为境内外企业提供一个宽松、公平、稳定的市场环境。中国政府依据国内法律和国际贸易规则，加强预警监测，同时利用贸易救济和反垄断调查等措施，对贸易伙伴的不公平贸易行为予以纠正，维护国内产业和企业的合法权益。在应对国际金融危机过程中，中国与国际社会一起坚决反对任何形式的贸易保护主义，严格遵守世界贸易组织相关规定，在实施经济刺激计划时平等地对待境内外产品，促进了境内外企业的公平竞争。

截至2010年，中国加入世界贸易组织的所有承诺全部履行完毕。中国认真履行承诺的实际行动得到世界贸易组织大多数成员的肯定。2006年、2008年和2010年，中国政府接受了世界贸易组织的三次贸易政策审议。世界贸易组织所倡导的非歧视、透明度、公平竞争等基本原则已经融入中国的法律法规和有关制度。市场意识、开放意识、公平竞争意识、法治精神和知识产权观念等在中国更加深入人心，推动了中国经济进一步开放和市场经济体制进一步完善。

三、中国外贸发展对世界的贡献

中国对外贸易的发展不仅推动了中国经济的现代化和综合国力的提升，提高了13亿多中国人民的生活水平，也使中国经济成为世界经济一部分，促进了经济全球化向有利于世界各国和地区共同繁荣的方向发展。

改革开放和积极参与经济全球化，使中国成为世界上增长最快的经济体之一。最近10多年来，中国与其他新兴经济体一起，成为推动世界经济增长日益重要的力量。根据世界银行的数据，2010年中国国内生产总值比2001年增长4.6万亿美元，占同期世界经济总值增量的14.7%。中国国内生产总值占世界经济总值的比重增加至9.3%。世界贸易组织的数据显示，2000年至2009年，中国出口量和进口量年均增长速度分别为17%和15%，远远高于同期世界贸易总量3%的年均增长速度。

中国对外贸易在国际金融危机中率先趋稳，促进了全球经济复苏。2008年国际金融危机爆发以后，中国政府及时采取一系列政策措施刺激经济，扩大内需，稳定进出口规模。2009年，世界货物贸易进口量下降12.8%，中国进口量增长2.9%，是世界主要经济体中唯一保持增长的国家。中国因素支撑了许多受危机冲击国家的出口，刺激了全球大宗商品市场需求，提振了人们的信心，对世界经济复苏和增长起到巨大拉动作用。世界贸易组织在对中国进行第三次贸易政策审议时指出，应对金融危机期间，中国在刺激全球需求方面发挥了建设性作用，为世界经济稳定作出了重要贡献。

中国对外贸易的发展提高了中国与贸易伙伴的国民福利。随着加速融入世界分工体系，中国依靠劳动力成本优势、较强的产业配套和加工制造能力、不断提高的劳动生产率，逐渐发展成为世界工业品的主要生产国和出口国，为世界各国和地区提供了物美价廉的商品，满足了国际市场多种多样的需求。中国在全球制造业环节的规模经济优势和加工成本优势，部分地消化了上游生产要素的价格上涨，起到了抑制全球通货膨胀、提高贸易伙伴消费者实际购买力的作用。

中国对外贸易的发展为贸易伙伴提供了广阔市场。2001年以来，中国货物进口总额扩大了约5倍，年均增长约20%，中国迅速扩张的进口已成为世界经济增长的重要推动力，为贸易伙伴扩大出口创造了巨大市场空间。目前中国已经是日本、韩国、澳大利亚、东盟、巴西、南非等国家第一大出口市场，是欧盟的第二大出口市场，是美国和印度的第三大出口市场。中国工业化、城镇化正在快速推进，内需持续增长，不断扩大和开放的市场将为贸易伙伴提供越来越多的发展机会。

中国是对最不发达国家开放市场程度最大的发展中国家之一。截至2010年7月，中国已经对36个已建交最不发达国家原产的4700多个税目商品实施进口零关税，约占全部税则税目的60%。中国已承诺将继续扩大对已建交最不发达国家的给惠范围，使实施零关税商品达到全部税则税目的97%。零关税措施促进了最不发达国家对中国的出口。自2008年以来，中国一直是最不发达国家第一大出口市场。2010年，中国自最不发达国家的货物进口总额比上年增长58%，约占这些国家出口总额的1/4。

中国全面参与并推动了全球经济治理机制的改革。中国政府积极倡导以“均衡、普惠、共赢”作为多边贸易体制改革的目标，努力推动建立公平、公正的国际经济贸易新秩序。作为迅速成长的发展中大国，中国积极参与了二十国集团领导人峰会、金砖国家领导人会晤、多哈回合谈判等国际对话和合作机制，努力承担与自身发展水平及国力相适应的国际责任。中国不断加强与新兴国家在经济、金融、贸易和投资等领域的合作，促进国际经济秩序朝着公正、合理、共赢的方向发展。

中国严格履行有关出口管制的国际义务。中国一贯主张全面禁止和彻底销毁一切大规模杀伤性武器，坚决反对此类武器及其运载工具的扩散。中国有关法律明确规定对裂变、聚变物质或者衍生此类物质的货物、技术进出口，以及与武器、弹药或者其他军用物资有关的进出口采取必要的限制措施。中国认真遵守有关出口管制的国际公约，履行防扩散承诺，为国际和平与地区稳定作出了积极努力。近年来，中国政府广泛采纳国际通行规范和做法，形成了一整套涵盖核、生物、化学和导弹等敏感物项和技术的完备的出口管制体系，为更好地实现防扩散目标提供了法律依据和制度保障。

四、促进对外贸易基本平衡增长

一个国家对外贸易是顺差还是逆差，主要由其经济结构以及产品或服务的国际竞争力决定。中国并不刻意追求对外贸易的顺差。中国服务贸易长期以来一直存在一定逆差。中国货物贸易在1990年以前多数年份都是逆差。1990年以后，随着大规模承接国际产业转移，工业制成品竞争力增强，出口增长速度超过进口，中国的货物贸易由总体逆差转变为总体顺差。2005年中国货物贸易顺差首次突破1000亿美元，并持续4年大幅攀升。2008年中国货物贸易顺差达到2981亿美元历史高点，此后逐渐收窄。2009年和2010年，中国货物贸易顺差分别为1957亿美元和1816亿美元，比上年分别下降34.4%和7.2%。2010年，中国货物贸易顺差占进出口总额的6.1%，占国内生产总值的3.1%。在全球贸易差额(顺差或逆差)最大的9个国家中，中国的这两个比值并不处在偏高水平。

中国的货物贸易顺差反映了现阶段中国的国际分工地位。中国目前在工业制成品加工组装环节具有较大优势，是最大的工业品生产国和出口国。美国、欧盟等是最主要的终端消费市场。由于大量劳动密集型加工组装环节由日本、韩国、新加坡、中国台湾、中国香港等转移到中国，这些国家和地区原来对美、欧的顺差也转移到中国。其结果是，目前中国货物贸易顺差主要存在于中美贸易、中欧贸易之间，而中国与日本、韩国、东盟等工业中间品主要生产国则长期存在贸易逆差。2010年，中国对美国、欧盟的货物贸易顺差分别为1813亿美元和1428亿美元，对日本、韩国及东盟的货物贸易逆差共计1416亿美元；中国大陆对台湾地区货物贸易逆差860亿美元。中国生产和出口工业制成品需要大量进口初级产品，因此与一些初级产品出口国的货物贸易呈现逆差。正是现阶段中国制造业和服务业参与国际分工的水平和地位不同，所以中国货物贸易存在着大量顺差，而服务贸易则长期逆差。

中国的货物贸易顺差主要来源于外商投资企业和加工贸易。在经济全球化不断深化过程中，由于分工的细化和规模经济的要求，越来越多的国际贸易由跨国公司主导，是基于价值链分工的产业内贸易或加工贸易。改革开放以来，中国吸收外商直接投资迅速增长。在相当长的时间里，外商投资企业进出口和主要由外商投资企业经营的加工贸易在中国货物贸易中的比重都保持在50%左右。外商投资企业进出口和加工贸易是中国货物贸易顺差的主要来源。2009年和2010年，外商投资企业货物贸易顺差分别为1270亿美元和1243亿美元，占同期中国货物贸易顺差总额的64.8%和68.4%，加工贸易顺差分别高达2646亿美元和3229亿美元，大大高于同期中国顺差总额。在外商投资企业进出口和加工贸易存在大量顺差的同时，国有企业进出口、一般贸易和其他贸易方式则存在逆差。

发达国家对部分高新技术贸易设限也影响中国与一些贸易伙伴的贸易平衡。中国正处在工业化加速发展时期，对发达国家的先进设备和高新技术有着较大的进口需求。但是一些发达国家却仍然坚持旧有思维，对向中国出口高端装备和高新技术产品设置了诸多限制，导致其相关产品对中国出口增长缓慢。这在一定程度上阻碍了中国自这些国家的进口，不利于双边贸易的平衡。

中国货物贸易由逆差转变为顺差改善了中国的国际收支状况，增强了中国抵御外部风险的能力。但是顺差急剧扩大也给中国经济带来困扰。出口结汇人民币大量投放增加了宏观经济调控的难度和复杂性。货物贸易顺差急剧扩大还使得中国与一些贸易伙伴摩擦增多，对人民币形成了持续和较大的升值压力。

中国政府高度重视对外贸易发展中的不平衡问题，采取了一系列政策措施抑制顺差过快增长。第一，积极调整经济结构，努力扩大内需，尤其是增加改善民生投资，刺激居民消费增长。第二，出台一系列扩大进口政策，简化进口管理和进口付汇手续，降低部分商品进口暂定税率，完善进口促进体系，提高进口便利化程度。第三，调整出口退税政策，先后降低或取消部分高耗能、高污染和资源性商品的出口退税。第四，修改加工贸易禁止类和限制类目录，扩大禁止类的范围，促进加工贸易转型升级。第五，改变自亚洲金融危机以后人民币兑美元变动区间收窄的状况，从2005年7月21日起实行以市场供求为基础、参考一篮子货币进行调节、有管理的浮动汇率制度。自2005年7月汇率机制改革至2011年8月末，人民币兑美元名义汇率升值了约30%。

中国促进对外贸易平衡增长的措施取得了明显成效。货物贸易顺差自2009年以来持续减少，顺差与进出口总值和国内生产总值之比自2008年起逐渐下降，对外贸易正在趋于平衡。中国的这些努力既是中国自身经济发展的需要，也是推动世界经济结构调整和再平衡的具体行动。

五、构建全方位互利合作经贸关系

中国的对外贸易是全方位发展的对外贸易。中国坚持不分大小、贫富，与所有贸易伙伴发展务实合作和互利共赢的经贸关系。

中国与发达国家贸易持续稳定增长，实现了优势互补和互惠互利。中国与欧盟贸易近年来稳步发展。欧盟对中国出口商品主要是工业制成品，其中技术领先的机械、电子产品、运输车辆、成套设备、核心零部件和精密元器件等在中国市场颇具竞争力。中国与美国贸易有着坚实的发展基础。中国出口丰富多样的消费品适应了美国消费者的需求，同时不断扩大自美国的电子、航空、生物、医药、农产品以及服务贸易进口，也满足了中国自身发展的需要。中国与日本贸易具有地缘相近的有利条件。中日贸易促进了两国产业的持续合作和进步，也带动了东亚区域经济分工与合作的深入发展。中国与加拿大、澳大利亚、瑞士、新西兰等发达国家的贸易及投资合作均保持良好发展势头。

中国与新兴市场和发展中国家贸易增长强劲，发展潜力巨大。2010 年，中国与东盟自由贸易协定全面实施，90% 的商品实现零关税，有力地推动了中国东盟双边贸易迅速增长。中国与东盟各自有特色和竞争力的商品自由进入对方市场，适应了双方多方面的需求。中国与韩国贸易保持持续稳定增长，两国相互投资和经济合作领域十分宽广。中国与其他金砖国家的贸易近年来快速增长，带动了各自优势产业的强劲发展，显示了新兴经济市场具有广阔的发展前景。近年来，中国与其他发展中国家贸易也以较快速度增长，与阿拉伯国家源远流长的贸易进一步发展，与拉美国家经济贸易合作领域不断拓宽，与非洲国家的贸易充分发挥双方资源条件和经济结构的互补性优势，促进了各自发展。

中国十分重视双边和区域经贸合作的机制化建设。目前与中国签订双边贸易协定或经济合作协定的国家和地区已超过 150 个。中国与美、欧、日、英、俄等主要经济体均建立和保持着经济高层对话机制。中国积极参与亚太经济合作组织、东盟与中日韩（“10+3”）领导人会议、东亚峰会、中非合作论坛、大湄公河次区域经济合作、中亚区域经济合作、“大图们倡议”等区域和次区域经济合作机制。中国坚持“与邻为善、以邻为伴”方针，与周边国家和地区建立和发展多种形式的边境经济贸易合作。

中国积极主动参与并推动区域经济一体化进程。截至 2010 年年底，中国已经与五大洲 28 个国家和地区进行了 15 个自由贸易安排或紧密经贸关系安排谈判，签订和实施了 10 个自由贸易协定或紧密经贸关系安排。正在进行的自由贸易协定谈判 5 个。中国倡议建立东亚自由贸易区。2010 年，中国与 10 个自由贸易协定或紧密经贸关系安排伙伴（东盟、巴基斯坦、智利、新加坡、新西兰、秘鲁、哥斯达黎加、中国香港、中国澳门、中国台湾）的双边货物贸易总额达到 7826 亿美元，超过了中国进出口总额的 1/4。

中国深入参与和推动世界贸易组织多哈回合谈判，努力维护多边贸易体制的权威性。中国强调谈判要有利于贯彻落实多边贸易体制的公平、公正原则，体现多哈回合作为发展回合的目标。中国全面参与了多哈回合的农业、非农产品、服务、规则等议题的谈判，独立提交谈判案文 40 多份，联合其他成员提交案文 100 多份。为推进多哈回合谈判，中国多次表示愿意为谈判作出建设性的、与自身发展水平相适应的贡献。

中国在解决与贸易伙伴的争议时兼顾各方利益，求同存异。加入世界贸易组织以来，随着进出口持续增长，中国与贸易伙伴的争端和摩擦有所增多。涉案产品主要集中在纺织品、鞋类、轮胎、汽车零部件、钢铁和化工产品，争议问题主要涉及知识产权、贸易平衡、公平贸易、食品安全、环境保护等领域。中国始终认为对话比对抗好，合作比施压好，应当努力通过协商谈判解决贸易伙伴之间的争议。中国坚持兼顾和平衡各方利益，在世界贸易组织规则和体制内，利用多双边渠道，通过对话、协商和谈判来解决争议。近年来，中国在扩大市场开放、保护知识产权、促进贸易平衡、改革人民币汇率形成机制、规范进出口经营秩序等方面采取了许多措施，充分照顾到贸易伙伴的关切。在协商不能解决争端的情况下，中国通过世界贸易组织争端解决机制，妥善处理与贸易伙伴的贸易争端，维护了多边贸易体制的稳定。

六、实现对外贸易的可持续发展

目前，中国对外贸易发展还存在不均衡、不协调、不可持续的问题，突出表现在：出口增长主要依赖资源、能源、土地、劳动力和环境等要素投入及耗费，科技、管理、创新等要素投入不足，外贸发展与资源能源供给和环境承载力的矛盾日益突出；企业研发、设计、营销和服务等方面的竞争力还不强，自有知识产权和自有品牌出口产品所占比重不大；外贸发展对三次产业的贡献还不够均衡；中西部地区对外贸易规模和水平还相对落后；外贸增长的质量和效益有待进一步提高等。中国政府清醒地认识到这些问题，采取积极措施加快转变外贸发展方式，实现外贸的可持续发展。

努力培育外贸发展的综合竞争优势。面对近年来劳动力成本不断上升、资源和能源等生产要素价格大幅上涨、出口产业传统的低成本优势大大弱化的新情况，中国政府提出了外贸由粗放型发展向集约型发展转变的战略目标。“十一五”规划期间（2006—2010 年），中国政府调整进出口税收政策，深入实施科技兴贸战略、市场多元化战略和以质取胜战略，开展加工贸易转型升级试点，改进对进出口企业的融资保险服务，推动企业加快技术进步和产品结构优化，增强了外贸的综合竞争优势。大部分进出口企业经受住了国际金融危机冲击，进出口贸易在危机后实现了较快复苏。“十二五”规划期间(2011—2015年)，中国将努力保持现有出口竞争优势，加快培育以技术、品牌、质量和服务为核心的新优势，促进工业转型升级，延长加工贸易增值链，提高企业和产品的竞争力和附加值。大力发展服务贸易，促进货物贸易和服务贸易协调发展。继续扩大服务业对外开放，推动服务外包发展，努力扩大新兴服务出口。财政税收、金融保险、外汇管理、海关通关、检验检疫、物流和运输等领域都将进一步完善和落实国家相关政策，加快贸易和投资便利化，努力推动对外贸易的稳定健康发展。

加快推进外贸发展中的节能减排。早在1994年，中国政府就制定并发表了《中国21世纪议程——中国21世纪人口、环境与发展白皮书》，将节能减排纳入国民经济和社会发展目标。“十一五”和“十二五”规划都把降低能源消耗和二氧化碳排放强度作为约束性指标。2004年以来，中国多次下调甚至取消部分高耗能、高污染和资源性商品出口退税，禁止和限制部分此类产品的加工贸易，鼓励进出口企业向国际上先进的环保标准看齐。近年来，中国出口商品中“两高一资”商品的比重大幅下降，新能源和节能环保产品出口大幅增长。大部分达到一定规模的进出口生产企业都已经获得ISO 14000等与环保有关的标准认证。中国将努力调整经济结构和产业结构，加快先进节能环保技术的应用，促进对外贸易与资源节约、环境保护更加协调发展。

加强与贸易有关的知识产权保护。加强知识产权保护，是中国履行国际义务的需要，更是转变经济发展方式、建设创新型国家的内在要求。多年来，中国政府在知识产权保护方面做了大量工作，在立法、执法、宣传、培训及提高全社会知识产权保护意识等方面取得了显著成效。2008年，中国制定了《国家知识产权战略纲要》，把保护知识产权提升到国家战略的高度加以推进。2006年至2011年，中国连续6年颁布《中国保护知识产权行动计划》，实施了包括立法、执法、教育培训、文化宣传和对外交流等多个领域的1000多项具体措施。2010年，中国通过《专利合作条约》提出的国际专利申请量达到12295件，比2009年增长55.6%，增速居各国之首，世界排名从第5位上升至第4位。当前，加强与贸易有关的知识产权保护是世界各国共同面临的挑战，加强对话与合作成为世界知识产权保护的潮流。中国政府将在有关国际公约和各自法律框架下，与世界各国和地区加强知识产权交流与合作，共同推进知识产权事业的健康发展。

提高出口商品的质量和安全要求。中国出口商品质量总体上不断提高，受到全球消费者欢迎和认可。2009年和2010年，经出入境检验检疫机构检验检疫的中国出口货物分别为1103.2万批和1305.4万批，不合格率分别为0.15%和0.14%；出口货值分别为4292.7亿美元和5521.8亿美元，不合格率分别为0.12%和0.13%。2010年，中国出口美国的食品为12.7万批，合格率99.53%；出口欧盟的食品13.8万批，合格率99.78%。日本厚生省进口食品监控统计报告显示，2010年日本对自中国进口的食品以20%的高比例进行抽检，抽检合格率为99.74%，高于同期对自美国和欧盟进口食品的抽检合格率。但是，中国国内仍有少数企业为降低成本而忽视商品质量和安全，也有一些外国进口商不讲质量和诚信，压低商品价格甚至直接授意中国生产商使用不合格原料。这些行为损害了“中国制造”的信誉。针对这些问题，中国政府近年来不断完善商品质量安全法律法规，加强了各环节监管，严厉查处少数违法违规造成质量问题的企业。2011年3月，中国启动“外贸商品质量提升年”活动，进一步健全外贸商品质量和安全的许可、认证和监督机制，提高了对出口商品质量与安全保障的效率。

增强进出口企业的社会责任意识。随着对外开放不断扩大，越来越多的中国企业认识到，企业自身发展壮大的同时需要承担相应的社会责任。这不仅有利于社会和谐进步，也有利于提高企业竞争力和可持续发展能力。中国各级政府正通过倡导科学发展观和和谐社会理念，推动企业提高社会责任意识，尊重劳工权益，维护消费者权利，保护生态环境。同时，中国政府鼓励企业在进出口贸易中接受有关的社会责任标准，争取获得必要的社会责任认证。2008年新的《劳动合同法》及其实施条例施行以来，进出口企业普遍建立了“五险一金”(养老保险、医疗保险、失业保险、工伤保险、生育保险和住房公积金)制度。中国政府把增强企业社会责任作为推动外贸转型升级的一项重要任务，今后将加强对企业社会责任的宣传和培训，建立和健全进出口企业诚信管理体系，完善全社会对企业社会责任的监督，开展企业社会责任培育和管理的国际合作，推动进出口企业不断提高承担社会责任的水平。

促进战略性新兴产业的国际合作。发展战略性新兴产业对于外贸转型升级和可持续发展具有重大意义。经过改革开放30多年的发展，中国综合国力明显增强，科技水平不断提高，工业体系逐步完备，战略性新兴产业发展有了坚实基础。但与发达国家相比，中国新兴产业仍然处在初步发展阶段。2008年国际金融危机之后，世界各主要经济体都在加速发展新兴产业，中国把发展战略性新兴产业作为产业振兴的一项重要任务。为了推动重点领域的发展，在发挥市场配置资源基础性作用的同时，中国政府加强政策引导，规范市场秩序，改善投资环境，鼓励企业提高技术创新能力。中国支持战略性新兴产业发展的基本政策符合国际贸易规则，愿加强与世界各国在科学研究、技术开发和能力建设等方面的交流，为开创新兴产业国际合作和发展的新局面共同努力。

结束语

当前，国际金融危机深层次影响还在不断显露，世界经济复苏的长期性、艰巨性和复杂性更加凸显，全球经济结构和贸易格局面临着深刻调整。中国对外贸易也将进行新的调整，努力实现从规模扩张向质量和效益提高转变，从主要依赖低成本优势向增强综合竞争优势转变，从贸易大国向贸易强国转变。

中国对外贸易的发展，仍受到诸多不确定因素的制约，会遇到新的困难和压力。在“十二五”期间，中国将进一步扩大开放，以开放促改革、以开放促发展、以开放促创新，努力发挥自身优势，加强全方位国际合作，在更大范围、更广领域、更高层次融入世界经济。中国愿意与贸易伙伴一起，共同应对世界经济和贸易发展面临的各种挑战，推动对外贸易实现更平衡、更协调和可持续发展，与贸易伙伴共享繁荣，实现共赢。

国家副主席习近平在人民大会堂会见美乌克兰国家安全与国防会议秘书博加特廖娃

外交部部长杨洁篪与德国外长韦斯特韦勒在柏林举行第二轮中德外长级战略对话

国家发改委与中国气象局在北京联合召开气象发展“十二五”规划工作会议及新闻发布会

按照《气象发展“十二五”规划》(以下简称《规划》)，中国气象局“十二五”期间将把强化公共气象服务作为气象事业发展的首要任务，把加强气象业务体系能力建设作为提升气象现代化水平的核心任务。围绕这两大战略任务，《规划》还提出了“灾害性天气预警信息提前15—30分钟发出”等多个具体指标。

《规划》明确的“十二五”时期其他主要发展指标包括：气象信息公众覆盖率达到95%以上，公众气象服务满意度保持在85%以上；人工增雨(雪)作业效率提高10%；24小时晴雨和暴雨预报准确率分别保持在85%和22%以上，温度24小时预报准确率达到70%以上，台风路径24小时预报误差减小到100公里以内；短期气候预测水平在本世纪前10年基础上提高3%—5%等。

12月8日

国家主席胡锦涛与冰岛总统格里姆松互致贺电庆祝两国建交40周年

纪念钱学森同志诞辰100周年座谈会在人民大会堂举行

中共中央政治局常委、全国政协主席贾庆林出席座谈会并讲话，中共中央政治局常委、国务院副总理李克强出席。

出席座谈会的领导同志有：王刚、李源潮、韩启德、万钢和宋健、钱正英等，以及中央军委委员李继耐。中共中央政治局委员、国务委员刘延东主持座谈会。

座谈会上，中国科学院党组副书记方新，中国科协常务副主席陈希，中央军委委员、总装备部部长常万全，中共浙江省委书记赵洪祝先后发言。有关方面负责同志，钱学森同志亲属、生前友好等参加座谈会。

全国政协主席贾庆林在纪念钱学森同志诞辰100周年座谈会上的讲话

同志们，朋友们：

今天，我们怀着十分崇敬的心情，在这里举行座谈会，纪念钱学森同志诞辰100周年，深切缅怀他为我国科技事业和国防现代化建设建立的卓越功勋，追思和学习他为国家富强和民族振兴不懈奋斗的崇高品德和革命精神，进一步激励海内外中华儿女同心同德、开拓进取，为推进中国特色社会主义伟大事业、实现中华民族伟大复兴而共同奋斗。

钱学森同志是中国共产党的优秀党员，忠诚的共产主义战士，享誉海内外的杰出科学家和我国航天事业的奠基人，中国科学院、中国工程院资深院士，中国人民政治协商会议第六届、七届、八届全国委员会副主席。他一生赤诚爱党报国、献身科学事业、真情服务人民，为中华民族屹立于世界民族之林贡献了全部心血和智慧，他的光辉业绩将永载中华民族史册。

钱学森同志1911年12月11日出生于上海市。1929年9月，他以优异成绩考入上海交通大学机械工程系。在刻苦学习专业知识的同时，他深入思考国家和民族的前途命运。1934年6月大学毕业后，他考取清华大学公费留学生。1935年9月，他进入美国麻省理工学院航空系学习，1936年9月转入美国加州理工学院航空系，从事航空工程理论和应用力学的学习研究。他满怀为中华民族争光争气的强烈责任，发愤学习，潜心钻研，仅用一年时间就获得航空工程硕士学位，三年后获得航空、数学博士学位。1938年7月至

1955年8月，钱学森同志先后任美国加州理工学院航空系助教、讲师、副教授，麻省理工学院航空系副教授、教授，加州理工学院航空系教授和喷气推进中心主任等职，从事空气动力学、固体力学和火箭、导弹等领域的研究。其间，他高度关注航空和航天领域发展动向，努力探索技术最前沿的问题，取得一系列重大成就和突破。他与导师冯·卡门共同完成了高速空气动力学问题研究课题，建立了“卡门—钱近似”公式，28岁时就成为世界知名的空气动力学家。他独立完成了《关于薄壳体稳定性的研究》，在航空技术工程理论界获得很高声誉。他提出的火箭与航空领域中的若干重要概念、超前设想和科学预见，尤其是执笔撰写的有关美国战后飞机和火箭、导弹发展展望的报告，奠定了他在力学和喷气推进领域的领先地位。他开创了工程控制论、物理力学两门新兴学科，拓展了科学技术研究的新领域。这些重大成就为人类科学事业的发展作出了重要贡献。

钱学森同志在美国学习、工作期间，始终心系祖国，密切关注国内局势变化，随时准备返回报效祖国。新中国成立后，他回国的心情更加急迫。1950年夏，他向加州理工学院提出回国探亲，但临行前被以莫须有的罪名拘捕，遭受无理羁留达5年之久。他不屈不挠、顽强斗争，在毛泽东、周恩来等党和国家领导人的亲切关怀下，经过我国政府的严正交涉和国际友人的热心援助，冲破重重阻力，于1955年10月回到祖国，并立即投身到新中国建设的热潮中。

1955年11月至1956年10月，在党中央、国务院的领导和支持下，钱学森同志先后领导组建了新中国第一个力学研究所并担任所长，第一个火箭、导弹研究机构——国防部第五研究院，第一个空气动力学专业研究机构，参与筹备组建了我国导弹航空科学研究领导机构航空工业委员会。根据党中央的部署，他从长远和全局着眼思考谋划我国科技特别是国防尖端科技发展，起草了《建立我国国防航空工业的意见书》，为我国火箭和导弹技术的创建与发展提供了极为重要的实施方案；担任制定新中国第一个科学技术发展远景规划纲要(1956—1967)工作综合组组长，并主持起草了建立喷气和火箭技术项目的报告书，为推动新中国的科学技术、工业、农业、国防发展起到了重要作用。1956年10月，钱学森同志任国防部五局第一副局长、总工程师兼国防部第五研究院院长，后又兼任国防部第五研究院一分院院长，担负起新中国导弹航天事业技术领导工作的重任。

1957年9月，钱学森同志作为科学技术顾问随聂荣臻同志赴苏联访问，为中苏新技术协定的顺利签订做了大量卓有成效的工作。访苏归来后，他遵照党中央的决策指示，突出抓了技术消化、科研协作和制度建设等工作，参加了导弹卫星发射试验基地勘察选址，负责运载火箭、人造卫星以及卫星探测仪器的设计、协调及研究机构建立等工作。1960年2月至1964年6月，他指导设计的我国第一枚液体探空火箭发射成功，协助聂荣臻同志成功组织了我国第一枚近程地地导弹发射试验，同张爱萍同志一起组织指挥了我国第一枚改进后的中近程地地导弹飞行试验。

1965年1月，钱学森同志任第七机械工业部副部长、党组成员，主持制定了《火箭技术八年(1965—1972)发展规划》，组织领导地地导弹、地空导弹、岸舰导弹和固体火箭发动机、固体燃料导弹、运载火箭以及卫星研制试验等任务。1966年10月，作为技术总负责人，他协助聂荣臻同志组织实施了我国首次导弹与原子弹“两弹结合”试验，把国防现代化建设向前推进了一大步。1968年2月，钱学森同志兼任新成立的中国空间技术研究院院长，在周恩来总理等中央领导同志的支持下，他努力排除“文化大革命”的干扰，狠抓中国空间技术研究院建设和卫星研制质量等工作。1970年4月，他牵头组织实施了我国第一颗人造地球卫星发射任务，成为新中国科技发展史上的一座重要里程碑。

1970年6月开始，钱学森同志先后担任国防科学技术委员会副主任、国防科工委科学技术委员会副主任。他全身心投入国防科学技术领导工作，参与组织实施我国导弹航天技术领域重大型号研制和发射试验，并开始从更高层次思考其他领域诸多重大科学和技术问题，提出了许多创新、超前的思想。1971年3月，他组织完成了“实践一号”卫星发射试验，首次获得我国空间环境探测数据，为我国研制应用卫星、通信卫星积累了经验。1972年至1976年，在“四人帮”干扰破坏十分严重的情况下，钱学森同志参与组织领导了运载火箭和洲际导弹研制工作，提出了建立导弹航天测控网概念；领导设计制造了我国第一艘核动力潜艇；组织启动了远洋测量船基地建设工程；指挥成功发射了我国第一颗返回式卫星，使我国成为继美国、苏联之后第三个掌握卫星回收技术的国家。

进入改革开放新时期，钱学森同志先后于1980年5月至1984年4月参与组织领导了我国洲际导弹第一次全程飞行、潜艇水下发射导弹和地球静止轨道试验通信卫星发射任务，实现我国国防尖端技术的新突破，进一步提升了我国的大国地位。他潜心研究的工程控制论、系统工程理论，广泛应用于军事、农业、林业乃至社会经济各个领域的实践活动，在我国现代化建设中发挥了重要作用。他敏锐把握信息技术对人类社会发展的深远影响，积极倡导信息技术研究应用和信息产业发展，为推动军队信息化建设作出了重要贡献。1980年至1991年，他先后担任中国科协副主席、主席，1991年5月担任中国科协名誉主席。他积极践行科学技术是第一生产力的战略思想，更加致力于依靠科技进步推动发展、改善民生。他开创和推动面向企业的“讲理想、比贡献”竞赛活动，促进了群众性技术创新活动的蓬勃开展；他积极推动科技兴农活动，倡导发展沙草产业，支持开展送科技下乡活动，帮助农民依靠科学技术脱贫致富；他十分重视科技创新人才培养，倡议设立“中国科协青年科技奖”，促进优秀青年科技人才脱颖而出，培养造就了一批优秀的青年学术和技术带头人；他倡导学科交叉融合，促进自然科学与社会科学联盟，在思维科学、科学技术体系与马克思主义哲学等研究领域，作出了许多开创性贡献。他十分重视科协工作的理论研究，推动理顺科协管理体制，加强科协工作制度化规范化建设，充分发挥科协独特优势，促进了科学技术的繁荣发展和普及推广。1986年至1998年，钱学森同志担任中国人民政治协商会议第六届、七届、八届全国委员会副主席，他经常深入基层考察调研，为推动科技事业发展和国家重大项目建设建言献策，在团结广大科技工作者进行政治协商、民主监督、参政议政方面发挥了重要作用，为巩固和加强中国共产党领导的多党合作和政治协商制度作出了积极贡献。

钱学森同志1958年10月光荣加入中国共产党，是中国共产党第九届、十届、十一届、十二届中央候补委员，第二届、三届、四届、五届全国人大代表，政协第二届全国委员会委员。他是中国力学学会、中国自动化学会第一届理事会理事长，国际自动控制联合会第一届理事会常务理事，中国宇航学会、中国力学学会、中国系统工程学会名誉理事长。1957年被增聘为中国科学院学部委员(院士)，1994年被选聘为中国工程院首批院士。先后获1956年度中国科学院自然科学奖一等奖、1985年度国家科技进步奖特等奖。著有《工程控制论》《物理力学讲义》《星际航行概论》《论系统工程》等。1989年6月获得“小罗克韦尔奖章”和“世界级科学与工程名人”、“国际理工研究所名誉成员”称号。1991年10月被国务院、中央军委授予“国家杰出贡献科学家”荣誉称号，被中央军委授予一级英雄模范奖章。1999年9月被党中央、国务院、中央军委授予“两弹一星功勋奖章”。2009年9月被评为“100位新中国成立以来感动中国人物”。2001年，江泽民同志号召“向人民科学家钱学森同志学习”。

同志们、朋友们！

钱学森同志的一生，是革命的一生，战斗的一生，学习的一生，是为国家富强、民族振兴不懈奋斗的一生，是全心全意为人民服务的一生。他的卓越功绩和杰出贡献，永远铭记在中华儿女心中；他的崇高风范和革命精神，永远值得我们纪念和学习。

纪念钱学森同志，就要学习他忠诚于党、报国爱民的坚定信念。钱学森同志一生历经人生道路的抉择和个人荣辱得失的考验，不论遇到多少艰难困苦，始终保持着对党的高度忠诚、对祖国和人民的无限热爱。在青少年时代，他就立下科学救国、振兴中华的远大理想，把个人抱负和国家民族的命运紧密相连，刻苦学习钻研并取得优异成绩。在美国学习工作期间，他始终抱定学成必归的决心。他曾说，“我是中国人，我到美国去只有一个目标，就是把科学技术学到手，为自己的祖国服务”。新中国诞生后，他毅然放弃国外优裕的工作和生活条件，义无反顾返回祖国，即使身陷囹圄失去自由也不改志向。在社会主义建设和改革开放时期，面对来自国内外各种因素的阻碍和干扰，他始终对党和人民的事业充满必胜信心，把全部心血和智慧倾注在挚爱的事业上。我们向钱学森同志学习，就要牢固树立坚定的共产主义理想信念，矢志不移地忠于党和人民，把个人志向融入祖国和人民的伟大事业中，在实现国家富强和民族振兴的壮丽征程中建功立业。

纪念钱学森同志，就要学习他敢为人先、勇攀高峰的创新精神。钱学森同志常说，科学精神最重要的就是创新，而真正的创新是敢于研究别人没有研究过的科学前沿问题，孜孜不倦地攀登科学高峰。不论是在国内学习还是在国外求学，不论是从事技术领导工作还是担任党和国家领导职务，不论是在自然科学领域还是在社会科学领域，他总是以执著的追求和超凡的智慧进行潜心研究和创造。他善于超前思维、科学预见，一生致力于空气动力学、固体力学和火箭、导弹等领域的研究和实践，提出了许多富有创造性、前瞻性的重要学术思想和有重大价值的建议，解决了一系列关键技术难题，实现了一系列重大突破。他广泛学习多学科知识，科学思想活跃，不仅在自然科学领域有许多重大创造，还注重学习研究和运用马克思主义哲学指导研究工作，在系统科学、思维科学、教育科学等领域，提出了许多独到见解。他热心培养和提携后人，善于发现有造诣、有潜质的优秀人才，既积极推荐、委以重任，又严格要求、悉心指导，以自己的模范行动和严谨作风、学风，培养造就了一大批堪当历史重任的一流科学家和工程技术专家。我们向钱学森同志学习，就要始终站在时代进步的前列，把握世界科技发展的大势，坚定不移地走中国特色自主创新道路，大力提高自主创新能力，加快国家创新体系建设，培养造就富有创新精神的人才队伍，在新一轮科技革命和产业革命中赢得发展主动权，扎实推进创新型国家建设。

纪念钱学森同志，就要学习他德馨品高、行为世范的大家风范。钱学森同志不仅以自己的渊博知识和远见卓识，为我国科技事业和国防现代化建设建立了不朽功勋，更以高山仰止的人格魅力和大家风范，赢得世人的尊重和爱戴。他襟怀坦荡、光明磊落，坚持原则、维护大局，严于律己、一身正气，始终保持了党和人民军队的优良传统。从他的书信往来中，可以经常看到他率真的言辞，向中央提出的意见建议观点鲜明，对同志的批评帮助坦诚恳切，对自己的缺点不足不避讳，这种高贵品质令人景仰。他淡泊名利、无私奉献，始终以党和人民的事业为重、以国家大局为重，从不计较功名利禄。面对党和国家给予的崇高荣誉，他常讲，我个人仅仅是沧海一粟，作为一名科技工作者，活着就是为人民服务，如果人民最后对我一生所做工作满意的话，那才是最高的奖赏，这种高尚境界令人敬佩。他治学严谨、精益求精，学术民主、团结同志，从不以权威自居、不以名望压人，对起草的每份文件报告反复推敲、对科研试验中的每个隐患从不放过、对他人请教的每个问题认真作答，甚至连一个错字都不放过，这种治学态度令人感叹。我们向钱学森同志学习，就要努力增强修养、砥砺品格、提升境界，恪守社会公德、职业道德、家庭美德和个人品德，自觉践行社会主义核心价值体系，切实巩固全党全国各族人民团结奋斗的共同思想道德基础。

纪念钱学森同志，就要学习他崇尚实干、勤于实践的工作作风。钱学森同志一生不务虚名，不尚空谈，既是一位享有盛名的科学家，又是一位各界公认的实干家。他既勇于在科学领域研究提出创新超前的思想和理论，又注重把研究成果付诸国防科技和经济社会发展实践，特别是把一系列重大技术突破成功运用于导弹航天领域，使我国国防尖端武器大大向前推进了一步。他既精于从宏观和战略上思考谋划我国国防科技长远发展，又善于完善制度、精心组织，把规划和项目落到实处。他倡导制定的型号研制程序八个阶段、建立型号总设计师系统与技术责任制、建立统一计划管理指挥系统等制度规定，成为组织实施重大科研试验必不可少的制胜法宝。他既注重组织领导重大任务、履行技术指导把关职责，又勤于深入一线调查研究，身先士卒亲力亲为。为导弹卫星发射试验基地选址，他多次深入戈壁荒漠、高原深山现场勘察；为组织首次“两弹结合”试验，他冒着大风和严寒坚守阵地，在核弹头吊装对接最危险的100多分钟里，一直站在导弹旁，给参试人员以极大信心和鼓励。我们向钱学森同志学习，就要大力弘扬求真务实精神，坚持一切从实际出发，理论联系实际，尊重科学、尊重规律，真抓实干、艰苦奋斗，不断创造经得起实践、人民和历史检验的业绩。

同志们、朋友们！

前不久，“天宫一号”与“神舟”八号交会对接任务取得圆满成功，这是中国人民在攀登世界科技高峰征程上的又一重大胜利，极大地增强了我国的科技实力和民族凝聚力。加快建设创新型国家、实现中华民族伟大复兴，既是钱学森同志等老一辈科学家的殷切期盼，也是全体中华儿女的共同心愿。让我们更加紧密地团结在以胡锦涛同志为总书记的党中央周围，高举中国特色社会主义伟大旗帜，以邓小平理论和“三个代表”重要思想为指导，深入贯彻落实科学发展观，大力弘扬钱学森同志等老一辈科学家的崇高思想和革命风范，锐意进取、扎实工作，为建设富强、民主、文明、和谐的社会主义现代化国家作出新的更大贡献！

对外友协和国家体育总局在人民大会堂举行中美“乒乓外交”40周年纪念活动

国家副主席习近平、美国前总统卡特共同出席并致辞。

习近平在致辞中表示，“乒乓外交”不仅拉近了中美两国人民间的距离，而且拉开了中美关系改善和发展的历史序幕。40年来，在两国几代领导人和各界有识之士共同努力下，中美关系历经风雨取得历史性发展。今天，两国领导人和各级别交往对话密切，经贸合作互利共赢格局进一步深化，在能源、环境、人文、科技、执法等广泛领域合作稳步推进，在应对国际金融危机、气候变化等全球性挑战以及朝核、伊朗核等热点问题上保持有效沟通协调。事实证明，同舟共济、携手合作是中美两国唯一正确的选择，也是不可阻挡的历史潮流。

习近平说，根据胡锦涛主席同奥巴马总统达成的共识，中美正共同致力于建设相互尊重、互利共赢的合作伙伴关系。双方必须充分汲取历史经验，以“只争朝夕”的精神加强对话、互信、合作，使巨大合作潜力进一步得到发挥；以相互尊重、平等相待的精神谨慎妥善处理敏感问题，有效管控分歧，确保中美关系健康稳定向前发展。人民友好是中美关系前进的不竭动力和重要基础，希望两国通过加强人文交流进一步拉紧友好纽带，为中美关系注入持久、旺盛的生机活力。

卡特在致辞中表示，目前中美正在建设相互尊重、互利共赢的中美关系，这不仅对中美两国有利，也符合全世界的共同利益。中美两国人民之间的交流和友谊是永存的，他们希望中美关系得到维护并不断发展。中美之间也有分歧，比如在贸易领域，但与两国共同利益相比是微不足道的。我们都热爱和平，希望与邻国和睦相处，希望与各国人民共享繁荣，希望保护人类共有的环境。我愿为进一步推进中美关系尽心出力。

世界最大水工隧洞群全面贯通

国家西部大开发标志性工程、"西电东送"战略骨干电源点雅砻江锦屏二级水电站总长近120公里、世界上最大水工隧洞群全面贯通。

该项目的完成刷新了强岩爆综合防治、高压大流量涌水封堵等多项世界纪录,是目前世界埋深最大、规模最大的引水隧洞。锦屏二级水电站总装机480万千瓦,是雅砻江上水头最高、装机规模最大的巨型水电站。

国防部部长梁光烈在八一大楼与保加利亚国防部部长阿纽·安格洛夫举行会谈

全国中小学德育工作经验交流会在北京召开

中共中央政治局委员、国务委员刘延东在给会议的信中强调,要认真贯彻党的十七届六中全会精神,将社会主义核心价值体系作为中小学德育工作的重中之重,自觉融入到中小学教育之中。

刘延东指出,加强和改进中小学德育工作,对于促进教育事业科学发展,确保中国特色社会主义事业兴旺发达、后继有人,具有重要而深远的意义。要坚持育人为本,德育为先,引导学生树立远大志向和社会主义荣辱观,培育学生的爱国情感和创新意识,培养学生正确的人生观、价值观以及良好的品德和行为习惯,加强素质教育,坚持思想道德建设与身心健康发展相统一,促进学生全面发展。要注重开发德育资源,在课堂教学、社会实践、校园文化、班主任工作、学校管理等各个方面和各个环节体现育人要求。要适应时代发展的新要求和学生学习生活的新特点,不断丰富教育内容,创新方式方法,激发学生学习进步的自觉性和积极性,努力形成长期稳定、充满活力的中小学思想道德的工作格局和生动局面。

教育部部长袁贵仁出席会议并讲话。北京、广东、辽宁、湖南、重庆、江苏、四川、浙江等地教育部门和部分学校代表作交流发言。

会上,教育部向137个全国中小学德育工作优秀案例单位代表颁发奖牌,命名141家全国县级示范性青少年校外活动场所和22家全国中小学社会实践基地。

12月9日

中共中央政治局召开会议分析研究2012年经济工作

中共中央总书记胡锦涛主持会议。

会议认为,今年以来,面对复杂多变的国际政治经济环境和国内经济运行的新情况新变化,党中央、国务院审时度势、科学决策,各地区各部门按照中央部署,以科学发展为主题,以加快转变经济发展方式为主线,正确处理保持经济平稳较快发展、调整经济结构、管理通胀预期的关系,有针对性地解决突出矛盾和问题,国民经济继续朝着宏观调控的预期方向发展,呈现增长较快、物价趋稳、效益较好、民生改善的良好态势,实现了"十二五"时期经济社会发展良好开局。

会议指出,当前我国发展仍处于重要战略机遇期,具备不少有利条件,但经济平稳运行仍面临不少突出矛盾和问题。全党全国要增强忧患意识和风险意识,做好应对各种困难和挑战的思想和工作准备。

会议强调,明年是实施"十二五"规划承上启下的重要一年。做好明年经济工作,对巩固经济社会发展良好势头、为党的十八大召开创造良好环境具有十分重要的意义。要全面贯彻党的十七大和十七届三中、四中、五中、六中全会精神,以邓小平理论和"三个代表"重要思想为指导,深入贯彻落实科学发展观,实施积极的财政政策和稳健的货币政策,保持宏观经济政策的连续性和稳定性,增强调控的针对性、灵活性、前瞻性,继续处理好保持经济平稳较快发展、调整经济结构和管理通胀预期三者关系,加快推进经济发展方式转变和经济结构调整,着力扩大国内需求,着力加强自主创新和节能减排,着力深化改革开放,着力保障和改善民生,保持经济平稳较快发展和物价总水平基本稳定,保持社会和谐稳定,以经济社会发展的优异成绩迎接党的十八大胜利召开。

会议提出,要更加有预见性地加强和改善宏观调控,准确把握好调控的力度、节奏、重点,并根据形势的变化及时作出预调、微调,解决经济运行中的突出矛盾,提高发展质量和效益。要着力扩大内需特别是消费需求,完善促进消费的政策,努力提高居民消费能力,增加中低收入者收入;进一步优化投资结构,保障在建续建项目建设,有序推进"十二五"规划确定的重大项目,加强对企业投资的引导和规范。要进一步夯实农业基础,完善强农惠农富农政策,加大"三农"投入,健全农业科技创新机制,加强农田水利建设,促进农业稳产增产,不断提高粮食等农产品保障能力。要努力保持物价总水平基本稳定,增强市场调控能力,落实好"米袋子"省长负责制和"菜篮子"市长负责制,搞好重要商品产运销衔接,切实降低流通成本。要坚持房地产调控政策不动摇,促进房价合理回归,促进房地产市场健康发展。要大力推进产业结构调整和区域协调发展,积极培育和发展战略性新兴产业,推动传统产业优化升级,加快服务业特别是现代服务业发展,改善中小企业发展环境;深入实施区域发展总体战略,加大对革命老区、民族地区、边疆地区、贫困地区发展的支持，引导中西部地区有序承接产业转移，推进实施主体功能区规划。要认真落实“十二五”节能减排综合性工作方案，完善评价考核机制和奖惩制度，加强重点领域节能减排，继续做好应对气候变化有关工作。要促进对外经济稳步发展，推动出口结构升级，积极扩大进口，引导外资更多投向高端制造、节能环保等领域，加快沿边和内陆地区开放步伐，支持企业“走出去”，深化国际经济合作。要扎实推进重点领域和关键环节改革，深化财税、金融、资源性产品价格改革，完善促进民间投资体制，深入推进国有企业改革和农村领域改革，做好综合配套改革试点工作。要加强以改善民生为重点的各项社会建设，加快教育事业改革发展，坚持就业优先战略，健全社会保障体系，安置好困难群体和受灾群众生产生活，深化医药卫生体制改革，扎实推进保障性安居工程建设，创新社会管理和服务，切实抓好安全生产，维护社会和谐稳定。

国务院副总理李克强在北京出席青藏直流联网工程投入试运行仪式

中共中央政治局常委、国务院副总理李克强在北京出席青藏直流联网工程投入试运行仪式，宣布工程投入试运行，向广大工程建设者表示慰问。他指出，青藏联网工程建成和投运，结束了西藏电网长期孤网运行的历史，标志着我国内地电网全面互联，实现了北京国家电力调度中心对西藏电力的直接调度，为从根本上解决西藏城乡居民生活和工农业生产用电问题打下了基础。

李克强说，建设投运青藏直流联网工程，对于实施扩大内需战略，完善能源输送通道，提高西藏自治区供电能力，改善西藏、青海各族人民生产生活条件，保护生态环境等将发挥极为重要的作用。他希望有关方面再接再厉，扎实工作，精心管理，精心维护，保障工程稳定运行，保障输电安全可靠，保障能源稳定供应，为青藏高原生态建设和经济发展提供电力支持。

西藏自治区党委书记陈全国、青海省省委书记强卫，国务院有关部门和有关单位负责人参加了上述活动。

2011年中国食品安全法治高峰论坛在北京举行

全国人大常委会副委员长兼秘书长李建国出席论坛并讲话。

李建国强调，从近两年全国人大常委会就食品安全法实施情况开展的两次全国范围的执法检查情况看，完善食品安全立法和改善食品安全执法，是当前加强食品安全法治建设的两大任务。实现这两方面的任务，都需要加强和深化研究工作。

李建国指出，食品安全，人人有责。只有全社会广泛动员和参与，才能构筑起保障食品安全的严密防线。要充分发挥行政执法部门和司法机关职能，规范市场秩序，保障公平竞争，严格执法、公正司法，依法严厉打击食品安全领域的各种违法犯罪行为。要加强全社会的监督，发挥新闻舆论优势。要积极鼓励群众举报，探索完善有奖举报制度。要增强全社会的法治意识、食品安全意识，营造保障食品安全的良好环境。

国务院副总理李克强在人民大会堂会见美国前财政部部长亨利·保尔森

2011年中国科学院院士增选结果揭晓

51名科学家新当选为中科院院士，至此中科院院士总数达到727名。

在2011年当选院士证书颁发仪式上，新当选院士们现场签署了承诺书，对履行院士职责、严格自律作出公开郑重承诺。这在中科院学部历史上是第一次，是中科院学部主席团加强院士队伍建设新的重要举措。

林盛中逝世

台湾省籍知名社会活动家，第六、七届中国人民政治协商会议全国委员会常务委员，第四届台湾民主自治同盟中央委员会主席团执行主席，中华全国台湾同胞联谊会副会长，台湾同学会会长，中国地质科学院矿产资源研究所研究员，中国共产党党员林盛中同志，因病于12月9日在北京逝世，享年70岁。

12月10日

海关总署公布我国加入世界贸易组织10年来的贸易状况

据海关统计，加入世界贸易组织10年来，我国进出口总值由2001年的5096.51亿美元增长至2010年的2.97万亿美元，年均增长21.6%，成为世界第一大出口国和第二大进口国。海关税收由2001年的2492.3亿元增长至2010年的12518.3亿元，是“入世”之初的5倍。

国家生态工业示范园区达15个

据《人民日报》报道：日前，12个国家级工业园区的代表，接受了“国家生态工业示范园区”牌子。目前全国已有15个国家生态工业示范园区（包括以前授牌的3个园区）。

有关部门对15个国家生态工业示范园区分析表明，验收年与基准年相比，园区平均工业增加值增长率为53%，化学需氧量和二氧化硫排放量分别下降21%

和39%,远高于国家"十一五"期间这两项污染物分别减排12.49%和14.29%的总体水平。

12月11日

中国加入世界贸易组织10周年高层论坛在人民大会堂举行

国家主席胡锦涛出席并发表重要讲话。

国务院副总理王岐山主持,国务委员戴秉国参加。

世界贸易组织总干事拉米、联合国贸易和发展会议秘书长素帕猜、国际货币基金组织副总裁筱原尚之、世界银行副行长卡努托、法国施耐德电气总裁兼首席执行官赵国华、联想控股有限公司董事长兼总裁柳传志等有关国际组织和中外企业负责人在论坛上致辞。

这次论坛的主题是"面向未来的中国对外开放战略"。中央和国家机关有关方面负责人,各省区市和计划单列市人民政府以及新疆生产建设兵团主要负责人,参与复关和入世谈判的部分老同志,有关行业协会和中央企业负责人,部分国家驻华使节和外资企业在华代表等400多人出席论坛。

国家主席胡锦涛在中国加入世界贸易组织10周年高层论坛上的讲话

女士们,先生们:

10年前的今天,中国正式成为世界贸易组织成员。这是中国改革开放进程中的一件大事,标志着中国对外开放进入了历史新阶段。

加入世界贸易组织,是中国全面分析国内外形势、为加快推进改革开放和社会主义现代化作出的重大战略决策。加入世界贸易组织以来,中国坚持享受权利和履行义务相结合、实现自身发展和促进世界共同发展相结合,积极化挑战为机遇,在更大范围、更高水平上参与国际经济合作和竞争,大力发展开放型经济,推动中国和世界的关系发生了举世瞩目的变化。

10年来,中国全面履行加入世界贸易组织承诺,贸易和投资自由化便利化程度显著提高。我们不断扩大农业、制造业、服务业市场准入,不断降低进口产品关税税率,取消所有不符合世界贸易组织规则的进口配额、许可证等非关税措施,全面放开对外贸易经营权,大幅降低外资准入门槛。中国关税总水平由15.3%降至9.8%,达到并超过了世界贸易组织对发展中国家的要求。中国服务贸易开放部门达到100个,接近发达国家水平。我们大规模开展法律法规清理修订工作,中央政府共清理法律法规和部门规章2300多件,地方政府共清理地方性政策和法规19万多件。中国对外开放政策的稳定性、透明度、可预见性不断提高。

10年来,中国坚持实行平等互利、合作共赢的对外开放政策,为世界经济发展带来有力推动。中国全面享受世界贸易组织成员权利,经济发展获得了良好外部条件,同世界各国在经济、贸易、科技、文化等领域交流合作的广度和深度不断拓展。中国货物贸易额的全球排名由第六位上升到第二位,其中出口额跃居第一位,进口额累计达到7.5万亿美元;累计吸收外商直接投资7595亿美元,居发展中国家首位;对外直接投资年均增长40%以上,2010年达到688亿美元、居世界第五位。中国每年平均进口7500亿美元的商品,为贸易伙伴创造大量就业岗位和投资机会。在华外商投资企业累计汇出利润2617亿美元,年均增长30%。

10年来,中国积极承担应尽国际责任,努力推动各国共同发展。我们积极采取一系列重大政策措施,同国际社会一道应对国际金融危机,着力推动世界经济强劲、可持续、平衡增长。我们坚定支持世界贸易组织多哈回合谈判,参与国际宏观经济政策协调,参与二十国集团等全球经济治理机制建设,致力于国际货币体系、国际贸易体系、大宗商品价格形成机制等改革和完善,致力于促进经济全球化和区域经济一体化。我们高举自由贸易旗帜,反对各种形式的保护主义,推动建立公平、合理、非歧视的国际贸易体系。我们积极推动建立更加平等、更加均衡的新型全球发展伙伴关系,加强南北对话和南南合作,加大对外援助力度,近10年累计对外提供各类援款1700多亿元人民币,免除50个重债穷国和最不发达国家近300亿元人民币到期债务,承诺对同中国建交的最不发达国家97%的税目的产品给予零关税待遇,为173个发展中国家和13个地区性国际组织培训各类人员6万多名,增强了受援国自主发展能力。

10年来的实践,丰富了我们在经济全球化条件下发展中国的认识,坚定了我们实施对外开放基本国策的信心。实践证明,中国加入世界贸易组织,扩大对外开放,惠及13亿中国人民,也惠及各国人民;中国的发展是和平的发展、开放的发展、合作的发展、共赢的发展,向世界展示了中国这个东方文明古国的勃勃生机和巨大潜力。

女士们、先生们!

当今世界是开放的世界。只有坚持改革开放,才能不断进步,才能破解发展进程中的难题。30多年前,在邓小平同志领导下,我们正确判断国际国内形势,准确把握时代主题,顺应人民愿望,作出实行改革开放的历史性决策,为中国社会主义现代化建设注入了强大活力。中国过去30多年的快速发展靠的是改革开放,中国未来发展也必须坚定不移依靠改革开放。改革开放是决定当代中国命运的关键抉择,是坚持和发展中国特色社会主义、实现中华民族伟大复兴的必由之路。

当今世界，经济全球化深入发展，各国经济相互依存不断加深，全球经济治理出现新变革，同时世界经济形势复杂多变，国际金融市场动荡不已，各种形式的保护主义明显增多，国际和地区热点此起彼伏，粮食安全、能源安全、气候变化、重大自然灾害等全球性挑战日益突出，世界经济发展面临严峻挑战。

从中国来看，经过30多年的发展，中国社会生产力、综合国力、人民生活水平大幅度跃升，中国的发展基础和发展条件发生很大变化，同时中国仍然是世界上最大的发展中国家，发展中不平衡、不协调、不可持续问题依然突出，经济增长的资源环境约束强化，科技创新能力不强，产业结构不合理，农业基础薄弱，城乡、区域发展不协调，国际竞争力不强，制约经济社会发展的体制机制障碍仍然较多。

面对新形势新要求，中国将坚持以更广阔的视野观察世界、观察中国，根据推动科学发展的要求，实行更加积极主动的开放战略，拓展新的开放领域和空间，完善更加适应发展开放型经济要求的体制机制，提高开放型经济水平和质量，形成开放型经济新格局，更好地以开放促发展、促改革、促创新。

——中国将进一步扩大对外经济技术合作。我们将适应国际产业转移和国内外市场需求变化，更加注重加强同世界各国的经济技术交流合作，推动经济发展方式转变和经济结构调整，大力发展结构优化、技术先进、清洁安全、附加值高、吸纳就业能力强的现代产业体系，促进产业结构优化升级。我们将继续通过开放市场、引进先进技术提升制造业国际竞争力，推动传统制造业向价值链高端延伸，促进战略性新兴产业加快发展。我们将加强生态文明建设，坚持绿色、低碳发展理念，加强资源节约和生态环境保护，大力发展绿色产业和节能环保产业。我们将扩大服务业开放，积极承接国际服务业转移，加快发展服务业特别是现代服务业。我们将稳步推进农业领域对外开放，促进农业结构调整，推动农业朝着集约化、效益型方向发展。我们将加快构建现代文化产业体系，吸收外资进入法律法规许可的文化产业领域，鼓励外资企业在华进行文化科技研发、发展服务外包。我们将更加注重为包括外资企业在内的各类所有制企业提供公平的市场准入待遇，更加注重在开放中增强技术进步和体制创新动力。

——中国将进一步促进对外贸易平衡发展。我们将坚持进口和出口并重，把扩大进口和稳定出口结合起来，把积极扩大进口作为转变外贸发展方式的重要内容，努力促进国际收支基本平衡，不刻意追求贸易顺差。我们将完善进口支持政策，降低进口成本，提高进口便利化。今后5年，随着中国扩大内需战略的有效实施，中国消费结构将继续提升，居民消费潜力将进一步释放，预计社会消费品零售总额年均增长15%以上，2015年有望达到32万亿元人民币，国内市场规模将位居世界前列，今后5年中国进口总规模有望超过8万亿美元，这将给世界各国带来巨大商机。我们将加强同主要顺差来源国的经济合作，通过共同努力逐步解决贸易不平衡问题。我们也希望有关国家尽快承认中国完全市场经济地位，放松高新技术产品对中国出口管制，方便中国企业前往投资，为双边贸易平衡发展创造条件。

——中国将进一步完善全方位对外开放格局。中国区域多样化和发展不平衡蕴含着多层次多元化的投资机会。我们将把扩大对外开放和区域协调发展结合起来，协同推动沿海、内陆、沿边开放，形成优势互补、分工协作、均衡协调的区域开放新格局。我们将继续深化沿海地区对外开放，鼓励外商投资企业参与沿海地区技术研发、高端制造、生态功能区建设和现代服务业发展，在更高水平上实现优势互补、合作共进。我们将积极支持外商投资企业到中西部地区投资办厂，参与中国中部地区崛起、西部大开发和东北地区等老工业基地振兴。我们将加快沿边开放步伐，加强与周边国家的基础设施互联互通，繁荣双边经济，实现互利共赢。我们将积极扩大文化、教育、科技、卫生等领域对外交流合作，在扩大开放中促进中国社会事业发展。

——中国将进一步坚持“引进来”和“走出去”并重。“引进来”和“走出去”是中国对外开放的重要内容，也是中国深化对外经贸合作、促进与世界各国共同发展的有效途径。中国将继续扩大各领域对外开放水平，强化产业政策与外资政策的协调，继续欢迎各国投资者来华投资兴业，鼓励外商在华设立研发中心，利用全球科技智力资源推动国内技术创新。中国将加快实施“走出去”战略，按照市场导向和企业自主决策原则，引导企业有序开展境外投资合作，重视开展有利于不发达国家改善民生和增强自主发展能力的合作，承担社会责任，造福当地人民。

——中国将进一步营造公平透明的市场环境。我们将按照转变职能、理顺关系、优化结构、提高效能的要求，加快建设法治政府和服务型政府，继续开展涉外经济法律法规、规章及政策措施的清理工作，深化行政审批制度改革，减少政府对微观经济活动的干预，健全制约和监督机制，推动政府服务朝着更加规范有序、公正公开的方向发展。我们将加大知识产权执法力度和司法保护力度，健全市场信用体系，完善市场监管体系，加快形成统一开放、竞争有序的全国大市场，为国内外投资者提供良好经营环境。中国将加强自身投资环境建设,继续优化公共服务和管理,不断完善市场体系,为国内外投资者提供公平、稳定、透明的投资环境。

——中国将进一步推动共同发展。我们将高举和平、发展、合作旗帜,积极参与国际事务,承担力所能及的义务和责任,继续在国际经济体系中发挥建设性作用,同各国一道分享发展机遇、应对各种挑战,使中国发展惠及更多国家和人民。我们将加强同发展中国家的务实合作、增加对发展中国家的经济援助和人才培训,扩大同发达国家的互利合作,深化同周边国家的睦邻友好合作,扩大同各方利益汇合点,妥善处理经贸摩擦。我们将致力于维护和加强多边贸易体制,继续推动多哈回合谈判,积极参与全球经济治理机制改革,推动国际经济秩序朝着更加公正合理的方向发展。我们将加快实施自由贸易区战略,推动区域经济一体化更好更快发展。面对国际金融危机、粮食危机、气候变化以及重大自然灾害,中国将同各国合力应对国际社会共同面临的挑战,为推动建设持久和平、共同繁荣的和谐世界作出新贡献。

女士们、先生们!

中国发展离不开世界,世界繁荣稳定也离不开中国。拥有十几亿人口的中国进行改革开放,这是人类发展史上的艰辛探索和伟大实践。中国取得的发展成就与各国友好合作密不可分,中国未来发展需要国际社会理解和支持。我们衷心感谢所有理解、关心、支持、帮助中国发展的国家和人民。

我们多次郑重宣示,中国始终不渝走和平发展道路,始终不渝奉行互利共赢的开放战略,在实现自身发展的同时致力于促进世界共同发展。面向未来,中国将坚定不移做和平发展的实践者、共同发展的推动者、多边贸易体制的维护者、全球经济治理的参与者。我们坚信,一个改革开放的中国,一个繁荣发展的中国,一个和谐稳定的中国,必将为人类作出新的更大的贡献!

最后,预祝本次论坛圆满成功!

省部级领导干部"提高对外开放水平"专题研讨班在北京举行

会议由中共中央组织部、商务部、国家行政学院共同举办,12月11日至16日在北京举行。中共中央政治局委员、国务院副总理王岐山出席结业式并讲话。

王岐山说,在我国加入世贸组织10周年之际举办这次研讨班,非常及时,意义重大。要按照中央的要求和部署,加强对各级干部特别是领导干部世贸组织规则再培训、再普及,强化开放意识、大局意识、规则意识,深入研究新形势下对外开放的总体思路和战略,加快培养国际化人才,不断提高驾驭开放型经济的能力和水平。

王岐山指出,加入世贸组织是我国改革开放进程中具有里程碑意义的事件。10年来,我们在降低关税、市场准入、平等对待内外资企业等方面全面兑现加入世贸组织的承诺,加快与国际规则接轨,促进了国民经济平稳快速发展,给全球带来了巨大发展机遇。事实证明,中央关于加入世贸组织的战略决策是完全正确的。

王岐山说,面对当前严峻复杂的全球经济形势,要按照"十二五"规划的要求,紧紧围绕主题主线,统筹国内国际两个大局,深化对外经济管理体制改革,努力开创对外开放新局面。加快转变外贸发展方式,大力开拓新兴市场,确保出口稳定增长,积极扩大进口。充分利用两个市场、两种资源,通过"引进来"、"走出去"优化资源配置,推动产业转型升级。要完善打击侵犯知识产权和制售假冒伪劣商品长效机制,全面推进政府机关软件正版化,为企业营造公平、透明的环境,切实保护消费者合法权益。保护知识产权不仅是扩大开放的需要,更是自身发展的需要。

王岐山强调,我国仍处于并将长期处于社会主义初级阶段,发展快,变化大,既是重要机遇期,又是矛盾凸显期,机遇大于挑战。关键是把自己的事情办好。要充分发挥各方面的积极性,深化与外国地方政府、企业、学校、科研单位等各层面交往与合作,增进相互了解和认同。运用双多边对话平台,积极参与全球经济治理和国际规则、标准改革,维护好宝贵的战略机遇期。

各省(自治区、直辖市)有关负责同志以及国务院有关部门、部分中管企业和金融机构负责同志参加了专题研讨班。

中共中央决定王三运任甘肃省委委员 常委 书记

安徽省第十一届人民代表大会常务委员会第二十九次会议决定任命李斌为副省长 代理省长

"大洋一号"完成航程最长科考

圆满完成我国大洋第二十二航次环球科考任务的"大洋一号"科学考察船凯旋青岛。

自2010年12月8日于广州起航,"大洋一号"历时369天,经历9个航段,航程64162海里,调查区域涉及印度洋、大西洋和太平洋,共有218名科考队员先后参加了本次海上科学调查任务。

中国成为人类基因变异组计划核心成员国

人类基因变异组计划(Human Variome Project,

HVP)北京工作会议发布消息:中国正式成为人类基因变异组计划核心成员国。

人类基因变异组计划是一个多国家、多机构、多团体共同参与的项目,其最终目标是收集致病遗传变异信息并用于医学临床实践,以降低遗传疾病诊断成本,达到快捷治疗的目标。

钱学森图书馆在上海交通大学建成开馆

中共中央总书记、国家主席、中央军委主席胡锦涛对钱学森图书馆建成开馆作出重要指示。

胡锦涛总书记指出,钱学森同志是享誉海内外的杰出科学家、我国航天事业的奠基人、爱国知识分子的优秀典范,在国家经济、科技、国防建设中贡献突出、功勋卓著。他强调,建立钱学森图书馆是一件很有意义的事情。要充分发挥这个图书馆在开展思想教育、普及科学知识、培养优秀人才等方面的积极作用,进一步引导广大干部群众特别是青年教师和学生,努力学习钱学森同志爱党爱国的政治品格、严谨求实的科学态度、开拓进取的创新精神、无私奉献的高尚情操,共同为推进中国特色社会主义事业而不懈奋斗。

中共中央政治局常委李长春专程到上海出席钱学森图书馆开馆仪式,并为钱学森塑像揭幕。李长春说,胡锦涛总书记的重要指示对钱学森同志的光辉业绩和崇高品德给予了高度评价,对充分发挥钱学森图书馆的积极作用提出了明确要求,我们一定要认真学习、深入贯彻。要进一步做好有关钱学森文献、实物和资料的征集工作,把钱学森同志留下的宝贵精神财富搜集好、整理好、展示好,突出思想内涵,增强教育意义,使这个图书馆成为宣传钱学森同志科学成就、高尚品德和爱国情怀的重要平台,成为青年教师和学生接受爱国主义教育和励志教育的重要课堂,成为在全社会培养科学精神和创新精神的重要基地,成为展示中国人民自力更生、奋发图强精神风貌的重要窗口,激励广大干部群众特别是科技工作者在提高自主创新能力、建设创新型国家进程中勇攀高峰,作出更大贡献。

中共中央政治局委员、国务委员刘延东出席开馆仪式并讲话。刘延东说,胡锦涛总书记的重要指示高屋建瓴、思想深刻,为学习宣传钱学森同志先进事迹和崇高精神指明了方向。我们要认真贯彻落实胡锦涛总书记的重要指示精神,通过建设和用好钱学森图书馆等教育基地,不断发扬光大钱学森等老一辈科学家的崇高精神和光荣传统,为建设中国特色社会主义伟大事业作出新的更大贡献。

中共中央政治局委员、上海市市委书记俞正声出席开馆仪式。

开馆仪式由教育部部长袁贵仁主持。解放军总装备部政委王洪尧、上海市委副书记殷一璀、上海交通大学党委书记马德秀、钱学森之子钱永刚在仪式上先后发言。

中国女队在国际滑联短道速滑世界杯上海站中夺得女子3000米接力赛金牌 中国男队获得5000米接力赛金牌

12月12日

国家主席胡锦涛致信土耳其总统居尔就两国互办文化年暨“2012年土耳其中国文化年”表示祝贺

国办印发《关于加快发展高技术服务业的指导意见》

2011CCTV“中国经济年度人物”评选结果揭晓

航天科技集团“天宫一号”、“神舟”八号交会对接任务团队获得中国经济年度人物年度大奖;联想控股有限公司董事长兼总裁柳传志获得年度人物终身成就奖;中国第一汽车集团公司董事长徐建一获得年度人物自主创新奖。

全国人大财经委副主任委员吴晓灵、中兴通讯总裁史立荣、HTC董事长王雪红、中南出版传媒董事长龚曙光、中国对外文化集团董事长张宇、中电国际董事长李小琳、中国黄金集团总经理孙兆学、中联重科董事长詹纯新、京东商城首席执行官刘强东、内蒙古和信园蒙草抗旱绿化公司董事长王召明10人获奖。

中联部部长王家瑞在纽约会见美国前国务卿基辛格

第六届孔子学院大会开幕式在北京国家大剧院举行

中共中央政治局常委李长春出席开幕式,并为全球孔子学院先进个人和突出贡献奖获奖者颁奖,观看外国歌唱家“我唱北京”音乐会。

中共中央政治局委员、国务委员、孔子学院总部理事会主席刘延东出席开幕式并致辞,一同为获奖者颁奖。

刘延东强调,当今世界经济全球化深入发展,人类同住地球村,加强沟通合作已成为各国的共同选择。中国的发展离不开世界,世界的繁荣稳定也离不开中国。在这样的大背景下,语言文化交流更加凸显独特价值与时代意义,成千上万的人们学习使用对方国家语言将使国家间友好的社会基础更加巩固。中国政府积极支持中外双方合作办好孔子学院,以满足各国人民学习汉语的迫切愿望。希望孔子学院以提高质量为核心,努力做到开办一所,就办好一所。以突出特色为导向,更好地适应各国的多样化需求。以文化交流为纽带,充分发挥综合文化交流平台的作用,成为人文交流的先行者、友好关系的促进者、和谐世界的建设者,为中国人民与各国人民的了解与友谊,为中国与各国平等合作、互利共赢,为人类多样文明和谐共生作出新贡献。

12月13日

中俄友好和平与发展委员会第九次全体会议在北京举行

本次全会的主题是:"弘扬中俄世代友好理念,加强两国关系民意基础"。委员会中方主席、全国人大常委会副委员长华建敏和俄方主席德拉切夫斯基分别率双方委员及代表与会并作主旨发言。

华建敏在发言中指出,胡锦涛主席今年6月成功对俄罗斯进行了历史性国事访问,两国领导人共同确定了未来10年中俄关系发展规划。落实上述规划是当前和今后一个时期中俄关系的中心任务,委员会工作大有可为。

德拉切夫斯基在发言中指出,10年来,《俄中睦邻友好合作条约》作为确保两国关系长期稳定健康发展的基础性法律文件,有力促进了双方各领域合作的长足发展。

周公庙遗址出土万余片西周甲骨

据《人民日报》报道:迄今周公庙遗址已出土西周甲骨1万多片,其中可辨识的文字近2600字。11月底新出土的一片甲骨首次呈现两人同时进行占卜的内容。

主持今年周公庙遗址发掘的北京大学考古文博学院教授雷兴山介绍,遗址从2004年开始发掘以来,目前已初步搞清商周时期的聚落结构。出土的甲骨文字记载了占梦、祭祖以及军队调动等内容,其中有一坑甲骨属于周公旦本人使用过的。"西周甲骨之前发现较少,全国其他地区发现的西周甲骨文不足1100字。周公庙的大量发现,足以令西周甲骨学研究发生质变。"

12月14日

中央经济工作会议在北京举行

中共中央总书记、国家主席、中央军委主席胡锦涛,中共中央政治局常委、全国人大常委会委员长吴邦国,中共中央政治局常委、国务院总理温家宝,中共中央政治局常委、全国政协主席贾庆林,中共中央政治局常委李长春,中共中央政治局常委、国家副主席、中央军委副主席习近平,中共中央政治局常委、国务院副总理李克强,中共中央政治局常委、中央纪委书记贺国强等出席会议。

胡锦涛在会上发表重要讲话,全面分析当前国际国内经济形势,深刻阐述明年和今后一个时期经济工作必须把握好的重大问题,明确提出明年经济工作的总体要求、大政方针、主要任务。温家宝在讲话中全面总结今年经济工作,对明年经济工作的主要目标、任务和有关重大问题作出具体部署。

会议指出,今年是"十二五"时期开局之年,党中央、国务院团结带领全国各族人民,牢牢把握科学发展这个主题和加快转变经济发展方式这条主线,实施"十二五"规划,加强和改善宏观调控,正确处理保持经济平稳较快发展、调整经济结构、管理通胀预期的关系,加大解决突出问题工作力度,巩固和扩大应对国际金融危机冲击成果,促进经济增长由政策刺激向自主增长有序转变,国民经济继续朝着宏观调控预期方向发展,呈现增长较快、价格趋稳、效益较好、民生改善的良好态势。总的看,2011年,我国社会主义经济建设、政治建设、文化建设、社会建设以及生态文明建设和党的建设都取得了新的成绩,实现了"十二五"时期良好开局。在十分复杂的国内外背景下,这样的成绩确实来之不易。这是全党全国同心同德、团结奋斗的结果,是各地区各部门各方面不懈努力、顽强拼搏的结果。

会议强调,在充分肯定成绩的同时,也要清醒地看到,当前我国经济发展中不平衡、不协调、不可持续的矛盾和问题仍很突出,经济增长下行压力和物价上涨压力并存,部分企业生产经营困难,节能减排形势严峻,经济金融等领域也存在一些不容忽视的潜在风险。我们必须保持清醒头脑,加强风险评估,及早准备预案,及时采取措施,有效化解各种风险。

会议认为,今年以来,世界经济增长放缓,国际贸易增速回落,国际金融市场剧烈动荡,各类风险明显增多。展望明年,世界经济形势总体上仍将十分严峻复杂,世界经济复苏的不稳定性不确定性上升。我们要更加注重统筹国内国际两个大局,增强机遇意识、忧患意识,充分认识国际金融危机给我国发展带来的机遇和风险,从我国改革开放和社会主义现代化建设全局高度,加强战略谋划,增强应对能力,扬长避短,趋利避害,不断提高我国的综合国力和国际竞争力。

会议指出,面对复杂多变的国际政治经济环境和国内经济运行新情况新变化,必须继续抓住科学发展这个主题和加快转变经济发展方式这条主线,牢牢把握扩大内需这一战略基点，把扩大内需的重点更多放在保障和改善民生、加快发展服务业、提高中等收入者比重上来；牢牢把握发展实体经济这一坚实基础，努力营造鼓励脚踏实地、勤劳创业、实业致富的社会氛围；牢牢把握加快改革创新这一强大动力，抓住时机尽快在一些重点领域和关键环节取得突破，着力提高原始创新能力，不断增强集成创新、引进消化吸收再创新能力；牢牢把握保障和改善民生这一根本目的，加大财政投入力度，切实办好涉及民生的大事要事，注重提高发展的包容性。

会议强调，明年是实施"十二五"规划承上启下的重要一年，我们党将召开十八大。做好明年经济工作，保持经济社会发展良好势头，具有十分重要的意义。会议提出，明年经济工作的总体要求是：全面贯彻党的十七大和十七届三中、四中、五中、六中全会精神，以邓小平理论和"三个代表"重要思想为指导，深入贯彻落实科学发展观，继续实施积极的财政政策和稳健的货币政策，保持宏观经济政策的连续性和稳定性，增强调控的针对性、灵活性、前瞻性，继续处理好保持经济平稳较快发展、调整经济结构、管理通胀预期的关系，加快推进经济发展方式转变和经济结构调整，着力扩大国内需求，着力加强自主创新和节能减排，着力深化改革开放，着力保障和改善民生，保持经济平稳较快发展和物价总水平基本稳定，保持社会和谐稳定，以经济社会发展的优异成绩迎接党的十八大胜利召开。

会议认为，推动明年经济社会发展，要突出把握好稳中求进的工作总基调。稳，就是要保持宏观经济政策基本稳定，保持经济平稳较快发展，保持物价总水平基本稳定，保持社会大局稳定。进，就是要继续抓住和用好我国发展的重要战略机遇期，在转变经济发展方式上取得新进展，在深化改革开放上取得新突破，在改善民生上取得新成效。

会议提出了明年经济工作的主要任务。

一、继续加强和改善宏观调控，促进经济平稳较快发展。必须统筹处理速度、结构、物价三者关系，特别是要把解决经济社会发展中的突出矛盾和问题、有效防范经济运行中的潜在风险放在宏观调控的重要位置。要深入分析经济发展和运行趋势变化，准确把握宏观调控的力度、节奏、重点。要继续实施积极的财政政策和稳健的货币政策。财政政策要继续完善结构性减税政策，加大民生领域投入，积极促进经济结构调整，严格财政收支管理，加强地方政府债务管理。货币政策要根据经济运行情况，适时适度进行预调微调，综合运用多种货币政策工具，保持货币信贷总量合理增长，优化信贷结构，发挥好资本市场的积极作用，有效防范和及时化解潜在金融风险。财政政策和信贷政策都要注重加强与产业政策的协调和配合，充分体现分类指导、有扶有控，继续加大对"三农"、保障性住房、社会事业等领域的投入，继续支持欠发达地区、科技创新、节能环保、战略性新兴产业、国家重大基础设施在建和续建项目、企业技术改造等。要加强预算管理，严格控制"三公"等一般性财政支出。

二、坚持不懈抓好"三农"工作，增强农产品供给保障能力。要加大强农惠农富农政策力度，加快农业科技进步，努力促进农业增产、农民增收、农村发展。要毫不放松抓好粮食生产，稳步提高粮食最低收购价，增加粮食生产直接补贴，加大粮食主产区利益补偿力度。要落实好"米袋子"省长负责制和"菜篮子"市长负责制。要强化农产品全程质量安全管理，完善储运和市场体系，规范流通秩序，降低农产品流通成本。要抓好水利基础设施建设，扩大小型农田水利建设重点县范围，新建一批高标准农田。要坚持科教兴农战略，增强农业科技攻关和自主创新能力，加快农业技术推广。要深入推进社会主义新农村建设，抓好农村危旧房改造、环境整治、饮水安全、道路建设和电网改造。要办好农村义务教育和中等职业教育，提高新型农村合作医疗筹资标准和农民受益水平，实现新型农村社会养老保险制度全覆盖。要落实好中央扶贫工作会议精神和新10年扶贫开发纲要。要稳定和完善农村基本经营制度，稳步探索农村集体经济有效实现形式，鼓励发展农民专业合作社，健全农业社会化服务体系，为农户提供低成本、便利化的生产经营服务。

三、加快经济结构调整，促进经济自主协调发展。一是着力扩大内需特别是消费需求。要合理增加城乡居民特别是低收入群众收入，拓宽和开发消费领域，促进居民文化、旅游、健身、养老、家政等服务消费；加强城乡市场流通体系建设，提高流通效率，降低物流成本；强化监管和服务，坚决打击商业欺诈、制假售假行为，让广大群众放心消费、安全消费。要保持适度投资规模，优化投资结构，重点抓好在建和续建工程，确保国家已经批准开工的在建水利、铁路、重大装备等项目资金需求。二是着力推进产业结构优化升级。要坚持创新驱动，强化知识产权保护，促进产学研结合，全面落实国家中长期科技发展规划纲要，加快实施重大科技专项。培育发展战略性新兴产业，要注重推动重大技术突破，注重增强核心竞争力。改造提升传统产业，要严格产业政策导向，进一步淘汰落后产能，促进兼并重组，推动产业布局合理化。要加快重点能源生产基地和输送通道建设，积极有序发展新能源。发展服务业特别是现代服务业，要营造良好政策体制环境，建立公平、规范、透明的市场准入标准。要加快壮大文化产业，推动文化事业蓬勃发展。三是着力加强节能减排工作。要严格目标责任和管理，完善评价考核机制和奖惩制度，强化节能减排政策引导，加快建立节能减排市场机制。要加强环境保护，重点抓好大气、水体、重金属、农业面源污染防治。要坚持建设性参与应对气候变化国际谈判和合作。四是着力推动区域协调发展。东部地区要更加自觉地率先转变经济发展方式，努力提高经济发展质量，中西部地区要创新发展模式。要加强对中西部地区、东北地区等老工业基地发展的支持，切实改善革命老区、民族地区、边疆地区、贫困地区生产生活条件，扎实推进援藏援疆工作。要根据全国主体功能区规划确定的功能定位推进发展，科学引导城市群发展。

四、深化重点领域和关键环节改革，提高对外开放水平。要调整财政转移支付结构，加强县级基本财力保障。要推进营业税改征增值税和房产税改革试点，合理调整消费税范围和税率结构，全面改革资源税制度，研究推进环境保护税改革。要深化利率市场化改革和汇率形成机制改革，保持人民币汇率基本稳定。要深化农村信用社改革，积极培育面向小型微型企业和“三农”的金融机构。要完善多层次资本市场。要完善原油成品油价格形成机制，逐步理顺煤电价格关系。要继续深化国有企业、行政管理体制、文化体制等改革和事业单位分类改革。要加快落实促进非公有制经济健康发展的政策措施。要保持外贸政策连续性和稳定性，保持出口平稳增长，推动出口结构升级，加强和改进进口工作，积极扩大进口，促进贸易平衡。要引导外资到中西部地区投资，扩大服务开放，扩大境外投资合作，积极防范境外投资风险。要深化国际合作，加强同周边国家基础设施的互联互通，反对各种形式的保护主义，妥善处理贸易摩擦，努力改善我国发展的外部环境。

五、大力保障和改善民生，加强和创新社会管理。要增加教育投入，提高教育质量，推进义务教育均衡发展、布局优化。要坚持更加积极的就业政策，多渠道开发就业岗位，加强就业扶助，支持劳动密集型产业和小型微型企业发展。要完善社会保障体系，扩大养老等各类社会保险覆盖范围，提高统筹层次和保障水平，落实好各项保障措施和救助机制。要重视农民工在城镇的工作生活问题，帮助他们逐步解决在就业、居住、医疗、子女入学等方面遇到的困难，有序引导符合条件的农民工进城落户。要继续做好医药卫生体制改革工作，加快推进以县级医院为重点的公立医院改革试点，加快全科医生培养。要抓好保障性住房投融资、建设、运营、管理工作，逐步解决城镇低收入群众、新就业职工、农民工住房困难。要坚持房地产调控政策不动摇，促进房价合理回归，加快普通商品住房建设，扩大有效供给，促进房地产市场健康发展。要落实好中央关于加强和创新社会管理各项部署，妥善解决群众合法合理诉求，坚决纠正损害群众利益的行为。要有效防范和坚决遏制重特大事故发生，加强食品、药品、生产安全监管，强化社会监督，依法打击违法违规行为。

会议指出，做好明年的经济工作，要坚持统筹兼顾，切实把握好各项目标、任务之间的平衡，稳中求进。要把稳增长、控物价、调结构、惠民生、抓改革、促和谐更好地结合起来。稳增长，就是坚持扩大内需、稳定外需，努力克服国内外各种不稳定、不确定因素的影响，及时解决苗头性、倾向性问题，保持经济平稳运行。控物价，就是继续采取综合措施，保持物价总水平基本稳定，防止价格走势出现反弹。调结构，就是突出主题，贯穿主线，有扶有控，提高经济增长质量和效益，增强发展的协调性和可持续性。惠民生，就是把保障改善民生放在更加突出的位置，集中解决紧迫性问题，切实办成一些让人民群众看得见、得实惠的好事实事。抓改革，就是以更大的决心和气力推进改革开放，着力解决影响经济长期健康发展的体制性、结构性矛盾，在一些重点领域和关键环节取得新的突破，以开放促改革、促发展、促创新。促和谐，就是正确处理改革发展稳定关系，积极有效化解各种矛盾和风险隐患，促进社会和谐稳定。

会议指出，做好明年经济工作，必须加强和改进党对经济工作的领导，着力提高推动科学发展、维护社会和谐稳定能力和水平。要增强大局意识，把思想和行动统一到中央对国际国内形势的判断上来，统一到中央对明年经济工作的总体要求和决策部署上来，正确把握本地区本部门工作同全国经济发展的关系，自觉服从和服务于全党全国工作大局。要坚持统筹兼顾，处理好各方面重大关系，推动经济建设、政治建设、文化建设、社会建设以及生态文明建设协调发展。要做好换届工作，切实选好干部、配强班子，保持本地区发展规划稳定性，做好工作有机衔接。要坚持求真务实，厉行勤俭节约，把有限资源和财力用在发展经济、改善民生上。要深入开展党风廉政建设和反腐败斗争，加强对权力运行的制约和监督，坚决查处各种违纪违法案件，坚决纠正损害群众利益的不正之风。

会议强调，明年是我国发展进程中具有特殊重要意义的一年。全党全国各族人民要紧密团结在以胡锦涛同志为总书记的党中央周围，坚定信心、开拓进取、扎实工作，巩固和发展“十二五”时期开局良好势头，全面做好改革发展稳定各项工作，奋力夺取全面建设小康社会、加快推进社会主义现代化新胜利。

各省、自治区、直辖市和计划单列市、新疆生产建设兵团的党政主要负责人，党中央有关部门、国务院有关部委和有关单位的主要负责人，中央管理的部分企业和金融机构负责人，军队及武警部队有关负责人出席了会议。

国家主席胡锦涛与塞浦路斯共和国总统赫里斯托菲亚斯互致贺电庆祝两国建交40周年

中国内陆第一个保税港区重庆两路寸滩保税港建成

保税港区将在未来加快空港30平方公里配套设施建设，满足ODM及配套企业生产、生活要求。最终将形成年产能5000万台、年进出口额200亿美元、以笔记本电脑为主的电子信息产业保税加工和保税物流基地。

2011年图形处理器(GPU)技术大会在北京开幕

本次会议邀请高性能计算领域顶级科学家分享GPU计算中最新的科学研究及其商业应用，尤其是GPU计算落地中国的最新成果。大会将重点专注科学、学术以及商业等领域中基于GPU计算的最新进展与研究项目。大会将举办亿亿次级研讨会与加速基因组研讨会。

12月15日

《人民日报》发表社论《稳中求进开局》

这次中央经济工作会议，是党的十七届六中全会之后中央召开的一次重要会议。会议科学总结今年经济工作，深入分析当前国内外经济形势，全面部署明年经济工作，总览全局，求真务实，这对于统一认识、坚定信心、凝聚力量，巩固和延续经济社会发展良好势头，意义十分重大。

今年以来，国内外经济形势复杂严峻。面对各种矛盾与困难，党中央、国务院审时度势，科学决策，各地区、各部门按照中央部署，坚持以科学发展为主题，以加快转变经济发展方式为主线，加强和改善宏观调控，大力解决突出问题，巩固和扩大应对国际金融危机成果，促进经济增长由政策刺激向自主增长有序转变，取得发展较快、价格趋稳、效益较好、民生改善的可喜成绩，实现了“十二五”经济社会发展良好开局。

在十分困难的条件下，取得这样的成绩殊为不易。同时也要清醒地看到，当前世界经济增速回落、复苏乏力，我国经济发展中不平衡、不协调、不可持续的矛盾和问题仍很突出，经济运行又出现了一些新情况新问题。做好明年经济工作，有利条件很多，困难挑战不少。我们必须准确把握明年经济工作的总体要求：全面贯彻党的十七大和十七届三中、四中、五中、六中全会精神，以邓小平理论和“三个代表”重要思想为指导，深入贯彻落实科学发展观，继续实施积极的财政政策和稳健的货币政策，保持宏观经济政策的连续性和稳定性，增强调控的针对性、灵活性、前瞻性，继续处理好保持经济平稳较快发展、调整经济结构、管理通胀预期的关系，加快推进经济发展方式转变和经济结构调整，着力扩大国内需求，着力加强自主创新和节能减排，着力深化改革开放，着力保障和改善民生，保持经济平稳较快发展和物价总水平基本稳定，保持社会和谐稳定，以经济社会发展的优异成绩迎接党的十八大胜利召开。

贯彻这个总体要求，推动明年经济社会发展，关键在于把握好稳中求进的工作总基调。稳中求进，就是既要“稳”，也要“进”。不稳无法进，不进难以稳。两者互为条件，相辅相成。稳，就是要保持宏观经济政策基本稳定，保持经济平稳较快发展，保持物价总水平基本稳定，保持社会大局稳定。进，就是要继续抓住和用好战略机遇期，在转变经济发展方式上取得新进展，在深化改革开放上取得新突破，在改善民生上取得新成效。把握好稳中求进，才能有效防止经济增速大幅下滑，同时力避物价涨幅反弹，有利于疏解能源资源、生态环境等各方面压力，加快经济发展方式转变，保持经济社会发展的良好势头，在激烈的国际竞争中赢得主动。

把握好稳中求进，明年经济工作需要在以下几个方面下功夫：

继续加强和改善宏观调控。统筹处理速度、结构、物价关系，准确把握宏观调控的力度、节奏、重点。继续实施积极的财政政策和稳健的货币政策。重点加大对保障改善民生和经济结构调整的支持力度，防范和化解财政金融领域潜在风险，坚持房地产调控政策不动摇，促进经济平稳较快发展和物价基本稳定。

坚持不懈抓好“三农”工作。加大强农惠农富农政策力度，加快农业科技进步，毫不放松抓好粮食生产，着力增加农产品供给，提高农业综合生产能力，抓好水利基础设施建设，加强农村基础设施和公共服务，健全农村发展体制机制，努力促进农业增产、农民增收、农村发展。

加快推进经济结构调整。增强自主增长能力，壮大实体经济，增强发展的平衡性、协调性、可持续性。着力扩大内需特别是消费需求，合理增加城乡居民特别是低收入群众的收入。坚持创新驱动，推进产业结构优化升级，强化节能减排工作，实施区域发展总体战略，促进城乡区域协调发展。

进一步深化改革开放。继续推进财税、金融、价格等重点领域的改革，加快落实促进非公有制经济健康发展的政策措施，进一步减少和规范行政审批。扎实做好对外经济工作，保持外贸政策的连续性和稳定性，保持出口平稳增长，积极扩大进口，促进贸易平衡，扩大境外投资合作。

大力保障和改善民生。针对当前民生领域人民群众反映的突出问题，加大财政投入力度，积极而为，量力而行，扎实推进就业、教育、医疗卫生、社会保障、保障性住房等民生工作，推进基本公共服务均等化。把促进社会公平放在更加突出的位置，加强和创新社会管理，突出抓好维护社会稳定、保障公共安全等工作。

明年是我国发展历程中具有特殊重要意义的一年，做好明年经济工作，必须加强和改进党对经济工作的领导，着力提高推动科学发展、维护社会和谐稳定能力和水平。各级党委和政府要增强大局意识、责任意识、忧患意识，坚持统筹兼顾，狠抓工作落实，团结带领全体人民巩固发展“十二五”开局良好势头，奋力开创经济社会发展新局面。

中央军委主席胡锦涛 国务院总理温家宝在北京会见参加全国民兵工作会议的代表

胡锦涛向奋战在国防动员和后备力量战线的同志们，向全国广大民兵和预备役人员，表示诚挚的问候。

中共中央政治局常委、国家副主席、中央军委副主席习近平，中共中央政治局常委、国务院副总理李克强等参加会见。

全国民兵工作会议在北京召开

国务院总理温家宝出席会议并作重要讲话。

温家宝指出，改革开放以来，民兵工作服从服务经济建设大局和国防现代化建设需要，深化调整改革，压缩组训规模，优化结构布局，提高民兵思想政治和军事素质，增强快速动员和执行任务能力，民兵建设迈上新的台阶。民兵在国家经济社会建设、保卫边海防安全、维护社会和谐稳定和战胜重大自然灾害等方面，发挥了重要作用，作出了重要贡献。

温家宝强调，在新的历史时期，要按照平时服务、急时应急、战时应战的要求，结合新的形势特点，全面提高民兵建设水平，更好地发挥民兵在经济社会建设和国防建设中的作用。按照军民融合发展的要求，把民兵建设与企事业单位的组织管理和生产实践结合起来，发挥好民兵在经济建设中的重要作用。根据各地实际，有针对性地加强民兵应急力量建设，发挥好民兵在应急抢险中的重要作用。依托地方行业优势，构建新型民兵体系，发挥好民兵在国防建设中的重要作用。

温家宝要求坚持和完善军地齐抓共管的民兵工作机制。各级政府要自觉履行职责，把民兵工作摆上重要工作日程。要保障民兵工作经费，完善民兵工作政策法规，保护好民兵权益。深入开展全民国防教育，提高全社会的国防意识。加强民兵队伍的思想政治建设，把民兵队伍建设成为引领社会风气、推动社会进步、促进社会和谐的重要力量。

全国统战部长会议在北京举行

中共中央政治局常委、全国政协主席贾庆林出席会议。

贾庆林说，今年是“十二五”时期开局之年，也是统一战线落实新要求、开拓新领域、实现新发展的重要一年。各级统战部门认真贯彻落实中央决策部署，着力完善政策措施，着力整合资源力量，着力打造工作品牌，服务科学发展和自身科学发展取得显著成绩。

贾庆林强调，2012年是党和国家历史上具有重大意义的一年。我们党将召开第十八次全国代表大会，这是全党全国各族人民政治生活中的一件大事。为党的十八大召开营造良好环境，是统一战线的重大政治责任。要准确把握统一战线面临的形势任务，切实增强做好统战工作的责任感。要充分认识中国特色社会主义制度的巨大优势，引导统一战线广大成员坚定不移地走中国特色社会主义道路；要正确看待我国改革发展中出现的矛盾和问题，共同致力推动科学发展、促进社会和谐；要充分认识一致性基础上多样性的新发展，努力巩固发展具有空前广泛性和巨大包容性的爱国统一战线。

贾庆林要求各级党委要从党和国家事业发展的高度，切实加强和改善对统一战线工作的领导，健全统战工作领导体制和工作机制，及时研究解决重大问题，为统一战线工作创造良好条件。各级统战部门要加强自身建设，改进工作作风，完善体制机制，进一步提高履职尽责的能力。

全国政协副主席、中央统战部部长杜青林主持会议。各省、自治区、直辖市、新疆生产建设兵团和副省级城市党委统战部长，以及中央国家机关有关部门、有关人民团体、中管高校党委和统战系统有关单位负责人出席会议。

国务院副总理李克强在北京出席全国发展和改革工作座谈会并发表讲话

李克强强调，要全面贯彻落实中央经济工作会议精神，突出把握好稳中求进的工作总基调，以扩大内需为战略基点，统筹做好稳增长、控物价、调结构、惠民生、促改革、保稳定各项工作，提高发展的质量和效益。

李克强指出，扩大内需是我国发展的战略基点，也是转方式的基本要求和首要任务。要坚定不移地实施扩大内需战略,更加注重扩大最终需求。着力增加低收入者收入,提高中等收入者比重。多策并举鼓励创业就业,提高居民消费能力,进一步研究扩大内需尤其是促进消费持续增长的长效机制。保持投资的适度规模,优化投资结构,保障重点在建项目建设,有序推进“十二五”规划确定的重大项目开工,加强薄弱环节,支持民间投资进入铁路、市政、能源、社会事业等领域,并把增投资与扩消费更好地结合起来,进一步巩固我国经济的内生和自主增长基础,把握发展的主动权。扩大内需是在扩大开放的条件下进行的,要保持出口稳定增长,积极扩大进口,促进贸易平衡,促进走出去与引进来协调发展,全面提升开放型经济水平。

李克强强调,扩大内需的最大潜力在城镇化。城镇化既可增加投资,又能拉动消费,是中国经济发展的重要引擎。要抓紧研究制定中长期城镇化发展规划和政策措施,协调发展不同规模和类型的城镇。大力发展公共交通,优化城镇布局,方便群众就业、出行、生活。有序解决有条件农民工进城落户问题。扩大内需的最大产业支撑是服务业。服务业中的绝大部分属于实体经济,是最大的就业容纳器和创新驱动器。要在积极发展高技术产业和先进制造业的同时,把推动服务业大发展作为产业结构调整的战略重点,完善政策支持体系,提升服务业比重和水平,促进服务业与工业融合发展。进一步完善措施,支持小微企业发展。要实行“三化并举”,在工业化、城镇化发展过程中,同步推进农业现代化,尊重农民意愿,严格保护耕地,保障粮食安全。

李克强说,保障和改善民生,是扩大内需的重要举措和有效途径。加大民生领域的投入,本身也是结构调整,是转方式的应有之义。要适应群众的新期盼,积极而为,量力而行,着眼于解决基本民生问题,加快实施一批重大民生工程。保障性安居工程建设既关系民生,也关系发展。要加大资金投入,落实土地指标,确保按时开工、精心施工、如期竣工,确保工程质量和分配公平。要坚持房地产调控政策不动摇,继续抑制投机、投资性购房需求,增加普通商品房供给,促进房地产市场健康发展,这也有利于推进城镇化进程。医药卫生体制改革既是一项重大改革举措,也是一项重大民生和发展工程。要按照保基本、强基层、建机制的原则,提升全民基本医保水平,解除群众后顾之忧,扩大基本药物实施范围、全面推进公立医院改革试点。

座谈会由国家发展改革委主任张平主持。各省、自治区、直辖市政府和计划单列市政府、新疆生产建设兵团负责同志,国务院有关部门负责同志,以及各地发展改革部门负责人参加座谈会。

国务院发出《国家环境保护“十二五”规划》的通知

各省、自治区、直辖市人民政府,国务院各部委、各直属机构:

现将《国家环境保护“十二五”规划》印发给你们,请认真贯彻执行。

国务院

2011年12月15日

国家环境保护“十二五”规划(略)

北京与拉萨首开双向直航航班

中联部部长王家瑞在北京与赞比亚副总统盖伊·斯科特举行会谈

国防部部长梁光烈在八一大楼与马其顿国防部部长法·贝西米举行会谈

安踏2011CCTV体坛风云人物提名揭晓仪式在北京举行

刘翔、林丹、陈一冰、孙杨、张继科获得最佳男运动员提名;李娜、吴敏霞、丁宁、李艳凤、焦刘洋获得最佳女运动员提名。中国女排、中国跳水队、中国羽毛球队、男子乒乓球队和男子体操队将角逐最佳团队奖;获得最佳教练员奖提名的是黄玉斌、刘国梁、李永波、王海滨和俞觉敏。

第一届中国体育文化博览会在北京国际展览中心开幕

本次博览会除设有体育文化展示区、运动文化展示区、户外文化体验区和极限文化互动区外,还设立了体育历史回顾、民族体育文化、中国古代体育的特殊贡献、中国现代体育风采展示、体育老照片、校园体育文化等板块。

12月16日

中共中央 国务院和中央军委在人民大会堂举行大会庆祝“天宫一号”与“神舟”八号交会对接任务圆满成功

中共中央总书记、国家主席、中央军委主席胡锦涛发表重要讲话。

中共中央政治局常委、全国人大常委会委员长吴邦国主持庆祝大会。温家宝、贾庆林、李长春、习近平、李克强、贺国强等出席大会。

大会宣读了《关于表彰中国载人航天工程突出贡

献集体和突出贡献者的决定》。胡锦涛等为获奖者代表颁发了奖牌、奖章和证书。

吴邦国在主持大会时说，胡锦涛同志的重要讲话，阐述了“天宫一号”与“神舟”八号交会对接任务圆满成功的重大意义，总结了载人航天工程实施19年来取得的成就和积累的经验，对坚定不移走中国特色自主创新道路、为推动经济社会又好又快发展提供强大科技支撑提出了明确要求，我们要认真学习领会。

庆祝大会上，载人航天工程总指挥、中央军委委员、总装备部部长常万全，“天宫一号”与“神舟”八号交会对接任务突出贡献集体代表、北京航天飞行控制中心主任陈宏敏，突出贡献者代表、航天科技集团公司空间技术研究院研究员王翔先后发言。

中央党政军群有关方面负责同志，各民主党派、全国工商联负责人和无党派人士代表，参与载人航天工程的有关方面代表以及首都各界群众代表3000多人出席庆祝大会。

中共中央总书记胡锦涛在庆祝“天宫一号”与“神舟”八号交会对接任务圆满成功大会上的讲话

同志们：

今天，我们在这里隆重集会，热烈庆祝“天宫一号”与“神舟”八号交会对接任务圆满成功，号召全党全军全国各族人民大力弘扬载人航天精神，万众一心，拼搏奉献，满怀信心为夺取全面建设小康社会新胜利、开创中国特色社会主义事业新局面而不懈奋斗。

“天宫一号”与“神舟”八号交会对接成功，标志着我国在突破和掌握空间交会对接技术上迈出了重要一步。这是我国载人航天事业发展史上的又一重要里程碑，是建设创新型国家的又一标志性成果，是中华民族为人类探索利用外层空间作出的又一卓越贡献。

首先，我代表党中央、国务院和中央军委，向参加这次任务的广大科技工作者、干部职工、解放军指战员，向受到表彰的先进单位和先进个人，向所有为我国空间事业作出贡献的同志们，表示热烈的祝贺和诚挚的问候！向热情支持我国航天事业发展的全国各族人民，向香港特别行政区同胞、澳门特别行政区同胞、台湾同胞以及海外侨胞，向关心我国航天事业发展的国际友人，表示衷心的感谢！

实施载人航天工程，是中央立足世界科技革命迅猛发展的时代背景、着眼我国社会主义现代化建设全局，为推动我国科技进步和创新、提升我国综合国力作出的一项重大战略决策。19年来，在党中央、国务院和中央军委领导下，在全国各族人民大力支持下，广大航天工作者奋力拼搏，推动我国载人航天事业取得了举世瞩目的辉煌成就。我们先后成功突破了载人天地往返、空间出舱活动、空间交会对接等一系列关键技术，顺利实现了从无人飞行到载人飞行、从一人一天到多人多天、从舱内实验到出舱活动、从单船飞行到组合体稳定运行等一次次重大跨越，使我国空间技术发展跨入国际先进行列。载人航天工程牵引带动了一批新兴高技术产业特别是信息技术和工业技术快速发展，培养造就了一支能够站在世界科技前沿、勇于开拓创新的高素质人才队伍，探索形成了大型工程建设现代化管理模式，培育铸就了特别能吃苦、特别能战斗、特别能攻关、特别能奉献的载人航天精神。广大航天工作者建立的丰功伟绩将彪炳史册，祖国和人民永远不会忘记！

事实证明，中华民族有志气、有信心、有能力屹立于世界民族之林，有志气、有信心、有能力为人类文明发展不断作出新的贡献！我国航天事业取得的辉煌成就，增强了全体中华儿女的民族自信心和凝聚力，坚定了全党全军全国各族人民继续推进改革开放和社会主义现代化、在中国特色社会主义道路上实现中华民族伟大复兴的决心和信念。

回首我国载人航天工程走过的不平凡历程，有许多弥足珍贵的经验值得总结和发扬。我们坚持科学技术是第一生产力的思想，牢牢把握世界科技革命带来的机遇，着力提高自主创新能力，为实施载人航天工程赢得了战略主动。我们坚持推进改革创新，深化科技体制改革，建立健全科技决策机制和宏观协调机制，为实施载人航天工程注入了强大动力。我们坚持党的集中统一领导，发挥我国社会主义制度的政治优势，集中力量办大事，为实施载人航天工程凝聚了智慧和力量。我们坚持人才是第一资源的观念，尊重广大科技工作者的主体地位和劳动创造，为实施载人航天工程提供了坚强人才保证。我们坚持弘扬以爱国主义为核心的民族精神，引导广大航天工作者以国家需要为最高需要、以人民利益为最高利益，刻苦攻关，奋勇登攀，为实施载人航天工程提供了强大精神力量。

同志们！

科学技术是经济社会发展中最活跃、最具革命性的因素，是推动社会发展进步的决定性力量。当今世界，科技知识创新、传播、应用的规模和速度不断提高，科学研究、技术创新、产业发展、社会进步相互促进和一体化发展趋势更加明显，一系列重大科技成果以前所未有的速度转化为现实生产力，正在深刻改变世界科技和经济社会发展形态，人类社会进入一个创新活力竞相迸发、创新成果不断涌现的重要时期。谁掌握了先进科学技术，谁就掌握了经济社会发展的主动权。建设创新型国家，加快转变经济发展方式，赢得发展先机和主动权，实现我国发展的战略目标，最根本的是要靠科技的力量，最关键的是要大幅提高自主创新能力。

目前，我国科技总体水平特别是自主创新能力同世界先进水平相比仍有较大差距，建设创新型国家任重道远，我们必须增强紧迫感和危机感，坚定信心、奋起直追。我们要高举中国特色社会主义伟大旗帜，以邓小平理论和“三个代表”重要思想为指导，深入贯彻落实科学发展观，牢牢扭住科学发展这个主题和加快转变经济发展方式这条主线，坚持把科学技术摆在优先发展的战略地位，坚持自主创新、重点跨越、支撑发展、引领未来的指导方针，坚持把提高自主创新能力、建设创新型国家作为国家发展战略的核心和提高综合国力的关键，坚定不移走中国特色自主创新道路，加快科技进步和创新步伐，为全面建设小康社会、加快推进社会主义现代化提供强大科技支撑。

第一，必须坚持自力更生、自主创新，走创新发展之路。坚持自主创新、提高自主创新能力，是我国应对未来挑战的重大选择，是统领我国科技发展的战略主线，是实现建设创新型国家目标的根本途径。我们要把提高自主创新能力作为科技发展的战略基点，着力提升原始创新能力，大力增强集成创新和引进消化吸收再创新能力，努力形成更多具有自主知识产权的创新技术，推动我国经济社会发展走上创新驱动的道路。要坚持尊重劳动、尊重知识、尊重人才、尊重创造的重大方针，深入实施人才强国战略，确立人才优先发展战略布局，努力培养造就规模宏大、结构优化、布局合理、素质优良的人才队伍。要发展创新文化，培育全社会创新精神，鼓励自主探索，保护知识产权，发扬学术民主，提倡学术争鸣，使一切创新想法得到尊重、一切创新举措得到支持、一切创新才能得到发挥、一切创新成果得到肯定。

第二，必须坚持集中力量、重点突破，走跨越发展之路。坚持有所为、有所不为，实现重点领域跨越发展，是推动科技进步和创新的重要途径。我们要紧紧抓住对经济社会发展全局有重大牵引作用和重要影响的重大工程项目，选择具有一定基础和优势、关系国计民生和国家安全的关键领域，集中力量，重点突破，带动经济实力、科技实力、国防实力整体跃升。要统筹科技发展和经济建设，统筹各类创新主体和创新要素，统筹基础研究、应用开发研究、高技术研究，充分发挥政府主导作用、市场在资源配置中的基础性作用、企业在技术创新中的主体作用、国家科研机构的骨干和引领作用、大学的基础和生力军作用，形成推动科技进步和创新的强大合力。

第三，必须坚持服务经济、服务民生，走融合发展之路。坚持以人为本、改善民生，是我国科技事业发展的根本出发点和落脚点。我们要把科技进步同国家发展战略、经济社会发展目标、人民日益增长的物质文化需要紧密结合起来，着力突破一批重大关键技术和共性技术，加快科技成果向现实生产力转化，为促进经济发展和社会和谐发挥重要作用。要把发展科技事业同提高人民生活水平和质量、提高人民科学文化素质和健康素质紧密结合起来，认真解决关系民生的重大科技问题，使科技创新成果惠及广大人民群众。

第四，必须坚持着眼长远、引领未来，走可持续发展之路。可持续发展是科学发展的必然要求，科学技术是实现可持续发展的重要支撑。我们要面向未来、放眼长远，超前谋划我国科技事业发展总体布局，准确把握科技事业发展的战略目标、战略方向、战略重点，积极抢占未来科技制高点。要深化科技体制改革，推进国家创新体系建设。要超前部署一批对国家长远发展具有带动作用的重大项目，有效组织力量开展科技攻关，力争在基础研究上取得原创性突破、在高技术领域实现跨越式突破。要加快培育和发展战略性新兴产业，努力在新一轮科技革命和产业革命中走在世界前列。

同志们！

浩瀚无垠的太空是人类的共同财富，开发和利用太空资源是人类的共同追求。中国人民愿同各国人民携手共进，坚持和平开发利用太空的正确方向，不断深化航天领域和其他科技领域国际合作。

科技在发展，时代在召唤。全党全军全国各族人民要更加紧密地团结起来，抓住机遇、应对挑战，埋头苦干、开拓创新，坚定不移朝着中华民族伟大复兴的光辉目标前进，不断为人类作出新的更大的贡献！

十一届全国人大常委会第七十三次委员长会议在人民大会堂召开

全国人大常委会委员长吴邦国主持会议。会议决定十一届全国人大常委会第二十四次会议12月26日至31日在北京举行。

根据委员长会议建议的议程，十一届全国人大常委会第二十四次会议将继续审议职业病防治法修正案草案、刑事诉讼法修正案草案；审议全国人大常委会委员长会议关于提请审议澳门特别行政区基本法附件一第七条和附件二第三条的解释草案的议案、关于提请审议十一届全国人大五次会议关于十二届全国人大代表名额和选举问题的决定草案的议案、关于提请审议香港特别行政区选举十二届全国人大代表的办法草案的议案、关于提请审议澳门特别行政区选举十二届全国人大代表的办法草案的议案；审议国务院关于提请审议出境入境管理法草案的议案，审议国务院、中央军委关于提请审议军人保险法草案的议案，审议国务院关于提请审议预算法修正案草案的议案;审议国务院关于提请审议批准《中华人民共和国和俄罗斯联邦关于打击恐怖主义、分裂主义和极端主义的合作协定》的议案、关于提请审议批准《中华人民共和国和意大利共和国引渡条约》的议案、关于提请审议批准《中华人民共和国政府和意大利共和国政府关于刑事司法协助的条约》的议案。

委员长会议建议的常委会第二十四次会议议程还有:审议国务院关于加快转变经济发展方式工作进展情况的报告、关于实施《国家中长期教育改革和发展规划纲要(2010—2020 年)》工作情况的报告、关于旅游业发展工作情况的报告;审议全国人大常委会执法检查组关于检查农村土地承包法实施情况的报告。

委员长会议还建议,常委会第二十四次会议审议全国人大常委会委员长会议关于提请审议全国人大常委会关于召开十一届全国人大五次会议的决定草案的议案;审议全国人大民族委员会、法律委员会、教育科学文化卫生委员会、外事委员会、华侨委员会、环境与资源保护委员会关于十一届全国人大四次会议主席团分别交付审议的代表提出的议案审议结果的报告;听取全国人大常委会办公厅关于十一届全国人大四次会议代表建议、批评和意见办理情况的报告,公安部关于十一届全国人大四次会议代表建议、批评和意见办理情况的报告;审议全国人大常委会代表资格审查委员会关于个别代表的代表资格的报告;审议有关任免案。

委员长会议上,全国人大常委会副委员长兼秘书长李建国就常委会第二十四次会议议程草案、日程安排意见作了汇报。全国人大常委会有关副秘书长,全国人大有关专门委员会、全国人大常委会有关工作委员会和全国人大常委会代表资格审查委员会负责人就常委会第二十四次会议的相关议程作了汇报。

全国人大常委会副委员长王兆国、路甬祥、乌云其木格、韩启德、华建敏、陈至立、周铁农、司马义·铁力瓦尔地、陈昌智、严隽琪、桑国卫等出席会议。

国务院总理温家宝主持召开国务院常务会议

会议讨论通过《促进就业规划(2011—2015 年)》并部署进一步加强和改进消防工作。

会议指出,“十一五”时期,我国就业规模不断扩大,就业结构进一步改善,就业工作取得显著成效。“十二五”时期的就业总量压力将继续加大,城镇需就业劳动力年均比“十一五”时期增加 100 万人,劳动者技能与岗位需求不相适应、劳动力供给与企业用工需求不相匹配的结构性矛盾将更加突出,就业任务艰巨繁重。要切实把就业作为民生之本,作为保障和改善民生的头等大事,作为经济社会发展的优先目标,实施更加积极的就业政策,创造平等就业机会,构建和谐劳动关系,努力实现充分就业。

会议明确了“十二五”时期就业工作的主要目标:城镇新增就业 4500 万人,农业富余劳动力转移就业 4000 万人,城镇登记失业率控制在 5%以内,社会保障制度覆盖所有劳动者,就业稳定性明显提高。为此,一要提高经济发展对就业的拉动能力。落实就业优先战略,大力发展吸纳就业能力强的产业和企业,鼓励劳动者创业。二要实施更加积极的就业政策。将促进就业作为制定、实施和调整经济社会政策的基本目标,形成包括财政、税收、金融等扶持政策的综合政策体系,更有效地促进就业。三要统筹做好城乡、重点群体就业工作。建立健全城乡劳动者平等就业制度,创造公平就业环境。继续把高校毕业生就业放在就业工作的首位,积极拓展高校毕业生就业领域。推进农业富余劳动力转移就业,加强对困难群体的就业援助。四要完善面向全体劳动者的职业培训制度,加强专业技术人才和高技能人才队伍建设,全面提高劳动者职业素质和就业能力。五要健全统一规范灵活的人力资源市场,形成覆盖城乡的公共就业和人才服务体系,为劳动者提供优质高效的就业服务。建立失业统计制度和失业预警、调控机制,努力降低失业风险。六要健全劳动关系协调机制和企业工资分配制度。重视劳动者利益诉求,积极改善劳动条件,构建和谐劳动关系。加强劳动保障监察和劳动人事争议调解仲裁,依法维护劳动者合法权益。

会议指出,消防工作直接关系人民群众生命财产安全。随着经济社会快速发展,致灾因素明显增多,火灾发生几率和防控难度增大。一些地方消防安全责任不落实、工作不到位,重特大火灾时有发生。必须加强和创新消防安全管理,不断提高公共消防安全水平,有效预防火灾和减轻火灾危害,为经济社会发展、人民安居乐业创造良好的消防安全环境。一要切实强化火灾预防。建立建设工程消防设计、施工质量和消防审核验收终身负责制。建立常态化火灾隐患排查整治机制,对人员密集场所、易燃易爆单位和高层、地下建筑等高危单位和部位,实施更加严格的消防安全监管。广泛开展消防安全宣传教育培训,提高全社会的消防安全意识。二要强化消防工作基础。科学编制并严格落实城乡消防规划,加强公共消防设施建设。大城市要制定并执行更加严格的消防安全标准。加强现役消防力量,大力发展多种形式消防队伍,提高消防装备水平。完善应急救援预案并强化演练,提高应急处置能力。三要全面落实消防安全主体责任和监管责任,严格责任追究。推行消防安全网格化管理,加强消防安全基础建设,全面提升城乡消防工作水平。

海峡两岸关系协会成立20周年纪念大会在人民大会堂举行

中共中央政治局常委、全国政协主席贾庆林出席大会并发表重要讲话。

贾庆林代表中共中央、国务院，对海协会成立20周年表示热烈的祝贺，向多年来为推动两岸关系发展作出积极贡献的各界人士表示衷心的感谢并致以诚挚的问候。

贾庆林指出，1992年，海协会与台湾海基会经两岸双方分别授权，达成各自以口头方式表述坚持一个中国原则的共识，也就是今天人们称之的"九二共识"，由此奠定了两岸协商的政治基础，促成了1993年汪辜会谈的举行，迈出了两岸关系发展历史性的重要一步。2008年6月以来，两会协商在"九二共识"基础上得到恢复并顺利展开，签署16项协议并达成诸多共识，为开创两岸关系和平发展新局面作出了宝贵贡献。今天，一系列协商成果已经并将继续使两岸广大民众实实在在受益，支持两岸开展平等协商已经成为两岸同胞的普遍共识。两岸协商取得的成就充分表明，海峡两岸中国人有智慧、有能力通过协商谈判解决存在的问题，探寻合作的道路，携手开创两岸关系和平发展的光明前景。

贾庆林表示，未来两岸关系发展中需要通过协商解决的问题还很多。只要两岸双方既有的政治互信基础得到巩固和增强，两岸协商就能够开辟更广阔的领域，不断取得新的更大成就，更好地造福两岸同胞。

中共中央台湾工作办公室、国务院台湾事务办公室主任王毅在致辞中高度评价海协会充分发挥受权团体的独特作用，为改善和发展两岸关系作出了重要贡献。表示中共中央台办、国务院台办将一如既往支持海协会为两岸商谈发挥重要作用，加强与台湾各界人士交流往来，处理好两岸同胞交往中的具体问题，维护好两岸同胞的合法权益。

王毅在总结两会商谈经验时指出，推进两会商谈应当维护双方建立的基本互信；应当坚持循序渐进的基本思路；应当坚持以人为本的基本理念；应当坚持互惠互利的基本方向。王毅强调，在两岸之间固有矛盾一时难以解决的历史条件下，"九二共识"的达成，体现了两岸双方搁置争议、求同存异的政治智慧。20年来两会协商和两岸关系走过的道路告诉我们，坚持"九二共识"，两岸双方的互信就能维持，基础就能稳固，商谈就能持续，两岸同胞的福祉就能不断增进。否定或者抛弃"九二共识"，不仅两会协商会陷入停顿，两岸关系也会发生倒退，两岸同胞尤其是台湾同胞的利益就会受到损害。

海协会会长陈云林在报告中回顾了海协会20年来的工作情况，总结了两会协商的重要成果，并对今后工作提出规划。陈云林表示，海协会肩负着继往开来的重要使命，将以坚定的决心维护协商基础，以极大的诚意巩固协商成果。在坚持"九二共识"的基础上，重点围绕增进两岸同胞福祉的经济与民生议题推进协商，适时开展两岸文化教育交流合作议题的商谈，使两会协商与两岸关系和平发展的成果进一步惠及两岸民众。

中央和国家有关部门、民主党派、社会团体负责人，海协会负责人和理事，以及在海协会工作过的老同志等约320人参加大会。

全国发展和改革工作会议在北京召开

国家发展和改革委员会主任张平同志在会上作了题为《统一思想，明确任务，扎实做好2012年发展改革工作》的报告。

会议指出，2011年是"十二五"的开局之年。面对严峻复杂的国内外经济形势，面对各种矛盾和困难，全国上下在党中央、国务院的坚强领导下，按照主题主线的要求，认真实施积极的财政政策和稳健的货币政策，正确处理保持经济平稳较快发展、调整经济结构和管理通胀预期三者关系，有针对性地解决突出矛盾和问题，巩固和扩大应对国际金融危机冲击成果，国民经济继续朝着宏观调控预期方向发展，呈现出增长较快、物价趋稳、结构优化、效益较好、民生改善的良好态势。一年来，发展改革系统包括物价、粮食、能源、经济运行、物资储备等部门，在党中央、国务院的正确领导下，在有关部门和地方、行业协会、企业集团的大力支持与密切配合下，兢兢业业，恪尽职守，加强和改善宏观调控，为促进经济平稳较快发展和社会和谐稳定作出了积极贡献，取得了新的成绩。

会议强调，综合分析国际国内形势，我国仍处于发展的重要战略机遇期，经济发展的基本面是好的，进一步发展具备不少有利条件，但世界政治经济不确定性不稳定性上升，国内经济发展和社会管理存在不少困难和挑战，长期矛盾与短期问题相互交织，结构性因素与周期性因素相互作用，外部挑战与国内困难相互叠加，增大了宏观调控和经济调节工作的难度。

会议要求，作为宏观调控和经济综合部门，发展改革系统要深刻领会中央关于2012年经济工作的总体部署，抓住科学发展这个主题和加快转变经济发展方式这条主线，把握好稳中求进的工作总基调，牢牢把握扩大内需这一战略基点，牢牢把握发展实体经济这一坚实基础，牢牢把握加快改革创新这一强大动力，牢牢把握保障和改善民生这一根本目的，积极会同有关部门，继续实施积极的财政政策和稳健的货币政策，保持宏观经济政策的连续性和稳定性，增强调控的针对性、灵活性、前瞻性，保持经济平稳较快发展，保持物价总水平基本稳定，保持社会和谐稳定，在转变经济发展方式上取得新进展，在深化改革开放上取得新突破，在改善民生上取得新成效。

中央和国家机关有关部门负责同志，各省、自治区、直辖市及计划单列市、副省级省会城市、新疆生产建设兵团、黑龙江省农垦总局有关负责同志，发展改革委主任，物价局局长，以及经济运行调节、节能工作职能部门的主要负责同志，在国家计划中实行单列的企业集团、中央管理的部分企业负责同志参加了会议。

国办发出《社会养老服务体系建设规划(2011—2015 年)》并发出通知

各省、自治区、直辖市人民政府，国务院各部委、各直属机构：

《社会养老服务体系建设规划(2011—2015 年)》已经国务院同意，现印发给你们，请认真贯彻执行。

国务院办公厅

2011 年 12 月 16 日

社会养老服务体系建设规划(2011—2015 年)

为积极应对人口老龄化，建立起与人口老龄化进程相适应、与经济社会发展水平相协调的社会养老服务体系，实现党的十七大确立的“老有所养”的战略目标和十七届五中全会提出的“优先发展社会养老服务”的要求，根据《中华人民共和国国民经济和社会发展第十二个五年规划纲要》和《中国老龄事业发展“十二五”规划》，制定本规划。

一、规划背景

(一)现状和问题。

自 1999 年我国步入老龄化社会以来，人口老龄化加速发展，老年人口基数大、增长快并日益呈现高龄化、空巢化趋势，需要照料的失能、半失能老人数量剧增。第六次全国人口普查显示，我国 60 岁及以上老年人口已达 1.78 亿，占总人口的 13.26%，加强社会养老服务体系建设的任务十分繁重。

近年来，在党和政府的高度重视下，各地出台政策措施，加大资金支持力度，使我国的社会养老服务体系建设取得了长足发展。养老机构数量不断增加，服务规模不断扩大，老年人的精神文化生活日益丰富。截至 2010 年年底，全国各类收养性养老机构已达 4 万个，养老床位达 314.9 万张。社区养老服务设施进一步改善，社区日间照料服务逐步拓展，已建成含日间照料功能的综合性社区服务中心 1.2 万个，留宿照料床位 1.2 万张，日间照料床位 4.7 万张。以保障三无、五保、高龄、独居、空巢、失能和低收入老人为重点，借助专业化养老服务组织，提供生活照料、家政服务、康复护理、医疗保健等服务的居家养老服务网络初步形成。养老服务的运作模式、服务内容、操作规范等也不断探索创新，积累了有益的经验。

但是，我国社会养老服务体系建设仍然处于起步阶段，还存在着与新形势、新任务、新需求不相适应的问题，主要表现在：缺乏统筹规划，体系建设缺乏整体性和连续性；社区养老服务和养老机构床位严重不足，供需矛盾突出；设施简陋、功能单一，难以提供照料护理、医疗康复、精神慰藉等多方面服务；布局不合理，区域之间、城乡之间发展不平衡；政府投入不足，民间投资规模有限；服务队伍专业化程度不高，行业发展缺乏后劲；国家出台的优惠政策落实不到位；服务规范、行业自律和市场监管有待加强等。

(二)必要性和可行性。

我国的人口老龄化是在“未富先老”、社会保障制度不完善、历史欠账较多、城乡和区域发展不平衡、家庭养老功能弱化的形势下发生的，加强社会养老服务体系建设的任务十分繁重。

加强社会养老服务体系建设，是应对人口老龄化、保障和改善民生的必然要求。目前，我国是世界上唯一一个老年人口超过 1 亿的国家，且正在以每年 3% 以上的速度快速增长，是同期人口增速的五倍多。预计到 2015 年，老年人口将达到 2.21 亿，约占总人口的 16%；2020 年达到 2.43 亿，约占总人口的 18%。随着人口老龄化、高龄化的加剧，失能、半失能老年人的数量还将持续增长，照料和护理问题日益突出，人民群众的养老服务需求日益增长，加快社会养老服务体系建设已刻不容缓。

加强社会养老服务体系建设，是适应传统养老模式转变、满足人民群众养老服务需求的必由之路。长期以来，我国实行以家庭养老为主的养老模式，但随着计划生育基本国策的实施，以及经济社会的转型，家庭规模日趋小型化，“4—2—1”家庭结构日益普遍，空巢家庭不断增多。家庭规模的缩小和结构变化使其养老功能不断弱化，对专业化养老机构和社区服务的需求与日俱增。

加强社会养老服务体系建设，是解决失能、半失能老年群体养老问题、促进社会和谐稳定的当务之急。目前，我国城乡失能和半失能老年人约 3300 万，占老年人口总数的 19%。由于现代社会竞争激烈和生活节奏加快，中青年一代正面临着工作和生活的双重压力，照护失能、半失能老年人力不从心，迫切需要通过发展社会养老服务来解决。

加强社会养老服务体系建设，是扩大消费和促进就业的有效途径。庞大的老年人群体对照料和护理的需求,有利于养老服务消费市场的形成。据推算,2015年我国老年人护理服务和生活照料的潜在市场规模将超过4500亿元,养老服务就业岗位潜在需求将超过500万个。

在面对挑战的同时,我国社会养老服务体系建设也面临着前所未有的发展机遇。加强社会养老服务体系建设,已越来越成为各级党委政府关心、社会广泛关注、群众迫切期待解决的重大民生问题。同时,随着我国综合国力的不断增强,城乡居民收入的持续增多,公共财政更多地投向民生领域,以及人民群众自我保障能力的提高,社会养老服务体系建设已具备了坚实的社会基础。

二、内涵和定位

(一)内涵。

社会养老服务体系是与经济社会发展水平相适应,以满足老年人养老服务需求、提升老年人生活质量为目标,面向所有老年人,提供生活照料、康复护理、精神慰藉、紧急救援和社会参与等设施、组织、人才和技术要素形成的网络,以及配套的服务标准、运行机制和监管制度。

社会养老服务体系建设应以居家为基础、社区为依托、机构为支撑,着眼于老年人的实际需求,优先保障孤老优抚对象及低收入的高龄、独居、失能等困难老年人的服务需求,兼顾全体老年人改善和提高养老服务条件的要求。

社会养老服务体系建设是应对人口老龄化的一项长期战略任务,是坚持政府主导,鼓励社会参与,不断完善管理制度,丰富服务内容,健全服务标准,满足人民群众日益增长的养老服务需求的持续发展过程。本建设规划仅着眼于构建体系建设的基本框架。

(二)功能定位。

我国的社会养老服务体系主要由居家养老、社区养老和机构养老三个有机部分组成。

居家养老服务涵盖生活照料、家政服务、康复护理、医疗保健、精神慰藉等,以上门服务为主要形式。对身体状况较好、生活基本能自理的老年人,提供家庭服务、老年食堂、法律服务等服务;对生活不能自理的高龄、独居、失能等老年人提供家务劳动、家庭保健、辅具配置、送饭上门、无障碍改造、紧急呼叫和安全援助等服务。有条件的地方可以探索对居家养老的失能老年人给予专项补贴,鼓励他们配置必要的康复辅具,提高生活自理能力和生活质量。

社区养老服务是居家养老服务的重要支撑,具有社区日间照料和居家养老支持两类功能,主要面向家庭日间暂时无人或者无力照护的社区老年人提供服务。在城市,结合社区服务设施建设,增加养老设施网点,增强社区养老服务能力,打造居家养老服务平台。倡议、引导多种形式的志愿活动及老年人互助服务,动员各类人群参与社区养老服务。在农村,结合城镇化发展和新农村建设,以乡镇敬老院为基础,建设日间照料和短期托养的养老床位,逐步向区域性养老服务中心转变,向留守老年人及其他有需要的老年人提供日间照料、短期托养、配餐等服务;以建制村和较大自然村为基点,依托村民自治和集体经济,积极探索农村互助养老新模式。

机构养老服务以设施建设为重点,通过设施建设,实现其基本养老服务功能。养老服务设施建设重点包括老年养护机构和其他类型的养老机构。老年养护机构主要为失能、半失能的老年人提供专门服务,重点实现以下功能:1. 生活照料。设施应符合无障碍建设要求,配置必要的附属功能用房,满足老年人的穿衣、吃饭、如厕、洗澡、室内外活动等日常生活需求。2. 康复护理。具备开展康复、护理和应急处置工作的设施条件,并配备相应的康复器材,帮助老年人在一定程度上恢复生理功能或减缓部分生理功能的衰退。3. 紧急救援。具备为老年人提供突发性疾病和其他紧急情况的应急处置救援服务能力,使老年人能够得到及时有效的救援。鼓励在老年养护机构中内设医疗机构。符合条件的老年养护机构还应利用自身的资源优势,培训和指导社区养老服务组织和人员,提供居家养老服务,实现示范、辐射、带动作用。其他类型的养老机构根据自身特点,为不同类型的老年人提供集中照料等服务。

三、指导思想和基本原则

(一)指导思想。

以邓小平理论和"三个代表"重要思想为指导,深入贯彻落实科学发展观,以满足老年人的养老服务需求为目标,从我国基本国情出发,坚持政府主导、政策扶持、多方参与、统筹规划,在"十二五"期间,初步建立起与人口老龄化进程相适应、与经济社会发展水平相协调,以居家为基础、社区为依托、机构为支撑的社会养老服务体系,让老年人安享晚年,共享经济社会发展成果。

(二)基本原则。

1. 统筹规划、分级负责。加强社会养老服务体系建设是一项长期的战略任务,各级政府对养老机构和社区养老服务设施的建设和发展统筹考虑、整体规划。中央制定全国总体规划,确定建设目标和主要任务,制定优惠政策,支持重点领域建设;地方制定本地规划,承担主要建设任务,落实优惠政策,推动形成基层网络,保障其可持续发展。

2. 政府主导、多方参与。加强政府在制度、规划、筹资、服务、监管等方面的职责,加快社会养老服务设施建设。发挥市场在资源配置中的基础性作用，打破行业界限，开放社会养老服务市场，采取公建民营、民办公助、政府购买服务、补助贴息等多种模式，引导和支持社会力量兴办各类养老服务设施。鼓励城乡自治组织参与社会养老服务。充分发挥专业化社会组织的力量，不断提高社会养老服务水平和效率，促进有序竞争机制的形成，实现合作共赢。

3. 因地制宜、突出重点。根据区域内老年人口数量和养老服务发展水平，充分依托现有资源，合理安排社会养老服务体系建设项目。以居家养老服务为导向，以长期照料、护理康复和社区日间照料为重点，分类完善不同养老服务机构和设施的功能，优先解决好需求最迫切的老年群体的养老问题。

4. 深化改革、持续发展。按照管办分离、政事政企分开的原则，统筹推进公办养老服务机构改革。区分营利性与非营利性，加强对社会养老服务机构的登记和监管。盘活存量，改进管理。完善养老服务的投入机制、服务规范、建设标准、评价体系，促进信息化建设，加快养老服务专业队伍建设，确保养老机构良性运行和可持续发展。

四、目标和任务

(一)建设目标。

到 2015 年，基本形成制度完善、组织健全、规模适度、运营良好、服务优良、监管到位、可持续发展的社会养老服务体系。每千名老年人拥有养老床位数达到 30 张。居家养老和社区养老服务网络基本健全。

(二)建设任务。

改善居家养老环境，健全居家养老服务支持体系。以社区日间照料中心和专业化养老机构为重点，通过新建、改扩建和购置，提升社会养老服务设施水平。充分考虑经济社会发展水平和人口老龄化发展程度，“十二五”期间，增加日间照料床位和机构养老床位 340 余万张，实现养老床位总数翻一番；改造 30% 现有床位，使之达到建设标准。

在居家养老层面，支持有需求的老年人实施家庭无障碍设施改造。扶持居家服务机构发展，进一步开发和完善服务内容和项目，为老年人居家养老提供便利服务。

在城乡社区养老层面，重点建设老年人日间照料中心、托老所、老年人活动中心、互助式养老服务中心等社区养老设施，推进社区综合服务设施增强养老服务功能，使日间照料服务基本覆盖城市社区和半数以上的农村社区。

在机构养老层面，重点推进供养型、养护型、医护型养老设施建设。县级以上城市，至少建有一处以收养失能、半失能老年人为主的老年养护设施。在国家和省级层面，建设若干具有实训功能的养老服务设施。

提高社会养老服务装备水平，鼓励研发养老护理专业设备、辅具，积极推动养老服务专用车配备。

加强养老服务信息化建设，依托现代技术手段，为老年人提供高效便捷的服务，规范行业管理，不断提高养老服务水平。

(三)建设方式。

通过新建、扩建、改建、购置等方式，因地制宜建设养老服务设施。新建小区要统筹规划，将养老服务设施建设纳入公建配套实施方案。鼓励通过整合、置换或转变用途等方式，将闲置的医院、企业、农村集体闲置房屋以及各类公办培训中心、活动中心、疗养院、小旅馆、小招待所等设施资源改造用于养老服务。通过设备和康复辅具产品研发、养老服务专用车配备和信息化建设，全面提升社会养老服务能力。

(四)运行机制。

充分发挥市场在资源配置中的基础性作用，为各类服务主体营造平等参与、公平竞争的环境，实现社会养老服务可持续发展。

公办养老机构应充分发挥其基础性、保障性作用。按照国家分类推进事业单位改革的总体思路，理顺公办养老机构的运行机制，建立责任制和绩效评价制度，提高服务质量和效率。

鼓励有条件或新建的公办养老机构实行公建民营，通过公开招投标选定各类专业化的机构负责运营。负责运营的机构应坚持公益性质，通过服务收费、慈善捐赠、政府补贴等多种渠道筹集运营费用，确保自身的可持续发展。

加强对非营利性社会办养老机构的培育扶持，采取民办公助等形式，给予相应的建设补贴或运营补贴，支持其发展。鼓励民间资本投资建设专业化的服务设施，开展社会养老服务。

推动社会专业机构以输出管理团队、开展服务指导等方式参与养老服务设施运营，引导养老机构向规模化、专业化、连锁化方向发展。鼓励社会办养老机构收养政府供养对象，共享资源，共担责任。

(五)资金筹措。

社会养老服务体系建设资金需多方筹措，多渠道解决。

要充分发挥市场机制的基础性作用，通过用地保障、信贷支持、补助贴息和政府采购等多种形式，积极引导和鼓励企业、公益慈善组织及其他社会力量加大投入，参与养老服务设施的建设、运行和管理。

地方各级政府要切实履行基本公共服务职能，强化在社会养老服务体系建设中的支出责任，安排财政性专项资金，支持公益性养老服务设施建设。

民政部本级福利彩票公益金及地方各级彩票公益金要增加资金投入,优先保障社会养老服务体系建设。

中央设立专项补助投资,依据各地经济社会发展水平、老龄人口规模等,积极支持地方社会养老服务体系发展,重点用于社区日间照料中心和老年养护机构设施建设。

五、保障措施

(一)强化统筹规划,加强组织领导。从构建社会主义和谐社会的战略高度,充分认识加强社会养老服务体系建设的重要意义,增强使命感、责任感和紧迫感,将社会养老服务体系建设摆上各级政府的重要议事日程和目标责任考核范围,纳入经济社会发展规划,切实抓实抓好。各地要建立由民政、发展改革、老龄部门牵头,相关部门参与的工作机制,加强组织领导,加强协调沟通,加强对规划实施的督促检查,确保规划目标的如期实现。鼓励社会各界对规划实施进行监督。

(二)加大资金投入,建立长效机制。对公办养老机构保障所需经费,应列入财政预算并建立动态保障机制。采取公建民营、委托管理、购买服务等多种方式,支持社会组织兴办或者运营的公益性养老机构。鼓励和引导金融机构在风险可控和商业可持续的前提下,创新金融产品和服务方式,改进和完善对社会养老服务产业的金融服务,增加对养老服务企业及其建设项目的信贷投入。积极探索拓展社会养老服务产业市场化融资渠道。积极探索采取直接补助或贴息的方式,支持民间资本投资建设专业化的养老服务设施。

(三)加强制度建设,确保规范运营。建立、健全相关法律法规,建立养老服务准入、退出、监管制度,加大执法力度,规范养老服务市场行为。制定和完善居家养老、社区养老服务和机构养老服务的相关标准,建立相应的认证体系,大力推动养老服务标准化,促进养老服务示范活动深入开展。建立养老机构等级评定制度。建立老年人入院评估、养老服务需求评估等评估制度。

(四)完善扶持政策,推动健康发展。各级政府应将社会养老服务设施建设纳入城乡建设规划和土地利用规划,合理安排,科学布局,保障土地供应。符合条件的,按照土地划拨目录依法划拨。研究制定财政补助、社会保险、医疗等相关扶持政策,贯彻落实好有关税收以及用水、用电、用气等优惠政策。有条件的地方,可以探索实施老年护理补贴、护理保险,增强老年人对护理照料的支付能力。支持建立老年人意外伤害保险制度,构建养老服务行业风险合理分担机制。建立科学合理的价格形成机制,规范服务收费项目和标准。

(五)加快人才培养,提升服务质量。加强养老服务职业教育培训,有计划地在高等院校和中等职业学校增设养老服务相关专业和课程,开辟养老服务培训基地,加快培养老年医学、护理、营养和心理等方面的专业人才,提高养老服务从业人员的职业道德、业务技能和服务水平。如养老机构具有医疗资质,可以纳入护理类专业实习基地范围,鼓励大专院校学生到各类养老机构实习。加强养老服务专业培训教材开发,强化师资队伍建设。推行养老护理员职业资格考试认证制度,五年内全面实现持证上岗。完善培训政策和方法,加强养老护理员职业技能培训。探索建立在养老服务中引入专业社会工作人才的机制,推动养老机构开发社工岗位。开展社会工作的学历教育和资格认证。支持养老机构吸纳就业困难群体就业。加快培育从事养老服务的志愿者队伍,实行志愿者注册制度,形成专业人员引领志愿者的联动工作机制。

(六)运用现代科技成果,提高服务管理水平。以社区居家老年人服务需求为导向,以社区日间照料中心为依托,按照统筹规划、实用高效的原则,采取便民信息网、热线电话、爱心门铃、健康档案、服务手册、社区呼叫系统、有线电视网络等多种形式,构建社区养老服务信息网络和服务平台,发挥社区综合性信息网络平台的作用,为社区居家老年人提供便捷高效的服务。在养老机构中,推广建立老年人基本信息电子档案,通过网上办公实现对养老机构的日常管理,建成以网络为支撑的机构信息平台,实现居家、社区与机构养老服务的有效衔接,提高服务效率和管理水平。加强老年康复辅具产品研发。

各地可根据本规划,结合实际,制定本地区的社会养老服务体系建设规划。

国家发改委 外交部 财政部 科技部发布《中国参与大湄公河次区域经济合作国家报告》

报告积极评价大湄公河次区域经济合作(GMS)机制近20年来的发展,表达了中方积极参与GMS合作的意愿。

报告说,自2008年第三次GMS领导人会议,特别是中国—东盟自由贸易区建成以来,中国与GMS国家之间双边贸易呈现出更加良好的发展势头,贸易结构进一步改善,双边投资额也有了较快增长。中国还以合资或独资等方式参与柬埔寨、泰国、越南的经贸合作区开发建设,促进了当地的经济发展。

报告表示,2011年12月,第四次领导人会议将在缅甸内比都举行,审议确定未来十年的合作战略框架是此次会议的重要议题。中国愿与GMS各成员国一道落实好各项合作倡议,推动各领域合作向新的深度和广度发展,为实现GMS各国的共同发展与繁荣作出积极贡献。

报告指出,近20年来,在亚行和各成员国的共同努力下，GMS 合作稳步推进，成果丰硕，为消除贫困，促进 GMS 各国经济社会发展发挥了积极作用。合作注重以项目为主导，确定了交通、能源、电信、环境、农业、人力资源开发、旅游、贸易便利化与投资九大重点领域，并积极为成员国提供资金支持和技术援助。截至 2010 年年底，GMS 贷款(赠款)项目共 55 个，总投资约为 138 亿美元，其中亚行自身提供贷款 50 亿美元，GMS 国家政府配套资金 43 亿美元，联合融资 45 亿美元；技术援助项目 172 个，总额约为 2.3 亿美元，其中亚行自身提供贷款 1 亿美元，GMS 国家政府提供配套资金 2000 万美元，联合融资 1.1 亿美元。

报告就中国与 GMS 各国的经济贸易联系、中国参与 GMS 合作的新进展、中国云南省和广西壮族自治区参与 GMS 合作情况、中国参与下一阶段 GMS 合作的设想作出具体阐述。

GMS 机制于 1992 年正式启动，目前合作范围包括中国(云南省和广西壮族自治区)、柬埔寨、老挝、缅甸、泰国、越南，总面积 256.86 万平方公里，总人口约 3.26 亿。

中联部部长王家瑞在北京会见以越共中央委员梁强为团长的越南党政干部考察团

中国代表团在北京举行的首届世界智力精英运动会比赛中以 8 金 2 银 1 铜的成绩位列奖牌榜榜首

12 月 17 日

全国人才工作座谈会在北京召开

中共中央政治局委员、中央书记处书记、中组部部长李源潮出席会议并讲话。他指出，要深入落实国家人才发展规划，大力宣传和普及科学人才观，推进人才政策创新和人才工程实施，培养造就高层次创新型科技人才和青年英才，加大引进海外高层次人才力度，提高人才工作科学化水平，以服务科学发展的优异成绩迎接党的十八大召开。

中央人才工作协调小组成员，各省区市、新疆生产建设兵团和各副省级城市党委组织部负责同志，中央和国家机关各部委、部分国有重要骨干企业和高校有关负责同志参加会议。

2011 中国企业社会责任峰会在北京举行

本次会议的主题为“责任赢得诚信，责任引领未来”。全国人大常委会副委员长周铁农出席了会议。

峰会首次发布了由中国社会科学院经济学部企业社会责任研究中心编写的《中国企业社会责任报告白皮书 2011》。白皮书从企业社会责任报告的实质性、完整性、可读性、平衡性、可比性、创新性等六项指标评价了中国企业社会责任报告的质量。

中国产学研合作创新大会暨 2011 中国产学研合作促进会年会在上海举行

全国人大常委会副委员长陈至立出席会议并致辞。

陈至立强调，要认真贯彻中央经济工作会议精神，坚持创新驱动，促进产学研结合，注重推动重大技术突破，增强核心竞争力，培育发展战略性新兴产业，着力推进产业结构优化升级。要完善产学研合作的政策环境，加大政府统筹协调和支持引导力度；进一步突出企业的主体作用，坚持技术创新的市场导向；创新体制机制，促进产学研合作向体制机制内的融合升华；积极建立国际产学研合作创新平台，提高我国产业的国际竞争力；以先进科技推进文化产业发展，培养产学研结合的新的生长点。

《领导干部外事用语丛书》首发式在北京钓鱼台国宾馆举行

国务委员戴秉国及中央国家机关和军队有关部门负责同志、外交战线老同志代表、首都新闻界和出版界人士 200 多人出席。戴秉国为新书揭幕。外交部部长杨洁篪宣读了江泽民同志为该书撰写的序言并讲话。

“人民共和国党报论坛”第八届(2011)年会在天津举行

12 月 18 日

国务院总理温家宝在江苏省考察

12 月 18 日至 19 日，温家宝来到江苏省常熟、昆山和苏州工业园区，深入生产企业、科研单位、金融机构、服装交易市场，就当前经济运行及走势进行调研。两天时间里，他先后主持召开了 6 场座谈会。

温家宝指出，当前我国经济发展势头总体良好，但也面临不少新情况、新问题。我们既要看到有利条件，增强发展的信心，又要充分估计形势的复杂性和严峻性，做好应对困难和挑战的准备，扎实工作，稳中求进，牢牢把握经济工作的主动权。

温家宝说，你们需要国家扶持的政策有三条。一是资金支持。现在企业普遍感到资金紧张。我们要通过各种方式来帮助企业，防止资金链断裂。二是希望保持出口政策稳定。我们的方针是三句话：稳增长、调结构、促平衡。要把扩大内需与稳定外需结合起来。

今年、明年出口退税等出口政策都要保持基本稳定。三是要求包括技改在内的扶持政策。我们已制定了这样的方针，特别是财政支出主要用于改善民生和结构性减税，不仅要减轻企业负担，还要支持企业抓住机遇，加快技术改造，更新设备，增强发展后劲。

温家宝还说：面对复杂严峻的形势，还是需要坚定信心。坚定信心不是一句空话，必须正确把握经济形势，充分认识到面临的困难和问题，提出解决的办法。这就需要发挥领导、企业和职工的主动性。像2008年一样，我们现在遇到的困难经过努力是可以克服的。克服困难之后，产业结构会更加合理，技术水平会更高。

温家宝说，当前国内外经济形势复杂严峻，对形势的判断要建立在真实情况之上。他要求各级干部深入基层一线，察实情，看变化，找对策，把中央的方针政策真正落到实处。

全国组织部长会议在北京召开

中共中央政治局常委、中央书记处书记、国家副主席习近平出席会议并讲话。

习近平指出，党的十七大以来，在以胡锦涛同志为总书记的党中央坚强领导下，在各级党委和组织部门共同努力下，党的建设和组织工作围绕中心、服务大局，坚持在改革中推进、在继承中发展，具有鲜明特点，积累了新鲜经验，取得了显著成效。四年来党和国家各项事业继续又好又快地向前推进，是与加强党的建设和富有成效的组织工作分不开的。

习近平强调，2012年部分省区市党委将进行换届，地方人大、政府、政协换届工作也将全面展开。各省区市要继续认真贯彻中央部署，加强组织领导，进一步把工作抓细抓实。要坚持德才兼备、以德为先用人标准，坚持五湖四海、任人唯贤，切实把政治坚定、实绩突出、作风过硬、群众公认的干部选拔上来。特别要注意选拔那些原则性强、对群众感情深、一身正气、敢抓善管和工作中有思路、有激情、有韧劲、贡献大的干部，进一步树立正确用人导向。换届考察中，要充分发扬民主，认真落实群众对干部选用的知情权、参与权、选择权、监督权，做到尊重民意与正确集中相统一。对干部德的考察，要坚持把个人述职、民主测评、个别谈话、民意调查、实绩分析和年度考核、巡视监督、关键时刻考验等多方面多渠道的考察有机结合起来，全面、历史、辩证地评价干部的德。考察干部的才，要注重考察推动科学发展、促进社会和谐的能力，防止简单地把经济总量、发展速度等作为评价干部政绩的主要依据。

习近平强调，随着地方各级领导班子换届，一大批干部特别是年轻干部要走上新的领导岗位，形成新的领导集体。各地要抓住和用好这一契机，大力加强领导班子思想政治建设，推动领导干部切实解决在对待是与非、公与私、真与假、实与虚方面存在的问题，增强政治意识、大局意识、责任意识、忧患意识，经受住执政考验、改革开放考验、市场经济考验、外部环境考验，防止精神懈怠的危险、能力不足的危险、脱离群众的危险、消极腐败的危险，在提高思想政治素质上不断取得新的进步。每个领导班子都要认真落实民主集中制，结合实际建立健全具体的制度措施，自觉开展批评和自我批评，努力弘扬正气，坚决抵制歪风，真正形成领导班子团结协作、高效运转、能及时发现解决自身问题与矛盾的工作机制和管理机制。

习近平指出，党的基层组织建设和党员队伍建设在党的整个组织工作中具有十分重要的地位，任何时候都必须高度重视，自觉抓紧抓好。各级党组织要认真履行基层党建工作责任制，全面加强农村、社区、机关、国有企业、高等学校、科研院所、非公有制经济组织、新社会组织等领域党建工作，切实把基层党组织工作重心转移到服务发展、服务民生、服务群众上来。加大在青年工人、青年农民中发展党员工作力度，统筹做好其他领域发展党员工作，加强对党员的教育、管理和服务工作，充分发挥党员队伍的作用。

习近平还对组织部门加强自身建设提出了明确要求。

外交部部长杨洁篪就2011年国际形势和中国外交对《人民日报》记者发表谈话

记者：您认为2011年国际形势有什么新的重要发展？

杨洁篪：2011年是国际形势发生十分深刻复杂变化的一年。国际形势总体保持和平稳定，但影响深远的大事、难事和急事层出不穷，动荡的一面比较突出，国际关系和国际秩序加速调整变革：

国际力量对比加快朝着相对均衡的方向发展。综合国力的竞争日益激烈。新兴市场和发展中国家继续保持整体崛起势头，以金砖国家为代表的新兴国家机制化合作不断深化，日益成为牵动国际形势发展的重要力量。二十国集团成为全球经济治理的重要平台，国际金融机构和金融监管改革取得一定进展。

国际金融危机深层次影响进一步显现，世界经济复苏乏力，风险上升。一些国家主权债务危机愈演愈烈，主要经济体增速下滑，新兴市场国家也面临外部需求萎缩、内部通胀加剧等挑战，全球各种形式的保护主义明显增多。世界经济治理机制亟待改革和完善。

西亚北非地区持续动荡，地区力量对比此消彼长，有关国家关系出现新的分化组合，地区形势进入动荡与变革交织的不稳定期。巴以问题、伊核问题、阿富汗等热点问题此起彼伏，给地区和国际形势带来新的冲击。能源资源、网络安全、自然灾害等非传统安全问题更加突出。安全问题的突发性、传导性、联动性显著增强。

亚太地区在国际格局中的地位进一步上升。各方竞相加大对亚太投入，地区国家关系面临深刻调整。亚太是世界上最具发展活力和潜力的地区，虽然地区国家间存在一些领土主权和海洋权益争端，但求和平、重稳定、谋发展、促合作始终是地区形势的主流。

记者：今年我国外交为化解外部风险、服务国内发展与稳定做了哪些工作？

杨洁篪：新世纪新阶段，外交工作在党和国家工作全局中的地位和作用更加重要，必须更好地为巩固和发展改革发展稳定的大局服务，为维护国家的主权、安全和发展利益服务，为维护我国发展的重要战略机遇期服务。面对复杂的国际形势，我们在党中央、国务院正确领导下，把为“十二五”规划良好开局服好务作为全年外交工作的主线，全面推进外交工作总体布局，妥善应对各种国际乱局，积极引导国际体系变革，努力为全面建设小康社会营造良好国际环境。各有关部门和地区共同努力化解国际金融危机和一些国家主权债务危机对我国的冲击。我们加强同各国宏观经济政策协调，和国际社会一道支持有关国家克服经济金融困难，积极参与和引导国际经济金融体系改革。反对各种保护主义，妥善处理有关经贸摩擦。配合实施“引进来”、“走出去”，推动同欧亚、中东、拉美等地区能源资源、跨境基础设施建设等大项目合作取得新进展。我们在谋求自身发展的同时，深入推进互利共赢的开放战略，积极扩大进口，为各方提供巨大的市场空间和就业机会。

我们严密防范各种反华敌对势力的渗透破坏活动，全力配合维护国内社会政治稳定。坚决反对有关国家利用台湾、涉藏等问题干涉我国内政，有力维护了国家的主权与安全。

记者：请您介绍一下今年我国与各方关系的发展情况。

杨洁篪：一年来，胡锦涛主席、吴邦国委员长、温家宝总理、全国政协主席贾庆林等党和国家领导人出席多场重大外交活动，通过卓有成效的首脑外交和高层往来，全方位推进了我国与各方的友好合作关系。

我们同各大国关系稳步发展。胡主席成功访美，中美就建设相互尊重、互利共赢的合作伙伴关系达成重要共识。我们积极落实两国元首共识，推进双方各领域交流合作，促美以合作方式、通过平等协商妥善处理两国在经贸等方面存在的分歧，保持中美关系总体稳定。同时我们坚决反对美对台军售等错误行径。中俄高层交往频繁，双方决定将两国关系提升为平等信任、相互支持、共同繁荣、世代友好的全面战略协作伙伴关系，制定未来10年两国关系发展规划。中欧关系稳定发展，双方务实合作和人文交流达到新水平。我们支持日本抗震救灾和灾后重建，中日关系取得新进展。

我们坚持与邻为善、以邻为伴的周边外交方针，努力维护周边地区稳定发展大局。尽管受到国际金融危机的不利影响，我们努力扩大与周边国家的互利合作，成为大多数周边国家的最大贸易伙伴和越来越多国家的最大出口市场，同周边国家的共同利益不断深化。我们稳步推动“10+1”、“10+3”、上海合作组织、亚太经合组织、东亚峰会等区域合作进程，促进地区国家共同发展。我们同东盟国家就落实《南海各方行为宣言》后续行动指针达成一致，并设立中国—东盟海上合作基金。

我们大力巩固与发展中国家的传统友谊。我国领导人遍访亚非拉地区，增进了我国与有关国家的政治互信，推动了各领域合作与交流，中非新型战略伙伴关系进一步加强，中拉经贸合作不断深化。我们在三亚成功举办金砖国家领导人第三次会晤，金砖国家间协调合作进一步加强。

我们深入开展多边外交。我国领导人利用重大多边场合深入阐述我国内外政策，与各方协调合作应对全球性挑战，积极引导世界经济治理机制改革。同时继续在朝核、伊核等热点问题上劝和促谈，为维护地区形势稳定发挥建设性作用。

记者：我们在维护我国海外利益方面做了哪些工作？

杨洁篪：今年以来，我们在维护海外利益方面的挑战有所增多。我们认真践行“以人为本、外交为民”理念，处理各种领事保护案件两万多起，有力维护了我国海外公民和法人的安全与正当权益。在党中央、国务院统一指挥下，各部门、各单位密切协同，圆满完成从西亚北非有关国家撤离我国公民行动，仅从利比亚就撤出35860人，这是新中国成立以来最大一次有组织撤离海外中国人员的行动，充分展示了我国集中力量办大事的制度优势。我们广泛参与打击恐怖主义、海盗、网络犯罪、跨国犯罪等国际合作，与各国携手应对非传统安全威胁。进一步加强预防性领事保护工作，努力建立健全海外领事保护机制，加强相关能力建设。

记者：请问今年我国在公共人文外交方面有哪些新举措？

杨洁篪：新形势下，公共人文外交是我国外交的重要开拓方向。我们深入贯彻党的十七届六中全会精神，积极开展公共人文外交，大力促进中外人文交流。我们围绕建党90周年、辛亥革命100周年、《中国的和平发展》白皮书发布等重大活动，以多种方式向世界阐述中国走和平发展道路的决心和诚意，展示中国光明的发展前景。我们打造“外交小灵通”微博、“外交服务站”广播、蓝厅论坛等公共外交新品牌，将例行记者会由每周两次增至五次，充分利用各种媒介向国内外民众介绍我国内外政策和发展理念。同时，充分发挥我国驻外使领馆对外宣传的桥头堡作用，驻外高级外交官今年发表演讲和接受采访达2700多次，发挥了增信释疑的积极作用。我们同多国成功举办“中国年”、“文化日”、“感知中国”等大型人文交流活动，提升了中国文化的国际影响力。

记者：请您展望一下明年的外交工作。

杨洁篪：2012年，我们将迎来党的十八大，“十二五”规划进入全面实施阶段。国际力量的消长变化、国际体系的变革调整、国际关系的磨合互动将在更深层次展开，世界经济形势总体上仍将十分严峻复杂，国际形势中一些重大问题的后续和延伸效应将持续显现，诸多可以预料和难以预料的不稳定不确定因素依然存在。我国在国际上的地位和作用更加为各方所看重，但面临的风险和挑战也在上升，总的看，我国发展仍处于重要战略机遇期。我们要在以胡锦涛同志为总书记的党中央领导下，进一步增强机遇意识、忧患意识和风险意识，牢牢抓住机遇，妥善应对挑战，推动各项外交工作不断迈上新台阶。

我们要同各大国增进互信，拓展合作，妥善处理分歧，推进双方关系稳定发展。坚持睦邻友好，提升与周边国家的合作水平，巩固周边战略依托。密切同发展中国家高层交往，充分利用中非、中阿合作论坛等机制，将我国同发展中国家的团结合作推向更高水平。以峰会外交为契机，发挥我国在多边外交舞台上的负责任大国作用。继续参与应对金融危机的国际合作，推动我国与有关国家财政、金融、经贸和投资合作。多渠道、多形式、多层次地开展公共人文外交，进一步增强我国的形象亲和力和道义感召力。我们要坚定不移地走和平发展道路，坚持奉行互利共赢的开放战略，维护世界和平，促进共同发展，为中国共产党第十八次全国代表大会胜利召开以及“十二五”规划的全面实施创造更加良好的外部环境。

中国科学家绘制完成全世界首个蒙古族人全基因组序列图谱

项目总负责人、内蒙古农业大学生命科学学院动物生物技术重点实验室主任周欢敏介绍，这一研究成果是我国科学家首次独立完成的、具有自主知识产权的蒙古族人全基因组序列图谱，标志着我国的人类学、民族学、人类遗传学及医学健康研究进入了基因组水平。

项目核心研究人员之一、内蒙古民族大学教授白海花说，在这个项目中，科研人员首先对苏尼特王爷家系后代——成吉思汗的第三十四代、健康蒙古族男性进行了全基因组测序，并绘制出一个较为完整的蒙古族人全基因组图谱，测序深度和水平达到世界领先水准。

中国首条高端集成电路存储器封装测试生产线在浪潮集团上线投产

这标志着我国信息产业在自主、可控的道路上又迈出重要一步。

存储器是信息产业的粮食，占集成电路产值的1/4以上。随着云计算时代的到来，发展集成电路存储器产业尤显重要。当前，少数国外企业垄断集成电路核心技术，对我国电子信息产业发展和信息安全非常不利。

林丹在广西柳州举行的世界羽联超级系列赛总决赛中获得男单冠军

12月19日

中共中央电唁金正日逝世

中共中央、全国人大常委会、国务院、中央军委向朝鲜劳动党中央委员会、朝鲜劳动党中央军事委员会、朝鲜民主主义人民共和国国防委员会、朝鲜民主主义人民共和国最高人民会议常任委员会、朝鲜民主主义人民共和国内阁发唁电，沉痛悼念朝鲜劳动党总书记、国防委员会委员长、朝鲜人民军最高司令官金正日同志。外交部长杨洁篪约见朝鲜驻华使馆临时代办朴明浩，转达了唁电。唁电全文如下：

平壤朝鲜劳动党中央委员会朝鲜劳动党中央军事委员会朝鲜民主主义人民共和国国防委员会朝鲜民主主义人民共和国最高人民会议常任委员会朝鲜民主主义人民共和国内阁：

惊悉朝鲜劳动党总书记、国防委员会委员长、朝鲜人民军最高司令官金正日同志不幸与世长辞，我们谨以无比沉痛的心情向全体朝鲜人民致以最深切的哀悼和最诚挚的慰问。

金正日同志是朝鲜劳动党和朝鲜民主主义人民共和国的伟大领导者，他把毕生精力献给了朝鲜人民建设朝鲜式社会主义强盛国家的伟大事业，建立了不朽的历史功勋。

金正日同志是中国人民的亲密朋友,他以极大热情继承和发展了由两国老一辈革命家亲自缔造和培育的中朝传统友谊,同中国领导人结下了深厚友谊,有力地推动了中朝睦邻友好合作关系不断向前发展。中国党、政府和中国人民对金正日同志的逝世深感悲痛,中国人民将永远怀念他。

金正日同志虽已溘然长逝,但他将永远活在朝鲜人民心中。我们相信,朝鲜人民必将继承金正日同志的遗志,紧密团结在朝鲜劳动党的周围,在金正恩同志领导下,化悲痛为力量,为建设社会主义强盛国家,实现朝鲜半岛的持久和平继续前进。

中朝两国山水相连、休戚与共,不断巩固和发展中朝传统友好合作关系是中国党和政府的一贯方针。我们坚信,在双方共同努力下,中朝两党、两国和两国人民的友谊必将继续巩固和发展下去。中国人民将永远与朝鲜人民站在一起!

金正日同志永垂不朽!

中国共产党中央委员会
中华人民共和国全国人民代表大会常务委员会
中华人民共和国国务院
中华人民共和国中央军事委员会
2011年12月19日于北京

全国组织部长会议在北京闭幕

中共中央政治局委员、中央书记处书记、中组部部长李源潮出席并讲话。

会议要求,认真贯彻落实中央精神,以迎接党的十八大为主线,以做好十八大有关准备工作、高标准高质量抓好地方领导班子换届,加强领导班子思想政治建设,深化干部人事制度改革,深化创先争优、加强基层组织,落实人才发展规划为重点,把明年组织工作做得更实更好,为推动科学发展、促进社会和谐提供坚强组织保证。

会议认为,2011年组织工作在党中央和各级党委领导下,改革创新、扎实推进,干部群众的满意度明显提高。召开党的十八大,组织部门承担着重要责任。要按照中央决策部署,认真做好十八大有关准备和地方领导班子换届工作。坚持五湖四海、任人唯贤,坚持德才兼备、以德为先,坚持民主公开竞争择优,选优配强领导班子特别是党政正职,进一步营造风清气正的换届环境。加强换届后领导班子思想政治建设,增强党性、改进作风,提高推动科学发展、促进社会和谐能力。总结换届中推进改革的经验,继续积极稳妥推进干部人事制度改革。深化创先争优活动,使创先争优常态化、长效化。要把明年作为"基层组织建设年",全面提升基层党建工作水平。深入实施人才发展规划,更好地发挥人才第一资源对科学发展的支撑作用。

会议还研究讨论了提高组织工作科学化水平问题,认为推进组织工作科学化,要坚持以中国特色社会主义理论体系为指导,围绕中心、服务大局为根本方向,全党满意、人民满意为价值标准,改革创新为主要动力,战略规划为有力抓手,量化分析为重要工具,系统化类别化精细化为重要方法,注重实际效益为重要理念,深入基层研究实践规律为重要途径,建立调查和评估反馈系统为重要杠杆,法制化为根本保障。会议要求,组织系统和组工干部要带头创先争优,带头改革创新,带头联系群众,带头清正廉洁。

中组部常务副部长沈跃跃作会议总结。

国务院副总理张德江在北京出席中央企业负责人会议并发表讲话

张德江指出,2011年,中央企业认真贯彻落实党中央、国务院的各项决策部署,积极进取,开拓创新,生产经营继续保持平稳较快增长,改革开放进一步深化,转变发展方式取得积极进展,履行社会责任得到切实加强,改革发展各项工作都取得了新的成绩,实现了"十二五"时期良好开局。

张德江强调,中央企业要正确把握明年国际国内总体经济形势,把思想统一到中央的判断上来,全面贯彻落实中央经济工作会议精神,增强机遇意识、忧患意识,加强战略谋划,增强应对能力,不断提高企业科学发展能力。一要把保持企业平稳较快发展作为首要任务,突出主业,做强做优实体经济,防止企业生产经营出现大的波动,在保持国民经济平稳较快发展中发挥骨干作用。二要大力培育发展战略性新兴产业,改造提升传统产业,推进企业兼并重组,发展生产型服务业,在结构调整中发挥带头作用。三要建立完善考核政策,着力推进企业技术创新,增强企业技术创新能力,在建设创新型国家中发挥排头兵作用。四要进一步深化公司制股份制改革,完善企业法人治理结构,深化企业内部改革,在体制机制创新中发挥示范作用。五要坚持推进对外开放,增强全球配置资源能力,加强对境外企业的监督、管理和引导,在"走出去"中发挥领头羊作用。六要积极履行社会责任,稳定和扩大就业,大力推进节能减排,服务回馈社会,在维护社会和谐稳定中发挥表率作用。

国家统计局科研所发布《中国全面建设小康社会进程统计监测报告》

报告显示,2010年中国全面建设小康社会的实现程度达到80.1%,比2000年提高20.5个百分点。全面建设小康社会的六大方面:经济发展、社会和谐、生活质量、民主法制、文化教育、资源环境的实现程度都有较大的提高。

报告指出，2010年中国在经济发展方面的实现程度为76.1%，比2000年提高25.8个百分点；社会和谐方面的实现程度为82.5%，比2000年提高25.0个百分点，基本社会保险覆盖率达到65.6%；生活质量方面的实现程度为86.4%，比2000年提高28.1个百分点，在六大方面中实现程度提升的幅度最大；民主法制方面的实现程度为93.6%，比2000年提高8.7个百分点；文化教育方面的实现程度为68.0%，比2000年提高9.7个百分点；资源环境方面的实现程度为78.2%，比2000年提高12.8个百分点。

国防部部长梁光烈在北京与马来西亚国防部长哈米迪举行会谈

中央军委主席胡锦涛签署命令给1个单位2名个人授予荣誉称号

授予广西军区边防某团八连“卫国戍边模范连”荣誉称号。命令中指出，八连在新形势下大力弘扬扎根边防、建设边防、奉献边防的精神，着眼实战真抓实备，2005年以来连队先后17次受到军以上单位表彰，年年被评为基层建设标兵单位、战备工作先进单位、军事训练一级单位，荣立二等功1次，党支部2次被评为全军先进基层党组织，团支部被评为全国五四红旗团支部。八连全面建设过硬，完成任务出色，是模范践行当代革命军人核心价值观、忠实履行卫国戍边使命的杰出代表。全军和武警部队要努力向八连学习。学习他们高举旗帜、听党指挥的坚定政治信念，坚持不懈地用中国特色社会主义理论体系武装头脑，始终保持部队建设的正确方向；学习他们苦练精兵、矢志打赢的强烈使命意识，毫不放松地抓好军事斗争准备。不断提高遂行多样化军事任务的能力；学习他们严守纪律、恪尽职守的优良作风，忠实践行我军全心全意为人民服务的根本宗旨，圆满完成党和人民赋予的各项任务。

追授空军航空兵某师装备部原副部长徐建平同志“模范机务干部”荣誉称号。命令中指出，徐建平同志几十年如一日，孜孜不倦地学习新知识新技能，是机务战线拔尖的复合型人才；他对待工作一丝不苟，先后检查排除各类故障隐患1000余起；他敢于较真碰硬，在接装、监修等难度大、责任重的工作上勇于坚持原则，赢得了领导信任和国内外同行尊重；他重事业、淡名利，全身心投入军队航空机务事业，体现了一名党员干部的高尚情操。徐建平同志视责任重于泰山，兢兢业业、忘我工作，是新形势下党员干部恪尽职守、献身使命的杰出代表。全军和武警部队广大官兵要努力向他学习。学习他忠诚于党、矢志报国的政治信念，坚持不懈地用中国特色社会主义理论体系武装头脑，始终保持理想信念坚定和思想道德纯洁；学习他追求卓越、永不自满的进取精神，刻苦钻研新知识、掌握新技能、增强新本领，全面提高履行使命任务的素质能力；学习他严谨细致、精益求精的工作作风，扎实做好本职工作，努力创造一流业绩；学习他淡泊名利、任劳任怨的高尚品质，不断增强事业心责任感，自觉为党和人民的事业多做贡献。

授予解放军第四医院外科副主任、副主任医师何敏同志“高原模范军医”荣誉称号。命令中指出，何敏同志始终视事业重于生命，视患者胜似亲人，先后29次到牧区巡诊，5次面临生死危险，累计行程10多万公里，赢得广泛赞誉。玉树地震发生后，她在查出患乳腺癌准备做手术的情况下，隐瞒病情毅然赶赴灾区，用生命抢救生命、用生命履行使命，艰苦奋战16天，救治3名难产孕妇，诊治伤病员1200多例，直至晕倒住院。何敏同志是军队医疗卫生战线的先进典型，是模范践行当代革命军人核心价值观的杰出代表。全军和武警部队广大官兵要努力向她学习。学习她忠诚于党、矢志不渝的坚定信念，坚持用党的创新理论武装头脑，始终做到听党的话、跟党走；学习她牢记使命、忘我工作的奋斗精神，爱军精武、勤勉敬业，立足本职岗位强素质、创佳绩；学习她心系群众、爱民为民的高尚情怀，始终把人民利益放在第一位，模范践行我军全心全意为人民服务的根本宗旨；学习她扎根高原、甘于奉献的崇高品质，不畏艰难、顽强拼搏，高标准完成肩负的使命任务。

中央军委号召，全军和武警部队广大官兵要以这次授予荣誉称号的单位和个人为榜样，高举中国特色社会主义伟大旗帜，以邓小平理论和“三个代表”重要思想为指导，深入贯彻落实科学发展观，自觉践行当代革命军人核心价值观，紧紧围绕国防和军队建设主题主线，团结拼搏，扎实工作，为推动军队建设科学发展、有效履行新世纪新阶段我军历史使命而努力奋斗！

中央军委主席胡锦涛签署通令给6个单位12名个人记功

给在单位建设取得显著成绩和完成任务中作出突出贡献的63612部队、空军八一飞行表演队、空军某飞行学院三团、国防大学马克思主义研究所记一等功，63680部队接船一大队记二等功，海军某试验区记三等功。

给在本职岗位上作出突出成绩的装甲兵工程学院控制工程系电气工程教研室教授臧克茂、军事医学科学院毒物药物研究所所长李松、海军东海舰队航空兵某团副团长孙自武、空军某试飞团副参谋长李刚记一等功，给第二军医大学药学系药理学教研室教授苏定冯记二等功，给海军总医院专家组顾问、主任医师杨晔记三等功。

给在科研工作中取得显著成绩的第四军医大学航空航天医学系心理学教研室主任苗丹民记一等功，海军工程大学某研究所所长马伟明记一等功，给总后卫生部副部长王玉民，解放军总医院南楼临床部呼吸内科主任刘长庭，军事医学科学院放射与辐射医学研究所辐射生物技术研究室主任王升启，海军装备研究院院长汪玉记二等功。

中国首个干细胞生命科技产业化基地院士工作站在内蒙古启动

国务委员刘延东在北京出席首届中华艺文奖颁奖典礼

全国人大常委会副委员长华建敏、全国政协副主席孙家正出席典礼并一同为获奖者颁奖。

刘延东强调，当前，文化越来越成为民族凝聚力和创造力的重要源泉，越来越成为综合国力竞争的重要因素，越来越成为经济社会发展的重要支撑，丰富精神文化生活越来越成为我国人民的热切期望。要牢牢把握先进文化前进方向，坚持"二为"方向和"双百"方针，使文化创造为建设中华民族共有精神家园服务，为全面建设小康社会服务。要坚持以人为本，贴近实际、贴近生活、贴近群众，注重思想性、艺术性、观赏性相统一，努力生产出具有国家水准、民族风格、中国气派、时代特色的传世之作。要以更加自信的姿态"走出去"、"请进来"，开展多渠道多形式对外文化交流，促进各国间文化的对话和互鉴，厚植中国与各国人民的友谊，不断增强中华文化国际影响力感召力。要大力加强人才培养，努力造就德艺双馨的优秀专业人才和复合型的经营管理人才。她希望有越来越多的热心企业富而思进，勇于承担社会责任，积极支持中国文化繁荣发展，有越来越多的社会力量参与到文化强国建设中来。

中华艺文奖由中国艺术研究院主办，中国泛海控股集团有限公司出资设立。文化部部长蔡武等有关部门负责同志出席颁奖典礼。

中国社科院发布2012年《社会蓝皮书》

社会蓝皮书《2012年中国社会形势分析与预测》由中国社会科学院社会学研究所、社会科学文献出版社联合发布。

蓝皮书指出，2011年是中国城市化发展史上具有里程碑意义的一年，城镇人口占总人口比重首次超过50%。工业化、城市化和市场化，已成拉动中国巨大社会变迁的"三驾马车"。

调查显示，近三成农业户籍人口已居住在城镇，城镇化过程对农业人口具有巨大吸引力。

对2011年公众关注的社会问题进行的调查显示，物价、看病和收入差距问题依然最为公众所关注。调查表明，公众选择最多的前三项问题是"物价上涨"(59.5%)、"看病难、看病贵"(42.9%)和"收入差距过大，贫富分化"(31.6%)。

12月20日

国家主席胡锦涛在人民大会堂与波兰总统科莫罗夫斯基举行会谈

胡锦涛表示，中波双方要以建立战略伙伴关系为新起点，共同落实好中波联合声明提出的各项任务，不断增进政治互信，密切两国政治关系，在涉及各自核心利益的重大问题上相互沟通、相互支持。双方要加强在国际和地区事务中的协调与配合，共同应对各种全球性挑战，推动国际政治经济秩序朝着更公正合理的方向发展。双方要更好地发挥政府间经济联委会和商会等中介组织的作用，加强对经贸合作的指导和协调，进一步深化贸易、交通、矿产等传统领域合作，同时要挖掘潜力，促进双向投资，拓展新能源、现代农业、绿色经济等新兴产业的合作，不断提升合作的质量和水平。中方欢迎波方企业来华参加各类展会，以更加进取的姿态开拓中国市场。双方要继续开展互办文化节、互派文艺团体展演，扩大两国高校交流，增加留学生互换名额，促进科技人员往来和科研合作，继续支持两国青年、民间团体、媒体智库、地方扩大友好交往，共同谱写中波友好的新篇章。

科莫罗夫斯基表示，波兰和中国在世界上发挥着重要作用，加强两国友好合作完全符合两国利益。在当今复杂多变的世界上，双方要加强交流与合作。波方愿同中方共同努力，加强两国政治往来以及经贸等各领域合作，支持双方工商企业加强交往与合作，大力开展人文交流特别是高校交流，扩大两国友好的基础，加强在国际事务中的磋商与协调，把两国关系提升到新的更高水平，并推动两国战略伙伴关系不断向前发展。波方愿继续为促进欧中关系发展发挥积极作用。

会谈后，两国元首签署了《中华人民共和国和波兰共和国关于建立战略伙伴关系的联合声明》，并出席了有关双边合作文件的签字仪式。

中共中央总书记 国家主席胡锦涛在朝鲜驻华使

馆吊唁朝鲜劳动党总书记金正日逝世

国务院总理温家宝签署第612号令发布《放射性废物安全管理条例》

《放射性废物安全管理条例》已经2011年11月30日国务院第183次常务会议通过，现予公布，自2012年3月1日起施行。

总 理 温家宝

2011年12月20日

放射性废物安全管理条例(略)

国务院总理温家宝签署第613号令发布《中华人民共和国招标投标法实施条例》

《中华人民共和国招标投标法实施条例》已经2011年11月30日国务院第183次常务会议通过，现予公布，自2012年2月1日起施行。

总 理 温家宝

2011年12月20日

中华人民共和国招标投标法实施条例(略)

国办发布《社区服务体系建设规划(2011—2015年)》

各省、自治区、直辖市人民政府，国务院各部委、各直属机构：

《社区服务体系建设规划(2011—2015年)》已经国务院同意，现印发给你们，请认真贯彻执行。

国务院办公厅

2011年12月20日

社区服务体系建设规划(2011—2015年)(略)

全国精神文明建设工作表彰大会在北京举行

中共中央政治局常委、中央文明委主任李长春出席并讲话。

中共中央政治局委员、书记处书记、中宣部部长、中央文明委副主任刘云山主持会议。

会上，中共中央政治局委员、国务委员、中央文明委副主任刘延东宣读了表彰决定，授予27个全国文明城市(区)、899个全国文明村镇、1794个全国文明单位，继续保留23个城市(区)的全国文明城市(区)荣誉称号。

中央文明委委员出席会议。各地各部门文明委负责同志，受表彰的城市(区)、村镇、单位代表参加会议。

中央精神文明建设指导委员会发出《关于表彰第三批全国文明城市(区)、文明村镇、文明单位的决定》

各省、自治区、直辖市和新疆生产建设兵团精神文明建设委员会，中央精神文明建设指导委员会各成员单位：

党的十七大以来，在以胡锦涛同志为总书记的党中央坚强领导下，各地各部门高举中国特色社会主义伟大旗帜，坚持以邓小平理论和"三个代表"重要思想为指导，深入贯彻落实科学发展观，紧紧围绕推动科学发展、促进社会和谐，以建设社会主义核心价值体系为根本，广泛开展创建文明城市、文明村镇、文明单位活动，社会主义精神文明建设取得巨大进展和显著成绩，城乡文明程度和公民文明素质不断提高，在促进经济社会又好又快发展、推动中国特色社会主义事业发展中发挥了重要作用，涌现出一批成绩突出、影响广泛的先进典型。

为充分展示精神文明创建活动的丰硕成果，进一步调动全社会参与精神文明创建活动的积极性，推动社会主义精神文明建设深入发展，中央文明委决定，授予长沙市等27个城市(区)全国文明城市(区)称号、北京市朝阳区高碑店乡高碑店村等899个村镇全国文明村镇称号、首都博物馆等1794个单位全国文明单位称号。同时，决定继续保留厦门市等23个城市(区)的全国文明城市(区)荣誉称号。

希望受表彰的城市(区)、村镇、单位珍惜荣誉，发扬成绩，再接再厉，在推进社会主义经济建设、政治建设、文化建设、社会建设以及生态文明建设和党的建设中，在促进经济社会全面进步和人的全面发展中，更好地发挥示范带头作用，为夺取全面建设小康社会新胜利、开创中国特色社会主义事业新局面作出新贡献。

中央精神文明建设指导委员会

2011年12月20日

第三批全国文明城市(区)、文明村镇、文明单位名单(略)

国家主席胡锦涛根据全国人大常委会的决定任免驻外大使

一、任命郑祥林为中华人民共和国驻文莱达鲁萨兰国特命全权大使；

免去闵永年的中华人民共和国驻文莱达鲁萨兰国特命全权大使职务。

二、任命李成文为中华人民共和国驻沙特阿拉伯王国特命全权大使；

免去杨洪林的中华人民共和国驻沙特阿拉伯王国特命全权大使职务。

三、任命黄敏慧(女)为中华人民共和国驻秘鲁共和国特命全权大使；

免去赵五一的中华人民共和国驻秘鲁共和国特命全权大使职务。

四、任命解晓岩为中华人民共和国驻埃塞俄比亚联邦民主共和国特命全权大使；

免去顾小杰的中华人民共和国驻埃塞俄比亚联邦民主共和国特命全权大使职务。

五、任命史忠俊为中华人民共和国驻塞舌尔共和国特命全权大使；

免去王卫国的中华人民共和国驻塞舌尔共和国特命全权大使职务。

六、任命霍玉珍(女)为中华人民共和国驻罗马尼亚特命全权大使；

免去刘增文的中华人民共和国驻罗马尼亚特命全权大使职务。

七、任命叶皓为中华人民共和国驻阿尔巴尼亚共和国特命全权大使；

免去王俊岭的中华人民共和国驻阿尔巴尼亚共和国特命全权大使职务。

八、任命吴海涛为中华人民共和国常驻联合国日内瓦办事处和瑞士其他国际组织副代表、特命全权裁军事务大使；

免去王群的中华人民共和国常驻联合国日内瓦办事处和瑞士其他国际组织副代表、特命全权裁军事务大使职务。

国务委员戴秉国在缅甸内比都与泰国总理英拉举行会谈

国务委员戴秉国在内比都出席大湄公河次区域经济合作第四次领导人会议并讲话

戴秉国指出，当前，一些发达国家经济复苏乏力，新兴经济体通胀压力上升，世界经济的不确定、不稳定因素可能长期存在。大湄公河次区域经济今年总体保持稳定增长，各领域合作深入推进。《大湄公河次区域经济合作新十年战略框架》将为次区域合作翻开新的篇章。同时，次区域国家在减贫、基础设施改善、公共卫生等领域依然面临着较大困难。在此背景下，我们要更紧密地团结在一起，将推进经济一体化、促进可持续发展作为合作重点，不断丰富合作内容，实现次区域的共同发展与繁荣。

缅甸总统吴登盛、柬埔寨首相洪森、老挝总理通辛、泰国总理英拉、越南总理阮晋勇和亚洲开发银行行长黑田东彦出席会议。

会议通过了《内比都宣言》和《大湄公河次区域经济合作新十年战略框架》。与会领导人接受了GMS部长递交的成果文件，听取了GMS工商论坛商业和投资会议的情况汇报，并出席了3个合作备忘录的签字仪式。

中国在西昌卫星发射中心用“长征三号乙”运载火箭将尼日利亚通信卫星1R成功送入预定轨道

第七次全国环境保护大会在北京召开

国务院副总理李克强出席会议并讲话。李克强强调，环境是重要的发展资源，良好环境本身就是稀缺资源，要全面贯彻落实中央经济工作会议精神，按照“十二五”发展主题主线的要求，坚持在发展中保护、在保护中发展，推动经济转型，提升生活质量，为经济长期平稳较快发展固本强基，为人民群众提供水清天蓝地干净的宜居安康环境。

会上，受国务院委托，环境保护部部长周生贤与各省(区、市)、新疆生产建设兵团和部分中央企业负责人签订了“十二五”污染减排目标责任书。

各省(区、市)政府、新疆生产建设兵团、各计划单列市分管环境保护工作的负责人，国务院有关部门负责人，部分中央企业负责人，各省(区、市)发展改革、财政、环保部门负责人参加会议。中共中央、全国人大、全国政协和军队、武警有关部门(单位)负责人应邀参加会议。第六次全国环境保护大会2006年召开。

12月21日

全国人大常委会委员长吴邦国 国务院总理温家宝 国务院副总理李克强在北京分别会见波兰总统科莫罗夫斯基

党和国家领导人温家宝 贾庆林 李克强 贺国强等赴朝鲜驻华使馆吊唁金正日逝世

“两岸四地中国戏曲艺术传承与发展·北京论坛”在北京举办戏曲晚会

中共中央政治局常委、全国政协主席贾庆林出席观看。

“两岸四地中国戏曲艺术传承与发展论坛”先后在港澳台地区成功举办，弘扬了中国传统戏曲艺术，促进了内地与港澳台地区艺术家的友谊与交流，在海内外产生了积极影响。

王刚、钱运录、孙家正、郑万通、王志珍和张怀西等也一同观看了演出。

农村综合改革工作座谈会在北京召开

中共中央政治局委员、国务院副总理回良玉出席会议并讲话。

回良玉强调，当前我国已进入全面建设小康社会的关键时期和深化改革开放、加快转变经济发展方式的攻坚阶段。公共资源配置不合理、农村经济社会发展相对滞后、城乡公共服务不均等的问题仍比较突出，必须坚定不移地加大力度，深入推进农村综合改革。一是继续全面深化乡镇机构、农村义务教育、县乡财政管理体制和集体林权制度改革。二是扎实推进村级公益事业建设一事一议财政奖补，扩大奖补覆盖面，加大财政投入，完善制度办法。三是积极稳妥推开公益性乡村债务清理化解工作，加大中央财政支持力度，扩大试点范围。四是抓紧启动农村综合改革示范试点和国有农场办社会职能改革试点。五是加快推动新型农业社会化服务体系建设，加强乡镇或区域性农业技术推广、动植物疫病防控、农产品质量监管等公共服务机构能力建设，开展农业社会化服务标准化试点和标准体系建设。六是进一步加强村级组织运转经费保障能力，落实保障责任，完善保障机制，确保按时完成中央提出的目标任务。

安徽、江苏、湖北省人民政府负责同志、有关专家学者在会上发言。国务院农村综合改革工作小组成员，中央和国务院有关部门负责同志，部分参与农村税费改革工作的老同志和专家学者，各省(区、市)、计划单列市和新疆生产建设兵团农村综合改革领导小组办公室负责同志参加了会议。

中共中央政治局常委 国家副主席习近平在河内分别会见越共中央总书记阮富仲 越南国家主席张晋创

中共中央政治局常委 国家副主席习近平在河内与越共中央书记处常务书记黎鸿英举行会谈

习近平指出，面对深刻复杂变化的国际形势，中越加强团结、深化合作，有利于巩固两党执政地位，有利于实现两国各自的稳定和发展，有利于巩固发展社会主义事业，也有利于地区和平与发展。中方愿与越方一道努力，从以下五方面推动中越全面战略合作伙伴关系向前发展。

第一，加强战略沟通，增进政治互信。中方愿同越方保持高层交往，及时就深化中越关系和互利合作以及重大国际和地区问题交换意见，增进战略互信并及时指导解决双边关系中出现的问题。

第二，密切党际交往，相互学习借鉴。双方要落实好两党五年合作计划，扩大干部培训合作；深化治党治国经验交流，就两党两国发展面临的重大理论和实践问题加强研究；推进两党对口部门合作，为两国关系发展营造良好氛围。

第三，深化务实合作，实现互利共赢。双方要发挥中越双边合作指导委员会的宏观指导作用，统筹协调和推进各领域互利合作。双方要采取有效措施，提高经贸合作水平，落实好《经贸合作五年发展规划》，在平等互利、互通有无基础上，逐步实现双边贸易平衡发展，争取2015年双边贸易额达到600亿美元。

第四，扩大人文交流，促进中越友好。欢迎越方明年派团来华参加第二届中越青年大联欢。希望双方进一步加强科技、教育、文化、卫生、人才培训等领域合作，并尽快在越南建立孔子学院。

第五，加强多边合作，建设和谐世界。中越同为发展中国家，有着广泛的共同利益，在很多问题上看法相近、立场相似，中方愿同越方加强在东亚合作、大湄公河次区域经济合作等框架内的沟通和协调，共同维护发展中国家利益。

黎鸿英表示，越方高度重视和热烈欢迎习近平副主席到访，完全赞同习副主席对发展两国两党关系的主张，相信此访将为落实两党总书记重要共识，推动越中全面战略合作伙伴关系发展作出贡献。越中是山水相连的友好近邻，两国人民在长期革命建设事业中相互支持，结下深厚友谊。越南党、政府和人民永远铭记并感谢中国给予越方的宝贵支持和帮助。发展越中睦邻友好在越外交中居于首要地位，是越南党和政府长期一贯的政策。在当前复杂多变的国际形势下，越中比任何时候都更需要加强团结合作，坚持“十六字”方针和“四好”精神不动摇，继续加强越中在政治、经济、人文、党际和青少年交往等各领域的交流合作，使两国关系不断发展并进一步造福两国人民。

双方还就南海问题交换了意见。双方积极评价今年10月阮富仲总书记访华时双方就妥善处理南海争议达成的重要共识和所签署的基本原则协议，一致表示要共同努力，认真抓好贯彻落实，切实维护南海稳定。

会谈结束后，双方共同出席了两国有关经贸、卫生、新闻等领域合作文件的签字仪式。

国家副主席习近平在河内会见越南国会主席阮生雄

国务院副总理李克强与波兰总统科莫罗夫斯基共同出席中波经济论坛开幕式并致辞

李克强说，近年来，中欧关系稳定发展，中国始终用战略眼光看待中欧关系，我们关注欧洲主权债务问题，近期欧盟首脑会议达成了一系列共识，出台了新举措，希望这有助于稳定欧盟金融市场，遏制欧债危机蔓延。欧洲是全球第一大经济体，没有欧洲经济的复苏和发展，就难以实现全球经济的复苏和发展。中方一贯支持欧洲一体化进程，支持欧盟为稳定金融市场、实现经济健康发展所做的努力，相信欧洲有智慧、有能力妥善解决主权债务问题。中国愿与包括波兰在内的欧盟国家一起,推动中欧全面战略伙伴关系健康稳定深入发展。

李克强表示,中国和波兰具有新兴经济体的一些共同特征,两国生产要素禀赋和经济结构有所不同,经济发展各具优势,合作前景广阔。双方应以建立战略伙伴关系为契机,加强各级别对话和交流,增进了解和互信,进一步深化经贸合作,扩大人文交流,推动中波政治、经济、科技、文化等各领域全方位合作深入发展。

科莫罗夫斯基说,波兰经济发展充满活力,在欧洲主权债务危机中受到的冲击相对较小,近年来经济增长速度在欧盟国家中相对较快,表示愿加强与中国的合作特别是经贸合作,并推动欧中关系发展。

中波两国政府和企业代表400多人参加本次论坛。参会企业涵盖能源、矿产、机械制造、农业、贸易、交通和基础设施建设、金融、文化、教育等领域。

经胡锦涛主席和中央军委批准解放军总参谋部军训和兵种部改编成立总参谋部军训部

"两岸四地中国戏曲艺术传承与发展·北京论坛"在北京开幕

论坛由全国政协京昆室主办。来自两岸四地的100多位戏曲表演艺术家、戏曲理论专家和戏曲爱好者,共论中国戏曲的传承与创新、发展与传播。全国政协副主席、京昆室主任、中国文联主席孙家正出席开幕会并作主旨演讲。

孙家正在演讲中说,4届论坛,每到一地,我们都可深切感受到中国戏曲艺术的强大生命力与在民众中的巨大影响,感受到两岸四地文脉同根、血脉同源的浓浓亲情与传统文化的凝聚力和亲和感。论坛的成功举办,有力地弘扬了中国传统戏曲艺术,促进了内地与港澳台地区艺术家的友谊与交流,增强了两岸四地同胞对传统戏曲艺术的自豪感和传承、发展的责任意识。

12月22日

全国政法委书记座谈会在北京召开

会议指出,明年是实施"十二五"规划承上启下的重要一年,我们党将召开十八大,做好政法工作意义十分重大、任务十分艰巨。各级政法机关要立即行动起来,认真贯彻落实全国政法工作电视电话会议精神,结合各自实际,精心谋划、切实做好明年各项工作,把可能遇到的风险挑战估计得更充分一些,把应对措施准备得更周全一些,牢牢掌握工作主动权。

一是要始终保持政治上的清醒坚定。当前,国际形势错综复杂,国内改革发展稳定任务艰巨繁重。为党的十八大胜利召开营造和谐稳定的社会环境,是全国政法机关第一位的政治任务。必须统筹国内国际两个大局,始终做到对坚持中国共产党的领导坚定不移,对走中国特色社会主义道路坚定不移,对中国特色社会主义理论体系坚信不疑,善于从政治上考虑问题、分析问题、解决问题,超前谋划,抓早抓小抓苗头,科学应对、妥善处置各类突发事件,不断提高维护国家安全和社会和谐稳定的能力水平,切实担负起中国特色社会主义事业建设者、捍卫者的职责使命。

二是要更多地从为民解忧上研究举措。按照中央要求,更加重视保障和改善民生,更加关心基本群众特别是困难群众的生产生活,发挥政法职能作用,多办排忧解难、雪中送炭的实事。组织政法干警深入开展接访下访活动,及时掌握社情民意,深入排查化解矛盾纠纷,妥善解决群众合法合理诉求,完善各种便民利民措施,进一步密切党群干群警民关系。认真分析执法司法环节反映出来的各种矛盾和问题,在党委和政府的领导下,积极推动解决影响社会和谐稳定的源头性问题,努力使城乡广大群众现实生活有保障、未来生活有希望。

三是要更多地从实际成效上检验工作。政法工作各项部署落实得好不好,各种突出矛盾是不是得到解决,案件是不是办得公正,服务是不是便捷,社会是不是平安和谐,最终要看人民群众是不是满意。各级政法机关要大力加强自身建设,进一步转变工作作风,深入基层和实际,广泛听取群众意见,在真抓实干上动脑筋、想办法、创实绩,让城乡群众得到能切身感受到的实惠。

四是要抓紧抓好当前维护社会和谐稳定的各项工作。2012年元旦、春节即将来临,要落实平安建设的各项措施,组织广大政法干警深入矛盾问题多的地方,加大对人民群众反映的实际问题的解决力度,加大对交通、消防、治安隐患的排查治理力度,严密防范、依法打击各类侵犯群众生命财产安全的违法犯罪活动,最大限度地预防和减少重大暴力恐怖事件、重大群体性事件、重大刑事案件、重大公共安全事故,为全国人民欢度新春佳节创造欢乐祥和的社会环境。

北京市、广东省、天津市、山东省、重庆市、上海市、广西壮族自治区和浙江省宁波市党委政法委书记在会上发言,围绕贯彻落实全国政法工作电视电话会议精神,从服务经济社会发展、提升维护社会稳定水平、创新流动人口服务管理、推进阳光执法、开展政法干警核心价值观教育实践活动、加强基层基础建设、营造良好舆论环境等方面,分别谈了探索体会和下步工作打算。

各省、自治区、直辖市和省会城市、副省级城市政法委书记，中央和国家机关有关部门负责同志出席会议。

国务院副总理李克强在北京出席全国住房保障工作会会议并讲话

李克强强调，保障性安居工程是重大民生工程和发展工程。保障群众基本住房需求是各级政府的重要职责，通过建设保障房，帮助困难群众以低成本改善住房条件，实现住有所居，是群众的热切期盼。而且这也是收入再分配的一种有效形式，有利于缩小收入差距，促进社会和谐稳定。同时，保障房建设是宏观调控的重大举措，有利于扩大内需，支撑城镇化发展，促进经济平稳较快发展和物价总水平基本稳定，特别是在当前严峻的国际经济形势下，要成功应对复杂局面，明年必须按照以扩大内需为战略基点的要求，扎实有效地推进住房保障工作，发挥好其对投资和消费的较强拉动作用，为经济增长提供重要动力。

会上，受国务院委托，住房和城乡建设部代表保障性安居工程协调小组与各省(区、市)、新疆生产建设兵团签订了明年保障性安居工程建设的目标责任书。责任书不仅明确了明年的开工量和开工期限，而且确定了竣工量。

各省(区、市)政府、新疆生产建设兵团分管住房和城乡建设工作的负责人，中共中央、国务院有关部门负责人，各省(区、市)发展改革、国土资源、财政、住房城乡建设部门负责人，各计划单列市、地级城市政府分管住房城乡建设工作的负责人参加工作会。

全国公安厅局长会议在北京 天津召开

会议于12月22日至24日召开。国务委员、公安部部长孟建柱出席会议并讲话。中共中央政治局委员、北京市市委书记刘淇，中共中央政治局委员、天津市市委书记张高丽分别出席会议并致辞。

孟建柱强调，2012年，全国公安机关要紧紧围绕为党的十八大胜利召开创造和谐稳定社会环境的总目标，从全局的高度审视谋划公安工作，从更高起点、更高层次上研究部署应对之策，坚持围绕中心、服务大局，坚持立足当前、着眼长远，进一步创新工作理念，完善工作机制，强化工作措施，更加有效地保护人民、惩治犯罪、服务群众，进一步增强人民群众的安全感和满意度，不断提升维护国家安全和社会稳定的能力和水平。

孟建柱要求，要扎实开展“三访三评”深化“大走访”活动，深入基层、倾听民声，做到“老百姓最痛恨什么犯罪就严厉打击什么犯罪，老百姓反映什么治安问题最突出就集中整治什么问题”，坚决把犯罪分子的嚣张气焰打下去，坚决把突出的治安问题整治好。要加快推进动态社会环境下的治安防范体系建设，广泛开展形式多样的群防群治活动，着力破解社会管理难题。要让更多的警力走进社区村屯、融入人民群众，把城乡警务室建设成维护稳定的第一道防线、服务群众的第一个平台，使民警真正与群众打成一片，做老百姓的贴心人。要全面加强公安行政管理，进一步提升消防安全、交通管理、公共服务等方面的能力和水平，让群众感到管理更人性、服务更贴心、办事更便利。

全国高级法院院长会议在北京召开

最高人民法院党组书记、院长王胜俊在会议上指出，明年人民法院工作的总体思路是：继续狠抓执法办案第一要务，努力实现人民法院各项工作新发展。

王胜俊强调，重点要抓好“六个深化”，实现“六个提高”：深化能动司法，进一步提高为经济社会发展服务的水平；深化社会管理，进一步提高维护社会和谐稳定的水平；深化文化建设，进一步提高为社会主义文化大发展大繁荣服务的水平；深化“两项活动”，进一步提高法院队伍素质整体水平；深化司法改革，进一步提高法院工作科学化水平；深化监督指导，进一步提高基层基础建设水平。

全国检察长会议在北京召开

最高人民检察院检察长曹建明出席会议并讲话。曹建明强调，要牢记检察机关的人民性，始终把人民放在心中最高位置，把人民群众的关注点作为检察工作的着力点。

2011年我国检察机关在开展严肃查办危害民生民利渎职侵权犯罪、打击危害食品药品安全犯罪等工作中，均取得显著成效。共批准逮捕制售有毒有害食品等犯罪嫌疑人1801人，提起公诉1254人，查处涉嫌渎职犯罪的国家工作人员120人。立案侦查渎职侵权犯罪案件7181件10331人，同比分别上升0.2%和3.7%。各级检察机关配合有关部门开展“打四黑除四害”等专项行动，今年1—11月，共批准逮捕各类刑事犯罪嫌疑人837736人，提起公诉1069280人。

全国妇联十届四次执委会议在北京举行

会议于12月22日至23日举行。会议传达学习了中共中央书记处对妇联工作的重要指示精神。中共中央政治局委员、全国人大常委会副委员长王兆国出席会议并讲话。

王兆国强调，各级妇联组织要积极参与加强和创新社会管理，进一步畅通党和政府联系妇女群众的沟通渠道，加大维护妇女群众权益的工作力度，切实服务妇女群众的民生需求，以妇女群众工作的新成效为促进社会和谐稳定增劲添力。要牢牢把握深化党群共建创先争优活动的契机，坚持党建带妇建，全面提高妇联组织自身建设科学化水平，增强吸引力、凝聚力和影响力，真正把妇联组织建成“坚强阵地”和“温暖之家”。

王兆国指出，各级党委、政府要高度重视妇女和妇联工作，切实把性别平等、儿童优先意识纳入决策主流，支持妇联组织依照法律和章程创造性地开展工作，为妇女儿童事业发展创造良好环境。

全国人大常委会副委员长、全国妇联主席陈至立主持会议。全国妇联副主席、书记处第一书记宋秀岩作了工作报告。

国家副主席习近平在河内与越南总理阮晋勇举行会谈

习近平说，近年来两国经贸合作发展迅速，去年双边贸易额突破300亿美元，是20年前的近1000倍。今年是中国“十二五”规划开局之年，也是越南推进未来十年经济社会发展战略的第一年。进一步深化经贸合作，保持双方对外贸易稳定发展，对加快两国现代化建设意义重大。双方要秉持平等互利、合作共赢的原则，发挥好中越双边合作指导委员会等机制作用，推动两国经贸合作向更高水平发展。当前要重点做好以下三项工作：

一是加强政策规划。双方应该加强经济发展战略协调，充分发挥两国经贸合作委员会的作用，落实好《中越经贸合作五年发展规划》，大力推进农业和渔业、交通运输、能源等重点领域合作。

二是扩大贸易规模。双方应充分利用好中国—东盟自贸区的优惠政策，积极开拓新的贸易增长点。在提前实现双边贸易额250亿美元的目标之后，建议双方制定2015年双边贸易额达到600亿美元的新目标。

三是突出合作重点。双方要加快推进“两廊一圈”建设，抓好基础设施建设、跨境经济合作区等重点领域合作。中方支持有实力的中国企业在越投资建设经贸合作区。

阮晋勇说，完全赞同习副主席对发展两国关系特别是经贸合作的建议和主张。他表示，越南人民永远不会忘记长期以来中国人民给予越南的巨大支持和帮助。由胡志明和毛泽东等老一辈革命家亲手培育的越中友谊是两国人民的无价之宝，越方愿与中方一道，继承好、维护好、发展好两国传统友谊，通过加强高层互访增进政治互信，加强战略合作，推动各领域的务实互利合作，实现两国关系更大发展。

国家副主席习近平在曼谷与泰国总理英拉举行会谈

习近平就进一步发展中泰关系提出四点建议。

第一，提升两国战略性合作水平。进一步规划好两国未来交流合作的方向和重点，为两国人民谋求更多福祉，为促进地区持久稳定和共同繁荣作出更大贡献。

第二，加强高层交往。领导人保持经常交往是中泰之间的优良传统，对双边关系发展具有不可替代的作用，我们欢迎泰国领导人在双方方便的时候访华。

第三，深化务实合作，为两国关系发展注入新动力。发挥副总理级经贸联委会等机制作用，探寻推进两国经贸合作新的途径和方式，争取到2015年双边贸易额实现1000亿美元目标。加强铁路、金融、防灾减灾、海洋事务、军事、执法等领域合作。中方愿积极参与泰国灾后重建和国内灾害治理长期规划工作；愿同泰方密切配合，共同维护湄公河航运秩序，保障船员和船只安全。

第四，扩大人文交流。继续深化文化、语言教学、旅游、青少年交流等合作，扩大人员往来，增进相互了解，让中泰友好世代传承。

习近平指出，当前东亚合作呈现良好发展态势，各合作机制并行推进，各领域务实合作取得新进展，为东亚各国人民带来切实利益。中方愿与泰方继续保持密切配合，把握好合作大局，共同推动东亚合作取得更多实质进展，维护地区稳定，促进经济发展，实现共同繁荣。

英拉表示，泰方十分珍惜泰中传统友谊，愿与中方进一步发展战略伙伴关系。希望进一步加强在交通基础设施建设、水利资源综合管理利用、清洁低价能源开发以及人力资源和教育等领域的合作，通过共同努力，实现两国贸易、投资和旅游每年大幅度增长。泰方愿同中国加强合作，共同维护湄公河航运安全。英拉重申，泰国将坚定恪守一个中国原则，在台湾、涉藏等问题上支持中方立场。

会谈结束后，双方共同出席了两国有关加强经贸、金融、司法及防灾减灾等领域合作文件的签字仪式。

“资源一号”02C卫星在太原卫星发射中心发射成功

11时26分，我国用“长征四号乙”运载火箭，成功将“资源一号”02C卫星送入太空。这是我国今年航天发射的收官之战，至此，全年共实施19次航天发射任务。

12月23日

国务院总理温家宝主持召开国务院常务会议

会议研究部署加快发展我国下一代互联网产业。

会议指出，抓住新形势下技术变革和产业发展的历史机遇，在现有互联网基础上进行创新，发展地址资源足够丰富、先进节能、安全可信，具有良好可扩展性和成熟商业模式的下一代互联网，对于加强信息化建设，全面提高我国互联网产业发展水平，具有重要意义。目前，全球互联网根域名服务器已实现对国际互联网协议第6版的支持。我国已在基于国际互联网协议第6版的下一代互联网基础理论研究、关键技术研发及设备产业化、技术试验、应用示范、安全保障、标准制定、人才培养等方面取得了阶段性进展，后续规模化商用和发展已具备良好基础。

会议明确了今后一个时期我国发展下一代互联网的路线图和主要目标。2013年年底前，开展国际互联网协议第6版网络小规模商用试点，形成成熟的商业模式和技术演进路线；2014年至2015年，开展大规模部署和商用，实现国际互联网协议第4版与第6版主流业务互通。在此过程中，形成一批具有较强国际影响力的下一代互联网研究机构和骨干企业，全面增强互联网产业对消费、投资、出口和就业的拉动作用，增强对信息产业、高技术服务业、经济社会发展的辐射带动作用。

会议确定了以下重点任务：(一)加强资源共建共享，建设宽带、融合、安全、泛在的下一代国家信息基础设施，推动网站系统升级改造。(二)重点研发下一代互联网关键芯片、设备、软件和系统，加快产业化及现网装备。(三)推动下一代互联网商用进程，促进新型业务研发、现网试验和在线应用。建设基于国际互联网协议第6版的三网融合基础业务平台，加快发展融合类业务应用。支持物联网、云计算、移动互联网发展。(四)加强网络与信息安全保障，强化网络地址及域名系统的规划和管理，全面提升下一代互联网安全性和可信性。(五)完善技术和产业标准体系，加强关键理论和核心技术研究。

会议要求加强部门间协调配合，建立健全推进产业发展的体制机制。通过加大财政投入，引导和鼓励社会资金投入。鼓励产学研结合，提升创新能力。加强知识产权保护，优化市场环境。深化国际合作，用好国际优势资源。

海峡两岸关系法学研究会在北京成立并召开第一次会员代表大会

全国政协副主席、台盟中央主席林文漪出席大会。中共中央台办、国务院台办主任王毅出席会议并讲话。他说，涉台法制工作在对台工作中具有十分重要的地位，为维护国家主权和领土完整、遏制“台独”分裂活动、推动两岸关系发展发挥了重要作用。

王毅向海研会及法学专家学者提出五点希望：要坚持以中央对台工作大政方针指导研究工作，确保海研会发展的正确方向；要研究两岸商谈遇到的问题，为推动两岸协商谈判提供法律服务；要从法理和实务的角度，全面深入研究两岸关系重大课题，为今后逐步破解各种难题提供法理基础；要加强两岸法律界交流，为两岸各界大交流发挥独特作用；要充分发挥海研会的全国性法学研究平台作用，鼓励、协调法学家、法律工作者多做工作、多出成果，为发展两岸关系、实现和平统一作出宝贵贡献。

全国政协社会和法制委员会主任张福森当选为海研会会长。中国法学会会长韩杼滨发来贺信，常务副会长刘飏主持成立大会。

全国妇联系统先进集体 劳动模范和先进工作者表彰会在北京举行

表彰大会由人力资源和社会保障部、全国妇联共同举办。全国人大常委会副委员长、全国妇联主席陈至立，全国妇联党组书记、副主席、书记处第一书记宋秀岩出席并颁奖。

共有110个先进集体、12名劳动模范和63名先进工作者受到表彰。在受到表彰的先进集体中，县及县以下妇联组织占50%；先进个人中，县及县以下妇联干部占80%，少数民族干部占20%，村、社区劳动模范由上次的2名增加为12名，体现了评选表彰向基层一线和条件艰苦地区倾斜的要求。

国务院副总理张德江在北京出席全国铁路工作会议并发表讲话

张德江充分肯定了近年来和今年铁路各项工作取得的成绩。他指出，铁路是国民经济大动脉，是国家重要基础设施和大众化交通工具，在我国经济社会发展中的地位和作用至关重要。当前铁路现有状况与经济社会发展的需要还有很大差距，运输能力不足仍然是主要矛盾。2012年，铁路系统面临的建设改革发展任务十分艰巨，要坚定信心、振奋精神、凝聚力量、奋力拼搏，以昂扬向上的精神状态，以坚韧不拔的坚强意志，更加努力地投身铁路事业，确保完成明年各项工作任务。

张德江要求，要坚持以人民群众满意作为检验铁路发展的根本标准，加强和改进铁路运输组织工作，推动铁路服务质量持续改进，努力提高铁路运输服务水平。一年一度的春运就要到了，铁路系统要以高度的政治责任感，扎扎实实做好春运各项工作，让广大旅客走得安全、走得放心、走得满意。要保障节日物资运输，满足生产生活需求，让人民群众过一个欢乐祥和的春节。

国家副主席习近平在泰王宫会见泰国国王代表诗琳通公主

国家副主席习近平在曼谷分别会见泰国国会主席兼下议院议长颂萨 泰国枢密院主席炳·廷素拉暖上将

国家副主席习近平在在曼谷出席泰国华人华侨各界举行的欢迎晚宴并致辞

习近平在泰国副总理荣育陪同下出席了泰国华人华侨各界举行的欢迎晚宴并致辞。泰华人华侨等各界代表约800多人出席。

习近平在致辞中向全体泰国华人华侨致以诚挚问候和良好祝愿。他说，前不久，泰国遭受了特大洪涝灾害，中国人民感同身受，第一时间提供了援助。泰国人民在战胜这场灾害中表现出的勇气、信心和力量，令中国人民深受感动。

习近平说，中泰是彼此信赖的好邻居、好伙伴、好朋友、好亲戚。近年来，无论是在中国汶川地震、玉树地震，还是在泰国海啸灾难、特大洪灾面前，两国人民都患难与共、守望相助。建交36年来，两国关系经受住各种困难和考验，展示了历久弥坚的强大生命力，成为不同社会制度国家关系的典范。在政治上，两国相互尊重、相互信赖。在经济上，两国互利合作、共同发展。在人文上，两国交流互鉴、共同进步，充分表明"中泰一家亲"名副其实、历久弥新。扩大中泰互利合作，符合两国人民根本利益，有利于促进本地区和平、稳定、繁荣。

习近平表示，泰国是东盟的诞生地，也是东盟重要成员，多年来为东盟联合自强作出了积极贡献。中国作为东盟的战略伙伴，一贯支持东盟联合自强，是第一个同东盟确立面向和平与繁荣的战略伙伴关系、第一个加入《东南亚友好合作条约》、第一个同东盟商签自由贸易区协定的域外大国。2010年中国与东盟共同建成了发展中国家最大的自贸区。不久前，中国同东盟领导人举行了建立对话关系20周年纪念峰会，发表了《联合声明》，就重点领域合作达成广泛共识。所有这些标志着中国同东盟关系已站在一个新的历史起点上。

习近平指出，当今世界正处在大发展大变革大调整时期，东亚地位日益重要、作用持续上升，中国、东盟和东亚国家的发展面临新的机遇和挑战。我们要抓住机遇，发挥优势，继续推进中国－东盟关系，深化东亚合作，实现互利共赢。当前形势下推进东亚区域合作要把握好以下四个重点。一是坚持东盟在区域合作中的主导作用。二是深化经贸、基础设施建设等领域的务实合作。三是共同维护本地区安全稳定。四是积极借鉴其他地区合作的有益经验。

习近平最后说，中国的繁荣发展，海外华人华侨功不可没，中国与世界各国友好合作不断深化，海外华人华侨贡献很大。泰国是海外华人华侨聚居最多的国家之一。广大在泰华侨同当地人民和睦相处，为泰国经济繁荣、社会进步作出重要贡献，也为中泰友好事业发挥了不可替代的桥梁和纽带作用。今天在座的各位既是中泰友好合作的亲历者，也是见证者、推动者。希望大家继承和弘扬优良传统，继续为中泰两国繁荣昌盛、为中泰友好事业代代相传作出新的更大贡献。

荣育副总理在致辞中高度评价习副主席访泰对进一步推进泰中关系的重要意义，表示目前泰中关系已发展成为全面战略性合作关系，在东盟一中国等多边框架中双方也保持着密切协调与沟通。他说，泰中特殊关系在今年泰国遭遇百年不遇的严重洪灾中得到进一步体现，两国人民之间的友谊得到进一步加强，相信泰中友好在未来岁月中将更加发扬光大。

国务委员戴秉国在伊斯兰堡总理府出席中巴建交60周年暨"中巴友好年"闭幕仪式

《大中华文库》出版工程暨新闻出版走出去先进单位表彰大会在北京举行

会议表彰了4家《大中华文库》出版工程先进单位和44家在版权输出、实物出口、数字出版产品出口、期刊走出去、印刷服务出口、企业海外投资、海外销售渠道拓展等领域作出突出成绩的新闻出版单位。中央和国家有关部门负责同志，各省区市新闻出版局和出版单位、出版企业、新闻出版行业协会负责人出席会议。

12月24日

第十一届中国经济论坛在北京举行

第十一届全国人大常委会副委员长周铁农宣布论坛开幕。

人民日报社社长张研农为论坛致开幕词。他表示，展望明年，世界经济形势总体上仍将十分严峻，我国经济发展中不平衡、不协调、不可持续的矛盾仍很突出。"全球衰退与中国机会"的话题具有很强的现实针对性，通过深入探讨，必将有利于廓清迷雾，赢得主动。

成思危在主旨演讲中说，转变经济发展方式，需要从依靠外需转向依靠内需，从外延型增长转向内涵型增长，从外生型动力转为内生型动力；坚持改革开放，需要处理好法治和人治的关系、公平和效率的关系、政府和市场的关系、集权和分权的关系。

著名经济学家厉以宁认为，当前要把调整经济增长质量和经济结构放在重要位置，努力扩大内需。为此，需要努力提高劳动者的工资收入，同时提高社会保障水平，解决老百姓的后顾之忧。

全国人大财经委员会副主任委员尹中卿则就实体经济与虚拟经济的关系展开论述。他认为，应当处理好实体经济和虚拟经济之间的关系，牢牢把握做强实体经济，做实虚拟经济。金融业必须面向实体经济、服务实体经济、促进实体经济的发展，避免金融业脱离实体经济进行自我创新、自我膨胀的问题。

国家副主席习近平在泰国曼谷会见泰国民主党党首前总理阿披实

国务委员刘延东在北京出席全国继续教育工作会议暨高等教育自学考试制度建立30周年纪念大会并发表讲话

12月25日

中共中央总书记胡锦涛致厦门经济特区建设30周年的贺信

福建省委、省政府，厦门市委、市政府：

值此厦门经济特区建设30周年之际，我谨向特区广大建设者表示热烈祝贺和诚挚问候，向关心支持特区建设的各有关方面和海内外人士表示衷心感谢！

30年来，在中央的坚强领导和全国的大力支持下，在历届福建省委、省政府和厦门市委、市政府的直接带领下，厦门经济特区坚持解放思想，锐意改革创新，不断扩大开放，经济社会发展取得显著成绩，人民群众生活发生巨大变化，为全国改革开放和社会主义现代化建设发挥了重要窗口和示范带动作用，为推动两岸经贸合作、文化交流和人员往来作出了独特贡献。实践充分证明，中央关于兴办经济特区的决策和部署是完全正确的。

现在，厦门经济特区正站在一个新的发展起点上。希望你们紧紧围绕科学发展这个主题和加快转变经济发展方式这条主线，牢牢把握国家支持经济特区深化开发开放的宝贵机遇，面向现代化、面向世界、面向未来，敢于先行先试，勇于攻坚克难，坚定不移推进改革开放，加快调整优化经济结构，着力增强自主创新能力，积极发展社会主义先进文化，切实保障和改善民生，不断加强和创新社会管理，更好服务两岸关系和平发展，努力谱写厦门经济特区各项事业发展新的辉煌篇章。

胡锦涛

2011年12月25日

国务院总理温家宝在人民大会堂与日本首相野田佳彦举行会谈

温家宝表示，中方愿与日方深入研究新形势下中日经贸合作的发展方向、重点领域和有效举措，协商解决合作中出现的问题。双方要进一步发挥中日节能环保综合论坛、绿色博览会等机制和平台的作用，尽快启动中日节能环保投资基金，办好中日生态工业园区，着力提升在节能环保、绿色经济、低碳经济、高新技术领域的合作水平和规模。中方愿同日方密切配合，促进两国本币金融市场发展，加快推动中日韩三国自贸区进程和东亚财金合作。中方将继续支持和参与日方灾后重建，双方可在防灾减灾以及核电安全方面加强经验交流，开展务实合作。

温家宝说，发展中日关系需要持之以恒地增进两国人民的相互了解和友好感情，这是中日友好的基础。双方将以纪念邦交正常化40周年为契机，办好“中日国民交流友好年”活动，加强文化、教育、媒体、青少年交流。

野田佳彦表示，增进日中政治互信是发展两国关系的重要基础，中国的发展对包括日本在内的国际社会是机遇。日方愿继续按照日中四个政治文件精神，加强同中方的高层往来，以及政党、议会和民间交流，密切在重大地区和全球性课题上的沟通合作，携手应对挑战，为推动双边关系发展，促进地区和平与繁荣作出积极努力。日方愿加强两国在经贸、能源环保、金融、灾后重建等领域的合作，做共同发展的伙伴。

关于朝鲜半岛局势，双方认为，维护朝鲜半岛和平稳定符合有关各方共同利益。希望有关各方继续共同努力，通过对话协商，解决半岛有关问题，推动早日重启六方会谈，促进半岛和平稳定，实现本地区的长治久安。

会谈后，两国领导人共同出席了关于节能环保、青少年交流等合作文件的签字仪式。

国务院副总理张德江在北京出席全国工业和信息化工作会议并发表讲话

张德江指出，2011年，工业和信息化系统认真贯彻落实党中央、国务院各项决策部署，深化改革，积极进取，工业通信业保持了平稳较快发展，转方式调结构取得积极进展，技术进步取得新成效，进一步加大对中小企业发展的支持力度，信息化建设深入推进，改革发展各项工作都取得了显著成绩，实现了“十二五”时期良好开局。

张德江分析了我国工业改革发展面临的国内外经济形势，指出了工业发展存在的一些深层矛盾和问题。他强调，工业和信息化系统要统一思想，加强谋划，全面贯彻落实中央经济工作会议精神，牢牢把握工业发展的主动权，确保 2012 年工业平稳较快增长。要坚定不移地夯实实体经济基础，加强工业运行监测，制定并实施好工业发展规划，大力扶持中小企业健康发展，充分发挥工业在扩大内需特别是消费需求方面的作用。要加快产业结构调整，改造提升传统产业，积极培育发展战略性新兴产业，加快发展生产性服务业，加快企业兼并重组步伐，进一步淘汰落后产能，加大工业节能减排工作力度，大力促进工业发展方式转变。要推进科技进步和创新，加快建立和完善以企业为主体的技术创新体系，实施国家工业标准化战略，建立工业技术标准体系，推进企业技术改造，加强自主创新，加大重大关键核心技术攻关力度，提升工业核心竞争力。要坚持不懈、持之以恒加强产品质量品牌建设，大力实施质量和品牌振兴战略，落实企业质量主体责任，提升企业质量保障能力，建立质量诚信体系，推进质量对标、质量兴企、质量兴业活动，积极培育名牌产品。要推进工业化和信息化深度融合，提升信息产业核心竞争力，切实做好“三网融合”扩大试点工作，加强网络与信息安全监管，大力提高信息产业和信息化水平。

中宣部 中央文明办等部门联合发出要求 2012 年深入开展文化科技卫生“三下乡”活动的通知

新华社报道：中宣部、中央文明办、教育部、科技部、司法部、农业部、文化部、卫生部、国家人口计生委、国家广电总局、新闻出版总署、共青团中央、全国妇联、中国科协联合近日下发通知，要求认真贯彻中央精神，紧密结合农村经济社会发展实际，在 2012 年深入开展文化科技卫生“三下乡”活动，进一步动员社会各界关心支持社会主义新农村建设，促进农村经济社会又好又快发展。

通知指出，组织开展“三下乡”活动，要贯彻落实党的十七大和十七届三中、四中、五中、六中全会精神，围绕完善农村公共服务体系，丰富农村精神文化生活，提升农民群众综合素质，着力动员社会各方面力量广泛参与，着力加强农村文化科技卫生领域公共服务，着力完善活动长效机制，更好地服务农村经济社会发展、满足农民群众过上美好生活的新需求新期待。要切实抓好党的十七届六中全会精神宣传教育，帮助农民群众特别是农民党员学习掌握全会精神。要切实抓好农村公共服务体系建设，深入实施文化惠民工程和科技、卫生等领域惠农工程，帮助农村地区建设各类公共服务网络，把优秀精神文化产品、法律法规和法律服务、科学知识和实用技术、卫生知识和医疗服务送下乡。要切实抓好“三下乡”经常化工作机制建设。要完善投入保障机制，强化公共财政对“三下乡”的支持力度，调动广大文化、科技、法律、卫生工作者下乡的主动性积极性，加大农村乡土人才培养力度，促进文化科技卫生常下乡、常在乡。

通知强调，各地各有关部门要高度重视文化科技卫生“三下乡”工作，加强组织领导，落实和完善有关政策，为“三下乡”工作提供有力保障。要从实际出发设计项目、开展活动，组织“三下乡”工作者深入基层、深入群众，面对面地了解群众所思所盼，心贴心地为群众提供服务。要把革命老区、民族地区、边疆地区、贫困地区和中西部地区作为工作重点。要重视关心农民工等社会群体，积极引导企业和社区开展面向农民工的公益性活动，推动把农民工纳入城市公共服务体系。要认真组织元旦春节期间的集中示范活动，丰富节日期间农村文化生活，让广大农民群众过一个欢乐喜庆祥和的节日。

国务委员刘延东在北京出席中国国家话剧院创建 70 年组建 10 周年庆祝仪式

刘延东为从艺 50 周年以上老艺术家代表颁发荣誉证书。刘延东说，国家话剧院坚持以建设社会主义核心价值体系、弘扬主流戏剧文化为己任，继承发扬优良传统，坚持“二为”方向和“双百”方针，坚持贴近实际、贴近生活、贴近群众，在艺术建设、人才培养、剧目创作、对外交流等方面取得了丰硕成果，为丰富人民群众精神文化生活、繁荣戏剧艺术事业作出了重要贡献。

刘延东强调，国家话剧院作为我国舞台艺术领域的“国家队”成员，肩负着建设国家主流戏剧文化的重任，要努力发挥国家艺术院团的导向性、代表性和示范性作用，全面贯彻党的文艺方针政策，引领和带动戏剧事业发展，为社会主义文化大发展大繁荣作出新贡献。要继续深化国有艺术院团改革，加快建立面向市场、面向基层、面向群众的科学管理模式，解放和发展艺术生产力，切实将深化机制改革的成果转化为多出精品佳作的动力。要以多出人才多出好戏为根本任务，通过精品剧目建设和高素质人才队伍建设，进一步提升国家话剧院品牌影响力，树立国家话剧院“推崇社会理想、体现核心价值、反映现实生活”的崭新社会形象。要努力扩大公益性演出规模和渠道，满足人民群众丰富精神文化生活的需求，并在对外文化交流中发挥积极作用，增进友谊，打造国际上有影响力的品牌。

文化部部长蔡武等有关部门负责同志出席庆祝仪式。中国国家话剧院前身最早可追溯到创建于1941年的延安青年艺术剧院。2001年原中国青年艺术剧院与原中央实验话剧院合并组建中国国家话剧院。

中国数字文化集团有限公司在北京成立

12月26日

国家主席胡锦涛在人民大会堂会见日本首相野田佳彦

胡锦涛说，过去的一年，中日关系总体呈现积极发展势头。中方愿同日方一道，高举中日友好旗帜，精心筹划和办好各项纪念活动和“中日国民交流友好年”活动，按照中日四个政治文件确定的各项原则和双方达成的一系列重要共识，本着以史为鉴、面向未来的精神，增进政治互信，扩大交流合作，共同开创中日战略互惠关系的新局面。

野田佳彦说，双方要以明年日中邦交正常化40周年为契机，加强政治互信和高层交往，促进两国国民交流，提升两国经济互惠关系，加强经贸、环境、金融、旅游等领域合作，促进亚太地区和平与繁荣，不断深化日中战略互惠关系。

在谈到朝鲜半岛局势时，胡锦涛说，朝鲜保持稳定和发展，朝鲜半岛保持和平稳定，符合有关各方共同利益，也是国际社会的普遍期待。中方愿同包括日方在内的有关各方一道，为维护朝鲜半岛和平稳定，实现半岛和东北亚持久和平和长治久安而共同努力。

野田佳彦说，面对朝鲜半岛局势新变化，日中两国加强合作，维护半岛和平稳定，这是双方共同利益所在，日方愿意就此同中方保持沟通。

国家主席胡锦涛在中南海会见香港特别行政区行政长官曾荫权

胡锦涛说，当前香港总体形势是好的。经济方面保持持续平稳增长，失业率维持在较低水平。政治方面第四届区议会选举和行政长官选举委员会选举顺利。社会方面求稳定、谋发展、促和谐仍是主流共识，社会氛围更趋平和理性。特区政府施政报告积极回应市民诉求，推出多项改善民生的政策举措，受到社会各界好评。中央对你和特区政府一年来的施政及取得的成绩是充分肯定的。

国家主席胡锦涛在中南海会见澳门特别行政区行政长官崔世安

胡锦涛表示，当前澳门总体形势是好的，经济快速增长，民生持续改善，社会保持稳定。特区政府稳健施政，认真践行“阳光政府、科学决策”的理念，努力提高施政能力和水平；及时推出多项扶贫纾困的政策措施，帮助市民缓解通胀带来的生活压力。中央对你和特区政府一年来的工作及所取得的成绩是充分肯定的。相信你们在新的一年会着力推动澳门各项事业又好又快发展，更好地为澳门市民谋福祉。

十一届全国人大常委会第二十四次会议举行第一次全体会议

会议审议职业病防治法修正案草案、刑事诉讼法修正案草案、出境入境管理法草案、军人保险法草案、预算法修正案草案、关于澳门特别行政区基本法附件有关条款的解释草案等法律案，审议全国人大常委会关于召开十一届全国人大五次会议的决定草案等。

吴邦国委员长主持会议。常委会组成人员152人出席会议，出席人数符合法定人数。

根据通过的议程，会议先后听取了全国人大法律委员会副主任委员刘锡荣、李适时分别作的关于职业病防治法修正案草案审议结果的报告、关于刑事诉讼法修正案草案修改情况的汇报。职业病防治法修正案草案已经常委会两次审议，法律委员会根据二次审议情况对草案做了进一步修改，并建议提请本次常委会会议审议通过。刑事诉讼法修正案草案经过常委会初次审议后，中国人大网全文公布草案向社会征求意见。全国人大法律委员会、全国人大常委会法制工作委员会通过座谈、调研等方式听取了各方面意见。提交本次常委会会议的二次审议稿，从完善证据制度、强制措施、辩护制度、侦查措施、审判程序以及特别程序等方面，对草案做了进一步修改完善。

受委员长会议委托，全国人大常委会法制工作委员会副主任李飞就《全国人民代表大会常务委员会关于〈中华人民共和国澳门特别行政区基本法〉附件一第七条和附件二第三条的解释(草案)》作了说明。李飞说，澳门基本法附件一第七条和附件二第三条对2009年及以后行政长官和立法会的产生办法的修改程序作出了规定。2011年11月17日，澳门特别行政区行政长官崔世安在致吴邦国委员长的函中提出，“考虑到澳门基本法附件一和附件二有关修改两个产生办法的规定与香港基本法的有关规定大体相同，而全国人大常委会曾经对香港基本法附件一第七条和附件二第三条作出解释，明确修改两个产生办法的程序，因此，对澳门基本法附件一第七条和附件二第三条的规定是否需要作出解释，谨请全国人大常委会酌定。”委员长会议认为，为了保证澳门基本法的正确实施，由全国人大常委会对澳门基本法附件一和附件二有关条款作出解释，是必要和适当的。

会议审议了全国人大常委会委员长会议关于提请审议十一届全国人大五次会议关于十二届全国人大代表名额和选举问题的决定草案的议案和关于提请审议香港特别行政区选举十二届全国人大代表的办法草案的议案、关于提请审议澳门特别行政区选举十二届全国人大代表的办法草案的议案。受委员长会议委托，全国人大常委会副秘书长王万宾、乔晓阳分别就三个议案作了说明。

会议听取了公安部副部长杨焕宁受国务院委托作的关于出境入境管理法草案的说明。出境入境管理事关我国国家安全、经济社会发展和改革开放的大局。随着我国经济社会的快速发展和对外开放的不断扩大，国际交往日益频繁，中国公民出境和外国人入境的数量急剧增多，出境入境管理工作出现了一些新情况新问题，需要采取有针对性的措施进一步完善有关制度。杨焕宁说明了立法的总体思路和草案的主要内容。草案共八章90条，主要包括适用范围，将人体生物识别技术引入出境入境管理，中国公民出境入境、外国人入境出境和外国人在中国停留居留的管理，以及对违反出境入境管理行为的调查、遣返和处罚等。

军人保险是我国社会保障体系的重要组成部分。国防法明确规定“国家实行军人保险制度”。为了建立健全军人保险法律制度，解决军人服役期间的伤亡补偿，退役后与地方养老保险、医疗保险的衔接，以及随军未就业的军人配偶参加社会保险难等问题，有必要制定军人保险法。会议听取了中央军委委员、解放军总后勤部部长廖锡龙受国务院、中央军委委托作的关于军人保险法草案的说明。说明的主要内容包括，制定本法的总体思路、军人伤亡保险、退役养老保险、退役医疗保险、随军未就业的军人配偶保险等。

会议听取了财政部部长谢旭人受国务院委托作的关于预算法修正案草案的说明。现行预算法自1995年施行以来，对于规范预算管理，推进依法理财，加强国家宏观调控，促进经济社会发展发挥了重要作用。随着社会主义市场经济体制和公共财政体制的建立和完善，现行预算法已不能完全适应形势发展要求，有必要修改完善。谢旭人从增强预算的完整性、科学性和透明度，健全财政管理体制，规范财政转移支付制度，强化政府债务管理，增强预算执行的规范性，完善预算审查监督的规定，规范预算调整等七个方面对草案的主要内容作了说明。

会议审议了全国人大常委会委员长会议关于提请审议全国人大常委会关于召开十一届全国人大五次会议的决定草案的议案。

会议审议了国务院关于提请审议批准中华人民共和国和俄罗斯联邦关于打击恐怖主义、分裂主义和极端主义的合作协定的议案，关于提请审议批准中华人民共和国和意大利共和国引渡条约的议案，关于提请审议批准中华人民共和国政府和意大利共和国政府关于刑事司法协助的条约的议案。受国务院委托，外交部部长杨洁篪就上述议案作了说明。

会议听取了全国人大常委会代表资格审查委员会主任委员黄镇东作的关于个别代表的代表资格的报告，审议了有关任免案。

全国人大常委会副委员长王兆国、路甬祥、乌云其木格、韩启德、华建敏、陈至立、周铁农、李建国、司马义·铁力瓦尔地、蒋树声、陈昌智、严隽琪等出席会议。

国务委员兼国务院秘书长马凯，最高人民检察院检察长曹建明，最高人民法院负责人，全国人大各专门委员会成员，各省、自治区、直辖市人大常委会负责人，部分全国人大代表等列席会议。

全国人大常委会委员长吴邦国在人民大会堂会见日本首相野田佳彦

国务院总理温家宝在中南海紫光阁会见香港特别行政区行政长官曾荫权

国务院总理温家宝在中南海紫光阁会见澳门特别行政区行政长官崔世安

国务院在人民大会堂举行全国粮食生产表彰奖励大会

中共中央政治局常委、国务院总理温家宝出席大会。会议对全国200个产粮大县、300名突出贡献农业科技人员、300名种粮售粮大户和100名先进工作者给予表彰，对粮食生产工作成绩突出的省级人民政府给予通报表扬。

会议由中共中央政治局委员、国务院副总理回良玉主持。他指出，我国粮食实现“八连增”历尽艰辛，成绩确实来之不易。特别是在今年自然灾害频繁发生、市场环境异常波动、生产成本大幅上升的背景下，不仅创造了粮食总产的新纪录，也创造了粮食单产和粮食人均占有量的新纪录；不仅夏粮、早稻、秋粮季季增产，而且水稻、小麦、玉米各主要粮食品种样样增产，取得了极不寻常的显著成绩，为国家的改革发展稳定提供了重要支撑，作出了重大贡献。

回良玉强调，我国粮食实现“八连增”得益于中央政策支持有力有效，得益于各方组织动员有力有效，得益于科技推广有力有效,得益于抗灾救灾应对有力有效。今年粮食总产首次连续五年过1万亿斤,标志着我国粮食综合生产能力有了新的提升,标志着粮食稳定发展的长效机制正在形成,标志着国家粮食安全有了更坚实的基础。但必须清醒地看到,粮食在实现“八连增”之后产量基数已经很高,农业生产成本不断上升,气候因素也存在不确定性,夺取明年粮食丰收和农民增收困难更大、挑战更多,任务更为艰巨。要加大工作力度,狠抓责任落实,继续深入开展粮食稳定增产行动,集中力量强攻薄弱环节,政策扶持再给力,基础设施建设再加力,科技服务再有力,确保粮食生产不滑坡,全力争取明年粮食好收成。要借这次会议的东风,大力宣传抓好粮食生产的极端重要性,大力弘扬粮食生产先进单位和个人的事迹,努力形成种粮荣耀、抓粮光荣、支粮有责的良好社会氛围。

国务委员兼国务院秘书长马凯宣读了《国务院关于表彰全国粮食生产先进单位和先进个人的决定》和《国务院关于对粮食生产工作成绩突出的省级人民政府给予表扬的通报》。

参加会议的有,受表彰的先进单位和先进个人代表,各省(区、市)党委和政府分管农业农村工作的负责同志、农业厅局长。产粮大县代表吉林省榆树市委书记李国强,突出贡献农业科技人员代表河南农业大学教授郭天财,粮食生产先进工作者代表黑龙江省肇东市农业局局长闫德久,种粮售粮大户代表湖南省岳阳市屈原管理区营田镇阳岳球分别作了典型发言。受表彰的200个产粮大县发出了《关于开展粮食高产创建,为保障国家粮食安全作出更大贡献的倡议》,倡议全国县市奋力推进粮食稳定发展,全力夺取明年粮食丰收,为保障国家粮食安全作出新的更大贡献。

出席会议的还有全国政协副主席万钢,以及全国粮食稳定增产行动协调指导小组成员等有关部门负责同志。

全国政协第四十三次主席会议在北京召开

中共中央政治局常委、全国政协主席贾庆林主持会议并讲话。

这次主席会议的主要任务是为召开政协十一届十六次常委会议和政协十一届五次会议做准备。会议审议通过了政协第十一届全国委员会常务委员会第十六次会议议程(草案)和日程;审议通过了关于召开政协第十一届全国委员会第五次会议的决定(草案);审议通过了政协第十一届全国委员会第五次会议秘书长和副秘书长名单(草案)、新闻发言人名单、政协十一届全国委员会委员增补名单(草案)、政协十一届全国委员会专门委员会副主任增补名单(草案)。会议决定将上述有关草案提请政协十一届十六次常委会议审议。

会议决定,政协十一届十六次常委会议于2012年2月26日至28日在北京举行。

会议确定全国政协外事委员会主任赵启正为政协十一届五次会议新闻发言人。

会议,审议通过了关于召开政协第十一届全国委员会第五次会议的决定(草案),建议政协十一届五次会议明年3月3日在北京召开。主席会议决定将这一草案提请政协十一届十六次常委会议审议。

会议听取了全国政协副主席杜青林,全国政协副主席兼秘书长钱运录,全国政协副秘书长孙怀山、仝广成、蒋作君对有关事项所作的说明。

贾庆林在讲话中指出,即将过去的2011年,是党和国家事业发展进程中十分重要的一年。在以胡锦涛同志为总书记的中共中央的坚强领导下,人民政协高举爱国主义、社会主义旗帜,牢牢把握团结和民主两大主题,认真履行政治协商、民主监督、参政议政职能,工作重点突出,效果显著。我们要全面系统、实事求是地把全年工作总结好,充分肯定成绩,认真查找不足,使总结的过程成为进一步统一思想、凝聚共识的过程,成为探索规律、推动工作的过程。

贾庆林强调,要认真谋划好新一年的工作,认真学习贯彻党的十七届六中全会精神和中央经济工作会议精神,自觉用中央精神统一思想和行动,按照中央的决策部署,理清工作思路,统筹安排力量,把明年的工作谋划好、部署好,更好地凝聚各方面的智慧和力量,为夺取全面建设小康社会、加快推进社会主义现代化新胜利而共同奋斗,以优异的成绩迎接党的十八大胜利召开。

贾庆林还就做好政协十一届五次会议筹备工作提出了明确要求。

全国政协副主席王刚、白立忱、陈奎元、阿不来提·阿不都热西提、黄孟复、张梅颖、张榕明、孙家正、李金华、郑万通、万钢、林文漪、厉无畏、罗富和、陈宗兴、王志珍、何厚铧出席会议。

国务院副总理李克强在北京出席全国财政工作座谈会并发表讲话

李克强指出,财政工作要全面贯彻落实中央经济工作会议精神,服务经济社会发展全局,继续发挥好积极财政政策在支撑发展、改善民生、优化结构、推进改革等方面的作用,保持经济平稳较快发展和物价总水平基本稳定,增强发展的协调性和可持续性。

李克强强调,推进和支持重点领域改革,是积极财政政策的重要内容。明年要按照推动科学发展、加快转变经济发展方式的要求，围绕解决深层次矛盾和突出问题，积极有序推进财税改革，推动理顺各级政府间财政分配关系，继续清费立税，全面改革资源税制度，稳步推进房产税改革试点，研究制定环境保护税费改革方案。积极支持价格、金融、教育、文化等领域和国有企业、事业单位改革。他要求，财政部门要坚持为国理财、为民服务，进一步加强科学管理，抓好增收节支，防范和管控风险，提高预算透明度和公开性。各地区、各部门都要厉行节约，精打细算过紧日子，提高财政资金使用绩效。

座谈会由财政部部长谢旭人主持。各省、自治区、直辖市和计划单列市政府、新疆生产建设兵团负责人，国务院有关部门负责人以及各地财政部门负责人参加了座谈会。

厦门经济特区建设30周年庆祝大会在厦门举行

中共中央总书记、国家主席、中央军委主席胡锦涛致信祝贺。

中共中央政治局常委、中央纪委书记贺国强出席庆祝大会并发表重要讲话。

贺国强在讲话中充分肯定了厦门经济特区建设30年来取得的成就。他说，兴办经济特区是党和国家为推进我国改革开放和社会主义现代化作出的一项重大决策，是中国共产党人和中国人民在探索中国特色社会主义道路上进行的一个伟大创举。厦门是我国改革开放后最早设立的4个经济特区之一。建设30年来，在党中央、国务院亲切关怀下，在福建历届省委、省政府正确领导下，在各地区各部门和全国人民大力支持下，经过广大建设者团结奋斗，厦门经济特区在社会主义经济建设、政治建设、文化建设、社会建设以及生态文明建设和党的建设各方面都取得了显著成绩，实现了经济实力历史性跃升和各项事业全面进步，为推动全国改革开放、促进祖国和平统一大业发挥了重要作用。厦门等经济特区的成功实践，充分证明了中央关于兴办经济特区的战略决策是完全正确的，充分体现了改革开放是决定当代中国命运的关键抉择，是坚持和发展中国特色社会主义、实现中华民族伟大复兴的必由之路，充分彰显了中国特色社会主义的强大生机和活力。

贺国强在讲话中对厦门经济特区提出5点希望：一是希望厦门坚持围绕主题、紧扣主线，加快转变经济发展方式、努力推动科学发展。二是希望厦门坚持解放思想、先行先试，进一步深化改革、扩大开放。三是希望厦门坚持以人为本、改善民生，积极促进社会和谐、维护社会稳定。四是希望厦门坚持两手抓、两手都要硬，不断夺取物质文明建设和精神文明建设双丰收、实现经济建设水平和党的建设水平双提高。五是希望厦门坚持立足实际、发挥优势，为加强两岸交流合作、推动两岸关系和平发展多做贡献。

中共中央政治局委员、国务院副总理王岐山，全国人大常委会副委员长桑国卫，全国政协副主席李兆焯，以及中央军委委员李继耐等出席庆祝大会。

福建省委书记、省人大常委会主任孙春兰主持庆祝大会。大会表彰了厦门经济特区建设30周年杰出建设者和优秀建设者。福建省委常委、厦门市委书记于伟国，特区建设者代表曾超在大会上发言。

中央和国家机关有关部门负责同志，福建省及部分省(区、市)有关负责同志，深圳、珠海、汕头、海南经济特区以及上海浦东新区、天津滨海新区负责同志，厦门对口支援地区负责同志，外宾和港澳台侨人士代表，福建省和厦门市各界代表共3000余人参加了庆祝大会。

中央纪委书记贺国强在福建调研

12月26日至28日，中共中央政治局常委、中央纪委书记贺国强先后到福建厦门、福州和平潭综合实验区等地调研。

贺国强说，加快转变经济发展方式是世界经济发展的大势所趋，也是中国经济发展的当务之急。不论是对于一个企业还是对于一个地区，越是及早转型，越能掌握主动；越是转型彻底，越能增强后劲。他希望福建牢牢把握主题主线，坚定不移调结构、脚踏实地转方式，不断推进产业结构优化升级，增强自主创新能力和产业核心竞争力，切实推动经济发展走上创新驱动、内生增长的科学轨道。

贺国强希望福建把平潭综合实验区建设作为推进海峡西岸经济区建设的重要突破口，坚持解放思想、先行先试，坚持高标准规划、基础设施优先，坚持承接台湾、依托福州和海峡西岸经济区，坚持以人为本、造福人民，坚持政策倾斜、动态调整，坚持前移监督关口、加强反腐倡廉，努力把实验区建设成为生态环保、幸福宜居的两岸人民共同家园。

贺国强要求加强传统、特色文化资源的保护、开发和利用，积极发展文化产业和旅游业，提升城市文化品位，增强城市文化软实力。在福州市行政服务中心，贺国强强调要深化行政管理体制改革，加强和创新社会管理，推进服务型政府建设和廉政勤政建设，努力为人民群众提供优质、便捷、高效的服务。

考察期间，贺国强听取了福建省委、省政府和省纪委的工作汇报，对福建近年来的工作给予充分肯定。他希望福建各级党委、政府和广大干部群众认真贯彻中央决策部署，紧紧抓住宝贵机遇，充分发挥自身优势，进一步解放思想、开拓进取、扎实工作，奋力谱写福建科学发展跨越发展新篇章。

王岐山、桑国卫、李兆焯以及中央军委委员李继耐参加了部分调研活动，中央有关部门负责同志一同调研。

国防部部长梁光烈在八一大楼会见尼泊尔副总理兼内政部部长 国防部部长加奇恰达尔

故宫世界文化遗产监测中心在故宫博物院揭牌成立

据介绍，故宫世界文化遗产监测中心主要负责制定故宫世界文化遗产监测管理工作制度、监测技术规范及预警标准，统筹安排、协调和指导故宫世界文化遗产监测管理各项工作，完善已经着手建立的计算机网络监测系统——“故宫世界文化遗产监测信息化平台”。监测中心的成立和监测信息平台的启用，将使故宫博物院进一步整合院内资源，形成归口管理、分工协作的模式。

12月27日

中央农村工作会议在北京举行

中共中央政治局常委、国务院总理温家宝出席会议并讲话。他在讲话中系统回顾总结了党的十六大以来农业农村发展取得的巨大成就，阐述了在推进工业化城镇化进程中继续做好“三农”工作需要把握好的若干重大问题，对做好明年农业农村工作提出了要求。

温家宝说，我们党历来高度重视“三农”工作，特别是党的十六大以来，在经济快速增长、国力不断增强的背景下，我们坚持统筹城乡发展，坚持把增加农民收入作为农村工作的中心任务，初步形成了强农惠农富农的政策体系，基本建立起符合统筹城乡发展要求的制度框架。农业农村发展取得了举世瞩目的巨大成就，“三农”发展进入又一个“黄金期”。粮食生产实现“八连增”，今年总产达到11424亿斤。农民人均纯收入连续多年较快增长，预计今年为6900多元。农村社会事业加快发展，农村面貌加快改善，呈现和谐稳定的新气象。

温家宝说，这些年农业农村形势好，最根本的原因是政策对头、措施得力。中央确立了把解决好“三农”问题作为全党工作重中之重的战略思想，制定了工业反哺农业、城市支持农村和多予少取放活的指导方针，明确了在工业化城镇化深入发展中同步推进农业现代化、加快形成城乡经济社会发展一体化新格局的根本要求。各级各地积极调整国民收入分配格局和城乡利益关系，切实把基础设施建设和社会事业发展的重点转向农村，把财政新增教育、卫生、文化等事业经费和固定资产投资增量主要用于农村，让公共财政的阳光更多地照耀到农村。

温家宝指出，这些年来，中央集中力量办了很多事关农业农村长远发展的大事、关系农民切身利益的好事，很多具有划时代和里程碑意义。取消农业税，全国农民每年减轻负担1335亿元，开启了农民休养生息的新时代。实行农业生产补贴，2011年中央财政用于种粮农民直接补贴、良种补贴、农机具购置补贴和农资综合补贴的支出达到1406亿元，现在补贴政策已拓展到畜牧业、林业、草原、节水灌溉和农业保险等领域。全面放开粮食购销，实行最低收购价政策，使所有农产品流通纳入了市场化运行的轨道。推进集体林权制度改革，把林地承包经营权和林木所有权落实到农户，实现“山定权、人定心、树定根”。加强农村基础设施建设，9年来，全国新建改建了272万公里的农村公路，解决了3.26亿农村人口的饮水安全问题，改造农村危房460多万户。改革农村义务教育经费保障机制，实现真正意义上的免费义务教育。按照保基本、广覆盖、有弹性、可持续原则，搭建起农村社会保障制度框架，新型农村合作医疗覆盖97%的农民，农村最低生活保障制度覆盖5300多万人，新型农村社会养老保险试点覆盖60%的县，7800多万农民领取了养老金，几千年来中国农民老有所养、病有所医、困有所济的愿望正在实现。废止城市收容遣送条例，消除对农村劳动力合理流动、进城务工经商的束缚，大规模开展清理拖欠农民工工资行动，农民工就业领域不断拓宽，工资水平、社会保障标准逐步提高，随迁子女入学问题加快解决，劳动保护和居住条件不断改善。对农民工从缺乏公平对待到善待、从限制进城到提供服务的根本性转变，是实现社会公平正义的重大进展。

温家宝强调，当前和今后一个时期，我国仍将处于工业化城镇化快速发展阶段。遵循经济社会发展规律，立足我国基本国情农情，同步推进工业化城镇化和农业现代化，建设社会主义新农村，是关系改革开放和现代化建设全局的重大任务。

温家宝说，我们这样一个人口众多的大国，在推进工业化城镇化的进程中决不可忽视农业现代化。尽管这些年粮食和主要农产品产量大幅增加，但生产能力仍不稳固，供求关系仍然偏紧，农业稍有闪失就会影响经济发展和社会稳定大局。解决这一问题，根本出路在于加快现代农业建设，不断提高农业综合生产能力。要坚持实行最严格的耕地保护和水资源管理制度，毫不动摇地稳定和完善农村基本经营制度，坚持不懈地推进农业科技进步，持续加大农业支持保护力度。将来农业经营形式会多样化，但家庭经营任何时候都是最基本的形式。培养一代新型农民，鼓励有文化和农业技能的青壮年农民留在农村，事关农业长远发展，要作为一项基础性重大工程来抓。

温家宝说，社会主义新农村建设是贯穿我国现代化建设全过程的一项重大任务。目前我国最大的发展差距仍然是城乡差距，最大的结构性问题仍然是城乡二元结构。城镇化的快速发展，为解决好"三农"问题创造了有利条件，但并不会自然带来农村面貌的较快改变。要全面推进农村各项建设，建设好农民幸福生活的美好家园。农村建设应保持农村的特点，有利于农民生产生活，保持田园风光和良好生态环境。不能把城镇的居民小区照搬到农村去，赶农民上楼。要长期坚持把国家基础设施建设的重点放到农村。建设部门要加强对村庄规划和农村建房的指导，提高农村民居设计和建设水平。下大力气改善农村办学条件，让农村孩子共享优质教育资源。农村教学点撤并要十分慎重，充分考虑学生上学方便和交通安全。今后一个时期，农村社会保障的总的方向是完善制度、提高水平、逐步并轨，最终迈向城乡一体化。

温家宝指出，30 多年来数亿农民进城，既改变了亿万农民的命运，更为经济发展注入了强大动力。要使进城农民工真正成为城镇居民，决不是改变一下户籍那么简单。我国人口规模巨大，只靠几个城市圈和少数经济发达地区不可能完成人口的城镇化。要合理引导人口流向，既要采取措施让具备条件的农民工在就业所在地逐步安家落户，又要引导产业向内地、向中小城市和小城镇转移，让更多农民就地就近转移就业。土地承包经营权、宅基地使用权、集体收益分配权等，是法律赋予农民的合法财产权利，无论他们是否还需要以此来做基本保障，也无论他们是留在农村还是进入城镇，任何人都无权剥夺。推进集体土地征收制度改革，关键在于保障农民的土地财产权，分配好土地非农化和城镇化产生的增值收益。应该看到，我国经济发展水平有了很大提高，不能再靠牺牲农民土地财产权利降低工业化城镇化成本，有必要、也有条件大幅度提高农民在土地增值收益中的分配比例。要精心设计征地制度改革方案，加快开展相关工作，明年一定要出台相应法规。积极创造条件，妥善解决好农村留守儿童、妇女、老人问题。

温家宝指出，这几年，我们能够成功应对国际金融危机的冲击，保持国民经济平稳较快发展，很重要的一点是农业农村形势好。明年宏观调控面临的形势复杂严峻，特别是经济增长下行压力和物价上涨压力并存，做好农业农村工作具有特殊重要的意义。对明年的农业生产特别是粮食生产，各地区各部门务必高度重视，真正做到思想不麻痹、政策不减弱、工作不松懈、投入有增加，确保再夺丰收。在新的形势下，各级领导干部要善于把握农业农村发展规律，不断提高做好"三农"工作的能力和水平。要始终尊重农民意愿，即使是为农民办好事，也要允许农民有一个认识和接受的过程，不要追求整齐划一、一步到位。在农村开展各项工作，不仅要体现多数人的意愿，也要充分考虑少数人的特殊情况和合理要求。要更加重视维护农民在土地、财产、就业、社会保障和公共服务等方面的权益，更加重视扩大村民自治范围，完善与农民政治参与意识不断提高相适应的乡镇治理机制。要在吃透民情上下功夫，了解农村的真实情况和群众的真实想法，使决策和工作更加切合实际。在农村做任何事情，都必须坚守政策和法律底线，特别是新从事"三农"工作的同志，要抓紧系统学习农村政策和法律，了解农村改革的历程、农村体制和政策的沿革，尽快掌握农村工作要领。

会议由中共中央政治局委员、国务院副总理、中央农村工作领导小组组长回良玉主持，国务委员兼国务院秘书长马凯出席。

中办 国办发出通知要求做好 2012 年元旦春节期间有关工作

据新华社报道：近日，中共中央办公厅、国务院办公厅就做好 2012 年元旦、春节期间有关工作发出通知。通知指出，认真做好节日期间各项工作，确保全国各族人民度过一个欢乐祥和的节日，对于巩固和发展"十二五"时期开局良好势头，全面做好改革发展稳定各项工作，以优异成绩迎接党的十八大胜利召开，具有重要意义。

通知强调，各级党委和政府要着力解决群众生活中的实际困难和问题，加大社会保险、社会救助等社会保障工作力度，认真落实社会救助和保障标准与物价上涨挂钩的联动机制，确保企业退休人员基本养老金、符合条件的城乡老年居民养老金、失业保险金按时足额支付，确保城乡低保对象、农村五保对象、城市孤老孤儿等困难群众救助资金及时足额发放，确保优抚对象抚恤补助资金尽快拨付到位。要采取有力措施安排好受灾地区群众冬春生活，及时发放救灾救济款物，确保受灾群众安全过冬。要按照中央确定的新的国家扶贫标准，抓紧落实各项扶贫政策，妥善解决贫困人口生活困难问题。要组织开展以历年积累的未就业高校毕业生、长期失业人员、零就业家庭为重点的就业援助，帮助符合条件的援助对象享受扶持政策、找到就业机会。要开展农民工工资支付情况执法检查，确保农民工工资基本无拖欠。各级领导干部要深入基层、深入群众，尤其要深入到受灾地区、贫困地区和贫困群众中去，千方百计为群众办实事做好事，切实做到知民情、解民忧、暖民心。

通知指出，要扎实做好市场平稳运行工作，精心组织货源，加强产运销衔接，确保重要商品市场供应不断档、不脱销。要加强市场价格监测预警，严厉打击发布虚假信息、囤积居奇、操纵价格、恶意涨价等违法行为，保证节日期间市场价格特别是生活必需品价格基本稳定。要加大产品质量和食品药品安全监管力度，严厉查处制售假冒伪劣和不合格产品案件。要保障煤电油气运稳定供应，重点做好与群众生产生活密切相关的供水、供电、供油、供气、供暖等工作。

通知指出，要精心安排群众节日文化生活，深入开展文化下基层、记者走基层活动，组织文艺、新闻工作者到革命老区、民族地区、边疆地区、受灾地区和生产一线慰问演出、采访报道。要提供群众喜闻乐见的文化产品和服务，进一步丰富声频荧屏银幕内容，精心策划网上文化活动，加大公共文化设施开放力度。要扎实开展“扫黄打非”工作，加强文化市场管理和执法，有效净化节日文化环境。要丰富节日旅游产品，改进旅游服务，坚决查处扰乱旅游市场秩序的违法违规行为。

通知要求，各地区各部门要全面落实安全生产责任，严格执行安全生产规章制度，节前要集中开展安全生产大检查和专项治理整顿，全面排查和消除交通运输、煤矿、消防、烟花爆竹等重点行业和领域的安全隐患。要严格落实大型集会、烟花燃放等活动的安全保障措施，严防发生拥挤、踩踏等伤亡事故。要科学安排春运期间运力，加大交通安全监管执法力度，严防超速、超员、超载和疲劳驾驶、酒后驾驶等严重违法违规行为，严禁旅客携带危险品进站上车(船、机)。要落实应急防范措施，严防自然灾害引发安全事故。

通知要求，各级党委和政府要严格落实维护社会稳定责任制，深入开展社会稳定风险评估和矛盾纠纷排查化解工作，切实做好信访工作，坚决纠正损害群众利益的行为。要加强社会治安综合治理，依法严厉打击两抢一盗、电信诈骗、非法集资等违法犯罪活动，深入推进城乡接合部等社会治安重点地区排查整治。

通知要求，各级党政机关和领导干部要认真落实中央关于厉行节约的要求，大力弘扬艰苦奋斗精神，反对讲排场、比阔气、铺张浪费等奢靡之风，严禁用公款搞相互走访、相互送礼、相互宴请等拜年活动，严禁用公款大吃大喝、旅游和参与高消费娱乐、健身活动，严禁节日期间公车私用。要严肃财经纪律，严禁以各种名义年终突击花钱和滥发津贴、补贴、奖金和实物，严格控制年终评比达标表彰活动，减少、简化各种茶话会、联欢会，把有限的资源和财力用在发展经济、改善民生上。各级领导干部要严格执行中央关于廉洁自律的规定，严禁违规收受礼金、有价证券、支付凭证和商业预付卡，严禁参与赌博活动。

通知强调，各地区各部门各单位要认真做好节日期间值班工作，严格落实岗位责任制，充实一线值班力量，确保各项工作正常运转。

第八次全国律师代表大会在北京闭幕

大会听取并审议通过了《七届全国律协理事会工作报告》《七届全国律协理事会财务工作报告》和修改后的《中华全国律师协会章程》，表彰了109家优秀律师事务所和200名优秀律师。

大会选举产生了新一届中华全国律师协会理事会和常务理事会，王俊峰当选为全国律协会长，金山、吕红兵、蒋敏、洪波、张学兵、盛雷鸣、欧永良、朱征夫、刘守民当选为全国律协副会长。常务理事会聘任周院生为全国律协秘书长。

纪念霍英东教育基金会成立25周年座谈会在北京举行

国务委员刘延东在北京出席全国体育局长会议并讲话

刘延东强调，体育战线要牢牢把握文化大发展大繁荣对体育发展带来的新机遇新要求，坚持以人为本、统筹协调、改革创新，以更高的文化自觉担当起建设体育强国的重任，推动我国从体育大国向体育强国迈进。

刘延东要求，体育系统要认真贯彻落实党的十七届六中全会和胡锦涛总书记在北京奥运会、残奥会总结表彰大会上的重要讲话精神，进一步增强使命感责任感紧迫感，加快体育强国建设步伐。一是坚持以人为本、政府主导，牢牢把握“发展体育运动、增强人民体质”的宗旨，按照公益性、基本性、均等性、便利性的要求，不断完善公共体育服务体系，充分发挥社会组织的积极作用，统筹城乡、区域体育协调发展，推动全民健身活动向广度和深度拓展。二是坚持体育事业和体育产业协调发展，完善体育产业发展配套政策措施，深化规范管理，推动体育产业与相关产业复合发展，做大做强体育产业，把群众多样化的体育需求转化为现实的体育消费，为转方式、调结构做贡献。三是大力弘扬以顽强拼搏、为国争光为核心的中华体育精神，扎实做好伦敦奥运备战参赛工作，切实加强运动员文化教育和保障，巩固竞技体育人才基础，坚持和完善举国体制，不断增强竞技体育综合实力和国际竞争力。刘延东强调，要强化体育道德建设，把加强体育行业作风建设摆在突出位置，坚持教育引导、严格自律和加强监管相结合,净化行业风气,维护良好形象。

中国队在土耳其举行的2011年女子国际象棋世界团体锦标赛中荣获冠军

12月28日

十一届全国人大常委会第二十四次会议举行第二次全体会议

会议听取国务院关于加快转变经济发展方式工作进展情况的报告、关于实施《国家中长期教育改革和发展规划纲要(2010—2020年)》工作情况的报告、关于旅游业发展工作情况的报告,听取全国人大常委会执法检查组关于检查农村土地承包法实施情况的报告。

吴邦国委员长出席会议。会议由王兆国副委员长主持。常委会组成人员144人出席会议,出席人数符合法定人数。

受国务院委托,国家发展和改革委员会主任张平报告了2009年以来加快转变经济发展方式工作进展情况。

受国务院委托,教育部部长袁贵仁报告了《国家中长期教育改革和发展规划纲要(2010—2020年)》实施情况。他说,各地各部门各学校广泛深入开展纲要精神的学习宣传,建立健全推进纲要落实的长效工作机制,着力构建推动教育事业科学发展的规划体系,纲要贯彻落实工作开局良好、进展顺利。

袁贵仁说,贯彻落实纲要工作虽然取得了积极进展,但还存在不少问题,有的还比较突出。主要是学习宣传和贯彻落实不平衡,一些热点难点问题尚未有效解决,深层次矛盾和问题破解难度大,一些保障政策措施还不到位。下一步要加大工作力度,努力解决人民群众关心的热点难点问题;加快改革步伐,着力破除体制机制障碍;提高保障水平,夯实教育事业科学发展的基础;转变政府职能,不断改进教育管理方式,努力办好人民满意的教育。

受国务院委托,国家旅游局局长邵琪伟报告了我国旅游业发展工作主要情况。他说,经过30多年发展,我国旅游业从小到大、由弱到强,实现了历史性跨越,成为国民经济的重要产业。“十一五”时期,我国国内旅游、入境旅游、出境旅游三大市场全面繁荣,成为世界第三大入境旅游接待国和出境旅游消费国,并形成全球最大的国内旅游市场,旅游业已进入大众化、产业化发展的新阶段。在分析我国旅游业发展面临的机遇和挑战后,邵琪伟说,当前和今后一个时期将重点做好5个方面的工作:积极提升旅游业总体实力;规范市场秩序,提高服务质量;统筹旅游资源保护和开发;加大对旅游业发展的政策支持;深入推进旅游业改革开放,努力推动我国旅游业又好又快发展。

会议听取了全国人大常委会副委员长乌云其木格代表常委会执法检查组作的关于检查农村土地承包法实施情况的报告。乌云其木格说,两法实施以来,国务院有关部门、地方各级政府高度重视,精心组织,在进一步贯彻落实好农村土地承包法的同时,对新出台的农村土地承包经营纠纷调解仲裁法进行了广泛宣传,做了大量工作:加强宣传培训和配套规章制度建设,依法落实和稳定农村土地承包关系,规范并加强农村土地流转管理和服务工作,加强调解仲裁体系建设,及时查处农村土地违法案件,两法贯彻实施取得了显著成效。

乌云其木格说,两法贯彻实施中存在的主要问题是,有的地方二轮土地承包政策没有落实到位,土地流转规范管理和服务不够,耕地保护形势严峻,调解仲裁体系建设尚不适应土地纠纷增多的情况。执法检查组建议,提高对两法重要性的认识,提高执法能力;认真落实现有土地承包关系长久不变;做好土地流转工作,加强规范管理、服务;切实维护被征地农民的合法权益;健全农村土地承包经营纠纷调解仲裁体系。

全国人大常委会副委员长路甬祥、韩启德、华建敏、陈至立、周铁农、李建国、司马义·铁力瓦尔地、蒋树声、陈昌智、严隽琪、桑国卫出席会议。

国务委员梁光烈,最高人民法院和最高人民检察院负责人,全国人大各专门委员会成员,各省、自治区、直辖市人大常委会负责人,部分全国人大代表等列席会议。

十一届全国人大常委会第二十四次会议举行第三次全体会议

会议听取全国人大有关专门委员会关于代表提出的议案审议结果的报告和全国人大常委会办公厅关于代表建议、批评、意见办理情况的报告等。

吴邦国委员长出席会议。会议由路甬祥副委员长主持。常委会组成人员134人出席会议,出席人数符合法定人数。

2011年3月十一届全国人大四次会议期间,全国人大代表本着对国家和人民高度负责的精神,依照宪法和法律的规定提出属于全国人民代表大会职权范围内的议案566件。大会主席团将这些议案分别交由全国人大有关专门委员会审议,由专门委员会依法向全国人大常委会提出议案审议结果的报告。全国人大各专门委员会认真办理代表提出的议案,逐一研究,区别不同情况,提出具体办理意见。全国人大民族委员会主任委员马启智、法律委员会副主任委员张柏林、教育科学文化卫生委员会主任委员白克明、外事委员会主任委员李肇星、华侨委员会主任委员高祀仁、环境与资源保护委员会主任委员汪光焘分别作了关于十一届全国人大四次会议主席团交付审议的代表提出的议案审议结果的报告。

十一届全国人大四次会议期间,全国人大代表共提出建议、批评和意见8043件。大会闭幕后,全国人大常委会办公厅及时统一交由177家承办单位研究办理。各承办单位认真落实代表法的有关规定,作为一项法定任务,结合实施"十二五"规划,切实加大了办理工作力度。在编制"十二五"专项规划和推动工作的过程中,充分吸收采纳代表意见,带动了有关问题的解决,特别是在调结构、促发展、惠民生、促和谐等方面取得了较好效果。全国人大常委会副秘书长何晔晖代表全国人大常委会办公厅报告了代表建议、批评和意见办理情况。公安部副部长杨焕宁报告了公安部办理代表建议、批评和意见的情况。

全国人大常委会副委员长王兆国、乌云其木格、韩启德、华建敏、陈至立、周铁农、李建国、司马义·铁力瓦尔地、蒋树声、陈昌智、严隽琪、桑国卫出席会议。

国务委员刘延东,最高人民检察院检察长曹建明,最高人民法院负责人,全国人大各专门委员会组成人员,各省、自治区、直辖市人大常委会负责人,部分全国人大代表等列席会议。

国务院总理温家宝主持召开国务院常务会议听取"7·23"甬温线特别重大铁路交通事故调查情况汇报

会议指出,"7·23"甬温线特别重大铁路交通事故发生后,国务院随即成立了事故调查组,此后又根据工作需要对事故调查组进行了充实加强,调整了人员结构,完善了调查制度。国务院对事故调查工作提出明确要求:不仅要查清直接原因,还要追根溯源,查清设计、制造、管理等方面的源头性问题,给人民群众一个真诚、负责任的交代。

调整充实后的国务院事故调查组由有关部门单位和地方的负责人组成,聘请了铁路运输、电力、电气、自动化、通信、信号、安全管理、建筑等领域专家,邀请了最高人民检察院派员参加。几个月来,调查组按照科学严谨、依法依规和实事求是的原则,认真开展现场勘查、检验测试、技术鉴定、调查取证、综合分析和专家论证,查明了事故发生的经过、原因、应急处置、人员伤亡和直接经济损失情况,认定了事故性质和责任。

经调查认定,"7·23"甬温线特别重大铁路交通事故是一起因列控中心设备存在严重设计缺陷、上道使用审查把关不严、雷击导致设备故障后应急处置不力等因素造成的责任事故。事故发生的原因是:通信信号集团公司所属通信信号研究设计院在LKD2—T1型列控中心设备研发中管理混乱,通信信号集团公司作为甬温线通信信号集成总承包商履行职责不力,致使为甬温线温州南站提供的设备存在严重设计缺陷和重大安全隐患。铁道部在LKD2—T1型列控中心设备招投标、技术审查、上道使用等方面违规操作、把关不严,致使其上道使用。雷击导致列控中心设备和轨道电路发生故障,错误地控制信号显示,使行车处于不安全状态。上海铁路局相关作业人员安全意识不强,在设备故障发生后,未认真正确地履行职责,故障处置工作不得力,未能起到可能避免事故发生或减轻事故损失的作用。

在事故抢险救援过程中,铁道部和上海铁路局存在处置不当、信息发布不及时、对社会关切回应不准确等问题,在社会上造成不良影响。

会议同意事故调查组给予铁道部、通信信号集团公司、通信信号研究设计院、上海铁路局等单位54名责任人员党纪政纪处分的处理意见。其中,铁道部原部长刘志军、原副总工程师兼运输局局长张曙光对事故发生负有主要领导责任,因涉嫌严重违纪违法问题,另案一并处理;通信信号集团公司总经理、通信信号股份有限公司董事长马骋对事故发生负有主要领导责任,鉴于已因病去世,不再追究责任。铁道部副部长陆东福对事故发生负有重要领导责任,给予记过处分;给予铁道部总工程师何华武记过处分;给予铁道部运输局原副局长兼客运专线技术部主任、现任科技司司长、党总支书记季学胜撤职、撤销党内职务处分;给予铁道部运输局原副局长兼基础部主任、现任广州铁路集团公司董事长、党委书记徐啸明撤职、撤销党内职务处分;给予铁道部科技司原司长、现任安全总监兼副总工程师耿志修降级、党内严重警告处分;给予通信信号集团公司副总经理、党委常委缪伟忠撤职、撤销党内职务处分;给予通信信号研究设计院董事长、党委副书记张海丰撤职、撤销党内职务处分;给予上海铁路局原局长、党委副书记龙京撤职、撤销党内职务处分;给予上海铁路局原党委书记李嘉撤销党内职务处分。对其他责任人员,根据其应承担的责任给予相应党纪政纪处分。

对于相关责任人员是否涉嫌犯罪问题,司法机关正在依法独立开展调查。

会议决定,责成铁道部和铁道部部长盛光祖分别向国务院作出深刻检查。

会议决定,责成国务院国资委对通信信号集团公司、通信信号股份有限公司及下属通信信号研究设计院依法进行整顿,重新组建通信信号研究设计院列控所。

会议要求，铁道部、相关铁路运输企业和设备研发生产企业要深刻吸取事故教训，按照调查组针对事故暴露问题提出的整改意见，结合前一段铁路安全大检查的情况，进一步做好整改工作，切实加强安全质量管理，全面提高铁路特别是高速铁路建设、运营安全管理水平。

中央农村工作会议在北京闭幕

会议讨论了《中共中央、国务院关于加快推进农业科技创新持续增强农产品供给保障能力的若干意见(讨论稿)》。

会议确定2012年农业农村工作的总体要求是：全面贯彻落实党的十七大和十七届三中、四中、五中、六中全会以及中央经济工作会议精神，高举中国特色社会主义伟大旗帜，以邓小平理论和“三个代表”重要思想为指导，深入贯彻落实科学发展观，同步推进工业化、城镇化和农业现代化，围绕强科技保发展、强生产保供给、强民生保稳定，进一步加大强农惠农富农政策力度，奋力夺取农业好收成，合力促进农民较快增收，努力维护农村社会和谐稳定。

中共中央政治局委员、国务院副总理回良玉作了总结讲话。回良玉强调，要全面贯彻落实胡锦涛总书记重要指示、温家宝总理重要讲话和会议精神，再接再厉、迎难而上、开拓进取，奋力做好明年和今后一个时期的“三农”工作。

回良玉指出，中央指导明年农村工作的文件，紧紧围绕保障农产品有效供给这个中心任务，突出强调加快推进农业科技创新这个重要支撑，既抓住了发展要害、回应了基层关切、兼顾了当前长远，又在保持政策连续性基础上丰富发展了新时期党的强农惠农富农政策体系。明年突出抓农业科技，抓住了现代农业的根本出路，必将为我国农业持续发展注入强劲动力。

黑龙江、安徽、湖北、内蒙古、湖南、甘肃等省区代表作大会发言。

国务委员兼国务院秘书长马凯主持闭幕会议。

中央农村工作领导小组成员，各省、自治区、直辖市和计划单列市、新疆生产建设兵团负责同志，中央和国家机关及军队有关单位负责同志等出席会议。

2011年中国自主创新年会在人民大会堂举行

中共中央政治局常委李长春对年会作出批示，中共中央政治局委员、中央书记处书记、中宣部部长刘云山发来贺信，中共中央政治局委员、国务委员刘延东出席并讲话。

2011中国自主创新年会由经济日报社主办，主题为“世界经济变局　中国创新应对”。年会发布了经济日报“创新型城市与低碳城市评价体系”、“创新型企业与创新人物评价体系”，并在权威专家学者科学认真评选的基础上，表彰了2011年度中国十大创新型城市、十大低碳城市、十大创新型企业、十大创新人物等。

经济日报社社长徐如俊主持了年会开幕式，《经济日报》总编辑张小影主持了主题论坛。来自中央国家机关有关部委的负责同志、有关城市和企业的代表及有关专家学者共200多人出席了年会。

国务院副总理张德江在交通运输部调研

张德江在听取交通运输部部长李盛霖关于2011年交通运输工作情况汇报以及部分省(自治区、直辖市)交通运输部门负责同志发言后，张德江充分肯定了今年交通运输各方面工作取得的成绩，并指出，交通运输是基础性、先导性和服务性产业，2012年改革发展任务十分繁重。要始终把确保安全放在首要位置，切实落实各项安全措施，加强安全隐患排查和专项治理，坚决遏制重特大事故发生，促进交通运输安全发展。要围绕稳增长、扩内需，继续保持一定投资建设规模，全力保障“十二五”重点项目、国家批准的在建项目和年内竣工项目按期、按质完成，促进交通运输稳定发展。要加快调整优化交通运输区域布局，继续加大对中西部地区和老少边穷地区投入，有效改善交通运输设施条件，促进城乡、区域交通运输协调发展。要大力推进综合运输体系建设和现代物流发展，不断提高交通运输经济效益，不断提高交通运输公共服务水平，增强行业自我发展能力，促进交通运输业高效发展。要加强科技创新、体制创新，增强交通运输发展活力和竞争实力，促进交通运输创新发展。要扩大交通运输对外开放，加强对外合作，加快交通运输企业“走出去”步伐，促进交通运输开放发展。

共和国最年轻的城市——新疆维吾尔自治区北屯市正式挂牌成立

北屯地处新疆北部阿尔泰区域地理中心，原名“多勒布尔津”，曾是古丝绸之路的必经之地，毗邻喀纳斯风景区，周边有额尔齐斯河、乌伦古河两大水系流经，自然风光优美，农牧业较为发达，是新疆北部外联哈萨克斯坦、蒙古等“四国六方”的重要交通枢纽。

国务院副总理王岐山在中南海会见古巴部长会议副主席卡夫里萨斯

国务院总理温家宝 中央军委主席胡锦涛签署命令给武警8674部队记一等功

中国出版传媒股份有限公司在北京成立

《人民日报》体育部《中国体育报》上汽通用五菱汽车股份有限公司联合评出2011年国内国际体育十大新闻

2011年国内体育十大新闻

一、6月4日，李娜在法国网球公开赛上夺得女单冠军，成为第一位摘得网球大满贯赛事单打冠军的亚洲选手，创造了历史。

二、7月20日，姚明在上海宣布，由于长期受脚伤困扰，决定正式退役。

三、7月16日至30日，第十四届游泳世锦赛在上海举行，孙杨夺得两金并打破尘封10年的男子1500米自由泳世界纪录。

四、2月15日，国务院印发《全民健身计划(2011—2015年)》，全民健身事业得到进一步发展。9月，国家体育总局等组织的“国民体质监测公报”公布。国民体质总体合格率上升，但部分单项监测指标下降，如中小学生超重与肥胖率增长，视力不良增多。

五、8月12日至23日，第二十六届世界大学生夏季运动会在深圳举行，这是大运会历史上规模最大的一届，中国大学生体育代表团以75金39银31铜的优异成绩位居奖牌榜首位。

六、8月、9月，中国女篮和中国男篮在亚锦赛上接连夺冠，成为中国大球集体项目率先取得伦敦奥运会参赛资格的球队。

七、11月4日至18日，女排世界杯在日本举行，中国女排奋勇拼搏获得第3名，取得伦敦奥运会参赛资格。

八、中国足球继续在低谷徘徊，国奥男足、中国女足在奥运会亚洲区资格赛中接连受挫，无缘伦敦；中国男足在世界杯亚洲区预选赛中未能从小组出线，再度与世界杯无缘。

九、8月4日，国家体育总局冬季运动管理中心宣布，由于短道速滑队在青岛集训期间发生严重内部冲突，名将王濛违反队规被撤销国家队队长职务，其国家队队员资格被同时取消。

十、12月19日开始，涉足球系列刑事案件在辽宁省铁岭和丹东两地的中级人民法院陆续开庭审理，备受关注的中国足坛反赌扫黑行动进入新的阶段。

2011年国际体育十大新闻

一、“巴萨”创造新的历史。拥有梅西等多名大牌球星的西班牙巴塞罗那足球俱乐部12月18日在日本夺得世界俱乐部杯冠军，该队今年之内连夺西甲、欧冠等多项冠军。

二、国际足联权力之争告一段落。6月，在国际足联代表大会上，布拉特成功连任国际足联主席。他的竞选对手、亚足联主席哈曼因贿选问题，不但失去竞选资格，还被终身禁止参与国际足球有关活动。

三、美国职业篮球劳资矛盾凸显。NBA劳资谈判陷入僵局近5个月后，双方终于达成协议，缩水的新赛季从12月25日开赛。

四、国际网坛新生代崭露锋芒。24岁的塞尔维亚名将德约科维奇今年连夺澳网、温网、美网3个大满贯男单冠军；捷克“90后”科维托娃则在一年内戴上温网、WTA总决赛及联合会杯多项女单桂冠。

五、高尔夫球又出“神童”。6月，北爱尔兰22岁的麦克罗伊夺得美国高尔夫球公开赛冠军，成为该项赛事自1923年以来最年轻冠军。

六、日本女足给亚洲人争气。7月在德国女足世界杯比赛中，日本队先后淘汰德国队、瑞典队、美国队等欧美劲旅，首次登上冠军宝座。

七、韩国冬奥梦想成真。7月在南非德班举行的国际奥委会全会上，韩国平昌击败德国慕尼黑、法国阿纳西，成为2018年冬奥会举办城市。

八、田径世锦赛再次光临亚洲。第三次在亚洲举行的世界田径锦标赛于8月27日至9月4日在韩国大邱展开。百米“飞人”博尔特因抢跑被罚下，无缘卫冕，成为轰动赛场的新闻。

九、德国又出赛车高手。继舒马赫之后，24岁的德国车手维特尔今年提前4站成功卫冕F1赛车年度个人冠军。

十、球队集体空难损失惨重。9月7日，俄罗斯雅罗斯拉夫尔火车头冰球队遭遇空难，这是俄罗斯体育运动历史上各类球队最惨痛的一次人员损失。

12月29日

胡锦涛 吴邦国 温家宝等党和国家领导人在国家大剧院观看新年京剧晚会

胡锦涛、吴邦国、温家宝、贾庆林、李长春、习近平、李克强、贺国强等出席晚会，与首都近千名群众一同观看演出，喜迎2012年的到来。

王刚、王乐泉、王兆国、刘淇、刘云山、刘延东、张德江、何勇、令计划、华建敏、马凯、李兆焯、张榕明、王志珍和张万年、曹刚川、倪志福、杨汝岱等也观看了演出。

十一届全国人大常委会第七十四次委员长会议在人民大会堂举行

全国人大常委会委员长吴邦国主持会议。

会议听取了全国人大法律委员会主任委员胡康生作的关于修改职业病防治法的决定草案修改意见的汇

报、关于刑事诉讼法修正案草案审议意见的报告、关于澳门特别行政区基本法附件一第七条和附件二第三条的解释草案审议结果的报告。

会议听取了全国人大常委会副委员长兼秘书长李建国作的关于第十二届全国人大代表名额和选举问题的决定草案、香港选举第十二届全国人大代表的办法草案、澳门选举第十二届全国人大代表的办法草案、关于召开第十一届全国人大五次会议的决定草案审议情况的汇报。

会议听取了全国人大外事委员会主任委员李肇星作的关于《中华人民共和国和俄罗斯联邦关于打击恐怖主义、分裂主义和极端主义的合作协定》《中华人民共和国和意大利共和国引渡条约》《中华人民共和国政府和意大利共和国政府关于刑事司法协助的条约》的议案审议情况及批准的决定草案代拟稿的汇报。

会议听取了李建国作的关于全国人大民委、法律委、教科文卫委、外事委、华侨委、环资委6个专门委员会的代表议案审议结果报告的审议情况和关于个别代表的代表资格报告的审议情况、任免案审议情况的汇报。

委员长会议决定，根据常委会组成人员的审议意见，对上述议案作进一步修改后交付十一届全国人大常委会第二十四次会议闭幕会表决。

会议还听取了全国人大财经委副主任委员、常委会预算工作委员会主任高强作的《国务院关于2011年中央财政超收收入安排使用情况的报告》有关情况的汇报，决定印发十一届全国人大常委会第二十四次会议。

全国人大常委会副委员长王兆国、路甬祥、乌云其木格、韩启德、华建敏、陈至立、周铁农、司马义·铁力瓦尔地、蒋树声、陈昌智、严隽琪、桑国卫等出席会议。

国新办发布《2011年中国的航天》白皮书

《2011年中国的航天》(以下简称白皮书)对2006年以来中国航天的主要进展与未来5年的主要任务做了介绍和说明。

白皮书全文近10000字，分为前言、发展宗旨与原则、2006年以来的主要进展、未来5年的主要任务、发展政策与措施、国际交流与合作等6个部分。

白皮书说，中国政府把发展航天事业作为国家整体发展战略的重要组成部分，始终坚持为了和平目的探索和利用外层空间。近年来，中国航天事业发展迅速，在若干重要技术领域跻身世界先进行列。航天活动在中国经济建设和社会发展中发挥着越来越重要的作用。

白皮书指出，中国发展航天事业的宗旨是，探索外层空间，扩展对地球和宇宙的认识；和平利用外层空间，促进人类文明和社会进步，造福全人类；满足经济建设、科技发展、国家安全和社会进步等方面的需求，提高全民科学文化素质，维护国家权益，增强综合国力。

白皮书强调，中国发展航天事业服从和服务于国家整体发展战略，坚持科学发展、自主发展、和平发展、创新发展、开放发展的原则。

白皮书显示，2006年以来，中国航天事业实现快速发展，载人航天、月球探测等航天重大科技工程取得突破性进展，空间技术整体水平大幅跃升，空间应用的经济与社会效益显著提高，空间科学取得创新性成果。

根据白皮书，未来5年，中国将加强航天工业基础能力建设，超前部署前沿技术研究，继续实施载人航天、月球探测、高分辨率对地观测系统、卫星导航定位系统、新一代运载火箭等航天重大科技工程以及一批重点领域的优先项目，统筹建设空间基础设施，促进卫星及应用产业发展，深入开展空间科学研究，推动航天事业的全面、协调、可持续发展。

为确保完成既定的目标任务，中国政府制定了发展航天事业的政策与措施，主要包括：统筹规划、合理部署各种航天活动；加强航天科技创新能力建设；大力推动卫星应用产业发展；加强航天科技工业基础能力建设；加强政策法规建设；保障持续稳定的航天活动经费投入；鼓励社会各界参与航天活动以及加强航天人才队伍建设。

中国政府认为，自由探索、开发和利用外层空间及其天体是世界各国都享有的平等权利。世界各国开展外空活动，应有助于各国经济发展和社会进步，应有助于人类的安全、生存与发展。国际空间合作应遵循联合国《关于开展探索和利用外层空间的国际合作，促进所有国家的福利和利益，并特别要考虑到发展中国家的需求的宣言》中提出的基本原则。中国主张在平等互利、和平利用、共同发展的基础上，加强国际空间交流与合作，促进包容性发展。

白皮书显示，2006年以来，中国积极开展多种形式的国际空间交流与合作，与多个国家、空间机构和国际组织签署多项和平利用外层空间的合作协定或谅解备忘录，参与联合国及相关国际组织开展的有关活动，支持国际空间商业合作，取得了积极成果。

白皮书强调，未来5年，是中国全面建设小康社会的关键时期，是深化改革开放、加快转变经济发展方式的攻坚时期，中国航天事业面临新的发展机遇。中国将紧密围绕国家战略目标，加强自主创新，扩大开放合作，促进航天事业又好又快发展。同时，中国愿与国际社会一道，共同维护一个和平、清洁的外层空间，为推动人类和平与发展的崇高事业作出新的贡献。

据悉，这是中国政府发表第三部航天白皮书，是对2000年、2006年两部航天白皮书的继承和发展。

全国人力资源和社会保障工作会议在北京召开

中共中央政治局委员、国务院副总理张德江出席会议并讲话。

张德江指出，2011年人力资源和社会保障工作取得了新成绩，实现了“十二五”时期良好开局，为经济发展和社会和谐稳定作出了重要贡献。2012年人力资源和社会保障工作面临的形势十分严峻，任务十分繁重，要进一步增强忧患意识、责任意识，把认识统一到中央对形势的分析判断上来，把行动统一到中央对经济工作的决策部署上来，坚定信心，迎难而上，勇于创新，真抓实干，认真做好明年各项工作。

张德江强调，要紧紧围绕“稳增长、惠民生、保稳定”，突出重点，统筹协调，加大工作力度，务必取得实效。要千方百计稳定和扩大就业，多渠道开发就业岗位，支持劳动密集型产业、知识密集型产业和现代服务业发展，发挥中小企业就业主渠道作用，加大创业带动就业工作力度，加强职业培训，做好重点人群就业工作，确保就业形势稳定。要加快覆盖城乡居民的社会保障体系建设，积极推进新型农村社会养老保险制度和城镇居民社会养老保险制度全覆盖，继续完善各项社会保障制度及相互衔接，推进解决社会保障历史遗留问题，更好地保障和改善民生。要积极构建和谐劳动关系，大力推动劳动关系制度创新，抓紧解决劳动关系领域存在的突出问题，完善劳动关系工作机制，切实维护劳动者合法权益。要积极有序推动农民工工作，加强顶层设计，着力解决农民工最关心、最直接、最现实的问题。

第三次全国文物普查工作电视电话会议在北京召开

中共中央政治局委员、国务委员、国务院第三次全国文物普查领导小组组长刘延东出席会议并讲话。她强调，要加强文化遗产保护，实施重大文物保护工程，继续推动博物馆免费开放，抓紧构建有利于文物事业科学发展的体制机制，依法严厉打击各种文物违法犯罪。

第三次全国文物普查自2007年4月开始，到2011年12月结束。国家文物局局长单霁翔表示，此次普查是首次由国务院统一领导的重大文物保护基础工程，堪称世界上最大规模的不可移动文物资源调查工作。此次普查基本“摸清”了全国不可移动文物的“家底儿”，中央和地方各级财政累计投入普查经费15亿元，实现了全国2871个县级普查基本单元不漏行政村、自然村，覆盖率和到达率均突破了历史纪录。

登记的766722处不可移动文物，包括古遗址193282处，古墓葬139458处、古建筑263885处、石窟寺及石刻24422处、近现代重要史迹和代表性建筑141449处，其他类型4226处。单霁翔表示，此次普查显示了我国不可移动文物保护的新特点，从类型看，工业遗产、乡土建筑、20世纪遗产等一批新型文化遗产得到充分重视。从价值来看，此次普查的一批重要的文化遗产对于研究我国的史前文明、古代社会及近现代的政治、经济、军事、文化、社会具有重要的意义。

12月30日

中共中央政治局召开会议听取中央纪律检查委员会2011年工作汇报

会议听取中央纪律检查委员会2011年工作汇报，分析当前党风廉政建设和反腐败斗争形势，研究部署2012年党风廉政建设和反腐败工作。中共中央总书记胡锦涛主持会议。

会议指出，今年以来，在党中央、国务院坚强领导下，各级党委、政府和纪检监察机关认真贯彻落实中央关于反腐倡廉建设的一系列重要部署，既扎实抓好党风廉政建设和反腐败斗争各项长期性、基础性工作，又着力解决反腐倡廉建设中人民群众反映强烈的突出问题，加强对中央重大决策部署落实情况的监督检查，进一步落实《建立健全惩治和预防腐败体系2008—2012年工作规划》，深入开展党的作风建设，坚决查办违纪违法案件，加大纠风工作力度，扎实推进专项治理，加强领导干部廉洁自律和监督工作，深化反腐倡廉改革创新和制度建设，党风廉政建设和反腐败工作取得新进展新成效，为全面做好党和国家各方面工作发挥了重要保障和促进作用。

会议强调，在看到反腐倡廉工作取得新的进展和成效的同时，必须清醒地看到，当前党风廉政建设和反腐败斗争面临不少新情况新问题，形势依然严峻、任务依然艰巨。全党同志要科学认识和准确把握当前反腐败斗争形势，深刻认识我们党反对腐败的坚强意志和坚定决心，充分肯定党风廉政建设和反腐败斗争取得的明显成效，进一步坚定反腐败斗争必胜的信心，努力提高反腐倡廉建设科学化水平，不断把党风廉政建设和反腐败斗争引向深入。

会议指出，2012年党风廉政建设和反腐败工作总的要求是，全面贯彻党的十七大和十七届三中、四中、五中、六中全会精神，高举中国特色社会主义伟大旗帜，以邓小平理论和“三个代表”重要思想为指导，深入贯彻落实科学发展观，坚持标本兼治、综合治理、惩防并举、注重预防的方针，严明党的纪律，加强党的作风建设，推进惩治和预防腐败体系建设，着力解决反腐倡廉建设中人民群众反映强烈的突出问题，突出工作重点，狠抓任务落实，以党风廉政建设和反腐败斗争的新成效迎接党的十八大胜利召开。

会议强调，要引导和督促广大党员干部严格遵守党的政治纪律，自觉同以胡锦涛同志为总书记的党中央在思想上政治上行动上保持高度一致，坚决维护党的团结统一；严格执行组织人事工作纪律，加强对干部选拔任用全过程的监督，营造风清气正的换届环境；加强对中央重大决策部署落实情况的监督检查，确保中央政令畅通。要针对换届后领导班子和干部队伍新情况，加强教育，完善制度，强化监督，促使各级领导干部加强党性修养，弘扬良好作风，进一步密切党群干群关系。要加强惩治和预防腐败体系建设，继续加大查办案件工作力度，加强反腐倡廉教育和宣传，强化对领导干部的监督，深入推进改革创新和制度建设。要继续深化工程建设领域突出问题、庆典研讨会论坛过多过滥问题和公务用车问题专项治理，深入治理党员领导干部在廉洁自律方面存在的突出问题，着力解决发生在群众身边的腐败问题。要进一步加强纪检监察机关自身建设，为深入推进党风廉政建设和反腐败工作提供坚强组织保证。

会议同意明年1月召开第十七届中央纪律检查委员会第七次全体会议。

2012年全国交通运输工作会议在北京召开

交通运输部党组书记、部长李盛霖在会上作了题为《牢牢把握稳中求进总基调，努力推进交通运输科学发展安全发展》的工作报告，要求全国交通运输实现科学发展安全发展，为为保障经济社会平稳较快发展作出新贡献。

会议发布消息：2011年我国新增公路通车里程7.14万公里，其中高速公路1.10万公里，新改建农村公路19万公里。截至2011年年底我国高速公路总里程达8.5万公里。

2011年，交通运输业保持了较快增长。公路、水路、民航基建的固定资产投资共完成约1.49万亿元。全社会公路水路完成客运量330.3亿人、货运量323.7亿吨，同比分别增长7.4%和14.5%。民航完成客运量2.9亿人，同比增长8.2%。邮政完成业务总量1580亿元、快递业务量36.5亿件，同比分别增长23%、56%，全年补建空白乡镇邮政所2536处。两岸海上直航目前共开辟集装箱班轮航线29条、客运航线7条。

在基础建设较快发展的同时，我国运输服务水平也进一步提高。2011年全国进行了收费公路专项清理工作，并继续推进成品油价税费改革，18个省市取消了政府还贷二级公路收费，撤销收费站1892个、涉及9.4万公里。全国二级公路不收费里程达到总里程的82.6%。

中国人权发展基金会二届五次理事会在北京召开

全国政协副主席、中国人权发展基金会理事长黄孟复发表书面讲话，强调基金会要坚持人权特色，全面拓展对外交流工作，积极推进公益事业。

第七届“中华慈善奖”评选表彰活动启动

12月31日

国家主席胡锦涛发表题为《共同促进世界和平与发展》的新年贺词

2012年的新年钟声即将敲响。在这辞旧迎新的美好时刻，我很高兴通过中国国际广播电台、中央人民广播电台和中央电视台，向全国各族人民，向香港特别行政区同胞和澳门特别行政区同胞，向台湾同胞和海外侨胞，向世界各国的朋友们，致以新年的祝福！

2011年是中国“十二五”时期开局之年。面对复杂多变的国际形势和艰巨繁重的国内改革发展稳定任务，中国人民同心协力、锐意进取，继续推进改革开放和社会主义现代化建设，经济保持平稳较快发展，全面建设小康社会取得新进展。中国加强同各国的交流合作，积极参与促进世界经济增长和金融稳定、完善全球经济治理、解决国际和地区热点问题等国际合作，为促进人类和平与发展作出了新的贡献。

在新的一年里，我们将高举中国特色社会主义伟大旗帜，以邓小平理论和“三个代表”重要思想为指导，深入贯彻落实科学发展观，继续处理好保持经济平稳较快发展、调整经济结构、管理通胀预期的关系，加快推进经济发展方式转变和经济结构调整，着力保障和改善民生，努力巩固经济社会发展良好势头。我们将坚持“一国两制”、“港人治港”、“澳人治澳”、高度自治的方针，同广大香港同胞、澳门同胞携手努力，保持香港、澳门长期繁荣稳定。我们将坚持“和平统一、一国两制”的方针，继续推动两岸关系和平发展，维护中华民族根本利益，增进两岸同胞共同利益。

和平、发展、合作是时代的呼唤，是各国人民共同利益之所在。当前，世界多极化、经济全球化深入发展，各国相互依存日益加深，但世界经济复苏的不稳定性不确定性上升，国际和地区热点此起彼伏，世界和平与发展面临新的机遇和挑战。中国将继续恪守维护世界和平、促进共同发展的外交政策宗旨，坚持独立自主的和平外交政策，始终不渝走和平发展道路，始终不渝奉行互利共赢的开放战略，在和平共处五项原则的基础上发展同各国的友好交往和互利合作，积极参与应对全球性问题的国际合作。

我相信，只要各国人民戮力同心、同舟共济，我们一定能够战胜前进道路上的各种困难和风险，在推动建设持久和平、共同繁荣的和谐世界的征程上不断迈出新的步伐。

最后，我从北京祝大家在新的一年里幸福安康！

国家主席胡锦涛和俄罗斯总统梅德韦杰夫互致新年贺电

中央军委主席胡锦涛致电祝贺金正恩担任朝鲜人民军最高司令官

胡锦涛在贺电中表示，中朝两国人民和军队之间有着深厚的传统友谊。相信在新的历史条件下，中朝传统友好合作关系一定会不断得到巩固和加强。

十一届全国人大常委会第二十四次会议在人民大会堂闭幕

会议经表决，通过了全国人大常委会关于修改职业病防治法的决定；决定免去李斌的国家人口和计划生育委员会主任职务，任命王侠为国家人口和计划生育委员会主任。国家主席胡锦涛签署第52号、第53号主席令分别予以公布。

吴邦国委员长主持会议。常委会组成人员144人出席会议，出席人数符合法定人数。

会议经表决，决定将刑事诉讼法修正案草案提请十一届全国人大五次会议审议。

会议表决通过了全国人大常委会关于《中华人民共和国澳门特别行政区基本法》附件一第七条和附件二第三条的解释。

会议表决通过了十一届全国人大五次会议关于十二届全国人大代表名额和选举问题的决定草案、香港特别行政区选举十二届全国人大代表的办法草案、澳门特别行政区选举十二届全国人大代表的办法草案，决定提请十一届全国人大五次会议审议。

会议表决通过了全国人大常委会关于召开十一届全国人大五次会议的决定。根据这一决定，十一届全国人大五次会议定于2012年3月5日在北京召开。

会议分别表决通过了全国人大常委会关于批准《中华人民共和国和俄罗斯联邦关于打击恐怖主义、分裂主义和极端主义的合作协定》的决定、关于批准《中华人民共和国和意大利共和国引渡条约》的决定、关于批准《中华人民共和国政府和意大利共和国政府关于刑事司法协助的条约》的决定，批准了上述协定和条约。

会议分别表决通过了全国人大民族委员会、法律委员会、教育科学文化卫生委员会、外事委员会、华侨委员会、环境与资源保护委员会关于十一届全国人大四次会议主席团交付审议的代表提出的议案审议结果的报告。

会议表决通过了全国人大常委会代表资格审查委员会关于个别代表的代表资格的报告。根据全国人大常委会发表的公告，十一届全国人大代表现在实有2978人。

会议经表决，任命吴恒为全国人大教育科学文化卫生委员会副主任委员，陆浩为全国人大外事委员会副主任委员，黄华华为全国人大华侨委员会副主任委员；免去高强的全国人大常委会预算工作委员会主任职务，任命廖晓军为全国人大常委会预算工作委员会主任；任命阚珂为全国人大常委会法制工作委员会副主任，黄建初为全国人大常委会预算工作委员会副主任。会议还表决通过了其他任免案。

在表决通过各项议案后，吴邦国发表讲话。

吴邦国说，明年是我国发展进程中具有特殊重要意义的一年。前不久召开的中央经济工作会议，深刻分析了当前国内外经济形势，全面部署了明年工作，强调要突出把握好稳中求进的工作总基调，巩固和发展"十二五"时期开局良好势头，以优异成绩迎接党的十八大胜利召开。我们要把思想和行动统一到中央对形势的分析判断和对工作的总体部署上来，紧密结合人大实际抓好贯彻落实，努力做好立法监督等各项工作。

吴邦国要求，当前，要集中精力抓好两件事。一是做好十一届全国人大五次会议的组织筹备工作。这次常委会会议作出了关于召开第十一届全国人大第五次会议的决定，有关方面要按照"明确分工、落实责任、精心组织、统筹安排、密切配合"的要求，缜密细致地做好筹备工作，确保大会顺利召开。二是统筹安排好明年立法监督等各项工作。第七十三次委员长会议原则通过了常委会2012年工作要点以及立法、监督工作计划，请各专门委员会和常委会工作机构对明年工作进行预安排，为做好新一年工作打下良好基础。

全国人大常委会副委员长王兆国、路甬祥、乌云其木格、韩启德、华建敏、陈至立、周铁农、李建国、司马义·铁力瓦尔地、蒋树声、陈昌智、严隽琪、桑国卫出席会议。

国务院副总理王岐山，最高人民法院院长王胜俊，最高人民检察院检察长曹建明，全国人大各专门委员会成员，各省、自治区、直辖市人大常委会负责人，部分全国人大代表等列席会议。

全国人大常委会关于召开第十一届全国人民代表大会第五次会议的决定

（2011年12月31日第十一届全国人民代表大会常务委员会第二十四次会议通过）

第十一届全国人民代表大会常务委员会第二十四次会议决定：中华人民共和国第十一届全国人民代表大会第五次会议于2012年3月5日在北京召开。建议会议的议程是：听取和审议政府工作报告；审查和批准2011年国民经济和社会发展计划执行情况与2012年国民经济和社会发展计划草案的报告，批准2012年国民经济和社会发展计划；审查和批准2011年中央和地方预算执行情况与2012年中央和地方预算草案的报告，批准2012年中央预算；审议全国人民代表大会常务委员会关于提请审议《中华人民共和国刑事诉讼法修正案（草案）》的议案；审议全国人民代表大会常务委员会关于提请审议《第十一届全国人民代表大会第五次会议关于第十二届全国人民代表大会代表名额和选举问题的决定（草案）》的议案；审议全国人民代表大会常务委员会关于提请审议《中华人民共和国香港特别行政区选举第十二届全国人民代表大会代表的办法（草案）》的议案；审议全国人民代表大会常务委员会关于提请审议《中华人民共和国澳门特别行政区选举第十二届全国人民代表大会代表的办法（草案）》的议案；听取和审议全国人民代表大会常务委员会工作报告；听取和审议最高人民法院工作报告；听取和审议最高人民检察院工作报告。

全国人大常委会关于《中华人民共和国澳门特别行政区基本法》附件一第七条和附件二第三条的解释

（2011年12月31日第十一届全国人民代表大会常务委员会第二十四次会议通过）

第十一届全国人民代表大会常务委员会第二十四次会议审议了委员长会议关于提请审议《全国人民代表大会常务委员会关于〈中华人民共和国澳门特别行政区基本法〉附件一第七条和附件二第三条的解释（草案）》的议案。经征询全国人民代表大会常务委员会澳门特别行政区基本法委员会的意见，全国人民代表大会常务委员会决定，根据《中华人民共和国宪法》第六十七条第四项和《中华人民共和国澳门特别行政区基本法》第一百四十三条第一款的规定，对《中华人民共和国澳门特别行政区基本法》附件一《澳门特别行政区行政长官的产生办法》第七条“二○○九年及以后行政长官的产生办法如需修改，须经立法会全体议员三分之二多数通过，行政长官同意，并报全国人民代表大会常务委员会批准”的规定和附件二《澳门特别行政区立法会的产生办法》第三条“二○○九年及以后澳门特别行政区立法会的产生办法如需修改，须经立法会全体议员三分之二多数通过，行政长官同意，并报全国人民代表大会常务委员会备案”的规定，作如下解释：

一、上述两个附件中规定的二○○九年及以后行政长官的产生办法、立法会的产生办法“如需修改”，是指可以进行修改，也可以不进行修改。

二、上述两个附件中规定的须经立法会全体议员三分之二多数通过，行政长官同意，并报全国人民代表大会常务委员会批准或者备案，是指行政长官的产生办法和立法会的产生办法修改时必经的法律程序。只有经过上述程序，包括最后全国人民代表大会常务委员会依法批准或者备案，该修改方可生效。是否需要进行修改，澳门特别行政区行政长官应向全国人民代表大会常务委员会提出报告，由全国人民代表大会常务委员会依照《中华人民共和国澳门特别行政区基本法》第四十七条和第六十八条规定，根据澳门特别行政区的实际情况确定。修改行政长官产生办法和立法会产生办法的法案，应由澳门特别行政区政府向立法会提出。

三、上述两个附件中规定的行政长官的产生办法、立法会的产生办法如果不做修改，行政长官的产生办法仍适用附件一关于行政长官产生办法的规定；立法会的产生办法仍适用附件二关于立法会产生办法的规定。

现予公告。

国家主席胡锦涛签署第52号令发布《全国人民代表大会常务委员会关于修改〈中华人民共和国职业病防治法〉的决定》

《全国人民代表大会常务委员会关于修改〈中华人民共和国职业病防治法〉的决定》已由中华人民共和国第十一届全国人民代表大会常务委员会第二十四次会议于2011年12月31日通过，现予公布，自公布之日起施行。

中华人民共和国主席 胡锦涛

2011年12月31日

全国人民代表大会常务委员会关于修改〈中华人民共和国职业病防治法〉的决定（略）

中华人民共和国职业病防治法

（2001年10月27日第九届全国人民代表大会常务委员会第二十四次会议通过 根据2011年12月31日第十一届全国人民代表大会常务委员会第二十四

次会议《关于修改〈中华人民共和国职业病防治法〉的决定》修正)

第一章 总 则

第一条 为了预防、控制和消除职业病危害,防治职业病,保护劳动者健康及其相关权益,促进经济社会发展,根据宪法,制定本法。

第二条 本法适用于中华人民共和国领域内的职业病防治活动。

本法所称职业病,是指企业、事业单位和个体经济组织等用人单位的劳动者在职业活动中,因接触粉尘、放射性物质和其他有毒、有害因素而引起的疾病。

职业病的分类和目录由国务院卫生行政部门会同国务院安全生产监督管理部门、劳动保障行政部门制定、调整并公布。

第三条 职业病防治工作坚持预防为主、防治结合的方针,建立用人单位负责、行政机关监管、行业自律、职工参与和社会监督的机制,实行分类管理、综合治理。

第四条 劳动者依法享有职业卫生保护的权利。

用人单位应当为劳动者创造符合国家职业卫生标准和卫生要求的工作环境和条件,并采取措施保障劳动者获得职业卫生保护。

工会组织依法对职业病防治工作进行监督,维护劳动者的合法权益。用人单位制定或者修改有关职业病防治的规章制度,应当听取工会组织的意见。

第五条 用人单位应当建立、健全职业病防治责任制,加强对职业病防治的管理,提高职业病防治水平,对本单位产生的职业病危害承担责任。

第六条 用人单位的主要负责人对本单位的职业病防治工作全面负责。

第七条 用人单位必须依法参加工伤保险。

国务院和县级以上地方人民政府劳动保障行政部门应当加强对工伤保险的监督管理,确保劳动者依法享受工伤保险待遇。

第八条 国家鼓励和支持研制、开发、推广、应用有利于职业病防治和保护劳动者健康的新技术、新工艺、新设备、新材料,加强对职业病的机理和发生规律的基础研究,提高职业病防治科学技术水平;积极采用有效的职业病防治技术、工艺、设备、材料;限制使用或者淘汰职业病危害严重的技术、工艺、设备、材料。

国家鼓励和支持职业病医疗康复机构的建设。

第九条 国家实行职业卫生监督制度。

国务院安全生产监督管理部门、卫生行政部门、劳动保障行政部门依照本法和国务院确定的职责,负责全国职业病防治的监督管理工作。国务院有关部门在各自的职责范围内负责职业病防治的有关监督管理工作。

县级以上地方人民政府安全生产监督管理部门、卫生行政部门、劳动保障行政部门依据各自职责,负责本行政区域内职业病防治的监督管理工作。县级以上地方人民政府有关部门在各自的职责范围内负责职业病防治的有关监督管理工作。

县级以上人民政府安全生产监督管理部门、卫生行政部门、劳动保障行政部门(以下统称职业卫生监督管理部门)应当加强沟通,密切配合,按照各自职责分工,依法行使职权,承担责任。

第十条 国务院和县级以上地方人民政府应当制定职业病防治规划,将其纳入国民经济和社会发展计划,并组织实施。

县级以上地方人民政府统一负责、领导、组织、协调本行政区域的职业病防治工作,建立健全职业病防治工作体制、机制,统一领导、指挥职业卫生突发事件应对工作;加强职业病防治能力建设和服务体系建设,完善、落实职业病防治工作责任制。

乡、民族乡、镇的人民政府应当认真执行本法,支持职业卫生监督管理部门依法履行职责。

第十一条 县级以上人民政府职业卫生监督管理部门应当加强对职业病防治的宣传教育,普及职业病防治的知识,增强用人单位的职业病防治观念,提高劳动者的职业健康意识、自我保护意识和行使职业卫生保护权利的能力。

第十二条 有关防治职业病的国家职业卫生标准,由国务院卫生行政部门组织制定并公布。

国务院卫生行政部门应当组织开展重点职业病监测和专项调查,对职业健康风险进行评估,为制定职业卫生标准和职业病防治政策提供科学依据。

县级以上地方人民政府卫生行政部门应当定期对本行政区域的职业病防治情况进行统计和调查分析。

第十三条 任何单位和个人有权对违反本法的行为进行检举和控告。有关部门收到相关的检举和控告后,应当及时处理。

对防治职业病成绩显著的单位和个人,给予奖励。

第二章 前期预防

第十四条 用人单位应当依照法律、法规要求,严格遵守国家职业卫生标准,落实职业病预防措施,从源头上控制和消除职业病危害。

第十五条 产生职业病危害的用人单位的设立除应当符合法律、行政法规规定的设立条件外,其工作场所还应当符合下列职业卫生要求:

(一)职业病危害因素的强度或者浓度符合国家职业卫生标准;

(二)有与职业病危害防护相适应的设施;

(三)生产布局合理,符合有害与无害作业分开的原则;

(四)有配套的更衣间、洗浴间、孕妇休息间等卫生设施;

(五)设备、工具、用具等设施符合保护劳动者生理、心理健康的要求;

(六)法律、行政法规和国务院卫生行政部门、安全生产监督管理部门关于保护劳动者健康的其他要求。

第十六条 国家建立职业病危害项目申报制度。

用人单位工作场所存在职业病目录所列职业病的危害因素的,应当及时、如实向所在地安全生产监督管理部门申报危害项目,接受监督。

职业病危害因素分类目录由国务院卫生行政部门会同国务院安全生产监督管理部门制定、调整并公布。职业病危害项目申报的具体办法由国务院安全生产监督管理部门制定。

第十七条 新建、扩建、改建建设项目和技术改造、技术引进项目(以下统称建设项目)可能产生职业病危害的,建设单位在可行性论证阶段应当向安全生产监督管理部门提交职业病危害预评价报告。安全生产监督管理部门应当自收到职业病危害预评价报告之日起三十日内,作出审核决定并书面通知建设单位。未提交预评价报告或者预评价报告未经安全生产监督管理部门审核同意的,有关部门不得批准该建设项目。

职业病危害预评价报告应当对建设项目可能产生的职业病危害因素及其对工作场所和劳动者健康的影响作出评价,确定危害类别和职业病防护措施。

建设项目职业病危害分类管理办法由国务院安全生产监督管理部门制定。

第十八条 建设项目的职业病防护设施所需费用应当纳入建设项目工程预算,并与主体工程同时设计,同时施工,同时投入生产和使用。

职业病危害严重的建设项目的防护设施设计,应当经安全生产监督管理部门审查,符合国家职业卫生标准和卫生要求的,方可施工。

建设项目在竣工验收前,建设单位应当进行职业病危害控制效果评价。建设项目竣工验收时,其职业病防护设施经安全生产监督管理部门验收合格后,方可投入正式生产和使用。

第十九条 职业病危害预评价、职业病危害控制效果评价由依法设立的取得国务院安全生产监督管理部门或者设区的市级以上地方人民政府安全生产监督管理部门按照职责分工给予资质认可的职业卫生技术服务机构进行。职业卫生技术服务机构所作评价应当客观、真实。

第二十条 国家对从事放射性、高毒、高危粉尘等作业实行特殊管理。具体管理办法由国务院制定。

第三章 劳动过程中的防护与管理

第二十一条 用人单位应当采取下列职业病防治管理措施:

(一)设置或者指定职业卫生管理机构或者组织,配备专职或者兼职的职业卫生管理人员,负责本单位的职业病防治工作;

(二)制订职业病防治计划和实施方案;

(三)建立、健全职业卫生管理制度和操作规程;

(四)建立、健全职业卫生档案和劳动者健康监护档案;

(五)建立、健全工作场所职业病危害因素监测及评价制度;

(六)建立、健全职业病危害事故应急救援预案。

第二十二条 用人单位应当保障职业病防治所需的资金投入,不得挤占、挪用,并对因资金投入不足导致的后果承担责任。

第二十三条 用人单位必须采用有效的职业病防护设施,并为劳动者提供个人使用的职业病防护用品。

用人单位为劳动者个人提供的职业病防护用品必须符合防治职业病的要求;不符合要求的,不得使用。

第二十四条 用人单位应当优先采用有利于防治职业病和保护劳动者健康的新技术、新工艺、新设备、新材料,逐步替代职业病危害严重的技术、工艺、设备、材料。

第二十五条 产生职业病危害的用人单位,应当在醒目位置设置公告栏,公布有关职业病防治的规章制度、操作规程、职业病危害事故应急救援措施和工作场所职业病危害因素检测结果。

对产生严重职业病危害的作业岗位,应当在其醒目位置,设置警示标识和中文警示说明。警示说明应当载明产生职业病危害的种类、后果、预防以及应急救治措施等内容。

第二十六条 对可能发生急性职业损伤的有毒、有害工作场所,用人单位应当设置报警装置,配置现场急救用品、冲洗设备、应急撤离通道和必要的泄险区。

对放射工作场所和放射性同位素的运输、贮存,用人单位必须配置防护设备和报警装置,保证接触放射线的工作人员佩戴个人剂量计。

对职业病防护设备、应急救援设施和个人使用的职业病防护用品,用人单位应当进行经常性的维护、检修,定期检测其性能和效果,确保其处于正常状态,不得擅自拆除或者停止使用。

第二十七条 用人单位应当实施由专人负责的职业病危害因素日常监测,并确保监测系统处于正常运行状态。

用人单位应当按照国务院安全生产监督管理部门的规定，定期对工作场所进行职业病危害因素检测、评价。检测、评价结果存入用人单位职业卫生档案，定期向所在地安全生产监督管理部门报告并向劳动者公布。

职业病危害因素检测、评价由依法设立的取得国务院安全生产监督管理部门或者设区的市级以上地方人民政府安全生产监督管理部门按照职责分工给予资质认可的职业卫生技术服务机构进行。职业卫生技术服务机构所作检测、评价应当客观、真实。

发现工作场所职业病危害因素不符合国家职业卫生标准和卫生要求时，用人单位应当立即采取相应治理措施，仍然达不到国家职业卫生标准和卫生要求的，必须停止存在职业病危害因素的作业；职业病危害因素经治理后，符合国家职业卫生标准和卫生要求的，方可重新作业。

第二十八条　职业卫生技术服务机构依法从事职业病危害因素检测、评价工作，接受安全生产监督管理部门的监督检查。安全生产监督管理部门应当依法履行监督职责。

第二十九条　向用人单位提供可能产生职业病危害的设备的，应当提供中文说明书，并在设备的醒目位置设置警示标识和中文警示说明。警示说明应当载明设备性能、可能产生的职业病危害、安全操作和维护注意事项、职业病防护以及应急救治措施等内容。

第三十条　向用人单位提供可能产生职业病危害的化学品、放射性同位素和含有放射性物质的材料的，应当提供中文说明书。说明书应当载明产品特性、主要成分、存在的有害因素、可能产生的危害后果、安全使用注意事项、职业病防护以及应急救治措施等内容。产品包装应当有醒目的警示标识和中文警示说明。贮存上述材料的场所应当在规定的部位设置危险物品标识或者放射性警示标识。

国内首次使用或者首次进口与职业病危害有关的化学材料，使用单位或者进口单位按照国家规定经国务院有关部门批准后，应当向国务院卫生行政部门、安全生产监督管理部门报送该化学材料的毒性鉴定以及经有关部门登记注册或者批准进口的文件等资料。

进口放射性同位素、射线装置和含有放射性物质的物品的，按照国家有关规定办理。

第三十一条　任何单位和个人不得生产、经营、进口和使用国家明令禁止使用的可能产生职业病危害的设备或者材料。

第三十二条　任何单位和个人不得将产生职业病危害的作业转移给不具备职业病防护条件的单位和个人。不具备职业病防护条件的单位和个人不得接受产生职业病危害的作业。

第三十三条　用人单位对采用的技术、工艺、设备、材料，应当知悉其产生的职业病危害，对有职业病危害的技术、工艺、设备、材料隐瞒其危害而采用的，对所造成的职业病危害后果承担责任。

第三十四条　用人单位与劳动者订立劳动合同(含聘用合同，下同)时，应当将工作过程中可能产生的职业病危害及其后果、职业病防护措施和待遇等如实告知劳动者，并在劳动合同中写明，不得隐瞒或者欺骗。

劳动者在已订立劳动合同期间因工作岗位或者工作内容变更，从事与所订立劳动合同中未告知的存在职业病危害的作业时，用人单位应当依照前款规定，向劳动者履行如实告知的义务，并协商变更原劳动合同相关条款。

用人单位违反前两款规定的，劳动者有权拒绝从事存在职业病危害的作业，用人单位不得因此解除与劳动者所订立的劳动合同。

第三十五条　用人单位的主要负责人和职业卫生管理人员应当接受职业卫生培训，遵守职业病防治法律、法规，依法组织本单位的职业病防治工作。

用人单位应当对劳动者进行上岗前的职业卫生培训和在岗期间的定期职业卫生培训，普及职业卫生知识，督促劳动者遵守职业病防治法律、法规、规章和操作规程，指导劳动者正确使用职业病防护设备和个人使用的职业病防护用品。

劳动者应当学习和掌握相关的职业卫生知识，增强职业病防范意识，遵守职业病防治法律、法规、规章和操作规程，正确使用、维护职业病防护设备和个人使用的职业病防护用品，发现职业病危害事故隐患应当及时报告。

劳动者不履行前款规定义务的，用人单位应当对其进行教育。

第三十六条　对从事接触职业病危害的作业的劳动者，用人单位应当按照国务院安全生产监督管理部门、卫生行政部门的规定组织上岗前、在岗期间和离岗时的职业健康检查，并将检查结果书面告知劳动者。职业健康检查费用由用人单位承担。

用人单位不得安排未经上岗前职业健康检查的劳动者从事接触职业病危害的作业；不得安排有职业禁忌的劳动者从事其所禁忌的作业；对在职业健康检查中发现有与所从事的职业相关的健康损害的劳动者，应当调离原工作岗位，并妥善安置；对未进行离岗前职业健康检查的劳动者不得解除或者终止与其订立的劳动合同。

职业健康检查应当由省级以上人民政府卫生行政部门批准的医疗卫生机构承担。

第三十七条　用人单位应当为劳动者建立职业健康监护档案，并按照规定的期限妥善保存。

职业健康监护档案应当包括劳动者的职业史、职业病危害接触史、职业健康检查结果和职业病诊疗等有关个人健康资料。

劳动者离开用人单位时，有权索取本人职业健康监护档案复印件，用人单位应当如实、无偿提供，并在所提供的复印件上签章。

第三十八条　发生或者可能发生急性职业病危害事故时，用人单位应当立即采取应急救援和控制措施，并及时报告所在地安全生产监督管理部门和有关部门。安全生产监督管理部门接到报告后，应当及时会同有关部门组织调查处理；必要时，可以采取临时控制措施。卫生行政部门应当组织做好医疗救治工作。

对遭受或者可能遭受急性职业病危害的劳动者，用人单位应当及时组织救治、进行健康检查和医学观察，所需费用由用人单位承担。

第三十九条　用人单位不得安排未成年工从事接触职业病危害的作业；不得安排孕期、哺乳期的女职工从事对本人和胎儿、婴儿有危害的作业。

第四十条　劳动者享有下列职业卫生保护权利：

(一)获得职业卫生教育、培训；

(二)获得职业健康检查、职业病诊疗、康复等职业病防治服务；

(三)了解工作场所产生或者可能产生的职业病危害因素、危害后果和应当采取的职业病防护措施；

(四)要求用人单位提供符合防治职业病要求的职业病防护设施和个人使用的职业病防护用品，改善工作条件；

(五)对违反职业病防治法律、法规以及危及生命健康的行为提出批评、检举和控告；

(六)拒绝违章指挥和强令进行没有职业病防护措施的作业；

(七)参与用人单位职业卫生工作的民主管理，对职业病防治工作提出意见和建议。

用人单位应当保障劳动者行使前款所列权利。因劳动者依法行使正当权利而降低其工资、福利等待遇或者解除、终止与其订立的劳动合同的，其行为无效。

第四十一条　工会组织应当督促并协助用人单位开展职业卫生宣传教育和培训，有权对用人单位的职业病防治工作提出意见和建议，依法代表劳动者与用人单位签订劳动安全卫生专项集体合同，与用人单位就劳动者反映的有关职业病防治的问题进行协调并督促解决。

工会组织对用人单位违反职业病防治法律、法规，侵犯劳动者合法权益的行为，有权要求纠正；产生严重职业病危害时，有权要求采取防护措施，或者向政府有关部门建议采取强制性措施；发生职业病危害事故时，有权参与事故调查处理；发现危及劳动者生命健康的情形时，有权向用人单位建议组织劳动者撤离危险现场，用人单位应当立即作出处理。

第四十二条　用人单位按照职业病防治要求，用于预防和治理职业病危害、工作场所卫生检测、健康监护和职业卫生培训等费用，按照国家有关规定，在生产成本中据实列支。

第四十三条　职业卫生监督管理部门应当按照职责分工，加强对用人单位落实职业病防护管理措施情况的监督检查，依法行使职权，承担责任。

第四章　职业病诊断与职业病病人保障

第四十四条　医疗卫生机构承担职业病诊断，应当经省、自治区、直辖市人民政府卫生行政部门批准。省、自治区、直辖市人民政府卫生行政部门应当向社会公布本行政区域内承担职业病诊断的医疗卫生机构的名单。

承担职业病诊断的医疗卫生机构应当具备下列条件：

(一)持有《医疗机构执业许可证》；

(二)具有与开展职业病诊断相适应的医疗卫生技术人员；

(三)具有与开展职业病诊断相适应的仪器、设备；

(四)具有健全的职业病诊断质量管理制度。

承担职业病诊断的医疗卫生机构不得拒绝劳动者进行职业病诊断的要求。

第四十五条　劳动者可以在用人单位所在地、本人户籍所在地或者经常居住地依法承担职业病诊断的医疗卫生机构进行职业病诊断。

第四十六条　职业病诊断标准和职业病诊断、鉴定办法由国务院卫生行政部门制定。职业病伤残等级的鉴定办法由国务院劳动保障行政部门会同国务院卫生行政部门制定。

第四十七条　职业病诊断，应当综合分析下列因素：

(一)病人的职业史；

(二)职业病危害接触史和工作场所职业病危害因素情况；

(三)临床表现以及辅助检查结果等。

没有证据否定职业病危害因素与病人临床表现之间的必然联系的，应当诊断为职业病。

承担职业病诊断的医疗卫生机构在进行职业病诊断时，应当组织三名以上取得职业病诊断资格的执业医师集体诊断。

职业病诊断证明书应当由参与诊断的医师共同签署,并经承担职业病诊断的医疗卫生机构审核盖章。

第四十八条　用人单位应当如实提供职业病诊断、鉴定所需的劳动者职业史和职业病危害接触史、工作场所职业病危害因素检测结果等资料;安全生产监督管理部门应当监督检查和督促用人单位提供上述资料;劳动者和有关机构也应当提供与职业病诊断、鉴定有关的资料。

职业病诊断、鉴定机构需要了解工作场所职业病危害因素情况时,可以对工作场所进行现场调查,也可以向安全生产监督管理部门提出,安全生产监督管理部门应当在十日内组织现场调查。用人单位不得拒绝、阻挠。

第四十九条　职业病诊断、鉴定过程中,用人单位不提供工作场所职业病危害因素检测结果等资料的,诊断、鉴定机构应当结合劳动者的临床表现、辅助检查结果和劳动者的职业史、职业病危害接触史,并参考劳动者的自述、安全生产监督管理部门提供的日常监督检查信息等,作出职业病诊断、鉴定结论。

劳动者对用人单位提供的工作场所职业病危害因素检测结果等资料有异议,或者因劳动者的用人单位解散、破产,无用人单位提供上述资料的,诊断、鉴定机构应当提请安全生产监督管理部门进行调查,安全生产监督管理部门应当自接到申请之日起三十日内对存在异议的资料或者工作场所职业病危害因素情况作出判定;有关部门应当配合。

第五十条　职业病诊断、鉴定过程中,在确认劳动者职业史、职业病危害接触史时,当事人对劳动关系、工种、工作岗位或者在岗时间有争议的,可以向当地的劳动人事争议仲裁委员会申请仲裁;接到申请的劳动人事争议仲裁委员会应当受理,并在三十日内作出裁决。

当事人在仲裁过程中对自己提出的主张,有责任提供证据。劳动者无法提供由用人单位掌握管理的与仲裁主张有关的证据的,仲裁庭应当要求用人单位在指定期限内提供;用人单位在指定期限内不提供的,应当承担不利后果。

劳动者对仲裁裁决不服的,可以依法向人民法院提起诉讼。

用人单位对仲裁裁决不服的,可以在职业病诊断、鉴定程序结束之日起十五日内依法向人民法院提起诉讼;诉讼期间,劳动者的治疗费用按照职业病待遇规定的途径支付。

第五十一条　用人单位和医疗卫生机构发现职业病病人或者疑似职业病病人时,应当及时向所在地卫生行政部门和安全生产监督管理部门报告。确诊为职业病的,用人单位还应当向所在地劳动保障行政部门报告。接到报告的部门应当依法作出处理。

第五十二条　县级以上地方人民政府卫生行政部门负责本行政区域内的职业病统计报告的管理工作,并按照规定上报。

第五十三条　当事人对职业病诊断有异议的,可以向作出诊断的医疗卫生机构所在地地方人民政府卫生行政部门申请鉴定。

职业病诊断争议由设区的市级以上地方人民政府卫生行政部门根据当事人的申请,组织职业病诊断鉴定委员会进行鉴定。

当事人对设区的市级职业病诊断鉴定委员会的鉴定结论不服的,可以向省、自治区、直辖市人民政府卫生行政部门申请再鉴定。

第五十四条　职业病诊断鉴定委员会由相关专业的专家组成。

省、自治区、直辖市人民政府卫生行政部门应当设立相关的专家库,需要对职业病争议作出诊断鉴定时,由当事人或者当事人委托有关卫生行政部门从专家库中以随机抽取的方式确定参加诊断鉴定委员会的专家。

职业病诊断鉴定委员会应当按照国务院卫生行政部门颁布的职业病诊断标准和职业病诊断、鉴定办法进行职业病诊断鉴定,向当事人出具职业病诊断鉴定书。职业病诊断、鉴定费用由用人单位承担。

第五十五条　职业病诊断鉴定委员会组成人员应当遵守职业道德,客观、公正地进行诊断鉴定,并承担相应的责任。职业病诊断鉴定委员会组成人员不得私下接触当事人,不得收受当事人的财物或者其他好处,与当事人有利害关系的,应当回避。

人民法院受理有关案件需要进行职业病鉴定时,应当从省、自治区、直辖市人民政府卫生行政部门依法设立的相关的专家库中选取参加鉴定的专家。

第五十六条　医疗卫生机构发现疑似职业病病人时,应当告知劳动者本人并及时通知用人单位。

用人单位应当及时安排对疑似职业病病人进行诊断;在疑似职业病病人诊断或者医学观察期间,不得解除或者终止与其订立的劳动合同。

疑似职业病病人在诊断、医学观察期间的费用,由用人单位承担。

第五十七条　用人单位应当保障职业病病人依法享受国家规定的职业病待遇。

用人单位应当按照国家有关规定,安排职业病病人进行治疗、康复和定期检查。

用人单位对不适宜继续从事原工作的职业病病

人，应当调离原岗位，并妥善安置。

用人单位对从事接触职业病危害的作业的劳动者，应当给予适当岗位津贴。

第五十八条　职业病病人的诊疗、康复费用，伤残以及丧失劳动能力的职业病病人的社会保障，按照国家有关工伤保险的规定执行。

第五十九条　职业病病人除依法享有工伤保险外，依照有关民事法律，尚有获得赔偿的权利的，有权向用人单位提出赔偿要求。

第六十条　劳动者被诊断患有职业病，但用人单位没有依法参加工伤保险的，其医疗和生活保障由该用人单位承担。

第六十一条　职业病病人变动工作单位，其依法享有的待遇不变。

用人单位在发生分立、合并、解散、破产等情形时，应当对从事接触职业病危害的作业的劳动者进行健康检查，并按照国家有关规定妥善安置职业病病人。

第六十二条　用人单位已经不存在或者无法确认劳动关系的职业病病人，可以向地方人民政府民政部门申请医疗救助和生活等方面的救助。

地方各级人民政府应当根据本地区的实际情况，采取其他措施，使前款规定的职业病病人获得医疗救治。

第五章　监督检查

第六十三条　县级以上人民政府职业卫生监督管理部门依照职业病防治法律、法规、国家职业卫生标准和卫生要求，依据职责划分，对职业病防治工作进行监督检查。

第六十四条　安全生产监督管理部门履行监督检查职责时，有权采取下列措施：

（一）进入被检查单位和职业病危害现场，了解情况，调查取证；

（二）查阅或者复制与违反职业病防治法律、法规的行为有关的资料和采集样品；

（三）责令违反职业病防治法律、法规的单位和个人停止违法行为。

第六十五条　发生职业病危害事故或者有证据证明危害状态可能导致职业病危害事故发生时，安全生产监督管理部门可以采取下列临时控制措施：

（一）责令暂停导致职业病危害事故的作业；

（二）封存造成职业病危害事故或者可能导致职业病危害事故发生的材料和设备；

（三）组织控制职业病危害事故现场。

在职业病危害事故或者危害状态得到有效控制后，安全生产监督管理部门应当及时解除控制措施。

第六十六条　职业卫生监督执法人员依法执行职务时，应当出示监督执法证件。

职业卫生监督执法人员应当忠于职守，秉公执法，严格遵守执法规范；涉及用人单位的秘密的，应当为其保密。

第六十七条　职业卫生监督执法人员依法执行职务时，被检查单位应当接受检查并予以支持配合，不得拒绝和阻碍。

第六十八条　安全生产监督管理部门及其职业卫生监督执法人员履行职责时，不得有下列行为：

（一）对不符合法定条件的，发给建设项目有关证明文件、资质证明文件或者予以批准；

（二）对已经取得有关证明文件的，不履行监督检查职责；

（三）发现用人单位存在职业病危害的，可能造成职业病危害事故，不及时依法采取控制措施；

（四）其他违反本法的行为。

第六十九条　职业卫生监督执法人员应当依法经过资格认定。

职业卫生监督管理部门应当加强队伍建设，提高职业卫生监督执法人员的政治、业务素质，依照本法和其他有关法律、法规的规定，建立、健全内部监督制度，对其工作人员执行法律、法规和遵守纪律的情况，进行监督检查。

第六章　法律责任

第七十条　建设单位违反本法规定，有下列行为之一的，由安全生产监督管理部门给予警告，责令限期改正；逾期不改正的，处十万元以上五十万元以下的罚款；情节严重的，责令停止产生职业病危害的作业，或者提请有关人民政府按照国务院规定的权限责令停建、关闭：

（一）未按照规定进行职业病危害预评价或者未提交职业病危害预评价报告，或者职业病危害预评价报告未经安全生产监督管理部门审核同意，开工建设的；

（二）建设项目的职业病防护设施未按照规定与主体工程同时投入生产和使用的；

（三）职业病危害严重的建设项目，其职业病防护设施设计未经安全生产监督管理部门审查，或者不符合国家职业卫生标准和卫生要求施工的；

（四）未按照规定对职业病防护设施进行职业病危害控制效果评价、未经安全生产监督管理部门验收或者验收不合格，擅自投入使用的。

第七十一条　违反本法规定，有下列行为之一的，由安全生产监督管理部门给予警告，责令限期改正；逾期不改正的，处十万元以下的罚款：

（一）工作场所职业病危害因素检测、评价结果没有存档、上报、公布的；

(二)未采取本法第二十一条规定的职业病防治管理措施的;

(三)未按照规定公布有关职业病防治的规章制度、操作规程、职业病危害事故应急救援措施的;

(四)未按照规定组织劳动者进行职业卫生培训,或者未对劳动者个人职业病防护采取指导、督促措施的;

(五)国内首次使用或者首次进口与职业病危害有关的化学材料,未按照规定报送毒性鉴定资料以及经有关部门登记注册或者批准进口的文件的。

第七十二条　用人单位违反本法规定,有下列行为之一的,由安全生产监督管理部门责令限期改正,给予警告,可以并处五万元以上十万元以下的罚款:

(一)未按照规定及时、如实向安全生产监督管理部门申报产生职业病危害的项目的;

(二)未实施由专人负责的职业病危害因素日常监测,或者监测系统不能正常监测的;

(三)订立或者变更劳动合同时,未告知劳动者职业病危害真实情况的;

(四)未按照规定组织职业健康检查、建立职业健康监护档案或者未将检查结果书面告知劳动者的;

(五)未依照本法规定在劳动者离开用人单位时提供职业健康监护档案复印件的。

第七十三条　用人单位违反本法规定,有下列行为之一的,由安全生产监督管理部门给予警告,责令限期改正,逾期不改正的,处五万元以上二十万元以下的罚款;情节严重的,责令停止产生职业病危害的作业,或者提请有关人民政府按照国务院规定的权限责令关闭:

(一)工作场所职业病危害因素的强度或者浓度超过国家职业卫生标准的;

(二)未提供职业病防护设施和个人使用的职业病防护用品,或者提供的职业病防护设施和个人使用的职业病防护用品不符合国家职业卫生标准和卫生要求的;

(三)对职业病防护设备、应急救援设施和个人使用的职业病防护用品未按照规定进行维护、检修、检测,或者不能保持正常运行、使用状态的;

(四)未按照规定对工作场所职业病危害因素进行检测、评价的;

(五)工作场所职业病危害因素经治理仍然达不到国家职业卫生标准和卫生要求时,未停止存在职业病危害因素的作业的;

(六)未按照规定安排职业病病人、疑似职业病病人进行诊治的;

(七)发生或者可能发生急性职业病危害事故时,未立即采取应急救援和控制措施或者未按照规定及时报告的;

(八)未按照规定在产生严重职业病危害的作业岗位醒目位置设置警示标识和中文警示说明的;

(九)拒绝职业卫生监督管理部门监督检查的;

(十)隐瞒、伪造、篡改、毁损职业健康监护档案、工作场所职业病危害因素检测评价结果等相关资料,或者拒不提供职业病诊断、鉴定所需资料的;

(十一)未按照规定承担职业病诊断、鉴定费用和职业病病人的医疗、生活保障费用的。

第七十四条　向用人单位提供可能产生职业病危害的设备、材料,未按照规定提供中文说明书或者设置警示标识和中文警示说明的,由安全生产监督管理部门责令限期改正,给予警告,并处五万元以上二十万元以下的罚款。

第七十五条　用人单位和医疗卫生机构未按照规定报告职业病、疑似职业病的,由有关主管部门依据职责分工责令限期改正,给予警告,可以并处一万元以下的罚款;弄虚作假的,并处二万元以上五万元以下的罚款;对直接负责的主管人员和其他直接责任人员,可以依法给予降级或者撤职的处分。

第七十六条　违反本法规定,有下列情形之一的,由安全生产监督管理部门责令限期治理,并处五万元以上三十万元以下的罚款;情节严重的,责令停止产生职业病危害的作业,或者提请有关人民政府按照国务院规定的权限责令关闭:

(一)隐瞒技术、工艺、设备、材料所产生的职业病危害而采用的;

(二)隐瞒本单位职业卫生真实情况的;

(三)可能发生急性职业损伤的有毒、有害工作场所、放射工作场所或者放射性同位素的运输、贮存不符合本法第二十六条规定的;

(四)使用国家明令禁止使用的可能产生职业病危害的设备或者材料的;

(五)将产生职业病危害的作业转移给没有职业病防护条件的单位和个人,或者没有职业病防护条件的单位和个人接受产生职业病危害的作业的;

(六)擅自拆除、停止使用职业病防护设备或者应急救援设施的;

(七)安排未经职业健康检查的劳动者、有职业禁忌的劳动者、未成年工或者孕期、哺乳期女职工从事接触职业病危害的作业或者禁忌作业的;

(八)违章指挥和强令劳动者进行没有职业病防护措施的作业的。

第七十七条　生产、经营或者进口国家明令禁止使用的可能产生职业病危害的设备或者材料的,依照有关法律、行政法规的规定给予处罚。

第七十八条 用人单位违反本法规定，已经对劳动者生命健康造成严重损害的，由安全生产监督管理部门责令停止产生职业病危害的作业，或者提请有关人民政府按照国务院规定的权限责令关闭，并处十万元以上五十万元以下的罚款。

第七十九条 用人单位违反本法规定，造成重大职业病危害事故或者其他严重后果，构成犯罪的，对直接负责的主管人员和其他直接责任人员，依法追究刑事责任。

第八十条 未取得职业卫生技术服务资质认可擅自从事职业卫生技术服务的，或者医疗卫生机构未经批准擅自从事职业健康检查、职业病诊断的，由安全生产监督管理部门和卫生行政部门依据职责分工责令立即停止违法行为，没收违法所得；违法所得五千元以上的，并处违法所得二倍以上十倍以下的罚款；没有违法所得或者违法所得不足五千元的，并处五千元以上五万元以下的罚款；情节严重的，对直接负责的主管人员和其他直接责任人员，依法给予降级、撤职或者开除的处分。

第八十一条 从事职业卫生技术服务的机构和承担职业健康检查、职业病诊断的医疗卫生机构违反本法规定，有下列行为之一的，由安全生产监督管理部门和卫生行政部门依据职责分工责令立即停止违法行为，给予警告，没收违法所得；违法所得五千元以上的，并处违法所得二倍以上五倍以下的罚款；没有违法所得或者违法所得不足五千元的，并处五千元以上二万元以下的罚款；情节严重的，由原认可或者批准机关取消其相应的资格；对直接负责的主管人员和其他直接责任人员，依法给予降级、撤职或者开除的处分；构成犯罪的，依法追究刑事责任：

（一）超出资质认可或者批准范围从事职业卫生技术服务或者职业健康检查、职业病诊断的；

（二）不按照本法规定履行法定职责的；

（三）出具虚假证明文件的。

第八十二条 职业病诊断鉴定委员会组成人员收受职业病诊断争议当事人的财物或者其他好处的，给予警告，没收收受的财物，可以并处三千元以上五万元以下的罚款，取消其担任职业病诊断鉴定委员会组成人员的资格，并从省、自治区、直辖市人民政府卫生行政部门设立的专家库中予以除名。

第八十三条 卫生行政部门、安全生产监督管理部门不按照规定报告职业病和职业病危害事故的，由上一级行政部门责令改正，通报批评，给予警告；虚报、瞒报的，对单位负责人、直接负责的主管人员和其他直接责任人员依法给予降级、撤职或者开除的处分。

第八十四条 违反本法第十七条、第十八条规定，有关部门擅自批准建设项目或者发放施工许可的，对该部门直接负责的主管人员和其他直接责任人员，由监察机关或者上级机关依法给予记过直至开除的处分。

第八十五条 县级以上地方人民政府在职业病防治工作中未依照本法履行职责，本行政区域出现重大职业病危害事故、造成严重社会影响的，依法对直接负责的主管人员和其他直接责任人员给予记大过直至开除的处分。

县级以上人民政府职业卫生监督管理部门不履行本法规定的职责，滥用职权、玩忽职守、徇私舞弊，依法对直接负责的主管人员和其他直接责任人员给予记大过或者降级的处分；造成职业病危害事故或者其他严重后果的，依法给予撤职或者开除的处分。

第八十六条 违反本法规定，构成犯罪的，依法追究刑事责任。

第七章 附 则

第八十七条 本法下列用语的含义：

职业病危害，是指对从事职业活动的劳动者可能导致职业病的各种危害。职业病危害因素包括：职业活动中存在的各种有害的化学、物理、生物因素以及在作业过程中产生的其他职业有害因素。

职业禁忌，是指劳动者从事特定职业或者接触特定职业病危害因素时，比一般职业人群更易于遭受职业病危害和罹患职业病或者可能导致原有自身疾病病情加重，或者在从事作业过程中诱发可能导致对他人生命健康构成危险的疾病的个人特殊生理或者病理状态。

第八十八条 本法第二条规定的用人单位以外的单位，产生职业病危害的，其职业病防治活动可以参照本法执行。

劳务派遣用工单位应当履行本法规定的用人单位的义务。

中国人民解放军参照执行本法的办法，由国务院、中央军事委员会制定。

第八十九条 对医疗机构放射性职业病危害控制的监督管理，由卫生行政部门依照本法的规定实施。

第九十条 本法自2002年5月1日起施行。

国家主席胡锦涛签署第53号令任免国家工作人员

根据中华人民共和国第十一届全国人民代表大会常务委员会第二十四次会议于2011年12月31日的决定：

免去李斌（女）的国家人口和计划生育委员会主任